DER AUFSTAND
DER EINHEIMISCHEN

Wir sind zurück mit einer neuen Ausgabe des Guía Peñín, mit der wir 35 Jahre feiern. Ein kleiner Schritt in der Unendlichkeit der Zeit, aber ein großer Schritt, wenn wir die Zyklen des Weins und der Menschen, die diesem beiwohnen, als Bezug nehmen. Ein aufregendes Verkostungsjahr mit großen klimatischen Herausforderungen geht zu Ende. Viele Winzer haben ihr ganzes Wissen und ihren Mut eingesetzt, um ohne zu zögern auf die verschiedenen klimatischen Herausforderungen zu reagieren, wie z.B. die Dürreperioden in den Jahren 2022 und 2023 in der spanischen Levante-Region. Gebiete mit einer tiefen Verwurzelung in der landwirtschaftlichen Produktion und insbesondere im Weinbau, wie im Fall von Penedès, wurden hier an ihre Grenzen gebracht.

> "VIELE DER WEINE, DIE IN DEN DIESJÄHRIGEN VERKOSTUNGEN PRÄSENTIERT WERDEN, SIND GENAU SO: ATEMBERAUBEND, AUFREGEND UND ANDERS. EIN TEIL DER BESONDEREN ENERGIE, DIE SIE AUSSTRAHLEN, KOMMT GENAU VON DIESER ANDERSARTIGKEIT"

Dieses Ringen, das nicht selten ein Wettrennen um die Anerkennung der autochthonen Rebsorten war, hat in diesem Jahr seinen Höhepunkt erreicht, da praktisch alle großen Weine des Jahres ihre Qualität mit in ihren Herkunftsorten am stärksten verwurzelten Sorten in Verbindung bringen. In gewisser Weise ist der Guía Peñín selbst eine autochthone Einheit auf der Suche nach der Verbreitung der Qualität der verschiedenen Weinsorten, die es in Spanien gibt. Aus diesem Grund fühlen wir uns diesem Phänomen, das unser eigenes unterstützt, besonders verbunden. Das soll nicht heißen, dass es keine hervorragenden Weine gibt, die mit Trauben aus anderen Regionen hergestellt werden. In diesem Sektor werden Jahr für Jahr Dogmatismen durch eine Arbeit überwunden, die jede einseitige und monolithische Theorie sprengt. Deshalb haben wir bei Guía Peñín immer versucht, allen Stilen, Sensibilitäten und Qualitäten des Weines Raum zu geben, worauf wir wirklich stolz sind, auch wenn einige Prediger dem widersprechen.

Man schaue sich nur die am höchsten bewerteten Weine des Jahres an, die 100-Punkte-Weine, die die unterschiedlichen Auffassungen und Interpretationen von Perfektion widerspiegeln. Die Opulenz von Artadi El Pisón, die Eleganz von La Roza, die wilde Landschaft von Les Manyes, die Tiefe eines katalanischen Schaumweines wie Gramona's Enoteca, die Mineralität von Dominio del Águila Albillo Viñas Viejas, die perfekte Entwicklung eines Albariño, wie La Fillaboa 1898 oder die Weißweine aus dem Landesinneren, mit Kraft und Mineralität zu gleichen Teilen, wie Belondrade Les Parcelles.

Ständig eröffnen sich neue Wege der Arbeit, die uns über den menschlichen Erfindungsreichtum und die Sensibilität staunen lassen. Denn machen wir uns nichts vor: Der Weinberg ist zweifellos sehr wichtig, aber die Hand des Menschen, die ihn interpretiert und in die richtige Richtung lenkt, ist ebenfalls von grundlegender Bedeutung. Es ist das Spiel der Interpretation auf dem Weinberg und im Keller, das einen Wein bemerkenswert werden lässt. Ein Erzeugnis ist dann gelungen, wenn es in der Lage ist, Emotionen zum Ausdruck zu bringen, und es gibt Weine, die es schaffen, diese Emotionen als authentische Kunstwerke zu vermitteln, wobei der Winzer die Gabe haben muss, sie zu übertragen, und der Verbraucher die Sensibilität, sie zu schätzen.

Viele der Weine, die die diesjährige Verkostung prägen, treten so in Erscheinung: schillernd, aufregend und anders. In diesem Unterschied liegt ein Teil der einzigartigen Energie, die sie entfalten.

ACHT WEINE MIT 100 PEÑÍN-PUNKTEN

Inmitten dieses qualitativen Booms haben in diesem Jahr 8 Weine die höchste Punktzahl erreicht. Dazu mussten sie sich in einer zweiten Vergleichsverkostung, der wir intern den Namen Die Wiederverkostung gegeben haben, ein Duell liefern. Dies fand im Juli statt. Vier Tage lang haben wir, die Mitglieder des Verkostungsteams des Guía Peñins, über die besten Weine des Jahres abgestimmt, Wein für Wein, Verkostung für Verkostung. Es handelt sich hierbei um eine Aufgabe, die sich ausschließlich der Guía Peñín auferlegt hat.

Damit Sie sich eine Vorstellung machen können: Von den 9.800 Weinen, die im Laufe des Jahres verkostet wurden und die in diesem Weinführer zu finden sind, wurden erneut rund 400 zur Wiederverkostung ausgewählt, die alle spektakulär und vibrierend sind und zur Elite der spanischen Weine gehören. Von diesen Superserien kamen nur acht weiter und erreichten das für den Rest Unerreichbare, indem sie Punkt für Punkt zu den Besten des Jahres aufstiegen.

Diese Giganten des Jahres sind vier Rotweine: Contador Las Paulejas 2020, Viña el Pisón 2022, Dominio de Atauta La Roza 2018 und Les Manyes 2022. Drei Weißweine: Belondrade Les Parcelles 2019, Dominio del Águila Albillo Viñas Viejas 2016 und La Fillaboa 1898 2016 sowie ein einziger Schaumweine: Enoteca Gramona 2011 Brut Nature. Auf den Seiten 10 finden Sie weitere Informationen über jeden dieser Weine und die Gründe, die uns veranlasst haben, sie zu den besten Weinen dieser Ausgabe 2025 zu zählen.

EIN FAMILIENENGAGEMENT FÜR DIE NATUR

Unser Erbe ist der Schutz unserer Erde für zukünftige Generationen

MIGUEL UND MIREIA TORRES MACZASSEK,
5. GENERATION IN ELS TOSSALS (DOQ PRIORAT)

WWW.TORRES.ES

Danke an alle Weinexperten für die Auszeichnung zu

#1 THE WORLD'S MOST ADMIRED WINE BRAND 2024
DRINKS INTERNATIONAL

Hier mehr über das Torres & Earth Programm herausfinden

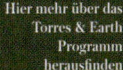

Auffallend ist, dass vier der besten Weine des Jahres – also die Hälfte auf den Vermerk einer Herkunftsbezeichnung (DO) verzichtet haben. Ein Trend, der als Weckruf und gleichzeitig als Anreiz für die DOs dienen sollte, sich um eine schnellere Anpassung zu bemühen, um zu verhindern, dass diese Superweine, aufgrund eines Stil- oder Sortenproblems, nicht mehr unter deren Schutzschirm passen.

WEINENTDECKUNGEN, DIE TROTZ UNGEWISSHEIT NEUE WEGE GEHEN

Wie in jedem Jahr gibt es auch in diesem Jahr Neulinge im Weinführer, die den Ort, aus dem sie stammen, auf überraschende Art und Weise interpretieren. Auch wenn nur einer von ihnen die Neuentdeckung des Jahres ist, sind alle weiteren Weine allein durch ihre Anwesenheit von Bedeutung. Denn niemand kann den Erfolg solcher Projekte garantieren, weil sie noch niemand zuvor in Angriff genommen hat. Alle sind herausfordernd und brechen in irgendeiner Weise mit dem Trend. Dieses Jahr sind es der **Simeta 2021 tinto (Javi Revert Viticultor), der Territorio Luthier Blanco de Guarda 2020 (Territorio Luthier), der Mas de Mancuso Cariñena 2019 tinto (Navascués Enología), der Los Pelados 2021 (Bodega Hermanos Mesa) und der MA Andrea Mufatto Dona Blanca 2022 (Michelini i Mufatto)**, allesamt außergewöhnliche Weine auf qualitativer Ebene, deren bloße Anwesenheit jedoch mehr vermuten lässt oder in Gang setzt. Weitere Informationen über diese Weine und den Gewinner des Jahres finden Sie ab Seite 18.

Bei verschiedenen Gelegenheiten haben wir bereits darauf hingewiesen, dass Spanien in Bezug auf die Qualität seiner Weine eine seiner besten Zeiten erlebt. Auffallend ist, dass der Sektor sich trotz der zunehmenden Qualität nicht auf dem Höhepunkt befindet.

Der Weinkonsum verändert sich, und die Gewinnung der neuen, jüngeren Verbraucher kommt aus verschiedenen Gründen nicht in Schwung. Die Bodegas sind sich bewusst, dass sich das neue Verbrauchermodell verändert hat, haben aber noch nicht den richtigen Zugang gefunden. Die Handelsbilanz muss auf Ebene der qualitativen Bilanz ausgeglichen werden, und wir hoffen, dass dies gelingt. Wie immer wird die Bekanntmachung auf Fachveranstaltungen eine wichtige, aber nicht die einzige Rolle spielen. Einfallsreichtum ist gefordert und die Fähigkeit, mit Wein eine Botschaft zu vermitteln, die von den neuen Verbrauchern aufgenommen werden kann. Doch aufgepasst, junge Leute trinken zwar weniger, dafür aber hochwertigere Produkte, und in diesem Qualitätssegment sind wir von Jahr zu Jahr besser aufgestellt. Die Zukunft ist ungewiss, aber was die Qualität betrifft sind wir auf dem besten Weg. Wird es uns gelingen, in dieser Ungewissheit eine Chance zu erkennen?

Rías Baixas
HEIMAT VON ALBARIÑO

DENOMINACIÓN DE ORIGEN
Rías Baixas
CONSEJO REGULADOR

INHALTSVERZEICHNIS

- Die Besten weine des Guía Peñín 2025 10
- Weinentdeckungen des Jahres 2025 18
- Das Podium 23
- Spaniens bodegas und weine nach herkunftsgebieten 31
  - Abona 32
  - Alella 36
  - Alicante 39
  - Almansa 52
  - Arabako Txakolina 58
  - Arlanza 61
  - Arribes 64
  - Bierzo 68
  - Binissalem Mallorca 87
  - Bizkaiko Txakolina 90
  - Bullas 96
  - Calatayud 100
  - Campo de Borja 107
  - Cariñena 113
  - Catalunya 119
  - Cava 126
  - Cigales 161
  - Conca de Barberà 169
  - Condado de Huelva 174
  - Costers del Segre 177
  - El Hierro 185
  - Empordà 189
  - Getariako-Txakolina 202
  - Gran Canaria 206
  - Granada 209
  - Jerez-Xérès-Sherry - Manzanilla de Sanlúcar de Barrameda 212
  - Jumilla 228
  - La Gomera 244
  - La Mancha 246
  - La Palma 258
  - Lanzarote 260
  - León 263
  - Málaga - Sierras de Málaga 268
  - Manchuela 276
  - Méntrida 283
  - Mondéjar 288
  - Monterrei 289
  - Montilla-Moriles 293
  - Montsant 299
  - Navarra 314
  - Penedès 332
  - Pla de Bages 354
  - Pla i Llevant 357
  - Priorat 361
  - Rías Baixas 388
  - Ribeira Sacra 419
  - Ribeiro 432
  - Ribera del Duero 443
  - Ribera del Guadiana 513
  - Ribera del Júcar 517
  - Rioja 520
  - Rueda 608
  - Somontano 634
  - Tacoronte-Acentejo 643
  - Tarragona 649
  - Terra Alta 654
  - Tierra del Vino de Zamora 668
  - Toro 670
  - Uclés 689
  - Utiel-Requena 691
  - Valdeorras 702
  - Valdepeñas 713
  - Valencia 716
  - Valle de Güimar 729
  - Valle de la Orotava 732
  - Vinos de Madrid 737
  - Ycoden-Daute-Isora 746
  - Yecla 748

- VINOS DE PAGO: 752
  - Pago Abadía Retuerta 755
  - Pago Aylés 755
  - Pago Bolandín 756
  - Pago Calzadilla 757
  - Pago Campo de la Guardia 757
  - Pago Casa del Blanco 757
  - Pago Chozas Carrascal 758
  - Pago de Arínzano 758
  - Pago de Otazu 759
  - Pago de Tharsys 759
  - Pago Dehesa del Carrizal 759
  - Pago Dehesa Peñalba 760
  - Pago El Terrerazo 760
  - Pago El Vicario 760
  - Pago Finca Élez 761
  - Pago Florentino 761
  - Pago Guijoso 761
  - Pago Heredad de Urueña 762
  - Pago La Jaraba 763
  - Pago los Balagueses 763
  - Pago Los Cerrillos 763
  - Pago Prado de Irache 764
  - Pago Vallegarcía 764
  - Pago Vera de Estenas 765

- VINOS DE CALIDAD / D.O.P. 766
  - VC de Cangas 768
  - VC de Cebreros 769
  - VC de las Islas Canarias 771
  - VC de Lebrija 775
  - VC de los Valles de Benavente 776
  - VC de Sierra de Salamanca 776
  - VC de Valtiendas 780

- VINOS DE LA TIERRA / I.G.P. 782
  - VT 3 Riberas 788
  - VT Altiplano de Sierra Nevada 789
  - VT Bajo Aragón 789
  - VT Barbanza e Iria 790
  - VT Betanzos 791
  - VT Cádiz 791
  - VT Castellón 794
  - VT Castilla 795
  - VT Castilla-Campo de Calatrava 821
  - VT Castilla y León 822
  - VT Córdoba 842
  - VT Costa de Cantabria 842
  - VT Eivissa 842
  - VT Extremadura 843
  - VT Formentera 845
  - VT Illa de Menorca 845
  - VT Illes Balears 847
  - VT Laujar-Alpujarra 848
  - VT Liébana 848
  - VT Mallorca 848
  - VT Murcia 858
  - VT Ribeiras do Morrazo 858
  - VT Ribera del Gállego - Cinco Villas 859
  - VT Ribera del Queiles 859
  - VT Sierra Norte de Sevilla 860
  - VT Val do Miño-Ourense 860
  - VT Valle del Cinca 860

- Tafelweine 861

- Schaumweine 903

- INDEX 915
  - Öko Weine 916
  - Bodegas- Weinkeller 942
  - Weines 966

- KARTE DER DO'S UND VINOS DE PAGO VON SPANIEN 1084

- KARTE DER VINOS DE LA TIERRA UND VINOS DE CALIDAD VON SPANIEN 1086

Peñín

Wine Tourism Guide in Spain

enoturismo Peñín

DIE BESTEN WEINE DES GUÍA PEÑÍN 2025

CONTADOR LAS PAULEJAS 2020

> Art: rot
> Rebsorten: 100% tempranillo
> Hersteller: Bodega Contador
> Weinanbaugebiet: DOCa Rioja

Das Projekt von Benjamín Romeo begann offiziell im Jahr 1996, mit dem ersten Jahrgang seines ersten Weins unter dem Namen La Cueva del Contador. Der Önologe und Winzer begann damit ein persönliches Projekt, das zu einem der renommiertesten Wegbereiter des neuen Rioja werden sollte.

Rückblickend war Benjamin einer der größten Unterstützer von Artadi. Zusammen mit Juan Carlos López de Lacalle hat er einen sehr wichtigen Teil der Identität der Weine dieser Weinkellerei aufgebaut, was uns eine Vorstellung von der Bedeutung und dem Gewicht seiner Persönlichkeit gibt, als er beschloss, seinen eigenen Weg zu gehen.

Sein bekanntester Wein, der Contador, ist seit seinem ersten Jahrgang ein großer Erfolg. Im Laufe der Zeit wuchs der Ruhm dieses Erzeugers, der zu Beginn des 21. Jahrhunderts den „neuen Rioja" perfekt repräsentierte: Ein Modell, das schnell von vielen kleinen Erzeugern übernommen wurde, die in ihm einen erfolgversprechenden Weg sahen.

Der Erfolg der Bodega Contador besteht darin, dass es ihr gelungen ist, einen Stil zu erschaffen, der sich im Laufe der Zeit bewährt hat und der sich auf der Suche nach der Authentizität des Herkunftsortes in Kombination mit dem Zeitstil des Fruchtausdrucks bewegt hat. Er löste sich von der Rioja, wo sich die Identität um die tertiären Nuancen drehte, die durch die lange Reifung im Fass und in der Flasche entstanden.

Las Paulejas 2020 ist die Krönung einer ganzen Karriere im Dienste des Weins und der Besessenheit, die Benjamín Romeos Wunsch, den bestmöglichen Rioja zu erzeugen, immer begleitet hat. Er steht für die Stärke eines Ortes wie San Vicente de la Sonsierra, einer der speziellsten Ecken der Region mit einer ganz besonderen Stärke und unverwechselbaren Stil. Wenn der Contador eine Hymne auf die Magie der Sonsierra war, so steht bei diesem Wein ein besonderer Weinberg im Mittelpunkt, Las Paulejas, der für seinen Schöpfer die besten Trauben bietet, die er hervorzubringen vermag.

Er verfügt über den Stil des Contador. zurückhaltende Kraft, großzügige Reife, hochwertige Eiche präsent, aber nicht aufdringlich und eine sehr gut definierte kreidige Spannung. Dieser Wein kam an unseren Verkostungstisch und hinterließ vom ersten Augenblick an einen bleibenden Eindruck. Er vereint auf meisterhafte Weise alle Elemente, die für die Exzellenz eines Weins wichtig sind: die sorgfältige und perfektionistische Arbeit im Weinberg, um ein makelloses Rohmaterial zu erhalten, die Arbeit im Weinkeller auf höchstem Niveau, um alle Variablen – Frucht, Holz, Säure und Boden – intakt und im Gleichgewicht zu halten, sowie den unverwechselbaren Stil des Hauses. Der Contador-Stil ist sehr präsent, und das ist vielleicht das Authentischste an diesem Wein und auch das am schwierigsten zu Erreichende. Es wird mit einer langen Lebensdauer gerechnet, daher empfehlen wir denjenigen, die das Glück haben, in seinen Besitz zu gelangen – er kostet etwa 580 Euro pro Flasche und es wurden nur 300 Flaschen hergestellt – ihn an einem sicheren Ort aufzubewahren.

VIÑA EL PISÓN 2022

> Art: rot
> Rebsorten: tempranillo
> Hersteller: Vila El Pisón (Bodegas und Viñedos Artadi)
> Herstellungskategorie: Tafelweine -Álava

Juan Carlos López de Lacalle war einer der großen Verfechter des RIOJA-Weins, was groß geschrieben werden muss. Das war er, bis er sich im Dezember 2015 entschloss, die DO zu verlassen. Viele waren gespannt, ob die Weinkellerei ihren Glanz auch ohne das Rioja-Siegel aufrechterhalten würde. Die Antwort liegt auf der Hand. Viña El Pisón ist einer dieser Weine, die durch ihren gesamten Charakter bestechen.

Unabhängig von der schlechten Witterung hat man ein klares Bild davon, was El Pisón ist, und das ist der Macht eines wie von Zauberhand berührten Weinberges zu verdanken. Der 1945 bepflanzte Weinberg liegt in Laguardia, Álava, auf einer Höhe von 480 Metern über dem Meeresspiegel, auf Ton-Kalk-Böden. In ihm finden wir ebenfalls ein Teil der Essenz der lokalen Landschaft, ähnlich wie beim Contador las Paulejas 2020 von Benjamin Romeo (100 Punkte), jedoch tritt hier die Frucht stärker in den Vordergrund.

Der Pisón ist der beste Ausdruck des Tempranillo in der Rioja, und die Verkostung dieses Weins führt Sie mitten in das Herz dieser Rebsorte und in eine Alava-Landschaft voller Frische, Geradlinigkeit und Tiefe.

Aber das ist noch nicht alles. Würden wir uns fragen, wie die Laguardia schmeckt, müssten wir antworten, nach El Pisón 2022. Es gibt in diesem Jahr keinen Wein in der Region, der die Landschaft, die Frucht, das Klima und den Boden so gut in sich vereint wie dieser Wein, der uns buchstäblich den Kopf verdreht hat. Ein sehr feines, präsentes, aber kunstvoll definiertes Tannin, eine lebendige rote Frucht, als ob man eine Traube mit den eigenen Händen zerdrücken würde, eine perfekte Säure, genau die richtige Reife, eine einzigartige Komplexität und ein sehr langer Abgang. Das Merkwürdigste an diesem Wein ist, dass alles, wie von selbst, ganz natürlich zu fließen scheint. Artadi hat es geschafft, das zu erreichen, was für uns das Komplexeste an einem Wein ist: Perfektion durch eine Arbeit, bei der sie alles dafür getan haben, dass die Hand des Menschen nicht zu spüren ist. Die Ankunft von Carlos, dem Sohn von Juan Carlos López de Lacalle, in der Bodega löste einen enormen Schub für die Weine des Hauses aus, wenn es überhaupt noch möglich war, diese zu verbessern. Ein junger Winzer, dem es gelungen ist, den Weinen aus einzigartigen Weinbergen mehr Tiefe zu verleihen. El Pisón ist ein perfektes Beispiel dafür. Dieser Jahrgang 2022 trägt nicht nur ein einzigartiges Weingut in sich, sondern auch einen wichtigen Teil seiner Schöpfer, Vater und Sohn, obwohl sie sich, wie wir betonen, bemühen, im Hintergrund zu agieren.

Artadi, eines der meistbeschriebenen Häuser dieses Landes, ist zu solch großen Dingen fähig: zu einem unvergesslichen Wein, von einer einzigartigen Parzelle und einem einzigartigen Stil.

DOMINIO DE ATAUTA LA ROZA 2018

Art: rot
Rebsorten: 100% tinto fino
Hersteller: Dominio de Atauta
Weinanbaugebiet: DO Ribera del Duero

Es besteht der Irrglaube, dass Ribera del Duero wie ein großer monolithischer Block sei, als ob alles gleich wäre, obwohl es je nach Lage große Unterschiede gibt. Die DO selbst weiß es, die Produzenten wissen es, aber noch niemand hat sich bisher an die Erforschung der verschiedenen Untergebiete und Ausdrucksformen gewagt, die dort zu finden sind. Wir wissen, dass die Aufsichtsbehörde eine ehrgeizige Bodenstudie in Verwahrung hat, die die Grenzen für die Unterteilung dieser großen Weinregion markieren könnte. Früher oder später werden sie dies in Angriff nehmen, aber bis dahin werden die Weine weiterhin für sich selbst sprechen, wie im Fall von La Roza 2018. Es sind diese Weine, die uns – und zwar jeder für sich – die verschiedenen Wege und Ausdrucksformen, die es in Ribera del Duero gibt, vor Augen führen.

Dominio de Atauta hat mit einem Wein für Furore gesorgt, der das Terroir der Region Ribera de Soria am besten zum Ausdruck bringt. Seine Stärke ist die große Finesse und Mineralität, die er in seinem Inneren enthält – brillant und perfekt definiert. Dieser Wein ist ein weiterer Schritt auf dem Weg zu subtilen, scharfen und sehr einzigartigen Ribera-Weinen, die im Gegensatz zu den kräftigen und strukturierten Weinen der Ribera stehen, die dem breiten Publikum besser bekannt sind. So kam es, dass dieser Wein während der Widerverkostung Punkt für Punkt auf 100 Punkte kletterte, was zeigt, wie wichtig diese Verkostung ist.

Die Bodega hatte seit Jahren mit hervorragenden Weinen auf sich aufmerksam gemacht. Unter den 25 Terroirs, aus denen sich das Atauta-Tal zusammensetzt, zeichnen sich einige durch ihr Potenzial und ihre Qualität aus. Diese Regionen werden gesondert behandelt, da sie über eine ausreichende Identität verfügen, um einen Ort oder eine Umgebung genauer zu beschreiben.

La Roza 2018 ist ein Wein, der aus drei Mikroparzellen von 0,24 Hektar stammt, in denen die Trauben von 779 Rebstöcken geerntet werden, um lediglich 574 Flaschen zu erhalten. Lockerer Sand mit Kieselsteinen und Lehmuntergrund sowie die Lage auf einer Lichtung in einem Steineichen- und Buschwald verleihen dem Wein den wilden Charakter, der uns so beeindruckt hat. Der gesamte Weinbau auf diesem Terroir wird nach dem biodynamischen Kalender betrieben; eine Tendenz, die sich in der großen Mehrheit der Spitzenweine unseres Landes niederschlägt.

Aber Weine produzieren sich nicht von selbst – es braucht den Menschen. Und in diesem Projekt gibt es zwei transzendente Persönlichkeiten, Ismael Sanz, verantwortlich für den Weinbau, und Jaime Suárez, zuständig für die Önologie. Die Leidenschaft für das, was sie tun, und für ihren Herkunftsort ist die treibende Kraft für die Herstellung lebendiger Weine. Sie haben sich in diese Ecke des Atauta-Tals verliebt, das auf einer Höhe von 1.000 Metern über dem Meeresspiegel auf einem Kalksteinfelsboden liegt. Die Leidenschaft eines ganzen Teams, das Vorhandensein sehr alter Rebstöcke und die Einzigartigkeit und Strenge von Soria mit seinen kalten Wintern und starken Temperaturschwankungen runden eine Laufbahn ab, die für den Guía Peñín mit La Roza 2018 den Himmel erreicht. Ein edler Wein mit einer einzigartigen Persönlichkeit, der uns auf eine sensorische Reise schicken kann, wie es sonst nur die großen Weine der Welt zu tun vermögen.

LES MANYES 2022

Art: rot
Rebsorten: garnacha peluda
Hersteller: Terroir al Limit
Weinanbaugebiet: DOQ Priorat

Das Juwel in der Krone des Projekts Terroir al Limit im DOQ Priorat markiert mit seinem Jahrgang 2022 ein Vorher und Nachher für ein Haus, das keine Skrupel hatte, einen neuen Weg in der Definition von Stilen innerhalb einer DOQ mit einer langen Tradition zu beschreiten. Die Zeit gab ihnen Recht. Es gelang, einen neuen Weg zu finden, auf dem Eleganz, Geschmeidigkeit und Ausdruck des Terroirs im Priorat in perfekter Harmonie koexistieren können.

Dieser Wein erreichte problemlos die 100 Punkte. Er verströmt Landschaft und Boden. Ein Wein mit Spannung, sehr lebendiger Frucht und einem umwerfend mineralischen Hintergrund. Noch überraschender war es, diese Ausdruckskraft in einem trockenen und heißen Jahrgang wie 2022 zu erreichen, was die Fähigkeit eines Weins zeigt, auch in schwierigen Jahren Ausdruck zu erlangen, wenn er sich unter meisterhaften Händen an einem magischen Herkunftsort entfalten kann. Les Manyes ist ein nach Westen ausgerichteter Weinberg in Scala Dei, 800 Meter über dem Meeresspiegel an den Hängen des Montsant gelegen. Es ist widersprüchlich, dass der Jahrgang 2022 von Les Manyes der erste ist, der 100 Punkte erhält, während der Jahrgang 2016 viel wohlwollender war (99 Punkte im Guía Peñín 2020). Zu diesem Zeitpunkt war 99 jedoch die höchste vom Guía Peñín vergebene Punktzahl, bis in der Ausgabe 2023 die ersten 100 Punkte erreicht wurden.

2022 war ein besonders schwieriges Jahr im Priorat. Es war der erste Jahrgang in diesem Gebiet mit endlosen Hitzeperioden und sehr knappen Wasserressourcen, was sich im darauf folgenden Jahrgang 2023 wiederholte. Jedoch haben die alten, im Zapfenschnittsystem angeordneten Priorat-Reben, wie die von Les Manyes, eine außergewöhnliche Anpassungsfähigkeit. Wir haben mit eigenen Augen gesehen, wie in den benachbarten Anbaugebieten die Pflanzen durch den Wassermangel und die übermäßige Hitze erschöpft waren, während sie im Priorat trotz der gleichen klimatischen Bedingungen sehr ansehnlich und prächtig blieben. Zweifellos ist das ein Teil der Magie dieses Ortes, der in der Lage ist, alle Klischees zu durchbrechen. Trotz der Widerstandsfähigkeit benötigen auch diese Pflanzen menschliche Unterstützung. Sie passen sich den klimatischen Bedingungen an, solange ihre Bedürfnisse auf dem Feld schnell und zuverlässig befriedigt werden, und wir sind sicher, dass dank dieser Unterstützung das Rohmaterial erlangt wurde, aus dem dieser hervorragende Wein entstehen konnte.

Nicht zuletzt wird dieser Wein aus der Garnacha Peluda hergestellt, einer Garnacha-Variante mit einem charakteristischen pelzigen Blatt auf der Unterseite, das in der Lage ist, trotz der sengenden Sonne einen Teil der Feuchtigkeit zurückzuhalten. Dominik A. Huber ist der letzte Grundpfeiler, auf dem dieses Projekt steht. Den Rest erledigen ein komplexes, enthusiastisches und junges Team und diese traumhaften Weinberge. Wir sind uns sicher, dass es nicht einfach war, sich eine Nische am Himmel des Priorat-Weins zu schaffen. Ihr Platz ist jedoch zweifellos wohlverdient und gerechtfertigt, auch wenn sie, aufgrund ihrer Art, Wein zu verstehen, zu Beginn skeptisch beäugt wurden.

BELONDRADE LES PARCELLES 2019

Art: weiß

Rebsorten: 100% verdejo

Hersteller: Belondrade

Herstellungskategorie: Tafelweine

Die Ankunft von Didier Belondrade in den kastilischen Gebieten im Jahr 1994 war ein aufrüttelndes Ereignis für die Region, denn er kam mit der festen Absicht, große Weißweine in den kastilischen Gebieten zu erzeugen. Wer hätte nicht gerne einen solchen Nachbarn?

Seit seiner Ankunft hat dieses Haus nichts anderes getan, als die akribische und perfektionistische Arbeit im Weinberg zu verteidigen, um einzigartige und hochklassige Weine zu produzieren. Die Weine, allesamt Weißweine, gehören seit jeher zu den vom Guía Peñín am besten bewerteten Weißweinen der Region. Ihr bisher bekanntester Wein, der Belondrade y Lurton Fermentado en Barrica, trägt noch immer das Etikett der DO Rueda. Die beiden anderen Weine, Quinta Apolonia und Quinta Clarisa, tragen jedoch beide das Label Vino de la Tierra de Castilla y León. Ein Weckruf für die Produktionsabweichung der DO in den letzten Jahren? In der Tat wird dieser neue Wein des Weinguts als Tafelwein bezeichnet.

Die 100 Punkte des Les Parcelles 2019 machen diesen Erzeuger zu einer Ikone der spanischen Weißweine. Es handelt sich um einen völlig untypischen Wein, der sich vom Belondrade-Stil abhebt und dem etwas Neues, Bahnbrechendes gelingt. Er hebt den Wert einer langen Reifung und die Reifekapazität der Verdejo-Traube hervor, eine Eigenschaft, die in diesem Gebiet fast unerforscht ist und die die Kraft einer der großen spanischen Weißweintrauben deutlich macht. Diese Geschichte beginnt, wie die Kellerei einräumt, mit der Entdeckung und dem Erwerb von zwei außergewöhnlichen Parzellen, die gleichermaßen unterschiedlich sind, wie sie sich zum anderen ergänzen.

La Cruz, ein mehr als 50 Jahre alter Weinberg, der auf Kiesel- und Lehmböden angelegt ist, und Alameda, ein etwa 70 Jahre alter Weinberg mit Zapfenschnittsystem-Bepflanzung und ausgeprägt sandigen Böden; beide in unmittelbarer Nähe der Bodega. Diese Stile von Tiefe und Finesse, über die die Weinberge jeweils verfügen, veranlassten die Bodega dazu sich etwas Neuem zu widmen. Sie wollten die Reifung noch ein bisschen weiter treiben, um zu sehen, wie weit sie gehen kann. Mit den Jahrgängen 2016 und 2017 begannen sie, die Definition des Weins zu ergründen, und mit dem Jahrgang 2018 beschlossen sie, ihn das erste Mal auf den Markt zu bringen. Leider gelangte dieser Jahrgang nicht in unser Glas, so dass wir erst mit dem Jahrgang 2019 die wahre Tiefe dieses Weins erkennen konnten.

Er wird anderthalb Jahre in Fässern gelagert und bleibt dann über drei Jahre in der Flasche, so dass der Wein nach fünf Jahren Reifezeit auf den Markt kommt. Seine Schöpfer definieren ihn als „eine einzigartige Interpretation seines Terroirs und der Verdejo." Der Les Parcelles wird nur dann auf den Markt gebracht, wenn er nach Ansicht des Unternehmens seinen Höhepunkt erreicht hat, was dazu führen kann, dass nicht alle Jahrgänge auf den Markt kommen. Dies ist das erste Mal, dass ein Wein mit diesen Merkmalen 100 Punkte erreicht hat, was uns zeigt, dass, wenn man darauf hinzielt, auch Weine aus diesen Winkeln Ruhm erlangen können, auch wenn das nicht gerade einfach oder für jeden erreichbar ist. Von diesem Wein wurden nur 1.684 Flaschen zu einem Preis von etwa 275 Euro pro Flasche hergestellt.

DOMINIO DEL ÁGUILA ALBILLO VIÑAS VIEJAS 2016

Art: weiß
Rebsorten: albillo mayor
Hersteller: Dominio del Águila
Herstellungskategorie: Tafelweine

Die DO Ribera del Duero, die heute in erster Linie für Rotweine und in der Vergangenheit fast ausschließlich für hellrote Weine (Claretes) bekannt ist, hegte seit langem den Gedanken, sich auch der Herstellung von Weißweinen zu öffnen. Es wurde heftig darüber diskutiert, welche Sorte in ihrem Verzeichnis zugelassen werden sollte. Zu den Kandidaten gehörten die kastilische Verdejo, aber auch die Albillo Mayor, eine lokale Rebsorte, die in den Weinbergen zwischen den Reben der Tinto Fino (Tempranillo), der Cabernets und der Malbecs verstreut wuchs und den Traubenlesern und den einheimischen Familien als Nahrung diente. Erst 2019 wurde die Aufnahme der Kategorie Weißwein in der DO beschlossen: Weißweine aus Albillotrauben. Übrigens ein großer Erfolg! Die Sorte war bereits in mehreren Bodegas der Ribera del Duero mit unterschiedlichem Erfolg erprobt und abgefüllt worden. Wenn es jedoch jemandem gelungen ist, dem Ganzen einen elitären Anstrich zu geben, dann war es Jorge Monzón von Dominio del Águila.

Der erste Jahrgang, den wir für unseren Guía Peñín 2017 verkosten durften, war der 2012er (93 Punkte). Derselbe Wein erhielt fünf Jahre später – im Guía Peñín 2022 – bereits 97 Punkte. Was wir bei dieser zweiten Verkostung feststellen konnten, ist die unglaubliche Entwicklungsfähigkeit der Albillo Mayor. Das Gleiche erlebten wir auch bei dem 2016er, der jetzt die 100 Peñín-Punkte erreicht hat. Zum ersten Mal verkosteten wir diesen Wein Mitte 2021, als er 5 Jahre alt war. Bei dieser ersten Gelegenheit erkannten wir ein ausgezeichnetes Potenzial, konnten uns aber nicht vorstellen, dass es sich so weiterentwickeln würde. Es ist klar, dass dieser Wein so konzipiert wurde, dass er sich mit der Zeit entfaltet; kein Wein für Ungeduldige.

Der Dominio del Águila Viñas Viejas 2016 war der außergewöhnlichste der in diesem Jahr verkosteten Weißweine. Er hat einen ausgeprägten mineralischen Charakter mit einer großartigen Textur und Würze. Zusätzlich zu Feuerstein-Nuancen, finden wir eine exzellente Tiefe. Ein Wein, der uns auf eine Reise durch Schichten und abermals Schichten führt.

Seit der Zulassung der Albillo als Rebsorte für die Herstellung von Weißweinen mit der Bezeichnung Ribera del Duero haben die Weißweine aus dieser Ecke der spanischen Hochebene an Tiefe gewonnen, vor allem diejenigen, die mit der Variable der Zeit spielen.

Wir verstehen nicht, warum dieser Wein immer noch als Tafelwein gehandelt wird, wo er doch eine fundamentale Rolle bei der Würdigung dieser Rebsorte in der Ribera gespielt hat. Nichts desto trotz ist er für alle, die einen lokalen Wein genießen wollen, der sich von den etablierten unterscheidet, und für diejenigen die gleichzeitig einen der großen Weißweine Spaniens probieren wollen, da. Es handelt sich um einen Jahrgang, der nicht mehr auf dem Markt erhältlich ist, aber wir wollten ihn noch einmal verkosten, um den Wert der Zeit bei dieser Art von Wein zu vermitteln. Wir hoffen, dass diese Analyse vielen Verbrauchern helfen wird, diese Entwicklung zu antizipieren und diese Weine zu kaufen, solange sie auf dem Markt sind, mit der Absicht, sie erst zu einem späteren Zeitpunkt zu konsumieren.

LA FILLABOA 1898 2016

Art: weiß
Rebsorten: albariño
Hersteller: Bodegas Fillaboa
Weinanbaugebiet: DO Rías Baixas (Condado de Tea)

Ein weiteres gutes Beispiel für die Reifefähigkeit der Albariño-Traube in der Region Rías Baixas. Nach dem bombastischen Erfolg des Pazo Señoranz Selección 2013 (100 Punkte Guía Peñín 2024) haben wir im vergangenen Jahr ein weiteres Beispiel für die Perfektion erhalten, die die Albariño-Traube in Rías Baixas zu erreichen vermag. Seine Ankunft am Verkostungstisch war spektakulär und die Art und Weise, wie er sich im Vergleich zu den anderen großen Weißweinen unserer Juli-Widerverkostung zu einem klaren 100er steigerte, war schlichtweg eine Offenbarung. In den letzten Jahren hat sich Rías Baixas zu einem wichtigen Zentrum der großen spanischen Weißweine entwickelt, was beachtlich ist.

Der Fillaboa 1898 ist ein Wein, dessen Jahrgang 2016 aus einer Parzelle in einem der größten Weingüter Galiciens in Salvaterra de Miño, Pontevedra, stammt. 50 Hektar Weinberge, aufgeteilt in 12 verschiedene Parzellen mit Albariño-Trauben. Eine dieser Parzellen ist Monte Alto, der Ursprung dieses 2016er, der uns in seinen Bann gezogen hat.

Es handelt sich um ein Grundstück von 6,20 Hektar auf einer Höhe von 150 Metern über dem Meeresspiegel. Der Weinberg ist 33 Jahre alt und die Rebstöcke sind an Spalieren gezogen. Der Boden zeichnet sich durch eine sandig-lehmige Textur aus, die aufgrund der Nähe zum Miño-Fluss mit Kieselsteinen durchsetzt ist.

Obwohl er sich von dem Señorans 2013 unterscheidet, der uns im letzten Jahr begeisterte, sehen wir in ihm eine Verbindung zu diesem, was uns zum Nachdenken anregt, da ein perfekter Wein aus einem ausgezeichneten Weinberg, aber mit einem einfachen und keineswegs störenden Weinherstellungsprozess gelungen ist, der nur darauf abzielt, nicht in den lokalen Ausdruck einzugreifen.

Die Stärke dieses Weins liegt im Dreieck, Albariño-Traube, atlantisches Klima und Lauf der Zeit. Kein Gebiet in Spanien vereint all diese Elemente so perfekt wie Rías Baixas, was uns zu der Überzeugung bringt, dass in Zukunft noch viele weitere Weine von perfekter Qualität auf den Markt kommen werden.

Die 100 Punkte für diesen Superwein sind ein weiterer Beweis für die lebendige Tiefe von Weinen mit langer Reifezeit, was glücklicherweise in diesem Teil Spaniens bereits im Trend liegt. Immer mehr Bodegas wagen sich an eine lange Reifung, was uns glücklich macht, da die atlantische Säure ein hervorragender Begleiter für die einheimische Albariño-Traube ist.

Der Fillaboa 1898 2016 reifte sechs Jahre in Edelstahlbehältern auf seiner Hefe, wobei periodische Bâtonnagen durchgeführt wurden, um den Hefesatz in der Schwebe zu halten und so die Oxidation zu vermeiden und mehr Volumen und Vollmundigkeit am Gaumen zu erhalten. Für Bodegas Fillaboa war 2016 einer der besten Jahrgänge der Geschichte.

Er hat alles, was man von einem großen Wein aus dieser Gegend verlangen kann: Salzigkeit, frische und säurebetonte Lebendigkeit und eine Reihe von ausdrucksstarken und edlen tertiären Nuancen. Rías Baixas hat wieder einmal einen Volltreffer gelandet, was immer mehr Erzeugern gelingt

ENOTECA GRAMONA 2011 BRUT NATURE

Art: weiß / Schaumweine

Rebsorten: 55% macabeo und 45% xarel·lo

Hersteller: Gramona

Herstellungskategorie: Schaumweine - Corpinnat

BESTEN WEINE

Gramona war schon immer davon überzeugt, dass der katalanische Schaumweine viel zu sagen hat, wenn er einen langen Reifeprozess durchläuft. Die Bodega begann damit schon vor vielen Jahren, als es noch niemand für möglich hielt, und hat seither diesen Weg verfolgt, bis es sich bewährt hat und Gramona zu einem der großen Verfechter von Qualitätsschaumwein in unserem Land wurde. Xavi Gramona ist in diesem Jahr nach einem tödlichen Unfall von uns gegangen, aber die Erinnerung an ihn und sein Vermächtnis sind heute präsenter denn je, da ein weiteres Meisterwerk in seinen Händen und denen seines Cousins Jaume geboren wurde, ein Paar, das so magisch und brillant ist wie die Weine, die sie geschaffen haben.

Der erste Enoteca, die Krönung des extremen Reifeprozesses von Schaumweinen, der die Grenzen des Reifeprozesses von Schaumweinen aufzeigte und weitaus höhere Preise als bisher erzielte, erblickte mit dem Jahrgang 2001 das Licht der Welt. Sie waren so überzeugt von dem, was sie taten, dass der Wein vom ersten Augenblick an alle bekannten Maßstäbe sprengte.

Dieser Schaumweine stammt von Trauben, die auf dem Weingut Font de Jui angebaut werden, in einer Landschaft mit 22 Hektar Macabeo- und Xarel.lo-Reben, die sich vom Fluss Anoia bis zum Hügel Mas Escorpí (350 m. über dem Meeresspiegel) erstrecken. Die Böden sind kalkhaltig und lehmig, mit sandigen Platten in der Nähe des Flusses und Felsen in den höher gelegenen, trockeneren Gebieten. Der Wein wurde fast 11,5 Jahre lang in der Flasche mit seinem Trub gelagert und mit einem Korken verschlossen, was die Verbindung des Weins mit dem Sauerstoff während dieser Zeit ermöglichte, was Xavier Gramona als Oxireduzierung des Schaumweines bezeichnete. Tatsächlich verleihen diese Nuancen dem Wein einen spürbar oxidativen Charakter, der mit den Nuancen von Nüssen wie Haselnuss und den leicht gerösteten und würzigen Noten noch komplexer wird. Die Bläschen in ihm sind ein Fest der Cremigkeit, prickelnd, subtil und sehr lang anhaltend. Ein sehr wohlschmeckender Wein, der lange am Gaumen verweilt, mit Noten von Wildkräutern und einem leichten mineralischen Hintergrund, dem offenkundigsten Teil des Terroirs. Der Enoteca behält einen Teil des Charakters des katalanischen Schaumweines bei, wie z.B. das Gefühl eines trockenen Abgangs, der reich an wilden Noten ist. Er hat auch eine reife Frucht, die manchmal an kandierte Früchte erinnert. Er kokettiert leicht mit einem champagnerangehauchten Stil, ohne sich jedoch völlig von seinen Ursprüngen zu entfernen, die nichts anderes als die katalanischen Ländereien bei Santsadurní sind. Mit diesem 2011er ist die Bodega die erste Sektkellerei, die 100 Punkte im Guía Peñín erhält, nachdem sie in der Ausgabe 2017 die 99-Punkte-Marke geknackt hatte. Ein weiterer Meilenstein in der Geschichte einer einzigartigen und unnachahmlichen Bodega.

Guía Peñín SPANIENS WEINFÜHRER

WEINENTDECKUNGEN DES JAHRES

Javier Luengo & Carlos González

Es ist an der Zeit, über die einzigartigsten und bahnbrechendsten Weine der diesjährigen Verkostungen zu sprechen. Bei den nominierten Weinen der Weinentdeckungen handelt es sich um eine sehr kleine Gruppe von Weinen, manchmal vier, manchmal sechs oder auch fünf ... die sich von den anderen abheben, indem sie uns neue und lebendige Arbeitsweisen vermitteln.

In der Regel handelt es sich um Weine, deren Philosophie oder Stil aus dem Rahmen fällt. Ihre Anwesenheit kann einen Wendepunkt in den Erzeugungsgebieten oder Regionen darstellen, in denen sie entstanden. Es ist nicht leicht, sie zu finden, und nur wenigen gelingt es, einen bahnbrechenden oder neuartigen Stil zu bieten, denn es ist viel unsicherer, einen neuen Weg einzuschlagen, als dem Weg der anderen zu folgen.

Die Kriterien für die Auswahl dieser Weine beruhen auf der Tatsache, dass sie in ihren Herkunftsorten Pioniere sind, entweder für ihre Produktionsmethode, ihre Arbeitsphilosophie oder ihren Stil, und dass der Wein von unserem Verkostungsteam zum ersten Mal für den Guía Peñín verkostet wurde. Seine Verkostung muss nicht nur für den Konsumenten einen Wert darstellen, sondern, – und das ist die schwierigste der Anforderungen – seine Präsenz muss auch in der Lage sein, Exzellenz auf weniger bekannten oder noch völlig unerforschten Wegen zu erreichen.

TERRITORIO LUTHIER BLANCO DE GUARDA 2020

Nominado Vino Revelación

Art: weiß
Rebsorten: albillo mayor und pirulés
Hersteller: Territorio Luthier
Weinanbaugebiet: DO Ribera del Duero

Territorio Luthier ist ein Projekt, das 2009 mit dem Ziel begann, „Eleganz und Subtilität über Moden und Kritiker" zu stellen. Eine gute Prämisse. Auch wenn wir kritisch sind, muss der Weg, den jeder von uns einschlägt, ehrlich sein und unserer eigenen Idee treu bleiben, ohne Rücksicht auf Trends und Vorschriften. Der Rest kommt von alleine, wenn es gut gemacht ist.

Territorio Luthier ist vom Wesenszug eines Geigenbauers inspiriert, einem „Handwerker, der ein uraltes Handwerk pflegt, indem er Holz und Saiten bearbeitet, um Instrumente zu schaffen, die in der Lage sind, die Seelen über Jahrhunderte hinweg zu erfreuen". So die Absichtserklärung von Fernando Ortiz und Cristina Alonso, den Gründern dieser Weinkellerei. Das künstlerische Konzept begleitet viele kleine Bodegas, die mit ihren Weinen etwas Einzigartiges schaffen wollen, das etwas vermittelt und berührt. Dieser Wein vermittelt und berührt. Gemeint ist der weiße Albillo-Weißwein, der uns in der DO Ribera del Duero am meisten beeindruckt hat. Von ihm ist hier die Rede! Seine Ankunft markiert den ersten Meilenstein in der DO auf einem Weg, der gerade erst eingeschlagen wurde. Bisher sind viele der verkosteten Albillos auf der ersten Stufe geblieben, weil sie zu jung auf den Markt gebracht wurden. Dies unterstützte die Charakteristik des Weins und machte ihn zwar angenehm, aber nicht sehr komplex. Dieser Wein zeigt, dass die Zeit ein Verbündeter ist, der dieser kastilischen Rebsorte Komplexität verleihen kann. Dies schien nur bei galicischen oder baskischen Atlantikweinen der Fall zu sein, was nicht der Tatsache entspricht. Bei einem anderen Stil können wir jetzt sehen, wie sich die Albillos aus Ribera del Duero von ihrer besten Seite zeigen können, wenn sie auf der Hefe oder in Eichenfässern gereift sind, was das Versprechen dieses Weins für die Zukunft unterstützen kann.

Es sei daran erinnert, dass es schon einmal einen Wein, den Alrzuaga Albillo 2008, gab, der im Guía Peñín 2021 – als Ergebnis einer vor einiger Zeit durchgeführten Bewertung – 99 Punkte erreichte. Der Territorio Luthier Blanco de Guarda 2020 ist jedoch der erste, der das Podium (≥95) mit den innerhalb der DO bereits genehmigten Vorschriften erreicht hat, was bedeutet, dass er hergestellt wurde, als die Grundlagen für die Weißweinherstellung bereits gelegt waren, was ihn zum ersten Weißwein der neuen Ära der Ribera del Duero macht, der diese Qualitätsstufen erreicht.

Dieser Wein stammt aus einer handverlesenen Auswahl von über 90 Jahre alten Parzellen in Aranda de Duero und Zazuar (Burgos). Sandig-lehmige Böden, Gärung in Tonkrügen und Eichenfässer mit einheimischer Hefe. Anschließend reifte er 20 Monate lang in Fässern aus ungarischer Eiche und den Rest der Zeit in der Flasche, bis er sich veredelte. Seine Schöpfer schätzen, dass er 30 Jahre lang gelagert werden kann. Es wäre also interessant, ihn für einige Zeit in unserem Keller aufzubewahren, falls wir das Glück haben, eine dieser 4.490 nummerierten Flaschen zu ergattern, die zu einem UVP von 50 Euro herausgegeben wurden

MAS DE MANCUSO CARIÑENA 2019

Art: rot
Rebsorten: cariñena/carignan
Hersteller: Navascués Enología
Weinanbaugebiet: DO Cariñena

Paradox, dass ausgerechnet Cariñena einer der wenigen Orte ist, an denen die Cariñena-Traube keine hohe Ausdrucksstärke erreicht. Das war so, bis wir dieses Jahr einen herausragenden Cariñena aus Cariñena verkosten durften. Eine wahre Freude, wenn man bedenkt, dass dieses Gebiet über außergewöhnliche Weinberge verfügt und genügend Kapazität hat, um Weine von großer Qualität zu erzeugen, die den großen Weinen Spaniens in nichts nachstehen. Leider bestand das Geschäft von Cariñena im Laufe der Jahre darin, Märkte, die bei ihrer Ausstattung mehr auf den Preis achten, mit önologisch wenig ambitionierten Weinen zu fluten. Somit war Mas de Mancuso Cariñena 2019 bei der Verkostung eine gelungene Überraschung.

Wenn jemand mit einem Wein im Herzen der DO Cariñena Furore machen sollte, dann Jorge Navascués, ein waschechter Aragonier, der sich seine Zeit zwischen der anspruchsvollen technischen Leitung der Bodegas Contino in Rioja und Pagos de Galir in der DO Valdeorras (CVNE-Gruppe) und einem persönlichen Projekt in Cariñena, Navascués Enología, mit dem er zum besten Vertreter der gesamten DO geworden ist, aufteilt.

In diesem Jahr haben sich zwei seiner Weine besonders hervorgetan: ein Weißwein aus Macabeo Mas de Mancuso 2020 und dieser Cariñena, den er uns heute mitgebracht hat: Mas de Mancuso Cariñena 2019.

Die Ankunft eines Cariñena dieses Niveaus in der Region ist ein Weckruf für all jene, die sich einzig und allein auf die Vermarktung einfacher, unprätentiöser Weine konzentrierten. Es ist die Würdigung eines Gebietes, das eng mit dem Wein verbunden ist und die Verteidigung eines Ortes sowie der lebendige Beweis, dass dort auch andere Weinsorten hergestellt werden können.

Die Cariñena-Traube, Mazuela in der Rioja, Carignan im Languedoc-Roussillon oder Samsó in Katalonien, ist eine der großen Rebsorten des Nordostens Spaniens. In emblematischen Gebieten wie dem Priorat, wo die Rebsorte bisher den besten qualitativen Ausdruck gefunden hat, werden immer bessere Weine aus dieser Sorte erzeugt. Es ist eine rebellische Traube, mit Struktur, Farbe und Säure, ausgezeichnete Voraussetzungen, die in den richtigen Händen zum Potenzial werden. Bemerkenswert ist auch die Entwicklungsfähigkeit der Cariñena-Weine. Jorge Navascués zeigt uns einen lebendigen Jahrgang 2019, der eine lange Reise vor sich hat. Hervorzuheben sind der lebendige Charakter der Sorte mit wilden Noten, das Vorhandensein von Bergkräutern, seine balsamische Eigenschaft und seine ausgezeichnete Säure. Ein perfekt ausgewogener Wein, der das Beste vom Besten der DO Cariñena in den Vordergrund stellt. Höchste Zeit, dass es so gekommen ist. Wir hoffen, dass sich noch viele weitere Erzeuger dieser Art von Weinen anschließen werden, auch wenn das ein hochgestecktes Ziel ist.

LOS PELADOS 2021

Art: weiß
Rebsorten: 100% listán blanco
Hersteller: Bodega Hermanos Mesa
Weinanbaugebiet: DO Valle de Güimar

Nominado
Vino Revelación
Guía Peñín 2025

Los Pelados ist ein gutes Beispiel für das Phänomen der Kleinstkellereien in Spanien, über das wir seit einigen Jahren diskutieren. Dieses Projekt nahm seinen Anfang vor mehr als 70 Jahren, als José Mesa in dem Dorf Arafo im Süden Teneriffas mit der Weinherstellung begann. Damals brachte José seinen Wein in von Eseln gezogenen Karren nach Santa Cruz de Tenerife, um ihn gegen andere lebensnotwendige Güter einzutauschen. Die zweite Generation, Tomás Guzmán Mesa, kümmerte sich um die offizielle Gründung der Bodega, die er als Hobby betrieb, obwohl sie bereits begonnen hatten, Weine unter dem Namen Viñas Mesa zu vermarkten. Es sind die Kinder von Tomás, Fernando, Tomás und Carmen, die dritte Generation, die es in dieser neuen Phase geschafft haben, dieses Projekt, das eine neue Art des Verständnisses und den Wein zu leben widerspiegelt, tiefgreifend zu verändern. Diese drei Brüder sind ein wahres Beispiel dafür, was junge Leute von heute für den Wein in Spanien leisten.

Die Art und Weise, wie sie diesen Beruf ausüben, beruht auf der tief gehenden Kenntnis der Umgebung, in der sie aufgewachsen sind, und auf den organoleptischen Informationen, die sie von einzigartigen Weinen aus verschiedenen Teilen der Welt erhalten haben. Sie haben verstanden, was einen Wein großartig macht, und konnten dies, dank ihrer Kenntnis der Umgebung und der lokalen Trauben, an ihrem Ursprungsort zum Ausdruck bringen.

Los Pelados 2021 war für uns wie eine Brise frischer Wind. Ein reifer Wein, der, obwohl er aus einem heißen Jahrgang stammt, seine Frische beibehält, mit dem zusätzlichen Vorteil einer großen Spannung, Mineralität und dem, was wir „silvestrismo (Wildheit)" nennen, was nichts anderes bedeutet, als die aromatischen und geschmacklichen Eigenschaften der lokalen Kräuter auf den Wein selbst zu übertragen. Ein Beispiel, das das Terroir des Güimar-Tals widerspiegelt und uns die Ausdrucksfähigkeit der Listán blanca-Traube an einem ganz besonderen Ort, Los Pelados, zeigt. Der Weinberg liegt 1.300 Meter über dem Meeresspiegel auf einem vulkanischen Boden mit Lehm und Basaltgestein und ist nach Südosten ausgerichtet.

Es ist ein direkter Wein ohne Zierde, der perfekt die Identität eines Ortes wie dem Güimar-Tal verkörpert, wo nur wenige Winzer seine wildeste und natürlichste Seite ausgenutzt haben. Bislang hatte nur ein Wein 94 Punkte erreicht, Los Loros La Bota de Mateo, der von Juan Francisco Fariña Pérez meisterhaft produziert wurde. Wenn dieser Wein bisher mit Erzeugnissen, die sich unter einem Blütenschleier verbargen, kokettierte, eröffnet Los Pelados nun einen offenen Dialog mit dem Gebiet, ohne das Eindringen von Elementen, die das Wesen des Ortes trüben können. Aus diesem Grund ist der Los Pelados eine Entdeckung für sich, weil er den übrigen Winzern der Region den Himmel aufzeigt, wobei die lokalen Argumente als unbestreitbare Protagonisten gelten: Boden, Höhenlage, Sorte und Respekt für den Weinberg.

MA ANDREA MUFATTO DONA BLANCA 2022

Nominado Vino Revelación — Guía Peñín 2025

Art: weiß
Rebsorten: dona blanca
Hersteller: Michelini i Mufatto
Weinanbaugebiet: DO Bierzo

In der Welt der Weine sind Verbindungen zwischen den Ländern häufiger, als es auf den ersten Blick scheint. Viele Winzer nutzen die unterschiedlichen Erntetermine auf beiden Hemisphären, um möglichst viele Erkenntnisse zu gewinnen, ohne ein Jahr auf einen neuen Jahrgang warten zu müssen. Die rastlosen Erzeuger neigen dazu, sich in anderen Teilen der Welt ihresgleichen zu suchen, und so kam es wahrscheinlich zu der Begegnung zwischen einem Meister aus dem Bierzo, César Márquez, und einer anderen Größe aus Mendoza, der Familie Michelini und Mufatto. Der Wunsch nach Wissen, das Interesse an der Weinherstellung und der Wunsch, die alten Traditionen der jeweiligen Herkunftssorte wiederzubeleben, verband diese Familien. So war es nicht schwer, ein Projekt wie das von Michelini i Mufatto im Jahr 2015 im Herzen der Region Bierzo zu verwirklichen.

Bis vor kurzem war Bierzo nur für seine spektakulären Rotweine bekannt, die aus der Königssorte Mencía hergestellt werden. In den letzten Jahren und aufgrund des starken Engagements des Marktverbands und der ihr angeschlossenen Bodegas für die Rebsorte Godello wird die Identität des Bierzo jedoch auch bei den Weißweinen groß geschrieben.

Wir konnten in den Kellereien eine hervorragende Qualitätssteigerung der Godello-Weißweine beobachten. Bodegas y Viñedos Mengoba sorgte im Guía Peñín 2013 mit einem außergewöhnlichen Herencia del Capricho 2009, mit dem das Gebiet seine ersten 94 Punkte für einen Weißwein erhielt, für Aufsehen. Mit der Zeit steigerte sich die Qualität der Weine, bis im letzten Jahr ein hervorragender 99-Punkte-Wein aus der Hand von César Márquez auftauchte: Der Val 2021. Dieser Wein übertraf unsere Erwartungen und machte uns klar, dass der Bierzo mit den hervorragenden Weißweinen aus Rías Baixas und Valdeorras mithalten kann. Heute haben wir ein hervorragendes Beispiel für die Entwicklung und die Dimension, die diese Art von Wein in diesen Gebieten annimmt, jedoch nicht mit der Godello-Traube, sondern mit der Dona Blanca (Doña Blanca, Dona Branca). Wir hatten bereits hervorragende Exemplare dieser Rebsorte zusammen mit Godello gesehen (Brezo Godello und Doña Blanca 2011 – Guía Peñín 2013), aber noch nicht in der sortenreinen Form.

MA Andrea Mufatto Dona Blanca 2022 ist der beste Dona Blanca-Wein, den der Guía Peñín bisher verkostet hat. Ein Weinherstellungsprozess, der auf der Sensibilität einer Önologin wie Andrea Mufatto beruht, die zusammen mit ihrem Sohn Manuel und ihrem Ehemann Gerardo Michelini den Traum verwirklicht hat, in der Region Bierzo, die sie in ihren Bann zogen, großartige Weine produzieren. Die Tatsache, dass dieser Wein auf diesem Niveau ist, zeigt, dass in Bierzo nicht nur die Godello in der Lage ist, große Weine zu erzeugen. Auch die Dona

WEINENTDECKUNG DES GUIA PEÑÍN 2025

SIMETA 2021

Art: rot
Rebsorten: arcos
Hersteller: Javi Revert Viticultor
Weinanbaugebiet: DO Valencia

Unser unangefochtener Gewinner. Die Weinentdeckung des Guía Peñín 2025 ist ein hervorragender Wein, der Valencia in den Mittelpunkt stellt.

Dank der Arbeit kleinerer Erzeuger, die entschlossen sind, den Glanz des Valencias der Vergangenheit zu zeigen – weit entfernt von der Invasion fremder Sorten, die ihr Gebiet in den letzten Jahrzehnten bevölkert haben – erleben diese Regionen einen erfreulichen Moment. Das Epizentrum des Wandels ist ein ganz bestimmter Ort, Terres Del Alforins, im Süden Valencias und nördlich von Alicante gelegen, wo Rafael Cambra – einer der Pioniere in diesem Gebiet – bereits mit außergewöhnlich naturbelassenen und lokalen Weinen aus einheimischen Trauben auf sich aufmerksam gemacht hat. O Fil-loxera & Cía, eine „Garagenkellerei" (begrenzte Produktionen, hochwertige Weine und junge Menschen mit neuen Ideen), die gut gemachte Naturweine produziert und einen sehr interessanten Plan zur Wiedergewinnung der fast ausgestorbenen einheimischen Rebsorten verfolgt. An diesem winzigen Ort bahnt sich eine kleine lokale Revolution an, die große Erwartungen an ein qualitatives Wachstum mit sich bringt. Obwohl Javi Revert nicht der Erste war, der hier ankam – sein Projekt begann 2014 nach seiner Zeit in der Bodega Celler del Roure –, war er der Erste, der den Weinen von dort eine neue qualitative Dimension mit nie zuvor erreichten Werten und Ausdrucksstärken bot.

Simeta 2021 ist ein Parzellenwein, der aus der lokalen Rebsorte Arcos (Miguels Bögen) hergestellt wird, ein Wein, der uns ganz klar die neue mediterrane Landschaft näher bringt, mit einem lebendigen Stil, der sehr an die heutige Zeit angepasst ist, in der die Frucht eine besondere Bedeutung innerhalb des stilistischen Diskurses hat. Dies erreicht er anhand eines wilden und sehr scharfen Prismas. Reich an fruchtigem Ausdruck, mit Spannung und großer Lebendigkeit. Rafael Cambra hatte bereits mit dieser Rebsorte in seinem Wein-Casa-Labor experimentiert, aber nie zuvor erreichte er einen Ausdruck wie bei Simeta. Es ist ein Wein, der beweist, dass es möglich ist, einen der besten Rotweine Spaniens mit unbekannten und unbedeutenderen Trauben wie dieser zu erzeugen. Javi geht noch einen Schritt weiter, indem er diese Sorte maximal würdigt und den Weg für die Erforschung neuer Rebsorten ebnet, denn wenn diese valencianische Traube dieses Ergebnis erzielt hat, welche andere Traube könnte dann die nächste große Nummer sein?

Der Most wird in einem Betontank mit einheimischer Hefe und mit 70 % Ganztraubenanteil vergoren, mit einer Mazeration von 20 Tagen auf der Schale. Nach dem Pressen wurde der Wein in einen Betontank umgefüllt, wo er eine malolaktische Gärung durchlief. Danach wurde er 12 Monate lang in 500-Liter-Fässern gelagert und anschließend 3 Monate lang in Betoneiern verfeinert. Der Beton ist für einen Teil der Spannung verantwortlich, die der Wein vermittelt.

Simeta steht für den Mut, für das Eigene einzutreten, ohne klare Referenzen zu haben und ohne dass die Öffentlichkeit weiß, worum es geht. Es ist, als würde man gegen den Strom schwimmen, bis man den Schlüssel findet, der einen großartig macht, selbst wenn man, wie wir sagen, nicht genügend Referenzen hat, die einen unterstützen. Das Handwerk ist eine Quelle der Inspiration und der Revolution, denn mit ihren kleinen Produktionen und ihrer künstlerischen Vision von Wein gelingt es ihnen, neue Horizonte zu eröffnen. Dieser Wein ist eine Offenbarung und ist somit zu Recht die Weinentdeckung des Guía Peñín 2025 geworden. Wir sind gespannt, welche neuen Anregungen sich aus dieser inspirierenden Weinhistorie ergeben.

DAS PODIUM
DIE AUSNAHMEWEINE
TRADITIONELLE, SÜßE UND SPEZIELLE WEINE

WEIN	DO	SEITE
99 PUNKTE		
Amontillado de añada 1975 BF AM	Jerez	222
La Saca de Altanza BF PC S	Jerez	213
Manuel Aragón Premium BF OL S	Jerez	225
Old Mountain 2012 B D	Málaga y Sierras de Málaga	272
Reliquia BF AM S	Jerez	215
Reliquia BF PC S	Jerez	215
98 PUNKTE		
Amontillado Tradición VORS BF AM S	Jerez	219
La Bota de Manzanilla Pasada nº 120 (Botas NO) BF MZ	Jerez	221
Lustau Palo Cortado VORS BF PC S	Jerez	225
Oloroso Tradición VORS BF OL S	Jerez	219
Tio Pepe Cuatro Palmas BF AM S	Jerez	223
97 PUNKTE		
Brotons Gran Fondillon Reserva 1978 T FO D	Alicante	46
D. Benigno BF PC	Jerez	215
Fondillón Luis XIV 25 años T FO	Alicante	48
La Cañada BF PX D	Montilla-Moriles	298
Manuel Aragón Premium BF PC S	Jerez	225
Palo Cortado Tradición VORS BF PC S	Jerez	219
Pedro Ximénez Tradición VOS BF PX D	Jerez	219
Reliquia BF OL S	Jerez	215
96 PUNKTE		
1730 VORS BF AM S	Jerez	213
Altanza Colección Roberto Amillo Amontillado BF AM S	Jerez	213
Altanza Colección Roberto Amillo Palo Cortado BF PC S	Jerez	213
Amón BF AM S	Montilla-Moriles	294
Brotons Gran Fondillon Reserva 1964 T FO	Alicante	46
Chivite Moscatel Viejo Saca 2024 B	VT 3 Riberas	788
Fondillón Ed. Limitada 1959 T FO	Alicante	43
Harveys Pedro Ximénez VORS BF PX D	Jerez	217
Jorge Ordóñez & Co. Nº3 Viñas Viejas (sin fortificar) 2022 B D	Málaga y Sierras de Málaga	274
La Bota de Amontillado Viejísimo (Bota nº 125) "Bota NO" B AM	Montilla-Moriles	296
Lustau Oloroso VORS BF OL S	Jerez	225
Manuel Aragón Premium BF AM S	Jerez	225
Recóndita Armonía 2011 T Solera D	Tafelweine	873
Venerable VORS BF PX D	Jerez	218
Victoria Regina VORS BF OL	Jerez	220
Viña Corrales Pago Balbaina BF FI	Jerez	214
95 PUNKTE		
1730 VORS BF OL S	Jerez	213
1730 VORS BF PC S	Jerez	213
1730 VORS BF PX D	Jerez	214
61 Dorado en Rama BF Solera S	Rueda	610
Abadal Sagristia C-1 BF RC	Tafelweine	862
Altanza Colección Roberto Amillo Oloroso BF OL S	Jerez	213
Altanza Colección Roberto Amillo Pedro Ximénez BF PX D	Jerez	213
Alvear Palo Cortado Nº 7 BF PC	Montilla-Moriles	294
Amontillado del Duque VORS BF AM S	Jerez	222
Amontillado VORS Fino Imperial BF AM	Jerez	220
Bac de les Ginesteres B RC D	Empordà	201
Brotons Gran Fondillon Reserva 1970 T FO	Alicante	46
Canasta 20 años BF OL D	Jerez	219
Chivite Colección 125 Vendimia Tardía 2022 B FB D	VT 3 Riberas	788
De Alberto Dorado Verdejo 100% BF Solera	Rueda	616
De la Cruz de 1767 BF PC S	Jerez	214
Dios Baco Imperial VORS Pedro Ximénez BF PX	Jerez	216
Dolç de Foc Flama B	Tafelweine	862
Dos Cortados 20 Años BF PC S	Jerez	220
El Tresillo 1874 Amontillado Muy Viejo BF AM S	Jerez	224
Escondido BF PC	Jerez	226
Fernando de Castilla "Fino Antique" BF FI S	Jerez	222
Fernando de Castilla "Palo Cortado Antique" BF PC S	Jerez	222
Fernando de Castilla Pedro Ximénez Singular BF PX D	Jerez	222
Fino Granero en Rama BF FI	Jerez	225

DAS PODIUM
DIE AUSNAHMEWEINE
TRADITIONELLE, SÜßE UND SPEZIELLE WEINE

WEIN	DO	SEITE
95 PUNKTE		
Fino Tradición BF FI S	Jerez	219
Fondillón 1944 T FO	Alicante	43
Fondillón 1975 T FO	Alicante	43
González Palacios 1986 BF PC	Vino de Calidad de Lebrija	775
Gran Barquero en Rama B FI S	Montilla-Moriles	298
Guardianes del Fondillón 1955 T FO D	Alicante	51
Harveys Amontillado VORS BF AM S	Jerez	217
Harveys Palo Cortado VORS BF PC MED	Jerez	217
Jorge Ordóñez & Co Nº 2 Victoria Dulce (sin fortificar) 2023 B D	Málaga y Sierras de Málaga	274
La Bota de Fino (Bota nº 124) B FI	Montilla-Moriles	296
La Bota de Palo Cortado (Bota nº 121) BF PC	Jerez	221
La Diva Dulce 2020 B D	Tafelweine	873
La Gitana Aniversario BF MZ S	Jerez	217
Lustau Almacenista Amontillado del Castillo Antonio Caballero y Sobrinos BF AM S	Jerez	224
Lustau Almacenista Manzanilla Pasada Manuel Cuevas Jurado BF MZ	Jerez	224
Lustau Moscatel VORS BF D	Jerez	225
Matusalem VORS BF OL CRM	Jerez	223
O Luar do Sil Tostado 2021 B	Valdeorras	710
Olvidado BF AM S	Jerez	226
Perinet Ranci 1950 B RC	Tafelweine	895
Primitivo Quiles Gran Imperial 1892 BF Solera D	Alicante	50
Sitta Dulce Nana 2022 B D	Tafelweine	864
Solear en Rama saca de invierno BF MZ S	Jerez	215
Tío Pepe Dos Palmas BF FI S	Jerez	223
Tío Pepe Tres Palmas BF FI S	Jerez	223
Viejo C.P. VOS BF PC S	Jerez	227

DAS PODIUM
DIE AUSNAHMEWEINE (WEISSWEINE)

WEIN	DO	SEITE
100 PUNKTE		
Belondrade Les Parcelles 2019 B	Tafelweine	865
Dominio del Aguila Albillo Viñas Viejas 2016 B	Tafelweine	886
La Fillaboa 1898 2016 B	Rias Baixas	398
99 PUNKTE		
Muchada-Léclapart Lumière 2021 B	Tafelweine	893
Pazo Señorans Selección de Añada 2014 B	Rias Baixas	412
Sorte Antiga 2022 B	Valdeorras	710
98 PUNKTE		
Dominio del Aguila Albillo Viñas Viejas 2019 B	Tafelweine	886
El Val 2022 B	Bierzo	79
Sorte O Soro 2022 B	Valdeorras	710
97 PUNKTE		
El Jardín de las Iguales Macabeo 2021 B	Tafelweine	872
La Comtesse Gran Vino de Guarda 2019 B FB	Rias Baixas	410
La Riva "Las 10" 2021 B	Tafelweine	885
Muchada-Léclapart Etoile 2019 B	Tafelweine	893
Remelluri 2021 B	Rioja	583
Sin Palabras V 186 2018 B	Rias Baixas	390
Suertes del Marqués Edición 1 2022 B	Valle de la Orotava	736
96 PUNKTE		
Belondrade y Lurton 2022 B FB	Rueda	610
Frontonio La Loma y Los Santos 2022 B	Tafelweine	872
La Caña Navia 2022 B	Rias Baixas	399
La Escribana 2022 B	Tafelweine	867
La Riva San Cayetano 2022 B	Tafelweine	885
La Sombrilla 2021 B	Ribeiro	437

DAS PODIUM
DIE AUSNAHMEWEINE (WEISSWEINE)

WEIN	DO	SEITE
96 PUNKTE		
Lapena 2021 B	Ribeira Sacra	425
Mixtura Etiqueta Dorada 2021 B	Tafelweine	893
Nivarius Finca La Nevera 2019 B	Rioja	555
Ossian Capitel 2021 B FB	VT CastyLe	838
Pedrouzos Magnum 2019 B FB	Valdeorras	711
Selma de Nin 2018 B	Priorat	376
Territorio Luthier Blanco de Guarda 2020 B R	Ribera del Duero	506
95 PUNKTE		
Albamar Finca O Pereiro 2022 B	Rias Baixas	395
Algueira Escalada 2022 B FB	Ribeira Sacra	422
Arínzano Eternidad B	Pago de Arínzano	758
Armán Finca Misenhora 2021 B	Ribeiro	437
As Sortes Val do Bibei 2022 B	Valdeorras	710
Capellania 2019 B GR	Rioja	589
Carralcoba Albariño 2022 B	Rias Baixas	406
Claudia 2019 B	Rias Baixas	404
Emilio Rojo 2021 B	Ribeiro	442
Fai un Sol de Carallo 2020 B	Ribeiro	437
Falcoeira Branco 2021 B	Valdeorras	708
Finca La Terrenal 2020 B	Terra Alta	662
Itsasmendi Artizar Magnum 2018 B	Bizkaiko Txakolina	92
Izadi El Regalo 2021 B	Rioja	543
John Stone 2022 B	El Hierro	186
José Pariente 25 Años de Crianza en Barrica 1998 B RB	Tafelweine	874
Kalamity 2022 B	Rioja	591
Les Marques 2021 B R	Priorat	381
MA Andrea Mufatto Godello 2022 B	Bierzo	83
Malvasía Victoria Torres 2022 B	La Palma	259
Muchada-Léclapart Univers 2021 B	Tafelweine	893
Nelin 2021 B	Priorat	374
Nivarius Valdesabril 2021 B	Rioja	555
Ossian 2022 B	VT CastyLe	838
Parajes del Infierno "La Sillería" 2021 B FB	Tafelweine	865
Peña Cruzada Piesdescalzos 2022 B	Vinos de Madrid	743
Pezas da Portela 2019 B FB	Valdeorras	711
Porta Franca 2023 B	Tafelweine	894
Suertes del Marqués Vidonia V.P. 2022 B C	Valle de la Orotava	736
Tamerán Marmajuelo 2022 B FB	Gran Canaria	207
Terra Vermella de Nin 2016 B	Priorat	376
Valtuille Godello Paraje El Val 2022 B BA	Bierzo	79
Zárate El Balado 2022 B	Rias Baixas	418

DAS PODIUM
DIE ROSÉWEINE

WEIN	DO	SEITE
96 PUNKTE		
Peñas Aladas Clarete 2020 RD	Ribera del Duero	493

DAS PODIUM
DIE AUSNAHMEWEINE (ROTWEINE)

WEIN	DO	SEITE
100 PUNKTE		
Contador Las Paulejas 2020 T	Rioja	528
Dominio de Atauta La Roza 2018 T	Ribera del Duero	463
Les Manyes 2022 T	Priorat	386
Viña El Pisón 2022 T	Tafelweine	901
99 PUNKTE		
1902 Tossal d'en Bou Gran Vinya Classificada 2022 T C	Priorat	381
Alabaster 2021 T	Toro	687
Castillo Ygay 2012 T GR	Rioja	589
Contador 2016 T	Rioja	527
Sei Solo 2021 T	Ribera del Duero	505
98 PUNKTE		
Artadi El Carretil 2022 T	Tafelweine	879
Contador 3 Parcelas Magnum 2020 T	Rioja	528
Dominio de Atauta San Juan 2018 T	Ribera del Duero	463
Las Beatas 2021 T	Rioja	574
Pico Ferreira 2022 T	Bierzo	80
Pingus 2022 T	Ribera del Duero	492
Sierra Cantabria Mágico 2020 T	Rioja	605
97 PUNKTE		
Amancio 2020 T	Rioja	605
Artadi La Hoya 2022 T	Tafelweine	879
Artuke La Condenada 2022 T	Rioja	523
Canta la Perdiz 2018 T R	Ribera del Duero	493
Contador 2021 T	Rioja	527
Cuentaviñas Los Yelsones 2021 T	Rioja	575
Dominio de Atauta Valdegatiles 2018 T	Ribera del Duero	463
Dominio do Bibei 2021 T	Ribeira Sacra	425
El Jardín de las Iguales Garnacha 2022 T	Tafelweine	872
Gran Reserva 904 Selección Especial 2015 T GR	Rioja	587
Gran Vino de Remelluri 2020 T R	Rioja	582
La Faraona 2022 T BA	Bierzo	80
La Nieta 2021 T	Rioja	604
La Quebrá 2021 T BA	Vino de Calidad de Cebreros	770
Les Aubaguetes 2022 T C	Priorat	362
Les Tosses 2022 T C	Priorat	386
Marqués de Riscal 150 Aniversario 2019 T GR	Rioja	584
Pago de Carraovejas "Cuesta de las Liebres" 2020 T R	Ribera del Duero	502
Tapias de Marqués de Riscal 2020 T	Rioja	585
Teso La Monja 2018 T	Toro	687
Valtuille la Vitoriana 2022 T	Bierzo	79
Vega Sicilia Único 2015 T	Ribera del Duero	480
Vega Sicilia Único Reserva Especial T GR	Ribera del Duero	480
96 PUNKTE		
1903 Centenary Grenache 2022 T	Priorat	381
1903 Coma de Cases Garnatxa Velles Vinyes 2022 T C	Priorat	381
Acediano 2021 T C	Ribera del Duero	505
Alión 2021 T	Ribera del Duero	483
Alma 2021 T	Rioja	527
Anza Especial 2021 T	Rioja	576
Aro 2021 T	Rioja	553
Arrebatacapas 2021 T	Vino de Calidad de Cebreros	769
Artadi La Poza de Ballesteros 2022 T	Tafelweine	879
Artadi San Lázaro 2022 T	Tafelweine	879
Artuke El Escolladero 2022 T	Rioja	523
Benjamin Romeo Colección Nº 2: La Canoca 2012 T GR	Rioja	527
Casa Castillo Las Gravas 2022 T	Jumilla	231
Clos Erasmus 2021 T BA	Priorat	373
Cuentaviñas El Tiznado 2021 T	Rioja	574
Dominio de Atauta Dos Fincas 2021 T	Ribera del Duero	463
Dominio de Atauta Llanos del Almendro 2018 T	Ribera del Duero	463
Dominio del Aguila 2020 T R	Ribera del Duero	493
El Puntido 2021 T	Rioja	604
El Rapolao Vino de Paraje 2022 T	Bierzo	79
El Retablo IV T	Ribera del Duero	486
Espectacle 2021 T C	Montsant	312
Flor de Pingus 2022 T	Ribera del Duero	492

Guía Peñín SPANIENS WEINFÜHRER

DAS PODIUM
DIE AUSNAHMEWEINE (ROTWEINE)

WEIN	DO	SEITE
96 PUNKTE		
Fuente de Los Huertos 2022 T	Vinos de Madrid	741
Grimalt Caballero 2020 T	VT Mallorca	849
Guix Vermell Negre 2022 T	Montsant	312
Jirón de Niebla 2021 T C	Vino de Calidad de Cebreros	770
Juan Gil Etiqueta Azul/Blue Label 2022 T	Jumilla	233
L'Ermita 2022 T C	Priorat	362
La Estrada 2021 T	Rioja	573
La Florens 2022 T	Montsant	310
Las Alas de Frontonio La Tejera 2022 T FB	Tafelweine	873
Las Lamas 2022 T BA	Bierzo	80
Las Suertes 2022 T	Valle de la Orotava	735
Lo Mas D'Edetària 2021 T	Terra Alta	662
Lola de Fos 2016 T GR	Rioja	541
Luthier 2012 T GR	Ribera del Duero	506
Marqués de Riscal 2019 T GR	Rioja	584
Pago de Torrosillo 2022 T	Ribera del Duero	494
Peñas Aladas 2018 T GR	Ribera del Duero	493
Pepe Mendoza Fierroca 2021 T	Alicante	50
Post-Crucifixión 2022 T	Bierzo	83
Pujanza Cisma 2020 T	Rioja	571
Pujanza Norte 2021 T	Rioja	571
San Vicente 2020 T BA	Rioja	598
Scala Dei Masdeu 2018 T	Priorat	371
Scala Dei Masdeu 2019 T	Priorat	371
Simeta 2021 T	Valencia	725
Suertes del Marqués Edición 1 2022 T	Valle de la Orotava	736
Sufreiral 2022 T	Bierzo	80
Tapias de Marqués de Riscal 2021 T	Rioja	585
Tr3smano Tm 2019 T BA	Ribera del Duero	452
Valbuena 5° 2020 T	Ribera del Duero	480
Viña Arana 2016 T GR	Rioja	588
Viña Sastre Pesus 2016 T	Ribera del Duero	510
Vivaltus 2019 T	Ribera del Duero	512
95 PUNKTE		
4 Kilos 2022 T	VT Mallorca	849
Aalto PS (Pagos Seleccionados) 2022 T	Ribera del Duero	444
Abadía Retuerta Pago Garduña 2020 T	Pago Abadía Retuerta	755
Abadía Retuerta Petit Verdot PV 2020 T	Pago Abadía Retuerta	755
Abel Mendoza Tempranillo Grano a Grano 2020 T	Rioja	525
Alpendre Merenzao 2022 T	Ribeira Sacra	429
Arbossar 2022 T C	Priorat	385
As Caborcas 2021 T	Valdeorras	708
Atteca Armas 2022 T	Calatayud	102
Ausàs Interpretación 2022 T	Ribera del Duero	445
Avancia Nobleza Carballedo 2022 T	Valdeorras	706
Barón de Chirel 2019 T	Rioja	584
Barrera de Sol 2021 T BA	Vino de Calidad de Cebreros	770
Benjamín Romeo Colección Nº 3: El Bombón 2015 T	Rioja	527
Benjamín Romeo Colección Nº 4: La Dehesa 2015 T	Rioja	527
Bernabeleva Arroyo de Tórtolas Tres Vendimias T	Vinos de Madrid	738
Bernabeleva Viña Bonita 2022 T	Vinos de Madrid	738
Beronia Gran Reserva Cosecha Fundacional 1973 T GR	Rioja	534
Blecua Magnum 2016 T R	Somontano	635
Cantos del Diablo 2021 T	Méntrida	287
Cardia Brancellao 2022 T	Ribeira Sacra	420
Cardia Uceira 2022 T	Ribeira Sacra	420
Carraquintana de Amaren 2020 T BA	Rioja	532
Casa Castillo Pie Franco 2022 T C	Jumilla	231
Celia Vizcarra 2021 T	Ribera del Duero	482
César Príncipe 2020 T C	Cigales	162
Cirsion 2021 T	Rioja	558
Clar del Bosc 2022 T	Priorat	379
Clos Mogador 2021 T C	Priorat	374
Cobrana 2022 T	Bierzo	72
Cofrades Bideona 2021 T	Rioja	526
Cuentaviñas 2021 T	Ribera del Duero	491
Curii Dra. Jekyll 2022 T	Tafelweine	884

DAS PODIUM
DIE AUSNAHMEWEINE (ROTWEINE)

	WEIN	DO	SEITE
95 PUNKTE	Dalmau 2020 T R	Rioja	589
	Doix Costers de Vinyes Velles 2022 T C	Priorat	381
	Dominio de Atauta 2021 T C	Ribera del Duero	463
	Dominio de Calogia by José Manuel Pérez Ovejas Doble M 2020 T	Ribera del Duero	492
	El Nido 2021 T	Jumilla	233
	El Pas de L'Estudiant 2022 T	Montsant	310
	El Puntido 2008 T GR	Rioja	604
	El Titán del Bendito 2021 T	Toro	682
	Els Escurçons 2021 T	Priorat	382
	Essences Nº3 T	Ribera del Duero	475
	Figuero Tinus 2020 T	Ribera del Duero	494
	Finca A Ponte Guímaro 2020 T	Ribeira Sacra	421
	Finca Capeliños Guímaro 2021 T	Ribeira Sacra	422
	Finca Dofí 2022 T C	Priorat	362
	Finca El Bosque 2021 T	Rioja	605
	Finca La Personal de Edetària 2021 T	Terra Alta	662
	Finca Terrerazo 2021 T	Pago El Terrerazo	760
	Finca Villacreces Nebro 2021 T C	Ribera del Duero	495
	Frontonio La Cerqueta 2022 T	Tafelweine	872
	Gallinas & Focas 2020 T	VT Mallorca	849
	Galtzada Bideona 2022 T	Rioja	526
	Grans Muralles 2019 T R	Conca de Barberà	172
	Hacienda Monasterio 2019 T R	Ribera del Duero	468
	Hacienda Solano Finca Cascorrales 2021 T	Ribera del Duero	496
	Ignios Origenes Listán Negro Vendimia Seleccionada 2021 T	Ycoden-Daute-Isora	747
	Jeronimo 2022 T	La Palma	259
	José Gil El Bardallo 2022 T	Rioja	586
	La Baixada 2022 T	Priorat	362
	La Bovila 2021 T	Tafelweine	898
	La Breña 2021 T	Vino de Calidad de Cebreros	769
	Lacima 2021 T	Ribeira Sacra	425
	Lalama 2021 T	Ribeira Sacra	425
	Lalomba Finca Valhonta 2019 T	Rioja	594
	Las Ocho 2020 T	Pago Chozas Carrascal	758
	Las Tierras de Javier Rodríguez El Teso Alto 2018 T	Toro	678
	Lousas Rosende 2022 T	Tafelweine	887
	Lousas Seoane 2022 T	Tafelweine	887
	Luthier 2014 T GR	Ribera del Duero	506
	Malpuesto 2022 T	Rioja	556
	Manttoni 2022 T	Rioja	591
	Martínez Lacuesta Colección Familia 2012 T GR	Rioja	551
	Matallana 2021 T	Ribera del Duero	490
	Matarromera Pago de las Solanas 2016 T R	Ribera del Duero	449
	Milagros de Figuero 2022 T	Ribera del Duero	494
	Milsetentayseis 2021 T	Ribera del Duero	500
	Moncerbal 2022 T	Bierzo	80
	Pancrudo de Gómez Cruzado 2022 T	Rioja	567
	Pegaso "Barrancos de Pizarra" 2021 T	Vino de Calidad de Cebreros	770
	Pepe Mendoza Giró de Abargues 2021 T C	Alicante	50
	Perelada Finca Garbet 2021 T R	Empordà	199
	Pico de Luyas 2020 T	Ribera del Duero	478
	Pino 2022 T RB	Manchuela	279
	Popul 2021 T C	Priorat	385
	Por los Cien 2020 T	Rioja	542
	Porrera Vi de Vila de Vall Llach 2022 T C	Priorat	370
	Proelio La Canal del Rojo 2020 T	Rioja	557
	Proelio Puerto Rubio 2020 T	Rioja	557
	Protos '27 2021 T	Ribera del Duero	504
	Protos Selección Finca el Grajo Viejo 2020 T	Ribera del Duero	504
	PSI 2022 T	Ribera del Duero	492
	Quincha Corral 2021 T	Pago El Terrerazo	760
	Quinta Milú Valdevicente 2022 T	Ribera del Duero	504
	Real de Asúa 2021 T	Rioja	575
	Reserva Real 2019 T R	Penedès	342
	Reserva Real 2020 T R	Penedès	342
	Roc 2021 T	Bierzo	72
	Roda I 2020 T R	Rioja	559
	Salas 2021 T	Rioja	521
	Scala Dei Sant Antoni 2021 T	Priorat	371
	Son Agulló 2022 T C	Binissalem Mallorca	88

DAS PODIUM
DIE AUSNAHMEWEINE (ROTWEINE)

	WEIN	DO	SEITE
95 PUNKTE	Sot Lefriec 2019 T	Tafelweine	863
	Supersónico Frontonio 2022 T	Tafelweine	873
	Tabuerniga 2020 T	Rioja	574
	Tabuerniga 2021 T	Rioja	574
	Termanthia 2016 T	Toro	672
	Torre Muga 2020 T	Rioja	553
	Tourán 2021 T	Campo de Borja	111
	Tumba del Rey Moro 2021 T	VT CastyLe	834
	Unanimous Finca La Tejera 2021 T C	Ribera del Duero	507
	Valtuille Cepas Centenarias 2022 T BA	Bierzo	79
	Valtuille La Cova de la Raposa 2022 T	Bierzo	79
	Valtuille Vino de Paraje Rapolao 2022 T C	Bierzo	79
	Valtuille Vino de Villa 2022 T	Bierzo	80
	Vatan 2021 T	Toro	679
	Vatan Arena 2017 T	Toro	679
	Velázquez Colección Artistas Españoles 2011 T R	Rioja	522
	Victorino 2021 T	Toro	687
	Viña Zorzal Señora de las Alturas 2022 T	Navarra	331

DAS PODIUM
DIE AUSNAHMEWEINE (SCHAUMWEINE)

	WEIN	DO	SEITE
100 PUNKTE	Enoteca Gramona 2011 BE BN	Schaumweine	908
99 PUNKTE	Enoteca Personal Manuel Raventos 2008 BE BN	Schaumweine	911
	Reserva Particular de Recaredo 2014 BE BN	Schaumweine	912
	Turo d'en Mota de Recaredo 2010 BE BN	Schaumweine	912
98 PUNKTE	Gramona Celler Batlle 2014 BE BR	Schaumweine	908
	Parés Baltà Bassegues 2010 BE	Cava	153
97 PUNKTE	Alta Alella 10 2012 BE GR BN	Cava	127
	Llopart Original 1887 Viñas Singulares Les Flandes 2013 BE BN	Schaumweine	909
96 PUNKTE	Alta Alella Mirgin Exeo Evolució + 2004 BE GR BN	Cava	127
	Alta Alella Mirgin Exeo Paraje Calificado Vallcirera 2017 BE GR BN	Cava	127
	Izar-Leku 2019 BE BN	Getariako Txakolina	205
	Manuel Raventós Negra Magnum 2013 BE GR BN	Schaumweine	911
	Mas del Serral Clos Petit 2013 BE	Schaumweine	914
95 PUNKTE	Alta Alella Mirgin Opus Paraje Calificado Vallcirera 2019 BE BN	Cava	128
	Gran Juvé Camps 2018 BE GR BR	Cava	148
	Janes 2019 BE	Schaumweine	904
	Juvé & Camps Reserva de la Familia 2009 BE GR BN	Cava	149
	Llopart Llegat Familiar 2010 BE BN	Schaumweine	909
	Manuel Raventós Negra Magnum 2016 BE GR BN	Schaumweine	911
	Mas del Serral 2013 BE GR BN	Schaumweine	913
	Pere Ventura Gran Vintage Paraje Calificado Can Bas 2015 BE GR BR	Cava	153
	Torelló Collection 2012 BE BN	Schaumweine	913
	Juvé & Camps La Siberia 2015 RE GR BN	Cava	148

SPANIENS BODEGAS UND WEINE NACH HERKUNFTSGEBIETEN
(DENOMINACIÓN DE ORIGEN)

BEWERTUNGSSYSTEM

95 - 100: AUSNAHMEWEIN: Ein Wein, der unter den Weinen seines Typs, seines Jahrgangs und seines Terroirs hervorsticht. Er beeindruckt in jeder Hinsicht außerordentlich. Ein komplexer Wein, der in Nase und Mund sämtliche Register zieht und Erstklassigkeit in Bezug auf Boden, Rebsorte, Bereitung und Ausbau offenbart. Er ist elegant und ausgefallen, das heißt er hebt sich von marktgängigen Standards ab, was ihn in einigen Merkmalen für das breite Publikum eigenartig erscheinen lässt.

90-94: EIN HERVORRAGENDER WEIN: Ist ein Wein, der die gleichen Merkmale aufweist, wie die im vorstehenden Abschnitt genannten, jedoch sind diese geringer ausgeprägt und die Nuancen weniger prägnant. Er weist Nuancen auf, die typisch sind für das Terrain oder die einer sehr sorgfältigen Herstellung zu verdanken sind, was ihn von anderen Weinen abhebt.

88 - 89: EIN GUTER WEIN: Ist ein ausgewogener Wein, der vollkommen im Einklang steht mit den Nuancen, die seiner Typologie entsprechen. Bei diesem Wein sind es Nuancen aus seiner Erzeugung und/oder Reifung, die hervorstechen oder Nuancen, die in Zusammenhang mit den verwendeten Rebsorten stehen. Ein Wein mit klar definierten spezifischen Merkmalen, von denen jedoch keines übermäßig hervorsticht und der auch die dem Terrain zu verdankenden Werte nicht eindeutig vermittelt.

85 - 87: EIN ANNEHMBARER WEIN: Dieses Erzeugnis kommt mindestens den Merkmalen, die seiner Typologie entsprechen, nach, jedoch ohne nennenswert herausstechende Nuancen. Ein Wein, der keinen bemerkenswerten Mangel, aber auch keine besondere Eigenschaft aufweist.

80-84: EIN WENIG EMPFEHLENSWERTER WEIN: Hierbei handelt es sich um einen Wein, dessen organoleptische Nuancen Mängel aufweisen; sei es auf Grund seiner Herstellung, seines Reifezustands oder eines zu kurzen Abgangs.

<80: MANGELHAFTER WEIN: Hierbei handelt es sich um einen Wein, der Mängel aufweist, die seiner Gesamtheit schaden und der somit dem Konsumenten nicht zu empfehlen ist.

ÖKO WEINE

D.O.P.
DENOMINACIÓN DE ORIGEN PROTEGIDA

I.G.P.
INDICACIÓN GEOGRÁFICA PROTEGIDA

DO. ABONA
CONSEJO REGULADOR

Martín Rodríguez, 9
38588 Porís de Abona - Arico (Santa Cruz de Tenerife)
☎: +34 922 164 241
@: vinosdeabona@vinosdeabona.com
www.vinosdeabona.com

LAGE:

Das Anbaugebiet im Süden von Teneriffa umfasst die Gemeinden Adeje, Arona, Vilaflor, San Miguel de Abona, Granadilla de Abona, Arico und Fasnia.

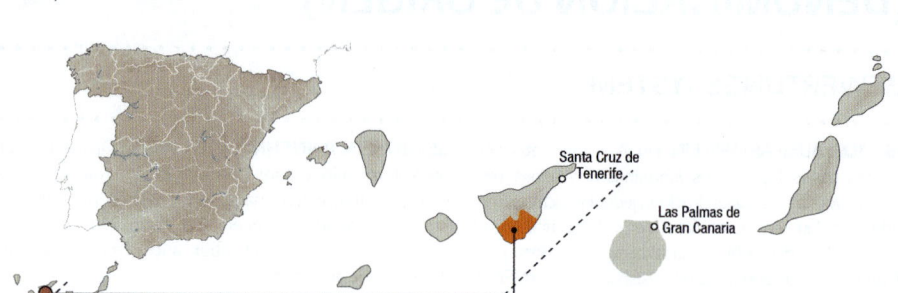

REBSORTEN:

WEISS: Forastera Blanca, Güal, Listán Blanco, Malvasía, Moscatel, Pedro Ximénez, Sabro, Torrontés, Verdello, Vijariego, Albillo, Marmajuelo und Baboso Blanco.

ROT: Cabernet Sauvignon, Castellana Negra, Listán Negro, Listán Prieto, Malvasía Rosada, Moscatel Negro, Negramoll, Pinot Noir, Rubí Cabernet, Syrah, Tempranillo, Tintilla, Vijariego Negro, Baboso Negro und Merlot.

DATEN:

Rebfläche (ha): 828 – **Wine-Growers:** 1.396 – **Weinerzeuger:** 20 – **Jahrgang 22:** Sehr Gut – **Jahresproduktion 22:** 1.047.316 L. – **Absatz:** 95% Spanien - 5% Export.

BODENVERHÄLTNISSE:

Zu unterscheiden sind die sandigen, kalkhaltigen Böden im Inselinneren von den tonhaltigeren und ausreichend drainierten Böden vulkanischen Ursprungs in höheren Lagen. Typisch sind die „Jable" genannten Böden, worunter ein weißlicher feinkörniger Bimssand zu verstehen ist, der auf die Weingärten gestreut wird, um Feuchtigkeit aufzunehmen und Unkraut fern zu halten. Das Gebiet steigt von 300 bis auf 1750 m Höhe (die Reben bester Qualität stehen in den höheren Lagen), weshalb die Weinlese infolge der höhenabhängig unterschiedlichen Erntereife von Anfang August bis Oktober dauert.

KLIMA:

Mediterran im Küstenbereich und landeinwärts zunehmend kühler unter dem Einfluss der Passatwinde. Die jährliche Niederschlagsmenge liegt im Schnitt zwischen 350 mm an der Küste und 550 mm im Inselinneren. Die höchsten Lagen bei Vilaflor werden nicht von den Passatwinden begünstigt, da sie leicht nach Osten gewandt sind. Dennoch bringen die kaum mehr als 200 ha Rebflächen dieser kleinen Hochebene aufgrund der Höhe und längeren Sonnenscheindauer einige Weine mit einem Säuregehalt von 8 g/l und einem Alkoholgehalt von 13 % Vol. hervor.

ERNTEBEWERTUNG ANHAND JUNGER WEINE GUÍAPEÑÍN

2019	2020	2021	2022	2023
UNRATED	GUT	UNRATED	UNRATED	GUT

ALTOS DE TREVEJOS

Calle la Constitución s/n
38620 San Miguel de Abona
(Santa Cruz de Tenerife)
☎: +34 922 929 294
bodega@altosdetrevejos.com
www.altosdetrevejos.com

Trevejos Albillo Criollo 2020 BE GR BN
albillo criollo

90

Rassig, salzig. Farbe: leuchtendes Gelb. Aroma: reifes Obst, feine Hefen, ausgewogen, trockene Kräuter. Mund: schöne Säure, geschmackvoll, reife Früchte.

Trevejos Listán Blanco 2020 BE BN
listán blanco

91

Farbe: leuchtendes Strohgelb. Aroma: reifes Obst, feine Hefen, trockene Kräuter, welke Blumen, süße Gewürze. Mund: geschmackvoll, schöne Säure, feine Perlen, reife Früchte.

Trevejos Mountain Wines Baboso Negro 2021 T
baboso

92

Aroma: reifes Obst, dunkle Früchte, Wildkräuter, ausdrucksvoll, würzig, Röstaromen. Mund: geschmackvoll, fruchtig, frisch, ausgewogen, reife Tannine.

Trevejos Mountain Wines Listán Blanco & Malvasía 2022 B
listán blanco

91

Herb, mineralisch. Farbe: leuchtendes Strohgelb. Aroma: Kräutersäckchen, feine Hefen, helle Früchte, trockene Kräuter. Mund: voll, fett, lang, schöne Säure.

Trevejos Mountain Wines Listán Prieto 2022 T FB
listán prieto

92 🌿

Farbe: kirschrot mit violettem Saum. Aroma: ausdrucksstark fruchtig, rote Früchte, blumig, würzig, erdig. Mund: geschmackvoll, fruchtig, schöne Säure, mineralisch.

Trevejos Mountain Wines Organic Listán Blanco 2022 B S
listán blanco

91 🌿

Farbe: leuchtendes Strohgelb. Aroma: Kräutersäckchen, feine Hefen, helle Früchte, mineralisch. Mund: voll, fett, schöne Säure.

Trevejos Mountain Wines Vijariego Negro 2022 T
vijariego negro

91

Farbe: kirschrot mit violettem Saum. Aroma: ausdrucksstark fruchtig, rote Früchte, blumig, würzig. Mund: geschmackvoll, fruchtig, schöne Säure.

Trevejos Rosado 2020 RE BN
listán prieto

88

Ausgewogen, getrocknete Blumen, frisch, trockene Kräuter, geschmackvoll, salzig.

Trevejos Volcanic Wines Baboso Negro & Syrah 2020 T
baboso, syrah

90

Farbe: tiefes Kirschrot. Aroma: trockene Kräuter, weiches Eichenholz, dunkle Früchte, rauchig. Mund: reife Früchte, würzig, reife Tannine.

Trevejos Volcanic Wines Blanco Albillo & Verdejo 2023 B
albillo criollo, verdello

92

Farbe: leuchtendes Strohgelb. Aroma: feine Hefen, helle Früchte, trockene Kräuter. Mund: voll, fett, schöne Säure, geschmackvoll, mineralisch.

BODEGA MENCEY CHASNA

Marta, 3 Chimiche
38589 Granadilla de Abona
(Santa Cruz de Tenerife)
☎: +34 922 777 285
ventas@menceychas.com
www.menceychasna.com

Listán 1414 de Altura 2021 B
listán blanco

92

Klassisch, nach Eingemachtem, naschhaft. Aroma: Weihrauch, Altholz, kandierte Früchte, getrocknete Blumen. Mund: saftig, geschmackvoll.

Los Tableros 2022 T BA
syrah, vijariego negro

86

Los Tableros Vijariego Blanco - Albillo 2023 B
vijariego negro, albillo criollo

87

Mencey Chasna Seco 2023 B
listán blanco

87

DO ABONA / D.O.P.

DO ABONA / D.O.P.

Mencey Chasna Semiseco 2023 B SS
listán blanco, albillo criollo
86

Mencey de Chasna Vijariego Negro 2023 T
vijariego negro
86

BODEGAS REVERÓN
Ctra. Gral. Vilaflor - La Escalona, Los Quemados, 8
38618 Vilaflor (Santa Cruz de Tenerife)
☎: +34 609 857 226
bodegasreveron1947@gmail.com
www.bodegareveron.com

Pagos de Reverón 2023 B S
100% listán blanco
86 🌱

Pagos de Reverón 2023 B S
100% listán blanco
87

Pagos de Reverón 2023 T S
listán negro, tempranillo
87 🌱

Pagos de Reverón Afrutado 2023 B SD
listán blanco
86

Pagos Reverón Afrutado 2023 RD SD
listán negro
86

Pagos Reverón Malvasia 2023 B S
100% malvasía
88
Aromatisch, sortenrein, blumig, üppig, reif, durchschnittlich am Gaumen.

SOC. COOPERATIVA CUMBRES DE ABONA
Camino Bajada El Viso, S/N. Teguedite
38580 Arico (Santa Cruz de Tenerife)
☎: +34 922 768 604
tecnico@cumbresdeabona.es
www.cumbresdeabona.com

Flor de Chasna Albillo Premium 2023 B
100% albillo criollo
88
Ausgewogen, kräuterig, voll, geschmackvoll.

Flor de Chasna Blanco Selección Premium 2022 B
50% marmajuelo, 50% moscatel
89
Geschmackvoll, reif, blumig, mineralisch, kräuterig.

Flor de Chasna Marmajuelo Premium 2023 B
100% marmajuelo
89
Warm, blumig, mineralisch, reif, geschmackvoll.

Testamento Malvasía Aromática 2022 B FB S
malvasía
90
Farbe: strohgelb. Aroma: reifes Obst, trockene Kräuter, welke Blumen, feine Hefen. Mund: kraftvoll, reife Früchte, ausgewogen, geschmackvoll, salzig, fleischig.

Testamento Malvasía Aromática Dry 2023 B
100% malvasía
87

VENTO
El Pilón, 88, Las Zocas
38638 San Miguel de Abona (Santa Cruz de Tenerife)
☎: +34 630 038 886
clientes@bodegavento.com
www.bodegavento.com

Vento 2023 B S
listán blanco
89 🌱
Klar definierte Aromen, fruchtig, ausgewogen, wenig interventionistisch, mild.

Vento Origen (Piedra y Jable) 2022 B
listán blanco
91 🌱
Farbe: leuchtendes Strohgelb, grünlicher Saum. Aroma: ausdrucksvoll, offen, Zitronenbombon, frisch. Mund: saftig, lebhaft, zartbitter, ausgewogen.

Vento Origen Arcilla 2020 B
91 🌿
Üppig, reif, trockene Kräuter, wenig interventionistisch. Aroma: getrocknete Blumen, feine Reduktionsnoten, Moschus-Noten, Getreidenoten, Orangenschale, Steinobst.

Vento Origen Arcilla 2022 B
listán blanco

90 🌿
Farbe: leuchtendes Strohgelb. Aroma: ausdrucksstark fruchtig, reifes Obst, offen, mit Charakter, ausdrucksvoll. Mund: geschmackvoll, frisch, schöne Säure.

Vento Vendimia Seleccionada 2022 T
listán negro, castellana

90 🌿
Wenig interventionistisch. Aroma: offen, Waldfinsternis, mittlere Intensität, würzig. Mund: korrekt, spannungsvoll.

DO. ALELLA
CONSEJO REGULADOR

Avda. San Mateu, 2 - Masía Can Magarola
08328 Alella (Barcelona)
☎: +34 935 559 153
@: doalella@doalella.org
www.doalella.org

LAGE:

Das Anbaugebiet erstreckt sich auf die Bezirke Maresme und El Vallès bei Barcelona mit den Gemeinden Alella, Argentona, Cabrils, El Masnou, La Roca del Vallès, Martorelles, Montornès del Vallès, Montgat, Orrius, Premià de Dalt, Premià de Mar, Santa Mª de Martorelles, Sant Fost de Campsentelles, Teià, Tiana, Vallromanes, Vilanova del Vallès und Vilasar de Salt. Das Gebiet wird durch das städtische Umfeld geprägt, das die Anbauflächen in engen Grenzen hält. Tatsächlich handelt es sich um eines der kleinsten Weinbaugebiete Spaniens.

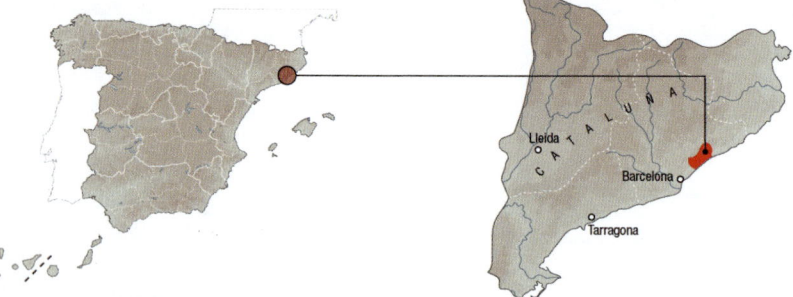

REBSORTEN:

WEISS: Pansa Blanca (ähnlich der Xarel.lo anderer katalanischer Gebiete), Garnacha Blanca, Pansa Rosada, Picapoll, Malvasía, Macabeo, Parellada, Chardonnay, Sauvignon Blanc und Chenin Blanc.

ROT (geringer Anteil): Garnacha Negra, Ull de Llebre (Tempranillo), Merlot, Pinot Noir, Syrah, Monastrell, Sumoll, Mataró und Cabernet Sauvignon.

DATEN:

Rebfläche (ha): 227 – **Wine-Growers:** 56 – **Weinerzeuger:** 9 – **Jahrgang 20:** Unrated – **Jahresproduktion 20:** 700.000 L. **Absatz:** 86% Spanien - 14% Export.

BODENVERHÄLTNISSE:

Distinction can be made between the clayey soils of the interior slope of the coastal mountain range and the soil situated along the coastline. The latter, known as Sauló, is the most typical. Almost white in colour, it is renowned for it high permeability and great capacity to retain sunlight, which makes for a better ripening of the grapes.

KLIMA:

Typisch mediterranes Mikroklima mit milden Wintern und heißen, trockenen Sommern, das entscheidend von der Bergkette an der Küste geprägt wird, die als Schutzbarriere gegen die Winde wirkt und gleichzeitig die Feuchtigkeit hält, die das Meer herüberträgt.

ERNTEBEWERTUNG ANHAND JUNGER WEINE GUÍA**PEÑÍN**

2019	2020	2021	2022	2023
SEHR GUT	UNRATED	UNRATED	UNRATED	UNRATED

ALTA ALELLA

Camí Baix de Tiana s/n
08328 Alella (Barcelona)
☎: +34 934 693 720
info@altaalella.wine
www.altaalella.wine

AA Cau D'en Genis 2021 B
pansa blanca

92
Farbe: leuchtendes Strohgelb. Aroma: reifes Obst, Kräutersäckchen, feine Hefen, Sellerie, trockener Stein. Mund: voll, fett, schöne Säure.

AA Cau D'en Genis 2022 B
pansa blanca

92
Farbe: leuchtendes Strohgelb. Aroma: reifes Obst, Kräutersäckchen, feine Hefen, mineralisch. Mund: voll, schöne Säure, ausgewogen.

AA Lanius 2021 B S
chardonnay

92
Farbe: leuchtendes Gelb. Aroma: kraftvoll, weiches Eichenholz, reifes Obst, würzig, Röstaromen. Mund: fett, strukturiert, lang, Röstnoten, zartbitter.

AA Parvus Chardonnay 2023 B
chardonnay

89
Lieblich, fruchtig, reif, mild, kräuterig.

AA Parvus Syrah 2022 T
syrah

89
Lieblich, fruchtig, trockene Kräuter, reif, geschmackvoll.

Alta Alella GX 2023 T
garnacha

90
Fruchtig, frisch, trockene Kräuter, geschmackvoll. Farbe: kirschrot mit violettem Saum. Aroma: rote Früchte, von Primäraromen beherrscht.

Alta Alella PB 2023 B
pansa blanca

87

BODEGAS ROURA, J.A. PEREZ ROURA

Valls de Rials, s/n
08328 Alella (Barcelona)
☎: +34 933 527 456
roura@roura.es
www.roura.es

Roura Coupage 2020 T C
32,25% garnacha, 55,9% merlot, 8,45% syrah, 3,3% tempranillo

87

Roura Merlot 2023 RD
100% merlot

84

Roura Sauvignon Blanc 2023 B
100% sauvignon blanc

86

Roura Xarel.lo 2023 B
100% xarel.lo

86

CELLER MARFIL

Passatge del Vi Marfil s/n
08328 Alella (Barcelona)
☎: +34 651 906 934
xavi@cellermarfil.com
www.cellermarfil.com

Ivori Vinya La Finka 2022 B
100% pansa blanca

89
Reif, Hefenoten, Oxidativ, geschmackvoll, trockene Kräuter.

Marfil Clàssic 2023 B
60% pansa blanca, 40% garnacha blanca

89
Ausgewogen, würzig, reif, trockene Kräuter, Oxidativ, durchschnittlich am Gaumen.

Marfil Molt Dolç B Solera MED
100% pansa blanca

92
Farbe: helles Mahagonibraun. Aroma: reifes Obst, kandierte Früchte, Honignoten, mit Charakter, ausdrucksvoll. Mund: geschmackvoll, geschmeidig, süß.

Supermarfil B SS
50% pansa blanca, 50% garnacha blanca

90
Reif, Oxidativ, lieblich. Farbe: strohgelb. Aroma: reifes Obst, trockene Kräuter, welke Blumen, Curry, Nüsse, Sellerie. Mund: reife Früchte, ausgewogen, fett.

DO ALELLA / D.O.P.

DO ALELLA / D.O.P.

Vallmora 2021 T
100% garnacha

88 🌿
Reduziert, Waldfinsternis. Aroma: dunkle Früchte, verfrühte Reduktion. Mund: geschmackvoll, kraftvoll, reife Früchte, balsamisch.

ELVIWINES
Ctra T-300 Falset-Marça, km 0.97
43775 Marça (Tarragona)
☎: +34 606 186 565
info@elviwines.com
www.elviwines.com

Herenza 2023 B
70% pansa blanca, 30% sauvignon blanc

89
Balsamisch, herb, trockene Kräuter, Hefenoten, geschmackvoll.

VINS DE LA MEMÒRIA
Aribau 168, 1-1
08036 Barcelona (Barcelona)
☎: +34 672 429 920
info@vinsdelamemoria.com
www.vinsdelamemoria.com

elbadiu 2022 B
100% pansa blanca

92
Farbe: leuchtendes Strohgelb. Aroma: Kräutersäckchen, feine Hefen, helle Früchte, milchig. Mund: voll, fett, schöne Säure.

DO. ALICANTE
CONSEJO REGULADOR

Monjas, 6
03002 Alicante
☎: +34 629 513 934
@: info@vinosalicantedop.org
www.vinosalicantedop.org

LAGE:

Die DO umfasst über 50 Gemeindebezirke der Provinz Alicante und einen sehr kleinen Teil von Murcia und Albacete. Das Weinanbaugebiet erstreckt sich über die gesamte Provinz, von der Küste bis ins Landesinnere, und ist in acht Untergebiete unterteilt: L´Alacantí, L'Alcoià, Alto Vinalopó, Medio Vinalopó, Bajo Vinalopó, La Marina Alta, La Marina Baja, El Comtat sowie die Weinberge, die sich innerhalb der Grenzen des Naturparks „Parque Natural de las Lagunas de la Mata y Torrevieja" befinden.

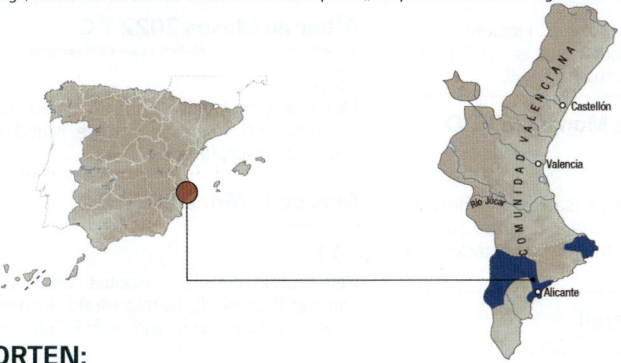

REBSORTEN:

WEISSE: Moscatel de Alejandría, Alarije, Subirat Parent (Malvasía), Merseguera (Verdosilla) und Verdil, als Hauptsorten; Tortosí, Pedro Ximénez, Forcallat Blanca, Planta Nova oder Tardana und Valencí Blanco, als historische Sorten; sowie Airén, Chardonnay, Moscatel de Grano Menudo, Macabeo, Planta Fina de Pedralba, Sauvignon Blanc, Viognier, Verdejo und Garnacha Blanca, als Nebensorten.

ROTE: Monastrell, Garnacha Tintorera oder Alicante Bouschet, Garnacha Tinta (Gironet, Giró), Bobal, als Hauptsorten; Forcallat Tinta, Bonicaire, Miguel del Arco, Garro, Mandó, Trepat, Valencí Tinto, als historische Sorten; sowie Cabernet Sauvignon, Cabernet Franc, Merlot, Pinot Noir, Petit Verdot, Syrah und Tempranillo, als Nebensorten.

DATEN:

Rebfläche (ha): 10.628– **Wine-Growers:** 2.100– **Weinerzeuger:** 46– **Jahrgang 23:** Unrated – **Jahresproduktion 23:** 14.106.100 L– **Absatz:** 69% Spanien - 31% Export.

BODENVERHÄLTNISSE:

Im Allgemeinen sind die meisten Böden dieser Region braun-kalkig, mit geringem Gehalt an Lehm und organischer Masse.

KLIMA:

Zu beachten ist der Unterschied zwischen den in Küstennähe gelegenen Weinbergen, auf denen ein deutlich mediterranes und etwas feuchtes Klima herrscht und den im Landesinneren gelegenen Weinbergen, die durch den Einfluss eines kontinentalen Klimas mit weniger Niederschlägen gekennzeichnet sind.

ERNTEBEWERTUNG ANHAND JUNGER WEINE GUÍAPEÑÍN

2019	2020	2021	2022	2023
SEHR GUT	SEHR GUT	SEHR GUT	SEHR GUT	GUT

DO ALICANTE / D.O.P.

BODEGA FUEGO LENTO
Partida Umbría Alta de Algayat, 42
03669 La Romana (Alacant/Alicante)
☎: +34 689 717 870
fuegolento@fuegolento.wine
www.fuegolento.wine

Fuego Lento 2018 T C S
70% monastrell, 15% syrah, 15% alicante bouschet

92

Korpulent. Farbe: kirschrot mit granatrotem Saum. Aroma: Früchtekonfit, kraftvoll, Buschwaldkräuter, trockene Kräuter, Schokolade, würzig. Mund: geschmackvoll, lang, reife Tannine, würzig.

Fuego Lento Dolç D'Alexandría B D
moscatel

94

Farbe: leuchtendes Gelb. Aroma: Honignoten, blumig, Zitrusfrüchte, eine Spur Waldbeeren. Mund: geschmackvoll, geschmeidig, fruchtig, süß.

Fuego Lento Dolç de Monastrell T D
monastrell

92

Opulent, repräsentativ. Farbe: sattes Kirschrot. Aroma: dunkle Früchte, getrocknete Früchte, ausgewogen, kraftvoll, Weihrauch. Mund: geschmackvoll, voll, balsamisch.

Fuego Lento Monastrell Secano Extremo 2020 T BA
100% monastrell

90

Lieblich, klassisch. Farbe: leuchtendes Kirschrot. Aroma: süße Gewürze, reifes Obst, schwarze Lakritze, trockene Kräuter, erdig. Mund: fruchtig, würzig, reife Tannine.

Fuego Lento Rose 2021 RE BN
monastrell

88

Lieblich, durchschnittlich am Gaumen, korrekt, Hefenoten, saftig, fruchtig.

BODEGA LAS VIRTUDES
Ctra. de Yecla, 27
03400 Villena (Alacant/Alicante)
☎: +34 965 802 187
oficina@virtudes.net
www.bodegavirtudes.com

Patojo 2021 T
100% monastrell

89 🌿

Korpulent, nach Eingemachtem. Aroma: Tabak, Wachs, mit Charakter, kraftvoll.

Tesoro de Villena Fondillón 1972 T FO D
100% monastrell

92

Farbe: helles Mahagonibraun. Aroma: Früchtekonfit, Röstaromen, in Likör eingelegte Früchte, mit Charakter. Mund: kraftvoll, geschmackvoll, voll, lang.

Vinalopó Alicante Bouschet 2021 T C
100% alicante bouschet

87

BODEGA MASOS
CV-70 Partida Clot de Morera
03516 Benimantell (Alacant/Alicante)
☎: +34 636 059 318
direccion@masos.es
www.masosquadalest.com

Albor de Masos 2022 T C
monastrell, alicante bouschet, cabernet sauvignon

93

Farbe: kirschrot mit violettem Saum. Aroma: Gras, Sträucher, offen, dunkle Früchte. Mund: geschmackvoll, balsamisch, fleischig.

Mas de la Mona 2022 B
chardonnay

91

Reif, würzig. Aroma: Steinobst, reifes Obst, würzig, weiches Eichenholz, blumig. Mund: ausgewogen, zartbitter, geschmackvoll, lang, reife Früchte, würzig.

Penya El Castellet 2022 RD
monastrell

90

Farbe: blassrosa. Aroma: rote Früchte, Kräutersäckchen, getrocknete Blumen. Mund: würzig, schöne Säure, zartbitter.

Vidal Balaguer 2021 T R

92

Klassisch, rauchig. Farbe: kirschrot mit granatrotem Saum. Aroma: Früchtekonfit, kraftvoll, erdig, süße Gewürze, schwarze Lakritze. Mund: geschmackvoll, lang, reife Tannine, balsamisch.

BODEGA SANTA CATALINA DEL MAÑÁN
Ctra. Monóvar-Pinoso, Km. 10,5
03649 Monóvar (Alacant/Alicante)
☎: +34 966 960 096
info@bodegasantacatalina.com
www.bodegasantacatalina.com

Caterina 2020 T
monastrell

87

Embaucador Monastrell 2021 T
monastrell
87

Gran Mañán 1982 T FO D
monastrell
91
Alt, nach Eingemachtem, Oxidativ, stumpf. Farbe: KirsChrot, orangefarbener Saum. Aroma: Moschus-Noten, in Likör eingelegte Früchte, erdig. Mund: geschmackvoll, sortentypisch.

Locura 2023 RD
monastrell
87

Rustic 2020 T C
cabernet sauvignon
87

Terra del Mañá 6 meses 2022 T C
alicante bouschet
87

BODEGAS ARRÁEZ
Pol. 6 Parcela 386 Paraje Ciscar
46630 La Font de la Figuera (València/Valencia)
☎: +34 962 290 031
info@bodegasarraez.com
www.bodegasarraez.com

Bala Perdida 2022 T
100% alicante bouschet
87

Mínimo 2022 T
100% alicante bouschet
88
Balsamisch, korrekt, würzig, kräuterig, reif, Röstaromen. Aroma: Weihrauch.

Mínimo 2023 B
100% chardonnay
85

BODEGAS BOCOPA
Paraje Les Pedreres, Autovía A-31, km. 200 - 201
03610 Petrer (Alacant/Alicante)
☎: +34 966 950 489
info@bocopa.com
www.bocopa.com

Laudum 2022 T RB
monastrell, syrah
87

Laudum Chardonnay 2023 B
chardonnay
86

Laudum Fondillón 1994 T FO D
monastrell
91
Farbe: mahagonibraun. Aroma: dunkle Früchte, Früchtekonfit, würzig, Nüsse, süße Gewürze, Karamel. Mund: geschmackvoll, opulent, voll.

Laudum Monastrell 2022 T RB
monastrell
86

Marina Alta 2023 B
moscatel
86

Marina Espumante BE
moscatel
86

BODEGAS E. MENDOZA
Camino del Romeral, 42
03580 Alfaz del Pi (Alacant/Alicante)
☎: +34 965 888 639
bodegas-mendoza@bodegasmendoza.com
www.bodegasmendoza.com

Enrique Mendoza Chardonnay 2023 B
100% chardonnay
88
Zitrusfrüchte, korrekt, frisch, kräuterig.

Enrique Mendoza Chardonnay 2023 B FB
100% chardonnay
90
Farbe: leuchtendes Strohgelb. Aroma: Kräutersäckchen, feine Hefen, helle Früchte, trockener Stein, . Mund: voll, fett, schöne Säure.

Enrique Mendoza Estrecho Monastrell 2022 T C
100% monastrell
94
Farbe: tiefes Kirschrot. Aroma: dunkle Früchte, eine Spur Waldbeeren, Buschwaldkräuter, balsamisch, erdig, mineralisch. Mund: kraftvoll, reife Früchte, würzig, reife Tannine, saftig.

Enrique Mendoza Finca Xaconero 2022 T
100% monastrell
91
Farbe: leuchtendes Kirschrot. Aroma: reifes Obst, trockene Kräuter, weiches Eichenholz, süße Gewürze. Mund: kraftvoll, reife Früchte, würzig, reife Tannine.

DO ALICANTE / D.O.P.

DO ALICANTE / D.O.P.

Enrique Mendoza Las Quebradas 2022 T C
100% monastrell

92

Farbe: tiefes Kirschrot. Aroma: reifes Obst, trockene Kräuter, weiches Eichenholz, dunkle Früchte, Schwarzer Pfeffer. Mund: kraftvoll, reife Früchte, würzig, reife Tannine, geschmackvoll, trockene, aber reife Tannine.

Enrique Mendoza Moscatel de la Marina Dulce 2023 B D
100% moscatel de alejandría

91

Farbe: leuchtendes Gelb. Aroma: reifes Obst, kandierte Früchte, Honignoten, ausdrucksstark fruchtig, Orangenschale, Anklänge von exotischen Früchten. Mund: geschmackvoll, geschmeidig, fruchtig, süß.

Enrique Mendoza Santa Rosa 2022 T C
35% monastrell, 35% cabernet sauvignon, 15% merlot, 15% syrah

93

Farbe: tiefes Kirschrot. Aroma: reifes Obst, erdig, feiner Kakao, Wildkräuter. Mund: reife Früchte, würzig, reife Tannine.

BODEGAS FAELO

Camino de los Coves.
Partida de Matola, Poligono 3, N°18
03296 Elche (Alacant/Alicante)
☎: +34 655 856 898
info@vinosladama.com
www.vinosladama.com

La Dama 2020 T C
50% monastrell, 50% cabernet sauvignon

90

Aromatisch, balsamisch. Farbe: KirsChrot, granatroter Saum. Aroma: Wachs, trockene Kräuter, würzig. Mund: korrekt, ausgewogen, reife Tannine.

Palma Blanca Dulce B Mistela D
moscatel

90

Farbe: leuchtendes Gelb. Aroma: reifes Obst, kandierte Früchte, Honignoten. Mund: fruchtig, süß, schöne Säure.

BODEGAS FRANCISCO GÓMEZ

Ctra. Villena-Pinoso Km. 8'8
03400 Villena (Alacant/Alicante)
☎: +34 965 979 195
info@bodegasfranciscogomez.es
www.bodegasfranciscogomez.es

Fruto Noble Rosado 2023 RD
monastrell, syrah

87 🍷

Fruto Noble Sauvignon Blanc 2023 B
sauvignon blanc

85 🍷

Fruto Noble Vino de Finca 2022 T RB
monastrell, syrah

88 🍷

Korrekt, kräuterig, reif, wild, saftig, geschmackvoll.

La Viña de Mateo 2008 T D
monastrell

92

Farbe: kirschrot mit granatrotem Saum. Aroma: Früchtekonfit, reifes Obst, würzig, Röstaromen. Mund: geschmackvoll, voll, saftig, süß, ausgewogen.

La Viña de Mateo 2022 T
monastrell, merlot

89 🍷

Angenehm, balsamisch, saftig, vegetabil, reif, fruchtig, korrekt. Mund: süffig.

La Viña de Mateo 2023 B FB
sauvignon blanc, moscatel

89 🍷

Kräuterig, saftig, korrekt, würzig, angenehm, durchschnittlich am Gaumen.

BODEGAS MONÓVAR

Ctra. Monovar-Salinas CV-830 Km 3
03640 Monóvar (Alacant/Alicante)
☎: +34 965 076 435
info@mgwinesgroup.com
www.mgwinesgroup.com

El Caire 2023 RD
monastrell

88

Lieblich, korrekt, säuerlich, kräuterig, mild. Mund: süffig, reife Früchte.

El Caire Monastrell 2021 T
monastrell

89

Klassisch, Waldfinsternis, korrekt, trockene Kräuter. Aroma: Fleischnoten, feine Reduktionsnoten, Wachs. Mund: zartbitter.

Fondillón 10 años 2000 T FO
monastrell

92

Farbe: mahagonibraun. Aroma: Lacknoten, kandierte Früchte, eingemachtes Obst, Feingebäck, Karamel. Mund: geschmackvoll, saftig.

🏆 PODIUM

Fondillón 1944 T FO
monastrell
95
Klassisch, komplex, mit Persönlichkeit. Farbe: mahagonibraun, jodfarben mit bernsteinfarbenem Saum. Aroma: Nüsse, Jodnuancen. Mund: strukturiert, kraftvoll, lang, altes Holz, ausgewogen, abgerundet.

Fondillón 1968 T FO
monastrell
94
Komplex, alt. Farbe: mahagonibraun. Aroma: kandierte Früchte, in Likör eingelegte Früchte, würzig, Lacknoten. Mund: Anklänge von Solera, zartbitter, konzentriert, kraftvoll, geschmackvoll.

🏆 PODIUM

Fondillón 1975 T FO
monastrell
95
Farbe: helles Mahagonibraun. Aroma: in Likör eingelegte Früchte, Noten von Tischlerei, Feingebäck, rancio, Lacknoten, komplex. Mund: konzentriert, zartbitter, würzig, lang.

Fondillón 1996 Gran Reserva T FO D
94
Farbe: Altgold. Aroma: leicht alkoholisch, kandierte Früchte, Altholz, Feingebäck, Praline. Mund: geschmackvoll, voll, lang, würzig.

Fondillón 50 Años T FO D
monastrell
94
Oxidativ, repräsentativ. Farbe: helles Mahagonibraun. Aroma: kraftvoll, komplex, Nüsse, Röstaromen, Acetaldehyd. Mund: fett, lang, würzig, abgerundet, altes Holz, nachhaltig.

🏆 PODIUM

Fondillón Ed. Limitada 1959 T FO
monastrell
96
Farbe: helles Mahagonibraun. Aroma: Acetaldehyd, pikant, Lacknoten, Noten von Tischlerei, weiches Eichenholz. Mund: kraftvoll, geschmackvoll, würzig, lang, ausgewogen.

BODEGAS MURVIEDRO

Ampliación Pol. El Romeral, s/n
46340 Requena (València/Valencia)
☎: +34 962 329 003
murviedro@murviedro.es
www.murviedro.es

Finca El Serrano 2022 T
100% monastrell
92
Klassisch, ausgewogen, würzig. Farbe: tiefes Kirschrot. Aroma: reifes Obst, trockene Kräuter, weiches Eichenholz, erdig. Mund: kraftvoll, reife Früchte, würzig, reife Tannine.

Galeam 2019 T C
100% monastrell
88
Markante Eiche, nach Eingemachtem, geschmackvoll, Röstaromen. Aroma: Praline, süße Gewürze.

Galeam Dry Muscat 2023 B
100% moscatel
87

Murviedro Cepas Viejas Monastrell 2019 T R SS
100% monastrell
88
Lieblich, nach Eingemachtem, würzig, naschhaft, markante Eiche. Aroma: Röstaromen, Weihrauch.

Murviedro Colección Eko 2023 T
100% monastrell
88 🌿
Korrekt, würzig, reif, geschmackvoll, schlicht, sortenrein.

DO ALICANTE / D.O.P.

DO ALICANTE / D.O.P.

Sericis Cepas Viejas Monastrell 2019 T R
100% monastrell
88
Alt, nach Eingemachtem, rauchig, markante Eiche.

BODEGAS ORTIGOSA
Camino de Ravalet, 8
03640 Monóvar (Alacant/Alicante)
☎: +34 606 457 232
bodegasortigosa@gmail.com
www.bodegasortigosa.com

La Pitxotxa Cabernet Sauvignon 2020 T C
cabernet sauvignon
88
Vegetabil, rauchig, reif. Aroma: Weihrauch, geröstetes Brot, Schwarzer Pfeffer.

La Pitxotxa Moscatel de Alejandría B SD
moscatel de alejandría
86

La Pitxotxa Rosé 2023 RD
monastrell
87

Modernitxen Vino Noble de Alicante 2020 TF Trasañejo CRM
monastrell
87

BODEGAS PINOSO
Paseo de la Constitución, 82
03650 Pinoso (Alacant/Alicante)
☎: +34 965 477 040
export@bodegaspinoso.com
www.bodegaspinoso.com

Camarillas 2021 T RB
monastrell
92
Farbe: KirsChrot. Aroma: balsamisch, süße Gewürze, Buschwaldkräuter, Wildkräuter, ausgewogen. Mund: würzig, balsamisch, schöne Säure, süffig, saftig.

Pinoso Alta Expresión 2021 T C
monastrell
91
Farbe: KirsChrot. Aroma: balsamisch, süße Gewürze, Buschwaldkräuter, erdig. Mund: würzig, balsamisch, schöne Säure, rauchig nachwirkend, Röstnoten.

Pinoso Clásico 2021 T C
monastrell
89
Klar definierte Aromen, balsamisch, sortenrein, wild, vegetabil, reif, geschmackvoll, würzig.

Vergel Selección 2021 T C
80% monastrell, 15% syrah, 5% merlot
90
Üppig, Röstaromen, wild, trockene Kräuter, nach Eingemachtem. Aroma: Wachs, erdig. Mund: strukturiert, saftig, geschmackvoll.

BODEGAS RIKO
Avda. Pla de la Séquia, 33
03727 Xaló (Alacant/Alicante)
☎: +34 966 480 294
bodegasrikoxalo@gmail.com
www.bodegasrikoxalo.com

Giró Oscar Mestre 2021 T C
100% giró
93
Reif, wild, repräsentativ, wenig interventionistisch. Farbe: durchscheinendes Kirschrot. Aroma: getrocknete Blumen, welke Blumen, reifes Obst, rote Früchte, offen. Mund: saftig, lebhaft, geschmackvoll, süffig.

Renaix de Giró 2022 T
giró, syrah
91
Farbe: durchscheinendes Kirschrot. Aroma: mittlere Intensität, offen, ausdrucksstark fruchtig, trockene Kräuter, getrocknete Blumen. Mund: fruchtig, flüssig am Gaumen, feinkörnige Tannine, ziemlich nachhaltig.

Renaix La Passió 2023 B
moscatel, macabeo, merseguera
89
Aromatisch, lieblich, korrekt, blumig, kräuterig, Zitrusfrüchte, durchschnittlich am Gaumen. Mund: ausgewogen, zartbitter.

BODEGAS SIERRA SALINAS
Ctra. Villena-Pinoso (CV-813) Km, 18
03400 Villena (Alacant/Alicante)
☎: +34 965 979 786
info@mgwinesgroup.com
www.sierrasalinas.com

Mo Salinas 2021 T FB
90% monastrell, 10% alicante bouschet
91
Farbe: tiefes Kirschrot. Aroma: reifes Obst, trockene Kräuter, weiches Eichenholz. Mund: kraftvoll, reife Früchte, würzig, reife Tannine, süffig.

Puerto Salinas 2017 T R
85% monastrell, 15% garnacha tintorera
92
Farbe: kirschrot mit granatrotem Saum. Aroma: Früchtekonfit, kraftvoll, trockene Kräuter, Buschwaldkräuter, erdig. Mund: geschmackvoll, lang, reife Tannine.

BODEGAS VIVANZA

Ctra. Jumilla Pinoso , Km. 13 La Alberquilla
30520 Jumilla (Murcia)
☎: +34 966 078 686
agomez@vivanza.es
www.vivanza.es

Lascala 2022 B
verdil, sauvignon blanc
84

Vivanza 2016 T C
cabernet sauvignon, merlot
86

Vivanza Elite 2017 T C
monastrell, cabernet sauvignon, syrah
89
Nach Eingemachtem, alt, klassisch, korrekt. Aroma: schwarze Lakritze, trockene Kräuter.

Vivanza Gold 2019 T C
monastrell, syrah, pinot noir
89
Korrekt, klassisch, alt. Aroma: dunkle Früchte, stark gegerbtes Leder, Wachs, , schwarze Lakritze.

BODEGAS VOLVER

Ctra de Pinoso a Fortuna, s/n
03658 Rodriguillo (Alacant/Alicante)
☎: +34 966 185 624
export@bodegasvolver.com
www.bodegasvolver.com

Alicante Bouschet by Tarima 2021 T BA
alicante bouschet, monastrell
91
Röstaromen. Farbe: tiefes Kirschrot. Aroma: reifes Obst, trockene Kräuter, weiches Eichenholz. Mund: reife Früchte, würzig, reife Tannine.

Eje Monastrell 2022 T
monastrell
89
Wild, sortenrein, würzig, geschmackvoll.

Eje Monastrell 2023 T
88
Warm, reif, Röstaromen, geschmackvoll, markante Eiche.

Tarima al Natural Orgánico sin Sulfitos 2023 T
100% monastrell
88 🌿
Ausgewogen, würzig, trockene Kräuter, durchschnittlich am Gaumen.

Tarima Hill 2022 T
100% monastrell
89
Würzig, trockene Kräuter, intensive Röstaromen, reif.

Tarima Hill 2023 B FB
90% chardonnay, 10% merseguera
89
Röstaromen, holzig, reif, geschmackvoll, kraftvoll.

Tarima Selección 2023 T
90% monastrell, 10% syrah
89
Ausgewogen, würzig, trockene Kräuter, reif, Röstaromen.

Triga 2020 T GR
85% monastrell, 15% cabernet sauvignon
93
Farbe: dunkles Kirschrot. Aroma: Röstaromen, würzig, feiner Kakao, dunkle Früchte, feine Reduktionsnoten. Mund: geschmackvoll, Röstnoten, zartbitter, fleischig.

Triga 2023 B
100% chardonnay
91
Farbe: leuchtendes Gelb. Aroma: kraftvoll, weiches Eichenholz, reifes Obst, würzig. Mund: fett, strukturiert, lang, Röstnoten.

DO ALICANTE / D.O.P.

DO ALICANTE / D.O.P.

BODEGAS XALO
Ctra. Xaló Alcalali, s/n
03727 Xaló (Alacant/Alicante)
☎: +34 966 480 034
comercial@bodegasxalo.com
www.bodegasxalo.com

1962 Origen 2020 T
giró
90
Reduktiver Ausbau. Aroma: Wachs, in Likör eingelegte Früchte, Weihrauch, würzig, schwarze Lakritze. Mund: geschmackvoll, korrekt, würzig.

Bahía de Denia 2021 B FB
moscatel
89
Aromatisch, Röstaromen, reif, würzig. Aroma: geröstetes Brot, Steinobst. Mund: fett.

Duquesa de la Vall 2021 T C
giró
89
Würzig, beschädigtes Obst, trockene Kräuter, reif. Aroma: dunkle Früchte, getrocknete Blumen.

Marnes 2023 B
moscatel
86

Riu Rau Dulce 2021 B Mistela D
moscatel
91
Korpulent, Cremig, naschhaft. Farbe: Altgold. Aroma: blumig, Zitrusfrüchte, kandierte Früchte, Honignoten. Mund: voll, geschmackvoll, süß.

Vall de Xaló Giró Vino de Licor 2022 TF Mistela D
giró
89
Lieblich, balsamisch, nach Eingemachtem, würzig, kräuterig, opulent, nachhaltig.

BODEGAS Y VIÑEDOS EL SEQUÉ
El Sequé, 59
03650 Pinoso (Alacant/Alicante)
☎: +34 945 600 119
info@elseque.es
www.elseque.es

El Sequé 2022 T
100% monastrell
94 🍷
Sortenrein, wild, repräsentativ. Farbe: kirschrot mit granatrotem Saum. Aroma: Wachs, reifes Obst, ausdrucksvoll, ausgewogen, Wildkräuter, Thymian. Mund: saftig, lebhaft, sortentypisch, geschmackvoll.

BROTONS V & A
Caserío Culebrón, 59
03650 Pinoso
(Alacant/Alicante)
☎: +34 965 477 267
info@vinosculebron.com
www.vinosculebron.com

🏆 **PODIUM**

Brotons Gran Fondillon Reserva 1964 T FO
100% monastrell
96
Alt. Farbe: helles Mahagonibraun. Aroma: Acetaldehyd, Lacknoten, kandierte Früchte, Nüsse, Honignoten, rancio. Mund: fruchtig, geschmackvoll, süß, abgerundet, altes Holz.

🏆 **PODIUM**

Brotons Gran Fondillon Reserva 1970 T FO
100% monastrell
95
Komplex, alt. Farbe: Altgold. Aroma: geröstete Mandeln, Karamel, Feingebäck, Lacknoten. Mund: geschmackvoll, konzentriert, süß, lang, altes Holz, Röstnoten.

🏆 **PODIUM**

Brotons Gran Fondillon Reserva 1978 T FO D
100% monastrell
97
Klassisch, repräsentativ, alt, Oxidativ. Aroma: Nüsse, Acetaldehyd, pikant, Noten von Tischlerei. Mund: voll, opulent, poliert, würzig, klassischer Ausbau.

CARABIBAS
La Molineta, s/n
03638 Salinas
(Alacant/Alicante)
☎: +34 647 515 590
info@carabibas.com
www.carabibas.com

Carabibas Merseguera 2023 B
merseguera
90
Farbe: strohgelb. Aroma: trockene Kräuter, Zitrusfrüchte, Buschwaldkräuter, Wildkräuter. Mund: fruchtig, ausgewogen, schöne Säure, zartbitter.

Carabibas
Monastrell 2021 T
monastrell
91
Trockene Kräuter, reif, wild, sortenrein, fruchtig, geschmackvoll. Aroma: offen. Mund: fruchtig, sortentypisch, saftig.

CASA CORREDOR
Autovía Alicante, Salida 1687
02660 Caudete (Albacete)
☎: +34 966 842 064
info@mgwinesgroup.com
www.mgwinesgroup.com

Alagu Rosé 2022 RD
forcallat
91
Farbe: blassrosa. Aroma: rote Früchte, blumig, Kräutersäckchen, Phosphor. Mund: leicht, schöne Säure, zartbitter, süffig.

CASA SICILIA 1707
Paraje Alcaydias, 4
03660 Novelda (Alacant/Alicante)
☎: +34 965 605 385
administracion@casasicilia1707.es
www.casasicilia1707.es

Casa Sicilia 1707 Monastrell 2022 T
89
Lieblich, klar definierte Aromen, balsamisch, fruchtig. Aroma: erdig, getrocknete Blumen, Buschwaldkräuter, Wildkräuter.

Cesilia La Garnacha 2022 T
89 🍷
Farbe: leuchtendes Kirschrot. Aroma: frisches Obst, trockene Kräuter, Wildkräuter. Mund: schöne Säure, würzig, feinkörnige Tannine, süffig.

Cesilia Rosé
La Reserve 2023 RD
88 🍷
Korrekt, würzig, säuerlich, Zitrusfrüchte. Farbe: kupferfarben. Aroma: Steinobst, reifes Obst.

Cesilia Rosé
La Réserve Especial 2019 RD
garnacha
90 🍷
Leichte Oxidation, wenig interventionistisch, Hefenoten, trockene Kräuter. Farbe: kupferfarben. Aroma: würzig. Mund: geschmackvoll.

Cesilia VS 2019 T
cabernet sauvignon
87 🍷

Perfume de Julia 2006 B D
94
Farbe: Altgold mit bernsteinfarbenem Saum. Aroma: Lacknoten, Karamel, Feingebäck, feiner Kakao. Mund: konzentriert, geschmackvoll, abgerundet, lang, würzig, nachhaltig, ausgewogen.

CELLER LES FRESES
Alqueria de Ferrando s/n
03749 Jesús Pobre - Denia (Alacant/Alicante)
☎: +34 682 539 463
celler@lesfreses.com
www.lesfreses.com

Blanc Moscatel Sec Les Freses de Jesús Pobre 2022 B MO
moscatel de alejandría
89
Klar definierte Aromen, repräsentativ, sortenrein, wild. Mund: sortentypisch, leicht, süffig, ziemlich nachhaltig.

Blanc Sec Ámfora Les Freses de Jesús Pobre B MO
91
Klar definierte Aromen, sortenrein, wild, mit Persönlichkeit, wenig interventionistisch. Farbe: leuchtendes Gelb. Aroma: blumig, Wildkräuter. Mund: spannungsvoll, ausgewogen, zartbitter.

CELLER LES SOQUES
Partida de Asprillas, Pol.1, 136
03292 Elche (Alacant/Alicante)
☎: +34 646 364 848
info@cellerlessoques.es
www.cellerlessoques.es

Atabalat Summer Wine 2022 T RB
100% monastrell
91
Aromatisch, wild. Aroma: dunkle Früchte, reifes Obst, welke Blumen, Veilchen. Mund: fruchtig, saftig, balsamisch, schöne Säure, zartbitter, süffig.

Rebombori Moscatell 2022 B
100% moscatel de alejandría
91
Angenehm, wild. Farbe: leuchtendes Gelb. Aroma: welke Blumen, Kräutersäckchen, Wildkräuter, ausdrucksvoll, offen. Mund: frisch, saftig, sortentypisch.

DO ALICANTE / D.O.P.

DO ALICANTE / D.O.P.

COLECCIÓN DE TONELES CENTENARIOS
Pintor Sorolla, 8
03409 Cañada (Alacant/Alicante)
☎: +34 667 669 287
fondillonluisxiv@gmail.com
www.fondillonluisxiv.com

🏆 **PODIUM**

Fondillón Luis XIV 25 años T FO
monastrell

97

Klar definierte Aromen, klassisch, representativ. Farbe: mahagonibraun. Aroma: in Likör eingelegte Früchte, Feingebäck, Lacknoten, komplex, süße Gewürze. Mund: voll, kraftvoll, ausgewogen, schöne Säure.

Las Blancas Tradicionales 2023 B
50% verdil, 50% malvasía

92

Klar definierte Aromen, getrocknete Blumen. Aroma: eine Spur Waldbeeren, , Buschwaldkräuter, helle Früchte. Mund: saftig, ausgewogen, zartbitter, süffig.

Lo de Pepitín 2023 T
70% monastrell, 20% giró, 5% arco, 5% bobal

92

Farbe: KirsChrot. Aroma: balsamisch, Buschwaldkräuter, , eine Spur Waldbeeren. Mund: würzig, balsamisch, schöne Säure, ausgewogen, lang, süffig.

Luis XIV Ánforas 2023 T
70% monastrell, 15% giró, 10% arco, 5% bonicaire

91

Wild, mild. Farbe: KirsChrot. Aroma: balsamisch, süße Gewürze, Buschwaldkräuter, offen, ausgewogen. Mund: würzig, lang, reife Früchte, zartbitter, ausgewogen.

Luis XIV Brisat 2023 B
50% verdil, 25% malvasía, 25% moscatel

91

Aromatisch, blumig. Farbe: gelb, blass. Aroma: mit Charakter, weiße Blumen. Mund: saftig, zartbitter, korrekt.

Luis XIV Vino Noble T Solera
100% monastrell

94

Nach Eingemachtem, korpulent, üppig. Farbe: dunkles Mahagonibraun. Aroma: kandierte Früchte, Honignoten, Orangenschale, in Likör eingelegte Früchte. Mund: opulent, poliert, süß, geschmackvoll.

COOP. SAN VICENTE FERRER DE TEULADA
Avda. las Palmas,32
03725 Teulada (Alacant/Alicante)
☎: +34 965 740 051
bodegateulada@gmail.com
www.bodegateulada.com

La Sisca de Paqui 2023 B
100% moscatel romano

86

Mistela Selecta de Teulada BF Mistela D

88

Klassisch, alt, Cremig, warm, süß, üppig, beschädigtes Obst, geschmackvoll.

Vent de Gregal 2023 B MO SS
100% moscatel romano

86

Vent de Llebeig 2023 RD AG SS
15% giró, 85% moscatel

87

Viña Teulada 2023 B
moscatel de alejandría

85

FINCA COLLADO
Ctra. de Villena, s/n
03638 Salinas (Alacant/Alicante)
☎: +34 607 510 710
eestevan@fincacollado.com
www.fincacollado.com

Delit 2021 T
monastrell

93

Kräuterig, wild. Farbe: kirschrot mit granatrotem Saum. Aroma: Buschwaldkräuter, feine Reduktionsnoten, Wachs, reifes Obst. Mund: voll, geschmackvoll, sortentypisch, süße Tannine.

Delit 2020 T
monastrell
92
Farbe: kirschrot mit granatrotem Saum. Aroma: Früchtekonfit, kraftvoll, schwarze Lakritze. Mund: geschmackvoll, lang, reife Tannine, ausgewogen.

Fet a Mà 2021 T
90% monastrell, 10% bobal, garnacha, forcallat
90
Farbe: KirsChrot. Aroma: balsamisch, Buschwaldkräuter, Wachs, Fleischnoten. Mund: würzig, geschmackvoll, reife Tannine.

Finca Collado Garnatxa Monastrell 2022 T
65% garnacha, 35% monastrell
89
Klar definierte Aromen, fruchtig, reif, von Primäraromen beherrscht, geschmackvoll. Aroma: würzig. Mund: korrekt, süffig.

Finca Collado Messeguera 2021 B
merseguera
92
Farbe: golden leuchtend. Aroma: Steinobst, getrocknete Blumen, Hefenoten, Kohlenwasserstoff. Mund: schöne Säure, zartbitter, süffig, lebhaft.

Va de Bo 2021 T C
bobal
91
Angenehm, klar definierte Aromen, fruchtig, von Primäraromen beherrscht. Farbe: leuchtendes Kirschrot. Aroma: rote Früchte, reifes Obst. Mund: saftig, lebhaft, ausgewogen, würzig, reife Früchte.

HAMMEKEN CELLARS
03700 Denia (Alacant/Alicante)
☎: +34 965 791 967
cellars@hammekencellars.com
www.hammekencellars.com

Gran Allegranza 2022 T
90
Farbe: kirschrot mit granatrotem Saum. Aroma: Früchtekonfit, in Likör eingelegte Früchte, kraftvoll, Röstaromen. Mund: geschmackvoll, leicht süßlich, lang.

JOAN DE LA CASA. VITICULTOR
03720 Benissa (Alacant/Alicante)
☎: +34 670 209 371
info@joandelacasa.com
www.joandelacasa.com

GG 2020 T
giró
90 ♣
Leichte Reduktion, alt. Farbe: KirsChrot. Aroma: erdig, Früchtekonfit, schwarze Lakritze, Wachs, würzig. Mund: geschmackvoll, trocken, trockene, aber reife Tannine.

Nimi Ancestral BE
87 ♣

Nimi Gerra 2020 B
moscatel de alejandría
91 ♣
Mit Persönlichkeit, kräuterig, Oxidativ, rustikal. Farbe: golden leuchtend. Aroma: welke Blumen, mit Charakter, ausdrucksvoll. Mund: saftig, geschmackvoll, sortentypisch.

Nimi Naturalment Dolç 2017 B FB D
moscatel de alejandría
93
Farbe: Altgold. Aroma: kandierte Früchte, überreife Früchte, Nüsse, Honignoten, Zitrusfrüchte, Feingebäck. Mund: strukturiert, geschmackvoll, ausgewogen, saftig, voll, zartbitter.

Nimi Tossal 2019 B R
moscatel
89 ♣
Oxidativ, wenig interventionistisch, würzig. Farbe: Altgold. Aroma: Aceton, welke Blumen, Moschus-Noten.

MAREA SELECTION
Avda. Andalucía, 4 1G
29680 Estepona (Málaga)
☎: +34 639 112 488
mareaselection@gmail.com

Sylarion 2022 T
monastrell
93
Korpulent, kraftvoll, Röstaromen. Farbe: sattes Kirschrot. Aroma: intensive Röstaromen, aromatischer Kaffee, kraftvoll, dunkle Früchte. Mund: rauchig nachwirkend, nachhaltig, reife Tannine.

DO ALICANTE / D.O.P.

DO ALICANTE / D.O.P.

PEPE MENDOZA CASA AGRÍCOLA
Madrid, 6 2º
03580 Alfaz del Pi (Alacant/Alicante)
☎: +34 688 344 767
info@casaagricola.es
www.casaagricola.es

Paciencia Infinita 2020 T D
monastrell, giró

92

Farbe: kirschrot mit granatrotem Saum. Aroma: Früchtekonfit, würzig, Röstaromen, Buschwaldkräuter. Mund: kraftvoll, geschmackvoll, voll, grobkörnige Tannine.

Pepe Mendoza Casa Agrícola 2022 T
monastrell, giró, alicante bouschet

93

Farbe: KirsChrot. Aroma: komplex, ausdrucksvoll, würzig, mineralisch, rote Früchte. Mund: voll, lang, nachhaltig.

Pepe Mendoza
Casa Agrícola Velo Flor 2021 B
48% macabeo, 48% merseguera, 4% moscatel

92

Farbe: leuchtendes Strohgelb. Aroma: ausdrucksvoll, blumig, feine Hefen, Steinobst, offen. Mund: voll, komplex, lang.

Pepe Mendoza El Veneno 2021 T BA
100% monastrell

94

Farbe: KirsChrot. Aroma: komplex, ausdrucksvoll, würzig, mineralisch, Schokolade, dunkle Früchte. Mund: elegant, voll, lang, nachhaltig.

🏆 **PODIUM**

Pepe Mendoza Fierroca 2021 T
100% giró

96

Farbe: leuchtendes Kirschrot. Aroma: komplex, ausdrucksvoll, würzig, mineralisch, erdig. Mund: voll, lang, nachhaltig.

🏆 **PODIUM**

Pepe Mendoza Giró de Abargues 2021 T C

95

Farbe: tiefes Kirschrot. Aroma: reifes Obst, trockene Kräuter, weiches Eichenholz, mit Charakter, komplex, erdig. Mund: reife Früchte, würzig, reife Tannine.

PRIMITIVO QUILES
Mayor, 4
03640 Monóvar (Alacant/Alicante)
☎: +34 965 470 099
info@primitivoquiles.com
www.primitivoquiles.com

Primitivo Quiles Fondillón 1948 T FO
monastrell

93

Farbe: kirschrot mit granatrotem Saum. Aroma: überreife Früchte, getrocknete Früchte, süße Gewürze, Röstaromen, geröstete Mandeln. Mund: reife Früchte, warm, zartbitter, korrekt.

🏆 **PODIUM**

Primitivo Quiles Gran Imperial 1892 BF Solera D
moscatel

95

Farbe: mahagonibraun. Aroma: in Likör eingelegte Früchte, getrocknete Früchte, mit Charakter, komplex, ausdrucksvoll, süße Gewürze, aromatischer Kaffee. Mund: lang, süß, voll, geschmackvoll.

VICENTE GANDÍA
Ctra. Cheste a Godelleta, s/n
46370 Chiva (València/Valencia)
☎: +34 962 524 242
info@vicentegandia.com
www.vicentegandia.es

El Miracle Art 2021 T
syrah, monastrell

88

Ausgewogen, würzig, geschmackvoll, reif.

Puerto Alicante
Aromático 2023 B S

85

VINOS DE ALGUEÑA
Ctra. Rodriguillo, km. 29,5
03668 Algueña (Alacant/Alicante)
☎: +34 965 476 113
bodega@vinosdealguenya.es
www.vinosdealguenya.es

Casa Jiménez 2020 T C
monastrell

86

Dominio de Torreviñas
Rosado Lágrima 2023 RD
monastrell

85

DO ALICANTE / D.O.P.

Dominio de Torreviñas Verdil 2023 B
verdil

84

Flor de Enya 2022 T RB
monastrell

89 🌱

Angenehm, klar definierte Aromen, balsamisch, sortenrein, geschmackvoll, reif.

Fondonet Selección 5 años 2010 T BA D
monastrell

89

Alt, korrekt, süß, würzig. Aroma: aromatischer Kaffee, Schokolade, Lacknoten, Karamel, in Likör eingelegte Früchte.

🏆 **PODIUM**

Guardianes del Fondillón 1955 T FO D
monastrell

95

Komplex, alt. Farbe: helles Mahagonibraun. Aroma: Lacknoten, in Likör eingelegte Früchte, Honignoten, geröstete Mandeln, süße Gewürze, Feingebäck. Mund: geschmackvoll, kraftvoll, ausgewogen, komplex.

VINOS SIERRA NORTE
Paraje La Raja, s/n
30520 Jumilla (Murcia)
☎: +34 962 323 099
info@bodegasierranorte.com
www.bodegasierranorte.com

Porta Regia VF Chardonnay 2023 B
chardonnay

87 🌱

Porta Regia VF Monastrell 2021 T
monastrell

89 🌱

Korrekt, fruchtig, reif, klassisch, saftig, wild. Aroma: süße Gewürze.

DO. ALMANSA
CONSEJO REGULADOR

Avda. Carlos III (Apdo. 158)
02640 Almansa (Albacete)
☎: +34 967 340 258 - +34 635 027 519
@: info@denominacion-origen-almansa.com
www.denominacion-origen-almansa.com

LAGE:

Almansa liegt im Südosten der Provinz Albacete, wo die Mancha in die Levante übergeht. Das Anbaugebiet schließt die Gemeinden Almansa, Alpera, Bonete, Corral Rubio, Higueruela, Hoya Gonzalo, Pétrola sowie El Villar de Chinchilla ein und grenzt im Osten an die Weinbaugebiete Yecla und Alicante.

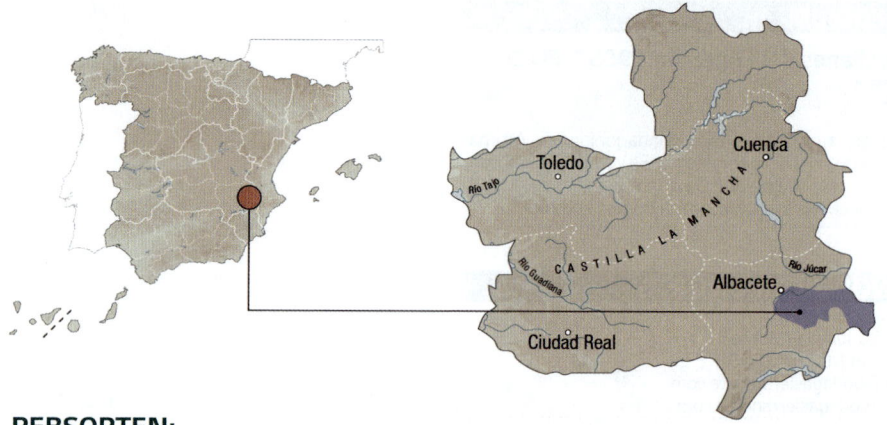

REBSORTEN:

WEISS: Verdejo, Sauvignon Blanc, Moscatel de Grano Menudo, Macabeo und Chardonnay.

ROT: Garnacha Tintorera (Hauptsorte), Cencibel (Tempranillo), Monastrell (nach Fläche an zweiter Stelle), Syrah, Cabernet Sauvignon, Merlot, Garnacha, Petit Verdot, Cabernet Franc und Pinot Noir.

DATEN:

Rebfläche (ha): 9.800 – **Wine-Growers:** 760 – **Weinerzeuger:** 11 – **Jahrgang 23:** Sehr Gut – **Jahresproduktion 23:** 8.065.700 L – **Absatz:** 26% Spanien - 74% Export.

BODENVERHÄLTNISSE:

Kalkböden, arm an organischer Substanz und stellenweise tonhaltig. Die Rebflächen liegen auf etwa 700 m Höhe.

KLIMA:

Kontinentalklima, etwas milder als in La Mancha, aber dennoch mit heißen Sommern, in denen die Tagestemperaturen leicht auf über 40 °C klettern können. Die seltenen Niederschläge liefern im Jahresdurchschnitt nur 350 mm. Die Rebflächen liegen meist in der Ebene, vereinzelt auch in Hanglagen.

ERNTEBEWERTUNG ANHAND JUNGER WEINE GUÍAPEÑÍN

2019	2020	2021	2022	2023
UNRATED	SEHR GUT	SEHR GUT	SEHR GUT	SEHR GUT

BODEGAS ATALAYA

Ctra. Almansa - Ayora, Km. 1
02640 Almansa (Albacete)
☎: +34 968 435 022
info@gilfamily.es
www.gilfamily.es

Alaya Tierra 2022 T
94
Sortenrein, mild. Farbe: KirsChrot. Aroma: komplex, ausdrucksvoll, würzig, mineralisch, Röstaromen. Mund: voll, lang, nachhaltig.

El Vígía de la Atalaya 2023 T
garnacha tintorera
91
Sortenrein. Farbe: kirschrot mit violettem Saum. Aroma: rote Früchte, blumig, würzig. Mund: fruchtig, schöne Säure, lang.

La Atalaya del Camino 2022 T
85% garnacha tintorera, 15% monastrell
92
Sortenrein, mild. Farbe: kirschrot mit granatrotem Saum. Aroma: Früchtekonfit, kraftvoll, Gras. Mund: geschmackvoll, leicht süßlich, lang.

La Bien Plantá 2023 T
100% garnacha
90
Farbe: KirsChrot. Aroma: balsamisch, süße Gewürze, Buschwaldkräuter, ausdrucksstark fruchtig. Mund: würzig, balsamisch, schöne Säure.

Laya 2023 T
70% garnacha tintorera, 30% monastrell
91
Sortenrein, naschhaft. Farbe: tiefes Kirschrot. Aroma: reifes Obst, trockene Kräuter. Mund: reife Früchte, würzig, reife Tannine.

BODEGAS CANO

Ctra. CM-3209
02694 Higueruela (Albacete)
☎: +34 690 273 457
adolfo.cano@bodegascano.com
www.bodegascano.com

1860 2022 B FB
sauvignon blanc
89
Lieblich, ausgewogen, trockene Kräuter, tropische, fruchtig, reif, würzig, saftig.

1860 Selección 2019 T R
garnacha tintorera
92
Sortenrein. Farbe: kirschrot mit granatrotem Saum. Aroma: Früchtekonfit, in Likör eingelegte Früchte, kraftvoll, Buschwaldkräuter. Mund: geschmackvoll, leicht süßlich, lang.

Finca Casa del Hondo 2022 B
verdejo
91
Farbe: leuchtendes Strohgelb. Aroma: ausdrucksvoll, mineralisch, feine Hefen. Mund: voll, würzig, lang, elegant.

Finca Hoya Mañas 2022 B
100% sauvignon blanc
91
Farbe: leuchtendes Strohgelb. Aroma: frisches Obst, Wildkräuter, ausgewogen, offen. Mund: fruchtig, schöne Säure, zartbitter, geschmackvoll.

La Herrada 2022 T FB
garnacha tintorera
90
Farbe: kirschrot mit granatrotem Saum. Aroma: überreife Früchte, weiches Eichenholz, warm, erdig. Mund: nach Eingemachtem, kraftvoll, süße Tannine.

Los Prados 2022 T
garnacha tintorera
92
Farbe: leuchtendes Kirschrot. Aroma: balsamisch, süße Gewürze, Buschwaldkräuter, rote Früchte. Mund: würzig, balsamisch, schöne Säure.

DO ALMANSA / D.O.P.

DO ALMANSA / D.O.P.

BODEGAS PIQUERAS
Zapateros, 11
02640 Almansa (Albacete)
☎: +34 659 905 957
javier@bodegaspiqueras.com
www.bodegaspiqueras.com

**Los Losares
Monastrell 2019 T**
monastrell

90 🍷

Farbe: dunkles Kirschrot. Aroma: dunkle Früchte, reifes Obst, Buschwaldkräuter, Wachs. Mund: saftig, würzig, reife Früchte, süffig.

**Los Losares
Monastrell 2020 T**
monastrell

91 🍷

Farbe: dunkles Kirschrot, granatroter Saum. Aroma: mit Charakter, in Likör eingelegte Früchte, Fleischnoten, Wachs, Buschwaldkräuter, würzig. Mund: süße Tannine, würzig, reife Früchte, süffig.

BODEGAS VOLVER
Ctra de Pinoso a Fortuna, s/n
03658 Rodriguillo (Alacant/Alicante)
☎: +34 966 185 624
export@bodegasvolver.com
www.bodegasvolver.com

La Quinta de Rafa 2022 T
70% garnacha, 30% syrah

88

Korpulent, Cremig, trockene Kräuter, intensive Röstaromen.

Quinta del 67 2022 T
100% garnacha tintorera

90

Farbe: tiefes Kirschrot. Aroma: reifes Obst, trockene Kräuter, weiches Eichenholz, erdig, markante Eiche. Mund: reife Früchte, würzig, reife Tannine.

BODEGAS Y VIÑEDOS VENTA LA VEGA
Ctra. de Alpera, CM 3201 Km. 98,6
02640 Almansa (Albacete)
☎: +34 965 928 857
info@mgwinesgroup.com
www.mgwinesgroup.com

Adaras Lluvia 2023 B SS
87 🍷

Aldea de Adaras 2022 T BA
88 🍷

Ausgewogen, würzig, vegetabil, reif.

**Sarada Calizo
Garnacha Tintorera 2021 T**
88

Waldfinsternis, ausgewogen, würzig, fruchtig, kräuterig, reif.

Ternario 1 2021 T BA
90 🍷

Farbe: kirschrot mit violettem Saum. Aroma: rote Früchte, würzig, balsamisch, geröstetes Brot. Mund: geschmackvoll, fruchtig, schöne Säure.

Ternario 10 2018 T
91 🍷

Farbe: tiefes Kirschrot. Aroma: trockene Kräuter, weiches Eichenholz, dunkle Früchte, erdig. Mund: kraftvoll, reife Früchte, würzig, reife Tannine.

COOP. SANTA QUITERIA - TINTORALBA
Baltasar González Sáez, 34
02694 Higueruela (Albacete)
☎: +34 967 287 012
info@tintoralba.com
www.tintoralba.com

Altitud 1100 2023 T
100% garnacha tintorera

87

Cerro del Buey 2022 T
100% garnacha tintorera

90 🍷

Korpulent. Aroma: trockene Kräuter, würzig, markante Eiche, weiches Eichenholz, dunkle Früchte, eingemachtes Obst. Mund: geschmackvoll, opulent, süße Tannine.

Piedras Coloradas 2022 T RB
100% garnacha tintorera

89 🍷

Rauchig, Röstaromen, kraftvoll, warm, nach Eingemachtem, üppig, geschmackvoll, nachhaltig.

**Tintoralba Cantorral
Sauvignon Blanc - Verdejo 2023 B**
sauvignon blanc, verdejo

86

Tintoralba El Cantorral 2023 T
100% garnacha tintorera

86 🍷

Tintoralba El Romeral 2020 T
garnacha tintorera

88 🍷

Ausgewogen, würzig, Cremig, Röstaromen, reif.

Tintoralba Las Casillas 2023 T
garnacha tintorera

86 🍷

DOMINIO DE CASALTA
Ctra. de Pétrola Km. 3,2
02695 Chinchilla de Monte-Aragón (Albacete)
☎: +34 658 846 188
info@rodriguezdevera.com
www.rodriguezdevera.com

Dominio de Casalta 2019 T
merlot, cabernet sauvignon, syrah, garnacha tintorera

91

Farbe: tiefes Kirschrot. Aroma: dunkle Früchte, ausdrucksstark fruchtig, reifes Obst, Wildkräuter, würzig, Röstaromen. Mund: geschmackvoll, fruchtig, ausgewogen, trockene, aber reife Tannine, würzig.

Dominio de Casalta 2022 RD
pinot noir

88

Fruchtig, trockene Kräuter, reif, wild.

Hoya Colorá "Pinot Noir" 2020 T
pinot noir

91

Farbe: kirschrot mit violettem Saum. Aroma: ausdrucksstark fruchtig, rote Früchte, würzig, getrocknete Blumen, erdig. Mund: geschmackvoll, schöne Säure, ausgewogen.

Jumenta Merlot Syrah Garnacha Tintorera 2022 T
merlot, syrah, garnacha tintorera

88 🍷

Fruchtig, reif, trockene Kräuter, würzig, etwas austrocknend.

Vallejo de Víctor "Alta Extracción" 2020 T
garnacha tintorera

93

Farbe: leuchtendes Kirschrot. Aroma: reifes Obst, dunkle Früchte, Wildkräuter, balsamisch, würzig, ausdrucksvoll. Mund: fruchtig, geschmackvoll, ausgewogen, reife Früchte, rauchig nachwirkend, trockene, aber reife Tannine, nachhaltig.

Vallejo de Víctor "Baja Extracción" 2020 T
garnacha tintorera

91

Leichte Oxidation, Waldfinsternis. Farbe: KirsChrot. Aroma: balsamisch, Buschwaldkräuter, dunkle Früchte, erdig. Mund: würzig, balsamisch, schöne Säure, geschmackvoll.

ENVERO WINE COMPANY
Colón, 28
13700 Tomelloso (Ciudad Real)
☎: +34 630 565 000
info@allblackwines.com
www.allblackwines.com

Allblack Garnacha Tintorera 2020 T
100% garnacha tintorera

86

HAMMEKEN CELLARS
03700 Denia (Alacant/Alicante)
☎: +34 965 791 967
cellars@hammekencellars.com
www.hammekencellars.com

Abrigo Edad de Bronce 2021 T
garnacha tintorera

88

Nach Eingemachtem, korpulent, warm. Aroma: dunkle Früchte, überreife Früchte. Mund: geschmackvoll, voll.

Abrigo Edad de Bronce Limited Edition 2019 T
garnacha tintorera

90

Nach Eingemachtem, korpulent. Aroma: dunkle Früchte, Früchtekonfit, eingemachtes Obst, Schwarzer Pfeffer, mit Charakter. Mund: konzentriert, klassischer Ausbau, würzig.

MONTEMUNDO UVAS Y VINOS
Calle El Pardal, 144
02449 Aldea El Pardal (Molinicos) (Albacete)
☎: +34 627 158 445
vinos@montemundo.com
www.montemundo.com

Pico del Oso 2021 T RB
monastrell

88 🍷

Markante Eiche, Röstaromen, geschmackvoll, reif, würzig, vegetabil.

Roquero Rojo 2023 T
garnacha tintorera

89 🍷

Lieblich, aromatisch, korrekt, fruchtig, reif, von Primäraromen beherrscht, geschmackvoll.

DO ALMANSA / D.O.P.

DO ALMANSA / D.O.P.

PACO MULERO
Partida de la Hoya Torres s/n
30520 Jumilla (Murcia)
☎: +34 968 105 997
info@pacomulero.com
www.pacomulero.com

Aldeón de Lar Garnacha Tintorera 2023 T
100% garnacha tintorera

90

Farbe: kirschrot mit granatrotem Saum. Aroma: dunkle Früchte, reifes Obst, kraftvoll. Mund: nach Eingemachtem, geschmackvoll.

Paco Mulero Quince Meses Garnacha Tintorera 2021 T
100% garnacha tintorera

92

Farbe: tiefes Kirschrot, violetter Saum. Aroma: reifes Obst, trockene Kräuter, weiches Eichenholz, dunkle Früchte, sortenrein. Mund: kraftvoll, reife Früchte, würzig, fruchtig, trockene, aber reife Tannine.

Paco Mulero Quince Meses Garnacha Tintorera 2022 T
100% garnacha tintorera

94

Üppig, saftig. Farbe: dunkles Kirschrot, granatroter Saum. Aroma: reifes Obst, Früchtekonfit, süße Gewürze. Mund: würzig, reife Tannine, lang.

Prisma Garnacha Tintorera Monastrell 2023 T
garnacha tintorera, monastrell

91

Sortenrein. Farbe: tiefes Kirschrot. Aroma: reifes Obst, trockene Kräuter, weiches Eichenholz. Mund: kraftvoll, reife Früchte, würzig, reife Tannine.

SANTA CRUZ DE ALPERA SOC. COOP. DE C-L-M
Cooperativa, s/n
02690 Alpera (Albacete)
☎: +34 967 330 108
laboratorio@bodegasantacruz.com
www.bodegasantacruz.com

Rupestre Gold Garnacha Tintorera 2021 T C
garnacha tintorera

90

Farbe: sattes Kirschrot. Aroma: intensive Röstaromen, aromatischer Kaffee, kraftvoll, feiner Kakao, dunkle Früchte. Mund: rauchig nachwirkend, nachhaltig, reife Tannine.

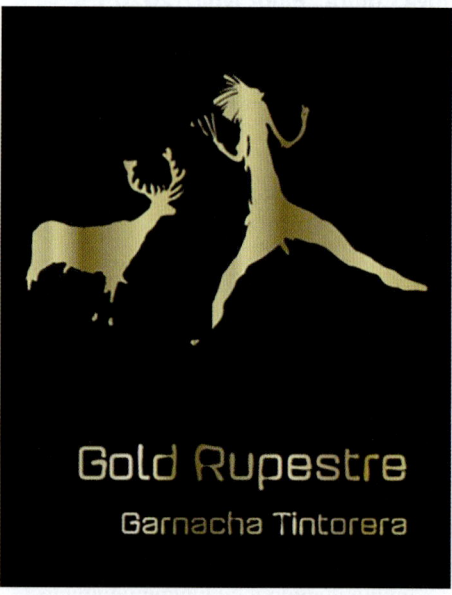

Cueva de Chamán Roble Monastrell 2022 T RB
monastrell

88

Rauchig, holzig, kräuterig, würzig. Aroma: dunkle Früchte.

**Rupestre de Alpera
Garnacha Tintorera 2018 T R**
garnacha tintorera
89
Warm, nach Eingemachtem, Röstaromen, klassisch.

Santa Cruz Pure 2023 RD
syrah
84 🌿

**Santa Cruz Pure Garnacha
Tintorera 2023 T MC**
garnacha tintorera
90 🌿
Klar definierte Aromen, schlicht, kraftvoll, von Primäraromen beherrscht. Aroma: rote Früchte. Mund: geschmackvoll, lebhaft, süffig.

**Santa Cruz Pure
Sauvignon Blanc 2023 B**
sauvignon blanc
84 🌿

DO. ARABAKO TXAKOLINA

CONSEJO REGULADOR

Dionisio Aldama, 7- 1ºD Apdo. 36
01470 Amurrio (Álava)
☎: +34 656 789 372
@: merino@txakolidealava.eus
www.txakolidealava.com

LAGE:

Das Anbaugebiet liegt im Nervión-Tal im Nordwesten der Provinz Álava und umfasst den Verwaltungsbezirk Aiara (Ayala) mit den Gemeinden Amurrio, Artziniega, Aiara (Ayala), Laudio (Llodio) und Okondo.

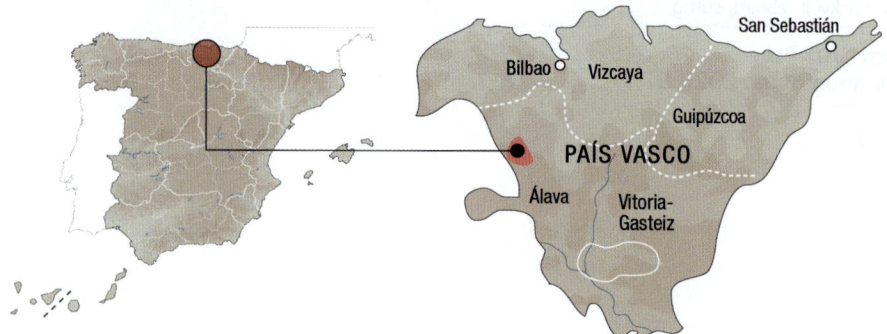

REBSORTEN:

WEISS:

HAUPTSORTE: Hondarrabi Zuri (80%).

ZUGELASSEN: Petit Manseng, Petit Corbu und Gross Manseng.

DATEN:

Rebfläche (ha): 94 – **Wine-Growers:** 42 – **Weinerzeuger:** 7 – **Jahrgang 23:** Ausgezeichnet – **Jahresproduktion 23:** 276.100 L.– **Absatz:** 60% Spanien - 40% Export.

BODENVERHÄLTNISSE:

Man stößt auf sehr unterschiedliche Formationen, von tonhaltigen bis hin zu überwiegend kiesigen Böden, die nach heutigem Kenntnisstand die besten Ergebnisse mit einer recht stabilen Reifung zeitigen.

KLIMA:

Vom Golf von Biskaya bestimmtes atlantisches Klima, das allerdings nicht so feucht wie in der DO Bizkaiko Txakolina, sondern trockener und kühler ist. Tatsächlich besteht hier das Hauptrisiko in den Frühjahrsfrösten, denn schließlich schließt das Anbaugebiet an die am weitesten im Landesinneren liegenden Rebflächen der DO Bizkaiko Txakolina an.

ERNTEBEWERTUNG ANHAND JUNGER WEINE GUÍAPEÑÍN

2019	2020	2021	2022	2023
UNRATED	UNRATED	UNRATED	UNRATED	UNRATED

ARTOMAÑA TXAKOLINA

Masalarreina, s/n
01468 Amurrio (Araba/Álava)
☎: +34 620 007 452
info@artomanatxakolina.com
www.artomanatxakolina.eus

Eukeni Aparduna 2021 BE EBR
hondarrabi zuri

91

Cremig. Farbe: leuchtendes Gelb. Aroma: feine Hefen, ausgewogen, trockene Kräuter, helle Früchte, gebackenes Obst, Bäckerei, milchig. Mund: schöne Säure, geschmackvoll, reife Früchte.

Eukeni Txakoli 2023 B
hondarrabi zuri, petit corbú, petit manseng, gros manseng

88

Fruchtig, trockene Kräuter, Zitrusfrüchte, frisch, von Primäraromen beherrscht.

ASTOBIZA

Bº Jandiola 16
01409 Okondo (Araba/Álava)
☎: +34 945 898 516
astobiza@astobiza.es
www.astobiza.es

Astobiza 2023 B
100% hondarrabi zuri

91

Farbe: leuchtendes Strohgelb, grünlicher Saum. Aroma: frisches Obst, Zitrusfrüchte, Wildkräuter, . Mund: frisch, fruchtig, schöne Säure, zartbitter, lebhaft.

Astobiza Rosé 2023 RD
50% hondarrabi zuri, 50% hondarrabi beltza

89

Mild, trockene Kräuter, blumig.

Astobiza Vendimia Tardía 2019 B D
100% gros manseng

93

Aromatisch. Aroma: blumig, Safran, Zitrusfrüchte, Honignoten. Mund: geschmackvoll, voll, süß.

Malkoa Private Collection 2017 B BA S
100% hondarrabi zuri

93

Farbe: golden leuchtend. Aroma: gebackenes Obst, Früchtekonfit, würzig, Feingebäck, Wildkräuter, welke Blumen. Mund: fruchtig, geschmackvoll, ausgewogen, schöne Säure, ziemlich nachhaltig, würzig.

Malkoa Txakoli 2017 B
100% hondarrabi zuri

93

Farbe: golden leuchtend. Aroma: gebackenes Obst, Früchtekonfit, welke Blumen, trockene Kräuter, würzig. Mund: fruchtig, frisch, geschmackvoll, ausgewogen, schöne Säure, rauchig nachwirkend.

BODEGA BATGARA TXAKOLINA

Barrio Urtaran, 21
01450 Lezama Amurrio (Araba/Álava)
☎: +34 609 884 826
info@batgara.com
www.batgara.com

Batgara 18 meses 2021 B C
100% hondarrabi zuri

94

Oxidativ, Röstaromen. Farbe: leuchtendes Gelb. Aroma: reifes Obst, würzig, Nüsse, feine Hefen. Mund: lang, Röstnoten, zartbitter, rassig.

Batgara Aromas del Sur 2021 B BA
100% hondarrabi zuri

93

Oxidativ. Farbe: leuchtendes Strohgelb. Aroma: Kräutersäckchen, feine Hefen, gebackenes Obst, Nüsse, trockene Kräuter, süße Gewürze. Mund: schöne Säure, geschmackvoll, ausgewogen.

Sutsu 2021 B AG
100% hondarrabi zuri

91

Oxidativ. Farbe: leuchtendes Strohgelb. Aroma: reifes Obst, Kräutersäckchen, feine Hefen, Safran. Mund: voll, schöne Säure, würzig.

Uno Txakoli 2022 B
95% hondarrabi zuri, 5% riesling

92

Oxidativ. Farbe: leuchtendes Strohgelb. Aroma: Kräutersäckchen, feine Hefen, gebackenes Obst. Mund: voll, fett, schöne Säure, geschmackvoll.

Urtaran 2021 B FB
95% hondarrabi zuri, 5% riesling

93

Farbe: leuchtendes Gelb. Aroma: frisches Obst, geröstetes Brot, Gras, feine Hefen. Mund: zartbitter, rassig, würzig.

Urtaran 2022 B FB
95% hondarrabi zuri, 5% riesling

93

Farbe: leuchtendes Gelb. Aroma: weiches Eichenholz, reifes Obst, würzig, helle Früchte, gebackenes Obst, feine Hefen. Mund: strukturiert, Röstnoten, zartbitter, geschmackvoll.

DO ARABAKO TXAKOLINA / D.O.P.

SPANIENS WEINFÜHRER

DO ARABAKO TXAKOLINA / D.O.P.

TANTAKA WINES
Pol. Maskuribai Pabellón Z 12
01470 Amurrio (Araba/Álava)
☎: +34 656 714 709
info@tantaka.eus
www.tantaka.eus

Tantaka 2021 T
hondarrabi beltza
91
Farbe: leuchtendes Kirschrot. Aroma: balsamisch, Buschwaldkräuter, rote Früchte, erdig, Phosphor. Mund: würzig, balsamisch, schöne Säure.

Tantaka 2022 B
100% hondarrabi zuri
93
Farbe: leuchtendes Strohgelb. Aroma: Kräutersäckchen, feine Hefen, helle Früchte, trockene Kräuter. Mund: voll, schöne Säure, geschmackvoll.

Tantaka Diapiro (Lacre Calabaza) 2022 B
80% hondarrabi zuri, 20% petit corbú
94
Farbe: leuchtendes Strohgelb. Aroma: Kräutersäckchen, feine Hefen, helle Früchte, Zitrusfrüchte. Mund: voll, lang, schöne Säure, strukturiert.

Tantaka Petit Courbu 2022 B
100% petit corbú
92
Farbe: leuchtendes Strohgelb, grünlicher Saum. Aroma: frisches Obst, Zitrusfrüchte, Wildkräuter, feine Hefen. Mund: frisch, fruchtig, schöne Säure, zartbitter.

TXAKOLI GÁRATE
Goienuri, 20 Alto Garate
01400 Llodio (Araba/Álava)
☎: +34 659 060 391
Josuegoitz@gmail.com
www.txakoligarate.com

Txakoli Irribarrak 2020 B
hondarrabi zerratia, petit corbú
91
Farbe: leuchtendes Strohgelb. Aroma: reifes Obst, Kräutersäckchen, feine Hefen, rauchig. Mund: voll, fett, lang, schöne Säure.

Txakoli Irribarrak 2021 B
hondarrabi zuri, petit corbú
90
Farbe: leuchtendes Strohgelb. Aroma: reifes Obst, Kräutersäckchen, feine Hefen, welke Blumen. Mund: voll, fett, schöne Säure, salzig.

VINTAE / ATLANTIS
Caserío Beldio – Barrio Galdea
01400 Llodio (Araba/Álava)
☎: +34 608 302 372
marketing@vintae.com
www.vintae.com

Atlantis Txakoli 2021 B
hondarrabi zuri
88
Fruchtig, Zitrusfrüchte, reif, frisch.

DO. ARLANZA

CONSEJO REGULADOR

Ronda de la Cárcel, 4 - Edif. Arco de la Cárcel
09340 Lerma (Burgos)
☎: +34 947 171 046
@: info@arlanza.org
www.arlanza.org

LAGE:

Das Weinbaugebiet zieht sich über den Mittel- und Unterlauf des Arlanza mit seinen Nebenflüssen und umfasst den mittleren und südlichen Teil der Provinz Burgos sowie 13 Gemeinden im Südosten der Provinz Palencia bis zum Fluss Pisuerga. Sitz des Consejo Regulador ist Lerma.

REBSORTEN:

WEISS: Albillo und Viura

ROT: Tempranillo, Garnacha, Mencía, Cabernet Sauvignon, Merlot und Petit Verdot

DATEN:

Rebfläche (ha): 300 – **Wine-Growers:** 226 – **Weinerzeuger:** 18 – **Jahrgang 23:** Ausgezeichnet – **Jahresproduktion 23:** 408.075 L – **Absatz:** 95% Spanien - 5% Export.

BODENVERHÄLTNISSE:

Die Böden sind im allgemeinen tief mit lockerem Gestein im Untergrund. An den Hängen im abwechslungsreichen, welligen Gelände gedeihen die Reben an Stellen mit ausreichender Wasserversorgung. Häufig findet man tonhaltig-sandige, kieselige und Granitböden sowie Böden aus kalkhaltigem Mergel.

KLIMA:

Die Provinz Burgos steht unter dem Einfluss eines Kontinentalklimas, das als eines der härtesten der Region Kastilien-León gilt. Nach Westen hin sinken die Durchschnittstemperaturen. Nach Osten nehmen die Niederschläge zu, so wie man sich den höheren Landstrichen der Provinz Soria nähert (800 mm).

ERNTEBEWERTUNG ANHAND JUNGER WEINE GUÍAPEÑÍN

2019	2020	2021	2022	2023
UNRATED	UNRATED	UNRATED	UNRATED	UNRATED

DO ARLANZA / D.O.P.

BODEGA COVARRUBIAS
Gómez Salazar, 18 bajo
09346 Covarrubias (Burgos)
☎: +34 652 331 770
info@valdable.com

Abadía Covarruvias 2020 T
tempranillo
86

Viña Valdable 2020 T C
tempranillo
87

Viña Valdable 2021 T
tempranillo
85

BODEGA SEPTIEN
Santa Genoveva Torres, 4 6ºB
09007 Puentedura (Burgos)
☎: +34 661 000 983
aseptien5@hotmail.com

Boticario de Silos (Ismael & Garapito) 2022 T
tempranillo, garnacha, mencía
91
Farbe: leuchtendes Kirschrot, violetter Saum. Aroma: ausdrucksstark fruchtig, dunkle Früchte, Wildkräuter, würzig, Röstaromen, feiner Kakao. Mund: frisch, fruchtig, geschmackvoll, trockene, aber reife Tannine, ziemlich nachhaltig.

Boticario de Silos 2022 B
albillo, viura
90
Oxidativ, markante Eiche. Farbe: leuchtendes Gelb. Aroma: kraftvoll, weiches Eichenholz, reifes Obst, würzig. Mund: fett, strukturiert, Röstnoten, zartbitter.

BODEGAS DECORUS
09340 Lerma (Burgos)
☎: +34 670 273 809
info@bodegasdecorus.com
www.bodegasdecorus.com

Decorus 2023 B
albillo mayor, viura, rojal
89
Aromatisch, korrekt, fruchtig, geschmackvoll, reif, saftig.

Decorus Rosé 2023 RD
87

Decorus Valdura 2022 T BA S
tempranillo, garnacha, albillo mayor
88
Korrekt, würzig, vegetabil, reif, Röstaromen.

BODEGAS LERMA
Travesía Madrid-Irún, A-1, Km. 202.5
09340 Lerma (Burgos)
☎: +34 947 177 030
info@tintolerma.com
www.bodegaslerma.com

Gran Lerma Vino de Autor 2018 T R
tempranillo
92
Farbe: tiefes Kirschrot. Aroma: reifes Obst, trockene Kräuter, weiches Eichenholz, feine Reduktionsnoten. Mund: kraftvoll, reife Früchte, würzig, reife Tannine.

Lerma 2019 T C
tempranillo
88
Getrübt, nach Eingemachtem, würzig, trockene Kräuter, Röstaromen.

BODEGAS VALDESNEROS
Avda. La Paz, 4
34230 Torquemada (Palencia)
☎: +34 979 800 545
Fax: +34 979 800 545
sv@bodegasvaldesneros.com
www.bodegasvaldesneros.com

Cornitero 2023 T MC
tempranillo
87

Neros 2022 B
albillo, viura
88
Ausgewogen, reif, voll, trockene Kräuter, geschmackvoll.

Neros Rosé 2023 RD
tempranillo, garnacha, mencía
89
Frisch, reif, trockene Kräuter, Hefenoten, geschmackvoll.

Valdesneros 2021 T RB
tempranillo
88
Ausgewogen, würzig, trockene Kräuter, Röstaromen.

BODEGAS Y VIÑEDOS VALTRAVIESO

Finca La Revilla, s/n
47316 Piñel de Arriba (Valladolid)
☎: +34 983 484 030
comunicacion@valtravieso.com
www.valtravieso.com

Cerro Cerezo 2021 T
92
Farbe: tiefes Kirschrot. Aroma: rote Früchte, dunkle Früchte, Buschwaldkräuter, erdig. Mund: kraftvoll, reife Früchte, würzig, reife Tannine.

Las Mamblas 2020 T
tempranillo, mencía, monastrell, bobal, garnacha
93
Farbe: tiefes Kirschrot. Aroma: trockene Kräuter, weiches Eichenholz, dunkle Früchte. Mund: kraftvoll, reife Früchte, würzig, reife Tannine.

Muniadona 2021 B FB
92
Farbe: leuchtendes Strohgelb. Aroma: ausgewogen, ausdrucksvoll, feine Reduktionsnoten, Phosphor, helle Früchte, reifes Obst, trockener Stein. Mund: geschmackvoll, voll, komplex.

BUEZO

Paraje Valdeazadón, s/n
09228 Mahamud (Burgos)
☎: +34 947 616 899
info@buezo.com
www.buezo.com

Buezo 1928 2009 T
mencía, garnacha, tempranillo
92
Farbe: tiefes Kirschrot. Aroma: weiches Eichenholz, dunkle Früchte, Buschwaldkräuter. Mund: kraftvoll, reife Früchte, würzig, reife Tannine.

Buezo Nattan 2006 T R
100% tempranillo
90
Farbe: dunkles Kirschrot, granatroter Saum. Aroma: Früchtekonfit, Tabak, süße Gewürze, dunkle Früchte. Mund: würzig, reife Tannine.

Buezo Petit Verdot Tempranillo 2006 T R
50% petit verdot, 50% tempranillo
89
Würzig, ausgewogen, alt, reif.

Buezo Tempranillo 2006 T
100% tempranillo
89
Ausgewogen, würzig, trockene Kräuter, reif, Röstaromen, alt.

Buezo Varietales 2006 T R
25% cabernet sauvignon, 25% merlot, 50% tempranillo
88
Korpulent, würzig, trockene Kräuter, reif, alt.

DO ARLANZA / D.O.P.

DO. ARRIBES
CONSEJO REGULADOR

Plaza Mayor, 1
49230 Cibanal (Zamora)
☎: +34 669 216 576 – +34 687 846 655
@: info@doarribes.es
www.doarribes.es

LAGE:

Inmitten des Naturschutzgebietes Las Arribes gelegene Erzeugerregion, die einen langen Streifen bildet, der vom Südwesten der Provinz Zamora bis zum Nordwesten der Provinz Salamanca reicht. Die Rebflächen befinden sich in Steillagen entlang des Duero und zu 90 % im Gemeindegebiet Fermoselle.

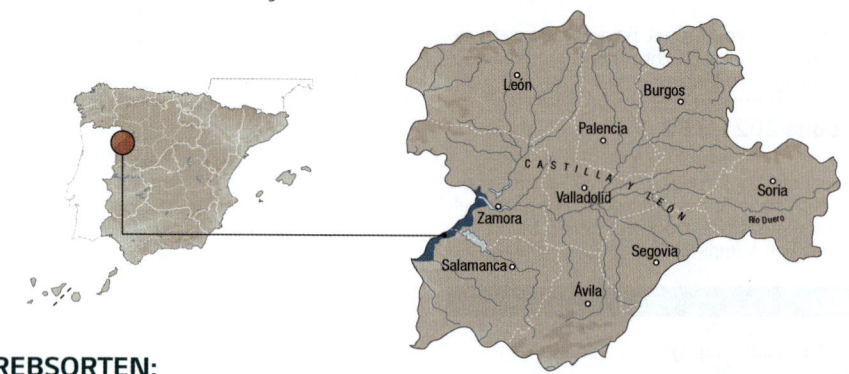

REBSORTEN:

WEISS: Malvasía, Verdejo, Puestra en Cruz und Albillo.

ROT: Bruñal, Juan García, Rufete, Tempranillo (Hauptsorten); Mencía, Garnacha (genehmigt), Syrah, Bastardillo Chico, Gajo Arroba, Mandó und Tinta Jeromo.

DATEN:

Rebfläche (ha): 289 – **Wine-Growers:** 161 – **Weinerzeuger:** 21 – **Jahrgang 22:** Ausgezeichnet – **Jahresproduktion 23:** 637.198 L – **Absatz:** 60% Spanien - 40% Export.

BODENVERHÄLTNISSE:

Das Gebiet besteht aus wenig tiefen Sandböden mit viel losem Stein und Quarz. Dazwischen erscheinen auch Granitfelsen, vor allem in der Gegend um Fermoselle. In der Provinz Salamanca sind Schieferböden häufig, wie man sie auch im portugiesischen Douro-Tal antreffen kann. Der Schiefer in den unteren Schichten ist wichtig für die Bodenwärme, da er die Sonnenwärme tagsüber speichert und nachts abgibt.

KLIMA:

Das Klima dieser DO ist geprägt durch einen mediterranen Einfluss. Die großen Höhenunterschiede und zahlreichen Hänge sorgen für ein Klima, das je nach Höhe und Lage des Weinbergs bedeutende Unterschiede aufweist. In den Schluchten beispielsweise, sind Fröste unbekannt und die Durchschnittstemperatur beträgt im Winter 9°C und im Sommer 26°C. Auf den Fastebenen sind die Winter kalt und lang und die Sommer kurz und heiß, während in den Flußtälern, dem Arribe, mit 5°C mehr, deutlich höhere Temperaturen als auf den Fastebenen erreicht werden. Hier sind die Winter kürzer und die Sommer im Gegenzug länger. Dieses Gebiet verfügt über ein solch ausgeprägtes Mikroklima, dass sogar der Anbau von Orangen- und Olivenbäumen möglich ist.

ERNTEBEWERTUNG ANHAND JUNGER WEINE GUÍA PEÑÍN

2019	2020	2021	2022	2023
UNRATED	UNRATED	UNRATED	UNRATED	UNRATED

ARRIBES DEL DUERO
Ctra. Masueco, s/n
37251 Corporario - Aldeadavila (Salamanca)
☎: +34 923 169 195
secretaria@bodegasarribesdelduero.com
www.bodegasarribesdelduero.com

Arribes de Vettonia 2021 T C
juan garcía, tempranillo
87

Arribes de Vettonia 2022 T
juan garcía
88
Korpulent, würzig, frisch, kräuterig, geschmackvoll.

Arribes de Vettonia 2022 T RB
juan garcía, tempranillo
87

Arribes de Vettonia 2023 B
malvasía
87

Arribes de Vettonia Vendimia Selecionada 2018 T R
bruñal
91
Farbe: leuchtendes Kirschrot. Aroma: reifes Obst, Schokolade, Wildkräuter, Röstaromen, Weihrauch. Mund: würzig, reife Tannine, reife Früchte, lang.

Hechanza Real 2021 T C
juan garcía, tempranillo
88
Korpulent, würzig, markante Eiche, Röstaromen, reif, trockene Kräuter.

BODEGA PARDAL Y PUNTO
Fontanicas, 50
49220 Fermoselle (Zamora)
☎: +34 656 252 611
info@bodegapardalypunto.com

Salsipuedes 2021 T C
tempranillo, juan garcía, bruñal
88
Nach Eingemachtem, würzig, korpulent, reif.

BODEGA QUINTA LAS VELAS
Humilladero, 44
37248 Ahigal de Los Aceiteros (Salamanca)
☎: +34 619 955 735
quiontalasvelas@gmail.com
www.quintalasvelas.net

Bruñal Quinta las Velas 2020 T C
bruñal
91
Farbe: kirschrot mit violettem Saum. Aroma: rote Früchte, blumig, würzig, Wildkräuter. Mund: fruchtig, schöne Säure, lang, spannungsvoll, süffig.

Origen Bruñal Quinta las Velas 2020 T R
bruñal
91
Kräuterig, wild, repräsentativ. Farbe: tiefes Kirschrot. Aroma: reifes Obst, weiches Eichenholz. Mund: ausgewogen, sortentypisch, saftig, fruchtig, süffig.

Quinta las Velas Tempranillo 2021 T C
tempranillo
89
Korrekt, würzig, nach Eingemachtem. Aroma: Nüsse, trockene Kräuter, dunkle Früchte, Früchtekonfit, Schwarzer Pfeffer.

BODEGAS PASCUAL FERNÁNDEZ - FRONTERA NATURAL
Subida Las Fontanicas 38
49220 Fermoselle (Zamora)
☎: +34 630 027 097
bodega@bodegaspascualfernandez.com
www.sietepeldaños.com

Cascarrabias 2022 T
bruñal, mandón, juan garcía, tempranillo
90
Mit Persönlichkeit, kräuterig. Aroma: reifes Obst, eine Spur Waldbeeren, offen, Kräutersäckchen. Mund: saftig, korrekt, balsamisch.

Siete Peldaños Bruñal 2022 T
bruñal
92
Farbe: kirschrot mit violettem Saum. Aroma: würzig, süße Gewürze, weiches Eichenholz, Wildkräuter, Buschwaldkräuter. Mund: geschmackvoll, fruchtig, schöne Säure, lang.

Siete Peldaños Juan García 2022 T
100% juan garcía
92
Klar definierte Aromen, balsamisch, fruchtig, wild. Aroma: süße Gewürze, rote Früchte, reifes Obst. Mund: geschmackvoll, lebhaft, fruchtig, spannungsvoll.

DO ARRIBES / D.O.P.

DO ARRIBES / D.O.P.

Siete Peldaños Malvasía Selección 2023 B
malvasía

92

Aromatisch, blumig. Farbe: gelb. Aroma: ausdrucksvoll, offen, mineralisch. Mund: saftig, lebhaft, zartbitter, ausgewogen.

Siete Peldaños Mandón 2022 T
100% mandón

91

Kräuterig, lebhaft, wild. Aroma: Wildkräuter, trockene Kräuter, Buschwaldkräuter, erdig. Mund: saftig, spannungsvoll, würzig, süffig, reife Früchte.

Siete Peldaños Mandón Rosé 2023 RD
100% mandón

87

Siete Peldaños Mencía 2023 T
100% mencía

91

Farbe: tiefes Kirschrot, violetter Saum. Aroma: Schwarzer Pfeffer, beschädigtes Obst, ausdrucksvoll, offen, balsamisch. Mund: fruchtig, saftig, lebhaft, spannungsvoll.

BODEGAS VIÑA ROMANA
España, 50
37160 Villarino de Los Aires (Salamanca)
☎: +34 629 756 328
joseluis@vinaromana.com
www.vinaromana.com

Heredad del Viejo Imperio Homenaje 2018 T
bruñal

90

Farbe: tiefes Kirschrot. Aroma: reifes Obst, weiches Eichenholz, Schokolade. Mund: kraftvoll, reife Früchte, würzig, reife Tannine.

Winner Premium 2018 T C
juan garcía, bruñal

89

Klassisch, korpulent, ausgewogen, würzig, trockene Kräuter, reif, geschmackvoll.

BRUNEO
Subida a Fontanicas, 135
49220 Fermoselle (Zamora)
☎: +34 618 437 870
info@bruneo.es
www.bruneo.es

Bruneo Bruñal 2020 T C
bruñal

92

Klassisch, korpulent. Farbe: dunkles Kirschrot. Aroma: reifes Obst, Früchtekonfit, Noten von Tischlerei, süße Gewürze, feiner Kakao. Mund: würzig, reife Tannine, lang.

Bruneo Juan García 2020 T
juan garcía

91

Farbe: sattes Kirschrot. Aroma: kraftvoll, mit Charakter, balsamisch, Buschwaldkräuter, trockene Kräuter, dunkle Früchte, reifes Obst. Mund: zartbitter, lang, nach Eingemachtem, schöne Säure.

LA SETERA
Calzada, 7
49232 Fornillos de Fermoselle (Zamora)
☎: +34 676 052 315
info@lasetera.com
www.lasetera.com

La Setera 2021 T C
juan garcía

89

Korpulent, trockene Kräuter, reif, geschmackvoll, Röstaromen.

La Setera 2022 T
juan garcía

89

Stumpf, korrekt, reif, wild. Aroma: rote Früchte, reifes Obst, sortenrein.

La Setera Selección Especial 2014 T C
touriga nacional

91

Farbe: kirschrot mit granatrotem Saum. Aroma: kraftvoll, Schokolade, dunkle Früchte, reifes Obst. Mund: geschmackvoll, lang, süße Tannine.

La Setera Tinaja Varietal 2015 T RB
juan garcía, mencía, rufete, bastardillo, bruñal, tinta Madrid

89

Trockene Kräuter, reduziert, alt. Aroma: dunkle Früchte, reifes Obst. Mund: geschmackvoll, lang.

OCELLUM DURII

San Juan 57 - 58
49220 Fermoselle (Zamora)
☎: +34 651 721 639
ocellumdurii@hotmail.com
www.bodegasocellumdurii.com

Entrelímites 1905 El Renacer 2016 T C
bruñal, juan garcía, tempranillo, mencía

89

Würzig, reif, geschmackvoll, markante Eiche, etwas austrocknend, durchschnittlich am Gaumen, korrekt. Aroma: Weihrauch.

Entrelimites La Balanza 2009 T GR
juan garcía, bruñal, tempranillo, rufete, garnacha

92

Farbe: kirschrot mit granatrotem Saum. Aroma: Früchtekonfit, kraftvoll, mit Charakter, weiches Eichenholz, Wachs. Mund: lang, voll, geschmackvoll, reife Tannine.

Entrelimites Limite Natural 2016 T
juan garcía, tempranillo, bruñal

90

Kräuterig, reif. Aroma: süße Gewürze, feiner Kakao, reifes Obst. Mund: saftig, fruchtig, schöne Säure, süffig, würzig.

VALPERDIZ

Pol. 13, Par. 523
49220 Fermoselle (Zamora)
☎: +34 609 753 437
vinoolvido@hotmail.com
www.bodegasolvidofermoselle.es

Olvido Tempranillo 2022 T
tempranillo

89

Ausgewogen, würzig, korpulent, trockene Kräuter, reif.

DO. BIERZO
CONSEJO REGULADOR

Mencía, 1
24540 Cacabelos (León)
☎: +34 987 549 408
@: info@crdobierzo.es
www.crdobierzo.es

LAGE:

Anbaugebiet im Nordwesten der Provinz León mit 23 Gemeinden, das die gleichnamige tektonische Senke und die umliegenden Bergtäler umfasst. Aufgrund seiner Lage unterhalb des Hochlands von León sind hier die Temperaturen und auch die Niederschlagsmengen höher. Die Region bildet ein Übergangsgebiet zwischen Galicien, León und Asturien.

REBSORTEN:

WEISS: Godello, Malvasía, Palomino und Dona Blanca.

ROT: Mencía oder Negra, Estaladiña, Merenzao und Garnacha Tintorera.

DATEN:

Rebfläche (ha): 2.395 – **Wine-Growers:** 1.030 – **Weinerzeuger:** 74 – **Jahrgang 23:** Ausgezeichnet – **Jahresproduktion 23:** 8.097.924 L. – **Absatz:** 71% Spanien - 29% Export.

BODENVERHÄLTNISSE:

Die Bergtäler werden aus einer Mischung von Sedimentgestein, Quarzit und Schiefer gebildet. Im Allgemeinen bestehen die Böden im Weingebiet aus feuchter und leicht saurer Braunerde. Die besten Lagen findet man an flussnahen Terrassen mit geringer Steigung, teilweise terrassierten Hängen sowie in Steillagen auf von 450 bis 1000 m Höhe.

KLIMA:

Gemäßigt und überwiegend mild mit einer gewissen Feuchtigkeit durch die Nähe Galiciens, aber auch mit Trockenperioden wie in Kastilien. Durch die relativ geringe Höhe fallen kaum Frühjahrsfröste und die Weinlese findet gewöhnlich einen Monat früher als im übrigen Kastilien statt. Die durchschnittliche jährliche Niederschlagsmenge liegt bei 721 mm.

ERNTEBEWERTUNG ANHAND JUNGER WEINE GUÍAPEÑÍN

2019	2020	2021	2022	2023
SEHR GUT	SEHR GUT	AUSGEZEICHNET	AUSGEZEICHNET	SEHR GUT

13 VIÑAS VIÑEDOS Y BODEGA

Campo del Obispo, 13
24492 Cubillos del Sil (León)
trecevinas@gmail.com
www.13viñas.com

A Ponte Vella 2020 T RB
90% mencía, 10% jerez, valenciana, godello

90

Farbe: tiefes Kirschrot. Aroma: reifes Obst, trockene Kräuter, weiches Eichenholz. Mund: kraftvoll, reife Früchte, würzig, reife Tannine.

Alto de la Judiega 2020 T RB
100% mencía

84

Babu 2022 B
jerez, valenciana, godello

91

Farbe: leuchtendes Strohgelb, grünlicher Saum. Aroma: Zitrusfrüchte, trockene Kräuter, Anisnoten, camomila. Mund: fruchtig, schöne Säure, zartbitter.

Jonas Clarete 2021 RD
55% mencía, 45% jerez, valenciana

85

Locura de Yayos Vino de Paraje 2021 T
85% mencía, 15% palomino

91

Farbe: leuchtendes Kirschrot. Aroma: ausdrucksvoll, Wildkräuter, schwarze Lakritze, Buschwaldkräuter. Mund: schöne Säure, korrekt, saftig, fruchtig, süffig, ziemlich nachhaltig.

Mingus 2021 T
100% mencía

90

Nach Eingemachtem, würzig. Aroma: dunkle Früchte, beschädigtes Obst, welke Blumen. Mund: geschmackvoll, reife Früchte.

ALMÁZCARA MAJARA

Las Eras, 5
24398 Almázcara (León)
☎: +34 609 322 194
info@almazcaramajara.com
www.almazcaramajara.com

Cobija del Pobre 2023 B
100% godello

90

Farbe: leuchtendes Strohgelb. Aroma: ausdrucksstark fruchtig, reifes Obst, blumig. Mund: geschmackvoll, frisch, schöne Säure, nachwirkend fruchtig.

Demasiado Corazón 2022 B FB
100% godello

92

Farbe: strohgelb. Aroma: reifes Obst, trockene Kräuter, welke Blumen, kandierte Früchte, Wachs. Mund: kraftvoll, reife Früchte, ausgewogen.

Jarabe de Almázcara Majara 2020 T
100% mencía

88

Würzig, reif, Röstaromen, rauchig, markante Eiche, korrekt, geschmackvoll.

L'Aphrodisiaque Godello 2023 B
85% godello, 15% jerez

90

Farbe: strohgelb. Aroma: weiße Blumen, Jasmin, trockene Kräuter, Wachs. Mund: geschmackvoll, fruchtig, ausgewogen.

L'Aphrodisiaque Rosé 2022 RD
mencía, godello

87

Los Hombres de la CIA 2023 T
100% mencía

89

Angenehm, fruchtig, balsamisch, mild.

DO BIERZO / D.O.P.

ÁLVAREZ DE TOLEDO
Río Selmo, 8
24560 Toral de los Vados (León)
☎: +34 987 544 831
admon@bodegasalvarezdetoledo.com
www.bodegasalvarezdetoledo.com

Álvarez de Toledo Mencía 2023 T RB
91
Balsamisch, komplex. Farbe: dunkles Kirschrot. Aroma: Röstaromen, würzig, feiner Kakao. Mund: geschmackvoll, Röstnoten, zartbitter.

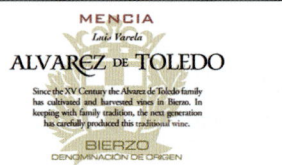

ARTURO GARCÍA VIÑEDOS Y BODEGAS
La Escuela, 3
24516 Toral de los Vados (León)
☎: +34 987 553 000
info@bodegasarturo.com
www.bodegasarturo.com

Hacienda Elsa Godello 2023 B
godello
88
Unkonventionell, korrekt, trockene Kräuter, balsamisch, mild.

Hacienda Elsa Mencía 2023 T
mencía
88
Angenehm, fruchtig, reif, wild, leichte Reduktion, korrekt.

Hacienda Sael Godello 2023 B
godello
88
Korrekt, schlicht, fruchtig. Mund: süffig, ziemlich nachhaltig.

Hacienda Sael Mencía 2023 T
mencía
89
Kräuterig, fruchtig, reif, saftig, bitter, korrekt, würzig, nachhaltig.

Solar de Sael Mencía 2020 T C
mencía
89
Korpulent, Cremig, würzig, reif, geschmackvoll, Röstaromen.

Valderica Mencía 2023 T
mencía
88
Geschmackvoll, reif, wild, fruchtig, kräuterig, korrekt.

ATTIS BODEGA Y VIÑEDOS
Lg. Morouzos, 16D - Dena
36967 Meaño (Pontevedra)
☎: +34 986 744 790
administracion@attisbyv.com
www.attisbyv.com

Sangarida El Morredero 2022 T C
100% mencía
94
Farbe: KirsChrot. Aroma: balsamisch, Buschwaldkräuter, Kräutersäckchen, rote Früchte, reifes Obst. Mund: würzig, balsamisch, schöne Säure, ausgewogen.

Sangarida La Guiana 2022 B FB
100% godello
93
Farbe: leuchtendes Gelb. Aroma: reifes Obst, würzig, mineralisch. Mund: fett, strukturiert, lang, Röstnoten, zartbitter.

Sangarida La Yegua 2022 B FB
80% godello, 20% dona blanca
92
Farbe: leuchtendes Strohgelb. Aroma: ausdrucksvoll, feine Hefen, mineralisch, offen, frisch. Mund: voll, lang, nachhaltig, sortentypisch.

Sangarida Pico Tuerto 2022 T
100% mencía
93
Farbe: leuchtendes Kirschrot. Aroma: balsamisch, Buschwaldkräuter, Gras. Mund: würzig, balsamisch, schöne Säure, spannungsvoll.

DO BIERZO / D.O.P.

AURELIO FEO VITICULTOR
Camino del Oteiro, 11
24491 San Andrés de Montejos (León)
☎: +34 987 401 865
bodega@bodegafeo.es
www.bodegafeo.es

Buencomiezo Godello Selección 2021 B
godello

91

Farbe: leuchtendes Gelb. Aroma: kraftvoll, weiches Eichenholz, reifes Obst, würzig. Mund: fett, strukturiert, lang, Röstnoten, zartbitter.

Buencomiezo Mencía Selección 2019 T
mencía

88

Korrekt, würzig, trockene Kräuter, reif. Aroma: dunkle Früchte, reifes Obst. Mund: zartbitter.

Collage 2023 B
godello, dona blanca, palomino

88

Lieblich, aromatisch, korrekt, fruchtig, frisch, saftig, durchschnittlich am Gaumen.

Cruz de San Andrés 2021 T RB
mencía

92

Farbe: KirsChrot. Aroma: balsamisch, süße Gewürze, Buschwaldkräuter. Mund: würzig, balsamisch, schöne Säure.

Montelios Mencía Centenaria 2016 T
mencía

91

Klassisch, alt. Farbe: dunkles Kirschrot, granatroter Saum. Aroma: Tabak, würzig, dunkle Früchte, schwarze Lakritze. Mund: würzig, reife Tannine, lang, nach Eingemachtem.

BODEGA CEPALL
24439 Sancedo (León)
☎: +34 607 409 669
celoma@telecable.es

Cepall 2021 T
100% mencía

89

Lieblich, korrekt, fruchtig, reif, saftig, geschmackvoll, ausgewogen.

Cepall 2023 RD
100% mencía

87

Llodío 2023 B
godello

89

Korrekt, fruchtig, reif. Aroma: reifes Obst, helle Früchte. Mund: geschmackvoll, süffig.

Llodío Selección 2022 B
godello

91

Farbe: leuchtendes Gelb. Aroma: reifes Obst, trockene Kräuter, welke Blumen. Mund: kraftvoll, reife Früchte, ausgewogen.

Rollura 2021 T
mencía

89

Lieblich, korrekt, trockene Kräuter, reif, markante Eiche, würzig.

BODEGA DEL ABAD
Ctra. N-VI, Km 396
24549 Carracedelo (León)
☎: +34 987 562 417
vinos@bodegadelabad.com
www.bodegadelabad.com

Abad Dom Bueno 2023 RD
100% mencía

90

Farbe: blassrosa. Aroma: elegant, rote Früchte, blumig, Kräutersäckchen. Mund: leicht, würzig, schöne Säure, zartbitter.

Abad Dom Bueno Godello 2023 B
100% godello

88

Reif, tropische, fruchtig, schlicht.

Abad Dom Bueno Mencía 2023 T
100% mencía

88

Angenehm, Leichtwein, fruchtig, frisch, schlicht, durchschnittlich am Gaumen. Mund: süffig.

Carracedo 2018 T RB
100% mencía

91

Farbe: tiefes Kirschrot. Aroma: reifes Obst, trockene Kräuter, weiches Eichenholz. Mund: kraftvoll, reife Früchte, würzig, reife Tannine.

San Salvador Godello 2020 B FB
100% godello

92

Farbe: strohgelb. Aroma: reifes Obst, trockene Kräuter, welke Blumen, Röstaromen, weiches Eichenholz. Mund: kraftvoll, reife Früchte, ausgewogen.

DO BIERZO / D.O.P.

Tesín de la Campana 2020 T RB
100% mencía

93

Farbe: kirschrot mit violettem Saum. Aroma: ausdrucksstark fruchtig, blumig, würzig, Heidelbeere, Veilchenbombons. Mund: geschmackvoll, fruchtig, schöne Säure, lang.

BODEGA VERÓNICA ORTEGA
24530 Valtuille de Abajo (León)
☎: +34 696 506 485
veronica@veronicaortega.es
www.veronicaortega.es

🏆 PODIUM

Cobrana 2022 T
95

Klar definierte Aromen. Farbe: kirschrot mit violettem Saum. Aroma: rote Früchte, blumig, würzig, mit Charakter, komplex. Mund: geschmackvoll, fruchtig, schöne Säure, lang.

Kinki T
93

Farbe: leuchtendes Kirschrot. Aroma: frisches Obst, Buschwaldkräuter, balsamisch, Waldfinsternis, ausdrucksvoll. Mund: schöne Säure, würzig, feinkörnige Tannine.

La Llorona 2022 B
godello

93

Farbe: leuchtendes Gelb. Aroma: kandierte Früchte, feine Hefen, Feingebäck, milchig. Mund: abgerundet, würzig, lang, nachhaltig.

Quite 2022 T
93

Balsamisch, Waldfinsternis. Farbe: kirschrot mit violettem Saum. Aroma: rote Früchte, blumig, würzig. Mund: geschmackvoll, fruchtig, schöne Säure.

🏆 PODIUM

Roc 2021 T
95

Klar definierte Aromen, komplex, elegant. Farbe: leuchtendes Kirschrot. Aroma: mineralisch, Buschwaldkräuter, , trockene Kräuter, ausdrucksvoll. Mund: saftig, lang, schöne Säure.

Tormenta 2021 B
93

Oxidativ. Farbe: goldfarben. Aroma: Orangenschale, Hefenoten, welke Blumen, getrocknete Blumen. Mund: saftig, lebhaft, ausgeprägter Säuregehalt, zartbitter.

BODEGA Y VIÑEDOS ANSELMO ÁLVAREZ
Ctra. Sanabria, Km. 2
24415 San Lorenzo - Ponferrada (León)
☎: +34 626 452 839
bodega_a.a@hotmail.com
www.bodegaanselmoalvarez.com

Gandadia 2022 T
mencía

92

Farbe: kirschrot mit granatrotem Saum. Aroma: kraftvoll, reifes Obst, würzig, sortenrein, trockene Kräuter, Wildkräuter. Mund: reife Früchte, geschmackvoll, ausgewogen, zartbitter.

Seulalia Godello 2023 B
godello

92

Farbe: leuchtendes Strohgelb, grünlicher Saum. Aroma: frisches Obst, Wildkräuter, Phosphor, Wachs. Mund: frisch, fruchtig, schöne Säure, zartbitter.

Seulalia Mencía 2021 T
100% mencía

88

Lieblich, fruchtig, geschmackvoll.

BODEGA Y VIÑEDOS HEREDAD MORÁN & LÓPEZ
Camino Escaril, 35 Puente Boeza
24401 Ponferrada (León)
☎: +34 676 509 621
heredad.moran.lopez@gmail.com
www.heredadmoranlopez.com

Buleza 2023 RD
100% mencía

84

Heredad 26 2020 T RB
100% mencía

89

Fruchtig, reif, nach Eingemachtem, würzig, trockene Kräuter.

Heredad 26 Godello 2021 B
100% godello

91

Farbe: leuchtendes Strohgelb. Aroma: reifes Obst, Kräutersäckchen, feine Hefen, Wachs. Mund: voll, fett, schöne Säure.

Heredad 26 Mencía 2023 T
mencía

89

Fruchtig, trockene Kräuter, reif, würzig, geschmackvoll, Röstaromen.

DO BIERZO / D.O.P.

Heredad Altos de Talana 2022 B FB
100% godello

92
Oxidativ, Cremig. Farbe: leuchtendes Gelb. Aroma: kraftvoll, weiches Eichenholz, reifes Obst, süße Gewürze. Mund: fett, strukturiert, Röstnoten, zartbitter.

Rincón de Heredad 2021 T
100% mencía

91
Farbe: kirschrot mit violettem Saum. Aroma: rote Früchte, würzig, getrocknete Blumen, erdig. Mund: geschmackvoll, fruchtig, schöne Säure.

Valdesalas 2023 B
100% godello

88
Ausgewogen, fruchtig, kräuterig, voll, reif, naschhaft.

BODEGAS ADRIÁ
Ctra. Antigua Madrid - Coruña, Km. 407
24500 Villafranca del Bierzo (León)
☎: +34 987 540 907
aperez@bodegasadria.com
www.bodegasadria.com

Bodegas Adria Godello 2023 B
100% godello

88
Frisch, durchschnittlich am Gaumen, saftig, wild, schlicht, ausgewogen.

Bodegas Adria Godello Orange 2020 B
100% godello

89
Korrekt, Oxidativ, reif. Aroma: gebackenes Obst, Karamel, mit Charakter.

Bodegas Adria Mencía 2023 T
100% mencía

88
Reduktiver Ausbau, Waldfinsternis, korrekt, anders, trockene Kräuter, reif.

Bodegas Adria Silk 2021 T RB
100% mencía

90
Farbe: tiefes Kirschrot. Aroma: reifes Obst, trockene Kräuter, weiches Eichenholz. Mund: kraftvoll, reife Früchte, würzig, reife Tannine.

Bodegas Adria Velvet 2019 T
100% mencía

91
Reduktiver Ausbau, korrekt. Aroma: Wachs, dunkle Früchte, Röstaromen. Mund: geschmackvoll, reife Früchte, würzig, süffig.

Bodegas Adria Villa El Toleiro 2019 B C
godello

91
Farbe: leuchtendes Gelb. Aroma: getrocknete Blumen, kandierte Früchte, feine Hefen, Feingebäck, Röstaromen, Praline. Mund: abgerundet, würzig, lang, nachhaltig.

Etapa 24 2020 B SS
100% godello

91
Mit Persönlichkeit, alt. Aroma: reifes Obst, Zitrusfrüchte, welke Blumen. Mund: saftig, zartbitter.

BODEGAS BERNARDO ÁLVAREZ
San Pedro, 75
24530 Villadecanes (León)
☎: +34 987 562 129
vinos@bodegasbernardoalvarez.com
www.bodegasbernardoalvarez.com

Campo Redondo 2023 T RB
mencía

89
Lieblich, würzig, reif, Röstaromen.

Campo Redondo Godello 2023 B
godello

88
Aromatisch, reif, tropische, geschmackvoll, fruchtig.

Viña Migarrón 2018 T C
mencía

88
Lieblich, sortenrein, wild, schlicht, reif, trockene Kräuter, korrekt.

Viña Migarrón 2022 T
mencía

88
Intensive Röstaromen, reif, mild.

Viña Migarrón 2023 RD
mencía

90
Farbe: lebhaftes Rosa, violetter Saum. Aroma: ausdrucksstark fruchtig, rote Früchte, milchig, blumig. Mund: ausgewogen, nachwirkend fruchtig, süffig.

Viña Migarrón 2024 B
godello, dona blanca, palomino

88
Aromatisch, korrekt, fruchtig, reif, schlicht, mild.

Guía Peñín SPANIENS WEINFÜHRER

DO BIERZO / D.O.P.

BODEGAS CANTALOBOS
Avda. Galicia, 187
24411 Ponferrada (León)
☎: +34 619 055 411
info@cantalobos.es
www.cantalobos.es

Cantalobos 2021 T
88
Angenehm, würzig, reif.

Cantalobos 2023 B
godello
88
Getrocknete Blumen, fruchtig, trockene Kräuter, reif, korrekt, schlicht. Aroma: Nüsse.

Cantalobos 2023 T
88
Angenehm, mild, reif.

BODEGAS CONDE DEL PAZO
Ctra. LE-4211
24548 Quilós (León)
☎: +34 948 379 994
info@marquesdelatrio.com
www.condedelpazo.com

Conde del Pazo Godello 2023 B
godello
91
Farbe: leuchtendes Strohgelb, grünlicher Saum. Aroma: frisches Obst, Zitrusfrüchte, Wildkräuter, weiße Blumen. Mund: frisch, fruchtig, schöne Säure, zartbitter.

BODEGAS EMILIO MORO
Ctra. Peñafiel - Valoria, s/n
47315 Pesquera de Duero (Valladolid)
☎: +34 983 878 400
bodega@emiliomoro.com
www.emiliomoro.com

Bestizo 2023 T
100% mencía
88
Korrekt, aromatisch, würzig, reif. Aroma: Steinobst.

El Polvorete 2023 B
100% godello
91
Klar definierte Aromen. Aroma: Buschwaldkräuter, , frisches Obst, Hefenoten. Mund: fruchtig, saftig, ausgewogen, würzig.

El Zarzal 2022 B BA
100% godello
90
Farbe: leuchtendes Gelb. Aroma: reifes Obst, würzig, rauchig. Mund: fett, strukturiert, lang, zartbitter.

La Revelia 2021 B
100% godello
91
Farbe: leuchtendes Gelb. Aroma: weiches Eichenholz, reifes Obst, würzig, feiner Kakao. Mund: strukturiert, lang, Röstnoten, zartbitter.

La Revelia 2022 B
100% godello
91
Farbe: strohgelb. Aroma: Steinobst, weiches Eichenholz, reifes Obst, getrocknete Blumen. Mund: kraftvoll, reife Früchte, würzig, lang.

BODEGAS ESTEFANIA, TILENUS
La Lechería, 3
24390 Dehesas (León)
☎: +34 987 420 015
info@tilenus.com

Tilenus
Entrecuestas Godello 2022 B FB
godello
93
Farbe: gelb. Aroma: ausdrucksvoll, feine Hefen, mineralisch, getrocknete Blumen. Mund: voll, würzig, lang, zartbitter.

Tilenus
Godello Monteseiros 2023 B
godello
89
Lieblich, angenehm, geschmackvoll, blumig.

Tilenus
La Florida 2019 T C
100% mencía
91
Farbe: leuchtendes Kirschrot, dunkles Kirschrot. Aroma: feine Reduktionsnoten, offen, schwarze Lakritze, trockene Kräuter. Mund: geschmackvoll, würzig, reife Früchte, lang.

Tilenus Laderas 2021 T
mencía
88
Aromatisch, leichte Reduktion, korrekt, würzig. Aroma: reifes Obst, dunkle Früchte.

Tilenus Pagos de Posada - Paraje La Florida 2018 T BA
mencía
92
Farbe: KirsChrot. Aroma: reifes Obst, feine Reduktionsnoten, Wachs, mit Charakter, sortenrein. Mund: würzig, lang, zartbitter, süffig.

Tilenus Pieros - Paraje Alto de los Cotos 2018 T
mencía
93
Klar definierte Aromen, balsamisch, representativ. Farbe: leuchtendes Kirschrot. Aroma: ausgewogen, ausdrucksvoll, Buschwaldkräuter, Wildkräuter. Mund: sortentypisch, saftig, fruchtig.

BODEGAS GODELIA
Antigua Ctra. N-VI, km. 403,5
24547 Pieros-Cacabelos (León)
☎: +34 987 546 279
info@godelia.es
www.godelia.es

Godelia Godello 2023 B
90% godello, 10% dona blanca
88
Schlicht, korrekt, Zitrusfrüchte, angenehm, von Primäraromen beherrscht.

Godelia Mencía 2019 T RB
100% mencía
89
Lieblich, klar definierte Aromen, korrekt, fruchtig, saftig, angenehm, sortenrein.

Godelia Selección Godello 2020 B
100% godello
91
Farbe: leuchtendes Strohgelb. Aroma: reifes Obst, feine Hefen, Buschwaldkräuter, . Mund: fett, schöne Säure, ausgewogen, saftig.

Godelia Selección Mencía 2017 T
100% mencía
92
Aromatisch. Aroma: Buschwaldkräuter, Wildkräuter, ausdrucksvoll, offen. Mund: geschmackvoll, saftig, ausgewogen, reife Früchte.

Viernes Godello 2023 B
100% godello
88
Zitrusfrüchte, frisch, flüssig am Gaumen, durchschnittlich am Gaumen, schlicht.

Viernes Mencía 2022 T
100% mencía
88
Röstaromen, reif, würzig.

BODEGAS MAURO
Ctra. Villabañez, km. 1
47320 Tudela de Duero (Valladolid)
☎: +34 983 521 972
comunicacion@bodegasmauro.com
www.bodegasmauro.com

Valeyo 2022 T
95% mencía, 5% godello
91
Farbe: tiefes Kirschrot. Aroma: trockene Kräuter, weiches Eichenholz, dunkle Früchte, Buschwaldkräuter, würzig. Mund: reife Früchte, würzig, reife Tannine, geschmackvoll.

BODEGAS PEIQUE
El Bierzo, s/n
24530 Valtuille de Abajo (León)
☎: +34 987 562 044
bodega@bodegaspeique.com
www.bodegaspeique.com

Cova de la Raposa 2020 T
mencía
92
Farbe: kirschrot mit violettem Saum. Aroma: ausdrucksstark fruchtig, rote Früchte, eine Spur Waldbeeren, Wildkräuter, trockene Kräuter, würzig. Mund: fruchtig, frisch, lebhaft, ausgewogen, nachwirkend fruchtig, reife Tannine.

El Pedregal 2022 B
godello
92
Farbe: leuchtendes Gelb. Aroma: Zitronenbombon, helle Früchte, reifes Obst, Wildkräuter, welke Blumen. Mund: fruchtig, frisch, geschmackvoll, saftig.

El Rapolao 2021 T
mencía
92
Farbe: kirschrot mit violettem Saum. Aroma: ausdrucksstark fruchtig, rote Früchte, Wildkräuter, würzig. Mund: fruchtig, frisch, geschmackvoll, ausgewogen, reife Tannine.

Luis Peique 2020 T RB
mencía
93
Farbe: tiefes Kirschrot. Aroma: Fleischnoten, reifes Obst, trockene Kräuter, Schwarzer Pfeffer, ausdrucksvoll, mit Charakter. Mund: strukturiert, saftig.

Mata los Pardos 2020 T
90
Farbe: dunkles Kirschrot. Aroma: Röstaromen, würzig, feiner Kakao, reifes Obst, dunkle Früchte. Mund: geschmackvoll, Röstnoten, zartbitter, trockene, aber reife Tannine, rauchig nachwirkend.

DO BIERZO / D.O.P.

Peique Godello 2023 B
godello
89
Angenehm, frisch, aromatisch, fruchtig, saftig, von Primäraromen beherrscht, schlicht.

Peique Mencía 2023 T
mencía
89
Klar definierte Aromen, korrekt, fruchtig, üppig, milchig, schlicht. Aroma: rote Früchte, reifes Obst.

Peique Ramón Valle 2022 T
mencía
90
Farbe: leuchtendes Kirschrot. Aroma: trockene Kräuter, feine Reduktionsnoten, ausdrucksstark fruchtig. Mund: reife Früchte, würzig, zartbitter, lebhaft.

Peique Selección Familiar 2020 T
mencía
92
Farbe: sattes Kirschrot. Aroma: ausgewogen, offen, Wachs, würzig, Röstaromen, reifes Obst. Mund: geschmackvoll, lang, reife Früchte.

Peique Viñedos Viejos 2021 T RB
mencía
90
Farbe: KirsChrot. Aroma: Buschwaldkräuter, würzig, feine Reduktionsnoten, offen, mittlere Intensität. Mund: würzig, balsamisch, schöne Säure.

Tesin de la Campana 2021 T
mencía
91
Farbe: kirschrot mit violettem Saum. Aroma: rote Früchte, eine Spur Waldbeeren, Wildkräuter, würzig, rauchig. Mund: fruchtig, frisch, geschmackvoll, ausgewogen, trockene, aber reife Tannine.

BODEGAS VALDECONTINA

Avda.de Bembibre, 2,4,
24310 Albares de la Ribera (León)
☎: +34 601 108 460
ventas@valdecontina.com
www.valdecontina.com

Bodegas Valdecontina Godello 2022 B FB
godello
92
Farbe: leuchtendes Gelb. Aroma: weiches Eichenholz, reifes Obst, würzig. Mund: fett, lang, Röstnoten, zartbitter.

Bodegas Valdecontina Godello 2023 B
godello
90
Farbe: strohgelb. Aroma: reifes Obst, trockene Kräuter, welke Blumen. Mund: kraftvoll, reife Früchte, ausgewogen.

Bodegas Valdecontina La Galapana 2022 T
mencía
90
Farbe: dunkles Kirschrot. Aroma: Röstaromen, würzig, feiner Kakao, reifes Obst. Mund: geschmackvoll, Röstnoten, zartbitter.

Bodegas Valdecontina María Pía 2022 T
mencía
91
Farbe: dunkles Kirschrot, granatroter Saum. Aroma: Früchtekonfit, Noten von Tischlerei, Tabak, süße Gewürze, milchig. Mund: würzig, reife Tannine, lang.

Bodegas Valdecontina Valle del Río 2022 T
mencía
90
Farbe: tiefes Kirschrot. Aroma: reifes Obst, trockene Kräuter, weiches Eichenholz, süße Gewürze. Mund: reife Früchte, würzig, reife Tannine.

Bodegas Valdecontina Viña de Martín 2022 T
mencía
92
Üppig. Farbe: tiefes Kirschrot, granatroter Saum. Aroma: Noten von Tischlerei, reifes Obst, feiner Kakao, Röstaromen. Mund: geschmackvoll, würzig, Röstnoten, kräftige Tannine.

BODEGAS VIAZÁLEZ

Avda. de Bembrive 2,4
24310 Albares de la Ribera (León)
☎: +34 653 903 960
info@viazalez.com
www.viazalez.com

Denuedo Godello 2023 B
godello
89
Aromatisch, mild, geschmackvoll, reif.

Hego Mencía 2021 T
mencía
92
Farbe: tiefes Kirschrot. Aroma: reifes Obst, trockene Kräuter, weiches Eichenholz, süße Gewürze, Röstaromen. Mund: kraftvoll, reife Früchte, würzig, reife Tannine.

Viazález Mencía 2021 T
mencía
92
Klar definierte Aromen, balsamisch. Farbe: tiefes Kirschrot. Aroma: reifes Obst, trockene Kräuter, weiches Eichenholz. Mund: kraftvoll, reife Früchte, würzig, reife Tannine.

BODEGAS Y VIÑEDOS GANCEDO
Vistalegre, s/n
24548 Quilós (León)
☎: +34 987 134 980
gancedo@bodegasgancedo.com
www.bodegasgancedo.com

Capricho Val de Paxariñas 2023 RD
100% mencía
88 🌿
Aromatisch, korrekt, frisch, fruchtig, schlicht, mild.

Capricho Val de Paxariñas Godello 2023 B
100% godello
90 🌿
Farbe: leuchtendes Strohgelb. Aroma: reifes Obst, feine Hefen, getrocknete Blumen. Mund: fett, lang, schöne Säure, saftig.

Gancedo Mencía 2023 T RB
100% mencía
90 🌿
Farbe: leuchtendes Kirschrot. Aroma: süße Gewürze, reifes Obst, markante Eiche, geröstetes Brot. Mund: fruchtig, würzig, reife Tannine.

Herencia del Capricho 2021 B FB
100% godello
92
Rauchig, würzig, markante Eiche. Farbe: leuchtendes Gelb. Aroma: würzig, reifes Obst, mit Charakter. Mund: fett, geschmackvoll, kraftvoll.

Ucedo 2021 T RB
100% mencía
92
Klassisch. Farbe: dunkles Kirschrot. Aroma: weiches Eichenholz, feiner Kakao, süße Gewürze, offen. Mund: strukturiert, opulent, geschmackvoll, lang, reife Früchte, reife Tannine.

Xestal 2022 T RB
mencía
91
Farbe: KirsChrot. Aroma: Buschwaldkräuter, Kräutersäckchen, blumig, Wachs. Mund: würzig, balsamisch, schöne Säure.

BODEGAS Y VIÑEDOS LUNA BEBERIDE
Ant. Ctra. Madrid - Coruña, Km. 402
24540 Cacabelos (León)
☎: +34 605 723 551
calidad@lunabeberide.es
www.lunabeberide.es

Finca Luna Beberide T RB
91
Farbe: tiefes Kirschrot. Aroma: reifes Obst, trockene Kräuter, weiches Eichenholz, balsamisch. Mund: kraftvoll, reife Früchte, würzig, reife Tannine.

Luna Beberide Mencía 2023 T
89
Beschädigtes Obst. Aroma: balsamisch, Buschwaldkräuter, reifes Obst, ausgewogen. Mund: balsamisch, schöne Säure.

Paixar Mencía 2022 T
94
Klar definierte Aromen, balsamisch. Farbe: KirsChrot. Aroma: komplex, ausdrucksvoll, würzig, mineralisch. Mund: voll, lang, nachhaltig.

BODEGAS Y VIÑEDOS MERAYO
Ctra. de la Espina, km. 3.5
24491 San Andrés de Montejos (León)
☎: +34 669 372 307
jmerayo@byvmerayo.com
www.bodegasmerayo.com

Aquiana 2021 T C
100% mencía
90
Farbe: tiefes Kirschrot. Aroma: würzig, reifes Obst, ausgewogen, Tabak, Wachs. Mund: geschmackvoll, lang, reife Früchte.

La Galbana 2021 T R
100% mencía
92
Farbe: leuchtendes Kirschrot. Aroma: trockene Kräuter, Heidelbeere, reifes Obst, Schwarzer Pfeffer, weiches Eichenholz. Mund: kraftvoll, reife Früchte, würzig, reife Tannine.

Las Tres Filas 2022 T RB
100% mencía
91
Farbe: kirschrot mit violettem Saum. Aroma: ausdrucksstark fruchtig, rote Früchte, blumig, würzig. Mund: geschmackvoll, fruchtig, schöne Säure, lang.

DO BIERZO / D.O.P.

DO BIERZO / D.O.P.

Merayo Finca El Llano 2020 T BA
100% mencía

93
Farbe: KirsChrot. Aroma: komplex, ausdrucksvoll, würzig, mineralisch, trockene Kräuter, Wildkräuter, schwarze Lakritze. Mund: voll, lang, nachhaltig.

Merayo Godello 2023 B
100% godello

90
Farbe: strohgelb. Aroma: ausdrucksvoll, weiße Blumen, Jasmin, trockene Kräuter. Mund: geschmackvoll, fruchtig, ausgewogen.

Merayo Mencía 2023 T
100% mencía

90
Farbe: kirschrot mit violettem Saum. Aroma: balsamisch, rote Früchte, Buschwaldkräuter. Mund: balsamisch, fruchtig, ausgewogen.

CANTARIÑA
Calle Ribadeo, 35
24500 Villafranca del Bierzo (León)
☎: +34 606 075 194
info@vinoscantarina.es
www.vinoscantarina.es

**Cantariña
2 Viña de los Pinos 2021 T**
90% mencía, 10% palomino

91 🍷
Mit Persönlichkeit, kräuterig, wild. Farbe: leuchtendes Kirschrot. Aroma: offen, ausdrucksvoll, trockene Kräuter. Mund: fruchtig, saftig, lebhaft.

**Cantariña
3 El Triángulo 2021 T**
95% mencía, 5% palomino

91 🍷
Farbe: tiefes Kirschrot. Aroma: trockene Kräuter, Weihrauch, Sträucher, balsamisch. Mund: saftig, geschmackvoll, sortentypisch.

Cantariña 6 Merenzao 2022 T
merenzao

93 🍷
Farbe: leuchtendes Kirschrot. Aroma: balsamisch, süße Gewürze, Buschwaldkräuter, rote Früchte. Mund: würzig, balsamisch, schöne Säure.

Cantariña 7 A Freita 2022 T
85% mencía, 13% palomino, 2% merenzao

94 🍷
Farbe: KirsChrot. Aroma: komplex, ausdrucksvoll, würzig, mineralisch, Kräutersäckchen. Mund: voll, lang, nachhaltig.

**Cantariña El Godello
de Consuelo 2022 B FB**
godello

93 🍷
Farbe: leuchtendes Gelb. Aroma: getrocknete Blumen, kandierte Früchte, feine Hefen, Feingebäck, Schießpulver, Phosphor. Mund: abgerundet, würzig, lang, nachhaltig.

CASAR DE BURBIA
Travesía la Constitución, s/n
24549 Carracedelo (León)
☎: +34 987 562 910
info@casardeburbia.com
www.casardeburbia.com

**Casar
de Burbia 2022 T RB**
100% mencía

90 🍷
Farbe: tiefes Kirschrot. Aroma: reifes Obst, trockene Kräuter, weiches Eichenholz. Mund: reife Früchte, würzig, reife Tannine.

**Casar
de Burbia Godello 2023 B**
100% godello

91 🍷
Farbe: strohgelb. Aroma: reifes Obst, Steinobst, blumig. Mund: ausgewogen, fruchtig, geschmackvoll.

Casar Godello (Vino de Paraje - Valdepiñeiro) 2022 B FB
100% godello

91 🍷
Aromatisch. Farbe: leuchtendes Gelb. Aroma: Steinobst, Wildkräuter, würzig, Jasmin. Mund: saftig, ausgewogen, zartbitter, schöne Säure.

Hombros (Vino de Paraje - Valdaiga) 2022 T BA
100% mencía

92 🍷
Farbe: kirschrot mit granatrotem Saum. Aroma: Früchtekonfit, in Likör eingelegte Früchte, Schokolade, Buschwaldkräuter. Mund: geschmackvoll, leicht süßlich, lang.

Nemesio (Vino de Paraje - Barreiriñas) 2021 T RB
100% mencía

93 🍷
Farbe: kirschrot mit granatrotem Saum. Aroma: kraftvoll, Röstaromen, Schokolade, dunkle Früchte, reifes Obst. Mund: geschmackvoll, lang.

Tebaida 2022 T RB
100% mencía
93 🏆
Farbe: tiefes Kirschrot. Aroma: reifes Obst, trockene Kräuter, weiches Eichenholz, balsamisch. Mund: reife Früchte, würzig, reife Tannine.

Tebaida nº5 (Vino de Paraje - Valdepiñeiro) 2021 T RB
100% mencía
92 🏆
Röstaromen. Farbe: tiefes Kirschrot. Aroma: reifes Obst, trockene Kräuter, weiches Eichenholz, Röstaromen. Mund: reife Früchte, würzig, reife Tannine.

CASTRO VENTOSA
Finca El Barredo, s/n
24530 Valtuille de Abajo (León)
☎: +34 987 562 148
info@castroventosa.com
www.castroventosa.com

El Castro de Valtuille 2023 T
92
Farbe: kirschrot mit violettem Saum. Aroma: balsamisch, rote Früchte, Buschwaldkräuter, Thymian. Mund: balsamisch, fruchtig, ausgewogen.

El Castro de Valtuille Godello 2022 B BA
93
Farbe: leuchtendes Strohgelb. Aroma: ausdrucksstark fruchtig, reifes Obst, blumig, Phosphor. Mund: geschmackvoll, frisch, schöne Säure, nachwirkend fruchtig.

🏆 **PODIUM**
Valtuille Cepas Centenarias 2022 T BA
95
Komplex, Waldfinsternis. Farbe: KirsChrot. Aroma: balsamisch, süße Gewürze, Buschwaldkräuter, rote Früchte. Mund: balsamisch, schöne Säure, geschmackvoll.

🏆 **PODIUM**
Valtuille Godello Paraje El Val 2022 B BA
95
Farbe: leuchtendes Strohgelb. Aroma: reifes Obst, Kräutersäckchen, feine Hefen, mineralisch, Phosphor. Mund: voll, fett, lang, schöne Säure.

🏆 **PODIUM**
Valtuille La Cova de la Raposa 2022 T
95
Farbe: kirschrot mit violettem Saum. Aroma: rote Früchte, blumig, würzig, Buschwaldkräuter, Kräutersäckchen, balsamisch. Mund: geschmackvoll, fruchtig, schöne Säure.

🏆 **PODIUM**
Valtuille la Vitoriana 2022 T
97
Klar definierte Aromen, aromatisch, balsamisch. Farbe: leuchtendes Kirschrot. Aroma: reifes Obst, trockene Kräuter, weiches Eichenholz, Wildkräuter. Mund: reife Früchte, würzig, reife Tannine.

Valtuille Villegas 2022 T BA
94
Angenehm, aromatisch, komplex. Farbe: KirsChrot. Aroma: balsamisch, süße Gewürze, Wildkräuter, rote Früchte. Mund: würzig, balsamisch, schöne Säure.

🏆 **PODIUM**
Valtuille Vino de Paraje Rapolao 2022 T C
95
Aromatisch, balsamisch. Farbe: durchscheinendes Kirschrot. Aroma: rote Früchte, dunkle Früchte, Wildkräuter, Kräutersäckchen, süße Gewürze. Mund: geschmackvoll, lebhaft, saftig.

Valtuille Vino de Villa 2022 T BA
94
Spannungsvoll, komplex. Farbe: KirsChrot. Aroma: balsamisch, süße Gewürze, Buschwaldkräuter, rote Früchte. Mund: würzig, balsamisch, schöne Säure.

CÉSAR MÁRQUEZ BODEGAS Y VIÑEDOS
Calle Antigua Ctra. N-VI, 34A
24530 Valtuille de Abajo (León)
☎: +34 625 603 223
caesar15_m@hotmail.com

🏆 **PODIUM**
El Rapolao Vino de Paraje 2022 T
96
Angenehm, klar definierte Aromen, komplex, spannungsvoll. Farbe: KirsChrot. Aroma: balsamisch, süße Gewürze, Buschwaldkräuter, rote Früchte. Mund: würzig, balsamisch, schöne Säure, geschmackvoll.

🏆 **PODIUM**
El Val 2022 B
godello
98
Lieblich, voll. Farbe: leuchtendes Strohgelb. Aroma: reifes Obst, Kräutersäckchen, feine Hefen, mineralisch, Wachs, Phosphor. Mund: voll, fett, lang, schöne Säure.

DO BIERZO / D.O.P.

DO BIERZO / D.O.P.

La Salvación 2022 B
94
Komplex. Farbe: leuchtendes Strohgelb. Aroma: reifes Obst, Kräutersäckchen, feine Hefen. Mund: fett, lang, schöne Säure.

Parajes Vino de Región 2022 T
93
Farbe: tiefes Kirschrot. Aroma: trockene Kräuter, reifes Obst, rote Früchte, Buschwaldkräuter. Mund: reife Früchte, würzig, balsamisch.

🏆 **PODIUM**

Pico Ferreira 2022 T
98
Balsamisch, aromatisch, komplex. Farbe: kirschrot mit violettem Saum. Aroma: blumig, würzig, ausdrucksstark fruchtig, mineralisch. Mund: geschmackvoll, fruchtig, schöne Säure, lang.

🏆 **PODIUM**

Sufreiral 2022 T
96
Klar definierte Aromen, mild. Farbe: tiefes Kirschrot. Aroma: reifes Obst, trockene Kräuter, süße Gewürze, Kreide. Mund: reife Früchte, würzig, reife Tannine.

🏆 **PODIUM**

Valtuille Vino de Villa 2022 T
95
Farbe: kirschrot mit violettem Saum. Aroma: rote Früchte, blumig, würzig, Veilchenbombons, balsamisch, Buschwaldkräuter. Mund: geschmackvoll, fruchtig, schöne Säure, lang.

DESCENDIENTES DE J. PALACIOS
Chao do Pando, 1
24514 Corullón (León)
☎: +34 987 540 821
info@djpalacios.com
www.alvaropalacios.com

🏆 **PODIUM**

La Faraona 2022 T BA
98% mencía, 2% jerez, godello
97 🌱
Balsamisch, klar definierte Aromen, komplex. Farbe: kirschrot mit violettem Saum. Aroma: rote Früchte, blumig, würzig, Kräutersäckchen, mineralisch. Mund: geschmackvoll, fruchtig, schöne Säure, lang.

🏆 **PODIUM**

Las Lamas 2022 T BA
92% mencía, otras
96 🌱
Balsamisch, kräuterig. Farbe: leuchtendes Kirschrot. Aroma: frisches Obst, rote Früchte, Buschwaldkräuter, feine Reduktionsnoten. Mund: schöne Säure, würzig, feinkörnige Tannine, mineralisch.

🏆 **PODIUM**

Moncerbal 2022 T
95% mencía, otras
95 🌱
Aromatisch, balsamisch. Farbe: kirschrot mit violettem Saum. Aroma: ausdrucksstark fruchtig, rote Früchte, würzig, Gras. Mund: geschmackvoll, fruchtig, schöne Säure, lang.

Pétalos del Bierzo Viñas Viejas 2022 T
92
Farbe: kirschrot mit violettem Saum. Aroma: ausdrucksstark fruchtig, rote Früchte, blumig, würzig, Wildkräuter. Mund: geschmackvoll, fruchtig, schöne Säure, lang.

Villa de Corullón 2022 T
93% mencía, 2,5% alicante bouschet, 0,5% gran negro, otras
94 🌱
Angenehm, klar definierte Aromen, balsamisch. Farbe: KirsChrot. Aroma: balsamisch, süße Gewürze, Buschwaldkräuter, rote Früchte, reifes Obst. Mund: würzig, schöne Säure.

DOMINIO DE ANZA
24530 Valtuille de Abajo (León)
☎: +34 606 971 740
diego@dominiodeanza.com

Dominio de Anza Finca El Rapolao 2022 T
93
Wild, fruchtig. Farbe: kirschrot mit granatrotem Saum. Aroma: Früchtekonfit, ausdrucksvoll. Mund: geschmackvoll, lang.

Dominio de Anza Selección de Parcelas 2022 T
93
Waldfinsternis, ausgewogen. Aroma: trockene Kräuter, feine Reduktionsnoten. Mund: poliert, lang, saftig.

Valdehorta 2022 T
94
Komplex, mineralisch, noch nicht vollständig entfaltet. Farbe: KirsChrot. Aroma: ausdrucksvoll, ausgewogen, elegant. Mund: fruchtig, geschmackvoll, reife Tannine, spannungsvoll.

DOMINIO DE TARES
Los Barredos, 4
24318 San Román de Bembibre (León)
☎: +34 987 514 550
info@dominiodetares.com
www.dominiodetares.com

Bembibre 2019 T R
100% mencía

93

Farbe: leuchtendes Kirschrot. Aroma: Buschwaldkräuter, Wachs, Wildkräuter, , ausgewogen, offen. Mund: würzig, balsamisch, schöne Säure, saftig.

Dominio de Tares Cepas Viejas 2021 T C
100% mencía

92

Farbe: KirsChrot. Aroma: komplex, ausdrucksvoll, würzig, mineralisch. Mund: elegant, voll, lang, nachhaltig.

Dominio de Tares Godello 2023 B FB
100% godello

91

Farbe: leuchtendes Gelb. Aroma: weiches Eichenholz, reifes Obst, würzig. Mund: strukturiert, lang, Röstnoten, zartbitter.

La Sonrisa de Tares 2023 B
100% godello

92

Farbe: leuchtendes Strohgelb, grünlicher Saum. Aroma: Zitrusfrüchte, Wildkräuter, Phosphor, Wachs. Mund: fruchtig, schöne Säure, zartbitter.

Tares P. 3 2019 T R
100% mencía

93

Trockene Kräuter, reif, reduktiver Ausbau. Farbe: tiefes Kirschrot. Aroma: dunkle Früchte, schwarze Lakritze, mit Charakter, sortenrein, balsamisch. Mund: strukturiert, geschmackvoll.

ENCIMA WINES
Era, 35
24413 Molinaseca (León)
☎: +34 660 469 565
info@encimawines.com
www.encimawines.com

La Cigüeña Godello 2023 B
100% godello

89

Angenehm, Zitrusfrüchte, fruchtig.

La Cigüeña Mencía 2022 T
100% mencía

89

Lieblich, aromatisch, korrekt, reif, von Primäraromen beherrscht, schlicht. Aroma: Wachs.

Para Muestra un Botón 2021 B
100% godello

90

Farbe: leuchtendes Strohgelb. Aroma: reifes Obst, blumig, würzig. Mund: schöne Säure, nachwirkend fruchtig, ausgewogen, zartbitter.

Para Muestra un Botón 2021 T
mencía

91

Farbe: KirsChrot. Aroma: balsamisch, süße Gewürze, Buschwaldkräuter, reifes Obst. Mund: würzig, balsamisch, schöne Säure.

Para Muestra un Botón Edición Limitada Fermentada bajo sus Lías 2020 B FB
100% godello

92

Farbe: leuchtendes Gelb. Aroma: kraftvoll, reifes Obst, würzig, feine Hefen. Mund: fett, strukturiert, lang, zartbitter.

ESTÉVEZ BODEGAS Y VIÑEDOS
Calle Las Flores, 35
24530 Valtuille de Abajo (León)
☎: +34 638 732 732
comercial@estevezbodegas.com
www.estevezbodegas.com

Versos de Valtuille Pal de la Vega Godello 2022 B FB
godello

92

Frisch, Zitrusfrüchte. Aroma: Schießpulver, sortenrein, helle Früchte, Wildkräuter. Mund: frisch, fruchtig, schöne Säure.

DO BIERZO / D.O.P.

DO BIERZO / D.O.P.

....

**Versos de Valtuille
Paraje Casares 2022 T**
85% mencía, 10% alicante bouschet, 5% palomino

92

Klar definierte Aromen, korrekt, blumig. Farbe: leuchtendes Kirschrot. Aroma: offen, ausdrucksvoll. Mund: fruchtig, saftig, lang, süffig.

....

**Versos de Valtuille
Paraje El Rapolao 2022 T**
mencía

94

Ausgewogen, saftig, lebhaft. Farbe: KirsChrot. Aroma: komplex, ausdrucksvoll, mineralisch, blumig, Thymian, Wildkräuter. Mund: elegant, voll, lang, nachhaltig.

....

**Versos de Valtuille
Paraje La Vitoriana 2022 T**
85% mencía, 10% alicante bouschet, 5% palomino

94

Klar definierte Aromen, representativ, ausgewogen. Aroma: offen, ausdrucksvoll, ausgewogen, elegant, rote Früchte. Mund: sortentypisch, lang, saftig, lebhaft.

....

**Versos de Valtuille Paraje Mata
Los Pardos 2022 T**
mencía

91

Farbe: leuchtendes Kirschrot. Aroma: reifes Obst, weiches Eichenholz, trockene Kräuter, . Mund: reife Früchte, würzig, reife Tannine, geschmackvoll.

....

**Versos de Valtuille
Paraje Villegas 2022 T**
90% mencía, 10% alicante bouschet

92

Farbe: tiefes Kirschrot, granatroter Saum. Aroma: mit Charakter, würzig, weiches Eichenholz, ausgewogen, trockene Kräuter, Buschwaldkräuter. Mund: geschmackvoll, lang, reife Früchte.

FAMILIA ARIAS VIDAL VITICULTORES

Avda. de la Martina, 54
24403 Ponferrada (León)
☎: +34 676 218 209
davarvi@hotmail.com

....

Escambron 2022 T C
mencía

92

Farbe: kirschrot mit granatrotem Saum. Aroma: Früchtekonfit, in Likör eingelegte Früchte, kraftvoll. Mund: geschmackvoll, leicht süßlich, lang.

....

Recunco 12 meses 2022 T C
mencía

91

Farbe: kirschrot mit violettem Saum. Aroma: ausdrucksstark fruchtig, blumig, würzig, Heidelbeere. Mund: geschmackvoll, fruchtig, schöne Säure, lang.

GALLINA DE PIEL WINES

17005 Girona (Girona)
info@gallinadepielwines.com
www.gallinadepielwines.com

....

Lagalin 2022 T
94% mencía, 6% merenzao

92

Waldfinsternis. Farbe: tiefes Kirschrot. Aroma: reifes Obst, trockene Kräuter, Moschus-Noten, würzig, balsamisch. Mund: kraftvoll, reife Früchte, würzig, reife Tannine.

JOSÉ ANTONIO GARCÍA GARCÍA

El Puente s/n
24530 Valtuille de Abajo (León)
☎: +34 648 070 581
jose.viticultor@gmail.com

....

**Unculín
Mencía de Valtuille 2022 T**
mencía

91

Farbe: leuchtendes Kirschrot. Aroma: Wachs, Moschus-Noten, rote Früchte, Röstaromen. Mund: geschmackvoll, fleischig, schöne Säure.

LOSADA, VINOS DE FINCA

Ctra.a Villafranca LE-713, Km. 12
24540 Cacabelos (León)
☎: +34 987 548 053
bodega@losadavinosdefinca.com
www.losadavinosdefinca.com

....

**Altos
de Losada El Cepón 2022 T**
100% mencía

93

Farbe: leuchtendes Kirschrot. Aroma: reifes Obst, weiches Eichenholz, feiner Kakao, Wildkräuter, schwarze Lakritze. Mund: reife Früchte, würzig, reife Tannine.

....

**Altos de Losada La Bienquerida Paraje
Las Chas 2022 T C**
95% mencía, 5% otras

92

Farbe: tiefes Kirschrot. Aroma: dunkle Früchte, rauchig, würzig, Schwarzer Pfeffer, , trockene Kräuter. Mund: würzig, reife Früchte, lang.

DO BIERZO / D.O.P.

Altos de Losada Villa de Valtuille de Arriba 2022 T BA
100% mencía

91

Farbe: tiefes Kirschrot. Aroma: trockene Kräuter, weiches Eichenholz, dunkle Früchte, reifes Obst, würzig. Mund: kraftvoll, reife Früchte, würzig, reife Tannine.

Losada 2022 T
99% mencía, 1% dona blanca

89

Markante Eiche, Röstaromen, geschmackvoll, reif, fruchtig, würzig, korrekt.

Losada Godello 2023 B
100% godello

91

Farbe: strohgelb. Aroma: reifes Obst, trockene Kräuter, welke Blumen. Mund: kraftvoll, reife Früchte, ausgewogen.

MARIA ZAMARREÑO
Camino Las Salgueras s/n
24413 Molinaseca (León)
☎: +34 639 202 403
mariazv.bierzo@gmail.com
www.mariazamarreño.com

Van Gus Vana 2016 T
mencía

88

Klassisch, animalische Noten, korrekt, ausgewogen, kräuterig, reif.

MICHELINI I MUFATTO
Toral, 19
24448 Toral de merayo (León)
☎: +34 665 128 522
lbonetto@cvdi.wine
www.michelinimufatto.com

A Merced 2022 T
mencía, alicante bouschet, dona blanca

93

Farbe: tiefes Kirschrot. Aroma: reifes Obst, weiches Eichenholz, trockene Kräuter, Buschwaldkräuter. Mund: kraftvoll, reife Früchte, würzig, reife Tannine.

Encinado 2022 T
mencía, godello, alicante bouschet

94

Balsamisch, reif. Farbe: KirsChrot. Aroma: balsamisch, süße Gewürze, Buschwaldkräuter. Mund: würzig, balsamisch, schöne Säure.

Encrucijada 2022 T
mencía, palomino

94

Balsamisch, Waldfinsternis. Farbe: KirsChrot. Aroma: balsamisch, süße Gewürze, Buschwaldkräuter, reifes Obst. Mund: würzig, balsamisch, schöne Säure.

MA Andrea Mufatto Dona Blanca 2022 B
dona blanca

94

Farbe: leuchtendes Gelb. Aroma: kraftvoll, weiches Eichenholz, reifes Obst, würzig, Wachs, Schießpulver. Mund: fett, strukturiert, lang, zartbitter.

🏆 **PODIUM**

MA Andrea Mufatto Godello 2022 B
godello

95

Farbe: leuchtendes Strohgelb. Aroma: reifes Obst, blumig, feine Hefen, mineralisch, Wachs, Schießpulver. Mund: voll, komplex, würzig, lang, elegant.

🏆 **PODIUM**

Post-Crucifixión 2022 T
mencía, merenzao, brancellao, godello, dona blanca

96

Waldfinsternis, balsamisch. Farbe: leuchtendes Kirschrot. Aroma: komplex, ausdrucksvoll, würzig, mineralisch. Mund: elegant, voll, lang, nachhaltig, geschmackvoll.

PÉREZ CARAMÉS
Peña Picón, s/n
24500 Villafranca del Bierzo (León)
☎: +34 619 782 968
info@perezcarames.com
www.perezcarames.com

Casar de Valdaiga Paraje El Toleiro 2023 T

86 🌱

PROYECTO DE VINOS CARIÑOSOS
San Blas, 206
24390 Villaverde de la Abadía (León)
☎: +34 687 801 250
monicagdineiro@yahoo.es

Altos de Hornixa 2023 T
mencía

91

Farbe: kirschrot mit violettem Saum. Aroma: rote Früchte, blumig, würzig, Kräutersäckchen. Mund: geschmackvoll, fruchtig, schöne Säure, lang.

DO BIERZO / D.O.P.

SEÑORÍO DE LOS ARCOS
Ctra.. Caboalles, 332
24191 Villlabalter (León)
☎: +34 987 226 594
admin@senoriodelosarcos.es
www.senoriodelosarcos.es

Dobiñon 2022 T
100% mencía
88
Röstaromen, reif, fruchtig.

SOTO DEL VICARIO
Ctra. Cacabelos- San Clemente, Pol. Ind. 908
Parcela 155
24547 San Clemente (León)
☎: +34 670 983 534
sandra.luque@pagodelvicario.com
www.pagodelvicario.com

Soto del Vicario El Origen 2018 T
100% mencía
91
Farbe: kirschrot mit granatrotem Saum. Aroma: Früchtekonfit, kraftvoll, markante Eiche, weiches Eichenholz. Mund: geschmackvoll, lang, süße Tannine.

Soto del Vicario Go de Godello 2023 B FB
100% godello
90
Angenehm, aromatisch, üppig, frisch, fruchtig, kräuterig. Mund: korrekt, zartbitter, süffig.

Soto del Vicario Men de Mencía 2018 T C
mencía
92
Farbe: kirschrot mit granatrotem Saum. Aroma: balsamisch, reifes Obst, Buschwaldkräuter, feine Reduktionsnoten. Mund: geschmackvoll, balsamisch, würzig.

Soto del Vicario Orange Marrows 2023 B
48% palomino, 45% dona blanca, 4% godello, 3% malvasía
90
Farbe: leuchtendes Strohgelb, grünlicher Saum. Aroma: Zitrusfrüchte, Wildkräuter, camomila, Jasmin. Mund: fruchtig, schöne Säure, zartbitter.

VINOS DE ARGANZA
Río Ancares, 2
24560 Toral de los Vados (León)
☎: +34 987 544 831
admon@vinosdearganza.com
www.vinosdearganza.com

Castillo Colina 2023 T
91
Farbe: kirschrot mit violettem Saum. Aroma: rote Früchte, blumig, würzig. Mund: geschmackvoll, fruchtig, schöne Säure.

Flavium Selección T
91
Farbe: tiefes Kirschrot. Aroma: reifes Obst, trockene Kräuter. Mund: kraftvoll, reife Früchte, würzig.

VINOS DEL BIERZO S. COOP. - VINOS GUERRA
Avda. Constitución, 106
24540 Cacabelos (León)
☎: +34 987 546 150
info@vinosdelbierzo.com
www.bodegasguerra.com

Armas de Guerra 2023 B
dona blanca, godello
86

Armas de Guerra 2023 RD
mencía
87

Armas de Guerra Godello 2023 B
godello
88
Angenehm, schlicht. Aroma: reifes Obst, blumig. Mund: frisch, schöne Säure.

Armas de Guerra Mencía 2023 T
mencía
89
Angenehm, fruchtig, kräuterig, reif.

Señorío del Bierzo Godello 2020 B
godello
90
Würzig, markante Eiche. Farbe: gelb. Aroma: Karamel, reifes Obst, rauchig. Mund: geschmackvoll, kraftvoll.

Señorío del Bierzo Mencía 2019 T C
mencía
90
Klassisch, leichte Reduktion, markante Eiche. Aroma: Wachs, reifes Obst, mit Charakter, trockene Kräuter. Mund: sortentypisch, reife Früchte.

VINOS VALTUILLE
Promadelo, s/n
24530 Valtuille de Abajo (León)
☎: +34 987 562 165
info@vinosvaltuille.com
www.vinosvaltuille.com

Cabanelas 2019 T
100% mencía

92

Farbe: kirschrot mit granatrotem Saum. Aroma: trockene Kräuter, Tabak, Wachs, reifes Obst. Mund: geschmackvoll, voll, sortentypisch, würzig.

Pago de Valdoneje 2023 T
mencía

90

Farbe: kirschrot mit violettem Saum. Aroma: ausdrucksstark fruchtig, rote Früchte, blumig. Mund: fruchtig, geschmackvoll, ausgewogen.

Pago de Valdoneje El Valao 2022 T BA
mencía

92

Farbe: kirschrot mit violettem Saum. Aroma: ausdrucksstark fruchtig, blumig, würzig, Heidelbeere. Mund: geschmackvoll, fruchtig, schöne Säure, lang.

Pago de Valdoneje La Cerrada 2023 B
godello

91

Farbe: leuchtendes Strohgelb. Aroma: reifes Obst, mineralisch, Wildkräuter, feine Hefen. Mund: geschmackvoll, frisch, schöne Säure, nachwirkend fruchtig.

Rapolao 2020 T C
100% mencía

92

Farbe: kirschrot mit granatrotem Saum. Aroma: balsamisch, Buschwaldkräuter, stark gegerbtes Leder, Früchtekonfit, trockene Kräuter, Tabak. Mund: geschmackvoll, würzig, trockene, aber reife Tannine.

VIÑAS DEL BIERZO
Cº de Santiago, s/n
24410 Camponaraya (León)
☎: +34 987 463 009
vdelbierzo@granbierzo.com
www.granbierzo.com

Gran Bierzo Godello 2023 B
90

Farbe: leuchtendes Strohgelb. Aroma: reifes Obst, blumig, Wachs. Mund: geschmackvoll, schöne Säure, nachwirkend fruchtig.

Gran Bierzo Origen 2021 T
95% mencía, 5% estaladiña

91

Farbe: tiefes Kirschrot. Aroma: reifes Obst, trockene Kräuter, weiches Eichenholz, Buschwaldkräuter. Mund: kraftvoll, reife Früchte, würzig, Röstnoten.

Valmagaz Mencía 2023 T
mencía

89

Angenehm, aromatisch, fruchtig, saftig, frisch, durchschnittlich am Gaumen.

VIÑEDOS SAMPEDRO Y ALONSO
Los Pinares, 2
24530 Villadecanes (León)
☎: +34 619 740 699
hola@sampedroyalonso.com
www.sampedroyalonso.com

Xardín De Xampedro 2021 T BA
100% mencía

89

Reif, kraftvoll, geschmackvoll, wild, Röstaromen, voll.

VIÑEDOS SINGULARES
Avda. de La Riera, 11 Nave 1
08960 Sant Just Desvern (Barcelona)
☎: +34 934 807 041
info@vinedossingulares.com
www.vinedossingulares.com

Corral del Obispo 2022 T RB
90

Farbe: kirschrot mit violettem Saum. Aroma: ausdrucksstark fruchtig, rote Früchte, würzig, eine Spur Waldbeeren, getrocknete Blumen. Mund: geschmackvoll, fruchtig, schöne Säure, lang.

VIÑEDOS Y BODEGAS PITTACUM
De la Iglesia, 11
24546 Arganza (León)
☎: +34 987 548 054
egomez@pittacum.com
www.pittacum.com

La Maragata 2019 B FB
100% godello

92

Farbe: leuchtendes Gelb. Aroma: weiches Eichenholz, reifes Obst, würzig, Praline. Mund: fett, strukturiert, lang, Röstnoten, zartbitter.

La Prohibición 2019 T RB
100% garnacha tintorera

91

Farbe: KirsChrot. Aroma: holzig, dunkle Früchte, reifes Obst, rauchig. Mund: kraftvoll, strukturiert, geschmackvoll, rauchig nachwirkend.

DO BIERZO / D.O.P.

DO BIERZO / D.O.P.

Petit Pittacum 2023 T
100% mencía

90
Farbe: kirschrot mit violettem Saum. Aroma: ausdrucksstark fruchtig, rote Früchte, balsamisch. Mund: fruchtig, schöne Säure, lang, ausgeprägter Säuregehalt, zartbitter.

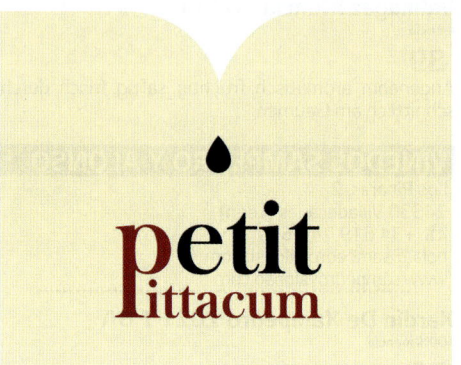

Pittacum 2020 T RB
100% mencía

91
Balsamisch, durchschnittlich am Gaumen. Farbe: leuchtendes Kirschrot. Aroma: Wildkräuter, , reifes Obst. Mund: saftig, fruchtig, korrekt, würzig, reife Früchte.

Pittacum Aurea 2019 T RB
100% mencía

93
Farbe: tiefes Kirschrot, granatroter Saum. Aroma: reifes Obst, dunkle Früchte, würzig, Schwarzer Pfeffer, trockene Kräuter. Mund: geschmackvoll, voll, reife Tannine.

Pittacum Val de la Osa 2019 T RB
100% mencía

92
Farbe: leuchtendes Kirschrot. Aroma: sortenrein, offen, mit Charakter, balsamisch, würzig. Mund: geschmackvoll, saftig, würzig, lang.

DO. BINISSALEM MALLORCA
CONSEJO REGULADOR

Celler de Rei, 9-1º
07350 Binissalem (Mallorca)
☎: +34 971 512 191
@: info@binissalemdo.com
www.binissalemdo.com

LAGE:

Im Herzen der Insel Mallorca mit den Gemeinden Santa María del Camí, Binissalem, Sencelles, Consell und Santa Eugenia.

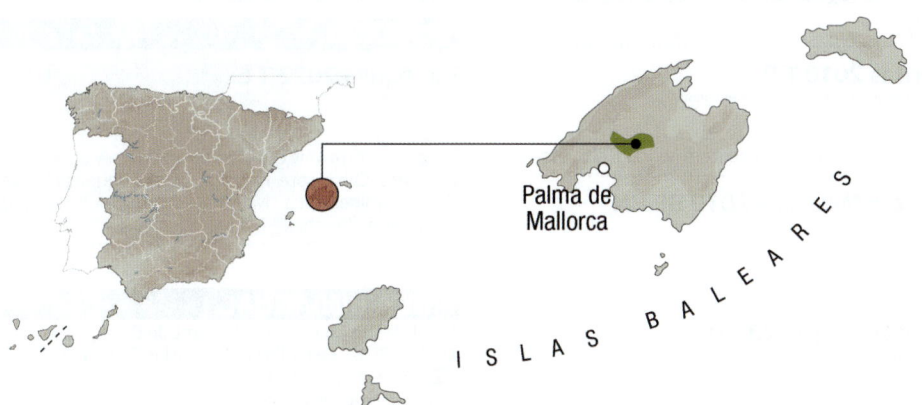

REBSORTEN:

WEISS: Moll oder Prensal Blanc, Macabeo, Parellada, Moscatel, Giró Ros und Chardonnay.

ROT: Manto Negro, Callet, Tempranillo, Syrah, Monastrell, Cabernet Sauvignon, Gorogollassa und Merlot.

DATEN:

Rebfläche (ha): 583 – **Wine-Growers:** 107 – **Weinerzeuger:** 14 – **Jahrgang 23:** Unrated – **Jahresproduktion 23:** 874.562 L.– **Absatz:** 86% Spanien - 14% Export.

BODENVERHÄLTNISSE:

Vorwiegend rötlicher oder brauner Kalkboden, teilweise mit Kalkkruste in den oberen Bodenhorizonten. Das Gelände ist leicht hügelig und die Rebflächen befinden sich in Höhenlagen zwischen 75 m und 200 m.

KLIMA:

Mildes Mittelmeerklima mit trockenen, heißen Sommern und kurzen Wintern. Die durchschnittliche Niederschlagsmenge liegt bei etwa 450 mm im Jahr. Das Anbaugebiet wird durch die Berge der Sierra de Tramuntana oder der Sierra de Alfabia vor den Nordwinden abgeschirmt.

ERNTEBEWERTUNG ANHAND JUNGER WEINE GUÍA**PEÑÍN**

2019	2020	2021	2022	2023
SEHR GUT	UNRATED	SEHR GUT	UNRATED	UNRATED

DO BINISSALEM MALLORCA / D.O.P.

BODEGAS JOSÉ L. FERRER
Conquistador, 103
07350 Binissalem (Illes Balears/Islas Baleares)
☎: +34 971 511 050
secretaria@vinosferrer.com
www.vinosferrer.com

Ferreret Mantonegro 2021 T
manto negro
90
Angenehm. Farbe: kirschrot mit violettem Saum. Aroma: blumig, würzig, erdig, rote Früchte, Früchtekonfit. Mund: geschmackvoll, fruchtig, schöne Säure.

José L. Ferrer 2020 T C
manto negro, cabernet sauvignon, tempranillo, callet, syrah
87

Veritas 2018 T R
manto negro, callet, cabernet sauvignon
89
Klassisch, nach Eingemachtem, würzig, alt, rustikal.

Veritas Millesimé 2019 BE BN
moll
89
Ausgewogen, trockene Kräuter, reif, voll, Hefenoten.

Veritas Roig 2023 RD
manto negro
88
Frisch, fruchtig, trockene Kräuter, Hefenoten.

CA'N VERDURA VITICULTORS
S'Era, 6
07350 Binissalem (Illes Balears/Islas Baleares)
☎: +34 695 817 038
info@vinscanverdura.com
www.vinscanverdura.com

Ca'n Verdura 2022 T
44% manto negro, 31% merlot, 11% callet, 10% syrah, 3% monastrell, 1% cabernet sauvignon
93
Farbe: kirschrot mit violettem Saum. Aroma: würzig, Buschwaldkräuter, erdig, rote Früchte, reifes Obst. Mund: geschmackvoll, flüssig am Gaumen, leicht, ausgewogen.

Ca'n Verdura Supernova Mantonegro 2022 T C
manto negro
94
Saftig, kraftvoll. Farbe: kirschrot mit granatrotem Saum. Aroma: rote Früchte, reifes Obst, Buschwaldkräuter, erdig, mineralisch. Mund: geschmackvoll, fruchtig, schöne Säure.

Ca'n Verdura Supernova Moll 2023 B
100% moll
92
Mild. Farbe: leuchtendes Strohgelb. Aroma: reifes Obst, feine Hefen, weiße Blumen, ausdrucksvoll. Mund: geschmackvoll, salzig, mineralisch.

Ca'n Verdura Supernova Rosat 2023 RD
manto negro
90
Farbe: zwiebelschalfarben. Aroma: Kräutersäckchen, helle Früchte, getrocknete Blumen, feine Hefen. Mund: schöne Säure, ausgewogen, leicht.

🏆 **PODIUM**

Son Agulló 2022 T C
manto negro
95
Farbe: kirschrot mit granatrotem Saum. Aroma: würzig, reifes Obst, rote Früchte, Veilchen, getrocknete Blumen, mineralisch. Mund: geschmackvoll, schöne Säure, lang, fleischig.

FINCA BINIAGUAL
Camí Vell de Muro, s/n - LLogaret de Biniagual
07350 Binissalem (Illes Balears/Islas Baleares)
☎: +34 971 870 111
info@finca-biniagual.com
www.finca-biniagual.com

Binimare 2023 RD
100% manto negro
90 ♣
Farbe: blassrosa. Aroma: elegant, rote Früchte, blumig, Kräutersäckchen. Mund: leicht, zartbitter, ausgewogen.

Finca Biniagual Gran Verán 2021 T C
50% manto negro, 50% syrah
93
Farbe: kirschrot mit violettem Saum. Aroma: ausdrucksstark fruchtig, rote Früchte, blumig, Buschwaldkräuter. Mund: fruchtig, geschmackvoll, ausgewogen, fleischig, voll.

Finca Biniagual Mantonegro 2021 T FB
100% manto negro
92
Farbe: kirschrot mit violettem Saum. Aroma: würzig, Wildkräuter, feiner Kakao, dunkle Früchte, rote Früchte. Mund: geschmackvoll, fruchtig, schöne Säure, lang.

Finca Biniagual Negre 2020 T R
44% manto negro, 34% merlot, 18% cabernet sauvignon, 4% syrah
92
Saftig. Farbe: KirsChrot. Aroma: trockene Kräuter, ausdrucksvoll, dunkle Früchte, Phosphor. Mund: reife Früchte, zartbitter, geschmackvoll.

Finca Biniagual Verán 2021 T BA
51% manto negro, 26% syrah, 23% cabernet sauvignon
91
Farbe: leuchtendes Kirschrot. Aroma: blumig, reifes Obst, ausgewogen, rote Früchte, Buschwaldkräuter. Mund: geschmackvoll, fruchtig, schöne Säure, fleischig.

Finca Biniagual Verán Blanc 2023 B
89 ♣
Ausgewogen, würzig, trockene Kräuter, reif, Röstaromen.

JAUME DE PUNTIRÓ
Pza. Nova, 23
07320 Santa María del Camí
(Illes Balears/Islas Baleares)
☎: +34 606 429 023
pere@vinsjaumedepuntiro.com
www.vinsjaumedepuntiro.com

Amicamat Negre 2022 T BA
manto negro
87 ♣

Amicamat Rosat 2022 RD
manto negro
89 ♣
Ausgewogen, lieblich, kräuterig, korrekt.

Buc 2018 T C
manto negro, cabernet sauvignon
91 ♣
Farbe: tiefes Kirschrot. Aroma: trockene Kräuter, dunkle Früchte, geröstetes Brot, erdig. Mund: reife Früchte, würzig, reife Tannine.

Daurat 2022 B FB
prensal
89 ♣
Cremig, würzig, Hefenoten, geschmackvoll, Röstaromen, ausgewogen.

J.P. 2018 T R
manto negro, cabernet sauvignon
92 ♣
Alt, saftig. Farbe: KirsChrot. Aroma: trockene Kräuter, ausdrucksvoll, dunkle Früchte, erdig. Mund: reife Früchte, zartbitter, ausgewogen.

Jaume de Puntiró Blanc 2023 B
prensal
89 ♣
Reif, Hefenoten, geschmackvoll, Oxidativ, trockene Kräuter.

Jaume de Puntiró Carmesí 2022 T
manto negro
89 ♣
Ausgewogen, würzig, kräuterig, reif, geschmackvoll.

SANTA CATARINA
07140 Sencelles (Illes Balears/Islas Baleares)
☎: +34 971 137 115
administracion@bodegasantacatarina.com
www.bodegasantacatarina.com

Sta Mantonegro 2021 T
100% manto negro
91
Farbe: kirschrot mit violettem Saum. Aroma: würzig, rote Früchte, in Likör eingelegte Früchte, schwarze Lakritze, erdig. Mund: reife Früchte, geschmackvoll, ausgewogen.

VINS NADAL
Ramón Llull, 2
07350 Binissalem (Illes Balears/Islas Baleares)
☎: +34 971 511 058
vinsnadal@vinsnadal.es
www.vinsnadal.es

Coupage 110 Vins Nadal 2019 T R
manto negro, merlot, cabernet sauvignon
89
Klassisch, Cremig, würzig, trockene Kräuter, Röstaromen.

Negre 110 Mantonegro 2023 T
manto negro
90
Farbe: dunkles Kirschrot. Aroma: Hefenoten, Bäckerei, reifes Obst, trockene Kräuter. Mund: saftig, balsamisch, süffig.

DO BINISSALEM MALLORCA / D.O.P.

DO. BIZKAIKO TXAKOLINA
CONSEJO REGULADOR

Bº Mendibile, 42
48940 Leioa (Bizkaia)
☎: +34 946 076 071
@: info@bizkaikotxakolina.eus
www.bizkaikotxakolina.eus

LAGE:

Das Anbaugebiet in der Provinz Biskaya reicht von der Küste bis weit ins Hinterland.

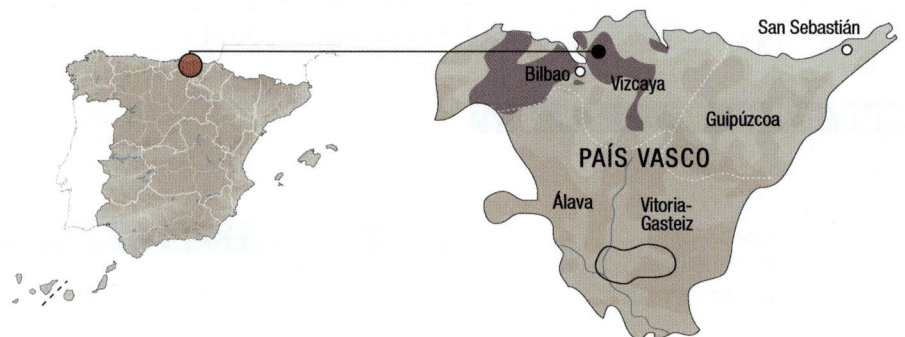

REBSORTEN:

WEISS:

HAUPTSORTE: hondarrabi zuri y hondarrabi zuri zerratia (petit courbu).

ZUGELASSEN: mune mahatsa (folle blanche), izkiriota (gros manseng), izkiriota ttipia (petit manseng), sauvignon blanc, riesling y chardonnay.

ROT:

HAUPTSORTE: hondarrabi beltza

ZUGELASSEN: cabernet franc y pinot noir

DATEN:

Rebfläche (ha): 436 – **Wine-Growers:** 172 – **Weinerzeuger.** 36 – **Jahrgang 23:** Sehr Gut – **Jahresproduktion 3:** 1.457.146 L – **Absatz:** 95% Spanien - 5% Export.

BODENVERHÄLTNISSE:

Hauptsächlich tonhaltig, teilweise leicht sauer und mit relativ hohem organischen Anteil.

KLIMA:

Ziemlich feucht und gemäßigt unter dem Einfluss der Kantabrischen See, welche auch für milde Temperaturen sorgt. Die Niederschläge fallen mit durchschnittlich 1000 bis 1300 mm im Jahr recht üppig aus.

ERNTEBEWERTUNG ANHAND JUNGER WEINE GUÍAPEÑÍN

2019	2020	2021	2022	2023
SEHR GUT	SEHR GUT	SEHR GUT	SEHR GUT	GUT

BASOBE

Barrio Mendiondo polígono 2 parcela 56
48620 Laukiz (Bizkaia/Vizcaya)
☎: +34 687 888 989
jmuroj@gmail.com

Basobe 2022 B
90% hondarrabi zuri, 10% folle blanch

90 🌿

Säuerlich, Zitrusfrüchte, vegetabil, wild, wenig interventionistisch. Aroma: offen, frisch. Mund: spannungsvoll, korrekt.

BODEGA BERROJA TXAKOLI

Ctra. de Zugastieta a Balcón de Bizkaia, Ajuria Bº Berroja
48392 Muxika (Bizkaia/Vizcaya)
☎: +34 944 106 254
txakoli@bodegaberroja.com
www.bodegaberroja.com

Lento Latido 2019 B
hondarrabi zuri, riesling, hondarrabi zerratia

91

Klar definierte Aromen, ausgewogen. Farbe: leuchtendes Gelb. Aroma: feine Hefen, Zitrusfrüchte, blumig. Mund: saftig, süffig, salzig.

Ola Oeste 2022 B
100% hondarrabi zuri

89

Korrekt, reif. Aroma: reifes Obst, würzig, milchig. Mund: fett.

Txakoli Aguirrebeko 2022 B
85% hondarrabi zuri, 10% riesling, 5% hondarrabi zerratia

89

Rassig, frisch, kräuterig, Hefenoten, geschmackvoll.

Txakoli Aguirrebeko 2023 B
85% hondarrabi zuri, 10% riesling, 5% hondarrabi zerratia

90

Farbe: leuchtendes Strohgelb. Aroma: reifes Obst, Kräutersäckchen, feine Hefen. Mund: voll, fett, schöne Säure, geschmackvoll, salzig.

Txakoli Berroja 2020 B
hondarrabi zuri, riesling

90

Klar definierte Aromen, fruchtig, Hefenoten. Aroma: offen, frisch, Zitrusfrüchte, helle Früchte, Gras. Mund: frisch, schöne Säure.

Txakoli Maddy 2022 B
100% hondarrabi zuri

91

Farbe: leuchtendes Strohgelb. Aroma: reifes Obst, Kräutersäckchen, feine Hefen. Mund: voll, lang, schöne Säure.

BODEGA MAGALARTE ZAMUDIO

Arteaga Auzoa, 107
48170 Zamudio (Bizkaia/Vizcaya)
☎: +34 695 722 885
kaixo@bodegamagalartezamudio.com
www.bodegamagalartezamudio.com

Aretxabaleta 2021 B
90

Farbe: gelb. Aroma: feine Hefen, Zitronenbombon, helle Früchte. Mund: fett, reife Früchte, ausgeprägter Säuregehalt.

Magalarte Zamudio 2021 B FB
91

Farbe: leuchtendes Gelb. Aroma: reifes Obst, würzig, ausgewogen, Röstaromen. Mund: fett, lang, Röstnoten, zartbitter.

Zabalondo 2023 B
87

BODEGA ULIBARRI

Isuskiza Handi, 1
48192 Gordexola (Bizkaia/Vizcaya)
☎: +34 665 725 735
ulibarriartzaiak@gmail.com

Artzai 2020 B FB
89 🌿

Ausgewogen, würzig, frisch, Röstaromen. Aroma: Karamel.

Ulibarri 2022 B
90 🌿

Farbe: leuchtendes Strohgelb. Aroma: Kräutersäckchen, feine Hefen, helle Früchte. Mund: schöne Säure, geschmackvoll.

BODEGAS DE GALDAMES

El Ventorro, 4
48191 Galdames (Bizkaia/Vizcaya)
☎: +34 627 992 063
info@vinasulibarria.com
www.vinasulibarria.com

Torre de Loizaga Bigarren 2023 B
87

Torre de Loizaga Crianza en ánfora 2022 B
89

Anders, ausgewogen, getrocknete Blumen. Aroma: beschädigtes Obst, Hefenoten, pikant, Nüsse.

Torre de Loizaga Selección 2022 B
90

Geschmackvoll, rustikal. Farbe: leuchtendes Gelb. Aroma: mit Charakter, reifes Obst, helle Früchte. Mund: ausgewogen, ausgeprägter Säuregehalt, zartbitter.

DO BIZKAIKO TXAKOLINA / D.O.P.

BODEGAS ITSASMENDI

Barrio Arane, 66
48300 Gernika (Bizkaia/Vizcaya)
☎: +34 946 270 316
info@bodegasitsasmendi.com
www.bodegasitsasmendi.com

Itsasmendi 7 2020 B
hondarrabi zuri, hondarrabi zerratia, riesling

90

Farbe: leuchtendes Strohgelb. Aroma: Kräutersäckchen, feine Hefen, frisches Obst, Zitrusfrüchte. Mund: zartbitter, trocken, korrekt.

Itsasmendi 7 Magnum 2019 B C
49% hondarrabi zerratia, 36% hondarrabi zuri, 15% riesling

93

Representativ. Farbe: gelb. Aroma: ausdrucksvoll, ausgewogen, offen. Mund: lebhaft, schöne Säure, zartbitter, süffig, frisch.

Itsasmendi Artizar 2020 B
hondarrabi zerratia

93

Lebhaft, Zitrusfrüchte, rassig, mit Potenzial. Aroma: feine Hefen, feine Reduktionsnoten, offen, ausdrucksvoll, komplex. Mund: frisch, zartbitter, ausgewogen.

🏆 PODIUM

Itsasmendi Artizar Magnum 2018 B
57% hondarrabi zuri, 25% hondarrabi zerratia, 18% riesling

95

Farbe: leuchtendes Gelb. Aroma: ausdrucksvoll, reifes Obst, feine Hefen, mineralisch, Kohlenwasserstoff, welke Blumen, Wachs. Mund: komplex, lang, voll.

Itsasmendi Paradisuak Leioa 2021 B
60% hondarrabi zuri, 40% hondarrabi zerratia

93

Farbe: leuchtendes Strohgelb, grünlicher Saum. Aroma: frisches Obst, Zitrusfrüchte, Wildkräuter, Wachs. Mund: frisch, fruchtig, schöne Säure, zartbitter, salzig.

Itsasmendi Paradisuak Morga 2021 B
100% hondarrabi zuri

91

Holzig. Farbe: leuchtendes Gelb. Aroma: kraftvoll, reifes Obst, würzig. Mund: fett, strukturiert, lang, Röstnoten.

Itsasmendi Paradisuak Txirene 2021 B
100% hondarrabi zerratia

92

Farbe: gelb. Aroma: ausdrucksvoll, ausgewogen, feine Reduktionsnoten, getrocknete Blumen, Buschwaldkräuter. Mund: frisch, saftig, lebhaft.

BODEGAS VIRGEN DE LOREA

Barrio La Flor, s/n
48869 Zalla (Bizkaia/Vizcaya)
☎: +34 946 671 871
pedidos@bodegasvirgendelorea.com
www.bodegasvirgendelorea.com

Aretxaga Txakoli 2023 B
hondarrabi zuri, hondarrabi zerratia

88

Aromatisch, korrekt, fruchtig, reif, schlicht.

Laínoa 2021 B
hondarrabi zuri, sauvignon blanc

91

Farbe: leuchtendes Strohgelb. Aroma: reifes Obst, feine Hefen, süße Gewürze. Mund: voll, fett, lang, schöne Säure.

Laínoa 2022 B
hondarrabi zuri, sauvignon blanc

92

Farbe: leuchtendes Strohgelb, grünlicher Saum. Aroma: frisches Obst, Zitrusfrüchte, Wildkräuter, Ebbe. Mund: frisch, fruchtig, schöne Säure, zartbitter.

Loreako Ama 2022 B
hondarrabi zuri

87

Señorío de Otxaran 2021 B
hondarrabi zerratia, sauvignon blanc

93

Farbe: leuchtendes Strohgelb. Aroma: Kräutersäckchen, feine Hefen, Zitrusfrüchte. Mund: voll, lang, schöne Säure.

Señorío de Otxaran 2022 B
hondarrabi zerratia, sauvignon blanc

91

Farbe: leuchtendes Strohgelb, grünlicher Saum. Aroma: frisches Obst, Zitrusfrüchte, Wildkräuter. Mund: frisch, fruchtig, schöne Säure, zartbitter.

BUTROI UPATEGIA

Iguatua, 25
48110 Gatika (Bizkaia/Vizcaya)
☎: +34 639 469 738
txakoli@butroi.com

Aihen 2020 B
hondarrabi zuri, hondarrabi zerratia

87

Butroi 2023 B
hondarrabi zuri, hondarrabi zerratia

87

Etxebarria 2023 B
hondarrabi zuri, folle blanch, riesling
85

Oletxe 2023 B
hondarrabi zuri, folle blanch, riesling
84

Sasine 2023 RD
hondarrabi zuri, folle blanch, riesling
84

DE BRINGAS
Molinar, 26
48891 Karrantza Harana (Bizkaia/Vizcaya)
☎: +34 609 776 119
luribc@hotmail.com

De Bringas 2023 B
88
Schlicht, mild, frisch, repräsentativ, durchschnittlich am Gaumen.

GARKALDE TXAKOLINA
Goitioltza, 8
48196 Lezama (Bizkaia/Vizcaya)
☎: +34 677 578 664
garkaldetxakolina@hotmail.com

Garkalde Txakolina 2023 B
65% hondarrabi zuri, 35% petit corbú
87

GORKA IZAGIRRE
Barrio Legina, s/n
48195 Larrabetzu (Bizkaia/Vizcaya)
☎: +34 946 742 706
txakoli@gorkaizagirre.com
www.gorkaizagirre.com

Ama de Gorka Izagirre 2021 B
92
Klar definierte Aromen, würzig. Farbe: leuchtendes Gelb. Aroma: welke Blumen, feine Hefen, ausdrucksvoll, offen. Mund: saftig, zartbitter, schöne Säure.

Arima by Gorka Izagirre Vendimia Tardía 2022 B
92
Farbe: leuchtendes Gelb. Aroma: ausgewogen, mittlere Intensität, blumig, Zitrusfrüchte. Mund: geschmackvoll, fruchtig, süß, saftig, schöne Säure.

G22 de Gorka Izagirre 2022 B
91
Farbe: gelb. Aroma: feine Hefen, Zitrusfrüchte, ausgewogen, Wildkräuter. Mund: fett, lang, schöne Säure.

Gorka Izagirre 2023 B
89
Zitrusfrüchte, representativ, korrekt, ausgewogen. Aroma: trockene Kräuter, Wachs.

Ilun Gorka Izagirre 2022 T
92
Fruchtig, rauchig. Farbe: KirsChrot. Aroma: balsamisch, süße Gewürze, Buschwaldkräuter, Himbeere. Mund: würzig, balsamisch, schöne Säure.

Zura 2021 B
93
Unkonventionell. Aroma: Hefenoten, feine Hefen, Zitronenbombon, welke Blumen. Mund: geschmackvoll, ausgewogen, zartbitter, lebhaft.

LMT WINES (LUIS MOYA)
Cerro Amurdi
31190 Cizur Menor (Navarra)
☎: +34 645 841 928
hola@lmtwines.com
www.lmtwines.com

Gorobel 2021 B
hondarrabi zuri
90
Farbe: golden leuchtend. Aroma: reifes Obst, trockene Kräuter, welke Blumen, würzig. Mund: reife Früchte, ausgewogen, frisch, fruchtig, geschmackvoll.

LURE WINES
Bº Murueta, s/n
48419 Orozko (Bizkaia/Vizcaya)
☎: +34 722 726 894
info@lurewines.com
www.lurewines.com

Xuxur 2022 B
hondarrabi zuri
91
Zitrusfrüchte, getrocknete Blumen, Hefenoten. Aroma: metallisch, mit Charakter. Mund: saftig, lebhaft, frisch.

MAGALARTE LEZAMA
B. Garaioltza, 92 B
48196 Lezama (Bizkaia/Vizcaya)
☎: +34 672 249 868
magalarte@icloud.com
www.magalartelezamatxakolina.com

Aitu! 2022 T
hondarrabi beltza
89
Korpulent, ausgewogen, würzig, Waldfinsternis, vegetabil, Röstaromen.

DO BIZKAIKO TXAKOLINA / D.O.P.

Ieup! 2023 B
hondarrabi zuri
89
Zitrusfrüchte, frisch, kräuterig, Hefenoten, geschmackvoll.

Ieup! Barrikan 2019 B FB
hondarrabi zuri, izkiota txikia
91
Farbe: leuchtendes Gelb. Aroma: Zitronenbombon, Röstaromen, würzig, feine Hefen. Mund: fett, geschmackvoll, lang, reife Früchte, würzig.

Ieup! Sobre lías 2022 B
hondarrabi zuri
90
Farbe: leuchtendes Strohgelb. Aroma: reifes Obst, Kräutersäckchen, feine Hefen. Mund: voll, lang, schöne Säure.

Ieup! Sobre lías Magnum 2019 B
hondarrabi zuri
93
Farbe: leuchtendes Gelb. Aroma: Buschwaldkräuter, Wildkräuter, feine Hefen, Hefenoten, komplex. Mund: ausgewogen, zartbitter, voll.

Magalarte Lezama 2023 B
hondarrabi zuri, riesling, mune mahatsa
88
Korrekt, frisch, fruchtig, schlicht, Zitrusfrüchte.

MERRUTXU UPELTEGIA
Caserio Merrutxu, Bº Arboliz, 15
48311 Ibarrangelu (Bizkaia/Vizcaya)
☎: +34 626 140 830
koldosaezunzilla@gmail.com
www.txakolibizkaia.com

Aran 2022 BE BR
65% hondarrabi zuri, 35% chardonnay
87

Merrutxu 2023 B
75% hondarrabi zuri, 20% chardonnay, 5% mune mahatsa
87

OXER WINES
Ctra. Navaridas
01300 Laguardia (Araba/Álava)
☎: +34 616 984 118
oxer@oxerwines.com
www.oxerwines.com

Marko Gure Arbasoak 2023 B FB
hondarrabi zuri, hondarrabi zerratia, izkiota txikia
94 ❦
Farbe: strohgelb. Aroma: reifes Obst, trockene Kräuter, welke Blumen, süße Gewürze, mineralisch. Mund: kraftvoll, reife Früchte, ausgewogen, geschmackvoll.

TALLERI BERRIA UPATEGIA ETA MAHASTIAK
Bº Erroteta, 36
48115 Morga (Bizkaia/Vizcaya)
☎: +34 946 138 318
admin@bodegatalleri.com
www.bodegatalleri.com

Bitxia Berria 2023 B
hondarrabi zerratia, hondarrabi zuri
87

Gure Aberria 2023 B
hondarrabi zerratia, hondarrabi zuri
89
Zitrusfrüchte, frisch, mild, repräsentativ. Aroma: feine Hefen, offen.

Gure Natura Magnum 2020 B
hondarrabi zerratia
92
Oxidativ, mit Persönlichkeit. Farbe: goldfarben. Aroma: welke Blumen, mit Charakter, ausdrucksvoll, Buschwaldkräuter, feine Hefen. Mund: schöne Säure, spannungsvoll, zartbitter.

Kaberri 2023 B
hondarrabi zerratia, hondarrabi zuri
88
Zitrusfrüchte, frisch, fruchtig, kräuterig.

TX Berria Magnum 2020 B
hondarrabi zerratia
90
Leichte Oxidation, Zitrusfrüchte, korrekt, getrübt. Aroma: feine Reduktionsnoten, Moschus-Noten, getrocknete Blumen. Mund: lang, geschmackvoll.

TXAKOLI TXATXABARRI

Barrio Muñeran, 17
48850 Zalla (Bizkaia/Vizcaya)
☎: +34 625 708 114
txabarri@txakolitxabarri.com
www.txakolitxabarri.com

Abeitxa 2022 B
86

Txakolitza 2022 B
88
Lieblich, korrekt, säuerlich, frisch, Leichtwein.

Txatxabarri 2023 B
87

Txatxabarri 2023 RD
86

Txatxabarri 2023 T
86

Txatxabarri Extra 2023 B
88
Fruchtig, trockene Kräuter. Aroma: Nüsse, offen, ausgewogen. Mund: süffig.

DO BIZKAIKO TXAKOLINA / D.O.P.

DO. BULLAS
CONSEJO REGULADOR

Balsa, 26
30180 Bullas (Murcia)
☎: +34 968 652 601
@: consejoregulador@vinosdebullas.es
www.vinosdebullas.es

LAGE:

Weinbaugebiet in der Provinz Murcia mit den Gemeinden Bullas, Cehegín, Mula und Ricote sowie verschiedene Fluren in den Gemeinden Calasparra, Moratalla und Lorca.

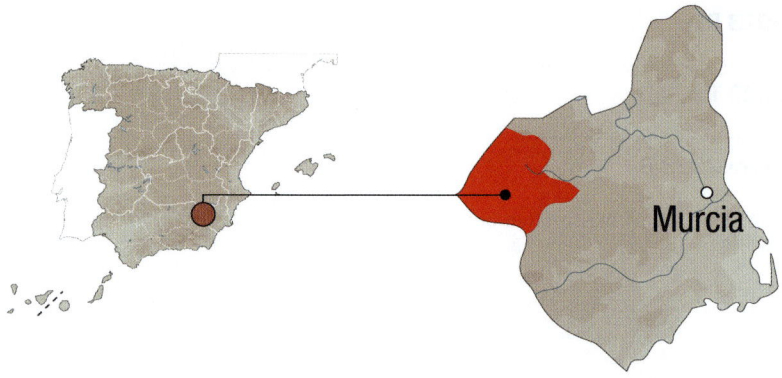

REBSORTEN:

WEISS: Macabeo, Airén, Chardonnay, Malvasía, Moscatel de Grano Menudo und Sauvignon Blanc.

ROT: Monastrell, Petit Verdot, Tempranillo, Cabernet Sauvignon, Syrah, Merlot und Garnacha.

DATEN:

Rebfläche (ha): 1.160 – **Wine-Growers:** 246 – **Weinerzeuger:** 13 – **Jahrgang 23:** Unrated – **Jahresproduktion 23:** 1.700.000 L – **Absatz:** 65% Spanien - 35% Export.

BODENVERHÄLTNISSE:

Brauner Kalkboden, Kalkkrusten- und Alluvialböden. Das Gelände ist hügelig mit kleinen Tälern, in denen Kleinklimate vorherrschen. Zu unterscheiden sind der Norden bzw. Nordosten mit Höhenlagen zwischen 400 und 500 m, der Abschnitt in der Mitte des Anbaugebiets mit Höhenlagen zwischen 500 und 600 m und das höchste Teilgebiet (500-810 m) im Westen und Nordwesten mit höchstem Qualitätspotential und stärkster Bestockung.

KLIMA:

Mediterran, mit einer durchschnittlichen Jahrestemperatur bei +15,6 °C und geringen Niederschlägen (300 mm im Jahresschnitt). Zu berücksichtigen sind auch die in diesem Gebiet vorkommenden Sturzregen und heftigen Gewitter.

ERNTEBEWERTUNG ANHAND JUNGER WEINE GUÍAPEÑÍN

2019	2020	2021	2022	2023
GUT	SEHR GUT	SEHR GUT	GUT	MÄSSIG

BODEGA BALCONA
Ctra. Carretera de Bullas – Avilés,
Km. 9.7 Paraje Aceniche
30180 Cehegin (Murcia)
☎: +34 609 104 111
info@bodegabalcona.com
www.bodegabalcona.com

37 Barricas 2018 T C
monastrell

88 🌿

Ausgewogen, würzig, kräuterig, Röstaromen, Waldfinsternis.

Mabal 2022 T
monastrell

87 🌿

MaBal Macabeo de Balcona 2022 B
macabeo

89 🌿

Herb, Zitrusfrüchte, kräuterig, balsamisch.

Partal Cepas Viejas 2018 T
monastrell

91 🌿

Farbe: tiefes Kirschrot. Aroma: trockene Kräuter, weiches Eichenholz, dunkle Früchte, reifes Obst, stark gegerbtes Leder. Mund: kraftvoll, reife Früchte, würzig, reife Tannine.

Partal de Autor 2006 T
60% monastrell, 20% syrah, 10% tempranillo, 10% cabernet sauvignon, merlot

91

Farbe: dunkles Kirschrot, granatroter Saum. Aroma: reifes Obst, Früchtekonfit, Noten von Tischlerei, Tabak, süße Gewürze, Fleischnoten, Buschwaldkräuter. Mund: würzig, reife Tannine.

BODEGA MONASTRELL
Ctra. Bullas-Avilés, km. 9,3 "Valle Aceniche"
30180 Bullas (Murcia)
☎: +34 968 654 925
info@bodegamonastrell.com
www.bodegamonastrell.com

Almudí 2020 T
70% monastrell, 25% tempranillo, 5% petit verdot

90 🌿

Farbe: tiefes Kirschrot. Aroma: trockene Kräuter, Buschwaldkräuter, feine Reduktionsnoten, feiner Kakao, dunkle Früchte, Früchtekonfit. Mund: kraftvoll, reife Früchte, würzig, reife Tannine.

Almudí Uno P.V. 2020 T C
petit verdot

91 🌿

Farbe: leuchtendes Kirschrot, tiefes Kirschrot. Aroma: balsamisch, Wildkräuter, würzig, trockene Kräuter. Mund: ausgewogen, saftig, geschmackvoll, reife Früchte.

Chaveo 2021 T C
100% monastrell

92 🌿

Farbe: tiefes Kirschrot. Aroma: reifes Obst, trockene Kräuter, Wildkräuter, schwarze Lakritze, Buschwaldkräuter. Mund: reife Früchte, würzig, reife Tannine, süffig, lang.

Valché 2020 T C
100% monastrell

92 🌿

Würzig, fruchtig, reif. Farbe: tiefes Kirschrot. Aroma: reifes Obst, trockene Kräuter, weiches Eichenholz, Wachs. Mund: reife Früchte, würzig, reife Tannine.

BODEGA SAN ISIDRO
Pol. Ind. Marimingo, Altiplano, s/n
30180 Bullas (Murcia)
☎: +34 968 654 991
administracion@bodegasanisidrobullas.com
www.bodegasanisidrobullas.com

Cepas del Zorro 2020 T C
100% monastrell

88

Aromatisch, balsamisch, geschmackvoll. Aroma: dunkle Früchte, reifes Obst, trockene Kräuter, Wachs.

Cepas del Zorro 2023 RD
80% monastrell, 20% garnacha

87

Cepas del Zorro 2023 T RB
85% monastrell, 15% syrah

87

Cepas del Zorro Macabeo 2023 B
100% macabeo

86

Cepas del Zorro Monastrell 2023 T
100% monastrell

87

BODEGA TERCIA DE ULEA
Tercia de Ulea, s/n (Ctra. B-35, Km. 3,5)
30440 Moratalla (Murcia)
☎: +34 968 433 213
bodega@terciadeulea.com
www.terciadeulea.com

Rambla de Ulea 2023 T
100% monastrell

86

Rebeldía 2023 RD
60% monastrell, 40% tempranillo

82

DO BULLAS / D.O.P.

Guía Peñín SPANIENS WEINFÜHRER

DO BULLAS / D.O.P.

Travesura Cabernet Sauvignon 2023 T
100% cabernet sauvignon
84

Travesura Shiraz 2023 T
100% syrah
89
Würzig, korpulent, nach Eingemachtem.

Viña Botial 2022 T RB
50% monastrell, 50% syrah
88
Würzig, vegetabil, voll, reif, geschmackvoll.

BODEGAS CARREÑO
Ginés de Paco, 22
30430 Cehegin (Murcia)
☎: +34 968 740 004
info@bodegascarreno.com
www.bodegascarreno.com

Begastri 2020 T C
60% monastrell, 40% petit verdot
88
Ausgewogen, würzig, vegetabil, reif, Röstaromen.

Begastri 2023 B
macabeo
86

Begastri 2023 RD
monastrell
86

Begastri 2023 T
monastrell
87

Viña Azeniche Syrah 2020 T C
syrah
88
Ausgewogen, würzig, vegetabil, reif.

BODEGAS DEL ROSARIO
Avda. de la Libertad, s/n
30180 Bullas (Murcia)
☎: +34 968 652 075
export@bodegasdelrosario.es
www.bodegasdelrosario.es

El Borde 2020 T C
100% monastrell
91 ♣
Farbe: tiefes Kirschrot. Aroma: reifes Obst, trockene Kräuter, weiches Eichenholz, dunkle Früchte, würzig, Röstaromen. Mund: kraftvoll, reife Früchte, würzig, fruchtig, trockene, aber reife Tannine.

Inmortalis Monastrell 2022 T
100% monastrell
88
Fruchtig, kräuterig, reif, würzig, geschmackvoll.

Las Reñas Selección Monastrell Syrah 2021 T C
75% monastrell, 25% syrah
91
Farbe: tiefes Kirschrot, violetter Saum. Aroma: reifes Obst, trockene Kräuter, weiches Eichenholz, würzig, rauchig. Mund: kraftvoll, reife Früchte, würzig, reife Tannine, ausgewogen.

Niño de las Uvas 2023 B
macabeo, malvasía
87

Niño de las Uvas Monastrell 2022 T RB
monastrell
90
Farbe: leuchtendes Kirschrot. Aroma: ausdrucksstark fruchtig, rote Früchte, würzig. Mund: geschmackvoll, fruchtig, ausgewogen, trockene, aber reife Tannine.

BODEGAS LAVIA
Paraje Venta del Pino, Parcela 38,
Ctra. Portugal, Km. 12
30430 Cehegin (Murcia)
☎: +34 638 046 694
info@mgwinesgroup.com
www.bodegaslavia.com

Lavia Finca Paso Malo 2021 T C
monastrell
91
Saftig, trockene Kräuter, sortenrein. Farbe: kirschrot mit violettem Saum. Aroma: würzig, dunkle Früchte, Buschwaldkräuter, feiner Kakao. Mund: geschmackvoll, fruchtig, schöne Säure, reife Tannine.

Lavia Valle del Aceniche 2021 T C
monastrell
91
Farbe: kirschrot mit granatrotem Saum. Aroma: trockene Kräuter, würzig, geröstetes Brot, Buschwaldkräuter. Mund: reife Früchte, würzig, reife Tannine, mineralisch.

Lavia Valle Venta del Pino 2021 T C
monastrell
92
Farbe: tiefes Kirschrot. Aroma: dunkle Früchte, geröstetes Brot, Wildkräuter, erdig, getrocknete Blumen. Mund: reife Früchte, würzig, strukturiert.

Pueblo de Lavia 2021 T
monastrell

90

Farbe: tiefes Kirschrot. Aroma: trockene Kräuter, dunkle Früchte, Buschwaldkräuter, geröstetes Brot. Mund: reife Früchte, würzig, reife Tannine.

BODEGAS LLANO & MONTE
30193 Mula (Murcia)
☎: +34 868 087 355
info@bodegasllanoymonte.com
www.bodegasllanoymonte.com

El Secreto del Abuelo 2020 T C

87

Etwas austrocknend, überreif, nach Eingemachtem, fruchtig, reif.

CARRASCALEJO
Finca Carrascalejo, s/n
30180 Bullas (Murcia)
☎: +34 968 652 003
carrascalejo@carrascalejo.com
www.carrascalejo.com

Carrascalejo 2020 T C
60% monastrell, 20% syrah, 20% cabernet sauvignon

86

Carrascalejo 2022 T
100% monastrell

86

Carrascalejo 2023 RD
100% monastrell

85

Rosmarinus 2021 T
80% monastrell, 10% tempranillo, 10% syrah

86 🌱

Rosmarinus 2021 T RB
80% monastrell, 20% syrah

86 🌱

EL SESEO
Paraje de la Venta del Pino
30340 Cehegin (Murcia)
☎: +34 649 357 529
info@elseseo.com
www.elseseo.com

Narya Monastrell 2021 T
monastrell

92

Farbe: tiefes Kirschrot. Aroma: reifes Obst, trockene Kräuter, weiches Eichenholz, getrocknete Blumen, Tomate. Mund: kraftvoll, reife Früchte, würzig, ziemlich nachhaltig, trockene, aber reife Tannine.

Narya Monastrell 2022 T
monastrell

92

Farbe: tiefes Kirschrot, kirschrot mit violettem Saum. Aroma: reifes Obst, trockene Kräuter, weiches Eichenholz, dunkle Früchte, süße Gewürze, ausdrucksvoll. Mund: kraftvoll, reife Früchte, würzig, reife Tannine, frisch, trockene, aber reife Tannine.

JULIA CASADO
Finca La Junquera
30412 Caravaca (Murcia)
☎: +34 634 402 086
ladelterreno@gmail.com
www.facebook.com/ladelterreno

Ninja de las Uvas 2022 T
100% garnacha

89 🌱

Angenehm, balsamisch, reif, leichte Oxidation, weich am Gaumen.

DO. CALATAYUD
CONSEJO REGULADOR

Ctra. de Valencia, 8
50300 Calatayud (Zaragoza)
☎: +34 976 884 260
@: administracion@docalatayud.com
www.docalatayud.com

LAGE:

Im Westen der Provinz Zaragoza, an den Ausläufern des Iberischen Gebirges. Das Anbaugebiet umfasst die Täler der Nebenflüsse des Ebro Jalón, Jiloca, Manubles, Mesa, Piedra und Ribota sowie 46 Gemeinden im Ebrotal.

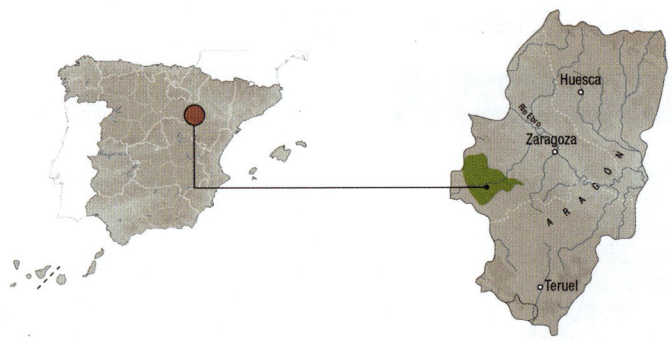

REBSORTEN:

WEISS: Empfohlen: Macabeo und Malvasía.

Zugelassen: Moscatel de Alejandría, Garnacha Blanca, Suvignon Blanc, Gewurztraminer und Chardonnay.

ROT: Empfohlen: Garnacha Tinta, Tempranillo und Mazuela.

Zugelassen: Monastrell, Cabernet Sauvignon, Merlot, Bobal und Syrah.

DATEN:

Rebfläche (ha): 3.600 – **Wine-Growers:** 860 – **Weinerzeuger:** 11 – **Jahrgang 23:** Sehr Gut – **Jahresproduktion 23:** 4.889.268 L – **Absatz:** 15% Spanien - 85% Export.

BODENVERHÄLTNISSE:

Im Allgemeinen sehr kalkhaltig, gebildet aus dem steinigen, kaum abgeschliffenen Gestein der nahen Berge, vielfach mit rötlichem Ton durchsetzt. Catalayud ist das hügeligste Gebiet in Aragón mit Rebflächen in Höhenlagen zwischen 550 und 880 m.

KLIMA:

Teilarid und trocken, aber etwas kühler als in den Regionen Cariñena und Borja, mit einer mittleren Jahrestemperatur zwischen +12 und +14 °C, kalten Wintern einer fünf- bis siebenmonatigen Periode, in welcher Frost auftritt, was den Anbau stark beeinflusst. Die jährlichen Niederschlagsmengen liegen zwischen 300 und 550 mm. Während der Reifung bestehen starke Temperaturunterschiede zwischen Tag und Nacht.

ERNTEBEWERTUNG ANHAND JUNGER WEINE GUÍAPEÑÍN

2019	2020	2021	2022	2023
SEHR GUT	SEHR GUT	SEHR GUT	SEHR GUT	SEHR GUT

AGUSTÍN CUBERO
Pg. La Charluca, s/n
50300 Calatayud (Zaragoza)
☎: +34 976 882 332
export@bodegascubero.com
www.bodegascubero.com

Altaya 2022 T
garnacha
88
Ausgewogen, würzig, trockene Kräuter, fruchtig.

Stylo 4 meses 2022 T
garnacha
89
Würzig, ausgewogen, trockene Kräuter, reif, Röstaromen, geschmackvoll.

Stylo 8 meses 2021 T BA
garnacha
89
Cremig, würzig, Röstaromen, reif, trockene Kräuter.

BODEGA LA CERRADA
Ctra. de Sagunto-Burgos, 253
50300 Calatayud (Zaragoza)
☎: +34 630 822 247
bodega.lacerrada@gmail.com
www.vinosatrevidos.com

1931 Natural 2019 T
garnacha
89
Korpulent, würzig, trockene Kräuter, reif, geschmackvoll, Röstaromen, kraftvoll, markante Eiche.

1931 Natural 2020 T
garnacha
88
Nach Eingemachtem, leichte Oxidation, sehr süß, mild.

Dora Peñín Natural 2019 T
garnacha
89
Fruchtig, frisch, kräuterig, würzig, geschmackvoll.

Dora Peñín Natural 2020 T
garnacha
88
Nach Eingemachtem, fruchtig, trockene Kräuter, würzig.

María La Baltasara Natural 2020 T
garnacha
87

BODEGA LA DOLORES
Juan José Lorente, 19 bajo
50005 Zaragoza (Zaragoza)
☎: +34 609 251 412
pregunta@bodegaladolores.com
www.bodegaladolores.com

El Hijo de La Dolores 2023 T
tempranillo, garnacha
88
Fruchtig, würzig, trockene Kräuter, geschmackvoll.

La Dolores Viñas Viejas 2022 T
garnacha
88
Ausgewogen, würzig, fruchtig, trockene Kräuter.

La Tribu de Olva 2022 T
garnacha
88
Cremig, intensive Röstaromen, reif, opulent.

BODEGA VIRGEN DE LA SIERRA S. COOP.
Avda. de la Cooperativa, 21-23
50310 Villarroya de La Sierra (Zaragoza)
☎: +34 976 899 015
manuel@bodegavirgendelasierra.com
www.bodegavirgendelasierra.com

Albada Finca Alberto 2022 T
60% monastrell, 40% garnacha
90
Saftig. Farbe: tiefes Kirschrot. Aroma: trockene Kräuter, weiches Eichenholz, dunkle Früchte. Mund: kraftvoll, reife Früchte, würzig, reife Tannine.

Albada Finca Gemelo 2020 T
garnacha
91
Farbe: KirsChrot. Aroma: balsamisch, süße Gewürze, Buschwaldkräuter, dunkle Früchte. Mund: würzig, balsamisch, schöne Säure.

Albada Finca Santos 2021 T
garnacha
90
Farbe: kirschrot mit violettem Saum. Aroma: ausdrucksstark fruchtig, rote Früchte, würzig, Buschwaldkräuter. Mund: geschmackvoll, fruchtig, schöne Säure.

Albada Garnacha Viñas Viejas sobre Lías 2023 T
garnacha
88
Saftig, reif, geschmackvoll, Röstaromen, kräuterig.

DO CALATAYUD / D.O.P.

DO CALATAYUD / D.O.P.

**Albada Macabeo
Viñas Viejas sobre Lías 2023 B**
macabeo
87

**Albada
Paraje La Cañadilla 2022 T**
garnacha
91
Farbe: tiefes Kirschrot. Aroma: trockene Kräuter, rote Früchte, dunkle Früchte, Röstaromen, würzig. Mund: reife Früchte, würzig, reife Tannine.

**Albada Paraje
Llano Herrera 2020 T**
garnacha
91
Farbe: kirschrot mit violettem Saum. Aroma: ausdrucksstark fruchtig, rote Früchte, blumig, würzig. Mund: geschmackvoll, fruchtig, schöne Säure.

**Cruz de Piedra Selección
Especial Garnacha 2022 T**
100% garnacha
88
Fruchtig, reif, würzig, Röstaromen.

BODEGAS ATECA
Ctra. N-II, s/n
50200 Ateca (Zaragoza)
☎: +34 968 435 022
info@gilfamily.es
www.gilfamily.es

Atteca 2022 T
100% garnacha
93
Komplex, saftig. Farbe: KirsChrot. Aroma: ausdrucksvoll, würzig, mineralisch, reifes Obst, dunkle Früchte. Mund: voll, lang, nachhaltig.

🏆 PODIUM
Atteca Armas 2022 T
100% garnacha
95
Klar definierte Aromen, lieblich, reif. Farbe: KirsChrot. Aroma: ausdrucksvoll, würzig, mineralisch. Mund: voll, lang, nachhaltig.

**Atteca Selección
de la Familia 2021 T**
91
Reif. Farbe: dunkles Kirschrot. Aroma: Röstaromen, würzig, feiner Kakao. Mund: geschmackvoll, Röstnoten, zartbitter.

Honoro Vera Garnacha 2023 T
100% garnacha
91
Farbe: kirschrot mit violettem Saum. Aroma: rote Früchte, blumig, würzig. Mund: geschmackvoll, fruchtig, schöne Säure.

Salto de Rana 2023 T
100% garnacha
90 ♣
Farbe: leuchtendes Kirschrot. Aroma: frisches Obst, rote Früchte. Mund: schöne Säure, würzig, feinkörnige Tannine.

BODEGAS AUGUSTA BILBILIS
Carramiedes, s/n
50331 Mara (Zaragoza)
☎: +34 677 547 127
bodegasaugustabilbilis@hotmail.com
www.bodegasaugustabilbilis.com

Samitier 2021 T RB
garnacha
87

Samitier 2022 T RB
garnacha
88
Fruchtig, nach Eingemachtem, geschmackvoll, korrekt.

**Samitier
Garnacha Blanca 2022 B FB**
garnacha blanca
89
Korrekt, markante Eiche, reif, Röstaromen, rauchig. Aroma: Steinobst, mit Charakter.

Samitier Garnacha Blanca 2023 B SS
garnacha blanca
87

**Samitier Garnacha
Viñas Viejas 2021 T**
garnacha
89
Fruchtig, würzig, reif, etwas austrocknend, nach Eingemachtem.

Segeda Garnacha 2022 T
garnacha
92
Farbe: kirschrot mit violettem Saum. Aroma: ausdrucksstark fruchtig, rote Früchte, blumig, würzig, Gras. Mund: geschmackvoll, fruchtig, schöne Säure, ziemlich nachhaltig, reife Tannine.

BODEGAS ESTEBAN CASTEJÓN
Portada, 13
50236 Ibdes (Zaragoza)
☎: +34 610 070 784
bodegasesteban@bodegasesteban.es
www.bodegasesteban.es

180 Noches 2023 B
malvasía
88
Zitrusfrüchte, ausgewogen, reif, voll, trockene Kräuter, fruchtig.

Sargas de Idues Garnacha 2022 T
garnacha
87

Sargas de Idues Garnacha Blanca 2022 B
garnacha blanca
88
Röstaromen, geschmackvoll, opulent, fruchtig, markante Eiche.

Tranquera Garnacha 2023 T
garnacha
88
Fruchtig, blumig, reif, voll, würzig.

BODEGAS LANGA HNOS.
Ctra. N-II, Km. 241,700
50300 Calatayud (Zaragoza)
☎: +34 976 881 818
cesar@bodegas-langa.com
www.bodegas-langa.com

Castillo de Ayud 2022 T R
garnacha
89
Aroma: Früchtekonfit, kraftvoll, trockene Kräuter, Wachs. Mund: geschmackvoll, lang, trockene, aber reife Tannine.

Langa Classic 2022 T
garnacha
89
Würzig, fruchtig, trockene Kräuter, reif, etwas austrocknend.

Langa Frenesí 2022 T
87

Marco Valero Marcial 2021 T
garnacha
91
Farbe: tiefes Kirschrot. Aroma: trockene Kräuter, weiches Eichenholz, dunkle Früchte, Früchtekonfit. Mund: kraftvoll, reife Früchte, würzig, reife Tannine.

Reyes de Aragón "El Frasno" 2022 T
garnacha
91
Farbe: tiefes Kirschrot. Aroma: reifes Obst, trockene Kräuter, weiches Eichenholz, mineralisch. Mund: reife Früchte, würzig, reife Tannine.

BODEGAS SAN ALEJANDRO
Ctra. Calatayud - Cariñena, Km. 16
50330 Miedes de Aragón (Zaragoza)
☎: +34 976 892 205
sergio@san-alejandro.com
www.san-alejandro.com

Baltasar Gracián El Político 2023 T
garnacha
89
Angenehm, fruchtig, geschmackvoll, nach Eingemachtem.

Baltasar Gracián Viñas Viejas El Héroe 2022 T
garnacha
90
Reif, mineralisch, fruchtig. Farbe: kirschrot mit granatrotem Saum. Aroma: sortenrein, blumig, Früchtekonfit. Mund: strukturiert, fruchtig, saftig.

Baltasar Gracián Viñas Viejas Macabeo "El Oráculo" 2022 B FB
macabeo
91
Farbe: strohgelb. Aroma: reifes Obst, trockene Kräuter, welke Blumen, geröstetes Brot. Mund: ausgewogen, geschmackvoll, mineralisch.

Clos Baltasar 2022 T
garnacha
92
Farbe: KirsChrot. Aroma: ausdrucksvoll, würzig, mineralisch, dunkle Früchte. Mund: voll, lang, nachhaltig.

Las Rocas Garnacha Viñas Viejas 2022 T
garnacha
91
Farbe: tiefes Kirschrot. Aroma: trockene Kräuter, weiches Eichenholz, süße Gewürze, Früchtekonfit, schwarze Lakritze. Mund: kraftvoll, reife Früchte, würzig, reife Tannine.

Querencia Corache 2023 T
garnacha
88
Angenehm, aromatisch, ausgewogen, fruchtig, nach Eingemachtem. Aroma: Nüsse, reifes Obst.

DO CALATAYUD / D.O.P.

DO CALATAYUD / D.O.P.

GALLINA DE PIEL WINES
17005 Girona (Girona)
info@gallinadepielwines.com
www.gallinadepielwines.com

Mimetic 2023 T
98% garnacha, 2% otras

89
Fruchtig, trockene Kräuter, reif, geschmackvoll.

LA GAVACHA WINES
28701 San Sebastián de los Reyes (Madrid)
☎: +34 646 168 510
info@lagavacha.com
www.lagavacha.com

La Gavacha Garnacha 2022 T BA
100% garnacha

91
Farbe: tiefes Kirschrot. Aroma: reifes Obst, trockene Kräuter, würzig, Schwarzer Pfeffer. Mund: kraftvoll, reife Früchte, würzig, reife Tannine.

PACO MULERO
Partida de la Hoya Torres s/n
30520 Jumilla (Murcia)
☎: +34 968 105 997
info@pacomulero.com
www.pacomulero.com

Aldeón de Lar Calatayud Garnacha 2023 T
garnacha

90 ♣
Lieblich. Farbe: leuchtendes Kirschrot. Aroma: frisches Obst, Buschwaldkräuter. Mund: schöne Säure, würzig, feinkörnige Tannine.

Paco Mulero Garnacha 2022 T
garnacha

92
Farbe: dunkles Kirschrot, granatroter Saum. Aroma: reifes Obst, Noten von Tischlerei, Tabak, süße Gewürze. Mund: würzig, reife Tannine.

Prisma Garnacha 2023 T

91
Farbe: kirschrot mit violettem Saum. Aroma: ausdrucksstark fruchtig, blumig. Mund: geschmackvoll, fruchtig, schöne Säure.

PAGO DE LA BOTICARIA
Diseminados, 31
50360 Daroca (Zaragoza)
☎: +34 636 093 554
pilar@pagodelaboticaria.com
www.pagodelaboticaria.com

Trilo-Vites 2021 T
100% garnacha

91
Farbe: kirschrot mit violettem Saum. Aroma: reifes Obst, dunkle Früchte, Wildkräuter, würzig. Mund: fruchtig, geschmackvoll, nachwirkende Röstnoten, ausgewogen, zartbitter.

Viña Satoshi Orange 2022 B
garnacha blanca

87

PAGOS ALTOS DE ACERED
Fontana de Trevi, 30
50410 Cuarte de Huerva (Zaragoza)
☎: +34 636 474 723
manuel@lajas.es
www.lajas.es

Lajas "Finca el Peñiscal" 2019 T
93% garnacha, 7% monastrell, bobal, garnacha blanca, macabeo

92
Farbe: kirschrot mit violettem Saum. Aroma: rote Früchte, würzig, reifes Obst, trockene Kräuter. Mund: geschmackvoll, fruchtig, schöne Säure.

PROYECTO GARNACHAS/VINTAE
Ctra Villalengua, s/n
50312 Cervera de la Cañada (Zaragoza)
☎: +34 608 302 372
marketing@vintae.com
www.vintae.com

La Garnacha Olvidada de Aragón 2021 T
garnacha

90
Farbe: tiefes Kirschrot. Aroma: reifes Obst, trockene Kräuter, weiches Eichenholz, feine Hefen. Mund: reife Früchte, würzig, reife Tannine.

RAÍCES IBÉRICAS
Avda. Mudejar, 61
50340 Maluenda (Zaragoza)
☎: +34 976 893 017
contact@raices.wine
www.raicesibericas.com

Andrés Alonso Selección Especial 2022 T
90% garnacha, 10% syrah
89
Ausgewogen, würzig, trockene Kräuter, voll, reif.

Las Pizarras Fabla 2023 T BA
80% garnacha, 20% syrah
90
Farbe: kirschrot mit granatrotem Saum. Aroma: Früchtekonfit, kraftvoll, mineralisch. Mund: geschmackvoll, lang.

Las Pizarras Las Lomas 2022 T
100% garnacha
92
Farbe: tiefes Kirschrot. Aroma: dunkle Früchte, Buschwaldkräuter, feiner Kakao, erdig, animalische Noten. Mund: kraftvoll, reife Früchte, würzig, reife Tannine.

Las Pizarras Viña Acered 2022 T
100% garnacha
92
Farbe: tiefes Kirschrot. Aroma: reifes Obst, trockene Kräuter, weiches Eichenholz, Heidelbeere. Mund: kraftvoll, reife Früchte, würzig, reife Tannine.

Las Pizarras Viña Alarba 2022 T BA
100% garnacha
87

Sin Duda 2023 T
100% garnacha
87

SAN GREGORIO
Ctra. Villalengua, s/n
50312 Cervera de la Cañada (Zaragoza)
☎: +34 976 899 206
enologia@bodegasangregorio.com
www.armantes.es

Armantes Vendimia Seleccionada 2020 T
70% tempranillo, 30% garnacha
90
Farbe: tiefes Kirschrot. Aroma: trockene Kräuter, weiches Eichenholz, feine Hefen, Schokolade. Mund: reife Früchte, würzig, reife Tannine.

Ontos 2022 T
100% garnacha
89
Ausgewogen, würzig, trockene Kräuter, fruchtig, reif.

Rizoma Garnacha 2022 T
100% garnacha
85

Rizoma Tempranillo 2022 T
100% tempranillo
88
Lieblich, reif, geschmackvoll, fruchtig.

VINOS DIVERTIDOS
Nicolas de Bussi 10
03203 Elche (Alacant/Alicante)
☎: +34 966 105 325
info@vinosdivertidos.es
www.vinosdivertidos.es

900 Viñas 2022 T RB
garnacha
90
Angenehm, klar definierte Aromen, korrekt, würzig, kräuterig, geschmackvoll. Aroma: sortenrein, offen. Mund: ausgewogen, süffig.

900 Viñas Edición Limitada 2020 T C
100% garnacha
90
Cremig, markante Eiche. Farbe: leuchtendes Kirschrot. Aroma: süße Gewürze, reifes Obst, Schokolade. Mund: fruchtig, würzig, reife Tannine.

DO CALATAYUD / D.O.P.

Camino a Pardos 40 2022 T
garnacha
89
Nach Eingemachtem, getrocknete Blumen, opulent, nachhaltig, geschmackvoll, trockene Kräuter. Aroma: Schokolade.

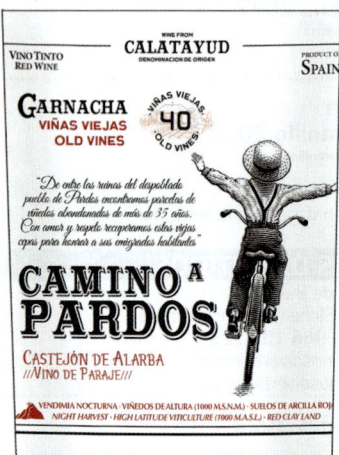

WEIN & VINOS
Hardenbergstr. 9A
10623 Berlin (Berlin)
☎: +49 303 150 6080
info@vinos.de
www.vinos.de

Caliber 2021 T BA
garnacha
92
Farbe: leuchtendes Kirschrot. Aroma: reifes Obst, milchig, süße Gewürze, balsamisch. Mund: würzig, reife Tannine, reife Früchte, lang, geschmackvoll.

Little Caliber 2021 T
95% garnacha, 5% syrah
91
Farbe: tiefes Kirschrot. Aroma: reifes Obst, trockene Kräuter, weiches Eichenholz. Mund: kraftvoll, reife Früchte, würzig, reife Tannine.

DO. CAMPO DE BORJA

CONSEJO REGULADOR

Subida de San Andrés, 6
50570 Ainzón (Zaragoza)
☎: +34 976 852 122
✉: vinos@docampodeborja.com
www.docampodeborja.com

LAGE:

Zum Weinbaugebiet gehören 16 Gemeinden in 60 km Entfernung nordwestlich von Zaragoza, am Fuß des Iberischen Gebirges mit der Kette des Moncayo am Ebrotal. Die Gemeinden des DO-Gebiets sind Agón, Ainzón, Alberite, Albeta, Ambel, Bisimbre, Borja, Bulbuente, Burueta, El Buste, Fuendejalón, Magallón, Malejan, Pozuelo de Aragón, Tabuenca und Vera del Moncayo.

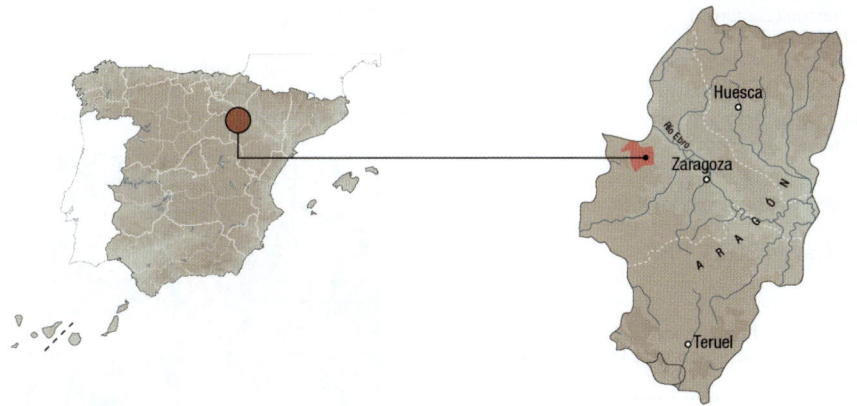

REBSORTEN:

WEISS: Macabeo, Garnacha Blanca, Moscatel, Chardonnay, Sauvignon Blanc, Viognier und Verdejo.

ROT: Garnacha (Hauptsorte mit 75%), Tempranillo, Mazuela, Caladoc, Marselan, Cabernet Sauvignon, Merlot und Syrah.

DATEN:

Rebfläche (ha): 6.093 – **Winzer:** 820 – **Weinerzeuger:** 17 – **Jahrgang 23:** Unrated – **Jahresproduktion 23:** 15.466.000 L. – **Absatz:** 55% Spanien - 45% Export.

BODENVERHÄLTNISSE:

Überwiegend dunkler Kalkboden in Terrassen und eisenhaltige Tonböden. Die Rebflächen liegen in Höhenlagen zwischen 350 und 700 m auf Terrassen an leicht gewellten Hängen entlang des Huecha und in den Llanos de Plasencia, welche das Vorgebirge des Moncayo bilden.

KLIMA:

Akzentuiertes Kontinentalklima mit kalten Wintern und trockenen, heißen Sommern. Ein wesentlicher Klimafaktor ist der Cierzo, ein kalter und trockener Wind aus Nordwest. Die Niederschläge sind recht gering und belaufen sich auf durchschnittlich 350 bis 450 mm im Jahr.

ERNTEBEWERTUNG ANHAND JUNGER WEINE GUÍAPEÑÍN

2019	2020	2021	2022	2023
SEHR GUT	SEHR GUT	SEHR GUT	SEHR GUT	UNRATED

ARTIGA FUSTEL

Progres, 19 Bajo
08720 Vilafranca del Penedés (Barcelona)
☎: +34 938 182 317
info@artiga-fustel.com
www.artiga-fustel.com

La Bestia Garnacha 2021 T RB
100% garnacha

91

Farbe: tiefes Kirschrot. Aroma: reifes Obst, trockene Kräuter, weiches Eichenholz, würzig. Mund: reife Früchte, würzig, reife Tannine, flüssig am Gaumen, elegant.

BODEGAS AINZÓN

Ctra. de Tabuenca ,s/n
50570 Ainzón (Zaragoza)
☎: +34 976 869 696
bodegas@bodegasainzon.es
www.bodegasainzon.es

Flor de Añon 2022 T RB
85% garnacha, 15% syrah

89

Fruchtig, reif, voll, geschmackvoll, Röstaromen.

Flor de Cayus 2021 T BA
garnacha

90

Farbe: tiefes Kirschrot. Aroma: reifes Obst, trockene Kräuter, feiner Kakao. Mund: reife Früchte, würzig, reife Tannine.

Peñazuela Vendimia Seleccionada Garnacha 2021 T RB
garnacha

89

Trockene Kräuter, voll, reif, ausgewogen, würzig.

Peñazuela Vendimia Seleccionada Garnacha Blanca 2023 B
garnacha blanca

87

Terrazas del Moncayo Garnacha 2020 T BA
garnacha

91

Farbe: kirschrot mit violettem Saum. Aroma: ausdrucksstark fruchtig, rote Früchte, blumig, würzig. Mund: geschmackvoll, fruchtig, schöne Säure.

Viña Ainzón 2021 T C
garnacha

88

Ausgewogen, würzig, frisch, fruchtig, trockene Kräuter.

BODEGAS ALTO MONCAYO

Ctra. Borja - El Buste, CV-606 Km. 1,700
50540 Borja (Zaragoza)
☎: +34 976 868 098
m.arilla@bodegasaltomoncayo.com
www.bodegasaltomoncayo.com

Alto Moncayo 2020 T
100% garnacha

92

Farbe: sattes Kirschrot. Aroma: intensive Röstaromen, kraftvoll, dunkle Früchte, Buschwaldkräuter, süße Gewürze, weiches Eichenholz. Mund: rauchig nachwirkend, nachhaltig, reife Tannine.

Alto Moncayo Veratón 2021 T
100% garnacha

92

Farbe: kirschrot mit violettem Saum. Aroma: blumig, süße Gewürze, Himbeere, reifes Obst, markante Eiche. Mund: geschmackvoll, fruchtig, schöne Säure.

Aquilón 2017 T
100% garnacha

94

Opulent. Farbe: sattes Kirschrot. Aroma: intensive Röstaromen, aromatischer Kaffee, kraftvoll, dunkle Früchte, reifes Obst. Mund: nachhaltig, reife Tannine.

Barambán 2021 T
50% garnacha, 50% tempranillo
90
Farbe: sattes Kirschrot. Aroma: intensive Röstaromen, aromatischer Kaffee, kraftvoll, dunkle Früchte. Mund: rauchig nachwirkend, nachhaltig, reife Tannine.

Gruñon 2019 T
50% garnacha, 50% syrah
91
Farbe: tiefes Kirschrot. Aroma: weiches Eichenholz, Heidelbeere, Wildkräuter, ausdrucksvoll. Mund: kraftvoll, reife Früchte, würzig, reife Tannine.

Zismero 2022 T
100% garnacha
89
Ausgewogen, würzig, fruchtig, kräuterig, geschmackvoll, frisch.

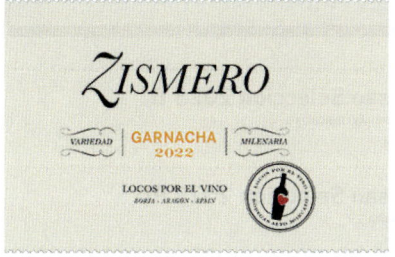

BODEGAS ARAGONESAS
Ctra. Magallón, s/n
50529 Fuendejalón (Zaragoza)
☎: +34 976 862 153
info@bodegasaragonesas.com
www.bodegasaragonesas.com

Aragonia Chardonnay Special Selection 2023 B
chardonnay
88
Angenehm, aromatisch, frisch, geschmackvoll.

Aragonia Garnacha Special Selection 2023 RD
garnacha
88
Klar definierte Aromen, blumig, fruchtig, geschmackvoll.

Aragonia Selección Especial 2020 T
garnacha
91
Farbe: tiefes Kirschrot. Aroma: trockene Kräuter, weiches Eichenholz, in Likör eingelegte Früchte, reifes Obst, Tabak. Mund: kraftvoll, reife Früchte, würzig, reife Tannine.

Azzulo B SD
86

Coto de Hayas Garnacha Syrah 2023 T
89
Klar definierte Aromen, aromatisch, geschmackvoll, fruchtig.

Fagus de Coto de Hayas 2022 T BA
garnacha
89
Farbe: sattes Kirschrot. Aroma: intensive Röstaromen, aromatischer Kaffee, kraftvoll, reifes Obst. Mund: rauchig nachwirkend, nachhaltig, reife Tannine.

Garnacha Centenaria de Coto de Hayas 2022 T
garnacha
89
Aroma: reifes Obst, trockene Kräuter, weiches Eichenholz. Mund: reife Früchte, würzig.

Nabulé Terroir 2020 T
garnacha
92
Farbe: KirsChrot. Aroma: balsamisch, süße Gewürze, Buschwaldkräuter, dunkle Früchte. Mund: würzig, balsamisch, schöne Säure.

DO CAMPO DE BORJA / D.O.P

Nabulé Terroir Esencia 2019 T
garnacha

91

Farbe: sattes Kirschrot. Aroma: aromatischer Kaffee, kraftvoll, dunkle Früchte, rauchig. Mund: rauchig nachwirkend, nachhaltig, reife Tannine.

Viñas del Cierzo de Coto de Hayas 2019 T R
garnacha

90

Farbe: leuchtendes Kirschrot, granatroter Saum. Aroma: rote Früchte, würzig, feine Reduktionsnoten, Wildkräuter. Mund: frisch, ausgewogen, schöne Säure.

BODEGAS BORSAO
Camino del Tejar s/n
50540 Borja (Zaragoza)
☎: +34 976 867 215
m.sancho@bodegasborsao.com
www.bodegasborsao.com

Borsao Berola 2020 T
garnacha, syrah

90

Farbe: kirschrot mit violettem Saum. Aroma: rote Früchte, blumig, würzig, weiches Eichenholz. Mund: geschmackvoll, fruchtig, schöne Säure, fleischig.

Borsao Bolé 2021 T RB
garnacha, syrah

89

Ausgewogen, würzig, trockene Kräuter, reif, Röstaromen.

Borsao Cabriola 2020 T
garnacha, syrah, mazuelo

90

Farbe: kirschrot mit violettem Saum. Aroma: rote Früchte, würzig, Buschwaldkräuter, reifes Obst. Mund: geschmackvoll, fruchtig, schöne Säure, fleischig.

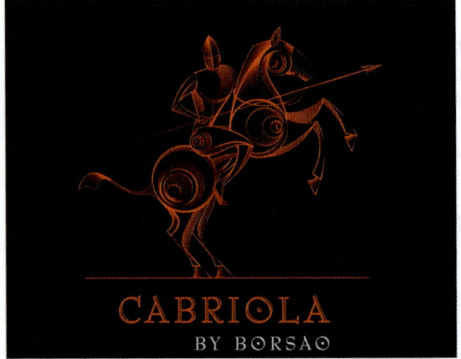

Borsao Suia 2022 B
viognier

90

Holzig. Aroma: weiches Eichenholz, reifes Obst, würzig, Karamel, Steinobst. Mund: fett, strukturiert, Röstnoten, zartbitter.

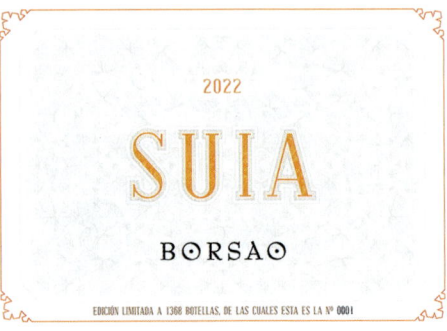

Borsao Zarihs 2020 T
syrah

91

Cremig, Röstaromen. Farbe: sattes Kirschrot. Aroma: intensive Röstaromen, aromatischer Kaffee, kraftvoll, Fleischnoten. Mund: rauchig nachwirkend, nachhaltig, reife Tannine.

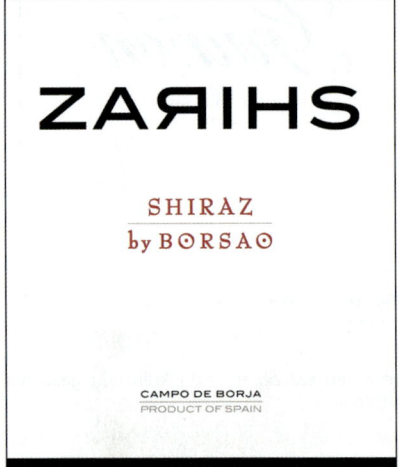

Borsao Selección 2023 B
chardonnay, macabeo

87

Borsao Selección 2023 RD
garnacha

85

Borsao Selección 2023 T
garnacha, syrah, tempranillo
87

BODEGAS CARLOS VALERO
Castillo de Capúa, 10 Nave 1
50197 Pol. Pla-Za (Zaragoza)
☎: +34 976 180 634
info@bodegasvalero.com
www.bodegasvalero.com

Heredad X Garnacha Blanca y Radiante 2023 B
garnacha blanca
87

Matarile 2022 T
garnacha
90
Farbe: kirschrot mit violettem Saum. Aroma: ausdrucksstark fruchtig, rote Früchte, blumig, würzig. Mund: geschmackvoll, fruchtig, schöne Säure.

BODEGAS MORCA
Pol. Molinillo del Fraile s/n
50540 Borja (Zaragoza)
☎: +54 968 435 022
info@gilfamily.es
www.gilfamily.es

Flor de Morca 2023 T
100% garnacha
90
Farbe: tiefes Kirschrot. Aroma: trockene Kräuter, weiches Eichenholz, dunkle Früchte. Mund: reife Früchte, würzig, reife Tannine.

Godina 2022 T
100% garnacha
93
Üppig, saftig. Farbe: kirschrot mit violettem Saum. Aroma: rote Früchte, blumig, würzig. Mund: geschmackvoll, fruchtig, schöne Säure, lang.

Morca 2021 T
100% garnacha
94
Korpulent, Cremig, Röstaromen. Farbe: kirschrot mit violettem Saum. Aroma: würzig, weiches Eichenholz, Schokolade, dunkle Früchte, reifes Obst. Mund: geschmackvoll, fruchtig, schöne Säure, lang.

🏆 **PODIUM**

Tourán 2021 T
100% garnacha
95
Farbe: sattes Kirschrot. Aroma: intensive Röstaromen, aromatischer Kaffee, kraftvoll, Fleischnoten, dunkle Früchte, reifes Obst. Mund: rauchig nachwirkend, nachhaltig, reife Tannine.

BODEGAS ROMÁN
Ctra. Gallur-Agreda, 1
50546 Bulbuente (Zaragoza)
☎: +34 976 852 936
info@bodegasroman.es

Portal de Moncayo Ilusión 2022 T
87

Portal de Moncayo Pasión 2020 T
garnacha
90
Farbe: kirschrot mit violettem Saum. Aroma: ausdrucksstark fruchtig, blumig, würzig, Gras, dunkle Früchte. Mund: geschmackvoll, fruchtig, schöne Säure, lang.

Portal de Moncayo Pasión 2021 T
89
Ausgewogen, würzig, fruchtig, reif, voll.

Portal de Moncayo Rosé 2020 RD
garnacha
87

Román 2019 T
garnacha
92
Farbe: tiefes Kirschrot. Aroma: reifes Obst, trockene Kräuter, weiches Eichenholz, feine Reduktionsnoten. Mund: reife Früchte, würzig, reife Tannine.

Senda de Hoyas Orígenes 2022 T RB
garnacha
88
Ausgewogen, würzig, kräuterig, flüssig am Gaumen, fruchtig.

DO CAMPO DE BORJA / D.O.P.

DO CAMPO DE BORJA / D.O.P.

GIL PEJENAUTE
Calle Carretera, 24
50547 Tabuenca (Zaragoza)
☎: +34 677 454 000
info@gilpejenaute.com
www.gilpejenaute.com

Las Paradas 2022 T
garnacha

94

Klar definierte Aromen, nach Eingemachtem, korpulent. Farbe: leuchtendes Kirschrot. Aroma: erdig, rote Früchte, ausdrucksstark fruchtig. Mund: geschmackvoll, kraftvoll, süße Tannine, würzig, reife Früchte.

Pilar del Cerro 2022 T
garnacha

94

Spannungsvoll, würzig, trockene Kräuter, wild. Farbe: kirschrot mit granatrotem Saum. Aroma: Wildkräuter, trockene Kräuter. Mund: saftig, lebhaft, geschmackvoll.

Tabuca 2022 T
garnacha

92

Farbe: kirschrot mit granatrotem Saum. Aroma: balsamisch, Früchtekonfit, rote Früchte, Röstaromen. Mund: geschmackvoll, lang, zartbitter.

PAGOS DEL MONCAYO
Ctra. de Zaragoza 372, Km. 1,6
50580 Vera de Moncayo (Zaragoza)
☎: +34 976 900 256
bodega@pagosdelmoncayo.com
www.pagosdelmoncayo.com

Prados Colección Syrah 2022 T
100% syrah

92

Farbe: tiefes Kirschrot. Aroma: trockene Kräuter, feine Reduktionsnoten, dunkle Früchte, erdig. Mund: kraftvoll, reife Früchte, würzig, reife Tannine.

Prados Fusion Garnacha Syrah 2022 T
garnacha, syrah

90

Farbe: kirschrot mit violettem Saum. Aroma: würzig, dunkle Früchte, rote Früchte, feiner Kakao. Mund: geschmackvoll, fruchtig, schöne Säure.

Prados Privé 2021 T C
syrah

92

Farbe: sattes Kirschrot. Aroma: intensive Röstaromen, aromatischer Kaffee, kraftvoll, Fleischnoten, dunkle Früchte. Mund: rauchig nachwirkend, nachhaltig, reife Tannine.

PALMERI SICILIA
Cabernet Sauvignon, 3
50547 Tabuenca (Zaragoza)
☎: +34 687 163 015
info@palmerisicilia.com
www.palmerisicilia.es

Palmeri Adán 2018 T GR
100% garnacha

90 🌿

Farbe: tiefes Kirschrot. Aroma: reifes Obst, trockene Kräuter, weiches Eichenholz, Röstaromen. Mund: kraftvoll, reife Früchte, würzig, reife Tannine, geschmackvoll.

Palmeri Eva 2022 B
100% garnacha blanca

89 🌿

Kraftvoll, opulent, würzig, alkoholisch, markante Eiche.

DO. CARIÑENA

CONSEJO REGULADOR

Camino de la Platera, 7
50400 Cariñena (Zaragoza)
☎: +34 976 793 143 / +34 976 793 031
@: secretaria@elvinodelaspiedras.es
www.elvinodelaspiedras.es

LAGE:

Am Ebro in der Provinz Zaragoza mit 14 Gemeinden: Aguarón, Aladrén, Alfamén, Almonacid de la Sierra, Alpartir, Cariñena, Cosuenda, Encinacorba, Longares, Mezalocha, Muel, Paniza, Tosos und Villanueva de Huerva.

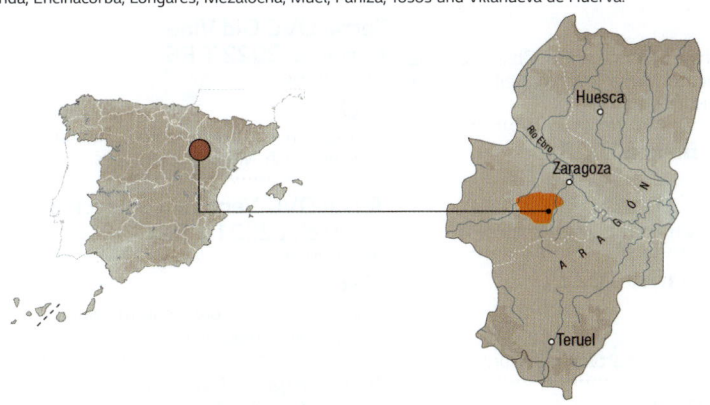

REBSORTEN:

WEISS: Empfohlen: Macabeo (Hauptsorte, 20 %).

Zugelassen: Garnacha Blanca, Moscatel de Alejandría, Verdejo, Sauvignon Blanc, Parellada und Chardonnay.

ROT: Empfohlen: Garnacha Tinta (Hauptsorte, 55%), Tempranillo, Cariñena (oder Mazuela).

Zugelassen: Juan Ibáñez, Cabernet Sauvignon, Syrah, Monastrell, Vidadillo und Merlot.

DATEN:

Rebfläche (ha): 13.890 – **Winzer:** 1.358 – **Weinerzeuger:** 27 – **Jahrgang 23:** Sehr Gut – **Jahresproduktion 23:** 42.091.700 L. – **Absatz:** 35% Spanien - 65% Export.

BODENVERHÄLTNISSE:

Größtenteils arme Böden. Man findet sowohl braune Kalkböden als auch rotbraune Böden über Felsablagerungen oder Braunerde über Geschiebe. Die Rebflächen befinden sich in Höhenlagen zwischen 400 und 800 m.

KLIMA:

Kontinentales Klima mit kalten Wintern, heißen Sommern und geringer Niederschlagsmenge. Der Weinanbau wird auch hier vom Nordwind beeinflusst.

ERNTEBEWERTUNG ANHAND JUNGER WEINE GUÍAPEÑÍN

2019	2020	2021	2022	2023
SEHR GUT	SEHR GUT	SEHR GUT	GUT	GUT

DO CARIÑENA / D.O.P.

BODEGAS CARE
Ctra. Aguarón, km 47,100
50400 Cariñena (Zaragoza)
☎: +34 976 793 016
bodega@bodegascare.com
www.bodegasare.com

Care Finca Bancales 2020 T R
garnacha

91

Cremig. Farbe: leuchtendes Kirschrot. Aroma: reifes Obst, Nüsse, süße Gewürze, markante Eiche. Mund: geschmackvoll, saftig, warm, reife Tannine.

Care Finca Marimú 2021 T BA
cariñena

92

Farbe: tiefes Kirschrot. Aroma: reifes Obst, trockene Kräuter, dunkle Früchte. Mund: kraftvoll, reife Früchte, würzig, reife Tannine, Röstnoten.

Care Garnacha Blanca 2023 B
garnacha blanca

89

Angenehm, aromatisch, fruchtig, geschmackvoll.

Care Garnacha Nativa 2022 T
garnacha

89

Korpulent, geschmackvoll, kraftvoll, reif, würzig.

Care XCLNT 2019 T
garnacha, cariñena

92

Farbe: tiefes Kirschrot. Aroma: reifes Obst, trockene Kräuter, weiches Eichenholz, markante Eiche, mit Charakter, komplex. Mund: kraftvoll, reife Früchte, würzig, reife Tannine.

Care XCLNT 2021 B
garnacha blanca

91

Farbe: strohgelb. Aroma: trockene Kräuter, welke Blumen, helle Früchte, Nüsse. Mund: reife Früchte, ausgewogen, fleischig.

BODEGAS CARLOS VALERO
Castillo de Capúa, 10 Nave 1
50197 Pol. Pla-Za (Zaragoza)
☎: +34 976 180 634
info@bodegasvalero.com
www.bodegasvalero.com

Heredad X Garnacha Carlos Valero 2021 T
garnacha

86

BODEGAS COVINCA
Ctra, Valencia, s/n
50460 Longares (Zaragoza)
☎: +34 976 142 653
info@covinca.es
www.covinca.es

Clave de Sol Garnacha Rosé 2023 RD
100% garnacha

86

Clave de Sol Macabeo Chardonnay 2023 B
90% macabeo, 10% chardonnay

85

Terrai OVC Old Vine Cariñena 2022 T RB
100% cariñena

90

Aromatisch, korrekt, korpulent. Aroma: dunkle Früchte, Weihrauch. Mund: opulent, geschmackvoll.

Terrai OVG Vendimia Seleccionada Garnacha 2021 T BA
100% garnacha

89

Fruchtig, nach Eingemachtem, würzig, getrocknete Blumen, geschmackvoll.

Torrelongares Old Vine Garnacha 2022 T RB
100% garnacha

87

Torrelongares Old Vine Tempranillo 2022 T RB
100% tempranillo

87

BODEGAS HACIENDA MOLLEDA
Ctra.A-220, km 29
50154 Tosos (Zaragoza)
☎: +34 976 620 702
haciendamolleda@gmail.com
www.haciendamolleda.com

Finca La Matea Garnacha 2020 T C
garnacha

89

Fruchtig, reif, blumig, geschmackvoll, etwas austrocknend.

GHM C+G - Gran Hacienda Molleda Cariñena+Garnacha 2020 T C
50% cariñena, 50% garnacha

88

Korrekt, kräuterig, reif, angenehm, würzig, Röstaromen.

GHM Cariñena - Gran Hacienda Molleda Cariñena+Cariñena 2021 T C
mazuelo, 100% cariñena

88

Fruchtig, nach Eingemachtem, würzig, leichte Oxidation, etwas austrocknend.

GHM Garnacha - Gran Hacienda Molleda Garnacha 2020 T C
100% garnacha

87

Hacienda Molleda Cariñena 2023 T
cariñena

88

Nach Eingemachtem, fruchtig, reif, trockene Kräuter, geschmackvoll.

Hacienda Molleda Garnacha 2023 T
100% garnacha

89

Angenehm, aromatisch, fruchtig, saftig, von Primäraromen beherrscht.

BODEGAS IGNACIO MARÍN
Ctra. N-330, Km. 449
50400 Cariñena (Zaragoza)
☎: +34 976 142 494
sales@ignaciomarin.com
www.ignaciomarin.com

Campo Marín 2021 T C
80% garnacha, 15% tempranillo, 5% cabernet sauvignon

87

Marín Garnacha Blanca 2023 B
garnacha blanca

88

Angenehm, korrekt, würzig, fruchtig, durchschnittlich am Gaumen, aromatisch, Zitrusfrüchte, mild. Aroma: würzig.

Marín Reserva Especial C.V.C T
50% cariñena, 25% garnacha, 25% cariñena

92

Farbe: tiefes Kirschrot. Aroma: reifes Obst, trockene Kräuter, weiches Eichenholz, erdig, Fleischnoten. Mund: kraftvoll, reife Früchte, würzig, reife Tannine.

Marín Viñas Viejas 2022 T RB
100% garnacha

88

Lieblich, nach Eingemachtem, reif, nachhaltig, wild, kräuterig. Mund: geschmackvoll, lang.

BODEGAS LUIS MARÍN
San Valero, 1
50400 Cariñena (Zaragoza)
☎: +34 976 621 129
info@luismarin.eu
www.luismarin.eu

Barón de La Joyosa 2017 T GR
garnacha, tempranillo, cariñena

87

El Gordo 2023 T
garnacha

89

Korpulent, würzig, trockene Kräuter, voll, reif, markante Eiche.

Essentia 2020 T R
garnacha

88

Würzig, voll, geschmackvoll, Röstaromen, korpulent, holzig.

Essentia Garnacha Blanca Moscatel 2023 B
garnacha blanca, moscatel de alejandría

89

Ausgewogen, frisch, kräuterig, Hefenoten, geschmackvoll, blumig.

Gabarda Selección 2021 T
cariñena, garnacha

91

Farbe: leuchtendes Kirschrot. Aroma: reifes Obst, ausgewogen, würzig. Mund: fruchtig, würzig, reife Tannine, reife Früchte, lang.

Luis Marín Garnacha Amethyst Edición Limitada 2021 T C
garnacha

89

Lieblich, korrekt, reif. Aroma: dunkle Früchte, süße Gewürze. Mund: geschmackvoll.

BODEGAS PANIZA
Ctra. Valencia, Km. 53
50480 Paniza (Zaragoza)
☎: +34 976 622 515
info@bodegaspaniza.com
www.bodegaspaniza.com

Fábula Priminillo 2023 T
tempranillo

88

Korrekt, reif, kräuterig, trockene Kräuter, angenehm, geschmackvoll.

DO CARIÑENA / D.O.P.

DO CARIÑENA / D.O.P.

Ibero de Paniza III 2018 T GR
60% cabernet sauvignon, 30% tempranillo, 10% garnacha
89
Korpulent, reif, Röstaromen. Aroma: Weihrauch, dunkle Früchte, reifes Obst.

Paniza Ancestor's Garnacha 2021 T
garnacha
88
Aroma: Schokolade, Früchtekonfit, überreife Früchte. Mund: würzig, süße Tannine.

Paniza Garnacha from Slate 2022 T
garnacha
91
Farbe: tiefes Kirschrot. Aroma: trockene Kräuter, weiches Eichenholz, reifes Obst, eingemachtes Obst. Mund: kraftvoll, reife Früchte, würzig, reife Tannine.

BODEGAS SAN VALERO
Ctra. N-330, Km. 450
50400 Cariñena (Zaragoza)
☎: +34 976 620 400
bsv@sanvalero.com
www.sanvalero.com

8.0.1 Edición Limitada C.V.C T R
cabernet sauvignon, merlot, syrah
91
Farbe: tiefes Kirschrot. Aroma: reifes Obst, trockene Kräuter, Tomate, würzig. Mund: kraftvoll, reife Tannine.

CARRA 2021 T
garnacha
88
Fruchtig, würzig, reif, etwas austrocknend, ausgewogen.

Particular Cariñena Viñas Viejas 2022 T
cariñena
89
Balsamisch, kräuterig, wild, mild, fruchtig, geschmackvoll, sortenrein.

Particular Chardonnay & Moscatel de Alejandría 2023 B
chardonnay, moscatel de alejandría
88
Angenehm, aromatisch, fruchtig, mild.

Particular Garnacha 2023 T
87

Particular Garnacha Old Vine 2022 T C
garnacha
88
Lieblich, korrekt, fruchtig, getrocknete Blumen, wild, mild.

Particular Garnacha Viñas Centenaria 2018 T
100% garnacha
90
Klar definierte Aromen, korrekt, wild. Aroma: reifes Obst, würzig, trockene Kräuter. Mund: geschmackvoll, fruchtig, süffig.

BODEM BODEGAS
Crta. Z-V-1201 Km 0,3
50108 Almonacid de La Sierra (Zaragoza)
☎: +34 976 780 136
marketing@axialvinos.com
www.bodembodegas.com

Las Margas Los Cerezos 2021 T BA
garnacha
91
Farbe: kirschrot mit granatrotem Saum. Aroma: reifes Obst, sortenrein, offen, ausgewogen. Mund: geschmackvoll, lang, reife Tannine, ausgewogen.

CASTILLO DE MONSÉRAN
50400 Cariñena (Zaragoza)
☎: +33 785 129 543
hortenseryman@vinartus.fr
www.monseran.com

Castillo de Monséran Garnacha 2022 T
100% garnacha
86

Castillo de Monséran Garnacha Blanca 2023 B
100% garnacha blanca
85

Castillo de Monséran Old Vine Garnacha 2021 T
100% garnacha
87

GRANDES VINOS
Ctra. Valencia Km 45,700
50400 Cariñena (Zaragoza)
☎: +34 976 621 261
info@grandesvinos.com
www.grandesvinos.com

Anayón Cariñena 2021 T
cariñena
91
Farbe: KirsChrot. Aroma: reifes Obst, trockene Kräuter, Wachs, Tabak. Mund: kraftvoll, reife Früchte, würzig, reife Tannine.

SPANIENS WEINFÜHRER

Anayón Chardonnay 2023 B FB
chardonnay

90

Farbe: leuchtendes Gelb. Aroma: weiches Eichenholz, reifes Obst, würzig. Mund: strukturiert, lang, Röstnoten, zartbitter.

Anayón Parcela 15 Cariñena 2019 T
cariñena

91

Farbe: kirschrot mit granatrotem Saum. Aroma: Früchtekonfit, kraftvoll, trockene Kräuter, erdig, Schwarzer Pfeffer, schwarze Lakritze. Mund: geschmackvoll, lang, reife Tannine.

Anayón Parcela 65 Juan Ibánez 2021 T
juan ibáñez

92

Farbe: leuchtendes Kirschrot. Aroma: süße Gewürze, reifes Obst, Schokolade. Mund: fruchtig, würzig, reife Tannine, konzentriert, geschmackvoll.

Anayón Parcela 81 Garnacha 2019 T
garnacha

90

Farbe: kirschrot mit granatrotem Saum. Aroma: Früchtekonfit, in Likör eingelegte Früchte, kraftvoll, Röstaromen, Schwarzer Pfeffer. Mund: geschmackvoll, lang.

Anayón Selección 2021 T BA
syrah, cariñena, tempranillo, merlot

90

Farbe: KirsChrot. Aroma: rauchig, süße Gewürze, trockene Kräuter. Mund: würzig, strukturiert, geschmackvoll, zartbitter.

HEREDAD ANSÓN
Camino Eras Altas, s/n
50450 Muel (Zaragoza)
☎: +34 606 858 296
info@bodegasheredadanson.com
www.bodegasheredadanson.com

Heredad de Ansón 2023 B
macabeo

84

Heredad de Ansón 2023 RD
garnacha

86

LIBRE Y SALVAJE
Camino del Bosque, s/n
50108 Almonacid de La Sierra (Zaragoza)
☎: +34 627 445 357
info@libreysalvaje.com
www.libreysalvaje.com

Camino del Bosque 2021 T
70% garnacha, 25% cariñena, 5% vidadillo

92 🌱

Waldfinsternis, würzig. Farbe: kirschrot mit granatrotem Saum. Aroma: feine Reduktionsnoten, reifes Obst, Wildkräuter, schwarze Lakritze. Mund: würzig, lang, spritzig.

Libre y Salvaje Garnacha 2021 T
garnacha

91 🌱

Farbe: KirsChrot. Aroma: balsamisch, Buschwaldkräuter, blumig, Wildkräuter, rote Früchte, reifes Obst. Mund: fruchtig, saftig, lebhaft.

Libre y Salvaje Garnacha Blanca 2022 B
garnacha blanca

92 🌱

Klar definierte Aromen, spannungsvoll, sortenrein. Farbe: leuchtendes Strohgelb. Aroma: helle Früchte, Nuancen von Tonerde, erdig. Mund: saftig, lebhaft, poliert, lang.

Libre y Salvaje Narancha 2021 B
70% garnacha blanca, 30% moscatel

91 🌱

Mit Persönlichkeit. Farbe: Altgold. Aroma: Honignoten, Orangenschale, blumig, welke Blumen. Mund: geschmackvoll, lang, Anklänge von Solera.

Paco el Feo 2020 T
100% cariñena

90 🌱

Farbe: kirschrot mit granatrotem Saum. Aroma: Früchtekonfit, eingemachtes Obst, trockene Kräuter, . Mund: geschmackvoll, lang, ausgewogen, reife Früchte, würzig.

Porretón 2020 T
100% garnacha

93

Nach Eingemachtem. Aroma: Früchtekonfit, dunkle Früchte, , trockene Kräuter. Mund: lang, geschmackvoll, süffig, würzig, nachhaltig.

DO CARIÑENA / D.O.P.

NAVASCUÉS ENOLOGÍA
Avda. Ejército, 32 Bajo B
50400 Cariñena (Zaragoza)
☎: +34 651 845 176
jorgenavascues@hotmail.com
www.cutio.es

Cutio Garnacha 2020 T
90% garnacha, 10% cariñena
91
Fruchtig. Farbe: KirsChrot. Aroma: balsamisch, Buschwaldkräuter, rote Früchte. Mund: würzig, balsamisch, schöne Säure.

Cutio Macabeo 2021 B
macabeo
92
Wenig interventionistisch. Farbe: strohgelb. Aroma: reifes Obst, trockene Kräuter, welke Blumen. Mund: reife Früchte, ausgewogen, schöne Säure.

Mancuso 2020 T
94
Farbe: tiefes Kirschrot. Aroma: trockene Kräuter, ausdrucksstark fruchtig, rote Früchte, reifes Obst, süße Gewürze. Mund: kraftvoll, reife Früchte, reife Tannine.

Mas de Mancuso 2018 T
93
Farbe: tiefes Kirschrot. Aroma: trockene Kräuter, weiches Eichenholz, Himbeere, reifes Obst. Mund: reife Früchte, würzig, geschmackvoll.

Mas de Mancuso 2020 B
macabeo
94
Lieblich, reif, lebhaft. Farbe: leuchtendes Gelb. Aroma: ausdrucksvoll, reifes Obst, blumig, feine Hefen, mineralisch. Mund: voll, komplex, würzig, lang, elegant.

Mas de Mancuso Cariñena 2019 T
Nominado Vino Revelación
cariñena
94
Sortenrein, wild, kraftvoll. Farbe: leuchtendes Kirschrot. Aroma: balsamisch, süße Gewürze, Buschwaldkräuter, reifes Obst, sortenrein. Mund: würzig, balsamisch, schöne Säure.

SOLAR DE URBEZO
San Valero, 14
50400 Cariñena (Zaragoza)
☎: +34 976 621 968
comercial@solardeurbezo.es
www.solardeurbezo.es

Urbezo Chardonnay 2023 B
chardonnay, moscatel de alejandría
88 ♣
Fruchtig, reif, kraftvoll, geschmackvoll.

DO. CATALUNYA
CONSEJO REGULADOR

Edifici de l'Estació Enológica Passeig Sunyer, 4-6 1º
43202 Reus (Tarragona)
☎: +34 977 328 103
@: info@do-catalunya.com
www.do-catalunya.com

LAGE:

Das Anbaugebiet umfasst die traditionellen Weinbaugebiete Kataloniens und ist weitestgehend deckungsgleich mit den bereits in Katalonien bestehenden DO-Gebieten, welche um einzelne Gemeinden mit Weinbautradition erweitert wurden.

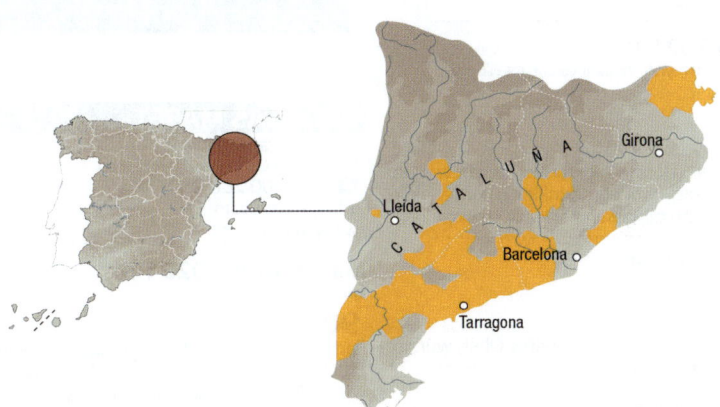

REBSORTEN:

WEISS: Empfohlen: Chardonnay, Garnacha Blanca, Macabeo, Moscatel de Alejandría, Moscatel de Grano Menudo, Parellada, Riesling, Sauvignon Blanc und Xarel.lo.

Zugelassen: Gewürztraminer, Subirat Parent (Malvasía), Malvasía de Sitges, Picapoll, Pedro Ximénez, Chenin, Riesling, Sauvignon Blanc, Albariño, Sumoll Blanco, Viognier und Vinyater.

ROT: Empfohlen: Cabernet Franc, Cabernet Sauvignon, Garnacha, Garnacha Peluda, Merlot, Monastrell, Xarel.lo Rosat, Pinot Noir, Samsó (Cariñena), Trepat, Sumoll, Marselán und Ull de Llebre (Tempranillo).

Zugelassen: Garnacha Tintorera, Syrah. Marselán, Garnacha Roja (Gris), Petit Verdot, mandó und Picapoll Negro.

DATEN:

Rebfläche (ha): 36.982 – **Winzer:** 4.317 – **Weinerzeuger:** 183 – **Jahrgang 23:** Sehr Gut – **Jahresproduktion 23:** 35.498.980 L. – **Absatz:** 50% Spanien - 50% Export.

KLIMA UND BODENVERHÄLTNISSE:

Entsprechen den jeweiligen Lagen mit den Merkmalen der betreffenden katalanischen DO-Gebiete, die in diesem Weinführer beschrieben werden (Alella, Empordà-Costa Brava, Conca de Barberà, Costers del Segre, Montsant, Penedès, Pla de Bages, Priorat, Tarragona, Terra Alta).

ERNTEBEWERTUNG ANHAND JUNGER WEINE GUÍAPEÑÍN

2019	2020	2021	2022	2023
SEHR GUT	GUT	SEHR GUT	SEHR GUT	GUT

DO CATALUNYA / D.O.P.

BLANCHER-CAPDEVILA PUJOL
Plaça Pont Romà, Edificio Blancher
08770 Sant Sadurní d'Anoia (Barcelona)
☎: +34 938 183 286
blancher@blancher.es
www.blancher.es

Blancher Parcel.les 2023 B
pansa blanca
87

BODEGAS CLOS D'AGON
Carrer del Mas Gil, 14
17251 Calonge (Girona/Gerona)
☎: +34 972 661 486
info@closdagon.com
www.closdagon.com

Clos D'Agon 2021 T
46% cabernet franc, 41% syrah, 7% petit verdot, 6% cabernet sauvignon
93
Reif, wild, balsamisch, klassisch. Aroma: reifes Obst, trockene Kräuter, Buschwaldkräuter, ausgewogen, weiches Eichenholz, würzig, dunkle Früchte, rote Früchte. Mund: kraftvoll, geschmackvoll, strukturiert.

Clos D'Agon 2022 B
100% viognier
92
Farbe: gelb. Aroma: helle Früchte, reifes Obst, würzig, Wachs. Mund: saftig, zartbitter, ausgewogen, lang.

Clos D'Agon Selección Especial 2021 T
94
Cremig, ausgewogen, kräuterig. Farbe: sattes Kirschrot. Aroma: Wildkräuter, Buschwaldkräuter, würzig, weiches Eichenholz, ausgewogen, ausdrucksvoll. Mund: strukturiert, voll, würzig, reife Früchte, lang.

Clos D'Agon Viognier 2022 B FB
100% viognier
92
Farbe: leuchtendes Gelb. Aroma: weiches Eichenholz, reifes Obst, würzig, offen, geröstete Mandeln. Mund: fett, strukturiert, lang, zartbitter.

Clos D'Agon Valmaña 2022 B
100% viognier
89
Korrekt, ausgewogen, saftig, schlicht. Aroma: frisches Obst, Wildkräuter, blumig. Mund: süffig.

BODEGAS MASET
Ctra. Vilafranca-Igualada C-15 Km.19
08792 La Granada (Barcelona)
☎: +34 900 200 250
info@maset.com
www.maset.com

Maset Syrah 2020 T R
syrah
90
Farbe: dunkles Kirschrot, granatroter Saum. Aroma: Früchtekonfit, Noten von Tischlerei, Tabak, süße Gewürze. Mund: würzig, reife Tannine, lang.

BODEGAS PUIGGRÒS
Ctra. de Manresa, Km. 13
08711 Òdena (Barcelona)
☎: +34 629 853 587
info@bodegaspuiggros.com
www.bodegaspuiggros.com

Exedra 2022 T
garnacha
92
Fruchtig. Farbe: kirschrot mit violettem Saum. Aroma: rote Früchte, blumig, würzig, ausdrucksvoll. Mund: geschmackvoll, fruchtig, schöne Säure.

Exedra 2023 B
garnacha blanca
91
Farbe: leuchtendes Strohgelb. Aroma: Kräutersäckchen, feine Hefen, helle Früchte, Wildkräuter. Mund: schöne Säure, ausgewogen, geschmackvoll.

Sentits Negres Garnatxa Negra 2019 T
garnacha
92
Farbe: tiefes Kirschrot. Aroma: Buschwaldkräuter, erdig, feiner Kakao. Mund: reife Früchte, würzig, reife Tannine.

Mestre Vila Vell 2019 T
sumoll
90
Farbe: kirschrot mit violettem Saum. Aroma: ausdrucksstark fruchtig, rote Früchte, blumig, würzig, eine Spur Waldbeeren. Mund: fruchtig, schöne Säure.

Sense Sentits 2019 T
90
Alt. Farbe: KirsChrot. Aroma: balsamisch, Buschwaldkräuter, feine Reduktionsnoten, schwarze Lakritze. Mund: würzig, balsamisch.

Sentits Blancs 2021 B FB
garnacha blanca
91
Farbe: leuchtendes Gelb. Aroma: reifes Obst, würzig, süße Gewürze, markante Eiche, trockener Stein. Mund: strukturiert, Röstnoten, zartbitter.

CA N'ESTRUC
Finca Ca N'Estruc Ctra. C-1414, Km. 1,05
08292 Esparreguera (Barcelona)
☎: +34 937 777 017
info@canestruc.com
www.canestruc.com

Ca N'Estruc Blanc 2023 B
91
Aromatisch. Farbe: strohgelb. Aroma: weiße Blumen, Jasmin, trockene Kräuter. Mund: geschmackvoll, fruchtig, ausgewogen.

Idoia Blanc 2021 B FB
93
Farbe: leuchtendes Strohgelb. Aroma: ausdrucksvoll, reifes Obst, blumig, feine Hefen, Wachs. Mund: komplex, würzig, lang, elegant.

CABELLUT
Masia Cabellut
43718 Mas Llorenç (Tarragona)
☎: +34 607 507 805
xavier.ortiz@masiacabellut.com
www.masiacabellut.com

Anse Micheline 2021 T
cabernet sauvignon, garnacha, merlot
91 🍷
Saftig, reif. Farbe: tiefes Kirschrot. Aroma: weiches Eichenholz, dunkle Früchte, Buschwaldkräuter. Mund: kraftvoll, reife Früchte, würzig, reife Tannine.

Cabellut Garnatxa 2022 T
garnacha
91 🍷
Farbe: kirschrot mit violettem Saum. Aroma: ausdrucksstark fruchtig, rote Früchte, blumig, würzig. Mund: geschmackvoll, fruchtig, schöne Säure.

Cabellut Cabernet Sauvignon 2021 T FB
cabernet sauvignon
91 🍷
Farbe: kirschrot mit violettem Saum. Aroma: ausdrucksstark fruchtig, würzig, dunkle Früchte, trockene Kräuter, erdig. Mund: geschmackvoll, fruchtig, schöne Säure, lang.

Cabellut Xarel.lo 2021 B
xarel.lo
90 🍷
Farbe: leuchtendes Gelb. Aroma: trockene Kräuter, reifes Obst, getrocknete Blumen, welke Blumen, Hefenoten. Mund: saftig, zartbitter, korrekt.

Ella Charles 2021 B
macabeo, sauvignon blanc
89 🍷
Ausgewogen, frisch, kräuterig, geschmackvoll, mineralisch, rassig.

DO CATALUNYA / D.O.P.

DO CATALUNYA / D.O.P.

CAN GRAU VELL
Can Grau Vell, s/n
08781 Hostalets de Pierola (Barcelona)
☎: +34 676 586 933
info@grauvell.cat
www.grauvell.cat

Alcor 2016 T
91
Farbe: dunkles Kirschrot, granatroter Saum. Aroma: reifes Obst, Früchtekonfit, feine Reduktionsnoten, Wachs. Mund: würzig, reife Tannine, balsamisch.

Quike 2023 RD
89
Angenehm, aromatisch, reif, geschmackvoll.

Tramp 2020 T
90
Reif, geschmackvoll. Aroma: reifes Obst, trockene Kräuter, erdig. Mund: reife Früchte, würzig, reife Tannine, süffig.

CAN PALOMA
Ctra. B-113 Esparraguera
08292 Barcelona (Barcelona)
☎: +34 609 424 676
info@vicanpaloma.com
www.vicanpaloma.com

Can Paloma 2018 T R
syrah, merlot, cabernet sauvignon
86

CAVES BOHIGAS
Finca Can Maciá
08700 Ódena (Barcelona)
☎: +34 938 048 100
info@bohigas.es
www.fermibohigas.com

Bohigas Garnatxa Negra 2022 T BA
100% garnacha
87

Bohigas Xarel.lo 2023 B
xarel.lo
87

Udina de Fermí Bohigas 2022 B
100% garnacha blanca
88
Lieblich, reif, geschmackvoll, durchschnittlich am Gaumen, getrocknete Blumen.

CELLER DE CAPÇANES
Llebaria, 9
43776 Capçanes (Tarragona)
☎: +34 977 178 319
cellercapcanes@cellercapcanes.com
www.cellercapcanes.com

Cap Sentit Orange Wine 2022 B
100% garnacha blanca
89
Korrekt, kräuterig, fruchtig, reif, geschmackvoll, nachhaltig, Zitrusfrüchte.

Cap Sentit Pinot Noir 2022 T
100% pinot noir
90
Farbe: kirschrot mit violettem Saum. Aroma: rote Früchte, blumig, würzig, dunkle Früchte. Mund: geschmackvoll, fruchtig, schöne Säure, lang, fleischig.

Mas Picosa Blanc 2023 B
100% garnacha blanca
87 🌿

Mas Picosa Negre 2023 T
garnacha, syrah, cabernet sauvignon
89 🌿
Würzig, fruchtig, reif, von Primäraromen beherrscht.

CELLER GRAU I GRAU
Ctra. C-37, Km. 75,5
08255 Castellfollit del Boix (Barcelona)
☎: +34 938 356 002
info@cellergrauigrau.com
www.cellergrauigrau.com

Jaume Grau i Grau Col.lecció Sumoll Blanc 2022 B
sumoll blanc, garnacha blanca
89
Korrekt, blumig, frisch, fruchtig, trockene Kräuter, reif, Leichtwein.

Jaume Grau i Grau Garnatxa Col.lecció 2019 T
100% garnacha
89
Korrekt, vegetabil, reif, schlicht, wild, nachhaltig.

CELLERS UNIÓ
Joan Oliver, 16
43206 Reus (Tarragona)
☎: +34 977 330 055
info@cellersunio.com
www.cellersunio.com

Masia Pubill 2023 T
tempranillo, garnacha
86

Masia Pubill Blanc 2023 B
macabeo
84

DOMENIO
Avinguda de Catalunya, 35
43426 Rocafort de Queralt (Tarragona)
☎: +34 977 677 135
comercial@domeniowines.com
www.domeniowines.com

Capvespre Sunset 2023 B
macabeo, parellada, garnacha blanca
86

Capvespre Sunset 2023 RD
ull de llebre, trepat
87

FREIXENET
Joan Sala, 2
08770 Sant Sadurní d'Anoia (Barcelona)
☎: +34 938 917 000
comunicacion@freixenet.com
www.freixenet.es

Freixenet Selección Especial 2022 T
87

Freixenet Selección Especial 2023 B
87

L'OLIVERA
La Plana, s/n
25268 Vallbona de Les Monges (Lleida/Lérida)
☎: +34 973 330 276
olivera@olivera.org
www.olivera.org

Tossudes 2022 T
52% garnacha, 30% syrah, 10% cariñena, 5% monastrell, 3% trepat
88 ♣
Ausgewogen, kräuterig, reif, fruchtig, trockene Kräuter.

Vinyes de Barcelona 2021 T FB
53% garnacha, 27% syrah, 20% cariñena
90 ♣
Farbe: tiefes Kirschrot. Aroma: trockene Kräuter, weiches Eichenholz, dunkle Früchte, feiner Kakao. Mund: reife Früchte, würzig, reife Tannine.

MAS DE LA PANSA
Comerç, 2
43422 Barberà de la Conca (Tarragona)
☎: +34 667 894 636
info@masdelapansa.com
www.masdelapansa.com

Mas de la Pansa Macabeu 2019 B
100% macabeo
92 ♣
Alt, Oxidativ. Farbe: Altgold mit bernsteinfarbenem Saum. Aroma: welke Blumen, getrocknete Blumen, mit Charakter, ausgewogen, ausdrucksvoll, . Mund: saftig, geschmackvoll.

Mas de la Pansa Parellada 2019 B
100% parellada
91 ♣
Farbe: leuchtendes Gelb. Aroma: reifes Obst, würzig, geröstetes Brot. Mund: fett, strukturiert, lang, Röstnoten, zartbitter.

MASÍA BACH
Ctra. Martorell a Capellades, Km 20,5
08635 Sant Esteve Sesrovires (Barcelona)
☎: +34 610 486 352
n.vives@raventoscodrniu.com
www.codorniu.com

Bach Extrísima T
86

Bach Extrísimo Semidulce B SD
87

Bach Viña Extrísima B
86

Bach Viña Extrísima RD
87

PLA DE MOREI
Cami de la Garça s/n
08789 La Torre de Claramunt (Barcelona)
☎: +34 931 313 454
plademorei@plademorei.com
www.plademorei.com

Filigrana 2022 B
garnacha blanca, chardonnay
89 ♣
Aromatisch, trockene Kräuter, getrocknete Blumen, fruchtig, reif, geschmackvoll, ausgewogen.

Filigrana 2022 T
tempranillo, merlot
89 ♣
Korpulent, ausgewogen, würzig, reif, trockene Kräuter, Röstaromen.

DO CATALUNYA / D.O.P.

DO CATALUNYA / D.O.P.

Mirador 2021 T BA
merlot, tempranillo
89
Ausgewogen, würzig, trockene Kräuter, reif, geschmackvoll, korpulent.

Saial 2022 B BA
garnacha blanca, chardonnay, sauvignon blanc
89
Angenehm, rauchig, korrekt, würzig, reif. Aroma: Nüsse.

SANT JOSEP VINS
Estació, 2
43780 Bot (Tarragona)
☎: +34 977 428 352
info@santjosepwines.com
www.santjosepvins.com

L'Estació Blanc 2020 B
garnacha blanca
90
Farbe: leuchtendes Gelb. Aroma: weiches Eichenholz, würzig, helle Früchte, reifes Obst, feine Hefen. Mund: fett, strukturiert, Röstnoten, zartbitter.

L'Estació Negre 2020 T C
cabernet sauvignon
92
Farbe: tiefes Kirschrot. Aroma: reifes Obst, trockene Kräuter, weiches Eichenholz, dunkle Früchte, sortenrein, ausdrucksvoll. Mund: kraftvoll, reife Früchte, würzig, reife Tannine.

Plana d'en Fonoll Blanc 2023 B
55% sauvignon blanc, 45% moscatel grano menudo
87

Plana d'en Fonoll Sauvignon Blanc 2023 B
sauvignon blanc
88
Ausgewogen, frisch, kräuterig, Hefenoten.

Plana d'en Fonoll Syrah 2021 T
syrah
88
Ausgewogen, würzig, fruchtig, trockene Kräuter.

Selecció 259 2015 T C
mazuelo, syrah, cabernet sauvignon
92
Farbe: kirschrot mit granatrotem Saum. Aroma: reifes Obst, trockene Kräuter, welke Blumen, Karamel. Mund: kraftvoll, reife Früchte, würzig, reife Tannine, ausgewogen.

TORRES ICONS
Miguel Torres i Carbó, 6
08720 Vilafranca del Penedés (Barcelona)
☎: +34 938 177 400
prensa@torres.es
www.torres.es

Coronas 2021 T C
tempranillo, cabernet sauvignon
86

Sangre de Toro 2019 T R
garnacha, syrah
89
Cremig, Röstaromen, korpulent. Aroma: dunkle Früchte, Fleischnoten, feiner Kakao.

Sangre de Toro Original 2022 T
garnacha, syrah
88
Fruchtig, trockene Kräuter, reif, schlicht.

Viña Sol 2023 B
parellada, garnacha blanca
86

UNIVERSITAT ROVIRA I VIRGILI
Ctra TV 7211 km 7
43120 Constantí (Tarragona)
☎: +34 977 520 197
pedro.cabanillas@urv.cat
https://www.fe.urv.cat/es/facultad/bodega-mas-dels-frares

Universitat Rovira i Virgili 2023 B
100% moscatel de alejandría
88
Klar definierte Aromen, sortenrein. Aroma: offen, ausgewogen. Mund: korrekt, zartbitter.

VINS DE TALLER
Camí de St. Miquel
amb Ctra. St Tomàs de Fluvià, s/n
17469 Siurana d'Empordà (Girona/Gerona)
☎: +34 629 773 917
Info@vinsdetaller.com
www.vinsdetaller.com

Vins de Taller Baseia 2022 B
viognier
90
Saftig, sortenrein, getrocknete Blumen. Aroma: offen, reifes Obst. Mund: geschmackvoll, voll, zartbitter.

Vins de Taller Geum 2023 T C
merlot
89
Holzig, Cremig, würzig, trockene Kräuter.

Vins de Taller Gris 2023 RD
merlot, garnacha gris

90
Fruchtig. Farbe: blassrosa. Aroma: rote Früchte, blumig, Kräutersäckchen. Mund: leicht, schöne Säure, zartbitter.

Vins de Taller Phlox 2023 B
marsanne, garnacha blanca, moscatel de alejandría

90
Farbe: leuchtendes Strohgelb. Aroma: blumig, helle Früchte, getrocknete Blumen, Zitrusfrüchte. Mund: nachwirkend fruchtig, fruchtig, saftig, süffig.

DO. CAVA

CONSEJO REGULADOR

Avinguda Tarragona, 24
08720 Vilafranca del Penedès (Barcelona)
☎: +34 938 903 104
@: consejo@crcava.es
www.crcava.es

LAGE:

Das Gütesiegel „Cava" erhalten nur Schaumweine, die in Flaschengärung nach der traditionellen Methode ausgebaut sind und aus den zugelassenen Anbaugebieten stammen. Zu diesen zählen in Katalonien 63 Gemeinden der Provinz Barcelona, 52 in Tarragona, 12 in Lleida und 5 in Girona sowie die Gemeinden Laguardia, Moreda de Álava und Oyón in Álava, Almendralejo in Badajoz, Mendavia und Viana in Navarra, Requena in Valencia, Ainzón und Cariñena in Zaragoza und 18 weitere Gemeinden aus La Rioja.

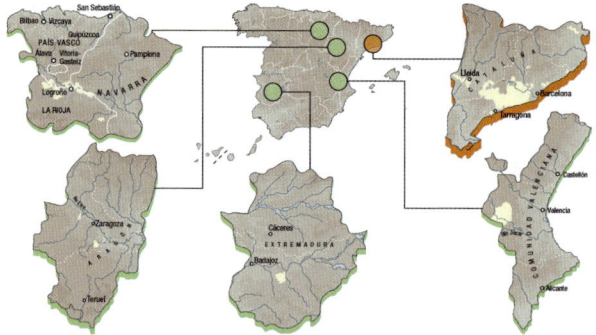

REBSORTEN:

WEISS: Macabeo (Viura), Xarel.lo, Parellada, Subirat (Rioja-Malvasier) und Chardonnay.

ROT: Garnacha Tinta, Monastrell, Trepat und Pinot Noir.

DATEN:

Rebfläche (ha): 38.099– **Winzer:** 6.088– **Weinerzeuger:** 345– **Jahrgang 23:** Gut– **Jahresproduktion 23:** 190.378.722 L. – **Absatz:** 32% Spanien - 68% Export.

BODENVERHÄLTNISSE:

Entsprechen ebenfalls den Profilen der jeweiligen Anbaugebiete.

KLIMA:

Richtet sich nach den jeweiligen Anbaugebieten. Im Penedés, der Region mit der größten Produktion, herrscht ein mediterranes Klima, wobei in höheren Lagen das Klima entsprechend kühler ist.

ERNTEBEWERTUNG ANHAND JUNGER WEINE GUÍAPEÑÍN

Dieses Anbaugebiet bietet aufgrund des Herstellungsprozesses keine Jahresweine an, weshalb nachfolgende Bewertung sich auf das gesamte Verkostungsniveau bezieht.

ALDONZA
Ctra. N-430 km 462,3
02612 Munera (Albacete)
☎: +34 967 217 711
info@aldonzagourmet.com
www.aldonzagourmet.com

Aldonza BE BN
xarel.lo, macabeo, parellada
87

Aldonza BE BR
xarel.lo, macabeo, parellada
87

Aldonza BE R BR
chardonnay, xarel.lo, macabeo
90
Farbe: leuchtendes Gelb. Aroma: reifes Obst, feine Hefen, ausgewogen, trockene Kräuter. Mund: schöne Säure, geschmackvoll, reife Früchte.

Aldonza Rosé RE BR
trepat
86

ALSINA & SARDÁ
Barri Les Tarumbes, s/n
08733 El Pla del Penedès (Barcelona)
☎: +34 938 988 132
alsina@alsinasarda.com
www.alsinasarda.com

Alsina & Sardá 2021 BE R BN
90
Farbe: leuchtendes Strohgelb. Aroma: frisches Obst, Zitrusfrüchte, feine Hefen, Kräutersäckchen, mineralisch. Mund: frisch, fruchtig, schöne Säure.

Alsina & Sardá Gran Reserva Especial 2017 BE GR BN
50% chardonnay, 50% xarel.lo
91
Farbe: leuchtendes Gelb. Aroma: reifes Obst, feine Hefen, ausgewogen, trockene Kräuter. Mund: schöne Säure, geschmackvoll, reife Früchte, lang.

Alsina & Sardá Sello 2020 BE GR BN
macabeo, xarel.lo, parellada, chardonnay, pinot noir
90
Farbe: leuchtendes Strohgelb. Aroma: feine Hefen, blumig, Kräutersäckchen, ausdrucksvoll. Mund: kraftvoll, geschmackvoll, schöne Säure, feine Perlen.

Alsina & Sardá Vestigis Gran Cuvée 2018 BE GR BN
macabeo, xarel.lo, parellada, chardonnay, pinot noir
92
Rassig, Zitrusfrüchte. Farbe: leuchtendes Gelb. Aroma: Brioche, getrocknete Blumen, welke Blumen. Mund: frisch, fruchtig, lang.

ALTA ALELLA
Camí Baix de Tiana, s/n
08328 Alella (Barcelona)
☎: +34 934 693 720
info@altaalella.wine
www.altaalella.wine

🏆 PODIUM

Alta Alella 10 2012 BE GR BN
chardonnay
97
Rauchig, komplex. Farbe: golden leuchtend. Aroma: feine Hefen, Nüsse, Kräutersäckchen, Röstaromen, Praline. Mund: kraftvoll, geschmackvoll, schöne Säure, feine Perlen, zartbitter.

Alta Alella Laietà 2019 BE GR BN
pansa blanca, chardonnay, pinot noir
94
Spannungsvoll. Farbe: golden leuchtend. Aroma: feine Hefen, Kräutersäckchen, mit Charakter, reifes Obst, Nüsse. Mund: kraftvoll, geschmackvoll, schöne Säure, feine Perlen.

Alta Alella Laietà Rosé 2019 RE GR BN
mataró
92
Farbe: lachsfarben. Aroma: süße Gewürze, rote Früchte, Kräutersäckchen, getrocknete Blumen, Bäckerei. Mund: voll, geschmackvoll, würzig.

Alta Alella Mirgin 2020 BE R BN
pansa blanca, macabeo, parellada
92
Rassig. Farbe: leuchtendes Strohgelb. Aroma: feine Hefen, blumig, Kräutersäckchen, ausdrucksvoll. Mund: kraftvoll, geschmackvoll, schöne Säure, feine Perlen.

🏆 PODIUM

Alta Alella Mirgin Exeo Evolució + 2004 BE GR BN
pansa blanca, chardonnay
96
Spannungsvoll. Farbe: golden leuchtend. Aroma: Nüsse, Kräutersäckchen, komplex, feine Hefen, süße Gewürze, ausdrucksvoll. Mund: kraftvoll, geschmackvoll, schöne Säure, feine Perlen, zartbitter.

🏆 PODIUM

Alta Alella Mirgin Exeo Paraje Calificado Vallcirera 2017 BE GR BN
pansa blanca, chardonnay
96
Farbe: golden leuchtend. Aroma: feine Hefen, Nüsse, Kräutersäckchen, komplex, Röstaromen. Mund: kraftvoll, geschmackvoll, schöne Säure, feine Perlen, zartbitter.

DO CAVA / D.O.P.

DO CAVA / D.O.P.

🏆 **PODIUM**

Alta Alella Mirgin Opus Paraje Calificado Vallcirera 2019 BE BN
pansa blanca, chardonnay

95 🍇

Farbe: leuchtendes Strohgelb. Aroma: feine Hefen, Nüsse, Kräutersäckchen, komplex, Röstaromen, süße Gewürze. Mund: kraftvoll, geschmackvoll, schöne Säure, feine Perlen, zartbitter.

Alta Alella Mirgin Rosé 2020 RE R BN
mataró

90 🍇

Angenehm, fruchtig, geschmackvoll, reif.

ANTONIO MASCARÓ

Casal, 9
08720 Vilafranca del Penedés (Barcelona)
☎: +34 938 901 628
mascaro@mascaro.es
www.mascaro.es

Antonio Mascaró Indómit 2020 BE GR BN
garnacha

92

Farbe: leuchtendes Strohgelb. Aroma: feine Hefen, blumig, Kräutersäckchen, ausdrucksvoll. Mund: kraftvoll, geschmackvoll, schöne Säure, feine Perlen, ausgewogen.

Antonio Mascaró Initium 2020 BE R BR
macabeo, xarel.lo, parellada

88

Korrekt, Zitrusfrüchte, fruchtig, reif.

Cuvée Antonio Mascaró 2016 BE GR BN
chardonnay, xarel.lo, parellada

92

Farbe: leuchtendes Strohgelb. Aroma: feine Hefen, blumig, Kräutersäckchen, ausdrucksvoll. Mund: kraftvoll, geschmackvoll, schöne Säure, feine Perlen.

Mascaró Ambrosia BE R SS
macabeo, xarel.lo, parellada

90

Farbe: leuchtendes Strohgelb. Aroma: reifes Obst, feine Hefen, trockene Kräuter, welke Blumen. Mund: geschmackvoll, feine Perlen, süß.

Mascaró Pure 2019 BE R BN
parellada

90

Farbe: leuchtendes Strohgelb. Aroma: reifes Obst, feine Hefen, trockene Kräuter, welke Blumen. Mund: geschmackvoll, schöne Säure, feine Perlen.

Mascaró Rubor Aurorae 2020 RE BR
garnacha

88

Korrekt, würzig, Röstaromen, Hefenoten.

ARTCAVA – MASIA CAN BATLLE

Masia Can Batlle s/n
08793 Avinyonet del Penedès (Barcelona)
☎: +34 647 906 742
reserves@artcava.com
www.artcava.com

Palagó Blanc de Noir Selection 2017 BE R BN
100% pinot noir

91

Herb. Farbe: leuchtendes Gelb. Aroma: feine Hefen, ausgewogen, trockene Kräuter, helle Früchte. Mund: schöne Säure, geschmackvoll, reife Früchte, zartbitter.

Palagó Farmer's Selection 2018 BE R BN
100% xarel.lo

90

Farbe: leuchtendes Gelb. Aroma: reifes Obst, feine Hefen, ausgewogen, trockene Kräuter, Brioche. Mund: schöne Säure, geschmackvoll, reife Früchte.

Palagó Foodie's Selection 2019 BE R BN
50% xarel.lo, 50% chardonnay

88

Blumig, trockene Kräuter, ausgewogen, frisch.

Palagó Rosé Selection 2021 RE BN
100% pinot noir

88

Leicht aromatisch, Leichtwein, korrekt.

Palagó Winemaker Selection 2021 BE BN
xarel.lo, macabeo, parellada

87

AVINYÓ

Masia Can Fontanals
08793 Avinyonet del Penedès (Barcelona)
☎: +34 938 970 055
avinyo@avinyo.com
www.avinyo.com

Avinyó 2020 BE R BN
70% xarel.lo, 25% macabeo, 5% parellada

90 🍇

Farbe: leuchtendes Strohgelb. Aroma: mittlere Intensität, trockene Kräuter, feine Hefen, blumig, reifes Obst. Mund: frisch, fruchtig, geschmackvoll, Röstnoten.

Avinyó 2021 BE R BR
60% xarel.lo, 25% macabeo, 15% parellada
89
Fruchtig, trockene Kräuter, milchig, reif, frisch.

Avinyó Blanc de Noirs 2021 BE R BN
100% pinot noir
90
Farbe: leuchtendes Strohgelb. Aroma: frisches Obst, Zitrusfrüchte, feine Hefen. Mund: frisch, fruchtig, schöne Säure.

Avinyó Rosé Sublim 2021 RE R BR
100% pinot noir
87

Avinyó Selecció La Ticota 2017 BE GR BN
100% xarel.lo
90
Farbe: leuchtendes Gelb. Aroma: reifes Obst, ausgewogen, trockene Kräuter, helle Früchte, Honignoten. Mund: schöne Säure, geschmackvoll, reife Früchte.

BLANCHER-CAPDEVILA PUJOL
Plaça Pont Romà, Edificio Blancher
08770 Sant Sadurní d'Anoia (Barcelona)
☎: +34 938 183 286
blancher@blancher.es
www.blancher.es

Blancher 2018 BE GR BN
xarel.lo, macabeo, parellada
90
Farbe: strohgelb. Aroma: weiße Blumen, feine Hefen, Kräutersäckchen. Mund: geschmackvoll, fruchtig, frisch, schöne Säure.

Blancher 2019 BE R BN
xarel.lo, macabeo, parellada
89
Fruchtig, Zitrusfrüchte, trockene Kräuter, schlicht.

Blancher de la Tieta 2014 BE GR BN
xarel.lo, macabeo, parellada
92
Farbe: golden leuchtend. Aroma: feine Hefen, Kräutersäckchen, mit Charakter, reifes Obst, Nüsse. Mund: geschmackvoll, schöne Säure, feine Perlen, zartbitter, reife Früchte.

Blancher Rosat 2022 RE R BR
pinot noir, macabeo
86

Capdevila Pujol 2020 BE R BN
xarel.lo, macabeo, parellada
89
Korrekt, frisch, kräuterig. Mund: zartbitter, trocken, süffig.

Carbo Capdevila 1975 BE GR BR
94
Alt, mit Persönlichkeit, getrübt. Farbe: golden leuchtend. Aroma: Nüsse, komplex, feine Hefen, süße Gewürze, ausdrucksvoll, Röstaromen, geröstetes Brot. Mund: geschmackvoll, schöne Säure, feine Perlen, zartbitter, elegant.

BODEGA ARANLEÓN
Ctra. Caudete, 3
46310 Los Marcos (València/Valencia)
☎: +34 963 631 640
vinos@aranleon.com
www.aranleon.com

Aranleón Sólo BE BR
75% macabeo, 25% chardonnay
88
Klar definierte Aromen, blumig, fruchtig, von Primäraromen beherrscht.

BODEGA JAUME SERRA
Ctra.Vilanova i la Geltrú a Vilafranca del Penedés, km 2,5
08800 Vilanova i la Geltrú (Barcelona)
☎: +34 938 936 404
atcliente@jgc.es
www.jaumeserra.com

Jaume Serra 2019 BE R BN
macabeo, xarel.lo, parellada
87

Jaume Serra BE BN
macabeo, xarel.lo, parellada
85

Jaume Serra BE SS
macabeo, xarel.lo, parellada
83

Jaume Serra Pinot Noir Rosé RE BR
pinot noir
86

Jaume Serra Vintage 2020 BE R BN
chardonnay, macabeo, xarel.lo, parellada
88
Lieblich, reif, geschmackvoll. Aroma: wenig Hefen, welke Blumen, Anklänge von gekochten Früchten .

DO CAVA / D.O.P.

DO CAVA / D.O.P.

Jaume Serra Chardonnay 2018 BE GR BN
100% chardonnay

90

Farbe: leuchtendes Strohgelb. Aroma: feine Hefen, blumig, Kräutersäckchen, ausdrucksvoll, Bäckerei, Veilchenbombons. Mund: kraftvoll, geschmackvoll, schöne Säure, feine Perlen, ausgewogen.

BODEGA SANSTRAVÉ
De la Conca, 10
43412 Solivella (Tarragona)
☎: +34 617 687 965
bodega@sanstrave.com
www.sanstrave.com

Sanstravé Brindis 2018 BE GR BN
macabeo, parellada, xarel.lo

89
Fruchtig, milchig, reif, geschmackvoll.

BODEGA VERA DE ESTENAS
Ctra. N-III, km. 266 - Paraje La Cabezuela
46300 Utiel (València/Valencia)
☎: +34 962 171 141
estenas@veradeestenas.es
www.veradeestenas.es

Cava Estenas BE BN
chardonnay, macabeo

87

BODEGAS AESSIR
Santa Maria, 76
08340 Vilassar de Mar (Barcelona)
☎: +34 937 591 832
info@aessir.com
www.aessir.com

La Crusset BE R BN
35% macabeo, 35% parellada, 30% xarel.lo

91
Ausgewogen. Farbe: leuchtendes Gelb. Aroma: reifes Obst, feine Hefen, ausgewogen, trockene Kräuter, rauchig, Anklänge von gekochten Früchten . Mund: schöne Säure, geschmackvoll, reife Früchte.

BODEGAS ARRÁEZ
Pol. 6 Parcela 386 Paraje Ciscar
46630 La Font de la Figuera (València/Valencia)
☎: +34 962 290 031
info@bodegasarraez.com
www.bodegasarraez.com

Sutra by Toni Arraez BE BR
90% macabeo, 10% chardonnay

86

Sutra by Toni Arraez BE R BR
80% macabeo, 20% chardonnay

88
Ausgewogen, trockene Kräuter, geschmackvoll, blumig.

BODEGAS CA N'ESTELLA
Masia Ca n'Estella, s/n
08635 Sant Esteve Sesrovires (Barcelona)
☎: +34 934 161 387
a.vidal@fincacanestella.com
www.fincacanestella.com

Rabetllat i Vidal 2020 BE R BN
60% chardonnay, 20% macabeo, 20% xarel.lo

89
Fruchtig, reif, trockene Kräuter, schlicht.

Rabetllat i Vidal Brut Ca N'Estella BE BR
70% macabeo, 30% xarel.lo

88
Korrekt, mild, trockene Kräuter. Aroma: mittlere Intensität. Mund: süffig, ziemlich nachhaltig.

Rabetllat i Vidal Gran Reserva de la Finca 2019 BE GR BN
70% chardonnay, 15% macabeo, 15% xarel.lo

91
Farbe: golden leuchtend. Aroma: feine Hefen, reifes Obst, Nüsse, trockene Kräuter. Mund: geschmackvoll, schöne Säure, feine Perlen, zartbitter.

Rabetllat i Vidal Gran Reserva Xarel·lo 2016 BE GR
100% xarel.lo

92

Farbe: golden leuchtend. Aroma: feine Hefen, Nüsse, Kräutersäckchen, geröstetes Brot. Mund: kraftvoll, geschmackvoll, schöne Säure, feine Perlen, zartbitter.

Rabetllat i Vidal Rosat 2020 RE R BR
50% trepat, 50% garnacha

89

Fruchtig, trockene Kräuter, korrekt, frisch.

BODEGAS CAPITÀ VIDAL

Ctra. Vilafranca- Igualada, C-15, km 21
08733 El Pla del Penedès (Barcelona)
☎: +34 938 988 630
administracion@capitavidal.com
www.capitavidal.com

Fuchs de Vidal 2017 BE GR BN
50% xarel.lo, 30% macabeo, 20% parellada

90 🌿

Farbe: leuchtendes Gelb. Aroma: reifes Obst, feine Hefen, ausgewogen, trockene Kräuter, blumig. Mund: schöne Säure, geschmackvoll, reife Früchte, lang.

Fuchs de Vidal 2020 BE R BN
40% xarel.lo, 35% macabeo, 25% parellada

89

Fruchtig, kräuterig, getrocknete Blumen, korrekt, frisch.

Fuchs de Vidal Rosé Pinot Noir 2021 RE R EBR
100% pinot noir

88 🌿

Lieblich, reif, geschmackvoll, fruchtig.

Fuchs de Vidal Unic 2021 BE R BN
50% chardonnay, 35% pinot noir, 15% macabeo, xarel.lo, parellada

89 🌿

Angenehm, geschmackvoll, fruchtig, blumig.

Gran Fuchs de Vidal 2020 BE R BN
xarel.lo

90 🌿

Farbe: leuchtendes Strohgelb. Aroma: reifes Obst, feine Hefen, trockene Kräuter, welke Blumen, milchig. Mund: geschmackvoll, schöne Säure, feine Perlen, ausgewogen.

Palau Solá 2022 BE BN
parellada, macabeo, xarel.lo

86

BODEGAS COVIÑAS

Avda. Rafael Duyos, s/n
46340 Requena (València/Valencia)
☎: +34 628 124 926
palvarez@covinas.com
www.covinas.com

Aula BE BN
macabeo

85

Aula BE BR
macabeo

85

Aula BE SS
macabeo

85

Aula Chardonnay BE R BN
chardonnay

87

Aula RE BR
garnacha

87

Auténtico BE BR
macabeo, chardonnay

86 🌿

Enterizo BE BN

86

BODEGAS EMILIO CLEMENTE

Camino de San Blas, s/n
46340 Requena (València/Valencia)
☎: +34 601 410 728
administracion@eclemente.es
www.eclemente.es

Regulus BE BR
macabeo

87

BODEGAS HISPANO SUIZAS

Ctra. N-322, Km. 451,7
46357 El Pontón (València/Valencia)
☎: +34 962 349 370
info@bodegashispanosuizas.com
www.bodegashispanosuizas.com

Tantum Ergo Chardonnay Pinot Noir 2021 BE BN
chardonnay, pinot noir

90

Korrekt, mild. Farbe: leuchtendes Strohgelb. Aroma: feine Hefen, blumig, mittlere Intensität. Mund: schöne Säure, süffig.

DO CAVA / D.O.P.

Tantum Ergo Exclusive Magnum 2013 BE GR BN
55% chardonnay, 45% pinot noir

91

Oxidativ. Farbe: leuchtendes Strohgelb. Aroma: wenig Hefen, Bäckerei, gebackenes Obst, beschädigtes Obst, Anklänge von gekochten Früchten. Mund: geschmackvoll, schöne Säure, feine Perlen, ausgewogen.

Tantum Ergo Pinot Noir Rosé 2021 RE BN
100% pinot noir

91

Aromatisch, lieblich. Farbe: blassrosa. Aroma: rote Früchte, Rosenblütenblätter. Mund: frisch, fruchtig.

Tantum Ergo Vintage 2019 BE BN
60% chardonnay, 40% pinot noir

92

Farbe: leuchtendes Strohgelb. Aroma: helle Früchte, ausdrucksstark fruchtig, welke Blumen, ausdrucksvoll, feine Hefen. Mund: feine Perlen, ausgewogen, lebhaft, geschmackvoll.

BODEGAS MARTÍNEZ PAIVA SAT
Ctra. Gijón - Sevilla N-630, Km. 646 Apdo. 87
06200 Almendralejo (Badajoz)
☎: +34 924 671 130
info@bodegasmartinezpaiva.com
www.bodegasmartinezpaiva.com

Paiva 2020 BE R BN
70% macabeo, 30% chardonnay

89

Ausgewogen, kräuterig, herb, Zitrusfrüchte.

Paiva 2022 BE BN
70% macabeo, 30% chardonnay

87

BODEGAS MASET
Ctra. Vilafranca-Igualada C-15 Km.19
08792 La Granada (Barcelona)
☎: +34 900 200 250
info@maset.com
www.maset.com

Maset 1917 2020 BE GR BN
xarel.lo, macabeo, pinot noir

92 ♣

Farbe: leuchtendes Strohgelb. Aroma: feine Hefen, blumig, Kräutersäckchen, ausdrucksvoll. Mund: kraftvoll, geschmackvoll, schöne Säure, feine Perlen.

Maset L'avi Pau 2020 BE GR BN
xarel.lo, macabeo, chardonnay

90 ♣

Herb. Farbe: leuchtendes Gelb. Aroma: feine Hefen, ausgewogen, trockene Kräuter. Mund: schöne Säure, geschmackvoll, reife Früchte.

Maset L'avi Pau Magnum 2020 BE GR BN
xarel.lo, macabeo, chardonnay

92

Aroma: ausdrucksvoll, Nüsse, Kräutersäckchen, würzig. Mund: geschmackvoll, feine Perlen, lang, nachhaltig.

Maset Reserva Familiar 2008 BE GR BN
xarel.lo, macabeo, parellada

92

Alt, Röstaromen. Aroma: Nüsse, Kräutersäckchen, wenig Hefen. Mund: kraftvoll, geschmackvoll, schöne Säure, feine Perlen, zartbitter.

Maset Reserva Familiar 2018 BE GR BN
xarel.lo, macabeo, parellada

90

Farbe: leuchtendes Gelb. Aroma: reifes Obst, feine Hefen, ausgewogen, trockene Kräuter, feiner Kakao, Röstaromen. Mund: schöne Säure, geschmackvoll, reife Früchte, lang.

Maset Vintage 2020 BE GR BN
xarel.lo, macabeo, parellada

90 ♣

Farbe: leuchtendes Gelb. Aroma: reifes Obst, feine Hefen, ausgewogen, trockene Kräuter, Karamel. Mund: schöne Säure, geschmackvoll, reife Früchte.

BODEGAS MUGA
Avda. Vizcaya, s/n
26200 Haro (La Rioja)
☎: +34 681 236 390
miguel@bodegasmuga.com
www.bodegasmuga.com

Conde de Haro 2020 BE R BR
75% viura, 25% chardonnay

90

Farbe: leuchtendes Strohgelb. Aroma: feine Hefen, blumig, helle Früchte, offen. Mund: schöne Säure, ausgewogen, süffig, ziemlich nachhaltig.

Conde de Haro Rosé 2021 RE BR
garnacha

90

Farbe: kupferfarben, glänzend. Aroma: Hefenoten, Bäckerei, ausgewogen, rote Früchte. Mund: korrekt, süffig, Röstnoten.

BODEGAS ROMALE
Pol. Ind. Parc. 6, Manzana D - Mecánica s/n
06200 Almendralejo (Badajoz)
☎: +34 924 667 255
romale@romale.com
www.romale.es

Fusión 2022 BE BR
macabeo, xarel.lo, parellada

87

Privilegio de Romale 2020 BE R BN
macabeo, parellada

87

Viña Romale 2022 BE BN
macabeo, parellada, xarel.lo

85

Viña Romale 2022 BE SS
macabeo, parellada, xarel.lo

86

Viña Romale Rosado 2022 RE SS
garnacha

87

Viña Romale Xarel.lo 2022 BE BN
xarel.lo

86

BODEGAS ROURA, J.A. PEREZ ROURA
Valls de Rials, s/n
08328 Alella (Barcelona)
☎: +34 933 527 456
roura@roura.es
www.roura.es

Roura 5* BE BN
70% xarel.lo, 30% chardonnay

88

Fruchtig, kräuterig, Zitrusfrüchte, schlicht.

Roura BE BN
70% xarel.lo, 30% chardonnay

88

Angenehm, frisch, kräuterig, mild, korrekt. Mund: ziemlich nachhaltig.

Roura BE BR
70% xarel.lo, 30% chardonnay

88

Lieblich, korrekt, ausgewogen, rassig, flüssig am Gaumen, frisch.

BODEGAS SAN VALERO
Ctra. N-330, Km. 450
50400 Cariñena (Zaragoza)
☎: +34 976 620 400
bsv@sanvalero.com
www.sanvalero.com

Particular Blanc de Noirs BE BN
garnacha

87

Particular Garnacha Rosé RE BN
garnacha

88

Fruchtig, kräuterig, rustikal, geschmackvoll.

BODEGAS TROBAT
Castelló, 10
17780 Garriguella (Girona/Gerona)
☎: +34 972 530 092
xavier.picazo@bmark.es
www.bodegastrobat.com

Gran Amat BE BN
35% parellada, 35% macabeo, 30% xarel.lo

88

Fruchtig, Zitrusfrüchte, kräuterig, schlicht.

Trobat 2018 BE GR BN
30% xarel.lo, 30% macabeo, 20% parellada, 20% chardonnay

92

Farbe: leuchtendes Strohgelb. Aroma: feine Hefen, blumig, Kräutersäckchen, ausdrucksvoll. Mund: kraftvoll, geschmackvoll, schöne Säure, feine Perlen, ausgewogen.

DO CAVA / D.O.P.

DO CAVA / D.O.P.

Trobat 2019 BE R BN
40% xarel.lo, 15% chardonnay, 30% macabeo, 15% parellada
91
Farbe: golden leuchtend. Aroma: feine Hefen, Kräutersäckchen, mit Charakter, reifes Obst, Nüsse. Mund: kraftvoll, geschmackvoll, feine Perlen, zartbitter.

Trobat Rosat 2020 RE BR
20% merlot, 80% trepat
87

BODEGAS VEGALFARO
Ctra. Pontón - Utiel, Km. 3
46340 Requena (València/Valencia)
☎: +34 962 320 680
oficina@vegalfaro.com
www.vegalfaro.com

Caprasia 2021 BE R BN
macabeo, chardonnay
89 🌿
Angenehm, fruchtig, geschmackvoll, mild.

Caprasia Macabeo BE BR
87 🌿

Vegalfaro 2018 BE GR BN
75% macabeo, 25% chardonnay
88 🌿
Aromatisch, blumig, geschmackvoll, korrekt, Hefenoten. Mund: süffig, zartbitter.

BODEGAS VEGAMAR
Garcesa, s/n
46175 Calles (València/Valencia)
☎: +34 962 781 443
amalia.alcocer@vegamar.es
www.vegamar.es

Cava Esencia Vegamar BE BN
90
Farbe: leuchtendes Strohgelb. Aroma: reifes Obst, Karamel, weiches Eichenholz, tropische Frucht. Mund: geschmackvoll, frisch, feine Perlen.

Vegamar Privée 18 BE R BN
90
Farbe: leuchtendes Gelb. Aroma: feine Hefen, ausgewogen, trockene Kräuter, helle Früchte, kandierte Früchte. Mund: schöne Säure, geschmackvoll, reife Früchte.

BODEGAS VILLA CONCHI - ARAEX
Ramon y Cajal 7 1º A
01007 Vitoria-Gasteiz (Araba/Álava)
☎: +34 945 150 589
araex@araex.com
www.araex.com

Villa Conchi 2018 BE GR BN
30% parellada, 30% xarel.lo, 30% macabeo, 10% chardonnay
92 🌿
Farbe: golden leuchtend. Aroma: Nüsse, Kräutersäckchen, komplex, Röstaromen, Brioche, wenig Hefen, Bäckerei. Mund: geschmackvoll, schöne Säure, feine Perlen, zartbitter.

Villa Conchi Imperial 2019 BE EBR
93
Farbe: golden leuchtend. Aroma: feine Hefen, Kräutersäckchen, mit Charakter, reifes Obst, Nüsse. Mund: geschmackvoll, schöne Säure, feine Perlen.

BODEGAS Y VIÑEDOS U.V.R.

Pg. Lentiscares, c/Carralaverde, 59
26370 Navarrete (La Rioja)
☎: +34 941 451 129
info@premiumfincas.com
www.premiumfincas.com

Don Román BE BR
macabeo, xarel.lo, parellada

87

Don Román BE R EBR
macabeo, xarel.lo, chardonnay

91

Ausgewogen. Farbe: strohgelb. Aroma: Nüsse, Kräutersäckchen, würzig, Röstaromen. Mund: geschmackvoll, feine Perlen, lang, nachhaltig.

BODEGUES SUMARROCA

Calle del Rebato s/n
08739 Subirats (Barcelona)
☎: +34 938 911 092
ncata@sumarroca.com
www.sumarroca.com

Núria Claverol Allier 2016 BE GR BR
chardonnay

93 🌿

Farbe: leuchtendes Strohgelb. Aroma: feine Hefen, blumig, Kräutersäckchen, ausdrucksvoll, geröstetes Brot, süße Gewürze. Mund: kraftvoll, geschmackvoll, schöne Säure, feine Perlen, ausgewogen.

Núria Claverol Homenatge 2016 BE GR BR
xarel.lo

93 🌿

Farbe: golden leuchtend. Aroma: feine Hefen, weiße Blumen, Hefenoten. Mund: schöne Säure, feine Perlen, zartbitter, elegant, ausgewogen.

Sumarroca 2 CV Inalterat 2021 BE R
xarel.lo

90

Farbe: leuchtendes Strohgelb. Aroma: gebackenes Obst, reifes Obst, Kräutersäckchen, milchig. Mund: fruchtig, frisch, ausgewogen.

Sumarroca 2020 BE GR BN
xarel.lo, macabeo, parellada

90 🌿

Farbe: leuchtendes Gelb. Aroma: feine Hefen, ausgewogen, trockene Kräuter, helle Früchte. Mund: schöne Säure, geschmackvoll, reife Früchte.

Sumarroca 2021 BE R BR
xarel.lo, macabeo, chardonnay, parellada

90 🌿

Farbe: leuchtendes Gelb. Aroma: feine Hefen, ausgewogen, trockene Kräuter, getrocknete Blumen. Mund: schöne Säure, geschmackvoll, ausgewogen.

Sumarroca Letargia 2012 BE GR BN
xarel.lo, macabeo, parellada

93

Farbe: strohgelb. Aroma: feine Hefen, Kräutersäckchen, mit Charakter, reifes Obst, Nüsse. Mund: kraftvoll, geschmackvoll, schöne Säure, feine Perlen, zartbitter.

CANALS I MUNNÉ

Plaza Pau Casals, 6
08770 Sant Sadurní d'Anoia (Barcelona)
☎: +34 938 910 318
marketing@canalsimunne.com
www.canalsimunne.com

ADN Canals 2019 BE GR BN
40% macabeo, 30% chardonnay, 30% parellada

90

Farbe: leuchtendes Gelb. Aroma: reifes Obst, feine Hefen, ausgewogen, trockene Kräuter. Mund: schöne Säure, geschmackvoll, reife Früchte, lang.

Canals & Munné Insuperable 2021 BE R BR
40% macabeo, 30% xarel.lo, 30% parellada

89 🌿

Korrekt, würzig, reif, Hefenoten, trockene Kräuter, lieblich.

Canals & Munné Reserva de L'Avi 2019 BE GR BN
50% chardonnay, 15% macabeo, 20% xarel.lo, 15% parellada

91

Farbe: leuchtendes Gelb. Aroma: feine Hefen, Kräutersäckchen, reifes Obst, Nüsse. Mund: kraftvoll, geschmackvoll, schöne Säure, feine Perlen, zartbitter.

Gran Duc 2017 BE GR BN

93

Farbe: golden leuchtend. Aroma: feine Hefen, Nüsse, Kräutersäckchen, komplex, Röstaromen. Mund: kraftvoll, geschmackvoll, schöne Säure, feine Perlen, zartbitter.

Insignia 2020 BE GR BR
50% xarel.lo, 30% macabeo, 20% parellada

91

Farbe: leuchtendes Strohgelb. Aroma: mittlere Intensität, frisches Obst, trockene Kräuter, feine Hefen, blumig. Mund: frisch, fruchtig, geschmackvoll, schöne Säure.

Lola Rosé Pinot Noir RE R BR
100% pinot noir

89

Klar definierte Aromen, fruchtig, Süßwaren, getrocknete Blumen, reif, geschmackvoll.

DO CAVA / D.O.P.

DO CAVA / D.O.P.

CANALS NADAL
Ponent, 2
08733 El Pla del Penedès (Barcelona)
☎: +34 938 988 081
cava@canalsnadal.com
www.canalsnadal.com

Adda 2020 BE R BN
60% parellada, 20% macabeo, 20% xarel.lo
89 🍷
Kräuterig, ausgewogen, korrekt, angenehm, schlicht, Zitrusfrüchte.

Antoni Canals Nadal Cupada Selecció 2019 BE GR BR
50% macabeo, 40% xarel.lo, 10% parellada
90
Farbe: leuchtendes Gelb. Aroma: feine Hefen, trockene Kräuter. Mund: schöne Säure, reife Früchte, korrekt, zartbitter, süffig, ziemlich nachhaltig.

Canals Nadal 2019 BE GR BN
50% macabeo, 40% xarel.lo, 10% parellada
90
Angenehm, trockene Kräuter. Aroma: feine Hefen, Hefenoten. Mund: schöne Säure, süffig.

Canals Nadal CN 1986 Blanc de Noirs 2019 BE R BR
100% pinot noir
90 🍷
Farbe: leuchtendes Strohgelb. Aroma: feine Hefen, blumig, Kräutersäckchen, ausdrucksvoll, reifes Obst. Mund: geschmackvoll, schöne Säure, feine Perlen, ausgewogen.

Canals Nadal Ecológico 2021 BE R BN
45% macabeo, 40% xarel.lo, 15% parellada
89 🍷
Angenehm, geschmackvoll, reif, blumig.

Canals Nadal Rosé 2022 RE BR
100% trepat
88 🍷
Korrekt, ausgewogen, getrocknete Blumen, fruchtig.

CASA RAVELLA
Finca Casa Ravella
08739 Ordal - Subirats (Barcelona)
☎: +34 938 179 245
bodega@casaravella.com
www.casaravella.com

Casa Ravella 2021 BE R BN
xarel.lo vermell, macabeo, parellada
88 🍷
Fruchtig, Zitrusfrüchte, milchig, schlicht.

Casa Ravella 2022 BE BN
xarel.lo, macabeo, parellada
87 🍷

Casa Ravella Rosé 2021 RE R BR
xarel.lo, garnacha
88 🍷
Zitrusfrüchte, korrekt, frisch, trockene Kräuter.

CASTELL D'OR
Ctra. de Santes Creus, s/n
43814 Vila-Rodona (Tarragona)
☎: +34 977 459 860
castelldor@castelldor.com
www.castelldor.com

Castell D'Or BE BN
xarel.lo, macabeo, parellada
89
Zitrusfrüchte, frisch, kräuterig, geschmackvoll.

Castell D'Or BE C BR
xarel.lo, macabeo, parellada
89
Zitrusfrüchte, korrekt, würzig, frisch.

Castell D'Or BE GR BN
xarel.lo, macabeo, parellada, chardonnay
89
Ausgewogen, würzig, trockene Kräuter, reif, voll.

Castell D'Or Brut Rosat RE BR
trepat
86

Castell D'Or Orgànic BE BR
xarel.lo, macabeo, parellada
87 🍷

Castell D'Or Reserva Imperial BE R BR
xarel.lo, macabeo, parellada, chardonnay
89
Fruchtig, reif, getrocknete Blumen, geschmackvoll.

CASTELL DEL REMEI
Finca Castell del Remei s/n
25333 Castell del Remei (Lleida/Lérida)
☎: +34 973 580 200
info@castelldelremei.com
www.castelldelremei.com

La Cuvée Castell del Remei BE BN
xarel.lo, macabeo, parellada
89
Angenehm, mild, geschmackvoll, fruchtig.

CAVA & HOTEL MASTINELL
Ctra. Vilafranca a Sant Martí Sarroca, km. 0,5
08720 Vilafranca del Penedés (Barcelona)
☎: +34 938 170 586
info@mastinell.com
www.mastinell.com

MasTinell Brut Real 2015 BE GR BR
macabeo, xarel.lo, parellada
90
Farbe: gelb. Aroma: feine Hefen, Kräutersäckchen, Pilze. Mund: kraftvoll, geschmackvoll, schöne Säure, feine Perlen, zartbitter.

MasTinell Brut Rosé 2020 RE R BR
100% trepat
89
Angenehm, aromatisch, korrekt, trockene Kräuter, rustikal. Mund: grobe Blasen.

MasTinell Carpe Diem 2018 BE GR BN
91
Farbe: leuchtendes Strohgelb. Aroma: Wildkräuter, , Nüsse, würzig, Röstaromen. Mund: schöne Säure, korrekt, zartbitter.

MasTinell Chapó 2015 BE R BR
100% chardonnay
85

MasTinell Cristina 2016 BE GR EBR
10% macabeo, 35% xarel.lo, 35% parellada, 20% chardonnay
92
Farbe: leuchtendes Strohgelb. Aroma: feine Hefen, Kräutersäckchen, ausdrucksvoll, . Mund: geschmackvoll, schöne Säure, feine Perlen, ausgewogen.

MasTinell Nature 2014 BE GR BN
35% macabeo, 35% xarel.lo, 30% parellada
90
Angenehm, fruchtig, lieblich. Aroma: Nüsse, Hefenoten. Mund: geschmackvoll, korrekt, ausgewogen.

CAVA JOAN COLET RIUS
Pi i Margall, 10
08770 Sant Sadurní d'Anoia (Barcelona)
☎: +34 637 035 882
info@cavajoancolet.com
www.cavajoancolet.com

Audaç 2020 BE GR BN
xarel.lo, macabeo, pinot noir
92 🌿
Farbe: leuchtendes Gelb. Aroma: ausdrucksvoll, Nüsse, Kräutersäckchen, würzig. Mund: geschmackvoll, feine Perlen, lang, nachhaltig.

L'Origen 2019 BE GR BN
xarel.lo, macabeo, parellada
90 🌿
Farbe: leuchtendes Strohgelb. Aroma: mittlere Intensität, frisches Obst, trockene Kräuter, feine Hefen, welke Blumen. Mund: frisch, fruchtig, geschmackvoll, schöne Säure, ausgewogen.

Solera 2020 BE GR BN
xarel.lo
90 🌿
Farbe: leuchtendes Gelb. Aroma: reifes Obst, feine Hefen, ausgewogen, trockene Kräuter, Hefenoten. Mund: schöne Säure, zartbitter, süffig.

CAVA REVERTÉ
Pss. Estació, 4
43885 Salomo (Tarragona)
☎: +34 630 929 380
reverte@cavareverte.com
www.cavareverte.com

Cava Reverté "Electe" BE R BN
88
Aromatisch, Röstaromen, anders. Mund: süffig, ausgeprägter Säuregehalt.

Cava Reverté "Electe" Magnum 2018 BE R BN
91
Farbe: leuchtendes Strohgelb. Aroma: feine Hefen, blumig, Kräutersäckchen, ausdrucksvoll, reifes Obst. Mund: kraftvoll, geschmackvoll, schöne Säure, ausgewogen.

Cava Reverté BE R BN
87

Cava Reverté RE R BN
87

CAVA VARIAS
Plaça Manuel Raventós, 8
08770 Sant Sadurní d'Anoia (Barcelona)
☎: +34 938 912 763
info@cavavarias.es
www.cavavarias.es

La Bona Vida 2022 BE BR
macabeo, xarel.lo, parellada
87

Varias Al·legoria 2018 BE R BN
macabeo, xarel.lo, parellada, chardonnay
90
Farbe: strohgelb. Aroma: ausdrucksvoll, Nüsse, Kräutersäckchen, würzig. Mund: geschmackvoll, feine Perlen, fruchtig, trocken, zartbitter.

DO CAVA / D.O.P.

SPANIENS WEINFÜHRER

DO CAVA / D.O.P.

Varias Al·legoria 2018 BE R BR
macabeo, xarel.lo, parellada, chardonnay

90

Röstaromen, reif, Hefenoten, klar definierte Aromen, korrekt. Aroma: Nüsse. Mund: zartbitter.

Varias Cuvée Imperial 2009 BE GR BN
macabeo, xarel.lo, chardonnay

90

Getrübt, alt. Aroma: wenig Hefen, Bäckerei, getrocknete Blumen, welke Blumen. Mund: geschmackvoll, zartbitter.

Varias Edició L imitada Xarel.lo 2008 BE GR BN
100% xarel.lo

93

Farbe: golden leuchtend. Aroma: feine Hefen, Kräutersäckchen, reifes Obst, Nüsse. Mund: kraftvoll, geschmackvoll, schöne Säure, feine Perlen, zartbitter.

Varias Genuí 2022 BE BN
macabeo, xarel.lo, parellada

88

Ausgewogen, frisch, kräuterig.

CAVA VIVES AMBRÒS
Mayor, 39
43812 Montferri (Tarragona)
☎: +34 639 521 652
mail@vivesambros.com
www.vivesambros.com

Vives Ambròs 2020 BE R BR
40% xarel.lo, 35% macabeo, parellada

90

Farbe: leuchtendes Strohgelb. Aroma: feine Hefen, blumig, Kräutersäckchen, ausdrucksvoll. Mund: kraftvoll, geschmackvoll, schöne Säure, feine Perlen, ausgewogen.

Vives Ambròs Jujol 2020 BE GR BN
100% xarel.lo

93

Farbe: golden leuchtend. Aroma: Kräutersäckchen, mit Charakter, reifes Obst, Nüsse, Brioche. Mund: geschmackvoll, feine Perlen, zartbitter, ausgewogen.

Vives Ambròs Rosat 2021 RE R BR
40% garnacha, 40% pinot noir, 20% monastrell

88

Fruchtig, milchig, frisch, reif.

Vives Ambròs Tradició 2017 BE GR BN
60% xarel.lo, 40% macabeo

92

Farbe: golden leuchtend. Aroma: feine Hefen, Nüsse, Kräutersäckchen, komplex, reifes Obst. Mund: kraftvoll, geschmackvoll, feine Perlen, zartbitter, reife Früchte.

CAVAS BERTHA
Crtra. Sant Sadurní a Vilafranca km. 2,4
08739 Subirats (Barcelona)
☎: +34 938 911 091
hola@cavabertha.com
www.cavabertha.com

Bertha 2021 BE R BN
xarel.lo, macabeo, parellada

89 ⚘

Zitrusfrüchte, fruchtig, ausgewogen, trockene Kräuter.

Bertha Cardús 2019 BE GR BN
xarel.lo, macabeo, parellada

90 ⚘

Reif, Cremig. Farbe: strohgelb, blass. Aroma: helle Früchte, gebackenes Obst, trockene Kräuter, Brioche. Mund: ausgewogen, zartbitter.

Bertha Cardús Magnum 2010 BE GR BN
xarel.lo, macabeo, parellada

92

Farbe: golden leuchtend. Aroma: feine Hefen, Kräutersäckchen, reifes Obst, Nüsse, Brioche. Mund: geschmackvoll, schöne Säure, feine Perlen, zartbitter.

Bertha Max 2008 BE GR BN
xarel.lo, macabeo, chardonnay, pinot noir

91

Farbe: golden leuchtend. Aroma: feine Hefen, mit Charakter, reifes Obst, Nüsse, Anklänge von gekochten Früchten, rauchig. Mund: geschmackvoll, schöne Säure, feine Perlen, zartbitter.

Bertha Segle XXI Magnum 2009 BE GR BN
xarel.lo, macabeo, parellada, chardonnay

93

Farbe: golden leuchtend. Aroma: feine Hefen, Nüsse, Kräutersäckchen, komplex, würzig, Feingebäck. Mund: kraftvoll, geschmackvoll, schöne Säure, feine Perlen, zartbitter.

Bertha Segle XXI Rosé 2018 RE GR BR
pinot noir

90

Lieblich, mild. Farbe: strohgelb. Aroma: ausdrucksvoll, feine Hefen, Kräutersäckchen, Steinobst, getrocknete Blumen. Mund: geschmackvoll, fruchtig, frisch.

CAVAS BOLET

Ctra. BV 2117, Km. 15
08732 Castellví de la Marca (Barcelona)
☎: +34 636 579 646
comunicacio@cavasbolet.com
www.cavasbolet.com

Bolet Cartoixà 2014 BE GR BN
100% xarel.lo

91 🌱

Farbe: golden leuchtend. Aroma: feine Hefen, Kräutersäckchen, reifes Obst, Nüsse. Mund: geschmackvoll, schöne Säure, feine Perlen, zartbitter, reife Früchte, etwas flach.

Bolet Classic Eco 2022 BE BN
xarel.lo, macabeo, parellada

87 🌱

Bolet Classic Eco 2022 BE BR
50% xarel.lo, 40% macabeo, 10% parellada

87 🌱

Bolet Eco 2014 BE GR BR
50% xarel.lo, 40% macabeo, 10% parellada

92 🌱

Farbe: leuchtendes Strohgelb. Aroma: feine Hefen, blumig, Kräutersäckchen, ausdrucksvoll. Mund: kraftvoll, geschmackvoll, schöne Säure, feine Perlen, ausgewogen.

Bolet Eco 2021 BE R BN
50% xarel.lo, 40% macabeo, 10% parellada

88 🌱

Angenehm, Zitrusfrüchte, korrekt, ausgewogen, fruchtig, geschmackvoll.

Bolet Eco 2021 BE R BR
50% xarel.lo, 40% macabeo, 10% parellada

88 🌱

Lieblich, korrekt, reif.

Bolet Pinot Noir Rosat 2018 RE R BR
100% pinot noir

88 🌱

Reif, geschmackvoll, fruchtig, lieblich. Aroma: getrocknete Blumen, rote Früchte.

CAVAS HILL

Bonavista, 2
08734 Moja-Olérdola (Barcelona)
☎: +34 938 900 588
cavashill@cavashill.com
www.cavashill.es

Cavas Hill Cuvée 1887 BE BN

87

Cavas Hill Panot Gaudí BE BR

90

Farbe: leuchtendes Strohgelb. Aroma: Kräutersäckchen, Nüsse, feine Hefen, wenig Hefen. Mund: geschmackvoll, schöne Säure, ausgewogen.

Cavas Hill Panot Gaudí Coral 2021 RE BR

89

Angenehm, lieblich, klar definierte Aromen, korrekt, blumig, fruchtig, Hefenoten.

CAVAS JANÉ SANTACANA

Masia Baldús s/n
08792 Santa Fe del Penedès (Barcelona)
☎: +34 601 905 458
cava@janesantacana.com

Baldús 2019 BE R BN
50% xarel.lo, 25% macabeo, 25% parellada

88

Zitrusfrüchte, ausgewogen, vegetabil, frisch, milchig.

Baldús Producció Limitada 2016 BE GR BN
45% macabeo, 40% xarel.lo, 10% parellada, 5% chardonnay

88

Frisch, vegetabil, ausgewogen, Zitrusfrüchte.

Jane Santacana 2018 BE GR BN
60% xarel.lo, 30% macabeo, 10% parellada

89

Fruchtig, milchig, reif, frisch.

Jane Santacana Etiqueta Blanca 2020 BE R BN
20% xarel.lo, 70% macabeo, 10% parellada

87

Jane Santacana Etiqueta Cobre 2020 BE R BR
20% xarel.lo, 70% macabeo, 10% parellada

88

Fruchtig, trockene Kräuter, milchig, reif.

DO CAVA / D.O.P.

DO CAVA / D.O.P.

Jane Santacana Etiqueta Dorada 2020 BE R BN
60% xarel.lo, 30% macabeo, 10% parellada

90

Cremig, alt. Farbe: golden leuchtend. Aroma: feine Hefen, Kräutersäckchen, mit Charakter, reifes Obst, Nüsse. Mund: kraftvoll, geschmackvoll, schöne Säure, feine Perlen, zartbitter.

CAVAS MAREVIA
Construcción 74, Pl. Ind. El Romeral
46340 Requena (València/Valencia)
☎: +34 962 323 343
laboratorio@cavasmarevia.com
www.cavasmarevia.com

Marevia Chardonnay Ecológico VGN 2019
100% chardonnay

88

Ausgewogen, würzig, frisch, Röstaromen.

Marevia Ecológico VGN 2019 BE R BR
50% chardonnay, 50% pinot noir

88

Getrocknete Blumen, trockene Kräuter, Hefenoten, wild, mild, korrekt.

Vega Medien Ecológico BE BR
75% macabeo, 25% chardonnay

89

Fruchtig, blumig, reif, geschmackvoll, frisch.

Vega Medien Rosé RE BR
100% garnacha

85

CAVES BOHIGAS
Finca Can Macià
08700 Òdena (Barcelona)
☎: +34 938 048 100
info@bohigas.es
www.fermibohigas.com

Bohigas 2020 BE GR BN
50% xarel.lo, 25% macabeo, 15% parellada, 10% chardonnay

89

Zitrusfrüchte, trockene Kräuter, reif, fruchtig.

Bohigas BE R BN
55% xarel.lo, 30% macabeo, 15% parellada

88

Fruchtig, trockene Kräuter, milchig, frisch.

Bohigas RE BR
100% trepat

89

Klar definierte Aromen, fruchtig, reif, wild, sortenrein, geschmackvoll.

Noa de Bohigas BE R BN
50% xarel.lo, 50% pinot noir

90

Farbe: leuchtendes Strohgelb. Aroma: frisches Obst, Zitrusfrüchte, feine Hefen, Kräutersäckchen. Mund: frisch, schöne Säure, süffig.

CAVES MIQUEL PONS
Baix Llobregat, 5
08792 La Granada (Barcelona)
☎: +34 938 974 541
miquelpons@cavamiquelpons.com
www.cavamiquelpons.com

Eulàlia de Pons Cuvée 2021 BE R BR
55% macabeo, 45% xarel.lo

90

Farbe: leuchtendes Strohgelb. Aroma: feine Hefen, ausgewogen, trockene Kräuter, Zitrusfrüchte. Mund: schöne Säure, lang, frisch.

Miquel Pons 2020 BE R BN
55% xarel.lo, 45% macabeo, parellada

87

Miquel Pons Gran Reserva Vintage 2018 BE GR BN
50% xarel.lo, 45% macabeo, 5% parellada

93

Farbe: golden leuchtend. Aroma: feine Hefen, Nüsse, Kräutersäckchen, komplex. Mund: kraftvoll, geschmackvoll, schöne Säure, feine Perlen, zartbitter.

Miquel Pons Montargull 2017 BE GR BN
55% xarel.lo, 45% macabeo

92

Farbe: golden leuchtend. Aroma: feine Hefen, Kräutersäckchen, Nüsse, eingemachtes Obst. Mund: geschmackvoll, feine Perlen, zartbitter, ausgewogen.

Miquel Pons Montargull Xarel.lo 2020 BE GR BN
80% xarel.lo, 20% macabeo

89

Fruchtig, trockene Kräuter, reif, schlicht.

Núria de Montargull Rosé 2020 RE R BR
trepat

87

SPANIENS WEINFÜHRER

CAVES VIDAL I FERRÉ
Nou, 2
43815 Les Pobles (Tarragona)
☎: +34 977 638 554
vidaliferre@vidaliferre.com
www.vidaliferre.com

Vidal i Ferré BE BR
88 🍷
Lieblich, mild, geschmackvoll.

Vidal i Ferré BE GR BN
90
Aroma: reifes Obst, feine Hefen, ausgewogen, trockene Kräuter. Mund: schöne Säure, geschmackvoll, reife Früchte, lang.

Vidal i Ferré BE R BN
87 🍷

Vidal i Ferré Blanc de Noirs BE R BN
89 🍷
Fruchtig, milchig, getrocknete Blumen, reif.

Vidal i Ferré Rosat RE BR
87 🍷

CELLER CARLES ANDREU
Sant Sebastià, 19
43423 Pira (Tarragona)
☎: +34 977 887 404
info@cavandreu.com
www.cavandreu.com

Carles Andreu 2020 BE GR BN
xarel.lo, parellada, chardonnay, macabeo
92
Farbe: leuchtendes Gelb. Aroma: feine Hefen, Kräutersäckchen, mit Charakter, reifes Obst, Nüsse, milchig. Mund: kraftvoll, geschmackvoll, schöne Säure, feine Perlen, zartbitter.

Carles Andreu 2021 BE BN
parellada, macabeo, xarel.lo
88 🍷
Zitrusfrüchte, korrekt, frisch, blumig, angenehm.

Carles Andreu Barrica 2019 BE R BN
parellada, macabeo, chardonnay, xarel.lo
89
Ausgewogen, frisch, trockene Kräuter, geschmackvoll.

Carles Andreu L'Era del Celdoni 2014 BE GR BN
parellada
91
Frisch, Röstaromen. Aroma: feine Hefen, Kräutersäckchen, Nüsse. Mund: geschmackvoll, schöne Säure, feine Perlen, zartbitter.

Carles Andreu Rosat Barrica 2021 RE R BR
trepat
92 🍷
Farbe: lachsfarben. Aroma: reifes Obst, feine Hefen, trockene Kräuter, welke Blumen, milchig. Mund: geschmackvoll, schöne Säure, feine Perlen, ziemlich nachhaltig.

Carles Andreu Rosat RE BR
trepat
91 🍷
Farbe: lachsfarben. Aroma: blumig, rote Früchte, reifes Obst, Kräutersäckchen, ausdrucksvoll. Mund: kraftvoll, ausgewogen, geschmackvoll, frisch, feine Perlen.

CELLER JORDI LLUCH
Masia Casa Nova, Barri Les Casetes d'en Raspall
08777 Sant Quintí de Mediona (Barcelona)
☎: +34 938 988 138
www.vinyaescude.com

Vinya Escudé 523 2018 BE R EBR
macabeo, xarel.lo, parellada
87

Vinya Escudé Daurat 2019 BE R BN
macabeo, xarel.lo, parellada
88
Fruchtig, milchig, reif, getrocknete Blumen.

CELLER KRIPTA
La Serra s/n
08770 Sant Sadurní d'Anoia (Barcelona)
☎: +34 938 911 173
info@cellerkripta.com
www.agustitorellomata.com

Agustí Torelló Mata Barrica Gran Reserva 2019 BE GR BN
100% macabeo
93 🍷
Farbe: golden leuchtend. Aroma: feine Hefen, Kräutersäckchen, mit Charakter, reifes Obst, Nüsse, Röstaromen. Mund: kraftvoll, geschmackvoll, schöne Säure, feine Perlen, zartbitter.

Agustí Torelló Mata Kripta Gran Anyada 2013 BE GR BN
45% macabeo, 20% xarel.lo, 35% parellada
93 🍷
Farbe: leuchtendes Strohgelb. Aroma: feine Hefen, blumig, Kräutersäckchen, ausdrucksvoll, Brioche. Mund: kraftvoll, geschmackvoll, schöne Säure, feine Perlen, ausgewogen.

DO CAVA / D.O.P.

DO CAVA / D.O.P.

Agustí Torelló Mata Magnum 2019 BE GR BN
45% macabeo, 20% xarel.lo, 35% parellada

94 🍷

Farbe: leuchtendes Strohgelb. Aroma: feine Hefen, blumig, Kräutersäckchen, ausdrucksvoll, komplex, mit Charakter. Mund: kraftvoll, geschmackvoll, schöne Säure, feine Perlen, ausgewogen.

Agustí Torelló Mata Rosat Trepat 2021 RE R BR
100% trepat

91 🍷

Klar definierte Aromen, Hefenoten. Aroma: rote Früchte, reifes Obst, ausgewogen, feine Hefen. Mund: geschmackvoll, fruchtig, schöne Säure, zartbitter.

Agustí Torelló Mata Ubac 2019 BE GR BR
35% macabeo, 28% xarel.lo, 37% parellada

92 🍷

Farbe: golden leuchtend. Aroma: feine Hefen, Kräutersäckchen, mit Charakter, reifes Obst, Nüsse. Mund: kraftvoll, geschmackvoll, schöne Säure, feine Perlen, zartbitter.

Icònic 2018 BE GR BN
36% macabeo, 14% xarel.lo, 50% parellada

92 🍷

Farbe: golden leuchtend. Aroma: feine Hefen, Nüsse, Kräutersäckchen, Bäckerei. Mund: geschmackvoll, schöne Säure, feine Perlen, zartbitter.

CELLER VELL CAVA
Partida Mas Solanes, s/n
08770 Sant Sadurní d'Anoia (Barcelona)
☎: +34 938 910 290
info@cellervell.com
www.cellervell.com

Estruch Inici 2018 BE GR BN
pinot noir, chardonnay

87 🍷

CELLERS CAROL VALLÈS
Can Parellada,s/n -Corral del Mestre
08739 Subirats (Barcelona)
☎: +34 938 989 078
info@cellerscarol.com
www.cellerscarol.com

Gran Reserva Familiar Millenium 2013 BE GR BR
32% xarel.lo, 22% parellada, 26% macabeo, 20% chardonnay

93 🍷

Farbe: golden leuchtend. Aroma: feine Hefen, Nüsse, Kräutersäckchen, komplex. Mund: kraftvoll, geschmackvoll, schöne Säure, feine Perlen, zartbitter.

Guillem Carol 2018 BE GR BN
56% xarel.lo, 24% macabeo, 15% chardonnay, 5% pinot noir

91 🍷

Farbe: leuchtendes Gelb. Aroma: feine Hefen, ausgewogen, trockene Kräuter. Mund: schöne Säure, korrekt, zartbitter, süffig.

Mallerenga 2017 BE GR BN
40% xarel.lo, 40% chardonnay, 20% xarel.lo

93 🍷

Farbe: golden leuchtend. Aroma: feine Hefen, Kräutersäckchen, reifes Obst, Nüsse, Sellerie. Mund: geschmackvoll, schöne Säure, zartbitter.

Rossinyol 2017 BE GR BN
60% chardonnay, 40% pinot noir

91 🍷

Farbe: leuchtendes Strohgelb. Aroma: feine Hefen, blumig, Kräutersäckchen, ausdrucksvoll. Mund: kraftvoll, geschmackvoll, schöne Säure, feine Perlen, ausgewogen.

CHOZAS CARRASCAL
46390 San Antonio de Requena (València/Valencia)
☎: +34 963 410 395
chozas@chozascarrascal.es
www.chozascarrascal.com

Cava Eterno 2016 BE GR BN
100% chardonnay

94 🍷

Farbe: golden leuchtend. Aroma: feine Hefen, Nüsse, Kräutersäckchen, komplex, Röstaromen. Mund: kraftvoll, geschmackvoll, schöne Säure, feine Perlen.

Cava Roxanne 2022 BE BR
chardonnay, macabeo

90 🍷

Farbe: strohgelb. Aroma: ausgewogen, trockene Kräuter, mittlere Intensität, welke Blumen. Mund: schöne Säure, reife Früchte, ziemlich nachhaltig, süffig.

CODORNÍU
Avda. Jaume Codorníu, s/n
08770 Sant Sadurní d'Anoia (Barcelona)
☎: +34 610 486 352
n.vives@raventoscodorniu.com
www.codorniu.com

Anna de Codorníu BE BR
86

Ars Collecta 459 2010 BE GR BR
94

Farbe: golden leuchtend. Aroma: feine Hefen, Kräutersäckchen, reifes Obst, Anisnoten, Brioche, geröstetes Brot. Mund: geschmackvoll, schöne Säure, feine Perlen, zartbitter.

Ars Collecta Blanc de Noirs 2019 BE R BR
85% pinot noir, 10% trepat, 5% xarel.lo
93
Subtil. Farbe: strohgelb. Aroma: ausdrucksvoll, weiße Blumen, feine Hefen, Kräutersäckchen. Mund: geschmackvoll, fruchtig, frisch, zartbitter, spannungsvoll.

Ars Collecta La Pleta Chardonnay 2014 BE GR BR
100% chardonnay
94
Farbe: golden leuchtend. Aroma: Nüsse, trockene Kräuter, komplex, würzig. Mund: kraftvoll, geschmackvoll, schöne Säure, feine Perlen, zartbitter.

Codorniu Ars Collecta Blanc de Blancs 2021 BE R BR
85% chardonnay, 10% xarel.lo, 5% parellada
90
Rassig, subtil. Farbe: leuchtendes Gelb. Aroma: feine Hefen, ausgewogen, trockene Kräuter, blumig. Mund: schöne Säure, geschmackvoll, reife Früchte.

Codorniu Ars Collecta Grand Rosé 2021 RE GR BR
85% pinot noir, 10% trepat, 5% xarel.lo
92
Farbe: lachsfarben. Aroma: rote Früchte, Kräutersäckchen, getrocknete Blumen, mineralisch. Mund: voll, geschmackvoll, würzig, leicht süßlich, lang, feine Perlen.

Codorniu Gran Plus Ultra 2021 BE R BN
100% chardonnay
90
Farbe: leuchtendes Strohgelb. Aroma: blumig, Kräutersäckchen, helle Früchte, reifes Obst. Mund: geschmackvoll, feine Perlen, ausgeprägter Säuregehalt.

Codorniu Gran Plus Ultra Pinot Noir Rosado RE R BR
100% pinot noir
88
Angenehm, fruchtig, reif, mild. Mund: zartbitter, süffig.

Codorniu Non Plus Ultra 2020 BE R BR
33% macabeo, 34% xarel.lo, 33% parellada
91
Farbe: leuchtendes Strohgelb. Aroma: feine Hefen, Kräutersäckchen, ausdrucksvoll. Mund: schöne Säure, feine Perlen, ausgewogen, frisch.

CUM LAUDE
Mossen Lluis Maria Vidal, 8
08770 Sant Sadurní d'Anoia (Barcelona)
☎: +34 941 454 050
rrpp@bodegasriojanas.com
www.bodegasriojanas.com

Cum Laude BE R BN
40% xarel.lo, 30% macabeo, 30% parellada
87

CUSCÓ BERGA
Esplugues, 7
08793 Avinyonet del Penedès (Barcelona)
☎: +34 660 829 402
cuscoberga@cuscoberga.com
www.cuscoberga.com

Cuscó Berga 2013 BE GR BN
30% macabeo, 40% xarel.lo, 30% parellada
92
Aroma: reifes Obst, feine Hefen, ausgewogen, trockene Kräuter. Mund: schöne Säure, geschmackvoll, reife Früchte, lang.

Cuscó Berga 2013 BE GR BR
30% macabeo, 40% xarel.lo, 30% parellada
91
Farbe: strohgelb. Aroma: feine Hefen, ausgewogen, trockene Kräuter, Hefenoten. Mund: schöne Säure, geschmackvoll, reife Früchte, süffig.

Cuscó Berga 2020 BE R BN
20% macabeo, 60% xarel.lo, 20% parellada
89
Angenehm, geschmackvoll, reif, fruchtig.

Cuscó Berga 2021 BE R BR
20% macabeo, 60% xarel.lo, 20% parellada
89
Aromatisch, korrekt, trockene Kräuter, getrocknete Blumen, reif, Hefenoten.

Cuscó Berga Rosé RE R BR
100% trepat
86

DE NARÍZ
Gran Vía, 22 3C
30004 Murcia (Murcia)
☎: +34 670 368 585
pedro.martinez@denariz.wine
www.denariz.wine

De Nariz Monastrell Zero Dosage 2020 RE BN
89% monastrell, 11% trepat
89
Zitrusfrüchte, getrocknete Blumen, vegetabil, korrekt.

DO CAVA / D.O.P.

DO CAVA / D.O.P.

DOMENIO
Avinguda de Catalunya, 35
43426 Rocafort de Queralt (Tarragona)
☎: +34 977 677 135
comercial@domeniowines.com
www.domeniowines.com

Tres Naus 2017 BE R BN
xarel.lo, macabeo, parellada
88
Zitrusfrüchte, getrocknete Blumen, fruchtig, trockene Kräuter, reif.

Tres Naus 2018 BE BN
xarel.lo, macabeo, parellada
88
Korrekt, frisch, kräuterig, blumig.

Tres Naus 2018 BE BR
xarel.lo, macabeo, parellada
87

Tres Naus Rosé 2021 RE BR
trepat
88
Getrocknete Blumen, kräuterig, rassig, ausgewogen.

DOMINIO DE LA VEGA
Ctra. Madrid - Valencia, Km. 270,6
46390 San Antonio de Requena (València/Valencia)
☎: +34 962 320 570
dv@dominiodelavega.com
www.dominiodelavega.com

Dominio de la Vega Cerro Tocón Blanc de Noirs 2017 BE R BR
100% pinot noir
93
Farbe: golden leuchtend. Aroma: feine Hefen, Kräutersäckchen, reifes Obst, Nüsse, Honignoten. Mund: geschmackvoll, schöne Säure, zartbitter.

Dominio de la Vega Cuvée Prestige 2019 BE R BN
100% chardonnay
94
Farbe: leuchtendes Strohgelb. Aroma: feine Hefen, ausdrucksvoll, reifes Obst, Praline, Bäckerei. Mund: kraftvoll, geschmackvoll, schöne Säure, ausgewogen.

Dominio de la Vega Nº 23 2021 BE
macabeo, xarel.lo
89 ♣
Zitrusfrüchte, frisch, trockene Kräuter, ausgewogen.

Dominio de la Vega Nº1 2022 BE BR
100% macabeo
88 ♣
Zitrusfrüchte, frisch, kräuterig, ausgewogen.

Dominio de la Vega Reserva Especial 2020 BE R BR
80% macabeo, 20% chardonnay
91
Farbe: leuchtendes Gelb. Aroma: reifes Obst, feine Hefen, ausgewogen, trockene Kräuter. Mund: schöne Säure, geschmackvoll, reife Früchte.

Dominio de la Vega Reserva Especial Rosé 2020 RE R BR
100% pinot noir
89
Ausgewogen, reif, trockene Kräuter, Hefenoten, geschmackvoll.

ESTEL D'ARGENT
Font-Rubí, 2 4º 1ª
08720 Vilafranca del Penedés (Barcelona)
☎: +34 677 182 347
cava@esteldargent.com
www.esteldargent.com

Estel D'Argent 2018 BE GR BN
macabeo, xarel.lo, parellada
89 ♣
Lieblich, korrekt, ausgewogen, getrocknete Blumen, nachhaltig, wild.

Estel D'Argent 2019 BE R BN
macabeo, xarel.lo, parellada
90
Herb, balsamisch. Farbe: leuchtendes Gelb. Aroma: reifes Obst, feine Hefen, ausgewogen, trockene Kräuter. Mund: schöne Säure, geschmackvoll, reife Früchte.

Estel D'Argent Especial 2019 BE GR EBR
macabeo, xarel.lo, chardonnay
91
Farbe: leuchtendes Gelb. Aroma: feine Hefen, Kräutersäckchen, getrocknete Blumen. Mund: geschmackvoll, schöne Säure, feine Perlen, zartbitter.

Estel D'Argent Especial 2019 BE R EBR
macabeo, xarel.lo, chardonnay
91
Farbe: leuchtendes Strohgelb. Aroma: feine Hefen, blumig, Bäckerei, Hefenoten. Mund: geschmackvoll, schöne Säure, feine Perlen, ausgewogen.

Estel D'Argent Rosé 2019 RE R BN
pinot noir, trepat
88
Kräuterig, Hefenoten, rauchig, frisch.

FERRÉ I CATASÚS
Masía Gustems,
Crta. Sant Sadurní a Vilafranca, Km.8
08792 La Granada (Barcelona)
☎: +34 938 974 558
info@ferreicatasus.com
www.ferreicatasus.com

Cava Ballbé BE BN
xarel.lo, macabeo, parellada

87 ♣

Maria Catasús BE R BN
xarel.lo, macabeo

88

Korrekt, Röstaromen, mild. Mund: zartbitter, korrekt.

FINCA BATLLORI
Els Casots s/n
08739 Subirats (Barcelona)
☎: +34 687 823 819
marcal@fincabatllori.com
www.fincabatllori.com

Batllori 2019 BE R BN
30% macabeo, 45% xarel.lo, 25% parellada

87 ♣

Batllori 2020 BE BN
88 ♣

Fruchtig, trockene Kräuter, Hefenoten, frisch.

Batllori Rosat 2020 RE BR
pinot noir

88 ♣

Korrekt, trockene Kräuter, geschmackvoll, reif, fruchtig.

Olivé Batllori 2018 BE GR BN
75% macabeo, xarel.lo, parellada, 25% pinot noir, chardonnay

90 ♣

Würzig, Hefenoten, korrekt. Aroma: getrocknete Blumen, welke Blumen. Mund: zartbitter.

FINCA TORREMILANOS
Finca Torremilanos
09400 Aranda de Duero (Burgos)
☎: +34 947 512 852
bodega@torremilanos.com
www.torremilanos.com

Peñalba-López BE BN
95% viura, 5% chardonnay

87 ♣

FREIXA RIGAU
Santa Llucia, 15
17750 Capmany (Girona/Gerona)
☎: +34 972 549 012
comercial@grupoliveda.com
www.grupoliveda.com

Batec 2015 BE GR BR
pinot noir, xarel.lo

92

Mit Persönlichkeit. Aroma: getrocknete Blumen, welke Blumen, würzig, Röstaromen, kandierte Früchte. Mund: lang, reife Früchte, nachhaltig, zartbitter, schöne Säure.

Gran Rigau Chardonnay BE R BN
100% chardonnay

91

Cremig. Farbe: leuchtendes Gelb. Aroma: feine Hefen, ausgewogen, trockene Kräuter, Bäckerei. Mund: schöne Säure, geschmackvoll, reife Früchte.

Nit de Lluna Plena 2019 BE R BN
macabeo, xarel.lo, parellada

91 ♣

Farbe: leuchtendes Gelb. Aroma: feine Hefen, ausgewogen, trockene Kräuter, helle Früchte. Mund: schöne Säure, geschmackvoll, reife Früchte.

FREIXENET
Joan Sala, 2
08770 Sant Sadurní d'Anoia (Barcelona)
☎: +34 938 917 000
comunicacion@freixenet.com
www.freixenet.es

Cuvée D.S. 2019 BE GR BR
93

Farbe: golden leuchtend. Aroma: feine Hefen, Nüsse, Kräutersäckchen, komplex. Mund: kraftvoll, geschmackvoll, schöne Säure, feine Perlen.

Elyssia BE BN
89

Korrekt, kräuterig, trockene Kräuter, schlicht. Mund: süffig, zartbitter.

Elyssia Gran Cuvée BE BR
chardonnay, macabeo, parellada, pinot noir

89

Aromatisch, fruchtig, reif, milchig, geschmackvoll.

Elyssia Pinot Noir Rosé RE BR
pinot noir

88

Angenehm, fruchtig, mild, lieblich, durchschnittlich am Gaumen, Hefenoten.

DO CAVA / D.O.P.

SPANIENS WEINFÜHRER

DO CAVA / D.O.P.

Freixenet Malvasía Dulce 2014 BE GR D
malvasía

90

Farbe: golden leuchtend. Aroma: feine Hefen, mit Charakter, reifes Obst, Nüsse. Mund: kraftvoll, geschmackvoll, feine Perlen, süß.

Freixenet Trepat Rosado 2021 RE R BR
trepat

89

Ausgewogen, getrocknete Blumen, kräuterig, geschmackvoll.

Reserva Real 2021 BE R BR

93

Farbe: leuchtendes Strohgelb. Aroma: feine Hefen, Kräutersäckchen, mit Charakter, reifes Obst, Nüsse, elegant. Mund: geschmackvoll, schöne Säure, feine Perlen, zartbitter.

GATELL
Ctra. T-202 km-10,5
43884 Bonastre (Tarragona)
☎: +34 609 342 642
director.comercial@cavagatell.com
www.cavagatell.com

Gatell Ambrosía 2017 BE GR BN
xarel.lo, macabeo, parellada

91

Farbe: golden leuchtend. Aroma: feine Hefen, Kräutersäckchen, mit Charakter, reifes Obst, Nüsse. Mund: geschmackvoll, schöne Säure, feine Perlen, zartbitter.

Gatell Heritage 2017 BE GR BN
macabeo, xarel.lo, parellada, chardonnay

89

Fruchtig, reif, trockene Kräuter, frisch.

Gatell Initial 2017 BE GR BN
xarel.lo, macabeo, parellada, malvasía

91

Farbe: leuchtendes Strohgelb. Aroma: feine Hefen, blumig, Kräutersäckchen, ausdrucksvoll. Mund: kraftvoll, geschmackvoll, schöne Säure, feine Perlen, ausgewogen.

Gatell Rosé 2017 RE GR BN
garnacha, pinot noir

87

GIRÓ DEL GORNER
Finca Giró del Gorner, s/n
08720 Puigdalber (Barcelona)
☎: +34 938 988 032
gorner@girodelgorner.com
www.girodelgorner.com

Giró del Gorner 2019 BE R BN
macabeo, xarel.lo, parellada

90

Angenehm, Hefenoten, würzig, ausgewogen, frisch. Aroma: feine Hefen, Bäckerei. Mund: schöne Säure, zartbitter.

Giró del Gorner 2019 BE R BR
macabeo, xarel.lo, parellada

89

Mild, geschmackvoll, reif, blumig.

Giró del Gorner Rosat 2022 RE BR
100% pinot noir

90 ❧

Farbe: blassrosa. Aroma: elegant, rote Früchte, blumig, Kräutersäckchen. Mund: leicht, würzig, schöne Säure, zartbitter.

GIRÓ RIBOT
Finca El Pont, s/n
08792 Santa Fe del Penedès (Barcelona)
☎: +34 938 974 050
giroribot@giroribot.es
www.giroribot.es

Giro Ribot AB Origine Brut Reserva 2019 BE R BR
50% macabeo, 30% xarel.lo, 20% parellada

91 ❧

Farbe: leuchtendes Strohgelb. Aroma: feine Hefen, Kräutersäckchen, ausdrucksvoll, Brioche. Mund: kraftvoll, geschmackvoll, schöne Säure, feine Perlen.

Giró Ribot Avant 2018 BE R BR
45% xarel.lo, 45% chardonnay, 10% macabeo

92

Farbe: leuchtendes Gelb. Aroma: Hefenoten, Bäckerei, Nüsse, Röstaromen. Mund: geschmackvoll, zartbitter, balsamisch.

Giró Ribot Excelsus 100 Months Magnum 2012 BE GR BR
xarel.lo, macabeo, parellada

93

Farbe: golden leuchtend. Aroma: feine Hefen, Kräutersäckchen, reifes Obst, Nüsse, mineralisch. Mund: kraftvoll, geschmackvoll, schöne Säure, feine Perlen, zartbitter.

Giró Ribot UMa 2020 BE GR BR
40% xarel.lo, 40% chardonnay, 20% pinot noir
91 🌱
Farbe: leuchtendes Strohgelb. Aroma: mittlere Intensität, frisches Obst, trockene Kräuter, feine Hefen, blumig. Mund: frisch, fruchtig, geschmackvoll, schöne Säure.

Giró Ribot Unplugged Rosado 2019 RE R BR
85% pinot noir, 15% chardonnay
91
Farbe: zwiebelschalfarben. Aroma: feine Hefen, blumig, Kräutersäckchen, ausdrucksvoll, milchig. Mund: kraftvoll, geschmackvoll, schöne Säure, feine Perlen, ausgewogen.

Paul Cheneau 2019 BE R BR
45% macabeo, 40% xarel.lo, 15% chardonnay
91
Farbe: leuchtendes Gelb. Aroma: reifes Obst, in Likör eingelegte Früchte, wenig Hefen, trockene Kräuter. Mund: korrekt, etwas fortgeschritten.

JANÉ VENTURA
Ctra. de Calafell, 2
43700 El Vendrell (Tarragona)
☎: +34 977 660 118
janeventura@janeventura.com
www.janeventura.com

Jané Ventura "Do M" Vinyes Velles 2018 BE GR BN
xarel.lo, macabeo
92
Farbe: golden leuchtend. Aroma: feine Hefen, Kräutersäckchen, reifes Obst, Nüsse. Mund: geschmackvoll, schöne Säure, feine Perlen, zartbitter.

Jané Ventura Reserva de la Música Rosé 2021 RE R BR
garnacha
91 🌱
Getrocknete Blumen, trockene Kräuter, lebhaft, wenig interventionistisch. Farbe: lachsfarben. Aroma: mittlere Intensität, offen. Mund: ausgewogen, zartbitter.

Jané Ventura 1914 Vinyes Velles Centenari Magnum 2009 BE GR BN
xarel.lo, macabeo, parellada
94
Farbe: leuchtendes Gelb. Aroma: feine Hefen, Kräutersäckchen, mit Charakter, reifes Obst, Nüsse, gebackenes Obst. Mund: kraftvoll, geschmackvoll, schöne Säure, feine Perlen, zartbitter.

Jané Ventura 1914 Vinyes Velles Centenari 2013 BE GR BN
xarel.lo, macabeo
94
Farbe: leuchtendes Gelb. Aroma: feine Hefen, Nüsse, Kräutersäckchen, komplex, Röstaromen. Mund: kraftvoll, schöne Säure, feine Perlen, zartbitter, fett.

Jané Ventura Reserva de la Música 2021 BE R BN
xarel.lo, macabeo, parellada
91
Klar definierte Aromen, mit Persönlichkeit, wenig interventionistisch. Farbe: leuchtendes Strohgelb. Aroma: Wildkräuter, , Thymian. Mund: schöne Säure, zartbitter.

Jané Ventura Reserva de la Música Magnum 2018 BE R BN
92
Farbe: leuchtendes Gelb. Aroma: reifes Obst, feine Hefen, ausgewogen, trockene Kräuter. Mund: schöne Säure, geschmackvoll, reife Früchte, frisch.

JAUME GIRÓ I GIRÓ
Montaner i Oller, 5
08770 Sant Sadurní d'Anoia (Barcelona)
☎: +34 938 910 165
cavagiro@cavagiro.com
www.cavagiro.com

Bombonetta 2019 BE GR BR
30% xarel.lo, 30% macabeo, 10% parellada, 15% chardonnay, 15% pinot noir
92 🌱
Farbe: golden leuchtend. Aroma: feine Hefen, Kräutersäckchen, mit Charakter, reifes Obst, Nüsse, Anklänge von exotischen Früchten, Praline. Mund: kraftvoll, geschmackvoll, schöne Säure, feine Perlen, zartbitter.

Grandalla 2013 BE GR BR
45% xarel.lo, 25% parellada, 20% chardonnay, 10% pinot noir
92 🌱
Farbe: leuchtendes Gelb. Aroma: reifes Obst, feine Hefen, ausgewogen, trockene Kräuter, Brioche. Mund: schöne Säure, geschmackvoll, reife Früchte, lang.

Jaume Giró i Giró Barón Merten 2011 BE GR BN
45% xarel.lo, 20% parellada, 20% macabeo, 15% chardonnay
93
Farbe: leuchtendes Strohgelb. Aroma: feine Hefen, blumig, Kräutersäckchen, ausdrucksvoll, reifes Obst. Mund: kraftvoll, geschmackvoll, schöne Säure, feine Perlen, ausgewogen.

DO CAVA / D.O.P.

DO CAVA / D.O.P.

Jaume Giró i Giró
Montaner 2017 BE GR BN
45% xarel.lo, 20% parellada, 20% macabeo, 15% pinot noir

91 🏆
Farbe: leuchtendes Strohgelb. Aroma: reifes Obst, feine Hefen, trockene Kräuter, welke Blumen. Mund: geschmackvoll, schöne Säure, feine Perlen.

Jaume Giró i Giró Pinot Noir
Rosado 2021 RE BR
100% pinot noir

87 🏆

Jaume Giró i
Giró Selecte 2013 BE GR BN
50% xarel.lo, 30% parellada, 20% chardonnay

91 🏆
Farbe: leuchtendes Strohgelb. Aroma: feine Hefen, blumig, Kräutersäckchen, Hefenoten. Mund: geschmackvoll, schöne Säure, feine Perlen, ausgewogen.

JAUME LLOPART ALEMANY
Cl. Font Rubí, 9
08736 Font-Rubí (Barcelona)
☎: +34 938 979 133
info@jaumellopartalemany.com
www.jaumellopartalemany.com

Aina Jaume Llopart Alemany Rosado
2020 RE R BR
pinot noir

88
Zitrusfrüchte, getrocknete Blumen, reif, Hefenoten.

Jaume Llopart Alemany 2017 BE GR BN
macabeo, xarel.lo, parellada

91
Farbe: strohgelb. Aroma: Kräutersäckchen, würzig, Hefenoten. Mund: geschmackvoll, trocken, zartbitter.

Jaume Llopart Alemany BE R BN
macabeo, xarel.lo, parellada

89
Lieblich, korrekt, bitter, Hefenoten, mild.

Jaume Llopart Alemany BE R BR
89
Zitrusfrüchte, trockene Kräuter, reif, Hefenoten.

Vinya d'en Ferran Jaume Llopart Alemany
2015 BE GR BN
pinot noir, chardonnay

91
Farbe: leuchtendes Gelb. Aroma: reifes Obst, feine Hefen, ausgewogen, trockene Kräuter, schwarze Lakritze. Mund: schöne Säure, geschmackvoll, reife Früchte, weich am Gaumen.

JUVÉ & CAMPS
Sant Venat, 1
08770 Sant Sadurní d'Anoia (Barcelona)
☎: +34 938 911 000
juveycamps@juveycamps.com
www.juveycamps.com

🏆 PODIUM

Gran Juvé Camps 2018 BE GR BR

95 🏆
Farbe: golden leuchtend. Aroma: Nüsse, Kräutersäckchen, feine Hefen, süße Gewürze, Brioche. Mund: geschmackvoll, schöne Säure, feine Perlen, zartbitter.

🏆 PODIUM

Juvé & Camps La Siberia 2015 RE GR BN
pinot noir

95 🏆
Farbe: kupferfarben. Aroma: elegant, Kräutersäckchen, kandierte Früchte, rote Früchte, Brioche. Mund: würzig, schöne Säure, zartbitter, lang.

Juvé & Camps Milesimé 2019 BE R BR
chardonnay

92 🏆
Korpulent. Farbe: leuchtendes Strohgelb. Aroma: trockene Kräuter, Wildkräuter, mit Charakter, würzig, Hefenoten, Bäckerei. Mund: voll, geschmackvoll, konzentriert.

Juvé & Camps Milesimé Blanc de Noirs - Rieral 2019 BE GR BR
100% pinot noir

92
Farbe: golden leuchtend. Aroma: feine Hefen, Nüsse, Kräutersäckchen, komplex, Röstaromen. Mund: geschmackvoll, schöne Säure, feine Perlen, fleischig, opulent.

Juvé & Camps Milesimé Chardonnay
Can Rius Magnum 2008 BE BN

93
Farbe: leuchtendes Gelb. Aroma: Röstaromen, Zitronenbombon, wenig Hefen, ausgewogen, ausdrucksvoll, trockene Kräuter. Mund: lang, ausgewogen, zartbitter, abgerundet.

Juvé & Camps Milesimé
Xarel.lo Olivera 2017 BE GR BN
xarel.lo

92 🏆
Klar definierte Aromen, kräuterig, spannungsvoll, repräsentativ. Farbe: leuchtendes Strohgelb. Aroma: Anisnoten, offen, ausdrucksvoll, sortenrein, Phosphor. Mund: frisch, süffig.

🏆 PODIUM

Juvé & Camps Reserva de la Familia 2009 BE GR BN
30% macabeo, 50% xarel.lo, parellada, 10% chardonnay

95 ☘

Farbe: golden leuchtend. Aroma: Nüsse, Kräutersäckchen, komplex, feine Hefen, süße Gewürze, Brioche. Mund: kraftvoll, geschmackvoll, schöne Säure, feine Perlen, zartbitter.

Juvé & Camps Reserva de la Familia 2012 BE GR BN
18% macabeo, 55% xarel.lo, 4% parellada, 24% chardonnay

93 ☘

Farbe: leuchtendes Gelb. Aroma: feine Hefen, Kräutersäckchen, mit Charakter, Nüsse, Curry, würzig. Mund: geschmackvoll, schöne Säure, feine Perlen, zartbitter.

Juvé & Camps Reserva de la Familia 2019 BE GR BN
55% xarel.lo, 35% macabeo, 10% parellada

92 ☘

Farbe: leuchtendes Gelb. Aroma: feine Hefen, Kräutersäckchen, mit Charakter, reifes Obst. Mund: kraftvoll, geschmackvoll, schöne Säure, feine Perlen.

L'ORIGAN

Avernó, 28
08770 Sant Sadurní d'Anoia (Barcelona)
☎: +34 938 183 602
lorigan@lorigancava.com
www.lorigancava.com

Aire de L'O de L'Origan Rose 2021 RE BN

89

Korrekt, Hefenoten, schlicht. Farbe: zwiebelschalfarben, kupferfarben. Aroma: kandierte Früchte, welke Blumen, beschädigtes Obst.

Aire de L'Origan 2021 BE BN

90

Farbe: leuchtendes Strohgelb. Aroma: frisches Obst, mittlere Intensität, trockene Kräuter. Mund: fruchtig, schöne Säure, ziemlich nachhaltig.

L'O de L'Origan BE BN
50% xarel.lo, 30% macabeo, 10% parellada, 10% chardonnay

90

Farbe: strohgelb. Aroma: würzig, Gras, feuchtes Unterholz. Mund: geschmackvoll, feine Perlen, lang, nachhaltig.

LACRIMA BACCUS

Finca La Porxada
08729 Castellet i la Gornal (Barcelona)
☎: +34 938 918 281
lacrimabaccus@bardinet.es
www.lacrimabaccus.com

Heretat D'Lácrima Baccus 2022 BE R BR

87 ☘

Lacrima Baccus 2022 BE R BN

87 ☘

Lácrima Baccus Rosé RE C BR

88 ☘

Lieblich, fruchtig, reif, geschmackvoll, Hefenoten.

Lácrima Baccus Summum 2019 BE R BN
xarel.lo, pinot noir

89 ☘

Herb, frisch, vegetabil, korrekt.

MARÍA CASANOVAS

Crta. Sant Sadurní a Piera BV-2242 Km. 7,5
08784 Sant Jaume Sesoliveres (Barcelona)
☎: +34 938 910 812
mariacasanovas@mariacasanovas.com
www.mariacasanovas.com

María Casanovas 2020 BE GR BN
42% chardonnay, 38% pinot noir, 20% xarel.lo, macabeo, parellada

92 ☘

Farbe: leuchtendes Gelb. Aroma: reifes Obst, feine Hefen, ausgewogen, trockene Kräuter, Zitrusfrüchte, rauchig. Mund: schöne Säure, geschmackvoll, reife Früchte.

María Casanovas Pinot Noir Rosé RE R BN
100% pinot noir

90 ☘

Angenehm, korrekt, lieblich, Zitrusfrüchte. Farbe: blassrosa. Aroma: getrocknete Blumen, ausdrucksstark fruchtig. Mund: süffig, zartbitter.

María Casanovas XP 2019 BE GR BN
50% xarel.lo, 50% pinot noir

90 ☘

Aroma: getrocknete Blumen, kandierte Früchte, Hefenoten, Orangenschale, wenig Hefen. Mund: grobe Blasen, korrekt.

DO CAVA / D.O.P.

MARIA RIGOL ORDI
Fullerachs, 9
08770 Sant Sadurní d'Anoia (Barcelona)
☎: +34 684 472 424
cava@mariarigolordi.com
www.mariarigolordi.com

Maria Rigol Ordi 2016 BE GR BN
xarel.lo

92 🌿

Farbe: golden leuchtend. Aroma: feine Hefen, Nüsse, Kräutersäckchen, komplex. Mund: kraftvoll, geschmackvoll, schöne Säure, feine Perlen.

Maria Rigol Ordi Màgnum Cupatge Dos Mil Disset 2017 BE R BN
xarel.lo, macabeo, parellada

93 🌿

Farbe: golden leuchtend. Aroma: feine Hefen, Kräutersäckchen, mit Charakter, reifes Obst, Nüsse. Mund: kraftvoll, geschmackvoll, schöne Säure, feine Perlen, zartbitter.

Maria Rigol Ordi Mil·lenni 2019 BE R BN
xarel.lo, macabeo, parellada, chardonnay

89 🌿

Angenehm, korrekt, ausgewogen. Aroma: Zitrusfrüchte, blumig. Mund: schöne Säure, zartbitter.

MAS CODINA
El Gorner - Mas Codina
08797 Puigdalber (Barcelona)
☎: +34 938 988 166
info@mascodina.com
www.mascodina.com

Mas Codina 2019 BE GR BN
macabeo, xarel.lo, chardonnay, pinot noir

89 🌿

Korrekt, ausgewogen, vegetabil, fruchtig, trockene Kräuter, Hefenoten.

Mas Codina 2021 BE R BN
macabeo, xarel.lo, chardonnay, pinot noir

87 🌿

Mas Codina Rosé 2021 RE R BR
pinot noir

88 🌿

Aromatisch, angenehm, korrekt, reif, geschmackvoll, fruchtig.

MATA I COLOMA
Ctra. Sant Boi - La Llacuna, Km. 10.07
08770 Sant Sadurní d'Anoia (Barcelona)
☎: +34 639 785 533
info@matacoloma.com
www.matacoloma.com

Pere Mata 20 Aniversari 2009 BE GR BN
100% xarel.lo

91

Aromatisch, alt. Farbe: gelb. Aroma: Nüsse, wenig Hefen, Anklänge von gekochten Früchten. Mund: geschmackvoll, zartbitter, schöne Säure, komplex.

Pere Mata Cupada Nº 30 2019 BE R BN
macabeo, xarel.lo, parellada

88 🌿

Leichte Oxidation, fruchtig, kräuterig, milchig, schlicht.

Pere Mata Cupada Rosé 2021 RE R BR
garnacha, parellada

88 🌿

Fruchtig, reif, schlicht. Mund: süffig, zartbitter.

Pere Mata L'Ensamblatge 2018 BE GR BN
macabeo, xarel.lo, parellada

90 🌿

Farbe: leuchtendes Strohgelb. Aroma: reifes Obst, feine Hefen, trockene Kräuter, welke Blumen. Mund: schöne Säure, ausgewogen, zartbitter, süffig.

Pere Mata L'Origen 2018 BE GR BR
macabeo, xarel.lo

91

Farbe: leuchtendes Gelb. Aroma: reifes Obst, feine Hefen, ausgewogen, trockene Kräuter. Mund: schöne Säure, geschmackvoll, reife Früchte, lang.

Pere Mata Reserva Familia 2018 BE GR BN
50% macabeo, 25% xarel.lo, 25% parellada

91 🌿

Farbe: leuchtendes Gelb. Aroma: reifes Obst, feine Hefen, ausgewogen, trockene Kräuter, geröstetes Brot. Mund: schöne Säure, geschmackvoll, reife Früchte, lang.

MONT MARÇAL VINÍCOLA
Finca Manlleu
08732 Castellví de la Marca (Barcelona)
☎: +34 938 918 281
export@mont-marcal.com
www.mont-marcal.com

Mont Marçal 2022 BE R BR

87 🌿

Mont Marçal
Extremarium 2021 BE R BN
xarel.lo, macabeo, parellada, chardonnay

87 🍷

MONTESANCO
Casa de la Viña, Ctra. Utiel-Los Isidros km. 7
46340 Requena (València/Valencia)
☎: +34 962 121 626
vinos@montesanco.com
www.montesanco.com

Món Macabeo 2019 BE R BN
100% macabeo

90 🍷

Farbe: leuchtendes Strohgelb. Aroma: Kräutersäckchen, ausdrucksvoll, Steinobst, reifes Obst. Mund: geschmackvoll, schöne Säure, feine Perlen.

MONTESQUIUS
Rambla de la Generalitat, 1-9
08770 Sant Sadurní d'Anoia (Barcelona)
☎: +34 938 911 551
info@montesquius.com
www.montesquius.com

Montesquius
La Esencia 2016 BE GR BN
xarel.lo, macabeo, parellada

91

Farbe: leuchtendes Gelb. Aroma: reifes Obst, feine Hefen, ausgewogen, trockene Kräuter, würzig. Mund: schöne Säure, geschmackvoll, reife Früchte.

Montesquius
Naturelovers Rosé 2021 RE R BN
monastrell

87

Montesquius Vintage 2019 BE R EBR
macabeo, xarel.lo, parellada

90

Farbe: leuchtendes Strohgelb. Aroma: feine Hefen, Hefenoten, blumig, offen. Mund: ausgewogen, lang, zartbitter.

Montesquius
Vintage Rosé 2019 RE R EBR
monastrell, pinot noir, trepat

90

Klar definierte Aromen, blumig, angenehm. Aroma: rote Früchte, mittlere Intensität, offen. Mund: ausgewogen, zartbitter.

MUSCÀNDIA - VIADER
Finca Can Rosell de la Llena
08790 Gelida (Barcelona)
☎: +34 625 632 620
ev@muscandia.com
www.muscandia.com

Muscàndia 2018 BE GR BN
xarel.lo, macabeo, parellada

91 🍷

Farbe: strohgelb, blass. Aroma: feine Hefen, Kräutersäckchen, reifes Obst, Nüsse, Brioche. Mund: geschmackvoll, schöne Säure, feine Perlen, zartbitter.

Muscàndia Anhel
Blanc de Noirs 2018 BE GR BN
pinot noir

91 🍷

Farbe: leuchtendes Gelb. Aroma: reifes Obst, feine Hefen, ausgewogen, trockene Kräuter, Brioche. Mund: schöne Säure, geschmackvoll, reife Früchte.

Muscàndia BE R EBR
xarel.lo, macabeo, parellada

90 🍷

Farbe: leuchtendes Gelb. Aroma: reifes Obst, feine Hefen, ausgewogen, trockene Kräuter. Mund: schöne Säure, geschmackvoll, frisch.

Muscàndia Rosé
Pinot Noir 2021 RE R EBR
pinot noir

88 🍷

Frisch, fruchtig, kräuterig, korrekt.

OLIVER VITICULTORS
Cal Xic de L'Agustí - Can Batista
08770 Subirats (Barcelona)
☎: +34 609 375 242
sadurni@oliverviticultors.com
www.oliverviticultors.com

Gemma 2019 BE GR BN
macabeo, xarel.lo, chardonnay

92 🍷

Farbe: leuchtendes Strohgelb. Aroma: mittlere Intensität, frisches Obst, trockene Kräuter, feine Hefen, welke Blumen. Mund: frisch, fruchtig, geschmackvoll, schöne Säure.

Oliver Viticultors 2022 BE BN
macabeo, xarel.lo, parellada

87 🍷

Oliver Viticultors Rosé RE BN
garnacha

87 🍷

DO CAVA / D.O.P.

DO CAVA / D.O.P.

Sadurní Oliver 2019 BE R BN
macabeo, xarel.lo, parellada, chardonnay

90 🍷

Farbe: leuchtendes Strohgelb. Aroma: feine Hefen, blumig, Kräutersäckchen, ausdrucksvoll. Mund: kraftvoll, geschmackvoll, schöne Säure, feine Perlen, ausgewogen.

Sadurní Oliver Cuvee Barrica 2020 BE R BN
macabeo, xarel.lo, parellada, chardonnay

90 🍷

Farbe: leuchtendes Gelb. Aroma: feine Hefen, ausgewogen, trockene Kräuter, geröstetes Brot. Mund: schöne Säure, geschmackvoll, reife Früchte.

Sadurní Oliver Rosat Pinot Noir 2022 RE BN
pinot noir

88 🍷

Fruchtig, getrocknete Blumen, reif, frisch.

ORIOL ROSSELL
Propietat Cal Cassanyes
08732 Sant Marçal (Barcelona)
☎: +34 977 671 061
oriolrossell@oriolrossell.com
www.oriolrossell.com

Oriol Rossell Ariadna 2017 BE GR BN
xarel.lo, pinot noir

92 🍷

Farbe: leuchtendes Gelb. Aroma: Kräutersäckchen, mit Charakter, Nüsse, kandierte Früchte. Mund: schöne Säure, feine Perlen, zartbitter, geschmackvoll.

Oriol Rossell Gran Propietat Enoteca Familiar 2008 BE GR BN
xarel.lo, macabeo

94

Farbe: golden leuchtend. Aroma: feine Hefen, Nüsse, Kräutersäckchen, komplex, geröstete Mandeln. Mund: kraftvoll, geschmackvoll, schöne Säure, feine Perlen, zartbitter.

Oriol Rossell Gran Propietat Enoteca Familiar 2010 BE GR BN
xarel.lo, macabeo

91

Farbe: golden leuchtend. Aroma: feine Hefen, Kräutersäckchen, mit Charakter, reifes Obst, Nüsse, Bäckerei. Mund: geschmackvoll, feine Perlen, zartbitter, ausgewogen.

Oriol Rossell Mitic 2019 BE GR BN
xarel.lo, macabeo

91 🍷

Farbe: leuchtendes Gelb. Aroma: reifes Obst, feine Hefen, ausgewogen, trockene Kräuter, geröstete Mandeln. Mund: schöne Säure, geschmackvoll, reife Früchte, lang.

Oriol Rossell Reserva de la Propietat 2016 BE GR BN
xarel.lo

93 🍷

Farbe: gelb. Aroma: Nüsse, Röstaromen, welke Blumen, Brioche. Mund: fett, geschmackvoll, lang, zartbitter.

Oriol Rossell Reserva de la Propietat Rosé 2017 RE GR BR
pinot noir

91 🍷

Farbe: blassrosa. Aroma: mit Charakter, reifes Obst, trockene Kräuter, wenig Hefen, Hefenoten. Mund: geschmackvoll, feine Perlen, zartbitter.

PAGO DE THARSYS
Ctra. Nacional III, km. 274
46340 Requena (València/Valencia)
☎: +34 962 303 354
pagodetharsys@pagodetharsys.com
www.pagodetharsys.com

Carlota Suria Organic 2021 BE R BN
macabeo

88 🍷

Frisch, würzig, Hefenoten, blumig.

Carlota Suria Organic 2021 BE R BR
macabeo

88 🍷

Fruchtig, Zitrusfrüchte, noch nicht vollständig entfaltet, schlicht, frisch.

Pago de Tharsys Cerámica 2018 BE GR BN
chardonnay

92 🍷

Farbe: leuchtendes Gelb. Aroma: reifes Obst, feine Hefen, ausgewogen, trockene Kräuter. Mund: schöne Säure, geschmackvoll, reife Früchte, lang.

Pago de Tharsys Cerámica Rosé 2018 RE GR BN
garnacha

90 🍷

Farbe: lebhaftes Rosa. Aroma: balsamisch, rote Früchte, Wildkräuter, milchig. Mund: frisch, fruchtig, schöne Säure.

**Pago de Tharsys
Millesime 2019 BE R BR**
chardonnay
89
Klar definierte Aromen, ausgewogen, korrekt, wild, Hefenoten. Aroma: Anisnoten, trockene Kräuter.

**Pago de Tharsys Millésime
Rosé Reserva 2019 RE R BR**
garnacha
89
Fruchtig, trockene Kräuter, reif, geschmackvoll, frisch.

PARATÓ
Can Respall de Renardes s/n
08733 El Pla del Penedès (Barcelona)
☎: +34 938 988 182
info@parato.es
www.parato.es

Ática Rosé 2021 RE R EBR
pinot noir, chardonnay
88
Fruchtig, blumig, ausgewogen, korrekt, geschmackvoll.

Parató 2020 BE R BN
macabeo, xarel.lo, parellada, chardonnay
87

PARÉS BALTÀ
Masía Can Baltá, s/n
08796 Pacs del Penedès (Barcelona)
☎: +34 938 901 399
comunicacio@paresbalta.com
www.paresbalta.com

🏆 PODIUM

**Parés Baltà Bassegues 2010 BE
98**
Farbe: golden leuchtend. Aroma: feine Hefen, Nüsse, Kräutersäckchen, komplex, Röstaromen. Mund: kraftvoll, geschmackvoll, schöne Säure, feine Perlen, zartbitter.

**Parés Baltà Blanca
Cusiné 2016 BE GR BN**
83% xarel.lo, 10% pinot noir, 7% chardonnay
94
Mit Persönlichkeit, blumig, frisch. Farbe: leuchtendes Strohgelb. Aroma: feine Hefen, Kräutersäckchen, Hefenoten. Mund: fruchtig, schöne Säure, fett, geschmackvoll.

**Parés Baltà Cuvée
de Carol 2015 BE GR BN**
82% macabeo, 18% chardonnay
94
Farbe: golden leuchtend. Aroma: reifes Obst, , Thymian, Buschwaldkräuter, Anisnoten, milchig, mit Charakter. Mund: fruchtig, ausgewogen, feine Perlen, ziemlich nachhaltig.

Parés Baltà Historic 2019 BE GR BN
macabeo, xarel.lo, parellada
93
Farbe: leuchtendes Strohgelb. Aroma: feine Hefen, blumig, Kräutersäckchen, ausdrucksvoll, Anisnoten. Mund: kraftvoll, geschmackvoll, schöne Säure, feine Perlen.

Parés Baltà Rosa Cusiné 2020 RE GR BN
100% garnacha
92
Farbe: zwiebelschalfarben. Aroma: süße Gewürze, rote Früchte, Kräutersäckchen, getrocknete Blumen, Röstaromen. Mund: voll, geschmackvoll, würzig, leicht süßlich, feine Perlen.

PERE VENTURA
Ctra. de Vilafranca km. 0,4
08770 Sant Sadurní d'Anoia (Barcelona)
☎: +34 938 183 371
comunicacio@pereventura.com
www.pereventuragroup.com

🏆 PODIUM

Pere Ventura Gran Vintage Paraje Calificado Can Bas 2015 BE GR BR
50% macabeo, 50% xarel.lo
95
Farbe: golden leuchtend. Aroma: feine Hefen, Nüsse, Kräutersäckchen, komplex, Röstaromen. Mund: kraftvoll, geschmackvoll, schöne Säure, feine Perlen, zartbitter.

**Pere Ventura Tresor
Anniversary 2018 BE GR BR**
40% xarel.lo, 40% macabeo, 20% parellada
93
Farbe: golden leuchtend. Aroma: feine Hefen, Nüsse, Kräutersäckchen, geröstetes Brot. Mund: kraftvoll, geschmackvoll, schöne Säure, feine Perlen, zartbitter.

**Pere Ventura Tresor
Magnum 2016 BE GR BR**
xarel.lo, macabeo, parellada
93
Farbe: leuchtendes Strohgelb. Aroma: offen, ausdrucksvoll, ausgewogen, feine Hefen, Bäckerei. Mund: ausgewogen, zartbitter, lang.

DO CAVA / D.O.P.

DO CAVA / D.O.P.

Pere Ventura Tresor Rosé RE R BR
100% trepat

90

Naschhaft. Farbe: blassrosa. Aroma: rote Früchte, blumig. Mund: leicht, würzig, schöne Säure, zartbitter.

Pere Ventura Vintage 2016 BE GR BR
60% xarel.lo, 40% chardonnay

93

Farbe: golden leuchtend. Aroma: feine Hefen, Nüsse, Kräutersäckchen, Bäckerei. Mund: kraftvoll, geschmackvoll, schöne Säure, feine Perlen, zartbitter.

Pere Ventura Vintage Rosé 2018 RE GR BR
100% pinot noir

93

Farbe: blassrosa. Aroma: rote Früchte, blumig, Kräutersäckchen, Anklänge von gekochten Früchten, Bäckerei. Mund: würzig, schöne Säure, zartbitter.

PLANAS ALBAREDA

Ctra. a Guardiola, (BV-2127), km.3
08735 Vilobí del Penedès (Barcelona)
☎: +34 607 340 098
joanplanas82@gmail.com
www.planasalbareda.com

Planas Albareda 2021 BE R BN
30% macabeo, 40% xarel.lo, 15% parellada, 15% chardonnay

89 🍷

Fruchtig, Zitrusfrüchte, geschmackvoll, trockene Kräuter.

Planas Albareda 2022 BE BN
35% macabeo, 45% xarel.lo, 20% parellada

85 🍷

Planas Albareda 2022 BE BR
35% macabeo, 45% xarel.lo, 20% parellada

87 🍷

Planas Albareda Gran Reserva de L'Avi 2019 BE GR BN
macabeo, xarel.lo, parellada, chardonnay

90 🍷

Farbe: leuchtendes Strohgelb. Aroma: mittlere Intensität, trockene Kräuter, feine Hefen, reifes Obst. Mund: frisch, fruchtig, geschmackvoll.

Planas Albareda Rosat 2021 RE BR
45% garnacha, 55% pinot noir

88 🍷

Korrekt, würzig, reif, geschmackvoll, lieblich.

PONY FOODS

Hermanos Maristas, 27
36700 Tui (Pontevedra)
☎: +34 698 145 790
info@ponyfoods.es

Gaudir 2023 BE BN
xarel.lo, macabeo, parellada

88

Zitrusfrüchte, getrocknete Blumen, fruchtig, kräuterig, geschmackvoll.

RAMÓN CANALS

Avda. Montserrat, 9
08769 Castellví de Rosanes (Barcelona)
☎: +34 937 755 446
info@ramoncanals.com
www.ramoncanals.com

Duran 5V 2017 BE GR BR
chardonnay, xarel.lo, macabeo, parellada, pinot noir

90

Getrocknete Blumen. Farbe: leuchtendes Gelb. Aroma: reifes Obst, feine Hefen, ausgewogen, trockene Kräuter. Mund: schöne Säure, geschmackvoll, reife Früchte.

Duran 5V RD 2008 BE GR BR
chardonnay, xarel.lo, macabeo, parellada, pinot noir

94

Farbe: golden leuchtend. Aroma: ausdrucksvoll, Nüsse, Kräutersäckchen, würzig. Mund: geschmackvoll, feine Perlen, lang, nachhaltig.

Duran 5V RD 2015 BE
chardonnay, xarel.lo, macabeo, parellada, pinot noir

92 🍷

Ausgewogen, würzig, Röstaromen. Farbe: strohgelb. Aroma: feine Hefen, blumig, Kräutersäckchen, ausdrucksvoll. Mund: geschmackvoll, schöne Säure, feine Perlen.

Duran Origin 2020 BE GR BR
xarel.lo, macabeo, parellada, chardonnay

90 🍷

Farbe: leuchtendes Strohgelb. Aroma: reifes Obst, feine Hefen, trockene Kräuter, welke Blumen. Mund: geschmackvoll, schöne Säure, feine Perlen.

Duran Rosé 2017 RE GR BR
pinot noir

90 🍷

Getrocknete Blumen. Farbe: himbeerrot. Aroma: reifes Obst, trockene Kräuter, rote Früchte. Mund: schöne Säure, geschmackvoll, reife Früchte, ausgewogen, fruchtig.

Ramón Canals Gran Reserva Limitada 2018 BE GR BN
xarel.lo, macabeo, parellada

92 ♣

Farbe: leuchtendes Strohgelb. Aroma: feine Hefen, blumig, Kräutersäckchen, ausdrucksvoll. Mund: kraftvoll, geschmackvoll, schöne Säure, feine Perlen, ausgewogen.

REXACH BAQUES
Santa María, 12
08736 Guardiola de Font-Rubí (Barcelona)
☎: +34 679 800 135
info@rexachbaques.com
www.rexachbaques.com

Rexach Baques 2019 BE GR BN
30% xarel.lo, 30% macabeo, 40% parellada

90

Farbe: leuchtendes Gelb. Aroma: reifes Obst, feine Hefen, ausgewogen, trockene Kräuter. Mund: schöne Säure, geschmackvoll, reife Früchte.

Rexach Baques Brut Imperial 2021 BE R BR
30% xarel.lo, 30% macabeo, 40% parellada

88 ♣

Fruchtig, trockene Kräuter, milchig, frisch.

RIMARTS
Avda. Cal Mir, 44
08770 Sant Sadurní d'Anoia (Barcelona)
☎: +34 938 912 775
rimarts@rimarts.net
www.rimarts.net

Rimarts 2018 BE GR EBR
xarel.lo, macabeo, parellada, chardonnay

92 ♣

Farbe: leuchtendes Strohgelb. Aroma: feine Hefen, blumig, Kräutersäckchen, ausdrucksvoll. Mund: kraftvoll, geschmackvoll, schöne Säure, feine Perlen, ausgewogen.

Rimarts 2021 BE R BN
xarel.lo, macabeo, parellada

90 ♣

Farbe: leuchtendes Gelb. Aroma: reifes Obst, feine Hefen, ausgewogen, trockene Kräuter. Mund: schöne Säure, geschmackvoll, reife Früchte.

Rimarts 2022 BE R BR
xarel.lo, macabeo, parellada

90 ♣

Farbe: leuchtendes Strohgelb. Aroma: frisches Obst, Zitrusfrüchte, feine Hefen, Kräutersäckchen. Mund: frisch, fruchtig, schöne Säure.

Rimarts Gran Reserva Especial Chardonnay 2018 BE GR BN
chardonnay

93 ♣

Farbe: golden leuchtend. Aroma: feine Hefen, Kräutersäckchen, mit Charakter, reifes Obst, Nüsse, elegant. Mund: geschmackvoll, feine Perlen, zartbitter, ausgewogen.

Rimarts Martínez Rosé 2021 RE BN
garnacha, pinot noir

87 ♣

ROBERT J. MUR
Rambla de la Generalitat, 1-9
08770 Sant Sadurní d'Anoia (Barcelona)
☎: +34 938 911 551
info@robertjmur.com
www.robertjmur.com

Robert J. Mur Especial Tradició 2021 BE R BN
macabeo, xarel.lo, parellada

89

Angenehm, klar definierte Aromen, fruchtig, geschmackvoll.

Robert J. Mur Royal Magnum 2019 BE R BN
macabeo, xarel.lo, parellada

91

Farbe: leuchtendes Gelb. Aroma: feine Hefen, Kräutersäckchen, mit Charakter, reifes Obst, Nüsse. Mund: kraftvoll, geschmackvoll, schöne Säure, zartbitter.

Robert J. Mur Signature 2015 BE GR BN
xarel.lo, macabeo

93

Farbe: golden leuchtend. Aroma: Kräutersäckchen, mit Charakter, reifes Obst. Mund: kraftvoll, geschmackvoll, schöne Säure, feine Perlen.

ROGER GOULART (CVNE)
Major, 6
08635 Sant Esteve Sesrovires (Barcelona)
☎: +34 934 191 000
sac@rogergoulart.com
www.rogergoulart.com

Roger Goulart 2021 BE R BN
40% xarel.lo, 30% macabeo, 30% parellada

90

Farbe: leuchtendes Gelb. Aroma: feine Hefen, ausgewogen, trockene Kräuter. Mund: schöne Säure, geschmackvoll, zartbitter.

DO CAVA / D.O.P.

DO CAVA / D.O.P.

Roger Goulart Coral Rosé 2022 RE BR
70% garnacha, 30% pinot noir
89
Ausgewogen, würzig, frisch, fruchtig, trockene Kräuter, Hefenoten.

Roger Goulart Ecológico 2021 BE R BR
50% macabeo, 30% xarel.lo, 20% parellada
91 🌱
Lieblich. Farbe: strohgelb. Aroma: Nüsse, Kräutersäckchen, würzig. Mund: korrekt, süffig.

Roger Goulart Josep Valls 2020 BE GR EBR
35% xarel.lo, 35% chardonnay, 15% macabeo, 15% parellada
91
Farbe: gelb. Aroma: feine Hefen, blumig, Kräutersäckchen. Mund: geschmackvoll, schöne Säure, feine Perlen, süffig.

Roger Goulart Millesimé 2022 BE BR
40% xarel.lo, 30% macabeo, 30% parellada
89
Zitrusfrüchte, fruchtig, frisch, geschmackvoll.

Roger Goulart Rosé Millésime 2021 RE BR
85% garnacha, 10% monastrell, 5% pinot noir
89
Fruchtig, naschhaft, trockene Kräuter, getrocknete Blumen, reif.

ROVELLATS
Bº La Bleda
08731 Sant Martí Sarroca (Barcelona)
☎: +34 934 880 575
rovellats@cavasrovellats.com
www.cavarovellats.com

Rovellats Col.lecció 2017 BE GR EBR
55% xarel.lo, 35% macabeo, 10% chardonnay
93
Farbe: strohgelb. Aroma: feine Hefen, Nüsse, Kräutersäckchen, komplex. Mund: schöne Säure, feine Perlen, zartbitter.

Rovellats Cuvée Especial 2010 BE R BN
70% macabeo, 30% xarel.lo
90
Farbe: leuchtendes Gelb. Aroma: reifes Obst, feine Hefen, ausgewogen, trockene Kräuter. Mund: schöne Säure, geschmackvoll, reife Früchte, zartbitter.

Rovellats Reserva Imperial Rosé 2020 RE R
100% garnacha
88
Getrocknete Blumen, frisch, vegetabil, geschmackvoll.

Rovellats Gran Reserva Original 2017 BE GR BN
20% macabeo, 65% xarel.lo, 15% parellada
90
Farbe: leuchtendes Gelb. Aroma: reifes Obst, feine Hefen, ausgewogen, trockene Kräuter. Mund: schöne Säure, zartbitter, süffig.

Rovellats Magnum 2019 BE BN
60% xarel.lo, 25% macabeo, 15% parellada
90
Farbe: leuchtendes Gelb. Aroma: reifes Obst, feine Hefen, ausgewogen, trockene Kräuter. Mund: schöne Säure, geschmackvoll, reife Früchte.

Rovellats Masia S. XV 2014 BE GR BN
23% macabeo, 64% xarel.lo, 8% parellada, 5% chardonnay
92
Farbe: golden leuchtend. Aroma: feine Hefen, Nüsse, Kräutersäckchen, rauchig. Mund: geschmackvoll, schöne Säure, feine Perlen, zartbitter.

Rovellats Reserva Imperial 2020 BE BR
65% macabeo, 20% xarel.lo, 15% parellada
89
Herb, Zitrusfrüchte, korrekt, vegetabil, schlicht.

SEGURA VIUDAS
Ctra. Sant Sadurní a St. Pere de Riudebitlles, Km. 5
08775 Torrelavit (Barcelona)
☎: +34 938 917 000
comunicacion@freixenet.com
www.seguraviudas.com

Segura Viudas Brut Reserva 2021 BE R BR
88
Naschhaft, lieblich, getrocknete Blumen, fruchtig, schlicht.

Segura Viudas Reserva Heredad 2017 BE GR BR
60% macabeo, 20% chardonnay, 20% parellada
92
Alt. Aroma: feine Hefen, Kräutersäckchen, mit Charakter, reifes Obst, Nüsse, Feuchtigkeit, wenig Hefen. Mund: geschmackvoll, feine Perlen, zartbitter.

Segura Viudas Vintage 2016 BE GR BN
macabeo, parellada
90
Farbe: leuchtendes Strohgelb. Aroma: mittlere Intensität, frisches Obst, trockene Kräuter, feine Hefen. Mund: fruchtig, schöne Säure, zartbitter, süffig.

Segura Viudas
Brut Rosé RE BR
garnacha, pinot noir
88
Durchschnittlich am Gaumen, getrocknete Blumen, fruchtig, trockene Kräuter, schlicht.

Segura Viudas Lavit BE BN
macabeo, parellada
88
Angenehm, frisch, kräuterig, mild, korrekt. Mund: süffig.

Torre Galimany 2017 BE GR BN
macabeo, xarel.lo, parellada, chardonnay
90
Farbe: leuchtendes Strohgelb. Aroma: Kräutersäckchen, ausdrucksvoll, Hefenoten, feine Hefen. Mund: schöne Säure, ausgewogen, zartbitter, süffig.

SOGAS MASCARÓ
Barri Las Tarumbas, 4
08733 Pla del Penedès (Barcelona)
☎: +34 931 022 212
nuria@sogasmascaro.com
www.sogasmascaro.com

Sogas Mascaró 2022 BE BN
34% macabeo, 32% xarel.lo, 34% parellada
88
Zitrusfrüchte, frisch, kräuterig, geschmackvoll.

Sogas Mascaró 2022 BE BR
34% macabeo, 32% xarel.lo, 34% parellada
88
Fruchtig, getrocknete Blumen, milchig, von Primäraromen beherrscht.

TORRENS MOLINER
Ctra. Sant Sadurni – Piera, Km. 10.5 BV-2242
08784 La Fortesa Piera (Barcelona)
☎: +34 616 936 714
tormol@torrensmoliner.com
www.torrensmoliner.com

Torrens & Moliner 2020 BE GR BN
chardonnay, xarel.lo, macabeo, parellada
90 ♣
Farbe: golden leuchtend. Aroma: feine Hefen, Kräutersäckchen, reifes Obst, Nüsse. Mund: geschmackvoll, schöne Säure, feine Perlen, zartbitter.

Torrens & Moliner 2021 BE R BN
xarel.lo, chardonnay
87 ♣

Torrens & Moliner Trepat Rose 2022 RE R BR
trepat
87

Torrens & Moliner Gran Seleccio 2019 BE GR BN
xarel.lo, macabeo, parellada, chardonnay
89 ♣
Frisch, trockene Kräuter, Hefenoten, geschmackvoll, Oxidativ.

Torrens & Moliner Reserva Particular 2021 BE BN
xarel.lo, macabeo, parellada
89 ♣
Frisch, reif, geschmackvoll, trockene Kräuter, beschädigtes Obst, mit Persönlichkeit.

VALLDOLINA VITICULTORS I ELABORADORS
Masia Can Tutusaus - Plaça de la Creu, 1
08795 Olesa de Bonesvalls (Barcelona)
☎: +34 938 984 181
info@valldolina.com
www.valldolina.com

Tutusaus 2019 BE GR BN
42% xarel.lo, 33% macabeo, 18% parellada, 7% chardonnay
90 ♣
Farbe: leuchtendes Strohgelb. Aroma: reifes Obst, feine Hefen, trockene Kräuter, welke Blumen. Mund: geschmackvoll, schöne Säure, frisch, grobe Blasen.

VallDolina 2018 BE GR BR
xarel.lo, macabeo, parellada, chardonnay
91 ♣
Farbe: leuchtendes Strohgelb. Aroma: feine Hefen, blumig, Kräutersäckchen, ausdrucksvoll. Mund: kraftvoll, geschmackvoll, schöne Säure, ausgewogen.

VallDolina 2021 BE R BN
42% xarel.lo, 38% macabeo, 15% parellada, 5% chardonnay
90 ♣
Farbe: leuchtendes Gelb. Aroma: reifes Obst, feine Hefen, ausgewogen, trockene Kräuter. Mund: schöne Säure, geschmackvoll, reife Früchte.

VICENTE GANDÍA
Ctra. Cheste a Godelleta, s/n
46370 Chiva (València/Valencia)
☎: +34 962 524 242
info@vicentegandia.com
www.vicentegandia.es

El Miracle Rosé RE BR
macabeo, chardonnay
85

Hoya de Cadenas BE R BR
macabeo, chardonnay
86 ♣

DO CAVA / D.O.P.

SPANIENS WEINFÜHRER 157

DO CAVA / D.O.P.

VID VICA
08770 Sant Sadurní d'Anoia (Barcelona)
☎: +34 666 592 641
nicole@vidvica.com

Amorany Cuvée Especial BE BR
30% macabeo, 30% xarel.lo, 30% parellada, 10% chardonnay

89
Korrekt, kräuterig, schlicht, getrocknete Blumen, angenehm.

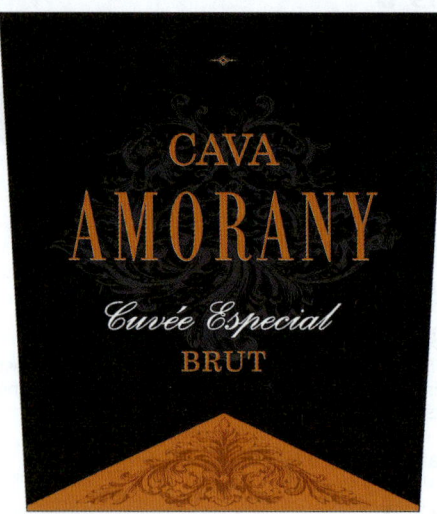

Arestel BE BR
87 🌿

VILARNAU
Ctra. d'Espiells, Km. 1,4 Finca "Can Petit"
08770 Sant Sadurní d'Anoia (Barcelona)
☎: +34 938 912 361
prensa@gonzalezbyass.es
www.vilarnau.es

Albert de Vilarnau Chardonnay Pinot Noir 2017 BE GR BN
50% chardonnay, 50% pinot noir

93
Farbe: leuchtendes Strohgelb. Aroma: feine Hefen, blumig, Kräutersäckchen, ausdrucksvoll. Mund: kraftvoll, geschmackvoll, schöne Säure, feine Perlen, ausgewogen.

Vilarnau 2021 BE R BR
88 🌿
Angenehm, durchschnittlich am Gaumen, Zitrusfrüchte, korrekt, getrocknete Blumen, trockene Kräuter.

Albert de Vilarnau Fermentado en Castaño 2017 BE GR BN
xarel.lo

92 🌿
Klar definierte Aromen, mit Persönlichkeit. Farbe: golden leuchtend. Aroma: feine Hefen, Kräutersäckchen, Nüsse, helle Früchte, Sellerie. Mund: geschmackvoll, schöne Säure, feine Perlen, zartbitter.

Vilarnau 2021 BE R BN
50% macabeo, 35% parellada, 15% chardonnay

90 🌿
Farbe: leuchtendes Gelb. Aroma: reifes Obst, feine Hefen, ausgewogen, trockene Kräuter. Mund: schöne Säure, geschmackvoll, reife Früchte, lang.

Vilarnau Brut Rosé Delicat 2021 RE R BR
85% garnacha, 15% pinot noir

88 🌿
Lieblich, klar definierte Aromen, getrocknete Blumen, fruchtig, reif, geschmackvoll.

Vilarnau Vintage 2017 BE GR BN
40% macabeo, 30% parellada, 25% chardonnay, 5% pinot noir

92
Farbe: golden leuchtend. Aroma: feine Hefen, Kräutersäckchen, reifes Obst, Brioche. Mund: kraftvoll, geschmackvoll, schöne Säure, feine Perlen, zartbitter.

VINÍCOLA DE NULLES - ADERNATS
Estacio, s/n
43887 Nulles (Tarragona)
☎: +34 977 602 622
botiga@vinicoladenulles.com
www.adernats.cat

Adernats BE R BN
macabeo, xarel.lo, parellada

89
Aromatisch, fruchtig, naschhaft, getrocknete Blumen, milchig, frisch.

Adernats de Guarda Eco 2021 BE BN
70% macabeo, 20% xarel.lo, 10% parellada

88 🌿
Frisch, trockene Kräuter, korrekt.

Adernats Purn BE GR BN
macabeo, xarel.lo

93
Farbe: golden leuchtend. Aroma: Kräutersäckchen, mit Charakter, reifes Obst, Nüsse. Mund: kraftvoll, geschmackvoll, schöne Säure, feine Perlen, zartbitter.

VINÍCOLA SARRAL I SECCIÓ DE CRÈDIT
Avda. de la Conca, 33
43424 Sarral (Tarragona)
☎: +34 977 890 031
cavaportell@gmail.com
www.cava-portell.com

Portell Blanc de Trepat 2023 BE BR
trepat
89
Fruchtig, reif, trockene Kräuter, frisch.

Portell Guarda Superior 2022 BE R BN
macabeo
87 ♣

Portell La Parellada 20236 BE BR
parellada
88
Schlicht, mild, fruchtig.

Portell Petrignano 2018 BE GR BN
macabeo, parellada
90
Farbe: leuchtendes Strohgelb. Aroma: feine Hefen, blumig, Kräutersäckchen, ausdrucksvoll. Mund: kraftvoll, geschmackvoll, schöne Säure, feine Perlen.

Portell Rosat Trepat 2023 RE BR
trepat
87

Portell Vintage 2018 BE R BN
macabeo, parellada
89
Fruchtig, reif, trockene Kräuter, milchig, frisch.

VINOS I CAVAS NAVERAN
Can Parellada - Sant Martí Sadevesa
08735 Torrelavit (Barcelona)
☎: +34 938 988 274
sadeve@naveran.com
www.naveran.com

Naveran Nature 2021 BE BN
macabeo, xarel.lo, parellada, chardonnay
89 ♣
Blumig, frisch, wild, mild, ausgewogen. Mund: süffig.

Naveran Perles Blanques 2017 BE BR
60% pinot noir, 40% chardonnay
91 ♣
Farbe: gelb. Aroma: trockene Kräuter, mit Charakter, Anklänge von gekochten Früchten, wenig Hefen. Mund: geschmackvoll, würzig.

Naverán Perles Roses Pinot Noir 2021 RE BR
100% pinot noir
91 ♣
Farbe: blassrosa. Aroma: feine Hefen, blumig, Kräutersäckchen, ausdrucksvoll, reifes Obst, rote Früchte, Brioche. Mund: geschmackvoll, schöne Säure, feine Perlen.

VINS EL CEP
Can Llopart de Les Alzines, s/n
08770 Sant Sadurní d'Anoia (Barcelona)
☎: +34 938 912 353
comercial@vinselcep.com
www.vinselcep.com

Claror Paratge
Qualificat Can Prats 2016 BE GR BN
50% xarel.lo, 30% macabeo, 20% parellada
93 ♣
Farbe: golden leuchtend. Aroma: feine Hefen, Kräutersäckchen, mit Charakter, reifes Obst, Nüsse. Mund: kraftvoll, geschmackvoll, schöne Säure, feine Perlen, zartbitter.

Clos Gelida
4 Heretats 2019 BE GR BN
50% xarel.lo, 30% macabeo, 15% pinot noir, 5% chardonnay
91 ♣
Farbe: leuchtendes Strohgelb. Aroma: feine Hefen, blumig, ausdrucksvoll, Zitrusfrüchte. Mund: geschmackvoll, schöne Säure, ausgewogen.

Mim Natura
Blanc de Noirs 2019 BE GR BN
100% pinot noir
91 ♣
Farbe: leuchtendes Gelb. Aroma: reifes Obst, feine Hefen, ausgewogen, trockene Kräuter. Mund: schöne Säure, geschmackvoll, reife Früchte, lang.

VINS I LICORS GRAU
Torroella, 163
17200 Palafrugell (Girona/Gerona)
☎: +34 972 301 835
comunicacio@vinsilicorsgrau.es
www.grauonline.es

Charlotte
Rigaud 2021 BE R BN
35% macabeo, 30% parellada, 35% xarel.lo
90
Farbe: leuchtendes Gelb. Aroma: reifes Obst, feine Hefen, ausgewogen, Brioche. Mund: schöne Säure, geschmackvoll, reife Früchte.

DO CAVA / D.O.P.

Guía Peñín · SPANIENS WEINFÜHRER

VIÑA MEMORIAS

Ctra. Madrid-Valencia, Km 270
46390 San Antonio de Requena (València/Valencia)
☎: +34 669 043 007
contact@vinamemorias.com
www.vinamemorias.com

DO CAVA / D.O.P.

Memorias del Rambam 2021 BE R BR
macabeo

89 🌱
Oxidiert, getrocknete Blumen, würzig, mit Persönlichkeit, Hefenoten.

DO. CIGALES
CONSEJO REGULADOR

Corro Vaca, 5
47270 Cigales (Valladolid)
☎: +34 983 580 074
@: consejo@do-cigales.es
www.do-cigales.es

LAGE:

Das Anbaugebiet erstreckt sich nördlich der Duero-Senke, zu beiden Seiten des Pisuerga, und wird von den Cérvalos- und Torozos-Bergen begrenzt. Die Rebflächen liegen in einer durchschnittlichen Höhe von 750 m von Valladolid (Weingut „El Berrocal") bis nach Dueñas bei Palencia. Zum DO-Gebiet gehören die Gemeinden Cabezón de Pisuerga, Cigales, Corcos del Valle, Cubillas de Santa Marte, Fuensaldaña, Mucientes, Quintanilla de Trigueros, San Martín de Valvení, Santovenia de Pisuerga, Trigueros del Valle und Valoria la Buena.

REBSORTEN:

WEISS: Verdejo, Albillo, Sauvignon Blanc und Viura.

ROT: Tinta del País (Tempranillo), Garnacha Tinta, Garnacha Gris, Merlot, Syrah und Cabernet Sauvignon.

DATEN:

Rebfläche (ha): 1.913– **Winzer:** 294– **Weinerzeuger:** 31 – **Jahrgang 23:** Ausgezeichnet– **Jahresproduktion 23:** 5.850.000 L – **Absatz:** 75% Spanien - 25% Export.

BODENVERHÄLTNISSE:

Vorwiegend sandige, kalk- und gipshaltige Böden, die auf Tonerde und Mergel aufliegen. Der Kalkgehalt ist sehr unterschiedlich und kann je nach Region zwischen 1 und 35% schwanken.

KLIMA:

Kontinental mit atlantischen Einflüssen und starken Temperaturschwankungen, sowohl im Jahresverlauf als auch zwischen Tag und Nacht. Die Sommer sind ausgesprochen trocken. Die Winter sind dagegen lang und kalt mit Frost und häufigen Nebeln. Die Niederschläge fallen unregelmäßig.

ERNTEBEWERTUNG ANHAND JUNGER WEINE GUÍAPEÑÍN

2019	2020	2021	2022	2023
SEHR GUT	SEHR GUT	SEHR GUT	SEHR GUT	SEHR GUT

AVELINO VEGAS

Grupo Calvo Sotelo, 8
40460 Santiuste de San Juan Bautista (Segovia)
☎: +34 921 596 002
ana@avelinovegas.com
www.avelinovegas.com

Vega Los Zarzales 2023 RD
tempranillo
89
Angenehm, blumig, fruchtig, geschmackvoll, würzig.

BODEGA CARLOS MARTÍN

Camino las Bodegas, s/n
47282 Trigueros del Valle (Valladolid)
☎: +34 620 302 692
carlos@quadauto.es

Viña X 2023 RD
syrah
87
Fruchtig, reif, schlicht.

BODEGA CÉSAR PRÍNCIPE

Ctra. Fuensaldaña-Mucientes Km. 1
47194 Fuensaldaña (Valladolid)
☎: +34 983 663 123
cesarprincipe@cesarprincipe.es
www.cesarprincipe.es

13 Cántaros Nicolás 2022 T RB
100% tempranillo
90
Farbe: kirschrot mit granatrotem Saum. Aroma: Früchtekonfit, kraftvoll. Mund: geschmackvoll, lang, kraftvoll.

🏆 PODIUM

César Príncipe 2020 T C
100% tempranillo
95
Farbe: dunkles Kirschrot, granatroter Saum. Aroma: reifes Obst, Noten von Tischlerei, Tabak, süße Gewürze. Mund: würzig, reife Tannine, lang, elegant, ausgewogen.

César Príncipe 2022 B
60% verdejo, 40% sauvignon blanc
91
Farbe: leuchtendes Gelb. Aroma: reifes Obst, trockene Kräuter, welke Blumen, weiches Eichenholz. Mund: kraftvoll, reife Früchte, ausgewogen.

Charlatán 2023 RD
100% garnacha
92
Farbe: blassrosa. Aroma: elegant, Kräutersäckchen, weiße Blumen, getrocknete Blumen. Mund: leicht, würzig, schöne Säure.

Clarete de Luna 2023 RD
80% tempranillo, 20% verdejo, albillo, garnacha
91
Farbe: lebhaftes Rosa. Aroma: balsamisch, rote Früchte, Wildkräuter. Mund: frisch, fruchtig, schöne Säure.

BODEGA COOPERATIVA CIGALES

Las Bodegas, s/n
47270 Cigales (Valladolid)
☎: +34 983 580 135
administracion@bodegacigales.com
www.bodegacigales.es

Gran Torondos 2022 T
91
Farbe: tiefes Kirschrot. Aroma: reifes Obst, trockene Kräuter, Kreide. Mund: kraftvoll, reife Früchte, würzig, reife Tannine.

Torondos Clarete 2023 RD
89
Angenehm, mild, geschmackvoll.

Torondos Rosé 2023 RD
90
Farbe: blassrosa. Aroma: rote Früchte, blumig, Kräutersäckchen. Mund: leicht, würzig, schöne Säure.

Torondos Verdejo 2023 B
verdejo
87

BODEGA VALDELOSFRAILES
Ctra. Cubillas de Santa Marta, s/n
47290 Cubillas de Santa Marta (Valladolid)
☎: +34 983 485 028
valdelosfrailes@matarromera.es
www.valdelosfrailes.es

Valdelosfrailes 2017 T R
tempranillo
92
Klassisch, würzig. Farbe: dunkles Kirschrot, granatroter Saum. Aroma: Noten von Tischlerei, Tabak, süße Gewürze, dunkle Früchte, Früchtekonfit. Mund: würzig, reife Tannine, lang.

Valdelosfrailes 2021 T C
tempranillo
88
Nach Eingemachtem, intensive Röstaromen, kraftvoll.

Valdelosfrailes Clarete 2023 RD
tempranillo
91
Farbe: himbeerrot. Aroma: reifes Obst, welke Blumen, ausdrucksvoll. Mund: fleischig, geschmackvoll, kraftvoll.

Valdelosfrailes Rosé 2023 RD PL
tempranillo, merlot, garnacha, albillo, verdejo
92
Farbe: kupferfarben. Aroma: elegant, rote Früchte, blumig, Kräutersäckchen. Mund: leicht, würzig, schöne Säure.

BODEGAS EMINA
Ctra. Cubillas de Santa Marta, s/n
47290 Cubillas de Santa Marta (Valladolid)
☎: +34 983 683 315
emina@emina.es
www.emina.es

Emina Rosé 2023 RD
tempranillo, verdejo, garnacha, merlot, cabernet sauvignon
88
Angenehm, lieblich, blumig.

Emina Rosé Prestigio 2023 RD
tempranillo, verdejo, garnacha tintorera, garnacha gris, albillo, viura
91
Farbe: blassrosa. Aroma: elegant, rote Früchte, blumig, Kräutersäckchen. Mund: leicht, würzig, schöne Säure, zartbitter.

BODEGAS HIJOS DE FÉLIX SALAS
Corrales, s/n
47280 Corcos del Valle (Valladolid)
☎: +34 616 099 148
bodega@bodegasfelixsalas.com
www.bodegasfelixsalas.com

Félix Salas 2018 T C
tempranillo
88
Angenehm, Röstaromen, schlicht, reif.

Félix Salas 2021 T
tempranillo
85

Viña Picota 2023 RD
tempranillo, verdejo, syrah
86

BODEGAS LEZCANO-LACALLE
Ctra. Trigueros a Valoria, s/n
47282 Trigueros del Valle (Valladolid)
☎: +34 629 280 515
info@lezcano-lacalle.com
www.lezcano-lacalle.com

Lezcano-Lacalle 2018 T R
tempranillo, merlot
93
Komplex, üppig. Farbe: KirsChrot. Aroma: komplex, ausdrucksvoll, würzig, mineralisch. Mund: elegant, voll, lang, nachhaltig.

Lezcano-Lacalle Dú 2019 T
tempranillo, merlot
92
Warm, klassisch. Farbe: dunkles Kirschrot, granatroter Saum. Aroma: Früchtekonfit, Noten von Tischlerei, Tabak, süße Gewürze. Mund: würzig, reife Tannine, lang.

Maudes 2021 T C
tempranillo, merlot
91
Farbe: dunkles Kirschrot. Aroma: Röstaromen, würzig, feiner Kakao, dunkle Früchte. Mund: geschmackvoll, Röstnoten, zartbitter.

DO CIGALES / D.O.P.

DO CIGALES / D.O.P.

BODEGAS MUCY
Ctra. Mucientes-Villalba, km. 1
47194 Mucientes (Valladolid)
☎: +34 675 096 755
info@mucy.es
www.mucy.es

Alpairo 2023 RD
garnacha gris, albillo, tempranillo
88

Mucy 12 meses 2019 T C
tempranillo
91
Farbe: dunkles Kirschrot, granatroter Saum. Aroma: reifes Obst, Noten von Tischlerei, Tabak, süße Gewürze. Mund: würzig, reife Tannine, lang.

Mucy 2023 RD
tempranillo, verdejo
88
Angenehm, fruchtig, geschmackvoll.

Paño de Lágrimas 2022 T RB
tempranillo
89
Reif, Röstaromen, kraftvoll, würzig.

BODEGAS PROTOS
Ctra. VP-4405 km. 3
47290 Cubillas de Santa Marta (Valladolid)
☎: +34 983 878 011
fvillalba@bodegasprotos.com
www.bodegasprotos.com

Aire de Protos 2023 RD
40% tempranillo, 30% garnacha, 15% albillo, 15% otras
92
Farbe: lachsfarben. Aroma: rote Früchte, Kräutersäckchen, getrocknete Blumen. Mund: voll, geschmackvoll, würzig, lang.

Protos Clarete 2023 RD
85% tempranillo, 15% garnacha
91
Farbe: lebhaftes Rosa, violetter Saum. Aroma: ausdrucksstark fruchtig, rote Früchte, milchig. Mund: ausgewogen, nachwirkend fruchtig, süffig.

BODEGAS SALVUEROS
Ctra. Mucientes-Cigales, km. 12,8
47194 Mucientes (Valladolid)
☎: +34 625 115 619
bodegas@salvueros.com
www.salvueros.com

La Guerrera 2018 T C
tempranillo
89
Warm, nach Eingemachtem, Röstaromen, kraftvoll.

La Guerrera Finca Centenaria 2020 T MC
tempranillo
94
Balsamisch, komplex. Farbe: kirschrot mit violettem Saum. Aroma: ausdrucksstark fruchtig, rote Früchte, blumig, würzig, balsamisch. Mund: geschmackvoll, fruchtig, schöne Säure, lang.

Salvueros 2023 RD
tempranillo, albillo, verdejo
92
Farbe: lebhaftes Rosa, violetter Saum. Aroma: ausdrucksstark fruchtig, rote Früchte, milchig, blumig. Mund: ausgewogen, nachwirkend fruchtig, süffig.

Salvueros Garnacha Gris 2023 RD
garnacha gris
89
Getrocknete Blumen, fruchtig, tropische.

BODEGAS SINFORIANO
Ctra. de Villalba, Km. 1
47194 Mucientes (Valladolid)
☎: +34 983 663 008
sinfo@sinforianobodegas.com
www.sinforianobodegas.com

50 Vendimias de Sinforiano 2015 T
100% tempranillo
93
Farbe: dunkles Kirschrot, granatroter Saum. Aroma: reifes Obst, Noten von Tischlerei, Tabak, süße Gewürze, feine Reduktionsnoten. Mund: würzig, reife Tannine, lang.

50 Vendimias de Sinforiano 2023 RD
80% tempranillo, 10% verdejo, 10% albillo
90
Farbe: lebhaftes Rosa, violetter Saum. Aroma: ausdrucksstark fruchtig, rote Früchte, milchig, blumig. Mund: ausgewogen, nachwirkend fruchtig, süffig.

Liala Albillo 2021 B FB
100% albillo
88
Röstaromen, geschmackvoll, getrocknete Blumen, würzig.

Quelías Rosé 2023 RD
50% albillo, 10% tempranillo, 10% verdejo, 30% garnacha

91

Farbe: lachsfarben. Aroma: süße Gewürze, rote Früchte, Kräutersäckchen, getrocknete Blumen. Mund: voll, geschmackvoll, würzig, lang.

Sinfo 2022 RD FB
80% tempranillo, 10% verdejo, 10% albillo

91

Farbe: helles Kirschrot. Aroma: kraftvoll, reifes Obst, weiches Eichenholz, süße Gewürze. Mund: fleischig, geschmackvoll, würzig.

Sinfo Rosé 2023 RD
60% tempranillo, 20% albillo, 20% garnacha

89

Angenehm, klar definierte Aromen, geschmackvoll, mild.

Sinforiano 2017 T R
96% tempranillo, 4% albillo

92

Farbe: tiefes Kirschrot, granatroter Saum. Aroma: Noten von Tischlerei, feiner Kakao, Zigarren, Röstaromen. Mund: geschmackvoll, würzig, Röstnoten.

BODEGAS THESAURUS CIGALES
Ctra. Valladolid, 14
47270 Olivares de Duero (Valladolid)
☎: +34 983 250 319
blanca@ciadevinos.com
www.bodegasthesaurus.com

Casa de Castilla 2023 RD
tempranillo

87

Domine 2023 RD S
tempranillo, garnacha

88

Fruchtig, mild, geschmackvoll.

Viña Goy 2023 RD
tempranillo

88

Frisch, fruchtig, reif.

BODEGAS Y VIÑEDOS ALFREDO SANTAMARÍA
Poniente, 18
47290 Cubillas de Santa Marta (Valladolid)
☎: +34 615 052 287
info@bodega-santamaria.com
www.bodega-santamaria.com

Alfredo Santamaría Selección Especial 2018 T
tempranillo

90

Farbe: tiefes Kirschrot. Aroma: reifes Obst, trockene Kräuter, weiches Eichenholz, ausgewogen. Mund: kraftvoll, reife Früchte, würzig, reife Tannine.

Pago el Cordonero Tempranillo 12 meses 2020 T BA
tempranillo

87

Pago el Cordonero Tempranillo 9 meses 2021 T
tempranillo

88

Röstaromen, kraftvoll, reif.

DO CIGALES / D.O.P.

BODEGAS Y VIÑEDOS ROSAN
47270 Cigales (Valladolid)
☎: +34 983 580 006
rodriguezsanz@telefonica.net

Albéitar 2022 T
89
Geschmackvoll, kraftvoll, reif.

CONCEJO BODEGAS
Ctra. Valoria, Km. 3.6
47200 Valoria La Buena (Valladolid)
☎: +34 983 502 263
info@concejobodegas.com
www.concejobodegas.com

+Concejo 2021 T
100% tempranillo
92 ♣
Farbe: tiefes Kirschrot. Aroma: reifes Obst, trockene Kräuter, weiches Eichenholz, erdig. Mund: reife Früchte, würzig, feinkörnige Tannine.

Carredueñas Organic Rosé 2023 RD
tempranillo, garnacha
88
Angenehm, lieblich, fruchtig, reif.

Carredueñas Tinto Fino 2022 T RB
100% tinto fino
88 ♣
Kraftvoll, warm, nach Eingemachtem, Röstaromen.

Concejo Clarete Aged 2023 RD
tempranillo, garnacha
90 ♣
Farbe: lachsfarben. Aroma: süße Gewürze, rote Früchte, Kräutersäckchen, getrocknete Blumen, Röstaromen. Mund: voll, geschmackvoll, würzig, lang.

Concejo Colección 1999 T GR
100% tempranillo
91
Farbe: KirsChrot, orangefarbener Saum. Aroma: feuchtes Leder, Wachs, in Likör eingelegte Früchte, animalische Noten. Mund: leicht, zartbitter, weiche Tannine.

Concejo Vino de Paraje 2019 T R
100% tempranillo
92 ♣
Farbe: tiefes Kirschrot. Aroma: komplex, ausdrucksvoll, mineralisch, weiches Eichenholz, Röstaromen. Mund: elegant, voll, lang, nachhaltig.

FINCA MUSEUM
Ctra. Cigales a Corcos, km. 3
47270 Cigales (Valladolid)
☎: +34 983 581 029
info@bodegasmuseum.com
www.bodegasmuseum.com

La Renacida 2022 T
91
Farbe: KirsChrot. Aroma: balsamisch, süße Gewürze, Buschwaldkräuter, rote Früchte, warm. Mund: würzig, balsamisch, schöne Säure.

Museum 2020 T R
tempranillo
91
Farbe: durchscheinendes Kirschrot. Aroma: feine Reduktionsnoten, reifes Obst, Noten von Tischlerei, würzig. Mund: lang, feinkörnige Tannine, zartbitter.

Museum Rosé 2023 RD
garnacha, tempranillo, verdejo
91
Aromatisch. Farbe: blassrosa. Aroma: elegant, blumig, Kräutersäckchen. Mund: leicht, schöne Säure, zartbitter.

Vinea 2021 T C
tempranillo
92
Farbe: kirschrot mit violettem Saum. Aroma: rote Früchte, blumig, süße Gewürze, balsamisch. Mund: geschmackvoll, fruchtig, schöne Säure, lang.

Vinea 2023 RD
tempranillo, verdejo
91
Farbe: blassrosa. Aroma: rote Früchte, blumig, Kräutersäckchen. Mund: würzig, schöne Säure, zartbitter.

FRUTOS VILLAR
Ctra. Burgos- Portugal, Km. 113,5
47270 Cigales (Valladolid)
☎: +34 983 586 868
comercial@bodegasfrutosvillar.com
www.bodegasfrutosvillar.com

Calderona 2021 T C
100% tempranillo
90
Farbe: dunkles Kirschrot. Aroma: Röstaromen, würzig, feiner Kakao, dunkle Früchte. Mund: geschmackvoll, Röstnoten, zartbitter.

Calderona 2022 T
100% tempranillo
88
Korpulent, kräuterig, reif.

Conde Ansúrez 2023 RD
100% tempranillo
89
Angenehm, lieblich, fruchtig.

Viña Calderona 2023 RD
100% tempranillo
88
Lieblich, frisch, fruchtig, mild.

Viña Calderona Blush Rosé 2023 RD
garnacha, viura
88
Fruchtig, frisch, getrocknete Blumen.

Viña Cansina 2023 RD
100% tempranillo
88
Aromatisch, fruchtig, geschmackvoll.

HIJOS DE RUFINO IGLESIAS
La Canoniga, 25
47194 Mucientes (Valladolid)
☎: +34 983 587 778
bodega@hijosderufinoiglesias.com
www.hijosderufinoiglesias.com

Carratraviesa 2023 RD
80% tempranillo, 10% garnacha, 10% albillo, verdejo
91
Farbe: lebhaftes Rosa, violetter Saum. Aroma: ausdrucksstark fruchtig, rote Früchte, milchig, blumig. Mund: ausgewogen, nachwirkend fruchtig, süffig.

LAGAR DEL DUQUE
Cº de la Ermita s/n
47194 Fuensaldaña (Valladolid)
☎: +34 685 181 363
info@bodegalagardelduque.com
www.bodegalagardelduque.com

Lagar del Duque 2023 RD
tempranillo, garnacha, verdejo
89
Lieblich, klar definierte Aromen, fruchtig.

Lagar del Duque 2023 T
100% tempranillo
89
Angenehm, lieblich, fruchtig, mild.

OVIDIO GARCÍA
Zona de Bodegas Malpique s/n
47270 Cigales (Valladolid)
☎: +34 628 509 475
patricia@ovidiogarcia.com
www.ovidiogarcia.com

Ovidio
García de Autor 2018 T R
100% tempranillo
91
Farbe: leuchtendes Kirschrot, granatroter Saum. Aroma: würzig, Wildkräuter, neues Eichenholz. Mund: frisch, ausgewogen, schöne Säure, feinkörnige Tannine.

Ovidio
García Esencia 2020 T C
100% tempranillo
92
Farbe: tiefes Kirschrot. Aroma: reifes Obst, trockene Kräuter, weiches Eichenholz, Kreide. Mund: kraftvoll, reife Früchte, würzig, reife Tannine.

Ovidio
García Selección 2022 T RB
100% tempranillo
88
Nach Eingemachtem, kraftvoll, reif.

REMIGIO DE SALAS JALON
Carril de Vinateras
34210 Dueñas (Palencia)
☎: +34 979 780 056
amadasalasortega@gmail.com
www.remigiodesalasjalon.com

Las Luceras 2014 T C
86

Las Luceras 2023 RD
88
Angenehm, fruchtig, reif.

Las Luceras B
87

TRASLANZAS BODEGAS Y VIÑEDOS
Peñaflor, 9-11
47194 Mucientes (Valladolid)
☎: +34 628 409 819
traslanzas@traslanzas.com
www.traslanzas.com

Remolón Rosé 2023 RD PL S
tempranillo, garnacha, verdejo, albillo
89
Angenehm, getrocknete Blumen, geschmackvoll.

DO CIGALES / D.O.P.

DO CIGALES / D.O.P.

Traslanzas 2019 T
100% tempranillo

93

Farbe: leuchtendes Kirschrot. Aroma: komplex, ausdrucksvoll, würzig, mineralisch. Mund: elegant, voll, lang, nachhaltig.

Traslanzas 2020 T
tempranillo

91

Farbe: tiefes Kirschrot. Aroma: trockene Kräuter, weiches Eichenholz, mittlere Intensität. Mund: reife Früchte, würzig, reife Tannine.

Traslanzas 2023 RD
85% tempranillo, 15% albillo

90

Farbe: himbeerrot mit violettem Saum. Aroma: ausdrucksstark fruchtig, rote Früchte, blumig. Mund: fruchtig, schöne Säure, süffig.

Traslanzas Verdejo +Albillo 2022 B
80% verdejo, 20% albillo

89

Röstaromen, geschmackvoll, reif, würzig.

Tres Cuestas 2022 T BA S
100% tempranillo

91

Farbe: tiefes Kirschrot. Aroma: reifes Obst, trockene Kräuter, weiches Eichenholz. Mund: kraftvoll, reife Früchte, würzig, reife Tannine.

VINOS DE LA LUZ

Tejar, s/n
47270 Cigales (Valladolid)
☎: +34 983 878 007
info@vinosdelaluz.com
www.vinosdelaluz.com

Hiriart 2023 RD
tempranillo, garnacha, verdejo, cabernet sauvignon

90

Farbe: himbeerrot mit violettem Saum. Aroma: ausdrucksstark fruchtig, rote Früchte, blumig. Mund: fruchtig, schöne Säure, süffig.

Valcerracín Selección Limitada 2023 RD
tempranillo

88

Klar definierte Aromen, mild, fruchtig.

DO. CONCA DE BARBERÀ

CONSEJO REGULADOR
Torre del Portal de Sant Antoni De la Volta, 2
43400 Montblanc
☎: +34 977 926 905
@: cr@doconcadebarbera.com
www.doconcadebarbera.com

LAGE:
Das Anbaugebiet zählt 14 Gemeinden im Norden der Provinz Tarragona. Neu dazugekommen sind die Gemeinden Savallà del Comtat und Vilanova de Prades.

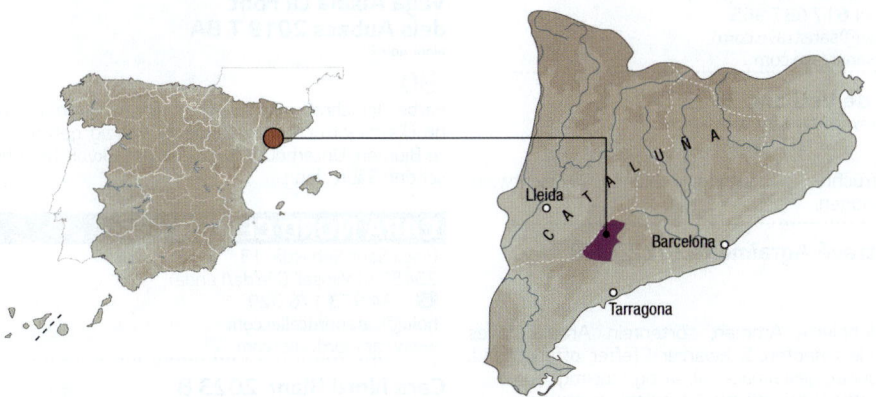

REBSORTEN:
WEISS: Macabeo, Parellada (Hauptsorte, 3.300 ha), Chardonnay, Sauvignon Blanc, Viognier, Sumoll Blanc.
ROT: Trepat, Ull de Llebre (Tempranillo), Garnatxa, Cabernet Sauvignon, Merlot, Syrah, Pinot Noir, Sumoll Negre, Querol, Garró/Mandó.

DATEN:
Rebfläche (ha): 2.656– **Winzer:** 546– **Weinerzeuger:** 29 – **Jahrgang 23:** Unrated– **Jahresproduktion 23:** 541.900 L. – **Absatz:** 85% Spanien - 15% Export.

BODENVERHÄLTNISSE:
Überwiegend dunkler Kalkboden. Die Reben werden in Hanglagen im Schutz von Wäldern kultiviert. Durch die Höhenlage entstehen Weine mit frischem und leichtem Charakter.

KLIMA:
Mediterrane und kontinentale Einflüsse, da die Rebflächen in einem von Bergen umgebenen Flusstal liegen, das vom Meer abgeschnitten ist.

ERNTEBEWERTUNG ANHAND JUNGER WEINE GUÍAPEÑÍN

2019	2020	2021	2022	2023
GUT	GUT	SEHR GUT	SEHR GUT	SEHR GUT

ABADÍA DE POBLET
43448 Vimbodi i Poblet (Tarragona)
☎: +34 977 870 358
j.pujol@codorniu.com
www.codorniu.com

Abadía de Poblet Blanc 2020 B
90% macabeo, 10% parellada
93 ✿
Farbe: leuchtendes Strohgelb. Aroma: Kräutersäckchen, feine Hefen, helle Früchte, süße Gewürze, trockener Stein. Mund: voll, fett, lang, schöne Säure.

BODEGA SANSTRAVÉ
De la Conca, 10
43412 Solivella (Tarragona)
☎: +34 617 687 965
bodega@sanstrave.com
www.sanstrave.com

Llum de Vi Blanc 2023 B
chardonnay, moscatel, garnacha blanca
88
Zitrusfrüchte, kräuterig, blumig, Leichtwein, ausgewogen.

Sanstravé Agraïment 2022 T GR
syrah
91
Klar definierte Aromen, sortenrein. Aroma: reifes Obst, Fleischnoten, Schwarzer Pfeffer, offen. Mund: abgerundet, geschmackvoll, saftig, fruchtig.

Sanstravé Partida dels Jueus 2022 T C
merlot, garnacha, cabernet sauvignon, tempranillo, trepat
90
Klar definierte Aromen, balsamisch. Aroma: offen, reifes Obst, Wildkräuter. Mund: fruchtig, saftig, süffig.

BODEGA VEGA AIXALÁ
De la Font, 11
43439 Vilanova de Prades (Tarragona)
☎: +34 636 519 821
info@vegaaixala.com
www.vegaaixala.com

Vega Aixalà Carinyena 2015 T R
cariñena
93
Alt, würzig, kräuterig, repräsentativ. Farbe: kirschrot mit granatrotem Saum. Aroma: reifes Obst, Buschwaldkräuter, feine Reduktionsnoten. Mund: geschmackvoll, balsamisch, würzig, sortentypisch.

Vega Aixalà Viern 2014 T R S
garnacha, cariñena, cabernet sauvignon, syrah
89
Balsamisch, kräuterig, geschmackvoll, reif. Aroma: erdig, dunkle Früchte, Nüsse.

Vega Aixalà Garnatxa Vilanova 2015 T R S
garnacha
91
Alt, getrocknete Blumen. Aroma: würzig, Schwarzer Pfeffer, reifes Obst, mit Charakter. Mund: würzig, lang, geschmackvoll, sortentypisch.

Vega Aixalà La Bauma 2023 B
garnacha blanca
90
Oxidativ. Farbe: strohgelb. Aroma: trockene Kräuter, welke Blumen, reifes Obst, Getreidenoten. Mund: reife Früchte, ausgewogen, geschmackvoll.

Vega Aixalà La Font dels Aubacs 2019 T BA
pinot noir
90
Farbe: kirschrot mit violettem Saum. Aroma: ausdrucksstark fruchtig, rote Früchte, würzig, getrocknete Blumen, Unterholz. Mund: geschmackvoll, fruchtig, schöne Säure, lang.

CARA NORD CELLER
Plaça Sant Sebastià, 13
25457 El Vilosell (Lleida/Lérida)
☎: +34 973 176 029
hola@caranordceller.com
www.caranordceller.com

Cara Nord Blanc 2023 B
macabeo, chardonnay, trepat
89 ✿
Klar definierte Aromen, korrekt, ausgewogen, reif, wild, getrocknete Blumen, mild, angenehm.

Cara Nord Garrut 2022 T
100% garrut
91
Farbe: durchscheinendes Kirschrot. Aroma: Wildkräuter, Moschus-Noten, trockene Kräuter, mittlere Intensität. Mund: flüssig am Gaumen, süffig, korrekt.

Cara Nord Negre 2021 T C
90
Farbe: KirsChrot. Aroma: Buschwaldkräuter, getrocknete Blumen, reifes Obst, trockene Kräuter. Mund: würzig, balsamisch, schöne Säure, süffig.

Cara Nord Single Estate 2022 T
garnacha
92
Farbe: tiefes Kirschrot. Aroma: reifes Obst, trockene Kräuter, weiches Eichenholz. Mund: kraftvoll, reife Früchte, würzig, reife Tannine, fruchtig.

Cara Nord Trepat Negre 2023 T
92
Aromatisch, klar definierte Aromen, balsamisch. Farbe: kirschrot mit violettem Saum. Aroma: ausdrucksstark fruchtig, rote Früchte, blumig, würzig. Mund: geschmackvoll, fruchtig, schöne Säure, lang.

Cara Nord Trepat Rosat 2023 RD
trepat
87

CASTELL D'OR
Ctra. de Santes Creus,s/n
43814 Vila-Rodona (Tarragona)
☎: +34 977 459 860
castelldor@castelldor.com
www.castelldor.com

Castell d'Or Cabernet Sauvignon, Ull de Llebre, Trepat 2023 T
cabernet sauvignon, ull de llebre, trepat
87

Castell d'Or Trepat 2023 RD
trepat
88
Frisch, kräuterig, fruchtig, ausgewogen.

CELLER CARLES ANDREU
Sant Sebastià, 19
43423 Pira (Tarragona)
☎: +34 977 887 404
info@cavandreu.com
www.cavandreu.com

Carles Andreu 12@ 2023 T
90
Klar definierte Aromen, fruchtig, wild, mild. Aroma: rote Früchte, reifes Obst, mittlere Intensität. Mund: korrekt, süffig.

Carles Andreu Parellada 2022 B
90
Herb, ausgeprägter Säuregehalt. Farbe: leuchtendes Strohgelb, grünlicher Saum. Aroma: frisches Obst, Zitrusfrüchte, Gras. Mund: frisch, fruchtig, schöne Säure.

Carles Andreu Trepat 2021 T BA
91
Farbe: KirsChrot. Aroma: balsamisch, süße Gewürze, Buschwaldkräuter, in Likör eingelegte Früchte, rote Früchte. Mund: würzig, balsamisch, schöne Säure.

CELLER RENDÉ MASDÉU
Ctra. N-240 km 39,5
43440 L'Esplugá de Francoli (Tarragona)
☎: +34 977 871 361
celler@rendemasdeu.cat
www.rendemasdeu.cat

Arnau de Rendé Masdéu 2021 T C S
syrah
90
Lieblich, trockene Kräuter, reif, würzig. Aroma: dunkle Früchte, Fleischnoten, . Mund: geschmackvoll.

El Follet Rosat 2023 RD
syrah
88
Aromatisch, korrekt, fruchtig, Süßwaren, reif, geschmackvoll.

Genuina de Rendé Masdéu 2022 B
garnacha blanca, trepat
90
Farbe: leuchtendes Gelb. Aroma: weiches Eichenholz, reifes Obst, würzig, Wachs. Mund: strukturiert, lang, Röstnoten.

inQuiet de Rendé Masdéu 2023 T
trepat, syrah
87

La Nimfa Blanc 2023 B
macabeo, garnacha blanca, trepat, parellada
88
Angenehm, fruchtig, geschmackvoll.

DOMENIO
Avinguda de Catalunya, 35
43426 Rocafort de Queralt (Tarragona)
☎: +34 977 677 135
comercial@domeniowines.com
www.domeniowines.com

Anima Nua Cor Viu 2023 B
macabeo, parellada
89
Ausgewogen, Hefenoten, kräuterig, frisch.

Capvespre Sunset 2023 T
ull de llebre, cabernet sauvignon, syrah
88
Lieblich, fruchtig, kräuterig, saftig, mild.

Domenio Trepat 2019 T
trepat
89
Klar definierte Aromen, trockene Kräuter, reif, leichte Reduktion, korrekt, wild, mild.

DO CONCA DE BARBERÀ / D.O.P.

Guía Peñín **SPANIENS WEINFÜHRER**

DO CONCA DE BARBERÀ / D.O.P.

Domenio Ull de Llebre 2019 T
ull de llebre

87

Anima Nua Cor Viu 2023 T
ull de llebre, trepat

91 🏆

Lieblich, klar definierte Aromen, korrekt, fruchtig, reif, schlicht, saftig. Farbe: leuchtendes Kirschrot.

FAMILIA TORRES
Castell de Milmanda - Ctra. N-240, Km 45
43430 Vimbodí i Poblet (Tarragona)
☎: +34 938 177 400
prensa@torres.es
www.torres.es

🏆 **PODIUM**

Grans Muralles 2019 T R
garnacha, cariñena, querol, monastrell, garró

95

Farbe: kirschrot mit granatrotem Saum. Aroma: ausgewogen, dunkle Früchte, würzig, feiner Kakao. Mund: geschmackvoll, nachhaltig, poliert.

Milmanda 2021 B C
chardonnay

93

Farbe: leuchtendes Strohgelb, grünlicher Saum. Aroma: frisches Obst, Zitrusfrüchte, Wildkräuter, geröstetes Brot, süße Gewürze. Mund: frisch, fruchtig, schöne Säure, zartbitter.

JOSEP FORASTER
Camí de L'Ermita de Sant Josep, s/n
43400 Montblanc (Tarragona)
☎: +34 977 860 229
info@josepforaster.com
www.josepforaster.com

Josep Foraster Blanc Selecció 2023 B
50% garnacha blanca, 40% macabeo, 10% chardonnay

91 🏆

Farbe: leuchtendes Strohgelb, grünlicher Saum. Aroma: frisches Obst, Zitrusfrüchte, Wildkräuter. Mund: frisch, fruchtig, schöne Säure, zartbitter.

Josep Foraster Pep 2022 T

94

Farbe: KirsChrot. Aroma: komplex, ausdrucksvoll, würzig, mineralisch, rote Früchte, Buschwaldkräuter, balsamisch. Mund: elegant, voll, lang, nachhaltig.

Josep Foraster Trepat 2022 T
trepat

93 🏆

Farbe: KirsChrot. Aroma: balsamisch, süße Gewürze, Buschwaldkräuter, rote Früchte, erdig. Mund: würzig, balsamisch, schöne Säure.

Julieta 2022 T
trepat

93 🏆

Klar definierte Aromen. Farbe: leuchtendes Kirschrot, durchscheinendes Kirschrot. Aroma: balsamisch, Buschwaldkräuter. Mund: würzig, balsamisch, schöne Säure, süffig, ziemlich nachhaltig, lebhaft.

MAS DE LA PANSA
Comerç, 2
43422 Barberà de la Conca (Tarragona)
☎: +34 667 894 636
info@masdelapansa.com
www.masdelapansa.com

Mas de la Pansa Trepat 2019 T RB
100% trepat

91

Farbe: durchscheinendes Kirschrot. Aroma: balsamisch, Buschwaldkräuter, feine Reduktionsnoten. Mund: balsamisch, würzig, weiche Tannine, saftig.

VINÍCOLA SARRAL I SECCIÓ DE CRÈDIT
Avda. de la Conca, 33
43424 Sarral (Tarragona)
☎: +34 977 890 031
cavaportell@gmail.com
www.cava-portell.com

Portell 2019 T R
cabernet sauvignon, merlot, ull de llebre

88

Vegetabil, reif, nach Eingemachtem, rauchig, warm, klassisch, kraftvoll.

Portell Blanc de Blancs 2023 B S
macabeo, parellada

85

Portell Glatim Negre de Trepat 2022 T
100% trepat

89 🏆

Korrekt, beschädigtes Obst, fruchtig, trockene Kräuter. Aroma: reifes Obst. Mund: saftig, sortentypisch.

Portell Macabeu
Blanc de Bóta 2023 B FB
macabeo, parellada

86 🌱

Portell Rosat Trepat 2023 RD
trepat

86

Portell Secrets Pàl.lid
de Trepat 2023 RD
trepat

86

VINS DE LA MEMÒRIA
Aribau 168, 1-1
08036 Barcelona (Barcelona)
☎: +34 672 429 920
info@vinsdelamemoria.com
www.vinsdelamemoria.com

pólVora 2022 T
100% trepat

90 🌱

Farbe: leuchtendes Kirschrot. Aroma: reifes Obst, rote Früchte, Wildkräuter, rauchig, würzig. Mund: fruchtig, leicht, geschmackvoll, trockene, aber reife Tannine.

VINS DE PEDRA
Carrer Muralla Alfons III, 18
43400 Montblanc (Tarragona)
☎: +34 630 405 118
celler@lavinyeta.es
www.vinsdepedra.es

El Trempat 2022 T
100% trepat

88

Nach Eingemachtem, getrübt, beschädigtes Obst. Aroma: Schwarzer Pfeffer, trockene Kräuter, schwarze Lakritze, Fleischnoten.

L'Orni 2022 B
90% chardonnay, 10% parellada

91

Farbe: leuchtendes Strohgelb. Aroma: Kräutersäckchen, feine Hefen, weiße Blumen, helle Früchte, Steinobst. Mund: voll, fett, lang, schöne Säure.

La Musa 2020 T
90% cabernet sauvignon, 10% garnacha

90

Farbe: kirschrot mit granatrotem Saum. Aroma: kraftvoll, dunkle Früchte, sortenrein, trockene Kräuter, Buschwaldkräuter. Mund: geschmackvoll, lang, reife Tannine.

DO. CONDADO DE HUELVA / VINO NARANJA DEL CONDADO DE HUELVA

CONSEJO REGULADOR

Plaza Ildefonso Pinto, s/n.
21710 Bollullos Par del Condado (Huelva)
☎: +34 959 410 322
@: cr@condadodehuelva.es
www.condadodehuelva.es

LAGE:

Im Südosten der Provinz Huelva am Unterlauf des Guadalquivir. Das Anbaugebiet umfasst die Gemeinden Almonte, Beas, Bollullos Par del Condado, Bonares, Chucena, Gibraleón, Hinojos, La Palma del Condado, Lucena del Puerto, Manzanilla, Moguer, Niebla, Palos de la Frontera, Rociana del Condado, San Juan del Puerto, Villalba del Alcor, Villarrasa und Trigueros.

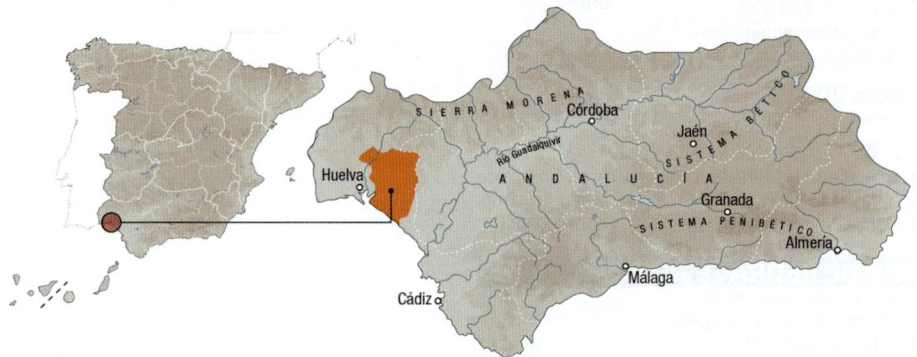

REBSORTEN:

WEISS: Zalema (Hauptsorte), Palomino, Listán de Huelva, Garrido Fino, Moscatel de Alejandría, Colombard, Sauvignon Blanc, Pedro Ximénez, Verdejo, Moscatel de Grano Menudo und Chardonnay.

ROT: Merlot, Syrah, Tempranillo, Cabernet Sauvignon und Cabernet Franc.

DATEN:

Rebfläche (ha): 2.103 – **Winzer:** 1.003– **Weinerzeuger:** 25 – **Jahrgang 23:** Gut – **Jahresproduktion 23:** 6.299.980 L. – **Absatz:** 90% Spanien - 10% Export.

BODENVERHÄLTNISSE:

Im Allgemeinen ebenes oder leicht welliges Gelände mit relativ neutralen, offenen und lockeren Böden von mittlerer Fruchtbarkeit. In den Gebieten nahe des Guadalquivir überwiegen braune und rötliche Böden sowie Schwemmböden in Flussnähe des Guadalquivir.

KLIMA:

Mediterran, aber mit atlantischen Einflüssen. Winter und Frühjahr sind relativ mild, die Sommer lang und heiß. Die durchschnittliche Jahrestemperatur liegt bei +18 °C, die jährliche Niederschlagsmenge bei etwa 550 mm und die relative Luftfeuchtigkeit zwischen 60 und 80%.

ERNTEBEWERTUNG ANHAND JUNGER WEINE GUÍAPEÑÍN

2019	2020	2021	2022	2023
GUT	UNRATED	UNRATED	GUT	UNRATED

BODEGA PRIVILEGIO DEL CONDADO
San José, 2
21710 Bollullos par del Condado (Huelva)
☎: +34 959 410 261
comercial@vinicoladelcondado.com
www.vinicoladelcondado.com

Misterio Condado Viejo BF S
89
Würzig, voll, alt. Aroma: rancio, Karamel.

Misterio Dulce BF Mistela D
87

Misterio Orange Naranja BF Solera D
89
Zitrusfrüchte. Aroma: Orangenschale, offen, kandierte Früchte, in Likör eingelegte Früchte.

Privilegio del Condado B S
87

BODEGAS DEL DIEZMO NUEVO
Osario, 2
21800 Moguer (Huelva)
☎: +34 959 370 004
info@bodegadiezmonuevo.com
www.bodegadiezmonuevo.com

Melquiades Saenz "Vino de Naranja" B
88
Voll, reif, Zitrusfrüchte, würzig, geschmackvoll. Aroma: Honignoten, süße Gewürze, Orangenschale.

BODEGAS DEL SOCORRO
Carril de los Moriscos, 72
21720 Rociana del Condado (Huelva)
☎: +34 665 937 977
diegobort4141@gmail.com
www.bodegasdelsocorro.com

Don Frede 2020 T C
84

Don Frede 2023 T
85

Don Frede RD
83

El Gamo 2023 B
84

Viñagamo Seco 2022 B
84

Viñagamo Semidulce 2023 BE AG SD
84

BODEGAS JUNCALES
Calle Andalucía, 14
21710 Bollullos par del Condado (Huelva)
☎: +34 959 410 302
info@bodegasjuncales.es
www.bodegasjuncales.es

Bodegas Juncales Juncales BF
88
Zitrusfrüchte, korrekt, süß, würzig, getrocknete Blumen. Aroma: in Likör eingelegte Früchte, leicht alkoholisch.

Bodegas Juncales PX B
pedro ximénez
91
Farbe: dunkles Mahagonibraun. Aroma: getrocknete Früchte, Feingebäck, Röstaromen, Schokolade. Mund: geschmeidig, kraftvoll, etwas süß.

Verdeluz Condado Viejo BF
zalema, pedro ximénez
94
Komplex, alt, ausgewogen. Farbe: Altgold. Aroma: Acetaldehyd, Nüsse, Karamel, Lacknoten. Mund: voll, opulent, geschmackvoll, altes Holz.

Verdeluz Cream BF OL CRM
zalema
91
Representativ, klassisch. Farbe: helles Mahagonibraun. Aroma: Honignoten, süße Gewürze, Schokolade, feiner Kakao, geröstete Mandeln. Mund: kraftvoll, geschmackvoll, süß.

BODEGAS MAM
Ctra. A-493, Km. 1.5
21700 La Palma del Condado (Huelva)
☎: +34 959 402 567
dinfante@dinfante.com
www.dinfante.com

Albaleia Colombard 2019 B
colombard
91
Farbe: leuchtendes Gelb. Aroma: getrocknete Blumen, Hefenoten, würzig, Steinobst. Mund: geschmackvoll, lang, salzig, zartbitter.

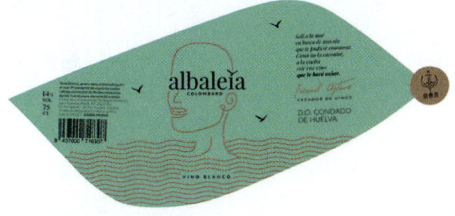

DO CONDADO DE HUELVA / D.O.P.

Flor de Kaldeva 2023 B
moscatel, colombard

86

Lieblich, korrekt, blumig, schlicht. Mund: süffig.

BODEGAS OLIVEROS
Rábida, 12
21710 Bollullos par del Condado (Huelva)
☎: +34 959 410 057
oliveros@bodegasoliveros.com
www.bodegasoliveros.com

Oliveros 2020 T C
tempranillo, syrah

86

Oliveros Coupage 2023 B
86

Oliveros Pedro Ximénez 2020 BF PX D
90

Farbe: mahagonibraun. Aroma: aromatischer Kaffee, Praline, in Likör eingelegte Früchte, Honignoten, getrocknete Früchte. Mund: süß, konzentriert, cremig.

Oliveros Vino Naranja BF Mistela D
zalema, pedro ximénez

89

Lieblich, Zitrusfrüchte, korrekt, süß, fruchtig, naschhaft, geschmackvoll.

BODEGAS SAUCI
Doctor Fleming, 1
21710 Bollullos par del Condado (Huelva)
☎: +34 959 410 524
sauci@bodegassauci.es
www.bodegassauci.es

Espinapura BF FI ES
90

Farbe: leuchtendes Gelb. Aroma: ausgewogen, frisch, ausdrucksvoll, Florhefe, camomila, Buschwaldkräuter. Mund: geschmackvoll, zartbitter.

Espinapura Cruzado BF FI ES
listán blanco, palomino

90

Farbe: leuchtendes Gelb. Aroma: frisch, ausdrucksvoll, Florhefe, trockene Kräuter, rancio. Mund: geschmackvoll, zartbitter.

Riodiel Condado Viejo BF OL S
listán blanco, palomino

88

Cremig, würzig, Röstaromen, repräsentativ.

S' Naranja BF AROM D
90

Klar definierte Aromen, representativ. Aroma: Orangenschale, Zitrusfrüchte, ausdrucksstark fruchtig, Früchtekonfit. Mund: süß, cremig, lang.

Sauci 2020 T C
syrah, tempranillo

85

Sauci BF AM
100% zalema

90

Farbe: jodfarben mit bernsteinfarbenem Saum. Aroma: süße Gewürze, Nüsse, Röstaromen, trockene Kräuter. Mund: trocken, würzig, ausgewogen.

DO. COSTERS DEL SEGRE
CONSEJO REGULADOR
Complex de la Caparrella, 97
25192 Lleida
☎: +34 973 264 583
@: info@costersdelsegre.es
www.costersdelsegre.es

LAGE:

Das Anbaugebiet im Süden der Provinz Lleida und einem Teil von Tarragona umfasst die Teilgebiete Artesa de Segre, Garrigues, Pallars Jussà, Raimat, Segrià und Valls del Riu Corb

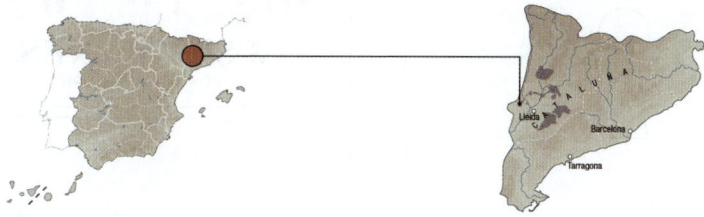

TEILGEBIETE:

Artesa de Segre: am Fuße der Sierra del Montsec nördlich des Gemeindeverbandes Noguera gelegen; kalkhaltige Böden. **Urgell:** im Zentrum der Provinz Lleida gelegen; in durchschnittlich 350 Meter Seehöhe; mediterran-kontinentales Klima vorherrschend. **Garrigues:** im Südosten der Provinz Lleida gelegen; komplexe Orografie; Lehmböden; ungefähr 700 Meter Seehöhe. **Pallars:** das nördlichste Teilgebiet, in den Pyrenäen gelegen; vornehmlich lehm- und kalkhaltige Böden; mediterran-kontinentales Klima. **Raimat:** in der Provinz Lleida gelegen mit vorherrschend kalkhaltigen Böden; mediterranes Klima mit kalten Wintern und heißen Sommern. **Segrià:** im Zentrum der DO gelegenes Teilgebiet; kalkhaltige Böden. **Valls del Riu Corb:** im Südosten der DO gelegenes Teilgebiet; mediterran-kontinentales Klima, abgemildert durch den Seewind; außerdem Einfluss des „Seré", ein frischer, trockener Wind aus dem Landesinnern.

REBSORTEN:

WEISS: Macabeo, Xarel·lo, Parellada, Chardonnay, Garnacha Blanca, Moscatel de Grano Menudo, Malvasía, Gewürztraminer, Albariño, Riesling, Chenin, Viognier, Moscatel de Alejandría und Sauvignon Blanc.

ROT: Garnacha Negra, Ull de Llebre (Tempranillo), Cabernet Sauvignon, Merlot, Monastrell, Trepat, Samsó, Pinot Noir, Syrah, Garnacha Tintorera, Gonfaus, Garnacha Peluda, Sumoll und Petit Verdot.

DATEN:

Rebfläche (ha): 3.954 – **Winzer:** 303 – **Weinerzeuger:** 34 – **Jahrgang 23:** Ausgezeichnet – **Jahresproduktion 23:** 5.121.873 L – **Absatz:** 77% Spanien - 23% Export.

BODENVERHÄLTNISSE:

Mehrheitlich kalk- und granithaltig. Der größte Teil der Rebfläche liegt auf bräunlichen Kalkböden, die arm an organischen Stoffen sind und über einen hohen Kalk- und geringen Tonanteil verfügen.

KLIMA:

Sehr trockenes kontinentales Klima in allen Teilgebieten mit mit häufigem Frost im Winter und Sommertemperaturen bis zu über 35 °C. Die Niederschläge sind sehr gering mit 385 mm/Jahr in Lleida und 450 mm/Jahr in den anderen Gebieten.

ERNTEBEWERTUNG ANHAND JUNGER WEINE GUÍAPEÑÍN

2019	2020	2021	2022	2023
SEHR GUT	SEHR GUT	SEHR GUT	SEHR GUT	SEHR GUT

3V & SINGULAR WINES
Plaça del Carme, 15
25300 Tárrega (Lleida/Lérida)
☎: +34 667 839 403
israel.ayats@gmail.com

Valerna 2021 T BA
90
Farbe: kirschrot mit granatrotem Saum. Aroma: reifes Obst, trockene Kräuter, weiches Eichenholz. Mund: reife Früchte, würzig, reife Tannine, ziemlich nachhaltig.

Valerna 2022 B FB
91
Aromatisch, Hefenoten. Aroma: Bäckerei, getrocknete Blumen, welke Blumen, reifes Obst, Wachs. Mund: geschmackvoll, würzig, lang.

CAR VINÍCOLAS REUNIDAS
Avda. Tarragona, s/n
25300 Tárrega (Lleida/Lérida)
☎: +34 667 839 403
israel.ayats@carviresa.com
www.carviresa.com

Don Quien 2022 B FB
chardonnay, macabeo
89
Lieblich, korrekt, getrocknete Blumen, trockene Kräuter, würzig, reif.

Sotneral Garnacha 2023 RD
garnacha
87

Sotneral Macabeu 2023 B
87

Sotneral Syrah 2023 T
89
Fruchtig, reif, geschmackvoll, würzig.

3 Setmanes 2023 T
90
Farbe: kirschrot mit violettem Saum. Aroma: ausdrucksstark fruchtig, rote Früchte, trockene Kräuter. Mund: fruchtig, geschmackvoll, ausgewogen.

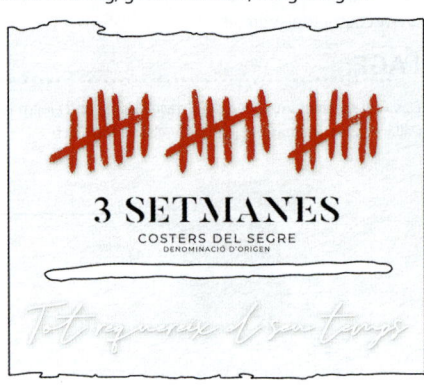

Don Quien 2021 T BA
89
Fruchtig, nach Eingemachtem, würzig, etwas austrocknend.

CASTELL D'ENCUS
Ctra. Tremp a Santa Engracia, Km. 5
25630 Talarn (Lleida/Lérida)
☎: +34 973 252 974
ipinedo@castelldencus.com
www.castelldencus.com

Acusp 2020 T
pinot noir
91
Farbe: sauerkirschrot, blass. Aroma: rote Früchte, blumig, milchig, trockene Kräuter. Mund: fruchtig, geschmackvoll, ausgewogen.

Ekam 2022 B
riesling, albariño
92
Lieblich, kräuterig. Farbe: strohgelb. Aroma: reifes Obst, Wildkräuter, balsamisch, mineralisch. Mund: ausgewogen, fleischig.

Quest 2016 T
cabernet sauvignon, cabernet franc, merlot, petit verdot
92
Lieblich. Farbe: tiefes Kirschrot. Aroma: dunkle Früchte, rote Früchte, erdig, Wildkräuter, feiner Kakao. Mund: reife Früchte, würzig, reife Tannine.

tALEIA 2022 B
93
Naschhaft, voll. Farbe: strohgelb. Aroma: reifes Obst, Wildkräuter, feine Hefen. Mund: reife Früchte, ausgewogen, geschmackvoll.

ThALARN 2018 T
syrah
93
Lieblich, elegant. Farbe: tiefes Kirschrot. Aroma: trockene Kräuter, dunkle Früchte, erdig, Fleischnoten. Mund: reife Früchte, würzig, reife Tannine.

CASTELL DEL REMEI
Finca Castell del Remei s/n
25333 Castell del Remei (Lleida/Lérida)
☎: +34 973 580 200
info@castelldelremei.com
www.castelldelremei.com

Castell del Remei 1780 2019 T
cabernet sauvignon, tempranillo, garnacha
93 ♣
Würzig, reif. Farbe: dunkles Kirschrot, granatroter Saum. Aroma: reifes Obst, Früchtekonfit, Noten von Tischlerei, Tabak, süße Gewürze. Mund: würzig, reife Tannine, lang.

Castell del Remei 2018 B GR
macabeo, chardonnay
92
Farbe: leuchtendes Gelb. Aroma: kraftvoll, weiches Eichenholz, reifes Obst, würzig. Mund: fett, Röstnoten, zartbitter, langer Ausbau.

Castell del Remei Gotim Blanc 2023 B
sauvignon blanc, garnacha blanca, macabeo
88
Lieblich, korrekt, trockene Kräuter, fruchtig, mild.

Castell del Remei Gotim Bru 2021 T
89
Angenehm, Röstaromen, balsamisch, würzig.

Castell del Remei Oda Blanc 2022 B FB
chardonnay, macabeo
89
Cremig, würzig, reif, geschmackvoll. Aroma: weiches Eichenholz, reifes Obst.

Castell del Remei Oda Negre 2021 T C
90
Farbe: kirschrot mit granatrotem Saum. Aroma: Früchtekonfit, kraftvoll, Röstaromen, weiches Eichenholz. Mund: geschmackvoll, leicht süßlich, lang.

Garnatxa Castell del Remei 2022 T
92 ♣
Farbe: kirschrot mit violettem Saum. Aroma: ausdrucksstark fruchtig, rote Früchte, blumig, würzig. Mund: geschmackvoll, fruchtig, schöne Säure, lang.

CELLER BATLLIU DE SORT
Bord Batlliu s/n
25568 Olp (Lleida/Lérida)
☎: +34 628 125 473
josep@batlliudesort.cat
www.batlliudesort.cat

Biu Finca de la Borda 2019 B
riesling
90 ♣
Farbe: golden leuchtend. Aroma: ausdrucksstark fruchtig, reifes Obst, blumig, Zitrusfrüchte. Mund: geschmackvoll, frisch, schöne Säure, nachwirkend fruchtig.

Finca Les Lleres 2017 B BA
viognier
93
Farbe: leuchtendes Gelb. Aroma: helle Früchte, gebackenes Obst, Wildkräuter, welke Blumen, würzig. Mund: fruchtig, frisch, voll, geschmackvoll, ziemlich nachhaltig, ausgewogen.

Nero de Sort 2022 T
pinot noir
90
Farbe: kirschrot mit violettem Saum. Aroma: ausdrucksstark fruchtig, rote Früchte, würzig, getrocknete Blumen, Unterholz. Mund: geschmackvoll, fruchtig, schöne Säure, lang.

Pantigana 2022 B
garnacha blanca, macabeo
88
Fruchtig, reif, schlicht, Cremig.

Salvavides 2022 T
89 ♣
Alt, nach Eingemachtem, trockene Kräuter, voll, Waldfinsternis.

CELLER CERCAVINS
Ctra. LV 2101 KM 0,500
25340 Verdú (Lleida/Lérida)
☎: +34 699 960 301
info@cellercercavins.com
www.cellercercavins.com

Bru Blanc 2023 B
garnacha blanca, chardonnay, sauvignon blanc
90
Fruchtig, kräuterig, reif, geschmackvoll, Zitrusfrüchte.

DO COSTERS DEL SEGRE / D.O.P.

DO COSTERS DEL SEGRE / D.O.P.

Bru de Verdú 14 2020 T
syrah, tempranillo, cabernet sauvignon
88
Röstaromen, trockene Kräuter, nach Eingemachtem, korpulent.

Bru de Verdú 2021 T
tempranillo, syrah, cabernet sauvignon
87

Guillamina 2023 B
sauvignon blanc, albariño, gewürztraminer, moscatel
87

CELLER MONTSEC
25730 Artesa de Segre (Lleida/Lérida)
☎: +34 973 402 037
info@cellermontsec.com
www.cellermontsec.com

Artesià Baluard 2022 T
cabernet sauvignon, merlot, ull de llebre
85

Astronòmic 2021 T
cabernet franc
88
Ausgewogen, würzig, vegetabil, Waldfinsternis.

Bellpuig de Les Avellanes 2021 T BA
cabernet sauvignon, merlot, ull de llebre, monastrell
86

Coop 1958 2021 T
merlot, cabernet sauvignon
87

Garbuix Verema Vermella 2023 RD
88
Nach Eingemachtem, ausgewogen, trockene Kräuter, voll.

CELLER PURGATORI
Ctra. de Bellpuig A Flix C233 – km 59,5
25430 Juneda (Lleida/Lérida)
☎: +34 938 177 400
Fax: +34 938 177 444
prensa@torres.es
www.torres.es

Purgatori 2021 T BA
garnacha, cariñena
91 ♣
Farbe: tiefes Kirschrot. Aroma: reifes Obst, trockene Kräuter, weiches Eichenholz, rote Früchte. Mund: reife Früchte, würzig, reife Tannine, geschmackvoll, fruchtig.

CELLER VILA CORONA
Camí els Nerets, s/n
25654 Vilamitjana (Lleida/Lérida)
☎: +34 973 652 638
Fax: +34 973 652 638
info@vilacorona.cat
www.vilacorona.cat

Llabustes Cabernet Sauvignon 2021 T C
cabernet sauvignon
88
Korpulent, nach Eingemachtem, trockene Kräuter, reif.

Llabustes Chardonnay 2023 B
chardonnay
87

Llabustes Merlot 2023 T C
merlot
88
Nach Eingemachtem, würzig, kräuterig, reif, geschmackvoll, Röstaromen.

Llabustes Riesling 2023 B
riesling
88
Rauchig, durchschnittlich am Gaumen, frisch, schlicht.

Llabustes Ull de Llebre 2022 T C
ull de llebre
86

Tu Rai 2022 T BA
monastrell, ull de llebre, garnacha
88
Ausgewogen, würzig, reif, Röstaromen.

CÉRVOLES CELLER
Avda. Les Garrigues, 26
25471 La Pobla de Cèrvoles (Lleida/Lérida)
☎: +34 973 176 029
info@cervoles.com
www.cervoles.com

Cérvoles Blanc 2022 B FB
macabeo, chardonnay
91 ♣
Farbe: leuchtendes Gelb. Aroma: reifes Obst, würzig, Wildkräuter, getrocknete Blumen. Mund: fett, strukturiert, lang, Röstnoten, zartbitter.

Cérvoles Colors Blanc 2023 B
macabeo, albariño, chardonnay
89 ♣
Aromatisch, korrekt, blumig, fruchtig, saftig, ausgewogen. Mund: zartbitter, süffig.

Cérvoles Colors Negre T C
89 🍷
Aroma: trockene Kräuter, weiches Eichenholz, dunkle Früchte, Früchtekonfit. Mund: reife Früchte, würzig.

Cérvoles Estrats 2019 T
garnacha, cabernet sauvignon, merlot
94 🍷
Farbe: tiefes Kirschrot. Aroma: reifes Obst, weiches Eichenholz, Heidelbeere, mit Charakter, ausdrucksvoll, kraftvoll, feiner Kakao. Mund: reife Früchte, würzig, reife Tannine, strukturiert, voll.

Cérvoles Negre Vinyes Altes de Les Garrigues 2021 T
93 🍷
Reif, komplex. Farbe: KirschRot. Aroma: komplex, ausdrucksvoll, würzig, mineralisch. Mund: elegant, voll, lang, nachhaltig.

Garnatxa de Cérvoles 2022 T
91 🍷
Warm. Farbe: tiefes Kirschrot. Aroma: trockene Kräuter, weiches Eichenholz, dunkle Früchte. Mund: reife Früchte, würzig, reife Tannine.

Tros del Tossal 2021 T
syrah
91
Korpulent, reif, kraftvoll. Farbe: sattes Kirschrot, mattes Kirschrot. Aroma: mit Charakter, kraftvoll, Schwarzer Pfeffer, würzig, Fleischnoten, Früchtekonfit. Mund: abgerundet, lang, reife Früchte, reife Tannine, süße Tannine.

CLOS PONS
Crta. LV-7011, Km. 4.5
25155 L'Albagés (Lleida/Lérida)
☎: +34 973 070 737
nacional@grup-pons.com
www.ponshome.es

Clos Pons Alges 2018 T C
50% garnacha, 30% syrah, 20% cariñena
90 🍷
Farbe: kirschrot mit granatrotem Saum. Aroma: Früchtekonfit, kraftvoll, Buschwaldkräuter, erdig, Schießpulver. Mund: geschmackvoll, leicht süßlich, lang.

Clos Pons Aura 2021 T C
100% garnacha
90 🍷
Farbe: tiefes Kirschrot. Aroma: reifes Obst, trockene Kräuter, süße Gewürze. Mund: reife Früchte, würzig, reife Tannine.

Clos Pons Cingles 2018 B
100% garnacha blanca
91 🍷
Farbe: leuchtendes Strohgelb. Aroma: reifes Obst, Kräutersäckchen, feine Hefen, welke Blumen, getrocknete Blumen, ausgewogen. Mund: voll, fett, lang.

Clos Pons Pla del Tet 2021 T C
92 🍷
Farbe: tiefes Kirschrot. Aroma: trockene Kräuter, dunkle Früchte, süße Gewürze, Röstaromen. Mund: kraftvoll, reife Früchte, würzig, reife Tannine, saftig.

Clos Pons Roc Nu 2013 T R
cabernet sauvignon, garnacha, 20% tempranillo
93 🍷
Klassisch. Farbe: dunkles Kirschrot, granatroter Saum. Aroma: reifes Obst, Früchtekonfit, Noten von Tischlerei, Tabak, süße Gewürze, Fleischnoten. Mund: würzig, reife Tannine, lang.

Clos Pons Sisquella 2020 B C
70% garnacha blanca, 30% albariño
89 🍷
Reif, voll, würzig, geschmackvoll, Röstaromen, mild.

COSTERS DEL SIÓ
Ctra. de Agramunt, Km. 4,2
25600 Balaguer (Lleida/Lérida)
☎: +34 973 424 062
administracio@costersio.com
www.costersio.com

Alto Siós 2022 T R
syrah, tempranillo, garnacha
91 🍷
Farbe: tiefes Kirschrot. Aroma: reifes Obst, trockene Kräuter, weiches Eichenholz, dunkle Früchte, würzig, Röstaromen. Mund: reife Früchte, würzig, trockene, aber reife Tannine, ziemlich nachhaltig.

Finca Siós 2021 T C
tempranillo, garnacha, syrah, petit verdot
91 🍷
Farbe: tiefes Kirschrot, violetter Saum. Aroma: reifes Obst, trockene Kräuter, weiches Eichenholz, Früchtekonfit. Mund: reife Früchte, würzig, geschmackvoll, fruchtig, trockene, aber reife Tannine.

Siós Brut Blanc de Noirs 2021 BE R BR
pinot noir
92
Farbe: golden leuchtend. Aroma: feine Hefen, Kräutersäckchen, mit Charakter, reifes Obst. Mund: geschmackvoll, schöne Säure, feine Perlen, zartbitter.

DO COSTERS DEL SEGRE / D.O.P.

DO COSTERS DEL SEGRE / D.O.P.

Siós Cau del Gat 2022 T C
garnacha, tempranillo, syrah

91

Farbe: tiefes Kirschrot. Aroma: reifes Obst, trockene Kräuter, weiches Eichenholz, würzig, Röstaromen. Mund: reife Früchte, würzig, geschmackvoll, rauchig nachwirkend, trockene, aber reife Tannine.

Siós Pla del Lladoner 2022 B
garnacha blanca, chardonnay

90

Aromatisch, korrekt, ausgewogen, Zitrusfrüchte. Aroma: trockene Kräuter, feine Hefen. Mund: fruchtig, süffig.

Siós Rosé 2022 RE R BR
pinot noir

90

Farbe: lebhaftes Rosa. Aroma: balsamisch, rote Früchte, Wildkräuter. Mund: frisch, fruchtig, schöne Säure, süffig.

COTA 730
Flora Cadena, 44
25594 Rialp (Lleida/Lérida)
☎: +34 657 961 858
vinyescota730@gmail.com
www.cota730.com

Horitzó 2022 B
70% riesling, 30% garnacha

92

Farbe: leuchtendes Strohgelb. Aroma: ausdrucksstark fruchtig, reifes Obst, blumig, helle Früchte, Wildkräuter, Sellerie. Mund: geschmackvoll, frisch, schöne Säure, nachwirkend fruchtig, fruchtig.

Infint 2022 T
50% cabernet sauvignon, 50% garnacha

89

Fruchtig, reif, Röstaromen, rauchig, adstringierend.

L'OLIVERA
La Plana, s/n
25268 Vallbona de Les Monges (Lleida/Lérida)
☎: +34 973 330 276
olivera@olivera.org
www.olivera.org

Agaliu 2022 B FB
100% macabeo

90

Farbe: strohgelb. Aroma: reifes Obst, trockene Kräuter, welke Blumen, Röstaromen. Mund: kraftvoll, reife Früchte, ausgewogen.

Blanc de Serè 2023 B
80% macabeo, 12% parellada, 8% garnacha blanca

86

L'Olivera 2021 BE R BN
84% macabeo, 16% parellada

89

Zitrusfrüchte, ausgewogen, reif, geschmackvoll, Hefenoten.

L'Olivera Reserva Superior 2019 BE GR BN
100% macabeo

91

Farbe: leuchtendes Gelb. Aroma: reifes Obst, feine Hefen, ausgewogen, trockene Kräuter. Mund: schöne Säure, geschmackvoll, reife Früchte.

Missenyora 2021 B FB S
100% macabeo

88

Cremig, würzig, trockene Kräuter, mild.

Naltres 2022 T C S
55% garnacha, 25% cabernet sauvignon, 20% cariñena

89

Frisch, voll, fruchtig, üppig, würzig.

MAS BLANCH I JOVÉ
Pol. Ind. 9 Parc. 129 Paratge Llinars
25471 La Pobla de Cèrvoles (Lleida/Lérida)
☎: +34 973 050 018
Fax: +34 973 391 151
sara@masblanchijove.com
www.masblanchijove.com

Petit Saó 2021 T
50% tempranillo, 30% garnacha, 20% cabernet sauvignon

89

Korpulent, ausgewogen, würzig, trockene Kräuter, geschmackvoll, Röstaromen.

Saó Abrivat 2021 T C
65% garnacha, 15% tempranillo, 10% cabernet sauvignon, 10% syrah

89

Korpulent, ausgewogen, würzig, reif, geschmackvoll.

Saó Blanc 2022 B FB
90% macabeo, 10% garnacha blanca

90

Farbe: leuchtendes Strohgelb. Aroma: reifes Obst, Kräutersäckchen, feine Hefen, geröstetes Brot. Mund: voll, fett, lang, schöne Säure.

Troballa Blanc 2022 B
100% garnacha blanca

90

Farbe: strohgelb. Aroma: trockene Kräuter, welke Blumen, helle Früchte. Mund: kraftvoll, reife Früchte, ausgewogen.

Saó Riesling 2022 B
100% riesling

88 ♣

Zitrusfrüchte, ausgewogen, frisch, kräuterig.

Troballa Negra 2021 T
100% garnacha

88 ♣

Waldfinsternis, nach Eingemachtem, naschhaft, überreif. Aroma: eingemachtes Obst, animalische Noten.

RAIMAT
Passeig Manuel Raventós, s/n
25111 Raimat (Lleida/Lérida)
☎: +34 973 724 000
reservas@raimat.com
www.raimat.com

Raimat Chardonnay 2023 B
89 ♣

Klar definierte Aromen, lieblich, fruchtig, reif.

Raimat El Molí 2020 T C
cabernet sauvignon, syrah

90 ♣

Farbe: tiefes Kirschrot. Aroma: trockene Kräuter, weiches Eichenholz, dunkle Früchte, feiner Kakao. Mund: reife Früchte, würzig, reife Tannine.

Raimat El Niu de la Cigonya 2021 B
chardonnay, xarel.lo, albariño

89 ♣

Röstaromen, mild, angenehm.

Turons de la Pleta 2021 B
100% chardonnay

92 ♣

Farbe: leuchtendes Gelb. Aroma: getrocknete Blumen, kandierte Früchte, feine Hefen, Feingebäck. Mund: abgerundet, würzig, lang, nachhaltig.

Turons Vallcorba 2020 T C
cabernet sauvignon

91 ♣

Farbe: tiefes Kirschrot. Aroma: reifes Obst, trockene Kräuter, dunkle Früchte, feiner Kakao. Mund: kraftvoll, reife Früchte, würzig, reife Tannine.

Vol D'Anima de Raimat Blanc 2023 B
88 ♣

Angenehm, tropische, mild, schlicht.

TERRER DE PALLARS
Del Vent, 28
25655 Figuerola d'Orcau (Lleida/Lérida)
☎: +34 616 701 080
nuria@terrerdepallars.com
www.terrerdepallars.com

Conca de Tremp 2021 T C
syrah, cabernet sauvignon

92

Farbe: tiefes Kirschrot. Aroma: trockene Kräuter, dunkle Früchte, feine Reduktionsnoten, feiner Kakao. Mund: kraftvoll, reife Früchte, würzig, reife Tannine.

Conca de Tremp Blanc 2022 B
garnacha blanca, macabeo

91

Farbe: leuchtendes Strohgelb, grünlicher Saum. Aroma: frisches Obst, Zitrusfrüchte, Gras, . Mund: frisch, fruchtig, schöne Säure, zartbitter.

El Presumit del Pallars 2022 T
90

Klar definierte Aromen, korrekt, blumig, reif. Aroma: reifes Obst, Veilchen. Mund: geschmackvoll, süffig.

La Presumida del Pallars 2022 B
garnacha blanca, macabeo

91

Farbe: leuchtendes Strohgelb. Aroma: ausdrucksstark fruchtig, reifes Obst, Wildkräuter, helle Früchte. Mund: geschmackvoll, frisch, schöne Säure, nachwirkend fruchtig.

TOMÁS CUSINÉ
Plaça Sant Sebastià, 13
25457 El Vilosell (Lleida/Lérida)
☎: +34 973 176 029
info@tomascusine.com
www.tomascusine.com

Auzells 2023 B
macabeo

90 ♣

Klar definierte Aromen. Farbe: leuchtendes Strohgelb. Aroma: helle Früchte, reifes Obst, Zitrusfrüchte, offen. Mund: korrekt, zartbitter.

Finca Barqueres 2019 T C
cariñena

92 ♣

Alt. Farbe: dunkles Kirschrot, granatroter Saum. Aroma: Noten von Tischlerei, Tabak, trockene Kräuter, in Likör eingelegte Früchte. Mund: würzig, lang.

DO COSTERS DEL SEGRE / D.O.P.

DO COSTERS DEL SEGRE / D.O.P.

Finca Comabarra 2020 T C
93
Farbe: kirschrot mit granatrotem Saum. Aroma: Früchtekonfit, kraftvoll, ausgewogen, feiner Kakao, erdig. Mund: geschmackvoll, lang, reife Tannine, würzig.

Finca Racons 2018 B
100% macabeo
93
Farbe: gelb. Aroma: Nüsse, geröstetes Brot, Hefenoten, mit Charakter, ausdrucksvoll, Karamel. Mund: geschmackvoll, zartbitter.

Geol 2019 T C
cariñena, merlot, cabernet sauvignon
92
Farbe: kirschrot mit granatrotem Saum. Aroma: dunkle Früchte, Früchtekonfit, trockene Kräuter, Buschwaldkräuter, erdig, würzig. Mund: geschmackvoll, lang, reife Tannine, würzig, ausgewogen.

Llebre 2022 T
89
Korrekt, reif, trockene Kräuter, würzig, geschmackvoll. Mund: süffig.

Vilosell 2021 T
tempranillo, syrah, garnacha
91
Balsamisch. Aroma: offen, ausgewogen, trockene Kräuter, reifes Obst. Mund: fruchtig, geschmackvoll, würzig, reife Früchte, süffig.

VALL DE BALDOMAR
Ctra. de Alós de Balaguer, s/n
25737 Baldomar (Lleida/Lérida)
☎: +34 973 402 205
info@valldebaldomar.com
www.valldebaldomar.com

Baldomà Selecció 2021 T
88
Ausgewogen, würzig, reif, geschmackvoll, Röstaromen, frisch.

Cristiari 2022 B
88
Schlicht, mild, wild.

Cristiari 2023 RD
88
Fruchtig, reif, von Primäraromen beherrscht, geschmackvoll.

Cristiari d'Alòs Merlot 2021 T BA
88
Korpulent, ausgewogen, würzig, vegetabil, reif, Röstaromen.

Petit Baldomà 2023 B
86

Petit Baldoma 2023 T
85

VINYA ELS VILARS
Camí de Puiggrós, s/n
25140 Arbeca (Lleida/Lérida)
☎: +34 973 149 144
vinyaelsvilars@vinyaelsvilars.com
www.vinyaelsvilars.com

Gerard T R
100% merlot
89
Korpulent, ausgewogen, würzig, kräuterig, reif, Röstaromen.

Leix 2021 T
100% syrah
86

Quim 2023 B
macabeo
90
Herb. Farbe: leuchtendes Strohgelb. Aroma: Kräutersäckchen, feine Hefen, helle Früchte. Mund: voll, schöne Säure, ausgewogen.

Tallat de Lluna 2022 T
100% syrah
88
Waldfinsternis, ausgewogen, korpulent, Röstaromen, geschmackvoll.

Vilars 2021 T C
syrah, merlot
86

DO. EL HIERRO
CONSEJO REGULADOR

El Hoyo, 1
38911 Frontera (El Hierro)
☎: +34 922 559 622
@: doelhierro@doelhierro.es
www.doelhierro.es

LAGE:

Die Rebflächen verteilen sich über die gesamte Kanareninsel El Hierro, mit Schwerpunkten in Valle del Golfo, Sabinosa, El Pinar und Echedo.

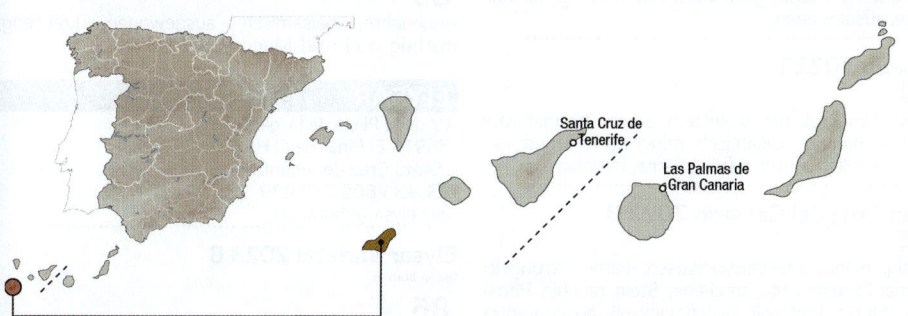

REBSORTEN:

WEISS: Verijadiego (Hauptsorte mit 50%), Listán Blanca, Bremajuelo, Uval (Gual), Pedro Ximénez, Baboso und Moscatel.

ROT: Listán Negro, Negramoll, Baboso Negro und Verijadiego Negro.

DATEN:

Rebfläche (ha): 122 – **Winzer:** 250 – **Weinerzeuger:** 13 – **Jahrgang 23:** Gut– **Jahresproduktion 23:** 112.000 L. – **Absatz:** 85% Spanien - 15% Export.

BODENVERHÄLTNISSE:

Vulkanischen Ursprungs, mit ausgezeichneter Wasserspeicherfähigkeit. Früher wurden die höheren Lagen für den Weinbau bevorzugt, heute dagegen befinden sich die meisten Rebflächen in niedrigen Höhenlagen, was eine rasche Reifung der Trauben zur Folge hat.

KLIMA:

Überwiegend gemäßigtes Klima, in höheren Berglagen mit vermehrter Feuchtigkeit. Die Niederschlagsmengen sind relativ gering.

ERNTEBEWERTUNG ANHAND JUNGER WEINE GUÍAPEÑÍN

2019	2020	2021	2022	2023
UNRATED	UNRATED	UNRATED	SEHR GUT	SEHR GUT

DO EL HIERRO / D.O.P.

BIMBACHE VINÍCOLA
Valderde
38900 El Hierro (Santa Cruz de Tenerife)
info@bimbache.com
www.bimbache.es

Bimbache 2022 B
93
Wenig interventionistisch. Farbe: leuchtendes Strohgelb. Aroma: reifes Obst, feine Hefen, trockener Stein, rauchig. Mund: voll, schöne Säure, geschmackvoll, salzig.

Bimbache tinto 2022 T
93
Flüssig am Gaumen. Farbe: kirschrot mit violettem Saum. Aroma: rote Früchte, blumig, würzig, Wildkräuter, rauchig. Mund: geschmackvoll, fruchtig, schöne Säure, ausgewogen.

Echedo 2022 T
94
Farbe: kirschrot mit violettem Saum. Aroma: rote Früchte, würzig, balsamisch, mineralisch. Mund: geschmackvoll, fruchtig, schöne Säure, fleischig.

Gran Cruz del Calvario 2022 B
94
Rassig, wenig interventionistisch. Farbe: strohgelb. Aroma: Zitrusfrüchte, trockener Stein, rauchig, Phosphor. Mund: kraftvoll, geschmackvoll, ausgeprägter Säuregehalt, salzig.

🏆 PODIUM

John Stone 2022 B
vijariego blanco, listán blanco
95
Wenig interventionistisch, kraftvoll. Farbe: leuchtendes Strohgelb. Aroma: reifes Obst, feine Hefen, mineralisch, trockener Stein. Mund: voll, fett, lang, schöne Säure.

BODEGA CORNICALES
☎: +34 609 083 773
vinoscornicales@gmail.com

Cornicales 2023 B
verijadiego blanco, marmajuelo, gual, listán blanco
87

Cornicales 2023 T
listán negro, vijariego negro, baboso
90
Rustikal, wild. Aroma: mit Charakter, reifes Obst, ausdrucksvoll, ausgewogen. Mund: saftig, lebhaft, süffig.

Cornicales Afrutado 2023 B SD
87

BODEGA PADRÓN
Chamorro, 12
38914 El Pinar de El Hierro
(Santa Cruz de Tenerife)
☎: +34 619 388 359
bodegapadron@gmail.com

Bodega Padrón 2023 B
60% listán blanco, 20% verijadiego blanco, 10% baboso blanco, 10% verdello del hierro
89
Angenehm, korrekt, getrocknete Blumen, reif. Aroma: Orangenschale, reifes Obst. Mund: geschmackvoll, saftig.

Bodega Padrón Afrutado 2023 B SD
60% listán blanco, 20% verijadiego blanco, 20% moscatel
89
Angenehm, balsamisch, ausgewogen, kräuterig, fruchtig, wild, mild. Mund: süffig.

ELYSAR
C/ de la Plaza de la Iglesia, 8
38914 El Pinar de El Hierro
(Santa Cruz de Tenerife)
☎: +34 609 270 479
exp.elysar@hotmail.es

Elysar Varietal 2023 B
listán blanco
86

Elysar Vijariego 2022 T
vijariego negro
90
Repräsentativ, wild. Farbe: KirsChrot. Aroma: süße Gewürze, Buschwaldkräuter, Kräutersäckchen, sortenrein. Mund: würzig, schöne Säure, ausgewogen.

Elysar Vijariego 2023 T
vijariego negro
90
Farbe: leuchtendes Kirschrot, violetter Saum. Aroma: balsamisch, Wildkräuter, rote Früchte, reifes Obst, offen, ausgewogen. Mund: saftig, lebhaft, geschmackvoll, zartbitter.

HM LAS VETAS
☎: +34 679 181 577
cornicales@gmail.com

HM Las Vetas Dulce 2019 B
85% vijariego blanco, 10% gual, 5% listán blanco
93
Representativ, alt. Farbe: Altgold. Aroma: kandierte Früchte, Feingebäck, süße Gewürze. Mund: geschmackvoll, lang, altes Holz, nachhaltig.

MIRADOR DE ADRA
☎: +34 647 629 599
acostaarmas73@gmail.com

7 Marías Lías 2021 B
vijariego blanco, verdello, gual
92
Aromatisch, repräsentativ, wild. Farbe: gelb. Aroma: ausdrucksvoll, reifes Obst, blumig, feine Hefen, Zitrusfrüchte, Orangenschale. Mund: voll, komplex, würzig, lang, elegant.

7 Marías Lías 2022 B
vijariego blanco, verdejo, gual, baboso blanco
90
Ausgewogen, saftig, fruchtig, wild. Farbe: leuchtendes Strohgelb. Aroma: Steinobst, würzig. Mund: lang, reife Früchte, ausgewogen.

Mirador de Adra 2020 B SD
92
Klar definierte Aromen, Zitrusfrüchte, üppig. Aroma: Karamel, süße Gewürze, Feingebäck, Zitrusfrüchte, Acetaldehyd. Mund: geschmackvoll, lang, gebackenes Obst.

Vera-Pinto 2021 B
verijadiego blanco
93
Farbe: goldfarben, kupferfarben. Aroma: kandierte Früchte, Honignoten, offen, ausdrucksvoll, ausgewogen. Mund: ausgewogen, fruchtig, schöne Säure.

SDAD. COOPERATIVA DEL CAMPO FRONTERA - VINÍCOLA INSULAR
El Matorral, s/n
38911 Frontera - El Hierro (Santa Cruz de Tenerife)
☎: +34 922 556 016
coopfrontera@cooperativafrontera.com
www.cooperativafrontera.com

Gran Salmor Dulce 2017 B GR D
verijadiego blanco, bremajuelo
92
Farbe: Altgold mit bernsteinfarbenem Saum. Aroma: würzig, Altholz, kandierte Früchte, Zitrusfrüchte, kraftvoll. Mund: geschmackvoll, süß.

Louis Goudard 2022 B
60% baboso blanco, 40% verdello del hierro
90
Aromatisch. Aroma: Orangenschale, helle Früchte, ausdrucksvoll, mittlere Intensität, offen, getrocknete Blumen. Mund: saftig, ausgewogen, zartbitter.

Viña Frontera Afrutado Selección 2023 B
vijariego blanco, listán blanco
87

Viña Frontera Baboso 2021 T
88
Würzig, trockene Kräuter, reif, wild, nach Eingemachtem, vegetabil, rustikal.

Viña Frontera Baboso Blanco 2021 B
baboso blanco
90
Farbe: golden leuchtend. Aroma: Nüsse, geröstetes Brot, süße Gewürze, reifes Obst, kandierte Früchte, markante Eiche. Mund: voll, fett, geschmackvoll, lang, reife Früchte.

Viña Frontera Baboso Blanco 2022 B
baboso blanco
91
Farbe: leuchtendes Strohgelb. Aroma: ausdrucksvoll, weiße Blumen, trockene Kräuter, würzig. Mund: fruchtig, ausgewogen, zartbitter.

Viña Frontera Dulce 2018 T GR D
91
Balsamisch, süß. Farbe: KirsChrot, orangefarbener Saum. Aroma: Wildkräuter, würzig, mit Charakter, offen. Mund: voll, konzentriert.

Viña Frontera Seco 2023 B
60% vijariego blanco, 40% listán blanco
87

DO EL HIERRO / D.O.P.

DO EL HIERRO / D.O.P.

Viña Frontera Tradicional 2022 T
90% listán negro, baboso, vijariego negro, negramoll
86

Viña Frontera Varietales 2021 T
baboso, vijariego negro, listán negro
87

Viña Frontera Vijariego 2022 T
vijariego negro
88
Balsamisch, reduziert, kräuterig, fruchtig, geschmackvoll, wild, reif. Mund: geschmackvoll.

UWE URBACH
El Matorral, 66
38911 Frontera (Santa Cruz de Tenerife)
☎: +34 619 015 087
uweurbach@terra.es

Uwe 2023 T
100% verijadiego
88 ♣
Schwefelig, kräuterig, reduktiver Ausbau, rustikal, wild, rassig, geschmackvoll.

Uwe Clarete 2023 RD
forastera, verijadiego, baboso, listán negro
88 ♣
Aromatisch, fruchtig, beschädigtes Obst, reif, geschmackvoll, nachhaltig.

DO. EMPORDÀ
CONSEJO REGULADOR

Plaça del Sol, sn
17600 Figueres (Girona)
☎: +34 972 507 513
@: info@doemporda.cat
www.doemporda.cat

LAGE:

Das Anbaugebiet mit 40 Gemeinden liegt im äußersten Nordosten von Katalonien, in der Provinz Girona. Die Rebflächen liegen an den Hängen der Sierra de Rodes und der Sierra de Alberes, welche einen Bogen vom Cabo de Creus bis zum so genannten Garrotxa d´Empordà beschreiben.

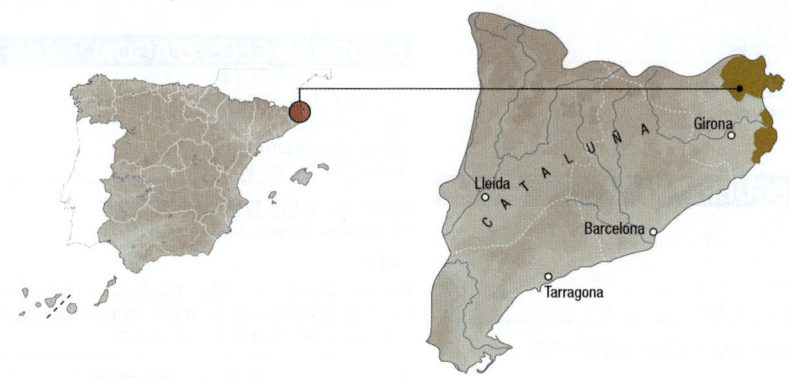

REBSORTEN:

WEISS: Garnacha Blanca, Macabeo (Viura), Moscatel de Alejandría, Xarel.lo, Chardonnay, Gewürztraminer, Malvasía, Moscatel de Grano Menudo, Picapoll Blanc, Sauvignon Blanc und Cariñena Blanca.

ROT: Cariñena, Garnacha Tinta, Cabernet Sauvignon, Cabernet Franc, Merlot, Monastrell, Tempranillo, Syrah, Garnacha Roja (lledoner roig), Cariñena Gris und Garnacha Peluda.

DATEN:

Rebfläche (ha): 1.836 – **Winzer:** 254 – **Weinerzeuger:** 50 – **Jahrgang 23:** Unrated – **Jahresproduktion 23:** 4.834.000 L. – **Absatz:** 93% Spanien - 7% Export.

BODENVERHÄLTNISSE:

Im Allgemeinen sind es arme Böden, granitisch in den Bergzonen, Schwemmland in der Ebene und Schiefer in der Küstenregion.

KLIMA:

Vom „Tramontana" beeinflusst, einem starken Nordwind, der in die Rebflächen weht. Die Winter sind mild, mit wenig Frost und die Sommer heiß, aber durch die Meeresbrise gemäßigt. Die jährliche Niederschlagsmenge liegt bei etwa 600 mm.

ERNTEBEWERTUNG ANHAND JUNGER WEINE GUÍAPEÑÍN

2019	2020	2021	2022	2023
SEHR GUT	SEHR GUT	SEHR GUT	SEHR GUT	SEHR GUT

DO EMPORDÀ / D.O.P.

ALEGRE WINES & SPIRITS
Balmes, 345
08006 Barcelona (Barcelona)
☎: +34 935 641 262
administracion@alegrews.com
www.alegrews.com

Cala Marquesa 2023 B
garnacha blanca
89
Aromatisch, Zitrusfrüchte, getrocknete Blumen, fruchtig, trockene Kräuter, reif.

ALREGI
Pol. Ind. Empordà Internacional s/n
17469 Vilamalla (Girona/Gerona)
☎: +34 972 526 061
alregi@alregi.es
www.winepalace.es

Bufarut 2021 T C
garnacha, cabernet sauvignon
87

AV BODEGUERS
Sant Baldiri, 23
17781 Vilamaniscle (Girona/Gerona)
☎: +34 620 006 476
info@avbodeguers.com
www.avbodeguers.com

Elitia Carinyenes Velles 2020 T R
100% cariñena
91
Farbe: leuchtendes Kirschrot. Aroma: dunkle Früchte, reifes Obst, würzig, rauchig, Wildkräuter. Mund: fruchtig, strukturiert, frisch, geschmackvoll, kräftige Tannine.

Elitia Garnatxa d'Empordà B Solera D
100% garnacha blanca
94
Farbe: bernsteinfarben. Aroma: getrocknete Früchte, Nüsse, Altholz, süße Gewürze, Karamel, feiner Kakao, trockene Kräuter. Mund: süß, fruchtig, geschmackvoll, abgerundet, ziemlich nachhaltig.

Nereus Garnacha Negra 2021 T
100% garnacha
89
Fruchtig, trockene Kräuter, reif, geschmackvoll.

Nereus Selecció 2022 T C
50% garnacha, 30% cariñena, 20% syrah
91
Farbe: kirschrot mit violettem Saum. Aroma: Veilchenbombons, dunkle Früchte, reifes Obst, trockene Kräuter, würzig. Mund: fruchtig, ausgewogen, frisch, trockene, aber reife Tannine.

Suneus 2023 RD
100% garnacha
89
Getrocknete Blumen, trockene Kräuter, fruchtig, von Primäraromen beherrscht.

Suneus Blanc 2023 B
100% macabeo
88
Lieblich, Zitrusfrüchte, fruchtig, trockene Kräuter, reif.

Suneus Negre 2022 T RB
60% garnacha, 20% syrah, 20% merlot
88
Fruchtig, trockene Kräuter, getrocknete Blumen, reif, rustikal.

BODEGAS CLOS D'AGON
Carrer del Mas Gil, 14
17251 Calonge (Girona/Gerona)
☎: +34 972 661 486
info@closdagon.com
www.closdagon.com

Amic de Clos D'Agon 2022 T
83% garnacha, 9% garnacha tintorera, 8% syrah
90
Aroma: dunkle Früchte, trockene Kräuter, würzig, rauchig, getrocknete Blumen. Mund: fruchtig, frisch, würzig, reife Tannine, ausgewogen.

Amic de Clos D'Agon 2023 B
77% garnacha blanca, 23% garnacha roja
89
Fruchtig, getrocknete Blumen, kräuterig, reif, geschmackvoll.

Amic de Clos D'Agon 2023 RD
100% garnacha
89
Herb, fruchtig, vegetabil, von Primäraromen beherrscht, frisch.

Clos D'Agon Alba del Tinar 2023 RD
88% garnacha gris, 12% cabernet franc
92
Farbe: lachsfarben. Aroma: frisches Obst, rote Früchte, Wildkräuter, Kräutersäckchen, welke Blumen. Mund: frisch, fruchtig, lebhaft, geschmackvoll, ziemlich nachhaltig, ausgewogen.

Clos D'Agon Mas Palet 2021 T
100% syrah
92
Farbe: kirschrot mit violettem Saum. Aroma: reifes Obst, dunkle Früchte, Wildkräuter, balsamisch, Weihrauch, Zedernholz. Mund: fruchtig, frisch, lebhaft, ausgewogen, reife Tannine.

Clos d'Agon
Valmaña 2021 T
72% merlot, 20% cabernet franc, 5% syrah, 3% cabernet sauvignon

92
Farbe: kirschrot mit violettem Saum. Aroma: ausdrucksstark fruchtig, dunkle Früchte, reifes Obst, rote Früchte, Wildkräuter, grüne Paprika, würzig, Zedernholz. Mund: fruchtig, geschmackvoll, kraftvoll, ausgewogen, rauchig nachwirkend.

BODEGAS TROBAT
Castelló, 10
17780 Garriguella (Girona/Gerona)
☎: +34 972 530 092
xavier.picazo@bmark.es
www.bodegastrobat.com

Amat Xarel.lo 2023 B
100% xarel.lo

87
Espiadimonis 2023 B
40% macabeo, 60% garnacha blanca

87
Espiadimonis 2023 RD
100% merlot

88
Fruchtig, trockene Kräuter, reif, geschmackvoll.

Espiadimonis 2023 T
cariñena, garnacha

88
Fruchtig, reif, schlicht, korrekt, geschmackvoll.

BRUGAROL
Camino de Bell-Lloc, 63
17253 Palamòs (Girona/Gerona)
☎: +34 972 315 161
bell-lloc@brugarol.com
www.brugarol.com

Celler
Brugarol Negre 2018 T

91
Farbe: tiefes Kirschrot. Aroma: dunkle Früchte, reifes Obst, würzig, rauchig, Röstaromen. Mund: geschmackvoll, fruchtig, fleischig, rauchig nachwirkend, kräftige Tannine.

Celler
Brugarol Xarel.lo 2022 B
xarel.lo

90
Farbe: leuchtendes Gelb. Aroma: reifes Obst, helle Früchte, , trockene Kräuter, getrocknete Blumen, trockener Stein. Mund: fruchtig, fett, frisch, geschmackvoll, sortentypisch, ziemlich nachhaltig.

Txatxatxa 2021 T
garnacha, garnacha roja, garnacha blanca

91
Farbe: leuchtendes Kirschrot. Aroma: ausdrucksstark fruchtig, reifes Obst, rote Früchte, welke Blumen, Wildkräuter, ausdrucksvoll. Mund: fruchtig, geschmackvoll, frisch, ausgewogen, süffig, reife Tannine.

CELLER ARCHÉ PAGÈS
Sant Climent, 31
17750 Capmany (Girona/Gerona)
☎: +34 626 647 251
bonfill@capmany.com
www.cellerarchepages.com

Bonfill 2021 T C
garnacha, cariñena

90
Farbe: kirschrot mit violettem Saum. Aroma: reifes Obst, trockene Kräuter, weiches Eichenholz, dunkle Früchte. Mund: reife Früchte, würzig, reife Tannine, geschmackvoll.

Cartesius Blanc 2023 B FB
garnacha blanca

90
Farbe: leuchtendes Strohgelb. Aroma: ausdrucksstark fruchtig, helle Früchte, weiße Blumen, Wildkräuter. Mund: fruchtig, lebhaft, geschmackvoll, ausgewogen, zartbitter.

Cartesius Negre 2021 T
garnacha, merlot, cabernet sauvignon

86
Cartesius Rosat 2023 RD
garnacha roja

88
Lieblich, fruchtig, getrocknete Blumen, trockene Kräuter, von Primäraromen beherrscht.

Sàtirs Negre 2020 T C
garnacha, cariñena, cabernet sauvignon, syrah

90
Farbe: kirschrot mit granatrotem Saum. Aroma: reifes Obst, dunkle Früchte, würzig, Röstaromen, Schwarzer Pfeffer. Mund: geschmackvoll, fruchtig, ausgewogen, rauchig nachwirkend, trockene, aber reife Tannine.

Ull de Serp
La Closa Carinyena 2020 T C
cariñena

90
Farbe: leuchtendes Kirschrot. Aroma: reifes Obst, dunkle Früchte, Altholz, würzig, Röstaromen. Mund: geschmackvoll, fruchtig, ziemlich nachhaltig, würzig, rauchig nachwirkend, Röstnoten.

DO EMPORDÀ / D.O.P.

DO EMPORDÀ / D.O.P.

Ull de Serp La Closa Macabeu 2022 B FB
macabeo

92
Farbe: golden leuchtend. Aroma: gebackenes Obst, reifes Obst, süße Gewürze, Röstaromen, trockene Kräuter. Mund: fruchtig, geschmackvoll, kraftvoll, zartbitter, ausgewogen, Röstnoten.

CELLER COOPERATIU D'ESPOLLA
Crta. De Roses, s/n
17753 Espolla (Girona/Gerona)
☎: +34 972 563 178
info@celleresspolla.com
www.celleresspolla.com

Babalà – Vi Negre Eixerit 2023 T
85% lledoner, 15% lledoner roig

88
Fruchtig, von Primäraromen beherrscht, reif, schlicht.

Babalà Vi Blanc Simpàtic 2023 B
75% cariñena blanca, 25% moscatel de alejandría

88
Aromatisch, getrocknete Blumen, fruchtig, reif, von Primäraromen beherrscht.

Babalà Vi Rosat Alegre 2023 RD
70% lledoner roig, 30% lledoner

88
Fruchtig, getrocknete Blumen, trockene Kräuter, reif, von Primäraromen beherrscht.

Clos de les Dòmines 2020 T R
65% cariñena, 35% cabernet sauvignon

89
Fruchtig, kräuterig, reif, nach Eingemachtem, würzig.

Clos de les Dòmines Blanc 2022 B FB
45% garnacha rosada, 25% cariñena, 20% garnacha blanca, 10% moscatel de alejandría

91
Farbe: leuchtendes Gelb. Aroma: frisches Obst, helle Früchte, welke Blumen. Mund: frisch, fruchtig, lebhaft, geschmackvoll, ausgewogen, würzig.

Solera 1931 Espolla
Garnatxa d'Empordà BF Solera D
lledoner blanco, lledoner roig

89
Fruchtig, naschhaft, geschmackvoll, Röstaromen, süß.

CELLER COOPERATIU D'ESPOLLA – VINS DE POSTAL
Ctra. Roses, s/n
17753 Espolla (Girona/Gerona)
☎: +34 972 563 178
vinsdepostal@celleresspolla.com
www.vinsdepostal.com

Soliserena Espolla
Garnacha D'Empordà BF Solera D
lledoner blanco, lledoner roig

91
Farbe: dunkles Mahagonibraun. Aroma: kandierte Früchte, weiches Eichenholz, Altholz, Weihrauch, Karamel, Früchtekonfit. Mund: süß, fruchtig, geschmackvoll, ziemlich nachhaltig, nachwirkende Röstnoten.

Vins de Postal - Camí de Mollet 2019 B
100% garnacha rosada

93
Farbe: leuchtendes Gelb. Aroma: Zitronenbombon, ausdrucksstark fruchtig, gebackenes Obst, trockene Kräuter, Buschwaldkräuter. Mund: fruchtig, voll, frisch, geschmackvoll, ausgewogen, schöne Säure, zartbitter.

Vins de Postal - Coll de Ribera 2014 T BA
100% cariñena

91
Farbe: leuchtendes Kirschrot, kirschrot mit granatrotem Saum. Aroma: reifes Obst, dunkle Früchte, Wildkräuter, Kräutersäckchen, getrocknete Blumen, Veilchen. Mund: fruchtig, geschmackvoll, ausgewogen, würzig, reife Tannine.

Vins de Postal - L'Estany 2020 B
100% lledoner blanco

91
Farbe: leuchtendes Gelb. Aroma: gebackenes Obst, reifes Obst, Wildkräuter, Karamel, würzig. Mund: fruchtig, frisch, geschmackvoll, voll, ausgewogen, würzig, rauchig nachwirkend, ziemlich nachhaltig.

Vins de Postal – La Coromina 2016 T
100% cariñena

91
Farbe: leuchtendes Kirschrot. Aroma: Veilchenbombons, ausdrucksstark fruchtig, dunkle Früchte, reifes Obst, Kräutersäckchen, welke Blumen, süße Gewürze. Mund: fruchtig, geschmackvoll, ausgewogen, reife Tannine.

Vins de Postal – Les Planes 2020 B
100% cariñena blanca

93
Farbe: leuchtendes Strohgelb. Aroma: feine Hefen, mineralisch, Buschwaldkräuter, , Röstaromen. Mund: voll, komplex, würzig, lang.

CELLER GERISENA
Ctra de Roses, s/n
17780 Garriguella (Girona/Gerona)
☎: +34 972 530 002
info@cellergerisena.com
www.cellergerisena.com

Blanc de Gerisena 2022 B RB
garnacha blanca

90

Farbe: leuchtendes Gelb. Aroma: weiches Eichenholz, reifes Obst, würzig, gebackenes Obst, Nüsse. Mund: fett, strukturiert, Röstnoten, zartbitter, ziemlich nachhaltig.

Finca Les Roques 2022 B RB
cariñena blanca

91

Farbe: golden leuchtend. Aroma: reifes Obst, helle Früchte, Wildkräuter, würzig. Mund: fruchtig, frisch, geschmackvoll, reife Früchte, ausgewogen.

Finca Masdeneres 2021 T RB
cariñena

91

Farbe: leuchtendes Kirschrot. Aroma: dunkle Früchte, ausdrucksstark fruchtig, aromatischer Kaffee, rauchig, würzig, Wildkräuter. Mund: konzentriert, strukturiert, fruchtig, rauchig nachwirkend, trockene, aber reife Tannine.

Negre de Gerisena 2022 T
garnacha

90

Farbe: leuchtendes Kirschrot. Aroma: reifes Obst, dunkle Früchte, Wildkräuter, rauchig, würzig. Mund: fruchtig, geschmackvoll, ausgewogen, trockene, aber reife Tannine.

Rosat de Gerisena 2023 RD
garnacha gris

89

Fruchtig, frisch, getrocknete Blumen, trockene Kräuter, reif. Farbe: lachsfarben. Aroma: rote Früchte, reifes Obst, trockene Kräuter, ausdrucksstark fruchtig. Mund: fruchtig, lebhaft, geschmackvoll, ausgewogen.

Somnis de Gerisena RF Añejo D
garnacha gris

94

Farbe: dunkles Mahagonibraun. Aroma: getrocknete Früchte, Honignoten, Karamel, süße Gewürze, Altholz. Mund: süß, fruchtig, kraftvoll, geschmackvoll, ausgewogen, nachhaltig, Röstnoten.

CELLER JOC
17750 Capmany (Girona/Gerona)
☎: +34 607 222 002
info@vinojoc.com
www.vinojoc.com

9 Set 2 2021 T
cabernet sauvignon, merlot, garnacha

88

Fruchtig, würzig, kräuterig, wild, reif.

De Cap a Peus 2022 B
57% garnacha blanca, 42% macabeo, 1% moscatel grano menudo

89

Fruchtig, trockene Kräuter, reif, von Primäraromen beherrscht, geschmackvoll. Mund: zartbitter.

Petardo 2022 T
garnacha, merlot, cabernet sauvignon

90

Farbe: leuchtendes Kirschrot. Aroma: dunkle Früchte, reifes Obst, würzig, Röstaromen, Schwarzer Pfeffer, trockene Kräuter. Mund: fruchtig, ausgewogen, würzig, rauchig nachwirkend, reife Tannine.

CELLER MARIÀ PAGÈS
Pujada, 6
17750 Figueres (Girona/Gerona)
☎: +34 972 549 160
info@cellermpages.com
www.cellermpages.com

Celler Marià Pagès Garnatxa d'Empordà Dulce 2021 B D
80% garnacha, 20% garnacha blanca

90

Farbe: bernsteinfarben. Aroma: kandierte Früchte, Altholz, Feingebäck, Röstaromen, Noten von Tischlerei. Mund: fruchtig, süß, fett, ziemlich nachhaltig.

Celler Marià Pagès Moscat d'Empordà Dulce 2023 B D
moscatel de alejandría

89

Süß, sortenrein, reif, fruchtig, getrocknete Blumen.

Celler Marià Pagès Rosa-T 2023 RD
garnacha

87

Celler Marià Pagès Vinya de L'Hort 2023 B
70% garnacha, 30% garnacha roja

87

Mar de Lluna Moscat 2023 B
moscatel de alejandría

86

DO EMPORDÀ / D.O.P.

SPANIENS WEINFÜHRER

DO EMPORDÀ / D.O.P.

Senyor de Les Pedres 2019 T RB
garnacha, cariñena, cabernet franc, cabernet sauvignon

88

Fruchtig, trockene Kräuter, würzig, reif, geschmackvoll.

CELLER MARTÍ FABRA
Barrio Vic, 26
17751 Sant Climent Sescebes (Girona/Gerona)
☎: +34 972 563 011
info@cellermartifabra.com
www.cellermartifabra.com

Flor D'Albera 2021 B FB
100% moscatel

90

Farbe: leuchtendes Gelb. Aroma: ausdrucksstark fruchtig, helle Früchte, Wildkräuter, , getrocknete Blumen. Mund: frisch, fruchtig, lebhaft, ausgewogen.

L'Oratori 2022 T
50% garnacha, 35% cariñena, 8% tempranillo, 3% cabernet sauvignon, 2% merlot, 2% syrah

90

Farbe: leuchtendes Kirschrot. Aroma: dunkle Früchte, rote Früchte, Schwarzer Pfeffer, würzig, Zedernholz, Wildkräuter. Mund: fruchtig, frisch, geschmackvoll, trockene, aber reife Tannine.

La Tribana 2021 T
garnacha

92

Farbe: leuchtendes Kirschrot. Aroma: reifes Obst, rote Früchte, würzig, Schwarzer Pfeffer, Röstaromen, trockene Kräuter. Mund: fruchtig, kraftvoll, geschmackvoll, ausgewogen, rauchig nachwirkend, reife Tannine, ziemlich nachhaltig.

Martí Fabra Selecció Vinyes Velles 2022 T RB
55% garnacha, 25% cariñena, 20% cabernet sauvignon

91

Farbe: kirschrot mit violettem Saum. Aroma: reifes Obst, dunkle Früchte, würzig, Karamel, Röstaromen. Mund: geschmackvoll, saftig, fruchtig, frisch, ausgewogen.

Masía Carreras Blanc 2021 B FB
40% cariñena blanca, 30% cariñena rosada, 10% garnacha blanca, 10% garnacha rosada, 10% picapoll blanc

93

Farbe: leuchtendes Gelb. Aroma: helle Früchte, reifes Obst, Steinobst, welke Blumen, weiße Blumen. Mund: fruchtig, frisch, geschmackvoll, voll, ausgewogen, würzig, ziemlich nachhaltig.

Masía Carreras Negre 2021 T
100% cariñena

92

Farbe: kirschrot mit violettem Saum. Aroma: dunkle Früchte, Wildkräuter, aromatischer Kaffee, würzig, Röstaromen. Mund: geschmackvoll, fruchtig, frisch, ausgewogen, reife Früchte, ziemlich nachhaltig, trockene, aber reife Tannine.

Masía Pairal Can Carreras Garnatxa de l'Empordà BF Solera D
garnacha blanca, garnacha rosada

94

Farbe: Altgold mit bernsteinfarbenem Saum. Aroma: ausdrucksstark fruchtig, kandierte Früchte, Honignoten, weiches Eichenholz, Feingebäck, süße Gewürze, Karamel, feiner Kakao. Mund: fruchtig, frisch, voll, ausgewogen, zartbitter, Röstnoten, nachhaltig, süß, komplex.

CELLER MASSIS DE L'ALBERA
La Roca, 1
17750 Capmany (Girona/Gerona)
☎: +34 972 549 012
info@massisdelalbera.com
www.massisdelalbera.com

Camins de L'Albera 2021 T
garnacha

90

Farbe: leuchtendes Kirschrot. Aroma: reifes Obst, rote Früchte, trockene Kräuter, Veilchen, Noten von Tischlerei. Mund: fruchtig, frisch, geschmackvoll, mineralisch, nachwirkend fruchtig.

El Visionari 2023 RD
garnacha

90 ✿

Farbe: lachsfarben. Aroma: Himbeere, ausdrucksstark fruchtig, reifes Obst, rote Früchte, Kräutersäckchen, Rosenblütenblätter. Mund: fruchtig, geschmackvoll, ausgewogen, ziemlich nachhaltig.

L'Encanteri 2022 T C
garnacha, cariñena, syrah

92

Farbe: kirschrot mit violettem Saum. Aroma: rote Früchte, reifes Obst, würzig, trockene Kräuter, getrocknete Blumen. Mund: fruchtig, frisch, geschmackvoll, ausgewogen, reife Früchte, reife Tannine.

La Garnatxa D'En Pitu 2012 RF GR D
garnacha roja

94

Farbe: jodfarben mit bernsteinfarbenem Saum. Aroma: kandierte Früchte, Nüsse, weiches Eichenholz, Weihrauch, Karamel. Mund: süß, fruchtig, frisch, ausgewogen, schöne Säure, ziemlich nachhaltig, würzig, nachhaltig, Röstnoten.

COOPERATIVA DE GARRIGUELLA
Ctra. de Roses, s/n
17780 Garriguella (Girona/Gerona)
☎: +34 972 530 002
info@cooperativagarriguella.com
www.cooperativagarriguella.com

Garriguella Garnatxa
D'Empordá Ambré Dulce RD BA D
garnacha gris

90
Farbe: Altgold mit bernsteinfarbenem Saum. Aroma: kandierte Früchte, getrocknete Früchte, weiches Eichenholz, Feingebäck, würzig. Mund: fruchtig, frisch, geschmackvoll, ausgewogen, süß.

Garriguella Garnatxa
D'Empordá Robí Dulce Natural T D
garnacha

90
Farbe: jodfarben mit bernsteinfarbenem Saum. Aroma: kandierte Früchte, Nüsse, Feingebäck, Röstaromen, würzig. Mund: fruchtig, fett, süß, ziemlich nachhaltig, rauchig nachwirkend.

Garriguella Moscatel
D'Empordá Dulce 2023 B MO D
moscatel de alejandría

89
Aromatisch, fruchtig, milchig, sortenrein, geschmackvoll, blumig.

Puntils 2021 T C
garnacha

87

Puntils Blanc 2023 B
garnacha blanca, moscatel de alejandría

86

Puntils Negre 2023 T
garnacha, cariñena

86

EMPORDÀLIA
Ctra. de Roses, s/n
17494 Pau (Girona/Gerona)
☎: +34 972 530 140
comunicacio@empordalia.com
www.empordalia.com

Antima 2021 T C
60% garnacha, 40% cariñena

91
Farbe: tiefes Kirschrot. Aroma: Veilchenbombons, ausdrucksstark fruchtig, reifes Obst, dunkle Früchte, würzig, Noten von Tischlerei. Mund: fruchtig, frisch, kraftvoll, strukturiert, ausgewogen, rauchig nachwirkend, trockene, aber reife Tannine.

Daina 2023 RD
100% garnacha gris

88 ⚘
Fruchtig, getrocknete Blumen, trockene Kräuter, reif.

Icnos 2019 T C
50% cariñena, 30% cabernet sauvignon, 20% syrah

93
Farbe: kirschrot mit violettem Saum. Aroma: reifes Obst, dunkle Früchte, rote Früchte, Wildkräuter, feuchte Erde, Trüffel, würzig, Röstaromen. Mund: fruchtig, lebhaft, geschmackvoll, konzentriert, ausgewogen.

Mabre 2023 B
100% garnacha blanca

88 ⚘
Fruchtig, getrocknete Blumen, frisch, trockene Kräuter, reif.

Perdre El Nord 2022 T
100% merlot

88 ⚘
Sortenrein, fruchtig, reif, wild, würzig.

Sinols 2020 T R
40% cabernet sauvignon, 20% garnacha, 20% merlot, 20% syrah

88
Fruchtig, trockene Kräuter, geschmackvoll, ausgewogen, nach Eingemachtem, würzig.

DO EMPORDÀ / D.O.P.

DO EMPORDÀ / D.O.P.

ESPELT VITICULTORS
Mas Espelt s/n
17493 Vilajuiga (Girona/Gerona)
☎: +34 972 531 727
info@espeltviticultors.com
www.espeltviticultors.com

Cala Rostella 2020 T
garnacha
91
Farbe: leuchtendes Kirschrot, granatroter Saum. Aroma: rote Früchte, reifes Obst, Wildkräuter, süße Gewürze. Mund: fruchtig, geschmackvoll, ausgewogen, reife Früchte, reife Tannine.

Espelt Airam
Solera 1998 Dulce RF Solera D
garnacha
94
Farbe: Altgold mit bernsteinfarbenem Saum. Aroma: Veilchenbombons, ausdrucksstark fruchtig, getrocknete Früchte, Honignoten, Kohlenwasserstoff, feiner Kakao, süße Gewürze. Mund: süß, fruchtig, fett, geschmackvoll, ausgewogen, nachhaltig, reife Tannine.

Espelt
ComaBruna 2018 T
cariñena
93
Farbe: tiefes Kirschrot. Aroma: dunkle Früchte, reifes Obst, Getreidenoten, trockene Kräuter, würzig. Mund: fruchtig, geschmackvoll, ausgewogen, ziemlich nachhaltig, trockene, aber reife Tannine.

Espelt
La Vella 2022 B
cariñena blanca
90
Farbe: leuchtendes Gelb. Aroma: reifes Obst, gebackenes Obst, Wildkräuter, welke Blumen, ausdrucksvoll. Mund: fruchtig, frisch, ausgewogen, lebhaft.

Espelt
Lledoner Roig 2021 B
lledoner roig
92
Farbe: leuchtendes Gelb. Aroma: ausdrucksstark fruchtig, Steinobst, helle Früchte, Orangenschale, Kräutersäckchen, welke Blumen. Mund: fruchtig, voll, frisch, geschmackvoll, ausgewogen.

Espelt
Terres Negres 2020 T
cariñena, garnacha
92
Farbe: kirschrot mit violettem Saum. Aroma: reifes Obst, dunkle Früchte, ausdrucksstark fruchtig, Wildkräuter, würzig. Mund: fruchtig, geschmackvoll, frisch, lebhaft, ausgewogen, reife Tannine.

L'Escumós d'Anna Espelt 2015 BE
monastrell
92
Farbe: leuchtendes Gelb. Aroma: Zitrusfrüchte, Zitronenbombon, ausdrucksstark fruchtig, helle Früchte, Wildkräuter, Kräutersäckchen, feine Hefen, ausdrucksvoll. Mund: frisch, fruchtig, lebhaft, geschmackvoll, ausgewogen, lang.

Les Elies 2020 T BA
garnacha
93
Farbe: kirschrot mit violettem Saum. Aroma: ausdrucksstark fruchtig, reifes Obst, rote Früchte, milchig, süße Gewürze, Röstaromen, Wildkräuter. Mund: fruchtig, frisch, kraftvoll, ausgewogen, reife Tannine.

Pardells 2019 B
38% macabeo, 38% lledoner roig, 24% lledoner blanco
91
Farbe: leuchtendes Gelb. Aroma: helle Früchte, eine Spur Waldbeeren, trockene Kräuter, , rauchig. Mund: fruchtig, geschmackvoll, ausgewogen, zartbitter.

Pla de Tudela 2021 B
picapoll blanc
93
Farbe: leuchtendes Gelb. Aroma: reifes Obst, Steinobst, eine Spur Waldbeeren, Kräutersäckchen, ausdrucksvoll. Mund: fruchtig, frisch, voll, lebhaft, mineralisch, ausgewogen.

GALLINA DE PIEL WINES
17005 Girona (Girona)
info@gallinadepielwines.com
www.gallinadepielwines.com

Roca del Crit 2021 T
85% cariñena, 15% garnacha
91
Farbe: tiefes Kirschrot. Aroma: reifes Obst, trockene Kräuter, balsamisch. Mund: kraftvoll, reife Früchte, würzig, reife Tannine.

LA VINYETA
Ctra. de Mollet de Peralada a Masarac
17752 Mollet de Peralada (Girona/Gerona)
☎: +34 647 748 809
celler@lavinyeta.es
www.lavinyeta.es

Llavors Blanc 2023 B
macabeo, garnacha roja
89
Aromatisch, fruchtig, trockene Kräuter, reif, milchig.

Llavors Negre 2021 T
cariñena, merlot
87

Microvins Carinyena 2019 T
100% cariñena

91 ☘

Farbe: kirschrot mit granatrotem Saum. Aroma: dunkle Früchte, reifes Obst, trockene Kräuter, würzig, Schwarzer Pfeffer. Mund: fruchtig, lebhaft, strukturiert, trockene, aber reife Tannine, reife Früchte.

Microvins Garnacha Blanca 2022 B
100% garnacha blanca

91

Farbe: leuchtendes Gelb. Aroma: gebackenes Obst, Steinobst, Nüsse, Honignoten, süße Gewürze, Röstaromen. Mund: geschmackvoll, fruchtig, frisch, rauchig nachwirkend, Röstnoten, ziemlich nachhaltig.

Puntiapart 2019 T
cariñena, cabernet sauvignon

89 ☘

Fruchtig, trockene Kräuter, reif, geschmackvoll, wild, würzig.

MAS LLUNES
Ctra. de Vilajuiga, s/n
17780 Garriguella (Girona/Gerona)
☎: +34 972 552 684
info@masllunes.es
www.masllunes.es

Empórion 2020 T
63% garnacha, 37% cabernet sauvignon

91

Farbe: leuchtendes Kirschrot. Aroma: ausdrucksstark fruchtig, rote Früchte, dunkle Früchte, Wildkräuter, welke Blumen. Mund: fruchtig, geschmackvoll, ausgewogen, trockene, aber reife Tannine.

Finca Butarós 2018 T
60% cariñena, 40% garnacha

93

Farbe: leuchtendes Kirschrot. Aroma: reifes Obst, dunkle Früchte, schwarze Lakritze, Wildkräuter, geröstete Mandeln, aromatischer Kaffee. Mund: fruchtig, strukturiert, kraftvoll, ausgewogen, ziemlich nachhaltig, trockene, aber reife Tannine.

Nivia 2022 B FB
86% garnacha blanca, 14% macabeo

92 ☘

Aroma: ausdrucksstark fruchtig, helle Früchte, reifes Obst, Orangenschale, Wildkräuter. Mund: fruchtig, frisch, kraftvoll, geschmackvoll, ausgewogen, würzig, ziemlich nachhaltig.

Singulars Carinyena Blanca 2022 B
cariñena blanca

92 ☘

Farbe: leuchtendes Gelb. Aroma: reifes Obst, gebackenes Obst, trockene Kräuter, Karamel, Nüsse. Mund: fruchtig, voll, fett, ausgewogen, würzig, Röstnoten, rauchig nachwirkend.

Rhodes 2021 T C
52% cariñena, 33% garnacha, 15% syrah

92 ☘

Farbe: kirschrot mit violettem Saum. Aroma: ausdrucksstark fruchtig, reifes Obst, dunkle Früchte, Zedernholz, würzig, getrocknete Blumen. Mund: fruchtig, geschmackvoll, frisch, ausgewogen, trockene, aber reife Tannine.

Singulars Garnatxa Roja 2022 B FB
garnacha roja

92 ☘

Farbe: kupferfarben. Aroma: reifes Obst, in Likör eingelegte Früchte, Kräutersäckchen, welke Blumen. Mund: fruchtig, frisch, geschmackvoll, würzig, ziemlich nachhaltig, ausgewogen.

OLIVEDA
La Roca, 3
17750 Capmany (Girona/Gerona)
☎: +34 972 549 012
comercial@grupoliveda.com
www.grupoliveda.com

Furot 2018 T R
garnacha, cabernet sauvignon, merlot

88

Fruchtig, reif, würzig, rauchig.

Garoina 2023 B
chardonnay

88

Fruchtig, trockene Kräuter, getrocknete Blumen, reif, wild.

La Bestia Negra 2022 T
garnacha, cabernet sauvignon

90

Farbe: leuchtendes Kirschrot. Aroma: dunkle Früchte, Wildkräuter, rauchig, würzig. Mund: fruchtig, geschmackvoll, ausgewogen, kräftige Tannine, ziemlich nachhaltig.

Rigau Ros Cabernet Sauvignon 2018 T GR
cabernet sauvignon

88

Rauchig, nach Eingemachtem, fruchtig, naschhaft, Röstaromen, etwas austrocknend.

PERE GUARDIOLA

Ctra. GI-602, Km. 2,9
17750 Capmany (Girona/Gerona)
☎: +34 972 549 024
vins@pereguardiola.com
www.pereguardiola.com

Anhel d'Empordà 2022 T BA
100% cariñena
88
Fruchtig, würzig, reif, naschhaft.

Anhel d'Empordà 2023 B
100% garnacha blanca
88
Zitrusfrüchte, getrocknete Blumen, fruchtig, reif, trockene Kräuter.

Clos Floresta 2018 T C
syrah, garnacha, cabernet sauvignon
86

Joncaria Garnacha Roja 2022 B
100% garnacha roja
90
Farbe: golden leuchtend. Aroma: helle Früchte, gebackenes Obst, , Buschwaldkräuter, getrocknete Blumen, ausdrucksvoll. Mund: fruchtig, frisch, kraftvoll, geschmackvoll, ausgewogen, zartbitter.

Torre de Capmany Garnatxa d'Empordà B GR
93
Farbe: bernsteinfarben. Aroma: gebackenes Obst, getrocknete Früchte, Honignoten, Altholz, süße Gewürze, Schokolade, Karamel. Mund: süß, fruchtig, frisch, ausgewogen, ziemlich nachhaltig.

PERELADA

Paratge La Granja S/n
17491 Peralada (Girona/Gerona)
☎: +34 972 538 011
pr@perelada.com
www.perelada.com

Perelada Aires de Garbet 2020 T R
100% garnacha
93
Farbe: kirschrot mit granatrotem Saum. Aroma: Früchtekonfit, in Likör eingelegte Früchte, würzig, Buschwaldkräuter. Mund: geschmackvoll, leicht süßlich, lang.

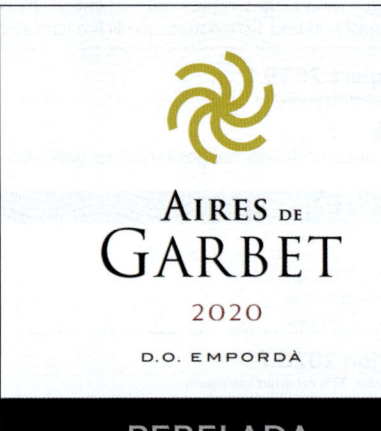

Perelada Ex Ex 14 2019 T C
100% garnacha
94
Klar definierte Aromen, lieblich, lebhaft. Farbe: dunkles Kirschrot. Aroma: würzig, feiner Kakao, reifes Obst, dunkle Früchte, eine Spur Waldbeeren, Buschwaldkräuter. Mund: geschmackvoll, Röstnoten, zartbitter.

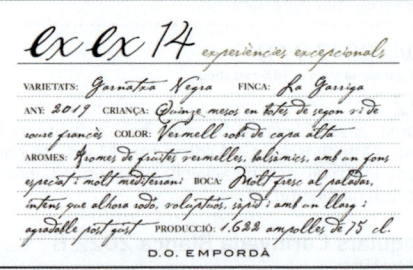

🏆 PODIUM

Perelada Finca Garbet 2021 T R
100% syrah
95
Klar definierte Aromen, reif. Farbe: sattes Kirschrot. Aroma: komplex, ausdrucksvoll, würzig, mineralisch. Mund: elegant, voll, lang, nachhaltig.

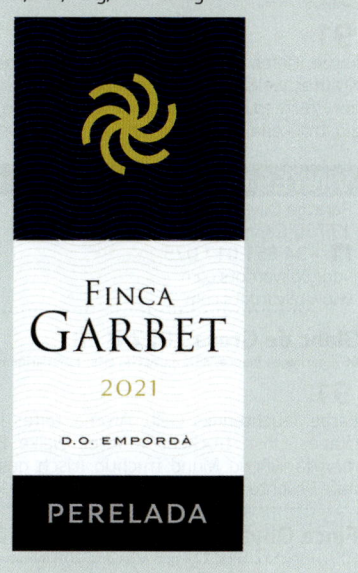

Perelada Gran Claustro 2021 T C
93
Farbe: tiefes Kirschrot. Aroma: reifes Obst, trockene Kräuter, weiches Eichenholz, Buschwaldkräuter. Mund: kraftvoll, reife Früchte, würzig, reife Tannine.

Perelada Garnatxa de l'Empordà 12 Anys Dulce Natural BF Solera D
50% garnacha roja, 50% garnacha blanca
94
Farbe: helles Mahagonibraun. Aroma: Acetaldehyd, Lacknoten, kandierte Früchte, Nüsse, getrocknete Früchte. Mund: fruchtig, geschmackvoll, süß.

Perelada Finca Malaveïna 2021 T
69% merlot, 14% cabernet sauvignon, 11% garnacha, 6% cabernet franc
90
Farbe: tiefes Kirschrot. Aroma: reifes Obst, trockene Kräuter, weiches Eichenholz, feine Reduktionsnoten, feuchtes Leder. Mund: kraftvoll, reife Früchte, würzig, reife Tannine.

Perelada Finca Garbet 2005 T R
100% syrah
94
Farbe: dunkles Kirschrot, granatroter Saum. Aroma: reifes Obst, Früchtekonfit, Noten von Tischlerei, Tabak, süße Gewürze. Mund: würzig, reife Tannine, lang.

DO EMPORDÀ / D.O.P.

ROIG PARALS
Les Costes s/n
17752 Mollet de Peralada (Girona/Gerona)
☎: +34 972 634 320
info@roigparals.cat
www.roigparals.cat

Camí de Cormes 2021 T C
cariñena
92 ♣
Farbe: leuchtendes Kirschrot. Aroma: reifes Obst, dunkle Früchte, Wildkräuter, würzig, Zedernholz, Röstaromen. Mund: geschmackvoll, fruchtig, lebhaft, ziemlich nachhaltig, würzig, rauchig nachwirkend, trockene, aber reife Tannine.

L'Intrús 2021 T
cabernet sauvignon, merlot
90
Farbe: leuchtendes Kirschrot. Aroma: reifes Obst, dunkle Früchte, Wildkräuter, schwarze Lakritze, würzig. Mund: fruchtig, kraftvoll, geschmackvoll, ausgewogen, ziemlich nachhaltig.

La Botera 2019 T C
cariñena, garnacha
88
Fruchtig, kräuterig, würzig, reif, etwas austrocknend.

Mallolet 2021 T
cariñena, garnacha
88
Fruchtig, kräuterig, reif, würzig.

TOCAT DE L'ALA
Carrer de les Costes s/n
17752 Mollet de Peralada (Girona/Gerona)
☎: +34 619 776 948
info@tocatdelala.cat
www.tocatdelala.cat

Tocat de l'Ala Blanc 2023 B
60% garnacha blanca, 40% macabeo
90
Farbe: strohgelb. Aroma: reifes Obst, trockene Kräuter, welke Blumen. Mund: reife Früchte, ausgewogen, fruchtig, zartbitter.

VINS DE LA MEMÒRIA
Aribau 168, 1-1
08036 Barcelona (Barcelona)
☎: +34 672 429 920
info@vinsdelamemoria.com
www.vinsdelamemoria.com

reVolt 2021 T
cariñena
91
Farbe: tiefes Kirschrot. Aroma: reifes Obst, trockene Kräuter, weiches Eichenholz, dunkle Früchte, Schwarzer Pfeffer, würzig. Mund: kraftvoll, reife Früchte, würzig, trockene, aber reife Tannine, ziemlich nachhaltig.

VINYES D'OLIVARDOTS
Paratge Olivadots, s/n
17750 Capmany (Girona/Gerona)
☎: +34 651 017 075
vdo@olivardots.com
www.olivardots.com

Blanc de Gresa 2022 B FB
55% garnacha blanca, 32% garnacha gris, 13% cariñena blanca
91
Farbe: leuchtendes Gelb. Aroma: reifes Obst, gebackenes Obst, trockene Kräuter, welke Blumen, camomila, würzig. Mund: fruchtig, frisch, geschmackvoll, reife Früchte, Röstnoten, rauchig nachwirkend.

Finca Olivardots Groc d'Àmfora 2023 B
50% garnacha blanca, 22% garnacha gris, 20% macabeo, 8% cariñena blanca
91 ♣
Farbe: leuchtendes Gelb. Aroma: reifes Obst, helle Früchte, trockene Kräuter, welke Blumen, ausdrucksvoll. Mund: flüssig am Gaumen, fruchtig, geschmackvoll, reife Früchte.

Finca Olivardots Vermell 2020 T C
55% syrah, 25% cariñena, 12% garnacha, 8% cabernet sauvignon
89
Fruchtig, reif, trockene Kräuter, würzig.

Gresa 2017 T R
46% cariñena, 32% garnacha, 15% syrah, 7% cabernet sauvignon
92
Farbe: leuchtendes Kirschrot. Aroma: reifes Obst, dunkle Früchte, würzig, Schokolade, Röstaromen. Mund: geschmackvoll, fruchtig, ausgewogen, rauchig nachwirkend, ziemlich nachhaltig.

Vd'O 1 2017 T
100% cariñena
92 ♣
Farbe: leuchtendes Kirschrot. Aroma: Früchtekonfit, dunkle Früchte, würzig, rauchig, Tabak, Fleischnoten. Mund: geschmackvoll, fruchtig, strukturiert, ausgewogen, ziemlich nachhaltig, trockene, aber reife Tannine.

Vd'O 2 2017 T
100% cariñena
92
Farbe: leuchtendes Kirschrot. Aroma: dunkle Früchte, reifes Obst, Karamel, würzig, Röstaromen. Mund: geschmackvoll, fruchtig, ausgewogen, ziemlich nachhaltig, rauchig nachwirkend, trockene, aber reife Tannine.

Xot Blanc 2022 B
50% garnacha blanca, 43% sauvignon blanc, 7% picapoll blanc
93
Mit Persönlichkeit. Farbe: leuchtendes Gelb. Aroma: helle Früchte, ausdrucksstark fruchtig, Steinobst, reifes Obst, Orangenschale, Wildkräuter. Mund: fruchtig, fett, voll, lebhaft, geschmackvoll, würzig, ziemlich nachhaltig.

VINYES DELS ASPRES
Requesens, 7
17708 Cantallops (Girona/Gerona)
☎: +34 619 741 442
dmolas@vinyesdelsaspres.cat
www.vinyesdelsaspres.cat

🏆 PODIUM

Bac de les Ginesteres B RC D
100% garnacha roja
95
Farbe: jodfarben mit bernsteinfarbenem Saum. Aroma: Kokosnuss, Nüsse, aromatischer Kaffee, Schokolade, geröstete Mandeln, Röstaromen, mit Charakter. Mund: geschmackvoll, fruchtig, fett, voll, ausgewogen, zartbitter, komplex, nachhaltig.

Blanc dels Aspres 2022 B FB
100% garnacha blanca
90
Farbe: leuchtendes Gelb. Aroma: reifes Obst, trockene Kräuter, welke Blumen, trockener Stein. Mund: reife Früchte, ausgewogen, fruchtig, voll.

Negre dels Aspres 2020 T C
cariñena
91
Farbe: leuchtendes Kirschrot. Aroma: ausdrucksstark fruchtig, reifes Obst, rote Früchte, getrocknete Blumen, süße Gewürze. Mund: fruchtig, geschmackvoll, lebhaft, ausgewogen, süße Tannine.

S'Alou 2019 T C
62% garnacha, 38% syrah
92
Farbe: leuchtendes Kirschrot. Aroma: rote Früchte, reifes Obst, Wildkräuter, ausdrucksvoll, süße Gewürze. Mund: geschmackvoll, fruchtig, frisch, flüssig am Gaumen, ausgewogen, ziemlich nachhaltig.

Soques 2018 T R
100% garnacha
94
Farbe: leuchtendes Kirschrot. Aroma: trockene Kräuter, getrocknete Blumen, reifes Obst, Früchtekonfit, mineralisch. Mund: fruchtig, geschmackvoll, ausgewogen, ziemlich nachhaltig, süße Tannine.

DO. GETARIAKO TXAKOLINA

CONSEJO REGULADOR

Parque Aldamar, 4 bajo
20808 Getaria (Gipuzkoa)
☎: +34 943 140 383
@:info@getariakotxakolina.eus
www.getariakotxakolina.eus

LAGE:

Das Anbaugebiet mit 40 Gemeinden liegt im äußersten Nordosten von Katalonien, in der Provinz Girona. Die Rebflächen liegen an den Hängen der Sierra de Rodes und der Sierra de Alberes, welche einen Bogen vom Cabo de Creus bis zum so genannten Garrotxa d´Empordà beschreiben.

REBSORTEN:

WEISS: Hondarrabi Zuri (Hauptsorte), Gros Manseng, Riesling, Chardonnay und Petit Courbu.

ROT: Hondarrabi Beltza.

DATEN:

Rebfläche (ha): 464 – **Winzer:** 100 – **Weinerzeuger:** 31 – **Jahrgang 23:** Gut– **Jahresproduktion 23:** 2.700.000 L. – **Absatz:** 82% Spanien - 18% Export.

BODENVERHÄLTNISSE:

Die Rebflächen befinden sich in kleinen Tälern und auf sanften Hügeln in Höhenlagen von bis zu 200 m. Überwiegend bräunliche, feuchte und kalkhaltige Böden mit hohem organischen Anteil.

KLIMA:

Mildes Atlantikklima durch den Einfluss des Golfs von Biskaya. Die Jahresdurchschnittstemperatur liegt bei +13 °C und die reichlichen Regenfälle betragen im Schnitt 1.600 mm im Jahr.

ERNTEBEWERTUNG ANHAND JUNGER WEINE GUÍAPEÑÍN

2019	2020	2021	2022	2023
SEHR GUT	SEHR GUT	SEHR GUT	GUT	GUT

AITAREN LURRETIK
Mardu Bidea, 2B
20740 Zestoa (Gipuzkoa/Guipúzcoa)
☎: +34 690 053 491
info@aitaren.com
www.bodegasaitaren.com

Aitaren 2022 B FB
90
Rassig. Farbe: leuchtendes Strohgelb, grünlicher Saum. Aroma: frisches Obst, Zitrusfrüchte, Wildkräuter. Mund: frisch, fruchtig, schöne Säure, zartbitter.

Lurretik 2022 B
hondarrabi zuri
90
Farbe: leuchtendes Strohgelb. Aroma: ausdrucksstark fruchtig, reifes Obst, mineralisch, feine Hefen. Mund: geschmackvoll, frisch, schöne Säure, nachwirkend fruchtig.

AIZPURUA
Ctra. de Meagas
20808 Getaria (Gipuzkoa/Guipúzcoa)
☎: 943 140 696
txakoliaizpurua@gmail.com
www.txakoliaizpurua.com

Aialle Txakoli 2022 B
89
Rassig, Zitrusfrüchte, trockene Kräuter, geschmackvoll, Hefenoten.

Aizpurua Txakoli 2023 B
88
Rassig, frisch, kräuterig, Hefenoten.

Aizpurua Txakoli Rosado 2023 RD
87

AKARREGI-TXIKI
San Prudencio 27 Caserío Akerregitxiki
20808 Getaria (Gipuzkoa/Guipúzcoa)
☎: +34 635 737 079
info@akarregitxiki.com
www.akarregitxiki.com

Akarregi Txiki 2023 B AROM BR
87

Lasalde 2023 B
88
Ausgewogen, frisch, kräuterig, Leichtwein.

BODEGA DE TXAKOLI AMEZTOI
Bº Eitzaga, 10
20808 Getaria (Gipuzkoa/Guipúzcoa)
☎: +34 943 140 918
ameztoi@txakoliameztoi.com
www.txakoliameztoi.com

Ameztoi 2023 B S
hondarrabi zuri
88
Rassig, Zitrusfrüchte, kräuterig, frisch, Hefenoten.

Primus Ameztoi 2022 B
100% hondarrabi zuri
90
Farbe: leuchtendes Strohgelb, grünlicher Saum. Aroma: frisches Obst, Zitrusfrüchte, Wildkräuter, feine Hefen. Mund: fruchtig, schöne Säure, zartbitter.

Unicus Ameztoi 2015 BE EBR
hondarrabi zuri
89
Korrekt, ausgewogen, Hefenoten, blumig, fruchtig, mild, schlicht, bitter. Aroma: feine Hefen.

BODEGA K5
Caserío Estenaga, 16 Bº Andatza
20809 Aia (Gipuzkoa/Guipúzcoa)
☎: +34 688 870 169
bodega@bodegak5.com
www.bodegak5.com

K Pilota 2023 B
91
Farbe: leuchtendes Strohgelb. Aroma: Kräutersäckchen, feine Hefen, rauchig, helle Früchte, mineralisch. Mund: voll, lang, schöne Säure.

K5 2015 B
92
Farbe: leuchtendes Gelb. Aroma: weiches Eichenholz, reifes Obst, würzig, markante Eiche, feine Hefen, rauchig. Mund: strukturiert, lang, Röstnoten, zartbitter.

K5 2021 B
hondarrabi zuri
91
Farbe: leuchtendes Strohgelb, grünlicher Saum. Aroma: frisches Obst, Zitrusfrüchte, Wildkräuter. Mund: frisch, fruchtig, schöne Säure.

K5 Magnum 2019 B
94
Rassig, angenehm, klar definierte Aromen. Aroma: frisches Obst, Zitrusfrüchte, offen, ausdrucksvoll, feine Hefen. Mund: komplex, saftig, voll, lebhaft, sortentypisch.

DO GETARIAKO TXAKOLINA / D.O.P.

DO GETARIAKO TXAKOLINA / D.O.P.

K5 Vendimia Tardía 2021 B
92
Farbe: leuchtendes Gelb. Aroma: kandierte Früchte, Honignoten, süße Gewürze, tropische Frucht, rauchig. Mund: geschmackvoll, geschmeidig, fruchtig, süß.

Kaiaren 2016 B
100% hondarrabi zuri
93
Farbe: leuchtendes Strohgelb. Aroma: reifes Obst, Kräutersäckchen, feine Hefen, rauchig, mineralisch. Mund: voll, fett, lang, schöne Säure.

GAINTZA
Bº Akerregi, 105
20808 Getaria (Gipuzkoa/Guipúzcoa)
☎: +34 943 140 032
info@gaintza.com
www.gaintza.com

Aitako 2022 B AG
90% hondarrabi zuri, 10% chardonnay
90
Farbe: leuchtendes Strohgelb, grünlicher Saum. Aroma: frisches Obst, Zitrusfrüchte, Wildkräuter, feine Hefen, milchig. Mund: frisch, fruchtig, schöne Säure, zartbitter.

Gaintza 2023 B
90% hondarrabi zuri, 10% gros manseng
89
Rassig, Zitrusfrüchte, frisch, kräuterig, geschmackvoll.

Gaintza Roses 2023 RD
50% hondarrabi zuri, 50% hondarrabi beltza
86

GAÑETA
Bº Askisu, 21
20808 Getaria (Gipuzkoa/Guipúzcoa)
☎: +34 943 140 174
admin@gaineta.com
www.gaineta.com

Gañeta 2023 B AG
hondarrabi zuri
86

Gañeta Berezia 2022 B
hondarrabi zuri
88
Zitrusfrüchte, ausgewogen, frisch, kräuterig, geschmackvoll.

HIKA BODEGA
Otelarre, 40
20150 Villabona (Gipuzkoa/Guipúzcoa)
☎: +34 620 180 259
hika@hikabodega.com
www.hikatxakolina.com

Hika Basque Red Wine 2022 T RB
hondarrabi beltza
87

Hika Basque Rosé Wine 2022 RD
70% hondarrabi beltza, 30% hondarrabi zuri
88
Rassig, vegetabil, Hefenoten, geschmackvoll.

Hika Basque White Wine 2022 B
hondarrabi zuri, chardonnay, hondarrabi zerratia
89
Rassig, Zitrusfrüchte, kräuterig, geschmackvoll.

Hika Bilduma 2020 B
hondarrabi zuri, chardonnay
90
Farbe: leuchtendes Strohgelb. Aroma: reifes Obst, Kräutersäckchen, feine Hefen, süße Gewürze. Mund: voll, schöne Säure, geschmackvoll.

Hika Txinpart 2020 BE EBR
hondarrabi zuri
90
Lieblich, naschhaft. Farbe: leuchtendes Gelb. Aroma: reifes Obst, feine Hefen, ausgewogen, trockene Kräuter. Mund: schöne Säure, geschmackvoll, reife Früchte.

HIRUZTA BODEGA
Barrio Jaizubia, 266
20280 Hondarribia (Gipuzkoa/Guipúzcoa)
☎: +34 943 646 689
info@hiruzta.com
www.hiruzta.com

Hiruzta Rosé 2023 RD
75% hondarrabi beltza, 25% hondarrabi zuri
88
Ausgewogen, fruchtig, kräuterig, frisch, geschmackvoll.

Hiruzta Txakolina 2023 B
100% hondarrabi zuri
90
Farbe: leuchtendes Strohgelb, grünlicher Saum. Aroma: frisches Obst, Zitrusfrüchte, Wildkräuter, feine Hefen. Mund: frisch, fruchtig, schöne Säure, zartbitter, perlend.

IZAR - LEKU MAHASTIAK
20800 Getaria (Gipuzkoa/Guipúzcoa)
☎: +34 945 600 119
comunicacion@artadi.com
www.izar-leku.com

🏆 PODIUM

Izar-Leku 2019 BE BN

96
Komplex. Farbe: golden leuchtend. Aroma: feine Hefen, Nüsse, Kräutersäckchen, komplex, Röstaromen, gebackenes Obst, Brioche. Mund: kraftvoll, geschmackvoll, schöne Säure, feine Perlen, zartbitter.

REZABAL
Asti Auzoa, 628
20800 Zarautz (Gipuzkoa/Guipúzcoa)
☎: +34 943 580 899
info@txakolirezabal.com
www.txakolirezabal.com

Txakoli Rezabal Rosé 2023 RD
85

TALAI BERRI TXAKOLINA
Talaimendi Auzoa, 728 Junto al Camping Zarautz
20800 Zarautz (Gipuzkoa/Guipúzcoa)
☎: +34 943 132 750
info@talaiberri.com
www.talaiberri.com

Finca Jakue Txakolina 2023 B
100% hondarrabi zuri
87

Talai Berri Rosé 2023 RD
50% hondarrabi zuri, 50% hondarrabi beltza
87

Talai Berri Txakolina 2023 B
90% hondarrabi zuri, 10% hondarrabi beltza
87

TXAKOLI ULACIA
Ctra. Meagas
20808 Getaria (Gipuzkoa/Guipúzcoa)
☎: +34 943 140 893
info@txakoliulacia.com
www.txakoliulacia.com

Txakoli Izaro 2023 B
87

Txakoli Ulacia 2023 B
hondarrabi zuri
87

TXOMIN ETXANIZ TXAKOLI
20808 Getaria (Gipuzkoa/Guipúzcoa)
☎: +34 943 140 702
txakoli@txominetxaniz.com
www.txominetxaniz.com

Eugenia Txomin Etxaniz Blanco 2020 BE R
hondarrabi zuri
90
Aromatisch, salzig, wild. Farbe: leuchtendes Strohgelb. Aroma: mittlere Intensität, offen, ausdrucksvoll, ausgewogen. Mund: frisch, lebhaft.

TX Txomin Etxaniz 2022 B BA
100% hondarrabi zuri
92
Farbe: strohgelb. Aroma: reifes Obst, trockene Kräuter, welke Blumen, würzig. Mund: kraftvoll, reife Früchte, ausgewogen, geschmackvoll.

Txomin Etxaniz 2023 B
85% hondarrabi zuri, 15% hondarrabi beltza
90
Farbe: leuchtendes Strohgelb, grünlicher Saum. Aroma: frisches Obst, Zitrusfrüchte, Wildkräuter. Mund: frisch, fruchtig, schöne Säure, zartbitter, perlend.

Txomin Etxaniz 2023 RD
50% hondarrabi zuri, 50% hondarrabi beltza
88
Ausgewogen, getrocknete Blumen, geschmackvoll, kräuterig, Hefenoten.

DO GETARIAKO TXAKOLINA / D.O.P.

DO. GRAN CANARIA

CONSEJO REGULADOR

Calvo Sotelo, 26
35300 Santa Brígida (Las Palmas)
☎: +34 928 640 462
@: crdogc@yahoo.es
www.vinosdegrancanaria.es

LAGE:

Das Anbaugebiet erstreckt sich über fast ganz Gran Canaria (99 %), da Klima und Geländebedingungen den Weinbau von den niedrigsten Lagen fast auf Meereshöhe bis hinauf zu den höchsten Gipfeln zulassen. Zum DO-Gebiet gehören alle Gemeinden der Insel mit Ausnahme des Landschaftsschutzgebietes Tafira, das die eigenständige DO Monte de Lentiscal bildet. Genauere Information zu diesem DO-Gebiet finden Sie ebenfalls im Weinführer.

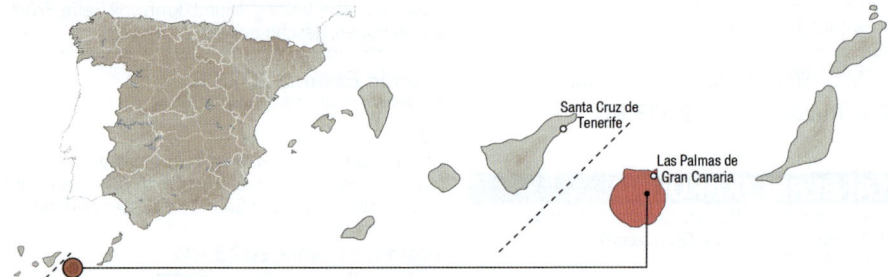

REBSORTEN:

WEISS: Empfohlen: Malvasía, Güal, Marmajuelo (Bermejuela), Vijariego, Albillo und Moscatel.

Zugelassen: Listán Blanco, Burrablanca, Torrontés, Pedro Ximénez, Breval und Bastardo Blanco.

ROT: Empfohlen: Listán Negro, Negramoll, Tintilla, Malvasía Rosada, Moscatel Negra, Bastardo Negro, Listán Prieto

Vijariego Negro, Bastardo Negro und Vijariego Negro.

Zugelassen: Moscatel Negra

DATEN:

Rebfläche (ha): 190 – **Winzer:** 296– **Weinerzeuger:** 43 – **Jahrgang 23:** Unrated– **Jahresproduktion 23:** 264.894 L. – **Absatz:** 95% Spanien - 5% Export.

BODENVERHÄLTNISSE:

Da sich die Rebflächen von Meereshöhe an der Küste bis auf 1.500 m in den Bergen erstrecken, wechseln die Bodenverhältnisse mit den unterschiedlichen geologischen Formationen.

KLIMA:

Wie auf den anderen Inseln des Kanarischen Archipels ergeben sich durch die Höhenunterschiede diverse Mikroklimate, die besondere Bedingungen für den Weinbau schaffen. Grundsätzlich wird das Klima durch die Passatwinde geprägt, die von Osten wehen und besonders in größeren Höhenlagen spürbar sind.

ERNTEBEWERTUNG ANHAND JUNGER WEINE GUÍAPEÑÍN

2019	2020	2021	2022	2023
UNRATED	UNRATED	UNRATED	SEHR GUT	UNRATED

BODEGA HINOJO
Camino Valle los Reyes, 11
35210 Montaña las Palmas (Las Palmas)
☎: +34 609 936 327
bodegahinojo@gmail.com
www.bodegahinojo.com

Aya 2023 B
listán blanco, malvasía, moscatel
86

BODEGA TAMERÁN
Finca Los Morales, Los Sitios
35290 San Bartolomé (Las Palmas)
info@bodegatameran.com

Tamerán Baboso Blanco 2022 B FB
baboso blanco
94 🌱
Ausgewogen, reif. Aroma: weiches Eichenholz, ausdrucksvoll, offen, helle Früchte, Wildkräuter, Zitrusfrüchte, würzig. Mund: saftig, ausgewogen, zartbitter, süffig.

Tamerán Listán Negro 2022 T
listán negro
93 🌱
Balsamisch, würzig. Farbe: leuchtendes Kirschrot. Aroma: Fleischnoten, reifes Obst, würzig, Buschwaldkräuter, rote Früchte. Mund: geschmackvoll, zartbitter, spannungsvoll.

Tamerán Malvasía Volcánica 2022 B FB
malvasía volcánica
94 🌱
Reif, opulent, mineralisch. Farbe: strohgelb. Aroma: reifes Obst, trockene Kräuter, welke Blumen, geröstetes Brot. Mund: kraftvoll, reife Früchte, ausgewogen, nachhaltig.

🏆 PODIUM

Tamerán Marmajuelo 2022 B FB
marmajuelo
95 🌱
Spannungsvoll. Farbe: leuchtendes Strohgelb. Aroma: ausdrucksstark fruchtig, reifes Obst, blumig, Phosphor. Mund: geschmackvoll, frisch, schöne Säure, salzig.

Tamerán Verdello 2022 B FB
verdello
94 🌱
Farbe: leuchtendes Gelb. Aroma: trockene Kräuter, Wildkräuter, , helle Früchte, reifes Obst, getrocknete Blumen. Mund: voll, geschmackvoll, fett.

Tamerán Vijariego Blanco 2022 B FB
vijariego blanco
93 🌱
Lieblich. Farbe: strohgelb. Aroma: reifes Obst, trockene Kräuter, welke Blumen, Wachs. Mund: kraftvoll, reife Früchte, ausgewogen, zartbitter.

BODEGAS LAS TIRAJANAS
Las Lagunas s/n
35290 San Bartolomé de Tirajana (Las Palmas)
☎: +34 928 155 978
info@bodegaslastirajanas.com
www.bodegaslastirajanas.com

Las Tirajanas Ayacata 2022 T
vijariego negro, listán negro
90
Farbe: kirschrot mit violettem Saum. Aroma: rote Früchte, blumig, würzig. Mund: geschmackvoll, fruchtig, schöne Säure, mineralisch.

Las Tirajanas Hoya de los Cardos 2022 B
malvasía volcánica, malvasía
91
Herb. Farbe: leuchtendes Strohgelb. Aroma: reifes Obst, Kräutersäckchen, feine Hefen, Wachs, Ebbe. Mund: voll, fett, schöne Säure.

Las Tirajanas Hoya de los Cardos 2022 T
listán negro, vijariego negro, tintilla
91
Farbe: kirschrot mit violettem Saum. Aroma: ausdrucksstark fruchtig, rote Früchte, blumig, würzig, rauchig. Mund: geschmackvoll, fruchtig, schöne Säure.

Las Tirajanas Llanos del Corral 2023 B
listán blanco, malvasía volcánica
89
Zitrusfrüchte, frisch, tropische, mineralisch, salzig.

Las Tirajanas Malvasía Volcánica 2023 B
malvasía volcánica
87

Las Tirajanas Tinamar 2022 T RB
listán negro
90
Farbe: tiefes Kirschrot. Aroma: trockene Kräuter, dunkle Früchte, rote Früchte, rauchig. Mund: reife Früchte, würzig, reife Tannine.

DO GRAN CANARIA / D.O.P.

BODEGAS VIEJO ANTÓN
Ctra. del Cardonal, s/n. El Cerrillal
35460 Gáldar (Las Palmas)
☎: +34 928 880 384
gerencia@bodegasviejoanton.com
www.bodegasviejoanton.com

El Cerrillal 2023 T
listán negro
84

FINCA VANDAMA
Ctra. Bandama, 116
35310 Santa Brígida (Las Palmas)
☎: +34 928 352 754
bodegonvandama@bodegonvandama.com
www.bodegonvandama.com

Vandama Hoya Oscura 2022 T
negramoll, listán negro
94
Farbe: KirsChrot. Aroma: ausdrucksvoll, würzig, mineralisch, rote Früchte, reifes Obst. Mund: elegant, voll, lang.

Vandama Reventón 2022 T
listán negro
94
Farbe: kirschrot mit violettem Saum. Aroma: ausdrucksstark fruchtig, blumig, würzig, dunkle Früchte, rote Früchte, balsamisch. Mund: geschmackvoll, fruchtig, schöne Säure, lang.

Vandama Vino de Finca 2022 T
listán negro, negramoll
94
Farbe: KirsChrot. Aroma: ausdrucksvoll, würzig, mineralisch, rote Früchte, balsamisch. Mund: elegant, voll, lang, nachhaltig.

VENTURA
35309 Santa Brígida (Las Palmas)
☎: +34 606 447 919
bodegasventura@gmail.com

Algolpito 2022 T C
listán negro
90
Farbe: kirschrot mit violettem Saum. Aroma: rote Früchte, blumig, würzig, rauchig. Mund: geschmackvoll, fruchtig, schöne Säure.

Cru-Z 2020 T C
listán negro
91
Farbe: kirschrot mit violettem Saum. Aroma: ausdrucksstark fruchtig, rote Früchte, blumig, würzig, rauchig. Mund: geschmackvoll, fruchtig, schöne Säure, saftig.

Eidan 2023 B S
vijariego blanco, albillo
85

Eidan 2023 B SD
moscatel de alejandría, malvasía, listán blanco, forastera
86

Maica 2022 T C
listán negro
88
Ausgewogen, würzig, frisch, intensive Röstaromen.

DO. GRANADA
CONSEJO REGULADOR

Cortijo Peinado, Carretera de Fuente Vaqueros s/n, km2
18340 Fuente Vaqueros (Granada)
☎: +34 691 032 409
@: info@dovinosdegranada.es
www.dopvinosdegranada.es

LAGE:
Gelegen im Südosten von Spanien, in Andalusien, inmitten der penibetischen Gebirgskette, dem höchstgelegenen System der Halbinsel, umfasst diese DO 168 Gemeindegebiete der Provinz Granada und verfügt über ein differenziertes Untergebiet.

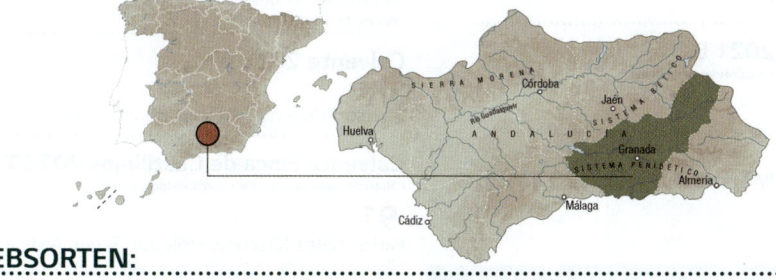

REBSORTEN:
ROT: Tempranillo, Garnacha, Cabernet Sauvignon, Cabernet Franc, Merlot, Syrah, Pinot Noir, Petit Verdot, Monastrell und Romé.

WEISS: Vijiriego, Sauvignon Blanc, Chardonnay, Moscatel de Grano Menudo, Moscatel de Alejandría, Baladí Verdejo, Pedro Ximénez, Palomino, Jaén Blanco, Blanca Gordal, Macabeo, Viognier und Torrontés.

UNTERGEBIETE:
Es gibt nur ein Untergebiet innerhalb der DO Granada, Contraviesa Alpujarra, und dieses ist auf 13 spezifische Gemeindebezirke beschränkt. Dieses Untergebiet hat gewisse Einschränkungen, die es vom Rest der DO unterscheiden, wie beispielsweise ein geringerer Traubenertrag pro Hektar oder die Verwendung bestimmter Sorten für die Herstellung seiner Weine.

DATEN:
Rebfläche (ha): 260 – **Winzer:** 48 – **Weinerzeuger:** 23 – **Jahrgang 23:** Unrated – **Jahresproduktion 23:** 255.893 L.
Absatz: 80% Spanien - 20% Export.

BÖDEN:
Es verfügt über eine komplexe Orographie, was der Tatsache geschuldet ist, dass der Wein grundsätzlich in den am höchsten gelegenen Gebieten Granadas angebaut wird, deren Durchschnittshöhe um die 1200 Meter über dem Meeresspiegel liegt. Somit herrschen dort große Temperaturschwankungen und die Böden setzen sich in unterschiedlicher Form aus Schiefergestein und Lehm zusammen. Die aus Hangterrassen bestehende Orographie bewirkt, dass die Arbeit in den Weinbergen mehr Arbeitskräfte erfordert als sonst, da der Ernteprozess nicht mechanisiert werden kann.

KLIMA:
Es herrscht ein mediterran und kontinental beeinflusstes Klima. Die Temperatur und die frischen Luftströme der Sierra Nevada wirken sich hier auf die Entwicklung der Trauben aus. Auf Grund der hohen Lage dieses Gebiets inmitten der Sierra spielen die thermischen Faktoren eine große Rolle in der Entwicklung der Rebe und den Eigenschaften der Weine. Die durchschnittliche Niederschlagsmenge pro Jahr beträgt in diesem Gebiet um die 450 mm.

ERNTEBEWERTUNG ANHAND JUNGER WEINE GUÍAPEÑÍN

2019	2020	2021	2022	2023
UNRATED	UNRATED	UNRATED	UNRATED	UNRATED

ANCHURÓN
Calle Cortijo El Anchurón s/n
18181 Darro (Granada)
☎: +34 626 269 442
info@anchuron.es
www.anchuron.es

Anchurón 2012 T C
cabernet sauvignon, syrah
85

Anchurón 2019 T
merlot, cabernet sauvignon, tempranillo
88
Nach Eingemachtem, würzig, vegetabil, etwas austrocknend.

Anchurón 2021 B S
sauvignon blanc, chardonnay, moscatel
88
Blumig, reif, ausgewogen, Zitrusfrüchte.

Anchurón Merlot Dulce 2022 T D
merlot
86

BODEGA CERRO DE LAS CRUCES
Pago de Bertillana, Pol. 62 Parc. 167
18500 Guadix (Granada)
☎: +34 630 752 343
info@cerrodelascruces.com
www.cerrodelascruces.com

Aura 2023 B
chardonnay, sauvignon blanc, moscatel grano menudo
87

Tío Cato 2021 T C
tempranillo, syrah, merlot
88
Nach Eingemachtem, würzig, reif, geschmackvoll, lieblich, trockene Kräuter.

BODEGA FERNÁNDEZ HERRERO
Ctra. A-4301, Pk. 10.5
18830 Huéscar (Granada)
☎: +34 686 387 550
cesarortegar@gmail.com

Irving Syrah 2021 T C
syrah
89 🌱
Würzig, reif, Röstaromen, geschmackvoll, etwas austrocknend.

BODEGAS AL ZAGAL
Paraje Las Cañaillas, s/n
18518 Cogollos de Guadix (Granada)
☎: +34 958 105 605
info@bodegasalzagal.es
www.bodegasalzagal.es

Rey Zagal Sauvignon Blanc 2022 B
100% sauvignon blanc
87 🌱

BODEGAS CALVENTE
Viñilla, 8
18699 Jete (Granada)
☎: +34 958 644 179
ventas@bodegascalvente.com
www.bodegascalvente.com

Calvente 2022 B
89
Blumig, kräuterig, frisch, geschmackvoll.

Calvente Finca de Castillejos 2020 T R
cabernet sauvignon, syrah, petit verdot, merlot
91
Farbe: tiefes Kirschrot, violetter Saum. Aroma: reifes Obst, trockene Kräuter, weiches Eichenholz, würzig, Schwarzer Pfeffer. Mund: kraftvoll, reife Früchte, würzig, reife Tannine, ausgewogen.

Calvente Guindalera 2020 T C
tempranillo, cabernet sauvignon, merlot, syrah, petit verdot
90
Farbe: tiefes Kirschrot. Aroma: reifes Obst, trockene Kräuter, weiches Eichenholz, würzig. Mund: kraftvoll, reife Früchte, würzig, reife Tannine.

Calvente Rania 2018 BE BN
moscatel, chardonnay
85

Calvente Rania Premium 2018 BE BN
pinot noir, chardonnay
87

Rosa-O 2023 RD
petit verdot, pinot noir
87

BODEGAS FONTEDEI
Doctor Horcajadas, 10
18570 Deifontes (Granada)
☎: +34 958 407 957
info@bodegasfontedei.es
www.bodegasfontedei.es

Albayda 2022 B FB
sauvignon blanc, chardonnay
89
Angenehm, aromatisch, korrekt, ausgewogen, balsamisch, kräuterig, reif.

Garnata 2017 T R
garnacha, syrah
89
Ausgewogen, würzig, fruchtig, reif, Röstaromen, alt, ausgeprägter Säuregehalt.

Lindaraja 2021 T RB
tempranillo, syrah
88
Würzig, trockene Kräuter, reif, Waldfinsternis.

Lindaraja 2022 T RB
tempranillo, syrah
88
Ausgewogen, würzig, klassisch, trockene Kräuter.

Prado Negro 2017 T C
tempranillo, merlot, garnacha, cabernet sauvignon
87

Prado Negro 2018 T C
tempranillo, cabernet sauvignon, garnacha, merlot
87

BODEGAS SEÑORÍO DE NEVADA
Ctra. de Cónchar, s/n
18659 Villamena (Granada)
☎: +34 958 777 092
info@senoriodenevada.es
www.senoriodenevada.es

Señorío de Nevada 2023 B
vijariego blanco, viognier
84

Señorío de Nevada 2023 RD
garnacha
84

Señorío de Nevada Bronce 2021 T
cabernet sauvignon, petit verdot, syrah, merlot, tempranillo
89
Korpulent, voll, reif, geschmackvoll, Röstaromen, vegetabil.

Señorío de Nevada Oro 2021 T
syrah, cabernet sauvignon
88
Lieblich, fruchtig, naschhaft, kräuterig, geschmackvoll, balsamisch.

Señorío de Nevada Plata 2021 T
syrah, merlot, garnacha
88
Lieblich, ausgewogen, würzig, voll, reif, geschmackvoll, Röstaromen.

LOS BARRANCOS
Ctra. Cádiz - Albuñol, km. 9,4
18440 Lobras (Granada)
☎: +34 686 387 550
cesarortegar@gmail.com

Corral de Castro 2022 T
cabernet sauvignon
88 🌱
Warm. Aroma: Buschwaldkräuter, Weihrauch, dunkle Früchte. Mund: trockene, aber reife Tannine.

XOLAYR
Avda. Andalucía, 1
18659 Cozvijar (Granada)
☎: +34 620 126 514
lopezdelacasa@gmail.com

Xolayr 2021 B
moscatel grano menudo
91
Lebhaft, wenig interventionistisch. Farbe: leuchtendes Strohgelb. Aroma: Wildkräuter, Zitrusfrüchte. Mund: spritzig, ausgewogen, zartbitter.

DO GRANADA / D.O.P.

DO. JEREZ-XÈRÉS-SHERRY-MANZANILLA DE SANLÚCAR DE BARRAMEDA
CONSEJO REGULADOR

Avda. Álvaro Domecq, 2
11405 Jerez de la Frontera (Cádiz)
☎: +34 956 332 050
@: vinjerez@sherry.org
www.sherry.org

LAGE:

In der Provinz Cadiz mit den Gemeinden Jerez de la Frontera, El Puerto de Santa María, Chipiona, Trebujena, Rota, Puerto Real, Chiclana de la Frontera und einigen Fluren bei Lebrija.

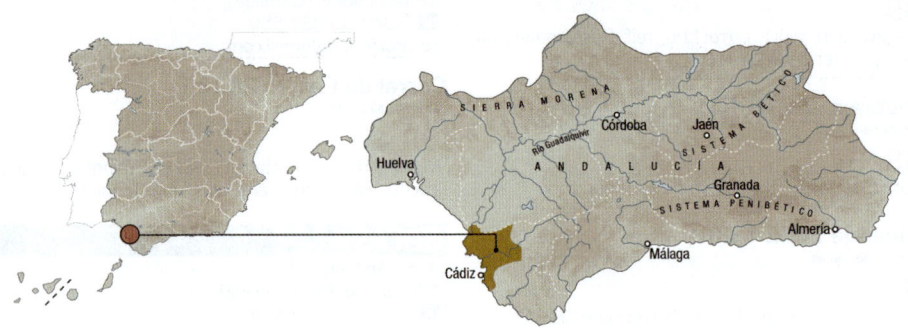

REBSORTEN:

WEISS: Palomino (90%), Pedro Ximénez, Moscatel, Palomino Fino, Beba, Perruno, Vigiriega und Palomino de Jerez.

DATEN:

Rebfläche (ha): 6.877 – **Winzer:** 2.071 – **Weinerzeuger:** 86 – **Jahrgang 23:** Sehr Gut – **Jahresproduktion 23:** 34.200.000 L. – **Absatz:** 45% Spanien - 55% Export.

BODENVERHÄLTNISSE:

Die „Albarizas" genannten porösen Kreideböden sind ein entscheidender Qualitätsfaktor. Sie sind praktisch weiß, enthalten reichlich kohlensauren Kalk, Ton, Kieselerde und sind ausgezeichnete Wasserspeicher. Die gespeicherte Feuchtigkeit der Winterregen versorgt die Rebstöcke während der sommerlichen Trockenperiode. Sie bilden ein Gebiet, dass als „Jerez Superior" bezeichnet wird. Diese Böden findet man in Jerez de la Frontera, Puerto de Santa María, Sanlúcar de Barrameda und stellenweise bei Trebujena. Die übrigen Böden aus Lehm und Sand werden dagegen als „Zona" bezeichnet.

KLIMA:

Heiß mit atlantischem Einfluss. Die Westwinde spielen eine sehr wichtige Rolle, da sie Feuchtigkeit in das Anbaugebiet bringen und für milderes Klima sorgen. Die Durchschnittstemperatur im Jahr liegt bei +17,5 °C und die jährliche Niederschlagsmenge bei 600 mm.

ERNTEBEWERTUNG ANHAND JUNGER WEINE GUÍAPEÑÍN

Dieses Anbaugebiet bietet aufgrund des Herstellungsprozesses keine Jahresweine an, weshalb nachfolgende Bewertung sich auf das gesamte Verkostungsniveau bezieht.

ALTANZA - COLECCIÓN R. AMILLO
Asta, 2
11404 Jerez de la Frontera (Cádiz)
☎: +34 618 629 086
altanza@altanza.com
www.altanza.com

🏆 PODIUM
Altanza Colección Roberto Amillo Amontillado BF AM S
100% palomino
96
Farbe: jodfarben mit bernsteinfarbenem Saum. Aroma: süße Gewürze, Acetaldehyd, Nüsse, Lacknoten. Mund: voll, trocken, würzig, lang, zartbitter.

🏆 PODIUM
Altanza Colección Roberto Amillo Oloroso BF OL S
100% palomino
95
Farbe: jodfarben mit bernsteinfarbenem Saum. Aroma: komplex, Nüsse, Röstaromen, Lacknoten, Acetaldehyd, geröstete Mandeln. Mund: fett, zartbitter, Anklänge von Solera, lang, würzig.

🏆 PODIUM
Altanza Colección Roberto Amillo Palo Cortado BF PC S
100% palomino
96
Farbe: helles Mahagonibraun. Aroma: kraftvoll, komplex, Nüsse, Röstaromen, Acetaldehyd. Mund: fett, lang, Anklänge von Solera, würzig, abgerundet.

🏆 PODIUM
Altanza Colección Roberto Amillo Pedro Ximénez BF PX D
100% pedro ximénez
95
Farbe: dunkles Mahagonibraun. Aroma: kraftvoll, ausdrucksvoll, aromatischer Kaffee, würzig, Acetaldehyd, Nüsse. Mund: ausgewogen, elegant, Anklänge von Solera, Röstnoten.

🏆 PODIUM
La Saca de Altanza BF PC S
100% palomino
99
Kraftvoll, üppig. Farbe: dunkles Mahagonibraun. Aroma: kandierte Früchte, würzig, Lacknoten, Acetaldehyd, pikant. Mund: Anklänge von Solera, zartbitter, geschmackvoll, kraftvoll, lang.

ÁLVARO DOMECQ
Álamos, 23
11401 Jerez de la Frontera (Cádiz)
☎: +34 956 339 634
alvarodomecqsl@alvarodomecq.com
www.alvarodomecq.com

1730 Fino en Rama BF FI S
100% palomino
93
Farbe: leuchtendes Gelb. Aroma: Florhefe, wenig Hefen, pikant, Sellerie. Mund: schöne Säure, zartbitter, würzig, lang, kraftvoll.

🏆 PODIUM
1730 VORS BF AM S
100% palomino
96
Farbe: helles Mahagonibraun. Aroma: kraftvoll, komplex, elegant, Nüsse, Röstaromen, Acetaldehyd. Mund: fett, lang, Anklänge von Solera, würzig.

🏆 PODIUM
1730 VORS BF OL S
100% palomino
95
Farbe: helles Mahagonibraun. Aroma: kraftvoll, komplex, Nüsse, Röstaromen, Acetaldehyd. Mund: fett, lang, Anklänge von Solera, würzig, abgerundet.

🏆 PODIUM
1730 VORS BF PC S
100% palomino
95
Farbe: helles Mahagonibraun. Aroma: pikant, Lacknoten, geröstete Mandeln, mit Charakter, ausdrucksvoll. Mund: geschmackvoll, würzig, lang.

DO JEREZ / D.O.P.

🏆 PODIUM

1730 VORS BF PX D
100% pedro ximénez

95

Farbe: dunkles Mahagonibraun. Aroma: kraftvoll, ausdrucksvoll, aromatischer Kaffee, würzig, Acetaldehyd, Nüsse, feiner Kakao. Mund: Anklänge von Solera, konzentriert, cremig.

Alburejo BF OL S
100% palomino

91

Farbe: helles Mahagonibraun. Aroma: süße Gewürze, Feingebäck, Nüsse, Lacknoten. Mund: lang, würzig.

Aranda Cream BF CRM
palomino, pedro ximénez

89

Durchschnittlich am Gaumen, lieblich, naschhaft, reif. Aroma: getrocknete Früchte, Teer.

La Jaca BF MZ S
100% palomino

92

Alt, leichte Oxidation. Farbe: gelb. Aroma: reifes Obst, getrocknete Blumen, Nüsse. Mund: geschmackvoll, voll, salzig.

La Janda BF FI S
100% palomino

91

Farbe: leuchtendes Gelb. Aroma: ausgewogen, pikant, süße Gewürze. Mund: geschmackvoll, zartbitter, lang, süffig.

Viña 98 BF PX D
100% pedro ximénez

91

Farbe: mahagonibraun. Aroma: leicht alkoholisch, getrocknete Früchte, Feingebäck. Mund: süß, geschmeidig.

BODEGA SAN FRANCISCO JAVIER
11404 Jerez de la Frontera (Cádiz)
info@pingus.es

🏆 PODIUM

Viña Corrales Pago Balbaina BF FI
96 ♣

Farbe: leuchtendes Gelb. Aroma: Jodnuancen, Nüsse, Lacknoten, Acetaldehyd, kraftvoll. Mund: zartbitter, leicht alkoholisch, lang, kraftvoll.

BODEGAS ARFE
Molino de Viento, 12
11401 Jerez de la Frontera (Cádiz)
☎: +34 665 570 316
clubarfe1767@telefonica.net
www.bodegasarfe.com

🏆 PODIUM

De la Cruz de 1767 BF PC S
palomino

95

Farbe: helles Mahagonibraun. Aroma: Acetaldehyd, pikant, Lacknoten, Noten von Tischlerei, weiches Eichenholz. Mund: kraftvoll, geschmackvoll, würzig, lang, ausgewogen.

BODEGAS BARBADILLO
Luis de Eguilaz, 11
11540 Sanlúcar de Barrameda (Cádiz)
☎: +34 956 385 500
marketing@barbadillo.com
www.barbadillo.com

Arboledilla Levante BF MZ S
93

Spannungsvoll, repräsentativ. Farbe: leuchtendes Gelb. Aroma: ausgewogen, pikant, ausdrucksvoll, Nüsse. Mund: geschmackvoll, zartbitter, lang, salzig.

Arboledilla Poniente BF MZ S
92

Reif. Farbe: leuchtendes Gelb. Aroma: pikant, Florhefe. Mund: kraftvoll, zartbitter, ausgewogen, zartbitter, süffig.

Ás Mirabrás - Sumatorio 2019 BF MZ
94

Farbe: gelb, blass. Aroma: trockene Kräuter, helle Früchte, Florhefe, mit Charakter. Mund: voll, trocken, würzig, lang, spannungsvoll, salzig.

Ás Mirabrás - Sumatorio 2020 BF MZ
93

Ausgewogen, getrocknete Blumen. Farbe: gelb. Aroma: Nüsse, ausgewogen, Florhefe. Mund: trocken, zartbitter, salzig, nachhaltig.

Barbadillo Eva Cream BF CRM
pedro ximénez, palomino

89

Farbe: Altgold mit bernsteinfarbenem Saum. Aroma: Karamel, feiner Kakao, gebackenes Obst. Mund: leicht süßlich, komplex.

Barbadillo La Cilla BF PX D
pedro ximénez
93
Süß, geschmackvoll. Farbe: mahagonibraun. Aroma: mit Charakter, ausdrucksvoll, sortenrein. Mund: opulent, cremig.

Barbadillo Laura BF MO D
moscatel
90
Farbe: helles Mahagonibraun. Aroma: Honignoten, blumig, süße Gewürze. Mund: fruchtig, kraftvoll, cremig, süß.

Barbadillo San Rafael Medium BF D
80% palomino, 20% pedro ximénez
91
Farbe: jodfarben mit bernsteinfarbenem Saum. Aroma: komplex, Nüsse, weiches Eichenholz, Lacknoten. Mund: lang, würzig.

🏆 PODIUM

D. Benigno BF PC
97
Elegant. Farbe: helles Mahagonibraun. Aroma: Acetaldehyd, pikant, Lacknoten, Noten von Tischlerei, weiches Eichenholz, kandierte Früchte. Mund: kraftvoll, geschmackvoll, würzig, lang.

Nave Trinidad BF MZ S
palomino
92
Lieblich, klar definierte Aromen. Farbe: leuchtendes Gelb. Aroma: Florhefe, ausgewogen, offen. Mund: geschmackvoll, trocken, salzig.

Pastora Pasada BF MZ S
94
Farbe: leuchtendes Gelb. Aroma: Nüsse, Lacknoten, kraftvoll, ausdrucksvoll, wenig Hefen, salzig. Mund: zartbitter, lang, trocken, ausgewogen.

🏆 PODIUM

Reliquia BF AM S
99
Komplex, klassisch. Farbe: mahagonibraun. Aroma: komplex, elegant, ausdrucksvoll, mit Charakter, Acetaldehyd. Mund: voll, würzig, spannungsvoll, abgerundet, Anklänge von Solera, lang.

🏆 PODIUM

Reliquia BF OL S
97
Kraftvoll. Farbe: dunkles Mahagonibraun. Aroma: kraftvoll, komplex, Nüsse, Röstaromen, Acetaldehyd, Weihrauch. Mund: fett, lang, Anklänge von Solera, würzig, abgerundet, kraftvoll, salzig.

🏆 PODIUM

Reliquia BF PC S
99
Komplex, salzig, kraftvoll. Farbe: helles Mahagonibraun. Aroma: Acetaldehyd, pikant, Lacknoten, Noten von Tischlerei, weiches Eichenholz, mit Charakter. Mund: kraftvoll, geschmackvoll, würzig, lang, ausgewogen.

Salicornia BF MZ
93
Farbe: goldfarben, strohgelb. Aroma: gebackenes Obst, helle Früchte, Curry, Florhefe, Buschwaldkräuter. Mund: ausgewogen, schöne Säure, salzig.

Solear BF MZ S
palomino
93
Farbe: leuchtendes Gelb. Aroma: komplex, ausdrucksvoll, pikant, Florhefe. Mund: fett, kraftvoll, frisch, zartbitter.

🏆 PODIUM

Solear en Rama saca de invierno BF MZ S
95
Mit Persönlichkeit. Farbe: golden leuchtend. Aroma: ausdrucksvoll, Sellerie, Wildkräuter, Florhefe, pikant, Moschus-Noten. Mund: geschmackvoll, zartbitter, zartbitter, Anklänge von Solera.

BODEGAS BARÓN
Molinillo 2a 2 y 3
11540 Sanlúcar de Barrameda (Cádiz)
☎: +34 956 360 796
info@bodegasbaron.es
www.bodegasbaron.net

Xixarito BF CRM
91
Farbe: Altgold mit bernsteinfarbenem Saum. Aroma: komplex, leicht alkoholisch, Feingebäck, Röstaromen. Mund: süß, lebhaft, geschmackvoll.

Xixarito BF AM
91
Farbe: jodfarben mit bernsteinfarbenem Saum. Aroma: Nüsse, Röstaromen, feiner Kakao. Mund: fett, würzig.

Xixarito BF FI
90
Farbe: leuchtendes Gelb. Aroma: frisch, ausdrucksvoll, pikant. Mund: geschmackvoll, zartbitter.

DO JEREZ / D.O.P.

DO JEREZ / D.O.P.

Xixarito BF OL
88
Farbe: jodfarben mit bernsteinfarbenem Saum. Aroma: komplex, Nüsse, weiches Eichenholz. Mund: fett, lang, würzig.

Xixarito BF PC
90
Farbe: jodfarben mit bernsteinfarbenem Saum. Aroma: Nüsse, weiches Eichenholz, Lacknoten. Mund: lang, würzig.

Xixarito BF PX
pedro ximénez
92
Farbe: dunkles Mahagonibraun. Aroma: komplex, leicht alkoholisch, getrocknete Früchte, Feingebäck, Röstaromen. Mund: süß, fett, geschmeidig, kraftvoll.

BODEGAS CÉSAR FLORIDO
Padre Lerchundi, 35-37
11550 Chipiona (Cádiz)
☎: +34 956 371 285
florido@bodegasflorido.com
www.bodegasflorido.com

César Florido
Moscatel Dorado BF MO D
100% moscatel de alejandría
90
Angenehm, warm. Aroma: in Likör eingelegte Früchte, offen, sortenrein, Honignoten. Mund: sortentypisch, korrekt, süffig.

César Florido
Moscatel Pasas BF MO D
100% moscatel de alejandría
91
Naschhaft, sortenrein. Farbe: mahagonibraun. Aroma: Honignoten, blumig, süße Gewürze, getrocknete Früchte, in Likör eingelegte Früchte. Mund: fett, fruchtig, geschmackvoll.

Cruz del Mar BF AM S
100% palomino
91
Farbe: jodfarben mit bernsteinfarbenem Saum. Aroma: Acetaldehyd, Nüsse, Karamel. Mund: trocken, würzig, zartbitter, leicht süßlich.

Cruz del Mar BF OL S
100% palomino
90
Korrekt, reif. Aroma: kandierte Früchte, süße Gewürze, Lacknoten, Nüsse. Mund: geschmackvoll, trocken.

Peña del Aguila
Fino en Rama BF FI S
100% palomino
94
Farbe: Altgold mit bernsteinfarbenem Saum. Aroma: Jodnuancen, Nüsse, Lacknoten, Acetaldehyd, kraftvoll. Mund: zartbitter, leicht alkoholisch, lang, kraftvoll.

Pleamar en Rama BF MZ S
100% palomino
92
Rassig, klar definierte Aromen. Farbe: gelb. Aroma: pikant, salzig, geröstete Mandeln, Ebbe. Mund: voll, lebhaft, frisch.

BODEGAS DIOS BACO
11402 Jerez de la Frontera (Cádiz)
☎: +34 956 333 337
comercial@bodegasdiosbaco.com
www.bodegasdiosbaco.com

Baco Imperial VORS BF AM S
palomino
93
Farbe: dunkles Mahagonibraun. Aroma: kandierte Früchte, in Likör eingelegte Früchte, würzig, Lacknoten, Altholz. Mund: Anklänge von Solera, zartbitter, geschmackvoll.

Baco Imperial VORS BF OL S
palomino
93
Alt, warm, üppig, Oxidativ. Farbe: jodfarben. Aroma: Lacknoten, würzig, Altholz. Mund: korrekt, markante Eiche, zartbitter.

Baco Imperial VORS BF PC S
palomino
93
Geschmackvoll, Oxidativ. Farbe: helles Mahagonibraun. Aroma: pikant, Lacknoten, Noten von Tischlerei. Mund: kraftvoll, geschmackvoll, würzig, lang, ausgewogen.

🏆 **PODIUM**

Dios Baco Imperial VORS
Pedro Ximénez BF PX
pedro ximénez
95
Farbe: dunkles Mahagonibraun. Aroma: kraftvoll, ausdrucksvoll, aromatischer Kaffee, würzig, Acetaldehyd, geröstete Mandeln. Mund: ausgewogen, Anklänge von Solera, Röstnoten, lang.

BODEGAS FUNDADOR
Puertra de Rota s/n
11408 Jerez de la Frontera (Cádiz)
☎: +34 956 151 535
e.herrera@bodegasfundador.com
wwwharveys.es

🏆 PODIUM

Harveys Amontillado VORS BF AM S
100% palomino
95
Farbe: dunkles Mahagonibraun. Aroma: kandierte Früchte, würzig, Lacknoten. Mund: Anklänge von Solera, zartbitter, kraftvoll, opulent, lang, würzig.

**Harveys Oloroso
Medium VORS BF OL MED**
80% palomino, 20% pedro ximénez
94
Komplex, alt. Aroma: würzig, Weihrauch, Lacknoten. Mund: konzentriert, geschmackvoll, lang, zartbitter, Anklänge von Solera.

🏆 PODIUM

Harveys Palo Cortado VORS BF PC MED
98% palomino, 2% pedro ximénez
95
Mit Persönlichkeit, ausgewogen, würzig, alt. Farbe: jodfarben mit bernsteinfarbenem Saum. Aroma: würzig, rancio, komplex. Mund: ausgewogen, abgerundet, lang.

🏆 PODIUM

Harveys Pedro Ximénez VORS BF PX D
96
Farbe: dunkles Mahagonibraun. Aroma: kraftvoll, ausdrucksvoll, aromatischer Kaffee, würzig, Acetaldehyd, Nüsse, sortenrein. Mund: ausgewogen, elegant, Anklänge von Solera, Röstnoten, lang.

BODEGAS HIDALGO-LA GITANA
Banda de la Playa, 42
11540 Sanlúcar de Barrameda (Cádiz)
☎: +34 956 385 304
bodegashidalgo@lagitana.es
www.lagitana.es

🏆 PODIUM

La Gitana Aniversario BF MZ S
100% palomino
95
Farbe: leuchtendes Gelb. Aroma: Florhefe, wenig Hefen, salzig, Hefenoten, Moschus-Noten, Nüsse. Mund: schöne Säure, zartbitter, würzig, lang.

La Gitana BF MZ S
100% palomino
92
Farbe: leuchtendes Strohgelb. Aroma: Florhefe, pikant, salzig. Mund: ausgewogen, süffig, lang, zartbitter.

La Gitana en Rama BF MZ S
100% palomino
93
Lebhaft, salzig. Farbe: leuchtendes Strohgelb. Aroma: ausdrucksvoll, elegant, pikant. Mund: rassig, lang, lebhaft.

**La Gitana
Grado Natural 2017 BF MZ**
100% palomino
94
Farbe: gelb, blass. Aroma: ausdrucksvoll, komplex, Sellerie, Kreide, Nüsse. Mund: geschmackvoll, trocken, salzig, nachhaltig, zartbitter.

**Pastrana
Manzanilla Pasada BF MZ S**
100% palomino
92
Farbe: gelb, blass. Aroma: Nüsse, ausgewogen, süße Gewürze. Mund: geschmackvoll, trocken, lang, zartbitter, nachhaltig, salzig.

BODEGAS JUAN PIÑERO
Trasbolsa, 35
11540 Sanlúcar de Barrameda (Cádiz)
☎: +34 956 363 615
info@bodegasjp.com
www.bodegasjuanpinero.com

**Piñero Cream
Great Duke B Solera CRM**
palomino
92
Farbe: jodfarben mit bernsteinfarbenem Saum. Aroma: kandierte Früchte, welke Blumen, süße Gewürze. Mund: ausgewogen, abgerundet, süffig.

BODEGAS LA CIGARRERA
Pza. Madre de Dios, 4
11540 Sanlúcar de Barrameda (Cádiz)
☎: +34 956 381 285
lacigarrera@bodegaslacigarrera.com
www.bodegaslacigarrera.com

La Cigarrera BF AM ES
91
Farbe: jodfarben mit bernsteinfarbenem Saum. Aroma: kraftvoll, Röstaromen, in Likör eingelegte Früchte, Karamel. Mund: zartbitter, lang, würzig, geschmackvoll.

DO JEREZ / D.O.P.

DO JEREZ / D.O.P.

La Cigarrera BF MO D
moscatel
91
Korpulent, üppig. Aroma: getrocknete Früchte, mit Charakter, Feingebäck, süße Gewürze, Honignoten. Mund: geschmackvoll, lang, süß.

La Cigarrera BF MZ ES
91
Farbe: gelb. Aroma: ausdrucksvoll, offen, mit Charakter, Florhefe. Mund: voll, trocken, lang, salzig.

La Cigarrera BF OL S
90
Lieblich. Aroma: kandierte Früchte, getrocknete Früchte, Lacknoten. Mund: voll, geschmackvoll.

La Cigarrera BF PX D
90
Farbe: mahagonibraun. Aroma: Karamel, getrocknete Früchte, Teer, kraftvoll. Mund: geschmackvoll, geschmeidig, süß.

La Cigarrera Manzanilla Pasada BF MZ ES
100% palomino
94
Komplex, opulent, leichte Oxidation. Farbe: Altgold. Aroma: ausdrucksvoll, mit Charakter, komplex, Curry. Mund: voll, kraftvoll, geschmackvoll, mineralisch, salzig.

BODEGAS OSBORNE
Fernán Caballero, 7
11500 El Puerto de Santa María (Cádiz)
☎: +34 956 869 000
carlos.ruiz@osborne.es
www.osborne.es

10 RF BF OL S
89
Ausgewogen, würzig, reif, Röstaromen, naschhaft.

Amontillado 51-1ª VORS BF AM S
94
Salzig, kraftvoll. Farbe: dunkles Mahagonibraun. Aroma: kandierte Früchte, würzig, Lacknoten, Nüsse. Mund: Anklänge von Solera, zartbitter, nachhaltig.

Bailén BF OL S
88
Geschmackvoll, Röstaromen, repräsentativ, würzig.

Coquinero en Rama BF FI S
92
Farbe: leuchtendes Gelb. Aroma: Florhefe, pikant, würzig, gebackenes Obst. Mund: zartbitter, würzig.

Fino Quinta BF FI S
91
Frisch, mineralisch. Farbe: leuchtendes Gelb. Aroma: ausgewogen, frisch, Florhefe. Mund: geschmackvoll, zartbitter.

La Honda Amontillado en Rama BF AM
94
Farbe: jodfarben mit bernsteinfarbenem Saum. Aroma: elegant, süße Gewürze, Acetaldehyd, Nüsse. Mund: voll, trocken, würzig, lang, zartbitter, komplex.

La Honda Fino en Rama BF FI
93
Farbe: leuchtendes Gelb. Aroma: Florhefe, wenig Hefen, pikant, Nüsse. Mund: schöne Säure, zartbitter, würzig, strukturiert.

Osborne Pedro Ximénez 1827 BF PX D
91
Naschhaft. Farbe: mahagonibraun. Aroma: getrocknete Früchte, mit Charakter, kraftvoll, Karamel, sortenrein. Mund: opulent, Röstnoten, süß.

Santa María Cream BF CRM
89
Ausgewogen, würzig, trockene Kräuter, Hefenoten, Röstaromen.

🏆 PODIUM
Venerable VORS BF PX D
96
Würzig, naschhaft. Farbe: dunkles Mahagonibraun. Aroma: kraftvoll, ausdrucksvoll, Acetaldehyd, Nüsse, Feingebäck. Mund: ausgewogen, elegant, Anklänge von Solera, Röstnoten, lang.

BODEGAS PRIMITIVO COLLANTES
Calle Ancha, 51
11130 Chiclana de la Frontera (Cádiz)
☎: +34 956 400 150
administracion@bodegasprimitivocollantes.com
www.bodegaprimitivocollantes.es

Fossi 2/3 Solera NO BF AM
palomino
94
Klar definierte Aromen, komplex, mit Persönlichkeit. Farbe: gelb. Aroma: pikant, salzig, Florhefe, mittlere Intensität, offen. Mund: lebhaft, kraftvoll, würzig, abgerundet, komplex.

BODEGAS TRADICIÓN
Cordobeses, 3
11408 Jerez de la Frontera (Cádiz)
☎: +34 956 168 628
info@bodegastradicion.com
www.bodegastradicion.com

🏆 PODIUM
Amontillado Tradición VORS BF AM S
100% palomino
98
Farbe: helles Mahagonibraun. Aroma: elegant, süße Gewürze, Acetaldehyd, Nüsse, ausdrucksvoll, kraftvoll. Mund: voll, trocken, würzig, lang, zartbitter, komplex.

Cream Tradición VOS BF CRM
70% palomino, 30% pedro ximénez
94
Farbe: dunkles Mahagonibraun. Aroma: kandierte Früchte, in Likör eingelegte Früchte, würzig, Lacknoten. Mund: Anklänge von Solera, zartbitter, leicht süßlich.

🏆 PODIUM
Fino Tradición BF FI S
100% palomino
95
Farbe: Altgold mit bernsteinfarbenem Saum. Aroma: süße Gewürze, Acetaldehyd, Nüsse, Brioche. Mund: voll, trocken, würzig, lang.

🏆 PODIUM
Oloroso Tradición VORS BF OL S
100% palomino
98
Farbe: helles Mahagonibraun. Aroma: kraftvoll, komplex, Nüsse, Röstaromen, Acetaldehyd. Mund: fett, lang, Anklänge von Solera, würzig, abgerundet.

🏆 PODIUM
Palo Cortado Tradición VORS BF PC S
100% palomino
97
Farbe: helles Mahagonibraun. Aroma: Acetaldehyd, pikant, Lacknoten, Noten von Tischlerei, weiches Eichenholz. Mund: kraftvoll, geschmackvoll, würzig, lang, ausgewogen.

🏆 PODIUM
Pedro Ximénez Tradición VOS BF PX D
100% pedro ximénez
97
Farbe: dunkles Mahagonibraun. Aroma: kraftvoll, ausdrucksvoll, aromatischer Kaffee, würzig, Acetaldehyd, Nüsse. Mund: ausgewogen, elegant, Anklänge von Solera, Röstnoten.

BODEGAS WILLIAMS & HUMBERT
Ctra. Madrid-Cádiz, PK. 641,75
11408 Jerez de la Frontera (Cádiz)
☎: +34 956 353 400
williams@williams-humbert.com
www.williams-humbert.com

🏆 PODIUM
Canasta 20 años BF OL D
palomino, pedro ximénez
95
Farbe: jodfarben mit bernsteinfarbenem Saum. Aroma: komplex, Nüsse, weiches Eichenholz, Lacknoten. Mund: lang, würzig, cremig, leicht süßlich.

Don Zoilo BF AM S
palomino
92
Farbe: dunkles Mahagonibraun. Aroma: würzig, Lacknoten, holzig. Mund: Anklänge von Solera, zartbitter, lebhaft, rassig, spannungsvoll.

Don Zoilo BF FI S
palomino
93
Farbe: leuchtendes Gelb. Aroma: Florhefe, wenig Hefen, pikant. Mund: schöne Säure, zartbitter, würzig, lang.

Don Zoilo BF OL S
palomino
92
Farbe: jodfarben mit bernsteinfarbenem Saum. Aroma: kraftvoll, elegant, Nüsse, Röstaromen. Mund: Anklänge von Solera, lang, würzig.

Don Zoilo BF PC
palomino
93
Farbe: jodfarben mit bernsteinfarbenem Saum. Aroma: süße Gewürze, Acetaldehyd, Nüsse. Mund: würzig, zartbitter, komplex.

Dry Sack Medium 15 años BF MED
93
Üppig, alt. Aroma: kraftvoll, würzig, rauchig, Karamel, rancio. Mund: geschmackvoll, abgerundet, voll, fett.

DO JEREZ / D.O.P.

DO JEREZ / D.O.P.

Don Zoilo PX BF PX D
pedro ximénez
93
Farbe: dunkles Mahagonibraun. Aroma: getrocknete Früchte, kandierte Früchte, Feingebäck, feiner Kakao. Mund: cremig, Anklänge von Solera, nachhaltig, sortentypisch.

🏆 PODIUM
Dos Cortados 20 Años BF PC S
95
Komplex, alt, mit Persönlichkeit. Farbe: Altgold mit bernsteinfarbenem Saum. Aroma: ausdrucksvoll, ausgewogen, komplex, süße Gewürze, gebackenes Obst. Mund: geschmackvoll, zartbitter.

Jalifa VORS "30 years" BF AM S
94
Klar definierte Aromen, komplex. Farbe: dunkles Mahagonibraun. Aroma: kandierte Früchte, würzig, Lacknoten, Acetaldehyd, Nüsse. Mund: Anklänge von Solera, zartbitter, geschmackvoll, lang.

BODEGAS Y VIÑEDOS DIEZ MERITO
Diego Fernández Herrera, 3 y 5
11401 Jerez de la Frontera (Cádiz)
☎: +34 956 332 973
visitas@diezmerito.com
www.diezmerito.com

🏆 PODIUM
Amontillado VORS Fino Imperial BF AM
95
Farbe: helles Mahagonibraun. Aroma: kandierte Früchte, in Likör eingelegte Früchte, würzig, Lacknoten, Acetaldehyd. Mund: Anklänge von Solera, zartbitter.

Bertola 12 años BF PC S
93
Farbe: jodfarben mit bernsteinfarbenem Saum. Aroma: komplex, Nüsse, weiches Eichenholz, Lacknoten. Mund: fett, lang, würzig.

Bertola BF CRM
89
Angenehm, Röstaromen, mild, Cremig.

Pemartin BF FI S
91
Farbe: leuchtendes Gelb. Aroma: ausdrucksvoll, pikant, Florhefe. Mund: geschmackvoll, zartbitter, lang.

Pemartín BF PX D
91
Farbe: mahagonibraun. Aroma: komplex, leicht alkoholisch, getrocknete Früchte, Feingebäck, Röstaromen. Mund: süß, fett, geschmeidig.

🏆 PODIUM
Victoria Regina VORS BF OL
96
Farbe: helles Mahagonibraun. Aroma: kraftvoll, komplex, Nüsse, Röstaromen, Acetaldehyd. Mund: fett, lang, Anklänge von Solera, würzig, abgerundet.

CAYETANO DEL PINO Y CÍA.
Plaza Silos, 3
11403 Jerez de la Frontera (Cádiz)
☎: +34 956 345 736
info@cayetanodelpino.com
www.cayetanodelpino.com

Cayetano del Pino BF CRM
palomino, pedro ximénez
90
Nach Eingemachtem, Cremig, warm, nachhaltig, geschmackvoll. Aroma: getrocknete Früchte. Mund: süß, ausgewogen.

Cayetano del Pino BF FI
palomino
92
Alt. Farbe: goldfarben, blass. Aroma: Sellerie, wenig Hefen, Nüsse. Mund: geschmackvoll, voll.

Cayetano del Pino VORS BF AM
93
Korpulent, würzig, reif, geschmackvoll, Röstaromen. Aroma: Lacknoten. Mund: geschmackvoll, trocken, süffig.

COOP. ALBARIZAS DE TREBUJENA
Avda. de Jerez s/n
11560 Trebujena (Cádiz)
☎: +34 615 311 024
coopalbarizas@hotmail.com

Castillo de Guzmán BF CRM
90
Lieblich. Farbe: helles Mahagonibraun. Aroma: getrocknete Früchte, Honignoten, kandierte Früchte, Feingebäck. Mund: geschmackvoll.

Castillo de Guzmán BF AM
89
Reif, oxidiert, korpulent, würzig, geschmackvoll. Aroma: süße Gewürze.

Castillo de Guzmán BF FI
92
Farbe: leuchtendes Gelb. Aroma: wenig Hefen, pikant, Acetaldehyd. Mund: schöne Säure, zartbitter, würzig.

Castillo de Guzmán BF OL
91
Farbe: Altgold. Aroma: Nüsse, Karamel, Lacknoten. Mund: ausgewogen, zartbitter, geschmackvoll, würzig.

Castillo de Guzmán BF PC
90
Angenehm, korpulent. Aroma: kandierte Früchte, in Likör eingelegte Früchte, süße Gewürze. Mund: geschmackvoll.

COOPERATIVA AGRÍCOLA VIRGEN DE PALOMARES
Avda. de Sevilla, 82
11560 Trebujena (Cádiz)
☎: +34 956 395 106
virgenpalomares1@gmail.com
www.vinosdetrebujena.com

Jarriero BF Solera CRM
palomino, pedro ximénez
90
Süß. Farbe: Altgold mit bernsteinfarbenem Saum. Aroma: ausgewogen, kandierte Früchte, süße Gewürze, Karamel, Feingebäck. Mund: geschmackvoll, voll.

La Bota del Rincón BF OL
palomino
91
Klar definierte Aromen. Farbe: helles Mahagonibraun. Aroma: kandierte Früchte, Nüsse, Karamel, Feingebäck. Mund: trocken, zartbitter.

DELGADO ZULETA
Avda. Rocío Jurado, s/n
11540 Sanlúcar de Barrameda (Cádiz)
☎: +34 956 360 543
tienda@delgadozuleta.com
www.delgadozuleta.com

Barbiana en Rama BF MZ S
100% palomino
92
Spannungsvoll, korpulent. Aroma: Altholz, Acetaldehyd, getrocknete Blumen, ausgewogen, ausdrucksvoll. Mund: lang, zartbitter, voll.

Goya XL BF MZ S
100% palomino
93
Mit Persönlichkeit, alt. Aroma: mit Charakter, komplex, Nüsse, Florhefe. Mund: Anklänge von Solera, voll, trocken.

La Goya BF MZ S
100% palomino
91
Farbe: leuchtendes Gelb. Aroma: ausdrucksvoll, pikant. Mund: fett, kraftvoll, frisch, zartbitter.

Monteagudo BF AM S
100% palomino
92
Farbe: jodfarben mit bernsteinfarbenem Saum. Aroma: Nüsse, Röstaromen, Lacknoten. Mund: Anklänge von Solera, lang, würzig.

Monteagudo BF PC S
100% palomino
92
Farbe: helles Mahagonibraun. Aroma: Lacknoten, Noten von Tischlerei, weiches Eichenholz. Mund: geschmackvoll, würzig, lang.

Viejo Zuleta VOS BF AM S
100% palomino
94
Farbe: Altgold. Aroma: Nüsse, würzig, Lacknoten, kandierte Früchte. Mund: voll, opulent, geschmackvoll, Röstnoten, zartbitter.

EQUIPO NAVAZOS
11403 Jerez de la Frontera (Cádiz)
equipo@navazos.com
www.equiponavazos.com

🏆 PODIUM
La Bota de Manzanilla Pasada n° 120 (Botas NO) BF MZ
98
Spannungsvoll, mild, alt. Farbe: leuchtendes Gelb. Aroma: Jodnuancen, Nüsse, Lacknoten, Acetaldehyd, kraftvoll, mit Charakter, elegant. Mund: zartbitter, leicht alkoholisch, lang, kraftvoll, salzig.

🏆 PODIUM
La Bota de Palo Cortado (Bota n° 121) BF PC
95
Alt, elegant. Farbe: helles Mahagonibraun. Aroma: pikant, Lacknoten, Noten von Tischlerei, weiches Eichenholz, elegant. Mund: kraftvoll, geschmackvoll, würzig, lang, ausgewogen.

DO JEREZ / D.O.P.

FERNANDO DE CASTILLA
Jardinillo, 7-11
11404 Jerez de la Frontera (Cádiz)
☎: +34 956 182 454
bodegas@fernandodecastilla.com
www.fernandodecastilla.com

🏆 PODIUM

Fernando de Castilla "Fino Antique" BF FI S
palomino
95
Farbe: leuchtendes Gelb. Aroma: Florhefe, wenig Hefen, pikant, Acetaldehyd, komplex. Mund: schöne Säure, zartbitter, würzig, lang.

🏆 PODIUM

Fernando de Castilla "Palo Cortado Antique" BF PC S
palomino
95
Farbe: helles Mahagonibraun. Aroma: kraftvoll, komplex, Nüsse, Röstaromen, Acetaldehyd. Mund: fett, Anklänge von Solera, würzig, abgerundet.

Fernando de Castilla Fino Classic BF FI S
palomino
91
Farbe: leuchtendes Gelb. Aroma: ausgewogen, frisch, ausdrucksvoll, pikant. Mund: geschmackvoll, zartbitter, lang.

Fernando de Castilla Fino en Rama BF FI S
palomino
93
Farbe: leuchtendes Gelb. Aroma: Florhefe, pikant, ausdrucksvoll, camomila. Mund: schöne Säure, würzig.

🏆 PODIUM

Fernando de Castilla Pedro Ximénez Singular BF PX D
pedro ximénez
95
Farbe: dunkles Mahagonibraun. Aroma: kraftvoll, ausdrucksvoll, aromatischer Kaffee, würzig, Acetaldehyd, Nüsse. Mund: ausgewogen, Anklänge von Solera, Röstnoten, lang, voll, opulent.

GONZÁLEZ BYASS JEREZ
Manuel María González, 12
11403 Jerez de la Frontera (Cádiz)
☎: +34 956 357 016
prensa@gonzalezbyass.es
www.tiopepe.com

🏆 PODIUM

Amontillado de añada 1975 BF AM
palomino
99
Alt, opulent, komplex. Farbe: Altgold mit bernsteinfarbenem Saum. Aroma: kandierte Früchte, Lacknoten, würzig, Acetaldehyd. Mund: Anklänge von Solera, komplex, konzentriert, voll, lang, zartbitter.

🏆 PODIUM

Amontillado del Duque VORS BF AM S
palomino
95
Farbe: dunkles Mahagonibraun. Aroma: kandierte Früchte, Lacknoten, Nüsse, süße Gewürze. Mund: Anklänge von Solera, zartbitter, Curry.

Apóstoles VORS BF MED
87% palomino, 13% pedro ximénez
93
Farbe: helles Mahagonibraun. Aroma: süße Gewürze, Acetaldehyd, Nüsse. Mund: würzig, zartbitter, komplex, frisch, altes Holz.

Fino de Moscatel 2018 BF MO
moscatel
93
Farbe: leuchtendes Gelb. Aroma: ausgewogen, blumig, Buschwaldkräuter, Sellerie, Curry. Mund: zartbitter, fett, weich am Gaumen.

Fino de Palomino 2016 BF FI S
palomino
92
Farbe: leuchtendes Gelb. Aroma: ausgewogen, Florhefe, Buschwaldkräuter, Curry. Mund: geschmackvoll, zartbitter.

Fino de Pedro Ximénez 2015 BF PX
pedro ximénez
93
Farbe: leuchtendes Gelb. Aroma: Florhefe, pikant, gebackenes Obst, trockene Kräuter, feiner Kakao. Mund: schöne Säure, zartbitter, würzig, lang.

Leonor BF PC S
palomino
92
Farbe: jodfarben mit bernsteinfarbenem Saum. Aroma: süße Gewürze, Acetaldehyd, Nüsse. Mund: würzig, ausgewogen, zartbitter, lang.

🏆 **PODIUM**

Matusalem VORS BF OL CRM
87% palomino, 13% pedro ximénez

95

Farbe: helles Mahagonibraun. Aroma: kraftvoll, komplex, Nüsse, Röstaromen, Acetaldehyd, Orangenschale. Mund: fett, lang, Anklänge von Solera, würzig, abgerundet, süß.

Néctar BF PX D
pedro ximénez

92

Farbe: dunkles Mahagonibraun. Aroma: getrocknete Früchte, Feingebäck, Tee Blatt, Tomate. Mund: süß, fett, geschmeidig.

Noé VORS BF PX D
pedro ximénez

94

Farbe: dunkles Mahagonibraun. Aroma: kraftvoll, würzig, Acetaldehyd, Nüsse, Früchtekonfit, Teer, Röstaromen. Mund: Anklänge von Solera, Röstnoten, lang, geschmackvoll.

Tío Pepe BF FI S
palomino

93

Farbe: leuchtendes Gelb. Aroma: ausgewogen, camomila, Buschwaldkräuter. Mund: zartbitter, geschmackvoll, mineralisch.

🏆 **PODIUM**

Tío Pepe Cuatro Palmas BF AM S
palomino

98

Farbe: helles Mahagonibraun. Aroma: kandierte Früchte, würzig, Lacknoten, Acetaldehyd, Jodnuancen. Mund: Anklänge von Solera, zartbitter.

🏆 **PODIUM**

Tío Pepe Dos Palmas BF FI S
palomino

95

Farbe: leuchtendes Gelb. Aroma: Jodnuancen, Nüsse, Lacknoten, Acetaldehyd, kraftvoll, offen, ausdrucksvoll. Mund: zartbitter, lang, kraftvoll, voll, komplex.

**Tío Pepe
en Rama BF FI S**

94

Klar definierte Aromen, mit Persönlichkeit, representativ. Farbe: gelb, blass. Aroma: helle Früchte, Sellerie, Florhefe, pikant. Mund: voll, lebhaft, Curry.

**Tío Pepe
Estrella de los Mares BF FI**
palomino

94

Farbe: leuchtendes Gelb. Aroma: Florhefe, pikant, reifes Obst, würzig, Nüsse. Mund: würzig, altes Holz, ausgewogen, zartbitter.

🏆 **PODIUM**

Tío Pepe Tres Palmas BF FI S
palomino

95

Salzig. Farbe: jodfarben mit bernsteinfarbenem Saum. Aroma: süße Gewürze, Acetaldehyd, Nüsse, pikant. Mund: trocken, würzig, lang, zartbitter, komplex.

Tío Pepe Una Palma BF FI S
palomino

93

Farbe: leuchtendes Gelb. Aroma: wenig Hefen, pikant, süße Gewürze. Mund: schöne Säure, zartbitter, würzig, lang.

Viña AB BF AM S
palomino

92

Farbe: jodfarben mit bernsteinfarbenem Saum. Aroma: süße Gewürze, Acetaldehyd, Nüsse, Florhefe. Mund: trocken, zartbitter, frisch, mineralisch, salzig.

GUTIÉRREZ COLOSÍA

Avda. Bajamar, 40
11500 El Puerto de Santa María (Cádiz)
☎: +34 956 852 852
info@gutierrezcolosia.com
www.gutierrezcolosia.com

**Gutiérrez
Colosía BF CRM**

88

Angenehm, süß, würzig, Oxidativ.

**Gutiérrez
Colosía BF AM S**
palomino

92

Farbe: jodfarben mit bernsteinfarbenem Saum. Aroma: süße Gewürze, Acetaldehyd, Nüsse. Mund: trocken, würzig, lang, zartbitter.

Gutiérrez Colosía BF FI S
palomino

91

Farbe: leuchtendes Gelb. Aroma: frisch, ausdrucksvoll, pikant. Mund: geschmackvoll, zartbitter, lang.

DO JEREZ / D.O.P.

DO JEREZ / D.O.P.

Gutiérrez Colosía BF OL
palomino
92
Farbe: jodfarben mit bernsteinfarbenem Saum. Aroma: kraftvoll, Nüsse, weiches Eichenholz, Lacknoten. Mund: fett, lang.

Gutiérrez Colosía BF PX D
pedro ximénez
92
Farbe: mahagonibraun. Aroma: leicht alkoholisch, getrocknete Früchte, Feingebäck, Röstaromen. Mund: süß, fett, geschmeidig.

Sangre y Trabajadero BF OL S
palomino
90
Klar definierte Aromen, representativ, Oxidativ. Farbe: Altgold. Aroma: Röstaromen, rancio, Nüsse. Mund: geschmackvoll, korrekt, zartbitter.

HIDALGO
Clavel, 29
11402 Jerez de la Frontera (Cádiz)
☎: +34 956 341 078
alfonso@hidalgo.com
www.hidalgo.com

🏆 PODIUM

El Tresillo 1874 Amontillado Muy Viejo BF AM S
95
Farbe: dunkles Mahagonibraun. Aroma: kandierte Früchte, in Likör eingelegte Früchte, würzig, Lacknoten. Mund: Anklänge von Solera, zartbitter, konzentriert, salzig.

El Tresillo Amontillado Fino BF AM S
94
Farbe: Altgold. Aroma: ausdrucksvoll, elegant, Sellerie, Hefenoten, pikant. Mund: komplex, lebhaft, lang, Curry.

La Panesa Especial Fino BF FI S
94
Elegant, ausgewogen. Farbe: golden leuchtend. Aroma: mit Charakter, komplex, wenig Hefen. Mund: lang, Anklänge von Solera, würzig.

Villapanés BF OL S
93
Ausgewogen, lieblich. Farbe: helles Mahagonibraun. Aroma: kandierte Früchte, süße Gewürze, Nüsse, ausdrucksvoll. Mund: geschmackvoll, ausgewogen, abgerundet.

LA GUITA
Misericordia, 1
11540 Sanlúcar de Barrameda (Cádiz)
☎: +34 956 321 004
marketing@grupoestevez.com
www.laguita.com

La Guita Amontillado en Rama BF
92
Farbe: jodfarben mit bernsteinfarbenem Saum. Aroma: komplex, elegant, Nüsse, Röstaromen, wenig Hefen, kandierte Früchte. Mund: lang, Anklänge von Solera, würzig.

La Guita BF MZ S
100% palomino
91
Farbe: leuchtendes Gelb. Aroma: frisch, ausdrucksvoll, pikant. Mund: geschmackvoll, zartbitter, lang.

La Guita en Rama BF MZ S
100% palomino
93
Farbe: leuchtendes Gelb. Aroma: pikant, Sellerie, camomila, getrocknete Blumen. Mund: würzig, lang, zartbitter, salzig, geschmackvoll, trocken.

La Guita Pasada en Rama BF MZ
93
Farbe: Altgold mit bernsteinfarbenem Saum. Aroma: Acetaldehyd, pikant, Brioche. Mund: komplex, lang, geschmackvoll.

LUSTAU
Arcos, 53
11402 Jerez de la Frontera (Cádiz)
☎: +34 956 341 597
lustau@lustau.es
www.lustau.es

🏆 PODIUM

Lustau Almacenista Amontillado del Castillo Antonio Caballero y Sobrinos BF AM S
palomino
95
Farbe: jodfarben mit bernsteinfarbenem Saum. Aroma: komplex, elegant, Nüsse, Röstaromen. Mund: zartbitter, Anklänge von Solera, lang, würzig.

🏆 PODIUM

Lustau Almacenista Manzanilla Pasada Manuel Cuevas Jurado BF MZ
palomino
95
Farbe: leuchtendes Gelb. Aroma: Jodnuancen, Nüsse, Lacknoten, Acetaldehyd, kraftvoll. Mund: zartbitter, leicht alkoholisch, lang, kraftvoll.

Lustau Almacenistas Pata de Gallina García Jarana BF OL S
palomino

94

Farbe: jodfarben mit bernsteinfarbenem Saum. Aroma: komplex, elegant, Nüsse, Röstaromen. Mund: lang, würzig, konzentriert.

Lustau East India BF D
palomino, pedro ximénez

91

Farbe: mahagonibraun. Aroma: Lacknoten, kandierte Früchte, Feingebäck, welke Blumen, getrocknete Früchte. Mund: fruchtig, geschmackvoll, süß.

Lustau Fino del Puerto BF FI
palomino

92

Farbe: leuchtendes Gelb. Aroma: komplex, ausdrucksvoll, pikant. Mund: fett, kraftvoll, frisch, zartbitter.

🏆 **PODIUM**

Lustau Moscatel VORS BF D
moscatel

95

Farbe: mahagonibraun. Aroma: kraftvoll, Acetaldehyd, trockene Kräuter, feiner Kakao, süße Gewürze. Mund: geschmackvoll, süß, frisch, fruchtig, schöne Säure, lang, ausgewogen, süffig, komplex.

🏆 **PODIUM**

Lustau Oloroso VORS BF OL S
palomino

96

Alt. Farbe: Altgold mit bernsteinfarbenem Saum. Aroma: komplex, mit Charakter, ausgewogen, Nüsse. Mund: ausgewogen, elegant, lang.

🏆 **PODIUM**

Lustau Palo Cortado VORS BF PC S
palomino

98

Farbe: helles Mahagonibraun. Aroma: ausdrucksvoll, elegant, mit Charakter, Lacknoten, Acetaldehyd. Mund: ausgewogen, abgerundet, geschmackvoll.

Lustau Papirusa BF MZ S
palomino

92

Farbe: leuchtendes Gelb. Aroma: ausgewogen, frisch, ausdrucksvoll, pikant. Mund: geschmackvoll, zartbitter, lang.

Lustau San Emilio BF PX S
pedro ximénez

93

Farbe: dunkles Mahagonibraun. Aroma: leicht alkoholisch, getrocknete Früchte, Feingebäck, Röstaromen. Mund: süß, fett, geschmeidig.

MANUEL ARAGÓN

Olivo, 1
11130 Chiclana de la Frontera (Cádiz)
☎: +34 956 400 756
administracion@bodegamanuelaragon.com
www.bodegamanuelaragon.com

🏆 **PODIUM**

Fino Granero en Rama BF FI
palomino

95

Farbe: leuchtendes Gelb. Aroma: Florhefe, wenig Hefen, pikant, ausdrucksvoll, mit Charakter. Mund: schöne Säure, zartbitter, würzig, lang.

Los Cuatro BF MO D
moscatel

92

Aromatisch, sortenrein, repräsentativ. Farbe: mahagonibraun. Aroma: Früchtekonfit, Zitrusfrüchte, mit Charakter. Mund: süß, lang, geschmackvoll.

🏆 **PODIUM**

Manuel Aragón Premium BF AM S
palomino

96

Farbe: helles Mahagonibraun. Aroma: kraftvoll, komplex, elegant, Nüsse, Röstaromen. Mund: zartbitter, Anklänge von Solera, lang, würzig.

🏆 **PODIUM**

Manuel Aragón Premium BF OL S
palomino

99

Farbe: helles Mahagonibraun. Aroma: kraftvoll, komplex, Nüsse, Röstaromen, Acetaldehyd. Mund: fett, lang, Anklänge von Solera, würzig, abgerundet.

🏆 **PODIUM**

Manuel Aragón Premium BF PC S
palomino

97

Alt. Farbe: helles Mahagonibraun. Aroma: komplex, Nüsse, Acetaldehyd, offen, ausdrucksvoll. Mund: fett, lang, Anklänge von Solera, würzig, abgerundet.

DO JEREZ / D.O.P.

DO JEREZ / D.O.P.

Manuel Aragón Premium BF PX D
pedro ximénez
94
Geschmackvoll, repräsentativ, sortenrein. Farbe: dunkles Mahagonibraun. Aroma: komplex, getrocknete Früchte, Hongnoten, Feingebäck, in Likör eingelegte Früchte. Mund: kraftvoll, süß, geschmeidig.

MARQUÉS DEL REAL TESORO
Ctra. Nacional IV, Km. 640
11408 Jerez de la Frontera (Cádiz)
☎: +34 956 321 004
marketing@grupoestevez.com
www.grupoestevez.com

Almirante BF OL S
100% palomino
92
Farbe: helles Mahagonibraun. Aroma: Nüsse, Röstaromen, Lacknoten. Mund: fett, zartbitter, Anklänge von Solera, lang, würzig.

Del Príncipe BF AM S
palomino
94
Farbe: jodfarben mit bernsteinfarbenem Saum. Aroma: komplex, Nüsse, weiches Eichenholz, Lacknoten, pikant. Mund: lang, würzig.

Tío Mateo BF FI S
100% palomino
90
Farbe: leuchtendes Gelb. Aroma: pikant, blumig. Mund: kraftvoll, frisch, zartbitter.

ROMATE
Lealas, 26
11404 Jerez de la Frontera (Cádiz)
☎: +34 956 182 212
comercial@romate.com
www.romate.com

Cardenal Cisneros BF PX D
92
Farbe: dunkles Mahagonibraun. Aroma: leicht alkoholisch, getrocknete Früchte, Feingebäck, Röstaromen. Mund: süß, fett, geschmeidig, kraftvoll.

Encontrado BF OL S
93
Farbe: jodfarben mit bernsteinfarbenem Saum. Aroma: ausgewogen, Lacknoten, warm, mit Charakter, kandierte Früchte. Mund: lang, geschmackvoll, voll.

🏆 **PODIUM**

Escondido BF PC
95
Klar definierte Aromen, elegant, ausgewogen, Oxidativ, repräsentativ. Farbe: jodfarben mit bernsteinfarbenem Saum. Aroma: kandierte Früchte, Hefenoten, pikant. Mund: ausgewogen, zartbitter.

NPU BF AM S
91
Farbe: jodfarben mit bernsteinfarbenem Saum. Aroma: komplex, Nüsse, Röstaromen. Mund: lang, würzig, leicht süßlich.

🏆 **PODIUM**

Olvidado BF AM S
95
Farbe: Altgold. Aroma: kandierte Früchte, würzig, Lacknoten, pikant. Mund: Anklänge von Solera, zartbitter, voll, opulent, trocken.

Regente BF PC S
94
Farbe: jodfarben mit bernsteinfarbenem Saum. Aroma: kraftvoll, komplex, Nüsse, Röstaromen. Mund: zartbitter, Anklänge von Solera, lang, würzig.

VALDESPINO
Ctra. Nacional IV, Km. 640
11408 Jerez de la Frontera (Cádiz)
☎: +34 956 321 004
marketing@grupoestevez.com
www.bodegavaldespino.com

Deliciosa BF MZ
palomino
91
Farbe: leuchtendes Gelb. Aroma: ausdrucksvoll, pikant. Mund: kraftvoll, frisch, zartbitter.

El Candado BF PX D
pedro ximénez

93
Farbe: mahagonibraun. Aroma: komplex, leicht alkoholisch, getrocknete Früchte, Feingebäck, Röstaromen. Mund: süß, fett, geschmeidig.

Promesa BF MO D
moscatel de alejandría

92
Angenehm, lieblich. Farbe: helles Mahagonibraun. Aroma: gebackenes Obst, Früchtekonfit, welke Blumen. Mund: ausgewogen, süffig, sortentypisch, süß.

Tío Diego BF AM S
100% palomino

91
Farbe: jodfarben mit bernsteinfarbenem Saum. Aroma: süße Gewürze, Acetaldehyd, Nüsse, Karamel. Mund: voll, würzig, lang.

🏆 **PODIUM**

Viejo C.P. VOS BF PC S
100% palomino

95
Farbe: helles Mahagonibraun. Aroma: Acetaldehyd, pikant, Lacknoten, Noten von Tischlerei, weiches Eichenholz. Mund: kraftvoll, geschmackvoll, würzig, lang, ausgewogen.

Ynocente BF FI S
100% palomino

93
Farbe: leuchtendes Gelb. Aroma: frisch, ausdrucksvoll, pikant, Bäckerei. Mund: geschmackvoll, zartbitter, lang.

DO. JUMILLA

CONSEJO REGULADOR

San Roque, 15
30520 Jumilla (Murcia)
☎: +34 968 781 761
@: info@vinosdejumilla.org
www.vinosdejumilla.org

LAGE:

Das Anbaugebiet auf halber Strecke zwischen Murcia und Albacete bildet einen breiten Landstrich im Südosten Spaniens mit den Gemeinden Jumilla (Provinz Murcia) und Fuente Álamo, Albatana, Ontur, Hellín, Tobarra und Montealegre del Castillo (Provinz Albacete).

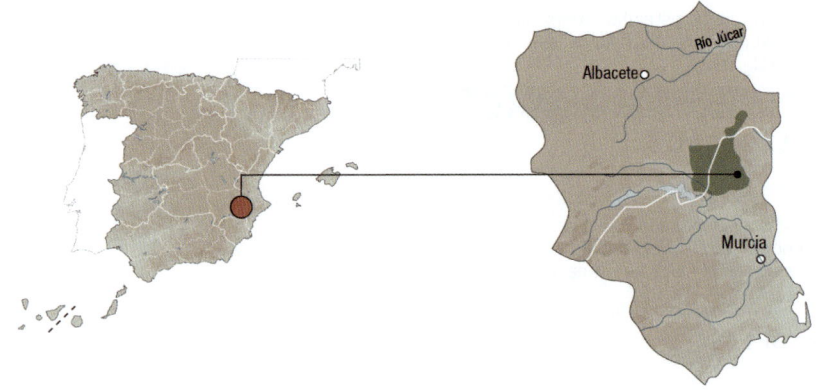

REBSORTEN:

WEISS: Airén, Macabeo, Malvasía, Pedro Ximénez, Chardonnay, Sauvignon Blanc, Moscatel de Grano Menudo, Merseguera, Viognier und Verdejo.

ROT: Monastrell (Hauptsorte), Garnacha, Garnacha Tintorera, Cencibel (Tempranillo), Cabernet Sauvignon, Merlot, Petit Verdot und Syrah.

DATEN:

Rebfläche (ha): 20.500 – **Winzer:** 1.400 – **Weinerzeuger:** 39 – **Jahrgang 23:** Sehr Gut – **Jahresproduktion 23:** 53.600.000 L. – **Absatz:** 34% Spanien - 66% Export.

BODENVERHÄLTNISSE:

Vorherrschend sind braune Böden, braune Kalkböden und kalkhaltige Böden. Im Allgemeinen arm an organischen Stoffen, mit hoher Wasserspeicherfähigkeit und mittlerer Durchlässigkeit.

KLIMA:

Kontinental mit mediterranen Einflüssen. Es handelt sich um ein arides Klima mit geringen Niederschlagsmengen (270 mm), die hauptsächlich im Frühjahr und Herbst fallen. Die Winter sind kalt und die Sommer trocken und heiß.

ERNTEBEWERTUNG ANHAND JUNGER WEINE GUÍAPEÑÍN

2019	2020	2021	2022	2023
SEHR GUT	SEHR GUT	SEHR GUT	SEHR GUT	SEHR GUT

ALTAMENTE VINOS
Fuente Canónigos, 12 1°B
31500 Tudela (Navarra)
☎: +34 659 857 979
admin@altamentevinos.com
www.altamentevinos.com

Altamente 2021 T
88 ♣
Fruchtig, reif, würzig, geschmackvoll.

Volalto 2021 T BA
monastrell
89 ♣
Fruchtig, würzig, reif, geschmackvoll, sortenrein.

ARTIGA FUSTEL
Progres, 19 Bajo
08720 Vilafranca del Penedés (Barcelona)
☎: +34 938 182 317
info@artiga-fustel.com
www.artiga-fustel.com

Camino de Seda 2023 T
65% syrah, 30% monastrell, 5% petit verdot
88
Angenehm, korpulent, korrekt, fruchtig, saftig, reif.

El Campeador 2023 T
syrah, monastrell, petit verdot
88
Lieblich, korrekt, fruchtig, reif, geschmackvoll. Aroma: schwarze Lakritze.

La Bestia Monastrell 2021 T BA
100% monastrell
90
Markante Eiche, noch nicht vollständig entfaltet. Farbe: kirschrot mit granatrotem Saum. Aroma: Früchtekonfit, kraftvoll, weiches Eichenholz, Röstaromen. Mund: geschmackvoll, konzentriert, ausgeprägte Eichentannine.

BODEGAS 1890
Ctra. Murcia, 18A
30520 Jumilla (Murcia)
☎: +34 649 461 660
atcliente@jgc.es
www.garciacarrion.com

Mayoral 2022 T
monastrell
86

Mayoral Reservado T
monastrell
86

Pata Negra Apasionado Organic T
monastrell
87 ♣

Bodega La Ermita Jumilla 2019 T
monastrell
91
Alt, klassisch. Aroma: dunkle Früchte, schwarze Lakritze, würzig, feine Reduktionsnoten. Mund: geschmackvoll, voll, reife Tannine, ausgewogen.

Mayoral 2018 T C
monastrell
87
Aromatisch, korrekt, würzig, reif.

DO JUMILLA / D.O.P.

Pata Negra Apasionado T
monastrell, petit verdot
87
Holzig, rauchig, korrekt, reif.

BODEGAS ALCEÑO
30520 Jumilla (Murcia)
☎: +34 968 780 142
info@alceno.com
www.alceno.com

Alceño 12 Cepas Viejas 2021 T
monastrell
90
Farbe: leuchtendes Kirschrot. Aroma: süße Gewürze, reifes Obst, geröstete Mandeln, Schokolade. Mund: fruchtig, reife Tannine.

Alceño 150 Aniversario 2021 T
monastrell
91
Farbe: KirsChrot. Aroma: balsamisch, süße Gewürze, Buschwaldkräuter, welke Blumen. Mund: würzig, schöne Säure, saftig.

Alceño 50 Barricas 2022 T
85% syrah, 15% monastrell
91
Aromatisch. Farbe: leuchtendes Kirschrot. Aroma: ausdrucksstark fruchtig, Veilchen, blumig, würzig, milchig. Mund: saftig, geschmackvoll, lang, würzig.

Alceño Monastrell 4 Meses 2022 T RB
85% monastrell, 15% syrah
88
Holzig, Röstaromen, reif, würzig, geschmackvoll.

Alceño Sauvignon Blanc 2022 B FB
sauvignon blanc
90
Aromatisch. Aroma: Karamel, süße Gewürze, Steinobst, Anklänge von exotischen Früchten. Mund: geschmackvoll, reife Früchte, süffig.

Alceño Selección 2020 T R
monastrell, garnacha tintorera, syrah, tempranillo
92
Markante Eiche. Farbe: KirsChrot. Aroma: Weihrauch, mit Charakter. Mund: kraftvoll, ausgeprägte Eichentannine, würzig, lang, opulent, reife Früchte.

BODEGAS ARRÁEZ
Pol. 6 Parcela 386 Paraje Ciscar
46590 La Font de la Figuera (València/Valencia)
☎: +34 962 290 031
info@bodegasarraez.com
www.bodegasarraez.com

Vivir sin Dormir 2021 T RB
88
Balsamisch, sortenrein, geschmackvoll. Aroma: Buschwaldkräuter, Wachs, würzig, Weihrauch, dunkle Früchte.

Vivir sin Dormir 2022 T RB
100% monastrell
87

BODEGAS BLEDA
Ctra. de Ontur, Km. 2.
30520 Jumilla (Murcia)
☎: +34 968 780 012
vinos@bodegasbleda.com
www.bodegasbleda.com

Amatus Dulce 2023 T D
100% monastrell
90
Lieblich. Aroma: Buschwaldkräuter, Weihrauch, Früchtekonfit, kandierte Früchte. Mund: voll, geschmackvoll, sortentypisch.

Divus 2021 T RB
100% monastrell
88
Überreif, korpulent, Cremig, würzig, Röstaromen, kraftvoll.

Pino Doncel 12 Meses 2021 T C
70% monastrell, 30% syrah
89
Korpulent, Cremig, würzig, naschhaft, reif, geschmackvoll, holzig.

Pino Doncel 24 Meses Selección de Parcelas 2020 T C
80% monastrell, 20% cabernet sauvignon
91
Markante Eiche, Röstaromen. Farbe: tiefes Kirschrot. Aroma: Karamel, süße Gewürze, dunkle Früchte. Mund: geschmackvoll, kraftvoll, süße Tannine.

Pino Doncel Black 2022 T RB
50% monastrell, 30% syrah, 20% petit verdot
86

BODEGAS CARCHELO
Casas de La Hoya, s/n
30520 Jumilla (Murcia)
☎: +34 968 435 137
info@carchelo.com
www.carchelo.com

Altico Syrah 2021 T C
syrah
91
Farbe: tiefes Kirschrot. Aroma: reifes Obst, trockene Kräuter, weiches Eichenholz, sortenrein. Mund: kraftvoll, reife Früchte, würzig, reife Tannine.

Carchelo 2023 T RB
monastrell
88
Markante Eiche, korrekt, würzig, reif, geschmackvoll, schlicht.

Carchelo Ciento80 2021 T
80% monastrell, 10% syrah, 5% garnacha
91
Farbe: tiefes Kirschrot. Aroma: reifes Obst, trockene Kräuter, weiches Eichenholz, Wachs. Mund: reife Früchte, würzig, reife Tannine, geschmackvoll.

Guarafía 2023 T
garnacha
92
Farbe: KirsChrot. Aroma: balsamisch, Buschwaldkräuter, Wildkräuter, blumig. Mund: würzig, balsamisch, schöne Säure, fruchtig, saftig.

Muri Veteres 2021 T C
monastrell
92
Klassisch. Farbe: KirsChrot. Aroma: balsamisch, Buschwaldkräuter, dunkle Früchte, Wachs, ausdrucksvoll, offen. Mund: würzig, opulent, süße Tannine.

BODEGAS CASA CASTILLO
Filipinas Bajo 3
30520 Jumilla (Murcia)
☎: +34 968 781 691
info@casacastillo.es
www.casacastillo.es

Casa Castillo Cuvee N 2021 T BA
94
Farbe: tiefes Kirschrot, granatroter Saum. Aroma: Noten von Tischlerei, reifes Obst, feiner Kakao, Zigarren, Röstaromen, dunkle Früchte. Mund: geschmackvoll, würzig, Röstnoten, kräftige Tannine.

Casa Castillo El Molar 2023 T
100% garnacha
92
Farbe: kirschrot mit granatrotem Saum. Aroma: Früchtekonfit, in Likör eingelegte Früchte, trockene Kräuter, Wildkräuter. Mund: geschmackvoll, leicht süßlich, lang.

Casa Castillo La Tendida 2023 T
90% monastrell, 10% garnacha
94
Klar definierte Aromen. Farbe: kirschrot mit violettem Saum. Aroma: ausdrucksstark fruchtig, rote Früchte, blumig, würzig, Wildkräuter. Mund: geschmackvoll, fruchtig, schöne Säure, lang.

🏆 **PODIUM**

Casa Castillo Las Gravas 2022 T
100% monastrell
96
Komplex, fruchtig, saftig. Farbe: leuchtendes Kirschrot. Aroma: balsamisch, süße Gewürze, Buschwaldkräuter, rote Früchte, in Likör eingelegte Früchte. Mund: würzig, balsamisch, schöne Säure.

Casa Castillo Monastrell 2023 T
100% monastrell
92
Farbe: kirschrot mit violettem Saum. Aroma: reifes Obst, würzig, dunkle Früchte, balsamisch. Mund: reife Früchte, geschmackvoll, strukturiert.

🏆 **PODIUM**

Casa Castillo Pie Franco 2022 T C
100% monastrell
95
Aromatisch, saftig. Farbe: KirsChrot. Aroma: komplex, ausdrucksvoll, würzig, mineralisch. Mund: voll, lang, nachhaltig.

DO JUMILLA / D.O.P.

DO JUMILLA / D.O.P.

Valtosca 2023 T
100% syrah

92
Farbe: kirschrot mit granatrotem Saum. Aroma: Früchtekonfit, kraftvoll, dunkle Früchte, milchig. Mund: geschmackvoll, leicht süßlich, lang.

BODEGAS CRAPULA & LANENA BY GABRIEL MARTÍNEZ
Paraje La Graja
30520 Jumilla (Murcia)
☎: +34 662 380 985
gmartinez@vinocrapula.com
www.crapulawines.com

Crápula Basado en Hechos Reales 2021 T C
monastrell

90
Korpulent, würzig, geschmackvoll. Aroma: dunkle Früchte, Weihrauch, trockene Kräuter. Mund: nachwirkend fruchtig.

Crápula Gold 2022 T
monastrell, syrah

89
Lieblich, korpulent, korrekt, würzig, üppig, reif.

Crápula Soul Edición Limitada 2021 T
91
Farbe: leuchtendes Kirschrot. Aroma: süße Gewürze, Schokolade, dunkle Früchte, reifes Obst, Wachs. Mund: würzig, reife Tannine, saftig, kraftvoll.

Gabriel Martínez. Pequeños pasos, grandes ilusiones 2021 T
70% monastrell, 20% syrah, 10% garnacha tintorera

91
Korpulent, würzig, kräuterig, kraftvoll. Aroma: Nüsse, dunkle Früchte, erdig, offen. Mund: geschmackvoll, lang.

NdQ Selección 2021 T
89
Sortenrein, würzig, reif, geschmackvoll. Aroma: offen, Buschwaldkräuter, Wachs.

BODEGAS DELAMPA
Ctra. Jumilla - Yecla, Km. 79,3
30520 Jumilla (Murcia)
☎: +34 968 759 956
bodegas@delampa.es
www.delampa.es

Delampa 50 años 2020 T C
100% monastrell

89
Korpulent, markante Eiche, korrekt, würzig, reif, geschmackvoll, Röstaromen.

Delampa Selección 2023 T
100% monastrell

85

Éxodo 2021 T RB
100% monastrell

87

Éxodo Autor 2020 T C
100% monastrell

88
Nach Eingemachtem, korpulent. Aroma: trockene Kräuter, Nüsse. Mund: altes Holz.

Julián Santos Martínez Edición Centenario 2019 T C
100% monastrell

91
Angenehm, aromatisch, würzig, getrocknete Blumen. Farbe: KirsChrot. Aroma: feine Reduktionsnoten, Wachs, reifes Obst. Mund: saftig, geschmackvoll, süffig, lang.

Marzas 2023 T
100% monastrell

87

BODEGAS EL NIDO
Ctra. de Fuentealamo -
Paraje de la Aragona
30550 Jumilla (Murcia)
☎: +34 968 435 023
info@juangil.es
www.gilfamily.es

Clío 2021 T
70% monastrell, 30% cabernet sauvignon

94
Farbe: sattes Kirschrot. Aroma: aromatischer Kaffee, Praline, süße Gewürze, Karamel. Mund: strukturiert, opulent, geschmackvoll, poliert, reife Tannine, reife Früchte.

🏆 PODIUM
El Nido 2021 T
70% cabernet sauvignon, 30% monastrell

95
Korpulent. Farbe: kirschrot mit granatrotem Saum. Aroma: kraftvoll, trockene Kräuter, dunkle Früchte, reifes Obst, Schwarzer Pfeffer, weiches Eichenholz, neues Eichenholz, sortenrein, offen, mit Charakter. Mund: geschmackvoll, lang, opulent, lebhaft, voll.

BODEGAS JUAN GIL
Ctra. Fuentealamo - Paraje de la Aragona
30520 Jumilla (Murcia)
☎: +34 968 435 022
info@juangil.es
www.gilfamily.es

Albacea Merlot 2023 T
merlot

91
Farbe: tiefes Kirschrot. Aroma: reifes Obst, trockene Kräuter, weiches Eichenholz. Mund: reife Früchte, würzig, reife Tannine.

Comoloco bajo en Histaminas Sin Sulfitos Añadidos 2023 T
100% monastrell

91 ☘
Farbe: tiefes Kirschrot. Aroma: reifes Obst, trockene Kräuter, Buschwaldkräuter. Mund: reife Früchte, würzig, reife Tannine.

Honoro Vera Orgánic 2023 T
100% monastrell

90 ☘
Reif. Farbe: tiefes Kirschrot. Aroma: reifes Obst, trockene Kräuter. Mund: reife Früchte, würzig, reife Tannine.

Juan Gil Etiqueta Amarilla/Yellow Label 2023 T
100% monastrell

90 ☘
Farbe: tiefes Kirschrot. Aroma: reifes Obst, trockene Kräuter, weiches Eichenholz. Mund: reife Früchte, würzig, reife Tannine.

🏆 PODIUM
Juan Gil Etiqueta Azul/Blue Label 2022 T
60% monastrell, 30% cabernet sauvignon, 10% syrah

96
Klar definierte Aromen, üppig. Farbe: KirsChrot. Aroma: komplex, ausdrucksvoll, würzig, mineralisch. Mund: elegant, voll, lang, nachhaltig.

Juan Gil Etiqueta Plata/Silver Label 2022 T
100% monastrell

93 ☘
Lieblich, geschmackvoll. Farbe: kirschrot mit granatrotem Saum. Aroma: kraftvoll, reifes Obst, dunkle Früchte, Röstaromen, Schokolade. Mund: geschmackvoll, lang.

Juan Gil Moscatel Seco 2023 B
100% moscatel grano menudo

90
Aromatisch, lieblich, korrekt, saftig. Aroma: helle Früchte, offen, getrocknete Blumen. Mund: süffig, zartbitter.

Juan Gil Petit Verdot 2023 T
petit verdot

92
Komplex, kraftvoll. Farbe: kirschrot mit violettem Saum. Aroma: rote Früchte, blumig, süße Gewürze. Mund: fruchtig, schöne Säure, lang.

Juan Gil Rosado 2023 RD
50% tempranillo, 50% syrah

91
Farbe: lebhaftes Rosa. Aroma: ausdrucksstark fruchtig, rote Früchte, blumig, Wildkräuter. Mund: ausgewogen, nachwirkend fruchtig, süffig, schöne Säure.

DO JUMILLA / D.O.P.

SPANIENS WEINFÜHRER 233

D.O. JUMILLA / D.O.P.

Selección Bartolomé Abellán 2023 T BA
monastrell

91

Balsamisch. Farbe: tiefes Kirschrot. Aroma: reifes Obst, trockene Kräuter, weiches Eichenholz. Mund: reife Früchte, würzig, reife Tannine.

BODEGAS LUZÓN
Ctra. Jumilla-Calasparra, Km. 3,1
30520 Jumilla (Murcia)
☎: +34 968 784 135
info@bodegasluzon.com
www.bodegasluzon.com

Alma de Luzon 2021 T
monastrell, syrah

93

Angenehm. Farbe: tiefes Kirschrot. Aroma: reifes Obst, trockene Kräuter, weiches Eichenholz, erdig. Mund: reife Früchte, würzig, reife Tannine, schöne Säure.

Altos de Luzón 2022 T
monastrell

92 ♣

Farbe: sattes Kirschrot. Aroma: aromatischer Kaffee, kraftvoll, reifes Obst, dunkle Früchte, Röstaromen. Mund: rauchig nachwirkend, nachhaltig, reife Tannine.

Finca Luzón 2021 T C
monastrell, cabernet sauvignon

91

Farbe: leuchtendes Kirschrot. Aroma: süße Gewürze, reifes Obst, Schokolade, weiches Eichenholz. Mund: fruchtig, würzig, reife Tannine.

Finca Luzón 2023 T RB
monastrell

90

Klar definierte Aromen, markante Eiche, poliert. Aroma: süße Gewürze, dunkle Früchte, Röstaromen. Mund: geschmackvoll, lang, reife Früchte.

Finca Luzón Monastrell Syrah 2023 T
monastrell, syrah

90

Reif, korrekt, geschmackvoll, würzig, ausgewogen. Aroma: offen. Mund: lang, korrekt, süffig.

Finca Luzón Sin Sulfitos Añadidos 2023 T
monastrell

90 ♣

Angenehm, saftig. Aroma: reifes Obst, Nüsse, milchig, ausdrucksstark fruchtig. Mund: geschmackvoll, sortentypisch, süffig.

Gamellón 2021 T C
monastrell, cabernet sauvignon

91

Farbe: KirsChrot. Aroma: süße Gewürze, Buschwaldkräuter, reifes Obst. Mund: würzig, balsamisch, schöne Säure, Röstnoten.

Gamellón 2023 T
monastrell, syrah

90

Farbe: kirschrot mit violettem Saum. Aroma: kraftvoll, reifes Obst, trockene Kräuter. Mund: reife Früchte, geschmackvoll, süffig.

Gamellón Edición Especial Syrah 2023 T
syrah

91

Farbe: tiefes Kirschrot. Aroma: reifes Obst, mit Charakter, offen. Mund: kraftvoll, reife Früchte, würzig, reife Tannine.

Luzón Colección 2023 T RB
monastrell

89

Angenehm, geschmackvoll, Röstaromen, reif, markante Eiche.

Luzón Colección Monastrell 2023 T
monastrell

90 ♣

Klar definierte Aromen, mild. Aroma: mittlere Intensität, offen, sortenrein, trockene Kräuter, reifes Obst. Mund: ausgewogen, korrekt, fruchtig, saftig.

Por Tí 2021 T
monastrell, cabernet sauvignon

93

Farbe: tiefes Kirschrot. Aroma: reifes Obst, weiches Eichenholz, dunkle Früchte, Buschwaldkräuter, komplex. Mund: kraftvoll, reife Früchte, würzig, reife Tannine.

BODEGAS NIDO DE CUCO
Camino de Murcia, s/n
30520 Jumilla (Murcia)
☎: +34 968 780 754
info@bodegasnidodecuco.es
www.bodegasnidodecuco.es

Cuco del Ardal 2020 T C
100% monastrell

89

Korpulent, Röstaromen, reif, voll.

Cuco del Ardal 2021 T C
100% monastrell

89

Etwas austrocknend, markante Eiche, korpulent, würzig, trockene Kräuter, reif, Röstaromen.

N de Cuco 2020 T C
50% monastrell, 50% cabernet sauvignon
92
Farbe: kirschrot mit granatrotem Saum. Aroma: balsamisch, reifes Obst, Buschwaldkräuter, Wachs, mit Charakter, Schokolade. Mund: geschmackvoll, balsamisch, würzig, reife Tannine.

N de Cuco 2021 T C
80% monastrell, 10% syrah, 10% petit verdot
92
Reif, opulent, noch nicht vollständig entfaltet. Farbe: sattes Kirschrot. Aroma: neues Eichenholz, weiches Eichenholz, dunkle Früchte. Mund: kraftvoll, opulent, lang, nachhaltig, Röstnoten.

BODEGAS OLIVARES
Vereda Real, s/n
30520 Jumilla (Murcia)
☎: +34 968 780 180
export@bodegasolivares.com
www.bodegasolivares.com

Olivares 2023 RD
100% garnacha
86

BODEGAS RIBERA DEL JUÁ
Ctra. Jumilla - Albatana, km. 6
30520 Jumilla (Murcia)
☎: +34 620 540 949
gestion@bodegasriberadeljua.com
www.bodegasriberadeljua.com

Charco del Zorro 2021 T
monastrell
87

Exordio 2019 T
monastrell
91
Warm. Farbe: kirschrot mit granatrotem Saum. Aroma: überreife Früchte, weiches Eichenholz, warm. Mund: nach Eingemachtem, kraftvoll, süße Tannine.

BODEGAS SALZILLO
Ctra. Nacional 344, km 57,200
30520 Jumilla (Murcia)
☎: +34 968 782 735
salzillo@bodegassalzillo.com
www.bodegassalzillo.com

Camelot Tinto Dulce Monastrell T D
monastrell
89
Nach Eingemachtem, süß, würzig, beschädigtes Obst, naschhaft, trockene Kräuter, opulent.

Güertana Sauvignon Blanc 2 meses Lías 2023 B
sauvignon blanc
88
Von Primäraromen beherrscht, aromatisch, nicht repräsentativ, korrekt, fruchtig, tropische, geschmackvoll. Aroma: Banane.

Gúertano Monastrell 4 meses 2022 T BA
87

Matius Crianza Blend 12 Meses 2022 T C
monastrell, cabernet sauvignon, syrah
88
Nach Eingemachtem, beschädigtes Obst, saftig, trockene Kräuter, korrekt, würzig.

Zenizate Monastrell 4 meses 2022 T
monastrell
86

Zenizate Syrah 4 meses 2022 T
syrah
85

BODEGAS SAN DIONISIO, S. COOP.
Ctra. de la Higuera, s/n
02651 Fuentealamo (Albacete)
☎: +34 967 543 032
sandionisio@bodegassandionisio.com
www.bodegassandionisio.com

Mainetes Monastrell 12 meses 2020 T C
100% monastrell
90
Klassisch. Farbe: tiefes Kirschrot. Aroma: dunkle Früchte, Wildkräuter, würzig, erdig, Wachs. Mund: reife Früchte, würzig, reife Tannine.

DO JUMILLA / D.O.P.

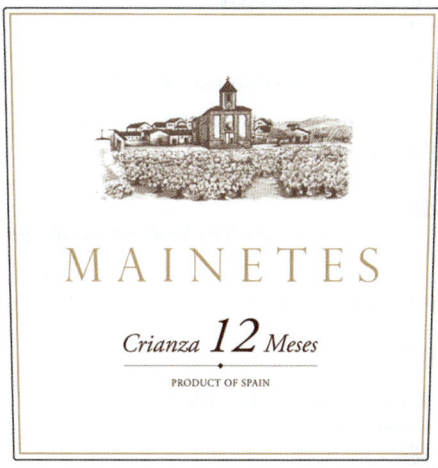

DO JUMILLA / D.O.P.

Mainetes Petit Verdot 2022 T RB
petit verdot

90

Farbe: tiefes Kirschrot. Aroma: reifes Obst, trockene Kräuter, weiches Eichenholz, Tabak, Schwarzer Pfeffer. Mund: kraftvoll, reife Früchte, würzig, reife Tannine.

Mainetes Verdejo 2023 B FB
verdejo

89

Farbe: leuchtendes Strohgelb. Aroma: kraftvoll, reifes Obst, würzig, markante Eiche. Mund: fett, Röstnoten, fruchtig, markante Eiche, reife Früchte.

Señorío de Fuenteálamo Monastrell 2021 T RB
100% monastrell

89

Fruchtig, trockene Kräuter, würzig, geschmackvoll. Aroma: reifes Obst, Früchtekonfit. Mund: sortentypisch.

Señorío de Fuenteálamo Monastrell 2023 T
monastrell

87

Señorío de Fuenteálamo Verdejo 2023 B
verdejo

86

BODEGAS SANTIAGO APÓSTOL

Calle Capataz Santiago, 91
02650 Montealegre del Castillo (Albacete)
☎: +34 967 336 058
info@bodegassantiagoapostol.com
www.bodegassantiagoapostol.com

Oferente 2019 B BA
95% airén, 5% verdejo

88

Korrekt, reif, Röstaromen, rauchig. Aroma: geröstetes Brot.

Oferente 2019 T C
100% monastrell

88

Reduktiver Ausbau, geschmackvoll, würzig, saftig, reif. Aroma: Wachs, Tabak.

Oferente 2020 T C
100% monastrell

87

Oferente Selección 2022 T
100% monastrell

86

BODEGAS SILVANO GARCÍA

Avda. de Murcia, 29
30520 Jumilla (Murcia)
☎: +34 968 780 767
info@silvanogarcia.es
www.silvanogarcia.es

Silvano García 4 meses 2022 T BA
monastrell

87

Silvano García Colección Divina 2021 T C
monastrell

89

Reduktiver Ausbau, geschmackvoll, saftig, trockene Kräuter, würzig, sortenrein, klassisch. Aroma: Wachs. Mund: klassischer Ausbau.

Silvano García Dulce Monastrell 2019 T D
monastrell

91

Representativ, geschmackvoll. Farbe: kirschrot mit granatrotem Saum. Aroma: getrocknete Früchte, Feingebäck. Mund: kraftvoll, geschmackvoll, süß.

Silvano García Etiqueta Negra 2021 T
monastrell

90

Aromatisch, balsamisch, korrekt, ausgewogen. Aroma: trockene Kräuter, Wachs, ausgewogen, offen. Mund: saftig, geschmackvoll, ausgewogen, zartbitter.

Silvano García Monastrell 2022 T
monastrell

89

Angenehm, reif, kräuterig, kraftvoll, geschmackvoll, trockene Kräuter, sortenrein.

Viñahonda 2020 T C
monastrell

90

Farbe: tiefes Kirschrot. Aroma: reifes Obst, trockene Kräuter, Wachs, würzig. Mund: reife Früchte, würzig, reife Tannine, strukturiert.

BODEGAS VIÑA ELENA
Paraje Estrecho de Marín, N-344, km 52,3
30529 Jumilla (Murcia)
☎: +34 968 781 340
info@vinaelena.com
www.vinaelena.com

Bruma del Estrecho
de Marín Finca CQ 2022 T
100% monastrell

92

Klar definierte Aromen, nach Eingemachtem. Aroma: dunkle Früchte, reifes Obst, balsamisch, . Mund: strukturiert, fruchtig, trockene, aber reife Tannine, würzig, lang.

Bruma del Estrecho
de Marín Parcela Vereda 2022 T
100% monastrell

92

Mit Persönlichkeit, fruchtig, reif. Farbe: tiefes Kirschrot. Aroma: ausdrucksvoll, offen. Mund: saftig, geschmackvoll, süße Tannine.

Familia Pacheco Garnacha 2022 T
100% garnacha

89

Farbe: KirsChrot. Aroma: balsamisch, Buschwaldkräuter, rote Früchte, reifes Obst. Mund: würzig, balsamisch, schöne Säure, süffig.

Familia Pacheco Monastrell Orgánico 2022 T
100% monastrell

88 🌱

Angenehm, korrekt, würzig, reif, wild, mild.

Familia Pacheco Syrah 2022 T
100% syrah

89

Angenehm, klar definierte Aromen, korpulent, reif, fruchtig, poliert, geschmackvoll. Mund: nachwirkend fruchtig.

BODEGAS Y VIÑEDOS VALTRAVIESO
Finca La Revilla, s/n
47316 Piñel de Arriba (Valladolid)
☎: +34 983 484 030
comunicacion@valtravieso.com
www.valtravieso.com

Pie Firme de Valtravieso 2021 T R
100% monastrell

93

Farbe: KirsChrot. Aroma: ausdrucksvoll, würzig, schwarze Lakritze, dunkle Früchte, Lacknoten. Mund: voll, lang, nachhaltig, reife Tannine, sortentypisch, poliert.

BSI - BODEGAS SAN ISIDRO
Ctra. Murcia, s/n
30520 Jumilla (Murcia)
☎: +34 968 780 700
enotour@bsi.es
www.bsi.es

Gémina
Chardonnay 2023 B FB
100% chardonnay

89

Angenehm, korrekt, würzig, reif, getrocknete Blumen, Hefenoten. Mund: rauchig nachwirkend, süffig.

Gémina
Cuvée Selección 2021 T C
100% monastrell

91

Farbe: leuchtendes Kirschrot. Aroma: süße Gewürze, reifes Obst, Schokolade. Mund: fruchtig, würzig, reife Tannine.

Gémina
Finca La Cabra 2020 T C
100% monastrell

93

Komplex, sortenrein. Farbe: KirsChrot. Aroma: komplex, ausdrucksvoll, würzig, trockener Stein, erdig. Mund: voll, lang, nachhaltig, reife Tannine.

DO JUMILLA / D.O.P.

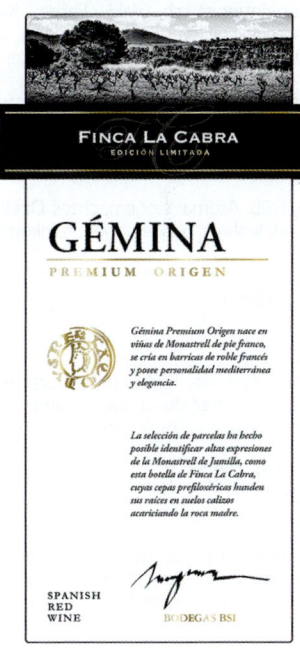

SPANIENS WEINFÜHRER

DO JUMILLA / D.O.P.

Gémina Finca Los Tomillares 2020 T
100% monastrell

92

Korpulent, Cremig. Aroma: mit Charakter, weiches Eichenholz, süße Gewürze, Schokolade, dunkle Früchte. Mund: geschmackvoll, markante Eiche, saftig, reife Früchte.

Gémina Selección Monastrell 2022 T
100% monastrell

89

Leichte Oxidation, würzig, reif, geschmackvoll.

Gémina Sin Sulfitos Añadidos 2023 T
100% monastrell

89

Representativ, korrekt, ausgewogen, fruchtig, kräuterig, saftig. Mund: ausgewogen.

DOBLEDEPEREZ MICROBODEGA
Plaza del Ayuntamiento, 7
02653 Albatana (Albacete)
☎: +34 627 588 119
info@dobledeperez.es
www.dobledeperez.es

Camaleónica 2022 T RB
100% monastrell

91

Wenig interventionistisch, wild. Farbe: KirsChrot. Aroma: ausdrucksvoll, würzig, Nüsse, erdig, trockene Kräuter. Mund: voll, lang, nachhaltig, sortentypisch, poliert.

En Contacto 2023 B
100% verdejo

90

Farbe: gelb, trüb. Aroma: eingemachtes Obst, , Wildkräuter. Mund: lebhaft, ausgewogen, feinkörnige Tannine, süffig.

Inaudita 2022 T
100% petit verdot

91

Klar definierte Aromen. Farbe: tiefes Kirschrot. Aroma: Nüsse, Wildkräuter, Buschwaldkräuter, Schwarzer Pfeffer. Mund: geschmackvoll, saftig, reife Tannine.

Ingobernable 2021 T
100% garnacha tintorera

91

Balsamisch, Waldfinsternis, wenig interventionistisch. Farbe: mattes Kirschrot. Aroma: dunkle Früchte, reifes Obst, schwarze Lakritze. Mund: geschmackvoll, saftig, fruchtig.

DOMINIO DE CASALTA
Ctra. de Pétrola Km. 3,2
02695 Chinchilla de Monte-Aragón (Albacete)
☎: +34 658 846 188
info@rodriguezdevera.com
www.rodriguezdevera.com

Pituco MST 2019 T

87

Pituco MST 2022 T
garnacha tintorera, syrah, monastrell

88

Fruchtig, trockene Kräuter, reif, würzig.

EGO BODEGAS
Paraje Hoya de Torres s/n
30520 Jumilla (Murcia)
☎: +34 868 680 939
info@egobodegas.com
www.egobodegas.com

3015 2023 T
100% monastrell

88

Trockene Kräuter, mild, fruchtig, saftig, schlicht.

El Goru Gold 2021 T
monastrell, syrah, cabernet sauvignon

91

Farbe: leuchtendes Kirschrot. Aroma: reifes Obst, Schokolade, Wachs, Buschwaldkräuter, Weihrauch. Mund: würzig, reife Tannine, kraftvoll, geschmackvoll, balsamisch.

Fuerza By Ego 2021 T
monastrell, cabernet sauvignon
89
Unehrlich, korpulent, würzig, üppig, reif. Aroma: weiches Eichenholz. Mund: ausgeprägte Eichentannine.

Infinito 2020 T C
monastrell
91
Farbe: KirsChrot. Aroma: holzig, neues Eichenholz. Mund: kraftvoll, strukturiert, fruchtig, saftig, opulent, poliert, sortentypisch.

Parcela 11
Finca del Tuerto 2021 T C
monastrell, syrah, petit verdot
91
Farbe: KirsChrot. Aroma: balsamisch, süße Gewürze, Buschwaldkräuter. Mund: schöne Säure, ausgewogen, zartbitter, süffig, würzig.

Parcela 11
Finca del Tuerto 2022 T C
90
Farbe: leuchtendes Kirschrot. Aroma: süße Gewürze, dunkle Früchte, Röstaromen. Mund: würzig, reife Tannine, lang.

Pirapu 2021 T
monastrell, cabernet sauvignon
91
Farbe: KirsChrot. Aroma: süße Gewürze, Buschwaldkräuter, Fleischnoten, Wildkräuter. Mund: würzig, balsamisch, schöne Säure, lang, reife Früchte, reife Tannine.

Talento by Ego 2023 T
monastrell, syrah
89
Angenehm, klar definierte Aromen, würzig, reif, geschmackvoll.

ESENCIA WINES CELLARS
Ctra. El Carche, Km. 11,5
30520 Jumilla (Murcia)
☎: +34 968 975 942
info@esenciawines.com
www.esenciawines.com

Casa
de la Ermita 2021 T C
40% monastrell, 35% syrah, 25% cabernet sauvignon
90
Rauchig, Röstaromen. Farbe: dunkles Kirschrot. Aroma: dunkle Früchte, Früchtekonfit, geröstetes Brot, rauchig. Mund: fleischig, strukturiert.

Casa de la Ermita 2023 T RB
55% monastrell, 45% petit verdot
90
Farbe: leuchtendes Kirschrot. Aroma: reifes Obst, süße Gewürze, milchig. Mund: würzig, reife Tannine, reife Früchte, nachwirkend fruchtig, süffig.

Casa de la Ermita Idílico 2021 T C
55% monastrell, 45% petit verdot
90
Farbe: KirsChrot. Aroma: balsamisch, süße Gewürze, Buschwaldkräuter. Mund: würzig, balsamisch, schöne Säure, lang, Röstnoten.

Casa de la Ermita
Parcela La Solana 2023 B
100% viognier
91 ☘
Farbe: strohgelb. Aroma: ausdrucksvoll, weiße Blumen, Steinobst, ausgewogen, würzig, Zitrusfrüchte. Mund: geschmackvoll, fruchtig, ausgewogen.

Casa de la Ermita
Parcela los Pinos 2022 T C
100% monastrell
93 ☘
Farbe: KirsChrot. Aroma: komplex, ausdrucksvoll, würzig, sortenrein, Wachs. Mund: voll, lang, nachhaltig, cremig, reife Früchte.

Casa de la Ermita Petit Verdot 2021 T C
100% petit verdot
91
Farbe: KirsChrot. Aroma: süße Gewürze, Buschwaldkräuter, reifes Obst, Früchtekonfit. Mund: balsamisch, schöne Säure, reife Tannine.

FAUSTINO RIVERO ULECIA
Ctra. Murcia s/n
30520 Jumilla (Murcia)
☎: +34 941 380 057
www.faustinorivero.com

Conciens 2023 T
monastrell
88 ☘
Angenehm, lieblich, fruchtig.

DO JUMILLA / D.O.P.

D.O.P. DO JUMILLA

FINCA BACARA
Calle Rio Taibilla, 13 - 7ºA
30110 Churra (Murcia)
☎: +34 868 680 939
info@fincabacara.com
www.fincabacara.com

Tabá 2022 T C
monastrell
92 🌱
Farbe: kirschrot mit granatrotem Saum. Aroma: Früchtekonfit, kraftvoll, erdig, Wachs. Mund: geschmackvoll, lang, strukturiert, reife Tannine.

FINCA EL OLMILLO
Ctra Higuera- Fuente-Álamo km 22,1
Pol. 1 Parc. 20009
02651 Fuente-Álamo (Albacete)
☎: +34 691 848 199
calidad@fincaolmillo.com

Finca El Olmillo 2021 T RB
monastrell
92 🌱
Farbe: KirsChrot. Aroma: Wildkräuter, schwarze Lakritze, Buschwaldkräuter, reifes Obst, Wachs. Mund: geschmackvoll, ausgewogen, lang, würzig, balsamisch.

Mirasoles 2023 B
sauvignon blanc
89 🌱
Klar definierte Aromen, wild, getrocknete Blumen, trockene Kräuter. Aroma: Kräutersäckchen, Wildkräuter.

FINCA MONASTASIA
Ctra. Jumilla a Ontur, km 16
02652 Ontur (Albacete)
☎: +34 624 104 762
admin@fincamonastasia.com
www.fm.wine

**Finca Monastasia
Monastrell Nobel 2022 T RB**
100% monastrell
89
Angenehm, reif, geschmackvoll, mild.

**Finca Monastasia
Paraje Cerro Blanco 2021 T**
monastrell, syrah, cabernet sauvignon, merlot
92
Farbe: tiefes Kirschrot. Aroma: trockene Kräuter, erdig, mineralisch, dunkle Früchte, überreife Früchte, Röstaromen, Schokolade. Mund: reife Früchte, würzig, reife Tannine.

Finca Monastasia Pie Franco 2021 T
100% monastrell
93
Farbe: kirschrot mit granatrotem Saum. Aroma: komplex, ausdrucksvoll, würzig, mineralisch, dunkle Früchte, in Likör eingelegte Früchte. Mund: voll, lang, nachhaltig, geschmackvoll.

Finca Monastasia Syrah Nobel 2022 T
syrah
90
Farbe: tiefes Kirschrot. Aroma: reifes Obst, trockene Kräuter, rote Früchte. Mund: kraftvoll, reife Früchte, würzig, reife Tannine.

Finca Monastasia Vides Encontradas Dulce Natural 2021 T
89
Mit Potenzial, korpulent, überreif, sehr süß.

HAMMEKEN CELLARS
03700 Denia (Alacant/Alicante)
☎: +34 965 791 967
cellars@hammekencellars.com
www.hammekencellars.com

Creencia con Virtud 2020 T
monastrell
93
Farbe: dunkles Kirschrot. Aroma: Röstaromen, würzig, feiner Kakao, reifes Obst, dunkle Früchte, trockene Kräuter. Mund: geschmackvoll, Röstnoten, fruchtig, kraftvoll, ziemlich nachhaltig, trockene, aber reife Tannine.

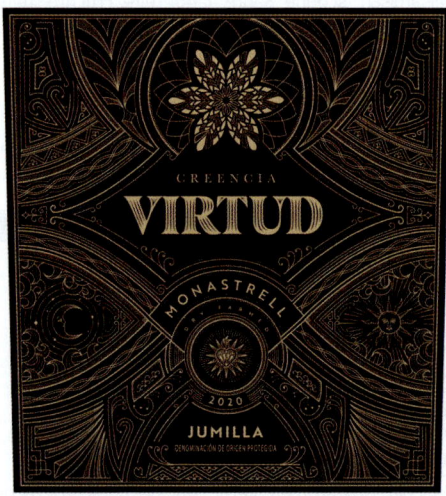

Creencia con Actitud 2021 T
monastrell
91
Klassisch, nach Eingemachtem, korpulent. Aroma: trockene Kräuter, würzig, Weihrauch, dunkle Früchte. Mund: kraftvoll, geschmackvoll, strukturiert.

IZQUIERDO VIÑEDOS Y BODEGAS
Doctor Tabera y Araoz, 17 Bajo
02400 Hellín (Albacete)
☎: +34 615 287 362
vinosizquierdo@gmail.com
www.ramonizquierdovinos.com

Ramón Izquierdo Monastrell 2021 T
monastrell
90 ♣
Würzig, reduktiver Ausbau. Aroma: Buschwaldkräuter, erdig, dunkle Früchte, Weihrauch. Mund: voll, geschmackvoll, reife Tannine.

ONTALBA SOC. COOP. DE C-LM
Camino de Hellín, s/n
02652 Ontur (Albacete)
☎: +34 967 324 212
pedidos@ontalba.es
www.ontalba.es

Dominio de Ontur Monastrell 2022 T
100% monastrell
86

Dominio de Ontur Syrah, Monastrell, Garnacha 2022 T
60% syrah, 30% monastrell, 10% garnacha
86

Monastrelón 2021 T
60% monastrell, 40% syrah
88
Korrekt, trockene Kräuter, leichte Reduktion, würzig, kräuterig, wild, sortenrein.

Ontalba Equilibrista 2020 T
60% monastrell, 30% syrah, 10% petit verdot
88
Balsamisch, würzig, trockene Kräuter, reif. Aroma: Nüsse, dunkle Früchte.

Ontalba Sauvignon Blanc 2023 B
100% sauvignon blanc
86 ♣

Patre 2020 T C
100% monastrell
87

PACO MULERO
Partida de la Hoya Torres s/n
30520 Jumilla (Murcia)
☎: +34 968 105 997
info@pacomulero.com
www.pacomulero.com

Paco Mulero Veinte Meses 2022 T
monastrell, cabernet sauvignon, syrah
94
Klar definierte Aromen, saftig. Farbe: tiefes Kirschrot. Aroma: reifes Obst, trockene Kräuter, weiches Eichenholz. Mund: reife Früchte, würzig, reife Tannine.

Prisma Monastrell Orgánico 2023 T
100% monastrell
90 ♣
Reif. Farbe: tiefes Kirschrot. Aroma: reifes Obst, Buschwaldkräuter. Mund: reife Früchte, würzig, reife Tannine.

Aldeón de Lar Monastrell Sin Sulfitos Añadidos 2023 T
100% monastrell
91 ♣
Farbe: kirschrot mit violettem Saum. Aroma: reifes Obst, würzig, Buschwaldkräuter. Mund: reife Früchte, geschmackvoll, strukturiert.

Paco Mulero Monastrell 2022 T
100% monastrell
93
Komplex, sortenrein. Farbe: tiefes Kirschrot. Aroma: reifes Obst, trockene Kräuter, weiches Eichenholz, Buschwaldkräuter. Mund: reife Früchte, würzig, reife Tannine.

Paco Mulero Veinte Meses 2021 T
monastrell, cabernet sauvignon, syrah

93
Naschhaft, kräuterig. Farbe: leuchtendes Kirschrot. Aroma: süße Gewürze, reifes Obst, Schokolade. Mund: fruchtig, würzig, reife Tannine, süße Tannine.

PARAJES DEL VALLE BODEGAS Y VIÑEDOS
Avda. de Murcia, s/n
30520 Jumilla (Murcia)
☎: +34 616 426 520
nerea.bardaji@garciperezgroup.com
www.parajesdelvalle.es

Parajes del Valle Monastrell 2022 T
monastrell

89 ♣
Flüssig am Gaumen, fruchtig, kräuterig, saftig, reif, wild, mild. Mund: süffig, ziemlich nachhaltig.

Terraje 2021 T BA
monastrell

93 ♣
Klar definierte Aromen, spannungsvoll. Farbe: KirsChrot. Aroma: ausdrucksvoll, würzig, trockener Stein, erdig, sortenrein. Mund: elegant, lang, nachhaltig, süffig.

VAEL WINE - KERBEROS FOOD SOLUTIONS
Salvador Dalí 31
30520 Jumilla (Murcia)
☎: +34 644 631 045
francisco.j.lozano@kerberosfs.com
www.vaelwine.com

Vael White Wine 2023 B
chardonnay, moscatel

89 ♣
Zitrusfrüchte, getrocknete Blumen, fruchtig, trockene Kräuter.

VIDES CALIZA
Ctra. Tobarra, s/n
02652 Ontur (Albacete)
☎: +34 665 779 429
alfonso@videscaliza.com
www.videscaliza.com

Entresijo 2022 T C
monastrell

91
Korpulent, markante Eiche. Farbe: tiefes Kirschrot. Aroma: reifes Obst, trockene Kräuter, weiches Eichenholz, dunkle Früchte, Röstaromen. Mund: kraftvoll, reife Früchte, würzig, reife Tannine.

VINOS SIERRA NORTE
Paraje La Raja, s/n
30520 Jumilla (Murcia)
☎: +34 962 323 099
info@bodegasierranorte.com
www.bodegasierranorte.com

Equilibrio 4 2021 T
100% monastrell

90 ♣
Farbe: KirsChrot. Aroma: süße Gewürze, Buschwaldkräuter, erdig, trockene Kräuter, Wachs. Mund: balsamisch, schöne Säure, sortentypisch.

Equilibrio 9 2020 T BA
100% monastrell

90 ♣
Farbe: KirsChrot. Aroma: süße Gewürze, Buschwaldkräuter, holzig. Mund: würzig, fruchtig, saftig, zartbitter, sortentypisch.

Equilibrio Sauvignon Blanc 2023 B
sauvignon blanc

87 ♣

VIÑEDOS Y BODEGAS ASENSIO CARCELÉN
Ctra. RM-714, Km. 8
30520 Jumilla (Murcia)
☎: +34 968 435 543
bodegascarcelen@gmail.com

100 x 100 Monastrell 2022 T
monastrell

85 ♣

100 x 100 Syrah 2021 T
syrah

87 ♣

Asensio Carcelén Monastrell 2022 T
monastrell

89 ♣
Balsamisch, korrekt, würzig, fruchtig, kräuterig, reif, geschmackvoll, saftig.

Asensio Carcelén Syrah 2022 T
syrah

88 ♣
Korrekt, saftig, reif, geschmackvoll. Mund: nachwirkend fruchtig, nachhaltig.

Pura Sangre 2016 T R
monastrell

85 ♣

VIÑEDOS Y BODEGAS XENYSEL

Valle Hoya Torres Pol. 5 Parc. 5
30520 Jumilla (Murcia)
☎: +34 627 251 886
info@xenysel.com
www.xenysel.com

Calzás 2020 T C
monastrell

91

Rauchig, mit Persönlichkeit. Farbe: dunkles Kirschrot. Aroma: Fleischnoten, dunkle Früchte, Schwarzer Pfeffer, Nüsse. Mund: geschmackvoll, ausgewogen, abgerundet, reife Tannine.

Rango 2020 T C
monastrell, syrah

91

Farbe: KirsChrot. Aroma: balsamisch, süße Gewürze, Buschwaldkräuter, erdig, dunkle Früchte, Früchtekonfit. Mund: würzig, balsamisch, schöne Säure.

Xenys Fina
Sierra de Los Gavilanes 2020 T C
80% monastrell, 20% syrah

91

Farbe: KirsChrot. Aroma: balsamisch, Buschwaldkräuter, würzig, Weihrauch, erdig, Nüsse. Mund: würzig, schöne Säure.

Xenys Monastrell 12 2021 T
100% monastrell

90

Farbe: KirsChrot. Aroma: Buschwaldkräuter, trockene Kräuter, Fleischnoten. Mund: würzig, balsamisch, schöne Säure, saftig.

Xenys Rosé 2023 RD
monastrell

88

Säuerlich, kräuterig, geschmackvoll, wild, mild, korrekt.

Xenysel Pie Franco 2022 T
monastrell

90

Klar definierte Aromen, korrekt, wild, mild. Aroma: ausdrucksvoll, offen, Buschwaldkräuter. Mund: fruchtig, saftig, reife Früchte, süffig.

WEIN & VINOS

Hardenbergstr. 9A
10623 Berlin (Berlin)
☎: +49 303 150 6080
info@vinos.de
www.vinos.de

Mondeo Selección
Especial 2022 T BA
80% monastrell, 10% cabernet sauvignon, 10% syrah

91

Farbe: kirschrot mit granatrotem Saum. Aroma: Früchtekonfit, in Likör eingelegte Früchte, kraftvoll. Mund: geschmackvoll, leicht süßlich, lang.

Obsesión 2022 T BA

93

Farbe: tiefes Kirschrot, granatroter Saum. Aroma: Noten von Tischlerei, reifes Obst, feiner Kakao, Röstaromen, Schokolade. Mund: geschmackvoll, würzig, Röstnoten, kräftige Tannine.

DO JUMILLA / D.O.P.

DO. LA GOMERA

CONSEJO REGULADOR

Avda. Guillermo Ascanio, 16
38840 Vallehermoso (La Gomera)
☎: +34 922 800 801
@: vinoslagomera@gmail.com
www.vinosdelagomera.es

LAGE:

Die Rebflächen liegen überwiegend im nördlichen Teil der Insel in den Gemeinden Vallehermoso (etwa 385 Hektar) und Hermigua. Der Rest verteilt sich auf Agulo, Valle Gran Rey, die Hauptstadt von La Gomera, San Sebastián und Alajeró an den Hängen des Gipfels Garajonay.

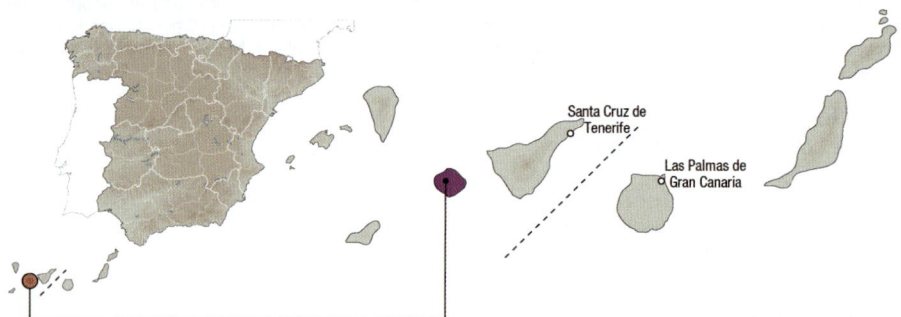

REBSORTEN:

WEISS: Forastera Gomera, Listán Blanca, Malvasía, Pedro Ximénez und Marmajuelo.

ROT: Listán Negra, Negramoll; experimentell: Tintilla Castellana, Cabernet Sauvignon und Rubí Cabernet.

DATEN:

Rebfläche (ha): 125 – **Winzer:** 230 – **Weinerzeuger:** 20 – **Jahrgang 22:** Unrated – **Jahresproduktion 22:** 80.000 L. – **Absatz:** 100% Spanien.

BODENVERHÄLTNISSE:

In den hohen Lagen tonhaltig und tief. In den niedrigen Lagen wächst Buschwald auf steinigen Böden und dem Priorat ähnlichen Terrassen.

KLIMA:

Die Insel wird vom subtropischen Klima begünstigt. Bemerkenswert ist das sogenannte „Wolkenmeer", ein Nebel der sich unter dem Einfluss der Passatwinde an den Hängen des Garajonay bildet, wenn die Feuchtluft aus dem Norden auf die Gebirgslandschaft trifft. Dabei entsteht ein sogenannter horizontaler Regen, der in den Tälern mit üppiger Vegetation ein spezifisches Ökosystem schafft. Die Temperaturen betragen durchschnittlich 20° und halten sich konstant über das ganze Jahr.

ERNTEBEWERTUNG ANHAND JUNGER WEINE GUÍAPEÑÍN

2019	2020	2021	2022	2023
UNRATED	UNRATED	UNRATED	UNRATED	UNRATED

BODEGA MONTORO, MARIO RODRÍGUEZ MENDOZA

Montoro s/n Hermigua
38820 La Gomera (Santa Cruz de Tenerife)
☎: +34 695 943 245
mariorguezmend@gmail.com

Montoro 2023 B
85% forastera, 10% listán blanco, 5% marmajuelo

88

Ausgewogen, kräuterig, mineralisch, trockene Kräuter, reif.

Montoro de Forastera 2022 B FB
100% forastera

91

Oxidativ, lieblich. Farbe: strohgelb. Aroma: trockene Kräuter, welke Blumen, Steinobst. Mund: reife Früchte, ausgewogen, fleischig.

VIÑEDOS Y BODEGA ALTOS DE CHIPUDE

38869 Chipude (Santa Cruz de Tenerife)
☎: +34 670 665 671
info@altosdechipude.com
www.altosdechipude.com

La Montaña 2022 T
listán negro

89

Farbe: durchscheinendes Kirschrot. Aroma: ausdrucksstark fruchtig, rote Früchte, würzig, ausdrucksvoll, mit Charakter, trockener Stein. Mund: geschmackvoll, fruchtig, schöne Säure, ziemlich nachhaltig.

Pribilo 2022 B

91

Farbe: leuchtendes Strohgelb. Aroma: reifes Obst, Kräutersäckchen, feine Hefen, geröstetes Brot, süße Gewürze, trockener Stein. Mund: voll, schöne Säure, geschmackvoll.

Rajadero 2022 B
forastera gomera

91

Farbe: strohgelb. Aroma: reifes Obst, trockene Kräuter, welke Blumen, feine Hefen, trockener Stein. Mund: kraftvoll, reife Früchte, ausgewogen, geschmackvoll.

Rajadero 2023 B
forastera gomera

90

Farbe: strohgelb. Aroma: reifes Obst, trockene Kräuter, welke Blumen, feine Hefen, trockener Stein. Mund: kraftvoll, reife Früchte, ausgewogen, geschmackvoll.

DO. LA MANCHA
CONSEJO REGULADOR

Avda. de Criptana, 73
13600 Alcázar de San Juan (Ciudad Real)
☎: +34 926 541 523
@: consejo@lamanchawines.com
www.lamanchawines.com

LAGE:

Das größte Weinbaugebiet in Spanien und weltweit erstreckt sich auf die Provinzen Albacete, Ciudad Real, Cuenca und Toledo in der Südhälfte des kastilischen Hochlands.

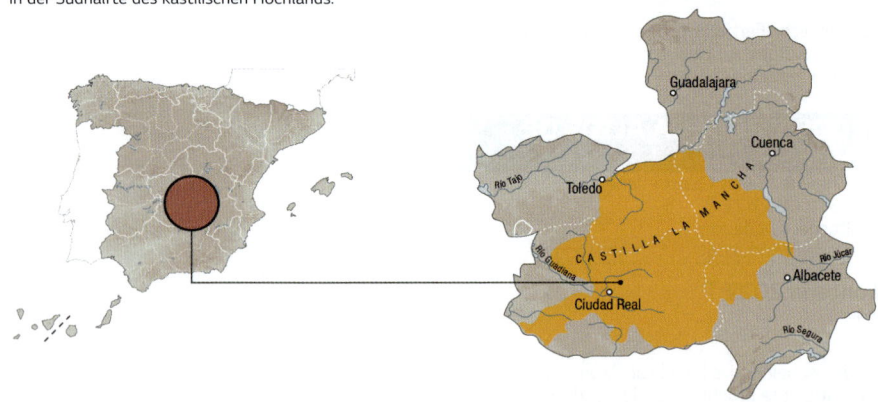

REBSORTEN:

WEISS: Airén (majority), Macabeo, Pardilla, Chardonnay, Sauvignon Blanc, Verdejo, Moscatel de Grano Menudo, Gewürztraminer, Parellada, Pero Ximénez, Riesling, Torrontés und Moscatel de Alejandría.

ROT: Cencibel (majority amongst red varieties), Garnacha, Moravia, Cabernet Sauvignon, Merlot, Syrah, Cabernet Franc, Graciano, Malbec, Mencía, Monastrell, Pinot Noir, Petit Verdot, Bobal und Garancha Tintorera.

DATEN:

Rebfläche (ha): 151.717– **Winzer:** 13.591– **Weinerzeuger:** 215 – **Jahrgang 23:** Sehr Gut - **Jahresproduktion 23:** 94.271.991 L – **Absatz:** 69% Spanien -31% Export.

BODENVERHÄLTNISSE:

Die Rebflächen liegen auf flachem Gelände in ca. 700 m Höhe. Die Böden sind sandig, kalkhaltig und lehmig.

KLIMA:

Extremes Kontinentalklima mit Temperaturen zwischen 40/45 °C im Sommer und -10/-12 °C im Winter. Die Niederschläge sind mit durchschnittlich 375 mm im Jahr spärlich.

ERNTEBEWERTUNG ANHAND JUNGER WEINE GUÍAPEÑÍN

2019	2020	2021	2022	2023
GUT	GUT	GUT	MÄSSIG	MÄSSIG

BODEGA Y VIÑAS ALDOBA
Ctra. Alcázar, km. 1
13700 Tomelloso (Ciudad Real)
☎: +34 656 699 482
allozo@allozo.com
www.allozo.com

Aldoba 2023 T MC
100% tempranillo
85

Aldoba Verdejo 2023 B
100% verdejo
83

BODEGAS ALCARDET
Mayor, 130
45810 Villanueva de Alcardete (Toledo)
☎: +34 925 166 375
admin@alcardet.com
www.alcardet.com

Alcardet Natura Chardonnay 2020 B
chardonnay
87 ♣

Alcardet Natura Tempranillo T
tempranillo, petit verdot
87 ♣

Alcardet Tempranillo 2022 T
tempranillo
85

BODEGAS ALTOVELA
Ctra. Madrid - Alicante, Km. 100
45880 Corral de Almaguer (Toledo)
☎: +34 925 190 269
logistica@altovela.com
www.altovela.com

Altovela Chardonnay 2023 B
86

Altovela Sauvignon Blanc 2023 B
sauvignon blanc
86

Altovela Tempranillo 2023 T
tempranillo
87

Altovela Verdejo 2023 B
verdejo
85

Campo Amable 2018 T R
tempranillo
88
Würzig, ausgewogen, trockene Kräuter, Röstaromen.

Campo Amable 2021 T C
tempranillo
85

BODEGAS AYUSO
Polígono Eras de Santa Lucía, Parcela 35.1
02600 Villarrobledo (Albacete)
☎: +34 967 140 458
latienda@bodegasayuso.es
www.bodegasayuso.es

Estola 2016 T GR
65% tempranillo, 35% cabernet sauvignon
88
Klassisch, geschmackvoll, Röstaromen, reif, ausgewogen.

Estola 2019 T R
75% tempranillo, 25% cabernet sauvignon
87
Fruchtig, würzig, reif, geschmackvoll.

Estola Selección 2021 T
100% tempranillo
88
Fruchtig, reif, würzig, Röstaromen.

Estola Verdejo 2023 B
100% verdejo
86

DO LA MANCHA / D.O.P.

DO LA MANCHA / D.O.P.

BODEGAS CAMPOS REALES
Castilla La Mancha, 4
16670 El Provencio (Cuenca)
☎: +34 967 166 066
tienda@bodegascamposreales.com
www.bodegascamposreales.com

Cánfora Pie Franco 2017 T R
cencibel
93
Kraftvoll, Waldfinsternis. Farbe: kirschrot mit violettem Saum. Aroma: würzig, dunkle Früchte, Röstaromen, Veilchen, getrocknete Blumen. Mund: geschmackvoll, fruchtig, strukturiert.

Canforrales 2020 T C
cabernet sauvignon
88
Ausgewogen, würzig, vegetabil, geschmackvoll.

Canforrales Alma Verdejo 2023 B
verdejo
86

Canforrales Chardonnay 2023 B
chardonnay
88
Fruchtig, trockene Kräuter, reif, frisch, geschmackvoll.

Canforrales Clásico Tempranillo 2023 T
100% tempranillo
87

Canforrales Lucía Airén 2023 B
airén
86

Canforrales Petit Verdot 2023 RD
petit verdot
87

Heredad de Loza Tempranillo 2023 T
100% tempranillo
83

BODEGAS CASA ANTONETE
Avda. Quintanar del Rey, s/n
02100 Tarazona de La Mancha (Albacete)
☎: +34 609 578 126
export@casaantonete.com
www.casaantonete.com

Casa Antonete Macabeo 2023 B
100% macabeo
84

Casa Antonete Tempranillo 2020 T C
100% tempranillo
85

Casa Antonete Tempranillo 2022 T SS
100% tempranillo
85

Négora Chardonnay 2023 B
100% chardonnay
86

Négora Sauvignon Blanc 2023 B
100% sauvignon blanc
85

Négora Verdejo 2023 B
100% verdejo
86

BODEGAS CASTIBLANQUE
Isaac Peral, 19
13610 Campo de Criptana (Ciudad Real)
☎: +34 926 589 147
ma.castiblanque@bodegascastiblanque.com
www.bodegascastiblanque.com

Lagar de Ensancha 2023 B
100% verdejo
85

BODEGAS CENTRO ESPAÑOLAS
Ctra. Alcázar, km. 1
13700 Tomelloso (Ciudad Real)
☎: +34 656 699 482
allozo@allozo.com
www.allozo.com

Allozo 2016 T GR
100% tempranillo
86

Allozo 2019 T C
100% tempranillo
87

Allozo 2019 T R
100% tempranillo
88
Ausgewogen, würzig, klassisch, Röstaromen.

Allozo Tempranillo 2021 T RB
100% tempranillo
86

Allozo Tempranillo 2023 T
100% tempranillo
84

Allozo Verdejo 2023 B
100% verdejo
84

SPANIENS WEINFÜHRER

BODEGAS DEL SAZ
Maestro Manzanares, 57
13610 Campo de Criptana (Ciudad Real)
☎: +34 626 345 901
directoradjunto@bodegasdelsaz.com
www.bodegasdelsaz.com

Álvaro del Saz Chardonnay 2022 B FB
chardonnay
88
Reif, würzig, korrekt. Aroma: reifes Obst. Mund: geschmackvoll, Röstnoten, fett.

Álvaro del Saz Garnacha Tempranillo 2022 T BA
garnacha, tempranillo
88
Angenehm, würzig, trockene Kräuter, reif, fruchtig, geschmackvoll.

Vidal del Saz Chardonnay 2023 B
chardonnay
86

BODEGAS EL VINCULO
Avda. Juan Carlos I, s/n
13160 Campo de Criptana (Ciudad Real)
☎: +34 926 563 709
elvinculo@elvinculo.com
www.familiafernandezrivera.com

El Vínculo 2018 T R
100% tempranillo
90
Farbe: tiefes Kirschrot. Aroma: trockene Kräuter, weiches Eichenholz, dunkle Früchte. Mund: reife Früchte, würzig, reife Tannine.

El Vínculo 2020 T C
100% tempranillo
89
Ausgewogen, würzig, reif, Röstaromen.

El Vínculo Alejairén 2022 B C
100% airén
88
Würzig, Oxidativ, Röstaromen, trockene Kräuter.

El Vínculo Paraje la Golosa 2017 T GR
100% tempranillo
91
Farbe: tiefes Kirschrot. Aroma: trockene Kräuter, weiches Eichenholz, dunkle Früchte, Röstaromen. Mund: reife Früchte, würzig, grobkörnige Tannine.

BODEGAS GARDEL ORGANIC WINES
Toledo, 2
16650 Las Mesas (Cuenca)
☎: +34 627 730 902
omar@bodegasgardel.com
www.bodegasgardel.com

Dominio de Gardel Tempranillo Syrah 2020 T C
tempranillo, syrah
87

BODEGAS ISIDRO MILAGRO
Avda. del Ebro s/n
26540 Alfaro (La Rioja)
☎: +34 941 181 207
jantonio@bodegasisidromilagro.com
www.bodegasisidromilagro.com

Conde de Monterroso 2018 T R
87

BODEGAS ISLA
Nuestra Señora de la Paz, 9
13210 Villarta San Juan (Ciudad Real)
☎: +34 926 640 004
manuel@bodegasisla.com
www.bodegasisla.com

Isla Oro Airén 2023 B
100% airén
84

Isla Oro Cabernet Sauvignon 2023 T
100% cabernet sauvignon
84

Isla Oro Garnacha 2023 RD
100% garnacha
84

Isla Oro Macabeo 2023 B
100% macabeo
83

Isla Oro Tempranillo 2023 T
100% tempranillo
86

Isla Oro Tempranillo Cabernet Sauvignon 2020 T C
50% tempranillo, 50% cabernet sauvignon
83

DO LA MANCHA / D.O.P.

DO LA MANCHA / D.O.P.

BODEGAS LA REMEDIADORA
Alfredo Atienza, 149
02630 La Roda (Albacete)
☎: +34 967 440 600
info@laremediadora.com
www.laremediadora.com

La Villa Real Cabernet Sauvignon 2020 T C S
100% cabernet sauvignon
85

La Villa Real Chardonnay 2023 B
100% chardonnay
85

La Villa Real Macabeo 2023 B
100% macabeo
84

La Villa Real Moscatel 2023 B D
100% moscatel grano menudo
86

La Villa Real Sauvignon Blanc 2023 B
100% sauvignon blanc
84

La Villa Real Tempranillo 2021 T BA S
100% tempranillo
84

BODEGAS LATÚE - SAN ISIDRO, S.C.C.L.M.
Camino de la Esperilla, s/n
45810 Villanueva de Alcardete (Toledo)
☎: +34 925 166 350
info@latue.com
www.latue.com

Latúe 2023 RD
100% tempranillo
87 🌿

Latúe Airén 2023 B
100% airén
86 🌿

Latúe Tempranillo 2022 T
100% tempranillo
88 🌿
Fruchtig, aromatisch, kräuterig, geschmackvoll.

Pingorote Sauvignon Blanc 2023 B
100% sauvignon blanc
86

Pingorote Tempranillo 2019 T C
100% tempranillo
87

Pingorote Tempranillo 2019 T R
100% tempranillo
89
Reif, würzig, holzig.

BODEGAS LOZANO
Avda. Reyes Católicos, 156
02600 Villarrobledo (Albacete)
☎: +34 651 453 747
info@bodegas-lozano.com
www.bodegas-lozano.com

Libertario 2021 T C
85

Oristán 2021 T C
88
Fruchtig, reif, Röstaromen, nach Eingemachtem.

Oristán Verdejo 2023 B
86

BODEGAS MARTÍNEZ SÁEZ
Ctra. Villarrobledo Barrax, Km. 14,800
02600 Villarrobledo (Albacete)
☎: +34 967 443 088
almacen@bodegasmartinezsaez.es
www.bodegasmartinezsaez.com

Viña Orce 2020 T C
cabernet sauvignon, tempranillo
87

BODEGAS PEDROHERAS
La Mancha, 1
16660 Las Pedroñeras (Cuenca)
☎: +34 967 160 151
compras@pedroheras.es
www.bodegaspedroheras.com

Pedroheras 2018 T C
tempranillo
88
Fruchtig, würzig, reif, ausgewogen.

Pedroheras Airén 2023 B
airén
85

Pedroheras Macabeo Verdejo 2023 B
50% macabeo, 50% verdejo
84

Pedroheras Syrah Tempranillo 2023 T S
50% syrah, 50% tempranillo
88
Fruchtig, reif, kräuterig, würzig, geschmackvoll.

Pedroheras Tempranillo 2022 T RB
tempranillo
86

Pedroheras Verdejo 2023 B
verdejo
85

BODEGAS PUENTE DE RUS
Ctra. Almarcha, 50
16600 San Clemente (Cuenca)
☎: +34 969 300 155
exportassistant@puentederus.com
www.puentederus.com

Puente de Rus 2022 BE BN
100% macabeo
86

Puente de Rus Sauvignon Blanc 2023 B
100% sauvignon blanc
86

Puente de Rus Syrah 2023 T
100% syrah
88
Fruchtig, sortenrein, würzig, reif.

Puente de Rus Tempranillo 2019 T C
100% tempranillo
87

Puente de Rus Tempranillo 2023 T
100% tempranillo
86

Puente de Rus Verdejo 2023 B
100% verdejo
87

BODEGAS SAN ANTONIO ABAD
Afueras, 17
45860 Villacañas (Toledo)
☎: +34 925 160 414
export@sanantonioabad.es
www.sanantonioabad.es

Albardiales 2023 T
tempranillo
87

Villa Abad Tempranillo 2017 T R
tempranillo
89
Ausgewogen, würzig, reif, Röstaromen.

BODEGAS SIMBOLO
Concepción, 135
13610 Campo de Criptana (Ciudad Real)
☎: +34 926 589 036
comunicacion@bodegassimbolo.com
www.bodegassimbolo.com

Símbolo Airén 2023 B
100% airén
86

Símbolo Chardonnay Selección 2023 B
chardonnay
85

Símbolo Moscatel 2023 B
100% moscatel grano menudo
85

Símbolo Tempranillo 2019 T RB
100% tempranillo
83

Símbolo Tempranillo 2022 T
100% tempranillo
86

Símbolo Verdejo 2023 B
100% verdejo
85

BODEGAS VERDÚGUEZ
Los Hinojosos, 1
45810 Villanueva de Alcardete (Toledo)
☎: +34 638 320 511
export3@bodegasverduguez.com
www.bodegasverduguez.es

Hidalgo Castilla 2017 T GR
tempranillo
89
Korrekt, würzig, vegetabil, etwas austrocknend.

Hidalgo Castilla 2019 T R
tempranillo
88
Vegetabil, reif, etwas austrocknend, Röstaromen.

Imperial Toledo 2017 T GR
tempranillo
88
Ausgewogen, würzig, reif, vegetabil.

DO LA MANCHA / D.O.P.

Imperial Toledo 2019 T R
tempranillo
87

Imperial Toledo Oaked Selection 2022 T
60% tempranillo, 20% merlot, 20% syrah
86

Imperial Toledo Tempranillo 2021 T C
tempranillo
87

BODEGAS Y VIÑEDOS LADERO
Ctra. Alcázar, km. 1
13700 Tomelloso (Ciudad Real)
☎: +34 656 699 482
allozo@allozo.com
www.allozo.com

Ladero 2021 T C
100% tempranillo
84

Ladero Airén Verdejo 2023 B
50% airén, 50% verdejo
83

Ladero Tempranillo 2023 T
85

BODEGAS YUNTERO
P.I. de Manzanares- Ctra. Alcazar
13200 Manzanares (Ciudad Real)
☎: +34 926 610 309
yuntero@yuntero.com
www.yuntero.com

Epílogo 2020 T RB
65% tempranillo, 35% merlot
86

Epílogo Sauvignon Blanc 2023 B
sauvignon blanc
87

Mundo de Yuntero 2023 B AG
100% verdejo
85 🌱

Yuntero Macabeo – Sauvignon Blanc 2023 B
85% macabeo, 15% sauvignon blanc
85

Yuntero Viñas Viejas 2016 T R
100% tempranillo
88
Korrekt, ausgewogen, vegetabil, frisch.

BOGARVE 1915
Reyes Católicos, 10
45710 Madridejos (Toledo)
☎: +34 925 460 820
bogarve@bogarve1915.com
www.bogarve1915.com

Lacruz Vega 2018 T RB
tempranillo, syrah, merlot
84

Lacruz Vega Sauvignon Blanc 2023 B
sauvignon blanc
86

Lacruz Vega Syrah 2022 T
syrah
87

Lacruz Vega Tempranillo 2022 T
tempranillo
86

Lacruz Vega Terroir 2016 T C
tempranillo, syrah, cabernet sauvignon
87

Lacruz Vega Verdejo 2023 B
verdejo
84

COOP. VINÍCOLA DEL CARMEN
Camino del Puente s/n
13610 Campo de Criptana (Ciudad Real)
☎: +34 926 561 257
bodega@vinicoladelcarmen.com
www.vinicoladelcarmen.com

Albaicin 2023 B
sauvignon blanc, verdejo
84

Albaicin Chardonnay 2022 B
chardonnay
85

Albaicin Riesling 2023 B
riesling
84

D'Gigantes Chardonnay & Riesling 2023 B
chardonnay, riesling
85

Infanto Cabernet Sauvignon Syrah 2023 T
cabernet sauvignon, syrah
87

Infanto Tempranillo 2023 T
tempranillo
86 🌿

COOPERATIVA SANTA CATALINA
Cooperativa, 2
13240 La Solana (Ciudad Real)
☎: +34 926 632 194
tienda@santacatalina.es
www.santacatalina.es

Los Galanes 2015 T R
100% tempranillo
87

Los Galanes Airén 2023 B
100% airén
85

Los Galanes Chardonnay 2023 B FB
100% chardonnay
86

Los Galanes Rosé 2023 RD
100% tempranillo
85

Los Galanes Selección 2023 T
100% tempranillo
89
Fruchtig, reif, schlicht, korrekt.

Los Galanes Tempranillo 2023 T
100% tempranillo
86

DCOOP SCA SECCIÓN VINOS
Mencia, s/n
13600 Alcázar de San Juan (Ciudad Real)
☎: +34 637 297 093
sara.rodriguez@dcoop.es
www.dcoop.es

Dominio de Baco Airén 2023 B
100% airén
87

Dominio de Baco Tempranillo 2023 T
100% tempranillo
88
Fruchtig, getrocknete Blumen, reif, schlicht.

Dominio de Baco Verdejo 2023 B
100% verdejo
85

EL PROGRESO SDAD. COOP. CLM
Avda. de la Virgen, 89
13670 Villarubia de los Ojos (Ciudad Real)
☎: +34 926 896 135
info@bodegaselprogreso.com
www.bodegaselprogreso.com

Ojos del Guadiana 2018 T R
tempranillo
88
Würzig, reif, Röstaromen.

Ojos del Guadiana Sauvignon Blanc 2023 B
sauvignon blanc
85

Ojos del Guadiana Selección 2022 T BA
cabernet sauvignon, merlot, syrah
87

Ojos del Guadiana Syrah 2022 T RB
syrah
85

Ojos del Guadiana Tempranillo 2023 T
tempranillo
86

Ojos del Guadiana Verdejo 2023 B
verdejo
87

ELVIWINES
Ctra T-300 Falset-Marça, km 0.97
43775 Marça (Tarragona)
☎: +34 606 186 565
info@elviwines.com
www.elviwines.com

Viña Encina Cabermet Sauvignon 2022 T
100% cabernet sauvignon
87

Viña Encina Tempranillo 2021 T
100% tempranillo
85

FAMILIA BASTIDA
C. Canónigo Lozano, 11
30520 Jumilla (Murcia)
☎: +34 968 780 142
info@familiabastida.com
www.familiabastida.com

Alceo Tempranillo 2022 T RB
tempranillo
89
Fruchtig, reif, würzig, geschmackvoll.

DO LA MANCHA / D.O.P.

DO LA MANCHA / D.O.P.

Paraje de Titos 2022 T
garnacha
90
Farbe: kirschrot mit violettem Saum. Aroma: rote Früchte, dunkle Früchte, reifes Obst, trockene Kräuter, ausdrucksvoll, würzig. Mund: fruchtig, frisch, geschmackvoll, ausgewogen.

FÉLIX SOLÍS
Otumba, 2
45840 La Puebla de Almoradiel (Toledo)
☎: +34 618 416 563
mponte@felixsolisavantis.com
www.felixsolisavantis.com

Caliza Organic Tempranillo 2023 T
tempranillo
87 🍷

Caliza Organic Verdejo Sauvignon Blanc 2023 B
50% verdejo, 50% sauvignon blanc
87 🍷

Los Molinos Tempranillo 2023 T
85

Muchas Manos 2019 T C
tempranillo
87

Viña San Juan 2023 B
sauvignon blanc, airén, viura
85

Viña San Juan 2023 RD
tempranillo
87

Viña San Juan Merlot Syrah Tempranillo 2023 T
33% merlot, 33% tempranillo, 33% syrah
87

FINCA ANTIGUA
Ctra. Quintanar - Los Hinojosos, Km. 11,5
16417 Los Hinojosos (Cuenca)
☎: +34 969 129 700
info@fincaantigua.com
www.familimartinezbujanda.com

Clavis 2016 T R
92
Klassisch. Farbe: tiefes Kirschrot. Aroma: trockene Kräuter, stark gegerbtes Leder, dunkle Früchte, Früchtekonfit. Mund: würzig, reife Tannine, balsamisch.

Finca Antigua 2018 T R
88
Würzig, nach Eingemachtem, vegetabil, reif.

Finca Antigua Petit Verdot 2020 T
100% petit verdot
88
Frisch, fruchtig, würzig, korrekt.

Finca Antigua Syrah 2020 T C
100% syrah
88
Ausgewogen, würzig, reif, Röstaromen.

Finca Antigua Único 2019 T C
50% tempranillo, 20% cabernet sauvignon, 20% merlot, 10% syrah
88
Würzig, korrekt, reif, Röstaromen, vegetabil.

GALÁN DE MEMBRILLA - BODEGAS REZUELO
Ctra. de La Solana, 34
13230 Membrilla (Ciudad Real)
☎: +34 926 636 616
rezuelored@hotmail.com
www.galandemembrilla.es

Galán de Membrilla Airén 2023 B
100% airén
85

Galán de Membrilla Tempranillo 2023 T
100% tempranillo
86

Rezuelo Selección Moscatel 2023 B
100% moscatel grano menudo
85

Rezuelo Selección Sauvignon Blanc 2023 B
100% sauvignon blanc
85

Rezuelo Selección Verdejo 2023 B
100% verdejo
86

J. GARCIA CARRION LA MANCHA
Guarnicionero, s/n
13250 Daimiel (Ciudad Real)
☎: +34 914 355 556
atcliente@jgc.es
www.garciacarrion.com

Don Luciano 2018 T R
85

Don Luciano 2019 T C
tempranillo
84

Don Luciano 2023 RD
tempranillo
82

Don Luciano Airén 2023 B
airén
84

Don Luciano Tempranillo 2023 T
tempranillo
85

NTRA. SRA. DE MANJAVACAS
Camino del Campo, s/n
16630 Mota del Cuervo (Cuenca)
☎: +34 967 180 025
info@manjavacas.com
www.manjavacas.com

Sandogal Selección de Parcela Cencibel 2021 T
cencibel
88 ♣
Würzig, fruchtig, reif, geschmackvoll.

Sandogal Selección de Parcela Sauvignon Blanc 2021 B RB
sauvignon blanc
89 ♣
Zitrusfrüchte, Cremig, ausgewogen, fruchtig, reif.

VINÍCOLA CASTILLO DE CONSUEGRA
Ctra. Alcázar de San Juan, km. 0,2
45700 Consuegra (Toledo)
info@calderico.com
www.calderico.com

Calderico 2022 T RB
100% tempranillo
85

Calderico Macabeo 2023 B
100% macabeo
84

Calderico Tempranillo 2023 T
100% tempranillo
85

VINÍCOLA DE CASTILLA
Pol. Ind. Calle Unión Europea, Parcela B5
13200 Manzanares (Ciudad Real)
☎: +34 926 647 800
nacional@vinicoladecastilla.com
www.vinicoladecastilla.com

Finca Vieja Airén 2022 B
85

Finca Vieja Tempranillo 2020 T C
86

Finca Vieja Tempranillo 2022 T C
100% tempranillo
85

Guadianeja Paraje Alto Hungrao 2021 B
airén
90
Fruchtig, würzig. Farbe: leuchtendes Gelb. Aroma: ausgewogen, mit Charakter, offen. Mund: fett, saftig.

Guadianeja Paraje Alto Hungrao 2022 B
airén
90
Farbe: leuchtendes Gelb. Aroma: Zitrusfrüchte, offen, mittlere Intensität, ausgewogen. Mund: saftig, süffig.

Guadianeja Paraje Alto Hungrao 2023 B
airén
89
Trockene Kräuter, reif, klar definierte Aromen, geschmackvoll.

VINÍCOLA DE TOMELLOSO
Ctra. Toledo - Albacete, Km. 130,8
13700 Tomelloso (Ciudad Real)
☎: +34 926 513 004
vinicola@vinicoladetomelloso.com
www.vinicolatomelloso.com

Añil Fresh 2023 B
50% macabeo, 50% chardonnay
87
Fruchtig, getrocknete Blumen, kräuterig, reif.

DO LA MANCHA / D.O.P.

DO LA MANCHA / D.O.P.

Mantolán BE BN
macabeo, chardonnay
86

Torre de Gazate 2017 T R
50% tempranillo, 50% cabernet sauvignon
86

Torre de Gazate 2021 T RB
100% tempranillo
85

Torre de Gazate Airén 2023 B
100% airén
87
Aromatisch, getrocknete Blumen, fruchtig, trockene Kräuter, frisch.

Torre de Gazate Verdejo 2023 B
100% verdejo
86

VINOS COLOMAN
Goya, 17
13620 Pedro Muñoz (Ciudad Real)
☎: +34 699 080 979
direccion@satcoloman.com
www.satcoloman.com

Besana Real Macabeo 2023 B
macabeo
84

Besana Real Macabeo Selección 2023 B FB
macabeo
87

Besana Real Tempranillo 2018 T C
tempranillo
86

Besana Real Tempranillo 2023 T
tempranillo
86

Besana Real Verdejo 2023 B
verdejo
85

VINOS DAVID AUÑÓN
13320 Villanueva de Los Infantes (Ciudad Real)
☎: +34 600 531 264
vinos@davidaunon.com
www.davidaunon.com

Felipe Auñón 2019 T R
100% tempranillo
91
Korrekt, klassisch. Farbe: kirschrot mit granatrotem Saum. Aroma: würzig, Weihrauch, reifes Obst, erdig. Mund: strukturiert, geschmackvoll, reife Tannine.

Fuente La Vieja Terroir 2013 T
tempranillo, cabernet sauvignon, syrah, merlot
88
Nach Eingemachtem, überreif, balsamisch, kräuterig. Aroma: erdig.

VIÑEDOS Y BODEGAS MUÑOZ
Ctra. Villarrubia, 11
45350 Noblejas (Toledo)
☎: +34 925 140 070
info@bodegasmunoz.com
www.bodegasmunoz.com

Artero 2018 T R
87

Artero 2021 T C
merlot, syrah, tempranillo
87

Artero 2023 RD
tempranillo
87

Artero Macabeo Verdejo 2023 B
macabeo, verdejo
87

Artero Tempranillo 2023 T
tempranillo
86

VIRGEN DE LAS VIÑAS BODEGA Y ALMAZARA

Ctra. Argamasilla de Alba, 1
13700 Tomelloso (Ciudad Real)
☎: +34 926 510 865
export.assistant@vinostomillar.com
www.vinostomillar.es

Caballero Hidalgo 2018 T R
tempranillo
87

Caballero Hidalgo 2019 T C
tempranillo
86

Tomillar 2017 T R
tempranillo, cabernet sauvignon
84

Tomillar 2020 T C
tempranillo
85

Tomillar Airén 2023 B
airén
85

Tomillar Tempranillo 2023 T
tempranillo
86

DO. LA PALMA
CONSEJO REGULADOR

Esteban Acosta Gómez, 7
38740 Fuencaliente
(La Palma)
☎: +34 922 444 404
@: vinoslapalma@vinoslapalma.com
www.vinoslapalma.com

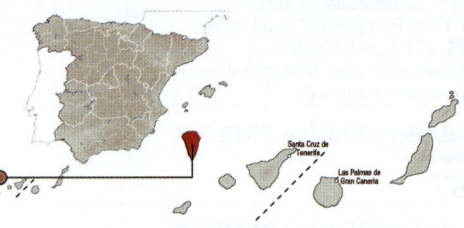

LAGE:

Die Weinregion umfasst die ganze Insel San Miguel de La Palma und ist in drei Teilgebiete unterteilt: Hoyo de Mazo, Fuencaliente und Norte de La Palma.

TALBEBIETE:

Hoyo de Mazo mit den Gemeinden Villa de Mazo, Breña Baja, Breña Alta und Santa Cruz de La Palma auf 200 bis 700 Meter Höhe. Die Reben werden kriechend auf einem Bett aus Vulkangestein (Empedrados) oder vulkanischem Kies (Picón granado) in Hanglagen gezogen. Angebaut werden weiße und besonders rote Rebsorten. **Fuencaliente** mit den gemeinden Fuencaliente El Paso, Los Llanos de Aridane und Tazacorte. Das Gelände aus vulkanischem Aschegestein in Höhenlagen zwischen 200 und 1.900 m ist besonders für Weißweine und süße Malvasier geeignet. **Norte de La Palma** mit den Gemeinden Puntallana, San Andrés und Sauces, Barlovento, Garafía, Puntagorda und Tijarafe liegt zwischen 100 und 200 m über dem Meeresspiegel. Die Region besitzt eine üppigere Vegetation und die Rebstöcke werden am Spalier oder als Kopfschnitt gezogen. Hier entstehen auch die traditionellen „Vinos de Tea".

REBSORTEN:

WEISS: Malvasía, Güal und Verdello (Hauptsorten); Albillo, Bastardo Blanco, Bermejuela, Bujariego, Burra Blanca, Forastera Blanca, Listán Blanco, Moscatel, Pedro Ximénez, Sabro und Torrontés.

ROT: Negramoll (Hauptsorte), Listán Negro (Almuñeco), Bastardo Negro, Malvasía Rosada, Moscatel Negro, Tintilla, Vijariego Negro, Castellana und Listan Prieto.

DATEN:

Rebfläche (ha): 450 – **Winzer:** 799 – **Weinerzeuger:** 21 – **Jahrgang 23:** Unrated – **Jahresproduktion 23:** 511.679 L. – **Absatz:** 97% Spanien - 3% Export.

BODENVERHÄLTNISSE:

Die Rebflächen liegen in einem unterschiedlich breiten Streifen zwischen 200 und 1.400 m über dem Meeresspiegel, der sich um die gesamte Insel zieht. Aufgrund der bergigen Topographie der Insel befinden sich die Rebflächen auf kleinen Terrassen in Steillagen. Der Boden ist vorwiegend vulkanischen Ursprungs.

KLIMA:

Dies ist die nordwestlich gelegenste Insel des Kanarischen Archipels. Ihre komplexe Geländebeschaffenheit mit Höhenanstiegen bis zu 2.400 Metern über dem Meeresspiegel verwandelt sie in einen Mikrokontinent mit einer Vielfalt von Klimazonen. Der Einfluss des Azorenhochs und der Passatwinde bedingt die Wetterverhältnisse und die innerhalb eines Jahres gemessene Niederschlagsmenge. Die höchste Niederschlagsmenge wird, aufgrund der einströmenden Passatwinde, in dem östlichsten und nördlichsten Teil der Insel registriert.

Entlang der nordöstlichen Seite, von Mazo bis Barlovento, herrscht ein milderes und kühles Klima, während auf dem westlichen Teil der Insel das Wetter eher trocken und heiß ist. Von der Küste aus nimmt die durchschnittliche Niederschlagsmenge stets zu, je höher man steigt. Die größte Niederschlagsmenge wird im Norden und Osten der Insel gemessen.

ERNTEBEWERTUNG ANHAND JUNGER WEINE GUÍAPEÑÍN

2019	2020	2021	2022	2023
UNRATED	UNRATED	UNRATED	UNRATED	UNRATED

VICTORIA TORRES PECIS

Calle de Ciudad Real, s/n. Los Canarios
38740 Fuencaliente de la Palma (Santa Cruz de Tenerife)
☎: +34 617 967 499
victoriatorrespecis@gmail.com

DO LA PALMA / D.O.P.

🏆 PODIUM

Jeronimo 2022 T
95
Wenig interventionistisch. Farbe: kirschrot mit violettem Saum. Aroma: ausdrucksstark fruchtig, rote Früchte, blumig, würzig, erdig, Gras. Mund: geschmackvoll, fruchtig, schöne Säure, lang, mineralisch.

Ladera 2022 T
94
Wenig interventionistisch. Farbe: KirsChrot. Aroma: ausdrucksvoll, würzig, mineralisch, erdig, Schwarzer Pfeffer, rote Früchte. Mund: voll, lang, geschmackvoll, mineralisch, salzig.

Las Machuqueras 2021 B
94
Wenig interventionistisch, saftig, leichte Oxidation. Farbe: strohgelb. Aroma: reifes Obst, trockene Kräuter, welke Blumen, trockener Stein, Zitrusfrüchte. Mund: kraftvoll, reife Früchte, ausgewogen, mineralisch.

🏆 PODIUM

Malvasía Victoria Torres 2022 B
malvasía
95
Wenig interventionistisch, mit Persönlichkeit. Farbe: leuchtendes Strohgelb. Aroma: ausdrucksvoll, reifes Obst, blumig, feine Hefen, mineralisch. Mund: voll, komplex, würzig, lang, mineralisch.

Noroeste 2022 T
93
Wenig interventionistisch. Farbe: kirschrot mit violettem Saum. Aroma: rote Früchte, würzig, Tomate. Mund: geschmackvoll, fruchtig, schöne Säure.

DO. LANZAROTE

CONSEJO REGULADOR

Arrecife, 9
35550 San Bartolomé (Lanzarote)
☎: +34 928 521 313
@: info@dolanzarote.com
www.dolanzarote.com

LAGE:

Das Anbaugebiet auf der Insel Lanzarote umfasst die Gemeinden Tinajo, Yaiza, San Bartolomé, Haría und Teguise.

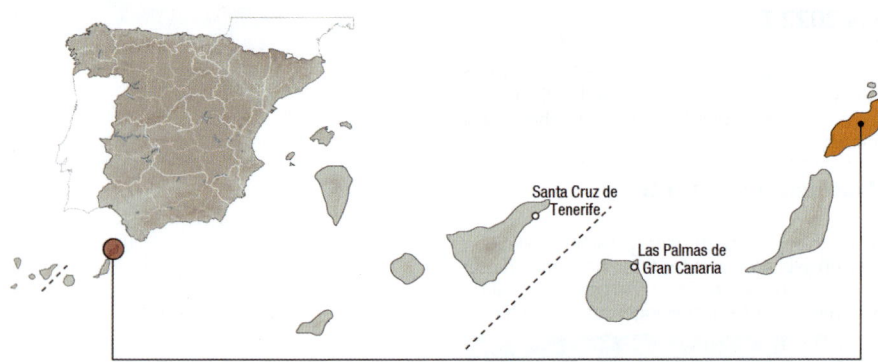

REBSORTEN:

WEISS: Malvasía (Hauptsorte, 75%), Pedro Ximénez, Diego, Listán Blanco, Moscatel, Burrablanca, Breval.

ROT: Listán Negra (15%) und Negramoll.

DATEN:

Rebfläche (ha): 1.904 – **Winzer:** 1.869– **Weinerzeuger:** 33 – **Jahrgang 23:** Sehr Gut– **Jahresproduktion 23:** 2.371.105 L. – **Absatz:** 96% Spanien - 4% Export.

BODENVERHÄLTNISSE:

Vulkanische Böden (sogenannter Picón). Tatsächlich ist der Weinbau nur deshalb möglich, weil der vulkanische Sandboden den Tau und die geringen Niederschläge hervorragend speichern kann. Die Insel ist relativ flach (der höchste Gipfel liegt bei 670 m), weshalb die Reben meist in Mulden (Hoyos) gesetzt und durch halbkreisförmige Mauern umgeben werden, um sie vor Wind zu schützen. Daraus ergibt sich allerdings auch eine extrem niedrige Pflanzungsdichte.

KLIMA:

Subtropisch trocken mit geringen Niederschlägen (etwa 200 mm/Jahr), die unregelmäßig über das Jahr verteilt fallen. Gelegentlich, vor allem im Sommer, kommt es bei Ostwind zu Wetterlagen, bei denen trockene Warmluft mit Saharastaub die Temperaturen nach oben treibt.

ERNTEBEWERTUNG ANHAND JUNGER WEINE GUÍA PEÑÍN

2019	2020	2021	2022	2023
UNRATED	UNRATED	UNRATED	UNRATED	SEHR GUT

BODEGA EL GRIFO
El Islote, 121 Ctra. Masdache, Km. 11
35550 San Bartolomé (Las Palmas)
☎: +34 689 416 663
calidad@elgrifo.com
www.elgrifo.com

El Grifo Ariana 2022 T
60% listán negro, 40% syrah
87

El Grifo Grano a Grano 2021 T
100% listán negro
89
Würzig, reif, vegetabil, geschmackvoll, rauchig, mineralisch.

El Grifo Malvasia Colección 2023 B
malvasía volcánica
87

El Grifo Malvasía Lías 2018 B
100% malvasía volcánica
90
Farbe: strohgelb. Aroma: reifes Obst, trockene Kräuter, trockener Stein, würzig, feine Hefen. Mund: reife Früchte, ausgewogen, geschmackvoll.

El Grifo Moscatel de Ana B D
moscatel de alejandría
92
Farbe: mahagonibraun. Aroma: Karamel, gebackenes Obst, Feingebäck. Mund: geschmackvoll, voll.

El Grifo Rosado de Lágrima 2023 RD
100% listán negro
88
Lieblich, ausgewogen, fruchtig, reif, mineralisch.

BODEGA ERUPCIÓN
Guanche, 8
35561 Tao (Las Palmas)
☎: +34 669 065 445
marketing@bodegaerupcion.com
www.bodegaerupcion.com

Luz de Obsidiana 2022 T
100% listán negro
90
Farbe: kirschrot mit violettem Saum. Aroma: würzig, rauchig, dunkle Früchte, erdig. Mund: reife Früchte, geschmackvoll, strukturiert, flüssig am Gaumen.

Milagro de Magmasia Colección 2022 B
100% malvasía
91
Beschädigtes Obst, Oxidativ, Hefenoten, mineralisch, reif, kräuterig. Farbe: strohgelb, goldfarben. Mund: frisch, geschmackvoll, mineralisch.

BODEGA LOS BERMEJOS
Camino a Los Bermejos, 7
35550 San Bartolomé (Las Palmas)
☎: +34 928 522 463
bodegas@losbermejos.com
www.losbermejos.com

Bermejo Diego Seco 2023 B
vijariego blanco
89
Lieblich, fruchtig, reif, mineralisch, geschmackvoll.

Bermejo Listán Negro 2023 T MC
100% listán negro
91
Farbe: kirschrot mit violettem Saum. Aroma: ausdrucksstark fruchtig, rote Früchte, blumig, würzig, balsamisch. Mund: geschmackvoll, fruchtig, schöne Säure, mineralisch.

Bermejo Malvasia 2022 BE BN
100% malvasía volcánica
89
Ausgewogen, reif, geschmackvoll, kräuterig, milchig.

Bermejo Malvasía Volcánica 2023 B S
100% malvasía volcánica
89
Ausgewogen, trockene Kräuter, Hefenoten, geschmackvoll, mineralisch.

BODEGA MARTINON
Camino del Mentidero, 2 Bis
35572 Tías (Las Palmas)
☎: +34 690 317 942
info@bodegasmartinon.com
www.bodegasmartinon.com

Martinón Afrutado 2023 B
100% malvasía
87

Martinón Blanc de Noirs 2023 B
listán negro
89
Ausgewogen, trockene Kräuter, mineralisch, Hefenoten, salzig, geschmackvoll.

Martinón Lágrima 2023 B
100% malvasía
90
Farbe: strohgelb. Aroma: reifes Obst, trockene Kräuter, welke Blumen, feine Hefen. Mund: kraftvoll, reife Früchte, ausgewogen, geschmackvoll, mineralisch.

Martinón Malvasía Seco 2023 B
88
Lieblich, getrocknete Blumen, fruchtig, reif, mild, mineralisch.

DO LANZAROTE / D.O.P.

SPANIENS WEINFÜHRER

DO LANZAROTE / D.O.P.

JABLE DE TAO
Camino San Pedro, 28
35571 Tías (Las Palmas)
☎: +34 828 914 432
info@jabledetao.com
www.jabledetao.com

Jable de Tao 2022 B
malvasía volcánica, listán blanco, diego, listán negro
93
Farbe: leuchtendes Strohgelb. Aroma: feine Hefen, helle Früchte, würzig, Phosphor, trockene Kräuter. Mund: voll, fett, lang, schöne Säure, mineralisch.

La Diego 2022 B
diego
91
Farbe: leuchtendes Strohgelb. Aroma: reifes Obst, Kräutersäckchen, feine Hefen, Phosphor, süße Gewürze, geröstetes Brot. Mund: voll, fett, lang, schöne Säure.

Paraje Chupadero 2022 B
listán blanco
90
Herb, mineralisch. Farbe: strohgelb. Aroma: trockene Kräuter, welke Blumen, Phosphor, helle Früchte. Mund: reife Früchte, ausgewogen, leicht, mineralisch.

Tenesar 2022 B
malvasía volcánica
93
Farbe: leuchtendes Strohgelb. Aroma: Kräutersäckchen, trockener Stein, Bäckerei, helle Früchte, süße Gewürze. Mund: voll, fett, ausgewogen, mineralisch.

NAUTILUS LANZAROTE
Juan Rivera, 4
35560 Tinajo (Las Palmas)
☎: +34 645 996 101
info@nautiluslanzarote.com

Nautilus Malvasía volcánica Submarino 2022 B
92
Farbe: leuchtendes Strohgelb. Aroma: reifes Obst, blumig, feine Hefen. Mund: geschmackvoll, frisch, schöne Säure, nachwirkend fruchtig.

PRODUCCIONES ARRAEZ BRAVO
Ctra. Marmoles, 86, nave 21 b
35500 Arrecife (Las Palmas)
☎: +34 686 688 343
felix.laguna@arraezbravo.es
www.lagrimademalvasia.es

Lágrima de Listán 2023 T
100% listán negro
90
Geschmackvoll, reduktiver Ausbau. Aroma: offen, ausgewogen, aromatischer Kaffee. Mund: saftig, süffig, ausgewogen.

Lágrima de Malvasía Volcánica 2023 B S
malvasía volcánica
88
Zitrusfrüchte, frisch, kräuterig, poliert, fruchtig, würzig.

Lágrima de Malvasía Volcánica 2023 B SD
malvasía
86

Lágrima de Malvasía Volcánica 2023 RD
87

DO. LEÓN

CONSEJO REGULADOR

Edificio Mirador de la Condesa, Complejo de la Isla s/n.
24200 Valencia de Don Juan (León)
☎: +34 987 751 089
@: directortecnico@doleon.es
www.dotierradeleon.es

LAGE:

Anbaugebiet liegt im Süden der Provinz León. Es hat die Form eines Dreiecks, in dessen Mitte das Städtchen Valencia de Don Juan liegt und das von den Flüssen Cea und Esla umrissen wird. Es umfasst auch 19 Gemeinden die zu Valladolid gehören.

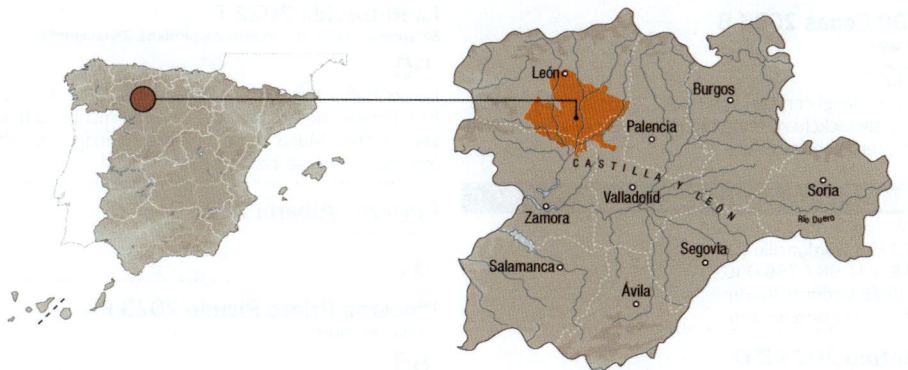

REBSORTEN:

WEISS: Albarín, Verdejo, Godello, Palomino und Malvasía.

ROT: Prieto Picudo, Mencía, Garnacha und Tempranillo.

DATEN:

Rebfläche (ha): 1.221 – Winzer: 213 – Weinerzeuger: 38 – Jahrgang 23: Unrated – Jahresproduktion 23: 2.108.647 L. – Absatz: 98% Spanien - 2% Export.

BODENVERHÄLTNISSE:

Meist Braunerde und kalkhaltige Böden auf Schwemmlandterrassen mit guter Dränung und für den Weinbau besonders geeignet.

KLIMA:

Obwohl man von den Temperaturen in den Flusstälern auf ein typisch kontinental-atlantisches Klima schließen könnte, herrscht auf der Meseta, auf der die Weinfelder liegen, ein rauhes und kaltes Klima mit großen Temperaturschwankungen zwischen Tag und Nacht, harten Wintern, Frost im Frühjahr und milden Sommern. Der Regen fällt hauptsächlich im Herbst bei einer jährlichen Niederschlagshöhe von bis zu 500 mm.

ERNTEBEWERTUNG ANHAND JUNGER WEINE GUÍAPEÑÍN

2019	2020	2021	2022	2023
SEHR GUT	SEHR GUT	SEHR GUT	GUT	GUT

DO LEÓN / D.O.P.

BODEGA 100 CEPAS
De las Bodegas s/n
24225 Corbillo de los Oteros (León)
☎: +34 687 809 531
cesar@100cepas.es

100 Cepas 2019 T C
100% prieto picudo
88
Nach Eingemachtem, ausgewogen, würzig, intensive Röstaromen.

100 Cepas 2022 T
100% prieto picudo
88
Ausgewogen, würzig, frisch, kräuterig, reif.

100 Cepas 2023 B
albarín
92
Farbe: leuchtendes Strohgelb. Aroma: reifes Obst, Kräutersäckchen, feine Hefen, weiße Blumen. Mund: voll, fett, schöne Säure.

BODEGAS GORDONZELLO
Alto de Santa Marina, s/n
24294 Gordoncillo (León)
☎: +34 987 758 030
info@gordonzello.com
www.gordonzello.com

Antojo 2023 B D
100% verdejo
83

Gurdos 2023 RD
100% prieto picudo
90
Farbe: lebhaftes Rosa, violetter Saum. Aroma: rote Früchte, milchig, blumig. Mund: ausgewogen, nachwirkend fruchtig, süffig.

Khur 2023 RD
90% prieto picudo, 10% albarín
89
Ausgewogen, getrocknete Blumen, Zitrusfrüchte, frisch, kräuterig.

La Costana 2019 T C
100% prieto picudo
88
Durchschnittlich am Gaumen, würzig, vegetabil, Röstaromen, geschmackvoll.

Peregrino 2023 RD
100% prieto picudo
88
Süßwaren, kräuterig, geschmackvoll, reif.

Peregrino Albarín 2023 B
100% albarín
86

BODEGAS PINCERNA
Ctra. Villada, s/n
24340 Grajal de Campos (León)
☎: +34 679 997 369
alfonso@pincernawines.com
www.bodegaspincerna.com

Fáfila Pétriz 2022 B C
100% albarín
89
Zitrusfrüchte, ausgewogen, kräuterig, reif, Hefenoten, geschmackvoll.

La Retorcida 2022 T
86% prieto picudo, 10% mencía, 2% garnacha, 2% tempranillo
90
Farbe: tiefes Kirschrot. Aroma: reifes Obst, trockene Kräuter, weiches Eichenholz, dunkle Früchte, Schwarzer Pfeffer. Mund: reife Früchte, würzig, trockene, aber reife Tannine, rauchig nachwirkend.

Pincerna Albarín 2023 B
100% albarín
87

Pincerna Prieto Picudo 2023 RD
100% prieto picudo
88
Lieblich, durchschnittlich am Gaumen, kräuterig, fruchtig.

Pincerna Prieto Picudo 2023 T
100% prieto picudo
89
Fruchtig, reif, würzig, frisch, trockene Kräuter.

Pincerna Sumiller 2022 T
86% prieto picudo, 10% mencía, 2% garnacha, 2% tempranillo
90
Farbe: tiefes Kirschrot, violetter Saum. Aroma: reifes Obst, trockene Kräuter, weiches Eichenholz, dunkle Früchte. Mund: reife Früchte, würzig, reife Tannine, trockene, aber reife Tannine.

BODEGAS TAMPESTA
La Socollada, s/n
24230 Valdevimbre (León)
☎: +34 987 304 307
bodegas@tampesta.com
www.tampesta.com

Tampesta Maneki
Ed. Especial 2022 B FB
100% albarín

91

Farbe: leuchtendes Gelb. Aroma: ausdrucksstark fruchtig, helle Früchte, Wildkräuter, Zitronenbombon, weiße Blumen. Mund: fruchtig, geschmackvoll, frisch, ausgewogen.

Tampesta 2020 T RB
100% prieto picudo

89

Fruchtig, reif, geschmackvoll, von Primäraromen beherrscht, würzig.

Tampesta 2023 RD
100% prieto picudo

88

Fruchtig, Süßwaren, reif, geschmackvoll, frisch.

Tampesta Albarín 2023 B
albarín

90

Farbe: leuchtendes Strohgelb, grünlicher Saum. Aroma: frisches Obst, Zitrusfrüchte, Wildkräuter, , ausdrucksvoll. Mund: frisch, fruchtig, schöne Säure, zartbitter, lebhaft, geschmackvoll.

Tampesta Golán 2019 T C
100% prieto picudo

90

Farbe: tiefes Kirschrot. Aroma: reifes Obst, trockene Kräuter, weiches Eichenholz, rote Früchte, würzig. Mund: kraftvoll, reife Früchte, würzig, reife Tannine, fruchtig, geschmackvoll.

Tampesta Maneki 2022 B FB
100% albarín

89

Fruchtig, trockene Kräuter, reif, geschmackvoll, wild, würzig.

BODEGAS VITALIS
24234 Villamañán (León)
☎: +34 987 131 019
vitalis@bodegasvitalis.com
www.bodegasvitalis.com

Lágrima de Vitalis 2023 RD
prieto picudo

87

Lágrima de Vitalis Albarín 2023 B
albarín

89

Balsamisch, Zitrusfrüchte, kräuterig, wild, mild, korrekt. Aroma: feine Hefen. Mund: süffig.

Vitalis Selección 2019 T C
prieto picudo

89

Aromatisch, representativ, ausgewogen, kräuterig, reif, wild, angenehm, balsamisch.

EL SUEÑO DE LAS ALFORJAS
Manuel Cadenas, s/n
24230 Valdevimbre (León)
☎: +34 669 898 460
info@elsuenodelasalforjas.es
www.elsuenodelasalforjas.es

Cascabel 2022 B
albarín

88 ♣

Ausgewogen, würzig, frisch, geschmackvoll, kräuterig.

Cascabel 2023 B
albarín

88 ♣

Lieblich, Zitrusfrüchte, korrekt, fruchtig.

El Sueño de las Alforjas Albarín 2022 B
albarín

91 ♣

Farbe: leuchtendes Strohgelb. Aroma: feine Hefen, helle Früchte, balsamisch, Steinobst. Mund: voll, fett, lang, schöne Säure.

LAOSA
Las Cuevas, 8
24232 Ardón (León)
☎: +34 666 217 032
noelia@laosavinos.com
www.laosavinos.com

Grizzly 2020 T

90

Farbe: tiefes Kirschrot. Aroma: reifes Obst, trockene Kräuter, weiches Eichenholz, würzig. Mund: reife Früchte, würzig, geschmackvoll, trockene, aber reife Tannine.

Trasto 2021 T
100% prieto picudo

90

Farbe: kirschrot mit violettem Saum. Aroma: ausdrucksstark fruchtig, rote Früchte, würzig, dunkle Früchte. Mund: fruchtig, trockene, aber reife Tannine, würzig, reife Früchte.

DO LEÓN / D.O.P.

DO LEÓN / D.O.P.

Trasto 2022 B BA
albarín

92

Farbe: leuchtendes Gelb. Aroma: kraftvoll, weiches Eichenholz, reifes Obst, würzig. Mund: Röstnoten, fruchtig, geschmackvoll, rauchig nachwirkend.

Trasto Finca el Barranco 2021 T
prieto picudo

92

Farbe: kirschrot mit violettem Saum. Aroma: ausdrucksstark fruchtig, rote Früchte, würzig, Veilchenbombons. Mund: geschmackvoll, fruchtig, lang, reife Früchte, trockene, aber reife Tannine.

MELGARAJO

Plaza Mayor, 9
47687 Melgar de Abajo (Valladolid)
☎: +34 679 082 972
melgarajo@melgarajo.es
www.melgarajo.es

Melgus 2014 T R
100% prieto picudo

89

Klar definierte Aromen, reduktiver Ausbau, durchschnittlich am Gaumen. Aroma: trockene Kräuter, Buschwaldkräuter, dunkle Früchte, mit Charakter.

Melgus 2015 T C
100% prieto picudo

88

Balsamisch, korrekt, würzig, etwas austrocknend. Aroma: reifes Obst, trockene Kräuter.

Valdeleña 2023 B
100% verdejo

85

Valdeleña 2023 RD
prieto picudo

86

Valdeleña Tinto de Autor 2014 T
100% prieto picudo

85

RAÍCES IBÉRICAS

Avda. Mudejar, 61
50340 Maluenda (Zaragoza)
☎: +34 976 893 017
contact@raices.wine
www.raicesibericas.com

Raíces Albarín 2023 B
albarín

90

Farbe: leuchtendes Strohgelb. Aroma: ausdrucksstark fruchtig, reifes Obst, Wildkräuter, Zitrusfrüchte, trockener Stein. Mund: geschmackvoll, frisch, schöne Säure, nachwirkend fruchtig.

SEÑORÍO DE LOS ARCOS

Ctra.. Caboalles, 332
24191 Villlabalter (León)
☎: +34 987 226 594
admin@senoriodelosarcos.es
www.senoriodelosarcos.es

El Carriego 2023 RD
100% prieto picudo

85

Valdelagares 2023 RD
100% prieto picudo

86

Vega Carriegos 2021 T RB
100% prieto picudo

85

Vega Carriegos 2023 B
100% albarín

87

Vega Carriegos 2023 RD
100% prieto picudo

85

VILE LA FINCA, BODEGAS Y VIÑEDOS

Crta. Cembranos-Valdevimbre km 6,2
24230 León (León)
☎: +34 660 697 547
lafinca@vilelafinca.es
www.vilelafinca.es

Don Suero 2022 T RB
100% prieto picudo

87

Valjunco 2023 RD
100% prieto picudo

88

Frisch, fruchtig, kräuterig, reif.

Valjunco Albarín 2022 B
100% albarín
88
Lieblich, Zitrusfrüchte, fruchtig, reif, geschmackvoll.

VIÑEDOS Y BODEGA PARDEVALLES
Ctra. León s/n
24230 Valdevimbre (León)
☎: +34 987 304 222
info@pardevalles.es
www.pardevalles.es

Pardevalles Albarín 2023 B
albarín
87

Pardevalles Carroleón 2020 T C
prieto picudo
91
Farbe: tiefes Kirschrot. Aroma: reifes Obst, weiches Eichenholz, Buschwaldkräuter, markante Eiche. Mund: kraftvoll, reife Früchte, würzig, reife Tannine.

Pardevalles Carroleón 2023 B FB
albarín
88
Rassig, Zitrusfrüchte, tropische, würzig, durchschnittlich am Gaumen.

Pardevalles Gamonal 2022 T C
prieto picudo
90
Farbe: tiefes Kirschrot. Aroma: reifes Obst, trockene Kräuter, feiner Kakao, süße Gewürze. Mund: reife Früchte, würzig, fruchtig, trockene, aber reife Tannine.

Pardevalles Prieto Picudo 2023 T
prieto picudo
88
Angenehm, fruchtig, vegetabil, von Primäraromen beherrscht.

DO. MÁLAGA Y SIERRAS DE MÁLAGA

CONSEJO REGULADOR

Plaza de los Viñeros,1

29008 Málaga

☎: +34 952 227 990

@: info@vinomalaga.com

www.vinomalaga.com

LAGE:

Das Anbaugebiet in der Provinz Málaga umfasst 54 Gemeinden an der Küste (rund um Málaga und Estepona) und im Landesinneren bis zum Ufer des Genil sowie das neue Teilgebiet der Serranía de Ronda mit den beiden Gemeinden Cuevas del Becerro und Cortes de la Frontera.

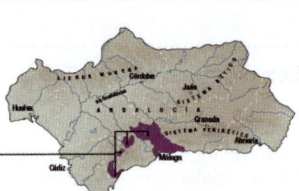

REBSORTEN:

WEISS: DO Málaga: Pedro Ximénez und Moscatel. **DO Sierras de Málaga:** Chardonnay, Moscatel, Pedro Ximénez, Macabeo, Sauvignon Blanc, Colombard, Garnacha Blanca, Malvasía Aromática, Montúa, Pardina (Jaen Blanco), Perruno, Vermentino, Vijariego Blanco, Gegürztraminer, Riesling, Verdejo und Viognier.

ROT: (nur DO Sierras de Málaga): Romé, Cabernet Sauvignon, Merlot, Syrah, Tempranillo, Petit Verdot, Lemberger (Blaufränkisch), Jaén Tinto, Moscatel Negro, Tinta Velasco, Graciano, Pinot Noir, Tintilla, Monatrell und Malbec.

KLASSIFIZIERUNG DER KLASSISCHEN:

a) VINOS DE LICOR: 15 bis 22% Vol.

b) VINOS DULCES NATURALES: 15 bis 22% Vol, Rebsorten Moscatel oder Pedro Ximénez, Mindestzuckergehalt im Most von 244 g/l.

c) VINOS NATURALMENTE DULCES (gleiche Rebsorten, mehr als 13% Vol, Mindestzuckergehalt im Most von 300 g/l) und Stillweine (10 bis 15% Vol).

NACH ALTERUNG: Málaga Joven: Stillwein ohne Ausbau. **Málaga Pálido:** Weine ohne Mostzusatz und Alterung. **Málaga:** 6 bis 24 Monate gereifte Weine. **Málaga Noble:** 2 bis 3 Jahre gereifte Weine. **Málaga Añejo:** 3 bis 5 Jahre gereifte Weine. **Málaga Trasañejo:** länger als 5 Jahre gereifte Weine.

DATEN:

Rebfläche (ha): 900– Winzer: 452 – Weinerzeuger: 45 – Jahrgang 22: Gut– Jahresproduktion 22: 1.964.000 L. – Absatz: 77% Spanien - 23% Export.

BODENVERHÄLTNISSE:

Von roten mediterranen Böden mit Kalkkomponenten im Norden bis zu Schieferhalden in Steillagen in Axarquía.

KLIMA:

Unterschiedlich je nach Anbaugebiet. Im Norden sind die Sommer kurz und heiß, die Niederschläge betragen 500 mm im Jahr. In der Axarquía, die im Norden durch Bergketten geschützt und sich nach Süden öffnet, ist das Klima durch den Mittelmeereinfluss milder. Im Westen ist das Klima dagegen eher trocken subhumid.

ERNTEBEWERTUNG ANHAND JUNGER WEINE GUÍAPEÑÍN

2019	2020	2021	2022	2023
SEHR GUT	UNRATED	AUSGEZEICHNET	SEHR GUT	AUSGEZEICHNET

BODEGA ECOLÓGICA KIENINGER

Los Frontones, s/n
29400 Ronda (Málaga)
☎: +34 630 161 156
martin@bodegakieninger.com
www.bodegakieninger.com

Amara 2023 B
chardonnay

89 ♣

Frisch, kräuterig, Hefenoten, mineralisch, geschmackvoll.

Ezequiel 2023 T
blaufraenkisch, garnacha

90 ♣

Farbe: leuchtendes Kirschrot. Aroma: frisches Obst, blumig, ausdrucksvoll, rote Früchte, Wildkräuter. Mund: ausgewogen, schöne Säure, süffig.

Maxx 2019 T C
tintilla de rota, garnacha

92 ♣

Wenig interventionistisch, geschmackvoll. Farbe: tiefes Kirschrot. Aroma: reifes Obst, trockene Kräuter, dunkle Früchte, eine Spur Waldbeeren. Mund: kraftvoll, reife Früchte, würzig, reife Tannine.

Vinana 2019 T
cabernet sauvignon, cabernet franc, merlot

92 ♣

Farbe: tiefes Kirschrot. Aroma: weiches Eichenholz, Buschwaldkräuter, Thymian, dunkle Früchte. Mund: reife Früchte, würzig, reife Tannine.

BODEGA F. SCHATZ

Finca Sanguijuela s/n
29400 Ronda (Málaga)
☎: +34 678 664 105
bodega@f-schatz.com
www.f-schatz.com

Acinipo 2021 T C
lemberger

90 ♣

Wenig interventionistisch, mit Persönlichkeit. Farbe: leuchtendes Kirschrot. Aroma: reifes Obst, ausgewogen, rote Früchte, getrocknete Blumen, pflanzliche Akzente. Mund: geschmackvoll, fruchtig, schöne Säure.

Finca Sanguijuela 2016 T C
33,5% tempranillo, 33% merlot, 33,5% cabernet sauvignon

92 ♣

Kräuterig, reif, geschmackvoll, wild, warm. Aroma: feine Reduktionsnoten, Fleischnoten, Nüsse, erdig, Veilchen.

Schatz Chardonnay 2023 B
chardonnay

90 ♣

Wenig interventionistisch. Farbe: leuchtendes Strohgelb. Aroma: reifes Obst, Kräutersäckchen, feine Hefen, würzig. Mund: voll, schöne Säure, geschmackvoll.

Schatz Petit Verdot 2018 T C
petit verdot

92 ♣

Reduktiver Ausbau, wild, wenig interventionistisch. Farbe: KirsChrot. Aroma: balsamisch, Buschwaldkräuter, Schwarzer Pfeffer, würzig, Moschus-Noten. Mund: balsamisch, schöne Säure.

Schatz Pinot Noir 2018 T C
pinot noir

88 ♣

Animalische Noten, wenig interventionistisch, vegetabil, würzig, flüssig am Gaumen.

Schatz Rosado 2023 RD
moscatel negro

87 ♣

BODEGA FABIO COULLET

Plaza de la Axarquia, 19
29718 Almáchar (Málaga)
☎: +34 609 507 517
info@bodegafabiocoullet.com
www.bodegafabiocoullet.com

Fabio Coullet Romé 2023 T RB
romé

91

Farbe: lachsfarben. Aroma: ausdrucksstark fruchtig, rote Früchte, blumig, würzig, trockene Kräuter, welke Blumen. Mund: geschmackvoll, fruchtig, schöne Säure, frisch, sortentypisch.

Heréditas B D
moscatel

94

Representativ, nachhaltig, repräsentativ. Farbe: helles Mahagonibraun. Aroma: balsamisch, blumig, süße Gewürze, ausdrucksvoll. Mund: fruchtig, geschmackvoll, elegant, schöne Säure.

Hereditas Vendimia Temprana B MO D
100% moscatel de alejandría

93

Noch nicht vollständig entfaltet, mit Potenzial. Farbe: strohgelb, blass. Aroma: Zitrusfrüchte, Orangenschale, Jasmin, gebackenes Obst. Mund: geschmackvoll, fruchtig, süß, schöne Säure.

DO MÁLAGA Y SIERRAS DE MÁLAGA / D.O.P.

DO MÁLAGA Y SIERRAS DE MÁLAGA / D.O.P.

Ingénito 2023 T RB
garnacha

91

Farbe: kirschrot mit violettem Saum. Aroma: ausdrucksstark fruchtig, rote Früchte, blumig, würzig, Wildkräuter. Mund: geschmackvoll, fruchtig, schöne Säure, lebhaft.

Orange Peels 2023 B
moscatel de alejandría

92

Farbe: leuchtendes Gelb. Aroma: ausdrucksvoll, reifes Obst, blumig, mineralisch, Anisnoten, trockene Kräuter. Mund: voll, komplex, würzig, lang, spannungsvoll, zartbitter, geschmackvoll.

Secuencial 2023 B
moscatel, pedro ximénez, doradilla

91

Farbe: leuchtendes Strohgelb. Aroma: ausdrucksvoll, reifes Obst, blumig, feine Hefen, mineralisch, Steinobst. Mund: lang, ausgewogen, reife Früchte, nachwirkend fruchtig, würzig, ziemlich nachhaltig.

Villazo 2023 B
moscatel de alejandría

92

Farbe: leuchtendes Strohgelb. Aroma: Honignoten, blumig, süße Gewürze, ausdrucksvoll, Steinobst, Röstaromen. Mund: fett, fruchtig, kraftvoll, geschmackvoll, elegant, frisch.

BODEGA LOS FRUTALES

Finca Los Frutales Paraje de los Frontones s/n
29400 Ronda (Málaga)
☎: +34 951 166 043
info@bodegalosfrutales.com
www.bodegalosfrutales.com

Finca Los Frutales 2022 RD RB
merlot

89 🍷

Zitrusfrüchte, reif, getrocknete Blumen, voll.

Finca Los Frutales Igualado 2020 T
merlot, syrah, gamay, cabernet sauvignon

88 🍷

Ausgewogen, würzig, vegetabil, reif.

Finca Los Frutales Malvasía 2022 B
malvasía

90 🍷

Farbe: strohgelb. Aroma: ausdrucksvoll, weiße Blumen, trockene Kräuter, gebackenes Obst, balsamisch. Mund: geschmackvoll, fruchtig, ausgewogen, fleischig.

Hacienda de la Vizcondesa 2020 T RB
merlot, syrah

88 🍷

Ausgewogen, würzig, reif, vegetabil.

BODEGA VETAS

C° Nador Finca El Baco
29350 Arriate (Málaga)
☎: +34 647 177 620
info@bodegavetas.com
www.bodegavetas.com

Vetas Colección 2018 T C
petit verdot, cabernet sauvignon, cabernet franc

87

Vetas Mar de Tethys 2012 T GR
100% petit verdot

92

Alt, kräuterig, getrübt. Farbe: dunkles Kirschrot, granatroter Saum. Aroma: Wachs, würzig, dunkle Früchte, Früchtekonfit. Mund: konzentriert, geschmackvoll.

Vetas Petit Verdot 2014 T GR
100% petit verdot

93

Klassisch, würzig. Farbe: tiefes Kirschrot. Aroma: erdig, trockene Kräuter, feine Reduktionsnoten, mit Charakter. Mund: geschmackvoll, sortentypisch, reife Tannine, voll.

Vetas Selección 2013 T GR
petit verdot, cabernet sauvignon, cabernet franc

90

Warm, alt. Farbe: dunkles Kirschrot. Aroma: kraftvoll, Wachs, trockene Kräuter. Mund: geschmackvoll, lang, würzig.

BODEGAS CARPE DIEM

Avda. de las Américas, 35
29532 Mollina (Málaga)
☎: +34 622 716 321
promocion@bodegascarpediem.com
www.bodegascarpediem.com

Carpe Diem Añejo 2022 BF Añejo D
100% pedro ximénez

89

Reif, opulent, warm. Aroma: getrocknete Früchte, Röstaromen, süße Gewürze, in Likör eingelegte Früchte.

Carpe Diem Dulce Natural 2022 BF D
100% moscatel

88

Warm, üppig, naschhaft, reif, nachhaltig.

Carpe Diem Trasañejo 1999 BF Trasañejo D
100% pedro ximénez
91
Röstaromen. Farbe: dunkles Mahagonibraun. Aroma: aromatischer Kaffee, Schokolade, in Likör eingelegte Früchte, Praline. Mund: geschmackvoll, opulent.

Gadea 2022 T RB
100% syrah
88
Korpulent, vegetabil, reif, nach Eingemachtem, kraftvoll, geschmackvoll.

Montespejo 2022 B
60% airén, 40% moscatel morisco
86

BODEGAS EXCELENCIA
Cordel del Puerto al Quejigal, s/n
29400 Ronda (Málaga)
ronda@bodegasexcelencia.com
www.bodegasexcelencia.com

Los Frontones 2014 T C
cabernet sauvignon, tempranillo, syrah, merlot
89
Alt, würzig, vegetabil, Röstaromen.

Rondarte 2019 T
tempranillo
86

Tagus 2020 T RB
cabernet franc
89
Korpulent, ausgewogen, würzig, geschmackvoll, balsamisch.

BODEGAS MÁLAGA VIRGEN
29520 Fuente de Piedra (Málaga)
☎: +34 952 319 454
info@bodegasmalagavirgen.com
www.bodegasmalagavirgen.com

Don Salvador Moscatel Trasañejo 30 años BF MO D
moscatel de alejandría
94
Farbe: mahagonibraun. Aroma: aromatischer Kaffee, Feingebäck, feiner Kakao, Acetaldehyd. Mund: komplex, konzentriert, voll, opulent, geschmackvoll, Röstnoten.

Málaga Virgen Sweet BF PX D
pedro ximénez
86

Málaga Virgen Dunkel BF PX D
pedro ximénez
89
Korrekt, sortenrein, naschhaft, Röstaromen. Aroma: Karamel.

Marbella Blush Rosé 2023 RD
syrah
89
Ausgewogen, kräuterig, Zitrusfrüchte, mild.

Moscatel Reserva de Familia BF MO D
moscatel de alejandría
90
Farbe: jodfarben. Aroma: getrocknete Früchte, Feingebäck, Röstaromen, Karamel. Mund: süß, geschmeidig, kraftvoll.

Pedro Ximénez Reserva de Familia BF PX D
pedro ximénez
91
Sehr süß. Farbe: mahagonibraun. Aroma: leicht alkoholisch, getrocknete Früchte, Feingebäck, Röstaromen. Mund: süß, geschmeidig.

Tres Leones Naturalmente Dulce B D
moscatel de alejandría
89
Klar definierte Aromen, sortenrein, blumig, süß, korrekt, mild.

BODEGAS MANILVA
Mar, 76
29691 Manilva (Málaga)
☎: +34 639 107 694
bodegasmanilva@gmail.com
www.bodegasmanilva.com

Kalma 2022 B
100% moscatel de alejandría
90
Farbe: strohgelb. Aroma: weiße Blumen, Jasmin, trockene Kräuter, gebackenes Obst. Mund: geschmackvoll, fruchtig, ausgewogen.

Kalma Rose 2022 RD
garnacha, garnacha blanca
90
Ausgewogen, reif, voll, getrocknete Blumen. Aroma: Karamel.

Pampanito 2021 B D
100% moscatel
89
Farbe: leuchtendes Gelb. Aroma: kandierte Früchte, Honignoten, gebackenes Obst, Nüsse. Mund: geschmackvoll, fruchtig, ausgewogen.

BODEGAS QUITAPENAS
Ctra. de Guadalmar, 12
29004 Málaga (Málaga)
☎: +34 952 247 595
bodegas@quitapenas.es
www.quitapenas.es

1670 Pajarete 2019 B
85% pedro ximénez, 15% moscatel de alejandría
94
Farbe: bernsteinfarben. Aroma: Steinobst, getrocknete Früchte, süße Gewürze, Lacknoten, rauchig, geröstete Mandeln. Mund: opulent, fleischig, würzig.

Finca Ernite 2021 T
100% tempranillo
86

Málaga Oro Viejo 2017 BF Trasañejo D
85% pedro ximénez, 15% moscatel
91
Farbe: mahagonibraun. Aroma: kandierte Früchte, Weihrauch, süße Gewürze, Röstaromen, Nüsse. Mund: fett, opulent, warm, altes Holz.

Málaga PX Noble Quitapenas BF PX D
87

Quitapenas Moscatel Dorado 2022 BF D
100% moscatel de alejandría
89
Zitrusfrüchte, nach Eingemachtem, blumig, voll, geschmackvoll.

Vegasur 2021 B
100% pedro ximénez
92
Anders. Farbe: leuchtendes Gelb. Aroma: Nüsse, Hefenoten, reifes Obst, Wildkräuter. Mund: geschmackvoll, fruchtig, salzig, nachhaltig, lang.

COMPAÑÍA DE VINOS TELMO RODRÍGUEZ
El Monte
01308 Lanciego (Araba/Álava)
☎: +34 945 628 315
contact@telmorodriguez.com
www.telmorodriguez.com

🏆 PODIUM

Old Mountain 2012 B D
moscatel
99
Komplex, sortenrein, lebhaft. Farbe: goldfarben. Aroma: kraftvoll, Honignoten, kandierte Früchte, Kräutersäckchen, Acetaldehyd, weiße Blumen, camomilla. Mund: geschmackvoll, süß, frisch, fruchtig, schöne Säure, lang.

CORTIJO LOS AGUILARES
Ctra. Ronda a Campillo, km. 35 Puente de la Ventilla
29400 Ronda (Málaga)
☎: +34 952 874 457
visitas@cortijolosaguilares.com
www.cortijolosaguilares.com

**Cortijo Los Aguilares
Pago El Espino 2021 T BA**
petit verdot, tempranillo, syrah
92
Farbe: tiefes Kirschrot. Aroma: trockene Kräuter, weiches Eichenholz, dunkle Früchte. Mund: kraftvoll, reife Früchte, würzig, reife Tannine.

**Cortijo Los Aguilares
Pinot Noir 2022 T C**
pinot noir
94
Frisch, Waldfinsternis, mit Persönlichkeit. Farbe: kirschrot mit violettem Saum. Aroma: ausdrucksstark fruchtig, rote Früchte, würzig, Buschwaldkräuter, getrocknete Blumen. Mund: geschmackvoll, fruchtig, schöne Säure, lang.

**Tadeo Petit Verdot
Cortijo Los Aguilares 2021 T C**
petit verdot
93
Noch nicht vollständig entfaltet. Farbe: tiefes Kirschrot. Aroma: weiches Eichenholz, dunkle Früchte, Buschwaldkräuter, Röstaromen. Mund: kraftvoll, reife Früchte, würzig, reife Tannine.

COZAR DESDE 1837
APT C3
29350 Arriate (Málaga)
☎: +34 666 644 450
cozar1837@gmail.com

A Pulmón (Blanco Buzo) 2023 B
viognier
87

A Pulmón 2022 T
cabernet sauvignon
85

A Pulmón 2023 RD
merlot
86

**NDM Cozar
desde 1837 2023 B MO D**
moscatel de alejandría
91
Naschhaft, sortenrein, blumig, reif, üppig, lieblich, aromatisch. Aroma: blumig.

DIMOBE - BODEGA A. MUÑOZ CABRERA

Ctra. Almachar, s/n
29738 Moclinejo (Málaga)
☎: +34 952 400 594
ignacio@dimobe.es
www.dimobe.es

Dimobe Pajarete BF Trasañejo D
70% moscatel de alejandría, 30% pedro ximénez
92
Farbe: bernsteinfarben. Aroma: Honignoten, blumig, süße Gewürze, Nüsse. Mund: fruchtig, geschmackvoll, ausgewogen.

Dimobe Seco BF Trasañejo S
pedro ximénez
92
Farbe: bernsteinfarben. Aroma: Nüsse, süße Gewürze, Lacknoten. Mund: würzig, voll, geschmackvoll.

Maestro Viña Axarkía 2022 BF D
moscatel de alejandría
92
Farbe: leuchtendes Gelb. Aroma: Honignoten, blumig, süße Gewürze, ausdrucksvoll. Mund: fett, kraftvoll, geschmackvoll, fleischig.

Señorío de Broches Dulce Natural 2022 BF MO D
moscatel de alejandría
91
Farbe: leuchtendes Gelb. Aroma: Honignoten, blumig, süße Gewürze, ausdrucksvoll, Zitrusfrüchte. Mund: fruchtig, geschmackvoll, ausgewogen.

Zumbral Trasañejo BF MO D
moscatel de alejandría
91
Farbe: Altgold mit bernsteinfarbenem Saum. Aroma: Karamel, kandierte Früchte, Honignoten. Mund: ausgewogen, schöne Säure, geschmeidig, sortentypisch.

HUERTO DE LA CONDESA

Calle Genal, 1
29400 Ronda (Málaga)
☎: +34 665 829 423
bodegahcronda@gmail.com
www.huertodelacondesa.com

Huerto de la Condesa 2022 T RB
40% garnacha, 40% syrah, 20% graciano
91
Farbe: tiefes Kirschrot. Aroma: trockene Kräuter, weiches Eichenholz, dunkle Früchte, reifes Obst, Früchtekonfit. Mund: kraftvoll, reife Früchte, würzig, reife Tannine.

Huerto de la Condesa 2023 B
88
Angenehm, lieblich, klar definierte Aromen.

Huerto de la Condesa El Pinsapo 2021 T
100% garnacha
90
Farbe: tiefes Kirschrot. Aroma: reifes Obst, trockene Kräuter, Gras. Mund: reife Früchte, würzig, reife Tannine.

Huerto de la Condesa La Palmera 2021 T C
100% syrah
90
Farbe: kirschrot mit granatrotem Saum. Aroma: Früchtekonfit, in Likör eingelegte Früchte, kraftvoll. Mund: leicht süßlich, lang.

Huerto de la Condesa Los Cipreses 2021 T C
50% garnacha, 50% syrah
90
Farbe: kirschrot mit granatrotem Saum. Aroma: Früchtekonfit, in Likör eingelegte Früchte, kraftvoll, Röstaromen, Schokolade. Mund: geschmackvoll, leicht süßlich, lang.

Huerto de la Condesa Los Cipreses 2023 RD
100% garnacha
88
Reif, trockene Kräuter, lieblich, naschhaft, geschmackvoll. Aroma: kandierte Früchte, feine Hefen.

Huerto de la Condesa Pampaneando 2023 T
85% garnacha, 15% monastrell
90
Farbe: leuchtendes Kirschrot. Aroma: blumig, reifes Obst, ausgewogen. Mund: geschmackvoll, fruchtig, schöne Säure.

JORGE ORDÓÑEZ MÁLAGA

Bartolome Esteban Murillo, 11
29700 Vélez (Málaga)
☎: +34 952 504 706
info@jorgeordonez.es
www.jorgeordonez.es

Botani 2023 B
92
Klar definierte Aromen, aromatisch. Farbe: leuchtendes Strohgelb. Aroma: frisches Obst, Zitrusfrüchte, weiße Blumen. Mund: geschmackvoll, lebhaft, opulent.

DO MÁLAGA Y SIERRAS DE MÁLAGA / D.O.P.

DO MÁLAGA Y SIERRAS DE MÁLAGA / D.O.P

Botani Garnacha 2023 T
garnacha

90

Farbe: kirschrot mit violettem Saum. Aroma: ausdrucksstark fruchtig, rote Früchte, blumig, würzig. Mund: fruchtig, schöne Säure, lang, saftig.

Botani Nobleza 2022 B
moscatel

93

Farbe: leuchtendes Strohgelb. Aroma: reifes Obst, feine Hefen, mineralisch, weiße Blumen. Mund: würzig, lang, elegant.

Botani Nobleza 2023 B
moscatel de alejandría

94

Farbe: leuchtendes Strohgelb. Aroma: ausdrucksstark fruchtig, reifes Obst, weiße Blumen, Jasmin, Steinobst, frisches Obst. Mund: geschmackvoll, frisch, schöne Säure, nachwirkend fruchtig.

Jorge Ordóñez & Co Nº 1 Selección Especial Dulce (sin fortificar) 2023 B D

93

Farbe: leuchtendes Gelb. Aroma: reifes Obst, kandierte Früchte, Honignoten, Zitrusfrüchte. Mund: geschmackvoll, fruchtig, süß, schöne Säure.

🏆 **PODIUM**

Jorge Ordóñez & Co Nº 2 Victoria Dulce (sin fortificar) 2023 B D
moscatel de alejandría

95

Noch nicht vollständig entfaltet. Farbe: leuchtendes Gelb. Aroma: balsamisch, Honignoten, blumig, süße Gewürze, ausdrucksvoll, Orangenschale. Mund: fruchtig, kraftvoll, geschmackvoll, elegant.

🏆 **PODIUM**

Jorge Ordóñez & Co. Nº3 Viñas Viejas (sin fortificar) 2022 B D

96

Noch nicht vollständig entfaltet. Farbe: leuchtendes Gelb. Aroma: getrocknete Blumen, kandierte Früchte, feine Hefen, Feingebäck, Brioche, milchig. Mund: abgerundet, würzig, lang, nachhaltig.

LA MELONERA

Paraje Los Frontones s/n
29400 Ronda (Málaga)
☎: +34 951 194 018
info@lamelonera.com
www.lamelonera.com

Encina del Inglés 2023 T
tintilla, tempranillo, syrah

91

Farbe: kirschrot mit violettem Saum. Aroma: rote Früchte, blumig, würzig. Mund: geschmackvoll, fruchtig, schöne Säure, lang.

Payoya Negra 2022 T R
tintilla, romé, syrah

90

Farbe: sattes Kirschrot. Aroma: Wildkräuter, Fleischnoten, Schwarzer Pfeffer, dunkle Früchte, Nüsse. Mund: würzig, ausgeprägter Säuregehalt.

Yo Solo 2022 T FB
blasco, tintilla

93 🌿

Farbe: KirsChrot. Aroma: süße Gewürze, Buschwaldkräuter, trockene Kräuter, dunkle Früchte, reifes Obst. Mund: würzig, balsamisch, schöne Säure, kräftige Tannine.

Yo Solo Edición Melonera 2022 T C
melonera

93 🌿

Waldfinsternis, warm. Farbe: kirschrot mit granatrotem Saum. Aroma: Früchtekonfit, trockene Kräuter, Fleischnoten, dunkle Früchte. Mund: geschmackvoll, leicht süßlich, lang.

NILVA ENOTURISMO

Doctor Álvarez Leiva, 2
29691 Manilva (Málaga)
☎: +34 609 290 370
info@nilva.es
www.nilva.es

Nilva Ecológico 2022 B
moscatel de alejandría

90 🌿

Farbe: strohgelb. Aroma: ausdrucksvoll, weiße Blumen, Jasmin, trockene Kräuter, gebackenes Obst. Mund: geschmackvoll, fruchtig, ausgewogen, fleischig.

Nilva Original 2022 B
moscatel de alejandría

89

Zitrusfrüchte, ausgewogen, üppig, blumig, geschmackvoll.

VICTORIA ORDÓÑEZ
Ciro Alegría,75, P.I. Guadalhorce
29400 Málaga (Málaga)
☎: +34 952 228 540
administracion@comavi.es
www.victoriaordonez.com

Monticara 2023 B
moscatel
92
Üppig, salzig, noch nicht vollständig entfaltet. Farbe: leuchtendes Strohgelb. Aroma: reifes Obst, Kräutersäckchen, feine Hefen. Mund: voll, lang, schöne Säure.

Voladero 2022 B
100% pedro ximénez
94
Farbe: leuchtendes Strohgelb. Aroma: reifes Obst, Kräutersäckchen, feine Hefen, Wachs. Mund: voll, fett, lang, schöne Säure. Sortenrein.

Voladeros Ghiara Magnum 2018 B
pedro ximénez
94
Salzig, mineralisch. Farbe: leuchtendes Gelb. Aroma: getrocknete Blumen, kandierte Früchte, feine Hefen, Feingebäck, Wachs. Mund: würzig, lang, nachhaltig.

Camarolos 2018 T
85% cabernet sauvignon, tempranillo, syrah
93
Klar definierte Aromen, fruchtig. Farbe: kirschrot mit violettem Saum. Aroma: rote Früchte, blumig, würzig. Mund: geschmackvoll, fruchtig, schöne Säure.

Martí Aguilar 2016 T
65% petit verdot, syrah, tempranillo
93
Komplex. Farbe: dunkles Kirschrot, granatroter Saum. Aroma: reifes Obst, Früchtekonfit, Noten von Tischlerei, Tabak, süße Gewürze. Mund: würzig, reife Tannine, lang.

Camarolos Syrah 2020 T
syrah
92
Farbe: kirschrot mit granatrotem Saum. Aroma: Früchtekonfit, kraftvoll, reifes Obst, dunkle Früchte, mit Charakter, balsamisch. Mund: geschmackvoll, leicht süßlich, lang.

DO. MANCHUELA
CONSEJO REGULADOR

Avda. San Agustín, 9
02270 Villamalea (Albacete)
☎: +34 967 09 06 94
@: do@manchuela.wine - ana@manchuela.wine
www.manchuela.wine

LAGE:

Anbaugebiet im Südosten der Provinz Cuenca und im Nordosten von Albacete zwischen den Flüssen Júcar und Cabriel mit 70 Gemeinden, davon 26 in der Provinz Albacete und die 44 in der Provinz Cuenca.

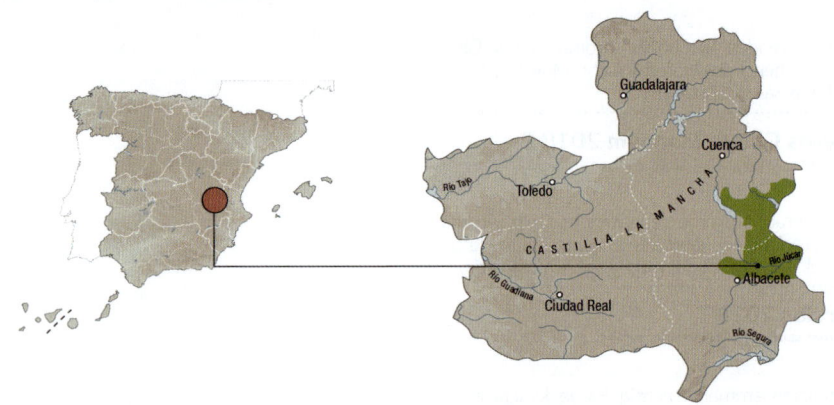

REBSORTEN:

WEISS: Albillo, Chardonnay, Macabeo, Sauvignon Blanc, Verdejo, Pardillo, Viognier, Garnacha Blanca, Moscatel de Alejandría, Tardana und Moscatel de Grano Menudo.

ROT: Bobal, Cabernet Sauvignon, Cencibel (Tempranillo), Garnacha, Merlot, Monastrell, Moravia Dulce, Syrah, Garnacha Tintorera, Malbec, Moravia agria, Mazuelo, Graciano, Rojal, Frasco (Tinto Velasco), Petit Verdot, Cabernet Franc, Touriga und Pinot Noir.

DATEN:

Rebfläche (ha): 14.848 – **Winzer:** 1.284 – **Weinerzeuger:** 37 – **Jahrgang 23:** Sehr Gut – **Jahresproduktion 23:** 904.227 L – **Absatz:** 15% Spanien - 85% Export.

BODENVERHÄLTNISSE:

Die Rebflächen befinden sich auf 600 bis 700 m über dem Meeresspiegel. Das Geländerelief ist, mit Ausnahme der Flusstäler, größtenteils eben und flach. Unter einer lehmigen Kies- oder Sandschicht befindet sich meist eine kalkhaltigen Schicht, welche maßgeblich für die Qualität der Weine dieser Region ist.

KLIMA:

Kontinental, mit kühlen Wintern und heißen Sommern. Im Sommer fallen die Nachttemperaturen dank des kühlen, feuchten Winds vom Mittelmeer, welcher durch die Temperaturkontraste eine langsame Traubenreife begünstigt.

ERNTEBEWERTUNG ANHAND JUNGER WEINE GUÍAPEÑÍN

2019	2020	2021	2022	2023
SEHR GUT	SEHR GUT	SEHR GUT	GUT	GUT

ALTOLANDÓN
Ctra. N-330, km. 242
16330 Landete (Cuenca)
☎: +34 962 302 329
altolandon@altolandon.com
www.altolandon.com

Con Altura 2023 BE AG
moscatel grano menudo

88 ☘

Zitrusfrüchte, blumig, kräuterig, reif, Hefenoten, tropische.

Doña Leo Altolandón 2023 B
moscatel grano menudo

90 ☘

Farbe: strohgelb. Aroma: trockene Kräuter, welke Blumen, kandierte Früchte. Mund: reife Früchte, ausgewogen, voll, weich am Gaumen.

Dulce Enero 2022 B D
moscatel, petit manseng, viognier

91 ☘

Farbe: leuchtendes Gelb. Aroma: kandierte Früchte, Honignoten, Sellerie, würzig. Mund: geschmackvoll, geschmeidig, fruchtig, süß.

Mil Historias Syrah 2022 T
100% syrah

91 ☘

Farbe: dunkles Kirschrot. Aroma: Röstaromen, würzig, feiner Kakao, dunkle Früchte, reifes Obst. Mund: geschmackvoll, Röstnoten, zartbitter.

Rayuelo 2021 T
100% bobal

93 ☘

Farbe: tiefes Kirschrot. Aroma: balsamisch, süße Gewürze, Buschwaldkräuter, rote Früchte. Mund: würzig, balsamisch, schöne Säure.

BODEGA ANDRÉS INIESTA
Ctra. Fuentealbilla Villamalea, km. 1,5
02260 Fuentealbilla (Albacete)
☎: +34 967 090 650
sales@bodegainiesta.com
www.bodegainiesta.es

Corazón Loco 2022 T
tempranillo, syrah

89

Fruchtig, würzig, rauchig, reif, geschmackvoll.

Corazón Loco 2023 B
sauvignon blanc, verdejo

87

Corazón Loco 2023 RD
bobal

88

Lieblich, mild, schlicht, fruchtig.

Corazón Loco Verdejo 2023 B
verdejo

88

Aromatisch, angenehm, fruchtig, blumig.

Dulce Corazón 2023 B D
moscatel de alejandría

88

Lieblich, blumig, fruchtig, geschmackvoll.

Finca El Carril Valeria 2022 B
chardonnay

88

Tropische, markante Eiche, fruchtig, naschhaft. Aroma: Banane.

BODEGA PARDO TOLOSA
Villatoya, 26
02215 Alborea (Albacete)
☎: +34 963 517 067
ventas@bodegapardotolosa.com
www.bodegapardotolosa.com

La Sima 2022 T MC
tempranillo

87 ☘

Mizaran 2022 B
macabeo, moscatel

86 ☘

Mizaran Tempranillo 2020 T RB
tempranillo

86 ☘

Senda de las Rochas Tempranillo 2018 T C
tempranillo

88 ☘

Reif, fruchtig, würzig, geschmackvoll.

BODEGA SAN ANTONIO ABAD COOPERATIVA DE VILLAMALEA
Valencia, 41
02270 Villamalea (Albacete)
☎: +34 967 483 023
www.bodegas-saac.com

Altos del Cabriel Albilla 2023 B
albillo

87 ☘

DO MANCHUELA / D.O.P.

DO MANCHUELA / D.O.P.

Altos del Cabriel Bobal 2022 T
bobal
87

Altos del Cabriel Bobal 2023 RD
100% bobal
86

Altos del Cabriel Bobal Tempranillo 2022 T
bobal, tempranillo
88
Ausgewogen, würzig, kräuterig, Röstaromen.

Altos del Cabriel Macabeo 2023 B
macabeo
86

Gradas Viejas 2019 T RB
syrah
87

BODEGA SEÑORÍO DEL JÚCAR
Pol. Ind. Parc 64-70
02200 Casas Ibáñez (Albacete)
☎: +34 967 460 632
export@parajesdelvalle.es
www.senoriodeljucar.com

Cueva Llana Bobal 2021 T
bobal
88
Fruchtig, reif, würzig, rauchig.

Cueva Llana Syrah 2021 T
syrah
90
Farbe: tiefes Kirschrot. Aroma: reifes Obst, trockene Kräuter, weiches Eichenholz, rote Früchte. Mund: kraftvoll, reife Früchte, würzig, reife Tannine.

Tranco del Lobo 2020 T C
100% bobal
88
Würzig, Röstaromen, fruchtig, reif, frisch, etwas austrocknend.

BODEGA Y VIÑEDOS MORATALLA
Calle Eras, 5
16230 Villanueva de La Jara (Cuenca)
☎: +34 677 328 536
bodegasmoratalla@gmail.com
www.bodegasmoratalla.es

Angel Bobal 2021 T
100% bobal
88
Fruchtig, würzig, Röstaromen, geschmackvoll, reif.

El Buitre 2020 T
garnacha
88
Würzig, fruchtig, reif, geschmackvoll, ausgewogen.

La Casilla de Adrián Bobal 6 Meses 2020 T RB
100% bobal
86

La Casilla de Adrián Macabeo 2022 B
100% macabeo
88
Zitrusfrüchte, fruchtig, kräuterig, reif, salzig.

Viña Virginia Rosé 2023 RD
100% bobal
88
Fruchtig, reif, Süßwaren, geschmackvoll.

BODEGAS VILLAVID
Niño Jesús, 25
16280 Villarta (Cuenca)
☎: +34 962 189 006
gerencia@villavid.com
www.villavid.com

Villavid 1952 2020 T C
30% tempranillo, 70% syrah
86

Villavid Bobal 2021 T RB
bobal
83

Villavid Bobal 2023 RD
bobal
87

Villavid Verdejo 2023 B
verdejo
83

BODEGAS Y VIÑEDOS PONCE
Ctra. CM-220, km. 54,500
16230 Villanueva de La Jara (Cuenca)
☎: +34 677 434 523
juanantonio@bodegasponce.es

Clos Lojen 2022 T
bobal
93
Klar definierte Aromen. Farbe: kirschrot mit violettem Saum. Aroma: ausdrucksstark fruchtig, rote Früchte, blumig, würzig. Mund: geschmackvoll, fruchtig, schöne Säure.

La Casilla 2022 T RB
bobal
94
Klar definierte Aromen, lebhaft. Farbe: kirschrot mit violettem Saum. Aroma: ausdrucksstark fruchtig, rote Früchte, blumig, würzig. Mund: geschmackvoll, fruchtig, schöne Säure, lang.

La Estrecha 2022 T
bobal
94
Angenehm, fruchtig. Farbe: KirsChrot. Aroma: komplex, ausdrucksvoll, würzig, Wildkräuter. Mund: elegant, voll, lang, nachhaltig.

La Xara 2022 T
garnacha
92
Klar definierte Aromen, Waldfinsternis. Farbe: kirschrot mit violettem Saum. Aroma: ausdrucksstark fruchtig, rote Früchte, blumig, würzig, . Mund: geschmackvoll, fruchtig, schöne Säure, lang.

P.F. 2022 T
bobal
93
Farbe: kirschrot mit violettem Saum. Aroma: rote Früchte, würzig, reifes Obst, Buschwaldkräuter. Mund: geschmackvoll, schöne Säure.

🏆 **PODIUM**

Pino 2022 T RB
bobal
95
Klar definierte Aromen, lebhaft. Farbe: kirschrot mit violettem Saum. Aroma: ausdrucksstark fruchtig, rote Früchte, blumig, würzig, Getreidenoten, Buschwaldkräuter. Mund: geschmackvoll, fruchtig, schöne Säure, lang.

CARRIL CRUZADO
Ctra. Iniesta-Villagarcía del Llano km, 13
16236 Villagarcía del Llano (Cuenca)
☎: +34 616 960 992
bodega@carrilcruzado.com
www.carrilcruzado.es

Carril Cruzado Colección Petit Verdot 2023 RD
100% petit verdot
85

Carril Cruzado Colección Sauvignon Blanc 2023 B
100% sauvignon blanc
88
Zitrusfrüchte, fruchtig, kräuterig, frisch.

Carril Cruzado Edición Limitada Petit Vedot 2020 T C
100% petit verdot
88
Waldfinsternis, vegetabil, reif, Röstaromen, würzig.

Carril Cruzado Edición Limitada Syrah 2020 T C
100% syrah
88
Fruchtig, würzig, reif, geschmackvoll.

Carril Cruzado Multivarietal Colección 3 Meses 2022 T
40% cabernet sauvignon, 40% syrah, 20% petit verdot
85

CIEN Y PICO WINE
San Francisco, 19
02240 Mahora (Albacete)
☎: +34 610 239 186
luisjimenaz@gmail.com

Cien y Pico Doble Pasta 2021 T
garnacha tintorera
87

Cien y Pico En Vaso 2021 T
100% bobal
86

Viña La Ceja 2021 T
bobal, garnacha tintorera
86

FINCA SANDOVAL
Ctra. CM-3222, Km. 26800
16237 Ledaña (Cuenca)
☎: +34 914 363 636
fincasandoval@fincasandoval.com
www.fincasandoval.com

Aurora 2022 B
pardilla
92
Zitrusfrüchte, blumig. Farbe: strohgelb. Aroma: ausdrucksvoll, weiße Blumen, Jasmin, trockene Kräuter. Mund: geschmackvoll, fruchtig, ausgewogen.

El Fundamentalista 2022 T
100% bobal
91
Klar definierte Aromen, frisch, fruchtig. Farbe: leuchtendes Kirschrot. Aroma: offen, Wildkräuter. Mund: fruchtig, saftig, geschmackvoll.

DO MANCHUELA / D.O.P.

DO MANCHUELA / D.O.P.

Finca Sandoval 2021 T
93
Farbe: tiefes Kirschrot. Aroma: reifes Obst, trockene Kräuter, weiches Eichenholz, Fleischnoten, Buschwaldkräuter. Mund: kraftvoll, reife Früchte, würzig, reife Tannine.

La Rosa Finca Sandoval 2022 T BA
bobal
94
Mit Potenzial, fruchtig. Farbe: tiefes Kirschrot. Aroma: weiches Eichenholz, Kräutersäckchen, balsamisch, reifes Obst, rote Früchte. Mund: kraftvoll, reife Früchte, würzig, reife Tannine.

Salia 2022 T R
60% syrah, 40% bobal
92
Balsamisch, fruchtig. Farbe: kirschrot mit violettem Saum. Aroma: rote Früchte, blumig, würzig, reifes Obst. Mund: geschmackvoll, fruchtig, schöne Säure, lang.

HAMMEKEN CELLARS
03700 Denia (Alacant/Alicante)
☎: +34 965 791 967
cellars@hammekencellars.com
www.hammekencellars.com

Nanit Natural Wine 2023 T
bobal
88
Fruchtig, Süßwaren, reif, würzig.

LA CEPA DE PELAYO
Batán, 9
02210 Alcala del Júcar (Albacete)
☎: +34 665 973 575
yolanda.leren@bodegalacepadepelayo.com
www.bodegalacepadepelayo.com

Cupido Bobal 2022 T
bobal
91
Farbe: kirschrot mit violettem Saum. Aroma: ausdrucksstark fruchtig, rote Früchte, würzig, Tabak, Röstaromen. Mund: geschmackvoll, fruchtig, ausgewogen, frisch, reife Tannine.

Cupido Macabeo 2022 B BA
macabeo
90
Röstaromen, aromatisch. Farbe: leuchtendes Gelb. Aroma: kraftvoll, reifes Obst, würzig. Mund: fett, strukturiert, lang, Röstnoten.

La Cepa de Pelayo Bobal 2020 T
bobal
91
Farbe: dunkles Kirschrot. Aroma: reifes Obst, Noten von Tischlerei, Tabak, süße Gewürze, rauchig. Mund: würzig, fruchtig, trockene, aber reife Tannine, Röstnoten.

Ole de Aromas 2023 T
bobal
89
Fruchtig, reif, aromatisch, von Primäraromen beherrscht, geschmackvoll.

LA NIÑA DE CUENCA
Muela, 1
16237 Ledaña (Cuenca)
☎: +34 629 751 027
info@laninadecuenca.com
www.laninadecuenca.com

Ildania 2018 T
85% bobal, 15% otras
91
Wild, kräuterig. Farbe: KirsChrot. Aroma: balsamisch, Buschwaldkräuter, würzig, dunkle Früchte. Mund: geschmackvoll, ausgewogen, saftig.

Ingobernable 2020 T
90% garnacha, 10% moravia agria
89
Klar definierte Aromen, wild, milchig, nach Eingemachtem. Aroma: Wildkräuter, Buschwaldkräuter, in Likör eingelegte Früchte. Mund: saftig, süffig.

Inicial Velo de Flor 2021 B
albillo
90
Ausgeprägter Säuregehalt. Farbe: gelb. Aroma: helle Früchte, reifes Obst, wenig Hefen, Florhefe. Mund: voll, geschmackvoll.

Orovelo 2022 B
100% albillo
90
Sortenrein, wild. Farbe: leuchtendes Strohgelb. Aroma: helle Früchte, reifes Obst, welke Blumen. Mund: saftig, lebhaft, ausgewogen.

Rubatos 2019 T
100% bobal
92
Reif, repräsentativ, trockene Kräuter. Farbe: KirsChrot. Aroma: süße Gewürze, Buschwaldkräuter, dunkle Früchte. Mund: würzig, balsamisch, schöne Säure.

NTRA. SRA. DE LA CABEZA DE CASAS IBÁÑEZ SOC. COOP. DE CLM

Avda. del Vino, 10
02200 Casas Ibáñez (Albacete)
☎: +34 967 460 266
info@coop-cabeza.com
www.coop-cabeza.com

Viaril Bobal 2023 RD
bobal

88

Korrekt, fruchtig, Süßwaren, reif, saftig, schlicht. Mund: korrekt, zartbitter.

Viaril Cabernet Sauvignon T
100% cabernet sauvignon

85

Viaril Macabeo 2023 B
macabeo

85

Viaril Macabeo B FB
macabeo

86

Viaril Verdejo Sauvignon Blanc 2023 B
verdejo, sauvignon blanc

86

NUESTRA SEÑORA DEL ESPINO

Arrabal, 24
16240 El Peral (Cuenca)
☎: +34 969 339 503
administracion@delespinosc.es

Olmo Hueco 2022 T RB
cencibel, syrah

84

Olmo Hueco 2023 RD
bobal

85

Olmo Hueco Cencibel 2022 T
cencibel

82

Olmo Hueco Syrah 2022 T
syrah

84

PARAJES DEL VALLE BODEGAS Y VIÑEDOS

Avda. de Murcia, s/n
30520 Jumilla (Murcia)
☎: +34 616 426 520
nerea.bardaji@garciperezgroup.com
www.parajesdelvalle.es

Parajes del Valle 2023 RD
100% bobal

87 ♣

Parajes del Valle Macabeo 2023 B
100% macabeo

87 ♣

SOC. COOP. AGRARIA DE CLM SAN ISIDRO

Príncipe, 153
16220 Quintanar del Rey (Cuenca)
☎: +34 689 667 546
export@bodegasanisidro.es
www.bodegasanisidro.es

Monte de las Mozas Bobal 2023 RD
bobal

84

Monte de las Mozas Macabeo 2023 B
macabeo

87

Quinta Regia Bobal 2022 T
bobal

87

Zaíno Tempranillo 2022 T C
tempranillo

87

Zaíno Tempranillo Syrah 2022 T
tempranillo, syrah

86

VEGA TOLOSA

Calle B, 11
02200 Casas Ibáñez (Albacete)
☎: +34 669 639 216
mariluz@vegatolosa.com
www.vegatolosa.com

Bobal Icon 2021 T RB
bobal

89 ♣

Angenehm, klar definierte Aromen, fruchtig, saftig, reif, von Primäraromen beherrscht, würzig.

DO MANCHUELA / D.O.P.

Capricho DiVino Chardonnay 2022 BE BN
100% chardonnay

88 🌱

Warm, trockene Kräuter, reif, korrekt.

Finca Los Halcones Bobal 2021 T
100% bobal

91 🌱

Farbe: KirsChrot. Aroma: Buschwaldkräuter, rauchig, würzig, Wildkräuter. Mund: würzig, balsamisch, schöne Säure, süffig.

Finca Los Halcones Chardonnay 2022 B FB
chardonnay

90 🌱

Farbe: strohgelb. Aroma: reifes Obst, trockene Kräuter, welke Blumen. Mund: reife Früchte, ausgewogen, würzig, lang.

Finca Los Halcones Viognier 2022 B FB
100% viognier

90 🌱

Farbe: strohgelb. Aroma: ausdrucksvoll, weiße Blumen, Kräutersäckchen. Mund: fruchtig, ausgewogen, sortentypisch, süffig, ziemlich nachhaltig.

DO. MÉNTRIDA
CONSEJO REGULADOR
Calle Eras de San Francisco nº 7
45500 Torrijos (Toledo)
☎: +34 925 785 185
@: administracion@domentrida.es
www.domentrida.es

LAGE:
Weinregion im Norden der Provinz Toledo mit 51 Gemeinden. Sie grenzt nördlich an die Provinzen Ávila und Madrid, im Süden an den Tajo und im Westen an die Sierra de San Vicente.

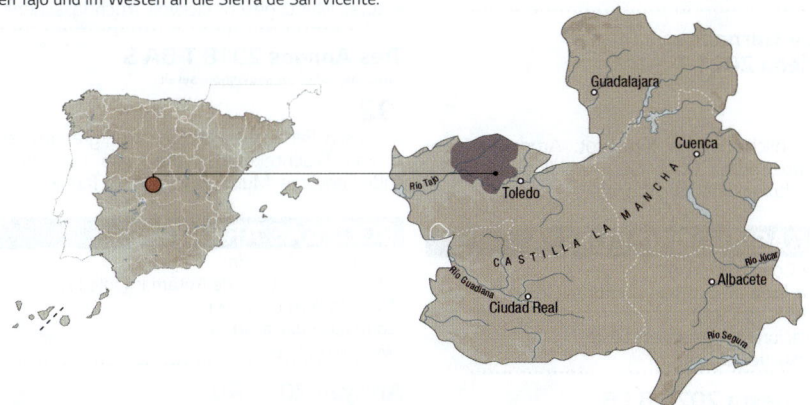

REBSORTEN:
WEISS: Albillo, Macabeo, Sauvignon Blanc, Chardonnay, Garnacha Blanca und Moscatel de Grano Menudo.

ROT: Garnacha (majority 85% of total), Cencibel (Tempranillo), Cabernet Sauvignon, Merlot, Syrah, Petit Verdot, Cabernet Franc, Garnacha Peluda, Garnacha Tintoreram, Moravia Agria und Graciano.

DATEN:
Rebfläche (ha): 5.854 – **Winzer:** 1.265 – **Weinerzeuger:** 27 – **Jahrgang 23:** Sehr Gut – **Jahresproduktion 23:** 12.610.073 L – **Absatz:** 75% Spanien - 25% Export.

BODENVERHÄLTNISSE:
Die Rebflächen befinden sich in Höhenlagen zwischen 400 und 600 m, an manchen Stellen der Sierra de San Vicente sogar auf bis zu 800 m. Es überwiegen tonhaltige Sandböden mittlerer bis lockerer Textur.

KLIMA:
Trockenes, ausgeprägtes Kontinentalklima mit langen, kalten Wintern und heißen, trockenen Sommern. Spätfröste im Frühjahr sind durchaus nicht ungewöhnlich. Die jährliche Niederschlagsmenge liegt im Durchschnitt zwischen 300 und 450 mm und die Regenfälle treten unregelmäßig über das ganze Jahr verteilt auf.

ERNTEBEWERTUNG ANHAND JUNGER WEINE GUÍAPEÑÍN

2019	2020	2021	2022	2023
SEHR GUT	SEHR GUT	SEHR GUT	GUT	GUT

DO MÉNTRIDA / D.O.P.

ATALAQUE
Santa Cruz, 28
45510 Fuensalida (Toledo)
☎: +34 658 846 188
info@rodriguezdevera.com
www.rodriguezdevera.com

Atalaque Garnacha del Horcajo 2021 T C
garnacha

92

Farbe: kirschrot mit granatrotem Saum. Aroma: ausdrucksstark fruchtig, rote Früchte, kandierte Früchte, Wildkräuter, süße Gewürze. Mund: fruchtig, geschmackvoll, ausgewogen, ziemlich nachhaltig, trockene, aber reife Tannine.

Atalaque Garnacha La Peraleda 2021 T
garnacha

91

Farbe: durchscheinendes Kirschrot. Aroma: würzig, rote Früchte, reifes Obst, Buschwaldkräuter, erdig. Mund: geschmackvoll, fruchtig, voll.

BODEGAS ALONSO CUESTA
Pza. de la Constitución, 4
45920 La Torre de Esteban Hambrán (Toledo)
☎: +34 925 795 742
administracion@alonsocuesta.com
www.alonsocuesta.com

Alonso Cuesta 2021 B FB
sauvignon blanc

93

Farbe: strohgelb. Aroma: reifes Obst, trockene Kräuter, welke Blumen, Phosphor, Nüsse, süße Gewürze. Mund: kraftvoll, reife Früchte, ausgewogen.

Alonso Cuesta 2022 RD FB
100% garnacha

90

Farbe: blass. Aroma: reifes Obst, Früchtekonfit, welke Blumen, Anklänge von exotischen Früchten, feine Hefen. Mund: fleischig, geschmackvoll, reife Früchte.

Alonso Cuesta Cállate 2021 T RB
75% garnacha, 25% syrah

91

Farbe: tiefes Kirschrot. Aroma: trockene Kräuter, erdig, würzig, dunkle Früchte, eine Spur Waldbeeren. Mund: reife Früchte, würzig, reife Tannine.

Alonso Cuesta Cuveé 2020 T C
garnacha, cabernet sauvignon, petit verdot

91

Farbe: tiefes Kirschrot. Aroma: reifes Obst, trockene Kräuter, Buschwaldkräuter, mineralisch. Mund: reife Früchte, würzig, reife Tannine.

Alonso Cuesta La Garnacha de Lola Paraje Cuqueña 2021 T RB
100% garnacha

93

Balsamisch, wild. Farbe: kirschrot mit violettem Saum Aroma: ausdrucksstark fruchtig, rote Früchte, blumig würzig. Mund: geschmackvoll, fruchtig, schöne Säure lang.

Alonso Cuesta La Garnacha de Lola Paraje Mazalba 2021 T RB S
100% garnacha

92

Farbe: kirschrot mit violettem Saum. Aroma: rote Früchte, würzig, getrocknete Blumen, Buschwaldkräuter. Mund: geschmackvoll, fruchtig, schöne Säure

Tres Amigos 2018 T BA S
garnacha, cabernet sauvignon, syrah

92

Klassisch. Farbe: dunkles Kirschrot, granatroter Saum Aroma: Früchtekonfit, Noten von Tischlerei, Tabak süße Gewürze. Mund: würzig, reife Tannine.

BODEGAS ARRAYÁN
Finca la Verdosa s/n
45513 Santa Cruz de Retamar (Toledo)
☎: +34 916 633 131
comercial@arrayan.es
www.arrayan.es

Arrayan 2023 RD
50% syrah, 35% merlot, 15% garnacha

88 ♣

Fruchtig, kräuterig, reif, voll, geschmackvoll.

Arrayán Garnacha Blanca y Gris 2022 B
garnacha gris, garnacha blanca

90 ♣

Farbe: leuchtendes Strohgelb. Aroma: reifes Obst Kräutersäckchen, feine Hefen, welke Blumen. Mund voll, schöne Säure.

Arrayán Graciano 2022 T
100% graciano

92 ♣

Farbe: tiefes Kirschrot. Aroma: reifes Obst, trockene Kräuter, eine Spur Waldbeeren, geröstetes Brot Mund: reife Früchte, würzig, reife Tannine.

Arrayan Rosado de Garnacha Peluda 2023 RD
100% garnacha peluda

91 ♣

Farbe: blassrosa. Aroma: elegant, rote Früchte, welke Blumen, Buschwaldkräuter. Mund: würzig, schöne Säure, zartbitter.

Arrayán Selección 2020 T
30% syrah, 30% merlot, 30% cabernet sauvignon, 10% petit verdot

91 🌱

Farbe: tiefes Kirschrot. Aroma: trockene Kräuter, dunkle Früchte, Buschwaldkräuter. Mund: reife Früchte, würzig, reife Tannine.

Arroyo de Arrayán 2021 B
55% garnacha gris, 45% garnacha blanca

92 🌱

Mit Persönlichkeit, anders. Farbe: leuchtendes Strohgelb. Aroma: reifes Obst, wenig Hefen, trockene Kräuter, Wachs. Mund: voll, fett, lang, schöne Säure.

La Suerte de Arrayán Albillo Real 2022 B
100% albillo real

93 🌱

Farbe: strohgelb. Aroma: reifes Obst, trockene Kräuter, welke Blumen, Wildkräuter, feine Hefen. Mund: kraftvoll, reife Früchte, ausgewogen.

La Suerte de Arrayán Garnacha 2021 T
100% garnacha

92 🌱

Farbe: kirschrot mit violettem Saum. Aroma: ausdrucksstark fruchtig, rote Früchte, blumig, würzig, Buschwaldkräuter. Mund: geschmackvoll, fruchtig, schöne Säure.

BODEGAS CANOPY

Herreros, 5
45180 Camarena (Toledo)
☎: +34 687 443 744
info@bodegascanopy.com
www.bodegascanopy.com

Castillo de Belarfonso 2023 T RB
garnacha

90 🌱

Farbe: kirschrot mit violettem Saum. Aroma: rote Früchte, blumig, würzig, Buschwaldkräuter. Mund: geschmackvoll, fruchtig, schöne Säure.

Ganadero 2023 T
garnacha

89 🌱

Korpulent, ausgewogen, würzig, kräuterig, reif, geschmackvoll.

La Viña Escondida 2020 T
garnacha

94 🌱

Farbe: kirschrot mit violettem Saum. Aroma: rote Früchte, blumig, würzig, Buschwaldkräuter, erdig. Mund: geschmackvoll, fruchtig, schöne Säure, lang.

Loco 2022 B FB
garnacha blanca

92 🌱

Farbe: strohgelb. Aroma: reifes Obst, trockene Kräuter, Honignoten, weiße Blumen. Mund: reife Früchte, ausgewogen, fleischig.

Malpaso 2022 T
syrah

90 🌱

Farbe: kirschrot mit granatrotem Saum. Aroma: überreife Früchte, Tomate, Buschwaldkräuter, Waldfinsternis. Mund: nach Eingemachtem, kraftvoll, voll.

Tres Patas 2022 T

93 🌱

Farbe: tiefes Kirschrot. Aroma: trockene Kräuter, Buschwaldkräuter, schwarze Lakritze, rote Früchte. Mund: reife Früchte, würzig, reife Tannine.

BODEGAS HIBÉU

Camino Las Ventas, s/n
45920 Torre de Esteban Hambrán (Toledo)
☎: +34 609 027 255
info@bodegashibeu.es
www.bodegashibeu.es

Hibeu 2022 T
86 🌱

Hibeu 2023 RD
84

Hibeu Finca La Mineral 2022 T
88 🌱

Cremig, würzig, milchig, intensive Röstaromen, kraftvoll.

BODEGAS JIMÉNEZ LANDI

Avda. Solana, 39
45930 Méntrida (Toledo)
☎: +34 620 555 471
info@jimenezlandi.com
www.jimenezlandi.com

Jiménez-Landi Piélago 2022 T
garnacha

94 🌱

Farbe: tiefes Kirschrot. Aroma: reifes Obst, trockene Kräuter, eine Spur Waldbeeren. Mund: kraftvoll, reife Früchte, würzig, geschmackvoll.

Jiménez-Landi Sotorrondero 2022 T
garnacha, syrah

93 🌱

Farbe: tiefes Kirschrot. Aroma: trockene Kräuter, weiches Eichenholz, Fleischnoten, in Likör eingelegte Früchte, welke Blumen. Mund: reife Früchte, würzig, reife Tannine.

DO MÉNTRIDA / D.O.P.

COOP. CONDES DE FUENSALIDA
Avda. San Crispín, 129
45510 Fuensalida (Toledo)
☎: +34 925 784 823
condesdefuensalida@hotmail.com

Condes de Fuensalida 100 años 2022 T
100% garnacha
87

Condes de Fuensalida 2023 RE D
100% garnacha
84

Condes de Fuensalida Garnacha 2023 RD
garnacha
86

Condes de Fuensalida Garnacha y Syrah 2023 T
87

UVA DE VIDA
Avda. de la Estación, 27 3ºB
45500 Torrijos (Toledo)
☎: +34 647 467 656
uvadevida@uvadevida.com
www.uvadevida.com

Biográfico (Etiqueta carne) 2021 T
70% graciano, 30% tempranillo
92 ♣
Wild, wenig interventionistisch, Waldfinsternis. Farbe: tiefes Kirschrot. Aroma: trockene Kräuter, Buschwaldkräuter, schwarze Lakritze, dunkle Früchte, würzig. Mund: kraftvoll, reife Früchte, würzig, reife Tannine.

Biográfico (Etiqueta gris) 2016 T
70% graciano, 30% tempranillo
90 ♣
Wenig interventionistisch, rustikal. Farbe: dunkles Kirschrot, granatroter Saum. Aroma: Früchtekonfit, Noten von Tischlerei, Tabak, erdig. Mund: würzig, reife Tannine.

Latitud 40 Graciano (Etiqueta verde) 2022 T
graciano
89 ♣
Korpulent, würzig, kräuterig, voll, reif, geschmackvoll, animalische Noten.

Luna 2023 T
60% tempranillo, 40% graciano
89 ♣
Ausgewogen, reif, Röstaromen, vegetabil, würzig.

Sol del 19 2019 T
70% graciano, 30% tempranillo
91 ♣
Wenig interventionistisch. Farbe: tiefes Kirschrot. Aroma: Früchtekonfit, dunkle Früchte, Buschwaldkräuter, erdig. Mund: reife Früchte, würzig, reife Tannine.

VIÑEDOS DE CAMARENA
Ctra. Toledo - Valmojado, Km. 24.6
45180 Camarena (Toledo)
☎: +34 918 174 347
vdecamarena@hotmail.com
www.vdecamarena.com

Bastión 2023 RD
100% garnacha
85

Bastión Garnacha + Syrah 2023 T
90% garnacha, 10% syrah
87

Bastión Garnacha 2023 T
garnacha
90
Farbe: kirschrot mit violettem Saum. Aroma: rote Früchte, blumig, würzig, reifes Obst. Mund: geschmackvoll, fruchtig.

Bastión Selección 2022 T
100% garnacha
88
Würzig, ausgewogen, fruchtig, kräuterig, reif, Röstaromen.

Bastión Semidulce 2023 B SD
100% macabeo
85

Xtirpe 2021 T
100% garnacha
90
Farbe: kirschrot mit violettem Saum. Aroma: ausdrucksstark fruchtig, rote Früchte, würzig. Mund: geschmackvoll, fruchtig, schöne Säure.

VIÑEDOS Y BODEGAS GONZÁLEZ
Real, 86
45180 Camarena (Toledo)
☎: +34 607 295 952
bodegasgonzalez@yahoo.es
www.vinobispo.com

Señorío del Bispo 2021 T RB
68% syrah, 32% cabernet sauvignon
85

Viña Bispo 2021 T
68% syrah, 32% cabernet sauvignon
85

Viña Bispo 2023 B
sauvignon blanc
86

Viña Bispo 2023 RD
100% garnacha
86

VITÍCOLA MENTRIDANA
Lepanto, 62
45930 Méntrida (Toledo)
info@viticolamentridana.wine
www.viticolamentridana.wine

🏆 PODIUM

Cantos del Diablo 2021 T
garnacha
95
Rassig, spannungsvoll, representativ. Aroma: mineralisch, trockener Stein, ausdrucksstark fruchtig, elegant. Mund: saftig, lebhaft, poliert.

Las Uvas de la Ira 2022 T
garnacha
93
Ausgewogen, geschmackvoll, herb. Aroma: ausgewogen, komplex, mineralisch. Mund: geschmackvoll, sortentypisch.

DO. MONDÉJAR
CONSEJO REGULADOR

Pza. Mayor, 10
19110 Mondéjar (Guadalajara)
☎: +34 949 385 284
@: crdom@crdomondejar.com
www.crdomondejar.com

LAGE:

Im Südwesten der Provinz Guadalajara mit den Gemeinden Albalate de Zorita, Albares, Almoguera, Almonacid de Zorita, Driebes, Escariche, Escopete, Fuenteovilla, Illana, Loranca de Tajuña, Mazuecos, Mondéjar, Pastrana, Pioz, Pozo de Almoguera, Sacedón, Sayatón, Valdeconcha, Yebra und Zorita de los Canes.

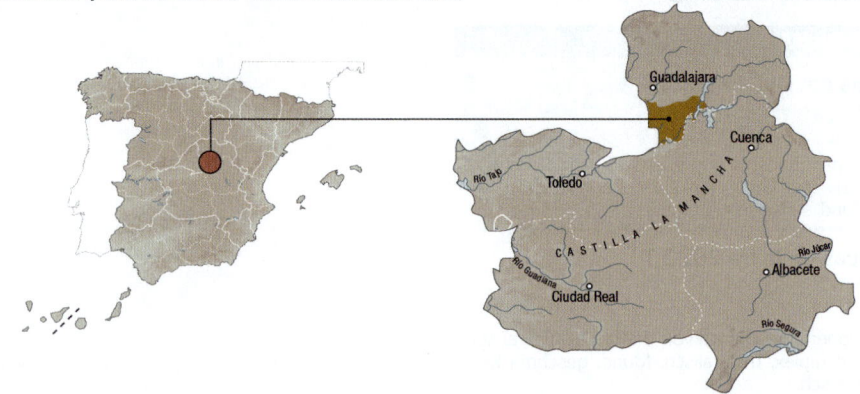

REBSORTEN:

WEISS (40%): Malvar (Hauptsorte: 80%), Macabeo und Torrontés.

ROT (60%): Cencibel (Tempranillo, 95% der roten Trauben) Cabernet Sauvignon und Syrah.

DATEN:

Rebfläche (ha): 3.000 – **Winzer 11:** 300 – **Weinerzeuger 11:** 2 – **Jahrgang 21:** Unrated – **Jahresproduktion 11:** 421.130 L. – **Absatz 11:** 100% Spanien.

BODENVERHÄLTNISSE:

Im Süden rote Böden auf Tonschlammsedimenten mit Kies, im Norden (Gemeinden Anguix, Mondéjar, Sacedón, u.a.) bräunliche Kalkböden auf Mergel-, Sand- und Konglomeratschichten.

KLIMA:

Gemäßigt mediterran mit einer mittleren Jahrestemperatur von etwa 18°C und einer durchschnittlichen Niederschlagsmenge von 500 mm im Jahr.

ERNTEBEWERTUNG ANHAND JUNGER WEINE GUÍAPEÑÍN

2019	2020	2021	2022	2023
UNRATED	UNRATED	UNRATED	UNRATED	UNRATED

DO. MONTERREI
CONSEJO REGULADOR

Rúa Castelao, 10 bajo
32600 Verín (Ourense)
☎: +34 988 590 007
@: info@domonterrei.com
www.domonterrei.wine

LAGE:

Im östlichen Teil der Provinz Orense an der Grenze zu Portugal liegt das Weinanbaugebiet im Tal von Monterrei. Es umfasst die Gemeindebezirke Verín, Monterrei, Oimbra, Castrelo do Vall, Vilardevós und Riós.

UNTERGEBIETE:

Val de Monterrei: Die Bezeichnung des Untergebiets Val de Monterrei bezieht sich auf die Weinfelder, die sich im Talgebiet befinden (somit auf das flachste Terrain). Es schließt die Pfarrgemeinden Castrelo do Val, Pepín und Nocedo do Val, die im Verwaltungsbezirk Castrelo do Val liegen; die Pfarrgemeinden Albarellos, Infesta, Monterrei und Vilaza des Verwaltungsbezirks Monterrei; die Pfarrgemeinden Oímbra, Rabal und San Cibrao des Verwaltungsbezirks Oímbra sowie die Pfarrgemeinden Abedes, Cabreiroá, Feces de Abaixo, Feces de Cima, Mandín, Mourazos, Pazos, Queizás, A Rasela, Tamagos, Tamaguelos, Tintores, Verín und Vila Maior do Val des Verwaltungsbezirks Verín mit ein.

Ladeira de Monterrei: In diesem Untergebiet wachsen die Weinstöcke auf Hügeln. Es umfasst den Verwaltungsbezirk Vilardevós, die Pfarrgemeinden Gondulfes und Servoi in dem Verwaltungsbezirk Castrelo do Val; die Pfarrgemeinden As Chas, Bousés, Vidiferre und A Granxa des Verwaltungsbezirks Oímbra; die Pfarrgemeinden Fariz, Medeiros, Estevesiños und Vences des Verwaltungsbezirks Monterrei; die Pfarrgemeinde Queirugás des Verwaltungsbezirks Verín; die Pfarrgemeinde Castrelo de Abaixo, die Örte Castrelo de Cima, Covelas, O Mourisco, San Paio und A Veiga do Seixo der Pfarrgemeinde Castrelo Cima, den Ort Fumaces der Pfarrgemeinde Fumaces, die Orte Progo und Pousada der Pfarrgemeinde Progo sowie den Ort Florderrei der Pfarrgemeinde Riós, die alle dem Verwaltungsbezirk Riós unterliegen.

REBSORTEN:

WEISS: Dona blanca, Verdello (Godello), Treixadura (Verdello Louro), Albariño, Caiño blanco, Loureira und Blanca de Monterrei.

ROT: Mencía, Merenzao (Bastardo), Arauxa (Tempranillo), Caiño Tinto und Sousón.

DATEN:

Rebfläche (ha): 720 – **Winzer:** 375 – **Weinerzeuger:** 29 – **Jahrgang 23:** Ausgezeichnet – **Jahresproduktion 23:** 4.970.307 L – **Absatz:** 83% Spanien – 17% Export.

BODENVERHÄLTNISSE:

Der Weingarten erstreckt sich über die Täler und die Füße der Berge, die vom Fluss Támega und dessen Nebenflüssen bewässert werden. In diesem Gebiet finden wir drei Bodenarten: schieferhaltige Böden, sand- und granithaltige Böden, die durch die Korrosion der Granitfelsen entstehen sowie sedimentäre Böden.

KLIMA:

Es herrscht ein mildes mediterranes Klima mit einem Trend zum Kontinentalklima, beeinflusst vom atlantischen Ozean. Die Sommer sind heiß und trocken, während es in den Wintermonaten kalt ist. Das Gebiet weist während der Reifezeit starke Temperaturschwankungen von bis zu 30°C auf. Hier ist es trockener als im restlichen Teil von Galizien mit Höchsttemperaturen von bis zu 35°C im Sommer und Tiefsttemperaturen von bis zu -5°C im Winter.

ERNTEBEWERTUNG ANHAND JUNGER WEINE GUÍAPEÑÍN

2019	2020	2021	2022	2023
SEHR GUT	SEHR GUT	SEHR GUT	SEHR GUT	SEHR GUT

DO MONTERREI / D.O.P.

ADEGAS MINIUS
Cabildo, 10
32613 Oímbra (Ourense/Orense)
☎: +34 986 609 060
minius@minius.es
www.valminorebano.com

Minius Godello 2023 B
100% godello
88
Ausgewogen, kräuterig, fruchtig, voll, geschmackvoll.

Minius Mencía 2023 T
mencía
90
Farbe: kirschrot mit violettem Saum. Aroma: ausdrucksstark fruchtig, rote Früchte, würzig, welke Blumen. Mund: geschmackvoll, fruchtig, schöne Säure, frisch, trockene, aber reife Tannine.

BODEGA LADAIRO
Ctra. Ladairo, 42
32613 O'Rosal (Ourense/Orense)
☎: +34 988 422 757
info@bodegasladairo.com
www.bodegasladairo.com

J.L. Vilela
Ladairo 2019 T C
mencía, arauxa
91
Farbe: tiefes Kirschrot. Aroma: trockene Kräuter, dunkle Früchte, würzig. Mund: reife Früchte, reife Tannine.

Ladairo 2020 T C
mencía, arauxa
90
Farbe: tiefes Kirschrot. Aroma: trockene Kräuter, rote Früchte, dunkle Früchte, erdig. Mund: reife Früchte, würzig, reife Tannine.

Ladairo 2021 B FB
godello, treixadura
91
Farbe: leuchtendes Gelb. Aroma: reifes Obst, trockene Kräuter, welke Blumen, getrocknete Blumen. Mund: reife Früchte, ausgewogen, fruchtig, geschmackvoll, Röstnoten.

Ladairo Colección Familia
Godello Treixadura 2023 B
godello, treixadura
91
Farbe: leuchtendes Strohgelb. Aroma: ausdrucksstark fruchtig, reifes Obst, , welke Blumen. Mund: geschmackvoll, frisch, schöne Säure, nachwirkend fruchtig, fruchtig, ausgewogen.

Ladairo Colección Familia Mencía y
Araúxa 2023 T
mencía, arauxa
88
Ausgewogen, frisch, fruchtig, kräuterig.

BODEGA PAZOS DEL REY
Carrero Blanco, 33
32618 Albarellos de Monterrei (Ourense/Orense)
☎: +34 988 425 959
info@pazosdelrey.com
www.pazosdelrey.com

Pazo de Monterrey Godello 2023 B
100% godello
88
Zitrusfrüchte, fruchtig, frisch, kräuterig, lebhaft.

Pazo de Monterrey Mencía 2022 T
100% mencía
90
Farbe: kirschrot mit violettem Saum. Aroma: rote Früchte, blumig, würzig, Wildkräuter. Mund: geschmackvoll, fruchtig, schöne Säure.

Pazo de Monterrey
Raúl Boo Godello 2022 B
100% godello
93
Farbe: leuchtendes Strohgelb. Aroma: feine Hefen, Wildkräuter, mineralisch, helle Früchte. Mund: voll, fett, lang, schöne Säure.

Pazo de Monterrey
Raúl Boo Mencía 2022 T
100% mencía
92
Farbe: kirschrot mit violettem Saum. Aroma: rote Früchte, blumig, würzig, welke Blumen, erdig. Mund: geschmackvoll, fruchtig, schöne Säure, lang.

BODEGA TAPIAS MARIÑÁN
Ctra. N-525, Km. 170,4
32619 Pazos (Ourense/Orense)
☎: +34 988 411 693
info@tapiasmarinhan.com
www.tapiasmarinhan.com

Pazo de Mariñan 2023 B
86

Pazo de Mariñan Mencía Arauxa 2022 T
87

Quintas das Tapias Godello 2023 B
88
Zitrusfrüchte, kräuterig, frisch, fruchtig, korrekt.

Quintas das Tapias Mencía 2023 T
mencía
90
Farbe: kirschrot mit violettem Saum. Aroma: ausdrucksstark fruchtig, rote Früchte, würzig, trockene Kräuter. Mund: geschmackvoll, fruchtig, schöne Säure, trockene, aber reife Tannine.

Quintas das Tapias Treixadura 2022 B
90
Farbe: strohgelb. Aroma: reifes Obst, trockene Kräuter, welke Blumen, feine Hefen. Mund: kraftvoll, reife Früchte, ausgewogen.

BODEGAS TRIAY
Rúa Ladairo, 36 (O Rosal)
32613 Oímbra (Ourense/Orense)
☎: +34 608 342 712
info@bodegastriay.es
www.bodegastriay.es

Tres Mulleres Godello 2022 B
godello
91
Farbe: leuchtendes Strohgelb, grünlicher Saum. Aroma: frisches Obst, Zitrusfrüchte, Wildkräuter, trockener Stein. Mund: frisch, fruchtig, schöne Säure, zartbitter, geschmackvoll.

Triay 38 2021 T
sousón, mencía
90
Nach Eingemachtem, würzig, fruchtig, kräuterig, reif, geschmackvoll, wild. Aroma: würzig.

Triay Godello 2023 B
godello
89
Fruchtig, trockene Kräuter, mineralisch, frisch.

Triay Mencía 2023 T
mencía
89
Fruchtig, trockene Kräuter, geschmackvoll, frisch, etwas austrocknend.

BODEGAS VIONTA
Lugar de Axis s/n - Simes
36968 Meaño (Pontevedra)
☎: +34 986 747 566
vanesa.insausti@solarviejo.com
www.ferrerwines.com

Vionta Godello 2023 B
100% godello
88
Aromatisch, Zitrusfrüchte, kräuterig, schlicht.

CREGO E MONAGUILLO
Rua Nova, s/n - A Salgueira
32618 Monterrei (Ourense/Orense)
☎: +34 988 418 164
info@cregoemonaguillo.com
www.cregoemonaguillo.com

Crego e Monaguillo Godello 2023 B
85% godello, 7,6% dona blanca, 3% albariño, 2,9% loureiro, 1,5% treixadura
88
Angenehm, korrekt, frisch, fruchtig, tropische, saftig.

Crego e Monaguillo Mencía 2023 T
85% mencía, 10,7% sousón, 2,1% arauxa, 1,7% bastardo, 0,5% caiño
88
Fruchtig, trockene Kräuter, reif, geschmackvoll.

DANIEL FERNÁNDEZ (ALBA AL-BAR SL)
Quintá de Arriba, s/n
32698 Queizas Verín (Ourense/Orense)
☎: +34 608 987 263
alberto@bodegasdanielfernandez.com
www.bodegasdanielfernandez.com

Galván 2023 B
godello, treixadura
87

FRAGAS DO LECER
Touza 21, Vilaza
32618 Monterrei (Ourense/Orense)
☎: +34 988 425 950
comercial@grandespagosgallegos.com
www.grandespagosgallegos.com

Fraga do Corvo Godello 2023 B
100% godello
89
Zitrusfrüchte, frisch, kräuterig, ausgewogen, reif.

FROM GALICIA GROUP
Orzán 150, Bajo
15003 A Coruña/La Coruña (A Coruña/La Coruña)
☎: +34 881 994 069
info@fromgaliciagroup.com
www.fromgaliciagroup.com

Mentireiro 2023 B
godello, treixadura
87

DO MONTERREI / D.O.P.

PABLO VIDAL - VINOS CON PERSONALIDAD
Rúa do Miradoiro 8
32004 Ourense/Orense (Ourense/Orense)
☎: +34 609 152 251
pablovidal@vinosconpersonalidad.com
www.vinosconpersonalidad.com

Luxuria 2022 B
85% godello, 10% dona blanca, 5% loureiro

92

Farbe: leuchtendes Strohgelb. Aroma: Kräutersäckchen, feine Hefen, helle Früchte, süße Gewürze. Mund: voll, fett, schöne Säure.

PRIVIOS
Soutelo, 3 Goián
36750 Tomiño (Pontevedra)
☎: +34 986 620 137
info@primavinia.com
www.primaviniawines.com

Pájaro Loco Godello 2023 B
godello, treixadura

88

Zitrusfrüchte, frisch, kräuterig, ausgewogen, blumig.

Pájaro Loco Mencía 2022 T
mencía, arauxa

89

Fruchtig, kräuterig, reif, schlicht, etwas austrocknend.

VEGA DE LUCÍA
Avda. de Sousas, 56 Bajo
32600 Verín (Ourense/Orense)
☎: +34 988 414 802
info@vegadelucia.com
www.vegadelucia.com

Vega de Lucía Godello 2023 B
godello

88

Frisch, fruchtig, schlicht, flüssig am Gaumen, milchig.

Vega de Lucía Godello sobre Lías 2022 B
godello

88

Fruchtig, trockene Kräuter, milchig, schlicht, frisch.

Vega de Lucía Mencía 2021 T
100% mencía

88

Fruchtig, trockene Kräuter, frisch, wild.

VINOS LARA
Las Tuelas, 50
32600 Verín (Ourense/Orense)
☎: +34 649 341 278
info@vinoslara.com
www.vinoslara.com

Lara da Silva 2023 B
godello

88

Lieblich, reif, korrekt, fruchtig, nachhaltig. Mund: süffig, zartbitter.

Lara da Silva 2023 T
mencía

89

Kräuterig, wild. Aroma: Wachs, Buschwaldkräuter, mit Charakter. Mund: saftig.

DO. MONTILLA - MORILES
CONSEJO REGULADOR

José Padillo Delgado, s/n
14550 Montilla (Córdoba)
☎: +34 957 652 110
@: consejo@montillamoriles.es
www.montilla-moriles.es

LAGE:

Im Süden der Provinz Córdoba mit den Gemeinden Montilla, Moriles, Montalbán, Puente Genil, Montruque, Nueva Carteya und Doña Mencía sowie einem Teil Montemayor, Fernán-Núñez, La Rambla, Santaella, Aguilar de la Frontera, Lucena, Cabra, Baena, Castro del Río und Espejo.

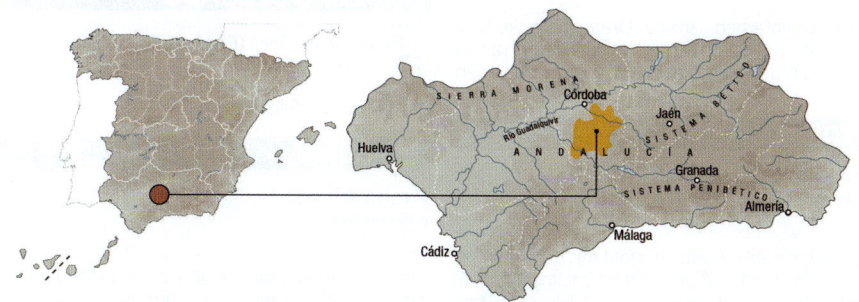

TEILGEBIETE:

Unterschieden werden die Rebflächen in niedriger Lage und die Hochlagen Sierra de Montilla und Moriles Alto. Diese Hochlagen mit etwas mehr als 2.000 ha und kreidehaltigen Böden liefern die besten Weine der Region.

REBSORTEN:

WEISS: Pedro Ximénez (Hauptsorte), Ayrén, Baladí, Moscatel, Torrontés, Chardonnay, Sauvignon Blanc, Macabeo und Verdejo.

ROT: Tempranillo, Syrah und Cabernet Sauvignon.

DATEN:

Rebfläche (ha): 4.272 – **Winzer:** 1.456 – **Weinerzeuger:** 50 – **Jahrgang 23:** Unrated – **Jahresproduktion 23:** 15.630.400 L. – **Absatz:** 96% Spanien - 4% Export.

BODENVERHÄLTNISSE:

Die Rebflächen befinden sich in Höhenlagen zwischen 125 und 600 m. Lockere Sandböden in niedrigen Lagen und kreidehaltige Böden (Albarizas), welche die besten Qualitäten hervorbringen. Diese befinden sich vor allem im sogenannten oberen Teilgebiet, zu dem die Gemeinden Montilla, Moriles, Castro del Río, Cabra und Aguilar de Frontera gehören.

KLIMA:

Kontinental-mediterranes Klima mit heißen, langen und trockenen Sommern und kurzen Wintern. Die mittlere Jahrestemperatur liegt bei 16,8 °C und die jährliche Niederschlagsmenge schwankt zwischen 500 und 1.000 mm.

ERNTEBEWERTUNG ANHAND JUNGER WEINE GUÍAPEÑÍN

2019	2020	2021	2022	2023
UNRATED	UNRATED	UNRATED	UNRATED	UNRATED

DO MONTILLA-MORILES / D.O.P.

ALVEAR
María Auxiliadora, 1
14550 Montilla (Córdoba)
☎: +34 957 650 100
alvearsa@alvear.es
www.alvear.es

3 Miradas Paraje de Río Frío Alto 2019 B
100% pedro ximénez

93

Farbe: goldfarben, blass. Aroma: Karamel, geröstetes Brot, helle Früchte, gebackenes Obst, Honignoten, Florhefe. Mund: geschmackvoll, fruchtig, zartbitter.

Alvear Amontillado Secular B AM
100% pedro ximénez

93

Farbe: bernsteinfarben. Aroma: Orangenschale, kandierte Früchte, Nüsse, milchig, feine Hefen, rancio, Röstaromen. Mund: geschmackvoll, voll, ausgewogen, kraftvoll.

🏆 PODIUM

Alvear Palo Cortado Nº 7 BF PC
100% pedro ximénez

95

Komplex, alt, elegant. Farbe: Altgold mit bernsteinfarbenem Saum. Aroma: Acetaldehyd, Lacknoten, weiches Eichenholz, Nüsse, ausdrucksvoll. Mund: würzig, lang, ausgewogen, zartbitter.

Alvear Pedro Ximénez
Solera 1920 B PX D
100% pedro ximénez

94

Farbe: dunkles Mahagonibraun. Aroma: kraftvoll, ausdrucksvoll, würzig, Nüsse, aromatischer Kaffee. Mund: ausgewogen, elegant, Anklänge von Solera, Röstnoten, lang.

Capataz Solera de la Casa BF FI S
100% pedro ximénez

94

Alt. Farbe: leuchtendes Gelb. Aroma: Jodnuancen, Lacknoten, kraftvoll, Nüsse. Mund: zartbitter, lang, voll, komplex, ausgewogen.

Catón BF OL
100% pedro ximénez

94

Farbe: helles Mahagonibraun. Aroma: kraftvoll, komplex, Nüsse, Zitrusfrüchte. Mund: Anklänge von Solera, würzig, geschmackvoll, zartbitter.

BODEGAS CRUZ CONDE
Ronda Canillo, 4
14550 Montilla (Córdoba)
☎: +34 957 651 250
info@bodegascruzconde.es
www.bodegascruzconde.es

Donceles Cruz Conde B FI
100% pedro ximénez

87

La Tercia B PX D
100% pedro ximénez

88

Geschmackvoll, kraftvoll, fruchtig, sehr süß.

BODEGAS DELGADO
Cosano, 2
14500 Puente Genil (Córdoba)
☎: +34 957 600 085
fino@bodegasdelgado.com
www.bodegasdelgado.com

🏆 PODIUM

Amón BF AM S
pedro ximénez

96

Farbe: dunkles Mahagonibraun. Aroma: Lacknoten, Altholz, süße Gewürze, Orangenschale. Mund: Anklänge von Solera, zartbitter, salzig, kraftvoll.

Delgado 1874 B AM S
pedro ximénez

93

Farbe: jodfarben mit bernsteinfarbenem Saum. Aroma: süße Gewürze, Acetaldehyd, Nüsse, Schokolade. Mund: trocken, würzig, zartbitter, geschmackvoll.

Delgado 1874 B OL S
pedro ximénez

94

Farbe: jodfarben mit bernsteinfarbenem Saum. Aroma: kraftvoll, komplex, Nüsse, Röstaromen, Orangenschale. Mund: fett, lang, Anklänge von Solera, würzig.

Delgado 1874 BF PX D
pedro ximénez

94

Farbe: dunkles Mahagonibraun. Aroma: kraftvoll, würzig, Nüsse, getrocknete Früchte, geröstetes Brot. Mund: ausgewogen, Anklänge von Solera, Röstnoten, lang.

Segunda Bota B FI
pedro ximénez

90

Farbe: leuchtendes Gelb. Aroma: Florhefe, wenig Hefen, pikant, Nüsse, rauchig. Mund: zartbitter, würzig, fleischig.

BODEGAS MÁLAGA VIRGEN
29520 Fuente de Piedra (Málaga)
☎: +34 952 319 454
info@bodegasmalagavirgen.com
www.bodegasmalagavirgen.com

Lagar de Benavides B FI S
pedro ximénez
92
Farbe: leuchtendes Gelb. Aroma: ausgewogen, frisch, ausdrucksvoll, pikant. Mund: geschmackvoll, zartbitter, lang.

BODEGAS SILLERO
Ctra. de La Redonda, s/n
14540 La Rambla (Córdoba)
☎: +34 957 684 464
bodegassillero@gmail.com
www.bodegassillero.com

Anacleto 2019 B FI S
pedro ximénez
88
Fruchtig, trockene Kräuter, voll, geschmackvoll, frisch, Hefenoten.

Dulce Sillero 2022 B D
pedro ximénez
85

Las Cármenes 2017 B FI S
pedro ximénez
87

Sillero Pedro Ximénez 2022 B PX D
pedro ximénez
87

Sillero Tinaja 2022 B S
pedro ximénez
85

Viejo Rondalla 2015 B OL S
pedro ximénez
87

CÍA. VINÍCOLA DEL SUR - TOMÁS GARCÍA
Avda. Luis de Góngora y Argote, s/n
14550 Montilla (Córdoba)
☎: +34 957 650 162
info@vinicoladelsur.com
www.vinicoladelsur.com

Verbenera B FI S
pedro ximénez
90
Farbe: leuchtendes Gelb. Aroma: ausdrucksvoll, pikant, Florhefe. Mund: fett, kraftvoll, frisch.

COOP. AGRÍCOLA LA AURORA
Avda. Europa, 7
14550 Montilla (Córdoba)
☎: +34 957 650 362
administracion@bodegaslaaurora.com
www.bodegaslaaurora.com

Amanecer B
sauvignon blanc
84

Amanecer B AM S
90
Farbe: goldfarben. Aroma: süße Gewürze, Karamel, kandierte Früchte. Mund: geschmackvoll, zartbitter.

Amanecer B PX D
88
Klar definierte Aromen, Cremig, üppig, opulent, geschmackvoll. Aroma: getrocknete Früchte, Karamel.

**Amanecer Solera
Dry Oloroso BF OL S**
89
Aroma: Nüsse, Lacknoten, Schokolade, süße Gewürze. Mund: fett, lang, korrekt.

**Fino
Amanecer B FI S**
87

EQUIPO NAVAZOS
11403 Jerez de la Frontera (Cádiz)
equipo@navazos.com
www.equiponavazos.com

**Casa
del Inca 2021 B PX D**
pedro ximénez
93
Farbe: mahagonibraun. Aroma: leicht alkoholisch, getrocknete Früchte, Feingebäck, Röstaromen, Karamel. Mund: süß, fett, geschmeidig.

DO MONTILLA-MORILES / D.O.P.

DO MONTILLA-MORILES / D.O.P.

🏆 PODIUM

La Bota de Amontillado Viejísimo (Bota nº 125) "Bota NO" B AM
96
Klassisch, elegant, mit Persönlichkeit, alt, representativ. Farbe: bernsteinfarben. Aroma: komplex, ausdrucksvoll, kandierte Früchte, Nüsse, würzig. Mund: abgerundet, lang, klassischer Ausbau, kraftvoll, geschmackvoll.

🏆 PODIUM

La Bota de Fino (Bota nº 124) B FI
95
Lieblich. Farbe: goldfarben. Aroma: kandierte Früchte, offen, Nüsse, würzig, Karamel, wenig Hefen. Mund: fett, würzig, ausgewogen, zartbitter.

GRACIA
Avda. Marqués de la Vega de Armijo, 103
14550 Montilla (Córdoba)
☎: +34 957 650 162
info@bodegasgracia.com
www.bodegasgracia.com

Fino Corredera B FI S
pedro ximénez
88
Ausgewogen, trockene Kräuter, getrocknete Blumen, Hefenoten.

Gracia Pedro Ximénez Dulce Viejo BF PX D
pedro ximénez
94
Farbe: dunkles Mahagonibraun. Aroma: getrocknete Früchte, Feingebäck, Röstaromen, aromatischer Kaffee. Mund: süß, fett, geschmeidig, kraftvoll.

Solera Fina María del Valle en Rama B FI S
93
Farbe: leuchtendes Gelb. Aroma: süße Gewürze, Acetaldehyd, Nüsse, camomila. Mund: trocken, würzig, lang, zartbitter, komplex.

Tauromaquia Amontillado Viejísimo B AM S
pedro ximénez
94
Farbe: jodfarben mit bernsteinfarbenem Saum. Aroma: kraftvoll, komplex, elegant, Nüsse, Röstaromen, Acetaldehyd. Mund: fett, lang, Anklänge von Solera, würzig.

Tauromaquia Oloroso Viejísimo B OL S
pedro ximénez
92
Farbe: jodfarben mit bernsteinfarbenem Saum. Aroma: komplex, Nüsse, weiches Eichenholz, Lacknoten. Mund: lang, würzig.

Tauromaquia Pedro Ximénez Superior BF PX D
pedro ximénez
92
Farbe: dunkles Mahagonibraun. Aroma: leicht alkoholisch, getrocknete Früchte, Feingebäck, Röstaromen. Mund: süß, fett, geschmeidig, kraftvoll.

Viñaverde 2023 B SS
pedro ximénez, moscatel, verdejo
86

LAGAR DE LA SALUD
Ctra. Córdoba_Málaga, km. 41
14550 Montilla (Córdoba)
☎: +34 659 467 525
info@lagardelasalud.com
www.lagardelasalud.com

Dulas del Lagar de la Salud Pedro Ximénez 2021 B FB
pedro ximénez
91
Farbe: strohgelb. Aroma: reifes Obst, trockene Kräuter, welke Blumen, geröstetes Brot, feine Hefen. Mund: kraftvoll, reife Früchte, ausgewogen.

Dulas del Lagar de la Salud Pedro Ximénez sobre Lías 2022 B
pedro ximénez
90
Farbe: leuchtendes Strohgelb. Aroma: Kräutersäckchen, feine Hefen, helle Früchte, reifes Obst. Mund: geschmackvoll, ausgewogen.

LOS INSENSATOS DE LA ANTEHOJUELA
Lagar Cañada Navarro
14550 Montilla (Córdoba)
☎: +34 629 226 281
info@losinsensatos.com
www.losinsensatos.com

Los Insensatos de La Antehojuela. Parcela de la Manga del Negro 2021 B SS
100% pedro ximénez
93
Klar definierte Aromen, mit Persönlichkeit, repräsentativ. Farbe: leuchtendes Gelb. Aroma: wenig Hefen, welke Blumen, Florhefe. Mund: voll, poliert, geschmackvoll.

Los Insensatos de La Antehojuela.
Parcela del Barco 2022 B S
100% pedro ximénez
91
Farbe: leuchtendes Strohgelb. Aroma: helle Früchte, offen, ausgewogen, blumig, frisch, Zitrusfrüchte. Mund: frisch, schöne Säure, süffig.

Los Insensatos de La Antehojuela.
Parcela del Lechinar 2022 B S
pedro ximénez
92
Rassig, frisch. Farbe: leuchtendes Strohgelb. Aroma: Zitrusfrüchte, offen, mittlere Intensität, Florhefe. Mund: voll, geschmackvoll, lebhaft.

Los Insensatos de La Antehojuela.
Parcela El Pretil 2022 B S
100% pedro ximénez
91
Farbe: leuchtendes Gelb. Aroma: würzig, ausdrucksvoll, blumig, Florhefe, reifes Obst. Mund: geschmackvoll, salzig, spannungsvoll.

Los Insensatos de La Antehojuela.
Parcela La Condená 2021 B S
100% pedro ximénez
93
Oxidativ. Farbe: leuchtendes Gelb. Aroma: mit Charakter, mineralisch, welke Blumen, getrocknete Blumen. Mund: geschmackvoll, würzig, lang, zartbitter, salzig.

Los Insensatos de La Antehojuela.
Parcela los Injertos 2022 B
100% pedro ximénez
90
Leichte Oxidation. Farbe: leuchtendes Gelb. Aroma: getrocknete Blumen, reifes Obst. Mund: geschmackvoll, korrekt, saftig.

NAVISA INDUSTRIAL VINÍCOLA ESPAÑOLA
Avda. José Padillo, s/n
14550 Montilla (Córdoba)
☎: +34 957 650 450
administracion@navisa.es
www.navisa.es

Montulia 8 Años B AM
pedro ximénez
89
Klassisch, durchschnittlich am Gaumen, angenehm. Aroma: Brioche, Hefenoten, milchig, Nüsse.

Naiz Joven Px 2023 B
pedro ximénez
85

Montulia BF OL S
pedro ximénez
88
Röstaromen, würzig, reif. Aroma: Karamel. Mund: korrekt, zartbitter.

Montulia Etiqueta Negra B FI
pedro ximénez
88
Reif, Hefenoten, korrekt, getrocknete Blumen, schlicht. Aroma: Nüsse.

Naiz Chardonnay 2021 B C
chardonnay
88
Aromatisch, leichte Oxidation, beschädigtes Obst. Aroma: Nüsse, Altholz, Hefenoten.

Tres Pasas BF PX D
pedro ximénez
88
Geschmackvoll, sortenrein, opulent, sehr süß. Aroma: getrocknete Früchte, Honignoten.

PÉREZ BARQUERO
Avda. Andalucía, 27
14550 Montilla (Córdoba)
☎: +34 957 650 500
info@perezbarquero.com
www.perezbarquero.com

Fresquito Vino de Pasto 2021 B
pedro ximénez
93
Farbe: strohgelb. Aroma: reifes Obst, trockene Kräuter, welke Blumen, Curry, Sellerie, mineralisch. Mund: reife Früchte, ausgewogen, geschmackvoll, fleischig, salzig.

Fresquito Vino de Tinaja 2022 B
pedro ximénez
92
Farbe: leuchtendes Gelb. Aroma: kraftvoll, reifes Obst, würzig, Nüsse. Mund: lang, zartbitter, salzig, fleischig, mineralisch.

Gran Barquero B AM S
pedro ximénez
94
Farbe: jodfarben mit bernsteinfarbenem Saum. Aroma: komplex, Nüsse, Röstaromen, Lacknoten, Acetaldehyd, Orangenschale. Mund: fett, zartbitter, Anklänge von Solera, lang.

DO MONTILLA-MORILES / D.O.P.

DO MONTILLA-MORILES / D.O.P.

Gran Barquero B OL S
pedro ximénez
93
Farbe: jodfarben mit bernsteinfarbenem Saum. Aroma: kraftvoll, komplex, Nüsse, weiches Eichenholz, Lacknoten. Mund: fett, lang, würzig.

Gran Barquero B PC
pedro ximénez
92
Farbe: Altgold mit bernsteinfarbenem Saum. Aroma: pikant, Lacknoten, Noten von Tischlerei, weiches Eichenholz. Mund: geschmackvoll, würzig, lang, ausgewogen.

Gran Barquero BF PX D
pedro ximénez
94
Farbe: dunkles Mahagonibraun. Aroma: kraftvoll, ausdrucksvoll, aromatischer Kaffee, würzig, Acetaldehyd, Nüsse. Mund: ausgewogen, elegant, Anklänge von Solera, Röstnoten, lang.

🏆 **PODIUM**

Gran Barquero en Rama B FI S
pedro ximénez
95
Representativ, salzig. Farbe: leuchtendes Gelb. Aroma: Florhefe, wenig Hefen, pikant. Mund: schöne Säure, zartbitter, würzig, lang.

🏆 **PODIUM**

La Cañada BF PX D
pedro ximénez
97
Opulent, kraftvoll. Farbe: dunkles Mahagonibraun. Aroma: aromatischer Kaffee, würzig, Acetaldehyd, Nüsse, Schokolade. Mund: ausgewogen, elegant, Anklänge von Solera, Röstnoten, lang.

SOPLA PONIENTE
Ctra. Montilla Cabra Km. 5, Diseminados 590
14550 Córdoba (Córdoba)
☎: +34 658 846 188
info@rodriguezdevera.com
www.rodriguezdevera.com

Sopla Poniente Cerro de la Capellanía B FI
pedro ximénez
94
Mild, elegant. Aroma: Sellerie, Florhefe, pikant, kandierte Früchte, ausdrucksvoll, geröstete Mandeln, Altholz. Mund: lebhaft, kraftvoll, salzig, lang.

Sopla Poniente Salinillas 2022 B
pedro ximénez
91
Farbe: leuchtendes Gelb. Aroma: gebackenes Obst, Florhefe, salzig, reifes Obst, trockene Kräuter. Mund: fruchtig, frisch, ausgewogen, zartbitter.

Sopla Poniente San Roque B AM
pedro ximénez
93
Farbe: Altgold mit bernsteinfarbenem Saum. Aroma: kandierte Früchte, Honignoten, Feingebäck, süße Gewürze, Karamel, Lacknoten. Mund: voll, geschmackvoll, würzig.

DO. MONTSANT
CONSEJO REGULADOR
Plaça de la Quartera, 6
43730 Falset (Tarragona)
☎: +34 977 831 742
@: info@domontsant.com
www.domontsant.com

LAGE:

Im Bezirk Priorat (Provinz Tarragona) mit 16 Gemeinden im Baix Priorat, einem Teil des Alt Priorat und in der Ribera d'Ebre, die früher zum Teilgebiet Falset gehörten: La Bisbal de Falset, Cabaces, Capçanes, Cornudella de Montsant, La Figuera, Els Guiamets, Marçá, Margalef, El Masroig, Pradell, La Torre de Fontaubella, Ulldemolins, Falset, El Molar, Darmós und La Serra d'Almos. Die Rebflächen befinden sich in unterschiedlichsten Höhenlagen zwischen 200 und 700 m über dem Meeresspiegel.

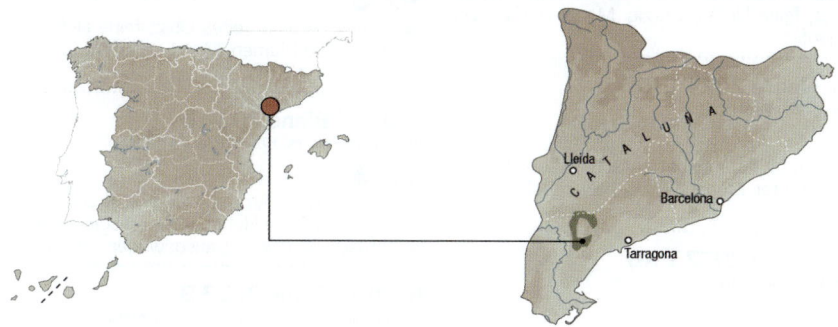

REBSORTEN:

WEISS: Chardonnay, Garnacha Blanca, Macabeo, Moscatel, Pansal, Parellada.

ROT: Cabernet Sauvignon, Cariñena, Garnacha Tinta, Garnacha Peluda, Merlot, Monastrell, Picapoll, Syrah, Tempranillo und Mazuela.

DATEN:

Rebfläche (ha): 1.800– **Winzer:** 550– **Weinerzeuger:** 52 – **Jahrgang 23:** Sehr Gut– **Jahresproduktion 23:** 3.850.789 L. – **Absatz:** 80% Spanien - 20% Export.

BODENVERHÄLTNISSE:

Im Wesentlichen lassen sich drei Bodentypen unterscheiden: Kompakte Kalkböden mit Kieselgestein in peripheren Lagen des DO-Gebiets, Granitsand in Falset und Schieferböden wie im Priorat (Llicorella) an manchen Stellen in Falset und Cornudella.

KLIMA:

Das Gebiet liegt zwar in der Nähe des Mittelmeers, wird von diesem aber durch eine Bergkette abgeschnitten, weshalb ein eher kontinentales Klima vorherrscht. Der Weinbau wird damit durch die Temperaturunterschiede zwischen Tag und Nacht begünstigt, da die Trauben besser zur Reife gelangen. Gleichwohl liegt das Gebiet im Einflussbereich der feuchten Meereswinde, welche die sommerliche kompensieren helfen. Die durchschnittliche Niederschlagsmenge liegt zwischen 500 und 600 mm im Jahr.

ERNTEBEWERTUNG ANHAND JUNGER WEINE GUÍAPEÑÍN

2019	2020	2021	2022	2023
SEHR GUT	SEHR GUT	SEHR GUT	SEHR GUT	SEHR GUT

ACÚSTIC CELLER
Ctra. TV-3002 de Capçanes a Marçà km 3,336
43775 Marçà (Tarragona)
☎: +34 672 432 691
acustic@acusticceller.com
www.acusticceller.com

Acústic Blanc 2022 B FB
93% garnacha blanca, 1% garnacha, 5% macabeo, 1% pansal

93
Aromatisch, ausgewogen. Farbe: leuchtendes Strohgelb. Aroma: blumig, Wildkräuter, offen. Mund: voll, lebhaft, saftig, lang.

Acústic Blanc 2023 B FB
93% garnacha blanca, 5% macabeo, 1% pansal, 1% garnacha roja

92
Farbe: leuchtendes Strohgelb. Aroma: ausdrucksvoll, reifes Obst, feine Hefen, würzig. Mund: voll, würzig, lang, elegant.

Acústic Negre 2021 T RB
70% cariñena, 30% garnacha

93
Farbe: KirsChrot. Aroma: balsamisch, süße Gewürze, Buschwaldkräuter. Mund: würzig, balsamisch, schöne Säure.

Acústic Negre 2022 T RB
70% cariñena, 30% garnacha

91
Farbe: sattes Kirschrot. Aroma: Röstaromen, aromatischer Kaffee, trockene Kräuter, erdig. Mund: ausgewogen, reife Früchte, süffig, würzig.

Acústic Rosat 2023 RD
100% garnacha

91
Lieblich, reif. Farbe: blassrosa. Aroma: elegant, rote Früchte, blumig, Kräutersäckchen. Mund: leicht, würzig, schöne Säure.

Auditori 2018 T C
100% garnacha

92
Warm. Aroma: Früchtekonfit, in Likör eingelegte Früchte, kraftvoll, feine Reduktionsnoten. Mund: geschmackvoll, lang, reife Tannine.

Auditori 2019 T C
100% garnacha

94
Repräsentativ. Farbe: KirsChrot. Aroma: komplex, ausdrucksvoll, würzig, mineralisch, Wildkräuter. Mund: voll, lang, nachhaltig, sortentypisch.

Auditori 2020 T C
100% garnacha

93
Ausgewogen, fruchtig, getrocknete Blumen. Aroma: reifes Obst, trockene Kräuter, weiches Eichenholz. Mund: kraftvoll, reife Früchte, würzig, saftig, sortentypisch.

Auditori 2021 T C
100% garnacha

93
Klar definierte Aromen, üppig, von Primäraromen beherrscht, lebhaft. Aroma: blumig, Veilchen, reifes Obst, sortenrein. Mund: korrekt, ausgewogen, saftig, süffig.

Auditori Blanc 2021 B
76% garnacha blanca, 19% xarel.lo, 5% macabeo

92
Farbe: gelb. Aroma: reifes Obst, feine Hefen, Zitrusfrüchte, welke Blumen. Mund: voll, fett, lang, schöne Säure.

Auditori Blanc 2022 B
76% garnacha blanca, 19% xarel.lo, 5% macabeo

92
Farbe: strohgelb. Aroma: trockene Kräuter, getrocknete Blumen, feine Hefen, offen, ausgewogen. Mund: geschmackvoll, fruchtig, ausgewogen, zartbitter, lang.

Auditori Blanc 2023 B
76% garnacha blanca, 19% xarel.lo, 5% macabeo

92
Lieblich, aromatisch. Farbe: gelb. Aroma: Steinobst, reifes Obst, würzig. Mund: geschmackvoll, reife Früchte, lang, Röstnoten.

Braó 2020 T C
90% cariñena, 10% garnacha

93
Balsamisch, komplex, ausgewogen. Farbe: KirsChrot Aroma: ausdrucksvoll, würzig, mineralisch. Mund: voll, lang, nachhaltig, geschmackvoll.

Braó 2021 T C
90% cariñena, 10% garnacha

94
Farbe: kirschrot mit violettem Saum. Aroma: ausdrucksstark fruchtig, blumig, würzig, ausgewogen offen. Mund: geschmackvoll, fruchtig, schöne Säure lang, süffig.

ALFREDO ARRIBAS
Sort dels Capellans, 23-25
43730 Falset (Tarragona)
☎: +34 932 531 760
info@portaldelpriorat.com
www.portaldelpriorat.com

Gotes del Montsant 2021 T C
garnacha, cariñena, syrah
91
Wild, geschmackvoll. Farbe: kirschrot mit violettem Saum. Aroma: ausdrucksstark fruchtig, rote Früchte, blumig, würzig. Mund: geschmackvoll, fruchtig, schöne Säure, lang.

Tros Blanc Notaria Magnum 2007 B R
garnacha blanca
93
Alt, leichte Oxidation. Farbe: Altgold. Aroma: Karamel, süße Gewürze, kandierte Früchte, Zitronenbombon. Mund: würzig, langer Ausbau, Röstnoten, zartbitter.

Tros Blanc Saleres 2017 B
93
Mit Persönlichkeit, alt. Farbe: gelb. Aroma: Schießpulver, feine Reduktionsnoten, gebackenes Obst, mineralisch, Karamel. Mund: saftig, langer Ausbau, reife Früchte, geschmackvoll, zartbitter, ausgewogen.

Tros Negre Notaria 2017 T
garnacha
93
Farbe: dunkles Kirschrot, granatroter Saum. Aroma: Früchtekonfit, Noten von Tischlerei, Tabak, Waldfinsternis, mineralisch. Mund: würzig, reife Tannine, lang.

Trossos Sants 2021 B
garnacha blanca
92
Farbe: strohgelb. Aroma: reifes Obst, Wachs, ausgewogen, welke Blumen. Mund: fett, saftig, sortentypisch, geschmackvoll.

ANGUERA DOMENECH
Sant Pere, 2
43746 Darmos (Tarragona)
☎: +34 605 892 873
angueradomenech@gmail.com
www.vianguera.cat

L'Únic 88 T
89
Ausgewogen, würzig, kräuterig, reif, geschmackvoll.

Reclot 2022 T
90
Farbe: kirschrot mit violettem Saum. Aroma: ausdrucksstark fruchtig, würzig, dunkle Früchte, Wildkräuter, Röstaromen. Mund: geschmackvoll, fruchtig, ausgewogen, reife Früchte, trockene, aber reife Tannine.

Vinya Gasó 2018 T C
50% cariñena, 50% garnacha
91
Farbe: tiefes Kirschrot. Aroma: reifes Obst, trockene Kräuter, weiches Eichenholz, Fleischnoten, feuchtes Leder. Mund: reife Früchte, würzig, fruchtig, trockene, aber reife Tannine, nach Eingemachtem.

BODEGA BELL CROS
Pol. Sort dels Capellans, Carretera Bellmunt s/n
43730 Falset (Tarragona)
☎: +34 621 210 744
info@bellcros.com
www.bellcros.com

El Cami 2021 T
garnacha, cariñena
88 ⚘
Nach Eingemachtem, würzig, trockene Kräuter, wild, geschmackvoll.

El Mirador 2019 T
garnacha, cariñena
92 ⚘
Nach Eingemachtem, korpulent, klassisch. Aroma: mineralisch, schwarze Lakritze, Wildkräuter, dunkle Früchte, reifes Obst. Mund: ausgewogen, abgerundet, reife Tannine.

El Tracte 2020 T
100% cariñena
91 ⚘
Farbe: kirschrot mit granatrotem Saum. Aroma: Früchtekonfit, weiches Eichenholz, beschädigtes Obst, erdig. Mund: geschmackvoll, lang.

One Off #6 2022 T
garnacha
91
Farbe: kirschrot mit granatrotem Saum. Aroma: Früchtekonfit, reifes Obst, Hefenoten, Bäckerei. Mund: kraftvoll, geschmackvoll, süß, ausgewogen.

DO MONTSANT / D.O.P.

Guía Peñín **SPANIENS WEINFÜHRER**

DO MONTSANT / D.O.P.

BODEGA REBELDES
Passeig de l'Arbre, 3
43736 El Masroig (Tarragona)
☎: +34 663 931 938
info@bodegarebeldes.com
www.bodegarebeldes.com

Rebeldes 2023 B
garnacha blanca, macabeo
87

Rebeldes 2023 T
garnacha, syrah
89
Angenehm, korrekt, fruchtig, trockene Kräuter, reif, saftig.

Relpaso 2021 T
garnacha
90
Ausgewogen, würzig, trockene Kräuter, reif, wild, geschmackvoll.

CARA NORD CELLER
Plaça Sant Sebastià, 13
25457 El Vilosell (Lleida/Lérida)
☎: +34 973 176 029
hola@caranordceller.com
www.caranordceller.com

Mineral 2022 T C
85% cariñena, 15% garnacha
90
Farbe: KirsChrot. Aroma: Buschwaldkräuter, trockene Kräuter, reifes Obst. Mund: würzig, balsamisch, reife Tannine, saftig.

CASTELL D'OR
Ctra. de Santes Creus,s/n
43814 Vila-Rodona (Tarragona)
☎: +34 977 459 860
castelldor@castelldor.com
www.castelldor.com

Templer 2023 T
50% garnacha, 50% cariñena
87

Templer Selecció 2021 T
50% garnacha, 50% cariñena
88
Fruchtig, kräuterig, reif, würzig, geschmackvoll, rauchig.

CELLER CAL BESSÓ
43777 Els Guiamets (Tarragona)
☎: +34 666 544 057
roquers@roquers.com
www.calbesso.com

Coret de Cal Bessó 2023 B
garnacha blanca
90 ✦
Blumig, fruchtig, Hefenoten, beschädigtes Obst, Oxidativ. Aroma: welke Blumen. Mund: geschmackvoll.

**Coret Rosat
de Cal Bessó 2023 RD**
70% garnacha peluda, 30% picapoll blanc
90 ✦
Klar definierte Aromen. Farbe: blassrosa. Aroma: rote Früchte, reifes Obst. Mund: fruchtig, saftig, süffig, lang.

Elvira de Cal Bessó 2021 B FB
garnacha blanca
92 ✦
Oxidativ, würzig. Farbe: strohgelb. Aroma: reifes Obst trockene Kräuter, welke Blumen. Mund: kraftvoll, reife Früchte, ausgewogen.

**Les Rotes de Cal Pau
Garnatxa Peluda 2022 T**
100% garnacha peluda
90 ✦
Korrekt, beschädigtes Obst, durchschnittlich am Gaumen, ausgewogen. Aroma: ausdrucksstark fruchtig rote Früchte, reifes Obst, Wildkräuter.

Lo Cirerer 2020 T
garnacha, cariñena, garnacha peluda, merlot, cabernet sauvignon
89 ✦
Warm, fruchtig, reif, würzig, geschmackvoll.

CELLER CEDÓ ANGUERA
Ctra. La Serra d'Almos-Darmós, Km. 0,2
43746 La Serra D'Almos (Tarragona)
☎: +34 699 694 728
celler@cedoanguera.com
www.cedoanguera.com

Anexe 2023 T
45% cariñena, 45% garnacha, 10% syrah
88
Fruchtig, trockene Kräuter, reif, Röstaromen.

Anexe Syrah 2023 T
100% syrah
88
Cremig, Röstaromen, voll, reif, trockene Kräuter.

**Anexe Vinyes
Velles de Carinyena 2022 T**
100% cariñena
88
Ausgewogen, würzig, fruchtig, trockene Kräuter, reif, Röstaromen.

Clònic 2021 T R
60% cariñena, 30% garnacha, 10% syrah
89
Fruchtig, naschhaft, reif, etwas austrocknend.

**Clònic Carinyena
Vinyas Viejas 2021 T R**
70% cariñena, 30% garnacha
91
Farbe: tiefes Kirschrot. Aroma: trockene Kräuter, feine Reduktionsnoten, dunkle Früchte, feiner Kakao. Mund: kraftvoll, reife Früchte, würzig, reife Tannine.

**Clònic Carinyena
Vinyes Velles 2018 T**
cariñena
92
Alt. Farbe: kirschrot mit granatrotem Saum. Aroma: in Likör eingelegte Früchte, kraftvoll, feine Reduktionsnoten, stark gegerbtes Leder, erdig. Mund: geschmackvoll, lang.

Lazo Rojo 2020 T
70% cariñena, 30% garnacha
89
Holzig, Röstaromen, geschmackvoll, reif, kräuterig.

Mas D'En Brunet 2020 T R
100% cariñena
90
Farbe: tiefes Kirschrot. Aroma: reifes Obst, trockene Kräuter, weiches Eichenholz, aromatischer Kaffee. Mund: reife Früchte, würzig, reife Tannine.

CELLER COOPERATIU CORNUDELLA
Comte de Rius, 2
43360 Cornudella de Montsant (Tarragona)
☎: +34 977 821 329
info@cellercornudella.cat
www.cellercornudella.cat

8C+ 2019 T
garnacha
91
Farbe: kirschrot mit violettem Saum. Aroma: ausdrucksstark fruchtig, rote Früchte, blumig, würzig, Wildkräuter. Mund: geschmackvoll, fruchtig, schöne Säure, lebhaft, ziemlich nachhaltig.

8C+ 2023 RD
macabeo, garnacha
91
Farbe: blassrosa. Aroma: rote Früchte, blumig, Kräutersäckchen, Nüsse. Mund: schöne Säure, zartbitter, ausgewogen, fruchtig.

El Codolar 2022 T
garnacha, cariñena
88
Fruchtig, würzig, rustikal, schlicht, reif.

Les Troies Blanc 2023 B
macabeo
87

Les Troies Rosat 2023 RD
garnacha
88
Zitrusfrüchte, fruchtig, lieblich, reif.

CELLER DE CAPÇANES
Llebaria, 9
43776 Capçanes (Tarragona)
☎: +34 977 178 319
cellercapcanes@cellercapcanes.com
www.cellercapcanes.com

Cabrida 2022 T C
garnacha
92
Farbe: KirsChrot. Aroma: rote Früchte, blumig, würzig, Wildkräuter. Mund: fruchtig, schöne Säure, lang, saftig, sortentypisch, geschmackvoll.

Costers del Gravet 2022 T C
50% cariñena, 25% garnacha, 25% cabernet sauvignon
91
Farbe: tiefes Kirschrot. Aroma: dunkle Früchte, Buschwaldkräuter, erdig, feiner Kakao. Mund: kraftvoll, reife Früchte, würzig, reife Tannine.

Els Pájaros 2022 T
100% cariñena
93
Farbe: KirsChrot. Aroma: reifes Obst, trockene Kräuter, ausdrucksstark fruchtig, Buschwaldkräuter. Mund: würzig, reife Tannine, saftig, lebhaft.

**Mas Tortó
Negre 2022 T C**
35% cariñena, 35% cabernet sauvignon, 30% garnacha
90 ♣
Farbe: leuchtendes Kirschrot. Aroma: reifes Obst, Schokolade, trockene Kräuter. Mund: fruchtig, würzig, reife Tannine, süffig.

DO MONTSANT / D.O.P.

DO MONTSANT / D.O.P.

Peraj Ha'Abib.
Flor de Primavera 2022 T C
35% cariñena, 35% cabernet sauvignon, 30% garnacha

92
Balsamisch, etwas austrocknend. Farbe: dunkles Kirschrot. Aroma: erdig, trockene Kräuter, dunkle Früchte. Mund: geschmackvoll, süße Tannine, balsamisch.

Vall
del Calàs 2022 T
50% garnacha, 50% cariñena

90 ☘
Farbe: tiefes Kirschrot, kirschrot mit violettem Saum. Aroma: reifes Obst, trockene Kräuter, weiches Eichenholz, ausdrucksvoll. Mund: kraftvoll, reife Früchte, würzig, reife Tannine.

CELLER GRITELLES
Carrer de Les Bodegues, 3
43360 Cornudella de Montsant (Tarragona)
☎: +34 637 407 184
celler@gritelles.com
www.gritelles.com

Gritelles Carinyena
Vinyes Velles 2021 T C
cariñena

93 ☘
Nach Eingemachtem, kräuterig, opulent. Farbe: mattes Kirschrot. Aroma: dunkle Früchte, Früchtekonfit, trockene Kräuter. Mund: strukturiert, voll, geschmackvoll.

Gritelles Garnatxa
Vinyes Velles 2021 T C
garnacha

92 ☘
Farbe: sattes Kirschrot. Aroma: kandierte Früchte, dunkle Früchte, Buschwaldkräuter, würzig, Röstaromen, warm. Mund: fruchtig, ausgewogen, geschmackvoll, ziemlich nachhaltig, trockene, aber reife Tannine.

Gritelles Manou 2022 T
garnacha, cariñena

90 ☘
Angenehm, saftig. Aroma: reifes Obst, ausgewogen, offen. Mund: ausgewogen, süffig, lang, reife Früchte.

Gritelles
Siurana Roig 2021 RD
garnacha, garnacha gris, macabeo

89 ☘
Oxidativ, bitter, üppig, reif, kraftvoll. Farbe: zwiebelschalfarben.

Gritelles Vedrenyes 2023 B
macabeo

90 ☘
Oxidativ, üppig, mit Persönlichkeit. Farbe: goldfarben. Aroma: ausdrucksvoll, mit Charakter, erdig. Mund: saftig.

Siurana Brisat 2021 B BA
macabeo

90
Farbe: gelb. Aroma: eingemachtes Obst, erdig, camomila, getrocknete Blumen, mit Charakter. Mund: korrekt, ausgewogen.

CELLER LAURONA
Pol. Ind. Sorts dels Capellans 21
43730 Falset (Tarragona)
☎: +34 977 831 712
laurona@cellerlaurona.com
www.cellerlaurona.com

Laurona 2014 T
cariñena, syrah, garnacha, cabernet sauvignon

92
Farbe: tiefes Kirschrot. Aroma: reifes Obst, trockene Kräuter, weiches Eichenholz, dunkle Früchte, Röstaromen. Mund: kraftvoll, reife Früchte, würzig, reife Tannine, ziemlich nachhaltig.

Nautilea 2018 T C
cariñena, garnacha, syrah

91
Farbe: leuchtendes Kirschrot. Aroma: süße Gewürze, reifes Obst, weiches Eichenholz. Mund: fruchtig, würzig, reife Tannine.

Plini 2019 T C
cariñena, syrah, garnacha, cabernet sauvignon

92
Farbe: kirschrot mit violettem Saum. Aroma: reifes Obst, trockene Kräuter, weiches Eichenholz, würzig rauchig. Mund: kraftvoll, reife Früchte, würzig, reife Tannine, fruchtig, geschmackvoll.

CELLER MAS DE LES VINYES
Cº Mas de Les Vinyes, s/n
43373 Cabacés (Tarragona)
☎: +34 652 568 848
josep@masdelesvinyes.com
www.masdelesvinyes.com

Traca i Mocador Blanc 2022 B
macabeo, garnacha blanca

91
Farbe: leuchtendes Strohgelb. Aroma: reifes Obst Kräutersäckchen, feine Hefen. Mund: voll, fett, lang.

CELLER MASROIG

Passeig de L'Arbre, 3
43736 El Masroig (Tarragona)
☎: +34 977 825 026
celler@cellermasroig.com
www.cellermasroig.com

L'Om Negre 2021 T
100% garnacha

90

Farbe: KirsChrot. Aroma: trockene Kräuter, ausdrucksvoll, , dunkle Früchte. Mund: kraftvoll, reife Früchte, zartbitter, geschmackvoll.

Les Sorts Jove 2023 T
60% garnacha, 30% cariñena, 10% syrah

90

Lieblich. Farbe: kirschrot mit violettem Saum. Aroma: ausdrucksstark fruchtig, rote Früchte, blumig. Mund: fruchtig, geschmackvoll, ausgewogen.

Les Sorts Sycar 2021 T
60% syrah, 40% cariñena

91

Farbe: tiefes Kirschrot. Aroma: reifes Obst, trockene Kräuter, weiches Eichenholz, dunkle Früchte, würzig, Röstaromen. Mund: kraftvoll, reife Früchte, würzig, reife Tannine, ziemlich nachhaltig.

Les Sorts Vinyes Velles 2020 T C
90% cariñena, 10% garnacha

92

Trockene Kräuter, leichte Reduktion. Farbe: kirschrot mit granatrotem Saum. Aroma: dunkle Früchte, reifes Obst, mit Charakter. Mund: würzig, balsamisch, nachhaltig.

MasRoig 2021 T C
100% cariñena

92

Fruchtig, saftig, klar definierte Aromen. Aroma: offen, ausdrucksvoll, Wildkräuter, schwarze Lakritze. Mund: lebhaft, geschmackvoll, reife Früchte, lang.

Pinyeres Negre 2021 T
70% garnacha, 30% cariñena

89

Korpulent, Cremig, würzig, trockene Kräuter, reif.

CELLER PASCONA

Camí dels Fontals, s/n
43730 Falset (Tarragona)
☎: +34 609 291 770
info@pascona.com
www.pascona.com

Cor de Granit 2022 B
100% garnacha blanca

89

Holzig, würzig, üppig, reif, geschmackvoll, Röstaromen, kraftvoll.

K_i de Pascona 2022 T
syrah

90

Farbe: kirschrot mit violettem Saum. Aroma: rote Früchte, blumig, würzig. Mund: geschmackvoll, fruchtig, schöne Säure.

La Mare de Pascona 2021 T
100% garnacha

90

Leichte Oxidation, unehrlich. Farbe: kirschrot mit granatrotem Saum. Aroma: Früchtekonfit, kraftvoll, beschädigtes Obst. Mund: geschmackvoll, lang.

Lo Noi del Sac de Pascona 2023 B
merlot

89

Ausgewogen, würzig, getrocknete Blumen, trockene Kräuter.

Pascona Clàssic 2022 T C

91

Waldfinsternis. Aroma: balsamisch, reifes Obst, Buschwaldkräuter, Schwarzer Pfeffer. Mund: geschmackvoll, würzig, lang, reife Früchte.

Trencaclosques de Pascona 2023 RD
syrah

87

CELLER VENDRELL RIVED

Ctra. TV-3001, Km. 1.5
43775 Marça (Tarragona)
☎: +34 637 537 383
jmvendrell1@gmail.com
www.vendrellrived.com

L'Alleu 2022 T C
garnacha, cariñena

91

Farbe: KirsChrot, violetter Saum. Aroma: Veilchenbombons, würzig, reifes Obst. Mund: sortentypisch, saftig, reife Früchte, süffig.

DO MONTSANT / D.O.P.

DO MONTSANT / D.O.P.

La Miloquera 2021 T C
cariñena
90
Farbe: KirsChrot. Aroma: balsamisch, dunkle Früchte, erdig. Mund: würzig, reife Tannine, reife Früchte, lang.

Miloca Carinyena 2023 T
cariñena
90 ✿
Farbe: kirschrot mit violettem Saum. Aroma: ausdrucksstark fruchtig, rote Früchte, würzig, dunkle Früchte, Schwarzer Pfeffer. Mund: geschmackvoll, fruchtig, rauchig nachwirkend, weiche Tannine.

Miloca Garnacha 2023 T
garnacha
90 ✿
Von Primäraromen beherrscht. Farbe: kirschrot mit violettem Saum. Aroma: ausdrucksstark fruchtig, rote Früchte, blumig, würzig, trockene Kräuter. Mund: geschmackvoll, fruchtig, lebhaft, frisch.

Serè 2022 T
50% garnacha, 50% cariñena
90
Farbe: leuchtendes Kirschrot. Aroma: reifes Obst, trockene Kräuter, weiches Eichenholz, rote Früchte, Karamel. Mund: kraftvoll, reife Früchte, würzig, fruchtig, frisch, trockene, aber reife Tannine.

Tres Germanes 2021 T
garnacha
94 ✿
Komplex, ausgewogen, mit Persönlichkeit. Farbe: KirsChrot. Aroma: ausdrucksvoll, würzig, mineralisch, trockener Stein. Mund: elegant, voll, lang, nachhaltig.

CELLERS CAN BLAU
P.I. Pol.13 Parc. 21 –
Ctra. T 734 Kmt. 9 El Molar-Masroig
43736 El Molar (Tarragona)
☎: +34 968 435 022
info@gilfamily.es
www.gilfamily.es

Blauverd 2023 T
garnacha, cariñena
90 ✿
Farbe: kirschrot mit violettem Saum. Aroma: ausdrucksstark fruchtig, rote Früchte, blumig. Mund: geschmackvoll, fruchtig, schöne Säure.

Can Blau 2021 T
50% cariñena, 25% syrah, 25% garnacha
91
Farbe: dunkles Kirschrot. Aroma: Röstaromen, würzig, feiner Kakao, reifes Obst. Mund: Röstnoten, zartbitter.

Can Blau 2022 T
50% cariñena, 25% syrah, 25% garnacha
92
Farbe: dunkles Kirschrot, granatroter Saum. Aroma: reifes Obst, Noten von Tischlerei, süße Gewürze, feine Reduktionsnoten. Mund: würzig, reife Tannine, lang.

CELLERS SANT RAFEL
Ctra. La Torre, Km. 1,7
43774 Pradell de la Teixeta (Tarragona)
☎: +34 621 190 829
prioratvins@gmail.com
www.cellerssantrafel.com

Blanca 2023 B
100% garnacha blanca
89
Getrocknete Blumen, frisch, reif, voll, mineralisch, ausgewogen.

Joana 2022 T
85% garnacha, 15% merlot
89
Fruchtig, kräuterig, reif, geschmackvoll, Röstaromen.

Solpost Blanc 2022 B RB
100% garnacha blanca
90
Korpulent, markante Eiche, würzig. Aroma: reifes Obst, welke Blumen. Mund: fett, geschmackvoll.

Solpost Garnatxa 2017 T C
100% garnacha
91
Nach Eingemachtem, korpulent, würzig. Aroma: erdig, trockene Kräuter, warm. Mund: geschmackvoll, reife Tannine.

Solpost Origen 2019 T
50% garnacha, 40% cariñena, 10% cabernet sauvignon
89
Warm, nach Eingemachtem, korpulent, kräuterig, reif, geschmackvoll. Aroma: süße Gewürze.

Xavi 2019 T
60% garnacha, 40% cariñena
89
Fruchtig, reif, Röstaromen, würzig.

CELLERS TERRA I VINS
Av. Falset, 17 Baixos
43206 Reus (Tarragona)
☎: +34 658 567 409
celler@cellersterraivins.com
www.cellersterraivins.com

Bona Nit 2021 T
garnacha, samsó, syrah
89
Reif, balsamisch, trockene Kräuter, geschmackvoll. Aroma: feine Reduktionsnoten, dunkle Früchte, reifes Obst.

Bona Nit VS 2020 T C
60% samsó, 25% garnacha, 15% syrah
91
Rauchig. Aroma: reifes Obst, Fleischnoten, erdig. Mund: fruchtig, saftig, reife Früchte, lang.

Clos del Gos 2022 T
60% samsó, 30% garnacha, 10% syrah
89
Fruchtig, kräuterig, reif, geschmackvoll, wild.

CELLERS UNIÓ
Joan Oliver, 16
43206 Reus (Tarragona)
☎: +34 977 330 055
info@cellersunio.com
www.cellersunio.com

Clos del Prior 2021 T
89
Angenehm, korrekt, fruchtig, trockene Kräuter, saftig.

Clos del Prior 2023 T
merlot, garnacha, tempranillo, mazuelo
88
Aromatisch, fruchtig, von Primäraromen beherrscht, geschmackvoll, frisch.

Dairo 2021 T C
garnacha, mazuelo, syrah
88
Fruchtig, kräuterig, korrekt, reif, geschmackvoll.

Olla Negra 2023 T
garnacha, mazuelo, merlot, tempranillo
90
Von Primäraromen beherrscht. Farbe: leuchtendes Kirschrot. Aroma: frisches Obst, Wildkräuter, getrocknete Blumen. Mund: schöne Säure, würzig, geschmackvoll, frisch, fruchtig, trockene, aber reife Tannine.

Perlat Blanc 2023 B
garnacha blanca, macabeo
89
Ausgewogen, fruchtig. Aroma: reifes Obst, blumig. Mund: schöne Säure, süffig.

Perlat Garnatxa 2021 T
garnacha
90
Korpulent, trockene Kräuter, reif, kraftvoll, Röstaromen.

CÍA. VITÍCOLA SILEO
Sant Andreu, 17
43360 Cornudella de Montsant (Tarragona)
☎: +34 935 165 043
comunicacio@atroca.eu
www.viticolasileo.eu

Costers de Cornudella Blanc 2022 B
75% garnacha blanca, 20% macabeo, 5% garnacha
92
Farbe: leuchtendes Strohgelb. Aroma: feine Hefen, helle Früchte, Wachs, Buschwaldkräuter. Mund: voll, fett, lang, schöne Säure.

Costers de Cornudella Negre 2021 T R
100% garnacha
92 🌱
Farbe: kirschrot mit granatrotem Saum. Aroma: kraftvoll, dunkle Früchte, reifes Obst, würzig, Schwarzer Pfeffer, Wachs. Mund: geschmackvoll, lang, reife Tannine.

Esporreres 2020 T
100% garnacha
94 🌱
Balsamisch, reif, repräsentativ. Farbe: kirschrot mit granatrotem Saum. Aroma: trockene Kräuter, Buschwaldkräuter, mit Charakter, komplex, ausdrucksvoll, reifes Obst, mineralisch. Mund: voll, lebhaft, geschmackvoll, sortentypisch.

Sileo 2022 T
100% garnacha
91 🌱
Farbe: kirschrot mit violettem Saum. Aroma: blumig, würzig, reifes Obst, in Likör eingelegte Früchte. Mund: fruchtig, schöne Säure, lang, süffig.

CINGLES BLAUS
Afores s/n - Mas de les Moreres
43360 Cornudella de Montsant (Tarragona)
☎: +34 977 310 382
info@cinglesblaus.com
www.cinglesblaus.com

Cingles Blaus Mas de les Moreres 2021 T
garnacha, cariñena, cabernet sauvignon
87

DO MONTSANT / D.O.P.

DO MONTSANT / D.O.P.

Cingles Blaus Mas de les Moreres 2022 B
garnacha blanca
90
Farbe: strohgelb. Aroma: trockene Kräuter, welke Blumen, helle Früchte. Mund: reife Früchte, ausgewogen.

Cingles Blaus Octubre 2023 RD
garnacha, merlot, tempranillo
86

Cingles Blaus Octubre Negre 2022 T
garnacha, cariñena
89
Ausgewogen, würzig, kräuterig, fruchtig, reif, geschmackvoll.

Cingles Blaus Selecció 2021 T C
92
Farbe: KirschRot. Aroma: trockene Kräuter, weiches Eichenholz, dunkle Früchte, reifes Obst, Tabak. Mund: kraftvoll, reife Früchte, reife Tannine.

Eclíptic 2022 B
garnacha blanca, garnacha roja, macabeo
91
Oxidativ. Farbe: leuchtendes Strohgelb. Aroma: reifes Obst, trockene Kräuter, mit Charakter. Mund: zartbitter, voll, saftig.

CLOS FIGUERAS
Carrer La Font, 38
43737 Gratallops (Tarragona)
☎: +34 977 830 217
info@closfigueras.com
www.closfigueras.info

Poblets del Montsant 2023 B
garnacha, macabeo
88
Aromatisch, korrekt, fruchtig, reif, schlicht. Mund: süffig.

Poblets del Montsant 2023 T
garnacha, cariñena
89
Ausgewogen, würzig, fruchtig, kräuterig, wild.

CLOS MOGADOR
Camí Manyetes, s/n
43737 Gratallops (Tarragona)
☎: +34 977 839 171
closmogador@closmogador.com
www.closmogador.com

Com Tu 2021 T C
10% garnacha
93
Herb, Waldfinsternis. Aroma: feine Reduktionsnoten, Wachs, reifes Obst, Wildkräuter, Schwarzer Pfeffer, Thymian. Mund: geschmackvoll, würzig, reife Früchte, lang.

COCA I FITÓ
Avda. Onze de Setembre s/n
43736 El Masroig (Tarragona)
☎: +34 619 776 948
info@cocaifito.cat
www.cocaifito.cat

Coca i Fitó Blanc 2022 B
85% garnacha blanca, 15% macabeo
89 ♣
Zitrusfrüchte, ausgewogen, frisch, kräuterig, Hefenoten.

Coca i Fitó Jade 2018 T C
45% garnacha, 30% syrah, 25% cariñena
88
Fruchtig, nach Eingemachtem, würzig, Röstaromen, etwas austrocknend.

Coca i Fitó Maragda 2018 T
55% garnacha, 25% cariñena, 20% syrah
90
Farbe: tiefes Kirschrot. Aroma: trockene Kräuter, Früchtekonfit, süße Gewürze, Röstaromen. Mund: kraftvoll, reife Früchte, würzig, reife Tannine, geschmackvoll.

Coca i Fitó Natura 2022 T
50% garnacha, 25% cariñena, 15% syrah, 10% cabernet sauvignon
90 ♣
Farbe: tiefes Kirschrot. Aroma: reifes Obst, trockene Kräuter, weiches Eichenholz, rote Früchte, welke Blumen. Mund: reife Früchte, würzig, reife Tannine, fruchtig, geschmackvoll.

Coca i Fitó Nu 2022 T
100% garnacha
89 ♣
Fruchtig, von Primäraromen beherrscht, getrocknete Blumen, trockene Kräuter, reif, Röstaromen.

Coca i Fitó Rosa 2022 RD
100% syrah
90
Cremig, fruchtig. Farbe: himbeerrot. Aroma: reifes Obst, welke Blumen, feine Hefen. Mund: fleischig, geschmackvoll, reife Früchte.

COOPERATIVA FALSET MARÇA
Miquel Barceló, 31
43730 Falset (Tarragona)
☎: +34 977 830 105
info@etim.cat
www.etim.cat

Ètim Dolça Carinyena TF D
100% cariñena
90
Korpulent, üppig. Farbe: dunkles Kirschrot. Aroma: dunkle Früchte, Früchtekonfit, Buschwaldkräuter, mit Charakter. Mund: strukturiert, süß, würzig.

Ètim L'Antull 2023 B
garnacha blanca, macabeo
87

Ètim L'Origen 2021 T C
100% garnacha
88
Fruchtig, korrekt, reif, schlicht, Röstaromen.

Ètim La Pausa 2023 RD
90% garnacha, 10% syrah
87

Ètim Verema Tardana Blanc Dulce B Mistela D
100% garnacha blanca
88
Lieblich, blumig, üppig, süß, naschhaft. Aroma: in Likör eingelegte Früchte, warm, mit Charakter.

Fuïna 2021 T
50% cariñena, garnacha
86 ♣

EDICIONES ILIMITADAS
Carrer Modolell, 56 Local A
08021 Barcelona (Barcelona)
☎: +34 932 531 760
info@edicionesi-limitadas.com

Luno Blanc 2022 B
91
Farbe: leuchtendes Strohgelb. Aroma: ausgewogen, mittlere Intensität, Wildkräuter, helle Früchte, reifes Obst, blumig. Mund: fruchtig, zartbitter, schöne Säure, süffig.

Pell de Gerres 2022 B
garnacha blanca
91
Üppig, wenig interventionistisch, leichte Oxidation. Aroma: reifes Obst, Zitrusfrüchte, getrocknete Blumen. Mund: saftig, geschmackvoll, fruchtig.

Sud Les Obagues 2020 T
cariñena
92
Mit Persönlichkeit, reduziert. Farbe: kirschrot mit granatrotem Saum. Aroma: dunkle Früchte, Wildkräuter, feine Reduktionsnoten. Mund: lebhaft, reife Tannine, reife Früchte, lang.

Sud Rompuda 2021 B
garnacha blanca
92
Farbe: leuchtendes Strohgelb. Aroma: offen, sortenrein, helle Früchte, reifes Obst, mineralisch. Mund: voll, lang, zartbitter, korrekt.

Terrícola 2021 T
garnacha, cariñena, syrah, cabernet sauvignon
92
Farbe: tiefes Kirschrot. Aroma: trockene Kräuter, Buschwaldkräuter, dunkle Früchte, erdig. Mund: kraftvoll, reife Früchte, würzig, reife Tannine.

Terrícola Blanc 2022 B
garnacha blanca
91
Farbe: strohgelb. Aroma: mineralisch, mittlere Intensität, reifes Obst, offen. Mund: ausgewogen, saftig, süffig.

Violetes de Fang 2020 T
cariñena
92
Reduktiver Ausbau. Farbe: kirschrot mit granatrotem Saum. Aroma: Wachs, trockene Kräuter, Buschwaldkräuter, dunkle Früchte. Mund: saftig, geschmackvoll, sortentypisch, schöne Säure.

ELVIWINES
Ctra T-300 Falset-Marça, km 0.97
43775 Marça (Tarragona)
☎: +34 606 186 565
info@elviwines.com
www.elviwines.com

Clos Mesorah 2021 T R
42% cariñena, 37% garnacha, 21% syrah
92 ♣
Farbe: kirschrot mit violettem Saum. Aroma: reifes Obst, rote Früchte, welke Blumen, trockene Kräuter, würzig. Mund: fruchtig, frisch, geschmackvoll, ausgewogen, trockene, aber reife Tannine.

DO MONTSANT / D.O.P.

SPANIENS WEINFÜHRER

DO MONTSANT / D.O.P.

ESTONES VINS
President Companys, 4
43470 La Selva del Camp (Tarragona)
☎: +34 666 415 735
vins@estones.cat
www.estones.cat

Coster D'En Fornós 2021 T
100% cariñena
92
Reif, reduktiver Ausbau, repräsentativ. Aroma: dunkle Früchte, Früchtekonfit, erdig. Mund: geschmackvoll, ausgewogen, lang, voll, sortentypisch.

Estones GS 2019 T
70% garnacha, 30% samsó
89
Waldfinsternis, nach Eingemachtem, würzig, trockene Kräuter. Aroma: Fleischnoten. Mund: strukturiert.

Petites Estones Negre 2022 T
91
Lieblich, Cremig. Farbe: tiefes Kirschrot. Aroma: dunkle Früchte, Buschwaldkräuter, Thymian, Fleischnoten, ausdrucksvoll. Mund: reife Früchte, würzig, reife Tannine.

Set Tota la Vida 2022 T
50% garnacha, 35% syrah, 15% cariñena
88
Fruchtig, trockene Kräuter, Röstaromen, würzig, nach Eingemachtem.

HAMMEKEN CELLARS
03700 Denia (Alacant/Alicante)
☎: +34 965 791 967
cellars@hammekencellars.com
www.hammekencellars.com

Tosalet 2023 T
90
Farbe: KirsChrot. Aroma: balsamisch, süße Gewürze, Buschwaldkräuter, dunkle Früchte, rote Früchte. Mund: würzig, balsamisch, schöne Säure.

JOSEP GRAU VITICULTOR
Orient, 2
43737 Gratallops (Tarragona)
☎: +34 680 536 526
celler@josepgrauviticultor.com
www.josepgrauviticultor.com

🏆 PODIUM

El Pas de L'Estudiant 2022 T
garnacha peluda, garnacha blanca, cariñena
95
Farbe: durchscheinendes Kirschrot. Aroma: mineralisch, ausdrucksvoll, ausgewogen, rote Früchte, reifes Obst, Wildkräuter. Mund: fruchtig, saftig, würzig, süffig, lang.

Granit 2018 B
100% garnacha blanca
92
Farbe: leuchtendes Strohgelb. Aroma: Wachs, offen, mineralisch, ausdrucksvoll, ausgewogen. Mund: geschmackvoll, ausgewogen, zartbitter, lang.

Granit 2022 B
garnacha blanca
93
Farbe: leuchtendes Strohgelb. Aroma: reifes Obst, Steinobst, getrocknete Blumen, trockene Kräuter, ausdrucksvoll, sortenrein. Mund: saftig, würzig, fett, reife Früchte, zartbitter.

🏆 PODIUM

La Florens 2022 T
garnacha
96
Klar definierte Aromen, komplex. Farbe: KirsChrot. Aroma: komplex, ausdrucksvoll, würzig, mineralisch, rote Früchte. Mund: elegant, voll, lang, nachhaltig.

Regina 2018 RD
90% garnacha, 10% garnacha blanca
93
Alt, komplex. Farbe: blassrosa. Aroma: feine Hefen, Wildkräuter, Buschwaldkräuter. Mund: saftig, voll, würzig, lebhaft.

Vespres 2022 T
garnacha, cariñena, syrah
91
Farbe: tiefes Kirschrot. Aroma: reifes Obst, trockene Kräuter, weiches Eichenholz, blumig. Mund: reife Früchte, würzig, reife Tannine.

Vespres Blanc Magnum 2021 B
93
Farbe: leuchtendes Strohgelb. Aroma: reifes Obst, Kräutersäckchen, feine Hefen, helle Früchte, Wachs. Mund: fett, lang, zartbitter, reife Früchte.

Volador 2022 T
92
Farbe: tiefes Kirschrot. Aroma: reifes Obst, trockene Kräuter, camomila. Mund: reife Früchte, würzig, reife Tannine.

LA COVA DELS VINS
Del Bosquet, 5
43730 Falset (Tarragona)
☎: +34 636 395 386
f.perello@lacovadelsvins.com
www.lacovadelsvins.cat

Deler 2023 RD
88
Angenehm, fruchtig, reif, durchschnittlich am Gaumen, schlicht.

Deler 2023 T
90
Farbe: kirschrot mit violettem Saum. Aroma: rote Früchte, blumig, würzig, dunkle Früchte. Mund: geschmackvoll, fruchtig, schöne Säure, fleischig.

Les Mans 2018 T
cariñena
90
Alt. Farbe: tiefes Kirschrot. Aroma: trockene Kräuter, stark gegerbtes Leder, dunkle Früchte, Früchtekonfit, erdig. Mund: reife Früchte, würzig, reife Tannine.

Ombra 2021 T BA
89
Lieblich, sortenrein, wild, fruchtig, trockene Kräuter, reif, saftig. Mund: reife Früchte, süffig.

Ombra 2023 B
garnacha blanca, macabeo
89
Angenehm, klar definierte Aromen, korrekt, blumig, trockene Kräuter. Aroma: feine Hefen. Mund: reife Früchte.

Terròs 2021 T
91
Farbe: KirsChrot. Aroma: Buschwaldkräuter, trockene Kräuter, reifes Obst, ausgewogen, erdig. Mund: würzig, balsamisch, reife Tannine.

ORTO VINS
Passeig del Arbre, entre 3 y 5
43736 El Masroig (Tarragona)
☎: +34 629 171 246
info@ortovins.com
www.ortovins.com

La Carrerada 2019 T
100% cariñena
92 ♣
Farbe: dunkles Kirschrot. Aroma: würzig, feiner Kakao, dunkle Früchte, reifes Obst, Buschwaldkräuter. Mund: geschmackvoll, zartbitter, ausgewogen.

Les Argiles D'Orto Vins Blanc 2023 B
90% macabeo, garnacha blanca
90
Korrekt. Farbe: strohgelb. Aroma: reifes Obst, trockene Kräuter, getrocknete Blumen. Mund: kraftvoll, reife Früchte, ausgewogen, süffig.

Les Argiles D'Orto Vins Negre 2023 T
90% garnacha, 10% cariñena
90 ♣
Farbe: tiefes Kirschrot. Aroma: trockene Kräuter, weiches Eichenholz, dunkle Früchte, reifes Obst. Mund: reife Früchte, würzig, reife Tannine.

Les Comes D'Orto 2021 T C
50% cariñena, 50% garnacha
91
Farbe: kirschrot mit violettem Saum. Aroma: ausdrucksstark fruchtig, rote Früchte, blumig, würzig. Mund: geschmackvoll, fruchtig, schöne Säure.

Les Pujoles 2019 T C
100% ull de llebre
91 ♣
Würzig, alt. Farbe: tiefes Kirschrot. Aroma: trockene Kräuter, dunkle Früchte, reifes Obst, feine Reduktionsnoten. Mund: reife Früchte, würzig, reife Tannine.

Les Tallades de Cal Nicolau 2019 T C
100% picapoll negre
93 ♣
Farbe: kirschrot mit violettem Saum. Aroma: rote Früchte, blumig, würzig, getrocknete Blumen, erdig. Mund: geschmackvoll, fruchtig, ausgewogen, reife Früchte, mineralisch.

DO MONTSANT / D.O.P.

DO MONTSANT / D.O.P.

PACO MULERO
Partida de la Hoya Torres s/n
30520 Jumilla (Murcia)
☎: +34 968 105 997
info@pacomulero.com
www.pacomulero.com

Puntes de Calnegre 2022 T
cariñena, garnacha, syrah
90
Fruchtig, reif, würzig, kräuterig.

SPECTACLE VINS
Carretera Bellmunt – Sort del Capellans
43730 Falset (Tarragona)
☎: +34 977 839 171
closmogador@closmogador.com
www.espectaclevins.com

🏆 PODIUM

Espectacle 2021 T C
96 ♣
Würzig, elegant, balsamisch. Farbe: kirschrot mit violettem Saum. Aroma: rote Früchte, blumig, würzig, Wildkräuter, mineralisch, Schwarzer Pfeffer. Mund: geschmackvoll, fruchtig, schöne Säure, lang.

TERRAVINYADA
Les Esplanes s/n
43730 Falset (Tarragona)
☎: +34 679 220 702
info@terravinyada.com
www.terravinyada.com

L'Ánima de Terravinyada 2020 T C
cariñena
93
Farbe: leuchtendes Kirschrot. Aroma: reifes Obst, Wildkräuter, sortenrein, schwarze Lakritze, weiches Eichenholz. Mund: fruchtig, würzig, reife Tannine, geschmackvoll.

L'Inici de Terravinyada 2021 T
100% cariñena
92
Farbe: KirsChrot. Aroma: Buschwaldkräuter, reifes Obst, ausgewogen, eine Spur Waldbeeren. Mund: würzig, balsamisch, geschmackvoll, saftig.

TERROIR SENSE FRONTERES
Baixa Font, 12
43737 Torroja del Priorat (Tarragona)
☎: +34 977 839 391
vi@terroir-sense-fronteres.com
www.terroir-sense-fronteres.com

Coreografía Montsant 2023 T
75% garnacha, 25% cariñena
93
Klar definierte Aromen, balsamisch, spannungsvoll. Farbe: durchscheinendes Kirschrot. Aroma: rote Früchte, blumig, eine Spur Waldbeeren, ausdrucksvoll. Mund: lebhaft, saftig, fruchtig.

🏆 PODIUM

Guix Vermell Negre 2022 T
100% garnacha
96
Wild, elegant. Farbe: KirsChrot. Aroma: komplex, ausdrucksvoll, würzig, mineralisch, dunkle Früchte, rote Früchte, Schwarzer Pfeffer, getrocknete Blumen. Mund: elegant, voll, lang, nachhaltig.

Marcenca 2023 T
100% garnacha
94
Komplex, klar definierte Aromen, fruchtig. Farbe: KirsChrot. Aroma: komplex, ausdrucksvoll, würzig, mineralisch, rote Früchte. Mund: voll, lang, nachhaltig.

Terroir Sense Fronteres Brisat 2023 B
100% garnacha blanca
92
Farbe: golden leuchtend. Aroma: Kräutersäckchen, camomila, getrocknete Blumen, eine Spur Waldbeeren. Mund: lebhaft, voll, ausgewogen.

Terroir Sense Fronteres Negre 2023 T
garnacha

91

Farbe: kirschrot mit violettem Saum. Aroma: ausdrucksstark fruchtig, rote Früchte, blumig, Buschwaldkräuter. Mund: geschmackvoll, fruchtig, schöne Säure.

Vértebra de la Figuera 2023 T
100% garnacha

94

Farbe: kirschrot mit violettem Saum. Aroma: ausdrucksstark fruchtig, rote Früchte, blumig, würzig, Thymian. Mund: geschmackvoll, fruchtig, schöne Säure.

VINYES DOMÈNECH

Cami del Collet, Km. 3.8
43776 Capçanes (Tarragona)
☎: +34 670 375 828
celler@vinyesdomenech.com
www.vinyesdomenech.com

Bancal del Bosc Garnatxa Blanca 2023 B
garnacha blanca

90 ☘

Farbe: leuchtendes Strohgelb. Aroma: ausdrucksstark fruchtig, reifes Obst, blumig. Mund: geschmackvoll, schöne Säure, nachwirkend fruchtig, süffig.

Bancal del Bosc Negre 2022 T C
garnacha, garnacha peluda, cariñena

90 ☘

Farbe: kirschrot mit violettem Saum. Aroma: rote Früchte, blumig, würzig. Mund: geschmackvoll, fruchtig, schöne Säure.

Boig per Tu 2021 T
garnacha, garnacha peluda, cariñena

91 ☘

Farbe: tiefes Kirschrot. Aroma: reifes Obst, trockene Kräuter, weiches Eichenholz, erdig. Mund: reife Früchte, würzig, reife Tannine.

Empelts 2021 T
garnacha peluda

94 ☘

Farbe: KirsChrot. Aroma: komplex, ausdrucksvoll, würzig, mineralisch, Kreide. Mund: elegant, voll, lang, nachhaltig.

Furvus 2022 T BA
95% garnacha, 5% merlot

90 ☘

Farbe: kirschrot mit granatrotem Saum. Aroma: Früchtekonfit, in Likör eingelegte Früchte, Röstaromen. Mund: geschmackvoll, leicht süßlich, lang.

Vinyes Velles de Samsó 2019 T
100% cariñena

91 ☘

Nach Eingemachtem. Farbe: mattes Kirschrot, dunkles Kirschrot. Aroma: Früchtekonfit, dunkle Früchte, markante Eiche, schwarze Lakritze. Mund: strukturiert, süße Tannine, würzig.

VIÑEDOS SINGULARES

Avda. de La Riera, 11 Nave 1
08960 Sant Just Desvern (Barcelona)
☎: +34 934 807 041
info@vinedossingulares.com
www.vinedossingulares.com

El Veïnat 2022 T
garnacha

89

Fruchtig, trockene Kräuter, würzig, frisch, geschmackvoll.

DO MONTSANT / D.O.P.

Guía Peñín | SPANIENS WEINFÜHRER

DO. NAVARRA
CONSEJO REGULADOR

Rúa Romana, s/n
31390 Olite (Navarra)
☎: +34 948 741 812
@: info@navarrawine.com
www.navarrawine.com

LAGE:

Das Anbaugebiet umfasst die Provinz Navarra mit verschiedenen Klimaten und Bodenverhältnissen, die Weine mit unterschiedlichen Merkmalen hervorbringen.

TEILGEBIETE:

Baja Montaña: 2.500 ha Rebfläche in 22 Gemeinden im Nordwesten von Navarra.

Tierra Estella: 1.800 ha Rebfläche in 38 Gemeinden im westlichen Mittelteil Navarras am Jakobsweg.

Valdizarbe: Im Herzen Navarras in zentraler Lage am Jakobsweg mit 25 Gemeinden und 1.100 ha Rebfläche.

Ribera Alta: 3.300 ha Rebfläche in 26 Gemeinden um die Kleinstadt Olite im mittleren Teil von Navarra und Übergang zum südlichsten Teilgebiet.

Ribera Baja: Das größte Anbaugebiet in Navarra mit 4.600 ha Rebfläche in 14 Gemeinden im Süden der Provinz.

REBSORTEN:

WEISS: Chardonnay, Garnacha Blanca, Malvasía, Moscatel de Grano Menudo, Viura und Sauvignon Blanc.

ROT: Cabernet Sauvignon, Garnacha Tinta, Graciano, Mazuelo, Merlot, Tempranillo, Syrah und Pinot Noir.

DATEN:

Rebfläche (ha): 9.362– **Winzer:** 1.572– **Weinerzeuger:** 83 – **Jahrgang 23:** Gut – **Jahresproduktion 23:** 34.652.490 L. – **Absatz:** 74% Spanien - 26% Export.

BODENVERHÄLTNISSE:

Ebenso unterschiedlich wie das Klima sind auch die Böden: rötlich bis gelbliche Böden mit Kies in der Baja Montaña, ockerfarben bis bräunliche Böden und Kalkböden in Valdizarbe und Tierra Estella, Kalkmergel und Alluvialböden in der Ribera Alta sowie in der Ribera Baja ockerfarbene, graue und wüstenartige Böden, bräunliche Kalkböden sowie Schwemmland.

KLIMA:

Im Norden herrscht ein feuchteres Atlantikklima mit einer durchschnittlichen Niederschlagsmenge zwischen 593 und 683 mm/Jahr, in den mittleren Gebieten ein Übergangsklima und im Süden ein trockeneres Klima mit durchschnittlichen Niederschlagsmengen von 448 mm/Jahr.

ERNTEBEWERTUNG ANHAND JUNGER WEINE GUÍAPEÑÍN

2019	2020	2021	2022	2023
SEHR GUT	SEHR GUT	SEHR GUT	GUT	GUT

ALIAGA

Avda. de Navarra, 17
31591 Corella (Navarra)
☎: +34 948 401 321
sales@vinaaliaga.com
www.vinaaliaga.com

Aliaga Doscarlos Sauvignon Blanc 2023 B
100% sauvignon blanc
87

Aliaga Garnacha Viñas Vieja 2021 T
100% garnacha
88
Angenehm, korrekt, fruchtig, reif, geschmackvoll.

Aliaga Helena Syrah Syrah 2022 T
100% syrah
85

Aliaga Lágrima de Luna 2023 RD
100% garnacha
88
Ausgewogen, lieblich, blumig, voll, reif.

Aliaga Moscatel Vendimia Tardía 2023 B D
moscatel grano menudo
89
Tropische, geschmackvoll, reif, blumig.

Voilà 2023 RD
100% garnacha
89
Lieblich, naschhaft, kräuterig, fruchtig.

ANECOOP BODEGAS

Monforte, 1 – entlo.
46010 València/Valencia (València/Valencia)
☎: +34 963 938 500
anecoopbodegas@anecoop.com
www.anecoopbodegas.com

Dominio de Unx Chardonnay 2023 B
89
Fruchtig, reif, wild, trockene Kräuter, getrocknete Blumen.

Dominio de Unx Garnacha Old Vines 2022 T
garnacha
91
Sortenrein, wild, von Primäraromen beherrscht. Aroma: offen, ausdrucksvoll, ausgewogen, ausdrucksstark fruchtig. Mund: lang.

Dominio de Unx Rosado de Lágrima 2023 RD
91
Farbe: lachsfarben. Aroma: elegant, rote Früchte, blumig, Kräutersäckchen. Mund: leicht, würzig, schöne Säure, zartbitter.

La Calma Mágica 2018 T
garnacha
89
Saftig, beschädigtes Obst. Aroma: feine Reduktionsnoten, Wachs, dunkle Früchte. Mund: geschmackvoll, zartbitter.

La Calma Mágica 2020 B
100% garnacha blanca
90
Farbe: strohgelb. Aroma: reifes Obst, trockene Kräuter, welke Blumen, Kräutersäckchen. Mund: reife Früchte, ausgewogen, geschmackvoll, würzig.

Violet 2023 T
garnacha, tempranillo
87

AROA BODEGAS

Apalaz, 13
31292 Zurucuaín (Navarra)
marketing@vintae.com
www.aroawines.com

Aroa Gorena 2014 T R
garnacha, cabernet sauvignon
90 🌿
Farbe: kirschrot mit granatrotem Saum. Aroma: überreife Früchte, weiches Eichenholz, warm, stark gegerbtes Leder, Tabak, süße Gewürze. Mund: nach Eingemachtem, kraftvoll, geschmackvoll, trockene, aber reife Tannine.

Aroa Jauna 2018 T C
cabernet sauvignon, merlot, tempranillo, garnacha
89 🌿
Fruchtig, würzig, reif, geschmackvoll, Röstaromen.

Aroa Larrosa 2023 RD
garnacha
89 🌿
Fruchtig, reif, geschmackvoll, naschhaft, trockene Kräuter.

Aroa Mutiko 2021 T
garnacha
88 🌿
Fruchtig, würzig, rauchig, reif, geschmackvoll.

DO NAVARRA / D.O.P.

Guía Peñín **SPANIENS WEINFÜHRER** 315

DO NAVARRA / D.O.P.

Le Naturel 2023 B
garnacha blanca
88
Klar definierte Aromen, fruchtig, milchig, reif, geschmackvoll.

Le Naturel 2023 T
garnacha
87

AZUL Y GARANZA
San Juan, 19
31310 Carcastillo (Navarra)
☎: +34 659 857 979
fernando@azulgaranza.com
www.azulygaranza.com

Abril de Azul y Garanza 2022 T
95% tempranillo, 5% merlot
88
Angenehm, klar definierte Aromen, korrekt, fruchtig, schlicht.

Desierto de Azul y Garanza 2020 T
100% cabernet sauvignon
92
Farbe: tiefes Kirschrot. Aroma: weiches Eichenholz, dunkle Früchte, Früchtekonfit, Buschwaldkräuter. Mund: kraftvoll, reife Früchte, würzig, reife Tannine.

Garciano de Azul y Garanza 2021 T BA
graciano, garnacha
89
Geschmackvoll, ausgewogen, würzig, vegetabil, Röstaromen.

Naturaleza Salvaje Garnacha 2021 T
100% garnacha
90
Farbe: KirsChrot. Aroma: Buschwaldkräuter, welke Blumen, Tomate, reifes Obst. Mund: balsamisch, süffig.

Seis de Azul y Garanza 2020 T
100% merlot
89
Waldfinsternis, nach Eingemachtem, würzig, trockene Kräuter, geschmackvoll.

Vitis de Azul y Garanza 2023 B
60% garnacha blanca, 40% viura
88
Trockene Kräuter, reif, mineralisch, mild.

BODEGA COSECHEROS REUNIDOS
Pza. San Antón, 1
31390 Olite (Navarra)
☎: +34 948 740 067
mlacasta@bodegacosecheros.com
www.bodegacosecheros.com

1913 2023 RD
100% garnacha
88
Fruchtig, kräuterig, reif, von Primäraromen beherrscht geschmackvoll.

Trece de Pascual 2022 T
100% graciano
88
Ausgewogen, würzig, rustikal, wild, reif, etwas austrocknend.

BODEGA DE SADA
Arrabal, 2
31491 Sada (Navarra)
☎: +34 659 030 432
gerente@bodegadesada.com
www.bodegadesada.com

Palacio de Sada 2023 B
garnacha, garnacha blanca
89
Korpulent, naschhaft, fruchtig, geschmackvoll, voll.

Palacio de Sada 2023 RD
garnacha
88
Korrekt, frisch, fruchtig, kräuterig.

Palacio de Sada Cuvée Especial 2019 T C
garnacha, cabernet sauvignon, merlot
92
Farbe: tiefes Kirschrot. Aroma: trockene Kräuter, dunkle Früchte, geröstetes Brot, Wildkräuter. Mund: reife Früchte, würzig, reife Tannine, fleischig.

Palacio de Sada Garnacha 2022 T
garnacha
87

BODEGA DE SARRÍA
Finca Señorío de Sarría
31100 Puente la Reina (Navarra)
☎: +34 948 202 200
rrpp@bornosbodegas.com
www.bodegadesarria.com

Señorío de Sarría 2018 T R
90% cabernet sauvignon, 10% graciano
88
Mild, schlicht, Röstaromen, reif.

Señorío de Sarría 2020 T C
cabernet sauvignon, garnacha, graciano

88

Röstaromen, reif, kräuterig, leichte Reduktion.

Señorío de Sarría 2023 RD
garnacha

89

Fruchtig, frisch, kräuterig, ausgewogen.

Señorío de Sarría Chardonnay 2023 B
chardonnay

87

Señorío de Sarría Viñedo Cinco 2023 RD
garnacha

90

Farbe: himbeerrot mit violettem Saum. Aroma: ausdrucksstark fruchtig, rote Früchte, blumig. Mund: fruchtig, schöne Säure, süffig.

BODEGA ESLAVA

Chirria, s/n
31494 Eslava (Navarra)
☎: +34 948 733 185
rebeca@bodegaeslava.es
www.bodegaeslava.es

Paraje de Guezari 2021 T
100% garnacha

90

Aromatisch, mild, beschädigtes Obst. Aroma: Wildkräuter, trockene Kräuter. Mund: flüssig am Gaumen, zartbitter, ausgewogen.

BODEGA INURRIETA

Ctra. Falces-Miranda de Arga, km. 30
31370 Falces (Navarra)
☎: +34 948 737 309
info@bodegainurrieta.com
www.bodegainurrieta.com

Altos de Inurrieta 2019 T R
54% graciano, 40% cabernet sauvignon, 3% syrah, 2% merlot, 1% garnacha

90

Poliert. Farbe: tiefes Kirschrot. Aroma: trockene Kräuter, geröstetes Brot, dunkle Früchte. Mund: reife Früchte, würzig, reife Tannine.

Inurrieta Coral 2023 RD
61% cabernet sauvignon, 39% garnacha

87

Inurrieta Cuatrocientos 2021 T C
40% cabernet sauvignon, 25% merlot, 14% graciano, 11,5% garnacha, 9,5% syrah

88

Korrekt, aromatisch, korpulent, würzig, trockene Kräuter, reif. Aroma: grüne Paprika.

Inurrieta Mediodía 2023 RD
48% cabernet sauvignon, 14% merlot, 14% graciano, 13% garnacha, 10% syrah

89

Zitrusfrüchte, frisch, fruchtig, kräuterig, korrekt.

Inurrieta Mimao Garnacha 2022 T
100% garnacha

89

Reif, Röstaromen, geschmackvoll, saftig. Mund: rauchig nachwirkend.

Inurrieta Mimao Garnacha Blanca 2021 B BA
100% garnacha blanca

88

Ausgewogen, würzig, reif, voll, trockene Kräuter.

Inurrieta Orchídea Cuvée 2021 B
100% sauvignon blanc

89

Ausgewogen, würzig, kräuterig, korrekt.

Inurrieta Orchídea Sauvignon Blanc 2023 B
100% sauvignon blanc

88

Zitrusfrüchte, frisch, kräuterig, poliert.

Inurrieta Puro Vicio 2021 T
100% syrah

91

Farbe: leuchtendes Kirschrot. Aroma: süße Gewürze, reifes Obst, weiches Eichenholz. Mund: würzig, reife Tannine, geschmackvoll, strukturiert.

Laderas de Inurrieta 2020 T
100% graciano

91

Farbe: tiefes Kirschrot. Aroma: trockene Kräuter, weiches Eichenholz, dunkle Früchte. Mund: kraftvoll, reife Früchte, würzig, reife Tannine.

DO NAVARRA / D.O.P.

BODEGA MARQUÉS MONTECIERZO

San José, 62
31590 Castejón (Navarra)
☎: +34 948 814 414
info@marquesdemontecierzo.com
www.marquesdemontecierzo.com

Emergente 2021 T C
70% tempranillo, 30% garnacha
86

Emergente Chardonnay 2023 B BA
100% chardonnay
87

Emergente Rosado de Lágrima 2023 RD
88
Fruchtig, reif, von Primäraromen beherrscht, schlicht.

Marlauro Garnacha 25 Barricas 2022 T
100% garnacha
89
Geschmackvoll, korrekt, getrocknete Blumen, reif, fruchtig. Aroma: süße Gewürze.

Montecierzo Reserva 2018 T R
100% merlot
86

Montecierzo Rosé Lágrima 2023 RD
100% merlot
88
Fruchtig, blumig, reif, naschhaft, wild.

BODEGA PAGO DE CIRSUS

Ctra. de Ablitas a Ribafora, Km. 5
31523 Ablitas (Navarra)
☎: +34 948 386 427
info@pagodecirsus.com
www.pagodecirsus.com

Pago de Cirsus 011 Selección 2018 T
93
Lieblich, opulent, poliert. Farbe: dunkles Kirschrot. Aroma: Röstaromen, würzig, feiner Kakao, dunkle Früchte, trockene Kräuter. Mund: geschmackvoll, Röstnoten, zartbitter.

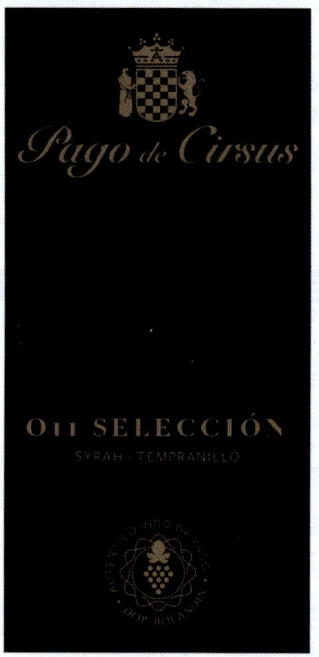

Pago de Cirsus Chardonnay 2023 B
90
Farbe: leuchtendes Strohgelb, grünlicher Saum. Aroma: frisches Obst, Zitrusfrüchte, Wildkräuter, Gras. Mund: frisch, fruchtig, schöne Säure, zartbitter, geschmackvoll.

BODEGA PAGOS DE ARAIZ
Camino de Araiz, s/n
31390 Olite (Navarra)
☎: +34 948 926 963
info@bodegaspagosdearaiz.masaveu.com
www.bodegaspagosdearaiz.com

Blaneo Garnacha 2022 T
100% garnacha

90

Korrekt, würzig, reif, geschmackvoll. Aroma: offen. Mund: cremig, geschmackvoll, sortentypisch.

Blaneo Syrah 2021 T FB
100% syrah

89

Korpulent, ausgewogen, würzig, geschmackvoll, kraftvoll, reif.

BODEGA REYNO DE ARTAJON
Avda. Diputación Foral de Navarra
31140 Artajona (Navarra)
☎: +34 948 364 060
info@coopartajona.es
www.bodegareynodeartajona.com

Reyno de Artajona 2021 T C
100% garnacha

85

Reyno de Artajona 2023 RD
100% garnacha

85

Viña El Dorre 2020 T C
90% tempranillo, 10% merlot

86

Viña El Dorre 2023 T
100% tempranillo

87

BODEGA TÁNDEM
Ctra. Pamplona - Logroño Km. 35,9
(A- 12 salida 34)
31292 Lácar (Navarra)
☎: +34 667 363 646
bodega@tandem.es
www.tandem.es

Ars Nova 2016 T
tempranillo, cabernet sauvignon, merlot

90

Farbe: dunkles Kirschrot, granatroter Saum. Aroma: Früchtekonfit, Noten von Tischlerei, Tabak, süße Gewürze. Mund: würzig, reife Tannine, lang.

Incólume 2022 T
garnacha

92

Angenehm, balsamisch, fruchtig. Farbe: KirsChrot. Aroma: balsamisch, süße Gewürze, Buschwaldkräuter. Mund: würzig, balsamisch, schöne Säure.

Inmácula 2021 B FB
chardonnay, viura

91

Farbe: leuchtendes Strohgelb. Aroma: reifes Obst, feine Hefen, trockene Kräuter, Sträucher. Mund: voll, lang, schöne Säure.

Inmune 2022 T
garnacha

89

Angenehm, mild, geschmackvoll, sortenrein.

Invoca 2022 T
garnacha

91

Farbe: tiefes Kirschrot. Aroma: reifes Obst, trockene Kräuter, weiches Eichenholz. Mund: kraftvoll, reife Früchte, würzig, reife Tannine.

Mácula 2015 T
cabernet sauvignon, merlot

89

Angenehm, lieblich, Röstaromen, pflanzlich.

BODEGA Y VIÑEDOS UBETA
Ctra. Barillas- Malón, Km. 05
31523 Ablitas-Barillas (Navarra)
☎: +34 678 421 303
ubeta@ubetawines.com
www.ubetawines.com

Ubeta Airota 2022 B FB
garnacha blanca

88 🌿

Korpulent, würzig, reif, voll, geschmackvoll, Röstaromen, markante Eiche.

Ubeta Colección Ancestral (Parcela Meteluga) 2022 T BA
garnacha

90 🌿

Korrekt, fruchtig, von Primäraromen beherrscht. Farbe: tiefes Kirschrot. Aroma: reifes Obst, trockene Kräuter, blumig, offen, mittlere Intensität. Mund: reife Früchte, würzig, saftig.

Ubeta Garnacha 2022 T FB
garnacha

88 🌿

Korrekt, fruchtig, Zitrusfrüchte, würzig, schlicht, Röstaromen.

DO NAVARRA / D.O.P.

Guía Peñín SPANIENS WEINFÜHRER 319

DO NAVARRA / D.O.P.

Ubeta Garnacha Blanca 2023 B FB
87 🌿

Ubeta Rose 2023 RD
garnacha
90 🌿
Ausgewogen, kräuterig, voll, reif, Süßwaren.

BODEGAS ALCONDE
Ctra. de Calahorra, s/n
31260 Lerin (Navarra)
☎: +34 948 530 058
ventas@bodegasalconde.com
www.bodegasalconde.com

Alconde X01 Graciano 2016 T
graciano
89
Ausgewogen, würzig, reif, geschmackvoll, trockene Kräuter, mineralisch.

Moreno y Cabezón 2021 B
garnacha blanca
90
Farbe: leuchtendes Strohgelb. Aroma: feine Hefen, helle Früchte, Wildkräuter. Mund: voll, schöne Säure.

Sardasol 2018 T R
tempranillo, cabernet sauvignon, merlot
88
Balsamisch, würzig, reif, geschmackvoll. Aroma: feuchte Erde, Buschwaldkräuter, kraftvoll.

Sardasol 2023 RD
garnacha
88
Frisch, fruchtig, kräuterig, von Primäraromen beherrscht.

Sardasol Tempranillo 2021 T C
tempranillo
88
Reif, ausgewogen, trockene Kräuter, Röstaromen.

Sierra Perra 2021 T
garnacha
88
Frisch, fruchtig, trockene Kräuter, flüssig am Gaumen.

BODEGAS BERAMENDI
Ctra. Tafalla, s/n
31495 San Martín de Unx (Navarra)
☎: +34 679 170 234
info@bodegasberamendi.com
www.bodegasberamendi.com

Beramendi 3 Flores 2020 T C
30% garnacha, 70% graciano
87

Beramendi 3 Flores 2023 B
95% chardonnay, 5% moscatel
86

Beramendi 3 Flores Garnacha 2023 RD
100% garnacha
86

Beramendi Chardonnay 2023 B
chardonnay
86

Beramendi Ensamblaje 2020 T C
50% tempranillo, 50% graciano
91
Farbe: tiefes Kirschrot. Aroma: reifes Obst, trocken Kräuter, weiches Eichenholz, würzig, Schwarze Pfeffer. Mund: kraftvoll, reife Früchte, würzig, reif Tannine, fruchtig, ausgewogen, strukturiert, ziemlic nachhaltig.

Beramendi Garnacha 2023 RD
100% garnacha
88
Zitrusfrüchte, blumig, fruchtig, kräuterig.

BODEGAS CAMPOS DE ENANZO S. COOP.
Mayor, 189
31521 Murchante (Navarra)
☎: +34 948 838 030
enologia@enanazo.com
www.camposenanzo.com

Remonte 2020 T C
garnacha, cabernet sauvignon, graciano
87

Remonte 2023 RD
garnacha
86

Remonte Chardonnay 2023 B
chardonnay
87

BODEGAS CAUDALIA
Cl. San Francisco Javier 14
31494 Lerga (Navarra)
☎: +34 670 833 340
info@bodegascaudalia.com
www.bodegascaudalia.com

Paal 01 100% Syrah 2022 T
syrah
89
Fruchtig, flüssig am Gaumen, würzig, lieblich, Röstaromen.

Umea Garnacha 2023 T
50% garnacha, 50% garnacha roja
87

Umea Garnacha Blanca 2023 B
garnacha blanca
88
Zitrusfrüchte, frisch, kräuterig, korrekt.

Umea Rosé 2023 RD
90% garnacha, 10% garnacha roja
88
Zitrusfrüchte, frisch, kräuterig, schlicht.

Xi'Ipal Garnacha Las Bajadas 2022 T
garnacha
90
Farbe: kirschrot mit violettem Saum. Aroma: ausdrucksstark fruchtig, rote Früchte, blumig, würzig. Mund: geschmackvoll, fruchtig, schöne Säure.

BODEGAS FERNÁNDEZ DE ARCAYA
La Serna, 31
31210 Los Arcos (Navarra)
☎: +34 948 640 811
info@fernandezdearcaya.com
www.fernandezdearcaya.com

Fernández de Arcaya Selección Privada 2019 T R
100% cabernet sauvignon
91
Klassisch, warm. Aroma: trockene Kräuter, schwarze Lakritze, dunkle Früchte, erdig. Mund: geschmackvoll, sortentypisch, voll.

Viña Perguita 2020 T C
80% tempranillo, 15% cabernet sauvignon, 5% merlot
89
Angenehm, balsamisch, korrekt, würzig, reif, kräuterig.

Viña Perguita 2022 T RB
85% tempranillo, 10% cabernet sauvignon, 5% merlot
86

BODEGAS GRAN FEUDO
Ribera, 34
31592 Cintruénigo (Navarra)
☎: +34 932 233 022
info@granfeudo.com
www.granfeudo.com

Gran Feudo 2023 RD
100% garnacha
88
Fruchtig, kräuterig, lieblich, mild.

Gran Feudo Hoya de los Lobos Chardonnay 2023 B
chardonnay
88
Fruchtig, kräuterig, reif, korrekt.

Gran Feudo La Casilla del Guapo 2022 T
100% garnacha
90
Farbe: kirschrot mit violettem Saum. Aroma: ausdrucksstark fruchtig, rote Früchte, blumig. Mund: fruchtig, schöne Säure, süffig, ziemlich nachhaltig.

BODEGAS IÑAKI NÚÑEZ
San Prudencio, 13 4º Izda.
01005 Vitoria-Gasteiz (Araba/Álava)
☎: +34 945 140 126
ngarcia@arabafilms.com
www.bodegasiñakinuñez.es

Iñaki Núñez Vendimia Seleccionada 2021 T
100% garnacha
88
Ausgewogen, würzig, trockene Kräuter, korrekt.

DO NAVARRA / D.O.P.

DO NAVARRA / D.O.P.

BODEGAS IRACHE
Avda. de Monasterio de Irache, 1
31240 Ayegui (Navarra)
☎: +34 948 551 932
irache@irache.com
www.irache.com

Irache 18.91 2020 T C
tempranillo
89
Lieblich, Röstaromen, mild, reif.

Irache 18.91 2023 T RB
89
Lieblich, Röstaromen, geschmackvoll, mild.

Irache 2019 T C
tempranillo, garnacha
88
Angenehm, korrekt, würzig, rauchig, schlicht, saftig.

Irache 2023 RD
tempranillo, garnacha
88
Vegetabil, ausgewogen, frisch.

Irache Chardonnay 2023 B
chardonnay
84

BODEGAS LA CASA DE LÚCULO
Ctra. Larraga, s/n
31150 Mendigorria (Navarra)
☎: +34 948 343 148
bodega@luculo.es
www.luculo.es

Cátulo Garnacha 2022 RD
garnacha
90
Ausgewogen, getrocknete Blumen, voll, reif, geschmackvoll.

Cátulo Garnacha 2023 RD
89
Angenehm, getrocknete Blumen, fruchtig, trockene Kräuter, reif.

Cátulo Garnacha 2023 T
garnacha
88
Angenehm, klar definierte Aromen, lieblich, korrekt, getrocknete Blumen, saftig, von Primäraromen beherrscht, sortenrein.

Chloss Terroir 2023 T
garnacha
90
Korrekt, getrocknete Blumen, reif, saftig, nachhaltig, mild, geschmackvoll, wild. Aroma: rote Früchte, reifes Obst. Mund: süffig.

Lúculo Garnacha Blanca 2022 B
garnacha blanca
89
Zitrusfrüchte, korrekt, reif, voll, kräuterig, Hefenoten.

BODEGAS LEZAUN
Egiarte, 1
31292 Lakar (Navarra)
☎: +34 948 541 339
info@lezaun.com
www.lezaun.com

Egiarte Rosado 2023 RD
100% garnacha
86

Lezaun 0,0 Sulfitos 2022 T
100% tempranillo
87

Lezaun 2018 T R
graciano, garnacha, cabernet sauvignon
90
Nach Eingemachtem, korpulent. Aroma: Früchtekonfit, in Likör eingelegte Früchte, kraftvoll, Wachs. Mund: geschmackvoll, leicht süßlich, lang.

Lezaun 2020 T C
tempranillo, graciano
89
Lieblich, Cremig, würzig, reif, geschmackvoll, angenehm.

Lezaun Gazaga 2021 T RB
tempranillo, graciano, cabernet sauvignon
89
Korpulent, korrekt, würzig, saftig, nachhaltig, reif.

Lezaun Tempranillo 2023 T MC
100% tempranillo
89
Angenehm, korrekt, von Primäraromen beherrscht, fruchtig, klar definierte Aromen. Mund: geschmackvoll, süffig.

BODEGAS LUIS GURPEGUI MUGA

Avda. Celso Muerza, 8
31570 San Adrián (Navarra)
☎: +34 948 692 500
info@manzanos.com
www.luisgurpeguimuga.com

Diacono 2023 RD
87

BODEGAS MALON DE ECHAIDE

Ctra. de Tarazona, 33
31500 Cascante (Navarra)
☎: +34 948 851 411
info@malondeechaide.com
www.malondeechaide.com

Corazón de Malón 2023 RD
100% garnacha
86

Malón de Echaide 2023 B
100% chardonnay
84

Malón de Echaide 2023 RD
85

Moscatel Reinuevo 2023 B D
moscatel grano menudo
90
Farbe: leuchtendes Gelb. Aroma: Honignoten, blumig, ausdrucksvoll. Mund: fett, fruchtig, geschmackvoll.

**Plandenas
Cuveé Selección 2020 T**
60% tempranillo, 40% cabernet sauvignon
85

Viña Parot Gran Cuveé 2019 T R
85% cabernet sauvignon, 15% tempranillo
82

BODEGAS MANZANOS CAMPANAS

Avda. Zaragoza, 1
31398 Campanas (Navarra)
☎: +34 948 692 500
haro@manzanos.com
www.bodegasmanzanos.com

**1864 Castillo
de Olite 2018 T R**
garnacha, tempranillo, cabernet sauvignon
90
Klassisch. Aroma: dunkle Früchte, reifes Obst, Tabak, feine Reduktionsnoten, trockene Kräuter. Mund: kraftvoll, geschmackvoll.

**1864 Castillo
de Olite 2020 T C**
garnacha, tempranillo
90
Farbe: KirsChrot. Aroma: balsamisch, Buschwaldkräuter, reifes Obst. Mund: würzig, balsamisch, saftig, süffig.

**1864 Castillo
de Olite Chardonnay 2023 B FB**
chardonnay
90
Farbe: leuchtendes Gelb. Aroma: weiches Eichenholz, reifes Obst, Steinobst, Röstaromen. Mund: fett, lang, zartbitter.

Las Campanas 2018 T R
cabernet sauvignon, merlot, tempranillo
88
Korrekt, Röstaromen, trockene Kräuter, reif, balsamisch.

Las Campanas 2020 T C
garnacha, cabernet sauvignon, merlot, tempranillo
88
Trockene Kräuter, reif, geschmackvoll, würzig.

Las Campanas 2023 B
chardonnay
86

Las Campanas 2023 RD
garnacha
87

**Las Campanas
Rosé 2023 RD PL**
garnacha
87

**Las Campanas
Tempranillo 2023 T**
tempranillo
85

BODEGAS MARCO REAL

Rua Romana 81
31390 Olite (Navarra)
☎: +34 948 712 193
enoturismo@grupolanavarra.com
www.bodegasmarcoreal.com

Homenaje 2023 RD
garnacha
87

DO NAVARRA / D.O.P.

Guía Peñín | SPANIENS WEINFÜHRER

DO NAVARRA / D.O.P.

Marco Real Finca la Pared Chardonnay 2021 B
chardonnay
89
Reduktiver Ausbau. Aroma: feine Hefen, Steinobst, Früchtekonfit, geröstetes Brot. Mund: zartbitter.

Marco Real Finca la Pared Rosé 2023 RD
garnacha
87

Marco Real Pequeñas Producciones Chardonnay 2023 B
chardonnay
88
Angenehm, tropische, korrekt, mild, schlicht.

Marco Real Pequeñas Producciones Rosé 2023 RD
garnacha
89
Fruchtig, schlicht, wild, mild, durchschnittlich am Gaumen. Aroma: Steinobst.

Marco Real Pequeñas Producciones Sauvignon Blanc 2023 B
sauvignon blanc
88
Aromatisch, balsamisch, korrekt, kräuterig, wild.

Marco Real Pequeñas Producciones Syrah 2022 T RB
100% syrah
90
Farbe: leuchtendes Kirschrot, tiefes Kirschrot. Aroma: reifes Obst, würzig. Mund: reife Früchte, reife Tannine, fruchtig, saftig.

Marco Real Selección de Familia 2018 T C
34% cabernet sauvignon, 22% merlot, 22% graciano, 22% syrah
88
Klassisch, Röstaromen, reif. Aroma: feuchtes Leder.

BODEGAS OCHOA
Miranda de Arga, 35
31390 Olite (Navarra)
☎: +34 948 740 006
info@bodegasochoa.com
www.bodegasochoa.com

Ochoa 2015 T R
60% tempranillo, 30% merlot, 10% cabernet sauvignon
89
Vegetabil, alt, würzig, reif, Röstaromen.

Ochoa 8A La Foto de 1938 2021 T C
40% tempranillo, 25% garnacha, 20% merlot, 15% graciano
88 🌿
Lieblich, durchschnittlich am Gaumen, würzig, reif, schlicht.

Ochoa Moscatel Vendimia Tardía Dulce 2022 B MO D
100% moscatel
90
Angenehm, Zitrusfrüchte. Aroma: Honignoten, überreife Früchte, Orangenschale. Mund: geschmackvoll, cremig, süffig, süß.

Ochoa Rosado de Lágrima 2023 RD
40% garnacha, 40% merlot, 20% cabernet sauvignon
87 🌿

Ochoa Tempranillo 2021 T C
100% tempranillo
87 🌿

BODEGAS PIEDEMONTE
Rúa Romana s/n
31390 Olite (Navarra)
☎: +34 948 712 406
bodega@piedemonte.com
www.piedemonte.com

Piedemonte 2019 T R
merlot, cabernet sauvignon, tempranillo
91
Farbe: tiefes Kirschrot. Aroma: reifes Obst, trockene Kräuter, Wildkräuter, feiner Kakao. Mund: kraftvoll, reife Früchte, würzig, reife Tannine.

Piedemonte Chardonnay 2023 B
chardonnay
88
Angenehm, aromatisch, fruchtig, korrekt, ausgewogen, schlicht. Aroma: Banane.

Piedemonte Cuatro Tierras 2021 T C
merlot, cabernet sauvignon, tempranillo, garnacha
89
Ausgewogen, würzig, trockene Kräuter, reif, geschmackvoll.

Piedemonte Gamma 2023 T
cabernet sauvignon, merlot, tempranillo
87

Piedemonte Moscatel 2023 B MO D
moscatel
87

Piedemonte Old Vines Garnacha 2019 T C
garnacha
87

BODEGAS PRÍNCIPE DE VIANA
Mayor 191
31521 Murchante (Navarra)
☎: +34 948 838 640
info@principedeviana.com
www.principedeviana.com

Príncipe de Viana 1423 2019 T R
85% tempranillo, 15% garnacha
91
Farbe: leuchtendes Kirschrot, tiefes Kirschrot. Aroma: weiches Eichenholz, süße Gewürze, reifes Obst, Schokolade. Mund: saftig, lang, reife Tannine.

Príncipe de Viana 2019 T R
100% tempranillo
88
Angenehm, korrekt, aromatisch, Röstaromen, rauchig, würzig.

Príncipe de Viana 2020 T C
tempranillo, merlot, cabernet sauvignon
88
Alt, würzig, stumpf, durchschnittlich am Gaumen, kräuterig, reif.

Príncipe de Viana Aniversario 2018 T R
40% tempranillo, 29% syrah, 25% cabernet sauvignon, 6% garnacha
91
Farbe: tiefes Kirschrot. Aroma: trockene Kräuter, weiches Eichenholz, dunkle Früchte, süße Gewürze. Mund: kraftvoll, reife Früchte, würzig, reife Tannine.

Príncipe de Viana Edición Blanca 2023 B
50% garnacha blanca, 35% chardonnay, sauvignon blanc
91
Farbe: leuchtendes Gelb. Aroma: frisches Obst, Wildkräuter, helle Früchte, welke Blumen. Mund: frisch, fruchtig, schöne Säure, zartbitter, ausgewogen.

Príncipe de Viana Edición Limitada 2020 T C
65% tempranillo, 29% syrah, 6% garnacha
88
Ausgewogen, würzig, trockene Kräuter, poliert, korrekt.

Príncipe de Viana Edición Rosa 2023 RD
100% garnacha
91
Farbe: blassrosa. Aroma: rote Früchte, blumig, Kräutersäckchen. Mund: leicht, würzig, schöne Säure.

Príncipe de Viana Garnacha 2023 RD
88
Lieblich, reif, fruchtig, getrocknete Blumen.

BODEGAS SAN MARTÍN
Ctra. de Sanguesa, s/n
31495 San Martín de Unx (Navarra)
☎: +34 948 738 294
admon@bodegasanmartin.com
www.bodegasanmartin.com

Alma de Unx 2022 T
garnacha
89
Würzig, voll, reif, Röstaromen.

Alma de Unx 2023 B BA
garnacha blanca
90
Farbe: strohgelb. Aroma: ausdrucksvoll, weiße Blumen, Jasmin, trockene Kräuter. Mund: geschmackvoll, fruchtig, ausgewogen, frisch.

Alma de Unx 2023 RD
garnacha
89
Angenehm, geschmackvoll, fruchtig, aromatisch.

Ilagares 2023 RD
garnacha
88
Angenehm, fruchtig, frisch.

Ilagares Garnacha 2023 T
garnacha
87

La Matacalva 2022 T
garnacha
89
Würzig, trockene Kräuter, reif, Röstaromen.

BODEGAS Y VIÑEDOS ARTAZU
Ctra. Puentelarreina
31109 Artazu (Navarra)
☎: +34 945 600 119
comunicacion@artadi.com
www.bodegasartazu.com

Artazu Pasos de San Martín 2020 T
92 ♣
Reduktiver Ausbau. Farbe: leuchtendes Kirschrot. Aroma: dunkle Früchte, reifes Obst, mit Charakter, trockene Kräuter. Mund: strukturiert, voll, geschmackvoll.

DO NAVARRA / D.O.P.

Artazu Santa Cruz de Artazu 2021 B
garnacha blanca

92

Farbe: strohgelb. Aroma: ausdrucksvoll, weiße Blumen, Jasmin, trockene Kräuter, Wachs. Mund: geschmackvoll, fruchtig, ausgewogen.

Artazu Santa Cruz de Artazu 2021 T

94

Spannungsvoll, geschmackvoll. Farbe: KirsChrot. Aroma: balsamisch, süße Gewürze, Buschwaldkräuter, ausdrucksstark fruchtig, rote Früchte. Mund: würzig, balsamisch, schöne Säure.

Artazuri 2023 RD

90

Farbe: kupferfarben. Aroma: reifes Obst, Früchtekonfit, warm, welke Blumen. Mund: fleischig, geschmackvoll, kraftvoll, reife Früchte.

CASTILLO DE MONJARDÍN

Ctra. General, s/n
31242 Villamayor de Monjardin (Navarra)
☎: +34 948 537 412
contacto@monjardin.es
www.monjardin.es

Castillo de Monjardín Deyo Merlot de Autor 2019 T C

92

Farbe: dunkles Kirschrot, granatroter Saum. Aroma: reifes Obst, Noten von Tischlerei, Tabak, süße Gewürze. Mund: würzig, reife Tannine, lang.

Castillo de Monjardín Chardonnay 2022 B FB
100% chardonnay

90

Farbe: leuchtendes Gelb. Aroma: getrocknete Blumen, kandierte Früchte, feine Hefen, Feingebäck, Röstaromen, weiches Eichenholz. Mund: abgerundet, würzig, lang, nachhaltig.

Castillo de Monjardín Rosado de Lágrima 2023 RD
garnacha, cabernet sauvignon

90

Farbe: lebhaftes Rosa. Aroma: ausdrucksstark fruchtig, rote Früchte, milchig, blumig. Mund: ausgewogen, nachwirkend fruchtig, süffig.

Castillo Monjardín Cabernet Sauvignon Superior 2018 T R

91

Farbe: tiefes Kirschrot, granatroter Saum. Aroma: Noten von Tischlerei, reifes Obst, feiner Kakao, Zigarren, Röstaromen. Mund: geschmackvoll, würzig, Röstnoten, kräftige Tannine.

EMILIO VALERIO

Paraje de Argonga
31263 Dicastillo (Navarra)
☎: +34 667 753 497
bodega@bodegasemiliovalerio.es
www.bodegasemiliovalerio.com

Amburza 2021 T BA
cabernet sauvignon

87

Emilio Valerio 2021 T
garnacha, tempranillo, cabernet sauvignon, merlot, graciano

90

Waldfinsternis, korrekt, reif. Aroma: feine Reduktionsnoten, Moschus-Noten, dunkle Früchte. Mund: geschmackvoll, lang.

La Merced 2019 B FB
malvasía, garnacha blanca, viura

91

Farbe: leuchtendes Gelb. Aroma: kraftvoll, weiches Eichenholz, reifes Obst, würzig, welke Blumen. Mund: fett, Röstnoten, zartbitter, frisch, gewisse Überreife.

Viña de Aranbelza 2017 T
garnacha

91

Farbe: dunkles Kirschrot. Aroma: Weihrauch, Waldfinsternis, würzig, Schwarzer Pfeffer, Fleischnoten, Moschus-Noten. Mund: ausgewogen, komplex.

Viña de Mirabuenas 2015 B
garnacha blanca
93 ✿
Klassisch. Farbe: leuchtendes Strohgelb. Aroma: reifes Obst, feine Hefen, Kokosnuss, süße Gewürze, trockener Stein. Mund: voll, würzig, geschmackvoll.

Viña de San Martín 2016 T
garnacha
91 ✿
Farbe: kirschrot mit granatrotem Saum. Aroma: kraftvoll, trockene Kräuter, Wildkräuter, schwarze Lakritze, dunkle Früchte. Mund: geschmackvoll, lang, reife Tannine.

FAUSTINO RIVERO ULECIA
Ctra. de Tudela, s/n.
31591 Corella (Navarra)
☎: +34 941 380 057
www.faustinorivero.com

Doña Isabella Garnacha 2023 T
garnacha
90
Farbe: tiefes Kirschrot. Aroma: trockene Kräuter, weiches Eichenholz, dunkle Früchte, reifes Obst. Mund: reife Früchte, würzig, reife Tannine.

Doña Isabella Rosé 2023 RD
90
Farbe: blassrosa. Aroma: rote Früchte, blumig, Kräutersäckchen, ausdrucksstark fruchtig. Mund: würzig, schöne Säure, zartbitter.

Faustino Rivero Ulecia Garnacha 2023 RD
garnacha
89
Angenehm, blumig, fruchtig.

FINCA ALBRET
Ctra. Cadreita-Villafranca, s/n
31515 Cadreita (Navarra)
☎: +34 948 406 806
info@fincaalbret.com
www.fincaalbret.com

Albret El Alba Chardonnay 2023 B FB
100% chardonnay
90
Farbe: leuchtendes Gelb. Aroma: reifes Obst, blumig, Anklänge von exotischen Früchten, Wildkräuter. Mund: fruchtig, ausgewogen, geschmackvoll, würzig, Röstnoten.

Albret El Balcón 2020 T C
51% tempranillo, 40% cabernet sauvignon, 9% syrah
91
Farbe: leuchtendes Kirschrot. Aroma: süße Gewürze, reifes Obst, Schokolade. Mund: fruchtig, würzig, reife Tannine.

Albret El Rocío 2023 RD
100% garnacha
90
Farbe: himbeerrot mit violettem Saum. Aroma: ausdrucksstark fruchtig, rote Früchte, blumig. Mund: fruchtig, schöne Säure, süffig.

Albret La Loma Garnacha 2022 T RB
100% garnacha
90
Farbe: kirschrot mit violettem Saum. Aroma: ausdrucksstark fruchtig, rote Früchte, blumig. Mund: fruchtig, geschmackvoll, ausgewogen.

Albret La Viña de mi Madre 2019 T R
100% cabernet sauvignon
94
Klassisch, elegant. Farbe: KirsChrot. Aroma: balsamisch, süße Gewürze, Buschwaldkräuter, erdig, Wildkräuter. Mund: würzig, balsamisch, schöne Säure, reife Tannine.

Albret Lastra 2019 T R
66% tempranillo, 24% cabernet sauvignon, 10% syrah
90
Farbe: tiefes Kirschrot. Aroma: trockene Kräuter, weiches Eichenholz, dunkle Früchte. Mund: reife Früchte, würzig, reife Tannine.

FINCA LA CANTERA DE SANTA ANA
Cantera de Santa Ana, s/n
31521 Murchante (Navarra)
☎: +34 656 658 007
vinos@fincalacantera.com
www.fincalacantera.com

Meik 2019 T
cabernet sauvignon, merlot, syrah, garnacha
91
Farbe: KirsChrot. Aroma: balsamisch, süße Gewürze, Buschwaldkräuter, mit Charakter, erdig. Mund: würzig, balsamisch, schöne Säure.

Nomeolvides 2021 T
garnacha
90
Aromatisch, fruchtig, kräuterig, korrekt, wild, saftig, sortenrein. Mund: feinkörnige Tannine, süffig.

DO NAVARRA / D.O.P.

Guía Peñín · **SPANIENS WEINFÜHRER**

DO NAVARRA / D.O.P.

Nomeolvides Garnacha 2023 RD
garnacha
89
Angenehm, aromatisch, korrekt, fruchtig, mild, Süßwaren, Zitrusfrüchte, milchig.

Nomeolvides Viura 2023 B
viura
89
Zitrusfrüchte, ausgewogen, frisch, kräuterig, geschmackvoll.

GALLINA DE PIEL WINES
17005 Girona (Girona)
info@gallinadepielwines.com
www.gallinadepielwines.com

Pinkgall 2023 RD
95% garnacha, 5% otras
87

GONZALO CELAYETA WINES
Barrandón, 6
31390 Olite (Navarra)
☎: +34 639 010 119
info@gonzalocelayetawines.com
www.gonzalocelayetawines.com

El Duende 2021 T
garnacha
92
Klar definierte Aromen. Aroma: frisch, Wildkräuter, ausdrucksvoll, reifes Obst. Mund: lebhaft, saftig, fruchtig, frisch, sortentypisch, süffig, spritzig.

El Piano 2021 T
garnacha
90
Getrocknete Blumen, fruchtig, saftig. Aroma: reifes Obst, trockene Kräuter. Mund: reife Früchte, würzig, reife Tannine.

Huracán Daniela 2023 B FB
garnacha blanca, viura, chardonnay
91
Aromatisch. Aroma: Nuancen von Tonerde, erdig, helle Früchte, reifes Obst, blumig. Mund: saftig, schöne Säure, ausgewogen.

Huracán Daniela Cuvee 2020 B
70% garnacha blanca, 15% chardonnay, 15% viura
93
Farbe: strohgelb. Aroma: reifes Obst, trockene Kräuter, welke Blumen, Bäckerei, feine Hefen, weiches Eichenholz, Phosphor. Mund: reife Früchte, ausgewogen, geschmackvoll, würzig, lang.

La Huella de Aitana 2023 RD
garnacha
90
Farbe: helles Kirschrot, glänzend. Aroma: frisch, rote Früchte, blumig, ausdrucksvoll, ausgewogen. Mund: fruchtig, ausgewogen, zartbitter.

La Huella de Aitana Cuvée Zen 2021 RD C
garnacha
92
Mit Potenzial. Farbe: lachsfarben. Aroma: Nüsse, erdig, Nuancen von Tonerde, elegant. Mund: saftig, lebhaft, elegant.

BODEGAS MÁXIMO ABETE/ GUERINDA WINES
Ctra. Estella-Sangüesa, km. 45
31495 San Martín de Unx (Navarra)
☎: +34 641 107 238
info@bodegasmaximoabete.com
www.bodegasmaximoabete.com

Guerinda El Máximo 2022 T BA
garnacha
88 ♣
Waldfinsternis, ausgewogen, würzig, trockene Kräuter.

Guerinda Parcelas de Garnacha "Vino de Pueblo" 2022 T
90
Farbe: kirschrot mit violettem Saum. Aroma: ausdrucksstark fruchtig, rote Früchte, blumig, feine Hefen. Mund: fruchtig, geschmackvoll, ausgewogen.

Guerinda Parcelas de Garnacha "La Abejera" 2022 T
garnacha
92 ♣
Farbe: kirschrot mit violettem Saum. Aroma: rote Früchte, blumig, würzig, Moschus-Noten. Mund: geschmackvoll, fruchtig, warm.

Guerinda Parcelas de Garnacha "Muriomozo" 2022 T BA
84 ♣

Guerinda Parcelas de Garnacha "Txirolas, Quitana y Bilarraga"" 2022 T BA
91
Farbe: kirschrot mit violettem Saum. Aroma: ausdrucksstark fruchtig, rote Früchte, blumig, würzig. Mund: geschmackvoll, fruchtig, schöne Säure.

Guerinda+ La Rosa 2022 RD
garnacha

89 🌿

Fruchtig, getrocknete Blumen, trockene Kräuter, reif, geschmackvoll, wild.

Guerinda+ La Roya Blanc de Noir 2023 B
garnacha

88 🌿

Rassig, Zitrusfrüchte, ausgeprägter Säuregehalt, Hefenoten.

LA CALANDRIA. PURA GARNACHA
Calle Mayor, 189
31521 Murchante (Navarra)
☎: +34 609 476 387
javier@lacalandria.org
www.lacalandria.com

Cientruenos 2021 T BA
100% garnacha

88

Reif, trockene Kräuter, Röstaromen, etwas austrocknend.

Sonrojo 2023 RD
100% garnacha

88

Lieblich, korrekt, fruchtig, kräuterig, klar definierte Aromen.

Volandera 2022 T
100% garnacha

89

Ausgewogen, würzig, trockene Kräuter, reif.

LMT WINES (LUIS MOYA)
Cerro Amurdi
31190 Cizur Menor (Navarra)
☎: +34 645 841 928
hola@lmtwines.com
www.lmtwines.com

Kimera 2021 T
garnacha

90

Klar definierte Aromen, korrekt, fruchtig, von Primäraromen beherrscht, wild, blumig, sortenrein, mild. Mund: reife Früchte, süffig.

NEKEAS
Las Huertas, s/n
31154 Añorbe (Navarra)
☎: +34 948 350 296
nekeas@nekeas.com
www.nekeas.com

25 Vendimias 2023 B
100% garnacha blanca

89

Kräuterig, fruchtig, reif, wild.

El Camino de Nekeas 2022 T RB
40% garnacha, 30% tempranillo, 30% syrah

86

El Rincón de Nekeas 2023 B
100% chardonnay

89

Zitrusfrüchte, kräuterig, reif, geschmackvoll, wild.

Izar de Nekeas 2017 T R
cabernet sauvignon, tempranillo, merlot

88

Alt, würzig, vegetabil, Röstaromen.

Los Olivos de Nekeas 2017 T R
50% cabernet sauvignon, 50% merlot

90

Klassisch. Farbe: dunkles Kirschrot, granatroter Saum. Aroma: Früchtekonfit, Noten von Tischlerei, Tabak, süße Gewürze, trockene Kräuter. Mund: würzig, reife Tannine, lang.

PAGO DE LARRÁINZAR
Camino de la Corona, s/n
31240 Ayegui (Navarra)
☎: +34 948 550 421
info@pagodelarrainzar.com
www.pagodelarrainzar.com

Rosado de Larrainzar 2023 RD
80% merlot, 20% tempranillo

87

UNSI
Rúa Alcalde Maillata, 3C
31390 Olite (Navarra)
☎: +34 689 482 741
unsi@unsiwines.com
www.unsiwines.com

Unsi "Finca El Boyeral" 2018 T BA
100% garnacha

88

Getrübt, überreif. Farbe: tiefes Kirschrot. Aroma: trockene Kräuter, dunkle Früchte. Mund: kraftvoll, reife Früchte, würzig, reife Tannine.

DO NAVARRA / D.O.P.

DO NAVARRA / D.O.P.

Unsi "Finca Lasierra" 2017 T
100% garnacha
91
Farbe: tiefes Kirschrot. Aroma: reifes Obst, trockene Kräuter, weiches Eichenholz, würzig. Mund: reife Früchte, würzig, reife Tannine.

Unsi "Terrazas Blanco" 2022 B BA
garnacha blanca
89
Fruchtig, reif, geschmackvoll, trockene Kräuter.

Unsi "Terrazas" 2020 T
100% garnacha
90
Angenehm, klar definierte Aromen, saftig, mild. Aroma: blumig, ausdrucksstark fruchtig. Mund: sortentypisch, ausgewogen, süffig.

Unsi Dulce Garnacha RF RC D
garnacha
92
Farbe: Altgold. Aroma: mit Charakter, offen, rancio. Mund: würzig, lang, nachhaltig, geschmackvoll, voll, schöne Säure, süß.

VALDELARES BODEGA Y VIÑA
Ctra. Eje del Ebro, km. 60
31579 Cárcar (Navarra)
☎: +34 616 116 703
valdelares@valdelares.com
www.valdelares.com

Valdelares 2021 T C
87

Valdelares 2023 RD
87

Valdelares Alta Expresión 2021 T C
87

Valdelares Chardonnay 2023 B
86

Valdelares Moscatel 2023 B MO
moscatel
87

Valdelares Sauvignon Blanc 2023 B
86

VINOS Y VIÑEDOS DOMINIO LASIERPE
Ribera, s/n
31592 Cintruénigo (Navarra)
☎: +34 948 811 033
comercial@dominiolasierpe.com
www.dominiolasierpe.com

Dominio Lasierpe 1920 Centenario 2020 T
100% garnacha
89
Korrekt, würzig, trockene Kräuter, getrocknete Blumen, geschmackvoll, ausgewogen, reif.

Finca Lasierpe Blanco de Viura 2023 B
100% viura
85

Finca Lasierpe Chardonnay 2023 B
100% chardonnay
85

Finca Lasierpe Garnacha 2023 RD
100% garnacha
87

Flor de Lasierpe Garnacha 2023 RD PL
100% garnacha
87

Flor de Lasierpe Tinto Selección Garnacha 2022 T
100% garnacha
87

VIÑA PALACIOS
Cerco de Fuera, 10
31390 Olite (Navarra)
☎: +34 616 055 414
bodega@vinapalacios.es
www.vinapalacios.es

La Carra Cabra 2022 T
garnacha
92
Elegant, Waldfinsternis. Farbe: kirschrot mit violettem Saum. Aroma: blumig, würzig, trockene Kräuter, dunkle Früchte, rote Früchte, reifes Obst, Unterholz. Mund: geschmackvoll, fruchtig, seidiges Tannin.

Trifinio 2022 T
garnacha
90
Farbe: tiefes Kirschrot. Aroma: trockene Kräuter, weiches Eichenholz, rote Früchte, dunkle Früchte, süße Gewürze. Mund: reife Früchte, würzig, reife Tannine, geschmackvoll.

VIÑA ZORZAL WINES
Ctra. del Villar, s/n
31591 Corella (Navarra)
☎: +34 948 780 617
info@vinazorzalwines.com
www.vinazorzalwines.com

Viña Zorzal 4 del 4 2021 T
100% graciano
93
Balsamisch, lebhaft, wild, Waldfinsternis. Farbe: kirschrot mit granatrotem Saum. Aroma: rote Früchte, eine Spur Waldbeeren, frisch, offen, ausdrucksvoll. Mund: saftig, fruchtig, nachhaltig, schöne Säure, spannungsvoll.

Viña Zorzal 4 del 4 2022 T
100% graciano
93
Balsamisch, lebhaft, wild, Waldfinsternis. Farbe: kirschrot mit granatrotem Saum. Aroma: rote Früchte, eine Spur Waldbeeren, frisch, offen, ausdrucksvoll. Mund: saftig, fruchtig, nachhaltig, schöne Säure, spannungsvoll.

Viña Zorzal Bakan 2023 T
94
Farbe: kirschrot mit violettem Saum. Aroma: ausdrucksstark fruchtig, blumig, würzig, dunkle Früchte, Wildkräuter, erdig. Mund: geschmackvoll, fruchtig, schöne Säure, lang, spannungsvoll.

Viña Zorzal Garnacha Blanca 2022 B
garnacha blanca
91
Farbe: leuchtendes Strohgelb. Aroma: ausdrucksstark fruchtig, reifes Obst, trockene Kräuter, getrocknete Blumen, ausdrucksvoll. Mund: geschmackvoll, frisch, schöne Säure, nachwirkend fruchtig, fruchtig.

Viña Zorzal Golerga 2022 T
100% garnacha
93
Komplex. Farbe: tiefes Kirschrot. Aroma: reifes Obst, trockene Kräuter, balsamisch. Mund: reife Früchte, würzig, reife Tannine.

Viña Zorzal Señora de las Alturas 2022 B
viura, garnacha blanca
93
Aromatisch, komplex. Farbe: leuchtendes Gelb. Aroma: weiches Eichenholz, reifes Obst, würzig. Mund: fett, strukturiert, lang, Röstnoten, zartbitter.

🏆 PODIUM

Viña Zorzal Señora de las Alturas 2022 T
95
Spannungsvoll, klar definierte Aromen. Farbe: kirschrot mit violettem Saum. Aroma: ausdrucksstark fruchtig, rote Früchte, blumig, würzig, Kräutersäckchen. Mund: geschmackvoll, fruchtig, schöne Säure, lang.

Viñas Zorzal Malayeto 2022 T
92
Farbe: durchscheinendes Kirschrot. Aroma: Wildkräuter, Gras, reifes Obst, offen. Mund: fruchtig, saftig, süffig, spannungsvoll, spritzig, balsamisch.

DO NAVARRA / D.O.P.

DO. PENEDÈS

CONSEJO REGULADOR

Plaça Àgora. s/n. Pol. Ind. Domenys, II
08720 Vilafranca del Penedès (Barcelona)
☎: +34 938 904 811
@: dopenedes@dopenedes.cat
www.dopenedes.cat

LAGE:

Die Weinregion in der Provinz Barcelona reicht von der Katalanischen Küstenkette bis in zur Küstenebene am Mittelmeer und setzt sich aus drei Teilgebieten zusammen: Penedès Superior, Penedès Central oder Medio und Bajo Penedès.

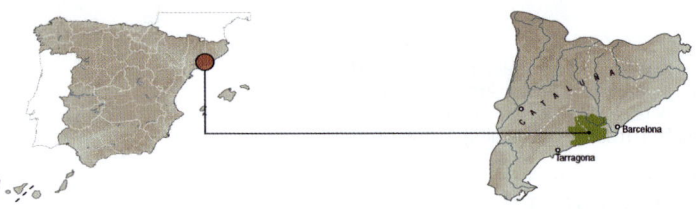

TEILGEBIETE:

Penedés Superior: Die Rebflächen liegen bis in Höhenlagen bei 800 m. Die klassische Rebsorte in diesem Gebiet ist die Parellada, da sie kühleren Witterungen besser angepasst ist.

Penedés Central oder Medio: Ein Großteil der hiesigen Produktion ist für Cava bestimmt. Die häufigsten Traditionsreben sind Macabeo und Xarel.lo.

Bajo Penedés: Dieses Anbaugebiet befindet sich in den tieferen Lagen in der Nähe des Mittelmeeres, weshalb die Weine einen unverkennbar mediterranen Charakter aufweisen.

REBSORTEN:

WEISS: Macabeo, Xarel.lo, Parellada, Chardonnay, Riesling, Gewürztraminer, Chenin Blanc, Forcada, Moscatel de Alejandría, Garnacha Blanca, Viognier, Sumoi Blanc und Malvasía.

ROT: Garnacha, Merlot, Samsó, Ull de Llebre (Tempranillo), Pinot Noir, Monastrell, Cabernet Sauvignon, Moneu, Syrah, Petit Verdor, Sumoll und Picapoll Negra.

DATEN:

Rebfläche (ha): 4.678 – **Winzer:** 1.980 – **Weinerzeuger:** 150 – **Jahrgang 23:** Unrated – **Jahresproduktion 23:** 16.200.000 L. – **Absatz:** 75% Spanien - 25% Export.

BODENVERHÄLTNISSE:

Tiefe Böden, nicht zu sandig und auch nicht zu lehmig, wasserdurchlässig und mit guter Wasserspeicherfähigkeit. Der Boden haben einen geringen organischen Anteil und sind wenig fruchtbar.

KLIMA:

Mediterran, allgemein warm und gemäßigt. Im Bajo Penedés durch die Lage am Mittelmeer heißer als die übrigen Teilgebiete, in denen ein von der Küstennähe beeinflusstes Binnenklima herrscht, mit stärkeren Temperaturschwankungen, häufigeren Frösten und Jahresniederschlagshöhen, die stellenweise 990 l/m² betragen können), und etwas niedrigeren Temperaturen.

ERNTEBEWERTUNG ANHAND JUNGER WEINE GUÍAPEÑÍN

2019	2020	2021	2022	2023
SEHR GUT	SEHR GUT	SEHR GUT	SEHR GUT	GUT

ALBET I NOYA
Can Vendrell de la Codina, s/n
08739 Sant Pau D'Ordal (Barcelona)
☎: +34 938 994 812
info@albetinoya.cat
www.albetinoya.cat

Albet i Noya El Bosc Negre 2021 B
100% xarel.lo

93 🌿
Farbe: leuchtendes Strohgelb. Aroma: ausdrucksstark fruchtig, reifes Obst, blumig, helle Früchte, , welke Blumen. Mund: geschmackvoll, frisch, schöne Säure, nachwirkend fruchtig, ausgewogen, ziemlich nachhaltig.

Albet i Noya El Corral Cremat 2013 BE GR BR
xarel.lo

94 🌿
Farbe: golden leuchtend. Aroma: feine Hefen, Kräutersäckchen, mit Charakter, Nüsse, helle Früchte. Mund: geschmackvoll, schöne Säure, feine Perlen, zartbitter.

Albet i Noya El Fanio 2022 B
xarel.lo

92 🌿
Farbe: strohgelb. Aroma: reifes Obst, trockene Kräuter, welke Blumen, süße Gewürze. Mund: kraftvoll, reife Früchte, ausgewogen.

Albet i Noya La Milana 2019 T R
garnacha, merlot

92 🌿
Farbe: kirschrot mit violettem Saum. Aroma: Röstaromen, würzig, feiner Kakao, reifes Obst, dunkle Früchte. Mund: geschmackvoll, Röstnoten, zartbitter, nachwirkende Röstnoten, trockene, aber reife Tannine.

Albet i Noya Les Timbes 2021 T C
garnacha, cabernet sauvignon

90 🌿
Farbe: kirschrot mit violettem Saum. Aroma: ausdrucksstark fruchtig, rote Früchte, blumig, würzig. Mund: geschmackvoll, fruchtig, schöne Säure.

Albet i Noya Reserva Martí 2017 T GR
cabernet sauvignon, merlot

92 🌿
Farbe: leuchtendes Kirschrot. Aroma: süße Gewürze, reifes Obst, Schokolade, trockene Kräuter, Buschwaldkräuter. Mund: fruchtig, würzig, reife Tannine.

ALEMANY I CORRIO
Melió, 78
08720 Vilafranca del Penedés (Barcelona)
☎: +34 661 850 498
sotlefriec@sotlefriec.com
www.alemany-corrio.com

Principia Mathematica 2022 B

93 🌿
Balsamisch, wenig interventionistisch. Farbe: leuchtendes Strohgelb. Aroma: reifes Obst, Kräutersäckchen, feine Hefen. Mund: voll, fett, lang, schöne Säure.

ALSINA & SARDÁ
Barri Les Tarumbes, s/n
08733 El Pla del Penedès (Barcelona)
☎: +34 938 988 132
alsina@alsinasarda.com
www.alsinasarda.com

1894 Origens 2022 B
100% xarel.lo

91 🌿
Wenig interventionistisch. Farbe: gelb. Aroma: feine Hefen, Hefenoten, Zitrusfrüchte, blumig, Getreidenoten. Mund: ausgewogen.

Alsina & Sardá Finca La Boltana 2022 B
100% xarel.lo

90 🌿
Farbe: leuchtendes Gelb. Aroma: kraftvoll, reifes Obst, würzig, Röstaromen. Mund: fett, zartbitter, korrekt.

Cromàtic Chardonnay + Xarel.lo 2023 B
50% chardonnay, 50% xarel.lo

86 🌿

Inhòspit 2022 B
50% malvasía de Sitges, 50% xarel.lo

91 🌿
Angenehm, klar definierte Aromen, sortenrein, repräsentativ. Aroma: Wildkräuter, Gras, . Mund: zartbitter, ausgewogen.

AT ROCA
La Vinya, 15-17
08770 Sant Sadurní d'Anoia (Barcelona)
☎: +34 935 165 043
info@atroca.eu
www.atroca.eu

Anima Mundi Cantallops 2022 B
100% xarel.lo

92 🌿
Farbe: leuchtendes Strohgelb. Aroma: frisches Obst, Zitrusfrüchte, Wildkräuter, ausdrucksstark fruchtig. Mund: frisch, fruchtig, schöne Säure, ausgewogen, nachwirkend fruchtig.

DO PENEDÈS / D.O.P.

DO PENEDÈS / D.O.P.

Esparter 2017 BE GR BN
100% macabeo

92 ☘

Farbe: leuchtendes Strohgelb. Aroma: Kräutersäckchen, Röstaromen, Zitrusfrüchte, Nüsse. Mund: geschmackvoll, schöne Säure, feine Perlen, ausgewogen.

Finca Els Gorgs 2013 BE GR
macabeo, xarel.lo

94 ☘

Farbe: golden leuchtend. Aroma: feine Hefen, Nüsse, Röstaromen, Brioche. Mund: kraftvoll, geschmackvoll, schöne Säure, feine Perlen, zartbitter.

Matria BE GR
xarel.lo

94 ☘

Farbe: leuchtendes Strohgelb. Aroma: feine Hefen, Kräutersäckchen, mit Charakter, reifes Obst, Nüsse. Mund: kraftvoll, geschmackvoll, schöne Säure, feine Perlen, zartbitter.

Pedregar 2017 RE R BN
93 ☘

Farbe: blassrosa. Aroma: elegant, rote Früchte, blumig, Kräutersäckchen, ausdrucksvoll. Mund: würzig, schöne Säure, fruchtig, frisch, ziemlich nachhaltig.

AVGVSTVS FORVM
Ctra. Sant Vicenç, s/n
43700 El Vendrell (Tarragona)
☎: +34 977 666 910
avgvstvs@avgvstvsforvm.com
www.avgvstvsforvm.com

Avgvstvs Antigues Reserves 1999 T R
65% cabernet sauvignon, 30% merlot, 5% cabernet franc

92 ☘

Farbe: dunkles Kirschrot, granatroter Saum. Aroma: Früchtekonfit, Noten von Tischlerei, Tabak, süße Gewürze. Mund: würzig, reife Tannine, geschmackvoll, kraftvoll.

Avgvstvs Microvinificació Macabeo 2018 B FB
100% macabeo

92 ☘

Farbe: leuchtendes Gelb. Aroma: ausdrucksstark fruchtig, reifes Obst, gebackenes Obst, würzig. Mund: geschmackvoll, frisch, schöne Säure, würzig, rauchig nachwirkend.

Avgvstvs Microvinificació Xarel.lo de Mar 2017 B FB
100% xarel.lo

92 ☘

Oxidativ. Farbe: leuchtendes Kirschrot. Aroma: kraftvoll, weiches Eichenholz, reifes Obst, würzig, trockener Stein, Phosphor, Nüsse. Mund: fett, strukturiert, Röstnoten, zartbitter.

Avgvstvs Antigues Reserves Chardonnay 2015 B
100% chardonnay

92

Farbe: leuchtendes Gelb. Aroma: kraftvoll, weiches Eichenholz, reifes Obst, würzig. Mund: fett, strukturiert, lang, Röstnoten, zartbitter, frisch, rauchig nachwirkend.

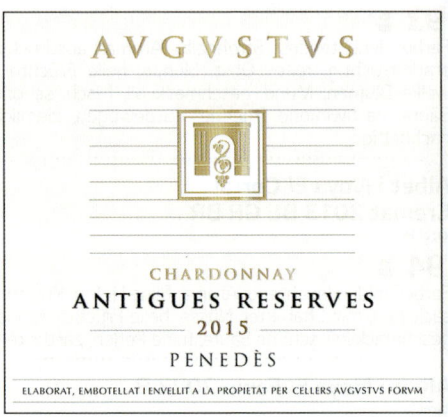

Avgvstvs Chardonnay 2022 B FB
100% chardonnay

92 ☘

Farbe: leuchtendes Gelb. Aroma: kraftvoll, weiches Eichenholz, reifes Obst, Nüsse, süße Gewürze, Karamel. Mund: fett, strukturiert, lang, Röstnoten, zartbitter.

Avgvstvs Trajanvs 2019 T R
35,2% cabernet franc, 32,4% merlot, 16,2% cabernet sauvignon, 16,2% ull de llebre

92 ☘

Korpulent. Aroma: balsamisch, süße Gewürze, Buschwaldkräuter, dunkle Früchte, Früchtekonfit, Nüsse, erdig. Mund: würzig, balsamisch, reife Tannine.

AYMAR - CASTELL DE PUJADES
Ctra. B-212, Km. 5,5
08732 Castellví de la Marca (Barcelona)
☎: +34 938 905 151
info@aymarwines.com
www.aymar.cat

Aymar 2017 BE R BN
60% xarel.lo, 20% parellada, 20% macabeo

87 ☘

Aymar 2018 BE R BR
45% xarel.lo, 30% parellada, 25% macabeo

89 ☘

Zitrusfrüchte, fruchtig, reif, grobe Blasen, milchig.

Aymar Ice 2017 BE ES
50% xarel.lo, 25% macabeo, 25% parellada
86 🌿

Aymar Reserva Única 2016 BE GR BN
60% xarel.lo, 25% macabeo, parellada
92 🌿
Farbe: golden leuchtend. Aroma: feine Hefen, Kräutersäckchen, reifes Obst, Nüsse, gebackenes Obst. Mund: kraftvoll, geschmackvoll, schöne Säure, feine Perlen, ziemlich nachhaltig.

Aymar Rosé 2019 RE R EBR
100% garnacha
89 🌿
Frisch, fruchtig, kräuterig, ausgewogen.

Celler del Foix Blanc 2023 B
87 🌿

BLANCHER-CAPDEVILA PUJOL
Plaça Pont Romà, Edificio Blancher
08770 Sant Sadurní d'Anoia (Barcelona)
☎: +34 938 183 286
blancher@blancher.es
www.blancher.es

Blancher Clos 7/12 2019 T C
merlot, tempranillo
88
Korrekt, reif, nachhaltig, Röstaromen, würzig, balsamisch.

Mercè Jove 2022 T
merlot, tempranillo
87

Vica Radio Blanc 2023 B
xarel.lo, moscatel de alejandría
87

BODEGA MIQUEL JANÉ
Masia Cal Costas, s/n
08736 Font-Rubí (Barcelona)
☎: +34 654 127 597
info@jmiqueljane.com
www.miqueljane.com

Clàssic Penedès Sauvignon Blanc Miquel Jané 2018 BE BN
100% sauvignon blanc
90
Aroma: reifes Obst, feine Hefen, ausgewogen, trockene Kräuter. Mund: schöne Säure, geschmackvoll, reife Früchte, lang.

Masia Cal Costas Syrah Cabernet Sauvignon 2021 T
50% syrah, 50% cabernet sauvignon
87

Miquel Jané Baltana Blanc 2022 B
100% xarel.lo
88 🌿
Herb, frisch, trockene Kräuter, mineralisch, Hefenoten.

Miquel Jané Baltana Rosat 2022 RD
100% garnacha
88 🌿
Fruchtig, trockene Kräuter, von Primäraromen beherrscht, schlicht.

Miquel Jané Sauvignon Blanc 2021 B
100% sauvignon blanc
88 🌿
Zitrusfrüchte, ausgewogen, blumig, kräuterig, schlicht.

Miquel Jané Syrah 2022 T
100% syrah
89 🌿
Fruchtig, sortenrein, würzig, reif, geschmackvoll.

BODEGAS CA N'ESTELLA
Masia Ca n'Estella, s/n
08635 Sant Esteve Sesrovires (Barcelona)
☎: +34 934 161 387
a.vidal@fincacanestella.com
www.fincacanestella.com

Clot dels Oms Blanc 2022 B
100% chardonnay
89 🌿
Trockene Kräuter, geschmackvoll, ausgewogen, mineralisch.

Clot dels Oms Gewurztramnier 2022 B
100% gewürztraminer
88 🌿
Aromatisch, fruchtig, reif, tropische, ausgeprägter Säuregehalt.

Clot dels Oms Negre 2021 T R
50% ull de llebre, 50% samsó
87 🌿

Gran Clot dels Oms Chardonnay 2021 B C
chardonnay
90 🌿
Farbe: strohgelb. Aroma: trockene Kräuter, welke Blumen, süße Gewürze, geröstetes Brot, helle Früchte. Mund: reife Früchte, ausgewogen.

DO PENEDÈS / D.O.P.

Guía Peñín **SPANIENS WEINFÜHRER** **335**

DO PENEDÈS / D.O.P.

Gran Clot dels Oms Negre 2019 T GR
100% merlot

89
Holzig, Röstaromen, kraftvoll, kräuterig, korpulent. Mund: reife Tannine.

Gran Clot dels Oms Xarel.lo 2021 B BA
xarel.lo

91 ♣
Farbe: leuchtendes Gelb. Aroma: würzig, helle Früchte, Nüsse, geröstetes Brot. Mund: strukturiert, zartbitter, frisch.

BODEGAS CAPITÀ VIDAL
Ctra. Vilafranca- Igualada, C-15, km 21
08733 El Pla del Penedès (Barcelona)
☎: +34 938 988 630
administracion@capitavidal.com
www.capitavidal.com

Clos Vidal Cabernet Sauvignon 2020 T RB
85% cabernet sauvignon, 15% syrah

89 ♣
Aromatisch, reif, würzig, kräuterig, nachhaltig.

Clos Vidal Merlot 2020 T C
85% merlot, 15% tempranillo

89 ♣
Fruchtig, reif, von Primäraromen beherrscht, Röstaromen, geschmackvoll.

BODEGAS MASET
Ctra. Vilafranca-Igualada C-15 Km.19
08792 La Granada (Barcelona)
☎: +34 900 200 250
info@maset.com
www.maset.com

Maset 1777 2019 T R
cariñena, cabernet sauvignon

92
Nach Eingemachtem, milchig, reif. Aroma: balsamisch, trockene Kräuter, mit Charakter, Schokolade. Mund: geschmackvoll, voll, reife Tannine.

Maset Foc Merlot 2019 T R
merlot

90
Farbe: rubinrot mit ziegelrotem Saum. Aroma: überreife Früchte, weiches Eichenholz, warm, stark gegerbtes Leder, Fleischnoten. Mund: nach Eingemachtem, kraftvoll, süße Tannine, würzig.

Maset La Soledad 2021 B FB
chardonnay

89
Cremig, holzig, voll, reif, geschmackvoll.

Maset La Sínia 2022 B FB
xarel.lo

90
Farbe: leuchtendes Strohgelb. Aroma: frisches Obst, Zitrusfrüchte, Wildkräuter, mineralisch, ausgewogen. Mund: frisch, fruchtig, schöne Säure.

Maset Natura 2018 T R
cabernet sauvignon, merlot, garnacha

91
Farbe: kirschrot mit violettem Saum. Aroma: ausdrucksstark fruchtig, rote Früchte, würzig, dunkle Früchte, trockene Kräuter, Schwarzer Pfeffer. Mund: geschmackvoll, fruchtig, schöne Säure, lang.

Maset Natura 2020 T C
merlot, cabernet sauvignon, garnacha

91
Farbe: tiefes Kirschrot, violetter Saum. Aroma: reifes Obst, trockene Kräuter, rote Früchte, würzig, ausdrucksvoll, von Primäraromen beherrscht. Mund: reife Früchte, würzig, reife Tannine, ausgewogen.

BODEGUES SUMARROCA
Calle del Rebato s/n
08739 Subirats (Barcelona)
☎: +34 938 911 092
ncata@sumarroca.com
www.sumarroca.com

Bòria Sumarroca 2019 T
syrah

91 ♣
Farbe: tiefes Kirschrot. Aroma: reifes Obst, trockene Kräuter, weiches Eichenholz, Schwarzer Pfeffer, würzig, dunkle Früchte. Mund: reife Früchte, würzig, fruchtig, trockene, aber reife Tannine.

Il·lògic Xarel·lo Orgànic Sumarroca 2023 B
xarel.lo

88 ♣
Fruchtig, kräuterig, trockene Kräuter, Zitrusfrüchte.

Marger Sumarroca 2022 B FB
xarel.lo, macabeo

91 ♣
Farbe: leuchtendes Gelb. Aroma: reifes Obst, trockene Kräuter, welke Blumen, Zitronenbombon. Mund: reife Früchte, ausgewogen, frisch, mineralisch.

CAN BAS DOMINI VINICOLA
Crtra. De Vilafranca C-243, km. 4
08739 Subirats (Barcelona)
☎: +34 938 994 173
info@can-bas.com
www.can-bas.com

Can Bas La Capella 2017 T GR
70% syrah, 30% cabernet sauvignon

91
Farbe: tiefes Kirschrot. Aroma: trockene Kräuter, weiches Eichenholz, dunkle Früchte, würzig, Röstaromen. Mund: reife Früchte, würzig, reife Tannine.

Can Bas La Creu 2022 B
100% sauvignon blanc

92
Farbe: leuchtendes Strohgelb. Aroma: Zitrusfrüchte, helle Früchte, , trockene Kräuter, Sellerie. Mund: fruchtig, lebhaft, geschmackvoll, sortentypisch, ausgewogen.

Can Bas Monreal 2016 T
100% cabernet sauvignon

92
Farbe: tiefes Kirschrot. Aroma: weiches Eichenholz, dunkle Früchte, Wildkräuter, feine Reduktionsnoten. Mund: reife Früchte, würzig, reife Tannine.

CAN LLEÓ
Barri Can Lleó, 2
08731 Sant Martí Sarroca (Barcelona)
☎: +34 660 358 780
canlleo@canlleo.com
www.canlleo.com

Ancestral Macabeu Vinya Les Pedres 2022 BE
100% macabeo

92
Oxidativ. Farbe: leuchtendes Gelb. Aroma: reifes Obst, feine Hefen, ausgewogen, trockene Kräuter, milchig. Mund: schöne Säure, geschmackvoll, reife Früchte, lang.

Brisat Macabeu Vinya Meix 2022 B
100% macabeo

91
Mit Persönlichkeit, reif, wild, aromatisch. Aroma: Buschwaldkräuter, . Mund: schöne Säure, ausgewogen, zartbitter, süffig, ziemlich nachhaltig.

Brisat Parellada Vinya Martra 2022 B
100% parellada

88
Ausgewogen, frisch, vegetabil, schlicht, korrekt.

Genuí Garnatxa Vinya La Casilla D'en Pep 2023 T
100% garnacha

90
Angenehm, flüssig am Gaumen, wild. Farbe: durchscheinendes Kirschrot. Aroma: Wildkräuter, getrocknete Blumen, rote Früchte. Mund: korrekt, saftig.

Genuí Macabeu Vinya Les Pedres 2023 B
100% macabeo

89
Unehrlich, reif, reduktiver Ausbau, wenig interventionistisch, Zitrusfrüchte, korrekt, rustikal. Aroma: Moschus-Noten.

CAN RÀFOLS DELS CAUS
Can Rafols del Caus s/n
08793 Avinyonet del Penedès (Barcelona)
☎: +34 938 970 013
info@canrafols.com
www.canrafolsdelscaus.com

El Rocallís 2021 B FB
100% incrocio manzoni

93
Cremig. Farbe: leuchtendes Strohgelb. Aroma: feine Hefen, helle Früchte, Praline, geröstetes Brot. Mund: voll, lang, schöne Säure, geschmackvoll.

Gran Caus 2019 T
cabernet franc, merlot, cabernet sauvignon

91
Leichte Oxidation.

Gran Caus 2022 B
75% xarel.lo, 15% chenin blanc, 10% chardonnay

91
Angenehm. Aroma: reifes Obst, blumig, feine Hefen. Mund: geschmackvoll, schöne Säure, nachwirkend fruchtig.

La Calma 2021 B FB
chenin blanc

92
Farbe: leuchtendes Strohgelb. Aroma: reifes Obst, blumig, getrocknete Blumen, würzig. Mund: geschmackvoll, schöne Säure, nachwirkend fruchtig, saftig.

Terraprima 2022 T
cariñena, garnacha

90
Farbe: kirschrot mit violettem Saum. Aroma: ausdrucksstark fruchtig, rote Früchte, würzig, dunkle Früchte. Mund: fruchtig, ausgeprägter Säuregehalt, reife Früchte, würzig.

DO PENEDÈS / D.O.P.

DO PENEDÈS / D.O.P.

Xarel.lo Pairal 2021 B FB
100% xarel.lo

92

Farbe: strohgelb, blass. Aroma: helle Früchte, Buschwaldkräuter, Nüsse. Mund: geschmackvoll, voll, fleischig, frisch.

CAN SUMOI
Plaça del Roure s/n
08770 Sant Sadurní d'Anoia (Barcelona)
☎: +34 938 183 262
info@cansumoi.cat
www.cansumoi.cat

Can Sumoi La Rosa 2023 RD
sumoll, xarel.lo

90

Trockene Kräuter, mild. Farbe: blassrosa. Aroma: frisches Obst, trockene Kräuter. Mund: frisch, zartbitter.

Can Sumoi Xarel.lo 2023 B
xarel.lo

90

Lieblich, klar definierte Aromen. Farbe: leuchtendes Strohgelb. Aroma: mittlere Intensität, frisches Obst. Mund: ausgewogen, zartbitter, süffig.

CAN VALLÈS
Finca Can Vallès
08731 Sant Martí Sarroca (Barcelona)
☎: +34 938 991 483
canvalles@canvalles.com
www.canvalles.com

Xarel.lo Jeroni Vallès 2022 B
xarel.lo

90

Lieblich, korrekt, ausgewogen, wild. Aroma: Nüsse, würzig, getrocknete Blumen, welke Blumen. Mund: reife Früchte, lang.

Xaxaxa 2022 B
xarel.lo, chardonnay

89

Zitrusfrüchte, fruchtig, trockene Kräuter, mineralisch.

CANALS I MUNNÉ
Plaza Pau Casals, 6
08770 Sant Sadurní d'Anoia (Barcelona)
☎: +34 938 910 218
marketing@canalsimunne.com
www.canalsimunne.com

Gran Blanc Prínceps 2023 B
100% xarel.lo

88

Zitrusfrüchte, frisch, kräuterig, schlicht, Leichtwein.

Gran Prínceps 2017 T R
garnacha, samsó

89

Würzig, Röstaromen, durchschnittlich am Gaumen, trockene Kräuter.

Idil.Lic Muscat 2024 B
100% moscatel

89

Zitrusfrüchte, blumig, üppig, reif, geschmackvoll.

Noir Prínceps 2020 T C
50% cabernet sauvignon, 35% tempranillo, 15% syrah

87

Rosé Prínceps 2023 RD
50% merlot, 50% syrah

87

VXVX Xarello Vermell 2023 RD

88

Zitrusfrüchte, fruchtig, kräuterig, poliert.

CASA RAVELLA
Finca Casa Ravella
08739 Ordal - Subirats (Barcelona)
☎: +34 938 179 245
bodega@casaravella.com
www.casaravella.com

Casa Ravella L'Isard 2021 T
garnacha

86

Casa Ravella Selección 2017 T
cariñena, garnacha

91

Farbe: kirschrot mit violettem Saum. Aroma: rote Früchte, blumig, würzig, feine Hefen. Mund: geschmackvoll, fruchtig, schöne Säure.

Casa Ravella Selección 2021 B FB
xarel.lo

91

Farbe: leuchtendes Gelb. Aroma: kraftvoll, weiches Eichenholz, reifes Obst, würzig, Röstaromen. Mund: strukturiert, Röstnoten, zartbitter, fruchtig, reife Früchte.

La Casa Llarga 2022 B
xarel.lo

88

Angenehm, korrekt, fruchtig, schlicht, ausgewogen.

Ton del Ros 2023 RD
merlot
89
Angenehm, fruchtig, mild. Aroma: Nüsse, würzig, reifes Obst. Mund: saftig, süffig.

CAVA & HOTEL MASTINELL
Ctra. Vilafranca a Sant Martí Sarroca, km. 0,5
08720 Vilafranca del Penedés (Barcelona)
☎: +34 938 170 586
info@mastinell.com
www.mastinell.com

Alba Negre T
87

Arte 2021 T
garnacha, cariñena, cabernet sauvignon
87

Clos Sant Pau 2021 B D
88
Zitrusfrüchte, blumig, Leichtwein, ausgewogen.

Eliane Chardonnay 2022 B
100% chardonnay
89
Zitrusfrüchte, ausgewogen, frisch, mineralisch, herb.

Gisele 2022 B
100% xarel.lo
90
Herb, frisch. Farbe: leuchtendes Strohgelb. Aroma: reifes Obst, Kräutersäckchen, feine Hefen. Mund: schöne Säure, ausgewogen, strukturiert.

Irene Rosat 2023 RD
sumoll
88
Angenehm, mild, subtil, Leichtwein.

CAVA VARIAS
Plaça Manuel Raventós, 8
08770 Sant Sadurní d'Anoia (Barcelona)
☎: +34 938 912 763
info@cavavarias.es
www.cavavarias.es

Pere Punyetes Blanc 2023 B
xarel.lo, moscatel, chardonnay
87

Pere Punyetes Negre 2022 T
cabernet sauvignon, syrah, merlot
88
Fruchtig, reif, trockene Kräuter, würzig.

Varias Lluert B FB
macabeo
89
Röstaromen, rauchig, reif, geschmackvoll, holzig.

CAVAS BOLET
Ctra. BV 2117, Km. 15
08732 Castellví de la Marca (Barcelona)
☎: +34 636 579 646
comunicacio@cavasbolet.com
www.cavasbolet.com

Bolet Camagroc Xarel.lo 2023 B
87

Bolet Cantarelus Ull de Llebre 2021 T
89
Getrocknete Blumen, kräuterig, reif, ausgewogen.

Bolet Fredolic (Sin Sulfitos) 2023 T
89
Ausgewogen, würzig, reif, kraftvoll, wild.

Bolet Garnacha Blanca 2023 B
garnacha blanca
85

Bolet Sàpiens Merlot 2016 T C
merlot
87

Bolet Vinya Sota Bosc 2023 B
88
Zitrusfrüchte, blumig, korrekt, frisch.

CAVES MIQUEL PONS
Baix Llobregat, 5
08792 La Granada (Barcelona)
☎: +34 938 974 541
miquelpons@cavamiquelpons.com
www.cavamiquelpons.com

77 Veremas Garnacha Miquel Pons 2022 T
55% garnacha, 45% syrah
88
Holzig, Cremig, würzig, fruchtig, reif.

77 Veremes Xarel·lo Miquel Pons 2022 B FB
xarel.lo
89
Angenehm, wild, durchschnittlich am Gaumen, ausgewogen. Aroma: Kräutersäckchen, Steinobst, würzig. Mund: süffig.

DO PENEDÈS / D.O.P.

DO PENEDÈS / D.O.P.

77 Veremes Xarel·lo Vermell Miquel Pons 2022 B
xarel.lo vermell

89 🌱
Oxidativ, korrekt, getrocknete Blumen, reif. Aroma: Mazerationsnoten, welke Blumen.

Miquel Pons Arrelium 2023 B
90% xarel.lo, 10% macabeo

85 🌱

Montargull Malvasia de Sitges 2022 B
malvasía de Sitges

90 🌱
Farbe: leuchtendes Gelb. Aroma: weiches Eichenholz, süße Gewürze, Steinobst. Mund: fett, strukturiert, Röstnoten, zartbitter.

Núria de Montargull Rosé 2022 RD
ull de llebre

89 🌱
Lieblich, getrocknete Blumen, subtil, würzig.

CELLER CREDO
Tamarit, 10
08770 Sant Sadurní d'Anoia (Barcelona)
☎: +34 938 910 214
vins@cellercredo.cat
www.cellercredo.cat

Aloers 2021 B
100% xarel.lo

90 🌱
Klar definierte Aromen, korrekt, wenig interventionistisch. Aroma: offen, mittlere Intensität, getrocknete Blumen. Mund: korrekt, zartbitter, süffig.

Mirabelles 2019 B
100% malvasía de Sitges

92 🌱
Farbe: leuchtendes Gelb. Aroma: würzig, Karamel, getrocknete Blumen, Steinobst, trockene Kräuter, feine Hefen. Mund: zartbitter, ausgewogen, korrekt.

Miranius 2022 B
100% xarel.lo

92 🌱
Farbe: leuchtendes Strohgelb, grünlicher Saum. Aroma: frisches Obst, Zitrusfrüchte, Wildkräuter, helle Früchte. Mund: frisch, fruchtig, schöne Säure, ausgewogen.

Ratpenat 2021 B
100% macabeo

91 🌱
Mit Persönlichkeit. Farbe: leuchtendes Strohgelb. Aroma: feine Hefen, Fleischnoten, helle Früchte. Mund: schöne Säure, ausgewogen.

Volaina 2021 B
100% parellada

91 🌱
Farbe: leuchtendes Strohgelb. Aroma: ausdrucksstark fruchtig, reifes Obst, blumig, helle Früchte, Gras. Mund: geschmackvoll, frisch, schöne Säure, nachwirkend fruchtig.

CELLER HOSPITAL DE SITGES
Plaça Joan Duran i Ferret s/n
08870 Sitges (Barcelona)
☎: +34 672 682 481
celler@hospitaldesitges.cat
www.cellerdelhospital.cat

Blanc Subur 2022 B
malvasía de Sitges

89 🌱
Sortenrein, reif, warm, getrocknete Blumen. Aroma: Wachs. Mund: fett.

Llegat Llopis 2021 B
malvasía de Sitges

91
Reif. Farbe: gelb. Aroma: reifes Obst, welke Blumen, mit Charakter. Mund: kraftvoll, reife Früchte, ausgewogen, geschmackvoll.

Monembasia 2018 BE BN
malvasía de Sitges

91
Farbe: leuchtendes Gelb. Aroma: feine Hefen, mit Charakter, Nüsse, getrocknete Blumen. Mund: geschmackvoll, feine Perlen, zartbitter, sortentypisch.

CELLER KRIPTA
La Serra s/n
08770 Sant Sadurní d'Anoia (Barcelona)
☎: +34 938 911 173
info@cellerkripta.com
www.agustitorellomata.com

Agustí Torelló Mata XIC 2023 B
100% xarel.lo

88 🌱
Lieblich, korrekt, blumig, getrocknete Blumen, trockene Kräuter, schlicht, mild.

Agustí Torelló Mata XV Xarel·lo Vermell 2023 RD
100% xarel.lo vermell

88 🌱
Angenehm, durchschnittlich am Gaumen, mild. Farbe: blassrosa. Aroma: Nüsse, getrocknete Blumen, offen.

COLET

Camino del Salinar, s/n
08796 Pacs del Penedès (Barcelona)
☎: +34 938 170 809
info@colet.cat
www.colet.cat

Colet A Priori 2020 BE R BR
macabeo, chardonnay, riesling, moscatel, gewürztraminer

90 ♣

Lieblich, mild, wild. Farbe: leuchtendes Gelb. Aroma: offen. Mund: geschmackvoll, Röstnoten.

Colet Aniversari 2020 BE R BN
xarel.lo

92 ♣

Farbe: leuchtendes Gelb. Aroma: feine Hefen, Kräutersäckchen, Röstaromen, mit Charakter, Nüsse. Mund: geschmackvoll, feine Perlen, zartbitter.

Colet Assemblage 2018 RE EBR
chardonnay, pinot noir

91 ♣

Farbe: zwiebelschalfarben. Aroma: mittlere Intensität, frisches Obst, trockene Kräuter, feine Hefen, blumig, Veilchenbombons. Mund: frisch, fruchtig, geschmackvoll, schöne Säure.

Colet Gran Cuveé 2020 BE R EBR
chardonnay, macabeo, xarel.lo

90 ♣

Oxidativ. Farbe: leuchtendes Gelb. Aroma: reifes Obst, feine Hefen, ausgewogen, trockene Kräuter, Nüsse. Mund: schöne Säure, geschmackvoll, reife Früchte, lang.

Colet Navazos (etiq.naranja) 2020 BE R BN
100% xarel.lo

92 ♣

Leichte Reduktion, korrekt, Hefenoten. Farbe: leuchtendes Gelb. Aroma: offen, mittlere Intensität, feine Hefen. Mund: frisch, korrekt, zartbitter, süffig.

Colet Navazos (etiq.verde) 2019 BE R BN
100% chardonnay

93

Komplex. Farbe: golden leuchtend. Aroma: Kräutersäckchen, mit Charakter, reifes Obst, Nüsse. Mund: kraftvoll, geschmackvoll, schöne Säure, feine Perlen, zartbitter.

Colet Tradicional 2020 BE R BN
xarel.lo, macabeo

92 ♣

Getrocknete Blumen, trockene Kräuter. Farbe: strohgelb. Aroma: getrocknete Blumen, Wachs, helle Früchte. Mund: geschmackvoll, Röstnoten, lebhaft.

Colet Vatua! 2020 BE EBR
moscatel, gewürztraminer

91 ♣

Mit Persönlichkeit, getrocknete Blumen. Aroma: mit Charakter, getrocknete Blumen, würzig, Hefenoten. Mund: geschmackvoll.

Colet Vatua! Rosé 2020 RE BN
0% moscatel, gewürztraminer

91 ♣

Würzig, getrocknete Blumen, fruchtig, Oxidativ. Aroma: geröstetes Brot. Mund: lang, reife Früchte, würzig.

COVIDES VINYES - CELLERS

Finca Prunamala,
Ctra. St. Sadurní a Vilafranca, Km. 1
08770 Sant Sadurní d´Anoia (Barcelona)
☎: +34 938 172 552
marketing@covides.com
www.covides.com

Comte de Foix Chardonnay B BA
87

DOMENIO

Avinguda de Catalunya, 35
43426 Rocafort de Queralt (Tarragona)
☎: +34 977 677 135
comercial@domeniowines.com
www.domeniowines.com

Anima Nua Cor Viu 2023 B
xarel.lo

90 ♣

Klar definierte Aromen, mild. Aroma: helle Früchte, eine Spur Waldbeeren, Kräutersäckchen. Mund: frisch, lebhaft, ausgewogen, süffig.

NAT-1917 – Cabernet Sauvignon 2022 T C
cabernet sauvignon

87

NAT-1917 2023 B
chardonnay, moscatel de alejandría

87

DO PENEDÈS / D.O.P.

DO PENEDÈS / D.O.P.

ESTEL D'ARGENT
Font-Rubí, 2 4º 1ª
08720 Vilafranca del Penedés (Barcelona)
☎: +34 677 182 347
cava@esteldargent.com
www.esteldargent.com

Estel D'Argent 2023 B
xarel.lo, chardonnay, moscatel de alejandría
86

Estel D'Argent 2023 RD
merlot, cabernet sauvignon
87

Estel D'Argent Cabernet Sauvignon 2020 T
100% cabernet sauvignon
89
Kräuterig, reif, etwas austrocknend, Röstaromen.

Susquvat 2022 B FB
100% xarel.lo
91
Angenehm, ausgewogen, repräsentativ. Aroma: sortenrein, offen, würzig. Mund: salzig, süffig, korrekt, ausgewogen.

FAMILIA TORRES
Miguel Torres i Carbó, 6
08720 Vilafranca del Penedés (Barcelona)
☎: +34 938 177 200
prensa@torres.es
www.torres.es

Clos Ancestral 2022 T
moneu, tempranillo, garnacha
92 🌿
Farbe: KirsChrot. Aroma: ausdrucksvoll, würzig, mittlere Intensität, rote Früchte, reifes Obst. Mund: lang, saftig, fruchtig, süffig, nachwirkend fruchtig.

Clos Ancestral 2023 B
forcada, xarel.lo
90 🌿
Lieblich, wild, mild, korrekt, von Primäraromen beherrscht. Farbe: leuchtendes Strohgelb. Aroma: mittlere Intensität, getrocknete Blumen. Mund: frisch, flüssig am Gaumen.

Fransola 2023 B
sauvignon blanc
90 🌿
Von Primäraromen beherrscht, noch nicht vollständig entfaltet. Farbe: leuchtendes Strohgelb. Aroma: Kräutersäckchen, feine Hefen, süße Gewürze, helle Früchte, Gras. Mund: ausgewogen, geschmackvoll.

Gonfaus 2022 T
gonfaus
93
Farbe: kirschrot mit violettem Saum. Aroma: ausdrucksstark fruchtig, würzig, dunkle Früchte, reifes Obst, Gras. Mund: geschmackvoll, fruchtig, schöne Säure, ziemlich nachhaltig, würzig, lebhaft.

Gran Coronas 2020 T R
cabernet sauvignon, tempranillo
90
Farbe: KirsChrot. Aroma: balsamisch, Buschwaldkräuter. Mund: würzig, ausgewogen, geschmackvoll, reife Früchte.

Mas La Plana 2019 T R
cabernet sauvignon
94
Farbe: kirschrot mit granatrotem Saum. Aroma: aromatischer Kaffee, dunkle Früchte, reifes Obst, würzig, trockene Kräuter. Mund: strukturiert, geschmackvoll, reife Tannine, schöne Säure.

🏆 PODIUM
Reserva Real 2019 T R
cabernet sauvignon, merlot, cabernet franc
95
Farbe: dunkles Kirschrot, granatroter Saum. Aroma: Früchtekonfit, Noten von Tischlerei, Tabak, süße Gewürze, dunkle Früchte. Mund: würzig, reife Tannine, lang.

🏆 PODIUM
Reserva Real 2020 T R
cabernet sauvignon, merlot, cabernet franc
95
Fruchtig, spannungsvoll. Farbe: tiefes Kirschrot, granatroter Saum. Aroma: Buschwaldkräuter, trockene Kräuter, schwarze Lakritze, ausgewogen, ausdrucksvoll, offen, erdig. Mund: strukturiert, geschmackvoll, sortentypisch, reife Tannine.

Viña Esmeralda 2023 B
88 🌿
Angenehm, aromatisch, klar definierte Aromen, tropische, mild.

FERRÉ I CATASÚS
Masía Gustems,
Crta. Sant Sadurní a Vilafranca, Km.8
08792 La Granada (Barcelona)
☎: +34 938 974 558
info@ferreicatasus.com
www.ferreicatasus.com

Cap de Trons 2022 T
40% merlot, 40% garnacha, 20% syrah

87 ☘

Compta Ovelles 2022 B
xarel.lo, macabeo, chardonnay

87 ☘

Compta Ovelles 2022 T
syrah, cabernet sauvignon, merlot

89 ☘

Ausgewogen, würzig, trockene Kräuter, reif, flüssig am Gaumen, sortenrein.

Gall Negre 2019 T R
merlot

89 ☘

Würzig, Cremig, reif, holzig, lieblich.

Love is Vermell 2022 B
xarel.lo vermell

91 ☘

Oxidativ. Farbe: Altgold, blass. Aroma: helle Früchte, Steinobst, gebackenes Obst, würzig, trockene Kräuter, schwarze Lakritze. Mund: geschmackvoll, fleischig, strukturiert.

Somiatruites 2022 B
30% xarel.lo, 30% garnacha blanca, 30% chardonnay, 10% moscatel

91 ☘

Farbe: leuchtendes Strohgelb. Aroma: ausdrucksstark fruchtig, reifes Obst, blumig, Zitronenbombon. Mund: geschmackvoll, frisch, schöne Säure, nachwirkend fruchtig, ausgewogen.

FINCA VILADELLOPS
Principal, 7
08734 Viladellops - Olérdola (Barcelona)
☎: +34 938 188 371
info@viladellops.com
www.viladellops.com

Finca Viladellops Selección Garnatxa 2021 T C
100% garnacha

91 ☘

Farbe: leuchtendes Kirschrot, violetter Saum. Aroma: reifes Obst, trockene Kräuter, weiches Eichenholz, süße Gewürze. Mund: kraftvoll, reife Früchte, würzig, reife Tannine.

Finca Viladellops XXX Xarel.lo 2022 B FB
xarel.lo

91 ☘

Farbe: leuchtendes Gelb. Aroma: kraftvoll, weiches Eichenholz, würzig, helle Früchte, Nüsse. Mund: fett, strukturiert, Röstnoten, zartbitter.

Parañy 2019 T C
100% cariñena

92 ☘

Farbe: kirschrot mit violettem Saum. Aroma: rote Früchte, blumig, würzig, geröstetes Brot. Mund: geschmackvoll, fruchtig, schöne Säure.

Turó de Les Abelles 2021 T
100% garnacha

89 ☘

Würzig, fruchtig, trockene Kräuter, holzig, etwas austrocknend.

GALLINA DE PIEL WINES
17005 Girona (Girona)
info@gallinadepielwines.com
www.gallinadepielwines.com

Ikigall 2023 B
85% xarel.lo, 10% malvasía de Sitges, 5% moscatel de alejandría

89 ☘

Lieblich, aromatisch, korrekt, blumig, fruchtig, reif.

GIRÓ DEL GORNER
Finca Giró del Gorner, s/n
08720 Puigdalber (Barcelona)
☎: +34 938 988 032
gorner@girodelgorner.com
www.girodelgorner.com

Giró del Gorner 2018 T R
cabernet sauvignon, merlot

89

Klassisch, ausgewogen, vegetabil, alt.

Giró del Gorner Blanc Ú 2022 B
macabeo, xarel.lo, parellada, chardonnay

88 ☘

Fruchtig, kräuterig, Zitrusfrüchte, schlicht.

Giró del Gorner Vinya Els Garrofers 2021 B FB
100% xarel.lo

90 ☘

Farbe: leuchtendes Strohgelb. Aroma: ausdrucksstark fruchtig, reifes Obst, blumig, Kräutersäckchen. Mund: geschmackvoll, frisch, schöne Säure, nachwirkend fruchtig, Röstnoten.

DO PENEDÈS / D.O.P.

DO PENEDÈS / D.O.P.

Giró del Gorner Rosat 2023 RD
100% merlot
87

Giró del Gorner Vinya La Serdalla 2022 B
100% xarel.lo
90
Farbe: leuchtendes Strohgelb. Aroma: reifes Obst, Kräutersäckchen, feine Hefen, Sellerie. Mund: schöne Säure, ausgewogen.

GIRÓ RIBOT
Finca El Pont, s/n
08792 Santa Fe del Penedès (Barcelona)
☎: +34 938 974 050
giroribot@giroribot.es
www.giroribot.es

Giró Ribot Karamba 2023 B
xarel.lo, macabeo, parellada, chardonnay
85

Giró Ribot Mimat Blanc 2023 B
moscatel de frontignan, moscatel de alejandría, malvasía de Sitges
90
Farbe: strohgelb. Aroma: weiße Blumen, Jasmin, Zitrusfrüchte, Wildkräuter. Mund: geschmackvoll, fruchtig, ausgewogen.

HUGUET DE CAN FEIXES
Finca Can Feixes, 1
08718 Cabrera D'Anoia (Barcelona)
☎: +34 937 718 227
canfeixes@canfeixes.com
www.canfeixes.com

Can Feixes Blanc Selecció 2022 B
parellada, macabeo, xarel.lo, chardonnay, malvasía
89
Fruchtig, getrocknete Blumen, trockene Kräuter, reif.

Can Feixes Negre Selecció 2021 T
tempranillo, merlot
88
Rauchig, würzig, reif, Röstaromen, kräuterig.

Can Feixes Negre Tradició 2015 T C
merlot, petit verdot, cabernet sauvignon
90
Reif, nach Eingemachtem, klassisch. Aroma: trockene Kräuter, schwarze Lakritze, feine Reduktionsnoten. Mund: strukturiert, geschmackvoll.

Can Feixes Reserva Especial 2011 T GR
cabernet sauvignon, merlot
92
Farbe: kirschrot mit granatrotem Saum. Aroma: Früchtekonfit, kraftvoll, Tabak, stark gegerbtes Leder. Mund: geschmackvoll, lang, strukturiert.

JANÉ VENTURA
Ctra. de Calafell, 2
43700 El Vendrell (Tarragona)
☎: +34 977 660 118
janeventura@janeventura.com
www.janeventura.com

Jané Ventura Finca Els Camps Macabeu 2023 B
macabeo
92
Farbe: leuchtendes Strohgelb. Aroma: ausdrucksvoll, getrocknete Blumen, Wildkräuter, , offen, helle Früchte, reifes Obst. Mund: fett, saftig, sortentypisch.

Jané Ventura Finca Els Camps Negre 2019 T
91
Farbe: tiefes Kirschrot. Aroma: reifes Obst, trockene Kräuter, weiches Eichenholz, Buschwaldkräuter. Mund: kraftvoll, reife Früchte, würzig, reife Tannine.

Jané Ventura Finca Els Camps Negre 2020 T
89
Getrocknete Blumen, würzig, ausgewogen, trockene Kräuter, reif.

Jané Ventura Malvasía de Sitges 2023 B BA
malvasía de Sitges
90
Blumig, fruchtig, von Primäraromen beherrscht. Farbe: leuchtendes Strohgelb. Aroma: mittlere Intensität, offen, Wildkräuter. Mund: flüssig am Gaumen, frisch.

Jané Ventura Sumoll 2020 T
sumoll
90
Farbe: KirsChrot. Aroma: Kräutersäckchen, Wildkräuter, erdig. Mund: geschmackvoll, lang, reife Früchte.

Jané Ventura Xarel.lo 2023 B
92
Saftig. Farbe: strohgelb. Aroma: weiße Blumen, Jasmin, trockene Kräuter. Mund: geschmackvoll, fruchtig, ausgewogen.

JAUME GIRÓ I GIRÓ
Montaner i Oller, 5
08770 Sant Sadurní d'Anoia (Barcelona)
☎: +34 938 910 165
cavagiro@cavagiro.com
www.cavagiro.com

Tarambana 2022 B
xarel.lo
88 🌱
Fruchtig, von Primäraromen beherrscht, schlicht, frisch.

Tarambana 2022 RD
merlot
87 🌱

Tarambana Negre 2022 T C
88 🌱
Flüssig am Gaumen, reif, würzig, rauchig.

JAUME LLOPART ALEMANY
Cl. Font Rubí, 9
08736 Font-Rubí (Barcelona)
☎: +34 938 979 133
info@jaumellopartalemany.com
www.jaumellopartalemany.com

Ani D'Anna 2023 B
86

Jaume Llopart Alemany Cabernet Sauvignon 2023 RD
87

Jaume Llopart Alemany Merlot 2023 T
merlot
88
Fruchtig, milchig, durchschnittlich am Gaumen, von Primäraromen beherrscht. Mund: süffig, ziemlich nachhaltig.

Jaume Llopart Alemany Xarel.lo 2023 B
xarel.lo
87 🌱

Vinya d'en Lluc 2023 B
87

JEAN LEON
Château Leon s/n
08775 Torrelavit (Barcelona)
☎: +34 938 177 690
prensa_jeanleon@jeanleon.com
www.jeanleon.com

Jean Leon 3055 Chardonnay 2023 B
chardonnay
90 🌱
Farbe: leuchtendes Gelb. Aroma: würzig, helle Früchte, Buschwaldkräuter, geröstetes Brot. Mund: strukturiert, Röstnoten, zartbitter.

Jean Leon 3055 Rosé 2022 RD
pinot noir, garnacha
89 🌱
Trockene Kräuter, reif. Aroma: Kräutersäckchen, ausgewogen, Steinobst, reifes Obst. Mund: süffig, ziemlich nachhaltig.

Jean Leon Vinya Gigi Chardonnay 2022 B C
chardonnay
92 🌱
Farbe: leuchtendes Gelb. Aroma: kraftvoll, weiches Eichenholz, reifes Obst, würzig, Nüsse. Mund: fett, strukturiert, Röstnoten, zartbitter.

Jean Leon Vinya La Scala Cabernet Sauvignon Gran Reserva 2017 T GR
cabernet sauvignon
93 🌱
Farbe: tiefes Kirschrot. Aroma: trockene Kräuter, weiches Eichenholz, dunkle Früchte, Buschwaldkräuter, feiner Kakao, Röstaromen. Mund: kraftvoll, reife Früchte, würzig, reife Tannine.

Jean Leon Vinya Le Havre Cabernet Sauvignon Reserva 2020 T R
cabernet sauvignon, cabernet franc
92 🌱
Farbe: Rubí. Aroma: Früchtekonfit, kraftvoll, rote Früchte, würzig, Röstaromen. Mund: geschmackvoll, fruchtig, ausgewogen, ziemlich nachhaltig, reife Tannine.

Jean Leon Vinya Palau Merlot 2020 T C
merlot
90 🌱
Nach Eingemachtem, korpulent, balsamisch, alt. Aroma: trockene Kräuter, Buschwaldkräuter, mit Charakter, würzig, rauchig. Mund: warm, zartbitter.

DO PENEDÈS / D.O.P.

JOSEP GUILERA RIAMBAU - COMA ROMÀ

Can Guilera, s/n
08739 Sant Pau D'Ordal (Barcelona)
☎: +34 938 993 094
canguilera@comaroma.net
www.comaroma.net

Coma Romà Xarel.lo Macerat 2021 B
xarel.lo

89 🌱

Mit Persönlichkeit, ausgewogen, üppig, getrocknete Blumen, beschädigtes Obst, reif, wild.

LOXAREL

Masia Can Mayol
08735 Vilobí del Penedès (Barcelona)
☎: +34 938 978 001
loxarel@loxarel.com
www.loxarel.com

Elisenda de Loxarel 2021 RE R BN
xarel.lo vermell, parellada, manto negro

91 🌱

Farbe: leuchtendes Strohgelb. Aroma: feine Hefen, Kräutersäckchen, ausdrucksvoll, Hefenoten. Mund: geschmackvoll, schöne Säure, feine Perlen, ausgewogen, süffig.

Gaia de Loxarel 2022 B
sauvignon blanc

89 🌱

Kräuterig, geschmackvoll, wild, frisch, ausgewogen.

Loxarel Garnacha Blanca 2022 B
garnacha blanca

90 🌱

Farbe: leuchtendes Gelb. Aroma: weiches Eichenholz, würzig, weiße Blumen, Steinobst. Mund: strukturiert, Röstnoten, zartbitter.

Loxarel Xarel.lo Àmfores 2021 B
xarel.lo

91 🌱

Farbe: leuchtendes Gelb. Aroma: getrocknete Blumen, Nüsse, offen, ausdrucksvoll. Mund: spannungsvoll, reife Früchte, geschmackvoll.

MM de Loxarel 2018 RE R BN

91 🌱

Farbe: blassrosa. Aroma: rote Früchte, blumig, Kräutersäckchen, reifes Obst. Mund: leicht, würzig, schöne Säure, geschmackvoll.

Refugi de Loxarel 2019 BE R BN
xarel.lo

92 🌱

Oxidativ. Farbe: leuchtendes Gelb. Aroma: reifes Obst, feine Hefen, ausgewogen, trockene Kräuter, Nüsse. Mund: schöne Säure, geschmackvoll, reife Früchte.

MAS BERTRAN

Ctra. BP-2121 Km.7,7
08731 Sant Martí Sarroca (Barcelona)
☎: +34 938 990 859
info@masbertran.com
www.masbertran.com

Argila Rosé 2018 RE GR BN
100% sumoll

91 🌱

Farbe: lachsfarben. Aroma: reifes Obst, feine Hefen, trockene Kräuter, welke Blumen. Mund: geschmackvoll, schöne Säure, fruchtig, frisch.

Balma 2017 BE GR BN
55% xarel.lo, 40% macabeo, 5% parellada

90 🌱

Farbe: leuchtendes Strohgelb. Aroma: feine Hefen, Kräutersäckchen, ausdrucksvoll, Zitrusfrüchte, helle Früchte. Mund: geschmackvoll, schöne Säure, feine Perlen, ausgewogen.

Nutt Macabeu 2019 B
100% macabeo

91 🌱

Farbe: leuchtendes Gelb. Aroma: weiches Eichenholz, reifes Obst, würzig, markante Eiche. Mund: fett, strukturiert, Röstnoten, zartbitter.

Nutt Sumoll 2021 T
100% sumoll

91 🌱

Farbe: KirsChrot. Aroma: balsamisch, süße Gewürze, Buschwaldkräuter, rote Früchte. Mund: würzig, balsamisch, schöne Säure.

Nutt Xarel.lo 2022 B
xarel.lo

91 🌱

Farbe: strohgelb. Aroma: trockene Kräuter, welke Blumen, helle Früchte, feine Hefen. Mund: reife Früchte, ausgewogen.

MAS CODINA
El Gorner - Mas Codina
08797 Puigdalber (Barcelona)
☎: +34 938 988 166
info@mascodina.com
www.mascodina.com

Mas Codina 2023 B
macabeo, xarel.lo, chardonnay, moscatel

88 🌿

Zitrusfrüchte, frisch, kräuterig, schlicht.

Mas Codina Cabernet Sauvignon 2021 T
cabernet sauvignon

88 🌿

Klar definierte Aromen, balsamisch, trockene Kräuter, reif, fruchtig, korrekt.

Mas Codina Syrah 2021 T
syrah

91 🌿

Farbe: kirschrot mit violettem Saum. Aroma: würzig, Veilchen, erdig, rote Früchte, dunkle Früchte, Früchtekonfit. Mund: geschmackvoll, fruchtig, schöne Säure.

Mas Codina Xarel.lo 2022 B
xarel.lo

91 🌿

Farbe: leuchtendes Gelb. Aroma: kraftvoll, weiches Eichenholz, reifes Obst, würzig, helle Früchte. Mund: fett, Röstnoten, zartbitter, fruchtig, sortentypisch.

MAS COMTAL
Mas Comtal, 1
08793 Avinyonet del Penedès (Barcelona)
☎: +34 938 970 052
mascomtal@mascomtal.com
www.mascomtal.com

Antistiana Cabernet Franc 2017 T
cabernet franc

91 🌿

Farbe: KirsChrot. Aroma: balsamisch, Buschwaldkräuter, würzig, erdig. Mund: geschmackvoll, reife Früchte, reife Tannine.

Antistiana Xarel.lo 2019 B
xarel.lo

92 🌿

Klar definierte Aromen, balsamisch. Aroma: Wildkräuter, Gras, ausdrucksvoll, ausgewogen. Mund: schöne Säure, frisch, lebhaft, lang, nachhaltig.

Mas Comtal 20 Aniversari Rosado 2014 RE R BN

86 🌿

Mas Comtal Pomell de Blancs 2023 B
56% chardonnay, 44% xarel.lo

90 🌿

Farbe: strohgelb. Aroma: reifes Obst, welke Blumen, Gras, Wildkräuter. Mund: kraftvoll, reife Früchte, ausgewogen.

Mas Comtal Rosat de Llàgrima 2023 RD
81% merlot, 19% garnacha

85 🌿

Mas Comtal Xarel.lo 2021 BE R BN

90 🌿

Farbe: leuchtendes Gelb. Aroma: blumig, Wildkräuter, offen. Mund: ausgewogen, trocken, süffig, zartbitter.

MAS RODÓ VITIVINÍCOLA
Km. 2 Ctra. Sant Pere Sacarrera a Sant Joan de Mediona
08773 Mediona (Barcelona)
☎: +34 932 385 780
info@masrodo.com
www.masrodo.com

Mas Rodó Cabernet Sauvignon 2015 T R
100% cabernet sauvignon

90

Korpulent, warm. Aroma: Wachs, trockene Kräuter, schwarze Lakritze. Mund: reife Tannine, balsamisch.

Mas Rodó Incògnit 2021 T
75% cabernet sauvignon, 25% tempranillo

87

Mas Rodó Incògnit 2022 RD
72% cabernet sauvignon, 28% tempranillo

87

Mas Rodó Merlot 2016 T R
100% merlot

88

Warm, nach Eingemachtem, fruchtig, würzig.

Mas Rodó Montonega 2020 B
100% montonega

90

Aromatisch, wild, würzig, ausgewogen, mit Persönlichkeit. Aroma: welke Blumen, wenig Hefen. Mund: geschmackvoll, ausgewogen.

DO PENEDÈS / D.O.P.

MESTRATGE VINS IDENTITARIS
08770 Sant Sadurní d'Anoia (Barcelona)
☎: +34 637 035 882
info@mestratgevins.com

Mestratge 2022 B
xarel.lo, malvasía de Sitges

90 🍷

Farbe: leuchtendes Strohgelb, grünlicher Saum. Aroma: frisches Obst, Zitrusfrüchte, Wildkräuter. Mund: frisch, fruchtig, schöne Säure.

Mestratge de Garraf 2022 B
macabeo

89 🍷

Reif, angenehm. Aroma: reifes Obst, Röstaromen, würzig, markante Eiche.

Persianes 2021 B
macabeo

91 🍷

Farbe: leuchtendes Strohgelb. Aroma: Steinobst, würzig. Mund: geschmackvoll, Röstnoten, würzig, lang.

MONTRUBÍ
L'Avellà
08736 Font-Rubí (Barcelona)
☎: +34 933 712 332
comercial@montrubi.com
www.montrubi.com

Gaintus Radical 2018 T
100% sumoll

93 🍷

Klar definierte Aromen, unbändig, wild, mild. Farbe: durchscheinendes Kirschrot. Aroma: Schießpulver, Wildkräuter, Anisnoten, Nüsse. Mund: poliert, ausgewogen, elegant, lebhaft.

Gaintus Vertical 2017 T C
sumoll

94

Farbe: durchscheinendes Kirschrot. Aroma: balsamisch, süße Gewürze, Buschwaldkräuter, Unterholz, mineralisch. Mund: würzig, balsamisch, schöne Säure.

La Peona 2023 B
xarel.lo

88

Wenig interventionistisch, rustikal. Aroma: mittlere Intensität, getrocknete Blumen. Mund: ziemlich nachhaltig.

Serres Velles Garnatxa 2021 T
garnacha

92 🍷

Rustikal, wenig interventionistisch. Farbe: KirsChrot. Aroma: Moschus-Noten, trockene Kräuter, Wildkräuter, Nüsse. Mund: saftig, geschmackvoll, lang.

Serres Velles Macabeu 2022 B C
macabeo

90 🍷

Farbe: leuchtendes Strohgelb. Aroma: Kräutersäckchen, feine Hefen, helle Früchte, Phosphor. Mund: voll weich am Gaumen, korrekt.

MUSCÀNDIA - VIADER
Finca Can Rosell de la Llena
08790 Gelida (Barcelona)
☎: +34 625 632 620
ev@muscandia.com
www.muscandia.com

Muscàndia Deliri Floral 2022 B
moscatel de frontignan, sauvignon blanc

88 🍷

Zitrusfrüchte, blumig, mild, korrekt. Mund: süffig, ausgeprägter Säuregehalt, korrekt, ziemlich nachhaltig.

Viader Davant del Corral 2022 B
xarel.lo

90 🍷

Farbe: leuchtendes Gelb. Aroma: würzig, eingemachtes Obst, reifes Obst, welke Blumen. Mund: fett, lang zartbitter, geschmackvoll.

Viader Serra del Bosc 2021 T
garnacha

91 🍷

Wild, mild. Farbe: KirsChrot. Aroma: balsamisch, süße Gewürze, Buschwaldkräuter, Schwarzer Pfeffer Mund: würzig, schöne Säure, süffig.

NADAL
Finca Nadal de la Boadella
08775 Torrelavit (Barcelona)
☎: +34 938 988 011
comunicacio@nadal.com
www.nadal.com

Nadal X Col·lecció Xarel.lo 2019 B
100% xarel.lo

89 🍷

Röstaromen, klar definierte Aromen. Aroma: Nüsse wenig Hefen, Hefenoten, kandierte Früchte.

Nadal X Col·lecció Xarel.lo 2021 B
xarel.lo

91 🍷

Farbe: leuchtendes Strohgelb. Aroma: ausdrucksvoll reifes Obst, blumig, feine Hefen, welke Blumen, getrocknete Blumen. Mund: voll, lang.

Nadal X Col·lecció Xarel.lo 2023 B
xarel.lo

88 🍷

Ausgewogen, frisch, kräuterig, geschmackvoll Hefenoten.

Nadal X Col·lecció
Xarel·lo Vermell 2021 B
100% xarel·lo vermell

90

Korpulent, reif, würzig, beschädigtes Obst, fruchtig. Farbe: leuchtendes Gelb. Aroma: reifes Obst, Nüsse, Buschwaldkräuter, milchig. Mund: geschmackvoll, würzig, zartbitter, fruchtig, sortentypisch.

Nadal X Xarel·lo
Vermell 2023 B
100% xarel·lo vermell

88

Zitrusfrüchte, fruchtig, kräuterig, von Primäraromen beherrscht.

OLIVER VITICULTORS

Cal Xic de L'Agustí - Can Batista
08770 Subirats (Barcelona)
☎: +34 609 375 242
sadurni@oliverviticultors.com
www.oliverviticultors.com

Brots de Xarel·lo 2021 B
xarel·lo

92

Farbe: leuchtendes Strohgelb. Aroma: feine Hefen, mineralisch, helle Früchte, geröstetes Brot, Nüsse. Mund: voll, würzig, lang.

Brots Syrah
Rosat 2023 RD
syrah

89

Angenehm, aromatisch, korrekt, Süßwaren, milchig, fruchtig, schlicht, mild.

La Temptació 2021 B
malvasía de Sitges

92

Farbe: leuchtendes Strohgelb, grünlicher Saum. Aroma: frisches Obst, Zitrusfrüchte, Wildkräuter, , trockene Kräuter, sortenrein. Mund: frisch, fruchtig, schöne Säure, ausgewogen.

ORIOL ROSSELL

Propietat Cal Cassanyes
08732 Sant Marçal (Barcelona)
☎: +34 977 671 061
oriolrossell@oriolrossell.com
www.oriolrossell.com

El Carro Gros 2021 T
syrah, cabernet sauvignon, merlot

92

Waldfinsternis, ausgewogen, repräsentativ. Aroma: trockene Kräuter, balsamisch, erdig, dunkle Früchte. Mund: geschmackvoll, lang, würzig, strukturiert.

L'Enriqueta 2022 B
macabeo

89

Mit Persönlichkeit. Aroma: Nüsse, getrocknete Blumen, welke Blumen, würzig. Mund: geschmackvoll, lang.

Les Cerveres Xarel·lo 2022 B
xarel·lo

91

Farbe: leuchtendes Gelb. Aroma: weiches Eichenholz, reifes Obst, süße Gewürze, trockene Kräuter. Mund: fett, strukturiert, lang, Röstnoten, zartbitter.

Rocaplana 2022 T
syrah

88

Warm, korpulent. Aroma: dunkle Früchte, reifes Obst, trockene Kräuter, erdig.

PARATÓ

Can Respall de Renardes s/n
08733 El Pla del Penedès (Barcelona)
☎: +34 938 988 182
info@parato.es
www.parato.es

Parató Rosat Pinot Noir 2023 RD
pinot noir

85

Parató Samsó 2019 T R
cariñena

93

Komplex, elegant. Farbe: KirsChrot. Aroma: balsamisch, süße Gewürze, Buschwaldkräuter, erdig. Mund: würzig, balsamisch, schöne Säure.

PARÉS BALTÀ

Masía Can Baltá, s/n
08796 Pacs del Penedès (Barcelona)
☎: +34 938 901 399
comunicacio@paresbalta.com
www.paresbalta.com

Parés Baltà Absis 2018 T R
60% tempranillo, 15% cabernet sauvignon, 10% merlot, 15% syrah

93

Farbe: kirschrot mit granatrotem Saum. Aroma: reifes Obst, trockene Kräuter, weiches Eichenholz, rote Früchte, dunkle Früchte, würzig. Mund: kraftvoll, reife Früchte, würzig, reife Tannine, ausgewogen, ziemlich nachhaltig.

Parés Baltà Electio Xarel·lo 2022 B
100% xarel·lo

92

Farbe: leuchtendes Gelb. Aroma: kraftvoll, weiches Eichenholz, würzig, Getreidenoten, komplex, trockener Stein. Mund: fett, strukturiert, lang, Röstnoten, zartbitter.

DO PENEDÈS / D.O.P.

DO PENEDÈS / D.O.P.

Parés Baltà Espigol 2023 B
100% malvasía de Sitges

88

Korrekt, trockene Kräuter, schlicht, blumig.

Parés Baltà Hisenda Miret Garnatxa 2021 T R
100% garnacha

91

Farbe: kirschrot mit violettem Saum. Aroma: würzig, geröstetes Brot, rote Früchte, dunkle Früchte, getrocknete Blumen. Mund: geschmackvoll, fruchtig, ausgewogen.

Parés Baltà Marta de Baltà 2019 T
syrah

92

Farbe: tiefes Kirschrot. Aroma: trockene Kräuter, weiches Eichenholz, dunkle Früchte, markante Eiche, Buschwaldkräuter. Mund: kraftvoll, reife Früchte, würzig, reife Tannine.

Parés Baltà Radix 2023 RD
syrah

90

Noch nicht vollständig entfaltet, mit Persönlichkeit. Farbe: himbeerrot mit violettem Saum. Aroma: kraftvoll, rote Früchte, reifes Obst, blumig, Wildkräuter. Mund: geschmackvoll, reife Früchte.

Parés Baltà Satèl.lit 2020 B
cariñena blanca

93

Farbe: leuchtendes Gelb. Aroma: kraftvoll, weiches Eichenholz, reifes Obst, würzig. Mund: strukturiert, lang, Röstnoten, zartbitter, fruchtig.

PLANA D'EN JAN
Masia Benet, s/n
08796 Pacs del Penedès (Barcelona)
☎: +34 620 239 135
janmarrugat@planadenjan.com
www.planadenjan.com

Ametllers del Jan 2020 B FB
xarel.lo

93

Farbe: leuchtendes Gelb. Aroma: Phosphor, gebackenes Obst, getrocknete Blumen, würzig. Mund: fruchtig, frisch, ausgewogen, reife Früchte.

Camp del Cuc 2019 B BA S
100% macabeo

94

Farbe: leuchtendes Gelb. Aroma: Wildkräuter, helle Früchte, gebackenes Obst, feine Hefen, mit Charakter. Mund: frisch, fruchtig, schöne Säure, zartbitter, geschmackvoll, ziemlich nachhaltig.

D'En Jan Bon Jan Blanc 2021 B FB

92

Wenig interventionistisch. Farbe: leuchtendes Strohgelb. Aroma: Kräutersäckchen, feine Hefen, Sellerie, helle Früchte, trockener Stein. Mund: voll, schöne Säure, geschmackvoll.

D'En Jan Trés Amfores 2018 B C S
100% macabeo

91

Farbe: leuchtendes Gelb. Aroma: frisches Obst, Wildkräuter, trockene Kräuter, helle Früchte. Mund: fruchtig, zartbitter, frisch, ausgewogen, abgerundet.

Plana D'En Jan Ancestral Insolit Malvasía 2022 BE
malvasía

91

Farbe: leuchtendes Gelb. Aroma: reifes Obst, feine Hefen, trockene Kräuter, welke Blumen, Bäckerei. Mund: geschmackvoll, schöne Säure, feine Perlen, frisch, fruchtig.

Plana D'En Jan Ancestral Insolit Xarel.lo Vermell 2022 BE
xarel.lo vermell

89

Farbe: leuchtendes Strohgelb. Aroma: reifes Obst, feine Hefen, trockene Kräuter, welke Blumen. Mund: geschmackvoll, feine Perlen, fruchtig.

PLANAS ALBAREDA
Ctra. a Guardiola, (BV-2127), km.3
08735 Vilobí del Penedès (Barcelona)
☎: +34 607 340 098
joanplanas82@gmail.com
www.planasalbareda.com

Planas Albareda Desclòs 2022 T
merlot

88

Fruchtig, blumig, von Primäraromen beherrscht.

Planas Albareda L'Avenc 2023 B
xarel.lo

85

Rosat de Planas Albareda 2023 RD
merlot

87

PROPIETAT D'ESPIELLS

Sant Venat, 1
08770 Sant Sadurní d'Anoia (Barcelona)
☎: +34 938 911 000
info@propietatdespiells.com
www.propietatdespiells.com

Casa Vella D'Espiells 2019 T R
100% cabernet sauvignon

91 🍷

Kraftvoll. Aroma: balsamisch, Buschwaldkräuter, erdig, dunkle Früchte. Mund: würzig, balsamisch, reife Tannine.

Miranda D'Espiells 2023 B
100% chardonnay

88 🍷

Angenehm, klar definierte Aromen, korrekt, blumig, schlicht, wild, mild.

Viver D'Espiells 2022 B
malvasía de Sitges

91 🍷

Farbe: leuchtendes Strohgelb. Aroma: ausdrucksstark fruchtig, reifes Obst, blumig, Anklänge von exotischen Früchten, eine Spur Waldbeeren, , sortenrein. Mund: geschmackvoll, frisch, schöne Säure, nachwirkend fruchtig, ausgewogen.

SURIOL

Cellers de Can Suriol del Castell s/n
08736 Font-Rubí (Barcelona)
☎: +34 938 978 426
cansuriol@suriol.com
www.suriol.com

Azimut Blanc 2022 B
xarel.lo, garnacha blanca, macabeo, malvasía de Sitges

85 🍷

Azimut Negre 2019 T
ull de llebre, garnacha, monastrell, cariñena

83 🍷

Suriol Donzella 2022 B
100% xarel.lo

85 🍷

Suriol Els Bancals 2013 B
100% xarel.lo

89 🍷

Rauchig, Röstaromen, alt. Aroma: Nüsse, wenig Hefen.

Suriol Mataró 2022 T BA
monastrell

87 🍷

Suriol Sang de Drac 2016 T
ull de llebre

82 🍷

TORELLÓ VITICULTORS

Ctra. C-243b, km. 13,4
08790 Gelida (Barcelona)
☎: +34 938 910 793
torello@torello.es
www.torello.com

Torelló 50 Lliures Magnum 2022 B
100% xarel.lo

92 🍷

Farbe: leuchtendes Strohgelb. Aroma: ausdrucksstark fruchtig, reifes Obst, blumig, helle Früchte, mineralisch. Mund: geschmackvoll, frisch, schöne Säure, nachwirkend fruchtig.

Torelló Gran Crisalys 2021 B FB
58% chardonnay, 42% xarel.lo

91 🍷

Farbe: gelb. Aroma: kandierte Früchte, blumig, süße Gewürze, feine Hefen. Mund: fett, geschmackvoll, zartbitter, lang, Röstnoten.

Torelló Gran Crisalys 2022 B FB
58% xarel.lo, 42% chardonnay

90 🍷

Farbe: leuchtendes Gelb. Aroma: kraftvoll, weiches Eichenholz, reifes Obst, würzig, markante Eiche. Mund: fett, strukturiert, lang, Röstnoten.

Torelló Mas de la Torrevella 2023 B
100% chardonnay

88 🍷

Angenehm, korrekt, fruchtig, von Primäraromen beherrscht, nachhaltig.

Torelló Raimonda 2019 T BA

90 🍷

Röstaromen, reif, korpulent, nach Eingemachtem, würzig. Mund: geschmackvoll, reife Tannine, würzig.

Vittios Garnacha 2019 T D
100% garnacha

91

Farbe: kirschrot mit violettem Saum. Aroma: ausdrucksstark fruchtig, rote Früchte, blumig, würzig, Schokolade, Karamel. Mund: geschmackvoll, fruchtig, süß, ausgewogen.

DO PENEDÈS / D.O.P.

TORRE DEL VEGUER
Urb. Torre de Veguer, s/n
08810 Sant Pere de Ribes (Barcelona)
☎: +34 938 963 190
torredelveguer@torredelveguer.com
www.torredelveguer.com

Raïms de la Inmortalitat Malvasia de Sitges 2022 B FB
91 🍷
Farbe: leuchtendes Gelb. Aroma: weiches Eichenholz, reifes Obst, würzig. Mund: fett, strukturiert, Röstnoten.

Torre del Veguer Abellerol 2023 B
87 🍷

Torre del Veguer Fonoll 2022 B
90 🍷
Farbe: leuchtendes Strohgelb. Aroma: reifes Obst, Kräutersäckchen, feine Hefen. Mund: voll, schöne Säure, geschmackvoll.

Torre del Veguer Jerónimus 2021 T
garnacha
91 🍷
Farbe: tiefes Kirschrot. Aroma: trockene Kräuter, weiches Eichenholz, dunkle Früchte, geröstetes Brot. Mund: reife Früchte, würzig, reife Tannine.

Torre del Veguer Maricel 2022 B
malvasía de Sitges
89 🍷
Frisch, kräuterig, korrekt, fruchtig.

VALLDOLINA VITICULTORS I ELABORADORS
Masia Can Tutusaus - Plaça de la Creu, 1
08795 Olesa de Bonesvalls (Barcelona)
☎: +34 938 984 181
info@valldolina.com
www.valldolina.com

Bivac 2023 B
77% xarel.lo, 16% viognier, 7% malvasía de Sitges
87 🍷

Bonesvalls Cabernet Sauvignon 2019 T BA
100% cabernet sauvignon
88 🍷
Ausgewogen, würzig, vegetabil, Röstaromen, reif.

VallDolina Xarel.lo 2022 B
xarel.lo
89 🍷
Lieblich, korrekt, würzig, reif, fruchtig, mild.

VILADOMAT-ARAGÓ
La Xarmada – Hisenda Casa Llivi, s/n
08796 Pacs del Penedès (Barcelona)
☎: +34 600 017 416
gerardmaristany@gmail.com
www.viladomatarago.com

Blanc de Dos Hiverns 2020 B FB
xarel.lo
92 🍷
Farbe: leuchtendes Gelb. Aroma: kraftvoll, reifes Obst, würzig, helle Früchte, gebackenes Obst, Röstaromen. Mund: fett, strukturiert, lang, Röstnoten, zartbitter, rauchig nachwirkend, ziemlich nachhaltig.

VIMERUM
Mare Ràfols
08720 Vilafranca del Penedés (Barcelona)
☎: +34 653 320 937
vimerum@vimerum.com
www.vimerum.com

Kanpai 2023 B
sauvignon blanc
88
Zitrusfrüchte, ausgewogen, vegetabil, getrocknete Blumen.

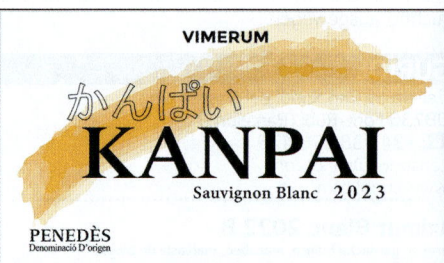

VINOS I CAVAS NAVERAN
Can Parellada - Sant Martí Sadevesa
08735 Torrelavit (Barcelona)
☎: +34 938 988 274
sadeve@naveran.com
www.naveran.com

Clos del Pi 2019 T C
90 🍷
Farbe: tiefes Kirschrot. Aroma: trockene Kräuter, Buschwaldkräuter, dunkle Früchte. Mund: reife Früchte, würzig, reife Tannine.

VINS EL CEP

Can Llopart de Les Alzines, s/n
08770 Sant Sadurní d'Anoia (Barcelona)
☎: +34 938 912 353
comercial@vinselcep.com
www.vinselcep.com

Clot del Roure Xarel.lo 2022 B
100% xarel.lo

91 🌱

Farbe: strohgelb. Aroma: reifes Obst, trockene Kräuter, welke Blumen. Mund: reife Früchte, ausgewogen, flüssig am Gaumen.

Pla del Bosc Xarel.lo Vermell 2022 B
100% xarel.lo vermell

92 🌱

Komplex, spannungsvoll. Aroma: reifes Obst, Kräutersäckchen, feine Hefen. Mund: voll, fett, lang, schöne Säure.

DO. PLA DE BAGES

CONSEJO REGULADOR

Casa de La Culla - La Culla, s/n
08240 Manresa (Barcelona)
☎: +34 938 748 236
@: info@dopladebages.com
www.dopladebages.com

LAGE:

Der Bezirk Bages mit der Hauptstadt Manresa liegt im äußersten Osten der Katalanischen Zentralebene. Im Süden wird das Anbaugebiet von der Cordillera de Montserrat eingefasst, welche als Grenze zum Penedés anzusehen ist. Zum Anbaugebiet gehören die Gemeinden Fonollosa, Monistrol de Caldres, Sant Joan de Vilatorrada, Artés, Avinyó, Balsareny, Calders, Callús, Cardona, Castellgalí, Castellfollit del Boix, Castellnou de Bages, Manresa, Mura, Navarcles, Navàs, El Pont de Vilomara, Rajadell, Sallent, Sant Fruitós de Bages, Sant Mateu de Bages, Sant Salvador de Guardiola, Santpedor, Santa María d'Oló, Súria, Talamanca, Gaià, Sant Feliu Sasserra, Sant Vicenç de Castellet, Castellbell i el Vilar, Marganell, L'Estany und Moià i Monistrol de Montserrat.

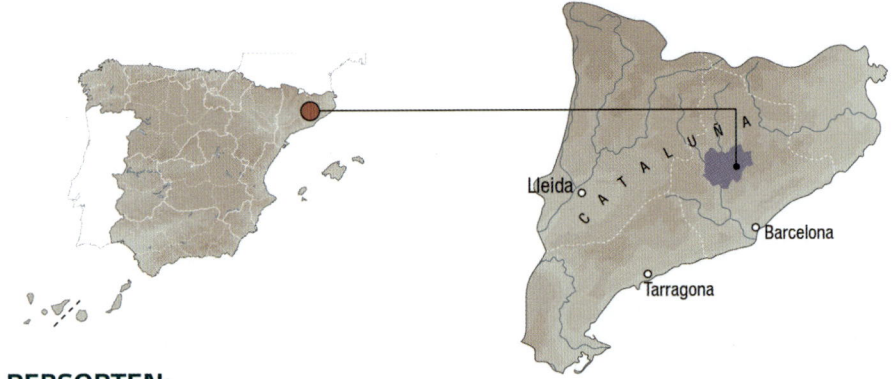

REBSORTEN:

WEISS: Chardonnay, Gewürztraminer, Macabeo, Picapoll, Parellada, Malvasía und Sauvignon Blanc.

ROT: Sumoll, Ull de Llebre (Tempranillo), Merlot, Cabernet Franc, Cabernet Sauvignon, Syrah, Garnacha, Cariñena, Mandó und Picapoll Negra.

DATEN:

Rebfläche (ha): 500 – Winzer: 80 – Weinerzeuger: 17 – Jahrgang 22: Unrated – Jahresproduktion 22: 600.000 L. – Absatz: 80% Spanien - 20% Export.

BODENVERHÄLTNISSE:

Die Anbaugebiete befinden sich auf einer Höhe von etwa 400 m mit vorwiegend tonigen Sand-, sandigen Ton- und sandigen Lehmböden.

KLIMA:

Mediterran mit geringen Niederschlägen (500-600 mm/Jahr) und stärkeren Temperaturschwankungen als im Penedés.

ERNTEBEWERTUNG ANHAND JUNGER WEINE GUÍAPEÑÍN

2019	2020	2021	2022	2023
UNRATED	UNRATED	UNRATED	UNRATED	UNRATED

ABADAL

Masia Oliveras, s/n
08279 Santa María D'Horta D'Avinyó (Barcelona)
☎: +34 938 743 511
info@abadal.net
www.abadal.net

Abadal 3.9 (Vi de Finca) 2020 T R
100% cabernet sauvignon

90

Farbe: dunkles Kirschrot. Aroma: Röstaromen, würzig, Früchtekonfit, Buschwaldkräuter. Mund: geschmackvoll, Röstnoten, zartbitter.

Abadal Arboset 2019 T
mandó, picapoll negre, sumoll, punxo fort, cap pelat, malvasía

94

Farbe: kirschrot mit violettem Saum. Aroma: würzig, reifes Obst, rote Früchte, Moschus-Noten, getrocknete Blumen. Mund: geschmackvoll, fruchtig, schöne Säure, lang.

Abadal Mandó 2021 T
100% mandó

91

Farbe: kirschrot mit violettem Saum. Aroma: rote Früchte, blumig, würzig, Moschus-Noten. Mund: geschmackvoll, fruchtig, schöne Säure.

Abadal Nuat 2021 B C
30% picapoll blanc, 20% macabeo

91

Farbe: leuchtendes Strohgelb. Aroma: Kräutersäckchen, feine Hefen, helle Früchte. Mund: voll, fett, schöne Säure, mineralisch.

Abadal Picapoll 2023 B
100% picapoll blanc

90

Farbe: leuchtendes Strohgelb. Aroma: Zitrusfrüchte, Wildkräuter, mittlere Intensität. Mund: frisch, fruchtig, schöne Säure, zartbitter, süffig.

CELLER SANMARTÍ

Mas Sanmartí de Serrahima
08650 Sallent (Barcelona)
☎: +34 629 529 059
info@cellersanmarti.cat

1018 Garnatxa Sumoll 2020 T
90% garnacha, 10% sumoll

90

Flüssig am Gaumen, fruchtig. Farbe: tiefes Kirschrot. Aroma: trockene Kräuter, feiner Kakao, rote Früchte, dunkle Früchte. Mund: reife Früchte, würzig, reife Tannine.

1018 Macabeu Picapoll 2022 B
60% picapoll blanc, 40% macabeo

90

Farbe: leuchtendes Strohgelb, grünlicher Saum. Aroma: Zitrusfrüchte, trockene Kräuter, Wildkräuter, feine Hefen. Mund: frisch, fruchtig, schöne Säure, zartbitter.

CELLER SOLERGIBERT

Barquera, 40
08271 Artés (Barcelona)
☎: +34 938 305 084
josep@cellersolergibert.com
www.cellersolergibert.com

Macabeu de Solergibert 2022 B
100% macabeo

84

Mandó de Solergibert 2021 T
100% mandó

89

Ausgewogen, würzig, kräuterig, reif, flüssig am Gaumen, Röstaromen, animalische Noten.

Sdm. Solergibert de Matacans 2021 T
100% cabernet sauvignon

90

Farbe: tiefes Kirschrot. Aroma: reifes Obst, trockene Kräuter, feiner Kakao, Buschwaldkräuter. Mund: kraftvoll, reife Früchte, würzig, reife Tannine.

Solergibert Cabernet 2018 T R
cabernet sauvignon

90

Alt. Farbe: dunkles Kirschrot, granatroter Saum. Aroma: Früchtekonfit, Noten von Tischlerei, Tabak, süße Gewürze, dunkle Früchte, trockene Kräuter. Mund: würzig, reife Tannine, geschmackvoll.

Sumoll de Solergibert 2022 T
100% sumoll

91

Farbe: kirschrot mit violettem Saum. Aroma: ausdrucksstark fruchtig, rote Früchte, Gras. Mund: fruchtig, geschmackvoll, ausgewogen.

DO PLA DE BAGES / D.O.P.

DO PLA DE BAGES / D.O.P.

HERETAT OLLER DEL MAS
Ctra. de Igualada C-37Z, Km. 91
08241 Manresa (Barcelona)
☎: +34 938 768 315
comunicacio@ollerdelmas.com
www.ollerdelmas.com

Arnau Oller 2019 T R
95% merlot, 5% picapoll negre

91 ♣

Farbe: tiefes Kirschrot. Aroma: trockene Kräuter, Buschwaldkräuter, dunkle Früchte, erdig, mineralisch, stark gegerbtes Leder. Mund: kraftvoll, reife Früchte, würzig, reife Tannine.

Bernat Oller 2019 T
50% merlot, 40% syrah, picapoll negre

90 ♣

Farbe: dunkles Kirschrot, granatroter Saum. Aroma: Früchtekonfit, Noten von Tischlerei, Tabak, süße Gewürze. Mund: würzig, reife Tannine, lang.

Bernat Oller Blanc de Picapolls 2023 B
40% picapoll blanc, 60% picapoll negre

88 ♣

Angenehm, lieblich, reif.

Oller del Mas Especial Macabeu 2019 B
100% macabeo

91 ♣

Farbe: gelb. Aroma: ausdrucksvoll, reifes Obst, feine Hefen, Wildkräuter, , Wachs, camomila. Mund: würzig, lang, süffig, ziemlich nachhaltig.

LES ACÀCIES
Finca Les Acàcies, B-431, km 56,5
08279 Avinyó (Barcelona)
☎: +34 618 670 063
info@lesacacies.com
www.lesacacies.com

Avinius Merlot i Syrah 2022 T
70% merlot, 30% syrah

88

Ausgewogen, würzig, trockene Kräuter, reif, Röstaromen.

Desbordant 2022 T
40% garnacha, 30% tempranillo, 30% syrah

90

Farbe: tiefes Kirschrot. Aroma: reifes Obst, trockene Kräuter, erdig. Mund: kraftvoll, reife Früchte, würzig.

Instant de Flor 2023 B
chardonnay

89

Fruchtig, kräuterig, reif, von Primäraromen beherrscht, geschmackvoll.

Opositor Blanc 2023 B
50% picapoll blanc, 50% macabeo

88

Fruchtig, schlicht, kräuterig, reif, Zitrusfrüchte.

Opositor Negre 2023 T BA
100% picapoll negre

91

Farbe: kirschrot mit violettem Saum. Aroma: ausdrucksstark fruchtig, rote Früchte, blumig, würzig. Mund: geschmackvoll, fruchtig, schöne Säure, lang.

MÉS QUE PARAULES
Camí Jaumandreu, s/n
08259 Fonollosa (Barcelona)
☎: +34 936 556 057
mqp@mesqueparaules.com
www.mesqueparaules.com

Més Que Paraules Blanc 2023 B
65% picapoll blanc, 25% mandó, 10% sauvignon blanc

88

Lieblich, Zitrusfrüchte, korrekt, trockene Kräuter, mild

Més Que Paraules Negre 2021 T C
50% mandó, 10% sumoll, 20% merlot, 20% cabernet sauvignon

90

Farbe: kirschrot mit violettem Saum. Aroma: ausdrucksstark fruchtig, rote Früchte, würzig, Buschwaldkräuter, getrocknete Blumen. Mund: geschmackvoll, fruchtig, schöne Säure, lang.

Molt Mandó 2022 T C
mandó

89

Angenehm, klar definierte Aromen, sortenrein, geschmackvoll, reif.

Molt Més Que Paraules 2019 T R
80% merlot, 10% sumoll, 10% cabernet sauvignon

91

Farbe: KirsChrot. Aroma: balsamisch, süße Gewürze, Buschwaldkräuter, dunkle Früchte, reifes Obst. Mund: würzig, balsamisch, schöne Säure.

Molt Picapoll 2023 B
picapoll blanc

89

Lieblich, aromatisch, korrekt, üppig, von Primäraromen beherrscht, blumig, trockene Kräuter.

DO. PLA I LLEVANT
CONSEJO REGULADOR

Canonge Barceló, 2
07200 Felanitx (Illes Balears)
☎: +34 971 168 569
@: correo@doplaillevant.com – promocio@doplaillevant.com
www.doplaillevant.com

LAGE:

Anbaugebiet im Ostteil von Mallorca mit 18 Gemeinden: Algaida, Ariany, Artá, Campos, Capdepera, Felanitx, Lluchmajor, Manacor, Mª de la Salud, Montuïri, Muro, Petra, Porreres, Sant Joan, Sant Llorens des Cardasar, Santa Margarita, Sineu und Vilafranca de Bonany.

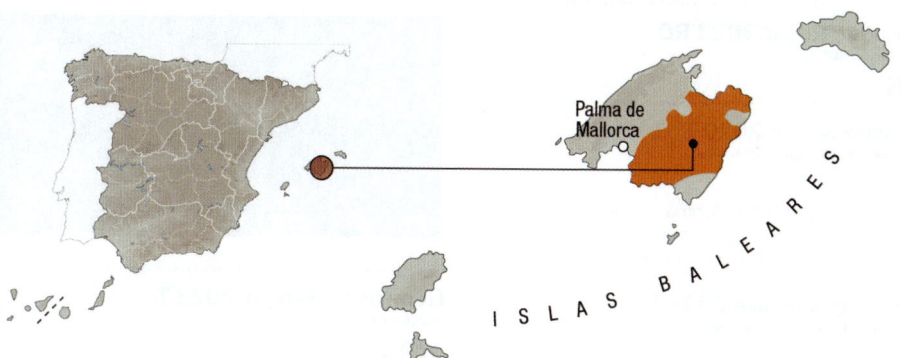

REBSORTEN:

WEISS: Prensal Blanc, Macabeo, Parellada, Moscatel, Chardonnay und Giró Blanc.

ROT: Callet (Hauptsorte), Manto Negro, Fogoneu, Tempranillo, Monastrell, Cabernet Sauvignon, Merlot, Syrah und Gorgollassa.

DATEN:

Rebfläche (ha): 513 – **Winzer:** 85 – **Weinerzeuger:** 12 – **Jahrgang 23:** Unrated – **Jahresproduktion 23:** 3.032.800 L. – **Absatz:** 94% Spanien - 6% Export.

BODENVERHÄLTNISSE:

Das vorherrschende Kalkgestein bedingt kalkhaltige Lehmböden. Die für dieses Gebiet charakteristische rötliche Erde stammt vom Eisenoxidanteil im Boden. Ton, kohlensaurer Kalk und Magnesiumkarbonate bedingen dagegen einen weißlichen Farbton, den man ebenfalls auf den Rebflächen vorfindet.

KLIMA:

Mediterran, mit einer durchschnittlichen Jahrestemperatur von 16º C, recht kühlen Wintern sowie trockenen und heißen Sommern. Die küstennahen Bereiche kommen im Sommer in den Genuss der Meereswinde, die das Klima in diesen Gebieten wesentlich beeinflussen. Der Herbst ist die regenreichste Jahreszeit und die durchschnittliche Niederschlagsmenge liegt zwischen 450 und 500 mm/Jahr.

ERNTEBEWERTUNG ANHAND JUNGER WEINE GUÍAPEÑÍN

2019	2020	2021	2022	2023
SEHR GUT	UNRATED	UNRATED	UNRATED	GUT

BODEGAS PERE SEDA
Cid Campeador, 22
07500 Manacor (Illes Balears/Islas Baleares)
☎: +34 971 605 087
lucasreus@telefonica.net
www.pereseda.com

Gvivm Blanc de Blancs 2023 B
44% chardonnay, 31% moscatel, 19% prensal, 6% giró ros
86

Gvivm Merlot-Callet 2019 T
73% merlot, callet
91
Röstaromen, saftig. Farbe: tiefes Kirschrot. Aroma: trockene Kräuter, Röstaromen, Phosphor, dunkle Früchte. Mund: reife Früchte, würzig, reife Tannine.

L'Arxiduc Rosat 2023 RD
60% merlot, 40% tempranillo
86

Mossèn Negre 2020 T
73% cabernet sauvignon, 27% callet
90
Farbe: tiefes Kirschrot. Aroma: reifes Obst, trockene Kräuter, dunkle Früchte, feiner Kakao, Tabak. Mund: reife Früchte, würzig, reife Tannine.

Myotragus Negre 2021 T
callet, merlot, cabernet sauvignon, syrah
88
Ausgewogen, würzig, flüssig am Gaumen, trockene Kräuter, Röstaromen.

Secret d´en Perico Negre 2021 T
47% merlot, 28% cabernet sauvignon, 25% callet
92
Farbe: tiefes Kirschrot. Aroma: trockene Kräuter, würzig, balsamisch, dunkle Früchte, Moschus-Noten. Mund: kraftvoll, reife Früchte, würzig, reife Tannine.

BODEGAS VI REI
Ctra. Cap Blanc, km 25
07620 Llucmajor (Illes Balears/Islas Baleares)
☎: +34 971 007 460
info@bodegasvirei.com
www.bodegasvirei.com

Vi Rei Es Pop 2023 B
callet, cabernet sauvignon
87

Vi Rei Merlot 2022 T
merlot
88
Würzig, trockene Kräuter, reif, geschmackvoll.

Vi Rei Prensal Blanc 2023 B
prensal
87

ES FANGAR VINS
Son Colom 23
07200 Felanitx (Illes Balears/Islas Baleares)
☎: +34 971 581 938
sales.celler@es-fangar.com
www.es-fangar.com

Fangar Elements 2013 T R
53% cabernet sauvignon, 22% callet, 15% manto negro, 10% merlot
92 ❧
Klassisch. Farbe: dunkles Kirschrot, granatroter Saum. Aroma: Früchtekonfit, Noten von Tischlerei, Tabak, süße Gewürze. Mund: würzig, reife Tannine, lang.

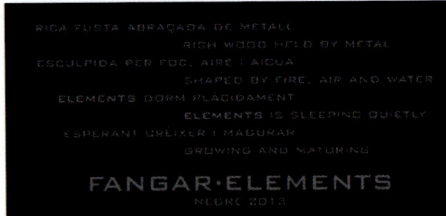

Génesis Es Fangar 2023 T
manto negro
89 ❧
Korpulent, würzig, trockene Kräuter, reif, korrekt, leichte Reduktion, beschädigtes Obst.

Génesis Es Fangar Semi Dolç 2023 B SD
giró ros, prensal
87 ❧

N'Amarat 2013 T GR
35% callet, 30% cabernet sauvignon, 30% merlot, 5% manto negro
91 ❧
Warm, alt. Farbe: tiefes Kirschrot, granatroter Saum. Aroma: Noten von Tischlerei, feiner Kakao, Zigarren, Röstaromen, Früchtekonfit, in Likör eingelegte Früchte. Mund: würzig, Röstnoten.

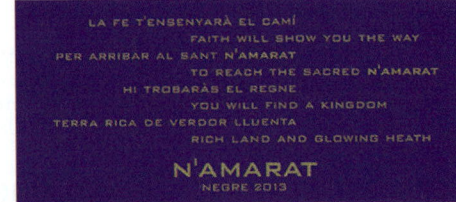

Sa Fita 2023 B
chardonnay, viognier, prensal

90 ♣
Korrekt, fruchtig, reif, geschmackvoll. Aroma: feine Hefen, helle Früchte, offen. Mund: nachhaltig, ausgewogen.

Sa Sivina 2023 B
giró ros, prensal

90 ♣
Farbe: leuchtendes Strohgelb. Aroma: ausdrucksstark fruchtig, reifes Obst. Mund: geschmackvoll, frisch, schöne Säure, nachwirkend fruchtig.

Son P. 2018 T BA
39% merlot, 27% cabernet sauvignon, 20% manto negro, 8% callet, 6% syrah

90 ♣
Warm, Waldfinsternis. Farbe: tiefes Kirschrot. Aroma: reifes Obst, trockene Kräuter, weiches Eichenholz. Mund: reife Früchte, würzig, reife Tannine.

Twenty Twelve Pink 2023 RD
manto negro, merlot, cabernet sauvignon, callet, syrah

89 ♣
Ausgewogen, frisch, fruchtig, kräuterig, lieblich.

Twenty Twelve White 2023 B
moscatel

88 ♣
Blumig, kräuterig, Leichtwein, korrekt.

MIQUEL OLIVER
Ctra. Petra-Sta. Margarita km. 1,8
07520 Petra (Illes Balears/Islas Baleares)
☎: +34 971 561 117
bodega@miqueloliver.com
www.miqueloliver.com

Aia 2018 T
merlot

91
Farbe: tiefes Kirschrot. Aroma: trockene Kräuter, weiches Eichenholz, dunkle Früchte. Mund: reife Früchte, würzig, reife Tannine.

Muscat Miquel Oliver 2023 B S
moscatel de alejandría, moscatel de frontignan

88
Aromatisch, blumig, kräuterig, frisch.

Orig 2023 B
giró

87

QBQ 2022 B FB
giró

90
Farbe: leuchtendes Strohgelb. Aroma: reifes Obst, Kräutersäckchen, feine Hefen, geröstetes Brot. Mund: voll, fett, schöne Säure.

Ses Ferritges 2018 T C S
callet, cabernet sauvignon, merlot, syrah

91
Farbe: tiefes Kirschrot. Aroma: reifes Obst, weiches Eichenholz, feiner Kakao, erdig, Buschwaldkräuter. Mund: kraftvoll, reife Früchte, würzig, reife Tannine.

Xperiment 2018 T FB S
callet

92
Farbe: tiefes Kirschrot. Aroma: reifes Obst, trockene Kräuter, Buschwaldkräuter, würzig, Röstaromen. Mund: kraftvoll, reife Früchte, würzig, reife Tannine.

VINS MIQUEL GELABERT
Salas, 50
07500 Manacor (Illes Balears/Islas Baleares)
☎: +34 971 821 444
info@vinsmiquelgelabert.com
www.vinsmiquelgelabert.com

Chardonnay Roure 2022 B FB
chardonnay

90
Farbe: leuchtendes Gelb. Aroma: weiches Eichenholz, reifes Obst, würzig, trockener Stein, Nüsse. Mund: strukturiert, Röstnoten, zartbitter.

DO PLA I LLEVANT / D.O.P.

DO PLA I LLEVANT / D.O.P.

Golós Negre 2018 T
callet, manto negro, fogoneu
88
Vegetabil, reif, würzig, Röstaromen, Cremig.

Gran Vinya Son Caules 2015 T C
callet
93
Klassisch. Farbe: dunkles Kirschrot, granatroter Saum. Aroma: reifes Obst, Früchtekonfit, Noten von Tischlerei, Tabak, süße Gewürze. Mund: würzig, reife Tannine, voll.

Sa Vall Selecció Privada 2019 B FB
giró ros, viognier, pinot noir
90
Farbe: leuchtendes Gelb. Aroma: weiches Eichenholz, reifes Obst, würzig, Gras. Mund: strukturiert, Röstnoten, zartbitter.

Son Moix Negre 2017 T
callet, cabernet sauvignon
92
Farbe: dunkles Kirschrot, granatroter Saum. Aroma: reifes Obst, Früchtekonfit, Noten von Tischlerei, Tabak, süße Gewürze, trockene Kräuter. Mund: würzig, fruchtig, geschmackvoll, trockene, aber reife Tannine, ziemlich nachhaltig.

Torrent Negre Selecció Privada 2015 T
92
Alt, klassisch. Farbe: tiefes Kirschrot, granatroter Saum. Aroma: Noten von Tischlerei, reifes Obst, feiner Kakao, Zigarren. Mund: geschmackvoll, würzig, Röstnoten.

DO. Ca. PRIORAT
CONSEJO REGULADOR

Major, 2
43737 Torroja del Priorat (Tarragona)
☎: +34 977 839 495
@: info@doqpriorat.org
www.doqpriorat.org

LAGE:

In der Provinz Tarragona mit den Gemeinden La Morera de Montsant, Scala Dei, La Vilella, Gratallops, Bellmunt, Porrera, Poboleda, Torroja, Lloá, Falset und Mola.

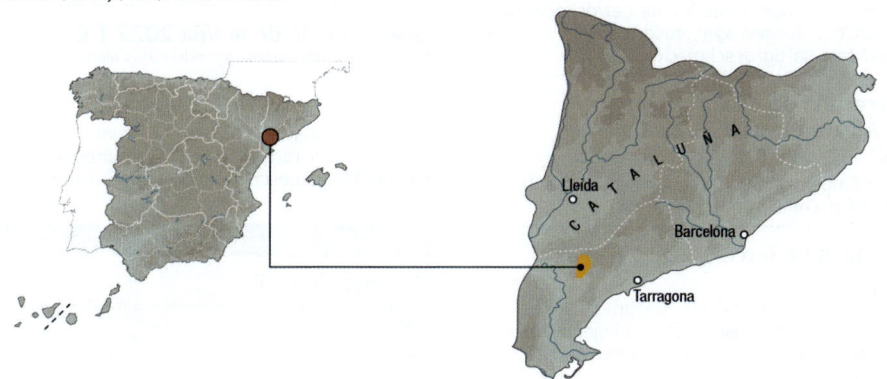

REBSORTEN:

WEISS: Chenin Blanc, Macabeo, Garnacha Blanca, Pedro Ximénez, Moscatel de Alejandría, Moscatel de Grano Menudo, Pansal und Picapoll Blanco.

ROT: Cariñena, Garnacha, Garnacha Peluda, Cabernet Sauvignon, Merlot, Syrah, Cabernet Franc, Picapoll Negro, Pinot Noir und Tempranillo.

DATEN:

Rebfläche (ha): 2.238 – **Winzer:** 509– **Weinerzeuger:** 116 – **Jahrgang 23:** Sehr Gut– **Jahresproduktion 23:** 5.427.214 L. – **Absatz:** 40% Spanien - 60% Export.

BODENVERHÄLTNISSE:

In ihnen liegt wohl der entscheidende Faktor, der den Weinen dieser Region das besondere Etwas verleiht, das sie in Spanien und international ins Rampenlicht befördert hat. Die kargen Böden vulkanischen Ursprungs sind aus kleinblättrigem Schiefer (licorella) gebildet, die dem Wein seinen ausgeprägten mineralischen Charakter verleihen. Die Rebflächen befinden sich auf Terrassen oder in Steillagen.

KLIMA:

Trotz Mittelmeernähe mild und trocken. Wesentlich für die Gesundheit der Reben sind dabei die weitestgehend niederschlagsfreien Sommer. Die durchschnittliche Niederschlagsmenge liegt bei 500 bis 600 mm im Jahr.

ERNTEBEWERTUNG ANHAND JUNGER WEINE GUÍAPEÑÍN

2019	2020	2021	2022	2023
AUSGEZEICHNET	AUSGEZEICHNET	AUSGEZEICHNET	AUSGEZEICHNET	AUSGEZEICHNET

ÁLVAREZ DURÁN PRIORAT
Avda. Cardenal Vidal i Barraquer, 2
43739 Porrera (Tarragona)
☎: +34 977 828 102
info@alvarezduranpriorat.com
www.alvarezduranpriorat.com

Dual 2022 T
91
Nach Eingemachtem, korrekt, repräsentativ. Farbe: kirschrot mit granatrotem Saum. Aroma: mit Charakter, dunkle Früchte, reifes Obst. Mund: geschmackvoll, voll.

Dual 2023 B
93
Farbe: leuchtendes Gelb. Aroma: getrocknete Blumen, reifes Obst, ausgewogen, ausdrucksvoll, Wildkräuter. Mund: fett, saftig, geschmackvoll.

Porrera Vi de Vila de Álvarez Durán 2022 T
90
Nach Eingemachtem, korpulent, beschädigtes Obst, voll, reif, nachhaltig, geschmackvoll.

Terroir X La Tercera 2022 T
91
Korrekt, reif, mineralisch, unehrlich. Farbe: tiefes Kirschrot. Aroma: reifes Obst, eingemachtes Obst, trockene Kräuter. Mund: geschmackvoll, reife Tannine, würzig, reife Früchte, lang.

Terroir X El Segundo 2022 T
93
Nach Eingemachtem. Farbe: kirschrot mit granatrotem Saum. Aroma: Buschwaldkräuter, Wildkräuter, Früchtekonfit, mineralisch. Mund: voll, geschmackvoll, lang.

Terroir X La Viña Vieja 2022 T
92
Nach Eingemachtem. Farbe: kirschrot mit granatrotem Saum. Aroma: Früchtekonfit, in Likör eingelegte Früchte, kraftvoll, Hefenoten, Bäckerei. Mund: geschmackvoll, lang, süße Tannine.

ALVARO PALACIOS
Pol. 6, Parcela 26
43737 Gratallops (Tarragona)
☎: +34 977 839 195
info@alvaropalacios.com
www.alvaropalacios.com

Camins del Priorat 2022 T
91
Farbe: kirschrot mit violettem Saum. Aroma: rote Früchte, blumig, würzig. Mund: geschmackvoll, fruchtig, schöne Säure.

🏆 **PODIUM**

Finca Dofí 2022 T C
88% garnacha, 9% cariñena, 2% picapoll negre, garnacha blanca, macabeo

95 🌿
Mineralisch, klar definierte Aromen. Farbe: leuchtendes Kirschrot. Aroma: balsamisch, süße Gewürze, Buschwaldkräuter, mineralisch, rote Früchte. Mund: würzig, balsamisch, schöne Säure.

Gratallops Vi de la Vila 2021 T C
93 🌿
Farbe: leuchtendes Kirschrot. Aroma: reifes Obst, trockene Kräuter, weiches Eichenholz, erdig, Buschwaldkräuter. Mund: reife Früchte, würzig, reife Tannine.

Gratallops Vi de la Vila 2022 T C
80% garnacha, 19% cariñena, garnacha blanca, macabeo, pedro ximénez

94 🌿
Farbe: leuchtendes Kirschrot. Aroma: ausdrucksstark fruchtig, rote Früchte, Wildkräuter, balsamisch, würzig. Mund: geschmackvoll, reife Früchte, ziemlich nachhaltig.

🏆 **PODIUM**

L'Ermita 2022 T C
92% garnacha, 7% cariñena, garnacha blanca, macabeo, pedro ximénez

96
Farbe: kirschrot mit violettem Saum. Aroma: blumig, ausdrucksstark fruchtig, Himbeere, süße Gewürze, rote Früchte. Mund: geschmackvoll, fruchtig, schöne Säure, lang.

🏆 **PODIUM**

La Baixada 2022 T
98% garnacha, 2% cariñena

95 🌿
Noch nicht vollständig entfaltet. Farbe: leuchtendes Kirschrot. Aroma: balsamisch, süße Gewürze, Gras, rote Früchte. Mund: würzig, balsamisch, schöne Säure, feinkörnige Tannine, etwas austrocknend.

🏆 **PODIUM**

Les Aubaguetes 2022 T C
86% garnacha, 13% cariñena, garnacha blanca, macabeo

97 🌿
Klar definierte Aromen, spannungsvoll. Farbe: kirschrot mit violettem Saum. Aroma: rote Früchte, blumig, würzig, Wildkräuter, balsamisch. Mund: geschmackvoll, fruchtig, schöne Säure, etwas austrocknend.

Les Terrasses 2022 T
60% garnacha, 40% cariñena

93
Aromatisch, spannungsvoll. Farbe: leuchtendes Kirschrot. Aroma: ausdrucksstark fruchtig, rote Früchte, blumig. Mund: geschmackvoll, leicht, fruchtig.

ATAVUS PRIORAT
Ctra. 710, Km. 8,3
43737 Gratallops (Tarragona)
☎: +34 617 201 730
info@atavuspriorat.com
www.atavusvines.com

Gnatxa 2021 T
garnacha

93
Spannungsvoll. Farbe: tiefes Kirschrot. Aroma: rote Früchte, reifes Obst, würzig, mineralisch. Mund: kraftvoll, reife Früchte, würzig, reife Tannine.

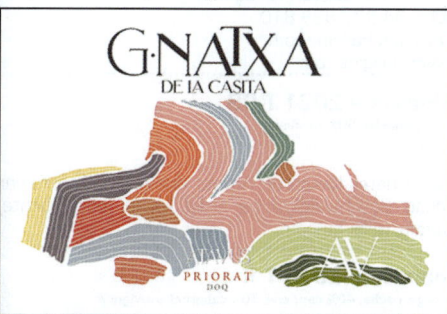

Iura 2019 B
garnacha blanca, macabeo, viognier, pedro ximénez

92
Reif, Oxidativ. Farbe: leuchtendes Strohgelb. Aroma: reifes Obst, Kräutersäckchen, feine Hefen, camomila. Mund: voll, fett, lang, schöne Säure.

Rodó 2021 T
cabernet sauvignon

92
Spannungsvoll. Farbe: tiefes Kirschrot. Aroma: trockene Kräuter, dunkle Früchte, würzig, Röstaromen. Mund: kraftvoll, reife Früchte, würzig, reife Tannine.

BELONDRADE
Paraje de los Levantes, Quinta San Diego
47491 La Seca (Valladolid)
☎: +34 983 481 001
info@belondrade.com
www.belondrade.com

NerinTerra 2020 T
60% garnacha, 40% cariñena

92
Farbe: kirschrot mit granatrotem Saum. Aroma: in Likör eingelegte Früchte, kraftvoll, erdig, rote Früchte, dunkle Früchte. Mund: geschmackvoll, leicht süßlich, lang.

BODEGA BRAVO ESCÓS
Partida Plans, Polígono 3, parcela 10
43737 Torroja del Priorat (Tarragona)
☎: +34 675 017 698
ariadna@bodegabravoescospriorat.com
www.bodegabravoescospriorat.com

L'Escaleta 2021 T
100% cariñena

92
Sortenrein, wild, reduktiver Ausbau. Farbe: kirschrot mit violettem Saum. Aroma: Wachs. Mund: saftig, geschmackvoll.

La Font del Mosquit 2022 B
70% macabeo, 30% garnacha blanca

93
Farbe: leuchtendes Strohgelb. Aroma: reifes Obst, Kräutersäckchen, feine Hefen, getrocknete Blumen, camomila, trockener Stein. Mund: voll, fett, lang, schöne Säure, mineralisch.

La Roca de L'Abellar 2021 T
100% garnacha

92
Farbe: kirschrot mit violettem Saum. Aroma: ausdrucksstark fruchtig, rote Früchte, blumig, würzig. Mund: geschmackvoll, fruchtig, schöne Säure.

Les Camades 2021 T
50% cariñena, 45% garnacha, 5% cabernet sauvignon

90
Farbe: kirschrot mit violettem Saum. Aroma: ausdrucksstark fruchtig, rote Früchte, würzig, dunkle Früchte, Wildkräuter. Mund: geschmackvoll, fruchtig, schöne Säure, trockene, aber reife Tannine.

Pas dels Caus 2022 T
50% cariñena, 30% garnacha, 20% syrah

92
Farbe: kirschrot mit violettem Saum. Aroma: ausdrucksstark fruchtig, rote Früchte, blumig, würzig. Mund: geschmackvoll, fruchtig, schöne Säure.

DO Ca. PRIORAT / D.O.P.

DO Ca. PRIORAT / D.O.P.

BODEGAS MASET
Ctra. Vilafranca-Igualada C-15 Km.19
08792 La Granada (Barcelona)
☎: +34 900 200 250
info@maset.com
www.maset.com

Maset Clos Viló 2020 T C
cariñena, garnacha

92
Farbe: kirschrot mit violettem Saum. Aroma: rote Früchte, blumig, würzig, Buschwaldkräuter. Mund: geschmackvoll, fruchtig, schöne Säure, lang.

Maset Mas Viló 2021 T RB
garnacha, cariñena

91
Farbe: kirschrot mit violettem Saum. Aroma: ausdrucksstark fruchtig, rote Früchte, würzig, Buschwaldkräuter, schwarze Lakritze. Mund: geschmackvoll, fruchtig, schöne Säure.

BODEGAS PUIGGRÒS
Ctra. de Manresa, Km. 13
08711 Òdena (Barcelona)
☎: +34 629 853 587
info@bodegaspuiggros.com
www.bodegaspuiggros.com

Signes Del Priorat 2021 T
cariñena

93
Wild, mit Persönlichkeit. Farbe: tiefes Kirschrot. Aroma: trockene Kräuter, dunkle Früchte, reifes Obst, Fleischnoten, erdig. Mund: kraftvoll, würzig, reife Tannine, saftig.

BODEGAS Y VIÑEDOS CAL GRAU
Ctra. del Molar a El Lloar, Km. 10
43736 El Molar (Tarragona)
☎: +34 977 054 851
export@vinosiberian.com
www.vinosiberian.com

Clos Badaceli de la Solana 2018 T C
60% garnacha, 40% cariñena

91
Farbe: tiefes Kirschrot. Aroma: reifes Obst, trockene Kräuter, weiches Eichenholz, würzig, Schwarzer Pfeffer. Mund: kraftvoll, reife Früchte, würzig, trockene, aber reife Tannine, ziemlich nachhaltig.

Clos Badaceli Garnacha 2020 T
100% garnacha

92
Farbe: kirschrot mit violettem Saum. Aroma: rote Früchte, blumig, würzig, reifes Obst, Buschwaldkräuter. Mund: geschmackvoll, fruchtig, schöne Säure, voll.

La Petite Agnès 2022 T BA
garnacha, cariñena, syrah, cabernet sauvignon

90
Farbe: kirschrot mit violettem Saum. Aroma: ausdrucksstark fruchtig, rote Früchte, würzig, dunkle Früchte, Wildkräuter. Mund: geschmackvoll, fruchtig, schöne Säure, trockene, aber reife Tannine.

Les Ones Samsó 2019 T
samsó

93
Nach Eingemachtem, Cremig, korpulent, klassisch. Farbe: leuchtendes Kirschrot. Aroma: süße Gewürze, Schokolade, Früchtekonfit. Mund: fruchtig, würzig, reife Tannine.

BUIL & GINÉ
Crta. Gratallops
a la Vilella Baixa km 11.5
43737 Gratallops (Tarragona)
☎: +34 977 839 810
roxana@builgine.com
www.builgine.com

Giné Giné 2021 T RB
50% garnacha, 50% cariñena

91
Farbe: tiefes Kirschrot. Aroma: dunkle Früchte, feiner Kakao, Buschwaldkräuter, erdig. Mund: reife Früchte, würzig, reife Tannine.

Joan Giné 2018 T R
50% garnacha, 40% cariñena, 10% cabernet sauvignon

91
Farbe: KirschRot. Aroma: balsamisch, Buschwaldkräuter, erdig, ausgewogen, reifes Obst. Mund: würzig, balsamisch, reife Früchte, süffig.

Pleret 2015 T GR
50% cariñena, 50% garnacha

91
Alt. Farbe: kirschrot mit granatrotem Saum. Aroma: Früchtekonfit, in Likör eingelegte Früchte, kraftvoll, Fleischnoten, feuchtes Leder. Mund: geschmackvoll, leicht süßlich, lang, fruchtig, kraftvoll, trockene, aber reife Tannine.

CASA GRAN DEL SIURANA
Ctra. de la Mina s/n
43738 Bellmunt del Priorat
(Tarragona)
☎: +34 932 233 022
pr@casagrandelsiurana.com
www.casagrandelsiurana.com

Ànima del Priorat 2022 T
garnacha, cariñena, syrah, cabernet sauvignon, merlot

92

Lieblich. Farbe: KirsChrot. Aroma: Buschwaldkräuter, blumig. Mund: würzig, balsamisch, saftig, sortentypisch, süffig.

Gran Cruor Selecció Caranyena 2015 T
cariñena

92

Farbe: tiefes Kirschrot. Aroma: reifes Obst, trockene Kräuter, weiches Eichenholz, rote Früchte, dunkle Früchte, würzig. Mund: kraftvoll, reife Früchte, würzig, reife Tannine, fruchtig, spannungsvoll, nachhaltig.

Cruor 2019 T
39% garnacha, 33% cariñena, 25% syrah, 3% cabernet sauvignon

92

Farbe: tiefes Kirschrot. Aroma: trockene Kräuter, weiches Eichenholz, Buschwaldkräuter, dunkle Früchte. Mund: reife Früchte, würzig, reife Tannine.

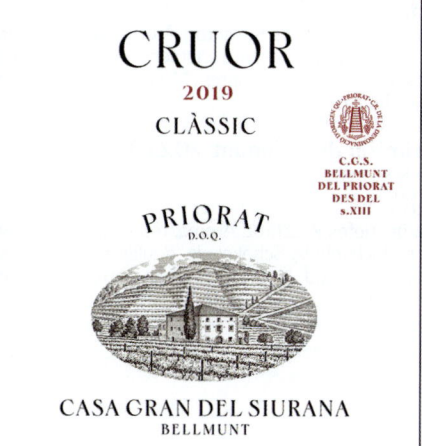

Gran Cruor Syrah 2018 T
100% syrah

93

Farbe: tiefes Kirschrot. Aroma: reifes Obst, trockene Kräuter, weiches Eichenholz, dunkle Früchte, Schwarzer Pfeffer. Mund: reife Früchte, würzig, geschmackvoll, ausgewogen, nachhaltig, trockene, aber reife Tannine.

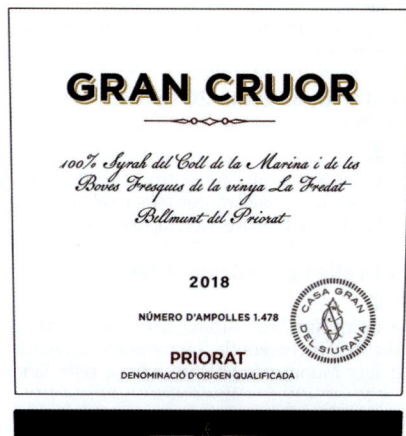

CELLER ABELLÓ
Obac, 3
43739 Porrera (Tarragona)
☎: +34 619 949 221
cellerabelloporrera@gmail.com
www.cellerabello.com

Bram 2019 T RB

93

Farbe: tiefes Kirschrot. Aroma: trockene Kräuter, weiches Eichenholz, dunkle Früchte, Früchtekonfit, Kohlenwasserstoff, erdig, Röstaromen. Mund: kraftvoll, reife Früchte, würzig, reife Tannine.

Drac 2018 T RB
33% cariñena, 33% garnacha, 33% merlot

90

Würzig. Aroma: Röstaromen, reifes Obst, Schokolade. Mund: ausgewogen, korrekt, würzig, reife Früchte.

CELLER AIXALÀ I ALCAIT
Carrer Balandra, 43
43737 Torroja del Priorat (Tarragona)
☎: +34 629 507 807
pardelasses@gmail.com

Destrankis 2021 T BA
80% garnacha, 20% cariñena

88 ☘
Nach Eingemachtem, fruchtig, trockene Kräuter, etwas austrocknend.

El Coster de L'Alzina 2018 T C
100% cariñena

91 ☘
Farbe: tiefes Kirschrot. Aroma: trockene Kräuter, dunkle Früchte, Buschwaldkräuter, feiner Kakao, Röstaromen. Mund: reife Früchte, würzig, reife Tannine.

Les Clivelles de l'Alzina 2020 T
91 ☘
Farbe: tiefes Kirschrot. Aroma: trockene Kräuter, dunkle Früchte, Früchtekonfit, Röstaromen, schwarze Lakritze, Teer. Mund: reife Früchte, würzig, reife Tannine.

Les Clivelles de Torroja 2022 T
cariñena

92 ☘
Farbe: tiefes Kirschrot. Aroma: trockene Kräuter, schwarze Lakritze, erdig, feiner Kakao, getrocknete Blumen. Mund: reife Früchte, würzig, reife Tannine.

Pardelasses 2019 T
cariñena

91 ☘
Klassisch, reif, reduktiver Ausbau. Farbe: dunkles Kirschrot. Aroma: reifes Obst, Früchtekonfit, Tabak, süße Gewürze. Mund: würzig, reife Tannine.

CELLER ARDEVOL
Barceloneta, 14
43739 Porrera (Tarragona)
☎: +34 639 853 282
cellerardevol@yahoo.es

Anjoli 2018 T
garnacha, cabernet sauvignon, syrah, merlot, cariñena

90
Warm, nach Eingemachtem, korpulent, balsamisch, üppig, geschmackvoll. Aroma: Schokolade.

Coma d'en Romeu 2019 T RB
cabernet sauvignon, syrah, merlot, garnacha

90
Farbe: tiefes Kirschrot. Aroma: trockene Kräuter, weiches Eichenholz, dunkle Früchte, Röstaromen, Früchtekonfit. Mund: reife Früchte, würzig, reife Tannine.

Terra d'Hom 2019 T
merlot, garnacha, cabernet sauvignon, syrah, cariñena

91
Farbe: tiefes Kirschrot. Aroma: reifes Obst, trockene Kräuter, weiches Eichenholz, dunkle Früchte, würzig. Mund: reife Früchte, würzig, kräftige Tannine, etwas austrocknend.

CELLER BARTOLOMÉ
Major, 23
43738 Bellmunt del Priorat (Tarragona)
☎: +34 977 830 632
info@cellerbartolome.com
www.cellerbartolome.com

Clos Bartolomé 2020 T BA
50% garnacha, 50% cariñena

92
Balsamisch. Aroma: Früchtekonfit, Buschwaldkräuter, trockene Kräuter. Mund: fruchtig, voll, geschmackvoll, reife Früchte.

Clos Bartolomé Blanc 2023 B
garnacha blanca, macabeo

90
Farbe: strohgelb. Aroma: trockene Kräuter, helle Früchte, warm. Mund: reife Früchte, ausgewogen, geschmackvoll.

Primitiu de Bellmunt 2019 T
cariñena, garnacha

92
Farbe: leuchtendes Kirschrot. Aroma: süße Gewürze, reifes Obst, getrocknete Blumen, Veilchen, trockene Kräuter, Buschwaldkräuter. Mund: fruchtig, würzig, reife Tannine.

Primitiu de Bellmunt 2021 T
garnacha, cariñena

90
Farbe: tiefes Kirschrot. Aroma: trockene Kräuter, weiches Eichenholz, Schokolade, dunkle Früchte, Früchtekonfit. Mund: kraftvoll, reife Früchte, würzig, reife Tannine.

CELLER BURGOS PORTA
Finca Mas Sinén, s/n
43376 Poboleda (Tarragona)
☎: +34 696 094 509
burgosporta@massinen.com
www.massinen.com

Mas Sinén Clos 2018 T
garnacha, cariñena, cabernet sauvignon, syrah

92

Farbe: tiefes Kirschrot. Aroma: reifes Obst, trockene Kräuter, weiches Eichenholz. Mund: kraftvoll, reife Früchte, würzig, reife Tannine, fruchtig, geschmackvoll, rauchig nachwirkend.

Mas Sinén Coster 2017 T C
garnacha, cariñena

92

Farbe: kirschrot mit violettem Saum. Aroma: blumig, würzig, Buschwaldkräuter, dunkle Früchte. Mund: geschmackvoll, fruchtig, schöne Säure, saftig.

Mas Sinén Garnatxa Negra 2019 T
100% garnacha

92

Farbe: tiefes Kirschrot. Aroma: reifes Obst, trockene Kräuter, Veilchen, feiner Kakao. Mund: reife Früchte, würzig, grobkörnige Tannine.

Mas Sinén La Vall 2018 T BA
garnacha, cariñena, cabernet sauvignon, syrah

89

Korpulent, ausgewogen, würzig, vegetabil, reif, Röstaromen.

CELLER CASTELLET
Font de Dalt, 11
43739 Porrera (Tarragona)
☎: +34 630 849 874
info@cellercastellet.cat
www.cellercastellet.cat

Empit 2021 T C
cariñena, garnacha peluda, syrah

90

Farbe: tiefes Kirschrot, kirschrot mit violettem Saum. Aroma: reifes Obst, trockene Kräuter, weiches Eichenholz, dunkle Früchte, Fleischnoten. Mund: kraftvoll, reife Früchte, würzig, geschmackvoll, trockene, aber reife Tannine, rauchig nachwirkend.

Empit Selecció 2021 T R
100% cariñena

91

Farbe: kirschrot mit violettem Saum. Aroma: ausdrucksstark fruchtig, rote Früchte, würzig, dunkle Früchte, Wildkräuter. Mund: geschmackvoll, fruchtig, schöne Säure, lang, kraftvoll, trockene, aber reife Tannine.

Solana de Riuavall Porrera 2021 B
100% garnacha blanca

91

Farbe: leuchtendes Gelb. Aroma: ausdrucksstark fruchtig, reifes Obst, würzig, Wildkräuter, helle Früchte. Mund: geschmackvoll, frisch, nachwirkend fruchtig, fruchtig, ausgewogen.

Solana de Riuavall Porrera 2021 T R
50% cariñena, 50% garnacha

92

Farbe: KirsChrot. Aroma: Weihrauch, Schießpulver, reifes Obst, ausgewogen. Mund: fruchtig, saftig, süffig, würzig, spannungsvoll.

Terrotxa 2021 T
80% garnacha, 20% cabernet sauvignon

91

Farbe: leuchtendes Kirschrot. Aroma: reifes Obst, trockene Kräuter. Mund: kraftvoll, reife Früchte, würzig, reife Tannine.

CELLER DE L'ABADÍA
Font, 38
43737 Gratallops (Tarragona)
☎: +34 627 032 134
jeroni@cellerabadia.com
www.cellerabadia.eu

Alice 2021 T R
30% cariñena, 30% garnacha, 20% monastrell, 10% syrah, 10% cabernet sauvignon

90

Farbe: tiefes Kirschrot. Aroma: trockene Kräuter, dunkle Früchte, Früchtekonfit, Moschus-Noten. Mund: kraftvoll, reife Früchte, würzig, reife Tannine.

Clos Clara 2018 T GR
40% cariñena, 40% garnacha, 10% syrah, 10% cabernet sauvignon

90

Farbe: kirschrot mit granatrotem Saum. Aroma: trockene Kräuter, weiches Eichenholz, Früchtekonfit, kraftvoll, rote Früchte. Mund: reife Früchte, würzig, voll, kraftvoll, geschmackvoll, fruchtig, trockene, aber reife Tannine.

Sant Jeroni Dolç 2020 T GR D
50% cariñena, 50% cabernet sauvignon

89

Fruchtig, naschhaft, süß, würzig, Röstaromen.

Sant Jeroni Forn 2022 T
100% cariñena

89

Nach Eingemachtem, geschmackvoll, Röstaromen, trockene Kräuter.

DO Ca. PRIORAT / D.O.P.

DO Ca. PRIORAT / D.O.P.

Sant Jeroni Hort 2022 T
70% garnacha, 30% syrah

92
Reif. Farbe: kirschrot mit granatrotem Saum. Aroma: Wildkräuter, Buschwaldkräuter, eine Spur Waldbeeren. Mund: saftig, geschmackvoll, spannungsvoll, fruchtig.

CELLER DE L'ENCASTELL
Castell, 7
43739 Porrera (Tarragona)
☎: +34 630 941 959
roquers@roquers.com
www.roquers.com

Marge 2019 T
garnacha, merlot, cabernet sauvignon, cariñena, syrah

91
Farbe: tiefes Kirschrot. Aroma: reifes Obst, trockene Kräuter, weiches Eichenholz, dunkle Früchte. Mund: reife Früchte, würzig, geschmackvoll, trockene, aber reife Tannine.

Mas d'en Caçador Vi de Paratge Carinyena i Garnatxa 2021 T
50% cariñena, 50% garnacha

94
Farbe: tiefes Kirschrot. Aroma: trockene Kräuter, reifes Obst, Früchtekonfit, eine Spur Waldbeeren, Veilchen, Buschwaldkräuter. Mund: kraftvoll, reife Früchte, würzig, reife Tannine.

Roquers de Porrera 2019 T R
garnacha, syrah, cariñena, cabernet sauvignon, merlot

93
Farbe: tiefes Kirschrot. Aroma: reifes Obst, trockene Kräuter, weiches Eichenholz, würzig, Schwarzer Pfeffer. Mund: kraftvoll, reife Früchte, würzig, geschmackvoll, trockene, aber reife Tannine.

CELLER GRITELLES
Carrer de Les Bodegues, 3
43360 Cornudella de Montsant (Tarragona)
☎: +34 637 407 184
celler@gritelles.com
www.gritelles.com

Gritelles Macabeu Tros de la Serra 2019 B
macabeo

93 ❦
Klar definierte Aromen, mit Persönlichkeit. Farbe: golden leuchtend. Aroma: mit Charakter, Buschwaldkräuter, Anisnoten, Wildkräuter. Mund: zartbitter, saftig, lang.

CELLER HIDALGO ALBERT
Pol. 14 Parcela 102
43376 Poboleda (Tarragona)
☎: +34 977 842 064
info@hidalgoalbert.com
www.hidalgoalbert.com

1270 a Vuit 2017 T
garnacha, cariñena

91 ❦
Farbe: tiefes Kirschrot. Aroma: reifes Obst, trockene Kräuter, weiches Eichenholz, würzig, schwarze Lakritze. Mund: kraftvoll, reife Früchte, würzig, reife Tannine, etwas austrocknend.

1270 a Vuit 2022 B
garnacha blanca

91 ❦
Farbe: strohgelb. Aroma: reifes Obst, trockene Kräuter, welke Blumen, helle Früchte, feine Hefen. Mund: reife Früchte, ausgewogen, voll.

Fina 1270 a Vuit 2021 T BA
garnacha, syrah, cabernet sauvignon, merlot, cariñena

91 ❦
Farbe: tiefes Kirschrot. Aroma: reifes Obst, trockene Kräuter, weiches Eichenholz, dunkle Früchte, würzig, feiner Kakao. Mund: kraftvoll, reife Früchte, würzig, fruchtig, geschmackvoll, trockene, aber reife Tannine.

Lo Petit Pau 2023 T
garnacha, syrah, cabernet sauvignon, merlot

90 ❦
Farbe: kirschrot mit violettem Saum. Aroma: ausdrucksstark fruchtig, rote Früchte, blumig, würzig, dunkle Früchte, Schwarzer Pfeffer. Mund: geschmackvoll, fruchtig, ausgewogen, reife Tannine.

CELLER MAS BASTE
Font, 38
43737 Gratallops (Tarragona)
☎: +34 627 032 134
info@cellermasbaste.com
www.cellermasbaste.com

Clos Peites 2008 T BA
80% cariñena, 20% cabernet sauvignon

90
Reduktiver Ausbau. Farbe: dunkles Kirschrot, granatroter Saum. Aroma: reifes Obst, Früchtekonfit, Tabak, süße Gewürze. Mund: würzig, reife Tannine, lang.

Peites 2008 T C
80% cariñena, 10% syrah, 10% cabernet sauvignon

91
Klassisch. Farbe: rubinrot mit ziegelrotem Saum. Aroma: stark gegerbtes Leder, in Likör eingelegte Früchte, Zigarren, würzig. Mund: ausgewogen, klassischer Ausbau, zartbitter, Reduktionsnoten, geschmackvoll.

CELLER MAS DE LES PERERES
Mas de les Pereres s/n
43376 Poboleda (Tarragona)
☎: +32 475 660 315
dirk@nunci.com
www.nunci.com

Nunci Cabernet Franc 2018 T
cabernet franc

90

Sortenrein. Farbe: tiefes Kirschrot. Aroma: reifes Obst, trockene Kräuter, weiches Eichenholz, schwarze Lakritze. Mund: kraftvoll, reife Früchte, würzig, reife Tannine.

Nunci Costero 2012 T

92

Farbe: dunkles Kirschrot, granatroter Saum. Aroma: Früchtekonfit, Noten von Tischlerei, Tabak, süße Gewürze. Mund: würzig, reife Tannine.

Nunci Negre 2017 T
garnacha, cabernet franc, syrah, merlot, mazuelo, cabernet sauvignon

90

Farbe: tiefes Kirschrot. Aroma: reifes Obst, trockene Kräuter, Buschwaldkräuter, geröstetes Brot. Mund: kraftvoll, reife Früchte, würzig, reife Tannine.

Nunsweet Dulce 2016 T D
merlot, garnacha, syrah, cabernet franc

91

Farbe: kirschrot mit granatrotem Saum. Aroma: Früchtekonfit, würzig, Röstaromen, Buschwaldkräuter. Mund: kraftvoll, geschmackvoll, süß.

Nunci Rosé 2021 RD
garnacha blanca, viognier, macabeo, moscatel de alejandría, pedro ximénez

87

Nuncito 2016 T BA
syrah, cabernet franc, garnacha, merlot, mazuelo

89

Balsamisch, nach Eingemachtem, reif, Röstaromen, geschmackvoll. Aroma: dunkle Früchte.

CELLER PASANAU
43361 La Morera de Montsant (Tarragona)
☎: +34 977 827 202
info@cellerpasanau.com
www.cellerpasanau.com

Pasanau El Vell Coster 2019 T

91

Farbe: leuchtendes Kirschrot. Aroma: süße Gewürze, Schokolade, in Likör eingelegte Früchte, markante Eiche. Mund: würzig, reife Tannine, ausgewogen.

Pasanau Finca La Planeta 2020 T
96% cabernet sauvignon, 4% garnacha

93 ☘

Spannungsvoll. Farbe: kirschrot mit violettem Saum. Aroma: ausdrucksstark fruchtig, rote Früchte, blumig, würzig, Röstaromen, Buschwaldkräuter. Mund: geschmackvoll, fruchtig, schöne Säure, lang.

Pasanau Les Myriams 2023 B
100% viognier

89 ☘

Angenehm, korrekt, blumig, fruchtig, von Primäraromen beherrscht, geschmackvoll.

Pasanau Vi de Paratge Los Torrents 2020 T
60% garnacha, 40% cariñena

90 ☘

Farbe: tiefes Kirschrot. Aroma: reifes Obst, trockene Kräuter, weiches Eichenholz, dunkle Früchte. Mund: kraftvoll, reife Früchte, würzig, reife Tannine.

Pasanau Vi de Vila de La Morera de Montsant 2023 T
100% garnacha

91 ☘

Farbe: kirschrot mit granatrotem Saum. Aroma: reifes Obst, trockene Kräuter. Mund: reife Früchte, würzig, reife Tannine, süffig.

CELLER SABATÉ
Nou, 6
43374 La Vilella Baixa (Tarragona)
☎: +34 977 839 209
cellersabate@cellersabate.com
www.cellersabate.com

Mas d'en Bernat 2023 T
100% garnacha

90

Farbe: kirschrot mit violettem Saum. Aroma: ausdrucksstark fruchtig, rote Früchte, würzig, Veilchen. Mund: geschmackvoll, fruchtig, schöne Säure.

DO Ca. PRIORAT / D.O.P.

DO Ca. PRIORAT / D.O.P.

Plantadeta Blanc 2023 B
garnacha blanca
88
Fruchtig, korrekt, Zitrusfrüchte, reif, kräuterig.

Plantadeta Carinyena 2022 T
100% cariñena
91
Farbe: kirschrot mit granatrotem Saum. Aroma: Früchtekonfit, kraftvoll, Wildkräuter, eine Spur Waldbeeren. Mund: geschmackvoll, lang.

Plantadeta Garnatxa 2021 T RB
100% garnacha
90
Farbe: kirschrot mit granatrotem Saum. Aroma: Früchtekonfit, in Likör eingelegte Früchte, kraftvoll, trockene Kräuter. Mund: geschmackvoll, leicht süßlich, fruchtig, saftig, trockene, aber reife Tannine.

Plantadeta Selecció 2018 T C
70% garnacha, 30% cariñena
89
Waldfinsternis, alt, ausgewogen, würzig, kräuterig, reif, geschmackvoll.

CELLER SAÒ DEL COSTER
Calle Valls, 28
43737 Gratallops (Tarragona)
☎: +34 664 142 186
info@saodelcoster.es
www.saodelcoster.es

"S" de Saó Coster 2021 T
garnacha, cariñena, cabernet sauvignon, syrah
91
Farbe: kirschrot mit violettem Saum. Aroma: ausdrucksstark fruchtig, blumig, würzig, dunkle Früchte. Mund: geschmackvoll, fruchtig, schöne Säure.

Terram 2021 T
garnacha, cariñena, cabernet sauvignon, syrah
90
Nach Eingemachtem, reif. Farbe: kirschrot mit granatrotem Saum. Aroma: beschädigtes Obst. Mund: geschmackvoll, balsamisch.

La Pujada 2016 T
cariñena
91
Farbe: kirschrot mit granatrotem Saum. Aroma: Früchtekonfit, in Likör eingelegte Früchte, dunkle Früchte, Wildkräuter, getrocknete Blumen. Mund: geschmackvoll, leicht süßlich, lang, fruchtig, trockene, aber reife Tannine.

Pim Pam Poom 2023 T
garnacha
90
Farbe: kirschrot mit violettem Saum. Aroma: ausdrucksstark fruchtig, rote Früchte, blumig. Mund: fruchtig, geschmackvoll, ausgewogen.

Planassos 2016 T
cariñena
93
Mit Persönlichkeit, fruchtig, saftig, wild, warm. Farbe: sattes Kirschrot. Aroma: eine Spur Waldbeeren, Heidelbeere. Mund: saftig, voll.

CELLER VALL-LLACH
Del Pont, 9
43739 Porrera (Tarragona)
☎: +34 977 828 244
info@vallllach.com
www.vallllach.com

Embruix de Vall-Llach 2022 T
27% garnacha, 28% merlot, 21% cariñena, 12% syrah, 12% cabernet sauvignon
92
Warm. Farbe: KirsChrot. Aroma: balsamisch, Buschwaldkräuter, reifes Obst, trockene Kräuter. Mund: würzig, saftig, voll.

Horta Colomer 2023 B
50% cariñena blanca, 50% cariñena gris
93
Farbe: strohgelb. Aroma: trockene Kräuter, welke Blumen, Sträucher, helle Früchte, reifes Obst. Mund: kraftvoll, reife Früchte, ausgewogen, zartbitter.

🏆 **PODIUM**

Porrera Vi de Vila de Vall Llach 2022 T C
50% cariñena, 50% garnacha
95
Farbe: tiefes Kirschrot. Aroma: trockene Kräuter, weiches Eichenholz, würzig, Röstaromen, dunkle Früchte. Mund: kraftvoll, reife Früchte, würzig, reife Tannine.

Porrera Vi de Vila de Vall Llach 2023 B
garnacha blanca
92
Farbe: leuchtendes Strohgelb. Aroma: ausdrucksstark fruchtig, reifes Obst, helle Früchte, trockene Kräuter, getrocknete Blumen. Mund: geschmackvoll, frisch, nachwirkend fruchtig, fruchtig, ziemlich nachhaltig.

Priorat Idus de Vall-Llach 2022 T
90% cariñena, 10% garnacha
93
Farbe: tiefes Kirschrot. Aroma: trockene Kräuter, weiches Eichenholz, Röstaromen, würzig, dunkle Früchte. Mund: kraftvoll, reife Früchte, würzig, reife Tannine.

SPANIENS WEINFÜHRER

Vall Llach
Mas d'en Caçador 2022 T
garnacha
94
Farbe: durchscheinendes Kirschrot, dunkles Kirschrot. Aroma: reifes Obst, ausdrucksstark fruchtig, Wildkräuter, Kräutersäckchen. Mund: fruchtig, saftig, würzig, lang, ausgewogen, sortentypisch.

CELLERS DE SCALA DEI
Rambla de la Cartoixa, s/n
43379 Scala Dei (Tarragona)
☎: +34 935 051 551
n.vives@raventoscodorniu.com
www.scaladei.com

Scala
Dei Cartoixa 2020 T R
80% garnacha, 20% cariñena
94
Farbe: KirsChrot. Aroma: komplex, ausdrucksvoll, würzig, mineralisch, Veilchen, Buschwaldkräuter. Mund: elegant, voll, lang, nachhaltig.

Scala Dei L'Heretge 2021 T
100% cariñena
94
Farbe: KirsChrot, violetter Saum. Aroma: ausdrucksvoll, würzig, mineralisch, rote Früchte, Buschwaldkräuter. Mund: elegant, voll, lang, nachhaltig, mineralisch.

🏆 **PODIUM**

Scala Dei Masdeu 2018 T
100% garnacha
96
Farbe: KirsChrot. Aroma: komplex, ausdrucksvoll, würzig, mineralisch, erdig. Mund: voll, lang, nachhaltig, elegant.

🏆 **PODIUM**

Scala Dei Masdeu 2019 T
100% garnacha
96
Farbe: KirsChrot. Aroma: ausdrucksvoll, würzig, mineralisch, erdig, rote Früchte, in Likör eingelegte Früchte, Buschwaldkräuter. Mund: voll, lang, elegant.

Scala Dei
Pla dels Ángels 2023 RD
100% garnacha
90
Farbe: blassrosa. Aroma: rote Früchte, Kräutersäckchen. Mund: saftig, korrekt, reife Früchte, geschmackvoll.

Scala Dei Prior 2022 T C
60% garnacha, 20% cabernet sauvignon, 20% cariñena
92
Farbe: kirschrot mit violettem Saum. Aroma: ausdrucksstark fruchtig, rote Früchte, blumig, würzig, Buschwaldkräuter. Mund: geschmackvoll, fruchtig, schöne Säure.

🏆 **PODIUM**

Scala Dei Sant Antoni 2021 T
95
Farbe: KirsChrot. Aroma: komplex, ausdrucksvoll, würzig, mineralisch, Buschwaldkräuter, erdig. Mund: voll, lang, nachhaltig.

CELLERS TERRA I VINS
Av. Falset, 17 Baixos
43206 Reus (Tarragona)
☎: +34 658 567 409
celler@cellersterraivins.com
www.cellersterraivins.com

Brúixola 2018 T C
45% garnacha, 45% samsó, 10% syrah
91
Farbe: tiefes Kirschrot. Aroma: reifes Obst, trockene Kräuter, weiches Eichenholz, dunkle Früchte. Mund: kraftvoll, reife Früchte, würzig, reife Tannine, fruchtig, frisch.

Brúixola 2019 B
70% garnacha blanca, 20% macabeo, 10% pedro ximénez
90
Farbe: strohgelb. Aroma: reifes Obst, trockene Kräuter, camomila, feine Hefen. Mund: reife Früchte, ausgewogen, fleischig.

Brúixola VS 2019 T
85% samsó, 15% garnacha
91
Farbe: KirsChrot. Aroma: reifes Obst, trockene Kräuter, weiches Eichenholz. Mund: kraftvoll, reife Früchte, würzig, reife Tannine.

CELLERS UNIÓ - POBOLEDA
Joan Oliver, 16-24
43206 Reus (Tarragona)
☎: +34 977 330 055
info@cellersunio.com
www.cellersunio.com

Llicorella Clàssic 2020 T
garnacha, mazuelo
91
Farbe: kirschrot mit granatrotem Saum. Aroma: kraftvoll, reifes Obst, Schokolade. Mund: geschmackvoll, lang, reife Tannine, würzig, reife Früchte.

DO Ca. PRIORAT / D.O.P.

DO Ca. PRIORAT / D.O.P.

Llicorella Pedro Ximénez 2023 B
pedro ximénez

91

Farbe: strohgelb. Aroma: reifes Obst, trockene Kräuter, welke Blumen, feine Hefen. Mund: reife Früchte, ausgewogen, fett.

Llicorella Vitis 60 2020 T
mazuelo, garnacha

91

Farbe: leuchtendes Kirschrot. Aroma: in Likör eingelegte Früchte, dunkle Früchte, Früchtekonfit, Wildkräuter. Mund: fruchtig, geschmackvoll, voll, reife Tannine, ziemlich nachhaltig, mineralisch.

CLOS BERENGUER
Ctra. T-734, km. 8,3
43736 El Molar (Tarragona)
☎: +34 674 572 089
closberenguer@gmail.com
www.closberenguer.com

Clos Berenguer "Ari" 2022 T
merlot, samsó, cabernet sauvignon

90

Angenehm, korrekt, üppig, warm. Aroma: Schokolade, dunkle Früchte. Mund: kraftvoll, reife Tannine.

Clos Berenguer "Ed" 2022 T R
100% garnacha

91

Farbe: rubinrot mit ziegelrotem Saum. Aroma: reifes Obst, trockene Kräuter, weiches Eichenholz, rote Früchte, süße Gewürze. Mund: reife Früchte, würzig, reife Tannine, fruchtig.

Clos Berenguer "Min" 2022 T
samsó, cabernet sauvignon, garnacha, syrah

89

Fruchtig, reif, trockene Kräuter, würzig.

Clos Berenguer Selecció 2021 T
cariñena, cabernet sauvignon, garnacha, syrah

90

Farbe: tiefes Kirschrot. Aroma: trockene Kräuter, dunkle Früchte, Buschwaldkräuter, feiner Kakao. Mund: kraftvoll, reife Früchte, würzig, reife Tannine.

Clos Berenguer Vinya Les Sorts Cabernet Sauvignon 2020 T
100% cabernet sauvignon

91

Farbe: KirsChrot. Aroma: Buschwaldkräuter, trockene Kräuter, dunkle Früchte, reifes Obst, Wachs. Mund: würzig, fleischig, reife Tannine.

Clos de Tafall 2022 T
cabernet sauvignon, garnacha, syrah, cariñena

90

Farbe: leuchtendes Kirschrot. Aroma: ausdrucksstark fruchtig, rote Früchte, würzig, dunkle Früchte, Wildkräuter. Mund: geschmackvoll, fruchtig, lang, trockene, aber reife Tannine, ziemlich nachhaltig.

CLOS DEL PORTAL
43736 El Molar (Tarragona)
☎: +34 932 531 760
info@portalpriorat.com
www.portaldelpriorat.com

Gotes del Priorat 2022 T
garnacha, cariñena, syrah

92 🌱

Lieblich, korrekt. Aroma: Fleischnoten. Mund: geschmackvoll, voll, süffig, saftig, nachhaltig, reife Früchte.

La Solana dels Marges 2020 T R
cariñena

93

Farbe: KirsChrot. Aroma: ausdrucksvoll, würzig, mineralisch, ausgewogen. Mund: lang, nachhaltig, würzig, reife Früchte.

Negre de Negres 2022 T
garnacha, cariñena, syrah, cabernet franc

94 🌱

Klar definierte Aromen, elegant. Farbe: kirschrot mit granatrotem Saum. Aroma: Wachs, Fleischnoten, eine Spur Waldbeeren. Mund: geschmackvoll, lebhaft, ausgewogen, spannungsvoll, würzig.

Somni 2019 T
syrah, cariñena

94

Komplex, mit Persönlichkeit, Waldfinsternis, sortenrein. Aroma: ausdrucksvoll, ausgewogen, Thymian, schwarze Lakritze. Mund: saftig, voll, lebhaft, spannungsvoll, ausgewogen.

Tros de Clos Buscando a Darwin 2020 T

93 🌱

Waldfinsternis, mit Persönlichkeit, rustikal. Farbe: tiefes Kirschrot. Aroma: mit Charakter, Schwarzer Pfeffer, dunkle Früchte. Mund: geschmackvoll, lang, reife Früchte.

CLOS FIGUERAS
Carrer La Font, 38
43737 Gratallops (Tarragona)
☎: +34 977 830 217
info@closfigueras.com
www.closfigueras.info

Font de la Figuera 2022 T FB
garnacha, cariñena, syrah, cabernet sauvignon
94
Wild, Waldfinsternis. Farbe: KirsChrot. Aroma: ausdrucksvoll, würzig, mineralisch, dunkle Früchte, Buschwaldkräuter, schwarze Lakritze. Mund: voll, lang, nachhaltig.

Font de la Figuera 2023 B
viognier, garnacha blanca, chenin blanc
91
Farbe: leuchtendes Gelb. Aroma: reifes Obst, würzig, feine Hefen, getrocknete Blumen. Mund: fett, strukturiert, zartbitter.

Serras del Priorat 2023 B
100% garnacha blanca
91
Farbe: strohgelb. Aroma: reifes Obst, trockene Kräuter, welke Blumen, helle Früchte. Mund: reife Früchte, ausgewogen.

Sweet Clos Figueras 2023 TF D
100% garnacha
90
Farbe: kirschrot mit granatrotem Saum. Aroma: Früchtekonfit, würzig, Buschwaldkräuter. Mund: kraftvoll, geschmackvoll, süß.

CLOS GALENA
Camino de la Solana, s/n
43736 El Molar (Tarragona)
☎: +34 607 430 549
info@closgalena.com
www.closgalena.com

Clos Galena 2019 T R
garnacha, cariñena, syrah
92 ♣
Farbe: kirschrot mit violettem Saum. Aroma: ausdrucksstark fruchtig, rote Früchte, blumig, würzig, Buschwaldkräuter. Mund: geschmackvoll, fruchtig, schöne Säure.

Crossos Priorat 2021 T
cariñena, garnacha, syrah
90
Farbe: tiefes Kirschrot. Aroma: reifes Obst, trockene Kräuter, feiner Kakao. Mund: reife Früchte, würzig, reife Tannine.

Formiga de Seda 2023 B
garnacha blanca, viognier
89 ♣
Fruchtig, kräuterig, reif, Zitrusfrüchte, würzig.

Formiga de Vellut 2021 T
garnacha, cariñena, syrah
91 ♣
Farbe: kirschrot mit violettem Saum. Aroma: rote Früchte, blumig, würzig, feiner Kakao. Mund: geschmackvoll, fruchtig, schöne Säure.

Galena 2021 T R
garnacha, cariñena, cabernet sauvignon, merlot
91 ♣
Farbe: tiefes Kirschrot. Aroma: reifes Obst, trockene Kräuter, feiner Kakao, Röstaromen. Mund: kraftvoll, reife Früchte, würzig, reife Tannine.

CLOS I TERRASSES
La Font, 1
43737 Gratallops (Tarragona)
☎: +34 977 839 022
info@closerasmus.com

🏆 PODIUM

Clos Erasmus 2021 T BA
96
Balsamisch. Farbe: KirsChrot. Aroma: komplex, ausdrucksvoll, würzig, mineralisch, Wildkräuter. Mund: voll, lang, nachhaltig, elegant.

Laurel 2021 T
93
Kräuterig, wild. Aroma: Kräutersäckchen, ausgewogen, ausdrucksvoll, sortenrein. Mund: saftig, lang.

DO Ca. PRIORAT / D.O.P.

DO Ca. PRIORAT / D.O.P.

CLOS MOGADOR
Camí Manyetes, s/n
43737 Gratallops (Tarragona)
☎: +34 977 839 171
closmogador@closmogador.com
www.closmogador.com

🏆 PODIUM

Clos Mogador 2021 T C
45% garnacha, 29% cariñena, 16% syrah, 10% cabernet sauvignon
95
Farbe: KirsChrot. Aroma: komplex, ausdrucksvoll, würzig, mineralisch. Mund: elegant, voll, lang, nachhaltig.

Gratallops Vi de Vila Rosat 2021 RD C
60% garnacha, 20% cariñena, 20% macabeo
93
Farbe: lachsfarben. Aroma: reifes Obst, rote Früchte, trockene Kräuter, welke Blumen, feine Hefen, . Mund: fruchtig, voll, geschmackvoll, reife Früchte, würzig, weiche Tannine.

Manyetes Vi de Paratge 2021 T C
100% cariñena
94
Farbe: KirsChrot. Aroma: komplex, ausdrucksvoll, würzig, mineralisch, Buschwaldkräuter, Waldfinsternis. Mund: voll, lang, geschmackvoll.

🏆 PODIUM

Nelin 2021 B
garnacha blanca, macabeo, pansal, picapoll blanc, cartoixà, otras
95
Mit Persönlichkeit. Farbe: strohgelb. Aroma: reifes Obst, trockene Kräuter, welke Blumen, würzig, trockener Stein. Mund: kraftvoll, ausgewogen, strukturiert, mineralisch.

CLOS PACHEM
C. de la Font, 1D
43737 Gratallops (Tarragona)
☎: +34 621 229 185
sales@clospachem.com
www.clospachem.com

Camí de la Mina 2020 T
50% garnacha, 50% cariñena
91
Farbe: leuchtendes Kirschrot. Aroma: Früchtekonfit, in Likör eingelegte Früchte, rote Früchte, süße Gewürze, rauchig. Mund: geschmackvoll, fruchtig, ausgewogen, zartbitter, würzig, etwas austrocknend.

Pachem 2020 T
garnacha
92
Farbe: kirschrot mit granatrotem Saum. Aroma: reifes Obst, trockene Kräuter, weiches Eichenholz, rote Früchte, süße Gewürze, mineralisch. Mund: reife Früchte, würzig, fruchtig, geschmackvoll, trockene, aber reife Tannine.

Pachem Carinyena 2021 T
cariñena
93
Farbe: kirschrot mit violettem Saum. Aroma: reifes Obst, dunkle Früchte, Wildkräuter, Schwarzer Pfeffer, mineralisch. Mund: fruchtig, geschmackvoll, ausgewogen, nachhaltig, reife Tannine, spannungsvoll.

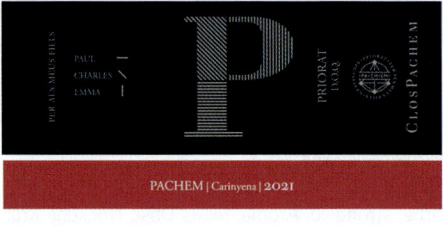

Planassos 2020 T
cariñena
92
Klar definierte Aromen, sortenrein. Farbe: kirschrot mit granatrotem Saum. Aroma: ausgewogen, reifes Obst. Mund: geschmackvoll, lang, saftig, fruchtig.

COSTERS DEL PRIORAT
Mas dels Frares s/n
43736 El Molar (Tarragona)
☎: +34 650 196 146
info@costersdelpriorat.com
www.costersdelpriorat.com

Blanc de Closos 2021 B
91 🌱
Farbe: strohgelb. Aroma: reifes Obst, trockene Kräuter, trockener Stein, feine Hefen. Mund: kraftvoll, reife Früchte, ausgewogen.

Clos Alzina 2021 T
91
Farbe: tiefes Kirschrot. Aroma: trockene Kräuter, feiner Kakao, dunkle Früchte, Buschwaldkräuter. Mund: kraftvoll, reife Früchte, würzig, reife Tannine.

Clos Cypres 2021 T
91
Farbe: kirschrot mit violettem Saum. Aroma: rote Früchte, würzig, Buschwaldkräuter, feiner Kakao. Mund: geschmackvoll, fruchtig, schöne Säure.

Pissarres 2022 T BA
91
Farbe: tiefes Kirschrot. Aroma: dunkle Früchte, geröstetes Brot, Buschwaldkräuter, rote Früchte. Mund: reife Früchte, würzig, reife Tannine.

Rocafosca Blanc 2023 B
91
Farbe: strohgelb. Aroma: trockene Kräuter, welke Blumen, helle Früchte. Mund: reife Früchte, ausgewogen.

Rocafosca Negre 2021 T
92
Farbe: tiefes Kirschrot. Aroma: Buschwaldkräuter, feiner Kakao, rote Früchte, dunkle Früchte, erdig. Mund: reife Früchte, würzig, reife Tannine.

DE MULLER
Camí Pedra Estela, 34
43205 Reus (Tarragona)
☎: +34 977 757 473
nacional@demuller.es
www.demuller.es

De Muller Carinyena 2019 T C
100% cariñena
89
Holzig, reif. Farbe: dunkles Kirschrot. Aroma: würzig, intensive Röstaromen, feine Reduktionsnoten, dunkle Früchte, Buschwaldkräuter. Mund: geschmackvoll, Röstnoten, zartbitter.

Legitim 2021 T C
garnacha, cariñena, syrah, merlot
88
Stumpf, nach Eingemachtem, würzig, schlicht. Aroma: in Likör eingelegte Früchte, Wachs.

Les Pusses 2020 T C
50% merlot, 50% syrah
89
Fruchtig, nach Eingemachtem, etwas austrocknend, würzig.

Lo Cabaló 2017 T R
75% garnacha, 5% cariñena
90
Farbe: dunkles Kirschrot, granatroter Saum. Aroma: Früchtekonfit, Noten von Tischlerei, Tabak, süße Gewürze. Mund: würzig, reife Tannine.

EDICIONES ILIMITADAS
Carrer Modolell, 56 Local A
08021 Barcelona (Barcelona)
☎: +34 932 531 760
info@edicionesi-limitadas.com

Fils de Vi 2021 T BA
garnacha
93
Aromatisch, saftig, lebhaft. Aroma: eine Spur Waldbeeren, ausgewogen, ausdrucksvoll. Mund: sortentypisch, geschmackvoll, fruchtig, ausgewogen, süffig.

Terrestre 2021 T
garnacha
91
Lieblich. Aroma: reifes Obst, Wildkräuter. Mund: reife Früchte, würzig, süffig, ausgewogen.

EDUARDO GARZA
Ctra. T-734 km 8,3
43736 El Molar (Tarragona)
☎: +34 633 591 155
eg@eduardogarza.wine
www.eduardogarza.es

Eduardo Garza 2018 T
85% cariñena, 15% garnacha
91
Korpulent, repräsentativ. Farbe: dunkles Kirschrot, leuchtendes Kirschrot. Aroma: dunkle Früchte, mineralisch, trockene Kräuter, Buschwaldkräuter. Mund: geschmackvoll, süße Tannine.

Eduardo Garza Socarrats 2020 T
85% cariñena, 15% garnacha
89
Nach Eingemachtem, korpulent, würzig. Aroma: reifes Obst, trockene Kräuter, erdig, dunkle Früchte, beschädigtes Obst.

DO Ca. PRIORAT / D.O.P.

DO Ca. PRIORAT / D.O.P.

ESPAIVI
Santa Ana, 13 Plaza Forum
43003 Tarragona (Tarragona)
☎: +34 672 266 894
espai.tgn@gmail.com

Clos Trekan 2020 T BA
50% cariñena, 50% garnacha
93
Farbe: KirsChrot. Aroma: ausdrucksvoll, würzig, mineralisch, Heidelbeere, Veilchen. Mund: voll, lang, nachhaltig, saftig, fruchtig.

FAMILIA NIN ORTIZ
Finca Planetes, Pol Partida Masis Parcela 288
43730 Falset (Tarragona)
☎: +34 686 467 579
carlesov@gmail.com
http://fnovins.blogspot.com.es

Nit de Nin Coma d'en Romeu 2021 T
94
Wild, wenig interventionistisch, komplex. Farbe: kirschrot mit granatrotem Saum. Aroma: rote Früchte, Früchtekonfit, Wildkräuter, erdig, Waldfinsternis, komplex. Mund: geschmackvoll, fleischig, mineralisch.

Planetes Classic 2021 T
garnacha, garnacha peluda, cariñena
94
Wenig interventionistisch, mit Persönlichkeit. Farbe: kirschrot mit granatrotem Saum. Aroma: rote Früchte, erdig, würzig, Buschwaldkräuter, Waldfinsternis. Mund: flüssig am Gaumen, frisch, spannungsvoll, mineralisch.

Planetes de Nin 2022 B
cariñena blanca
93
Mild, wenig interventionistisch. Farbe: strohgelb. Aroma: reifes Obst, trockene Kräuter, welke Blumen, trockener Stein. Mund: reife Früchte, ausgewogen, mineralisch.

🏆 PODIUM
Selma de Nin 2018 B
parellada, roussanne, marsanne, chenin blanc
96
Wenig interventionistisch, mit Persönlichkeit. Farbe: leuchtendes Strohgelb. Aroma: reifes Obst, Kräutersäckchen, feine Hefen, Ebbe, Jodnuancen, Wachs, Kohlenwasserstoff. Mund: voll, fett, lang, schöne Säure.

Selma de Nin 2020 B
93
Farbe: strohgelb. Aroma: trockene Kräuter, welke Blumen, helle Früchte, reifes Obst, trockener Stein. Mund: reife Früchte, ausgewogen, mineralisch.

🏆 PODIUM
Terra Vermella de Nin 2016 B
parellada
95
Wenig interventionistisch, mit Persönlichkeit. Farbe: strohgelb, goldfarben. Aroma: Kohlenwasserstoff, balsamisch, Wildkräuter, camomila. Mund: fleischig, geschmackvoll, mineralisch.

Terra Vermella de Nin 2019 B
parellada
94
Wenig interventionistisch, mit Potenzial. Farbe: strohgelb, goldfarben. Aroma: mineralisch, trockener Stein, Phosphor, helle Früchte, camomila, komplex. Mund: fleischig, ausgewogen, mineralisch.

FAMILIA TORRES PRIORAT
La Solteta s/n
43737 El Lloar (Tarragona)
☎: +34 938 177 400
info@torres.es
www.torres.es

Mas de la Rosa 2020 T C
cariñena, garnacha
94
Farbe: KirsChrot. Aroma: komplex, ausdrucksvoll, würzig, mineralisch, Buschwaldkräuter. Mund: voll, lang, nachhaltig, fruchtig, elegant.

Perpetual 2020 T C
cariñena, garnacha
94
Farbe: tiefes Kirschrot. Aroma: reifes Obst, trockene Kräuter, weiches Eichenholz, dunkle Früchte, Wildkräuter, würzig. Mund: kraftvoll, reife Früchte, würzig, reife Tannine, fruchtig, voll, spannungsvoll.

Salmos 2020 T C
cariñena, garnacha
93
Spannungsvoll. Farbe: KirsChrot. Aroma: ausdrucksvoll, würzig, mineralisch, Fleischnoten. Mund: voll, lang, nachhaltig.

Secret del Priorat 2021 T C
garnacha, cariñena, syrah, cabernet sauvignon, merlot
91
Korrekt, trockene Kräuter, reif. Aroma: ausdrucksstark fruchtig, getrocknete Blumen. Mund: fruchtig, saftig, süffig.

FERRER BOBET

Ctra. Falset a Porrera, Km. 6,5
43730 Falset (Tarragona)
☎: +34 609 945 532
eguerre@ferrerbobet.com
www.ferrerbobet.com

Ferrer Bobet Selecció Especial Vinyes Velles 2019 T
cariñena, garnacha

94

Klassisch, lieblich, ausgewogen. Farbe: tiefes Kirschrot. Aroma: weiches Eichenholz, dunkle Früchte, Buschwaldkräuter, trockene Kräuter, erdig. Mund: reife Früchte, würzig, reife Tannine, voll.

Ferrer Bobet Vinyes Velles 2019 T
cariñena, garnacha

93

Ausgewogen, lieblich. Farbe: tiefes Kirschrot. Aroma: trockene Kräuter, dunkle Früchte, rote Früchte, Buschwaldkräuter, weiches Eichenholz. Mund: reife Früchte, würzig, reife Tannine.

GALLINA DE PIEL WINES

17005 Girona (Girona)
info@gallinadepielwines.com
www.gallinadepielwines.com

Esclafit 2018 T
70% cariñena, 30% garnacha

92

Farbe: tiefes Kirschrot. Aroma: trockene Kräuter, erdig, dunkle Früchte, Früchtekonfit. Mund: kraftvoll, reife Früchte, würzig, reife Tannine.

GENIUM CELLER

Nou, 92- Bajos
43376 Poboleda (Tarragona)
☎: +34 977 827 146
genium@geniumceller.com
www.geniumceller.com

Fusió 2021 T C
garnacha, cariñena, syrah

90 ❦

Farbe: tiefes Kirschrot. Aroma: reifes Obst, Schwarzer Pfeffer, Röstaromen. Mund: reife Früchte, würzig, reife Tannine, strukturiert.

Genium Costers Vi de Guarda 2021 T R
cariñena, garnacha

92

Farbe: kirschrot mit violettem Saum. Aroma: blumig, würzig, dunkle Früchte, rote Früchte, Buschwaldkräuter, erdig. Mund: geschmackvoll, fruchtig, schöne Säure, lang, spannungsvoll.

Poboleda Vi de Vila Genium 2021 T C
garnacha, cariñena, syrah

90

Nach Eingemachtem, korpulent. Aroma: mineralisch, dunkle Früchte, Früchtekonfit. Mund: geschmackvoll, reife Tannine.

Ximenis vi de Vila 2023 B
pedro ximénez, garnacha blanca

88

Durchschnittlich am Gaumen, getrocknete Blumen, reif, trockene Kräuter.

GRAN CLOS DEL PRIORAT

Montsant, 2
43738 Bellmunt del Priorat (Tarragona)
☎: +34 977 830 675
office@granclos.com
www.granclos.com

Cartus 2012 T GR
76% garnacha, 24% cariñena

92

Klassisch, nach Eingemachtem. Farbe: kirschrot mit granatrotem Saum. Aroma: Früchtekonfit, in Likör eingelegte Früchte, kraftvoll. Mund: geschmackvoll, lang, süße Tannine.

Finca El Puig 2021 T
50% garnacha, 32% cariñena, 18% syrah

89

Farbe: tiefes Kirschrot. Aroma: trockene Kräuter, dunkle Früchte, Früchtekonfit, erdig. Mund: reife Früchte, würzig, reife Tannine.

Gran Clos 2021 B FB
75% garnacha blanca, 25% macabeo

91

Farbe: strohgelb. Aroma: reifes Obst, trockene Kräuter, welke Blumen, Nüsse, Phosphor. Mund: reife Früchte, ausgewogen, frisch, geschmackvoll.

GRATAVINUM

Maset Camp Pique s/n
43737 Gratallops (Tarragona)
☎: +34 687 758 781
gratavinum@gratavinum.com
www.gratavinum.com

Gratavinum 2πr 2022 T
garnacha, cariñena, syrah

90 ❦

Farbe: tiefes Kirschrot. Aroma: reifes Obst, Buschwaldkräuter, erdig. Mund: kraftvoll, reife Früchte, würzig, reife Tannine.

DO Ca. PRIORAT / D.O.P.

DO Ca. PRIORAT / D.O.P.

Gratavinum Guinarderes 2019 T
100% cariñena

94

Klassisch. Farbe: KirsChrot. Aroma: würzig, mineralisch, kandierte Früchte, dunkle Früchte. Mund: lang, geschmackvoll, kräftige Tannine, würzig, reife Früchte.

Gratavinum GV5 Paratge Guinarderes 2021 T
cariñena, garnacha

93

Klar definierte Aromen, fruchtig, trockene Kräuter, saftig. Aroma: eine Spur Waldbeeren, offen, ausgewogen. Mund: ausgewogen, fruchtig, reife Früchte, lang.

HAMMEKEN CELLARS
03700 Denia (Alacant/Alicante)
☎: +34 965 791 967
cellars@hammekencellars.com
www.hammekencellars.com

Tosalet Carignan Vinyes Velles 2019 T
cariñena

93

Farbe: tiefes Kirschrot. Aroma: reifes Obst, trockene Kräuter, weiches Eichenholz, süße Gewürze, kraftvoll. Mund: kraftvoll, reife Früchte, würzig, reife Tannine, fruchtig, nachhaltig.

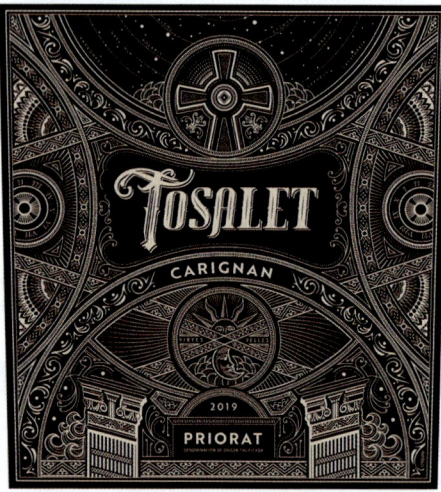

Tosalet Vinyes Fins a 50 anys 2023 T
garnacha, cariñena

91

Korrekt, naschhaft. Aroma: Früchtekonfit, ausdrucksstark fruchtig, Wildkräuter. Mund: geschmackvoll, lang, süffig, saftig.

HODGKINSON PRIORAT
Mas del Habanero, Los Masos, km 2,7 T-710
43730 Falset (Tarragona)
☎: +34 687 565 731
caspar@hodgkinson-priorat.com

Hodgkinson Cariñena 2021 T R
cariñena

92

Farbe: kirschrot mit granatrotem Saum. Aroma: Früchtekonfit, Buschwaldkräuter, Wildkräuter, feine Reduktionsnoten. Mund: geschmackvoll, lang, sortentypisch

Hodgkinson Garnacha Peluda 2019 T R
garnacha peluda

93

Farbe: KirsChrot. Aroma: balsamisch, Buschwaldkräuter, Veilchenbombons. Mund: balsamisch, saftig, würzig, reife Tannine.

Hodgkinson Mas del Habanero 2018 T
garnacha, cariñena

92

Balsamisch, klassisch, nach Eingemachtem. Farbe kirschrot mit granatrotem Saum. Aroma: dunkle Früchte, trockene Kräuter, . Mund: geschmackvoll, voll

JOSEP GRAU VITICULTOR
Orient, 2
43737 Gratallops (Tarragona)
☎: +34 680 536 526
celler@josepgrauviticultor.com
www.josepgrauviticultor.com

Pedrabona 2022 T
garnacha, cariñena

92

Balsamisch, kräuterig. Farbe: KirsChrot. Aroma: Gras, rote Früchte, reifes Obst. Mund: fruchtig, reife Früchte, süffig.

LA CONRERIA D'SCALA DEI
Carrer Mitja Galta, 32
43379 Scala Dei (Tarragona)
☎: +34 977 827 055
enoturisme@vinslaconreria.com
www.vinslaconreria.com

Coster del Mario 2019 T
100% cariñena

91

Farbe: kirschrot mit granatrotem Saum. Aroma: Früchtekonfit, kraftvoll, ausgewogen, trockene Kräuter. Mund: geschmackvoll, lang, reife Tannine, würzig.

Escaladei Vi de Vila 2020 T C
75% garnacha, 25% cariñena

92 🌿

Farbe: tiefes Kirschrot. Aroma: reifes Obst, trockene Kräuter, weiches Eichenholz, Früchtekonfit, würzig, dunkle Früchte. Mund: kraftvoll, reife Früchte, würzig, fruchtig, geschmackvoll, trockene, aber reife Tannine.

Les Brugueres 2022 T
97% garnacha, 3% syrah

93 🌿

Farbe: kirschrot mit violettem Saum. Aroma: ausdrucksstark fruchtig, rote Früchte, würzig, dunkle Früchte, getrocknete Blumen, trockene Kräuter. Mund: geschmackvoll, fruchtig, lang, spannungsvoll, rauchig nachwirkend, würzig.

Les Brugueres 2023 B
100% garnacha blanca

90

Angenehm, ausgewogen. Farbe: leuchtendes Strohgelb. Aroma: Buschwaldkräuter, reifes Obst, eine Spur Waldbeeren. Mund: fruchtig, süffig, lang, zartbitter.

Primera Vinya Les Brugueres 2022 B
100% garnacha blanca

92 🌿

Oxidativ. Farbe: strohgelb. Aroma: reifes Obst, welke Blumen, Buschwaldkräuter, feine Hefen. Mund: kraftvoll, reife Früchte, ausgewogen, fleischig, geschmackvoll.

Voltons 2021 T
60% cariñena, 40% garnacha

92

Farbe: kirschrot mit violettem Saum. Aroma: reifes Obst, dunkle Früchte, trockene Kräuter, würzig, Röstaromen. Mund: fruchtig, kraftvoll, geschmackvoll, spannungsvoll, nachhaltig, trockene, aber reife Tannine.

LLICORELLA VINS
Carrer Vals, 6
43737 Gratallops (Tarragona)
☎: +34 968 435 022
info@gilfamily.es
www.gilfaimly.es

Bluegray 2022 T
garnacha, cariñena, syrah, merlot

91

Farbe: kirschrot mit granatrotem Saum. Aroma: in Likör eingelegte Früchte, kraftvoll, Röstaromen, reifes Obst. Mund: geschmackvoll, lang.

🏆 PODIUM

Clar del Bosc 2022 T
49% garnacha, 36% cariñena, 13% syrah, 2% cabernet sauvignon

95

Saftig, mineralisch. Farbe: KirsChrot. Aroma: komplex, ausdrucksvoll, würzig, mineralisch. Mund: voll, lang, nachhaltig.

Minairó 2022 T
garnacha, cariñena, syrah, merlot

91

Farbe: kirschrot mit granatrotem Saum. Aroma: Früchtekonfit, in Likör eingelegte Früchte, kraftvoll, Schokolade. Mund: geschmackvoll, lang.

DO Ca. PRIORAT / D.O.P.

DO Ca. PRIORAT / D.O.P.

MAIUS
43361 La Morera de Montsant (Tarragona)
☎: +34 696 998 575
jgomez@maiusviticultors.com

Clos del Bou 2022 T
60% garnacha, 40% cariñena
89
Frisch, fruchtig, reif, trockene Kräuter, ausgewogen.

Maius Assemblage 2022 T
60% garnacha, 30% cariñena, 10% cabernet sauvignon
90 ☘
Farbe: durchscheinendes Kirschrot. Aroma: reifes Obst, trockene Kräuter, weiches Eichenholz, würzig. Mund: reife Früchte, würzig, reife Tannine.

Maius Barranc de la Bruxa 2021 T C
60% cariñena, 30% garnacha, 10% cabernet sauvignon
90 ☘
Farbe: tiefes Kirschrot. Aroma: reifes Obst, trockene Kräuter, weiches Eichenholz, dunkle Früchte, würzig, Röstaromen. Mund: kraftvoll, reife Früchte, würzig, reife Tannine.

Maius Garnatxa Blanca 2022 B
100% garnacha blanca
90 ☘
Korrekt, ausgewogen, getrocknete Blumen, saftig, geschmackvoll. Aroma: feine Hefen, getrocknete Blumen, wenig Hefen.

MARCO ABELLA
Ctra. de Porrera a Cornudella de Montsant, Km. 0.7
43739 Porrera (Tarragona)
☎: +34 933 712 407
info@marcoabella.com
www.marcoabella.com

Clos Abella 2021 T
92
Wild. Farbe: kirschrot mit violettem Saum. Aroma: ausdrucksstark fruchtig, blumig, würzig, dunkle Früchte, Buschwaldkräuter. Mund: geschmackvoll, fruchtig, schöne Säure, flüssig am Gaumen.

Loidana Blanc 2022 B
35% garnacha blanca, 30% picapoll blanc, 20% macabeo, 15% viognier
92
Farbe: leuchtendes Strohgelb. Aroma: ausdrucksvoll, reifes Obst, blumig, feine Hefen, Wildkräuter, . Mund: saftig, reife Früchte, lang.

Mas Mallola 2021 T R
70% garnacha, 30% cariñena
94
Waldfinsternis, wild. Farbe: KirsChrot. Aroma: komplex, ausdrucksvoll, würzig, mineralisch, erdig. Mund: elegant, voll, lang, nachhaltig, spannungsvoll.

Òlbia 2022 B
75% garnacha, 25% viognier
92
Farbe: strohgelb. Aroma: ausdrucksvoll, trockene Kräuter, eine Spur Waldbeeren, Wachs, würzig. Mund geschmackvoll, fruchtig, ausgewogen.

MAS ALTA
Ctra. T-702, Km. 16,8
43375 La Vilella Alta (Tarragona)
☎: +34 977 054 151
cristina@bodegasmasalta.com
www.bodegasmasalta.com

Artigas 2021 T C
80% garnacha, 10% cariñena, 10% cabernet sauvignon
92
Farbe: tiefes Kirschrot, violetter Saum. Aroma: reifes Obst, trockene Kräuter, weiches Eichenholz, dunkle Früchte. Mund: kraftvoll, reife Früchte, würzig, reife Tannine, geschmackvoll.

Artigas Blanc 2022 B FB
70% garnacha blanca, 20% pedro ximénez, 10% macabeo
94
Komplex, spannungsvoll. Farbe: leuchtendes Strohgelb. Aroma: ausdrucksvoll, blumig, feine Hefen, mineralisch, reifes Obst. Mund: voll, komplex, würzig, lang, elegant.

Cirerets 2021 T
60% cariñena, 40% garnacha
92
Lieblich. Farbe: tiefes Kirschrot. Aroma: reifes Obst, Schwarzer Pfeffer. Mund: reife Früchte, würzig, reife Tannine, geschmackvoll, süffig.

La Basseta 2020 T C
garnacha
94
Farbe: tiefes Kirschrot. Aroma: reifes Obst, trockene Kräuter, weiches Eichenholz, Buschwaldkräuter, rote Früchte, dunkle Früchte. Mund: kraftvoll, reife Früchte, würzig, reife Tannine, leicht süßlich.

La Creu Alta 2020 T R
cariñena
94
Korpulent, reif, kraftvoll. Farbe: tiefes Kirschrot. Aroma: reifes Obst, weiches Eichenholz, würzig, geröstetes Brot, Schokolade. Mund: kraftvoll, reife Früchte, würzig, reife Tannine, opulent, geschmackvoll, markante Eiche.

La Galera 2018 B
50% garnacha blanca, 50% chenin blanc
92 ☘
Zitrusfrüchte, korrekt. Farbe: leuchtendes Gelb. Aroma: kraftvoll, würzig, intensive Röstaromen. Mund: lang, zartbitter.

Torbador I 2021 B
garnacha blanca
93 🏆
Farbe: leuchtendes Gelb. Aroma: kraftvoll, weiches Eichenholz, reifes Obst, würzig. Mund: fett, strukturiert, Röstnoten, zartbitter.

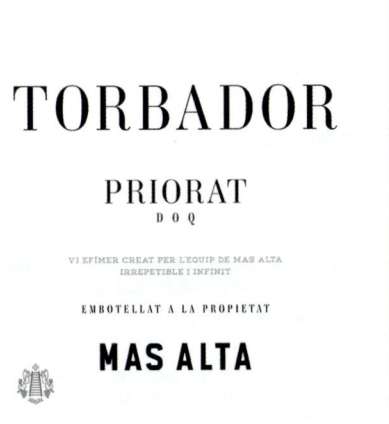

MAS DE L'A
43730 Falset (Tarragona)
☎: +34 629 341 231
info@alfredoarribas.com

🏆 PODIUM
Les Margues 2021 B R
garnacha blanca
95
Farbe: strohgelb. Aroma: trockene Kräuter, welke Blumen, süße Gewürze, geröstetes Brot, helle Früchte, trockener Stein. Mund: kraftvoll, reife Früchte, ausgewogen, mineralisch.

Lo Noir 2021 T
garnacha, pinot noir
92
Waldfinsternis, anders. Aroma: mit Charakter, Moschus-Noten, animalische Noten, feine Reduktionsnoten. Mund: zartbitter, ausgewogen, lang, süffig.

Quars 2021 B
garnacha blanca
92
Farbe: strohgelb. Aroma: reifes Obst, trockene Kräuter, welke Blumen, feine Hefen. Mund: kraftvoll, reife Früchte, ausgewogen, geschmackvoll.

MAS DOIX
Ctra. T-702, Km. 4 - Partida Les Foreses
43376 Poboleda (Tarragona)
☎: +34 977 266 618
info@masdoix.com
www.masdoix.com

🏆 PODIUM
1902 Tossal d'en Bou Gran Vinya Classificada 2022 T C
100% cariñena
99
Farbe: KirsChrot. Aroma: ausdrucksvoll, würzig, mineralisch, dunkle Früchte, Buschwaldkräuter. Mund: elegant, voll, nachhaltig, saftig, mineralisch.

🏆 PODIUM
1903 Centenary Grenache 2022 T
96 🏆
Spannungsvoll. Farbe: KirsChrot. Aroma: ausdrucksvoll, würzig, mineralisch, rote Früchte. Mund: elegant, voll, lang, nachhaltig.

🏆 PODIUM
1903 Coma de Cases Garnatxa Velles Vinyes 2022 T C
100% cariñena
96
Farbe: KirsChrot. Aroma: würzig, mineralisch, reifes Obst, Buschwaldkräuter. Mund: elegant, lang, nachhaltig, fleischig, spannungsvoll.

🏆 PODIUM
Doix Costers de Vinyes Velles 2022 T C
55% cariñena, 45% garnacha
95
Saftig, geschmackvoll. Farbe: tiefes Kirschrot. Aroma: dunkle Früchte, Buschwaldkräuter, erdig, würzig. Mund: kraftvoll, reife Früchte, würzig, reife Tannine.

Les Crestes 2023 T
80% garnacha, 10% cariñena, 10% syrah
92
Farbe: kirschrot mit violettem Saum. Aroma: rote Früchte, reifes Obst, offen, ausdrucksvoll. Mund: reife Früchte, geschmackvoll, spannungsvoll, lebhaft.

Salix 2023 B FB
65% garnacha blanca, 20% macabeo, 15% pedro ximénez
92
Farbe: strohgelb. Aroma: trockene Kräuter, welke Blumen, helle Früchte, trockener Stein, süße Gewürze. Mund: kraftvoll, reife Früchte, ausgewogen.

DO Ca. PRIORAT / D.O.P.

DO Ca. PRIORAT / D.O.P.

Mas Doix Poboleda Vi de Vila 2023 T
100% garnacha

93 🍷

Klar definierte Aromen, ausgewogen. Farbe: leuchtendes Kirschrot, violetter Saum. Aroma: ausdrucksvoll, ausgewogen, offen, sortenrein, rote Früchte, eine Spur Waldbeeren. Mund: geschmackvoll, lebhaft, spannungsvoll, ausgewogen, elegant.

Murmuri 2023 B
90% garnacha blanca, 10% macabeo

91

Farbe: leuchtendes Strohgelb, grünlicher Saum. Aroma: frisches Obst, Zitrusfrüchte, Wildkräuter, helle Früchte, Buschwaldkräuter. Mund: frisch, fruchtig, schöne Säure, zartbitter, lebhaft, geschmackvoll.

Salanques 2022 T C
70% garnacha, 20% cariñena, 10% syrah

94

Farbe: kirschrot mit violettem Saum. Aroma: ausdrucksstark fruchtig, rote Früchte, blumig, würzig. Mund: geschmackvoll, fruchtig, schöne Säure, lang.

MAS MARTINET VITICULTORS
Ctra. Falset - Gratallops, Km. 6
43730 Falset (Tarragona)
☎: +34 629 238 236
masmartinet@masmartinet.com
www.masmartinet.com

Cami Pesseroles 2021 T
94 🍷

Repräsentativ, mineralisch. Aroma: dunkle Früchte, Früchtekonfit. Mund: geschmackvoll, reife Tannine, strukturiert, lang, reife Früchte.

Clos Martinet 2021 T
94

Farbe: leuchtendes Kirschrot. Aroma: süße Gewürze, reifes Obst, Schokolade. Mund: fruchtig, würzig, ausgewogen, elegant, spannungsvoll.

🏆 PODIUM

Els Escurçons 2021 T
95

Komplex, Waldfinsternis, wild. Aroma: ausdrucksvoll, mit Charakter, Moschus-Noten. Mund: geschmackvoll, ausgewogen, abgerundet.

Martinet Bru 2022 T
93

Klar definierte Aromen. Aroma: reifes Obst, trockene Kräuter. Mund: reife Früchte, würzig, ausgewogen, schöne Säure.

Pesseroles Brisat 2022 B
picapoll blanc, garnacha blanca, moscatel

90

Aromatisch, balsamisch, mit Persönlichkeit, wenig interventionistisch. Aroma: Anisnoten, Wildkräuter, camomila. Mund: zartbitter.

MERITXELL PALLEJÀ
Carrer Piró, 10
43737 Gratallops (Tarragona)
☎: +34 670 960 735
info@nita.cat
www.nita.cat

La Costa Del Riu 2020 T C
100% garnacha

91

Farbe: tiefes Kirschrot. Aroma: reifes Obst, trockene Kräuter, weiches Eichenholz, Wildkräuter, würzig. Mund: kraftvoll, reife Früchte, würzig, geschmackvoll, trockene, aber reife Tannine, ziemlich nachhaltig.

Magran Partida Les Manyetes 2018 T C
garnacha

89

Nach Eingemachtem, würzig, trockene Kräuter, Röstaromen.

Nita 2021 T
garnacha, cariñena, cabernet sauvignon, syrah
90
Farbe: tiefes Kirschrot. Aroma: reifes Obst, weiches Eichenholz, dunkle Früchte, Buschwaldkräuter. Mund: reife Früchte, würzig, reife Tannine.

MERVM PRIORATI
Ctra. de Falset, km. 9,3
43739 Porrera (Tarragona)
☎: +34 977 828 307
info@merumpriorati.com
www.merumpriorati.com

Merum Priorati Desti 2021 T
60% garnacha, 30% cariñena, 10% syrah
92
Aroma: reifes Obst, trockene Kräuter, weiches Eichenholz. Mund: reife Früchte, würzig, lang, voll, strukturiert.

Merum Priorati Desti Sols Garnatxa 2020 T
garnacha
93
Farbe: dunkles Kirschrot. Aroma: Veilchenbombons, Wildkräuter, ausdrucksvoll, offen. Mund: geschmackvoll, sortentypisch, ausgewogen, würzig, reife Früchte, süffig.

Merum Priorati El Cel 2020 T
93
Farbe: tiefes Kirschrot. Aroma: reifes Obst, trockene Kräuter, dunkle Früchte, rote Früchte, würzig, Schwarzer Pfeffer, feiner Kakao. Mund: kraftvoll, würzig, fruchtig, geschmackvoll, nachhaltig, voll, reife Tannine.

PERINET
Perinet Estate, s/n |
Ctra. de Poboleda T-702, km 1,6
43361 Cornudella de Montsant (Tarragona)
☎: +34 977 827 113
perinet@perinetwinery.com
www.perinetwinery.com

Perinet Rosé 2022 RD
33% cariñena, 33% cabernet sauvignon, 34% garnacha
91
Farbe: himbeerrot. Aroma: reifes Obst, Früchtekonfit, warm, welke Blumen. Mund: fleischig, geschmackvoll, kraftvoll, reife Früchte.

Vinya Mas del Xes Garnatxa 2018 T
100% garnacha
92
Farbe: kirschrot mit violettem Saum. Aroma: würzig, Früchtekonfit, Buschwaldkräuter, Röstaromen. Mund: geschmackvoll, fruchtig, schöne Säure, lang.

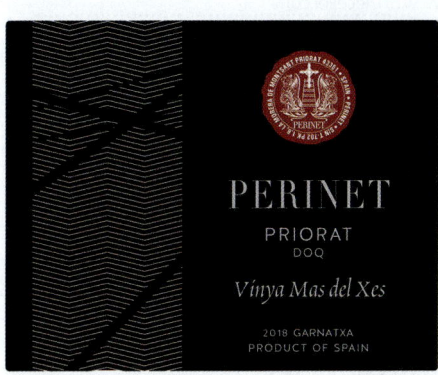

Vinya Mas Vell Garnatxa 2018 T GR
100% garnacha
93
Farbe: tiefes Kirschrot. Aroma: reifes Obst, trockene Kräuter, weiches Eichenholz, dunkle Früchte. Mund: kraftvoll, reife Früchte, würzig, reife Tannine.

Vinya Pendents Carinyena 2018 T GR
92
Farbe: tiefes Kirschrot. Aroma: weiches Eichenholz, Kohlenwasserstoff, rote Früchte, Buschwaldkräuter, Früchtekonfit. Mund: kraftvoll, reife Früchte, würzig, reife Tannine.

PROYECTO GARNACHAS/VINTAE
Camí de la Pedra Estela, 34
43205 Reus (Tarragona)
☎: +34 608 302 372
marketing@vintae.com
www.vintae.com

La Garnatxa Fosca del Priorat 2021 T
garnacha
89
Alt, ausgewogen, würzig, trockene Kräuter, Röstaromen.

DO Ca. PRIORAT / D.O.P.

RITME CELLER
Camí del Sindicat, s/n
43375 La Vilella Alta
(Tarragona)
☎: +34 672 432 691
ritme@ritmeceller.com
www.ritmeceller.com

+ Ritme Blanc 2022 B
garnacha blanca

92 ♣

Farbe: strohgelb. Aroma: reifes Obst, trockene Kräuter, welke Blumen, camomila. Mund: reife Früchte, ausgewogen, fleischig.

+ Ritme Blanc 2023 B
100% garnacha blanca

92 ♣

Korrekt, reif. Farbe: leuchtendes Gelb. Aroma: blumig, weiße Blumen, offen. Mund: würzig, süffig, nachhaltig.

Etern 2021 T BA
75% cariñena, 25% garnacha

91 ♣

Farbe: tiefes Kirschrot. Aroma: reifes Obst, trockene Kräuter, weiches Eichenholz, Buschwaldkräuter, milchig. Mund: reife Früchte, würzig, reife Tannine.

Etern 2022 T BA
75% cariñena, 25% garnacha

91 ♣

Farbe: tiefes Kirschrot. Aroma: reifes Obst, trockene Kräuter, weiches Eichenholz, markante Eiche. Mund: reife Früchte, würzig, reife Tannine.

Plaer 2021 T C
70% cariñena, 30% garnacha

92 ♣

Farbe: kirschrot mit violettem Saum. Aroma: rote Früchte, blumig, würzig, Buschwaldkräuter. Mund: geschmackvoll, fruchtig, schöne Säure.

Plaer 2022 T C
70% cariñena, 30% garnacha

92 ♣

Farbe: kirschrot mit violettem Saum. Aroma: würzig, Buschwaldkräuter, dunkle Früchte, reifes Obst. Mund: geschmackvoll, fruchtig, schöne Säure.

Ritme Negre 2021 T
cariñena, garnacha

92

Farbe: kirschrot mit violettem Saum. Aroma: rote Früchte, blumig, würzig, Buschwaldkräuter. Mund: geschmackvoll, fruchtig, schöne Säure, lang.

Ritme Negre 2022 T
cariñena, garnacha

92

Farbe: kirschrot mit violettem Saum. Aroma: ausdrucksstark fruchtig, rote Früchte, würzig, Buschwaldkräuter. Mund: geschmackvoll, fruchtig, schöne Säure, spannungsvoll.

Sellongues 2022 T
100% cariñena

92 ♣

Farbe: tiefes Kirschrot. Aroma: Buschwaldkräuter, feiner Kakao, würzig, dunkle Früchte. Mund: kraftvoll, reife Früchte, würzig, reife Tannine.

SAMSARA PRIORAT
Ctra. T-702 Km 13
43379 Escaladei (Tarragona)
☎: +34 619 776 948
info@samsarapriorat.cat
www.samsarapriorat.cat

Samsara Priorat 2021 T
50% garnacha, 35% cariñena, 10% syrah, 5% cabernet sauvignon

92

Angenehm, ausgewogen. Farbe: kirschrot mit granatrotem Saum. Aroma: reifes Obst, Wildkräuter. Mund: saftig, süffig, reife Tannine.

SANDRA DOIX MORA
Carme, 115
43376 Poboleda (Tarragona)
☎: +34 605 241 851
sandra@sandradoix.com

MarLa Carinyena Vi de Paratge Les Salanques 2021 T C
cariñena

94

Kräuterig, wild. Farbe: tiefes Kirschrot. Aroma: reifes Obst, mineralisch, Buschwaldkräuter, Wildkräuter. Mund: reife Früchte, würzig, ausgewogen, fruchtig, süffig.

MarLa Garnatxa Vi de Paratge Les Salanques 2021 T
100% garnacha

93

Farbe: tiefes Kirschrot. Aroma: reifes Obst, trockene Kräuter, mineralisch. Mund: würzig, fruchtig, saftig, lang, sortentypisch, süffig.

MarLa Vi de Vila Poboleda 2021 T C
70% cariñena, 30% garnacha

94

Farbe: leuchtendes Kirschrot. Aroma: ausdrucksvoll, würzig, mineralisch, Fleischnoten. Mund: elegant, lang, nachhaltig, saftig, fruchtig.

🏆 PODIUM

Popul 2021 T C
50% garnacha, 40% cariñena, 10% syrah
95
Komplex, ausgewogen. Farbe: KirsChrot. Aroma: komplex, würzig, mineralisch, ausdrucksvoll, Schwarzer Pfeffer. Mund: voll, lang, nachhaltig.

SANGENÍS I VAQUÉ
Pl. Catalunya, 3
43739 Porrera (Tarragona)
☎: +34 977 828 252
celler@sangenisivaque.com
www.sangenisivaque.com

Clos Monlleó Selecció Carinyena 2013 T R
100% cariñena
93
Farbe: kirschrot mit granatrotem Saum. Aroma: balsamisch, Buschwaldkräuter, dunkle Früchte, Waldfinsternis. Mund: geschmackvoll, balsamisch, würzig.

Coranya 2016 T
50% garnacha, 50% cariñena
92
Farbe: dunkles Kirschrot. Aroma: dunkle Früchte, reifes Obst, trockene Kräuter, mineralisch, würzig. Mund: saftig, geschmackvoll, lang.

Garbinada 2023 T
60% garnacha, 40% cariñena
90 🌱
Farbe: kirschrot mit violettem Saum. Aroma: Röstaromen, würzig, dunkle Früchte, rauchig. Mund: geschmackvoll, Röstnoten, zartbitter, fruchtig, kraftvoll, trockene, aber reife Tannine, rauchig nachwirkend.

Lo Bancal de Granatxa 2022 T
100% garnacha
91
Farbe: tiefes Kirschrot. Aroma: reifes Obst, trockene Kräuter, weiches Eichenholz, in Likör eingelegte Früchte, rote Früchte, würzig. Mund: kraftvoll, reife Früchte, würzig, fruchtig, trockene, aber reife Tannine, rauchig nachwirkend.

Lo Coster Blanc 2023 B
97% garnacha, 3% viura
89
Fruchtig, kräuterig, reif, wild, würzig.

Vall Por 2021 T R
60% cariñena, 40% garnacha
92
Farbe: kirschrot mit violettem Saum. Aroma: ausdrucksstark fruchtig, rote Früchte, blumig, würzig. Mund: geschmackvoll, fruchtig, schöne Säure, elegant.

TERRES DE VIDALBA
43376 Poboleda (Tarragona)
☎: +34 616 413 722
info@terresdevidalba.com
www.terresdevidalba.com

D'Sempre 2020 B
garnacha blanca
92
Unkonventionell, alt. Aroma: trockene Kräuter, , getrocknete Blumen, Wachs. Mund: saftig, würzig, reife Früchte, geschmackvoll, zartbitter.

No T'ho Diré 2021 B
garnacha blanca
92
Farbe: leuchtendes Strohgelb. Aroma: ausdrucksvoll, reifes Obst, blumig, feine Hefen, ausgewogen. Mund: voll, würzig, lang.

No T'ho Diré 2022 B
garnacha blanca
91
Farbe: leuchtendes Strohgelb. Aroma: reifes Obst, Kräutersäckchen, feine Hefen, Bäckerei. Mund: voll, fett, lang, schöne Säure.

Tocs 2020 T C
garnacha, cariñena, syrah
92
Farbe: tiefes Kirschrot. Aroma: reifes Obst, trockene Kräuter, weiches Eichenholz, Wildkräuter, dunkle Früchte, ausdrucksvoll. Mund: kraftvoll, reife Früchte, würzig, trockene, aber reife Tannine, ziemlich nachhaltig.

Vidalba 2017 T
garnacha, syrah, cariñena
89
Nach Eingemachtem, fruchtig, Röstaromen, überreif, etwas austrocknend.

TERROIR AL LIMIT
Carrer de Baixa Font, 12
43737 Torroja del Priorat (Tarragona)
☎: +34 977 839 391
comunicacion@terroir-al-limit.com
www.terroir-al-limit.com

🏆 PODIUM

Arbossar 2022 T C
100% cariñena
95
Fruchtig, saftig. Farbe: kirschrot mit violettem Saum. Aroma: rote Früchte, blumig, würzig, erdig, Buschwaldkräuter, . Mund: geschmackvoll, fruchtig, schöne Säure, lang, saftig.

DO Ca. PRIORAT / D.O.P.

DO Ca. PRIORAT / D.O.P.

Coreografía Priorat 2023 RD
85% garnacha, 15% garnacha blanca
92
Klar definierte Aromen, poliert. Farbe: himbeerrot. Aroma: reifes Obst, welke Blumen, Wildkräuter, rote Früchte. Mund: geschmackvoll, kraftvoll, reife Früchte, lebhaft, voll, reife Tannine.

Dits del Terra 2022 T C
100% cariñena
93
Farbe: KirsChrot. Aroma: würzig, mineralisch, Buschwaldkräuter, rote Früchte. Mund: voll, lang, mineralisch, geschmackvoll.

🏆 PODIUM
Les Manyes 2022 T
100% garnacha peluda
100
Elegant, spannungsvoll, fruchtig, wild, lebhaft, saftig. Farbe: KirsChrot. Aroma: komplex, ausdrucksvoll, würzig, mineralisch, blumig, Buschwaldkräuter, camomila. Mund: elegant, voll, lang, nachhaltig.

🏆 PODIUM
Les Tosses 2022 T C
100% cariñena
97
Balsamisch, spannungsvoll, getrocknete Blumen. Farbe: leuchtendes Kirschrot. Aroma: komplex, würzig, mineralisch, elegant, ausgewogen, ausdrucksvoll. Mund: elegant, nachhaltig, zartbitter.

Pedra de Guix 2022 B C
40% garnacha blanca, 30% macabeo, 30% pedro ximénez
94
Oxidativ. Farbe: leuchtendes Strohgelb. Aroma: reifes Obst, Kräutersäckchen, feine Hefen, trockener Stein, Buschwaldkräuter. Mund: voll, fett, lang, schöne Säure.

Terra de Cuques Blanc 2023 B
60% garnacha blanca, 40% pedro ximénez
93
Reif, mineralisch. Farbe: leuchtendes Strohgelb. Aroma: reifes Obst, Kräutersäckchen, feine Hefen, trockener Stein, mineralisch, Wachs. Mund: voll, fett, lang, schöne Säure.

Terra de Cuques Negre 2022 T
50% garnacha, 50% cariñena
94
Farbe: kirschrot mit violettem Saum. Aroma: ausdrucksstark fruchtig, rote Früchte, blumig, würzig, Buschwaldkräuter, schwarze Lakritze. Mund: geschmackvoll, fruchtig, schöne Säure.

Terroir Historic Blanc 2023 B
75% garnacha blanca, 25% macabeo
91
Farbe: strohgelb. Aroma: reifes Obst, trockene Kräuter, welke Blumen, helle Früchte. Mund: kraftvoll, reife Früchte, ausgewogen.

TROSSOS DEL PRIORAT
Ctra. Gratallops a La Vilella Baixa, Km. 10,65
43737 Gratallops (Tarragona)
☎: +34 670 590 788
celler@trossosdelpriorat.com
www.trossosdelpriorat.com

90 Minuts 2022 T
garnacha, cariñena, cabernet sauvignon
91
Lieblich, fruchtig, reif. Aroma: reifes Obst. Mund: kraftvoll, würzig, ausgewogen, süffig, lang.

Abracadabra 2021 B
garnacha, macabeo
92
Farbe: leuchtendes Gelb. Aroma: reifes Obst, würzig, Steinobst, eine Spur Waldbeeren, getrocknete Blumen. Mund: fett, strukturiert, Röstnoten, fruchtig, geschmackvoll, nachhaltig.

L'Estaca 2018 T
garnacha
92 🌱
Farbe: leuchtendes Kirschrot. Aroma: reifes Obst, trockene Kräuter, weiches Eichenholz, dunkle Früchte, süße Gewürze. Mund: kraftvoll, reife Früchte, würzig, reife Tannine, fruchtig, geschmackvoll.

Llum D'Alba 2022 B
garnacha, viognier, macabeo
90
Farbe: leuchtendes Strohgelb. Aroma: offen, metallisch, getrocknete Blumen, helle Früchte. Mund: saftig, süffig.

Lo Món 2018 T
garnacha, cariñena, syrah, cabernet sauvignon
91
Farbe: leuchtendes Kirschrot. Aroma: süße Gewürze reifes Obst, Schokolade, weiches Eichenholz. Mund würzig, reife Tannine, lang, nachhaltig.

Pam de Nas 2018 T
garnacha, cariñena
92
Farbe: kirschrot mit granatrotem Saum. Aroma: Früchtekonfit, kraftvoll, mit Charakter, Tabak, getrocknete Blumen. Mund: geschmackvoll, lang, reife Früchte, Röstnoten.

VINÍCOLA DEL PRIORAT
Piró, s/n
43737 Gratallops (Tarragona)
☎: +34 977 839 167
info@vinicoladelpriorat.com
www.vinicoladelpriorat.com

La Vilella Baixa Vi de Vila 2018 T C
100% cariñena
93
Farbe: tiefes Kirschrot. Aroma: trockene Kräuter, würzig, Röstaromen, dunkle Früchte, erdig. Mund: kraftvoll, reife Früchte, würzig, reife Tannine.

Ònix Evolució 2020 T
55% cariñena, 45% garnacha
90
Farbe: tiefes Kirschrot. Aroma: reifes Obst, trockene Kräuter, weiches Eichenholz, rote Früchte, welke Blumen. Mund: kraftvoll, reife Früchte, würzig, reife Tannine, fruchtig, ziemlich nachhaltig.

Ranci Vinícola del Priorat T RC
50% garnacha, 50% cariñena
94
Farbe: helles Mahagonibraun. Aroma: Nüsse, Röstaromen, Acetaldehyd, gebackenes Obst. Mund: fett, lang, Anklänge von Solera, würzig, abgerundet.

Terrers de Llicorella Carinyena 2021 T
100% cariñena
92
Farbe: leuchtendes Kirschrot. Aroma: süße Gewürze, reifes Obst, balsamisch, trockene Kräuter. Mund: fruchtig, würzig, strukturiert, saftig.

Terrers de Llicorella Garnatxa Negra 2021 T C
100% garnacha
92
Farbe: tiefes Kirschrot. Aroma: reifes Obst, trockene Kräuter, weiches Eichenholz, rote Früchte, dunkle Früchte, würzig. Mund: reife Früchte, würzig, reife Tannine, fruchtig, geschmackvoll, ziemlich nachhaltig.

Terrers de Llicorella Pedro Ximénez 2022 B
100% pedro ximénez
91
Farbe: strohgelb. Aroma: reifes Obst, trockene Kräuter, welke Blumen, feine Hefen, camomila. Mund: reife Früchte, ausgewogen, fleischig.

VINS DE LA MEMÒRIA
Aribau 168, 1-1
08036 Barcelona (Barcelona)
☎: +34 672 429 920
info@vinsdelamemoria.com
www.vinsdelamemoria.com

plOm 2021 T
100% garnacha
93 ❦
Aroma: reifes Obst, dunkle Früchte, trockene Kräuter, würzig, weiches Eichenholz. Mund: geschmackvoll, kraftvoll, fruchtig, ausgewogen, ziemlich nachhaltig, trockene, aber reife Tannine.

XAVI PALLEJÀ VITICULTOR
Serra de les Aubagues
43730 Falset (Tarragona)
☎: +34 637 417 049
xavi.palleja@gmail.com
www.xavipalleja.cat

Buxus de les Aubagues 2022 T
75% cariñena, 25% garnacha
89
Korpulent, beschädigtes Obst, nach Eingemachtem. Mund: geschmackvoll, opulent, reife Tannine.

Les Aubagues 2022 T RB
cariñena
93
Farbe: kirschrot mit violettem Saum. Aroma: ausdrucksstark fruchtig, würzig, Buschwaldkräuter, dunkle Früchte, blumig. Mund: geschmackvoll, fruchtig, schöne Säure, spannungsvoll.

DO Ca. PRIORAT / D.O.P.

DO. RÍAS BAIXAS

CONSEJO REGULADOR

Edif. Pazo de Mugartegui
36002 Pontevedra
☎: +34 986 854 850
@: consejo@doriasbaixas.eu
www.doriasbaixas.com

LAGE:

Im Südwesten der Provinz Pontevedra mit den fünf Teilgebieten Val do Salnés, O Rosal, Condado De Tea, Soutomaior und Ribeira do Ulla.

TEILGEBIETE:

Val do Salnés: Die historische Heimat des Albariño mit dem Hauptort Cambados, wo nahezu alle Weißweine sortenrein aus dieser Rebsorte ausgebaut werden. Das Gelände ist im Vergleich zu den anderen Gebieten überwiegend eben. **Condado do Tea:** Das Gebiet im Süden der Provinz verläuft nördlich des Miño und dringt am weitesten ins Hinterland vor. Die Landschaft ist bergig. Für Weine aus diesem Gebiet ist ein Mindestanteil 70 % Albariño und Treixadura vorgeschrieben. **O Rosal:** Im äußersten Südwesten der Provinz, am rechten Ufer der Miño-Mündung. Die wärmste Region mit vielen terrassierten Lagen. Hier ist ein Mindestanteil von 70 % Albariño und Loureira vorgeschrieben. **Soutomaior:** Das Gebiet umfasst lediglich die Gemeinde Soutomaior im Tal des Flusses Verdugo und ist etwa 10 km von Pontevedra entfernt. Hier werden nur reinsortige Albariño hergestellt. **Ribeira do Ulla:** Neues Teilgebiet am Becken des Ulla, eine zum Landesinnern hin ansteigende Tallandschaft mit den Gemeinden Vedra, Teilgebiete von Padrón, Deo, Boquixon, Touro, Estrada, Silleda und Vila de Cruce. Aus dieser Region kommen vorwiegend Rotweine.

REBSORTEN:

WEISS: Empfohlen: Albariño (Hauptsorte), Loureira Blanca oder Marqués, Treixadura und Caíño Blanco. Zugelassen: Torrontés, Ratiño gallega und Godello.

ROT: Empfohlen: Caíño Tinto, Espadeiro, Loureira Tinta und Sousón. Zugelassen: Mencía, Brancellao, Castañal, Mouratón, Garnacha Tintorera und Tempranillo.

DATEN:

Rebfläche (ha): 4.491 – **Winzer:** 4.997 – **Weinerzeuger:** 178 – **Jahrgang 23:** Sehr Gut – **Jahresproduktion 23:** 30.581.862 L – **Absatz:** 70% Spanien - 30% Export.

BODENVERHÄLTNISSE:

Sandig, von geringer Tiefe, leicht sauer und günstig Boden für Qualitätsweine. Beim felsigen Boden im Binnenland dominiert Granit. Nur in den Gemeinden Sanxenxo, Rosal und Tomillo kann man auf einen breiten Streifen metamorphen Gesteins treffen. In allen Regionen sind Quartärablagerungen häufig.

KLIMA:

Altantisches Klima mit milden, gemäßigten Temperaturen durch den Einfluss des Meeres, hoher relativer Luftfeuchtigkeit und reichlichen Niederschläge (Jahresdurchschnitt liegt bei etwa 1.600 mm). Zum Oberlauf des Miño (Condado de Tea) hin nehmen die Niederschläge ab, weshalb dort die Trauben früher reifen.

ERNTEBEWERTUNG ANHAND JUNGER WEINE GUÍAPEÑÍN

2019	2020	2021	2022	2023
SEHR GUT	SEHR GUT	SEHR GUT	SEHR GUT	SEHR GUT

ADEGA CONDES DE ALBAREI
Lg. A Bouza, 1 Castrelo
36639 Cambados (Pontevedra)
☎: +34 986 543 535
inf@condesdealbarei.com
www.condesdealbarei.com

Condes de Albarei
Albariño 2023 B
100% albariño
90
Farbe: leuchtendes Strohgelb. Aroma: Kräutersäckchen, feine Hefen, helle Früchte, weiße Blumen. Mund: voll, fett, schöne Säure.

Condes de Albarei
Carballo Galego 2022 B FB
100% albariño
93
Farbe: leuchtendes Strohgelb. Aroma: reifes Obst, Kräutersäckchen, feine Hefen, Feingebäck, geröstetes Brot. Mund: voll, fett, lang, schöne Säure.

Condes de Albarei
Enxebre 2023 B MC
88
Balsamisch, Zitrusfrüchte, lieblich, kräuterig.

ADEGA EIDOS
Padriñán, 65
36960 Sanxenxo (Pontevedra)
☎: +34 986 690 009
enoturismo@adegaeidos.com
www.adegaeidos.com

Contraaparede 2021 B
100% albariño
93
Farbe: leuchtendes Gelb. Aroma: reifes Obst, trockene Kräuter, welke Blumen, Rosenblütenblätter, ausdrucksvoll. Mund: reife Früchte, ausgewogen, fruchtig, lebhaft, geschmackvoll, ziemlich nachhaltig.

Eidos 2022 B BA
100% albariño
92
Farbe: golden leuchtend. Aroma: ausdrucksstark fruchtig, reifes Obst, kandierte Früchte, welke Blumen, Kräutersäckchen, feine Hefen. Mund: geschmackvoll, frisch, schöne Säure, nachwirkend fruchtig, fruchtig, nachhaltig.

Eidos de Padriñán 2023 B
100% albariño
90
Farbe: leuchtendes Strohgelb. Aroma: ausdrucksstark fruchtig, reifes Obst, blumig, helle Früchte, Gras. Mund: geschmackvoll, frisch, nachwirkend fruchtig, fruchtig.

Veigas de Padriñán 2022 B
100% albariño
91
Farbe: leuchtendes Gelb. Aroma: ausdrucksstark fruchtig, reifes Obst, blumig, Orangenschale. Mund: geschmackvoll, frisch, schöne Säure, nachwirkend fruchtig, lebhaft.

ADEGA MAIOR DE MENDOZA
Rúa de Xiabre, 58
36600 Vilagarcía de Arousa (Pontevedra)
☎: +34 986 508 896
maiordemendoza@hotmail.es
www.maiordemendoza.com

Maior de Mendoza 3 Crianzas 2019 B
100% albariño
93
Farbe: leuchtendes Gelb. Aroma: reifes Obst, trockene Kräuter, welke Blumen, feine Hefen. Mund: reife Früchte, ausgewogen, fruchtig, frisch, geschmackvoll.

Maior de Mendoza
Finca Las Tablas 2018 B FB
100% albariño
94
Farbe: leuchtendes Gelb. Aroma: reifes Obst, Kräutersäckchen, feine Hefen, weiße Blumen, getrocknete Blumen, mineralisch. Mund: fett, lang, schöne Säure, frisch, fruchtig, geschmackvoll.

Maior de Mendoza
sobre Lías 2022 B
100% albariño
90
Farbe: leuchtendes Gelb. Aroma: reifes Obst, Kräutersäckchen, feine Hefen, ausdrucksstark fruchtig, Steinobst. Mund: voll, fett, schöne Säure, fruchtig, geschmackvoll.

Maior de Mendoza
sobre Lías 2023 B
100% albariño
91
Farbe: leuchtendes Strohgelb. Aroma: ausdrucksstark fruchtig, reifes Obst, getrocknete Blumen, mineralisch. Mund: geschmackvoll, frisch, schöne Säure, nachwirkend fruchtig.

Maior de Mendoza
Variedades Tintas 2022 T
loureiro, caiño, espadeiro, mencía
90
Farbe: kirschrot mit violettem Saum. Aroma: rote Früchte, Wildkräuter, ausdrucksvoll, von Primäraromen beherrscht. Mund: frisch, fruchtig, geschmackvoll, weiche Tannine, rassig.

DO RÍAS BAIXAS / D.O.P.

Guía Peñín SPANIENS WEINFÜHRER 389

ADEGAS CASTROBREY
Camanzo, s/n
36587 Vila de Cruces (Pontevedra)
☎: +34 986 583 643
bodegas@castrobrey.com
www.castrobrey.com

Nice to Meet You Madrid 2021 B
albariño
89
Zitrusfrüchte, frisch, fruchtig, kräuterig.

Sin Palabras 2023 B
100% albariño
91
Farbe: leuchtendes Gelb. Aroma: ausdrucksvoll, weiße Blumen, Jasmin, trockene Kräuter, mineralisch. Mund: geschmackvoll, fruchtig, ausgewogen, frisch, sortentypisch.

Sin Palabras crianza en Damajuana 2022 B BA
100% albariño
92
Farbe: leuchtendes Gelb. Aroma: reifes Obst, trockene Kräuter, welke Blumen, Zitronenbombon, ausdrucksvoll. Mund: kraftvoll, reife Früchte, ausgewogen, fruchtig, frisch, geschmackvoll.

Sin Palabras Edición Especial 2018 B
100% albariño
94
Farbe: golden leuchtend. Aroma: reifes Obst, Kräutersäckchen, feine Hefen, helle Früchte, würzig, welke Blumen. Mund: voll, schöne Säure, frisch, fruchtig, nachhaltig, weiche Tannine.

Sin Palabras P 242 2022 B
100% albariño
91
Farbe: leuchtendes Gelb. Aroma: ausdrucksstark fruchtig, reifes Obst, getrocknete Blumen, Wildkräuter. Mund: geschmackvoll, frisch, schöne Säure, nachwirkend fruchtig, fruchtig.

🏆 **PODIUM**

Sin Palabras V 186 2018 B
100% albariño
97
Oxidativ. Farbe: leuchtendes Strohgelb. Aroma: ausdrucksvoll, reifes Obst, feine Hefen, würzig, geröstetes Brot, Jodnuancen, balsamisch, weiße Blumen. Mund: voll, komplex, würzig, lang, elegant.

ADEGAS DO REXURDIR - RIAS BAIXAS
Piñeiro, 41 Baliñas
36191 Barro (Pontevedra)
☎: +34 626 767 969
info@adegasdorexurdir.com
www.adegasdorexurdir.com

Trailara 2023 B
89
Lieblich, Zitrusfrüchte, reif, kräuterig, Hefenoten.

ADEGAS GRAN VINUM
Viñagrande 84B – San Miguel de Deiro
36627 Vilanova de Arousa (Pontevedra)
☎: +34 986 555 742
info@adegasgranvinum.com
www.granvinum.com

Esencia Diviña 2023 B
100% albariño
89
Zitrusfrüchte, blumig, kräuterig, reif, ausgewogen.

Gran Vinum 2023 B
100% albariño
90
Farbe: leuchtendes Strohgelb. Aroma: Kräutersäckchen, feine Hefen, helle Früchte. Mund: voll, schöne Säure.

Mar de Viñas 2023 B
100% albariño
88
Zitrusfrüchte, frisch, kräuterig, korrekt.

ADEGAS MORGADÍO
Lg. Albeos, s/n
36429 Crecente (Pontevedra)
☎: +34 988 261 212
info@morgadio.com
www.bodegasgrm.com

Morgadío 2023 B
100% albariño
91
Farbe: leuchtendes Strohgelb, grünlicher Saum. Aroma: frisches Obst, Zitrusfrüchte, Wildkräuter, feine Hefen. Mund: frisch, fruchtig, schöne Säure, zartbitter.

Puerta Santa 2023 B
100% albariño
90
Farbe: leuchtendes Gelb. Aroma: frisches Obst, Zitrusfrüchte, Wildkräuter, helle Früchte, welke Blumen, ausdrucksvoll. Mund: frisch, fruchtig, schöne Säure, zartbitter, lebhaft, sortentypisch.

ADEGAS TERRA DE ASOREI
Autovía do Salnés (Salida 7) – San Martiño de Meis
36637 Meis (Pontevedra)
☎: +34 986 680 868
info@terradeasorei.com
www.terradeasorei.com

Nai E Señora 2023 B
100% albariño
88
Zitrusfrüchte, fruchtig, kräuterig, von Primäraromen beherrscht.

Terra de Asorei 2018 BE BR
100% albariño
89
Farbe: leuchtendes Gelb. Aroma: reifes Obst, feine Hefen, ausgewogen, trockene Kräuter, blumig. Mund: schöne Säure, geschmackvoll, reife Früchte.

Terra de Asorei 2022 B
100% albariño
92
Farbe: leuchtendes Strohgelb. Aroma: reifes Obst, Kräutersäckchen, feine Hefen, Jodnuancen. Mund: voll, fett, lang, schöne Säure.

Terra de Asorei Barrica de Carballo 2022 B FB
100% albariño
92
Farbe: leuchtendes Gelb. Aroma: reifes Obst, würzig, Karamel, gebackenes Obst, Röstaromen. Mund: strukturiert, Röstnoten, zartbitter, frisch, fruchtig, weiche Tannine.

Terra de Asorei Espadeiro 2021 T
100% espadeiro
92
Farbe: leuchtendes Kirschrot. Aroma: frisches Obst, weiches Eichenholz, balsamisch, Buschwaldkräuter, getrocknete Blumen. Mund: schöne Säure, würzig, frisch, fruchtig, geschmackvoll.

Terra de Asorei Selección Privada 2021 B
100% albariño
93
Farbe: leuchtendes Strohgelb. Aroma: feine Hefen, Wildkräuter, helle Früchte, blumig. Mund: voll, fett, schöne Säure.

ADEGAS TERRA SANTA
Lugar San Antón, 23 Vilariño
36633 Cambados (Pontevedra)
☎: +34 629 858 610
info@casaruralterrasanta.com
www.casaruralterrasanta.com

Pazo San Antón Albariño 2022 B
albariño
91
Farbe: leuchtendes Strohgelb. Aroma: Kräutersäckchen, feine Hefen, camomila, helle Früchte. Mund: voll, fett, schöne Säure.

Terra Santa Albariño 2023 B
albariño
87

ADEGAS TOLLODOURO
Ctra. de Tui a la Guardia, KM 55.5
36760 As Eiras (Pontevedra)
☎: +34 986 442 686
marketing@hgabodegas.com
www.hgabodegas.com

Tollodouro 2022 B
albariño, loureiro, treixadura
91
Korrekt, reif. Farbe: leuchtendes Strohgelb. Aroma: feine Hefen, ausgewogen, Ebbe, offen. Mund: zartbitter, geschmackvoll.

ADEGAS VALMIÑOR
Estrada A Guarda – Tui, 245. Barrio Portela
36760 O'Rosal (Pontevedra)
☎: +34 986 609 060
valminor@valminorebano.com
www.valminorebano.com

Abade de Couto 2021 T
sousón, caiño, castañal, brancellao
88
Fruchtig, kräuterig, Röstaromen, würzig, reif.

Davila L-100 2022 B
100% loureiro
92
Farbe: leuchtendes Strohgelb. Aroma: Kräutersäckchen, feine Hefen, kandierte Früchte, trockener Stein, weiße Blumen. Mund: voll, schöne Säure, mineralisch.

Davila M-100 2018 B
loureiro, caiño blanco, albariño
92
Farbe: leuchtendes Gelb. Aroma: würzig, Wachs, geröstetes Brot, helle Früchte, feine Hefen, rauchig. Mund: strukturiert, zartbitter, geschmackvoll.

DO RÍAS BAIXAS / D.O.P.

DO RÍAS BAIXAS / D.O.P.

Serra da Estrela 2023 B
100% albariño
90
Farbe: leuchtendes Strohgelb, grünlicher Saum. Aroma: frisches Obst, Zitrusfrüchte, Wildkräuter, feine Hefen. Mund: frisch, fruchtig, schöne Säure, zartbitter.

Torroxal Albariño 2023 B
100% albariño
90
Farbe: leuchtendes Strohgelb. Aroma: Kräutersäckchen, feine Hefen, helle Früchte, weiße Blumen. Mund: voll, schöne Säure, geschmackvoll.

Valmiñor 2023 B
100% albariño
89
Zitrusfrüchte, frisch, kräuterig, geschmackvoll, ausgewogen.

ADEGAS VALTEA
Lg. Portela, 14
36429 Crecente (Pontevedra)
☎: +34 986 666 344
valtea@valtea.es
www.valtea.es

C de V 2023 B
albariño, treixadura, loureiro
88
Ausgewogen, reif, frisch, vegetabil.

Finca Garabato Cepas Vellas 2022 B
100% albariño
90
Farbe: strohgelb. Aroma: reifes Obst, trockene Kräuter, welke Blumen. Mund: reife Früchte, ausgewogen, fruchtig, geschmackvoll.

Pedras Rubras Millesime 2014 BE GR BN
100% albariño
90
Farbe: leuchtendes Gelb. Aroma: gebackenes Obst, kandierte Früchte, Nüsse, mineralisch, getrocknete Blumen. Mund: lebhaft, fruchtig, frisch, grobe Blasen.

Valtea 2023 B
100% albariño
89
Zitrusfrüchte, getrocknete Blumen, fruchtig, kräuterig, wild.

Valtea Cuvée Especial BE BN
100% albariño
90
Farbe: leuchtendes Gelb. Aroma: reifes Obst, feine Hefen, ausgewogen, trockene Kräuter. Mund: schöne Säure, geschmackvoll, reife Früchte.

Valtea Cuvée Especial Lías 2022 B
100% albariño
91
Farbe: leuchtendes Strohgelb, grünlicher Saum. Aroma: Zitrusfrüchte, Wildkräuter, reifes Obst. Mund: fruchtig, schöne Säure, zartbitter.

ALDEA DE ABAIXO
Estrada de Novas, 62
36778 O'Rosal (Pontevedra)
☎: +34 986 626 121
info@adegasnovas.com
www.adegasnovas.com

Gran Novas Albariño 2023 B
100% albariño
88
Zitrusfrüchte, frisch, kräuterig, korrekt.

Señorío da Torre 2023 B
70% albariño, 25% loureiro, 5% caiño
90
Farbe: leuchtendes Strohgelb. Aroma: reifes Obst, Kräutersäckchen, feine Hefen, trockener Stein, weiße Blumen. Mund: voll, fett, schöne Säure.

Señorío da Torre sobre Lías 2022 B
85% albariño, 10% loureiro, 5% caiño
92
Farbe: leuchtendes Strohgelb. Aroma: reifes Obst, Kräutersäckchen, feine Hefen, weiße Blumen. Mund: voll, fett, schöne Säure.

ALTOS DE TORONA
Ctra. de Tui a la Guardia, Km 55.5
36760 As Eiras (Pontevedra)
☎: +34 986 442 073
info@altosdetorona.com
www.altosdetorona.com

Altos de Torona 2021 B BA
100% albariño
91
Farbe: leuchtendes Gelb. Aroma: reifes Obst, Kräutersäckchen, feine Hefen, welke Blumen, ausdrucksstark fruchtig. Mund: voll, fett, lang, schöne Säure, fruchtig frisch.

Altos de Torona 2023 B
albariño
90 🌿
Farbe: leuchtendes Strohgelb. Aroma: ausdrucksstark fruchtig, reifes Obst, Wildkräuter, getrocknete Blumen. Mund: geschmackvoll, frisch, schöne Säure, nachwirkend fruchtig, fruchtig.

Altos de Torona Albariño 2023 B
100% albariño

89

Zitrusfrüchte, fruchtig, kräuterig, mineralisch, schlicht.

Altos de Torona Caiño 2023 B
100% caiño

89

Ausgewogen, würzig, frisch, trockene Kräuter, Hefenoten.

Altos de Torona Godello 2023 B
100% godello

88

Zitrusfrüchte, frisch, korrekt, kräuterig.

Altos de Torona Rosal 2022 B
albariño, loureiro, caiño

88

Zitrusfrüchte, frisch, kräuterig, korrekt.

ATTIS BODEGA Y VIÑEDOS
Lg. Morouzos, 16D - Dena
36967 Meaño (Pontevedra)
☎: +34 986 744 790
administracion@attisbyv.com
www.attisbyv.com

Attis Atalante 2021 B
100% caiño blanco

92

Farbe: strohgelb. Aroma: reifes Obst, trockene Kräuter, welke Blumen, gebackenes Obst. Mund: kraftvoll, reife Früchte, ausgewogen.

Attis Coribante 2021 B
caiño blanco, albariño, godello, treixadura, loureiro

93

Farbe: leuchtendes Strohgelb. Aroma: ausdrucksvoll, blumig, feine Hefen, mineralisch, rauchig, gebackenes Obst. Mund: voll, komplex, würzig, lang.

Attis Embaixador 2021 B
100% albariño

94

Farbe: leuchtendes Gelb. Aroma: reifes Obst, trockene Kräuter, welke Blumen, feine Hefen, Karamel. Mund: reife Früchte, ausgewogen, fruchtig, frisch, lebhaft, saftig.

Attis Lías Finas 2023 B
100% albariño

92

Farbe: leuchtendes Strohgelb. Aroma: Kräutersäckchen, feine Hefen, tropische Frucht, reifes Obst, . Mund: voll, fett, lang, schöne Säure.

Attis Nana 2022 B FB
100% albariño

93

Farbe: leuchtendes Strohgelb. Aroma: Kräutersäckchen, feine Hefen, geröstetes Brot, helle Früchte. Mund: voll, fett, lang, schöne Säure.

Xión Cuvée 2020 T
pedral, sousón, espadeiro

91

Waldfinsternis, spannungsvoll. Farbe: kirschrot mit violettem Saum. Aroma: rote Früchte, blumig, würzig, Schwarzer Pfeffer, erdig. Mund: geschmackvoll, fruchtig, schöne Säure.

BALBINA
A Barrosa, 39
36970 Portonovo (Pontevedra)
☎: +34 644 325 430
info@bodegabalbina.com
www.bodegabalbina.com

Casa Da Barrosa 2023 B
albariño

88

Zitrusfrüchte, frisch, fruchtig, kräuterig, von Primäraromen beherrscht.

BENITO SANTOS
Currás, 45B Caleiro
36629 Vilanova de Arousa (Pontevedra)
☎: +34 654 182 684
export@benitosantos.com
www.benitosantos.com

Benito Santos Albariño 2023 B
100% albariño

89

Lieblich, reif, Hefenoten, voll.

Benito Santos Xoán 2019 B
100% albariño

92

Farbe: leuchtendes Gelb. Aroma: reifes Obst, trockene Kräuter, welke Blumen, Zitronenbombon, würzig. Mund: reife Früchte, ausgewogen, fruchtig, frisch, geschmackvoll.

EO, The Ocean Collection 2023 B
100% albariño

87

Igrexario de Saiar 2023 B
albariño

90

Farbe: leuchtendes Gelb. Aroma: ausdrucksstark fruchtig, reifes Obst, blumig, Zitrusfrüchte, Wildkräuter. Mund: geschmackvoll, frisch, schöne Säure, nachwirkend fruchtig, fruchtig.

DO RÍAS BAIXAS / D.O.P.

BENJAMÍN MIGUEZ NOVAL
Porto de Abaixo, 10 - Porto
36458 Salvaterra de Miño (Pontevedra)
☎: +34 636 014 506
enoturismo@mariabargiela.com
www.mariabargiela.com

María Bargiela 2023 B
90% albariño, 8% treixadura, 2% loureiro

90

Farbe: leuchtendes Strohgelb. Aroma: ausdrucksstark fruchtig, reifes Obst, blumig, Zitrusfrüchte, Wildkräuter. Mund: geschmackvoll, frisch, nachwirkend fruchtig, fruchtig.

BODEGA GIL ARMADA
Pazo de Fefiñans, s/n
36630 Cambados (Pontevedra)
☎: +34 986 524 877
gilarmada@pazodefefinans.com
www.bodegagilarmada.com

Gil Armada (Viñedos propios da Torre de San Fardán) 2022 B
100% albariño

91

Farbe: leuchtendes Strohgelb. Aroma: reifes Obst, Kräutersäckchen, feine Hefen, Jodnuancen. Mund: voll, fett, schöne Säure.

Gil Armada (Viñedos propios no Pazo de Fefiñáns) 2022 B
100% albariño

91

Farbe: leuchtendes Strohgelb. Aroma: reifes Obst, feine Hefen, weiße Blumen, helle Früchte. Mund: voll, fett, lang, schöne Säure.

BODEGA GRANBAZÁN
Lg. Tremoedo, 46
36628 Vilanova de Arousa (Pontevedra)
☎: +34 986 555 562
agrodebazan@agrodebazan.com
www.bodegasgranbazan.com

Granbazán Etiqueta Verde 2023 B
100% albariño

90

Farbe: strohgelb. Aroma: ausdrucksvoll, weiße Blumen, Jasmin, trockene Kräuter, trockener Stein. Mund: geschmackvoll, fruchtig, ausgewogen, frisch.

Granbazán Limousin 2021 B
100% albariño

92

Farbe: leuchtendes Gelb. Aroma: reifes Obst, trockene Kräuter, welke Blumen, Zitrusfrüchte, Orangenschale. Mund: reife Früchte, ausgewogen, geschmackvoll, fruchtig, frisch.

Granbazán Don Álvaro de Bazán 2021 B
100% albariño

93

Farbe: leuchtendes Strohgelb. Aroma: Kräutersäckchen, feine Hefen, Wildkräuter, balsamisch, Zitrusfrüchte, helle Früchte. Mund: voll, fett, schöne Säure.

Granbazán Etiqueta Ámbar 2023 B
100% albariño

91

Farbe: leuchtendes Strohgelb. Aroma: Kräutersäckchen, feine Hefen, weiße Blumen, helle Früchte. Mund: voll, fett, schöne Säure.

BODEGA PAZO DE SAN MAURO
Pombal, 3 - Lugar de Porto
36458 Salvaterra de Miño (Pontevedra)
☎: +34 986 658 285
info@marquesdevargas.com
www.marquesdevargas.com

Pazo San Mauro Albariño 2023 B
albariño

90

Farbe: strohgelb. Aroma: ausdrucksvoll, weiße Blumen, frisches Obst, Zitrusfrüchte. Mund: fruchtig, ausgewogen, süffig.

BODEGA VIÑA CAEIRA
Barro Fonte Arcade, 2
36456 Salvaterra de Miño (Pontevedra)
☎: +34 983 683 315
www.vinacaeira.es

Viña Caeira 2023 B
100% albariño

91

Repräsentativ. Farbe: strohgelb. Aroma: ausdrucksvoll, weiße Blumen, frisches Obst. Mund: geschmackvoll, fruchtig, ausgewogen.

BODEGAS AGUIUNCHO
Lg. Pedreiras, 1A Villalonga
36990 Sanxenxo (Pontevedra)
☎: +34 986 720 980
info@aguiuncho.com
www.aguiuncho.com

Mar de Ons 2023 B
100% albariño

89

Zitrusfrüchte, blumig, frisch, kräuterig, geschmackvoll.

Mar de Ons Barrica 2022 B
100% albariño

92

Farbe: leuchtendes Strohgelb. Aroma: reifes Obst, blumig, Zitrusfrüchte. Mund: frisch, schöne Säure, nachwirkend fruchtig.

Mar de Ons Lías 2022 B
100% albariño

91

Farbe: strohgelb. Aroma: ausdrucksvoll, weiße Blumen, Jasmin, trockene Kräuter. Mund: geschmackvoll, fruchtig, ausgewogen, voll.

BODEGAS ALBAMAR
O Adro, 11 - Castrelo
36639 Cambados (Pontevedra)
☎: +34 660 292 750
xurxoalbamar@gmail.com

Albamar 2023 B
albariño

92

Klar definierte Aromen, ausgewogen. Farbe: leuchtendes Strohgelb. Aroma: Ebbe, weiße Blumen, Zitrusfrüchte. Mund: frisch, süffig, sortentypisch.

Albamar 2023 T
caiño, espadeiro, mencía

92

Klar definierte Aromen, vegetabil, repräsentativ, rustikal. Aroma: Buschwaldkräuter, Gras, Moschus-Noten, offen. Mund: zartbitter, frisch, saftig.

Albamar Albino
Blanc de Noirs 2023 B
91

Rassig, leichte Oxidation. Farbe: leuchtendes Strohgelb. Aroma: reifes Obst, Kräutersäckchen, feine Hefen, getrocknete Blumen. Mund: voll, schöne Säure, geschmackvoll.

🏆 PODIUM

Albamar Finca O Pereiro 2022 B
albariño

95

Herb, spannungsvoll, noch nicht vollständig entfaltet. Farbe: leuchtendes Strohgelb. Aroma: reifes Obst, feine Hefen, trockener Stein, Wildkräuter. Mund: voll, fett, lang, schöne Säure, salzig, nachhaltig, rassig.

Albamar O Esteiro 2022 T
91

Lieblich. Farbe: durchscheinendes Kirschrot. Aroma: balsamisch, Buschwaldkräuter. Mund: balsamisch, schöne Säure, ausgewogen, zartbitter.

DO RÍAS BAIXAS / D.O.P.

DO RÍAS BAIXAS / D.O.P.

Albamar O Esteiro Caíño 2022 T
91
Anders. Aroma: Wildkräuter, balsamisch, mit Charakter, ausdrucksvoll, offen. Mund: flüssig am Gaumen, frisch, ausgeprägter Säuregehalt.

Albamar O Esteiro Espadeiro 2022 T
92
Waldfinsternis, spannungsvoll. Farbe: KirsChrot. Aroma: balsamisch, süße Gewürze, Buschwaldkräuter, rote Früchte. Mund: würzig, balsamisch, schöne Säure.

Albamar O Esteiro Mencía 2022 T
92
Kräuterig, wild. Aroma: Moschus-Noten, Gras, Wildkräuter, offen, frisch, ausdrucksvoll. Mund: flüssig am Gaumen, frisch, fruchtig.

Alma de Mar 2023 B
93
Farbe: strohgelb. Aroma: reifes Obst, trockene Kräuter, welke Blumen, helle Früchte, Wachs. Mund: reife Früchte, ausgewogen, mineralisch.

Capitán Xurelo 2022 T
90
Kräuterig, wenig interventionistisch. Farbe: kirschrot mit granatrotem Saum. Aroma: Wildkräuter, mit Charakter, Waldfinsternis. Mund: korrekt, zartbitter, spannungsvoll.

PAI Edición Especial Albamar 2023 B
92
Farbe: leuchtendes Strohgelb. Aroma: reifes Obst, Kräutersäckchen, feine Hefen, trockener Stein, milchig. Mund: voll, fett, schöne Säure, geschmackvoll.

Pepe Luis 2022 B FB
94
Angenehm, lieblich. Farbe: leuchtendes Gelb. Aroma: kraftvoll, reifes Obst, süße Gewürze, Ebbe. Mund: fett, strukturiert, lang, zartbitter.

BODEGAS AQUITANIA
Bouza, 17 Castrelo
36639 Cambados (Pontevedra)
☎: +34 986 520 895
info@bodegasaquitania.com
www.bodegasaquitania.com

Aqvitania 2023 B
albariño
89
Zitrusfrüchte, fruchtig, kräuterig, salzig, frisch.

Bágoas Ledas 2023 B
100% albariño
87

Bernón 2023 B
100% albariño
87

BODEGAS AS LAXAS
As Laxas, 16
36430 Arbo (Pontevedra)
☎: +34 986 665 444
aslaxas@aslaxas.com
www.aslaxas.com

Bágoa do Miño 2023 B
100% albariño
90
Farbe: leuchtendes Strohgelb, grünlicher Saum. Aroma: frisches Obst, Zitrusfrüchte, Wildkräuter. Mund frisch, fruchtig, schöne Säure, zartbitter.

Condado Laxas 2023 B
70% albariño, 25% treixadura, 5% loureiro
91
Farbe: leuchtendes Gelb. Aroma: ausdrucksstark fruchtig, reifes Obst, blumig, frisches Obst, Zitrusfrüchte. Mund: geschmackvoll, frisch, schöne Säure nachwirkend fruchtig.

Laxas 2023 B
100% albariño
89
Zitrusfrüchte, getrocknete Blumen, fruchtig, kräuterig, von Primäraromen beherrscht.

Sensum Laxas BE BR
100% albariño
90
Farbe: leuchtendes Gelb. Aroma: reifes Obst, feine Hefen, ausgewogen, trockene Kräuter, rauchig. Mund schöne Säure, geschmackvoll, reife Früchte.

Val Do Sosego Albariño 2023 B
89
Zitrusfrüchte, korrekt, frisch, fruchtig.

BODEGAS D. MATEOS
Camino de los Agudos, s/n
26559 Aldeanueva de Ebro (La Rioja)
☎: +34 941 261 897
info@bodegasmateos.com
www.bodegasmateos.com

Lagar Dos Mateos 2023 B
100% albariño
88
Zitrusfrüchte, frisch, fruchtig, kräuterig.

BODEGAS DEL PALACIO DE FEFIÑANES
Pza. de Fefiñanes
36630 Cambados (Pontevedra)
☎: +34 986 542 204
fefinanes@fefinanes.com
www.fefinanes.com

1583 Albariño de Fefiñanes 2023 B
100% albariño
92
Cremig. Farbe: leuchtendes Strohgelb. Aroma: Kräutersäckchen, feine Hefen, helle Früchte, reifes Obst. Mund: voll, fett, schöne Säure.

Albariño de Fefiñanes 2023 B
100% albariño
91
Farbe: leuchtendes Strohgelb. Aroma: Kräutersäckchen, feine Hefen, mineralisch, helle Früchte. Mund: voll, fett, schöne Säure.

Albariño de Fefiñanes III Año 2021 B
100% albariño
94
Farbe: leuchtendes Strohgelb. Aroma: reifes Obst, Kräutersäckchen, feine Hefen, Jodnuancen. Mund: voll, fett, lang, schöne Säure.

Armas de Lanzós 2019 B
100% albariño
93
Farbe: leuchtendes Gelb. Aroma: reifes Obst, Kräutersäckchen, feine Hefen, Zitronenbombon, gebackenes Obst. Mund: voll, lang, schöne Säure, geschmackvoll, fruchtig, frisch, ziemlich nachhaltig.

BODEGAS EIDOSELA
Eidos de Abaixo, s/n - Sela
36494 Arbo (Pontevedra)
☎: +34 986 665 550
info@bodegaseidosela.com
www.bodegaseidosela.com

Ardora Maris 2023 B
albariño, treixadura, otras
89
Frisch, fruchtig, kräuterig, ausgewogen.

Eidosela 2023 B
100% albariño
90
Fruchtig, frisch. Farbe: leuchtendes Strohgelb. Aroma: reifes Obst, Kräutersäckchen, feine Hefen. Mund: voll, fett, schöne Säure.

Eidosela Burbujas del Atlántico BE BN
100% albariño
90
Farbe: leuchtendes Gelb. Aroma: reifes Obst, feine Hefen, ausgewogen, trockene Kräuter. Mund: schöne Säure, geschmackvoll, reife Früchte.

Eidosela Burbujas del Atlántico BE BR
albariño
88
Herb, Zitrusfrüchte, fruchtig, kräuterig, schlicht.

Eidosela Selección 2017 B
100% albariño
91
Farbe: leuchtendes Strohgelb. Aroma: reifes Obst, Kräutersäckchen, feine Hefen, milchig. Mund: voll, fett, lang, schöne Säure.

BODEGAS ESCUDEIRO
Finca Escudeiro
36636 Barrantes (Pontevedra)
☎: +34 674 148 771
bodegasescudeiro@gmail.com
www.bodegasescudeiro.com

Ribera del Umia 2023 B
100% albariño
90
Farbe: leuchtendes Strohgelb. Aroma: reifes Obst, Kräutersäckchen, feine Hefen. Mund: voll, fett, schöne Säure.

DO RÍAS BAIXAS / D.O.P.

DO RÍAS BAIXAS / D.O.P.

Viña Roel sobre Lías 2023 B
100% albariño

88

Ausgewogen, frisch, vegetabil, korrekt.

BODEGAS FILLABOA
Lugar de Fillaboa, s/n
36458 Salvaterra do Miño (Pontevedra)
☎: +34 986 658 132
info@bodegasfillaboa.masaveu.com
www.bodegasfillaboa.com

Fillaboa 2023 B
100% albariño

90

Farbe: leuchtendes Strohgelb, grünlicher Saum. Aroma: frisches Obst, Zitrusfrüchte, Wildkräuter, getrocknete Blumen. Mund: frisch, fruchtig, schöne Säure, zartbitter.

Fillaboa Selección
Finca Monte Alto 2021 B
100% albariño

92

Farbe: leuchtendes Gelb. Aroma: reifes Obst, trockene Kräuter, welke Blumen, feine Hefen, Bäckerei. Mund: reife Früchte, ausgewogen, frisch, fruchtig, schöne Säure, ziemlich nachhaltig.

🏆 **PODIUM**

La Fillaboa 1898 2016 B
100% albariño

100

Farbe: leuchtendes Strohgelb. Aroma: ausdrucksvoll, reifes Obst, feine Hefen, mineralisch, Jodnuancen, rauchig. Mund: voll, komplex, würzig, lang, elegant.

BODEGAS FORJAS DEL SALNÉS
Pol. Ind. Salnes - Siete Pías Parc. 36
36630 Cambados (Pontevedra)
☎: +34 986 747 827
blancosdemar@gmail.com

Cies 2023 B
albariño

92

Farbe: leuchtendes Strohgelb, grünlicher Saum. Aroma: frisches Obst, Zitrusfrüchte, Wildkräuter. Mund: frisch, fruchtig, schöne Säure, zartbitter.

Finca Genoveva 2020 T
caíño

94

Farbe: rubinrot mit ziegelrotem Saum. Aroma: komplex, ausdrucksvoll, würzig, mineralisch, Buschwaldkräuter, balsamisch, Sträucher. Mund: elegant, voll, lang, nachhaltig.

Goliardo A Telleira 2022 B C
albariño

94

Farbe: leuchtendes Gelb. Aroma: getrocknete Blumen, kandierte Früchte, feine Hefen, Feingebäck, Sellerie, Anisnoten. Mund: abgerundet, würzig, lang nachhaltig.

Goliardo Caíño 2020 T
caíño

94

Farbe: rubinrot mit ziegelrotem Saum. Aroma: balsamisch, süße Gewürze, Buschwaldkräuter, reifes Obst, Fleischnoten. Mund: würzig, balsamisch, schöne Säure.

Leirana 2023 B
albariño

93

Lebhaft, repräsentativ. Farbe: leuchtendes Gelb. Aroma: mineralisch, helle Früchte, feine Hefen. Mund: frisch, fruchtig, sortentypisch, lang, salzig.

Leirana Genoveva 2022 B
albariño

94

Komplex, spannungsvoll. Farbe: leuchtendes Gelb. Aroma: feine Hefen, Ebbe, Buschwaldkräuter. Mund: voll, fett, lang, schöne Säure, rassig.

BODEGAS GERARDO MÉNDEZ
Galiñans, 10 - Lores
36968 Meaño (Pontevedra)
☎: +34 986 747 046
info@bodegasgerardomendez.com
www.bodegasgerardomendez.com

Albariño Do Ferreiro 2023 B
92
Farbe: leuchtendes Strohgelb. Aroma: helle Früchte, reifes Obst, , blumig. Mund: flüssig am Gaumen, süffig, fruchtig, sortentypisch.

BODEGAS LA CAÑA
Camiño Novo, 36
36600 Vilagarcía de Arousa (Pontevedra)
☎: +34 952 504 706
info@jorgeordonez.es
www.jorgeordonez.es

La Caña 2023 B
93
Farbe: leuchtendes Strohgelb. Aroma: reifes Obst, blumig, feine Hefen, mineralisch. Mund: voll, komplex, würzig, lang, elegant.

🏆 PODIUM
La Caña Navia 2022 B
albariño
96
Klar definierte Aromen, blumig. Farbe: leuchtendes Strohgelb. Aroma: ausdrucksvoll, reifes Obst, blumig, feine Hefen, mineralisch. Mund: voll, komplex, würzig, lang, elegant.

BODEGAS LA VAL
Lugar Muguiña, s/n - Arantei
36458 Salvaterra de Miño (Pontevedra)
☎: +34 986 610 728
laval@bodegaslaval.com
www.bodegaslaval.com

La Val Finca Arantei 2023 B
100% albariño
90
Farbe: leuchtendes Strohgelb. Aroma: Kräutersäckchen, feine Hefen, helle Früchte. Mund: voll, fett, schöne Säure.

La Val Gran Añada Crianza Sobre Lías 2019 B C
100% albariño
94
Farbe: leuchtendes Strohgelb. Aroma: ausdrucksvoll, reifes Obst, blumig, feine Hefen, mineralisch. Mund: voll, würzig, lang, elegant.

Orballo Albariño 2023 B
albariño
88
Rassig, Zitrusfrüchte, kräuterig, von Primäraromen beherrscht.

La Val Albariño 2023 B
100% albariño
90
Farbe: leuchtendes Strohgelb. Aroma: Kräutersäckchen, feine Hefen, helle Früchte. Mund: voll, fett, schöne Säure.

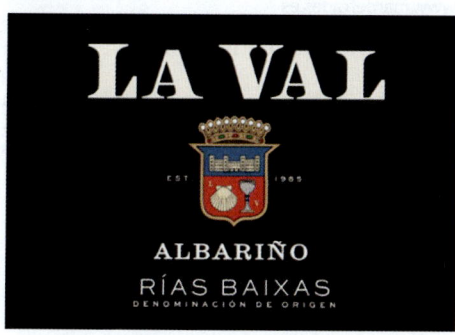

La Val Condado de Tea 2023 B
60% albariño, 20% loureiro, 20% treixadura
90
Farbe: leuchtendes Strohgelb. Aroma: Kräutersäckchen, feine Hefen, helle Früchte. Mund: voll, fett, schöne Säure.

BODEGAS LAUREATUS
Lg. de Saramagoso, 13, San Martiño de Meis
36637 Meis (Pontevedra)
☎: +34 986 099 002
direccion@laureatus.es
www.laureatus.es

Laureatus 2023 B
albariño
92
Farbe: leuchtendes Gelb. Aroma: reifes Obst, Kräutersäckchen, feine Hefen, helle Früchte, Wildkräuter. Mund: voll, schöne Säure, frisch, fruchtig, geschmackvoll, salzig, ziemlich nachhaltig.

Laureatus Dolium 2013 B C
100% albariño
92
Farbe: leuchtendes Gelb. Aroma: reifes Obst, Kräutersäckchen, feine Hefen, gebackenes Obst, getrocknete Blumen. Mund: schöne Säure, frisch, fruchtig, geschmackvoll.

DO RÍAS BAIXAS / D.O.P.

Laureatus Lías 2019 B C
100% albariño
93
Farbe: strohgelb. Aroma: reifes Obst, welke Blumen, würzig, Brioche, Wildkräuter. Mund: kraftvoll, reife Früchte, ausgewogen.

Mar de Frades Finca Valiñas 2019 B
albariño
94
Poliert. Farbe: leuchtendes Strohgelb. Aroma: weiße Blumen, helle Früchte, Steinobst, feine Hefen, rauchig. Mund: voll, fett, lang, schöne Säure.

BODEGAS MAR DE FRADES
Finca Valiñas
36637 Arosa (Pontevedra)
☎: +34 637 479 469
info.mardefrades@zamoracompany.com
www.mardefrades.es

Mar de Frades Albariño 2023 B
91
Noch nicht vollständig entfaltet. Farbe: leuchtendes Strohgelb, grünlicher Saum. Aroma: frisches Obst, Zitrusfrüchte, Wildkräuter, feine Hefen. Mund: frisch, fruchtig, schöne Säure, zartbitter.

Mar de Frades BE BN
100% albariño
90
Lieblich, korrekt, rassig, Zitrusfrüchte, Hefenoten, blumig. Aroma: Ebbe, helle Früchte, feine Hefen, offen, frisch, sortenrein.

Mar de Frades Finca Lobeira 2019 B
97% albariño, godello, loureiro, caiño blanco
93
Komplex, sortenrein. Farbe: leuchtendes Gelb. Aroma: ausdrucksvoll, weiße Blumen, Jasmin, trockene Kräuter, Sträucher. Mund: geschmackvoll, fruchtig, ausgewogen.

Mar de Frades Monteveiga 2019 B
albariño
93
Klar definierte Aromen, üppig, fruchtig. Farbe: leuchtendes Strohgelb. Aroma: Steinobst, feine Hefen, offen, frisch. Mund: korrekt, zartbitter.

Mar de Frades Godello Atlántico 2022 B
90
Farbe: leuchtendes Strohgelb. Aroma: helle Früchte, Steinobst, Wildkräuter, milchig, mineralisch. Mund: fruchtig, frisch, ausgewogen, mineralisch, nachwirkend fruchtig.

BODEGAS MARQUÉS DE VIZHOJA
Finca La Moreira
36438 Arbo (Pontevedra)
☎: +34 986 665 825
online@marquesdevizhoja.com
www.bodegasmarquesdevizhoja.com

Señor da Folla Verde 2022 B
70% albariño, 15% loureiro, 15% treixadura
90
Zitrusfrüchte, blumig. Farbe: strohgelb. Aroma: ausdrucksvoll, weiße Blumen. Mund: geschmackvol fruchtig, ausgewogen.

Torre La Moreira 2023 B
100% albariño
89
Zitrusfrüchte, fruchtig, sortenrein, schlicht. Aroma: frisch. Mund: süffig.

BODEGAS PABLO PADÍN
Ameiro, 17 - Dena
36967 Meaño (Pontevedra)
☎: +34 986 743 231
info@pablopadin.com
www.pablopadin.com

Feitizo da Noite BE BR
100% albariño
89
Zitrusfrüchte, fruchtig, trockene Kräuter, geschmackvoll.

Segrel Albariño 2023 B
100% albariño
89
Zitrusfrüchte, frisch, kräuterig, korrekt.

Segrel Ámbar 2023 B
100% albariño
91
Farbe: leuchtendes Gelb. Aroma: Wildkräuter, helle Früchte, Steinobst, würzig, welke Blumen. Mund: frisch, fruchtig, schöne Säure, geschmackvoll, lebhaft, ausgewogen.

BODEGAS PAZO CILLEIRO
Lugar de Arosa, 15C
36637 Meis (Pontevedra)
☎: +34 986 710 827
contacto@murielwines.com
www.pazocilleiro.com

Pazo Cilleiro 2023 B
100% albariño
89
Fruchtig, kräuterig, reif, blumig, Hefenoten.

Pazo Cilleiro Viñedo Cincuentenario 2022 B
93
Farbe: leuchtendes Strohgelb. Aroma: reifes Obst, Kräutersäckchen, feine Hefen, balsamisch, Jodnuancen. Mund: voll, fett, lang, schöne Säure.

BODEGAS PAZO DE ARRETÉN
Lugar de Pousa
15917 Pazos Padrón (A Coruña/La Coruña)
☎: +34 619 724 778
elisardovidal@bodegaspazoarreten.com
www.hscala.com

Iriensis 2022 B
91
Farbe: leuchtendes Strohgelb. Aroma: reifes Obst, Kräutersäckchen, feine Hefen, weiße Blumen. Mund: voll, fett, schöne Säure.

Pazo de Arretén 2022 B
91
Farbe: leuchtendes Strohgelb. Aroma: reifes Obst, Kräutersäckchen, feine Hefen. Mund: voll, fett, schöne Säure.

BODEGAS PENTECOSTÉS
Barrio San Blas nº1- Mañufe
36388 Gondomar (Pontevedra)
☎: +34 607 296 967
hola@bodegaspentecotes.com
www.bodegaspentecostes.com

Pentecostés Albariño 2022 B
100% albariño
90
Farbe: leuchtendes Strohgelb. Aroma: reifes Obst, Kräutersäckchen, feine Hefen. Mund: voll, fett, schöne Säure.

Pentecostés Varietales 2022 B
62% albariño, 15% caiño blanco, 12% loureiro, 8% treixadura, 3% godello
91
Rassig, kräuterig. Farbe: leuchtendes Strohgelb. Aroma: reifes Obst, Kräutersäckchen, feine Hefen, Wildkräuter, Zitrusfrüchte. Mund: voll, schöne Säure.

DO RÍAS BAIXAS / D.O.P.

DO RÍAS BAIXAS / D.O.P.

BODEGAS RODRÍGUEZ Y SANZO
Avda. de Tordesillas, 5
47490 Rueda (Valladolid)
☎: +34 983 150 150
comunicacion@rodriguezysanzo.com
www.rodriguezysanzo.com

María Sanzo 2022 B
100% albariño

91

Farbe: leuchtendes Strohgelb. Aroma: reifes Obst, Kräutersäckchen, feine Hefen, Brioche, weiße Blumen. Mund: voll, fett, schöne Säure.

BODEGAS SANTIAGO ROMA
Catariño, 6 - Besomaño
36636 Ribadumia (Pontevedra)
☎: +34 679 469 218
bodega@santiagoroma.com
www.santiagoroma.com

Burbulla de Santiago Roma 2021 BE BN
albariño

91

Farbe: leuchtendes Strohgelb. Aroma: frisches Obst, Zitrusfrüchte, feine Hefen, Kräutersäckchen. Mund: frisch, fruchtig, schöne Säure, geschmackvoll, lebhaft.

Colleita de Martis Albariño 2022 B
albariño

91

Farbe: leuchtendes Gelb. Aroma: reifes Obst, trockene Kräuter, welke Blumen, Ebbe, würzig. Mund: reife Früchte, ausgewogen, fruchtig, frisch, würzig.

Pedranai de Santiago Roma Albariño 2020 B
albariño

93

Farbe: leuchtendes Strohgelb. Aroma: Kräutersäckchen, feine Hefen, rauchig, helle Früchte. Mund: voll, fett, lang, schöne Säure.

Santiago Roma Albariño 2022 B
albariño

90

Farbe: leuchtendes Strohgelb. Aroma: ausdrucksstark fruchtig, reifes Obst, blumig, mineralisch. Mund: geschmackvoll, frisch, schöne Säure, fruchtig.

Santiago Roma Albariño Selección 2022 B
albariño

91

Farbe: leuchtendes Strohgelb. Aroma: Kräutersäckchen, feine Hefen, helle Früchte. Mund: voll, fett, schöne Säure.

BODEGAS VIONTA
Lugar de Axis s/n - Simes
36968 Meaño (Pontevedra)
☎: +34 986 747 566
vanesa.insausti@solarviejo.com
www.ferrerwines.com

Bosque de Fuscallo 2021 B
100% albariño

92

Farbe: leuchtendes Strohgelb. Aroma: ausdrucksvoll, reifes Obst, blumig, feine Hefen, mineralisch, balsamisch, Feingebäck. Mund: voll, komplex, würzig, lang.

Depende 2023 B
100% albariño

89

Ausgewogen, frisch, kräuterig, geschmackvoll, Hefenoten.

Vionta 2023 B
100% albariño

90

Farbe: leuchtendes Strohgelb. Aroma: Kräutersäckchen, feine Hefen, helle Früchte. Mund: voll, fett, schöne Säure.

You & Me 2023 B
100% albariño

88

Herb, Zitrusfrüchte, korrekt, fruchtig, kräuterig.

BODEGAS Y VIÑEDOS TAMARAL
Ctra. Nacional 122 Km 310,6
47314 Padilla de Duero (Valladolid)
☎: +34 983 878 017
club@tamaral.com
www.tamaral.com

La Carmina 2023 B
100% albariño

88

Zitrusfrüchte, frisch, fruchtig, kräuterig.

BOUZA DE CARRIL
Avda. Caponiñas, 14 - Barrantes
36636 Ribadumia (Pontevedra)
☎: +34 600 020 627
bodega@bouzadecarril.com
www.bouzadecarril.com

Bouza de Carril Albariño 2023 B

87

BOUZA DO REI
Rua Puxafeita, 21
36636 Ribadumia (Pontevedra)
☎: +34 986 710 257
bouzadorei@bouzadorei.com
www.bouzadorei.com

Bouza Do Rei 2023 B
100% albariño
90
Farbe: leuchtendes Strohgelb. Aroma: Kräutersäckchen, feine Hefen, helle Früchte. Mund: voll, fett, schöne Säure.

Bouza do Rei Gran Selección 2022 B
100% albariño
91
Farbe: leuchtendes Strohgelb. Aroma: Kräutersäckchen, feine Hefen, helle Früchte. Mund: voll, fett, schöne Säure.

Castel de Bouza 2023 B
100% albariño
89
Zitrusfrüchte, ausgewogen, frisch, kräuterig.

Pazo da Torre Albariño 2023 B
100% albariño
90
Farbe: leuchtendes Strohgelb, grünlicher Saum. Aroma: frisches Obst, Zitrusfrüchte, Wildkräuter. Mund: frisch, fruchtig, zartbitter, ziemlich nachhaltig.

CAMBADOS URBAN WINERY
36630 Cambados (Pontevedra)
☎: +34 652 885 545
comercial@cambadosurbanwinery.com
www.cambadosurbanwinery.com

Desconcierto 2022 T
caíño, espadeiro, mencía
91
Farbe: leuchtendes Kirschrot. Aroma: welke Blumen, Veilchen, getrocknete Blumen, ausdrucksstark fruchtig, rote Früchte, Wildkräuter. Mund: frisch, fruchtig, ausgeprägter Säuregehalt, nachwirkend fruchtig, weiche Tannine.

Desconcierto Albariño 2023 B
albariño
91
Farbe: leuchtendes Strohgelb. Aroma: reifes Obst, Kräutersäckchen, feine Hefen. Mund: voll, fett, schöne Säure.

CAMINO DE CABRAS
Hermanos Maristas, 27
36700 Tui (Pontevedra)
☎: +34 698 145 790
info@caminodecabras.com
www.caminodecabras.com

Camino de Cabras Albariño 2023 B
100% albariño
88
Rassig, Zitrusfrüchte, herb, kräuterig.

Oro Valei 2023 B
100% albariño
90
Farbe: leuchtendes Strohgelb. Aroma: reifes Obst, Kräutersäckchen, feine Hefen. Mund: voll, fett, schöne Säure.

CARLOS REY LUSTRES
Axis, 11 - Simes
36969 Meaño (Pontevedra)
☎: +34 886 600 007
info@anadigna.com
www.anadigna.com

Anadigna 1932 2023 B
100% albariño
89
Zitrusfrüchte, fruchtig, kräuterig, reif, salzig.

Anadigna Caiño 2022 T RB
100% caiño
90
Farbe: leuchtendes Kirschrot. Aroma: getrocknete Blumen, rote Früchte, dunkle Früchte, eine Spur Waldbeeren, Wildkräuter. Mund: ausgeprägter Säuregehalt, fruchtig, ausgewogen, weiche Tannine.

Anadigna Fudre 2021 B RB
100% albariño
90
Farbe: leuchtendes Gelb. Aroma: reifes Obst, trockene Kräuter, welke Blumen, Anklänge von exotischen Früchten. Mund: reife Früchte, ausgewogen, fruchtig, geschmackvoll.

Anadigna sobre Lías 2022 B
100% albariño
91
Farbe: leuchtendes Strohgelb, grünlicher Saum. Aroma: Zitrusfrüchte, Wildkräuter, getrocknete Blumen, helle Früchte, reifes Obst. Mund: frisch, fruchtig, schöne Säure, zartbitter, lebhaft.

DO RÍAS BAIXAS / D.O.P.

DO RÍAS BAIXAS / D.O.P.

Anadigna Tradicional 2023 B
100% albariño

91

Farbe: leuchtendes Strohgelb. Aroma: helle Früchte, Wildkräuter, weiße Blumen, ausdrucksvoll. Mund: geschmackvoll, lebhaft, fruchtig, frisch, sortentypisch.

CAZAPITAS
36740 Tomiño (Pontevedra)
☎: +34 605 625 782
cazapitassl@gmail.com
www.cazapitas.com

Eido da Salgosa Albariño 2022 B
albariño

91

Herb. Farbe: leuchtendes Strohgelb. Aroma: Kräutersäckchen, feine Hefen, helle Früchte. Mund: voll, fett, schöne Säure.

La Sobrada 2022 B
albariño

90

Farbe: leuchtendes Strohgelb. Aroma: reifes Obst, trockene Kräuter, frisch, weiße Blumen. Mund: ausgeprägter Säuregehalt, fruchtig, sortentypisch, reife Früchte.

CHAN DE ROSAS
Rua Escusa, 10
36636 Ribadumia (Pontevedra)
☎: +34 941 451 129
info@premiumfincas.com

Chan de Rosas Clásico 2023 B
100% albariño

89

Fruchtig, frisch, Zitrusfrüchte, lebhaft, geschmackvoll.

Chan de Rosas Cuvée Especial 2022 B
100% albariño

91

Farbe: leuchtendes Strohgelb. Aroma: reifes Obst, Kräutersäckchen, feine Hefen, camomila. Mund: voll, fett, schöne Säure.

COMPAÑIA DE VINOS TRICÓ
36883 Vigo (Pontevedra)
☎: +34 983 878 020
info@almacarraovejas.com
www.trico.es

🏆 PODIUM

Claudia 2019 B
albariño

95

Farbe: leuchtendes Strohgelb. Aroma: ausdrucksstark fruchtig, reifes Obst, blumig, mineralisch. Mund: geschmackvoll, frisch, schöne Säure, nachwirkend fruchtig.

Nicolas 2020 B

93

Spannungsvoll, sortenrein. Farbe: strohgelb. Aroma: ausdrucksvoll, weiße Blumen, Jasmin, trockene Kräuter. Mund: geschmackvoll, fruchtig, ausgewogen.

Tricó 2021 B
albariño

92

Balsamisch. Farbe: leuchtendes Strohgelb. Aroma: reifes Obst, blumig, Phosphor. Mund: geschmackvoll, frisch, schöne Säure, nachwirkend fruchtig.

CORISCA
Bº Corisca, 7
36471 Entienza (Pontevedra)
☎: +34 615 430 296
info@bodegascorisca.com
www.bodegascorisca.com

Corisca 2021 B
albariño

92 ♣

Herb. Farbe: leuchtendes Strohgelb. Aroma: reifes Obst, Kräutersäckchen, feine Hefen, weiße Blumen. Mund: voll, fett, schöne Säure.

Corisca 2022 B

90 ♣

Farbe: leuchtendes Strohgelb. Aroma: frisches Obst, Zitrusfrüchte, Wildkräuter, mineralisch. Mund: frisch, fruchtig, schöne Säure, geschmackvoll.

DAVID MARTÍNEZ SOBRAL
Figueiró, Lago, 14
36792 Tomiño (Pontevedra)
☎: +34 603 800 239
info@pedregales.es
www.pedregales.es

Lagar Pedregales Floración 2023 B
100% albariño

90

Farbe: leuchtendes Strohgelb. Aroma: frisches Obst, Zitrusfrüchte, Wildkräuter, trockene Kräuter, Sträucher. Mund: frisch, fruchtig, schöne Säure, zartbitter, ziemlich nachhaltig.

DAVIDE
Serantes, 36
36614 Baión (Pontevedra)
☎: +34 620 248 165
info@davide.es
www.davide.es

Davide 2º Año 2023 B
albariño

88

Zitrusfrüchte, frisch, kräuterig, korrekt.

Davide Observador 2023 B
50% albariño, 50% godello

89

Zitrusfrüchte, kräuterig, korrekt, Hefenoten.

DESTINOS CRUZADOS VINOS
Pousa-Pousón, 8
36493 Crecente (Pontevedra)
i.destinoscruzados@bodegaslaval.com
www.destinoscruzados.es

Destinos Cruzados Pousada 2022 B
90% albariño, 10% treixadura

90

Farbe: leuchtendes Strohgelb. Aroma: Kräutersäckchen, feine Hefen, Wachs, helle Früchte. Mund: voll, fett, schöne Säure.

EIDO DA FONTE
Lugar A Fonte, s/n Tallós Valeixe
36883 A Cañiza (Pontevedra)
☎: +34 986 654 242
info@eidodafonte.com
www.eidodafonte.com

Eido da Fonte Albariño 2022 B FB
100% albariño

92

Farbe: leuchtendes Gelb. Aroma: reifes Obst, trockene Kräuter, welke Blumen, würzig. Mund: reife Früchte, ausgewogen, fruchtig, frisch, geschmackvoll, ziemlich nachhaltig.

Eido da Fonte Albariño 2023 B
100% albariño

87

Eido da Fonte Plurivarietal 2021 T
mencía, sousón, pedral, caíño, brancellao

90

Farbe: kirschrot mit violettem Saum. Aroma: ausdrucksstark fruchtig, rote Früchte, würzig, Wildkräuter. Mund: geschmackvoll, fruchtig, schöne Säure, trockene, aber reife Tannine, ziemlich nachhaltig.

Eido da Fonte Sousón 2019 T
sousón

90

Farbe: tiefes Kirschrot. Aroma: dunkle Früchte, mineralisch, erdig, Moschus-Noten, Wildkräuter. Mund: reife Früchte, würzig, reife Tannine.

ELADIO PIÑEIRO RURAL WINES
Sobrán, 38
36611 Vilagarcía de Arousa (Pontevedra)
☎: +34 986 501 218
info@eladiopineiro.com
www.eladiopineiro.com

Amodiño 2018 B
albariño

92

Alt. Farbe: leuchtendes Strohgelb. Aroma: Kräutersäckchen, feine Hefen, kandierte Früchte, Karamel. Mund: voll, fett, schöne Säure.

Envidiacochina 2022 B
albariño

93

Farbe: leuchtendes Gelb. Aroma: getrocknete Blumen, feine Hefen, Feingebäck, gebackenes Obst. Mund: würzig, lang, nachhaltig.

Envidiacochina Magnum 2021 B
albariño

94

Farbe: leuchtendes Gelb. Aroma: reifes Obst, Kräutersäckchen, feine Hefen, ausdrucksstark fruchtig, Nüsse, eine Spur Waldbeeren. Mund: voll, fett, lang, schöne Säure, frisch, geschmackvoll, nachhaltig.

Frore de Carme 2020 B
albariño

92

Farbe: leuchtendes Strohgelb. Aroma: reifes Obst, Kräutersäckchen, feine Hefen, würzig. Mund: voll, fett, lang, schöne Säure.

DO RÍAS BAIXAS / D.O.P.

Frore de Carme Millésime 2019 BE BN
albariño

91

Farbe: leuchtendes Strohgelb. Aroma: frisches Obst, Zitrusfrüchte, feine Hefen, Kräutersäckchen. Mund: frisch, fruchtig, schöne Säure, geschmackvoll.

La Ola 2020 B
100% albariño

91

Farbe: leuchtendes Gelb. Aroma: reifes Obst, trockene Kräuter, welke Blumen, würzig. Mund: reife Früchte, ausgewogen, fruchtig, frisch, geschmackvoll.

Novoa 2018 T
caiño

89

Fruchtig, kräuterig, wild, leichte Reduktion, trockene Kräuter.

FAUSTINO RIVERO ULECIA
Ctra. PO-400
36430 Arbo (Pontevedra)
☎: +34 941 380 057
www.faustinorivero.com

Faustino Rivero Ulecia Albariño 2023 B
albariño

90

Farbe: leuchtendes Strohgelb. Aroma: ausdrucksstark fruchtig, reifes Obst, blumig. Mund: frisch, schöne Säure, nachwirkend fruchtig.

FENTO WINES
Sisangándara, 22
36636 Ribadumia (Pontevedra)
☎: +34 986 099 486
info@eulogiopomares.com
www.eulogiopomares.com

🏆 PODIUM

Carralcoba Albariño 2022 B
95

Farbe: leuchtendes Strohgelb. Aroma: ausdrucksvoll, reifes Obst, blumig, feine Hefen, mineralisch, milchig, Zitronenbombon, Bäckerei. Mund: voll, würzig, lang.

Castiñeiro Albariño 2022 B
93

Mit Persönlichkeit. Farbe: leuchtendes Strohgelb. Aroma: reifes Obst, Kräutersäckchen, feine Hefen, würzig, Moschus-Noten. Mund: voll, fett, lang, schöne Säure, geschmackvoll, zartbitter.

Pedraneira 2022 B
albariño

93

Wild, aromatisch, blumig. Aroma: helle Früchte, Zitrusfrüchte. Mund: lebhaft, zartbitter, salzig, ausgewogen.

Eulogio Pomares Maceración con Pieles 2022 B

94

Farbe: strohgelb. Aroma: reifes Obst, trockene Kräuter, welke Blumen, Orangenschale, Zitrusfrüchte. Mund: kraftvoll, reife Früchte, ausgewogen, geschmackvoll, salzig.

FORTUNA WINES
Camiño das Lousas, 42
36350 Nigran (Pontevedra)
☎: +34 691 561 471
info@fortunawines.es
www.winepop.es

Catavento Abariño 2023 B
100% albariño

88

Fruchtig, kräuterig, reif, sortenrein.

FROM GALICIA GROUP
Orzán 150, Bajo
15003 A Coruña/La Coruña (A Coruña/La Coruña)
☎: +34 881 994 069
info@fromgaliciagroup.com
www.fromgaliciagroup.com

A Vaca Cuca 2023 B
100% albariño

88

Herb, Zitrusfrüchte, kräuterig, frisch.

HAMMEKEN CELLARS
03700 Denia (Alacant/Alicante)
☎: +34 965 791 967
cellars@hammekencellars.com
www.hammekencellars.com

Gotas de Mar Albariño 2023 B
albariño

90

Farbe: leuchtendes Strohgelb. Aroma: ausdrucksstark fruchtig, reifes Obst, weiße Blumen. Mund: geschmackvoll, frisch, schöne Säure, nachwirkend fruchtig.

LAGAR DA CACHADA
Lg. da Bouciña, 25
36633 Cambados (Pontevedra)
☎: +34 670 452 929
lagardacachada@gmail.com
www.lagardacachada.es

A Illa 2023 B
albariño

88

Zitrusfrüchte, frisch, kräuterig, ausgewogen.

A Nosa Victoria 2021 BE BR
albariño
91
Farbe: leuchtendes Strohgelb. Aroma: frisches Obst, Zitrusfrüchte, feine Hefen, Kräutersäckchen, trockener Stein. Mund: frisch, fruchtig, schöne Säure.

Don Ricardo 2022 B
albariño
91
Farbe: leuchtendes Strohgelb. Aroma: ausdrucksstark fruchtig, reifes Obst, blumig, Zitrusfrüchte, Wildkräuter. Mund: geschmackvoll, frisch, schöne Säure, nachwirkend fruchtig, fruchtig, mineralisch.

Lagar da Cachada 2023 B
albariño
88
Zitrusfrüchte, frisch, kräuterig, ausgewogen, blumig.

LAGAR DA CONDESA
Lugar de Maran s/n Arcos da Condesa
36650 Caldas de Reis (Pontevedra)
☎: +34 968 435 022
info@gilfamily.es
www.gilfamily.es

Kentia 2023 B
100% albariño
92
Farbe: leuchtendes Strohgelb. Aroma: Kräutersäckchen, feine Hefen, helle Früchte. Mund: voll, fett, schöne Säure.

O Fillo Da Condesa 2023 B
100% albariño
91
Farbe: leuchtendes Strohgelb. Aroma: Kräutersäckchen, feine Hefen, helle Früchte, schwarze Lakritze. Mund: voll, fett, schöne Säure.

LAGAR DE BESADA
Pazo, 11 Xil
36968 Meaño (Pontevedra)
☎: +34 986 747 473
info@lagardebesada.com
www.lagardebesada.com

Añada de Baladiña 2012 B
100% albariño
92
Farbe: leuchtendes Strohgelb. Aroma: feine Hefen, helle Früchte, geröstetes Brot, würzig. Mund: voll, fett, schöne Säure.

Baladiña 2022 B
100% albariño
91
Farbe: leuchtendes Strohgelb. Aroma: reifes Obst, Kräutersäckchen, feine Hefen, helle Früchte. Mund: voll, lang, schöne Säure.

Baladiña Barro 2016 B
100% albariño
91
Getrübt. Farbe: gelb. Aroma: reifes Obst, mit Charakter, Hefenoten, wenig Hefen. Mund: saftig, geschmackvoll, lang.

Burbujas de Baladiña 2017 BE BN
100% albariño
91
Farbe: leuchtendes Gelb. Aroma: reifes Obst, feine Hefen, ausgewogen, Wildkräuter. Mund: schöne Säure, geschmackvoll, reife Früchte.

LAGAR DE COSTA
Sartaxes, 8 - Castrelo
36639 Cambados (Pontevedra)
☎: +34 669 086 569
contacto@lagardecosta.com
www.lagardecosta.com

Calabobos 2021 B
100% albariño
92
Farbe: leuchtendes Strohgelb. Aroma: feine Hefen, gebackenes Obst, frisches Obst, balsamisch, Ebbe. Mund: voll, schöne Säure, geschmackvoll.

Lagar de Costa 2023 B
100% albariño
89
Zitrusfrüchte, frisch, kräuterig, geschmackvoll, noch nicht vollständig entfaltet.

Lagar de Costa Tradición 2021 B BA
100% albariño
91
Farbe: leuchtendes Strohgelb. Aroma: Kräutersäckchen, feine Hefen, Ebbe, helle Früchte. Mund: voll, fett, schöne Säure.

Maio 2021 B
100% albariño
91
Farbe: leuchtendes Strohgelb. Aroma: reifes Obst, Kräutersäckchen, feine Hefen, weiße Blumen. Mund: voll, schöne Säure, zartbitter.

DO RÍAS BAIXAS / D.O.P.

DO RÍAS BAIXAS / D.O.P.

LAGAR DE FORNELOS
Estrada de Loureza, 86
26200 O'Rosal (Pontevedra)
☎: +34 986 625 875
lagar@riojalta.com
www.riojalta.com

Lagar de Cervera 2023 B
100% albariño
91
Farbe: leuchtendes Strohgelb. Aroma: reifes Obst, Kräutersäckchen, feine Hefen, Wildkräuter, Zitrusfrüchte. Mund: voll, fett, schöne Säure.

Lindeiros 2021 B
100% albariño
93
Farbe: leuchtendes Strohgelb. Aroma: Kräutersäckchen, feine Hefen, helle Früchte, würzig. Mund: voll, fett, schöne Säure.

Pazo de Seoane
O Rosal 2023 B
60% albariño, 33% loureiro, 6% caiño blanco, 1% treixadura
91
Farbe: leuchtendes Gelb. Aroma: frisches Obst, Zitrusfrüchte, Wildkräuter, helle Früchte, eine Spur Waldbeeren. Mund: frisch, fruchtig, schöne Säure, zartbitter, lebhaft.

LUIS GARCÍA ALVAREZ
Cristimil, 5 Padrenda
36638 Meaño (Pontevedra)
☎: +34 616 643 559
altosdecristimil@gmail.com
www.adegaluisgarcia.com

Altos de Cristimil
Etiqueta Blanca 2023 B
100% albariño
88
Zitrusfrüchte, frisch, kräuterig, korrekt.

Dominio de Gar 2023 B
100% albariño
87

Mexillón 2023 B
100% albariño
89
Zitrusfrüchte, fruchtig, frisch, getrocknete Blumen, trockene Kräuter, geschmackvoll.

MAR DE ENVERO
Lugar de Rarís
15883 Teo (A Coruña/La Coruña)
☎: +34 981 195 202

Mar de Envero
sobre Lías 2022 B
albariño
92
Farbe: leuchtendes Strohgelb, grünlicher Saum. Aroma: Zitrusfrüchte, Wildkräuter, balsamisch, helle Früchte, feine Hefen. Mund: frisch, fruchtig, schöne Säure, zartbitter.

Mar de Envero
Treixadura sobre Lías 2021 B
treixadura
90 ☘
Farbe: leuchtendes Gelb. Aroma: ausdrucksstark fruchtig, reifes Obst, Wildkräuter, trockene Kräuter, welke Blumen, trockener Stein. Mund: frisch, fruchtig, geschmackvoll, sortentypisch.

Troupe 2022 B
albariño
91
Farbe: leuchtendes Strohgelb. Aroma: reifes Obst, Kräutersäckchen, feine Hefen. Mund: voll, fett, lang, schöne Säure.

MÉNDEZ-ROJO (VÍA ATLÁNTICA)
Estrada da Val, 5
36760 O'Rosal (Pontevedra)
☎: +34 626 216 493
marketing@mendezrojo.com
www.mendezrojo.com

Mar del Norte Albariño 2023 B
100% albariño
90
Farbe: leuchtendes Strohgelb. Aroma: blumig, helle Früchte, ausdrucksvoll, reifes Obst, . Mund: korrekt, süffig, salzig.

NOTAS FRUTALES DE ALBARIÑO

Ctra. Villar – Garabelos s/n
36429 Crecente (Pontevedra)
☎: +34 609 065 858
notasfrutales@gmail.com
www.notasfrutales.es

Finca Garabelos 2022 B
albariño
92
Farbe: leuchtendes Strohgelb. Aroma: reifes Obst, Kräutersäckchen, feine Hefen, balsamisch, Feingebäck. Mund: voll, fett, schöne Säure.

La Trucha 2023 B
87

La Trucha Acero 2017 B
100% albariño
92
Farbe: leuchtendes Gelb. Aroma: getrocknete Blumen, kandierte Früchte, feine Hefen, Röstaromen, weiches Eichenholz, würzig. Mund: abgerundet, würzig, nachhaltig, fruchtig, frisch.

La Trucha Barrica 2022 B
albariño
92
Farbe: leuchtendes Gelb. Aroma: reifes Obst, trockene Kräuter, welke Blumen, ausdrucksstark fruchtig. Mund: reife Früchte, ausgewogen, fruchtig, frisch, geschmackvoll.

La Trucha de Otoño 2019 B
albariño
94
Farbe: leuchtendes Gelb. Aroma: getrocknete Blumen, kandierte Früchte, feine Hefen, Feingebäck, Wildkräuter. Mund: abgerundet, würzig, lang, nachhaltig, fruchtig, frisch, geschmackvoll.

PACO & LOLA

Valdamor, 18 - Xil
36968 Meaño (Pontevedra)
☎: +34 986 747 779
comercial@pacolola.com
www.pacolola.com

Paco & Lola 2023 B
100% albariño
90
Farbe: leuchtendes Strohgelb. Aroma: ausdrucksstark fruchtig, reifes Obst, blumig, Zitrusfrüchte, trockene Kräuter. Mund: geschmackvoll, frisch, schöne Säure, nachwirkend fruchtig.

Lola by Paco & Lola 2020 BE
100% albariño
92
Farbe: leuchtendes Gelb. Aroma: reifes Obst, feine Hefen, ausgewogen, Brioche, würzig. Mund: schöne Säure, geschmackvoll, reife Früchte.

Nº12 by Paco & Lola 2023 B
100% albariño
89
Fruchtig, kräuterig, Zitrusfrüchte, geschmackvoll.

Paco & Lola Heritage 2019 B C
100% albariño
93
Farbe: leuchtendes Gelb. Aroma: reifes Obst, trockene Kräuter, welke Blumen, würzig. Mund: reife Früchte, ausgewogen, fruchtig, frisch, geschmackvoll.

Paco & Lola Vintage 2018 B
100% albariño
94
Farbe: leuchtendes Strohgelb. Aroma: ausdrucksvoll, blumig, feine Hefen, Zitrusfrüchte, Steinobst, Wildkräuter, balsamisch, Jodnuancen. Mund: voll, komplex, würzig, lang.

DO RÍAS BAIXAS / D.O.P.

DO RÍAS BAIXAS / D.O.P.

Prime by Paco & Lola 2020 B
100% albariño

93

Farbe: leuchtendes Gelb. Aroma: reifes Obst, Kräutersäckchen, feine Hefen, Steinobst, Rosenblütenblätter, welke Blumen. Mund: voll, frisch, fruchtig, schöne Säure, ziemlich nachhaltig.

PACO MULERO
Partida de la Hoya Torres s/n
30520 Jumilla (Murcia)
☎: +34 968 105 997
info@pacomulero.com
www.pacomulero.com

Paco Mulero Albariño 2023 B
100% albariño

90

Farbe: leuchtendes Strohgelb. Aroma: Kräutersäckchen, feine Hefen, trockener Stein, mineralisch, helle Früchte. Mund: voll, fett, schöne Säure.

PAGOS DEL REY
Autovía del Sur, km.199
13300 Valdepeñas (Ciudad Real)
☎: +34 926 322 400
fsa@felixsolisavantis.com
www.pagosdelrey.com

Medusa 2023 B

92

Farbe: strohgelb. Aroma: reifes Obst, trockene Kräuter, welke Blumen, Steinobst. Mund: kraftvoll, reife Früchte, ausgewogen.

Pulpo Albariño 2023 B

90

Farbe: leuchtendes Strohgelb. Aroma: Kräutersäckchen, feine Hefen, helle Früchte. Mund: voll, schöne Säure, geschmackvoll.

PAZO BAIÓN
Lg. Abelleira 4, 5, 6 - Baión
36614 Vilanova de Arousa (Pontevedra)
☎: +34 636 800 234
info@pazobaion.com
www.condesdealbarei.com

Pazo Baión Albariño 2022 B
100% albariño

92

Farbe: leuchtendes Strohgelb, grünlicher Saum. Aroma: Wildkräuter, , getrocknete Blumen, helle Früchte reifes Obst. Mund: frisch, fruchtig, schöne Säure, zartbitter, lebhaft, geschmackvoll.

PAZO DE BARRANTES
Finca Pazo de Barrantes
36636 Ribadumia (Pontevedra)
☎: +34 986 718 211
bodega@pazodebarrantes.com
www.marquesdemurrieta.com

Gran Vino Pazo de Barrantes Albariño 2021 B
100% albariño

93

Klar definierte Aromen, spannungsvoll. Farbe: leuchtendes Strohgelb. Aroma: ausdrucksvoll, reifes Obst blumig, feine Hefen, mineralisch. Mund: würzig, lang elegant.

🏆 **PODIUM**

La Comtesse Gran Vino de Guarda 2019 B FB
100% albariño

97

Klar definierte Aromen, spannungsvoll. Farbe: leuchtendes Gelb. Aroma: reifes Obst, blumig, feine Hefen, mineralisch. Mund: voll, komplex, würzig, lang, elegant.

PAZO DE RUBIANES

Rúa do Pazo, 7 Rubianes
36619 Vilagarcía de Arousa (Pontevedra)
☎: +34 986 510 534
info@pazoderubianes.com
www.pazoderubianes.com

Pazo de Rubianes 1411 2021 B
albariño

93
Farbe: leuchtendes Gelb. Aroma: Zitronenbombon, gebackenes Obst, Röstaromen, trockene Kräuter, würzig. Mund: frisch, fruchtig, lebhaft, reife Früchte, mineralisch, ziemlich nachhaltig.

Pazo de Rubianes Albariño 2022 B
albariño

92
Aroma: helle Früchte, frisches Obst, Wildkräuter, feine Hefen, mineralisch. Mund: frisch, fruchtig, geschmackvoll, sortentypisch, ausgewogen.

Pazo de Rubianes 1411 2018 B
100% albariño

94
Farbe: leuchtendes Gelb. Aroma: kraftvoll, weiches Eichenholz, reifes Obst, würzig, Röstaromen, gebackenes Obst. Mund: strukturiert, lang, Röstnoten, zartbitter, fruchtig.

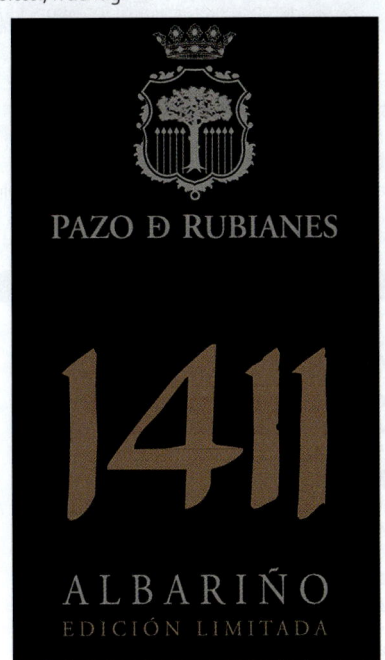

Pazo de Rubianes Albariño 2014 B
albariño

93
Farbe: golden leuchtend. Aroma: kandierte Früchte, süße Gewürze, Kohlenwasserstoff. Mund: voll, geschmackvoll, zartbitter, schöne Säure.

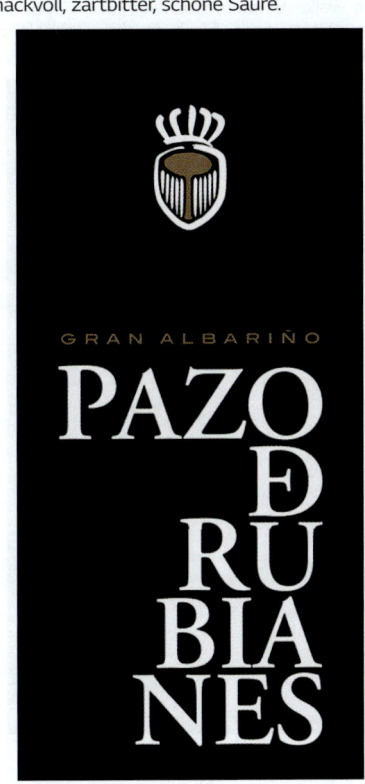

Pazo de Rubianes Paloma 2020 B
albariño

91
Farbe: leuchtendes Gelb. Aroma: reifes Obst, würzig, Röstaromen, Wildkräuter. Mund: fett, zartbitter, fruchtig, frisch, geschmackvoll.

Pazo de Rubianes García de Caamaño 2013 B
100% albariño

93
Farbe: golden leuchtend. Aroma: ausdrucksstark fruchtig, gebackenes Obst, kandierte Früchte, trockene Kräuter, Karamel, würzig, Röstaromen. Mund: fruchtig, geschmackvoll, rauchig nachwirkend, gebackenes Obst, ziemlich nachhaltig.

DO RÍAS BAIXAS / D.O.P.

DO RÍAS BAIXAS / D.O.P.

Pazo de Rubianes
García de Caamaño 2021 B
albariño

93

Farbe: leuchtendes Gelb. Aroma: reifes Obst, trockene Kräuter, welke Blumen, trockener Stein. Mund: reife Früchte, ausgewogen, frisch, fruchtig, lebhaft, ziemlich nachhaltig.

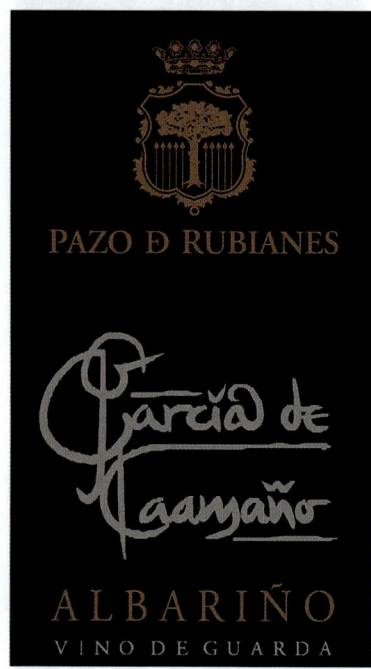

PAZO DE SEÑORANS
Vilanoviña, s/n
36616 Meis (Pontevedra)
☎: +34 986 715 373
info@pazodesenorans.com
www.pazodesenorans.com

Pazo Señorans 2023 B
100% albariño

92

Farbe: leuchtendes Strohgelb, grünlicher Saum. Aroma: frisches Obst, Zitrusfrüchte, Wildkräuter, feine Hefen, trockener Stein. Mund: frisch, fruchtig, schöne Säure, zartbitter.

Pazo Señorans Colección 2020 B
100% albariño

94

Farbe: leuchtendes Strohgelb. Aroma: feine Hefen, helle Früchte, Wildkräuter, balsamisch, Jodnuancen. Mund: voll, fett, schöne Säure.

🏆 **PODIUM**

Pazo Señorans
Selección de Añada 2014 B
100% albariño

99

Farbe: leuchtendes Strohgelb. Aroma: ausdrucksvoll reifes Obst, blumig, feine Hefen, mineralisch, Rosenblütenblätter. Mund: voll, komplex, würzig, lang elegant.

Tras los Muros 2019 B BA
100% albariño

93

Farbe: leuchtendes Gelb. Aroma: feine Hefen, Feingebäck, balsamisch, markante Eiche. Mund: würzig, ausgeprägter Säuregehalt, fruchtig.

PAZO DE VILLAREI
☎: +34 986 441 732
info@hgabodegas.com
www.hgabodegas.com

Pazo
de Villarei Albariño 2023 B
100% albariño

90

Aromatisch, sortenrein, mild, schlicht, angenehm. Aroma: weiße Blumen, offen.

Pazo
de Villarei Godello 2023 B
100% godello

88

Zitrusfrüchte, frisch, kräuterig, korrekt.

SPANIENS WEINFÜHRER

Villarei 2023 B
100% albariño
89
Zitrusfrüchte, frisch, kräuterig, ausgewogen, geschmackvoll.

PAZO PONDAL
36436 Arbo (Pontevedra)
☎: +34 986 665 551
info@pazopondal.com
www.pazopondal.com

Leira Pondal 2023 B
albariño
88
Zitrusfrüchte, kräuterig, frisch, korrekt.

Miña Vida 2023 B
treixadura, albariño
91
Farbe: leuchtendes Strohgelb. Aroma: Kräutersäckchen, feine Hefen, Nüsse, helle Früchte, Bäckerei. Mund: voll, fett, schöne Säure.

Pazo Pondal 2019 BE BN
albariño
90
Farbe: leuchtendes Strohgelb. Aroma: frisches Obst, Zitrusfrüchte, feine Hefen, Kräutersäckchen. Mund: frisch, fruchtig, schöne Säure, grobe Blasen, ziemlich nachhaltig.

Pazo Pondal Cuvée 2019 B
albariño
93
Farbe: golden leuchtend. Aroma: reifes Obst, trockene Kräuter, welke Blumen, helle Früchte, ausdrucksvoll. Mund: reife Früchte, ausgewogen, fruchtig, frisch, lebhaft, geschmackvoll, ziemlich nachhaltig.

PAZOS DE LUSCO
Grixó-Alxén s/n
36458 Salvaterra do Miño (Pontevedra)
☎: +34 986 659 102
prensa@gonzalezbyass.es
www.lusco.es

Lusco Albariño 2023 B
100% albariño
91
Klar definierte Aromen, angenehm, frisch, sortenrein. Aroma: helle Früchte, blumig. Mund: sortentypisch, poliert, süffig, ziemlich nachhaltig.

Pazo de Piñeiro 2021 B
100% albariño
93
Aromatisch, sortenrein. Farbe: leuchtendes Strohgelb. Aroma: reifes Obst, Kräutersäckchen, feine Hefen, Ebbe. Mund: voll, fett, lang, schöne Säure.

PONTECABALEIROS
Chan da Ponte, 4B
36430 Arbo (Pontevedra)
☎: +34 986 665 444
aslaxas@aslaxas.com
www.pontecabaleiros.com

Alvinte 2023 B
100% albariño
88
Fruchtig, reif, geschmackvoll, kräuterig.

Ferrum 2023 B
100% albariño
88
Zitrusfrüchte, getrocknete Blumen, fruchtig, kräuterig, sortenrein.

Outón 2023 B
100% albariño
88
Ausgewogen, fruchtig, kräuterig, korrekt.

Valdocea 2023 B
100% albariño
89
Fruchtig, trockene Kräuter, getrocknete Blumen, von Primäraromen beherrscht, geschmackvoll.

DO RÍAS BAIXAS / D.O.P.

DO RÍAS BAIXAS / D.O.P.

PRIVIOS
Soutelo, 3 Goián
36750 Tomiño (Pontevedra)
☎: +34 986 620 137
info@primavinia.com
www.primaviniawines.com

Goda 2023 B
albariño
89
Zitrusfrüchte, frisch, kräuterig, ausgewogen.

QUINTA COUSELO
Barrio Couselo, 13
36770 O'Rosal (Pontevedra)
☎: +34 986 625 051
comercial@grandespagosgallegos.com
www.quintacouselo.com

Quinta de Couselo 2023 B
90% albariño, 5% caiño blanco, 5% loureiro
92
Farbe: leuchtendes Strohgelb. Aroma: ausdrucksstark fruchtig, reifes Obst, blumig, weiße Blumen, Ebbe. Mund: geschmackvoll, frisch, schöne Säure, nachwirkend fruchtig, salzig.

Valdamor 2023 B
albariño
89
Zitrusfrüchte, fruchtig, trockene Kräuter, schlicht.

RECTORAL DO UMIA
Rúa do Pan, 4
36636 Pontevedra (Pontevedra)
☎: +34 986 716 260
vinos@bodegasgallegas.com
www.bodegasgallegas.com

Rectoral do Umia Albariño 2023 B
100% albariño
88
Frisch, fruchtig, von Primäraromen beherrscht, korrekt.

Rectoral do Umia Albariño Sobre Lías Val do Salnés 2023 B
100% albariño
90
Farbe: leuchtendes Strohgelb. Aroma: reifes Obst, Kräutersäckchen, feine Hefen. Mund: voll, fett, schöne Säure.

SANTIAGO RUIZ
Rua do Viticultor Santiago Ruiz
36760 San Miguel de Tabagón (Pontevedra)
☎: +34 986 614 083
info@bodegasantiagoruiz.com
www.bodegasantiagoruiz.com

Rosa Ruiz 2023 B
albariño
90
Farbe: leuchtendes Strohgelb, grünlicher Saum. Aroma: frisches Obst, Zitrusfrüchte, Wildkräuter, trockener Stein, frisch. Mund: frisch, fruchtig, schöne Säure zartbitter.

Santiago Ruiz 2023 B
albariño, loureiro, treixadura, caiño, godello
90
Angenehm, korrekt, fruchtig, reif, Zitrusfrüchte, blumig. Mund: zartbitter.

SEÑORÍO DE RUBIÓS
Bouza do Rato, s/n - Rubiós
36449 As Neves (Pontevedra)
☎: +34 986 667 212
info@srubios.com
www.srubios.com

Manuel D'Amaro Albariño Lías 2017 B
albariño
92
Farbe: leuchtendes Gelb. Aroma: kraftvoll, weiches Eichenholz, reifes Obst, würzig, milchig, balsamisch markante Eiche. Mund: fett, strukturiert, lang, Röstnoten, zartbitter.

Manuel D'Amaro Loureira 2018 B
loureiro
91
Farbe: leuchtendes Strohgelb. Aroma: reifes Obst, Kräutersäckchen, feine Hefen, würzig. Mund: voll, fett, lang, schöne Säure.

Señorío de Rubiós Albariño 2023 B
albariño
90
Farbe: leuchtendes Strohgelb, grünlicher Saum. Aroma: Zitrusfrüchte, Wildkräuter, feine Hefen. Mund: frisch, fruchtig, schöne Säure, zartbitter.

Señorío de Rubiós Condado Blanco BE BN
treixadura, albariño, loureiro, godello, torrontés
90
Farbe: leuchtendes Gelb. Aroma: reifes Obst, feine Hefen, ausgewogen, trockene Kräuter. Mund: schöne Säure, geschmackvoll, reife Früchte.

Señorío de Rubiós
Condado do Tea Blanco 2022 B
treixadura, albariño, loureiro, godello, torrontés

91
Farbe: leuchtendes Gelb. Aroma: frisches Obst, Zitrusfrüchte, Wildkräuter, Zitronenbombon. Mund: frisch, fruchtig, schöne Säure, zartbitter, geschmackvoll.

Señorío de Rubiós
Edición limitada 2022 T
91
Farbe: kirschrot mit violettem Saum. Aroma: ausdrucksstark fruchtig, rote Früchte, blumig, würzig, erdig. Mund: geschmackvoll, fruchtig, schöne Säure.

TERRAS DE COMPOSTELA
36630 Cambados (Pontevedra)
☎: +34 637 021 070
info@terrasdecompostela.com
www.terrasdecompostela.com

Alma de Compostela 2022 B
albariño
92
Farbe: leuchtendes Strohgelb. Aroma: Kräutersäckchen, feine Hefen, helle Früchte, Steinobst, Jasmin. Mund: voll, fett, lang, schöne Säure.

Terras de Compostela 2021 B
albariño
89
Geschmackvoll, ausgewogen, Hefenoten, würzig, Zitrusfrüchte, kräuterig.

Terras de Compostela 2022 B
albariño
91
Farbe: leuchtendes Strohgelb. Aroma: Kräutersäckchen, feine Hefen, helle Früchte, Steinobst, weiße Blumen. Mund: voll, fett, lang, schöne Säure.

TERRAS GAUDA
Estrada Tui a Guarda, Km. 55
36760 O´Rosal (Pontevedra)
☎: +34 986 621 001
terrasgauda@terrasgauda.com
www.terrasgauda.com

Abadía de San Campio 2023 B
100% albariño
90
Farbe: leuchtendes Strohgelb. Aroma: Kräutersäckchen, feine Hefen, weiße Blumen, helle Früchte. Mund: voll, fett, schöne Säure.

La Mar de Terras Gauda 2022 B
98% caiño blanco, 2% albariño, loureiro
92
Farbe: leuchtendes Strohgelb. Aroma: Kräutersäckchen, feine Hefen, helle Früchte, blumig, Wachs, Steinobst. Mund: voll, fett, schöne Säure.

Terras Gauda 2023 B
70% albariño, 25% caiño blanco, 5% loureiro
91
Farbe: leuchtendes Strohgelb. Aroma: Kräutersäckchen, feine Hefen, helle Früchte. Mund: voll, fett, schöne Säure.

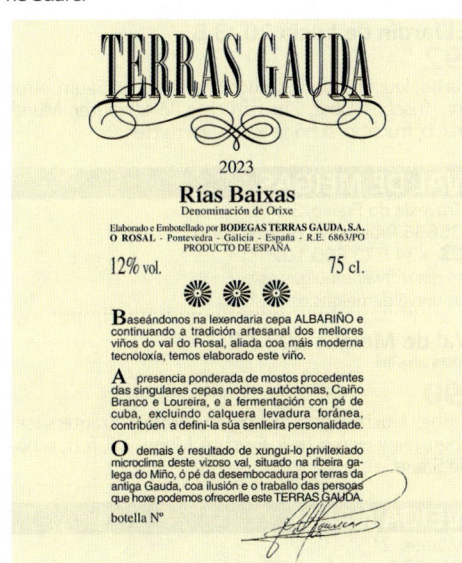

Terras Gauda Etiqueta Negra 2021 B FB
70% albariño, 23% caiño blanco, 7% loureiro
91
Farbe: leuchtendes Strohgelb. Aroma: reifes Obst, Kräutersäckchen, feine Hefen, weiße Blumen. Mund: voll, fett, schöne Säure.

TORRE PENELAS
Valdamor, 8
36968 Meaño (Pontevedra)
☎: +34 938 177 400
prensa@torres.es
www.torres.es

Pazo das Bruxas 2023 B
albariño
88
Fruchtig, getrocknete Blumen, trockene Kräuter, von Primäraromen beherrscht, ausgeprägter Säuregehalt.

DO RÍAS BAIXAS / D.O.P.

Pazo Torre Penelas
Blanco Granito 2021 B
albariño
92
Farbe: leuchtendes Strohgelb. Aroma: feine Hefen, offen, ausgewogen, sortenrein, blumig. Mund: lang, schöne Säure, balsamisch.

UVAS FELICES
Agullers, 7
08003 Barcelona (Barcelona)
☎: +34 902 327 777
www.vilaviniteca.es

El Jardín de Lucia 2023 B
92
Farbe: leuchtendes Strohgelb, grünlicher Saum. Aroma: frisches Obst, Zitrusfrüchte, Wildkräuter. Mund: frisch, fruchtig, schöne Säure, zartbitter.

VAL DE MEIGAS
Travesía do Freixo, 3
36636 Ribadumia (Pontevedra)
☎: +34 675 600 102
export@valdemeigas.es
www.valdemeigas.es

Val de Meigas 2023 B
100% albariño
90
Farbe: leuchtendes Strohgelb. Aroma: Kräutersäckchen, feine Hefen, helle Früchte. Mund: voll, fett, schöne Säure.

VEIGA NAUM
Vilareis, 21
36967 Dena, Meaño (Pontevedra)
☎: +34 941 454 050
bodega@bpdegasriojanas.com
www.bodegasriojanas.com

Veiga Naúm 2023 B
100% albariño
88
Zitrusfrüchte, fruchtig, kräuterig, schlicht.

VICENTE GANDÍA
Ctra. Cheste a Godelleta, s/n
46370 Chiva (València/Valencia)
☎: +34 962 524 242
info@vicentegandia.com
www.vicentegandia.es

Con un Par Albariño 2023 B
88
Lieblich, Zitrusfrüchte, mild.

VINTAE / ATLANTIS
As Laxas, 16
36430 Arbo (Pontevedra)
☎: +34 608 302 372
marketing@vintae.com
www.vintae.com/vino/atlantis-albarino

Atlantis Albariño 2022 B
albariño
89
Zitrusfrüchte, frisch, fruchtig, kräuterig.

VIÑA ALMIRANTE
Peroxa, 5
36658 Portas (Pontevedra)
☎: +34 620 294 293
info@vinaalmirante.com
www.vinaalmirante.com

Adega Viña Almirante 2023 B
albariño
90
Farbe: strohgelb. Aroma: ausdrucksvoll, weiße Blumen, trockene Kräuter, mineralisch. Mund: geschmackvoll, fruchtig, ausgewogen, frisch, sortentypisch.

Eivi 2023 B
albariño
88
Zitrusfrüchte, korrekt, frisch, kräuterig.

Maccerato 2023 B
100% albariño
90
Farbe: leuchtendes Gelb. Aroma: helle Früchte, Gras, ausdrucksvoll, mineralisch, Wildkräuter. Mund: lebhaft, fruchtig, frisch, geschmackvoll.

Pionero 2023 B
100% albariño
90
Farbe: leuchtendes Strohgelb. Aroma: reifes Obst, Kräutersäckchen, feine Hefen, Bäckerei, würzig. Mund: voll, fett, schöne Säure.

Vanidade 2023 B
100% albariño
91
Farbe: strohgelb. Aroma: ausdrucksvoll, weiße Blumen, trockene Kräuter, frisch, von Primäraromen beherrscht. Mund: geschmackvoll, fruchtig, ausgewogen, frisch, ziemlich nachhaltig.

Viña Almirante Caiño Branco 2022 B
caiño blanco
90
Farbe: leuchtendes Strohgelb. Aroma: reifes Obst, Kräutersäckchen, feine Hefen. Mund: voll, fett, schöne Säure.

Vicius 2022 B
100% albariño
92
Farbe: leuchtendes Gelb. Aroma: ausdrucksstark fruchtig, reifes Obst, Anklänge von exotischen Früchten, Brioche, feine Hefen. Mund: frisch, fruchtig, lebhaft, geschmackvoll, ausgewogen, ziemlich nachhaltig.

VIÑA CARTIN
Baceiro, 1 - Lantaño
36658 Portas (Pontevedra)
☎: +34 615 646 442
pedidos@terrasdelantano.es
www.terrasdelantano.com

Ruta 49 2023 B
100% albariño
89
Zitrusfrüchte, fruchtig, kräuterig, frisch.

Terras de Lantaño 2023 B
100% albariño
90
Farbe: leuchtendes Strohgelb. Aroma: ausdrucksstark fruchtig, blumig, Wildkräuter, Zitrusfrüchte, Ebbe. Mund: geschmackvoll, frisch, schöne Säure, fruchtig.

Terras de Lantaño BE BN
88
Zitrusfrüchte, vegetabil, geschmackvoll, frisch, Hefenoten, schlicht.

Viña Cartin 2023 B
100% albariño
89
Ausgewogen, kräuterig, Hefenoten, frisch.

VIÑA MORAIMA
Porráns 1
36191 Barro (Pontevedra)
☎: +34 679 400 756
contacto@adegamoraima.com
www.adegamoraima.com

Aba de Trasumia 2023 B
100% albariño
88
Zitrusfrüchte, fruchtig, trockene Kräuter, von Primäraromen beherrscht.

Moraima Albariño 2023 B
100% albariño
90
Farbe: leuchtendes Strohgelb. Aroma: Kräutersäckchen, feine Hefen, helle Früchte. Mund: voll, schöne Säure.

Moraima Caiño 2020 T
100% caiño
87

Moraima Memoria 2022 B
100% albariño
92
Farbe: leuchtendes Gelb. Aroma: reifes Obst, trockene Kräuter, welke Blumen, Zitrusfrüchte. Mund: reife Früchte, ausgewogen, frisch, fruchtig, würzig.

VIÑA NORA
Bruñeiras, 7
36440 As Neves (Pontevedra)
☎: +34 986 667 210
info@vinanora.com
www.vinanora.com

Nora 2023 B
100% albariño
91
Farbe: leuchtendes Strohgelb. Aroma: Kräutersäckchen, feine Hefen, weiße Blumen, Steinobst. Mund: voll, fett, schöne Säure.

Nora da Neve 2021 B FB
100% albariño
93
Farbe: leuchtendes Gelb. Aroma: helle Früchte, reifes Obst, Wildkräuter, weiße Blumen, mineralisch. Mund: fruchtig, frisch, lebhaft, geschmackvoll, schöne Säure, ziemlich nachhaltig, würzig.

Nora da Neve Encarnación Rodríguez 2020 B FB
100% albariño
94
Farbe: leuchtendes Gelb. Aroma: kraftvoll, weiches Eichenholz, reifes Obst, würzig, Röstaromen, ausdrucksvoll. Mund: fett, strukturiert, lang, Röstnoten, zartbitter, frisch.

DO RÍAS BAIXAS / D.O.P.

VIÑEDOS SINGULARES
Avda. de La Riera, 11 Nave 1
08960 Sant Just Desvern (Barcelona)
☎: +34 934 807 041
info@vinedossingulares.com
www.vinedossingulares.com

Luna Creciente 2023 B
89
Zitrusfrüchte, frisch, kräuterig, Hefenoten.

ZÁRATE
Bouza, 23
36638 Padrenda (Pontevedra)
☎: +34 986 718 503
info@zarate.es
www.albarino-zarate.com

Zárate Albariño 2023 B
92
Klar definierte Aromen, spannungsvoll. Farbe: leuchtendes Strohgelb, grünlicher Saum. Aroma: frisches Obst, Zitrusfrüchte, Wildkräuter. Mund: frisch, fruchtig, schöne Säure, zartbitter.

🏆 PODIUM
Zárate El Balado 2022 B
95
Herb. Farbe: leuchtendes Strohgelb. Aroma: reifes Obst, Kräutersäckchen, feine Hefen, mineralisch. Mund: voll, fett, lang, schöne Säure, mineralisch, salzig.

Zárate El Palomar 2021 B FB
93
Farbe: leuchtendes Strohgelb. Aroma: ausdrucksvoll, reifes Obst, blumig, feine Hefen, mineralisch, balsamisch, Wildkräuter. Mund: voll, würzig.

Zárate Espadeiro Tinto 2022 T
espadeiro
94
Rustikal, kräuterig, lebhaft, repräsentativ. Farbe: KirsChrot. Aroma: balsamisch, Buschwaldkräuter, offen, frisch, würzig. Mund: balsamisch, schöne Säure, saftig, süffig.

Zárate Tras da Viña 2021 B
94
Noch nicht vollständig entfaltet. Farbe: leuchtendes Strohgelb. Aroma: ausdrucksvoll, reifes Obst, feine Hefen, mineralisch, Ebbe. Mund: voll, würzig, lang, mineralisch, salzig.

DO. RIBEIRA SACRA
CONSEJO REGULADOR

Rúa do Comercio, 6-8
27400 Monforte de Lemos (Lugo)
☎: +34 982 410 968
@: info@ribeirasacra.org
www.ribeirasacra.org

LAGE:
Anbaugebiet mit 19 Gemeinden an den Ufern der Flüsse Miño und Sil im Süden der Provinz Lugo und im nördlichen Teil der Provinz Orense.

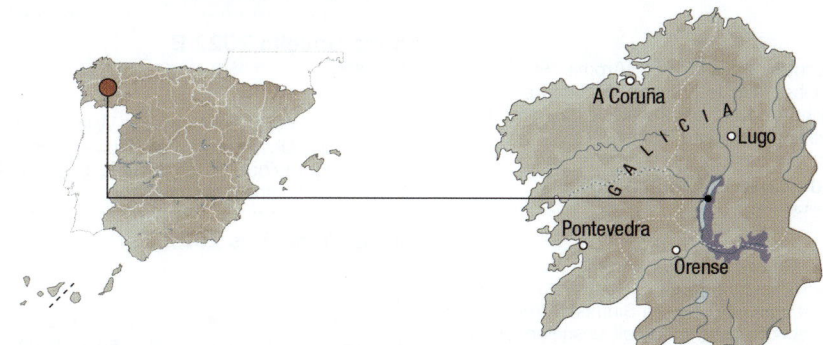

TEILGEBIETE:
Amandi (Lugo), Chantada (Lugo), Quiroga-Bibei (Lugo-Ourense), Ribeiras do Miño (Lugo) y Ribeiras do Sil (Ourense).

REBSORTEN:
WEISS: Albariño, Loureira, Treixadura, Godello, Doña Blanca und Torrontés.

ROT: Mencía, Brancellao, Merenzao, Garnacha Tintorera, Tempranillo, Sousón, Caíño Tinto and Mouratón.

DATEN:
Rebfläche (ha): 1.316 – **Winzer:** 2.198 – **Weinerzeuger:** 98 – **Jahrgang 23:** Unrated – **Jahresproduktion 23:** 4.454.598 L – **Absatz:** 90% Spanien - 10% Export.

BODENVERHÄLTNISSE:
Generell sauer, aber mit regional unterschiedlicher Zusammensetzung. Die Rebflächen liegen meist auf steilen Terrassen in Höhen von 400 bis 500 m.

KLIMA:
Recht variabel in Abhängigkeit der jeweiligen landschaftlichen Verhältnisse. Im Tal des Sil niederschlagsärmer und etwas frischer Klima mit stärkerem kontinentalen Einfluss, während im Tal des Miño atlantische Einflüsse überwiegen. Auch der Höhenfaktor ist maßgeblich, wobei die Rebflächen in Flussnähe bei günstiger Ausrichtung (nach Süd-Südwest) etwas höhere Temperaturen aufweisen.

ERNTEBEWERTUNG ANHAND JUNGER WEINE GUÍAPEÑÍN

2019	2020	2021	2022	2023
SEHR GUT	AUSGEZEICHNET	SEHR GUT	SEHR GUT	SEHR GUT

DO RIBEIRA SACRA / D.O.P.

ABADÍA DA COVA
Avda. Buenos Aires, 12
27540 Escairón (Lugo)
☎: +34 982 452 031
abadiadacova@adegasmoure.com
www.abadiadacova.com

Abadía Da Cova Loia 2021 RD
caiño

90

Farbe: lachsfarben. Aroma: ausdrucksstark fruchtig, reifes Obst, rote Früchte, trockene Kräuter, getrocknete Blumen. Mund: fruchtig, frisch, geschmackvoll, würzig, weiche Tannine.

Abadía Da Cova Loia 2021 T
mencía

92

Farbe: leuchtendes Kirschrot. Aroma: Früchtekonfit, reifes Obst, dunkle Früchte, Wildkräuter, würzig. Mund: fruchtig, poliert, geschmackvoll, ziemlich nachhaltig, trockene, aber reife Tannine.

Abadía da Cova O Cimbro 2021 T
merenzao, mencía

92

Farbe: leuchtendes Kirschrot. Aroma: Veilchenbombons, ausdrucksstark fruchtig, reifes Obst, würzig, trockene Kräuter, getrocknete Blumen. Mund: fruchtig, frisch, lebhaft, geschmackvoll, ausgewogen, reife Tannine.

Abadía da Cova Pedras Líquidas 2022 B
godello

92

Farbe: leuchtendes Gelb. Aroma: helle Früchte, Zitrusfrüchte, eine Spur Waldbeeren, trockene Kräuter, trockener Stein. Mund: fruchtig, frisch, geschmackvoll, schöne Säure, ausgewogen.

Abadía da Cova Penafión 2020 T BA
mencía, garnacha tintorera, otras

94

Farbe: kirschrot mit granatrotem Saum. Aroma: trockene Kräuter, dunkle Früchte, welke Blumen, feiner Kakao, Unterholz. Mund: kraftvoll, reife Früchte, würzig, reife Tannine.

Abadía da Cova Veitureira 2021 T
brancellao, mencía, garnacha tintorera

93

Farbe: kirschrot mit violettem Saum. Aroma: reifes Obst, dunkle Früchte, Wildkräuter, würzig, Nüsse, Fleischnoten. Mund: fruchtig, frisch, lebhaft, spannungsvoll, schöne Säure.

ADEGA DAMM
Cortiñas, 24 Amandi
27423 Sober (Lugo)
☎: +34 644 750 300
m@amandi.es

🏆 PODIUM

Cardia Brancellao 2022 T
100% brancellao

95

Aroma: rote Früchte, eine Spur Waldbeeren, Wildkräuter, welke Blumen, blumig, Rosenblütenblätter, mit Charakter, ausdrucksvoll. Mund: frisch, fruchtig, lebhaft, geschmackvoll, ausgewogen, würzig, weiche Tannine, ziemlich nachhaltig.

Cardia Godello 2022 B
100% godello

94

Farbe: leuchtendes Gelb. Aroma: Wildkräuter, helle Früchte, reifes Obst, getrocknete Blumen, mineralisch, Ebbe. Mund: fruchtig, frisch, lebhaft, geschmackvoll, ausgewogen, komplex, nachhaltig.

Cardia Pombeiras 2022 T
100% mencía

93

Farbe: tiefes Kirschrot. Aroma: trockene Kräuter, dunkle Früchte, reifes Obst, erdig, mineralisch. Mund: kraftvoll, reife Früchte, würzig, reife Tannine, mineralisch.

Cardia Seoane 2022 T
100% mencía

94

Farbe: kirschrot mit violettem Saum. Aroma: ausdrucksstark fruchtig, rote Früchte, dunkle Früchte, Wildkräuter, Unterholz, feuchte Erde, mineralisch. Mund: geschmackvoll, schöne Säure, lang.

🏆 PODIUM

Cardia Uceira 2022 T
100% mencía

95

Waldfinsternis, mit Persönlichkeit. Farbe: KirsChrot, violetter Saum. Aroma: trockene Kräuter, dunkle Früchte, balsamisch, schwarze Lakritze, getrocknete Blumen, Unterholz, aromatischer Kaffee. Mund: kraftvoll, reife Früchte, würzig, reife Tannine, saftig.

Cazoga Cepas Centenarias 2022 T
100% mencía

94

Farbe: tiefes Kirschrot. Aroma: komplex, ausdrucksvoll, würzig, mineralisch, dunkle Früchte, feiner Kakao, welke Blumen. Mund: voll, lang, nachhaltig, grobkörnige Tannine.

ADEGA PONTE DA BOGA
O Couto-Sampaio s/n
32764 Castro Caldelas (Ourense/Orense)
☎: +34 988 203 306
info@pontedaboga.es
www.pontedaboga.es

'P' Ponte da Boga 2023 T
mencía
88
Fruchtig, reif, nach Eingemachtem, wild.

´G´ Godello Ponte da Boga 2023 B
godello
90
Farbe: leuchtendes Strohgelb, grünlicher Saum. Aroma: frisches Obst, Zitrusfrüchte, Wildkräuter, feine Hefen. Mund: frisch, fruchtig, schöne Säure, zartbitter.

Capricho de Godello 2022 B BA
godello
90
Farbe: leuchtendes Gelb. Aroma: Steinobst, trockene Kräuter, milchig, getrocknete Blumen, mineralisch. Mund: fruchtig, fett, frisch, zartbitter.

Capricho de Sousón 2019 T
sousón
92
Farbe: leuchtendes Kirschrot. Aroma: ausdrucksstark fruchtig, dunkle Früchte, Wildkräuter, ausdrucksvoll, würzig. Mund: fruchtig, frisch, ausgewogen, trockene, aber reife Tannine, ziemlich nachhaltig.

Ponte Da Boga Pizarras y Esquistos 2021 T
mencía
89
Ausgewogen, würzig, trockene Kräuter, reif, Röstaromen, markante Eiche.

Porto de Lobos 2018 T
brancellao
92
Farbe: kirschrot mit violettem Saum. Aroma: würzig, dunkle Früchte, Wildkräuter, mineralisch, erdig. Mund: geschmackvoll, fruchtig, schöne Säure.

ADEGA SAIÑAS
Espasantes
27450 Pantón (Lugo)
☎: +34 670 243 735
adegasainas@gmail.com
www.sainas.com

Saiñas - Secreto 2021 T RB
85% mencía, 15% otras
94
Blumig, balsamisch. Farbe: kirschrot mit violettem Saum. Aroma: rote Früchte, blumig, würzig, balsamisch, ausdrucksvoll. Mund: geschmackvoll, fruchtig, schöne Säure, saftig.

Saiñas - Secular 2021 T RB
85% mencía, 15% garnacha tintorera
94
Farbe: kirschrot mit violettem Saum. Aroma: blumig, würzig, Wildkräuter, mineralisch, erdig, dunkle Früchte. Mund: geschmackvoll, fruchtig, schöne Säure, lang.

Saiñas - Silente 2021 T
95% mencía, 5% garnacha tintorera
93
Waldfinsternis, mit Persönlichkeit. Farbe: tiefes Kirschrot. Aroma: dunkle Früchte, Wildkräuter, erdig, Unterholz, mineralisch. Mund: reife Früchte, würzig, reife Tannine.

Saiñas - Sinuoso 2021 T
mencía
93
Waldfinsternis, spannungsvoll, wild. Farbe: kirschrot mit violettem Saum. Aroma: rote Früchte, blumig, würzig, Wildkräuter, erdig. Mund: geschmackvoll, schöne Säure, saftig, mineralisch.

ADEGAS GUIMARO
Sanmil, 43 Brosmos
27425 Sober (Lugo)
☎: +34 610 524 484
adegasguimaro@gmail.com
www.guimaro.es

Camiño Real Guímaro 2021 T
94
Klar definierte Aromen. Farbe: KirsChrot. Aroma: komplex, ausdrucksvoll, würzig, Unterholz, rote Früchte, erdig. Mund: elegant, voll, flüssig am Gaumen.

🏆 PODIUM

Finca A Ponte Guímaro 2020 T
95
Klar definierte Aromen, Waldfinsternis. Farbe: KirsChrot. Aroma: komplex, ausdrucksvoll, würzig, mineralisch, erdig. Mund: elegant, voll, lang.

DO RIBEIRA SACRA / D.O.P.

DO RIBEIRA SACRA / D.O.P.

🏆 **PODIUM**

Finca Capeliños Guímaro 2021 T
95
Klar definierte Aromen. Farbe: KirsChrot. Aroma: komplex, ausdrucksvoll, würzig, mineralisch, Unterholz, Früchtekonfit. Mund: elegant, voll, lang, nachhaltig.

Finca Meixeman Guímaro 2021 T
94
Farbe: kirschrot mit violettem Saum. Aroma: rote Früchte, blumig, würzig, balsamisch, Wildkräuter. Mund: geschmackvoll, fruchtig, schöne Säure, lang.

Guimaro 2023 B
91
Farbe: leuchtendes Strohgelb, grünlicher Saum. Aroma: frisches Obst, Zitrusfrüchte, Wildkräuter, feine Hefen. Mund: frisch, fruchtig, schöne Säure, zartbitter.

Guimaro Mencía 2023 T
92
Flüssig am Gaumen, wild. Farbe: kirschrot mit violettem Saum. Aroma: rote Früchte, blumig, würzig, eine Spur Waldbeeren, Wildkräuter, schwarze Lakritze, ausdrucksvoll. Mund: geschmackvoll, fruchtig, schöne Säure.

Guimaro Mundin 2020 T
93
Farbe: kirschrot mit violettem Saum. Aroma: ausdrucksstark fruchtig, rote Früchte, blumig, würzig, Wildkräuter, Unterholz, geröstetes Brot. Mund: geschmackvoll, fruchtig, schöne Säure, flüssig am Gaumen.

Guimaro San Pedro 2020 T
94
Wild. Farbe: KirsChrot. Aroma: ausdrucksvoll, würzig, mineralisch, Wildkräuter, dunkle Früchte, Früchtekonfit, blumig, getrocknete Blumen. Mund: elegant, voll, lang.

ALGUEIRA
Doade s/n
27424 Sober (Lugo)
☎: +34 982 410 299
info@algueira.com
www.algueira.com

Algueira Brandán Godello 2023 B
100% godello
92
Farbe: leuchtendes Strohgelb. Aroma: helle Früchte, trockene Kräuter, Wildkräuter, sortenrein. Mund: fruchtig, geschmackvoll, sortentypisch, lebhaft, frisch.

Algueira Carravel 2019 T C
100% mencía
93
Farbe: leuchtendes Kirschrot. Aroma: ausdrucksstark fruchtig, milchig, dunkle Früchte, eine Spur Waldbeeren, Gras, welke Blumen. Mund: fruchtig, frisch, geschmackvoll, ausgewogen, spritzig, ziemlich nachhaltig, lebhaft.

🏆 **PODIUM**

Algueira Escalada 2022 B FB
100% godello
95
Farbe: leuchtendes Strohgelb. Aroma: ausdrucksvoll, reifes Obst, blumig, feine Hefen, mineralisch, Ebbe, Wachs. Mund: voll, würzig, elegant.

Algueira Finca Cortezada 2022 B
40% godello, 40% albariño, 20% treixadura
92
Farbe: strohgelb. Aroma: trockene Kräuter, welke Blumen, feine Hefen, helle Früchte. Mund: reife Früchte, ausgewogen, geschmackvoll.

Algueira Patrimonio 2018 T C
mencía, sousón, garnacha
90
Farbe: leuchtendes Kirschrot. Aroma: reifes Obst, dunkle Früchte, Röstaromen, würzig, schwarze Lakritze. Mund: fruchtig, reife Früchte, Röstnoten, trockene, aber reife Tannine.

ALMA DAS DONAS
Ribas de Sil, 1
27470 Pombeiro - Pantón (Lugo)
☎: +34 988 200 045
info@almadasdonas.com
www.almadasdonas.com

AlmaLarga 2023 B
godello
91
Farbe: leuchtendes Gelb. Aroma: helle Früchte, eine Spur Waldbeeren, Wildkräuter, würzig. Mund: frisch, fruchtig, geschmackvoll, salzig, ausgewogen.

AlmaLarga Godello 2021 B BA
godello
92
Farbe: leuchtendes Gelb. Aroma: reifes Obst, Kräutersäckchen, getrocknete Blumen, Feingebäck. Mund: geschmackvoll, fruchtig, frisch, fett, rauchig nachwirkend, ziemlich nachhaltig.

AlmaLola 2023 RD
mencía
85

AlmaMadre 2018 T
mencía
88
Korpulent, nach Eingemachtem, würzig, frisch, Röstaromen, markante Eiche.

AlmaNova 2022 T
mencía
91
Farbe: kirschrot mit violettem Saum. Aroma: rote Früchte, blumig, würzig, erdig. Mund: geschmackvoll, fruchtig, schöne Säure.

ALVAREDOS-HOBBS
Os Albaredos
27390 Alvaredos (Lugo)
☎: +34 607 342 231
info@alvaredoshobbs.com
www.alvaredoshobbs.com

Alvaredos-Hobbs Godello 2021 B FB
91
Farbe: leuchtendes Gelb. Aroma: reifes Obst, trockene Kräuter, welke Blumen, geröstete Mandeln, würzig. Mund: kraftvoll, reife Früchte, ausgewogen, fruchtig, geschmackvoll, zartbitter.

Alvaredos-Hobbs Mencía 2021 T RB
mencía
91
Ausgewogen, kräuterig, saftig, reduktiver Ausbau, wild. Aroma: balsamisch, ausdrucksstark fruchtig. Mund: würzig, balsamisch, schöne Säure.

Alvaredos-Hobbs Mencía Garnacha tintorera 2020 T
mencía, garnacha tintorera
89
Rustikal, trockene Kräuter. Aroma: Buschwaldkräuter, trockene Kräuter. Mund: fruchtig, zartbitter.

BODEGA A CARQUEIXA
Barrio A Carqueixa, 16
27400 Sober (Lugo)
☎: +34 610 765 472
info@bodegaacarqueixa.com
www.bodegaacarqueixa.com

Coronín 2022 T
100% mencía
89
Blumig, kräuterig, geschmackvoll, rustikal, mineralisch.

Garoubas 2021 T RB
100% mencía
89
Fruchtig, reif, Röstaromen, etwas austrocknend, würzig.

Tareixa 2023 RD
100% mencía
86

BODEGAS AS LAXAS
As Laxas, 16
36430 Arbo (Pontevedra)
☎: +34 986 665 444
aslaxas@aslaxas.com
www.aslaxas.com

Val Do Sosego Mencía 2022 T
100% mencía
88
Fruchtig, kräuterig, würzig, etwas austrocknend, reif.

BODEGAS PETRÓN
Lugar de Francos, s/n
27424 Doade (Lugo)
☎: +34 695 747 975
bodega@bodegaspetron.es
www.bodegaspetron.es

Prómine 2022 T RB
100% mencía
87

Prómine 2023 T
100% mencía
88
Fruchtig, kräuterig, wild, ausgeprägter Säuregehalt. Aroma: feuchte Erde.

DO RIBEIRA SACRA / D.O.P.

DO RIBEIRA SACRA / D.O.P.

Promine Singular 2022 T
100% mencía

90
Farbe: kirschrot mit violettem Saum. Aroma: dunkle Früchte, reifes Obst, getrocknete Blumen, würzig. Mund: fruchtig, frisch, geschmackvoll, trockene, aber reife Tannine, ausgewogen.

BODEGAS RECTORAL DE AMANDI
27423 Sober (Lugo)
☎: +34 988 384 200
vinos@bodegasgallegas.com
www.bodegasgallegas.com

Matilda Nieves Mencía 2023 T
mencía, sousón, caíño

90
Farbe: kirschrot mit violettem Saum. Aroma: reifes Obst, Wildkräuter, dunkle Früchte. Mund: geschmackvoll, fruchtig, frisch, trockene, aber reife Tannine, würzig.

Pasal de Esile Godello 2023 B
godello

90
Poliert. Farbe: leuchtendes Strohgelb, grünlicher Saum. Aroma: frisches Obst, Zitrusfrüchte, Wildkräuter. Mund: frisch, fruchtig, schöne Säure, zartbitter.

Rectoral de Amandi Mencía 2023 T

90
Farbe: kirschrot mit violettem Saum. Aroma: ausdrucksstark fruchtig, rote Früchte, blumig, würzig. Mund: geschmackvoll, fruchtig, schöne Säure, lang.

CAMINO DE CABRAS
Hermanos Maristas, 27
36700 Tui (Pontevedra)
☎: +34 698 145 790
info@caminodecabras.com
www.caminodecabras.com

Camino de Cabras Mencía 2023 T
100% mencía

89
Reif, fruchtig, trockene Kräuter, von Primäraromen beherrscht.

CASA MOREIRAS
San Martín de Siós, s/n
27430 Pantón (Lugo)
☎: +34 680 545 830
bodega@casamoreiras.com
www.casamoreiras.com

Campaza Mencía 2023 T
95% mencía, 5% garnacha

88
Fruchtig, trockene Kräuter, korrekt, wild, reif.

Casa Moreiras 2022 T BA
95% mencía, 5% sousón

89
Fruchtig, kräuterig, frisch, etwas austrocknend.

Casa Moreiras Godello 2023 B
97% godello, 3% treixadura

89
Ausgewogen, kräuterig, geschmackvoll, Hefenoten.

Casa Moreiras Mencía 2023 T
90% mencía, 5% tempranillo, 3% garnacha, 2% sousón

88
Ausgewogen, würzig, frisch, fruchtig, kräuterig.

Casa Moreiras Selección 2022 T
95% mencía, 5% sousón

91
Farbe: kirschrot mit violettem Saum. Aroma: ausdrucksstark fruchtig, rote Früchte, blumig, würzig. Mund: geschmackvoll, fruchtig, schöne Säure.

CONDADO DE SEQUEIRAS
Sequeiras - Camporramiro
27500 Chantada (Lugo)
☎: +34 618 815 735
condadodesequeiras@grupopeago.com
www.condadodesequeiras.com

Condado de Sequeiras 2017 T RB
100% mencía

90
Farbe: dunkles Kirschrot, granatroter Saum. Aroma: reifes Obst, Tabak, welke Blumen, erdig. Mund: würzig, reife Tannine, geschmackvoll.

Condado de Sequeiras Godello 2023 B
100% godello

91
Farbe: leuchtendes Strohgelb. Aroma: Kräutersäckchen, feine Hefen, helle Früchte. Mund: voll, fett, schöne Säure.

Condado de Sequeiras Mencía 2022 T
100% mencía

89
Ausgewogen, blumig, balsamisch, geschmackvoll, mineralisch.

D´FRAN S.C.
Vilachá de Doade, 134
27424 Doabe - Sober (Lugo)
☎: +34 690 904 999
estreladfran@gmail.com
www.vinoestrela.es

Estrela 2023 T
95% mencía, 5% garnacha
88
Ausgewogen, würzig, getrocknete Blumen, kräuterig, geschmackvoll.

DOMINIO DO BIBEI
Langullo, s/n
32781 Manzaneda (Ourense/Orense)
☎: +34 670 704 028
info@dominiodobibei.com
www.dominiodobibei.com

🏆 PODIUM
Dominio do Bibei 2021 T
97
Farbe: leuchtendes Kirschrot. Aroma: ausdrucksvoll, mineralisch, Buschwaldkräuter, rote Früchte, erdig, Schwarzer Pfeffer. Mund: saftig, elegant.

🏆 PODIUM
Lacima 2021 T
95
Repräsentativ. Farbe: leuchtendes Kirschrot, violetter Saum. Aroma: ausdrucksstark fruchtig, Buschwaldkräuter, Wildkräuter, mineralisch, erdig. Mund: balsamisch, würzig, süffig, lang.

🏆 PODIUM
Lalama 2021 T
95
Farbe: leuchtendes Kirschrot. Aroma: ausdrucksstark fruchtig, rote Früchte, Wildkräuter, getrocknete Blumen. Mund: saftig, lebhaft, lang, balsamisch, komplex.

🏆 PODIUM
Lapena 2021 B
96
Noch nicht vollständig entfaltet. Farbe: leuchtendes Gelb. Aroma: ausdrucksvoll, offen, komplex, mineralisch, eine Spur Waldbeeren, blumig, süße Gewürze. Mund: fett, saftig, lebhaft, poliert, geschmackvoll.

Lapola 2022 B
94
Farbe: leuchtendes Strohgelb. Aroma: ausdrucksvoll, reifes Obst, feine Hefen, Zitrusfrüchte. Mund: voll, lang, geschmackvoll, salzig, nachhaltig.

DON BERNARDINO
Stª Cruz de Brosmos, s/n
27425 Sober (Lugo)
☎: +34 687 825 126
info@donbernardino.com
www.donbernardino.com

Don Bernardino 4ªGeneración 2019 T BA
mencía
90
Farbe: tiefes Kirschrot. Aroma: reifes Obst, trockene Kräuter, weiches Eichenholz, Karamel. Mund: kraftvoll, reife Früchte, würzig, reife Tannine, ziemlich nachhaltig.

Don Bernardino Amandi 2023 T
mencía
90
Farbe: kirschrot mit violettem Saum. Aroma: reifes Obst, Wildkräuter, getrocknete Blumen, rote Früchte. Mund: geschmackvoll, fruchtig, frisch, würzig, trockene, aber reife Tannine.

Don Bernardino Ibio 2020 T FB
mencía
91
Farbe: kirschrot mit violettem Saum. Aroma: reifes Obst, dunkle Früchte, würzig, Wildkräuter, ausdrucksvoll. Mund: fruchtig, frisch, geschmackvoll, lebhaft, ausgewogen.

FENTO WINES
Sisangándara, 22
36636 Ribadumia (Pontevedra)
☎: +34 986 099 486
info@eulogiopomares.com
www.eulogiopomares.com

O Estranxeiro 2022 T
mencía
93
Kräuterig, wild, mit Persönlichkeit. Farbe: kirschrot mit violettem Saum. Aroma: frisches Obst, mittlere Intensität, offen. Mund: saftig, süffig, ausgeprägter Säuregehalt.

DO RIBEIRA SACRA / D.O.P.

DO RIBEIRA SACRA / D.O.P.

FINCA CUARTA
Outeiro - Centeás, s/n
27460 Sober (Lugo)
☎: +34 982 178 852
info@priordepanton.com
www.fincacuarta.es

Finca Cuarta A Costa
por Rubén Moure 2020 T
mencía
90
Leichte Oxidation. Farbe: tiefes Kirschrot. Aroma: trockene Kräuter, weiches Eichenholz, dunkle Früchte, reifes Obst, erdig, Röstaromen. Mund: kraftvoll, reife Früchte, würzig, reife Tannine.

Finca Cuarta Consentida
por Rubén Moure 2020 T
92
Farbe: tiefes Kirschrot. Aroma: trockene Kräuter, dunkle Früchte, Unterholz, würzig. Mund: reife Früchte, würzig, reife Tannine.

Finca Cuarta Mencía
por Rubén Moure 2023 T
mencía
90
Farbe: kirschrot mit violettem Saum. Aroma: ausdrucksstark fruchtig, rote Früchte, blumig, würzig, Buschwaldkräuter, dunkle Früchte. Mund: geschmackvoll, fruchtig, schöne Säure, frisch, trockene, aber reife Tannine.

Finca Cuarta Malcriado
por Rubén Moure 2021 T C
mencía
91
Farbe: tiefes Kirschrot. Aroma: trockene Kräuter, Röstaromen, Unterholz, dunkle Früchte. Mund: reife Früchte, würzig, reife Tannine.

Finca Cuarta Godello
por Rubén Moure 2023 B
godello
89
Aromatisch, korrekt, fruchtig, saftig. Mund: fett.

Finca Cuarta Mencía
por Rubén Moure 2021 T BA
mencía
90
Farbe: KirschRot. Aroma: trockene Kräuter, dunkle Früchte, Röstaromen, erdig. Mund: reife Früchte, würzig, reife Tannine.

Finca Ladeira 2023 T
mencía
91
Ausgewogen. Farbe: kirschrot mit violettem Saum. Aroma: ausdrucksstark fruchtig, blumig, würzig, dunkle Früchte, rote Früchte, Unterholz. Mund: geschmackvoll, fruchtig, schöne Säure.

FINCA MILLARA
Lugar de A Míllara, s/n
27430 Pantón (Lugo)
☎: +34 981 110 181
info@fincamillara.com
www.fincamillara.com

Cuesta de los Olivos 2022 T
mencía
92
Farbe: kirschrot mit violettem Saum. Aroma: ausdrucksstark fruchtig, rote Früchte, blumig, würzig, wenig Hefen. Mund: geschmackvoll, fruchtig, schöne Säure, lang, frisch.

Cuesta de los Olivos 2023 B
godello
91
Farbe: leuchtendes Strohgelb. Aroma: Kräutersäckchen, feine Hefen, helle Früchte, mineralisch. Mund voll, fett, schöne Säure.

Finca Millara 2021 T C
mencía
91
Farbe: leuchtendes Kirschrot. Aroma: ausdrucksstark fruchtig, dunkle Früchte, kandierte Früchte, würzig Mund: fruchtig, frisch, geschmackvoll, lebhaft, trockene, aber reife Tannine.

Ribera de los Naranjos 2021 T
mencía
92
Farbe: leuchtendes Kirschrot. Aroma: reifes Obst, dunkle Früchte, eine Spur Waldbeeren, trockene Kräuter, getrocknete Blumen, würzig. Mund: fruchtig, frisch, lebhaft, geschmackvoll, trockene, aber reife Tannine.

MAR DE ENVERO
Lugar de Rarís
15883 Teo (A Coruña/La Coruña)
☎: +34 981 195 202

Volandia 2019 T C
mencía
91
Farbe: kirschrot mit violettem Saum. Aroma: rote Früchte, blumig, würzig, erdig. Mund: geschmackvoll, fruchtig, schöne Säure.

MARCELINO TIERRA Y VINO
A Carqueixa, s/n
27460 Sober (Lugo)
☎: +34 647 164 040
eapsober@hotmail.com

Marcelino I 2023 T
100% mencía
87

MAURICIO LORCA AUTOR DE VINOS - VIÑAS DE BELESAR
Rua Monforte 9 local 210 Bajo
27003 Lugo (Lugo)
☎: +34 657 790 542
cecilia@bodegafosterlorca.com
www.bodegamauriciolorca.es

Viña Peón Mencía de Amandi 2022 T
mencía
90
Farbe: kirschrot mit violettem Saum. Aroma: rote Früchte, blumig, würzig. Mund: geschmackvoll, fruchtig, schöne Säure.

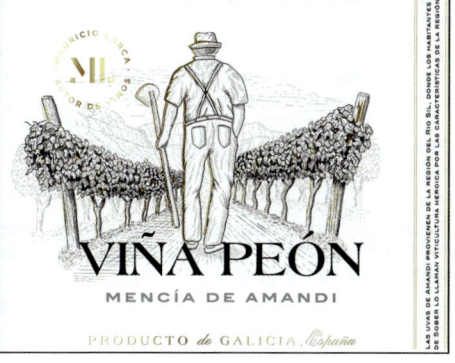

Viña Peón 2022 T RB
mencía
88
Reif, markante Eiche, trockene Kräuter, Röstaromen.

Camino Empedrado 2021 T
mencía
91
Farbe: kirschrot mit violettem Saum. Aroma: rote Früchte, blumig, würzig, feiner Kakao. Mund: geschmackvoll, fruchtig, schöne Säure.

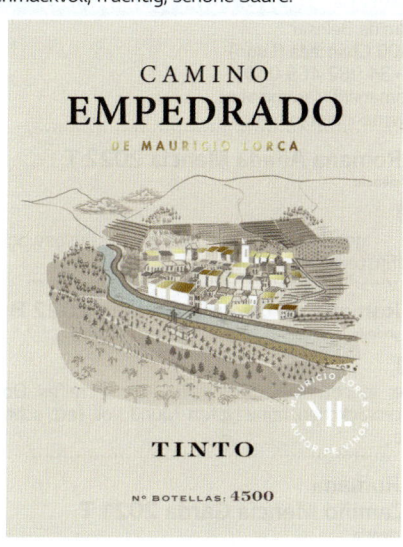

Camino Empedrado Blend de Fincas 2021 T RB
mencía
92
Farbe: tiefes Kirschrot. Aroma: reifes Obst, trockene Kräuter, weiches Eichenholz, erdig. Mund: kraftvoll, reife Früchte, würzig, reife Tannine.

DO RIBEIRA SACRA / D.O.P.

Camino Empedrado Amandi 2022 T
mencía
89
Fruchtig, würzig, reif, Röstaromen, wild.

MÉNDEZ-ROJO (VÍA ROMANA)
A Ermida Belesar
27500 Chantada (Lugo)
☎: +34 982 469 069
viaromana@viaromana.es
www.mendezrojo.com

Vía Romana Añada Mencía 2022 T
100% mencía
89
Reif, geschmackvoll, würzig, ausgewogen, Waldfinsternis.

Vía Romana do Camiño Godello 2022 B
100% godello
90
Farbe: leuchtendes Strohgelb. Aroma: reifes Obst, Kräutersäckchen, feine Hefen. Mund: voll, fett, schöne Säure.

Vía Romana do Camiño Mencía Garda 2021 T
100% mencía
91
Farbe: kirschrot mit violettem Saum. Aroma: reifes Obst, dunkle Früchte, eine Spur Waldbeeren, würzig. Mund: fruchtig, geschmackvoll, ausgewogen, ziemlich nachhaltig, rauchig nachwirkend, trockene, aber reife Tannine.

Vía Romana do Camiño Mencía Garda Levaduras Autóctonas 2021 T RB
100% mencía
90
Farbe: leuchtendes Kirschrot. Aroma: reifes Obst, dunkle Früchte, Wildkräuter, schwarze Lakritze, würzig. Mund: fruchtig, frisch, geschmackvoll, sortentypisch, spritzig, reife Früchte, ziemlich nachhaltig, trockene, aber reife Tannine.

PABLO VIDAL - VINOS CON PERSONALIDAD
Rúa do Miradoiro 8
32004 Ourense/Orense (Ourense/Orense)
☎: +34 609 152 251
pablovidal@vinosconpersonalidad.com
www.vinosconpersonalidad.com

Rock & Roll 2022 T RB
90% mencía, 5% caíño, 5% garnacha tintorera
92
Wild. Farbe: kirschrot mit violettem Saum. Aroma: ausdrucksstark fruchtig, rote Früchte, blumig, würzig, Schießpulver, balsamisch. Mund: geschmackvoll, fruchtig, schöne Säure.

PAZO DE LA CUESTA
Pazo de La Cuesta – San Clodio
27310 Ribas de Sil (Lugo)
☎: +34 982 256 128
bodega@pazodelacuesta.com
www.pazodelacuesta.com

Pazo de La Cuesta Brancas 2023 B
treixadura, albariño, loureiro
89
Klar definierte Aromen, fruchtig, geschmackvoll. Aroma: reifes Obst, Buschwaldkräuter, feine Hefen. Mund: saftig, geschmackvoll.

Pazo de la Cuesta Brancellao 2022 T
89
Lieblich, korrekt, reif, mild, markante Eiche. Aroma: rote Früchte, Wildkräuter, Buschwaldkräuter. Mund: feinkörnige Tannine.

Pazo de la Cuesta Godello 2023 B
godello
88
Zitrusfrüchte, frisch, durchschnittlich am Gaumen. Aroma: Wildkräuter, mittlere Intensität.

Pazo de la Cuesta Mencía 2022 T
mencía
90
Balsamisch, leichte Reduktion, Waldfinsternis. Aroma: Buschwaldkräuter, Wildkräuter. Mund: saftig, geschmackvoll, sortentypisch.

PRIOR DE PANTÓN
Santa Mariña de Eiré, s/n
27439 Pantón (Lugo)
☎: +34 982 178 852
info@priordepanton.com

Xastra 2023 T
mencía

90

Farbe: kirschrot mit violettem Saum. Aroma: ausdrucksstark fruchtig, rote Früchte, blumig, würzig, erdig, Wildkräuter. Mund: geschmackvoll, fruchtig, schöne Säure, lang.

RAMÓN MARCOS FERNÁNDEZ
Vilachá de Doade, 14
27424 Sober (Lugo)
☎: +34 609 183 352
info@adegacruceiro.es
www.adegacruceiro.es

Cruceiro 2023 T
mencía, caiño, sousón

88

Kräuterig, fruchtig, reif, etwas austrocknend.

Cruceiro Rexio 2023 B
godello

85

REGINA VIARUM
Doade, s/n
27424 Sober (Lugo)
☎: +34 982 096 031
info@reginaviarum.es
www.reginaviarum.es

Origen 2020 T C
sousón, mencía

91

Farbe: leuchtendes Kirschrot. Aroma: frisches Obst, dunkle Früchte, Gras, trockener Stein, würzig. Mund: frisch, fruchtig, lebhaft, geschmackvoll, ausgewogen, trockene, aber reife Tannine.

Regina Viarum Expresión 2021 T BA
100% mencía

92

Farbe: leuchtendes Kirschrot. Aroma: reifes Obst, dunkle Früchte, eine Spur Waldbeeren, Wildkräuter, getrocknete Blumen, würzig. Mund: fruchtig, frisch, geschmackvoll, ausgewogen, ziemlich nachhaltig, reife Tannine.

Regina Viarum Finca la Capitana 2018 T C
100% tempranillo

89

Leichte Oxidation, korpulent, würzig, kräuterig, reif, geschmackvoll, mineralisch.

Regina Viarum Godello 2023 B
100% godello

89

Fruchtig, kräuterig, frisch, lebhaft, von Primäraromen beherrscht.

Regina Viarum Mencía 2023 T
100% mencía

90

Angenehm, kräuterig, repräsentativ, rustikal. Farbe: kirschrot mit violettem Saum. Aroma: Wildkräuter, Waldfinsternis. Mund: saftig, zartbitter.

RONSEL DO SIL
Sacardebois
32747 Parada do Sil (Ourense/Orense)
☎: +34 988 984 923
info@ronseldosil.com
www.ronseldosil.com

Al Pie del Cañón 2021 T
50% caiño, 25% caiño longo, 25% caiño bravo

91

Farbe: kirschrot mit violettem Saum. Aroma: ausdrucksstark fruchtig, rote Früchte, blumig, würzig, Unterholz. Mund: geschmackvoll, fruchtig, schöne Säure.

🏆 PODIUM

Alpendre Merenzao 2022 T
100% merenzao

95

Farbe: KirsChrot, durchscheinendes Kirschrot. Aroma: rote Früchte, würzig, welke Blumen, Unterholz, erdig. Mund: geschmackvoll, schöne Säure, mineralisch.

Muller Cepa 2022 T BA

93

Vegetabil, rustikal, repräsentativ. Farbe: KirsChrot. Aroma: balsamisch, Buschwaldkräuter, würzig. Mund: würzig, balsamisch, schöne Säure.

Ourive Dona Branca 2022 B FB
100% dona branca

92

Mit Persönlichkeit, spannungsvoll. Aroma: ausdrucksvoll, reifes Obst, blumig, feine Hefen, mineralisch, würzig. Mund: würzig, lang, saftig.

Ourive Godello 2022 B
100% godello

92

Farbe: leuchtendes Strohgelb. Aroma: reifes Obst, Kräutersäckchen, feine Hefen, Wachs. Mund: voll, fett, lang, schöne Säure.

DO RIBEIRA SACRA / D.O.P.

DO RIBEIRA SACRA / D.O.P.

Portico da Gloria Brancellao 2022 T
100% brancellao

93

Farbe: kirschrot mit violettem Saum. Aroma: würzig, Wildkräuter, dunkle Früchte, Unterholz, welke Blumen, schwarze Lakritze. Mund: geschmackvoll, fruchtig, schöne Säure.

Vel'Uveyra 2022 RD
50% mencía, 25% caíño, 25% brancellao

90

Balsamisch, korrekt, spannungsvoll. Farbe: himbeerrot. Aroma: Fleischnoten, rote Früchte, reifes Obst, Wildkräuter. Mund: saftig, frisch, fleischig.

Vel'Uveyra Godello 2022 B BA
85% godello, 10% treixadura, 5% dona blanca

91

Farbe: leuchtendes Gelb. Aroma: weiches Eichenholz, reifes Obst, würzig. Mund: fett, zartbitter, saftig, süffig.

Vel'Uveyra Mencía 2022 T
85% mencía, 10% garnacha, 5% mouratón

92

Farbe: kirschrot mit violettem Saum. Aroma: rote Früchte, blumig, würzig, Wildkräuter. Mund: geschmackvoll, fruchtig, schöne Säure.

S.A.T. VIRXEN DOS REMEDIOS
Diomondi, 56
27548 O Saviñao (Lugo)
☎: +34 617 390 467
info@virxendosremedios.es
www.virxendosremedios.es

Viña Vella 2023 B
godello

91

Farbe: leuchtendes Gelb. Aroma: ausdrucksstark fruchtig, helle Früchte, Zitrusfrüchte, eine Spur Waldbeeren, Gras. Mund: frisch, fruchtig, lebhaft, sortentypisch, ausgewogen, schöne Säure.

Viña Vella Mencía 2023 T
mencía

88

Balsamisch, ausgewogen, würzig, blumig, mineralisch.

TERRAS DE COMPOSTELA
36630 Cambados (Pontevedra)
☎: +34 637 021 070
info@terrasdecompostela.com
www.terrasdecompostela.com

Camiño de Compostela 2022 T
mencía

88

Saftig, wild, mild, ausgewogen, korrekt, kräuterig. Mund: süffig.

TOLO DO XISTO
Lugar Rubín, Rozavales, 1
27413 Monforte de Lemos (Lugo)
☎: +34 619 776 948
info@tolodoxisto.com
www.tolodoxisto.com

Ruxe Ruxe 2022 T
100% mencía

89

Ausgewogen, würzig, blumig, frisch, trockene Kräuter, geschmackvoll.

Tolo do Xisto 2020 T
100% mencía

91

Farbe: leuchtendes Kirschrot. Aroma: reifes Obst, dunkle Früchte, Wildkräuter, würzig. Mund: fruchtig, frisch, geschmackvoll, ausgewogen, trockene, aber reife Tannine.

UVAS FELICES
Agullers, 7
08003 Barcelona (Barcelona)
☎: +34 902 327 777
www.vilaviniteca.es

Paxaro Tolo 2022 T
mencía

91

Representativ, kräuterig, mild. Farbe: KirsChrot. Aroma: feine Reduktionsnoten, Wachs, reifes Obst. Mund: sortentypisch, balsamisch, schöne Säure.

VAL DE QUIROGA
Ctra. N-120, km 489
27320 Quiroga (Lugo)
☎: +34 982 428 580
info@valdequiroga.es
www.bodegasvaldequiroga.es

Viña de Neira 2023 B
godello

88

Zitrusfrüchte, fruchtig, kräuterig, frisch, geschmackvoll.

Viña de Neira 2023 T
mencía
89
Ausgewogen, würzig, kräuterig, reif, Röstaromen, markante Eiche.

VÍCTOR MANUEL RODRÍGUEZ LÓPEZ
Cantón, 22 - Amandi
27423 Sober (Lugo)
☎: +34 629 679 639
info@valdalenda.com
www.valdalenda.com

Val Da Lenda 2023 T
100% mencía
89
Fruchtig, reif, würzig, wild.

VIÑA FRIEIRA
Vilachá de Doabe
27424 Sober (Lugo)
☎: +34 677 385 044
v.frieira@gmail.com

Viña Frieira 2019 T BA
mencía, garnacha
89
Würzig, fruchtig, reif, rustikal, etwas austrocknend.

Viña Frieira 2023 T
mencía, garnacha
89
Fruchtig, reif, kräuterig, frisch, geschmackvoll.

DO. RIBEIRO
CONSEJO REGULADOR

Rúa. Redondela, 3 - 2º andar
32400 Ribadavia (Ourense)
☎: +34 988 477 200
@: info@ribeiro.wine
www.ribeiro.wine

LAGE:

Anbaugebiet im Westen der Provinz Orense mit 13 Gemeinden. Das Landschaftsbild wird vom Miño und seinen Nebenflüsse Avia und Arnoia beherrscht.

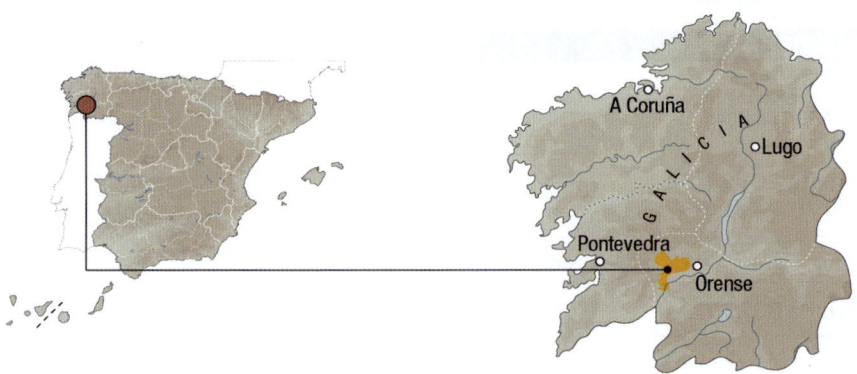

REBSORTEN:

WEISS: Treixadura, Torrontés, Palomino, Godello, Loureira, Albariño, Lado, Caíño Blanco, Albilla, Macabeo und Jerez.

ROT: Caíño, Sousón, Ferrón, Mencía, Tempranillo, Brancellao und Garnacha Tintorera.

DATEN:

Rebfläche (ha): 1.257 – **Winzer:** 1.518 – **Weinerzeuger:** 100 – **Jahrgang 23:** Unrated – **Jahresproduktion 2e:** 8.224.542 L. – **Absatz:** 90% Spanien - 10% Export.

BODENVERHÄLTNISSE:

Vorwiegend granithaltige, tiefe Böden, reich an organischer Materie. In einigen Regionen herrschen tonhaltige Böden vor. Die Rebflächen befinden sich in (qualitätsfördernden) Hanglagen, aber auch in ebenem Gelände.

KLIMA:

Atlantisch, mit niedrigen Temperaturen im Winter und einer gewissen Gefährdung durch Spätfrost sowie hohen Temperaturen in den Sommermonaten. Die Niederschläge liegen im Jahresdurchschnitt bei 800 bis 1.000 mm.

ERNTEBEWERTUNG ANHAND JUNGER WEINE GUÍAPEÑÍN

2019	2020	2021	2022	2023
SEHR GUT	SEHR GUT	SEHR GUT	SEHR GUT	SEHR GUT

A VILERMA
Finca A Vilerma - Gomariz
32429 Leiro (Ourense/Orense)
☎: +34 983 816 600
contacto@vilerma.com
www.vilerma.com

A Vilerma 2023 B
treixadura, albariño, godello, loureiro, lado, torrontés
91
Farbe: leuchtendes Strohgelb, grünlicher Saum. Aroma: frisches Obst, Zitrusfrüchte, Wildkräuter, blumig. Mund: frisch, fruchtig, schöne Säure, zartbitter.

ADEGA FRANCISCO FERNÁNDEZ SOUSA
Prado, 14
32430 Castrelo de Miño (Ourense/Orense)
☎: +34 678 530 898
info@terraminei.com
www.terraminei.com

Lagar de Brais 2023 B
89
Ausgewogen, frisch, kräuterig, geschmackvoll, mineralisch.

Terra Minei 2023 B
90
Farbe: leuchtendes Strohgelb. Aroma: reifes Obst, Kräutersäckchen, feine Hefen, mineralisch. Mund: voll, fett, lang, schöne Säure, salzig.

ADEGA MANUEL FORMIGO
Ctra. Ribadavia Carballiño, km. 4,27
32431 Beade (Ourense/Orense)
☎: +34 627 569 885
info@fincateira.com
www.fincateira.com

Cholo 2022 B
100% loureiro
91
Rassig, herb. Farbe: leuchtendes Strohgelb. Aroma: feine Hefen, mineralisch, Wildkräuter, helle Früchte. Mund: voll, lang, schöne Säure.

Finca Teira 2023 B
treixadura, godello, caíño blanco, torrontés
91
Farbe: leuchtendes Strohgelb. Aroma: reifes Obst, feine Hefen, Wildkräuter, weiße Blumen. Mund: voll, schöne Säure.

Formigo 2023 B
palomino, treixadura, godello, caíño blanco, torrontés, loureiro
88
Zitrusfrüchte, frisch, kräuterig, ausgewogen.

Teira X 2022 B
treixadura, albariño, albillo, loureiro
93
Farbe: leuchtendes Strohgelb. Aroma: reifes Obst, Kräutersäckchen, feine Hefen, camomila, mineralisch. Mund: voll, fett, lang, schöne Säure.

Tino 2022 B
100% albillo
91
Farbe: leuchtendes Strohgelb. Aroma: Kräutersäckchen, feine Hefen, beschädigtes Obst, helle Früchte. Mund: voll, fett, schöne Säure, mineralisch.

ADEGA SAMEIRÁS
Santo André, 98
32415 Ribadavia (Ourense/Orense)
☎: +34 678 894 963
info@adegasameiras.com
www.adegasameiras.com

1040 Sameirás 2022 B
albariño, godello, lado, treixadura
92
Farbe: leuchtendes Gelb. Aroma: reifes Obst, feine Hefen, komplex, ausdrucksvoll, würzig. Mund: geschmackvoll, frisch, schöne Säure.

Libro 2022 B
albariño, lado, loureiro
92
Farbe: gelb. Aroma: feine Hefen, ausdrucksvoll, offen, blumig, frisches Obst. Mund: voll, geschmackvoll, ausgewogen.

Libro 2022 T
caíño, sousón, brancellao
91
Farbe: kirschrot mit violettem Saum. Aroma: rote Früchte, blumig, würzig, balsamisch, Wildkräuter. Mund: geschmackvoll, fruchtig, schöne Säure.

Sameirás 2022 T
sousón, caíño, brancellao
91
Farbe: kirschrot mit violettem Saum. Aroma: ausdrucksstark fruchtig, rote Früchte, blumig, würzig, erdig, Wildkräuter. Mund: geschmackvoll, fruchtig, schöne Säure.

Sameirás 2023 B
treixadura, albariño, godello, loureiro, lado
90
Farbe: leuchtendes Strohgelb. Aroma: feine Hefen, Wildkräuter, helle Früchte. Mund: voll, schöne Säure.

DO RIBEIRO / D.O.P.

DO RIBEIRO / D.O.P.

Viña Do Avó 2022 B
treixadura, albariño, godello, loureiro
87

ADEGA VIÑA COSTEIRA
Valdepereira, 1
32418 Ribadavia (Ourense/Orense)
☎: +34 988 477 210
informacion@costeira.es
www.costeira.wine

Amadeus 2022 B
treixadura
89
Aromatisch, fruchtig, saftig, reif; durchschnittlich am Gaumen, schlicht. Mund: süffig.

Colección 68 2023 B
treixadura, godello, albariño
90
Lieblich, aromatisch, korrekt, fruchtig, reif, schlicht, von Primäraromen beherrscht. Aroma: Kräutersäckchen.

Meu 2023 B
treixadura
89
Lieblich, aromatisch, korrekt, kräuterig, Zitrusfrüchte, geschmackvoll, schlicht.

Modus Vivendi Ribeiro 2023 B S
treixadura, albariño, loureiro
88
Aromatisch, fruchtig, reif, schlicht, durchschnittlich am Gaumen.

Tamborá 2023 B S
godello
89
Zitrusfrüchte, ausgewogen, kräuterig, frisch.

Viña Costeira 2023 B
treixadura, torrontés, godello, albariño
88
Zitrusfrüchte, frisch, fruchtig, kräuterig.

ADEGAS DO REXURDIR - RIBEIRO
Sobreira, 9 Rioboó - Osmo
32454 Cenlle (Ourense/Orense)
☎: +34 626 767 969
info@adegasdorexurdir.es
www.adegasdorexurdir.es

Fala de Min Treixadura 2023 B
treixadura
88
Kräuterig, reif, fruchtig, schlicht, geschmackvoll.

ADEGAS MALEIGA
N-120, 34 San Paio
32414 Ribadavia (Ourense/Orense)
☎: +34 647 740 569
adega@maleiga.com
www.maleiga.com

Maleiga Intre 2022 B
60% treixadura, 15% godello, 10% torrontés, 5% lado, 5% loureiro
92
Farbe: leuchtendes Gelb. Aroma: helle Früchte, welke Blumen, Wachs, ausgewogen. Mund: voll, fett, fruchtig, ausgewogen.

Maleiga Lapso 2022 T
65% caíño, 20% sousón, 15% ferrón
92
Farbe: kirschrot mit violettem Saum. Aroma: ausdrucksstark fruchtig, rote Früchte, blumig, würzig. Mund: geschmackvoll, fruchtig, schöne Säure.

ADEGAS VALDAVIA
Lugar de Cuñas, 24
32454 Cenlle (Ourense/Orense)
☎: +34 669 892 681
comercial@adegasvaldavia.com
www.vinosdoribeiro.es

Cuñas Davia 2022 B FB
60% treixadura, 20% albariño, 20% caíño
91
Aromatisch. Farbe: leuchtendes Strohgelb. Aroma: ausdrucksvoll, welke Blumen, helle Früchte, reifes Obst, würzig. Mund: fett, saftig, süffig.

Cuñas Davia 2023 B
60% treixadura, 20% albariño, 15% caíño, 5% otras
91
Farbe: leuchtendes Strohgelb, grünlicher Saum. Aroma: frisches Obst, Zitrusfrüchte, Wildkräuter, weiße Blumen. Mund: frisch, fruchtig, schöne Säure, zartbitter.

Cuñas Davia A Xiada 2023 B
50% treixadura, 50% albariño
91
Farbe: gelb. Aroma: reifes Obst, Banane, ausgewogen. Mund: korrekt, süffig, spannungsvoll, zartbitter.

**La Flor
de Margot Treixadura 2023 B**
100% treixadura

90

Herb. Farbe: leuchtendes Strohgelb. Aroma: Kräutersäckchen, feine Hefen, helle Früchte, mineralisch. Mund: voll, fett, schöne Säure.

AILALA-AILALELO

Pazo Lodeiro s/n - San Fiz Do Barón
32500 O Carballiño (Ourense/Orense)
☎: +34 610 602 672
export@ailalawine.com
www.ailalawine.com

Ailalá 2022 T
sousón

90

Farbe: kirschrot mit violettem Saum. Aroma: ausdrucksstark fruchtig, blumig, würzig, dunkle Früchte, welke Blumen. Mund: geschmackvoll, fruchtig, schöne Säure.

Ailalá 2023 B
treixadura

89

Aromatisch, korrekt, üppig, blumig, fruchtig. Mund: zartbitter.

Ailalelo Castes Tintas 2020 T
sousón, brancellao, ferrol, caíño longo, otras

90

Farbe: kirschrot mit granatrotem Saum. Aroma: reifes Obst, trockene Kräuter, Wildkräuter, welke Blumen, erdig. Mund: reife Früchte, würzig, reife Tannine.

**Ailalelo
Godello de Altura 2022 B**
godello

91

Leichte Oxidation. Farbe: gelb. Aroma: kraftvoll, weiches Eichenholz, würzig, gebackenes Obst. Mund: fett, strukturiert, zartbitter.

ARCO DA VELLA A ADEGA DE ELADIO

Pza. de España, 1
32431 Beade (Ourense/Orense)
☎: +34 607 487 060
arcodavellaadegadeeladio@gmail.com
www.adegaarcodavella.com

Tarabelo 2022 T C
90

Waldfinsternis, wild. Farbe: kirschrot mit violettem Saum. Aroma: balsamisch, Buschwaldkräuter, Wildkräuter, erdig. Mund: balsamisch, fruchtig, ausgewogen.

Tarabelo 2021 T C
50% sousón, 20% caíño longo, 20% brancellao, 10% ferrón

88

Vegetabil, reif, geschmackvoll, wild, Waldfinsternis.

Torques do Castro 2022 B
89

Herb, ausgewogen, frisch, kräuterig, Hefenoten.

BODEGA ALANÍS

Santa Cruz de Arrabaldo, 49
32990 Santa Cruz de Arrabaldo (Ourense/Orense)
☎: +34 988 384 200
vinos@bodegasgallegas.com
www.bodegasgallegas.com

Amavida Treixadura 2023 B
treixadura

88

Lieblich, aromatisch, korrekt, blumig, fruchtig, schlicht.

Gran Alanís Castes Blancas 2023 B
godello, treixadura, loureiro, albariño

88

Lieblich, aromatisch, fruchtig, reif, von Primäraromen beherrscht, schlicht. Aroma: Banane.

Gran Alanís Castes Tintas 2022 T
sousón, caíño, brancellao, ferrón

88

Nach Eingemachtem, würzig, Cremig, trockene Kräuter, voll, reif, Röstaromen.

Gran Alanís Treixadura/Godello 2023 B
treixadura, godello

89

Lieblich, aromatisch, korrekt, blumig. Mund: süffig, reife Früchte.

BODEGA CASAR DE VIDE

Vide, 2
32430 Castrelo de Miño (Ourense/Orense)
☎: +34 983 683 315
www.casardevide.es

Casar de Vide 2023 B
treixadura, albariño, godello, torrontés

87

DO RIBEIRO / D.O.P.

BODEGA SANCLODIO
OUR-CV-22
32429 Cubilledo (Ourense/Orense)
☎: +34 983 683 315
info@bodegasanclodio.com
www.bodegasanclodio.com

Casa da Porta Sanclodio 2022 B
treixadura
90
Farbe: leuchtendes Strohgelb. Aroma: Hefenoten, feine Hefen, helle Früchte, offen, ausgewogen. Mund: geschmackvoll, nachhaltig, ausgewogen, zartbitter.

Sanclodio 2023 B
treixadura, godello, loureiro, albariño
90
Lieblich, aromatisch, ausgewogen, üppig, fruchtig, blumig. Aroma: offen, ausgewogen. Mund: süffig, reife Früchte.

BODEGA Y VIÑEDOS PAZO CASANOVA
Camiño Souto do Río, 1 Santa Cruz de Arrabaldo
32990 Ourense/Orense (Ourense/Orense)
☎: +34 988 384 186
Fax: +34 606 581 720
comercial@grandespagosgallegos.com
www.grandespagosgallegos.com

Finca Viñoa Embotellado Tardío 2021 B
90% treixadura, 5% albariño, 3% godello, 2% loureiro
93
Farbe: leuchtendes Gelb. Aroma: getrocknete Blumen, kandierte Früchte, feine Hefen, Feingebäck. Mund: abgerundet, würzig, nachhaltig.

Finca Viñoa Paraje Penaboa 2020 B
90% treixadura, 5% albariño, 3% godello, 2% loureiro
93
Rauchig, würzig. Farbe: gelb. Aroma: reifes Obst, kraftvoll, welke Blumen. Mund: ausgewogen, fett, geschmackvoll, lebhaft.

Finca Viñoa Treixadura Sobre Lías 2023 B
90% treixadura, 5% albariño, 3% godello, 2% loureiro
90
Angenehm, ausgewogen. Aroma: Zitrusfrüchte, welke Blumen, feine Hefen. Mund: saftig, fett, fruchtig, süffig.

BODEGAS CAMPANTE
Finca Reboreda s/n
32941 Toén (Ourense/Orense)
☎: +34 988 261 212
info@campante.com
www.bodegasgrm.com

A Telleira Caiño 2022 B
100% caiño blanco
92
Farbe: strohgelb. Aroma: reifes Obst, Steinobst, tropische Frucht, Wildkräuter, weiße Blumen. Mund: kraftvoll, reife Früchte, ausgewogen.

A Telleira Godello 2023 B
100% godello
90
Lieblich, klar definierte Aromen. Aroma: Wildkräuter, offen, ausgewogen. Mund: korrekt, zartbitter, süffig.

A Telleira Loureira 2022 B
100% loureiro
92
Farbe: leuchtendes Strohgelb. Aroma: reifes Obst, feine Hefen, eine Spur Waldbeeren. Mund: voll, fett, lang, schöne Säure.

A Telleira Parcelas 2023 B
60% treixadura, 40% godello
89
Aromatisch, korrekt, ausgewogen, üppig, mineralisch, geschmackvoll, von Primäraromen beherrscht. Aroma: ausdrucksstark fruchtig, reifes Obst.

Adeus 2023 B
100% treixadura
89
Zitrusfrüchte, blumig, frisch, kräuterig, Hefenoten.

BODEGAS CASAL DE ARMÁN
32415 Ribadavia (Ourense/Orense)
☎: +34 680 979 763
info@casaldearman.net
www.casaldearman.net

Armán Finca Isabel Millán 2021 T
65% brancellao, 25% caiño, 10% ferrol
92
Klar definierte Aromen, balsamisch, repräsentativ. Aroma: Buschwaldkräuter, dunkle Früchte, rote Früchte, balsamisch. Mund: saftig, würzig, süffig.

DO RIBEIRO / D.O.P.

🏆 PODIUM

Armán Finca Misenhora 2021 B
90% treixadura, 5% albariño, 5% godello

95

Klar definierte Aromen, repräsentativ. Farbe: leuchtendes Strohgelb. Aroma: offen, ausdrucksvoll, Steinobst, blumig, Safran. Mund: geschmackvoll, lebhaft, voll, lang, mineralisch.

Arman Finca Os Loureiros 2022 B
treixadura

94

Farbe: leuchtendes Strohgelb. Aroma: ausgewogen, würzig, blumig, helle Früchte, mineralisch. Mund: fruchtig, saftig, sortentypisch, schöne Säure, zartbitter, mineralisch.

Casal de Armán 2023 B
90% treixadura, 5% albariño, 5% godello

92

Farbe: leuchtendes Strohgelb. Aroma: ausdrucksvoll, reifes Obst, blumig, feine Hefen, mineralisch, offen. Mund: lang, geschmackvoll.

Pepe Carrasca 2022 B
treixadura

92

Farbe: leuchtendes Gelb. Aroma: ausdrucksvoll, blumig, frisches Obst, Steinobst. Mund: geschmackvoll, lang, reife Früchte.

BODEGAS CUNQUEIRO
Ctra., 4
32430 Prado de Miño (Ourense/Orense)
☎: +34 988 489 023
info@bodegascunqueiro.es
www.bodegascunqueiro.es

Cunqueiro Centenario 2022 T
mencía

90

Farbe: kirschrot mit violettem Saum. Aroma: ausdrucksstark fruchtig, rote Früchte, blumig, würzig, Wildkräuter. Mund: geschmackvoll, fruchtig, schöne Säure.

Cunqueiro Centenario 2023 B
treixadura

90

Farbe: leuchtendes Strohgelb. Aroma: reifes Obst, Kräutersäckchen, feine Hefen, weiße Blumen. Mund: voll, schöne Säure.

Mais de Cunqueiro Godello 2023 B
godello

89

Aromatisch, korrekt, trockene Kräuter, ausgewogen, angenehm. Mund: süffig.

Cunqueiro El Primero 2023 T
caiño longo, mencía, brancellao, sousón

91

Rustikal, wild. Farbe: kirschrot mit violettem Saum. Aroma: rote Früchte, blumig, würzig. Mund: geschmackvoll, fruchtig, schöne Säure, grobkörnige Tannine.

Cunqueiro III Milenium 2023 B
treixadura, godello, albariño, loureiro

89

Zitrusfrüchte, korrekt, fruchtig, von Primäraromen beherrscht, nachhaltig, blumig.

Mais de Cunqueiro Torrontés 2022 B
torrontés

91

Farbe: strohgelb. Aroma: ausdrucksvoll, weiße Blumen, feine Hefen, feine Reduktionsnoten. Mund: geschmackvoll, fruchtig, ausgewogen.

BODEGAS EL PARAGUAS
Lugar de A Aldea de Cobas, 135
15594 Ferrol (A Coruña/La Coruña)
☎: +34 636 161 479
info@bodegaselparaguas.com
www.bodegaselparaguas.com

El Paraguas Atlántico 2022 B
88% treixadura, 8% godello, 4% albariño

94

Farbe: leuchtendes Gelb. Aroma: reifes Obst, ausgewogen, würzig, feine Hefen. Mund: fett, saftig, nachhaltig, geschmackvoll.

🏆 PODIUM

Fai un Sol de Carallo 2020 B
88% treixadura, 7% godello, 5% albariño

95

Farbe: leuchtendes Gelb. Aroma: ausgewogen, ausdrucksvoll, geröstetes Brot, Bäckerei, feine Hefen. Mund: saftig, voll, kraftvoll, geschmackvoll, salzig.

🏆 PODIUM

La Sombrilla 2021 B
94% treixadura, 6% albariño

96

Farbe: leuchtendes Strohgelb. Aroma: reifes Obst, feine Hefen, mineralisch, eine Spur Waldbeeren, ausdrucksvoll. Mund: voll, fett, lang, schöne Säure.

DO RIBEIRO / D.O.P.

BODEGAS NAIROA
A Ponte, 2
32417 Arnoia (Ourense/Orense)
☎: +34 988 492 867
info@bodegasnairoa.com
www.bodegasnairoa.com

Alberte Treixadura 2023 B
treixadura
88
Aromatisch, lieblich, durchschnittlich am Gaumen, fruchtig, schlicht.

Val de Nairoa 2022 B
treixadura, albariño, lado, loureiro
88
Vegetabil, durchschnittlich am Gaumen, anders, saftig.

BODEGAS O VENTOSELA
San Clodio Leiro Ctra. OU 504, Km. 8.8
32420 Leiro (Ourense/Orense)
☎: +34 678 660 091
bodegasydestilerias@oventosela.com
www.oventosela.com

El Godello de Juan Miguez 2023 B
godello
88
Zitrusfrüchte, frisch, kräuterig.

Gran Leiriña Treixadura 2023 B
treixadura
89
Flüssig am Gaumen, frisch, fruchtig, schlicht, durchschnittlich am Gaumen.

Manoliño Verbenas 2023 B
87

BODEGAS PEÑA
Vide
32430 Castrelo de Miño (Ourense/Orense)
☎: +34 650 320 954
info@lancero.es
www.vinosribeiro.es

Señorío do Lancero 2023 B
treixadura, godello, torrontés
85

BODEGAS SIAH
Ctra. Ribadavia a Carballiño, Km. 6
32419 Leiro (Ourense/Orense)
☎: +34 607 352 815
isabel.salgado@bodegas-siah.com
www.bodegas-siah.com

Siah Isabel Salgado 2022 B
85% treixadura, 15% godello, albariño, loureiro
90
Farbe: leuchtendes Strohgelb. Aroma: ausdrucksstark fruchtig, reifes Obst, blumig. Mund: geschmackvoll, fett, saftig.

BODEGOSA
Fondo de Vila, 6 N2B
32430 Castrelo de Miño (Ourense/Orense)
☎: +34 988 296 113
almacengomez@hotmail.com
www.bodegosa.com

Zapicos - Fruto del Minifundio 2023 T
88
Leichte Reduktion, frisch, fruchtig, Waldfinsternis, geschmackvoll.

Zapicos do Verea Godello 2023 B
godello
90
Lieblich, aromatisch. Aroma: Banane, reifes Obst, von Primäraromen beherrscht, ausgewogen. Mund: süffig, korrekt, zartbitter.

Zapicos do Verea 2023 B
70% treixadura, 20% godello, 10% torrontés
90
Aromatisch, üppig, fruchtig. Aroma: blumig, offen, ausdrucksvoll. Mund: frisch, sortentypisch, süffig.

CASAL DO CANTEIRO
Plaza de Freás, 20
32430 Castrelo de Miño (Ourense/Orense)
☎: +34 637 858 471
info@casaldocanteiro.com

Casal do Canteiro 2023 B
80% treixadura, 20% torrontés
90
Farbe: leuchtendes Strohgelb. Aroma: Kräutersäckchen, feine Hefen, tropische Frucht. Mund: voll, schöne Säure.

COTO DE GOMARIZ
Barro de Gomariz s/n
32429 Leiro (Ourense/Orense)
☎: +34 610 602 672
gomariz@cotodegomariz.com
www.cotodegomariz.com

Abadía
de Gomariz 2020 T
sousón, brancellao, ferrol, mencía

92

Balsamisch, wild, repräsentativ. Farbe: KirsChrot. Aroma: Buschwaldkräuter. Mund: würzig, schöne Säure, ausgewogen.

Coto
de Gomariz 2022 B
treixadura, albariño, godello, loureiro

92

Farbe: gelb, blass. Aroma: reifes Obst, Kräutersäckchen, feine Hefen. Mund: voll, fett, lang, schöne Säure.

Coto de Gomariz 2023 B
treixadura, albariño, godello, loureiro

91

Farbe: leuchtendes Strohgelb. Aroma: reifes Obst, blumig. Mund: geschmackvoll, schöne Säure, nachwirkend fruchtig, süffig.

Coto de Gomariz
Finca O Figueiral 2020 B
treixadura, lado, godello, albariño, loureiro, otras

93

Oxidativ. Farbe: leuchtendes Strohgelb. Aroma: reifes Obst, Kräutersäckchen, feine Hefen, süße Gewürze. Mund: voll, fett, lang, schöne Säure.

The Flower
and The Bee Treixadura 2023 B
treixadura

90

Klar definierte Aromen, korrekt, fruchtig, üppig, geschmackvoll, schlicht, von Primäraromen beherrscht.

DIEGO DONIZ DIÉGUEZ
Lg. O Pazo, s/n
32417 Arnoia (Ourense/Orense)
☎: +34 606 135 159
teardosdodi@gmail.com
www.diegodonizdieguez.com

Tear dos Dodi 2023 B
treixadura, torrontés

89

Schwefelig, korrekt, frisch, trockene Kräuter, fruchtig. Aroma: Wildkräuter. Mund: zartbitter.

Tear dos Dodi 2023 T
caiño, ferrón, brancellao, sousón

88

Ausgewogen, würzig, vegetabil, geschmackvoll, reif.

DOMINIO DO BIBEI
Langullo, s/n
32781 Manzaneda (Ourense/Orense)
☎: +34 670 704 028
info@dominiodobibei.com
www.dominiodobibei.com

Lalume 2022 B
treixadura

93

Farbe: leuchtendes Strohgelb. Aroma: helle Früchte, trockener Stein, ausdrucksvoll, offen, frisch, feine Hefen. Mund: fruchtig, süffig, reife Früchte.

EDUARDO PEÑA
Lugar de Barral, Ctra. Cartelle, s/n
32430 Castrelo de Miño (Ourense/Orense)
☎: +34 629 872 130
bodega@bodegaeduardopenha.es
www.bodegaeduardopenha.es

Eduardo Peña 2023 B
40% treixadura, 30% albariño, 20% godello, 5% loureiro, 5% lado

89

Fruchtig, saftig, reif, aromatisch, lieblich, durchschnittlich am Gaumen, von Primäraromen beherrscht. Aroma: Banane. Mund: süffig.

Eduardo Peña La Vista 2022 B
50% albariño, 50% treixadura

93

Farbe: leuchtendes Strohgelb. Aroma: reifes Obst, Kräutersäckchen, feine Hefen, Jodnuancen, mineralisch, balsamisch, weiße Blumen. Mund: voll, fett, lang, schöne Säure.

María Andrea 2023 B
60% treixadura, 30% albariño, 10% loureiro

90

Farbe: leuchtendes Strohgelb. Aroma: ausdrucksstark fruchtig, reifes Obst, blumig. Mund: geschmackvoll, frisch, schöne Säure, nachwirkend fruchtig.

Sara Peña 2023 T RB
33% brancellao, 33% sousón, 33% caiño

91

Farbe: kirschrot mit violettem Saum. Aroma: ausdrucksstark fruchtig, blumig, würzig, dunkle Früchte, rote Früchte, erdig. Mund: geschmackvoll, fruchtig, schöne Säure, fleischig.

DO RIBEIRO / D.O.P.

DO RIBEIRO / D.O.P.

GALLINA DE PIEL WINES
17005 Girona (Girona)
info@gallinadepielwines.com
www.gallinadepielwines.com

Manar dos Seixas 2021 B
89% treixadura, 5% albariño, 5% godello, 1% loureiro
92
Farbe: leuchtendes Strohgelb. Aroma: reifes Obst, Kräutersäckchen, feine Hefen, weiße Blumen. Mund: voll, fett, schöne Säure.

HAMMEKEN CELLARS
03700 Denia (Alacant/Alicante)
☎: +34 965 791 967
cellars@hammekencellars.com
www.hammekencellars.com

Gotas de Mar Godello 2022 B FB
godello
91
Farbe: leuchtendes Gelb. Aroma: Zitronenbombon, ausdrucksstark fruchtig, reifes Obst, Röstaromen, süße Gewürze. Mund: fruchtig, geschmackvoll, ausgewogen, Röstnoten, rauchig nachwirkend, weiche Tannine.

Gotas de Mar Godello 2023 B
godello
89
Aromatisch, getrocknete Blumen, fruchtig, naschhaft, reif.

IVÁN VÁZQUEZ PATEIRO (PATEIRO VINOS DE GUARDA)
Ctra. de Francelos nº 34 2ºC
32400 Ribadavia (Ourense/Orense)
☎: +34 696 147 706
info@pateirovinosdeguarda.com
www.pateirovinosdeguarda.com

El Patito Feo Castes tintas 2023 T
90
Fruchtig, naschhaft. Farbe: kirschrot mit violettem Saum. Aroma: ausdrucksstark fruchtig, rote Früchte, blumig, würzig. Mund: geschmackvoll, fruchtig, schöne Säure, lang.

El Patito Feo Godello 2023 B BA
90
Farbe: leuchtendes Strohgelb. Aroma: Kräutersäckchen, feine Hefen, helle Früchte, mineralisch. Mund: voll, fett, schöne Säure.

Saramusa Treixadura 2023 B
89
Zitrusfrüchte, frisch, mineralisch, Hefenoten.

El Patito Feo Treixadura Sobre Lías 2023 B
treixadura
90
Farbe: leuchtendes Gelb. Aroma: ausgewogen, ausdrucksvoll, Wildkräuter, Zitrusfrüchte. Mund: frisch, schöne Säure, zartbitter.

Pateiro Anfora 2022 B
loureiro, treixadura
92
Farbe: leuchtendes Strohgelb. Aroma: ausdrucksvoll, reifes Obst, blumig, feine Hefen, mineralisch. Mund: lang, fruchtig, saftig, geschmackvoll.

Pateiro Treixadura 2021 B BA
90
Farbe: leuchtendes Strohgelb. Aroma: Kräutersäckchen, feine Hefen, süße Gewürze, helle Früchte. Mund: voll, fett, schöne Säure.

MAURO ESTÉVEZ
A Ponte, 21
32417 Arnoia (Ourense/Orense)
☎: +34 617 090 616
joseestevezarnoia@gmail.com
www.mauroestevez.com

Mauro Estévez 2023 B
treixadura, albariño, loureiro, lado, godello
90
Farbe: leuchtendes Strohgelb, grünlicher Saum. Aroma: frisches Obst, Zitrusfrüchte, Wildkräuter, feine Hefen. Mund: frisch, fruchtig, schöne Säure, zartbitter.

Uxía da Ponte 2023 B
100% lado
92
Herb, getrocknete Blumen. Farbe: leuchtendes Strohgelb. Aroma: mittlere Intensität, offen. Mund: ausgewogen, würzig, zartbitter, süffig.

PABLO VIDAL - VINOS CON PERSONALIDAD
Rúa do Miradoiro 8
32004 Ourense/Orense (Ourense/Orense)
☎: +34 609 152 251
pablovidal@vinosconpersonalidad.com
www.vinosconpersonalidad.com

Big Bang 2022 T BA S
35% caíño longo, 30% sousón, 25% brancellao, 10% ferrón
93
Farbe: kirschrot mit violettem Saum. Aroma: ausdrucksstark fruchtig, rote Früchte, blumig, würzig. Mund: geschmackvoll, fruchtig, schöne Säure, lang.

Renacido 2022 B
70% treixadura, 10% godello, 10% albariño
92
Farbe: leuchtendes Strohgelb. Aroma: Kräutersäckchen, feine Hefen, helle Früchte, weiße Blumen. Mund: voll, fett, schöne Säure.

PAZO DE TOUBES
Valdepereira, 1
32415 Ribadavia (Ourense/Orense)
☎: +34 988 477 210
comercial@toubes.es
www.toubes.es

Modus Vivendi 2023 B
treixadura, albariño, loureiro
90
Aromatisch, fruchtig. Aroma: blumig, helle Früchte, ausgewogen. Mund: saftig, süffig, geschmackvoll.

PAZO DE VIEITE
Ctra. Ribadavia - Carballiño, Km. 6 Vieite
32419 Leiro (Ourense/Orense)
☎: +34 988 488 229
info@pazodevieite.es
www.pazodevieite.es

Farnadas 2023 B
treixadura, godello, albariño, loureiro
90
Lieblich, korrekt, fruchtig, saftig, durchschnittlich am Gaumen. Aroma: mittlere Intensität. Mund: süffig, korrekt.

PAZO TIZÓN
Moldes
32514 Boborás (Ourense/Orense)
☎: +34 639 788 788
admon@pazotizon.com
www.pazotizon.com

Pazo Tizón 2023 B
albariño, treixadura, loureiro
90
Farbe: leuchtendes Strohgelb. Aroma: reifes Obst, feine Hefen, Wildkräuter. Mund: voll, schöne Säure.

PRIVIOS
Soutelo, 3 Goián
36750 Tomiño (Pontevedra)
☎: +34 986 620 137
info@primavinia.com
www.primaviniawines.com

El Maquinista 2021 T
100% tempranillo
88
Angenehm, durchschnittlich am Gaumen, ausgewogen, fruchtig, reif, geschmackvoll, schlicht.

Pepito Grillo 2022 B
treixadura, torrontés, albariño, loureiro, godello
90
Farbe: gelb. Aroma: Hefenoten, feine Hefen, welke Blumen, getrocknete Blumen. Mund: zartbitter, süffig.

SEÑORÍO DE BEADE
Piñeiros, s/n
32431 Beade (Ourense/Orense)
☎: +34 988 480 050
beade@beadeprimacia.com
www.senoriodebeade.com

Beade 25 Autor 2022 B
loureiro
88
Korrekt, aromatisch, reif, sortenrein, geschmackvoll.

Beade Orixe 2016 B
treixadura, albariño, godello
90
Farbe: leuchtendes Gelb. Aroma: Anklänge von gekochten Früchten, Wildkräuter, mit Charakter, metallisch. Mund: geschmackvoll, zartbitter.

Beade Orixe 2020 T C
mencía, caiño, sousón
90
Farbe: tiefes Kirschrot. Aroma: reifes Obst, trockene Kräuter, weiches Eichenholz, dunkle Früchte. Mund: reife Früchte, würzig, reife Tannine.

Beade Primacía 2023 B
treixadura
90
Lieblich, klar definierte Aromen, fruchtig, reif, von Primäraromen beherrscht. Mund: ausgewogen, geschmackvoll, saftig, fruchtig.

Señorío de Beade 2023 B
treixadura, godello
88
Zitrusfrüchte, frisch, kräuterig, ausgewogen.

Señorío de Beade 2023 T
mencía, caiño
89
Ausgewogen, blumig, frisch, fruchtig, kräuterig.

DO RIBEIRO / D.O.P.

TOLO DO XISTO
Lugar Rubín, Rozavales, 1
27413 Monforte de Lemos (Lugo)
☎: +34 619 776 948
info@tolodoxisto.com
www.tolodoxisto.com

Tolemia 2023 B
80% treixadura, 20% albariño

91

Klar definierte Aromen, Zitrusfrüchte. Aroma: offen, ausgewogen, helle Früchte. Mund: ausgewogen, spannungsvoll, saftig.

VIÑA EDUARDO BRAVO
Pazo Lodeiro, s/n
32515 San Fiz do Barón, O Carballiño (Ourense/Orense)
☎: +34 653 131 487
eduardobravovino@gmail.com
www.eduardobravo.es

Eduardo Bravo 2023 B
65% treixadura, 15% albariño, 8% loureiro, 12% torrontés, godello

90

Farbe: leuchtendes Strohgelb. Aroma: ausdrucksstark fruchtig, reifes Obst, blumig. Mund: geschmackvoll, schöne Säure, nachwirkend fruchtig.

VIÑA MEIN - EMILIO ROJO
Lugar de Mein, s/n
32420 Leiro (Ourense/Orense)
☎: +34 983 878 020
info@almacarraovejas.com
www.vinamein-emiliorojo.com

🏆 PODIUM

Emilio Rojo 2021 B
treixadura, lado, godello, caiño blanco, albariño, torrontés

95

Leichte Reduktion. Farbe: leuchtendes Strohgelb. Aroma: ausdrucksvoll, reifes Obst, blumig, feine Hefen, mineralisch. Mund: voll, würzig, poliert.

Mein 2021 T
brancellao, sousón, garnacha tintorera, caiño longo

92

Farbe: KirsChrot. Aroma: balsamisch, süße Gewürze, Buschwaldkräuter, rote Früchte, Gras. Mund: würzig, balsamisch, schöne Säure.

Mein 2022 B
treixadura, albariño, godello, loureiro, torrontés

90

Farbe: strohgelb. Aroma: ausdrucksvoll, weiße Blumen, Jasmin, trockene Kräuter. Mund: geschmackvoll, fruchtig, ausgewogen.

Meín Castes Brancas 2023 B
treixadura, godello, albariño, torrontés, loureiro, lado

92

Farbe: leuchtendes Strohgelb. Aroma: feine Hefen Wildkräuter, helle Früchte. Mund: voll, fett, lang, schöne Säure.

O Gran Mein 2020 T
brancellao, caiño longo

94

Farbe: KirsChrot. Aroma: komplex, ausdrucksvoll, würzig, mineralisch, Sträucher, balsamisch. Mund: elegant voll, lang, nachhaltig.

O Gran Meín Castes Brancas 2022 B
treixadura, godello, albariño, torrontés, loureiro, lado

93

Farbe: leuchtendes Strohgelb. Aroma: reifes Obst Kräutersäckchen, feine Hefen, blumig. Mund: voll, fett lang, schöne Säure.

O Gran Mein Lustro 2019 B

94

Farbe: leuchtendes Gelb. Aroma: getrocknete Blumen kandierte Früchte, feine Hefen, Feingebäck. Mund: abgerundet, würzig, lang, nachhaltig.

DO. RIBERA DEL DUERO

CONSEJO REGULADOR

Hospital, 6
09300 Roa (Burgos)
☎: +34 947 541 221
@: info@riberadelduero.es
www.riberadelduero.es

LAGE:

Das Anbaugebiet befindet sich in den Provinzen Burgos, Valladolid, Segovia und Soria. Es umfasst 19 Gemeinden im Osten von Valladolid, 5 im Nordwesten von Segovia, 59 im südlichen Teil der Provinz Burgos (Hauptanbaugebiet mit ca. 10.000 ha) sowie 6 Gemeinden im westlichen Teil von Soria.

REBSORTEN:

WEISS: Albillo Mayor.

ROT: Tinta del País (Tempranillo, Hauptsorte mit 81% der gesamten Anbaufläche), Garnacha Tinta, Cabernet Sauvignon, Malbec und Merlot.

DATEN:

Rebfläche (ha): 27.252 – **Winzer:** 7.419 – **Weinerzeuger:** 317 – **Jahrgang 23:** Sehr Gut – **Jahresproduktion 23:** 85.226.871 L. -**Absatz:** 81% Spanien - 19% Export.

BODENVERHÄLTNISSE:

Im Allgemeinen lockerer Boden, wenig fruchtbar und mit relativ hohem Kalkgehalt. Die meisten Sedimentablagerungen werden von sandigen, schlammigen oder tonhaltigen Schichten gebildet. Die Rebflächen liegen auf dem hügeligen Terrain der Flusstäler auf Höhen zwischen 720 und 1.100 m.

KLIMA:

Kontinental, mit leichtem atlantischen Einfluss. Die Winter sind recht kalt und die Sommer heiß. Vorteilhaft wirkt sich der große Temperaturunterschied zwischen Tages- und Nachttemperaturen aus, der die langsamere Reife der Traube und die Entwicklung eines ausgezeichneten Säuregehalts begünstigt. Die größte Gefahr bilden die Frühjahrsfröste, die immer wieder zu starken Produktionseinbrüchen führen. Die durchschnittliche Niederschlagsmenge liegt bei 450 bis 500 mm/Jahr.

ERNTEBEWERTUNG ANHAND JUNGER WEINE GUÍAPEÑÍN

2019	2020	2021	2022	2023
SEHR GUT	SEHR GUT	SEHR GUT	SEHR GUT	SEHR GUT

DO RIBERA DEL DUERO / D.O.P.

AALTO BODEGAS Y VIÑEDOS
Paraje Vallejo de Carril, s/n
47360 Quintanilla de Arriba (Valladolid)
☎: +34 983 036 949
aalto@aalto.es
www.aalto.es

Aalto 2022 T
93
Saftig. Farbe: tiefes Kirschrot. Aroma: trockene Kräuter, reifes Obst, rote Früchte, Röstaromen, neues Eichenholz, süße Gewürze. Mund: reife Früchte, würzig, reife Tannine.

🏆 **PODIUM**

Aalto PS (Pagos Seleccionados) 2022 T
95
Kraftvoll. Farbe: kirschrot mit granatrotem Saum. Aroma: weiches Eichenholz, warm, Früchtekonfit, dunkle Früchte. Mund: kraftvoll, süße Tannine, voll, konzentriert.

ABADÍA DE ACÓN
Ctra. Hontangas, Km. 0,400
09391 Castrillo de La Vega (Burgos)
☎: +34 947 509 292
info@abadiadeacon.com
www.abadiadeacon.com

Acón 2014 T GR
85% tempranillo, 15% cabernet sauvignon
93
Alt. Farbe: dunkles Kirschrot, granatroter Saum. Aroma: Früchtekonfit, Noten von Tischlerei, Tabak, süße Gewürze, Buschwaldkräuter. Mund: würzig, reife Tannine, lang.

Acón 2018 T R
85% tempranillo, 15% cabernet sauvignon
91
Farbe: dunkles Kirschrot, granatroter Saum. Aroma: reifes Obst, Noten von Tischlerei, Tabak, balsamisch. Mund: reife Tannine, lang, markante Eiche.

Acón 2019 T C
tempranillo
92
Farbe: kirschrot mit granatrotem Saum. Aroma: Früchtekonfit, in Likör eingelegte Früchte, kraftvoll, Schokolade, Röstaromen. Mund: geschmackvoll, leicht süßlich, lang.

Acón 2021 T RB
tempranillo
89
Angenehm, korrekt, würzig, kräuterig, saftig, reif. Mund: süffig.

Acón Selección 2011 T
tempranillo
92
Farbe: rubinrot mit ziegelrotem Saum. Aroma: stark gegerbtes Leder, in Likör eingelegte Früchte, Zigarren würzig, erdig. Mund: ausgewogen, klassischer Ausbau Reduktionsnoten.

Acón Tempranillo 2023 T
tempranillo
89
Klar definierte Aromen, korrekt, ausgewogen, fruchtig, geschmackvoll.

ALEJANDRO FERNÁNDEZ TINTO PESQUERA
Real, 2
47315 Pesquera de Duero (Valladolid)
☎: +34 983 870 037
elisa@bodegapesquera.com
www.familiafernandezrivera.com

Tinto Pesquera 2022 T C
100% tempranillo
91
Farbe: dunkles Kirschrot. Aroma: Röstaromen, würzig feiner Kakao, Schokolade, dunkle Früchte. Mund: geschmackvoll, Röstnoten, zartbitter.

Tinto Pesquera Albillo Mayor 2022 B
albillo mayor
91
Herb. Farbe: leuchtendes Gelb. Aroma: weiches Eichenholz, reifes Obst, würzig, trockene Kräuter trockener Stein, Wachs. Mund: fett, strukturiert zartbitter.

Tinto Pesquera Millenium 2019 T GR
100% tempranillo
93
Farbe: tiefes Kirschrot. Aroma: reifes Obst, trockene Kräuter, weiches Eichenholz, Röstaromen. Mund: reife Früchte, würzig, reife Tannine, elegant.

Tinto Pesquera MXI 2021 T
100% tempranillo
93
Farbe: sattes Kirschrot. Aroma: aromatischer Kaffee kraftvoll, reifes Obst, dunkle Früchte, Röstaromen weiches Eichenholz. Mund: rauchig nachwirkend nachhaltig, reife Tannine.

ALEJANDRO HERRERO VINOS VALBUENA
Señores Herreros, s/n
47359 Valbuena de Duero (Valladolid)
☎: +34 699 001 782
alejandro@vinosvalbuena.es
www.vinosvalbuena.es

Carro de Leña 2022 T
tempranillo
87

ALMA LÓPEZ WINES
Lugar Granja de Moviedro s/n
47360 Quintanilla de Arriba (Valladolid)
☎: +34 661 879 016
info@almalopezwines.com
www.almalopezwines.com

Alma López 12 meses 2022 T
tinto fino
92 🍷
Farbe: tiefes Kirschrot. Aroma: reifes Obst, trockene Kräuter, weiches Eichenholz. Mund: kraftvoll, reife Früchte, würzig, reife Tannine, saftig.

Alma López Aura 2020 T
tinto fino
91 🍷
Farbe: tiefes Kirschrot. Aroma: reifes Obst, trockene Kräuter, weiches Eichenholz. Mund: kraftvoll, reife Früchte, würzig, reife Tannine.

Alma López Flor 2022 T
tinto fino
91 🍷
Farbe: kirschrot mit violettem Saum. Aroma: blumig, würzig, dunkle Früchte, rote Früchte. Mund: geschmackvoll, fruchtig, schöne Säure, fleischig.

ALTOS DEL ENEBRO
09460 Milagros (Burgos)
☎: +34 619 409 097
comercial@altosdelenebro.es
www.altosdelenebro.es

Altos del Enebro 2020 T C
100% tinto fino
92
Würzig, fruchtig, reif. Farbe: tiefes Kirschrot. Aroma: reifes Obst, ausgewogen, würzig. Mund: reife Früchte, würzig, reife Tannine.

Altos del Enebro Albillo Mayor 2023 B
albillo mayor
91
Farbe: leuchtendes Strohgelb. Aroma: Nüsse, getrocknete Blumen, Wachs, Karamel, mittlere Intensität. Mund: saftig, lang, reife Früchte.

Altos del Enebro
Finca la Herradura 2020 T R
tinto fino
94
Mit Potenzial, korpulent, reif. Farbe: sattes Kirschrot, mattes Kirschrot. Aroma: weiches Eichenholz, feiner Kakao, reifes Obst, kraftvoll. Mund: voll, geschmackvoll, reife Tannine, würzig, lang.

Altos del Enebro La Goyesca 2019 T R
garnacha, tinto fino, albillo mayor, otras
93
Alt, klassisch, reif. Farbe: dunkles Kirschrot. Aroma: dunkle Früchte, reifes Obst, Buschwaldkräuter, trockene Kräuter, Wachs. Mund: strukturiert, voll, poliert.

Tomás González 2023 T RB
91
Farbe: leuchtendes Kirschrot, violetter Saum. Aroma: rote Früchte, reifes Obst, offen, ausgewogen. Mund: fruchtig, saftig, würzig, süffig, lang.

ASTRALES
Ctra. Olmedillo, Km. 7
09313 Anguix (Burgos)
☎: +34 647 641 947
administracion@astrales.es
www.astrales.es

Astrales 2020 T
tempranillo
92
Farbe: tiefes Kirschrot. Aroma: trockene Kräuter, weiches Eichenholz, dunkle Früchte. Mund: kraftvoll, reife Früchte, würzig, reife Tannine.

Astrales Christina 2020 T C
tempranillo
93
Farbe: dunkles Kirschrot. Aroma: Röstaromen, würzig, feiner Kakao, reifes Obst, dunkle Früchte. Mund: geschmackvoll, Röstnoten, zartbitter, fruchtig, würzig, ziemlich nachhaltig.

AUSÀS BODEGAS Y VIÑEDOS
Síndico, 5
47350 Quintanilla de Onésimo (Valladolid)
☎: +34 669 653 217
info@ausasbodegas.com

🏆 **PODIUM**

Ausàs Interpretación 2022 T
tempranillo
95
Lieblich, würzig, reif. Farbe: tiefes Kirschrot. Aroma: komplex, ausdrucksvoll, würzig, mineralisch, Kreide. Mund: elegant, voll, lang, nachhaltig.

DO RIBERA DEL DUERO / D.O.P.

Guía Peñín | **SPANIENS WEINFÜHRER** 445

DO RIBERA DEL DUERO / D.O.P.

AVELINO VEGAS
Ctra. VA-101, km 3.7
47300 Peñafiel (Valladolid)
☎: +34 921 596 002
ana@avelinovegas.com
www.avelinovegas.com

Avelino Vegas 100 Aniversario 2020 T R
tempranillo
93
Farbe: KirsChrot. Aroma: komplex, würzig, Tabak, reifes Obst, dunkle Früchte, weiches Eichenholz, Schwarzer Pfeffer. Mund: voll, lang, nachhaltig, reife Tannine.

Avelino Vegas Áureo 2019 T R
tempranillo
92
Farbe: tiefes Kirschrot. Aroma: reifes Obst, trockene Kräuter, weiches Eichenholz, mineralisch, feine Reduktionsnoten. Mund: kraftvoll, reife Früchte, würzig, reife Tannine.

BADEN NUMEN
San Bernardo
47359 Valbuena de Duero (Valladolid)
☎: +34 615 995 552
bodega@badennumen.es
www.badennumen.es

Baden Numen "AU" 2021 T
91
Farbe: tiefes Kirschrot. Aroma: reifes Obst, weiches Eichenholz, Schokolade. Mund: kraftvoll, reife Früchte, würzig, reife Tannine.

Baden Numen "N" 2021 T C
89
Fruchtig, nach Eingemachtem, würzig, Röstaromen.

Baden Numen 2021 T C
tinto fino, cabernet sauvignon
90
Korpulent, kraftvoll, Röstaromen, würzig, reif, milchig, geschmackvoll.

Baden Numen 2021 T RB
tinto fino, cabernet sauvignon
89
Markante Eiche, reif, geschmackvoll, kraftvoll, nachhaltig. Aroma: reifes Obst.

Baden Numen 2023 B
albillo mayor
91
Farbe: leuchtendes Strohgelb. Aroma: reifes Obst, Kräutersäckchen, wenig Hefen, milchig, getrocknete Blumen, ausdrucksvoll. Mund: voll, fett, schöne Säure, fruchtig, würzig, ziemlich nachhaltig.

BELA
Ctra. de Palencia-Aranda de Duero, km. 68
09443 Villalba de Duero (Burgos)
☎: +34 947 112 783
marketing@cvne.com
www.bodegabela.com

Aúrea Minerva 2022 T
100% tempranillo
92
Farbe: tiefes Kirschrot. Aroma: trockene Kräuter, weiches Eichenholz, dunkle Früchte. Mund: kraftvoll, reife Früchte, würzig, reife Tannine.

Bela 2022 RD
87

Bela Ribera del Duero 2023 T
100% tempranillo
89
Ausgewogen, würzig, kräuterig, korpulent, fruchtig.

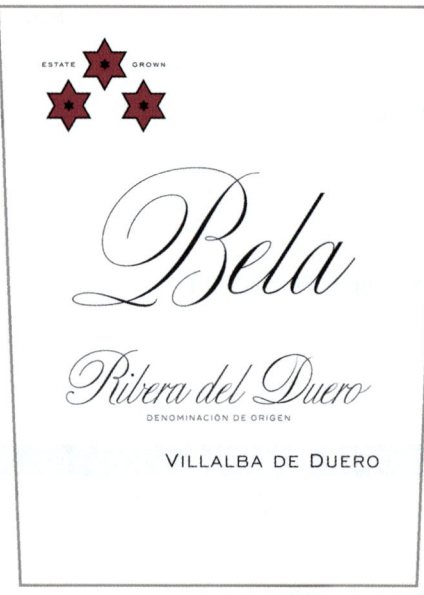

Cune Ribera del Duero 2023 T RB
100% tempranillo
88
Lieblich, fruchtig, korrekt, würzig, reif.

Finca Vallejo 2021 T C
100% tempranillo
89
Röstaromen, geschmackvoll, reif, würzig.

Finca Vallejo 2023 T RB
100% tempranillo

89

Würzig, fruchtig, reif, milchig, geschmackvoll.

Heredad de Arano 2021 T C
100% tempranillo

92

Farbe: tiefes Kirschrot. Aroma: dunkle Früchte, reifes Obst, Schwarzer Pfeffer, weiches Eichenholz, Röstaromen. Mund: geschmackvoll, fruchtig, kraftvoll, ausgewogen, rauchig nachwirkend, trockene, aber reife Tannine.

BODEGA ASCENSIÓN REPISO BOCOS

Ctra. de Valbuena, 34
47315 Pesquera de Duero (Valladolid)
☎: +34 620 280 781
info@veronicasalgado.es
www.veronicasalgado.es

Verónica Salgado Capricho 2020 T C
100% tempranillo

89 🌿

Fruchtig, reif, rauchig, Röstaromen, geschmackvoll, etwas austrocknend.

BODEGA BARDOS

Cam. de Aranda
09370 Quintana del Pidio (Burgos)
☎: +34 608 302 372
marketing@vintae.com
www.bardos.wine

Bardos Villalvaro 2021 T
tinto fino

93

Farbe: dunkles Kirschrot. Aroma: Röstaromen, würzig, feiner Kakao, dunkle Früchte, reifes Obst. Mund: geschmackvoll, Röstnoten, zartbitter.

Bardos Viñedos de Altura 2021 T
tinto fino

92

Farbe: tiefes Kirschrot. Aroma: reifes Obst, trockene Kräuter, weiches Eichenholz, süße Gewürze. Mund: kraftvoll, reife Früchte, würzig, reife Tannine.

BODEGA CM DE MATARROMERA

Camino Garruguele, s/n
26338 San Vicente de la Sonsierra (La Rioja)
☎: +34 941 334 093
comunicacion@bodegacmdematarromera.com
www.bodegacmdematarromera.com

Carlos Moro Finca Picón de Zurita 2019 T

92

Farbe: tiefes Kirschrot. Aroma: reifes Obst, trockene Kräuter, weiches Eichenholz. Mund: kraftvoll, reife Früchte, würzig, reife Tannine, saftig.

BODEGA CONVENTO SAN FRANCISCO

Calvario, 22
47300 Peñafiel (Valladolid)
☎: +34 983 878 052
bodega@bodegaconvento.com
www.bodegaconvento.com

Aldeasoña 2020 T R
100% tempranillo

92

Farbe: sattes Kirschrot. Aroma: aromatischer Kaffee, kraftvoll, reifes Obst, dunkle Früchte, Früchtekonfit. Mund: rauchig nachwirkend, nachhaltig, reife Tannine.

Convento San Francisco 2020 T C
100% tempranillo

91

Farbe: tiefes Kirschrot. Aroma: reifes Obst, trockene Kräuter, weiches Eichenholz, süße Gewürze. Mund: kraftvoll, reife Früchte, würzig, reife Tannine, rauchig nachwirkend.

Convento San Francisco La Zapatera 2020 T R
100% tempranillo

92

Warm. Farbe: tiefes Kirschrot. Aroma: trockene Kräuter, weiches Eichenholz, in Likör eingelegte Früchte. Mund: kraftvoll, reife Früchte, würzig, reife Tannine.

Convento San Francisco Selección Especial 2020 T BA
100% tempranillo

92

Farbe: dunkles Kirschrot. Aroma: Röstaromen, würzig, feiner Kakao, dunkle Früchte, reifes Obst, rauchig, trockene Kräuter. Mund: geschmackvoll, Röstnoten, zartbitter, würzig, ziemlich nachhaltig, trockene, aber reife Tannine.

Roble del Convento 2021 T RB
100% tempranillo

91

Farbe: tiefes Kirschrot. Aroma: reifes Obst, trockene Kräuter, weiches Eichenholz. Mund: kraftvoll, reife Früchte, würzig, reife Tannine.

DO RIBERA DEL DUERO / D.O.P.

DO RIBERA DEL DUERO / D.O.P.

BODEGA CUATRO RAYAS
Camino de la Fuentecilla, s/n
47491 La Seca (Valladolid)
☎: +34 983 816 320
comunicacion@cuatrorayas.es
www.cuatrorayas.es

Cuatro Rayas Cuarenta Vendimias Ribera del Duero 2021 T
100% tempranillo
88
Fruchtig, würzig, Röstaromen, geschmackvoll, rauchig.

Cuatro Rayas Tempranillo 2022 T RB
100% tempranillo
88
Fruchtig, von Primäraromen beherrscht, schlicht, vegetabil.

BODEGA DOBLE R
Ctra. Valladolid, s/n
09315 Fuentecén (Burgos)
☎: +34 947 532 693
info@bodegadobler.com
www.bodegadobler.com

Doble R 2021 T C
100% tempranillo
90
Farbe: kirschrot mit granatrotem Saum. Aroma: Früchtekonfit, in Likör eingelegte Früchte, kraftvoll, Schokolade. Mund: geschmackvoll, leicht süßlich, lang.

Doble R 2023 RD
100% tempranillo
88
Angenehm, fruchtig, reif.

Doble R 2023 T
100% tempranillo
87

Doble R 5 Meses 2022 T RB
100% tempranillo
88
Fruchtig, reif, geschmackvoll, Röstaromen.

Doble R Vendimia Seleccionada 2019 T
100% tempranillo
89
Fruchtig, würzig, Röstaromen, geschmackvoll.

BODEGA EMINA
Ctra. San Bernardo, s/n
47359 Valbuena de Duero (Valladolid)
☎: +34 983 683 315
emina@emina.es
www.emina.es

Emina 2021 T C
tempranillo
88
Fruchtig, trockene Kräuter, vegetabil, schlicht, würzig.

Emina Atio 2019 T R
tempranillo
91
Farbe: tiefes Kirschrot. Aroma: reifes Obst, trockene Kräuter, weiches Eichenholz. Mund: reife Früchte würzig.

Emina Emoción 2019 T R
tempranillo
90
Farbe: tiefes Kirschrot. Aroma: reifes Obst, trockene Kräuter, weiches Eichenholz, dunkle Früchte, würzig. Mund: reife Früchte, würzig, fruchtig, geschmackvoll, trockene, aber reife Tannine.

Emina Pasión 2023 T
tempranillo
88
Reif, nach Eingemachtem, korrekt, balsamisch, würzig.

BODEGA HERMANOS DEL VILLAR
Cordel de las Merinas, s/n
47490 Rueda (Valladolid)
☎: +34 983 868 904
info@orodecastilla.com
www.orodecastilla.com

Gaudeamus 2022 T RB
tempranillo
90
Farbe: kirschrot mit violettem Saum. Aroma: ausdrucksstark fruchtig, würzig, dunkle Früchte, Röstaromen. Mund: geschmackvoll, fruchtig, ausgewogen ziemlich nachhaltig, rauchig nachwirkend.

Oro de Castilla 2021 T C
tinto fino
90
Kräuterig. Aroma: offen, ausgewogen, Gras, Wildkräuter, würzig. Mund: geschmackvoll, sortentypisch.

BODEGA LOS OLMOS

Las Olmas s/ n
09370 Quintana del Pidío
(Burgos)
☎: +34 947 545 185
info@bodegalosolmos.com
www.bodegalosolmos.com

Los Olmos 2015 T R
100% tempranillo

90

Farbe: tiefes Kirschrot, granatroter Saum. Aroma: Noten von Tischlerei, feiner Kakao, Zigarren, Röstaromen, Früchtekonfit. Mund: geschmackvoll, würzig, Röstnoten, kräftige Tannine.

Los Olmos 2020 T C
tempranillo

89

Angenehm, Röstaromen, mild, fruchtig.

Los Olmos 2021 T RB
100% tempranillo

88

Reif, schlicht, trockene Kräuter, lieblich, balsamisch, durchschnittlich am Gaumen.

Los Olmos 2023 RD
tinta del país, albillo mayor, otras

87

Los Olmos 2023 T
tinta del país

87

BODEGA MATARROMERA

Ctra. Renedo- Pesquera Km. 30
47359 Valbuena de Duero
(Valladolid)
☎: +34 983 683 315
matarromera@matarromera.es
www.matarromera.es

Matarromera 2016 T GR
tempranillo

93

Cremig, klassisch. Farbe: dunkles Kirschrot, granatroter Saum. Aroma: reifes Obst, Früchtekonfit, Noten von Tischlerei, Tabak, süße Gewürze. Mund: würzig, reife Tannine, lang.

Matarromera 2019 T R
100% tempranillo

93

Farbe: dunkles Kirschrot. Aroma: reifes Obst, Noten von Tischlerei, Tabak, süße Gewürze, dunkle Früchte. Mund: würzig, ziemlich nachhaltig, trockene, aber reife Tannine, Röstnoten.

Matarromera 2021 T C
tempranillo

91

Farbe: leuchtendes Kirschrot. Aroma: reifes Obst, trockene Kräuter, süße Gewürze. Mund: reife Früchte, würzig, reife Tannine, ausgewogen, lang.

🏆 PODIUM

Matarromera Pago de las Solanas 2016 T R
tempranillo

95

Farbe: kirschrot mit granatrotem Saum. Aroma: Früchtekonfit, in Likör eingelegte Früchte, kraftvoll, Schokolade, Röstaromen, Tabak. Mund: geschmackvoll, leicht süßlich, lang.

Matarromera Prestigio 2020 T
tempranillo

93

Farbe: tiefes Kirschrot. Aroma: reifes Obst, trockene Kräuter, weiches Eichenholz, Wildkräuter, würzig. Mund: kraftvoll, reife Früchte, würzig, reife Tannine, trockene, aber reife Tannine.

BODEGA PINNA FIDELIS

Camino de Llanillos, s/n
47300 Peñafiel (Valladolid)
☎: +34 983 878 034
josemanuelgomez@pinnafidelis.com
www.pinnafidelis.com

De Tiros Largos 2021 T
100% tinta del país

92

Farbe: leuchtendes Kirschrot. Aroma: offen, mit Charakter, würzig, Buschwaldkräuter, weiches Eichenholz. Mund: geschmackvoll, lang, ausgewogen, geschmeidig.

Pinna Fidelis 2019 T R
100% tinta del país

89

Röstaromen, rauchig, würzig, reif.

Pinna Fidelis 2020 T C
100% tinta del país

90

Farbe: leuchtendes Kirschrot. Aroma: süße Gewürze, reifes Obst, weiches Eichenholz, schwarze Lakritze. Mund: würzig, reife Tannine, süffig.

Pinna Fidelis 2022 T RB
100% tinta del país

88

Angenehm, klar definierte Aromen, korrekt, Cremig, würzig, reif, schlicht.

DO RIBERA DEL DUERO / D.O.P.

DO RIBERA DEL DUERO / D.O.P.

BODEGA RENTO
Santa María, 36
47359 Olivares de Duero (Valladolid)
☎: +34 983 683 315
tienda@matarromera.es
www.bodegarento.es

Granza 2022 T
tempranillo
89 ♣
Lieblich, fruchtig, saftig, reif, würzig, ausgewogen.

Rento 2018 T
tempranillo
92
Farbe: kirschrot mit granatrotem Saum. Aroma: dunkle Früchte, Schwarzer Pfeffer, schwarze Lakritze, würzig, Röstaromen. Mund: geschmackvoll, fruchtig, ausgewogen, würzig, reife Tannine.

BODEGA ROQUESAN
Eras de Arriba s/n
09454 Quemada (Burgos)
☎: +34 947 553 133
bodega@roquesan.es
www.roquesan.es

Q Alta Expresión Especial 2021 T
tempranillo
87

Roquesan 2020 T C
tempranillo
87

Roquesan 2022 T RB
tempranillo
89
Fruchtig, frisch, reif, rauchig, Röstaromen, geschmackvoll, etwas austrocknend.

Roquesan 2023 RD
tempranillo
85

BODEGA RUDELES
42345 Peñalba de San Esteban (Soria)
info@rudeles.com
www.rudeles.com

Rudeles "23" 2022 T
95% tempranillo, 5% garnacha
90
Farbe: kirschrot mit violettem Saum. Aroma: ausdrucksstark fruchtig, würzig, dunkle Früchte, Wildkräuter. Mund: geschmackvoll, fruchtig, ausgewogen, ziemlich nachhaltig, reife Tannine.

Rudeles "23" 2023 B
100% albillo mayor
89
Klar definierte Aromen, korrekt, fruchtig, trockene Kräuter, reif, durchschnittlich am Gaumen.

Rudeles Aire 2021 B FB
albillo mayor
91
Farbe: leuchtendes Strohgelb. Aroma: ausdrucksvoll reifes Obst, feine Hefen, getrocknete Blumen. Mund würzig, lang, saftig, geschmackvoll.

Rudeles Cerro El Cuberillo 2021 T
100% tempranillo
92
Farbe: tiefes Kirschrot. Aroma: trockene Kräuter weiches Eichenholz, reifes Obst, dunkle Früchte, Röstaromen. Mund: kraftvoll, reife Früchte, würzig, reife Tannine.

Rudeles Finca La Nación 2020 T
100% tempranillo
92
Farbe: KirsChrot. Aroma: Buschwaldkräuter, Kreide reifes Obst, ausgewogen. Mund: würzig, balsamisch schöne Säure, Röstnoten.

Rudeles Los Arenales 2020 T
100% tempranillo
89
Angenehm, reif, Röstaromen.

BODEGA S. ARROYO
Avda. del Cid, 137
09441 Sotillo de la Ribera (Burgos)
☎: +34 947 532 444
info@tintoarroyo.com
www.tintoarroyo.com

Tinto Arroyo 2016 T GR
100% tempranillo
92
Farbe: kirschrot mit granatrotem Saum. Aroma: in Likör eingelegte Früchte, kraftvoll, Röstaromen, Schokolade. Mund: geschmackvoll, leicht süßlich, lang.

Tinto Arroyo 2019 T R
100% tempranillo
90
Farbe: dunkles Kirschrot. Aroma: reifes Obst, Früchtekonfit, Noten von Tischlerei, Tabak, süße Gewürze. Mund: würzig, reife Tannine, geschmackvoll ausgewogen.

Tinto Arroyo 2020 T C
100% tempranillo

91

Farbe: tiefes Kirschrot. Aroma: trockene Kräuter, weiches Eichenholz, dunkle Früchte, Wildkräuter, Thymian. Mund: kraftvoll, reife Früchte, würzig, reife Tannine.

Tinto Arroyo 2022 T RB
100% tempranillo

87

Tinto Arroyo 2023 T
100% tempranillo

88

Korrekt, kräuterig, reif, von Primäraromen beherrscht, schlicht.

Tinto Arroyo Vendimia Seleccionada 2017 T FB
100% tempranillo

91

Farbe: mattes Kirschrot. Aroma: Früchtekonfit, trockene Kräuter, süße Gewürze, Buschwaldkräuter. Mund: strukturiert, reife Tannine.

BODEGA SAN GABRIEL

Ctra. de la Aguilera, Km. 6.5
09349 Aranda de Duero (Burgos)
info@bodegasangabriel.com
www.bodegasangabriel.com

San Gabriel 2022 T RB
tempranillo

89

Fruchtig, würzig, rauchig, reif, geschmackvoll.

San Gabriel 2023 RD
tempranillo

87

BODEGA SAN ROQUE DE LA ENCINA

San Roque, 73
09391 Castrillo de La Vega (Burgos)
☎: +34 671 486 273
exportacion@pinadillo.com
www.pinadillo.com

299 by Monte Pinadillo 2019 T R
100% tempranillo

92

Farbe: dunkles Kirschrot, granatroter Saum. Aroma: reifes Obst, Noten von Tischlerei, Tabak, süße Gewürze. Mund: würzig, reife Tannine, lang.

El Notera 2022 T RB
100% tempranillo

91

Farbe: tiefes Kirschrot. Aroma: reifes Obst, trockene Kräuter, weiches Eichenholz, getrocknete Blumen, ausdrucksstark fruchtig. Mund: kraftvoll, reife Früchte, würzig, reife Tannine, frisch.

Monte Pinadillo 2020 T R
100% tempranillo

90

Farbe: tiefes Kirschrot. Aroma: reifes Obst, trockene Kräuter, weiches Eichenholz. Mund: reife Früchte, würzig, reife Tannine.

Monte Pinadillo 2021 T C
100% tempranillo

89

Lieblich, korrekt, fruchtig, reif, würzig, etwas austrocknend.

Monte Pinadillo Rosado de Lágrima 2023 RD
95% tempranillo, 5% garnacha

89

Lieblich, klar definierte Aromen, fruchtig.

DO RIBERA DEL DUERO / D.O.P.

Guía Peñín **SPANIENS WEINFÜHRER** **451**

DO RIBERA DEL DUERO / D.O.P.

Monte Pinadillo 2023 T
100% tempranillo
88
Korrekt, fruchtig, reif, lieblich, schlicht, sortenrein.

BODEGA SEVERINO SANZ
Del Río, s/n
40542 Montejo De La Vega De La Serrezuela (Segovia)
☎: +34 921 532 454
info@bodegaseverinosanz.es
www.bodegaseverinosanz.es

Muron Edición Limitada 2021 T
100% tempranillo
92
Farbe: sattes Kirschrot. Aroma: komplex, ausdrucksvoll, würzig, mineralisch, dunkle Früchte. Mund: elegant, voll, lang, nachhaltig.

Muron Roble 2022 T
tempranillo
89
Korpulent, korrekt, reif, geschmackvoll, Röstaromen, etwas austrocknend.

BODEGA TIERRA ARANDA
San Francisco, 74
09400 Aranda de Duero (Burgos)
☎: +34 947 501 311
info@vinotierraranda.es
www.vinotierraranda.es

Tierra Aranda 2018 T R
100% tempranillo
90
Farbe: dunkles Kirschrot, granatroter Saum. Aroma: Früchtekonfit, Noten von Tischlerei, Tabak, süße Gewürze. Mund: würzig, reife Tannine, lang.

Tierra Aranda 2021 T C
100% tempranillo
88
Ausgewogen, trockene Kräuter, reif, Röstaromen.

Tierra Aranda Edición Especial Viñedos Singulares 2021 T C
89
Fruchtig, kräuterig, reif, geschmackvoll, würzig.

Tierra Aranda Vendimia Seleccionada 2021 T C
100% tempranillo
87

Vega Valerio 2020 T C
100% tempranillo
87

Viña Hijosa 2020 T
100% tempranillo
90 🌱
Farbe: tiefes Kirschrot. Aroma: reifes Obst, trockene Kräuter, weiches Eichenholz, dunkle Früchte. Mund: reife Früchte, würzig, reife Tannine, Röstnoten.

BODEGA TR3SMANO
Pago de las Bodegas, s/n
47314 Padilla de Duero (Valladolid)
☎: +34 682 411 854
calidad@tresmano.com
www.tresmano.com

Proventus by Tr3smano 2022 T
tempranillo
92
Farbe: kirschrot mit violettem Saum. Aroma: ausdrucksstark fruchtig, rote Früchte, blumig, würzig, Röstaromen. Mund: geschmackvoll, fruchtig, schöne Säure, lang.

Tr3smano Albillo Mayor 2022 B
91
Farbe: leuchtendes Gelb. Aroma: kraftvoll, weiches Eichenholz, reifes Obst, würzig. Mund: strukturiert, lang, Röstnoten, zartbitter.

🏆 **PODIUM**

Tr3smano Tm 2019 T BA
tinto fino
96
Farbe: dunkles Kirschrot, granatroter Saum. Aroma: reifes Obst, Noten von Tischlerei, Tabak, süße Gewürze, Heidelbeere, Veilchenbombons. Mund: würzig, reife Tannine, lang, opulent, lebhaft.

Tr3smano Vendimia 2022 T
100% tempranillo
93
Komplex, Röstaromen. Farbe: tiefes Kirschrot. Aroma: reifes Obst, trockene Kräuter, weiches Eichenholz. Mund: kraftvoll, reife Früchte, würzig, reife Tannine.

Tr3smano Viñedos Históricos 2021 T
tinto fino
94
Komplex, kraftvoll. Farbe: leuchtendes Kirschrot. Aroma: komplex, ausdrucksvoll, würzig, mineralisch, dunkle Früchte, reifes Obst. Mund: voll, lang, nachhaltig, geschmackvoll.

BODEGA VALDRINAL
Camino de la Vega s/n,
Polígono 4, Parcelas 130-133
40533 Aldehorno (Segovia)
☎: +34 634 578 839
general@valdrinal.com
www.valdrinal.com

Valdrinal 2022 T RB
tempranillo
90
Farbe: kirschrot mit violettem Saum. Aroma: ausdrucksstark fruchtig, rote Früchte, würzig, dunkle Früchte, Schwarzer Pfeffer. Mund: geschmackvoll, fruchtig, rauchig nachwirkend, trockene, aber reife Tannine.

Valdrinal Rosé 2023 RD
tempranillo
86

Valdrinal SQR 2019 T
tempranillo
93
Farbe: dunkles Kirschrot, granatroter Saum. Aroma: reifes Obst, Früchtekonfit, Noten von Tischlerei, Tabak, süße Gewürze. Mund: würzig, reife Tannine, lang.

Valdrinal V24 2019 T R
100% tempranillo
91
Farbe: tiefes Kirschrot. Aroma: reifes Obst, trockene Kräuter, weiches Eichenholz, in Likör eingelegte Früchte, Veilchen. Mund: kraftvoll, reife Früchte, würzig, reife Tannine, etwas austrocknend.

BODEGA VIÑA ARNAIZ
Ctra. N-122, Km. 281
09463 Haza (Burgos)
☎: +34 947 536 500
info@jgc.es
www.garciacarrion.com

Bodega La Ermita Ribera del Duero 2019 T
100% tempranillo
91
Farbe: tiefes Kirschrot. Aroma: reifes Obst, trockene Kräuter, weiches Eichenholz, feiner Kakao. Mund: kraftvoll, reife Früchte, würzig, reife Tannine.

Pata Negra 2023 T RB
88
Reif, mild, Röstaromen.

Viña Arnáiz 2019 T R
tempranillo
88
Korpulent, würzig, vegetabil, reif.

Viña Arnáiz 2020 T C
tempranillo
88
Fruchtig, reif, schlicht, würzig, Röstaromen.

Viña Arnáiz 2022 T RB
tempranillo
85

BODEGA VIRGEN DE LA ASUNCIÓN
Las Afueras, s/n
09311 La Horra (Burgos)
☎: +34 947 542 057
info@virgendelaasuncion.com
www.virgendelaasuncion.com

El Corazón de la Tierra 2019 T
100% tinta del país
91
Farbe: tiefes Kirschrot. Aroma: reifes Obst, trockene Kräuter, weiches Eichenholz. Mund: kraftvoll, reife Früchte, würzig, reife Tannine.

El Secreto de María Albillo 2022 B
100% albillo mayor
91
Mit Persönlichkeit. Farbe: leuchtendes Strohgelb, grünlicher Saum. Aroma: Zitrusfrüchte, Wildkräuter, Wachs. Mund: frisch, schöne Säure, zartbitter.

Ricardo Dumas 2016 T GR
100% tinto fino
93
Farbe: dunkles Kirschrot, granatroter Saum. Aroma: Früchtekonfit, Wachs, Röstaromen, aromatischer Kaffee, Schokolade. Mund: warm, nach Eingemachtem, süße Tannine, ziemlich nachhaltig.

Ricardo Dumas 2023 RD
100% tempranillo
88
Lieblich, fruchtig, mild.

Ricardo Dumas Selección 2020 T
100% tinto fino
91
Fehlerhaft. Farbe: tiefes Kirschrot. Aroma: dunkle Früchte, reifes Obst, trockene Kräuter, erdig, Kreide. Mund: würzig, reife Früchte, reife Tannine.

DO RIBERA DEL DUERO / D.O.P.

BODEGA VIVA EL VINO
Real, 82
09370 Gumiel de Izán (Burgos)
☎: +34 660 379 742
jmata@vinos2020.com
www.vinos2020.com

VeinteVeinte 20·20 2021 T C
100% tempranillo
88
Ausgewogen, würzig, trockene Kräuter, reif.

VeinteVeinte 20·20 Edición Familiar "Casilda" 2020 T C
100% tempranillo
90
Farbe: tiefes Kirschrot. Aroma: reifes Obst, trockene Kräuter, weiches Eichenholz. Mund: reife Früchte, würzig, reife Tannine.

BODEGA Y VIÑEDOS ARTIO
Bajada al Molino, 15 Bajo
09400 Aranda de Duero (Burgos)
☎: +34 690 619 400
info@elmajuelodelabuelo.es
www.elmajuelodelabuelo.es

Ecosistema Arcco 2019 T R
tinta del país
92
Farbe: kirschrot mit granatrotem Saum. Aroma: Früchtekonfit, in Likör eingelegte Früchte, kraftvoll, Schokolade. Mund: geschmackvoll, leicht süßlich, lang.

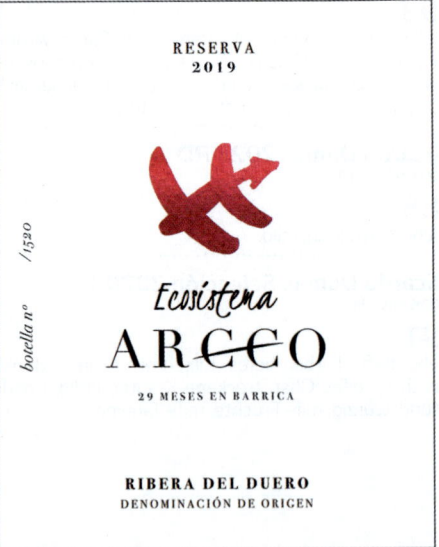

El Majuelo del Abuelo 2020 B
albillo mayor
92
Farbe: leuchtendes Strohgelb. Aroma: reifes Obst, Kräutersäckchen, feine Hefen, Wachs. Mund: voll, lang, schöne Säure.

El Majuelo del Abuelo 2022 RD
95% tinta del país, 5% malbec
92
Farbe: himbeerrot. Aroma: reifes Obst, welke Blumen, trockene Kräuter. Mund: fleischig, geschmackvoll, reife Früchte.

BODEGA Y VIÑEDOS NUNTIUM
Amsterdam, 61
47008 Valladolid (Valladolid)
☎: +34 645 772 630
rodrigo@nuntium.es
www.nuntium.es

De Rodrigo 2020 T
tempranillo
92
Farbe: tiefes Kirschrot. Aroma: trockene Kräuter, weiches Eichenholz, dunkle Früchte. Mund: kraftvoll, reife Früchte, würzig, reife Tannine.

Martin & Pons 2021 T
tempranillo
89
Würzig, reif, voll, Röstaromen, blumig.

BODEGAS ABADÍA LA ARROYADA
La Tejera, s/n
09442 Terradillos de Esgueva (Burgos)
☎: +34 947 545 309
bodegas@abadialaarroyada.es
www.abadialaarroyada.es

Abadía la Arroyada 2020 T C
89
Warm, Röstaromen, kraftvoll.

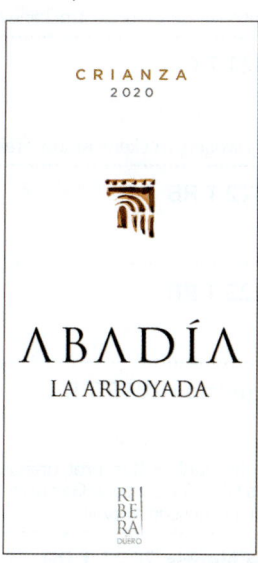

Abadía la Arroyada 2021 T RB
100% tempranillo
87

Abadía la Arroyada 2022 T
100% tempranillo
89
Angenehm, lieblich, fruchtig.

Bocalaslobas 2019 T C
100% tempranillo
90
Farbe: tiefes Kirschrot. Aroma: reifes Obst, trockene Kräuter, weiches Eichenholz, Buschwaldkräuter. Mund: reife Früchte, würzig, etwas austrocknend.

BODEGAS ABADÍA SAN QUIRCE
Ctra. Madrid - Irun, Km. 171
09370 Gumiel de Izán (Burgos)
☎: +34 686 413 432
sales@abadiasanquirce.com
www.bodegasabadiasanquirce.com

Abadía de San Quirce 2018 T R
100% tempranillo
92
Farbe: tiefes Kirschrot, granatroter Saum. Aroma: reifes Obst, feiner Kakao, Zigarren, Schokolade, Röstaromen. Mund: geschmackvoll, würzig, Röstnoten, kräftige Tannine.

Abadía de San Quirce 2020 T C
100% tempranillo
92
Farbe: leuchtendes Kirschrot. Aroma: in Likör eingelegte Früchte, dunkle Früchte, rote Früchte, Wildkräuter, würzig, Röstaromen. Mund: geschmackvoll, fruchtig, ausgewogen, reife Früchte, trockene, aber reife Tannine.

Abadía de San Quirce 6 meses 2023 T RB
100% tempranillo
90
Farbe: kirschrot mit violettem Saum. Aroma: ausdrucksstark fruchtig, blumig, würzig. Mund: geschmackvoll, fruchtig, schöne Säure, lang.

Abadía de San Quirce Finca Helena 2022 T
100% tempranillo
91
Farbe: tiefes Kirschrot. Aroma: trockene Kräuter, weiches Eichenholz, markante Eiche, dunkle Früchte. Mund: kraftvoll, reife Früchte, würzig, reife Tannine.

Abadía de San Quirce M9 2022 T
100% tempranillo
93
Farbe: KirsChrot. Aroma: würzig, feine Reduktionsnoten, reifes Obst, süße Gewürze. Mund: lang, nachhaltig, geschmackvoll, reife Tannine.

BODEGAS ANTÍDOTO
Ctra. a Atauta, 63B
42330 San Esteban de Gormaz (Soria)
☎: +34 975 350 493
bodegas@bodegasantidoto.com
www.bodegasantidoto.com

Antídoto 2022 T
91
Farbe: tiefes Kirschrot. Aroma: reifes Obst, trockene Kräuter, weiches Eichenholz. Mund: kraftvoll, reife Früchte, würzig, reife Tannine.

DO RIBERA DEL DUERO / D.O.P.

DO RIBERA DEL DUERO / D.O.P.

Antídoto 2023 T
92
Farbe: kirschrot mit violettem Saum. Aroma: ausdrucksstark fruchtig, rote Früchte, blumig, würzig. Mund: geschmackvoll, fruchtig, schöne Säure, lang.

La Hormiga de Antídoto 2022 T
93
Geschmackvoll, üppig. Farbe: KirsChrot. Aroma: komplex, ausdrucksvoll, würzig, mineralisch. Mund: elegant, voll, lang, nachhaltig.

Le Rosé de Antídoto 2022 RD
tinto fino, albillo
93
Klar definierte Aromen, komplex. Farbe: lachsfarben. Aroma: süße Gewürze, rote Früchte, Kräutersäckchen, getrocknete Blumen. Mund: voll, geschmackvoll, würzig, leicht süßlich, lang.

Roselito 2023 RD
91
Farbe: kupferfarben. Aroma: reifes Obst, welke Blumen, würzig. Mund: fleischig, geschmackvoll, reife Früchte, fett.

BODEGAS ARCANO
09317 San Martin de Rubiales (Burgos)
☎: +34 695 382 848
info@arcanowines.com
www.arcanowines.com

Accentus 2022 T
tempranillo
90 🍷
Lieblich. Farbe: KirsChrot. Aroma: trockene Kräuter, ausdrucksvoll, dunkle Früchte. Mund: reife Früchte, zartbitter.

Carraroa 2021 T C
tempranillo
88 🍷
Nach Eingemachtem, trockene Kräuter, geschmackvoll, Röstaromen.

Eternal 2018 T
tempranillo
91 🍷
Farbe: tiefes Kirschrot. Aroma: trockene Kräuter, Buschwaldkräuter, Wachs, reifes Obst, Früchtekonfit. Mund: voll, kraftvoll.

BODEGAS ARCO DE CURIEL
Calvario, s/n
47316 Curiel de Duero (Valladolid)
☎: +34 983 880 481
info@arcocuriel.com
www.arcocuriel.com

Arcum 2019 T C
tempranillo
88
Korpulent, ausgewogen, würzig, trockene Kräuter.

Arcum 2021 T C
tempranillo
89
Cremig, ausgewogen, trockene Kräuter, reif.

Arcum 2022 T RB
tempranillo
87

Arcum 2023 T RB
tempranillo
86

Neptis Expresion 2019 T R
tempranillo
92
Klassisch. Farbe: dunkles Kirschrot, granatroter Saum. Aroma: reifes Obst, Tabak, süße Gewürze. Mund: würzig, reife Tannine, geschmackvoll.

Previus de Neptis 2021 T RB
tempranillo
91
Farbe: tiefes Kirschrot. Aroma: reifes Obst, trockene Kräuter, weiches Eichenholz. Mund: reife Früchte, würzig, grobkörnige Tannine.

BODEGAS ARROCAL
Eras de Santa María, s/n
09443 Gumiel de Mercado (Burgos)
☎: +34 947 561 290
Info@arrocal.com
www.arrocal.com

Arrocal 2021 T C
tinto fino
92
Farbe: dunkles Kirschrot. Aroma: Röstaromen, würzig, dunkle Früchte, reifes Obst. Mund: geschmackvoll, Röstnoten, zartbitter, fruchtig, rauchig nachwirkend, trockene, aber reife Tannine.

Arrocal Blanco de Guarda 2021 B
albillo mayor
91
Aroma: Zitronenbombon, ausdrucksstark fruchtig, Steinobst, trockene Kräuter, welke Blumen. Mund: fruchtig, frisch, saftig, geschmackvoll, ausgewogen.

Guía Peñín | SPANIENS WEINFÜHRER

Arrocal Reserva de Familia 2020 T R
tinto fino
92
Farbe: dunkles Kirschrot. Aroma: Röstaromen, würzig, dunkle Früchte, reifes Obst, trockene Kräuter. Mund: geschmackvoll, Röstnoten, zartbitter, fruchtig, kraftvoll, trockene, aber reife Tannine.

Arrocal Selección Especial 2021 T
tinto fino
93
Farbe: tiefes Kirschrot. Aroma: reifes Obst, trockene Kräuter, weiches Eichenholz, würzig. Mund: kraftvoll, reife Früchte, würzig, reife Tannine, fruchtig, trockene, aber reife Tannine.

BODEGAS ARZUAGA NAVARRO
Ctra. Nac. 122, Km. 185
47350 Quintanilla de Onésimo (Valladolid)
☎: +34 983 681 146
bodeg@arzuaganavarro.com
www.arzuaganavarro.com

Amaya Arzuaga 2018 T
93
Farbe: kirschrot mit granatrotem Saum. Aroma: ausgewogen, komplex, reifes Obst, würzig. Mund: geschmackvoll, reife Tannine, ausgewogen, abgerundet, elegant.

Arzuaga 2018 T GR
93
Klassisch, geschmackvoll. Farbe: kirschrot mit granatrotem Saum. Aroma: Früchtekonfit, in Likör eingelegte Früchte, kraftvoll, Praline, stark gegerbtes Leder. Mund: geschmackvoll, lang.

Arzuaga 2020 T R
92
Farbe: tiefes Kirschrot, granatroter Saum. Aroma: Noten von Tischlerei, reifes Obst, feiner Kakao, Zigarren, Röstaromen. Mund: geschmackvoll, würzig, Röstnoten, kräftige Tannine.

Arzuaga 2022 T C
tempranillo, malbec, cabernet sauvignon
92
Farbe: leuchtendes Kirschrot. Aroma: reifes Obst, milchig, ausgewogen, ausdrucksvoll, offen. Mund: fruchtig, würzig, reife Tannine.

Arzuaga Ecológico 2022 T C
89 🌿
Farbe: kirschrot mit granatrotem Saum. Aroma: Früchtekonfit, in Likör eingelegte Früchte, kraftvoll, intensive Röstaromen. Mund: geschmackvoll, leicht süßlich, lang.

Arzuaga Reserva Especial 2019 T R
tempranillo, albillo
94
Klassisch, korpulent. Farbe: kirschrot mit granatrotem Saum. Aroma: komplex, reifes Obst, dunkle Früchte, weiches Eichenholz, süße Gewürze. Mund: geschmackvoll, abgerundet, reife Tannine.

Gran Arzuaga 2019 T R
93
Komplex, würzig. Farbe: tiefes Kirschrot. Aroma: trockene Kräuter, weiches Eichenholz, reifes Obst, rote Früchte, Röstaromen. Mund: kraftvoll, reife Früchte, würzig, reife Tannine.

La Planta 2023 T RB
90
Angenehm, korrekt, fruchtig, milchig. Aroma: würzig, süße Gewürze, weiches Eichenholz. Mund: lang, reife Früchte, süffig.

Laderas del Norte 2022 T
93 🌿
Farbe: kirschrot mit violettem Saum. Aroma: ausdrucksstark fruchtig, rote Früchte, blumig, würzig. Mund: geschmackvoll, fruchtig, schöne Säure, lang, mineralisch.

Rosae Arzuaga 2023 RD
tempranillo
90 🌿
Farbe: himbeerrot mit violettem Saum. Aroma: ausdrucksstark fruchtig, rote Früchte, blumig. Mund: fruchtig, schöne Säure, süffig.

BODEGAS ASENJO & MANSO
Ctra. Palencia, Km. 58,200
09311 La Horra (Burgos)
☎: +34 636 972 524
info@asenjo-manso.com
www.asenjo-manso.com

A&M 3 2023 T RB
tempranillo
87

A&M Autor 2020 T R
100% tempranillo
91
Farbe: tiefes Kirschrot. Aroma: reifes Obst, trockene Kräuter, weiches Eichenholz, intensive Röstaromen. Mund: kraftvoll, reife Früchte, würzig, reife Tannine.

Ceres 2021 T C
100% tempranillo
88
Ausgewogen, würzig, vegetabil, Röstaromen.

DO RIBERA DEL DUERO / D.O.P.

SPANIENS WEINFÜHRER

DO RIBERA DEL DUERO / D.O.P.

Ceres al Desnudo 2023 T
tempranillo
88
Ausgewogen, fruchtig, geschmackvoll, kräuterig.

Silvanus 2020 T C
100% tempranillo
90
Farbe: leuchtendes Kirschrot. Aroma: süße Gewürze, reifes Obst, Schokolade. Mund: fruchtig, würzig, reife Tannine.

Silvanus Edición Limitada 2021 T
100% tempranillo
91
Farbe: sattes Kirschrot. Aroma: intensive Röstaromen, aromatischer Kaffee, kraftvoll, dunkle Früchte. Mund: rauchig nachwirkend, reife Tannine.

BODEGAS BALBÁS
La Majada, s/n
09311 La Horra (Burgos)
☎: +34 947 542 111
comunicacion@balbas.es
www.balbas.es

Balbás 2019 T R
100% tempranillo
90
Farbe: tiefes Kirschrot. Aroma: trockene Kräuter, weiches Eichenholz, markante Eiche, feine Reduktionsnoten. Mund: kraftvoll, reife Früchte, würzig, reife Tannine.

Balbás 2021 T C
100% tempranillo
91
Farbe: KirsChrot. Aroma: balsamisch, süße Gewürze, Schokolade. Mund: würzig, reife Tannine, ausgewogen, geschmackvoll, sortentypisch.

Pagos de Balbás 2022 T
88
Cremig, würzig, korpulent, trockene Kräuter, holzig.

Ritus 2020 T BA
75% tempranillo, 25% merlot
91
Farbe: KirsChrot. Aroma: balsamisch, süße Gewürze, Buschwaldkräuter. Mund: würzig, balsamisch, reife Tannine, geschmackvoll, Röstnoten.

BODEGAS BRIEGO
Ctra. Cuellar, Km. 8,8
47311 Fompedraza (Valladolid)
☎: +34 983 892 156
info@bodegasbriego.com
www.bodegasbriego.com

Ankal 2021 T C
tempranillo
90
Lieblich. Aroma: Schokolade, ausdrucksvoll, weiches Eichenholz. Mund: geschmackvoll, markante Eiche, abgerundet.

Briego Adalid 2019 T R
tempranillo
90
Flüssig am Gaumen. Farbe: kirschrot mit violettem Saum. Aroma: rote Früchte, blumig, würzig. Mund: geschmackvoll, fruchtig, schöne Säure.

Jeita 2019 T R
tempranillo
91
Farbe: tiefes Kirschrot. Aroma: reifes Obst, trockene Kräuter, weiches Eichenholz, rote Früchte, dunkle Früchte. Mund: kraftvoll, reife Früchte, würzig, reife Tannine, ziemlich nachhaltig.

Supernova 2021 T C
tempranillo
93
Farbe: tiefes Kirschrot. Aroma: reifes Obst, trockene Kräuter, weiches Eichenholz, dunkle Früchte. Mund: kraftvoll, reife Früchte, würzig, reife Tannine.

Supernova Roble 2023 T RB
tempranillo
89
Fruchtig, würzig, reif, rauchig.

BODEGAS BRIONES ABAD
Ctra. Roa - Fuentecén, Km. 1.2
09300 Roa (Burgos)
☎: +34 947 540 613
brionesab@cantamuda.com
www.cantamuda.com

Cantamuda 2023 T RB
100% tempranillo
88
Nach Eingemachtem, geschmackvoll, würzig, saftig.

Cantamuda Finca la Cebolla 2021 T
tempranillo
90
Farbe: leuchtendes Kirschrot. Aroma: reifes Obst, dunkle Früchte, trockene Kräuter, würzig, Röstaromen. Mund: geschmackvoll, fruchtig, etwas austrocknend, Röstnoten.

Cantamuda La Estación 2021 T
tempranillo
90
Farbe: tiefes Kirschrot. Aroma: reifes Obst, trockene Kräuter, würzig, Röstaromen. Mund: kraftvoll, reife Früchte, würzig, reife Tannine, rauchig nachwirkend, ziemlich nachhaltig.

Cantamuda Parcela 64 2021 T
tempranillo
90
Farbe: tiefes Kirschrot. Aroma: reifes Obst, trockene Kräuter, weiches Eichenholz, Schokolade. Mund: reife Früchte, würzig, reife Tannine.

BODEGAS CARRAMIMBRE
Ctra. N-122, Km. 311
47300 Peñafiel (Valladolid)
☎: +34 983 880 623
export@carramimbre.com
www.carramimbre.com

Altamimbre 2019 T RB
tempranillo
92
Farbe: tiefes Kirschrot. Aroma: reifes Obst, weiches Eichenholz, Buschwaldkräuter. Mund: reife Früchte, würzig, reife Tannine.

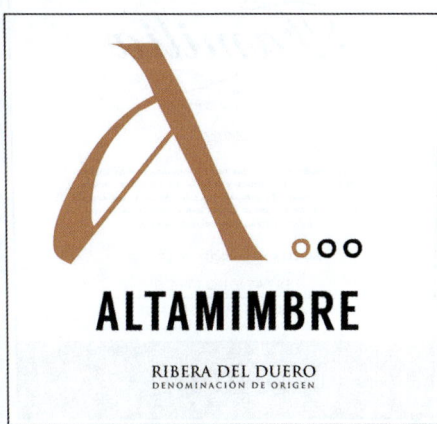

Torre Pingón 2019 T R
tempranillo
90
Farbe: tiefes Kirschrot. Aroma: reifes Obst, trockene Kräuter, weiches Eichenholz. Mund: reife Früchte, würzig, reife Tannine.

Torre Pingón 2021 T C
tempranillo
87

Carramimbre 2021 T C
tempranillo
90
Farbe: tiefes Kirschrot. Aroma: reifes Obst, trockene Kräuter, weiches Eichenholz, dunkle Früchte, würzig. Mund: kraftvoll, reife Früchte, würzig, reife Tannine, fruchtig.

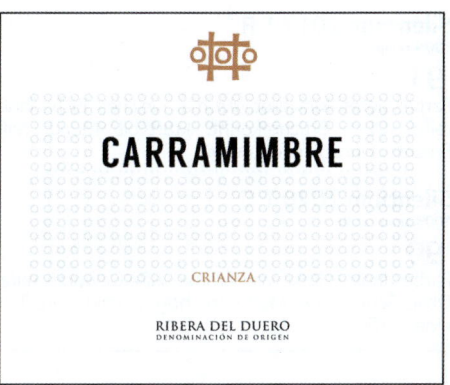

Carramimbre 2023 T RB
tempranillo
90
Farbe: KirsChrot. Aroma: balsamisch, Buschwaldkräuter, reifes Obst, markante Eiche. Mund: würzig, balsamisch, schöne Säure.

DO RIBERA DEL DUERO / D.O.P.

BODEGAS CASTILLEJO DE ROBLEDO

Ctra. Castillejo a Langa s/n
42328 Castillejo de Robledo (Soria)
☎: +34 975 355 062
info@bodegascastillejo.com
www.bodegascastillejo.com

Silentium 2017 T R
100% tempranillo

91

Farbe: tiefes Kirschrot. Aroma: weiches Eichenholz, reifes Obst, Früchtekonfit, kraftvoll. Mund: reife Früchte, würzig, reife Tannine.

Silentium 2020 T C
100% tempranillo

90

Farbe: dunkles Kirschrot. Aroma: süße Gewürze, reifes Obst, Schokolade. Mund: fruchtig, würzig, reife Tannine, süffig.

BODEGAS COMENGE

Camino del Castillo, s/n
47316 Curiel de Duero (Valladolid)
☎: +34 983 880 363
admin@comenge.com
www.comenge.com

Don Miguel Comenge 2019 T R
95% tempranillo, 5% cabernet sauvignon

93 ❦

Farbe: dunkles Kirschrot. Aroma: reifes Obst, Früchtekonfit, Noten von Tischlerei, Tabak, süße Gewürze, Heidelbeere. Mund: würzig, reife Tannine, ziemlich nachhaltig, ausgewogen, trockene, aber reife Tannine.

Familia Comenge Reserva 2020 T
100% tempranillo

93 ❦

Farbe: tiefes Kirschrot. Aroma: reifes Obst, trockene Kräuter, weiches Eichenholz, dunkle Früchte, rote Früchte, milchig. Mund: kraftvoll, reife Früchte, würzig, reife Tannine, ziemlich nachhaltig.

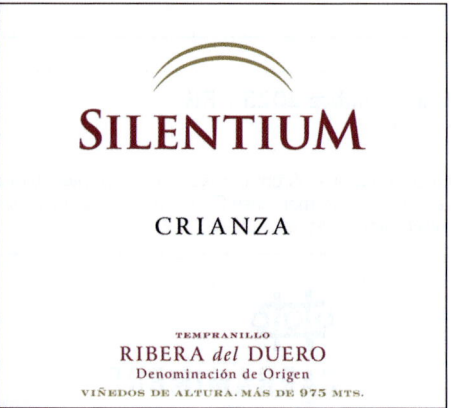

Silentium 2023 T
100% tempranillo

88

Reif, korpulent, kraftvoll, geschmackvoll. Aroma: Nüsse.

Silentium 2023 T RB
100% tempranillo

87

Silentium Expresión 2018 T C
100% tempranillo

91

Farbe: sattes Kirschrot. Aroma: Röstaromen, dunkle Früchte, feiner Kakao, schwarze Lakritze. Mund: geschmackvoll, reife Tannine.

BODEGAS CONDADO DE HAZA
Ctra. La Horra, s/n
09300 Roa (Burgos)
☎: +34 947 525 254
info@condadodehaza.com
www.familiafernandezrivera.com

Alenza 2019 T GR
tempranillo
91
Farbe: tiefes Kirschrot. Aroma: reifes Obst, trockene Kräuter, weiches Eichenholz, milchig, markante Eiche. Mund: reife Früchte, würzig, reife Tannine.

Condado de Haza 2022 T C
tempranillo
91
Farbe: kirschrot mit granatrotem Saum. Aroma: Früchtekonfit, kraftvoll, dunkle Früchte, reifes Obst, Röstaromen. Mund: geschmackvoll, leicht süßlich, lang.

BODEGAS CRUZ DE ALBA
Camino de las Pozas, s/n
47350 Quintanilla de Onésimo (Valladolid)
☎: +34 983 681 108
info.cruzdealba@zamoracompany.com
www.cruzdealba.es

Cruz de Alba 2021 T C
92
Farbe: kirschrot mit violettem Saum. Aroma: rote Früchte, würzig, dunkle Früchte, reifes Obst, markante Eiche. Mund: geschmackvoll, fruchtig, würzig, Röstnoten, trockene, aber reife Tannine.

Cruz de Alba 2022 T RB
90
Farbe: kirschrot mit violettem Saum. Aroma: ausdrucksstark fruchtig, rote Früchte, würzig, Schwarzer Pfeffer, dunkle Früchte. Mund: geschmackvoll, fruchtig, würzig, ausgewogen, ziemlich nachhaltig.

Cruz de Alba Finca Los Hoyales 2018 T
93
Komplex, geschmackvoll, poliert. Farbe: KirsChrot. Aroma: komplex, ausdrucksvoll, würzig, mineralisch, dunkle Früchte. Mund: elegant, voll, lang, nachhaltig.

Cruz de Alba Fuentelun 2019 T R
100% tempranillo
91 ☘
Farbe: leuchtendes Kirschrot, tiefes Kirschrot. Aroma: reifes Obst, würzig. Mund: geschmackvoll, poliert, lang, reife Früchte.

DO RIBERA DEL DUERO / D.O.P.

BODEGAS CUEVAS JIMÉNEZ
Ctra. Madrid-Irún, A-I km. 165
09370 Gumiel de Izán (Burgos)
☎: +34 638 007 140
administracion@ferratus.es
www.ferratus.es

Ferratus 2022 B
100% albillo mayor

92

Farbe: leuchtendes Gelb. Aroma: kraftvoll, weiches Eichenholz, reifes Obst, würzig, markante Eiche. Mund: fett, strukturiert, Röstnoten, zartbitter.

Ferratus 2023 RD FB
100% tempranillo

90

Farbe: blassrosa. Aroma: rote Früchte, blumig, Kräutersäckchen. Mund: leicht, würzig, schöne Säure, zartbitter.

Ferratus AØ 2021 T RB
100% tempranillo

90

Farbe: KirsChrot. Aroma: süße Gewürze, Buschwaldkräuter, Thymian. Mund: würzig, schöne Säure, süffig.

Ferratus Origen 2019 T
100% tempranillo

93

Farbe: tiefes Kirschrot. Aroma: trockene Kräuter, weiches Eichenholz, dunkle Früchte. Mund: kraftvoll, reife Früchte, würzig, reife Tannine.

BODEGAS DANI MABE WINES
Humilladero, 5
09400 Aranda de Duero (Burgos)
☎: +34 618 998 186
dani@danimabewines.com
www.danimabewines.com

D1 Mabe 2022 T
100% tempranillo

93

Farbe: kirschrot mit violettem Saum. Aroma: ausdrucksstark fruchtig, rote Früchte, blumig, würzig, süße Gewürze. Mund: geschmackvoll, fruchtig, schöne Säure, lang.

W1 Mabe 2023 B RB
albillo mayor

89

Lieblich, klar definierte Aromen, getrocknete Blumen, fruchtig, trockene Kräuter, von Primäraromen beherrscht, geschmackvoll, ausgewogen.

BODEGAS DE LOS RÍOS PRIETO
Ctra. Pesquera-Renedo, km. 1
47315 Pesquera de Duero (Valladolid)
☎: +34 983 083 178
administracion@bodegasdelosriosprieto.com
www.bodegasdelosriosprieto.com

Prios Maximus 2018 T R

90

Farbe: tiefes Kirschrot, granatroter Saum. Aroma: Noten von Tischlerei, reifes Obst, feiner Kakao, Zigarren, Röstaromen. Mund: geschmackvoll, würzig, Röstnoten, kräftige Tannine.

Prios Maximus 2021 T C
tempranillo

89

Röstaromen, lieblich, rauchig, reif.

Prios Maximus 2023 T RB
tempranillo

90

Farbe: tiefes Kirschrot. Aroma: reifes Obst, trockene Kräuter, weiches Eichenholz. Mund: reife Früchte, würzig, reife Tannine.

BODEGAS DOMINIO DE ATAUTA
Ctra. a Morcuera, s/n
42345 Atauta (Soria)
☎: +34 975 351 349
info@dominiodeatauta.com
www.dominiodeatauta.com

🏆 PODIUM
Dominio de Atauta 2021 T C
100% tinto fino
95
Farbe: KirsChrot. Aroma: komplex, ausdrucksvoll, würzig, mineralisch, Kreide, Buschwaldkräuter. Mund: voll, lang, nachhaltig.

🏆 PODIUM
**Dominio
de Atauta Dos Fincas 2021 T**
100% tinto fino
96
Farbe: KirsChrot. Aroma: ausdrucksvoll, würzig, mineralisch, ausdrucksstark fruchtig, rote Früchte, erdig. Mund: elegant, voll, lang, nachhaltig.

**Dominio
de Atauta La Mala 2018 T C**
100% tinto fino
94
Farbe: dunkles Kirschrot. Aroma: Röstaromen, würzig, feiner Kakao, dunkle Früchte, reifes Obst, stark gegerbtes Leder. Mund: geschmackvoll, Röstnoten, zartbitter.

🏆 PODIUM
**Dominio
de Atauta La Roza 2018 T**
100% tinto fino
100
Farbe: KirsChrot. Aroma: komplex, ausdrucksvoll, würzig, mineralisch, reifes Obst, dunkle Früchte, Zigarren. Mund: voll, nachhaltig, reife Tannine.

🏆 PODIUM
**Dominio de Atauta
Llanos del Almendro 2018 T**
100% tinto fino
96
Balsamisch, komplex. Farbe: tiefes Kirschrot. Aroma: reifes Obst, trockene Kräuter, weiches Eichenholz, süße Gewürze, Tabak, feine Reduktionsnoten. Mund: reife Früchte, würzig, reife Tannine.

🏆 PODIUM
Dominio de Atauta San Juan 2018 T
100% tinto fino
98
Klar definierte Aromen, komplex. Farbe: KirsChrot. Aroma: komplex, ausdrucksvoll, würzig, mineralisch, rote Früchte, reifes Obst. Mund: voll, lang, nachhaltig, lebhaft.

🏆 PODIUM
Dominio de Atauta Valdegatiles 2018 T
100% tinto fino
97
Lieblich, klar definierte Aromen. Farbe: tiefes Kirschrot. Aroma: reifes Obst, trockene Kräuter, weiches Eichenholz, dunkle Früchte. Mund: reife Früchte, würzig, reife Tannine, saftig.

Parada de Atauta 2021 T
100% tinto fino
94
Farbe: KirsChrot. Aroma: süße Gewürze, Buschwaldkräuter, reifes Obst, erdig. Mund: würzig, balsamisch, schöne Säure.

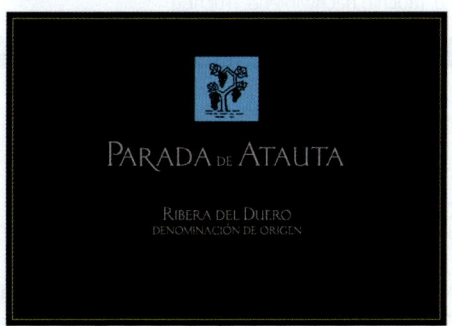

BODEGAS DOMINIO DE CAIR
Ctra. Aranda - La Aguilera. km. 9
09370 La Aguilera (Burgos)
☎: +34 947 545 276
enoturismo@dominiodecair.com
www.dominiodecair.com

Cair Selección La Aguilera 2021 T
100% tempranillo
92
Farbe: leuchtendes Kirschrot. Aroma: ausdrucksstark fruchtig, rote Früchte, würzig, Früchtekonfit, dunkle Früchte. Mund: geschmackvoll, fruchtig, ausgewogen, würzig, kräftige Tannine.

DO RIBERA DEL DUERO / D.O.P.

DO RIBERA DEL DUERO / D.O.P.

Cair Cuvée 2021 T
85% tempranillo, 15% merlot

89

Lieblich, korrekt, ausgewogen, fruchtig, saftig, reif. Mund: süffig.

Cruz del Pendón 2020 T
100% tempranillo

94

Angenehm, balsamisch. Farbe: KirsChrot. Aroma: komplex, ausdrucksvoll, würzig, mineralisch, Röstaromen. Mund: voll, lang, nachhaltig, feinkörnige Tannine.

Pendón de la Aguilera 2021 T
100% tempranillo

94

Farbe: KirsChrot. Aroma: komplex, ausdrucksvoll, würzig, mineralisch, rote Früchte, reifes Obst. Mund: elegant, voll, lang, nachhaltig.

Tierras de Cair 2020 T R
100% tempranillo

92

Farbe: dunkles Kirschrot. Aroma: Röstaromen, würzig, feiner Kakao, reifes Obst, dunkle Früchte. Mund: geschmackvoll, Röstnoten, zartbitter, ziemlich nachhaltig, rauchig nachwirkend, fruchtig.

BODEGAS DURÓN
Roa, Km. 3,800
09300 Burgos (Burgos)
☎: +34 647 551 476
jblancoa@solardesamaniego.es
www.solardesamaniego.com

Cueva del Raposo 2020 T
88% tempranillo, 12% cabernet sauvignon

89

Nach Eingemachtem, fruchtig, würzig, Röstaromen, etwas austrocknend.

Durón 2019 T R
88% tempranillo, 8% merlot, 4% cabernet sauvignon

88

Ausgewogen, würzig, vegetabil, reif, geschmackvoll.

Durón 2020 T C
96% tempranillo, 3% merlot, 1% cabernet sauvignon

87

Forjador 2022 T RB
100% tempranillo

88

Fruchtig, würzig, milchig, Röstaromen, etwas austrocknend.

Maestro de Durón 2020 T C
92% tempranillo, 8% cabernet sauvignon

88

Würzig, fruchtig, reif, geschmackvoll.

Optimo de Durón 2019 T R
76% tempranillo, 10% cabernet sauvignon, 14% merlot

91

Farbe: tiefes Kirschrot. Aroma: reifes Obst, weiches Eichenholz, Gras. Mund: kraftvoll, reife Früchte, würzig, reife Tannine.

BODEGAS EL HACEDOR
Avda. Estación s/n
47360 Quintanilla de Arriba (Valladolid)
☎: +34 670 972 797
cdelaserna@montevannos.com
www.montevannos.com

M Montevannos 2022 T
tempranillo

88

Aromatisch, fruchtig, reif, würzig.

Montevannos 2021 T RB
100% tempranillo

88

Ausgewogen, würzig, trockene Kräuter, Röstaromen.

Opimius 2021 T
tempranillo

90

Farbe: tiefes Kirschrot. Aroma: trockene Kräuter, weiches Eichenholz, dunkle Früchte, Früchtekonfit. Mund: reife Früchte, würzig, reife Tannine.

BODEGAS EL LAGAR DE ISILLA
Camino Real, 1
09471 La Vid (Burgos)
☎: +34 947 530 434
administracion@lagarisilla.es
www.bodegasellagardeisilla.com

El Lagar de Isilla Albillo Mayor Selección de Añada 2021 B
100% albillo mayor

89

Saftig, reif, geschmackvoll, holzig, durchschnittlich am Gaumen, opulent, noch nicht vollständig entfaltet.

El Lagar de Isilla Colección Especial Reserva de La Familia 2017 T R
100% tempranillo

93

Representativ, korpulent. Farbe: kirschrot mit granatrotem Saum. Aroma: Buschwaldkräuter, milchig, reifes Obst, ausdrucksvoll, ausgewogen, komplex. Mund: strukturiert, geschmackvoll, sortentypisch, voll.

El Lagar de Isilla Territorio Matanza de Soria 2020 T RB
95% tempranillo, 5% albillo mayor

93

Farbe: tiefes Kirschrot. Aroma: reifes Obst, trockene Kräuter, weiches Eichenholz, dunkle Früchte, mineralisch. Mund: kraftvoll, reife Früchte, würzig, reife Tannine.

El Lagar de Isilla Territorio Parcela La Sabina 2020 T RB
100% tempranillo

92

Waldfinsternis, korrekt, Cremig. Aroma: reifes Obst, ausgewogen, würzig. Mund: geschmackvoll, saftig, ausgewogen, süffig, reife Früchte.

El Lagar de Isilla Terrotorio San Juan 2021 T RB
98% tempranillo, 2% albillo mayor

93

Farbe: tiefes Kirschrot. Aroma: reifes Obst, trockene Kräuter, weiches Eichenholz, dunkle Früchte. Mund: reife Früchte, würzig, reife Tannine.

La Casona de la Vid Merlot 2020 T
merlot

90

Farbe: tiefes Kirschrot. Aroma: reifes Obst, trockene Kräuter, weiches Eichenholz, dunkle Früchte, würzig. Mund: reife Früchte, würzig, reife Tannine, fruchtig, geschmackvoll.

Paraje Peñalobos El Lagar de Isilla 2021 T RB
96% tempranillo, 4% albillo mayor

94

Farbe: KirsChrot. Aroma: komplex, ausdrucksvoll, würzig, mineralisch, reifes Obst, dunkle Früchte. Mund: elegant, voll, lang, nachhaltig.

BODEGAS EMILIO MORO
Ctra. Peñafiel - Valoria, s/n
47315 Pesquera de Duero (Valladolid)
☎: +34 983 878 400
bodega@emiliomoro.com
www.emiliomoro.com

Elálba de Emilio Moro 2023 RD
60% tempranillo, 40% albillo mayor

89

Korrekt, ausgewogen, fruchtig, klar definierte Aromen, korpulent. Aroma: Kräutersäckchen.

Finca Resalso 2023 T
tempranillo

89

Aromatisch, korrekt, reif, kräuterig. Aroma: Nüsse, offen.

Emilio Moro 2021 T
tempranillo

91

Farbe: tiefes Kirschrot. Aroma: reifes Obst, trockene Kräuter, weiches Eichenholz. Mund: kraftvoll, reife Früchte, würzig, reife Tannine.

Emilio Moro Clon de la Familia 2018 T
tempranillo

92

Korpulent. Aroma: reifes Obst, trockene Kräuter, weiches Eichenholz, Tabak, mit Charakter. Mund: kraftvoll, reife Früchte, würzig, reife Tannine.

Emilio Moro Vendimia Seleccionada 2021 T
tempranillo

92

Angenehm, sortenrein. Farbe: kirschrot mit granatrotem Saum. Aroma: reifes Obst, rote Früchte, weiches Eichenholz, Röstaromen. Mund: geschmackvoll, nachhaltig.

Emilio Moro Vendimia Seleccionada 2022 T
tempranillo

91

Reif, noch nicht vollständig entfaltet. Farbe: leuchtendes Kirschrot. Aroma: süße Gewürze, reifes Obst, Schokolade, markante Eiche. Mund: fruchtig, würzig, reife Tannine.

La Felisa 2022 T
tempranillo

91 ♣

Farbe: tiefes Kirschrot. Aroma: trockene Kräuter, weiches Eichenholz, reifes Obst, dunkle Früchte. Mund: kraftvoll, reife Früchte, würzig, reife Tannine.

Malleolus de SanchoMartín 2020 T
tempranillo
93
Farbe: dunkles Kirschrot, granatroter Saum. Aroma: reifes Obst, Früchtekonfit, Noten von Tischlerei, Tabak, süße Gewürze. Mund: würzig, reife Tannine, lang.

Malleolus de Valderramiro 2020 T
tempranillo
92
Farbe: sattes Kirschrot. Aroma: intensive Röstaromen, aromatischer Kaffee, kraftvoll, reifes Obst, dunkle Früchte. Mund: rauchig nachwirkend, nachhaltig, reife Tannine.

Latertius T
tempranillo
93
Ausgewogen, spannungsvoll. Farbe: KirsChrot. Aroma: komplex, ausdrucksvoll, würzig. Mund: voll, lang, nachhaltig, saftig.

Malleolus 2021 T
tempranillo
93
Farbe: KirsChrot. Aroma: balsamisch, Buschwaldkräuter, reifes Obst. Mund: würzig, balsamisch, schöne Säure, ausgewogen, abgerundet.

BODEGAS EPIFANIO RIVERA/ERIAL
Onésimo Redondo, 45
47315 Pesquera de Duero (Valladolid)
☎: +34 983 870 109
info@epifaniorivera.com
www.epifaniorivera.com

Erial TF (Tradición Familiar) Rivera Aparicio 2021 T
tinto fino
91
Farbe: tiefes Kirschrot. Aroma: reifes Obst, trockene Kräuter, weiches Eichenholz, markante Eiche. Mund: reife Früchte, würzig, reife Tannine.

BODEGAS FRANCISCO BARONA
Ctra. Circunvalación s/n
09300 Roa (Burgos)
☎: +34 947 625 618
bodega@franciscobarona.com
www.franciscobarona.com

Francisco Barona 2022 T C
tempranillo, garnacha, albillo
93
Farbe: tiefes Kirschrot. Aroma: reifes Obst, trockene Kräuter, rote Früchte, neues Eichenholz, süße Gewürze. Mund: kraftvoll, reife Früchte, würzig, reife Tannine.

Francisco Barona Finca Las Dueñas 2020 T R
tempranillo, garnacha, albillo
94
Üppig. Farbe: dunkles Kirschrot, granatroter Saum. Aroma: reifes Obst, Noten von Tischlerei, Tabak, süße Gewürze, Röstaromen. Mund: würzig, reife Tannine, lang.

BODEGAS FRUTOS VILLAR (RIBERA DEL DUERO)
Malpica, s/n
09311 La Horra (Burgos)
☎: +34 983 586 868
comercial@bodegasfrutosvillar.com
www.bodegasfrutosvillar.com

Conde de Siruela 2018 T R
100% tinta del país
92
Farbe: kirschrot mit granatrotem Saum. Aroma: Früchtekonfit, in Likör eingelegte Früchte, kraftvoll. Mund: geschmackvoll, leicht süßlich, lang.

Conde de Siruela 2020 T C
100% tinta del país
89
Korpulent, würzig, vegetabil, Röstaromen, reif.

Conde de Siruela 2023 T RB
100% tinta del país
88
Korpulent, würzig, reif, holzig, trockene Kräuter.

Conde de Siruela Elite 2020 T
100% tinta del país
90
Farbe: dunkles Kirschrot. Aroma: würzig, feiner Kakao, reifes Obst, dunkle Früchte. Mund: geschmackvoll, Röstnoten, zartbitter, fruchtig, ausgewogen.

Riberal 2020 T C
100% tinta del país
89
Korpulent, ausgewogen, würzig, vegetabil.

Riberal 2023 T RB
100% tinta del país
88
Warm, markante Eiche, würzig, reif, geschmackvoll.

BODEGAS FUENTESPINA
Camino Cascajo s/n
09470 Fuentespina (Burgos)
☎: +34 921 596 002
ana@avelinovegas.com
www.fuentespina.com

F de Fuentespina 2020 T R
tempranillo
92
Farbe: dunkles Kirschrot. Aroma: Röstaromen, würzig, feiner Kakao, dunkle Früchte, reifes Obst. Mund: geschmackvoll, Röstnoten, zartbitter, ziemlich nachhaltig, trockene, aber reife Tannine.

Finca La Luna 2020 T R
tempranillo
88
Fruchtig, nach Eingemachtem, schlicht, Röstaromen, etwas austrocknend.

Fuentespina 3 2023 T RB
tempranillo
87

Fuentespina C 2021 T C
tempranillo
89
Röstaromen, mild, reif, warm.

Fuentespina R 2020 T R
tempranillo
91
Farbe: tiefes Kirschrot, violetter Saum. Aroma: reifes Obst, trockene Kräuter, weiches Eichenholz, würzig. Mund: reife Früchte, würzig, reife Tannine, fruchtig, geschmackvoll.

Nicte 2021 T C
tempranillo
88
Fruchtig, Röstaromen, würzig, schlicht.

DO RIBERA DEL DUERO / D.O.P.

BODEGAS HACIENDA MONASTERIO

Ctra. Pesquera - Valbuena, s/n
47315 Pesquera de Duero (Valladolid)
☎: +34 983 484 002
bmonasterio@haciendamonasterio.com
www.haciendamonasterio.com

🏆 PODIUM

Hacienda Monasterio 2019 T R
80% tinto fino, 20% cabernet sauvignon

95

Farbe: dunkles Kirschrot, granatroter Saum. Aroma: reifes Obst, Früchtekonfit, Tabak, süße Gewürze, dunkle Früchte, Röstaromen. Mund: würzig, reife Tannine, nachhaltig, reife Früchte, ausgewogen.

Hacienda Monasterio 2021 T
80% tinto fino, 10% cabernet sauvignon, 10% merlot

92

Farbe: tiefes Kirschrot. Aroma: trockene Kräuter, weiches Eichenholz, Früchtekonfit. Mund: reife Früchte, würzig, reife Tannine.

Hacienda Monasterio Reserva Especial 2018 T R
75% tinto fino, 25% cabernet sauvignon

93

Warm, klassisch. Farbe: dunkles Kirschrot, granatroter Saum. Aroma: Früchtekonfit, Noten von Tischlerei, Tabak, süße Gewürze. Mund: würzig, reife Tannine, lang, geschmeidig.

BODEGAS HEMAR

La Iglesia, 48
09315 Fuentecén (Burgos)
☎: +34 947 532 718
info@bodegashemar.com
www.bodegahemar.com

Hemar 2022 T C
100% tempranillo

92

Farbe: KirsChrot. Aroma: komplex, ausdrucksvoll, mineralisch, reifes Obst, süße Gewürze, Röstaromen. Mund: elegant, voll, lang, nachhaltig.

Llanum 2020 T R
100% tempranillo

92

Farbe: dunkles Kirschrot. Aroma: Röstaromen, würzig, feiner Kakao. Mund: geschmackvoll, Röstnoten, zartbitter.

Los Jalones 2022 RD
100% tempranillo

85

Los Jalones 2023 T RB
100% tempranillo

87

BODEGAS HESVERA

Ctra. Peñafiel - Pesquera, Km. 5,5
47315 Pesquera de Duero (Valladolid)
☎: +34 626 060 516
bodegashesvera@gmail.com
www.bodegashesvera.com

Hesvera 2021 T C
100% tinto fino

89

Würzig, Röstaromen, kraftvoll, geschmackvoll.

Hesvera 6 meses Barrica 2023 T RB
100% tinto fino

87

Hesvera Cosecha Limitada 2020 T
100% tinto fino

89

Nach Eingemachtem, würzig, vegetabil, Röstaromen.

BODEGAS HNOS. PÁRAMO ARROYO

Ctra. de Roa - Pedrosa, km. 4
09314 Pedrosa de Duero (Burgos)
☎: +34 947 530 041
bodega@paramoarroyo.com
www.paramoarroyo.com

Eremus 2022 T RB
100% tempranillo

89

Ausgewogen, würzig, trockene Kräuter, Cremig.

Ser Vivo y Natural 2023 T
100% tempranillo

91

Farbe: kirschrot mit violettem Saum. Aroma: ausdrucksstark fruchtig, rote Früchte, blumig. Mund: fruchtig, geschmackvoll, ausgewogen.

BODEGAS HNOS. PÉREZ PASCUAS – VIÑA PEDROSA

Avda. Ribera del Duero, 30
09314 Pedrosa de Duero (Burgos)
☎: +34 947 530 100
vinapedrosa@perezpascuas.com
www.perezpascuas.com

Cepa Gavilán 2022 T C
100% tinto fino

91

Röstaromen, geschmackvoll. Farbe: leuchtendes Kirschrot. Aroma: süße Gewürze, reifes Obst, Schokolade. Mund: fruchtig, würzig, reife Tannine.

Pérez Pascuas Gran Selección 2017 T GR
100% tinto fino

94

Farbe: mattes Kirschrot. Aroma: würzig, geröstetes Brot, dunkle Früchte, Gras, schwarze Lakritze, erdig. Mund: geschmackvoll, sortentypisch, balsamisch.

Viña Pedrosa 2021 T R
100% tinto fino

94

Mit Potenzial, noch nicht vollständig entfaltet. Farbe: tiefes Kirschrot, leuchtendes Kirschrot. Aroma: mit Charakter, weiches Eichenholz, reifes Obst, ausgewogen. Mund: spannungsvoll, saftig, lebhaft, reife Tannine.

Viña Pedrosa 2022 T C
100% tinto fino

93

Farbe: tiefes Kirschrot. Aroma: reifes Obst, trockene Kräuter, weiches Eichenholz. Mund: reife Früchte, würzig, reife Tannine, saftig, geschmackvoll.

Viña Pedrosa Finca La Navilla 2021 T R
100% tinto fino

94

Farbe: leuchtendes Kirschrot. Aroma: süße Gewürze, Schokolade, reifes Obst, Früchtekonfit. Mund: fruchtig, würzig, reife Tannine, voll, geschmackvoll, lang.

Viña Pedrosa 2019 T GR
100% tinto fino

94

Klassisch. Farbe: sattes Kirschrot. Aroma: feine Reduktionsnoten, reifes Obst, Schwarzer Pfeffer. Mund: strukturiert, trockken, aber reife Tannine, würzig, lang.

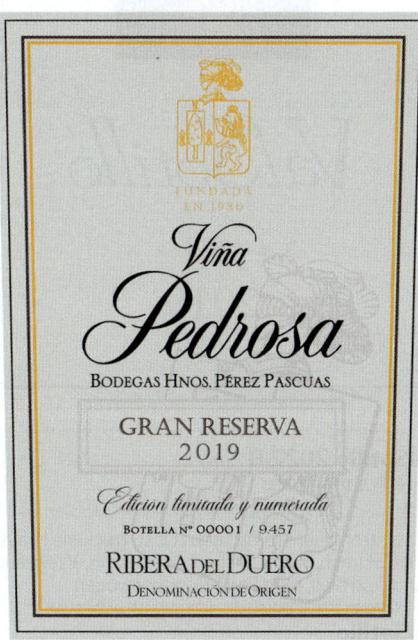

BODEGAS ISMAEL ARROYO - VALSOTILLO

Los Lagares, 71
09441 Sotillo de la Ribera (Burgos)
☎: +34 947 532 309
bodega@valsotillo.com
www.valsotillo.com

ValSotillo 2019 T C
100% tempranillo

91

Farbe: tiefes Kirschrot. Aroma: reifes Obst, trockene Kräuter, weiches Eichenholz, dunkle Früchte, rauchig. Mund: kraftvoll, reife Früchte, würzig, reife Tannine.

DO RIBERA DEL DUERO / D.O.P.

Guía Peñín **SPANIENS WEINFÜHRER**

DO RIBERA DEL DUERO / D.O.P.

ValSotillo 2019 T R
100% tempranillo
91
Klassisch. Farbe: tiefes Kirschrot, dunkles Kirschrot. Aroma: feine Reduktionsnoten, Wachs, würzig. Mund: voll, sortentypisch, reife Tannine.

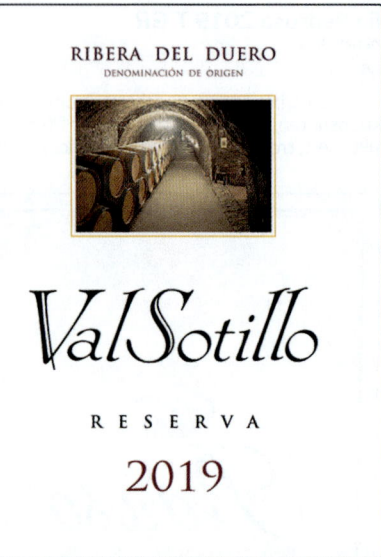

ValSotillo 2022 B
95% albillo mayor, 5% otras
91
Farbe: strohgelb. Aroma: reifes Obst, trockene Kräuter, welke Blumen, neues Eichenholz, würzig, Weihrauch. Mund: kraftvoll, reife Früchte, ausgewogen.

ValSotillo Finca Buenavista 2019 T
100% tempranillo
93
Farbe: dunkles Kirschrot, granatroter Saum. Aroma: Früchtekonfit, Noten von Tischlerei, Tabak, süße Gewürze, Buschwaldkräuter. Mund: würzig, reife Tannine.

ValSotillo VS "40 Aniversario" 2016 T BA
100% tinta del país
94
Korpulent, komplex. Farbe: tiefes Kirschrot, granatroter Saum. Aroma: Noten von Tischlerei, reifes Obst, feiner Kakao, Zigarren, Röstaromen. Mund: geschmackvoll, würzig, Röstnoten, kräftige Tannine.

ValSotillo VS 2019 T R
100% tempranillo
93
Farbe: tiefes Kirschrot. Aroma: reifes Obst, trockene Kräuter, weiches Eichenholz, Schokolade. Mund: kraftvoll, reife Früchte, würzig, reife Tannine.

BODEGAS LA HORRA
Camino de Anguix, s/n
09311 La Horra (Burgos)
☎: +34 947 613 963
rodarioja@roda.es
www.bodegaslahorra.es

Corimbo 2020 T
100% tinta del país
93
Farbe: tiefes Kirschrot. Aroma: reifes Obst, trockene Kräuter, weiches Eichenholz, Schokolade, aromatischer Kaffee. Mund: kraftvoll, reife Früchte, würzig, reife Tannine.

Corimbo I 2018 T R
100% tinta del país
94
Farbe: KirsChrot. Aroma: ausdrucksvoll, würzig, Kreide, aromatischer Kaffee. Mund: lang, nachhaltig, reife Tannine.

BODEGAS LLEIROSO
Ctra. Monasterio s/n
47359 Valbuena de Duero (Valladolid)
☎: +34 983 868 116
www.bodegaslleiroso.com

Joan Miró 2017 T R
93
Farbe: dunkles Kirschrot, granatroter Saum. Aroma Früchtekonfit, Noten von Tischlerei, Tabak, süße Gewürze, trockene Kräuter. Mund: würzig, fruchtig, geschmackvoll, ausgewogen, ziemlich nachhaltig.

Lleiroso 2019 T R
100% tempranillo

92

Farbe: dunkles Kirschrot, granatroter Saum. Aroma: reifes Obst, Früchtekonfit, Noten von Tischlerei, Tabak, süße Gewürze. Mund: würzig, reife Tannine, nachwirkend fruchtig, trockene, aber reife Tannine, fruchtig.

Lleiroso 2021 T C
100% tempranillo

90

Farbe: tiefes Kirschrot. Aroma: trockene Kräuter, weiches Eichenholz, reifes Obst, dunkle Früchte. Mund: kraftvoll, reife Früchte, würzig, reife Tannine.

Luz Millar 2022 T RB
100% tempranillo

89

Lieblich, fruchtig, mild, geschmackvoll.

BODEGAS LÓPEZ CRISTÓBAL
Barrio Estación, s/n
09300 Roa (Burgos)
☎: +34 947 561 139
bodega@lopezcristobal.com
www.lopezcristobal.com

Bagús 2021 T
100% tempranillo

90

Farbe: tiefes Kirschrot. Aroma: reifes Obst, trockene Kräuter, weiches Eichenholz. Mund: kraftvoll, reife Früchte, würzig, reife Tannine.

López Cristobal Albillo Mayor 2022 B S
100% albillo mayor

89

Würzig, markante Eiche, mild, fruchtig.

López Cristobal La Colorada 2021 T C
100% tempranillo

92

Farbe: leuchtendes Kirschrot. Aroma: reifes Obst, weiches Eichenholz, offen, ausgewogen. Mund: kraftvoll, reife Früchte, würzig, reife Tannine.

López Cristobal La Linde 2022 T RB
tempranillo, merlot

89

Üppig, schlicht, balsamisch. Aroma: süße Gewürze, reifes Obst. Mund: süffig.

López Cristobal Parcela 1 2020 T R
100% tempranillo

92

Farbe: tiefes Kirschrot. Aroma: reifes Obst, weiches Eichenholz, Kokosnuss, süße Gewürze. Mund: reife Früchte, würzig, reife Tannine, saftig, lang.

Viracocha 2020 T R

93

Farbe: tiefes Kirschrot, violetter Saum. Aroma: reifes Obst, trockene Kräuter, weiches Eichenholz, Kokosnuss, würzig, feiner Kakao, rauchig. Mund: kraftvoll, reife Früchte, würzig, reife Tannine, fruchtig, geschmackvoll, rauchig nachwirkend, nachhaltig.

BODEGAS MILVUS
Ctra. Salas de los Infantes, km 11
09490 Zazuar (Burgos)
☎: +34 696 234 476
director@bodegasmilvus.es
www.bodegasmilvus.es

Fuenconcejo 2021 T C
100% tempranillo

88

Korpulent, würzig, Röstaromen, markante Eiche.

Fuenconcejo 2022 T RB
100% tempranillo

87

Fuenconcejo 2023 T
100% tempranillo

88

Lieblich, korrekt, naschhaft, reif, saftig.

Milvus Edición Especial 2021 T
100% tempranillo

88

Warm, nach Eingemachtem, intensive Röstaromen, kraftvoll.

BODEGAS NABAL
Ctra. Madrid-Irún, A-1, Salida 168
09370 Gumiel de Izán (Burgos)
☎: +34 947 544 218
info@bodegasnabal.com
www.bodegasnabal.com

Nabal 2018 T GR
90% tempranillo, 7% merlot, 3% albillo mayor

91

Farbe: tiefes Kirschrot. Aroma: reifes Obst, trockene Kräuter, weiches Eichenholz. Mund: kraftvoll, reife Früchte, würzig, reife Tannine.

Nabal 2019 T R
100% tempranillo

91

Farbe: tiefes Kirschrot. Aroma: reifes Obst, trockene Kräuter, würzig, feiner Kakao. Mund: reife Früchte, würzig, reife Tannine.

Valle de Nabal 2022 T
100% tempranillo

90

Angenehm, fruchtig, reif, sortenrein.

DO RIBERA DEL DUERO / D.O.P.

Nabal 2021 T C
100% tempranillo

90

Farbe: tiefes Kirschrot. Aroma: reifes Obst, trockene Kräuter, weiches Eichenholz. Mund: kraftvoll, würzig, reife Tannine.

Nabal Albillo Mayor 2022 B
100% albillo mayor

91

Farbe: gelb. Aroma: feine Reduktionsnoten, getrocknete Blumen, trockene Kräuter. Mund: ausgewogen, voll, saftig, würzig, reife Früchte.

Nabal Rosé 2023 RD
85% tempranillo, 10% garnacha, 5% albillo mayor

90

Farbe: blassrosa. Aroma: Kräutersäckchen, , tropische Frucht. Mund: leicht, schöne Säure, zartbitter.

BODEGAS NEO
Ctra. N-122, Km. 274,5
09391 Castrillo de La Vega (Burgos)
☎: +34 947 514 393
ivan@bodegasneo.com
www.bodegasneo.com

Neo 2021 T BA
100% tempranillo

91

Farbe: tiefes Kirschrot. Aroma: reifes Obst, trockene Kräuter, weiches Eichenholz. Mund: kraftvoll, reife Früchte, würzig, reife Tannine.

Sentido 2021 T
100% tempranillo

90

Farbe: KirsChrot. Aroma: balsamisch, Buschwaldkräuter, Nüsse. Mund: würzig, balsamisch, schöne Säure.

Crazy Tempranillo 2023 RD
100% tempranillo

89

Ausgewogen, frisch, fruchtig, kräuterig.

Disco 2023 T
100% tempranillo

88

Korrekt, fruchtig, saftig, reif, nachhaltig.

El Arte de Vivir 2023 T
100% tempranillo

88

Korrekt, fruchtig, etwas austrocknend, aromatisch balsamisch.

BODEGAS PAGOS DE MOGAR
Ctra. Pesquera, km. 0,2
47359 Valbuena de Duero (Valladolid)
☎: +34 983 683 011
comercial@bodegaspagosdemogar.com
www.bodegaspagosdemogar.com

Mo&Gar 2022 T RB
100% tinta del país

89

Cremig, ausgewogen, würzig, Röstaromen.

Mo&Gar Colección Privada 2019 T R
100% tinta del país

90

Farbe: KirsChrot. Aroma: Buschwaldkräuter, trockene Kräuter, Wachs, Tabak. Mund: würzig, geschmackvoll, ausgewogen.

Mo&Gar Vendimia Seleccionada 2021 T C
100% tinta del país

87

BODEGAS PASCUAL
Ctra. de Aranda, Km. 5
09471 Fuentelcésped (Burgos)
☎: +34 947 557 351
export@bodegaspascual.com
www.bodegaspascual.com

Buró de Peñalosa 2017 T R
100% tempranillo

90

Farbe: tiefes Kirschrot. Aroma: trockene Kräuter, weiches Eichenholz, dunkle Früchte. Mund: kraftvoll, reife Früchte, würzig, reife Tannine.

Buró de Peñalosa 2020 T C
100% tempranillo

89

Ausgewogen, würzig, reif, Röstaromen.

Diodoro Autor 2011 T
100% tempranillo

93

Farbe: tiefes Kirschrot. Aroma: weiches Eichenholz, dunkle Früchte, Buschwaldkräuter, feine Reduktionsnoten. Mund: reife Früchte, würzig, reife Tannine.

Diodoro Pascual 2019 T
100% tempranillo

93

Farbe: dunkles Kirschrot. Aroma: Röstaromen, würzig, feiner Kakao, Buschwaldkräuter, schwarze Lakritze, Fleischnoten. Mund: geschmackvoll, Röstnoten, zartbitter, kraftvoll.

Heredad de Peñalosa 2022 T RB
100% tempranillo

88

Ausgewogen, würzig, reif, voll, geschmackvoll.

BODEGAS PEÑAFIEL
Ctra. N-122, Km. 311
47300 Peñafiel (Valladolid)
☎: +34 983 881 622
administracion@bodegaspenafiel.com
www.bodegaspenafiel.com

Alma Serena 2019 T R

92

Alt. Farbe: dunkles Kirschrot, granatroter Saum. Aroma: Früchtekonfit, Noten von Tischlerei, Tabak, süße Gewürze, Schokolade. Mund: würzig, reife Tannine.

Dominio de Miros 2019 T
100% tempranillo

92

Farbe: dunkles Kirschrot. Aroma: reifes Obst, Früchtekonfit, Tabak, süße Gewürze, dunkle Früchte. Mund: würzig, geschmackvoll, fruchtig, ziemlich nachhaltig, rauchig nachwirkend, trockene, aber reife Tannine.

Miros de Ribera 2019 T R
100% tempranillo

90

Farbe: tiefes Kirschrot. Aroma: reifes Obst, trockene Kräuter, weiches Eichenholz, markante Eiche. Mund: kraftvoll, reife Früchte, würzig, reife Tannine.

Miros de Ribera 2020 T C
100% tempranillo

90

Alt. Farbe: dunkles Kirschrot, granatroter Saum. Aroma: Früchtekonfit, Noten von Tischlerei, Tabak, süße Gewürze. Mund: würzig, reife Tannine.

Miros de Ribera 2022 T RB
100% tempranillo

89

Röstaromen, reif, kraftvoll.

Silencio de Miros 2019 T
100% tempranillo

92

Farbe: kirschrot mit granatrotem Saum. Aroma: Röstaromen, würzig, feiner Kakao, Früchtekonfit, Wildkräuter. Mund: geschmackvoll, Röstnoten, zartbitter, fruchtig, ausgewogen, reife Tannine.

DO RIBERA DEL DUERO / D.O.P.

DO RIBERA DEL DUERO / D.O.P.

BODEGAS PEÑALBA HERRÁIZ
Sol de las Moreras, 3
09400 Aranda de Duero (Burgos)
☎: +34 623 500 070
oficina@carravid.com
www.bodegaspenalbaherraiz.com

Aptus 2022 T RB
100% tempranillo
89
Lieblich, korrekt, reif, saftig, würzig, ausgewogen, geschmackvoll.

Carravid 2021 T C
100% tempranillo
88
Korpulent, Cremig, markante Eiche, lieblich, nach Eingemachtem. Aroma: Schokolade, mit Charakter, kraftvoll.

BODEGAS PORTIA
Antigua Ctra. N-I, km. 170
09370 Gumiel de Izán (Burgos)
☎: +34 947 102 700
info@bodegasportia.com
www.bodegasportia.com

Portia 10 meses 2022 T
tempranillo
89
Aroma: intensive Röstaromen, aromatischer Kaffee, dunkle Früchte. Mund: reife Tannine, Röstnoten.

Portia 24 meses 2021 T C
90
Farbe: leuchtendes Kirschrot. Aroma: süße Gewürze, reifes Obst, weiches Eichenholz, Schokolade. Mund: fruchtig, würzig, reife Tannine, geschmackvoll.

BODEGAS PRADO DE OLMEDO
Paraje El Salegar, s/n
09370 Quintana del Pidío (Burgos)
☎: +34 639 443 582
pradodeolmedo@pradodeolmedo.com
www.pradodeolmedo.com

Monasterio de San Miguel 1940 2022 B
albillo mayor
87

Monasterio de San Miguel 2019 T R
tempranillo
90
Farbe: dunkles Kirschrot. Aroma: reifes Obst, trockene Kräuter, weiches Eichenholz. Mund: kraftvoll, reife Früchte, würzig, reife Tannine.

Monasterio de San Miguel 2021 T C
tempranillo
88
Würzig, reif, geschmackvoll, etwas austrocknend, durchschnittlich am Gaumen, saftig.

Monasterio de San Miguel Albillo Mayor 2023 B
albillo mayor
90
Farbe: leuchtendes Strohgelb. Aroma: ausdrucksstark fruchtig, reifes Obst, helle Früchte, Wildkräuter, getrocknete Blumen. Mund: geschmackvoll, frisch, schöne Säure, nachwirkend fruchtig, fruchtig.

BODEGAS RAÍZ Y QUESOS PÁRAMO DE GUZMÁN
Ctra. Circunvalación, s/n R-30
09300 Roa (Burgos)
☎: +34 947 541 191
info@raizyparamodeguzman.es
www.raizdeguzman.com

Raíz de Guzmán 2019 T R
tempranillo
92
Farbe: dunkles Kirschrot. Aroma: würzig, feiner Kakao, reifes Obst, dunkle Früchte, Schwarzer Pfeffer, schwarze Lakritze. Mund: geschmackvoll, Röstnoten, fruchtig, ausgewogen, ziemlich nachhaltig, rauchig nachwirkend, reife Tannine.

Raíz de Guzmán 2020 T C
100% tempranillo
91
Farbe: dunkles Kirschrot. Aroma: Röstaromen, würzig, feiner Kakao, dunkle Früchte. Mund: geschmackvoll, Röstnoten, zartbitter.

Raíz de Guzmán 2023 RD
tempranillo
89
Reif, fruchtig, ausgewogen, geschmackvoll, nachhaltig.

Raíz de Guzmán 9 meses 2021 T RB
100% tempranillo
90
Farbe: kirschrot mit violettem Saum. Aroma: ausdrucksstark fruchtig, würzig, dunkle Früchte, Wildkräuter. Mund: geschmackvoll, fruchtig, reife Tannine, etwas austrocknend, Röstnoten.

Raiz Profunda 2019 T
100% tempranillo
93
Farbe: tiefes Kirschrot. Aroma: reifes Obst, trockene Kräuter, weiches Eichenholz, süße Gewürze. Mund: kraftvoll, reife Früchte, würzig, reife Tannine.

BODEGAS RESALTE
Ctra. N-122, Km. 312
47300 Peñafiel (Valladolid)
☎: +34 630 979 805
e.andrades@resalte.com
www.resalte.com

🏆 PODIUM

Essences Nº3 T
92% tempranillo, 8% garnacha
95
Farbe: dunkles Kirschrot, granatroter Saum. Aroma: reifes Obst, Früchtekonfit, Noten von Tischlerei, Tabak, süße Gewürze. Mund: würzig, reife Tannine, lang.

Gran Resalte 2021 T
100% tempranillo
93
Farbe: tiefes Kirschrot. Aroma: reifes Obst, trockene Kräuter, weiches Eichenholz, balsamisch, würzig. Mund: kraftvoll, reife Früchte, würzig, reife Tannine, ziemlich nachhaltig.

Origen de Resalte 2021 T
100% tempranillo
92
Farbe: dunkles Kirschrot. Aroma: Röstaromen, würzig, feiner Kakao, reifes Obst, dunkle Früchte. Mund: geschmackvoll, Röstnoten, zartbitter.

Resalte Expresión 2020 T R
100% tempranillo
93
Farbe: kirschrot mit violettem Saum. Aroma: rote Früchte, blumig, Röstaromen, süße Gewürze. Mund: geschmackvoll, fruchtig, schöne Säure, lang.

Resalte Vendimia Seleccionada 2022 T
100% tempranillo
91
Leichte Reduktion. Farbe: leuchtendes Kirschrot. Aroma: reifes Obst, Röstaromen. Mund: fruchtig, würzig, geschmackvoll, süffig.

BODEGAS RODERO
Ctra. Boada, s/n
09314 Pedrosa de Duero (Burgos)
☎: +34 947 530 046
rodero@bodegasrodero.com
www.bodegasrodero.com

Carmelo Rodero 2022 T C
90% tempranillo, 10% cabernet sauvignon
91
Lieblich. Farbe: tiefes Kirschrot. Aroma: rauchig, Röstaromen, dunkle Früchte, Weihrauch. Mund: strukturiert, süße Tannine.

Carmelo Rodero TSM 2021 T
75% tempranillo, 10% cabernet sauvignon, 15% merlot
94
Reif, Cremig. Farbe: leuchtendes Kirschrot. Aroma: süße Gewürze, reifes Obst, Schokolade, weiches Eichenholz. Mund: würzig, lang, reife Früchte, reife Tannine.

Pago de Valtarreña 2020 T
100% tempranillo
90
Farbe: kirschrot mit violettem Saum. Aroma: reifes Obst, dunkle Früchte, intensive Röstaromen, würzig, Fleischnoten. Mund: trockene, aber reife Tannine, fruchtig, geschmackvoll, würzig, nachwirkende Röstnoten.

Raza 2021 T R
90% tempranillo, 10% cabernet sauvignon
92
Farbe: leuchtendes Kirschrot. Aroma: süße Gewürze, reifes Obst, Schokolade, weiches Eichenholz. Mund: würzig, reife Tannine.

BODEGAS RODRÍGUEZ Y SANZO
Avda. de Tordesillas, 5
47490 Rueda (Valladolid)
☎: +34 983 150 150
comunicacion@rodriguezysanzo.com
www.rodriguezysanzo.com

El Jesuita 2022 T
100% tempranillo
89
Korrekt, würzig, reif, trockene Kräuter. Aroma: Nüsse, erdig. Mund: süffig.

Valsanzo 2020 T C
100% tinto fino
88
Nach Eingemachtem, würzig, vegetabil, Röstaromen, voll.

DO RIBERA DEL DUERO / D.O.P.

Valsanzo Quinto Año 2020 T R
100% tinto fino
89
Nach Eingemachtem, würzig, kräuterig, Röstaromen.

BODEGAS SEMBRO
47315 Pesquera de Duero (Valladolid)
☎: +34 956 854 204
bor@vineamagna.com
www.bodegasembro.com

La Pinaleta 2021 T
tempranillo
90
Farbe: leuchtendes Kirschrot. Aroma: reifes Obst, dunkle Früchte, Schwarzer Pfeffer, würzig, rauchig. Mund: fruchtig, geschmackvoll, würzig, Röstnoten, nachwirkende Röstnoten.

Sembro 12 meses 2021 T
tempranillo
90
Farbe: tiefes Kirschrot. Aroma: reifes Obst, trockene Kräuter, weiches Eichenholz, dunkle Früchte, würzig. Mund: kraftvoll, reife Früchte, würzig, trockene, aber reife Tannine.

Sembro 2022 T
tempranillo
88
Fruchtig, reif, trockene Kräuter, rustikal, würzig, etwas austrocknend.

BODEGAS SEÑORÍO DE NAVA
Crta. Valladolid a Soria, Km. 63
09318 Nava de Roa (Burgos)
☎: +34 987 209 712
lafinca@lafinca.es
www.senoriodenava.es

Dominio de Nava 2018 T
100% tempranillo
92
Farbe: tiefes Kirschrot. Aroma: trockene Kräuter, weiches Eichenholz, rote Früchte, reifes Obst. Mund: reife Früchte, würzig, reife Tannine, elegant.

Fuentenebro Albillo Mayor 2021 B BA
100% albillo mayor
91
Farbe: leuchtendes Gelb. Aroma: kraftvoll, reifes Obst, würzig, Zitronenbombon. Mund: fett, lang, Röstnoten, zartbitter.

Señorío de Nava 2019 T C
100% tempranillo
89
Fruchtig, kräuterig, reif, Röstaromen, etwas austrocknend.

Fuentenebro Tempranillo 2021 T
100% tempranillo
92
Farbe: kirschrot mit violettem Saum. Aroma: ausdrucksstark fruchtig, rote Früchte, blumig, würzig. Mund: geschmackvoll, fruchtig, schöne Säure.

Fuentenebro Tempranillo 2022 RD
100% tempranillo
91
Farbe: lachsfarben. Aroma: süße Gewürze, rote Früchte, Kräutersäckchen, getrocknete Blumen. Mund: voll, geschmackvoll, würzig, leicht süßlich.

BODEGAS TARSUS
Ctra. de Roa - Anguix, Km. 3
09313 Anguix (Burgos)
☎: +34 947 554 218
ignacio.lopez@pernod-ricard.com
www.tarsusvino.com

Tarsus 2021 T C
100% tempranillo
91
Farbe: tiefes Kirschrot. Aroma: reifes Obst, trockene Kräuter, weiches Eichenholz, Nüsse. Mund: kraftvoll, reife Früchte, würzig, reife Tannine.

Tarsus 2022 T RB
100% tinta del país
90
Farbe: dunkles Kirschrot. Aroma: Röstaromen, würzig, feiner Kakao, Früchtekonfit, reifes Obst. Mund: geschmackvoll, Röstnoten, zartbitter.

Tarsus La Despistada 2022 B
100% albillo mayor
90
Farbe: leuchtendes Gelb. Aroma: weiches Eichenholz, reifes Obst, würzig. Mund: strukturiert, zartbitter, geschmackvoll.

BODEGAS TEÓFILO REYES
Ctra. Valladolid, s/n
47300 Peñafiel (Valladolid)
☎: +34 983 873 015
teofiloreyes@teofiloreyes.com

Teófilo Reyes 15 meses 2021 T C
100% tempranillo
90
Farbe: ockerfarbener Saum, KirsChrot, granatroter Saum. Aroma: aromatischer Kaffee, reifes Obst, offen, kraftvoll. Mund: rauchig nachwirkend, nachhaltig, reife Tannine.

Teófilo Reyes 2019 T R
100% tempranillo
92
Farbe: tiefes Kirschrot, granatroter Saum. Aroma: feiner Kakao, Zigarren, Röstaromen, süße Gewürze, Früchtekonfit. Mund: geschmackvoll, würzig, Röstnoten, kräftige Tannine.

BODEGAS THESAURUS RIBERA DEL DUERO
Ctra. Cuellar, 17
47359 Olivares de Duero (Valladolid)
☎: +34 983 250 319
blanca@ciadevinos.com

Castillo de Peñafiel 2021 T C
tempranillo
88
Lieblich, saftig, geschmackvoll, fruchtig, korrekt, trockene Kräuter.

Castillo de Peñafiel 2022 T RB
tempranillo
89
Fruchtig, trockene Kräuter, rauchig, würzig, reif.

Castillo de Peñafiel Edición Limitada 2019 T R
tempranillo
91
Farbe: tiefes Kirschrot. Aroma: reifes Obst, trockene Kräuter, weiches Eichenholz, dunkle Früchte, süße Gewürze. Mund: kraftvoll, reife Früchte, würzig, reife Tannine, fruchtig, geschmackvoll.

Dorivm 2021 T C
tempranillo
88
Korpulent, würzig, vegetabil, reif.

Dorivm Selección de la Familia 2019 T
tempranillo
90
Farbe: tiefes Kirschrot. Aroma: reifes Obst, trockene Kräuter, weiches Eichenholz, Fleischnoten, dunkle Früchte. Mund: kraftvoll, reife Früchte, würzig, geschmackvoll, trockene, aber reife Tannine.

Thesaurus X 2021 T
tempranillo
90
Farbe: tiefes Kirschrot. Aroma: reifes Obst, trockene Kräuter, weiches Eichenholz, dunkle Früchte, Schwarzer Pfeffer, rauchig. Mund: kraftvoll, reife Früchte, würzig, fruchtig, geschmackvoll, trockene, aber reife Tannine.

Dorivm 2023 T RB
tempranillo
89
Fruchtig, trockene Kräuter, reif, von Primäraromen beherrscht, geschmackvoll, rauchig.

BODEGAS TORREDEROS
Ctra. Valladolid, Km. 289,300
09318 Fuentelisendo
(Burgos)
☎: +34 947 532 627
administracion@torrederos.com
www.torrederos.com

Torrederos 2017 T R
100% tempranillo
90
Warm, nach Eingemachtem. Aroma: Röstaromen, rauchig, kraftvoll, offen. Mund: strukturiert, geschmackvoll.

Torrederos 2021 T C
100% tempranillo
90
Farbe: dunkles Kirschrot. Aroma: Röstaromen, würzig, weiches Eichenholz, reifes Obst. Mund: geschmackvoll, Röstnoten, reife Tannine.

Torrederos 2022 T RB
100% tempranillo
88
Ausgewogen, würzig, trockene Kräuter, reif.

Torrederos 2023 RD
100% tempranillo
87

Torrederos Selección 2016 T
100% tempranillo
91
Farbe: dunkles Kirschrot, granatroter Saum. Aroma: reifes Obst, Früchtekonfit, Noten von Tischlerei, Tabak, süße Gewürze. Mund: würzig, geschmackvoll, Röstnoten, trockene, aber reife Tannine.

BODEGAS TORREMORÓN
Ctra. Boada, s/n
09314 Quintanamanvirgo
(Burgos)
☎: +34 947 554 075
administracion@bodegastorremoron.com
www.bodegastorremoron.com

Torremorón 2017 T R
100% tempranillo
89
Klassisch, nach Eingemachtem, Röstaromen, mild.

Torremorón 2021 T C
100% tempranillo
89
Fruchtig, würzig, milchig, Röstaromen, geschmackvoll.

Torremorón 2022 T RB
100% tempranillo
88
Fruchtig, reif, trockene Kräuter, schlicht.

Torremorón Tempranillo 2023 T
100% tempranillo
87

BODEGAS TRENZA
Felix Mendelsohn, 8
03730 Jávea (Alacant/Alicante)
☎: +34 965 790 012
bodegas@bodegastrenza.com
www.bodegatrenza.com

Viña Curvada Tempranillo 2021 T C
tempranillo
90
Farbe: tiefes Kirschrot. Aroma: reifes Obst, trockene Kräuter, weiches Eichenholz, würzig, rote Früchte, frisches Obst. Mund: kraftvoll, reife Früchte, würzig, reife Tannine, rauchig nachwirkend.

Tofterup Brothers Tempranillo 2021 T
tempranillo
90
Farbe: dunkles Kirschrot. Aroma: reifes Obst, Früchtekonfit, Noten von Tischlerei, Tabak, süße Gewürze. Mund: würzig, reife Tannine, Röstnoten, reife Früchte, rauchig nachwirkend.

Tofterup Brothers Tempranillo 2021 T C
tempranillo
90
Röstaromen. Aroma: geröstetes Brot, markante Eiche, dunkle Früchte, reifes Obst, Schokolade. Mund: geschmackvoll, reife Früchte, lang.

Viña Curvada Albillo Mayor 2021 B BA
albillo mayor
89
Aromatisch, korrekt, fruchtig, reif, würzig. Aroma: Steinobst, würzig, geröstetes Brot.

Viña Curvada Tempranillo 2021 T
tempranillo
90
Farbe: tiefes Kirschrot. Aroma: trockene Kräuter, weiches Eichenholz, reifes Obst, dunkle Früchte, Schokolade. Mund: kraftvoll, reife Früchte, würzig, reife Tannine.

BODEGAS TRUS
Ctra . Pesquera de Duero-Encinas km. 3
47316 Piñel de Abajo (Valladolid)
☎: +34 941 802 943
ventas@palaciosvinosdefinca.com
www.palaciosvinosdefinca.com

🏆 PODIUM

Pico de Luyas 2020 T
100% tempranillo
95
Farbe: dunkles Kirschrot. Aroma: Röstaromen, würzig, feiner Kakao, dunkle Früchte. Mund: geschmackvoll, Röstnoten, zartbitter, kraftvoll, ausgeprägte Eichentannine.

Punto Geodésico 2021 T
100% tempranillo
94
Farbe: tiefes Kirschrot. Aroma: trockene Kräuter, weiches Eichenholz, dunkle Früchte. Mund: kraftvoll, reife Früchte, würzig, reife Tannine.

Trus 2018 T R
100% tempranillo
94
Farbe: dunkles Kirschrot. Aroma: reifes Obst, Früchtekonfit, Noten von Tischlerei, Tabak, süße Gewürze. Mund: würzig, geschmackvoll, fruchtig, rauchig nachwirkend, Röstnoten, trockene, aber reife Tannine.

Trus 2021 T C
100% tempranillo
93
Farbe: tiefes Kirschrot. Aroma: trockene Kräuter, weiches Eichenholz, dunkle Früchte. Mund: reife Früchte, würzig, reife Tannine, elegant.

Trus 2023 T RB
100% tempranillo

90

Farbe: kirschrot mit violettem Saum. Aroma: dunkle Früchte, rote Früchte, reifes Obst, Wildkräuter, süße Gewürze. Mund: reife Früchte, geschmackvoll, strukturiert.

Trus Albillo 2020 B
100% albillo mayor

92

Farbe: leuchtendes Strohgelb. Aroma: reifes Obst, feine Hefen, geröstetes Brot, Hefenoten, Bäckerei. Mund: voll, komplex, würzig, lang.

BODEGAS VALDEMAR

Camino Viejo de Logroño, 24
01320 Oyón (Araba/Álava)
☎: +34 945 622 188
info@valdemar.es
www.valdemarfamily.com

Fincas de Valdemacuco 2021 T C
100% tempranillo

92

Farbe: dunkles Kirschrot. Aroma: Röstaromen, würzig, feiner Kakao, reifes Obst, dunkle Früchte. Mund: geschmackvoll, Röstnoten, zartbitter.

Fincas de Valdemacuco 2022 T RB
100% tempranillo

90

Farbe: kirschrot mit violettem Saum. Aroma: ausdrucksstark fruchtig, würzig, reifes Obst, dunkle Früchte, Wildkräuter. Mund: geschmackvoll, fruchtig, ziemlich nachhaltig, rauchig nachwirkend, trockene, aber reife Tannine.

BODEGAS VALDERIVERO

Avda. de Aranda s/n
09318 Nava de Roa (Burgos)
☎: +34 948 379 994
info@marquesdelatrio.com
www.valderivero.es

Valderivero 2021 T C

90

Lieblich, fruchtig, reif, saftig. Aroma: eingemachtes Obst, welke Blumen, trockene Kräuter. Mund: geschmackvoll, reife Früchte, lang.

Valderivero 2023 T
tempranillo

89

Angenehm, mild, geschmackvoll, fruchtig.

Valderivero 2023 T RB

89

Angenehm, Röstaromen, geschmackvoll, reif, würzig.

BODEGAS VALDUBÓN

Antigua Ctra. N-I, Km. 151
09460 Milagros (Burgos)
☎: +34 947 546 251
laura.martin@valdubon.com
www.valdubon.com

Etcétera 2023 T

86

Honoris de Valdubón 2019 T
96% tempranillo, 4% merlot

91

Farbe: dunkles Kirschrot. Aroma: reifes Obst, weiches Eichenholz, dunkle Früchte, Schokolade, trockene Kräuter. Mund: kraftvoll, würzig, reife Tannine.

Valdubón 9 Meses 2022 T RB

88

Lieblich, markante Eiche, würzig, reif, nachhaltig, geschmackvoll.

Valdubón Diez T BA

89

Korpulent, würzig, ausgewogen, trockene Kräuter, reif, geschmackvoll, Röstaromen, milchig.

Valdubón Tempranillo 2023 T

86

BODEGAS VALLOBERA

Pza. Santa María, 2
09400 Aranda de Duero (Burgos)
☎: +34 648 694 441
conchi@lapicaragastroteca.com
www.vinofeliz.com

Feliz Uvas Frescas 2023 B RB
100% albillo mayor

88

Zitrusfrüchte, korrekt, trockene Kräuter, reif.

RQT Feliz, Cepas entre Viñas 2021 B C
100% albillo mayor

90

Reif. Farbe: strohgelb. Aroma: trockene Kräuter, welke Blumen, trockener Stein, feine Hefen. Mund: reife Früchte, ausgewogen, voll.

DO RIBERA DEL DUERO / D.O.P.

DO RIBERA DEL DUERO / D.O.P.

BODEGAS VALPARAISO
Paraje los Llanillos, s/n
09370 Quintana del Pidío (Burgos)
☎: +34 947 545 286
marketing@grupoeguizabal.com
www.bodegasvalparaiso.com

**Jardín
de Valparaiso 2021 T**
tempranillo

89
Angenehm, Röstaromen, würzig, reif.

**Raíces
de Valparaiso 2021 T**
tempranillo

91
Farbe: tiefes Kirschrot. Aroma: reifes Obst, trockene Kräuter, weiches Eichenholz. Mund: kraftvoll, reife Früchte, würzig, grobkörnige Tannine.

Valparaíso 2020 T C
tempranillo

88
Röstaromen, geschmackvoll, kraftvoll, reif.

Valparaíso 2021 T RB
tempranillo

88
Rauchig, fruchtig, reif, milchig.

BODEGAS VEGA DE YUSO
Basilón 9
47350 Quintanilla de Onésimo (Valladolid)
☎: +34 983 680 054
comunicacion@vegadeyuso.com
www.vegadeyuso.com

Pozo de Nieve 2022 T
100% tempranillo

88
Korpulent, ausgewogen, würzig, trockene Kräuter, Röstaromen.

Tres Matas 2018 T R
100% tempranillo

91
Farbe: tiefes Kirschrot. Aroma: reifes Obst, trockene Kräuter, Heidelbeere. Mund: reife Früchte, würzig, reife Tannine, ausgewogen.

Tres Matas 2021 T C
100% tempranillo

91
Farbe: dunkles Kirschrot. Aroma: Röstaromen, würzig, feiner Kakao, reifes Obst, dunkle Früchte. Mund: geschmackvoll, Röstnoten, zartbitter.

**Tres Matas Vendimia
Seleccionada 2019 T**
100% tempranillo

92
Farbe: tiefes Kirschrot, granatroter Saum. Aroma: Noten von Tischlerei, reifes Obst, feiner Kakao, Zigarren, Röstaromen, Schokolade. Mund: geschmackvoll, würzig, Röstnoten, kräftige Tannine.

Vegantigua 2022 T RB
100% tempranillo

88
Fruchtig, kräuterig, schlicht, etwas austrocknend.

BODEGAS VEGA SICILIA
Ctra. N-122, km 323
47359 Valbuena de Duero (Valladolid)
☎: +34 983 680 147
vegasicilia@vega-sicilia.com
www.temposvegasicilia.com

🏆 **PODIUM**

Valbuena 5º 2020 T

96
Farbe: dunkles Kirschrot, granatroter Saum. Aroma: reifes Obst, Noten von Tischlerei, Tabak, süße Gewürze. Mund: würzig, reife Tannine, lang.

🏆 **PODIUM**

Vega Sicilia Único 2015 T

97
Komplex, elegant. Farbe: tiefes Kirschrot, granatroter Saum. Aroma: Noten von Tischlerei, reifes Obst, feiner Kakao, Zigarren, Röstaromen. Mund: geschmackvoll, würzig, Röstnoten, kräftige Tannine.

🏆 **PODIUM**

Vega Sicilia Único Reserva Especial T GR

97
Balsamisch, reif. Farbe: tiefes Kirschrot, granatroter Saum. Aroma: Noten von Tischlerei, reifes Obst, feiner Kakao, Zigarren, Röstaromen. Mund: geschmackvoll, würzig, Röstnoten.

k

BODEGAS VETUSTA
Avda. Portugal, 54 Parc. 16 Nave 1
09400 Aranda de Duero (Burgos)
☎: +34 682 718 907
info@bodegasvetusta.com
www.bodegasvetusta.com

Vetusta 2021 T C
tempranillo
89 🍷
Fruchtig, reif, geschmackvoll, Röstaromen.

Vetusta Albillo Mayor 2021 B FB
91
Farbe: leuchtendes Gelb. Aroma: kraftvoll, weiches Eichenholz, reifes Obst, würzig, geröstetes Brot. Mund: strukturiert, lang, Röstnoten, zartbitter.

Vetusta Viñas de Fuentenebro 2022 T
tempranillo
90 🍷
Farbe: tiefes Kirschrot. Aroma: reifes Obst, trockene Kräuter, weiches Eichenholz, würzig. Mund: reife Früchte, würzig, reife Tannine, etwas austrocknend.

Vetusta Viñedo Especial Carrascalon Alto 2019 T
100% tempranillo
91 🍷
Farbe: dunkles Kirschrot. Aroma: Röstaromen, würzig, feiner Kakao, markante Eiche. Mund: geschmackvoll, Röstnoten, zartbitter.

BODEGAS VIÑA MAYOR
Ctra. N-122, Km. 325,6
47350 Quintanilla de Onésimo (Valladolid)
☎: +34 607 254 147
ncalaresu@entrecanalesdomecq.com
www.entrecanalesdomecq.com

Viña Mayor 2017 T GR
100% tempranillo
92
Farbe: tiefes Kirschrot, granatroter Saum. Aroma: Noten von Tischlerei, feiner Kakao, Zigarren, Röstaromen. Mund: geschmackvoll, würzig, Röstnoten, kräftige Tannine.

Viña Mayor 2019 T R
90% tempranillo, 10% cabernet sauvignon
91
Farbe: dunkles Kirschrot, granatroter Saum. Aroma: reifes Obst, Noten von Tischlerei, Tabak, süße Gewürze. Mund: würzig, reife Tannine.

Viña Mayor 2021 T C
89
Angenehm, lieblich, Röstaromen, reif, Cremig.

Viña Mayor 2022 T RB
89
Lieblich, reif, saftig.

BODEGAS VIRTUS
Pago de Fuentecilla s/n
47313 Aldeayuso (Valladolid)
☎: +34 983 878 080
contact@virtuswine.com
www.virtuswine.com

El Sueco 2020 T C
tempranillo
92
Farbe: tiefes Kirschrot. Aroma: reifes Obst, trockene Kräuter, weiches Eichenholz, dunkle Früchte, würzig. Mund: kraftvoll, reife Früchte, würzig, reife Tannine, ziemlich nachhaltig.

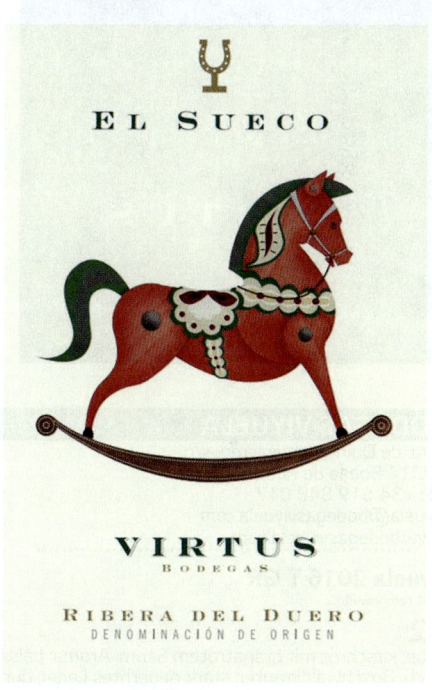

El Sueco Albillo Mayor 2022 B C
albillo mayor
91
Farbe: leuchtendes Strohgelb. Aroma: reifes Obst, blumig, feine Hefen, mineralisch, Röstaromen. Mund: komplex, würzig, lang, elegant.

DO RIBERA DEL DUERO / D.O.P.

DO RIBERA DEL DUERO / D.O.P.

Virtus 2017 T GR
tempranillo
92
Farbe: kirschrot mit granatrotem Saum. Aroma: Früchtekonfit, kraftvoll, Schokolade, süße Gewürze. Mund: geschmackvoll, lang, reife Früchte.

BODEGAS VIYUELA
Ctra. de Quintanamanvirgo, s/n
09314 Boada de Roa (Burgos)
☎: +34 619 848 017
viyuela@bodegasviyuela.com
www.bodegasviyuela.com

Viyuela 2016 T GR
100% tempranillo
92
Farbe: kirschrot mit granatrotem Saum. Aroma: balsamisch, Buschwaldkräuter, stark gegerbtes Leder, dunkle Früchte. Mund: geschmackvoll, balsamisch, würzig, weiche Tannine.

Viyuela 2019 T R
100% tempranillo
88
Warm, nach Eingemachtem, Röstaromen.

Viyuela 2022 T RB
100% tempranillo
89
Korpulent, ausgewogen, würzig, reif, voll, geschmackvoll.

BODEGAS VIZCARRA
Finca Chirri, s/n
09317 Mambrilla de Castrejón (Burgos)
☎: +34 947 540 340
bodegas@vizcarra.es
www.vizcarra.es

Alejandra Vizcarra 2022 B
100% albillo
92
Klar definierte Aromen. Aroma: Schießpulver, ausdrucksvoll, offen, würzig. Mund: fett, geschmackvoll, lang, ausgewogen.

🏆 **PODIUM**

Celia Vizcarra 2021 T
tinto fino, garnacha
95
Reif. Farbe: tiefes Kirschrot. Aroma: reifes Obst, trockene Kräuter, weiches Eichenholz, feiner Kakao, dunkle Früchte. Mund: kraftvoll, reife Früchte, würzig, reife Tannine.

Inés Vizcarra 2021 T R
tinto fino, otras
94
Cremig. Farbe: KirsChrot. Aroma: würzig, mineralisch, reifes Obst, Kokosnuss. Mund: elegant, voll.

Rosado Vizcarra 2023 RD
90% tinto fino, 10% garnacha
92
Farbe: kupferfarben, blassrosa. Aroma: würzig Schießpulver, rote Früchte, reifes Obst, feine Hefen. Mund: geschmackvoll, lang, reife Früchte, würzig.

Vizcarra 2021 T
100% tinto fino
93
Klassisch, würzig, milchig, saftig. Farbe: tiefes Kirschrot. Aroma: reifes Obst, trockene Kräuter, weiches Eichenholz. Mund: kraftvoll, reife Früchte, würzig reife Tannine.

Vizcarra Senda del Oro 2023 T
100% tinto fino
91
Aromatisch, üppig, von Primäraromen beherrscht, milchig, würzig. Farbe: leuchtendes Kirschrot, violetter Saum. Aroma: reifes Obst. Mund: fruchtig, würzig reife Tannine.

Vizcarra Torralvo 2021 T
100% tinto fino
94
Korpulent, saftig. Farbe: tiefes Kirschrot. Aroma: reifes Obst, trockene Kräuter, weiches Eichenholz, dunkle Früchte. Mund: kraftvoll, reife Früchte, würzig, reife Tannine.

BODEGAS Y VIÑEDOS ALILIAN

Ctra. de la Aguilera km 3,5
09400 Aranda de Duero (Burgos)
☎: +34 947 506 659
info@bodegasalilian.es
www.bodegasalilian.es

Alilian Buenagente 2018 T
100% tempranillo

92

Farbe: tiefes Kirschrot. Aroma: reifes Obst, trockene Kräuter, weiches Eichenholz, dunkle Früchte, würzig. Mund: kraftvoll, reife Früchte, würzig, fruchtig, Röstnoten, trockene, aber reife Tannine.

Alilian Caminata 2019 T
100% tempranillo

92

Korpulent, warm. Farbe: dunkles Kirschrot, granatroter Saum. Aroma: Früchtekonfit, Noten von Tischlerei, Tabak, süße Gewürze. Mund: würzig, reife Tannine, lang.

Alilian Clarete 2022 RD
100% tempranillo

89

Lieblich, warm, reif.

Alilian Prémora 2020 T BA
100% tempranillo

92

Farbe: tiefes Kirschrot. Aroma: reifes Obst, trockene Kräuter, weiches Eichenholz, dunkle Früchte, rauchig. Mund: kraftvoll, reife Früchte, würzig, trockene, aber reife Tannine, rauchig nachwirkend.

BODEGAS Y VIÑEDOS ALIÓN

Ctra. N-122, Km. 312,4 Padilla de Duero
47300 Peñafiel (Valladolid)
☎: +34 983 881 236
vegasicilia@vega-sicilia.com
www.temposvegasicilia.com

🏆 PODIUM

Alión 2021 T

96

Spannungsvoll, reif. Farbe: KirsChrot. Aroma: komplex, ausdrucksvoll, würzig, mineralisch, reifes Obst, rote Früchte. Mund: voll, lang, nachhaltig.

BODEGAS Y VIÑEDOS DEL CONDE DE SAN CRISTÓBAL

Ctra. Valladolid a Soria, Km. 303
47300 Peñafiel (Valladolid)
☎: +34 983 878 055
bodega@condesancristobal.com
www.marquesdevargas.com/es/bodegas/bodega-conde-san-cristobal

Conde de San Cristóbal 2021 T C
100% tinto fino

91

Farbe: leuchtendes Kirschrot. Aroma: süße Gewürze, reifes Obst, Röstaromen, würzig. Mund: fruchtig, würzig, reife Tannine.

DO RIBERA DEL DUERO / D.O.P.

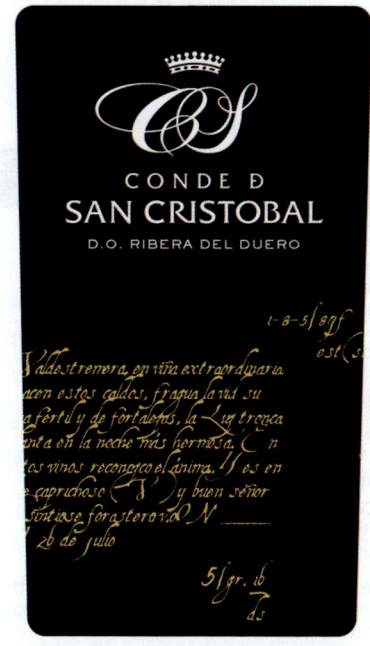

DO RIBERA DEL DUERO / D.O.P.

Conde de San Cristóbal Flamingo Rosé 2023 RD
100% tinto fino

91

Farbe: blassrosa. Aroma: elegant, rote Früchte, blumig, Kräutersäckchen. Mund: leicht, würzig, schöne Säure, zartbitter, frisch.

BODEGAS Y VIÑEDOS GALLEGO ZAPATERO
Segunda Travesía de la Olma, 4
09313 Anguix (Burgos)
☎: +34 648 180 777
bodega@bodegasgallegozapatero.com
www.bodegasgallegozapatero.com

Yotuel 2020 T BA
100% tinta del país

88

Nach Eingemachtem, fruchtig, würzig, schlicht.

Yotuel Finca La Nava 2018 T
100% tinta del país

91

Farbe: tiefes Kirschrot. Aroma: reifes Obst, trockene Kräuter, weiches Eichenholz. Mund: kraftvoll, reife Früchte, würzig, reife Tannine.

Yotuel Finca Valdepalacios 2019 T
tinta del país

93

Farbe: dunkles Kirschrot, granatroter Saum. Aroma: Früchtekonfit, Noten von Tischlerei, Tabak, süße Gewürze, dunkle Früchte. Mund: würzig, reife Tannine, lang.

Yotuel Selección 2019 T
100% tempranillo

90

Farbe: tiefes Kirschrot. Aroma: reifes Obst, trockene Kräuter, weiches Eichenholz, Gras, schwarze Lakritze. Mund: reife Früchte, würzig, reife Tannine, rauchig nachwirkend, trockene, aber reife Tannine.

BODEGAS Y VIÑEDOS GORMAZ
Pol. de las Carretas s/n
42330 San Esteban de Gormaz (Soria)
☎: +34 973 350 404
export@hispanobodegas.com
www.hispanobodegas.com

12 Linajes 2019 T R
tempranillo

90

Markante Eiche. Farbe: leuchtendes Kirschrot. Aroma würzig, rauchig, Früchtekonfit. Mund: geschmackvoll reife Früchte, Röstnoten, gezähmtes Tannin.

12 Linajes 2020 T C
tempranillo

90

Farbe: kirschrot mit granatrotem Saum. Aroma Früchtekonfit, in Likör eingelegte Früchte, kraftvoll Mund: geschmackvoll, leicht süßlich, lang.

12 Linajes Finca Los Arenales 2019 T
tempranillo

93

Flüssig am Gaumen. Farbe: kirschrot mit violettem Saum. Aroma: rote Früchte, blumig, würzig, Schokolade. Mund: geschmackvoll, fruchtig, schöne Säure, lang

12 Linajes Grano a Grano 2020 T C
tempranillo

94

Klar definierte Aromen, mit Potenzial, markante Eiche Farbe: KirSchrot. Aroma: ausdrucksvoll, würzig, weiches Eichenholz, reifes Obst. Mund: voll, lang, nachhaltig, reife Tannine, strukturiert, ausgewogen.

12 Linajes Senda de la Estación 2021 T
tempranillo

92

Farbe: tiefes Kirschrot. Aroma: reifes Obst, trockene Kräuter, weiches Eichenholz, würzig, ausdrucksvoll Mund: reife Früchte, würzig, reife Tannine, ziemlich nachhaltig.

Anier Vendimia Seleccionada 2017 T
tempranillo
92
Balsamisch, nach Eingemachtem. Farbe: tiefes Kirschrot. Aroma: Wachs, in Likör eingelegte Früchte, balsamisch. Mund: geschmackvoll, kraftvoll, lang, würzig.

BODEGAS Y VIÑEDOS JUAN MANUEL BURGOS (AVAN VINOS)
Aranda, 39
09471 Fuentelcésped (Burgos)
☎: +34 687 222 764
avan@avanvinos.com
www.avanvinos.com

Avan 2022 T C
100% tempranillo
91
Farbe: sattes Kirschrot. Aroma: aromatischer Kaffee, kraftvoll, dunkle Früchte, reifes Obst. Mund: nachhaltig, reife Tannine.

Avan Oak 2023 T BA
100% tempranillo
86

Avan Viñedos Viejos 2022 T C
92
Farbe: kirschrot mit violettem Saum. Aroma: rote Früchte, blumig, würzig, Röstaromen. Mund: geschmackvoll, fruchtig, schöne Säure, lang.

BODEGAS Y VIÑEDOS MONTEABELLÓN
Calvario, s/n
09318 Nava de Roa (Burgos)
☎: +34 947 550 000
comunicacion@monteabellon.com
www.monteabellon.com

Monteabellón 14 meses 2021 T C
100% tempranillo
92
Farbe: dunkles Kirschrot. Aroma: Röstaromen, würzig, feiner Kakao, reifes Obst, dunkle Früchte. Mund: geschmackvoll, Röstnoten, zartbitter.

Monteabellón Finca La Blanquera 2018 T GR
100% tempranillo
94
Farbe: kirschrot mit granatrotem Saum. Aroma: ausgewogen, komplex, reifes Obst, würzig, feine Reduktionsnoten, Wildkräuter. Mund: strukturiert, geschmackvoll, reife Tannine, ausgewogen, nachhaltig.

Monteabellón 5 meses 2022 T RB
100% tempranillo
88
Korpulent, ausgewogen, würzig, trockene Kräuter, Röstaromen.

Monteabellón Finca Matambres 2019 T
100% tempranillo
91
Farbe: tiefes Kirschrot. Aroma: reifes Obst, trockene Kräuter, weiches Eichenholz. Mund: reife Früchte, würzig, reife Tannine.

BODEGAS Y VIÑEDOS MONTECASTRO
Ctra. VA-130, km. 12
47318 Castrillo de Duero (Valladolid)
☎: +34 983 484 013
contact@bodegasmontecastro.es
www.bodegasmontecastro.es

Montecastro 2020 T R
90% tinto fino, 10% cabernet sauvignon
91
Farbe: tiefes Kirschrot. Aroma: reifes Obst, trockene Kräuter, weiches Eichenholz. Mund: kraftvoll, reife Früchte, würzig, reife Tannine.

Montecastro 2021 T C
95% tinto fino, 5% cabernet sauvignon
93
Lieblich, komplex. Farbe: tiefes Kirschrot. Aroma: reifes Obst, trockene Kräuter, weiches Eichenholz, Buschwaldkräuter. Mund: kraftvoll, reife Früchte, würzig, reife Tannine.

DO RIBERA DEL DUERO / D.O.P.

BODEGAS Y VIÑEDOS PRADOREY

Ctra. CL-619 (Magaz – Aranda) km.66, 1
09443 Gumiel de Mercado (Burgos)
☎: +34 947 546 900
info@pradorey.com
www.pradorey.com

Adaro 2022 T
100% tempranillo

94

Farbe: tiefes Kirschrot. Aroma: reifes Obst, trockene Kräuter, weiches Eichenholz, dunkle Früchte, balsamisch. Mund: kraftvoll, reife Früchte, würzig, reife Tannine, ziemlich nachhaltig.

Pradorey Finca Real Sitio de Ventosilla 2017 T GR
93% tinto fino, 7% merlot

91

Farbe: kirschrot mit granatrotem Saum. Aroma: weiches Eichenholz, Früchtekonfit, süße Gewürze, Röstaromen. Mund: kraftvoll, reife Früchte, würzig, trockene, aber reife Tannine.

Pradorey Finca Valdelayegua 2021 T C

92

Vegetabil. Farbe: KirsChrot. Aroma: Buschwaldkräuter, würzig, rote Früchte, reifes Obst. Mund: würzig, schöne Säure, saftig, fruchtig.

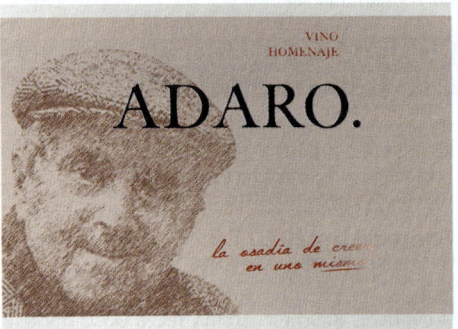

🏆 PODIUM

El Retablo IV T
100% tempranillo

96

Warm, klassisch. Farbe: rubinrot mit ziegelrotem Saum. Aroma: stark gegerbtes Leder, in Likör eingelegte Früchte, Zigarren, würzig. Mund: leicht, ausgewogen, klassischer Ausbau, zartbitter, Reduktionsnoten.

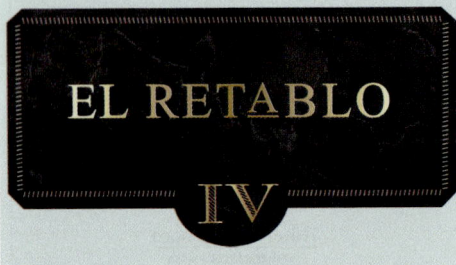

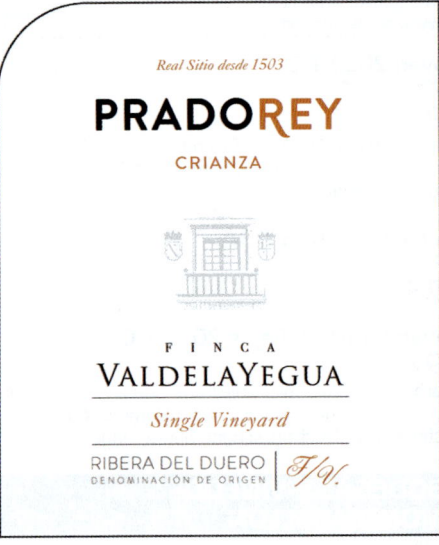

Salgüero 2020 B
100% albillo mayor

92

Farbe: golden leuchtend. Aroma: elegant, kandierte Früchte, süße Gewürze, Kohlenwasserstoff, Noten von Tischlerei. Mund: voll, kraftvoll, geschmackvoll, zartbitter, schöne Säure.

BODEGAS Y VIÑEDOS RAUDA S. COOP.

Ctra. de Pedrosa, s/n
09300 Roa (Burgos)
☎: +34 619 934 827
informacion@vinosderauda.com
www.tintoroa.es

Tinto Roa 2021 T C
100% tempranillo

87

Pradorey Finca La Mina 2019 T R
100% tinto fino

93

Farbe: tiefes Kirschrot. Aroma: reifes Obst, trockene Kräuter, weiches Eichenholz, Röstaromen, Orangenschale. Mund: kraftvoll, reife Früchte, würzig, trockene, aber reife Tannine.

BODEGAS Y VIÑEDOS TÁBULA
Ctra. de Valbuena, km. 2
47359 Olivares de Duero (Valladolid)
☎: +34 676 967 948
jlm@bodegastabula.es
www.bodegastabula.es

Clave de Tábula 2020 T
tempranillo
92
Farbe: dunkles Kirschrot, granatroter Saum. Aroma: Früchtekonfit, Noten von Tischlerei, Tabak, süße Gewürze. Mund: würzig, reife Tannine, lang.

Damana 2021 T C
tempranillo
91
Farbe: tiefes Kirschrot. Aroma: reifes Obst, trockene Kräuter, weiches Eichenholz. Mund: kraftvoll, reife Früchte, würzig, reife Tannine.

Damana 5 2022 T
tempranillo
91
Farbe: tiefes Kirschrot. Aroma: reifes Obst, trockene Kräuter, weiches Eichenholz, schwarze Lakritze. Mund: kraftvoll, reife Früchte, würzig, reife Tannine.

Gran Tábula 2019 T
tempranillo
93
Komplex, korpulent. Aroma: trockene Kräuter, , dunkle Früchte, Schwarzer Pfeffer. Mund: kraftvoll, geschmackvoll, voll, reife Tannine.

Tábula 2020 T
tempranillo
93
Farbe: tiefes Kirschrot. Aroma: reifes Obst, trockene Kräuter, ausgewogen. Mund: reife Früchte, würzig, reife Tannine, süffig, nachwirkend fruchtig.

BODEGAS Y VIÑEDOS TAMARAL
Ctra. Nacional 122 Km 310,6
47314 Padilla de Duero (Valladolid)
☎: +34 983 878 017
club@tamaral.com
www.tamaral.com

Tamaral 2020 T C
100% tempranillo
90
Farbe: leuchtendes Kirschrot. Aroma: süße Gewürze, reifes Obst, Schokolade. Mund: fruchtig, würzig, reife Tannine.

Tamaral 2023 RD
100% tempranillo
85

Tamaral 2020 T R
100% tempranillo
92
Farbe: leuchtendes Kirschrot. Aroma: süße Gewürze, reifes Obst, feiner Kakao, Kreide. Mund: fruchtig, würzig, reife Tannine.

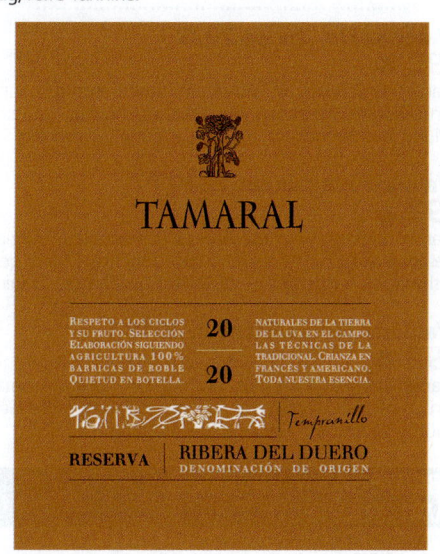

Tamaral Finca Velia 2020 T
100% tempranillo
91
Farbe: leuchtendes Kirschrot. Aroma: süße Gewürze, reifes Obst, trockene Kräuter, weiches Eichenholz. Mund: fruchtig, würzig, reife Tannine.

BODEGAS Y VIÑEDOS VALDERIZ
Ctra. Pedrosa, km 1
09300 Roa (Burgos)
☎: +34 947 540 460
bodega@valderiz.com
www.valderiz.com

Valdehermoso 2021 T C
90 ♣
Farbe: tiefes Kirschrot. Aroma: trockene Kräuter, weiches Eichenholz, reifes Obst, dunkle Früchte, Schokolade. Mund: reife Früchte, würzig, reife Tannine.

Valderiz 2021 T
91 ♣
Farbe: sattes Kirschrot. Aroma: aromatischer Kaffee, kraftvoll, dunkle Früchte, reifes Obst, Schokolade. Mund: rauchig nachwirkend, nachhaltig, reife Tannine.

DO RIBERA DEL DUERO / D.O.P.

DO RIBERA DEL DUERO / D.O.P.

Valderiz al Alba 2019 T
92
Farbe: tiefes Kirschrot, granatroter Saum. Aroma: Noten von Tischlerei, reifes Obst, feiner Kakao, Zigarren, Röstaromen. Mund: geschmackvoll, würzig, Röstnoten, kräftige Tannine.

Valderiz De Chiripa 2022 T
92 ♣
Farbe: kirschrot mit violettem Saum. Aroma: ausdrucksstark fruchtig, rote Früchte, blumig, würzig. Mund: geschmackvoll, fruchtig, schöne Säure, lang.

Valderiz Juegabolos 2020 T
93 ♣
Farbe: dunkles Kirschrot. Aroma: Röstaromen, würzig, feiner Kakao, Schokolade, dunkle Früchte. Mund: geschmackvoll, Röstnoten, zartbitter, gezähmtes Tannin.

Valderiz Tomás Esteban 2018 T
92 ♣
Farbe: dunkles Kirschrot, granatroter Saum. Aroma: Früchtekonfit, Noten von Tischlerei, Tabak, süße Gewürze. Mund: würzig, reife Tannine, lang.

BODEGAS Y VIÑEDOS VALTRAVIESO
Finca La Revilla, s/n
47316 Piñel de Arriba (Valladolid)
☎: +34 983 484 030
comunicacion@valtravieso.com
www.valtravieso.com

El Manifiesto de Valtravieso 04 2020 B R
albillo mayor
92
Reduktiver Ausbau. Farbe: leuchtendes Strohgelb. Aroma: Kräutersäckchen, feine Hefen, Phosphor, helle Früchte. Mund: voll, schöne Säure.

Finca La Atalaya Valtravieso 2020 T R
75% tinto fino, 18% cabernet sauvignon, 7% merlot
92
Farbe: tiefes Kirschrot. Aroma: reifes Obst, trockene Kräuter, weiches Eichenholz. Mund: kraftvoll, reife Früchte, würzig, reife Tannine.

Finca Santa María Valtravieso 2022 T RB
93% tinto fino, 6% cabernet sauvignon, 1% merlot
90
Farbe: tiefes Kirschrot. Aroma: reifes Obst, trockene Kräuter, weiches Eichenholz, ausdrucksvoll. Mund: kraftvoll, reife Früchte, würzig, reife Tannine.

Gran Valtravieso 2019 T R
100% tinto fino
94
Farbe: KirsChrot. Aroma: komplex, ausdrucksvoll, würzig, mineralisch, Buschwaldkräuter. Mund: elegant, voll, lang, nachhaltig.

Valtravieso 2021 T C
96% tinto fino, 3% cabernet sauvignon, 1% merlot
91
Farbe: tiefes Kirschrot. Aroma: reifes Obst, trockene Kräuter, weiches Eichenholz. Mund: reife Früchte, würzig, reife Tannine.

Valtravieso Vino de Finca 2020 T
77% tinto fino, 13% merlot, 10% cabernet sauvignon
92
Farbe: tiefes Kirschrot. Aroma: reifes Obst, trockene Kräuter, weiches Eichenholz. Mund: kraftvoll, reife Früchte, würzig, reife Tannine.

VT Tinto Fino Valtravieso 2020 T BA
100% tinto fino
92
Farbe: tiefes Kirschrot. Aroma: reifes Obst, trockene Kräuter, weiches Eichenholz, Schokolade. Mund: reife Früchte, würzig, reife Tannine.

BODEGAS Y VIÑEDOS VEGA REAL
Ctra. N-122, Km 298,6
47318 Castrillo de Duero (Valladolid)
☎: +34 679 180 532
visitas@vegareal.net
www.barbadillo.com/bodegas-vega-real

Finca El Empecinado 2018 T R
93
Farbe: dunkles Kirschrot, granatroter Saum. Aroma: reifes Obst, Noten von Tischlerei, Tabak, süße Gewürze, Kreide, Zigarren. Mund: würzig, reife Tannine, lang.

Finca El Empecinado 2019 T C
90
Farbe: dunkles Kirschrot. Aroma: Röstaromen, würzig, feiner Kakao, Schokolade, dunkle Früchte. Mund: geschmackvoll, Röstnoten, zartbitter.

Finca Vega Real Viñedo 1950 2021 T
tempranillo
92
Farbe: tiefes Kirschrot. Aroma: reifes Obst, trockene Kräuter, weiches Eichenholz, rote Früchte, Kreide. Mund: kraftvoll, reife Früchte, würzig, reife Tannine.

BODEGAS ZAPATA

Bajada Al molino 15, Bajo 2
09400 Aranda de Duero (Burgos)
☎: +34 638 088 214
info@bodegaszapata.com
www.bodegaszapata.com

Bodega Zapata 2020 T C
100% tinta del país
89
Fruchtig, würzig, reif, schlicht, etwas austrocknend.

Bodega Zapata 2023 T
100% tempranillo
88
Korrekt, würzig, reif, geschmackvoll. Mund: süffig.

Bodega Zapata Albillo Mayor 2022 B
100% albillo mayor
90
Korrekt, trockene Kräuter, geschmackvoll, klar definierte Aromen, ausgewogen. Aroma: Wachs, getrocknete Blumen, , Wildkräuter.

Bodegas Zapata Selección 2020 T
100% tinto fino
91
Farbe: tiefes Kirschrot. Aroma: reifes Obst, trockene Kräuter, weiches Eichenholz, Schokolade. Mund: kraftvoll, reife Früchte, würzig, reife Tannine.

Bodegas Zapata Viñas Viejas 2019 T
100% tinto fino
93
Farbe: leuchtendes Kirschrot. Aroma: reifes Obst, Weihrauch, trockene Kräuter, offen, mit Charakter, Heidelbeere. Mund: würzig, reife Tannine, lang.

BODEGAS ZIFAR

Afueras de D. Juan Manuel, 9-11
47300 Peñafiel (Valladolid)
☎: +34 983 873 147
bodegaszifar@zifar.com
www.zifar.com

Caballero Zifar Tempranillo 2020 T BA
100% tempranillo
93
Üppig. Farbe: KirschRot. Aroma: komplex, ausdrucksvoll, würzig, mineralisch. Mund: elegant, voll, lang, nachhaltig.

Senda de los Olivos 2021 T C
100% tempranillo
93
Farbe: KirschRot. Aroma: komplex, ausdrucksvoll, würzig, mineralisch, reifes Obst, dunkle Früchte. Mund: elegant, voll, lang, nachhaltig.

DO RIBERA DEL DUERO / D.O.P.

Caballero Zifar
Albillo Mayor 2022 B
albillo mayor

90

Farbe: leuchtendes Gelb. Aroma: weiches Eichenholz, reifes Obst, würzig. Mund: strukturiert, Röstnoten, zartbitter.

CEPA 21

Ctra. N-122, Km. 297
47318 Castrillo de Duero (Valladolid)
☎: +34 983 484 083
comunicacion@cepa21.com
www.cepa21.com

Cepa 21 2021 T
tempranillo

91

Farbe: sattes Kirschrot. Aroma: aromatischer Kaffee, kraftvoll, dunkle Früchte. Mund: rauchig nachwirkend, nachhaltig, reife Tannine.

Hito 2023 RD
tempranillo

88

Angenehm, aromatisch, korrekt, ausgewogen, kräuterig, wild, mild.

Hito 2023 T
tempranillo

89

Markante Eiche, Röstaromen, reif, würzig, durchschnittlich am Gaumen. Mund: reife Tannine.

Malabrigo 2021 T
tempranillo

93

Farbe: kirschrot mit violettem Saum. Aroma: ausdrucksstark fruchtig, würzig, dunkle Früchte, Röstaromen. Mund: geschmackvoll, fruchtig, ziemlich nachhaltig, reife Tannine.

CILLAR DE SILOS

Paraje El Soto, s/n
09370 Quintana del Pidío (Burgos)
☎: +34 947 545 126
bodega@cillardesilos.es
www.cillardesilos.es

Cillar 2023 T
tinto fino

90

Farbe: kirschrot mit violettem Saum. Aroma: ausdrucksstark fruchtig, rote Früchte, würzig, dunkle Früchte. Mund: geschmackvoll, fruchtig, reife Früchte, ausgewogen.

Cillar de Silos 2021 T C
tinto fino

91

Farbe: kirschrot mit violettem Saum. Aroma: ausdrucksstark fruchtig, rote Früchte, würzig. Mund: geschmackvoll, fruchtig, schöne Säure.

Cillar Rosado de Silos 2023 RD
tinto fino, albillo mayor

91

Farbe: blassrosa. Aroma: elegant, rote Früchte, blumig, Kräutersäckchen. Mund: leicht, würzig, schöne Säure, zartbitter.

Flor de Silos 2019 T
tempranillo

92

Farbe: dunkles Kirschrot. Aroma: reifes Obst, Früchtekonfit, Tabak, süße Gewürze, dunkle Früchte. Mund: würzig, reife Tannine, ziemlich nachhaltig, rauchig nachwirkend, trockene, aber reife Tannine.

La Viña de Amalio 2021 T
tinto fino

93

Klar definierte Aromen, mineralisch. Farbe: KirsChrot. Aroma: komplex, ausdrucksvoll, würzig. Mund: elegant, voll, lang, nachhaltig.

Torresilo 2021 T R
tinto fino

91

Farbe: dunkles Kirschrot. Aroma: Röstaromen, würzig, feiner Kakao, feuchtes Leder. Mund: geschmackvoll, Röstnoten, zartbitter.

COMPAÑÍA DE VINOS TELMO RODRÍGUEZ

El Monte
01308 Lanciego (Araba/Álava)
☎: +34 945 628 315
contact@telmorodriguez.com
www.telmorodriguez.com

🏆 **PODIUM**

Matallana 2021 T

95

Farbe: tiefes Kirschrot, leuchtendes Kirschrot. Aroma: offen, mit Charakter, rote Früchte, reifes Obst, ausgewogen, würzig. Mund: geschmackvoll, reife Tannine, würzig, lang, saftig.

CONVENTO OREJA
Cl. de la Fuente s/n
47318 Mélida - Peñafiel (Valladolid)
☎: +34 601 363 197
jmvaquero@conventooreja.net
www.conventooreja.es

Convento Oreja 2021 T C
100% tempranillo
90
Farbe: tiefes Kirschrot. Aroma: reifes Obst, trockene Kräuter, weiches Eichenholz, ausdrucksstark fruchtig, Röstaromen. Mund: kraftvoll, reife Früchte, würzig, reife Tannine, ausgewogen, fruchtig.

Convento Oreja 2023 T RB
100% tempranillo
90
Farbe: kirschrot mit violettem Saum. Aroma: würzig, dunkle Früchte, rote Früchte. Mund: geschmackvoll, fruchtig, schöne Säure.

Convento Oreja Memoria 2020 T R
100% tempranillo
90
Farbe: tiefes Kirschrot. Aroma: trockene Kräuter, weiches Eichenholz, Früchtekonfit. Mund: kraftvoll, reife Früchte, würzig, reife Tannine.

Convento Oreja Selección de Familia 2020 T
100% tempranillo
90
Farbe: tiefes Kirschrot. Aroma: trockene Kräuter, weiches Eichenholz, Früchtekonfit. Mund: kraftvoll, reife Früchte, würzig, reife Tannine.

COPABOCA RIBERA
Avda. Cid Campeador, 1
09441 Sotillo de la Ribera (Burgos)
☎: +34 983 395 655
comunicacion@copaboca.es
www.copaboca.com

Óptimus 2021 T
88
Lieblich, schlicht, fruchtig, mild, würzig, korrekt.

CUENTAVIÑAS
Vial B6 Peciña
26339 San Vicente de la Sonsierra (La Rioja)
☎: +34 686 498 183
info@cuentavinas.com

🏆 **PODIUM**

Cuentaviñas 2021 T
tinto fino
95
Komplex. Aroma: Kreide, mineralisch, ausdrucksvoll, offen, feiner Kakao. Mund: ausgewogen, spannungsvoll, reife Tannine, spritzig, würzig.

CV SOLTERRA
Ctra. Roa a Pedrosa, km. 1,5
09300 Roa (Burgos)
☎: +34 915 196 651
info@cvsolterra.com
www.cvsolterra.com

AZ Alto de los Zorros 10 Meses 2021 T RB
88
Röstaromen, reif, leichte Reduktion.

AZ Alto de los Zorros 2019 T C
91
Farbe: leuchtendes Kirschrot. Aroma: reifes Obst, dunkle Früchte, würzig, weiches Eichenholz, Wildkräuter. Mund: fruchtig, geschmackvoll, ausgewogen, trockene, aber reife Tannine, ziemlich nachhaltig.

AZ Alto de los Zorros 4 Meses 2022 T RB
88
Rauchig, reif, Röstaromen.

AZ Alto de los Zorros Autor 2017 T R
93
Farbe: dunkles Kirschrot, granatroter Saum. Aroma: Früchtekonfit, Noten von Tischlerei, Tabak, süße Gewürze. Mund: würzig, reife Tannine, lang.

DETILIO BODEGA BOUTIQUE
Carretera Pesquera nº1
47300 Peñafiel (Valladolid)
☎: +34 623 039 728
franmsj@hotmail.com
www.bodegadetilio.es

Detilio "Finca Teso la Talda" 2022 T
94
Representativ, fruchtig. Farbe: KirsChrot. Aroma: komplex, ausdrucksvoll, würzig, mineralisch, rote Früchte, reifes Obst. Mund: voll, lang, nachhaltig.

DO RIBERA DEL DUERO / D.O.P.

DOMINIO BASCONCILLOS
Condado de Treviño, 55
09001 Burgos (Burgos)
☎: +34 947 473 300
comercial@dominiobasconcillos.com
www.dominiobasconcillos.com

Dominio Basconcillos
Finca de Altura 2022 T RB
76% tempranillo, 24% malbec

91 🍃

Farbe: leuchtendes Kirschrot, tiefes Kirschrot. Aroma: reifes Obst, trockene Kräuter, weiches Eichenholz. Mund: reife Früchte, würzig, reife Tannine, ausgewogen.

Dominio Basconcillos
Viña Magna 2020 T R
79% tempranillo, 11% malbec, 10% cabernet sauvignon

93

Farbe: tiefes Kirschrot. Aroma: reifes Obst, trockene Kräuter, weiches Eichenholz. Mund: kraftvoll, reife Früchte, würzig, reife Tannine.

Dominio Basconcillos
Viña Magna 2021 T C
92% tempranillo, 5% cabernet sauvignon, 3% malbec

92

Röstaromen, naschhaft. Farbe: tiefes Kirschrot. Aroma: reifes Obst, trockene Kräuter, weiches Eichenholz. Mund: kraftvoll, reife Früchte, würzig, reife Tannine.

DOMINIO DE BORNOS
Ctra. Monasterio, s/n
47359 Valbuena de Duero (Valladolid)
☎: +34 983 868 116
i.oses@bornosbodegas.com
www.dominiodebornos.com

Dominio de Bornos 2022 T RB
100% tempranillo

88

Rauchig, geschmackvoll, reif.

DOMINIO DE CALOGÍA
Ctra. Pedrosa km 0,8
09300 Roa (Burgos)
☎: +34 947 124 360
calogia@calogia.com
www.calogia.com

Dominio de Calogía
by José Manuel Pérez Ovejas 2022 T
tinto fino

93

Farbe: tiefes Kirschrot. Aroma: trockene Kräuter, weiches Eichenholz, dunkle Früchte, neues Eichenholz, markante Eiche. Mund: kraftvoll, reife Früchte, würzig, reife Tannine.

Dominio de Calogía by José Manuel Pérez
Ovejas Cuveé S 2021 T

94

Farbe: tiefes Kirschrot. Aroma: reifes Obst, trockene Kräuter, Röstaromen, neues Eichenholz. Mund: kraftvoll, reife Früchte, würzig, reife Tannine.

🏆 **PODIUM**

Dominio de Calogía by José Manuel Pérez
Ovejas Doble M 2020 T
tinto fino

95

Farbe: KirsChrot. Aroma: ausdrucksvoll, würzig, mineralisch, dunkle Früchte, Röstaromen, feiner Kakao. Mund: voll, lang, nachhaltig.

DOMINIO DE PINGUS
Millán Alonso, 49
47350 Quintanilla de Onésimo (Valladolid)
info@pingus.es
www.pingus.es

🏆 **PODIUM**

Flor de Pingus 2022 T

96

Farbe: leuchtendes Kirschrot. Aroma: komplex, ausdrucksvoll, würzig, mineralisch, balsamisch, rote Früchte. Mund: elegant, voll, lang, nachhaltig.

🏆 **PODIUM**

Pingus 2022 T

98

Klar definierte Aromen, komplex, üppig. Farbe: durchscheinendes Kirschrot. Aroma: ausdrucksvoll, würzig, mineralisch, reifes Obst, dunkle Früchte, rote Früchte. Mund: elegant, voll, lang, nachhaltig.

🏆 **PODIUM**

PSI 2022 T

95

Farbe: kirschrot mit violettem Saum. Aroma: rote Früchte, würzig, blumig, Buschwaldkräuter, Kreide. Mund: geschmackvoll, fruchtig, schöne Säure, lang.

DOMINIO DEL ÁGUILA
Los Lagares, 42
09370 La Aguilera (Burgos)
☎: +34 638 899 236
administracion@gmail.com
www.dominiodelaguila.com

🏆 PODIUM
Canta la Perdiz 2018 T R
97
Blumig, fruchtig, lebhaft. Farbe: KirsChrot. Aroma: komplex, ausdrucksvoll, mineralisch, ausdrucksstark fruchtig, Wildkräuter, . Mund: elegant, voll, lang, nachhaltig.

🏆 PODIUM
Dominio del Aguila 2020 T R
tempranillo, otras
96
Klar definierte Aromen, aromatisch. Farbe: KirsChrot. Aroma: komplex, ausdrucksvoll, würzig, mineralisch. Mund: elegant, lang, nachhaltig, etwas austrocknend.

🏆 PODIUM
Peñas Aladas 2018 T GR
tempranillo, otras
96
Komplex, noch nicht vollständig entfaltet. Farbe: sattes Kirschrot. Aroma: Wildkräuter, trockene Kräuter, rote Früchte, reifes Obst, ausdrucksvoll. Mund: geschmackvoll, kräftige Tannine, etwas austrocknend, komplex, strukturiert, fruchtig.

🏆 PODIUM
Peñas Aladas Clarete 2020 RD
96
Oxidativ, Cremig. Farbe: lachsfarben, himbeerrot. Aroma: süße Gewürze, rote Früchte, Kräutersäckchen, getrocknete Blumen, geröstetes Brot. Mund: voll, geschmackvoll, würzig, leicht süßlich, lang.

Pícaro del Aguila 2022 T BA
tempranillo, otras
93
Farbe: tiefes Kirschrot. Aroma: Wildkräuter, dunkle Früchte, würzig. Mund: reife Früchte, würzig, reife Tannine, flüssig am Gaumen.

DOMINIO DEL PIDIO
Lagares, 55-56
09370 Quintana del Pidío (Burgos)
☎: +34 947 545 126
contacto@dominiodelpidio.com
www.dominiodelpidio.com

Dominio del Pidio 2021 T
94
Farbe: leuchtendes Kirschrot. Aroma: trockene Kräuter, rote Früchte, reifes Obst, würzig, weiches Eichenholz. Mund: reife Früchte, würzig, reife Tannine, lang, nachwirkend fruchtig.

DOMINIO FOURNIER
Finca El Pinar, s/n
09316 Berlangas de Roa (Burgos)
☎: +34 947 533 006
prensa@gonzalezbyass.es
www.dominiofournier.com

Dominio Fournier 2020 T R
100% tinta del país
93
Farbe: tiefes Kirschrot. Aroma: reifes Obst, trockene Kräuter, würzig, weiches Eichenholz. Mund: kraftvoll, reife Früchte, würzig, reife Tannine.

Dominio Fournier 2021 T C
100% tinta del país
92
Farbe: tiefes Kirschrot. Aroma: trockene Kräuter, weiches Eichenholz, reifes Obst, dunkle Früchte, Röstaromen, Schokolade. Mund: kraftvoll, reife Früchte, würzig, reife Tannine.

ÉBANO VIÑEDOS Y BODEGAS
Ctra. N-122 Km., 299,6
47318 Castrillo de Duero (Valladolid)
☎: +34 986 609 060
ebano@valminorebano.com
www.valminorebano.com

Ébano 6 2022 T RB
100% tempranillo
89
Korrekt, würzig, reif, geschmackvoll, markante Eiche, lieblich.

Ébano Salvaje 2019 T C
100% tempranillo
91
Farbe: tiefes Kirschrot. Aroma: reifes Obst, feiner Kakao, Röstaromen, trockene Kräuter, würzig. Mund: geschmackvoll, würzig, Röstnoten, rauchig nachwirkend, trockene, aber reife Tannine.

DO RIBERA DEL DUERO / D.O.P.

Guía Peñín | SPANIENS WEINFÜHRER **493**

DO RIBERA DEL DUERO / D.O.P.

FIGUERO
Ctra. La Horra - Roa, Km. 2,2
09311 La Horra (Burgos)
☎: +34 686 008 952
cristina@tintofiguero.com
www.tintofiguero.com

Asomo Figuero 2022 T RB
100% tempranillo
92
Farbe: tiefes Kirschrot. Aroma: reifes Obst, trockene Kräuter, weiches Eichenholz, Röstaromen. Mund: kraftvoll, reife Früchte, würzig, reife Tannine.

Figuero 2021 T C
100% tempranillo
92
Farbe: KirsChrot. Aroma: reifes Obst, trockene Kräuter, würzig, Tomate. Mund: kraftvoll, reife Früchte, würzig, reife Tannine.

🏆 PODIUM
Figuero Tinus 2020 T
100% tempranillo
95
Farbe: KirsChrot. Aroma: würzig, mineralisch, dunkle Früchte, geröstetes Brot. Mund: elegant, voll, lang, nachhaltig.

Figuero Viñas Viejas 2021 T
100% tempranillo
94
Farbe: dunkles Kirschrot. Aroma: reifes Obst, Noten von Tischlerei, Tabak, süße Gewürze, dunkle Früchte. Mund: würzig, reife Tannine, ziemlich nachhaltig, fruchtig, geschmackvoll.

🏆 PODIUM
Milagros de Figuero 2022 T
100% tempranillo
95
Farbe: tiefes Kirschrot. Aroma: trockene Kräuter, weiches Eichenholz, dunkle Früchte, Röstaromen, Kreide. Mund: reife Früchte, würzig, reife Tannine.

🏆 PODIUM
Pago de Torrosillo 2022 T
100% tempranillo
96
Farbe: kirschrot mit violettem Saum. Aroma: reifes Obst, trockene Kräuter, weiches Eichenholz, dunkle Früchte, rauchig. Mund: kraftvoll, reife Früchte, würzig, reife Tannine, konzentriert.

FINCA LA CAPILLA
Ctra. de Anguix, s/n
09300 Roa (Burgos)
☎: +34 941 454 000
bodegas@fincalacapilla.es
www.fincalacapilla.com

La Capilla 2018 T R
91
Farbe: kirschrot mit granatrotem Saum. Aroma: reifes Obst, Noten von Tischlerei, Tabak, süße Gewürze, ausdrucksvoll. Mund: würzig, reife Tannine, fruchtig, geschmackvoll, ziemlich nachhaltig, ausgewogen.

La Capilla 2020 T C
97% tinta del país, 3% merlot
92
Farbe: tiefes Kirschrot. Aroma: reifes Obst, trockene Kräuter, weiches Eichenholz, Schokolade. Mund: reife Früchte, würzig, reife Tannine.

La Capilla Vendimia Seleccionada 2021 T
99% tinta del país, 1% merlot
90
Farbe: kirschrot mit granatrotem Saum. Aroma: Früchtekonfit, kraftvoll, intensive Röstaromen. Mund: geschmackvoll, lang, opulent, kraftvoll.

FINCA RODMA
Ctra. N-122, Km. 321.5
47360 Quintanilla de Arriba (Valladolid)
☎: +34 983 074 077
info@fincarodma.com
www.fincarodma.com

Finca Rodma Avizor 2020 T
tempranillo
93
Spannungsvoll. Farbe: kirschrot mit violettem Saum. Aroma: ausdrucksstark fruchtig, rote Früchte, blumig, würzig, dunkle Früchte. Mund: geschmackvoll, fruchtig, schöne Säure.

Finca Rodma Selección 2021 T C
tempranillo
93
Farbe: tiefes Kirschrot. Aroma: reifes Obst, trockene Kräuter, weiches Eichenholz, feiner Kakao. Mund: reife Früchte, würzig, reife Tannine.

Finca Rodma Selección 2022 T C
93
Cremig, noch nicht vollständig entfaltet, geschmackvoll. Farbe: leuchtendes Kirschrot. Aroma: süße Gewürze, reifes Obst, Schokolade. Mund: fruchtig, würzig, reife Tannine.

Gran Rodma 2019 T R
tempranillo
93
Farbe: tiefes Kirschrot. Aroma: weiches Eichenholz, Buschwaldkräuter, Schokolade. Mund: reife Früchte, würzig, reife Tannine, geschmackvoll.

FINCA TORREMILANOS
Finca Torremilanos
09400 Aranda de Duero (Burgos)
☎: +34 947 512 852
bodega@torremilanos.com
www.torremilanos.com

Los Cantos de Torremilanos 2021 T
93% tempranillo, 4% cabernet sauvignon, 3% merlot
91 ♣
Farbe: KirsChrot. Aroma: balsamisch, süße Gewürze, weiches Eichenholz, Wildkräuter. Mund: würzig, balsamisch, schöne Säure.

Montecastrillo 2023 RD
tempranillo
87 ♣

Torre Albéniz 2020 T R
95% tempranillo, 5% otras
92 ♣
Mit Potenzial, Cremig, reif, repräsentativ. Farbe: tiefes Kirschrot. Aroma: reifes Obst, weiches Eichenholz. Mund: kraftvoll, reife Früchte, würzig, reife Tannine.

Torremilanos 2020 T C
tempranillo
91 ♣
Nach Eingemachtem, korpulent. Aroma: Schokolade, dunkle Früchte, ausgewogen. Mund: strukturiert, saftig, reife Tannine.

FINCA VILLACRECES
Ctra. Soria N-122 Km 322
47350 Quintanilla de Onésimo (Valladolid)
☎: +34 983 680 437
villacreces@villacreces.com
www.villacreces.com

🏆 PODIUM

Finca Villacreces Nebro 2021 T C
95
Farbe: tiefes Kirschrot. Aroma: komplex, ausdrucksvoll, würzig, mineralisch. Mund: elegant, voll, lang, nachhaltig.

Finca Villacreces Specimen Nº3 T
94
Farbe: dunkles Kirschrot, granatroter Saum. Aroma: reifes Obst, Noten von Tischlerei, Tabak, süße Gewürze. Mund: würzig, reife Tannine.

Pruno 2022 T
92
Farbe: kirschrot mit violettem Saum. Aroma: rote Früchte, blumig, würzig. Mund: geschmackvoll, fruchtig, schöne Säure, lang.

FINCA Y VIÑEDOS SAN COBATE
Ctra. Gumiel de Mercado – Oquillas Km 6,4
09443 Gumiel de Mercado (Burgos)
info@sancobate.com
www.sancobate.com

San Cobate La Finca 2020 T C
100% tinto fino
91
Farbe: kirschrot mit granatrotem Saum. Aroma: Früchtekonfit, in Likör eingelegte Früchte, kraftvoll, würzig. Mund: geschmackvoll, fruchtig, trocken, nach Eingemachtem, ziemlich nachhaltig.

San Cucufate "Monasterio" 2019 T
100% tinto fino
92
Farbe: tiefes Kirschrot. Aroma: reifes Obst, trockene Kräuter, weiches Eichenholz. Mund: kraftvoll, reife Früchte, würzig, reife Tannine.

San Cucufate Altos del Viso 2019 T
100% tinto fino
91
Farbe: kirschrot mit violettem Saum. Aroma: rote Früchte, blumig, würzig, trockene Kräuter. Mund: geschmackvoll, fruchtig, schöne Säure.

San Cucufate Bancales de Jalón 2019 T
100% tinto fino
93
Farbe: dunkles Kirschrot, granatroter Saum. Aroma: Noten von Tischlerei, Tabak, süße Gewürze, in Likör eingelegte Früchte, dunkle Früchte. Mund: würzig, reife Tannine, lang.

GARMÓN CONTINENTAL
Camino de la Ribera s/n
47359 Olivares de Duero (Valladolid)
☎: +34 983 488 708
info@garmoncontinental.com
www.garmoncontinental.com

Garmón 2021 T
tempranillo
91
Farbe: leuchtendes Kirschrot. Aroma: süße Gewürze, reifes Obst, aromatischer Kaffee. Mund: fruchtig, würzig, reife Tannine.

DO RIBERA DEL DUERO / D.O.P.

HACIENDA MIGUEL SANZ
Ctra. BU-930, Km. 11
09491 Vadocondes (Burgos)
☎: +34 941 454 050
rrpp@bodegasriojanas.com
www.bodegasriojanas.com

Alacer 2019 T C
100% tempranillo
88
Fruchtig, reif, schlicht, etwas austrocknend.

Alacer 2021 T RB
100% tempranillo
88
Nach Eingemachtem, Röstaromen, mild.

Alma Alacer 2020 T
100% tempranillo
91
Farbe: tiefes Kirschrot. Aroma: reifes Obst, trockene Kräuter, weiches Eichenholz. Mund: kraftvoll, reife Früchte, würzig, reife Tannine.

HACIENDA SOLANO
La Solana, 6
09370 La Aguilera (Burgos)
☎: +34 692 157 598
administracion@haciendasolano.com
www.haciendasolano.com

🏆 PODIUM

Hacienda Solano Finca Cascorrales 2021 T
95
Farbe: tiefes Kirschrot. Aroma: reifes Obst, trockene Kräuter, weiches Eichenholz, erdig, mineralisch. Mund: kraftvoll, reife Früchte, würzig, reife Tannine.

Hacienda Solano Viñas Viejas 2021 T BA
93
Farbe: tiefes Kirschrot. Aroma: reifes Obst, trockene Kräuter, weiches Eichenholz, mineralisch. Mund: kraftvoll, reife Früchte, würzig, reife Tannine.

HAMMEKEN CELLARS
03700 Denia (Alacant/Alicante)
☎: +34 965 791 967
cellars@hammekencellars.com
www.hammekencellars.com

Aventino 200 Barrels 2021 T
tempranillo
91
Reif, opulent, markante Eiche. Aroma: aromatischer Kaffee, dunkle Früchte. Mund: strukturiert, saftig, geschmackvoll, lebhaft.

Oráculo 2021 T
tempranillo
90
Farbe: leuchtendes Kirschrot. Aroma: süße Gewürze, reifes Obst, Schokolade, Röstaromen, markante Eiche. Mund: würzig, reife Tannine, geschmackvoll.

Valdepinares 2021 T
tempranillo
91
Farbe: dunkles Kirschrot. Aroma: Röstaromen, würzig, reifes Obst, dunkle Früchte, trockene Kräuter. Mund: geschmackvoll, Röstnoten, fruchtig, reife Früchte, ziemlich nachhaltig, trockene, aber reife Tannine.

Valdepinares Unique Terroir 2021 T
tempranillo
92
Farbe: tiefes Kirschrot. Aroma: weiches Eichenholz, Röstaromen, reifes Obst, dunkle Früchte. Mund: reife Früchte, würzig, reife Tannine, voll, fruchtig.

HIJOS DE ANTONIO POLO
Ctra. Peñafiel Cogeces VA 210 Km., 1.3
Pol. 5210 Parc. 14
47300 Peñafiel (Valladolid)
☎: +34 639 708 593
info@pagopenafiel.com
www.pagopenafiel.es

Pagos de Peñafiel 2019 T R
100% tempranillo
89
Würzig, fruchtig, Röstaromen, geschmackvoll.

Pagos de Peñafiel 2020 T C
100% tempranillo
89
Röstaromen, reif, warm.

Pagos de Peñafiel 2022 T RB
100% tempranillo
87

Pagos de Peñafiel
Vendimia Selección 2022 T
100% tempranillo
91
Farbe: mattes Kirschrot. Aroma: reifes Obst, süße Gewürze, feiner Kakao. Mund: reife Früchte, würzig, reife Tannine, geschmackvoll, saftig.

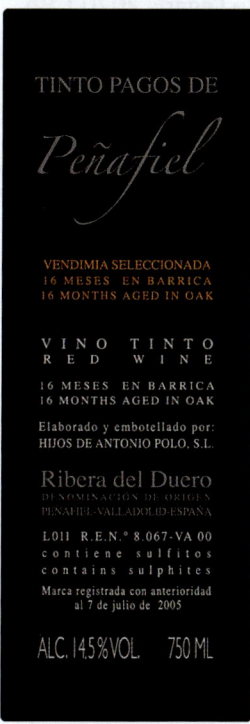

HORNILLOS BALLESTEROS
El Molino, 34
09300 Roa (Burgos)
☎: +34 947 541 071
hornillosballesteros@telefonica.net
www.hornillosballesteros.info

MiBal 2020 T C
100% tempranillo
90
Farbe: tiefes Kirschrot. Aroma: reifes Obst, trockene Kräuter, weiches Eichenholz, dunkle Früchte, würzig. Mund: kraftvoll, reife Früchte, würzig, reife Tannine.

MiBal 2022 T RB
100% tempranillo
88
Fruchtig, trockene Kräuter, reif, schlicht, rustikal.

MiBal 2023 T
100% tempranillo
88
Fruchtig, rauchig, reif, schlicht.

MiBal Selección 2020 T
100% tempranillo
90 ♣
Farbe: kirschrot mit granatrotem Saum. Aroma: Schokolade, reifes Obst, ausgewogen, markante Eiche. Mund: geschmackvoll, lang.

Perfil 2020 T R
100% tempranillo
93
Farbe: tiefes Kirschrot. Aroma: reifes Obst, trockene Kräuter, weiches Eichenholz, dunkle Früchte, würzig, rauchig. Mund: reife Früchte, würzig, reife Tannine, ausgewogen, nachhaltig.

JESÚS DE MADRAZO WINES
San Ignacio de Loyola, 12 5ºG
26009 Logroño (La Rioja)
☎: +34 639 780 524
chus56madrazo@gmail.com

Selección Jesús Madrazo
Selección Ribera del Duero 2020 T
93
Farbe: tiefes Kirschrot. Aroma: reifes Obst, trockene Kräuter, weiches Eichenholz, Röstaromen, dunkle Früchte. Mund: reife Früchte, würzig, reife Tannine.

LA LOBA
Plaza Frontón, 7
42351 Matanza de Soria (Soria)
☎: +34 975 102 037
info@laloba.es
www.laloba.es

La Loba 2018 T
tempranillo
94
Komplex. Farbe: dunkles Kirschrot, granatroter Saum. Aroma: reifes Obst, Noten von Tischlerei, Tabak, süße Gewürze, dunkle Früchte. Mund: würzig, reife Tannine, lang.

DO RIBERA DEL DUERO / D.O.P.

DO RIBERA DEL DUERO / D.O.P.

La Lobita 2022 T
tempranillo, albillo mayor

93

Farbe: kirschrot mit violettem Saum. Aroma: ausdrucksstark fruchtig, rote Früchte, blumig, würzig, Röstaromen. Mund: geschmackvoll, fruchtig, schöne Säure, lang.

LEGARIS
Ctra. de Peñafiel - Encinas de Esgueva, km. 4.3
47317 Curiel de Duero (Valladolid)
☎: +34 610 486 397
n.vives@raventoscodorniu.com
www.legaris.com

Legaris 2019 T R
100% tinto fino

91

Farbe: tiefes Kirschrot. Aroma: reifes Obst, trockene Kräuter, weiches Eichenholz. Mund: reife Früchte, würzig, reife Tannine, schöne Säure.

Legaris 2021 T C
90% tinto fino, 10% cabernet sauvignon

90

Farbe: dunkles Kirschrot. Aroma: Röstaromen, würzig, feiner Kakao. Mund: geschmackvoll, Röstnoten, zartbitter.

Legaris 2022 T RB
100% tinto fino

89

Nach Eingemachtem, ausgewogen, würzig, geschmackvoll. Mund: nachhaltig, süffig.

Legaris Alcubilla de Avellaneda 2020 T BA
100% tinto fino

91

Farbe: tiefes Kirschrot. Aroma: reifes Obst, trockene Kräuter, weiches Eichenholz. Mund: kraftvoll, reife Früchte, würzig, grobkörnige Tannine, leicht süßlich.

Legaris Calmo 2019 T
100% tinto fino

93

Komplex, mit Persönlichkeit, korpulent, Waldfinsternis. Farbe: kirschrot mit granatrotem Saum. Aroma: feine Reduktionsnoten, offen, ausdrucksvoll, sortenrein. Mund: geschmackvoll, reife Tannine.

Legaris Gumiel de Mercado 2020 T
100% tinto fino

93

Farbe: tiefes Kirschrot. Aroma: reifes Obst, trockene Kräuter, Wildkräuter, feiner Kakao. Mund: kraftvoll, reife Früchte, würzig, reife Tannine.

Legaris Moradillo de Roa 2020 T BA
100% tinto fino

92

Farbe: tiefes Kirschrot. Aroma: reifes Obst, trockene Kräuter, weiches Eichenholz. Mund: kraftvoll, reife Früchte, würzig, grobkörnige Tannine.

Páramos de Legaris 2020 T BA
100% tinto fino

90

Flüssig am Gaumen. Farbe: tiefes Kirschrot. Aroma: reifes Obst, trockene Kräuter, weiches Eichenholz. Mund: reife Früchte, würzig, reife Tannine.

LOESS VINOS
Plaza Cuartel Viejo, 7
49006 Zamora (Zamora)
☎: +34 655 157 001
ljaime@loess.es
www.loesscollection.com

Loess Blue Cap 2021 T C
tempranillo

91

Farbe: mattes Kirschrot. Aroma: reifes Obst, Früchtekonfit, kraftvoll, Schokolade, mit Charakter. Mund: saftig, reife Früchte, lang.

Loess Collection 2020 T C
tempranillo

92

Farbe: leuchtendes Kirschrot. Aroma: reifes Obst, trockene Kräuter, Buschwaldkräuter, dunkle Früchte. Mund: fruchtig, würzig, reife Tannine, geschmackvoll, kraftvoll.

Loess Inspiration 2022 T
100% tempranillo

91

Korpulent, etwas austrocknend. Farbe: tiefes Kirschrot. Aroma: reifes Obst, trockene Kräuter, weiches Eichenholz. Mund: kraftvoll, reife Früchte, reife Tannine.

LOS 3 MONOS WINES
☎: +34 670 943 999
augustoc@los3monoswines.com
www.los3monosgourmet.com

Secretos de Confesión 2020 T
tempranillo

87

MARQUÉS DE BURGOS
Paraje de Buicio s/n
Fuenmayor (La Rioja)
☎: +34 941 450 950
info@bodegaslan.com
www.lanencasa.com/ribera

8000 Marqués de Burgos 2021 T
91
Farbe: tiefes Kirschrot. Aroma: reifes Obst, trockene Kräuter, weiches Eichenholz, Röstaromen, Schokolade. Mund: kraftvoll, reife Früchte, würzig, reife Tannine.

Marqués de Burgos 2021 T C
tempranillo
88
Angenehm, korrekt, würzig, reif, Röstaromen, geschmackvoll.

Marqués de Burgos 2022 T RB
tempranillo
90
Farbe: tiefes Kirschrot. Aroma: reifes Obst, trockene Kräuter, weiches Eichenholz, eine Spur Waldbeeren, mineralisch. Mund: reife Früchte, würzig, reife Tannine.

MARQUÉS DE VELILLA
Ctra. de Sotillo de la Riibera , s/n
09311 La Horra (Burgos)
☎: +34 947 542 166
bodega@marquesdevelilla.com
www.marquesdevelilla.com

Marqués de Velilla 2020 T C
tinta del país
90
Farbe: dunkles Kirschrot. Aroma: Röstaromen, würzig, feiner Kakao. Mund: geschmackvoll, Röstnoten, zartbitter.

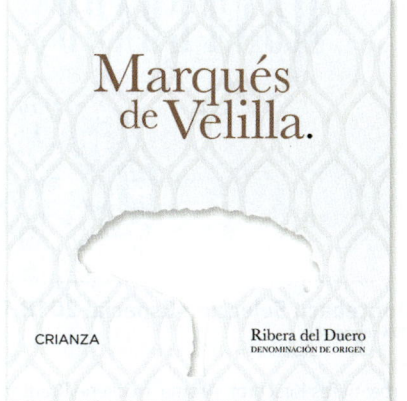

Marqués de Velilla 2022 T RB
tinta del país
88
Korrekt, kräuterig, reif, geschmackvoll, fruchtig.

Doncel de Mataperras 2016 T
tinta del país
92
Farbe: kirschrot mit granatrotem Saum. Aroma: balsamisch, reifes Obst, Buschwaldkräuter, stark gegerbtes Leder, aromatischer Kaffee. Mund: geschmackvoll, balsamisch, würzig, weiche Tannine.

Finca La María 2021 T RB
tinta del país
88
Vegetabil, reif, Röstaromen, etwas austrocknend.

Marqués de Velilla 2019 T R
tinta del país
89
Würzig, fruchtig, naschhaft, geschmackvoll, etwas austrocknend, nach Eingemachtem.

MARTÍN BERDUGO BODEGA Y VIÑEDOS
Camino de la Colonia, s/n
09400 Aranda de Duero (Burgos)
☎: +34 637 717 023
jvelasco@martinberdugo.com
www.martinberdugo.com

Martín Berdugo 2018 T R
100% tempranillo
90
Farbe: leuchtendes Kirschrot. Aroma: ausdrucksstark fruchtig, rote Früchte, würzig, Früchtekonfit. Mund: geschmackvoll, fruchtig, ausgewogen, würzig, trockene, aber reife Tannine.

Martín Berdugo 2021 T C
100% tempranillo
90
Lieblich. Aroma: reifes Obst, offen, ausgewogen, würzig. Mund: fruchtig, sortentypisch, korrekt, süffig.

Martín Berdugo 2022 T RB
100% tempranillo
89
Ausgewogen, würzig, trockene Kräuter, Röstaromen, reif.

Martín Berdugo Parcela 100 2021 T RB
100% tempranillo
89 ♣
Korpulent, nach Eingemachtem, beschädigtes Obst. Farbe: tiefes Kirschrot. Aroma: Früchtekonfit, kandierte Früchte. Mund: kraftvoll.

DO RIBERA DEL DUERO / D.O.P.

Martín Berdugo
Primera Fruta 2021 T
100% tempranillo

91
Farbe: tiefes Kirschrot. Aroma: reifes Obst, trockene Kräuter, weiches Eichenholz. Mund: geschmackvoll, fruchtig, reife Früchte, würzig.

MILÉNICO
09317 San Martin de Rubiales (Burgos)
☎: +34 695 382 848
milenico@milenico.com
www.milenico.com

Dos Mundos 2021 T
tempranillo

90
Korrekt, trockene Kräuter, reif. Aroma: dunkle Früchte, Fleischnoten. Mund: geschmackvoll, süffig.

Mediterránico 2022 T
tempranillo

90
Farbe: tiefes Kirschrot. Aroma: trockene Kräuter, weiches Eichenholz, dunkle Früchte. Mund: reife Früchte, würzig, reife Tannine.

Milénico 2018 T
tempranillo

91
Farbe: dunkles Kirschrot. Aroma: reifes Obst, Noten von Tischlerei, Tabak, süße Gewürze. Mund: würzig, geschmackvoll, ziemlich nachhaltig, trockene, aber reife Tannine, ausgewogen.

MILSETENTAYSEIS
Asturias 16 - Nave 18
09400 Aranda de Duero (Burgos)
☎: +34 983 878 020
info@almacarraovejas.com
www.milsetentayseis.com

🏆 PODIUM

Milsetentayseis 2021 T
tinto fino

95
Farbe: kirschrot mit violettem Saum. Aroma: ausdrucksstark fruchtig, rote Früchte, blumig, würzig, Heidelbeere. Mund: fruchtig, schöne Säure, lang.

Milsetentayseis La Peña 2022 RD
tinto fino, albillo

93
Farbe: lachsfarben. Aroma: süße Gewürze, rote Früchte, Kräutersäckchen, getrocknete Blumen. Mund: voll, geschmackvoll, würzig, lang.

MONTEBACO
Finca Montealto s/n
47300 Valbuena de Duero (Valladolid)
☎: +34 983 485 128
montebaco@bodegasmontebaco.com
www.bodegasmontebaco.com

Montebaco Cara Norte 2021 T C
tempranillo

90
Angenehm, korrekt, fruchtig. Aroma: mittlere Intensität, welke Blumen, würzig. Mund: fruchtig, süffig, geschmackvoll.

Montebaco de Finca 2021 T C
100% tempranillo

91
Würzig, reif. Farbe: leuchtendes Kirschrot. Aroma: süße Gewürze, reifes Obst, ausgewogen. Mund: fruchtig, würzig, reife Tannine.

Montebaco Selección Especial 2018 T
100% tempranillo

91
Farbe: tiefes Kirschrot. Aroma: trockene Kräuter, weiches Eichenholz, dunkle Früchte, reifes Obst, offen, ausdrucksvoll. Mund: kraftvoll, reife Früchte, würzig, reife Tannine.

Semele 2022 T C
91
Farbe: tiefes Kirschrot. Aroma: reifes Obst, trockene Kräuter, weiches Eichenholz. Mund: kraftvoll, reife Früchte, würzig, reife Tannine.

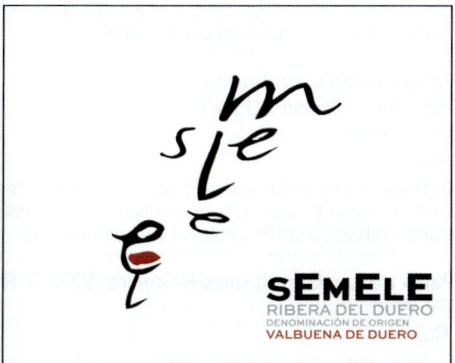

MONTEGAREDO
Ctra. Boada de Roa a Pedrosa, s/n
09314 Boada de Roa (Burgos)
☎: +34 600 300 636
info@montegaredo.com
www.montegaredo.com

Montegaredo 2022 T C
tinto fino
88
Nach Eingemachtem, korpulent, würzig, reif, geschmackvoll. Aroma: süße Gewürze.

Montegaredo Gran Selección 2022 T C
100% tempranillo
91
Farbe: mattes Kirschrot, leuchtendes Kirschrot. Aroma: reifes Obst, trockene Kräuter, weiches Eichenholz. Mund: reife Früchte, würzig, reife Tannine, geschmackvoll, sortentypisch.

Pirámide 2022 T C
100% tempranillo
89
Korrekt, reif, sortenrein. Aroma: reifes Obst, süße Gewürze. Mund: saftig, fruchtig, süffig.

NEXUS BODEGAS
Ctra. Pesquera de Duero a Renedo, s/n
47315 Pesquera de Duero (Valladolid)
☎: +34 983 880 488
info@nexusfrontaura.com
www.bodegasnexusfrontaura.com

Nexus 2019 T C
91
Leichte Reduktion, ausgewogen, trockene Kräuter. Farbe: kirschrot mit granatrotem Saum. Aroma: Tabak, reifes Obst, würzig. Mund: geschmackvoll, reife Tannine, würzig, lang.

Nexus One 2020 T
100% tempranillo
90
Farbe: dunkles Kirschrot, granatroter Saum. Aroma: Früchtekonfit, Noten von Tischlerei, Tabak, süße Gewürze. Mund: würzig, reife Tannine.

NUESTRO DE DÍAZ BAYO
Camino de los Anarinos, s/n
09471 Fuentelcésped (Burgos)
☎: +34 947 561 020
info@premiumfincas.com
www.premiumfincas.com

Diaz Bayo 15 Meses 2022 T C
91
Farbe: dunkles Kirschrot. Aroma: Röstaromen, feiner Kakao, Schokolade, süße Gewürze. Mund: geschmackvoll, Röstnoten, zartbitter.

Diaz Bayo 20 Meses 2020 T R
91
Farbe: kirschrot mit granatrotem Saum. Aroma: Früchtekonfit, in Likör eingelegte Früchte, kraftvoll, Schokolade, aromatischer Kaffee. Mund: geschmackvoll, leicht süßlich, lang.

Diaz Bayo 4U 2023 T
89
Angenehm, fruchtig, frisch.

Diaz Bayo 8 Meses 2023 T BA
91
Farbe: tiefes Kirschrot. Aroma: reifes Obst, trockene Kräuter, weiches Eichenholz. Mund: kraftvoll, reife Früchte, würzig, reife Tannine.

DO RIBERA DEL DUERO / D.O.P.

DO RIBERA DEL DUERO / D.O.P.

PAGO DE CARRAOVEJAS
Camino de Carraovejas, s/n
47300 Peñafiel (Valladolid)
☎: +34 983 878 020
info@almacarraovejas.com
www.pagodecarraovejas.com

🏆 PODIUM

Pago de Carraovejas "Cuesta de las Liebres" 2020 T R
tinto fino

97

Klar definierte Aromen, spannungsvoll. Farbe: kirschrot mit granatrotem Saum. Aroma: ausgewogen, komplex, reifes Obst, würzig, erdig, mineralisch. Mund: strukturiert, geschmackvoll, reife Tannine, ausgewogen.

Pago de Carraovejas 2021 T
tinto fino, merlot, cabernet sauvignon

94

Lieblich, üppig. Farbe: tiefes Kirschrot. Aroma: reifes Obst, trockene Kräuter, weiches Eichenholz, süße Gewürze. Mund: reife Früchte, würzig, reife Tannine.

Pago de Carraovejas El Anejón 2020 T
tinto fino, merlot, cabernet sauvignon

94

Farbe: kirschrot mit granatrotem Saum. Aroma: Früchtekonfit, in Likör eingelegte Früchte, kraftvoll, Röstaromen, Schokolade, Zigarren. Mund: geschmackvoll, leicht süßlich, lang.

PAGO DE LOS CAPELLANES
Camino de la Ampudia, s/n
09314 Pedrosa de Duero (Burgos)
☎: +34 947 530 068
bodega@pagodeloscapellanes.com
www.pagodeloscapellanes.com

Pago de los Capellanes Crianza 2022 T C
100% tempranillo

92

Farbe: tiefes Kirschrot. Aroma: Früchtekonfit, kraftvoll, dunkle Früchte, trockene Kräuter, würzig, Röstaromen. Mund: geschmackvoll, fruchtig, ausgewogen, trockene, aber reife Tannine, nachhaltig.

Pago de los Capellanes Doroteo 2019 T
100% tempranillo

94

Farbe: sattes Kirschrot. Aroma: aromatischer Kaffee, kraftvoll, dunkle Früchte, markante Eiche. Mund: rauchig nachwirkend, nachhaltig, reife Tannine.

Pago de los Capellanes Parcela El Nogal 2020 T FB
100% tempranillo

91

Farbe: tiefes Kirschrot. Aroma: trockene Kräuter, weiches Eichenholz, Früchtekonfit, dunkle Früchte. Mund: kraftvoll, reife Früchte, würzig, reife Tannine.

Pago de los Capellanes Parcela El Picón 2020 T
100% tempranillo

94

Kraftvoll, warm. Farbe: tiefes Kirschrot. Aroma: reifes Obst, trockene Kräuter, weiches Eichenholz, kraftvoll. Mund: kraftvoll, reife Früchte, würzig, reife Tannine.

Pago de los Capellanes Reserva 2021 T R
100% tempranillo

94

Farbe: leuchtendes Kirschrot. Aroma: reifes Obst, Noten von Tischlerei, Tabak, Wildkräuter, dunkle Früchte. Mund: würzig, reife Tannine, geschmackvoll, ausgewogen, ziemlich nachhaltig.

Pago de los Capellanes Un Sueño en las Alturas 2020 T
100% tempranillo

93

Farbe: tiefes Kirschrot. Aroma: reifes Obst, trockene Kräuter, weiches Eichenholz, dunkle Früchte. Mund: kraftvoll, reife Früchte, würzig, reife Tannine.

PAGO DEL CIELO
Camino de Magarín s/n
47529 Villafranca de Duero (Valladolid)
☎: +34 938 177 400
info@torres.es
www.torres.es

62 Millas al Cielo 2022 T
tinto fino

88

Fruchtig, schlicht, reif, würzig.

Celeste Crianza 2020 T C
100% tinto fino

90

Farbe: leuchtendes Kirschrot. Aroma: Röstaromen, würzig, feiner Kakao, reifes Obst, trockene Kräuter. Mund: geschmackvoll, Röstnoten, zartbitter, fruchtig.

Celeste Reserva 2019 T R
100% tinto fino

92

Farbe: tiefes Kirschrot. Aroma: reifes Obst, trockene Kräuter, weiches Eichenholz, würzig, schwarze Lakritze. Mund: reife Früchte, würzig, reife Tannine, fruchtig, geschmackvoll.

Celeste Roble 2023 T RB

87

Pago del Cielo 2019 T R
tempranillo

91

Farbe: tiefes Kirschrot. Aroma: reifes Obst, trockene Kräuter, weiches Eichenholz. Mund: kraftvoll, reife Früchte, würzig, reife Tannine.

PAGOS DE ANGUIX
Camino de la Tejera, s/n
09313 Anguix (Burgos)
☎: +34 938 911 000
info@pagosdeanguix.com
www.pagosdeanguix.com

Pagos de Anguix Barruecos 2021 T
100% tinto fino

93

Kraftvoll, würzig. Farbe: KirsChrot. Aroma: komplex, ausdrucksvoll, mineralisch. Mund: elegant, voll, lang, nachhaltig.

Pagos de Anguix Costalara 2021 T
100% tinto fino

94

Klassisch, repräsentativ. Farbe: tiefes Kirschrot. Aroma: weiches Eichenholz, reifes Obst, würzig, süße Gewürze, feiner Kakao. Mund: reife Früchte, würzig, reife Tannine, voll, lang.

Pagos de Anguix El Rosado 2023 RD
tinto fino, albillo mayor

90

Farbe: helles Kirschrot, glänzend. Aroma: ausdrucksstark fruchtig, rote Früchte, blumig. Mund: fruchtig, schöne Säure, süffig, lang.

Pagos de Anguix Prado Lobo 2019 T R
100% tinto fino

94

Farbe: tiefes Kirschrot. Aroma: reifes Obst, trockene Kräuter, weiches Eichenholz, dunkle Früchte, würzig. Mund: kraftvoll, reife Früchte, würzig, reife Tannine, geschmackvoll, ziemlich nachhaltig.

PAGOS DEL REY RIBERA DEL DUERO
Ctra. Palencia-Aranda, Km. 53
09311 Olmedillo de Roa (Burgos)
☎: +34 947 551 111
riberadelduero@pagosdelrey.com
www.pagosdelrey.com

270 Vendimia Seleccionada 2022 T

87

409 2022 T C
tempranillo

89

Röstaromen, reif, würzig, naschhaft.

Altos de Tamarón 2019 T R
tempranillo

89

Rauchig, lieblich, reif, geschmackvoll.

Altos de Tamaron 2021 T C
tempranillo

88

Röstaromen, mild, geschmackvoll, reif, saftig.

Altos de Tamarón 2023 T

87

Altos de Tamarón 2023 T RB
tempranillo

87

Condado de Oriza 2023 T RB
tempranillo

88

Würzig, fruchtig, geschmackvoll, mild.

Pago de Fuentecojo 2020 T
tempranillo

90

Farbe: kirschrot mit violettem Saum. Aroma: blumig, würzig, erdig, reifes Obst. Mund: geschmackvoll, fruchtig, schöne Säure, lang.

PICO CUADRO
Del Río, 22
47350 Quintanilla de Onésimo (Valladolid)
☎: +34 983 855 107
info@picocuadro.com
www.picocuadro.com

Viña El Chorro 2020 T
100% tempranillo

92

Farbe: KirsChrot. Aroma: komplex, ausdrucksvoll, würzig, mineralisch, rote Früchte, reifes Obst. Mund: elegant, voll, lang, nachhaltig.

PROTOS BODEGAS RIBERA DUERO DE PEÑAFIEL

Bodegas Protos, 24-28
47300 Peñafiel (Valladolid)
☎: +34 983 878 011
bodega@bodegasprotos.com
www.bodegasprotos.com

🏆 **PODIUM**

Protos '27 2021 T
100% tinto fino

95

Farbe: KirsChrot. Aroma: komplex, ausdrucksvoll, würzig, mineralisch, reifes Obst, rote Früchte. Mund: elegant, voll, lang, nachhaltig.

Protos 2016 T GR
100% tinto fino

93

Farbe: tiefes Kirschrot, granatroter Saum. Aroma: Noten von Tischlerei, reifes Obst, feiner Kakao, Zigarren, Schokolade, aromatischer Kaffee. Mund: geschmackvoll, würzig, Röstnoten, kräftige Tannine.

Protos 2018 T R
100% tinto fino

94

Farbe: dunkles Kirschrot, granatroter Saum. Aroma: reifes Obst, Früchtekonfit, Noten von Tischlerei, Tabak, süße Gewürze. Mund: würzig, reife Tannine, lang.

Protos 2020 T C
100% tinto fino

93

Farbe: kirschrot mit violettem Saum. Aroma: würzig, reifes Obst, dunkle Früchte, balsamisch. Mund: geschmackvoll, fruchtig, schöne Säure, lang.

Protos 9 meses 2022 T RB
100% tinto fino

91 🌱

Farbe: tiefes Kirschrot. Aroma: trockene Kräuter, weiches Eichenholz, dunkle Früchte. Mund: reife Früchte, würzig, reife Tannine.

🏆 **PODIUM**

Protos Selección Finca el Grajo Viejo 2020 T
100% tinto fino

95

Kraftvoll, üppig. Farbe: KirsChrot. Aroma: komplex, ausdrucksvoll, würzig, mineralisch. Mund: elegant, voll, lang, nachhaltig.

QUINTA MILÚ

Camino El Val, s/n
09370 La Aguilera (Burgos)
☎: +34 635 432 351
ad@lively-wines.com

Quinta Milú 2022 T

91

Farbe: kirschrot mit violettem Saum. Aroma: ausdrucksstark fruchtig, rote Früchte, blumig, süße Gewürze. Mund: fruchtig, geschmackvoll, ausgewogen.

Quinta Milú Bellavista 2022 T

94

Farbe: KirsChrot. Aroma: ausdrucksvoll, mineralisch, elegant, reifes Obst, offen. Mund: elegant, voll, fruchtig, ausgewogen, geschmackvoll, lebhaft.

Quinta Milú El Malo 2022 T C

94 🌱

Farbe: kirschrot mit violettem Saum. Aroma: blumig, würzig, mineralisch, trockener Stein, mit Charakter, Röstaromen. Mund: geschmackvoll, fruchtig, schöne Säure, lang.

Quinta Milú La Cometa 2021 T C

91

Farbe: tiefes Kirschrot. Aroma: rote Früchte, Heidelbeere, frisch, würzig. Mund: fruchtig, saftig, süffig.

🏆 **PODIUM**

Quinta Milú Valdevicente 2022 T

95

Farbe: leuchtendes Kirschrot, tiefes Kirschrot. Aroma: ausdrucksstark fruchtig, elegant, offen, komplex, würzig. Mund: fruchtig, saftig, reife Tannine, würzig, nachwirkend fruchtig, spannungsvoll.

Quinta Milú Viñas Viejas 2022 T

94

Klar definierte Aromen, balsamisch. Farbe: KirsChrot. Aroma: komplex, ausdrucksvoll, würzig, mineralisch. Mund: elegant, voll, lang, nachhaltig.

R & G ROLLAND GALARRETA
Ramón y Cajal 7, 1ºA
01007 Vitoria-Gasteiz (Araba/Álava)
☎: +34 945 150 189
araex@araex.com
www.araex.com

Rolland Galarreta Parcelas en Altura 2020 T
85% tempranillo, 15% merlot

92

Farbe: tiefes Kirschrot. Aroma: reifes Obst, trockene Kräuter, weiches Eichenholz, Schokolade, süße Gewürze. Mund: reife Früchte, würzig, reife Tannine.

RAUL TAMAYO
Ctra. Pesquera-Encinas
47316 Piñel de Abajo (Valladolid)
☎: +34 646 215 911

🏆 PODIUM

Acediano 2021 T C
tempranillo

96

Farbe: tiefes Kirschrot. Aroma: trockene Kräuter, weiches Eichenholz, dunkle Früchte, Schokolade. Mund: kraftvoll, reife Früchte, würzig, reife Tannine, elegant.

Naluar 2021 T
tempranillo

94

Farbe: tiefes Kirschrot. Aroma: weiches Eichenholz, dunkle Früchte, rote Früchte. Mund: kraftvoll, reife Früchte, würzig, reife Tannine.

RIPPA DORII
Avda. Tordesillas, 49
47490 Rueda (Valladolid)
☎: +34 639 266 011
info@rippadorii.es
www.rippadorii.es

Rippa Dorii Geografías Salomón 2021 T
tempranillo

91

Farbe: tiefes Kirschrot. Aroma: reifes Obst, trockene Kräuter, weiches Eichenholz, dunkle Früchte. Mund: kraftvoll, reife Früchte, würzig, kräftige Tannine, Röstnoten.

RIPPA DORII
Ctra. de Roa, s/n
09315 Fuentecén (Burgos)
☎: +34 947 532 797
www.rippadorii.es

Rippa Dorii 2021 T C
tempranillo

88

Korpulent, würzig, trockene Kräuter, markante Eiche.

Rippa Dorii 2022 T RB
tempranillo

90

Farbe: tiefes Kirschrot. Aroma: reifes Obst, trockene Kräuter, weiches Eichenholz. Mund: kraftvoll, reife Früchte, würzig, reife Tannine.

SEI SOLO BODEGAS Y VIÑEDOS
El Molino, 21
09300 Roa (Burgos)
☎: +34 947 416 699
seisolo@seisolo.es
www.seisolo.es

Preludio de Sei Solo 2021 T R
tempranillo

93

Farbe: tiefes Kirschrot. Aroma: reifes Obst, trockene Kräuter, weiches Eichenholz, Schokolade. Mund: kraftvoll, reife Früchte, würzig, reife Tannine.

🏆 PODIUM

Sei Solo 2021 T
tempranillo

99

Farbe: kirschrot mit violettem Saum. Aroma: dunkle Früchte, reifes Obst, trockene Kräuter, würzig, komplex. Mund: fruchtig, geschmackvoll, ausgewogen, würzig, nachhaltig, reife Tannine.

DO RIBERA DEL DUERO / D.O.P.

DO RIBERA DEL DUERO / D.O.P.

SEÑORÍO DE VILLÁLVARO
San Pedro, 33
42351 Villálvaro (Soria)
☎: +34 651 492 400
info@senoriodevillalvaro.com
www.senoriodevillalvaro.com

Señorío de Villálvaro 19 meses 2021 T
tinta del país
88
Nach Eingemachtem, fruchtig, trockene Kräuter, würzig.

Señorío de Villálvaro Albillo Mayor 2022 B
100% albillo mayor
91
Farbe: leuchtendes Strohgelb. Aroma: reifes Obst, Kräutersäckchen, feine Hefen, süße Gewürze. Mund: voll, fett, lang, schöne Säure.

Señorío de Villálvaro Clarete 2022 RD
albillo mayor, tinta del país
90
Korrekt, reif, würzig. Aroma: kraftvoll, reifes Obst, weiches Eichenholz, süße Gewürze. Mund: fleischig, geschmackvoll, würzig, süffig.

Señorío de Villálvaro Selección especial 2020 T
tempranillo
89
Fruchtig, nach Eingemachtem, geschmackvoll, etwas austrocknend.

TERRITORIO LUTHIER
Paraje La Rastrilla
09400 Aranda de Duero (Burgos)
☎: +34 947 650 034
luthier@territorioluthier.com
www.territorioluthier.com

Hispania 2021 T
80% tempranillo, 15% garnacha, 5% otras
93
Farbe: dunkles Kirschrot. Aroma: Röstaromen, würzig, feiner Kakao, reifes Obst, dunkle Früchte. Mund: geschmackvoll, Röstnoten, zartbitter, weiche Tannine.

Hispania 2022 B
albillo, viura, pirules, otras
92
Komplex. Farbe: leuchtendes Strohgelb. Aroma: reifes Obst, trockene Kräuter, welke Blumen, würzig, Wachs. Mund: kraftvoll, reife Früchte, ausgewogen, saftig.

Lara O Clarete 2021 RD C
tempranillo, bobal, garnacha, viura, pirules
92
Farbe: himbeerrot. Aroma: reifes Obst, welke Blumen, Kräutersäckchen, balsamisch, komplex. Mund: fleischig, geschmackvoll, kraftvoll, reife Früchte.

🏆 PODIUM

Luthier 2012 T GR
96
Farbe: durchscheinendes Kirschrot, granatroter Saum. Aroma: elegant, feine Reduktionsnoten, reifes Obst, Noten von Tischlerei, würzig, balsamisch, aromatischer Kaffee. Mund: ausgewogen, komplex, lang, feinkörnige Tannine, zartbitter.

🏆 PODIUM

Luthier 2014 T GR
95
Farbe: dunkles Kirschrot, granatroter Saum. Aroma reifes Obst, Noten von Tischlerei, Tabak, süße Gewürze, komplex, mit Charakter, balsamisch. Mund: würzig reife Tannine, lang.

Luthier 2018 B GR
94
Farbe: golden leuchtend. Aroma: getrocknete Blumen, kandierte Früchte, feine Hefen, Feingebäck, trockener Stein, Röstaromen. Mund: abgerundet, würzig, lang nachhaltig.

Territorio Luthier 2019 T R
90% tempranillo, 10% garnacha
92
Farbe: dunkles Kirschrot, granatroter Saum. Aroma Früchtekonfit, Noten von Tischlerei, Tabak, süße Gewürze. Mund: würzig, reife Tannine, lang, saftig.

Nominado Vino Revelación

🏆 PODIUM

Territorio Luthier Blanco de Guarda 2020 B R
96
Farbe: leuchtendes Gelb. Aroma: getrocknete Blumen kandierte Früchte, feine Hefen, Feingebäck, Phosphor Mund: würzig, lang, nachhaltig, komplex, voll.

Territorio Luthier Clarete de Guarda 2020 RD R
94
Farbe: lachsfarben. Aroma: süße Gewürze, rote Früchte, Kräutersäckchen, getrocknete Blumen. Mund: voll geschmackvoll, würzig, leicht süßlich, lang.

SPANIENS WEINFÜHRER

TRESPIEDRAS
09315 Fuentecén (Burgos)
☎: +34 696 746 553
jorge@bodegastrespiedras.com
www.bodegastrespiedras.com

Nobbis 2022 T
91
Farbe: tiefes Kirschrot. Aroma: reifes Obst, trockene Kräuter, rauchig. Mund: reife Früchte, würzig, reife Tannine.

Unanimous Finca La Maricana 2021 T
tempranillo, garnacha, albillo
93
Farbe: tiefes Kirschrot. Aroma: trockene Kräuter, reifes Obst, dunkle Früchte, süße Gewürze, Kreide. Mund: kraftvoll, reife Früchte, würzig, reife Tannine.

🏆 **PODIUM**

Unanimous Finca La Tejera 2021 T C
tempranillo, garnacha, bobal, albillo, airén, malvasía
95
Klar definierte Aromen, mit Persönlichkeit. Farbe: tiefes Kirschrot. Aroma: trockene Kräuter, weiches Eichenholz, reifes Obst, dunkle Früchte, rote Früchte, komplex, mit Charakter. Mund: kraftvoll, reife Früchte, würzig, kräftige Tannine, reife Tannine.

Unanimous Pago San Vicente 2021 T
tempranillo, bobal
93
Mit Persönlichkeit. Farbe: KirsChrot. Aroma: balsamisch, süße Gewürze, Buschwaldkräuter, reifes Obst, rote Früchte. Mund: würzig, balsamisch, schöne Säure, kräftige Tannine.

Unanimous
Santa Cruz Albillo Mayor 2019 B
93
Farbe: leuchtendes Strohgelb. Aroma: reifes Obst, blumig, feine Hefen, mineralisch. Mund: voll, komplex, würzig, lang, elegant.

Unanimous
Santa Cruz Albillo Mayor 2020 B
albillo
93
Farbe: leuchtendes Strohgelb. Aroma: reifes Obst, Kräutersäckchen, feine Hefen, Phosphor, Wachs, weiches Eichenholz. Mund: voll, fett, lang, schöne Säure.

UVAS FELICES
Agullers, 7
08003 Barcelona (Barcelona)
☎: +34 902 327 777
www.vilaviniteca.es

Venta Las Vacas La Cuartilleja 2019 T R
tinto fino
93
Farbe: leuchtendes Kirschrot. Aroma: süße Gewürze, reifes Obst, Schokolade, milchig, kraftvoll. Mund: fruchtig, würzig, reife Tannine.

VALDEMONJAS
Ctra. N-122 Km. 322
47360 Quintanilla de Arriba (Valladolid)
☎: +34 983 248 294
info@valdemonjas.es
www.valdemonjas.es

Entre Palabras 2021 T
91 🌱
Farbe: tiefes Kirschrot. Aroma: reifes Obst, rote Früchte, Röstaromen, süße Gewürze, mineralisch. Mund: geschmackvoll, fruchtig, zartbitter.

VALREINAS VIÑEDO Y BODEGA
Avda. Aranda, 18
09318 Nava de Roa (Burgos)
☎: +34 657 829 490
info@valreinas.com
www.valreinas.com

Piripintado 2022 RD
100% tempranillo
87

Valreinas 2021 T C
tempranillo
90
Farbe: tiefes Kirschrot. Aroma: reifes Obst, trockene Kräuter, weiches Eichenholz, Heidelbeere. Mund: reife Früchte, würzig, reife Tannine.

Valreinas 2022 T RB
100% tempranillo
91
Farbe: KirsChrot. Aroma: reifes Obst, trockene Kräuter, ausdrucksvoll, feiner Kakao. Mund: reife Früchte, zartbitter, geschmackvoll.

DO RIBERA DEL DUERO / D.O.P.

VEGA CLARA
Ctra. N-122, Km 328
47350 Quintanilla de Onésimo (Valladolid)
☎: +34 677 570 779
vegaclara@vegaclara.com
www.vegaclara.com

D'Acán Vega Clara T C
90% tempranillo, 10% garnacha
92
Farbe: dunkles Kirschrot. Aroma: Röstaromen, würzig, feiner Kakao, Schokolade, aromatischer Kaffee. Mund: geschmackvoll, Röstnoten, zartbitter.

Mario VC 2021 T
75% tempranillo, 25% cabernet sauvignon
90
Farbe: KirsChrot. Aroma: balsamisch, Buschwaldkräuter, dunkle Früchte. Mund: würzig, geschmackvoll, fruchtig, ausgewogen.

Nala VC 2022 B FB
100% albillo mayor
90
Farbe: leuchtendes Strohgelb. Aroma: ausdrucksvoll, weiße Blumen, Jasmin, trockene Kräuter. Mund: geschmackvoll, fruchtig, ausgewogen.

VELVETY WINES - DOMINIO LUBIANO
Ctra. Pesquera - Valbuena de Duero
(Polig. 9 Parc. 66)
47315 Pesquera de Duero (Valladolid)
☎: +34 652 905 042
info@velvetywines.com
www.velvetywines.com

Dominio Lubiano 2020 T
91
Farbe: tiefes Kirschrot. Aroma: reifes Obst, trockene Kräuter, weiches Eichenholz. Mund: reife Früchte, würzig, reife Tannine.

VIEJAS DE IZAN
Real, 14
09370 Gumiel de Izán (Burgos)
☎: +34 609 088 480
infovdi@viejasdeizan.com
www.viejasdeizan.com

Viejas de Izan 2021 T C
tempranillo
94
Farbe: leuchtendes Kirschrot. Aroma: komplex, ausdrucksvoll, würzig, mineralisch, dunkle Früchte, reifes Obst. Mund: elegant, voll, lang, nachhaltig.

VINOS DE LA LUZ
Ctra. de Mélida, km. 3,5
47300 Peñafiel (Valladolid)
☎: +34 983 878 007
info@vinosdelaluz.com
www.vinosdelaluz.com

Iluminado Vinos de la Luz 2019 T R
100% tempranillo
91
Farbe: tiefes Kirschrot. Aroma: reifes Obst, trockene Kräuter, markante Eiche. Mund: reife Früchte, würzig, reife Tannine.

Pagos de Valcerracín 10 meses 2022 T RB
100% tempranillo
88
Lieblich, nach Eingemachtem, kraftvoll, geschmackvoll, würzig, beschädigtes Obst.

Pagos de Valcerracín Vendimia Seleccionada 2020 T C
100% tempranillo
88
Nach Eingemachtem, korpulent, ausgewogen, würzig, geschmackvoll.

Peñafiel Edición Limitada 2019 T C
100% tempranillo
90
Farbe: tiefes Kirschrot. Aroma: reifes Obst, trockene Kräuter, weiches Eichenholz, dunkle Früchte. Mund: reife Früchte, würzig, spritzig, trockene, aber reife Tannine.

VINOS DIVERTIDOS
Nicolas de Bussi 10
03203 Elche (Alacant/Alicante)
☎: +34 966 105 325
info@vinosdivertidos.es
www.vinosdivertidos.es

VD 12 2019 T
100% tempranillo
89
Korpulent, Cremig. Aroma: süße Gewürze, Schokolade. Mund: würzig, reife Tannine.

VD 4 2022 T RB
100% tempranillo
88
Korrekt, würzig, reif, Röstaromen, geschmackvoll.

VINOS SANTOS ARRANZ
Ctra. de Valbuena s/n
47315 Pesquera de Duero (Valladolid)
☎: +34 615 322 596
lagrimanegra82@hotmail.com
www.lagrima-negra.com

Lágrima Negra 2021 T C
tempranillo
88
Korrekt, würzig, reif, trockene Kräuter, nach Eingemachtem.

Lágrima Negra 2022 T RB
tempranillo
87

VINOS Y VIÑEDOS FAMILIA FIEL
Plaza Mayor, 1
09312 Tortoles de Esgueva (Burgos)
☎: +34 672 464 877
jm.cuenca@vinosfiel.es
www.vinosfiel.es

Colección 880 2022 T RB
tempranillo
90
Farbe: kirschrot mit violettem Saum. Aroma: ausdrucksstark fruchtig, würzig, dunkle Früchte, rauchig. Mund: geschmackvoll, fruchtig, frisch, kräftige Tannine, ziemlich nachhaltig.

Cuesta Roa 940 2020 T C
tempranillo
91
Farbe: tiefes Kirschrot. Aroma: reifes Obst, trockene Kräuter, weiches Eichenholz, dunkle Früchte, würzig. Mund: kraftvoll, reife Früchte, würzig, reife Tannine, geschmackvoll.

Cuesta Roa 940 Etiqueta Negra 2016 T R
tempranillo
90
Farbe: kirschrot mit granatrotem Saum. Aroma: Früchtekonfit, in Likör eingelegte Früchte, kraftvoll, etwas fortgeschritten. Mund: geschmackvoll, leicht süßlich, fruchtig, trockene, aber reife Tannine.

VIÑA AGUILERA
Camino del Val s/n
09370 La Aguilera (Burgos)
☎: +34 625 467 468
vinaaguilerasl@hotmail.com

Torreval
6 meses Barricas 2022 T
90% tempranillo, 10% cabernet sauvignon
90
Farbe: kirschrot mit violettem Saum. Aroma: ausdrucksstark fruchtig, würzig, dunkle Früchte, balsamisch. Mund: geschmackvoll, fruchtig, frisch, trockene, aber reife Tannine.

VIÑA BUENA
Avda. Portugal, 15
09400 Aranda de Duero (Burgos)
☎: +34 947 546 414
bodega@vinabuena.com
www.vinabuena.com

Viña Buena 2020 T C
100% tempranillo
87

Viña Buena 2022 T RB
100% tempranillo
88
Ausgewogen, würzig, Röstaromen, reif.

Viña Buena 2023 T
100% tempranillo
87

VIÑA SASTRE
San Pedro, s/n
09311 La Horra (Burgos)
☎: +34 947 542 108
sastre@vinasastre.com
www.vinasastre.com/es

Regina Vides 2020 T
tinta del país
93
Farbe: kirschrot mit granatrotem Saum. Aroma: Früchtekonfit, kraftvoll, Schokolade, Röstaromen, aromatischer Kaffee. Mund: geschmackvoll, lang, rauchig nachwirkend.

Viña Sastre
Marcelina Gómez 2023 RD
100% tinta del país
90
Farbe: himbeerrot mit violettem Saum. Aroma: ausdrucksstark fruchtig, rote Früchte, blumig. Mund: fruchtig, schöne Säure, süffig.

DO RIBERA DEL DUERO / D.O.P.

DO RIBERA DEL DUERO / D.O.P.

Viña Sastre 2021 T C
100% tinta del país

92

Farbe: tiefes Kirschrot, granatroter Saum. Aroma: Noten von Tischlerei, reifes Obst, feiner Kakao, Zigarren, Röstaromen. Mund: geschmackvoll, würzig, Röstnoten, kräftige Tannine.

Viña Sastre Pago de Santa Cruz 2018 T GR
100% tinta del país

94

Farbe: dunkles Kirschrot. Aroma: Röstaromen, würzig, feiner Kakao, dunkle Früchte, markante Eiche. Mund: geschmackvoll, Röstnoten, zartbitter.

🏆 PODIUM

Viña Sastre Pesus 2016 T
85% tinta del país, 15% merlot, cabernet sauvignon

96

Farbe: dunkles Kirschrot, granatroter Saum. Aroma: reifes Obst, Früchtekonfit, Noten von Tischlerei, Tabak, süße Gewürze, stark gegerbtes Leder. Mund: würzig, reife Tannine, lang, geschmackvoll, fruchtig, ausgewogen.

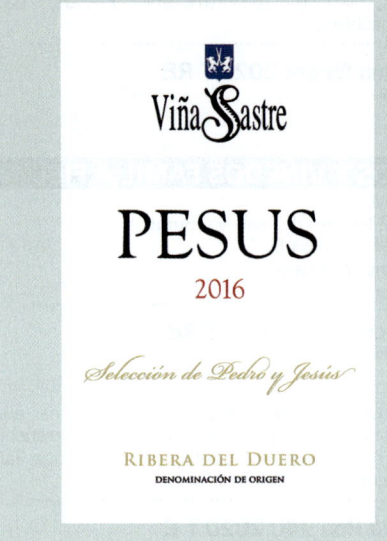

Viña Sastre Rafael Sastre 2022 T RB
100% tinta del país

92

Klar definierte Aromen. Farbe: kirschrot mit violettem Saum. Aroma: rote Früchte, blumig, würzig. Mund: geschmackvoll, fruchtig, schöne Säure, lang.

VIÑA TUELDA
Camino de las Bodegas, 23
09310 Villatuelda (Burgos)
☎: +34 680 444 541
contacto@bodegavinatuelda.com
www.bodegavinatuelda.com

Vegamian 2019 T C
89

Nach Eingemachtem, korpulent, würzig, geschmackvoll, Röstaromen, kraftvoll, nachhaltig.

Viña Tuelda 2016 T R
100% tempranillo

90

Farbe: dunkles Kirschrot, granatroter Saum. Aroma reifes Obst, süße Gewürze, ausgewogen. Mund: würzig, reife Tannine, lang, geschmackvoll.

Viña Tuelda 2020 T C
100% tempranillo
88
Korpulent, korrekt, würzig, reif, geschmackvoll, kräuterig, saftig.

Viña Tuelda 2022 T RB
100% tempranillo
88
Würzig, saftig, reif, geschmackvoll. Aroma: eingemachtes Obst.

VIÑAS DEL JARO
Ctra. Renedo a Pesquera de Duero Km 39
47359 Pesquera de Duero (Valladolid)
☎: +34 983 036 014
sgil@bodegajaro.com
www.vinosiberian.com

Chafandín 2021 T
100% tempranillo
91
Farbe: tiefes Kirschrot. Aroma: trockene Kräuter, weiches Eichenholz, dunkle Früchte. Mund: kraftvoll, reife Früchte, würzig, reife Tannine.

Jaros 2021 T
100% tempranillo
91
Farbe: tiefes Kirschrot. Aroma: reifes Obst, trockene Kräuter, weiches Eichenholz, in Likör eingelegte Früchte, würzig. Mund: kraftvoll, reife Früchte, würzig, reife Tannine, geschmackvoll.

Jaros 2022 T RB
tempranillo, merlot, cabernet sauvignon
90
Farbe: dunkles Kirschrot. Aroma: Röstaromen, würzig, feiner Kakao. Mund: geschmackvoll, Röstnoten, zartbitter.

Jaros Albillo Mayor 2022 B
albillo mayor
90
Farbe: leuchtendes Gelb. Aroma: kraftvoll, weiches Eichenholz, reifes Obst, würzig. Mund: strukturiert, lang, Röstnoten.

Sed de Caná 2019 T
tinto fino
93
Farbe: tiefes Kirschrot. Aroma: trockene Kräuter, feiner Kakao, dunkle Früchte. Mund: kraftvoll, reife Früchte, würzig, reife Tannine.

VIÑEDOS ALONSO DEL YERRO
Ctra. Roa-Anguix, Km. 1,8
09300 Roa (Burgos)
☎: +34 947 540 014
administracion@vay.es
www.alonsodelyerro.es

"María" Alonso del Yerro 2020 T
tempranillo
93
Farbe: tiefes Kirschrot, violetter Saum. Aroma: reifes Obst, feiner Kakao, Röstaromen, dunkle Früchte, schwarze Lakritze. Mund: geschmackvoll, würzig, Röstnoten, kräftige Tannine.

Alonso del Yerro 2020 T
tempranillo
92
Frisch. Farbe: kirschrot mit violettem Saum. Aroma: ausdrucksstark fruchtig, rote Früchte, blumig, würzig, geröstetes Brot. Mund: geschmackvoll, fruchtig, schöne Säure, lang.

VIÑEDOS LA NAVA
Ctra. Nacional, 1 Km. 152
09471 Fuentespina (Burgos)
☎: +34 947 506 011
administracionvinos@grupotudanca.com
www.grupotudanca.com

La Nava by Tudanca 2021 T
100% tempranillo
91
Farbe: kirschrot mit violettem Saum. Aroma: rote Früchte, blumig, würzig, Buschwaldkräuter. Mund: geschmackvoll, fruchtig, schöne Säure, lang.

La Oficina de Julián Sardina 2015 T
100% tempranillo
93
Farbe: dunkles Kirschrot, granatroter Saum. Aroma: Früchtekonfit, Noten von Tischlerei, Tabak, süße Gewürze. Mund: würzig, reife Tannine, lang.

Tudanca Vicenta Mater 2018 T
100% tempranillo
92
Farbe: dunkles Kirschrot, granatroter Saum. Aroma: Früchtekonfit, Noten von Tischlerei, Tabak, süße Gewürze, dunkle Früchte. Mund: würzig, reife Tannine, lang.

VIÑEDOS SINGULARES
Avda. de La Riera, 11 Nave 1
08960 Sant Just Desvern (Barcelona)
☎: +34 934 807 041
info@vinedossingulares.com
www.vinedossingulares.com

Entrelobos 2022 T
88
Nach Eingemachtem, korrekt, würzig, trockene Kräuter, markante Eiche.

VIÑEDOS Y BODEGAS ÁSTER
Ctra. Palencia-Aranda, km. 54,9
09313 Anguix (Burgos)
☎: +34 947 522 700
aster@riojalta.com
www.sienteaster.com

Áster 2021 T C
100% tinta del país
92
Farbe: tiefes Kirschrot. Aroma: reifes Obst, trockene Kräuter, weiches Eichenholz, dunkle Früchte. Mund: kraftvoll, reife Früchte, würzig, reife Tannine.

Áster El Espino 2021 T
100% tinta del país
93
Farbe: kirschrot mit granatrotem Saum. Aroma: Früchtekonfit, in Likör eingelegte Früchte, kraftvoll, Röstaromen. Mund: geschmackvoll, lang.

Áster Finca el Otero 2021 T
100% tinta del país
94
Klar definierte Aromen, üppig. Farbe: KirsChrot. Aroma: komplex, ausdrucksvoll, würzig, mineralisch, dunkle Früchte. Mund: elegant, voll, lang, nachhaltig.

YLLERA BODEGAS & VIÑEDOS
47490 Rueda (Valladolid)
☎: +34 983 868 097
grupoyllera@grupoyllera.com
www.grupoyllera.com

Jesús Yllera 2018 T C
tempranillo, cabernet sauvignon
92
Farbe: tiefes Kirschrot, granatroter Saum. Aroma: Noten von Tischlerei, reifes Obst, feiner Kakao, Zigarren, Röstaromen. Mund: geschmackvoll, würzig, Röstnoten, kräftige Tannine.

La Fleur Vivaltus 2019 T
tempranillo, merlot
94
Lieblich, komplex. Farbe: tiefes Kirschrot. Aroma: reifes Obst, trockene Kräuter, weiches Eichenholz. Mund: reife Früchte, würzig, reife Tannine.

Meraldis Albillo Mayor Vinificación Integral 2019 B FB
albillo mayor
92
Komplex. Farbe: leuchtendes Gelb. Aroma: getrocknete Blumen, kandierte Früchte, feine Hefen, Feingebäck, Praline. Mund: abgerundet, würzig, lang, nachhaltig.

Pepe Yllera 2021 T RB
tempranillo, cabernet sauvignon, merlot
92
Balsamisch, komplex. Farbe: tiefes Kirschrot. Aroma: reifes Obst, trockene Kräuter, weiches Eichenholz. Mund: reife Früchte, würzig, reife Tannine.

🏆 PODIUM

Vivaltus 2019 T
tempranillo, merlot
96
Klar definierte Aromen, komplex, üppig. Farbe: KirsChrot. Aroma: komplex, ausdrucksvoll, würzig, mineralisch. Mund: elegant, voll, lang, nachhaltig, feinkörnige Tannine.

DO. RIBERA DEL GUADIANA

CONSEJO REGULADOR

Avda. Pte. J.Carlos Rodríguez Ibarra. s/n Apdo. 299
06200 Almendralejo (Badajoz)
☎: +34 924 671 302
@: info@riberadelguadiana.eu
www.riberadelguadiana.eu

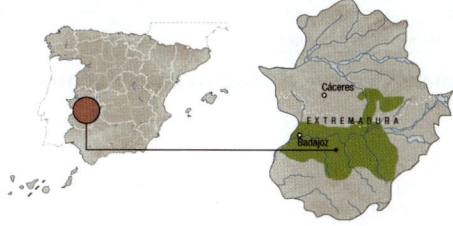

LAGE:

Unter der Denominación de Origen werden die sechs Weinbaugebiete Extremaduras mit einer Gesamtfläche von etwas mehr als 87.000 ha zusammengefasst.

TELGEBIETE:

Cañamero: Im Südosten der Provinz Cáceres, mitten in der Sierra de Guadalupe, mit den Gemeinden Alia, Berzocana, Cañamero, Guadalupe und Valdecaballeros. Die Rebflächen befinden sich auf Hängen in Höhenlagen zwischen 600 und 800 m, das Gelände ist uneben, hügelig, mit armen Schieferböden. Das Klima ist mild, ohne große Temperaturunterschiede und mit Niederschlagsmengen von 750-800 mm im Jahresmittel. Vorwiegend wird die weiße Alarije angebaut.

Montánchez: Das Gebiet mit 27 Gemeinden ist landschaftlich von vielen Hügeln und kleinen Tälern geprägt. Die Rebflächen befinden sich auf dunklem, saurem Boden. Das Klima ist kontinental bei einer durchschnittlichen Niederschlagsmenge von 500 bis 600 mm im Jahr. Zwei Drittel der gesamten Rebfläche ist mit der weißen Borba als Hauptsorte dieser Region bestockt.

Ribera Alta: Umfasst die Vegas del Guadiana sowie die beiden Ebenen La Serena und Campo de Castuera mit insgesamt 38 Gemeinden. Die Böden sind äußerst sandig. Hier werden besonders Sorten wie Alarije, Borba (weiß), Tempranillo und Garnacha (rot) angebaut.

Ribera Baja: Umfasst 11 Gemeinden, deren Rebflächen auf Böden mit tonhaltigem Schwemmland liegen. Das kontinentale Klima steht unter einem mäßig atlantischen Einfluss und ist über das ganze Jahr verhältnismäßig stabil. Die wichtigsten Rebsorten sind: Cayetana Blanca und Pardina (weiß) sowie Tempranillo (rot).

Matanegra: Es besteht gewisse Ähnlichkeit mit Tierra de Barros, das Klima ist hier allerdings etwas milder. In den acht Gemeinden des Teilgebiets werden vor allem die Rebsorten Beba, Montua (weiß), Tempranillo, Garnacha und Cabernet Sauvignon (rot) gezogen.

Tierra de Barros: Das flächenmäßig größte Teilgebiet (4.475 ha in 37 Gemeinden) nimmt die Mitte der Provinz Badajoz ein. Vorwiegend ebene, fruchtbare Böden, reich an Nährstoffen und mit großer Wasserspeicherfähigkeit (die Niederschlagsmenge liegt bei nur 350-450 mm/Jahr). Die wichtigsten Sorten sind Cayetana Blanca und Pardina (weiß) und Tempranillo, Garnacha und Cabernet Sauvignon (rot).

REBSORTEN:

WEISS: Alarije, Borba, Cayetana Blanca, Pardina, Macabeo, Chardonnay, Chelva or Montua, Malvar, Parellada, Pedro Ximénez, Verdejo, Eva, Cigüente, Perruno, Moscatel de Alejandría, Moscatel de Grano Menudo, Moscatel de Málaga, Sauvignon Blanc, Bobal Blanca, sauvignon blanca, antão vaz, arinto, fernão pires, colombard und xarel.lo.

ROT: Garnacha Tinta, Tempranillo, Bobal, Cabernet Sauvignon, Garnacha Tintorera, Graciano, Mazuela, Merlot, Monastrell, Syrah, Pinot Noir, Jaén Tinto, touriga nacional, castelão, trincadeira und malbec.

DATEN:

Rebfläche (ha): 41.503– **Winzer:** 3.478– **Weinerzeuger:** 25 – **Jahrgang 23:** Sehr Gut – **Jahresproduktion 23:** 7.191.740 L – **Absatz:** 72% Spanien - 28% Export.

ERNTEBEWERTUNG ANHAND JUNGER WEINE GUÍAPEÑÍN

2019	2020	2021	2022	2023
MÄSSIG	GUT	UNRATED	MÄSSIG	MÄSSIG

SPANIENS WEINFÜHRER

DO RIBERA DEL GUADIANA / D.O.P.

BODEGAS CAÑALVA
Coto, 54
10136 Cañamero (Cáceres)
☎: +34 927 369 405
www.bodegascanalva.com

Cañalva Élégance Cabernet Sauvignon 2020 T C
cabernet sauvignon
89
Nach Eingemachtem, korpulent, würzig, reif, geschmackvoll. Aroma: Lacknoten.

Eburus 2020 T C
tempranillo, cabernet sauvignon
91
Farbe: tiefes Kirschrot. Aroma: reifes Obst, trockene Kräuter, weiches Eichenholz, Weihrauch. Mund: reife Früchte, würzig, reife Tannine, balsamisch.

Fuente Cortijo 2020 T C
tempranillo, cabernet sauvignon
89
Korrekt, würzig, leichte Reduktion, reif, trockene Kräuter, lieblich, balsamisch.

BODEGAS LA CORTE - SCSME
Ctra. Entrín Bajo, s/n
06196 Corte de Peleas (Badajoz)
☎: +34 924 693 014
administracion@bodegaslacorte.com
www.bodegaslacorte.com

Conde de la Corte 2020 T C
100% tempranillo
87

Conde de la Corte 2023 T
100% tempranillo
86

Conde de la Corte Macabeo 2023 B
100% macabeo
85

Conde de la Corte Pardina 2023 B
100% pardina
85

BODEGAS MARTÍNEZ PAIVA SAT
Ctra. Gijón - Sevilla N-630, Km. 646 Apdo. 87
06200 Almendralejo (Badajoz)
☎: +34 924 671 130
info@bodegasmartinezpaiva.com
www.bodegasmartinezpaiva.com

Paiva Cosecha 2023 T
tempranillo
86

Paiva Semidulce 2023 B SD
85

BODEGAS ROMALE
Pol. Ind. Parc. 6, Manzana D - Mecánica s/n
06200 Almendralejo (Badajoz)
☎: +34 924 667 255
romale@romale.com
www.romale.es

Privilegio de Romale 2018 T R
tempranillo
87

Privilegio de Romale 2020 T C
tempranillo
87

Privilegio de Romale Coupage 2022 T RB
tempranillo, cabernet sauvignon, merlot
85

Viña Romale Macabeo 2023 B
macabeo
84

Viña Romale Tempranillo 2022 T
tempranillo
85

BODEGAS VITICULTORES DE BARROS
Ctra. Badajoz, s/n
06200 Almendralejo (Badajoz)
☎: +34 924 664 852
bodegas@vbarros.com
www.viticultoresdebarros.com

Emperador de Barros Cayetana 2023 B
100% cayetana blanca
85

Emperador de Barros Tempranillo 2022 T
100% tempranillo
87

Vizana 2020 T C S
100% tempranillo
85

PAGO LOS BALANCINES
Paraje la Agraria, s/n
06475 Oliva de Mérida (Badajoz)
☎: +34 924 367 399
info@pagolosbalancines.com
www.pagolosbalancines.com

Balancines Blanco Sobre Lías 2022 B RB
91
Farbe: leuchtendes Gelb. Aroma: weiches Eichenholz, reifes Obst, würzig, geröstetes Brot, Gras. Mund: strukturiert, lang, Röstnoten, zartbitter.

Balancines Garnacha & Garnacha 2020 T C
92
Farbe: leuchtendes Kirschrot. Aroma: balsamisch, süße Gewürze, Buschwaldkräuter, rote Früchte, reifes Obst, Veilchen. Mund: würzig, balsamisch, schöne Säure.

Haragán Reserva Especial 2018 T R
garnacha tintorera, tinta roriz
93
Farbe: dunkles Kirschrot. Aroma: Röstaromen, würzig, feiner Kakao, reifes Obst, Buschwaldkräuter. Mund: geschmackvoll, Röstnoten, zartbitter.

PALACIO QUEMADO
Ctra. Almendralejo - Palomas, km 6,9
06840 Alange (Badajoz)
☎: +34 924 120 296
palacioquemado@alvear.es
www.palacioquemado.es

Palacio Quemado 2021 T C S
tempranillo, petit verdot
89
Ausgewogen, würzig, trockene Kräuter, frisch.

S.C. NTRA. SRA. DE LA SOLEDAD
Santa Marta, s/n
06207 Aceuchal (Badajoz)
☎: +34 924 680 228
administracion@bodegalasoledad.com
www.bodegaslasoledad.com

Orgullo de Barros 2021 T C
tempranillo
85

Orgullo de Barros 2023 B SD
pardina, cayetana blanca, eva
85

Orgullo de Barros Tempranillo 2023 T
tempranillo
83

Señorío de Pedraza 2021 T C
tempranillo
85

SANTA MARTA VIRGEN S.C.A.
Cooperativa s/n
06150 Santa Marta de Los Barros (Badajoz)
☎: +34 924 690 218
info@bodegasantamarta.com
www.cooperativasantamarta.com

Blasón del Turra Macabeo 2023 B
100% macabeo
85

Blasón del Turra Pardina 2023 B
100% pardina
84

Blasón del Turra Tempranillo 2023 T
100% tempranillo
84

Compass 2022 T RB
100% tempranillo
82

VALDEQUEMAO VIDES & VINOS
Ctra. Fuente, 6
06220 Villafranca de Los Barros (Badajoz)
☎: +34 924 524 136
info@valdequemao.com
www.valdequemao.com

Valdequemao 2021 T RB
100% tempranillo
86

Valdequemao Macabeo 2023 B
100% macabeo
86

Valdequemao Pardina 2023 B
100% pardina
88
Zitrusfrüchte, kräuterig, korrekt, geschmackvoll.

Valdequemao Pardina Semidulce 2023 B SD
100% pardina
86

Valdequemao Tempranillo 2023 T
100% tempranillo
86

DO RIBERA DEL GUADIANA / D.O.P.

DO RIBERA DEL GUADIANA / D.O.P.

VIÑAOLIVA SOC. COOP.
Automoción, 1
06200 Almendralejo (Badajoz)
☎: +34 924 677 321
info@vinaoliva.com
www.zaleo.es

Grácil de Zaleo 2019 T C
100% tempranillo
87

VIÑEDOS POZANCO
Ctra. de BA-001 Km. 15,700
06800 Mérida (Badajoz)
☎: +34 924 143 249
info@bodegaspozanco.com
www.bodegaspozanco.com

Viñedos Pozanco 2020 T C
tempranillo, merlot, graciano
87

Viñedos Pozanco Verdejo 2023 B
verdejo
86

DO. RIBERA DEL JÚCAR
CONSEJO REGULADOR

Deportes, 4
16700 Sisante (Cuenca)
☎: +34 969 387 182
@: do@vinosriberadeljucar.com
www.vinosriberadeljucar.com

LAGE:

Anbaugebiet zu beiden Seiten des Júcar im Süden der Provinz Cuenca mit sieben Gemeinden: Casas de Benítez, Casas de Guijarro, Casas de Haro, Casas de Fernando Alonso, Pozoamargo, Sisante und El Picazo. Die Rebflächen befinden sich auf einer Höhe von 650-750 m über dem Meeresspiegel.

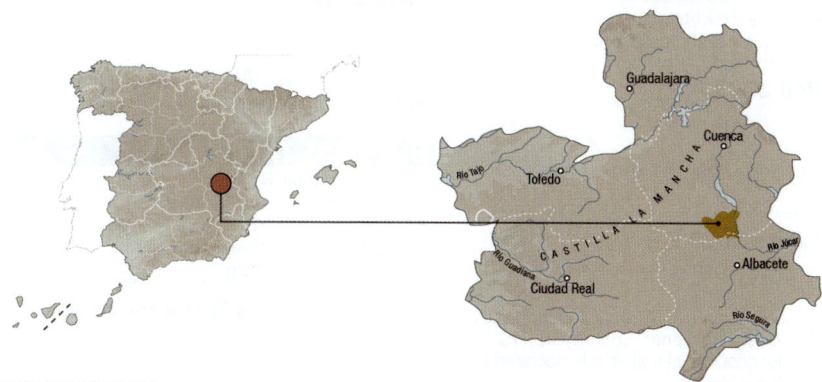

REBSORTEN:

ROT: Bobal, Cencibel (Tempranillo), Cabernet Sauvignon, Merlot, Syrah, Petit Verdot, Cabernet Franc, Garnacha Tinta, Garnacha Tintorera und Monastrell.

WEISS: Moscatel de Grano Menudo, Sauvignon Blanc, Airén, Macabeo, Verdejo, Pardillo (Marisancho) und Chardonnay.

DATEN:

Rebfläche (ha): 6.700 – **Winzer:** 850 – **Weinerzeuger:** 9 – **Jahrgang 23:** Sehr Gut– **Jahresproduktion 23:** 450.000 L. – **Absatz:** 50% Spanien - 50% Export.

BODENVERHÄLTNISSE:

Die häufigste Bodenformation besteht aus lockerem Kieselgeröll an der Oberfläche und tonhaltiger Erde in der darunter liegenden Schicht, wodurch der Unterboden eine gute Wasserspeicherfähigkeit besitzt.

KLIMA:

Trockenes Kontinentalklima mit sehr kalten Wintern und ausgesprochen heißen Sommern. Der wichtigste Qualitätsfaktor der Region sind die während der Traubenreife vorherrschenden Temperaturunterschiede zwischen Tages- und Nachtwerten, die für einen langsamen Reifeprozess sorgen.

ERNTEBEWERTUNG ANHAND JUNGER WEINE GUÍAPEÑÍN

2019	2020	2021	2022	2023
SEHR GUT	UNRATED	UNRATED	SEHR GUT	SEHR GUT

DO RIBERA DEL JÚCAR / D.O.P.

BODEGA LAS CALZADAS
Calle de la Virgen, 13
16708 Pozoamargo (Cuenca)
☎: +34 969 337 354
info@bodegalascalzadas.com
www.bodegalascalzadas.com

Tinácula El Imperio 2023 T
bobal, garnacha, otras

92 ☘

Farbe: kirschrot mit violettem Saum. Aroma: rote Früchte, blumig, würzig, reifes Obst. Mund: geschmackvoll, fruchtig, schöne Säure.

Tinácula El Santillo 2023 T
bobal, cencibel, pardilla, otras

90 ☘

Farbe: kirschrot mit violettem Saum. Aroma: ausdrucksstark fruchtig, rote Früchte, blumig, würzig. Mund: fruchtig, schöne Säure, leicht, grobkörnige Tannine.

Tinácula Red 2023 T
bobal

88 ☘

Korrekt, frisch, fruchtig, kräuterig, ausgeprägter Säuregehalt.

Tinácula White 2023 B
pardilla

90 ☘

Farbe: leuchtendes Strohgelb. Aroma: ausdrucksstark fruchtig, reifes Obst, trockener Stein, helle Früchte, Hefenoten. Mund: geschmackvoll, frisch, nachwirkend fruchtig, ziemlich nachhaltig.

Tinácula X 2021 T
bobal, cencibel

88 ☘

Fruchtig, würzig, etwas austrocknend, reif.

BODEGAS ALBERO ORGANIC VINEYARDS
Ctra. CM 3124 - Km. 2,5
16708 Casas de Guijarro (Cuenca)
☎: +34 912 918 256
export@bodegasalbero.com
www.bodegasalbero.com

Belsetán 2023 T
garnacha

88 ☘

Angenehm, fruchtig, geschmackvoll.

Isabella Bobal 2022 T
bobal

90 ☘

Farbe: tiefes Kirschrot. Aroma: trockene Kräuter, weiches Eichenholz, dunkle Früchte. Mund: reife Früchte, würzig, grobkörnige Tannine.

Núñez de Garay 2023 B
verdejo

88 ☘

Zitrusfrüchte, ausgewogen, kräuterig, geschmackvoll.

Núñez de Garay 2023 T
bobal, tempranillo

88 ☘

Korpulent, würzig, vegetabil, reif, Röstaromen.

BODEGAS SUCRO
C. Tapias, 8
16708 Pozoamargo (Cuenca)
☎: +34 616 426 520
nerea.bardaji@garciaperezgroup.com
www.parajesdelvalle.es

Sucro 2020 T
tempranillo

89

Korrekt, reif, lieblich. Aroma: dunkle Früchte, beschädigtes Obst, trockene Kräuter.

BODEGAS TRENZA
Felix Mendelsohn, 8
03730 Jávea (Alacant/Alicante)
☎: +34 965 790 012
bodegas@bodegastrenza.com
www.bodegatrenza.com

Tofterup Brothers Tempranillo 2022 T
tempranillo

88

Röstaromen, reif, nach Eingemachtem, trockene Kräuter.

BODEGAS Y VIÑEDOS ILLANA
Finca Buenavista, s/n
16708 Pozoamargo (Cuenca)
☎: +34 969 147 039
info@bodegasillana.com
www.bodegasillana.com

Casa de Illana
10 meses 2022 T C
cabernet franc, petit verdot, bobal

91 ☘

Farbe: KirsChrot. Aroma: balsamisch, süße Gewürze, Buschwaldkräuter, reifes Obst, rote Früchte. Mund: würzig, balsamisch, schöne Säure.

Los Bobalistas
Bobal Cuvée 2022 T
bobal

91 ☘

Noch nicht vollständig entfaltet. Farbe: KirsChrot. Aroma: balsamisch, Buschwaldkräuter, mittlere Intensität, ausdrucksstark fruchtig. Mund: würzig, balsamisch, schöne Säure, süffig.

Illana 2023 T
tempranillo, syrah, bobal

90 🍷

Korrekt, fruchtig, reif, würzig. Aroma: Fleischnoten, offen. Mund: reife Früchte, süffig.

Illana Alma 2023 B
sauvignon blanc, bobal

89 🍷

Lieblich, aromatisch, fruchtig, kräuterig, korrekt, Zitrusfrüchte. Aroma: feine Hefen.

Los Bobalistas
Bobal Blanc de Noir 2023 B
bobal

90 🍷

Frisch, wild, mild, ausgewogen. Aroma: mittlere Intensität. Mund: schöne Säure, zartbitter, ausgewogen.

Los Bobalistas Bobal Clásico 2022 T
bobal

90 🍷

Lieblich, saftig, mild, wild, sortenrein, trockene Kräuter, flüssig am Gaumen. Mund: reife Früchte, süffig, ausgewogen, zartbitter.

Los Bobalistas Bobal Rosé 2023 RD
bobal

89 🍷

Angenehm, klar definierte Aromen, blumig, fruchtig, wild.

ELVIWINES
Ctra T-300 Falset-Marça, km 0.97
43775 Marça (Tarragona)
☎: +34 606 186 565
info@elviwines.com
www.elviwines.com

Adar de Elviwines 2019 T R
100% tempranillo

85

PURÍSIMA CONCEPCIÓN, S.C. DE CLM
Ctra. San Clemente, Km. 10
16610 Casas de Fernando Alonso (Cuenca)
☎: +34 969 383 043
info@vinoteatinos.com
www.vinoteatinos.com

Claros de Cuba Origen 2017 T
tempranillo

90

Holzig, würzig. Farbe: tiefes Kirschrot. Aroma: reifes Obst, trockene Kräuter, weiches Eichenholz, Zigarren. Mund: kraftvoll, reife Früchte, würzig, reife Tannine.

Teatinos 40 Barricas
Tempranillo 2017 T R
tempranillo

87

Teatinos B

85

Teatinos Claros de Cuba 2016 T R
tempranillo

88

Korpulent, würzig, trockene Kräuter, reif, holzig.

Teatinos Signvm 2018 T C
tempranillo

87

Teatinos Syrah T

88

Fruchtig, reif, von Primäraromen beherrscht, geschmackvoll, würzig.

VIÑEDOS Y BODEGA LA MAGDALENA
Ctra. La Roda, s/n
16611 Casas de Haro (Cuenca)
☎: +34 969 380 722
vinos@vegamoragona.com
www.vegamoragona.com

Vega Moragona Bobal 60's 2020 T C
100% bobal

88

Würzig, Röstaromen, geschmackvoll, holzig.

Vega Moragona La Duna 2020 T
100% tempranillo

87

Vega Moragona
Macabeo Verdejo 2023 B
macabeo, verdejo

85

Vega Moragona Moscatel
de Grano Menudo 2023 B D
100% moscatel grano menudo

88

Blumig, kräuterig, ausgewogen, würzig.

DO RIBERA DEL JÚCAR / D.O.P.

DO. Ca. RIOJA
CONSEJO REGULADOR

Estambrera, 52
26006 Logroño (La Rioja)
☎: +34 941 500 400
@: info@riojawine.com
www.riojawine.com

LAGE:

Im Ebrobecken gelegenes Anbaugebiet, das im Norden von der Sierra de Cantabria und im Süden von der Sierra de la Demanda begrenzt wird und verschiedene Gemeinden der Provinzen La Rioja, Navarra und im Baskenland umfasst. Das Anbaugebiet bildet einen 100 km langen und 40 km breiten Streifen von Haro im äußersten Westen bis nach Alfaro im Osten.

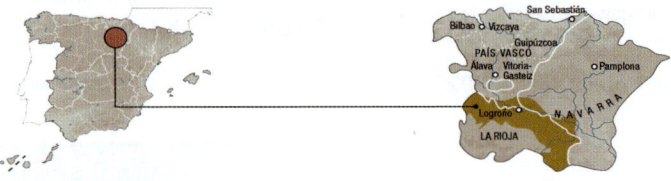

TEILGEBIETE:

Rioja Alta: Die größte Anbauregion mit rund 20.500 ha wird klimatisch vom Atlantik beeinflusst. Hier entstehen Weine, die sehr gut für die Alterung geeignet sind.

Rioja Alavesa: Im Schnittpunkt atlantischer und mediterraner Klimaeinflüsse. Auf etwa 11.500 ha Anbaufläche werden sowohl junge Weine als auch für Ausbau geeignete Weine erzeugt.

Rioja Oriental: In diesem Abschnitt mit etwa 18.000 ha herrscht ein überwiegend mediterranes Klimas. Ausgebaut werden Rot- und Roséweine mit höherem Alkoholgehalt und Körper.

REBSORTEN:

WEISS: Viura, Malvasía, Garnacha Blanca, Chardonnay, Sauvignon Blanc, Verdejo, Maturana Blanca, Tempranillo Blanco und Torrontés.

ROT: Tempranillo, Garnacha, Graciano, Mazuelo und Maturana Tinta.

DATEN:

Rebfläche (ha): 66.902 – **Winzer:** 13.874 – **Weinerzeuger:** 600 – **Jahrgang 23:** Sehr Gut – **Jahresproduktion 23:** 259.531.232 L. – **Absatz:** 56% Spanien - 44% Export.

BODENVERHÄLTNISSE:

Unterschieden werden Böden aus Kalkton auf Terrassenfeldern und kleinen Parzellen, vor allem in den Regionen Rioja Alavesa, Sonsierra sowie einigen Gebieten der Rioja Alta; stark eisenhaltige Tonerde im gesamten Anbaugebiet mit Weinbergen auf kräftigen roten Böden über festem und tiefgehendem Gestein sowie tiefes, mit Kieselgeröll durchsetzte Schwemmböden in Flussnähe, wo die Weinäcker in der Ebene auf größeren Flächen angelegt sind.

KLIMA:

Unterschiedlich in den verschiedenen Teilgebieten. Im Allgemeinen vermischen sich atlantische und mediterrane Einflüsse. Je weiter das Gelände nach Osten abfällt, um so mehr macht sich der Mittelmeereinfluss in trockeneren und wärmeren Witterungsverhältnissen bemerkbar. Die Niederschlagsmenge beträgt im Jahresmittel etwas mehr als 400 mm.

ERNTEBEWERTUNG ANHAND JUNGER WEINE GUÍAPEÑÍN

2019	2020	2021	2022	2023
SEHR GUT	SEHR GUT	SEHR GUT	SEHR GUT	SEHR GUT

ADRIÁN MORENO LLORENTE
Real, 57
26310 Badarán (La Rioja)
☎: +34 679 266 837
bodega@rulei.es
www.rulei.es

Rulei Viña Barracallo 2017 T
tempranillo, garnacha, cabernet sauvignon
88
Korpulent, trockene Kräuter, reif, würzig.

Rulei Viña Barracallo 2020 B
viura, verdejo
90
Hefenoten. Aroma: Wildkräuter, trockene Kräuter, mit Charakter, offen, würzig. Mund: fett, saftig, zartbitter.

Rulei Viña Barracallo Renques de Chenin 2020 B FB
chenin blanc
91
Farbe: leuchtendes Strohgelb. Aroma: ausdrucksvoll, reifes Obst, feine Hefen, mineralisch, Hefenoten. Mund: voll, würzig, lang, sortentypisch.

Rulei Viña Barracallo Tempranillo-Garnacha 2015 T
60% tempranillo, 40% garnacha
84

Rulei Viña El Moral 2019 RD FB
100% garnacha
89
Wenig interventionistisch, leichte Oxidation. Aroma: reifes Obst, beschädigtes Obst, Hefenoten. Mund: fett, saftig, geschmackvoll.

Rulei Viña El Moral Viñedo Singular 2019 T
garnacha
90
Farbe: tiefes Kirschrot. Aroma: reifes Obst, trockene Kräuter, weiches Eichenholz, dunkle Früchte, würzig. Mund: kraftvoll, reife Früchte, würzig, reife Tannine, geschmackvoll.

AIURRI
Mayor Kalea, 18
01309 Leza (Araba/Álava)
☎: +34 945 297 570
info@almacarraovejas.com
www.aiurribodega.com

Aiurri 2021 T
tempranillo, otras
94
Farbe: tiefes Kirschrot. Aroma: trockene Kräuter, weiches Eichenholz, dunkle Früchte, reifes Obst, feiner Kakao. Mund: kraftvoll, reife Früchte, würzig, reife Tannine.

Landua 2021 T
tempranillo, otras
92
Farbe: tiefes Kirschrot. Aroma: trockene Kräuter, weiches Eichenholz, dunkle Früchte, Schokolade. Mund: reife Früchte, würzig, reife Tannine.

🏆 PODIUM
Salas 2021 T
tempranillo, otras
95
Ausgewogen, spannungsvoll. Farbe: KirsChrot. Aroma: komplex, ausdrucksvoll, würzig, mineralisch, Schwarzer Pfeffer. Mund: elegant, voll, lang, nachhaltig.

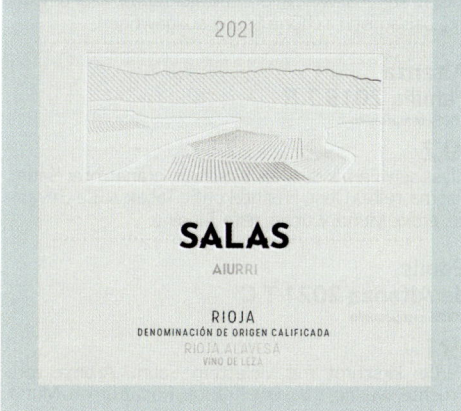

ALIAGA
Avda. de Navarra, 17
31591 Corella (Navarra)
☎: +34 948 401 321
sales@vinaaliaga.com
www.vinaaliaga.com

Gureaga 2015 T
70% tempranillo, 30% garnacha
87

DO Ca. RIOJA / D.O.P.

DO Ca. RIOJA / D.O.P.

ALTANZA
Ctra. Nacional 232, Km. 419,5
26360 Fuenmayor (La Rioja)
☎: +34 618 629 086
enoturismo@altanza.com
www.altanza.com

Altanza 2016 T GR
94
Farbe: dunkles Kirschrot, granatroter Saum. Aroma: reifes Obst, Früchtekonfit, Noten von Tischlerei, Tabak, süße Gewürze. Mund: würzig, reife Tannine, lang.

Altanza
Sauvignon Blanc 2023 B
100% sauvignon blanc
88
Fruchtig, kräuterig, Leichtwein, schlicht.

Altanza 2019 T R
100% tempranillo
93
Würzig, reif, leichte Reduktion, klassisch. Aroma: trockene Kräuter, reifes Obst. Mund: geschmackvoll, sortentypisch.

Altanza Club 2017 T R
100% tempranillo
93
Aromatisch, klassisch. Farbe: KirsChrot. Aroma: balsamisch, süße Gewürze, Buschwaldkräuter. Mund: würzig, balsamisch, schöne Säure, ausgewogen.

Altanza
Familia 2019 T R
100% tempranillo
92
Klassisch. Farbe: dunkles Kirschrot, granatroter Saum. Aroma: reifes Obst, Früchtekonfit, Tabak, süße Gewürze, erdig. Mund: würzig, reife Tannine.

Edulis
de Altanza 2021 T C
100% tempranillo
91
Farbe: kirschrot mit violettem Saum. Aroma: rote Früchte, würzig, trockene Kräuter, Röstaromen. Mund: fruchtig, strukturiert.

Valvarés
de Altanza 2020 T C
100% tempranillo
92
Farbe: tiefes Kirschrot. Aroma: reifes Obst, würzig, offen, ausgewogen. Mund: reife Früchte, würzig, reife Tannine, süffig.

🏆 PODIUM

Velázquez Colección
Artistas Españoles 2011 T R
tempranillo
95
Klassisch. Farbe: KirsChrot. Aroma: komplex, ausdrucksvoll, würzig, mineralisch, feine Reduktionsnoten, metallisch. Mund: voll, lang, nachhaltig, reife Tannine.

ALTOS DE LAPUEBLA
Tejerias, 23
01306 Lapuebla de Labarca (Araba/Álava)
☎: +34 945 627 232
hello@altosdelapuebla.es
www.altosdelapuebla.es

Giraluna 2022 B FB
viura
91
Farbe: leuchtendes Strohgelb. Aroma: ausdrucksvoll, reifes Obst, blumig, mineralisch, milchig. Mund: voll, würzig, lang, geschmackvoll, fruchtig.

Relato
de Valientes 2017 T
75% tempranillo, 25% graciano
91
Farbe: sattes Kirschrot. Aroma: intensive Röstaromen, aromatischer Kaffee, kraftvoll, dunkle Früchte. Mund: rauchig nachwirkend, reife Tannine, fruchtig, geschmackvoll, trockene, aber reife Tannine.

ALTOS DE RIOJA VITICULTORES Y BODEGUEROS
Solomillo, s/n
01309 Elvillar (Araba/Álava)
☎: +34 945 600 693
altosderioja@altosderioja.com
www.altosderioja.com

Altos R 2020 T R
100% tempranillo
90
Farbe: tiefes Kirschrot. Aroma: trockene Kräuter, weiches Eichenholz, dunkle Früchte, Schokolade. Mund: reife Früchte, würzig, reife Tannine.

Altos R 2022 T C
100% tempranillo
91
Farbe: kirschrot mit violettem Saum. Aroma: rote Früchte, blumig, würzig, Schokolade. Mund: geschmackvoll, fruchtig, schöne Säure.

Altos R Pigeage 2022 B FB
50% viura, 50% chardonnay
88
Fruchtig, reif, schlicht, korrekt.

Altos R Pigeage Graciano 2022 T
100% graciano
93
Farbe: tiefes Kirschrot. Aroma: reifes Obst, trockene Kräuter, weiches Eichenholz, dunkle Früchte, Schwarzer Pfeffer. Mund: kraftvoll, reife Früchte, würzig, reife Tannine.

Altos R Pigeage 2021 T
80% tempranillo, 20% graciano
93
Flüssig am Gaumen, elegant. Farbe: tiefes Kirschrot. Aroma: reifes Obst, trockene Kräuter, weiches Eichenholz. Mund: reife Früchte, würzig, reife Tannine.

ÁREA PEQUEÑA VITICULTORES
Avda. Diputación 15
01330 Labastida (Araba/Álava)
☎: +34 647 793 889
koldogq@gmail.com
www.areapequena.com

Área Pequeña 2022 T
80% tempranillo, 10% garnacha, 10% viura
93
Farbe: kirschrot mit violettem Saum. Aroma: ausdrucksstark fruchtig, rote Früchte, blumig, würzig. Mund: geschmackvoll, fruchtig, schöne Säure.

ARINAS GIL
Mentoste, 4
01330 Labastida (Araba/Álava)
☎: +34 678 939 164
arinasgilsociedadcivil@gmail.com

Fajero 2020 T R
maturana, tempranillo
90
Reif, schlicht. Aroma: reifes Obst, weiches Eichenholz. Mund: reife Früchte, würzig, reife Tannine.

Zuzarán Fajero 2021 T C
maturana, tempranillo
91
Farbe: KirsChrot. Aroma: balsamisch, Buschwaldkräuter, ausgewogen, offen. Mund: würzig, balsamisch, schöne Säure.

Zuzarán Maturana 2022 T
maturana
90
Kräuterig, rustikal, sortenrein. Aroma: offen, mit Charakter, Wildkräuter. Mund: geschmackvoll, korrekt, zartbitter, würzig.

ARTUKE BODEGAS Y VIÑEDOS
La Serna, 24
01307 Baños de Ebro (Araba/Álava)
☎: +34 945 623 323
artuke@artuke.com
www.artuke.com

🏆 PODIUM

Artuke El Escolladero 2022 T
85% tempranillo, 15% graciano
96
Farbe: KirsChrot. Aroma: ausdrucksvoll, mineralisch, rote Früchte, reifes Obst. Mund: elegant, voll, lang, nachhaltig, saftig.

Artuke Finca de Los Locos 2022 T
78% tempranillo, 20% graciano, 2% viura
94
Saftig, balsamisch. Farbe: kirschrot mit violettem Saum. Aroma: ausdrucksstark fruchtig, rote Früchte, blumig, würzig. Mund: geschmackvoll, fruchtig, schöne Säure, lang.

🏆 PODIUM

Artuke La Condenada 2022 T
80% tempranillo, 20% graciano, garnacha, palomino
97
Spannungsvoll, ausgewogen, frisch, fruchtig. Farbe: leuchtendes Kirschrot. Aroma: rote Früchte, reifes Obst. Mund: schöne Säure, fruchtig, saftig, voll, lebhaft, poliert, lang, elegant.

Artuke Paso Las Mañas 2022 T
100% tempranillo
93
Klar definierte Aromen, representativ, elegant. Aroma: rote Früchte, von Primäraromen beherrscht, offen, frisch. Mund: elegant, spannungsvoll, zartbitter, ausgewogen.

DO Ca. RIOJA / D.O.P.

Artuke
Pies Negros 2022 T C
tempranillo

93

Klar definierte Aromen, spannungsvoll, frisch, fruchtig. Aroma: offen, ausdrucksvoll. Mund: ausgewogen, süffig, lang, schöne Säure, lebhaft, saftig.

Trascuevas 2022 B
90% viura, 5% malvasía, 5% palomino

92 ♣

Farbe: leuchtendes Strohgelb. Aroma: reifes Obst, Kräutersäckchen, feine Hefen, Gras, trockener Stein. Mund: voll, fett, lang, schöne Säure.

AZPILICUETA
Avda. de la Estación, 30
26360 Fuenmayor (La Rioja)
☎: +34 941 279 900
ignacio.lopez@pernod-ricard.com
www.azpilicueta.com

Azpilicueta 2019 T R
tempranillo

91

Farbe: tiefes Kirschrot. Aroma: reifes Obst, trockene Kräuter, weiches Eichenholz, rote Früchte, Wildkräuter. Mund: reife Früchte, würzig, fruchtig, trockene, aber reife Tannine, ziemlich nachhaltig.

Azpilicueta 2020 T C
tempranillo, graciano, mazuelo

90

Reif, mild. Aroma: reifes Obst, süße Gewürze. Mund: korrekt, süffig.

Azpilicueta Colección Privada 2020 T
tempranillo, graciano, mazuelo

92

Farbe: leuchtendes Kirschrot. Aroma: reifes Obst, trockene Kräuter, würzig, ausgewogen. Mund: reife Früchte, würzig, reife Tannine, süffig.

Azpilicueta Colección Privada 2022 B FB
100% viura

92

Farbe: leuchtendes Strohgelb. Aroma: ausdrucksstark fruchtig, reifes Obst, blumig, helle Früchte, milchig. Mund: geschmackvoll, frisch, schöne Säure, nachwirkend fruchtig, fruchtig, würzig.

Azpilicueta Instinto 2020 T
100% tempranillo

92

Farbe: tiefes Kirschrot. Aroma: trockene Kräuter, Buschwaldkräuter, Röstaromen, dunkle Früchte. Mund: reife Früchte, würzig, reife Tannine.

BARÓN DE LEY
Ctra. Mendavia - Lodosa, Km. 5,5
31587 Mendavia (Navarra)
☎: +34 948 694 303
acero@barondeley.com
www.barondeley.com

Barón de Ley 2018 T GR
90% tempranillo, graciano

90

Farbe: tiefes Kirschrot, granatroter Saum. Aroma: Noten von Tischlerei, reifes Obst, feiner Kakao, Zigarren, Röstaromen. Mund: geschmackvoll, würzig, Röstnoten, kräftige Tannine.

Barón de Ley 2020 T R
90% tempranillo, 5% maturana, 5% graciano

92

Farbe: tiefes Kirschrot. Aroma: reifes Obst, trockene Kräuter, weiches Eichenholz, würzig, Wildkräuter. Mund: reife Früchte, würzig, trockene, aber reife Tannine, ziemlich nachhaltig, rauchig nachwirkend.

Baron de Ley 3 Viñas 2020 B R
viura, malvasía, garnacha blanca

89

Röstaromen, rauchig, reif, geschmackvoll. Aroma: Steinobst, intensive Röstaromen.

Barón de Ley
Blanc de Noirs 2020 BE R BR
garnacha

88

Grobe Blasen, Zitrusfrüchte, trockene Kräuter, korrekt.

Barón de Ley
Finca Monasterio 2021 T BA
100% tempranillo

92

Farbe: tiefes Kirschrot. Aroma: trockene Kräuter, weiches Eichenholz, Schokolade, dunkle Früchte. Mund: kraftvoll, reife Früchte, würzig, reife Tannine.

Barón de Ley
Varietal Maturana 2020 T BA
100% maturana

91

Farbe: dunkles Kirschrot. Aroma: Röstaromen, würzig, feiner Kakao, dunkle Früchte, trockene Kräuter. Mund: geschmackvoll, Röstnoten, zartbitter, trockene, aber reife Tannine.

BERTA VALGAÑÓN VIÑEDOS Y VINOS

Las Cuevas, 34
26214 Cuzcurrita de Río Tirón (La Rioja)
☎: +34 630 591 159
info@bertavalganon.com
www.bertavalganon.com

Pretium White Wine 2020 B
viura, malvasía, calagraño

88

Zitrusfrüchte, trockene Kräuter, warm, reif, Oxidativ.

BODEGA ABEL MENDOZA MONGE

Paseo de Logroño, 7
26338 San Vicente de la Sonsierra (La Rioja)
☎: +34 941 308 010
jarrarte.abelmendoza@gmail.com

Abel Mendoza 5V 2023 B
malvasía, viura, garnacha blanca, tempranillo blanco, torrontés

91

Farbe: leuchtendes Gelb. Aroma: würzig, Steinobst, reifes Obst, offen. Mund: fett, strukturiert, lang, zartbitter.

Abel Mendoza Graciano/ Garnacha Grano a Grano 2020 T
graciano, garnacha

93

Farbe: tiefes Kirschrot. Aroma: reifes Obst, weiches Eichenholz, Buschwaldkräuter. Mund: reife Früchte, würzig, reife Tannine.

Abel Mendoza Jarrarte 2023 T
tempranillo

89

Fruchtig, schlicht, durchschnittlich am Gaumen, von Primäraromen beherrscht.

🏆 PODIUM

Abel Mendoza Tempranillo Grano a Grano 2020 T
tempranillo

95

Farbe: KirsChrot. Aroma: würzig, mineralisch, süße Gewürze, weiches Eichenholz. Mund: elegant, voll, lang.

BODEGA BIDEONA

Ctra. Samaniego, s/n.
01307 Villabuena de Álava (Araba/Álava)
☎: +34 945 609 408
hola@bideona.wine
www.bideona.wine

Bideona L4GD4 (Laguardia) 2021 T

93

Farbe: tiefes Kirschrot. Aroma: trockene Kräuter, dunkle Früchte, reifes Obst, feiner Kakao, erdig. Mund: reife Früchte, würzig, reife Tannine, flüssig am Gaumen.

Bideona Las Parcelas 2021 B
viura

92

Herb. Farbe: leuchtendes Strohgelb. Aroma: feine Hefen, Wachs, trockene Kräuter, helle Früchte. Mund: voll, lang, schöne Säure, mineralisch.

Bideona Las Parcelas 2021 T
tempranillo

93

Klar definierte Aromen. Farbe: kirschrot mit violettem Saum. Aroma: rote Früchte, blumig, würzig, Kräutersäckchen. Mund: geschmackvoll, fruchtig, schöne Säure, lang.

Bideona LNCG0 Lanciego 2021 T

93

Waldfinsternis, saftig. Farbe: tiefes Kirschrot. Aroma: reifes Obst, trockene Kräuter, dunkle Früchte, Buschwaldkräuter. Mund: reife Früchte, würzig, reife Tannine, geschmackvoll, mineralisch.

Bideona Mayela "Cosechero 2.0" 2023 T
tempranillo

88

Angenehm, frisch, fruchtig, geschmackvoll.

Bideona S4MG0 (Samaniego) 2021 T

94

Waldfinsternis, mineralisch, spannungsvoll, saftig. Farbe: KirsChrot. Aroma: komplex, ausdrucksvoll, würzig, mineralisch, Unterholz, dunkle Früchte. Mund: voll, lang, nachhaltig.

Bideona Tempranillo de Laderas 2021 T
tempranillo

92

Reduktiver Ausbau, mit Persönlichkeit. Farbe: dunkles Kirschrot. Aroma: würzig, feiner Kakao, erdig, Waldfinsternis, dunkle Früchte. Mund: geschmackvoll, zartbitter, ausgewogen.

DO Ca. RIOJA / D.O.P.

DO Ca. RIOJA / D.O.P.

Bideona V1BN4 (Villabuena) 2021 T
94
Farbe: KirsChrot. Aroma: komplex, ausdrucksvoll, würzig, mineralisch, feiner Kakao, Waldfinsternis, dunkle Früchte. Mund: elegant, voll, lang, geschmackvoll.

Bideona Viura de Cabezadas 2021 B
viura
90
Farbe: leuchtendes Strohgelb, grünlicher Saum. Aroma: frisches Obst, Zitrusfrüchte, Wildkräuter. Mund: frisch, fruchtig, schöne Säure, zartbitter.

🏆 **PODIUM**

Cofrades Bideona 2021 T
95
Farbe: tiefes Kirschrot. Aroma: reifes Obst, trockene Kräuter, weiches Eichenholz, dunkle Früchte, Buschwaldkräuter. Mund: kraftvoll, reife Früchte, würzig, reife Tannine.

🏆 **PODIUM**

Galtzada Bideona 2022 T
95
Farbe: kirschrot mit violettem Saum. Aroma: ausdrucksstark fruchtig, rote Früchte, blumig, würzig, erdig. Mund: geschmackvoll, fruchtig, schöne Säure, lang.

BODEGA CASA LA RAD
Ctra. Nacional 232 Km. 376-377
26513 Ausejo (La Rioja)
☎: +34 941 430 010
info@casalarad.com
www.casalarad.com

Casa La Rad 2020 T RB
90
Farbe: tiefes Kirschrot. Aroma: reifes Obst, trockene Kräuter, weiches Eichenholz, balsamisch. Mund: kraftvoll, reife Früchte, würzig, reife Tannine.

Casa La Rad P-12 Viñedo Singular Malvasía 2022 B
malvasía
89
Zitrusfrüchte, blumig, voll, würzig, reif.

Casa La Rad 2019 T RB
tempranillo, garnacha, otras
91
Farbe: KirsChrot. Aroma: balsamisch, Buschwaldkräuter, würzig, feine Reduktionsnoten. Mund: würzig, balsamisch, schöne Säure.

Alma La Rad 2019 T
93
Farbe: tiefes Kirschrot. Aroma: reifes Obst, weiches Eichenholz, Wildkräuter, Buschwaldkräuter. Mund: kraftvoll, reife Früchte, würzig, reife Tannine.

Casa La Rad 2018 B
chardonnay, malvasía, viura
91
Holzig, korpulent, reif, saftig. Aroma: getrocknete Blumen, würzig. Mund: geschmackvoll, fett.

Casa La Rad P-38 2020 T
garnacha
92
Klar definierte Aromen, elegant, ausgewogen. Farbe: kirschrot mit granatrotem Saum. Aroma: rote Früchte, reifes Obst, Wildkräuter. Mund: frisch, saftig, feinkörnige Tannine, spannungsvoll.

Solarce 2020 B
viura, tempranillo blanco, malvasía, chardonnay
88
Angenehm, fruchtig, reif. Aroma: feine Hefen, Steinobst. Mund: ziemlich nachhaltig.

Solarce 2020 T
tempranillo, graciano, maturana, mazuelo, garnacha
89
Balsamisch, kräuterig, fruchtig, angenehm, saftig, mild. Mund: süffig, ziemlich nachhaltig.

Solarce 2022 RD
tempranillo, garnacha, mazuelo, graciano
89
Aromatisch, korrekt, fruchtig, Süßwaren, reif, geschmackvoll.

Solarce 2023 RD
tempranillo, garnacha, mazuelo, graciano
87

BODEGA CLEMENTE GARCÍA
Ballestería, 33
26320 Baños del Río Tobía (La Rioja)
☎: +34 669 587 755
bodegaclementegarcia@gmail.com
www.bodegaclementegarcia.com

Clemente García Garnacha 2020 T
garnacha
91 ♣
Farbe: tiefes Kirschrot. Aroma: reifes Obst, getrocknete Blumen, eine Spur Waldbeeren, sortenrein. Mund: reife Früchte, würzig, reife Tannine, lang, süffig.

Clemente García Garnacha 2022 T
garnacha
90 ♣
Lieblich, korrekt, trockene Kräuter, getrocknete Blumen, reif, geschmackvoll. Aroma: sortenrein, mit Charakter.

Clemente García Tempranillo 2019 T R
tempranillo
89 ♣
Würzig, reif, naschhaft, geschmackvoll. Aroma: dunkle Früchte, reifes Obst.

BODEGA CONTADOR
Ctra. Baños de Ebro, Km. 1
26338 San Vicente de la Sonsierra (La Rioja)
☎: +34 941 334 228
delatierracontador@bodegacontador.com
www.bodegacontador.com

🏆 **PODIUM**

Alma 2021 T
91% tempranillo, 9% garnacha
96
Komplex, reif. Farbe: tiefes Kirschrot. Aroma: trockene Kräuter, weiches Eichenholz, reifes Obst, dunkle Früchte. Mund: kraftvoll, reife Früchte, würzig, reife Tannine.

Benjamín Romeo Colección Nº 1: La Liende 2015 T
100% tempranillo
94
Farbe: dunkles Kirschrot, granatroter Saum. Aroma: Früchtekonfit, Noten von Tischlerei, Tabak, süße Gewürze, stark gegerbtes Leder. Mund: würzig, reife Tannine, lang.

🏆 **PODIUM**

Contador 2021 T
tempranillo, garnacha
97
Komplex. Farbe: sattes Kirschrot. Aroma: komplex, ausdrucksvoll, würzig, mineralisch, reifes Obst, dunkle Früchte. Mund: elegant, voll, lang, nachhaltig.

🏆 **PODIUM**

Benjamín Romeo Colección Nº 2: La Canoca 2012 T GR
76% tempranillo, 11% garnacha, 5% mazuelo, 8% graciano
96
Farbe: tiefes Kirschrot, granatroter Saum. Aroma: Noten von Tischlerei, reifes Obst, feiner Kakao, Zigarren, Röstaromen. Mund: geschmackvoll, würzig, Röstnoten, kräftige Tannine.

🏆 **PODIUM**

Benjamín Romeo Colección Nº 3: El Bombón 2015 T
100% tempranillo
95
Klar definierte Aromen. Farbe: dunkles Kirschrot, granatroter Saum. Aroma: reifes Obst, Noten von Tischlerei, Tabak, süße Gewürze. Mund: würzig, reife Tannine, lang.

🏆 **PODIUM**

Benjamín Romeo Colección Nº 4: La Dehesa 2015 T
100% garnacha
95
Farbe: kirschrot mit granatrotem Saum. Aroma: Früchtekonfit, kraftvoll, feuchte Erde, Buschwaldkräuter. Mund: geschmackvoll, lang, reife Früchte.

🏆 **PODIUM**

Contador 2016 T
100% tempranillo
99
Farbe: kirschrot mit granatrotem Saum. Aroma: ausgewogen, komplex, reifes Obst, würzig, feine Reduktionsnoten. Mund: strukturiert, geschmackvoll, reife Tannine, ausgewogen, nachhaltig.

DO Ca. RIOJA / D.O.P.

DO Ca. RIOJA / D.O.P.

Predicador 2022 B
52% viura, 36% malvasía, 12% garnacha blanca

93

Aromatisch, reif. Farbe: leuchtendes Gelb. Aroma: weiches Eichenholz, reifes Obst, würzig. Mund: strukturiert, lang, Röstnoten, zartbitter.

🏆 **PODIUM**

Contador 3 Parcelas Magnum 2020 T
100% tempranillo

98

Komplex. Farbe: KirsChrot. Aroma: komplex, ausdrucksvoll, würzig, mineralisch, erdig. Mund: elegant, voll, lang, nachhaltig.

🏆 **PODIUM**

Contador Las Paulejas 2020 T
tempranillo

100

Üppig. Farbe: tiefes Kirschrot. Aroma: reifes Obst, trockene Kräuter, weiches Eichenholz. Mund: reife Früchte, würzig, reife Tannine, voll.

Predicador 2021 T
92% tempranillo, 3% graciano, 3% mazuelo, 2% garnacha

94

Klar definierte Aromen. Farbe: KirsChrot. Aroma: ausdrucksvoll, würzig, mineralisch, ausdrucksstark fruchtig, dunkle Früchte, rote Früchte. Mund: voll, lang, nachhaltig.

Qué Bonito
Cacareaba 2022 B
37% viura, 24% malvasía, 39% garnacha blanca

93

Farbe: leuchtendes Gelb. Aroma: kraftvoll, weiches Eichenholz, reifes Obst, würzig, Nüsse, markante Eiche. Mund: fett, strukturiert, lang, Röstnoten, zartbitter.

BODEGA CUATRO RAYAS
Camino de la Fuentecilla, s/n
47491 La Seca (Valladolid)
☎: +34 983 816 320
comunicacion@cuatrorayas.es
www.cuatrorayas.es

Cuatro Rayas Cuarenta
Vendimias Rioja 2021 T C
70% tempranillo, 20% garnacha, 10% graciano

87

BODEGA DEL MONGE-GARBATI
Ctra. Rivas de Tereso, s/n
26338 San Vicente de la Sonsierra (La Rioja)
☎: +34 659 167 653
bodegamg@yahoo.es
www.vinaane.com

El Laberinto
de Viña Ane 2021 T C
100% tempranillo

91

Farbe: kirschrot mit granatrotem Saum. Aroma: Früchtekonfit, kraftvoll, Röstaromen, Schokolade. Mund: geschmackvoll, leicht süßlich, lang.

Incontinencia Summa 2022 B
50% viura, 50% malvasía

91

Korrekt, blumig, aromatisch. Farbe: strohgelb, blass. Aroma: ausdrucksvoll. Mund: saftig, geschmackvoll, fruchtig.

Pijus Magnificus 2021 T
50% tempranillo, 30% graciano, 20% garnacha

91

Farbe: sattes Kirschrot. Aroma: intensive Röstaromen, aromatischer Kaffee, kraftvoll, dunkle Früchte. Mund: rauchig nachwirkend, nachhaltig, reife Tannine.

Viña Ane Autor 2020 T C
100% tempranillo

92

Farbe: tiefes Kirschrot. Aroma: weiches Eichenholz, dunkle Früchte, reifes Obst, schwarze Lakritze, Wildkräuter. Mund: reife Früchte, würzig, reife Tannine.

Viña Ane
Centenaria 2022 B FB
19,95% viura, 3,33% malvasía, 21,99% chardonnay, 3,33% sauvignon blanc, 3,33% torrontés, 3,27% garnacha

91

Farbe: strohgelb. Aroma: reifes Obst, trockene Kräuter, welke Blumen. Mund: reife Früchte, ausgewogen, voll.

Viña Ane
Selección 2020 T
100% tempranillo

92

Farbe: tiefes Kirschrot. Aroma: trockene Kräuter, weiches Eichenholz, reifes Obst, rote Früchte. Mund: kraftvoll, reife Früchte, würzig, reife Tannine.

BODEGA EL HOMBRE ORQUESTA

Avda. Diputación, 25
01330 Labastida (Araba/Álava)
☎: +34 606 526 649
elhombreorquestasl@gmail.com

El Hombre Orquesta 2021 B
95% viura, 5% otras

89

Klar definierte Aromen, saftig, reif, von Primäraromen beherrscht, geschmackvoll, durchschnittlich am Gaumen.

El Hombre Orquesta 666 G 2021 T
100% garnacha

91

Farbe: kirschrot mit violettem Saum. Aroma: rote Früchte, blumig, würzig, Röstaromen. Mund: geschmackvoll, fruchtig, schöne Säure, lang.

El Hombre Orquesta 666 M 2021 T
100% mazuelo

91

Farbe: dunkles Kirschrot. Aroma: Röstaromen, würzig, feiner Kakao. Mund: geschmackvoll, Röstnoten, zartbitter.

El Hombre Orquesta 666 T 2021 T
100% tempranillo

90

Farbe: kirschrot mit violettem Saum. Aroma: blumig, würzig, Himbeere, dunkle Früchte. Mund: geschmackvoll, fruchtig, schöne Säure, lang.

El Hombre Orquesta 666 V 2021 B
100% viura

90

Farbe: leuchtendes Strohgelb. Aroma: feine Hefen, trockene Kräuter, helle Früchte. Mund: voll, fett, schöne Säure.

La Fuente de Mosito 2020 T
90% tempranillo, 10% otras

90

Farbe: kirschrot mit violettem Saum. Aroma: ausdrucksstark fruchtig, rote Früchte, blumig, würzig. Mund: geschmackvoll, fruchtig, schöne Säure, lang.

BODEGA FINCA DE LOS ARANDINOS

Ctra. LR 137, km. 4,6
26375 Entrena (La Rioja)
☎: +34 941 446 065
bodega@fincadelosarandinos.com
www.fincadelosarandinos.com

Catay 2018 T R
100% tempranillo

89

Korrekt, würzig, trockene Kräuter, reif, nach Eingemachtem, saftig, geschmackvoll.

Catay 2019 T C
86% tempranillo, 7% mazuelo, 7% garnacha

88

Lieblich, korrekt, würzig, trockene Kräuter, reif, schlicht.

Catay 2023 RD
96% tempranillo, 4% viura

88

Fruchtig, kräuterig, reif, schlicht.

Catay Tempranillo Mazuelo 2021 T
95% tempranillo, 5% mazuelo

87

El Conjuro 2019 T
65% tempranillo, 35% garnacha

89 ❦

Nach Eingemachtem, korrekt, würzig, reif. Aroma: Schokolade.

BODEGA ONTAÑON

Avda. Aragón, 3
26006 Logroño (La Rioja)
☎: +34 941 234 200
info@ontanon.es
www.ontanon.es

Ontañón 2015 T R
tempranillo, graciano

88

Ausgewogen, würzig, trockene Kräuter, Röstaromen.

Ontañón 2020 T C
tempranillo, garnacha

88

Intensive Röstaromen, reif, kraftvoll.

Ontañón Antología 2019 T C
tempranillo, garnacha, graciano

89

Röstaromen, reif, würzig, klassisch.

DO Ca. RIOJA / D.O.P.

DO Ca. RIOJA / D.O.P.

Ontañón Lagarnacha 2020 T
garnacha
90
Farbe: tiefes Kirschrot. Aroma: trockene Kräuter, weiches Eichenholz, dunkle Früchte. Mund: kraftvoll, würzig, reife Tannine.

**Ontañón Natura
sin Sulfitos Añadidos 2020 T**
tempranillo
90
Farbe: tiefes Kirschrot. Aroma: reifes Obst, trockene Kräuter, weiches Eichenholz. Mund: kraftvoll, reife Früchte, würzig.

Ontañón Viura 2019 B
88
Aromatisch, korrekt, reif, tropische. Aroma: Steinobst.

BODEGA SAN CEBRÍN

Ctra. Circunvalación, s/n
26340 San Asensio (La Rioja)
☎: +34 941 457 640
info@sancebrin.com
www.sancebrin.com

Blanco De Boca En Boca 2020 B
100% viura
88
Zitrusfrüchte, frisch, kräuterig, korrekt.

Tinto De Boca En Boca 2020 T
100% tempranillo
88
Fruchtig, reif, rustikal, korrekt.

Crianza De Boca En Boca 2021 T C
90% tempranillo, 10% garnacha
90
Farbe: tiefes Kirschrot. Aroma: reifes Obst, trockene Kräuter, weiches Eichenholz, rote Früchte. Mund: reife Früchte, würzig, trockene, aber reife Tannine, fruchtig.

Gobeo Garnacha 2020 T
100% garnacha
90
Farbe: kirschrot mit violettem Saum. Aroma: ausdrucksstark fruchtig, rote Früchte, würzig, reifes Obst, weiches Eichenholz. Mund: geschmackvoll, fruchtig, ausgewogen, nachwirkend fruchtig, reife Tannine.

Rosado De Boca En Boca 2020 RD
75% viura, 25% garnacha
87

BODEGA TEODORO RUIZ MONGE

Travesía Primera San Roque, 9
San Vicente de la Sonsierra (La Rioja)
☎: +34 669 136 144
itu@bodegateodororuizmonge.com
www.bodegateodororuizmonge.com

Desniete 2021 T
100% garnacha
91
Farbe: leuchtendes Kirschrot. Aroma: balsamisch, süße Gewürze, Buschwaldkräuter, rote Früchte. Mund: würzig, balsamisch, schöne Säure.

Isabel Bañares 2022 T
tempranillo, garnacha, viura
91
Farbe: tiefes Kirschrot. Aroma: reifes Obst, trockene Kräuter, weiches Eichenholz, Gras. Mund: reife Früchte, würzig, reife Tannine.

La Pacha 2021 T
tempranillo, garnacha, torrontés, malvasía, mazuelo, viura
92
Waldfinsternis. Farbe: KirsChrot. Aroma: balsamisch, süße Gewürze, Buschwaldkräuter. Mund: würzig, balsamisch, schöne Säure.

Monge-Ruiz 2023 T
tempranillo, garnacha, viura
87

Zortun 2022 B
95% torrontés, 5% viura
89
Aromatisch, balsamisch, korrekt, reif, wild.

Zurbano 2021 T
tempranillo, garnacha, viura
90
Farbe: tiefes Kirschrot. Aroma: reifes Obst, trockene Kräuter, Gras. Mund: kraftvoll, reife Früchte, würzig.

BODEGA VICO

Polígono El Raposal, 80
26580 Arnedo (La Rioja)
☎: +34 941 380 257
comercial@bodegavico.com
www.bodegavico.com

Ormus 2018 T C
100% tempranillo
88
Balsamisch, trockene Kräuter, reif, reduktiver Ausbau, geschmackvoll, durchschnittlich am Gaumen.

Ormus Edición Limitada 2021 T
tempranillo
90
Farbe: tiefes Kirschrot. Aroma: reifes Obst, trockene Kräuter, würzig. Mund: reife Früchte, balsamisch, süffig.

Ormus Viura 2022 B
viura
88
Leichte Oxidation, trockene Kräuter, geschmackvoll, voll, würzig.

Pilares de Ciencuevas 2019 T R
tempranillo
90
Angenehm, korrekt, würzig, reif. Aroma: Schokolade, süße Gewürze. Mund: geschmackvoll, süffig.

Pilares de Ciencuevas 2020 T C
tempranillo, mazuelo, graciano
88
Lieblich, korrekt, würzig. Aroma: Nüsse, trockene Kräuter.

Pilares de Ciencuevas Garnacha 2021 T RB
garnacha
91
Angenehm, klar definierte Aromen, fruchtig. Farbe: leuchtendes Kirschrot. Aroma: sortenrein, offen, ausgewogen, getrocknete Blumen. Mund: korrekt, süffig.

BODEGA Y VIÑEDOS SOLABAL
Camino San Bartolomé, 6
26339 Ábalos (La Rioja)
☎: +34 941 334 492
solabal@solabal.es
www.solabal.com

Esculle de Solabal 2019 T C
tempranillo
91
Farbe: tiefes Kirschrot. Aroma: reifes Obst, trockene Kräuter, weiches Eichenholz. Mund: kraftvoll, reife Früchte, würzig, reife Tannine.

Muñarrate 2023 B
viura, sauvignon blanc
86

Muñarrate de Solabal 2023 RD
87

Muñarrate de Solabal 2023 T MC
tempranillo
88
Perlend, schlicht, fruchtig, würzig, korrekt.

Solabal 2020 T C
tempranillo
90
Farbe: KirsChrot. Aroma: trockene Kräuter, Röstaromen, dunkle Früchte. Mund: reife Früchte, zartbitter.

Solabal 2018 T R
89
Angenehm, Röstaromen, reif.

BODEGAS ALCONDE
Ctra. de Calahorra, s/n
31260 Lerin (Navarra)
☎: +34 948 530 058
ventas@bodegasalconde.com
www.bodegasalconde.com

Pórtico Mayor 2018 T R
tempranillo, mazuelo, graciano
89
Ausgewogen, würzig, trockene Kräuter, Röstaromen.

Pórtico Mayor 2019 T C
tempranillo, garnacha, graciano
88
Röstaromen, reif, warm.

Pórtico Mayor 2022 T
tempranillo, garnacha
87

DO Ca. RIOJA / D.O.P.

BODEGAS ALORE
Paraje La Pedrera, s/n
31261 Andosilla (Navarra)
☎: +34 948 919 011
info@bodegasalore.com
www.bodegasalore.com

Irujo Joven 2022 T
tempranillo

86

Irujo Vendimia Seleccionada 2022 T
tempranillo, maturana

89

Voll, reif, geschmackvoll, nach Eingemachtem, Röstaromen.

Viña Lombas 2022 T
garnacha

90

Farbe: leuchtendes Kirschrot. Aroma: weiches Eichenholz, rote Früchte, Buschwaldkräuter. Mund: schöne Säure, würzig, feinkörnige Tannine, geschmackvoll.

BODEGAS AMAREN
Ctra. Villabuena de Alava, 3
01307 Samaniego (Araba/Álava)
☎: +34 945 175 240
info@bodegasamaren.com
www.bodegasamaren.com

Amaren 2021 B FB
90% viura, 10% malvasía

91

Farbe: strohgelb. Aroma: reifes Obst, trockene Kräuter, welke Blumen, Steinobst, feine Hefen. Mund: kraftvoll, reife Früchte, ausgewogen, ziemlich nachhaltig.

Amaren Selección de Viñedos 2021 T BA
90% tempranillo, 10% garnacha

91

Farbe: sattes Kirschrot. Aroma: intensive Röstaromen, aromatischer Kaffee, kraftvoll, dunkle Früchte, reifes Obst. Mund: rauchig nachwirkend, nachhaltig, reife Tannine.

Ángeles de Amaren 2019 T
90% tempranillo, 10% graciano

92

Farbe: sattes Kirschrot. Aroma: aromatischer Kaffee, kraftvoll, dunkle Früchte, neues Eichenholz. Mund: rauchig nachwirkend, nachhaltig, reife Tannine.

🏆 PODIUM

Carraquintana de Amaren 2020 T BA
tempranillo, graciano, garnacha, malvasía

95

Farbe: kirschrot mit granatrotem Saum. Aroma: balsamisch, süße Gewürze, Buschwaldkräuter, rote Früchte, reifes Obst. Mund: würzig, balsamisch, schöne Säure.

El Cristo de Samaniego 2020 T
tempranillo, garnacha, viura, malvasía

93

Farbe: tiefes Kirschrot. Aroma: reifes Obst, trockene Kräuter, weiches Eichenholz, dunkle Früchte. Mund: kraftvoll, reife Früchte, würzig, reife Tannine.

El Regollar de Amaren 2020 T
tempranillo, garnacha, graciano, viura, malvasía

93

Farbe: KirsChrot. Aroma: komplex, ausdrucksvoll, würzig, mineralisch. Mund: elegant, voll, lang, nachhaltig.

BODEGAS ARAICO
La Hoya, 5
01307 Villabuena de Álava (Araba/Álava)
☎: +34 945 623 366
info@bodegasaraico.com
www.bodegasaraico.com

Araico 2021 T C
tempranillo, garnacha

88

Lieblich, holzig, Cremig, korrekt, würzig, reif.

El Orgullo de Julian 2021 T
100% tempranillo

92

Farbe: tiefes Kirschrot. Aroma: reifes Obst, trockene Kräuter, Tabak, ausdrucksvoll. Mund: reife Früchte, würzig, reife Tannine, ausgewogen, lang.

BODEGAS BAGORDI
Ctra. Estella s/n
31261 Andosilla (Navarra)
☎: +34 600 459 099
info@bagordi.com
www.bagordi.com

Bagordi 2021 T C
80% tempranillo, 20% graciano

89 🌱

Röstaromen, reif, würzig, klassisch.

Bagordi 2022 B FB
50% sauvignon blanc, 50% garnacha blanca

88 🌱

Ausgewogen, reif, würzig, Röstaromen.

Bagordi 2023 B
50% sauvignon blanc, 50% garnacha blanca
87 🌱

Bagordi 2023 RD
100% garnacha
88 🌱
Fruchtig, schlicht, mild.

Bagordi Graciano 2019 T
100% graciano
88 🌱
Nach Eingemachtem, Röstaromen, rauchig.

Bagordi Maturana 2021 T
100% maturana
89 🌱
Balsamisch, kraftvoll, reif, leichte Reduktion.

BODEGAS BAIGORRI
Ctra. Vitoria-Logroño, Km. 53
01307 Samaniego (Araba/Álava)
☎: +34 945 609 420
mail@bodegasbaigorri.com
www.bodegasbaigorri.com

Baigorri 2018 T R
100% tempranillo
91
Farbe: dunkles Kirschrot, granatroter Saum. Aroma: reifes Obst, Noten von Tischlerei, Tabak, süße Gewürze. Mund: würzig, reife Tannine, lang.

Baigorri 2019 B FB
90% viura, 10% malvasía
91
Korrekt, würzig. Aroma: reifes Obst, würzig. Mund: geschmackvoll, reife Früchte, fett.

Baigorri 2020 T C
90% tempranillo, 5% garnacha, 5% otras
90
Farbe: kirschrot mit violettem Saum. Aroma: ausdrucksstark fruchtig, rote Früchte, blumig, würzig. Mund: geschmackvoll, fruchtig, schöne Säure, lang.

Baigorri Garnacha 2018 T
100% garnacha
92
Farbe: tiefes Kirschrot. Aroma: reifes Obst, trockene Kräuter, weiches Eichenholz, rote Früchte. Mund: kraftvoll, reife Früchte, würzig, reife Tannine.

Baigorri Maturana 2021 T
maturana
93
Farbe: kirschrot mit granatrotem Saum. Aroma: kraftvoll, dunkle Früchte, reifes Obst, Röstaromen. Mund: geschmackvoll, leicht süßlich, lang.

Baigorri B-70 2020 T
93
Farbe: leuchtendes Kirschrot. Aroma: rote Früchte, reifes Obst, süße Gewürze, weiches Eichenholz. Mund: schöne Säure, würzig, reife Tannine.

DO Ca. RIOJA / D.O.P.

Baigorri Belus 2019 T
92
Farbe: kirschrot mit violettem Saum. Aroma: rote Früchte, blumig, süße Gewürze, Röstaromen. Mund: geschmackvoll, fruchtig, schöne Säure.

Baigorri Finca La Quintanilla 2020 T
100% tempranillo
92
Farbe: dunkles Kirschrot, granatroter Saum. Aroma: Früchtekonfit, Noten von Tischlerei, Tabak, süße Gewürze, feine Reduktionsnoten. Mund: würzig, reife Tannine, lang.

BODEGAS BENJAMÍN DE ROTHSCHILD & VEGA SICILIA
Paraje de San Millán. Camino de las Cañas, s/n
01307 Samaniego (Araba/Álava)
☎: +34 945 567 508
macan@macan-brvs.com
www.temposvegasicilia.com

Macán 2020 T
94
Farbe: tiefes Kirschrot. Aroma: reifes Obst, trockene Kräuter, weiches Eichenholz, dunkle Früchte. Mund: reife Früchte, würzig, reife Tannine.

Macán Clásico 2021 T
tempranillo, otras
94
Klar definierte Aromen. Farbe: KirsChrot. Aroma: komplex, ausdrucksvoll, würzig, mineralisch, rote Früchte. Mund: voll, lang, nachhaltig.

SPANIENS WEINFÜHRER

BODEGAS BERONIA

Ctra. Ollauri - Nájera, km. 1,8
26220 Ollauri (La Rioja)
☎: +34 941 338 000
prensa@gonzalezbyass.es
www.beronia.com

Alegra de Beronia 2022 RD
70% garnacha, 30% tempranillo

89

Angenehm, klar definierte Aromen, korrekt, ausgewogen. Aroma: Kräutersäckchen.

Beronia 198 Barricas 2019 T R
98% tempranillo, 2% graciano

92

Farbe: leuchtendes Kirschrot. Aroma: süße Gewürze, reifes Obst, Schokolade, trockene Kräuter, schwarze Lakritze. Mund: fruchtig, würzig, reife Tannine.

Beronia 2016 T GR
95% tempranillo, 4% graciano, 1% mazuelo

93

Farbe: KirsChrot. Aroma: ausdrucksvoll, würzig, feiner Kakao, elegant, komplex. Mund: elegant, voll, lang, nachhaltig, reife Tannine.

Beronia 2019 T R
tempranillo

91

Farbe: dunkles Kirschrot, granatroter Saum. Aroma: reifes Obst, Noten von Tischlerei, Tabak, süße Gewürze. Mund: würzig, reife Tannine, geschmackvoll.

Beronia 50 Aniversario 2019 T
90% tempranillo, 10% graciano

91

Klassisch. Farbe: dunkles Kirschrot, granatroter Saum. Aroma: reifes Obst, süße Gewürze, Schokolade. Mund: würzig, reife Tannine, lang.

Beronia Graciano 2020 T
100% graciano

91

Balsamisch, sortenrein. Farbe: KirsChrot. Aroma: balsamisch, süße Gewürze, Buschwaldkräuter, Gras. Mund: würzig, balsamisch, schöne Säure.

🏆 PODIUM

Beronia Gran Reserva Cosecha Fundacional 1973 T GR
tempranillo, garnacha, mazuelo, viura

95

Lieblich, klassisch, elegant. Farbe: rubinrot mit ziegelrotem Saum. Aroma: stark gegerbtes Leder, in Likör eingelegte Früchte, Zigarren, würzig. Mund: leicht, ausgewogen, klassischer Ausbau, zartbitter, Reduktionsnoten.

Beronia III a.C. 2020 T
100% tempranillo

92

Farbe: tiefes Kirschrot. Aroma: trockene Kräuter, Röstaromen, reifes Obst. Mund: reife Früchte, würzig, reife Tannine, fruchtig, geschmackvoll.

Beronia Mazuelo 2018 T R
100% mazuelo

91

Kräuterig, reif, wild. Aroma: Schokolade, reifes Obst. Mund: geschmackvoll, lang, nachhaltig, balsamisch.

Beronia Rosé 2023 RD
50% garnacha, 40% tempranillo, 10% viura

86

Beronia Tempranillo Elaboración Especial 2022 T FB
100% tempranillo

88

Markante Eiche, korpulent, würzig, reif. Mund: reife Früchte, geschmackvoll, süffig.

Beronia Viñas Viejas 2020 T
100% tempranillo

90

Korrekt, fruchtig. Aroma: trockene Kräuter, Wachs, kraftvoll. Mund: geschmackvoll, lang, reife Früchte.

Beronia Viura 2023 B
88% viura, 12% garnacha blanca

88

Angenehm, fruchtig, tropische, mild.

Vareia Beronia Viñedo Singular 2020 T
100% tempranillo

92

Ausgewogen, mild. Farbe: tiefes Kirschrot. Aroma reifes Obst, trockene Kräuter, weiches Eichenholz, Röstaromen, süße Gewürze. Mund: kraftvoll, reife Früchte, würzig, reife Tannine.

BODEGAS BETOLAZA

Cuesta Dulce, 12
26330 Briones (La Rioja)
☎: +34 650 862 104
betolaza@betolaza.es
www.betolaza.es

Betolaza 2019 T R
90% tempranillo, 10% garnacha

91

Farbe: kirschrot mit granatrotem Saum. Aroma Früchtekonfit, in Likör eingelegte Früchte, kraftvoll Mund: geschmackvoll, leicht süßlich, lang.

Betolaza 2021 T C
100% tempranillo, 5% garnacha, 5% mazuelo
88
Fruchtig, getrocknete Blumen, würzig, Röstaromen.

Calitrancos 2019 T
100% tempranillo
91
Farbe: dunkles Kirschrot. Aroma: Röstaromen, würzig, feiner Kakao, dunkle Früchte, reifes Obst, rauchig. Mund: geschmackvoll, Röstnoten, zartbitter, kraftvoll, trockene, aber reife Tannine.

Las Robadas T
91
Farbe: tiefes Kirschrot. Aroma: reifes Obst, trockene Kräuter, weiches Eichenholz, süße Gewürze. Mund: kraftvoll, reife Früchte, würzig, reife Tannine.

Magadi 2019 B
100% viura
91
Balsamisch. Farbe: leuchtendes Strohgelb, grünlicher Saum. Aroma: frisches Obst, Zitrusfrüchte, Wildkräuter, geröstetes Brot. Mund: frisch, fruchtig, schöne Säure, zartbitter.

Resaco 2020 T
100% garnacha
92
Farbe: KirsChrot. Aroma: ausdrucksvoll, würzig, blumig, Veilchenbombons. Mund: lang, nachhaltig, fruchtig.

BODEGAS BILBAÍNAS
Estación, 3
26200 Haro (La Rioja)
info@bodegasbilbainas.com
www.bodegasbilbainas.com

Ederra 2018 T R
88
Fruchtig, kräuterig, reif, Röstaromen.

Ederra 2020 T C
garnacha
88
Fruchtig, kräuterig, reif, würzig, rustikal.

La Vicalanda 2022 B
tempranillo blanco
90
Farbe: strohgelb. Aroma: reifes Obst, trockene Kräuter, welke Blumen. Mund: reife Früchte, leicht, schöne Säure.

La Vicalanda
Viñas Viejas 2019 T
93
Farbe: dunkles Kirschrot, granatroter Saum. Aroma: reifes Obst, Früchtekonfit, Noten von Tischlerei, Tabak, süße Gewürze. Mund: würzig, reife Tannine, lang.

Viña Pomal 2015 T GR
93
Farbe: dunkles Kirschrot, granatroter Saum. Aroma: reifes Obst, Früchtekonfit, Noten von Tischlerei, Tabak, süße Gewürze. Mund: würzig, reife Tannine, fruchtig, ziemlich nachhaltig, rauchig nachwirkend, ausgewogen.

Viña Pomal 2018 T R
92
Farbe: leuchtendes Kirschrot. Aroma: reifes Obst, trockene Kräuter, weiches Eichenholz, würzig, Röstaromen, Nüsse. Mund: reife Früchte, würzig, reife Tannine, geschmackvoll, ziemlich nachhaltig, ausgewogen.

Viña Pomal 2021 T C
89
Fruchtig, reif, rauchig, wild, geschmackvoll.

Viña Pomal 2023 RD
86

Viña Pomal
Alto de la Caseta 2019 T R
92
Farbe: leuchtendes Kirschrot. Aroma: Früchtekonfit, dunkle Früchte, reifes Obst, würzig, Zedernholz. Mund: fruchtig, geschmackvoll, würzig, rauchig nachwirkend, trockene, aber reife Tannine.

Viña Pomal Organic 2018 T R
91 🌱
Farbe: leuchtendes Kirschrot. Aroma: rote Früchte, würzig, Röstaromen, weiches Eichenholz, trockene Kräuter. Mund: fruchtig, geschmackvoll, ausgewogen, ziemlich nachhaltig, trockene, aber reife Tannine.

Viña Pomal
Organic Ecológico 2020 T
88 🌱
Fruchtig, trockene Kräuter, vegetabil, reif, schlicht.

Viña Pomal
Selección 500 2020 T C
91
Farbe: kirschrot mit violettem Saum. Aroma: ausdrucksstark fruchtig, rote Früchte, blumig, würzig, reifes Obst. Mund: geschmackvoll, fruchtig, schöne Säure, würzig, reife Tannine.

DO Ca. RIOJA / D.O.P.

DO Ca. RIOJA / D.O.P.

Viña Vicuana Bodegas Bilbainas 2018 T
tempranillo, graciano

93

Farbe: leuchtendes Kirschrot. Aroma: reifes Obst, rote Früchte, Wildkräuter, süße Gewürze, ausdrucksvoll. Mund: fruchtig, geschmackvoll, ausgewogen, würzig, nachhaltig.

Viña Zaco 2019 T
88 ☘

Ausgewogen, würzig, trockene Kräuter, Röstaromen, geschmackvoll.

BODEGAS CAMPILLO

Ctra. Logroño, s/n
01300 Laguardia (Araba/Álava)
☎: +34 945 600 826
info@bodegascampillo.es
www.bodegascampillo.com

Campillo 2015 T GR
tempranillo, otras

94

Elegant, geschmackvoll. Farbe: tiefes Kirschrot, granatroter Saum. Aroma: Noten von Tischlerei, reifes Obst, feiner Kakao, Zigarren, Röstaromen. Mund: geschmackvoll, würzig, Röstnoten, kräftige Tannine.

Campillo 2020 T C
91

Mild, reif. Farbe: tiefes Kirschrot. Aroma: reifes Obst, Röstaromen, Buschwaldkräuter. Mund: kraftvoll, reife Früchte, würzig, reife Tannine.

Campillo Cuvée 2021 T
100% tempranillo

90

Farbe: kirschrot mit granatrotem Saum. Aroma: rote Früchte, reifes Obst, würzig. Mund: flüssig am Gaumen, fruchtig, frisch, süffig, saftig.

Campillo Reserva Colección 2018 T R
tempranillo, graciano

91

Farbe: tiefes Kirschrot. Aroma: dunkle Früchte, reifes Obst, Schokolade, mit Charakter, schwarze Lakritze. Mund: kraftvoll, reife Früchte, würzig, reife Tannine.

BODEGAS CARLOS SAN PEDRO PEREZ DE VIÑASPRE

Páganos, 44
01300 Laguardia (Araba/Álava)
☎: +34 609 321 649
info@bodegascarlossampedro.com
www.bodegascarlossampedro.com

Carlos San Pedro Perez de Viñaspre 2020 T
tempranillo

91

Farbe: leuchtendes Kirschrot. Aroma: Wachs, reifes Obst, sortenrein, würzig. Mund: saftig, geschmackvoll, korrekt, ausgewogen.

Viñasperi 2016 T GR
100% tempranillo

91

Farbe: dunkles Kirschrot, granatroter Saum. Aroma: reifes Obst, Noten von Tischlerei, süße Gewürze. Mund: würzig, reife Tannine, lang.

Viñasperi 2017 T R
100% tempranillo

90

Klar definierte Aromen, korrekt. Aroma: trockene Kräuter, reifes Obst. Mund: saftig, würzig, reife Früchte, süffig.

Viñasperi 2022 B
100% viura

91

Farbe: leuchtendes Strohgelb. Aroma: ausdrucksstark fruchtig, reifes Obst, blumig, würzig. Mund: geschmackvoll, frisch, schöne Säure, nachwirkend fruchtig.

Viñasperi Blue Ocean 2020 T BA
100% tempranillo

89

Korpulent, intensive Röstaromen, markante Eiche, würzig, reif, geschmackvoll.

Viñasperi Selección 2018 T
100% tempranillo
89
Lieblich, reif, durchschnittlich am Gaumen, geschmackvoll, markante Eiche.

BODEGAS CASA PRIMICIA
Camino de la Hoya, 1
01300 Laguardia (Araba/Álava)
☎: +34 945 600 296
info@bodegascasaprimicia.com
www.bodegascasaprimicia.com

Carravalseca 2020 T C
tempranillo
89
Markante Eiche, korpulent, ausgewogen, würzig.

Carravalseca 2023 T MC
tempranillo
87

Casa Primicia 2020 T C
tempranillo
90
Flüssig am Gaumen, ausgewogen. Farbe: tiefes Kirschrot. Aroma: reifes Obst, trockene Kräuter, weiches Eichenholz. Mund: kraftvoll, reife Früchte, würzig, reife Tannine.

Casa Primicia Tempranillo 2023 T
tempranillo
88
Farbe: kirschrot mit violettem Saum. Aroma: rote Früchte, blumig, würzig, trockene Kräuter. Mund: geschmackvoll, fruchtig, schöne Säure.

Julián Madrid 2018 T R
tempranillo
89
Korpulent, ausgewogen, trockene Kräuter, reif, geschmackvoll.

Pensante Maturana 2015 T
maturana
92
Farbe: KirsChrot. Aroma: ausdrucksvoll, würzig, mineralisch, Buschwaldkräuter. Mund: elegant, voll, lang.

BODEGAS CERROLAZA
Ctra. Navarrete, 38
26372 Hornos de Moncalvillo (La Rioja)
☎: +34 941 286 728
comercial@bodegascerrolaza.com
www.bodegascerrolaza.com

Altos del Marqués 2020 T BA
tempranillo, graciano, garnacha
87

Altos del Marqués 2021 T C
tempranillo
88
Reif, fruchtig, Röstaromen, mild.

Aticus 2016 T R
tempranillo
87

Aticus 2021 T C
tempranillo
90
Farbe: tiefes Kirschrot. Aroma: reifes Obst, trockene Kräuter, weiches Eichenholz. Mund: kraftvoll, reife Früchte, würzig.

BODEGAS CORRAL
Ctra. de Logroño, Km. 10
26370 Navarrete (La Rioja)
☎: +34 941 440 193
info@bodegascorral.com
www.bodegascorral.com

Altos de Corral Single Estate 2019 T R
tempranillo
91
Farbe: tiefes Kirschrot. Aroma: reifes Obst, trockene Kräuter, weiches Eichenholz, Schokolade. Mund: kraftvoll, reife Früchte, würzig, reife Tannine.

Don Jacobo 2011 T GR
tempranillo
90
Farbe: dunkles Kirschrot, granatroter Saum. Aroma: Früchtekonfit, Noten von Tischlerei, Tabak, süße Gewürze. Mund: würzig, reife Tannine, lang.

Don Jacobo 2019 T R
tempranillo
85

Los Corrales de Moncalvillo Maturana Tinta 2020 T BA
maturana
92
Farbe: tiefes Kirschrot. Aroma: reifes Obst, trockene Kräuter, weiches Eichenholz, Buschwaldkräuter. Mund: kraftvoll, reife Früchte, würzig, reife Tannine.

DO Ca. RIOJA / D.O.P.

Vine Roots Garnacha 2020 T
garnacha

92 🌿

Farbe: kirschrot mit violettem Saum. Aroma: rote Früchte, blumig, würzig, Buschwaldkräuter. Mund: geschmackvoll, fruchtig, schöne Säure.

BODEGAS COVILA
Avda. Soto, 26
01300 Lapuebla de Labarca (Araba/Álava)
☎: +34 945 627 232
comercial@covila.es
www.bodegascovila.es

Covila 2018 T GR
tempranillo

89

Fruchtig, Süßwaren, blumig, trockene Kräuter, reif.

Covila 2019 T R
tempranillo

89

Fruchtig, würzig, trockene Kräuter, reif, wild.

Covila 2021 T C
tempranillo

88

Fruchtig, reif, würzig, schlicht.

Covila 2023 B
viura, sauvignon blanc

85

Covila 2023 RD
tempranillo

88

Angenehm, aromatisch, geschmackvoll.

Covila Aex 2021 T
tempranillo, graciano

90

Farbe: tiefes Kirschrot. Aroma: reifes Obst, trockene Kräuter, weiches Eichenholz, süße Gewürze. Mund: reife Früchte, würzig, reife Tannine, geschmackvoll, trockene, aber reife Tannine.

BODEGAS D. MATEOS
Camino de los Agudos, s/n
26559 Aldeanueva de Ebro (La Rioja)
☎: +34 941 261 897
info@bodegasmateos.com
www.bodegasmateos.com

C.F. La Mateo
La Rosé 2022 RD
100% garnacha

90

Farbe: blassrosa. Aroma: Kräutersäckchen, helle Früchte, getrocknete Blumen. Mund: würzig, schöne Säure, zartbitter, fleischig.

Colección de Familia La Mateo Tempranillo Blanco 2020 B
100% tempranillo blanco

91

Farbe: leuchtendes Gelb. Aroma: weiches Eichenholz, reifes Obst, würzig, geröstetes Brot. Mund: fett, strukturiert, Röstnoten, zartbitter.

Colección de Familia La Mateo Garnacha Cepas Viejas 2018 T
100% garnacha

91

Farbe: dunkles Kirschrot, granatroter Saum. Aroma: Früchtekonfit, Noten von Tischlerei, Tabak, süße Gewürze. Mund: würzig, reife Tannine, lang.

Finca EL Bosquil 2022 T
100% mazuelo

92

Farbe: dunkles Kirschrot. Aroma: Röstaromen, würzig, feiner Kakao, reifes Obst, dunkle Früchte. Mund: geschmackvoll, Röstnoten, zartbitter.

Colección de Familia
La Mateo Vendimia 2020 T BA
70% tempranillo, 27% garnacha, 3% graciano

93

Farbe: tiefes Kirschrot. Aroma: reifes Obst, trockene Kräuter, weiches Eichenholz, würzig. Mund: reife Früchte, würzig, reife Tannine, fruchtig, geschmackvoll, ziemlich nachhaltig.

Colección de Familia
Reserva Privada 2018 T
50% tempranillo, 40% garnacha, 10% mazuelo

92

Farbe: dunkles Kirschrot, granatroter Saum. Aroma: reifes Obst, Früchtekonfit, Noten von Tischlerei, Tabak, süße Gewürze. Mund: würzig, reife Tannine, lang, geschmackvoll, rauchig nachwirkend.

El Santiguadero 2022 B
95% chardonnay, 5% tempranillo blanco

90

Farbe: leuchtendes Strohgelb, grünlicher Saum. Aroma: Zitrusfrüchte, Wildkräuter, helle Früchte. Mund: fruchtig, schöne Säure, zartbitter.

La Hoya El Cuerno 2022 T
100% tempranillo

93

Farbe: kirschrot mit violettem Saum. Aroma: rote Früchte, reifes Obst, Wildkräuter, süße Gewürze, ausdrucksvoll. Mund: fruchtig, frisch, geschmackvoll, ausgewogen, lang, reife Tannine.

La Requemada 2022 T
100% garnacha

93

Klar definierte Aromen, lieblich, blumig. Farbe: tiefes Kirschrot. Aroma: reifes Obst, weiches Eichenholz, Wildkräuter, Buschwaldkräuter, Thymian. Mund: reife Früchte, würzig, reife Tannine.

BODEGAS DAVID MORENO
Ctra. de Villar de Torre, s/n
26310 Badarán (La Rioja)
☎: +34 941 894 919
marketing@davidmoreno.es
www.davidmoreno.es

Vado de la Reina 2019 T BA
100% garnacha

88

Ausgewogen, würzig, trockene Kräuter, reif, geschmackvoll, Röstaromen.

BODEGAS DE FAMILIA BURGO VIEJO
Concordia, 8
26540 Alfaro (La Rioja)
☎: +34 941 183 405
bodegas@burgoviejo.com
www.burgoviejo.com

Burgo Viejo Garnacha Organic 2023 T
garnacha

87 🌱

Burgo Viejo Graciano Organic 2023 T
graciano

85 🌱

Burgo Viejo Organic 2023 B
tempranillo blanco, viura

84 🌱

Finca Vidales 2023 B
viura

87

BODEGAS DE SANTIAGO
Avda. del Ebro, 50
01307 Baños de Ebro (Araba/Álava)
☎: +34 651 707 879
info@bodegasdesantiago.es
www.bodegasdesantiago.es

Lagar de Santiago 2021 T C
8% tempranillo

88

Röstaromen, geschmackvoll, reif, getrocknete Blumen.

Lagar de Santiago 2023 B
45% malvasía, 50% viura, verdejo

85

Lagar de Santiago 2023 T MC
tempranillo

88

Angenehm, fruchtig, geschmackvoll.

Lagar de Santiago Elite 2015 T
tempranillo, graciano, garnacha

90

Farbe: dunkles Kirschrot. Aroma: Röstaromen, würzig, feiner Kakao. Mund: geschmackvoll, Röstnoten, zartbitter.

BODEGAS DEL MEDIEVO
26559 Aldeanueva de Ebro (La Rioja)
☎: +34 941 163 141
info@bodegasdelmedievo.com
www.bodegasdelmedievo.com

Medievo 2018 T R
tempranillo, garnacha

90

Farbe: tiefes Kirschrot. Aroma: reifes Obst, trockene Kräuter, weiches Eichenholz, feine Reduktionsnoten. Mund: reife Früchte, würzig, reife Tannine.

Notas del Medievo 2021 T

89

Angenehm, Röstaromen, mild, würzig.

Tuercebotas 2022 B FB
tempranillo blanco, chardonnay

89

Fruchtig, reif, getrocknete Blumen, würzig.

Tuercebotas Garnacha 2020 T C
garnacha

87

Tuercebotas Tempranillo Blanco 2023 B
tempranillo blanco

89

Zitrusfrüchte, fruchtig, getrocknete Blumen, trockene Kräuter, geschmackvoll.

DO Ca. RIOJA / D.O.P.

DO Ca. RIOJA / D.O.P.

Tuercebotas Graciano 2021 T C
graciano

90
Farbe: tiefes Kirschrot. Aroma: reifes Obst, trockene Kräuter, weiches Eichenholz, markante Eiche. Mund: kraftvoll, reife Früchte, würzig, reife Tannine.

BODEGAS DIEZ DEL CORRAL
Avda. Príncipe de Asturias, 42
26210 Anguciana (La Rioja)
☎: +34 686 794 417
manuel@diezdelcorral.com
www.bodegasdiezdelcorral.com

La Piconada 2020 T C
89
Angenehm, lieblich, durchschnittlich am Gaumen, balsamisch, korrekt, würzig, kräuterig.

La Piconada 2022 T
88
Fruchtig, reif, geschmackvoll, kräuterig, ausgewogen.

La Piconada Maturana 2021 T
maturana
91
Vegetabil, korpulent. Aroma: aromatischer Kaffee, offen, ausgewogen, Wildkräuter. Mund: sortentypisch, zartbitter, saftig.

BODEGAS DOMECO DE JARAUTA
Camino Sendero Royal, 5
26559 Aldeanueva de Ebro (La Rioja)
☎: +34 941 163 078
info@bodegasdomecodejarauta.com
www.bodegasdomecodejarauta.com

Domeco de Jarauta Garnacha 2021 T
100% garnacha
88
Nach Eingemachtem, fruchtig, reif, geschmackvoll.

Domeco de Jarauta Garnacha Blanca 2021 B
100% garnacha blanca
89
Rauchig, Röstaromen, reif.

Solar de Castro Vendimia Seleccionada 2022 T
89
Farbe: leuchtendes Kirschrot. Aroma: reifes Obst, rote Früchte, Wildkräuter, süße Gewürze, von Primäraromen beherrscht. Mund: fruchtig, geschmackvoll, ausgewogen, trockene, aber reife Tannine.

Lar de Sotomayor Ecológico 2021 T
100% tempranillo
88 🌿
Fruchtig, kräuterig, würzig, reif.

Viña Marro 2017 T GR
70% tempranillo, 30% garnacha
90
Farbe: dunkles Kirschrot, granatroter Saum. Aroma: reifes Obst, Früchtekonfit, Noten von Tischlerei, Tabak, süße Gewürze. Mund: würzig, reife Tannine, geschmackvoll, ziemlich nachhaltig.

Viña Marro 2019 T R
90% tempranillo, 10% graciano
88
Fruchtig, nach Eingemachtem, trockene Kräuter, würzig, klassisch.

BODEGAS EGUÍA
Ctra. Villabuena, 9
01340 Elciego (Araba/Álava)
☎: +34 945 600 089
contacto@murielwines.com
www.murielwines.com

Viña Eguía Garnacha & Graciano 2022 T
garnacha, graciano
87

Viña Eguía Garnacha, Viura & Mazuelo 2023 RD
garnacha, viura, mazuelo
87

Viña Eguía Tempranillo & Mazuelo 2022 T
tempranillo, mazuelo
86

Viña Eguía Tempranillo Blanco & Viura 2023 B
tempranillo blanco, viura
87

BODEGAS ESTRAUNZA
Avda. La Póbeda, 25
01306 Lapuebla de Labarca (Araba/Álava)
☎: +34 649 826 865
contacto@bodegasestraunza.com
www.bodegasestraunza.com

Solar de Estraunza 2023 B
viura
85

Solar de Estraunza 2023 RD
viura, tempranillo
85

Solar de Estraunza 2023 T
tempranillo
87
Ausgewogen, würzig, kräuterig, schlicht.

Blas de Lezo 2021 T C
tempranillo
88
Trockene Kräuter, reif, geschmackvoll, getrocknete Blumen, animalische Noten.

Solar de Estraunza 2021 T C
tempranillo
87

BODEGAS FAUSTINO
Ctra. de Logroño, s/n
01320 Oyón (Araba/Álava)
☎: +34 945 622 500
info@bodegasfaustino.es
www.bodegasfaustino.com

Faustino 2021 T C
tempranillo
88
Angenehm, lieblich, fruchtig, Röstaromen, geschmackvoll.

Faustino Edición Limitada 2020 T C
80% tempranillo, 20% maturana
89
Nach Eingemachtem, saftig, reif, trockene Kräuter, geschmackvoll, wild. Aroma: aromatischer Kaffee.

Faustino I 2015 T GR
93
Klassisch, mit Persönlichkeit. Farbe: dunkles Kirschrot. Aroma: reifes Obst, Früchtekonfit, Noten von Tischlerei, Tabak, süße Gewürze. Mund: würzig, lang, voll, süffig.

Faustino V 2018 T R
tempranillo
90
Farbe: dunkles Kirschrot, granatroter Saum. Aroma: reifes Obst, Noten von Tischlerei, Tabak, süße Gewürze, weiches Eichenholz. Mund: würzig, reife Tannine, lang.

Gran Faustino I 2004 T GR
tempranillo, graciano, mazuelo
94
Rauchig, klassisch, elegant, ausgewogen. Farbe: kirschrot mit granatrotem Saum. Aroma: ausdrucksvoll, Weihrauch, feine Reduktionsnoten, Wachs. Mund: saftig, zartbitter, ausgewogen, elegant, schöne Säure.

BODEGAS FOS
Término de Vialba, s/n
01340 Elciego (Araba/Álava)
☎: +34 945 606 681
fos@bodegasfos.com
www.bodegasfos.com

Finca Zuriena 2020 B
viura
93
Farbe: leuchtendes Gelb. Aroma: weiches Eichenholz, reifes Obst, würzig, Röstaromen. Mund: fett, strukturiert, lang, Röstnoten, zartbitter.

Fos Baranda 2020 T
94
Farbe: tiefes Kirschrot. Aroma: trockene Kräuter, weiches Eichenholz, reifes Obst, dunkle Früchte, balsamisch. Mund: kraftvoll, reife Früchte, würzig, reife Tannine.

Graciano de Fos 2020 T
graciano
93
Balsamisch, kraftvoll. Farbe: tiefes Kirschrot. Aroma: trockene Kräuter, weiches Eichenholz, mineralisch, reifes Obst, dunkle Früchte. Mund: reife Früchte, würzig, grobkörnige Tannine.

🏆 PODIUM

Lola de Fos 2016 T GR
tempranillo
96
Farbe: dunkles Kirschrot, granatroter Saum. Aroma: reifes Obst, Früchtekonfit, Noten von Tischlerei, Tabak, süße Gewürze. Mund: würzig, reife Tannine, lang.

DO Ca. RIOJA / D.O.P.

🏆 PODIUM

Por los Cien 2020 T
tempranillo

95

Farbe: leuchtendes Kirschrot. Aroma: komplex, ausdrucksvoll, würzig, mineralisch, rote Früchte, neues Eichenholz. Mund: elegant, voll, lang, nachhaltig.

Saltaviñas 2021 T

91

Farbe: tiefes Kirschrot. Aroma: trockene Kräuter, weiches Eichenholz, rote Früchte, reifes Obst. Mund: kraftvoll, reife Früchte, würzig, reife Tannine.

BODEGAS FRANCO ESPAÑOLAS
Cabo Noval, 2
26009 Logroño (La Rioja)
☎: +34 650 759 205
marketing@grupoeguizabal.com
www.francoespanolas.com

Bordón 2018 T R
tempranillo

88

Fruchtig, würzig, animalische Noten, kräuterig, Röstaromen.

Bordón 2020 T C
tempranillo

89

Fruchtig, trockene Kräuter, würzig, geschmackvoll.

Bordón D'Anglade 2018 T R
tempranillo

92

Farbe: leuchtendes Kirschrot. Aroma: reifes Obst, ausdrucksstark fruchtig, rote Früchte, dunkle Früchte, süße Gewürze, weiches Eichenholz. Mund: fruchtig, geschmackvoll, ausgewogen, trockene, aber reife Tannine.

Bordón D'Anglade 2020 T C
tempranillo

91

Farbe: kirschrot mit violettem Saum. Aroma: ausdrucksstark fruchtig, rote Früchte, blumig, würzig, trockene Kräuter. Mund: geschmackvoll, fruchtig, lang, ausgewogen, ziemlich nachhaltig.

Bordón Viña Sole 2017 B R
viura

92

Farbe: leuchtendes Gelb. Aroma: weiches Eichenholz, reifes Obst, würzig, Röstaromen, weiße Blumen, trockene Kräuter. Mund: fett, strukturiert, lang, Röstnoten, zartbitter, geschmackvoll.

Diamante B SD

87

Talla de Diamante Semidulce 2023 B SD
viura, tempranillo blanco

88

Fruchtig, trockene Kräuter, reif, getrocknete Blumen.

BODEGAS GARCÍA DE OLANO
Ctra. Vitoria, s/n
01309 Páganos (Araba/Álava)
☎: +34 945 621 146
info@garciadeolano.com
www.garciadeolano.com

3 de Olano Selección 2019 T
100% tempranillo

89

Warm, korpulent. Aroma: markante Eiche, intensive Röstaromen, süße Gewürze. Mund: geschmackvoll, süße Tannine.

3 de Olano Viñas Viejas 2017 T
100% tempranillo

89

Reif, kräuterig, geschmackvoll, Röstaromen, würzig, trockene Kräuter, markante Eiche.

Erai Tempranillo 2021 T
100% tempranillo

90

Farbe: tiefes Kirschrot. Aroma: trockene Kräuter, süße Gewürze, reifes Obst, Früchtekonfit. Mund: reife Früchte, würzig, reife Tannine, lang.

Heredad García de Olano 2020 T C
100% tempranillo

88

Angenehm, korrekt, reif, fruchtig, kräuterig. Aroma: Wachs.

Heredad García de Olano 2023 B
95% viura, 5% verdejo

86

Heredad García de Olano 2023 T MC
95% tempranillo, 5% viura

88

Lieblich, korrekt, blumig, fruchtig, mild.

BODEGAS ISIDRO MILAGRO
Avda. del Ebro s/n
26540 Alfaro (La Rioja)
☎: +34 941 181 207
jantonio@bodegasisidromilagro.com
www.bodegasisidromilagro.com

Hacienda Susar 2018 T
100% tempranillo
91
Farbe: tiefes Kirschrot. Aroma: reifes Obst, trockene Kräuter, weiches Eichenholz. Mund: kraftvoll, reife Früchte, würzig, reife Tannine.

BODEGAS IZADI
Herrería Travesía II, 5
01307 Villabuena de Álava (Araba/Álava)
☎: +34 945 609 086
izadi@izadi.com
www.izadi.com

Izadi 2021 T C
93
Lieblich, klar definierte Aromen. Farbe: tiefes Kirschrot. Aroma: reifes Obst, trockene Kräuter, weiches Eichenholz, ausdrucksvoll. Mund: reife Früchte, würzig, reife Tannine.

🏆 PODIUM

Izadi El Regalo 2021 B
viura, otras
95
Klar definierte Aromen. Farbe: leuchtendes Gelb. Aroma: reifes Obst, trockene Kräuter, welke Blumen, Wachs. Mund: kraftvoll, reife Früchte, ausgewogen.

Izadi El Regalo 2022 T
94
Farbe: tiefes Kirschrot. Aroma: reifes Obst, trockene Kräuter, weiches Eichenholz, dunkle Früchte, Röstaromen. Mund: reife Früchte, würzig, reife Tannine.

Izadi Larrosa Blanca 2023 B
90
Farbe: strohgelb. Aroma: weiße Blumen, Jasmin, trockene Kräuter. Mund: geschmackvoll, fruchtig.

Izadi Larrosa Negra 2023 T
91
Farbe: tiefes Kirschrot. Aroma: trockene Kräuter, weiches Eichenholz, reifes Obst, Früchtekonfit. Mund: kraftvoll, reife Früchte, würzig, reife Tannine.

Izadi Larrosa Rosé 2023 RD
garnacha
91
Farbe: blassrosa. Aroma: elegant, rote Früchte, blumig. Mund: leicht, schöne Säure, zartbitter.

Izadi Selección 2023 B
93
Spannungsvoll, noch nicht vollständig entfaltet. Farbe: leuchtendes Strohgelb. Aroma: ausdrucksvoll, reifes Obst, blumig, feine Hefen, mineralisch. Mund: komplex, würzig, lang, elegant.

BODEGAS JAVIER SAN PEDRO ORTEGA
Camino de La Hoya s/n
01300 Laguardia (Araba/Álava)
☎: +34 945 600 550
info@bodegasjaviersanpedro.com
www.bodegasjaviersanpedro.com

Arca de Assa 2021 T BA
tempranillo
92
Farbe: tiefes Kirschrot, violetter Saum. Aroma: reifes Obst, trockene Kräuter, weiches Eichenholz, rote Früchte, dunkle Früchte. Mund: reife Früchte, würzig, reife Tannine, ziemlich nachhaltig, trockene, aber reife Tannine.

Cueva de Lobos Alpha 2021 T
100% garnacha
94
Farbe: kirschrot mit violettem Saum. Aroma: ausdrucksstark fruchtig, rote Früchte, würzig, balsamisch, reifes Obst. Mund: geschmackvoll, fruchtig, lang, frisch, ziemlich nachhaltig.

La Taconera 2022 T
tempranillo
94
Farbe: kirschrot mit violettem Saum. Aroma: ausdrucksstark fruchtig, rote Früchte, dunkle Früchte, reifes Obst, Wildkräuter. Mund: fruchtig, geschmackvoll, ausgewogen, trockene, aber reife Tannine, ziemlich nachhaltig.

La Viña de María 2021 B
viura
92
Klar definierte Aromen, Zitrusfrüchte, frisch. Aroma: offen, frisch, welke Blumen, Zitronenbombon, reifes Obst. Mund: lebhaft, zartbitter.

Nunca Jamás 2022 T
97% tempranillo, 3% graciano
92
Farbe: tiefes Kirschrot, violetter Saum. Aroma: reifes Obst, trockene Kräuter, weiches Eichenholz, Karamel, würzig. Mund: reife Früchte, würzig, geschmackvoll, trockene, aber reife Tannine.

Villahuercos 2021 B FB
100% tempranillo blanco
92
Farbe: strohgelb. Aroma: reifes Obst, welke Blumen, markante Eiche, mit Charakter. Mund: kraftvoll, reife Früchte, ausgewogen.

DO Ca. RIOJA / D.O.P.

SPANIENS WEINFÜHRER

DO Ca. RIOJA / D.O.P.

BODEGAS JER
Ctra. Huércanos - Nájera, s/n
26314 Huércanos (La Rioja)
☎: +34 635 955 448
info@bodegasjer.es
www.bodegasjer.es

426 2021 T C
tempranillo
88
Lieblich, saftig, würzig, reif, klassisch.

J. Cantera 2023 B
viura
85

J. Cantera 2023 RD
garnacha, viura
85

Largo Plazo 2019 T R
tempranillo
88
Lieblich, korrekt, reif, würzig, geschmackvoll, schlicht.

Thaler de Plata 2020 T
garnacha
89
Aromatisch, getrocknete Blumen, fruchtig, wild, sortenrein, reif. Mund: süffig.

Vigorous 2023 RD
86

BODEGAS LA ERALTA
Pol. Ind. El Sequero, Avda. de Cameros, 27
26150 Agoncillo (La Rioja)
☎: +34 941 395 092
b2b@bodegaslaeralta.com
www.grupolaeralta.com

Altos del Bergasa 2018 T GR
100% tempranillo
90
Farbe: kirschrot mit granatrotem Saum. Aroma: reifes Obst, Früchtekonfit, Noten von Tischlerei, Tabak, süße Gewürze. Mund: würzig, reife Tannine, ziemlich nachhaltig, ausgewogen.

Altos del Bergasa 2023 T
100% tempranillo
85

Señorío de La Eralta 2017 T GR
tempranillo
90
Farbe: kirschrot mit granatrotem Saum. Aroma: reifes Obst, Früchtekonfit, Noten von Tischlerei, Tabak, süße Gewürze. Mund: würzig, ziemlich nachhaltig, trockene, aber reife Tannine, fruchtig, geschmackvoll, Röstnoten.

Señorío de La Eralta 2018 T R
100% tempranillo
88
Würzig, fruchtig, kräuterig, Röstaromen, geschmackvoll.

Señorío de La Eralta 2020 T C
100% tempranillo
87

Señorío de La Eralta 2023 T
100% tempranillo
86

BODEGAS LAGUNILLA MARQUÉS DE LA CONCORDIA FAMILY OF WINES
Ctra. de Elciego, s/n
26350 Cenicero (La Rioja)
www.marquesdelaconcordia.com

Lagunilla 2021 T C
87

BODEGAS LAN
Paraje del Buicio, s/n
26360 Fuenmayor (La Rioja)
☎: +34 670 583 024
amaya.cebrian@bodegaslan.com
www.bodegaslan.com

Culmen 2019 T R
87% tempranillo, 13% graciano
93
Farbe: kirschrot mit granatrotem Saum. Aroma: Früchtekonfit, süße Gewürze, weiches Eichenholz, kraftvoll. Mund: geschmackvoll, lang, reife Früchte, reife Tannine.

LAN 2017 T GR
tempranillo, mazuelo
92
Klassisch. Farbe: dunkles Kirschrot, granatroter Saum. Aroma: reifes Obst, Früchtekonfit, Noten von Tischlerei, Tabak, süße Gewürze. Mund: würzig, reife Tannine.

LAN 2018 T R
tempranillo, mazuelo
91
Farbe: tiefes Kirschrot. Aroma: reifes Obst, trockene Kräuter, würzig, feiner Kakao. Mund: reife Früchte, würzig, reife Tannine.

LAN 2021 T C
tempranillo, garnacha, mazuelo
89
Rauchig, Röstaromen, reif.

SPANIENS WEINFÜHRER

LAN 7 metros 2021 T C
tempranillo

90
Farbe: dunkles Kirschrot. Aroma: Röstaromen, würzig, feiner Kakao, feuchtes Leder. Mund: geschmackvoll, Röstnoten, zartbitter.

LAN a Mano 2021 T
75% tempranillo, 17% graciano, 6% garnacha, 2% mazuelo

92
Farbe: tiefes Kirschrot. Aroma: trockene Kräuter, weiches Eichenholz, dunkle Früchte, Röstaromen. Mund: kraftvoll, reife Früchte, würzig, reife Tannine.

LAN D-12 2021 T C
tempranillo

91
Klassisch. Farbe: tiefes Kirschrot. Aroma: reifes Obst, trockene Kräuter, weiches Eichenholz, dunkle Früchte. Mund: kraftvoll, reife Früchte, würzig, reife Tannine.

Viña Lanciano 2019 T R
tempranillo, graciano, mazuelo

90
Farbe: sattes Kirschrot. Aroma: intensive Röstaromen, aromatischer Kaffee, kraftvoll, feuchtes Leder. Mund: rauchig nachwirkend, nachhaltig, reife Tannine.

BODEGAS LANDALUCE
Ctra. de los Molinos s/n
01300 Laguardia (Araba/Álava)
☎: +34 676 360 338
info@bodegaslanduce.es
www.bodegaslandaluce.es

Capricho de Landaluce 2020 T
91
Farbe: tiefes Kirschrot. Aroma: rote Früchte, reifes Obst, dunkle Früchte, geröstetes Brot, trockene Kräuter. Mund: reife Früchte, würzig, reife Tannine.

Elle de Landaluce 2020 T
tempranillo, graciano

91
Farbe: leuchtendes Kirschrot. Aroma: balsamisch, süße Gewürze, Buschwaldkräuter, reifes Obst. Mund: würzig, balsamisch, schöne Säure.

Elle de Landaluce 2023 B
88
Lieblich, tropische, mild.

Fincas de Landaluce 2021 T C
88
Angenehm, reif, würzig, Röstaromen.

BODEGAS LAS CEPAS
Ctra. Najera-Cenicero s/n
26313 Uruñuela (La Rioja)
☎: +34 605 375 946
wine@riojalascepas.com
www.riojalascepas.com

1921 Garnacha 2022 T
garnacha

90 ♣
Sortenrein, blumig. Aroma: reifes Obst, trockene Kräuter. Mund: geschmackvoll, reife Früchte, zartbitter, süffig.

Bocachancla 2021 T C
tempranillo

88
Lieblich, reif, würzig, korrekt, saftig.

Bocachancla 2023 T
tempranillo

87

Costalarbol Red 2022 T
60% graciano, 20% garnacha, 20% tempranillo

88 ♣
Warm, korrekt, kräuterig, nach Eingemachtem, fruchtig, geschmackvoll.

Rebuzno 2022 T
maturana

91 ♣
Farbe: KirsChrot. Aroma: balsamisch, süße Gewürze, Buschwaldkräuter, Wachs. Mund: würzig, balsamisch, reife Tannine.

Serezhade 2022 B
maturana blanca

92 ♣
Farbe: leuchtendes Gelb. Aroma: ausdrucksstark fruchtig, reifes Obst, blumig, Zitronenbonbon, würzig. Mund: geschmackvoll, frisch, nachwirkend fruchtig, fruchtig, würzig.

BODEGAS LAUNA
Ctra. Vitoria-Logroño, Km. 57
01300 Laguardia (Araba/Álava)
☎: +34 946 824 108
info@bodegaslauna.com
www.bodegaslauna.com

Amaita 2018 T
100% tempranillo

92
Farbe: kirschrot mit granatrotem Saum. Aroma: Früchtekonfit, in Likör eingelegte Früchte, Buschwaldkräuter, erdig. Mund: ausgewogen, reife Tannine.

DO Ca. RIOJA / D.O.P.

DO Ca. RIOJA / D.O.P.

Ikunus 2018 T
100% tempranillo

92

Farbe: tiefes Kirschrot. Aroma: reifes Obst, trockene Kräuter, weiches Eichenholz. Mund: kraftvoll, reife Früchte, würzig, reife Tannine.

Launa 2021 T C

90

Farbe: tiefes Kirschrot. Aroma: trockene Kräuter, weiches Eichenholz, dunkle Früchte, reifes Obst. Mund: reife Früchte, würzig, reife Tannine.

Launa 2023 B
60% viura, 40% chardonnay

88

Korrekt, reif, geschmackvoll, aromatisch, lieblich. Mund: fruchtig, süffig.

Launa Selección Familiar 2019 T R

91

Farbe: tiefes Kirschrot. Aroma: reifes Obst, trockene Kräuter, weiches Eichenholz, Zigarren. Mund: reife Früchte, würzig, reife Tannine.

Launa Selección Familiar 2020 T C

91

Farbe: tiefes Kirschrot. Aroma: reifes Obst, trockene Kräuter, weiches Eichenholz, feiner Kakao. Mund: reife Früchte, würzig, reife Tannine, schöne Säure.

Launa Selección Familiar 2022 B FB
100% viura

90

Würzig, intensive Röstaromen, markante Eiche. Aroma: trockene Kräuter, helle Früchte, geröstetes Brot. Mund: geschmackvoll, Röstnoten.

BODEGAS LOLI CASADO
Avda. La Poveda, 46
01306 Lapuebla de Labarca (Araba/Álava)
☎: +34 678 041 484
loli@bodegaslolicasado.com
www.bodegaslolicasado.com

Jaun de Alzate Cepas Viejas 2010 B
100% viura

93

Farbe: golden leuchtend. Aroma: elegant, kandierte Früchte, süße Gewürze, Kohlenwasserstoff, helle Früchte. Mund: voll, kraftvoll, geschmackvoll, schöne Säure, Röstnoten, nachhaltig, ziemlich nachhaltig.

Loli Casado El Abrigado 2020 T
graciano, tempranillo, viura

93

Mit Persönlichkeit. Farbe: tiefes Kirschrot. Aroma: reifes Obst, trockene Kräuter, weiches Eichenholz, Heidelbeere. Mund: kraftvoll, reife Früchte, würzig, reife Tannine.

Loli Casado La Cancilla 2022 B FB
100% viura

91

Farbe: leuchtendes Strohgelb. Aroma: ausdrucksstark fruchtig, reifes Obst, blumig, helle Früchte, Wildkräuter. Mund: geschmackvoll, frisch, schöne Säure, nachwirkend fruchtig.

Polus 2018 T R
100% tempranillo

91

Nach Eingemachtem, würzig. Farbe: tiefes Kirschrot. Aroma: reifes Obst, trockene Kräuter, weiches Eichenholz. Mund: kraftvoll, reife Früchte, würzig, reife Tannine.

Polus 2020 T C
tempranillo

88

Nach Eingemachtem, Röstaromen, kraftvoll.

Polus Viura 2023 B
100% viura

88

Fruchtig, trockene Kräuter, schlicht, korrekt.

Laztan 2021 T
tempranillo

90

Farbe: tiefes Kirschrot. Aroma: reifes Obst, trockene Kräuter, weiches Eichenholz, Röstaromen. Mund: reife Früchte, würzig, reife Tannine.

BODEGAS LÓPEZ ORIA
Ctra. Elvillar, s/n
01300 Laguardia (Araba/Álava)
☎: +34 649 628 420
info@bodegaslopezoria.com
www.bodegaslopezoria.com

Pola 2020 T C
tempranillo
89
Reif, geschmackvoll, lieblich, angenehm, würzig.

Pola 2023 T MC
tempranillo, viura
87

Pola Antonio López 2020 T
tempranillo
92
Farbe: KirsChrot. Aroma: komplex, ausdrucksvoll, würzig, sortenrein. Mund: voll, lang, nachhaltig, saftig, fruchtig.

Pola Antonio López 2022 B FB
viura
90
Farbe: leuchtendes Gelb. Aroma: reifes Obst, würzig, Karamel. Mund: fett, lang, Röstnoten, zartbitter.

Pola Valecilla 2022 T
graciano, tempranillo
89
Nach Eingemachtem, korrekt, kräuterig, reif, geschmackvoll.

BODEGAS LOZANO
Avda. Reyes Católicos, 156
02600 Villarrobledo (Albacete)
☎: +34 651 453 747
info@bodegas-lozano.com
www.bodegas-lozano.com

Marqués de Vinuesa 2020 T C
tempranillo
89
Würzig, reif, geschmackvoll, fruchtig, kraftvoll, Röstaromen.

BODEGAS LUIS ALEGRE
Ctra. Navaridas, s/n
01300 Laguardia (Araba/Álava)
☎: +34 945 600 089
contacto@murielwines.com
www.luisalegre.com

Luis Alegre 2021 T C
tempranillo
89
Ausgewogen, würzig, trockene Kräuter, reif, Röstaromen.

Luis Alegre Finca la Reñana 2019 B FB
viura, malvasía
92
Oxidativ. Farbe: strohgelb. Aroma: trockene Kräuter, welke Blumen, Steinobst, süße Gewürze. Mund: kraftvoll, reife Früchte, ausgewogen.

Luis Alegre Finca La Reñana Selección Especial 2019 T R
tempranillo, maturana
93
Farbe: tiefes Kirschrot. Aroma: reifes Obst, trockene Kräuter, weiches Eichenholz, dunkle Früchte, Röstaromen. Mund: reife Früchte, würzig, reife Tannine.

Luis Alegre Parcela Nº 5 2019 T R
tempranillo
91
Farbe: leuchtendes Kirschrot. Aroma: süße Gewürze, reifes Obst, Schokolade. Mund: fruchtig, würzig, reife Tannine, süffig.

Luis Alegre Viura sobre Lías 2022 B
89
Zitrusfrüchte, würzig, Hefenoten, geschmackvoll.

BODEGAS LUIS CAÑAS
Ctra. Samaniego, 10
01307 Villabuena de Álava (Araba/Álava)
☎: +34 945 623 373
bodegas@luiscanas.com
www.luiscanas.com

El Palacio 2019 T
tempranillo, graciano, viura
94
Farbe: leuchtendes Kirschrot. Aroma: frisches Obst, balsamisch, Wildkräuter, ausgewogen, ausdrucksvoll. Mund: schöne Säure, würzig, süffig, lang.

Luis Cañas 2018 T R
95% tempranillo, 5% graciano
91
Farbe: KirsChrot, granatroter Saum. Aroma: reifs Obst, Buschwaldkräuter, süße Gewürze, ausgewogen. Mund: würzig, reife Tannine, lang.

DO Ca. RIOJA / D.O.P.

DO Ca. RIOJA / D.O.P.

Luis Cañas 2021 T C
95% tempranillo, 5% garnacha, graciano, rojal, viura
91
Representativ, repräsentativ. Farbe: kirschrot mit granatrotem Saum. Aroma: reifes Obst, trockene Kräuter, süße Gewürze. Mund: reife Früchte, würzig, reife Tannine.

Luis Cañas Selección de Familia 2019 T R
85% tempranillo, 15% otras
93
Korpulent, Cremig. Aroma: reifes Obst, würzig, trockene Kräuter, ausdrucksvoll, weiches Eichenholz. Mund: geschmackvoll, voll.

Luis Cañas Viñas Viejas 2022 B
90% viura, 10% rojal
92
Farbe: strohgelb. Aroma: reifes Obst, trockene Kräuter, welke Blumen, würzig. Mund: reife Früchte, ausgewogen, fruchtig, lebhaft, würzig.

Poyotos 2020 T
tempranillo, garnacha, graciano, otras
94
Korpulent, würzig, üppig. Aroma: dunkle Früchte, rote Früchte, weiches Eichenholz. Mund: geschmackvoll, lang, saftig, fruchtig, reife Tannine.

BODEGAS LUIS GURPEGUI MUGA
Avda. Celso Muerza, 8
31570 San Adrián (Navarra)
☎: +34 948 692 500
info@manzanos.com
www.luisgurpeguimuga.com

Barón de Urzande 2019 T R
89
Röstaromen, reif, geschmackvoll, saftig.

Barón de Urzande 2021 T C
88
Röstaromen, reif, klassisch, würzig.

Barón de Urzande 2023 RD
87

Barón de Urzande 2023 T
87

BODEGAS MANZANOS
Calle Prim, 11 Bajo
26200 Haro (La Rioja)
☎: +34 941 618 761
haro@manzanos.com
www.bodegasmanzanos.com

1890 Manzanos Selección Especial 2022 T
92
Farbe: KirsChrot. Aroma: balsamisch, süße Gewürze, Buschwaldkräuter. Mund: würzig, saftig, geschmackvoll.

1890 Manzanos Viñedo Singular 2022 T
garnacha
91
Farbe: kirschrot mit violettem Saum. Aroma: ausdrucksstark fruchtig, rote Früchte, blumig, würzig, süße Gewürze. Mund: geschmackvoll, fruchtig, schöne Säure.

Gonzalo de Berceo 2011 T GR
tempranillo, garnacha, graciano
91
Klassisch, stumpf. Farbe: dunkles Kirschrot, granatroter Saum. Aroma: reifes Obst, Noten von Tischlerei, Tabak, süße Gewürze. Mund: würzig, reife Tannine, lang.

Siglo Saco Tempranillo C.V.C T
tempranillo
88
Lieblich, reif, kräuterig, saftig, korrekt.

Siglo Selección 2021 T C
89
Lieblich, klassisch, korrekt, würzig, reif, nachhaltig, mild.

BODEGAS MARQUÉS DE CÁCERES
Avda. de Fuenmayor, 11
26350 Cenicero (La Rioja)
☎: +34 941 454 000
comunicacion@marquesdecaceres.com
www.bodegasmarquesdecaceres.com

Gaudium 2020 T R
tempranillo
93
Farbe: sattes Kirschrot. Aroma: intensive Röstaromen, aromatischer Kaffee, kraftvoll, Schokolade. Mund: rauchig nachwirkend, nachhaltig, reife Tannine.

Marqués de Cáceres Selección Especial 2020 T
88
Lieblich, mild, Röstaromen, reif.

DO Ca. RIOJA / D.O.P.

Marqués de Cáceres 2018 T GR
tempranillo
93
Farbe: tiefes Kirschrot, granatroter Saum. Aroma: Noten von Tischlerei, reifes Obst, feiner Kakao, Zigarren, Röstaromen. Mund: geschmackvoll, würzig, Röstnoten, kräftige Tannine.

Marqués de Cáceres 2018 T R
tempranillo, otras
91
Farbe: tiefes Kirschrot. Aroma: reifes Obst, trockene Kräuter, weiches Eichenholz, feine Reduktionsnoten. Mund: reife Früchte, würzig, reife Tannine.

Marqués de Cáceres 2019 T R
tempranillo
91
Farbe: dunkles Kirschrot, granatroter Saum. Aroma: Früchtekonfit, Noten von Tischlerei, Tabak, süße Gewürze. Mund: würzig, reife Tannine, lang.

Marqués de Cáceres Excellens Cuvee Especial 2020 T C
tempranillo
90
Farbe: leuchtendes Kirschrot. Aroma: trockene Kräuter, weiches Eichenholz, dunkle Früchte, reifes Obst. Mund: kraftvoll, reife Früchte, würzig, reife Tannine.

Marqués de Cáceres Generación MC 2021 T
tempranillo
91
Farbe: tiefes Kirschrot. Aroma: reifes Obst, trockene Kräuter, weiches Eichenholz. Mund: reife Früchte, würzig, reife Tannine, geschmackvoll.

Marqués de Cáceres Maturana 2021 T
maturana
91
Farbe: KirsChrot. Aroma: markante Eiche, intensive Röstaromen. Mund: kraftvoll, geschmackvoll, fruchtig, voll, reife Tannine.

BODEGAS MARQUÉS DE REINOSA
Ctra. Rincón de Soto, s/n
26560 Autol (La Rioja)
☎: +34 941 401 327
turismo@marquesdereinosa.com
www.marquesdereinosa.com

Marqués de Reinosa Private Collection Garnacha 2022 T BA
100% garnacha
89
Ausgewogen, blumig, flüssig am Gaumen, fruchtig, kräuterig.

Marqués de Reinosa Private Collection Selección Maturana 2022 T
100% maturana
90
Farbe: sattes Kirschrot. Aroma: intensive Röstaromen, aromatischer Kaffee, kraftvoll, frisches Obst. Mund: rauchig nachwirkend, nachhaltig, reife Tannine.

Marqués de Reinosa Private Collection Tempranillo Blanco 2022 B
100% tempranillo blanco
89
Fruchtig, kräuterig, reif, geschmackvoll.

Marqués de Reinosa Reserva Especial Garnacha 2019 T R
100% garnacha
90
Farbe: tiefes Kirschrot. Aroma: trockene Kräuter, dunkle Früchte, geröstetes Brot. Mund: reife Früchte, würzig, reife Tannine.

Marqués de Reinosa Reserva Especial Tempranillo 2019 T R
100% tempranillo
91
Farbe: tiefes Kirschrot. Aroma: trockene Kräuter, weiches Eichenholz, dunkle Früchte. Mund: reife Früchte, würzig, reife Tannine.

Marqués de Reinosa Tempranillo Blanco 2023 B
100% tempranillo blanco
87

BODEGAS MARQUÉS DE TERÁN
Ctra. de Nájera, Km. 1
26220 Ollauri (La Rioja)
☎: +34 941 338 373
info@marquesdeteran.com
www.marquesdeteran.com

Marqués de Terán 2017 T R
tempranillo
90
Farbe: tiefes Kirschrot. Aroma: reifes Obst, trockene Kräuter, weiches Eichenholz. Mund: reife Früchte, würzig, reife Tannine.

Marqués de Terán Selección Especial 2020 T
tempranillo
91
Farbe: tiefes Kirschrot. Aroma: trockene Kräuter, weiches Eichenholz, Heidelbeere, würzig. Mund: kraftvoll, reife Früchte, würzig, reife Tannine.

DO Ca. RIOJA / D.O.P.

Marqués de Terán 2019 T C
tempranillo
89
Ausgewogen, würzig, trockene Kräuter, Röstaromen.

Terán Versum 2019 T
80% tempranillo, 20% graciano
92
Farbe: tiefes Kirschrot. Aroma: reifes Obst, trockene Kräuter, weiches Eichenholz, dunkle Früchte. Mund: kraftvoll, reife Früchte, würzig, reife Tannine.

BODEGAS MARQUÉS DEL ATRIO
Ctra. de Logroño NA-134, km. 86,200.
31587 Mendavia (Navarra)
☎: +34 948 379 994
visitas@marquesdelatrio.com
www.marquesdelatrio.com

2 Cepas
Marqués del Atrio 2020 B BA
viura, tempranillo
92
Farbe: leuchtendes Gelb. Aroma: weiches Eichenholz, reifes Obst, würzig, Phosphor. Mund: strukturiert, lang, Röstnoten, zartbitter.

Marqués del Atrio 2019 T R
91
Farbe: dunkles Kirschrot, granatroter Saum. Aroma: reifes Obst, Früchtekonfit, Noten von Tischlerei, Tabak, süße Gewürze. Mund: würzig, reife Tannine, lang.

Marqués del Atrio 2020 T C
90
Farbe: tiefes Kirschrot. Aroma: reifes Obst, trockene Kräuter, weiches Eichenholz, Röstaromen. Mund: reife Früchte, würzig, reife Tannine.

Marqués del Atrio 2023 B
60% viura, 20% verdejo, 20% sauvignon blanc
89
Farbe: strohgelb. Aroma: ausdrucksvoll, weiße Blumen, Jasmin, trockene Kräuter. Mund: geschmackvoll, fruchtig, ausgewogen.

Marqués del Atrio 2023 RD
90
Farbe: blassrosa. Aroma: rote Früchte, blumig, Kräutersäckchen. Mund: würzig, schöne Säure, zartbitter.

Marqués del Atrio 2023 T
tempranillo
88
Angenehm, fruchtig, saftig, geschmackvoll.

Marqués del Atrio Edición Limitada 2020 T
91
Farbe: tiefes Kirschrot. Aroma: reifes Obst, trockene Kräuter, weiches Eichenholz, Röstaromen. Mund: reife Früchte, würzig, reife Tannine.

Marqués del Atrio Gran Selección CVC T
tempranillo, graciano
88
Angenehm, intensive Röstaromen, geschmackvoll.

BODEGAS MARTÍNEZ LACUESTA
Paraje de Ubieta, s/n
26200 Haro (La Rioja)
☎: +34 941 310 050
info@martinezlacuesta.com
www.martinezlacuesta.com

Campeador 2019 T
tempranillo, garnacha
90
Farbe: tiefes Kirschrot. Aroma: reifes Obst, trockene Kräuter, weiches Eichenholz, Wildkräuter. Mund: reife Früchte, würzig, fruchtig, nach Eingemachtem, trockene, aber reife Tannine.

Campeador 2021 B
viura
93
Farbe: leuchtendes Gelb. Aroma: weiches Eichenholz, reifes Obst, würzig, Steinobst. Mund: strukturiert, lang, Röstnoten, zartbitter.

Campeador Garnacha 2023 T
garnacha
93
Farbe: kirschrot mit violettem Saum. Aroma: ausdrucksstark fruchtig, rote Früchte, blumig, süße Gewürze, Röstaromen. Mund: geschmackvoll, fruchtig, schöne Säure.

Lacuesta Selecto 2022 T C
tempranillo

90
Farbe: tiefes Kirschrot. Aroma: trockene Kräuter, weiches Eichenholz, reifes Obst, rote Früchte. Mund: reife Früchte, würzig, reife Tannine.

🏆 PODIUM

Martínez Lacuesta Colección Familia 2012 T GR
tempranillo, graciano, mazuelo

95
Üppig. Farbe: kirschrot mit granatrotem Saum. Aroma: komplex, reifes Obst, würzig, feine Reduktionsnoten. Mund: geschmackvoll, reife Tannine, ausgewogen, nachhaltig.

Martínez Lacuesta Hinia 2014 T R
85% tempranillo, 10% graciano, 5% mazuelo

94
Farbe: kirschrot mit granatrotem Saum. Aroma: ausgewogen, komplex, reifes Obst, würzig, feine Reduktionsnoten. Mund: geschmackvoll, reife Tannine, ausgewogen, nachhaltig.

Martínez Lacuesta Hinia 2020 B R
viura

94
Farbe: leuchtendes Gelb. Aroma: komplex, mit Charakter, Steinobst, kandierte Früchte, Wachs. Mund: geschmackvoll, reife Früchte, fett, schöne Säure.

Martínez Lacuesta La Sucursal 2022 T BA
tempranillo

93
Farbe: leuchtendes Kirschrot. Aroma: komplex, ausdrucksvoll, würzig, mineralisch, dunkle Früchte, reifes Obst, Heidelbeere. Mund: voll, geschmackvoll, reife Tannine.

BODEGAS MASET RIOJA
Avda. Costa del Vino, 1
26200 Haro (La Rioja)
☎: +34 900 200 250
info@maset.com
www.maset.com/rioja

Maset Tempranillo 2018 T R
tempranillo

87

Maset Tempranillo 2021 T C
tempranillo

88
Cremig, markante Eiche, korpulent, milchig, nach Eingemachtem.

BODEGAS MAZUELA
Ctra. Elciego km 0,1
26350 Cenicero (La Rioja)
☎: +34 607 548 054
manuel@bodegasmazuela.com
www.bodegasmazuela.com

Corazón Indomable 2023 T MC
100% tempranillo

88
Ausgewogen, würzig, trockene Kräuter, geschmackvoll, reif.

La Hoya de Mazuela 2018 T R
100% tempranillo

91
Korpulent, Cremig, markante Eiche. Farbe: dunkles Kirschrot. Aroma: dunkle Früchte, Tabak. Mund: geschmackvoll, reife Tannine.

Liante 2022 T RB
100% tempranillo

89
Fruchtig, reif, trockene Kräuter, geschmackvoll.

Stelvio 2020 T C
100% tempranillo

88
Fruchtig, Röstaromen, intensive Röstaromen, nach Eingemachtem.

Stelvio Blanco 2023 B
70% malvasía, 30% sauvignon blanc

89
Aromatisch, schlicht, mild.

Todo va a Salir Bien 2023 RD FB
100% tempranillo

88
Fruchtig, naschhaft, reif, schlicht.

BODEGAS MEDRANO IRAZU
San Pedro, 14
01309 Elvillar (Araba/Álava)
☎: +34 945 604 066
info@medranoirazu.com
www.medranoirazu.com

Amador Medrano Colección Privada "Finca las Aguzaderas" 2019 T
tempranillo

92

Farbe: dunkles Kirschrot. Aroma: Röstaromen, würzig, feiner Kakao, Fleischnoten, dunkle Früchte. Mund: geschmackvoll, Röstnoten, zartbitter.

Amador Medrano Parcela 14.8 2019 T FB
tempranillo

93

Farbe: dunkles Kirschrot, granatroter Saum. Aroma: reifes Obst, Noten von Tischlerei, Tabak, süße Gewürze, dunkle Früchte. Mund: würzig, reife Tannine, lang.

Amador Medrano Terra 2021 T FB
tempranillo

92

Farbe: tiefes Kirschrot. Aroma: trockene Kräuter, weiches Eichenholz, dunkle Früchte, reifes Obst, würzig. Mund: reife Früchte, würzig, reife Tannine.

Amador Medrano Graciano "Finca Valdegamarra" 2021 T
graciano

91

Farbe: dunkles Kirschrot. Aroma: Röstaromen, würzig, feiner Kakao. Mund: geschmackvoll, Röstnoten, zartbitter.

Amador Medrano Los Sotillos 2021 T
tempranillo

92

Farbe: kirschrot mit violettem Saum. Aroma: blumig, würzig, dunkle Früchte, reifes Obst, erdig. Mund: geschmackvoll, fruchtig, schöne Säure, lang.

Amador Medrano Tempranillo Blanco "Fincas Valdegamarra" 2022 B FB
tempranillo blanco

92

Farbe: leuchtendes Strohgelb. Aroma: ausdrucksstark fruchtig, reifes Obst, blumig, mineralisch. Mund: geschmackvoll, frisch, schöne Säure, nachwirkend fruchtig.

BODEGAS MONTEALTO
Las Piscinas, 30
01307 Baños de Ebro (Araba/Álava)
☎: +34 609 353 523
info@grupomeddis.com

Robatie 2021 T C
tempranillo

88

Lieblich, fruchtig, saftig, schlicht, würzig.

Robatie Conis 2021 T C
100% tempranillo

92

Farbe: kirschrot mit granatrotem Saum. Aroma: kraftvoll, reifes Obst, weiches Eichenholz, ausdrucksvoll, aromatischer Kaffee. Mund: geschmackvoll, lang, reife Tannine.

Robatie Vendimia Seleccionada 2016 T
100% tempranillo

91

Farbe: kirschrot mit granatrotem Saum. Aroma: Früchtekonfit, kraftvoll, feiner Kakao, süße Gewürze. Mund: geschmackvoll, lang, reife Früchte, Röstnoten.

BODEGAS MONTECILLO
Ctra. Fuenmayor, Km. 3
26370 Navarrete (La Rioja)
☎: +34 941 440 125
info@bodegasmontecillo.com
www.bodegasmontecillo.com

Montecillo 2017 T GR
90% tempranillo, 10% graciano

91

Reif, geschmackvoll, klassisch. Farbe: dunkles Kirschrot. Aroma: reifes Obst, Noten von Tischlerei, Tabak, süße Gewürze. Mund: würzig, reife Tannine, süffig.

Montecillo 2017 T R

91

Farbe: dunkles Kirschrot, granatroter Saum. Aroma: reifes Obst, Noten von Tischlerei, Tabak, süße Gewürze. Mund: würzig, reife Tannine, lang.

Montecillo 2019 T R

90

Farbe: dunkles Kirschrot. Aroma: reifes Obst, würzig. Mund: geschmackvoll, saftig, reife Tannine.

Montecillo 2020 T C
88% tempranillo, 12% garnacha

88

Aromatisch, korrekt, reif, mild.

DO Ca. RIOJA / D.O.P.

Montecillo Edición Limitada 2022 B FB
88
Klar definierte Aromen, lieblich, geschmackvoll.

Viña Cumbrero 2015 T R
100% tempranillo
89
Angenehm, klassisch, Röstaromen, mild.

Viña Cumbrero 2019 T C
87

Viña Monty Garnacha 2016 T
100% garnacha
91
Farbe: kirschrot mit granatrotem Saum. Aroma: balsamisch, reifes Obst, Buschwaldkräuter, feine Reduktionsnoten. Mund: geschmackvoll, balsamisch, würzig.

Viña Monty Viura 2018 B R
100% viura
91
Farbe: leuchtendes Strohgelb. Aroma: reifes Obst, Kräutersäckchen, feine Hefen. Mund: voll, fett, schöne Säure.

BODEGAS MUGA
Avda. Vizcaya, s/n
26200 Haro (La Rioja)
☎: +34 681 236 390
miguel@bodegasmuga.com
www.bodegasmuga.com

🏆 PODIUM

Aro 2021 T
75% tempranillo, 25% graciano
96
Anders, herb, komplex, elegant. Aroma: Wildkräuter, reifes Obst, offen, komplex, ausdrucksvoll, würzig, weiches Eichenholz. Mund: geschmackvoll, saftig, elegant, lang, mineralisch, poliert, lebhaft.

El Andén 2021 T
89
Kräuterig, reif, nach Eingemachtem, würzig, geschmackvoll, schlicht, korrekt.

Flor de Muga 2021 B R
viura, garnacha blanca, maturana blanca
93
Mit Potenzial. Farbe: leuchtendes Gelb. Aroma: reifes Obst, würzig, komplex, Phosphor, geröstetes Brot. Mund: lang, Röstnoten, zartbitter, lebhaft, geschmackvoll.

Flor de Muga Rosé 2023 RD
garnacha
90
Klar definierte Aromen. Farbe: blassrosa. Aroma: frisches Obst, blumig, ausgewogen. Mund: flüssig am Gaumen, fruchtig, lebhaft, frisch, ausgewogen, zartbitter.

Muga 2021 T C
tempranillo, garnacha, mazuelo, graciano
92
Komplex, mit Potenzial, ausgewogen. Farbe: kirschrot mit granatrotem Saum. Aroma: reifes Obst, weiches Eichenholz, ausdrucksvoll, offen. Mund: kraftvoll, reife Früchte, würzig, reife Tannine.

Muga 2023 B
viura, garnacha blanca, malvasía
90
Fruchtig. Farbe: leuchtendes Strohgelb. Aroma: reifes Obst, helle Früchte, würzig, ausgewogen, offen. Mund: geschmackvoll, nachwirkend fruchtig, fett.

Muga 2023 RD
65% garnacha, 35% viura
89
Korrekt, fruchtig, mild, von Primäraromen beherrscht, frisch. Mund: zartbitter, süffig, ziemlich nachhaltig.

Muga Selección Especial 2020 T R
tempranillo, garnacha, graciano, mazuelo
94
Spannungsvoll, ausgewogen, saftig, voll, komplex. Aroma: ausdrucksvoll, ausgewogen, weiches Eichenholz, rote Früchte, reifes Obst, balsamisch. Mund: geschmackvoll, lebhaft, abgerundet, zartbitter, spannungsvoll.

🏆 PODIUM

Torre Muga 2020 T
tempranillo, mazuelo, graciano
95
Kraftvoll, noch nicht vollständig entfaltet. Farbe: dunkles Kirschrot. Aroma: Röstaromen, würzig, feiner Kakao, dunkle Früchte, reifes Obst. Mund: geschmackvoll, Röstnoten, zartbitter, reife Tannine.

DO Ca. RIOJA / D.O.P.

BODEGAS MURIEL
Ctra. de Laguardia, s/n
01340 Elciego (Araba/Álava)
☎: +34 945 606 268
contacto@murielwines.com
www.bodegasmuriel.com

Muriel 2015 T GR
tempranillo

92

Farbe: dunkles Kirschrot, granatroter Saum. Aroma: Früchtekonfit, Noten von Tischlerei, Tabak, süße Gewürze. Mund: würzig, reife Tannine, ausgewogen.

Muriel Finca de la Villa 2021 T C
tempranillo

89

Klar definierte Aromen, lieblich, würzig, fruchtig, geschmackvoll, ausgewogen.

Muriel Finca de la Villa 2023 B
viura

88

Zitrusfrüchte, frisch, kräuterig, lieblich.

Muriel Finca de la Villa 2023 RD

88

Fruchtig, frisch, kräuterig, voll, reif, geschmackvoll.

Viña Muriel 2020 B R
tempranillo blanco, viura

91

Farbe: leuchtendes Gelb. Aroma: weiches Eichenholz, reifes Obst, würzig, aromatischer Kaffee. Mund: fett, strukturiert, Röstnoten, zartbitter.

BODEGAS MURO
Avda. Gasteiz, 29
01306 Lapuebla de Labarca (Araba/Álava)
☎: +34 627 434 726
info@bodegasmuro.es
www.bodegasmuro.es

Amenital 2020 T BA
80% tempranillo, 20% graciano

91

Farbe: tiefes Kirschrot. Aroma: trockene Kräuter, weiches Eichenholz, dunkle Früchte. Mund: kraftvoll, reife Früchte, würzig, reife Tannine.

Apolinar´s Dream 2021 T BA
90% tempranillo, 5% maturana, 5% graciano

93

Klar definierte Aromen, spannungsvoll, ausgewogen. Farbe: KirsChrot. Aroma: komplex, ausdrucksvoll, würzig, mineralisch. Mund: elegant, voll, lang, nachhaltig.

Majada de Reyes 2022 T
100% garnacha

93

Klar definierte Aromen, fruchtig, saftig, lebhaft. Aroma: Wildkräuter, getrocknete Blumen. Mund: saftig, sortentypisch, zartbitter, ausgewogen.

Muro 2018 T R
90% tempranillo, 10% graciano

91

Farbe: tiefes Kirschrot, violetter Saum. Aroma: reifes Obst, trockene Kräuter, ausdrucksstark fruchtig, würzig, Röstaromen. Mund: reife Früchte, würzig, reife Tannine, lebhaft, ausgewogen.

Muro Viura Madurado 2022 B
100% viura

89

Lieblich, reif, fruchtig, geschmackvoll, ausgewogen, korrekt.

Retorno a los Palomares 2021 T BA
tempranillo, graciano

92

Farbe: KirsChrot. Aroma: Buschwaldkräuter, reifes Obst, trockene Kräuter, süße Gewürze, Schokolade. Mund: würzig, balsamisch, geschmackvoll.

BODEGAS MURUA
Ctra. Laguardia s/n
01340 Elciego (Araba/Álava)
☎: +34 945 606 260
info@bodegasmurua.masaveu.com
www.bodegasmurua.com

M de Murua 2020 T
100% tempranillo

91

Farbe: tiefes Kirschrot. Aroma: trockene Kräuter, weiches Eichenholz, reifes Obst, rote Früchte, dunkle Früchte. Mund: kraftvoll, reife Früchte, würzig, reife Tannine.

Murua Blanco Fermentado en Barrica 2022 B FB
70% viura, 17% malvasía, 13% garnacha blanca

89

Markante Eiche, rauchig, reif, geschmackvoll.

Murua Reserva 2016 T R
92% tempranillo, 8% graciano, mazuelo

91

Farbe: tiefes Kirschrot. Aroma: Gras, würzig, dunkle Früchte, geröstetes Brot. Mund: reife Früchte, würzig, reife Tannine.

Veguín de Murua 2015 T GR
92% tempranillo, 8% graciano

93

Klassisch. Farbe: tiefes Kirschrot, granatroter Saum. Aroma: Noten von Tischlerei, reifes Obst, feiner Kakao, Zigarren, Röstaromen. Mund: geschmackvoll, würzig, Röstnoten.

VS Murua 2021 T
87% tempranillo, 10% mazuelo, 3% otras

92

Farbe: tiefes Kirschrot. Aroma: reifes Obst, trockene Kräuter, weiches Eichenholz, Buschwaldkräuter. Mund: reife Früchte, würzig, reife Tannine.

BODEGAS NIVARIUS
Ctra. de Nalda a Viguera, 46
26190 Nalda (La Rioja)
☎: +34 941 802 943
info@palaciosvinosdefinca.com
www.palaciosvinosdefinca.com

Lía by Nivarius 2017 BE R
viura, garnacha blanca, maturana blanca

91

Farbe: leuchtendes Gelb. Aroma: feine Hefen, ausgewogen, trockene Kräuter, helle Früchte. Mund: schöne Säure, geschmackvoll, reife Früchte.

Nivarius 2016 B R
viura

93

Klassisch. Farbe: leuchtendes Gelb. Aroma: weiches Eichenholz, reifes Obst, würzig. Mund: fett, strukturiert, lang, Röstnoten, zartbitter.

Nivarius Edición Limitada 2020 B
70% viura, 30% maturana blanca

94

Farbe: strohgelb. Aroma: ausdrucksvoll, weiße Blumen, Jasmin, trockene Kräuter, milchig. Mund: geschmackvoll, fruchtig, ausgewogen, voll, würzig.

🏆 PODIUM
Nivarius Finca La Nevera 2019 B
maturana blanca

96

Farbe: leuchtendes Strohgelb. Aroma: reifes Obst, helle Früchte, trockene Kräuter, Jasmin, weiße Blumen, ausdrucksvoll, sortenrein, würzig. Mund: frisch, fruchtig, lebhaft, geschmackvoll, nachhaltig, rauchig nachwirkend, weiche Tannine.

Nivarius Tempranillo Blanco 2023 B
tempranillo blanco

92

Farbe: leuchtendes Strohgelb. Aroma: reifes Obst, trockene Kräuter, welke Blumen, süße Gewürze. Mund: kraftvoll, reife Früchte, ausgewogen.

🏆 PODIUM
Nivarius Valdesabril 2021 B
viura

95

Farbe: leuchtendes Strohgelb. Aroma: ausdrucksstark fruchtig, helle Früchte, trockene Kräuter, getrocknete Blumen. Mund: frisch, fruchtig, ausgewogen, nachhaltig, lebhaft, elegant.

BODEGAS ÓBALO
Ctra. N-232 A, Km. 26
26339 Ábalos (La Rioja)
☎: +34 941 744 056
ahalliwell@terraselecta.com
www.bodegaobalo.com

Óbalo 2023 RD
100% tempranillo

91

Farbe: blassrosa. Aroma: rote Früchte, blumig, Kräutersäckchen. Mund: würzig, schöne Säure, zartbitter.

Óbalo Blanco 2022 B
56% chardonnay, 44% viura

91

Farbe: leuchtendes Strohgelb. Aroma: ausdrucksstark fruchtig, reifes Obst, blumig. Mund: geschmackvoll, frisch, schöne Säure, nachwirkend fruchtig.

Obalo San Roque 2022 T
100% tempranillo

89

Fruchtig, würzig, Röstaromen, reif.

DO Ca. RIOJA / D.O.P.

DO Ca. RIOJA / D.O.P.

BODEGAS OLARRA
Avda. de Mendavia, 30
26009 Logroño (La Rioja)
☎: +34 941 235 299
bodegasolarra@bodegasolarra.es
www.bodegasolarra.es

Otoñal 2019 T R
89
Rauchig, klassisch, Röstaromen, mild.

Otoñal 2020 T C
87

Otoñal 2021 T C
87

BODEGAS OLLAURI - CONDE DE LOS ANDES
Sol de la Cabra, s/n
26220 Ollauri (La Rioja)
☎: +34 941 338 380
enoturismo@murielwines.com
www.bodegasollauri.com

Conde de los Andes 2019 B
91
Farbe: leuchtendes Strohgelb. Aroma: reifes Obst, Kräutersäckchen, feine Hefen, Wildkräuter. Mund: voll, fett, schöne Säure, geschmackvoll.

Condes de los Andes 2017 T
100% tempranillo
92
Farbe: tiefes Kirschrot. Aroma: reifes Obst, trockene Kräuter, weiches Eichenholz, würzig, Zedernholz, aromatischer Kaffee. Mund: kraftvoll, reife Früchte, würzig, reife Tannine, geschmackvoll.

BODEGAS ORBEN
Ctra. Laguardia, Km. 60
01300 Laguardia (Araba/Álava)
☎: +34 945 609 086
izadi@izadi.com
www.artevino.es/bodegas/orben

Orben 2022 T
94
Farbe: kirschrot mit violettem Saum. Aroma: rote Früchte, blumig, würzig, reifes Obst. Mund: geschmackvoll, fruchtig, schöne Säure, lang.

Malpuesto 2022 T
95
Klar definierte Aromen, kraftvoll. Farbe: KirsChrot. Aroma: komplex, ausdrucksvoll, würzig, mineralisch. Mund: voll, lang, nachhaltig, grobkörnige Tannine.

BODEGAS ORUBE
Camino de la Hoya, s/n
01300 Laguardia (Araba/Álava)
☎: +34 945 600 113
solarviejo@solarviejo.com
https://ferrerwines.com/es/orube

Orube 2019 T R
tempranillo, graciano
90
Farbe: tiefes Kirschrot. Aroma: trockene Kräuter, weiches Eichenholz, Kokosnuss, rote Früchte, dunkle Früchte. Mund: reife Früchte, würzig, reife Tannine.

Orube 2020 T C
tempranillo, garnacha, graciano
89
Korpulent, ausgewogen, würzig, trockene Kräuter.

Orube 2022 B FB
viura, tempranillo blanco, chardonnay
88
Fruchtig, geschmackvoll, mild.

Orube Garnacha 2021 T
100% garnacha
88
Frisch, flüssig am Gaumen, fruchtig, würzig.

Orube Selección de Familia 2020 T C
100% tempranillo
91
Farbe: tiefes Kirschrot. Aroma: trockene Kräuter, weiches Eichenholz, dunkle Früchte. Mund: kraftvoll, reife Früchte, würzig, reife Tannine.

BODEGAS PALACIOS REMONDO
Avda. Zaragoza, 8
26540 Alfaro (La Rioja)
☎: +34 941 180 207
info@palaciosremondo.com
www.alvaropalacios.com

Finca La Montesa
Viñedo Esencial 2020 T C
91% garnacha, 9% otras
92 ♣
Farbe: KirsChrot. Aroma: balsamisch, süße Gewürze, Buschwaldkräuter, rote Früchte, reifes Obst. Mund: würzig, balsamisch, schöne Säure.

Finca La Montesa
Viñedo Esencial 2021 T C
91% garnacha, 9% otras
92 ♣
Lieblich, mild. Aroma: reifes Obst, feiner Kakao, Schokolade. Mund: schöne Säure, ausgewogen, süffig.

Propiedad 2021 T
garnacha

93

Frisch, sortenrein. Farbe: KirsChrot. Aroma: balsamisch, Buschwaldkräuter. Mund: würzig, schöne Säure, spannungsvoll, saftig, lang.

BODEGAS PERICA
Avda. de la Rioja, 59
26340 San Asensio (La Rioja)
☎: +34 941 457 152
www.bodegasperica.com

David Perica Selección Familiar 2018 T
75% tempranillo, 25% maturana

91

Farbe: tiefes Kirschrot. Aroma: reifes Obst, trockene Kräuter, weiches Eichenholz, Gras, würzig. Mund: reife Früchte, würzig, reife Tannine, fruchtig, ziemlich nachhaltig.

Finca Valdelascarretas 2020 B R
100% viura

90

Korrekt, markante Eiche. Farbe: leuchtendes Gelb. Aroma: geröstetes Brot, reifes Obst. Mund: abgerundet, fett, geschmackvoll.

Olagosa 2023 B
100% viura

90

Tropische, Röstaromen. Aroma: Steinobst, reifes Obst. Mund: fruchtig, süffig, zartbitter.

Perica Viña Olagosa 2012 T GR
80% tempranillo, 10% garnacha, 10% mazuelo

92

Farbe: kirschrot mit granatrotem Saum. Aroma: dunkle Früchte, würzig, rauchig, feuchtes Leder. Mund: geschmackvoll, fruchtig, ausgewogen, ziemlich nachhaltig, reife Tannine.

Perica Viña Olagosa 2014 T R
80% tempranillo, 10% garnacha, 10% mazuelo

89

Fruchtig, würzig, trockene Kräuter, geschmackvoll, reif.

Perica Viña Olagosa 2020 T C
80% tempranillo, 10% garnacha, 10% mazuelo

88

Fruchtig, würzig, Röstaromen, schlicht.

BODEGAS PROELIO
Camino Nalda a Viguera ,46
26190 Nalda (La Rioja)
☎: +34 941 447 207
info@palaciosvinosdefinca.com
www.palaciosvinosdefinca.com

DO Ca. RIOJA / D.O.P.

Proelio 2016 T GR
tempranillo

94

Farbe: leuchtendes Kirschrot, granatroter Saum. Aroma: würzig, feine Reduktionsnoten, Wildkräuter, Fleischnoten, dunkle Früchte, rote Früchte. Mund: frisch, ausgewogen, schöne Säure, feinkörnige Tannine.

Proelio 2021 T C
tempranillo, garnacha

93

Farbe: kirschrot mit violettem Saum. Aroma: ausdrucksstark fruchtig, rote Früchte, würzig, geröstetes Brot. Mund: geschmackvoll, fruchtig, schöne Säure, spannungsvoll.

🏆 PODIUM

Proelio La Canal del Rojo 2020 T
garnacha

95

Farbe: kirschrot mit violettem Saum. Aroma: ausdrucksstark fruchtig, rote Früchte, blumig, würzig. Mund: geschmackvoll, fruchtig, schöne Säure, lang.

🏆 PODIUM

Proelio Puerto Rubio 2020 T
tempranillo

95

Farbe: KirsChrot. Aroma: ausdrucksvoll, würzig, Buschwaldkräuter. Mund: elegant, voll, lang, nachhaltig.

Proelio Vendimia Seleccionada 2020 T R
tempranillo, garnacha, graciano

93

Spannungsvoll. Farbe: kirschrot mit violettem Saum. Aroma: blumig, würzig, feiner Kakao, rote Früchte, dunkle Früchte, Tabak. Mund: geschmackvoll, fruchtig, schöne Säure, lang.

Proelio Viñedos Viejos 2020 T
garnacha

93

Farbe: kirschrot mit violettem Saum. Aroma: ausdrucksstark fruchtig, rote Früchte, blumig, würzig, rauchig. Mund: geschmackvoll, fruchtig, schöne Säure, lang.

BODEGAS RAMÍREZ DE LA PISCINA

Ctra. Vitoria Laguardia s/n
26338 San Vicente de la Sonsierra (La Rioja)
☎: +34 941 334 505
sonia@ramirezdelapiscina.com
www.ramirezdelapiscina.com

Ramírez de la Piscina 2019 T R
100% tempranillo

90

Farbe: KirsChrot. Aroma: reifes Obst, trockene Kräuter, geröstetes Brot. Mund: reife Früchte, zartbitter.

Ramírez de la Piscina 2022 B
80% viura, 20% chardonnay

89

Fruchtig, würzig, Röstaromen, reif, naschhaft.

Ramírez de la Piscina 2023 B
80% viura, 20% chardonnay

88

Fruchtig, Zitrusfrüchte, schlicht, korrekt, kräuterig.

Selección Ramírez de la Piscina 2020 T R
100% tempranillo

91

Farbe: dunkles Kirschrot. Aroma: Röstaromen, würzig, feiner Kakao, rauchig. Mund: geschmackvoll, Röstnoten, zartbitter.

BODEGAS RIOJANAS

Avda. Ricardo Ruiz Azcarraga, 1
26350 Cenicero (La Rioja)
☎: +34 941 454 050
bodega@bodegasriojanas.com
www.bodegasriojanas.com

Monte Real 2017 T GR
100% tempranillo

92

Farbe: dunkles Kirschrot, granatroter Saum. Aroma: Früchtekonfit, Noten von Tischlerei, Tabak, süße Gewürze, Schokolade. Mund: würzig, reife Tannine, lang.

Monte Real Cepas Viejas 2022 T
tempranillo

90

Farbe: leuchtendes Kirschrot. Aroma: ausdrucksstark fruchtig, rote Früchte, blumig, würzig. Mund: geschmackvoll, fruchtig, schöne Säure, lang.

Monte Real Colección Larredant 2020 B
tempranillo blanco

92

Klassisch, reif. Farbe: leuchtendes Gelb. Aroma: getrocknete Blumen, kandierte Früchte, feine Hefen, Feingebäck. Mund: abgerundet, würzig, lang, nachhaltig.

Monte Real Cuvée 2022 T C
67% tempranillo, 33% graciano

92

Farbe: tiefes Kirschrot. Aroma: reifes Obst, trockene Kräuter, weiches Eichenholz, balsamisch. Mund: kraftvoll, reife Früchte, würzig, reife Tannine.

Monte Real Garnacha 2022 T
100% garnacha

92

Farbe: KirsChrot. Aroma: balsamisch, süße Gewürze, rote Früchte, Kräutersäckchen. Mund: würzig, balsamisch, schöne Säure.

Monte Real Reserva de Familia 2021 T R
100% tempranillo

91

Farbe: tiefes Kirschrot, granatroter Saum. Aroma: Noten von Tischlerei, feiner Kakao, Zigarren, Röstaromen, in Likör eingelegte Früchte. Mund: geschmackvoll, würzig, Röstnoten, kräftige Tannine.

Monte Real Tempranillo Blanco 2022 B
100% tempranillo blanco

90

Zitrusfrüchte. Farbe: gelb. Aroma: Zitronenbombon, reifes Obst, offen, welke Blumen. Mund: fruchtig, korrekt.

Puerta Vieja 2021 T C

88

Korrekt, würzig, kräuterig, saftig, fruchtig, mild.

BODEGAS RODA

Avda. de Vizcaya, 5
26002 Haro (La Rioja)
☎: +34 941 303 001
rodarioja@roda.es
www.roda.es

Bodegas Roda Sela 2022 T
89% tempranillo, 7% garnacha, 4% graciano

91

Aroma: reifes Obst, dunkle Früchte, rote Früchte, Wildkräuter, würzig. Mund: geschmackvoll, fruchtig, ausgewogen, trockene, aber reife Tannine, etwas austrocknend.

🏆 PODIUM

Cirsion 2021 T
86% tempranillo, 14% graciano

95

Farbe: tiefes Kirschrot. Aroma: Veilchenbombons, reifes Obst, dunkle Früchte, schwarze Lakritze, würzig. Mund: fruchtig, kraftvoll, strukturiert, geschmackvoll, spannungsvoll, ausgewogen, rauchig nachwirkend, nachhaltig, kräftige Tannine.

DO Ca. RIOJA / D.O.P.

558 Guía Peñín SPANIENS WEINFÜHRER

Roda 2021 T R
89% tempranillo, 6% garnacha, 5% graciano

93

Farbe: leuchtendes Kirschrot. Aroma: dunkle Früchte, reifes Obst, würzig, feiner Kakao, Schwarzer Pfeffer, Röstaromen. Mund: geschmackvoll, fruchtig, ausgewogen, reife Früchte, trockene, aber reife Tannine.

🏆 PODIUM

Roda I 2020 T R
92% tempranillo, 8% graciano

95

Farbe: leuchtendes Kirschrot, tiefes Kirschrot. Aroma: reifes Obst, dunkle Früchte, Wildkräuter, würzig, rauchig, ausdrucksvoll. Mund: fruchtig, geschmackvoll, strukturiert, kraftvoll, ausgewogen, spannungsvoll, zartbitter, würzig, nachhaltig, reife Tannine.

Roda I 2021 B
viura, garnacha blanca, malvasía

94

Farbe: leuchtendes Strohgelb. Aroma: ausdrucksvoll, reifes Obst, feine Hefen, würzig, markante Eiche. Mund: voll, komplex, lang, strukturiert, saftig, geschmackvoll.

BODEGAS RODRÍGUEZ Y SANZO
Avda. de Tordesillas, 5
47490 Rueda (Valladolid)
☎: +34 983 150 150
comunicacion@rodriguezysanzo.com
www.rodriguezysanzo.com

La Senoba 2018 T C
70% tempranillo, 30% graciano

91

Farbe: tiefes Kirschrot. Aroma: reifes Obst, trockene Kräuter, weiches Eichenholz, Wildkräuter. Mund: reife Früchte, würzig, reife Tannine, ziemlich nachhaltig.

Lacrimus Crianza 2021 T C
tempranillo

89

Fruchtig, reif, Röstaromen, würzig, etwas austrocknend.

BODEGAS SAN ESTEBAN
Ctra. Agoncillo s/n
26143 Murillo de Río Leza (La Rioja)
☎: +34 941 432 031
gerencia@bodegassanesteban.com
www.bodegassanesteban.com

Kairos de San Esteban 2019 T
100% tempranillo

92

Klar definierte Aromen, getrocknete Blumen. Aroma: ausdrucksstark fruchtig, würzig. Mund: saftig, lebhaft, sortentypisch, reife Früchte.

Tierras de Murillo 2019 B FB
100% viura

90

Holzig. Farbe: gelb. Aroma: geröstetes Brot, intensive Röstaromen. Mund: süffig, würzig.

Tierras de Murillo 2019 T C
99% tempranillo, 1% otras

87

Tierras de Murillo 2023 B
71% viura, 29% tempranillo blanco

88

Aromatisch, geschmackvoll, mild.

Tierras de Murillo 2023 RD
100% tempranillo

87

Tierras de Murillo Garnacha 2021 T
100% garnacha

90

Farbe: kirschrot mit violettem Saum. Aroma: rote Früchte, blumig, würzig, sortenrein. Mund: geschmackvoll, fruchtig, schöne Säure, süffig.

DO Ca. RIOJA / D.O.P.

DO Ca. RIOJA / D.O.P.

BODEGAS SAN MARTÍN DE ABALOS
Camino del Prado s/n
26211 Fonzaleche (La Rioja)
☎: +34 686 942 800
bodegasanmartin@yahoo.com
www.sanmartindeabalos.com

El Chico Robusto 2022 T
100% tempranillo
91
Farbe: kirschrot mit violettem Saum. Aroma: rote Früchte, blumig, würzig, dunkle Früchte. Mund: geschmackvoll, fruchtig, schöne Säure, voll.

La Chica Fina 2022 T
100% garnacha
90
Farbe: KirsChrot. Aroma: balsamisch, süße Gewürze, Buschwaldkräuter, rote Früchte. Mund: würzig, balsamisch, schöne Säure.

Las Gemelas Maravilla 2022 B
100% viura
89
Cremig, holzig, würzig, voll.

Prado de Fonzaleche 2018 T R
tempranillo
87

Viña Vereda del Río 2020 T C
tempranillo
85

BODEGAS SANTOS SODUPE ORIVE
Calle La Barrera, 3
26340 San Asensio (La Rioja)
☎: +34 651 748 939
info@bodegassantossodupe.com
www.bodegassantossodupe.com

Descuido 2023 T MC
tempranillo, garnacha
88
Lieblich, korrekt, flüssig am Gaumen, fruchtig, mild.

Santos Sodupe 2016 T R
tempranillo, graciano
87

Santos Sodupe 2020 T C
tempranillo, graciano, garnacha
87

Santos Sodupe Graciano 100% 2015 T C
100% graciano
88
Sortenrein, fruchtig, würzig, rauchig, schlicht.

Titis 2023 RD
garnacha
87

Titis 2023 T
tempranillo, garnacha, graciano
87

BODEGAS SONSIERRA
Paseo de Logroño, 3
26338 San Vicente de la Sonsierra (La Rioja)
☎: +34 941 334 031
sonsierra@sonsierra.com
www.sonsierra.com

Pagos de la Sonsierra 2015 T R
100% tempranillo
91
Farbe: tiefes Kirschrot, granatroter Saum. Aroma: Noten von Tischlerei, reifes Obst, feiner Kakao, Zigarren, Röstaromen. Mund: geschmackvoll, würzig, Röstnoten.

Perfume de Sonsierra 2016 T
100% tempranillo
92
Farbe: dunkles Kirschrot, granatroter Saum. Aroma: reifes Obst, Noten von Tischlerei, Tabak, süße Gewürze, Zigarren, Schokolade. Mund: würzig, reife Tannine, lang.

Sonsierra 2015 T GR
100% tempranillo
91
Farbe: dunkles Kirschrot, granatroter Saum. Aroma: reifes Obst, Früchtekonfit, Noten von Tischlerei, Tabak, süße Gewürze. Mund: würzig, reife Tannine, lang.

Sonsierra 2017 T R
100% tempranillo
90
Würzig, Leichtwein, reif, Röstaromen. Farbe: kirschrot mit granatrotem Saum.

Sonsierra Tempranillo Blanco 2023 B
100% tempranillo blanco
87

Sonsierra Vendimia Seleccionada 2020 T C
100% tempranillo
89
Angenehm, mild, schlicht, Röstaromen.

Sonsierra Viura 2022 B FB
100% viura
88
Röstaromen, bitter, reif.

Viñedos de Sonsierra Duermealmas 2017 T BA
100% tempranillo
91
Farbe: dunkles Kirschrot, granatroter Saum. Aroma: Früchtekonfit, Noten von Tischlerei, Tabak, süße Gewürze, Schokolade. Mund: würzig, reife Tannine, lang.

Viñedos de Sonsierra El Rincón de los Galos 2018 T BA S
100% tempranillo
93
Farbe: tiefes Kirschrot. Aroma: trockene Kräuter, weiches Eichenholz, dunkle Früchte, reifes Obst, erdig. Mund: kraftvoll, reife Früchte, würzig, reife Tannine.

Viñedos de Sonsierra Viñedo de Altura 2021 T
100% tempranillo
93
Kraftvoll. Farbe: leuchtendes Kirschrot. Aroma: komplex, ausdrucksvoll, würzig, mineralisch, Heidelbeere. Mund: voll, lang, nachhaltig, kräftige Tannine.

Viñedos de Sonsierra, Viñedo Viejo 2018 T
100% tempranillo
91
Farbe: sattes Kirschrot. Aroma: intensive Röstaromen, aromatischer Kaffee, kraftvoll, reifes Obst, dunkle Früchte. Mund: rauchig nachwirkend, nachhaltig, reife Tannine.

BODEGAS TARÓN
Ctra. de Miranda, s/n
26211 Tirgo (La Rioja)
☎: +34 941 301 650
info@bodegastaron.com
www.bodegastaron.com

Patiens 2017 B R
viura
91
Komplex, alt, würzig. Farbe: leuchtendes Gelb. Aroma: Karamel, süße Gewürze, Hefenoten. Mund: würzig, reife Früchte, zartbitter.

Tarón 2017 T R
tempranillo
90
Farbe: dunkles Kirschrot. Aroma: reifes Obst, Noten von Tischlerei, süße Gewürze, Weihrauch. Mund: würzig, reife Tannine, lang.

Tarón 2019 T C
tempranillo
88
Würzig, kräuterig, reif, geschmackvoll, etwas austrocknend.

Tarón Cepas Centenarias 2020 T
tempranillo
91
Farbe: dunkles Kirschrot. Aroma: Röstaromen, würzig, feiner Kakao, rauchig. Mund: geschmackvoll, Röstnoten, strukturiert.

Tarón Tempranillo Blanco 2022 B C
tempranillo blanco
90
Farbe: leuchtendes Gelb. Aroma: weiches Eichenholz, reifes Obst, würzig. Mund: fett, Röstnoten.

Territorio Tarón 2017 T
100% tempranillo
91
Rauchig, reif. Aroma: dunkle Früchte, weiches Eichenholz, trockene Kräuter, erdig. Mund: strukturiert, geschmackvoll.

DO Ca. RIOJA / D.O.P.

SPANIENS WEINFÜHRER

DO Ca. RIOJA / D.O.P.

BODEGAS TIERRA
El Olmo, 16
01330 Labastida (Araba/Álava)
☎: +34 945 331 257
carlos@tierrayvino.com
www.tierrayvino.com

El Belisario 2021 T
tempranillo

92

Farbe: kirschrot mit violettem Saum. Aroma: ausdrucksstark fruchtig, rote Früchte, blumig, würzig. Mund: geschmackvoll, fruchtig, schöne Säure.

El Primavera 2022 T
tempranillo

89

Fruchtig, reif, von Primäraromen beherrscht, geschmackvoll, etwas austrocknend.

La Abuela Visi 2022 B BA
viura, malvasía, moscatel

92

Farbe: leuchtendes Strohgelb. Aroma: ausdrucksstark fruchtig, reifes Obst, blumig, Zitrusfrüchte, helle Früchte. Mund: geschmackvoll, frisch, nachwirkend fruchtig, fruchtig, ziemlich nachhaltig.

Tierra 2021 T C
tempranillo

88

Ausgewogen, würzig, trockene Kräuter, Röstaromen.

Tierra de Marmol 2022 RD
garnacha blanca, garnacha, pinot noir, pinot meunier

91

Farbe: zwiebelschalfarben. Aroma: eingemachtes Obst, rote Früchte, feine Hefen, Kräutersäckchen, trockene Kräuter. Mund: frisch, fruchtig, geschmackvoll, ausgewogen, lebhaft, ziemlich nachhaltig, weiche Tannine.

Tierra Fidel 2020 T
garnacha, graciano

90

Farbe: tiefes Kirschrot. Aroma: trockene Kräuter, dunkle Früchte, reifes Obst. Mund: reife Früchte, würzig, reife Tannine.

Tulonio 2022 B
mazuelo blanco

93

Farbe: leuchtendes Strohgelb. Aroma: ausdrucksstark fruchtig, Steinobst, helle Früchte, welke Blumen, blumig, feine Hefen, trockene Kräuter. Mund: fruchtig, voll, geschmackvoll, ausgewogen, nachhaltig.

BODEGAS TOBÍA
Paraje Senda Rutia, s/n
26007 Cuzcurrita de Río Tirón (La Rioja)
☎: +34 941 301 789
yrodriguez@bodegastobia.com
www.bodegastobia.com

Tobía Cuvée 2020 T C
73% tempranillo, 27% garnacha

90

Lieblich, fruchtig. Farbe: KirsChrot. Aroma: balsamisch, süße Gewürze, Buschwaldkräuter. Mund: würzig, schöne Säure.

Tobía Cuvée B
28% sauvignon blanc, 26% tempranillo blanco, 22% chardonnay, 18% viura, 4% maturana blanca, 2% garnacha

91

Farbe: leuchtendes Strohgelb. Aroma: ausdrucksstark fruchtig, reifes Obst, blumig, helle Früchte, Wildkräuter. Mund: geschmackvoll, frisch, schöne Säure, nachwirkend fruchtig, ziemlich nachhaltig.

Tobía Garnacha Blanca 2022 B
100% garnacha blanca

92

Farbe: leuchtendes Strohgelb. Aroma: reifes Obst, Kräutersäckchen, feine Hefen, Steinobst. Mund: voll, fett, lang, schöne Säure.

Tobía Luz de Luna 2023 RD
95% garnacha, 5% graciano

86

Tobía Selección de Autor 2019 T BA
77% tempranillo, 7% graciano, 6% garnacha, 10% otras

92

Klar definierte Aromen, fruchtig. Farbe: kirschrot mit violettem Saum. Aroma: ausdrucksstark fruchtig, rote Früchte, blumig, würzig. Mund: geschmackvoll, fruchtig, schöne Säure, lang.

Tobía Selección de Autor 2021 B
50% chardonnay, 50% tempranillo blanco

90

Farbe: leuchtendes Gelb. Aroma: weiches Eichenholz, reifes Obst, würzig, Banane. Mund: strukturiert, lang, Röstnoten, zartbitter.

BODEGAS VALDEBARÓN
Ctra. de Aras, s/n
31230 Viana (Navarra)
☎: +34 948 645 300

Cepa Lebrel 2018 T GR
90
Klassisch. Farbe: dunkles Kirschrot, granatroter Saum. Aroma: reifes Obst, Früchtekonfit, Noten von Tischlerei, Tabak, süße Gewürze. Mund: würzig, reife Tannine, lang.

BODEGAS VALDELACIERVA
Ctra. Burgos, Km. 13
26370 Navarrete (La Rioja)
☎: +34 941 440 620
export@hispanobodegas.com
www.hispanobodegas.com

Valdelacierva 2019 T R
tempranillo
91
Farbe: tiefes Kirschrot. Aroma: reifes Obst, trockene Kräuter, weiches Eichenholz, würzig, Fleischnoten. Mund: reife Früchte, würzig, reife Tannine, geschmackvoll, trockene, aber reife Tannine.

Valdelacierva 2020 T C
tempranillo
90
Farbe: tiefes Kirschrot. Aroma: reifes Obst, trockene Kräuter, rote Früchte, süße Gewürze. Mund: reife Früchte, würzig, fruchtig, geschmackvoll, trockene, aber reife Tannine.

Valdelacierva Cantogordo 2020 T
tempranillo
92
Farbe: leuchtendes Kirschrot. Aroma: reifes Obst, rote Früchte, Wildkräuter, weiches Eichenholz, würzig, Röstaromen. Mund: fruchtig, geschmackvoll, ausgewogen, würzig, trockene, aber reife Tannine.

Valdelacierva Grano a Grano 2020 T
tempranillo
94
Farbe: tiefes Kirschrot. Aroma: reifes Obst, trockene Kräuter, weiches Eichenholz, dunkle Früchte, balsamisch, würzig. Mund: reife Früchte, würzig, fruchtig, geschmackvoll, trockene, aber reife Tannine, ziemlich nachhaltig.

Valdelacierva La Salmuera 2020 T
tempranillo
91
Farbe: leuchtendes Kirschrot. Aroma: reifes Obst, dunkle Früchte, rote Früchte, würzig, rauchig. Mund: fruchtig, geschmackvoll, kraftvoll, ziemlich nachhaltig, kräftige Tannine.

Valdelacierva Montepedriza 2020 T
garnacha
93
Farbe: leuchtendes Kirschrot. Aroma: reifes Obst, Früchtekonfit, Noten von Tischlerei, Tabak, süße Gewürze. Mund: würzig, reife Tannine, lang, fruchtig, geschmackvoll.

BODEGAS VALDELANA
Puente Barricuelo, 67-69
01340 Elciego (Araba/Álava)
☎: +34 945 606 055
comercial@bodegasvaldelana.com
www.bodegasvaldelana.com

Agnus de Valdelana de Autor 2021 T C
95% tempranillo, 5% graciano
90
Korrekt, fruchtig, aromatisch. Aroma: würzig. Mund: süffig, reife Früchte, reife Tannine, ausgewogen.

Ladrón de Guevara 2021 T C
tempranillo
89
Fruchtig, würzig, kräuterig, reif, Röstaromen.

Palador 2018 T R
95% tempranillo, 5% graciano
90
Fruchtig, Röstaromen, würzig. Aroma: Weihrauch, markante Eiche. Mund: fruchtig, geschmackvoll.

BODEGAS VALDEMAR
Camino Viejo de Logroño, 24
01320 Oyón (Araba/Álava)
☎: +34 945 622 188
info@valdemar.es
www.valdemarfamily.com

Altos Valdemar Sauvignon Blanc 2023 B
100% sauvignon blanc
88
Korrekt, würzig, reif, geschmackvoll, kräuterig.

Balcón de Pilatos Maturana 2020 T
100% maturana
93
Farbe: kirschrot mit violettem Saum. Aroma: reifes Obst, dunkle Früchte, aromatischer Kaffee, feiner Kakao, Röstaromen, sortenrein. Mund: fruchtig, kraftvoll, geschmackvoll, ausgewogen, ziemlich nachhaltig, rauchig nachwirkend, trockene, aber reife Tannine.

Conde de Valdemar 2017 T R
91
Farbe: dunkles Kirschrot. Aroma: reifes Obst, Früchtekonfit, Noten von Tischlerei, Tabak, süße Gewürze, rote Früchte. Mund: würzig, geschmackvoll, trockene, aber reife Tannine, rauchig nachwirkend.

DO Ca. RIOJA / D.O.P.

Conde Valdemar Edición Limitada 2019 T
92
Farbe: tiefes Kirschrot. Aroma: reifes Obst, trockene Kräuter, weiches Eichenholz, rote Früchte, rauchig. Mund: reife Früchte, würzig, reife Tannine, fruchtig, rauchig nachwirkend, trockene, aber reife Tannine.

Inspiración Valdemar 2020 T
85% tempranillo, 10% maturana, 5% graciano
90
Farbe: leuchtendes Kirschrot. Aroma: reifes Obst, Schokolade, süße Gewürze. Mund: fruchtig, würzig, reife Tannine, ausgewogen.

La Gargantilla Tempranillo 2020 T
100% tempranillo
92
Farbe: tiefes Kirschrot. Aroma: reifes Obst, trockene Kräuter, weiches Eichenholz, dunkle Früchte, milchig. Mund: kraftvoll, reife Früchte, geschmackvoll, frisch, trockene, aber reife Tannine.

BODEGAS VALLOBERA
Camino de la Hoya, 5
01300 Laguardia (Araba/Álava)
☎: +34 699 357 207
enologia@vallobera.com
www.vallobera.com

Caudalia de Vallobera 2020 B FB
100% tempranillo blanco
92
Farbe: strohgelb. Aroma: trockene Kräuter, welke Blumen, helle Früchte, geröstetes Brot. Mund: kraftvoll, reife Früchte, ausgewogen.

Malarina 7 2022 T
100% tempranillo
88
Klar definierte Aromen, fruchtig, reif.

Vallobera 2021 T C
100% tempranillo
89
Würzig, Röstaromen, reif.

BODEGAS VINÍCOLA REAL
Ctra. Nalda, km. 9
26120 Albelda de Iregua (La Rioja)
☎: +34 941 444 233
info@vinicolareal.com
www.vinicolareal.com

200 Monges 1920 2018 T
garnacha
92
Klassisch. Farbe: dunkles Kirschrot, granatroter Saum. Aroma: reifes Obst, Noten von Tischlerei, Tabak, süße Gewürze. Mund: würzig, reife Tannine, lang.

200 Monges 2007 B GR
94
Ausgewogen, saftig. Farbe: leuchtendes Gelb. Aroma: Steinobst, würzig, ausgewogen, kraftvoll. Mund: geschmackvoll, voll, zartbitter, Röstnoten.

200 Monges Selección Especial 2006 T R
tempranillo
93
Würzig, üppig. Farbe: dunkles Kirschrot, granatroter Saum. Aroma: Früchtekonfit, Noten von Tischlerei, Tabak, süße Gewürze. Mund: würzig, reife Tannine, lang.

BODEGAS VIÑA BERNEDA
Ctra. Somalo, 59
26313 Uruñuela (La Rioja)
☎: +34 941 371 304
berneda@vinaberneda.com
www.vinaberneda.com

Algo que Contarte 2020 T
100% graciano
92
Balsamisch. Farbe: KirsChrot. Aroma: komplex, ausdrucksvoll, würzig, mineralisch. Mund: voll, lang, nachhaltig.

Viña Berneda 2023 B
100% viura
88
Zitrusfrüchte, trockene Kräuter, voll, korrekt.

Viña Berneda 2023 T MC
100% tempranillo
86

BODEGAS VIÑA HERMINIA
26559 Aldeanueva de Ebro (La Rioja)
☎: +34 941 142 305
vherminia@vherminia.es
www.viñaherminia.es

Viña Herminia 2018 T R
85% tempranillo, 10% garnacha, 5% graciano
88
Klassisch, Röstaromen, rauchig.

BODEGAS VIÑA LAGUARDIA
01309 Elvillar (Araba/Álava)
☎: +34 945 604 143
bodega@vinalaguardia.com
www.vinalaguardia.com

Bilum Limited Edition 5600 Bot. 2016 T R
tempranillo

90

Farbe: tiefes Kirschrot. Aroma: reifes Obst, trockene Kräuter, weiches Eichenholz, in Likör eingelegte Früchte, rote Früchte, süße Gewürze. Mund: kraftvoll, reife Früchte, würzig, trockene, aber reife Tannine, rauchig nachwirkend.

Ecania 2018 T R
tempranillo, graciano, garnacha

85

Ecania 2019 T C
tempranillo, graciano

87

Ecania Colección Privada 2022 T
tempranillo

87

Fruchtig, rustikal, schlicht, korrekt.

Marqués de Bilar 2016 T GR
tempranillo, graciano

89

Fruchtig, trockene Kräuter, würzig, geschmackvoll.

Pirgos 2500 Bot. 2018 T

90

Farbe: leuchtendes Kirschrot. Aroma: ausdrucksstark fruchtig, rote Früchte, würzig, Kräutersäckchen. Mund: geschmackvoll, fruchtig, frisch, Röstnoten, trockene, aber reife Tannine.

BODEGAS VIVANCO
Ctra. N-232, s/n
26330 Briones (La Rioja)
☎: +34 941 322 360
bodega@vivancoculturadevino.es
www.vivancoculturadevino.es

Colección Vivanco Parcelas de Garnacha 2021 T
garnacha

92

Aromatisch, klar definierte Aromen. Farbe: KirsChrot. Aroma: Buschwaldkräuter, Wildkräuter, Thymian. Mund: würzig, schöne Säure, fruchtig.

Vivanco 2019 T R
90% tempranillo, 10% graciano

91

Korrekt, repräsentativ. Farbe: leuchtendes Kirschrot. Aroma: reifes Obst, trockene Kräuter, weiches Eichenholz. Mund: kraftvoll, reife Früchte, würzig, reife Tannine.

Vivanco 2021 T C
95% tempranillo, 3% graciano, maturana

90

Würzig, reif, geschmackvoll, durchschnittlich am Gaumen. Aroma: Buschwaldkräuter, offen, ausgewogen.

Vivanco Brunes 2021 T
90% tempranillo, 10% maturana

93 🌿

Farbe: tiefes Kirschrot. Aroma: reifes Obst, Buschwaldkräuter, trockene Kräuter, Schokolade. Mund: reife Früchte, würzig, reife Tannine, süffig.

Vivanco La Isla Viñedo Singular 2020 T
96% tempranillo, 2% garnacha, 2% otras

91 🌿

Nach Eingemachtem, würzig. Farbe: tiefes Kirschrot. Aroma: trockene Kräuter, Tabak, Früchtekonfit. Mund: kraftvoll, würzig, lang.

Vivanco La Isla Viñedo Singular Pie Franco 2020 B
viura

91 🌿

Farbe: leuchtendes Strohgelb. Aroma: ausdrucksstark fruchtig, reifes Obst, blumig, Zitronenbombon, Kräutersäckchen. Mund: geschmackvoll, frisch, nachwirkend fruchtig, ausgewogen, lebhaft.

BODEGAS Y VIÑAS DEL CONDE
Calle Bodegas 18
01306 Lapuebla de Labarca (Araba/Álava)
☎: +34 673 736 155
condedealtava@gmail.com
www.condedealtava.com

Conde de Altava 2023 B
viura
90
Farbe: leuchtendes Gelb. Aroma: kraftvoll, reifes Obst, Wildkräuter, balsamisch, mineralisch. Mund: strukturiert, lang, Röstnoten, zartbitter.

Conde de Altava 2023 RD
tempranillo
87

Conde de Altava Tempranillo 2023 T
tempranillo
89
Angenehm, fruchtig, reif.

BODEGAS Y VIÑEDOS ALVAREZ ALFARO
Ctra. Comarcal 384, Km. 0,8
26559 Aldeanueva de Ebro (La Rioja)
☎: +34 941 144 210
info@bodegasalvarezalfaro.com
www.bodegasavarezalfaro.com

Alvarez Alfaro Altos de Rabanera T
85% tempranillo, 7,5% garnacha, 7,5% mazuelo
90
Farbe: tiefes Kirschrot. Aroma: trockene Kräuter, weiches Eichenholz, dunkle Früchte, reifes Obst. Mund: kraftvoll, reife Früchte, würzig, reife Tannine.

Alvarez Alfaro Finca Las Traviesas 2019 T
95% tempranillo, 5% garnacha
91
Farbe: tiefes Kirschrot. Aroma: trockene Kräuter, weiches Eichenholz, dunkle Früchte. Mund: reife Früchte, würzig, reife Tannine.

Alvarez Alfaro Garnacha Blanca 2023 B FB
100% garnacha blanca
91
Farbe: leuchtendes Strohgelb. Aroma: ausdrucksstark fruchtig, reifes Obst, blumig, trockene Kräuter, ausdrucksvoll. Mund: geschmackvoll, frisch, schöne Säure, nachwirkend fruchtig, reife Früchte.

Alvarez Alfaro Selección Familiar 2017 T
100% tempranillo
92
Alt. Farbe: dunkles Kirschrot, granatroter Saum. Aroma: reifes Obst, Früchtekonfit, Noten von Tischlerei, Tabak, süße Gewürze. Mund: würzig, reife Tannine, lang.

Alvarez Alfaro Selección Familiar 2018 T
100% tempranillo
91
Farbe: tiefes Kirschrot. Aroma: reifes Obst, trockene Kräuter, weiches Eichenholz. Mund: kraftvoll, reife Früchte, würzig, reife Tannine.

Alvarez Alfaro Selección Familiar 2019 T
100% tempranillo
90
Farbe: tiefes Kirschrot. Aroma: reifes Obst, trockene Kräuter, weiches Eichenholz. Mund: würzig, reife Tannine.

BODEGAS Y VIÑEDOS CASADO MORALES
Avda. La Póveda 12
01306 Lapuebla de Labarca (Araba/Álava)
☎: +34 945 607 017
info@casadomorales.es
www.casadomorales.es

Casado Morales 2015 T GR
tempranillo, graciano
87

Casado Morales 2017 T R
tempranillo
90
Farbe: tiefes Kirschrot. Aroma: trockene Kräuter, weiches Eichenholz, reifes Obst, Früchtekonfit. Mund: reife Früchte, würzig, reife Tannine.

Casado Morales 2019 T C
tempranillo, graciano
91
Farbe: tiefes Kirschrot. Aroma: trockene Kräuter, weiches Eichenholz, dunkle Früchte. Mund: kraftvoll, reife Früchte, würzig, reife Tannine.

Eme Garnacha de Casado Morales 2022 T
garnacha
90
Farbe: dunkles Kirschrot. Aroma: Röstaromen, würzig, feiner Kakao, reifes Obst. Mund: geschmackvoll, Röstnoten, zartbitter.

Eme Graciano de Casado Morales 2022 T
graciano
93
Saftig. Farbe: tiefes Kirschrot. Aroma: trockene Kräuter, Wildkräuter, rote Früchte, dunkle Früchte. Mund: reife Früchte, würzig, reife Tannine, elegant.

Eme Mazuelo de Casado Morales 2022 T
mazuelo

92

Klar definierte Aromen, fruchtig. Farbe: kirschrot mit violettem Saum. Aroma: ausdrucksstark fruchtig, rote Früchte, blumig, würzig. Mund: geschmackvoll, fruchtig, schöne Säure, lang.

BODEGAS Y VIÑEDOS GÓMEZ CRUZADO

Avda. Vizcaya, 6
26200 Haro (La Rioja)
☎: +34 941 312 502
j.palau@gomezcruzado.com
www.gomezcruzado.com

El Predilecto 2022 T
65% garnacha, 35% tempranillo

92

Farbe: kirschrot mit violettem Saum. Aroma: ausdrucksstark fruchtig, rote Früchte, blumig, würzig, mineralisch. Mund: geschmackvoll, fruchtig, schöne Säure, lang.

Gómez Cruzado 2° Año 2023 B
70% viura, 25% tempranillo blanco, 5% garnacha blanca

91

Farbe: strohgelb. Aroma: ausdrucksvoll, weiße Blumen, trockene Kräuter, ausdrucksstark fruchtig, helle Früchte. Mund: geschmackvoll, fruchtig, ausgewogen, frisch.

Gómez Cruzado Honorable 2019 T
90% tempranillo, 10% garnacha, graciano

93

Farbe: dunkles Kirschrot, granatroter Saum. Aroma: reifes Obst, Noten von Tischlerei, Tabak, süße Gewürze. Mund: würzig, reife Tannine, lang.

Montes Obarenes 2021 B
65% viura, 25% tempranillo blanco, 10% calagraño, malvasía, garnacha blanca

93

Farbe: leuchtendes Gelb. Aroma: kraftvoll, weiches Eichenholz, reifes Obst, würzig. Mund: fett, strukturiert, lang, Röstnoten, zartbitter.

🏆 **PODIUM**

Pancrudo de Gómez Cruzado 2022 T
100% garnacha

95

Klar definierte Aromen, aromatisch. Farbe: KirsChrot. Aroma: komplex, ausdrucksvoll, würzig, mineralisch, rote Früchte. Mund: elegant, voll, lang, nachhaltig.

BODEGAS Y VIÑEDOS ILURCE

Ctra. de Alfaro a Grávalos, s/n
26540 Alfaro (La Rioja)
☎: +34 941 180 829
victor@ilurce.com
www.ilurce.com

El Sueño de Amado Viñedo 2019 T C
100% garnacha

90

Farbe: dunkles Kirschrot. Aroma: reifes Obst, Früchtekonfit, Tabak, süße Gewürze. Mund: würzig, reife Tannine, lang.

Ilurce 2021 T C
53% tempranillo, 33% garnacha, 14% graciano

88

Korrekt, reif, geschmackvoll, Röstaromen.

Ilurce 2023 RD
100% garnacha

89

Angenehm, fruchtig, Süßwaren.

Ilurce Tempranillo 2023 T
100% tempranillo

87

Ilurce Tempranillo Blanco 2023 B
100% tempranillo blanco

88

Zitrusfrüchte, ausgewogen, frisch, kräuterig.

Sintauto 2018 T
100% graciano

90

Reduktiver Ausbau, wild, sortenrein. Aroma: trockene Kräuter, feine Reduktionsnoten, Tabak, Früchtekonfit. Mund: würzig, nach Eingemachtem.

DO Ca. RIOJA / D.O.P.

BODEGAS Y VIÑEDOS LA MALDITA

26330 Briones (La Rioja)
☎: +34 941 322 360
info@lamalditawines.com
www.lamalditawines.com

La Maldita Garnacha 2023 RD
garnacha
89
Fruchtig, getrocknete Blumen, reif, geschmackvoll.

La Maldita Garnacha 2023 T
garnacha
88
Aromatisch, blumig, kräuterig, reif, wild, mild.

La Maldita Garnacha Blanca 2023 B
garnacha blanca
87

La Maldita Revolution 2021 T
garnacha
90
Farbe: leuchtendes Kirschrot. Aroma: reifes Obst, trockene Kräuter. Mund: reife Früchte, würzig, reife Tannine, süffig.

La Maldita Rosé 2021 RE BR
garnacha
88
Schlicht, geschmackvoll, reif.

BODEGAS Y VIÑEDOS LABASTIDA

Avda. Diputación, 53
01330 Labastida (Araba/Álava)
☎: +34 945 331 161
info@bodegaslabastida.com
www.bodegaslabastida.com

Solagüen 2021 T C
tempranillo, garnacha
90
Farbe: tiefes Kirschrot. Aroma: trockene Kräuter, weiches Eichenholz, dunkle Früchte. Mund: reife Früchte, würzig, reife Tannine.

BODEGAS Y VIÑEDOS LARRAZ

Paraje Ribarrey. Pol. 12- Parcela 50
26350 Cenicero (La Rioja)
☎: +34 639 728 581
info@bodegaslarraz.com
www.bodegaslarraz.com

Caudum Bodegas Larraz 2016 T BA
90 ☘
Farbe: tiefes Kirschrot. Aroma: trockene Kräuter, weiches Eichenholz, erdig, dunkle Früchte. Mund: reife Früchte, würzig, reife Tannine.

Caudum Bodegas Larraz 2018 T BA
89 ☘
Würzig, ausgewogen, trockene Kräuter, reif, Röstaromen.

Caudum Bodegas Larraz Selección Especial 2018 T BA
100% tempranillo
91
Farbe: tiefes Kirschrot. Aroma: trockene Kräuter, dunkle Früchte, Früchtekonfit, erdig, Teer. Mund: kraftvoll, reife Früchte, würzig, reife Tannine.

Caudum Bodegas Larraz Selección Especial 2019 T BA
100% tempranillo
90
Farbe: tiefes Kirschrot. Aroma: reifes Obst, trockene Kräuter, dunkle Früchte, Röstaromen, erdig. Mund: kraftvoll, reife Früchte, würzig, reife Tannine.

BODEGAS Y VIÑEDOS LEZA GARCÍA

San Ignacio, 26
26313 Uruñuela (La Rioja)
☎: +34 941 371 142
bodegasleza@bodegasleza.com
www.bodegasleza.com

Leza García 2016 T GR
tempranillo
88
Rauchig, würzig, trockene Kräuter, markante Eiche.

Leza García Edición Graciano 2022 T
graciano
89
Angenehm, Röstaromen, kräuterig.

LG de Leza García 2020 T
92
Farbe: kirschrot mit violettem Saum. Aroma: rote Früchte, würzig, neues Eichenholz. Mund: geschmackvoll, fruchtig, schöne Säure, lang.

Los Topos de Leza García 2021 T
tempranillo
91
Farbe: kirschrot mit granatrotem Saum. Aroma: Früchtekonfit, in Likör eingelegte Früchte, kraftvoll, Röstaromen, Schokolade. Mund: geschmackvoll, leicht süßlich, lang.

Nube de Leza García 2023 RD S
garnacha
85

Orange by Leza García 2023 B
sauvignon blanc, viura
87

Los Natos de Leza García Viñedo Singular 2021 T
tempranillo
93
Komplex, Röstaromen. Farbe: dunkles Kirschrot. Aroma: Röstaromen, würzig, feiner Kakao, dunkle Früchte. Mund: geschmackvoll, Röstnoten, zartbitter.

BODEGAS Y VIÑEDOS MARQUÉS DE CARRIÓN
La Cadena Kalea, 14
01330 Labastida (Araba/Álava)
☎: +34 608 343 859
info@jgc.es
www.garciacarrion.com

Antaño 2017 T R
100% tempranillo
87

Antaño 2018 T C
100% tempranillo
86

Antaño 2023 B
88
Schlicht, mild, blumig.

Bodega La Ermita 2019 T
tempranillo
89
Ausgewogen, würzig, kräuterig, geschmackvoll.

Marqués de Carrión 2018 T C
tempranillo, mazuelo, graciano
87

Viña Arnaiz 2017 T R
90% tempranillo, 10% graciano
88
Röstaromen, geschmackvoll, reif, leichte Reduktion.

Viña Arnaiz 2019 T C
90% tempranillo, 10% graciano
87

BODEGAS Y VIÑEDOS MARQUÉS DE VARGAS
Ctra. Zaragoza, Km. 6
26006 Logroño (La Rioja)
☎: +34 941 261 401
bodega@marquesdevargas.com
www.marquesdevargas.com

Marqués de Vargas 2017 T GR
75% tempranillo, 15% garnacha, 10% mazuelo
92
Farbe: dunkles Kirschrot, granatroter Saum. Aroma: reifes Obst, Noten von Tischlerei, Tabak, süße Gewürze, Schokolade. Mund: würzig, reife Tannine, lang.

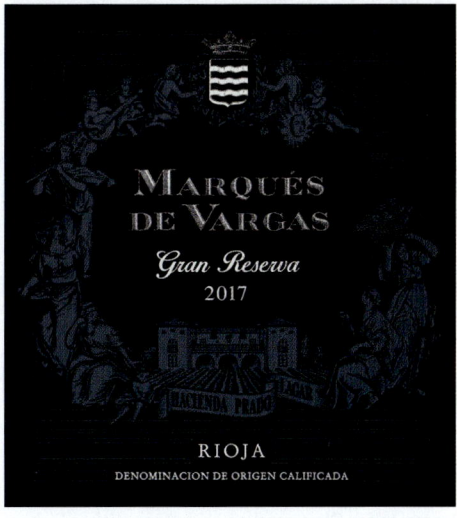

DO Ca. RIOJA / D.O.P.

Marqués de Vargas 2019 T R
72% tempranillo, 10% garnacha, 18% mazuelo
93
Farbe: dunkles Kirschrot. Aroma: Röstaromen, würzig, feiner Kakao, dunkle Früchte, reifes Obst. Mund: geschmackvoll, Röstnoten, zartbitter.

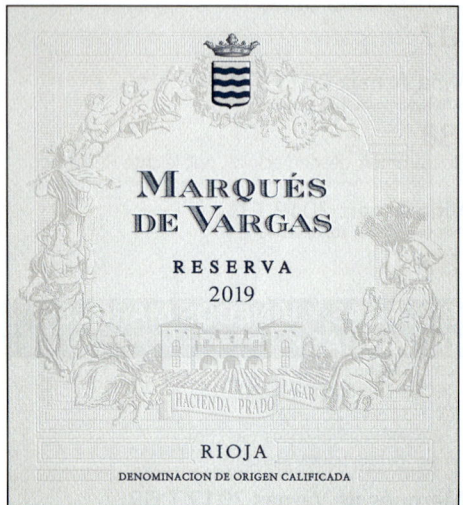

BODEGAS Y VIÑEDOS ORTEGA EZQUERRO
26512 Tudelilla (La Rioja)
☎: +34 941 152 046
info@ortegaezquerro.com
www.ortegaezquerro.com

Don Quintin Ortega 2022 B FB
viura, malvasía, garnacha blanca
89
Fruchtig, Röstaromen, geschmackvoll, intensive Röstaromen.

OE Garnacha 2022 T
garnacha
93
Farbe: KirsChrot. Aroma: ausdrucksvoll, würzig, mineralisch, blumig. Mund: elegant, voll, lang, nachhaltig, saftig, spannungsvoll.

Ombra de Carmelo Ortega 2021 T
89
Aroma: reifes Obst, trockene Kräuter, weiches Eichenholz. Mund: kraftvoll, reife Früchte, würzig.

Ortega Ezquerro 2021 T C
garnacha, tempranillo
89
Nach Eingemachtem, korpulent, würzig, trockene Kräuter, reif, geschmackvoll, Röstaromen, saftig.

BODEGAS Y VIÑEDOS PUENTE DEL EA
Camino Aguachal, s/n
26212 Sajazarra (La Rioja)
☎: +34 941 320 405
administracion@puentedelea.com
www.puentedelea.com

Coraz de Puente del Ea 2020 T
100% tempranillo
90
Farbe: tiefes Kirschrot. Aroma: reifes Obst, trockene Kräuter, weiches Eichenholz. Mund: kraftvoll, reife Früchte, würzig, reife Tannine.

Coraz Finca la Esclavitud 2020 T
100% tempranillo
90
Farbe: dunkles Kirschrot. Aroma: würzig, feiner Kakao, intensive Röstaromen, dunkle Früchte, reifes Obst. Mund: geschmackvoll, Röstnoten, zartbitter, opulent.

Eridano 2020 T C
100% tempranillo
89
Ausgewogen, würzig, trockene Kräuter, reif, Röstaromen.

Obar de Puente del Ea 2023 B FB
70% viura, 30% chardonnay
91
Farbe: leuchtendes Strohgelb. Aroma: ausdrucksstark fruchtig, reifes Obst, würzig, Gras, trockene Kräuter. Mund: geschmackvoll, frisch, schöne Säure, nachwirkend fruchtig, fruchtig.

Saiaz de Puente del Ea 2020 T
100% tempranillo
90
Farbe: tiefes Kirschrot. Aroma: trockene Kräuter, weiches Eichenholz, dunkle Früchte. Mund: reife Früchte, würzig, reife Tannine.

Saiaz de Puente del Ea 2023 RD
garnacha
86

BODEGAS Y VIÑEDOS PUJANZA
Ctra. Elvillar, 12
01300 Laguardia (Araba/Álava)
☎: +34 945 600 548
info@bodegaspujanza.com
www.bodegaspujanza.com

🏆 PODIUM

Pujanza Cisma 2020 T
96
Mild, ernst, saftig. Farbe: KirsChrot. Aroma: komplex, ausdrucksvoll, würzig, mineralisch. Mund: elegant, voll, lang, nachhaltig.

Pujanza Finca Valdepoleo 2021 T
94
Komplex, geschmackvoll. Farbe: dunkles Kirschrot. Aroma: Röstaromen, würzig, feiner Kakao, balsamisch, Buschwaldkräuter. Mund: geschmackvoll, Röstnoten, zartbitter.

Pujanza Hado 2021 T
92
Farbe: kirschrot mit violettem Saum. Aroma: rote Früchte, blumig, würzig, balsamisch. Mund: fruchtig, schöne Säure, lang.

Pujanza La Paul 2021 T
94
Klar definierte Aromen, mineralisch. Farbe: KirsChrot. Aroma: balsamisch, süße Gewürze, Buschwaldkräuter, rote Früchte. Mund: würzig, balsamisch, schöne Säure.

🏆 PODIUM

Pujanza Norte 2021 T
96
Klar definierte Aromen, aromatisch. Farbe: kirschrot mit violettem Saum. Aroma: rote Früchte, blumig, würzig, balsamisch, Buschwaldkräuter. Mund: geschmackvoll, fruchtig, schöne Säure, lang.

Pujanza S.J. Anteportalatina 2022 B
94
Farbe: leuchtendes Gelb. Aroma: weiches Eichenholz, reifes Obst, würzig, feine Hefen, Wachs. Mund: strukturiert, lang, Röstnoten, zartbitter.

BODEGAS Y VIÑEDOS QUIROGA DE PABLO
Antonio Pérez, 24
26323 Azofra (La Rioja)
☎: +34 941 379 334
info@bodegasquiroga.com
www.bodegasquiroga.com

Abuelo Cayo 2015 T R
100% tempranillo
89
Nach Eingemachtem, korrekt, ausgewogen, kräuterig, reif, geschmackvoll.

Abuelo Cayo 2019 T C
100% tempranillo
89
Aroma: trockene Kräuter, Früchtekonfit. Mund: reife Früchte, würzig, reife Tannine.

Abuelo Cayo Colección Familiar 2022 RD
garnacha, tempranillo blanco
89
Aromatisch, korrekt, fruchtig, getrocknete Blumen, saftig, wild, reif. Aroma: Kräutersäckchen.

Abuelo Cayo Colección Familiar Field Blend 2019 T
garnacha, mazuelo, tempranillo
90
Kräuterig. Farbe: KirsChrot. Aroma: balsamisch, Buschwaldkräuter, Nüsse. Mund: würzig, balsamisch, lang, geschmackvoll.

Abuelo Cayo Colección Familiar Garnacha 2020 T
garnacha
91
Saftig, fruchtig, reif. Aroma: sortenrein, Wildkräuter. Mund: fruchtig, geschmackvoll, lang.

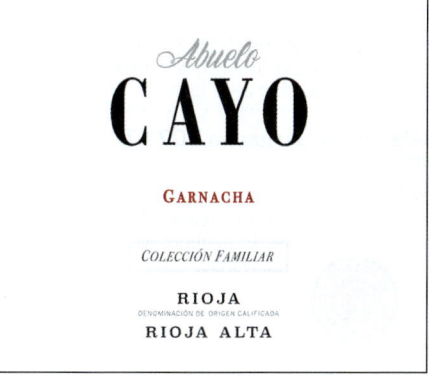

DO Ca. RIOJA / D.O.P.

Abuelo Cayo Tempranillo Blanco 2023 B
100% tempranillo blanco
87

BODEGAS ZUGOBER
Tejerías, 13
01306 Lapuebla de Labarca (Araba/Álava)
☎: +34 945 627 228
contacto@belezos.com
www.belezos.com

Belezos 2014 T GR
95% tempranillo, 5% graciano, mazuelo
90
Klassisch, korrekt, etwas austrocknend. Farbe: KirsChrot. Aroma: süße Gewürze, reifes Obst. Mund: geschmackvoll, Röstnoten.

Belezos 2019 T R
95% tempranillo, 5% graciano, mazuelo
90
Farbe: dunkles Kirschrot, granatroter Saum. Aroma: reifes Obst, Noten von Tischlerei, süße Gewürze. Mund: würzig, reife Tannine, lang, geschmackvoll, strukturiert, korrekt.

Belezos Finca La Malgranda 2019 B FB
100% viura
92
Farbe: leuchtendes Gelb. Aroma: weiches Eichenholz, reifes Obst, würzig, Schießpulver. Mund: fett, strukturiert, lang, Röstnoten, zartbitter, ausgewogen.

Belezos Finca Sierra Carbón 2017 T
100% tempranillo
92
Farbe: tiefes Kirschrot. Aroma: trockene Kräuter, weiches Eichenholz, Nüsse, dunkle Früchte, reifes Obst. Mund: kraftvoll, reife Früchte, würzig, reife Tannine.

Belezos Finca Zarzamochuelo 2019 T
90% tempranillo, 10% graciano
91
Reif. Farbe: tiefes Kirschrot. Aroma: dunkle Früchte, reifes Obst, würzig. Mund: geschmackvoll, lang, nachhaltig, trockene, aber reife Tannine.

Belezos La Garnacha 2021 T
100% garnacha
91
Farbe: KirsChrot. Aroma: reifes Obst, trockene Kräuter, würzig, weiches Eichenholz. Mund: reife Früchte, geschmackvoll, lang, würzig.

BVINO
Vía de las Dos Castillas, 33,
Edificio Ática 3, 3a planta
28224 Pozuelo de Alarcón (Madrid)
☎: +34 605 597 923
administracion@bvino.es
www.bvino.es

Guardiano 2019 T C
88
Lieblich, Röstaromen, geschmackvoll, reif.

Guardiano 2020 T C
87

CAMPO VIEJO
Camino de la Puebla, 50
26007 Logroño (La Rioja)
☎: +34 941 279 900
ignacio.lopez@pernod-ricard.com
www.campoviejo.com/es/

Campo Viejo 2018 T R
89
Angenehm, Röstaromen, schlicht, würzig.

Campo Viejo 2023 B
86

Campo Viejo 2020 T C
tempranillo
88
Klassisch, schlicht, mild, reif, durchschnittlich am Gaumen.

CARLOS SERRES
Avda. Santo Domingo, 40
26200 Haro (La Rioja)
☎: +34 941 310 279
info@carlosserres.com
www.carlosserres.com

Carlos Serres 1896 Finca El Estanque 2018 T R
80% tempranillo, 10% graciano, 10% mazuelo
89
Rauchig, Röstaromen, markante Eiche. Aroma: dunkle Früchte, kraftvoll, mit Charakter, weiches Eichenholz.

Carlos Serres 1896 Finca El Estanque 2019 T R
92
Farbe: tiefes Kirschrot. Aroma: reifes Obst, trockene Kräuter, weiches Eichenholz, geröstetes Brot. Mund: kraftvoll, reife Früchte, würzig, reife Tannine.

Carlos Serres 2021 T C
tempranillo
88
Lieblich, korrekt, fruchtig, reif, mild, schlicht.

Carlos Serres 1896 Finca El Estanque 2020 RD R
60% mazuelo, 40% tempranillo
91
Farbe: himbeerrot. Aroma: reifes Obst, Früchtekonfit, welke Blumen. Mund: fleischig, geschmackvoll, reife Früchte.

Carlos Serres 2018 T R
90% tempranillo, 10% graciano
89
Alt, würzig, angenehm, reif, saftig, klassisch. Aroma: Wachs, würzig, offen, ausgewogen.

CÍA. BODEGUERA DE VALENCISO
Ctra. Ollauri-Najera, Km. 0,4
26220 Ollauri (La Rioja)
☎: +34 941 304 724
valenciso@valenciso.com
www.valenciso.com

Valenciso 10 años Después Edición Limitada 2012 T
100% tempranillo
93
Farbe: leuchtendes Kirschrot. Aroma: rote Früchte, reifes Obst, würzig, feiner Kakao. Mund: geschmackvoll, fruchtig, ausgewogen, Röstnoten, reife Tannine.

Valenciso 2018 T R
100% tempranillo
91
Farbe: leuchtendes Kirschrot. Aroma: dunkle Früchte, reifes Obst, würzig, rauchig, Röstaromen, Wildkräuter. Mund: fruchtig, geschmackvoll, ausgewogen, reife Tannine.

Valenciso 2022 B C
70% viura, 30% garnacha blanca
92
Farbe: strohgelb. Aroma: ausdrucksvoll, weiße Blumen, trockene Kräuter, Zitrusfrüchte. Mund: geschmackvoll, fruchtig, ausgewogen, mineralisch.

Valenciso Cemento 2020 T
100% tempranillo
91
Farbe: leuchtendes Kirschrot. Aroma: reifes Obst, rote Früchte, würzig, feiner Kakao, Röstaromen, milchig. Mund: fruchtig, frisch, mineralisch, rauchig nachwirkend, reife Tannine.

Valenciso Graciano 2017 T
100% graciano
92
Farbe: leuchtendes Kirschrot. Aroma: ausdrucksstark, fruchtig, sortenrein, ausdrucksvoll, Buschwaldkräuter, trockene Kräuter. Mund: fruchtig, ausgeprägter Säuregehalt, würzig, ziemlich nachhaltig, reife Tannine.

Valenciso Rosa 2022 RD
100% tempranillo
91
Farbe: blassrosa. Aroma: blumig, Kräutersäckchen. Mund: würzig, schöne Säure, zartbitter.

COMPAÑÍA DE VINOS HERACLIO
Crta. Corella s/n
26540 Alfaro (La Rioja)
☎: +34 941 181 570
aanton@heraclioalfaro.com
www.terrasgauda.com

Heraclio Alfaro 2020 T C
garnacha, tempranillo, graciano
89
Korpulent, ausgewogen, würzig, reif, geschmackvoll.

Heraclio Alfaro Finca Estarijo 2017 T
tempranillo, garnacha, graciano, mazuelo
90
Farbe: kirschrot mit violettem Saum. Aroma: rote Früchte, blumig, würzig, geröstetes Brot. Mund: geschmackvoll, fruchtig, schöne Säure.

COMPAÑÍA DE VINOS TELMO RODRÍGUEZ
El Monte
01308 Lanciego (Araba/Álava)
☎: +34 945 628 315
contact@telmorodriguez.com
www.telmorodriguez.com

🏆 PODIUM

La Estrada 2021 T
96
Lieblich, aromatisch, komplex, mit Potenzial, spannungsvoll. Aroma: Wildkräuter, ausdrucksvoll, offen, Kräutersäckchen. Mund: lang, lebhaft, saftig, komplex.

DO Ca. RIOJA / D.O.P.

DO Ca. RIOJA / D.O.P.

🏆 PODIUM
Las Beatas 2021 T
98 🏆
Klar definierte Aromen, blumig, spannungsvoll. Aroma: komplex, ausdrucksvoll, würzig, mineralisch, rote Früchte. Mund: elegant, voll, lang, nachhaltig.

🏆 PODIUM
Tabuerniga 2020 T
95 🏆
Farbe: kirschrot mit violettem Saum. Aroma: rote Früchte, würzig, ausdrucksvoll, Kräutersäckchen. Mund: geschmackvoll, fruchtig, schöne Säure, lang.

🏆 PODIUM
Tabuerniga 2021 T
95 🏆
Aromatisch. Farbe: KirsChrot. Aroma: balsamisch, süße Gewürze, Buschwaldkräuter, Thymian, Gras, rote Früchte. Mund: würzig, balsamisch, schöne Säure.

CREACIONES EXEO
Costanilla del Hospital
01330 Labastida (Araba/Álava)
☎: +34 605 672 313
carlos@tierrayvino.com
www.bodegasexeo.com

Cifras 2020 B
garnacha blanca
92
Farbe: leuchtendes Strohgelb. Aroma: ausdrucksstark fruchtig, reifes Obst, blumig, gebackenes Obst, süße Gewürze, rauchig. Mund: geschmackvoll, schöne Säure, fruchtig, reife Früchte, rauchig nachwirkend.

Cifras 2021 T
garnacha
91
Farbe: leuchtendes Kirschrot. Aroma: reifes Obst, trockene Kräuter, weiches Eichenholz, rote Früchte, süße Gewürze. Mund: reife Früchte, würzig, fruchtig, trockene, aber reife Tannine, rauchig nachwirkend.

Letras Minúsculas 2021 T
tempranillo, garnacha, graciano
88
Fruchtig, naschhaft, reif, würzig, rauchig.

CRIADORES DE RIOJA
C. los Tinos, 52, 72
26141 Alberite (La Rioja)
☎: +34 941 436 702
info@castilloclavijo.com
www.castilloclavijo.com

Alegro 2021 T C
tempranillo
87

Castillo Clavijo 2021 T C
tempranillo
87

Castillo San Lorenzo 2018 T R
tempranillo
87

El Guardián 2018 T R
tempranillo
88
Reif, Röstaromen, würzig.

El Guardián 2021 T C
tempranillo
87

El Guardián sin Sulfitos 2023 T
tempranillo
87

CUENTAVIÑAS
Vial B6 Peciña
26339 San Vicente de la Sonsierra (La Rioja)
☎: +34 686 498 183
info@cuentavinas.com

Cuentaviñas Alomado 2021 T
94
Klar definierte Aromen, fruchtig, noch nicht vollständig entfaltet. Aroma: ausdrucksvoll, offen, mit Charakter, weiches Eichenholz, Röstaromen, ausdrucksstark fruchtig. Mund: geschmackvoll, reife Tannine, lang.

Cuentaviñas Arriscado 2022 B
92
Farbe: leuchtendes Strohgelb. Aroma: helle Früchte, reifes Obst, mineralisch, blumig. Mund: frisch, spannungsvoll, würzig, saftig.

🏆 PODIUM
Cuentaviñas El Tiznado 2021 T
96
Spannungsvoll, fruchtig. Farbe: leuchtendes Kirschrot. Aroma: Kreide, mineralisch, rote Früchte, reifes Obst. Mund: voll, elegant, komplex, saftig, spannungsvoll, schöne Säure.

Cuentaviñas Garnacha CDVIN 2021 T
garnacha
94
Spannungsvoll. Farbe: kirschrot mit violettem Saum. Aroma: frisch, rote Früchte, reifes Obst, Veilchen, mineralisch. Mund: fruchtig, frisch, saftig, rassig, poliert.

🏆 PODIUM

Cuentaviñas Los Yelsones 2021 T
97
Herb, komplex, mit Potenzial. Aroma: reifes Obst, ausgewogen, offen. Mund: lebhaft, lang, mineralisch, voll, komplex.

CVNE
Ctra. Logroño-Laguardia, km. 48
01300 Laguardia (Araba/Álava)
☎: +34 941 304 800
marketing@cvne.com
www.cvne.com

Asúa 2021 T C
90
Farbe: kirschrot mit violettem Saum. Aroma: rote Früchte, blumig, würzig, ausdrucksstark fruchtig. Mund: geschmackvoll, fruchtig, schöne Säure.

Cune 2019 T GR
91
Farbe: dunkles Kirschrot, granatroter Saum. Aroma: reifes Obst, Früchtekonfit, Noten von Tischlerei, Tabak, süße Gewürze. Mund: würzig, reife Tannine, geschmackvoll.

Cune 2020 T R
90
Farbe: dunkles Kirschrot, granatroter Saum. Aroma: reifes Obst, Noten von Tischlerei, Tabak, süße Gewürze. Mund: würzig, reife Tannine, lang.

Cune 2021 T C
tempranillo
90
Reif. Farbe: dunkles Kirschrot. Aroma: Röstaromen, würzig, feiner Kakao. Mund: geschmackvoll, Röstnoten, zartbitter.

Cune 2023 B
viura
87

Cune 2023 RD
88
Angenehm, fruchtig, reif.

Cune Orgánico 2021 T
60% garnacha, 30% tempranillo, 10% graciano
90 🌱
Farbe: tiefes Kirschrot. Aroma: reifes Obst, trockene Kräuter, weiches Eichenholz, mit Charakter. Mund: reife Früchte, würzig, reife Tannine.

Cune Semidulce B SD
86

Imperial 2018 T GR
93
Farbe: tiefes Kirschrot, granatroter Saum. Aroma: Noten von Tischlerei, reifes Obst, feiner Kakao, Zigarren, Röstaromen. Mund: geschmackvoll, würzig, Röstnoten, kräftige Tannine.

Imperial 2020 T R
92
Klassisch. Farbe: tiefes Kirschrot, granatroter Saum. Aroma: Noten von Tischlerei, reifes Obst, feiner Kakao, Zigarren. Mund: geschmackvoll, würzig, Röstnoten.

Monopole 2017 B GR
93
Farbe: leuchtendes Gelb. Aroma: kraftvoll, weiches Eichenholz, reifes Obst, würzig, Nüsse. Mund: fett, strukturiert, Röstnoten, zartbitter.

Monopole 2023 B
88
Reif, tropische, kräuterig, korrekt.

Monopole Clásico 2021 B R
93
Farbe: leuchtendes Gelb. Aroma: kraftvoll, weiches Eichenholz, reifes Obst, würzig. Mund: fett, strukturiert, Röstnoten, zartbitter.

🏆 PODIUM

Real de Asúa 2021 T
95
Farbe: tiefes Kirschrot. Aroma: reifes Obst, trockene Kräuter, weiches Eichenholz, Buschwaldkräuter. Mund: reife Früchte, würzig, reife Tannine, fleischig, konzentriert.

DO Ca. RIOJA / D.O.P.

DIEZ-CABALLERO

Barrihuelo, 73
01340 Elciego (Araba/Álava)
☎: +34 944 807 295
diez-caballero@diez-caballero.es
www.diez-caballero.es

DO Ca. RIOJA / D.O.P.

Díez-Caballero 2018 T R
tempranillo
90
Farbe: dunkles Kirschrot. Aroma: Röstaromen, würzig, feiner Kakao. Mund: geschmackvoll, Röstnoten, zartbitter.

Díez-Caballero 2021 T C
tempranillo
91
Farbe: tiefes Kirschrot. Aroma: reifes Obst, trockene Kräuter, weiches Eichenholz. Mund: kraftvoll, reife Früchte, würzig, reife Tannine.

Díez-Caballero 2023 B
viura
87

Díez-Caballero Pelillo Malo 2022 T
tempranillo
90
Farbe: kirschrot mit violettem Saum. Aroma: Früchtekonfit, dunkle Früchte, trockene Kräuter, würzig, Röstaromen. Mund: geschmackvoll, kraftvoll, fruchtig, ziemlich nachhaltig, trockene, aber reife Tannine.

Díez-Caballero Vendimia Seleccionada 2020 T R
tempranillo
92
Farbe: tiefes Kirschrot. Aroma: reifes Obst, trockene Kräuter, weiches Eichenholz. Mund: kraftvoll, reife Früchte, würzig, reife Tannine.

Victoria Díez-Caballero 2019 T R
tempranillo
91
Farbe: tiefes Kirschrot. Aroma: reifes Obst, trockene Kräuter, weiches Eichenholz. Mund: kraftvoll, reife Früchte, würzig, reife Tannine.

DOMINIO DE ANZA

24530 Valtuille de Abajo (León)
☎: +34 606 971 740
diego@dominiodeanza.com

Anza 2022 T
92
Angenehm. Aroma: ausdrucksstark fruchtig, reifes Obst. Mund: reife Früchte, schöne Säure, ausgewogen, frisch.

🏆 PODIUM

Anza Especial 2021 T
96
Balsamisch, komplex. Farbe: KirsChrot. Aroma: balsamisch, Buschwaldkräuter, ausdrucksstark fruchtig. Mund: schöne Säure, saftig, spannungsvoll.

CDVin 2021 T
93
Klar definierte Aromen, wild. Aroma: frisches Obst, Wildkräuter, Buschwaldkräuter. Mund: saftig, lebhaft, frisch.

San Ginés 2022 T
94
Klar definierte Aromen, spannungsvoll. Aroma: mineralisch, komplex. Mund: strukturiert, lang, abgerundet.

DOMINIO DE BERZAL

Término de Río Salado s/n
01307 Baños de Ebro (Araba/Álava)
☎: +34 945 623 368
info@dominioberzal.com
www.dominioberzal.com

Dominio de Berzal 2021 T C
95% tempranillo, 5% graciano
91
Farbe: KirsChrot. Aroma: ausgewogen, offen, mittlere Intensität, würzig, Tomate. Mund: fruchtig, geschmackvoll.

Dominio de Berzal 2023 B
90% viura, 10% malvasía
89
Ausgewogen, trockene Kräuter, geschmackvoll, herb.

Dominio de Berzal 2023 T MC
90% tempranillo, 10% viura
86

Dominio de Berzal 7 Varietales 2021 T
40% maturana, 10% graciano, 10% garnacha, 10% merlot, 10% cabernet sauvignon, 10% syrah
92
Farbe: dunkles Kirschrot. Aroma: Röstaromen, würzig, feiner Kakao, dunkle Früchte, rauchig. Mund: geschmackvoll, Röstnoten, zartbitter, fruchtig, trockene aber reife Tannine.

Las Laderas de José Luis 2020 T
100% tempranillo
92
Markante Eiche. Farbe: KirsChrot. Aroma: balsamisch Buschwaldkräuter, rauchig. Mund: würzig, geschmackvoll, reife Früchte, lang.

Dominio de Berzal Selección Privada 2021 T
tempranillo

92

Farbe: tiefes Kirschrot. Aroma: reifes Obst, trockene Kräuter, weiches Eichenholz, aromatischer Kaffee, Röstaromen. Mund: reife Früchte, würzig, geschmackvoll, trockene, aber reife Tannine, rauchig nachwirkend, ziemlich nachhaltig.

DOMINIO DE NOBLEZA
Bº Bodegas San Cristóbal, 79
26360 Fuenmayor (La Rioja)
☎: +34 941 450 507
bodegas@dominiodenobleza.com
www.dominiodenobleza.com

Dominio de Nobleza 2019 T C
tempranillo

87

Dominio de Nobleza 2023 B
viura

86

Dominio de Nobleza Edición Limitada 2017 T R
tempranillo

88

Fruchtig, trockene Kräuter, säuerlich, nach Eingemachtem.

Dominio de Nobleza Vendimia Seleccionada 2017 T R
tempranillo

90

Farbe: leuchtendes Kirschrot. Aroma: ausdrucksstark fruchtig, rote Früchte, würzig, Röstaromen. Mund: geschmackvoll, fruchtig, trockene, aber reife Tannine, Röstnoten.

DOMINIO DEL CARABO
Ctra. Nájera s/n
26323 Hormilla (La Rioja)
☎: +34 626 858 665
gonzalo@rlvinos.com
www.dominiodelcarabo.com

Carabo Dolmen Viejo 2022 T

89

Klar definierte Aromen, beschädigtes Obst, saftig, reif, würzig.

Carabo Selección de Viñedos 2021 T
tempranillo, viura

88

Angenehm, korrekt, fruchtig, kräuterig. Aroma: Moschus-Noten.

Dominio del Carabo Abulon 2022 B

91

Farbe: leuchtendes Gelb. Aroma: getrocknete Blumen, kandierte Früchte, feine Hefen, Feingebäck, Brioche. Mund: abgerundet, würzig, lang.

Dominio del Carabo Liende 2022 T

91

Farbe: kirschrot mit violettem Saum. Aroma: rote Früchte, blumig, würzig. Mund: fruchtig, schöne Säure, lang.

Dominio del Cárabo Village 2022 T

92

Angenehm, klar definierte Aromen, fruchtig. Farbe: KirsChrot. Aroma: balsamisch, süße Gewürze, Buschwaldkräuter. Mund: würzig, balsamisch, schöne Säure.

DOMINIO DEL CHALLAO
El Olmo, 16
01330 Labastida (Araba/Álava)
☎: +34 665 128 522
lbonetto@cvdi.wine
www.dominiodelchallao.com

Angelita del Challao 2021 T
85% tempranillo, 10% garnacha, 5% graciano, garnacha blanca, viura, malvasía

91

Farbe: KirsChrot. Aroma: reifes Obst, weiches Eichenholz, Schokolade. Mund: kraftvoll, reife Früchte, würzig, reife Tannine.

Challao 2020 B
75% viura, 15% garnacha blanca, 10% malvasía

92

Farbe: leuchtendes Strohgelb. Aroma: Zitronenbombon, helle Früchte, reifes Obst, trockene Kräuter, getrocknete Blumen, süße Gewürze. Mund: fruchtig, geschmackvoll, frisch, ausgewogen, reife Früchte, weiche Tannine.

Challao 2021 T
85% tempranillo, 10% garnacha, 5% graciano, malvasía, viura, garnacha blanca

90

Röstaromen, wild, geschmackvoll, reif, nachhaltig. Aroma: Buschwaldkräuter, Wildkräuter.

Dominio del Challao Garnacha 2021 T
100% garnacha

90

Klar definierte Aromen, sortenrein, getrocknete Blumen. Aroma: rote Früchte, reifes Obst, offen, ausgewogen. Mund: ausgewogen, zartbitter, reife Früchte.

DO Ca. RIOJA / D.O.P.

DO Ca. RIOJA / D.O.P.

EGUREN UGARTE
Ctra. A-124, Km. 61
01309 Laguardia (Araba/Álava)
☎: +34 945 282 844
info@egurenugarte.com
www.egurenugarte.com

Eguren Ugarte 2017 T R
95% tempranillo, 5% graciano
89
Ausgewogen, würzig, trockene Kräuter, reif.

Eguren Ugarte 2019 B R
tempranillo blanco, garnacha blanca
91
Farbe: leuchtendes Gelb. Aroma: weiches Eichenholz, reifes Obst, würzig. Mund: fett, strukturiert, Röstnoten, zartbitter.

EL COTO DE RIOJA
Camino Viejo de Logroño, 26
01320 Oyón (Araba/Álava)
☎: +34 945 622 216
info@elcoto.com
www.elcoto.com

875 m 2021 T
tempranillo
89
Aroma: intensive Röstaromen, aromatischer Kaffee. Mund: rauchig nachwirkend, nachhaltig.

Coto de Imaz 2018 T GR
tempranillo
92
Farbe: tiefes Kirschrot, granatroter Saum. Aroma: Noten von Tischlerei, reifes Obst, feiner Kakao, Zigarren, Röstaromen. Mund: geschmackvoll, würzig, Röstnoten.

Coto de Imaz 2020 T R
tempranillo
90
Farbe: tiefes Kirschrot. Aroma: reifes Obst, trockene Kräuter, weiches Eichenholz, Tabak. Mund: kraftvoll, reife Früchte, würzig, reife Tannine.

Coto Mayor 2020 T C
tempranillo
88
Intensive Röstaromen, rauchig, reif.

Coto Mayor 2023 B
sauvignon blanc
87

Coto Mayor 2023 RD
garnacha, tempranillo
87

El Coto 2020 T C
88
Röstaromen, reif, würzig, klassisch.

ELVIWINES
Ctra T-300 Falset-Marça, km 0.97
43775 Marça (Tarragona)
☎: +34 606 186 565
info@elviwines.com
www.elviwines.com

Herenza 2018 T R
97% tempranillo, 3% graciano
89
Fruchtig, rustikal, kräuterig, nach Eingemachtem.

Herenza 2020 T C
100% tempranillo
88
Fruchtig, reif, würzig, Röstaromen.

Herenza 2021 T
100% tempranillo
86

Herenza Collection 2020 T
100% tempranillo
88
Fruchtig, reif, würzig, schlicht.

Herenza Rosé 2021 RD
73% tempranillo, 27% garnacha
88
Lieblich, korrekt, getrocknete Blumen, reif. Mund süffig.

ETÉREA KRIPÁN
Cº de Lanciego, s/n
01309 Elvillar (Araba/Álava)
☎: +34 665 654 477
melanie@etereakripan.com
www.etereakripan.com

Carrakripan 2019 B
viura, malvasía, garnacha blanca
93 ✿
Korpulent, Oxidativ. Farbe: strohgelb. Aroma: reifes Obst, trockene Kräuter, welke Blumen, geröstetes Brot. Mund: kraftvoll, reife Früchte, ausgewogen, geschmackvoll.

SPANIENS WEINFÜHRER

Phinca Hapa 2021 B
viura, garnacha blanca, malvasía

93

Farbe: golden leuchtend. Aroma: ausdrucksstark fruchtig, reifes Obst, Steinobst, trockene Kräuter. Mund: geschmackvoll, frisch, schöne Säure, nachwirkend fruchtig, fruchtig, ziemlich nachhaltig.

Phinca Hapa 2021 T
tempranillo, graciano, viura

92

Farbe: kirschrot mit violettem Saum. Aroma: ausdrucksstark fruchtig, rote Früchte, blumig, würzig, Röstaromen. Mund: geschmackvoll, fruchtig, schöne Säure, lang.

Sasikume 2023 T
maturana

90

Frisch, fruchtig, würzig. Farbe: kirschrot mit violettem Saum. Aroma: rote Früchte, blumig, würzig. Mund: geschmackvoll, fruchtig, schöne Säure.

EUSEBIO CASADO WINEMAKER (BODEGAS VIÑA LAGUARDIA)
Ctra. de Laguardia
01309 Elvillar (Araba/Álava)
☎: +34 692 940 610
vinosdealtacalidad@gmail.com

Depósito 70 Colección Privada 2022 T
tempranillo, graciano

91

Farbe: tiefes Kirschrot. Aroma: reifes Obst, trockene Kräuter, weiches Eichenholz, würzig. Mund: reife Früchte, würzig, reife Tannine, ziemlich nachhaltig.

Depósito 70 Graciano Edición Especial 2020 T C
graciano

88

Aromatisch, beschädigtes Obst, reif, rustikal.

Depósito 70 Vino de Familia 2019 T C
tempranillo, graciano

88

Fruchtig, reif, schlicht, durchschnittlich am Gaumen.

Ecania Edición Limitada 2018 B FB
viura, malvasía

92

Farbe: leuchtendes Strohgelb. Aroma: reifes Obst, trockene Kräuter, welke Blumen. Mund: kraftvoll, reife Früchte, ausgewogen.

Pirgos Vino Enterrado 2018 T
tempranillo, graciano, garnacha

87

Depósito 70 Vino de Familia 2018 T R
tempranillo, graciano

91

Farbe: tiefes Kirschrot. Aroma: reifes Obst, trockene Kräuter, weiches Eichenholz, dunkle Früchte. Mund: reife Früchte, frisch, fruchtig, trockene, aber reife Tannine.

FAMILIA BASTIDA
C. Canónigo Lozano, 11
30520 Jumilla (Murcia)
☎: +34 968 780 142
info@familiabastida.com
www.familiabastida.com

Bbastida 2022 T C
100% tempranillo

90

Farbe: dunkles Kirschrot, granatroter Saum. Aroma: reifes Obst, Noten von Tischlerei, Tabak, süße Gewürze. Mund: würzig, reife Tannine, lang.

FAMILIA MARTÍNEZ ELORZA
Pol. El Collado s/n
01300 Laguardia (Araba/Álava)
☎: +34 655 819 266
familiamartinezelorza@gmail.com

Familia Martínez Elorza 2022 T BA
100% tempranillo

92

Farbe: tiefes Kirschrot. Aroma: trockene Kräuter, weiches Eichenholz, dunkle Früchte, Wildkräuter. Mund: kraftvoll, reife Früchte, würzig, reife Tannine.

DO Ca. RIOJA / D.O.P.

Guía Peñín SPANIENS WEINFÜHRER

FAMILIA MONTAÑA
Pol. Ind. Lentiscares
26370 Navarrete (La Rioja)
☎: +34 941 451 129
info@premiumfincas.com
www.premiumfincas.com

Montaña Finca El Faraón 2020 T R
100% maturana
91
Farbe: tiefes Kirschrot. Aroma: reifes Obst, trockene Kräuter, weiches Eichenholz, dunkle Früchte, Röstaromen, geröstete Mandeln. Mund: reife Früchte, würzig, reife Tannine, ausgeprägter Säuregehalt, rauchig nachwirkend.

Montaña Finca La Claudia 2019 T R
100% garnacha
92
Farbe: dunkles Kirschrot. Aroma: reifes Obst, Früchtekonfit, Noten von Tischlerei, Tabak, süße Gewürze, Schwarzer Pfeffer. Mund: würzig, reife Tannine, ziemlich nachhaltig, spannungsvoll, ausgewogen.

Montaña Finca la Marquesita 2019 T
100% graciano
90
Farbe: tiefes Kirschrot. Aroma: trockene Kräuter, weiches Eichenholz, Buschwaldkräuter, dunkle Früchte. Mund: kraftvoll, reife Früchte, würzig, reife Tannine.

Montaña Finca la Valentina 2021 T C
90
Farbe: kirschrot mit violettem Saum. Aroma: rote Früchte, blumig, würzig, Schokolade. Mund: geschmackvoll, fruchtig, schöne Säure.

FAUSTINO RIVERO ULECIA
Ctra. de Soria LR-115, km. 22.8
26580 Arnedo (La Rioja)
☎: +34 941 380 057
visitas@faustinorivero.com
www.faustinorivero.com

Faustino Rivero Ulecia Semidulce 2023 B SD
88
Angenehm, lieblich, geschmackvoll, mild.

Faustino Rivero Ulecia 2016 T GR
tempranillo, garnacha
91
Farbe: tiefes Kirschrot, granatroter Saum. Aroma: Noten von Tischlerei, reifes Obst, feiner Kakao, Zigarren, Röstaromen. Mund: geschmackvoll, würzig, Röstnoten, kräftige Tannine.

Faustino Rivero Ulecia 2019 T R
88
Klassisch, Röstaromen, mild, reif.

Faustino Rivero Ulecia 2021 T C
89
Aroma: reifes Obst, trockene Kräuter, weiches Eichenholz. Mund: reife Früchte, würzig, reife Tannine, geschmackvoll.

Faustino Rivero Ulecia 2023 RD
86

Faustino Rivero Ulecia CVC Vendimia Seleccionada T
88
Angenehm, mild, Röstaromen, reif.

Faustino Rivero Ulecia Tempranillo Garnacha 2023 T
tempranillo, garnacha
88
Angenehm, fruchtig, reif, geschmackvoll.

Faustino Rivero Ulecia Viura 2023 B
88
Blumig, mild, geschmackvoll. Mund: schöne Säure.

FERNÁNDEZ EGUILUZ
Los Morales, 7 Bajo
26339 Ábalos (La Rioja)
info@fernandezeguiluz.es
www.fernandezeguiluz.com

Cantarada de las Mozas 2021 B
viura, malvasía
91
Farbe: leuchtendes Strohgelb. Aroma: reifes Obst, Zigarren, würzig, Karamel, Zitrusfrüchte. Mund: würzig, lang, geschmackvoll.

Peña la Rosa 2022 T MC
tempranillo
88
Fruchtig, von Primäraromen beherrscht, schlicht, korrekt, kräuterig.

Peña La Rosa 2023 B
viura, malvasía
86

Peña La Rosa Secreto del Abuelo 2020 T
tempranillo
90
Farbe: leuchtendes Kirschrot. Aroma: reifes Obst, trockene Kräuter, rote Früchte, süße Gewürze. Mund: reife Früchte, würzig, reife Tannine, rauchig nachwirkend

Peña La Rosa Grano a Grano 2016 T
100% tempranillo
92
Farbe: tiefes Kirschrot, granatroter Saum. Aroma: reifes Obst, trockene Kräuter, weiches Eichenholz, welke Blumen, süße Gewürze. Mund: reife Früchte, würzig, trockene, aber reife Tannine, ziemlich nachhaltig.

Peña la Rosa Vendimia Seleccionada 2020 T
tempranillo
87

FINCA DE LA RICA
Las Cocinillas, s/n
01330 Labastida (La Rioja)
☎: +34 628 833 065
ignacio@fincadelarica.com
www.fincadelarica.com

El Buscador 2021 T C
tempranillo, garnacha
90
Klar definierte Aromen, korrekt. Aroma: Wildkräuter, offen, mittlere Intensität, getrocknete Blumen. Mund: süffig, reife Früchte.

El Nómada Selección de Parcelas 2021 T
tempranillo, graciano
91
Farbe: tiefes Kirschrot. Aroma: reifes Obst, trockene Kräuter, ausgewogen, offen. Mund: reife Früchte, würzig, reife Tannine.

El Rincón de los Enebros 2022 T BA
tempranillo, garnacha
92
Klar definierte Aromen, ausgewogen, fruchtig. Farbe: leuchtendes Kirschrot. Aroma: ausdrucksvoll, offen, würzig. Mund: saftig, geschmackvoll.

La Candelera 2023 B FB
malvasía, viura, garnacha blanca
91
Farbe: strohgelb. Aroma: reifes Obst, trockene Kräuter, welke Blumen. Mund: kraftvoll, reife Früchte, ausgewogen.

FINCA MONTALVILLO
Ctra. Laguardia, s/n
01340 Elciego (Araba/Álava)
☎: +34 945 600 089
contacto@murielwines.com
www.murielwines.com

Finca Montalvillo 2022 B
garnacha blanca, maturana blanca
90
Frisch, kräuterig, Hefenoten, geschmackvoll, salzig, voll.

Finca Montalvillo 2022 T
garnacha, mazuelo, maturana
91
Kräuterig. Aroma: rote Früchte, reifes Obst, Wildkräuter. Mund: fruchtig, saftig, süffig, feinkörnige Tannine.

FINCA VALPIEDRA
El Montecillo s/n
26360 Fuenmayor (La Rioja)
☎: +34 941 450 876
info@bujanda.com
www.familiamartinezbujanda.com

Cantos de Valpiedra 2020 T
97% tempranillo, 3% garnacha
91
Farbe: tiefes Kirschrot. Aroma: reifes Obst, trockene Kräuter, weiches Eichenholz, rote Früchte. Mund: reife Früchte, würzig, reife Tannine.

Finca Valpiedra 2018 B R
viura, garnacha blanca, malvasía, maturana blanca
92
Farbe: leuchtendes Gelb. Aroma: weiches Eichenholz, reifes Obst, würzig. Mund: fett, strukturiert, Röstnoten, zartbitter.

FINCAS DE AZABACHE
Avda. Juan Carlos I, 100
26559 Aldeanueva de Ebro (La Rioja)
☎: +34 941 163 039
info@fincasdeazabache.com
www.fincasdeazabache.com

Fincas de Azabache Tempranillo Blanco 2023 B
100% tempranillo blanco
87

Tunante Tempranillo 2023 T
100% tempranillo
89
Blumig, fruchtig, Süßwaren.

DO Ca. RIOJA / D.O.P.

Azabache Vendimia Seleccionada 2021 T C
70% tempranillo, 20% garnacha, 10% graciano

88
Fruchtig, kräuterig, würzig, Röstaromen.

Fincas de Azabache Garnacha 2021 T C
100% garnacha

89
Farbe: tiefes Kirschrot. Aroma: reifes Obst, weiches Eichenholz, würzig, Wildkräuter. Mund: reife Früchte, würzig, trockene, aber reife Tannine, ziemlich nachhaltig.

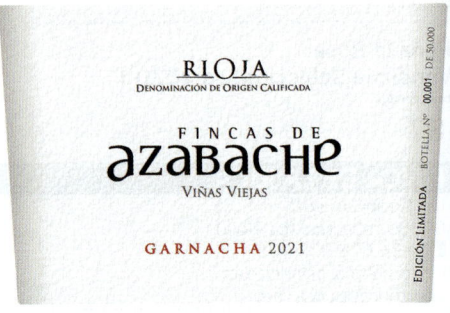

FROM GALICIA GROUP
Orzán 150, Bajo
15003 A Coruña/La Coruña (A Coruña/La Coruña)
☎: +34 881 994 069
info@fromgaliciagroup.com
www.fromgaliciagroup.com

2 Kisses 2019 T C
tempranillo, graciano

Barón de Ebro 2021 T C
70% tempranillo, 20% garnacha, 10% graciano

87

90
Farbe: tiefes Kirschrot. Aroma: trockene Kräuter, Buschwaldkräuter, dunkle Früchte, feine Reduktionsnoten. Mund: reife Früchte, würzig, reife Tannine, flüssig am Gaumen.

Coscojares 2019 T
100% garnacha

92
Farbe: kirschrot mit granatrotem Saum. Aroma: reifes Obst, trockene Kräuter, weiches Eichenholz, Früchtekonfit, süße Gewürze. Mund: reife Früchte, würzig, geschmackvoll, rauchig nachwirkend, ziemlich nachhaltig.

2 Kisses 2023 T
tempranillo, garnacha

87

GRANJA NUESTRA SEÑORA DE REMELLURI
Ctra. Rivas de Tereso, s/n
01330 Labastida (Araba/Álava)
☎: +34 626 386 673
mbernad@remelluri.com
www.remelluri.com

🏆 PODIUM

Gran Vino de Remelluri 2020 T R
97
Komplex, klassisch, spannungsvoll. Farbe: dunkles Kirschrot, granatroter Saum. Aroma: reifes Obst, Noten von Tischlerei, Tabak, süße Gewürze, weiches Eichenholz. Mund: würzig, reife Tannine, lang.

🏆 PODIUM

Remelluri 2021 B
97 🍷
Würzig, elegant, spannungsvoll. Farbe: leuchtendes Gelb. Aroma: getrocknete Blumen, kandierte Früchte, feine Hefen, Feingebäck. Mund: abgerundet, würzig, lang, nachhaltig, geschmackvoll.

HACIENDA EL TERNERO
Finca El Ternero, s/n
09200 Miranda de Ebro (Burgos)
☎: +34 941 320 021
info@elternero.com
www.elternero.com

Hacienda el Ternero 2016 T R
95% tempranillo, 5% mazuelo
91
Farbe: dunkles Kirschrot, granatroter Saum. Aroma: reifes Obst, Noten von Tischlerei, Tabak, süße Gewürze. Mund: würzig, reife Tannine, lang.

Hacienda el Ternero 2021 B FB
100% viura
91
Farbe: leuchtendes Gelb. Aroma: kraftvoll, reifes Obst, würzig. Mund: fett, strukturiert, lang, zartbitter.

Hacienda el Ternero Selección Especial 2018 T C
100% tempranillo
91
Farbe: tiefes Kirschrot. Aroma: reifes Obst, trockene Kräuter, weiches Eichenholz, Röstaromen. Mund: kraftvoll, reife Früchte, würzig, reife Tannine.

La Pera 2023 B
tempranillo blanco
90
Farbe: leuchtendes Strohgelb. Aroma: ausdrucksstark fruchtig, reifes Obst, Wildkräuter, helle Früchte. Mund: geschmackvoll, frisch, nachwirkend fruchtig, ziemlich nachhaltig.

Picea 650 2014 T
95% tempranillo, 5% mazuelo
90
Farbe: dunkles Kirschrot. Aroma: Röstaromen, würzig, feiner Kakao, reifes Obst, dunkle Früchte. Mund: geschmackvoll, Röstnoten, zartbitter.

Torno Hacienda el Ternero 2018 T C
tempranillo
91
Farbe: dunkles Kirschrot. Aroma: Röstaromen, würzig, feiner Kakao, dunkle Früchte. Mund: geschmackvoll, Röstnoten, zartbitter.

HACIENDA GRIMÓN
Gallera, 6
26131 Ventas Blancas (La Rioja)
☎: +34 941 482 184
info@haciendagrimon.com
www.haciendagrimon.es

Finca La Oración 2021 T
tempranillo
92
Farbe: KirsChrot. Aroma: süße Gewürze, reifes Obst, Wachs. Mund: würzig, balsamisch, schöne Säure, reife Tannine.

Hacienda Grimón "Como lo haría mi Abuelo" 2021 T
tempranillo, garnacha, graciano, viura
91
Farbe: dunkles Kirschrot, granatroter Saum. Aroma: reifes Obst, Noten von Tischlerei, süße Gewürze, Tabak. Mund: würzig, reife Tannine, lang.

Hacienda Grimón "No me Tutees" 2022 T
tempranillo, garnacha, viura
90
Aromatisch, kräuterig, wild. Farbe: KirsChrot. Aroma: Buschwaldkräuter, Sträucher, Wildkräuter. Mund: würzig, balsamisch, schöne Säure.

Hacienda Grimón "Pa mis Amigos" 2022 B
viura, sauvignon blanc, chardonnay
91
Leichte Oxidation. Farbe: leuchtendes Gelb. Aroma: kraftvoll, reifes Obst, würzig, Nüsse. Mund: fett, strukturiert, lang, zartbitter.

Hacienda Grimón Chardonnay 2022 B
chardonnay
93
Mit Persönlichkeit, Oxidativ. Farbe: leuchtendes Strohgelb. Aroma: Wildkräuter, Phosphor, feine Reduktionsnoten, Steinobst. Mund: fruchtig, schöne Säure, zartbitter, saftig.

Hacienda Grimón Sauvignon Blanc 2023 B FB
sauvignon blanc
88
Balsamisch, korrekt, ausgewogen, kräuterig, reif, wild, mild.

DO Ca. RIOJA / D.O.P.

DO Ca. RIOJA / D.O.P.

HACIENDA LÓPEZ DE HARO
Camino del Cementerio, s/n
23338 San Vicente de la Sonsierra (La Rioja)
☎: +34 676 393 955
marketing@vintae.com
www.haciendalopezdeharo.com

Hacienda López de Haro 2014 T GR
tempranillo, graciano
92
Farbe: tiefes Kirschrot. Aroma: reifes Obst, trockene Kräuter, geröstetes Brot. Mund: reife Früchte, würzig, reife Tannine.

Hacienda López de Haro 2018 B R
viura
92
Farbe: leuchtendes Gelb. Aroma: kraftvoll, weiches Eichenholz, reifes Obst, würzig. Mund: fett, strukturiert, lang, Röstnoten, zartbitter.

Hacienda López de Haro 2018 T R
tempranillo, graciano
89
Ausgewogen, würzig, trockene Kräuter, reif.

Hacienda López de Haro 2020 T C
tempranillo, garnacha, graciano
89
Ausgewogen, würzig, trockene Kräuter, reif.

Hacienda López de Haro 2021 T C
89
Geschmackvoll, schlicht. Aroma: süße Gewürze, reifes Obst. Mund: würzig, reife Tannine.

Hacienda López de Haro 2022 B
viura
87

Hacienda López de Haro Vino de Pueblo de San Vicente de la Sonsierra 2020 T
tempranillo, mazuelo
89
Ausgewogen, würzig, trockene Kräuter, reif, Röstaromen.

HEREDEROS DEL MARQUÉS DE RISCAL
Torrea, 1
01340 Elciego (Araba/Álava)
☎: +34 945 606 000
marquesderiscal@marquesderiscal.com
www.marquesderiscal.com

🏆 **PODIUM**

Barón de Chirel 2019 T
tempranillo, otras
95
Kraftvoll, komplex. Farbe: dunkles Kirschrot, granatroter Saum. Aroma: reifes Obst, Noten von Tischlerei, Tabak, süße Gewürze. Mund: würzig, reife Tannine, lang, poliert, geschmackvoll.

Finca Torrea 2020 T
tempranillo
94
Röstaromen. Farbe: dunkles Kirschrot. Aroma: Röstaromen, würzig, feiner Kakao, dunkle Früchte, reifes Obst. Mund: geschmackvoll, Röstnoten, zartbitter.

🏆 **PODIUM**

Marqués de Riscal 150 Aniversario 2019 T GR
tempranillo
97
Klassisch, reif. Farbe: dunkles Kirschrot. Aroma: Röstaromen, würzig, feiner Kakao, dunkle Früchte, reifes Obst, süße Gewürze. Mund: geschmackvoll, Röstnoten, zartbitter.

🏆 **PODIUM**

Marqués de Riscal 2019 T GR
tempranillo, otras
96
Komplex, Röstaromen. Farbe: dunkles Kirschrot, granatroter Saum. Aroma: reifes Obst, Früchtekonfit, Noten von Tischlerei, Tabak, süße Gewürze. Mund: würzig, reife Tannine, lang.

Marqués de Riscal 2020 T R
tempranillo, graciano
93
Farbe: dunkles Kirschrot, granatroter Saum. Aroma: reifes Obst, Noten von Tischlerei, Tabak, süße Gewürze, Zigarren, Moschus-Noten. Mund: würzig, reife Tannine, lang.

XR de Marqués de Riscal 2023 RD
garnacha, viura
92
Farbe: kupferfarben. Aroma: Früchtekonfit, warm, welke Blumen. Mund: fleischig, geschmackvoll, reife Früchte.

SPANIENS WEINFÜHRER

🏆 PODIUM

Tapias de Marqués de Riscal 2020 T
tempranillo

97
Komplex, Röstaromen. Farbe: KirsChrot. Aroma: ausdrucksvoll, würzig, mineralisch, dunkle Früchte, reifes Obst. Mund: voll, lang, nachhaltig, geschmackvoll.

🏆 PODIUM

Tapias de Marqués de Riscal 2021 T

96
Farbe: KirsChrot. Aroma: ausdrucksvoll, würzig, mineralisch, weiches Eichenholz. Mund: elegant, voll, lang, nachhaltig.

XR de Marqués de Riscal 2020 T R
tempranillo, graciano

94
Klar definierte Aromen, lieblich. Farbe: tiefes Kirschrot. Aroma: reifes Obst, trockene Kräuter, weiches Eichenholz. Mund: kraftvoll, reife Früchte, würzig, reife Tannine.

HERMANOS FERNÁNDEZ
Plaza Nueva, 3
01321 Laserna (Araba/Álava)
☎: +34 945 621 103
castillolaserna@hotmail.com
www.castillolaserna.com

Castillo Laserna 2020 T C
tempranillo

87

Elatus 2020 T C
tempranillo

91
Farbe: kirschrot mit violettem Saum. Aroma: würzig, Schokolade, dunkle Früchte, trockene Kräuter. Mund: geschmackvoll, fruchtig, schöne Säure.

Selva Negra 2021 T
tempranillo

90
Farbe: dunkles Kirschrot. Aroma: Röstaromen, würzig, feiner Kakao. Mund: geschmackvoll, Röstnoten, zartbitter.

HERMANOS FRÍAS DEL VAL
Herrerías, 79
01307 Villabuena de Álava (Araba/Álava)
☎: +34 945 386 379
info@friasdelval.com
www.friasdelval.com

Don Peduz 2023 B
60% viura, 40% malvasía

88
Fruchtig, reif, schlicht.

Don Peduz 2023 T
tempranillo

89
Ausgewogen, würzig, blumig, Süßwaren, kräuterig.

Don Peduz Viña El Flako 2022 B
70% malvasía, 30% viura

88
Fruchtig, getrocknete Blumen, trockene Kräuter, reif, geschmackvoll.

Hermanos Frías del Val 2016 T R
tempranillo

88
Klassisch, nach Eingemachtem, Röstaromen, würzig.

La Calleja del Sastre 2018 B
viura

91
Alt. Aroma: reifes Obst, markante Eiche, Altholz, Nüsse, Karamel. Mund: konzentriert, fett, opulent.

La Calleja del Sastre 2021 T
tempranillo

93
Voll, fruchtig. Farbe: tiefes Kirschrot. Aroma: trockene Kräuter, weiches Eichenholz, rote Früchte, dunkle Früchte. Mund: kraftvoll, reife Früchte, würzig, reife Tannine.

HNOS. CASTILLO PÉREZ
Concepción, 39
26330 Briones (La Rioja)
☎: +34 667 730 651
info@bodegaszurbal.com
www.bodegaszurbal.es

Zurbal 2022 T
100% tempranillo

87

Zurbal 2022 T
100% tempranillo

86 🌱

DO Ca. RIOJA / D.O.P.

DO Ca. RIOJA / D.O.P.

Zurbal 2023 B
100% viura
85

Zurbal 2023 RD
100% tempranillo
85

HVMA
Ctra. de Logroño NA-134, km. 86,200
31587 Mendavia (Navarra)
marketing@marquesdelatrio.com

Hallazgo 2021 T C
tempranillo, garnacha
89
Fruchtig, würzig, Röstaromen, geschmackvoll, reif.

Hallazgo 2023 B
86

Hallazgo 2023 T
88
Fruchtig, reif, schlicht, von Primäraromen beherrscht, trockene Kräuter.

IBAI VITICULTORES
Esras, 31-3
01340 Elciego (Araba/Álava)
☎: +34 666 456 126
info@closibai.com
www.closibai.com

Clos Ibai 2021 B
90% viura, 10% otras
89 ♣
Angenehm, mild, geschmackvoll.

Clos Ibai 2021 T
85% tempranillo, 10% graciano, 5% viura
92 ♣
Farbe: KirsChrot. Aroma: balsamisch, süße Gewürze, Buschwaldkräuter. Mund: würzig, balsamisch, schöne Säure.

Clos Ibai Garnacha Blanca 2021 B
garnacha blanca
91 ♣
Farbe: strohgelb. Aroma: reifes Obst, trockene Kräuter, welke Blumen. Mund: kraftvoll, reife Früchte, ausgewogen.

Clos Ibai Garnacha Tinta 2021 T
garnacha
89
Angenehm, mild, wild.

Clos Ibai Graciano 2021 T
graciano
88 ♣
Angenehm, geschmackvoll, reif, balsamisch.

JAIME RUIZ DIAZ
Travesía de la Estación, 3
26330 Briones (La Rioja)
☎: +34 670 306 209
jaimeru84@gmail.com

Troqueao 2021 T
75% tempranillo, 25% garnacha
91
Farbe: dunkles Kirschrot. Aroma: Röstaromen, würzig, feiner Kakao, dunkle Früchte. Mund: geschmackvoll, Röstnoten, zartbitter.

JESÚS DE MADRAZO WINES
San Ignacio de Loyola, 12 5°G
26009 Logroño (La Rioja)
☎: +34 639 780 524
chus56madrazo@gmail.com

Jesús Madrazo Ermita de San Gregorio 2021 B R
viura, malvasía
93
Farbe: strohgelb. Aroma: ausdrucksvoll, weiße Blumen, trockene Kräuter, würzig, Wildkräuter. Mund: fruchtig, saftig, würzig, lang, Röstnoten.

Jesús Madrazo Num. IV 2020 T
92
Farbe: tiefes Kirschrot, granatroter Saum. Aroma: feiner Kakao, Zigarren, Röstaromen, Früchtekonfit. Mund: geschmackvoll, würzig, Röstnoten, kräftige Tannine.

Selección Jesús Madrazo Rioja Alavesa 2020 T
93
Klar definierte Aromen, fruchtig. Farbe: KirsChrot. Aroma: ausdrucksvoll, mineralisch, weiches Eichenholz, ausgewogen. Mund: lebhaft, lang, ausgewogen, würzig, saftig.

JOSÉ GIL VIGNERON
vigneronsdelasonsierra@gmail.com

🏆 **PODIUM**

José Gil El Bardallo 2022 T
95
Klar definierte Aromen, lieblich. Farbe: KirsChrot. Aroma: komplex, ausdrucksvoll, würzig, mineralisch, rote Früchte. Mund: elegant, voll, lang, nachhaltig.

José Gil Viñedos de San Vicente 2021 T
93
Farbe: kirschrot mit violettem Saum. Aroma: ausdrucksstark fruchtig, rote Früchte, blumig, süße Gewürze. Mund: geschmackvoll, fruchtig, schöne Säure, lang.

JUAN CARLOS SANCHA
C° de Las Barreras, s/n
26320 Baños de Río Tobia (La Rioja)
☎: +34 639 216 011
juancarlossancha@yahoo.es
www.juancarlossancha.com

Ad Libitum Maturana Blanca 2022 B
100% maturana blanca
92 🌱
Farbe: leuchtendes Strohgelb. Aroma: Zitronenbonbon, helle Früchte, Wildkräuter, reifes Obst. Mund: geschmackvoll, fruchtig, würzig, ziemlich nachhaltig.

Ad Libitum Monastel 2022 T
monastrell
92 🌱
Saftig. Farbe: tiefes Kirschrot. Aroma: trockene Kräuter, dunkle Früchte, rote Früchte, feiner Kakao. Mund: kraftvoll, reife Früchte, würzig, reife Tannine.

Cerro La Isa Viñedo Singular 2020 T
100% garnacha
93 🌱
Farbe: KirsChrot. Aroma: balsamisch, süße Gewürze, Buschwaldkräuter, Wildkräuter, rote Früchte. Mund: würzig, balsamisch, schöne Säure.

Cerro La Isa Viñedo Singular 2021 B FB
garnacha blanca, malvasía, viura, torrontés, calagraño
94 🌱
Farbe: leuchtendes Strohgelb. Aroma: ausdrucksvoll, reifes Obst, blumig, feine Hefen, Zitrusfrüchte, Rosenblütenblätter. Mund: voll, komplex, würzig, lang, elegant.

Peña El Gato Garnacha 2021 T BA
100% garnacha
92 🌱
Klar definierte Aromen, balsamisch. Farbe: KirsChrot. Aroma: balsamisch, süße Gewürze, Gras. Mund: würzig, balsamisch, schöne Säure.

Peña El Gato Tinaja 2021 T
100% garnacha
93 🌱
Farbe: dunkles Kirschrot, granatroter Saum. Aroma: reifes Obst, Noten von Tischlerei, Tabak, süße Gewürze. Mund: würzig, reife Tannine, lang.

LA CARBONERA
Camino Los Arenales s/n
01330 Labastida (Araba/Álava)
☎: +34 938 177 400
info@torres.es
www.torres.es

Malpastor 2020 T C
tempranillo
90
Farbe: leuchtendes Kirschrot. Aroma: süße Gewürze, reifes Obst, offen. Mund: fruchtig, würzig, reife Tannine, süffig.

LA RIOJA ALTA
Avda. de Vizcaya, 8
26200 Haro (La Rioja)
☎: +34 941 310 346
info@riojalta.com
www.riojalta.com

🏆 PODIUM

Gran Reserva 904 Selección Especial 2015 T GR
90% tempranillo, 10% graciano
97
Farbe: dunkles Kirschrot, granatroter Saum. Aroma: Früchtekonfit, Noten von Tischlerei, Tabak, süße Gewürze, Buschwaldkräuter. Mund: würzig, reife Tannine, lang.

Viña Alberdi 2020 T C
100% tempranillo
92
Farbe: dunkles Kirschrot, granatroter Saum. Aroma: reifes Obst, Noten von Tischlerei, Tabak. Mund: würzig, lang.

DO Ca. RIOJA / D.O.P.

DO Ca. RIOJA / D.O.P.

🏆 PODIUM

Viña Arana 2016 T GR
95% tempranillo, 5% graciano

96

Cremig, klassisch. Farbe: tiefes Kirschrot, granatroter Saum. Aroma: Noten von Tischlerei, reifes Obst, feiner Kakao, Zigarren, Röstaromen. Mund: geschmackvoll, würzig, Röstnoten, kräftige Tannine.

Viña Ardanza 2017 T R
80% tempranillo, 20% garnacha

94

Farbe: tiefes Kirschrot, granatroter Saum. Aroma: Noten von Tischlerei, reifes Obst, feiner Kakao, Zigarren, Röstaromen. Mund: geschmackvoll, würzig, Röstnoten.

LMT WINES (LUIS MOYA)
Cerro Amurdi
31190 Cizur Menor (Navarra)
☎: +34 645 841 928
hola@lmtwines.com
www.lmtwines.com

La Tapada 2021 T
garnacha

91 ♣

Farbe: KirsChrot. Aroma: Buschwaldkräuter, trockene Kräuter, offen, ausdrucksvoll, frisch, mittlere Intensität. Mund: würzig, balsamisch, schöne Säure.

La Tapada 2022 T
garnacha

91 ♣

Aromatisch, fruchtig, reif. Aroma: reifes Obst, trockene Kräuter. Mund: abgerundet, zartbitter, nachwirkend fruchtig, reife Früchte.

LUBERRI MONJE AMESTOY
Camino de Rehoyos, s/n
01340 Elciego (Araba/Álava)
☎: +34 945 606 010
luberri@luberri.com

Biga de Luberri 2021 T C
100% tempranillo

90

Korrekt, würzig, reif. Aroma: Wildkräuter, Röstaromen. Mund: geschmackvoll.

Cepas Viejas de Luberri 2020 T
100% tempranillo

91

Farbe: KirsChrot. Aroma: balsamisch, süße Gewürze, reifes Obst, mit Charakter. Mund: würzig, balsamisch, schöne Säure, süffig, reife Früchte.

Las Salinas Beltza 2021 T C
100% tempranillo

90

Leichte Oxidation. Farbe: kirschrot mit granatrotem Saum. Aroma: reifes Obst, trockene Kräuter, Röstaromen. Mund: geschmackvoll, ausgewogen.

Las Salinas Zuri de Luberri 2023 B FB
80% viura, 20% malvasía

90

Farbe: leuchtendes Strohgelb. Aroma: ausdrucksstark fruchtig, reifes Obst, Wildkräuter. Mund: geschmackvoll, frisch, nachwirkend fruchtig, ausgewogen.

Luberri 2023 T MC
95% tempranillo, 5% viura

89

Aromatisch, korrekt, fruchtig, Süßwaren, reif, mild, angenehm.

Luberri Zuri 2023 B
80% viura, 20% malvasía

89

Zitrusfrüchte, frisch, kräuterig, geschmackvoll, Hefenoten.

MACROBERT & CANALS
Soto Galo 12, Nave 1
26009 Logroño (La Rioja)
☎: +34 639 214 250
bryan@macrobertandcanals.com
www.macrobertandcanals.com

Barranco del San Ginés 2022 T

90

Farbe: KirsChrot, orangefarbener Saum. Aroma: Wachs, reduziert. Mund: zartbitter, Reduktionsnoten, lebhaft, geschmackvoll, ausgewogen.

Cuatro Corros 2022 T

91

Klar definierte Aromen, von Primäraromen beherrscht, saftig. Farbe: kirschrot mit violettem Saum. Aroma: ausdrucksstark fruchtig, blumig, würzig. Mund: geschmackvoll, fruchtig, nachwirkend fruchtig, nachhaltig.

Laventura Garnacha 2022 T
garnacha

92

Klar definierte Aromen, saftig. Farbe: kirschrot mit granatrotem Saum. Aroma: rote Früchte, reifes Obst, offen, ausgewogen. Mund: fruchtig, lebhaft, lang, nachwirkend fruchtig.

Laventura Malvasía 2022 B
malvasía

92

Farbe: leuchtendes Gelb. Aroma: getrocknete Blumen, kandierte Früchte, Feingebäck, welke Blumen. Mund: würzig, lang, nachhaltig.

Laventura Viura 2022 B
viura

91

Farbe: leuchtendes Strohgelb. Aroma: reifes Obst, Kräutersäckchen, feine Hefen, Wachs. Mund: voll, lang, schöne Säure.

Paraje de La Virgen 2022 T

93

Farbe: KirsChrot. Aroma: ausdrucksvoll, würzig, mineralisch, rote Früchte, reifes Obst. Mund: voll, lang, nachhaltig, lebhaft, saftig.

MANUEL QUINTANO LABASTIDA
Avda. de Diputación, 53
01330 Labastida (Araba/Álava)
☎: +34 682 722 089
jcereceda@manuelquintano.com
www.manuelquintano.com

Manuel Quintano 2018 T R
98% tempranillo, 2% otras

90

Farbe: tiefes Kirschrot. Aroma: reifes Obst, trockene Kräuter, weiches Eichenholz, dunkle Früchte. Mund: reife Früchte, würzig, reife Tannine.

Manuel Quintano 2022 B
95% viura, 5% tempranillo blanco

90

Farbe: leuchtendes Strohgelb. Aroma: reifes Obst, Kräutersäckchen, feine Hefen. Mund: voll, fett, schöne Säure.

Manuel Quintano Cepas Viejas 2022 T
95% garnacha, 5% otras

92

Farbe: tiefes Kirschrot. Aroma: reifes Obst, trockene Kräuter, weiches Eichenholz, rote Früchte, süße Gewürze. Mund: kraftvoll, reife Früchte, würzig, reife Tannine, fruchtig, frisch, geschmackvoll, ziemlich nachhaltig.

Manuel Quintano El Pionero 2021 T
95% tempranillo, 5% garnacha

90

Farbe: tiefes Kirschrot. Aroma: trockene Kräuter, weiches Eichenholz, dunkle Früchte. Mund: reife Früchte, würzig, reife Tannine.

Manuel Quintano Selección Particular 2021 T
95% tempranillo, 5% otras

91

Farbe: tiefes Kirschrot. Aroma: trockene Kräuter, weiches Eichenholz, dunkle Früchte, reifes Obst. Mund: kraftvoll, reife Früchte, würzig, reife Tannine.

MARQUÉS DE LA CONCORDIA FAMILY OF WINES (RIOJA)
Ctra. El Ciego, s/n
26350 Cenicero (La Rioja)
www.marquesdelaconcordia.com

Paternina Banda Azul 2022 T C

86

MARQUÉS DE MURRIETA
Ctra. N-232-A, km. 402
26006 Logroño (La Rioja)
☎: +34 941 271 374
visitas@marquesdemurrieta.com
www.marquesdemurrieta.com

🏆 **PODIUM**

Capellania 2019 B GR
viura

95

Komplex, würzig. Farbe: leuchtendes Gelb. Aroma: getrocknete Blumen, kandierte Früchte, feine Hefen, Feingebäck, Wachs. Mund: abgerundet, würzig, lang, nachhaltig.

🏆 **PODIUM**

Castillo Ygay 2012 T GR
81% tempranillo, 19% mazuelo

99

Komplex, reif. Farbe: kirschrot mit granatrotem Saum. Aroma: ausgewogen, komplex, reifes Obst, würzig. Mund: strukturiert, geschmackvoll, reife Tannine, ausgewogen.

🏆 **PODIUM**

Dalmau 2020 T R
82% tempranillo, 12% cabernet sauvignon, 6% graciano

95

Farbe: leuchtendes Kirschrot. Aroma: ausdrucksvoll, würzig, mineralisch, reifes Obst, Röstaromen, balsamisch. Mund: voll, lang, nachhaltig.

Marqués de Murrieta 2020 T R
82% tempranillo, 8% graciano, 7% mazuelo, 3% garnacha

93

Farbe: leuchtendes Kirschrot, granatroter Saum. Aroma: rote Früchte, würzig, Wildkräuter, komplex. Mund: ausgewogen, schöne Säure, feinkörnige Tannine.

DO Ca. RIOJA / D.O.P.

DO Ca. RIOJA / D.O.P.

Marqués de Murrieta Primer Rosé 2023 RD
100% mazuelo
91
Farbe: himbeerrot. Aroma: reifes Obst, warm, welke Blumen. Mund: fleischig, reife Früchte.

MARQUÉS DE TOMARES
Ctra. de Cenicero, s/n
26360 Fuenmayor (La Rioja)
☎: +34 941 451 129
info@premiumfincas.com
www.marquesdetomares.com

Marqués de Tomares 2016 B GR
91
Farbe: strohgelb. Aroma: trockene Kräuter, Nüsse, getrocknete Blumen, geröstetes Brot, Steinobst. Mund: kraftvoll, reife Früchte, ausgewogen.

Marqués de Tomares 2016 T GR
91
Farbe: tiefes Kirschrot. Aroma: reifes Obst, trockene Kräuter, weiches Eichenholz. Mund: reife Früchte, würzig, reife Tannine.

Marqués de Tomares 2017 T R
91
Reif, repräsentativ, wild. Aroma: weiches Eichenholz, süße Gewürze, Wachs, Tabak. Mund: geschmackvoll.

Marqués de Tomares 2020 B FB
garnacha blanca
91
Farbe: gelb. Aroma: Zitronenbombon, reifes Obst, ausdrucksvoll, ausgewogen, würzig. Mund: würzig, lang, zartbitter, voll.

Marqués de Tomares 2021 T C
90
Korrekt, schlicht. Aroma: reifes Obst, weiches Eichenholz. Mund: reife Früchte, würzig, reife Tannine.

MARQUÉS DEL PUERTO
Ctra. Logroño s/n
26360 Fuenmayor (La Rioja)
☎: +34 941 450 001
bodegas@marquesdelpuerto.com
www.marquesdelpuerto.com

Marqués del Puerto 2016 T GR
90% tempranillo, 10% mazuelo
90
Farbe: dunkles Kirschrot, granatroter Saum. Aroma: reifes Obst, Noten von Tischlerei, Tabak, süße Gewürze. Mund: würzig, reife Tannine, lang.

Marqués del Puerto 2017 T R
90% tempranillo, 10% mazuelo
88
Fruchtig, trockene Kräuter, würzig, reif, schlicht.

Marqués del Puerto 2021 T C
100% tempranillo
88
Ausgewogen, würzig, trockene Kräuter, geschmackvoll.

MARTÍNEZ CORTA
Ctra. Cenicero, s/n
26313 Uruñuela (La Rioja)
☎: +34 941 898 889
info@bornosbodegas.com
www.bodegasmartinezcorta.com

Finca Iriarte 2022 T
100% tempranillo
88
Cremig, fruchtig, flüssig am Gaumen, trockene Kräuter.

Martínez Corta 2017 T R
100% tempranillo
88
Überreif, nach Eingemachtem, mild.

MAYOR DE MIGUELOA
Mayor, 20
01300 Laguardia (Araba/Álava)
☎: +34 647 212 947
reservas@mayordemigueloa.com
www.mayordemigueloa.com

El Foehn 2020 T
tempranillo
94
Spannungsvoll, Röstaromen. Farbe: dunkles Kirschrot, granatroter Saum. Aroma: reifes Obst, Noten von Tischlerei, Tabak, süße Gewürze. Mund: würzig, reife Tannine, lang.

MENDIETA OSABA WINES
Curillos, 36
01308 Lanciego (Araba/Álava)
☎: +34 945 608 140
mendi@mendietaosabawines.com
www.mendietaosabawines.com

El Camino Mendi 2021 T
91
Farbe: tiefes Kirschrot. Aroma: trockene Kräuter, weiches Eichenholz, dunkle Früchte. Mund: reife Früchte, würzig, reife Tannine.

Mendi 2023 RD
mazuelo
88 🌱
Angenehm, aromatisch, fruchtig, saftig, lieblich.

DO Ca. RIOJA / D.O.P.

Mendi by Mendieta Osaba 2023 T
tempranillo
88
Ausgewogen, fruchtig, kräuterig, würzig.

Vascomendi V.S. 2021 T
tempranillo
92
Klar definierte Aromen, mild. Farbe: kirschrot mit violettem Saum. Aroma: blumig, würzig, reifes Obst. Mund: geschmackvoll, fruchtig, schöne Säure, lang.

Vascomendi V.S. 2022 B
viura, malvasía
90
Klar definierte Aromen, beschädigtes Obst. Farbe: gelb, blass. Aroma: helle Früchte, reifes Obst, würzig. Mund: geschmackvoll.

OSTATU
Ctra. Vitoria, 1
01307 Samaniego (Araba/Álava)
☎: +34 945 609 133
ostatu@ostatu.com
www.ostatu.com

Laderas Ostatu 2018 T
95% tempranillo, 5% viura
90
Farbe: KirsChrot. Aroma: weiches Eichenholz, reifes Obst, offen. Mund: fruchtig, kraftvoll, sortentypisch, reife Tannine.

Lore de Ostatu 2021 B FB
50% viura, 50% malvasía
91
Farbe: leuchtendes Strohgelb. Aroma: reifes Obst, blumig, Hefenoten. Mund: geschmackvoll, frisch, schöne Säure, nachwirkend fruchtig.

Ostatu 2021 T C
90% tempranillo, 10% graciano, mazuelo, garnacha
90
Aromatisch, fruchtig. Aroma: reifes Obst, ausgewogen, Wildkräuter. Mund: korrekt, geschmackvoll.

Ostatu 2023 B
85% viura, 15% malvasía
90
Lieblich, klar definierte Aromen, geschmackvoll, fruchtig.

Ostatu 2023 T MC
90% tempranillo, 3% graciano, 3% mazuelo, 4% viura
88
Korrekt, trockene Kräuter, fruchtig.

Valdepedro de Ostatu 2022 T
tempranillo
91
Klar definierte Aromen. Farbe: kirschrot mit violettem Saum. Aroma: rote Früchte, würzig, offen. Mund: geschmackvoll, fruchtig, schöne Säure, lang.

OXER WINES
Ctra. Navaridas
01300 Laguardia (Araba/Álava)
☎: +34 616 984 118
oxer@oxerwines.com
www.oxerwines.com

Ahari 2022 T
93
Farbe: KirsChrot. Aroma: würzig, , dunkle Früchte, reifes Obst. Mund: voll, geschmackvoll, grobkörnige Tannine, saftig.

🏆 PODIUM
Kalamity 2022 B
95
Mit Potenzial. Farbe: strohgelb. Aroma: reifes Obst, trockene Kräuter, welke Blumen, Feingebäck, süße Gewürze. Mund: kraftvoll, reife Früchte, ausgewogen, mineralisch.

Kalamity 2022 T
94
Spannungsvoll. Farbe: KirsChrot. Aroma: komplex, ausdrucksvoll, würzig, mineralisch, rote Früchte, feiner Kakao. Mund: voll, lang, nachhaltig.

🏆 PODIUM
Manttoni 2022 T
95
Farbe: KirsChrot. Aroma: komplex, ausdrucksvoll, würzig, mineralisch, Himbeere. Mund: elegant, voll, lang, nachhaltig.

Suzzane 2022 T
92
Klar definierte Aromen, korrekt, fruchtig, spannungsvoll. Farbe: kirschrot mit violettem Saum. Aroma: offen, ausgewogen, blumig, eine Spur Waldbeeren, Wildkräuter. Mund: fruchtig, geschmackvoll.

Tartalo 2022 T
94
Farbe: KirsChrot. Aroma: würzig, mineralisch, rote Früchte, reifes Obst, Gras. Mund: voll, nachhaltig, grobkörnige Tannine.

DO Ca. RIOJA / D.O.P.

PACO MULERO
Partida de la Hoya Torres s/n
30520 Jumilla (Murcia)
☎: +34 968 105 997
info@pacomulero.com
www.pacomulero.com

Prisma Tempranillo 2023 T
tempranillo

91
Farbe: leuchtendes Kirschrot. Aroma: frisches Obst, Kräutersäckchen, balsamisch. Mund: schöne Säure, würzig, feinkörnige Tannine.

PAGO DE LARREA
Ctra. de Cenicero, Km. 0,2
01340 Elciego (Araba/Álava)
☎: +34 945 606 063
pagodelarrea@pagodelarrea.com
www.pagodelarrea.com

8 de Caecus Vendimia Seleccionada 2020 T
100% tempranillo

91
Farbe: dunkles Kirschrot, granatroter Saum. Aroma: reifes Obst, Noten von Tischlerei, Tabak, süße Gewürze. Mund: würzig, reife Tannine, lang.

Caecus 2019 T R
100% tempranillo

90
Farbe: tiefes Kirschrot, granatroter Saum. Aroma: Noten von Tischlerei, reifes Obst, feiner Kakao, Zigarren, Röstaromen. Mund: geschmackvoll, würzig, Röstnoten, kräftige Tannine.

Caecus 2020 T C
100% tempranillo

88
Röstaromen, würzig, geschmackvoll.

Caecus Verderón 2023 B FB
95% viura, 5% malvasía

88
Angenehm, tropische, mild.

El Guardián de la Viña, Viñedo Singular 2020 T
100% tempranillo

90
Würzig, vegetabil, Röstaromen. Farbe: kirschrot mit violettem Saum. Aroma: Gras, Buschwaldkräuter, feiner Kakao. Mund: strukturiert, ausgewogen.

PAGOS DEL REY
Ctra. N-232, PK 422,7
26360 Fuenmayor (La Rioja)
☎: +34 941 450 818
rioja@pagosdelrey.com
www.pagosdelrey.com

Arnegui 2018 T R
100% tempranillo

87

Arnegui 2019 T C
100% tempranillo

86

Arnegui Viento Norte 2021 T RB
tempranillo

90
Farbe: dunkles Kirschrot. Aroma: Röstaromen, würzig, feiner Kakao, dunkle Früchte, reifes Obst. Mund: geschmackvoll, Röstnoten, zartbitter.

Auténtica 2023 T
tempranillo

88
Nach Eingemachtem, reif, mild.

Auténtica RD

87

Beso de Luna 2023 B
viura

86

Beso de Luna 2023 RD
tempranillo, garnacha

87

Castillo de Albai 2018 T R
tempranillo

88
Angenehm, Röstaromen, reif, würzig, klassisch.

Castillo de Albai 2019 T C

87

PAISAJES Y VIÑEDOS
Pza. Ibarra, 1
26330 Briones (La Rioja)
☎: +34 941 322 301
comunicacio@vilaviniteca.es

Paisajes Cecias 2021 T

91
Nach Eingemachtem. Aroma: würzig, mit Charakter, kraftvoll, beschädigtes Obst, Früchtekonfit. Mund: geschmackvoll, reife Tannine, würzig, reife Früchte.

Paisajes La Pasada 2021 T
tempranillo
91
Farbe: leuchtendes Kirschrot. Aroma: süße Gewürze, reifes Obst, Schokolade, Röstaromen. Mund: fruchtig, würzig, reife Tannine.

Paisajes Valsalado 2021 T
tempranillo, garnacha, mazuelo, graciano
92
Farbe: leuchtendes Kirschrot. Aroma: würzig, reifes Obst, ausgewogen. Mund: geschmackvoll, fruchtig, schöne Säure, lang.

QUEIRÓN
Nº 9 Barrio de Bodegas de Quel
26570 Quel (La Rioja)
☎: +34 941 234 200
info@queiron.es
www.queiron.es

Queirón Ensayos Capitales Graciano 2022 T
graciano
92
Farbe: tiefes Kirschrot. Aroma: offen, sortenrein, Buschwaldkräuter, trockene Kräuter, schwarze Lakritze, Thymian. Mund: saftig, elegant, würzig, reife Früchte, ausgewogen.

Queirón mi Lugar 2019 T BA
tempranillo, garnacha
92
Farbe: tiefes Kirschrot. Aroma: trockene Kräuter, weiches Eichenholz, würzig, dunkle Früchte. Mund: reife Früchte, würzig, reife Tannine.

Queirón mi Lugar Tempranillo Blanco 2021 B FB
tempranillo blanco
91
Farbe: leuchtendes Gelb. Aroma: frisches Obst, Zitrusfrüchte, Wildkräuter, welke Blumen. Mund: frisch, fruchtig, schöne Säure, zartbitter, ausgewogen.

R & G ROLLAND GALARRETA
Ramón y Cajal 7, 1ºA
01007 Vitoria-Gasteiz (Araba/Álava)
☎: +34 945 150 189
araex@araex.com
www.araex.com

Rolland Galarreta Esencia 2018 T
93
Cremig, mild. Farbe: dunkles Kirschrot, granatroter Saum. Aroma: reifes Obst, Früchtekonfit, Noten von Tischlerei, Tabak, süße Gewürze. Mund: würzig, reife Tannine, lang.

Rolland Galarreta Iconic 2018 T R
100% tempranillo
93
Klassisch, Röstaromen. Farbe: dunkles Kirschrot, granatroter Saum. Aroma: Früchtekonfit, Noten von Tischlerei, Tabak, süße Gewürze, dunkle Früchte. Mund: würzig, reife Tannine, lang.

R. LÓPEZ DE HEREDIA VIÑA TONDONIA
Avda. Vizcaya, 3
26200 Haro (La Rioja)
☎: +34 941 310 244
bodega@lopezdeheredia.com
www.tondonia.com

Viña Tondonia 2012 T R
94
Farbe: durchscheinendes Kirschrot, ziegelroter Saum. Aroma: Früchtekonfit, Tabak, süße Gewürze, Buschwaldkräuter, Fleischnoten, metallisch. Mund: würzig, reife Tannine, geschmackvoll, frisch.

DO Ca. RIOJA / D.O.P.

RAMÓN BILBAO
Avda. Santo Domingo, 34
26200 Haro (La Rioja)
☎: +34 941 310 316
info.ramonbilbao@zamoracompany.com
www.bodegasramonbilbao.com/es

Lalomba Finca Ladero 2018 T
70% tempranillo, 30% garnacha
94
Farbe: leuchtendes Kirschrot. Aroma: weiches Eichenholz, rote Früchte, reifes Obst, getrocknete Blumen. Mund: kraftvoll, reife Früchte, würzig, reife Tannine.

Lalomba Finca Lalinde 2023 RD
92
Farbe: blassrosa. Aroma: rote Früchte, Kräutersäckchen, getrocknete Blumen, würzig. Mund: würzig, schöne Säure, zartbitter.

🏆 PODIUM
Lalomba Finca Valhonta 2019 T
tempranillo
95
Farbe: KirsChrot. Aroma: komplex, ausdrucksvoll, würzig, mineralisch, rote Früchte, blumig. Mund: elegant, voll, lang, nachhaltig.

Mirto de Ramón Bilbao 2018 T
tempranillo
94
Korpulent, Cremig. Aroma: feiner Kakao, Schwarzer Pfeffer, weiches Eichenholz, reifes Obst. Mund: abgerundet, geschmackvoll, lang, reife Tannine.

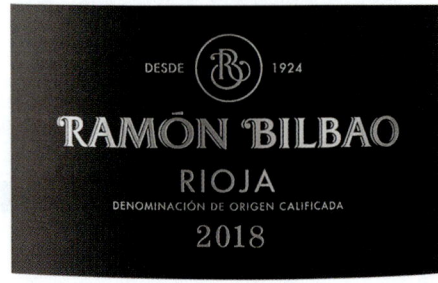

Ramón Bilbao 2011 T GR
90% tempranillo, 5% mazuelo, 5% graciano
94
Komplex, klassisch. Farbe: tiefes Kirschrot, granatroter Saum. Aroma: Noten von Tischlerei, reifes Obst, feiner Kakao, Zigarren, Röstaromen. Mund: geschmackvoll, würzig, Röstnoten, kräftige Tannine.

Ramón Bilbao 2016 T GR
90% tempranillo, graciano, mazuelo
93
Ausgewogen, würzig, reif. Aroma: ausdrucksvoll, feine Reduktionsnoten, trockene Kräuter, reifes Obst. Mund: saftig, poliert, geschmackvoll, schöne Säure, ausgewogen.

Ramón Bilbao 2021 T C
tempranillo
91
Farbe: kirschrot mit violettem Saum. Aroma: ausdrucksstark fruchtig, rote Früchte, würzig, Wildkräuter, reifes Obst. Mund: geschmackvoll, fruchtig, frisch, ziemlich nachhaltig, reife Tannine, Röstnoten.

Ramón Bilbao Early Harvest 2023 RD
60% tempranillo blanco, 40% garnacha
90
Lieblich, aromatisch. Aroma: Banane, frisch, offen. Mund: lebhaft, nachwirkend fruchtig.

Ramón Bilbao Edición Limitada 2021 T
tempranillo
91
Farbe: tiefes Kirschrot. Aroma: trockene Kräuter, weiches Eichenholz, dunkle Früchte. Mund: reife Früchte, würzig, reife Tannine.

Ramón Bilbao Edición Limitada Garnacha 2021 T C
garnacha

92
Farbe: kirschrot mit violettem Saum. Aroma: rote Früchte, würzig, Fleischnoten, welke Blumen. Mund: geschmackvoll, fruchtig, schöne Säure, lang.

Ramón Bilbao Límite Norte 2021 B R
50% maturana blanca, 50% tempranillo blanco

91
Aromatisch. Farbe: leuchtendes Strohgelb. Aroma: feine Hefen, Hefenoten, getrocknete Blumen. Mund: frisch, schöne Säure, rassig, spannungsvoll.

Ramón Bilbao Límite Sur 2021 T C
garnacha

92
Fruchtig, klar definierte Aromen, lieblich. Farbe: kirschrot mit violettem Saum. Aroma: rote Früchte, blumig, würzig. Mund: geschmackvoll, fruchtig, schöne Säure, fleischig.

Ramón Bilbao Reserva de la Familia 2018 T
100% tempranillo

93
Farbe: leuchtendes Kirschrot, granatroter Saum. Aroma: würzig, Wildkräuter, reifes Obst, dunkle Früchte. Mund: frisch, ausgewogen, schöne Säure, feinkörnige Tannine.

Ramón Bilbao Viñedos de Altura 2021 T
50% garnacha, 50% tempranillo

91
Farbe: leuchtendes Kirschrot. Aroma: ausdrucksstark fruchtig, rote Früchte, süße Gewürze, Röstaromen. Mund: geschmackvoll, fruchtig, ausgewogen, ziemlich nachhaltig, rauchig nachwirkend.

RAMÓN SAENZ ORGANIC WINES & VINEYARDS
Mayor, 12
01307 Baños de Ebro (Araba/Álava)
☎: +34 945 609 212
bodegasrs@hotmail.com
www.bodegasramonsaenz.com

DO Ca. RIOJA / D.O.P.

Cimadago 2019 T C
80% tempranillo, 10% garnacha, 10% graciano

90 ☘
Farbe: tiefes Kirschrot, granatroter Saum. Aroma: reifes Obst, trockene Kräuter, rote Früchte, blumig, Safran. Mund: reife Früchte, trockene, aber reife Tannine, ziemlich nachhaltig, würzig.

Ramón Sáenz IVI One 2021 T
100% tempranillo

88 ☘
Nach Eingemachtem, korpulent, beschädigtes Obst, getrübt. Aroma: Schokolade, weiches Eichenholz.

Ramón Sáenz PL One 2022 B
80% viura, 20% garnacha

92
Farbe: strohgelb. Aroma: trockene Kräuter, welke Blumen, geröstetes Brot, helle Früchte. Mund: kraftvoll, reife Früchte, ausgewogen.

Ramón Sáenz, Pasión de Vida 2023 T
95% tempranillo, 5% viura

88 ☘
Nach Eingemachtem, kraftvoll, fruchtig.

Ramón Sáenz, Pequeño Bastión 2022 T RB
85% tempranillo, 15% garnacha

90 ☘
Farbe: leuchtendes Kirschrot. Aroma: blumig, würzig, reifes Obst. Mund: geschmackvoll, fruchtig, schöne Säure, lang.

Ramón Sáenz, Piedras Rodantes 2022 T RB
85% tempranillo, 15% graciano

90 ☘
Korrekt, schlicht. Farbe: KirsChrot. Aroma: süße Gewürze, Buschwaldkräuter, mittlere Intensität, ausgewogen. Mund: würzig, balsamisch, schöne Säure, süffig.

DO Ca. RIOJA / D.O.P.

REAL AGRADO
Camino de los Agudos s/n
26559 Aldeanueva de Ebro (La Rioja)
☎: +34 941 142 389
info@realagrado.com
www.realagrado.com

Canterabuey Viñedo Singular 2019 T
100% garnacha
90
Farbe: tiefes Kirschrot. Aroma: reifes Obst, trockene Kräuter, weiches Eichenholz, süße Gewürze. Mund: reife Früchte, würzig, reife Tannine, fleischig.

La Lobera Cuatro Varietales 2016 T R
tempranillo, mazuelo, graciano, garnacha
90
Farbe: kirschrot mit granatrotem Saum. Aroma: Früchtekonfit, in Likör eingelegte Früchte, kraftvoll. Mund: geschmackvoll, leicht süßlich, lang.

Real Agrado 2019 T R
garnacha, tempranillo, graciano, mazuelo
91
Klassisch. Farbe: dunkles Kirschrot. Aroma: feiner Kakao, Fleischnoten, feine Reduktionsnoten, Früchtekonfit, süße Gewürze. Mund: geschmackvoll, Röstnoten, zartbitter.

Real Agrado 2020 T C
garnacha, tempranillo
88
Ausgewogen, würzig, trockene Kräuter, reif, Röstaromen.

Real Agrado 2023 RD
garnacha, viura
86

Rodiles Graciano 2012 T R
100% graciano
91
Farbe: dunkles Kirschrot, granatroter Saum. Aroma: reifes Obst, Noten von Tischlerei, Tabak, süße Gewürze. Mund: würzig, reife Tannine, lang.

RIOJA VEGA
Ctra. Logroño-Mendavia, Km. 92
31230 Viana (Navarra)
☎: +34 948 646 263
info@riojavega.com
www.riojavega.com

Rioja Vega 2019 T R
88
Nach Eingemachtem, korrekt, würzig, reif, geschmackvoll, schlicht.

Rioja Vega Colección Tempranillo Blanco 2023 B
100% tempranillo blanco
91
Farbe: leuchtendes Strohgelb. Aroma: ausdrucksstark fruchtig, reifes Obst, blumig, ausdrucksvoll. Mund: geschmackvoll, frisch, schöne Säure, nachwirkend fruchtig.

Rioja Vega Edición Limitada 2021 T C
70% tempranillo, 30% garnacha
89
Korrekt, fruchtig, kräuterig, blumig, reif. Mund: süffig.

Rioja Vega Garnacha 2023 RD
100% garnacha
87

Rioja Vega Garnacha Blanca Tempranillo Blanco 2023 B
81% garnacha blanca, 19% tempranillo blanco
88
Korrekt, fruchtig, getrocknete Blumen, reif.

Rioja Vega Tempranillo Blanco 2021 B R
100% tempranillo blanco
92
Aromatisch, tropische, reif. Farbe: gelb. Aroma: süße Gewürze, markante Eiche, weiches Eichenholz. Mund: geschmackvoll, lang, reife Früchte, abgerundet.

ROSARIO VERA
Camino de la Hoya, 1
01300 Laguardia (Araba/Álava)
☎: +34 968 435 022
info@gilfamily.es
www.gilfamily.es

Ai Ama ! 2023 T
100% tempranillo
91
Farbe: kirschrot mit violettem Saum. Aroma: ausdrucksstark fruchtig, rote Früchte, blumig, würzig. Mund: geschmackvoll, fruchtig, schöne Säure.

Honoro Vera Rioja 2023 T
100% tempranillo
91
Farbe: leuchtendes Kirschrot. Aroma: frisches Obst, rote Früchte, balsamisch. Mund: schöne Säure, würzig, feinkörnige Tannine.

RUFINO LECEA BLANCO
Las Cuevas, 15
26340 San Asensio (La Rioja)
☎: +34 626 499 140
rufino.lecea@gmail.com
www.reminde.es

Reminde 2022 T
100% tempranillo
90
Farbe: kirschrot mit violettem Saum. Aroma: rote Früchte, blumig, würzig, Schokolade. Mund: geschmackvoll, fruchtig, schöne Säure, lang.

Reminde 2023 T MC
100% tempranillo
89
Angenehm, fruchtig, geschmackvoll.

Reminde Viñedo Singular 2020 T
100% tempranillo
92
Saftig, angenehm. Farbe: tiefes Kirschrot. Aroma: reifes Obst, trockene Kräuter, weiches Eichenholz. Mund: kraftvoll, reife Früchte, würzig, reife Tannine.

SANTALBA
Avda. de la Rioja, s/n
26221 Gimileo (La Rioja)
☎: +34 941 304 231
santalba@santalba.com
www.santalba.com

Santalba 2018 T R
100% tempranillo
89
Nach Eingemachtem, korpulent, geschmackvoll, Röstaromen. Aroma: dunkle Früchte.

Santalba 2021 T C
100% tempranillo
87

Santalba 2023 B
100% viura
88
Zitrusfrüchte, frisch, fruchtig, kräuterig.

SEÑORÍO DE ARANA
La Cadena, 20
01330 Labastida (Araba/Álava)
☎: +34 945 331 150
info@senoriodearana.com
www.senoriodearana.com

Sommelier 2017 T R
tempranillo
90
Klassisch. Farbe: dunkles Kirschrot, granatroter Saum. Aroma: reifes Obst, Früchtekonfit, Noten von Tischlerei, Tabak, süße Gewürze. Mund: würzig, reife Tannine.

Sommelier 2019 T C
tempranillo
89
Nach Eingemachtem, klassisch, würzig, ausgewogen, geschmackvoll, Röstaromen.

Sommelier 2022 B
viura
89
Aromatisch, markante Eiche, würzig, reif, geschmackvoll. Aroma: Steinobst.

Viña del Oja 2015 T GR
tempranillo
90
Farbe: tiefes Kirschrot, kirschrot mit granatrotem Saum. Aroma: reifes Obst, trockene Kräuter, weiches Eichenholz, rote Früchte, Fleischnoten. Mund: reife Früchte, würzig, fruchtig, geschmackvoll, trockene, aber reife Tannine.

Viña del Oja 2017 T R
tempranillo
90
Farbe: tiefes Kirschrot, granatroter Saum. Aroma: reifes Obst, trockene Kräuter, weiches Eichenholz, Früchtekonfit. Mund: reife Früchte, würzig, trockene, aber reife Tannine, rauchig nachwirkend.

SEÑORÍO DE LIBRARES
Ctra Arnedo-Estella, 27
26511 El Villar de Arnedo (La Rioja)
☎: +34 638 585 993
claraespinosaruiz@gmail.com
www.slibrares.com

El Marujo 2021 T C
100% tempranillo
89
Korpulent, ausgewogen, würzig, trockene Kräuter, geschmackvoll, Röstaromen.

El Marujo 2023 T
100% tempranillo
88
Fruchtig, reif, kräuterig, etwas austrocknend.

DO Ca. RIOJA / D.O.P.

DO Ca. RIOJA / D.O.P.

Librares 2023 B
75% viura, 25% tempranillo blanco
88
Fruchtig, vegetabil, schlicht, korrekt.

Librares Selección 2022 T
80% tempranillo, 20% graciano
91
Kräuterig, reif, geschmackvoll. Aroma: trockene Kräuter, Wildkräuter, würzig, rauchig, erdig. Mund: geschmackvoll, warm.

SEÑORÍO DE SAN VICENTE
Los Remedios, 27
26338 San Vicente de la Sonsierra (La Rioja)
☎: +34 945 600 590
info@sierracantabria.com
www.sierracantabria.com

🏆 PODIUM

San Vicente 2020 T BA
100% tempranillo
96
Komplex, klassisch. Farbe: dunkles Kirschrot, granatroter Saum. Aroma: reifes Obst, Früchtekonfit, Noten von Tischlerei, Tabak, süße Gewürze. Mund: würzig, reife Tannine, lang.

SIERRA CANTABRIA
Amorebieta, 3
26338 San Vicente de la Sonsierra (La Rioja)
☎: +34 941 334 080
info@sierracantabria.com
www.sierracantabria.com

Murmurón 2023 T
91
Farbe: kirschrot mit violettem Saum. Aroma: ausdrucksstark fruchtig, rote Früchte, blumig, würzig. Mund: geschmackvoll, fruchtig, schöne Säure.

Sierra Cantabria 2015 T GR
93
Farbe: dunkles Kirschrot, granatroter Saum. Aroma: Früchtekonfit, Noten von Tischlerei, Tabak, süße Gewürze. Mund: würzig, reife Tannine.

Sierra Cantabria 2016 T R
92
Farbe: kirschrot mit violettem Saum. Aroma: ausdrucksstark fruchtig, rote Früchte, blumig, süße Gewürze, erdig. Mund: geschmackvoll, fruchtig, schöne Säure.

Sierra Cantabria 2020 T C
92
Farbe: tiefes Kirschrot. Aroma: trockene Kräuter, erdig, feuchtes Leder, dunkle Früchte, Zigarren. Mund: kraftvoll, reife Früchte, würzig, reife Tannine.

Sierra Cantabria 2023 B
89
Zitrusfrüchte, kräuterig, Hefenoten, geschmackvoll.

Sierra Cantabria 2023 RD
90
Farbe: blassrosa. Aroma: Kräutersäckchen, schwarze Lakritze, helle Früchte, reifes Obst. Mund: würzig zartbitter, fleischig, warm.

XF Sierra Cantabria 2023 RD
92
Farbe: kupferfarben. Aroma: ausdrucksstark fruchtig, rote Früchte, blumig, Buschwaldkräuter. Mund: fruchtig, schöne Säure, fett.

SIERRA DE TOLOÑO
La Lleca s/n
01307 Villabuena de Álava (Araba/Álava)
info@sierradetolono.com
www.sierradetolono.com

La Dula 2022 T
garnacha
92
Farbe: KirsChrot. Aroma: balsamisch, süße Gewürze, Buschwaldkräuter, rote Früchte, Wildkräuter. Mund: würzig, balsamisch, schöne Säure.

Nahikun 2023 B
viura, malvasía, otras
88 🌿
Rassig, balsamisch, durchschnittlich am Gaumen kräuterig.

Nahikun Tempranillo 2022 T
tempranillo, otras
92 🌿
Farbe: kirschrot mit violettem Saum. Aroma: ausdrucksstark fruchtig, rote Früchte, blumig, würzig Mund: geschmackvoll, fruchtig, schöne Säure, lang.

Sierra de Toloño 2022 T
tempranillo
91
Farbe: kirschrot mit violettem Saum. Aroma: ausdrucksstark fruchtig, rote Früchte, blumig. Mund fruchtig, geschmackvoll, ausgewogen.

Sierra de Toloño 2023 B
viura
87

Tereseño 2022 T
93
Balsamisch. Farbe: KirsChrot. Aroma: balsamisch, süße Gewürze, Buschwaldkräuter, rote Früchte. Mund: würzig, balsamisch, schöne Säure.

SOLAR DE SAMANIEGO
28036 Madrid (Madrid)
☎: +34 913 433 320
cofradia@solardesamaniego.es
www.solardesamaniego.com

Cabeza de Cuba 2020 T C
89
Fruchtig, würzig, trockene Kräuter, reif, geschmackvoll.

Solar de Samaniego 2020 T C
87

Solar de Samaniego 7 Cepas 2019 T R
90
Farbe: leuchtendes Kirschrot. Aroma: reifes Obst, Röstaromen, würzig, aromatischer Kaffee. Mund: fruchtig, geschmackvoll, ausgewogen, ziemlich nachhaltig, rauchig nachwirkend.

Solar de Samaniego Valcavada 2019 T R
92
Farbe: tiefes Kirschrot. Aroma: reifes Obst, trockene Kräuter, weiches Eichenholz, rote Früchte, süße Gewürze. Mund: kraftvoll, reife Früchte, würzig, kräftige Tannine, ziemlich nachhaltig.

TOBELOS BODEGAS Y VIÑEDOS
Ctra. N 124, Km. 45
26290 Briñas (La Rioja)
☎: +34 941 305 630
visitas@tobelos.com
www.tobelos.com

Leukade Autor 2018 T
95% tempranillo, 5% graciano
91
Farbe: sattes Kirschrot. Aroma: aromatischer Kaffee, kraftvoll, reifes Obst, dunkle Früchte, Schokolade. Mund: rauchig nachwirkend, nachhaltig, reife Tannine.

Quiñones de Tobelos Viñedo Singular 2021 B BA
91
Farbe: strohgelb. Aroma: weiße Blumen, Jasmin, trockene Kräuter, frisches Obst. Mund: geschmackvoll, fruchtig, ausgewogen.

Salinillas de Tobelos 2018 T
100% tempranillo
91
Farbe: tiefes Kirschrot. Aroma: reifes Obst, trockene Kräuter, weiches Eichenholz, würzig. Mund: kraftvoll, reife Früchte, würzig, reife Tannine.

Tahón de Tobelos 2018 T R
90% tempranillo, 10% garnacha
93
Farbe: sattes Kirschrot. Aroma: aromatischer Kaffee, kraftvoll, dunkle Früchte, reifes Obst. Mund: rauchig nachwirkend, nachhaltig, reife Tannine.

Tahón de Tobelos 2020 B R
85% viura, 15% otras
92
Farbe: leuchtendes Gelb. Aroma: weiches Eichenholz, reifes Obst, würzig. Mund: fett, strukturiert, lang, Röstnoten, zartbitter.

Tobelos 2023 B
85% viura, 15% sauvignon blanc
89
Aroma: ausdrucksstark fruchtig, reifes Obst, blumig. Mund: frisch, schöne Säure.

Tobelos Crianza 2020 T C
100% tempranillo
90
Farbe: dunkles Kirschrot. Aroma: Röstaromen, würzig, feiner Kakao. Mund: geschmackvoll, Röstnoten, zartbitter.

Tobelos Garnacha 2022 T BA
100% garnacha
91
Farbe: kirschrot mit violettem Saum. Aroma: rote Früchte, blumig, würzig. Mund: geschmackvoll, schöne Säure, lang.

TORRE DE OÑA
Finca San Martín s/n
01309 Páganos (Araba/Álava)
☎: +34 945 621 154
info@torredeona.com
www.riojalta.com

Finca San Martín 2020 T C
100% tempranillo
91
Klassisch. Farbe: tiefes Kirschrot. Aroma: reifes Obst, trockene Kräuter, ausgewogen, süße Gewürze. Mund: reife Früchte, würzig, reife Tannine, geschmackvoll.

Torre de Oña - Viñedos Artesanales 2021 T
97% tempranillo, 3% mazuelo, garnacha, viura
94
Farbe: KirsChrot. Aroma: komplex, ausdrucksvoll, würzig, mineralisch, dunkle Früchte. Mund: voll, lang, nachhaltig.

DO Ca. RIOJA / D.O.P.

DO Ca. RIOJA / D.O.P.

Finca Martelo 2019 T R
95% tempranillo, 5% viura, mazuelo, garnacha

94

Farbe: dunkles Kirschrot, granatroter Saum. Aroma: reifes Obst, Noten von Tischlerei, Tabak, süße Gewürze. Mund: würzig, lang, feinkörnige Tannine.

TRONADO WINES
El Olmo, 16
01330 Labastida (Araba/Álava)
☎: +34 672 255 142
info@tronadowines.com
www.tronadowines.com

Capitán Trueno 2021 T
tempranillo, viura

92

Farbe: kirschrot mit violettem Saum. Aroma: würzig, feine Hefen, rote Früchte, dunkle Früchte. Mund: reife Früchte, geschmackvoll, strukturiert.

UKAN WINERY
Calle La Paz 15, Pab. 2
01300 Laguardia (Araba/Álava)
☎: +34 945 625 371
info@ukanwinery.com
www.ukanwinery.com

Senderos de Ukan 2021 T
100% tempranillo

91

Farbe: tiefes Kirschrot. Aroma: reifes Obst, trockene Kräuter, weiches Eichenholz, Wildkräuter. Mund: kraftvoll, reife Früchte, würzig, reife Tannine.

Ukan 2021 T
100% tempranillo

92

Farbe: KirsChrot. Aroma: komplex, ausdrucksvoll, würzig, mineralisch, dunkle Früchte. Mund: elegant, voll, lang, nachhaltig.

UVAS FELICES
Agullers, 7
08003 Barcelona (Barcelona)
☎: +34 902 327 777
www.vilaviniteca.es

La Locomotora 2015 T GR

91

Farbe: dunkles Kirschrot, granatroter Saum. Aroma reifes Obst, Noten von Tischlerei, süße Gewürze, Wachs. Mund: würzig, lang, süffig, poliert.

VALCUERNA VITICULTORES CON ORIGEN
Cuevas, 6
26311 Cordovín (La Rioja)
☎: +34 657 900 525
comercial@bodegasvalcuerna.com
www.bodegasvalcuerna.com

El Barranco de la Molinera 2021 T
95% tempranillo, 5% otras

93 🌿

Farbe: kirschrot mit violettem Saum. Aroma: frisches Obst, rote Früchte, Wildkräuter, würzig, ausdrucksvoll Mund: fruchtig, geschmackvoll, würzig, trockene, aber reife Tannine.

Madam 2023 B
60% garnacha blanca, 40% sauvignon blanc

88 🌿

Angenehm, blumig, fruchtig.

Relevo, Colección de Parcelas 2021 T C
50% tempranillo, 45% garnacha, 5% mazuelo

93 🌿

Farbe: kirschrot mit violettem Saum. Aroma: rote Früchte, blumig, würzig, weiches Eichenholz, Röstaromen. Mund: geschmackvoll, fruchtig, schöne Säure, lang.

Valcuerna 2020 T C
tempranillo, otras

91 🌿

Farbe: kirschrot mit violettem Saum. Aroma: ausdrucksstark fruchtig, rote Früchte, würzig, Wildkräuter, rauchig. Mund: geschmackvoll, fruchtig, ausgewogen, reife Tannine.

Valcuerna Cdvin 2021 T C
garnacha

94 🌿

Farbe: kirschrot mit violettem Saum. Aroma: ausdrucksstark fruchtig, rote Früchte, Kräutersäckchen, getrocknete Blumen, ausdrucksvoll. Mund: fruchtig, frisch, geschmackvoll, ziemlich nachhaltig, kalkig, feinkörnige Tannine.

Valcuerna El Origen Clarete Fino 2019 RD
50% garnacha, 40% viura, 10% otras

91

Farbe: lachsfarben. Aroma: ausdrucksstark fruchtig, kandierte Früchte, rote Früchte, getrocknete Blumen, ausdrucksvoll. Mund: frisch, fruchtig, lebhaft, geschmackvoll.

VINOS EN VOZ BAJA
Francisco Mrtínez Montiel, 22-24
26559 Aldeanueva de Ebro (La Rioja)
☎: +34 661 355 702
carlos@vinosenvozbaja.com
www.vinosenvozbaja.com

Barriopastores 2022 T
100% garnacha

91

Farbe: kirschrot mit violettem Saum. Aroma: ausdrucksstark fruchtig, rote Früchte, blumig, würzig. Mund: geschmackvoll, fruchtig, schöne Säure.

Costumbres 2022 B
40% calagraño, 30% viura, 20% garnacha roja, 10% tempranillo blanco

91

Farbe: leuchtendes Gelb. Aroma: reifes Obst, würzig, Steinobst, mineralisch, feine Hefen. Mund: fett, zartbitter, geschmackvoll.

Costumbres 2022 T
85% garnacha, 10% tinto velasco, 5% tempranillo

90

Lieblich, fruchtig. Farbe: kirschrot mit violettem Saum. Aroma: ausdrucksstark fruchtig, rote Früchte, blumig. Mund: fruchtig, geschmackvoll, ausgewogen.

El Outsider 2022 T
60% garnacha, 30% tempranillo, 10% calagraño

90

Frisch, kräuterig. Farbe: kirschrot mit violettem Saum. Aroma: ausdrucksstark fruchtig, rote Früchte, balsamisch. Mund: fruchtig, geschmackvoll, ausgewogen.

Nace la Sierra 2022 T
50% garnacha, 35% tinto velasco, 15% calagraño

93

Farbe: tiefes Kirschrot. Aroma: trockene Kräuter, weiches Eichenholz, rote Früchte, dunkle Früchte, feine Hefen. Mund: reife Früchte, würzig, reife Tannine.

VIÑA BUJANDA
Ctra. Logroño, s/n
01320 Oyón (Araba/Álava)
☎: +34 941 450 876
info@bujanda.com
www.familiamartinezbujanda.com

Viña Bujanda 2018 T R
100% tempranillo

89

Warm, Röstaromen, mild.

VIÑA DEL LENTISCO
Avda. de la Poveda, 16
01306 Lapuebla de Labarca (Araba/Álava)
☎: +34 648 117 198
info@vinovillota.com
www.vinovillota.com

Villota 2021 T
85% tempranillo, 13% graciano, 2% garnacha

93

Saftig. Farbe: kirschrot mit violettem Saum. Aroma: rote Früchte, blumig, würzig, ausgewogen, Buschwaldkräuter. Mund: geschmackvoll, fruchtig, schöne Säure, lang.

Villota Garnacha 2021 T
100% garnacha

91

Farbe: kirschrot mit violettem Saum. Aroma: würzig, Himbeere, Buschwaldkräuter. Mund: geschmackvoll, fruchtig, schöne Säure.

Villota Graciano 2021 T
100% graciano

92

Saftig, wild. Farbe: tiefes Kirschrot. Aroma: trockene Kräuter, weiches Eichenholz, dunkle Früchte, Wildkräuter. Mund: kraftvoll, reife Früchte, würzig, reife Tannine.

Villota Selvanevada 2022 B
91% viura, 6% tempranillo blanco, 3% garnacha blanca, otras

91

Herb. Farbe: leuchtendes Strohgelb. Aroma: reifes Obst, Kräutersäckchen, feine Hefen. Mund: voll, fett, lang, schöne Säure.

Villota Selvanevada 2022 T
75% tempranillo, 19% graciano, 3% garnacha, 3% mazuelo

93

Farbe: kirschrot mit violettem Saum. Aroma: rote Früchte, blumig, würzig, mit Charakter. Mund: geschmackvoll, fruchtig, schöne Säure, lang.

DO Ca. RIOJA / D.O.P.

DO Ca. RIOJA / D.O.P.

Viña Gena 2021 T BA
100% tempranillo

92

Farbe: sattes Kirschrot. Aroma: intensive Röstaromen, aromatischer Kaffee, reifes Obst. Mund: reife Tannine, geschmackvoll, flüssig am Gaumen.

VIÑA IJALBA
Ctra. Pamplona, Km. 1
26006 Logroño (La Rioja)
☎: +34 941 261 100
vinaijalba@ijalba.com
www.ijalba.com

Ijalba 2020 B R
60% maturana blanca, 40% viura

91 🌱

Farbe: leuchtendes Gelb. Aroma: getrocknete Blumen, kandierte Früchte, feine Hefen, Feingebäck. Mund: würzig, Röstnoten.

Ijalba 2021 B C
50% viura, 30% maturana blanca, 20% tempranillo blanco

91 🌱

Farbe: strohgelb. Aroma: ausdrucksvoll, weiße Blumen, trockene Kräuter, ausdrucksstark fruchtig, helle Früchte. Mund: geschmackvoll, fruchtig, ausgewogen, reife Früchte.

Ijalba 2021 T C
85% tempranillo, 8% graciano, 7% maturana

90 🌱

Farbe: kirschrot mit violettem Saum. Aroma: ausdrucksstark fruchtig, rote Früchte, würzig, Waldfinsternis, dunkle Früchte. Mund: geschmackvoll, fruchtig, schöne Säure.

Ijalba Maturana 2022 T
100% maturana

91 🌱

Farbe: tiefes Kirschrot. Aroma: trockene Kräuter, weiches Eichenholz, dunkle Früchte, Unterholz. Mund: reife Früchte, würzig, reife Tannine.

Ijalba Maturana Blanca 2023 B
100% maturana blanca

92 🌱

Farbe: leuchtendes Strohgelb. Aroma: frisches Obst, Zitrusfrüchte, Wildkräuter, helle Früchte. Mund: frisch, fruchtig, schöne Säure, geschmackvoll, lebhaft, ziemlich nachhaltig.

Ijalba Tempranillo 2021 T
tempranillo

89 🌱

Nach Eingemachtem, korpulent, Röstaromen, reif, kräuterig.

VIÑA OLABARRI
Ctra. Haro - Anguciana, s/n
26200 Haro (La Rioja)
☎: +34 941 310 937
info@bodegasolabarri.com
www.bodegasolabarri.com

Bikandi Vendimia Seleccionada 2018 T R
tempranillo

90

Farbe: tiefes Kirschrot. Aroma: reifes Obst, weiches Eichenholz, Früchtekonfit, süße Gewürze. Mund: reife Früchte, würzig, trockene, aber reife Tannine, fruchtig, ziemlich nachhaltig.

Viña Olabarri 2019 T C
tempranillo

88

Aromatisch, würzig, trockene Kräuter, reif.

Viña Olabarri 2023 B
viura

87

VIÑA REAL
Ctra. Logroño - Laguardia, Km. 4,8
01300 Laguardia (Araba/Álava)
☎: +34 945 625 255
marketing@cvne.com
www.cvne.com

La Virgen Paraje San Cristóbal Pagos de Viña Real 2021 T

94

Klar definierte Aromen. Farbe: kirschrot mit violettem Saum. Aroma: ausdrucksstark fruchtig, rote Früchte, blumig, würzig. Mund: geschmackvoll, fruchtig, schöne Säure, lang.

Viña Real 2018 T GR

93

Komplex, klassisch. Farbe: dunkles Kirschrot, granatroter Saum. Aroma: reifes Obst, Früchtekonfit, Noten von Tischlerei, Tabak, süße Gewürze. Mund: würzig, reife Tannine, lang.

Viña Real 2018 T R

90

Klassisch. Farbe: tiefes Kirschrot. Aroma: reifes Obst, trockene Kräuter, weiches Eichenholz, Buschwaldkräuter. Mund: reife Früchte, würzig, reife Tannine, flüssig am Gaumen, leicht.

Viña Real 2021 T C

90

Farbe: kirschrot mit violettem Saum. Aroma: ausdrucksstark fruchtig, blumig, würzig, weiches Eichenholz. Mund: geschmackvoll, schöne Säure, lang.

Viña Real 2022 B FB
90
Farbe: leuchtendes Strohgelb, grünlicher Saum. Aroma: Zitrusfrüchte, Wildkräuter, feine Hefen. Mund: frisch, fruchtig, schöne Säure.

Viña Real 2023 RD
87

VIÑA SALCEDA
Ctra. Cenicero, Km. 3
01340 Elciego (Araba/Álava)
☎: +34 945 606 125
pr@vinasalceda.com
www.vinasalceda.com

La Rellanilla 2023 T
tempranillo
90
Klar definierte Aromen, lieblich. Farbe: kirschrot mit violettem Saum. Aroma: ausdrucksstark fruchtig, rote Früchte, blumig. Mund: geschmackvoll, fruchtig, schöne Säure.

Viña Salceda 2020 T C
tempranillo, garnacha
90
Farbe: kirschrot mit violettem Saum. Aroma: ausdrucksstark fruchtig, rote Früchte, würzig, rauchig. Mund: geschmackvoll, fruchtig, ziemlich nachhaltig, rauchig nachwirkend, trockene, aber reife Tannine.

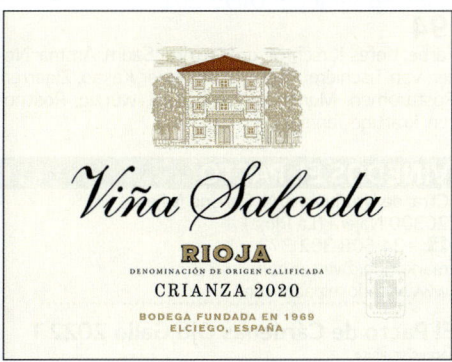

Viña Salceda sobre Lías 2023 B
89
Reif, fruchtig, Röstaromen, geschmackvoll.

VIÑADORES DEL NORTE
Arrabal, 4
26120 Albelda de Iregua (La Rioja)
☎: +34 658 846 188
info@rodriguezdevera.com
www.rodriguezdevera.com

Guardalobos 2020 T
tempranillo
92
Farbe: kirschrot mit violettem Saum. Aroma: reifes Obst, dunkle Früchte, Wildkräuter, feiner Kakao, würzig, rauchig. Mund: fruchtig, geschmackvoll, voll, reife Früchte, rauchig nachwirkend, trockene, aber reife Tannine.

VIÑAS SILENCIOSAS
Crta Navaridas, s/n
01340 Elciego (Araba/Álava)
☎: +34 691 652 341
laulla2019@yahoo.com

Laulla 2023 T
85% tempranillo, 15% viura
89 ❦
Balsamisch, blumig, fruchtig, vegetabil.

Viñas Silenciosas La de Mikel 2022 T
80% tempranillo, 20% otras
93 ❦
Noch nicht vollständig entfaltet. Farbe: kirschrot mit violettem Saum. Aroma: ausdrucksstark fruchtig, rote Früchte, blumig, würzig. Mund: geschmackvoll, fruchtig, schöne Säure, lang.

Viñas Silenciosas Posadero 2018 B
50% viura, 50% calagraño
93
Subtil, reif. Farbe: strohgelb. Aroma: reifes Obst, trockene Kräuter, welke Blumen, feine Hefen. Mund: reife Früchte, ausgewogen, geschmackvoll.

Viñas Silenciosas Regoyos 2022 T
85% tempranillo, 15% viura
93
Balsamisch. Farbe: KirsChrot. Aroma: balsamisch, süße Gewürze, Buschwaldkräuter, rote Früchte. Mund: würzig, balsamisch, schöne Säure.

Viñas Silenciosas Valdesanjuan 2022 T
80% tempranillo, 20% graciano
92 ❦
Farbe: KirsChrot. Aroma: komplex, ausdrucksvoll, würzig, mineralisch, rote Früchte. Mund: elegant, voll, lang, nachhaltig.

DO Ca. RIOJA / D.O.P.

DO Ca. RIOJA / D.O.P.

VIÑEDOS DE PÁGANOS
Ctra. Navaridas, s/n
01309 Páganos (Araba/Álava)
☎: +34 945 600 590
info@sierracantabria.com
www.sierracantabria.com

Calados del Puntido 2020 T BA
93
Farbe: tiefes Kirschrot. Aroma: trockene Kräuter, weiches Eichenholz, dunkle Früchte, reifes Obst. Mund: reife Früchte, würzig, reife Tannine.

🏆 PODIUM
El Puntido 2008 T GR
95
Spannungsvoll, würzig. Farbe: dunkles Kirschrot, granatroter Saum. Aroma: reifes Obst, Früchtekonfit, Noten von Tischlerei, Tabak, süße Gewürze. Mund: würzig, reife Tannine, lang.

🏆 PODIUM
El Puntido 2021 T
100% tempranillo
96
Komplex, üppig. Farbe: KirsChrot. Aroma: komplex, ausdrucksvoll, würzig, mineralisch, reifes Obst, dunkle Früchte. Mund: elegant, voll, lang, nachhaltig.

🏆 PODIUM
La Nieta 2021 T
tempranillo
97
Mit Persönlichkeit, lieblich. Farbe: tiefes Kirschrot. Aroma: komplex, ausdrucksvoll, würzig, mineralisch, rote Früchte, reifes Obst. Mund: voll, lang, nachhaltig.

VIÑEDOS DEL CONTINO
Finca San Rafael
01321 Laserna - Laguardia (Araba/Álava)
☎: +34 945 600 201
marketing@cvne.com
www.cvne.com

Contino 2019 T GR
94
Farbe: dunkles Kirschrot, granatroter Saum. Aroma: reifes Obst, Noten von Tischlerei, Tabak, süße Gewürze. Mund: würzig, reife Tannine, lang.

Contino 2020 T R
93
Farbe: tiefes Kirschrot. Aroma: reifes Obst, trockene Kräuter, weiches Eichenholz, süße Gewürze. Mund: kraftvoll, reife Früchte, würzig, reife Tannine.

Contino 2021 RD
89
Korrekt, fruchtig, wild, reif, saftig. Mund: süffig, zartbitter.

Contino 2022 B
90
Farbe: strohgelb. Aroma: reifes Obst, trockene Kräuter, welke Blumen. Mund: reife Früchte, ausgewogen.

Contino Garnacha 2022 T
92
Klar definierte Aromen. Farbe: kirschrot mit violettem Saum. Aroma: ausdrucksstark fruchtig, rote Früchte, blumig, würzig, Kräutersäckchen. Mund: geschmackvoll, fruchtig, schöne Säure, lang.

Contino Graciano 2020 T
93
Farbe: kirschrot mit violettem Saum. Aroma: würzig, dunkle Früchte, Wildkräuter, geröstetes Brot. Mund: geschmackvoll, fruchtig, schöne Säure, lang.

Contino Mazuelo 2020 T
mazuelo
94
Balsamisch. Farbe: KirsChrot. Aroma: komplex, ausdrucksvoll, würzig, mineralisch. Mund: voll, lang, nachhaltig.

Contino Viña del Olivo 2021 T
94
Farbe: tiefes Kirschrot, granatroter Saum. Aroma: Noten von Tischlerei, reifes Obst, feiner Kakao, Zigarren, Röstaromen. Mund: geschmackvoll, würzig, Röstnoten, kräftige Tannine.

VIÑEDOS EL PACTO
Ctra. de Uruñuela S/N, Carr. de Nájera,
26300 Najera (La Rioja)
☎: +34 608 302 372
marketing@vintae.com
www.vinedoselpacto.com

El Pacto de Cárdenas Ojo Gallo 2022 T
garnacha, viura
91
Lieblich, klar definierte Aromen, flüssig am Gaumen. Farbe: durchscheinendes Kirschrot. Aroma: rote Früchte, blumig, offen. Mund: schöne Säure, süffig.

El Pacto de la Sonsierra 2020 T
tempranillo
91 🌱
Lieblich, fruchtig, flüssig am Gaumen, reif, wild. Aroma: getrocknete Blumen, reifes Obst, Heidelbeere, offen, ausgewogen.

El Pacto del Alto Najerilla 2022 B
viura
92
Noch nicht vollständig entfaltet. Farbe: leuchtendes Strohgelb. Aroma: reifes Obst, Kräutersäckchen, feine Hefen. Mund: voll, fett, lang, schöne Säure.

VIÑEDOS REAL RUBIO
Avda. La Rioja s/n
26559 Aldeanueva de Ebro (La Rioja)
☎: +34 941 163 672
export@realrubio.es
www.realrubio.es

Incitador BE BN
viura
89
Zitrusfrüchte, frisch, vegetabil, korrekt.

Real Rubio 2020 T C
tempranillo, graciano
88
Nach Eingemachtem, würzig, getrübt, Röstaromen.

Real Rubio 2023 B
sauvignon blanc, garnacha blanca
87

Real Rubio 2023 RD
garnacha
89
Angenehm, fruchtig, geschmackvoll.

Real Rubio Finca El Tordillo 2020 T
garnacha
92
Farbe: tiefes Kirschrot. Aroma: reifes Obst, trockene Kräuter, weiches Eichenholz, Buschwaldkräuter, feine Reduktionsnoten. Mund: reife Früchte, würzig, reife Tannine.

Real Rubio GMT - 125 2023 B
91
Farbe: leuchtendes Gelb. Aroma: kraftvoll, weiches Eichenholz, reifes Obst, würzig. Mund: strukturiert, lang, Röstnoten, zartbitter.

VIÑEDOS SIERRA CANTABRIA
Calle Fuente de la Salud s/n
26338 San Vicente de la Sonsierra (La Rioja)
☎: +34 941 334 080
info@sierracantabria.com
www.sierracantabria.com

🏆 PODIUM
Amancio 2020 T
97
Komplex, reif. Farbe: tiefes Kirschrot. Aroma: komplex, ausdrucksvoll, würzig, mineralisch, dunkle Früchte, reifes Obst. Mund: voll, lang, nachhaltig, geschmackvoll.

🏆 PODIUM
Finca El Bosque 2021 T
95
Warm, üppig. Farbe: tiefes Kirschrot. Aroma: trockene Kräuter, weiches Eichenholz, reifes Obst, dunkle Früchte, Röstaromen. Mund: reife Früchte, würzig, reife Tannine, geschmackvoll.

Sierra Cantabria Colección Privada 2022 T
100% tempranillo
94
Komplex, üppig, mild. Farbe: kirschrot mit violettem Saum. Aroma: rote Früchte, blumig, süße Gewürze, weiches Eichenholz. Mund: geschmackvoll, fruchtig, schöne Säure, lang.

Sierra Cantabria Cuvèe 2020 T
93
Cremig, flüssig am Gaumen. Farbe: dunkles Kirschrot. Aroma: Röstaromen, würzig, feiner Kakao, Schokolade, dunkle Früchte. Mund: geschmackvoll, Röstnoten, zartbitter.

🏆 PODIUM
Sierra Cantabria Mágico 2020 T
98
Klar definierte Aromen, komplex. Farbe: kirschrot mit granatrotem Saum. Aroma: komplex, ausdrucksvoll, würzig, mineralisch, balsamisch, Buschwaldkräuter, Schokolade. Mund: elegant, voll, lang, nachhaltig.

Sierra Cantabria Organza 2022 B
93
Farbe: leuchtendes Gelb. Aroma: reifes Obst, trockene Kräuter, welke Blumen, süße Gewürze, helle Früchte, Steinobst. Mund: kraftvoll, reife Früchte, ausgewogen, geschmackvoll.

VIÑEDOS Y BODEGAS DE LA MARQUESA

DO Ca. RIOJA / D.O.P.

Herrería, 76
01307 Villabuena de Álava (Araba/Álava)
☎: +34 945 609 085
info@valserrano.com
www.bodegasdelamarquesa.com

La Marquesa 2022 T
100% tempranillo

88

Angenehm, würzig, flüssig am Gaumen, fruchtig.

Valserrano 2016 T GR
100% tempranillo

92

Klassisch. Farbe: dunkles Kirschrot, granatroter Saum. Aroma: reifes Obst, Früchtekonfit, Noten von Tischlerei, Tabak, süße Gewürze. Mund: würzig, reife Tannine, lang.

Valserrano 2018 T R
90% tempranillo, 10% graciano

91

Farbe: tiefes Kirschrot, granatroter Saum. Aroma: Noten von Tischlerei, reifes Obst, feiner Kakao, Zigarren, Röstaromen. Mund: geschmackvoll, würzig, Röstnoten.

Valserrano 2019 B GR
viura

92

Farbe: leuchtendes Gelb. Aroma: kraftvoll, weiches Eichenholz, reifes Obst, würzig. Mund: strukturiert, Röstnoten, zartbitter.

Valserrano 2023 B FB
100% viura

88

Ausgewogen, frisch, fruchtig, Leichtwein.

Valserrano Mazuelo 2019 T
mazuelo

91

Farbe: KirsChrot. Aroma: Buschwaldkräuter, rote Früchte, reifes Obst, Wildkräuter. Mund: würzig, schöne Säure, ausgewogen, saftig.

VITICULTORES DE LAPUEBLA

Ctra. de Lapuebla km 2, s/n
26360 Fuenmayor (La Rioja)
☎: +34 671 078 035
info@viticultoresdelapuebla.com
www.viticultoresdelapuebla.com

Adventicia 2022 B
garnacha blanca

91

Farbe: leuchtendes Strohgelb. Aroma: ausdrucksstark fruchtig, reifes Obst, helle Früchte, Wildkräuter, weiches Eichenholz, Karamel. Mund: fruchtig, frisch, geschmackvoll, ausgewogen.

Camino de la Torre 2022 T C
100% tempranillo

92

Farbe: tiefes Kirschrot. Aroma: reifes Obst, weiches Eichenholz, schwarze Lakritze. Mund: kraftvoll, reife Früchte, würzig, reife Tannine.

Carrelvillar 2022 T
100% tempranillo

94

Aromatisch, fruchtig, lebhaft. Farbe: leuchtendes Kirschrot. Aroma: rote Früchte, reifes Obst, getrocknete Blumen. Mund: schöne Säure, korrekt, süffig.

El Propósito 2023 T
80% tempranillo, 10% garnacha, 7% merlot, 3% palomino

92

Farbe: kirschrot mit violettem Saum. Aroma: ausdrucksstark fruchtig, rote Früchte, blumig, würzig. Mund: geschmackvoll, fruchtig, schöne Säure, lang.

Galáctico 2022 T
100% garnacha

91

Farbe: kirschrot mit violettem Saum. Aroma: ausdrucksstark fruchtig, rote Früchte, würzig. Mund: geschmackvoll, fruchtig, schöne Säure.

Melancólica 2022 T
100% maturana

93
Farbe: dunkles Kirschrot. Aroma: würzig, aromatischer Kaffee, Wildkräuter, Buschwaldkräuter. Mund: geschmackvoll, zartbitter, sortentypisch, mineralisch.

WEIN & VINOS
Hardenbergstr. 9A
10623 Berlin (Berlin)
☎: +49 303 150 6080
info@vinos.de
www.vinos.de

L'Artesaña 2021 T C
tempranillo

91
Farbe: dunkles Kirschrot. Aroma: Röstaromen, würzig, feiner Kakao, reifes Obst. Mund: geschmackvoll, Röstnoten, zartbitter.

YSIOS
Camino de la Hoya, s/n
01300 Laguardia (Araba/Álava)
☎: +34 954 600 604
clara.canals@pernod-ricard.com
www.bodegasysios.com

Ysios 2022 B
viura, tempranillo

91
Farbe: leuchtendes Strohgelb. Aroma: getrocknete Blumen, trockene Kräuter, reifes Obst. Mund: geschmackvoll, fett, fruchtig, reife Früchte, lang.

Ysios Grano a Grano 2021 T
100% tempranillo

93
Farbe: leuchtendes Kirschrot. Aroma: reifes Obst, süße Gewürze, Schokolade. Mund: würzig, lang, strukturiert, reife Früchte.

Ysios Lagunazuri 2019 T
100% tempranillo

93
Farbe: tiefes Kirschrot. Aroma: trockene Kräuter, Waldfinsternis, erdig, Heidelbeere. Mund: kraftvoll, reife Früchte, würzig, reife Tannine.

Ysios Rosé 2023 RD
garnacha, tempranillo, viura

91
Klar definierte Aromen, Süßwaren. Farbe: blassrosa. Aroma: rote Früchte, Wildkräuter, blumig. Mund: lang, schöne Säure, zartbitter, ausgewogen.

Ysios Selección 2018 T
100% tempranillo

91
Korrekt, saftig, von Primäraromen beherrscht. Farbe: KirsChrot. Aroma: ausdrucksvoll, reifes Obst, süße Gewürze. Mund: voll, lang, nachhaltig.

ZINIO BODEGAS
26313 Uruñuela (La Rioja)
☎: +34 941 371 319
info@ziniobodegas.com
www.ziniobodegas.com

Sancho Garcés 2020 T C

88 ♣
Reif, fruchtig, würzig, etwas austrocknend.

Trenza & Zinio Finca la Rasilla 2017 T
tempranillo

91
Farbe: tiefes Kirschrot. Aroma: trockene Kräuter, weiches Eichenholz, dunkle Früchte, markante Eiche, erdig. Mund: kraftvoll, reife Früchte, würzig, reife Tannine.

Zinio Finca el Aprisco 2017 T
tempranillo

91
Farbe: sattes Kirschrot. Aroma: intensive Röstaromen, aromatischer Kaffee, kraftvoll, dunkle Früchte. Mund: rauchig nachwirkend, nachhaltig, reife Tannine.

Zinio Street Art Collection Tempranillo Blanco 2022 B
tempranillo blanco

90
Farbe: leuchtendes Strohgelb. Aroma: frisches Obst, Zitrusfrüchte, Wildkräuter, welke Blumen. Mund: frisch, fruchtig, zartbitter, geschmackvoll.

DO Ca. RIOJA / D.O.P.

DO. RUEDA

CONSEJO REGULADOR

Real, 8
47490 Rueda (Valladolid)
☎: +34 983 868 248
@: crdo.rueda@dorueda.com
www.dorueda.com

LAGE:

Anbaugebiet in den Provinzen Valladolid (53 Gemeinden), Segovia (17 Gemeinden) und Ávila (2 Gemeinden) wird durch das leicht wellige Bodenrelief der Hochebene geprägt und unterliegt dem Einfluss des Duero, der den nördlichen Teil des Gebietes durchfließt.

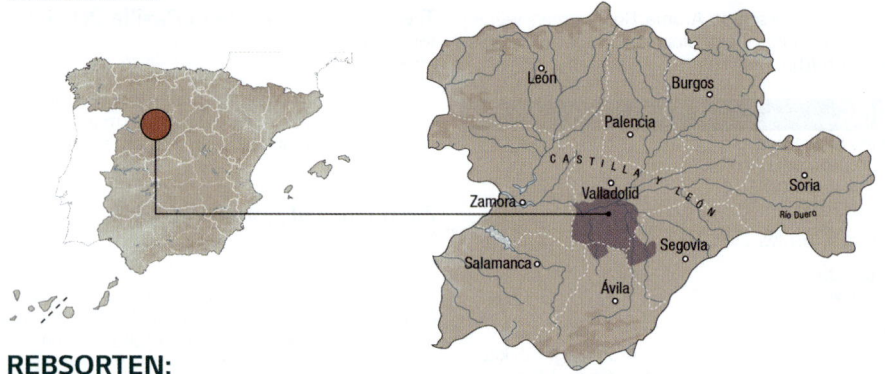

REBSORTEN:

WEISS:

HAUPSORTE: Verdejo, sauvignon blanc, viura, chardonnay, viognier.

ZUGELASSEN: Garnacha blanca, gewüstraminer, godello, moscatel de alejandría, moscatel de grano menudo, palomino fino y riesling.

ROT:

HAUPSORTE: Tempranillo y cabernet sauvignon

ZUGELASSEN: Cabernet sauvignon, garnacha tinta, merlot, syrah y bruñal.

DATEN:

Rebfläche (ha): 20.737 – **Winzer:** 1.535 – **Weinerzeuger:** 79 – **Jahrgang 23:** Sehr Gut – **Jahresproduktion 23:** 130.454.699 L. – **Absatz:** 86% Spanien - 14% Export.

BODENVERHÄLTNISSE:

Hoher Anteil an Kieselgeröll an der Oberfläche. Kiesböden, die wenig organische Substanzen führen und über eine gute Durchlüftung und Bewässerung verfügen. Die Textur der Böden variiert, allgemeinen überwiegt jedoch sandiges und lehmiges Erdreich.

KLIMA:

Kontinentales Klima mit kalten Wintern und kurzen, heißen Sommern. Die Niederschläge fallen vor allem im Frühling und Herbst. Das Gebiet liegt auf einer durchschnittlichen Höhe von 600 bis 700 m, nur in der Provinz Segovia werden Höhenlagen von über 800 m erreicht.

ERNTEBEWERTUNG ANHAND JUNGER WEINE GUÍAPEÑÍN

2019	2020	2021	2022	2023
SEHR GUT	SEHR GUT	SEHR GUT	SEHR GUT	SEHR GUT

ALREGI

Pol. Ind. Empordà Internacional s/n
17469 Vilamalla (Girona/Gerona)
☎: +34 972 526 061
alregi@alregi.es
www.winepalace.es

Obsceno 2022 B
100% verdejo
87

ÁLVAREZ Y DÍEZ

Juan Antonio Carmona, 12
47500 Nava del Rey (Valladolid)
☎: +34 983 850 136
bodegas@alvarezydiez.com
www.alvarezydiez.com

Bento 2023 B
88 🌱
Zitrusfrüchte, kräuterig, reif, Hefenoten, balsamisch.

Mantel Blanco Verdejo 2022 B FB
91
Trockene Kräuter, Röstaromen, geschmackvoll. Aroma: reifes Obst, trockene Kräuter, welke Blumen. Mund: kraftvoll, reife Früchte, ausgewogen.

Mantel Blanco Verdejo 2023 B
verdejo
90
Farbe: leuchtendes Strohgelb, grünlicher Saum. Aroma: frisches Obst, Wildkräuter, Anisnoten. Mund: frisch, fruchtig, schöne Säure, zartbitter.

Silga 2023 B
verdejo
90
Korrekt, kräuterig. Aroma: sortenrein, offen, Wildkräuter. Mund: frisch, schöne Säure, ziemlich nachhaltig.

Hacienda Alcaraz 2023 B
88 🌱
Korrekt, frisch, mild, durchschnittlich am Gaumen, Zitrusfrüchte.

Mantel Blanco Sauvignon Blanc 2023 B
90
Farbe: leuchtendes Strohgelb, grünlicher Saum. Aroma: frisches Obst, Zitrusfrüchte, Gras, Buschwaldkräuter. Mund: frisch, fruchtig, schöne Säure, zartbitter.

AVELINO VEGAS

Grupo Calvo Sotelo, 8
40460 Santiuste de San Juan Bautista (Segovia)
☎: +34 921 596 002
ana@avelinovegas.com
www.avelinovegas.com

Casa de la Vega Verdejo 2023 B
100% verdejo
88
Schlicht, von Primäraromen beherrscht, frisch, korrekt, Zitrusfrüchte, kräuterig.

Circe Verdejo 2023 B
100% verdejo
88
Ausgewogen, kräuterig, tropische.

Montespina Sauvignon 2023 B
100% sauvignon blanc
89
Angenehm, schlicht, geschmackvoll, blumig.

DO RUEDA / D.O.P.

DO RUEDA / D.O.P.

Montespina Verdejo 2023 B
100% verdejo
88
Zitrusfrüchte, ausgewogen, kräuterig.

Nicte Verdejo 2023 B
100% verdejo
87

BARDOS
Zarzillo s/n
47490 Rueda (Valladolid)
☎: +34 608 302 372
marketing@vintae.com
www.bardos.wine

Bardos Verdejo 2023 B
verdejo
89
Aromatisch, fruchtig, getrocknete Blumen, tropische.

BELONDRADE
Paraje de los Levantes, Quinta San Diego
47491 La Seca (Valladolid)
☎: +34 983 481 001
info@belondrade.com
www.belondrade.com

🏆 PODIUM

Belondrade y Lurton 2022 B FB
95% verdejo, 5% otras
96 🍷
Komplex, spannungsvoll. Farbe: leuchtendes Gelb. Aroma: kraftvoll, reifes Obst, würzig, Zitrusfrüchte. Mund: fett, lang, Röstnoten, zartbitter.

BERONIA RUEDA
Camino de la Peña, s/n. Finca La Perdiz
47490 Rueda (Valladolid)
☎: +34 983 664 460
prensa@gonzalezbyass.es
www.beronia.com

Beronia Verdejo Rueda 2023 B
verdejo
89
Schlicht, fruchtig, blumig, Zitrusfrüchte.

Laslias de Beronia Rueda 2022 B
verdejo
93
Farbe: leuchtendes Gelb. Aroma: kraftvoll, reifes Obst, würzig, geröstetes Brot. Mund: strukturiert, lang, Röstnoten, zartbitter.

BODEGA CM DE MATARROMERA
Camino Garruguele, s/n
26338 San Vicente de la Sonsierra (La Rioja)
☎: +34 941 334 093
comunicacion@bodegacmdematarromera.com
www.bodegacmdematarromera.com

CM Verdejo 2019 B FB
verdejo
89
Holzig, würzig, voll, reif, Röstaromen.

Oinoz Verdejo 2023 B
verdejo
90
Farbe: leuchtendes Strohgelb, grünlicher Saum. Aroma: frisches Obst, Zitrusfrüchte, Wildkräuter. Mund: frisch, fruchtig, schöne Säure, zartbitter.

BODEGA CUATRO RAYAS
Camino de la Fuentecilla, s/n
47491 La Seca (Valladolid)
☎: +34 983 816 320
comunicacion@cuatrorayas.es
www.cuatrorayas.es

🏆 PODIUM

61 Dorado en Rama BF Solera S
95
Alt. Farbe: Altgold. Aroma: kraftvoll, Nüsse, Lacknoten, rancio, kandierte Früchte, Wachs. Mund: lang, würzig, kraftvoll, trocken.

Cuatro Rayas 1935 Verdejo 2023 B
100% verdejo
90
Farbe: leuchtendes Strohgelb. Aroma: reifes Obst, Kräutersäckchen, feine Hefen, . Mund: voll, fett, lang, schöne Säure.

Amador Diez Verdejo Cuvée 2020 B FB
100% verdejo

93
Farbe: leuchtendes Gelb. Aroma: kraftvoll, weiches Eichenholz, reifes Obst, würzig, trockene Kräuter. Mund: fett, strukturiert, lang, Röstnoten, zartbitter.

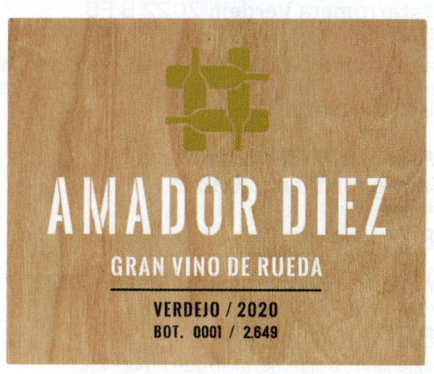

Cuatro Rayas Cuarenta Vendimias Verdejo 2023 B
100% verdejo

90
Farbe: leuchtendes Strohgelb, grünlicher Saum. Aroma: frisches Obst, Wildkräuter, . Mund: frisch, schöne Säure, zartbitter, flüssig am Gaumen.

Green & Social Verdejo 2023 B
100% verdejo

88 ♣
Zitrusfrüchte, frisch, kräuterig.

Cuatro Rayas Longverdejo Viñedos Centenarios 2022 B
100% verdejo

93
Farbe: leuchtendes Strohgelb. Aroma: ausdrucksvoll, reifes Obst, trockener Stein. Mund: voll, komplex, würzig, lang, schöne Säure, saftig.

Cuatro Rayas Organic Verdejo 2023 B
100% verdejo

89 ♣
Aromatisch, korrekt, flüssig am Gaumen, frisch, trockene Kräuter, mild. Mund: süffig.

Cuatro Rayas Vendimia Nocturna Verdejo 2023 B
100% verdejo

89 ♣
Korrekt, kräuterig, sortenrein, mild, säuerlich.

Cuatro Rayas Viñedos Centenarios 2023 B
100% verdejo

92 ♣
Farbe: leuchtendes Strohgelb, grünlicher Saum. Aroma: frisches Obst, Zitrusfrüchte, Wildkräuter, Anisnoten, Sträucher. Mund: frisch, fruchtig, schöne Säure, zartbitter.

Cuatro Rayas Cuarenta Vendimias Cuvée 2022 B
100% verdejo

92
Farbe: leuchtendes Strohgelb, grünlicher Saum. Aroma: frisches Obst, Zitrusfrüchte, Wildkräuter. Mund: frisch, fruchtig, schöne Säure, zartbitter, mineralisch.

DO RUEDA / D.O.P.

DO RUEDA / D.O.P.

Valtropín Verdejo 2023 B
verdejo
87

BODEGA EMINA RUEDA
Ctra. Medina del Campo - Olmedo, Km. 1,4
47400 Medina del Campo (Valladolid)
☎: +34 983 803 346
emina@emina.es
www.emina.es

Emina Sauvignon Blanc 2023 B
sauvignon blanc
87

Emina Verdejo 2021 B FB
verdejo
91
Farbe: leuchtendes Strohgelb. Aroma: reifes Obst, Kräutersäckchen, feine Hefen, Wildkräuter. Mund: voll, fett, schöne Säure, salzig.

Emina Verdejo 2023 B
verdejo
88
Zitrusfrüchte, ausgewogen, kräuterig, bitter.

BODEGA HERMANOS DEL VILLAR
Cordel de las Merinas, s/n
47490 Rueda (Valladolid)
☎: +34 983 868 904
info@orodecastilla.com
www.orodecastilla.com

Oro de Castilla Finca Los Hornos 2021 B
verdejo
91
Sortenrein. Farbe: leuchtendes Strohgelb, grünlicher Saum. Aroma: frisches Obst, Zitrusfrüchte, Wildkräuter. Mund: frisch, fruchtig, schöne Säure, zartbitter.

Oro de Castilla Sauvignon Blanc 2023 B
sauvignon blanc
90
Ausgewogen, kräuterig. Aroma: mittlere Intensität, offen, frisch, sortenrein. Mund: korrekt, ausgewogen, zartbitter, süffig.

Oro de Castilla Verdejo 2023 B
verdejo
90
Farbe: leuchtendes Strohgelb, grünlicher Saum. Aroma: frisches Obst, Zitrusfrüchte, Wildkräuter, Anisnoten. Mund: frisch, schöne Säure, zartbitter.

Quivira Verdejo 2023 B
100% verdejo
88
Lieblich, aromatisch, fruchtig, mild, schlicht.

BODEGA MATARROMERA
Ctra. Renedo- Pesquera Km. 30
47359 Valbuena de Duero (Valladolid)
☎: +34 983 683 315
matarromera@matarromera.es
www.matarromera.es

Matarromera Verdejo 2022 B FB
90
Farbe: leuchtendes Gelb. Aroma: weiches Eichenholz, reifes Obst, würzig, Zedernholz. Mund: fett, strukturiert, Röstnoten, zartbitter.

Melior de Matarromera Sauvignon Blanc 2023 B
sauvignon blanc
87

Melior de Matarromera Verdejo 2023 B
verdejo
88
Angenehm, tropische, mild, geschmackvoll.

BODEGA MUELAS
Santa María, 3
47100 Tordesillas (Valladolid)
☎: +34 680 248 368
info@bodegamuelas.com
www.bodegamuelas.com

Helena La Lía 2021 B FB
100% verdejo
89
Geschmackvoll, Röstaromen, ausgewogen, würzig, milchig.

Mvedra Edición Especial 2019 T C
100% tempranillo
90
Farbe: leuchtendes Kirschrot. Aroma: ausdrucksstark fruchtig, rote Früchte, würzig, reifes Obst. Mund: geschmackvoll, fruchtig, ausgewogen, ziemlich nachhaltig, reife Tannine.

Mvedra Verdejo 2022 B
verdejo
90
Farbe: strohgelb. Aroma: trockene Kräuter, reifes Obst, welke Blumen. Mund: zartbitter, korrekt.

BODEGA PAGO TRASLAGARES
Autovía Noroeste km 166,400
47490 Rueda (Valladolid)
☎: +34 671 006 565
antonio@traslagares.com
www.traslagares.com

Traslagares Sauvignon Blanc 2023 B
100% sauvignon blanc
87

Traslagares Verdejo 2023 B
100% verdejo
90
Lieblich, Zitrusfrüchte, korrekt, mild. Aroma: , trockene Kräuter. Mund: zartbitter, süffig.

BODEGA REINA DE CASTILLA, S. COOP.
C° de la Moya, s/n
47491 La Seca (Valladolid)
☎: +34 691 129 799
enologo@reinadecastilla.es
www.reinadecastilla.es

El Bufón Verdejo 2023 B
100% verdejo
89
Ausgewogen, trockene Kräuter, geschmackvoll, Zitrusfrüchte.

La Loca Reina 2023 B
100% verdejo
91
Farbe: leuchtendes Strohgelb. Aroma: ausdrucksvoll, weiße Blumen, Jasmin, trockene Kräuter. Mund: geschmackvoll, fruchtig, ausgewogen.

Reina de Castilla Organic 2023 B
100% verdejo
88 ♣
Zitrusfrüchte, korrekt, vegetabil.

Reina de Castilla Verdejo 2023 B
100% verdejo
90
Farbe: leuchtendes Strohgelb, grünlicher Saum. Aroma: frisches Obst, Zitrusfrüchte, Wildkräuter. Mund: frisch, fruchtig, schöne Säure, zartbitter.

BODEGA TRES PILARES
El Rancho, 3
47491 La Seca (Valladolid)
☎: +34 983 816 682
bodega3pilares@gmail.com
www.bodega3pilares.com

Hermanos Fernández 2022 B
verdejo
91 ♣
Farbe: leuchtendes Gelb. Aroma: reifes Obst, trockene Kräuter, , mittlere Intensität. Mund: korrekt, geschmackvoll, fett.

Tres Pilares Selección 2022 B
89
Lieblich, korrekt, reif, trockene Kräuter, saftig.

Tres Pilares Verdejo 2023 B
verdejo
87

BODEGA VALDECUEVAS
Ctra. Rueda- Nava del Rey, Km 2.5
47490 Rueda (Valladolid)
☎: +34 983 034 356
info@valdecuevas.es
www.valdecuevas.es

Valdecuevas Cuvée Verdejo 2022 B
92
Ausgewogen, üppig, würzig. Aroma: Steinobst, reifes Obst, süße Gewürze, trockene Kräuter, Nüsse. Mund: abgerundet, geschmackvoll, reife Früchte, Röstnoten.

Valdecuevas Orange 2022 B
93
Klar definierte Aromen, wild, mild, mit Persönlichkeit. Farbe: golden leuchtend. Aroma: Zitrusfrüchte, Wildkräuter, Buschwaldkräuter. Mund: frisch, ausgewogen, zartbitter.

Valdecuevas Sauvignon Blanc 2023 B
sauvignon blanc
90
Angenehm, Zitrusfrüchte, kräuterig. Aroma: frisch, offen. Mund: korrekt, zartbitter, süffig.

Valdecuevas Verdejo 2022 B FB
verdejo
91
Farbe: leuchtendes Strohgelb. Aroma: würzig, reifes Obst, trockene Kräuter. Mund: geschmackvoll, schöne Säure, nachwirkend fruchtig, fett.

DO RUEDA / D.O.P.

DO RUEDA / D.O.P.

Valdecuevas Verdejo 2023 B
verdejo
90
Lieblich, klar definierte Aromen, balsamisch. Aroma: Wildkräuter, . Mund: ziemlich nachhaltig, süffig.

BODEGA VALDEHERMOSO
Ctra. Nava del Rey - Rueda, km. 12,6
47500 Nava del Rey (Valladolid)
☎: +34 983 090 936
valdehermoso@valdehermoso.com
www.bodegavaldehermoso.com

Lagar del Rey 2021 B FB
verdejo
90
Farbe: leuchtendes Gelb. Aroma: weiches Eichenholz, würzig, aromatischer Kaffee. Mund: fett, strukturiert, lang, Röstnoten, zartbitter.

Lagar del Rey Sauvignon Blanc sobre Lías 2023 B
sauvignon blanc
89
Zitrusfrüchte, ausgewogen, Hefenoten, geschmackvoll, kräuterig.

Lagar del Rey Verdejo sobre Lías 2023 B
verdejo
89
Angenehm, blumig, frisch, vegetabil.

Sotavento 100% Sauvignon Blanc Lías 2023 B
sauvignon blanc
88
Ausgewogen, kräuterig, Hefenoten, geschmackvoll.

Sotavento 100% Verdejo Lías 2023 B
verdejo
89
Lieblich, korrekt, kräuterig, von Primäraromen beherrscht, mild, sortenrein.

Verdejo 5000 2023 B
verdejo
89
Angenehm, tropische, mild, von Primäraromen beherrscht.

BODEGA VALDRINAL
Camino de la Vega s/n,
Polígono 4, Parcelas 130-133
40533 Aldehorno (Segovia)
☎: +34 634 578 839
general@valdrinal.com
www.valdrinal.com

Valdrinal de Santamaría 2023 B
verdejo
87

BODEGAS ABADÍA SAN QUIRCE
Ctra. Madrid - Irun, Km. 171
09370 Gumiel de Izán (Burgos)
☎: +34 686 413 432
sales@abadiasanquirce.com
www.bodegasabadiasanquirce.com

Abadía de San Quirce Verdejo sobre Lías 2023 B
100% verdejo
89
Klar definierte Aromen, fruchtig, tropische, geschmackvoll, saftig, ausgewogen, korrekt.

BODEGAS AURA
Ctra. Autovía del Noroeste, Km. 175
47490 Rueda (Valladolid)
☎: +34 941 450 950
info@bodegaslan.com
www.lanencasa.com/rueda

Aura Sauvignon Blanc Vendimia Nocturna 2023 B
100% sauvignon blanc
88
Aromatisch, vegetabil, kräuterig, frisch, wild, Zitrusfrüchte, mild.

Aura Verdejo Vendimia Nocturna 2023 B
100% verdejo
91
Farbe: leuchtendes Strohgelb. Aroma: ausdrucksvoll, reifes Obst, feine Hefen, Wildkräuter, . Mund: voll, lang, geschmackvoll, zartbitter.

BODEGAS BILBAÍNAS
Estación, 3
26200 Haro (La Rioja)
info@bodegasbilbainas.com
www.bodegasbilbainas.com

Ederra Verdejo 2023 B
87

BODEGAS CABALLERO
San Francisco, 32
11500 El Puerto de Santa María (Cádiz)
☎: +34 956 751 851
marketing1@caballero.es
www.caballero.es

Marqués de Irún Verdejo 2023 B
100% verdejo
87

BODEGAS CAMPO ELISEO
Calle Nueva, 12
47491 La Seca (Valladolid)
☎: +34 983 034 030
bodega@campoeliseo.com
www.campoeliseo.es

Campo Eliseo Harmonia 2022 B
93 ♣
Farbe: leuchtendes Gelb. Aroma: weiches Eichenholz, reifes Obst, Röstaromen, süße Gewürze. Mund: fett, strukturiert, lang, Röstnoten, zartbitter.

Campo Eliseo Verdejo 2022 B FB
verdejo
92 ♣
Farbe: leuchtendes Gelb. Aroma: kraftvoll, weiches Eichenholz, reifes Obst, würzig. Mund: strukturiert, lang, Röstnoten, zartbitter.

Hermanos Lurton Sauvignon Blanc 2023 B
sauvignon blanc
89 ♣
Lieblich, klar definierte Aromen, wild, tropische, von Primäraromen beherrscht, fruchtig, mild.

Hermanos Lurton Verdejo 2023 B
verdejo
90 ♣
Farbe: leuchtendes Strohgelb, grünlicher Saum. Aroma: frisches Obst, Zitrusfrüchte, Wildkräuter. Mund: frisch, fruchtig, schöne Säure, zartbitter.

BODEGAS CARRAMIMBRE
Ctra. N-122, Km. 311
47300 Peñafiel (Valladolid)
☎: +34 983 880 623
export@carramimbre.com
www.carramimbre.com

Carramimbre Verdejo 2023 B
verdejo
88
Angenehm, reif, geschmackvoll.

Torre Pingón 2023 B
verdejo
86

BODEGAS CASTELO DE MEDINA
Ctra. CL-602, Km. 48
47465 Villaverde de Medina (Valladolid)
☎: +34 983 831 932
info@castelodemedina.com
www.castelodemedina.com

Castelo de Medina Prefiloxérico 2021 B FB
100% verdejo
93
Aromatisch, komplex. Farbe: leuchtendes Strohgelb. Aroma: reifes Obst, blumig, feine Hefen, mineralisch, Phosphor. Mund: voll, komplex, würzig, lang, elegant.

Castelo de Medina Sauvignon Blanc Vendimia Seleccionada 2022 B
100% sauvignon blanc
92
Farbe: leuchtendes Strohgelb. Aroma: reifes Obst, trockene Kräuter, welke Blumen, helle Früchte. Mund: kraftvoll, reife Früchte, ausgewogen.

Castelo de Medina Verdejo 2022 B FB
100% verdejo
90
Markante Eiche. Aroma: geröstetes Brot, Röstaromen. Mund: fett, geschmackvoll, lang.

Castelo de Medina Verdejo 2023 B
100% verdejo
90
Farbe: leuchtendes Strohgelb, grünlicher Saum. Aroma: frisches Obst, Zitrusfrüchte, Wildkräuter, Rosenblütenblätter. Mund: frisch, fruchtig, schöne Säure, zartbitter.

Castelo de Medina Verdejo Vendimia Seleccionada 2022 B
100% verdejo
92
Farbe: leuchtendes Strohgelb. Aroma: reifes Obst, Kräutersäckchen, feine Hefen, Feingebäck. Mund: voll, lang, schöne Säure.

Vega del Pas Verdejo sobre lías 2022 B
verdejo, viura
89
Angenehm, mild, kräuterig, blumig.

Vega del Pas Verdejo sobre lías 2023 B
verdejo, viura
87

DO RUEDA / D.O.P.

Guía Peñín | SPANIENS WEINFÜHRER

DO RUEDA / D.O.P.

BODEGAS CERROSOL
Camino Villagonzalo, s/n
40460 Santiuste de San Juan Bautista (Segovia)
☎: +34 921 596 326
administracion@bodegascerrosol.com
www.bodegascerrosol.com

Doña Beatriz BE BN
100% verdejo
88
Kräuterig, geschmackvoll, frisch, grobe Blasen.

Doña Beatriz Verdejo 2023 B
100% verdejo
87

Doña Beatriz Verdejo Cepas Viejas 2022 B
100% verdejo
90
Aromatisch, reif, nachhaltig, geschmackvoll, lieblich, sortenrein. Aroma: feine Hefen. Mund: ausgeprägter Säuregehalt.

Doña Beatriz Verdejo Ecológico 2023 B
87 ♣

BODEGAS COMENGE
Camino del Castillo, s/n
47316 Curiel de Duero (Valladolid)
☎: +34 983 880 363
admin@comenge.com
www.comenge.com

Colección Comenge Verdejo 2023 B
100% verdejo
90 ♣
Farbe: strohgelb. Aroma: weiße Blumen, Jasmin, trockene Kräuter. Mund: geschmackvoll, fruchtig, ausgewogen.

BODEGAS CONVENTO DE LAS CLARAS
Ctra.Pesquera, Km. 1.3 (Finca El Marqués)
47300 Peñafiel (Valladolid)
☎: +34 983 880 150
bodega@bodegasconventodelasclaras.com
www.bodegasconventodelasclaras.com

Convento Las Claras Verdejo 2022 B
90
Farbe: leuchtendes Strohgelb, grünlicher Saum. Aroma: Zitrusfrüchte, Wildkräuter, helle Früchte, Steinobst. Mund: fruchtig, schöne Säure, zartbitter.

BODEGAS COPABOCA
Autovía A-62, Km. 148
47100 Tordesillas (Valladolid)
☎: +34 983 395 655
comunicacion@copaboca.es
www.copaboca.com

Finca Feroes 2022 B
verdejo
88
Angenehm, aromatisch, durchschnittlich am Gaumen, reif, Hefenoten, würzig, fruchtig.

BODEGAS DE ALBERTO
Ctra. de Valdestillas, 2
47231 Serrada (Valladolid)
☎: +34 983 559 107
info@dealberto.com
www.dealberto.com

🏆 PODIUM

De Alberto Dorado Verdejo 100% BF Solera
verdejo
95
Farbe: jodfarben mit bernsteinfarbenem Saum. Aroma: kraftvoll, komplex, elegant, Nüsse, Röstaromen. Mund: fett, zartbitter, Anklänge von Solera, lang, würzig.

De Alberto Dorado Verdejo Dulce B Solera D
verdejo
92
Angenehm, würzig. Farbe: leuchtendes Gelb. Aroma: kandierte Früchte, feine Hefen, Feingebäck, Nüsse. Mund: würzig, geschmackvoll, zartbitter.

De Alberto Edición Limitada 2021 B
verdejo
92
Zitrusfrüchte, würzig. Aroma: feine Hefen, ausdrucksvoll, offen. Mund: fruchtig, voll, lang, balsamisch.

De Alberto Pálido B PL
verdejo
93
Oxidativ, beschädigtes Obst. Farbe: golden leuchtend. Aroma: Florhefe, wenig Hefen, feine Reduktionsnoten, helle Früchte, Sellerie, Anisnoten, rancio. Mund: kraftvoll, geschmackvoll, abgerundet.

De Alberto sobre Lías Verdejo 100% 2022 B
verdejo
90
Sortenrein. Farbe: leuchtendes Strohgelb, grünlicher Saum. Aroma: frisches Obst, Zitrusfrüchte, Wildkräuter. Mund: frisch, fruchtig, schöne Säure, zartbitter.

De Alberto Verdejo 2021 B FB
verdejo
92
Farbe: leuchtendes Gelb. Aroma: kraftvoll, weiches Eichenholz, reifes Obst, würzig. Mund: fett, strukturiert, Röstnoten, zartbitter.

BODEGAS ERESMA
Ctra. N-601, Km. 151
47410 Olmedo (Valladolid)
☎: +34 983 601 026
info@bodegaslasoterrana.com
www.bodegaeresma.com

Eresma Verdejo Vendimia Seleccionada 2023 B
100% verdejo
89
Zitrusfrüchte, kräuterig, korrekt, reif.

Eresma+ Cuvée Especial Gran Vino 2021 B
verdejo
93
Farbe: leuchtendes Gelb. Aroma: weiches Eichenholz, reifes Obst, würzig, feine Hefen, Nüsse, Sträucher, balsamisch. Mund: fett, strukturiert, lang, Röstnoten.

Eresma+ Fermentado Barrica 2022 B FB
100% verdejo
90
Farbe: leuchtendes Gelb. Aroma: kraftvoll, weiches Eichenholz, reifes Obst, würzig. Mund: fett, strukturiert, Röstnoten.

Eresma+ Sauvignon Blanc sobre Lías 2023 B
100% sauvignon blanc
87

Eresma+ Verdejo sobre Lías 2023 B
100% verdejo
90
Farbe: strohgelb. Aroma: reifes Obst, Gras, würzig, feine Hefen. Mund: reife Früchte, ausgewogen, fett.

BODEGAS FÉLIX LORENZO CACHAZO
Ctra. Medina del Campo, Km. 9
47220 Pozaldez (Valladolid)
☎: +34 983 822 008
bodegas@cachazo.com
www.cachazo.com

Carrasviñas 100% Verdejo 2023 B
100% verdejo
91
Sortenrein. Farbe: leuchtendes Strohgelb, grünlicher Saum. Aroma: frisches Obst, Zitrusfrüchte, Wildkräuter. Mund: frisch, fruchtig, schöne Säure, zartbitter.

Carrasviñas 2023 B FB
100% verdejo
90
Farbe: leuchtendes Gelb. Aroma: weiches Eichenholz, reifes Obst, würzig. Mund: lang, Röstnoten, zartbitter.

Carrasviñas Dorado 2017 B
65% verdejo, 35% palomino
91
Farbe: golden leuchtend. Aroma: Nüsse, Altholz, gebackenes Obst, Zitrusfrüchte. Mund: ausgewogen, flüssig am Gaumen, korrekt.

Carrasviñas Espumoso 2022 BE BR
100% verdejo
87

Carrasviñas Felix 2021 B
100% verdejo
92
Oxidativ. Farbe: leuchtendes Strohgelb. Aroma: reifes Obst, Kräutersäckchen, feine Hefen, Nüsse. Mund: voll, schöne Säure, ausgewogen.

BODEGAS FÉLIX SANZ
Ronda Aradillas, s/n
47490 Rueda (Valladolid)
☎: +34 983 868 044
export@bodegasfelixsanz.es
www.bodegasfelixsanz.es

Viña Cimbrón Sauvignon 2023 B
100% sauvignon blanc
89
Angenehm, reif, geschmackvoll, mild.

Viña Cimbrón Verdejo 2023 B
100% verdejo
89
Rauchig, Zitrusfrüchte, kräuterig, geschmackvoll.

DO RUEDA / D.O.P.

DO RUEDA / D.O.P.

BODEGAS FRUTOS VILLAR
Ctra. Burgos - Portugal km. 113,5
47270 Cigales (Valladolid)
☎: +34 983 586 868
admon@bodegasfrutosvillar.com
www.bodegasfrutosvillar.com

Conde de Siruela Verdejo sobre Lías 2023 B
100% verdejo

89
Angenehm, durchschnittlich am Gaumen, korrekt, ausgewogen, fruchtig, kräuterig, geschmackvoll.

María de Molina Verdejo 2023 B
100% verdejo

89
Angenehm, lieblich, geschmackvoll, blumig.

Muruve Verdejo sobre Lías 2023 B
100% verdejo

88
Zitrusfrüchte, kräuterig, flüssig am Gaumen.

Viña Cansina Verdejo sobre Lías 2023 B
100% verdejo

87

Viña Morejona Verdejo sobre Lías 2023 B
100% verdejo

86

BODEGAS GARCÍAREVALO
Pza. San Juan, 4
47230 Matapozuelos (Valladolid)
☎: +34 983 832 914
administracion@garciarevalo.com
www.garciarevalo.com

Finca Tres Olmos Classic 2023 B
100% verdejo

90 ♣
Farbe: leuchtendes Strohgelb, grünlicher Saum. Aroma: frisches Obst, Zitrusfrüchte, Wildkräuter. Mund: frisch, fruchtig, schöne Säure, zartbitter.

Finca Tres Olmos sobre Lías 2023 B
100% verdejo

90 ♣
Korrekt, ausgewogen, fruchtig, kräuterig, reif. Aroma: Wildkräuter, , Nüsse.

Harenna - Tinaja 2022 B
100% verdejo

94
Farbe: leuchtendes Strohgelb. Aroma: ausdrucksvoll, reifes Obst, blumig, feine Hefen, mineralisch, erdig. Mund: voll, komplex, würzig, lang, elegant.

Harenna 2022 B
100% verdejo

91
Farbe: leuchtendes Strohgelb. Aroma: ausdrucksstark fruchtig, reifes Obst, blumig. Mund: geschmackvoll, frisch, schöne Säure, nachwirkend fruchtig.

BODEGAS JOSÉ PARIENTE
Ctra. de Rueda, km. 2.5
47491 La Seca (Valladolid)
☎: +34 983 816 600
info@josepariente.com
www.josepariente.com

José Pariente 2021 B FB
100% verdejo

94 ♣
Farbe: leuchtendes Gelb. Aroma: getrocknete Blumen, kandierte Früchte, feine Hefen, Feingebäck, Röstaromen. Mund: abgerundet, würzig, lang, nachhaltig.

José Pariente Cuvée Especial 2021 B
100% verdejo

94 ♣
Balsamisch, aromatisch. Farbe: leuchtendes Gelb. Aroma: reifes Obst, trockene Kräuter, welke Blumen, süße Gewürze. Mund: reife Früchte, ausgewogen.

José Pariente Finca Las Comas 2021 B
100% verdejo

93 ♣
Farbe: leuchtendes Strohgelb. Aroma: reifes Obst, trockene Kräuter, welke Blumen, Kreide. Mund: kraftvoll, reife Früchte, ausgewogen.

José Pariente Verdejo 2023 B
100% verdejo

92
Farbe: leuchtendes Strohgelb, grünlicher Saum. Aroma: frisches Obst, Zitrusfrüchte, Wildkräuter, Anisnoten. Mund: fruchtig, schöne Säure, zartbitter.

BODEGAS LAN
Paraje del Buicio, s/n
26360 Fuenmayor (La Rioja)
☎: +34 670 583 024
amaya.cebrian@bodegaslan.com
www.bodegaslan.com

LAN Verdejo 2023 B
100% verdejo

90
Farbe: leuchtendes Strohgelb. Aroma: ausdrucksstark fruchtig, reifes Obst, blumig. Mund: geschmackvoll, frisch, schöne Säure, nachwirkend fruchtig.

BODEGAS MARQUÉS DE RISCAL
Ctra. N-VI, km. 172,600
47490 Rueda (Valladolid)
☎: +34 983 868 083
marquesderiscal@marquesderiscal.com
www.marquesderiscal.com

Finca Montico 2022 B
verdejo
93
Representativ, kräuterig, sortenrein. Aroma: reifes Obst, Kräutersäckchen, feine Hefen. Mund: voll, fett, lang, schöne Säure.

Marqués de Riscal Limousin 2022 B FB
verdejo
92
Farbe: leuchtendes Gelb. Aroma: getrocknete Blumen, kandierte Früchte, feine Hefen, Feingebäck. Mund: abgerundet, würzig, lang, nachhaltig.

Marqués de Riscal Sauvignon Blanc 2023 B
sauvignon blanc
90
Farbe: leuchtendes Strohgelb, grünlicher Saum. Aroma: frisches Obst, Zitrusfrüchte, Wildkräuter. Mund: frisch, fruchtig, schöne Säure, zartbitter.

Marqués de Riscal Verdejo Organic 2023 B
verdejo
88
Zitrusfrüchte, pflanzlich, Leichtwein, fruchtig, balsamisch.

BODEGAS MOCÉN
Arribas, 7-9
47490 Rueda (Valladolid)
☎: +34 983 868 533
info@bodegasmocen.com
www.bodegasmocen.es

Hachón Sauvignon Blanc 2023 B
sauvignon blanc
86

Hachón Verdejo Viura 2023 B
50% verdejo, 50% viura
85

La Bien Pintá 2023 B
verdejo
87

Mocén Verdejo 2023 B
verdejo
88
Angenehm, aromatisch, korrekt, frisch, fruchtig, kräuterig.

Mocén Sauvignon Blanc 2023 B
sauvignon blanc
89
Zitrusfrüchte, ausgewogen, kräuterig, kraftvoll, geschmackvoll.

Mocén Verdejo Selección Especial 2023 B
verdejo
89
Lieblich, ausgewogen, kräuterig, reif, wild, mild, sortenrein.

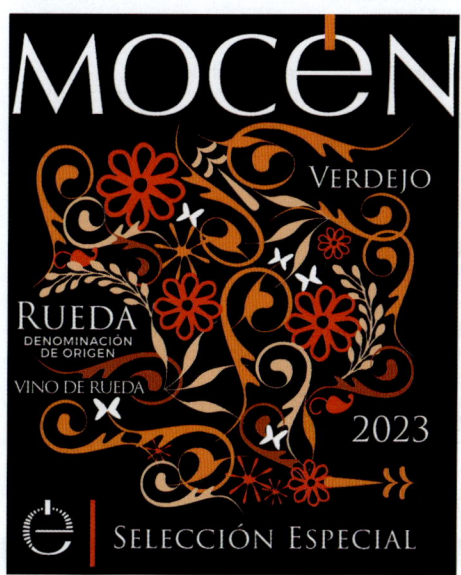

Renacce Gran Vino de Rueda 2021 B
verdejo, chardonnay
93
Farbe: leuchtendes Strohgelb, grünlicher Saum. Aroma: frisches Obst, Zitrusfrüchte, Wildkräuter, . Mund: fruchtig, schöne Säure, zartbitter, fleischig.

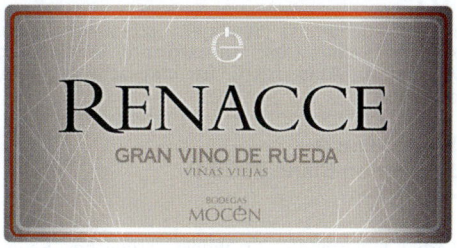

DO RUEDA / D.O.P.

DO RUEDA / D.O.P.

BODEGAS NAIA
Camino San Martín, s/n
47491 La Seca (Valladolid)
☎: +34 682 383 730
lsanz@terraselecta.com
www.bodegasnaia.com

K-Naia 2023 B
85% verdejo, 15% sauvignon blanc

88

Angenehm, lieblich, mild.

Naia 2023 B
100% verdejo

89

Zitrusfrüchte, kräuterig, frisch, korrekt.

Naia Sauvignon Blanc 2023 B
100% sauvignon blanc

90

Frisch, kräuterig, schlicht, ausgewogen, Hefenoten.

Naiades 2021 B FB
100% verdejo

93

Farbe: leuchtendes Strohgelb. Aroma: reifes Obst, feine Hefen, Gras, süße Gewürze. Mund: voll, fett, lang, schöne Säure.

S-Naia 2023 B
100% sauvignon blanc

88

Klar definierte Aromen, aromatisch, Zitrusfrüchte.

BODEGAS NIEVA
Camino Real, s/n
40447 Nieva (Segovia)
☎: +34 921 594 628
info@vinedosdenieva.com
www.martue.com

Blanco Nieva Pie Franco 2023 B
verdejo

91

Farbe: leuchtendes Strohgelb, grünlicher Saum. Aroma: frisches Obst, Zitrusfrüchte, Wildkräuter, Anisnoten. Mund: frisch, fruchtig, schöne Säure, zartbitter.

Blanco Nieva Sauvignon Blanc 2023 B
sauvignon blanc

90

Farbe: leuchtendes Strohgelb, grünlicher Saum. Aroma: frisches Obst, Zitrusfrüchte, Wildkräuter, feine Hefen. Mund: frisch, fruchtig, schöne Säure, zartbitter.

Blanco Nieva Verdejo 2023 B
verdejo

90

Farbe: leuchtendes Strohgelb. Aroma: ausdrucksstark fruchtig, reifes Obst, blumig. Mund: geschmackvoll, frisch, schöne Säure, nachwirkend fruchtig.

BODEGAS PANDORA
Ctra. Nava del Rey, Km 1
47490 Rueda (Valladolid)
☎: +34 669 989 038
marketing@bodegaspandora.com
www.bodegaspandora.com

Ariabal Verdejo 2023 B
verdejo

87

Pandora 2023 B

90

Farbe: leuchtendes Strohgelb. Aroma: ausdrucksstark fruchtig, reifes Obst, blumig, Gras. Mund: geschmackvoll, frisch, schöne Säure, nachwirkend fruchtig.

Pandora Ovo Verdejo 2020 B
verdejo

92

Farbe: leuchtendes Strohgelb. Aroma: reifes Obst, trockene Kräuter, welke Blumen, Anisnoten, feine Hefen. Mund: kraftvoll, reife Früchte, abgerundet, geschmeidig.

Pandora Sauvignon Blanc Criado en Barrica 2021 B C
100% sauvignon blanc

91

Farbe: leuchtendes Gelb. Aroma: weiches Eichenholz, reifes Obst, würzig. Mund: strukturiert, lang, Röstnoten, zartbitter.

Pandora Sauvignon Blanc sobre Lías 2023 B
100% sauvignon blanc

91

Farbe: strohgelb. Aroma: ausdrucksvoll, weiße Blumen, Jasmin, trockene Kräuter. Mund: geschmackvoll, fruchtig, ausgewogen.

Pandora Verdejo 2021 B FB
100% verdejo

90

Farbe: leuchtendes Gelb. Aroma: reifes Obst, ausdrucksstark fruchtig, tropische Frucht, süße Gewürze, weiches Eichenholz, Karamel. Mund: markante Eiche, fruchtig, konzentriert, ziemlich nachhaltig, rauchig nachwirkend.

Pandora Verdejo Eco 2021 B FB
verdejo

91

Farbe: leuchtendes Gelb. Aroma: weiches Eichenholz, reifes Obst, würzig, Feingebäck. Mund: strukturiert, lang, Röstnoten, zartbitter.

Pandora Verdejo Ecológico sobre Lías 2020 B
89

Trockene Kräuter, geschmackvoll, würzig, ausgewogen, korrekt.

Pandora Verdejo Ecológico sobre Lías 2023 B
verdejo

90

Farbe: leuchtendes Strohgelb. Aroma: reifes Obst, trockene Kräuter, welke Blumen. Mund: kraftvoll, reife Früchte, ausgewogen.

Pandora Verdejo sobre Lías 2023 B
100% verdejo

88

Röstaromen, milchig, reif, geschmackvoll.

BODEGAS PASCUAL
Ctra. de Aranda, Km. 5
09471 Fuentelcésped (Burgos)
☎: +34 947 557 351
export@bodegaspascual.com
www.bodegaspascual.com

Heredad de Peñalosa 2023 B
100% verdejo

88

Zitrusfrüchte, frisch, kräuterig, korrekt.

BODEGAS PINDAL
Los Carriles
47220 Pozaldez (Valladolid)
☎: +34 617 194 404
pindal@pindalverdejo.com
www.pindalverdejo.com

Pindal Verdejo 2023 B
100% verdejo

86

Pindal Verdejo Viñas Viejas 2023 B
100% verdejo

90

Farbe: leuchtendes Strohgelb, grünlicher Saum. Aroma: frisches Obst, Zitrusfrüchte, Wildkräuter. Mund: frisch, fruchtig, schöne Säure, zartbitter.

BODEGAS PITA
Camino Sendero del Monte s/n
47494 Rubi de Bracamonte (Valladolid)
☎: +34 651 882 974
ventas@bodegaspita.com
www.bodegaspita.com

Pita 2023 RD
garnacha

88

Angenehm, aromatisch, korrekt, Süßwaren, milchig, schlicht.

Pita Finca La Cantera 2021 B FB
100% verdejo

91

Farbe: leuchtendes Gelb. Aroma: weiches Eichenholz, reifes Obst, würzig. Mund: fett, strukturiert, lang, zartbitter.

Pita Sauvignon Blanc 2023 B
sauvignon blanc

89

Tropisches, mild, geschmackvoll, lebhaft.

Pita Terracota 2021 B
100% verdejo

94

Farbe: leuchtendes Strohgelb. Aroma: ausdrucksvoll, reifes Obst, blumig, feine Hefen, mineralisch. Mund: voll, komplex, würzig, lang, elegant.

Pita Verdejo (Dominio de Verderrubi) 2023 B
100% verdejo

90

Farbe: leuchtendes Strohgelb, grünlicher Saum. Aroma: frisches Obst, Zitrusfrüchte, Wildkräuter. Mund: frisch, fruchtig, schöne Säure, zartbitter.

BODEGAS PROTOS
Ctra. CL-610, km 32,5
47491 La Seca (Valladolid)
☎: +34 620 547 223
hugo@bodegasprotos.com
www.bodegasprotos.com

Protos Verdejo 2023 B
100% verdejo

91

Farbe: leuchtendes Strohgelb, grünlicher Saum. Aroma: frisches Obst, Zitrusfrüchte, Wildkräuter, balsamisch. Mund: frisch, fruchtig, schöne Säure, zartbitter.

DO RUEDA / D.O.P.

SPANIENS WEINFÜHRER

DO RUEDA / D.O.P.

Protos Verdejo Ecológico 2023 B
100% verdejo

91 🌱
Angenehm, klar definierte Aromen. Farbe: gelb, strohgelb. Aroma: trockene Kräuter, Wildkräuter. Mund: ausgewogen, zartbitter, süffig.

Protos Verdejo Gran Vino 2020 B R
100% verdejo

92
Farbe: leuchtendes Gelb. Aroma: weiches Eichenholz, reifes Obst, würzig, Wildkräuter. Mund: fett, strukturiert, Röstnoten, zartbitter.

BODEGAS RODRÍGUEZ Y SANZO
Avda. de Tordesillas, 5
47490 Rueda (Valladolid)
☎: +34 983 150 150
comunicacion@rodriguezysanzo.com
www.rodriguezysanzo.com

El Quinto Paraje Verdejo 2022 B
verdejo

91 🌱
Farbe: leuchtendes Strohgelb. Aroma: reifes Obst, Kräutersäckchen, feine Hefen, Rosenblütenblätter. Mund: voll, fett, lang, schöne Säure.

Rodríguez Sanzo Bajo Velo 2021 B
100% verdejo

92
Unkonventionell, würzig. Farbe: leuchtendes Gelb. Aroma: mit Charakter, ausgewogen, geröstetes Brot, ausdrucksvoll. Mund: geschmackvoll, reife Früchte, würzig.

Sanzo Sauvignon Blanc 2023 B
100% sauvignon blanc

88
Klar definierte Aromen, kräuterig, schlicht, wild, sortenrein.

Sanzo Viñas Viejas 2023 B
verdejo

90 🌱
Farbe: leuchtendes Strohgelb, grünlicher Saum. Aroma: frisches Obst, Zitrusfrüchte, Wildkräuter. Mund: frisch, fruchtig, schöne Säure, zartbitter.

BODEGAS RUEDA PÉREZ - VIÑAS Y BODEGA FAMILIAR
Boyón, 17
47220 Pozaldez (Valladolid)
☎: +34 983 822 049
info@bodegasruedaperez.es
www.bodegasruedaperez.es

José Galo Sauvignon Blanc 2023 B
100% sauvignon blanc

88
Tropische, kräuterig, blumig, Zitrusfrüchte.

José Galo Verdejo Vendimia Seleccionada 2023 B
100% verdejo

90
Farbe: leuchtendes Strohgelb, grünlicher Saum. Aroma: frisches Obst, Zitrusfrüchte, Wildkräuter. Mund: frisch, fruchtig, schöne Säure, zartbitter.

Zapadorado Verdejo 2023 B
100% verdejo

88
Angenehm, mild, geschmackvoll, kräuterig.

BODEGAS SEÑORÍO DE NAVA
Crta. Valladolid a Soria, Km. 63
09318 Nava de Roa (Burgos)
☎: +34 987 209 712
lafinca@lafinca.es
www.senoriodenava.es

Señorío de Nava Verdejo 2023 B
100% verdejo

89
Aromatisch, korrekt, reif, wild, mild, saftig, trockene Kräuter.

BODEGAS TARSUS
Ctra. de Roa - Anguix, Km. 3
09313 Anguix (Burgos)
☎: +34 947 554 218
ignacio.lopez@pernod-ricard.com
www.tarsusvino.com

Tarsus Verdejo 2023 B

88
Zitrusfrüchte, kräuterig, frisch, fruchtig, poliert.

BODEGAS TORREDEROS
Ctra. Valladolid, Km. 289,300
09318 Fuentelisendo (Burgos)
☎: +34 947 532 627
administracion@torrederos.com
www.torrederos.com

Torrederos Verdejo 2023 B
verdejo
88
Lieblich, tropische, schlicht, mild.

BODEGAS VAL DE VID
Ctra. de Valladolid - Medina del Campo, Km. 26.300
47231 Serrada (Valladolid)
☎: +34 983 559 914
info@valdevid.es
www.valdevid.es

Condesa Eylo Verdejo 2023 B
verdejo
90
Farbe: leuchtendes Strohgelb. Aroma: ausdrucksvoll, weiße Blumen, Jasmin, trockene Kräuter. Mund: geschmackvoll, fruchtig, ausgewogen.

Musgo Verdejo 2023 B
verdejo
89
Angenehm, klar definierte Aromen, mild, kräuterig.

Val de Vid Verdejo 2023 B
100% verdejo
90
Farbe: leuchtendes Strohgelb, grünlicher Saum. Aroma: frisches Obst, Zitrusfrüchte, Wildkräuter. Mund: frisch, fruchtig, schöne Säure, zartbitter.

Val de Vid Verdejo sobre Lías 2022 B FB
100% verdejo
92
Aromatisch, komplex. Farbe: leuchtendes Strohgelb. Aroma: reifes Obst, Kräutersäckchen, feine Hefen. Mund: voll, fett, lang, schöne Säure.

BODEGAS VALDERIVERO
Ctra. Madrid-Coruña
47490 Rueda (Valladolid)
☎: +34 948 379 994
info@marquesdelatrio.com
www.valderivero.es

Valderivero Verdejo 2023 B
verdejo
87

BODEGAS VALDUBÓN
Antigua Ctra. N-I, Km. 151
09460 Milagros (Burgos)
☎: +34 947 546 251
laura.martin@valdubon.com
www.valdubon.com

Valdubón Sauvignon Blanc 2023 B
100% sauvignon blanc
88
Zitrusfrüchte, frisch, kräuterig, Hefenoten.

Valdubón Verdejo 2023 B
100% verdejo
89
Frisch, kräuterig, korrekt, poliert.

Valdubón Verdejo 2023 B RB
91
Farbe: leuchtendes Strohgelb, grünlicher Saum. Aroma: frisches Obst, Zitrusfrüchte, Wildkräuter. Mund: frisch, fruchtig, schöne Säure, zartbitter.

BODEGAS VATAN
Pol. Norte, 1 Parcela 29B
49800 Toro (Zamora)
☎: +34 952 504 706
info@jorgeordonez.es
www.jorgeordonez.es

Nisia 2023 B
verdejo
92
Farbe: leuchtendes Strohgelb. Aroma: ausdrucksvoll, reifes Obst, blumig, feine Hefen, mineralisch. Mund: voll, komplex, würzig, lang, elegant.

Nisia Las Suertes 2023 B
verdejo
94
Komplex. Farbe: leuchtendes Strohgelb. Aroma: reifes Obst, blumig, feine Hefen, mineralisch. Mund: komplex, würzig, lang, elegant, saftig.

BODEGAS VERACRUZ
Juan Antonio Carmona, 1
47500 Nava del Rey (Valladolid)
☎: +34 670 581 157
bodegas@bodegasveracruz.com
www.bodegasveracruz.com

Ermita Veracruz Verdejo 2022 B FB
92
Farbe: leuchtendes Strohgelb, grünlicher Saum. Aroma: ausdrucksvoll, reifes Obst, blumig, feine Hefen, würzig, trockene Kräuter. Mund: voll, komplex, würzig, lang, elegant.

DO RUEDA / D.O.P.

DO RUEDA / D.O.P.

Ermita Veracruz Verdejo 2023 B
90
Farbe: leuchtendes Strohgelb, grünlicher Saum. Aroma: frisches Obst, Wildkräuter, Anisnoten. Mund: frisch, schöne Säure, zartbitter.

BODEGAS VETUS
Ctra. Toro a Salamanca, Km. 9,5
49800 Toro (Zamora)
☎: +34 980 056 012
vetus@bodegasvetus.com
www.bodegasvetus.com

Flor de Vetus
Verdejo 2023 B
89
Aromatisch, mild, geschmackvoll, fruchtig.

BODEGAS VIORE
Miguel Hernández, 31
47490 Rueda (Valladolid)
☎: +34 661 960 019
rrpp@bodegasriojanas.com
www.bodegasriojanas.com

Pregón 2023 B
100% verdejo
87

Viña Albina
Verdejo 2023 B
100% verdejo
87

Viore Organic 2023 B
100% verdejo
88 🌿
Angenehm, lieblich, tropische, mild.

Viore Verdejo 2023 B
100% verdejo
88
Korrekt, angenehm, aromatisch, fruchtig, schlicht.

Viore Verdejo sobre Lías 2022 B
100% verdejo
90
Farbe: strohgelb. Aroma: reifes Obst, trockene Kräuter, welke Blumen. Mund: kraftvoll, reife Früchte, ausgewogen.

BODEGAS Y VIÑEDOS ÁNGEL LORENZO CACHAZO
Estación, 53
47220 Pozaldez (Valladolid)
☎: +34 983 822 481
comercial@martivilli.com
www.martivilli.com

Martivillí
Sauvignon Blanc 2023 B
100% sauvignon blanc
89
Aromatisch, Zitrusfrüchte, tropische.

Martivillí Verdejo 2023 B
100% verdejo
88
Frisch, kräuterig, korrekt, vegetabil.

BODEGAS Y VIÑEDOS MAYOR DE CASTILLA
Ctra. CL-610, km. 26,7
47491 La Seca (Valladolid)
☎: +34 968 758 190
atcliente@jgc.es
www.garciacarrion.com

Mayor de Castilla Verdejo 2023 B
verdejo
87

Pata Negra Edicion Especial Fauna
Sauvignon Blanc Verdejo 2023 B
50% sauvignon blanc, 50% verdejo
87

Pata Negra Verdejo 2023 B
verdejo
86

Viña Arnaiz Verdejo 2023 B
verdejo
87
Fruchtig, kräuterig, Leichtwein, schlicht, von Primäraromen beherrscht.

BODEGAS Y VIÑEDOS MONTEABELLÓN
Calvario, s/n
09318 Nava de Roa (Burgos)
☎: +34 947 550 000
comunicacion@monteabellon.com
www.monteabellon.com

Monteabellón Verdejo 2023 B
89
Angenehm, getrocknete Blumen, geschmackvoll, mild.

BODEGAS Y VIÑEDOS SHAYA
Ctra. Aldeanueva del Codonal s/n
40642 Aldeanueva del Codonal (Segovia)
☎: +34 968 435 022
info@orowines.com

Arindo 2023 B
100% verdejo
92
Sortenrein. Farbe: strohgelb. Aroma: ausdrucksvoll, weiße Blumen, Jasmin, trockene Kräuter. Mund: geschmackvoll, fruchtig, ausgewogen.

Honoro Vera Verdejo 2023 B
100% verdejo
89
Zitrusfrüchte, vegetabil, frisch.

Shaya 2023 B
100% verdejo
93
Farbe: leuchtendes Strohgelb. Aroma: reifes Obst, blumig, frisches Obst, süße Gewürze, Anisnoten. Mund: geschmackvoll, frisch, schöne Säure.

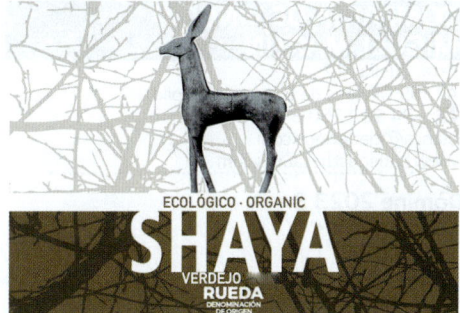

Shaya Habis 2022 B FB
100% verdejo
94
Klar definierte Aromen, saftig. Farbe: strohgelb. Aroma: reifes Obst, trockene Kräuter, welke Blumen, Anisnoten. Mund: reife Früchte, ausgewogen, salzig.

Vidilla 2023 B
100% verdejo
89
Angenehm, frisch, fruchtig, geschmackvoll.

BODEGAS Y VIÑEDOS VALTRAVIESO
Finca La Revilla, s/n
47316 Piñel de Arriba (Valladolid)
☎: +34 983 484 030
comunicacion@valtravieso.com
www.valtravieso.com

Valtravieso Nogara 2022 B
100% verdejo
88
Lieblich, tropische, mild, schlicht.

DO RUEDA / D.O.P.

DO RUEDA / D.O.P.

CARRAMATA
Plaza San Agustín, 3
47400 Medina del Campo (Valladolid)
☎: +34 646 984 103
amalio@carramata.es
www.carramata.es

Carramata Verdejo 2023 B
100% verdejo
88
Ausgewogen, frisch, kräuterig, geschmackvoll.

COMPAÑÍA DE VINOS MIGUEL MARTÍN
Ctra. Cuellar, 17
47359 Olivares de Duero (Valladolid)
☎: +34 983 250 319
blanca@ciadevinos.com
www.bodegasthesaurus.com

Dòmine 2023 B
verdejo, sauvignon blanc
88
Lieblich, korrekt, fruchtig, kräuterig, reif, schlicht. Aroma: Nüsse.

Viña Goy Rueda 2023 B
86

CVNE
Ctra. Logroño-Laguardia, km. 48
01300 Laguardia (Araba/Álava)
☎: +34 941 304 800
marketing@cvne.com
www.cvne.com

Bela Gran Vino de Rueda 2022 B
100% verdejo
91
Farbe: leuchtendes Strohgelb, grünlicher Saum. Aroma: Zitrusfrüchte, Wildkräuter, würzig. Mund: fruchtig, schöne Säure, zartbitter.

Cune Rueda 2023 B
100% verdejo
87

Finca Vallejo 2023 B
100% verdejo
90
Mit Persönlichkeit, ausgewogen, kräuterig, wild, Zitrusfrüchte. Aroma: feine Hefen, trockene Kräuter. Mund: frisch, schöne Säure.

Monopole S. XXI 2023 B
100% verdejo
89
Balsamisch, vegetabil, fruchtig, frisch, wild, mild, angenehm.

FÉLIX SOLIS AVANTIS
Autovía del Sur, Km. 199
13300 Valdepeñas (Ciudad Real)
☎: +34 926 322 400
marketing@felixsolisavantis.com
www.felixsolisavantis.com

Analivia Verdejo Selección 2023 B
verdejo
88
Angenehm, tropische, mild, schlicht.

Auténtica Verdejo 2023 B
verdejo
85

Blume Sauvignon Blanc 2023 B
sauvignon blanc
87

Blume Verdejo Selección 2023 B
100% verdejo
88
Angenehm, aromatisch, mild.

FINCA LA CAPILLA
Ctra. de Anguix, s/n
09300 Roa (Burgos)
☎: +34 941 454 000
bodegas@fincalacapilla.es
www.fincalacapilla.com

La Capilla 2022 B
50% verdejo, 50% sauvignon blanc
91
Farbe: leuchtendes Gelb. Aroma: reifes Obst, würzig, balsamisch, Zitronenbombon. Mund: fett, lang, zartbitter.

FINCA MONTEPEDROSO
Camino de La Morejona, s/n
47490 Rueda (Valladolid)
☎: +34 983 868 977
montepedroso@bujanda.com
www.fincamontepedroso.com

Finca Montepedroso Verdejo 2023 B
100% verdejo
88
Zitrusfrüchte, frisch, kräuterig, korrekt.

SPANIENS WEINFÜHRER

JAVIER SANZ VITICULTOR
Ctra. CL-610, km 29
47491 La Seca (Valladolid)
☎: +34 983 816 669
info@bodegajaviersanz.com
www.bodegajaviersanz.com

Finca Saltamontes 2018 B
100% verdejo
92
Farbe: strohgelb. Aroma: reifes Obst, trockene Kräuter, welke Blumen, Wildkräuter, Zitrusfrüchte. Mund: reife Früchte, ausgewogen.

Javier Sanz Verdejo 2023 B
100% verdejo
90
Farbe: leuchtendes Strohgelb, grünlicher Saum. Aroma: frisches Obst, Zitrusfrüchte, Wildkräuter. Mund: frisch, fruchtig, schöne Säure, zartbitter.

V Malcorta 2022 B
100% verdejo
92
Farbe: strohgelb. Aroma: weiße Blumen, Jasmin, Sträucher, Buschwaldkräuter. Mund: geschmackvoll, fruchtig, ausgewogen.

LEGARIS
Ctra. de Peñafiel - Encinas de Esgueva, km. 4.3
47317 Curiel de Duero (Valladolid)
☎: +34 610 486 397
n.vives@raventoscodorniu.com
www.legaris.com

Legaris Sauvignon Blanc 2023 B
100% sauvignon blanc
88
Zitrusfrüchte, ausgewogen, kräuterig, geschmackvoll.

Legaris Verdejo 2023 B
100% verdejo
89
Angenehm, fruchtig, blumig, mild.

LIBERSO CURIOSO VERDEJO
José Zorrilla 14
47331 Santibáñez de Valcorba (Valladolid)
☎: +34 983 507 439
hola@liberso.es
www.liberso.es

Liberso Curioso Verdejo 2016 B FB
100% verdejo
93
Farbe: leuchtendes Gelb. Aroma: reifes Obst, Kräutersäckchen, feine Hefen, ausdrucksvoll. Mund: voll, fett, lang, schöne Säure.

Liberso Curioso Verdejo 2017 B FB
100% verdejo
92
Farbe: golden leuchtend. Aroma: getrocknete Blumen, kandierte Früchte, feine Hefen, Feingebäck. Mund: abgerundet, würzig, lang, nachhaltig.

Liberso Curioso Verdejo 2018 B FB
100% verdejo
90
Farbe: leuchtendes Gelb. Aroma: kraftvoll, weiches Eichenholz, reifes Obst, würzig. Mund: strukturiert, Röstnoten, zartbitter.

Liberso Curioso Verdejo 2020 B FB
100% verdejo
91
Farbe: leuchtendes Strohgelb, grünlicher Saum. Aroma: frisches Obst, Zitrusfrüchte, Wildkräuter. Mund: frisch, fruchtig, schöne Säure, zartbitter.

Liberso Curioso Verdejo 2021 B FB
100% verdejo
89
Rauchig, Röstaromen, milchig, reif.

LOESS VINOS
Plaza Cuartel Viejo, 7
49006 Zamora (Zamora)
☎: +34 655 157 001
ljaime@loess.es
www.loesscollection.com

Loess 2023 B
verdejo
90
Farbe: leuchtendes Strohgelb, grünlicher Saum. Aroma: Zitrusfrüchte, trockene Kräuter, helle Früchte. Mund: frisch, fruchtig, schöne Säure, zartbitter.

Loess Collection 2022 B FB
verdejo
91
Farbe: leuchtendes Strohgelb, grünlicher Saum. Aroma: Zitrusfrüchte, Wildkräuter, helle Früchte, . Mund: frisch, fruchtig, schöne Säure, zartbitter.

DO RUEDA / D.O.P.

MARQUÉS DE CÁCERES
Cl 610 km 23,8
26350 Serrada (Valladolid)
☎: +34 983 450 200
comunicacion@marquesdecaceres.com
www.marquesdecaceres.com

Excellens de Marqués de Cáceres Sauvignon Blanc 2023 B
sauvignon blanc
90
Farbe: strohgelb. Aroma: ausdrucksvoll, weiße Blumen, Jasmin, trockene Kräuter, Anisnoten. Mund: geschmackvoll, fruchtig, ausgewogen.

Excellens de Marqués de Cáceres Verdejo 2023 B
verdejo
88
Aromatisch, blumig, schlicht, tropische.

MARTÍN BERDUGO BODEGA Y VIÑEDOS
Camino de la Colonia, s/n
09400 Aranda de Duero (Burgos)
☎: +34 637 717 023
jvelasco@martinberdugo.com
www.martinberdugo.com

Martín Berdugo Verdejo 2023 B
100% verdejo
89
Angenehm, aromatisch, geschmackvoll, schlicht.

MARTINSANCHO BODEGA Y VIÑEDOS
Torcido, 1
47491 La Seca (Valladolid)
☎: +34 657 543 702
martinsancho@martinsancho.com
www.martinsancho.com

Martínsancho 2023 B
verdejo
90
Klar definierte Aromen, sortenrein, kräuterig. Aroma: Zitrusfrüchte, eine Spur Waldbeeren, feine Hefen, Anisnoten. Mund: saftig, süffig.

MONTEBACO
Finca Montealto s/n
47300 Valbuena de Duero (Valladolid)
☎: +34 983 485 128
montebaco@bodegasmontebaco.com
www.bodegasmontebaco.com

Montebaco Verdejo + Sauvignon 2023 B
87
Frisch, kräuterig, vegetabil, durchschnittlich am Gaumen.

NUEVOS VINOS
San Juan Bosco, 32 Bajo
03804 Alcoy (Alacant/Alicante)
☎: +34 965 549 172
josecanto@nuevosvinos.es
www.nuevosvinos.es

Perla Maris Verdejo 2023 B
100% verdejo
87

PACO MULERO
Partida de la Hoya Torres s/n
30520 Jumilla (Murcia)
☎: +34 968 105 997
info@pacomulero.com
www.pacomulero.com

Aldeón de Lar Verdejo 2023 B
verdejo
89 🌿
Angenehm, blumig, fruchtig.

Prisma Verdejo 2023 B
89
Angenehm, mild, schlicht, fruchtig.

PAGO DE MARINACEA
Marqués de la Ensenada 16 - 12º
28004 Madrid (Madrid)
☎: +34 983 361 046
info@marinacea.com
www.marinacea.com

Pago de Marinacea 2022 B
verdejo
87 🌿

PAGO DEL CIELO
Camino de Magarín s/n
47529 Villafranca de Duero (Valladolid)
☎: +34 938 177 400
info@torres.es
www.torres.es

Celeste Verdejo 2023 B
verdejo
88
Zitrusfrüchte, kräuterig, ausgewogen.

PAGOS DEL REY D.O. RUEDA
Avda. Morejona, 6
47490 Rueda (Valladolid)
☎: +34 926 322 400
rueda@pagosdelrey.com
www.pagosdelrey.com

Casa La Luna Verdejo Viura 2023 B
verdejo, viura
87

PALACIO DE BORNOS
Ctra. Madrid - Coruña, km. 170,6
47490 Rueda (Valladolid)
☎: +34 983 868 116
info@bornosbodegas.com
www.palaciodebornos.com

**Palacio de Bornos
La Caprichosa 2023 B**
verdejo
90
Farbe: leuchtendes Strohgelb, grünlicher Saum. Aroma: frisches Obst, Zitrusfrüchte, Wildkräuter, Anisnoten. Mund: frisch, fruchtig, schöne Säure, zartbitter.

**Palacio de Bornos
Sauvignon Blanc 2023 B**
sauvignon blanc
89
Mild, schlicht, kräuterig, fruchtig.

**Palacio de Bornos Sauvignon
Blanc Semidulce 2023 B SD**
85

**Palacio de Bornos
Verdejo 2023 B**
verdejo
89
Angenehm, fruchtig, geschmackvoll, mild.

PERSEO 7 BODEGAS
Montero Calvo, 7
47001 Valladolid (Valladolid)
☎: +34 983 297 830
info@perseo7.com

**Perseo 7 Verdejo
sobre Lías 2023 B**
100% verdejo
88
Angenehm, reif, geschmackvoll, schlicht.

R & G ROLLAND GALARRETA
Ramón y Cajal 7, 1ºA
01007 Vitoria-Gasteiz (Araba/Álava)
☎: +34 945 150 189
araex@araex.com
www.araex.com

**Rolland Galarreta
Rueda Verdejo Parcela 25 2020 B**
verdejo
93
Aromatisch, komplex. Farbe: leuchtendes Strohgelb. Aroma: reifes Obst, blumig, feine Hefen, mineralisch. Mund: komplex, würzig, lang.

**Rolland Galarreta
Verdejo Organic 2022 B**
91 🌿
Farbe: leuchtendes Gelb. Aroma: reifes Obst, süße Gewürze, Nüsse, Steinobst. Mund: strukturiert, lang, Röstnoten, zartbitter.

DO RUEDA / D.O.P.

RAMÓN BILBAO
Finca de las Amedias, Ctra. Rueda, Km.1
47490 Nava del Rey (Valladolid)
☎: +34 983 237 744
nathalie.porras@zamoracompany.com

Ramón Bilbao Early Harvest Verdejo 2023 B
verdejo
88
Rassig, blumig, fruchtig, schlicht.

Ramón Bilbao Finca Las Amedias 2019 B
85% verdejo, 15% sauvignon blanc
92
Farbe: leuchtendes Strohgelb, grünlicher Saum. Aroma: frisches Obst, Zitrusfrüchte, Wildkräuter, mineralisch. Mund: frisch, fruchtig, schöne Säure, zartbitter.

Ramón Bilbao Finca Las Amedias 2020 B
92
Klar definierte Aromen, aromatisch, sortenrein, noch nicht vollständig entfaltet. Farbe: leuchtendes Strohgelb. Aroma: reifes Obst, Kräutersäckchen, feine Hefen, Zitrusfrüchte. Mund: voll, fett, lang, schöne Säure.

Ramón Bilbao Verdejo sobre lías 2021 B
verdejo
89
Aromatisch, korrekt, würzig, fruchtig, reif, ausgewogen.

RIPPA DORII
Avda. Tordesillas, 49
47490 Rueda (Valladolid)
☎: +34 639 266 011
info@rippadorii.es
www.rippadorii.es

Rippa Dorii Geografías Los Curas 2022 B FB
verdejo
90
Farbe: leuchtendes Gelb. Aroma: kraftvoll, weiches Eichenholz, reifes Obst, süße Gewürze. Mund: fett, strukturiert, Röstnoten, zartbitter.

Rippa Dorii Verdejo 2023 B
verdejo
90
Farbe: leuchtendes Strohgelb, grünlicher Saum. Aroma: frisches Obst, Zitrusfrüchte, Gras. Mund: frisch, fruchtig, schöne Säure, zartbitter.

Rippa Dorii Verdejo Organic Wine 2023 B
verdejo
89
Angenehm, geschmackvoll, fruchtig, blumig.

RIVASANZ VIÑEDOS
Huerta, 5
47491 La Seca (Valladolid)
☎: +34 650 743 032
javier@rivasanz.com
www.rivasanz.com

Rivasanz Verdejo sobre Lías 2023 B
verdejo
89
Zitrusfrüchte, fruchtig, kräuterig, reif, voll.

SAN COBATE FINCA Y VIÑEDOS
Tejares, 5
47500 Nava del Rey (Valladolid)
☎: +34 660 697 547
info@sancobate.com
www.sancobate.com

San Cobate Verdejo 2020 B FB
100% verdejo
91
Farbe: leuchtendes Gelb. Aroma: kraftvoll, weiches Eichenholz, reifes Obst, würzig. Mund: strukturiert, lang, Röstnoten, zartbitter.

UVAS FELICES
Agullers, 7
08003 Barcelona (Barcelona)
☎: +34 902 327 777
www.vilaviniteca.es

El Perro Verde 2023 B
90
Aromatisch. Farbe: leuchtendes Strohgelb. Aroma: ausdrucksstark fruchtig, reifes Obst, blumig. Mund: frisch, schöne Säure, nachwirkend fruchtig.

VINOS DE LA LUZ
Ctra. de Mélida, km. 3,5
47300 Peñafiel (Valladolid)
☎: +34 983 878 007
info@vinosdelaluz.com
www.vinosdelaluz.com

Valcerracín Selección Limitada Verdejo 2023 B
100% verdejo
89
Ausgewogen, kräuterig, geschmackvoll, Hefenoten.

Valpincia Verdejo 2023 B
100% verdejo
88
Säuerlich, Zitrusfrüchte, kräuterig, korrekt.

VINOS DIVERTIDOS
Nicolas de Bussi 10
03203 Elche (Alacant/Alicante)
☎: +34 966 105 325
info@vinosdivertidos.es
www.vinosdivertidos.es

Cojón de Gato Verdejo 2023 B
90
Farbe: leuchtendes Strohgelb, grünlicher Saum. Aroma: frisches Obst, Zitrusfrüchte, Wildkräuter. Mund: frisch, fruchtig, schöne Säure, zartbitter.

La Tapa loca Verdejo 2023 B
verdejo
90
Farbe: leuchtendes Strohgelb, grünlicher Saum. Aroma: frisches Obst, Zitrusfrüchte, Wildkräuter. Mund: frisch, fruchtig, schöne Säure, zartbitter.

VINOS GARCÍA DUQUE
47129 Barruelo del Valle (Valladolid)
☎: +34 649 986 056
info@quesosymantequilla.es

Alsocayo 2021 B
88
Ausgewogen, würzig, Oxidativ, geschmackvoll, kräuterig.

Alsocayo 2022 B
sauvignon blanc
89
Aromatisch, üppig, blumig, geschmackvoll.

García Duque 2022 B
verdejo
91
Farbe: leuchtendes Gelb. Aroma: reifes Obst, würzig, Wildkräuter. Mund: fett, strukturiert, lang, Röstnoten, zartbitter.

VINOS SANZ
Ctra. Madrid - La Coruña, Km. 170,5
47490 Rueda (Valladolid)
☎: +34 916 408 730
vinossanz@vinossanz.com
www.vinossanz.com

El Loco de Finca La Colina 2023 B
97% verdejo, 3% sauvignon blanc
91
Farbe: leuchtendes Strohgelb. Aroma: ausdrucksstark fruchtig, reifes Obst, blumig, . Mund: geschmackvoll, frisch, schöne Säure, nachwirkend fruchtig.

Finca La Colina Sauvignon Blanc 2023 B
100% sauvignon blanc
92
Farbe: leuchtendes Strohgelb, grünlicher Saum. Aroma: frisches Obst, Zitrusfrüchte, Wildkräuter, , Sträucher, sortenrein. Mund: frisch, fruchtig, schöne Säure, zartbitter, geschmackvoll, nachhaltig.

Finca La Colina Verdejo Cien x Cien 2023 B
100% verdejo
91
Farbe: strohgelb. Aroma: reifes Obst, trockene Kräuter, welke Blumen, getrocknete Blumen. Mund: kraftvoll, reife Früchte, ausgewogen, fruchtig, ziemlich nachhaltig.

Sanz Clásico 2023 B
70% verdejo, 30% viura
89
Lieblich, Zitrusfrüchte, fruchtig, frisch, von Primäraromen beherrscht.

DO RUEDA / D.O.P.

DO RUEDA / D.O.P.

Sanz Sauvignon Blanc 2023 B
100% sauvignon blanc
88
Fruchtig, trockene Kräuter, reif, kräuterig.

Sanz Verdejo 2023 B
100% verdejo
90
Farbe: strohgelb. Aroma: reifes Obst, trockene Kräuter, welke Blumen, trockener Stein. Mund: reife Früchte, ausgewogen, frisch, fruchtig, geschmackvoll.

VIÑA DAMMIS
Paseo s/n
47491 La Seca (Valladolid)
☎: +34 695 949 123
Info@vinadammis.es
www.vinadammis.es

Viña Dammis Verdejo 2023 B
100% verdejo
91
Farbe: leuchtendes Strohgelb, grünlicher Saum. Aroma: frisches Obst, Zitrusfrüchte, Wildkräuter, trockener Stein. Mund: frisch, fruchtig, schöne Säure, zartbitter.

VIÑA MAYOR
Crta. Autovía del Noroeste, Km. 175
47490 Rueda (Valladolid)
☎: +34 670 583 024
info@bodegaslan.com

Viña Mayor Verdejo 2023 B
85% verdejo, 15% sauvignon blanc
90
Farbe: leuchtendes Strohgelb, grünlicher Saum. Aroma: frisches Obst, Wildkräuter, Anisnoten. Mund: frisch, fruchtig, schöne Säure, zartbitter.

VIÑAS MURILLO
Conde Vallellano, s/n
47238 Alcazarén (Valladolid)
☎: +34 652 054 177
administracion@vinasmurillo.es

Chapirete 2021 B FB
100% verdejo
94
Farbe: leuchtendes Gelb. Aroma: reifes Obst, würzig, ausdrucksstark fruchtig. Mund: strukturiert, lang, Röstnoten, zartbitter.

Chapirete Prefiloxérico 2021 B
100% verdejo
92
Farbe: leuchtendes Strohgelb. Aroma: reifes Obst, blumig, feine Hefen, mineralisch. Mund: voll, würzig, lang, elegant.

Chapirete Selección 2023 B
verdejo
88
Zitrusfrüchte, kräuterig, frisch, ausgewogen, tropische.

Valdihuete sobre Lías 2023 B
verdejo
88
Zitrusfrüchte, frisch, kräuterig, ausgewogen, geschmackvoll, lieblich, tropische.

VIÑEDOS SINGULARES
Avda. de La Riera, 11 Nave 1
08960 Sant Just Desvern (Barcelona)
☎: +34 934 807 041
info@vinedossingulares.com
www.vinedossingulares.com

Afortunado 2023 B
89
Zitrusfrüchte, frisch, kräuterig, geschmackvoll, korrekt.

Afortunado 2023 B
88 🌿
Zitrusfrüchte, frisch, kräuterig.

WEIN & VINOS
Hardenbergstr. 9A
10623 Berlin (Berlin)
☎: +49 303 150 6080
info@vinos.de
www.vinos.de

Quietus 2022 B FB
100% verdejo
90
Farbe: leuchtendes Gelb. Aroma: weiches Eichenholz, reifes Obst, würzig, Wildkräuter. Mund: fett, strukturiert, Röstnoten, zartbitter.

Quietus Verdejo 2023 B
100% verdejo
89
Ausgewogen, frisch, kräuterig, balsamisch.

YLLERA BODEGAS & VIÑEDOS
47490 Rueda (Valladolid)
☎: +34 983 868 097
grupoyllera@grupoyllera.com
www.grupoyllera.com

Cantosán Verdejo Viñas Viejas 2023 B
89
Angenehm, lieblich, geschmackvoll.

Meraldis Verdejo Vinificación Integral 2021 B FB
verdejo
93
Farbe: leuchtendes Gelb. Aroma: weiches Eichenholz, reifes Obst, würzig, trockene Kräuter, Steinobst. Mund: fett, strukturiert, lang, Röstnoten, zartbitter.

Yllera Sauvignon Blanc Vendimia Nocturna 2023 B
89
Angenehm, mild, opulent, blumig.

Yllera Verdejo Vendimia Nocturna 2023 B
verdejo, sauvignon blanc, chardonnay, viognier, viura
90
Farbe: strohgelb. Aroma: reifes Obst, trockene Kräuter, welke Blumen, Anisnoten. Mund: reife Früchte, ausgewogen, geschmackvoll.

DO RUEDA / D.O.P.

DO. SOMONTANO

CONSEJO REGULADOR

Avda. de la Merced, 64
22300 Barbastro (Huesca)
☎: +34 974 313 031
@: erio@dosomontano.com
www.dosomontano.com

LAGE:

Weinregion mit 43 Gemeinden in der Provinz Huesca. Das Hauptanbaugebiet liegt im Somontano rund um die Ortschaft Barbastro, schließt aber auch Gemeinden in den Grenzregionen Ribagorza und Monegros ein.

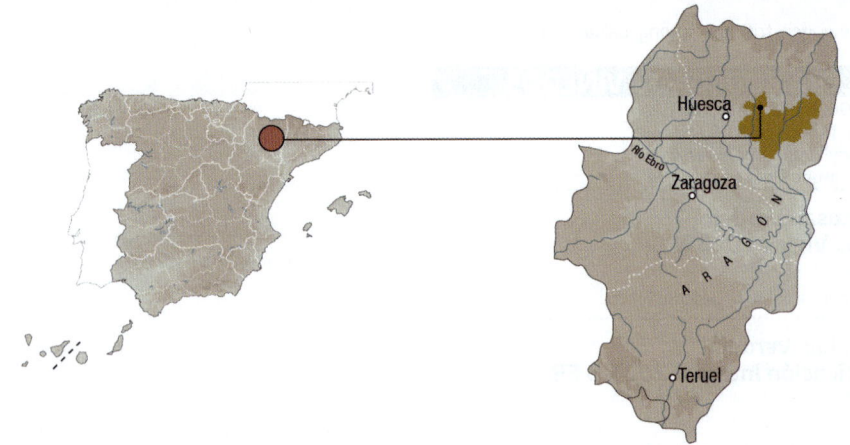

REBSORTEN:

WEISS: Macabeo, Garnacha Blanca, Alcañón, Chardonnay, Riesling, Sauvignon Blanc und Gewürztraminer.

ROT: Tempranillo, Garnacha Tinta, Cabernet Sauvignon, Merlot, Moristel, Parraleta, Pinot Noir und Syrah.

DATEN:

Rebfläche (ha): 3.959 – **Winzer:** 331 – **Weinerzeuger:** 28 – **Jahrgang 23:** Ausgezeichnet – **Jahresproduktion 23:** 13.126.700 L – **Absatz:** 80% Spanien - 20% Export.

BODENVERHÄLTNISSE:

Hauptsächlich dunkler Kalkboden, wenig fruchtbar, mit gutem Kalkgehalt und guter Wasserdurchlässigkeit.

KLIMA:

Gekennzeichnet durch kalte Winter und heiße Sommer, mit jeweils recht abrupten Temperatursprüngen Ende des Frühjahrs und im Herbst. Die durchschnittlichen Niederschlagsmengen liegen bei 500 mm/Jahr und nehmen von Nord nach Süd sowie von West nach Ost ab.

ERNTEBEWERTUNG ANHAND JUNGER WEINE GUÍAPEÑÍN

2019	2020	2021	2022	2023
SEHR GUT	SEHR GUT	SEHR GUT	GUT	GUT

BAL D'ISÁBENA BODEGAS
Ctra. A-1605, Km. 11,200
22587 Laguarres (Huesca)
☎: +34 605 785 178
info@baldisabena.com
www.baldisabena.com

Finca La Torre Riesling 2023 B
riesling
86

Isabena Finca El Plano Garnacha 2023 B
100% garnacha blanca
90
Klar definierte Aromen. Aroma: helle Früchte, Wildkräuter, trockene Kräuter, getrocknete Blumen. Mund: fruchtig, lebhaft, geschmackvoll, ausgewogen.

Isabena Finca Irene Garnacha 2022 T
100% garnacha
89
Klar definierte Aromen, blumig, fruchtig, sortenrein, mild, wild, ausgewogen. Mund: süffig, nachwirkend fruchtig.

Isabena Finca La Torre Chardonnay 2023 B
100% chardonnay
87

Isabena Finca los Nogales 2023 B
100% gewürztraminer
88
Korrekt, fruchtig, reif, schlicht.

Isábena Merlot Selección 2020 T C
100% merlot
90
Farbe: kirschrot mit granatrotem Saum. Aroma: balsamisch, reifes Obst, Buschwaldkräuter, erdig. Mund: geschmackvoll, würzig.

Ixeia 2023 B
87

Ixeia 2023 RD
87

Ixeia 2023 T
85

Perrochico 2023 B
chardonnay, gewürztraminer
87

Perrochico 2023 T
80% merlot, 20% syrah
87

BATAN DE SALAS
Pol. Ind. Valle del Cinca
22312 Barbastro (Huesca)
☎: +34 974 316 217
bodega@deberoz.es
www.batandesalas.com

Batán de Salas Moristel 2022 T
moristel
87

Pasotismo 2022 B
chardonnay, macabeo, alcañón
90
Farbe: leuchtendes Strohgelb, grünlicher Saum. Aroma: frisches Obst, Zitrusfrüchte, Wildkräuter, camomila, feine Hefen. Mund: frisch, fruchtig, schöne Säure, zartbitter.

Pasotismo 2022 T
syrah, garnacha, moristel, parraleta, tempranillo, cabernet sauvignon
88
Angenehm, fruchtig, mild, schlicht.

BLECUA
Ctra. de Naval, Km. 3,7
22300 Barbastro (Huesca)
☎: +34 974 302 216
prensa@gonzalezbyass.es
www.bodegablecua.com

Blecua 2019 T R
merlot, tempranillo, cabernet sauvignon, syrah
94
Farbe: KirsChrot. Aroma: balsamisch, Buschwaldkräuter, komplex, ausgewogen, ausdrucksvoll, Wachs. Mund: würzig, schöne Säure, ausgewogen, abgerundet.

🏆 PODIUM

Blecua Magnum 2016 T R
cabernet sauvignon, merlot, syrah, tempranillo
95
Farbe: tiefes Kirschrot, granatroter Saum. Aroma: Noten von Tischlerei, reifes Obst, feiner Kakao, Zigarren, Röstaromen, Schokolade, Nüsse. Mund: geschmackvoll, würzig, Röstnoten, kräftige Tannine.

BODEGA ALDAHARA
Ctra. Barbastro, 10
22423 Estadilla (Huesca)
☎: +34 974 305 236
bodega@aldahara.es
www.aldahara.es

Aldahara 2023 RD
merlot
86

DO SOMONTANO / D.O.P.

DO SOMONTANO / D.O.P.

Aldahara Chardonnay 2023 B
chardonnay
86

Aldahara Generaciones 2017 T
90
Nach Eingemachtem, würzig. Aroma: Früchtekonfit, kraftvoll, markante Eiche, Röstaromen. Mund: geschmackvoll, lang, opulent.

Aldahara Rasé Chardonnay 2023 B RB
chardonnay
87

Aldahara Rasé Merlot 2022 T
merlot
85

BODEGA ENATE
Avda. de las Artes, 1
22314 Salas Bajas (Huesca)
☎: +34 974 302 580
bodega.enate@grupoenate.es
www.enate.es

Enate 2023 RD
cabernet sauvignon
88
Lieblich, aromatisch, fruchtig, naschhaft, Süßwaren, reif, geschmackvoll.

Enate Cabernet - Cabernet 2017 T
cabernet sauvignon
88
Überreif, getrübt, Röstaromen.

Enate Cabernet - Cabernet 2021 T
cabernet sauvignon
91
Farbe: dunkles Kirschrot. Aroma: Röstaromen, würzig, feiner Kakao, dunkle Früchte. Mund: geschmackvoll, Röstnoten, zartbitter.

Enate Cabernet Sauvignon Merlot 2021 T
89
Angenehm, lieblich, fruchtig, reif.

Enate Chardonnay 2022 B FB
chardonnay
91
Farbe: leuchtendes Gelb. Aroma: kraftvoll, weiches Eichenholz, reifes Obst, würzig, geröstetes Brot, Röstaromen. Mund: fett, strukturiert, lang, Röstnoten, zartbitter, geschmackvoll.

Enate Merlot-Merlot 2021 T R
merlot
92
Klassisch, reif. Farbe: dunkles Kirschrot. Aroma: Röstaromen, würzig, feiner Kakao, dunkle Früchte, trockene Kräuter. Mund: geschmackvoll, Röstnoten, grobkörnige Tannine.

Enate Syrah-Shiraz 2021 T
syrah
91
Cremig, lieblich. Farbe: tiefes Kirschrot. Aroma: trockene Kräuter, weiches Eichenholz, dunkle Früchte. Mund: kraftvoll, reife Früchte, würzig, reife Tannine.

Enate Varietales 2021 T R
cabernet sauvignon, merlot, tempranillo, syrah
91
Farbe: tiefes Kirschrot. Aroma: reifes Obst, trockene Kräuter, weiches Eichenholz. Mund: kraftvoll, reife Früchte, würzig, reife Tannine.

BODEGA LAUS
Ctra. N-240, km 154,8
22300 Barbastro (Huesca)
☎: +34 974 269 708
bodega.laus@grupoenate.es
www.bodegaslaus.es

Laus 2018 T R
cabernet sauvignon
90
Farbe: tiefes Kirschrot. Aroma: trockene Kräuter, würzig, dunkle Früchte, feiner Kakao. Mund: kraftvoll, reife Früchte, würzig, reife Tannine.

Laus 2020 T C
merlot, cabernet sauvignon
88
Würzig, reif, mild, durchschnittlich am Gaumen. Aroma: Wachs. Mund: süffig.

Laus 2021 T BA
87

Laus 2023 RD
syrah, garnacha
87

Laus 2023 T
merlot, syrah
88
Fruchtig, reif, schlicht, wild, mild, von Primäraromen beherrscht.

Laus Chardonnay Garnacha 2023 B
chardonnay, garnacha blanca
87

Laus Garnacha 2022 T
garnacha

88
Angenehm, klar definierte Aromen, korrekt, fruchtig, reif, getrocknete Blumen. Mund: süffig.

BODEGA PIRINEOS
Ctra. Barbastro - Naval, Km. 3.5
22300 Barbastro (Huesca)
☎: +34 974 312 273
info@bodegapirineos.com
www.bodegapirineos.com

3404 Tuca D'Aneto 2020 T C
cabernet sauvignon, merlot, moristel

89
Lieblich, klar definierte Aromen, ausgewogen, kräuterig, saftig, reif, Röstaromen, würzig.

Marboré Cuvée 2020 T
tempranillo, merlot, moristel, parraleta

90
Farbe: dunkles Kirschrot. Aroma: Röstaromen, würzig, feiner Kakao, trockene Kräuter. Mund: geschmackvoll, Röstnoten, zartbitter.

Pirineos Chardonnay Viñedo Seleccionado 2023 B
chardonnay

89
Zitrusfrüchte, frisch, fruchtig, von Primäraromen beherrscht, geschmackvoll.

Pirineos Gewürztraminer 2023 B
gewürztraminer

90
Sortenrein. Farbe: gelb. Aroma: ausdrucksvoll, weiße Blumen, trockene Kräuter, tropische Frucht. Mund: geschmackvoll, fruchtig, ausgewogen, süffig, nachwirkend fruchtig.

Principio Moristel 2022 T
100% moristel

88
Holzig, korpulent, voll, Röstaromen. Aroma: Fleischnoten.

Señorío de Lazán 2018 T R
cabernet sauvignon, merlot, moristel

90
Farbe: dunkles Kirschrot, granatroter Saum. Aroma: reifes Obst, Früchtekonfit, Noten von Tischlerei, Tabak, süße Gewürze. Mund: würzig, reife Tannine, ausgewogen.

BODEGA SOMMOS
Ctra. N-240, Km. 155
22300 Barbastro (Huesca)
☎: +34 974 269 900
info@bodegasommos.com
www.bodegasommos.com

Glárima de Sommos 2023 T
merlot, tempranillo

87

Sommos Chardonnay 2023 B RB
chardonnay

89
Aroma: reifes Obst, blumig. Mund: geschmackvoll, schöne Säure.

Sommos Colección Cabernet Sauvignon 2020 T R
cabernet sauvignon

92
Sortenrein. Farbe: tiefes Kirschrot. Aroma: reifes Obst, trockene Kräuter, weiches Eichenholz, dunkle Früchte, würzig. Mund: kraftvoll, reife Früchte, würzig, geschmackvoll, ziemlich nachhaltig, kräftige Tannine.

Sommos Colección Chardonnay 2022 B
100% chardonnay

90
Farbe: leuchtendes Gelb. Aroma: weiches Eichenholz, reifes Obst, würzig, Wildkräuter. Mund: fett, strukturiert, Röstnoten, geschmackvoll, ziemlich nachhaltig.

Sommos Colección Garnacha Blanca 2022 B
100% garnacha blanca

91
Farbe: leuchtendes Strohgelb. Aroma: helle Früchte, gebackenes Obst, ausdrucksstark fruchtig, würzig, milchig. Mund: fruchtig, lebhaft, geschmackvoll, ausgewogen, würzig.

Sommos Colección Syrah 2020 T R
100% syrah

91
Farbe: tiefes Kirschrot. Aroma: reifes Obst, trockene Kräuter, weiches Eichenholz, dunkle Früchte. Mund: kraftvoll, reife Früchte, würzig, reife Tannine, fruchtig, ziemlich nachhaltig.

Sommos Colección Tempranillo 2020 T R
100% tempranillo

91
Farbe: leuchtendes Kirschrot. Aroma: reifes Obst, dunkle Früchte, rote Früchte, würzig, rauchig. Mund: fruchtig, voll, geschmackvoll, ausgewogen, rauchig nachwirkend, reife Tannine.

DO SOMONTANO / D.O.P.

DO SOMONTANO / D.O.P.

Sommos Premium 2019 T R
52% cabernet sauvignon, 32% syrah, 16% tempranillo
91
Farbe: tiefes Kirschrot. Aroma: reifes Obst, dunkle Früchte, Schwarzer Pfeffer, Röstaromen, würzig. Mund: fruchtig, voll, kraftvoll, ausgewogen, ziemlich nachhaltig, trockene, aber reife Tannine.

BODEGAS ABINASA
Ctra. N-240, Km. 180
22124 Lascellas (Huesca)
☎: +34 974 319 156
info@bodegasabinasa.com
www.bodegasabinasa.com

Ana 2020 T C
86

Ana Lascellas 2023 RD
cabernet sauvignon
85

Ana Lascellas Chardonnay 2022 B
chardonnay
86

Ana Lascellas Gewurztraminer 2023 B
89
Sortenrein, getrocknete Blumen, fruchtig, reif, von Primäraromen beherrscht, geschmackvoll.

Ana Lascellas T RB
84

BODEGAS FÁBREGAS
Cerler, 3
22300 Barbastro (Huesca)
☎: +34 974 310 498
info@bodegasfabregas.com
www.bodegasfabregas.com

Fábregas Garnacha Blanca 2021 B FB
garnacha blanca
91
Farbe: leuchtendes Strohgelb. Aroma: helle Früchte, reifes Obst, trockene Kräuter, würzig, welke Blumen. Mund: frisch, fruchtig, lebhaft, geschmackvoll, sortentypisch, ausgewogen.

Fábregas Puro Syrah 2021 T C
syrah
91
Saftig, reif, sortenrein. Aroma: Fleischnoten, dunkle Früchte, reifes Obst, weiches Eichenholz. Mund: geschmackvoll, ausgewogen.

Mingua 2022 T
syrah, garnacha, moristel
89
Lieblich, klar definierte Aromen, fruchtig, saftig, korrekt, getrocknete Blumen, reif.

BODEGAS MELER
Ctra. N-240, km. 154,2
22300 Barbastro (Huesca)
☎: +34 679 954 988
info@bodegasmeler.com
www.bodegasmeler.com

Andrés Meler 2014 T R
cabernet sauvignon
90
Farbe: tiefes Kirschrot. Aroma: trockene Kräuter, dunkle Früchte, reifes Obst, feiner Kakao. Mund: kraftvoll, reife Früchte, würzig, reife Tannine.

Meler 15 2018 T C
merlot, cabernet sauvignon
88
Korrekt, klassisch. Aroma: Weihrauch, trockene Kräuter, geröstetes Brot, Tabak. Mund: zartbitter, reife Tannine.

Meler 6 2021 T C
cabernet sauvignon, merlot, syrah
88
Ausgewogen, reif, geschmackvoll, Röstaromen, trockene Kräuter.

Meler 9 2020 T
cabernet sauvignon, garnacha
86

Meler Chardonnay 2023 B
chardonnay
88
Zitrusfrüchte, getrocknete Blumen, fruchtig, milchig, reif, rustikal.

Meler Syrah 2022 T
syrah
87

BODEGAS OSCA
La Iglesia, 1
22124 Ponzano (Huesca)
☎: +34 974 319 017
bodega@bodegasosca.com
www.bodegasosca.com

Mascún Blanc de Noirs Garnacha 2023 B
garnacha
85

Mascún Garnacha 2019 T C
garnacha
88
Ausgewogen, würzig, reif, kraftvoll.

Mascún
Garnacha Blanca 2023 B
100% garnacha blanca
86

Osca 2023 B
85

Osca Garnacha Blanca 2023 B
garnacha blanca
87

Osca Gran Eroles 2017 T R
cabernet sauvignon
88
Alt, würzig, trockene Kräuter, voll.

Riesling de Mascún 2023 B
riesling
86

BODEGAS TRENZA
Felix Mendelsohn, 8
03730 Jávea (Alacant/Alicante)
☎: +34 965 790 012
bodegas@bodegastrenza.com
www.bodegatrenza.com

Mont Clou 2023 B
chardonnay
90
Lieblich, naschhaft. Farbe: strohgelb. Aroma: trockene Kräuter, welke Blumen, süße Gewürze, Steinobst, feine Hefen. Mund: reife Früchte, ausgewogen, geschmackvoll.

BODEGAS VALDOVINOS
Camino de la Almunia, s/n
22133 Antillón (Huesca)
☎: +34 974 260 437
info@bodegasvaldovinos.com
www.bodegasvaldovinos.com

Berdá 2021 B
parraleta
91
Farbe: leuchtendes Gelb. Aroma: ausdrucksstark fruchtig, helle Früchte, reifes Obst, feine Hefen, milchig, Wildkräuter, weiße Blumen, würzig. Mund: geschmackvoll, lebhaft, voll, ausgewogen, rauchig nachwirkend, Röstnoten.

Bresque
Sauvignon Blanc 2023 B
sauvignon blanc
88
Zitrusfrüchte, fruchtig, trockene Kräuter, sortenrein, frisch.

Bresque Syrah 2019 T RB
syrah
89
Farbe: tiefes Kirschrot. Aroma: reifes Obst, trockene Kräuter, weiches Eichenholz. Mund: reife Früchte, würzig, reife Tannine.

Valdovinos 2018 T C
cabernet sauvignon, tempranillo, garnacha
87

Valdovinos Selección Syrah 2018 T
syrah
89
Waldfinsternis, alt, reduktiver Ausbau. Aroma: trockene Kräuter, dunkle Früchte, Wachs, Tabak.

DALCAMP
Pedanía de Monte Odina, s/n
22415 Monesma de San Juan (Huesca)
☎: +34 973 760 018
info@ramondalfo.com
www.castillodemonesma.com

Castillo de Monesma 2016 T C
merlot, cabernet sauvignon
86

Castillo de Monesma 2018 T R
tempranillo, syrah
87

Castillo de Monesma 2018 T RB
merlot, cabernet sauvignon
86

Castillo de Monesma T
merlot, cabernet sauvignon, syrah, tempranillo, garnacha
85

IDRIAS
Ctra. Abiego 1229, Km 0,2
22124 Lascellas (Huesca)
☎: +34 974 340 671
info@bsdg.es
www.idrias.es

Idrias 2021 T C
merlot, cabernet sauvignon
87 ☘

Idrias Chardonnay 2023 B
chardonnay
88 ☘
Zitrusfrüchte, fruchtig, reif, geschmackvoll, mit salznote.

DO SOMONTANO / D.O.P.

Guía Peñín **SPANIENS WEINFÜHRER**

DO SOMONTANO / D.O.P.

Idrias T RB
merlot, cabernet sauvignon, tempranillo

85 ⚜

Idrias Tempranillo 2023 RD
tempranillo

86 ⚜

Idrias Tempranillo 2023 T
tempranillo

86 ⚜

LEO & NINE
Camino de Barbastro, 9
22423 Estadilla (Huesca)
☎: +34 974 305 780
info@leoninewines.com
www.leoninewines.com

Compartir 2021 T C
50% cabernet sauvignon, 50% merlot

91

Farbe: tiefes Kirschrot. Aroma: süße Gewürze, dunkle Früchte, reifes Obst, Fleischnoten. Mund: fruchtig, würzig, reife Tannine, saftig.

Compartir 2022 T RB
60% merlot, 30% syrah, 10% tempranillo

89

Balsamisch, würzig, kräuterig, reif, geschmackvoll, wild, angenehm, durchschnittlich am Gaumen.

Compartir 2023 T
70% syrah, 30% tempranillo

89

Angenehm, korrekt, fruchtig, saftig, wild, mild, ausgewogen.

Crush 2023 RD
100% garnacha

89

Klar definierte Aromen, wild, korrekt, ausgewogen, frisch, fruchtig, subtil. Aroma: Kräutersäckchen.

Vivette Chardonnay 2023 B
100% chardonnay

92

Farbe: leuchtendes Gelb. Aroma: ausdrucksvoll, reifes Obst, blumig, feine Hefen, ausdrucksstark fruchtig, helle Früchte. Mund: voll, komplex, würzig, lang, elegant, frisch.

Vivette Gewürztraminer 2023 B
100% gewürztraminer

88

Fruchtig, sortenrein, blumig, reif, von Primäraromen beherrscht, frisch.

ORIGEN VITICULTORES
María Zambrano, 31 WTCZ, TO, Planta 13
50018 Zaragoza (Zaragoza)
☎: +34 976 322 361
pedidos@origenviticultores.com
www.origenviticultores.com

La Malpregona 2022 T
parraleta, garnacha, moristel

90

Farbe: KirsChrot. Aroma: balsamisch, süße Gewürze, Buschwaldkräuter, rote Früchte. Mund: würzig, balsamisch, schöne Säure.

La Malpregona Chardonnay Macabeo Alcañón 2022 B
chardonnay, macabeo, alcañón

91

Spannungsvoll. Farbe: leuchtendes Strohgelb. Aroma: reifes Obst, Kräutersäckchen, feine Hefen, Wachs. Mund: voll, fett, lang, schöne Säure.

La Malpregona Macabeo Alcañón 2021 B
macabeo, alcañón

92

Farbe: leuchtendes Strohgelb. Aroma: trockene Kräuter, welke Blumen, Phosphor, Zitrusfrüchte, frisches Obst. Mund: reife Früchte, ausgewogen.

Tozal D'A Malpregona 2022 T
moristel

92

Farbe: kirschrot mit violettem Saum. Aroma: rote Früchte, blumig, würzig, Buschwaldkräuter. Mund: geschmackvoll, fruchtig, schöne Säure, lang.

VINOS DIVERTIDOS
Nicolas de Bussi 10
03203 Elche (Alacant/Alicante)
☎: +34 966 105 325
info@vinosdivertidos.es
www.vinosdivertidos.es

Cojón de Gato 2021 T
merlot, syrah, cojón de gato
88
Nach Eingemachtem, würzig, Röstaromen, reif. Aroma: schwarze Lakritze, trockene Kräuter.

Cojón de Gato 2023 B
10% gewürztraminer, 90% chardonnay
89
Zitrusfrüchte, ausgewogen, frisch, fruchtig, blumig, lieblich.

Cojón de Gato 2023 T
merlot, syrah
87

VIÑAS DEL VERO
Ctra. de Naval, Km. 3,7
22300 Barbastro (Huesca)
☎: +34 974 302 216
prensa@gonzalezbyass.com
www.vinasdelvero.es

Clarión de Viñas del Vero 2022 B
82% riesling, gewürztraminer, chardonnay, sauvignon blanc
91
Farbe: leuchtendes Strohgelb. Aroma: ausdrucksstark fruchtig, reifes Obst, blumig, Steinobst, süße Gewürze. Mund: geschmackvoll, frisch, schöne Säure, nachwirkend fruchtig.

Clarión de Viñas del Vero Magnum 2020 B
94
Farbe: strohgelb. Aroma: trockene Kräuter, welke Blumen, feine Hefen, helle Früchte, Wildkräuter. Mund: kraftvoll, reife Früchte, ausgewogen.

Gran Vos de Viñas del Vero Magnum 2015 T R
93
Farbe: dunkles Kirschrot, granatroter Saum. Aroma: Noten von Tischlerei, Tabak, süße Gewürze, reifes Obst. Mund: würzig, reife Tannine.

Gran Vos de Viñas del Vero 2018 T R
93
Klassisch, komplex. Farbe: dunkles Kirschrot, granatroter Saum. Aroma: reifes Obst, Noten von Tischlerei, Tabak, süße Gewürze. Mund: würzig, reife Tannine, lang.

La Miranda de Secastilla 2021 T
100% garnacha
89
Kräuterig, fruchtig, korrekt, saftig, mild, wild.

La Miranda de Secastilla Garnacha 2023 RD
100% garnacha
88
Angenehm, korrekt, fruchtig, saftig, wild, mild. Mund: zartbitter, süffig.

La Miranda de Secastilla Garnacha Blanca 2023 B
garnacha blanca
90
Farbe: leuchtendes Strohgelb. Aroma: ausdrucksstark fruchtig, reifes Obst, Zitrusfrüchte, helle Früchte. Mund: geschmackvoll, frisch, schöne Säure, lebhaft.

Secastilla 2020 T C
garnacha
93
Ausgewogen, saftig. Farbe: leuchtendes Kirschrot. Aroma: reifes Obst, trockene Kräuter, weiches Eichenholz, Wildkräuter. Mund: reife Früchte, würzig, spritzig.

Viñas del Vero Chardonnay 2022 B FB
100% chardonnay
92
Farbe: leuchtendes Gelb. Aroma: kraftvoll, reifes Obst, würzig, Zitronenbombon, helle Früchte. Mund: geschmackvoll, fruchtig, frisch, ausgewogen.

DO SOMONTANO / D.O.P.

DO SOMONTANO / D.O.P.

Viñas del Vero Chardonnay 2023 B
91
Aromatisch, klar definierte Aromen, geschmackvoll. Farbe: leuchtendes Strohgelb. Aroma: ausdrucksstark fruchtig, reifes Obst, blumig, helle Früchte. Mund: geschmackvoll, frisch, schöne Säure, nachwirkend fruchtig.

Viñas del Vero Gewürztraminer 2023 B
gewürztraminer
90
Klar definierte Aromen, aromatisch, fruchtig, sortenrein. Aroma: sortenrein, blumig. Mund: geschmackvoll, sortentypisch.

Viñas del Vero Pinot Noir 2023 RD
pinot noir
87

Viñas del Vero Sauvignon Blanc 2023 B
100% sauvignon blanc
87

Viñas del Vero Violeta 2022 T
syrah, garnacha
90
Farbe: kirschrot mit violettem Saum. Aroma: ausdrucksstark fruchtig, rote Früchte, blumig, würzig. Mund: geschmackvoll, fruchtig, ausgewogen, süffig, reife Früchte.

DO. TACORONTE - ACENTEJO
CONSEJO REGULADOR

Ctra. General del Norte, 97
38350 Tacoronte (Santa Cruz de Tenerife)
☎: +34 922 560 107
@: consejo@tacovin.com
www.tacovin.com

LAGE:

Anbaugebiet mit etwa 23 km Länge im nördlichen Teil von Teneriffa mit neun Gemeinden: Tegueste, Tacoronte, El Sauzal, La Matanza de Acentejo, La Victoria de Acentejo, Santa Úrsula, La Laguna, Santa Cruz de Tenerife und El Rosario.

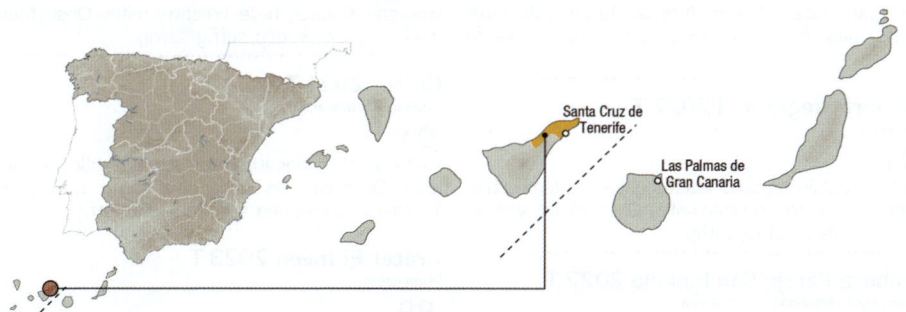

REBSORTEN:

WEISS: Empfohlen: Güal, Malvasía, Listán Blanco und Marmajuelo.

Zugelassen: Pedro Ximénez, Moscatel, Verdello, Vijariego, Forastera Blanca, Albillo, Sabro, Bastardo Blanco, Breval, Burra Blanca und Torrontés.

ROT: Empfohlen: Listán Negro und Negramoll. Zugelassen: Tintilla, Moscatel Negro, Castellana Negra, Cabernet Sauvignon, Merlot, Pinot Noir, Ruby Cabernet, Syrah, Tempranillo, Bastardo Negro, Listán Prieto, Vijariego Negro und Malvasía Rosada..

DATEN:

Rebfläche (ha): 703 – **Winzer**: 1.143– **Weinerzeuger**: 31 – **Jahrgang 23**: Gut – **Jahresproduktion 23**: 960.000 L. – **Absatz**: 98% Spanien - 2% Export.

BODENVERHÄLTNISSE:

Rötliche Böden vulkanischen Ursprungs aus organischer Materie und Spurenelementen. Die Rebflächen reichen von Tallagen in Meeresnähe bis in Höhenlagen von bis zu 1000 m..

KLIMA:

Typisch atlantisch, aber mit sehr unterschiedlichen Mikroklimaten in Abhängigkeit von der Lage und Geostruktur der Insel. Milde Temperaturen durch die Feuchtigkeit führende Passatwinde (ca. 60 %) bei geringer Niederschlagsmenge.

ERNTEBEWERTUNG ANHAND JUNGER WEINE GUÍAPEÑÍN

2019	2020	2021	2022	2023
SEHR GUT	GUT	SEHR GUT	SEHR GUT	GUT

SPANIENS WEINFÜHRER

DO TACORONTE-ACENTEJO / D.O.P.

AMBORA
Ctra. El Portezuelo Las Toscas, 197
38280 Tegueste (Santa Cruz de Tenerife)
☎: +34 629 955 639
amborabodegas@gmail.com

Ambora El Roquillo 2022 B
listán blanco, gual, marmajuelo, malvasía

90

Waldfinsternis, wenig interventionistisch. Aroma: trockene Kräuter, Nüsse, Wildkräuter. Mund: fett, geschmackvoll, reife Früchte, würzig.

Ambora La Calderona 2022 T
listán negro

91

Repräsentativ, wild, leichte Reduktion. Farbe: kirschrot mit granatrotem Saum. Aroma: Buschwaldkräuter. Mund: geschmackvoll, balsamisch, würzig, weiche Tannine.

Ambora Negramoll 2022 T
negramoll

91

Leichte Reduktion, wild, kräuterig. Farbe: durchscheinendes Kirschrot. Aroma: reifes Obst. Mund: würzig, korrekt, reife Früchte, süffig.

Ambora Paraje San Ignacio 2022 T
listán negro, negramoll, listán blanco

92

Klar definierte Aromen, flüssig am Gaumen. Farbe: KirsChrot. Aroma: trockene Kräuter, reifes Obst, Wildkräuter. Mund: lebhaft, saftig, ausgewogen, schöne Säure.

Ambora Viña de Tegueste 2022 T
listán negro, negramoll, listán blanco

90

Klar definierte Aromen, angenehm, ausgewogen, würzig, flüssig am Gaumen. Aroma: mittlere Intensität, trockene Kräuter, Buschwaldkräuter. Mund: schöne Säure, süffig.

BODEGA LINAJE DEL PAGO
Herrera, 85
38360 El Sauzal (Santa Cruz de Tenerife)
☎: +34 687 968 597
linajedelpago@gmail.com
www.linajedelpago.com

Linaje del Pago 2020 T BA
listán negro

90

Farbe: tiefes Kirschrot. Aroma: reifes Obst, trockene Kräuter, weiches Eichenholz. Mund: kraftvoll, reife Früchte, würzig, reife Tannine.

Linaje del Pago 2021 T
listán negro

89

Reif, würzig, geschmackvoll, angenehm, korrekt, blumig, saftig, mild.

BODEGAS CRÁTER
San Nicolás, 122
38360 El Sauzal (Santa Cruz de Tenerife)
☎: +34 922 573 272
crater@craterbodegas.com
www.craterbodegas.com

Blanco de Cráter 2023 B
90% listán blanco, 10% albillo criollo

90

Farbe: leuchtendes Strohgelb. Aroma: weiße Blumen, trockene Kräuter, helle Früchte, reifes Obst. Mund: fruchtig, ausgewogen, süffig, saftig.

Cráter 2021 T C
listán negro, negramoll

91

Farbe: leuchtendes Kirschrot. Aroma: süße Gewürze, reifes Obst, weiches Eichenholz. Mund: würzig, reife Tannine, ausgewogen, schöne Säure, süffig.

Cráter El Joven 2023 T
listán negro

89

Korrekt, fruchtig, reif, würzig, nachhaltig. Mund: reife Früchte, süffig.

Magma Blanco de Cráter 2022 B
60% vijariego blanco, 40% albillo criollo

91

Farbe: leuchtendes Gelb. Aroma: reifes Obst, würzig, Wildkräuter, Sträucher, welke Blumen. Mund: lang, zartbitter, frisch, saftig.

Magma de Cráter 2019 T C
90% negramoll, 10% syrah

92

Farbe: KirsChrot. Aroma: reifes Obst, trockene Kräuter, weiches Eichenholz. Mund: kraftvoll, reife Früchte, würzig, reife Tannine, strukturiert, saftig.

Magma de Cráter 25 Aniversario 2021 T
60% listán negro, 30% negramoll, 10% vijariego negro

92

Korpulent. Farbe: kirschrot mit granatrotem Saum. Aroma: kraftvoll, dunkle Früchte, reifes Obst, mit Charakter, weiches Eichenholz. Mund: geschmackvoll, lang, süße Tannine.

BODEGAS INSULARES TENERIFE
Vereda del Medio, 48
38350 Tacoronte (Santa Cruz de Tenerife)
☎: +34 922 570 617
contacto@bodegasinsularestenerife.es
www.bodegasinsulares.es

El Ancón 2023 T
100% listán negro
89
Angenehm, korrekt, fruchtig, reif, geschmackvoll, milchig. Mund: süffig.

Humboldt 1997 B D
100% listán blanco
94
Klassisch, Cremig, alt. Farbe: Altgold mit bernsteinfarbenem Saum. Aroma: Acetaldehyd, Lacknoten, kandierte Früchte, Feingebäck. Mund: fruchtig, geschmackvoll, süß.

Viña Norte 2023 B
100% listán blanco
88
Trockene Kräuter, getrocknete Blumen, geschmackvoll, bitter, korrekt.

Viña Norte 2023 T
100% listán negro
88
Korrekt, Röstaromen, geschmackvoll, durchschnittlich am Gaumen, trockene Kräuter. Mund: reife Tannine.

Viña Norte 2023 T MC
100% listán negro
89
Lieblich, reif, von Primäraromen beherrscht, geschmackvoll, wild, angenehm. Mund: süffig.

Viña Norte Selección 2023 T
100% listán negro
88
Reif, beschädigtes Obst, kräuterig, geschmackvoll, durchschnittlich am Gaumen, ausgeprägter Säuregehalt.

BODEGAS LOHER
Horno de La Teja, 26
38380 La Victoria de Acentejo
(Santa Cruz de Tenerife)
☎: +34 660 658 309
vinosloher@gmail.com

100% LN by LoHer 2022 T
listán negro
89
Nach Eingemachtem, würzig, reif, geschmackvoll, trockene Kräuter, ausgewogen, nachhaltig.

Loher 2020 T C
listán negro, syrah
90
Repräsentativ. Farbe: durchscheinendes Kirschrot. Aroma: Wildkräuter, trockene Kräuter, feine Reduktionsnoten. Mund: saftig, schöne Säure, ausgewogen.

Loher Finca El Loro 2022 T
listán negro, negramoll
90
Mit Persönlichkeit, balsamisch. Aroma: Tabak, reifes Obst, Buschwaldkräuter, trockene Kräuter. Mund: saftig, ausgewogen.

San Clemente 2021 B
malvasía, baboso blanco, marmajuelo, vijariego blanco
91
Farbe: leuchtendes Gelb. Aroma: würzig, Steinobst, geröstetes Brot. Mund: fett, strukturiert, lang, zartbitter.

San Clemente 2021 RD
listán negro, tintilla
89
Markante Eiche, korpulent, reif, Hefenoten, lieblich, fruchtig, kraftvoll, geschmackvoll. Aroma: kandierte Früchte, Bäckerei.

San Clemente 2021 T BA
listán negro, tintilla
92
Reduktiver Ausbau, wild, repräsentativ. Aroma: balsamisch, Wildkräuter, ausdrucksvoll, offen, komplex. Mund: abgerundet, lang, nachhaltig, salzig.

BODEGAS MARBA
Ctra. Portezuelo - Las Toscas, 253
38280 Tegueste (Santa Cruz de Tenerife)
☎: +34 922 638 400
marba@bodegasmarba.es
www.bodegasmarba.com

Hugo Afrutado 2023 RD
listán negro, otras
86

Marba 2023 B BA
listán blanco, gual, albillo, forastera gomera
87

Marba 2023 RD
listán negro, otras
84

Marba 2023 T BA
listán negro, negramoll, tempranillo, ruby, syrah
86

DO TACORONTE-ACENTEJO / D.O.P.

Marba 2023 T MC
listán negro, otras
87

Marba Capricho 2022 T FB
syrah
87

COSECHERA WINES
Horno de la Teja, 26
38380 La Victoria de Acentejo
(Santa Cruz de Tenerife)
☎: +34 660 658 309
vinosloher@gmail.com

Cosechera Ensamblaje I 2020 T
listán negro, negramoll, listán blanco
89
Nach Eingemachtem, korpulent, Cremig, leichte Reduktion, stumpf. Aroma: trockene Kräuter.

Cosechera Ensamblaje II 2020 B
malvasía, gual, vijariego blanco, listán blanco
92
Farbe: gelb, goldfarben. Aroma: mit Charakter, welke Blumen, Honignoten, Steinobst, würzig, eingemachtes Obst, Zitrusfrüchte. Mund: saftig, lebhaft, geschmackvoll, zartbitter, ausgewogen.

Cosechera Ensamblaje III 2020 T
50% castellana, 50% negramoll
90
Vegetabil, mit Persönlichkeit, wild. Aroma: Sträucher, reifes Obst, mit Charakter. Mund: lang, balsamisch, schöne Säure, saftig.

Cosechera Los Barranquillos Listán Negro 2019 T
listán negro
89
Markante Eiche, würzig, balsamisch. Aroma: geröstetes Brot. Mund: saftig, geschmackvoll, ausgewogen.

Cosechera Negramol 2022 T
negramoll
89
Klar definierte Aromen, trockene Kräuter, wenig interventionistisch. Aroma: ausdrucksvoll, offen, mittlere Intensität.

Cosechera Pieles 2021 B
listán blanco
92
Spannungsvoll. Aroma: Ebbe, eingemachtes Obst, Orangenschale, ausdrucksvoll. Mund: frisch, saftig, spannungsvoll, zartbitter, lang.

DOMÍNGUEZ CUARTA GENERACIÓN
El Calvario, 79
38350 Tacoronte (Santa Cruz de Tenerife)
☎: +34 659 974 375
info@bodegasdominguez.es
www.bodegasdominguez.es

Domínguez 2021 T
listán negro, negramoll, castellana, albillo criollo, baboso, listán blanco
89
Klassisch, würzig, reif. Aroma: dunkle Früchte, mit Charakter, trockene Kräuter.

Domínguez Colección Castellana Baboso 2018 T
castellana, baboso
89
Klassisch, alt, reduziert, würzig, trockene Kräuter, reif. Aroma: stark gegerbtes Leder. Mund: ausgewogen.

Domínguez Malvasía Clásico 2012 B D
100% malvasía
92
Farbe: Altgold. Aroma: kandierte Früchte, Orangenschale, Honignoten, Wachs, ausgewogen. Mund: abgerundet, geschmeidig, voll, opulent.

HACIENDA ACENTEJO
38380 La Victoria de Acentejo
(Santa Cruz de Tenerife)
☎: +34 650 974 598
jjgutierrez@haciendadeacentejo.com
www.haciendadeacentejo.com

Hacienda Acentejo 2023 B S
listán blanco
86

Hacienda Acentejo 2023 T S
listán negro
89
Korrekt, würzig, fruchtig, reif, saftig.

Hacienda de Acentejo 2023 T BA
listán negro, negramoll, tintilla
85

Serventia 2023 T
87

LA BALDESA
Callejon El Calvario, 67
38360 El Sausal (Santa Cruz de Tenerife)
☎: +34 617 770 495
baifo38@gmail.com
www.baldesa.com

La Baldesa
Castellana Negra 2023 T
castellana
88
Lieblich, reif, nachhaltig, naschhaft, geschmackvoll. Mund: kraftvoll.

La Baldesa Listán Negro 2023 T
89
Angenehm, klar definierte Aromen, balsamisch, reif, wild, kräuterig, saftig. Aroma: offen, ausgewogen.

La Baldesa Negramoll 2023 T
88
Nach Eingemachtem, würzig, naschhaft, kräuterig, geschmackvoll, wild.

OCAMPO VINOS
Los Alamos de San Juan, 5
38350 Tacoronte (Santa Cruz de Tenerife)
☎: +34 922 571 689
administracion@presasocampo.com
www.ocampovinos.com

Ocampo Listán Blanco 2022 B
100% listán blanco
92
Farbe: leuchtendes Strohgelb. Aroma: helle Früchte, reifes Obst, feine Hefen, Kräutersäckchen, welke Blumen. Mund: fruchtig, frisch, fett, ziemlich nachhaltig, würzig.

Ocampo
Listán Negro 2022 T
listán negro
92
Mit Persönlichkeit. Farbe: leuchtendes Kirschrot. Aroma: dunkle Früchte, eine Spur Waldbeeren, Wildkräuter, würzig, feine Reduktionsnoten, Schießpulver. Mund: geschmackvoll, lebhaft, fruchtig, frisch, ausgewogen, weiche Tannine.

Ocampo
Vidueño Blanco 2022 B
50% malvasía volcánica, 25% marmajuelo, 15% listán blanco, 10% albillo criollo
92
Farbe: leuchtendes Strohgelb. Aroma: ausdrucksstark fruchtig, helle Früchte, reifes Obst, trockene Kräuter, welke Blumen, weiße Blumen. Mund: fruchtig, frisch, geschmackvoll, ausgewogen, nachwirkend fruchtig.

Ocampo Vijariego Tinto 2022 T
vijariego negro
91
Aroma: ausdrucksstark fruchtig, reifes Obst, Wildkräuter, Karamel, rote Früchte. Mund: geschmackvoll, fruchtig, reife Früchte, rauchig nachwirkend, reife Tannine.

Presas Ocampo
Gran Alysius 2021 T
50% listán negro, 50% syrah
91
Farbe: KirsChrot. Aroma: balsamisch, Buschwaldkräuter, ausgewogen, weiches Eichenholz, süße Gewürze, Schokolade. Mund: schöne Säure, reife Tannine, lang.

Presas Ocampo
Vendimia Seleccionada 2022 T
50% listán negro, 25% merlot, 25% syrah
89
Fruchtig, würzig, geschmackvoll, reif, saftig. Aroma: Wildkräuter, trockene Kräuter.

VIÑA ESTEVEZ
Pérez Díaz, 80
38380 La Victoria de Acentejo (Santa Cruz de Tenerife)
☎: +34 608 724 671
elena.vinaestevez@gmail.com

Viña Estévez 2022 T BA
50% vijariego negro, 50% listán negro
89
Balsamisch, korrekt, kräuterig, reif, repräsentativ, rustikal, fruchtig, saftig.

Viña Estévez Baboso Negro 2022 T
100% baboso
91
Klar definierte Aromen, ausgewogen, wild, repräsentativ. Farbe: KirsChrot. Aroma: ausdrucksvoll, würzig. Mund: voll, lang, nachhaltig, nachwirkend fruchtig.

WINERY BURGMANN TENERIFE
Ctra. Tacoronte Tejina, 78A
38350 Tacoronte (Santa Cruz de Tenerife)
☎: +34 610 750 437
info@burgmannwinery.com
www.burgmannwinery.com

Blanc de Noir
by Burgmann 2022 B
listán negro
89
Üppig, kräuterig, wenig interventionistisch, mit Persönlichkeit, Waldfinsternis. Aroma: würzig, Moschus-Noten.

DO TACORONTE-ACENTEJO / D.O.P.

SPANIENS WEINFÜHRER

DO TACORONTE-ACENTEJO / D.O.P.

Burgmann Rosé Selection 2022 RD
listán negro
89
Kräuterig, reif, wenig interventionistisch, rustikal, geschmackvoll. Aroma: Mazerationsnoten.

Olivia by Burgmann 2022 B
listán blanco
91
Wenig interventionistisch. Aroma: Zitrusfrüchte, Wildkräuter, mit Charakter. Mund: voll, saftig, strukturiert, würzig, lang.

DO. TARRAGONA
CONSEJO REGULADOR

Calle La Cort, 41
43800 Valls (Tarragona)
☎: +34 977 217 931
@: info@dotarragona.cat
www.dotarragona.cat

LAGE:
Weinregion in der Provinz Tarragona mit den Teilgebieten El Camp und Ribera d'Ebre und 72 Gemeinden.

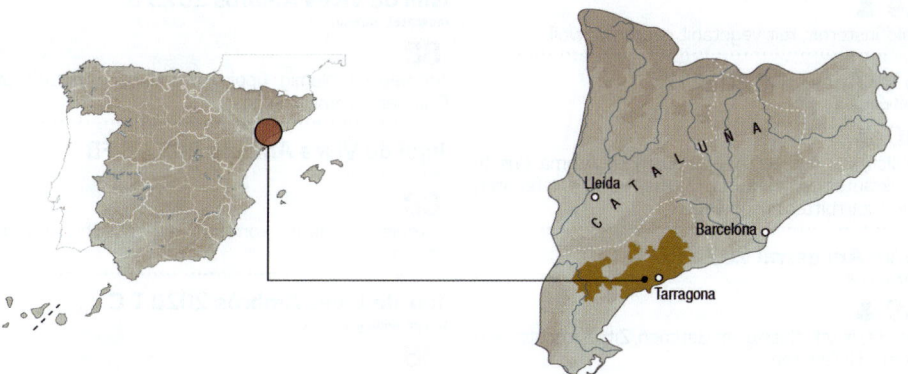

TEILGEBIETE:
El Camp und Ribera d'Ebre (s.o.).

REBSORTEN:
WEISS: Chardonnay, Macabeo, Xarel.lo, Garnacha Blanca, Parellada, Moscatel de Alejandría, Moscatel de Frontignan, Sauvignon Blanc und Malvasía, Vinyater, Xarel.lo Vermell, Sumoi Blanc y Malvasía de Sitges.

ROT: Samsó (Cariñena), Garnacha, Ull de Llebre (Tempranillo), Cabernet Sauvignon, Merlot, Monastrell, Pinot Noir, Syrah und Sumoll.

DATEN:
Rebfläche (ha): 2.978– **Winzer:** 690 – **Weinerzeuger:** 37 – **Jahrgang 23:** Unrated – **Jahresproduktion 23:** 1.600.000 L. – **Absatz:** 75% Spanien - 25% Export.

BODENVERHÄLTNISSE:
Die Rebflächen von El Camp weisen hauptsächlich kalkhaltiges, leichtes Gelände auf, in der Region Ribera d´Ebre findet man neben den kalkhaltigen auch Schwemmböden.

KLIMA:
Mediterran in El Camp mit durchschnittlichen Niederschlagsmengen von 500 mm/Jahr. In der Ribera d´Ebre herrscht ein etwas extremeres Klima mit kalten Wintern und heißen Sommern. Die jährliche Niederschlagsmenge beträgt hier lediglich 385 mm

ERNTEBEWERTUNG ANHAND JUNGER WEINE GUÍAPEÑÍN

2019	2020	2021	2022	2023
GUT	SEHR GUT	UNRATED	GUT	GUT

ALREGI
Pol. Ind. Empordà Internacional s/n
17469 Vilamalla (Girona/Gerona)
☎: +34 972 526 061
alregi@alregi.es
www.winepalace.es

Lo Vy 2022 B
100% cartoixà

88

Wenig interventionistisch, frisch, würzig, Zitrusfrüchte.

Lo Vy 2022 T
65% garnacha, 35% cabernet sauvignon

89

Waldfinsternis, reif, vegetabil, geschmackvoll.

Lo Vy Ancestral 2022 B
100% cartoixà

90

Lieblich, klar definierte Aromen, frisch. Aroma: Buschwaldkräuter, Wildkräuter, Zitrusfrüchte, Hefenoten. Mund: zartbitter, ausgewogen.

Lo Vy Ancestral 2022 RD
100% sumoll

89

Korrekt, frisch, flüssig am Gaumen, Zitrusfrüchte, wild. Aroma: Hefenoten.

BIOPAUMERÀ
Plaza San Juan, 3
43513 Rasquera (Tarragona)
☎: +34 977 265 267
biopaumera@biopaumera.com
www.biopaumera.com

Adrià de Biopaumerà 2020 T RB
100% cabernet sauvignon

84

Blanc de Noirs Biopaumerà 2023 B
100% garnacha

90

Farbe: leuchtendes Strohgelb. Aroma: reifes Obst, Kräutersäckchen, feine Hefen, Anisnoten. Mund: voll, fett, lang.

Erika de Paumera 2023 RD
85

Iuvenis de Biopaumerà 2021 T
91% garnacha, 9% cabernet sauvignon

86

Solus de Biopaumerà 2023 T
100% cabernet sauvignon

84

CAVA VIVES AMBRÒS
Mayor, 39
43812 Montferri (Tarragona)
☎: +34 639 521 652
mail@vivesambros.com
www.vivesambros.com

Aïda de Vives Ambròs 2023 B
macabeo, xarel.lo

87

Aïda de Vives Ambròs 2023 T
tempranillo, garnacha

86

Ishii de Vives Ambròs 2023 B
moscatel, xarel.lo

88

Aromatisch, blumig, üppig, mild, durchschnittlich am Gaumen. Aroma: Jasmin.

Jujol de Vives Ambròs 2022 B FB
xarel.lo vermell

88

Korpulent, holzig, korrekt, reif, schlicht. Aroma: Steinobst.

Tuït de Vives Ambròs 2020 T C
tempranillo, garnacha

88

Korrekt, kräuterig, trockene Kräuter, reif, geschmackvoll, wild, durchschnittlich am Gaumen.

Vives Ambròs Naïf Àmfora 2023 B
100% macabeo

88

Frisch, kräuterig, Zitrusfrüchte, poliert.

CELLER MAS D'EN BAIGET
43479 L'Albiol (Tarragona)
☎: +34 670 207 279
cellermasdenbaiget@gmail.com
www.cellermasdenbaiget.cat

Nuri 2022 B
macabeo, moscatel

87

Pilanot Negre 2021 T
garnacha

88

Ausgewogen, würzig, vegetabil, Röstaromen.

CELLER MAS DEL BOTÓ
Camí de Porrera a Alforja, s/n
43365 Alforja (Tarragona)
☎: +34 630 982 747
pep@masdelboto.cat
www.masdelboto.cat

Ganagot 2013 T GR
cabernet sauvignon, garnacha, cariñena
86

CELLER PALLARADES
Carrer Nou, 11-13
43155 Puigdelfi (Tarragona)
☎: +34 639 777 897
info@pallarades.com
www.cellerpallarades.com

L'Avi de la Pipa 2022 B
100% macabeo
90
Herb. Farbe: strohgelb. Aroma: trockene Kräuter, welke Blumen, helle Früchte, feine Hefen. Mund: reife Früchte, ausgewogen.

L'Espatllat 2021 B
macabeo, xarel.lo
90
Farbe: leuchtendes Gelb. Aroma: reifes Obst, würzig, Wildkräuter. Mund: fett, Röstnoten, zartbitter.

L'Onclu 2022 T
merlot, ull de llebre
88
Ausgewogen, würzig, reif, vegetabil.

La Pasquala 2023 T
100% garrut
88
Fruchtig, trockene Kräuter, geschmackvoll, frisch.

Macabelius 2022 B D
100% macabeo
93
Farbe: leuchtendes Gelb. Aroma: Honignoten, helle Früchte, gebackenes Obst, Karamel, würzig. Mund: geschmackvoll, geschmeidig, fruchtig, süß.

Sr. Cartoixà 2023 B
xarel.lo vermell
90
Farbe: strohgelb. Aroma: reifes Obst, trockene Kräuter, welke Blumen, Zitrusfrüchte. Mund: kraftvoll, reife Früchte, ausgewogen.

CELLERS BLANCH
Avda. Catalunya 8
43812 Puigpelat (Tarragona)
☎: +34 649 991 509
info@cellersblanch.com
www.cellersblanch.com

Blanch Subirat BE GR BN
88
Zitrusfrüchte, korrekt, würzig, trockene Kräuter.

Identitas 2021 B
90 🌱
Aromatisch, angenehm. Aroma: getrocknete Blumen, Karamel. Mund: korrekt, süffig, fett, fruchtig.

Pont Fosc 2022 B
macabeo
89
Korrekt, fruchtig, Zitrusfrüchte, säuerlich, wild, mild.

Sebastià 2021 T BA
merlot
88
Fruchtig, trockene Kräuter, reif, Röstaromen, ausgeprägter Säuregehalt.

CELLERS UNIÓ
Joan Oliver, 16
43206 Reus (Tarragona)
☎: +34 977 330 055
info@cellersunio.com
www.cellersunio.com

Roureda 2017 T R
tempranillo, cabernet sauvignon, merlot
86

DE MULLER
Camí Pedra Estela, 34
43205 Reus (Tarragona)
☎: +34 977 757 473
nacional@demuller.es
www.demuller.es

De Muller Cabernet Sauvignon 2022 T C
100% cabernet sauvignon
86

De Muller Chardonnay 2023 B FB
100% chardonnay
89
Getrocknete Blumen, fruchtig, frisch, reif, geschmackvoll.

De Muller Muscat 2023 B
100% moscatel de alejandría
86

DO TARRAGONA / D.O.P.

DO TARRAGONA / D.O.P.

Reina Violant BE R BN
50% chardonnay, 50% pinot noir
90
Reif, alt, getrübt. Farbe: golden leuchtend. Aroma: feine Hefen, Kräutersäckchen, reifes Obst, Nüsse. Mund: geschmackvoll, schöne Säure, feine Perlen, zartbitter.

Solimar 2023 B
65% macabeo, 20% garnacha blanca, 10% xarel.lo
87

Trilogía Pinot Noir Blanc de Noir BE R BN
pinot noir
90
Herb, anders. Farbe: leuchtendes Gelb. Aroma: reifes Obst, feine Hefen, trockene Kräuter, Sellerie. Mund: schöne Säure, geschmackvoll.

ESTOL VERD CELLER
Nou, 11
43812 Rodonya (Tarragona)
☎: +34 696 110 074
estolverd@gmail.com
www.estolverd.cat

7030 2022 T
70% syrah, 30% tempranillo
90
Reif, fruchtig, würzig, trockene Kräuter, Röstaromen.

Tatxam 2022 T
100% syrah
88
Fruchtig, reif, wild, geschmackvoll.

UNIVERSITAT ROVIRA I VIRGILI
Ctra TV 7211 km 7
43120 Constantí (Tarragona)
☎: +34 977 520 197
pedro.cabanillas@urv.cat
https://www.fe.urv.cat/es/facultad/bodega-mas-dels-frares

Universitat Rovira i Virgili 2020 T C
40% cabernet sauvignon, 22% ull de llebre, 24% merlot, 14% garnacha
87

VINÍCOLA DE NULLES - ADERNATS
Estacio, s/n
43887 Nulles (Tarragona)
☎: +34 977 602 622
botiga@vinicoladenulles.com
www.adernats.cat

100 Veremes Vinícola de Nulles 2022 B FB
macabeo
89 🌱
Fruchtig, reif, von Primäraromen beherrscht, schlicht, trockene Kräuter.

Parabòlic Vinícola de Nulles 2023 B
macabeo, xarel.lo
86 🌱

Parabòlic Vinícola de Nulles 2023 T
ull de llebre, merlot
85

Seducció Vinícola de Nulles 2023 B
moscatel de alejandría
87 🌱

Temptació Vinícola de Nulles 2021 T
merlot
88 🌱
Würzig, ausgewogen, trockene Kräuter, reif.

Xarel.lo Vermell Vinícola de Nulles 2022 B
xarel.lo vermell
88 🌱
Ausgewogen, trockene Kräuter, reif, korpulent.

VINYES DEL TIET PERE
Raval del Roser, 3
43886 Vilabella (Tarragona)
☎: +34 625 408 974
vinyesdeltietpere@gmail.com

Cami de la Font 2022 B
100% macabeo
93
Wenig interventionistisch. Farbe: strohgelb. Aroma: reifes Obst, trockene Kräuter, welke Blumen, Nüsse, trockener Stein. Mund: reife Früchte, ausgewogen, fleischig.

Escabeces Cartoixà Blanc 2022 B C
xarel.lo
90
Wenig interventionistisch. Farbe: leuchtendes Strohgelb. Aroma: reifes Obst, Kräutersäckchen, feine Hefen, Phosphor. Mund: schöne Säure, frisch, flüssig am Gaumen.

**Escabeces Cartoixà
Vermell Orange 2022 RD BA**
xarel.lo vermell

91
Mit Persönlichkeit, wenig interventionistisch. Farbe: bernsteinfarben. Aroma: Steinobst, getrocknete Blumen, würzig, Nuancen von Tonerde, mineralisch. Mund: flüssig am Gaumen, geschmackvoll.

Ostrea 2022 B
100% macabeo

92
Ausgewogen, wenig interventionistisch. Farbe: leuchtendes Strohgelb. Aroma: reifes Obst, Kräutersäckchen, feine Hefen, mineralisch, würzig. Mund: voll, fett, ausgewogen.

DO. TERRA ALTA
CONSEJO REGULADOR

Ctra. Vilalba, 31
43780 Gandesa (Tarragona)
☎: +34 977 421 278
@: info@doterraalta.cat
www.doterraalta.com

LAGE:

Im Südosten von Katalonien in der Provinz Tarragona mit den Gemeinden Arnes, Batea, Bot, Caseres, Corbera d´Ebre, La Fatarella, Gandesa, Horta de Sant Joan, Pinell de Brai, La Pobla de Massaluca, Prat de Comte und Vilalba dels Arcs.

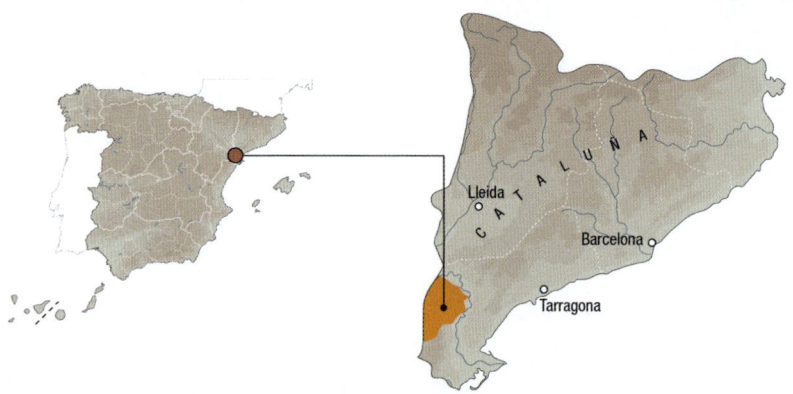

REBSORTEN:

ROT: Garnacha Tinta, Garnacha Peluda, Garnacha Tintorera, Cariñena, Syrah, Tempranillo (Ull De Llebre), Merlot, Cabernet Sauvignon, Cabernet Franc und Morenillo.

WEISS: Chardonnay, Garnacha Blanca, Parellada, Macabeo, Moscatel, Sauvignon Blanc, Chenin, Pedro Ximénez und Viognier.

DATEN:

Rebfläche (ha): 5.520 – **Winzer:** 900– **Weinerzeuger:** 62– **Jahrgang 23:** Unrated– **Jahresproduktion 23:** 12.562.900 L. – **Absatz:** 70% Spanien - 30% Export.

BODENVERHÄLTNISSE:

Die Rebflächen liegen etwa 400 m über dem Meeresspiegel auf einer ausgedehnten Hochebene mit überwiegend lehmigen Kalkböden, die wenig organische Materie und viel Kies führen.

KLIMA:

Mediterran mit kontinentalen Einflüssen, trockenen und heißen Sommern und verhältnismäßig kalten Wintern, vor allem in den Höhenlagen im Osten. Die durchschnittliche Niederschlagsmenge liegt bei 400 mm/Jahr. Ein weiterer im Rebbau zu berücksichtigender Faktor ist der Nordwind (Cierzo) und der feuchtwarme Südwind (Garbí oder Ábrego).

ERNTEBEWERTUNG ANHAND JUNGER WEINE GUÍAPEÑÍN

2019	2020	2021	2022	2023
SEHR GUT	SEHR GUT	SEHR GUT	SEHR GUT	SEHR GUT

DO TERRA ALTA / D.O.P.

AGRÍCOLA CORBERA D'EBRE
Ponent, 21
43784 Corbera de Ebro (Tarragona)
☎: +34 977 420 432
administracio@agricolacorbera.com

La Cisqueta de Corbera Blanc 2023 B
garnacha blanca
87

La Cisqueta de Corbera Negre 2023 T
cariñena
87

La Muntera 2020 T
cariñena
88
Cremig, ausgewogen, trockene Kräuter, reif, Röstaromen.

Poble Vell Blanc Dulce Natural 2021 B Solera D
garnacha blanca
91
Farbe: helles Mahagonibraun. Aroma: kandierte Früchte, süße Gewürze, Karamel, Nüsse. Mund: fruchtig, geschmackvoll, süß.

Quatrevint Brisat 2023 B
garnacha blanca
89
Korrekt, reif, geschmackvoll, fruchtig. Mund: lang, reife Früchte.

ALEGRE WINES & SPIRITS
Balmes, 345
08006 Barcelona (Barcelona)
☎: +34 935 641 262
administracion@alegrews.com
www.alegrews.com

La Dansada 2022 B
garnacha blanca
90
Farbe: leuchtendes Strohgelb. Aroma: reifes Obst, Kräutersäckchen, feine Hefen, helle Früchte. Mund: voll, fett, schöne Säure.

La Dansada 2022 T
garnacha
87

ALTAVINS VITICULTORS
Ctra. Vilalba dels Arcs s/n
43786 Batea (Tarragona)
☎: +34 977 430 596
altavins@altavins.com
www.altavins.com

Almodí Roure 2023 T
garnacha peluda
91
Farbe: kirschrot mit violettem Saum. Aroma: ausdrucksstark fruchtig, rote Früchte, blumig, würzig. Mund: geschmackvoll, fruchtig, schöne Säure.

Domus Pensi 2019 T R
garnacha, syrah, merlot, samsó
90
Farbe: tiefes Kirschrot. Aroma: reifes Obst, trockene Kräuter, erdig. Mund: reife Früchte, würzig, reife Tannine.

Hibrus Gartatxa 2023 T
garnacha
88
Fruchtig, blumig, trockene Kräuter, reif, geschmackvoll.

Ilercavònia 2023 B
garnacha blanca
90
Farbe: leuchtendes Strohgelb. Aroma: ausdrucksstark fruchtig, reifes Obst, blumig, Zitrusfrüchte. Mund: geschmackvoll, frisch, nachwirkend fruchtig, fruchtig.

Selecció Garnatxa Blanca 2020 B
garnacha blanca
92
Farbe: leuchtendes Gelb. Aroma: ausdrucksstark fruchtig, reifes Obst, trockene Kräuter, Wildkräuter, welke Blumen, weiße Blumen, Röstaromen. Mund: geschmackvoll, fruchtig, ausgewogen, ziemlich nachhaltig, fett.

BIELSA RUANO VINS
Sant Isidre, 24
43782 Vilalba dels Arcs (Tarragona)
☎: +34 665 220 796
info@bielsaruano.com
www.bielsaruano.com

Lo Noi del Saxo 2022 T
garnacha, syrah
89
Ausgewogen, würzig, fruchtig, kräuterig, trockene Kräuter, geschmackvoll, Röstaromen.

Lo Noi del Saxo 2023 RD
89 ♣
Blumig, frisch, fruchtig, kräuterig.

Guía Peñín SPANIENS WEINFÜHRER

DO TERRA ALTA / D.O.P.

Music de Carrer 2021 T C
garnacha
89
Ausgewogen, würzig, trockene Kräuter, geschmackvoll.

Music de Carrer 2022 B
garnacha blanca
89 🌱
Ausgewogen, würzig, Röstaromen, trockene Kräuter, reif.

Solista Garnatxa 2021 T
garnacha
92
Farbe: kirschrot mit violettem Saum. Aroma: rote Früchte, blumig, würzig, erdig. Mund: geschmackvoll, fruchtig, schöne Säure, fleischig.

Solista Garnatxa Blanca 2021 B
garnacha blanca
90
Farbe: leuchtendes Gelb. Aroma: kraftvoll, reifes Obst, geröstetes Brot, rauchig. Mund: fett, lang, Röstnoten.

BODEGAS PUNKU
43780 Gandesa (Tarragona)
wines@bodegapunku.com
www.bodegapunku.com

Matilda 2022 B
garnacha blanca, viognier
90 🌱
Farbe: leuchtendes Strohgelb. Aroma: Kräutersäckchen, feine Hefen. Mund: fett, lang, reife Früchte.

CELLER ARRUFÍ
Avda. Terra Alta, 12
43786 Batea (Tarragona)
☎: +34 722 224 772
hola@cellerarrufi.com
www.cellerarrufi.com

Celler Arrufí Llicsó 2021 B BA
garnacha blanca
92 🌱
Farbe: leuchtendes Strohgelb. Aroma: reifes Obst, Kräutersäckchen, feine Hefen, weiße Blumen, camomila. Mund: voll, fett, schöne Säure.

Celler Arrufí Panical 2023 B
garnacha blanca
90 🌱
Zitrusfrüchte, kräuterig, reif, ausgewogen. Farbe: leuchtendes Strohgelb.

Celler Arrufí Panicort 2019 T
garnacha, cariñena
89 🌱
Nach Eingemachtem, würzig, getrocknete Blumen, trockene Kräuter, korrekt. Mund: geschmackvoll, lang, reife Früchte.

Celler Arrufí Trepadella 2022 T
garnacha
89 🌱
Lieblich, klar definierte Aromen, korrekt, getrocknete Blumen, saftig, wild, mild.

Corritjola – Celler Arrufí 2023 RD
87 🌱

CELLER BÀRBARA FORÉS
Santa Anna, 28
43780 Gandesa (Tarragona)
☎: +34 977 420 160
info@cellerbarbarafores.com
www.cellerbarbarafores.com

Abrisa't Bàrbara Forés 2022 B C
92 🌱
Mit Persönlichkeit, korpulent. Farbe: Altgold. Aroma: welke Blumen, reifes Obst, Orangenschale. Mund: saftig, süffig, lang.

Bàrbara Forés Blanc 2024 B
90 🌱
Mild, naschhaft. Farbe: strohgelb. Aroma: reifes Obst, trockene Kräuter, welke Blumen, feine Hefen. Mund: reife Früchte, ausgewogen, fett.

Bàrbara Forés Negre 2021 T
garnacha, cariñena
92 🌱
Klar definierte Aromen, kräuterig, saftig. Aroma: Wildkräuter, Buschwaldkräuter, reifes Obst. Mund: poliert, süffig.

Bàrbara Forés Rosat 2023 RD
92 🌱
Mit Persönlichkeit. Farbe: himbeerrot. Aroma: reifes Obst, Früchtekonfit, warm, getrocknete Blumen, trockene Kräuter. Mund: fleischig, geschmackvoll, kraftvoll, reife Früchte.

Coma d'En Pou Bàrbara Forés 2022 T C
94 🌱
Farbe: tiefes Kirschrot. Aroma: trockene Kräuter, dunkle Früchte, rote Früchte, feiner Kakao, würzig. Mund: kraftvoll, reife Früchte, würzig, reife Tannine, fleischig, nachhaltig.

El Quintà Bàrbara Forés 2022 B FB
93
Mit Persönlichkeit, würzig. Farbe: gelb. Aroma: Wildkräuter, , helle Früchte, reifes Obst. Mund: fruchtig, zartbitter, saftig, geschmackvoll.

El Templari Bàrbara Forés 2022 T C
92
Lebhaft, wenig interventionistisch, Waldfinsternis. Farbe: kirschrot mit granatrotem Saum. Aroma: reifes Obst, würzig, Fleischnoten, Schwarzer Pfeffer. Mund: geschmackvoll, zartbitter, ausgewogen.

CELLER BATEA
Carrer del Moli, 30
43786 Batea (Tarragona)
☎: +34 696 309 474
patricia@cellerbatea.com
www.cellerbatea.com

Naturalis Mer Blanc 2023 B
100% garnacha blanca
88
Korrekt, fruchtig, reif, geschmackvoll, getrocknete Blumen.

Naturalis Mer Negre 2023 T RB
100% garnacha
89
Angenehm, aromatisch, balsamisch, korrekt, fruchtig. Aroma: Kräutersäckchen.

Primicia Blanc Bota 2023 B FB
100% garnacha blanca
87

Primicia La Borruda 2023 RD
100% garnacha peluda
87

Tipicitat 2020 T C
60% garnacha, 40% cariñena
88
Korrekt, nach Eingemachtem, trockene Kräuter. Aroma: erdig.

Vivertell Blanc de Noirs 2023 B
100% garnacha
88
Aromatisch, korrekt, flüssig am Gaumen, fruchtig, angenehm, blumig. Mund: süffig.

CELLER COMA D'EN BONET
Méndez Núñez, 15
43780 Gandesa (Tarragona)
☎: +34 678 036 487
info@comadenbonet.com
www.comadenbonet.com

ProHom Conceptia 2023 B
garnacha blanca, viognier
88
Korrekt, ausgewogen, frisch, kräuterig, geschmackvoll.

ProHom Conceptia 2023 RD
garnacha
88
Fruchtig, kräuterig, reif, Süßwaren, lieblich.

ProHom Experientia 2020 T
garnacha, cariñena, syrah, cabernet sauvignon
91
Farbe: tiefes Kirschrot. Aroma: reifes Obst, trockene Kräuter, feiner Kakao. Mund: kraftvoll, reife Früchte, würzig, reife Tannine.

ProHom Experientia 2023 B FB
garnacha blanca, viognier
89
Ausgewogen, korrekt, angenehm, blumig, fruchtig, trockene Kräuter.

ProHom Viognier 2023 B
viognier
90
Farbe: strohgelb. Aroma: reifes Obst, trockene Kräuter, welke Blumen. Mund: kraftvoll, reife Früchte, ausgewogen, geschmackvoll, fett.

Three by Three Organic Wine 2021 T
cariñena, garnacha
90
Farbe: tiefes Kirschrot. Aroma: reifes Obst, trockene Kräuter, weiches Eichenholz, dunkle Früchte, würzig. Mund: reife Früchte, würzig, reife Tannine.

CELLER COOPERATIU GANDESA
Avda. Catalunya, 28
43780 Gandesa (Tarragona)
☎: +34 977 420 017
cellercooperatiugandesa@gmail.com
www.coopgandesa.com

Puresa Garnatxa Blanca 2022 B FB
90
Farbe: leuchtendes Gelb. Aroma: kraftvoll, weiches Eichenholz, reifes Obst, würzig, intensive Röstaromen. Mund: strukturiert, lang, Röstnoten, zartbitter.

DO TERRA ALTA / D.O.P.

DO TERRA ALTA / D.O.P.

Puresa Morenillo 2017 T C
90
Farbe: tiefes Kirschrot. Aroma: trockene Kräuter, Früchtekonfit, Buschwaldkräuter, Zigarren. Mund: reife Früchte, würzig, reife Tannine.

Somdinou 2019 T C
88
Ausgewogen, würzig, vegetabil, wild, geschmackvoll.

Somdinou 2021 B FB
90
Farbe: leuchtendes Gelb. Aroma: reifes Obst, würzig, Röstaromen. Mund: strukturiert, Röstnoten, zartbitter.

Somdinou Blanc Jove 2022 B
88
Lieblich, fruchtig, trockene Kräuter, getrocknete Blumen.

CELLER JOSEP VICENS
Avda. Aragó, 20
43780 Gandesa (Tarragona)
☎: +34 977 421 080
info@cellerjosepvicens.com
www.cellerjosepvicens.com

Lo Divuit Graus 2021 B FB
90 🍷
Aromatisch, reif. Farbe: leuchtendes Strohgelb. Aroma: ausdrucksvoll, feine Hefen, würzig. Mund: fruchtig, ausgewogen, ziemlich nachhaltig.

Lo Syrah del Grau 2019 T C
syrah
92 🍷
Farbe: tiefes Kirschrot. Aroma: reifes Obst, trockene Kräuter, würzig, Schwarzer Pfeffer. Mund: kraftvoll, reife Früchte, würzig, reife Tannine.

Ma laia Cinta Homenatge 2020 B FB
macabeo
90 🍷
Farbe: leuchtendes Gelb. Aroma: Karamel, süße Gewürze, Feingebäck, kandierte Früchte. Mund: lang, würzig, geschmackvoll.

Ma laia Cinta Origen 2022 B
90 🍷
Farbe: leuchtendes Strohgelb. Aroma: reifes Obst, Kräutersäckchen, feine Hefen. Mund: voll, fett, lang, schöne Säure, süffig.

Mon Iaio Sisco Homenatge 2020 T C
cariñena
90 🍷
Korpulent, nach Eingemachtem. Aroma: dunkle Früchte, trockene Kräuter, schwarze Lakritze, mit Charakter, weiches Eichenholz. Mund: reife Tannine, balsamisch, würzig.

Mon Iaio Sisco Origen 2021 T C
garnacha, cariñena
90 🍷
Korpulent, korrekt, würzig, kräuterig, saftig, reif. Aroma: dunkle Früchte, reifes Obst.

CELLER LA BOTERA
Ctra. Maella, s/n
43786 Batea (Tarragona)
☎: +34 977 430 009
agrobotiga@labotera.com
www.labotera.com

Mudèfer Blanc 2021 B C
garnacha blanca
88
Korpulent, würzig, ausgewogen, voll, Röstaromen.

Mudèfer Negre 2018 T C
garnacha
90
Farbe: tiefes Kirschrot. Aroma: trockene Kräuter, dunkle Früchte, reifes Obst, Buschwaldkräuter, feiner Kakao. Mund: reife Früchte, würzig, reife Tannine.

Vila Closa Chardonnay 2022 B FB
chardonnay
90
Farbe: leuchtendes Strohgelb. Aroma: reifes Obst, Kräutersäckchen, feine Hefen, Steinobst. Mund: voll, fett, schöne Säure.

Vila Closa Garnacha Peluda 2020 T RB
100% garnacha peluda
91
Farbe: kirschrot mit violettem Saum. Aroma: würzig, Buschwaldkräuter, dunkle Früchte, rote Früchte. Mund: geschmackvoll, fruchtig, schöne Säure.

Vila Closa Garnatxa Blanca 2023 B
garnacha blanca
88
Geschmackvoll, reif, fruchtig.

Vila Closa Rubor 2023 RD
garnacha
87

CELLER MARIOL
Les Forques, 2
43786 Batea (Tarragona)
☎: +34 977 430 303
marta@casamariol.com
www.casamariol.com

Casa Mariol Garnatxa Blanca 2023 B
88 🍃
Ausgewogen, würzig, getrocknete Blumen, reif, Hefenoten.

Casa Mariol Garnatxa Negra 2023 T
garnacha
88 🍃
Lieblich, sortenrein, wild, reif. Mund: reife Früchte, süffig, zartbitter, ziemlich nachhaltig.

Casa Mariol Samsó 2020 T C
samsó
88
Korrekt, trockene Kräuter, reif, warm, würzig. Aroma: erdig. Mund: zartbitter.

Casa Mariol Selección 2021 B
garnacha blanca
88
Zitrusfrüchte, fruchtig, Hefenoten, blumig.

Casa Mariol Syrah 2019 T R
syrah
87

CELLER PIÑOL
Avda. Aragón, 9
43786 Batea (Tarragona)
☎: +34 977 430 505
info@cellerpinol.com
www.cellerpinol.com

Anima L'Avi Arrufí 2022 B
100% garnacha blanca
92
Farbe: strohgelb. Aroma: reifes Obst, trockene Kräuter, welke Blumen, mineralisch. Mund: kraftvoll, reife Früchte, ausgewogen, voll.

Josefina Piñol Vendimia Tardía Viñas Viejas 2018 B D
morenillo
94 🍃
Farbe: leuchtendes Gelb. Aroma: kandierte Früchte, Honignoten, Weihrauch, süße Gewürze. Mund: geschmackvoll, geschmeidig, fruchtig, süß.

L'Avi Arrufí 2021 T
75% cariñena, 15% garnacha, 10% syrah
92
Farbe: tiefes Kirschrot. Aroma: reifes Obst, trockene Kräuter, erdig, würzig. Mund: kraftvoll, reife Früchte, würzig, reife Tannine.

L'Avi Arrufí 2022 B FB
100% garnacha blanca
92
Farbe: leuchtendes Gelb. Aroma: kraftvoll, weiches Eichenholz, reifes Obst, würzig, Karamel. Mund: fett, strukturiert, Röstnoten, zartbitter.

Mather Teresina 2020 T
75% garnacha, 15% cariñena, 10% morenillo
93
Farbe: tiefes Kirschrot. Aroma: trockene Kräuter, dunkle Früchte, rote Früchte, reifes Obst, feiner Kakao. Mund: kraftvoll, reife Früchte, würzig, reife Tannine.

DO TERRA ALTA / D.O.P.

Mather Teresina
Selecció vinyes velles
D.O.Terra Alta 2020
Celler Piñol

Nuestra Sra. del Portal 2023 B
90% garnacha blanca, 5% viognier, 5% sauvignon blanc
89
Angenehm, durchschnittlich am Gaumen, korrekt, fruchtig, Zitrusfrüchte, balsamisch.

DO TERRA ALTA / D.O.P.

Sa Natura 2021 T
45% garnacha, 45% cariñena, 10% syrah
90
Korrekt, ausgewogen, kräuterig. Aroma: erdig, balsamisch, trockene Kräuter, warm, kraftvoll. Mund: geschmackvoll.

CELLER RIALLA
Saragossa, 10
43786 Batea (Tarragona)
☎: +34 637 161 849
rialla@riallavi.com
www.cellerrialla.com

Rialla Garnatxa Blanca 2023 B
100% garnacha blanca
89
Korrekt, reif, stumpf, trockene Kräuter. Mund: weich am Gaumen.

Rialla Garnatxa Peluda 2023 RD
86

Rialla Garnatxa Tinta 2022 T
100% garnacha
89
Angenehm, aromatisch, reif, saftig, nachhaltig, wild, sortenrein. Aroma: Nüsse.

Rialla Garnatxa Tintorera 2021 T RB
100% garnacha tintorera
89
Nach Eingemachtem, korrekt, trockene Kräuter, Waldfinsternis. Aroma: würzig, Moschus-Noten, Wachs.

CELLER VILANOVA
Ctra, Vilalba dels Arcs, s/n
43786 Batea (Tarragona)
☎: +34 636 920 997
vinsvilanova@gmail.com
www.celler-vilanova.com/es

4G 2022 B
garnacha blanca
90
Angenehm, fruchtig, Zitrusfrüchte. Aroma: Wildkräuter, , feine Reduktionsnoten. Mund: ausgewogen, saftig.

4G 2022 T
garnacha, syrah
89
Ausgewogen, würzig, trockene Kräuter, Röstaromen, reif.

4G 2023 B
garnacha blanca
88
Aromatisch, korrekt, fruchtig. Farbe: blass. Aroma: Steinobst, würzig, Karamel.

CELLER XAVIER CLUA
Sant Isidre, 41
43782 Vilalba dels Arcs (Tarragona)
☎: +34 977 263 069
rosa@cellerclua.com
www.cellerclua.com

Clua Mil.lennium 2019 T C
91
Farbe: tiefes Kirschrot. Aroma: trockene Kräuter, weiches Eichenholz, dunkle Früchte, reifes Obst. Mund: reife Früchte, würzig, reife Tannine.

Il.lusió de Clua 2021 T
91
Farbe: kirschrot mit violettem Saum. Aroma: rote Früchte, blumig, würzig. Mund: geschmackvoll, fruchtig, schöne Säure.

Il.lusió de Clua 2023 B
garnacha blanca
89
Aromatisch, korrekt, reif. Aroma: reifes Obst, Steinobst, offen.

Mas d'en Pol 2020 T C
89
Würzig, ausgewogen, trockene Kräuter, geschmackvoll, Röstaromen.

Mas d'en Pol 2023 B
87

Mas d'en Pol 2023 T
88
Ausgewogen, fruchtig, kräuterig, geschmackvoll, frisch.

CELLERS TARRONÉ
Calvari, 14
43786 Batea (Tarragona)
☎: +34 977 430 109
info@cellerstarrone.com
www.cellerstarrone.com

A Part 2022 B
garnacha blanca
90
Farbe: strohgelb. Aroma: trockene Kräuter, welke Blumen, helle Früchte. Mund: kraftvoll, reife Früchte, ausgewogen.

Merian Blanc 2023 B
garnacha blanca
88
Lieblich, aromatisch, tropische, reif.

Merian Negre 2023 T
garnacha
88 🍷
Würzig, ausgewogen, vegetabil, reif.

Merian Rosat 2023 RD
garnacha
87 🍷

Punt i... 2022 T C
garnacha, syrah
88 🍷
Ausgewogen, würzig, trockene Kräuter, reif.

Seguit 2021 T
garnacha
89 🍷
Ausgewogen, würzig, trockene Kräuter, reif, Röstaromen.

CELLERS TERRA I VINS
Av. Falset, 17 Baixos
43206 Reus (Tarragona)
☎: +34 658 567 409
celler@cellersterraivins.com
www.cellersterraivins.com

Flor de Nit 2023 B
garnacha blanca, macabeo
87

Flor de Nit 2023 RD
garnacha
87

Flor de Nit VS 2020 B C
garnacha blanca
92
Farbe: leuchtendes Gelb. Aroma: würzig, feine Reduktionsnoten, Wachs, welke Blumen, ausdrucksvoll. Mund: saftig, würzig, reife Früchte, fett, geschmackvoll.

La Negra Flor 2022 T
garnacha, syrah
87

La Negra Flor 2023 B
garnacha blanca, macabeo
88
Durchschnittlich am Gaumen, fruchtig, reif, schlicht, angenehm.

CELLERS UNIÓ
Joan Oliver, 16
43206 Reus (Tarragona)
☎: +34 977 330 055
info@cellersunio.com
www.cellersunio.com

Clos del Pinell Garnatxa Blanca 2023 B
garnacha blanca
86

Clos del Pinell Negre 2023 T
garnacha
87

Clos del Pinell Rosat 2023 RD
garnacha
88
Zitrusfrüchte, frisch, fruchtig, kräuterig, lieblich.

CLOS GALENA
Camino de la Solana, s/n
43736 El Molar (Tarragona)
☎: +34 607 430 549
info@closgalena.com
www.closgalena.com

Secrets de Mar 2021 T RB
garnacha, cariñena
89
Alt, ausgewogen, nach Eingemachtem, trockene Kräuter.

Secrets de Mar 2023 B
garnacha blanca, macabeo
89
Zitrusfrüchte, fruchtig, kräuterig, geschmackvoll, Hefenoten.

CLOS PACHEM
C. de la Font, 1D
43737 Gratallops (Tarragona)
☎: +34 621 229 185
sales@clospachem.com
www.clospachem.com

Licos 2021 B
garnacha blanca
91 🍷
Farbe: leuchtendes Gelb. Aroma: weiches Eichenholz, reifes Obst, würzig, feine Hefen. Mund: fett, strukturiert, Röstnoten, zartbitter.

DO TERRA ALTA / D.O.P.

DO TERRA ALTA / D.O.P.

Licos 2022 B
garnacha blanca
91 🍃
Farbe: leuchtendes Strohgelb. Aroma: reifes Obst, feine Hefen, Wildkräuter. Mund: voll, fett, schöne Säure.

COCA I FITÓ
Avda. Onze de Setembre s/n
43736 El Masroig (Tarragona)
☎: +34 619 776 948
info@cocaifito.cat
www.cocaifito.cat

Coca i Fitó D'Or 2022 B
80% garnacha blanca, 20% macabeo
91
Farbe: leuchtendes Strohgelb. Aroma: reifes Obst, feine Hefen, camomila, Wildkräuter. Mund: voll, fett, schöne Säure.

EDETÀRIA
Finca El Mas Ctra. Gandesa a Vilalba, Km. 2
43780 Gandesa (Tarragona)
☎: +34 977 421 534
export@edetaria.com
www.edetaria.com

Edetària Dolç 2022 B D
93
Farbe: leuchtendes Gelb. Aroma: balsamisch, Honignoten, blumig, süße Gewürze, ausdrucksvoll. Mund: fett, fruchtig, kraftvoll, geschmackvoll, elegant.

Edetària Selecció 2021 B C
94
Spannungsvoll. Farbe: leuchtendes Gelb. Aroma: reifes Obst, trockene Kräuter, welke Blumen, weiches Eichenholz. Mund: kraftvoll, reife Früchte, ausgewogen.

Edetària Selecció Vi de Finca El Mas 2021 T C
93
Farbe: tiefes Kirschrot. Aroma: reifes Obst, trockene Kräuter, weiches Eichenholz, ausdrucksvoll. Mund: kraftvoll, reife Früchte, würzig, reife Tannine.

Finca La Pedrissa 2020 T
94
Farbe: tiefes Kirschrot. Aroma: trockene Kräuter, weiches Eichenholz, dunkle Früchte, Buschwaldkräuter. Mund: kraftvoll, reife Früchte, würzig, reife Tannine.

🏆 **PODIUM**

Finca La Personal de Edetària 2021 T
100% garnacha peluda
95
Farbe: KirsChrot. Aroma: balsamisch, Buschwaldkräuter, rote Früchte, reifes Obst, erdig, eine Spur Waldbeeren. Mund: würzig, balsamisch, schöne Säure.

🏆 **PODIUM**

Finca La Terrenal 2020 B
95
Farbe: leuchtendes Strohgelb. Aroma: ausdrucksvoll, reifes Obst, blumig, feine Hefen, mineralisch, feine Reduktionsnoten, Wachs, getrocknete Blumen. Mund: voll, komplex, würzig, lang, fett, saftig.

La Genuïna de Edetària 2020 T
garnacha
94
Farbe: kirschrot mit violettem Saum. Aroma: rote Früchte, blumig, würzig, balsamisch, Röstaromen, erdig. Mund: geschmackvoll, fruchtig, schöne Säure, lang.

🏆 **PODIUM**

Lo Mas D'Edetària 2021 T
96
Komplex, üppig. Farbe: KirsChrot. Aroma: ausdrucksvoll, würzig, mineralisch, feiner Kakao. Mund: elegant, voll, lang, nachhaltig, saftig.

Vía Edetana Blanc 2023 B
92 🍃
Farbe: strohgelb. Aroma: trockene Kräuter, feine Hefen, helle Früchte. Mund: reife Früchte, ausgewogen.

Vía Edetana Negre 2022 T BA
92 🍃
Farbe: kirschrot mit violettem Saum. Aroma: ausdrucksstark fruchtig, rote Früchte, blumig, würzig, dunkle Früchte. Mund: geschmackvoll, fruchtig, schöne Säure, lang.

ESSÈNCIA DE LLUNA
Carrer de Les Carnisseries
43780 Gandesa (Tarragona)
☎: +34 680 594 381
hola@essenciadelluna.com
www.essenciadelluna.com

Essència de lluna 1925 2022 T C
cariñena
92
Farbe: tiefes Kirschrot. Aroma: dunkle Früchte, reifes Obst, Wildkräuter, würzig. Mund: kraftvoll, reife Früchte, würzig, reife Tannine.

Essència de lluna Blanc Cupatge 2023 B
70% garnacha, 30% macabeo
89
Zitrusfrüchte, kräuterig, ausgewogen, geschmackvoll.

Essència de Lluna Garnacha 2023 T
100% garnacha
88
Nach Eingemachtem, beschädigtes Obst, getrocknete Blumen, nachhaltig, lieblich, naschhaft.

Essència de Lluna Garnacha Blanca 2023 B
100% garnacha blanca
90
Herb, angenehm. Farbe: strohgelb. Aroma: reifes Obst, trockene Kräuter, welke Blumen, Getreidenoten. Mund: reife Früchte, ausgewogen, fleischig.

Essència de lluna Rosat 2023 RD
garnacha
86

ESTONES VINS
President Companys, 4
43470 La Selva del Camp (Tarragona)
☎: +34 666 415 735
vins@estones.cat
www.estones.cat

Estones PX 2022 B
pedro ximénez
92
Farbe: leuchtendes Strohgelb. Aroma: ausdrucksvoll, reifes Obst, feine Hefen, Steinobst, welke Blumen. Mund: voll, würzig, lang, saftig.

Petites Estones Blanc 2023 B
garnacha blanca
88
Angenehm, aromatisch, korrekt, fruchtig, reif.

Vine – Estones de Mishima 2022 B RB
garnacha blanca
90
Farbe: strohgelb. Aroma: reifes Obst, welke Blumen, weiches Eichenholz, süße Gewürze. Mund: reife Früchte, geschmackvoll.

HERÈNCIA ALTÉS
Finca Lo Grau de L'inquisidor, Ctra. N-420 Km. 798
43780 Gandesa (Tarragona)
☎: +34 977 430 681
info@herenciaaltes.com
www.herenciaaltes.com

Herència Altés Benufet 2023 B
100% garnacha blanca
90
Farbe: leuchtendes Strohgelb. Aroma: ausdrucksstark fruchtig, reifes Obst, blumig. Mund: frisch, schöne Säure, nachwirkend fruchtig.

Herència Altés La Pilosa 2022 T
100% garnacha peluda
90
Farbe: kirschrot mit violettem Saum. Aroma: ausdrucksstark fruchtig, rote Früchte, blumig, würzig. Mund: geschmackvoll, fruchtig, schöne Säure, voll.

Herència Altés La Serra Negre 2022 T
88% cariñena, 12% garnacha
89
Frisch, fruchtig, vegetabil, geschmackvoll, ausgewogen.

Herència Altés La Xalamera 2021 T
100% garnacha
91
Farbe: tiefes Kirschrot. Aroma: trockene Kräuter, dunkle Früchte, würzig. Mund: reife Früchte, würzig, reife Tannine.

Herència Altés Lo Grau de L'Inquisidor 2021 T
100% syrah
91
Farbe: tiefes Kirschrot. Aroma: trockene Kräuter, weiches Eichenholz, dunkle Früchte, Buschwaldkräuter. Mund: reife Früchte, würzig, reife Tannine.

LA BRUIXA DELS MUDEFES
☎: +34 677 022 562
info@labruixadelsmudefes.cat
www.labruixadelsmudefes.cat

2052 2022 B
91
Wenig interventionistisch, Cremig, Oxidativ. Farbe: leuchtendes Strohgelb. Aroma: reifes Obst, Kräutersäckchen, feine Hefen. Mund: voll, fett, lang, schöne Säure.

DO TERRA ALTA / D.O.P.

DO TERRA ALTA / D.O.P.

LAFOU CELLER
Plaça Catalunya, 34
43786 Batea (Tarragona)
☎: +34 938 743 511
info@lafou.net
www.lafou.net

LaFou de Batea 2019 T R
85% garnacha, 15% garnacha peluda, samsó

92
Korpulent, markante Eiche. Farbe: dunkles Kirschrot. Aroma: Röstaromen, würzig, feiner Kakao, dunkle Früchte, Buschwaldkräuter. Mund: geschmackvoll, Röstnoten, zartbitter.

LaFou de Rams 2018 B
100% garnacha blanca

93
Komplex. Farbe: leuchtendes Strohgelb. Aroma: reifes Obst, blumig, feine Hefen, mineralisch, Wachs. Mund: voll, komplex, würzig, lang.

LaFou El Sender 2021 T C
70% garnacha, 20% syrah, 10% morenillo

91
Farbe: tiefes Kirschrot. Aroma: trockene Kräuter, dunkle Früchte, würzig, feiner Kakao. Mund: reife Früchte, würzig, reife Tannine.

LaFou Els Amelers 2022 B
100% garnacha blanca

91
Fruchtig. Farbe: strohgelb. Aroma: reifes Obst, trockene Kräuter, welke Blumen. Mund: kraftvoll, reife Früchte, ausgewogen.

LES VINYES DEL CONVENT
Ctra. T-334 Km. 0,5
43786 Horta de Sant Joan (Tarragona)
+34699805653
www.lesvinyesdelconvent.com

Els Costums 2020 B
100% garnacha blanca

90
Farbe: leuchtendes Strohgelb. Aroma: trockene Kräuter, , Hefenoten, ausgewogen. Mund: korrekt, geschmackvoll, zartbitter, ausgewogen.

Els Costums 2020 T C
100% garnacha

92
Farbe: leuchtendes Kirschrot. Aroma: ausdrucksstark fruchtig, rote Früchte, würzig, Wildkräuter, von Primäraromen beherrscht. Mund: geschmackvoll, fruchtig, schöne Säure, ziemlich nachhaltig, trockene, aber reife Tannine.

La Senyoria 2020 RE BN
garnacha

87

Lola Bel 2023 RD
100% garnacha peluda

88 🌱
Korrekt, Süßwaren, kräuterig, fruchtig, durchschnittlich am Gaumen.

Mas de Sotorres 2020 B
garnacha blanca, viognier

90
Frisch, schlicht. Farbe: leuchtendes Strohgelb. Aroma: frisches Obst, Zitrusfrüchte, Wildkräuter. Mund: fruchtig, schöne Säure, zartbitter, süffig.

MARCO ABELLA
Ctra. de Porrera a Cornudella de Montsant, Km. 0.7
43739 Porrera (Tarragona)
☎: +34 933 712 407
info@marcoabella.com
www.marcoabella.com

Olbieta 2023 T
80% garnacha, 15% cariñena, 5% syrah

91
Farbe: tiefes Kirschrot. Aroma: trockene Kräuter, dunkle Früchte, Röstaromen. Mund: kraftvoll, reife Früchte, würzig, reife Tannine.

Olbieta Blanc 2023 B
75% garnacha blanca, 25% macabeo

89
Zitrusfrüchte, ausgewogen, lieblich, kräuterig, geschmackvoll.

RAÍCES IBÉRICAS
Avda. Mudejar, 61
50340 Maluenda (Zaragoza)
☎: +34 976 893 017
contact@raices.wine
www.raicesibericas.com

La Cuna 2023 B

89
Zitrusfrüchte, Cremig, kräuterig, reif, voll, geschmackvoll.

ROSENDO ESTEVE VINS I OLIS
Rambla Democràcia, 9
43780 Gandesa (Tarragona)
☎: +34 620 331 070
rosendoesteve@gmail.com
www.rosendoesteve.com

Dos Germans Blanc 2023 B
garnacha blanca

87

Dos Germans Blanc Cupatge 2023 B
garnacha blanca, chardonnay
88
Aromatisch, korrekt, reif, geschmackvoll. Aroma: reifes Obst, Banane.

Dos Germans Negre 2023 T
cariñena
88
Reif, geschmackvoll, fruchtig, durchschnittlich am Gaumen, angenehm, lieblich.

Dos Germans Rosat 2023 RD
garnacha, syrah
88
Lieblich, korrekt, fruchtig, Süßwaren, schlicht, mild.

Verdala Blanc 2022 B
garnacha blanca
90
Klar definierte Aromen, sortenrein. Aroma: reifes Obst, trockene Kräuter, getrocknete Blumen, würzig. Mund: fett, saftig, weich am Gaumen.

Verdala Negre 2022
garnacha
88
Aromatisch, nicht repräsentativ, korrekt, markante Eiche, kräuterig, reif.

SANT JOSEP VINS
Estació, 2
43780 Bot (Tarragona)
☎: +34 977 428 352
info@santjosepwines.com
www.santjosepvins.com

Clot D'Encis Vi Ranci B RC S
garnacha blanca
91
Farbe: leuchtendes Gelb. Aroma: kandierte Früchte, Honignoten, Nüsse, geröstetes Brot, süße Gewürze, Bäckerei. Mund: geschmackvoll, strukturiert, Röstnoten.

Laquarta Blanc
2º Any Vinyes Velles 2022 B
garnacha blanca
88
Ausgewogen, kräuterig, korrekt, frisch.

Laquarta Grans Anyades Negre Vinyes Velles 2018 T
100% mazuelo
90
Korpulent, ausgewogen, würzig, reif, kraftvoll, Röstaromen, Waldfinsternis. Aroma: Buschwaldkräuter, trockene Kräuter. Mund: saftig.

Laquarta Negre
3er. Any Vinyes Velles 2021 T
garnacha peluda
89
Angenehm, durchschnittlich am Gaumen, kräuterig, reif, geschmackvoll, wild, korrekt.

Llàgrimes de Tardor Blanc 2022 B FB
garnacha blanca
91
Farbe: leuchtendes Gelb. Aroma: weiches Eichenholz, reifes Obst, würzig. Mund: fett, strukturiert, Röstnoten, zartbitter.

Roc Singulars
Brisat d'Agrícola St. Josep 2023 B
67% macabeo, 33% garnacha blanca
91
Farbe: strohgelb. Aroma: reifes Obst, trockene Kräuter, welke Blumen, Orangenschale. Mund: reife Früchte, ausgewogen, geschmackvoll.

SERRA & BARCELÓ
Avda. Catalunya, 18
43784 Corbera de Ebro (Tarragona)
☎: +34 649 670 430
info@serra-barcelo.com
www.serra-barcelo.com

Aucalá 2017 B
100% garnacha blanca
91
Farbe: leuchtendes Gelb. Aroma: kraftvoll, weiches Eichenholz, reifes Obst, würzig, weiße Blumen. Mund: fett, strukturiert, lang, Röstnoten, zartbitter.

Aucalá 2021 B
garnacha blanca
91
Komplex, ausgewogen, trockene Kräuter. Aroma: Wildkräuter, ausgewogen, feine Hefen, ausdrucksvoll. Mund: geschmackvoll, sortentypisch.

Aucalá 2022 B
90
Aromatisch, korrekt, ausgewogen, getrocknete Blumen. Aroma: feine Hefen, Hefenoten. Mund: fett, saftig.

Aucalá 2022 T
89
Ausgewogen, würzig, trockene Kräuter, fruchtig, Röstaromen.

DO TERRA ALTA / D.O.P.

DO TERRA ALTA / D.O.P.

SERRA DE CAVALLS
Bonaire, 1
43594 El Pinell de Brai (Tarragona)
☎: +34 680 735 046
sat@serradecavalls.com
www.serradecavalls.com

Serra de Cavalls 2023 B FB
garnacha blanca
89
Ausgewogen, reif, Cremig, würzig, Röstaromen.

Serra de Cavalls Garnacha Blanca 2023 B
garnacha blanca
87

Serra de Cavalls Garnatxa d'Àmfora 2022 T
garnacha
88
Würzig, nach Eingemachtem, trockene Kräuter, leichte Oxidation.

Serra de Cavalls Negre 2023 T
garnacha, ull de llebre, merlot, syrah
86

Serra de Cavalls Roure 2021 T RB
syrah, merlot
87

VINS ALGARS
Algars, 68
43786 Batea (Tarragona)
☎: +34 635 189 982
vinsalgars@vinsalgars.com
www.vinsalgars.com

Algars 2023 B
garnacha blanca
86

Algars 2023 RD
garnacha, syrah
88
Blumig, fruchtig, schlicht, mild.

Flor Trufes Negre 2020 T
100% garnacha
89
Warm, nach Eingemachtem, korrekt, lieblich.

Trufes Blanc 2023 B
garnacha blanca
88
Angenehm, korrekt, blumig, fruchtig, mild, trockene Kräuter.

Trufes Negre 2021 T
90% garnacha, 10% cabernet sauvignon, garnacha peluda
89
Klassisch, stumpf, würzig, trockene Kräuter, reif.

VINS DE LA MEMÒRIA
Aribau 168, 1-1
08036 Barcelona (Barcelona)
☎: +34 672 429 920
info@vinsdelamemoria.com
www.vinsdelamemoria.com

laBruixa 2023 B
80% garnacha blanca, 20% macabeo
91
Farbe: strohgelb. Aroma: reifes Obst, trockene Kräuter, welke Blumen, Orangenschale. Mund: reife Früchte, ausgewogen, strukturiert.

laMemòria 2022 B
100% garnacha blanca
93
Oxidativ. Farbe: strohgelb. Aroma: reifes Obst, trockene Kräuter, welke Blumen, Nüsse. Mund: reife Früchte, ausgewogen.

VINS DEL TROS
Major, 12
43782 Vilalba dels Arcs (Tarragona)
☎: +34 628 408 813
info@vinsdeltros.com
www.vinsdeltros.com

Cent x Cent Garnacha Blanca 2022 B C
garnacha blanca
89
Lieblich, saftig, reif. Aroma: reifes Obst, Mazerationsnoten, blumig.

Cent x Cent Garnacha Negra 2022 T
garnacha
90
Farbe: kirschrot mit violettem Saum. Aroma: ausdrucksstark fruchtig, rote Früchte, blumig, würzig, erdig. Mund: geschmackvoll, fruchtig, schöne Säure.

Finca Novena 2022 B
garnacha blanca
91
Farbe: leuchtendes Strohgelb. Aroma: reifes Obst, feine Hefen, trockene Kräuter, Wildkräuter, . Mund: fett, lang.

La Blanca 2022 B
garnacha blanca
91
Farbe: strohgelb. Aroma: reifes Obst, trockene Kräuter, welke Blumen, Nuancen von Tonerde. Mund: kraftvoll, reife Früchte, ausgewogen.

Lo Morenillo 2021 T
morenillo

90 🌿

Farbe: tiefes Kirschrot. Aroma: trockene Kräuter, dunkle Früchte, rote Früchte, reifes Obst, feiner Kakao. Mund: reife Früchte, würzig, reife Tannine.

Señora Carmen 2021 T C
garnacha

92 🌿

Frisch, balsamisch. Farbe: kirschrot mit violettem Saum. Aroma: ausdrucksstark fruchtig, rote Früchte, blumig, würzig. Mund: geschmackvoll, fruchtig, schöne Säure, lang.

DO. TIERRA DEL VINO DE ZAMORA

CONSEJO REGULADOR

Plaza Mayor, 1
49708 Villanueva de Campeán (Zamora)
☎: +34 980 560 055
@: info@tierradelvino.net
www.tierradelvino.net

LAGE:

Dieses Weinbaugebiet liegt im Südosten der Provinz Zamora auf beiden Seiten des Duero. Es umfasst 46 Gemeinden der Provinz Zamora und weitere 10 Gemeinden, die zur Provinz Salamanca gehören. Die Rebflächen liegen auf einer Höhe von durchschnittlich 750 m über dem Meeresspiegel.

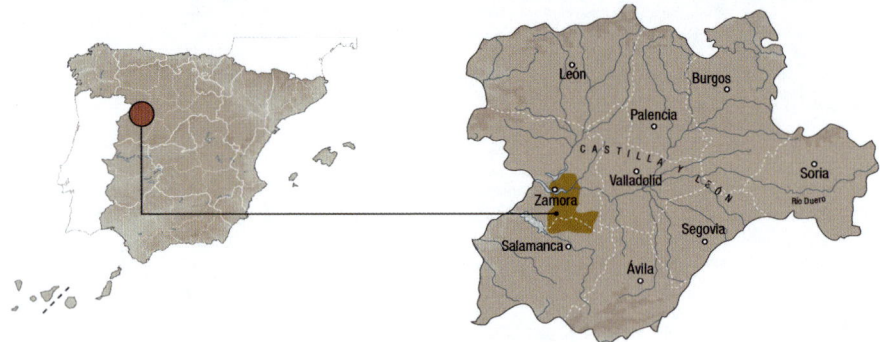

REBSORTEN:

WEISS: Hauptsorten: Malvasía, Moscatel de Grano Menudo und Verdejo
Zugelassen: Albillo, Palomino und Godello.

ROT: Tempranillo (Hauptsorte), Cabernet Sauvignon und Garnacha.

DATEN:

Rebfläche (ha): 540 – **Winzer:** 137 – **Weinerzeuger:** 11 – **Jahrgang 23:** Unrated – **Jahresproduktion 23:** 405.354 L. – **Absatz:** 92% Spanien - 8% Export.

BODENVERHÄLTNISSE:

Die Nebenflüsse des Duero, die das Gebiet durchqueren, bestimmen den Charakter der Böden, welche hauptsächlich aus Schwemmland bestehen. Darunter befindet sich in der Regel eine Tonschicht, welche die Feuchtigkeit zurückhält. Die obere Schicht ist je nach Höhe verschieden tief. Im tiefer gelegenen Flachland kann sie sandig sein und in den Höhen kiesiges Geröll führen.

KLIMA:

Trockenes, kontinentales Klima mit heißen Sommern und kalten Wintern. Normalerweise regnet es nicht viel; die durchschnittliche Niederschlagsmenge erreicht maximal 400 mm im Jahr.

ERNTEBEWERTUNG ANHAND JUNGER WEINE GUÍAPEÑÍN

2019	2020	2021	2022	2023
UNRATED	UNRATED	UNRATED	UNRATED	UNRATED

BODEGAS VALCABADINO
Ctra. N-122, Km. 463 Paraje Valcabadino
49026 Zamora (Zamora)
☎: +34 622 003 299
info@valcabadino.es
www.bodegasvalcabadino.es

Valcabadino 15 meses 2022 B FB
malvasía
91
Farbe: leuchtendes Gelb. Aroma: getrocknete Blumen, kandierte Früchte, feine Hefen, Feingebäck. Mund: abgerundet, würzig, lang, nachhaltig.

Valcabadino 18 meses 2020 T
100% tempranillo
88
Korrekt, würzig, trockene Kräuter, reif, geschmackvoll, Röstaromen, nach Eingemachtem.

Valcabadino Larga Custodia 2018 T
100% tempranillo
86

VIÑAS DEL CÉNIT
Ctra. De Circunvalación, s/n
49708 Villanueva de Campeán (Zamora)
☎: +34 980 569 146
jmbeneitez@terraselecta.com
www.bodegascenit.com

Cénit 2020 T C S
100% tempranillo
93
Farbe: tiefes Kirschrot. Aroma: trockene Kräuter, weiches Eichenholz, dunkle Früchte. Mund: kraftvoll, reife Früchte, würzig, reife Tannine.

Cénit 2021 B
dona blanca, verdejo, palomino, albillo mayor
93
Farbe: leuchtendes Gelb. Aroma: kraftvoll, weiches Eichenholz, reifes Obst, würzig, Phosphor. Mund: strukturiert, lang, Röstnoten, zartbitter.

Cénit Bonales 2022 T C
93
Farbe: kirschrot mit violettem Saum. Aroma: ausdrucksstark fruchtig, rote Früchte, blumig, würzig. Mund: geschmackvoll, fruchtig, schöne Säure.

Cénit Pago Las Salinas 2020 T
100% tempranillo
93
Farbe: tiefes Kirschrot. Aroma: trockene Kräuter, weiches Eichenholz, dunkle Früchte, reifes Obst. Mund: kraftvoll, reife Früchte, würzig, reife Tannine.

Field Blend Bonales 2022 T
tempranillo, garnacha, godello, palomino, dona blanca
90
Farbe: KirsChrot. Aroma: süße Gewürze, Buschwaldkräuter, reifes Obst. Mund: würzig, balsamisch, ausgewogen, fruchtig, geschmackvoll.

Field Blend Las Contiesas 2022 B
dona blanca, godello, palomino, verdejo, albillo mayor
91
Farbe: leuchtendes Strohgelb. Aroma: reifes Obst, Kräutersäckchen, feine Hefen, blumig. Mund: voll, fett, lang, schöne Säure.

Field Blend Tradición 2023 RD
tempranillo, garnacha, albillo mayor, palomino, dona blanca
92
Farbe: himbeerrot. Aroma: warm, welke Blumen, rote Früchte, Früchtekonfit. Mund: fleischig, geschmackvoll, reife Früchte.

Via Cenit Colección 2020 T C
100% tempranillo
92
Farbe: tiefes Kirschrot. Aroma: reifes Obst, trockene Kräuter, weiches Eichenholz, markante Eiche. Mund: kraftvoll, reife Früchte, würzig, reife Tannine.

DO. TORO

CONSEJO REGULADOR

C/ Isaías Carrasco s/n
49800 Toro (Zamora)
☎: +34 980 690 335
@: consejo@dotoro.es
www.dotoro.es

LAGE:

Das Anbaugebiet umfasst 12 Gemeinden der Provinz Zamora (Argujillo, Boveda de Toro, Morales de Toro, El Pego, Peleagonzalo, El Piñero, San Miguel de la Ribera, Sanzoles, Toro, Valdefinjas, Venialbo und Villanueva del Puente) und drei Gemeinden der Provinz Valladolid (San Román de la Hornija, Villafranca de Duero und die Lagen Villaester de Arriba y de Abajo der Gemeinde Pedrosa del Rey), die weitestgehend deckungsgleich mit dem ländlichen Bezirk Bajo Duero sind. Der Großteil der Rebflächen liegt südlich des Duero, der diese Region von Ost nach West durchzieht.

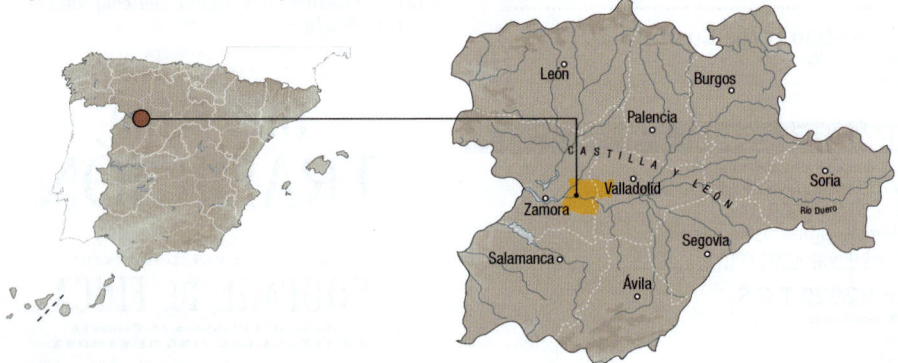

REBSORTEN:

WEISS: Malvasía, Moscatel de grano menudo, Albiño real und Verdejo.

ROT: Tinta de Toro (Hauptsorte) und Garnacha.

DATEN:

Rebfläche (ha): 5.410 **Winzer:** 905 – **Weinerzeuger:** 64 – **Jahrgang 23:** Ausgezeichnet – **Jahresproduktion 23:** 16.185.900 L. – **Absatz:** 65% Spanien - 35% Export.

BODENVERHÄLTNISSE:

Das Oberflächenrelief des DO-Gebiets wird von sanft gewellten Hügeln bestimmt. Die Rebflächen liegen auf 620 bis 750 m Höhe und der Boden besteht hauptsächlich aus dunklem Kalk. Die besten Böden sind dagegen Flussablagerungen mit Geröll oder Kies.

KLIMA:

Extrem kontinental mit atlantischen Einflüssen und recht trocken, mit durchschnittlichen Niederschlagsmengen von 350-400 mm/Jahr. Die Winter sind streng, mit extrem niedrigen Temperaturen und langer Frostperiode und die Sommer kurz, nicht besonders heiß und mit beträchtlichen Temperaturunterschieden zwischen Tag und Nacht.

ERNTEBEWERTUNG ANHAND JUNGER WEINE GUÍAPEÑÍN

2019	2020	2021	2022	2023
SEHR GUT	SEHR GUT	SEHR GUT	SEHR GUT	GUT

ABADÍA DE ARIBAYOS
Aribayos, 32 - Bis
49150 Moraleja del Vino (Zamora)
☎: +34 640 057 098
aribayos@abadiadearibayos.es
www.abadiadearibayos.es

Mesopotamia 2021 T
89
Aromatisch, würzig, fruchtig. Aroma: mittlere Intensität, offen, von Primäraromen beherrscht. Mund: süffig.

ALGIL BODEGAS Y VIÑEDOS
Ctra. De la Estación, 1
47530 San Román de Hornija (Valladolid)
☎: +34 625 188 152
algil@algilbodegas.com
www.algilbodegas.com

Algil Crianza 2019 T C
100% tinta de Toro
90
Farbe: tiefes Kirschrot. Aroma: trockene Kräuter, weiches Eichenholz, dunkle Früchte. Mund: kraftvoll, reife Früchte, würzig, reife Tannine.

Algil Expresión 2021 T C
100% tinta de Toro
88
Korpulent, trockene Kräuter, reif, Röstaromen.

Algil Garnacha 2021 T BA
100% garnacha
88
Fruchtig, reif, Röstaromen, vegetabil.

Algil Malvasía Castellana 2021 B FB
100% malvasía castellana
89
Zitrusfrüchte, getrocknete Blumen, frisch, trockene Kräuter, Hefenoten.

Finca Pepe La Majada 2020 T C
90% tinta de Toro, 10% garnacha
91
Farbe: tiefes Kirschrot. Aroma: trockene Kräuter, weiches Eichenholz, dunkle Früchte. Mund: reife Früchte, würzig, reife Tannine.

Finca Seve Los Quemaos 2020 T
100% tinta de Toro
92
Farbe: kirschrot mit violettem Saum. Aroma: ausdrucksstark fruchtig, rote Früchte, blumig, würzig. Mund: geschmackvoll, fruchtig, schöne Säure, lang.

BODEGA CYAN
Ctra. Valdefinjas - Venialbo, Km. 9,2
49800 Valdefinjas (Zamora)
☎: +34 983 683 315
cyan@matarromera.es
www.bodegacyan.es

Cyan 2020 T C
100% tinta de Toro
87 ☘

Cyan Prestigio 2018 T R
100% tinta de Toro
90 ☘
Farbe: kirschrot mit violettem Saum. Aroma: weiches Eichenholz, warm, kandierte Früchte, dunkle Früchte, süße Gewürze. Mund: nach Eingemachtem, kraftvoll, geschmackvoll, kräftige Tannine.

BODEGA LATARCE
Ctra. Medina de Rioseco, Km 1
49800 Toro (Zamora)
☎: +34 980 564 096
info@bodegalatarce.com
www.bodegalatarce.com

Latarce Gran Selección Magnum 2018 T C
tinta de Toro
94
Cremig, mild. Farbe: dunkles Kirschrot, granatroter Saum. Aroma: reifes Obst, Früchtekonfit, Noten von Tischlerei, Tabak, süße Gewürze. Mund: würzig, reife Tannine, lang.

Latarce Selección 2020 T
100% tinta de Toro
91
Farbe: kirschrot mit granatrotem Saum. Aroma: Früchtekonfit, kraftvoll, mit Charakter, würzig, weiches Eichenholz. Mund: geschmackvoll, lang, reife Tannine.

Latarce Verdejo 2022 B
100% verdejo
90
Farbe: gelb. Aroma: Wildkräuter, helle Früchte, reifes Obst, . Mund: fruchtig, zartbitter, Röstnoten.

DO TORO / D.O.P.

DO TORO / D.O.P.

BODEGA NUMANTHIA
Real s/n
49882 Valdefinjas (Zamora)
☎: +34 619 732 981
contact@numanthia.com
www.numanthia.com

Numanthia 2019 T
tinta de Toro
94
Farbe: tiefes Kirschrot. Aroma: weiches Eichenholz, rote Früchte, Wildkräuter. Mund: kraftvoll, reife Früchte, würzig, reife Tannine.

🏆 PODIUM

Termanthia 2016 T
100% tinta de Toro
95
Farbe: kirschrot mit granatrotem Saum. Aroma: ausgewogen, komplex, würzig, dunkle Früchte, Buschwaldkräuter. Mund: strukturiert, geschmackvoll, reife Tannine, ausgewogen, nachhaltig, mineralisch.

Termes 2021 T
tinta de Toro
93
Noch nicht vollständig entfaltet. Farbe: tiefes Kirschrot. Aroma: reifes Obst, trockene Kräuter, weiches Eichenholz, dunkle Früchte. Mund: kraftvoll, reife Früchte, würzig, reife Tannine, fruchtig, geschmackvoll, ziemlich nachhaltig.

Termes 2022 B
90
Farbe: leuchtendes Strohgelb, grünlicher Saum. Aroma: frisches Obst, Zitrusfrüchte, Wildkräuter, feine Hefen. Mund: frisch, fruchtig, schöne Säure, zartbitter.

BODEGA PAGO DE CUBAS
Ctra. Valdefinjas, km. 6,5
49882 Valdefinjas (Zamora)
☎: +34 626 410 524
direccion@bodegapagodecubas.com
www.bodegapagodecubas.com

Asterisco 2021 T
100% tinta de Toro
88
Fruchtig, trockene Kräuter, von Primäraromen beherrscht, geschmackvoll, getrocknete Blumen.

Incrédulo Blend 2021 T
100% tinta de Toro
91 🌱
Farbe: tiefes Kirschrot. Aroma: reifes Obst, trockene Kräuter, weiches Eichenholz, aromatischer Kaffee, geröstete Mandeln. Mund: kraftvoll, reife Früchte, würzig, reife Tannine, fruchtig, geschmackvoll, trockene, aber reife Tannine.

BODEGA RAMÓN RAMOS/ TARDENCUBA
Camino de la Centinela s/n
49153 Venialbo (Zamora)
☎: +34 980 573 080
info@bodegaramonramos.com
www.bodegaramonramos.com

La Bien Cercada Añada Selección 2023 T
tinta de Toro
87

Monte Toro 5 2022 T RB
tinta de Toro
88 🌱
Cremig, würzig, Röstaromen, reif, trockene Kräuter.

Monte Toro 8 2021
tinta de Toro
87 🌱

Ramón Ramos Serie Naranja 2020 T
91 🌱
Farbe: tiefes Kirschrot. Aroma: reifes Obst, trockene Kräuter, dunkle Früchte, rote Früchte. Mund: reife Früchte, würzig, reife Tannine.

Tardencuba 2021 T RB
tinta de Toro
87 🌱

Valnuevo Selección 2018 T
tinta de Toro
90
Farbe: kirschrot mit violettem Saum. Aroma: würzig, rote Früchte, reifes Obst, Buschwaldkräuter. Mund: geschmackvoll, fruchtig, schöne Säure.

BODEGA REJADORADA
Crta. de San Román de Hornija a Morales, km. 0,9
47530 San Román de Hornija (Valladolid)
☎: +34 980 693 089
info@rejadorada.com
www.rejadorada.com

Aier - Vino Cerámico 2020 T S
100% tinta de Toro
91
Farbe: tiefes Kirschrot. Aroma: reifes Obst, trockene Kräuter, weiches Eichenholz, würzig, dunkle Früchte. Mund: kraftvoll, reife Früchte, würzig, geschmackvoll, trockene, aber reife Tannine.

Antona García 2019 T C
100% tinta de Toro
91
Farbe: tiefes Kirschrot. Aroma: trockene Kräuter, dunkle Früchte, würzig, feiner Kakao. Mund: reife Früchte, würzig, reife Tannine.

Novellum Temple 2020 T C
100% tinta de Toro

90

Farbe: kirschrot mit violettem Saum. Aroma: ausdrucksstark fruchtig, rote Früchte, würzig, Schokolade. Mund: geschmackvoll, fruchtig, schöne Säure.

Rejadorada Roble 2022 T RB
100% tinta de Toro

91

Farbe: dunkles Kirschrot. Aroma: Röstaromen, würzig, reifes Obst, dunkle Früchte, rauchig. Mund: geschmackvoll, Röstnoten, zartbitter, fruchtig, ziemlich nachhaltig, rauchig nachwirkend, trockene, aber reife Tannine.

Sango de Rejadorada 2016 T R
100% tinta de Toro

92

Farbe: tiefes Kirschrot, violetter Saum. Aroma: reifes Obst, trockene Kräuter, weiches Eichenholz, dunkle Früchte, Wildkräuter. Mund: kraftvoll, reife Früchte, würzig, fruchtig, geschmackvoll, trockene, aber reife Tannine.

BODEGA VIÑAGUAREÑA
Ctra. Toro a Salamanca, Km. 12,5
49800 Toro (Zamora)
☎: +34 980 568 013
info@vinotoro.com
www.vinotoro.com

Munia 2023 T RB
100% tinta de Toro

89

Korpulent, ausgewogen, würzig, kräuterig, reif.

Munia Carácter 2022 T RB
100% tinta de Toro

89

Ausgewogen, würzig, kräuterig, reif.

Munia Especial 2021 T GR
tinta de Toro

92

Farbe: tiefes Kirschrot. Aroma: reifes Obst, trockene Kräuter, weiches Eichenholz, dunkle Früchte, schwarze Lakritze. Mund: kraftvoll, reife Früchte, würzig, reife Tannine, rauchig nachwirkend, trockene, aber reife Tannine.

Tálamo 2020 T C
85% tinta de Toro, 15% garnacha

91

Farbe: kirschrot mit violettem Saum. Aroma: reifes Obst, trockene Kräuter, weiches Eichenholz, dunkle Früchte, rote Früchte. Mund: kraftvoll, reife Früchte, würzig, fruchtig, trockene, aber reife Tannine.

Tres Julias 2022 T C
100% garnacha

92 ✿

Farbe: kirschrot mit violettem Saum. Aroma: ausdrucksstark fruchtig, rote Früchte, blumig, würzig. Mund: geschmackvoll, fruchtig, schöne Säure, lang.

BODEGA VOCARRAJE
Ctra. San Román
49810 Morales de Toro (Zamora)
☎: +34 630 049 312
belen@vocarraje.es
www.vocarraje.es

Abdón Segovia 2019 T C
tinta de Toro

90

Farbe: tiefes Kirschrot. Aroma: reifes Obst, trockene Kräuter, weiches Eichenholz, dunkle Früchte, welke Blumen. Mund: kraftvoll, reife Früchte, würzig, fruchtig, geschmackvoll, trockene, aber reife Tannine.

Abdón Segovia 2020 T
tinta de Toro

87

Abdón Segovia 2022 T RB
tinta de Toro

90

Farbe: kirschrot mit violettem Saum. Aroma: ausdrucksstark fruchtig, rote Früchte, würzig, dunkle Früchte, Röstaromen. Mund: geschmackvoll, fruchtig, kraftvoll, ziemlich nachhaltig, Röstnoten, rauchig nachwirkend, trockene, aber reife Tannine.

La Pasión Abdón Segovia 2016 T R
tinta de Toro

92

Farbe: leuchtendes Kirschrot. Aroma: ausdrucksstark fruchtig, reifes Obst, dunkle Früchte, rote Früchte, trockene Kräuter, süße Gewürze. Mund: geschmackvoll, fruchtig, strukturiert, ausgewogen, trockene, aber reife Tannine.

BODEGA Y VIÑEDOS MAIRES
Camino los Llanos Km 0,4
49800 Toro (Zamora)
☎: +34 669 363 761
ademan@bodegamaires.com
www.bodegamaires.com

Ademán Adalia 2023 B
verdejo

87

Ademán Carabizal 2023 T
100% tinta de Toro

87

DO TORO / D.O.P.

Guía Peñín | **SPANIENS WEINFÜHRER**

DO TORO / D.O.P.

Ademán Valdearanda 2021 T C
100% tinta de Toro

91

Farbe: tiefes Kirschrot. Aroma: reifes Obst, trockene Kräuter, weiches Eichenholz, dunkle Früchte. Mund: reife Früchte, würzig, reife Tannine.

Ademán Valdecarretas 2021 T FB
100% tinta de Toro

90

Farbe: tiefes Kirschrot. Aroma: reifes Obst, trockene Kräuter, weiches Eichenholz, würzig, aromatischer Kaffee. Mund: kraftvoll, reife Früchte, würzig, reife Tannine, ziemlich nachhaltig.

Cuzo 2023 T
100% tinta de Toro

88

Fruchtig, reif, trockene Kräuter, würzig.

Maires 2021 T
100% tinta de Toro

92

Farbe: tiefes Kirschrot. Aroma: trockene Kräuter, weiches Eichenholz, feiner Kakao, dunkle Früchte. Mund: kraftvoll, reife Früchte, würzig, reife Tannine.

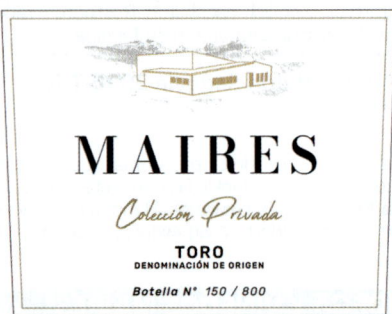

Tente Necio 2022 T
100% tinta de Toro

89

Durchschnittlich am Gaumen, etwas austrocknend, würzig, frisch, fruchtig.

Tente Necio 2023 B
50% malvasía, 50% verdejo

88

Zitrusfrüchte, frisch, kräuterig, korrekt.

BODEGAS A. VELASCO E HIJOS
Pol. Norte, Parc. 17-18
49800 Toro (Zamora)
☎: +34 980 692 455
admon@bodegasvelascoehijos.com
www.bodegasvelascoehijos.com

Candongo 2022 T RB
tinta de Toro

87 🌱

Garabitas Viñas Viejas 2021 T
tinta de Toro

89 🌱

Korpulent, würzig, Röstaromen, geschmackvoll, reif.

Peña Rejas 2023 T
tinta de Toro

87 🌱

BODEGAS BIGARDO
Plaza de San Agustín, 1
49800 Toro (Zamora)
☎: +34 651 999 917
vinobigardo@gmail.com
www.bigardo.es

Bigardo 2021 T
100% tinta de Toro

88

Nach Eingemachtem, korpulent, würzig, vegetabil, Röstaromen.

Calma. Relaxing Wine 2021 T
tinta de Toro

88

Warm, nach Eingemachtem, opulent.

Maldito Parné 2021 T C
100% tinta de Toro

90

Wenig interventionistisch. Farbe: tiefes Kirschrot. Aroma: trockene Kräuter, würzig, feiner Kakao, Früchtekonfit. Mund: reife Früchte, würzig, reife Tannine.

Pellejo. Vino Tinto de Parcela 2021 T
100% tinta de Toro

88

Nach Eingemachtem, korpulent, geschmackvoll, kraftvoll, lieblich.

Satélite Boarding Wine 2021 T
100% tinta de Toro

89

Korpulent, korrekt, würzig, trockene Kräuter, reif.

BODEGAS CAMPO ELÍSEO TORO
Calle Nueva, 12
47491 La Seca (Valladolid)
☎: +34 983 034 030
bodega@campoeliseo.com
www.campoeliseo.es

Campesino 2022 T
100% tinta de Toro
89
Nach Eingemachtem, würzig, kräuterig, geschmackvoll.

Campesino Natural 2023 T
100% tinta de Toro
88 ❦
Würzig, frisch, fruchtig, kräuterig, ausgewogen.

Campo Elíseo Contracorriente 2023 T
100% tinta de Toro
90
Farbe: kirschrot mit violettem Saum. Aroma: ausdrucksstark fruchtig, rote Früchte, blumig, würzig. Mund: geschmackvoll, fruchtig, schöne Säure.

Campo Eliseo Cuvée Alegre 2022 T
100% tinta de Toro
92 ❦
Farbe: kirschrot mit violettem Saum. Aroma: ausdrucksstark fruchtig, rote Früchte, blumig, würzig. Mund: geschmackvoll, fruchtig, schöne Säure, lang.

Hermanos Lurton Natural 2023 T
100% tinta de Toro
91 ❦
Farbe: kirschrot mit violettem Saum. Aroma: ausdrucksstark fruchtig, blumig, würzig, dunkle Früchte, erdig. Mund: geschmackvoll, fruchtig, schöne Säure.

Hermanos Lurton Tempranillo 2022 T
tempranillo
89 ❦
Fruchtig, Röstaromen, würzig, reif, kräuterig.

BODEGAS COVITORO
Ctra. de Tordesillas, 13
49800 Toro (Zamora)
☎: +34 980 690 347
calidad@covitoro.com
www.covitoro.com

50 Aniversario 2018 T R
100% tinta de Toro
92
Noch nicht vollständig entfaltet. Farbe: kirschrot mit violettem Saum. Aroma: reifes Obst, dunkle Früchte, würzig, Röstaromen, trockene Kräuter. Mund: fruchtig, geschmackvoll, markante Eiche, frisch, ziemlich nachhaltig, trockene, aber reife Tannine.

Arco del Reloj 2018 T
100% tinta de Toro
91
Farbe: sattes Kirschrot. Aroma: intensive Röstaromen, aromatischer Kaffee, kraftvoll, Schwarzer Pfeffer, dunkle Früchte. Mund: rauchig nachwirkend, nachhaltig, reife Tannine, geschmackvoll, voll, ziemlich nachhaltig.

Barandales 2023 B
malvasía castellana
87

Barandales 2023 RD
tinta de Toro
87

Barandales 2023 T
85% tinta de Toro, 15% garnacha
88
Ausgewogen, würzig, frisch, fruchtig, kräuterig.

Barbián 2022 T RB
100% tinta de Toro
90
Farbe: tiefes Kirschrot. Aroma: trockene Kräuter, weiches Eichenholz, würzig, dunkle Früchte. Mund: reife Früchte, würzig, geschmackvoll, trockene, aber reife Tannine.

Cañus Verus Malvasia Castellana 2022 B FB
100% malvasía castellana
89
Fruchtig, Zitrusfrüchte, getrocknete Blumen, kräuterig.

Cañus Verus Viñas Viejas 2021 T
100% tinta de Toro
89
Korpulent, würzig, kräuterig, reif, etwas austrocknend.

Cermeño Vendimia Seleccionada 2023 T
100% tinta de Toro
87

Gran Cermeño 2020 T C
100% tinta de Toro
89
Fruchtig, würzig, Röstaromen, geschmackvoll, reif.

DO TORO / D.O.P.

BODEGAS DIEZ GÓMEZ

Plaza Mayor, 3
49800 Toro (Zamora)
☎: +34 651 693 849
oscar@bodegasdiezgomez.com
www.bodegasdiezgomez.com

Americo 2021 T C
100% tinta de Toro
90
Farbe: kirschrot mit violettem Saum. Aroma: ausdrucksstark fruchtig, rote Früchte, blumig, würzig. Mund: geschmackvoll, fruchtig, schöne Säure.

Americo Roble Español 2022 T RB
100% tinta de Toro
90
Farbe: tiefes Kirschrot. Aroma: reifes Obst, trockene Kräuter, weiches Eichenholz, dunkle Früchte, Röstaromen. Mund: kraftvoll, reife Früchte, würzig, reife Tannine, geschmackvoll, fruchtig.

la JOTA de To V.R. (Viuda Rica) 2021 T RB
100% tinta de Toro
92
Farbe: tiefes Kirschrot. Aroma: reifes Obst, weiches Eichenholz, feiner Kakao, Wildkräuter. Mund: kraftvoll, reife Früchte, würzig, reife Tannine.

BODEGAS ERNESTO DEL PALACIO

Ctra. de la Estación, 6
47530 San Román de Hornija (Valladolid)
☎: +34 616 999 708
administracion@ernestodelpalacio.com
www.ernestodelpalacio.com

Ernesto del Palacio 2019 T C
100% tinta de Toro
89
Aromatisch, nach Eingemachtem, korpulent, Cremig, würzig, reif, geschmackvoll.

Ernesto del Palacio 2021 T RB
tinta de Toro
89
Kraftvoll, markante Eiche, korpulent, reif.

Ernesto del Palacio 2022 T
100% tinta de Toro
87

Ernesto del Palacio Verdejo Malvasía 2023 B
89
Zitrusfrüchte, ausgewogen, kräuterig, voll, reif, geschmackvoll.

BODEGAS FARIÑA

Camino del Palo, s/n
49800 Casaseca de Las Chanas (Zamora)
☎: +34 980 577 673
comercial@bodegasfarina.com
www.bodegasfarina.com

Fariña 2020 T C
tinta de Toro
90
Farbe: kirschrot mit violettem Saum. Aroma: ausdrucksstark fruchtig, blumig, würzig, dunkle Früchte, Röstaromen. Mund: geschmackvoll, fruchtig, reife Früchte, würzig, ziemlich nachhaltig, trockene, aber reife Tannine.

Fariña Lágrima 2022 T RB
tinta de Toro
89
Ausgewogen, würzig, frisch, kräuterig, Röstaromen.

Gran Colegiata „Original" 2018 T R
tinta de Toro
92
Farbe: tiefes Kirschrot. Aroma: reifes Obst, trockene Kräuter, weiches Eichenholz, dunkle Früchte, stark gegerbtes Leder. Mund: kraftvoll, reife Früchte, würzig, geschmackvoll, fruchtig, trockene, aber reife Tannine.

Mascaradas 2021 T RB
tinta de Toro
87

Primero 2023 T
tinta de Toro
90
Farbe: kirschrot mit violettem Saum. Aroma: ausdrucksstark fruchtig, rote Früchte, blumig, würzig. Mund: geschmackvoll, fruchtig, schöne Säure.

BODEGAS FRANCISCO CASAS

Avda. de Los Comuneros, 67
49810 Morales de Toro (Zamora)
☎: +34 980 698 032
info@bodegascasas.com
www.bodegascasas.com

Camparrón 2020 T R
100% tinta de Toro
90
Farbe: tiefes Kirschrot. Aroma: reifes Obst, trockene Kräuter, weiches Eichenholz, würzig, Röstaromen. Mund: reife Früchte, würzig, geschmackvoll, trockene, aber reife Tannine.

Camparrón 2021 T C
100% tinta de Toro
88
Frisch, fruchtig, kräuterig, korrekt.

DO TORO / D.O.P.

Camparrón 2023 T RB
100% tinta de Toro
84

Camparrón Novum 2023 T
100% tinta de Toro
87

Los Bayones Finca La Manga 2020 T BA
100% tinta de Toro
90
Farbe: tiefes Kirschrot. Aroma: trockene Kräuter, weiches Eichenholz, dunkle Früchte, markante Eiche. Mund: reife Früchte, würzig, reife Tannine.

Viña Abba 2021 T
100% tinta de Toro
90
Farbe: dunkles Kirschrot. Aroma: Röstaromen, würzig, feiner Kakao, dunkle Früchte, rauchig. Mund: geschmackvoll, Röstnoten, zartbitter, fruchtig, frisch, ziemlich nachhaltig.

BODEGAS FRONTAURA
Santiago, 17 5º
47001 Valladolid (Valladolid)
☎: +34 983 880 188
crobles@nexusfrontaura.com
www.bodegasfrontaura.com

Aponte+ 2018 T
100% tempranillo
92
Balsamisch, korpulent. Farbe: tiefes Kirschrot, granatroter Saum. Aroma: Buschwaldkräuter, Thymian, würzig, dunkle Früchte, reifes Obst. Mund: geschmackvoll, reife Tannine, kraftvoll, sortentypisch.

Dominio de Valdelacasa 2019 T RB
100% tempranillo
89
Nach Eingemachtem, reif, trockene Kräuter, würzig, kraftvoll, geschmackvoll. Aroma: dunkle Früchte.

BODEGAS MONTE LA REINA
Ctra. Toro-Zamora (N-122) Km 436.5
49881 Toro (Zamora)
☎: +34 980 082 011
export@montelareina.es
www.montelareina.es

Castillo de Monte la Reina 2021 T C
100% tinta de Toro
88
Durchschnittlich am Gaumen, ausgewogen, würzig, vegetabil, reif.

Castillo de Monte la Reina 2022 T RB
100% tinta de Toro
87

Castillo de Monte la Reina 2023 T
100% tinta de Toro
86

Castillo de Monte la Reina Vendimia Seleccionada 2017 T
90
Farbe: kirschrot mit granatrotem Saum. Aroma: überreife Früchte, weiches Eichenholz, warm, Fleischnoten, dunkle Früchte, stark gegerbtes Leder. Mund: nach Eingemachtem, kraftvoll, süße Tannine, fruchtig, ziemlich nachhaltig.

Castillo de Monte la Reina Verdejo 2023 B
100% verdejo
88
Zitrusfrüchte, ausgewogen, frisch, kräuterig, korrekt.

Inaraja 2016 T R
tinta de Toro
93
Farbe: dunkles Kirschrot, granatroter Saum. Aroma: reifes Obst, Noten von Tischlerei, Tabak, süße Gewürze, rote Früchte, Steinobst, Karamel. Mund: würzig, reife Tannine, fruchtig, geschmackvoll, lang.

BODEGAS PANDORA
Ctra. Nava del Rey, Km 1
47490 Rueda (Valladolid)
☎: +34 669 989 038
marketing@bodegaspandora.com
www.bodegaspandora.com

Pandora Tinta de Toro 2022 T RB
100% tinta de Toro
88
Korpulent, ausgewogen, würzig, kräuterig.

BODEGAS RODRÍGUEZ Y SANZO
Avda. de Tordesillas, 5
47490 Rueda (Valladolid)
☎: +34 983 150 150
comunicacion@rodriguezysanzo.com
www.rodriguezysanzo.com

La Viña de Amaya 2021 T C
tempranillo
92
Farbe: kirschrot mit violettem Saum. Aroma: ausdrucksstark fruchtig, rote Früchte, würzig, dunkle Früchte, Buschwaldkräuter. Mund: geschmackvoll, fruchtig, schöne Säure, frisch, kraftvoll, ziemlich nachhaltig.

SPANIENS WEINFÜHRER

DO TORO / D.O.P.

Las Tierras de Javier Rodríguez El Pego 2020 T C
100% tinta de Toro

92

Farbe: tiefes Kirschrot, kirschrot mit violettem Saum. Aroma: reifes Obst, trockene Kräuter, weiches Eichenholz, dunkle Früchte. Mund: kraftvoll, reife Früchte, würzig, fruchtig, geschmackvoll, trockene, aber reife Tannine.

🏆 **PODIUM**

Las Tierras de Javier Rodríguez El Teso Alto 2018 T
tinta de Toro

95

Farbe: tiefes Kirschrot. Aroma: trockene Kräuter, weiches Eichenholz, dunkle Früchte, Röstaromen. Mund: kraftvoll, reife Früchte, würzig, reife Tannine.

Las Tierras Extinta 2018 T C
tinta de Toro

92

Farbe: kirschrot mit violettem Saum. Aroma: ausdrucksstark fruchtig, rote Früchte, blumig, würzig. Mund: geschmackvoll, fruchtig, schöne Säure, lang.

BODEGAS SIETECERROS

Finca Villaester Arriba, s/n
47112 Pedrosa del Rey (Valladolid)
☎: +34 914 355 556
atconsumidor@jgc.es
www.garciacarrion.com

Bodega La Ermita Toro 2018 T
tinta de Toro

91

Farbe: tiefes Kirschrot. Aroma: reifes Obst, trockene Kräuter, weiches Eichenholz, rote Früchte, welke Blumen. Mund: kraftvoll, reife Früchte, würzig, fruchtig, geschmackvoll, trockene, aber reife Tannine.

Pata Negra Edicion Especial Toro 2023 T RB
tinta de Toro

87

BODEGAS SOBREÑO

Ctra. N-122, Km. 423
49800 Toro (Zamora)
☎: +34 980 693 417
sobreno@sobreno.com
www.sobreno.com

Finca Sobreño 2021 T C
100% tinta de Toro

87

Finca Sobreño 2023 RD
100% tinta de Toro

87

Finca Sobreño 2023 T RB
100% tinta de Toro

89

Ausgewogen, würzig, frisch, kräuterig, reif, geschmackvoll.

Finca Sobreño Ecológico 2022 T
100% tinta de Toro

88 🌿

Ausgewogen, würzig, fruchtig, frisch, kräuterig.

Finca Sobreño Selección Especial 2021 T R
100% tinta de Toro

91

Farbe: kirschrot mit violettem Saum. Aroma: ausdrucksstark fruchtig, rote Früchte, blumig, würzig. Mund: geschmackvoll, fruchtig, schöne Säure, lang.

Las Viñas de Paloma Colección 2020 T
100% tinta de Toro

91

Farbe: kirschrot mit violettem Saum. Aroma: ausdrucksstark fruchtig, rote Früchte, blumig, würzig. Mund: geschmackvoll, fruchtig, schöne Säure.

Las Viñas de Paloma Selección de Parcelas 2021 T C
100% tinta de Toro
88
Nach Eingemachtem, würzig, vegetabil, reif, Röstaromen.

BODEGAS TORREDUERO
Pol. Ind. Toro Norte, Parcela 5
49800 Toro (Zamora)
☎: +34 941 454 050
bodega@bodegasriojanas.com
www.bodegasriojanas.com

Marqués de Peñamonte Colección Privada 2022 T
100% tinta de Toro
90
Farbe: kirschrot mit violettem Saum. Aroma: rote Früchte, würzig. Mund: geschmackvoll, fruchtig, schöne Säure.

Peñamonte 2021 T C
100% tinta de Toro
88
Korpulent, ausgewogen, würzig, kräuterig, Röstaromen.

Peñamonte 2022 RD
100% tinta de Toro
88 🌱
Fruchtig, würzig, reif, Röstaromen, geschmackvoll, etwas austrocknend.

Peñamonte 5 meses 2023 T RB
100% tinta de Toro
86

Peñamonte Garnacha 2022 T RB
100% garnacha
87

Peñamonte Verdejo 2023 B
100% verdejo
85

BODEGAS VATAN
Pol. Norte, 1 Parcela 29B
49800 Toro (Zamora)
☎: +34 952 504 706
info@jorgeordonez.es
www.jorgeordonez.es

Tritón Tinta Toro 2022 T
93
Farbe: dunkles Kirschrot. Aroma: Röstaromen, würzig, feiner Kakao, dunkle Früchte, Früchtekonfit. Mund: geschmackvoll, Röstnoten, zartbitter.

🏆 **PODIUM**
Vatan 2021 T
95
Komplex, korpulent, saftig. Farbe: kirschrot mit violettem Saum. Aroma: rote Früchte, blumig, würzig, weiches Eichenholz. Mund: geschmackvoll, fruchtig, schöne Säure, lang.

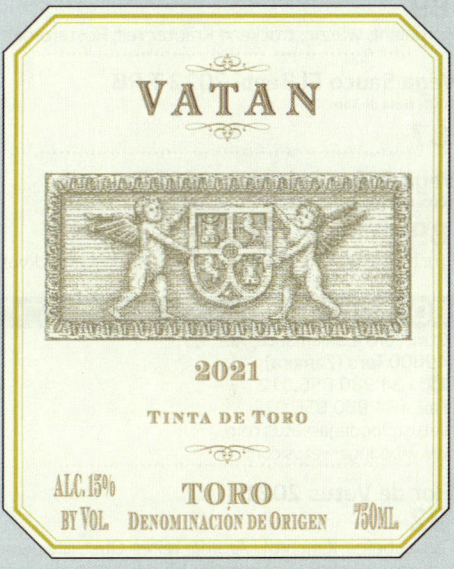

🏆 **PODIUM**
Vatan Arena 2017 T
tinta de Toro
95
Röstaromen, kraftvoll. Farbe: sattes Kirschrot. Aroma: komplex, ausdrucksvoll, würzig, mineralisch, intensive Röstaromen. Mund: elegant, voll, lang, nachhaltig.

BODEGAS VEGA SAUCO
Avda. Comuneros, 108
49810 Morales de Toro (Zamora)
☎: +34 980 698 294
vegasauco@vegasauco.es
www.vegasauco.es

Adoremus 2019 T R
100% tinta de Toro
88
Ausgewogen, würzig, trockene Kräuter, reif, nach Eingemachtem.

DO TORO / D.O.P.

La Sonrisa del Nómada 2022 T RB
100% tinta de Toro
88
Fruchtig, naschhaft, würzig, nach Eingemachtem, Röstaromen.

Piedras y Princesas 2020 T C
100% tinta de Toro
89
Korpulent, würzig, trockene Kräuter, reif, Röstaromen.

Vega Sauco El Beybi 2022 T RB
100% tinta de Toro
87

Vega Saúco Selección 2020 T
100% tinta de Toro
89
Fruchtig, trockene Kräuter, würzig, reif, geschmackvoll.

BODEGAS VETUS
Ctra. Toro a Salamanca, Km. 9,3
49800 Toro (Zamora)
☎: +34 980 056 012
Fax: +34 980 056 012
vetus@bodegasvetus.com
www.bodegasvetus.com

Flor de Vetus 2021 T
92
Farbe: tiefes Kirschrot. Aroma: reifes Obst, trockene Kräuter, weiches Eichenholz. Mund: kraftvoll, reife Früchte, würzig, reife Tannine.

Vetus 2021 T
tinta de Toro, garnacha
94
Farbe: KirsChrot. Aroma: ausdrucksvoll, würzig, mineralisch, reifes Obst. Mund: voll, lang, nachhaltig.

BODEGAS VIRIATUS
Cl. Camino las Viñas, s/n
49622 Brime de Urz (Zamora)
☎: +34 649 876 187
vino@grupobarrero.com
www.viriatus.es

Alboca 2020 T C
100% tinto fino
88
Korpulent, ausgewogen, würzig, reif, trockene Kräuter.

BODEGAS Y VIÑEDOS DIVINA PROPORCIÓN
Camino del Cristo s/n
49800 Toro (Zamora)
☎: +34 678 730 760
info@divinaproporcionbodegas.es
www.divinaproporcionbodegas.es

24 Mozas 2022 T
88
Lieblich, würzig, reif.

Abracadabra 2022 T C
88
Rauchig, Röstaromen, geschmackvoll, reif.

Madremia 2022 T
91
Farbe: tiefes Kirschrot. Aroma: trockene Kräuter, weiches Eichenholz, dunkle Früchte, reifes Obst. Mund: reife Früchte, würzig, reife Tannine.

BODEGAS Y VIÑEDOS PINTIA
Ctra. San Román a Morales s/n
47530 San Román de Hornija (Valladolid)
☎: +34 983 784 178
Fax: +34 983 784 206
vegasicilia@vega-sicilia.com
www.temposvegasicilia.com

Pintia 2020 T
93
Naschhaft. Farbe: kirschrot mit granatrotem Saum. Aroma: Früchtekonfit, kraftvoll, Röstaromen, dunkle Früchte. Mund: geschmackvoll, lang, opulent.

BODEGUEROS QUINTA ESENCIA
Eras, 37
47520 Castronuño (Valladolid)
☎: +34 605 887 100
info@bodeguerosquintaesencia.com
www.bodeguerosquintaesencia.com

Silbon 2022 T
tinta de Toro
89
Ausgewogen, würzig, frisch, fruchtig, kräuterig, reif.

Sofros P&M 2019 T
tinta de Toro
91
Farbe: kirschrot mit violettem Saum. Aroma: ausdrucksstark fruchtig, rote Früchte, würzig, dunkle Früchte, Röstaromen. Mund: geschmackvoll, fruchtig, schöne Säure, würzig, rauchig nachwirkend, trockene, aber reife Tannine.

Sofros 2020 T
tinta de Toro

89
Fruchtig, trockene Kräuter, würzig, reif, geschmackvoll.

CORAL DUERO
Calle Ascensión s/n
49154 El Pego (Zamora)
☎: +34 980 606 333
info@coralduero.com
www.coralduero.com

Envena 2022 T
100% tinta de Toro

86

Las Parvas 2018 T
100% tinta de Toro

93
Noch nicht vollständig entfaltet. Farbe: tiefes Kirschrot. Aroma: reifes Obst, trockene Kräuter, weiches Eichenholz, ausdrucksstark fruchtig, dunkle Früchte, aromatischer Kaffee. Mund: kraftvoll, reife Früchte, würzig, fruchtig, lebhaft, kräftige Tannine, lang.

Los Lastros 2021 T
100% tinta de Toro

91
Etwas austrocknend, wild. Farbe: tiefes Kirschrot. Aroma: trockene Kräuter, weiches Eichenholz, dunkle Früchte. Mund: kraftvoll, reife Früchte, würzig.

Rompesedas 2019 T
100% tinta de Toro

90
Farbe: tiefes Kirschrot. Aroma: trockene Kräuter, weiches Eichenholz, süße Gewürze, Früchtekonfit. Mund: kraftvoll, reife Früchte, würzig, fruchtig, kräftige Tannine.

Salgadero 2020 T BA
100% tinta de Toro

91
Farbe: tiefes Kirschrot. Aroma: trockene Kräuter, weiches Eichenholz, dunkle Früchte. Mund: kraftvoll, reife Früchte, würzig, reife Tannine.

DÍSCOLO
Ctra. El Pego – Guarrate, s/n
49154 El Pego (Zamora)
☎: +34 670 095 149
bodega@vinodiscolo.com
www.vinodiscolo.com

Díscolo 2020 T BA S
100% tinta de Toro

90 🌱
Farbe: tiefes Kirschrot. Aroma: trockene Kräuter, weiches Eichenholz, rote Früchte. Mund: reife Früchte, würzig, reife Tannine.

Díscolo El Magnífico 2019 T BA S
tinta de Toro

92 🌱
Farbe: tiefes Kirschrot. Aroma: reifes Obst, trockene Kräuter, weiches Eichenholz, dunkle Früchte, würzig. Mund: kraftvoll, reife Früchte, würzig, reife Tannine, ziemlich nachhaltig.

DOMINIO DEL BENDITO
Cº Llano La Silla, Pol.1 Parcela 4524
49800 Toro (Zamora)
☎: +34 980 667 010
info@bodegadominiodelbendito.es
www.bodegadominiodelbendito.com

**Dominio del Bendito
El Primer Paso 2022 T RB**
100% tinta de Toro

91 🌱
Farbe: kirschrot mit violettem Saum. Aroma: ausdrucksstark fruchtig, rote Früchte, blumig, würzig. Mund: geschmackvoll, fruchtig, schöne Säure.

**Dominio del Bendito
Las Sabias 2021 T**
100% tinta de Toro

93 🌱
Farbe: tiefes Kirschrot. Aroma: trockene Kräuter, Schokolade, dunkle Früchte, Buschwaldkräuter. Mund: kraftvoll, reife Früchte, würzig, reife Tannine.

DO TORO / D.O.P.

El Buen Rollo 2021 T
90
Reif, saftig. Farbe: tiefes Kirschrot. Aroma: reifes Obst, trockene Kräuter, weiches Eichenholz. Mund: kraftvoll, reife Früchte, würzig, reife Tannine.

🏆 PODIUM

El Titán del Bendito 2021 T
100% tinta de Toro
95
Farbe: leuchtendes Kirschrot. Aroma: dunkle Früchte, reifes Obst, Wildkräuter, feiner Kakao, würzig, getrocknete Blumen, Veilchen, elegant. Mund: fruchtig, geschmackvoll, sortentypisch, lebhaft, ausgewogen, elegant, nachhaltig, reife Tannine.

Mi Verdadejo 2020 B FB
100% verdejo
92
Farbe: strohgelb. Aroma: trockene Kräuter, welke Blumen, Phosphor, helle Früchte. Mund: kraftvoll, reife Früchte, ausgewogen, geschmackvoll.

DOMINIO DEL BIENAMADO
Paraje El Álamo,
Cº de Los Taberneros s/n, Finca 109
49810 Morales de Toro (Zamora)
☎: +34 917 138 879
info@dominiodelbienamado.com

Caray Expresión 2023 T C
100% tinta de Toro
87

Caray Viñedos Seleccionados 2021 T
100% tinta de Toro
93
Farbe: dunkles Kirschrot, leuchtendes Kirschrot. Aroma: reifes Obst, Noten von Tischlerei, Tabak, süße Gewürze, dunkle Früchte. Mund: würzig, reife Tannine, lang, geschmackvoll, kraftvoll, rauchig nachwirkend.

Equitez Tempranillo 2023 T C
100% tempranillo
88
Fruchtig, reif, würzig, Röstaromen, kraftvoll.

Lucas Pastor VS 2022 T C
100% tinta de Toro
92
Fruchtig, reif, Röstaromen, würzig, rauchig.

Marmaria 2023 B
100% malvasía
90
Ausgewogen, kräuterig, Hefenoten, blumig, geschmackvoll, voll, reif.

ELÍAS MORA
47530 San Román de Hornija (Valladolid)
☎: +34 983 784 029
info@bodegaseliasmora.com
www.bodegaseliasmora.com

Descarte 2019 T
tinta de Toro
91
Farbe: tiefes Kirschrot, violetter Saum. Aroma: reifes Obst, trockene Kräuter, weiches Eichenholz, dunkle Früchte, süße Gewürze. Mund: kraftvoll, reife Früchte, würzig, geschmackvoll, kräftige Tannine.

Elías Mora 2020 T C
100% tinta de Toro
92
Farbe: tiefes Kirschrot, violetter Saum. Aroma: reifes Obst, trockene Kräuter, weiches Eichenholz, dunkle Früchte, rauchig. Mund: kraftvoll, reife Früchte, würzig, fruchtig, geschmackvoll, trockene, aber reife Tannine, ziemlich nachhaltig.

Elias Mora Don Daniel 2019 T R
tinta de Toro
93
Noch nicht vollständig entfaltet. Farbe: leuchtendes Kirschrot. Aroma: dunkle Früchte, reifes Obst, trockene Kräuter, aromatischer Kaffee, würzig, Röstaromen. Mund: geschmackvoll, kraftvoll, strukturiert, rauchig nachwirkend, kräftige Tannine.

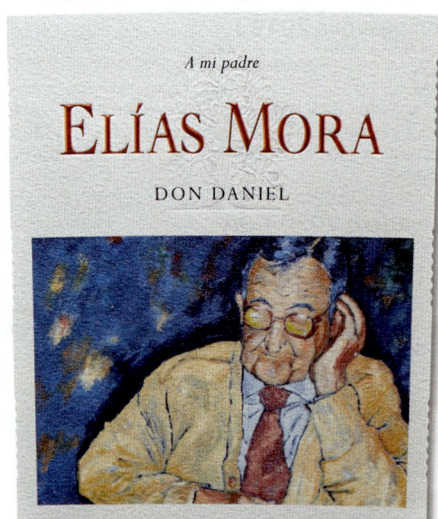

SPANIENS WEINFÜHRER

Gran Elias Mora
La Senda de Los Lobos 2017 T
tinta de Toro

92

Farbe: tiefes Kirschrot. Aroma: reifes Obst, trockene Kräuter, weiches Eichenholz, schwarze Lakritze, Wildkräuter. Mund: kraftvoll, reife Früchte, würzig, trockene, aber reife Tannine.

Viñas Elías Mora 2022 T RB
tinta de Toro

90

Leichte Reduktion. Farbe: kirschrot mit violettem Saum. Aroma: rote Früchte, blumig, würzig. Mund: geschmackvoll, fruchtig, schöne Säure.

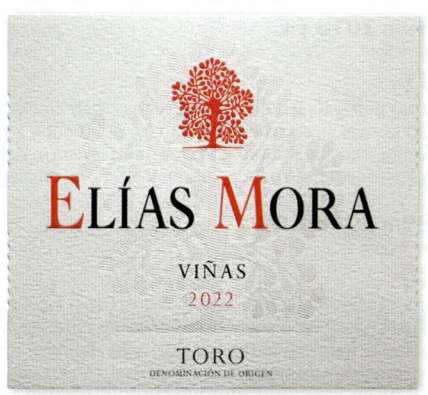

FRUTOS VILLAR
Eras de Santa Catalina, s/n
49800 Toro (Zamora)
☎: +34 983 586 868
admon@bodegasfrutosvillar.com
www.bodegasfrutosvillar.com

Buen Chico Red 2020 T
100% tinta de Toro

87

Miralmonte 2021 T C
100% tinta de Toro

88

Durchschnittlich am Gaumen, korpulent, würzig, frisch, fruchtig, kräuterig.

Muruve 2019 T R
100% tinta de Toro

91

Farbe: tiefes Kirschrot. Aroma: reifes Obst, trockene Kräuter, weiches Eichenholz, süße Gewürze, Röstaromen. Mund: kraftvoll, reife Früchte, würzig, fruchtig, geschmackvoll, trockene, aber reife Tannine.

Muruve 2020 T C
100% tinta de Toro

90

Farbe: tiefes Kirschrot. Aroma: reifes Obst, trockene Kräuter, weiches Eichenholz, dunkle Früchte, würzig. Mund: kraftvoll, reife Früchte, würzig, trockene, aber reife Tannine.

Muruve 2023 T
100% tinta de Toro

87

Muruve Élite 2020 T RB
100% tinta de Toro

90

Farbe: tiefes Kirschrot. Aroma: reifes Obst, trockene Kräuter, weiches Eichenholz, dunkle Früchte, süße Gewürze. Mund: kraftvoll, reife Früchte, würzig, trockene, aber reife Tannine.

GIL LUNA
Ctra. Toro - Salamanca, Km. 2
49800 Toro (Zamora)
☎: +34 980 698 509
info@giluna.es
www.giluna.es

Lunas Nuevas 2019 T R
100% tinta de Toro

92 🌿

Farbe: tiefes Kirschrot. Aroma: reifes Obst, trockene Kräuter, weiches Eichenholz, Früchtekonfit, Wildkräuter. Mund: kraftvoll, reife Früchte, würzig, trockene, aber reife Tannine, ziemlich nachhaltig.

Lunas Nuevas Orange 2022 B
85% verdejo, 15% albillo

90 🌿

Herb. Farbe: leuchtendes Strohgelb. Aroma: Kräutersäckchen, feine Hefen, helle Früchte, Getreidenoten. Mund: voll, schöne Säure, geschmackvoll.

Sin Complejos 2022 T
100% tinta de Toro

88 🌿

Korpulent, ausgewogen, würzig, fruchtig, kräuterig.

Tres Lunas 2020 T
100% tinta de Toro

90 🌿

Farbe: leuchtendes Kirschrot. Aroma: frisches Obst, weiches Eichenholz, rote Früchte, Buschwaldkräuter. Mund: schöne Säure, würzig, feinkörnige Tannine.

DO TORO / D.O.P.

HACIENDA TERRA DURO
Doctrinos 20 , 5°C
47001 Valladolid (Valladolid)
☎: +34 670 609 440
administracion@terraduro.com
www.terraduro.com

Finca La Rana 2022 T C
100% tinta de Toro
90
Farbe: tiefes Kirschrot. Aroma: reifes Obst, trockene Kräuter, weiches Eichenholz, dunkle Früchte, Schwarzer Pfeffer. Mund: kraftvoll, reife Früchte, würzig, geschmackvoll, trockene, aber reife Tannine.

Picio 2023 T
garnacha, tinta de Toro
89
Ausgewogen, würzig, blumig, frisch, kräuterig.

Terra Duro La Enfermera 2023 T RB
tinta de Toro
89
Korrekt, frisch, geschmackvoll, würzig, kräuterig.

Terraduro Selección 2020 T
100% tinta de Toro
91
Farbe: kirschrot mit granatrotem Saum. Aroma: weiches Eichenholz, Früchtekonfit, erdig. Mund: kraftvoll, reife Früchte, würzig, reife Tannine.

Tres 60° 2021 T
92 ☘
Farbe: kirschrot mit violettem Saum. Aroma: blumig, würzig, feiner Kakao, dunkle Früchte, reifes Obst. Mund: geschmackvoll, fruchtig, schöne Säure, lang.

Uro 2022 T
100% tinta de Toro
92
Farbe: tiefes Kirschrot. Aroma: reifes Obst, trockene Kräuter, weiches Eichenholz, dunkle Früchte, Schwarzer Pfeffer. Mund: kraftvoll, reife Früchte, würzig, reife Tannine, geschmackvoll, ausgewogen.

HAMMEKEN CELLARS
03700 Denia (Alacant/Alicante)
☎: +34 965 791 967
cellars@hammekencellars.com
www.hammekencellars.com

Aventino 121 2022 T
89
Lieblich, Röstaromen, geschmackvoll, kraftvoll, reif.

LA VIÑA DEL ABUELO
Merced, 1, 3 y 5
49800 Toro (Zamora)
☎: +34 617 329 426
bodega@abuelovino.com
www.abuelovino.com

739m 2018 T C
tinta de Toro
91
Farbe: tiefes Kirschrot. Aroma: reifes Obst, trockene Kräuter, weiches Eichenholz, kandierte Früchte, rote Früchte, rauchig. Mund: kraftvoll, reife Früchte, würzig, reife Tannine, fruchtig, geschmackvoll, nachhaltig.

739m 2019 T RB
tinta de Toro
90
Farbe: tiefes Kirschrot. Aroma: reifes Obst, trockene Kräuter, weiches Eichenholz, dunkle Früchte. Mund: kraftvoll, reife Früchte, würzig, reife Tannine, geschmackvoll, rauchig nachwirkend.

La Viña del Abuelo Premium 2019 T
tinta de Toro
90
Farbe: leuchtendes Kirschrot. Aroma: dunkle Früchte, reifes Obst, würzig, weiches Eichenholz, trockene Kräuter. Mund: fruchtig, geschmackvoll, ausgewogen, ziemlich nachhaltig, trockene, aber reife Tannine.

La Viña del Abuelo Selección Especial 2018 T C
tinta de Toro
92
Farbe: tiefes Kirschrot, violetter Saum. Aroma: reifes Obst, trockene Kräuter, weiches Eichenholz, rote Früchte, süße Gewürze. Mund: kraftvoll, reife Früchte, würzig, reife Tannine, fruchtig, geschmackvoll.

LEGADO DE ORNIZ
Ctra. San Román de Hornija-Toro, VP 7000 km 1
47530 San Román de Hornija (Valladolid)
☎: +34 669 545 976
info@legadodeorniz.com
www.legadodeorniz.com

Cindus 2020 T
tinta de Toro
87

Epitafio 2020 T RB
tinta de Toro
91
Farbe: tiefes Kirschrot. Aroma: trockene Kräuter, weiches Eichenholz, dunkle Früchte. Mund: kraftvoll, reife Früchte, würzig, reife Tannine.

Triens 2020 T RB
tinta de Toro
90
Farbe: kirschrot mit violettem Saum. Aroma: rote Früchte, blumig, würzig. Mund: geschmackvoll, fruchtig, schöne Säure.

MATSU
Ctra. Tordesillas, 13
49800 Toro (Zamora)
☎: +34 608 302 372
marketing@vintae.com
www.bodegamatsu.com

Matsu El Pícaro 2023 T
tinta de Toro
89
Fruchtig, reif, trockene Kräuter, geschmackvoll, würzig.

Matsu El Recio 2022 T
tinta del país
91
Farbe: tiefes Kirschrot. Aroma: trockene Kräuter, weiches Eichenholz, dunkle Früchte. Mund: reife Früchte, würzig, grobkörnige Tannine.

Matsu El Viejo 2021 T
tinta de Toro
92
Farbe: tiefes Kirschrot. Aroma: trockene Kräuter, dunkle Früchte, reifes Obst, feine Reduktionsnoten, würzig. Mund: kraftvoll, reife Früchte, würzig, reife Tannine.

Matsu La Jefa 2021 B
malvasía
91
Farbe: leuchtendes Strohgelb. Aroma: Kräutersäckchen, feine Hefen, blumig, helle Früchte. Mund: voll, fett, lang, schöne Säure.

MOISÉS GRAN VINO
Avda. Comuneros, 102
49810 Morales de Toro (Zamora)
☎: +34 915 610 894
bodega@heredaduruena.com
www.heredaduruena.com

Moisés Gran Vino 2016 T BA
100% tinta de Toro
92
Farbe: tiefes Kirschrot. Aroma: trockene Kräuter, weiches Eichenholz, feuchtes Leder, Fleischnoten, süße Gewürze, kandierte Früchte. Mund: kraftvoll, reife Früchte, würzig, trockene, aber reife Tannine, rauchig nachwirkend.

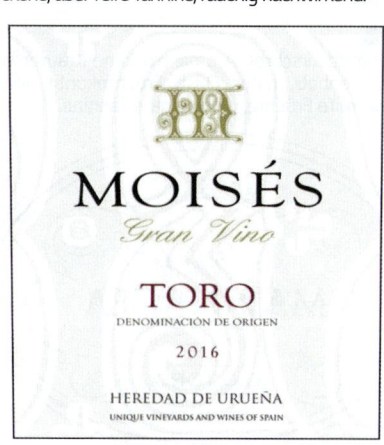

Toralto 2017 T BA
100% tinta de Toro
90
Farbe: dunkles Kirschrot, granatroter Saum. Aroma: reifes Obst, Früchtekonfit, Noten von Tischlerei, Tabak, süße Gewürze. Mund: würzig, ziemlich nachhaltig, rauchig nachwirkend, trockene, aber reife Tannine.

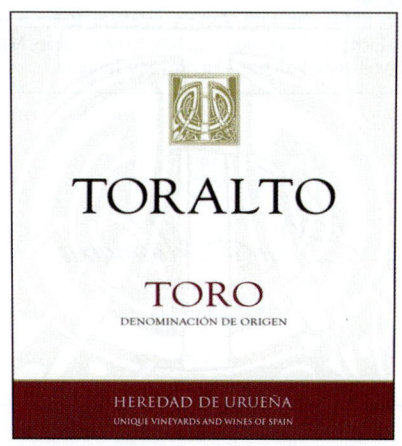

DO TORO / D.O.P.

SPANIENS WEINFÜHRER

Víctor de Valdeguariza 2022 B
100% malvasía castellana

88

Milchig, voll, würzig, korrekt.

PAGO DE MARINACEA
Marqués de la Ensenada 16 - 12º
28004 Madrid (Madrid)
☎: +34 983 361 046
info@marinacea.com
www.marinacea.com

Pago de Marinacea 2018 T
tinta de Toro

90 🌱

Farbe: tiefes Kirschrot. Aroma: trockene Kräuter, weiches Eichenholz, reifes Obst, Früchtekonfit. Mund: kraftvoll, reife Früchte, würzig, reife Tannine.

Sublime 2020 T GR
tinta de Toro

93 🌱

Farbe: tiefes Kirschrot. Aroma: trockene Kräuter, weiches Eichenholz, dunkle Früchte, feiner Kakao. Mund: kraftvoll, reife Früchte, würzig, reife Tannine.

Pago de Marinacea 2018 T RB

87

Pago de Marinacea Joven 2023 T

88 🌱

Aromatisch, fruchtig, trockene Kräuter, von Primäraromen beherrscht, kräuterig.

PAGOS DEL REY TORO
Avda. de los Comuneros, 90
49810 Morales de Toro (Zamora)
☎: +34 980 698 023
Fax: +34 980 698 020
toro@pagosdelrey.com
www.pagosdelrey.com

Arnum 2022 T RB
tinta de Toro

87

Arnum 2023 T

87

Bajoz 2023 T RB
tempranillo

87

El Pillo 2023 T RB
tempranillo

88

Korpulent, ausgewogen, würzig, frisch, fruchtig.

El Pillo Viñas Rebeldes 2021 T

90

Farbe: kirschrot mit violettem Saum. Aroma: rote Früchte, blumig, würzig. Mund: geschmackvoll, fruchtig, schöne Säure.

Gran Bajoz 2021 T
tempranillo, tinta de Toro

91

Farbe: kirschrot mit violettem Saum. Aroma: ausdrucksstark fruchtig, rote Früchte, würzig, dunkle Früchte, getrocknete Blumen. Mund: geschmackvoll, fruchtig, frisch, ausgewogen, ziemlich nachhaltig, trockene, aber reife Tannine.

PALACIO DE VILLACHICA
Ctra. N-122 Km. 433
49800 Toro (Zamora)
☎: +34 638 330 767
comunicacion@grupopalaciodevillachica.com
www.grupopalaciodevillachica.com

Arbocala 2021 T
tinta de Toro

89

Durchschnittlich am Gaumen, ausgewogen, würzig, kräuterig, Röstaromen.

Palacio de Villachica 2017 T C
tinta de Toro

92
Farbe: tiefes Kirschrot, violetter Saum. Aroma: reifes Obst, trockene Kräuter, weiches Eichenholz, dunkle Früchte. Mund: kraftvoll, reife Früchte, würzig, geschmackvoll, trockene, aber reife Tannine.

Palacio de Villachica Dehesa San Andrés Vendimia Seleccionada 2020 T
tinta de Toro

91
Farbe: kirschrot mit violettem Saum. Aroma: ausdrucksstark fruchtig, rote Früchte, blumig, würzig, Buschwaldkräuter. Mund: geschmackvoll, fruchtig, schöne Säure, lang.

SAN ROMÁN BODEGAS Y VIÑEDOS
Ctra. N-122, Km. 412 - Villaester
47112 Pedrosa del Rey (Valladolid)
☎: +34 983 784 118
info@bodegasanroman.com
www.bodegasanroman.com

Cartago 2019 T
100% tinta de Toro

94 🍷
Farbe: tiefes Kirschrot. Aroma: reifes Obst, trockene Kräuter, dunkle Früchte, feiner Kakao. Mund: kraftvoll, reife Früchte, würzig, reife Tannine.

San Román 2021 T
100% tinta de Toro

94 🍷
Farbe: tiefes Kirschrot. Aroma: reifes Obst, trockene Kräuter, dunkle Früchte, feiner Kakao. Mund: reife Früchte, würzig, reife Tannine, ausgewogen, spannungsvoll.

SPANISH PALATE
Avda. Carlos Latorre, 30
49800 Toro (Zamora)
☎: +34 980 690 643
export@spanishpalate.es
www.spanishpalate.es

El Alma de Gildo 2021 T
100% tinta de Toro

90
Farbe: kirschrot mit violettem Saum. Aroma: ausdrucksstark fruchtig, rote Früchte, blumig, würzig. Mund: geschmackvoll, fruchtig, schöne Säure.

TESO LA MONJA
Paraje Valdebuey s/n
49882 Valdefinjas (Zamora)
☎: +34 980 568 143
info@sierracantabria.com
www.sierracantabria.com

🏆 PODIUM
Alabaster 2021 T

99
Lieblich, reif, mild. Farbe: sattes Kirschrot. Aroma: komplex, ausdrucksvoll, würzig, mineralisch, erdig. Mund: elegant, voll, lang, nachhaltig.

Almirez 2022 T

93
Farbe: kirschrot mit violettem Saum. Aroma: rote Früchte, blumig, süße Gewürze, weiches Eichenholz. Mund: geschmackvoll, fruchtig, schöne Säure, lang.

Románico 2022 T

89
Klar definierte Aromen, durchschnittlich am Gaumen, würzig, saftig, reif, geschmackvoll, Röstaromen.

🏆 PODIUM
Teso La Monja 2018 T
tinta de Toro

97
Röstaromen. Farbe: dunkles Kirschrot, granatroter Saum. Aroma: reifes Obst, Früchtekonfit, Noten von Tischlerei, Tabak, süße Gewürze. Mund: würzig, reife Tannine, lang.

🏆 PODIUM
Victorino 2021 T
tinta de Toro

95
Klar definierte Aromen, üppig. Farbe: tiefes Kirschrot. Aroma: komplex, ausdrucksvoll, würzig, mineralisch, reifes Obst, dunkle Früchte, Heidelbeere. Mund: voll, lang, nachhaltig.

TINTA ROSA
Ctra, Valdefinjas, Km. 6.9
49882 Valdefinjas (Zamora)
☎: +34 626 410 524
info@tintarosa.wine
www.tintarosa.wine

Tinta Rosa 2022 T RB
100% tinta de Toro

88
Ausgewogen, vegetabil, reif, geschmackvoll, würzig.

DO TORO / D.O.P.

SPANIENS WEINFÜHRER

DO TORO / D.O.P.

Tinta Rosa Selección 2020 T C
100% tinta de Toro
89
Blumig, fruchtig, frisch, kräuterig, korpulent.

Tinta Rosa Vinificación Integral 2021 T C
100% tinta de Toro
89
Etwas austrocknend, würzig, trockene Kräuter, reif.

VIÑADORES DE CASTILLA
Corrillo Toto Vasco, 5
05220 Madrigal de las Altas Torres (Segovia)
☎: +34 658 846 188
info@rodriguezdevera.com
www.rodriguezdevera.com

Ingrato 2020 T
tinta de Toro
92
Farbe: kirschrot mit granatrotem Saum. Aroma: Früchtekonfit, in Likör eingelegte Früchte, kraftvoll, Röstaromen, weiches Eichenholz. Mund: geschmackvoll, leicht süßlich, lang.

VIÑEDOS ALONSO DEL YERRO
49810 Morales de Toro (Zamora)
☎: +34 947 540 014
administracion@vay.es
www.alonsodelyerro.es

Paydos 2019 T
100% tinta de Toro
93
Farbe: dunkles Kirschrot, violetter Saum. Aroma: Röstaromen, würzig, feiner Kakao, reifes Obst, dunkle Früchte, getrocknete Blumen. Mund: geschmackvoll, Röstnoten, zartbitter, fruchtig, würzig, trockene, aber reife Tannine.

VIÑEDOS DEL YASO
Rozabella, 6 ED. Paris, Pl.1
28293 Las Rozas (Madrid)
☎: +34 683 394 005
export@vinosiberian.com
www.vinosiberian.com

Yaso 2022 T
tinta de Toro
87

Yaso Flor de Matteria 2022 T
tinta de Toro
89
Holzig, Cremig, würzig, vegetabil, reif.

Yaso Matteria Viñas Viejas 2018 T
100% tinta de Toro
93
Noch nicht vollständig entfaltet. Farbe: tiefes Kirschrot, violetter Saum. Aroma: reifes Obst, trockene Kräuter, weiches Eichenholz, Röstaromen, feiner Kakao. Mund: kraftvoll, würzig, kräftige Tannine, fruchtig, ziemlich nachhaltig, rauchig nachwirkend.

DO. UCLÉS
CONSEJO REGULADOR

Avda. Miguel Cervantes, 93
16400 Tarancón (Cuenca)
☎: +34 969 135 056
@: info@vinosdeucles.com
www.vinosdeucles.com

LAGE:

Das Anbaugebiet umfasst 25 Gemeinden im Westen der Provinz Cuenca und drei Gemeinden im Nordosten der Provinz Toledo. Der Großteil der Rebflächen liegt allerdings bei Tarancón und den umliegenden Gemeinden von Cuenca bis nach Huete an der Grenze des DO-Gebiets mit der Alcarría.

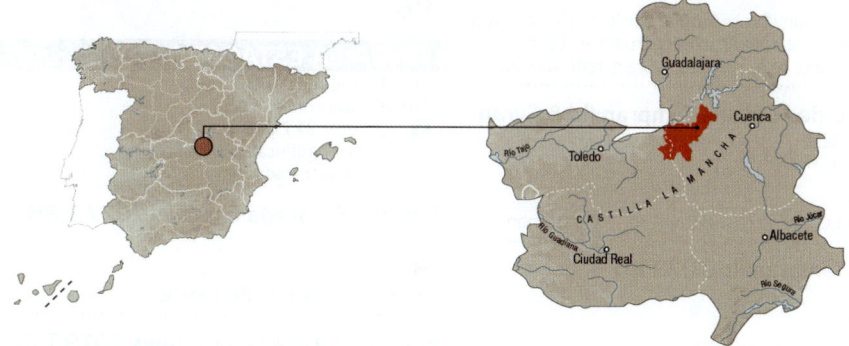

REBSORTEN:

WEISS: Verdejo, Moscatel de Grano Menudo, Chardonnay, Sauvignon Blanc, Airén und Viura (macabeo).

ROT: Tempranillo, Merlot, Cabernet Sauvignon, Garnacha und Syrah.

DATEN:

Rebfläche (ha): 1.700 – **Winzer:** 532 – **Weinerzeuger:** 4 – **Jahrgang 22:** Unrated – **Jahresproduktion 22:** 2.943.593 L **Absatz:** 79% Spanien - 21% Export.

BODENVERHÄLTNISSE:

In beiden Provinzen generell tief und wenig fruchtbar, Sandboden oder sandige Lehmboden mit zunehmendem Tonanteil, je näher die Rebflächen an den Flüssen Riansares und Bendija liegen.

KLIMA:

Die Gipfel der sanft gewellten Sierra von Altamira reichen von durchschnittlich 600 m in La Mancha bis auf 1200 Meter. Diese Höhenunterschiede beeinflussen das kontinentale Klima, welches hier weniger extrem, weitaus gemäßigter und sogar leicht mediterran ist. Regen fällt daher nur spärlich bei einer Niederschlagsmenge, die eher einem semiariden Klima entspricht.

ERNTEBEWERTUNG ANHAND JUNGER WEINE GUÍAPEÑÍN

2019	2020	2021	2022	2023
UNRATED	UNRATED	UNRATED	UNRATED	UNRATED

DO UCLÉS / D.O.P.

BODEGAS & VIÑEDOS FONTANA
Extramuros s/n
16411 Fuente de Pedro Naharro (Cuenca)
☎: +34 969 125 433
o.moreno@peninsula.wine
www.peninsula.wine

Dominio de Fontana Sauvignon Blanc & Verdejo 2023 B
sauvignon blanc, verdejo

89
Zitrusfrüchte, frisch, kräuterig, geschmackvoll.

Dominio de Fontana Tempranillo & Cabernet Sauvignon 2020 T C
tempranillo, cabernet sauvignon

90
Farbe: tiefes Kirschrot. Aroma: trockene Kräuter, weiches Eichenholz, rote Früchte, geröstetes Brot, dunkle Früchte. Mund: reife Früchte, würzig, reife Tannine.

Dominio de Fontana Tempranillo & Syrah 2021 T RB
tempranillo, syrah

89
Ausgewogen, würzig, vegetabil, reif, Röstaromen.

Mesta Tempranillo 2023 RD
tempranillo

88
Blumig, reif, geschmackvoll.

Mesta Tempranillo 2023 T
88
Angenehm, reif, fruchtig, warm.

Mesta Verdejo 2023 B
verdejo

88
Angenehm, tropische, mild, schlicht.

Quinta de Quercus Single Vineyard 2020 T
tempranillo, syrah

90
Farbe: kirschrot mit violettem Saum. Aroma: ausdrucksstark fruchtig, rote Früchte, würzig, trockene Kräuter. Mund: geschmackvoll, fruchtig, schöne Säure.

BODEGAS SOLEDAD
Ctra. Tarancón, s/n
16411 Fuente de Pedro Naharro (Cuenca)
☎: +34 969 125 039
calidad@bodegasoledad.com
www.bodegasoledad.com

Solmayor Airén 2023 B SD
airén

85

Solmayor Tempranillo T
87

Solmayor Verdejo-Sauvignon Blanc 2023 B
verdejo, sauvignon blanc

86

FINCA LA ESTACADA
Ctra. N-400, Km. 103
16400 Tarancón (Cuenca)
☎: +34 969 327 099
comunicacion@fincalaestacada.com
www.fincalaestacada.com

Finca la Estacada 6 meses 2022 T RB
tempranillo

88
Fruchtig, reif, rauchig, Röstaromen.

Finca la Estacada Varietales 2019 T R
tempranillo, cabernet sauvignon, malbec, syrah

89
Fruchtig, kräuterig, würzig, geschmackvoll.

La Estacada Chardonnay 2023 B FB
chardonnay

86

La Estacada Selección de Parcelas 2020 T C
tempranillo, cabernet sauvignon

89
Fruchtig, würzig, reif, kräuterig, geschmackvoll.

La Estacada Syrah Merlot 2021 T C
syrah, merlot

90
Farbe: kirschrot mit violettem Saum. Aroma: ausdrucksstark fruchtig, rote Früchte, würzig, dunkle Früchte, reifes Obst, Röstaromen. Mund: geschmackvoll, fruchtig, rauchig nachwirkend, Röstnoten, ziemlich nachhaltig, trockene, aber reife Tannine.

DO. UTIEL - REQUENA
CONSEJO REGULADOR

Sevilla, 12. Apdo. 61
46300 Utiel (Valencia)
☎: +34 962 171 062
@: info@utielrequena.org
www.utielrequena.org

LAGE:

Im Westen der Provinz Valencia mit den Gemeinden Camporrobles, Caudete de las Fuentes, Fuenterrobles, Requena, Siete Aguas, Sinarcas, Utiel, Venta del Moro und Villagordo de Cabriel.

REBSORTEN:

WEISS: Tardana, Macabeo, Merseguera, Chardonnay, Sauvignon Blanc, Parellada, Verdejo, Moscatel de Grano Menudo, Viognier, Varel.lo, Godello, Garnacha Blanca, Tortosí und Albariño.

ROT: Bobal, Tempranillo, Garnacha, Cabernet Sauvignon, Merlot, Syrah, Pinot Noir, Garnacha Tintorera, Petit Verdot, Graciano, Monastrell und Cabernet Franc.

DATEN:

Rebfläche (ha): 31.565 – **Winzer:** 4.390 - **Weinerzeuger:** 117 – **Jahrgang 23:** Sehr Gut – **Jahresproduktion 23:** 26.966.106 L. – **Absatz:** 44% Spanien - 56% Export.

BODENVERHÄLTNISSE:

Mehrheitlich von dunkler, fast rötlicher Farbe und kalkhaltig, arm an organischer Materie und mit guter Wasserdurchlässigkeit. Zwischen den Weinstöcken ragen vereinzelt Bäume aus den Rebflächen, die von Wäldern in einem malerischen Landschaftsbild eingerahmt sind.

KLIMA:

Kontinental mit mediterranen Einflüssen, kalte Winter und etwas mildere Sommer als in anderen Teilen Valencias. Die relativ geringen Niederschläge liegen im Jahresdurchschnitt bei 400 mm.

ERNTEBEWERTUNG ANHAND JUNGER WEINE GUÍAPEÑÍN

2019	2020	2021	2022	2023
SEHR GUT	SEHR GUT	SEHR GUT	GUT	GUT

DO UTIEL-REQUENA / D.O.P.

BODEGA & VIÑEDOS CARRES
Francho, 1
46352 Casas de Eufema (València/Valencia)
☎: +34 675 515 729
torrescarpio.jl@gmail.com
www.bodegacarres.com

Malarado 2022 RD FB
bobal, garnacha

87 ♣

Membrillera 2022 T C
bobal

90 ♣

Farbe: kirschrot mit violettem Saum. Aroma: reifes Obst, würzig, Röstaromen, trockene Kräuter. Mund: würzig, fruchtig, reife Tannine, reife Früchte.

Olivastro 2021 T
bobal

88 ♣

Fruchtig, würzig, reif, korrekt.

Pico d´Aliga 2021 T C
garnacha

88 ♣

Ausgewogen, würzig, Röstaromen, trockene Kräuter.

Sabinilla 2022 B FB
100% tardana

88 ♣

Rustikal, Oxidativ, wild, säuerlich, korrekt, getrocknete Blumen, würzig.

BODEGA ARANLEÓN
Ctra. Caudete, 3
46310 Los Marcos (València/Valencia)
☎: +34 963 631 640
vinos@aranleon.com
www.aranleon.com

Aranleón Sólo 2021 T C
80% bobal, 20% cabernet sauvignon

89 ♣

Angenehm, mild, geschmackvoll, balsamisch.

Aranleón Sólo 2023 B
macabeo, sauvignon blanc

90 ♣

Aroma: weiße Blumen, Jasmin, trockene Kräuter. Mund: geschmackvoll, fruchtig, ausgewogen, zartbitter.

Blés 2021 T RB

88 ♣

Lieblich, Röstaromen, geschmackvoll, warm.

Blés 2023 B
macabeo, sauvignon blanc

88 ♣

Angenehm, aromatisch, blumig, tropische.

BODEGA DE MOYA
Avda. de Las Bodegas, 14
46300 Utiel (València/Valencia)
☎: +34 665 330 991
info@demoya.es
www.demoya.es

Justina 2021 T
100% bobal

89

Ausgewogen, kräuterig, reif, balsamisch.

María 2021 T R
100% bobal

89

Ausgewogen, reif, voll, trockene Kräuter, Röstaromen, wild.

Sofía 2021 T
100% bobal

90

Farbe: tiefes Kirschrot. Aroma: trockene Kräuter, weiches Eichenholz, dunkle Früchte. Mund: reife Früchte, würzig, grobkörnige Tannine.

BODEGA DUSSART PEDRÓN
Saliente, 12
46355 Los Pedrones (València/Valencia)
☎: +34 722 270 944
bodegadussartpedron@gmail.com
www.bodegadussartpedron.com

Le Bobal 2022 T BA
bobal

91 ♣

Klar definierte Aromen, von Primäraromen beherrscht. Farbe: durchscheinendes Kirschrot. Aroma: rote Früchte. Mund: korrekt, feinkörnige Tannine, süffig, ziemlich nachhaltig.

Le Cencibel 2022 T BA
tempranillo

90 ♣

Korrekt, getrocknete Blumen, vegetabil, mild, wild, schlicht, durchschnittlich am Gaumen, wenig interventionistisch. Aroma: mittlere Intensität, offen. Mund: korrekt.

Le Grenache 2021 T RB
garnacha

93 ♣

Wild, sortenrein. Farbe: KirsChrot. Aroma: balsamisch, Buschwaldkräuter. Mund: würzig, balsamisch, schöne Säure, spannungsvoll, süffig.

Le Rosé 2022 RD
bobal, garnacha, tempranillo

91
Farbe: blassrosa. Aroma: rote Früchte, blumig, Kräutersäckchen. Mund: würzig, schöne Säure, zartbitter.

BODEGA FINCA LA PICARAZA
46313 Las Casas de Utiel (València/Valencia)
info@bodegafincalapicaraza.com
www.bodegafincalapicaraza.com

La Picaraza Bobal Clásico 2020 T C
100% bobal

92
Mit Persönlichkeit. Farbe: tiefes Kirschrot. Aroma: reifes Obst, trockene Kräuter, weiches Eichenholz, Wildkräuter, Weihrauch, Tomate. Mund: kraftvoll, reife Früchte, würzig, trockene, aber reife Tannine, ziemlich nachhaltig.

BODEGA JIMÉNEZ-VILA
46340 Requena (València/Valencia)
☎: +34 604 553 279
bodegas@jimenezvila.es
www.jimenezvila.es

Nexo 2020 T C
bobal, syrah

89
Würzig, reif, etwas austrocknend, trockene Kräuter.

Nexo 2021 T C
80% bobal, 20% syrah

90
Farbe: tiefes Kirschrot. Aroma: reifes Obst, trockene Kräuter, weiches Eichenholz, würzig, Röstaromen. Mund: kraftvoll, reife Früchte, würzig, geschmackvoll, grobkörnige Tannine.

Núcleo 2021 T
100% bobal

89
Fruchtig, würzig, Röstaromen, rauchig, etwas austrocknend.

Terra de Tardor 2023 B FB
60% tardana, 40% sauvignon blanc

89
Zitrusfrüchte, kräuterig, korrekt.

BODEGA VERA DE ESTENAS
Ctra. N-III, km. 266 - Paraje La Cabezuela
46300 Utiel (València/Valencia)
☎: +34 962 171 141
estenas@veradeestenas.es
www.veradeestenas.es

Casa Don Ángel Bobal 2021 T
bobal

92
Kräuterig, reif, noch nicht vollständig entfaltet. Farbe: tiefes Kirschrot. Aroma: reifes Obst, trockene Kräuter, Schwarzer Pfeffer. Mund: saftig, voll, reife Tannine.

El Bobal Estenas 2023 T

88
Würzig, blumig, trockene Kräuter, etwas austrocknend.

Estenas Bobal 2023 RD

87

La Tardana Estenas 2023 B
tardana

89
Farbe: leuchtendes Strohgelb, grünlicher Saum. Aroma: frisches Obst, Zitrusfrüchte, Wildkräuter, Buschwaldkräuter, Sträucher. Mund: frisch, fruchtig, zartbitter, reife Früchte.

BODEGAS ARRÁEZ
Pol. 6 Parcela 386 Paraje Ciscar
46630 La Font de la Figuera (València/Valencia)
☎: +34 962 290 031
info@bodegasarraez.com
www.bodegasarraez.com

Vividor 2022 T
100% bobal

87

BODEGAS COVIÑAS
Avda. Rafael Duyos, s/n
46340 Requena (València/Valencia)
☎: +34 628 124 926
palvarez@covinas.com
www.covinas.com

Adnos Bobal 2019 T
bobal

90
Farbe: tiefes Kirschrot. Aroma: dunkle Früchte, Buschwaldkräuter, Zedernholz. Mund: reife Früchte, würzig, reife Tannine.

Aula 2023 B
macabeo, sauvignon blanc

84

DO UTIEL-REQUENA / D.O.P.

DO UTIEL-REQUENA / D.O.P.

Aula Bobal 2023 RD
bobal
87

Aula Bobal Tempranillo 2020 T C
bobal, tempranillo
85

Enterizo 2019 T R
bobal, tempranillo, cabernet sauvignon, garnacha
85

Veterum Vitium 2021 T
bobal
87

BODEGAS EMILIO CLEMENTE
Camino de San Blas, s/n
46340 Requena (València/Valencia)
☎: +34 601 410 728
administracion@eclemente.es
www.eclemente.es

Chardo Day 2023 B
macabeo
85

Emilio Clemente 2022 T
bobal, tempranillo
87

Peñas Negras 2022 T
tempranillo
85

BODEGAS HISPANO SUIZAS
Ctra. N-322, Km. 451,7
46357 El Pontón (València/Valencia)
☎: +34 962 349 370
info@bodegashispanosuizas.com
www.bodegashispanosuizas.com

Bassus Pinot Noir Dulce 2023 RD D
100% pinot noir
89
Angenehm, aromatisch, fruchtig, naschhaft.

Finca Casa Julia 2022 B
100% albariño
93
Spannungsvoll. Farbe: leuchtendes Gelb. Aroma: reifes Obst, trockene Kräuter, welke Blumen, Röstaromen. Mund: reife Früchte, ausgewogen, geschmackvoll.

Quod Superius 2019 T
bobal, cabernet franc, merlot, syrah
93
Komplex, Röstaromen, geschmackvoll. Farbe: dunkles Kirschrot. Aroma: Röstaromen, würzig, feiner Kakao, aromatischer Kaffee, reifes Obst. Mund: geschmackvoll, Röstnoten, zartbitter.

BODEGAS IRANZO
46315 Caudete de las Fuentes (València/Valencia)
☎: +34 962 319 282
comercial@bodegasiranzo.com
www.bodegasiranzo.com

Ensamblaje Clandestino MMXX 3º Edición 2020 T
tempranillo, bobal, cabernet sauvignon
90
Klassisch, korpulent, würzig, trockene Kräuter, warm. Aroma: dunkle Früchte, reifes Obst, Wachs.

Finca Cañada Honda 2023 T MC
bobal, garnacha
88 🌱
Aromatisch, fruchtig, von Primäraromen beherrscht, reif, korrekt, geschmackvoll, naschhaft.

Finca Cañada Honda Bobal 2019 T BA
bobal
87 🌱

Living Tempranillo 2022 T
tempranillo
85 🌱

Tardana Oculta 2022 B
tardana
89 🌱
Angenehm, Zitrusfrüchte, korrekt, getrocknete Blumen, trockene Kräuter, würzig, reif.

BODEGAS MURVIEDRO
Ampliación Pol. El Romeral, s/n
46340 Requena (València/Valencia)
☎: +34 962 329 003
murviedro@murviedro.es
www.murviedro.es

Expresion Reserva Bobal 2019 T R
100% bobal
88
Korpulent, ausgewogen, würzig, kräuterig.

La Casa de la Seda 2021 T BA
100% bobal

91

Farbe: tiefes Kirschrot. Aroma: reifes Obst, trockene Kräuter, weiches Eichenholz, Röstaromen. Mund: reife Früchte, würzig, reife Tannine.

Murviedro Cepas Viejas Bobal 2020 T C
100% bobal

90

Röstaromen. Farbe: tiefes Kirschrot. Aroma: trockene Kräuter, weiches Eichenholz, dunkle Früchte. Mund: reife Früchte, würzig, reife Tannine.

Murviedro Colección Bobal 2022 T RB
100% bobal

88

Ausgewogen, würzig, vegetabil, Röstaromen.

Sericis Cepas Viejas Bobal 2020 T
100% bobal

88

Korpulent, würzig, reif, Röstaromen.

Vallejo Avenas 2022 B FB
100% chardonnay

91

Farbe: leuchtendes Gelb. Aroma: kraftvoll, weiches Eichenholz, reifes Obst, würzig, gebackenes Obst. Mund: fett, strukturiert, Röstnoten, zartbitter, frisch.

BODEGAS NODUS
Finca El Renegado, s/n
46315 Caudete de las Fuentes (València/Valencia)
☎: +34 962 174 029
info@bodegasnodus.com
www.bodegasnodus.com

Nodus Chardonnay 2023 B
chardonnay

88 🌿

Fruchtig, würzig, reif, geschmackvoll, ohne Charakter. Aroma: Steinobst.

Nodus DP 2021 T
bobal

89 🌿

Klar definierte Aromen, nach Eingemachtem, würzig, reif, angenehm, lieblich. Aroma: erdig.

Nodus Summun 2020 T
60% tempranillo, 20% merlot, 20% cabernet sauvignon

89 🌿

Warm, Röstaromen, mild, reif.

Nodus Summun 2021 T
tempranillo, merlot, cabernet sauvignon

90 🌿

Farbe: dunkles Kirschrot. Aroma: Röstaromen, würzig, feiner Kakao, reifes Obst. Mund: geschmackvoll, Röstnoten, zartbitter.

BODEGAS PASIEGO
Avda. Virgen de Tejeda, 28
46320 Sinarcas (València/Valencia)
☎: +34 609 076 575
bodega@bodegaspasiego.com
www.bodegaspasiego.com

Pasiego "CÆSAR" 2017 T C
cabernet sauvignon, merlot, bobal, syrah

88

Fruchtig, nach Eingemachtem, würzig, etwas austrocknend.

Pasiego Aurum 2022 B
70% chardonnay, 30% sauvignon blanc

89

Fruchtig, kräuterig, reif, geschmackvoll.

DO UTIEL-REQUENA / D.O.P.

DO UTIEL-REQUENA / D.O.P.

Pasiego Bobal 2018 T C
100% bobal

89
Alt, fruchtig, würzig, nach Eingemachtem, etwas austrocknend, rustikal.

Pasiego de Autor 2017 T C
25% cabernet sauvignon, 25% merlot, 25% syrah, 25% bobal

89
Fruchtig, nach Eingemachtem, würzig, etwas austrocknend, überreif.

**Pasiego Julieta
Naturalmente Dulce 2018 B D**
70% chardonnay, 30% sauvignon blanc

93
Farbe: leuchtendes Gelb. Aroma: ausdrucksstark fruchtig, Steinobst, blumig, Honignoten. Mund: geschmackvoll, fruchtig, süß, ausgewogen, schöne Säure.

**Pasiego Julieta
Naturalmente Dulce B D**
70% chardonnay, 30% sauvignon blanc

93
Farbe: leuchtendes Gelb. Aroma: ausdrucksstark fruchtig, Steinobst, blumig, Honignoten. Mund: geschmackvoll, fruchtig, süß, ausgewogen, schöne Säure.

Pasiego La Suertes 2023 B
50% sauvignon blanc, 50% macabeo

86

BODEGAS RODENO

Paraje Los Rodenos, Pol. 84 Parc. 207
46357 Hortunas - Requena (València/Valencia)
☎: +34 607 350 277
bodegasrodeno@bodegasrodeno.com
www.bodegasrodeno.com

Rodeno 2020 T C
80% tempranillo, 20% bobal

88
Korpulent, würzig, trockene Kräuter, reif, intensive Röstaromen.

Rodeno Chardonnay Lías 2021 B
chardonnay

88
Zitrusfrüchte, korrekt, ausgewogen, trockene Kräuter.

Rodeno Sauvignon Blanc Lías 2021 B
sauvignon blanc

87

BODEGAS UTIELANAS

Actor Rambal, 31
46300 Utiel (València/Valencia)
☎: +34 962 171 157
administracion@bodegasutielanas.com
www.bodegasutielanas.com

Vega Infante 2022 T
80% bobal, 10% tempranillo, 10% garnacha

86

Vega Infante 2023 B
100% macabeo

86

Vega Infante 2023 RD
100% bobal

87

BODEGAS VEGALFARO

Ctra. Pontón - Utiel, Km. 3
46340 Requena (València/Valencia)
☎: +34 962 320 680
oficina@vegalfaro.com
www.vegalfaro.com

**Caprasia Bobal
Ánfora Biparcelario 2022 T**
100% bobal

90 ♣
Farbe: tiefes Kirschrot. Aroma: trockene Kräuter, Buschwaldkräuter, geröstetes Brot, dunkle Früchte. Mund: reife Früchte, würzig, reife Tannine.

**Caprasia
Bobal-Merlot 2022 T RB**
50% bobal, 50% merlot

87 ♣

Rebel.lia 2023 B
60% chardonnay, 40% sauvignon blanc

86 ♣

Rebel.lia 2023 RD
100% bobal

85 ♣

Rebel.lia 2023 T
garnacha tintorera

87 ♣

**Rebel.lia
Selección Especial 2021 T RB**

91 ♣
Farbe: kirschrot mit violettem Saum. Aroma: rote Früchte, blumig, würzig, kraftvoll. Mund: geschmackvoll, fruchtig, schöne Säure, lang.

BODEGAS VIBE

Los Olmos, 1
46357 El Azagador (València/Valencia)
☎: +34 636 329 233
bodega@bodegasvibe.com
www.bodegasvibe.com

Parsimonia 2020 T C
merlot, cabernet sauvignon

87

Parsimonia
Bobal de Autor 2022 T FB
bobal

91

Saftig, elegant. Farbe: tiefes Kirschrot. Aroma: trockene Kräuter, weiches Eichenholz, dunkle Früchte. Mund: kraftvoll, reife Früchte, würzig, reife Tannine.

Parsimonia
Tardana 2023 B
tardana

86

BODEGAS Y VIÑEDOS SENTENCIA

Ctra. Almansa, 23
46355 Los Pedrones (València/Valencia)
☎: +34 665 969 009
info@bodegassentencia.com
www.bodegassentencia.com

El Indulto 2022 T
100% bobal

93

Farbe: KirsChrot. Aroma: balsamisch, Buschwaldkräuter, erdig, würzig, mineralisch. Mund: würzig, balsamisch, schöne Säure, saftig.

CHOZAS CARRASCAL

46390 San Antonio de Requena (València/Valencia)
☎: +34 963 410 395
chozas@chozascarrascal.es
www.chozascarrascal.com

Anma 2020 T BA
syrah, garnacha

92 🌿

Farbe: tiefes Kirschrot. Aroma: reifes Obst, Buschwaldkräuter, dunkle Früchte. Mund: reife Früchte, würzig, reife Tannine.

Las Dosces 2021 RD
100% garnacha

89 🌿

Zitrusfrüchte, korrekt, trockene Kräuter, naschhaft.

Las Dosces 2022 T RB
bobal

90 🌿

Farbe: kirschrot mit violettem Saum. Aroma: ausdrucksstark fruchtig, rote Früchte, blumig, reifes Obst. Mund: fruchtig, geschmackvoll, ausgewogen.

Las Dosces 2023 B
sauvignon blanc, macabeo

90 🌿

Farbe: strohgelb. Aroma: trockene Kräuter, welke Blumen, helle Früchte. Mund: reife Früchte, ausgewogen, fett, weich am Gaumen.

Materia 2020 T C
100% bobal

93 🌿

Farbe: tiefes Kirschrot. Aroma: weiches Eichenholz, dunkle Früchte, reifes Obst, Buschwaldkräuter, trockene Kräuter, Schokolade, erdig, intensive Röstaromen. Mund: kraftvoll, reife Früchte, würzig, reife Tannine.

Mudare 2020 B
100% macabeo

88 🌿

Oxidiert. Farbe: leuchtendes Gelb. Aroma: würzig, Steinobst, blumig. Mund: fett, strukturiert, frisch.

CLOS COR VÍ

Ctra. N-322, Km. 431
46354 Requena- Los Isidros (València/Valencia)
☎: +34 963 145 807
comunicacion@closcorvi.com
www.closcorvi.com

Las Hoces 2021 T
100% bobal

91 🌿

Farbe: KirsChrot. Aroma: balsamisch, Buschwaldkräuter, erdig, dunkle Früchte. Mund: würzig, reife Tannine, geschmackvoll.

Maloco 2022 T
100% bobal

89 🌿

Lieblich, korrekt, reif, wild, ausgeprägter Säuregehalt, fruchtig.

DO UTIEL-REQUENA / D.O.P.

Guía Peñín **SPANIENS WEINFÜHRER**

DO UTIEL-REQUENA / D.O.P.

DOMINIO DE LA VEGA
Ctra. Madrid - Valencia, Km. 270,6
46390 San Antonio de Requena (València/Valencia)
☎: +34 962 320 570
dv@dominiodelavega.com
www.dominiodelavega.com

Finca La Beata 2017 T GR
100% bobal

92
Farbe: tiefes Kirschrot. Aroma: reifes Obst, trockene Kräuter, Wachs, würzig. Mund: reife Früchte, reife Tannine, geschmackvoll, saftig.

Paraje Tornel 2019 T R
bobal

90
Aromatisch, blumig, ausgeprägter Säuregehalt, klar definierte Aromen, fruchtig. Aroma: reifes Obst, Wildkräuter, ausgewogen.

ENVERO WINE COMPANY
Colón, 28
13700 Tomelloso (Ciudad Real)
☎: +34 630 565 000
info@allblackwines.com
www.allblackwines.com

Allblack Bobal 2019 T BA
100% bobal

91
Farbe: tiefes Kirschrot. Aroma: reifes Obst, trockene Kräuter, weiches Eichenholz. Mund: kraftvoll, reife Früchte, würzig, reife Tannine.

FAMILIA BASTIDA
C. Canónigo Lozano, 11
30520 Jumilla (Murcia)
☎: +34 968 780 142
info@familiabastida.com
www.familiabastida.com

Biftu 2021 T RB
bobal

88
Reif, geschmackvoll, Röstaromen, mild.

FAUSTINO RIVERO ULECIA
Avda. Rafael Duyos, 6-8
46340 Requena (València/Valencia)
☎: +34 941 380 057
www.faustinorivero.com

Audiencia 2022 T RB
bobal

89
Angenehm, warm, Röstaromen, geschmackvoll.

Audiencia 2023 B

86

Audiencia 2023 RD

87

Faustino Rivero Ulecia 2017 T GR

88
Angenehm, klassisch, komplex, mild.

Faustino Rivero Ulecia Bobal Tempranillo 2019 T R
bobal, tempranillo

89
Lieblich, Röstaromen, geschmackvoll, reif.

Faustino Rivero Ulecia Bobal Tempranillo 2021 T C
75% bobal, 25% tempranillo

88
Angenehm, geschmackvoll, reif, klassisch.

Faustino Rivero Ulecia Bobal Tempranillo 2022 T RB

87

LADRÓN DE LUNAS
Ctra. Villar de Olmos, Km. 2
46340 Requena (València/Valencia)
☎: +34 652 577 972
contabilidad@ladrondelunas.es

Ladrón de Lunas 2023 B
macabeo, sauvignon blanc

88
Zitrusfrüchte, getrocknete Blumen, fruchtig, reif, tropische.

Ladron de Lunas Exclusive Vino de Autor 2019 T GR
bobal

88
Fruchtig, würzig, nach Eingemachtem, schlicht.

LAS MERCEDES DEL CABRIEL
Ctra. Villargordo a Camporrobles, Km. 2
46317 Villargordo del Cabriel (València/Valencia)
☎: +34 659 954 310
jose.leon@bodegalasmercedes.com
www.bodegalasmercedes.com

Las Mercedes del Cabriel Bobal al Límite 2021 T C
bobal

92

Reif, nachhaltig, noch nicht vollständig entfaltet. Farbe: leuchtendes Kirschrot. Aroma: reifes Obst, trockene Kräuter, weiches Eichenholz, Wildkräuter. Mund: reife Früchte, würzig, reife Tannine.

LATORRE AGROVINÍCOLA
Ctra. Requena, 2
46310 Venta del Moro (València/Valencia)
☎: +34 962 185 028
bodega@latorreagrovinicola.com
www.latorreagrovinicola.com

Duque de Arcas 2021 T C
bobal, tempranillo, cabernet sauvignon

86

Duque de Arcas Madurado 2023 T
tempranillo, cabernet sauvignon

87

Parreño 2023 B
83

Parreño 2023 RD
83

Parreño 2023 T
tempranillo, cabernet sauvignon

86

MONTESANCO
Casa de la Viña, Ctra. Utiel-Los Isidros km. 7
46340 Requena (València/Valencia)
☎: +34 962 121 626
vinos@montesanco.com
www.montesanco.com

Casa de la Viña 2021 T
bobal

90

Farbe: KirsChrot. Aroma: balsamisch, süße Gewürze, Buschwaldkräuter, Thymian. Mund: würzig, balsamisch, schöne Säure.

Món Macabeo 2023 B
88 ☘

Beschädigtes Obst, voll, reif, lieblich, Hefenoten.

Món Montesanco Bobal 2016 T
100% bobal

92 ☘

Farbe: tiefes Kirschrot. Aroma: reifes Obst, trockene Kräuter, weiches Eichenholz, dunkle Früchte, würzig. Mund: kraftvoll, reife Früchte, würzig, fruchtig, trockene, aber reife Tannine.

Món Montesanco Bobal 2018 T
100% bobal

91 ☘

Farbe: leuchtendes Kirschrot. Aroma: überreife Früchte, weiches Eichenholz, warm, trockene Kräuter. Mund: nach Eingemachtem, kraftvoll, süße Tannine, fruchtig, geschmackvoll.

Món Montesanco Bobal 2019 T
100% bobal

92 ☘

Aroma: komplex, ausdrucksvoll, würzig, mineralisch, dunkle Früchte, reifes Obst. Mund: voll, lang.

Món Tempranillo 2022 T
tempranillo

91 ☘

Angenehm. Farbe: tiefes Kirschrot. Aroma: reifes Obst, trockene Kräuter, weiches Eichenholz, balsamisch, Buschwaldkräuter. Mund: reife Früchte, würzig, reife Tannine.

PAGO DE THARSYS
Ctra. Nacional III, km. 274
46340 Requena (València/Valencia)
☎: +34 962 303 354
pagodetharsys@pagodetharsys.com
www.pagodetharsys.com

Carlota Suria Organic Bobal 2021 T C
bobal

89 ☘

Fruchtig, würzig, reif, trockene Kräuter, geschmackvoll, sortenrein.

Carlota Suria Organic Chardonnay 2023 B FB
chardonnay

89 ☘

Fruchtig, getrocknete Blumen, kräuterig, milchig, reif.

Pago de Tharsys Cabernet Franc Sin Sulfitos 2023 T
cabernet franc

91 ☘

Farbe: tiefes Kirschrot, violetter Saum. Aroma: reifes Obst, trockene Kräuter, weiches Eichenholz, eine Spur Waldbeeren, würzig. Mund: kraftvoll, reife Früchte, würzig, reife Tannine, geschmackvoll, fruchtig.

DO UTIEL-REQUENA / D.O.P.

DO UTIEL-REQUENA / D.O.P.

Pago de Tharsys Merseguera Sin Sulfitos 2023 B
merseguera

89

Fruchtig, frisch, Zitrusfrüchte, trockene Kräuter, geschmackvoll.

TERRACOTA WINES CHI TAO JIU
Ronda Diputación, 7 P. 2 P. 26
46512 Faura (València/Valencia)
☎: +34 629 013 515
info@terracottawines.es
www.terracottawines.es

Bobale Manneken Pis 2018 T C
100% bobal

89

Fruchtig, reif, rauchig, Röstaromen, geschmackvoll, etwas austrocknend.

Daniela 2017 T C
100% bobal

90

Farbe: Rubí. Aroma: Früchtekonfit, in Likör eingelegte Früchte, kraftvoll, süße Gewürze. Mund: geschmackvoll, leicht süßlich, fruchtig, strukturiert, kräftige Tannine.

Dolia Amphorae Chardonnay 2021 B
chardonnay

88

Ausgewogen, würzig, trockene Kräuter, reif, milchig.

Dolia Amphorae Chardonnay 2022 B

88

Farbe: leuchtendes Gelb. Aroma: reifes Obst, würzig, süße Gewürze, milchig. Mund: fett, strukturiert, zartbitter, würzig.

Dolia Bobal Amphorae 2021 T
bobal

90

Farbe: tiefes Kirschrot. Aroma: reifes Obst, trockene Kräuter, weiches Eichenholz, dunkle Früchte, Buschwaldkräuter. Mund: kraftvoll, reife Früchte, würzig, reife Tannine.

VICENTE GANDÍA
Ctra. Cheste a Godelleta, s/n
46370 Chiva (València/Valencia)
☎: +34 962 524 242
info@vicentegandia.com
www.vicentegandia.es

Vicente Gandía Bobal Blanco by Pepe Hidalgo 2023 B
bobal

88

Zitrusfrüchte, ausgewogen, kräuterig, Hefenoten.

Vicente Gandía Bobal Dulce 2023 RD D
bobal

88

Ausgewogen, naschhaft, Süßwaren, fruchtig, voll, geschmackvoll.

Vicente Gandía Bobal Negro by Pepe Hidalgo 2021 T
bobal

90

Farbe: kirschrot mit violettem Saum. Aroma: rote Früchte, blumig, würzig, geröstetes Brot. Mund: geschmackvoll, fruchtig, schöne Säure.

Vicente Gandía Bobal Rosa by Pepe Hidalgo 2023 RD
bobal

90

Farbe: zwiebelschalfarben. Aroma: welke Blumen, rote Früchte, Wildkräuter. Mund: leicht, korrekt, fruchtig.

VINÍCOLA REQUENENSE
Avda. Rafael Duyos-8
46340 Requena (València/Valencia)
☎: +34 637 711 997
rafael@ochando.vin
www.vinicolarequenense.es

1935 2017 T R
bobal

89

Fruchtig, würzig, Röstaromen, reif, frisch.

Casagrande 2019 T C
tempranillo, syrah, garnacha

88

Fruchtig, reif, würzig, rauchig.

Casagrande 2021 T C
tempranillo, garnacha tintorera, syrah, cabernet sauvignon

87

Casagrande 2023 B
chardonnay, sauvignon blanc, macabeo

87

Casagrande Bobal 2021 T
bobal

88

Fruchtig, würzig, reif, etwas austrocknend.

Palacio Imperial 2021 B
macabeo, chardonnay

86

VINOS SIERRA NORTE
Paraje Finca Calderón
46390 Requena (València/Valencia)
☎: +34 962 323 099
info@bodegasierranorte.com
www.bodegasierranorte.com

Bercial Ladera los Cantos 2021 T R
bobal, cabernet sauvignon

90
Farbe: kirschrot mit violettem Saum. Aroma: reifes Obst, trockene Kräuter, weiches Eichenholz, würzig, Wildkräuter. Mund: kraftvoll, reife Früchte, würzig, reife Tannine, etwas austrocknend.

Bercial Selección 2022 B BA
90
Voll, Cremig, naschhaft. Farbe: leuchtendes Gelb. Aroma: weiches Eichenholz, reifes Obst, würzig. Mund: fett, strukturiert, Röstnoten, zartbitter.

Mariluna 2021 T RB
tempranillo, bobal

90
Farbe: tiefes Kirschrot, violetter Saum. Aroma: reifes Obst, trockene Kräuter, weiches Eichenholz, dunkle Früchte, würzig. Mund: kraftvoll, reife Früchte, würzig, reife Tannine.

Mariluna 2023 B
verdejo, macabeo

88
Korrekt, aromatisch, mild, schlicht, reif.

Pasion de Bobal 2021 T RB
bobal

89
Fruchtig, würzig, korrekt, kräuterig, reif.

VIÑA MEMORIAS
Ctra. Madrid-Valencia, Km 270
46390 San Antonio de Requena (València/Valencia)
☎: +34 669 043 007
contact@vinamemorias.com
www.vinamemorias.com

Alkunya 2022 B
macabeo

89
Zitrusfrüchte, trockene Kräuter, reif, mineralisch.

Memorias del Rambam Blanc 2023 B S
macabeo, xarel.lo

85

Memorias del Rambam Origen 2023 T RB S
87

Memorias del Rambam Rosé 2023 RD PL
bobal

87

DO UTIEL-REQUENA / D.O.P.

DO. VALDEORRAS
CONSEJO REGULADOR

Ctra. Nacional 120, km. 463
32340 Vilamartín de Valdeorras (Ourense)
☎: +34 988 300 295
@: consello@dovaldeorras.com
www.dovaldeorras.tv

LAGE:

Das DO-Gebiet Valdeorras liegt im Nordwesten der Provinz Orense und umfasst die Gemeinden Larouco, Petín, O Bolo, A Rua, Vilamartín, O Barco, Rubiá und Carballeda de Valdeorras.

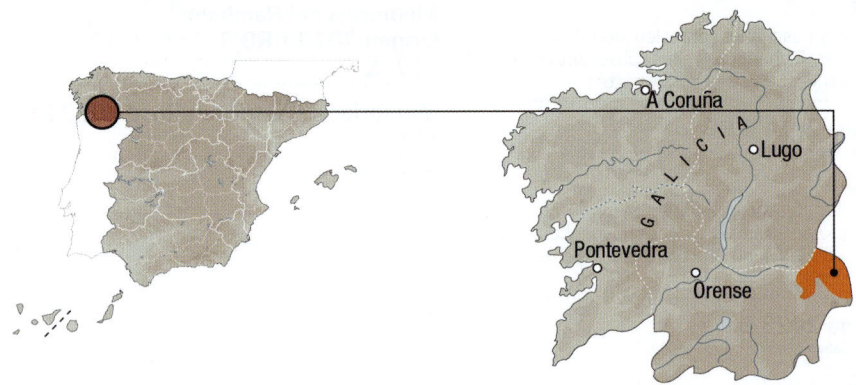

REBSORTEN:

WEISS: Godello, Palomino, Loureira, Treixadura, Dona Branca, Albariño, Torrontes und Lado.

ROT: Mencía, Merenzao, Grao Negro, Garnacha, Tempranillo (Araúxa), Brancellao, Sousón, Caíño Tinto, Espadeiro, Ferrón, Garnacha Tintureira und Mouratón.

DATEN:

Rebfläche (ha): 1.198 – **Winzer:** 991 – **Weinerzeuger:** 43 – **Jahrgang 23:** Unrated – **Jahresproduktion 23:** 5.600.000 L. – **Absatz** 91% Spanien - 9% Export.

BODENVERHÄLTNISSE:

Das Gebiet ist bodenkundlich vielfältig mit Schluffböden geringer Tiefe und reichlich Steinen auf Schieferschichten, tieferen und sandreichen Böden, die auf Granitgestein liegen, sowie Böden auf Sedimenten und Flussterrassen liegen und viel Geröll.

KLIMA:

Kontinental mit atlantischen Einflüssen. Die Jahresdurchschnittstemperatur liegt bei etwa 11 °C und die Niederschlagsmenge zwischen 850 und 1000 mm/Jahr.

ERNTEBEWERTUNG ANHAND JUNGER WEINE GUÍAPEÑÍN

2019	2020	2021	2022	2023
AUSGEZEICHNET	SEHR GUT	SEHR GUT	SEHR GUT	SEHR GUT

ADEGA A COROA

A Coroa, s/n
32350 A Rúa (Ourense/Orense)
☎: +34 988 310 648
acoroa@acoroa.com
www.acoroa.com

A Coroa 200 Cestos 2022 B FB
godello
93
Klar definierte Aromen, komplex. Farbe: leuchtendes Strohgelb. Aroma: ausdrucksvoll, reifes Obst, blumig, feine Hefen, mineralisch. Mund: voll, komplex, würzig, lang, elegant.

A Coroa Godello 2023 B
godello
90
Farbe: leuchtendes Strohgelb. Aroma: Kräutersäckchen, feine Hefen, helle Früchte. Mund: voll, fett, schöne Säure.

A Coroa Lías 2022 B
100% godello
92
Aroma: frisches Obst, ausdrucksstark fruchtig, Zitrusfrüchte, Gras. Mund: fruchtig, frisch, fett, lebhaft, geschmackvoll.

ADEGA ALAN DE VAL

San Roque, 36
32350 A Rúa (Ourense/Orense)
☎: +34 679 154 466
enologia@alandeval.com
www.alandeval.com

A Costiña 2020 T
brancellao
91
Farbe: kirschrot mit violettem Saum. Aroma: blumig, würzig, markante Eiche, dunkle Früchte, erdig. Mund: geschmackvoll, fruchtig, schöne Säure.

Alan de Val Caíño 2021 T
caíño longo
90
Farbe: leuchtendes Kirschrot. Aroma: reifes Obst, dunkle Früchte, getrocknete Blumen, Veilchen, trockene Kräuter. Mund: fruchtig, frisch, lebhaft, geschmackvoll, ausgewogen, trockene, aber reife Tannine.

Alan de Val Castes Nobres 2021 T
brancellao, caíño, sousón
91
Farbe: kirschrot mit violettem Saum. Aroma: ausdrucksstark fruchtig, rote Früchte, blumig, würzig, dunkle Früchte, Wildkräuter. Mund: geschmackvoll, fruchtig, schöne Säure, frisch, trockene, aber reife Tannine.

Alan de Val Godello 2023 B
godello
89
Fruchtig, kräuterig, frisch, reif, geschmackvoll.

Alan de Val Mencía 2023 T
mencía
90
Farbe: kirschrot mit violettem Saum. Aroma: ausdrucksstark fruchtig, würzig, dunkle Früchte, Wildkräuter. Mund: geschmackvoll, fruchtig, schöne Säure, lebhaft, trockene, aber reife Tannine.

Pedrazais Godello 2023 B
godello
91
Herb. Farbe: leuchtendes Strohgelb. Aroma: feine Hefen, helle Früchte, trockene Kräuter. Mund: voll, fett, lang, schöne Säure.

ADEGA CEPADO

Patal, 11
32310 Rubiá (Ourense/Orense)
☎: +34 686 611 589
diegocepado@gmail.com
www.cepado.com

Cepado Finca a Coronela 2022 T
100% garnacha tintorera
90
Farbe: kirschrot mit violettem Saum. Aroma: ausdrucksstark fruchtig, rote Früchte, eine Spur Waldbeeren, Wildkräuter, getrocknete Blumen, reifes Obst. Mund: fruchtig, frisch, ausgewogen, etwas austrocknend.

Cepado Finca A Devesa 2022 B
100% godello
91
Farbe: leuchtendes Strohgelb. Aroma: reifes Obst, Kräutersäckchen, feine Hefen, Wachs, weiße Blumen. Mund: voll, fett, lang, schöne Säure.

Cepado Godello 2023 B
100% godello
90
Farbe: leuchtendes Strohgelb. Aroma: Kräutersäckchen, feine Hefen, helle Früchte. Mund: voll, fett, schöne Säure.

DO VALDEORRAS / D.O.P.

DO VALDEORRAS / D.O.P.

ADEGA DA PINGUELA
Camiño da Pinguela, 23
32357 Carballal - Petín (Ourense/Orense)
☎: +34 654 704 753
adega@adegadapinguela.com
www.adegadapinguela.com

A Cotarona Selección Brancellao 2021 T
brancellao

89

Aromatisch, getrocknete Blumen, fruchtig, trockene Kräuter.

A Cotarona Selección Sousón 2020 T
sousón

89

Fruchtig, kräuterig, würzig, frisch, wild.

Dez X 2021 T
50% brancellao, 35% sousón, 15% garnacha tintorera

89

Fruchtig, wild, reif, von Primäraromen beherrscht, etwas austrocknend.

Memoria de Ventura Garnacha 2020 T
garnacha tintorera

88

Getrocknete Blumen, fruchtig, reif, würzig, etwas austrocknend.

Memoria de Ventura Godello Lías 2023 B
godello

90

Farbe: leuchtendes Strohgelb. Aroma: ausdrucksstark fruchtig, reifes Obst, Steinobst, getrocknete Blumen. Mund: geschmackvoll, frisch, fruchtig, fett, zartbitter.

Trebón 2021 T
brancellao, sousón

90

Farbe: tiefes Kirschrot. Aroma: trockene Kräuter, weiches Eichenholz, dunkle Früchte, blumig. Mund: kraftvoll, reife Früchte, würzig, reife Tannine.

ADEGA MELILLAS E FILLOS
A Coroa, 22
32350 A Rúa (Ourense/Orense)
☎: +34 699 358 747
info@adegamelillas.com
www.adegamelillas.com

Lagar do Cigur Garnacha Tintorera 2015 T C
100% garnacha tintorera

88

Durchschnittlich am Gaumen, alt, nach Eingemachtem, würzig, getrocknete Blumen, Röstaromen.

Lagar do Cigur Godello 2023 B

85

Lagar do Cigur Godello sobre lías 2020 B
godello

90

Farbe: leuchtendes Gelb. Aroma: Zitronenbombon, ausdrucksstark fruchtig, reifes Obst, trockene Kräuter. Mund: fruchtig, frisch, sortentypisch, ausgewogen, lebhaft.

Lagar do Cigur Mencía 2018 T
mencía

87

ADEGA O CASAL
Malladin, s/n
32310 Rubiá (Ourense/Orense)
☎: +34 663 563 079
casalnovo@casalnovo.es
www.casalnovo.es

Casal Novo Godello 2023 B
100% godello

89

Vegetabil, fruchtig, Zitrusfrüchte, korrekt.

Casal Novo Mencía 2022 T
100% mencía

89

Fruchtig, kräuterig, geschmackvoll, wild, frisch.

Casal Novo Merenzao 2022 T
merenzao

91

Farbe: kirschrot mit violettem Saum. Aroma: ausdrucksstark fruchtig, blumig, würzig, dunkle Früchte, erdig. Mund: geschmackvoll, fruchtig, schöne Säure.

ADEGA PONTE DA BOGA
O Couto-Sampaio s/n
32764 Castro Caldelas (Ourense/Orense)
☎: +34 988 203 306
info@pontedaboga.es
www.pontedaboga.es

O Godello 2023 B
100% godello

89

Ausgewogen, frisch, reif, voll, Hefenoten, geschmackvoll.

ADEGA VIÑA COSTEIRA VALDEORRAS
Avda. de Portomourisco s/n
32371 A Portela, Larouco (Ourense/Orense)
☎: +34 988 477 210
informacion@costeira.es
www.costeira.wine

A Traba 2023 B
godello
89
Korrekt, fruchtig, naschhaft, trockene Kräuter, von Primäraromen beherrscht.

Codos de Larouco Mencía 2022 T
mencía
87

Modus Vivendi Mencía 2023 T
90
Farbe: kirschrot mit violettem Saum. Aroma: dunkle Früchte, Wildkräuter, Buschwaldkräuter, ausdrucksvoll. Mund: fruchtig, frisch, spritzig, trockene, aber reife Tannine.

Vía Barrosa Godello 2023 B
godello
89
Fruchtig, getrocknete Blumen, milchig, wild, mit salznote.

Viña Costeira Mencía 2023 T
mencía
89
Fruchtig, kräuterig, von Primäraromen beherrscht, wild.

BIOCA
Barxela, s/n
32356 Petín de Valdeorras (Ourense/Orense)
☎: +34 639 642 989
bioca@bioca.es
www.bioca.es

Bioca Garnacha 2023 T
garnacha
85

Bioca Laureles 2023 B
godello
89
Zitrusfrüchte, getrocknete Blumen, fruchtig, reif.

Bioca Mencía 2023 T
mencía
86

Bioca Selección 2023 B
godello
89
Zitrusfrüchte, fruchtig, trockene Kräuter, reif, geschmackvoll.

BODEGA COOP. JESÚS NAZARENO S.C.G.
Avda. Florencio Delgado Gurriarán, 62
32300 O Barco de Valdeorras (Ourense/Orense)
☎: +34 988 320 262
vinobarco@vinosbarco.com
www.vinosbarco.com

Aurensis 2023 B FB
89
Ausgewogen, würzig, frisch, fruchtig, trockene Kräuter, geschmackvoll.

Valdouro 2020 T BA
92
Farbe: tiefes Kirschrot. Aroma: reifes Obst, trockene Kräuter, weiches Eichenholz, Wildkräuter, dunkle Früchte. Mund: kraftvoll, reife Früchte, reife Tannine, geschmackvoll, fruchtig, frisch, ziemlich nachhaltig.

Viña Abad Godello 2023 B
88
Fruchtig, kräuterig, reif, schlicht.

Viña Abad Sumum Godello 2023 B
88
Ausgewogen, trockene Kräuter, reif, voll, geschmackvoll.

BODEGA LA TAPADA
32310 Rubiá (Ourense/Orense)
☎: +34 988 324 197
bodega.atapada@gmail.com
www.guitianvinos.com

Guitián Godello 2022 B FB
100% godello
92
Aroma: Zitronenbombon, ausdrucksstark fruchtig, reifes Obst, trockene Kräuter, Karamel. Mund: fruchtig, fett, geschmackvoll, frisch, reife Früchte, ziemlich nachhaltig.

Guitián Godello 2023 B
100% godello
90
Farbe: leuchtendes Strohgelb, grünlicher Saum. Aroma: frisches Obst, Zitrusfrüchte, Wildkräuter, feine Hefen. Mund: frisch, fruchtig, schöne Säure, zartbitter.

DO VALDEORRAS / D.O.P.

DO VALDEORRAS / D.O.P.

Guitián Godello sobre Lías 2022 B
100% godello

92

Farbe: leuchtendes Gelb. Aroma: helle Früchte, Wildkräuter, , reifes Obst. Mund: geschmackvoll, fett, fruchtig, frisch, ausgewogen, würzig, ziemlich nachhaltig.

BODEGA ROANDI
O Lagar, 1
32336 Entoma - O Barco (Ourense/Orense)
☎: +34 988 335 198
info@bodegaroandi.com
www.bodegaroandi.com

Alento 2023 B BA
100% godello

90

Farbe: strohgelb. Aroma: trockene Kräuter, welke Blumen, feine Hefen, würzig, helle Früchte. Mund: kraftvoll, reife Früchte, ausgewogen.

Bancales Moral 2021 T BA
mencía, sousón

87

Brinde de Godello 2014 BE R
100% godello

88

Ausgewogen, frisch, geschmackvoll, mineralisch.

Domus de Roandi 2021 T C
89

Ausgewogen, würzig, kräuterig, reif, geschmackvoll, Röstaromen.

Flavia 2020 T
88

Ausgewogen, würzig, reif, Röstaromen, geschmackvoll, rustikal, kräuterig.

Roandi Godello 2023 B
100% godello

88

Zitrusfrüchte, korrekt, fruchtig, kräuterig, rustikal.

BODEGAS ALBAMAR
O Adro, 11 - Castrelo
36639 Cambados (Pontevedra)
☎: +34 660 292 750
xurxoalbamar@gmail.com

Ceibo 2023 B
93

Farbe: leuchtendes Strohgelb. Aroma: reifes Obst, Kräutersäckchen, feine Hefen, süße Gewürze, Ebbe. Mund: voll, fett, lang, schöne Säure, mineralisch.

BODEGAS AVANCIA
Parque Empresarial a Raña, 7 Parcela 135-136
32300 O Barco de Valdeorras (Ourense/Orense)
☎: +34 952 504 706
info@jorgeordonez.es
www.jorgeordonez.es

Avancia Cuvee de O Godello 2023 B
91

Farbe: leuchtendes Strohgelb. Aroma: ausdrucksstark fruchtig, reifes Obst, blumig, Anklänge von exotischen Früchten. Mund: geschmackvoll, schöne Säure, nachwirkend fruchtig.

Avancia Godello 2023 B
godello

93

Zitrusfrüchte, ernst. Farbe: leuchtendes Strohgelb, grünlicher Saum. Aroma: frisches Obst, Zitrusfrüchte, Wildkräuter, helle Früchte. Mund: frisch, fruchtig, schöne Säure, zartbitter.

🏆 PODIUM

Avancia Nobleza Carballedo 2022 T
90% mencía, garnacha tintorera, mouratón, sousón

95

Klar definierte Aromen, balsamisch. Farbe: tiefes Kirschrot. Aroma: komplex, ausdrucksvoll, würzig, mineralisch, kraftvoll. Mund: voll, lang, nachhaltig, saftig.

Avancia Nobleza Godello 2022 B
94

Klar definierte Aromen, Röstaromen. Farbe: leuchtendes Gelb. Aroma: weiches Eichenholz, reifes Obst, würzig, mineralisch. Mund: strukturiert, lang, Röstnoten, zartbitter.

Avancia Nobleza Mencía 2022 T
90% mencía, garnacha tintorera, mouratón, sousón

93

Balsamisch. Farbe: tiefes Kirschrot. Aroma: reifes Obst, trockene Kräuter, dunkle Früchte, Wildkräuter, Sträucher. Mund: kraftvoll, reife Früchte, würzig.

BODEGAS D'BERNA
Corgomo, s/n
32340 Villamartín de Valdeorras (Ourense/Orense)
☎: +34 667 435 778
info@bodegasdberna.com
www.bodegasdberna.com

D'Berna 2021 RD
100% mencía
88
Fruchtig, trockene Kräuter, schlicht, reif, naschhaft.

D'Berna Garnacha Tintorera "ele" 2018 T
100% garnacha tintorera
88
Fruchtig, würzig, reif, geschmackvoll, etwas austrocknend.

D'Berna Godello 2023 B
89
Herb, Zitrusfrüchte, korrekt, sortenrein.

D'Berna Godello sobre Lías 2022 B
90
Farbe: leuchtendes Strohgelb. Aroma: Kräutersäckchen, feine Hefen, helle Früchte. Mund: voll, fett, schöne Säure.

D'Berna Mencía 2022 T
85% mencía, 15% garnacha
91
Farbe: leuchtendes Kirschrot. Aroma: Heidelbeere, dunkle Früchte, Wildkräuter, würzig. Mund: fruchtig, frisch, lebhaft, geschmackvoll, weiche Tannine.

D'Berna Souson Barrica "Juan" 2018 T
100% sousón
88
Herb, fruchtig, trockene Kräuter, reif, rustikal.

BODEGAS GODEVAL
32317 Xagoaza – O Barco
de Valdeorras (Ourense/Orense)
☎: +34 988 108 282
godeval@godeval.com
www.godeval.com

Godeval 1986 2019 B
100% godello
94
Farbe: leuchtendes Gelb. Aroma: ausdrucksstark fruchtig, helle Früchte, Wildkräuter, mineralisch, Buschwaldkräuter. Mund: frisch, fruchtig, lebhaft, nachwirkend fruchtig, geschmackvoll, ausgewogen.

Godeval 2023 B
100% godello
92
Farbe: strohgelb. Aroma: trockene Kräuter, feine Hefen, helle Früchte. Mund: kraftvoll, reife Früchte, ausgewogen, voll, geschmackvoll.

Godeval Cepas Vellas 2021 B
100% godello
94
Farbe: golden leuchtend. Aroma: elegant, kandierte Früchte, süße Gewürze, geröstetes Brot. Mund: voll, kraftvoll, geschmackvoll, schöne Säure.

Godeval Cepas Vellas 2022 B
100% godello
93
Farbe: leuchtendes Strohgelb. Aroma: reifes Obst, feine Hefen, Veilchen, süße Gewürze. Mund: voll, fett, lang, schöne Säure.

Godeval Revival 2021 B
100% godello
93
Farbe: leuchtendes Strohgelb. Aroma: reifes Obst, Wildkräuter, Zitronenbombon, helle Früchte. Mund: fruchtig, frisch, fett, nachhaltig, salzig, geschmackvoll.

BODEGAS SAMPAYOLO
Ctra. de Barxela, s/n
32356 Petín de Valdeorras (Ourense/Orense)
☎: +34 679 157 977
info@sampayolo.com
www.sampayolo.com

Garnacha Vella da Chaira do Ramiriño 2022 T
88
Korpulent, trockene Kräuter, reif, etwas austrocknend, holzig, unausgeglichen.

DO VALDEORRAS / D.O.P.

DO VALDEORRAS / D.O.P.

Sampayolo Garnacha Tintorera 2022 T
garnacha tintorera
87

Sampayolo Godello en Lágrimas de los Bancales de Olivedo 2023 B
92
Farbe: strohgelb. Aroma: trockene Kräuter, welke Blumen, süße Gewürze, geröstetes Brot, helle Früchte. Mund: kraftvoll, reife Früchte, ausgewogen.

Sampayolo Godello sobre Lías 2023 B
godello
89
Zitrusfrüchte, fruchtig, reif, kräuterig, sortenrein.

Sampayolo Mencía 2022 T
86

CAMINO DE CABRAS
Hermanos Maristas, 27
36700 Tui (Pontevedra)
☎: +34 698 145 790
info@caminodecabras.com
www.caminodecabras.com

Camino de Cabras Godello 2023 B
100% godello
90
Farbe: leuchtendes Strohgelb. Aroma: helle Früchte, Zitrusfrüchte, Gras, Wildkräuter, mineralisch. Mund: fruchtig, frisch, fett, sortentypisch, ausgewogen, zartbitter.

COMPAÑÍA DE VINOS TELMO RODRÍGUEZ
El Monte
01308 Lanciego (Araba/Álava)
☎: +34 945 628 315
contact@telmorodriguez.com
www.telmorodriguez.com

A Falcoeira 2021 T
94
Aromatisch, spannungsvoll. Farbe: leuchtendes Kirschrot. Aroma: balsamisch, süße Gewürze, Buschwaldkräuter, Thymian, Sträucher. Mund: würzig, balsamisch, schöne Säure, zartbitter.

🏆 **PODIUM**

As Caborcas 2021 T
95
Lieblich, klar definierte Aromen. Farbe: leuchtendes Kirschrot. Aroma: Wildkräuter, rote Früchte, eine Spur Waldbeeren. Mund: poliert, lebhaft, lang, spritzig, süffig.

🏆 **PODIUM**

Falcoeira Branco 2021 B
95
Klar definierte Aromen, ausgewogen. Farbe: leuchtendes Strohgelb. Aroma: mittlere Intensität, offen, frisch, helle Früchte, elegant. Mund: saftig, poliert, lebhaft, fett.

HACIENDA UCEDIÑOS
32300 O Barco de Valdeorras (Ourense/Orense)
☎: +34 686 240 374
info@haciendaucedinos.es
www.haciendaucedinos.es

Hacienda Ucediños Godello 2023 B
godello
89
Ausgewogen, reif, geschmackvoll, angenehm. Mund: fett.

JOAQUÍN REBOLLEDO
San Roque, 11
32350 A Rúa (Ourense/Orense)
☎: +34 988 372 307
info@joaquinrebolledo.com
www.joaquinrebolledo.com

Joaquín Rebolledo Finca Trasdairelas 2022 B
godello
91
Farbe: leuchtendes Gelb. Aroma: reifes Obst, trockene Kräuter, welke Blumen, Zitrusfrüchte. Mund: kraftvoll, reife Früchte, ausgewogen.

Joaquín Rebolledo Godello 2023 B
godello
90
Farbe: leuchtendes Gelb. Aroma: ausdrucksstark fruchtig, reifes Obst, trockene Kräuter, getrocknete Blumen, mineralisch. Mund: geschmackvoll, frisch, nachwirkend fruchtig, fett, ziemlich nachhaltig, zartbitter.

Joaquín Rebolledo Mencía 2023 T
mencía
89
Fruchtig, beschädigtes Obst, wild, etwas austrocknend, geschmackvoll.

Mª TERESA LÓPEZ FIDALGO (ADEGA O CABALIN)
Rúa Da Fonte, 15
32340 Vilamartín de Valdeorras (Ourense/Orense)
☎: +34 691 782 528
adegaocabalin@gmail.com
www.adegaocabalin.com

A Espedrada 2022 B FB
godello
91
Farbe: leuchtendes Strohgelb. Aroma: helle Früchte, ausdrucksstark fruchtig, Wildkräuter, . Mund: fruchtig, frisch, ausgeprägter Säuregehalt, nachwirkend fruchtig.

A Valigota 2020 T
mencía, merenzao, brancellao, gran negro, ferrón, otras
90
Würzig. Farbe: tiefes Kirschrot. Aroma: trockene Kräuter, weiches Eichenholz, dunkle Früchte, Veilchen. Mund: reife Früchte, würzig, grobkörnige Tannine.

O Cabalin 2020 T C
mencía, garnacha tintorera, merenzao, otras, brancellao, otras
92
Farbe: tiefes Kirschrot. Aroma: trockene Kräuter, Heidelbeere, süße Gewürze. Mund: reife Früchte, würzig, reife Tannine, trockene, aber reife Tannine.

O Cabalin 2021 T C
mencía, garnacha tintorera, brancellao, merenzao, otras
90
Wild, rustikal. Farbe: kirschrot mit violettem Saum. Aroma: ausdrucksstark fruchtig, rote Früchte, blumig, würzig. Mund: geschmackvoll, fruchtig, schöne Säure.

Viladequinta 2021 T C
mencía, brancellao, merenzao, ferrón, otras
91
Farbe: kirschrot mit violettem Saum. Aroma: dunkle Früchte, reifes Obst, Wildkräuter, würzig. Mund: fruchtig, ausgeprägter Säuregehalt, etwas austrocknend, reife Früchte.

MANUEL CORZO RODRÍGUEZ
32372 O Bolo (Ourense/Orense)
☎: +34 689 978 094
info@manuelcorzo.es
www.manuelcorzo.es

Viña Corzo Godello 2023 B
100% godello
88
Ausgewogen, frisch, kräuterig, reif.

Viña Corzo Mencía 2022 T
100% mencía
89
Würzig, ausgewogen, getrocknete Blumen, kräuterig, geschmackvoll.

MÉNDEZ-ROJO (TERRIÑA)
Ctra. de Carballal s/n
32356 Petín de Valdeorras (Ourense/Orense)
☎: +34 626 216 493
valdeorras@mendezrojo.com
www.mendezrojo.com

Mil Ríos Garnacha 2019 T
100% garnacha tintorera
90
Farbe: tiefes Kirschrot. Aroma: trockene Kräuter, dunkle Früchte, erdig, würzig, welke Blumen. Mund: reife Früchte, würzig, reife Tannine.

Mil Ríos Godello 2020 B BA
100% godello
89
Fruchtig, kräuterig, mineralisch, rustikal.

Mil Ríos Godello Sobre Lías 2022 B
100% godello
89
Ausgewogen, trockene Kräuter, geschmackvoll, Hefenoten.

Mil Ríos Mencía 2021 T BA
mencía, garnacha
89
Nach Eingemachtem, ausgewogen, würzig, getrocknete Blumen, trockene Kräuter, mineralisch.

Mil Ríos Mencía 2022 T
100% mencía
89
Fruchtig, nach Eingemachtem, Röstaromen, rustikal, etwas austrocknend.

O LUAR DO SIL
Ctra. Petin - Seadur, Pol. 7, Parc. 569
32358 Seadur (Ourense/Orense)
☎: +34 988 343 661
bodega@pagodeloscapellanes.com
www.pagodeloscapellanes.com

O Luar do Sil Godello 2023 B
100% godello
90
Farbe: leuchtendes Strohgelb, grünlicher Saum. Aroma: Zitrusfrüchte, Wildkräuter, helle Früchte. Mund: frisch, fruchtig, schöne Säure, zartbitter.

DO VALDEORRAS / D.O.P.

DO VALDEORRAS / D.O.P.

O Luar do Sil Godello sobre Lías 2022 B
100% godello
91
Lieblich. Farbe: leuchtendes Strohgelb. Aroma: reifes Obst, Kräutersäckchen, feine Hefen. Mund: voll, fleischig, weich am Gaumen.

🏆 PODIUM

O Luar do Sil Tostado 2021 B
100% godello
95
Komplex, anders. Farbe: bernsteinfarben. Aroma: Honignoten, Orangenschale, mineralisch, Wachs, Moschus-Noten, rauchig. Mund: strukturiert, geschmackvoll, voll, opulent.

O Luar do Sil Vides de Córgomo 2022 B
godello
92
Farbe: strohgelb. Aroma: trockene Kräuter, welke Blumen, süße Gewürze, helle Früchte. Mund: kraftvoll, reife Früchte, ausgewogen, fett, geschmackvoll.

PABLO VIDAL - VINOS CON PERSONALIDAD
Rúa do Miradoiro 8
32004 Ourense/Orense (Ourense/Orense)
☎: +34 609 152 251
pablovidal@vinosconpersonalidad.com
www.vinosconpersonalidad.com

Maldito 2021 T
60% mencía, 20% garnacha tintorera, 20% brancellao, caiño longo, sousón
91
Farbe: kirschrot mit violettem Saum. Aroma: Veilchenbombons, dunkle Früchte, reifes Obst, eine Spur Waldbeeren, Buschwaldkräuter. Mund: frisch, fruchtig, geschmackvoll, ausgewogen, trockene, aber reife Tannine.

PACO & LOLA
Valdamor, 18 - Xil
36968 Meaño (Pontevedra)
☎: +34 986 747 779
comercial@pacolola.com
www.pacolola.com

Paco & Lola Godello 2023 B
100% godello
88
Ausgewogen, frisch, trockene Kräuter, voll, Hefenoten.

PAZO DE TOUBES
Valdepereira, 1
32415 Ribadavia (Ourense/Orense)
☎: +34 988 477 210
comercial@toubes.es
www.toubes.es

Codos de Larouco Godello 2022 B
90
Anders. Farbe: strohgelb. Aroma: welke Blumen, helle Früchte, gebackenes Obst, balsamisch. Mund: reife Früchte, ausgewogen, geschmackvoll.

RAFAEL PALACIOS
Avda. de Somoza, 22
32350 A Rúa (Ourense/Orense)
☎: +34 988 357 122
bodega@rafaelpalacios.com
www.rafaelpalacios.com

🏆 PODIUM

As Sortes Val do Bibei 2022 B
95
Klar definierte Aromen, komplex, spannungsvoll. Farbe: leuchtendes Strohgelb, grünlicher Saum. Aroma: frisches Obst, Wildkräuter. Mund: frisch, fruchtig, schöne Säure, zartbitter.

Louro do Bolo Godello 2023 B
93
Noch nicht vollständig entfaltet. Farbe: leuchtendes Strohgelb. Aroma: ausdrucksvoll, weiße Blumen, trockene Kräuter, mineralisch. Mund: geschmackvoll, fruchtig, ausgewogen, frisch, lebhaft.

🏆 PODIUM

Sorte Antiga 2022 B
godello
99
Farbe: leuchtendes Gelb. Aroma: helle Früchte, Wildkräuter, Gras, weiße Blumen, elegant, eine Spur Waldbeeren, getrocknete Blumen, ausgewogen. Mund: fruchtig, frisch, kraftvoll, rassig, schöne Säure, ausgewogen, nachhaltig.

🏆 PODIUM

Sorte O Soro 2022 B
godello
98
Sortenrein. Farbe: leuchtendes Gelb. Aroma: reifes Obst, helle Früchte, Wildkräuter, elegant, ausdrucksvoll, würzig. Mund: fruchtig, frisch, elegant, schöne Säure, nachhaltig, weiche Tannine.

SANTA MARTA

Ctra. San Vicente, s/n
32348 Córgomo-Vilamartin
de Valdeorras (Ourense/Orense)
☎: +34 988 324 559
gerencia@vinaredo.com
www.vinaredo.com

A Cercada de Viñaredo 2023 B
100% godello

91

Farbe: strohgelb. Aroma: trockene Kräuter, welke Blumen, würzig, Steinobst, Röstaromen. Mund: reife Früchte, ausgewogen.

Fardelas de Viñaredo 2023 B
100% godello

91

Farbe: leuchtendes Strohgelb. Aroma: ausdrucksstark fruchtig, reifes Obst, blumig, Gras, Zitrusfrüchte. Mund: geschmackvoll, frisch, schöne Säure, nachwirkend fruchtig.

Viñaredo Godello 2023 B
100% godello

89

Ausgewogen, frisch, kräuterig, reif, voll, Hefenoten.

Viñaredo Mencía 2023 T
85% mencía, 15% sousón

88

Nach Eingemachtem, trockene Kräuter, würzig, Röstaromen, rustikal.

Viñaredo Sousón 2022 T BA
100% sousón

89

Würzig, reif, kräuterig, geschmackvoll, rustikal.

VALDESIL

Ctra. a San Vicente OU 807, km. 3
32348 Vilamartín de Valdeorras (Ourense/Orense)
☎: +34 988 337 900
valdesil@valdesil.com
www.valdesil.com

Asadoira 2019 B
100% godello

93

Farbe: leuchtendes Strohgelb. Aroma: Kräutersäckchen, feine Hefen, helle Früchte, trockener Stein, mineralisch. Mund: voll, fett, lang, schöne Säure.

Valdesil Parcela O Chao 2019 B FB
100% godello

94

Opulent. Farbe: strohgelb. Aroma: trockene Kräuter, helle Früchte, reifes Obst, würzig, Nüsse. Mund: kraftvoll, reife Früchte, ausgewogen.

🏆 PODIUM

Pedrouzos Magnum 2019 B FB
godello

96

Farbe: leuchtendes Gelb. Aroma: helle Früchte, ausdrucksstark fruchtig, Wildkräuter, Buschwaldkräuter, ausdrucksvoll. Mund: frisch, fruchtig, lebhaft, geschmackvoll, ausgewogen, elegant, nachhaltig.

🏆 PODIUM

Pezas da Portela 2019 B FB
100% godello

95

Farbe: leuchtendes Strohgelb. Aroma: reifes Obst, Kräutersäckchen, feine Hefen, Brioche, rauchig. Mund: voll, fett, lang, schöne Säure, salzig, zartbitter.

Pezas da Portela 2023 B FB
100% godello

94

Farbe: leuchtendes Strohgelb. Aroma: Kräutersäckchen, feine Hefen, helle Früchte, mineralisch. Mund: voll, fett, lang, schöne Säure.

Valteiro 2022 T
100% maría ardoña

92

Farbe: kirschrot mit violettem Saum. Aroma: reifes Obst, dunkle Früchte, Wildkräuter, würzig, Röstaromen. Mund: geschmackvoll, fruchtig, würzig, trockene, aber reife Tannine.

VIÑA SOMOZA

Rua do Pombar s/n
32350 A Rúa (Ourense/Orense)
☎: +34 915 130 180
bodega@vinosomoza.com
www.vinosomoza.com

Alma do Vello Tesouro 2022 T C
albarello, brancellao

93

Farbe: kirschrot mit violettem Saum. Aroma: ausdrucksstark fruchtig, blumig, würzig, erdig. Mund: geschmackvoll, fruchtig, schöne Säure.

As 2 Ladeiras 2022 B
100% godello

92

Herb. Farbe: leuchtendes Gelb. Aroma: helle Früchte, Wildkräuter, Kohlenwasserstoff. Mund: fruchtig, frisch, geschmackvoll, ausgewogen, zartbitter.

DO VALDEORRAS / D.O.P.

DO VALDEORRAS / D.O.P.

Ededia 2022 B BA
100% godello

93

Farbe: leuchtendes Strohgelb. Aroma: reifes Obst, Wildkräuter, Buschwaldkräuter, helle Früchte, eine Spur Waldbeeren. Mund: frisch, fruchtig, fett, geschmackvoll, ausgewogen, nachhaltig.

Neno Viña Somoza Godello Sobre Lias 2023 B
100% godello

92

Farbe: leuchtendes Gelb. Aroma: frisches Obst, Wildkräuter, Gras, Sträucher, sortenrein. Mund: frisch, fruchtig, schöne Säure, zartbitter, geschmackvoll.

O Tesouro 2021 T
brancellao

92

Aromatisch, spannungsvoll. Farbe: leuchtendes Kirschrot. Aroma: balsamisch, süße Gewürze, Buschwaldkräuter, blumig, rote Früchte. Mund: würzig, balsamisch, schöne Säure.

Via XVIII 2022 T
65% mencía, 30% garnacha tintorera, 5% brancellao

91

Farbe: leuchtendes Kirschrot. Aroma: dunkle Früchte, welke Blumen, Veilchenbombons, ausdrucksstark fruchtig, reifes Obst. Mund: fruchtig, frisch, geschmackvoll, reife Tannine.

Viña Somoza Taté 2022 T C
garnacha tintorera, mencía, merenzao, brancellao

92

Farbe: tiefes Kirschrot. Aroma: trockene Kräuter, weiches Eichenholz, dunkle Früchte, erdig, welke Blumen. Mund: reife Früchte, würzig, reife Tannine.

VIRGEN DEL GALIR
Las Escuelas, s/n Entoma
32336 O Barco de Valdeorras (Ourense/Orense)
☎: +34 988 335 600
www.cvne.com/bodegas/virgen-del-galir

A Villeira 2022 T
mencía, brancellao, merenzao, garnacha tintorera

92

Kräuterig, wild. Farbe: durchscheinendes Kirschrot. Aroma: Moschus-Noten, feine Reduktionsnoten, Wildkräuter, schwarze Lakritze. Mund: saftig, süffig.

Los Carismáticos 2023 T
merenzao

92

Repräsentativ, rustikal. Farbe: durchscheinendes Kirschrot. Aroma: Wildkräuter, Buschwaldkräuter, mineralisch, reifes Obst. Mund: ausgewogen, zartbitter.

Maruxa Godello 2023 B
100% godello

88

Zitrusfrüchte, fruchtig, trockene Kräuter, reif, wild.

Maruxa Mencía 2023 T
100% mencía

88

Reif, fruchtig, rustikal, etwas austrocknend.

Regueirón 2023 B
100% godello

93

Komplex. Farbe: leuchtendes Gelb. Aroma: kraftvoll, reifes Obst, würzig, erdig, getrocknete Blumen, Röstaromen. Mund: fett, strukturiert, lang, Röstnoten, zartbitter.

Sede e Fame As Ermitas 2021 B
palomino

92

Mit Persönlichkeit, salzig, wild. Aroma: Phosphor, offen, ausgewogen, welke Blumen. Mund: ausgewogen, korrekt, zartbitter, spannungsvoll.

Val do Galir Godello 2023 B
100% godello

90

Farbe: leuchtendes Strohgelb. Aroma: ausdrucksstark fruchtig, reifes Obst, blumig, Kohlenwasserstoff, Zitrusfrüchte. Mund: geschmackvoll, frisch, schöne Säure, nachwirkend fruchtig, fett, ziemlich nachhaltig.

Val do Galir Mencía 2022 T
100% mencía

90

Farbe: kirschrot mit violettem Saum. Aroma: ausdrucksstark fruchtig, reifes Obst, dunkle Früchte, eine Spur Waldbeeren, Wildkräuter. Mund: fruchtig, frisch, würzig, ziemlich nachhaltig, trockene, aber reife Tannine.

DO. VALDEPEÑAS
CONSEJO REGULADOR

Constitución, 23
13300 Valdepeñas (Ciudad Real)
☎: +34 926 322 788
@: dovaldepenas@dovaldepenas.es
www.dovaldepenas.es

LAGE:

Am südlichen Rand der spanischen Hochebene in der Provinz Ciudad Real mit den Gemeinden Alcubillas, Moral de Calatrava, San Carlos del Valle, Santa Cruz de Mudela, Torrenueva und Valdepeñas und Teilen der Gemeinden Alhambra, Granátula de Calatrava, Montiel und Torre de Juan Abad.

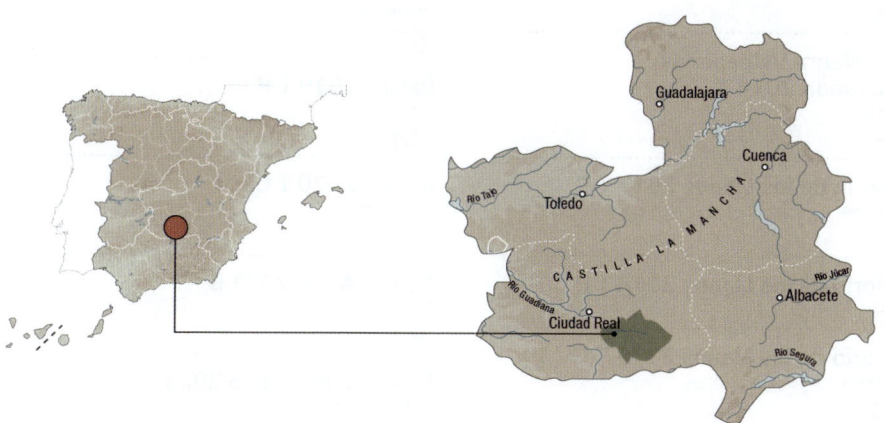

REBSORTEN:

WEISS: Airén (Hauptsorte) Macabeo, Chardonnay, Sauvignon Blanc, Moscatel de grano menudo und Verdejo.

ROT: Cencibel (Tempranillo), Garnacha, Cabernet Sauvignon, Merlot, Syrah und Petit Verdot.

DATEN:

Rebfläche (ha): 21.957 – **Winzer:** 2.419 – **Weinerzeuger:** 21 – **Jahrgang 21:** Unrated – **Jahresproduktion 20:** 82.080.000 L.– **Absatz:** 70% Spanien - 30% Export.

BODENVERHÄLTNISSE:

Überwiegend dunkelrote und dunkle Böden mit hohem Kalkgehalt und recht geringem organischen Anteil.

KLIMA:

Kontinental, mit kalten Wintern, sehr heißen Sommern und geringen Niederschlagsmengen, die im Durchschnitt bei 250 bis 400 mm/Jahr liegen.

ERNTEBEWERTUNG ANHAND JUNGER WEINE GUÍAPEÑÍN

2019	2020	2021	2022	2023
GUT	GUT	GUT	MÄSSIG	UNRATED

BODEGA LOS LLANOS
Polígono 157 S, 19
13300 Valdepeñas (Ciudad Real)
☎: +34 926 320 300
amagoia.urteaga@jgc.es
www.garciacarrion.com

Pata Negra 2018 T R
86

Pata Negra Cepas Viejas 2017 T R
tempranillo
85

Pata Negra Tempranillo Cabernet Sauvignon 2019 T
80% tempranillo, 20% cabernet sauvignon
84

Pata Negra Valdepeñas Reservado 2014 T
tempranillo
85

Señorío de los Llanos 2017 T R
tempranillo
84

Señorío de los Llanos 2018 T R
85

Señorío de los Llanos 2019 T C
tempranillo
83

Señorío de los Llanos 2020 T C
84

Señorío de los Llanos B
83

BODEGA Y VIÑEDOS CASA DE LA NAVA
Avda. de España s/n
13300 Valdepeñas (Ciudad Real)
☎: +34 630 184 876
fnavarro@casadelanava.es
www.casadelanava.es

Casa de la Nava 2021 T C
cencibel
92
Lieblich, reif. Farbe: tiefes Kirschrot. Aroma: trockene Kräuter, weiches Eichenholz, dunkle Früchte, reifes Obst, Schokolade. Mund: kraftvoll, reife Früchte, würzig, reife Tannine.

BODEGAS FERNANDO CASTRO
Paseo Castelar, 70
13730 Santa Cruz de Mudela (Ciudad Real)
☎: +34 926 342 168
info@bodegasfernandocastro.com
www.bodegasfernandocastro.com

Casa Safra 2018 T GR
tempranillo
87

Finca Los Altos Gran Selección 2022 T
tempranillo
86

Raíces 2018 T GR
tempranillo
85

Raíces 2019 T R
tempranillo
84

Raíces 2020 T C
tempranillo
85

Raíces Airén 2023 B
100% airén
84

Raíces Tempranillo 2023 T
100% tempranillo
84

BODEGAS MEGÍA E HIJOS -CORCOVO
Magdalena, 33
13300 Valdepeñas (Ciudad Real)
☎: +34 926 347 828
comercial@corcovo.com
www.corcovo.com

Corcovo Airén 2023 B
airén
85

Corcovo Airen 24 Barricas 2022 B FB
airén
87

Corcovo Syrah 24 Barricas 2022 T RB
syrah
88 🌱
Würzig, ausgewogen, reif, trockene Kräuter, Röstaromen.

Corcovo Tempranillo 2018 T R
tempranillo
89
Ausgewogen, würzig, reif, Röstaromen.

Corcovo Tempranillo 2021 T C
tempranillo
86

Corcovo Tempranillo 2022 T RB
tempranillo
87

CORRALES ESPINOSA FAMILY WINES
Paraguay, 2
13300 Valdepeñas (Ciudad Real)
☎: 647 442 686
josemcorrales@hotmail.com
www.corralesesinosa.com

José Manuel Corrales 2022 T
tempranillo
92
Farbe: tiefes Kirschrot. Aroma: reifes Obst, trockene Kräuter, weiches Eichenholz, feiner Kakao. Mund: kraftvoll, reife Früchte, würzig, reife Tannine.

Néctar de Farruche 2022 T D
88
Korpulent, nach Eingemachtem, würzig, vegetabil, reif.

FÉLIX SOLIS AVANTIS
Autovía del Sur, Km. 199
13300 Valdepeñas (Ciudad Real)
☎: +34 926 322 400
marketing@felixsolisavantis.com
www.felixsolisavantis.com

Los Molinos 2019 T R
tempranillo
86

Marqués de Canova 2020 T C
tempranillo
86

Marqués de Canova 2023 RD
85

Marqués de Canova Airén 2023 B
airén
85

Marqués de Canova Tempranillo 2022 T
86

Viña Albali 2018 T GR
tempranillo
86

Viña Albali 2019 T R
tempranillo
86

Viña Albali 2020 T C
tempranillo
84

Viña Albali Airén Verdejo Sauvignon Blanc 2023 B
airén, verdejo
84

VINÍCOLA DE VALDEPEÑAS
Autovía Madrid - Andalucía, km. 198,3
13300 Valdepeñas (Ciudad Real)
☎: +34 926 347 074
coovival@gmail.com
www.coovival.com

Concejal Airén 2023 B
airén
85

Concejal Multivarietal 2022 B
33% verdejo, 33% sauvignon blanc, 33% chardonnay
86

Concejal Multivarietal 2023 B
85

Concejal Tempranillo 2022 T
tempranillo
86

Concejal Tempranillo 2022 T RB
tempranillo
85

Concejal Verdejo 2023 B
verdejo
85

DO VALDEPEÑAS / D.O.P.

DO. VALENCIA
CONSEJO REGULADOR

Quart, 22
46001 Valencia
☎: +34 963 910 096 - +34 658 911 327
@: info@vinovalencia.org
www.vinovalencia.org

LAGE:

In der Provinz Valencia mit 66 Gemeinden verteilt auf vier Teilgebiete: Alto Turia, Moscatel de Valencia, Valentino und Clariano.

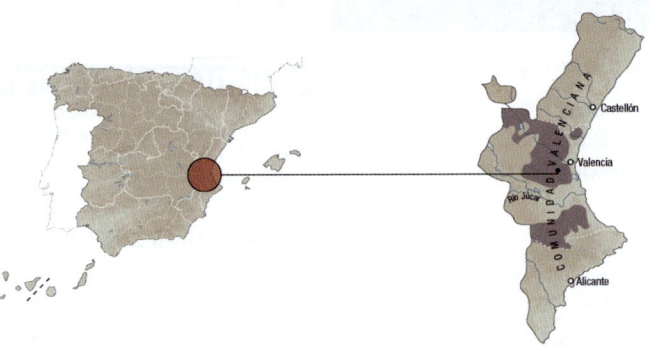

TEILGEBIETE:

Das DO-Gebiet wird in vier Teilgebiete unterteilt: **Alto Turia** liegt am höchsten mit Rebflächen zwischen 650 und 1100 m und 8 Gemeinden. **Valentino** mit 32 Gemeinden liegt in der Mitte der Provinz in Höhenlagen zwischen 250 und 650 m. **Moscatel de Valencia**, gleichfalls in zentraler Lage, produziert den historischen Wein der Region und umfasst 12 Gemeinden. Im Süden der Provinz liegt **Clariano** mit 49 Gemeinden und einer Höhe von 400 bis 700 m.

REBSORTEN:

WEISS: Macabeo, Malvasía Riojana, Merseguera, Moscatel De Alejandría, Moscatel De Grano Menudo, Pedro Ximénez, Plantafina, Plantanova, Tortosí, Verdil, Chardonnay, Semillon Blanc, Sauvignon Blanc, Verdejo, Riesling, Viognier, Albariño, Garnacha Blanca und Gewüztraminer.

ROT: Bobal, Garnacha, Monastrell, Tempranillo, Garnacha Tintorera, Forcallat Tinta, Cabernet Sauvignon, Merlot, Pinot Noir, Syrah, Graciano, Malbec, Mandó, Marselan, Mencía, Merlot, Mazuelo, Miguel Arco, Petit Verdot, Bonicaire und Cabernet Franc.

DATEN:

Rebfläche (ha): 7.773– **Winzer:** 1.320– **Weinerzeuger:** 60 – **Jahrgang 23:** Sehr Gut– **Jahresproduktion 23:** 22.475.945 L. – **Absatz:** 43% Spanien - 57% Export.

BODENVERHÄLTNISSE:

Hauptsächlich dunkle, kalkhaltige Böden mit guter Dränung.

KLIMA:

Mediterran, im Sommer und Herbst mit heftigen Gewittern und Wolkenbrüchen. Die jährliche Durchschnittstemperatur liegt bei etwa 15°C und die Niederschlagsmenge bei durchschnittlich 500 mm/Jahr.

ERNTEBEWERTUNG ANHAND JUNGER WEINE GUÍAPEÑÍN

2019	2020	2021	2022	2023
SEHR GUT	SEHR GUT	SEHR GUT	SEHR GUT	SEHR GUT

ANECOOP BODEGAS
Monforte, 1 – entlo.
46010 València/Valencia (València/Valencia)
☎: +34 963 938 500
anecoopbodegas@anecoop.com
www.anecoopbodegas.com

Amatista al Mar B MO D
100% moscatel
86

Amatista Moscato Fizzy BE
100% moscatel
84

El Enhebro 2022 T
50% garnacha tintorera, 50% monastrell
89
Fruchtig, trockene Kräuter, würzig, etwas austrocknend, wild.

El Enhebro 2023 B
50% verdil, 50% merseguera
86

Icono Urban 2022 B
100% moscatel
87

Juan de Juanes Bronce 2023 T
50% tempranillo, 30% garnacha, 20% syrah
88
Fruchtig, von Primäraromen beherrscht, durchschnittlich am Gaumen, blumig, etwas austrocknend.

Juan de Juanes Plata Petit Verdot 2022 T
100% petit verdot
88
Fruchtig, reif, trockene Kräuter, geschmackvoll.

Juan de Juanes Plata Viognier 2023 B
100% viognier
88
Zitrusfrüchte, fruchtig, trockene Kräuter, kräuterig, frisch.

La Cartuja Vino de Licor B
100% moscatel
89
Warm, reif, sortenrein, Zitrusfrüchte.

Los Escribanos 2020 T
90% monastrell, 10% garnacha tintorera
90
Farbe: leuchtendes Kirschrot. Aroma: reifes Obst, trockene Kräuter, weiches Eichenholz, Fleischnoten. Mund: reife Früchte, würzig, reife Tannine, lebhaft, frisch.

Reymos BE MO D
100% moscatel
88
Aromatisch, mild, geschmackvoll, blumig.

Reymos Selección BE MO D
100% moscatel
89
Lieblich, klar definierte Aromen, mild, geschmackvoll.

Sol de Reymos B Mistela D
100% moscatel
91
Farbe: leuchtendes Gelb. Aroma: Honignoten, blumig, süße Gewürze, ausdrucksvoll. Mund: fett, fruchtig, kraftvoll, geschmackvoll.

Venta del Puerto Nº 12 2021 T BA
cabernet sauvignon, tempranillo, merlot, syrah
90
Farbe: tiefes Kirschrot. Aroma: reifes Obst, trockene Kräuter, weiches Eichenholz, würzig, dunkle Früchte. Mund: kraftvoll, reife Früchte, würzig, geschmackvoll, nachwirkende Röstnoten, ziemlich nachhaltig.

Venta del Puerto Nº 18 2019 T BA
cabernet sauvignon, tempranillo, merlot, syrah
90
Farbe: kirschrot mit granatrotem Saum. Aroma: Röstaromen, würzig, feiner Kakao, reifes Obst, trockene Kräuter. Mund: geschmackvoll, Röstnoten, zartbitter, kraftvoll, kräftige Tannine.

Vida Viña Tendida Moscato Bianco B SD
100% moscatel
86

Viña Tendida B
100% moscatel
87

BALDOVAR 923
Ctra. Baldovar 17
46178 Alpuente (València/Valencia)
☎: +34 617 426 717
bodega@baldovar923.es
www.baldovar923.es

Arquela 2022 B FB S
merseguera
91 🌱
Wenig interventionistisch, wild. Farbe: leuchtendes Gelb. Aroma: reifes Obst, trockene Kräuter, welke Blumen, Schießpulver. Mund: reife Früchte, ausgewogen, geschmackvoll, fruchtig.

DO VALENCIA / D.O.P.

DO VALENCIA / D.O.P.

Berandía 2020 T S
100% bobal

93

Farbe: leuchtendes Kirschrot. Aroma: rote Früchte, würzig, balsamisch, reifes Obst, Waldfinsternis. Mund: geschmackvoll, fruchtig, schöne Säure, leicht, reife Tannine.

Cañada París 2022 B C S
100% merseguera

90 🍷

Farbe: leuchtendes Gelb. Aroma: ausdrucksstark fruchtig, reifes Obst, Zitronenbombon, getrocknete Blumen. Mund: geschmackvoll, ausgewogen, fruchtig, weiche Tannine.

Cerro Negro 2022 T AG S
100% mencía

91

Fruchtig. Farbe: kirschrot mit violettem Saum. Aroma: ausdrucksstark fruchtig, rote Früchte, blumig, würzig, Wildkräuter, balsamisch. Mund: geschmackvoll, fruchtig, schöne Säure, ausgewogen, lebhaft.

Pieza la Moza 2022 RD S
70% tempranillo, 30% bobal

90

Fruchtig, kräuterig, reif, frisch, geschmackvoll. Aroma: gebackenes Obst, Zitrusfrüchte, getrocknete Blumen, trockene Kräuter. Mund: ausgeprägter Säuregehalt.

Rascaña 2022 B S
70% merseguera, 30% macabeo

92

Farbe: leuchtendes Gelb. Aroma: ausdrucksstark fruchtig, helle Früchte, reifes Obst, trockene Kräuter, Nüsse. Mund: fruchtig, saftig, würzig, fett, geschmackvoll.

BODEGA AMANOVO

Finca Santa Rosa, Ctra. Fontanars, CV-660, K. 24.5
46870 Ontinyent (València/Valencia)
info@besvinos.com

Amanovo El Versátil 2021 T
malbec, garnacha

91

Mineralisch. Farbe: tiefes Kirschrot. Aroma: reifes Obst, trockene Kräuter, weiches Eichenholz. Mund: kraftvoll, reife Früchte, würzig, reife Tannine.

Amanovo, Edición Especial 2021 T
88

Nach Eingemachtem, fruchtig, würzig, reif, etwas austrocknend.

BODEGA ARANLEÓN

Ctra. Caudete, 3
46310 Los Marcos (València/Valencia)
☎: +34 963 631 640
Fax: +34 962 185 150
vinos@aranleon.com
www.aranleon.com

El Árbol de Aranleón 2022 T C
89 🍷

Lieblich, angenehm, reif, Röstaromen.

BODEGA EL ANGOSTO

Ctra. Fontanars CV-660, Km. 24.5
46870 Ontinyent (València/Valencia)
☎: +34 962 380 638
info@bodegaelangosto.com
www.bodegaelangosto.com

Almendros 2023 B
sauvignon blanc, verdejo, riesling

92

Komplex, mit Persönlichkeit. Farbe: strohgelb. Aroma: reifes Obst, trockene Kräuter, welke Blumen. Mund: kraftvoll, reife Früchte, ausgewogen.

La Tribuna 2022 T
bobal, garnacha, syrah

90

Fruchtig, reif, würzig, Röstaromen, rustikal.

La Vereda 2022 T BA
monastrell, malbec

91

Farbe: kirschrot mit violettem Saum. Aroma: ausdrucksstark fruchtig, rote Früchte, würzig, balsamisch. Mund: geschmackvoll, fruchtig, schöne Säure, trockene, aber reife Tannine, ausgewogen.

Teuladí 2023 T
arco, forcallat, bonicaire

91

Farbe: kirschrot mit violettem Saum. Aroma: ausdrucksstark fruchtig, rote Früchte, blumig, balsamisch. Mund: fruchtig, geschmackvoll, ausgewogen.

BODEGAS ARRÁEZ

Pol. 6 Parcela 386 Paraje Ciscar
46630 La Font de la Figuera (València/Valencia)
☎: +34 962 290 031
info@bodegasarraez.com
www.bodegasarraez.com

Los Arráez Lagares 2020 T RB
60% monastrell, 40% cabernet sauvignon

90

Farbe: kirschrot mit violettem Saum. Aroma: ausdrucksstark fruchtig, rote Früchte, würzig, Wildkräuter. Mund: geschmackvoll, fruchtig, würzig, reife Früchte, rauchig nachwirkend.

Los Arráez Parcela 0 2020 T RB
40% garnacha tintorera, 30% monastrell, 15% cabernet sauvignon, 10% arco, 5% forcallat

91

Farbe: tiefes Kirschrot. Aroma: reifes Obst, trockene Kräuter, weiches Eichenholz, dunkle Früchte. Mund: kraftvoll, reife Früchte, würzig, reife Tannine, rauchig nachwirkend.

Mala Vida 2021 T RB
30% monastrell, 30% tempranillo, 20% syrah, 20% cabernet sauvignon

87

Mala Vida 2023 B
40% moscatel, 40% merseguera, 20% verdil

88

Angenehm, tropische, mild.

Mala Vida Edición Limitada 2021 T RB
monastrell, garnacha tintorera

90

Farbe: tiefes Kirschrot. Aroma: reifes Obst, trockene Kräuter, weiches Eichenholz, feiner Kakao, würzig. Mund: kraftvoll, reife Früchte, würzig, reife Tannine, trockene, aber reife Tannine.

BODEGAS EL VILLAR
Avda. del Agricultor, 1
46170 Villar del Arzobispo (València/Valencia)
☎: +34 618 779 079
Fax: +34 961 646 060
acortell@makesense.es
www.elvillar.com

Cantalares Merlot 2021 T
merlot

86

Cantalares Merseguera 2022 B
merseguera

86

Laderas 2023 B
merseguera, macabeo

87

Viña Villar 2020 T C
tempranillo, merlot

86

Viña Villar Chardonnay 2022 B
chardonnay

86

Viña Villar Syrah 2022 T
syrah

87

BODEGAS ENGUERA
Chiva 51, Bajo
46018 València/Valencia (València/Valencia)
☎: +34 664 613 791
j.martinez@bodegasenguera.com
www.bodegasenguera.com

Blanc d'Enguera Arroyo 2021 B
verdil

88 ♣

Fruchtig, getrocknete Blumen, trockene Kräuter, reif, geschmackvoll, tropische.

Blanc d'Enguera Original 2022 B FB
70% verdil, 10% sauvignon blanc, 10% chardonnay, 10% viognier

90 ♣

Farbe: leuchtendes Strohgelb. Aroma: ausdrucksstark fruchtig, reifes Obst, Steinobst, trockene Kräuter, Zitronenbombon. Mund: geschmackvoll, ausgewogen, fruchtig, ziemlich nachhaltig.

Megala 2021 T
monastrell, tempranillo, marselan

92 ♣

Farbe: tiefes Kirschrot, violetter Saum. Aroma: reifes Obst, trockene Kräuter, weiches Eichenholz, Wildkräuter. Mund: kraftvoll, reife Früchte, würzig, reife Tannine, ziemlich nachhaltig.

Sueño de Megala 2018 T BA
marselan

93 ♣

Farbe: tiefes Kirschrot, violetter Saum. Aroma: reifes Obst, trockene Kräuter, weiches Eichenholz, ausdrucksstark fruchtig, dunkle Früchte. Mund: kraftvoll, reife Früchte, würzig, reife Tannine, geschmackvoll, ziemlich nachhaltig.

Verdil de Gel 2022 B D
verdil

88 ♣

Angenehm, tropische, geschmackvoll, Zitrusfrüchte.

BODEGAS HISPANO SUIZAS
Ctra. N-322, Km. 451,7
46357 El Pontón (València/Valencia)
☎: +34 962 349 370
info@bodegashispanosuizas.com
www.bodegashispanosuizas.com

Bassus Finca Casilla Herrera 2020 T
bobal, petit verdot, syrah, merlot, cabernet franc

92

Cremig, Röstaromen. Farbe: dunkles Kirschrot, kirschrot mit violettem Saum. Aroma: Röstaromen, würzig, feiner Kakao, reifes Obst, rote Früchte. Mund: geschmackvoll, Röstnoten, zartbitter, fruchtig, ziemlich nachhaltig, nachwirkende Röstnoten.

DO VALENCIA / D.O.P.

DO VALENCIA / D.O.P.

BODEGAS LOS PINOS
Casa Los Pinos, s/n
46635 Fontanars dels Alforins (València/Valencia)
☎: +34 600 584 397
bodegaslospinos@bodegaslospinos.com
www.bodegaslospinos.com

Brote 2023 RD
garnacha
87 🌱

Ca'ls Ls Pins 2023 B
moscatel, sauvignon blanc
87 🌱

Ca'ls Ls Pins 2023 T BA
cabernet sauvignon, monastrell, merlot
88 🌱
Korrekt, fruchtig, kräuterig, reif.

Dx de Dominio Los Pinos 2021 T RB
monastrell, cabernet sauvignon
88 🌱
Fruchtig, von Primäraromen beherrscht, schlicht, kräuterig.

La Sort 2022 T
garnacha
90 🌱
Farbe: kirschrot mit violettem Saum. Aroma: ausdrucksstark fruchtig, würzig, dunkle Früchte, trockene Kräuter. Mund: geschmackvoll, fruchtig, ziemlich nachhaltig, trockene, aber reife Tannine.

Los Pinos 0 % Sulfito 2023 T
monastrell, syrah, garnacha
88 🌱
Fruchtig, nach Eingemachtem, naschhaft, reif, geschmackvoll.

BODEGAS MURVIEDRO
Ampliación Pol. El Romeral, s/n
46340 Requena (València/Valencia)
☎: +34 962 329 003
murviedro@murviedro.es
www.murviedro.es

Audentia 2020 T R
40% tempranillo, 40% monastrell, 20% cabernet sauvignon
90
Farbe: durchscheinendes Kirschrot. Aroma: ausdrucksstark fruchtig, rote Früchte, Wildkräuter, reifes Obst. Mund: geschmackvoll, fruchtig, Röstnoten, ziemlich nachhaltig, trockene, aber reife Tannine.

CV05 2022 T
100% cabernet sauvignon
90
Farbe: tiefes Kirschrot, violetter Saum. Aroma: reifes Obst, trockene Kräuter, weiches Eichenholz, dunkle Früchte, Gras. Mund: kraftvoll, reife Früchte, würzig, kräftige Tannine, rauchig nachwirkend.

La Muleta 2019 T R
50% tempranillo, 50% bobal
88
Warm, reif, würzig, Röstaromen, mild.

Murviedro Colección 2020 T C
50% tempranillo, 30% monastrell, 20% syrah
88
Fruchtig, reif, würzig, etwas austrocknend.

Murviedro Colección 2020 T R
40% tempranillo, 40% monastrell, 20% cabernet sauvignon
90
Farbe: kirschrot mit violettem Saum. Aroma: ausdrucksstark fruchtig, rote Früchte, blumig, würzig, trockene Kräuter. Mund: geschmackvoll, fruchtig, ziemlich nachhaltig, reife Tannine.

BODEGAS POLO MONLEÓN
Ctra. Valencia - Ademuz, Km. 86
46178 Titaguas (València/Valencia)
☎: +34 617 918 448
info@hoyadelcastillo.com
www.hoyadelcastillo.com

Hoya del Castillo 2023 B
merseguera
88
Zitrusfrüchte, fruchtig, getrocknete Blumen, trockene Kräuter, geschmackvoll.

BODEGAS SANTA BÁRBARA
Ctra. de Alpuente, 27
46178 Titaguas (València/Valencia)
☎: +34 690 189 017
info@vinosaltoturia.com
www.vinosaltoturia.com

2L 2022 B
100% merseguera
86 🌱

Llanos de Titaguas 2022 B
100% merseguera
86

Mersé 2020 B FB
100% merseguera
87

BODEGAS VEGAMAR
Garcesa, s/n
46175 Calles (València/Valencia)
☎: +34 962 781 443
amalia.alcocer@vegamar.es
www.vegamar.es

Altos de la Muela 2020 T C
garnacha
91
Farbe: leuchtendes Kirschrot. Aroma: Früchtekonfit, in Likör eingelegte Früchte, rote Früchte, süße Gewürze, stark gegerbtes Leder. Mund: geschmackvoll, fruchtig, würzig, nach Eingemachtem, ziemlich nachhaltig, rauchig nachwirkend.

Esencia Vegamar 2021 T
garnacha, syrah
91
Farbe: tiefes Kirschrot. Aroma: reifes Obst, trockene Kräuter, weiches Eichenholz, rote Früchte, dunkle Früchte, würzig. Mund: kraftvoll, reife Früchte, würzig, kräftige Tannine.

Huella de Merseguera 2023 B
merseguera
89
Fruchtig, getrocknete Blumen, reif, von Primäraromen beherrscht, geschmackvoll.

Huella de Syrah 2023 T
syrah
88
Fruchtig, Röstaromen, würzig, reif.

Vegamar 2021 T C
89
Fruchtig, blumig, von Primäraromen beherrscht, reif, etwas austrocknend.

Vegamar 2023 B
89
Lieblich, mild, tropische, Zitrusfrüchte.

BODEGAS VINIVAL
Ctra. Chiva a Montserrat, Km. 1
30520 Chiva (València/Valencia)
☎: +34 963 568 750
nerea.bardaji@garciaperezgroup.com
www.vinival.es

Dolçaina BF Mistela D
moscatel de alejandría
91
Farbe: leuchtendes Gelb. Aroma: Honignoten, süße Gewürze, ausdrucksvoll. Mund: fett, kraftvoll, geschmackvoll.

BODEGAS VOLVER
Ctra de Pinoso a Fortuna, s/n
03658 Rodriguillo (Alacant/Alicante)
☎: +34 966 185 624
Fax: +34 965 075 376
export@bodegasvolver.com
www.bodegasvolver.com

Espeto Bobal 2022 T
bobal
88
Klar definierte Aromen, angenehm, fruchtig, geschmackvoll, saftig.

BODEGAS Y DESTILERÍAS VIDAL
Pol. Ind. El Mijares. Valencia, 16
12550 Almazora (Castelló/Castellón)
☎: +34 964 503 300
Fax: +34 964 560 604
info@bodegasvidal.com
www.bodegasvidal.com

Moscatel Orgullo Vino de Licor B
89
Farbe: goldfarben. Aroma: Honignoten, kandierte Früchte, Kräutersäckchen. Mund: süß, frisch, schöne Säure.

Uva D'Or Moscatel de Licor B D
90
Farbe: golden leuchtend. Aroma: Honignoten, blumig, süße Gewürze, ausdrucksvoll. Mund: fett, kraftvoll, geschmackvoll.

CARMELITANO BODEGAS Y DESTILERÍAS
Bodolz, 12
12560 Benicassim (Castelló/Castellón)
☎: +34 964 300 849
carmelitano@carmelitano.com
www.carmelitano.com

Carmelitano Moscatel 2023 B MO D
moscatel de alejandría
90
Farbe: leuchtendes Gelb. Aroma: balsamisch, Honignoten, blumig, ausdrucksvoll. Mund: fruchtig, geschmackvoll, elegant.

DO VALENCIA / D.O.P.

CASA LOS FRAILES
Casa Los Frailes, s/n
46635 Fontanars dels Alforins (València/Valencia)
☎: +34 962 222 220
info@bodegaslosfrailes.com
www.casalosfrailes.es

1771 Casa Los Frailes 2021 T C
monastrell
93
Farbe: leuchtendes Kirschrot. Aroma: ausdrucksstark fruchtig, rote Früchte, welke Blumen, Buschwaldkräuter. Mund: fruchtig, ausgewogen, geschmackvoll, reife Früchte, gezähmtes Tannin.

La Danza de la Moma 2021 T BA
marselan, monastrell
91
Farbe: sattes Kirschrot, violetter Saum. Aroma: reifes Obst, dunkle Früchte, Wildkräuter, Buschwaldkräuter, würzig. Mund: fruchtig, geschmackvoll, reife Früchte, schöne Säure, ausgewogen, trockene, aber reife Tannine.

Los Frailes Caliza 2022 T
monastrell
93
Lieblich, balsamisch. Farbe: kirschrot mit violettem Saum. Aroma: reifes Obst, rote Früchte, Wildkräuter, Buschwaldkräuter, welke Blumen, mineralisch. Mund: geschmackvoll, fruchtig, frisch, ausgewogen, reife Tannine, ziemlich nachhaltig.

Los Frailes Dolomitas 2022 T
monastrell
92
Farbe: kirschrot mit violettem Saum. Aroma: ausdrucksstark fruchtig, rote Früchte, blumig, würzig, trockener Stein, Wildkräuter. Mund: geschmackvoll, fruchtig, schöne Säure, frisch, ziemlich nachhaltig.

Los Frailes Rubificado 2022 T
garnacha tintorera
94
Farbe: leuchtendes Kirschrot. Aroma: reifes Obst, rote Früchte, Wildkräuter, würzig. Mund: reife Früchte, würzig, fruchtig, ausgewogen, geschmackvoll.

Trilogía 2020 T C
90
Farbe: kirschrot mit violettem Saum. Aroma: ausdrucksstark fruchtig, rote Früchte, würzig, reifes Obst, Wildkräuter. Mund: geschmackvoll, fruchtig, würzig, rauchig nachwirkend, trockene, aber reife Tannine.

CELLER CATARUZ
Ctra. CV-590, km 51,5
46810 Enguera (València/Valencia)
☎: +34 678 513 800
cataruzsl@gmail.com
www.cellercataruz.com

Il.Lusiona't 2023 B
88
Lieblich, fruchtig, schlicht, mild.

Il.Lusiona't Rosé 2023 RD
marselan, tempranillo
87

Malcriat 2022 T
monastrell, marselan
88
Fruchtig, korrekt, schlicht, wild.

Maneras de Vivir 2019 T
bobal, syrah
87

Melic 2019 T
50% bobal, 30% cabernet sauvignon, 20% merlot
88
Würzig, fruchtig, reif, wild.

CELLER DEL ROURE
Ctra. de Les Alcusses, Km. 11,1
46640 Moixent (València/Valencia)
☎: +34 962 295 020
info@cellerdelroure.es
www.alcusses.es

Maduresa 2021 T
80% monastrell, cariñena
91
Farbe: kirschrot mit violettem Saum. Aroma: rote Früchte, blumig, würzig, Buschwaldkräuter, dunkle Früchte, reifes Obst. Mund: geschmackvoll, fruchtig, schöne Säure.

Parotet 2021 T
92
Farbe: kirschrot mit violettem Saum. Aroma: ausdrucksstark fruchtig, rote Früchte, würzig, Waldfinsternis. Mund: geschmackvoll, fruchtig, schöne Säure, frisch.

Safrà 2022 T
91
Saftig. Farbe: leuchtendes Kirschrot. Aroma: ausgewogen, rote Früchte, Wildkräuter. Mund: geschmackvoll, fruchtig, schöne Säure.

CLOS COR VÍ

Ctra. N-322, Km. 431
46354 Requena- Los Isidros (València/Valencia)
☎: +34 963 145 807
comunicacion@closcorvi.com
www.closcorvi.com

Cimera Clos Cor Ví 2020 B C
92 🌿

Farbe: leuchtendes Gelb. Aroma: reifes Obst, trockene Kräuter, welke Blumen, Zitronenbombon, weiße Blumen. Mund: reife Früchte, ausgewogen, fruchtig, frisch, ziemlich nachhaltig.

Cimera Clos Cor Ví 2022 B C
92 🌿

Aromatisch. Farbe: leuchtendes Gelb. Aroma: reifes Obst, trockene Kräuter, welke Blumen, Zitronenbombon, weiße Blumen. Mund: reife Früchte, ausgewogen, fruchtig, frisch, ziemlich nachhaltig.

Cimera Clos Cor Ví Magnum 2019 B FB
50% viognier, 50% riesling
93 🌿

Komplex, reif. Farbe: leuchtendes Gelb. Aroma: reifes Obst, würzig, Kohlenwasserstoff, trockene Kräuter, Röstaromen. Mund: strukturiert, zartbitter, geschmackvoll, fruchtig, Röstnoten, rauchig nachwirkend.

Clos Cor Ví Riesling 2022 B BA
100% riesling
90 🌿

Farbe: leuchtendes Gelb. Aroma: reifes Obst, getrocknete Blumen, ausdrucksvoll, mineralisch. Mund: fruchtig, frisch, lebhaft, geschmackvoll.

Clos Cor Ví Viognier 2022 B S
viognier
90 🌿

Mild, schlicht. Farbe: leuchtendes Strohgelb. Aroma: trockene Kräuter, welke Blumen. Mund: kraftvoll, reife Früchte.

CorSalvatge 2022 B
verdil
91 🌿

Farbe: leuchtendes Gelb. Aroma: Zitronenbombon, ausdrucksstark fruchtig, Steinobst, welke Blumen, trockene Kräuter. Mund: fruchtig, frisch, geschmackvoll, flüssig am Gaumen, ausgewogen.

Versat Clos Cor Ví 2023 B
verdil
90 🌿

Farbe: leuchtendes Strohgelb. Aroma: frisches Obst, Zitrusfrüchte, trockene Kräuter. Mund: frisch, fruchtig, schöne Säure, zartbitter.

CLOS DE LÔM

Ctra. CV 655, km 6,8
46870 Ontinyent (València/Valencia)
☎: +34 963 349 777
info@closdelom.wine
www.closdelom.wine

Clos de Lôm Garnacha 2022 T
100% garnacha
88

Warm, Röstaromen, reif, bitter.

Clos de Lôm Isidra 2021 T
85% garnacha, 15% tempranillo
90

Farbe: tiefes Kirschrot. Aroma: in Likör eingelegte Früchte, überreife Früchte, warm, Röstaromen. Mund: geschmackvoll, leicht süßlich, lang.

Clos de Lôm Malvasía 2023 B
malvasía
89

Zitrusfrüchte, korrekt, blumig, frisch, reif.

Clos de Lôm Monastrell 2023 RD
100% monastrell
89

Rassig, Zitrusfrüchte, kräuterig, Hefenoten.

Clos de Lôm Tempranillo 2023 T
100% tempranillo
91

Farbe: kirschrot mit granatrotem Saum. Aroma: kraftvoll, Röstaromen, dunkle Früchte, reifes Obst. Mund: geschmackvoll, lang.

COOP. SANT PERE

Plaza de la Hispanidad 4
46640 Moixent (València/Valencia)
☎: +34 962 260 020
info@coopmoixent.com
www.coopmoixent.com

Sant Pere 2022 RD
88

Fruchtig, kräuterig, von Primäraromen beherrscht, schlicht.

Sant Pere Blanc 2021 B
90% macabeo, 10% merseguera
88

Zitrusfrüchte, fruchtig, trockene Kräuter, schlicht.

Sant Pere Negre 2021 T
81% tempranillo, 14% monastrell, 5% merlot
87

DO VALENCIA / D.O.P.

Sant Pere Vinyes Velles Blanc 2019 B
pedro ximénez, macabeo, malvasía

90
Farbe: golden leuchtend. Aroma: reifes Obst, trockene Kräuter, welke Blumen, Zitronenbombon. Mund: reife Früchte, ausgewogen, saftig, fruchtig, etwas fortgeschritten.

Sant Pere Vinyes Velles Negre 2017 T
70% monastrell, 30% cariñena

89
Nach Eingemachtem, fruchtig, etwas austrocknend, würzig.

COOPERATIVA AGROVINÍCOLA MONTSERRAT
Dr. Marañón, 34
46192 Montserrat (València/Valencia)
☎: +34 962 999 042
info@agrovinicolamontserrat.com
www.agrovinicolamontserrat.com

Mistelanova 2023 B Mistela D
100% moscatel

88
Warm, getrocknete Blumen, reif, Zitrusfrüchte.

FIL·LOXERA & CÍA.
Josep Renau, 53
46635 Fontanars dels Alforins (València/Valencia)
☎: +34 606 099 599
pilar@filoxeraycia.es

Beberás de la Copa de tu Hermana 2022 B
55% verdil, 29% macabeo, 10% monastrell, 6% malvasía

92 ✿
Farbe: strohgelb. Aroma: trockene Kräuter, Steinobst, Orangenschale, schwarze Lakritze, blumig. Mund: kraftvoll, reife Früchte, ausgewogen, geschmackvoll, leicht süßlich.

Bienvenidos al Extraordinario Mundo de la Mujer Caballo mitad Mujer, mitad Caballo Azul (Arco) 2022 T C
100% arco

91 ✿
Ausgewogen, fruchtig, frisch. Farbe: KirsChrot. Aroma: reifes Obst, mittlere Intensität, ausgewogen. Mund: fruchtig, saftig, lebhaft, poliert.

El Cordero y las Vírgenes 2020 T R
garnacha tintorera, garnacha, monastrell, graciano, tempranillo, malvasía

93 ✿
Farbe: KirsChrot. Aroma: balsamisch, Buschwaldkräuter, dunkle Früchte, reifes Obst, würzig. Mund: würzig, balsamisch, schöne Säure.

Bienvenidos al Extraordinario Mundo de la Mujer Caballo mitad Mujer, mitad Caballo Naranja (Valenci) 2022 B C
valencí, moscatel romano, airén, otras

92 ✿
Wenig interventionistisch. Farbe: bernsteinfarben. Aroma: trockene Kräuter, welke Blumen, Steinobst, Buschwaldkräuter, Orangenschale. Mund: reife Früchte, ausgewogen, fleischig.

Bienvenidos al Extraordinario Mundo de la Mujer Caballo mitad Mujer, mitad Caballo Verde (Ullet de Perdiu) 2022 T C

93 ✿
Klar definierte Aromen, aromatisch, getrocknete Blumen, wild. Aroma: offen, frisch, ausdrucksvoll, Kräutersäckchen. Mund: schöne Säure, saftig, spannungsvoll.

Sentada sobre La Bestia 2021 T BA
monastrell, garnacha tintorera, graciano, garnacha, tempranillo

92 ✿
Lieblich, blumig, wild, mit Persönlichkeit. Farbe: leuchtendes Kirschrot. Aroma: dunkle Früchte, rote Früchte, offen, Buschwaldkräuter. Mund: würzig, süffig, schöne Säure, spannungsvoll.

GUILELLA AGRICOLA
Diseminados 575 Pol. 12 Parc. 40
46880 Bocairente (València/Valencia)
☎: +34 649 444 919
guilella@guilella.com

Font de l'Árbre 2021 T RB
100% cabernet sauvignon

85

Font de la Carrasca 2020 T
100% pinot noir

87

Font de la Coveta 2021 T
100% syrah

88
Nach Eingemachtem, würzig, fruchtig, rustikal, Röstaromen.

Font Freda 2021 B
80% riesling, 20% chardonnay

88
Mild, schlicht, geschmackvoll.

Font Freda 2022 B
80% riesling, 20% chardonnay

88
Fruchtig, kräuterig, schlicht, frisch.

HAMMEKEN CELLARS
03700 Denia (Alacant/Alicante)
☎: +34 965 791 967
cellars@hammekencellars.com
www.hammekencellars.com

Albades Malvasía 2023 B
malvasía
88
Fruchtig, trockene Kräuter, getrocknete Blumen, reif, geschmackvoll.

Borneo 2023 B
viura, verdejo
88
Zitrusfrüchte, frisch, kräuterig, geschmackvoll.

JAVI REVERT VITICULTOR
46630 La Font de la Figuera (València/Valencia)
javirevert@icloud.com

Micalet 2022 B
94
Getrocknete Blumen. Farbe: leuchtendes Gelb. Aroma: ausdrucksvoll, Jasmin, trockene Kräuter, getrocknete Blumen, reifes Obst. Mund: geschmackvoll, fruchtig, ausgewogen.

Sensal 2022 T
93
Angenehm, klar definierte Aromen, balsamisch. Farbe: KirsChrot. Aroma: balsamisch, süße Gewürze, Buschwaldkräuter. Mund: würzig, balsamisch, schöne Säure.

🏆 PODIUM
Premio al Vino Revelación

Simeta 2021 T
arco
96
Rassig, balsamisch, mit Persönlichkeit. Farbe: leuchtendes Kirschrot. Aroma: balsamisch, süße Gewürze, Buschwaldkräuter, ausdrucksstark fruchtig, rote Früchte. Mund: würzig, balsamisch, schöne Säure, lebhaft.

LA BARONÍA DE TURIS
Avda. D. Bautista Soler Crespo, 22
46389 Turis (València/Valencia)
☎: +34 669 479 708
comercial@baroniadeturis.es
www.baroniadeturis.es

Baronia 2022 B RC S
100% malvasía
91
Farbe: jodfarben mit bernsteinfarbenem Saum. Aroma: komplex, Nüsse, Lacknoten. Mund: fett, lang, würzig.

Cañamar 2022 B Mistela
100% malvasía
87

Son 2 Días 2023 B SS
100% moscatel de alejandría
86

Valencian Sun 2023 B Mistela D
100% moscatel de alejandría
90
Reif, voll, mild, sortenrein, ausgewogen.

LA COMARCAL
Ctra Caudete Los Isidros CV-452 , 2,
46310 Venta del Moro (València/Valencia)
☎: +34 654 547 305
javirevert@icloud.com

Delmoro 2022 B
merseguera
90
Farbe: leuchtendes Strohgelb. Aroma: reifes Obst, Kräutersäckchen, feine Hefen, mit Charakter. Mund: voll, schöne Säure, zartbitter.

Delmoro 2022 T
80% garnacha, 20% syrah
91 🌿
Farbe: KirsChrot. Aroma: süße Gewürze, Buschwaldkräuter, reifes Obst, dunkle Früchte. Mund: würzig, balsamisch, schöne Säure, zartbitter.

Grillat 2023 T
75% monastrell, 25% garnacha
93
Aromatisch, spannungsvoll. Farbe: leuchtendes Kirschrot. Aroma: balsamisch, süße Gewürze, Buschwaldkräuter, ausdrucksstark fruchtig, Gras. Mund: würzig, balsamisch, schöne Säure.

LaFont 2023 B
malvasía
92
Spannungsvoll. Farbe: leuchtendes Strohgelb. Aroma: reifes Obst, blumig, feine Hefen, mineralisch, Kreide. Mund: komplex, würzig, lang, mineralisch.

LES VINS BONHOMME
Partida el Barranquet, 6
03580 Alfaz del Pi (Alacant/Alicante)
☎: +34 965 843 281
nathalie@seaviewwines.es
www.lesvinsbonhomme.com

Caminos del Bonhomme 2022 T
87

DO VALENCIA / D.O.P.

DO VALENCIA / D.O.P.

El Bonhomme Blanco 2023 B
86

RAFAEL CAMBRA
Casa Colaus, 1 Ctra. Fontanars a Moixent, Km. 1.8
46635 Fontanars dels Alforins (València/Valencia)
☎: +34 626 309 327
rafael@rafaelcambra.es
www.rafaelcambra.es

El Bon Homme 2023 T
90
Farbe: kirschrot mit violettem Saum. Aroma: rote Früchte, blumig, würzig, geröstetes Brot. Mund: geschmackvoll, fruchtig, schöne Säure.

La Forcalla de Antonia 2022 T
forcallat
93
Balsamisch. Farbe: leuchtendes Kirschrot. Aroma: reifes Obst, rote Früchte, Wildkräuter, würzig, erdig, geröstetes Brot. Mund: fruchtig, geschmackvoll, nachwirkend fruchtig, reife Tannine, leicht süßlich.

Rafael Cambra Dos 2022 T
91
Farbe: kirschrot mit violettem Saum. Aroma: ausdrucksstark fruchtig, rote Früchte, würzig, dunkle Früchte, Buschwaldkräuter. Mund: geschmackvoll, fruchtig, schöne Säure, ziemlich nachhaltig, würzig.

Rafael Cambra Uno 2022 T
monastrell
92
Farbe: leuchtendes Kirschrot. Aroma: reifes Obst, dunkle Früchte, Wildkräuter, Buschwaldkräuter, würzig. Mund: fruchtig, frisch, geschmackvoll, ausgewogen, ziemlich nachhaltig, reife Tannine.

Soplo 2022 T
92
Aromatisch, fruchtig. Farbe: kirschrot mit violettem Saum. Aroma: ausdrucksstark fruchtig, rote Früchte, blumig, würzig, Wildkräuter. Mund: geschmackvoll, fruchtig, schöne Säure, frisch, flüssig am Gaumen.

TONI BENEITO
Partida Sant Antoni.- Finca El Cabeço
46880 Bocairent (València/Valencia)
☎: +34 681 909 243
info@tonibeneito.com
www.tonibeneito.com

Alma Sana 2021 T C
bonicaire, tempranillo
87

Alma Sana Orange Wine 2021 B RB
tortosina
88
Fruchtig, getrocknete Blumen, trockene Kräuter, wild, geschmackvoll.

Estribillo 2021 T C
cabernet sauvignon, garnacha tintorera
88
Fruchtig, kräuterig, reif, würzig, geschmackvoll, etwas austrocknend.

Toni Beneito Bonicaire 2021 T
100% bonicaire
91
Farbe: kirschrot mit granatrotem Saum. Aroma: Früchtekonfit, kraftvoll, süße Gewürze. Mund: geschmackvoll, lang, strukturiert, voll.

Toni Beneito Cabernet Sauvignon 2022 T
100% cabernet sauvignon
89
Balsamisch, korrekt, würzig, markante Eiche, trockene Kräuter, reif, geschmackvoll.

Toni Beneito Viticultor Tortosí 2023 B
tortosina
90
Farbe: strohgelb. Aroma: reifes Obst, trockene Kräuter, Zitrusfrüchte, feine Hefen. Mund: kraftvoll, reife Früchte, ausgewogen.

VICENTE GANDÍA
Ctra. Cheste a Godelleta, s/n
46370 Chiva (València/Valencia)
☎: +34 962 524 242
info@vicentegandia.com
www.vicentegandia.es

Ceramic Monastrell criado en Tinaja 2021 T
monastrell

92

Farbe: kirschrot mit violettem Saum. Aroma: blumig, rauchig, würzig, dunkle Früchte, ausgewogen. Mund: geschmackvoll, fruchtig, schöne Säure, fleischig.

Ceramic Sauvignon Blanc 2023 B
sauvignon blanc

90

Farbe: strohgelb. Aroma: trockene Kräuter, welke Blumen, geröstetes Brot, tropische Frucht. Mund: reife Früchte, ausgewogen, geschmackvoll, salzig.

Clos de Gallur 2020 T RB
syrah, tempranillo, cabernet sauvignon

91

Klassisch, korpulent. Farbe: KirsChrot. Aroma: süße Gewürze, Buschwaldkräuter, balsamisch, schwarze Lakritze. Mund: würzig, schöne Säure, reife Tannine.

VINOS SIERRA NORTE
Paraje Finca Calderón
46390 Requena (València/Valencia)
☎: +34 962 323 099
info@bodegasierranorte.com
www.bodegasierranorte.com

Pasion de Moscatel 2023 B
moscatel

87

VINYA ALFORI
CV-655, Km. 3.1 Pol. 31 Parc. 22
46635 Fontanars dels Alforins (València/Valencia)
☎: +34 699 986 349
rebeca@vinyaalfori.es
www.vinyaalfori.es

Cubet 2020 B
100% macabeo

88

Fruchtig, reif, blumig, geschmackvoll.

Parcela Solana 2019 T RB
100% monastrell

89

Fruchtig, trockene Kräuter, Röstaromen, würzig, reif.

Parcela Umbría 2017 T RB
100% monastrell

90

Farbe: leuchtendes Kirschrot, granatroter Saum. Aroma: reifes Obst, trockene Kräuter, weiches Eichenholz, süße Gewürze. Mund: reife Früchte, würzig, reife Tannine, süffig, fruchtig.

Vinya Alforí 2019 T
100% monastrell

88

Fruchtig, kräuterig, würzig, trockene Kräuter.

Vinya Alforí 2021 B
100% macabeo

88

Fruchtig, trockene Kräuter, milchig, wild, sortenrein.

Vinya Alforí Negre 2019 B
100% macabeo

92

Reif. Farbe: golden leuchtend. Aroma: elegant, kandierte Früchte, süße Gewürze, welke Blumen. Mund: voll, kraftvoll, geschmackvoll, schöne Säure, reife Tannine.

VIÑAS DEL PORTILLO
Pol. Ind. El Llano, F2 P4
46360 Buñol (València/Valencia)
☎: +34 696 451 326
info@alturia.es
www.canasybarro.com

Albufera Selección 2023 T
50% syrah, 50% garnacha

87

Cañas y Barro 2023 B
45% malvasía, 45% merseguera, 10% moscatel

87

Cañas y Barro 2023 RD PL
tempranillo

85

DO VALENCIA / D.O.P.

WINES N' ROSES
Arcediano Ros, 35
46630 La Font de la Foguera (València/Valencia)
☎: +34 677 388 186
hello@wnr.es
www.wnr.es

Light My Fire 2021 T
100% garnacha tintorera

88

Fruchtig, naschhaft, reif, getrocknete Blumen, etwas austrocknend, sortenrein.

The Final Countdown 2021 T RB
100% monastrell

89 🌿

Reif, fruchtig, trockene Kräuter, geschmackvoll, etwas austrocknend.

DO. VALLE DE GÜÍMAR
CONSEJO REGULADOR
Tafetana, 14
38500 Güímar (Santa Cruz de Tenerife)
☎: +34 922 514 709
@: consejo@vinosvalleguimar.com
www.vinosvalleguimar.com

LAGE:
Das Anbaugebiet mit den Gemeinden Arafo, Candelaria und Güímar auf Teneriffa bildet im Grunde genommen eine Verlängerung der DO Valle de la Orotava nach Südosten mit einem zum Meer geöffneten Tal und Las Dehesas am Berghang, wo die Rebflächen bis zum Saum der Pinienwälder in einem nahezu alpinen Umfeld gedeihen.

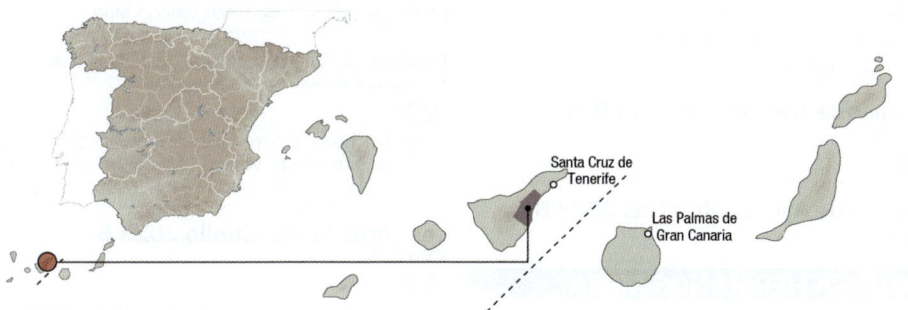

REBSORTEN:
WEISS: Gual, Listán Blanco, Malvasía, Moscatel, Verdello und Vijariego.

ROT: Bastardo Negro, Listán Negro (15% des Gesamtanbaus), Malvasía Tinta, Moscatel Negro, Negramoll, Vijariego Negro, Cabernet Sauvignon, Merlot, Pinot Noir, Ruby Cabernet, Syrah und Tempranillo.

DATEN:
Rebfläche (ha): 177 – **Winzer:** 417 – **Weinerzeuger:** 12 – **Jahrgang 23:** Unrated – **Jahresproduktion 3:** 233.115 L.– **Absatz:** 99% Spanien - 1% Export.

BODENVERHÄLTNISSE:
Vulkanischen Ursprungs in höheren Lagen. Beim Durchqueren der Region erscheint eine schwarze Lavazunge, wo die Reben an Rankgerüsten aus Holz gezogen werden.

KLIMA:
Die Passatwinde wehen hier zwar stärker als in Abona, aufgrund des beträchtlichen Höhenunterschieds auf begrenztem Raum entstehen dagegen diverse Mikroklimate. Hinzu kommen starke Temperaturunterschiede zwischen Tages- und Nachtwerten, was die Weinlese bis in den November verzögern kann.

ERNTEBEWERTUNG ANHAND JUNGER WEINE GUÍAPEÑÍN

2019	2020	2021	2022	2023
SEHR GUT	SEHR GUT	SEHR GUT	AUSGEZEICHNET	SEHR GUT

BODEGA COMARCAL VALLE DE GÜIMAR
Ctra. a La Cumbre, Km. 2
38550 Arafo (Santa Cruz de Tenerife)
☎: +34 922 510 437
info@bodegacomarcalguimar.com
www.bodegavalledeguimar.com

Brumas de Ayosa 2023 T
88
Lieblich, milchig, von Primäraromen beherrscht, fruchtig, korrekt, ausgewogen.

Brumas de Ayosa BE BN
86

Brumas de Ayosa Marmajuelo 2023 B
100% marmajuelo
88
Klar definierte Aromen, korrekt, Zitrusfrüchte, frisch, fruchtig, tropische.

Brumas de Ayosa Seco 2023 B S
listán blanco
86

Brumas de Ayosa sobre Lías 2023 B
87

BODEGA HERMANOS MESA
De Sosa, 2
38550 Arafo (Santa Cruz de Tenerife)
☎: +34 678 404 137
info@bodegahermanosmesa.com
www.bodegahermanosmesa.com

La Choza del Cabrero 2022 B
listán blanco
93
Komplex, mit Persönlichkeit. Aroma: reifes Obst, ausgewogen, Orangenschale, blumig. Mund: schöne Säure, ausgewogen, zartbitter, geschmackvoll.

Los Brezos 2022 T
85% listán negro, 15% listán blanco
90
Klar definierte Aromen, flüssig am Gaumen, kräuterig, saftig, von Primäraromen beherrscht. Aroma: rote Früchte, reifes Obst, Wildkräuter. Mund: saftig, fruchtig, süffig.

Los Pelados 2021 B
100% listán blanco

Nominado Vino Revelación

94
Originell, wild, reif. Farbe: leuchtendes Gelb. Aroma: eingemachtes Obst, komplex, ausgewogen, Wildkräuter, Anisnoten, reifes Obst. Mund: lebhaft, voll, spannungsvoll, schöne Säure.

Oracan Orange 2021 B
listán blanco
92
Korpulent, originell. Farbe: gelb, goldfarben. Aroma: Kräutersäckchen, mit Charakter. Mund: voll, geschmackvoll, zartbitter, spannungsvoll.

JUAN FRANCISCO FARIÑA PÉREZ
Subida Los Loros, km. 4,2
38530 Arafo (Santa Cruz de Tenerife)
☎: +34 636 824 919
jfcofarina@movistar.es

Los Loros "La Bota de Mateo" 2022 B
100% listán blanco
94
Komplex, anders, üppig. Farbe: gelb, blass. Aroma: ausdrucksvoll, mit Charakter, pikant, Nüsse, Curry, Sellerie. Mund: saftig, balsamisch, würzig, lang.

Los Loros "Siete Lomas" 2023 B FB
marmajuelo, listán blanco, gual, vijariego blanco
92
Farbe: leuchtendes Strohgelb. Aroma: ausdrucksstark fruchtig, Steinobst, würzig. Mund: geschmackvoll, nachwirkend fruchtig, lang, reife Früchte, würzig.

Los Loros Albillo Criollo 2023 B
albillo criollo
92
Zitrusfrüchte, frisch, saftig, lebhaft. Farbe: leuchtendes Strohgelb. Aroma: helle Früchte, frisches Obst, Wildkräuter. Mund: schöne Säure, ausgewogen, zartbitter, rassig.

Los Loros Vijariego Blanco 2022 B
verijadiego blanco
93
Farbe: gelb, grünlicher Saum. Aroma: ausdrucksvoll, reifes Obst, blumig, feine Hefen, mineralisch. Mund: voll, komplex, lang, saftig, lebhaft, frisch.

Los Loros Viñas Viejas 2023 B
100% listán blanco
93
Klar definierte Aromen. Aroma: getrocknete Blumen, trockene Kräuter, Hefenoten, offen, mittlere Intensität. Mund: ausgewogen, zartbitter, spannungsvoll.

VIÑA GÓMEZ
Brisas de Chimisay, 1
38508 Güimar (Santa Cruz de Tenerife)
☎: +34 636 955 759
javiervinagomez@gmail.com
www.bodegavinagomez.com

1400M 2021 B C
90
Markante Eiche. Farbe: leuchtendes Gelb. Aroma: kraftvoll, reifes Obst, würzig. Mund: fett, Röstnoten, zartbitter.

1400M 2022 B FB
listán blanco
92
Korpulent, üppig, reif. Aroma: reifes Obst, getrocknete Blumen, weiches Eichenholz, welke Blumen. Mund: fett, voll, kraftvoll, ausgewogen, saftig.

1400M 2022 T
listán negro, negramoll
89
Balsamisch, würzig, kräuterig, fruchtig, stumpf, korrekt, anders, reif, nach Eingemachtem.

1400M 2023 B S
90
Farbe: strohgelb. Aroma: reifes Obst, welke Blumen, Hefenoten. Mund: kraftvoll, reife Früchte, ausgewogen, fruchtig.

1400M 2023 RD
87

Viña Gómez Listán 2020 B D
90
Naschhaft. Farbe: goldfarben. Aroma: kandierte Früchte, Honignoten. Mund: geschmackvoll, süß, kraftvoll.

VIÑAS HERZAS
Morra del Estanque s/n
38550 Arafo (Santa Cruz de Tenerife)
☎: +34 639 157 290
morraherzas@yahoo.es
www.herzas.es

Viñas Herzas 2023 B
listán blanco, marmajuelo, albillo criollo, moscatel de alejandría
87

Viñas Herzas 2023 T
tempranillo, listán negro, cabernet sauvignon
86

DO VALLE DE GÜÍMAR / D.O.P.

DO. VALLE DE LA OROTAVA

CONSEJO REGULADOR

Parque Recreativo El Bosquito, nº1. Urb. La Marzagana II - La Perdona
38315 La Orotava (Santa Cruz de Tenerife)
☎: +34 922 309 922
@: tecnico@dovalleorotava.com
www.dovalleorotava.com

LAGE:

Landschaft im Norden von Teneriffa, nach Westen von der DO Ycoden-Daute-Isora und im Osten von der DO Tacoronte-Acentejo begrenzt. Die Rebflächen reichen vom Meer bis zum Fuß des Teide und ziehen sich über die Gemeinden La Orotava, Los Realejos und El Puerto de la Cruz.

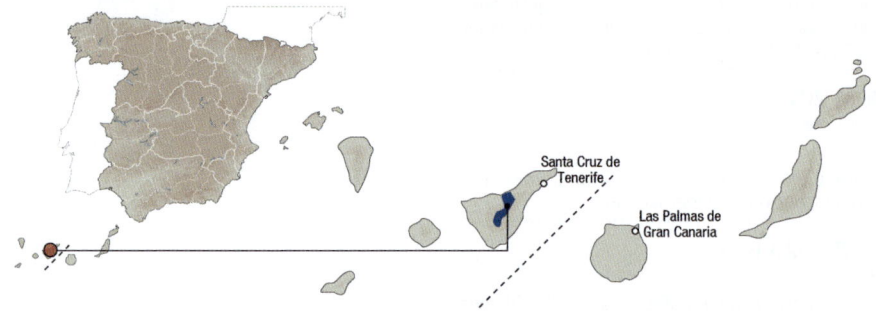

REBSORTEN:

WEISS: Hauptsorten: Güal, Malvasía, Verdello, Vijariego, Albillo, Forastera Blanca o Doradilla, Sabro, Breval und Burrablanca.

Zugelassen: Bastardo Blanco, Forastera Blanca (Gomera), Listán Blanco, Marmajuelo, Moscatel, Pedro Ximénez und Torrontés.

ROT: Hauptsorten: Listán Negro, Malvasía Rosada, Negramoll, Castellana Negra, Mulata, Tintilla, Cabernet Sauvignon, Listán Prieto, Merlot, Pinot Noir, Ruby Cabernet, Syrah und Tempranillo.

Zugelassen: Bastardo Negro, Moscatel Negra, Tintilla und Vijariego Negra.

DATEN:

Rebfläche (ha): 178– **Winzer:** 393 – **Weinerzeuger:** 16 – **Jahrgang 23:** Ausgezeichnet– **Jahresproduktion 23:** 340.000 L. – **Absatz:** 72% Spanien - 28% Export.

BODENVERHÄLTNISSE:

Leichte, durchlässige Böden reich an mineralischen Nährstoffen und mit einem leicht sauren PH-Wert, aufgrund des vulkanischen Ursprungs der Insel. Die Rebflächen befinden sich in Höhenlagen zwischen 250 und 700 m.

KLIMA:

Wie in anderen Anbaugebieten der Kanarischen Inseln sind die Witterungsverhältnisse von den Passatwinden beeinflusst, die in diesem Gebiet Weine mit mäßigem Alkoholgehalt und primär atlantisch geprägtem Charakter hervorbringen. Der atlantische Einfluss ist auch deshalb wichtig, da er die küstennahen Temperaturen in Grenzen hält und ausgiebig Feuchtigkeit mit sich führen. Die durchschnittliche Niederschlagsmenge ist trotz allem relativ gering, wobei die Regenfälle an den Nordhängen und in höher gelegenen Gebieten generell reichlicher ausfallen.

ERNTEBEWERTUNG ANHAND JUNGER WEINE GUÍAPEÑÍN

2019	2020	2021	2022	2023
UNRATED	UNRATED	UNRATED	UNRATED	SEHR GUT

300 LIOS
Ctra. Palo Blanco, Km. 1 Lg. El Albornoz
38410 Los Realejos (Santa Cruz de Tenerife)
☎: +34 616 511 951
300lioswines@gmail.com
www.300lios.com

300 Lios 2022 RD
100% listán negro

90

Rauchig, aromatisch, balsamisch, würzig. Aroma: trockene Kräuter, feine Hefen, Hefenoten. Mund: saftig, ausgewogen.

300 Lios Albillo Criollo 2022 B BA
100% albillo

89

Würzig, reif, markante Eiche, korrekt, geschmackvoll, nachhaltig.

300 Líos Vidueño 2022 B
listán blanco, vijariego blanco, albillo

91

Farbe: leuchtendes Strohgelb. Aroma: frisches Obst, Zitrusfrüchte, Wildkräuter. Mund: fruchtig, schöne Säure, zartbitter, ausgewogen, saftig.

In-cierto Proyecto de Valerio García 2021 B
100% albillo criollo

91

Farbe: leuchtendes Gelb. Aroma: Schießpulver, mit Charakter, ausgewogen, offen, kraftvoll. Mund: geschmackvoll, reife Früchte, würzig, lang.

BODEGA FINCA MARAÑUELA
Cº La Arbeja, 48 La Perdoma
38315 La Orotava (Santa Cruz de Tenerife)
☎: +34 699 434 662
info@bodegafincamaranuela.com
www.bodegafincamaranuela.com

Calima Orange Vino Natural 2023 B
listán blanco

89

Wenig interventionistisch, rustikal. Aroma: Moschus-Noten, Wachs, mit Charakter. Mund: geschmackvoll.

Cariño Clarete Vino Natural 2023 RD
listán negro

88

Wenig interventionistisch, animalische Noten, Waldfinsternis. Aroma: Getreidenoten, mit Charakter.

Marañuela Vino Natural 2023 T
listán negro

89

Wild, wenig interventionistisch, balsamisch, reif, rustikal, geschmackvoll.

TƎRNA Vino Natural 2023 T
listán negro

90

Klar definierte Aromen, trockene Kräuter, repräsentativ. Farbe: KirsChrot. Aroma: balsamisch, Buschwaldkräuter. Mund: würzig, balsamisch, reife Früchte.

BODEGA ILLADA
Calle Nueva, 31, La Cruz Santa
38413 Los Realejos (Santa Cruz de Tenerife)
☎: +34 627 229 735
bodegaillada@gmail.com

El Reboso 2023 B
listán blanco

87

El Reboso 2023 RD
listán negro

87

El Reboso Afrutado 2023 B
listán blanco

87

El Reboso Listán Negro 2022 T
listán negro

87

BODEGA TAFURIASTE
Las Candias Altas, 11
38312 La Orotava (Santa Cruz de Tenerife)
☎: +34 647 421 256
vinos@bodegatafuriaste.com
www.bodegatafuriaste.com

Engazo Familia Tafuriaste 2022 B BA
listán blanco

90

Zitrusfrüchte, getrocknete Blumen. Farbe: leuchtendes Gelb. Aroma: Wachs, welke Blumen. Mund: saftig, geschmackvoll, reife Früchte.

Engazo Familia Tafuriaste 2023 T C
listán blanco

89

Balsamisch, reif, fruchtig, nachhaltig, wild. Mund: trockene, aber reife Tannine.

DO VALLE DE LA OROTAVA / D.O.P.

DO VALLE DE LA OROTAVA / D.O.P.

Ocho Islas 2022 T RB
95% listán negro, 5% castellana, tintilla
90
Farbe: leuchtendes Kirschrot. Aroma: süße Gewürze, reifes Obst, Schokolade. Mund: fruchtig, würzig, reife Tannine.

Prunet Esencia del Territorio 2022 T
90% listán negro, 10% tintilla
89
Waldfinsternis. Aroma: Moschus-Noten, mit Charakter. Mund: zartbitter, korrekt.

Tafuriaste 2022 T
87

Tafuriaste Afrutado Semidulce 2023 RD SD
86

BODEGAS ARAUTAVA
Camino La Habanera, 286
38300 La Orotava (Santa Cruz de Tenerife)
☎: +34 922 309 024
info@bodegasarautava.com
www.bodegasarautava.com

Arautava Finca la Habanera Albillo Criollo 2022 B FB
albillo criollo
91
Farbe: leuchtendes Gelb. Aroma: weiches Eichenholz, reifes Obst, würzig, ausgewogen. Mund: fett, strukturiert, lang, reife Früchte.

Arautava Finca la Habanera Listán Blanco Cordón Trenzado 2022 B
listán blanco
91
Klar definierte Aromen, Zitrusfrüchte, ausgewogen. Farbe: leuchtendes Strohgelb. Aroma: feine Hefen, würzig. Mund: saftig, frisch, ausgewogen.

Arautava Finca la Habanera Listán Negro Cordón Trenzado 2021 T
100% listán negro
92
Farbe: durchscheinendes Kirschrot. Aroma: Buschwaldkräuter, reifes Obst, erdig, ausgewogen, offen. Mund: würzig, balsamisch, schöne Säure.

Arautava Listán Blanco Seco 2023 B S
listán blanco
88
Angenehm, schlicht, fruchtig, reif, korrekt.

Arautava Paraje San Antonio 2022 T
listán negro
88
Kräuterig, reif, wild, geschmackvoll, Röstaromen, würzig.

Finca La Habanera Vidueño 2022 RD
listán blanco, albillo criollo, listán blanco
91
Farbe: kupferfarben, glänzend. Aroma: reifes Obst, süße Gewürze, trockene Kräuter. Mund: fleischig, geschmackvoll, würzig, lang, zartbitter.

BODEGAS MURCAL
Camino Tío Luis, 87
38315 La Orotava (Santa Cruz de Tenerife)
☎: +34 616 175 152
contacto@bodegasmurcal.es

Murcal 2023 T
100% listán negro
89
Lieblich, von Primäraromen beherrscht, fruchtig, trockene Kräuter, vegetabil, saftig, balsamisch.

Perdomero 2023 T
60% listán negro, 40% listán blanco
89
Balsamisch, rustikal, geschmackvoll, reif, saftig.

Stanis Tradicional 2023 T
100% listán negro
88
Balsamisch, kräuterig, fruchtig, korrekt, geschmackvoll, reif.

BODEGAS TAJINASTE
Ratiño 5
38315 La Orotava (Santa Cruz de Tenerife)
☎: +34 687 330 920
bodega@tajinaste.net
www.bodegatajinaste.com

Can 2022 T
vijariego negro, listán negro
91
Farbe: leuchtendes Kirschrot. Aroma: balsamisch, reifes Obst, Buschwaldkräuter, weiches Eichenholz. Mund: geschmackvoll, balsamisch, würzig.

Tajinaste Naturalmente Dulce 2021 T D
90
Aroma: würzig, überreife Früchte, getrocknete Früchte. Mund: kraftvoll, geschmackvoll, ausgewogen, voll, fruchtig.

DO VALLE DE LA OROTAVA / D.O.P.

Tajinaste Vendimia Seleccionada 2022 T
90
Korrekt, geschmackvoll. Aroma: feine Reduktionsnoten, dunkle Früchte. Mund: geschmackvoll, voll, strukturiert.

LA HAYA
Calzadillas, 88 La Cruz Santa
38413 Los Realejos (Santa Cruz de Tenerife)
☎: +34 629 051 413
lahayabodegas@gmail.com

La Haya Afrutado Cordón Trenzado 2022 B SS
90% listán blanco, 10% otras
88
Lieblich, klar definierte Aromen, fruchtig, reif. Mund: geschmackvoll.

La Haya Cordón Trenzado 2021 B BA
90% listán blanco, 10% otras
90
Farbe: leuchtendes Gelb. Aroma: reifes Obst, würzig, Karamel. Mund: fett, lang, zartbitter.

La Haya Seco 2022 B
88
Korrekt, trockene Kräuter, getrocknete Blumen. Aroma: Moschus-Noten. Mund: zartbitter.

Piel de la Haya Cordón Trenzado 2022 B
90% listán blanco, 10% otras
88
Röstaromen, rauchig, korpulent, adstringierend. Aroma: Steinobst.

LA SUERTITA
Real de la Cruz Santa
38413 Los Realejos (Santa Cruz de Tenerife)
☎: +34 669 408 761
bodegalasuertita@yahoo.es
www.bodegalasuertita.com

Informal Proyecto de Valerio García 2022 B
80% vijariego blanco, 20% listán blanco
91
Farbe: Altgold. Aroma: reifes Obst, kandierte Früchte, weiches Eichenholz, Karamel, Honignoten. Mund: voll, opulent, geschmackvoll.

La Suertita 2023 B S
listán blanco
89
Angenehm, frisch, fruchtig, mild, korrekt, trockene Kräuter. Mund: süffig.

La Suertita Albillo Criollo 2023 B
albillo criollo
88
Reif, fruchtig, durchschnittlich am Gaumen, schlicht, angenehm, blumig.

La Suertita Bagazo 2023 B
listán blanco, moscatel, albillo criollo, verdello
89
Lieblich, aromatisch, blumig, frisch, fruchtig. Mund: reife Früchte, süffig.

LA VIÑITA
Camino La Higuera, 9
38300 La Orotava (Santa Cruz de Tenerife)
☎: +34 639 369 330
daniari222@hotmail.com

Chivita 2023 B S
listán blanco
86

Chivita Afrutado 2023 B
listán blanco
88
Angenehm, aromatisch, balsamisch, kräuterig, wild, klar definierte Aromen.

Chivita Tinto Tradición 2023 T
listán negro, tintilla
86

SUERTES DEL MARQUÉS
Cº Las Suertes Tercera, 10
38300 La Orotava (Santa Cruz de Tenerife)
☎: +34 922 501 300
ventas@suertesdelmarques.com
www.suertesdelmarques.com

7 Fuentes 2021 T
95% listán negro, 5% castellana
92
Aromatisch, wild, repräsentativ. Farbe: durchscheinendes Kirschrot. Aroma: Ebbe, Wildkräuter, feine Reduktionsnoten. Mund: saftig, fruchtig, reife Früchte, lang, lebhaft.

🏆 PODIUM

Las Suertes 2022 T
listán negro
96
Klar definierte Aromen, saftig. Farbe: KirsChrot. Aroma: komplex, ausdrucksvoll, würzig, mineralisch, Veilchen. Mund: elegant, lang, geschmackvoll.

DO VALLE DE LA OROTAVA / D.O.P.

Suertes del Marqués Candio 2022 T
94 ♣
Klar definierte Aromen, lieblich. Farbe: KirsChrot. Aroma: komplex, ausdrucksvoll, würzig, mineralisch, balsamisch, Anisnoten, rote Früchte. Mund: elegant, voll, lang, nachhaltig.

Suertes del Marqués Cruz Santa 2022 T
vijariego negro
94
Angenehm, klar definierte Aromen. Farbe: kirschrot mit violettem Saum. Aroma: ausdrucksstark fruchtig, rote Früchte, blumig, Gras. Mund: geschmackvoll, fruchtig, schöne Säure.

🏆 PODIUM
Suertes del Marqués Edición 1 2022 B
listán blanco
97
Klar definierte Aromen. Farbe: leuchtendes Strohgelb. Aroma: ausdrucksvoll, reifes Obst, feine Hefen, mineralisch, Wachs, Phosphor. Mund: voll, komplex, würzig, lang, cremig.

🏆 PODIUM
Suertes del Marqués Edición 1 2022 T
100% listán negro
96
Herb, spannungsvoll, lebhaft. Farbe: durchscheinendes Kirschrot. Aroma: mittlere Intensität, offen, rote Früchte, mineralisch. Mund: spannungsvoll, elegant, zartbitter, lang, fruchtig, saftig.

Suertes del Marqués La Solana 2022 T
listán negro
94
Klar definierte Aromen, saftig. Farbe: kirschrot mit violettem Saum. Aroma: rote Früchte, blumig, würzig, erdig, Wildkräuter. Mund: geschmackvoll, fruchtig, schöne Säure, lang.

Suertes del Marqués Los Pasitos 2022 T
baboso
93
Farbe: kirschrot mit violettem Saum. Aroma: rote Früchte, blumig, würzig, erdig, feiner Kakao. Mund: geschmackvoll, fruchtig, schöne Säure, mineralisch.

Suertes del Marqués Trenzado 2022 B
100% listán blanco
94
Klar definierte Aromen. Farbe: leuchtendes Strohgelb. Aroma: ausdrucksvoll, ausgewogen, weiches Eichenholz, mittlere Intensität, Schießpulver, Zitrusfrüchte. Mund: sortentypisch, zartbitter, ausgewogen, süffig, lang.

Suertes del Marqués Vidonia 2022 B
listán blanco
94
Klar definierte Aromen, wild. Farbe: leuchtendes Strohgelb. Aroma: reifes Obst, Kräutersäckchen, feine Hefen, Phosphor, mit Charakter. Mund: voll, fett, lang, schöne Säure.

🏆 PODIUM
Suertes del Marqués Vidonia V.P. 2022 B C
listán blanco
95
Ausgewogen, elegant, mit Potenzial. Farbe: leuchtendes Strohgelb. Aroma: feine Hefen, weiches Eichenholz, ausgewogen, ausdrucksvoll, elegant. Mund: fett, lang, schöne Säure, geschmackvoll, abgerundet.

Suertes del Marqués Vidueño 2021 T
listán negro, malvasía rosada, negramoll, baboso, castellana, vijariego negro
94
Waldfinsternis, kräuterig, saftig. Farbe: durchscheinendes Kirschrot. Aroma: Ebbe, mit Charakter, ausdrucksvoll. Mund: flüssig am Gaumen, fruchtig, ausgewogen, zartbitter, süffig, balsamisch.

DO. VINOS DE MADRID

CONSEJO REGULADOR

Ronda de Atocha, 7
28012 Madrid
☎: +34 915 348 511
@: prensa@vinosdemadrid.es
www.vinosdemadrid.es

LAGE:

Herkunftsbezeichnung mit drei unterschiedlichen Teilgebieten im Süden der Provinz Madrid: Arganda, Navalcarnero, El Molar und San Martín de Valdeiglesias.

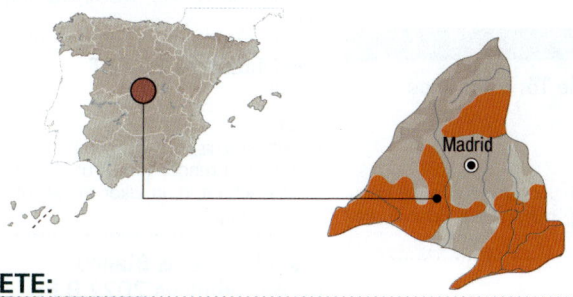

TEILGEBIETE:

San Martín de Valdeiglesias umfasst 9 Gemeinden mit über 3821 ha Rebflächen, auf denen vorwiegend Garnacha (rot) und Albillo (weiß) angebaut werden.

Navalcarnero besteht aus 19 Gemeinden mit insgesamt 2107 ha Rebfläche, die vor allem Rot- und Roséweine aus der Garnacha hervorbringen.

Arganda ist mit 5830 ha und 26 Gemeinden das weitaus größte Teilgebiet der Region. Die vorherrschenden Rebsorten sind die weiße Malvar und die rote Tempranillo oder Tinto Fino.

Und El Molar.

REBSORTEN:

WEISS: Malvar, Airén, Albillo, Parellada, Macabeo, Torrontés, Moscatel de Grano Menudo und Sauvignon Blanc.

ROT: Tinto Fino (Tempranillo), Garnacha, Merlot, Cabernet Sauvignon, Garnacha Tinotera, Syrah und Petit Verdot.

DATEN:

Rebfläche (ha): 5.898 – **Winzer:** 2.760 – **Weinerzeuger:** 45 – **Jahrgang 23:** Unrated – **Jahresproduktion 23:** 4.812.180 L. – **Absatz:** 82% Spanien - 18% Export.

BODENVERHÄLTNISSE:

Wenig fruchtbare Böden mit granithaltigem Untergrund bei San Martín de Valdeiglesias. In Navalcarnero stößt man auf dunkle, arme Böden auf einer Schicht aus grobem und tonhaltigem Sand. Um Arganda liegen dunkle Böden mit saurem pH-Wert auf granithaltigem Untergrund.

KLIMA:

Extrem kontinental, mit kalten Wintern und heißen Sommern. Die durchschnittliche Niederschlagsmenge liegt zwischen 461 mm in Arganda und 658 mm in San Martín de Valdeiglesias.

ERNTEBEWERTUNG ANHAND JUNGER WEINE GUÍAPEÑÍN

2019	2020	2021	2022	2023
SEHR GUT	SEHR GUT	GUT	GUT	GUT

BERNABELEVA

Ctra. N-403, km 81,600
28680 San Martín de Valdeiglesias (Madrid)
☎: +34 915 091 909
bodega@bernabeleva.com
www.bernabeleva.com

Bernabeleva Arroyo de Tórtolas 2022 T
garnacha

93 🍷

Etwas austrocknend. Farbe: durchscheinendes Kirschrot, leuchtendes Kirschrot. Aroma: Moschus-Noten, ausdrucksvoll, Wildkräuter, Buschwaldkräuter, in Likör eingelegte Früchte. Mund: saftig, voll, sortentypisch.

🏆 PODIUM

Bernabeleva Arroyo de Tórtolas Tres Vendimias T
garnacha

95

Spannungsvoll, saftig. Farbe: KirsChrot. Aroma: komplex, ausdrucksvoll, würzig, mineralisch. Mund: elegant, voll, lang, nachhaltig.

Bernabeleva Carril del Rey 2022 T
garnacha

94 🍷

Lieblich, klar definierte Aromen, komplex. Farbe: durchscheinendes Kirschrot, leuchtendes Kirschrot. Aroma: offen, eine Spur Waldbeeren, mittlere Intensität. Mund: saftig, würzig, süffig, reife Früchte.

🏆 PODIUM

Bernabeleva Viña Bonita 2022 T
garnacha

95 🍷

Klar definierte Aromen, elegant, ausgewogen. Farbe: durchscheinendes Kirschrot. Aroma: rote Früchte, reifes Obst, trockene Kräuter, . Mund: saftig, ausgewogen, spannungsvoll, feinkörnige Tannine.

Camino de Navaherreros 2023 B FB
albillo real, macabeo, moscatel grano menudo, otras

90 🍷

Farbe: leuchtendes Strohgelb. Aroma: reifes Obst, Kräutersäckchen, feine Hefen, Wildkräuter. Mund: voll, fett, schöne Säure.

Camino de Navaherreros 2023 T
90% garnacha, 10% tempranillo

90 🍷

Korrekt, vegetabil. Aroma: Wildkräuter, mittlere Intensität, rote Früchte, Nüsse. Mund: saftig, süffig, reife Früchte.

Cantocuerdas Albillo 2022 B FB
albillo real

92 🍷

Klar definierte Aromen. Aroma: trockene Kräuter, Wildkräuter, feine Hefen, reifes Obst, eingemachtes Obst, Anisnoten. Mund: ausgewogen, zartbitter, reife Früchte.

Cantocuerdas Moscatel de Bernabeleva Dulce B FB D
moscatel grano menudo

94 🍷

Farbe: goldfarben. Aroma: kraftvoll, Honignoten, kandierte Früchte, Kräutersäckchen, Acetaldehyd. Mund: geschmackvoll, süß, frisch, fruchtig, schöne Säure, lang.

Los Maestres 2022 T
garnacha

93

Waldfinsternis, fruchtig, reif, nach Eingemachtem. Farbe: leuchtendes Kirschrot. Aroma: trockene Kräuter, Fleischnoten, in Likör eingelegte Früchte. Mund: würzig, lang.

Manchomuelas Blanco de Bernabeleva 2022 B FB

93 🍷

Unkonventionell, würzig, üppig, getrocknete Blumen. Aroma: Brioche, gebackenes Obst, Karamel. Mund: fett, saftig, ausgewogen.

Navaherreros Blanco de Bernabeleva 2022 B FB
70% albillo real, 30% macabeo

91 🍷

Mit Persönlichkeit, Oxidativ. Farbe: strohgelb. Aroma: trockene Kräuter, Wachs, würzig, reifes Obst. Mund: saftig, würzig, fett, süffig.

Navaherreros Garnacha de Bernabeleva 2022 T
garnacha

92 🍷

Farbe: KirsChrot. Aroma: würzig, Wachs, in Likör eingelegte Früchte, ausgewogen, getrocknete Blumen. Mund: reife Früchte, sortentypisch, ausgewogen.

BODEGA CRISTO DEL HUMILLADERO
Extramuros s/n
28640 Cadalso de los Vidirios (Madrid)
☎: +34 918 640 063
info@bodegahumilladero.es
www.vinosdecadalsoygredos.com

Antropomorfo 2021 T
syrah
87

Joyuelo Classic Albillo 2021 B
albillo real
88
Reduziert, rustikal, schwefelig. Aroma: Nüsse, getrocknete Blumen.

Ladrón de Sueños C.V.C B
albillo real
91
Farbe: goldfarben. Aroma: Wachs, geröstetes Brot, mit Charakter, kandierte Früchte, Zitrusfrüchte. Mund: saftig, geschmackvoll, lang.

Matarratones 2021 T
listán prieto
87

Murgaño Orange Wine 2021 B
82

Vidrios Classic 2021 T
garnacha
87

BODEGA CUARTO LOTE
Travesía José de Churriguera, 1
28514 Nuevo Baztán (Madrid)
☎: +34 916 492 088
info@bodegacuartolote.com
www.bodegacuartolote.com

Arrabal del Conjuro 2021 T
cabernet sauvignon, tempranillo, merlot
89
Vegetabil, korpulent, würzig, reif, saftig. Aroma: grüne Paprika, dunkle Früchte, reifes Obst.

Bálsamo de Fierabrás 2020 T
tempranillo, merlot
91
Farbe: tiefes Kirschrot. Aroma: reifes Obst, trockene Kräuter, weiches Eichenholz, ausgewogen, mit Charakter, Weihrauch. Mund: kraftvoll, reife Früchte, würzig, reife Tannine.

Cuarto Lote 2020 T RB
tempranillo, merlot
88
Korrekt, reif, trockene Kräuter, würzig, geschmackvoll.

Cuarto Lote 2022 B
malvar
90
Fruchtig, reif, geschmackvoll, leichte Oxidation. Aroma: Orangenschale, welke Blumen. Mund: saftig, lebhaft.

BODEGA DEL NERO
Don Ramiro Ortíz de Zárate, 6
28370 Chinchón (Madrid)
☎: +34 679 499 695
info@bodegadelnero.com
www.bodegadelnero.com

Neri 2023 B
100% airén
85

Neri 2023 T
100% tempranillo
88
Angenehm, fruchtig, saftig, von Primäraromen beherrscht, schlicht.

Neri Cepas Viejas 2022 T RB
100% tempranillo
88
Balsamisch, markante Eiche, reif, geschmackvoll. Aroma: Nüsse, offen, ausgewogen.

Trajín 2022 T
100% tempranillo
88
Vegetabil, wild, würzig, reif, nachhaltig, bitter.

Trapisondero 2022 T RB
100% tempranillo
88
Aromatisch, würzig, reif, markante Eiche, korrekt, fruchtig, saftig.

Valdeliceda 2021 T C
100% tinto fino
89
Lieblich, würzig, reif, fruchtig, durchschnittlich am Gaumen. Aroma: Schokolade, dunkle Früchte.

BODEGA ECOLÓGICA LUIS SAAVEDRA

Ctra. de Escalona, 5
28650 Cenicientos (Madrid)
☎: +34 629 124 622
info@bodegasaavedra.com
www.bodegasaavedra.com

100 y Cientos 2018 T RB
garnacha

90 ♣

Klassisch, markante Eiche, Cremig. Farbe: leuchtendes Kirschrot. Aroma: Früchtekonfit, reifes Obst, süße Gewürze. Mund: geschmackvoll, reife Tannine, strukturiert.

100 y Cientos 2022 B
moscatel grano menudo

92

Farbe: golden leuchtend. Aroma: Wildkräuter, Buschwaldkräuter, blumig, camomila, reifes Obst, mit Charakter. Mund: strukturiert, voll, lebhaft.

Corucho 2022 T RB
garnacha

89 ♣

Balsamisch, trockene Kräuter, reif, warm, geschmackvoll. Aroma: erdig, dunkle Früchte, reifes Obst.

Corucho Finca Peazo de la Encina 2019 T RB
garnacha, tempranillo, syrah, merlot, graciano

90 ♣

Leichte Reduktion. Aroma: Zigarren, dunkle Früchte, trockene Kräuter, Waldfinsternis. Mund: strukturiert, geschmackvoll, lang.

Corucho Orange Wine 2022 B
albillo real, moscatel grano menudo

92 ♣

Farbe: golden leuchtend. Aroma: ausdrucksvoll, Moschus-Noten, getrocknete Blumen, offen, ausgewogen. Mund: korrekt, spannungsvoll, ausgewogen, zartbitter.

Luis Saavedra Vendimia Nocturna 2018 T RB
garnacha, tempranillo, syrah, merlot, cabernet sauvignon

87 ♣

BODEGA EL REGAJAL

Antigua Ctra. de Andalucía, Km. 50.5
28300 Aranjuez (Madrid)
☎: +34 913 078 903
reservas@elregajal.es
www.elregajal.es

El Regajal Selección Especial 2022 T
cabernet sauvignon, tempranillo, syrah, merlot, petit verdot

91

Nach Eingemachtem, fruchtig, milchig, reif, geschmackvoll, lieblich. Aroma: Schokolade, süße Gewürze. Mund: konzentriert, kraftvoll, geschmackvoll, fett.

Las Retamas del Regajal 2021 T
tempranillo, syrah, merlot, cabernet sauvignon, petit verdot

90

Ausgewogen, korrekt, kräuterig, reif, saftig. Aroma: Wildkräuter, reifes Obst. Mund: geschmackvoll, saftig, süffig, würzig.

BODEGA SIGUÍN

Hilero 7, Escalera 1, Puerta 2 G
28696 Pelayos de la Presa (Madrid)
☎: +34 629 816 225
info@bodegasiguin.com
www.bodegasiguin.es

Garnacha de Relieve 2021 T S
100% garnacha

87

PK-3 2021 T
100% garnacha

87

BODEGAS ANDRÉS MORATE

Camino del Horcajuelo, s/n
28390 Belmonte de Tajo (Madrid)
☎: +34 918 747 165
bodegas@andresmorate.com
www.andresmorate.com

Esther 2021 T C
tempranillo, syrah, cabernet sauvignon

86 ♣

Viña Bosquera 2023 B
70% airén, 30% moscatel grano menudo

86 ♣

Viña Bosquera 2023 T
100% tempranillo

86 ♣

BODEGAS FIGUEROA

Convento, 19
28380 Colmenar de Oreja (Madrid)
☎: +34 918 944 859
info@bodegasfigueroa.com
www.bodegasfigueroa.com

Figueroa Blanco sobre Lías Finas 2023 B
malvar, moscatel
86

Figueroa Originem 2019 T C
tempranillo
88
Korrekt, würzig, reif, geschmackvoll, ausgewogen. Mund: reife Tannine, süffig, würzig.

Figueroa Uno 2019 T R
tempranillo, cabernet sauvignon
89
Klar definierte Aromen, würzig, poliert. Aroma: weiches Eichenholz, schwarze Lakritze, reifes Obst. Mund: geschmackvoll.

Señorío de Zafra 2022 B
sauvignon blanc
91
Farbe: leuchtendes Strohgelb. Aroma: Kräutersäckchen, feine Hefen, helle Früchte. Mund: voll, fett, lang, schöne Säure.

Señorío de Zafra Tempranillo Merlot 2022 T RB
80% tempranillo, 20% merlot
88
Beschädigtes Obst, voll, reif, lieblich, geschmackvoll, nach Eingemachtem, kräuterig.

VII Generación de Bodegas Figueroa 2020 T RB
tempranillo, merlot, cabernet sauvignon
89
Balsamisch, würzig, kräuterig, reif, geschmackvoll, Röstaromen. Mund: strukturiert, reife Tannine.

BODEGAS Y VIÑEDOS PEDRO GARCÍA

Soledad, 10
28380 Colmenar de Oreja (Madrid)
☎: +34 918 943 178
byvpedrogarcia@gmail.com
www.byvpedrogarcia.com

Femme Malvar 2023 B SD
malvar
84

ISP (Isla de San Pedro) 2019 T C
60% tempranillo, 40% merlot
88
Nach Eingemachtem, korpulent, kraftvoll, lieblich, trockene Kräuter. Aroma: dunkle Früchte, würzig.

La Romera 2022 T RB
60% tempranillo, 20% merlot, 20% syrah
88
Lieblich, korrekt, fruchtig, kräuterig, saftig, mild.

Pedro García 2022 B FB
60% malvar, 40% viura
88
Röstaromen, markante Eiche, geschmackvoll. Aroma: Steinobst, reifes Obst, Zitrusfrüchte, Karamel.

Pedro García 2022 BE BN
60% malvar, 40% viura
86

Pedro García Sauvignon y Malvar 2023 B
70% malvar, 30% sauvignon blanc
87

CA' DI MAT

C. del Hilero, 7 Nave 9
28696 Pelayos de la Presa (Madrid)
☎: +34 680 113 030
paolo@cadimat.wine
www.cadimat.wine

🏆 PODIUM

Fuente de Los Huertos 2022 T
100% garnacha
96
Farbe: KirsChrot. Aroma: balsamisch, Buschwaldkräuter, getrocknete Blumen, erdig, rote Früchte, reifes Obst. Mund: würzig, balsamisch, schöne Säure, geschmackvoll, fleischig.

Los Peros Albillo Real 2022 B
albillo real
94
Noch nicht vollständig entfaltet, Cremig. Farbe: leuchtendes Strohgelb. Aroma: ausdrucksstark fruchtig, reifes Obst, blumig, Steinobst, feine Hefen. Mund: geschmackvoll, frisch, schöne Säure, nachwirkend fruchtig.

Los Peros Garnacha 2021 T
100% garnacha
93
Farbe: kirschrot mit violettem Saum. Aroma: ausdrucksstark fruchtig, rote Früchte, blumig, balsamisch, Schwarzer Pfeffer. Mund: geschmackvoll, fruchtig, schöne Säure.

DO VINOS DE MADRID / D.O.P.

DO VINOS DE MADRID / D.O.P.

Valautín Albillo Real 2022 B FB
albillo real

92

Farbe: leuchtendes Strohgelb. Aroma: Kräutersäckchen, feine Hefen, trockener Stein, helle Früchte. Mund: voll, schöne Säure, ausgewogen.

COMANDO G VITICULTORES

Avda. Constitución, 23
28640 Cadalso de Los Vidrios (Madrid)
☎: +34 918 640 602
info@comandog.es
www.comandog.es

La Bruja de Rozas 2022 T

92

Klar definierte Aromen, mild. Aroma: Schwarzer Pfeffer, mineralisch, feine Reduktionsnoten, reifes Obst. Mund: spannungsvoll, süffig.

Rozas 1er Cru 2022 T

93

Herb, komplex, mineralisch, noch nicht vollständig entfaltet. Mund: lebhaft, saftig, würzig, lang, spannungsvoll, schöne Säure.

LAS MORADAS DE SAN MARTÍN

Pago de Los Castillejos Ctra. M-541, Km. 4,7
28680 San Martín de Valdeiglesias (Madrid)
☎: +34 687 457 235
bodega.lasmoradas@grupoenate.es
www.lasmoradasdesanmartin.es

Ensayo Albillo Real 2020 B
albillo real

93 🍃

Anders, Oxidativ. Farbe: gelb. Aroma: gebackenes Obst, welke Blumen, Wachs, Karamel. Mund: kraftvoll, geschmackvoll, reife Früchte, lang.

Las Moradas de San Martín Albillo Real 2022 B
albillo real

92 🍃

Farbe: gelb. Aroma: Nüsse, kandierte Früchte, welke Blumen, mit Charakter, Karamel. Mund: fett, lang.

Las Moradas de San Martín Initio 2019 T
garnacha

91 🍃

Farbe: KirsChrot. Aroma: Buschwaldkräuter, trockene Kräuter, reifes Obst, sortenrein, ausgewogen. Mund: würzig, balsamisch, schöne Säure, fruchtig, saftig.

Las Moradas de San Martín La Sabina 2016 T R
garnacha
91
Alt. Aroma: mineralisch, dunkle Früchte, reifes Obst, Buschwaldkräuter, trockene Kräuter. Mund: voll, geschmackvoll, lang, saftig.

Las Moradas de San Martín Senda 2021 T
garnacha
90 🍷
Lieblich, klar definierte Aromen. Aroma: Veilchen, blumig, Wildkräuter. Mund: sortentypisch, saftig, süffig.

Las Moradas de San Martín, Libro dieciocho Las Luces 2018 T GR
garnacha
92 🍷
Klassisch, reif. Farbe: KirsChrot. Aroma: ausdrucksvoll, würzig, mineralisch, Nüsse, trockene Kräuter, markante Eiche. Mund: voll, lang, nachhaltig, geschmackvoll, würzig, balsamisch, ausgewogen.

MARAÑONES
28680 San Martín de Valdeiglesias (Madrid)
☎: +34 983 878 020
info@almacarraovejas.com
www.bodegamaranones.com

Marañones Picarana 2022 B
albillo
94
Farbe: leuchtendes Strohgelb. Aroma: reifes Obst, Kräutersäckchen, feine Hefen, Wachs. Mund: voll, lang, schöne Säure.

🏆 PODIUM

Peña Cruzada Piesdescalzos 2022 B
albillo real
95
Farbe: leuchtendes Strohgelb. Aroma: reifes Obst, blumig, feine Hefen, mineralisch, helle Früchte. Mund: voll, komplex, würzig, lang, elegant.

RAÍCES IBÉRICAS
Avda. Mudejar, 61
50340 Maluenda (Zaragoza)
☎: +34 976 893 017
contact@raices.wine
www.raicesibericas.com

Raíces Malvar 2023 B
malvar
88
Würzig, fruchtig, reif, Röstaromen.

RECESPAÑA SOC. COOP.
Fray José de San Jacinto, 10
28590 Villarejo de Salvanés (Madrid)
☎: +34 918 744 129
administracion@reces.es
www.reces.es

Castillo de Salvanes 2021 T C
87

Castillo de Salvanes 2022 T RB
tempranillo
86

Castillo de Salvanes 2023 B
airén, malvar
86

Castillo de Salvanes 2023 T
tempranillo
87

UVAS FELICES
Agullers, 7
08003 Barcelona (Barcelona)
☎: +34 902 327 777
www.vilaviniteca.es

Hombre Bala 2021 T
garnacha
92
Farbe: KirsChrot. Aroma: Wildkräuter, rote Früchte, reifes Obst, sortenrein, getrocknete Blumen. Mund: fruchtig, saftig, reife Früchte, süffig.

Hombre Bala 2023 B
albillo real
92
Sortenrein. Farbe: leuchtendes Strohgelb. Aroma: reifes Obst, Kräutersäckchen, feine Hefen, Wachs. Mund: voll, fett, lang, schöne Säure.

La Mujer Cañón 2021 T
garnacha
94
Farbe: durchscheinendes Kirschrot, granatroter Saum. Aroma: ausdrucksvoll, offen, mineralisch, ausdrucksstark fruchtig, blumig, Veilchen. Mund: flüssig am Gaumen, fruchtig, saftig, spannungsvoll.

DO VINOS DE MADRID / D.O.P.

DO VINOS DE MADRID / D.O.P.

VINOS DE LA POVEDA
Méntrida, 20
28630 Villa del Prado (Madrid)
☎: +34 619 928 576
comercial@vinosdelapoveda.com
www.vinosdelapoveda.com

Aceña 2023 T
tempranillo, garnacha
88
Balsamisch, vegetabil, nach Eingemachtem, reif, aromatisch, wild.

Olivita Pérez 2023 T
garnacha
90
Lieblich, balsamisch, fruchtig, sortenrein. Aroma: Buschwaldkräuter, offen, ausgewogen, in Likör eingelegte Früchte.

VINOS DIVERTIDOS
Nicolas de Bussi 10
03203 Elche (Alacant/Alicante)
☎: +34 966 105 325
info@vinosdivertidos.es
www.vinosdivertidos.es

La Chelo 2020 T RB
88
Korpulent, ausgewogen, würzig, vegetabil, reif.

La Chelo Natural Sweet B
85

La Chelo Viñas Viejas 2015 T C
100% garnacha
87

VINOS JEROMÍN
Juan de Austria, 1
28590 Villarejo de Salvanés (Madrid)
☎: +34 918 742 030
comercial@vinosjeromin.com
www.vinosjeromin.com

Grego 2020 T C
50% tempranillo, 25% garnacha, 25% syrah
87

Manu Vino de Autor 2019 T C
90% syrah, 10% tempranillo
89
Korpulent, warm, würzig, geschmackvoll. Aroma: in Likör eingelegte Früchte, Tabak, feine Reduktionsnoten, erdig.

Puerta de Alcalá 2019 T R
50% tempranillo, 25% syrah, 15% garnacha, 10% merlot
88
Klassisch, würzig, reif, lieblich. Aroma: feine Reduktionsnoten, Wachs.

Puerta de Alcalá 2020 T C
50% tempranillo, 30% syrah, 20% garnacha
88
Kräuterig, fruchtig, reif, geschmackvoll. Aroma: mit Charakter, würzig. Mund: süffig.

Puerta de Alcalá 2023 B
malvar, airén
87

Puerta de Alcalá 2023 RD
malvar, airén, tempranillo, syrah
87

Puerta de Alcalá 2023 T
85

Puerta del Sol 2022 T
60% tempranillo, 30% syrah, 10% merlot
86

Puerta del Sol Malvar 2023 B
malvar
87

VINOS SANZ
Ctra. Madrid - La Coruña, Km. 170,5
47490 Rueda (Valladolid)
☎: +34 916 408 730
vinossanz@vinossanz.com
www.vinossanz.com

Sanz La Capital 2022 T RB
88
Röstaromen, reif, würzig.

Sanz La Capital 2023 T
88
Angenehm, fruchtig, reif.

VINOS Y ACEITES LAGUNA
Illescas, 5
28360 Villaconejos (Madrid)
☎: +34 918 938 196
vyalaguna@gmail.com
www.lagunamadrid.com

Alma de Valdeguerra 2020 T C
80% tempranillo, 20% merlot
89
Fruchtig, trockene Kräuter, würzig, nach Eingemachtem, geschmackvoll.

Alma de Valdeguerra 2022 T BA
100% tempranillo
86

Exun 2019 T
70% tempranillo, 20% merlot, 10% cabernet sauvignon
87

La Intrusa de Malasaña 2021 T BA
50% graciano, 50% tempranillo
88
Warm, nach Eingemachtem, naschhaft, geschmackvoll, sehr süß.

Valdeguerra 2020 T R
80% tempranillo, 10% merlot, 10% syrah
91
Farbe: tiefes Kirschrot, violetter Saum. Aroma: reifes Obst, trockene Kräuter, weiches Eichenholz, dunkle Früchte, süße Gewürze, geröstete Mandeln, rauchig. Mund: kraftvoll, reife Früchte, würzig, fruchtig, voll, trockene, aber reife Tannine.

Valdeguerra 2022 B
100% malvar
87

DO. YCODEN-DAUTE-ISORA

CONSEJO REGULADOR

La Palmita, 10
38440 La Guancha (Sta. Cruz de Tenerife)
☎: +34 922 130 246
@: ycoden@ycoden.com / viticultura@ycoden.com
www.ycoden.com

LAGE:

Im Nordwesten von Teneriffa mit den Gemeinden San Juan de La Rambla, La Guancha, Icod de los Vinos, Los Silos, El Tanque, Garachico, Buenavista del Norte, Santiago del Teide und Guía de Isora.

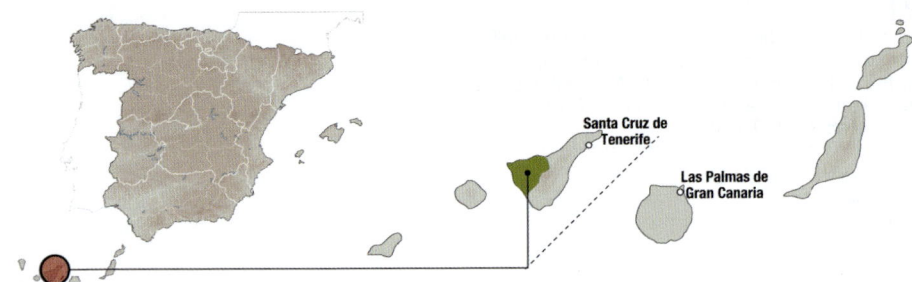

REBSORTEN:

WEISS: Empfohlen: Bermejuela (oder Marmajuelo), Güal, Malvasía, Moscatel, Pedro Ximénez, Verdello, Vijariego und Albillo.

Zugelassen: Bastardo Blanco, Forastera Blanca, Listán Blanco (Hauptsorte), Sabro und Torrontés.

ROT: Empfohlen: Tintilla, Listán Negro (Hauptsorte), Malvasía Rosada, Negramoll und Castellana.

Zugelassen: Bastardo Negra, Moscatel Negra und Vijariego Negra.

DATEN:

Rebfläche (ha): 90 – **Winzer:** 320 – **Weinerzeuger:** 8 – **Jahrgang 23:** Unrated - **Jahresproduktion 23:** 175.000 L. – **Absatz:** 85% Spanien - 15% Export.

BODENVERHÄLTNISSE:

Vulkanasche und Vulkangestein in den höher liegenden Gebieten und tonhaltige Böden in niedrigeren Lagen. Die Rebflächen reichen in unterschiedlichsten Höhenlagen von 50 m bis auf 1.400 m.

KLIMA:

Mittelmeerähnliches Klima mit zahlreichen Mikroklimaten, die von Höhe und anderen geographischen Gegebenheiten abhängen. Die Passatwinde sorgen für die notwendige Feuchtigkeit für die Entwicklung der Rebstöcke. Die durchschnittliche Jahrestemperatur beträgt 19 °C und das Niederschlagsmittel liegt bei jährlich etwa 540 mm.

ERNTEBEWERTUNG ANHAND JUNGER WEINE GUÍAPEÑÍN

2019	2020	2021	2022	2023
UNRATED	UNRATED	UNRATED	UNRATED	UNRATED

BODEGAS INSULARES TENERIFE

Camino Cueva del Rey, 1
38430 Icod de los Vinos (Santa Cruz de Tenerife)
☎: +34 922 122 395
contacto@bodegasinsularestenerife.es
www.bodegasinsularestenerife.es

Tágara 2023 B S
100% listán blanco
88
Korrekt, saftig, reif, fruchtig, ausgewogen, geschmackvoll.

Tágara Marmajuelo 2023 B
marmajuelo
89
Klar definierte Aromen, kräuterig, reif, frisch, sortenrein, angenehm.

BORJA PÉREZ GONZÁLEZ

Avda. Villanueva, 34
38440 La Guancha (Santa Cruz de Tenerife)
☎: +34 630 575 464
info@borjaperezviticultor.com
www.borjaperezviticultor.com

Artífice 2021 T
93
Waldfinsternis, reduktiver Ausbau. Farbe: kirschrot mit granatrotem Saum. Aroma: Moschus-Noten. Mund: würzig, Reduktionsnoten, fruchtig, frisch.

Artífice Listan Blanco 2021 B FB
92
Wenig interventionistisch. Farbe: blass. Aroma: Schießpulver, frisches Obst, helle Früchte, Phosphor. Mund: lebhaft, poliert.

Artífice Llanito Perera 2021 B
92
Anders, üppig, schwefelig. Aroma: feine Reduktionsnoten. Mund: saftig, lebhaft, geschmackvoll, fruchtig.

Artífice Vidueños 2021 B
92
Unkonventionell, wenig interventionistisch, unbändig, rustikal. Aroma: Getreidenoten, mineralisch. Mund: frisch, fruchtig.

Ignios Origenes Albillo Criollo 2022 B
albillo criollo
93
Rassig, klar definierte Aromen, Zitrusfrüchte. Aroma: frisches Obst, Phosphor. Mund: lebhaft, zartbitter, ausgeprägter Säuregehalt.

🏆 PODIUM

Ignios Origenes Listán Negro Vendimia Seleccionada 2021 T
listán negro
95
Aromatisch, anders, Waldfinsternis, mit Persönlichkeit. Aroma: mineralisch, Moschus-Noten. Mund: schöne Säure, spannungsvoll, saftig, fruchtig.

Ignios Origenes Vijariego Negro 2021 T
vijariego negro
94
Kräuterig, wild, reduktiver Ausbau, schwefelig. Aroma: Wildkräuter, Buschwaldkräuter, Gras, frisches Obst. Mund: poliert, saftig.

ENVINATE

Terrero 72
02630 La Roda (Albacete)
☎: +34 682 207 160
asesoria@envinate.es

Benje 2022 B
92
Schwefelig. Farbe: leuchtendes Kirschrot. Aroma: Sträucher, Kräutersäckchen, rote Früchte. Mund: süffig, geschmackvoll.

DO YCODEN-DAUTE-ISORA / D.O.P.

DO. YECLA
CONSEJO REGULADOR

Poeta Francisco A. Jiménez, s/n - P.I. Urbayecla II
30510 Yecla (Murcia)
☎: +34 968 792 352
@: consejo@yeclavino.com
www.yeclavino.com

LAGE:

Das Anbaugebiet in der Gemeinde Yecla liegt in der Landschaft des Altiplano im Nordosten der Provinz Murcia.

TEILGEBIETE:

Yecla Campo Arriba, wo hauptsächlich die Rebsorte Monastrell angebaut wird und die Weine einen Alkoholgehalt von bis zu 14% Vol. erreichen, und Yecla Campo Abajo, wo die Trauben lediglich einen Alkoholgehalt von 12% Vol. bei Rotweinen und 11,5% Vol. bei Weißweinen liefern.

REBSORTEN:

WEISS: Merseguera, Airén, Macabeo, Malvasía, Verdejo und Chardonnay.

ROT: Monastrell (Hauptsorte, 85% des Gesamtanteils), Garnacha Tinta, Cabernet Sauvignon, Cencibel (Tempranillo), Merlot, Tintorera und Syrah.

DATEN:

Rebfläche (ha): 4.103 – **Winzer:** 291 – **Weinerzeuger:** 9 – **Jahrgang 23:** Sehr Gut– **Jahresproduktion 23:** 5.130.317 L. – **Absatz:** 14% Spanien - 86% Export.

BODENVERHÄLTNISSE:

Vorwiegend kalkhaltiger, tiefer Boden mit guter Wasserdurchlässigkeit. Die Rebflächen befinden sich in einem hügeligen Gelände auf etwa 400 bis 800 m Höhe.

KLIMA:

Kontinental mit leicht mediterranem Einfluss, heißen und trockenen Sommern und kalten Wintern. Das jährliche Niederschlagsmittel liegt bei nur 300 mm.

ERNTEBEWERTUNG ANHAND JUNGER WEINE GUÍAPEÑÍN

2019	2020	2021	2022	2023
SEHR GUT	SEHR GUT	UNRATED	UNRATED	UNRATED

BARAHONDA

Ctra. de Pinoso, km. 3
30510 Yecla (Murcia)
☎: +34 968 718 696
info@barahonda.com
www.barahonda.com

Casa del Capitán Macabeo 2022 B
100% macabeo

91
Farbe: strohgelb. Aroma: reifes Obst, trockene Kräuter, welke Blumen, Nüsse. Mund: reife Früchte, ausgewogen.

Casa del Capitán Monastrell 2022 T
100% monastrell

91
Flüssig am Gaumen. Farbe: kirschrot mit violettem Saum. Aroma: rote Früchte, blumig, würzig, Wildkräuter. Mund: geschmackvoll, fruchtig, schöne Säure.

BODEGAS CASTAÑO

Ctra. Fuenteálamo, 3
30510 Yecla (Murcia)
☎: +34 968 791 115
info@bodegascastano.com
www.bodegascastano.com

Casa Cisca 2018 T BA
100% monastrell

93
Farbe: tiefes Kirschrot. Aroma: reifes Obst, trockene Kräuter, dunkle Früchte, Schießpulver, feiner Kakao. Mund: kraftvoll, reife Früchte, würzig, reife Tannine.

Casa de la Cera 2018 T C
50% monastrell, 50% cabernet sauvignon, merlot, syrah, garnacha tintorera

93
Cremig, Röstaromen. Farbe: tiefes Kirschrot. Aroma: trockene Kräuter, weiches Eichenholz, dunkle Früchte. Mund: kraftvoll, reife Früchte, würzig, reife Tannine.

Castaño Colección Cepas Viejas 2019 T BA S
70% monastrell, 30% cabernet sauvignon

92
Farbe: tiefes Kirschrot. Aroma: reifes Obst, trockene Kräuter, weiches Eichenholz, dunkle Früchte, Schießpulver. Mund: reife Früchte, würzig, reife Tannine, voll.

Viña al lado de la Casa 2021 T
monastrell, syrah

91
Klar definierte Aromen, sortenrein. Farbe: dunkles Kirschrot. Aroma: Wachs, trockene Kräuter, dunkle Früchte, reifes Obst, Röstaromen. Mund: geschmackvoll, voll.

Castaño Colección Chardonnay 2022 B
100% chardonnay

91
Farbe: leuchtendes Gelb. Aroma: kraftvoll, weiches Eichenholz, reifes Obst, würzig, mineralisch. Mund: fett, strukturiert, Röstnoten, zartbitter.

Castaño Santa 2020 T BA
90% monastrell, 10% garnacha tintorera

92
Ausgewogen, würzig, flüssig am Gaumen. Farbe: tiefes Kirschrot. Aroma: trockene Kräuter, dunkle Früchte, geröstetes Brot, . Mund: reife Früchte, würzig, reife Tannine.

Hécula Monastrell Organic 2022 T BA S
100% monastrell

90 🌿
Farbe: tiefes Kirschrot. Aroma: trockene Kräuter, weiches Eichenholz, dunkle Früchte, Röstaromen. Mund: reife Früchte, würzig, reife Tannine.

BODEGAS LA PURÍSIMA

Ctra. de Pinoso, 3
30510 Yecla (Murcia)
☎: +34 968 751 257
info@bodegaslapurisima.com
www.bodegaslapurisima.com

Consentido Monastrell Barrica 2022 T RB
100% monastrell

88
Nach Eingemachtem, würzig, vegetabil.

DO YECLA / D.O.P.

La Purísima Monastrell 2023 T
100% monastrell

88

Ausgewogen, würzig, trockene Kräuter, Röstaromen.

La Purísima Old Vines Expression 2021 T RB
85% monastrell, 10% syrah, 5% garnacha

90

Farbe: kirschrot mit violettem Saum. Aroma: würzig, rote Früchte, dunkle Früchte, geröstetes Brot. Mund: geschmackvoll, fruchtig, schöne Säure.

La Purísima Premium 2021 T RB
95% monastrell, 5% garnacha

89

Farbe: tiefes Kirschrot. Aroma: trockene Kräuter, weiches Eichenholz, Früchtekonfit. Mund: reife Früchte, würzig.

Old Hands 2022 T RB
100% monastrell

87

Trapío 2021 T RB
100% monastrell

90

Farbe: tiefes Kirschrot. Aroma: trockene Kräuter, weiches Eichenholz, dunkle Früchte. Mund: reife Früchte, würzig, reife Tannine.

BODEGAS TRENZA

Felix Mendelsohn, 8
03730 Jávea (Alacant/Alicante)
☎: +34 965 790 012
bodegas@bodegastrenza.com
www.bodegatrenza.com

La Nymphina Monastrell 2021 T
100% monastrell

90

Farbe: leuchtendes Kirschrot. Aroma: ausdrucksstark fruchtig, rote Früchte, würzig, dunkle Früchte, trockene Kräuter. Mund: geschmackvoll, fruchtig, reife Früchte, rauchig nachwirkend, trockene, aber reife Tannine.

Realizado 2021 T RB
75% monastrell, 20% cabernet sauvignon, 5% syrah, garnacha tintorera

88

Korpulent, würzig, vegetabil, reif, geschmackvoll.

Rizado 2020 T BA S
100% monastrell

93

Farbe: leuchtendes Kirschrot. Aroma: süße Gewürze, reifes Obst, Schokolade, weiches Eichenholz, markante Eiche. Mund: fruchtig, würzig, geschmackvoll, reife Tannine.

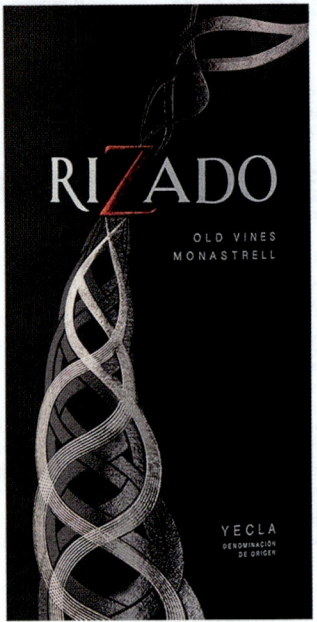

Tofterup Brothers Monastrell 2020 T
100% monastrell

90

Farbe: tiefes Kirschrot. Aroma: reifes Obst, trockene Kräuter, weiches Eichenholz, rauchig, würzig, Röstaromen. Mund: kraftvoll, reife Früchte, würzig, reife Tannine.

Tofterup Brothers Monastrell Barrel Select 2020 T
100% monastrell

91

Farbe: tiefes Kirschrot. Aroma: reifes Obst, weiches Eichenholz, würzig, dunkle Früchte, trockene Kräuter. Mund: kraftvoll, reife Früchte, würzig, trockene, aber reife Tannine.

Trenza Family Collection 2020 T
80% monastrell, 8% cabernet sauvignon, 12% garnacha tintorera
92
Rauchig, kraftvoll. Farbe: dunkles Kirschrot. Aroma: dunkle Früchte, Röstaromen, trockene Kräuter. Mund: strukturiert, kraftvoll.

BODEGAS Y VIÑEDOS EVINE
Francisco Azorín, 18
30510 Yecla (Murcia)
☎: +34 653 997 673
bodegasevine@gmail.com
www.bodegasevine.es

Kyathos 2018 T C
monastrell
89 ♣
Trockene Kräuter, reif, würzig, mineralisch, wild, Röstaromen.

Llano Quintanilla 2020 T C
87 ♣

María Sarmiento 2022 T
86 ♣

BOQUERA DEL CARCHE
San Isidro, 5 4D
30510 Yecla (Murcia)
☎: +34 968 820 790
rafa@casaboquera.com
www.casaboquera.es

Casa Boquera Balance 2022 T
monastrell, garnacha tintorera
83 ♣

Casa Boquera Elegance 2018 T C
monastrell, petit verdot
84 ♣

Casa Boquera Harmony 2019 T
monastrell, syrah
84 ♣

DE NARÍZ
Gran Vía, 22 3C
30004 Murcia (Murcia)
☎: +34 670 368 585
pedro.martinez@denariz.wine
www.denariz.wine

De Nariz De Nariz Coupage Monastrell Syrah 2022 T RB
60% monastrell, 40% syrah
90
Farbe: KirsChrot. Aroma: balsamisch, süße Gewürze, reifes Obst, trockene Kräuter. Mund: würzig, balsamisch, schöne Säure.

De Nariz Edición Limitada 2021 T R
monastrell
91
Farbe: sattes Kirschrot. Aroma: aromatischer Kaffee, kraftvoll, Röstaromen, Schokolade, dunkle Früchte, reifes Obst. Mund: rauchig nachwirkend, nachhaltig, reife Tannine.

De Nariz Magnum
Pedro Martínez 2020 T R
monastrell
93
Farbe: tiefes Kirschrot. Aroma: reifes Obst, trockene Kräuter, weiches Eichenholz, erdig, mineralisch. Mund: kraftvoll, reife Früchte, würzig, reife Tannine.

De Nariz Terroir Monastrell 2021 T C
91
Farbe: kirschrot mit violettem Saum. Aroma: würzig, dunkle Früchte, Buschwaldkräuter. Mund: geschmackvoll, fruchtig, ausgewogen.

HAMMEKEN CELLARS
03700 Denia (Alacant/Alicante)
☎: +34 965 791 967
cellars@hammekencellars.com
www.hammekencellars.com

Pasas Rosé 2023 RD
monastrell
88
Fruchtig, kräuterig, reif, von Primäraromen beherrscht.

Pasas Viura-Sauvignon Blanc 2023 B
viura, sauvignon blanc
88
Fruchtig, kräuterig, geschmackvoll, reif, frisch.

UVAS FELICES
Agullers, 7
08003 Barcelona (Barcelona)
☎: +34 902 327 777
www.vilaviniteca.es

Detrás de la casa
Garnacha Tintorera 2022 T
garnacha tintorera
90
Farbe: kirschrot mit granatrotem Saum. Aroma: Früchtekonfit, kraftvoll, Röstaromen, rauchig. Mund: geschmackvoll, lang, süße Tannine.

DO YECLA / D.O.P.

VINOS DE PAGO / D.O.P.

VINOS DE PAGO

Vinos de Pago gehören jeweils zu einem einzigen Weingut, das diese Anerkennung aufgrund der mikroklimatischen Besonderheiten des Bereichs erhält. Zudem muss der Bereich in der Lage sein, über die Zeit hinweg persönliche Weine von kontinuierlicher Qualität hervorzubringen. Derzeit gibt es 23 als Vino de Pago anerkannte Bereiche in den Autonomen Gemeinschaften Kastilien-La Mancha, Navarra und in der Valencianischen Gemeinschaft. Sie haben den gleichen Status wie eine D.O. Diese Kategorie darf nicht mit dem Begriff Pago im Sinne von Gut oder Einzellage im Besitz mehrerer Weingüter verwechselt werden. Der Spanische Verband der Pagos (Asociación Pagos de España) ist eine Vereinigung, der mehr Weingüter gehören als nur diejenigen, die gesetzlich als Vino de Pago anerkannt sind. Dies zeigt die Bedeutung dieser Bewegung, wenn darum geht, für das Terroir und die Persönlichkeit der Weine einzutreten.

PAGO ABADÍA RETUERTA

560 Hektar Weinberg, gelegen im Gemeindebezirk Sardón de Duero, Valladolid, mit dem Fluss Duero im Norden und dem Berg „El Carrascal" im Süden als natürliche Begrenzungen. Der Weinberg befindet sich zwischen zwei sehr nah beieinander liegenden Hochebenen, was den Reben kalte Luftströme beschert, während der auf 725 Metern Höhe gelegene Fluss Feuchtigkeit bringt. Der Ort ist durch den Einfluss eines kontinentalen Klimas gekennzeichnet mit moderaten Niederschlagsmengen (im Jahresdurchschnitt 450 mm) und trockenen Sommern. Die Böden haben eine sandige bis locker lehmige Struktur, wobei auf fast der gesamten Oberfläche der Sand vorherrscht, jedoch in Richtung Hang immer höhere Lehmkonzentrationen zu finden sind. Der Pago umfasst bis zu 10 rote und 5 weiße Rebsorten, wobei den roten bisher auf Grund ihrer besseren Anpassungsfähigkeit an die Umgebung die größte Bedeutung zukommt.

PAGO DE AYLES

Liegt in dem Gemeindebezirk Mezalocha (der Provinz Zaragoza) und innerhalb der Grenzen der DO (denominación de orígen) Cariñena. Das Produktionsgebiet befindet sich im Tal des Ebro, d.h. im Becken dessen Nebenflusses Huerva. Die Böden setzen sich zusammen aus Kalkstein, Mergel und Konglomerat. Das Klima entspricht mildem Kontinentalklima mit im Jahresdurchschnitt geringen Niederschlagsmengen (350 und 550 mm). Die für die Herstellung von Rotwein und Rosé genehmigten Rebsorten sind Garnacha, Merlot, Tempranillo und Cabernet Sauvignon.

PAGO CALZADILLA

Vinos de Pago Calzadilla befindet sich in dem Naturraum Alcarria in der Provinz Cuenca oberhalb des Tals des Mayor-Flusses und besteht aus einigen Parzellen in 845 bis 1.005 Metern Seehöhe. Die Böden sind kalkhaltig und die Rebstöcke wachsen auf mehr oder weniger schmal terrassierten, steilen Hanglagen mit über 40% Steigung. Die Weingärten sind mit den Sorten Tempranillo, Cabernet Sauvignon, Garnacha und Syrah bestockt.

PAGO CAMPO DE LA GUARDIA

Die Weinstöcke befinden sich im Gemeindebezirk von La Guardia, im Nordosten der Provinz Toledo, im hohen Flachland, das als Meseta de Ocaña getauft wurde. Ihr Boden ist sehr tief und besitzt eine klar-schlammige und tonhaltig-sandige Textur. Die Sommer sind sehr warm und trocken und die Winter kalt und trocken (kontinentales Klima). Der Fluss Tajo im Norden und die Berge von Toledo im Süden sorgen für weniger Niederschläge, als in den Nachbargebieten, was eine größere Konzentration von Aromen und Polyphenole hervorruft.

PAGO CASA DEL BLANCO

Ihre Weinstöcke befinden sich auf einer Höhe von 617 Metern in Campo de Calatrava, in der Nähe des Zentrums der Provinz von Ciudad Real, im Gemeindebezirk von Manzanares, wo sie einen mediterranen/kontinentalen Einfluss erhalten. Ihr klar-sandiger Boden zeichnet sich durch seinen hohen Gehalt an Lyitium aus, das wahrscheinlich auf der vulkanischen Vergangenheit der Gegend beruht.

PAGO CHOZAS CARRASCAL

Befindet sich in San Antonio de Requena. Hierbei handelt es sich um den dritten Pago aus der autonomen Region Valencia, mit einer Fläche von lediglich 31 Hektar. Das Weingut liegt 720 Meter über dem Meeresspiegel und das Klima entspricht dem Kontinentalklima mit mediterranem Einfluss und im Jahresdurchschnitt geringen Niederschlagsmengen (350 – 550 Liter). Die Böden sind locker mit einer sandigen und lehmigen Tendenz. Die für die Herstellung verwendeten Rebsorten sind für Rotwein: Bobal, Tempranillo, Garnacha, Cabernet, Sauvignon, Merlot, Syrah, Cabernet Franc, Monastrell und für Weißweine: Chardonnay, Sauvignon Blanc und Macabeo.

PAGO DE OTAZU

Mit Herkunft aus Navarra befindet sich ihr Weinstock zwischen der Sierra del Perdón und der Sierra de Echauri, wo er wohl der nördlichste Weinstock Spaniens für die Herstellung von Rotweinen sein könnte. Es handelt sich um eine kühle Gegend mit atlantischem Einfluss in ihrer Klimatologie und großen thermischen Sprüngen zwischen Tag und Nacht. Die Gegend des Bezirks von Pamplona, wo sich die Weinstöcke befinden, ist aus Kalkstein. Die Böden, auf denen die Weinstöcke gepflanzt sind, sind von tonhaltig-kalkischer Natur, aber mit überwiegend Kiesel. Es ist ein Boden mit einer sehr guten Durchlässigkeit, die das Vertiefen des Keimwurzel-Systems erlaubt.

PAGO DE THARSYS

Hierbei handelt es sich um die erste genehmigte Pago-DO in Castilla León. Sie befindet sich in der Gemeinde Urueña in der Provinz Valladolid und zählt mit einer Fläche von 78 Hektar Land, auf denen die Rebsorten Tempranillo, Cabernet Sauvignon, Merlot und Syrah angebaut werden. Der Weinberg erstreckt sich über ein weites Flachland auf einer Höhe von 710 Metern und seine Böden sind locker lehmig-sandig mit einer guten Drainagefähigkeit. Im Jahr regnet es an diesem Ort im Schnitt um die 410 mm.

PAGO DEHESA PEÑALBA

Gelegen im Gemeindebezirk Villabáñez, in der Provinz Valladolid, mit einer Ausdehnung über 91 Hektar. Der Weinberg erstreckt sich auf einem warmen und kargen Boden mit einem hohen Anteil an Sand, Steinbrocken und Kies. Es werden nur Rotweine hergestellt und die genehmigten Rebsorten sind in der Reihenfolge ihrer Bedeutung aufgeführt: Tempranillo, Syrah, Cabernet Sauvignon und Merlot. Die drei letzten mit einem längeren Reifezyklus und der Möglichkeit in einer vor Frost und Kälte wesentlich geschützteren Umgebung zu reifen. Das vorherrschende Klima in diesem Gebiet ist kontinental.

PAGO DEHESA DEL CARRIZAL

Das Landgut von Marcial Gómez Sequeira befindet sich in Retuerta de Bullaque, nördlich von Ciudad Real. Auf einer Höhe von 900 Metern wird es von einem kontinentalen Klima begünstigt, wo der Önologe Weine vor allem mit Cabernet Sauvignon, aber auch mit anderen französischen Trauben entwirft.

PAGO DOMINIO DE VALPEDUSA

Malpica de Tajo (Toledo) war sowohl Vorreiterin bei der Einführung der Cabernet Sauvignon und der Chardonnay in Spanien durch Carlos Falcó, als auch bei den Spaliertechniken für warme Klimata, entworfen von Richard Smart. Ihre Weine erweisen sich als fleischig und bestehen aus Trauben, die einen langen Zyklus benötigen, und sehr eleganten Tanninen.

PAGO EL TERRERAZO

Mit El Terrerazo ist es der Bodega Mustiguillo gelungen, die erste D.O. de Pago de Valencia zu gründen. Diese zwischen Utiel und Sinarcas gelegene D.O. umfasst 62 ha Rebfläche auf 800 Meter Höhe, wo eine exzellente Bobal heranwächst, die dank der Klonselektion kleine und sehr locker wachsende Beeren erbringt. Das Klima ist mediterran-kontinental und da der Weingarten nur ca. 80 km vom Mittelmeer entfernt ist, macht sich hier deutlich der Einfluss der feuchten, vom Meer kommenden Winde bemerkbar. Die sandigen und steinigen Böden sind vornehmlich lehm- und kalkhaltig.

PAGO EL VICARIO

Gelegen in dem Gemeindebezirk Cuidad Real in einer Höhe von 638 Metern über dem Meeresspiegel, neben dem Fluss Guadiana und in den ersten Ausläufern der Bergregion Montes de Toledo. Das Gebiet verfügt über kalkhaltige, leichte und wenig tiefe Böden. Der unter dieser Denomination de Origen geschützte Bereich erstreckt sich über eine Fläche von 130,98 Hektar auf denen weiße Rebsorten (Chardonnay und Sauvignon Blanc) sowie auch rote Rebsorten (Tempranillo, Garnacha Tinta, Graciano, Syrah, Cabernet Sauvignon, Merlot und Petit Verdot) angebaut werden.

PAGO BOLANDIN

140 Hektar Land, die sich im Gemeindebezirk Ablitas an der südlichen Grenze der Provinz Navarra, dem zentralen Gebiet des Ebro-Tals, befinden. Dieses Gut ist dem in diesem Tal vorherrschenden mediterranen Einfluss ausgesetzt. Der nach Süden gerichtete Weinberg besitzt drei Bodenarten: an der Spitze einen lockeren durch reichlich Felsbrocken gebildeten Boden; in der oberen Hälfte des Hanges einen lockeren lehmig-schlammigen Boden mit wenig Steinen sowie einen lockeren Lehmboden im unteren Bereich des Berges. Die zugelassenen Rebsorten für Rotweine sind: Cabernet Sauvignon, Merlot, Tempranillo und Syrah; und für Weißweine: Chardonnay, Sauvignon Blanc und Gelber Muskateller.

PAGO FINCA ÉLEZ

Die erste Herkunftsbezeichnung dieser höheren Klasse, Eigentum des vielseitigen Manuel Manzaneque, mit einem Landgut auf einer Höhe von 1.000 Metern in El Bonillo, in der Provinz von Albacete. Der Weinkeller wurde durch seinen Weißwein aus Chardonnay bekannt und hat sich heute mit seiner Syrah und anderen Verschnittkompositionen behauptet.

PAGO FLORENTINO

Gebildet aus den Grundstücken im Bezirkegebiet von Malagón (Ciudad Real), handelt es sich um eine mit natürlichen Lagunen im Süden und mit der Sierra de Malagón im Norden gesäumte Gegend. Auf einer Durchschnittshöhe von 630-670 Metern über dem Meeresspiegel besitzt ihr Boden vor allem Silizium mit Kalksteinresten. Der Unterboden besteht aus Schiefer und Kalkstein und die Oberfläche besitzt auch einen Anteil von Kieselsteinen (lose Gesteinsstücke). Ihr Klima charakterisiert sich dadurch, dass es etwas lauer und trockener als in den Nachbargebieten ist.

PAGO GUIJOSO

Man erkennt die Weine, die in Finca el Guijoso hergestellt worden sind. Dieses Landgut gehört Bodegas Sánchez Muliterno, in der Gegend von El Bonillo, zwischen Albacete und Ciudad Real. Von Steineichen- und Sadebaumwäldern umgeben, nutzt der Weinstock den Boden aus Kieselsteinen, der ihm seinen Namen verleiht. Auf einer Höhe von 1.000 Metern spezialisiert sich diese Gegend auf Weine französischer Tendenz, Weiß- und Rotweine, die aus gallischen Trauben hergestellt werden.

VINOS DE PAGO / D.O.P.

PAGO LA JARABA

Ein in den Gemeindebezirken Villarrobledo (Albacete) und El Provencio (Cuenca) auf 700 Metern Höhe gelegenes Gebiet, das insgesamt 75,18 Hektar umfasst, auf denen ausschließlich rote Rebsorten gepflanzt werden: Tempranillo, Cabernet Sauvignon, Merlot und Graciano. Es verfügt über lockere sandig-lehmige Böden mit reichlich Schwemmsand..

PAGO LOS BALAGUESES

Das Gut El Pago de los Balagueses liegt im Südwesten der Gemeinde Utiel Requena 20 Kilometer von Requena entfernt. Es befindet sich ungefähr in 700 m Seehöhe und besitzt ein mediterran beeinflusstes, kontinentales Klima mit jährlichen Niederschlägen von 450 mm. Die Rebfläche liegt in leichter Hanglage, was sich positiv auf den Wasserhaushalt auswirkt, und ist umgeben von Pinien, Mandel- und Olivenbäumen, wodurch ein besonders reizvolles landschaftliches Bild entsteht.

PAGO LOS CERRILLOS

Dieses Gebiet befindet sich in dem Gemeindebezirk Argamasilla de Alba, Cuidad Real, in dem die Sorten Tempranillo, Cabernet Sauvignon und Syrah angebaut werden. Es handelt sich um eine Fläche von über 60 km², die sich über den gesamten Abschnitt der hohen Talaue des Flusses Guadiana erstreckt. Das von Hügeln umgebene Gebiet liegt in 695 Metern Höhe neben der Talsperre Peñarroya und verfügt hauptsächlich über kalkige Böden. Es herrscht ein vom Kontinent beeinflusstes mediterranes Klima.

PAGO PRADO DE IRACHE

Ihr Weinstock errichtet sich im Gemeindebezirk von Ayegui, Navarra, auf einer Durchschnittshöhe von 450 Metern über dem Meeresspiegel. Ihr Klima hat einen ausgeglichenen atlantisch-kontinentalen Einfluss. Ihr Boden ist durch seine klare Komposition gekennzeichnet.

PAGO SEÑORIO DE ARINZANO

Sie befindet sich im Nordwesten Spaniens, genauer in Estella, Navarra. Ihr Weinstock wächst in einem Tal, das von den letzten Gebirgsausläufern der Pyrenäen gebildet wird, und das vom Fluss Ega, der die Rolle des Moderators der Temperaturen übernimmt, geteilt wird. Ihr Klima besitzt einen atlantischen Einfluss mit einem hohen thermischen Unterschied. Die Weinstöcke dieser Weinbergslagen befinden sich in einer komplexen geologischen Gegend mit unterschiedlichen Anteilen von Schlamm, Mergel, Ton und Degradierung von kalkigem Gestein.

PAGO URUEÑA

Das Gebiet liegt in dem Gemeindebezirk Retuerta del Bullaque, der Provinz Cuidad Real, und umfasst mehr als 1500 Hektar. Es werden sowohl weiße Rebsorten (Viognier) als auch rote (Syrah, Merlot, Cabernet Sauvignon, Cabernet Franc, Petit Verdot) angebaut. Es erhielt die geschützte Ursprungsbezeichnung D.O.P (Denominación de Origen Protegida) Vino de Pago im Jahr 2019.

PAGO VALLEGARCIA

Gelegen im Gemeindebezirk Retuerta del Bullaque, im Herzen der Bergregion Montes de Toledo in der Provinz Ciudad Real. Die Bodega integriert sich in eine der besten mediterranen Waldlandschaften der Welt mit einer ökologisch äußerst wertvollen Flora und Fauna und einer noch intakten Natur. Sie erstreckt sich über mehr als 1.500 Hektar, auf denen sowohl weiße Rebsorten, wie die Viognier, als auch rote (Syrah, Merlot, Cabernet Sauvignon, Cabernet Franc, Petit Verdot) oder, die erst kürzlich in ihre Produktspezifikation aufgenommenen Sorten Garnacha Tinta, Cariñena und Monastrell, angebaut werden.

PAGO VERA DE ESTENAS

Gelegen in Utiel-Requena, in der Provinz Valencia, in einem mediterranen Klima mit kontinentalem Einfluss. Die braunen Kalkböden besitzen eine lockere lehmig-sandige Struktur. Die durchschnittliche Niederschlagsmenge beträgt 420 mm und die angebauten Rebsorten sind: Bobal, Tempranillo, Cabernet Sauvignon und Merlot für Rotweine sowie Chardonnay für Weißweine.

PAGO ABADÍA RETUERTA

ABADÍA RETUERTA
47340 Sardón de Duero (Valladolid)
☎: +34 983 680 314
info@abadia-retuerta.es
www.abadia-retuerta.com

Abadía Retuerta Le Domaine 2022 B
80% sauvignon blanc, 20% verdejo

92

Noch nicht vollständig entfaltet. Farbe: leuchtendes Strohgelb. Aroma: würzig, offen, ausdrucksvoll, Wildkräuter, trockene Kräuter, markante Eiche. Mund: ausgewogen, spannungsvoll, schöne Säure, Röstaromen, zartbitter.

🏆 PODIUM

Abadía Retuerta Pago Garduña 2020 T
100% syrah

95

Farbe: sattes Kirschrot. Aroma: aromatischer Kaffee, kraftvoll, dunkle Früchte, reifes Obst, Heidelbeere. Mund: rauchig nachwirkend, nachhaltig, reife Tannine.

Abadía Retuerta Pago Negralada 2019 T
100% tempranillo

94

Sortenrein, Cremig. Farbe: dunkles Kirschrot. Aroma: Röstaromen, würzig, feiner Kakao, reifes Obst, dunkle Früchte. Mund: geschmackvoll, Röstnoten, zartbitter.

Abadía Retuerta Pago Valdebellón 2020 T
100% cabernet sauvignon

94

Farbe: tiefes Kirschrot, granatroter Saum. Aroma: Noten von Tischlerei, reifes Obst, feiner Kakao, Zigarren, Röstaromen, balsamisch. Mund: geschmackvoll, würzig, Röstnoten, kräftige Tannine.

🏆 PODIUM

Abadía Retuerta Petit Verdot PV 2020 T
100% petit verdot

95

Üppig, würzig, ausgewogen. Farbe: dunkles Kirschrot, granatroter Saum. Aroma: reifes Obst, Früchtekonfit, Noten von Tischlerei, Tabak, süße Gewürze. Mund: würzig, reife Tannine, lang.

Abadía Retuerta Selección Especial 2021 T
62% tempranillo, 19% cabernet sauvignon, 14% syrah, 4% merlot, 1% petit verdot

93

Farbe: dunkles Kirschrot, granatroter Saum. Aroma: Früchtekonfit, Noten von Tischlerei, Tabak, süße Gewürze, dunkle Früchte. Mund: würzig, reife Tannine, lang.

PAGO AYLÉS

PAGO AYLÉS
Finca Aylés. Ctra. A-1101, Km. 24
50152 Mezalocha (Zaragoza)
☎: +34 970 140 473
pagoayles@pagoayles.com
www.pagoayles.com

Aylés "Tres de 3000" 2021 T
garnacha, cabernet sauvignon, merlot

92

Farbe: tiefes Kirschrot. Aroma: reifes Obst, trockene Kräuter, weiches Eichenholz. Mund: reife Früchte, würzig, reife Tannine, ausgeprägter Säuregehalt.

Cuesta del Herrero 2023 T BA
tempranillo, garnacha

91

Lieblich. Farbe: tiefes Kirschrot, leuchtendes Kirschrot. Aroma: markante Eiche, reifes Obst, würzig, Röstaromen. Mund: geschmackvoll, reife Tannine, reife Früchte, süffig.

Patria Chica 2023 T
tempranillo, merlot, garnacha, cabernet sauvignon

92

Farbe: tiefes Kirschrot. Aroma: reifes Obst, trockene Kräuter, weiches Eichenholz, komplex, mit Charakter. Mund: reife Früchte, würzig, reife Tannine.

VINOS DE PAGO / D.O.P.

SPANIENS WEINFÜHRER

PAGO BOLANDIN

BODEGA PAGO DE CIRSUS
Ctra. de Ablitas a Ribafora, Km. 5
31523 Ablitas (Navarra)
☎: +34 948 386 427
info@pagodecirsus.com
www.pagodecirsus.com

Pago de Cirsus Chardonnay 2022 B FB
92
Farbe: leuchtendes Gelb. Aroma: kraftvoll, weiches Eichenholz, reifes Obst, würzig, ausdrucksvoll. Mund: fett, strukturiert, Röstnoten, zartbitter, geschmackvoll, ausgewogen.

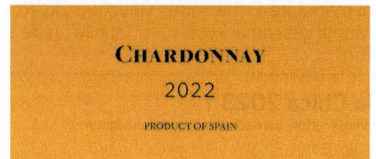

Pago de Cirsus Selección de Familia 2018 T C
93
Reif, lieblich, flüssig am Gaumen. Farbe: tiefes Kirschrot. Aroma: trockene Kräuter, dunkle Früchte, reifes Obst, würzig. Mund: reife Früchte, würzig, reife Tannine.

Pago de Cirsus Vendimia Seleccionada 2022 T C
91
Poliert, lieblich. Farbe: kirschrot mit violettem Saum. Aroma: würzig, dunkle Früchte, Schokolade, Röstaromen. Mund: reife Früchte, geschmackvoll.

PAGO CALZADILLA

PAGO CALZADILLA
Ctra. Huete a Cuenca, Km. 3,3
16500 Huete (Cuenca)
☎: +34 969 142 030
info@pagocalzadilla.com
www.pagocalzadilla.com

Calzadilla Allegro 2018 T
100% syrah

92
Korpulent, Cremig. Farbe: tiefes Kirschrot. Aroma: trockene Kräuter, weiches Eichenholz, dunkle Früchte, reifes Obst. Mund: kraftvoll, würzig, reife Tannine.

Calzadilla Classic 2014 T
tempranillo, garnacha, syrah, cabernet sauvignon

91
Farbe: kirschrot mit granatrotem Saum. Aroma: dunkle Früchte, Früchtekonfit, Schokolade, Wachs, feine Reduktionsnoten. Mund: geschmackvoll, lang, süße Tannine, cremig.

Opta Calzadilla 2018 T
tempranillo, garnacha, syrah

91
Farbe: tiefes Kirschrot. Aroma: reifes Obst, trockene Kräuter, weiches Eichenholz, ausgewogen. Mund: reife Früchte, würzig, reife Tannine, balsamisch, lang.

PAGO CAMPO DE LA GUARDIA

BODEGAS MARTUE
Campo de la Guardia, s/n
45760 La Guardia (Toledo)
☎: +34 658 915 812
admin@martue.com
www.martue.com

Martúe 2020 T C
cabernet sauvignon, petit verdot, merlot, syrah, malbec, tempranillo

88
Balsamisch, rauchig, korrekt, reif, warm, geschmackvoll.

Martúe Especial 2018 T R
petit verdot, syrah, merlot

89
Reif, reduktiver Ausbau, getrübt. Aroma: trockene Kräuter. Mund: trockene, aber reife Tannine.

Martúe Gran Vino 2018 T
malbec, syrah, petit verdot

91
Farbe: KirsChrot. Aroma: süße Gewürze, Buschwaldkräuter, offen, trockene Kräuter, Weihrauch. Mund: würzig, reife Tannine.

Martúe Syrah 2020 T
100% syrah

90
Aroma: reifes Obst, würzig, getrocknete Blumen. Mund: reife Tannine, würzig, süffig, reife Früchte, saftig.

PAGO CASA DEL BLANCO

PAGO CASA DEL BLANCO
Ctra. Manzanares -Moral de Calatrava km.23,200
13200 Manzanares (Ciudad Real)
☎: +34 619 306 251
comercial@pagocasadelblanco.com
www.pagocasadelblanco.com

Pilas Bonas 2023 B
chardonnay, sauvignon blanc

88
Lieblich, fruchtig, reif, von Primäraromen beherrscht, geschmackvoll, frisch.

Quixote Cabernet Sauvignon Syrah 2020 T C
cabernet sauvignon, syrah

88
Fruchtig, würzig, nach Eingemachtem, Röstaromen, geschmackvoll.

Quixote Malbec Cabernet Franc 2020 T R
malbec, cabernet franc

88
Fruchtig, nach Eingemachtem, würzig, etwas austrocknend.

Quixote Merlot Tempranillo Petit Verdot 2020 T
merlot, tempranillo, petit verdot

89
Fruchtig, reif, würzig, trockene Kräuter, geschmackvoll.

Quixote Petit Verdot 2020 T C
petit verdot

89
Fruchtig, würzig, nach Eingemachtem, reif, kräuterig.

VINOS DE PAGO / D.O.P.

SPANIENS WEINFÜHRER

VINOS DE PAGO / D.O.P.

PAGO CHOZAS CARRASCAL

CHOZAS CARRASCAL
46390 San Antonio de Requena (València/Valencia)
☎: +34 963 410 395
chozas@chozascarrascal.es
www.chozascarrascal.com

El Cf de Chozas Carrascal 2020 T
100% cabernet franc

94 🏆

Farbe: tiefes Kirschrot. Aroma: trockene Kräuter, dunkle Früchte, reifes Obst, Buschwaldkräuter. Mund: reife Früchte, würzig, reife Tannine.

🏆 **PODIUM**

Las Ocho 2020 T
bobal, monastrell, garnacha, tempranillo, cabernet sauvignon, cabernet franc

95 🏆

Farbe: tiefes Kirschrot. Aroma: trockene Kräuter, dunkle Früchte, Buschwaldkräuter, reifes Obst, erdig. Mund: kraftvoll, reife Früchte, würzig, reife Tannine.

Las Tres 2020 B FB
chardonnay, sauvignon blanc, macabeo

92 🏆

Farbe: strohgelb. Aroma: reifes Obst, trockene Kräuter, welke Blumen, Nüsse, geröstetes Brot. Mund: kraftvoll, reife Früchte, ausgewogen.

PAGO DE ARÍNZANO

ARÍNZANO
Ctra. NA-132 Km. 3,1
31264 Aberin (Navarra)
☎: +34 948 555 285
reservas@arinzano.com
www.arinzano.com

Arínzano Cabernet Sauvignon 2019 T
100% cabernet sauvignon

92

Farbe: tiefes Kirschrot. Aroma: trockene Kräuter, weiches Eichenholz, dunkle Früchte, Früchtekonfit. Mund: reife Früchte, würzig, reife Tannine.

🏆 **PODIUM**

Arínzano Eternidad B
100% chardonnay

95

Röstaromen, opulent, mit Persönlichkeit. Farbe: leuchtendes Gelb. Aroma: kraftvoll, weiches Eichenholz, reifes Obst, würzig, Nüsse. Mund: fett, strukturiert, lang, Röstnoten, zartbitter.

Arínzano Gran Vino 2018 T
100% tempranillo

93

Farbe: dunkles Kirschrot, granatroter Saum. Aroma: reifes Obst, Früchtekonfit, Noten von Tischlerei, Tabak, süße Gewürze. Mund: würzig, reife Tannine, lang.

Arínzano Gran Vino 2019 B
100% chardonnay

93

Farbe: leuchtendes Gelb. Aroma: kraftvoll, weiches Eichenholz, reifes Obst, würzig, Wildkräuter, markante Eiche. Mund: fett, strukturiert, lang, Röstnoten, zartbitter.

Arínzano Merlot Biológico 2019 T
100% merlot

91 🏆

Farbe: tiefes Kirschrot. Aroma: reifes Obst, trockene Kräuter, milchig. Mund: reife Früchte, würzig, reife Tannine.

Arínzano Pureza 2021 B
100% chardonnay

92

Farbe: strohgelb. Aroma: trockene Kräuter, welke Blumen, feine Hefen, helle Früchte. Mund: reife Früchte, ausgewogen, salzig, geschmackvoll.

Hacienda de Arínzano Chardonnay 2022 B
100% chardonnay

91

Farbe: leuchtendes Strohgelb. Aroma: reifes Obst, Kräutersäckchen, feine Hefen, geröstetes Brot. Mund: voll, schöne Säure, geschmackvoll.

Hacienda de Arínzano Tempranillo 2020 T
85% tempranillo, 10% merlot, 5% cabernet sauvignon

91

Farbe: tiefes Kirschrot. Aroma: reifes Obst, trockene Kräuter, weiches Eichenholz. Mund: reife Früchte, würzig, reife Tannine.

La Casona de Arínzano 2018 T
75% tempranillo, 25% merlot

92

Farbe: kirschrot mit granatrotem Saum. Aroma: überreife Früchte, weiches Eichenholz, warm, Röstaromen. Mund: nach Eingemachtem, kraftvoll, süße Tannine.

PAGO DE OTAZU

BODEGA OTAZU
Señorío de Otazu, s/n
31174 Otazu (Navarra)
☎: +34 948 329 200
info@bodegaotazu.com
www.bodegaotazu.com

Bodega Otazu Altar 2015 T
100% cabernet sauvignon

94

Farbe: dunkles Kirschrot, granatroter Saum. Aroma: Noten von Tischlerei, Tabak, süße Gewürze, dunkle Früchte, Gras, balsamisch. Mund: würzig, reife Tannine, lang.

Pago de Otazu 2022 T
57% merlot, 43% cabernet sauvignon

94

Klar definierte Aromen. Farbe: tiefes Kirschrot. Aroma: reifes Obst, trockene Kräuter, weiches Eichenholz, Heidelbeere, Veilchenbombons. Mund: reife Früchte, würzig, reife Tannine.

Pago de Otazu Chardonnay con Crianza 2022 B
100% chardonnay

93

Farbe: leuchtendes Gelb. Aroma: reifes Obst, trockene Kräuter, welke Blumen, weiße Blumen, Steinobst. Mund: reife Früchte, ausgewogen.

PAGO DE THARSYS

PAGO DE THARSYS
Ctra. Nacional III, km. 274
46340 Requena (València/Valencia)
☎: +34 962 303 354
pagodetharsys@pagodetharsys.com
www.pagodetharsys.com

Pago de Tharsys Argila 2020 T
merlot

90 🍷

Farbe: tiefes Kirschrot. Aroma: reifes Obst, trockene Kräuter, feiner Kakao, Tomate. Mund: kraftvoll, reife Früchte, würzig, reife Tannine.

Pago de Tharsys Bobal Diana García 2021 T
bobal

89 🍷

Ausgewogen, würzig, frisch, kräuterig.

Pago de Tharsys Vendimia Nocturna Albariño 2023 B
albariño

88 🍷

Zitrusfrüchte, frisch, kräuterig, korrekt.

Pago de Tharsys Vendimia Nocturna Garnacha 2023 RD FB
garnacha

88 🍷

Fruchtig, Süßwaren, kräuterig, poliert.

PAGO DEHESA DEL CARRIZAL

DEHESA DEL CARRIZAL
Ctra. Retuerta a Navas de Estena, Km 5
13194 Retuerta del Bullaque (Ciudad Real)
☎: +34 925 421 773
bodega@dehesadelcarrizal.com
www.dehesadelcarrizal.com

Dehesa del Carrizal Cabernet Sauvignon 2021 T
cabernet sauvignon

92

Farbe: kirschrot mit granatrotem Saum. Aroma: in Likör eingelegte Früchte, kraftvoll, trockene Kräuter, komplex, mit Charakter. Mund: geschmackvoll, lang.

Dehesa del Carrizal Chardonnay 2022 B FB
chardonnay

90

Leichte Reduktion. Farbe: strohgelb. Aroma: reifes Obst, trockene Kräuter, welke Blumen, mineralisch. Mund: reife Früchte, ausgewogen, geschmackvoll.

Dehesa del Carrizal Colección Privada 2021 T
petit verdot, cabernet sauvignon

93

Farbe: dunkles Kirschrot. Aroma: Röstaromen, würzig, feiner Kakao, dunkle Früchte, reifes Obst. Mund: geschmackvoll, Röstnoten, zartbitter.

Dehesa del Carrizal MV 2021 T
merlot, tempranillo, syrah, cabernet sauvignon

90

Farbe: tiefes Kirschrot. Aroma: reifes Obst, weiches Eichenholz, Wildkräuter. Mund: kraftvoll, reife Früchte, würzig.

VINOS DE PAGO / D.O.P.

SPANIENS WEINFÜHRER

VINOS DE PAGO / D.O.P.

Dehesa del Carrizal Petit Verdot 2021 T
petit verdot
94
Farbe: KirschRot. Aroma: komplex, ausdrucksvoll, würzig, mineralisch, mit Charakter, dunkle Früchte. Mund: voll, lang, nachhaltig.

Dehesa del Carrizal Syrah 2021 T
syrah
91
Warm. Farbe: tiefes Kirschrot. Aroma: reifes Obst, trockene Kräuter, weiches Eichenholz, kraftvoll. Mund: reife Früchte, würzig, reife Tannine.

PAGO DEHESA PEÑALBA

BODEGAS VIZAR
Ctra. N-122. Ctra. Valladolid-Soria, Km 341
47329 Villabáñez (Valladolid)
☎: +34 983 682 690
info@bodegasvizar.es
www.bodegasvizar.es

Vizar Prestigio 2019 T C
tempranillo, syrah, cabernet sauvignon, merlot
90
Farbe: tiefes Kirschrot. Aroma: trockene Kräuter, weiches Eichenholz, dunkle Früchte. Mund: reife Früchte, würzig, reife Tannine.

Vizar Selección Especial 2021 T C
tempranillo, syrah
90
Farbe: tiefes Kirschrot. Aroma: reifes Obst, trockene Kräuter, weiches Eichenholz. Mund: kraftvoll, reife Früchte, würzig, ausgeprägte Eichentannine.

Vizar Syrah 2020 T C
syrah
91
Farbe: tiefes Kirschrot. Aroma: trockene Kräuter, weiches Eichenholz, dunkle Früchte. Mund: reife Früchte, würzig, reife Tannine.

PAGO EL TERRERAZO

BODEGA MUSTIGUILLO
El Terrerazo Ctra. N-330 km. 195
46300 Utiel (València/Valencia)
☎: +34 962 168 260
info@bodegamustiguillo.com
www.bodegamustiguillo.com

🏆 **PODIUM**

Finca Terrerazo 2021 T
bobal
95
Klar definierte Aromen, angenehm. Farbe: KirschRot. Aroma: komplex, ausdrucksvoll, würzig, mineralisch. Mund: voll, lang, nachhaltig.

🏆 **PODIUM**

Quincha Corral 2021 T
95
Balsamisch. Farbe: KirschRot. Aroma: komplex, ausdrucksvoll, würzig, mineralisch, rote Früchte. Mund: elegant, voll, lang, nachhaltig.

PAGO EL VICARIO

PAGO DEL VICARIO
Ctra. Ciudad Real - Porzuna, Km. 16
13196 Las Casas (Ciudad Real)
☎: +34 926 666 027
pedidos@pagodelvicario.com
www.pagodelvicario.com

Pago del Vicario 50-50 2019 T C
tempranillo, cabernet sauvignon
90
Angenehm, balsamisch, ausgewogen, geschmackvoll. Aroma: Buschwaldkräuter. Mund: würzig, balsamisch, nachhaltig.

Pago del Vicario 6 meses 2021 T
tempranillo, petit verdot, garnacha, merlot
89
Würzig, Röstaromen, holzig, korrekt, reif, geschmackvoll.

Pago del Vicario Bancal del Río 2017 T
petit verdot
89
Nach Eingemachtem, trockene Kräuter, ausgewogen, geschmackvoll, etwas austrocknend.

Pago del Vicario Blanco de Tempranillo 2023 B
100% tempranillo

87

Pago del Vicario Talva 2021 B FB
chardonnay, sauvignon blanc, tempranillo, garnacha

90

Farbe: leuchtendes Gelb. Aroma: reifes Obst, würzig, geröstetes Brot. Mund: strukturiert, Röstnoten, zartbitter.

PAGO FINCA ÉLEZ

PAGO FINCA ÉLEZ
Ctra. Ossa de Montiel a El Bonillo, Km 11,5
02610 El Bonillo (Albacete)
☎: +34 626 882 250
administracion@fincaelez.com
www.pagofincaelez.com

El Secreto de Élez 2022 B
viognier

91

Farbe: strohgelb. Aroma: ausdrucksvoll, weiße Blumen, trockene Kräuter, feine Hefen. Mund: geschmackvoll, fruchtig, ausgewogen.

Finca Élez Chardonnay Lías 2022 B
chardonnay

89

Ausgewogen, würzig, kräuterig, Cremig, frisch.

Finca Élez Syrah 2021 T
syrah

90

Farbe: kirschrot mit violettem Saum. Aroma: blumig, würzig, dunkle Früchte, rote Früchte, reifes Obst, erdig. Mund: geschmackvoll, fruchtig, schöne Säure.

Pago Finca Élez Cencibel 2021 T
cencibel

90

Farbe: kirschrot mit violettem Saum. Aroma: blumig, würzig, dunkle Früchte, rote Früchte, Wildkräuter. Mund: geschmackvoll, fruchtig, schöne Säure.

Pago Finca Élez Chardonnay Fermentado en Barrica 2022 B FB
chardonnay

90

Farbe: leuchtendes Gelb. Aroma: weiches Eichenholz, reifes Obst, würzig, Wildkräuter. Mund: fett, strukturiert, Röstnoten, zartbitter.

Pago Finca Élez Nostrum 2021 T
cencibel, syrah

90

Farbe: kirschrot mit violettem Saum. Aroma: ausdrucksstark fruchtig, rote Früchte, blumig, würzig, Wildkräuter. Mund: geschmackvoll, fruchtig, schöne Säure.

PAGO FLORENTINO

BODEGAS LA SOLANA - PAGO FLORENTINO
Ctra. Porzuna - Camino Cristo del Humilladero, km. 3
13420 Malagón (Ciudad Real)
☎: +34 983 681 146
bodeg@arzuaganavarro.com
www.pagoflorentino.com

Pago Florentino 2020 T
100% cencibel

90

Korrekt, ausgewogen, mild. Farbe: leuchtendes Kirschrot. Aroma: reifes Obst, würzig, offen, ausgewogen. Mund: reife Früchte, würzig, süffig, lang.

Pago Florentino 2021 T

89

Korpulent, korrekt. Aroma: milchig, Schokolade, reifes Obst.

PAGO GUIJOSO

BODEGAS FAMILIA CONESA - PAGO GUIJOSO
Crta Ossa de Montiel - El Bonillo km 11
02610 El Bonillo (Albacete)
☎: +34 608 612 254
mvruiz@familiaconesa.com
www.familiaconesa.com

El Beso de las Uvas Chardonnay 2021 B FB
chardonnay

87

Finca La Sabina Cabernet 2016 T GR
100% cabernet sauvignon

89

Alt, ausgewogen, kräuterig, geschmackvoll, würzig.

Finca La Sabina Merlot 2016 T
100% merlot

89

Korrekt, ausgewogen, würzig, geschmackvoll.

VINOS DE PAGO / D.O.P.

**Finca
La Sabina Syrah 2017 T C**
100% syrah
89 🌿
Waldfinsternis, korpulent, würzig, ausgewogen, trockene Kräuter, geschmackvoll.

Santo Syrah 2018 T
100% syrah
91
Farbe: tiefes Kirschrot. Aroma: trockene Kräuter, weiches Eichenholz, dunkle Früchte, würzig, erdig. Mund: reife Früchte, würzig, reife Tannine.

PAGO HEREDAD DE URUEÑA

PAGO HEREDAD DE URUEÑA
Ctra. Toro a Medina de Rioseco, km 21,300
47862 Urueña (Valladolid)
☎: +34 676 476 901
bodega@heredaduruena.com
www.heredaduruena.com

Fórum Etiqueta Negra 2018 T
100% tempranillo
90
Farbe: tiefes Kirschrot. Aroma: reifes Obst, trockene Kräuter, weiches Eichenholz, süße Gewürze, Kokosnuss. Mund: reife Früchte, würzig, reife Tannine.

Santo Merlot 2018 T
80% merlot, 20% cabernet sauvignon
90
Farbe: tiefes Kirschrot. Aroma: trockene Kräuter, weiches Eichenholz, dunkle Früchte, Gras. Mund: reife Früchte, würzig, reife Tannine.

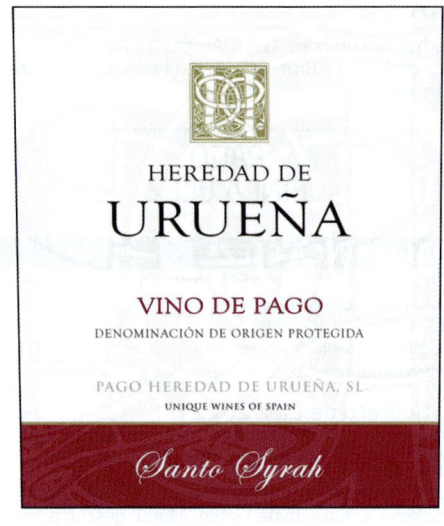

Santo Tempranillo 2017 T
tempranillo
91
Farbe: tiefes Kirschrot. Aroma: trockene Kräuter, weiches Eichenholz, dunkle Früchte. Mund: reife Früchte, würzig, reife Tannine.

Selección Excelencia 2017 T C
88
Nach Eingemachtem, voll, Cremig, Röstaromen.

PAGO LA JARABA

PAGO DE LA JARABA
Ctra. Nacional 310, Km. 142,7
02600 Villarrobledo (Albacete)
☎: +34 967 138 250
info@lajaraba.com
www.lajaraba.com

Pago de la Jaraba 2021 T
tempranillo, cabernet sauvignon, merlot

91

Markante Eiche. Farbe: leuchtendes Kirschrot. Aroma: süße Gewürze, reifes Obst, Schokolade, trockene Kräuter. Mund: würzig, reife Tannine, strukturiert, saftig.

Pago de la Jaraba Merlot 2021 T
merlot

89

Kräuterig, reif, geschmackvoll, wild, korrekt, üppig.

Pago de la Jaraba Sauvignon Blanc 2023 B
sauvignon blanc

89 ♣

Reif, getrocknete Blumen, üppig.

PAGO LOS BALAGUESES

BODEGAS VEGALFARO
Ctra. Pontón - Utiel, Km. 3
46340 Requena (València/Valencia)
☎: +34 962 320 680
oficina@vegalfaro.com
www.vegalfaro.com

Pago de los Balagueses Chardonnay 2022 B FB
chardonnay

89 ♣

Ausgeprägter Säuregehalt, markante Eiche, würzig, tropische.

Pago de los Balagueses Garnacha Tintorera 2021 T C
garnacha tintorera

92 ♣

Würzig. Farbe: tiefes Kirschrot. Aroma: trockene Kräuter, weiches Eichenholz, dunkle Früchte. Mund: reife Früchte, würzig, reife Tannine.

Pago de los Balagueses Syrah 2021 T C
syrah

93 ♣

Cremig. Farbe: tiefes Kirschrot. Aroma: reifes Obst, trockene Kräuter, weiches Eichenholz, dunkle Früchte. Mund: kraftvoll, reife Früchte, würzig, reife Tannine.

Pasamonte 2021 T
garnacha tintorera, syrah, tempranillo

91 ♣

Farbe: tiefes Kirschrot. Aroma: trockene Kräuter, weiches Eichenholz, dunkle Früchte, Gras. Mund: reife Früchte, würzig, reife Tannine.

PAGO LOS CERRILLOS

BODEGAS MONTALVO WILMOT
Finca Los Cerrillos Crtra. a Ruidera, Km. 10,200
13710 Argamasilla de Alba (Ciudad Real)
☎: +34 926 699 069
info@montalvowilmot.com
www.montalvowilmot.com

Pago Los Cerrillos Cabernet de Familia 2018 T
100% cabernet sauvignon

89

Ausgewogen, würzig, trockene Kräuter, geschmackvoll.

Pago Los Cerrillos Colección Privada 2018 T R
75% tempranillo, 25% cabernet sauvignon

90

Farbe: tiefes Kirschrot. Aroma: reifes Obst, trockene Kräuter, weiches Eichenholz, Röstaromen. Mund: kraftvoll, reife Früchte, würzig, reife Tannine.

Pago Los Cerrillos Syrah 2021 T RB
100% syrah

89

Ausgewogen, würzig, trockene Kräuter, reif, Röstaromen.

Pago Los Cerrillos Tempranillo Cabernet 2020 T RB
75% tempranillo, 25% cabernet sauvignon

87

VINOS DE PAGO / D.O.P.

SPANIENS WEINFÜHRER

VINOS DE PAGO / D.O.P.

Pago Los Cerrillos Petit Verdot 2020 T C
100% petit verdot

87
Würzig, reif, korpulent, vegetabil, etwas austrocknend.

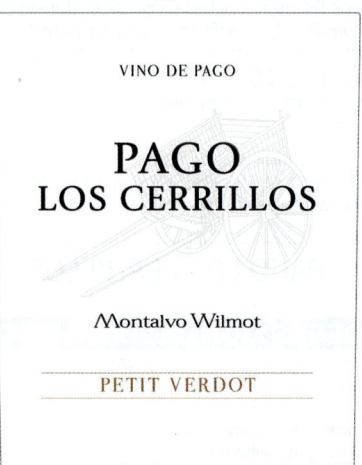

Pago Los Cerrillos Petit Verdot Selección 2018 T R
100% petit verdot

89
Korpulent, würzig, ausgewogen, trockene Kräuter, Röstaromen.

PAGO PRADO DE IRACHE

BODEGAS IRACHE
Avda. de Monasterio de Irache, 1
31240 Ayegui (Navarra)
☎: +34 948 551 932
irache@irache.com
www.irache.com

Prado Irache 2020 T BA
tempranillo, merlot, cabernet sauvignon

92
Farbe: tiefes Kirschrot. Aroma: trockene Kräuter, weiches Eichenholz, aromatischer Kaffee, würzig, Früchtekonfit. Mund: kraftvoll, reife Früchte, reife Tannine, fruchtig, geschmackvoll.

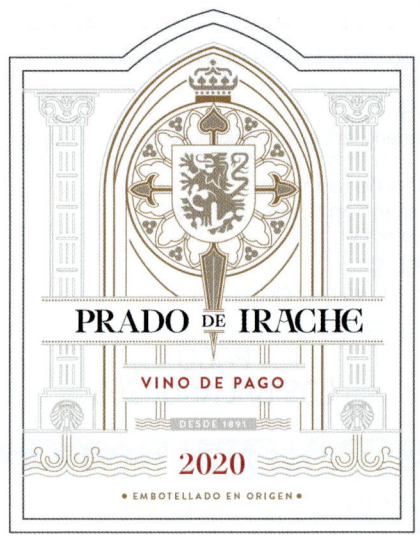

PAGO VALLEGARCÍA

PAGO DE VALLEGARCÍA
Finca Vallegarcía, s/n
13194 Retuerta del Bullaque (Ciudad Real)
☎: +34 925 421 407
vallegarcia@vallegarcia.com
www.vallegarcia.com

Hipperia 2021 T C
77% cabernet sauvignon, 19% cabernet franc, 3% merlot, 1% petit verdot

92
Farbe: tiefes Kirschrot. Aroma: trockene Kräuter, weiches Eichenholz, dunkle Früchte, reifes Obst, Wildkräuter. Mund: kraftvoll, reife Früchte, würzig, reife Tannine.

Petit Hipperia 2022 T
39% merlot, 30% cabernet franc, 14% petit verdot, 11% syrah, 6% cabernet sauvignon

91

Farbe: tiefes Kirschrot. Aroma: weiches Eichenholz, dunkle Früchte, ausgewogen, Buschwaldkräuter. Mund: reife Früchte, würzig, reife Tannine, flüssig am Gaumen.

Vallegarcía Syrah 2022 T
100% syrah

90

Farbe: tiefes Kirschrot. Aroma: dunkle Früchte, ausgewogen, Veilchen, geröstetes Brot. Mund: reife Früchte, würzig, reife Tannine.

Vallegarcía Viognier 2022 B
100% viognier

92

Farbe: strohgelb. Aroma: reifes Obst, trockene Kräuter, welke Blumen, von Primäraromen beherrscht. Mund: reife Früchte, ausgewogen, sortentypisch, geschmackvoll, nachhaltig.

PAGO
VERA ESTENAS

BODEGA VERA DE ESTENAS

Ctra. N-III, km. 266 - Paraje La Cabezuela
46300 Utiel (València/Valencia)
☎: +34 962 171 141
estenas@veradeestenas.es
www.veradeestenas.es

Martínez Bermell Merlot 2021 T C
merlot

90

Farbe: kirschrot mit violettem Saum. Aroma: ausdrucksstark fruchtig, rote Früchte, blumig, würzig. Mund: geschmackvoll, fruchtig, schöne Säure, strukturiert, kraftvoll.

VINOS DE CALIDAD

Bisher gibt es in Spanien nur sieben Gebiete, die eine Anerkennung als "Vino de Calidad de" erhalten haben: Lebrija, Valtiendas, Sierra de Salamanca, Cangas, Islas Canarias, Cebreros und Valles de Benavente. Gekennzeichnet sind sie durch die Abkürzung VCPRD. Dies ist nichts anderes als eine Art Vorbereitung für diejenigen Gebiete, die auf die Erlangung einer DO hoffen, wobei diese Bezeichnung für den Endverbraucher recht unklar ist. gles

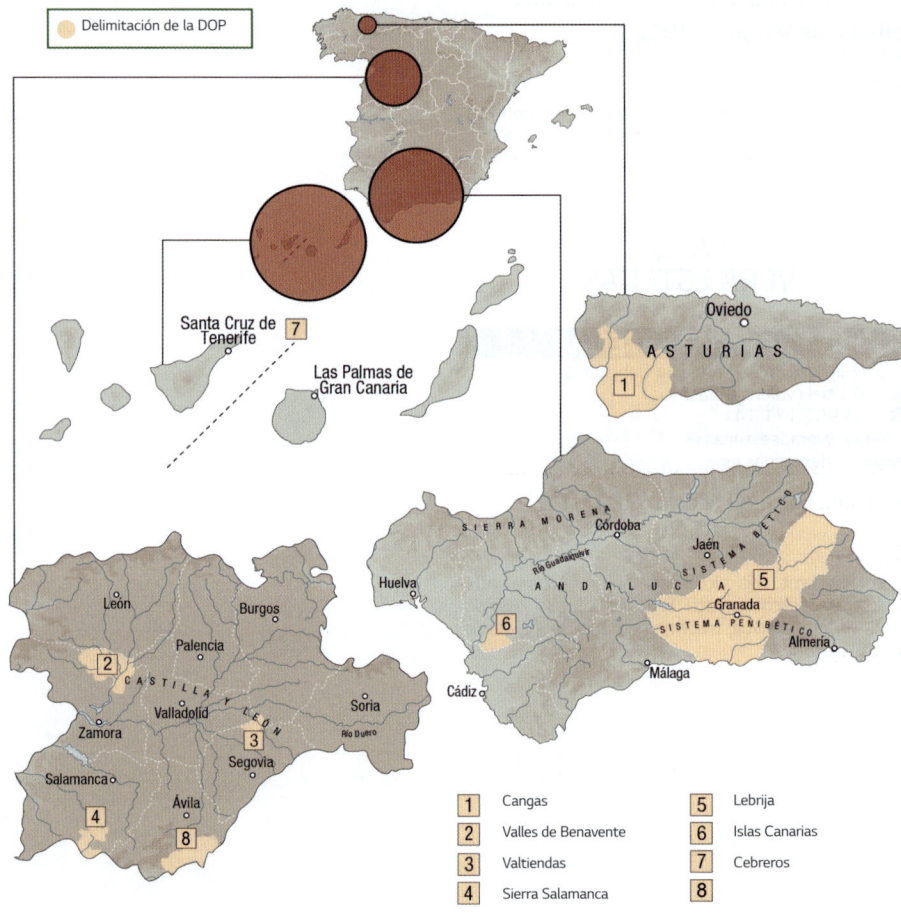

1	Cangas	5	Lebrija
2	Valles de Benavente	6	Islas Canarias
3	Valtiendas	7	Cebreros
4	Sierra Salamanca	8	

CANGAS

Die Gemeinde Cangas del Narcea befindet sich im Südwesten Asturiens an der Grenze zur Provinz León. Da sich die klimatischen Bedingungen hier mit geringeren Niederschlagsmengen und mehr Sonnenstunden grundlegend von denen der übrigen Gemeinden Asturiens unterscheiden, bringt das Anbaugebiet exklusive und unvergleichliche Weine hervor. Die Rebstöcke der Vinos de la Tierra de Cangas wachsen auf kieselerde- und schieferhaltigen, lockeren Sandböden. Die vorherrschenden weißen Rebsorten sind Albarín Blanco und Albillo sowie die roten Garnacha Tintorera, Mencia und Verdejo Negro. www.vinotierracangas.com

CEBREROS

Cebreros liegt in der Provinz Ávila, im Süden der autonomen Region Kastilien und León und umfasst 35 Gemeinden. Der Weinberg besteht im Wesentlichen aus Granitboden, der in bestimmten Bereichen auch Schiefererde enthält. Das Klima ist mediterran mit kontinentalem Einfluss, wobei in einigen Regionen, in denen die Reben in über 900 Metern Höhe stehen, auch Gebirgsklima herrschen kann. Das Gebiet unterliegt dem Einfluss des Iberischen Scheidegebirges. Insbesondere wird es von der Sierra de Gredos und den Flüssen Alberche und Tiétar, die beide Nebenflüsse des Tajo sind, bestimmt. Die vorrangig verwendeten Rebsorten sind bei Weißweinen die Albillo

ISLAS CANARIAS

Zulassung im Mai 2011, Datum der Veröffentlichung im Boletín Oficial de Canarias (BOC); der Vorstand wurde am 27. Dezember 2012 bestimmt. Das Anbaugebiet umfasst das gesamte Gebiet der Kanarischen Inseln, was den freien Verkehr der Trauben auf den Kanarischen Inseln erlaubt. Die Verordnung beinhaltet eine Vielzahl von Traubensorten von den Kanarischen Inseln, sowie internationale Sorten.

LEBRIJA

Das Prädikat wurde am 11. März 2009 von der andalusischen Regierung vergeben. Als „Vino de Calidad de Lebrija" können damit Weine aus den Gemeinden Lebrija und El Cuervo in der Provinz Sevilla vertrieben werden.

Voraussetzung ist, dass sie aus folgenden Rebsorten gekeltert werden:

- **WEISS:** Moscatel de Alejandría, Palomino, Palomino Fino, Sauvignon Blanc und der als Vidueño bekannte, traditionell gemischte Rebensatz (Montuo de Pilas, Mollar Cano, Moscatel Morisco, Perruno).
- **ROT:** Cabernet Sauvignon, Syrah, Tempranillo, Merlot und Tintilla de Rota.
- **WEINARTEN:** Weißwein, Rotwein, Generoso bzw. Likörwein, natursüßer Wein, Mistela.

SIERRA DE SALAMANCA

Dieses Gebiet wurde im Juni 2010 von der Regionalregierung Kastilien und León anerkannt und liegt im Süden der Provinz Salamanca. Es ist bereits die dritte Klassifizierung als Vino de Calidad in der Autonomen Gemeinschaft und umfasst 26 Gemeinden der Provinz Salamanca. Die Weingärten sind terrassenförmig angelegt und befinden sich im oberen Teil der Hänge, wo sandige Lehmböden das Terrain dominieren. Zugelassene Rebsorten sind Viura, Moscatel de Grano Menudo und Palomino bei den Weißen sowie Rufete, Garnacha und Tempranillo bei den Roten.

VALTIENDAS

Diese Zone im Norden Segovias ist vor allem durch den Wein Duratón bekannt. Am Rand des Flusses gleichen Namens sind Bodegas entstanden, die hauptsächlich Weine aus der lokalen Tempranillo produzieren, die dort Tinta del País heißt. Die Weine sind dank der durchschnittlichen Höhe von 900 Metern und den aus Ton und Kieseln zusammengesetzten Böden viel fruchtiger und haben mehr Säure als die der Ribera del Duero.

VALLES DE BENAVENTE

Seit September 2000 ist die Region von der Junta von Castilla y León anerkannt, sie umfasst zur Zeit mehr als 50 Gemeinden und drei Bodegas, die in den Gemeinden von Benavente, Santibáñez de Vidriales und San Pedro de Ceque liegen. In fünf Landkreisen der Region wird Weinanbau betrieben: Valle Vidriales, Valle del Tera, Valle Valverde, La Vega und Tierra de Campos. Diese umschließen Benavente als Zentrum dieser Landkreise und vier Flüsse (Tera, Esla, Órbigo und Valderadey, alles Nebenflüsse des Duero) prägen das geographische Umfeld dieser Region.

VINO DE CALIDAD CANGAS

BODEGA LA VERDEA
Puenticiella, 33
33817 Cangas de Narcea (Asturias)
☎: +34 678 067 857
lucianoverdea@hotmail.com
www.bodegaslaverdea.com

620 Albarín 2022 B
albarín
88
Zitrusfrüchte, fruchtig, reif, frisch, würzig.

620 Albarín Negro y Verdejo Negro 2021 T
albarín negro, verdejo negro
88
Fruchtig, reif, würzig, trockene Kräuter, wild, rassig.

Verdea 2023 T
carrasquín, albarín negro, verdejo negro
88
Fruchtig, getrocknete Blumen, aromatisch, reif, kräuterig, frisch.

Verdea Albarín 2023 B
albarín
88
Zitrusfrüchte, tropische, mild, korpulent.

BODEGA MONASTERIO DE CORIAS
Monasterio de Corias, s/n
33800 Cangas del Narcea (Asturias)
☎: +34 985 810 493
bodega@monasteriodecorias.es
www.monasteriodecorias.es

Corias Guilfa 2022 B FB
91
Farbe: leuchtendes Gelb. Aroma: weiches Eichenholz, reifes Obst, würzig, Wildkräuter. Mund: fett, strukturiert, Röstnoten, zartbitter.

Monasterio de Corias Viña Grandiella 2023 B
87

Valdemonje 2021 T
carrasquín
91
Lebhaft, wild, repräsentativ. Farbe: KirsChrot. Aroma: balsamisch, Buschwaldkräuter. Mund: würzig, balsamisch, schöne Säure, süffig.

Valdemonje Albarín Negro 2021 T
albarín negro
92
Repräsentativ, wild. Farbe: leuchtendes Kirschrot. Aroma: eine Spur Waldbeeren, Moschus-Noten, offen, ausdrucksvoll. Mund: flüssig am Gaumen, frisch, fruchtig, saftig.

COALLA
W5, 4
33211 Gijón (Asturias)
☎: +34 985 133 262
coalla@coalla.es
www.coalla.es

Escolinas Albarin Negro 2019 T
albarín negro
94
Kräuterig, rustikal, wild, Waldfinsternis. Aroma: Fleischnoten, mineralisch. Mund: fruchtig, frisch, schöne Säure, spannungsvoll.

Escolinas Blanco de Cangas 2023 B
albarín
91
Herb, trockene Kräuter. Farbe: leuchtendes Strohgelb, grünlicher Saum. Aroma: frisches Obst, Zitrusfrüchte, Wildkräuter. Mund: frisch, fruchtig, schöne Säure, zartbitter.

Escolinas Blanco Viña en Ibias 2023 B
albarín
92
Farbe: leuchtendes Strohgelb, grünlicher Saum. Aroma: Zitrusfrüchte, Wildkräuter, helle Früchte. Mund: frisch, fruchtig, schöne Säure, zartbitter.

Escolinas Carrasquín 2021 T
carrasquín
93
Ausgewogen, saftig, voll, balsamisch. Farbe: durchscheinendes Kirschrot. Aroma: rote Früchte, reifes Obst, ausdrucksvoll. Mund: lebhaft, geschmackvoll, schöne Säure.

Escolinas Mezcla Canguesa 2022 T
albarín negro, carrasquín, verdejo negro
93
Klar definierte Aromen, balsamisch, kräuterig. Farbe: kirschrot mit granatrotem Saum. Aroma: rote Früchte, eine Spur Waldbeeren. Mund: zartbitter, ausgewogen, süffig, balsamisch, feinkörnige Tannine.

Escolinas Verdejo Negro 2022 T
verdejo negro
92
Balsamisch, korrekt, wild, mild. Aroma: Moschus-Noten, Buschwaldkräuter, Wildkräuter. Mund: flüssig am Gaumen, saftig.

VINO DE CALIDAD DE CEBREROS

AGRO-URDIENSE
Plaza España, 3
05114 Villanueva de Ávila (Ávila)
☎: +34 617 620 887
info@agrourdiense.com
www.agrourdiense.com

Perrachica 2021 T
garnacha
90
Farbe: kirschrot mit violettem Saum. Aroma: ausdrucksstark fruchtig, rote Früchte, blumig, würzig, balsamisch. Mund: geschmackvoll, fruchtig, schöne Säure.

Urdiense 2022 T
garnacha
90
Farbe: kirschrot mit violettem Saum. Aroma: rote Früchte, blumig, würzig, balsamisch, reifes Obst. Mund: geschmackvoll, fruchtig, schöne Säure, lang.

ARNACH
Dominio de Arroyo Quemao
05111 San Juan de La Nava (Ávila)
☎: +34 627 936 076
trescinco@live.com

Arnach Cepas Viejas 2021 T
100% garnacha
91
Farbe: tiefes Kirschrot. Aroma: reifes Obst, trockene Kräuter, weiches Eichenholz, balsamisch. Mund: kraftvoll, reife Früchte, würzig, reife Tannine.

BODEGAS ARRAYÁN
Finca la Verdosa s/n
45513 Santa Cruz de Retamar (Toledo)
☎: +34 916 633 131
comercial@arrayan.es
www.arrayan.es

El Bufón de Arrayán Albillo Real 2022 B
100% albillo real
92
Farbe: strohgelb. Aroma: reifes Obst, trockene Kräuter, welke Blumen, feine Hefen, Wachs. Mund: reife Früchte, ausgewogen, fleischig, mineralisch.

El Bufón de Arrayán Garnacha 2020 T
91
Farbe: kirschrot mit granatrotem Saum. Aroma: in Likör eingelegte Früchte, kraftvoll, welke Blumen, Veilchenbombons. Mund: lang, geschmackvoll.

El Bufón de Arrayán Garnacha 2021 T
100% garnacha
92
Zitrusfrüchte. Farbe: tiefes Kirschrot, leuchtendes Kirschrot. Aroma: rote Früchte, reifes Obst, weiches Eichenholz, ausgewogen, offen. Mund: reife Früchte, würzig.

COMANDO G VITICULTORES
Avda. Constitución, 23
28640 Cadalso de Los Vidrios (Madrid)
☎: +34 918 640 602
info@comandog.es
www.comandog.es

🏆 PODIUM

La Breña 2021 T
garnacha
95
Rassig, Zitrusfrüchte, mit Potenzial. Farbe: durchscheinendes Kirschrot. Aroma: frisches Obst, ausdrucksvoll, ausgewogen, elegant. Mund: fruchtig, lang, mineralisch, spannungsvoll.

Navatalgordo 2022 T
garnacha
94
Farbe: durchscheinendes Kirschrot. Aroma: offen, elegant, Wildkräuter, . Mund: komplex, frisch, saftig, lang, feinkörnige Tannine.

Villanueva 2022 T
garnacha
93
Frisch, Zitrusfrüchte. Aroma: Fleischnoten, metallisch, mineralisch. Mund: fruchtig, spannungsvoll, süffig, lang.

COMPAÑÍA DE VINOS TELMO RODRÍGUEZ
El Monte
01308 Lanciego (Araba/Álava)
☎: +34 945 628 315
contact@telmorodriguez.com
www.telmorodriguez.com

🏆 PODIUM

Arrebatacapas 2021 T
96
Elegant, blumig, mit Potenzial. Farbe: durchscheinendes Kirschrot. Aroma: ausdrucksvoll, ausgewogen, sortenrein, ausdrucksstark fruchtig. Mund: frisch, saftig, lebhaft, poliert, feinkörnige Tannine.

VINOS DE CALIDAD / D.O.P.

🏆 PODIUM

Pegaso "Barrancos de Pizarra" 2021 T
95
Sortenrein, wild. Farbe: kirschrot mit violettem Saum. Aroma: ausdrucksstark fruchtig, rote Früchte, blumig, würzig, Buschwaldkräuter. Mund: geschmackvoll, fruchtig, schöne Säure, lang.

DANIEL RAMOS
San Pedro de Alcántara, 1
05270 El Tiemblo (Ávila)
☎: +34 687 410 952
dvrcru@gmail.com
www.danielramos.wine

Wanted Sotillo 2022 T
garnacha
91
Farbe: leuchtendes Kirschrot, granatroter Saum. Aroma: reifes Obst, trockene Kräuter, kandierte Früchte, würzig. Mund: reife Früchte, würzig, reife Tannine, geschmackvoll, fruchtig.

Zerberos
Los Chorrancos 2022 T
90% garnacha, 5% garnacha tintorera, 5% otras
92 🌱
Waldfinsternis, bitter, würzig. Farbe: sauerkirschrot. Aroma: dunkle Früchte, trockene Kräuter.

HAMMEKEN CELLARS
03700 Denia (Alacant/Alicante)
☎: +34 965 791 967
cellars@hammekencellars.com
www.hammekencellars.com

Sancta Yusta 2023 T
garnacha
90
Farbe: leuchtendes Kirschrot, durchscheinendes Kirschrot. Aroma: ausgewogen, sortenrein, Wildkräuter. Mund: saftig, süffig, fruchtig.

LAS PEDRERAS VIÑEDOS Y VINOS
Serranillos, 24
05114 Villanueva de Ávila (Ávila)
☎: +34 616 520 572
info.laspedreras@gmail.com

Arquitón 2023 RD
92
Lieblich. Farbe: blassrosa. Aroma: elegant, blumig, Kräutersäckchen, feine Hefen. Mund: schöne Säure, zartbitter, geschmackvoll.

Vertiente de Las Ánimas 2022 T
94
Farbe: kirschrot mit violettem Saum. Aroma: ausdrucksstark fruchtig, rote Früchte, blumig, würzig. Mund: geschmackvoll, fruchtig, schöne Säure, lang.

RICO NUEVO VITICULTORES
Las Razuelas, 4
05113 Burgohondo (Ávila)
☎: +34 657 459 360
bodega@riconuevovinos.es
www.riconuevovinos.es

Al Raso 2022 RD
garnacha
94 🌱
Farbe: kupferfarben. Aroma: elegant, rote Früchte, blumig, Kräutersäckchen, Phosphor. Mund: leicht, würzig, schöne Säure, zartbitter.

🏆 PODIUM

Barrera de Sol 2021 T BA
95 🌱
Farbe: kirschrot mit granatrotem Saum. Aroma: reifes Obst, kandierte Früchte, trockene Kräuter, Steinobst. Mund: geschmackvoll, lang, reife Früchte.

Flor de Albihar 2022 B
94 🌱
Klar definierte Aromen, spannungsvoll. Farbe: leuchtendes Strohgelb. Aroma: Steinobst, kandierte Früchte, Zitrusfrüchte, süße Gewürze. Mund: fruchtig, geschmackvoll, gebackenes Obst, schöne Säure.

🏆 PODIUM

Jirón de Niebla 2021 T C
garnacha
96 🌱
Balsamisch, geschmackvoll. Farbe: kirschrot mit violettem Saum. Aroma: ausdrucksstark fruchtig, rote Früchte, blumig, würzig. Mund: geschmackvoll, fruchtig, schöne Säure, lang.

🏆 PODIUM

La Quebrá 2021 T BA
garnacha
97 🌱
Klar definierte Aromen, geschmackvoll. Farbe: KirsChrot. Aroma: komplex, ausdrucksvoll, würzig, mineralisch, Steinobst, getrocknete Blumen. Mund: elegant, voll, lang, nachhaltig.

Rico Nuevo Garnacha 2022 T
garnacha
91 🍷

Farbe: kirschrot mit violettem Saum. Aroma: rote Früchte, blumig, würzig. Mund: geschmackvoll, fruchtig, schöne Säure.

Vereda de las Tórdigas 2021 T BA
garnacha
94 🍷

Angenehm, klar definierte Aromen. Farbe: KirsChrot. Aroma: balsamisch, süße Gewürze, Buschwaldkräuter. Mund: würzig, balsamisch, schöne Säure.

VIÑEDOS Y BODEGAS ALTO BUEN GRADO
Pol. Ind. Unión Europea, Parc.12-13
13200 Manzanares (Ciudad Real)
☎: +34 926 647 800
nacional@vinicoladecastilla.com
www.vinicoladecastilla.com

La Cendra 2022 T
93

Mit Potenzial. Farbe: kirschrot mit violettem Saum. Aroma: ausdrucksstark fruchtig, rote Früchte, blumig, würzig. Mund: geschmackvoll, fruchtig, schöne Säure, lang.

La Cendra 2023 B
albillo real
92

Farbe: leuchtendes Strohgelb. Aroma: reifes Obst, feine Hefen, Wachs, trockener Stein, Kräutersäckchen. Mund: voll, fett, lang, schöne Säure.

La Cendra Selección de Familia 2020 T
garnacha
93

Üppig, wild. Farbe: durchscheinendes Kirschrot. Aroma: reifes Obst, rote Früchte, getrocknete Blumen, komplex, ausgewogen, offen, sortenrein. Mund: voll, fruchtig, süffig, saftig.

La Cendra Selección de Familia 2021 T
93

Farbe: dunkles Kirschrot. Aroma: Röstaromen, würzig, feiner Kakao, reifes Obst, mineralisch. Mund: geschmackvoll, Röstnoten, zartbitter.

VINO DE CALIDAD DE LAS ISLAS CANARIAS

ALTOS DE TAMUJA
Bequeque 9, Edificio Felicar P1
38680 Guía de ISora (Santa Cruz de Tenerife)
☎: +34 648 789 158

Altos de Tamuja 2023 B
listán blanco
89 🍷

Klar definierte Aromen, angenehm, frisch, Zitrusfrüchte, blumig, mild, sortenrein.

Altos de Tamuja 2023 T
89

Representativ, korrekt, fruchtig, trockene Kräuter, saftig, reif, ausgewogen.

BODEGA EL LOMO
Calle El Lomo, 18
38280 Tegueste (Santa Cruz de Tenerife)
☎: +34 922 545 254
administracion@bodegaellomo.com
www.bodegaellomo.com

El Lomo 4 Lías 2022 B
listán blanco
90

Farbe: leuchtendes Gelb. Aroma: reifes Obst, feine Hefen, trockene Kräuter. Mund: fett, lang, schöne Säure, geschmackvoll.

El Lomo Doce y Uno 2021 B D
listán blanco
90

Farbe: Altgold. Aroma: eingemachtes Obst, kandierte Früchte, ausgewogen, mit Charakter. Mund: voll, saftig, ausgewogen, Röstnoten.

El Lomo Listán Blanco 2023 B
listán blanco
88

Aromatisch, fruchtig, saftig, schlicht, durchschnittlich am Gaumen. Aroma: Steinobst.

El Lomo Listán Negro 2023 T
listán negro
88

Angenehm, klar definierte Aromen, fruchtig, reif, saftig, geschmackvoll.

Origen 1989 2022 T RB
listán negro, vijariego negro, castellana
88

Nach Eingemachtem, würzig, beschädigtes Obst, geschmackvoll, korrekt, lieblich.

VINOS DE CALIDAD / D.O.P.

Guía Peñín | **SPANIENS WEINFÜHRER**

VINOS DE CALIDAD / D.O.P.

Qori 2022 B
gual, vijariego blanco, albillo criollo, verdello

91

Mit Persönlichkeit. Aroma: Nüsse, ausdrucksvoll, welke Blumen, Wildkräuter. Mund: lang, lebhaft, geschmackvoll.

BODEGA LINAJE DEL PAGO
Herrera, 85
38360 El Sauzal (Santa Cruz de Tenerife)
☎: +34 687 968 597
linajedelpago@gmail.com
www.linajedelpago.com

La Cerca 2022 B
marmajuelo

90

Würzig, reif. Aroma: würzig, reifes Obst, Steinobst. Mund: geschmackvoll, voll, fett.

Linaje de Pago Marmajuelo 2022 B
marmajuelo

89

Klar definierte Aromen, ausgewogen. Aroma: mittlere Intensität, Wildkräuter. Mund: zartbitter, korrekt, saftig.

Linaje de Pago Marmajuelo 2023 B
marmajuelo

88

Lieblich, korrekt, blumig, bitter, reif, geschmackvoll. Aroma: Steinobst, reifes Obst.

BODEGA PIEDRA FLUIDA
Camelia, 1 Local 102 CC Lacúpula
38400 Puerto de la Cruz (Santa Cruz de Tenerife)
☎: +34 659 974 374
enologo@bodegapiedrafluida.com
www.bodegapiedrafluida.com

Piedra Fluida 2023 B
listán blanco

90 ♣

Farbe: leuchtendes Strohgelb. Aroma: frisches Obst, Zitrusfrüchte, Wildkräuter. Mund: fruchtig, schöne Säure, zartbitter, ausgewogen, süffig.

Piedra Fluida Vidal 2021 T
listán negro

91

Farbe: kirschrot mit granatrotem Saum. Aroma: reifes Obst, Früchtekonfit, Buschwaldkräuter, trockene Kräuter. Mund: reife Früchte, würzig, reife Tannine, geschmackvoll.

Piedra Fluida Listán Negro 2021 T BA
100% listán negro

92

Waldfinsternis, mit Persönlichkeit, wild, mild. Farbe: KirschRot. Aroma: balsamisch, Buschwaldkräuter, Moschus-Noten. Mund: würzig, saftig.

Piedra Fluida Los Frontones 2022 B
listán blanco

91 ♣

Mit Persönlichkeit, ausgewogen. Aroma: ausdrucksvoll, reifes Obst, feine Hefen, trockene Kräuter, Wildkräuter, Sträucher. Mund: voll, komplex, würzig, lang, elegant.

Piedra Fluida Orange 2021 B
listán blanco

92 🍷

Farbe: Altgold. Aroma: reifes Obst, Orangenschale, eine Spur Waldbeeren, ausdrucksvoll, ausgewogen, mit Charakter. Mund: saftig, ausgewogen, lang, zartbitter.

BODEGAS ARAUTAVA
Camino La Habanera, 286
38300 La Orotava (Santa Cruz de Tenerife)
☎: +34 922 309 024
info@bodegasarautava.com
www.bodegasarautava.com

Arautava Listán Negro 2022 T
100% listán negro

89

Klar definierte Aromen, fruchtig, reif, saftig, geschmackvoll, wild.

Cruz del Teide Afrutado Semidulce 2022 B SD
listán blanco

85

Cruz del Teide Seco 2022 T
listán negro

86

Tanganillo Afrutado Semidulce 2022 B SD
listán blanco

85

Tanganillo Tradicional 2022 T S
listán negro

87

BODEGAS TAJINASTE
Ratiño 5
38315 La Orotava (Santa Cruz de Tenerife)
☎: +34 687 330 920
bodega@tajinaste.net
www.bodegatajinaste.com

Canarius 2022 B S
89

Getrocknete Blumen, trockene Kräuter, saftig, ausgewogen. Mund: geschmackvoll, fruchtig, ausgewogen.

Canarius Viñas Viejas 2023 T
89

Korrekt, würzig, trockene Kräuter, reif, geschmackvoll, wild.

Paisaje de las Islas 2022 BE EBR
88

Aromatisch, korrekt. Aroma: blumig, Hefenoten, frisch. Mund: grobe Blasen, süffig.

Paisaje de las Islas 2023 B
malvasía, marmajuelo

89

Klar definierte Aromen, angenehm, ausgewogen, blumig, fruchtig, saftig, frisch. Mund: süffig.

Paisaje de las Islas 2023 RD
88

Angenehm, korrekt, fruchtig, reif, geschmackvoll, saftig. Aroma: Nüsse.

Paisaje de las Islas Forastera 2023 B
forastera

90

Sortenrein. Farbe: leuchtendes Strohgelb. Aroma: Wildkräuter, trockene Kräuter, Buschwaldkräuter. Mund: saftig, geschmackvoll, lebhaft.

Paisaje de Las Islas Malvasía Aromática Naturalmente Dulce 2021 B D
91

Mit Persönlichkeit, üppig, getrocknete Blumen. Aroma: Honignoten, kandierte Früchte. Mund: voll, geschmackvoll, geschmeidig.

Tajinaste 2022 T
listán negro

88

Ausgewogen, fruchtig, reif, würzig, kräuterig, geschmackvoll, schlicht.

Tajinaste 2023 B
87 🌿

Tajinaste 2023 B S
86

Tajinaste 2023 RD
87

Tajinaste Afrutado B
86

Tajinaste Tradicional 2023 T
87

ENVINATE
Terrero 72
02630 La Roda (Albacete)
☎: +34 682 207 160
asesoria@envinate.es

La Santa de Úrsula 2022 T
93
Farbe: kirschrot mit violettem Saum. Aroma: ausdrucksstark fruchtig, rote Früchte, blumig, Gras, Sträucher. Mund: geschmackvoll, fruchtig, schöne Säure.

Migan 2022 T
92
Schwefelig. Farbe: leuchtendes Kirschrot. Aroma: Moschus-Noten, Fleischnoten, rote Früchte. Mund: geschmackvoll, leicht, spannungsvoll.

Palo Blanco 2022 B
93
Zitrusfrüchte, mineralisch, ausgeprägter Säuregehalt. Farbe: strohgelb. Aroma: reifes Obst, trockene Kräuter, welke Blumen, trockener Stein, Phosphor. Mund: kraftvoll, reife Früchte.

Palo Blanco Las Molinas 2022 B
94
Zitrusfrüchte, mineralisch, saftig. Farbe: strohgelb. Aroma: reifes Obst, trockene Kräuter, welke Blumen, Getreidenoten, salzig. Mund: kraftvoll, reife Früchte, ausgewogen.

Táganan 2022 B
93
Mineralisch, frisch. Farbe: leuchtendes Strohgelb. Aroma: feine Hefen, helle Früchte, würzig, blumig. Mund: voll, schöne Säure, Röstnoten.

Táganan 2022 T
94
Farbe: kirschrot mit violettem Saum. Aroma: ausdrucksstark fruchtig, rote Früchte, blumig, würzig, feiner Kakao, erdig. Mund: geschmackvoll, fruchtig, schöne Säure.

Táganan Margalagua 2022 T
94
Farbe: kirschrot mit violettem Saum. Aroma: rote Früchte, würzig, erdig, rauchig. Mund: geschmackvoll, fruchtig, schöne Säure, lang, mineralisch.

LÁZARO ALONSO ALONSO
Camino Nuevo, 50
38370 La Matanza de Acentejo (Santa Cruz de Tenerife)
☎: +34 667 769 181
atrevino.canarywine@gmail.com
www.bodegasatrevino.com

Atrevino 2022 B
83% listán blanco, 17% albillo criollo
89
Klar definierte Aromen, korrekt, Hefenoten, ausgewogen, fruchtig, reif, wild, mild. Mund: geschmackvoll, zartbitter.

Atrevino 2022 T
100% listán negro
87

MATAZNOS 33
Camino De La Ferruja 12
38413 Los Realejos (Santa Cruz de Tenerife)
☎: +34 669 709 499
mataznos33@gmail.com
www.micapricho.es

Baruc Vendimia Seleccionada 2022 T
listán negro
90
Farbe: kirschrot mit granatrotem Saum. Aroma: Früchtekonfit, kraftvoll, Schwarzer Pfeffer, Buschwaldkräuter, trockene Kräuter. Mund: geschmackvoll, nachhaltig, nachwirkend fruchtig.

Mataznos 33 2023 B S
listán blanco
87

Mataznos 33 Afrutado 2023 RD
listán negro
87

Mataznos 33 Orange 2021 B
listán blanco
89
Angenehm, aromatisch, Zitrusfrüchte, korrekt, würzig, reif, geschmackvoll. Aroma: Karamel, süße Gewürze.

Mataznos 33 Tinto Tradicional 2022 T
listán negro
87

Seraya Vendimia Seleccionada 2022 B
listán blanco
89
Würzig, lieblich, markante Eiche, reif, geschmackvoll. Aroma: Steinobst.

VIÑA ZANATA
El Sol, 3
38440 La Guancha (Santa Cruz de Tenerife)
☎: +34 922 828 166
zanata@zanata.net
www.zanata.net

Viña Zanata Afrutado 2023 B
listán blanco, moscatel, vijariego blanco, malvasía, marmajuelo
87

Viña Zanata Blanco Tradicional 2023 B S
listán blanco
86

Viña Zanata Malvasía Seco 2023 B S
malvasía
88
Lieblich, aromatisch, korrekt, blumig, fruchtig, mild, durchschnittlich am Gaumen.

Viña Zanata Marmajuelo 2023 B
marmajuelo
89
Klar definierte Aromen, Zitrusfrüchte, fruchtig, durchschnittlich am Gaumen, angenehm. Mund: ausgewogen, zartbitter.

Viña Zanata Tintilla 2021 T
tintilla
89
Trockene Kräuter, saftig, kraftvoll, würzig. Aroma: dunkle Früchte, reifes Obst.

Viña Zanata Vendimia Seleccionada 2023 B S
listán blanco, albillo, marmajuelo, vijariego blanco
88
Schlicht, mild, korrekt, fruchtig, getrocknete Blumen. Mund: süffig.

VINO DE CALIDAD DE LEBRIJA

BODEGAS GONZÁLEZ PALACIOS
Virgen Consolación, 60
41740 Lebrija (Sevilla)
☎: +34 954 085 465
felix@gonzalezpalacios.com
www.gonzalezpalacios.com

Frasquito en Rama BF R S
91
Farbe: leuchtendes Gelb. Aroma: Florhefe, wenig Hefen, pikant. Mund: schöne Säure, zartbitter, würzig.

Frasquito Original BF
89
Reif, voll, geschmackvoll, salzig.

🏆 PODIUM

González Palacios 1986 BF PC
95
Farbe: helles Mahagonibraun. Aroma: Acetaldehyd, pikant, Lacknoten, Noten von Tischlerei, Nüsse. Mund: kraftvoll, geschmackvoll, würzig, lang, ausgewogen.

González Palacios M. Fina B
91
Farbe: leuchtendes Gelb. Aroma: ausgewogen, frisch, Florhefe. Mund: geschmackvoll, zartbitter.

Nebris Sauvignon Blanc Bajo Velo 2020 B
sauvignon blanc
92
Farbe: strohgelb. Aroma: Sellerie, Wildkräuter, helle Früchte, balsamisch, Florhefe. Mund: kraftvoll, reife Früchte, ausgewogen, geschmackvoll.

Overo 2021 T C
88
Waldfinsternis, korpulent, getrocknete Blumen, reif, Röstaromen.

VINOS DE CALIDAD / D.O.P.

VINO DE CALIDAD DE LOS VALLES DE BENAVENTE

BODEGAS OTERO
Avda. El Ferial, 22
49600 Benavente (Zamora)
☎: +34 980 631 600
marcosbodegasotero@gmail.com
www.bodegasotero.es

Finca Valleoscuro Prieto Picudo 2023 RD
prieto picudo

89

Aromatisch, balsamisch, wild, sortenrein, saftig, kräuterig, angenehm.

Finca Valleoscuro Prieto Picudo Tempranillo 2023 RD
50% prieto picudo, 50% tempranillo

88

Angenehm, balsamisch, korrekt, fruchtig, kräuterig, wild, geschmackvoll.

Finca Valleoscuro Tempranillo 2023 RD
tempranillo

88

Rassig, klar definierte Aromen, Zitrusfrüchte, korrekt, frisch, mild.

Finca Valleoscuro Verdejo 2023 B
verdejo

87

Otero 2016 T R
prieto picudo

91

Klassisch. Farbe: dunkles Kirschrot, granatroter Saum. Aroma: Früchtekonfit, Noten von Tischlerei, Tabak, süße Gewürze, dunkle Früchte. Mund: würzig, reife Tannine.

BODEGAS VIRIATUS
Cl. Camino las Viñas, s/n
49622 Brime de Urz (Zamora)
☎: +34 649 876 187
vino@grupobarrero.com
www.viriatus.es

Viriatus Prieto Picudo 2023 RD
100% prieto picudo

87

SEÑORÍO DE LAS MATAS
Las Matas, 8
49626 Melgar de Tera (Zamora)
☎: +34 606 060 538
senoriodelasmatas@gmail.com

Señorío de Las Matas 2012 T GR
mencía, garnacha tintorera, tinta Madrid

86

Señorío de Las Matas 2014 T GR
mencía, garnacha tintorera, tinta Madrid

89

Alt, lieblich. Farbe: dunkles Kirschrot, granatroter Saum. Aroma: Früchtekonfit, Tabak, süße Gewürze, erdig. Mund: würzig, reife Tannine, geschmackvoll, leicht süßlich.

Señorío de Las Matas 2015 T GR
mencía, garnacha tintorera, tinta Madrid

87

Señorío de Las Matas 2017 T GR
mencía, garnacha tintorera, tinta Madrid

87

Señorío de Las Matas 2018 T GR
mencía, garnacha tintorera, tinta Madrid

88

Alt, ausgewogen, würzig, trockene Kräuter, reif.

Señorío de Las Matas 2019 T C
mencía, garnacha tintorera, tinta Madrid

89

Korpulent, würzig, trockene Kräuter, reif, Röstaromen.

VINO DE CALIDAD DE SIERRA DE SALAMANCA

AUTÉNTICOS VIÑADORES, VINOS DE TERROIR
24540 Cacabelos (León)
☎: +34 658 617 390
info@autenticosvinadores.com
www.autenticosvinadores.com

El Amante 2021 T C
100% rufete

91

Farbe: tiefes Kirschrot. Aroma: reifes Obst, trockene Kräuter, weiches Eichenholz, dunkle Früchte, würzig. Mund: reife Früchte, würzig, reife Tannine, trockene, aber reife Tannine.

Los Vientos 2022 T
100% rufete
89
Fruchtig, nach Eingemachtem, getrocknete Blumen, reif, rustikal, etwas austrocknend.

BODEGA DON CELESTINO
Salas Pombo, 24 Bj
37671 San Esteban de la Sierra (Salamanca)
☎: +34 625 751 201
bodegadoncelestino@gmail.com

Don Celestino Rufete envejecido 2021 T
rufete
88
Fruchtig, reif, würzig, wild.

BODEGA EL ABUELO FLORES
La Mata, 5-7 Bajo
37671 San Esteban de la Sierra (Salamanca)
☎: +34 653 151 694
bodegaelabueloflores@gmail.com
www.elabueloflores.es

El Notas Premium 2021 T RB
rufete
89
Klar definierte Aromen, korrekt, fruchtig, klassisch. Mund: trockene, aber reife Tannine, etwas austrocknend.

Ilusión 2023 RD
tempranillo, palomino
88
Fruchtig, kräuterig, reif, Hefenoten.

Notas 2022 T
rufete
90
Farbe: tiefes Kirschrot. Aroma: trockene Kräuter, reifes Obst, dunkle Früchte, Buschwaldkräuter. Mund: reife Früchte, würzig.

Renegón 2021 T
87

BODEGAS Y VIÑEDOS EL ROBLEDO
Calle La Iglesia, 22
37650 Sequeros (Salamanca)
☎: +34 660 048 001
info@bodegaselrobledo.com
www.bodegaselrobledo.com

El Robledo Rufete 2018 T R
rufete
89
Fruchtig, würzig, reif, etwas austrocknend, getrocknete Blumen.

El Robledo Rufete 2020 T C
rufete
89
Fruchtig, kräuterig, reif, würzig, geschmackvoll.

El Robledo Selección Especial 2020 T
tempranillo, rufete
90
Farbe: leuchtendes Kirschrot. Aroma: reifes Obst, trockene Kräuter, weiches Eichenholz, rote Früchte. Mund: reife Früchte, würzig, geschmackvoll, trockene, aber reife Tannine.

El Robledo Tempranillo Rufete 2020 T
tempranillo, rufete
88
Fruchtig, reif, Röstaromen, etwas austrocknend.

CÁMBRICO
37658 Villanueva del Conde (Salamanca)
☎: +34 923 217 473
info@cambrico.com
www.cambrico.com

575 Uvas de Cámbrico 2021 T R
64% tempranillo, 20% garnacha, 16% rufete
92
Aromatisch, fruchtig, reif, milchig, lieblich. Farbe: dunkles Kirschrot. Aroma: würzig, weiches Eichenholz, Schokolade. Mund: geschmackvoll, fruchtig, ausgewogen, korrekt.

Cámbrico Rufete El Pocito 2020 T
100% rufete
91
Reduktiver Ausbau, Waldfinsternis. Farbe: dunkles Kirschrot. Aroma: Wachs, reifes Obst, Moschus-Noten, Wildkräuter, Getreidenoten. Mund: geschmackvoll, balsamisch.

Viñas del Cámbrico Rufete Blanca Granito 2021 B
rufete blanco
94
Farbe: leuchtendes Strohgelb. Aroma: ausdrucksvoll, feine Hefen, mineralisch, helle Früchte, reifes Obst, , Wildkräuter. Mund: voll, würzig, lang, schöne Säure, zartbitter.

Viñas del Cámbrico Villanueva 2022 T
100% rufete
91
Mit Persönlichkeit, wenig interventionistisch. Aroma: Sträucher, Wildkräuter. Mund: saftig, süffig, korrekt, zartbitter.

VINOS DE CALIDAD / D.O.P.

CUARTA GENERACIÓN BODEGAS Y VIÑEDOS
Castillo, 7
37658 Sotoserrano (Salamanca)
☎: +34 618 741 461
info@bodegacuartageneracion.com
www.bodegasantonioaparicio.com

27 de Cuarta Generación 2021 T
rufete, garnacha, tempranillo
87

97 Cuarta Generación Valdeherreros 2017 T
tempranillo, rufete
90
Farbe: leuchtendes Kirschrot. Aroma: ausdrucksstark fruchtig, rote Früchte, würzig, Früchtekonfit, welke Blumen. Mund: geschmackvoll, fruchtig, würzig, rauchig nachwirkend, trockene, aber reife Tannine.

DOMINIO DE LA SIERRA
Chorrito s/n
37671 San Esteban de la Sierra (Salamanca)
☎: +34 630 030 348
info@dominiodelasierra.com
www.dominiodelasierra.es

Dominio de la Sierra 2023 B
90% rufete blanco, 10% moscatel grano menudo
90
Farbe: strohgelb. Aroma: reifes Obst, trockene Kräuter, welke Blumen, würzig. Mund: reife Früchte, ausgewogen, fruchtig, frisch, ziemlich nachhaltig.

Dominio de la Sierra Momentvm 2022 T
rufete, tempranillo
90 🌱
Farbe: tiefes Kirschrot. Aroma: reifes Obst, trockene Kräuter, weiches Eichenholz, Wildkräuter, würzig, Röstaromen. Mund: reife Früchte, würzig, trockene, aber reife Tannine, geschmackvoll.

MALAHIERBA VINOS
Crespo Salazar, 11
37650 Sequeros (Salamanca)
☎: +34 665 546 497
silvia@malahierbavinos.com
www.malahierbavinos.com

Malahierba Rufete 2022 T
rufete
89
Farbe: kirschrot mit violettem Saum. Aroma: ausdrucksstark fruchtig, rote Früchte, würzig, getrocknete Blumen. Mund: geschmackvoll, fruchtig, frisch, weiche Tannine.

RAÍCES IBÉRICAS
Avda. Mudejar, 61
50340 Maluenda (Zaragoza)
☎: +34 976 893 017
contact@raices.wine
www.raicesibericas.com

Raíces Rufete 2021 T
rufete
88
Fruchtig, kräuterig, reif, würzig, ausgeprägter Säuregehalt, etwas austrocknend.

ROCHAL
Salas Pombo, 17
37670 Santibáñez de La Sierra (Salamanca)
☎: +34 923 435 260
info@bodegasrochal.com
www.bodegasrochal.com

Alsaliente 2022 T
aragonés
90
Farbe: kirschrot mit violettem Saum. Aroma: ausdrucksstark fruchtig, rote Früchte, würzig, dunkle Früchte, trockene Kräuter. Mund: geschmackvoll, fruchtig, lang, etwas austrocknend, grobkörnige Tannine, rauchig nachwirkend.

Calixto 2023 T
rufete
91
Farbe: kirschrot mit violettem Saum. Aroma: ausdrucksstark fruchtig, rote Früchte, würzig, reifes Obst, welke Blumen, Rosenblütenblätter. Mund: geschmackvoll, fruchtig, saftig, trockene, aber reife Tannine, ziemlich nachhaltig.

Calixto Bolosea 2022 T
rufete
90
Farbe: tiefes Kirschrot. Aroma: reifes Obst, trockene Kräuter, weiches Eichenholz, dunkle Früchte. Mund: reife Früchte, würzig, reife Tannine, fruchtig.

Calixto Nieto 2021 T
rufete, tempranillo
91
Farbe: tiefes Kirschrot, violetter Saum. Aroma: reifes Obst, trockene Kräuter, weiches Eichenholz, dunkle Früchte, Röstaromen. Mund: kraftvoll, reife Früchte, würzig, trockene, aber reife Tannine.

Calixto Osiris 2021 T
89
Fruchtig, reif, würzig, rauchig, etwas austrocknend.

SEISDEDOS VINOS ÍNTIMOS
San Pedro, s/n
37610 Mogarraz (Salamanca)
☎: +34 923 418 018
familia@vinosseisdedos.es
www.vinosseisdedos.es

Seisdedos, AnaMari 2023 B
palomino, rufete blanco, viura, moscatel grano menudo

89

Aromatisch, fruchtig, trockene Kräuter, schlicht, wild.

Seisdedos, Familia 2021 B
100% rufete blanco

92

Farbe: leuchtendes Gelb. Aroma: Steinobst, reifes Obst, Wildkräuter, würzig, Hefenoten. Mund: geschmackvoll, fruchtig, ausgewogen, weiche Tannine, ziemlich nachhaltig.

Seisdedos, Juíta 2021 B
100% rufete blanco

93

Aroma: reifes Obst, gebackenes Obst, Wildkräuter, würzig. Mund: fruchtig, saftig, geschmackvoll, ausgewogen, würzig.

Seisdedos, Ricardo 2023 T
100% rufete

92

Farbe: kirschrot mit violettem Saum. Aroma: ausdrucksstark fruchtig, rote Früchte, blumig, würzig, eine Spur Waldbeeren. Mund: geschmackvoll, fruchtig, schöne Säure, frisch, nachwirkend fruchtig, nachhaltig, ausgewogen.

Seisdedos, Serafina 2023 T
garnacha

92

Aromatisch, üppig, blumig, fruchtig, reif. Aroma: rote Früchte, ausdrucksvoll, ausgewogen, eine Spur Waldbeeren. Mund: lebhaft, saftig, süffig, geschmackvoll.

VÍNCULO SERRANO
Santía, 22
37671 San Esteban de la Sierra (Salamanca)
☎: +34 636 030 566
oficina@bodegavinculoserrano.es
www.vinopedromartin.com

Pedro Martín Vino de Autor 2022 T
60% rufete, 40% tempranillo

89

Fruchtig, kräuterig, reif, würzig, wild, frisch.

Pedro Martín
Vino de Autor Rufete 2022 T
100% rufete

90

Farbe: kirschrot mit violettem Saum. Aroma: ausdrucksstark fruchtig, rote Früchte, würzig, welke Blumen, reifes Obst. Mund: geschmackvoll, fruchtig, lebhaft, trockene, aber reife Tannine.

VINOS LA ZORRA
San Pedro, s/n
37610 Mogarraz (Salamanca)
☎: +34 609 392 591
estanverdes@vinoslazorra.es
www.vinoslazorra.es

La Vieja Zorra Edición Especial 2020 T
100% garnacha

90

Farbe: KirsChrot, orangefarbener Saum. Aroma: reifes Obst, trockene Kräuter, weiches Eichenholz, ausdrucksstark fruchtig, Früchtekonfit. Mund: reife Früchte, würzig, fruchtig, etwas austrocknend, trockene, aber reife Tannine.

La Zorra 8 Virgenes 2022 B

91

Farbe: leuchtendes Strohgelb, grünlicher Saum. Aroma: frisches Obst, Zitrusfrüchte, Wildkräuter, Karamel. Mund: frisch, fruchtig, schöne Säure, zartbitter, geschmackvoll.

La Zorra La Novena
Rufete Blanco 2020 B
100% rufete blanco

93

Farbe: leuchtendes Gelb. Aroma: Zitrusfrüchte, helle Früchte, eine Spur Waldbeeren, ausdrucksstark fruchtig. Mund: fruchtig, frisch, lebhaft, geschmackvoll, ausgewogen, würzig, reife Früchte.

La Zorra Original 2021 T
tempranillo, rufete

90

Farbe: leuchtendes Kirschrot. Aroma: ausdrucksstark fruchtig, rote Früchte, würzig, Wildkräuter. Mund: geschmackvoll, fruchtig, lebhaft, trockene, aber reife Tannine.

La Zorra Rufete Ituero 2020 T
100% rufete

92

Farbe: kirschrot mit violettem Saum. Aroma: ausdrucksstark fruchtig, rote Früchte, würzig, reifes Obst, getrocknete Blumen. Mund: geschmackvoll, fruchtig, reife Früchte, trockene, aber reife Tannine.

VINOS DE CALIDAD / D.O.P.

VINOS DE CALIDAD / D.O.P.

Raro (La Zorra Raro) 2021 T
100% rufete

90

Farbe: kirschrot mit violettem Saum. Aroma: ausdrucksstark fruchtig, rote Früchte, würzig, reifes Obst. Mund: geschmackvoll, fruchtig, ausgeprägter Säuregehalt, trockene, aber reife Tannine.

VINOS RABILARGO

Avda. de la Constitución, 18 Bajo
37660 Miranda del Castañar (Salamanca)
☎: +34 622 543 441
vinosrabilargo@gmail.com

Rabilargo 2022 T
70% rufete, 30% tempranillo

91

Klar definierte Aromen, mild. Farbe: kirschrot mit violettem Saum. Aroma: rote Früchte, offen, eine Spur Waldbeeren. Mund: süffig, saftig, lebhaft.

Rabilargo Aragonés 2022 T
100% tempranillo

88

Fruchtig, trockene Kräuter, würzig, ausgeprägter Säureregehalt, etwas austrocknend.

Rabilargo Clarete 2023 RD
85% rufete, 15% rufete blanco

88

Fruchtig, reif, geschmackvoll, wild, frisch.

VIÑAS SERRANAS

Ctra. Coria s/n
37656 Cepeda (Salamanca)
☎: +34 634 555 355
info@vserranas.com

El Ciclón Serrano 2022 T
rufete

92

Klar definierte Aromen, flüssig am Gaumen, frisch. Aroma: rote Früchte, frisch, eine Spur Waldbeeren. Mund: frisch, lebhaft, saftig.

El Ciclón Serrano Paraje Pizarro 2022 T

93

Flüssig am Gaumen, wild, mild. Farbe: kirschrot mit violettem Saum, durchscheinendes Kirschrot. Aroma: Buschwaldkräuter, Wildkräuter. Mund: fruchtig, saftig, voll, lebhaft, lang.

El Helechal Orange 2022 B

92

Lieblich, kräuterig, wild, subtil. Aroma: offen, ausdrucksvoll, getrocknete Blumen, Wildkräuter. Mund: schöne Säure, korrekt, ausgewogen.

El Helechal Rufete Blanca 2022 B

94

Klar definierte Aromen. Aroma: offen, reifes Obst, Wachs, mit Charakter, blumig. Mund: fett, saftig, voll, lebhaft, kraftvoll, geschmackvoll.

VINO DE CALIDAD VALTIENDAS

BODEGAS NAVALTALLAR

Calvario, s/n
40331 Navalilla (Segovia)
☎: +34 638 050 061
alejandro_costa@navaltallar.com
www.navaltallar.com

Navaltallar 2020 T C
tempranillo

86

Navaltallar Roble 2021 T RB

86

BODEGAS VALMENIA

Trinidad, 21
40237 Sacramenia (Segovia)
☎: +34 618 565 022
info@bodegasvalmenia.com
www.bodegasvalmenia.com

Valmenia Finca La Machorra Vendimia Seleccionada 2019 T
tempranillo

89

Korrekt, würzig, trockene Kräuter, reif. Aroma: offen, ausgewogen.

Valmenia Vendimia Seleccionada 18 Meses 2018 T C
tempranillo

89

Korrekt, ausgewogen, reif, würzig, geschmackvoll, kräuterig.

GONZÁLEZ FISCHER

Real, 53
40237 Sacramenia (Segovia)
info@gonzalezfischer.com
www.gonzalezfischer.com

Lechuzo 2022 T
tempranillo

88

Korpulent, korrekt, reif, opulent. Aroma: eingemachtes Obst, dunkle Früchte.

JOSÉ GALINDO WINEGROWER
La Fuente 27D
40314 Valtiendas (Segovia)
☎: +34 692 671 141
josegalindo.winegrover@gmail.com

La Nota 2019 T
tempranillo

92 🌱

Farbe: tiefes Kirschrot. Aroma: reifes Obst, dunkle Früchte, würzig, Röstaromen, trockene Kräuter. Mund: fruchtig, geschmackvoll, ausgewogen, würzig, rauchig nachwirkend, kräftige Tannine.

Mitema 2020 T
tempranillo

89 🌱

Farbe: tiefes Kirschrot. Aroma: reifes Obst, trockene Kräuter, weiches Eichenholz, dunkle Früchte, würzig. Mund: kraftvoll, reife Früchte, würzig, reife Tannine, geschmackvoll.

Paraje Ardalejos 2017 T R
tempranillo

91

Farbe: tiefes Kirschrot. Aroma: reifes Obst, trockene Kräuter, weiches Eichenholz, Röstaromen, würzig, dunkle Früchte. Mund: kraftvoll, reife Früchte, würzig, trockene, aber reife Tannine, ziemlich nachhaltig, rauchig nachwirkend.

PAGO EL ALMENDRO
Hilanderas, 11 2º D
40002 Segovia (Segovia)
☎: +34 645 962 008
oscar@restaurantemaracaibo.com
www.restaurantemaracaibo.com

Evolet 2020 T RB
tempranillo

86 🌱

Evolet Vivencias 2019 T
tempranillo

88 🌱

Fruchtig, Röstaromen, rustikal, würzig, etwas austrocknend.

VINOS DE LA TIERRA / I.G.P.

VINOS DE LA TIERRA

Die Zahl der Vinos de Tierra (Landweine) nimmt stetig zu (43), denn die Erzeuger müssen lediglich Angaben zur geografische Herkunft, zu Rebsorten und zum Alkoholgehalt machen. Für einige von ihnen ist es eine elegante Form, bei risikoreichen Projekten, die nicht durch das Regelwerk der DO´s abgedeckt sind, eine Anerkennung zu erhalten. Dieser Weg wird insbesondere in den größten Autonomen Gemeinschaften wie Mancha, Castilla und León und Extremadura gewählt. Für die meisten ist es eine Qualitätsstufe, die Rebflächen mit Qualitätspotenzial und eine Reihe von Rebsorten und einzigartigen Erzeugnissen unter Schutz stellt; eine Art Vorstufe zur Anerkennung als DO.

Die verschiedenen geografischen Angaben „Vino de la Tierra" sind alphabetisch geordnet.

Prinzipiell sind die Vinos de la Tierra im Hinblick auf ihre Qualität unter den Weinen mit Ursprungsbezeichnung anzusiedeln und entsprechen den Vins de Pays aus Frankreich, wo diese Kategorie zuerst eingeführt wurde. Nichtsdestotrotz gibt es in Spanien einige Besonderheiten. So ist die Angabe Vinos de la Tierra beispielsweise nicht immer das eigentliche Endziel, sondern wird als Zwischenstufe auf dem Weg zur ersehnten Kategorie der Ursprungsbezeichnung erachtet. Auf der anderen Seite ziehen, wie in anderen europäischen Ländern auch, viele Winzer diese Erzeugervereinigungen mit ihren weniger strengen Regelwerken vor, da sie ihnen einen größeren individuellen Freiraum bei der Weinbereitung bieten. Deshalb finden wir in diesem Kapitel auch von allem etwas: angefangen bei großen Gewächsen bis hin zu einfacheren, gewöhnlicheren Weinen. Allem voran aber stellen diese Anbaugebiete mit ihrer ungeheuer großen Zahl an Weinen in ihrer Gesamtheit ein ausgezeichnetes Testfeld dar, auf dem aus den diversesten lokalen und regionalen Rebsorten Weine mit unterschiedlichen und ganz speziellen sensorischen Eigenschaften entstehen.

Im neuen Weingesetz hat man die Kategorie der Vinos de la Tierra beibehalten. Hinzugefügt wurde zwischen ihr und den DO jedoch eine neue Qualitätsstufe: „Vino de Calidad con Indicación Geográfica" (Qualitätswein mit geografischer Angabe). Sie ist eine Vorstufe zur DO und muss mindestens fünf Jahre lang bestanden haben, bevor das entsprechende Weinbaugebiet in die nächst höhere Kategorie aufsteigen kann.

Die für diese Qualitätsstufe durchgeführten Verkostungen zeigen eine allmähliche Qualitätsverbesserung der Weine. Zudem ist zu beobachten, dass die Winzer mittlerweile weniger zurückhaltend sind, wenn es darum geht, sich diesen Erzeugervereinigungen anzuschließen.

3 RIBERAS

Die Ende 2008 genehmigte geografische Angabe 3 Riberas gilt für Roséweine, Weißweine und Rotweine. Die Weingärten müssen in den Gemeinden der Foralgemeinschaft Navarra liegen, es sei denn, sie sind in der DO Ca. Rioja eingetragen.

ALTIPLANO DE SIERRA NEVADA

Um das Gebiet der geografischen Angabe Granada für die ausschließliche Erzeugung von Weinen der Qualitätsstufe Vino de Calidad de Granada freizustellen, wurde die Angabe VT Norte de Granada 2009 in VT Altiplano de Sierra Nevada umbenannt. Das Anbaugebiet umfasst 43 Gemeinden im Norden der Provinz Granada. Für die Erzeugung der Weißweine sind die Rebsorten Chardonnay, Baladí Verdejo, Airén, Torrontés, Palomino, Pedro Ximénez, Macabeo und Sauvignon Blanc zugelassen und für die Rotweine sind es Tempranillo, Monastrell, Garnacha Tinta, Cabernet Franc, Cabernet Sauvignon, Pinot Noir, Merlot und Syrah.

BAILÉN

Das Weinbaugebiet Vinos de la Tierra de Bailén umfasst 350 ha Rebfläche unweit von La Mancha. Die Weine werden aus der sonst nirgendwo anzutreffenden, autochthonen Sorte Molinera de Bailén erzeugt, aber auch aus den roten Sorten Garnacha Tinta, Tempranillo und Cabernet Sauvignon sowie aus der weißen Pedro Ximénez.

BAJO ARAGÓN

Die mediterranste Landschaft der Region Aragonien grenzt an die Provinzen Tarragona, Castellón und Teruel, und umfasst die vier Bezirke Campo de Belchite, Bajo Martín, Bajo Aragón und Matarraña. Die Ton- und Kalkböden dieses Weinbaugebiets sind sehr kalihaltig und besitzen einen hohen Gehalt an Mineralstoffen. Das Klima erweist sich dank des kühlen Nordwinds und des Kontrasts zwischen Tag- und Nachttemperaturen als ideal für eine adäquate Reife der Beeren. Hauptrebsorten sind die rote und die weiße Garnacha – daneben werden auch Syrah, Cabernet Sauvignon, Merlot und Chardonnay angebaut – sowie Tempranillo und Cariñera. www.vinodelatierradelbajoaragon.com

BARBANZA E IRIA

Diese geografische Angabe war die letzte, die in der Autonomen Gemeinschaft Galicien genehmigt wurde (2007). Die Rebflächen befinden sich in dem Weinbaugebiet Ribera de la Ría de Arosa im Norden der Provinz Pontevedra. Weißweine werden hier aus den Rebsorten Albariño, Caíño Blanco, Godello, Loureiro Blanco bzw. Marqués, Treixadura und Torrontés bereitet und Rotweine aus den Sorten Brancellao, Caíño Tinto, Espadeiro, Loureiro Tinto, Mencía und Sousón.

BETANZOS

Der Bezirk Betanzos in der Prozinz A Coruña ist die zweite VT-Region in Galicien. Angebaut werden die weißen Rebsorten Blanco Legítimo, Agudelo (Godello) und Jerez sowie die roten Brancellao, Mencía, Merenzao und Garnacha Tintorera.

CÁDIZ

Dieses großartige Weinbaugebiet liegt im Süden Spaniens in der Provinz Cádiz. Vinos de la Tierra de Cádiz setzt sich aus 15 Gemeinden zusammen, deren D.O. kurioserweise zwar das Traubengut, nicht aber die Erzeugung der Weine reguliert. Die zugelassenen Rebsorten sind die weißen Garrido, Palomino, Chardonnay, Moscatel, Mantúa, Perruno, Macabeo, Sauvignon Blanc und Pedro Ximénez sowie die roten Tempranillo, Syrah, Cabernet Sauvignon, Garnacha Tinta, Monastrel, Merlot, Tintilla de Rota, Petit Verdot und Cabernet Franc.

CAMPO DE CARTAGENA

Der Bezirk Campo de Cartagena liegt auf einer weiten Ebene umgeben von nicht sehr hohen Bergketten, die das Gebiet nach Osten hin vom Mittelmeer abgrenzen. Die ausschließlich dem Weinbau für die Vinos de la Tierra vorbehaltene Rebfläche beträgt 8 ha und erfreut sich eines wunderbaren, trockenen Mittelmeerklimas mit seltenen, unregelmäßig auftretenden Niederschlägen, sehr heißen Sommern und sehr milden Temperaturen im Rest des Jahres. Unter den roten Rebsorten sind Bonicaire, Forcallat Tinta, Petit Verdot, Tempranillo, Garnacha Tintorera, Crujidera, Merlot, Syrah und Cabernet Sauvignon hervorzuheben und unter den weißen sind es Chardonnay, Malvasía, Moravia Dulce, Moscatel de Grano Menudo und Sauvignon Blanc.

CASTELLÓ

Die Weinberge der geografischen Angabe Vinos de la Tierra de Castelló liegen im Osten Spaniens direkt am Mittelmeer und verteilen sich auf die Bezirke Alto Palancia-Alto Mijares, Sant Mateu und Les Useres-Vilafamés. Die klimatischen Bedingungen sind ideal für die roten Rebsorten Tempranillo, Monastrell, Garnacha, Garnacha Tintorera, Cabernet Sauvignon, Merlot und Syrah, aber auch für die weißen Rebsorten Macabeo und Merseguera. www.vinosdecastellon.com

CASTILLA

Castilla-La Mancha besitzt mit 600.000 ha die größte Weinbaufläche der Welt. Das entspricht 6% der weltweit existierenden und der Hälfte der spanischen Rebfläche. Genehmigt wurde die geografische Angabe Vinos de la Tierra Castilla-La Mancha im Jahre 1999. Unter ihrem Schutz werden alle nicht zur DO der Region gehörenden Weine produziert. Zugelassen sind die weißen Rebsorten Airén, Albillo, Chardonnay, Macabeo bzw. Viura, Malvar, Sauvignon Blanc, Merseguera, Moscatel de Grano Menudo, Pardillo bzw. Marisancho, Pedro Ximénez und Torrontés sowie die roten Rebsorten Bobal, Cabernet Sauvignon, Garnacha Tinta, Merlot, Monastrell, Petit Verdot, Syrah, Tempranillo, Cencibel bzw. Jacivera, Coloraíllo, Frasco, Garnacha Tintorera, Moravia Agria, Moravia Dulce bzw. Crujidera, Negral bzw. Tinto Yasto und Tinto Velasco.

CASTILLA Y LEÓN

Ein weiteres regionales „Makro-Weinbaugebiet" für die Weine aus insgesamt 317 Gemeinden der Autonomen Gemeinschaft. Ein kontinentales Klima mit geringen Niederschlägen und eine große Bodenvielfalt sind die wesentlichen Eigenschaften dieses Weinbaugebiets, das sich grob in zwei Teilgebiete aufteilen lässt, nämlich in das Duero-Becken und das gebirgige Umland. www.asovintcal.com

VINOS DE LA TIERRA / I.G.P.

CÓRDOBA

Sie umfasst alle Roséweine und Rotweine aus dem Weinbaugebiet der Provinz Córdoba, die nicht unter dem Dach der DO Montilla-Moriles geführt werden. Die ca. 300 ha große Rebfläche ist mit den Rebsorten Cabernet Sauvignon, Merlot, Syrah, Tempranillo, Pinot Noir und Tintilla de Rota bestockt.

COSTA DE CANTABRIA

Weine aus dem Weinbaugebiet an der Küste Kantabriens und aus den Tälern im Hinterland, wo die Reben sich auf 8 ha verteilen und bis auf einer Höhe von 600 m stehen. Für Weißweine werden die Sorten Godello, Albillo, Chardonnay, Malvasia, Ondarribi Zuri, Picapoll Blanco und Verdejo Blanco verwendet und für Rotweine die Rebsorten Ondarribi Beltza und Verdejo Negro.

CUMBRES DE GUADALFEO

Diese geografischen Angabe war früher unter der Bezeichnung Vino de la Tierra de Contraviesa Alpujarra bekannt. Sie schützt Landweine aus dem zwischen den Tälern an den Unterläufen des Guadalfeo und des Andarax gelegenen, andalusischen Weinbaugebiet der westlichen Alpujarra, die an die Küstenstreifen des Mittelmeers in den Provinzen Granada und Almería grenzt. Angebaut werden die weißen Rebsorten Montua, Chardonnay, Sauvignon Blanc, Moscatel, Jaén Blanca, Pedro Ximénez, Vijirego und Perruno sowie die roten Rebsorten Garnacha Tinta, Tempranillo, Cabernet Sauvignon, Cabernet Franc, Merlot, Pinot Noir und Syrah.

DESIERTO DE ALMERÍA

Dieses Weinbaugebiet in der Wüste von Tabernas ist seit Sommer 2003 als geografische Angabe anerkannt und grenzt an die Sierra de Alhamilla, die Sierra de Cabrera und den Naturpark Cabo de Gata im Norden der Provinz Almería. Aufgrund des Wüstenklimas mit heißen Tagen und kühlen Nächten gedeihen hier Rebsorten, die außergewöhnliche Weine hervorbringen. Die Weingärten liegen durchschnittlich in 525 m Seehöhe und sind mit den weißen Sorten Chardonnay, Moscatel, Macabeo und Sauvignon Blanc sowie den roten Sorten Tempranillo, Carbernet Sauvignon, Monastrell, Merlot, Syrah und Garnacha Tinta bestockt.
www.vinosdealmeria.es/zonas-viticolas/desiertode-almeria

EIVISSA

Das Produktionsgebiet schließt die ganze Insel Ibiza ein. Die Rebflächen befinden sich in kleinen Tälern zwischen den Bergen der Insel, die nicht einmal eine Höhe von 500 m erreichen. Die rötlichbraunen Böden sind von einer dünnen Kalkkruste bedeckt. Kennzeichnend für das Klima sind die geringen Niederschläge und die heißen Sommer mit hoher Luftfeuchtigkeit. Zugelassen sind die roten Rebsorten Monastrell, Tempranillo, Cabernet Sauvignon, Merlot und Syrah sowie die weißen Macabeo, Parellada, Malvasía, Chardonnay und Moscatel.

EXTREMADURA

Das Weinbaugebiet umfasst alle Gemeinden von Cáceres und Badajoz, die in sechs extremenische Bezirke zusammengefasst sind. Das Regelwerk für Vinos de la Tierra de Extremadura wurde im Dezember 1990 vom Regionalministerium für Wirtschaft, Industrie und Handel genehmigt. Für die Erzeugung der Weißweine werden die Rebsorten Alarije, Borba, Cayetana Blanca, Chardonnay, Chelva, Malvar, Viura, Parellada, Pedro Ximénez und Verdejo angebaut und für die der Rotweine die Sorten Bobal, Mazuela, Monastrell, Tempranillo, Garnacha, Graciano, Merlot, Syrah und Cabernet Sauvignon.

FORMENTERA

Diese geografische Angabe schützt die auf der Insel Formentera erzeugten Weine. Das Klima ist mediterran, subtropisch und trocken mit reichlichen Sonnenstunden, heißen Sommern, hoher Luftfeuchtigkeit, aber kaum Niederschlägen. Entsprechend ist der Weinbau auf besonders an dieses Klima angepasste Rebsorten angewiesen. Rote Rebsorten sind Monastrell, Fogoneu, Tempranillo, Cabernet Sauvignon und Merlot, und weiße Rebsorten Malvasia, Premsal Blanco, Chardonnay und Viognier.

ILLA DE MENORCA

Die zum Biosphärenreservat erklärte Insel Menorca zeichnet sich durch ihre sanft hügelige Landschaft aus. Für den Weinbau besonders von Belang sind die vornehmlich kalkhaltigen Böden von bräunlicher Farbe mit sand- und/oder tonhaltiger Textur auf einem abwechslungsreichen Unterboden aus Kalkstein, Sandstein und Schiefergestein, das mediterrane Klima und die Nordwinde im Winter. Die Weine der VT Illa de Menorca dürfen ausschließlich aus den weißen Rebsorten Chardonnay, Macabeo, Malvasia, Moscatel, Parellada und Moll sowie den roten Sorten Cabernet Sauvignon, Merlot, Monastrell, Tempranillo und Syrah erzeugt werden.

ILLES BALEARS

Dieses Gebiet umfasst alle Gemeinden der Balearen. Mit 4.992 km² erstreckt es sich über die Inseln Mallorca, Menorca, Ibiza, Formentera und Cabrera.

LADERAS DE GENIL

Das ehemalige Weinbaugebiet Granada Suroeste wurde 2009 in Laderas del Genil umbenannt. Unter dieser geografischen Angabe sind 53 Gemeinden der Provinz Granada zusammengefasst. Die Reben finden hier ein ideales Mikroklima mit geringen Niederschlägen und – durch den Mittelmeereinfluss bedingt – milden Temperaturen vor. Weißweine werden aus den Rebsorten Vijiriego, Macabeo, Pedro Ximénez, Palomino, Moscatel de Alejandría, Chardonnay und Sauvignon Blanc erzeugt und Rotweine vornehmlich aus Garnacha Tinta, Perruna, Tempranillo, Cabernet Sauvignon, Merlot, Syrah und Pinot Noir.

LAUJAR-ALPUJARRA

Zwischen der Sierra de Gádor und dem Naturpark Sierra Nevada befindet sich dieses Weinbaugebiet mit Weingärten in 800 bis 1.500 m Seehöhe. 800 ha der Rebfläche sind an den Berghängen auf flachgründigen, lehm- und sandhaltigen Böden von steiniger Textur mit geringem Gehalt an organischen Substanzen in Terrassenform angelegt. Aufgrund des Mittelmeereinflusses ist das Klima gemäßigt kontinental mit starken Schwankungen zwischen Tages- und Nachttemperatur. Die vorherrschenden Rebsorten sind die weißen Jaén Blanco, Macabeo, Vijiriego, Pedro Ximénez, Chardonnay und Moscatel de Grano Menudo sowie die roten Carbernet Sauvignon, Merlot, Monastrell, Tempranillo, Garnacha Tinta und Syrah.
www.vinosdealmeria.es/bodegas/vino-de-la-tierralaujar-alpujarra

LIÉBANA

Im Südwesten der Provinz Kantabrien gelegenes an die Provinzen Asturien, León und Palencia grenzendes Anbaugebiet mit den zum Verwaltungsbezirk Liébana gehörenden Gemeinden Potes, Pesagüero, Cabezón de Liébana, Camaleño, Castro Cillorigo und Vega de Liébana. Für die Rotweine sind die Sorten Mencía, Tempranillo, Garnacha, Garciano, Merlot, Syrah, Pinot Noir, Albarín Negro und Cabernet Sauvignon zugelassen und für die Weißweine die Sorten Palomino, Godello, Verdejo, Albillo, Chardonnay und Albarín Blanco.

LOS PALACIOS

Das Weinbaugebiet befindet sich in der Gemeinde Bajo Guadalquivir im Südwesten der Provinz Sevilla. Zugelassene Rebsorten sind die weißen Airén, Chardonnay, Colombard und Sauvignon Blanc.

MALLORCA

Dieses Anbaugebiet mit der geschützten geografischen Angabe Vinos de la Tierra de Mallorc umfasst alle Gemeinden der Insel Mallorca. Die Reben wachsen auf braunroten Böden und das Klima ist mediterran mit gemäßigten Temperaturen. Angebaut werden die roten Rebsorten Callet, Manto Negro, Cabernet Sauvignon, Fogoneu, Merlot, Monastrell, Syrah, Tempranillo und Pinot Noir sowie die weißen Sorten Prensal bzw. Moll, Chardonnay, Macabeo, Malvasía, Moscatel de Alejandría, Moscatel de Grano Menudo, Parellada, Riesling und Sauvignon Blanc.

POZOHONDO

Diese geografische Angabe wurde im Jahr 2000 durch die Regionalregierung Castilla- La Mancha genehmigt und erstreckt sich in der Provinz Albacete über die Gemeinden Alcadozo, Peñas de San Pedro und Pozohondo.

RIBERA DEL ANDARAX

Die Weingärten des Anbaugebiets Ribera del Andarax liegen am Mittellauf des Flusses Andarax in 700 bis 900 m Seehöhe und besitzen Schiefer-, Ton- und Sandsteinböden. Das Klima ist mediterran mit hohen Temperaturen und seltenen, unregelmäßig auftretenden Niederschlägen. Bei den weißen Rebsorten dominieren Macabeo, Chardonnay und Sauvignon Blanc und bei den roten sind es Carbernet Sauvignon, Merlot, Syrah, Garnacha, Tempranillo, Monastrell und Pinot Noir.
www.vinosdealmeria.es/zonas-viticolas/ribera-deandarax

VINOS DE LA TIERRA / I.G.P.

RIBERA DEL GÁLLEGO-CINCO VILLAS

Ribera del Gállego-Cinco Villas nimmt einen breiten Uferstreifen entlang des Gállego ein und reicht bis fast an die Stadtgrenze von Zaragoza. Die Rebfläche ist nur sehr klein und liegt in den Provinzen Huesca und Zaragoza. Generell sind die Böden steinig (der berühmte Cascajo) und besitzen dadurch eine gute Wasserdurchlässigkeit. Angebaut werden die roten Rebsorten Garnacha, Tempranillo, Cabernet Sauvignon und Merlot und die weiße Sorte Macabeo. www.vinosdelatierradearagon.es

RIBERA DEL JILOCA

Das Weinbaugebiet befindet sich im Tal des Jiloca im Südwesten Aragoniens. Es besitzt ein außerordentliches Potenzial, da seine hoch liegenden Hanglagen mit Schieferböden im Iberischen Gebirge die Bereitung erstklassiger, sortentypischer Weine ermöglichen. Die Rebflächen liegen auf steinigen und kalkhaltigen Böden alter Flussterrassen. Garnacha ist die dominante Rebsorte des Gebiets, gefolgt von der weißen Macabeo. Entscheidende Faktoren für die vorzügliche Qualität der hiesigen Reben sind das trockene Klima, die hohe Zahl der jährlichen Sonnenstunden und die kühlen Winter. www.vinosdelatierradearagon.es/empresas/ribera_del_jiloca.php

RIBERA DEL QUEILES

Entstanden ist dieses Weinbaugebiet mit geografischer Angabe aus sieben Gemeinden der Provinz Navarra und neun Gemeinden der Provinz Zaragoza. Der Kontroll- und Zertifizierungsausschuss mit einer einzigen eingetragenen Kellerei schützt nur die Erzeugung von Rotweinen, die aus den Rebsorten Cabernet Sauvignon, Graciano, Garnacha Tinta, Merlot, Tempranillo und Syrah bereitet werden. www.vinosdelatierradearagon.es

SERRA DE TRAMUNTANA-COSTA NORD

Dieses Anbaugebiet zwischen Kap Formentor und der südwestlichen Küste bei Andratx mit einer 41,14 ha großen Rebfläche verteilt sich auf 18 Gemeinden der Insel Mallorca. Überwiegend herrschen braune bis rötliche Kalkböden vor. Besonders erwähnenswert sind die sortenreinen Gewächse aus den weißen Sorten Malvasía, Moscatel, Moll, Parellada, Macabeo, Chardonnay und Sauvignon Blanc sowie die Weine aus den roten Rebsorten Cabernet Sauvignon, Merlot, Syrah, Monastrell, Tempranillo, Callet und Manto Negro.

SIERRA DE ALCARAZ

Das Weinbaugebiet Sierra del Alcaraz umfasst die im Westen der Provinz gelegenen Gemeinden Alcaraz, El Ballestero, El Bonillo, Povedilla, Robledo und Viveros und grenzt an die Provinz Ciudad Real. Genehmigt wurde die geografische Angabe im Jahr 2000 von der Regionalregierung Castilla-La Mancha. Zugelassen sind die roten Rebsorten Cabernet Sauvignon, Merlot, Bobal, Monastrell, Garnacha Tinta und Tintorera sowie die weißen Sorten Moravia Dulce, Chardonnay, Chelva, Eva, Alarije, Malvar, Borba, Parellada, Cayetana Blanca und Pedro Ximénez.

SIERRA DE LAS ESTANCIAS Y LOS FILABRES

Das Regelwerk für Weine mit geografischer Angabe dieser Gebirgslandschaften in der Provinz Almería ist 2008 in Kraft getreten. Angebaut werden hier die weißen Sorten Airén, Chardonnay, Macabeo, Sauvignon Blanc und Moscatel de Grano Menudo bzw. Moscatel Morisco und die roten Sorten Cabernet Sauvignon, Merlot, Monastrell, Tempranillo, Syrah, Garnacha Tinta, Pinot Noir und Petit Verdot. Das Gebiet im Norden der Provinz Sevilla liegt an den Ausläufern der Sierra Morena. Das Gelände ist hügelig mit Höhen von 250 m im Vorgebirge und beinahe 1.000 m in den Hochlagen. Das Klima ist mediterran mit trockenen, heißen Sommern, milden Wintern und durchschnittlichen Niederschlagsmengen. Seit 1998 werden die Rebflächen zunehmend mit Tempranillo, Garnacha Tinta, Cabernet Sauvignon, Cabernet Franc, Merlot, Pinot Noir, Petit Verdot und Syrah sowie den weißen Sorten Chardonnay, Pedro Ximénez, Colombard, Sauvignon Blanc, Palomino und Moscatel de Alejandría bestockt.

SIERRA SUR DE JAÉN

Insgesamt stehen in diesem Gebiet ungefähr 400 ha Anbaufläche unter Reben, wobei ein kleiner Teil davon den Tafeltrauben vorbehalten ist. Die für diese geografische Angabe zugelassenen weißen Sorten sind Jaén Blanca und Chardonnay. Rotweine werden aus Garnacha Tinta, Tempranillo, Cabernet Sauvignon, Merlot, Syrah und Pinot Noir bereitet.

TORREPEROGIL

Die geografische Angabe für die in der Gemeinde La Loma im Zentrum der Provinz Jaén erzeugten Weine wurde 2006 genehmigt. Die Rebfläche umfasst 300 ha und das Klima ist mediterran-kontinental mit kalten, feuchten Wintern und heißen, trockenen Sommern. Die Rotweine werden aus den Rebsorten Garnacha Tinta, Syrah, Cabernet Sauvignon und Tempranillo erzeugt und die Weißweine aus Jaén Blanco und Pedro Ximénez.

VALDEJALÓN

Die seit 1998 existierende geografische Angabe Vinos de la Tierra Valdejalón umfasst 36 Gemeinden am Mittel- und Unterlauf des Jalón. Die Rebflächen liegen auf bräunlichen Kalkböden und Alluvium. Die jährliche Niederschlagsmenge ist mit ca. 350 mm dürftig. Die Weingärten des Gebiets sind mit den weißen Rebsorten Macabeo, Garnacha Blanca, Moscatel und Airén sowie mit den roten Rebsorten Garnacha, Tempranillo, Cabernet Sauvignon, Syrah, Monastell und Merlot bestockt. www.vinodelatierravaldejalon.com

VALLE DEL CINCA

Das im Südosten der Provinz Huesca fast an Katalonien grenzende Tal des Cinca ist ein traditionelles Weinbaugebiet. Das Klima mit jährlichen Niederschlägen von ca. 300 mm und die kalk- und tonhaltigen Böden bieten sehr günstige Bedingungen für den Weinbau. Aufgrund der geringen Niederschläge müssen die Weingärten häufig bewässert werden. Die vorherrschenden weißen Rebsorten sind Macabeo und Chardonnay und bei den roten Sorten dominieren Garnacha Tinta, Tempranillo, Cabernet Sauvignon und Merlot. www.vinosdelatierradearagon.es

VALLE DEL MIÑO-OURENSE

Dieses Weinbaugebiet liegt im Tal des Miño im Norden der Provinz Ourense. Die zugelassenen Rebsorten dieser geografischen Angabe sind die weißen Treixadura, Torrontés, Godello, Albariño, Loureira und Palomino (Xerez) sowie die roten Mencía, Brancellao, Mouratón, Sousóncaíño und Garnacha.

VALLES DE SADACIA

Diese geografische Angabe wurde eigens für Weine aus der Rebsorte Moscatel Riojana geschaffen, die fast der Reblausplage zum Opfer gefallen war. Inzwischen hat man sie wiederentdeckt und bereitet aus ihr Likörweine und auch Weißweine, die je nach Erzeugungsverfahren trocken, halbtrocken oder süß sein können. Die unter dem Schutz dieser Angabe stehenden Gemeinden befinden sich im Südwesten der Region im Tal des Sadacia, wo aufgrund des Durchflusses des Cidacos ideale Bedingungen für den Weinbau herrschen.

VILLAVICIOSA DE CÓRDOBA

Diese geografische Angabe dürfen die im Weinbaugebiet Villaviciosa erzeugten Weißweine und Süßweine auf ihrem Etikett tragen. Die zugelassenen Rebsorten sind Baladí, Verdejo, Moscatel de Alejandría, Palomino Fino, Palomino, Pedro Ximénez, Airén, Calagraño Jaén, Torrontés und Verdejo. Das Anbaugebiet gehört zu den jüngsten, die das andalusische Ministerium für Landwirtschaft und Fischfang 2008 genehmigt hat.

VT 3 RIBERAS

BODEGA CHIVITE
Ctra. NA-132, Km. 3,1
31132 Villatuerta (Navarra)
☎: +34 948 811 000
pr@chivite.com
www.chivite.com

Chivite Colección 125 2022 RD FB
57% garnacha, 24% tempranillo, 19% syrah
93
Lieblich, üppig. Farbe: lachsfarben. Aroma: süße Gewürze, rote Früchte, Kräutersäckchen, getrocknete Blumen. Mund: voll, geschmackvoll, würzig, leicht süßlich.

🏆 **PODIUM**

Chivite Colección 125 Vendimia Tardía 2022 B FB D
100% moscatel grano menudo
95
Klar definierte Aromen, lieblich. Farbe: leuchtendes Gelb. Aroma: balsamisch, Honignoten, blumig, süße Gewürze, ausdrucksvoll. Mund: fett, fruchtig, kraftvoll, geschmackvoll, elegant.

Chivite Colección 125 Vino de Guarda 2021 T
85% tempranillo, 15% syrah
93
Klar definierte Aromen. Farbe: tiefes Kirschrot. Aroma: reifes Obst, trockene Kräuter, weiches Eichenholz, rote Früchte. Mund: reife Früchte, würzig, grobkörnige Tannine.

Chivite Colección 125 Vino de Guarda 2022 B FB
100% chardonnay
93
Klar definierte Aromen, spannungsvoll. Farbe: leuchtendes Gelb. Aroma: reifes Obst, süße Gewürze, Wachs. Mund: strukturiert, lang, Röstnoten, zartbitter.

Chivite Las Fincas 2023 RD
garnacha, tempranillo
92
Farbe: blassrosa. Aroma: rote Früchte, blumig, Kräutersäckchen, reifes Obst. Mund: würzig, schöne Säure, zartbitter.

Chivite Las Fincas Garnacha Viura 2023 B
garnacha, viura
90
Farbe: leuchtendes Strohgelb. Aroma: reifes Obst, blumig, Steinobst. Mund: geschmackvoll, schöne Säure, nachwirkend fruchtig.

🏆 **PODIUM**

Chivite Moscatel Viejo Saca 2024 B
96
Farbe: mahagonibraun. Aroma: Karamel, überreife Früchte, feiner Kakao, aromatischer Kaffee, getrocknete Früchte, Acetaldehyd. Mund: leicht süßlich, komplex, Röstnoten.

VT ALTIPLANO DE SIERRA NEVADA

ANCHURÓN
Calle Cortijo El Anchurón s/n
18181 Darro (Granada)
☎: +34 626 269 442
info@anchuron.es
www.anchuron.es

Tejalín 2011 T RB
34% cabernet sauvignon, 30% tempranillo, 26% syrah, 10% merlot
88
Klassisch, Cremig, Röstaromen, trockene Kräuter, nach Eingemachtem.

Tejalín 2019 T
merlot, cabernet sauvignon, tempranillo
88
Ausgewogen, würzig, vegetabil, Röstaromen.

VT BAJO ARAGÓN

BODEGAS IGNACIO GUALLART
N-211, Km. 246,2
44600 Alcañiz (Teruel)
☎: +34 978 089 556
info@bodegasignacioguallart.com
www.bodegasignacioguallart.com

Herrerillo 2023 RD
87

Siriguarach 2017 T
89
Klassisch, nach Eingemachtem, korpulent, würzig, trockene Kräuter, alt.

DOMINIO MAESTRAZGO
Royal III, B12
44550 Alcorisa (Teruel)
☎: +34 978 840 642
bodega@dominiomaestrazgo.com
www.dominiomaestrazgo.com

Dominio Maestrazgo 2021 T C
75% garnacha, 25% syrah
89
Rauchig, korrekt, würzig, reif, nachhaltig, geschmackvoll. Aroma: süße Gewürze, Orangenschale.

Dominio Maestrazgo Garnacha Blanca 2022 B RB
100% garnacha blanca
90
Klar definierte Aromen, ausgewogen, wild. Aroma: Wildkräuter, feine Hefen, würzig. Mund: ausgewogen, zartbitter.

Rex Deus 2019 T R
85% garnacha, 15% syrah
91
Farbe: KirsChrot. Aroma: reifes Obst, trockene Kräuter, getrocknete Blumen, Wachs. Mund: reife Früchte, würzig, reife Tannine, geschmackvoll, lang.

MAS DE TORUBIO
San Roque, 3
44623 Cretas (Teruel)
☎: +34 618 263 546
viticultores@masdetorubio.com
www.masdetorubio.com

Cloteta 2022 T
garnacha peluda
90
Frisch, flüssig am Gaumen, kräuterig, würzig, lebhaft.

La Clota 2021 T
70% garnacha peluda, 20% merlot, 10% cabernet sauvignon
90
Farbe: tiefes Kirschrot. Aroma: trockene Kräuter, rote Früchte, reifes Obst, Buschwaldkräuter. Mund: reife Früchte, würzig, reife Tannine.

Lo Pou 2022 B
garnacha blanca
91
Farbe: leuchtendes Gelb. Aroma: weiches Eichenholz, reifes Obst, würzig. Mund: fett, strukturiert, Röstnoten, zartbitter.

Lo Pou 2022 T
garnacha peluda
92
Farbe: kirschrot mit violettem Saum. Aroma: ausdrucksstark fruchtig, rote Früchte, blumig, würzig. Mund: geschmackvoll, fruchtig, schöne Säure.

Nueve Rosas 2023 RD
garnacha peluda
87

Xado 2022 B
85% garnacha blanca, 15% sauvignon blanc
89
Zitrusfrüchte, ausgewogen, reif, Hefenoten, kräuterig.

Xado 2022 T
88
Nach Eingemachtem, würzig, vegetabil.

VINOS DE LA TIERRA - ALTIPLANO DE SIERRA NEVADA / I.G.P.

VENTA D'AUBERT
Ctra. Valderrobres a Arnes, Km. 338
44623 Cretas (Teruel)
☎: +34 978 769 021
info@ventadaubert.com
www.ventadaubert.com

El Serrats 2021 B
chardonnay
91
Farbe: leuchtendes Gelb. Aroma: kraftvoll, reifes Obst, würzig, trockene Kräuter, Röstaromen. Mund: fett, lang, Röstnoten, zartbitter.

Ventepico 2021 B
garnacha blanca, chardonnay
90
Farbe: leuchtendes Strohgelb. Aroma: reifes Obst, Kräutersäckchen, feine Hefen, Gras. Mund: voll, fett, schöne Säure.

VT BARBANZA E IRIA

ADEGA ENTREOSRIOS
Lugar de Entreosrios, 2
15948 Pobra do Caramiñal (A Coruña/La Coruña)
☎: +34 670 712 700
adega@entreosrios.com
www.adega.entreosrios.com

Altares de Postmarcos 2021 B C
94
Farbe: leuchtendes Strohgelb. Aroma: reifes Obst, Kräutersäckchen, feine Hefen, weiße Blumen. Mund: voll, fett, lang, schöne Säure, mineralisch.

Komokabras Amarillo 2022 B FB
albariño
93
Spannungsvoll. Farbe: leuchtendes Strohgelb. Aroma: ausdrucksstark fruchtig, reifes Obst, blumig, süße Gewürze, Phosphor. Mund: geschmackvoll, frisch, schöne Säure, nachwirkend fruchtig.

Komokabras Naranja 2022 B
albariño
92
Wenig interventionistisch, unkonventionell. Farbe: strohgelb, goldfarben. Aroma: gebackenes Obst, trockene Kräuter, erdig, trockener Stein, Wildkräuter, Anisnoten. Mund: ausgewogen, geschmackvoll, strukturiert, zartbitter.

Vulpes Vulpes 2022 B
albarín
92
Farbe: strohgelb. Aroma: ausdrucksvoll, weiße Blumen, trockene Kräuter, Wachs, camomila. Mund: geschmackvoll, fruchtig, ausgewogen.

Komokabras Verde Lías 2021 B
albariño
92
Farbe: leuchtendes Strohgelb. Aroma: reifes Obst, Kräutersäckchen, feine Hefen, mineralisch, blumig. Mund: voll, fett, schöne Säure.

BODEGAS CASTELLUN AUGUSTI
Forno 136-B Cordeiro
36647 Valga (Pontevedra)
☎: +34 603 425 302
bodegascastellunaugusti@gmail.com
www.bodegastorresaugusti.com

Castellum Augusti 2022 B
albariño
91
Zitrusfrüchte, blumig. Farbe: strohgelb. Aroma: ausdrucksvoll, weiße Blumen, Jasmin, trockene Kräuter. Mund: geschmackvoll, fruchtig, ausgewogen.

Pepe Cabanas 2020 B
albariño
93
Farbe: leuchtendes Strohgelb. Aroma: reifes Obst, Kräutersäckchen, feine Hefen, Phosphor, salzig. Mund: voll, fett, lang, schöne Säure.

CAZAPITAS
36740 Tomiño (Pontevedra)
☎: +34 605 625 782
cazapitassl@gmail.com
www.cazapitas.com

Cazapitas 2022 B
albarín
88
Fruchtig, reif, trockene Kräuter, würzig, geschmackvoll, frisch.

Cazapitas O Rebusco 2021 B
albariño
90
Oxidativ. Farbe: golden leuchtend. Aroma: ausdrucksstark fruchtig, reifes Obst, Orangenschale, welke Blumen, süße Gewürze. Mund: fruchtig, frisch, ziemlich nachhaltig, reife Tannine, schöne Säure, ausgewogen.

Fonteneixe Albariño 2021 B
albariño
92
Farbe: leuchtendes Strohgelb. Aroma: reifes Obst, blumig, Ebbe, helle Früchte, getrocknete Blumen. Mund: geschmackvoll, frisch, schöne Säure, nachwirkend fruchtig, ausgewogen.

VT BETANZOS

PAGOS DE BRIGANTE
15314 Adragonte - Paderne (A Coruña/La Coruña)
☎: +34 630 806 459
admin@pagosdebrigante.com

Cataventos 2022 RD
90
Farbe: himbeerrot, ziegelroter Saum. Aroma: welke Blumen, rote Früchte, reifes Obst, feine Hefen, trockene Kräuter. Mund: fleischig, geschmackvoll, reife Früchte.

Garelo 2021 B
godello
90
Farbe: leuchtendes Strohgelb. Aroma: Kräutersäckchen, feine Hefen, helle Früchte, mineralisch. Mund: voll, schöne Säure, geschmackvoll.

Na Beira 2021 B
godello
90
Farbe: strohgelb. Aroma: ausdrucksvoll, weiße Blumen, Jasmin, trockene Kräuter. Mund: geschmackvoll, fruchtig, ausgewogen.

Na Beira 2022 B
90
Rassig. Farbe: leuchtendes Strohgelb. Aroma: feine Hefen, helle Früchte, Gras, mineralisch. Mund: voll, lang, schöne Säure.

Ramallo 2021 T
90% mencía, 10% garnacha tintorera
90
Waldfinsternis, kräuterig, geschmackvoll. Farbe: tiefes Kirschrot. Aroma: trockene Kräuter, dunkle Früchte, rote Früchte, erdig. Mund: reife Früchte, würzig, reife Tannine.

Val do Ceo 2022 B
blanco lexítimo
91
Rassig. Farbe: leuchtendes Strohgelb. Aroma: reifes Obst, Kräutersäckchen, feine Hefen, getrocknete Blumen, Wachs. Mund: voll, lang, schöne Säure.

VT CÁDIZ

BODEGA DE FORLONG
Ctra. Jerez-Rota, km. 5
11500 El Puerto de Santa María (Cádiz)
☎: +34 620 211 203
info@bodegadeforlong.com
www.bodegadeforlong.com

Forlong La Fleur 2016 B
93 🍷
Farbe: leuchtendes Gelb. Aroma: Nüsse, Lacknoten, Acetaldehyd, kraftvoll, Florhefe. Mund: zartbitter, leicht alkoholisch, lang, kraftvoll, geschmackvoll, fett.

Forlong La Fleur 2017 B
94 🍷
Herb, mineralisch. Farbe: leuchtendes Gelb. Aroma: Florhefe, wenig Hefen, pikant, camomila. Mund: schöne Säure, zartbitter, würzig, lang.

BODEGA TESALIA
Ctra. La Perdiz - Las Abiertas, CA 6106 km. 3,5
11630 Arcos de la Frontera (Cádiz)
☎: +34 611 187 157
comercial@bodegatesalia.com
www.bodegatesalia.com

ARX 2021 T
50% tintilla de rota, 30% syrah, 10% petit verdot, 5% cabernet sauvignon
91
Farbe: kirschrot mit violettem Saum. Aroma: ausdrucksstark fruchtig, rote Früchte, blumig, würzig. Mund: geschmackvoll, fruchtig, schöne Säure, ausgewogen.

Iceni 2021 T RB
50% tintilla de rota, 50% syrah
88
Nach Eingemachtem, würzig, trockene Kräuter, reif, rauchig. Aroma: erdig.

Tesalia 2016 T
petit verdot, syrah, tintilla de rota, cabernet sauvignon
93
Klassisch. Farbe: kirschrot mit granatrotem Saum. Aroma: balsamisch, reifes Obst, Buschwaldkräuter, feine Reduktionsnoten. Mund: geschmackvoll, balsamisch, würzig.

Tesalia 2017 T
65% petit verdot, 30% syrah, 2,5% tintilla de rota, 2,5% cabernet sauvignon
92
Farbe: dunkles Kirschrot. Aroma: in Likör eingelegte Früchte, trockene Kräuter, balsamisch, süße Gewürze, Schokolade, dunkle Früchte. Mund: würzig, süße Tannine, reife Früchte.

VINOS DE LA TIERRA - BETANZOS / I.G.P.

VINOS DE LA TIERRA - CÁDIZ / I.G.P.

BODEGAS BARBADILLO
Luis de Eguilaz, 11
11540 Sanlúcar de Barrameda (Cádiz)
☎: +34 956 385 200
marketing@barbadillo.com
www.barbadillo.com

Alba Balbaina 2022 B
palomino
89
Angenehm, mild, geschmackvoll, reif.

Ás de Mirabrás 2022 B S
palomino
91
Farbe: strohgelb. Aroma: ausdrucksvoll, weiße Blumen, Jasmin, trockene Kräuter. Mund: geschmackvoll, fruchtig, ausgewogen.

Patinegro 2021 B
100% palomino
92 ♣
Farbe: strohgelb. Aroma: ausdrucksvoll, weiße Blumen, Jasmin, trockene Kräuter, pikant, Hefenoten. Mund: geschmackvoll, fruchtig, ausgewogen.

Quadis 2022 T
syrah, cabernet sauvignon, tintilla de rota
87

Quadis Envejecido 2021 T C
merlot, cabernet sauvignon, petit verdot, tintilla de rota
87

Sábalo 2022 B
100% palomino
90 ♣
Farbe: leuchtendes Strohgelb. Aroma: trockene Kräuter, Wildkräuter, offen, helle Früchte. Mund: zartbitter, süffig.

BODEGAS PRIMITIVO COLLANTES
Calle Ancha, 51
11130 Chiclana de la Frontera (Cádiz)
☎: +34 956 400 150
administracion@bodegasprimitivocollantes.com
www.bodegaprimitivocollantes.es

Matalian 2023 B
91 ♣
Rassig, mild. Farbe: leuchtendes Strohgelb. Aroma: ausdrucksstark fruchtig, helle Früchte, ausdrucksvoll, Ebbe. Mund: salzig, ausgewogen, mineralisch, süffig.

Socaire 2021 B FB
93 ♣
Farbe: leuchtendes Strohgelb. Aroma: trockene Kräuter, mineralisch, Ebbe, salzig, Sellerie. Mund: lebhaft, kraftvoll, geschmackvoll, Curry.

Socaire Oxidativo 2018 B FB
94 ♣
Rassig, frisch. Farbe: leuchtendes Gelb. Aroma: komplex, ausdrucksvoll, Curry, würzig. Mund: frisch, schöne Säure, spannungsvoll.

Tivo 2020 B FB
uva rey
93 ♣
Klar definierte Aromen, mit Persönlichkeit. Farbe: leuchtendes Gelb. Aroma: Wildkräuter, Zitrusfrüchte, Orangenschale. Mund: kraftvoll, geschmackvoll, abgerundet, lang.

COMPAÑÍA DE VINOS SANTIAGO JORDI
Urb. Jardines de Jacaranda c/Federica Montseny, 12
11405 Jerez de la Frontera (Cádiz)
☎: +34 609 445 935
gerente@santijordi.com
www.thewinehuntercompany.es

Santiago Jordi Assemblage Finca Los Pinos 2020 T
50% tintilla de rota, 50% syrah
90
Farbe: leuchtendes Kirschrot, granatroter Saum. Aroma: reifes Obst, rote Früchte, Wildkräuter, würzig, welke Blumen. Mund: fruchtig, leicht, ausgewogen, geschmackvoll, ziemlich nachhaltig.

COTA 45
Pórtico de Bajo de Guía 68
14540 Sanlúcar de Barrameda (Cádiz)
☎: +34 956 129 232
info@cota45.com

UBE Miraflores 2022 B S
92
Farbe: strohgelb. Aroma: ausdrucksvoll, weiße Blumen, Jasmin, pikant, salzig. Mund: geschmackvoll, fruchtig, ausgewogen.

FINCA MONCLOA
Manuel María González, 12
11403 Jerez de la Frontera (Cádiz)
☎: +34 956 357 000
www.fincamoncloa.com

Finca Moncloa Tintilla de Rota 2019 T D
tintilla de rota
93
Farbe: dunkles Kirschrot, granatroter Saum. Aroma: reifes Obst, Früchtekonfit, Noten von Tischlerei, Tabak. Mund: würzig, reife Tannine, lang.

Finca Moncloa Tintilla de Rota Edición Limitada 2020 T BA S
tintilla de rota
91
Farbe: kirschrot mit violettem Saum. Aroma: würzig, dunkle Früchte, ausdrucksstark fruchtig, Buschwaldkräuter, Röstaromen, Schokolade. Mund: geschmackvoll, fruchtig, schöne Säure, strukturiert.

Finca Moncloa Tradicional 2020 T BA
syrah, tintilla de rota, cabernet sauvignon, petit verdot, merlot
91
Farbe: kirschrot mit violettem Saum. Aroma: würzig, dunkle Früchte, Buschwaldkräuter, Früchtekonfit, Schokolade, Röstaromen. Mund: geschmackvoll, fruchtig, schöne Säure, grobkörnige Tannine.

HUERTA DE ALBALÁ
Ctra. CA - 6105, Km. 4
11630 Arcos de la Frontera (Cádiz)
☎: +34 956 101 300
info@huertadealbala.com
www.huertadealbala.com

Barbazul 2022 T
syrah, merlot, cabernet sauvignon, tintilla de rota
89
Aromatisch, Waldfinsternis, korrekt, würzig, trockene Kräuter, reif, poliert, geschmackvoll, saftig, alt.

Barbazul Chardonnay 2021 B
chardonnay
88
Angenehm, fruchtig, tropische, mild.

Barbazul Selección Especial 2020 T
75% syrah, 20% tintilla de rota, 5% cabernet sauvignon
87

Barbazul Syrah Rosé 2023 RD
100% syrah
90
Ausgewogen, würzig, getrocknete Blumen, lieblich, geschmackvoll. Farbe: zwiebelschalfarben. Aroma: Steinobst, getrocknete Blumen, mineralisch. Mund: fleischig, geschmackvoll, salzig.

Taberner Selección Especial 2019 T
89
Holzig, nach Eingemachtem, alt, beschädigtes Obst. Aroma: Röstaromen, Weihrauch, dunkle Früchte, grüne Paprika.

JOSÉ ESTÉVEZ
Ctra. N-IV Km. 640
11408 Jerez de la Frontera (Cádiz)
☎: +34 956 321 004
marketing@grupoestevez.com
www.grupoestevez.com

Albariza de José Estévez 2022 B
palomino
88
Klar definierte Aromen, korrekt, fruchtig, mild, schlicht. Aroma: helle Früchte, reifes Obst, Kreide.

Valdespino Viña Macharnudo Alto B FB
91
Klar definierte Aromen, repräsentativ, noch nicht vollständig entfaltet. Farbe: leuchtendes Gelb. Aroma: camomila, Sellerie, mineralisch, Zitrusfrüchte. Mund: schöne Säure, ziemlich nachhaltig.

MIGUEL DOMECQ
Finca Torrecera, Ctra. Jerez-La Ina Km 14,5
11595 Torrecera (Cádiz)
☎: +34 639 118 351
export@migueldomecq.com
www.migueldomecq.com

Alhocen Chardonnay 2021 B FB
chardonnay
89
Röstaromen, rauchig, geschmackvoll. Aroma: reifes Obst, kraftvoll. Mund: fett, voll.

Entrechuelos Chardonnay 2022 B
chardonnay
88
Angenehm, aromatisch, korrekt, fruchtig, reif, tropische.

Entrechuelos Premium 2020 T RB
tintilla de rota, syrah, merlot, cabernet sauvignon
88
Ausgewogen, würzig, geschmackvoll, Röstaromen.

Entrechuelos Tercer Año 2021 T
tintilla de rota
89
Aroma: trockene Kräuter, rote Früchte, dunkle Früchte, reifes Obst, würzig. Mund: reife Früchte, würzig, reife Tannine.

Torre de Ceres Tintilla de Rota 2021 T
tintilla de rota
92
Frisch, spannungsvoll. Farbe: kirschrot mit violettem Saum. Aroma: ausdrucksstark fruchtig, rote Früchte, blumig, würzig. Mund: geschmackvoll, fruchtig, schöne Säure, strukturiert.

VINOS DE LA TIERRA - CÁDIZ / I.G.P.

VALDESPINO
Ctra. Nacional IV, Km. 640
11408 Jerez de la Frontera (Cádiz)
☎: +34 956 321 004
marketing@grupoestevez.com
www.bodegavaldespino.com

Ojo de Gallo 2020 B
100% palomino
92
Farbe: strohgelb. Aroma: reifes Obst, trockene Kräuter, welke Blumen, salzig, pikant. Mund: kraftvoll, reife Früchte, ausgewogen.

VT CASTELLÓN

ALKAZAR BULDING
Pol. 24 Parc. 34
12185 Onda (Castelló/Castellón)
☎: +34 640 920 693
eshop@letsbeteam.com
www.vizuecos.com

Vizuecos Blanc de Noirs 2023 B
100% cariñena
89
Wenig interventionistisch, reduktiver Ausbau, kräuterig, fruchtig, korrekt, spannungsvoll, wild, säuerlich.

Vizuecos Selection 2022 T
75% garnacha, 25% cariñena
87

BARÓN D'ALBA
Partida Vilar La Call, 10
12118 Les Useres (Castelló/Castellón)
☎: +34 608 032 884
barondalba@gmail.com
www.barondalba.com

Clos D'Esgarracordes 2022 T C
cabernet sauvignon, merlot, syrah
85

Clos D'Esgarracordes 2023 T
garnacha, tempranillo, monastrell
87

BODEGA LES USERES
Calle Nueva, 23
12118 Les Useres (Castelló/Castellón)
☎: +34 964 760 033
info@bodegalesuseres.es
www.bodegalesuseres.es

33 Route 2021 T
tempranillo, bonicaire
88
Angenehm, getrocknete Blumen, fruchtig, reif, wild. Aroma: Wachs.

33 Route Macabeo 2023 B
macabeo
86

33 Route Rosé 2023 RD
syrah, garnacha
86

86 Winegrowers 2020 T R
tempranillo, cabernet sauvignon
89
Angenehm, klar definierte Aromen, leichte Reduktion, würzig, trockene Kräuter, reif, geschmackvoll, repräsentativ, ausgewogen.

86 Winegrowers Limited Edition Tempranillo Cabernet Sauvignon 2017 T
tempranillo, cabernet sauvignon
90
Würzig, kräuterig, naschhaft, klassisch, leichte Reduktion, balsamisch, alt. Aroma: dunkle Früchte, reifes Obst. Mund: ziemlich nachhaltig.

El Pelegrí 2022 T
tempranillo
87

BODEGAS LA CANETANA
Cami Rossell, 1
12350 Canet lo Roig (Castelló/Castellón)
☎: +32 475 231 576
tine@lacanetana.es
www.lacanetana.es

Alejandro 2022 T
garnacha
90
Farbe: kirschrot mit violettem Saum. Aroma: ausdrucksstark fruchtig, rote Früchte, blumig, würzig, animalische Noten. Mund: geschmackvoll, fruchtig, schöne Säure.

La Canetana Daan 2021 T
70% cabernet sauvignon, 21% merlot, 9% cabernet franc
89
Korpulent, würzig, reif, Waldfinsternis, Röstaromen.

VINOS DE LA TIERRA - CASTELLÓN / I.G.P.

La Canetana Émile 2021 T
90% merlot, 8% cabernet sauvignon, 2% cabernet franc

91
Farbe: tiefes Kirschrot. Aroma: reifes Obst, trockene Kräuter, erdig, Waldfinsternis. Mund: reife Früchte, würzig, reife Tannine, voll.

BODEGUES BESALDUCH VALLS BELLMUNT
Cami Assegador de la Catarra, 2
12170 Sant Mateu (Castelló/Castellón)
☎: +34 673 216 280
info@bvbbodegues.es
www.bvbbodegues.es

Gilbert de Montsoriu 2022 B
moscatel, chardonnay

90
Mit Persönlichkeit. Farbe: gelb, goldfarben. Aroma: reifes Obst, Schwarzer Pfeffer, würzig, getrocknete Blumen, mineralisch. Mund: strukturiert, geschmackvoll, salzig.

Guillem Erill 2023 B
82

COOPERATIVA DE VIVER
Abadía, 4
12460 Viver (Castelló/Castellón)
☎: +34 964 141 050
agroturismo@cooperativaviver.es
www.cooperativaviver.es

La Perdición 2022 T C
60% syrah, 30% tempranillo, 5% garnacha, 5% merlot

90
Würzig, vegetabil, reif, geschmackvoll. Aroma: mit Charakter, ausgewogen, feine Reduktionsnoten, Wachs. Mund: geschmackvoll, reife Früchte.

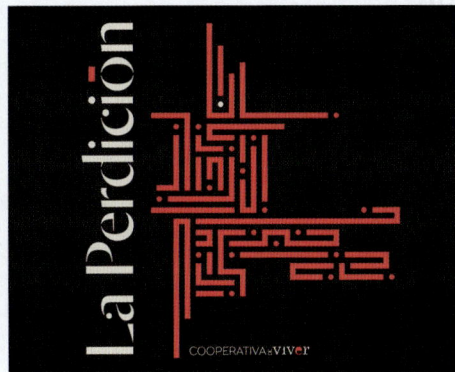

Nube sobre la Piel 2023 B
100% chardonnay

88
Zitrusfrüchte, frisch, fruchtig, kräuterig.

Odisea 2021 T RB
60% tempranillo, 20% cabernet sauvignon, 20% syrah

88
Würzig, ausgewogen, trockene Kräuter, reif, Röstaromen.

Viento sobre la Piel 2021 T BA
100% syrah

90
Fruchtig, kräuterig, reif, poliert, würzig. Aroma: sortenrein, offen, ausdrucksvoll, frisch. Mund: saftig.

VT CASTILLA

#GARAGEWINE
Camelia, 4
45800 Quintanar de la Orden (Toledo)
☎: +34 625 226 946
info@garagewine.es
www.garagewine.es

Brujidera El Pocillo #garagewine 2023 T
brujidera

89 ♣
Aromatisch, korrekt. Aroma: reifes Obst, Karamel. Mund: fruchtig, würzig, süffig.

Cencibel La Venta #garagewine 2023 T
cencibel

90 ♣
Korrekt, nach Eingemachtem, von Primäraromen beherrscht, geschmackvoll, milchig, kräuterig. Mund: ausgewogen, saftig, fruchtig.

VINOS DE LA TIERRA - CASTILLA / I.G.P.

VINOS DE LA TIERRA - CASTILLA / I.G.P.

Garnacha Tintorera #garagewine 2022 T BA
garnacha tintorera

88 🌱

Korpulent, würzig, fruchtig, holzig, intensive Röstaromen.

La Forastera by #garagewine 2022 T
syrah

87 🌱

Tinto Velasco #garagewine 2022 T
tinto velasco

87 🌱

Verdoncho #garagewine Orangewine 2023 B
100% verdoncho

90 🌱

Mit Persönlichkeit, leichte Oxidation. Farbe: blass. Aroma: welke Blumen. Mund: saftig, süffig, nachhaltig.

ALDONZA

Ctra. N-430 km 462,3
02612 Munera (Albacete)
☎: +34 967 217 711
info@aldonzagourmet.com
www.aldonzagourmet.com

Aldonza Albo 2022 B
sauvignon blanc, macabeo

84

Aldonza Clásico 2018 T
tempranillo, merlot, cabernet sauvignon, syrah

89

Fruchtig, würzig, reif, etwas austrocknend.

Aldonza Navamarín 2017 T R
cabernet sauvignon, merlot, syrah, tempranillo

90

Farbe: tiefes Kirschrot. Aroma: reifes Obst, trockene Kräuter, weiches Eichenholz, würzig, Schwarzer Pfeffer, schwarze Lakritze. Mund: kraftvoll, reife Früchte, würzig, reife Tannine, rauchig nachwirkend, etwas austrocknend.

Aldonza Selección 2018 T C S
cabernet sauvignon, merlot, tempranillo, syrah

89

Farbe: tiefes Kirschrot, violetter Saum. Aroma: ausdrucksstark fruchtig, rote Früchte, würzig, dunkle Früchte, Röstaromen. Mund: geschmackvoll, fruchtig, schöne Säure, ausgewogen, ziemlich nachhaltig.

ALTO DE PIOZ

Cº Viejo de las Navas, s/n
19162 Pioz (Guadalajara)
☎: +34 692 875 635
bodega@altodepioz.com
www.altodepioz.com

Alto de Pioz 2019 T
75% tempranillo, 25% cabernet sauvignon

90

Farbe: kirschrot mit violettem Saum. Aroma: rote Früchte, blumig, würzig. Mund: geschmackvoll, fruchtig, schöne Säure.

Alto de Pioz 2021 T
tempranillo, cabernet sauvignon

92

Korpulent, spannungsvoll. Farbe: tiefes Kirschrot. Aroma: trockene Kräuter, weiches Eichenholz, dunkle Früchte. Mund: reife Früchte, würzig, reife Tannine.

ATALAQUE

Santa Cruz, 28
45510 Fuensalida (Toledo)
☎: +34 658 846 188
info@rodriguezdevera.com
www.rodriguezdevera.com

Atalaque "Albillo de la Longuera" 2022 B
albillo real

90

Farbe: leuchtendes Strohgelb. Aroma: helle Früchte, reifes Obst, eine Spur Waldbeeren, trockener Stein, Orangenschale. Mund: geschmackvoll, fruchtig, frisch, ausgewogen.

Atalaque Moscatel del Horcajo B Solera D
moscatel

90

Leichte Oxidation, reif, kraftvoll, üppig, voll. Farbe: trüb. Aroma: kandierte Früchte, mit Charakter, Honignoten.

BODEGA CAMPOS DE DULCINEA

Garay, 1
45820 El Toboso (Toledo)
☎: +34 695 976 874
camposdedulcinea@camposdedulcinea.es
www.camposdedulcinea.es

Campos de Dulcinea Sauvignon Blanc 2023 B
sauvignon blanc

86

Campos de Dulcinea Selección de la Familia 2020 T
100% tempranillo

86

Campos de Dulcinea Tempranillo 2021 T
100% tempranillo

87

Unico 1926 2022 B FB
100% sauvignon blanc

91

Farbe: leuchtendes Strohgelb. Aroma: ausdrucksstark fruchtig, reifes Obst, blumig, trockene Kräuter. Mund: geschmackvoll, frisch, nachwirkend fruchtig, ausgewogen.

Vale 2016 T R
100% tempranillo

90

Farbe: tiefes Kirschrot. Aroma: reifes Obst, trockene Kräuter, weiches Eichenholz, Röstaromen, rauchig. Mund: kraftvoll, reife Früchte, würzig, reife Tannine, rauchig nachwirkend.

Vale Serie Oro 2016 T GR
100% tempranillo

89

Fruchtig, reif, geschmackvoll, würzig, rauchig, etwas austrocknend.

BODEGA CARRASCAS

Ctra. El Bonillo - Ossa de Montiel P.K. 11,4
02610 El Bonillo (Albacete)
☎: +34 967 965 880
info@carrascas.com
www.carrascas.com

Al Cobijo de una Gran Sabina 2019 T C
51,6% cabernet sauvignon, 48,4% merlot

91

Farbe: dunkles Kirschrot. Aroma: Röstaromen, würzig, feiner Kakao, dunkle Früchte. Mund: geschmackvoll, Röstnoten, zartbitter.

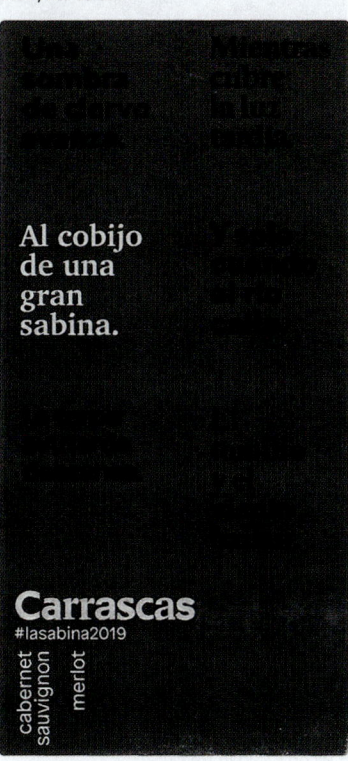

El Tomillo y El Viento Bailan Viognier 2022 B
viognier

90

Farbe: leuchtendes Strohgelb. Aroma: ausdrucksvoll, weiße Blumen, Jasmin, trockene Kräuter. Mund: geschmackvoll, fruchtig, ausgewogen.

Y Solo cuando El Río Calla 2021 B
100% chardonnay

88

Holzig, Cremig, würzig, Röstaromen, voll.

VINOS DE LA TIERRA - CASTILLA / I.G.P.

La Torpe Avutarda Descansa 2019 T C S
57,6% syrah, 42,4% tempranillo

91

Farbe: tiefes Kirschrot. Aroma: trockene Kräuter, weiches Eichenholz, süße Gewürze, dunkle Früchte, Heidelbeere. Mund: kraftvoll, reife Früchte, würzig, reife Tannine.

Fuente del Ciervo Cencibel - Syrah 2021 T
cencibel, syrah

90

Korpulent, würzig, reif, trockene Kräuter, nachhaltig, kraftvoll, lieblich. Aroma: Tabak, dunkle Früchte, Früchtekonfit, Wachs, trockene Kräuter, erdig.

BODEGA GARCÍA DE LA ROSA
Podadores, 12
45350 Noblejas (Toledo)
☎: +34 653 289 469
comercial@bodegagarciadelarosa.es
www.bodegagarciadelarosa.es

García de la Rosa Airén 2023 B
airén

85

García de la Rosa Cencibel 2023 T
cencibel

85

García de la Rosa Chardonnay 2022 B
chardonnay

87

Mistela García de la Rosa BF Mistela D
moscatel

89

Lieblich, aromatisch, Zitrusfrüchte, süß, nachhaltig, geschmackvoll. Aroma: kandierte Früchte.

Nóbriga 2022 T
tempranillo, syrah

86

BODEGA CASA LOBOS
Ctra. Porzuna CM-412, Km. 6,5
13196 Picon (Ciudad Real)
☎: +34 676 017 482
gerardo@bodegacasalobos.com

Fuente del Ciervo 2022 T
tempranillo, syrah, garnacha tintorera

87

Fuente del Ciervo 2023 B
sauvignon blanc, chardonnay

86

BODEGA LA ERA
Estación, 6
19110 Mondéjar (Guadalajara)
☎: +34 699 758 571
laera@bodegalaera.com
www.bodegalaera.com

Autillo 2022 B C
100% airén
89
Angenehm, balsamisch, getrocknete Blumen, fruchtig.

El Jardín de La Era 2021 T
98% tempranillo, 2% cabernet sauvignon
90
Farbe: tiefes Kirschrot. Aroma: trockene Kräuter, weiches Eichenholz, rote Früchte, reifes Obst. Mund: reife Früchte, würzig, reife Tannine.

La Era 2021 T
90% tempranillo, 10% cabernet sauvignon
91
Farbe: tiefes Kirschrot. Aroma: trockene Kräuter, weiches Eichenholz, rote Früchte, reifes Obst. Mund: kraftvoll, reife Früchte, würzig, reife Tannine.

BODEGA LOS ALJIBES
Finca Los Aljibes
02520 Chinchilla de Montearagón (Albacete)
☎: +34 967 260 015
info@fincalosaljibes.com
www.fincalosaljibes.com

Aljibes 2020 T
cabernet sauvignon, merlot, cabernet franc
90
Farbe: tiefes Kirschrot. Aroma: trockene Kräuter, dunkle Früchte, feiner Kakao. Mund: reife Früchte, würzig, reife Tannine.

Aljibes Cabernet Franc 2020 T
100% cabernet franc
91
Farbe: tiefes Kirschrot. Aroma: weiches Eichenholz, dunkle Früchte, Buschwaldkräuter, würzig. Mund: kraftvoll, reife Früchte, würzig, reife Tannine.

Aljibes Garnacha Tintorera 2020 T C
garnacha tintorera
90
Farbe: tiefes Kirschrot. Aroma: dunkle Früchte, reifes Obst, Buschwaldkräuter, erdig. Mund: reife Früchte, würzig, reife Tannine, fleischig.

Aljibes Petit Verdot 2021 T
100% petit verdot
88
Trockene Kräuter, reif, korpulent, würzig, Röstaromen.

Enclave 2017 T
monastrell
91
Farbe: dunkles Kirschrot, granatroter Saum. Aroma: Früchtekonfit, Tabak, süße Gewürze, Altholz. Mund: würzig, reife Tannine.

Viña Aljibes 2021 T RB
merlot, cabernet franc
88
Fruchtig, würzig, kräuterig, geschmackvoll.

BODEGA MANZANEQUE
Labradores, 2
02110 La Gineta (Albacete)
☎: +34 967 263 728
info@eavinos.com
www.bodegamanzaneque.com

Mil Cepas Cencibel 2019 T BA
cencibel
88
Fruchtig, reif, geschmackvoll, würzig.

BODEGA Y VIÑEDOS TINEDO
Ctra. CM 3102, Km. 30
13630 Socuéllamos (Ciudad Real)
☎: +34 926 118 999
admin@tinedo.es
www.tinedo.es

Cala N 1 2020 T
75% tempranillo, 20% syrah, 5% cabernet sauvignon
88 ♣
Würzig, fruchtig, reif, rauchig, etwas austrocknend.

Cala N 2 2019 T
tempranillo, graciano, cabernet sauvignon
89 ♣
Fruchtig, würzig, nach Eingemachtem, reif, mild.

JA! T
100% tempranillo
88 ♣
Fruchtig, von Primäraromen beherrscht, blumig, wild, etwas austrocknend.

RunRún 2022 B
100% moscatel grano menudo
89 ♣
Ausgewogen, würzig, getrocknete Blumen, reif, voll, Oxidativ.

Selección Parcela Tempranillo 2019 T
100% tempranillo
90 ♣
Farbe: tiefes Kirschrot. Aroma: reifes Obst, trockene Kräuter, weiches Eichenholz, würzig. Mund: kraftvoll, reife Früchte, würzig, reife Tannine.

VINOS DE LA TIERRA - CASTILLA / I.G.P.

VINOS DE LA TIERRA - CASTILLA / I.G.P.

BODEGAS ALCARDET
Mayor, 130
45810 Villanueva de Alcardete (Toledo)
☎: +34 925 166 375
admin@alcardet.com
www.alcardet.com

Alcardet 12 meses 2020 T S
cencibel, petit verdot
87

Alcardet Cepas Viejas 2019 T BA
moravia, tinto velasco
87

Alcardet Garnacha 2023 RD
86

Alcardet Sauvignon Blanc 2023 B
sauvignon blanc
87

Seiscuerdas Riesling 2023 B
riesling
88
Aromatisch, fruchtig, reif, tropische.

BODEGAS ANTONIO SERRANO
Galileo Galilei, 17
02600 Villarrobledo (Albacete)
☎: +34 627 029 943
administracion@bodegasantonioserrano.com
www.bodegasantonioserrano.com

Antonio Serrano Airén 2022 B
100% airén
86 ♣

Antonio Serrano Cencibel 2021 T RB
100% cencibel
88 ♣
Ausgewogen, würzig, trockene Kräuter, reif, geschmackvoll, Röstaromen.

Antonio Serrano Etiqueta Negra 2019 T
50% cencibel, 25% monastrell, 25% garnacha
89
Holzig, korpulent, würzig, reif, geschmackvoll.

Antonio Serrano Tempranillo de Tinaja 2022 T
100% tempranillo
88 ♣
Fruchtig, korrekt, schlicht, rustikal.

BODEGAS ARÚSPIDE
Ciriaco Cruz, 2
13300 Valdepeñas (Ciudad Real)
☎: +34 926 347 075
export@aruspide.com
www.aruspide.com

Ágora de Arúspide 2021 T RB
100% tempranillo
85

Ágora Tempranillo 2022 T MC
100% tempranillo
86

Ágora Viognier 2023 B MC
100% viognier
85 ♣

Autor de Arúspide Chardonnay 2020 B
chardonnay
86

Autor de Arúspide Tempranillo 2019 T
100% tempranillo
90
Farbe: tiefes Kirschrot. Aroma: reifes Obst, trockene Kräuter, Wachs. Mund: kraftvoll, reife Früchte, würzig, reife Tannine.

Pura Savia de Arúspide 2021 B
100% airén
90
Rustikal, Oxidativ, nach Eingemachtem, blumig, reif, beschädigtes Obst. Farbe: Altgold. Aroma: kandierte Früchte, welke Blumen, Anklänge von exotischen Früchten, Honignoten, Orangenschale.

BODEGAS BARREDA

Ramalazo, 2
45880 Corral de Almaguer (Toledo)
☎: +34 925 207 223
nacional@bodegas-barreda.com
www.bodegas-barreda.com

Torre de Barreda Amigos Multivarietal 2021 T
tempranillo, syrah, garnacha, graciano, cabernet sauvignon

90

Farbe: kirschrot mit violettem Saum. Aroma: ausdrucksstark fruchtig, rote Früchte, blumig, würzig. Mund: geschmackvoll, fruchtig, schöne Säure.

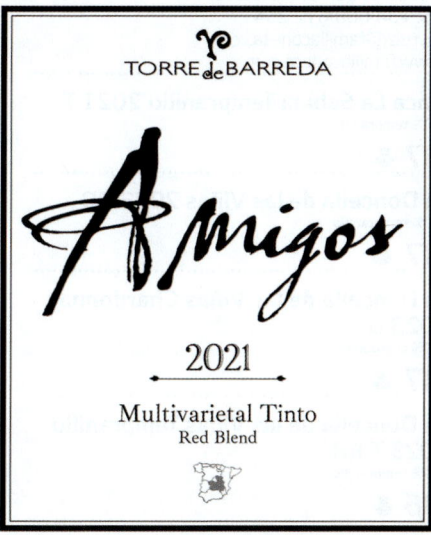

Torre de Barreda Amigos Multivarietal 2023 B
airén, viognier, sauvignon blanc

85

Torre de Barreda Amigos Rosé 2023 RD
tempranillo, garnacha

85

Torre de Barreda Cabernet Sauvignon 2021 T
cabernet sauvignon

87

Torre de Barreda Graciano 2021 T
graciano

88

Balsamisch, reif, vegetabil, ausgewogen.

Torre de Barreda PañoFino Viña Singular 2021 T S
tempranillo

90

Farbe: tiefes Kirschrot. Aroma: trockene Kräuter, dunkle Früchte, würzig. Mund: reife Früchte, würzig, ausgewogen.

BODEGAS CAMINO ALTO

Polillo, 4 (Pol. Ind. Las Cabezas)
45860 Villacañas (Toledo)
☎: +34 686 939 201
julioraboso@bodegascaminoalto.com
www.bodegascaminoalto.com

Camino Alto Old Vines 2018 T BA
33% merlot, 25% tempranillo, 21% cabernet sauvignon, 21% petit verdot

90 🌱

Farbe: KirsChrot. Aroma: balsamisch, süße Gewürze, Buschwaldkräuter, Schwarzer Pfeffer. Mund: würzig, balsamisch, schöne Säure, reife Tannine.

BODEGAS CAMPOS REALES

Castilla La Mancha, 4
16670 El Provencio (Cuenca)
☎: +34 967 166 066
tienda@bodegascamposreales.com
www.bodegascamposreales.com

Canforrales Nature Tempranillo Syrah 2023 T
tempranillo, syrah

87 🌱

Canforrales Nature Viognier 2023 B
viognier

85 🌱

BODEGAS CAÑAVERAS

Gloria, 42 -44
13730 Santa Cruz de Mudela (Ciudad Real)
☎: +34 926 342 128
administracion@bodegascanaveras.com
www.bodegascanaveras.com

Familia Cañaveras 2015 T
merlot, tempranillo

88

Würzig, reif, Röstaromen, unehrlich, vegetabil, holzig.

Laurana Cabernet Tempranillo 2019 T
cabernet sauvignon, tempranillo

83

Laurana Chardonnay 2023 B
100% chardonnay

87

Laurana Verdejo 2023 B
100% verdejo

85

BODEGAS CASTIBLANQUE
Isaac Peral, 19
13610 Campo de Criptana (Ciudad Real)
☎: +34 926 589 147
ma.castiblanque@bodegascastiblanque.com
www.bodegascastiblanque.com

Baldor Old Vines 2015 T
100% cabernet sauvignon

88
Fruchtig, reif, würzig, trockene Kräuter, geschmackvoll.

Baldor Tempranillo 2021 T RB
100% tempranillo

86

Ilex 2023 RD

84

Ilex 2023 T
syrah, tempranillo

87

Ilex Coupage 2020 T
syrah, tempranillo, garnacha

85

Ilex Verdejo 2023 B
100% verdejo

83

BODEGAS DEL MUNI
Ctra. de Lillo, 48
45310 Villatobas (Toledo)
☎: +34 925 152 511
info@bodegasdelmuni.com
www.bodegasdelmuni.com

Corpus del Muni 2022 T RB
tempranillo, syrah, garnacha, petit verdot, merlot

86

Corpus del Muni Blanca Selección 2023 B
verdejo, chardonnay, sauvignon blanc, riesling

87

Corpus del Muni Lucía Selección 2020 T C
tempranillo

87

Corpus del Muni Sara Selección 2023 B SS
verdejo, riesling

85

Corpus del Muni Vendimia Tardía 2021 T
syrah

87

Perea Navarro Airen Cuvee 2023 B
airén

89
Aromatisch, korrekt, würzig, saftig, geschmackvoll.
Aroma: Anklänge von exotischen Früchten, Banane.

BODEGAS FAMILIA CONESA - PAGO GUIJOSO
Crta Ossa de Montiel - El Bonillo km 11
02610 El Bonillo (Albacete)
☎: +34 608 612 254
mvruiz@familiaconesa.com
www.familiaconesa.com

Finca La Sabina Tempranillo 2021 T
100% tempranillo

87

La Doncella de las Viñas 2023 RD
100% tempranillo

87

La Doncella de las Viñas Chardonnay 2023 B
100% chardonnay

87

La Doncella de las Viñas Tempranillo 2023 T RB
100% tempranillo

86

BODEGAS FAUSTINO RIVERO ULECIA (VINOS MONOVARIETALES)
Avda. de los Vinos, s/n
13600 Alcázar de San Juan (Ciudad Real)
☎: +34 941 380 057
www.faustinorivero.com

Faustino Rivero Ulecia Verdejo B

87

Muy Top T

87

BODEGAS FERNÁNDEZ DE LA OSSA

San Antón, 42
02600 Villarrobledo (Albacete)
☎: +34 689 339 769
info@bodegasfernandezdelaossa.es
www.bodegasfernandezdelaossa.com

Casas de Peña Airén 2023 B
airén
85

Casas de Peña Chardonnay 2023 B
chardonnay
88
Zitrusfrüchte, korrekt, schlicht, mit salznote, frisch.

Casas de Peña Garnacha Tintorera 2022 T
garnacha tintorera
87

Familia Fernández de la Ossa 2022 T
75% tempranillo, 25% garnacha tintorera
90
Farbe: sattes Kirschrot, violetter Saum. Aroma: dunkle Früchte, reifes Obst, trockene Kräuter, würzig, Röstaromen. Mund: kraftvoll, geschmackvoll, voll, würzig, ziemlich nachhaltig, strukturiert, kräftige Tannine.

BODEGAS FERNANDO CASTRO

Paseo Castelar, 70
13730 Santa Cruz de Mudela (Ciudad Real)
☎: +34 926 342 168
info@bodegasfernandocastro.com
www.bodegasfernandocastro.com

Viña Lastra 2023 RD
tempranillo
86

Viña Lastra Blanc de Noir 2023 B
bobal
86

Viña Lastra Sauvignon Blanc 2023 B
sauvignon blanc
84

Viña Lastra Selecto 2023 T
tempranillo, syrah
85

Viña Lastra Verdejo 2023 B
verdejo
86

Viña Lastra Cabernet Sauvignon 2023 T
cabernet sauvignon
87
Korpulent, holzig, würzig, trockene Kräuter, reif.

Viña Lastra Sauvignon Blanc 2023 B
sauvignon blanc
84

Viña Lastra Selecto 2023 T
tempranillo, syrah
85

Viña Lastra Verdejo 2023 B
verdejo
86

BODEGAS GARCÍA DE LARA

Del Cristo, 42
45360 Villarrubia de Santiago (Toledo)
☎: +34 648 733 298
info@bodegasgarciadelara.com
www.bodegasgarciadelara.com

Finca Villalobillos 2022 B FB
100% airén
90
Farbe: leuchtendes Gelb. Aroma: kraftvoll, weiches Eichenholz, reifes Obst, würzig, markante Eiche. Mund: fett, strukturiert, Röstnoten, zartbitter.

Finca Villalobillos 2023 B
100% airén
90
Angenehm, korrekt, mild. Aroma: mittlere Intensität. Mund: zartbitter, ausgewogen, lebhaft, süffig.

Finca Villalobillos Pampana Blanca 2022 T C
100% pampana blanca
90
Nach Eingemachtem, Hefenoten, geschmackvoll. Aroma: Orangenschale. Mund: geschmackvoll, reife Früchte, würzig.

García de Lara Cencibel 2022 T
100% cencibel
88
Balsamisch, korrekt, würzig, kräuterig. Mund: trockene, aber reife Tannine.

La Viña de La Cueva Colorá 2021 T C S
100% cencibel
90
Farbe: KirsChrot. Aroma: süße Gewürze, reifes Obst, Schokolade, trockene Kräuter. Mund: würzig, kraftvoll, reife Tannine.

BODEGAS GARDEL ORGANIC WINES
Toledo, 2
16650 Las Mesas (Cuenca)
☎: +34 627 730 902
omar@bodegasgardel.com
www.bodegasgardel.com

El Jardín Secreto Verdejo 2023 B
verdejo
86 🌱

Poco a Poco Envejecido en Barrica 2022 T C
tempranillo, syrah
87 🌱

Poco a Poco Sauvignon Blanc 2023 B
sauvignon blanc
87 🌱

Poco a Poco Tempranillo Syrah 2023 T
tempranillo, syrah
86 🌱

Rosa de Alejandría 2023 B SD
moscatel
86 🌱

BODEGAS LA SOLANA - PAGO FLORENTINO
Ctra. Porzuna - Camino Cristo del Humilladero, km. 3
13420 Malagón (Ciudad Real)
☎: +34 983 681 146
bodeg@arzuaganavarro.com
www.pagoflorentino.com

Pago Mota 2022 B
chardonnay
88
Kräuterig, reif, tropische, saftig, fruchtig. Aroma: blumig, Safran.

Pago Mota 2023 B
chardonnay
89
Angenehm, aromatisch, korrekt, würzig, reif, geschmackvoll. Mund: süffig.

BODEGAS LAZO
Finca La Zorrera, s/n
02436 Férez (Albacete)
☎: +34 622 766 900
info@lazotur.com
www.lazotur.com

Cabeza del Hierro 2020 T
monastrell, petit verdot
90
Farbe: kirschrot mit violettem Saum. Aroma: ausdrucksstark fruchtig, rote Früchte, würzig, reifes Obst, eine Spur Waldbeeren. Mund: geschmackvoll, fruchtig, trockene, aber reife Tannine, ausgewogen, würzig.

La Suerte Perdida 2022 T C
monastrell, tempranillo, petit verdot
91
Farbe: kirschrot mit violettem Saum. Aroma: ausdrucksstark fruchtig, rote Früchte, blumig, würzig, dunkle Früchte. Mund: geschmackvoll, fruchtig, ausgewogen, rauchig nachwirkend, trockene, aber reife Tannine.

Nanku 2022 T
monastrell, tempranillo, petit verdot
92
Farbe: kirschrot mit violettem Saum. Aroma: ausdrucksstark fruchtig, rote Früchte, blumig, würzig, Veilchenbombons. Mund: geschmackvoll, fruchtig, schöne Säure, ausgewogen.

Oriolus 2022 B FB
viognier
90
Farbe: leuchtendes Gelb. Aroma: kraftvoll, weiches Eichenholz, reifes Obst, würzig. Mund: fett, Röstnoten, zartbitter, geschmackvoll.

Pintablanca Viognier 2022 B
viognier
88
Zitrusfrüchte, fruchtig, kräuterig, geschmackvoll, ausgewogen, reif.

BODEGAS MANO A MANO
Ctra. CM-412, Km. 100
13248 Alhambra (Ciudad Real)
☎: +34 926 694 317
info@bodegamanoamano.com
www.manoamano.com

Venta la Ossa
Cabernet Sauvignon 2020 T C
100% cabernet sauvignon
91
Farbe: tiefes Kirschrot. Aroma: trockene Kräuter, dunkle Früchte, feiner Kakao. Mund: reife Früchte, würzig, ausgeprägte Eichentannine.

Venta la Ossa Syrah 2020 T
100% syrah
92
Farbe: dunkles Kirschrot. Aroma: würzig, feiner Kakao, erdig, dunkle Früchte, reifes Obst. Mund: geschmackvoll, Röstnoten, zartbitter, voll.

Venta la Ossa TNT 2019 T
100% tempranillo
92
Farbe: tiefes Kirschrot. Aroma: reifes Obst, trockene Kräuter, blumig, feiner Kakao. Mund: reife Früchte, würzig, feinkörnige Tannine.

BODEGAS MARISOL RUBIO
Goya, 54
45810 Villanueva de Alcardete (Toledo)
☎: +34 628 424 910
jorge@bodegasmarisolrubio.com
www.bodegasmarisolrubio.com

Marisol Rubio CIPMA I 2021 B
100% pedro ximénez
89
Würzig, kräuterig, tropische, Röstaromen.

Marisol Rubio CIPMA II 2021 B FB
100% pedro ximénez
89
Holzig, intensive Röstaromen, reif, fruchtig, voll, milchig.

Marisol Rubio SON D SOL 2022 B
100% pedro ximénez
89
Zitrusfrüchte, frisch, kräuterig, geschmackvoll.

BODEGAS MARTÍNEZ SÁEZ
Ctra. Villarrobledo Barrax, Km. 14,800
02600 Villarrobledo (Albacete)
☎: +34 967 443 088
almacen@bodegasmartinezsaez.es
www.bodegasmartinezsaez.es

Martínez Saez Selección 2019 T C
petit verdot, syrah, cabernet sauvignon
87

Martínez Saez Vendimia Tardía B D
moscatel, chardonnay
88
Zitrusfrüchte, würzig, blumig, voll, ausgewogen.

Viña Orce 2022 RD
merlot
85

Viña Orce Macabeo Verdejo 2022 B
macabeo, verdejo
86

Viña Orce Tempranillo 2022 T RB
tempranillo
87

BODEGAS MARTUE
Campo de la Guardia, s/n
45760 La Guardia (Toledo)
☎: +34 658 915 812
admin@martue.com
www.martue.com

Dauco 2023 T
88
Fruchtig, reif, würzig, Röstaromen.

BODEGAS MÁS QUE VINOS
Camino de los Molinos, s/n
45312 Cabañas de Yepes (Toledo)
☎: +34 925 122 281
mqv@bodegasmasquevinos.com
www.bodegasmasquevinos.com

Garnacha de la Madre 2021 T
garnacha
88 ♣
Fruchtig, reif, leichte Oxidation, rauchig, würzig.

La Malvar
de Más Que Vinos 2022 B FB S
malvar
90
Farbe: leuchtendes Strohgelb, grünlicher Saum. Aroma: frisches Obst, Zitrusfrüchte, Wildkräuter, würzig. Mund: frisch, fruchtig, schöne Säure.

VINOS DE LA TIERRA - CASTILLA / I.G.P.

VINOS DE LA TIERRA - CASTILLA / I.G.P.

BODEGAS MEGÍA E HIJOS -CORCOVO
Magdalena, 33
13300 Valdepeñas (Ciudad Real)
☎: +34 926 347 828
comercial@corcovo.com
www.corcovo.com

Corcovo 2023 RD
tempranillo
86

Corcovo Muscat 2023 B S
moscatel grano menudo
87

Corcovo Verdejo 2023 B
verdejo
87

BODEGAS MIGUEL A. AGUADO
Cantalejos, 2
45165 San Martín de Montalbán (Toledo)
☎: +34 653 821 659
info@bodegasmiguelaguado.com
www.bodegasmiguelaguado.com

San Martineño Cabernet Sauvignon-Garnacha 2019 T
cabernet sauvignon, garnacha
85

San Martineño Garnacha 2022 T BA
84

San Martineño Macabeo 2022 B
82

San Martineño Tempranillo 2021 T RB
86

San Martineño Tempranillo 2022 T
tempranillo
85

BODEGAS MONTALVO WILMOT
Finca Los Cerrillos Crtra. a Ruidera, Km. 10,200
13710 Argamasilla de Alba (Ciudad Real)
☎: +34 926 699 069
info@montalvowilmot.com
www.montalvowilmot.com

Montalvo Wilmot Varietales 2021 T BA
40% petit verdot, 30% tempranillo, 30% syrah
88
Ausgewogen, würzig.

Montalvo Wilmot Verdejo 2023 B
100% verdejo
83

BODEGAS NAVARRO LÓPEZ
Autovía N-IV, Km. 193
13300 Valdepeñas (Ciudad Real)
☎: +34 926 321 888
anabelen.navarro@navarrolopez.com
www.navarrolopez.com

Para Celsus 2023 T
tempranillo
88 🌱
Fruchtig, reif, von Primäraromen beherrscht, geschmackvoll.

Para Celsus Verdejo 2023 B
verdejo
86 🌱

Premium 1904 Graciano 2022 T
graciano
89
Fruchtig, sortenrein, wild, von Primäraromen beherrscht, reif, geschmackvoll, etwas austrocknend.

BODEGAS NOC
Orgaz, 12
45460 Manzaneque (Toledo)
☎: +34 925 344 727
info@bodegasnoc.com
www.bodegasnoc.es

Leyenda de Noc 2019 T
25% tempranillo, 25% syrah, 25% cabernet sauvignon, 25% petit verdot
88
Korpulent, ausgewogen, würzig, kräuterig, reif, geschmackvoll, Röstaromen.

Noc Coupage 2018 T
42% syrah, 30% petit verdot, 28% cabernet sauvignon
91
Ausgewogen. Farbe: tiefes Kirschrot. Aroma: trockene Kräuter, weiches Eichenholz, dunkle Früchte, reifes Obst, erdig. Mund: kraftvoll, reife Früchte, würzig, reife Tannine.

Noc Rosé RE BR
100% tempranillo
86

Noc Viognier 2023 B
100% viognier
88
Aromatisch, fruchtig, tropische, von Primäraromen beherrscht, schlicht.

Noc Tempranillo 2019 T
100% tempranillo
90
Farbe: kirschrot mit violettem Saum. Aroma: würzig, Schokolade, Buschwaldkräuter. Mund: geschmackvoll, fruchtig, schöne Säure.

BODEGAS OSBORNE
Ctra. Malpica - Pueblanueva, km. 6 Finca El Jaral
45692 Malpica del Tajo (Toledo)
☎: +34 925 860 990
valeria.morado@osborne.es
www.osborne.es

Solaz Rose 2023 RD
86

BODEGAS PUENTE DE RUS
Ctra. Almarcha, 50
16600 San Clemente (Cuenca)
☎: +34 969 300 155
exportassistant@puentederus.com
www.puentederus.com

Camino de Rus Sauvignon Blanc 2023 B
100% sauvignon blanc
86

Colmillo de Lobo 2022 T BA
40% cabernet sauvignon, 40% tempranillo, 10% merlot, 5% syrah, 5% petit verdot
87

Paso de Buey 2019 T
40% cabernet sauvignon, 40% tempranillo, 10% merlot, 5% syrah, 5% petit verdot
88
Lieblich, korrekt, ausgewogen, würzig, trockene Kräuter, voll.

Pontevs 2020 T
60% tempranillo, 20% syrah, 10% cabernet sauvignon, 10% petit verdot
88
Korpulent, ausgewogen, würzig, reif, voll.

Pontevs Chardonnay 2022 B
100% chardonnay
86

Vista de Halcón B
80% sauvignon blanc, 20% verdejo
85

BODEGAS ROSALÍO ALONSO & CO
Bosque, 21
45350 Noblejas (Toledo)
☎: +34 677 460 225
bodegasrosalioalonso@gmail.com
www.bodegasrosalioalonso.com

Casa de Isaac Syrah 2020 T
100% syrah
89
Nach Eingemachtem, Röstaromen, geschmackvoll, reif, rauchig.

BODEGAS TRENZA
Felix Mendelsohn, 8
03730 Jávea (Alacant/Alicante)
☎: +34 965 790 012
bodegas@bodegastrenza.com
www.bodegatrenza.com

Acentuado Rose Organic 2023 RD
garnacha
88
Zitrusfrüchte, ausgewogen, würzig, trockene Kräuter.

Tofterup Brothers Organic Red 2023 T
tempranillo, syrah
88
Lieblich, korrekt, fruchtig, geschmackvoll, schlicht, rauchig.

Tofterup Brothers Organic Rose 2023 RD
garnacha, bobal
87

BODEGAS VENTA MORALES
Paraje Casas Alfaqui, 1
03650 Pinoso (Alacant/Alicante)
☎: +34 965 978 603
export@bodegasvolver.com
www.bodegasvolver.com

Venta Morales Ecológico 2023 B
87

VINOS DE LA TIERRA - CASTILLA / I.G.P.

BODEGAS VOLVER
Ctra de Pinoso a Fortuna, s/n
03658 Rodriguillo (Alacant/Alicante)
☎: +34 966 185 624
export@bodegasvolver.com
www.bodegasvolver.com

Paso a Paso Tempranillo 2023 T
100% tempranillo
90
Farbe: tiefes Kirschrot. Aroma: reifes Obst, trockene Kräuter, weiches Eichenholz. Mund: reife Früchte, würzig, reife Tannine.

Volver 2022 T
100% tempranillo
89
Nach Eingemachtem, korpulent, würzig, trockene Kräuter, intensive Röstaromen.

Volver Cuvée 2020 T GR
80% tempranillo, 20% cabernet sauvignon
92
Farbe: tiefes Kirschrot. Aroma: trockene Kräuter, weiches Eichenholz, aromatischer Kaffee, dunkle Früchte. Mund: kraftvoll, reife Früchte, würzig, reife Tannine.

BODEGAS Y VIÑEDOS CASA DEL VALLE
Ctra. de Yepes - Añover de Tajo, Km. 47,700
45313 Yepes (Toledo)
☎: +34 925 155 533
casadelvalle@bodegasolarra.es
www.bodegascasadelvalle.es

Hacienda Casa del Valle 2022 T
87

BODEGAS Y VIÑEDOS VALTRAVIESO
Finca La Revilla, s/n
47316 Piñel de Arriba (Valladolid)
☎: +34 983 484 030
comunicacion@valtravieso.com
www.valtravieso.com

Milcantos 2021 T
100% bobal
91
Farbe: tiefes Kirschrot. Aroma: trockene Kräuter, weiches Eichenholz, dunkle Früchte. Mund: kraftvoll, reife Früchte, würzig, grobkörnige Tannine.

BODEGAS YUNTERO
P.I. de Manzanares- Ctra. Alcazar
13200 Manzanares (Ciudad Real)
☎: +34 926 610 309
yuntero@yuntero.com
www.yuntero.com

Casa La Teja 2022 B
100% verdejo
86

Casa La Teja 2022 RD
100% garnacha
87

Casa La Teja 2022 T
100% syrah
86

CAPILLA DEL FRAILE
Francisco Vidal i Sureda, 23,
07015 Palma de Mallorca (Illes Balears/Islas Baleares)
☎: +34 675 217 334
direccion@gprocdf.com
www.fincacapilladelfraile.com

Capilla del Fraile Parcela Syrah 2020 T
87 ♣

Capilla del Fraile Petit Verdot 2018 T
petit verdot
89 ♣
Trockene Kräuter, reif, reduktiver Ausbau. Aroma: Buschwaldkräuter, Tabak, dunkle Früchte, reifes Obst, erdig. Mund: zartbitter.

CARRIL CRUZADO
Ctra. Iniesta-Villagarcía del Llano km. 13
16236 Villagarcía del Llano (Cuenca)
☎: +34 616 960 992
bodega@carrilcruzado.com
www.carrilcruzado.es

Carril Cruzado Selección Syrah 9 Meses Barrica 2021 T C
100% syrah
84

COOP. VINÍCOLA DEL CARMEN
Camino del Puente s/n
13610 Campo de Criptana (Ciudad Real)
☎: +34 926 561 257
bodega@vinicoladelcarmen.com
www.vinicoladelcarmen.com

D'Gigantes Airén 2023 B
airén
85

D'Gigantes Colombard 2023 B
colombard
86

COSECHEROS Y CRIADORES
Diputación, s/n
01320 Oyón (Araba/Álava)
☎: +34 945 601 944
nacional@cosecherosycriadores.com
www.familiamartinezbujanda.com

Infinitus Cabernet Sauvignon 2023 T
86

Infinitus Malbec 2023 T
100% malbec
86

Infinitus Moscatel B MO SD
100% moscatel
86

Infinitus Syrah 2023 T
100% syrah
87

Infinitus Tempranillo 2023 T
100% tempranillo
86

Infinitus Viura & Chardonnay 2023 B
viura, chardonnay
86

DCOOP S. COOP. AND WINE DIVISION
Calle Mencía s/n
13600 Alcázar de San Juan (Ciudad Real)
☎: +34 926 547 404
sara.rodriguez@dcoop.es
www.grupobaco.com

Hacienda Real Airén 2022 B
airén
86

Hacienda Real Cencibel 2022 T
cencibel
86

DEHESA DE LOS LLANOS
Ctra. De Las Peñas de San Pedro, km. 5,5
02006 Albacete (Albacete)
☎: +34 967 243 100
info@dehesadelosllanos.es
www.dehesadelosllanos.es

Mazacruz 2023 T
merlot, syrah
90
Farbe: tiefes Kirschrot, leuchtendes Kirschrot. Aroma: reifes Obst, trockene Kräuter, ausdrucksstark fruchtig, rote Früchte, dunkle Früchte, getrocknete Blumen. Mund: kraftvoll, reife Früchte, würzig, reife Tannine.

Mazacruz Cima 2022 T
cabernet sauvignon, merlot
90
Farbe: leuchtendes Kirschrot. Aroma: reifes Obst, Buschwaldkräuter. Mund: geschmackvoll, fruchtig, schöne Säure, lang.

Mazacruz Merlot 2023 T
merlot
90
Farbe: kirschrot mit violettem Saum. Aroma: ausdrucksstark fruchtig, rote Früchte, blumig, würzig. Mund: geschmackvoll, fruchtig, reife Früchte, nachwirkend fruchtig, ziemlich nachhaltig.

Mazacruz Sauvignon Blanc 2023 B
sauvignon blanc
88
Lieblich, blumig, fruchtig, kräuterig, sortenrein.

DOMINIO DE EGUREN
Camino de San Pedro, s/n
01309 Páganos (Araba/Álava)
☎: +34 945 600 590
marketing@sierracantabria.com
www.sierracamtabria.com

Códice 2022 T BA
90
Farbe: tiefes Kirschrot. Aroma: reifes Obst, trockene Kräuter, weiches Eichenholz, Röstaromen. Mund: kraftvoll, reife Früchte, würzig, reife Tannine.

Protocolo 2023 B
airén, macabeo
84

Protocolo 2023 RD
bobal, tempranillo
85

Protocolo Eco 2022 T
88
Reif, kraftvoll, warm, durchschnittlich am Gaumen.

VINOS DE LA TIERRA - CASTILLA / I.G.P.

Protocolo Eco 2023 B
macabeo
85 🌱

Protocolo Eco 2023 RD
85 🌱

DOMINIO DEL LINZE
Avda. Gregorio Prieto, 5
13300 Valdepeñas (Ciudad Real)
☎: +34 926 035 811
info@selecionlucendo.com
www.seleccionlucendo.com

El Linze 2022 T
tinto velasco, syrah
90 🌱
Farbe: tiefes Kirschrot, violetter Saum. Aroma: reifes Obst, trockene Kräuter, weiches Eichenholz, dunkle Früchte, würzig, rauchig. Mund: kraftvoll, reife Früchte, würzig, fruchtig, geschmackvoll, etwas austrocknend.

El Último Lobo 2022 T RB
88
Fruchtig, reif, rauchig, würzig, geschmackvoll, etwas austrocknend.

EL PROGRESO SDAD. COOP. CLM
Avda. de la Virgen, 89
13670 Villarubia de los Ojos (Ciudad Real)
☎: +34 926 896 135
info@bodegaselprogreso.com
www.bodegaselprogreso.com

Huertos de Palacio 2023 B
macabeo, verdejo, airén
82

Huertos de Palacio 2023 T
garnacha
86

Huertos de Palacio 2023 T BA
tempranillo
86

Medianiles 2023 B
airén
85 🌱

Medianiles 2023 T RB
84 🌱

Medianiles Tempranillo 2023 T
tempranillo
86 🌱

EL SAUCERAL
Finca El Sauceral, Ctra. CM 403, km 19
45127 Las Ventas con Peña Aguilera (Toledo)
☎: +34 684 041 747
administracion@parajes-invest.com
www.elsauceral.com

Acebrón 2022 T
tempranillo, petit verdot
89
Fruchtig, kräuterig, würzig, reif, kraftvoll, geschmackvoll.

La Peralosa 2022 T
syrah, cabernet sauvignon
90
Farbe: tiefes Kirschrot, violetter Saum. Aroma: reifes Obst, trockene Kräuter, weiches Eichenholz, welke Blumen. Mund: reife Früchte, würzig, reife Tannine, fruchtig, rauchig nachwirkend.

Puerto del Milagro 2022 T
syrah
90
Farbe: dunkles Kirschrot, kirschrot mit violettem Saum. Aroma: Röstaromen, würzig, feiner Kakao, dunkle Früchte, reifes Obst. Mund: geschmackvoll, Röstnoten, fruchtig, ziemlich nachhaltig.

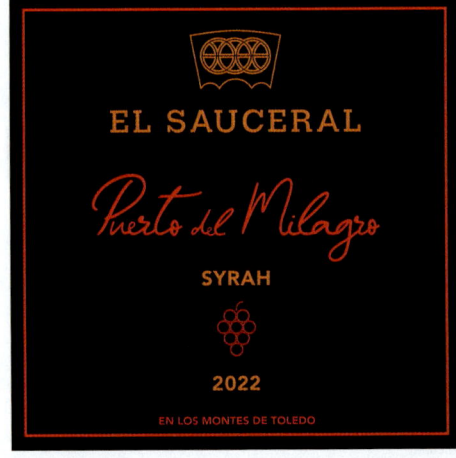

SPANIENS WEINFÜHRER

ENCOMIENDA DE CERVERA

CM-4111, KM 17 (Entrada Principal)
13270 Almagro (Ciudad Real)
☎: +34 663 732 209
hello@ecervera.com
www.encomiendadecervera.com

Sirena del Maar del Hielo 2023 B
90
Herb, warm, naschhaft. Farbe: leuchtendes Gelb. Aroma: kandierte Früchte, würzig, trockene Kräuter. Mund: geschmackvoll, geschmeidig, fruchtig, süß.

Vulcanus Macerado con pieles 2023 B
sauvignon blanc
90
Farbe: strohgelb. Aroma: reifes Obst, trockene Kräuter, welke Blumen. Mund: kraftvoll, reife Früchte, ausgewogen.

FAMILIA BASTIDA

C. Canónigo Lozano, 11
30520 Jumilla (Murcia)
☎: +34 968 780 142
info@familiabastida.com
www.familiabastida.com

Alceo Verdejo 2023 B
verdejo
87

Churubito Tempranillo 2023 T
100% tempranillo
86

Talma Garnacha 2023 T
100% garnacha
86

Talma Tempranillo 2023 T
100% tempranillo
87

FÉLIX SOLIS AVANTIS

Autovía del Sur, Km. 199
13300 Valdepeñas (Ciudad Real)
☎: +34 926 322 400
marketing@felixsolisavantis.com
www.felixsolisavantis.com

Viña Albali Cabernet Sauvignon 2023 T
cabernet sauvignon
86

Viña Albali Chardonnay 2023 B
chardonnay
87

Viña Albali Garnacha Rosé 2023 RD
87

Viña Albali Merlot 2023 T
merlot
85

Viña Albali Tempranillo Shiraz 2023 T
tempranillo, syrah
87

Viña Albali Verdejo Sauvignon Blanc 2023 B
verdejo, sauvignon blanc
85

FINCA ANTIGUA

Ctra. Quintanar - Los Hinojosos, Km. 11,5
16417 Los Hinojosos (Cuenca)
☎: +34 969 129 700
info@fincaantigua.com
www.familimartinezbujanda.com

Zagal de Finca Antigua 2021 T
100% tempranillo
88
Fruchtig, reif, würzig, Röstaromen.

FINCA CONSTANCIA

Camino del Bravo, s/n
45543 Otero (Toledo)
☎: +34 925 861 535
prensa@gonzalezbyass.com
www.fincaconstancia.es

Altos de la Finca 2018 T
60% petit verdot, 40% syrah
91
Farbe: kirschrot mit granatrotem Saum. Aroma: Früchtekonfit, kraftvoll, balsamisch, Wildkräuter. Mund: geschmackvoll, leicht süßlich, lang.

Finca Constancia Entre Lunas T BA
100% tempranillo
87

Finca Constancia Graciano Parcela 12 2019 T
graciano
90
Farbe: kirschrot mit violettem Saum. Aroma: ausdrucksstark fruchtig, würzig, dunkle Früchte, Schwarzer Pfeffer, Röstaromen. Mund: geschmackvoll, fruchtig, kraftvoll, rauchig nachwirkend.

Finca Constancia Selección 2021 T BA
88
Fruchtig, reif, schlicht, rustikal.

Finca Constancia Tempranillo Parcela 23 2022 T
87

VINOS DE LA TIERRA - CASTILLA / I.G.P.

VINOS DE LA TIERRA - CASTILLA / I.G.P.

**Finca Constancia
Verdejo Parcela 52 2021 B FB**
verdejo

89

Ausgewogen, frisch, kräuterig, leichte Reduktion.

**Universal Cabernet Sauvignon
Biodinámico 2023 T**
cabernet sauvignon

88 🍷

Kräuterig, reif, saftig.

FINCA EL REFUGIO

Ctra. CM-3102, km. 14,6
13630 Socuéllamos (Ciudad Real)
☎: +34 629 512 478
info@fincaelrefugio.es
www.fincaelrefugio.es

Dominio del Prior Petit Verdot 2016 T BA
petit verdot

90 🍷

Farbe: dunkles Kirschrot, granatroter Saum. Aroma: reifes Obst, Früchtekonfit, Noten von Tischlerei, Tabak, süße Gewürze, dunkle Früchte. Mund: würzig, reife Tannine, geschmackvoll.

**Legado Finca El Refugio
Cabernet Merlot 2015 T RB**
cabernet sauvignon, merlot

86 🍷

**Legado Finca El Refugio
Petit Verdot 2016 T**
petit verdot

86 🍷

**Legado Finca
El Refugio Syrah 2016 T**
syrah

88 🍷

Nach Eingemachtem, fruchtig, trockene Kräuter, würzig.

**Legado Finca El Refugio Tempranillo
2022 T RB**
tempranillo

85 🍷

**Quorum de Finca El Refugio
Private Collection 2012 T BA**
75% tempranillo, 25% petit verdot

91 🍷

Farbe: dunkles Kirschrot, granatroter Saum. Aroma: Früchtekonfit, Noten von Tischlerei, Tabak, süße Gewürze. Mund: würzig, reife Tannine.

FINCA LA ESTACADA

Ctra. N-400, Km. 103
16400 Tarancón (Cuenca)
☎: +34 969 327 099
comunicacion@fincalaestacada.com
www.fincalaestacada.com

Hello World Petit Verdot 2023 T
petit verdot

88 🍷

Fruchtig, reif, von Primäraromen beherrscht, würzig.

Ochoymedio Malbec 2023 T
malbec

86

**Secua
Cabernet-Syrah 2020 T R**
cabernet sauvignon, syrah

90

Farbe: KirsChrot. Aroma: balsamisch, süße Gewürze, Buschwaldkräuter, dunkle Früchte, schwarze Lakritze. Mund: würzig, schöne Säure, fruchtig, kräftige Tannine.

Secua Crianza en Lías 2023 B FB
viognier, sauvignon blanc

89

Angenehm, korrekt, blumig, reif, Hefenoten, geschmackvoll, wild.

Secua Merlot 2020 T C
merlot

90

Farbe: kirschrot mit violettem Saum. Aroma: ausdrucksstark fruchtig, rote Früchte, würzig, Wildkräuter, welke Blumen. Mund: geschmackvoll, fruchtig, schöne Säure, ziemlich nachhaltig, kräftige Tannine.

Viginti Cabernet Franc 2023 T
cabernet franc

87 🍷

FINCA LOS ALIJARES

Avda. de la Paz, 5
45180 Camarena (Toledo)
☎: +34 696 964 737
export@fincalosalijares.com
www.fincalosalijares.com

**Finca Los Alijares
Graciano 2021 T R**
graciano

89 🍷

Korpulent, kräuterig, reif, Röstaromen, geschmackvoll, würzig, balsamisch.

Finca Los Alijares Infiltrado 2022 B
viognier

89 🌱

Zitrusfrüchte. Farbe: strohgelb, goldfarben. Aroma: Steinobst, feine Hefen, reifes Obst. Mund: geschmackvoll, würzig.

FINCA RÍO NEGRO
Ctra. CM 1001, Km. 37,400
19230 Cogolludo (Guadalajara)
☎: +34 913 022 648
info@fincarionegro.com
www.fincarionegro.es

992 Finca Río Negro 2022 T
85% tempranillo, 10% syrah, 5% merlot

90

Farbe: tiefes Kirschrot. Aroma: reifes Obst, trockene Kräuter, weiches Eichenholz, dunkle Früchte, süße Gewürze, Schwarzer Pfeffer. Mund: kraftvoll, reife Früchte, würzig, kräftige Tannine.

Finca Río Negro 2020 T C
50% tempranillo, 30% cabernet sauvignon, 10% syrah, 5% merlot, tinto fragoso

91

Farbe: kirschrot mit violettem Saum. Aroma: Röstaromen, würzig, feiner Kakao, dunkle Früchte, reifes Obst, Schwarzer Pfeffer. Mund: geschmackvoll, Röstnoten, zartbitter, strukturiert, kräftige Tannine.

Finca Río Negro 5º Año 2019 T GR
70% tempranillo, 30% cabernet sauvignon

93

Farbe: tiefes Kirschrot, violetter Saum. Aroma: reifes Obst, trockene Kräuter, weiches Eichenholz, dunkle Früchte, schwarze Lakritze. Mund: kraftvoll, reife Früchte, würzig, trockene, aber reife Tannine, ausgewogen.

Finca Río Negro Cerro del Lobo 2021 T
100% syrah

93

Farbe: tiefes Kirschrot, violetter Saum. Aroma: reifes Obst, trockene Kräuter, weiches Eichenholz, dunkle Früchte, Schwarzer Pfeffer. Mund: kraftvoll, reife Früchte, würzig, reife Tannine, geschmackvoll, nachhaltig.

Finca Río Negro Gewürztraminer 2023 B
100% gewürztraminer

90

Farbe: strohgelb. Aroma: ausdrucksvoll, weiße Blumen, Jasmin, trockene Kräuter. Mund: geschmackvoll, fruchtig, ausgewogen.

GALÁN DE MEMBRILLA - BODEGAS REZUELO
Ctra. de La Solana, 34
13230 Membrilla (Ciudad Real)
☎: +34 926 636 616
rezuelored@hotmail.com
www.galandemembrilla.es

Rezuelo 7.0 Frizzante 2023 BE
moscatel grano menudo

84

Rezuelo Envejecido en Roble 2020 T
100% tempranillo

85

GRAN SELLO
Ctra. Villarrubia, 11
45350 Noblejas (Toledo)
☎: +34 945 150 189
araex@araex.com
www.araex.com

Gran Sello Garnacha Syrah Tempranillo 2018 T
34% garnacha, 33% syrah, 33% tempranillo

88

Korpulent, ausgewogen, würzig, trockene Kräuter, reif, Röstaromen.

Gran Sello Macabeo Verdejo 2023 B
70% macabeo, 30% verdejo

86

Gran Sello Rosé 2023 RD
100% tempranillo

86

Gran Sello Tempranillo Garnacha 2022 T
70% tempranillo, 30% garnacha

86

Gran Sello Tempranillo Syrah 2021 T
85% tempranillo, 15% syrah

87

HACIENDA ALBAE
Ctra. de Argamasilla de Alba
a Cinco Casas, km. 25.500
13710 Argamasilla de Alba (Ciudad Real)
☎: +34 667 109 422
administracion@haciendaalbae.com
www.haciendaalbae.com

Diablar 2021 T
100% syrah

88

Fruchtig, rauchig, würzig, reif, Röstaromen.

VINOS DE LA TIERRA - CASTILLA / I.G.P.

VINOS DE LA TIERRA - CASTILLA / I.G.P.

Hacienda Albae Cabernet Sauvignon 2021 T
100% cabernet sauvignon

87

Hacienda Albae Chardonnay 2023 B
100% chardonnay

85

Hacienda Albae Malbec 2022 T
100% malbec

86

Hacienda Albae Top 888 2016 T R
90% cabernet sauvignon, 5% merlot, 5% syrah

87

Hacienda Albae Viognier 2023 B
100% viognier

88

Angenehm, fruchtig, geschmackvoll.

HACIENDA VILLARTA

Ctra. Nacional 403, km. 48
45910 Escalona (Toledo)
☎: +34 913 441 990
agrovillarta@gmail.com
www.haciendavillarta.com

La Perdiz y El Tomillo 2 2022 T
100% garnacha

88

Fruchtig, reif, würzig, geschmackvoll, ausgeprägter Säuregehalt.

Tozara 2023 T RB
100% tempranillo

86

HAMMEKEN CELLARS

03700 Denia (Alacant/Alicante)
☎: +34 965 791 967
cellars@hammekencellars.com
www.hammekencellars.com

Allegranza Slightly Oaked Chardonnay 2023 B
chardonnay

88

Fruchtig, reif, Röstaromen, geschmackvoll, kräuterig.

Aroma d' Abril 2023 B
verdejo, viura, moscatel

87

Capa Tempranillo 2023 T
tempranillo

88

Korrekt, fruchtig, kräuterig, reif, geschmackvoll, etwas austrocknend.

Mirada Organic Rosé 2023 RD
bobal

90 🌿

Farbe: blassrosa. Aroma: elegant, rote Früchte, blumig, Kräutersäckchen. Mund: würzig, schöne Säure, zartbitter, fruchtig.

Nanit Orange Wine 2023 B
viura

90 🌿

Farbe: golden leuchtend. Aroma: Wildkräuter, ausdrucksstark fruchtig, kandierte Früchte, Orangenschale, getrocknete Blumen. Mund: frisch, fruchtig, schöne Säure, zartbitter, reife Früchte, ziemlich nachhaltig.

Radio Boka Rosé 2023 RD
tempranillo, bobal

88

Korrekt, fruchtig, naschhaft, reif, schlicht.

Radio Boka Tempranillo 2023 T
tempranillo

88

Fruchtig, reif, von Primäraromen beherrscht, schlicht.

Radio Boka Verdejo 2023 B
verdejo

88

Kräuterig, fruchtig, frisch, geschmackvoll.

HEREDAD DE ATENCIA

Acacio Moreno, 4
02600 Villarrobledo (Albacete)
☎: +34 967 138 457
bodegas@heredad-atencia.com
www.heredad-atencia.com

Atencia 2015 T BA
30% cabernet sauvignon, 20% syrah, 16% touriga nacional, 12% tempranillo, 12% tinta de Toro, 5% petit verdot

88

Ausgewogen, würzig, trockene Kräuter, reif, geschmackvoll, Röstaromen.

N-A De Atencia 2014 T BA
70% cabernet franc, 15% petit verdot, 15% carmenère

92

Farbe: tiefes Kirschrot. Aroma: trockene Kräuter, weiches Eichenholz, dunkle Früchte, Buschwaldkräuter. Mund: kraftvoll, reife Früchte, würzig, reife Tannine.

INN WINE BODEGAS Y VIÑEDOS
Albacete, 1
13630 Socuéllamos (Ciudad Real)
☎: +34 689 038 238
info@innwine.com
www.innwine.com

Airén Selección 2023 B
airén
88
Trockene Kräuter, Hefenoten, ausgewogen, frisch.

Malaño Airén Plus 2023 B
airén
89
Korrekt, getrocknete Blumen, ausgewogen, mild. Aroma: Nüsse.

Viña Veneración 2023 B
chardonnay, airén
88
Ausgewogen, fruchtig, kräuterig, frisch, würzig.

LA BALLESTERA
Ctra. Casterllar de Santiago-Torre de Juan Abad, Km. 27
13750 Castellar de Santiago (Ciudad Real)
☎: +34 657 784 214
isabel.zafra@laballestera.com
www.laballestera.com

La Ballestera Club de la Barrica 2021 T C
syrah, cabernet sauvignon, petit verdot
89
Ausgewogen, würzig, vegetabil, reif.

La Ballestera Club de la Barrica 2022 T C
petit verdot, cabernet sauvignon, syrah
91
Poliert, naschhaft. Farbe: tiefes Kirschrot. Aroma: trockene Kräuter, weiches Eichenholz, dunkle Früchte. Mund: reife Früchte, würzig, reife Tannine.

La Ballestera Tinto Guarda Magnum 2021 T C
petit verdot
91
Farbe: tiefes Kirschrot. Aroma: trockene Kräuter, weiches Eichenholz, dunkle Früchte. Mund: reife Früchte, würzig, reife Tannine.

La Ballestera Tinto Guarda Magnum 2022 T C
petit verdot
90
Farbe: tiefes Kirschrot. Aroma: trockene Kräuter, weiches Eichenholz, dunkle Früchte. Mund: reife Früchte, würzig, reife Tannine.

LOS GREDALES DE EL TOBOSO
Paloma, s/n
45820 El Toboso (Toledo)
☎: +34 609 662 668
export@bodegalosgredales.com
www.bodegalosgredales.com

Los Gredales de El Toboso Cabernet Sauvignon 2022 T RB
cabernet sauvignon
89
Korpulent, markante Eiche, Cremig, würzig, geschmackvoll, reif.

Los Gredales de El Toboso Rosé 2023 B
100% garnacha
88
Lieblich, fruchtig, kräuterig, mild.

Los Gredales de El Toboso Sauvignon Blanc 2023 B
sauvignon blanc
89
Ausgewogen, kräuterig, Zitrusfrüchte, flüssig am Gaumen.

Los Gredales de El Toboso Syrah 2022 T RB
100% syrah
90
Lieblich. Farbe: kirschrot mit violettem Saum. Aroma: ausdrucksstark fruchtig, blumig, würzig, dunkle Früchte. Mund: geschmackvoll, fruchtig, schöne Säure.

Los Gredales de El Toboso Syrah 2023 T
100% syrah
88
Ausgewogen, würzig, Waldfinsternis, reif.

MONT REAGA
Ctra. N-420, Km. 333,200
16649 Monreal del Llano (Cuenca)
☎: +34 645 769 801
mont-reaga@mont-reaga.com
www.mont-reaga.com

Blanco de Montreaga 2022 B FB
verdejo
90
Farbe: leuchtendes Strohgelb. Aroma: reifes Obst, blumig, Steinobst. Mund: geschmackvoll, frisch, schöne Säure, nachwirkend fruchtig.

VINOS DE LA TIERRA - CASTILLA / I.G.P.

VINOS DE LA TIERRA - CASTILLA / I.G.P.

Fata Morgana Dulce 2019 T D
100% merlot
91 🏆
Farbe: mattes Kirschrot, ockerfarbener Saum. Aroma: balsamisch, Buschwaldkräuter, trockene Kräuter, überreife Früchte, dunkle Früchte. Mund: süß, schöne Säure, ausgewogen, balsamisch.

La Esencia de MontReaga 2019 T
syrah
90 🏆
Ausgewogen, würzig, leichte Reduktion, reif, wild.

Las Liras 2014 T GR
cabernet sauvignon
89
Alt, Röstaromen, trockene Kräuter, reif, mineralisch.

MontReaga El Secreto 2014 T
88
Alt, ausgewogen, würzig, geschmackvoll. Aroma: Zigarren, Fleischnoten.

MontReaga Tempo 2019 T
cabernet sauvignon, syrah
88 🏆
Ausgewogen, würzig, kräuterig, wild, mineralisch.

MONTEMUNDO UVAS Y VINOS
Calle El Pardal, 144
02449 Aldea El Pardal (Molinicos) (Albacete)
☎: +34 627 158 445
vinos@montemundo.com
www.montemundo.com

Doña Burra 2022 T
pardilla, jarrosuelto, moravia, monastrell, bobal
91
Farbe: KirsChrot. Aroma: Buschwaldkräuter, erdig, Nuancen von Tonerde, Wachs. Mund: würzig, geschmackvoll.

MUREDA ALIMENTACIÓN
Autovía Andalucía, Km. 184,1
13300 Valdepeñas (Ciudad Real)
☎: +34 926 318 058
administracion@mureda.es
www.mureda.es

Mureda 2023 RD
100% garnacha
84 🏆

Mureda Cabernet Sauvignon 2023 T
100% cabernet sauvignon
88 🏆
Fruchtig, reif, aromatisch, blumig, geschmackvoll.

Mureda Sauvignon Blanc 2023 B
85 🏆

Mureda Sauvignon Blanc Verdejo 2023 B S
50% sauvignon blanc, 50% verdejo
86 🏆

Mureda Syrah 2023 T
100% syrah
86 🏆

Mureda Tempranillo Syrah 2023 T
50% tempranillo, 50% syrah
86 🏆

PAGO CASA DEL BLANCO
Ctra. Manzanares -Moral de Calatrava km.23,200
13200 Manzanares (Ciudad Real)
☎: +34 619 306 251
comercial@pagocasadelblanco.com
www.pagocasadelblanco.com

Demente 2021 T
syrah
87

Mente T
tempranillo, merlot
88
Würzig, fruchtig, reif, Röstaromen, etwas austrocknend.

Veo Veo 2023 T
garnacha
86

PIES VIEJOS PARAJES Y VIÑEDOS+
Rafael Llamazares González, 2
13300 Valdepeñas (Ciudad Real)
☎: +34 610 551 360
piesviejos@piesviejos.com
www.piesviejos.com

La Viña es Bella 2021 T
garnacha
89
Fruchtig, trockene Kräuter, würzig, Röstaromen, rauchig, reif.

Orange Wine by Pie Viejos "OW" 2022 B
100% airén
90
Farbe: golden leuchtend. Aroma: reifes Obst, komplex, getrocknete Blumen. Mund: frisch, fruchtig, würzig, ziemlich nachhaltig.

πes Irracional OW 2022 B
airén

91

Farbe: Altgold. Aroma: gebackenes Obst, Buschwaldkräuter, würzig, Orangenschale, eine Spur Waldbeeren. Mund: fruchtig, frisch, geschmackvoll, ziemlich nachhaltig, etwas austrocknend.

TRES REYES

Ctra. Villarrubia, 11
45350 Noblejas (Toledo)
☎: +34 945 150 189
araex@araex.com
www.araex.com

Tres Reyes Colección 2018 T
50% tempranillo, 50% syrah

88

Ausgewogen, trockene Kräuter, reif, Röstaromen, durchschnittlich am Gaumen.

Tres Reyes Macabeo Verdejo 2023 B
70% macabeo, 30% verdejo

86

Tres Reyes Tempranillo Syrah 2021 T
85% tempranillo, 15% syrah

87

VINÍCOLA DE CASTILLA

Pol. Ind. Calle Unión Europea, Parcela B5
13200 Manzanares (Ciudad Real)
☎: +34 926 647 800
nacional@vinicoladecastilla.com
www.vinicoladecastilla.com

Guadianeja Macabeo 2023 B
macabeo

88

Aromatisch, fruchtig, tropische, geschmackvoll, schlicht.

Guadianeja Paraje Alto Hungrao 2021 T
tempranillo

88

Nach Eingemachtem, korpulent. Aroma: Weihrauch, rauchig. Mund: trockene, aber reife Tannine.

Pago Peñuelas Tempranillo 2023 T
tempranillo

86

Pago Peñuelas Verdejo 2023 B
verdejo

84

VINOS DE LA TIERRA - CASTILLA / I.G.P.

VINÍCOLA DE TOMELLOSO
Ctra. Toledo - Albacete, Km. 130,8
13700 Tomelloso (Ciudad Real)
☎: +34 926 513 004
vinicola@vinicoladetomelloso.com
www.vinicolatomelloso.com

Alsur Natura Tempranillo-Cabernet Sauvignon 2023 T
tempranillo, cabernet sauvignon
86

Alsur Natura Verdejo-Sauvignon Blanc 2023 B
verdejo, sauvignon blanc
85

El Viñedo de la Vida Tempranillo-Cabernet Sauvignon 2023 T
tempranillo, cabernet sauvignon
86

El Viñedo de la Vida Verdejo-Sauvignon Blanc 2023 B
verdejo, sauvignon blanc
85

VINÍCOLA DE VALDEPEÑAS
Autovía Madrid - Andalucía, km. 198,3
13300 Valdepeñas (Ciudad Real)
☎: +34 926 347 074
coovival@gmail.com
www.coovival.com

V5 By Concejal Chardonnay 2022 B
chardonnay
88
Holzig, Röstaromen, geschmackvoll, würzig. Aroma: Steinobst, reifes Obst.

V5 Orange Wine 2022 B
macabeo
88
Aromatisch, trockene Kräuter, Zitrusfrüchte, geschmackvoll, nachhaltig, wild.

VINOS COLOMAN
Goya, 17
13620 Pedro Muñoz (Ciudad Real)
☎: +34 699 080 979
direccion@satcoloman.com
www.satcoloman.com

Pedroteño Airén 2023 B
100% airén
85

Pedroteño Tempranillo 2023 T
tempranillo
86

VINOS DAVID AUÑÓN
13320 Villanueva de Los Infantes (Ciudad Real)
☎: +34 600 531 264
vinos@davidaunon.com
www.davidaunon.com

Mother Mary 2023 B SS
50% airén, 50% verdejo
86

VINOS LA ENCOMIENDA
Bernardo Balbuena, 131-A
13300 Valdepeñas (Ciudad Real)
☎: +34 660 421 553
gregorio@vinoslaencomienda.com
www.vinoslaencomienda.com

Himilce 2022 B
viognier
87

Oretano 2022 T RB
cencibel, syrah, garnacha
88
Fruchtig, reif, würzig, geschmackvoll, Röstaromen.

Orissón 2021 T
cencibel, syrah, cabernet franc
89
Fruchtig, würzig, Röstaromen, etwas austrocknend, reif.

VINOS LLÁMALO X
Pol. 147 Parc. 52
02600 Villarrobledo (Albacete)
☎: +34 625 163 506
contacto@vinosllamalox.es
www.vinosllamalox.es

Caminollano Airén Brisado Tinaja 2022 B
airén
88
Oxidativ, würzig, trockene Kräuter, Zitrusfrüchte, ausgewogen.

Llámalo X 2022 T
cencibel, bobal, crujidera
89
Ausgewogen, würzig, fruchtig, kräuterig, reif.

Vestigium Cencibel 2022 T
cencibel
90
Farbe: tiefes Kirschrot. Aroma: trockene Kräuter, dunkle Früchte, geröstetes Brot, süße Gewürze. Mund: reife Früchte, würzig, reife Tannine.

Vestigium Crujidera 2022 T
crujidera
89
Ausgewogen, würzig, fruchtig, frisch, trockene Kräuter, korrekt.

Vestigium Monastrell 2022 T
monastrell
90
Farbe: kirschrot mit violettem Saum. Aroma: rote Früchte, blumig, würzig, dunkle Früchte. Mund: geschmackvoll, fruchtig, schöne Säure.

VINOS SIERRA NORTE
Ctra. de Munera La Roda, Km. 31,8
02630 La Roda (Albacete)
☎: +34 962 323 099
info@bodegasierranorte.com
www.bodegasierranorte.com

1564 Petit Verdot 2020 T BA
petit verdot
88 🌱
Korpulent, vegetabil, würzig, reif, Röstaromen.

1564 Syrah 2021 T BA
syrah
88 🌱
Korpulent, ausgewogen, würzig, trockene Kräuter, reif.

1564 Viognier 2022 B BA
viognier
88 🌱
Korrekt, würzig, reif, geschmackvoll, fruchtig. Mund: fett.

Olcaviana Chardonnay 2023 B
chardonnay
86 🌱

Olcaviana Sauvignon Blanc 2023 B
sauvignon blanc
86 🌱

Olcaviana Verdejo 2023 B
verdejo
85 🌱

VINOS SIMBIOSIS
16234 Casas de Santa Cruz (Cuenca)
☎: +34 672 551 373
vinosimbiosis@gmail.com

Sape 2022 T
syrah
88
Nach Eingemachtem, trockene Kräuter, reif, Röstaromen, rauchig.

Simbiosis 2017 BE GR BN
airén, xarel.lo, hondarrabi zuri
88
Lieblich, reif, geschmackvoll, bitter. Aroma: Karamel, getrocknete Blumen, welke Blumen. Mund: grobe Blasen.

Simbiosis Airén de Tinaja 2022 B
airén
88
Ausgewogen, frisch, kräuterig, Hefenoten.

Simbiosis Bobal Sincero 2022 T
bobal
91
Farbe: kirschrot mit violettem Saum. Aroma: ausdrucksstark fruchtig, rote Früchte, blumig, würzig. Mund: geschmackvoll, fruchtig, schöne Säure, fleischig.

VINOS Y BODEGAS TORRES ROMERO
Gran Via Ramon y Cajal 55-14
46007 València/Valencia (València/Valencia)
☎: +34 692 110 292
atorres@quijotealimentacion.com

Canyamel 2015 T RB
cabernet sauvignon, tempranillo
87 🌱

Canyamel 2022 T
tempranillo
86 🌱

Torres Romero Ed. Limitada Tempranillo 2015 T
tempranillo
88 🌱
Reduziert, nach Eingemachtem, stumpf, beschädigtes Obst, trockene Kräuter. Aroma: Tabak.

Torres Romero Ed.Limitada Cabernet Sauvignon y Merlot 2015 T
cabernet sauvignon, merlot
88 🌱
Waldfinsternis, korrekt, alt, würzig, vegetabil.

VINOS DE LA TIERRA - CASTILLA / I.G.P.

VINOS DE LA TIERRA - CASTILLA / I.G.P.

Torres Romero Petit Verdot Coleccion Privada 2021 T
petit verdot
89
Balsamisch, Waldfinsternis, korpulent, würzig, vegetabil, geschmackvoll, etwas austrocknend.

VIÑEDOS BALMORAL
Ctra. Casas Ibáñez desvío Casas D. Pedro
02690 Alpera (Albacete)
☎: +34 967 508 382
info@vinedosbalmoral.com
www.vinedosbalmoral.com

Edoné Gran Cuvée 2018 BE EBR
chardonnay, pinot noir
87

Maravides Chardonnay 2023 B
chardonnay
85

Maravides Syrah 2022 T
syrah
87

VIÑEDOS CIGARRAL SANTA MARÍA
Cerro del Emperador, s/n
45001 Toledo (Toledo)
☎: +34 639 330 991
adolfo@adolfo-toledo.com
www.grupoadolfo.com

Pago del Ama Colección 45 Aniversario 2021 T
syrah, merlot, tempranillo, cabernet sauvignon
88
Kraftvoll, warm, nach Eingemachtem, Röstaromen, stumpf, trockene Kräuter.

VIÑEDOS Y BODEGAS ALTO BUEN GRADO
Pol. Ind. Unión Europea, Parc.12-13
13200 Manzanares (Ciudad Real)
☎: +34 926 647 800
nacional@vinicoladecastilla.com
www.vinicoladecastilla.com

Olimpo Cencibel 2021 T
cencibel
91
Farbe: kirschrot mit granatrotem Saum. Aroma: Früchtekonfit, kraftvoll, Schokolade, Röstaromen, Tabak. Mund: geschmackvoll, leicht süßlich, lang.

Olimpo 2021 T RB
cencibel
88
Lieblich, korrekt, fruchtig, reif, wild, ausgewogen, kräuterig, würzig.

Olimpo Chardonnay 2022 B
chardonnay
91
Farbe: leuchtendes Gelb. Aroma: weiches Eichenholz, reifes Obst, würzig. Mund: strukturiert, lang, Röstnoten, zartbitter.

VIÑEDOS Y BODEGAS MUÑOZ
Ctra. Villarrubia, 11
45350 Noblejas (Toledo)
☎: +34 925 140 070
info@bodegasmunoz.com
www.bodegasmunoz.com

Blas Muñoz Cepas Viejas 2021 T
tempranillo
91
Farbe: leuchtendes Kirschrot. Aroma: ausdrucksstark fruchtig, reifes Obst, dunkle Früchte, rauchig, würzig, trockene Kräuter. Mund: fruchtig, geschmackvoll, ausgewogen, rauchig nachwirkend, kräftige Tannine.

Blas Muñoz Chardonnay 2022 B
chardonnay
88
Korpulent, Cremig, ausgewogen, würzig, kräuterig, reif, holzig.

Blas Muñoz Essentia 2022 T C
89
Nach Eingemachtem, Röstaromen, trockene Kräuter, korpulent.

Finca Muñoz Colección de la Familia 2021 T
90
Farbe: tiefes Kirschrot. Aroma: reifes Obst, trockene Kräuter, weiches Eichenholz, dunkle Früchte, süße Gewürze. Mund: kraftvoll, reife Früchte, würzig, reife Tannine, fruchtig, geschmackvoll.

Finca Muñoz Colección de la Familia 2023 B BA
chardonnay, sauvignon blanc
89
Kräuterig, lebhaft, wild, fruchtig, frisch, geschmackvoll.

Legado Muñoz Cencibel 2021 T
cencibel
88
Ausgewogen, würzig, reif, kraftvoll.

Legado Muñoz Chardonnay 2023 B
chardonnay
87

Legado Muñoz Garnacha 2023 T
garnacha
87

Legado Muñoz Macabeo Verdejo 2023 B
macabeo, verdejo
87

Legado Muñoz Tempranillo 2023 T
tempranillo
87

VIRGEN DE LAS VIÑAS BODEGA Y ALMAZARA
Ctra. Argamasilla de Alba, 1
13700 Tomelloso (Ciudad Real)
☎: +34 926 510 865
export.assistant@vinostomillar.com
www.vinostomillar.es

Lienzo Airén BE BN
87

Lienzo Airén Pie Franco 2022 B
89
Mild, fruchtig, geschmackvoll, angenehm.

Lienzo Cabernet Sauvignon Tempranillo Merlot 2018 T
cabernet sauvignon, tempranillo, merlot
89
Ausgewogen, nach Eingemachtem, vegetabil, reif, würzig.

Lienzo Chardonnay 2022 B FB
89
Aroma: kraftvoll, weiches Eichenholz, reifes Obst, würzig, Steinobst. Mund: fett, strukturiert, lang, Röstnoten.

Sentir B
85 🌿

Sentir RD
garnacha, tempranillo
85 🌿

Sentir T
86

VT CASTILLA / CAMPO DE CALATRAVA

BODEGAS NARANJO
Felipe II, 5
13150 Carrión de Calatrava (Ciudad Real)
☎: +34 687 045 574
comercial@bodegasnaranjo.com
www.bodegasnaranjo.com

Casa de la Dehesa 2020 T C
100% cencibel
87

Lahar de Calatrava 2022 T
60% malbec, 40% syrah
84

Lahar de Calatrava 2023 B FB
100% sauvignon blanc
86

Lahar de Calatrava Selección 2023 B
60% moscatel de alejandría, 40% macabeo
85

Viña Cuerva 2019 T RB
100% tempranillo
87

Viña Cuerva 2023 T
100% tempranillo
87

Viña Cuerva Airén 2023 B
100% airén
85

BODEGAS QUINTA DE AVES
Ctra. CR-5222, Km. 11,200
13350 Moral de Calatrava (Ciudad Real)
☎: +34 915 716 514
hello@quintadeaves.es
www.quintadeaves.es

Quinta de Aves Cabernet Franc & Graciano Rosé 2023 RD
cabernet franc, graciano
88
Aromatisch, fruchtig, Süßwaren, geschmackvoll.

Quinta de Aves Coupage 2022 T C
tempranillo, merlot, graciano, cabernet franc
90
Aromatisch, wild. Aroma: trockene Kräuter, ausgewogen, mit Charakter, Getreidenoten. Mund: geschmackvoll.

VINOS DE LA TIERRA - CASTILLA/CAMPO DE CALATRAVA / I.G.P.

VINOS DE LA TIERRA - CASTILLA Y LEÓN / I.G.P.

Quinta de Aves Phoenix 2021 T C
tempranillo

91

Farbe: KirsChrot. Aroma: reifes Obst, trockene Kräuter, getrocknete Blumen. Mund: reife Früchte, würzig, lang, fruchtig, süffig.

Quinta de Aves Syrah 2023 T
syrah

90 ♣

Fruchtig, reif, geschmackvoll. Farbe: tiefes Kirschrot. Aroma: reifes Obst, trockene Kräuter. Mund: kraftvoll, reife Früchte, reife Tannine.

DOMINIO DEL LINZE
Avda. Gregorio Prieto, 5
13300 Valdepeñas (Ciudad Real)
☎: +34 926 035 811
info@seleccionlucendo.com
www.seleccionlucendo.com

El Linze 2023 B FB
chardonnay, viognier

89 ♣

Unehrlich, aromatisch, fruchtig, würzig, Röstaromen.

VT CASTYLE

AALTO BODEGAS Y VIÑEDOS
Paraje Vallejo de Carril, s/n
47360 Quintanilla de Arriba (Valladolid)
☎: +34 983 036 949
aalto@aalto.es
www.aalto.es

Aalto Blanco de Parcela – Fuente de Las Hontanillas 2022 B

94

Komplex. Farbe: leuchtendes Strohgelb. Aroma: reifes Obst, blumig, feine Hefen, mineralisch, Phosphor. Mund: komplex, würzig, lang, elegant.

ALTA PAVINA
Camino de Santibáñez, s/n
47328 La Parrilla (Valladolid)
☎: +34 674 891 592
comercial@altapavina.com
www.altapavina.com

Alta Pavina Pinot Noir 2022 T RB
100% pinot noir

87

Alta Pavina Pinot Noir 2023 RD
100% pinot noir

88

Aromatisch, lieblich, blumig, fruchtig, korrekt, Leichtwein.

Citius Pinot Noir 2019 T
100% pinot noir

90

Farbe: kirschrot mit violettem Saum. Aroma: ausdrucksstark fruchtig, rote Früchte, blumig, würzig. Mund: geschmackvoll, fruchtig, schöne Säure, ziemlich nachhaltig.

Pago La Pavina 2019 T
tempranillo, cabernet sauvignon

90

Farbe: KirsChrot. Aroma: balsamisch, Buschwaldkräuter, reifes Obst. Mund: würzig, balsamisch, schöne Säure, reife Tannine.

Pavina Red 2020 T
75% tempranillo, 25% pinot noir

89

Angenehm, korrekt, reif, geschmackvoll, wild, würzig. Mund: süffig.

Pavina Verdejo 2023 B
100% verdejo

88

Aromatisch, korrekt, fruchtig, beschädigtes Obst, mild.

ALVAR DE DIOS
Higinio Vázquez, 29
49154 El Pego (Zamora)
hola@alvardedios.com
www.alvardedios.com

Aciano 2020 T
tempranillo

92 ♣

Farbe: kirschrot mit granatrotem Saum. Aroma: balsamisch, reifes Obst, Buschwaldkräuter, Moschus-Noten, animalische Noten. Mund: geschmackvoll, balsamisch, würzig.

Camino de los Arrieros 2021 T

91

Angenehm, mit Persönlichkeit, wenig interventionistisch, wild, mild, Waldfinsternis. Aroma: Moschus-Noten, Schwarzer Pfeffer. Mund: süffig, ausgewogen.

Tío Uco 2023 T
90% tinta de Toro, 10% garnacha

90

Korrekt, saftig, reif, von Primäraromen beherrscht. Aroma: rote Früchte, reifes Obst, offen, ausgewogen. Mund: fruchtig, saftig.

ÁLVAREZ DE TOLEDO

Río Selmo, 8
24560 Toral de los Vados (León)
☎: +34 987 544 831
admon@bodegasalvarezdetoledo.com
www.bodegasalvarezdetoledo.com

Álvarez de Toledo Colección Familia 2022 T
93
Aromatisch, komplex. Farbe: tiefes Kirschrot. Aroma: reifes Obst, trockene Kräuter, weiches Eichenholz. Mund: kraftvoll, reife Früchte, würzig, reife Tannine.

Álvarez de Toledo Verdejo Godello 2023 B
88
Aromatisch, fruchtig, geschmackvoll, mild.

Marqués de Toro 2023 T
91
Farbe: KirsChrot. Aroma: ausdrucksvoll, würzig, reifes Obst. Mund: voll, lang, nachhaltig.

Señorío de la Antigua Mencía 2023 T
91
Farbe: tiefes Kirschrot. Aroma: reifes Obst, trockene Kräuter, weiches Eichenholz. Mund: reife Früchte, würzig, reife Tannine.

ÁLVAREZ Y DÍEZ

Juan Antonio Carmona, 12
47500 Nava del Rey (Valladolid)
☎: +34 983 850 136
bodegas@alvarezydiez.com
www.alvarezydiez.com

Labyrinthvs Petra 2022 B
91 ❦
Farbe: leuchtendes Gelb. Aroma: reifes Obst, würzig, Buschwaldkräuter. Mund: strukturiert, Röstnoten, zartbitter, ausgewogen.

AVELINO VEGAS

Grupo Calvo Sotelo, 8
40460 Santiuste de San Juan Bautista (Segovia)
☎: +34 921 596 002
ana@avelinovegas.com
www.avelinovegas.com

Nicte Prieto Picudo 2023 RD
prieto picudo
89
Zitrusfrüchte, fruchtig, kräuterig, geschmackvoll.

Vegas Colección 2022 T
cabernet sauvignon, petit verdot
88
Ausgewogen, würzig, frisch, fruchtig, kräuterig, saftig, reif.

Vegas Colección 2023 B
verdejo, sauvignon blanc, viognier
87

Vegas Colección 2023 RD
tempranillo, prieto picudo
88
Korrekt, ausgewogen, fruchtig, kräuterig.

BARCO DEL CORNETA

Carreventosa, 7
47491 La Seca (Valladolid)
☎: +34 648 454 958
info@barcodelcorneta.com
www.barcodelcorneta.com

Barco del Corneta 2022 B FB
verdejo
93 ❦
Wenig interventionistisch. Farbe: leuchtendes Strohgelb. Aroma: reifes Obst, Kräutersäckchen, feine Hefen, weiße Blumen. Mund: voll, fett, lang, schöne Säure.

Cucú (Cantaba la Rana) 2023 B
90 ❦
Farbe: leuchtendes Strohgelb, grünlicher Saum. Aroma: frisches Obst, Zitrusfrüchte, Wildkräuter. Mund: frisch, fruchtig, schöne Säure, zartbitter.

Tres Navíos 2021 T
tempranillo
92
Farbe: KirsChrot. Aroma: balsamisch, süße Gewürze, Buschwaldkräuter, reifes Obst, dunkle Früchte, rote Früchte. Mund: würzig, balsamisch, schöne Säure.

Tres Navíos 2022 RD
89
Hefenoten, wenig interventionistisch, fruchtig.

VINOS DE LA TIERRA - CASTILLA Y LEÓN / I.G.P.

BELONDRADE
Paraje de los Levantes, Quinta San Diego
47491 La Seca (Valladolid)
☎: +34 983 481 001
info@belondrade.com
www.belondrade.com

Belondrade Quinta Apolonia 2023 B
95% verdejo, 5% otras

92

Farbe: leuchtendes Strohgelb, grünlicher Saum. Aroma: frisches Obst, Wildkräuter, trockene Kräuter, Phosphor, Anisnoten. Mund: frisch, fruchtig, schöne Säure, zartbitter.

Belondrade Quinta Clarisa 2023 RD
60% syrah, 40% tempranillo

91

Farbe: himbeerrot. Aroma: ausdrucksstark fruchtig, rote Früchte, blumig. Mund: fruchtig, schöne Säure, abgerundet.

BODEGA CUATRO RAYAS
Camino de la Fuentecilla, s/n
47491 La Seca (Valladolid)
☎: +34 983 816 320
comunicacion@cuatrorayas.es
www.cuatrorayas.es

Cuatro Rayas 10 meses en Barrica Tempranillo 2021 T
100% tempranillo

87

Cuatro Rayas 10 meses en Barrica Tempranillo 2022 T
100% tempranillo

87

Cuatro Rayas Blush Rosé 2023 RD
50% tempranillo, 50% verdejo

88

Zitrusfrüchte, frisch, kräuterig, Hefenoten, fruchtig.

Cuatro Rayas Organic Rosé Tempranillo-Verdejo 2023 RD
50% tempranillo, 50% verdejo

87

Cuatro Rayas Organic Tempranillo 2023 T
100% tempranillo

89

Ausgewogen, würzig, kräuterig, geschmackvoll.

Dolce Bianco Verdejo Frizzante 2023 BE AG SD

84

Green & Social Tempranillo 2023 T
tempranillo

88

Ausgewogen, würzig, flüssig am Gaumen, fruchtig, kräuterig.

Pisuerga Verdejo 2021 B
100% verdejo

93

Farbe: leuchtendes Gelb. Aroma: ausdrucksvoll, feine Hefen, mineralisch, Hefenoten, wenig Hefen, kandierte Früchte. Mund: komplex, würzig, lang, salzig.

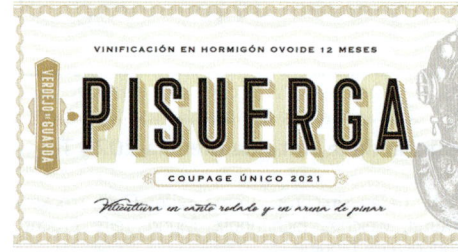

BODEGA EL REGAJAL
Antigua Ctra. de Andalucía, Km. 50.5
28300 Aranjuez (Madrid)
☎: +34 913 078 903
reservas@elregajal.es
www.elregajal.es

Galia Clos Santuy 2020 T
tinto fino, albillo

94

Lieblich, fruchtig. Farbe: kirschrot mit violettem Saum. Aroma: rote Früchte, blumig, würzig, komplex, ausdrucksvoll. Mund: geschmackvoll, fruchtig, schöne Säure, lang.

Las Aldeas de Galia 2023 T
92
Farbe: leuchtendes Kirschrot. Aroma: frisches Obst, weiches Eichenholz, Buschwaldkräuter. Mund: schöne Säure, würzig, feinkörnige Tannine.

BODEGA FINCA FUENTEGALANA
Km. 65 M-501
05429 Navahondilla (Ávila)
☎: +34 646 843 231
info@fuentegalana.com
www.fuentegalana.com

La Viña de Ramón 2019 T
garnacha
89
Korpulent, ausgewogen, würzig, trockene Kräuter, reif, geschmackvoll.

Soplón de Albillo Real 2021 B
albillo real
90
Farbe: leuchtendes Gelb. Aroma: reifes Obst, trockene Kräuter, welke Blumen, Zitronenbombon. Mund: reife Früchte, ausgewogen, fruchtig, würzig.

Telúrico 2022 T
syrah
86

BODEGA HINOJAR
Cabachuela, 12
09454 Hinojar del Rey (Burgos)
☎: +34 647 514 122
info@hinojar.wine
www.hinojar.wine

Celtibero 2020 T
100% tempranillo
90
Farbe: tiefes Kirschrot. Aroma: trockene Kräuter, weiches Eichenholz, rote Früchte, dunkle Früchte. Mund: kraftvoll, reife Früchte, würzig, reife Tannine.

Visigodo 2021 T RB
tempranillo
89
Angenehm, fruchtig, reif, geschmackvoll.

BODEGA MUELAS
Santa María, 3
47100 Tordesillas (Valladolid)
☎: +34 680 248 368
info@bodegamuelas.com
www.bodegamuelas.com

Lagartolapeña 2022 B SD
verdejo, moscatel
88
Zitrusfrüchte, süß, kräuterig, geschmackvoll, reif.

Mvedra 2008 T GR
100% tempranillo
91
Klassisch, alt. Aroma: , feine Reduktionsnoten, dunkle Früchte, ausdrucksvoll, erdig. Mund: geschmackvoll, reife Tannine, ausgewogen, abgerundet, süffig.

Mvedra 2009 T GR
100% tempranillo
92
Farbe: dunkles Kirschrot. Aroma: reifes Obst, Früchtekonfit, Noten von Tischlerei, Tabak, trockene Kräuter, würzig. Mund: würzig, reife Tannine, lang.

Mvedra 2017 T C
100% tempranillo
90
Klassisch. Farbe: dunkles Kirschrot, granatroter Saum. Aroma: Früchtekonfit, Noten von Tischlerei, Tabak, süße Gewürze. Mund: würzig, reife Tannine.

Mvedra 2018 T C
100% tempranillo
90
Farbe: tiefes Kirschrot. Aroma: trockene Kräuter, weiches Eichenholz, dunkle Früchte, würzig, feine Reduktionsnoten. Mund: kraftvoll, reife Früchte, würzig, feinkörnige Tannine.

Mvedra Roble Español 2018 T C
100% tempranillo
90
Angenehm, korrekt, saftig, geschmackvoll. Aroma: reifes Obst, würzig. Mund: saftig, geschmackvoll, lang.

VINOS DE LA TIERRA - CASTILLA Y LEÓN / I.G.P.

BODEGA SEVERINO SANZ
Del Río, s/n
40542 Montejo De La Vega De La Serrezuela (Segovia)
☎: +34 921 532 454
info@bodegaseverinosanz.es
www.bodegaseverinosanz.es

Murón Albillo Mayor 2022 B FB
albillo mayor
89
Getrocknete Blumen, üppig, fruchtig, schlicht, milchig, Oxidativ. Aroma: helle Früchte, reifes Obst, beschädigtes Obst.

BODEGA VALDECUEVAS
Ctra. Rueda- Nava del Rey, Km 2.5
47490 Rueda (Valladolid)
☎: +34 983 034 356
info@valdecuevas.es
www.valdecuevas.es

Valdecuevas 724 Viognier 2022 B
85% viognier, 15% verdejo
90
Farbe: strohgelb. Aroma: ausdrucksvoll, weiße Blumen, Jasmin, trockene Kräuter. Mund: geschmackvoll, fruchtig, ausgewogen.

Valdecuevas Alium 2021 T
100% tempranillo
90
Farbe: sattes Kirschrot. Aroma: intensive Röstaromen, aromatischer Kaffee, kraftvoll, reifes Obst, dunkle Früchte. Mund: rauchig nachwirkend, nachhaltig, reife Tannine.

BODEGAS CASTELLANAS
San Juan, 18 Nave 6
05114 Villanueva de Ávila (Ávila)
☎: +34 696 631 939
bodegascastellanasbreton@gmail.com

Bretón Tempranillo 2022 T
tempranillo
87

Bretón Verdejo 2022 B
verdejo
88
Rassig, mit Persönlichkeit, Oxidativ, geschmackvoll.

Bretón Verdejo 2023 B
verdejo
87

BODEGAS CASTELO DE MEDINA
Ctra. CL-602, Km. 48
47465 Villaverde de Medina (Valladolid)
☎: +34 983 831 932
info@castelodemedina.com
www.castelodemedina.com

Castelo de Medina Chardonnay Singular Collection 2022 B
100% chardonnay
89
Aroma: reifes Obst, feine Hefen. Mund: fett, reife Früchte, geschmackvoll, weich am Gaumen.

Castelo de Medina Sauvignon Blanc Fume Singular Collection 2022 B RB
sauvignon blanc
90
Farbe: leuchtendes Strohgelb. Aroma: reifes Obst, trockene Kräuter, Wildkräuter. Mund: geschmackvoll, frisch, schöne Säure, nachwirkend fruchtig.

Castelo Nouveau 2023 T MC
100% tempranillo
88
Reif, fruchtig, aromatisch, geschmackvoll.

Castelo Roble 2020 T C S
60% syrah, 40% tempranillo
88
Fruchtig, reif, schlicht, trockene Kräuter.

Castelo Rosé 2023 RD
100% garnacha
88
Angenehm, aromatisch, korrekt, fruchtig, Süßwaren.

BODEGAS CLUNIA
Ctra. BU-925, Km 27.25
09410 Coruña del Conde (Burgos)
☎: +34 948 838 640
info@bodegasclunia.com
www.bodegasclunia.com

Clunia Albillo 2023 B
100% albillo
91
Farbe: strohgelb. Aroma: reifes Obst, trockene Kräuter, welke Blumen, süße Gewürze. Mund: kraftvoll, reife Früchte, ausgewogen, geschmackvoll, fruchtig.

Clunia Malbec 2022 T
100% malbec
92
Farbe: tiefes Kirschrot, violetter Saum. Aroma: reifes Obst, trockene Kräuter, weiches Eichenholz, dunkle Früchte, Röstaromen. Mund: kraftvoll, reife Früchte, würzig, trockene, aber reife Tannine, geschmackvoll.

Clunia Syrah 2020 T
100% syrah

92
Farbe: kirschrot mit violettem Saum. Aroma: reifes Obst, trockene Kräuter, weiches Eichenholz, dunkle Früchte, Röstaromen. Mund: kraftvoll, reife Früchte, würzig, geschmackvoll, trockene, aber reife Tannine.

Finca El Rincón de Clunia 2020 T
100% tempranillo

93
Farbe: dunkles Kirschrot. Aroma: Röstaromen, würzig, reifes Obst, dunkle Früchte, trockene Kräuter, ausdrucksvoll. Mund: geschmackvoll, Röstnoten, voll, fruchtig, reife Früchte, trockene, aber reife Tannine.

Tesela by Clunia 2021 T
70% syrah, 30% tempranillo

91
Farbe: tiefes Kirschrot. Aroma: trockene Kräuter, weiches Eichenholz, dunkle Früchte, erdig, markante Eiche. Mund: kraftvoll, reife Früchte, würzig, reife Tannine.

BODEGAS COMENGE
Camino del Castillo, s/n
47316 Curiel de Duero (Valladolid)
☎: +34 983 880 363
admin@comenge.com
www.comenge.com

Comenge Verdejo Vino de Nieva 2021 B
100% verdejo

92
Farbe: leuchtendes Gelb. Aroma: kraftvoll, reifes Obst, helle Früchte, gebackenes Obst, süße Gewürze, geröstetes Brot. Mund: fett, strukturiert, lang, Röstnoten, zartbitter.

BODEGAS CONDADO DE HAZA
Ctra. La Horra, s/n
09300 Roa (Burgos)
☎: +34 947 525 254
info@condadodehaza.com
www.familiafernandezrivera.com

20 Aldeas 2021 T
tempranillo

89 ♣
Ausgewogen, würzig, trockene Kräuter, reif, geschmackvoll.

BODEGAS DE ALBERTO
Ctra. de Valdestillas, 2
47231 Serrada (Valladolid)
☎: +34 983 559 107
info@dealberto.com
www.dealberto.com

De Alberto Selección 2018 T
80% tempranillo, 20% cabernet sauvignon

85

Finca Valdemoya 12 meses 2019 T C
80% tempranillo, 20% cabernet sauvignon

85

Finca Valdemoya 2023 RD
100% tempranillo

87

BODEGAS EL LAGAR DE ISILLA
Camino Real, 1
09471 La Vid (Burgos)
☎: +34 947 530 434
administracion@lagarisilla.es
www.bodegasellagardeisilla.com

La Casona de la Vid 5V 2020 T
albillo mayor, cabernet sauvignon, merlot, tempranillo, syrah

90
Farbe: tiefes Kirschrot. Aroma: reifes Obst, trockene Kräuter, weiches Eichenholz, würzig. Mund: reife Früchte, würzig, fruchtig, trockene, aber reife Tannine.

La Casona de la Vid Cabernet Cotarro 2018 T BA
cabernet sauvignon

93
Sortenrein. Farbe: tiefes Kirschrot. Aroma: reifes Obst, trockene Kräuter, weiches Eichenholz, dunkle Früchte, schwarze Lakritze, Röstaromen. Mund: kraftvoll, reife Früchte, würzig, reife Tannine, rauchig nachwirkend, nachhaltig.

La Casona de la Vid Garnacha 2020 T
100% garnacha

89
Fruchtig, trockene Kräuter, reif, geschmackvoll, adstringierend.

La Casona de la Vid Syrah 2020 T
100% syrah

90
Farbe: tiefes Kirschrot. Aroma: reifes Obst, trockene Kräuter, weiches Eichenholz, dunkle Früchte, würzig. Mund: reife Früchte, würzig, reife Tannine, fruchtig, geschmackvoll.

VINOS DE LA TIERRA - CASTILLA Y LEÓN / I.G.P.

VINOS DE LA TIERRA - CASTILLA Y LEÓN / I.G.P.

La Casona de la Vid Viognier 2022 B
viognier
89
Lieblich, blumig, reif, aromatisch, durchschnittlich am Gaumen, geschmackvoll.

BODEGAS ERESMA
Ctra. N-601, Km. 151
47410 Olmedo (Valladolid)
☎: +34 983 601 026
info@bodegaslasoterrana.com
www.bodegaeresma.com

Eresma+ Godello sobre Lías 2023 B
godello
89
Zitrusfrüchte, kräuterig, geschmackvoll, frisch.

BODEGAS ERNESTO DEL PALACIO
Ctra. de la Estación, 6
47530 San Román de Hornija (Valladolid)
☎: +34 616 999 708
administracion@ernestodelpalacio.com
www.ernestodelpalacio.com

Tardon 2022 T MC
tempranillo, cabernet sauvignon, merlot
89
Ausgewogen, würzig, fruchtig, trockene Kräuter, voll, reif.

BODEGAS FARIÑA
Camino del Palo, s/n
49800 Casaseca de Las Chanas (Zamora)
☎: +34 980 577 673
comercial@bodegasfarina.com
www.bodegasfarina.com

Águedas 2022 B BA
malvasía
90
Farbe: leuchtendes Gelb. Aroma: kraftvoll, weiches Eichenholz, reifes Obst, würzig, markante Eiche. Mund: fett, strukturiert, Röstnoten, zartbitter.

BODEGAS FRUTOS VILLAR
Ctra. Burgos - Portugal km. 113,5
47270 Cigales (Valladolid)
☎: +34 983 586 868
admon@bodegasfrutosvillar.com
www.bodegasfrutosvillar.com

Blanco Polar Verdejo 2023 B
100% verdejo
86

Don Frutos Tempranillo 2023 T
100% tempranillo
87

Don Frutos Verdejo 2023 B
100% verdejo
85

Sin + Tempranillo 2023 T
100% tempranillo
86

Sin + Verdejo 2023 B
100% verdejo
86

BODEGAS JOSÉ PARIENTE
Ctra. de Rueda, km. 2.5
47491 La Seca (Valladolid)
☎: +34 983 816 600
info@josepariente.com
www.josepariente.com

Victoria de José Pariente 2023 RD
viognier, tempranillo, garnacha
89
Angenehm, klar definierte Aromen, flüssig am Gaumen, blumig.

BODEGAS LEDA
Mayor, 48
47320 Tudela de Duero (Valladolid)
☎: +34 983 520 682
info@bodegasleda.masaveu.com
www.bodegasleda.com

Guarda de Leda Selección 2019 T
100% tempranillo
93 🍷
Farbe: tiefes Kirschrot. Aroma: reifes Obst, trockene Kräuter, dunkle Früchte, ausdrucksvoll, würzig. Mund: reife Früchte, würzig, fruchtig, geschmackvoll, nachhaltig, reife Tannine.

Más de Leda 2020 T C
100% tempranillo
90 🍷
Farbe: tiefes Kirschrot. Aroma: reifes Obst, trockene Kräuter, Röstaromen, würzig, dunkle Früchte. Mund: reife Früchte, reife Tannine, geschmackvoll, trockene, aber reife Tannine.

BODEGAS MARQUÉS DE RISCAL
Ctra. N-VI, km. 172,600
47490 Rueda (Valladolid)
☎: +34 983 868 083
marquesderiscal@marquesderiscal.com
www.marquesderiscal.com

Barón de Chirel Viñas Centenarias Verdejo 2022 B
verdejo
94
Noch nicht vollständig entfaltet. Farbe: leuchtendes Strohgelb. Aroma: ausdrucksstark fruchtig, reifes Obst, blumig, Röstaromen, neues Eichenholz. Mund: geschmackvoll, frisch, schöne Säure, nachwirkend fruchtig.

BODEGAS MAURO
Ctra. Villabañez, km. 1
47320 Tudela de Duero (Valladolid)
☎: +34 983 521 972
comunicacion@bodegasmauro.com
www.bodegasmauro.com

Mauro 2022 T
85% tempranillo, 15% syrah, cabernet sauvignon, graciano
93
Klar definierte Aromen. Farbe: kirschrot mit violettem Saum. Aroma: rote Früchte, würzig, ausdrucksvoll. Mund: geschmackvoll, fruchtig, schöne Säure, lang.

Mauro Vendimia Seleccionada 2021 T
100% tempranillo
94
Klar definierte Aromen, komplex. Farbe: tiefes Kirschrot. Aroma: trockene Kräuter, weiches Eichenholz, reifes Obst, dunkle Früchte, mit Charakter, komplex. Mund: kraftvoll, reife Früchte, würzig, reife Tannine.

BODEGAS MENADE
Ctra. Rueda - Nava del Rey, km. 1
47490 Rueda (Valladolid)
☎: +34 983 103 223
info@menade.es
www.menade.es

La Misión by Menade 2022 B
100% verdejo
91
Klar definierte Aromen, balsamisch. Aroma: feine Hefen, offen, Wildkräuter. Mund: saftig, sortentypisch, süffig.

Menade Verdejo 2023 B
100% verdejo
90
Farbe: leuchtendes Strohgelb, grünlicher Saum. Aroma: frisches Obst, Zitrusfrüchte, Wildkräuter, Anisnoten. Mund: frisch, schöne Säure, zartbitter.

Nossa de Menade 2023 T
100% tempranillo
87

Nosso by Menade 2023 B
100% verdejo
88
Korrekt, leichte Oxidation, beschädigtes Obst, reif, geschmackvoll.

Sobrenatural by Menade 2018 B C
100% verdejo
93
Oxidativ. Farbe: golden leuchtend. Aroma: kandierte Früchte, süße Gewürze. Mund: voll, kraftvoll, geschmackvoll, zartbitter, fett, würzig.

BODEGAS MOCÉN
Arribas, 7-9
47490 Rueda (Valladolid)
☎: +34 983 868 533
info@bodegasmocen.com
www.bodegasmocen.es

Arlequín 2023 B
95% verdejo, 5% sauvignon blanc
86

Arlequín 2023 RD
63% tempranillo, 37% cabernet sauvignon
86

Arlequín 2023 T
tempranillo
87

BODEGAS MONTE LA REINA
Ctra. Toro-Zamora (N-122) Km 436.7
49881 Toro (Zamora)
☎: +34 980 082 011
export@montelareina.es
www.montelareina.es

PINKTONE 2023 RD
86

ViZorro 2023 B
100% verdejo
85

ViZorro Tempranillo 2023 T
100% tempranillo
84

VINOS DE LA TIERRA - CASTILLA Y LEÓN / I.G.P.

Guía Peñín | SPANIENS WEINFÜHRER **829**

VINOS DE LA TIERRA - CASTILLA Y LEÓN / I.G.P.

BODEGAS NIDIA
Camino La Cabaña, s/n
47452 Olmedo (Valladolid)
☎: +34 697 163 975
hola@bodegasnidia.com
www.bodegasnidia.com

Nidia 2023 RD
merlot, verdejo
89
Fruchtig, trockene Kräuter, reif, geschmackvoll.

Nidia de Guarda 2021 B FB
verdejo
91
Farbe: strohgelb. Aroma: reifes Obst, trockene Kräuter, welke Blumen, helle Früchte, gebackenes Obst. Mund: reife Früchte, ausgewogen, fruchtig, strukturiert, saftig.

Nidia Verdejo 2022 B
verdejo
88
Lieblich, Zitrusfrüchte, fruchtig, frisch.

BODEGAS PANDORA
Ctra. Nava del Rey, Km 1
47490 Rueda (Valladolid)
☎: +34 669 989 038
marketing@bodegaspandora.com
www.bodegaspandora.com

Pandora Godello 2023 B
100% godello
86

Pandora Ovo Tempranillo 2020 T
100% tinta de Toro
91
Farbe: kirschrot mit granatrotem Saum. Aroma: überreife Früchte, warm, kraftvoll. Mund: nach Eingemachtem, kraftvoll, süße Tannine.

Rosa Zarza 2020 T
tinta de Toro
91
Farbe: tiefes Kirschrot. Aroma: reifes Obst, weiches Eichenholz, würzig. Mund: reife Früchte, würzig, reife Tannine, saftig.

BODEGAS PRIETO PARIENTE
Ctra. de Rueda, km. 2,5
47491 La Seca (Valladolid)
☎: +34 983 816 600
info@josepariente.com
www.prietopariente.com

El Origen de Prieto Pariente 2020 T C
95% tempranillo, 5% garnacha
93
Farbe: tiefes Kirschrot. Aroma: reifes Obst, trockene Kräuter, weiches Eichenholz, rote Früchte. Mund: reife Früchte, würzig, reife Tannine.

La Provincia de Prieto Pariente 2020 T C
55% tempranillo, 45% garnacha
92
Farbe: kirschrot mit violettem Saum. Aroma: ausdrucksstark fruchtig, rote Früchte, blumig, würzig. Mund: geschmackvoll, fruchtig, schöne Säure.

Los Confines de Prieto Pariente 2021 T C
100% garnacha
94
Komplex, klar definierte Aromen. Farbe: leuchtendes Kirschrot. Aroma: balsamisch, süße Gewürze, Buschwaldkräuter, rote Früchte. Mund: würzig, balsamisch, schöne Säure.

Viognier de Prieto Pariente 2022 B
100% viognier
90 🌱
Farbe: leuchtendes Strohgelb. Aroma: weiße Blumen, Jasmin, trockene Kräuter. Mund: geschmackvoll, fruchtig, ausgewogen.

BODEGAS RAMIRO´S
Camino Viejo de Simancas, km. 3,5
47008 Valladolid (Valladolid)
☎: +34 639 306 279
bodegasramiros@hotmail.com
www.bodegasramiros.com

Ramiro's 2021 T
100% tempranillo
90
Farbe: tiefes Kirschrot. Aroma: reifes Obst, trockene Kräuter, weiches Eichenholz, süße Gewürze, aromatischer Kaffee. Mund: kraftvoll, reife Früchte, würzig, trockene, aber reife Tannine.

BODEGAS REBROTAR
Real, 11
47238 Hornillos de Eresma (Valladolid)
☎: +34 607 648 656
estherslv@gmail.com

Rebrotar 2022 B FB
100% verdejo

91

Farbe: leuchtendes Gelb. Aroma: weiches Eichenholz, reifes Obst, würzig, markante Eiche. Mund: fett, strukturiert, Röstnoten, zartbitter.

BODEGAS RODRÍGUEZ Y SANZO
Avda. de Tordesillas, 5
47490 Rueda (Valladolid)
☎: +34 983 150 150
comunicacion@rodriguezysanzo.com
www.rodriguezysanzo.com

Rodriguez & Sanzo Gotas de Noche 2023 RD

93

Farbe: helles Kirschrot. Aroma: weiches Eichenholz, süße Gewürze, reifes Obst, rote Früchte. Mund: fleischig, geschmackvoll, würzig.

Rodriguez & Sanzo WhisBa 18 2020 T
tempranillo

92

Farbe: tiefes Kirschrot. Aroma: trockene Kräuter, weiches Eichenholz, Schokolade, dunkle Früchte, Röstaromen. Mund: kraftvoll, würzig, reife Tannine, opulent.

Rodriguez & Sanzo WhisBa 24 2019 T C

91

Farbe: tiefes Kirschrot. Aroma: reifes Obst, trockene Kräuter, weiches Eichenholz, Schokolade, markante Eiche. Mund: kraftvoll, reife Früchte, würzig, reife Tannine, leicht süßlich, fleischig.

Rodríguez Sanzo Orange Wine 2020 B BA
albillo mayor

90

Reif. Farbe: golden leuchtend. Aroma: kandierte Früchte, ausgewogen, Zitrusfrüchte. Mund: saftig, geschmackvoll.

BODEGAS TOTE ABE
Cº de Mora de la Sierra s/n
37454 Las Veguillas (Salamanca)
☎: +34 606 973 553
guillermo.alvarez@toteabe.com
www.toteabe.com

Mandamás 2018 T
100% syrah

90

Farbe: leuchtendes Kirschrot. Aroma: ausdrucksstark fruchtig, rote Früchte, würzig, trockene Kräuter. Mund: geschmackvoll, fruchtig, lebhaft, ausgewogen.

Mandamás 2019 T
100% syrah

90

Farbe: leuchtendes Kirschrot. Aroma: ausdrucksstark fruchtig, würzig, dunkle Früchte, rauchig, Röstaromen. Mund: geschmackvoll, fruchtig, würzig, nachwirkend fruchtig, trockene, aber reife Tannine.

Tote Abe Tempranillo 2018 T GR
tempranillo

91

Farbe: tiefes Kirschrot, ziegelroter Saum. Aroma: reifes Obst, trockene Kräuter, weiches Eichenholz, süße Gewürze. Mund: reife Früchte, würzig, fruchtig, trockene, aber reife Tannine.

Tote Abe Tempranillo 2019 T GR
100% tempranillo

90

Farbe: tiefes Kirschrot. Aroma: reifes Obst, trockene Kräuter, weiches Eichenholz, dunkle Früchte, Schwarzer Pfeffer. Mund: reife Früchte, würzig, geschmackvoll, trockene, aber reife Tannine, etwas austrocknend.

BODEGAS TRIDENTE
Pol.1 Parc. 146/148 Paraje Cantagrillos
49708 Villanueva de Campeán (Zamora)
☎: +34 968 435 022
info@gilfamily.es
www.gilfamily.es

Gota de Arena 2022 T
100% tempranillo

92

Farbe: kirschrot mit violettem Saum. Aroma: ausdrucksstark fruchtig, blumig, würzig, dunkle Früchte. Mund: geschmackvoll, fruchtig, schöne Säure, lang.

Rejón 2021 T
100% tempranillo

94

Klar definierte Aromen, kraftvoll, saftig. Farbe: KirsChrot. Aroma: komplex, ausdrucksvoll, würzig, mineralisch. Mund: elegant, voll, lang, nachhaltig.

VINOS DE LA TIERRA - CASTILLA Y LEÓN / I.G.P.

VINOS DE LA TIERRA - CASTILLA Y LEÓN / I.G.P.

Tridente Doña Blanca 2023 B
92
Farbe: leuchtendes Gelb. Aroma: getrocknete Blumen, kandierte Früchte, pikant. Mund: abgerundet, würzig, lang, nachhaltig.

Tridente Prieto Picudo 2022 T
100% prieto picudo
92
Klar definierte Aromen, aromatisch. Farbe: KirsChrot. Aroma: balsamisch, süße Gewürze, Buschwaldkräuter. Mund: würzig, balsamisch, schöne Säure.

BODEGAS VALDESNEROS
Avda. La Paz, 4
34230 Torquemada (Palencia)
☎: +34 979 800 545
sv@bodegasvaldesneros.com
www.bodegasvaldesneros.com

Amantia Naturalmente Dulce 2019 RD D
91
Farbe: leuchtendes Kirschrot, granatroter Saum. Aroma: Acetaldehyd, kandierte Früchte, süße Gewürze, würzig. Mund: fruchtig, geschmackvoll, süß.

BODEGAS VALLE DEL BOTIJAS
Ctra. Valoria, 45
47315 Pesquera de Duero (Valladolid)
☎: +34 616 998 323
info@bodegasvdb.com
www.bodegasvdb.com

Valle del Botijas Selección Especial 2018 T C
tempranillo, merlot, cabernet sauvignon, syrah
89
Farbe: kirschrot mit granatrotem Saum. Aroma: Früchtekonfit, kraftvoll, aromatischer Kaffee, Schokolade. Mund: geschmackvoll.

Vdb Valle del Botijas 14 meses 2017 T C
tempranillo, merlot, cabernet sauvignon, syrah
92
Farbe: tiefes Kirschrot. Aroma: trockene Kräuter, weiches Eichenholz, dunkle Früchte, Schokolade. Mund: kraftvoll, reife Früchte, würzig, reife Tannine.

Vdb Valle del Botijas Angela Verdejo 2022 B
verdejo
84

Vdb Valle del Botijas Angela Verdejo 2023 B
verdejo
85

BODEGAS VERDES
Camino Benavente, 21
49610 Santibáñez de Vidriales (Zamora)
☎: +34 980 648 405
comercial@bodegasverdes.com
www.bodegasverdes.com

Carpurias 2023 RD
prieto picudo
88
Frisch, fruchtig, geschmackvoll, reif.

Lyrius One from Verdejo 2023 B SD
verdejo
85

Señorío de Vidriales 2023 RD
prieto picudo
86

Señorío de Vidriales 2023 T
tempranillo, prieto picudo
87

Señorío de Vidriales Verdejo 2023 B
87

BODEGAS VIDAL SOBLECHERO
Finca Pozo de la Nieve, s/n
47491 La Seca (Valladolid)
☎: +34 983 816 526
honesto@pagosdevillavendimia.es
www.pagosdevillavendimia.es

Pagos de Villavendimia Salvaje 2015 B
100% verdejo
92 ❦
Farbe: leuchtendes Gelb. Aroma: reifes Obst, trockene Kräuter, Röstaromen, würzig, Steinobst. Mund: kraftvoll, reife Früchte, ausgewogen, fruchtig, frisch, lebhaft.

BODEGAS VINOS DE LEÓN
La Vega s/n
24009 León (León)
☎: +34 987 209 712
lafinca@lafinca.es
www.vilelafinca.es

Real Arbás B D
100% albarín
84

BODEGAS VIRIATUS
Cl. Camino las Viñas, s/n
49622 Brime de Urz (Zamora)
☎: +34 649 876 187
vino@grupobarrero.com
www.viriatus.es

Viriatus Tempranillo 2022 T
88
Ausgewogen, würzig, reif, Röstaromen.

Viriatus Verdejo 2023 B
100% verdejo
86

BODEGAS VIZCARRA
Finca Chirri, s/n
09317 Mambrilla de Castrejón (Burgos)
☎: +34 947 540 340
bodegas@vizcarra.es
www.vizcarra.es

Vizcarra Garnacha 2022 T
100% garnacha
92
Klar definierte Aromen, von Primäraromen beherrscht. Farbe: leuchtendes Kirschrot. Aroma: rote Früchte, reifes Obst, blumig, Wildkräuter. Mund: saftig, lebhaft, lang, süffig, nachwirkend fruchtig.

Vizcarra Graciano 2022 T C
100% graciano
94
Balsamisch, reif. Farbe: dunkles Kirschrot. Aroma: würzig, feiner Kakao, Buschwaldkräuter. Mund: geschmackvoll, Röstnoten, zartbitter, flüssig am Gaumen, schöne Säure.

Vizcarra Merlot 2022 T C
100% merlot
93
Würzig, vegetabil. Farbe: mattes Kirschrot. Aroma: dunkle Früchte, Buschwaldkräuter, Früchtekonfit. Mund: saftig, geschmackvoll, Röstnoten, reife Tannine.

BODEGAS Y VIÑEDOS GALLEGO ZAPATERO
Segunda Travesía de la Olma, 4
09313 Anguix (Burgos)
☎: +34 648 180 777
bodega@bodegasgallegozapatero.com
www.bodegasgallegozapatero.com

Yotuel Garnacha 2021 T
100% garnacha
92
Farbe: kirschrot mit violettem Saum. Aroma: ausdrucksstark fruchtig, würzig, feiner Kakao, dunkle Früchte, eine Spur Waldbeeren. Mund: geschmackvoll, fruchtig, schöne Säure.

BODEGAS Y VIÑEDOS LA MEJORADA
Monasterio de La Mejorada
47410 Olmedo (Valladolid)
☎: +34 983 483 057
contacto@lamejorada.es
www.lamejorada.es

La Mejorada Cabernet Sauvignon 2016 T
cabernet sauvignon
87

La Mejorada Las Cercas 2019 T RB
60% tempranillo, 40% syrah
91
Farbe: kirschrot mit granatrotem Saum. Aroma: Früchtekonfit, in Likör eingelegte Früchte, kraftvoll. Mund: geschmackvoll, leicht süßlich, lang.

La Mejorada Las Norias 2019 T RB
tempranillo
92
Farbe: tiefes Kirschrot. Aroma: reifes Obst, trockene Kräuter, weiches Eichenholz, dunkle Früchte. Mund: kraftvoll, reife Früchte, würzig, reife Tannine, ausgewogen.

Tiento La Mejorada 2016 T
tempranillo, syrah, merlot, malbec
93
Farbe: dunkles Kirschrot, granatroter Saum. Aroma: Früchtekonfit, Noten von Tischlerei, Tabak, süße Gewürze. Mund: würzig, reife Tannine.

Villalar 2021 T RB
90
Farbe: tiefes Kirschrot. Aroma: reifes Obst, trockene Kräuter, weiches Eichenholz, dunkle Früchte. Mund: kraftvoll, reife Früchte, würzig, reife Tannine, rauchig nachwirkend.

BODEGAS Y VIÑEDOS SOTERO PINTADO
Jardines, 15
49123 Benegiles (Zamora)
☎: +34 605 257 437
soteropintado@gmail.com
www.bodegasoteropintado.com

Bravucón 2020 T BA
tempranillo
90
Flüssig am Gaumen, ausgewogen. Farbe: tiefes Kirschrot. Aroma: dunkle Früchte, Buschwaldkräuter, geröstetes Brot. Mund: reife Früchte, würzig, reife Tannine.

VINOS DE LA TIERRA - CASTILLA Y LEÓN / I.G.P.

VINOS DE LA TIERRA - CASTILLA Y LEÓN / I.G.P.

Sotero Pintado 2018 T BA
tempranillo

91

Farbe: tiefes Kirschrot. Aroma: trockene Kräuter, weiches Eichenholz, Früchtekonfit, feiner Kakao. Mund: kraftvoll, würzig, reife Tannine.

Totem 2020 T BA
tempranillo

91

Farbe: tiefes Kirschrot. Aroma: trockene Kräuter, weiches Eichenholz, dunkle Früchte, reifes Obst. Mund: reife Früchte, würzig, reife Tannine.

BODEGAS Y VIÑEDOS VALTRAVIESO

Finca La Revilla, s/n
47316 Piñel de Arriba (Valladolid)
☎: +34 983 484 030
comunicacion@valtravieso.com
www.valtravieso.com

Valtravieso Rupture 2019 T
91

Farbe: tiefes Kirschrot. Aroma: trockene Kräuter, dunkle Früchte, würzig, feiner Kakao, Thymian. Mund: kraftvoll, reife Früchte, würzig, reife Tannine.

COMANDO G VITICULTORES

Avda. Constitución, 23
28640 Cadalso de Los Vidrios (Madrid)
☎: +34 918 640 602
info@comandog.es
www.comandog.es

🏆 PODIUM

Tumba del Rey Moro 2021 T
95

Elegant, spannungsvoll, komplex. Farbe: KirsChrot. Aroma: ausdrucksvoll, mineralisch. Mund: elegant, voll, nachhaltig, spannungsvoll, saftig, lang.

COMPAÑÍA DE VINOS MIGUEL MARTÍN*

Ctra. Burgos - Portugal, Km. 101
47290 Cubillas de Santa Marta (Valladolid)
☎: +34 983 250 319
comercial@ciadevinos.com
www.ciadevinos.com

Martín Verástegui Vendimia Seleccionada 2020 T R
tempranillo

91

Farbe: kirschrot mit violettem Saum. Aroma: ausdrucksstark fruchtig, rote Früchte, würzig, Wildkräuter. Mund: geschmackvoll, fruchtig, schöne Säure, ausgewogen, rauchig nachwirkend, reife Tannine.

Retola 2020 T BA
87

CONCEJO BODEGAS

Ctra. Valoria, Km. 3.6
47200 Valoria La Buena (Valladolid)
☎: +34 983 502 263
info@concejobodegas.com
www.concejobodegas.com

Burro Loco 2023 RD
tempranillo, verdejo

86 🌿

Burro Loco 2023 T
tempranillo

89 🌿

Reif, kraftvoll, würzig.

Burro Loco Buchejo 2023 B
verdejo

86 🌿

DEHESA LA GRANJA

Finca Dehesa La Granja
49420 Vadillo de la Guareña (Zamora)
☎: +34 980 566 009
lagranja@dehesalagranja.com
www.familiafernandezrivera.com

Dehesa La Granja 2020 T
tempranillo

89 🌿

Klassisch, reif, trockene Kräuter, durchschnittlich am Gaumen, ausgewogen. Aroma: süße Gewürze.

DETILIO BODEGA BOUTIQUE
Carretera Pesquera nº1
47300 Peñafiel (Valladolid)
☎: +34 623 039 728
franmsj@hotmail.com
www.bodegadetilio.es

Detilio
"Rompecarros" 2021 T
95% tempranillo, 5% albillo

93

Lieblich, klar definierte Aromen, balsamisch. Farbe: kirschrot mit violettem Saum. Aroma: blumig, würzig, Veilchenbombons, Heidelbeere. Mund: geschmackvoll, fruchtig, schöne Säure.

DOMINIO DEL BLANCO
Santísimo Cristo, 128
47490 Rueda (Valladolid)
☎: +34 699 726 469
botondegallo@botondegallo.com
www.botondegallo.com

Botón
de Gallo Verdejo 2022 B
verdejo

90

Farbe: leuchtendes Strohgelb, grünlicher Saum. Aroma: Zitrusfrüchte, Wildkräuter, reifes Obst. Mund: fruchtig, schöne Säure, zartbitter.

ESTEBAN CELEMIN & VITICULTOR
47520 Castronuño (Valladolid)
☎: +34 675 157 107
estebancelemindiez@gmail.com
www.estebancelemin.es

A Horquilla 2022 B
albillo real

93

Cremig. Farbe: strohgelb. Aroma: welke Blumen, trockener Stein, Steinobst, Wildkräuter. Mund: reife Früchte, ausgewogen, voll, fett, mineralisch, Röstnoten.

Melquiades 2019 T C
tempranillo

90

Farbe: kirschrot mit granatrotem Saum. Aroma: Früchtekonfit, in Likör eingelegte Früchte, kraftvoll. Mund: geschmackvoll, leicht süßlich, lang.

Melquiades 2020 T
tempranillo

92

Farbe: dunkles Kirschrot. Aroma: Röstaromen, würzig, feiner Kakao, dunkle Früchte, reifes Obst. Mund: geschmackvoll, Röstnoten, zartbitter.

Melquiades 2021 T C
tempranillo

92

Farbe: kirschrot mit violettem Saum. Aroma: ausdrucksstark fruchtig, blumig, würzig, reifes Obst, rote Früchte. Mund: geschmackvoll, fruchtig, schöne Säure, lang.

Melquiades 2022 T
tempranillo

91

Noch nicht vollständig entfaltet. Farbe: kirschrot mit violettem Saum. Aroma: ausdrucksstark fruchtig, rote Früchte, würzig. Mund: geschmackvoll, fruchtig, schöne Säure, lang.

Señora Vale 2022 B
albillo real

92

Farbe: strohgelb. Aroma: trockene Kräuter, welke Blumen, helle Früchte, Steinobst, feine Hefen, geröstetes Brot. Mund: kraftvoll, reife Früchte, opulent.

Ultimas Huellas - Parcela Cantos 2022 B
albillo real

92

Farbe: strohgelb. Aroma: trockene Kräuter, welke Blumen, würzig, helle Früchte, Steinobst. Mund: reife Früchte, ausgewogen, fett.

Ultimas Huellas - Parcela El Pinar 2022 B
albillo real

93

Farbe: strohgelb. Aroma: trockene Kräuter, welke Blumen, feine Hefen, helle Früchte, Steinobst. Mund: reife Früchte, ausgewogen, fleischig.

EULOGIO & JAVIER WINES
Juan de Herrera
47130 Simancas (Valladolid)
☎: +34 983 150 150
comunicacion@rodriguezysanzo.com
www.eulogioyjavierwines.com

Clavius Verdejo 2020 B
93 ♣

Mit Persönlichkeit, repräsentativ. Farbe: gelb. Aroma: feine Hefen, Buschwaldkräuter, , ausdrucksvoll, offen. Mund: ausgewogen, zartbitter, lang.

VINOS DE LA TIERRA - CASTILLA Y LEÓN / I.G.P.

VINOS DE LA TIERRA - CASTILLA Y LEÓN / I.G.P.

FINCA ARAUZO
Ctra. N-501 Ávila-Salamanca, Km. 60
37850 La Nava de Sotrobal (Salamanca)
☎: +34 689 798 579
fgomez@ibericosdearauzo.es
www.bodegaarauzo.com

Finca Arauzo 2020 T R
tempranillo, merlot
89
Aromatisch, geschmackvoll, korrekt, reif, saftig. Aroma: Feuchtigkeit.

Finca Arauzo 2022 T
tempranillo, merlot, prieto picudo
90
Farbe: KirsChrot. Aroma: trockene Kräuter, rote Früchte, dunkle Früchte, Röstaromen. Mund: reife Früchte, grobkörnige Tannine.

FINCA TORREMILANOS
Finca Torremilanos
09400 Aranda de Duero (Burgos)
☎: +34 947 512 852
bodega@torremilanos.com
www.torremilanos.com

Peñalba-López 2022 B
40% chardonnay, 20% albillo mayor, 20% albillo real, 20% viura
92 🌿
Farbe: leuchtendes Strohgelb. Aroma: Kräutersäckchen, feine Hefen, helle Früchte, trockener Stein, Nüsse. Mund: voll, fett, lang, schöne Säure.

FUENTES DEL SILENCIO
Plaza Mayor, 2
24767 Herrreros de Jamuz (León)
☎: +34 987 688 861
info@fuentesdelsilencio.com
www.fuentesdelsilencio.com

Fuentes del Silencio
Mataperezosa 2021 B FB
palomino, doña blanca
92 🌿
Korrekt, wenig interventionistisch. Farbe: leuchtendes Strohgelb. Aroma: Zitronenbombon, getrocknete Blumen. Mund: saftig, zartbitter, ausgewogen.

JAVIER SANZ VITICULTOR
Ctra. CL-610, km 29
47491 La Seca (Valladolid)
☎: +34 983 816 669
info@bodegajaviersanz.com
www.bodegajaviersanz.com

Javier Sanz Paraje la Encina 2022 T RB
100% bruñal
90
Farbe: leuchtendes Kirschrot. Aroma: rote Früchte, Gras, Buschwaldkräuter. Mund: grobkörnige Tannine, fruchtig, trocken.

LA FURGONETA VINOS
Arriba, 9
24393 Santa Marina del Rey (León)
☎: +34 609 793 812
leon@sarahselections.com

La Furgoneta
que miraba al Órbigo 2022 T
mencía, otras
90
Farbe: kirschrot mit violettem Saum. Aroma: rote Früchte, würzig, Röstaromen. Mund: geschmackvoll, fruchtig, schöne Säure.

LAR DE MAÍA
La Higuera, 2
47290 Cubillas de Santa Marta (Valladolid)
☎: +34 650 986 098
export@lardemaia.com
www.lardemaia.com

Lar de Maía 5º 2020 T BA
100% tempranillo
87

Lar de Maía 7º Autor 2020 T BA
100% tempranillo
90
Farbe: dunkles Kirschrot. Aroma: Röstaromen, würzig, feiner Kakao, reifes Obst, dunkle Früchte. Mund: geschmackvoll, Röstnoten, zartbitter, fruchtig, würzig, rauchig nachwirkend, trockene, aber reife Tannine.

Lar de Maía 8º 2023 RD
tempranillo
89
Getrocknete Blumen, fruchtig, reif, von Primäraromen beherrscht, geschmackvoll.

Lar de Maía Garnacha 2022 T C
89
Farbe: leuchtendes Kirschrot. Aroma: Früchtekonfit, in Likör eingelegte Früchte, kraftvoll, dunkle Früchte. Mund: geschmackvoll, fruchtig, etwas austrocknend.

LEYENDA DEL PÁRAMO
Ctra. de León s/n, Paraje El Cueto
24230 Valdevimbre (León)
☎: +34 987 050 039
info@leyendadelparamo.com
www.leyendadelparamo.com

El Aprendiz 2019 T RB
100% prieto picudo
86

El Aprendiz 2023 B
100% albarín
88
Zitrusfrüchte, frisch, trockene Kräuter, Hefenoten.

El Aprendiz 2023 RD
100% prieto picudo
88
Frisch, fruchtig, voll, reif, kräuterig.

El Médico 2016 T RB
100% prieto picudo
91
Farbe: tiefes Kirschrot. Aroma: trockene Kräuter, weiches Eichenholz, dunkle Früchte, süße Gewürze. Mund: reife Früchte, würzig, reife Tannine.

El Músico 2015 T
100% prieto picudo
89
Korpulent, alt, würzig, ausgewogen, vegetabil, reif, geschmackvoll.

MARQUÉS DE LA CONCORDIA
Crta. del Ciego, s/n
26350 Cenicero (La Rioja)
www.marquesdelaconcordia.com

Durius 2021 T
33% merlot, 33% malbec, 33% cabernet sauvignon
88
Röstaromen, mild, leichte Reduktion, warm.

Hacienda Zorita Magister 2018 T
33% merlot, 33% malbec, 33% cabernet sauvignon
92
Farbe: tiefes Kirschrot, granatroter Saum. Aroma: Noten von Tischlerei, reifes Obst, feiner Kakao, Zigarren, Röstaromen, feine Reduktionsnoten. Mund: geschmackvoll, würzig, Röstnoten, kräftige Tannine.

MEDINA AGRICULTURA ECOLÓGICA (FINCA LAS CARABALLAS)
47400 Medina del Campo (Valladolid)
☎: +34 678 552 943
info@lascaraballas.com
www.lascaraballas.es

Finca Las Caraballas Sector 2.8 2021 B
90 🌱
Farbe: leuchtendes Gelb. Aroma: frisches Obst, Wildkräuter, reifes Obst, würzig, Röstaromen. Mund: frisch, fruchtig, schöne Säure, zartbitter, geschmackvoll.

Finca Las Caraballas Verdejo 2023 B
100% verdejo
89 🌱
Zitrusfrüchte, fruchtig, frisch, Süßwaren, von Primäraromen beherrscht.

MELGARAJO
Plaza Mayor, 9
47687 Melgar de Abajo (Valladolid)
☎: +34 679 082 972
melgarajo@melgarajo.es
www.melgarajo.es

Valdeleña B SD
100% verdejo
84

NAVA VALLEY-GARCÍA SERRANO
Hermanos García Barbero, 11
40690 Nava de la Asunción (Segovia)
☎: +34 662 191 153
info@bodegasgarciaserrano.com
www.bodegasgarciaserrano.com

Diez Mil y Pico 2021 B FB
verdejo
91 🌱
Farbe: leuchtendes Gelb. Aroma: reifes Obst, würzig, gebackenes Obst, Hefenoten. Mund: fett, strukturiert, lang, zartbitter.

Matabuey 2023 B
verdejo
90 🌱
Balsamisch, kräuterig. Aroma: , Wildkräuter, offen. Mund: zartbitter, saftig, süffig.

VINOS DE LA TIERRA - CASTILLA Y LEÓN / I.G.P.

OSSIAN VIDES Y VINOS
Cordel de las Merinas s/n
40447 Nieva (Segovia)
☎: +34 983 878 020
info@almacarraovejas.com
www.ossianvinos.com

🏆 PODIUM

Ossian 2022 B
verdejo

95 🌿

Spannungsvoll, reif. Farbe: strohgelb. Aroma: trockene Kräuter, welke Blumen, Steinobst, reifes Obst, Phosphor. Mund: reife Früchte, ausgewogen, geschmackvoll.

🏆 PODIUM

Ossian Capitel 2021 B FB
verdejo

96 🌿

Spannungsvoll. Farbe: leuchtendes Gelb. Aroma: kraftvoll, weiches Eichenholz, reifes Obst, würzig. Mund: fett, strukturiert, lang, Röstnoten, zartbitter.

Ossian Quintaluna 2022 B
verdejo

93

Farbe: leuchtendes Strohgelb. Aroma: ausdrucksstark fruchtig, reifes Obst, blumig, Phosphor. Mund: frisch, schöne Säure, nachwirkend fruchtig.

PACO MULERO
Partida de la Hoya Torres s/n
30520 Jumilla (Murcia)
☎: +34 968 105 997
info@pacomulero.com
www.pacomulero.com

Aldeón de Lar Tempranillo 2023 T
tempranillo

92 🌿

Farbe: tiefes Kirschrot. Aroma: reifes Obst, trockene Kräuter, weiches Eichenholz. Mund: reife Früchte, würzig, reife Tannine.

Paco Mulero Tempranillo 2021 T
tempranillo

93

Farbe: dunkles Kirschrot, granatroter Saum. Aroma: reifes Obst, Früchtekonfit, Noten von Tischlerei, Tabak. Mund: würzig, reife Tannine, lang.

PAGO DE LA OLIVA
Senda de las Carretas, 41
47320 Tudela de Duero (Valladolid)
☎: +34 983 857 627
bodega@pagodelaoliva.com
www.pagodelaoliva.com/es

Pago de la Oliva Coupage 2018 T
100% tempranillo

91 🌿

Farbe: tiefes Kirschrot. Aroma: reifes Obst, trockene Kräuter, dunkle Früchte, feiner Kakao. Mund: reife Früchte, würzig, reife Tannine.

Pago de la Oliva Deja Vu Luz del Amanecer 2022 RD
100% tempranillo

90

Süßwaren. Farbe: blassrosa. Aroma: warm, welke Blumen, , rote Früchte. Mund: fleischig, geschmackvoll, reife Früchte.

Pago de la Oliva Savia 2019 T
100% tempranillo

90

Farbe: tiefes Kirschrot. Aroma: trockene Kräuter, weiches Eichenholz, dunkle Früchte. Mund: reife Früchte, würzig, reife Tannine.

Pago de la Oliva Serenite 2017 T
100% tempranillo

90

Farbe: tiefes Kirschrot. Aroma: trockene Kräuter, weiches Eichenholz, dunkle Früchte, Schokolade, markante Eiche. Mund: kraftvoll, reife Früchte, würzig, reife Tannine.

PAGOS DEL REY
RIBERA DEL DUERO

Ctra. Palencia-Aranda, Km. 53
09311 Olmedillo de Roa (Burgos)
☎: +34 947 551 111
riberadelduero@pagosdelrey.com
www.pagosdelrey.com

Altos de Tamarón Tempranillo 2023 T
tempranillo

88

Klar definierte Aromen, lieblich, fruchtig, geschmackvoll.

QUINTA SARDONIA

Casas Blancas s/n, Granja Sardón
47340 Sardón de Duero (Valladolid)
☎: +34 983 032 883
info@quintasardonia.com
www.quintasardonia.com

Quinta Sardonia QS2 2021 T
75% tempranillo, 8% cabernet sauvignon, 8% petit verdot, 3% cabernet franc, 4% syrah, 2% malbec

92

Farbe: kirschrot mit granatrotem Saum. Aroma: Früchtekonfit, kraftvoll, Röstaromen, würzig, Schokolade. Mund: geschmackvoll, leicht süßlich, lang.

Sardón 2021 T
98% tempranillo, 2% garnacha, garnacha tintorera, albillo, syrah, malbec

91

Farbe: kirschrot mit violettem Saum. Aroma: ausdrucksstark fruchtig, blumig, würzig. Mund: geschmackvoll, fruchtig, schöne Säure.

Quinta Sardonia QS 2021 T
66% tempranillo, 22% cabernet sauvignon, 6% merlot, 5% malbec, 1% syrah

94

Farbe: leuchtendes Kirschrot. Aroma: komplex, ausdrucksvoll, würzig, mineralisch, Heidelbeere. Mund: elegant, voll, lang, nachhaltig.

VINOS DE LA TIERRA - CASTILLA Y LEÓN / I.G.P.

RAÍCES IBÉRICAS

Avda. Mudejar, 61
50340 Maluenda (Zaragoza)
☎: +34 976 893 017
contact@raices.wine
www.raicesibericas.com

Andrés Alonso Verdejo Albillo 2023 B
verdejo, albillo

90

Farbe: leuchtendes Strohgelb, grünlicher Saum. Aroma: frisches Obst, Zitrusfrüchte, Wildkräuter. Mund: frisch, fruchtig, schöne Säure, zartbitter.

Raíces Albillo 2022 B
albillo

90

Farbe: strohgelb, blass, grünlicher Saum. Aroma: tropische Frucht, helle Früchte, feine Hefen, trockene Kräuter, geröstetes Brot. Mund: geschmackvoll, frisch, ausgewogen.

VINOS DE LA TIERRA - CASTILLA Y LEÓN / I.G.P.

Raíces Verdejo 2022 B
verdejo
90
Farbe: leuchtendes Strohgelb, grünlicher Saum. Aroma: Zitrusfrüchte, Wildkräuter, reifes Obst. Mund: fruchtig, schöne Säure, zartbitter.

VIDES SINGULARES
Ferreiros, 19
32950 Coles (Ourense/Orense)
☎: +34 646 428 288
maite.maestre@videssingulares.com
www.videssingulares.com

Carpentum 2021 T
garnacha
90
Waldfinsternis, korrekt, würzig. Aroma: mit Charakter, trockene Kräuter. Mund: feinkörnige Tannine.

VINOS DE ARGANZA
Río Ancares, 2
24560 Toral de los Vados (León)
☎: +34 987 544 231
admon@vinosdearganza.com
www.vinosdearganza.com

Eira Vella 2023 T
89
Fruchtig, reif, mild.

Encanto Mencía 2023 T RB
89
Lieblich, klar definierte Aromen, fruchtig, geschmackvoll.

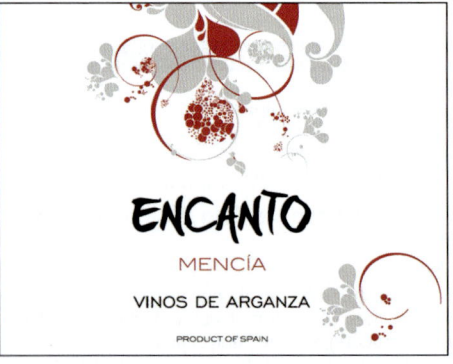

Encanto Selección 2023 T
90
Farbe: tiefes Kirschrot. Aroma: reifes Obst, trockene Kräuter, weiches Eichenholz, Buschwaldkräuter, balsamisch. Mund: reife Früchte, würzig, reife Tannine.

Encanto Verdejo Godello 2023 B
88
Angenehm, aromatisch, fruchtig, geschmackvoll.

Flavium Premium 2023 T
90
Komplex, reif. Farbe: dunkles Kirschrot. Aroma: Röstaromen, würzig, feiner Kakao. Mund: geschmackvoll, Röstnoten, zartbitter.

Flavium Verdejo Godello 2023 B
88
Angenehm, lieblich, fruchtig, Leichtwein.

Lagar de Robla Colección Cuatro Hermanos 2022 T
93
Farbe: KirsChrot. Aroma: komplex, ausdrucksvoll, würzig, mineralisch, reifes Obst, dunkle Früchte. Mund: voll, lang, nachhaltig.

Lagar de Robla Premium 2023 T
89
Klar definierte Aromen, fruchtig, reif, geschmackvoll.

Lagar de Robla Selección 2023 T
90
Angenehm, lieblich, fruchtig. Farbe: leuchtendes Kirschrot. Mund: reife Tannine.

Legado de Farro Godello Verdejo 2023 B
88
Klar definierte Aromen, lieblich, blumig, frisch.

Legado de Farro Mencía 2023 T RB
90
Warm. Farbe: tiefes Kirschrot. Aroma: trockene Kräuter, weiches Eichenholz, dunkle Früchte. Mund: kraftvoll, reife Früchte, würzig, reife Tannine.

Século Cepas Viejas 2023 T RB
90
Farbe: kirschrot mit granatrotem Saum. Aroma: Früchtekonfit, kraftvoll, würzig. Mund: geschmackvoll, lang.

VIÑAS SERRANAS
Ctra. Coria s/n
37656 Cepeda (Salamanca)
☎: +34 634 555 355
info@vserranas.com

Renvivas 2021 T
94
Farbe: KirsChrot. Aroma: ausdrucksvoll, würzig, rote Früchte, reifes Obst, Nüsse, trockene Kräuter. Mund: elegant, lang, nachhaltig, süffig.

VIÑEDOS DE LAS ACACIAS
Rio Selmo, 10
24560 Toral de los Vados (León)
☎: +34 987 544 831
bodegaslasacacias@gmail.com
www.palaciodearganza.com

Marqués de Montejos Selección 2023 T
90
Farbe: kirschrot mit violettem Saum. Aroma: rote Früchte, blumig, würzig. Mund: geschmackvoll, fruchtig, schöne Säure, lang.

Palacio de Arganza
Cabernet Mencía 2023 T
90
Farbe: kirschrot mit violettem Saum. Aroma: ausdrucksstark fruchtig, rote Früchte, blumig, würzig. Mund: geschmackvoll, fruchtig, schöne Säure, lang.

Palacio de Arganza Red Blend T
90
Farbe: tiefes Kirschrot. Aroma: reifes Obst, trockene Kräuter, rote Früchte. Mund: reife Früchte, würzig, reife Tannine.

Señorío de Peñalba Selección 2023 T
90
Farbe: kirschrot mit violettem Saum. Aroma: rote Früchte, blumig, würzig. Mund: fruchtig, schöne Säure.

WEIN & VINOS
Hardenbergstr. 9A
10623 Berlin (Berlin)
☎: +49 303 150 6080
info@vinos.de
www.vinos.de

Alvarez y Diez Sauvignon Blanc 2023 B
100% sauvignon blanc
88
Zitrusfrüchte, ausgewogen, frisch, fruchtig, kräuterig.

Intuición Sauvignon Blanc 2023 B
87

Intuición Verdejo Organic 2023 B
verdejo
91 🌱
Sortenrein. Farbe: leuchtendes Strohgelb. Aroma: ausdrucksvoll, weiße Blumen, Jasmin, trockene Kräuter. Mund: geschmackvoll, fruchtig, ausgewogen.

Sariño 2023 B
verdejo
91
Farbe: strohgelb. Aroma: reifes Obst, trockene Kräuter, welke Blumen. Mund: reife Früchte, ausgewogen, opulent.

Tamina Viognier 2023 B
viognier
88
Zitrusfrüchte, kräuterig, frisch, korrekt.

YLLERA BODEGAS & VIÑEDOS
47490 Rueda (Valladolid)
☎: +34 983 868 097
grupoyllera@grupoyllera.com
www.grupoyllera.com

Yllera 12 meses 2020 T RB
tempranillo, syrah, cabernet sauvignon
90
Lieblich, Röstaromen. Farbe: tiefes Kirschrot. Aroma: reifes Obst, trockene Kräuter, weiches Eichenholz. Mund: kraftvoll, reife Früchte, würzig, reife Tannine.

Yllera Chardonnay
Vendimia Nocturna 2023 B
chardonnay
90
Farbe: strohgelb. Aroma: reifes Obst, trockene Kräuter, welke Blumen, Steinobst. Mund: reife Früchte, ausgewogen.

VINOS DE LA TIERRA - CÓRDOBA / I.G.P.

Yllera Vendimia Seleccionada 2019 T R
92
Farbe: dunkles Kirschrot, granatroter Saum. Aroma: reifes Obst, Noten von Tischlerei, Tabak, süße Gewürze, Kreide. Mund: würzig, reife Tannine, lang.

VT CÓRDOBA

PÉREZ BARQUERO
Avda. Andalucía, 27
14550 Montilla (Córdoba)
☎: +34 957 650 500
info@perezbarquero.com
www.perezbarquero.com

Casa Villa-Zevallos 2021 T RB
tempranillo, syrah, merlot, cabernet sauvignon
85

VT COSTA DE CANTABRIA

BODEGAS MIRADORIO
El Pomar, 10
39527 Ruiloba (Cantabria)
☎: +34 653 873 425
administracion@miradorio.com
www.miradorio.com

Mar de Fondo 2022 B
hondarrabi zuri, albariño, godello, riesling
90
Farbe: leuchtendes Strohgelb. Aroma: Zitrusfrüchte, Wildkräuter, offen, frisch. Mund: schöne Säure, ausgewogen, zartbitter, spannungsvoll.

Tussio 2022 B
hondarrabi zuri, albariño
89
Korrekt, frisch, Zitrusfrüchte, blumig, mild. Mund: süffig.

VT EIVISSA

BODEGA Y VIÑEDOS CAN RICH
Camí de Sa Vorera, s/n
07820 San Antonio (Illes Balears/Islas Baleares)
☎: +34 971 803 377
info@bodegascanrich.com
www.bodegascanrich.com

Can Rich 2023 B
malvasía, moscatel, chardonnay
86 ♣

Can Rich Blanc D'Amfora 2022 B
moscatel grano menudo, moscatel de alejandría
88 ♣
Blumig, kräuterig, geschmackvoll, Hefenoten.

Can Rich Negre D'Amfora 2022 T
monastrell, syrah
86 ♣

Can Rich Rosat D'Amfora 2023 RD
merlot
88 ♣
Oxidativ, getrocknete Blumen, Hefenoten, durchschnittlich am Gaumen.

Can Rich Selección 2018 T
merlot, cabernet sauvignon, monastrell
87 ♣

Lausos 2021 T
merlot, cabernet sauvignon
87 ♣

IBIZKUS WINES
Ctra. Santa Eulària (EI-200) Km. 2,5
07849 Santa Eulària des Riu (Illes Balears/Islas Baleares)
☎: +34 971 807 330
info@ibizkus.com

Ibizkus 2023 B
malvasía, macabeo
88
Ausgewogen, kräuterig, frisch, Hefenoten.

Ibizkus 2023 RD
monastrell
89
Zitrusfrüchte, getrocknete Blumen, trockene Kräuter, Hefenoten, geschmackvoll.

Ibizkus Monastrell Pie Franco 2021 T
monastrell
88
Ausgewogen, würzig, trockene Kräuter, Röstaromen.

Totem Las Canteras Rosé 2021 RD
monastrell
91
Farbe: blassrosa. Aroma: elegant, rote Früchte, blumig, Kräutersäckchen, feine Hefen. Mund: leicht, würzig, schöne Säure, zartbitter.

Totem Red La Cala 2021 T
monastrell
92
Farbe: kirschrot mit violettem Saum. Aroma: blumig, würzig, feiner Kakao, rote Früchte, reifes Obst. Mund: geschmackvoll, fruchtig, schöne Säure, lang.

Totem Rosé La Veta 2021 RD
monastrell
90
Farbe: lachsfarben. Aroma: süße Gewürze, rote Früchte, Kräutersäckchen, getrocknete Blumen. Mund: geschmackvoll, würzig.

VT EXTREMADURA

BODEGAS HABLA
Ctra. N-V, km. 259
10200 Trujillo (Cáceres)
☎: +34 927 659 180
habla@bodegashabla.com
www.bodegashabla.com

Habla de ti... 2023 B
sauvignon blanc
90
Farbe: leuchtendes Strohgelb. Aroma: ausdrucksstark fruchtig, reifes Obst, blumig. Mund: geschmackvoll, frisch, schöne Säure, nachwirkend fruchtig.

BODEGAS MARTÍNEZ PAIVA
Ctra. Gijón - Sevilla N-630, Km. 646 Apdo. 87
06200 Almendralejo (Badajoz)
☎: +34 924 671 130
info@bodegasmartinezpaiva.com
www.bodegasmartinezpaiva.com

Paiva 10 Meses 2020 T C
tempranillo
89
Angenehm, kräuterig, saftig, reif, würzig, voll, geschmackvoll.

Paiva 56 Barricas 2020 T FB
tempranillo
87

BODEGAS RUIZ TORRES
Ctra. EX 116, Km. 33,8
10136 Cañamero (Cáceres)
☎: +34 927 369 024
info@ruiztorres.com
www.ruiztorres.com

Attelea 2019 T C
80% tempranillo, 20% cabernet sauvignon
88
Angenehm, durchschnittlich am Gaumen, warm, korrekt, kräuterig.

Attelea Tempranillo 2021 T RB
100% tempranillo
87

Cabernet Sauvignon de Bodegas Ruiz Torres 2020 T
100% cabernet sauvignon
90
Aromatisch, balsamisch, korpulent, kräuterig, reif. Aroma: Wildkräuter, trockene Kräuter. Mund: geschmackvoll, lang, würzig.

Syrah de Bodegas Ruiz Torres 2021 T
syrah
87

Trampal 2020 T C
100% tempranillo
85

Verdejo de Bodegas Ruiz Torres 2023 B
100% verdejo
85

ENCINA BLANCA DE ALBURQUERQUE
Ctra. Ex 302, Km. 85,3
06510 Alburquerque (Badajoz)
☎: +34 679 807 326
bodega@encinablanca.com
www.encinablancadealburquerque.es

Blanco 12 Cepas 2023 B
cayetana blanca, pardina, cigüente, zurieles, folgasao, bastardo blanco
87 ♣

Espumoso Encina Blanca 2021 BE BN
cayetana blanca, pardina, cigüente, zurieles, folgasao, bastardo blanco
89 ♣
Aromatisch. Aroma: Wildkräuter, Anisnoten, helle Früchte, Hefenoten. Mund: korrekt, zartbitter.

VINOS DE LA TIERRA - EXTREMADURA / I.G.P.

VINOS DE LA TIERRA - EXTREMADURA / I.G.P.

Espumoso Encina Blanca Edición Especial 2019 BE R BN
cayetana blanca, pardina, cigüente, hebén, verdejo

91
Rustikal, unkonventionell. Aroma: Wildkräuter, schwarze Lakritze, , ausdrucksvoll, mit Charakter. Mund: geschmackvoll, zartbitter, ausgewogen.

P2 Alamo B
90
Oxidativ. Farbe: strohgelb. Aroma: reifes Obst, trockene Kräuter, feine Hefen, Zitrusfrüchte. Mund: reife Früchte, ausgewogen, geschmackvoll.

Tinto Especial Encina Blanca 2019 T
tempranillo, malbec, cabernet sauvignon, petit verdot
87

PAGO LOS BALANCINES
Paraje la Agraria, s/n
06475 Oliva de Mérida (Badajoz)
☎: +34 924 367 399
info@pagolosbalancines.com
www.pagolosbalancines.com

Barbas de Gata 2019 T C
90
Farbe: leuchtendes Kirschrot. Aroma: Röstaromen, würzig, feiner Kakao, Nüsse. Mund: geschmackvoll, Röstnoten, zartbitter.

PALACIO QUEMADO
Ctra. Almendralejo - Palomas, km 6,3
06840 Alange (Badajoz)
☎: +34 924 120 296
palacioquemado@alvear.es
www.palacioquemado.es

La Raya 2020 T
trincadeira preta
91
Würzig, reif, kräuterig. Farbe: tiefes Kirschrot. Aroma: weiches Eichenholz, Wildkräuter, Gras. Mund: reife Früchte, würzig, reife Tannine.

PENTATEUCO WINES
Avda. Suertes del Campo, P 5/6
06225 Ribera del Fresno (Badajoz)
☎: +34 623 010 528
wine@riberanature.com
www.pentateuco.es

Abaxial Blanc de Noir 2022 B
garnacha
88
Aromatisch. Aroma: metallisch, mittlere Intensität, ausgewogen. Mund: flüssig am Gaumen, ziemlich nachhaltig.

Pentateuco Basic 2020 T
60% garnacha, 30% monastrell, 8% tempranillo, 2% mazuelo, cabernet sauvignon
90
Farbe: kirschrot mit violettem Saum. Aroma: würzig, getrocknete Blumen, Buschwaldkräuter, rote Früchte, dunkle Früchte. Mund: geschmackvoll, fruchtig, schöne Säure.

Pentateuco Cuvée 2020 T
40% tempranillo, 15% cabernet sauvignon, 15% garnacha, 5% monastrell, mazuelo
91 ♣
Farbe: tiefes Kirschrot. Aroma: reifes Obst, trockene Kräuter, weiches Eichenholz, Gras, würzig. Mund: kraftvoll, reife Früchte, würzig, reife Tannine.

Pentateuco Terroir 2020 T
60% garnacha, 30% monastrell, mazuelo, cabernet sauvignon
86 ♣

S.C.A. SANTA MARTA VIRGEN
Cooperativa s/n
06150 Santa Marta de Los Barros (Badajoz)
☎: +34 924 690 218
info@bodegasantamarta.com
www.cooperativasantamarta.com

Calamón Semidulce 2023 B SD
100% pardina
85

Calamón Semidulce 2023 RD AG SD
100% tempranillo
84

VALDEQUEMAO VIDES & VINOS
Ctra. Fuente, 6
06220 Villafranca de Los Barros (Badajoz)
☎: +34 924 524 136
info@valdequemao.com
www.valdequemao.com

Valdequemao Clásico 2020 T C
100% tempranillo
86

VIÑAOLIVA SOC. COOP.
Automoción, 1
06200 Almendralejo (Badajoz)
☎: +34 924 677 321
info@vinaoliva.com
www.zaleo.es

Tinaja de Zaleo 2022 T S
syrah
88
Fruchtig, Röstaromen, würzig, rauchig.

Tinaja de Zaleo 2023 B
100% viura
87

VIÑEDOS POZANCO
Ctra. de BA-001 Km. 15,700
06800 Mérida (Badajoz)
☎: +34 924 143 249
info@bodegaspozanco.com
www.bodegaspozanco.com

10·12 (Diez Punto Doce) 2023 BE AG SD
84

10·12 (Diez Punto Doce) 2023 T
85

**10·12 Selección
(Diez Punto Doce) 2021 T BA**
88
Röstaromen, reif, voll, poliert.

VT FORMENTERA

CAP DE BARBARIA
Ctra. de Cap de Barbaria, km. 5,8
07860 Formentera (Illes Balears/Islas Baleares)
☎: +34 647 707 572
info@capdebarbaria.com
www.capdebarbaria.com

Cap de Barbaria 2018 T C
cabernet sauvignon, merlot, monastrell, fogoneu
92
Klassisch. Farbe: dunkles Kirschrot, granatroter Saum. Aroma: reifes Obst, Früchtekonfit, Tabak, süße Gewürze. Mund: würzig, reife Tannine, geschmackvoll.

**Cap de Barbaria
Pansit de Formentera B Solera D**
prensal
94
Farbe: goldfarben. Aroma: kraftvoll, kandierte Früchte, Acetaldehyd, Feingebäck, süße Gewürze, geröstete Mandeln, Lacknoten. Mund: geschmackvoll, süß, frisch, fruchtig, schöne Säure, lang.

Ophiusa 2021 T
cabernet sauvignon, merlot, monastrell, fogoneu
91
Farbe: tiefes Kirschrot. Aroma: trockene Kräuter, rote Früchte, dunkle Früchte, würzig, feiner Kakao. Mund: reife Früchte, würzig, reife Tannine.

TERRAMOLL
Ctra. de La Mola Km. 15.2
07872 Formentera (Illes Balears/Islas Baleares)
☎: +34 971 327 293
info@terramoll.es
www.terramoll.es

Astarté 2023 B
viognier
88
Zitrusfrüchte, kräuterig, korrekt, frisch.

Es Monestir 2019 T R
92 ♣
Farbe: tiefes Kirschrot. Aroma: trockene Kräuter, weiches Eichenholz, reifes Obst, dunkle Früchte, rote Früchte. Mund: kraftvoll, reife Früchte, würzig, reife Tannine.

Es Virot 2021 T BA
92% merlot, 8% cabernet sauvignon
89 ♣
Korpulent, ausgewogen, würzig, trockene Kräuter, Röstaromen.

Rosa de Mar 2023 RD
48% merlot, 26% viognier, 17% monastrell, 9% cabernet sauvignon
88 ♣
Zitrusfrüchte, kräuterig, Hefenoten, geschmackvoll.

Savina 2023 B
64% viognier, 36% malvasía
88 ♣
Zitrusfrüchte, trockene Kräuter, reif, schlicht, korrekt.

VT ILLA DE MENORCA

BINITORD
Camí Lloc de Monges s/n
07760 Ciutadella de Menorca (Illes Balears/Islas Baleares)
☎: +34 722 474 555
info@binitord.com
www.binitord.com

Binitord Blanc 2023 B
chardonnay, malvasía, moscatel, prensal, macabeo
89
Ausgewogen, frisch, geschmackvoll, trockene Kräuter, blumig.

Binitord Ciutat de Parella 2020 T R
cabernet sauvignon, merlot, syrah
88
Trockene Kräuter, reif, Cremig, Röstaromen.

VINOS DE LA TIERRA - FORMENTERA / I.G.P.

VINOS DE LA TIERRA - FORMENTERA / I.G.P.

Binitord Negre 2023 T
merlot, cabernet sauvignon, monastrell, syrah

89

Ausgewogen, fruchtig, kräuterig, frisch, flüssig am Gaumen.

Binitord Rosat 2023 RD
syrah, monastrell, moscatel, ull de llebre, chardonnay, merlot

85

BODEGA TORRALBA

Camí de Macarella, Km. 12 s/n
07760 Ciutadella de Menorca (Illes Balears/Islas Baleares)
☎: +34 971 713 550
administracion@bodegatorralba.es
www.bodegatorralba.es

Alba Blanca Menorca 2023 B
malvasía

89

Ausgewogen, würzig, Hefenoten, getrocknete Blumen, geschmackvoll.

Alba Negra Menorca 2023 T
85% monastrell, 15% cabernet sauvignon

92

Farbe: kirschrot mit violettem Saum. Aroma: ausdrucksstark fruchtig, rote Früchte, blumig, würzig. Mund: geschmackvoll, fruchtig, schöne Säure, lang.

Alba Negra Menorca Cabernet 2023 T
cabernet sauvignon

91

Farbe: kirschrot mit violettem Saum. Aroma: rote Früchte, blumig, würzig, Noten von Tischlerei. Mund: geschmackvoll, fruchtig, schöne Säure, lang.

Alba Rosé Menorca 2023 RD
monastrell

88

Durchschnittlich am Gaumen, Zitrusfrüchte, kräuterig, frisch.

BODEGAS BINIFADET

Ses Barraques, s/n
07720 San Luis (Illes Balears/Islas Baleares)
☎: +34 971 150 715
binifadet@binifadet.com
www.binifadet.com

2 Tancas 2021 T

92

Farbe: KirsChrot. Aroma: balsamisch, Buschwaldkräuter, mineralisch, erdig. Mund: würzig, schöne Säure, fruchtig, feinkörnige Tannine.

Binifadet 2022 T

88

Balsamisch, kräuterig, fruchtig, reif, nachhaltig, geschmackvoll, vegetabil.

Binifadet 2023 B

90

Farbe: leuchtendes Strohgelb. Aroma: reifes Obst, trockene Kräuter, , ausgewogen. Mund: fruchtig, süffig, korrekt, zartbitter.

Binifadet 2023 RD

89

Angenehm, wild, mild, reif, saftig. Mund: süffig.

Pieles 2022 B

92

Farbe: golden leuchtend. Aroma: getrocknete Blumen, camomila, eine Spur Waldbeeren, Buschwaldkräuter. Mund: saftig, würzig, voll, geschmackvoll.

Tanca Nº12 2022 B
100% chardonnay

93

Farbe: leuchtendes Gelb. Aroma: welke Blumen, Steinobst, reifes Obst, weiches Eichenholz. Mund: kraftvoll, reife Früchte, ausgewogen, geschmackvoll.

Tanca Nº13 2023 RD

91

Farbe: blassrosa. Aroma: elegant, rote Früchte, blumig, Kräutersäckchen. Mund: schöne Säure, zartbitter, süffig, saftig.

BODEGAS TORRALBENC

Ctra de Mahon a Cala en Porter, km 10
07730 Alaior (Illes Balears/Islas Baleares)
☎: +34 676 232 734
info@bodegastorralbenc.com
www.bodegastorralbenc.com

Albenc Blanc 2023 B
88% parellada, 8% malvasía, 4% chardonnay

89

Ausgewogen, getrocknete Blumen, kräuterig, Hefenoten, geschmackvoll.

Torralbenc 2023 RD
40% monastrell, 34% merlot, 26% syrah

88

Zitrusfrüchte, vegetabil, korrekt, frisch.

Torralbenc Chardonnay 2021 B
100% chardonnay

90

Farbe: leuchtendes Gelb. Aroma: weiches Eichenholz, reifes Obst, würzig, Nüsse. Mund: strukturiert, Röstnoten, zartbitter.

Torralbenc Coupage Tinto 2021 T
54% merlot, 46% syrah

92

Farbe: dunkles Kirschrot. Aroma: Röstaromen, würzig, feiner Kakao, dunkle Früchte, Buschwaldkräuter. Mund: geschmackvoll, Röstnoten, zartbitter.

SA FORANA

Cugullonet Nou
07712 Sant Climent - Mahón (Illes Balears/Islas Baleares)
☎: +34 607 242 510
saforana@saforana.com
www.saforana.com

600 Metros
Sa Forana 2023 T
32% cabernet sauvignon, 28% ull de llebre, 16% syrah, 24% prensal

88

Lieblich, fruchtig, trockene Kräuter, flüssig am Gaumen.

600 Metros
Sa Forana Blanc 2022 B
69% prensal, 31% chardonnay

89

Getrocknete Blumen, reif, geschmackvoll, trockene Kräuter.

600 Metros
Sa Forana Blanc 2023 B
74% prensal, 26% chardonnay

88

Ausgewogen, würzig, trockene Kräuter, geschmackvoll.

Sa Forana 2022 T
64% cabernet sauvignon, 25% ull de llebre, 11% syrah

87

Sa Forana Blanc 2022 B FB
90% chardonnay, 10% prensal

90

Oxidativ. Farbe: strohgelb. Aroma: reifes Obst, trockene Kräuter, welke Blumen, feine Hefen. Mund: kraftvoll, reife Früchte, ausgewogen.

VT ILLES BALEARS

ÀNIMA NEGRA VITICULTORS

3ª Volta, 18
07200 Faianitx (Illes Balears/Islas Baleares)
☎: +34 971 584 481
admin@annegra.com
www.animanegra.com

Àn 2021 T
callet

94

Farbe: durchscheinendes Kirschrot. Aroma: intensive Röstaromen, kraftvoll, rote Früchte, dunkle Früchte, erdig. Mund: rauchig nachwirkend, nachhaltig, reife Tannine, voll.

Àn'R 2023 RD
callet

88

Zitrusfrüchte, trockene Kräuter, korrekt, balsamisch.

Àn/2 2021 T
65% callet, 20% manto negro, fogoneu, 15% syrah

93

Farbe: tiefes Kirschrot. Aroma: reifes Obst, weiches Eichenholz, Buschwaldkräuter, rote Früchte, erdig. Mund: kraftvoll, reife Früchte, würzig, reife Tannine.

BODEGAS TORRALBENC

Ctra de Mahon a Cala en Porter, km 10
07730 Alaior (Illes Balears/Islas Baleares)
☎: +34 676 232 734
info@bodegastorralbenc.com
www.bodegastorralbenc.com

Torralbenc Coupage Blanc 2022 B
44% sauvignon blanc, 25% parellada, 19% chardonnay, 12% viognier

90

Farbe: leuchtendes Strohgelb. Aroma: Kräutersäckchen, feine Hefen, helle Früchte, trockene Kräuter. Mund: schöne Säure, ausgewogen.

Torralbenc Pinot Noir 2023 RD
100% pinot noir

89

Ausgewogen, geschmackvoll, trockene Kräuter, frisch.

VINOS DE LA TIERRA - LAUJAR-ALPUJARRA / I.G.P.

TERRA DE FALANIS
Ctra. Campos Felanitx 10.3 Km.
07200 Felanitx (Illes Balears/Islas Baleares)
☎: +34 679 314 406
contactoterradefalanis@gmail.com
www.terradefalanis.com

Castell de Santueri Rouge 2021 T RB
60% callet, 30% manto negro, 10% cabernet sauvignon
89
Ausgewogen, würzig, reif, geschmackvoll, Röstaromen, mineralisch.

Muac 2021 T
60% callet, 30% manto negro, 10% cabernet sauvignon
87

VT LAUJAR-ALPUJARRA

BODEGA FUENTE VICTORIA
Paraje El Pedregal s/n
04479 Fuente Victoria (Almería)
☎: +34 670 071 999
info@bodegafuentevictoria.es
www.bodegafuentevictoria.com

Cabal 2022 T
tempranillo
86

Sulayr 2023 B
macabeo, jaén blanca, viognier
86

Talento 2023 T
merlot, syrah, tempranillo
86

CORTIJO EL CURA ECO-BODEGA
04470 Laujar de Andarax (Almería)
☎: +34 950 513 562
info@cortijoelcura.com
www.cortijoelcura.com

Infante 2023 RD
100% garnacha
87 🌿

Jáncor 2022 T BA
87 🌿

Jáncor 2022 T C
merlot, cabernet sauvignon, syrah, garnacha, tempranillo
87 🌿

Oro del Llano 2022 B
90% jaén blanca, 10% chardonnay
87 🌿

Sánchez Vizcaino 2020 T R
garnacha, merlot, cabernet sauvignon, syrah
85 🌿

Sierra Gádor 2023 T
80% garnacha, merlot
83 🌿

VT LIÉBANA

DESTILERÍA Y BODEGA CAYO
Mesasinpan s/n
39584 Frama (Cabezón de Liébana) (Cantabria)
☎: +34 942 730 689
info@bodegacayo.com
www.bodegacayo.com

Lusia 2021 T RB
85% mencía, 15% tempranillo
90
Farbe: tiefes Kirschrot. Aroma: trockene Kräuter, dunkle Früchte, Buschwaldkräuter, erdig, welke Blumen. Mund: reife Früchte, würzig, reife Tannine.

Lusia Origen 2020 T
100% mencía
91
Waldfinsternis, korpulent. Farbe: kirschrot mit violettem Saum. Aroma: ausdrucksstark fruchtig, blumig, würzig, balsamisch, dunkle Früchte. Mund: geschmackvoll, fruchtig, schöne Säure, lang.

VT MALLORCA

3.10 CELLER
Camada Real s/n
07200 Felanitx (Illes Balears/Islas Baleares)
☎: +34 686 972 003
info@310celler.com
www.310celler.com

Estel 2023 RD
merlot, syrah, callet
87 🌿

Mr. Ruc 2019 T
cabernet sauvignon, merlot, syrah
89
Korpulent, Cremig, trockene Kräuter, reif, voll, Röstaromen.

Ruc 2021 T
cabernet sauvignon, merlot, syrah
88 🌿
Ausgewogen, würzig, reif, Röstaromen.

Sitra 2023 B
prensal, giró, chardonnay

88

Zitrusfrüchte, frisch, trockene Kräuter, Hefenoten, geschmackvoll.

4 KILOS VINÍCOLA
1ª Volta, 168
07200 Felanitx (Illes Balears/Islas Baleares)
☎: +34 971 580 523
4k@4kilos.com
www.4kilos.com

12 volts 2022 T
93

Klar definierte Aromen, spannungsvoll. Aroma: rote Früchte, reifes Obst, Wildkräuter, ausdrucksvoll. Mund: lebhaft, feinkörnige Tannine.

🏆 PODIUM

4 Kilos 2022 T
95

Herb, mit Persönlichkeit, repräsentativ, nachhaltig. Farbe: durchscheinendes Kirschrot. Aroma: ausdrucksstark fruchtig, getrocknete Blumen. Mund: saftig, lang.

🏆 PODIUM

Gallinas & Focas 2020 T
95

Aromatisch, spannungsvoll. Farbe: KirsChrot. Aroma: balsamisch, süße Gewürze, Buschwaldkräuter, rote Früchte. Mund: würzig, balsamisch, schöne Säure.

🏆 PODIUM

Grimalt Caballero 2020 T
callet, fogoneu

96

Wild, mineralisch. Aroma: trockener Stein, Wildkräuter. Mund: spannungsvoll, würzig, lang.

Motor blanc 2022 B
malvasía, prensal

92

Mit Persönlichkeit, wenig interventionistisch. Farbe: gelb, blass. Mund: geschmackvoll, spannungsvoll, korrekt.

Tanuki Bob 2021 T
94

Wild, lieblich. Farbe: kirschrot mit granatrotem Saum. Aroma: ausdrucksstark fruchtig, rote Früchte, blumig, würzig, erdig, Unterholz, balsamisch. Mund: geschmackvoll, elegant, flüssig am Gaumen.

BINIGRAU
Fiol, 33
07143 Biniali (Illes Balears/Islas Baleares)
☎: +34 971 512 023
info@binigrau.es
www.binigrau.es

Binigrau Bi-Blanc 2023 B FB
chardonnay

91

Farbe: leuchtendes Gelb. Aroma: kraftvoll, weiches Eichenholz, reifes Obst, würzig, holzig. Mund: fett, strukturiert, Röstnoten, zartbitter.

Binigrau Bi-Negre 2022 T BA
93

Farbe: tiefes Kirschrot. Aroma: reifes Obst, trockene Kräuter, weiches Eichenholz, Röstaromen, Buschwaldkräuter. Mund: kraftvoll, reife Früchte, würzig, reife Tannine.

VINOS DE LA TIERRA - MALLORCA / I.G.P.

Nou Nat 2023 B
prensal, chardonnay

93

Lieblich. Farbe: leuchtendes Strohgelb. Aroma: reifes Obst, Kräutersäckchen, feine Hefen. Mund: voll, fett, lang, schöne Säure.

Obac de Binigrau 2022 T BA
manto negro, callet, merlot, syrah

92

Farbe: tiefes Kirschrot. Aroma: trockene Kräuter, dunkle Früchte, Röstaromen, feiner Kakao, schwarze Lakritze. Mund: reife Früchte, würzig, reife Tannine.

Binigrau E-Blanc 2023 B
riesling, sauvignon blanc

91

Oxidativ. Farbe: leuchtendes Strohgelb. Aroma: reifes Obst, Kräutersäckchen, feine Hefen, blumig. Mund: voll, fett, schöne Säure.

Binigrau E-Negre 2021 T
manto negro, merlot

90

Farbe: tiefes Kirschrot. Aroma: reifes Obst, trockene Kräuter, Röstaromen. Mund: reife Früchte, würzig, reife Tannine.

BODEGA AVA VI
Camí de Muro, Polig. 9 Parcela 40
07140 Biniali (Illes Balears/Islas Baleares)
☎: +34 687 789 932
juliosumiller@gmail.com
www.ava-vi.es

ANAVA...a cercar un somni Rosat 2022 RD BA
manto negro

90

Farbe: blassrosa. Aroma: elegant, rote Früchte, Kräutersäckchen, getrocknete Blumen, feine Hefen, trockener Stein. Mund: leicht, würzig, schöne Säure, zartbitter.

AVA Selecció 2019 T R
70% manto negro, 30% otras

91

Farbe: tiefes Kirschrot. Aroma: trockene Kräuter, weiches Eichenholz, dunkle Früchte, Tabak. Mund: reife Früchte, würzig, reife Tannine.

Ava Vi Blanc 2023 B
prensal, chardonnay

87

Ava Vi Rosat 2023 RD
manto negro

88

Ausgewogen, trockene Kräuter, frisch, geschmackvoll.

TRIAVA Blanc "Vino de Guarda" 2022 B FB
prensal

91

Farbe: leuchtendes Strohgelb. Aroma: reifes Obst, Kräutersäckchen, feine Hefen, würzig, geröstetes Brot. Mund: voll, fett, lang, schöne Säure.

TRIAVA Heritage
"Vino de Guarda" 2021 T R
91 ♣
Farbe: tiefes Kirschrot. Aroma: trockene Kräuter, weiches Eichenholz, dunkle Früchte, reifes Obst, erdig. Mund: reife Früchte, würzig, reife Tannine.

BODEGA CASETA VELLA
Ctra. de Santa Margalida -
Ca'n Picafort Ma-3410 Km 4,1
07450 Santa Margalida
(Illes Balears/Islas Baleares)
☎: +34 659 521 073
info@casetavella.com
www.casetavella.com

Fora Por 2020 T
syrah, cabernet sauvignon, merlot, manto negro
90
Farbe: KirsChrot. Aroma: dunkle Früchte, reifes Obst, Buschwaldkräuter, Früchtekonfit, würzig. Mund: reife Früchte, zartbitter.

Primavera de s'Hivern 2022 RD
syrah, manto negro, cabernet sauvignon, merlot
89
Fruchtig, Süßwaren, kräuterig, reif, voll.

Urooo! 2022 B
chardonnay, viognier, prensal
90
Farbe: strohgelb. Aroma: reifes Obst, trockene Kräuter, welke Blumen. Mund: kraftvoll, reife Früchte, ausgewogen.

BODEGA CASTELL MIQUEL
Ctra. Alaró-Lloseta, Km. 8,7
07340 Alaró (Illes Balears/Islas Baleares)
☎: +34 971 510 698
lopez@castellmiquel.com
www.castellmiquel.com

Stairway To Heaven 2023 RD
87 ♣

Stairway to Heaven Chardonnay 2023 B
chardonnay
87 ♣

Stairway to Heaven Cuvée 2019 T R
cabernet sauvignon, syrah, merlot
90
Farbe: kirschrot mit violettem Saum. Aroma: ausdrucksstark fruchtig, rote Früchte, blumig, würzig. Mund: geschmackvoll, fruchtig, schöne Säure.

Stairway to Heaven Owners Edition 2023 RD
merlot, tempranillo
89 ♣
Zitrusfrüchte, kräuterig, geschmackvoll, frisch.

Stairway to Heaven Owners Edition Sauvignon Blanc 2023 B
sauvignon blanc
88 ♣
Zitrusfrüchte, frisch, kräuterig, korrekt.

Stairway To Heaven Sauvignon Blanc 2023 B
sauvignon blanc
87 ♣

BODEGAS VI REI
Ctra. Cap Blanc, km 25
07620 Llucmajor (Illes Balears/Islas Baleares)
☎: +34 971 007 460
info@bodegasvirei.com
www.bodegasvirei.com

Vi Rei Es Gall Rose 2023 RD
syrah, cabernet sauvignon, merlot
88
Frisch, fruchtig, geschmackvoll, trockene Kräuter.

Vi Rei Pescador Mallorqui 2023 B
prensal, giró ros
87

BODEGUES MACIÀ BATLE
Camí Coanegre s/n
07320 Santa María del Camí
(Illes Balears/Islas Baleares)
☎: +34 971 140 014
info@maciabatle.com
www.maciabatle.com

Gran Selec.ció Premsal Blanc per Macià Batle 2022 B
prensal
91
Farbe: leuchtendes Strohgelb. Aroma: reifes Obst, feine Hefen, geröstetes Brot, trockene Kräuter, . Mund: voll, fett, lang, ausgewogen.

Macià Batle 1856 2022 T BA
89
Markante Eiche, würzig, trockene Kräuter, reif, geschmackvoll.

VINOS DE LA TIERRA - MALLORCA / I.G.P.

VINOS DE LA TIERRA - MALLORCA / I.G.P.

Macià Batle 2023 T
merlot, manto negro, syrah, cabernet sauvignon
88
Ausgewogen, würzig, reif, Röstaromen, flüssig am Gaumen.

Macià Batle Blanc de Blancs 2023 B MC
prensal, chardonnay
89
Lieblich, würzig, trockene Kräuter, geschmackvoll, Hefenoten.

Macià Batle Col.lecció Privada 2019 T
manto negro, merlot, cabernet sauvignon, syrah
91
Farbe: tiefes Kirschrot. Aroma: dunkle Früchte, Buschwaldkräuter, feine Reduktionsnoten, würzig. Mund: reife Früchte, würzig, reife Tannine.

Macià Batle Negre 2023 T MC
manto negro
92
Farbe: KirsChrot. Aroma: ausdrucksvoll, rote Früchte, reifes Obst, schwarze Lakritze, ausgewogen, Buschwaldkräuter. Mund: zartbitter, fruchtig, geschmackvoll.

Macià Batle Rosat 2023 RD
cabernet sauvignon, manto negro
87

Macià Batle Rosat 2023 RD MC
gorgollassa
90
Farbe: himbeerrot mit violettem Saum. Aroma: ausdrucksstark fruchtig, rote Früchte, blumig, Wildkräuter, ausdrucksvoll. Mund: fruchtig, schöne Säure, süffig.

Macià Batle Sauvignon Blanc 2023 B
sauvignon blanc
89
Ausgewogen, kräuterig, geschmackvoll, Hefenoten, frisch.

Margalida Llompart Blanc 2022 B
90
Röstaromen, ausgewogen. Farbe: leuchtendes Gelb. Aroma: weiches Eichenholz, reifes Obst, würzig, geröstetes Brot, trockene Kräuter. Mund: strukturiert, Röstnoten, zartbitter.

Margalida Llompart Rosat 2023 RD
manto negro, cabernet sauvignon
89
Ausgewogen, trockene Kräuter, fruchtig, Hefenoten, geschmackvoll.

Margarida Llompart Negre 2017 T
manto negro, cabernet sauvignon
89
Ausgewogen, würzig, reif, geschmackvoll, Röstaromen.

BODEGUES VIDAL SERRA
Ca ses Monges, 15
07142 Santa Eugènia (Illes Balears/Islas Baleares)
☎: +34 606 519 282
bodeguesvidalserra@gmail.com

Dièresi 2021 T
merlot, manto negro
90
Farbe: tiefes Kirschrot. Aroma: reifes Obst, trockene Kräuter, Tabak, erdig. Mund: reife Früchte, würzig, reife Tannine.

María Serra 2023 B
prensal, moscatel, chardonnay, sauvignon blanc
88
Ausgewogen, reif, Hefenoten, durchschnittlich am Gaumen.

Xafarder 2023 RD
syrah, merlot
87

CA'N VERDURA VITICULTORS
S'Era, 6
07350 Binissalem (Illes Balears/Islas Baleares)
☎: +34 695 817 038
info@vinscanverdura.com
www.vinscanverdura.com

Ca Ses Rosetes Giró Ros 2021 B
giró ros
94
Farbe: strohgelb. Aroma: welke Blumen, camomila, Wachs, süße Gewürze, trockener Stein, feine Hefen, Steinobst. Mund: reife Früchte, ausgewogen, geschmackvoll, salzig.

Ca'n Xicatlà 2022 B
manto negro
93
Mit Persönlichkeit, mild. Farbe: strohgelb. Aroma: reifes Obst, trockene Kräuter, feine Hefen, weiße Blumen. Mund: reife Früchte, ausgewogen, geschmackvoll.

CAN GELAT
Polígono 17
07316 Moscari (Illes Balears/Islas Baleares)
☎: +31 633 321 964
info@cangelat.com
www.cangelat.com

Can Gelat Callet Syrah 2022 RD
67% callet, 33% syrah
89
Ausgewogen, getrocknete Blumen, vegetabil, geschmackvoll.

Can Gelat Giró Ros 2022 B
100% giró ros
91
Farbe: strohgelb. Aroma: reifes Obst, trockene Kräuter, welke Blumen. Mund: reife Früchte, ausgewogen.

Can Gelat Gran Vi 2022 T
30% syrah, 30% monastrell, 20% cabernet sauvignon, 10% callet, 10% manto negro
88
Ausgewogen, vegetabil, reif, würzig, Röstaromen.

CAN XANET
07470 Pollença (Illes Balears/Islas Baleares)
☎: +34 619 302 880
info@canxanet.com
www.canxanet.com

Cadmo 2020 T
93
Wild, Röstaromen. Farbe: tiefes Kirschrot. Aroma: reifes Obst, trockene Kräuter, Buschwaldkräuter, süße Gewürze, geröstetes Brot. Mund: reife Früchte, würzig, reife Tannine.

Cumas 2020 T
93
Farbe: kirschrot mit violettem Saum. Aroma: rote Früchte, blumig, würzig, Buschwaldkräuter, feine Hefen, milchig. Mund: geschmackvoll, fruchtig, schöne Säure, lang.

Sibila 2020 T
94
Farbe: kirschrot mit violettem Saum. Aroma: ausdrucksstark fruchtig, rote Früchte, blumig, geröstetes Brot, süße Gewürze. Mund: geschmackvoll, fruchtig, schöne Säure, lang.

Siurell 2023 B
89
Angenehm, korrekt, wild, fruchtig, schlicht, mild.

Xanet 2020 T
93
Farbe: kirschrot mit violettem Saum. Aroma: rote Früchte, blumig, würzig, getrocknete Blumen, Wildkräuter, feine Hefen. Mund: geschmackvoll, fruchtig, schöne Säure, lang.

Xanet Rosé 2023 RD
90
Farbe: blassrosa. Aroma: elegant, blumig, Kräutersäckchen. Mund: leicht, schöne Säure, zartbitter, süffig.

CELLER TIANNA NEGRE
Cami des Mitjans s/n
07350 Binissalem (Illes Balears/Islas Baleares)
☎: +34 971 886 826
info@tiannanegre.com
www.tiannanegre.com

Tianna Blanc 2022 B
giró ros
90
Herb, trockene Kräuter. Farbe: strohgelb. Aroma: trockene Kräuter, welke Blumen, helle Früchte. Mund: reife Früchte, ausgewogen, schöne Säure.

Tianna Negre The Sommelier Collection "1" 2022 T
callet
92
Flüssig am Gaumen, trockene Kräuter, subtil. Farbe: kirschrot mit violettem Saum. Aroma: rote Früchte, würzig, getrocknete Blumen. Mund: geschmackvoll, fruchtig, schöne Säure.

Tianna Véloblanc 2022 B
100% manto negro
89
Trockene Kräuter, Hefenoten, geschmackvoll, frisch, salzig.

DALT TURÓ
Ctra. Campos – Santanyi Km. 43,8
07630 Campos (Illes Balears/Islas Baleares)
☎: +34 657 981 805
pedidos@daltturo.com
www.daltturo.com

Dalt Turó Acopinyat 2023 B
53% callet, 47% malvasía
89
Ausgewogen, frisch, kräuterig, mineralisch, geschmackvoll, subtil.

VINOS DE LA TIERRA - MALLORCA / I.G.P.

Guía Peñín | SPANIENS WEINFÜHRER | 853

VINOS DE LA TIERRA - MALLORCA / I.G.P.

Dalt Turó Brescat 2021 T
36,5% cabernet sauvignon, 28,1% syrah, 19,4% merlot, callet

90

Farbe: tiefes Kirschrot. Aroma: reifes Obst, trockene Kräuter, feine Hefen, Tabak. Mund: reife Früchte, würzig, reife Tannine.

Dalt Turó Granat 2021 T C
38% callet, 37,4% cabernet sauvignon, 12,9% syrah, 11,6% merlot

89

Klassisch, ausgewogen, trockene Kräuter, reif, geschmackvoll, Röstaromen, alt.

Dalt Turó Pedrenc 2021 T
58,8% cabernet sauvignon, 24,7% merlot, 15,12% syrah, 1,31% callet

91

Klassisch. Farbe: tiefes Kirschrot. Aroma: reifes Obst, trockene Kräuter, Röstaromen, Tabak, erdig. Mund: reife Früchte, würzig, reife Tannine.

Dalt Turó Roget 2023 RD
87% manto negro, 13% callet

90

Farbe: himbeerrot. Aroma: reifes Obst, Früchtekonfit, welke Blumen. Mund: fleischig, geschmackvoll, reife Früchte.

Dalt Turó Sauló 2022 T
100% callet

90

Klassisch. Farbe: durchscheinendes Kirschrot. Aroma: trockene Kräuter, Tabak, erdig, rote Früchte, reifes Obst. Mund: reife Früchte, würzig, reife Tannine.

Mal Bitxo Malvasía 2023 B
100% malvasía

89

Lieblich, Zitrusfrüchte, fruchtig, getrocknete Blumen, reif.

DUNORD VITÍCOLA
El Cano, 28
07470 Port de Pollença
(Illes Balears/Islas Baleares)
☎: +34 670 645 978
dunordviticola@gmail.com
www.dunordviticola.com

Curolla 2021 T
80% gargallosa, 20% syrah

92

Farbe: kirschrot mit violettem Saum. Aroma: blumig, würzig, rote Früchte, reifes Obst, Buschwaldkräuter. Mund: geschmackvoll, fruchtig, schöne Säure.

L'Insomni 2022 B
52% giró ros, 48% malvasía

91

Farbe: strohgelb. Aroma: ausdrucksvoll, weiße Blumen, trockene Kräuter, würzig, geröstetes Brot. Mund: geschmackvoll, fruchtig, ausgewogen.

Selvatic 2022 T
47% monastrell, 35% gargallosa, 18% syrah

92

Saftig, Röstaromen. Farbe: kirschrot mit violettem Saum. Aroma: ausdrucksstark fruchtig, würzig, dunkle Früchte, Buschwaldkräuter. Mund: geschmackvoll, fruchtig, schöne Säure.

FINCA CAN AXARTELL
Ctra. Pollença – Campanet km 1,5
07460 Pollença (Illes Balears/Islas Baleares)
☎: +34 871 870 353
info@canaxartell.es
www.canaxartell.com

Can Axartell Blanco 2023 B
89 ♣

Ausgewogen, kräuterig, mineralisch, geschmackvoll, Hefenoten.

Can Axartell Corum 2022 B FB
91 ♣

Farbe: leuchtendes Gelb. Aroma: getrocknete Blumen, kandierte Früchte, feine Hefen, Feingebäck. Mund: abgerundet, würzig, lang, nachhaltig.

Can Axartell Rosado 2023 RD
89 ♣

Ausgewogen, trockene Kräuter, getrocknete Blumen, frisch.

Terrum 2021 T
callet

91 ♣

Reduktiver Ausbau, wild. Aroma: Schwefelnote, Wildkräuter, Moschus-Noten, trockene Kräuter, reifes Obst. Mund: fruchtig, saftig, lebhaft, sortentypisch.

The Artist 2021 T C
92 ♣

Lieblich, Cremig, wild. Farbe: kirschrot mit granatrotem Saum. Aroma: schwarze Lakritze, Buschwaldkräuter, dunkle Früchte, reifes Obst. Mund: ausgewogen, geschmackvoll.

Ventum 2018 T C
merlot, syrah, callet

93 ♣

Farbe: tiefes Kirschrot. Aroma: trockene Kräuter, weiches Eichenholz, dunkle Früchte, erdig. Mund: kraftvoll, reife Früchte, würzig, reife Tannine.

JAUME DE PUNTIRÓ
Pza. Nova, 23
07320 Santa María del Camí (Illes Balears/Islas Baleares)
☎: +34 606 429 023
pere@vinsjaumedepuntiro.com
www.vinsjaumedepuntiro.com

Brisat de Puntiró 2021 B
prensal
87 ♣

Porprat 2018 T
merlot
88 ♣
Nach Eingemachtem, trockene Kräuter, alt, rustikal.

MURGUIALDI 3 DE BALEARS
Pare Bartomeu Pou, 29
07003 Palma de Mallorca (Illes Balears/Islas Baleares)

Dos Marias 2022 T RB
89
Korpulent, ausgewogen, würzig, reif, geschmackvoll, wild.

Llum 2023 B
89
Ausgewogen, reif, voll, trockene Kräuter, geschmackvoll.

PARET SECA VINS
Masia Cal Costas, s/n
08736 Font-Rubí (Barcelona)
☎: +34 616 258 068
info@paretseca.wine
www.paretseca.wine

Paret Seca Mantonegro 2022 T C
manto negro
91
Wild, wenig interventionistisch. Aroma: Schwarzer Pfeffer, würzig, dunkle Früchte, offen, trockene Kräuter, Buschwaldkräuter. Mund: korrekt, saftig, süße Tannine.

SA CABANA
Cami de Son Roig, 10
07350 Binissalem (Illes Balears/Islas Baleares)
☎: +34 650 800 080
info@bodegasacabana.com
www.bodegasacabana.com

Sa Cabana Chardonnay 2023 B
90
Farbe: leuchtendes Strohgelb, grünlicher Saum. Aroma: frisches Obst, Zitrusfrüchte, Wildkräuter. Mund: frisch, fruchtig, schöne Säure, zartbitter.

Sa Cabana Girò Ros 2023 B
90
Farbe: strohgelb. Aroma: reifes Obst, trockene Kräuter, welke Blumen, feine Hefen. Mund: kraftvoll, reife Früchte, ausgewogen.

Sa Cabana Merlot 88 T BA
88
Ausgewogen, würzig, trockene Kräuter, Röstaromen.

Sa Cabana Rosat de Cabernet 2023 RD
cabernet sauvignon
89
Ausgewogen, blumig, trockene Kräuter, Hefenoten, geschmackvoll, leichte Oxidation.

Xisca Girò Ros 2023 B
87

SANTA CATARINA
07140 Sencelles (Illes Balears/Islas Baleares)
☎: +34 971 137 115
administracion@bodegasantacatarina.com
www.bodegasantacatarina.com

Enguany Blanc 2023 B
52% viognier, 48% giró ros
89
Herb, durchschnittlich am Gaumen, ausgewogen, trockene Kräuter.

Enguany Negre 2021 T
syrah, tempranillo, manto negro, callet
91
Saftig, reif. Farbe: tiefes Kirschrot. Aroma: trockene Kräuter, dunkle Früchte, reifes Obst, Buschwaldkräuter, schwarze Lakritze. Mund: kraftvoll, reife Früchte, würzig, reife Tannine.

Enguany Rosat 2023 RD
50% syrah, 30% manto negro, 20% callet
88
Frisch, fruchtig, kräuterig, korrekt.

Sta Callet 2021 T
callet
90
Flüssig am Gaumen, ausgewogen. Farbe: kirschrot mit violettem Saum. Aroma: ausdrucksstark fruchtig, rote Früchte, blumig, würzig. Mund: geschmackvoll, fruchtig, schöne Säure.

Sta Giró Ros 2023 B
100% giró ros
89
Herb, ausgewogen, würzig, getrocknete Blumen, trockene Kräuter, geschmackvoll.

VINOS DE LA TIERRA - MALLORCA / I.G.P.

Sta Prensal 2023 B
100% prensal
87

SON GRAU GRAN
Ctra. Alaró – Lloseta km 9,1
07340 Alaró (Illes Balears/Islas Baleares)
☎: +34 649 038 389
adm@songrau.com
www.songrau.com

Son Grau Gran Blanc 2023 B
gorgollassa, giró ros, malvasía
90 🍷

Aroma: würzig, Röstaromen, helle Früchte, reifes Obst. Mund: fett, lang, zartbitter, reife Früchte, würzig.

Son Grau Gran Gargollassa 2023 RD
100% gorgollassa
89 🍷

Aromatisch, reif, geschmackvoll, getrocknete Blumen.

SON JULIANA
Ctra. Santa Maria - Sencelles KM 7.2
07142 Santa Eugènia (Illes Balears/Islas Baleares)
☎: +34 681 264 390
info@sonjuliana.de
www.sonjuliana.es

Cuvée #1 Son Juliana 2023 B
89 🍷

Kräuterig, Zitrusfrüchte, Hefenoten, durchschnittlich am Gaumen.

Cuvée #2 Son Juliana 2018 T
cabernet sauvignon, merlot
90

Saftig, würzig. Farbe: tiefes Kirschrot. Aroma: trockene Kräuter, dunkle Früchte, Wildkräuter. Mund: reife Früchte, würzig, reife Tannine.

Mantonegro Blanco Son Juliana 2022 B
89 🍷

Ausgewogen, trockene Kräuter, Hefenoten, geschmackvoll.

Mantonegro Tinto Son Juliana 2021 T
88 🍷

Nach Eingemachtem, würzig, fruchtig, trockene Kräuter.

Son Juliana Selección 2022 T
manto negro, callet, cabernet sauvignon
92

Farbe: tiefes Kirschrot. Aroma: rote Früchte, reifes Obst, dunkle Früchte, Wildkräuter. Mund: reife Früchte, würzig, reife Tannine, fleischig.

Syrah Son Juliana 2019 T
90

Reif, saftig. Farbe: kirschrot mit violettem Saum. Aroma: kraftvoll, würzig, dunkle Früchte, Röstaromen. Mund: reife Früchte, geschmackvoll, strukturiert.

SON RAMON VINS I VINYES
Ctra Muro-Inca, Km 4,5
07430 Llubí (Illes Balears/Islas Baleares)
☎: +34 651 870 085
bodega@sonramon.com
www.sonramon.com

Cabernet de Son Ramon 2019 T
100% cabernet sauvignon
89

Korpulent, Cremig, ausgewogen, würzig, Röstaromen, trockene Kräuter.

Sirà de Son Ramon 2019 T
100% syrah
89

Korpulent, korrekt, ausgewogen, würzig, trockene Kräuter, Röstaromen.

Son Ramon Negre 2021 T
cabernet sauvignon, syrah, merlot
87

Son Ramon Selecció Especial 2019 T
50% cabernet sauvignon, 50% syrah
90

Farbe: tiefes Kirschrot. Aroma: trockene Kräuter, weiches Eichenholz, dunkle Früchte. Mund: reife Früchte, würzig, reife Tannine.

TERRA DE FALANIS
Ctra. Campos Felanitx 10.3 Km.
07200 Felanitx (Illes Balears/Islas Baleares)
☎: +34 679 314 406
contactoterradefalanis@gmail.com
www.terradefalanis.com

Bla Bla Bla 2022 B
50% prensal, 50% giró ros
87

Castell de Santueri Blanc 2022 B
50% prensal, 50% giró ros
89
Zitrusfrüchte, ausgewogen, blumig, trockene Kräuter, geschmackvoll, Hefenoten, bitter.

VINO DE LA ISLA
Ctra. Palma-Manacor, km.19 (salida 20)
07210 Algaida (Illes Balears/Islas Baleares)
☎: +34 971 211 496
info@isla.wine
www.isla.wine

Casa Sabine Sauvignon Blanc 2023 B
sauvignon blanc
88
Zitrusfrüchte, ausgewogen, herb, kräuterig.

Mia 2023 B
malvasía, manto negro
87

SaCaRo 2022 T
syrah
89
Würzig, trockene Kräuter, reif, geschmackvoll, flüssig am Gaumen.

Son Amaret 2023 B
viognier, prensal
88
Ausgewogen, trockene Kräuter, getrocknete Blumen, durchschnittlich am Gaumen.

Son Amaret 2023 RD
syrah, merlot, callet
89
Ausgewogen, Hefenoten, reif, mild, geschmackvoll.

Viña Nina Magdalena Manto Negro 2021 T
manto negro
89
Ausgewogen, würzig, fruchtig, reif, kräuterig, geschmackvoll.

VINS NADAL
Ramón Llull, 2
07350 Binissalem (Illes Balears/Islas Baleares)
☎: +34 971 511 058
vinsnadal@vinsnadal.es
www.vinsnadal.es

Blanc 110 Giró 2023 B
giró ros
88
Oxidativ, Hefenoten, mild. Farbe: strohgelb. Aroma: reifes Obst, trockene Kräuter, welke Blumen, milchig. Mund: reife Früchte, ausgewogen.

Rosat 110 Vins Nadal Mantonegro 2023 RD
manto negro
87

VINUM PRO NOBIS PETIT CELLER
Colomer, 18
07312 Mancor de la Vall
(Illes Balears/Islas Baleares)
☎: +34 639 320 402
info@vinumpronobis.com

22 Unces 2023 B
100% giró ros
93
Farbe: gelb, goldfarben. Aroma: blumig, mit Charakter, ausdrucksvoll, Honignoten, Jasmin. Mund: abgerundet, geschmackvoll, lang, fett, saftig.

Cucavel.la 2023 RD
manto negro, callet
90
Angenehm, aromatisch, getrocknete Blumen, mild. Aroma: Wildkräuter, offen, mittlere Intensität. Mund: süffig, saftig.

L'Amo 2023 T
100% manto negro
92
Wild, mild. Farbe: durchscheinendes Kirschrot. Aroma: mittlere Intensität, rote Früchte, eine Spur Waldbeeren. Mund: lebhaft, süffig, saftig, spannungsvoll.

Peremateu 2023 B
moll, giró ros, chardonnay
91
Farbe: leuchtendes Strohgelb. Aroma: Wildkräuter, Buschwaldkräuter, Anisnoten. Mund: fruchtig, schöne Säure, süffig, ausgewogen, zartbitter.

VINOS DE LA TIERRA - MALLORCA / I.G.P.

VINOS DE LA TIERRA - MURCIA / I.G.P.

VINYES MORTITX
Ctra. Pollença Lluc, Km. 10,9
07315 Escorca (Illes Balears/Islas Baleares)
☎: +34 971 533 889
info@vinyesmortitx.com
www.vinyesmortitx.com

Flaires de Mortitx 2023 RD PL
86

Mortitx Blanc 2023 B
88
Zitrusfrüchte, kräuterig, geschmackvoll, Hefenoten.

Mortitx Callet - Gorgollassa 2022 T
89
Frisch, fruchtig, vegetabil, geschmackvoll, blumig, flüssig am Gaumen.

Mortitx Negre 2022 T
88
Frisch, fruchtig, geschmackvoll, saftig, trockene Kräuter.

Rodal Pla de Mortitx 2020 T
merlot, cabernet sauvignon, syrah, tempranillo, manto negro, monastrell
89
Ausgewogen, würzig, geschmackvoll, Röstaromen, trockene Kräuter, fruchtig.

VT MURCIA

DE NARÍZ
Gran Vía, 22 3C
30004 Murcia (Murcia)
☎: +34 670 368 205
pedro.martinez@denariz.wine
www.denariz.wine

De Nariz Clarete Monastrell Macabeo 2022 RD
monastrell, macabeo
89
Getrocknete Blumen, vegetabil, reif, mit geringem Säuregehalt.

De Nariz Edición Limitada 2021 T R
monastrell
93
Farbe: kirschrot mit violettem Saum. Aroma: dunkle Früchte, rote Früchte, welke Blumen, Veilchen, Tee Blatt, mit Charakter, ausdrucksvoll, sortenrein. Mund: fruchtig, frisch, geschmackvoll, kraftvoll, ausgewogen, reife Tannine, nachhaltig.

De Nariz Terroir Monastrell Valle del Aceniche 2021 T RB
monastrell
92
Farbe: kirschrot mit violettem Saum. Aroma: würzig, Kreide, erdig, Buschwaldkräuter, Kräutersäckchen. Mund: geschmackvoll, fruchtig, schöne Säure.

EGO BODEGAS
Paraje Hoya de Torres s/n
30520 Jumilla (Murcia)
☎: +34 868 680 939
info@egobodegas.com
www.egobodegas.com

Crazy Grapes 2022 T
100% monastrell
88 ♣
Getrocknete Blumen, kräuterig, reif, warm, beschädigtes Obst, geschmackvoll.

Manicomio 2022 T
100% monastrell
89 ♣
Balsamisch, würzig, trockene Kräuter, reif, geschmackvoll, sortenrein, warm.

Yeya 2023 B
60% chardonnay, 40% moscatel de alejandría
89
Aromatisch, korrekt, blumig, fruchtig, reif, angenehm, durchschnittlich am Gaumen.

VT RIBEIRAS DO MORRAZO

BODEGAS TRENZA
Felix Mendelsohn, 8
03730 Jávea (Alacant/Alicante)
☎: +34 965 790 012
bodegas@bodegastrenza.com
www.bodegatrenza.com

Marzal 2023 B
90
Poliert. Farbe: leuchtendes Strohgelb. Aroma: reifes Obst, Kräutersäckchen, feine Hefen. Mund: voll, fett, schöne Säure.

REBORAINA
Iglesia, 20
36818 Reboreda, Redondela (Pontevedra)
☎: +34 630 728 177
efernandezperan@reboraina.com
www.reboraina.com

Reboraina 2023 B
89
Ausgewogen, kräuterig, Hefenoten, geschmackvoll.

VT RIBERA DEL GÁLLEGO-CINCO VILLAS

BODEGAS EJEANAS
Avda. Cosculluela, 23
50600 Ejea de Los Caballeros (Zaragoza)
☎: +34 976 663 770
info@bodegasejeanas.com
www.bodegasejeanas.com

Un Garnacha Blanc de Noir 2021 B FB
100% garnacha
88
Fruchtig, getrocknete Blumen, reif, bitter.

Un Merlot Uva Nocturna 2020 T C
100% merlot
84

Un Uva Nocturna Garnacha + 2019 T C
100% garnacha
88
Ausgewogen, würzig, trockene Kräuter, reif.

Un Uva Nocturna Garnacha Syrah 2020 T
60% garnacha, 40% syrah
87

Un Young Wine 2023 T
tempranillo, syrah, merlot, garnacha
85

EDRA BODEGA Y VIÑEDOS
Ctra A - 132, km 26
22800 Ayerbe (Huesca)
☎: +34 679 420 455
edra@bodega-edra.com
www.edraculturaynatura.com

Edra "Sol" 2019 T BA
syrah, merlot
88 🌿
Alt, reduziert, würzig, trockene Kräuter, geschmackvoll. Aroma: dunkle Früchte, in Likör eingelegte Früchte.

Edra Grullas de Paso 2021 T BA
merlot, cabernet sauvignon, garnacha
88 🌿
Aromatisch, balsamisch, reif, korrekt, wild. Mund: süffig.

Edra Xtra Syrah 2020 T C S
syrah
90 🌿
Farbe: KirsChrot. Aroma: Buschwaldkräuter, sortenrein, Waldfinsternis, Fleischnoten. Mund: würzig, geschmackvoll.

VT RIBERA DEL QUEILES

GUELBENZU
Finca La Lombana
50513 Vierlas (Zaragoza)
☎: +34 948 202 200
info@bornosbodegas.com
www.guelbenzu.com

Guelbenzu Azul 2022 T
tempranillo, merlot, syrah
90
Farbe: tiefes Kirschrot. Aroma: reifes Obst, trockene Kräuter, weiches Eichenholz. Mund: reife Früchte, würzig, reife Tannine.

Guelbenzu Evo 2020 T
cabernet sauvignon, merlot, graciano
91
Farbe: dunkles Kirschrot. Aroma: Röstaromen, würzig, feiner Kakao, Gras, Buschwaldkräuter. Mund: geschmackvoll, Röstnoten, zartbitter.

Guelbenzu Lombana 2022 T
tempranillo, syrah, cabernet sauvignon, graciano
89
Angenehm, balsamisch, kräuterig, reif, geschmackvoll, durchschnittlich am Gaumen. Aroma: erdig.

VT SIERRA NORTE DE SEVILLA

BODEGAS DE FUENTE REINA
41450 Constantina (Sevilla)
☎: +34 955 880 407
jaimeg@destilerias1890.es
www.bodegasfuentereina.com

Fundus 2022 T RB
tempranillo, cabernet sauvignon, merlot
88
Aromatisch, würzig, kräuterig, wild, ausgewogen, mild.

Pagos de Fuente Reina 2020 T
tempranillo, merlot
87

COLONIAS DE GALEÓN
Polígono industrial Los Manantiales
Fase II Nave 15-16
41370 Cazalla de La Sierra (Sevilla)
☎: +34 638 438 396
m.angeles@coloniasdegaleon.com
www.coloniasdegaleon.com

Marrurro 2021 T C
100% cabernet franc
91 ❧
Farbe: tiefes Kirschrot. Aroma: trockene Kräuter, dunkle Früchte, Röstaromen, Wildkräuter. Mund: kraftvoll, reife Früchte, würzig, reife Tannine.

VT VAL DO MIÑO-OURENSE

ADEGA TERRAS MANCAS
Lg. Soutomanco s/n
32172 Amoeiro (Ourense/Orense)
☎: +34 677 435 314
info@adegaterrasmancas.com
www.adegaterrasmancas.com

Terras Mancas 2021 B
albariño, treixadura, godello, loureiro
86

Terras Mancas 2023 B
albariño, treixadura, godello, loureiro
88
Zitrusfrüchte, frisch, kräuterig, korrekt.

VIDES SINGULARES
Ferreiros, 19
32950 Coles (Ourense/Orense)
☎: +34 646 428 288
maite.maestre@videssingulares.com
www.videssingulares.com

1694 La Diestral 2022 B
albariño
92
Wild, klar definierte Aromen, ausgewogen. Aroma: würzig, Nüsse, camomila, getrocknete Blumen, eine Spur Waldbeeren. Mund: geschmackvoll, reife Früchte.

1719 La Diestral 2022 B
albariño, godello, loureiro
91
Farbe: leuchtendes Strohgelb. Aroma: ausdrucksvoll, feine Hefen, getrocknete Blumen, würzig. Mund: lang, frisch, fruchtig, süffig.

Amarok 2021 T BA
mencía
91
Flüssig am Gaumen, kräuterig, Waldfinsternis. Aroma: Moschus-Noten, feine Reduktionsnoten, würzig. Mund: saftig, lebhaft, süffig.

BSM 2022 T
brancellao, sousón, mencía
91
Balsamisch, rustikal, mild. Farbe: durchscheinendes Kirschrot. Aroma: Phosphor, Wildkräuter. Mund: frisch, ausgeprägter Säuregehalt.

VT VALLE DEL CINCA

FINCA VALONGA
Monte Valonga, s/n
22533 Belver de Cinca (Huesca)
☎: +34 974 435 127
teresa@valonga.com
www.valonga.com

Finca Valonga Claraluna 2021 B
90
Farbe: strohgelb. Aroma: ausdrucksvoll, weiße Blumen, Jasmin, balsamisch, ausgewogen. Mund: geschmackvoll, fruchtig, ausgewogen, frisch.

Finca Valonga Sofía 2022 D
87

TAFELWEINE / WEINE

Die Vinos de Mesa (Tafelweine) sind keine als Qualitätsweine eingestuften Weine und werden nicht gemäß den Vorschriften der vorgenannten Kategorien erzeugt, auch nicht gemäß denen der Landweine, die laut Weingesetz ebenfalls zu den Tafelweinen zählen. Der Weinführer enthält 322 als exzellent ausgewiesene Tafelweine, d.h. die überkommene Vorstellung, es handele sich bei diesen Weinen lediglich um Massenware, sollte über Bord geworfen werden.

Anschließend werden verschiedene Weine, die in geographischen Gebieten hergestellt werden, die in keiner Herkunftsbezeichnung miteingeschlossen sind, zusammengefasst.

Was hier folgt ist keine ausführliche Sammlung der normalerweise banalen Vinos de Mesa, sondern die Absicht, die qualitativ herausragendsten Eigenschaften von dem, was im spanischen Weingebiet „ohne Etikett" bleibt, zu retten.

Alle Weinkeller sind alphabetisch nach autonomen Gemeinschaften geordnet. Unter den verkosteten Marken wird der Leser Weine mit eigentümlichen Eigenschaften und in vielen Fällen von hervorragender Qualität entdecken, die für alle diejenigen, die Neuheiten und Alternativen, die man zu Tisch bringen kann, suchen, interessant sein können.

ABADAL
Masia Oliveras, s/n
08279 Santa María D'Horta D'Avinyó (Barcelona)
☎: +34 938 743 511
info@abadal.net
www.abadal.net

🏆 PODIUM
Abadal Sagristia C-1 BF RC
picapoll blanc, malvasía, pansera
95
Klassisch, repräsentativ. Farbe: golden leuchtend. Aroma: kraftvoll, komplex, Nüsse, Lacknoten. Mund: fett, lang, würzig.

🏆 PODIUM
Dolç de Foc Flama B
33% macabeo, 33% malvasía, picapoll blanc
95
Komplex, angenehm. Farbe: leuchtendes Kirschrot, granatroter Saum. Aroma: Acetaldehyd, Lacknoten, kandierte Früchte, Nüsse, süße Gewürze. Mund: fruchtig, geschmackvoll, süß, fett.

ABADÍA DE ARIBAYOS
Aribayos, 32 - Bis
49150 Moraleja del Vino (Zamora)
☎: +34 640 057 098
aribayos@abadiadearibayos.es
www.abadiadearibayos.es

Mesopotamia Orange 2022 B
pinot gris
89
Oxidativ. Farbe: kupferfarben. Aroma: kandierte Früchte, Hefenoten, mit Charakter, Karamel. Mund: fett, gebackenes Obst.

ADEGA ENTREOSRIOS
Lugar de Entreosrios, 2
15948 Pobra do Caramiñal (A Coruña/La Coruña)
☎: +34 670 712 700
adega@entreosrios.com
www.adega.entreosrios.com

Komokabras Morado 2022 T
50% brancellao, 50% mencía
90
Farbe: kirschrot mit violettem Saum. Aroma: würzig, dunkle Früchte, rote Früchte, Wildkräuter, erdig, feuchtes Unterholz. Mund: fruchtig, schöne Säure.

Komokabras Rojo 2022 T BA S
caiño
92
Spannungsvoll, rassig. Farbe: KirsChrot. Aroma: balsamisch, süße Gewürze, Buschwaldkräuter, rote Früchte, feuchtes Unterholz. Mund: würzig, balsamisch, schöne Säure.

AGRÍCOLA CALCÁREA
C. Arocha, 7
11540 Sanlúcar de Barrameda (Cádiz)
agricolacalcarea@gmail.com
www.agricolacalcarea.com

Sin Bulla 2022 B
palomino
92
Ausgewogen, repräsentativ, leichte Oxidation, reif. Farbe: gelb, blass. Aroma: wenig Hefen, Wildkräuter, reifes Obst, Anisnoten, getrocknete Blumen. Mund: voll, lang, salzig.

ALBARIZA DE LA TORRE
Ctra. Jerez Rota, Km. 8
11408 Jerez de la Frontera (Cádiz)
☎: +34 617 071 349
comercial@albarizadelatorre.es
www.albarizadelatorre.es

Esencia de la Torre 2023 B MO SD
moscatel de alejandría
87

Esencia de la Torre Chardonnay 2023 B
chardonnay
85 🌱

Esencia de la Torre Petit Verdot 2019 T
petit verdot
89 🌱
Lieblich, würzig, balsamisch, geschmackvoll, korrekt, ausgewogen. Aroma: Röstaromen. Mund: trockene, aber reife Tannine.

ALEMANY I CORRIO
Melió, 78
08720 Vilafranca del Penedés (Barcelona)
☎: +34 661 850 498
sotlefriec@sotlefriec.com
www.alemany-corrio.com

Cal Ganso 2021 T
50% cariñena, 50% tinta amarela
92
Waldfinsternis, balsamisch. Farbe: tiefes Kirschrot. Aroma: reifes Obst, trockene Kräuter, weiches Eichenholz. Mund: kraftvoll, reife Früchte, würzig, reife Tannine.

Cargol Treu Vi 2022 B
100% xarel.lo

92 🍷
Farbe: strohgelb. Aroma: ausdrucksvoll, weiße Blumen, Jasmin, trockene Kräuter. Mund: geschmackvoll, fruchtig, ausgewogen.

Pas Curtei 2022 T
50% cariñena, 30% merlot, 20% cabernet sauvignon

91
Wenig interventionistisch. Farbe: tiefes Kirschrot. Aroma: Früchtekonfit, Buschwaldkräuter, erdig. Mund: reife Früchte, würzig, reife Tannine.

🏆 PODIUM

Sot Lefriec 2019 T
40% cariñena, 40% merlot, 20% cabernet sauvignon

95
Farbe: KirsChrot. Aroma: komplex, ausdrucksvoll, würzig, mineralisch, reifes Obst, dunkle Früchte. Mund: elegant, voll, lang, nachhaltig.

ALKAZAR BULDING
Pol. 24 Parc. 34
12185 Onda (Castelló/Castellón)
☎: +34 640 920 693
eshop@letsbeteam.com
www.vizuecos.com

Vizuecos Excellence 2020 T
100% cabernet sauvignon

88
Korpulent, würzig, trockene Kräuter, reif, Waldfinsternis.

Vizuecos Selection 2020 T
70% garnacha, 30% cariñena

90
Waldfinsternis, Röstaromen. Farbe: dunkles Kirschrot. Aroma: würzig, feiner Kakao, Buschwaldkräuter. Mund: geschmackvoll, Röstnoten, zartbitter.

ALTA ALELLA
Camí Baix de Tiana s/n
08328 Alella (Barcelona)
☎: +34 934 693 720
info@altaalella.wine
www.altaalella.wine

AA Dolç de Neu 2023 B BA D
pansa blanca

94 🍷
Farbe: leuchtendes Gelb. Aroma: reifes Obst, kandierte Früchte, Honignoten, würzig, getrocknete Blumen. Mund: geschmackvoll, geschmeidig, fruchtig, süß.

AA Dolç Mataró 2021 T D
91 🍷
Farbe: kirschrot mit granatrotem Saum. Aroma: Früchtekonfit, würzig, Röstaromen, erdig, Wildkräuter. Mund: kraftvoll, geschmackvoll, ausgewogen.

ALTO DE INAZARES
Camino de Majarazan, s/n Finca El Altico
30413 Moratalla (Murcia)
☎: +34 639 634 507
jpina@altodeinazares.com
www.altodeinazares.com

Alto de Inazares Blanco de Blancas 2022 B
61% viognier, 27% chardonnay, 7% gewürztraminer, 5% riesling

90
Farbe: leuchtendes Strohgelb. Aroma: Kräutersäckchen, feine Hefen, helle Früchte. Mund: schöne Säure, ausgewogen, salzig.

Alto de Inazares Cruzado 2022 T
77% monastrell, 13% syrah, 10% viognier

89
Trockene Kräuter, reif, fruchtig, flüssig am Gaumen.

Alto de Inazares Majarazán 2021 T
90% monastrell, 7% syrah, 3% pinot noir

89
Ausgewogen, würzig, vegetabil, reif, Röstaromen.

Alto de Inazares Monastrell 2022 T
100% monastrell

89 🍷
Reif, fruchtig, würzig, flüssig am Gaumen, lieblich.

Alto de Inazares Pinot Noir 2022 T C
100% pinot noir

90 🍷
Farbe: kirschrot mit violettem Saum. Aroma: rote Früchte, blumig, würzig, dunkle Früchte, Tee Blatt. Mund: geschmackvoll, fruchtig, schöne Säure.

Alto de Inazares Syrah 2021 T
100% syrah

91 🍷
Farbe: tiefes Kirschrot. Aroma: reifes Obst, trockene Kräuter, weiches Eichenholz. Mund: reife Früchte, würzig, reife Tannine.

Alto de Inazares Viognier 2022 B
100% viognier

91 🍷
Herb. Farbe: leuchtendes Strohgelb. Aroma: reifes Obst, Kräutersäckchen, feine Hefen. Mund: voll, schöne Säure, geschmackvoll, salzig.

ALTOS DEL ENEBRO
09460 Milagros (Burgos)
☎: +34 619 409 097
comercial@altosdelenebro.es
www.altosdelenebro.es

Altos del Enebro La Goyesca 2018 B
albillo mayor
93
Mit Persönlichkeit, alt. Farbe: leuchtendes Gelb. Aroma: weiches Eichenholz, reifes Obst, würzig, ausdrucksvoll. Mund: fett, strukturiert, lang, Röstnoten, zartbitter, cremig.

ÀNIMA NEGRA VITICULTORS
3ª Volta, 18
07200 Faianitx (Illes Balears/Islas Baleares)
☎: +34 971 584 481
admin@annegra.com
www.animanegra.com

Quíbia 2023 B
prensal, giró ros
90
Aroma: weiße Blumen, Jasmin, trockene Kräuter. Mund: geschmackvoll, fruchtig, ausgewogen.

ARQUEOGASTRONOMÍA
11560 Trebujena (Cádiz)
☎: +34 661 308 787
arqueogastronomia@gmail.com
www.arqueogastronomia.com

Entasis 2022 BF
90% perruno, 10% palomino
94
Farbe: Altgold. Aroma: kandierte Früchte, Karamel, Nüsse. Mund: geschmackvoll, lang, ausgewogen.

Favonio 2022 B
vidueño
88 🍷
Mit Persönlichkeit, wenig interventionistisch. Aroma: Reduktionsgerüche, mineralisch, Moschus-Noten, Getreidenoten.

Lixivo 2022 B
vidueño
92 🍷
Mit Persönlichkeit, Oxidativ. Farbe: Altgold. Aroma: Hefenoten, Nüsse. Mund: ausgewogen, zartbitter, korrekt.

Paladio 2022 B
90% palomino, 10% moscatel
91
Aromatisch, repräsentativ. Farbe: leuchtendes Gelb. Aroma: Sellerie, trockene Kräuter, Florhefe, pikant. Mund: ausgewogen, lang.

ATTIS BODEGA Y VIÑEDOS
Lg. Morouzos, 16D - Dena
36967 Meaño (Pontevedra)
☎: +34 986 744 790
administracion@attisbyv.com
www.attisbyv.com

Sitta 2023 RD
caiño, pedral, espadeiro
89
Klar definierte Aromen, Zitrusfrüchte, korrekt, fruchtig, wild, mild, angenehm, frisch. Mund: süffig.

Sitta Ancestros 2017 B
100% albariño
93
Farbe: leuchtendes Gelb. Aroma: würzig, Zitronenbombon, feine Hefen, Feingebäck, ausdrucksvoll. Mund: voll, lang, reife Früchte, ausgewogen, abgerundet.

🏆 PODIUM

Sitta Dulce Nana 2022 B D
100% albariño
95
Anders, üppig, getrocknete Blumen. Farbe: golden leuchtend. Aroma: blumig, camomila, Wachs, Honignoten. Mund: voll, lebhaft, ausgewogen, schöne Säure.

Sitta Pereiras 2023 B D
100% albariño
90
Säuerlich, Zitrusfrüchte, mild. Aroma: blumig, frisches Obst. Mund: süffig.

AUTÓCTON CELLER
Camí del Cementiri, s/n
43717 La Bisbal del Penedès (Tarragona)
☎: +34 672 432 691
autocton@autoctonceller.com
www.autoctonceller.com

Autócton Blanc 2021 B FB
100% xarel.lo
91 🍷
Herb. Farbe: leuchtendes Strohgelb. Aroma: Kräutersäckchen, feine Hefen, helle Früchte, mineralisch. Mund: voll, fett, schöne Säure.

Autócton Blanc 2022 B FB
100% xarel.lo
90 🍷
Farbe: strohgelb. Aroma: trockene Kräuter, welke Blumen, helle Früchte, gebackenes Obst. Mund: kraftvoll, reife Früchte, ausgewogen.

Autócton Negre 2016 T
100% sumoll

91

Farbe: leuchtendes Kirschrot. Aroma: dunkle Früchte, reifes Obst, rote Früchte, eine Spur Waldbeeren, würzig, Buschwaldkräuter. Mund: fruchtig, frisch, geschmackvoll, trockene, aber reife Tannine.

Gran Autócton Blanc 2021 B
90% xarel.lo, 10% malvasía de Sitges

92 🏆

Farbe: strohgelb. Aroma: trockene Kräuter, welke Blumen, helle Früchte, reifes Obst, Schwarzer Pfeffer. Mund: reife Früchte, ausgewogen.

Gran Autócton Blanc 2022 B
90% xarel.lo, 10% malvasía de Sitges

93 🏆

Farbe: strohgelb. Aroma: reifes Obst, trockene Kräuter, welke Blumen, trockener Stein, . Mund: kraftvoll, reife Früchte, ausgewogen, opulent.

Gran Autócton Negre 2017 T
100% sumoll

93 🏆

Farbe: leuchtendes Kirschrot. Aroma: ausdrucksstark fruchtig, reifes Obst, rote Früchte, eingemachtes Obst, getrocknete Blumen, würzig. Mund: fruchtig, geschmackvoll, ausgewogen, nachwirkend fruchtig, reife Tannine.

Gran Autócton Negre 2020 T
100% sumoll

93 🏆

Farbe: leuchtendes Kirschrot. Aroma: ausdrucksstark fruchtig, reifes Obst, dunkle Früchte, rote Früchte, Wildkräuter, Veilchen, mit Charakter. Mund: fruchtig, frisch, lebhaft, geschmackvoll, ausgewogen.

BARCO DEL CORNETA
Carreventosa, 7
47491 La Seca (Valladolid)
☎: +34 648 454 958
info@barcodelcorneta.com
www.barcodelcorneta.com

Parajes del Infierno "El Judas" 2021 B FB

94

Farbe: leuchtendes Gelb. Aroma: getrocknete Blumen, kandierte Früchte, feine Hefen, Getreidenoten. Mund: abgerundet, würzig, nachhaltig.

🏆 PODIUM

Parajes del Infierno "La Sillería" 2021 B FB
verdejo

95

Farbe: leuchtendes Strohgelb. Aroma: ausdrucksvoll, reifes Obst, blumig, feine Hefen, mineralisch. Mund: voll, komplex, würzig, lang, elegant.

Prapetisco 2020 T
juan garcía

90 🏆

Farbe: kirschrot mit granatrotem Saum. Aroma: Früchtekonfit, in Likör eingelegte Früchte, erdig, mineralisch, Schwarzer Pfeffer. Mund: geschmackvoll, leicht süßlich, lang.

BELONDRADE
Paraje de los Levantes, Quinta San Diego
47491 La Seca (Valladolid)
☎: +34 983 481 001
info@belondrade.com
www.belondrade.com

🏆 PODIUM

Belondrade Les Parcelles 2019 B
100% verdejo

100

Klassisch, komplex, geschmackvoll. Farbe: golden leuchtend. Aroma: elegant, kandierte Früchte, süße Gewürze, Kohlenwasserstoff. Mund: voll, geschmackvoll, zartbitter, schöne Säure.

TAFELWEINE / WEINE

BERNARDO ESTÉVEZ
Outeiro Cruz, 56
32417 Arnoia (Ourense/Orense)
☎: +34 649 541 711
bernardoestevezvillar@yahoo.es

Chanselus 2017 B
92
Wenig interventionistisch. Farbe: leuchtendes Gelb. Aroma: getrocknete Blumen, kandierte Früchte, Feingebäck, wenig Hefen. Mund: abgerundet, würzig, lang, nachhaltig.

BODEGA ALISTE
Plaza de España, 4
49520 Figueruela de Abajo (Zamora)
☎: +34 676 986 570
javier@hacedordevino.com
www.vinosdealiste.com

Llamoricas 2022 T
70% tempranillo, 9% syrah, 7% garnacha tintorera, 2% garnacha, 12% verdejo, godello

89
Nach Eingemachtem, korpulent, beschädigtes Obst. Aroma: mit Charakter, kraftvoll. Mund: geschmackvoll, reife Tannine.

Marina de Aliste 2022 T
85% tempranillo, 10% syrah, 5% mencía

89
Fruchtig, rauchig, Röstaromen, ausgeprägter Säuregehalt, etwas austrocknend.

BODEGA BELL CROS
Pol. Sort dels Capellans, Carretera Bellmunt s/n
43730 Falset (Tarragona)
☎: +34 621 210 744
info@bellcros.com
www.bellcros.com

Ida & Peter 2023 BE EBR
garnacha blanca

90 ♣
Lieblich, Hefenoten, korrekt. Aroma: helle Früchte, beschädigtes Obst. Mund: süffig, saftig.

La Figaflor 2023 B
garnacha

89 ♣
Aromatisch, fruchtig, reif, von Primäraromen beherrscht, korrekt, geschmackvoll.

BODEGA DE FORLONG
Ctra. Jerez-Rota, km. 5
11500 El Puerto de Santa María (Cádiz)
☎: +34 620 211 203
info@bodegadeforlong.com
www.bodegadeforlong.com

Forlong 2023 B
91 ♣
Farbe: strohgelb. Aroma: reifes Obst, trockene Kräuter, welke Blumen. Mund: reife Früchte, ausgewogen, mineralisch, geschmackvoll, fleischig.

Forlong Mon Amour 2021 B
90 ♣
Holzig, Cremig. Farbe: leuchtendes Gelb. Aroma: kraftvoll, weiches Eichenholz, reifes Obst, würzig. Mund: fett, strukturiert, Röstnoten, zartbitter.

BODEGA DEITANIA
El Molino, 94
02660 Caudete (Albacete)
☎: +34 965 827 023
administracion@bodegadeitania.com
www.bodegadeitania.com

Cerva 2023 T
80% forcallat, 20% monastrell

87

Deitum 2023 B
70% chardonnay, 30% sauvignon blanc

89
Zitrusfrüchte, frisch, kräuterig, korrekt, poliert.

Deitum 2023 RD
100% forcallat

89
Zitrusfrüchte, ausgewogen, getrocknete Blumen, kräuterig, geschmackvoll.

Deitum 2023 T
50% forcallat, 50% garnacha

88
Fruchtig, trockene Kräuter, würzig, reif.

BODEGA DUSSART PEDRÓN
Saliente, 12
46355 Los Pedrones (València/Valencia)
☎: +34 722 270 944
bodegadussartpedron@gmail.com
www.bodegadussartpedron.com

Le Vermentino 2022 B
vermentino

92 ♣
Farbe: strohgelb. Aroma: weiße Blumen, Jasmin, trockene Kräuter, Phosphor, helle Früchte. Mund: geschmackvoll, fruchtig, ausgewogen.

BODEGA ECOLÓGICA KIENINGER
Los Frontones, s/n
29400 Ronda (Málaga)
☎: +34 630 161 156
martin@bodegakieninger.com
www.bodegakieninger.com

7 Vin Blau y Zweigelt 2019 T
blaufraenkisch, zweigelt
91 🍃

Waldfinsternis, wenig interventionistisch. Farbe: leuchtendes Kirschrot. Aroma: frisches Obst, weiches Eichenholz, rote Früchte, dunkle Früchte, erdig. Mund: schöne Säure, würzig, feinkörnige Tannine.

Rosara 2023 RD
blaufraenkisch
89 🍃

Rassig, fruchtig, kräuterig, geschmackvoll.

BODEGA ILLADA
Calle Nueva, 31, La Cruz Santa
38413 Los Realejos (Santa Cruz de Tenerife)
☎: +34 627 229 735
bodegaillada@gmail.com

El Reboso 2022 B RB
listán blanco
89

Aromatisch, markante Eiche, korrekt, reif, Röstaromen. Aroma: Steinobst.

El Reboso Vijariego 2022 T RB
vijariego negro
89

Nach Eingemachtem, üppig, naschhaft, würzig, durchschnittlich am Gaumen. Mund: süße Tannine.

BODEGA LATARCE
Ctra. Medina de Rioseco, Km 1
49800 Toro (Zamora)
☎: +34 980 564 096
info@bodegalatarce.com
www.bodegalatarce.com

Latarce Dulce 2022 T
tinta de Toro
91

Opulent, süß. Farbe: mattes Kirschrot. Aroma: in Likör eingelegte Früchte, beschädigtes Obst, getrocknete Früchte. Mund: voll.

BODEGA LUIS PÉREZ
Ctra. el Calvario
11408 Jerez de la Frontera (Cádiz)
☎: +34 956 031 193
info@bodegasluisperez.com
www.bodegasluisperez.com

🏆 PODIUM

La Escribana 2022 B
96

Klar definierte Aromen, mit Persönlichkeit, leichte Oxidation. Aroma: elegant, ausdrucksvoll, helle Früchte, reifes Obst, Sellerie. Mund: voll, komplex, mineralisch.

BODEGA MERIDIANO PERDIDO
Urb. Parque Avda. Bloque 1-1º
11405 Jerez de la Frontera (Cádiz)
pedidos@gomezbeser.com
www.meridianoperdido.com

Meridiano Perdido 2021 B
palomino
93 🍃

Farbe: leuchtendes Gelb. Aroma: würzig, blumig, reifes Obst, feine Hefen. Mund: strukturiert, geschmackvoll, komplex, zartbitter.

BODEGA MUELAS
Santa María, 3
47100 Tordesillas (Valladolid)
☎: +34 680 248 368
info@bodegamuelas.com
www.bodegamuelas.com

Osluga Precioso B Solera
100% verdejo
94

Farbe: jodfarben mit bernsteinfarbenem Saum. Aroma: kraftvoll, Nüsse, weiches Eichenholz, Lacknoten, süße Gewürze. Mund: fett, lang, würzig, salzig, schöne Säure.

BODEGA MUSTIGUILLO
El Terrerazo Ctra. N-330 km. 195
46300 Utiel (València/Valencia)
☎: +34 962 168 260
info@bodegamustiguillo.com
www.bodegamustiguillo.com

Finca Calvestra Margas 2019 B
merseguera
94 🍃

Farbe: leuchtendes Gelb. Aroma: getrocknete Blumen, kandierte Früchte, feine Hefen, Feingebäck, Wachs. Mund: abgerundet, würzig, lang, nachhaltig.

TAFELWEINE / WEINE

Finca Calvestra Merseguera 2022 B
93
Aromatisch, klar definierte Aromen. Farbe: strohgelb. Aroma: weiße Blumen, Jasmin, trockene Kräuter. Mund: geschmackvoll, fruchtig, ausgewogen.

BODEGA PALOMILLO
Po. Ind.S.2 C/ Pr. José Viudez Moya 5-6
04600 Huercal Overa (Almería)
☎: +34 697 784 727
bodegapalomillo@gmail.com
www.bodegapalomillo.es

12 + 12 "Paco Palomillo" T C
60% syrah, 30% merlot, 10% tempranillo
89
Nach Eingemachtem, warm, vegetabil, würzig, kraftvoll, geschmackvoll.

Está por venir 2022 T
tempranillo
87

Joya del Mediterráneo 2022 B
vermentino, chardonnay
88
Klar definierte Aromen, fruchtig, reif, geschmackvoll, wild, schlicht.

BODEGA PRIVILEGIO DEL CONDADO
San José, 2
21710 Bollullos par del Condado (Huelva)
☎: +34 959 410 261
comercial@vinicoladelcondado.com
www.vinicoladelcondado.com

Carámbano Ice Wine B D
92
Farbe: leuchtendes Gelb. Aroma: kandierte Früchte, Honignoten, tropische Frucht, würzig. Mund: geschmackvoll, fruchtig, fett, weich am Gaumen.

BODEGA SIESTO
Calle La Presa, 40
49152 Sanzoles (Zamora)
☎: +34 657 689 521
vsiesto@hotmail.com
www.bodegasiesto.com

Siesto 2020 T C
50% tempranillo, 50% bruñal
93
Komplex. Farbe: KirsChrot. Aroma: ausdrucksvoll, würzig, mineralisch, reifes Obst, erdig. Mund: voll, lang, nachhaltig.

Vino de Contrabando 2022 T C
70% tempranillo, 30% touriga nacional
91
Farbe: tiefes Kirschrot. Aroma: trockene Kräuter, reifes Obst, dunkle Früchte, Röstaromen, Schokolade. Mund: reife Früchte, würzig, kräftige Tannine.

BODEGA TORRALBA
Camí de Macarella, Km. 12 s/n
07760 Ciutadella de Menorca (Illes Balears/Islas Baleares)
☎: +34 971 713 550
administracion@bodegatorralba.es
www.bodegatorralba.es

Alba Blanca Garnacha 2023 B
garnacha blanca
86

Alba Negra Garnacha 2023 T
garnacha
91
Farbe: kirschrot mit violettem Saum. Aroma: ausdrucksstark fruchtig, rote Früchte, blumig, würzig, markante Eiche. Mund: geschmackvoll, fruchtig, fleischig.

BODEGA TRES PILARES
El Rancho, 3
47491 La Seca (Valladolid)
☎: +34 983 816 682
bodega3pilares@gmail.com
www.bodega3pilares.com

Mónica Fernández Oxidativa 2017 B
verdejo
93
Farbe: gelb, goldfarben. Aroma: markante Eiche, würzig, reifes Obst, eingemachtes Obst. Mund: geschmackvoll, voll, nachhaltig, Röstnoten.

Mónica Fernández Solera B
93
Farbe: jodfarben mit bernsteinfarbenem Saum. Aroma: komplex, weiches Eichenholz, Lacknoten, Nüsse. Mund: würzig, abgerundet, altes Holz, Anklänge von Solera.

BODEGA WIN
Ctra. Renedo - Pesquera, VP-3012
47359 Valbuena de Duero (Valladolid)
☎: +34 983 683 3315
comunicacion@win-zero.com
www.win-zero.com

Win Verdejo B
verdejo
77

BODEGA Y VIÑEDOS CAN RICH
Camí de Sa Vorera, s/n
07820 San Antonio (Illes Balears/Islas Baleares)
☎: +34 971 803 377
info@bodegascanrich.com
www.bodegascanrich.com

Can Rich Rosat 2021 RE BN
monastrell, moscatel de alejandría
87 ♣

BODEGA Y VIÑEDOS CERRO SAN CRISTÓBAL
Finca Llanos del Silencio Km 2 H-8105
21350 Almonaster La Real (Huelva)
☎: +34 676 619 818
info@bodegacerrosancristobal.com
www.bodegacerrosancristobal.com

Dominio del Verso 2018 T
garnacha tintorera, tempranillo, syrah
92
Korpulent, reif, klassisch. Farbe: KirsChrot. Aroma: komplex, ausdrucksvoll, würzig, Schokolade. Mund: voll, lang, nachhaltig, süße Tannine.

BODEGAS 7 LINDES
Calle Los Bonillas, 4
16270 Villalpardo (Cuenca)
☎: +34 606 514 936
perorubio@gmail.com

Clemencia 2021 T
90% bobal, 10% moravia
91
Farbe: kirschrot mit violettem Saum. Aroma: ausdrucksstark fruchtig, rote Früchte, würzig, dunkle Früchte, Wildkräuter. Mund: geschmackvoll, fruchtig, frisch, flüssig am Gaumen.

BODEGAS ALBAMAR
O Adro, 11 - Castrelo
36639 Cambados (Pontevedra)
☎: +34 660 292 750
xurxoalbamar@gmail.com

Albamar Clarete 2023 RD
90
Waldfinsternis, wenig interventionistisch, rustikal. Farbe: kupferfarben. Aroma: Wildkräuter, mit Charakter. Mund: ausgeprägter Säuregehalt, frisch, fruchtig.

O Sebal 2023 B
92
Mit Persönlichkeit. Farbe: leuchtendes Strohgelb. Aroma: mineralisch, Ebbe, trockene Kräuter, Moschus-Noten. Mund: schöne Säure, zartbitter, ausgewogen, spannungsvoll.

BODEGAS ARZUAGA NAVARRO
Ctra. Nac. 122, Km. 325
47350 Quintanilla de Onésimo (Valladolid)
☎: +34 983 681 146
bodeg@arzuaganavarro.com
www.arzuaganavarro.com

Fan D.Oro 2022 B FB S
chardonnay
91
Farbe: leuchtendes Gelb. Aroma: weiches Eichenholz, reifes Obst, würzig. Mund: fett, strukturiert, lang, Röstnoten, zartbitter.

BODEGAS AYUSO
Polígono Eras de Santa Lucía, Parcela 35.1
02600 Villarrobledo (Albacete)
☎: +34 967 140 458
latienda@bodegasayuso.es
www.bodegasayuso.es

Azares Chardonnay 2023 B
100% chardonnay
86

Azares Petit Verdot - Syrah 2021 T
50% petit verdot, 50% syrah
88
Fruchtig, würzig, reif, etwas austrocknend, intensive Röstaromen.

TAFELWEINE / WEINE

BODEGAS BAL MINUTA
Ctra. Barbenuta, Km. 2
22637 Barbenuta (Huesca)
☎: +34 677 254 659
www.bodegasbalminuta.es

De las Nieves 2023 B
100% riesling
90 🌱
Farbe: leuchtendes Strohgelb. Aroma: ausdrucksstark fruchtig, reifes Obst, blumig, helle Früchte, Zitrusfrüchte. Mund: geschmackvoll, frisch, schöne Säure, nachwirkend fruchtig, fruchtig, mineralisch.

Manelmia 2021 BE R BN
100% chardonnay
92 🌱
Farbe: gelb. Aroma: feine Hefen, Kräutersäckchen, mit Charakter, reifes Obst, welke Blumen. Mund: geschmackvoll, schöne Säure, zartbitter, ausgewogen.

Viña Balen 2020 T GR
100% garnacha
88 🌱
Fruchtig, reif, trockene Kräuter, etwas austrocknend, würzig.

BODEGAS BIGARDO
Plaza de San Agustín, 1
49800 Toro (Zamora)
☎: +34 651 999 917
vinobigardo@gmail.com
www.bigardo.es

Algoritmo 2023 B
50% malvasía, 50% albillo
89
Zitrusfrüchte, perlend, blumig, kräuterig, Hefenoten, wenig interventionistisch.

BODEGAS BORSAO
Camino del Tejar s/n
50540 Borja (Zaragoza)
☎: +34 976 867 116
m.sancho@bodegasborsao.com
www.bodegasborsao.com

Viña Borgia by Borsao 2023 T
garnacha
87 🌱

BODEGAS BRECA
Ctra. Monasterio de Piedra, s/n
50219 Munébrega (Zaragoza)
☎: +34 952 504 706
info@jorgeordonez.es
www.jorgeordonez.es

Breca El Nacido 2023 T
90
Farbe: kirschrot mit granatrotem Saum. Aroma: Früchtekonfit, in Likör eingelegte Früchte, kraftvoll. Mund: geschmackvoll, leicht süßlich, lang.

Breca Rosé 2023 RD
89
Angenehm, aromatisch, klar definierte Aromen, fruchtig.

Brega 2020 T
93
Farbe: KirsChrot. Aroma: komplex, ausdrucksvoll, würzig, mineralisch, dunkle Früchte, reifes Obst. Mund: voll, lang, nachhaltig.

Breca 2021 T FB
garnacha
91
Farbe: kirschrot mit granatrotem Saum. Aroma: Röstaromen, Schokolade, getrocknete Früchte, dunkle Früchte. Mund: geschmackvoll, leicht süßlich, lang.

BODEGAS CABALLERO
San Francisco, 32
11500 El Puerto de Santa María (Cádiz)
☎: +34 956 751 851
marketing1@caballero.es
www.caballero.es

Abulaga B SS
moscatel de alejandría
86

BODEGAS CAMPESTRAL
Ctra. Arcos-Algar, km. 7
11630 Arcos de la Frontera (Cádiz)
☎: +34 670 586 035
info@campestral.es
www.campestral.es

Campestral AbuelHita 2021 T D
tintilla de rota, petit verdot, merlot
92
Farbe: dunkles Kirschrot. Aroma: Noten von Tischlerei, getrocknete Früchte, leicht gedörrt, Buschwaldkräuter, trockene Kräuter. Mund: geschmackvoll, ausgewogen, balsamisch.

Campestral L'Orange 2023 B
palomino
88
Wenig interventionistisch, leichte Oxidation, reif, nachhaltig, mit Persönlichkeit. Aroma: Moschus-Noten.

Campestral Petit Verdot Coupage de Barricas 2021 T C
petit verdot
90
Klassisch. Farbe: dunkles Kirschrot. Aroma: trockene Kräuter, rauchig, Röstaromen, dunkle Früchte. Mund: reife Früchte, würzig, reife Tannine.

Campestral Red 2021 T C
syrah, merlot, cabernet sauvignon, tintilla de rota, petit verdot
86

Campestral White B
palomino
88 🍃
Wenig interventionistisch, wild, klar definierte Aromen, getrocknete Blumen, korrekt. Aroma: Getreidenoten.

Campestral White envejecido bajo Velo 2021 B
100% palomino
91 🍃
Aromatisch, wild, wenig interventionistisch. Aroma: welke Blumen, Steinobst, reifes Obst, Florhefe. Mund: zartbitter, süffig, ausgewogen, salzig.

BODEGAS CARCHELO
Casas de La Hoya, s/n
30520 Jumilla (Murcia)
☎: +34 968 435 137
info@carchelo.com
www.carchelo.com

Vina Maris 2023 B
verdejo, sauvignon blanc
89
Mild, geschmackvoll, kräuterig, fruchtig, lieblich.

BODEGAS CARPE DIEM
Avda. de las Américas, 35
29532 Mollina (Málaga)
☎: +34 622 716 321
promocion@bodegascarpediem.com
www.bodegascarpediem.com

Carpe Diem Envejecido 2022 B FI
100% pedro ximénez
90
Farbe: leuchtendes Gelb. Aroma: Florhefe, wenig Hefen, pikant, rancio. Mund: zartbitter, würzig, fleischig.

BODEGAS CASAL DE ARMÁN
32415 Ribadavia (Ourense/Orense)
☎: +34 680 979 763
info@casaldearman.net
www.casaldearman.net

Arman Doce Dulce B D
93
Farbe: leuchtendes Gelb. Aroma: balsamisch, Honignoten, blumig, süße Gewürze, ausdrucksvoll, Steinobst. Mund: fett, fruchtig, kraftvoll, geschmackvoll, elegant.

El Incomprendido B
92
Farbe: leuchtendes Gelb. Aroma: balsamisch, blumig, Buschwaldkräuter, mit Charakter, ausgewogen, Honignoten. Mund: saftig, süffig.

BODEGAS CASTIBLANQUE
Isaac Peral, 19
13610 Campo de Criptana (Ciudad Real)
☎: +34 926 589 147
ma.castiblanque@bodegascastiblanque.com
www.bodegascastiblanque.com

Alejandrino I BE SD
100% moscatel
83

Baldor Chardonnay B FB
100% chardonnay
87

TAFELWEINE / WEINE

TAFELWEINE / WEINE

Cripto 2021 T
tempranillo
86

Señorío de Mareste T
tempranillo
83

Silicon Red T
tempranillo
83

Solamente Gold T
tempranillo
86

BODEGAS CUATRO RAMAS

Camino de las Torres 92. 7 Dcha
50008 Zaragoza (Zaragoza)
☎: +34 670 540 227
bodegascuatroramas@gmail.com
www.bodegascuatroramas.com

Cuatro Ramas 2022 T
100% garnacha
87

BODEGAS EJEANAS

Avda. Cosculluela, 23
50600 Ejea de Los Caballeros (Zaragoza)
☎: +34 976 663 770
info@bodegasejeanas.com
www.bodegasejeanas.com

**Un Uva Nocturna
Blanco Verde 2022 B FB**
verdejo, garnacha
87

BODEGAS EL PARAGUAS

Lugar de A Aldea de Cobas, 135
15594 Ferrol (A Coruña/La Coruña)
☎: +34 636 161 479
info@bodegaselparaguas.com
www.bodegaselparaguas.com

Astillero 2022 B
100% blanco lexítimo
94
Anders, saftig, frisch, mit Persönlichkeit, mit Potenzial. Farbe: leuchtendes Gelb. Aroma: ausdrucksvoll, ausgewogen, offen, frisch, mineralisch, balsamisch, Jodnuancen. Mund: frisch, salzig, zartbitter, spannungsvoll.

BODEGAS FRONTONIO

Cº de las Bodegas, s/n
50109 Alpartir (Zaragoza)
☎: +34 638 961 395
sales@bodegasfrontonio.com
www.bodegasfrontonio.com

🏆 **PODIUM**

El Jardín de las Iguales Garnacha 2022 T
garnacha
97 🌿
Komplex, üppig. Farbe: leuchtendes Kirschrot. Aroma: komplex, ausdrucksvoll, würzig, mineralisch, rote Früchte, reifes Obst, Zitrusfrüchte. Mund: voll, lang, nachhaltig, lebhaft.

🏆 **PODIUM**

El Jardín de las Iguales Macabeo 2021 B
macabeo
97 🌿
Zitrusfrüchte, spannungsvoll. Farbe: leuchtendes Strohgelb. Aroma: reifes Obst, blumig, feine Hefen, mineralisch, ausdrucksstark fruchtig. Mund: voll, komplex, würzig, lang, elegant.

Frontonio Elástico 2020 B
94
Klar definierte Aromen, lieblich, spannungsvoll. Farbe: leuchtendes Strohgelb. Aroma: ausdrucksstark fruchtig, reifes Obst, blumig. Mund: geschmackvoll, frisch, schöne Säure, nachwirkend fruchtig.

Frontonio Elástico 2022 B
93
Zitrusfrüchte. Farbe: leuchtendes Strohgelb. Aroma: reifes Obst, Kräutersäckchen, Getreidenoten. Mund: voll, lang, schöne Säure.

🏆 **PODIUM**

Frontonio La Cerqueta 2022 T
garnacha, garnacha peluda, vidadillo, macabeo
95 🌿
Klar definierte Aromen, balsamisch, Zitrusfrüchte. Farbe: kirschrot mit violettem Saum. Aroma: ausdrucksstark fruchtig, rote Früchte, blumig, würzig. Mund: geschmackvoll, fruchtig, schöne Säure, lang.

🏆 **PODIUM**

Frontonio La Loma y Los Santos 2022 B
garnacha blanca, macabeo
96 🌿
Klar definierte Aromen, spannungsvoll. Farbe: leuchtendes Strohgelb. Aroma: ausdrucksvoll, reifes Obst, blumig, feine Hefen, mineralisch. Mund: komplex, würzig, lang, elegant.

Frontonio Psicodélico 2022 T BA
93
Komplex, mit Persönlichkeit. Farbe: durchscheinendes Kirschrot. Aroma: balsamisch, süße Gewürze, trockene Kräuter, Kräutersäckchen. Mund: würzig, balsamisch, schöne Säure, trockene, aber reife Tannine.

Frontonio Telescópico 2022 T
garnacha, garnacha peluda, cariñena
93
Farbe: leuchtendes Kirschrot. Aroma: balsamisch, süße Gewürze, Buschwaldkräuter, rote Früchte, Wildkräuter. Mund: würzig, balsamisch, schöne Säure.

🏆 PODIUM

Las Alas de Frontonio La Tejera 2022 T FB
95% garnacha, 5% macabeo
96
Klar definierte Aromen, blumig, fruchtig. Farbe: leuchtendes Kirschrot. Aroma: rote Früchte, blumig, würzig, ausdrucksvoll, komplex. Mund: geschmackvoll, fruchtig, schöne Säure, lang.

🏆 PODIUM

Supersónico Frontonio 2022 T
90% garnacha, 10% macabeo
95
Klar definierte Aromen, lieblich. Farbe: kirschrot mit violettem Saum. Aroma: ausdrucksstark fruchtig, rote Früchte, blumig, würzig. Mund: geschmackvoll, fruchtig, schöne Säure, lang.

BODEGAS GUTIÉRREZ DE LA VEGA
Les Quintanes, 1
03792 Parcent (Alacant/Alicante)
☎: +34 966 403 871
info@bodegasgutierrezdelavega.es
www.bodegasgutierrezdelavega.es

Casta Diva Cosecha Dorada 2022 B
moscatel
92
Farbe: leuchtendes Strohgelb, grünlicher Saum. Aroma: frisches Obst, Zitrusfrüchte, Wildkräuter, camomila, süße Gewürze. Mund: fruchtig, schöne Säure, zartbitter.

Casta Diva Cosecha Miel Dulce 2022 B D
93
Farbe: leuchtendes Gelb. Aroma: getrocknete Blumen, feine Hefen, Feingebäck, Steinobst, Zitrusfrüchte. Mund: abgerundet, würzig, lang, nachhaltig.

Casta Diva Monte Diva 2022 B
moscatel
94
Aromatisch, mit Persönlichkeit, üppig. Aroma: Buschwaldkräuter, Wildkräuter, komplex, Zitrusfrüchte. Mund: sortentypisch, zartbitter, feinkörnige Tannine.

🏆 PODIUM

La Diva Dulce 2020 B D
95
Farbe: goldfarben. Aroma: kraftvoll, Honignoten, kandierte Früchte, Kräutersäckchen, Acetaldehyd, Orangenschale. Mund: süß, frisch, fruchtig, schöne Säure, lang.

🏆 PODIUM

Recóndita Armonía 2011 T Solera D
96
Komplex, geschmackvoll, saftig. Farbe: leuchtendes Kirschrot, granatroter Saum. Aroma: Acetaldehyd, Lacknoten, kandierte Früchte, dunkle Früchte. Mund: fruchtig, geschmackvoll, süß.

Recóndita Armonía 2022 T
93
Farbe: kirschrot mit granatrotem Saum. Aroma: Früchtekonfit, würzig, Röstaromen, Noten von Tischlerei. Mund: kraftvoll, geschmackvoll, fett, süß.

Recóndita Armonía Dulce 2022 T D
93
Farbe: kirschrot mit granatrotem Saum. Aroma: Früchtekonfit, würzig, Röstaromen, Noten von Tischlerei, Buschwaldkräuter. Mund: kraftvoll, geschmackvoll, süß.

Tío Raimundo 2017 B
moscatel
92
Mit Persönlichkeit. Aroma: sortenrein, helle Früchte, Röstaromen, rauchig, würzig, Hefenoten, Florhefe, Nüsse. Mund: zartbitter.

Viña Ulises 2022 T
giró
92
Aroma: rote Früchte, reifes Obst, offen, blumig. Mund: ausgewogen, süffig, saftig, feinkörnige Tannine.

TAFELWEINE / WEINE

BODEGAS HIDALGO-LA GITANA
Banda de la Playa, 42
11540 Sanlúcar de Barrameda (Cádiz)
☎: +34 956 385 304
bodegashidalgo@lagitana.es
www.lagitana.es

Las 30 del Cuadrado 2022 B FB
100% palomino

91

Oxidativ. Farbe: golden leuchtend. Aroma: wenig Hefen, Moschus-Noten, kandierte Früchte, rancio. Mund: geschmackvoll, kraftvoll.

BODEGAS IGNACIO MARÍN
Ctra. N-330, Km. 449
50400 Cariñena (Zaragoza)
☎: +34 976 142 494
sales@ignaciomarin.com
www.ignaciomarin.com

Divinis 2022 T
90% garnacha, 10% cariñena

90

Korrekt, frisch, würzig, kräuterig. Mund: fruchtig, strukturiert, saftig, poliert, süffig.

Divinis 2023 B
90% garnacha blanca, 10% macabeo

89

Klar definierte Aromen, korrekt, blumig, saftig, mild, sortenrein. Aroma: feine Hefen.

BODEGAS IRANZO
46315 Caudete de las Fuentes (València/Valencia)
☎: +34 962 319 282
comercial@bodegasiranzo.com
www.bodegasiranzo.com

Living Semillon 2023 B
semillón

87 🌿

BODEGAS JOSÉ PARIENTE
Ctra. de Rueda, km. 2.5
47491 La Seca (Valladolid)
☎: +34 983 816 600
info@josepariente.com
www.josepariente.com

🏆 PODIUM

José Pariente 25 Años de Crianza en Barrica 1998 B RB
100% verdejo

95

Komplex, mit Persönlichkeit. Farbe: jodfarben mit bernsteinfarbenem Saum. Aroma: komplex, Nüsse, weiches Eichenholz, Lacknoten, gebackenes Obst. Mund: lang, würzig, geschmackvoll.

BODEGAS LA CANETANA
Cami Rossell, 1
12350 Canet lo Roig (Castelló/Castellón)
☎: +32 475 231 576
tine@lacanetana.es
www.lacanetana.es

Blanco de Canet 2023 B

87

La Canetana Maxim 2023 B
garnacha blanca

87

BODEGAS LA DIVISA
Ctra. GR-5204 Km 4, Cortijo Juan de Reyes
18430 Torvizcón (Granada)
☎: +34 664 124 090
info@bodegasladivisa.com
www.bodegasladivisa.com

Azhar Black 2023 T
jaén negro

89 🌿

Würzig, blumig, fruchtig, kräuterig, frisch.

Azhar White 2023 B
vijariego blanco

85 🌿

Forastero 2023 B

86 🌿

La Divisa Limited Edition 2023 B
vermentino

85 🌿

Macumba 2023 RD
garnacha

83 🌿

Quimera 2023 T RB
garnacha tintorera

88 🌿

Ausgewogen, würzig, vegetabil, etwas austrocknend.

BODEGAS MAGASÉ
Blanca Paloma, 57
21700 La Palma del Condado (Huelva)
☎: +34 677 077 586
joaquin@bodegasmagase.com
www.bodegasmagase.com

21Setecientos 2023 B
zalema

90 🌿

Durchschnittlich am Gaumen. Farbe: gelb. Aroma: reifes Obst, getrocknete Blumen, welke Blumen. Mund: saftig, fett, reife Früchte, geschmackvoll.

Dorus 2022 B
zalema
88
Oxidativ, süß. Aroma: Nüsse, eingemachtes Obst, Lacknoten.

Magasé Ámbar 2023 B
zalema
88
Geschmackvoll, korrekt, rauchig. Farbe: gelb. Aroma: süße Gewürze, Zitronenbombon, Weihrauch.

Magasé Ánfora B
zalema
90
Klar definierte Aromen. Farbe: gelb, blass. Aroma: Wildkräuter, getrocknete Blumen, ausgewogen, ausdrucksvoll. Mund: zartbitter, süffig.

Tartis 2023 B
colombard
91
Naschhaft. Farbe: gelb. Aroma: reifes Obst, Wachs, welke Blumen. Mund: fett, reife Früchte, lang.

BODEGAS MAM
Ctra. A-493, Km. 1.5
21700 La Palma del Condado (Huelva)
☎: +34 959 402 567
dinfante@dinfante.com
www.dinfante.com

Tercio de Elha 2022 T
tintilla, petit verdot, syrah
89
Lieblich, trockene Kräuter. Aroma: eingemachtes Obst, Früchtekonfit, Schokolade, süße Gewürze.

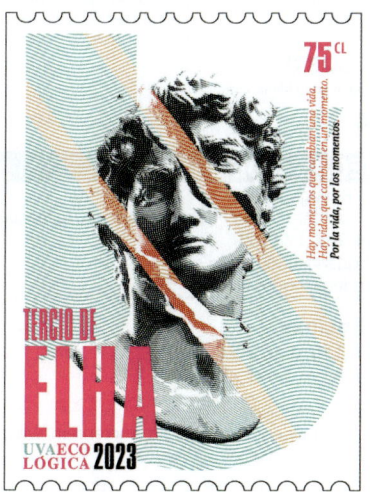

Mar Yena Ed. Limitada 2022 B
jaén blanca, listán blanco, colombard
91
Mit Persönlichkeit, rustikal. Farbe: goldfarben. Aroma: Mazerationsnoten, Nüsse, welke Blumen, camomila, Hefenoten. Mund: zartbitter, geschmackvoll, würzig.

Versus Mare 2022 T
syrah
88
Würzig, Röstaromen, reif, geschmackvoll, korrekt. Mund: reife Tannine.

TAFELWEINE / WEINE

BODEGAS MARQUÉS DE VIZHOJA
Finca La Moreira
36438 Arbo (Pontevedra)
☎: +34 986 665 825
online@marquesdevizhoja.com
www.bodegasmarquesdevizhoja.com

1, 2, 3 Pescao! 2023 B
86

Marqués de Vizhoja 2023 B
87
Zitrusfrüchte, frisch, kräuterig, schlicht.

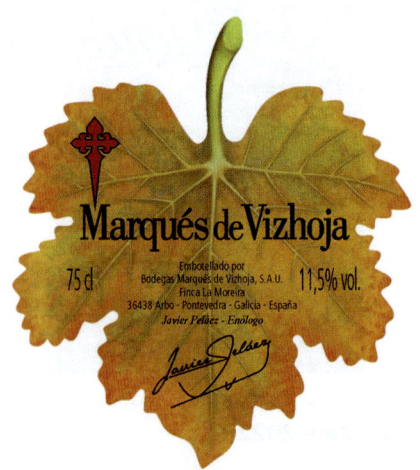

BODEGAS MENADE
Ctra. Rueda - Nava del Rey, km. 1
47490 Rueda (Valladolid)
☎: +34 983 103 223
info@menade.es
www.menade.es

Adorado by Menade Crianza de 1967 B Solera
50% verdejo, 50% palomino
94
Komplex, mit Persönlichkeit, repräsentativ, Oxidativ. Farbe: goldfarben. Aroma: pikant, Wachs, Nüsse, gebackenes Obst. Mund: geschmackvoll, zartbitter, abgerundet.

BODEGAS NELEMAN
San Vicente, 23
46310 Casas del Rey (València/Valencia)
☎: +34 672 622 535
jorge@neleman.es
www.neleman.org

Neleman Bike
Chardonnay Muscat 2023 B
chardonnay, moscatel
87 🍷

Neleman Bobal 2022 T
88 🍷
Fruchtig, reif, würzig, Röstaromen, geschmackvoll.

Neleman Bobal Oolong 2021 T
bobal
88
Fruchtig, reif, kräuterig, geschmackvoll, etwas austrocknend, blumig.

Neleman Bobal Robusta 2021 T
bobal
90 🍷
Farbe: tiefes Kirschrot, violetter Saum. Aroma: reifes Obst, trockene Kräuter, weiches Eichenholz, würzig, Röstaromen. Mund: kraftvoll, reife Früchte, würzig, reife Tannine, Röstnoten.

Neleman Just
Fucking Good Wine 2021 T
tempranillo, marselan
91 🍷
Farbe: tiefes Kirschrot. Aroma: reifes Obst, trockene Kräuter, weiches Eichenholz, ausdrucksstark fruchtig, getrocknete Blumen, dunkle Früchte. Mund: kraftvoll, reife Früchte, würzig, reife Tannine, geschmackvoll, Röstnoten.

Nucli 2023 B
macabeo, sauvignon blanc
86 🍷

BODEGAS NODUS
Finca El Renegado, s/n
46315 Caudete de las Fuentes (València/Valencia)
☎: +34 962 174 029
info@bodegasnodus.com
www.bodegasnodus.com

Ocho Encinas
Edición Limitada 2021 T
cabernet sauvignon, merlot
89 🍷
Balsamisch, ausgewogen, würzig, sortenrein, wild, geschmackvoll, kraftvoll.

Ocho Encinas 2021 B
chardonnay
88
Cremig, würzig, reif, Röstaromen.

BODEGAS OCHOA
Miranda de Arga, 35
31390 Olite (Navarra)
☎: +34 948 740 006
info@bodegasochoa.com
www.bodegasochoa.com

Uva Doble 2023 B
100% viognier
87

BODEGAS PÁEZ MORILLA
Avda. Medina Sidonia, 20
11406 Jerez de la Frontera (Cádiz)
☎: +34 956 181 717
bodegas@paezmorilla.com
www.paezmorilla.net

La Botella Azul B SD
moscatel de alejandría
85

Tierra Blanca 2023 B
84

Tierra Blanca Semidulce 2023 B SD
85

BODEGAS PAZO DE ARRETÉN
Lugar de Pousa
15917 Pazos Padrón (A Coruña/La Coruña)
☎: +34 619 724 778
elisardovidal@bodegaspazoarreten.com
www.hscala.com

D'Eli Finca A Pousa 2022 T
90
Reduktiver Ausbau, rustikal. Farbe: kirschrot mit violettem Saum. Aroma: rote Früchte, würzig, welke Blumen, rauchig, erdig. Mund: geschmackvoll, fruchtig, schöne Säure.

BODEGAS RIBERA DEL JUÁ
Ctra. Jumilla - Albatana, km. 6
30520 Jumilla (Murcia)
☎: +34 620 540 949
gestion@bodegasriberadeljua.com
www.bodegasriberadeljua.com

Ribera del Juá Moscatel 2022 B
moscatel
87

BODEGAS RUBUS
Pol. Industrial Parcela, 8
44415 Rubielos de Mora (Teruel)
☎: +34 659 917 677
info@bodegajesusromero.com
www.bodegajesusromero.com

Rubus 2023 T
garnacha, tempranillo
89
Korrekt, lieblich, fruchtig, reif, angenehm, durchschnittlich am Gaumen.

Rubus La Viña de Báguena 2022 T RB
94
Farbe: durchscheinendes Kirschrot. Aroma: rote Früchte, reifes Obst, Wildkräuter, welke Blumen, ausdrucksvoll, ausgewogen, offen. Mund: zartbitter, lebhaft, geschmackvoll, lang, reife Früchte.

Rubus Quercus 2023 T
garnacha, miguel de arco
92
Aromatisch, wild. Aroma: Wildkräuter, trockene Kräuter, reifes Obst, ausdrucksstark fruchtig. Mund: geschmackvoll, lebhaft, süffig.

BODEGAS TORRES FILOSO
Calle Nueva, 9
02600 Villarrobledo (Albacete)
☎: +34 967 144 426
hola@torresfiloso.com
www.torresfiloso.com

Ad Pater 2021 T
merlot, tempranillo
84

Arboles Blanco 2023 B
88
Tropische, reif, saftig, geschmackvoll, schlicht, ausgewogen.

Burbu Ancestral 2023 BE
87

Juan José 2022 T
86

Guía Peñín **SPANIENS WEINFÜHRER**

BODEGAS TRENZA
Felix Mendelsohn, 8
03730 Jávea (Alacant/Alicante)
☎: +34 965 790 012
bodegas@bodegastrenza.com
www.bodegatrenza.com

La Orphica Edición Limitada Viva la Vida 2022 T
monastrell, garnacha tintorera, syrah

88

Korrekt, Röstaromen, rauchig, würzig, lieblich, reif.

La Orphica Monastrell Iluminada 2022 T BA SS
100% monastrell

89

Nach Eingemachtem, Röstaromen. Aroma: kraftvoll, dunkle Früchte. Mund: geschmackvoll, leicht süßlich, lang.

La Orphica Monastrell Selección Tardia 2022 T SS
100% monastrell

90

Farbe: tiefes Kirschrot. Aroma: reifes Obst, trockene Kräuter, weiches Eichenholz, Wachs. Mund: reife Früchte, würzig, reife Tannine, geschmackvoll.

La Orphica Perla Negra 2020 T
garnacha tintorera

90

Reif, balsamisch, sortenrein. Aroma: dunkle Früchte, Tabak, Weihrauch, trockene Kräuter. Mund: opulent, süße Tannine.

La Orphica Selección Aurora 2023 B SS
macabeo, verdejo, sauvignon blanc, moscatel

88

Lieblich, fruchtig, reif, nachhaltig, geschmackvoll, würzig.

La Orphica Selección Sintonía 2023 RD
garnacha, bobal, tempranillo

87

BODEGAS VALCABADINO
Ctra. N-122, Km. 463 Paraje Valcabadino
49026 Zamora (Zamora)
☎: +34 622 003 299
info@valcabadino.es
www.bodegasvalcabadino.es

Valcabadino 2021 B FB
malvasía castellana

92

Farbe: leuchtendes Gelb. Aroma: getrocknete Blumen, kandierte Früchte, feine Hefen. Mund: abgerundet, würzig, lang.

Valcabadino Larga Custodia 2018 B R
malvasía castellana

94

Farbe: jodfarben mit bernsteinfarbenem Saum. Aroma: komplex, elegant, Nüsse, Röstaromen. Mund: zartbitter, Anklänge von Solera, lang, würzig.

BODEGAS VIDAL SOBLECHERO
Finca Pozo de la Nieve, s/n
47491 La Seca (Valladolid)
☎: +34 983 816 526
honesto@pagosdevillavendimia.es
www.pagosdevillavendimia.es

Pagos de Villavendimia CO-Biológica 2022 B
50% doradilla, 50% viura

90

Farbe: leuchtendes Gelb. Aroma: reifes Obst, welke Blumen, Buschwaldkräuter, Acetaldehyd. Mund: fruchtig, geschmackvoll, ausgewogen, reife Früchte.

Pagos de Villavendimia Velo de Flor 2019 B
100% viura

92

Farbe: leuchtendes Gelb. Aroma: ausgewogen, pikant, reifes Obst, getrocknete Blumen, mit Charakter. Mund: geschmackvoll, zartbitter, fruchtig, ausgewogen, nachhaltig.

BODEGAS VIÑAS DE VIÑALES
Jaen, 4
24319 Bembibre (León)
☎: +34 609 652 058
bodegasvinasdevinales@gmail.com
www.bodegasvinasdevinales.com

Miliario Ambar Orange Wine B
100% godello
87

BODEGAS Y VIÑEDOS ARTADI
Ctra. de Logroño, s/n
01300 Laguardia (Araba/Álava)
☎: +34 945 600 119
comunicacion@artadi.com
www.artadi.com

🏆 PODIUM
Artadi El Carretil 2022 T
98
Mit Potenzial, üppig, noch nicht vollständig entfaltet. Aroma: aromatischer Kaffee, mit Charakter, reifes Obst, ausdrucksvoll, offen, kraftvoll. Mund: geschmackvoll, voll, komplex, schöne Säure, würzig, lang, lebhaft.

🏆 PODIUM
Artadi La Hoya 2022 T
97
Angenehm, üppig. Farbe: kirschrot mit violettem Saum. Aroma: ausdrucksstark fruchtig, rote Früchte, blumig, weiches Eichenholz. Mund: geschmackvoll, fruchtig, schöne Säure, saftig.

🏆 PODIUM
Artadi La Poza de Ballesteros 2022 T
96
Klar definierte Aromen, angenehm, üppig. Farbe: kirschrot mit violettem Saum. Aroma: ausdrucksstark fruchtig, blumig, würzig, reifes Obst. Mund: geschmackvoll, fruchtig, schöne Säure, lebhaft, seidiges Tannin.

Artadi Quintanilla 2022 T
94
Klar definierte Aromen, lieblich, noch nicht vollständig entfaltet. Farbe: sattes Kirschrot. Aroma: reifes Obst, rote Früchte, Röstaromen, weiches Eichenholz. Mund: geschmackvoll, lebhaft, fruchtig.

🏆 PODIUM
Artadi San Lázaro 2022 T
100% tempranillo
96
Farbe: KirsChrot, violetter Saum. Aroma: rote Früchte, reifes Obst, elegant, offen. Mund: ausgewogen, zartbitter, feinkörnige Tannine, poliert, sortentypisch.

Artadi Valdeginés 2022 T
97% tempranillo, 3% viura
94
Klar definierte Aromen, fruchtig, saftig. Farbe: kirschrot mit violettem Saum. Aroma: ausdrucksstark fruchtig, ausdrucksvoll, offen, sortenrein, reifes Obst. Mund: saftig, voll, lebhaft, kraftvoll, poliert.

Artadi Viñas de Gain 2020 B
viura
93
Farbe: gelb. Aroma: mit Charakter, ausdrucksvoll, würzig, feine Hefen, ausgewogen. Mund: saftig, voll, würzig, ausgewogen.

Artadi Viñas de Gain 2022 T
94
Klar definierte Aromen, üppig. Farbe: leuchtendes Kirschrot. Aroma: frisches Obst, blumig, ausdrucksvoll, süße Gewürze. Mund: ausgewogen, schöne Säure, süffig, saftig.

BODEGAS Y VIÑEDOS LA MEJORADA
Monasterio de La Mejorada
47410 Olmedo (Valladolid)
☎: +34 983 483 057
contacto@lamejorada.es
www.lamejorada.es

Palomar de la Reina 2019 T
syrah
93
Farbe: dunkles Kirschrot. Aroma: Röstaromen, würzig, dunkle Früchte, reifes Obst, trockene Kräuter. Mund: geschmackvoll, Röstnoten, fruchtig, kraftvoll, trockene, aber reife Tannine, nachhaltig.

BODEGAS Y VIÑEDOS SENTENCIA
Ctra. Almansa, 23
46355 Los Pedrones (València/Valencia)
☎: +34 665 969 009
info@bodegassentencia.com
www.bodegassentencia.com

El Bosque Habitado 2021 T
bobal, syrah, garnacha
91
Farbe: kirschrot mit violettem Saum. Aroma: ausdrucksstark fruchtig, rote Früchte, blumig, würzig. Mund: geschmackvoll, fruchtig, schöne Säure.

Lluvia Garnacha 2022 T
100% garnacha
90
Aromatisch, fruchtig, reduktiver Ausbau. Farbe: durchscheinendes Kirschrot. Aroma: Wildkräuter, getrocknete Blumen, Phosphor, reifes Obst. Mund: sortentypisch, korrekt, süffig.

TAFELWEINE / WEINE

TAFELWEINE / WEINE

Sentencia 2020 T
88% bobal, 12% garnacha

92

Komplex, noch nicht vollständig entfaltet. Farbe: KirsChrot. Aroma: ausdrucksvoll, würzig, mineralisch, weiches Eichenholz, Schwarzer Pfeffer, markante Eiche. Mund: voll, lang, nachhaltig.

BODEGAS Y VIÑEDOS SOTERO PINTADO
Jardines, 15
49123 Benegiles (Zamora)
☎: +34 605 257 437
soteropintado@gmail.com
www.bodegasoteropintado.com

Dondellas 2021 T
95% garnacha, 5% garnacha gris

89 ♣

Nach Eingemachtem, würzig, trockene Kräuter, etwas austrocknend.

BODEGAS ZIRÍES
Menasalbas, 18
45120 San Pablo de los Montes (Toledo)
☎: +34 639 502 147
javier@ziries.es
www.ziries.es

Con Viento Fresco 2020 T
garnacha

89 ♣

Korrekt, würzig, reif, nachhaltig, alt. Aroma: dunkle Früchte.

Ziries 2015 T
100% garnacha

92 ♣

Ausgewogen, reif, alt, Waldfinsternis, Röstaromen. Farbe: rubinrot mit ziegelrotem Saum. Aroma: Zigarren, erdig, würzig, Röstaromen. Mund: geschmackvoll, ausgewogen.

BODEGUES BESALDUCH VALLS BELLMUNT
Cami Assegador de la Catarra, 2
12170 Sant Mateu (Castelló/Castellón)
☎: +34 673 216 280
info@bvbbodegues.es
www.bvbbodegues.es

BVB Artículo del Año 1961 2022 T
tempranillo, merlot

87

BUEZO
Paraje Valdeazadón, s/n
09228 Mahamud (Burgos)
☎: +34 947 616 899
info@buezo.com
www.buezo.com

Buezo 79 Blanco de Guarda 2017 B
chardonnay, sauvignon blanc

92

Farbe: leuchtendes Gelb. Aroma: ausdrucksstark fruchtig, reifes Obst, feine Hefen, Bäckerei, welke Blumen. Mund: geschmackvoll, frisch, nachwirkend fruchtig, fruchtig, nachhaltig.

CA'N VERDURA VITICULTORS
S'Era, 6
07350 Binissalem
(Illes Balears/Islas Baleares)
☎: +34 695 817 038
info@vinscanverdura.com
www.vinscanverdura.com

Ca Ses Rosetes Callet 2023 T
95% callet, monastrell

92

Farbe: durchscheinendes Kirschrot. Aroma: rote Früchte, würzig, getrocknete Blumen, Buschwaldkräuter, Zigarren. Mund: fruchtig, frisch, flüssig am Gaumen.

Vins Oblidats Blanc 2023 B
macabeo

91

Herb, rassig. Farbe: leuchtendes Strohgelb, grünlicher Saum. Aroma: frisches Obst, Zitrusfrüchte, Wildkräuter, getrocknete Blumen, feine Hefen. Mund: frisch, schöne Säure, zartbitter.

Vins Oblidats Escursac 2023 T
escursac

93

Klar definierte Aromen, subtil. Farbe: durchscheinendes Kirschrot. Aroma: rote Früchte, blumig, würzig, ausdrucksvoll. Mund: fruchtig, schöne Säure, flüssig am Gaumen.

CAMINO DE CABRAS
Hermanos Maristas, 27
36700 Tui (Pontevedra)
☎: +34 698 145 790
info@caminodecabras.com
www.caminodecabras.com

Almaviño 2023 B
88

Zitrusfrüchte, kräuterig, korrekt, reif.

CAN SUMOI
Plaça del Roure s/n
08770 Sant Sadurní d'Anoia (Barcelona)
☎: +34 938 183 262
info@cansumoi.cat
www.cansumoi.cat

Can Sumoi Garnatxa Sumoll 2022 T
garnacha, sumoll
90 🌱
Farbe: tiefes Kirschrot. Aroma: feuchtes Leder, Fleischnoten, reifes Obst.

Can Sumoi Sumoll 2021 T
sumoll
93
Spannungsvoll, wild. Farbe: Rubí. Aroma: rote Früchte, frisches Obst, Wildkräuter, würzig. Mund: geschmackvoll, lebhaft, frisch, grobkörnige Tannine.

CANTARIÑA
Calle Ribadeo, 35
24500 Villafranca del Bierzo (León)
☎: +34 606 075 194
info@vinoscantarina.es
www.vinoscantarina.es

Cantariña 1 La Tintorera 2018 T
75% garnacha tintorera, 15% gran negro, 10% otras
90
Lieblich, klar definierte Aromen. Farbe: tiefes Kirschrot, leuchtendes Kirschrot. Aroma: balsamisch, dunkle Früchte. Mund: geschmackvoll, korrekt.

CASA AURORA
Olivo, s/n
24310 Albares de la Ribera (León)
☎: +34 635 432 351
ad@lively-wines.com
www.germanrblanco.com

La Nave Casa Aurora 2022 T
91 🌱
Farbe: KirsChrot. Aroma: balsamisch, süße Gewürze, Buschwaldkräuter, dunkle Früchte, Heidelbeere. Mund: würzig, balsamisch, schöne Säure.

La Truena 2022 B
92
Wenig interventionistisch. Farbe: leuchtendes Strohgelb. Aroma: reifes Obst, Kräutersäckchen, feine Hefen, pikant. Mund: voll, lang, schöne Säure.

CASA CORREDOR
Autovía Alicante, Salida 1687
02660 Caudete (Albacete)
☎: +34 966 842 064
info@mgwinesgroup.com
www.mgwinesgroup.com

Alagu Forcallat 2022 T
forcallat
91
Spannungsvoll, Leichtwein, wild. Farbe: durchscheinendes Kirschrot. Aroma: mittlere Intensität, rote Früchte, reifes Obst, getrocknete Blumen. Mund: zartbitter, ausgewogen, saftig, süffig.

CASTILLO DE MAETIERRA
Ctra. de Murillo
26500 Calahorra (La Rioja)
☎: +34 608 302 372
marketing@vintae.com
www.vintae.com

Libalis Rosé 2023 RD
garnacha, moscatel grano menudo
87

Libalis Semidulce 2023 B
86

Libalis White 2023 B
88
Zitrusfrüchte, blumig, korrekt, naschhaft.

CELLER ARRUFÍ
Avda. Terra Alta, 12
43786 Batea (Tarragona)
☎: +34 722 224 772
hola@cellerarrufi.com
www.cellerarrufi.com

77 dies Celler Arrufi Natural Mínima Intervención 2023 B
garnacha blanca
90 🌱
Lieblich, reif. Aroma: trockene Kräuter, , reifes Obst. Mund: opulent, würzig, reife Früchte.

77 Nits Celler Arrufi 2022 T
garnacha
89 🌱
Nach Eingemachtem, kräuterig, reif, Röstaromen, fruchtig.

77 Nits Celler Arrufi Natural Mínima Intervención 2023 T
garnacha
91 🌱
Aromatisch, balsamisch. Farbe: tiefes Kirschrot. Aroma: reifes Obst, trockene Kräuter, weiches Eichenholz. Mund: kraftvoll, reife Früchte, würzig, reife Tannine.

CELLER CAL BESSÓ
43777 Els Guiamets (Tarragona)
☎: +34 666 544 057
roquers@roquers.com
www.calbesso.com

Les Rotes de Cal Pau Malvasia de Sitges 2023 B
malvasía de Sitges

91
Oxidativ. Farbe: strohgelb. Aroma: reifes Obst, trockene Kräuter, welke Blumen. Mund: reife Früchte, ausgewogen, geschmackvoll, voll.

CELLER CATARUZ
Ctra. CV-590, km 51,5
46810 Enguera (València/Valencia)
☎: +34 678 513 800
cataruzsl@gmail.com
www.cellercataruz.com

Xtrmo (Extremo) 2021 B FB
verdejo, viognier

89
Reif, geschmackvoll, Röstaromen, würzig, ausgewogen.

CELLER HOSPITAL DE SITGES
Plaça Joan Duran i Ferret s/n
08870 Sitges (Barcelona)
☎: +34 672 682 481
celler@hospitaldesitges.cat
www.cellerdelhospital.cat

Malvasia de Sitges 2013 BF Mistela D
malvasía de Sitges

90
Warm. Farbe: Altgold. Aroma: kandierte Früchte, Honignoten, Karamel. Mund: geschmackvoll, fruchtig, süß.

CELLER JOC
17750 Capmany (Girona/Gerona)
☎: +34 607 222 002
info@vinojoc.com
www.vinojoc.com

Amunt Negre 2021 T
80% syrah, 10% garnacha, 10% monastrell

89
Ausgewogen, würzig, reif, nach Eingemachtem.

Continua 2023 B
35% gewürztraminer, 65% macabeo

88
Zitrusfrüchte, ausgewogen, blumig, reif.

Peligru 2022 T
garnacha, merlot

87

Terrissa 2023 B
garnacha blanca

89
Wenig interventionistisch, geschmackvoll, kräuterig, ausgeprägter Säuregehalt, Hefenoten.

Visi 2023 RD
garnacha

87

CELLER LES SOQUES
Partida de Asprillas, Pol.1, 136
03292 Elche (Alacant/Alicante)
☎: +34 646 364 848
info@cellerlessoques.es
www.cellerlessoques.es

Atabalat 2018 T
75% monastrell, 25% cabernet franc

91
Waldfinsternis. Farbe: kirschrot mit granatrotem Saum. Aroma: balsamisch, Buschwaldkräuter, stark gegerbtes Leder, Wachs, Moschus-Noten. Mund: geschmackvoll, reife Tannine.

Atabalat 2020 T
100% monastrell

89
Nach Eingemachtem, korpulent, würzig, kräuterig, reif. Aroma: Fleischnoten.

Atabalat Rosat 2019 RD
100% monastrell

91
Mit Persönlichkeit, wenig interventionistisch. Aroma: Wachs, Moschus-Noten, getrocknete Blumen, welke Blumen. Mund: saftig, zartbitter, würzig, lang.

Rebombori Brisat 2018 B
50% macabeo, 50% moscatel

92
Farbe: goldfarben. Aroma: eingemachtes Obst, Zitrusfrüchte, Orangenschale, Wachs, blumig. Mund: schöne Säure, zartbitter, abgerundet, geschmackvoll, lebhaft.

Rebombori Brisat 2020 B
50% macabeo, 50% moscatel

91
Klar definierte Aromen, üppig, flüssig am Gaumen. Farbe: gelb. Aroma: blumig, ausdrucksvoll, offen, sortenrein. Mund: frisch, fruchtig, poliert.

Rebombori Macabeo 2019 B
100% macabeo

92
Anders, getrocknete Blumen, Oxidativ. Aroma: Karamel, reifes Obst, Nüsse, Orangenschale, feine Hefen. Mund: zartbitter, korrekt, süffig, spannungsvoll.

CELLER MAR DE VINS
Avda. de Benidorm, 48 Bis
03530 La Nucía (Alacant/Alicante)
☎: +34 686 829 739
info@cellermardevins.com
www.cellermardevins.com

Mar de Vins Alguer Vinyes Velles 2022 B
100% malvasía
92
Farbe: leuchtendes Strohgelb. Aroma: reifes Obst, Kräutersäckchen, feine Hefen, getrocknete Blumen. Mund: voll, fett, schöne Säure, mineralisch, salzig.

Mar de Vins Els Fustals Vinyes Velles 2022 B
100% malvasía
90
Farbe: leuchtendes Strohgelb. Aroma: reifes Obst, Kräutersäckchen, feine Hefen, süße Gewürze, geröstetes Brot. Mund: voll, fett, schöne Säure.

Mar de Vins Ermità Brisat Vinyes Velles 2022 B
100% malvasía
92
Farbe: strohgelb. Aroma: reifes Obst, trockene Kräuter, welke Blumen, Orangenschale, . Mund: kraftvoll, reife Früchte, ausgewogen, strukturiert.

Mar de Vins La Illeta Vinyes Velles 2021 T
100% tempranillo
88
Waldfinsternis, würzig, trockene Kräuter, reif, korpulent.

Mar de Vins Nacra 2023 RD
100% giró
90
Farbe: himbeerrot mit violettem Saum. Aroma: rote Früchte, blumig, Buschwaldkräuter. Mund: schöne Säure, geschmackvoll, salzig.

Mar de Vins Negre 2022 T
70% monastrell, 30% giró
88
Ausgewogen, würzig, Waldfinsternis, flüssig am Gaumen, wild.

CELLER SANROMÀ
Carrer Barcelona, 2
43814 Vila-Rodona (Tarragona)
☎: +34 678 048 121
cellersanroma@gmail.com
www.cellersanroma.copm

125 de Celler Sanromà 2021 T BA
ull de llebre
87 ♣

El Nexe de Celler Sanromà 2022 B
macabeo
88
Zitrusfrüchte, fruchtig, trockene Kräuter, schlicht, frisch.

El Nexe de Celler Sanromà 2022 T C
sumoll
88 ♣
Fruchtig, kräuterig, wild, frisch, etwas austrocknend.

El Transgressor de Celler Sanromà Vi Brisat 2022 B
garnacha blanca
91 ♣
Farbe: goldfarben. Aroma: helle Früchte, ausdrucksstark fruchtig, Orangenschale, eine Spur Waldbeeren, Wildkräuter. Mund: frisch, fruchtig, lebhaft, reife Früchte.

L'Incorrecte de Celler Sanromà Vi Brisat 2022 B
parellada
90 ♣
Farbe: golden leuchtend. Aroma: ausdrucksstark fruchtig, helle Früchte, kandierte Früchte, Orangenschale, eine Spur Waldbeeren. Mund: fruchtig, flüssig am Gaumen, reife Früchte, weiche Tannine.

Rústic de Celler Sanromà Vi Brisat 2023 B
macabeo
88 ♣
Fruchtig, trockene Kräuter, wild, schlicht, Zitrusfrüchte.

CELLER TIANNA NEGRE
Cami des Mitjans s/n
07350 Binissalem (Illes Balears/Islas Baleares)
☎: +34 971 886 826
info@tiannanegre.com
www.tiannanegre.com

Quattuor Insulae 2022 T
callet, escursac, gorgollassa, manto negro
92
Farbe: kirschrot mit violettem Saum. Aroma: würzig, rote Früchte, reifes Obst, Buschwaldkräuter. Mund: geschmackvoll, fruchtig, schöne Säure, fleischig.

COLONIAS DE GALEÓN
Polígono industrial Los Manantiales
Fase II Nave 15-16
41370 Cazalla de La Sierra (Sevilla)
☎: +34 638 438 396
m.angeles@coloniasdegaleon.com
www.coloniasdegaleon.com

Cantueso 2022 T
syrah, viognier

89
Frisch, fruchtig, kräuterig, geschmackvoll, wild.

Colonia 40 2022 T
88
Cremig, fruchtig, markante Eiche, geschmackvoll.

Pinchaperas 2023 T C
tempranillo, bobal, syrah

87

Silente 2023 B BA
viognier

89
Aromatisch, korrekt, geschmackvoll, Röstaromen. Aroma: Steinobst.

Soplagaitas 2023 B
90% chardonnay, 10% viognier

88
Aromatisch, korrekt, fruchtig, durchschnittlich am Gaumen, säuerlich.

COMPAÑÍA DE VINOS SANTIAGO JORDI
Urb. Jardines de Jacaranda c/Federica Montseny, 12
11405 Jerez de la Frontera (Cádiz)
☎: +34 609 445 935
gerente@santijordi.com
www.thewinehuntercompany.es

Patrick Murphy
Bota Haurie 2015 B GR
palomino

93
Farbe: leuchtendes Gelb. Aroma: Jodnuancen, Nüsse, Acetaldehyd, kraftvoll, Phosphor. Mund: zartbitter, lang, kraftvoll.

Patrick Murphy Bota
Isabel Mijares 2019 B
doradilla

93
Farbe: jodfarben mit bernsteinfarbenem Saum. Aroma: Nüsse, weiches Eichenholz, Lacknoten, trockene Kräuter, Karamel. Mund: fett, würzig, geschmackvoll, salzig.

COOPERATIVA AGRÍCOLA VIRGEN DE PALOMARES
Avda. de Sevilla, 82
11560 Trebujena (Cádiz)
☎: +34 956 395 106
virgenpalomares1@gmail.com
www.vinosdetrebujena.com

Capaxa 2020 B D
pedro ximénez

87

CURII UVAS Y VINOS

Curii 2022 T
92
Klar definierte Aromen, trockene Kräuter, wenig interventionistisch, poliert. Aroma: getrocknete Blumen, reifes Obst, würzig. Mund: saftig, lebhaft.

Curii 2023 RD
giró, trepadell, malvasía

91
Fruchtig, mild, wild. Aroma: Wildkräuter, getrocknete Blumen. Mund: feinkörnige Tannine, rassig, saftig, spannungsvoll.

🏆 PODIUM

Curii Dra. Jekyll 2022 T
95
Klar definierte Aromen, balsamisch, reif, spannungsvoll. Farbe: tiefes Kirschrot. Aroma: reifes Obst, trockene Kräuter, weiches Eichenholz. Mund: kraftvoll, reife Früchte, würzig, reife Tannine.

Curii Trepadell 2023 B
92
Rassig, lieblich, klar definierte Aromen. Aroma: mineralisch, Wachs. Mund: flüssig am Gaumen, frisch, salzig.

Déka 2020 T
94
Mit Persönlichkeit, wild. Farbe: tiefes Kirschrot. Aroma: trockene Kräuter, Zigarren, Buschwaldkräuter, erdig, dunkle Früchte. Mund: reife Früchte, würzig, reife Tannine, geschmackvoll.

Una noche y un día 2022 T
93
Klar definierte Aromen, ausgewogen, anders, noch nicht vollständig entfaltet. Aroma: trockener Stein. Mund: fruchtig, saftig, spritzig, voll.

DALT TURÓ

Ctra. Campos – Santanyi Km. 43,8
07630 Campos (Illes Balears/Islas Baleares)
☎: +34 657 981 805
pedidos@daltturo.com
www.daltturo.com

Mal Bitxo Escursac 2022 T
90
Flüssig am Gaumen, trockene Kräuter. Farbe: kirschrot mit violettem Saum. Aroma: ausdrucksstark fruchtig, rote Früchte, würzig, in Likör eingelegte Früchte, Tabak. Mund: geschmackvoll, fruchtig.

Mal Bitxo Escursac Blanc de Noir 2023 B
100% escursac
88
Lieblich, Zitrusfrüchte, fruchtig, kräuterig, frisch.

DANIEL RAMOS

San Pedro de Alcántara, 1
05270 El Tiemblo (Ávila)
☎: +34 687 410 952
dvrcru@gmail.com
www.danielramos.wine

Zerberos AF 2022 T
vidadillo
92
Reif, wenig interventionistisch, Oxidativ. Aroma: trockene Kräuter, Thymian, , in Likör eingelegte Früchte, dunkle Früchte. Mund: geschmackvoll, fruchtig, reife Früchte.

Zerberos El Altar 2022 T
garnacha
92 🌿
Waldfinsternis, reif. Aroma: dunkle Früchte, eine Spur Waldbeeren, Buschwaldkräuter, mit Charakter. Mund: saftig, reife Früchte, lang.

DE LA RIVA

C. de la Habana, 5
11407 Jerez de la Frontera (Cádiz)
☎: +34 679 885 906
info@bodegasdelariva.com

🏆 PODIUM

La Riva "Las 10" 2021 B
97
Rassig, komplex. Farbe: leuchtendes Gelb. Aroma: Florhefe, wenig Hefen, pikant, mit Charakter, ausdrucksvoll. Mund: schöne Säure, zartbitter, würzig, lang.

🏆 PODIUM

La Riva San Cayetano 2022 B
96
Üppig, würzig. Farbe: leuchtendes Gelb. Aroma: Jodnuancen, Nüsse, Lacknoten, Acetaldehyd, kraftvoll, pikant. Mund: zartbitter, leicht alkoholisch, lang, kraftvoll.

DE MULLER

Camí Pedra Estela, 34
43205 Reus (Tarragona)
☎: +34 977 757 473
nacional@demuller.es
www.demuller.es

De Muller Avreo Dulce Solera 1954 BF RC D
80% garnacha blanca, 20% garnacha
93
Farbe: helles Mahagonibraun. Aroma: Lacknoten, kandierte Früchte, Nüsse, ausgewogen, ausdrucksvoll, Altholz, Feingebäck. Mund: geschmackvoll, süß.

De Muller Avreo Seco Solera 1954 BF Añejo S
80% garnacha blanca, 20% garnacha
92
Farbe: Altgold. Aroma: gebackenes Obst, kandierte Früchte, Karamel, Lacknoten. Mund: geschmackvoll, würzig, trockenes Holz, altes Holz.

De Muller Misa Dulce Superior B D
50% macabeo, 50% garnacha blanca
90
Farbe: Altgold. Aroma: kandierte Früchte, reifes Obst, welke Blumen, offen. Mund: geschmackvoll.

De Muller Misa Dulce Superior Solera 1942
93
Klassisch, alt. Aroma: Lacknoten, überreife Früchte, Nüsse, Feingebäck. Mund: geschmackvoll, würzig, Röstnoten, Anklänge von Solera.

De Muller Moscatel Añejo BF D
moscatel de alejandría
91
Aromatisch, korrekt, sortenrein, naschhaft. Aroma: blumig, mit Charakter, warm, Honignoten.

De Muller Rancio Seco BF Añejo S
50% garnacha blanca, 45% macabeo, 5% garnacha
91
Klassisch, alt. Aroma: Weihrauch, Altholz, Nüsse. Mund: trocken, Röstnoten.

TAFELWEINE / WEINE

DESTILERÍA Y BODEGA CAYO
Mesasinpan s/n
39584 Frama (Cabezón de Liébana) (Cantabria)
☎: +34 942 730 689
info@bodegacayo.com
www.bodegacayo.com

Tostadillo de Potes TF D
garnacha, cariñena, moscatel

90

Nach Eingemachtem, beschädigtes Obst, naschhaft. Aroma: Karamel, in Likör eingelegte Früchte, kandierte Früchte, süße Gewürze, Feingebäck, rancio.

DOMINIO DE CASALTA
Ctra. de Pétrola Km. 3,2
02695 Chinchilla de Monte-Aragón (Albacete)
☎: +34 658 846 188
info@rodriguezdevera.com
www.rodriguezdevera.com

Hoya Colorá "Blanc de Blancs" 2014 BE BN
chardonnay

88

Fruchtig, reif, Röstaromen, Cremig, getrocknete Blumen.

DOMINIO DEL ÁGUILA
Los Lagares, 42
09370 La Aguilera (Burgos)
☎: +34 638 899 236
administracion@gmail.com
www.dominiodelaguila.com

🏆 PODIUM

Dominio del Aguila Albillo Viñas Viejas 2016 B
albillo mayor

100

Farbe: strohgelb. Aroma: reifes Obst, trockene Kräuter, welke Blumen, Phosphor, Nüsse. Mund: kraftvoll, reife Früchte, ausgewogen, geschmackvoll, voll, nachhaltig.

🏆 PODIUM

Dominio del Aguila Albillo Viñas Viejas 2019 B
albillo mayor

98

Rassig. Farbe: leuchtendes Strohgelb. Aroma: Kräutersäckchen, feine Hefen, Phosphor, süße Gewürze, helle Früchte. Mund: voll, lang, schöne Säure.

DOMINIO DEL BLANCO
Santísimo Cristo, 128
47490 Rueda (Valladolid)
☎: +34 699 726 469
botondegallo@botondegallo.com
www.botondegallo.com

Clon de Gallo 2020 B
godello, verdejo, viura

92

Farbe: strohgelb. Aroma: trockene Kräuter, welke Blumen, geröstetes Brot, würzig, Steinobst. Mund: kraftvoll, reife Früchte, ausgewogen.

Finca Cissus Oxidativo 2016 B
verdejo

94

Oxidativ, geschmackvoll. Farbe: leuchtendes Strohgelb. Aroma: Zitrusfrüchte, Wildkräuter, feine Hefen, Hefenoten, Nüsse, Phosphor. Mund: frisch, fruchtig, schöne Säure, zartbitter.

Finca Cissus Solera 2016 B C
verdejo

93

Farbe: jodfarben mit bernsteinfarbenem Saum. Aroma: Nüsse, weiches Eichenholz, Lacknoten, Röstaromen, süße Gewürze. Mund: würzig, geschmackvoll, strukturiert.

Finca Cissus Tinaja 2016 B C
verdejo

91

Farbe: leuchtendes Strohgelb, grünlicher Saum. Aroma: Zitrusfrüchte, Wildkräuter, würzig, reifes Obst. Mund: frisch, fruchtig, schöne Säure, zartbitter.

ECCOCIVI CELLER
Paratge Montrodó, 3
17462 San Martí Vell (Girona/Gerona)
☎: +34 609 754 272
info@eccociwine.com
www.eccocivi.com

Ca L'Elsa 2018 T R
34% cabernet franc, 34% petit verdot, 32% cabernet sauvignon

91

Klassisch, alt. Farbe: kirschrot mit granatrotem Saum. Aroma: dunkle Früchte, reifes Obst, feine Reduktionsnoten, feiner Kakao. Mund: saftig, geschmackvoll, reife Tannine.

Can Noves Blanc 2022 B
garnacha blanca

91

Fruchtig, reif, würzig. Aroma: feine Hefen, würzig. Mund: geschmackvoll, voll, abgerundet.

Can Noves Negre 2019 T C
90
Balsamisch, reif, warm. Aroma: Wildkräuter, Buschwaldkräuter, dunkle Früchte, reifes Obst. Mund: voll, fruchtig, strukturiert.

Montrodó Blanc 2023 B
89
Lieblich, fruchtig, reif, wild, mild, ausgewogen. Mund: zartbitter.

Montrodó Negre 2022 T S
90
Farbe: tiefes Kirschrot. Aroma: reifes Obst, trockene Kräuter, Buschwaldkräuter. Mund: kraftvoll, reife Früchte, würzig, reife Tannine.

Montrodó Rosat 2023 RD
89
Lieblich, korrekt, fruchtig, Süßwaren, saftig, reif.

ENVINATE
Terrero 72
02630 La Roda (Albacete)
☎: +34 682 207 160
asesoria@envinate.es

Albahra 2022 T
92
Farbe: tiefes Kirschrot. Aroma: reifes Obst, trockene Kräuter, weiches Eichenholz, Fleischnoten, Tomate. Mund: kraftvoll, reife Früchte, würzig, reife Tannine.

Doad Lousas 2022 T
94
Farbe: KirsChrot. Aroma: ausdrucksvoll, würzig, mineralisch, erdig, Wildkräuter, welke Blumen. Mund: voll, lang, geschmackvoll.

🏆 **PODIUM**

Lousas Rosende 2022 T
95
Mit Persönlichkeit. Farbe: kirschrot mit violettem Saum. Aroma: rote Früchte, blumig, würzig, Unterholz, Wildkräuter. Mund: geschmackvoll, fruchtig, schöne Säure.

🏆 **PODIUM**

Lousas Seoane 2022 T
95
Balsamisch, üppig. Farbe: KirsChrot. Aroma: komplex, ausdrucksvoll, würzig, mineralisch, balsamisch, welke Blumen. Mund: elegant, voll, lang, nachhaltig.

Lousas Viñas de Aldea 2022 T
94
Waldfinsternis, wild. Farbe: KirsChrot. Aroma: ausdrucksvoll, würzig, mineralisch, Unterholz. Mund: voll, lang, grobkörnige Tannine.

EQUIPO NAVAZOS
11403 Jerez de la Frontera (Cádiz)
equipo@navazos.com
www.equiponavazos.com

La Bota de Florpower (nº119) MMXXII 2022 B
100% palomino
93
Aromatisch. Farbe: strohgelb. Aroma: ausdrucksvoll, weiße Blumen, Jasmin, trockene Kräuter, pikant, Florhefe. Mund: geschmackvoll, fruchtig, ausgewogen.

Navazos Niepoort 2022 B
100% palomino
94
Herb, spannungsvoll, ausgewogen. Aroma: getrocknete Blumen, mineralisch. Mund: frisch, trocken, geschmackvoll, kalkig, spritzig, lang.

Ovni Palomino Fino 2022 B
palomino
93
Mit Persönlichkeit, repräsentativ. Farbe: blass. Aroma: Kreide, Schießpulver. Mund: korrekt, süffig, flüssig am Gaumen, salzig.

ESTEBAN CELEMIN & VITICULTOR
47520 Castronuño (Valladolid)
☎: +34 675 157 107
estebancelemindiez@gmail.com
www.estebancelemin.es

Las Avutardas 2022 B
albillo real
93
Farbe: strohgelb. Aroma: welke Blumen, Steinobst, Wildkräuter, würzig, feine Hefen, Nüsse. Mund: reife Früchte, ausgewogen, opulent.

Momvasia Orange Wine 2021 B
malvasía castellana
92
Farbe: strohgelb. Aroma: weiße Blumen, Buschwaldkräuter, Zitrusfrüchte, feine Hefen, Steinobst. Mund: geschmackvoll, fruchtig, ausgewogen, zartbitter.

Ultimas Huellas - Parcela 107 2022 B
albillo real
91
Farbe: leuchtendes Strohgelb. Aroma: Zitrusfrüchte, Wildkräuter, helle Früchte, Steinobst, feine Hefen. Mund: fruchtig, schöne Säure, fleischig.

TAFELWEINE / WEINE

Guía Peñín SPANIENS WEINFÜHRER

TAFELWEINE / WEINE

Verdeja Le Dicen 2021 B
verdejo
92
Farbe: leuchtendes Strohgelb, grünlicher Saum. Aroma: frisches Obst, Zitrusfrüchte, Wildkräuter, Phosphor. Mund: frisch, fruchtig, schöne Säure, zartbitter.

ESTEVE I GIBERT VITICULTORS
Els Casots
08739 Subirats (Barcelona)
☎: +34 600 343 125
albert@esteveigibert.com
www.esteveigibert.com

Clot dels Eixams 2021 B FB
93 ✿
Farbe: strohgelb. Aroma: reifes Obst, trockene Kräuter, welke Blumen, Ebbe, feine Hefen, süße Gewürze. Mund: kraftvoll, reife Früchte, ausgewogen, fleischig.

Dolç de Esteve i Gibert 2021 B D
albariño
91 ✿
Farbe: golden leuchtend. Aroma: welke Blumen, Honignoten, in Likör eingelegte Früchte, gebackenes Obst. Mund: geschmackvoll, lang, süß.

El Picapedrer 2021 B FB
macabeo
90 ✿
Farbe: leuchtendes Strohgelb. Aroma: Kräutersäckchen, feine Hefen, helle Früchte, trockener Stein. Mund: schöne Säure, ausgewogen.

Les Vistes 2021 B FB
xarel.lo
92 ✿
Farbe: strohgelb. Aroma: reifes Obst, trockene Kräuter, welke Blumen, feine Hefen, süße Gewürze. Mund: reife Früchte, ausgewogen, geschmackvoll, salzig.

Origen 2023 B
xarel.lo
88 ✿
Zitrusfrüchte, frisch, kräuterig, Hefenoten.

FÉLIX SOLIS AVANTIS
Autovía del Sur, Km. 199
13300 Valdepeñas (Ciudad Real)
☎: +34 926 322 400
marketing@felixsolisavantis.com
www.felixsolisavantis.com

Eora Afrutado B
verdejo, sauvignon blanc
85

Mucho Más Etiqueta Blanca T
89
Lieblich, fruchtig, geschmackvoll, mild.

Mucho Más RD S
90
Farbe: blassrosa. Aroma: rote Früchte, blumig, Kräutersäckchen. Mund: würzig, schöne Säure, zartbitter.

FÉLIX SOLÍS
Otumba, 2
45840 La Puebla de Almoradiel (Toledo)
☎: +34 618 416 563
mponte@felixsolisavantis.com
www.felixsolisavantis.com

Menuda Cepa 2023 T
merlot, syrah, tempranillo
88
Fruchtig, reif, schlicht, geschmackvoll.

FENTO WINES
Sisangándara, 22
36636 Ribadumia (Pontevedra)
☎: +34 986 099 486
info@eulogiopomares.com
www.eulogiopomares.com

Eulogio Pomares Uva Entera 2022 T
93
Farbe: KirsChrot. Aroma: balsamisch, erdig, Wildkräuter, Gras, Schwarzer Pfeffer. Mund: würzig, balsamisch, schöne Säure.

Penapedre 2021 T
94
Rustikal. Farbe: KirsChrot. Aroma: ausdrucksvoll, würzig, mineralisch, rote Früchte, Waldfinsternis, dunkle Früchte. Mund: elegant, voll.

GIRÓ RIBOT
Finca El Pont, s/n
08792 Santa Fe del Penedès (Barcelona)
☎: +34 938 974 050
giroribot@giroribot.es
www.giroribot.es

Giró Ribot Mimat 2020 T BA
92
Farbe: KirsChrot. Aroma: trockene Kräuter, ausdrucksvoll, feine Reduktionsnoten, dunkle Früchte. Mund: reife Früchte, zartbitter, geschmackvoll.

HACIENDA LA QUINTERIA
Mauritania, 5
11408 Jerez de la Frontera (Cádiz)
☎: +34 674 637 507
comercial@thewinehuntercompany.es
www.haciendalaquinteria.com

Hacienda la Quintería
Pago Balbaína Syrah 2022 T
syrah

90

Korrekt, korpulent. Aroma: mit Charakter, warm, reifes Obst, dunkle Früchte. Mund: geschmackvoll, nachhaltig.

Hacienda la Quintería
Pago Balbaína Tintilla 2019 T

92

Farbe: dunkles Kirschrot, granatroter Saum. Aroma: Früchtekonfit, kraftvoll, Wachs, trockene Kräuter, würzig, feiner Kakao. Mund: geschmackvoll, lang.

HAMMEKEN CELLARS
03700 Denia (Alacant/Alicante)
☎: +34 965 791 967
cellars@hammekencellars.com
www.hammekencellars.com

Albades Garnacha de Montaña 2023 T
garnacha

90

Farbe: kirschrot mit violettem Saum. Aroma: ausdrucksstark fruchtig, rote Früchte, blumig. Mund: fruchtig, geschmackvoll, ausgewogen.

I`M Your Organic Red 2023 T
tempranillo

88 🌱

Angenehm, durchschnittlich am Gaumen, reif, geschmackvoll. Mund: reife Früchte.

I`M Your Organic Rosé 2023 RD
bobal

88 🌱

Aromatisch, getrocknete Blumen, fruchtig, kräuterig, reif.

I`M Your Organic White 2023 B
viura, sauvignon blanc

87 🌱

HERETAT OLLER DEL MAS
Ctra. de Igualada C-37Z, Km. 91
08241 Manresa (Barcelona)
☎: +34 938 768 315
comunicacio@ollerdelmas.com
www.ollerdelmas.com

Oller del Mas Especial
Carinyena 2018 T BA
100% cariñena

93 🌱

Farbe: kirschrot mit granatrotem Saum. Aroma: ausgewogen, komplex, reifes Obst, würzig, feine Reduktionsnoten, erdig. Mund: strukturiert, geschmackvoll, reife Tannine, ausgewogen, nachhaltig.

Oller del Mas Especial
Picapoll Negre 2021 T BA
100% picapoll negre

91 🌱

Klassisch. Farbe: dunkles Kirschrot, ziegelroter Saum. Aroma: Früchtekonfit, Tabak, süße Gewürze, Buschwaldkräuter. Mund: würzig, reife Tannine, frisch.

INN WINE BODEGAS Y VIÑEDOS
Albacete, 1
13630 Socuéllamos (Ciudad Real)
☎: +34 689 038 238
info@innwine.com
www.innwine.com

Malaño Airén Asoleado 2023 B D
airén

94

Farbe: golden leuchtend. Aroma: reifes Obst, Honignoten, Hefenoten, Wachs. Mund: geschmackvoll, geschmeidig, fruchtig, süß.

Malaño Cabernet Sauvignon 2023 T
cabernet sauvignon

88 🌱

Balsamisch, korrekt, reif, sortenrein, geschmackvoll, saftig.

Origenes Airén 2023 B
airén

85 🌱

TAFELWEINE / WEINE

JAUME DE PUNTIRÓ
Pza. Nova, 23
07320 Santa María del Camí
(Illes Balears/Islas Baleares)
☎: +34 606 429 023
pere@vinsjaumedepuntiro.com
www.vinsjaumedepuntiro.com

Ancestral de Puntiró 2022 BE SS
prensal

90 ♣
Opulent, naschhaft. Farbe: leuchtendes Gelb. Aroma: reifes Obst, feine Hefen, ausgewogen, trockene Kräuter. Mund: schöne Säure, geschmackvoll, reife Früchte.

JAVIER SANZ VITICULTOR
Ctra. CL-610, km 29
47491 La Seca (Valladolid)
☎: +34 983 816 669
info@bodegajaviersanz.com
www.bodegajaviersanz.com

V Dulce de Invierno 2021 B D
80% verdejo, 20% gorda de moldavia

93
Farbe: leuchtendes Gelb. Aroma: reifes Obst, kandierte Früchte, Honignoten, weiße Blumen, würzig. Mund: geschmackvoll, geschmeidig, fruchtig, süß.

JOEL SALVAT RULL
43365 Alforja (Tarragona)
☎: +34 686 767 737
joelsalvatrull@gmail.com
www.preterit.cat

Pretèrit 2022 T
75% samsó, 20% garnacha, 5% otras

90
Farbe: tiefes Kirschrot. Aroma: reifes Obst, würzig, erdig, Früchtekonfit. Mund: reife Früchte, würzig, reife Tannine, voll, balsamisch, warm.

JORGE MARCÉN MONTESA
Ronda, 3
50160 Leciñena (Zaragoza)
☎: +34 647 930 025
jorgemarcen93@gmail.com

32 Cañas 2022 T BA
70% garnacha, 10% parrel, 10% monastrell, 10% otras

91
Nach Eingemachtem, würzig. Aroma: reifes Obst, ausdrucksvoll, würzig, offen. Mund: voll, reife Tannine, balsamisch.

JOSÉ MANUEL BUSTILLO

Vino de Yerba 2022 B
93
Klar definierte Aromen, repräsentativ, mit Persönlichkeit, Oxidativ. Farbe: gelb, blass. Aroma: Florhefe, komplex, Moschus-Noten, Sellerie. Mund: geschmackvoll, würzig, lang.

JULIA CASADO
Finca La Junquera
30412 Caravaca (Murcia)
☎: +34 634 402 086
ladelterreno@gmail.com
www.facebook.com/ladelterreno

La Cañada del Jinete 2021 T
100% monastrell

90 ♣
Farbe: kirschrot mit granatrotem Saum. Aroma: verfrühte Reduktion, reifes Obst, erdig. Mund: korrekt, würzig, weich am Gaumen.

LA BRUIXA DELS MUDEFES
☎: +34 677 022 562
info@labruixadelsmudefes.cat
www.labruixadelsmudefes.cat

Contratemps 2019 T
90
Farbe: tiefes Kirschrot. Aroma: trockene Kräuter, dunkle Früchte, Röstaromen. Mund: reife Früchte, würzig, reife Tannine.

Entrada de l'Spill 2020 T C
cariñena, garnacha

90
Farbe: tiefes Kirschrot. Aroma: trockene Kräuter, Gras, dunkle Früchte, erdig. Mund: kraftvoll, reife Früchte, würzig, reife Tannine.

Terra Crua 2018 T C
garnacha, syrah

88
Nach Eingemachtem, trockene Kräuter, reif, geschmackvoll. Aroma: Wachs.

LAGAR DE COSTA
Sartaxes, 8 - Castrelo
36639 Cambados (Pontevedra)
☎: +34 669 086 569
contacto@lagardecosta.com
www.lagardecosta.com

Viva la Vid-a 2021 T
100% espadeiro
91
Farbe: leuchtendes Kirschrot. Aroma: rote Früchte, eine Spur Waldbeeren, Wildkräuter, trockener Stein, getrocknete Blumen, camomila, mit Charakter. Mund: fruchtig, frisch, geschmackvoll, lebhaft, reife Tannine.

LAGAR DE LA SALUD
Ctra. Córdoba_Málaga, km. 41
14550 Montilla (Córdoba)
☎: +34 659 467 525
info@lagardelasalud.com
www.lagardelasalud.com

Dulas del Lagar de la Salud "un americano en lagar de la salud" 2021 T
cabernet sauvignon
90
Farbe: tiefes Kirschrot. Aroma: trockene Kräuter, dunkle Früchte, geröstetes Brot. Mund: reife Früchte, würzig, reife Tannine.

Dulas del Lagar de la Salud "un francés en lagar de la salud" 2021 T
cabernet sauvignon
88
Korrekt, würzig, vegetabil, Leichtwein.

Dulas del Lagar de la Salud 2023 RD
cabernet sauvignon
88
Zitrusfrüchte, frisch, kräuterig, ausgewogen.

LAGAR DE SABARIZ
☎: +34 988 401 448
lagardesabariz@lagardesabariz.com

A Pita Cega 2016 B
94
Mit Persönlichkeit, spannungsvoll. Farbe: leuchtendes Strohgelb, grünlicher Saum. Aroma: Wildkräuter, reifes Obst, rauchig. Mund: schöne Säure, zartbitter.

A Pita Miuda 2017 B
treixadura
93
Farbe: leuchtendes Strohgelb. Aroma: ausdrucksvoll, reifes Obst, blumig, feine Hefen, mineralisch. Mund: voll, komplex, würzig, lang, elegant.

Soul de Saa 2020 T
93
Waldfinsternis, komplex. Aroma: balsamisch, süße Gewürze, Buschwaldkräuter, Fleischnoten. Mund: würzig, balsamisch, schöne Säure.

Soul de Souto 2019 T
93
Farbe: tiefes Kirschrot. Aroma: trockene Kräuter, weiches Eichenholz, mineralisch, reifes Obst, dunkle Früchte. Mund: kraftvoll, reife Früchte, würzig, reife Tannine.

LAOSA
Las Cuevas, 8
24232 Ardón (León)
☎: +34 666 217 032
noelia@laosavinos.com
www.laosavinos.com

La Voz del Viñador 2019 T
88
Herb, fruchtig, nach Eingemachtem, kräuterig, etwas austrocknend.

La Voz del Viñador 2021 B
albarín
90
Wenig interventionistisch. Farbe: leuchtendes Gelb. Aroma: reifes Obst, Wildkräuter, , Sträucher, Orangenschale. Mund: kraftvoll, reife Früchte, ausgewogen, geschmackvoll, fruchtig.

LAS PEDRERAS VIÑEDOS Y VINOS
Serranillos, 24
05114 Villanueva de Ávila (Ávila)
☎: +34 616 520 572
info.laspedreras@gmail.com

La Coronela 2022 T
92
Farbe: tiefes Kirschrot. Aroma: reifes Obst, trockene Kräuter, weiches Eichenholz, Früchtekonfit. Mund: reife Früchte, würzig, reife Tannine, geschmackvoll.

Linarejos 2023 B
94
Farbe: strohgelb. Aroma: reifes Obst, trockene Kräuter, welke Blumen, Nüsse, balsamisch, camomila. Mund: kraftvoll, reife Früchte, ausgewogen.

TAFELWEINE / WEINE

SPANIENS WEINFÜHRER

TAFELWEINE / WEINE

LOALTO BODEGA Y VIÑEDOS
Crta. Caudete-Los Isidros, CV452
46340 Venta del Moro (València/Valencia)
☎: +34 646 314 016
info@casaloalto.com
www.casaloalto.com

LoAlto Bobal 2023 T
100% bobal
91
Farbe: kirschrot mit violettem Saum. Aroma: ausdrucksstark fruchtig, rote Früchte, blumig, würzig. Mund: geschmackvoll, fruchtig, schöne Säure.

LoAlto Parcela Los Álamos 2023 B
100% garnacha blanca
91
Farbe: leuchtendes Strohgelb. Aroma: Wildkräuter, , ausgewogen, ausdrucksvoll. Mund: fruchtig, schöne Säure, zartbitter.

LoAlto Tardana 2023 B
100% tardana
89
Kräuterig, wild, korrekt, Leichtwein. Mund: zartbitter, korrekt, ziemlich nachhaltig.

MARCELO RETAMAL
mretamalb@gmail.com

Ta-Mira 2022 B
91
Mild, Zitrusfrüchte. Farbe: leuchtendes Strohgelb. Aroma: Ebbe, Kreide, Hefenoten. Mund: flüssig am Gaumen, salzig, korrekt.

MARZAGANA ELEMENTALES
Puente La Barca, 17
38300 La Orotava (Santa Cruz de Tenerife)
☎: +34 609 133 722
marzaganaelementales@gmail.com

Chimaque 2023 T
93
Saftig, reif, noch nicht vollständig entfaltet, unbändig. Farbe: KirsChrot. Aroma: komplex, ausdrucksvoll, ausgewogen, Waldfinsternis. Mund: voll, lang, nachhaltig, fruchtig, saftig.

Higa 2022 T
listán negro
92
Reduziert, wenig interventionistisch. Farbe: leuchtendes Kirschrot. Aroma: Moschus-Noten, dunkle Früchte, Wildkräuter. Mund: geschmackvoll, lebhaft, zartbitter.

Sencillez 2021 T
castellana
93
Klar definierte Aromen, Waldfinsternis, repräsentativ. Aroma: Schwarzer Pfeffer, Buschwaldkräuter, Wildkräuter, Gras. Mund: saftig, lebhaft, balsamisch.

Vita 2022 B
albillo criollo, vijariego blanco, listán blanco, verdello
91
Wenig interventionistisch, reduktiver Ausbau, Waldfinsternis. Aroma: Moschus-Noten, reduziert. Mund: geschmackvoll, ausgewogen, spannungsvoll.

MAS DE L'A
43730 Falset (Tarragona)
☎: +34 629 341 231
info@alfredoarribas.com

Tot-Ú 2021 RD
cariñena, garnacha, garnacha blanca, garnacha gris
91
Fruchtig, saftig. Farbe: himbeerrot. Aroma: welke Blumen, Wildkräuter, rote Früchte, reifes Obst. Mund: fleischig, geschmackvoll, reife Früchte.

MAS RIBOT
Parc. Natural de les Gavarres
17251 Sant Antoni de Calonge (Girona)
☎: +34 629 773 917
info@masribot.com
www.masribot.com

Poem 2020 T
garnacha roja, syrah, cariñena
89
Nach Eingemachtem, naschhaft. Farbe: KirsChrot. Aroma: süße Gewürze, Buschwaldkräuter, Röstaromen.

MAS VILELLA
Camí del Cementiri, s/n
43717 La Bisbal del Penedès (Tarragona)
☎: +34 672 432 691
masvilella@masvilella.net
www.masvilella.net

Mas Vilella Blanc 2020 B FB
100% malvasía de Sitges
93
Farbe: strohgelb. Aroma: welke Blumen, Wildkräuter, Kohlenwasserstoff. Mund: reife Früchte, ausgewogen, voll, geschmackvoll, salzig.

Mas Vilella Blanc 2021 B FB
100% malvasía de Sitges
92
Farbe: strohgelb. Aroma: trockene Kräuter, welke Blumen, Steinobst, feine Hefen. Mund: reife Früchte, ausgewogen, fett.

Mas Vilella Negre 2022 T
95% cabernet sauvignon, 5% sumoll
93
Farbe: tiefes Kirschrot. Aroma: trockene Kräuter, weiches Eichenholz, dunkle Früchte, mineralisch, schwarze Lakritze. Mund: kraftvoll, reife Früchte, würzig, reife Tannine.

Tros de Mas Vilella 2018 T
50% sumoll, 50% cabernet sauvignon
91
Farbe: dunkles Kirschrot. Aroma: stark gegerbtes Leder, erdig, dunkle Früchte, Buschwaldkräuter, trockene Kräuter. Mund: geschmackvoll, korrekt, warm, ausgewogen.

Tros de Mas Vilella 2021 T
50% cabernet sauvignon, 50% sumoll
91
Farbe: KirsChrot. Aroma: balsamisch, süße Gewürze, Buschwaldkräuter, mit Charakter. Mund: würzig, reife Früchte, lang, balsamisch.

MIXTURA
Lugar de Esposende
32415 Esposende (Ourense/Orense)
info@mixturaiw.com
www.mixturaiw.com

Mix 2022 T C
93
Lebhaft, wild. Farbe: kirschrot mit violettem Saum. Aroma: ausdrucksstark fruchtig, rote Früchte, blumig, würzig, Unterholz. Mund: geschmackvoll, fruchtig, schöne Säure.

🏆 **PODIUM**

Mixtura Etiqueta Dorada 2021 B
96
Noch nicht vollständig entfaltet. Farbe: leuchtendes Strohgelb. Aroma: reifes Obst, Kräutersäckchen, feine Hefen, süße Gewürze, weiße Blumen, trockener Stein. Mund: voll, fett, lang, schöne Säure, mineralisch.

MONTESANCO
Camí Abiar Alta 23
03725 Teulada (Alacant/Alicante)
☎: +34 962 121 626
vinos@montesanco.com
www.montesanco.com

Món Montesanco Moscatel 2023 B
moscatel
92
Von Primäraromen beherrscht. Farbe: strohgelb. Aroma: ausdrucksvoll, weiße Blumen, Jasmin, trockene Kräuter, helle Früchte. Mund: geschmackvoll, fruchtig, ausgewogen.

MUCHADA-LÉCLAPART
Dorantes, 1
11540 Sanlúcar de Barrameda (Cádiz)
info@muchada-leclapart.com
www.muchada-leclapart.com

Elixir 2021 B
moscatel
94
Salzig, kräuterig, balsamisch, originell, üppig. Aroma: sortenrein, offen, ausdrucksvoll, würzig. Mund: cremig, saftig, lang.

🏆 **PODIUM**

Muchada-Léclapart Etoile 2019 B
97
Komplex, mit Persönlichkeit, klar definierte Aromen, wenig interventionistisch. Aroma: Wildkräuter, , Sellerie, feuchtes Unterholz. Mund: saftig, voll, lebhaft, geschmackvoll, lang, salzig.

Muchada-Léclapart Etoile 2021 B
94
Komplex, mit Persönlichkeit, wenig interventionistisch. Farbe: Altgold. Aroma: Steinobst, Zitrusfrüchte, Gras, mineralisch. Mund: voll, lebhaft, geschmackvoll, lang, salzig.

🏆 **PODIUM**

Muchada-Léclapart Lumière 2021 B
palomino
99
Komplex, spannungsvoll, geschmackvoll. Aroma: elegant, mineralisch, Kreide, Anisnoten, reifes Obst, Wildkräuter. Mund: lebhaft, voll, geschmackvoll, lang, salzig, komplex.

🏆 **PODIUM**

Muchada-Léclapart Univers 2021 B
95
Wenig interventionistisch, komplex, spannungsvoll. Farbe: strohgelb, trüb. Aroma: helle Früchte, Zitrusfrüchte, trockener Stein, Phosphor, , Bäckerei. Mund: geschmackvoll, lebhaft, kalkig, mineralisch.

Muchada-Léclapart Univers 2022 B
palomino
93
Angenehm, klar definierte Aromen, mineralisch, lebhaft, salzig. Farbe: leuchtendes Strohgelb. Aroma: mittlere Intensität, frisch, offen, trockene Kräuter. Mund: lebhaft, geschmackvoll.

TAFELWEINE / WEINE

Guía Peñín | **SPANIENS WEINFÜHRER**

TAFELWEINE / WEINE

NANCLARES Y PRIETO VITICULTORES
Castriño, 13 - Castrelo
36639 Cambados (Pontevedra)
☎: +34 986 520 763
info@nanclaresyprieto.es
www.nanclaresyprieto.es

Cinerea 2015 B SD
albariño
94
Farbe: strohgelb, goldfarben. Aroma: Steinobst, süße Gewürze, Safran, Feingebäck. Mund: geschmackvoll, lang, schöne Säure, salzig.

🏆 PODIUM

Porta Franca 2023 B
albariño
95
Farbe: leuchtendes Strohgelb. Aroma: helle Früchte, gebackenes Obst, komplex, Orangenschale, Nüsse, Wildkräuter, Bäckerei. Mund: voll, fett, lang, schöne Säure, geschmackvoll, salzig.

NAVA VALLEY-GARCÍA SERRANO
Hermanos García Barbero, 11
40450 Nava de la Asunción (Segovia)
☎: +34 662 191 153
info@bodegasgarciaserrano.com
www.bodegasgarciaserrano.com

Voltio Vino de Pueblo 2018 T R
90
Angenehm, ausgewogen, würzig, reif, wild. Aroma: Buschwaldkräuter, ausgewogen, offen. Mund: schöne Säure, korrekt.

Voltio Vino de Pueblo 2022 T
89
Lieblich, klar definierte Aromen, fruchtig, reif, angenehm, mild. Mund: süffig.

Voltio Vino Naranja 2023 B
viura, palomino
89
Wild, schlicht. Aroma: getrocknete Blumen, Wachs, reifes Obst, Orangenschale. Mund: saftig, süffig.

NAVE ROVER
Pol. 24, Par 416
07210 Algaida (Illes Balears/Islas Baleares)
☎: +34 610 468 132
admin@naverover.com
www.naverover.com

Rover Nº 1 2020 T
100% syrah
88
Klassisch, korpulent, überreif, Röstaromen.

Rover Nº 1 2021 T
90
Farbe: tiefes Kirschrot. Aroma: trockene Kräuter, weiches Eichenholz, Früchtekonfit, intensive Röstaromen. Mund: kraftvoll, reife Früchte, würzig, reife Tannine.

OXER WINES
Ctra. Navaridas
01300 Laguardia (Araba/Álava)
☎: +34 616 984 118
oxer@oxerwines.com
www.oxerwines.com

Kuusu 2022 T
94
Farbe: KirsChrot. Aroma: würzig, mineralisch, Früchtekonfit, getrocknete Früchte. Mund: elegant, voll, lang.

PAGO DE LA BOTICARIA
Diseminados, 31
50360 Daroca (Zaragoza)
☎: +34 636 093 554
pilar@pagodelaboticaria.com
www.pagodelaboticaria.com

Viña Satoshi Red 2021 T R
85% garnacha, 15% tempranillo
89
Fruchtig, wild, Röstaromen, geschmackvoll, reif.

PARAJES DEL VALLE BODEGAS Y VIÑEDOS
Avda. de Murcia, s/n
30520 Jumilla (Murcia)
☎: +34 616 426 520
nerea.bardaji@garciperezgroup.com
www.parajesdelvalle.es

Parajes del Valle Maceración Macabeo 2023 B
100% macabeo
88
Zitrusfrüchte, ausgewogen, würzig, vegetabil, geschmackvoll, voll.

PARET SECA VINS
Masia Cal Costas, s/n
08736 Font-Rubí (Barcelona)
☎: +34 616 258 068
info@paretseca.wine
www.paretseca.wine

Paret Seca Macabeu 2022 B
macabeo
87

Paret Seca Xarel.lo 2022 B
xarel.lo
87

PAZO DE LA CUESTA
Pazo de La Cuesta – San Clodio
27310 Ribas de Sil (Lugo)
☎: +34 982 256 128
bodega@pazodelacuesta.com
www.pazodelacuesta.com

Pazo de La Cuesta Garnacha Tintorera Prefiloxérica 2021 T
garnacha tintorera
92
Farbe: dunkles Kirschrot, granatroter Saum. Aroma: reifes Obst, komplex, ausdrucksvoll, sortenrein, feiner Kakao. Mund: würzig, lang, ausgewogen, balsamisch.

PERINET
Perinet Estate, s/n |
Ctra. de Poboleda T-702, km 1,6
43361 Cornudella de Montsant (Tarragona)
☎: +34 977 827 113
perinet@perinetwinery.com
www.perinetwinery.com

🏆 **PODIUM**

Perinet Ranci 1950 B RC
100% garnacha
95
Repräsentativ, kraftvoll. Farbe: helles Mahagonibraun. Aroma: kraftvoll, komplex, Nüsse, Röstaromen, Acetaldehyd, ausdrucksvoll, in Likör eingelegte Früchte. Mund: fett, lang, Anklänge von Solera, würzig, abgerundet.

PLA DE MOREI
Cami de la Garça s/n
08789 La Torre de Claramunt (Barcelona)
☎: +34 931 313 454
plademorei@plademorei.com
www.plademorei.com

Riu de Gost Garnacha Blanca 2021 B RB
garnacha blanca
92 🌱
Farbe: strohgelb. Aroma: trockene Kräuter, welke Blumen, feine Hefen, helle Früchte. Mund: kraftvoll, reife Früchte, ausgewogen.

PRIMITIVO QUILES
Mayor, 4
03640 Monóvar (Alacant/Alicante)
☎: +34 965 470 099
info@primitivoquiles.com
www.primitivoquiles.com

Primitivo Quiles Moscatel Extra BF Mistela D
91
Rauchig, trockene Kräuter. Aroma: Altholz, Weihrauch, kandierte Früchte, Nüsse. Mund: geschmackvoll, lang, süß.

Primitivo Quiles Moscatel Laurel BF Mistela D
moscatel
88
Aromatisch, sortenrein, geschmackvoll, blumig, süß. Aroma: Honignoten.

PROYECTO GARNACHAS/VINTAE
Ctra. de Murillo
26500 Calahorra (La Rioja)
☎: +34 608 302 372
marketing@vintae.com
www.vintae.com

La Garnacha Perdida del Pirineo 2021 T C
garnacha
90 🌱
Farbe: dunkles Kirschrot. Aroma: Röstaromen, würzig, feiner Kakao, Schokolade. Mund: geschmackvoll, Röstnoten, zartbitter.

La Garnacha Salvaje del Moncayo 2021 T
garnacha
92
Farbe: tiefes Kirschrot. Aroma: reifes Obst, trockene Kräuter, weiches Eichenholz. Mund: kraftvoll, reife Früchte, würzig, reife Tannine.

TAFELWEINE / WEINE

TAFELWEINE / WEINE

RAÚL MORENO
Dominio de las Animas, Calle Arcturus 12
11500 El Puerto de Santa María (Cádiz)
☎: +34 634 535 472
raul@raulmorenoyague.com
www.raulmorenoyague.com

Raúl Moreno 'Dark 'N' Stormy Tintilla (Jerez de la Frontera, Pago Carrascal) 2022 T
90
Animalische Noten, Waldfinsternis, wenig interventionistisch. Aroma: dunkle Früchte. Mund: feinkörnige Tannine, würzig, reife Früchte.

Raúl Moreno 'Destellos' 2022 B
92
Farbe: gelb. Aroma: trockene Kräuter, Sellerie, helle Früchte, trockener Stein. Mund: lebhaft, zartbitter, spritzig, spannungsvoll, geschmackvoll.

Raúl Moreno 'La Pretensión' 2022 B
91
Farbe: gelb, goldfarben. Aroma: blumig, balsamisch, Gras. Mund: korrekt, süffig, salzig.

Raúl Moreno 'La Retahíla' Perruno 2022 B
perruno
93
Unbändig, rustikal, mit Persönlichkeit. Farbe: gelb, blass. Aroma: beschädigtes Obst, eingemachtes Obst, Jodnuancen, würzig. Mund: geschmackvoll, kraftvoll, voll.

SANT JOSEP VINS
Estació, 2
43780 Bot (Tarragona)
☎: +34 977 428 352
info@santjosepwines.com
www.santjosepvins.com

Roc Singulars Blanc de 3 Anys en Rama d'Agrícola St. Josep B
garnacha blanca
93
Farbe: strohgelb. Aroma: trockene Kräuter, welke Blumen, Florhefe, helle Früchte, Nüsse. Mund: kraftvoll, reife Früchte, ausgewogen, geschmackvoll, salzig.

SANTA MARTA
Ctra. San Vicente, s/n
32348 Córgomo-Vilamartin de Valdeorras (Ourense/Orense)
☎: +34 988 324 559
gerencia@vinaredo.com
www.vinaredo.com

Viñaredo 2023 RD
100% sousón
88
Reif, voll, kräuterig, fruchtig.

SAUVELLA
25655 Orcau (Lleida/Lérida)
☎: +34 600 765 803
sauvella@sauvella.com
www.sauvella.com

Sauvella Luscinia Canta 2013 T
syrah, garnacha, sumoll, cabernet sauvignon
87 🌱

Sauvella Luscinia Eximia 2013 T R
syrah, sumoll
88 🌱
Alt, nach Eingemachtem, vegetabil, würzig, wenig interventionistisch.

Sauvella Luteum 2022 B
macabeo, sumoll, brocada
88
Wenig interventionistisch, Hefenoten, Oxidativ, geschmackvoll, frisch.

Sauvella Romance 2022 RD
88 🌱
Wenig interventionistisch, Hefenoten, reif, kräuterig.

Sauvella Rubí 2017 T
cabernet sauvignon
89 🌱
Wenig interventionistisch, geschmackvoll, reif, trockene Kräuter, würzig.

Sauvella Sumoll 2019 T
90 🌱
Farbe: KirsChrot. Aroma: Wildkräuter, , dunkle Früchte. Mund: reife Früchte, zartbitter, flüssig am Gaumen, frisch.

SETVINS DE MUNTANYA
Avda. Fuente de la Gota, 25
46392 Siete Aguas (Valencia)
☎: +34 662 551 284
setvinsdemuntannya@gmail.com
www.setvins.com

Blanquizar 2020 T
100% bobal

93

Reif, reduktiver Ausbau. Farbe: dunkles Kirschrot. Aroma: trockene Kräuter, feine Reduktionsnoten. Mund: saftig, geschmackvoll, lebhaft, voll, lang, reife Früchte, nachhaltig.

Cañada de los Moros Blanc 2021 B
100% merseguera

91

Wenig interventionistisch. Farbe: golden leuchtend. Aroma: ausdrucksstark fruchtig, Zitronenbombon, Steinobst, Wildkräuter, Hefenoten. Mund: fruchtig, frisch, würzig, reife Tannine.

Cañada de los Moros Bobal 2021 T
100% bobal

92

Farbe: tiefes Kirschrot. Aroma: reifes Obst, trockene Kräuter, weiches Eichenholz, dunkle Früchte. Mund: kraftvoll, reife Früchte, würzig, ausgewogen, trockene, aber reife Tannine.

Creu Pairal 2021 B
100% macabeo

90

Wenig interventionistisch. Farbe: golden leuchtend. Aroma: reifes Obst, gebackenes Obst, trockene Kräuter, Hefenoten, Bäckerei. Mund: ausgeprägter Säuregehalt, fruchtig, würzig, weiche Tannine.

La Divisoria 2021 T
caladoc

91

Lieblich. Farbe: leuchtendes Kirschrot. Aroma: reifes Obst, milchig, trockene Kräuter, Wildkräuter, blumig. Mund: reife Früchte, würzig, zartbitter, ausgewogen.

SILUVIO BODEGAS Y VIÑEDOS
Cecos Ibias
Ibias (Asturias)
☎: +34 985 262 942
siluvio@siluvio.com
www.siluvio.com

Siluvio 2020 B
albarín

91

Farbe: leuchtendes Strohgelb. Aroma: reifes Obst, helle Früchte, Bäckerei, milchig, trockene Kräuter, frisch. Mund: fruchtig, frisch, ausgewogen, geschmackvoll.

Siluvio 2020 T
albarín negro, carrasquín, verdejo negro, mencía

90

Farbe: kirschrot mit violettem Saum. Aroma: reifes Obst, dunkle Früchte, Wildkräuter, würzig. Mund: fruchtig, geschmackvoll, ausgewogen, Röstnoten.

Siluvio 2022 B

90

Farbe: leuchtendes Strohgelb. Aroma: reifes Obst, trockene Kräuter, welke Blumen, Zitrusfrüchte. Mund: reife Früchte, ausgewogen, frisch, fruchtig.

Siluvio 2022 T
albarín negro, carrasquín, verdejo negro, mencía

92

Farbe: leuchtendes Kirschrot, violetter Saum. Aroma: Veilchenbombons, ausdrucksstark fruchtig, dunkle Früchte, Wildkräuter. Mund: geschmackvoll, fruchtig, frisch, lebhaft, ausgewogen, ziemlich nachhaltig.

SOMMOS GARNACHA
Ctra. Murero – Atea s/n
50366 Murero (Zaragoza)
☎: +34 976 174 740
info@bodegasommosgarnacha.com
www.bodegasommosgarnacha.com

Alquéz de Sommos 2021 T
garnacha

91

Farbe: tiefes Kirschrot. Aroma: trockene Kräuter, weiches Eichenholz, dunkle Früchte, geröstetes Brot. Mund: reife Früchte, würzig, reife Tannine.

Araia de Sommos 2021 T R
100% garnacha

93

Farbe: kirschrot mit violettem Saum. Aroma: ausdrucksstark fruchtig, blumig, würzig, rote Früchte, dunkle Früchte, reifes Obst, erdig. Mund: geschmackvoll, fruchtig, schöne Säure, voll.

Lamin de Sommos 2020 T
100% garnacha

93

Farbe: kirschrot mit granatrotem Saum. Aroma: ausdrucksvoll, würzig, Buschwaldkräuter, feiner Kakao, süße Gewürze, feuchtes Leder. Mund: elegant, voll, lang, nachhaltig.

Tiaso de Sommos 2021 T
100% garnacha

91

Farbe: kirschrot mit violettem Saum. Aroma: rote Früchte, würzig, reifes Obst. Mund: geschmackvoll, fruchtig, schöne Säure.

TAFELWEINE / WEINE

SOPLA LEVANTE
Pérez Galdós 3, 2º Dcha.
02003 Albacete (Albacete)
☎: +34 658 846 188
info@rodriguezdevera.com
www.rodriguezdevera.com

Sopla Levante Moscatel 2022 B
moscatel
91
Farbe: leuchtendes Gelb. Aroma: Zitronenbombon, Steinobst, welke Blumen, weiße Blumen, Kräutersäckchen. Mund: fruchtig, geschmackvoll, gebackenes Obst, reife Früchte, weiche Tannine.

Tros del Cantal 2021 T
91
Farbe: leuchtendes Kirschrot. Aroma: reifes Obst, kandierte Früchte, Wildkräuter, süße Gewürze. Mund: geschmackvoll, fruchtig, ausgewogen, Röstnoten, trockene, aber reife Tannine.

SOTOVELO
DS Balbaina, Pol. 4, Parc 4,
Casa de Viña de las Ánimas
11500 El Puerto de Santa María (Cádiz)
☎: +34 647 567 078
thomas@sotovelo.wine
www.sotovelo.wine

Sotovelo 2022 B
palomino
92
Oxidativ. Aroma: Nüsse, Florhefe, wenig Hefen. Mund: geschmackvoll, voll, lang, salzig.

TEO LEGIDO
Plaza de la Iglesia s/n
05229 Castellanos de Zapardiel (Ávila)
☎: +34 605 619 723
teolegido@icloud.com
www.teolegido.com

Abubilla 2022 B
verdejo
93
Farbe: strohgelb. Aroma: reifes Obst, trockene Kräuter, welke Blumen, Anisnoten. Mund: kraftvoll, reife Früchte, ausgewogen.

El Joven Dryas 2023 T
91
Farbe: kirschrot mit granatrotem Saum. Aroma: Früchtekonfit, Fleischnoten, süße Gewürze, Buschwaldkräuter. Mund: geschmackvoll, leicht süßlich, lang.

🏆 PODIUM

La Bovila 2021 T
95
Klar definierte Aromen, komplex, blumig. Farbe: leuchtendes Kirschrot. Aroma: balsamisch, süße Gewürze, Buschwaldkräuter, Gras. Mund: würzig, balsamisch, schöne Säure.

Las Galgas 2021 B
verdejo
94
Komplex, spannungsvoll. Farbe: leuchtendes Gelb. Aroma: getrocknete Blumen, kandierte Früchte, feine Hefen, Feingebäck, Wachs, camomila. Mund: abgerundet, würzig, lang, nachhaltig, salzig.

TERRITORIO LUTHIER
Paraje La Rastrilla
09400 Aranda de Duero (Burgos)
☎: +34 947 650 034
luthier@territorioluthier.com
www.territorioluthier.com

Luthier Garnacha 2019 T
garnacha
92
Kraftvoll, warm. Farbe: tiefes Kirschrot. Aroma: trockene Kräuter, weiches Eichenholz, reifes Obst, dunkle Früchte. Mund: reife Früchte, würzig, reife Tannine, abgerundet, saftig.

TIERRA FUNDIDA
Camino Las Medianías, 13. Finca Morales
38291 San Cristóbal de la Laguna (Santa Cruz de Tenerife)
☎: +34 647 989 081
vinosentandem@gmail.com
www.tierrafundida.es

Tierra Fundida Cercado el Pino 2022 B S
listán blanco, albillo criollo, verdejo
91
Hefenoten, wenig interventionistisch. Aroma: Bäckerei, ausdrucksvoll, mit Charakter, welke Blumen. Mund: flüssig am Gaumen, saftig, lebhaft.

Tierra Fundida Desormais 2022 B
listán blanco
91
Mit Persönlichkeit. Farbe: leuchtendes Strohgelb. Aroma: frisches Obst, Wildkräuter, getrocknete Blumen, camomila. Mund: fruchtig, schöne Säure, zartbitter.

Tierra Fundida Los Topes 2022 B
albillo criollo
92
Frisch, Zitrusfrüchte, mit Potenzial. Aroma: frisches Obst, Wildkräuter, helle Früchte, offen, elegant. Mund: frisch, fruchtig, schöne Säure.

Tierra Fundida Tinto 4/4 2022 T
listán prieto, listán blanco, negramoll

92

Farbe: KirsChrot. Aroma: Buschwaldkräuter, rote Früchte, reifes Obst, mineralisch. Mund: würzig, balsamisch, schöne Säure.

Tierra Fundida Verdello 2021 B
verdello

93

Rassig, mit Potenzial. Farbe: leuchtendes Strohgelb. Aroma: ausdrucksvoll, blumig, feine Hefen. Mund: voll, würzig, lang, elegant, frisch.

TONI BENEITO
Partida Sant Antoni.- Finca El Cabeço
46880 Bocairent (València/Valencia)
☎: +34 681 909 243
info@tonibeneito.com
www.tonibeneito.com

Toni Beneito BBM 2023 T
30% bobal, 50% bonicaire, 20% monastrell

89

Lieblich, würzig, trockene Kräuter, reif, geschmackvoll. Aroma: reifes Obst.

TORRE DEL VEGUER
Urb. Torre de Veguer, s/n
08810 Sant Pere de Ribes (Barcelona)
☎: +34 938 963 190
torredelveguer@torredelveguer.com
www.torredelveguer.com

Torre del Veguer El Cucut 2021 T RB
100% garnacha

90

Nach Eingemachtem, würzig, voll, geschmackvoll, Röstaromen.

Torre del Veguer La Rosada 2023 RD

90

Farbe: blassrosa. Aroma: rote Früchte, blumig, Kräutersäckchen. Mund: würzig, schöne Säure, zartbitter.

Torre del Veguer Llum del Cadí 2021 T
100% pinot noir

89

Getrübt. Farbe: rubinrot mit ziegelrotem Saum. Aroma: ausdrucksstark fruchtig, blumig, würzig, Orangenschale. Mund: geschmackvoll, fruchtig, schöne Säure.

Torre del Veguer Llum del Cadí 2022 B

91

Farbe: leuchtendes Strohgelb. Aroma: reifes Obst, Kräutersäckchen, feine Hefen, mineralisch. Mund: voll, fett, lang, schöne Säure.

VENTA D'AUBERT
Ctra. Valderrobres a Arnes, Km. 28
44623 Cretas (Teruel)
☎: +34 978 769 021
info@ventadaubert.com
www.ventadaubert.com

Dionus 2018 T R
cabernet sauvignon, merlot, cabernet franc

91

Würzig, trockene Kräuter. Aroma: erdig, dunkle Früchte, reifes Obst, mit Charakter. Mund: saftig, voll, reife Tannine.

Divertus 2018 T
garnacha, syrah, monastrell

90

Farbe: KirsChrot. Aroma: Wachs, feine Reduktionsnoten, trockene Kräuter, Thymian, offen. Mund: geschmackvoll, lang, würzig.

Venta D'Aubert Solo 100 2022 T
monastrell

92

Balsamisch, mit Persönlichkeit, kräuterig, leichte Reduktion. Aroma: Wildkräuter, , Wachs. Mund: reife Früchte, süffig.

VENTO
El Pilón, 88, Las Zocas
38638 San Miguel de Abona (Santa Cruz de Tenerife)
☎: +34 630 038 886
clientes@bodegavento.com
www.bodegavento.com

Vento Blanco Brisado 2022 B
listán blanco

90

Aromatisch, Zitrusfrüchte, wild. Aroma: Orangenschale, eingemachtes Obst, ausdrucksvoll. Mund: saftig, lang, zartbitter.

VICTORIA TORRES PECIS
Calle de Ciudad Real, s/n. Los Canarios
38740 Fuencaliente de la Palma (Santa Cruz de Tenerife)
☎: +34 617 967 499
victoriatorrespecis@gmail.com

38740 Clarete 2022 RD

92

Wenig interventionistisch, mineralisch, mit Persönlichkeit. Farbe: himbeerrot. Aroma: reifes Obst, welke Blumen, Nuancen von Tonerde, Moschus-Noten. Mund: fleischig, geschmackvoll, kraftvoll, salzig.

VIDES CALIZA
Ctra. Tobarra, s/n
02652 Ontur (Albacete)
☎: +34 665 779 429
alfonso@videscaliza.com
www.videscaliza.com

Ruta de Las Especias Naturalmente Dulce 2022 T D
91
Farbe: kirschrot mit granatrotem Saum. Aroma: würzig, Noten von Tischlerei, überreife Früchte, dunkle Früchte, balsamisch. Mund: kraftvoll, geschmackvoll, altes Holz, süß.

VINOS GARCÍA DUQUE
47129 Barruelo del Valle (Valladolid)
☎: +34 649 986 056
info@quesosymantequilla.es

El Octavo Color 2022 B
sauvignon blanc
92
Würzig, noch nicht vollständig entfaltet. Farbe: leuchtendes Strohgelb, grünlicher Saum. Aroma: frisches Obst, Zitrusfrüchte, Wildkräuter, süße Gewürze. Mund: fruchtig, schöne Säure, zartbitter.

VINS DE TALLER
Camí de St. Miquel amb
Ctra. St Tomàs de Fluvià, s/n
17469 Siurana d'Empordà (Girona/Gerona)
☎: +34 629 773 917
Info@vinsdetaller.com
www.vinsdetaller.com

Vins de Taller Siurà 2021 T C
marselan, merlot, malbec
91 🌿
Farbe: KirsChrot. Aroma: balsamisch, Buschwaldkräuter, erdig, dunkle Früchte, . Mund: würzig, balsamisch, schöne Säure.

VINS NUS
Sorts dels Capellans, 23-25
43736 Falset (Tarragona)
☎: +34 629 341 231
info@vinsnus.com
www.vinsnus.com

Néc-tar 2021 B
malvasía
91
Wenig interventionistisch, geschmackvoll, wild. Farbe: trüb, strohgelb. Aroma: reifes Obst, Kräutersäckchen, feine Hefen, Orangenschale, getrocknete Blumen. Mund: voll, fett, schöne Säure.

Per Se 2019 T
garnacha
92
Reduktiver Ausbau, Waldfinsternis. Farbe: durchscheinendes Kirschrot, trüb. Aroma: rote Früchte, reifes Obst, Orangenschale, Unterholz. Mund: flüssig am Gaumen, saftig, geschmackvoll.

PXX 2020 B
pedro ximénez
93
Farbe: leuchtendes Strohgelb. Aroma: reifes Obst, Kräutersäckchen, feine Hefen, Nüsse, helle Früchte, Phosphor. Mund: voll, fett, lang, schöne Säure.

VINS PEPE RAVENTÓS
Plaça del Roure s/n
08770 Sant Sadurní d'Anoia (Barcelona)
☎: +34 938 183 262
info@raventos.com
www.vinspeperaventos.com

Pepe Raventós Malvasia de Sitges 2022 B
malvasía
94 🌿
Klar definierte Aromen, komplex, anders. Farbe: leuchtendes Gelb. Aroma: blumig, camomila, Zitrusfrüchte, Orangenschale, Wildkräuter. Mund: saftig, reife Früchte, lang.

Xarel.lo Vinya del Noguer 2022 B
100% xarel.lo
92 🌿
Mit Persönlichkeit, wenig interventionistisch. Farbe: leuchtendes Gelb. Aroma: Wildkräuter, Gras, eine Spur Waldbeeren. Mund: saftig, lang, ausgewogen, zartbitter.

VINUM PRO NOBIS PETIT CELLER
Colomer, 18
07312 Mancor de la Vall
(Illes Balears/Islas Baleares)
☎: +34 639 320 402
info@vinumpronobis.com

Pinyol Vermell 2023 T
100% espero de gall
92
Klar definierte Aromen. Aroma: rote Früchte, reifes Obst, Wildkräuter, offen. Mund: ausgewogen, saftig, süffig, nachwirkend fruchtig.

Tral.larel.lo 2023 T
100% escursac
90
Flüssig am Gaumen. Farbe: durchscheinendes Kirschrot. Aroma: mittlere Intensität, rote Früchte, trockene Kräuter. Mund: ausgewogen, zartbitter, süffig, ziemlich nachhaltig.

VINYES DEL TIET PERE
Raval del Roser, 3
43886 Vilabella (Tarragona)
☎: +34 625 408 974
vinyesdeltietpere@gmail.com

Cami de Pell Orange 2022 B
100% macabeo
92
Farbe: leuchtendes Strohgelb. Aroma: Kräutersäckchen, feine Hefen, helle Früchte, mineralisch, würzig. Mund: voll, fett, ausgewogen.

VINYES MORTITX
Ctra. Pollença Lluc, Km. 10,9
07315 Escorca (Illes Balears/Islas Baleares)
☎: +34 971 533 889
info@vinyesmortitx.com
www.vinyesmortitx.com

Giró Ros de Mortitx 2023 B
86

VIÑA DAMMIS
Paseo s/n
47491 La Seca (Valladolid)
☎: +34 695 949 123
info@vinadammis.es
www.vinadammis.es

Viña Dammis Selección Familiar 2023 B
92 ✿
Farbe: strohgelb. Aroma: reifes Obst, trockene Kräuter, welke Blumen, feine Hefen, würzig. Mund: kraftvoll, reife Früchte, ausgewogen, fett.

VIÑA EL PISÓN
Santa Engracia, 11
01300 Laguardia (Araba/Álava)
☎: +34 945 600 119
www.artadi.com

🏆 PODIUM
Viña El Pisón 2022 T
100 ✿
Klar definierte Aromen, spannungsvoll. Farbe: tiefes Kirschrot. Aroma: komplex, ausdrucksvoll, würzig, mineralisch, ausdrucksstark fruchtig. Mund: elegant, voll, lang, nachhaltig, saftig, fruchtig.

VIÑA SASTRE
San Pedro, s/n
09311 La Horra (Burgos)
☎: +34 947 542 108
sastre@vinasastre.com
www.vinasastre.com/es

Flavus 2018 B
jaén blanca
93
Farbe: leuchtendes Gelb. Aroma: kraftvoll, weiches Eichenholz, reifes Obst, würzig, markante Eiche. Mund: fett, strukturiert, lang, Röstnoten, zartbitter.

VIÑADORES DE CASTILLA
Corrillo Toto Vasco, 5
05220 Madrigal de las Altas Torres (Segovia)
☎: +34 658 846 188
info@rodriguezdevera.com
www.rodriguezdevera.com

Viñadores de Castilla Los Perdederos 2022 B
verdejo
90
Farbe: leuchtendes Gelb. Aroma: ausdrucksstark fruchtig, reifes Obst, würzig, geröstetes Brot, Nüsse. Mund: geschmackvoll, frisch, nachwirkend fruchtig, würzig, rauchig nachwirkend, reife Tannine.

VIÑADORES DEL NORTE
Arrabal, 4
26120 Albelda de Iregua (La Rioja)
☎: +34 658 846 188
info@rodriguezdevera.com
www.rodriguezdevera.com

Guardalobos Clarete 2022 RD
tempranillo, viura
87

TAFELWEINE / WEINE

VIÑAS SERRANAS
Ctra. Coria s/n
37656 Cepeda (Salamanca)
☎: +34 634 555 355
info@vserranas.com

El Helechal Solera Saca 2022 B
93
Farbe: goldfarben. Aroma: ausdrucksvoll, mit Charakter, Wachs, welke Blumen, mineralisch. Mund: saftig, ausgewogen, elegant, würzig, süffig.

VIÑEDOS ROBYN
Carlos Marx, 31
11560 Trebujena (Cádiz)
☎: +34 618 705 244
nlrobyn@aol.com

Primerizo 2018 T R
malbec
87

Tinta Rota 2019 T
tintilla de rota
89
Nach Eingemachtem, korpulent, würzig, trockene Kräuter, Röstaromen.

Tr3soro 2019 T
syrah, pinot noir, malbec
88
Waldfinsternis, alt, ausgewogen, würzig, nach Eingemachtem, naschhaft.

VIÑOS DE ENCOSTAS
Lugar de O Pazo, 4 As Viñas Gomariz
32429 Leiro (Ourense/Orense)
☎: +34 630 862 953
sebio@xlsebio.es
www.xlsebio.es

As Viñas 2022 B
93
Farbe: leuchtendes Gelb. Aroma: würzig, weiches Eichenholz, helle Früchte, reifes Obst. Mund: fett, strukturiert, lang, zartbitter, geschmackvoll, süffig.

Heaven & Hell 2022 B
93
Mit Persönlichkeit, blumig, reif. Aroma: , Buschwaldkräuter, offen. Mund: fruchtig, saftig, voll, reife Früchte, lang.

Máis Alá 2022 B
93
Lebhaft, repräsentativ. Aroma: mineralisch, sortenrein, Wildkräuter, Kräutersäckchen, ausdrucksvoll. Mund: frisch, zartbitter, schöne Säure, ausgewogen.

O Con 2022 B
94
Repräsentativ, salzig. Farbe: leuchtendes Strohgelb. Aroma: Ebbe, Buschwaldkräuter, Wildkräuter, offen, ausdrucksvoll, feine Hefen. Mund: lebhaft, rassig, saftig.

Salvaxe 2022 B
92
Reif, geschmackvoll. Farbe: strohgelb. Aroma: reifes Obst, offen, würzig, mit Charakter, kraftvoll, trockene Kräuter. Mund: voll, geschmackvoll, korrekt.

Village 2022 B
92
Aromatisch, getrocknete Blumen, reif. Farbe: gelb. Aroma: welke Blumen, feine Hefen, helle Früchte, reifes Obst. Mund: fett, saftig.

XOLAYR
Avda. Andalucía, 1
18659 Cozvijar (Granada)
☎: +34 620 126 514
lopezdelacasa@gmail.com

Elvira II Vigiriega 2020 B
100% vijariego blanco
90
Klar definierte Aromen, reif, frisch. Aroma: Florhefe, wenig Hefen, welke Blumen, mit Charakter. Mund: geschmackvoll, zartbitter.

Elvira Moscatel Grano Menudo 2020 B
moscatel grano menudo
89
Klar definierte Aromen, sortenrein, wild, ausgewogen, blumig, geschmackvoll.

Elvira Vigiriega 2021 B
100% vijariego blanco
91
Originell. Farbe: leuchtendes Gelb. Aroma: geröstete Mandeln, getrocknete Blumen, würzig, Hefenoten. Mund: geschmackvoll, ausgeprägter Säuregehalt.

SCHAUMWEINE / WEINE

Alle Weine unter diesem Abschnitt werden durch die sogenannte traditionelle zweite Flaschengärung hergestellt. Diese Flaschengärung ist dieselbe, die für die Herstellung des Cavas benutzt wird, aber deren Herkunftsgegenden nicht zu der Herkunftsbezeichnung Cava oder anderen gehören.

Sie stellen eigentlich nur einen sehr kleinen Anteil aller Schaumweine dar, die in Spanien hergestellt werden, und ihre Produktionsmenge ist weit entfernt von jener des Cavas. Die Qualität dieser Weine ist, im Allgemeinen, etwas niedriger als die des katalanischen Cavas.

SCHAUMWEINE / WEINE

ADEGA ENTREOSRIOS
Lugar de Entreosrios, 2
15948 Pobra do Caramiñal (A Coruña/La Coruña)
☎: +34 670 712 700
adega@entreosrios.com
www.adega.entreosrios.com

Komokabras Ancestral 2022 BE EBR
albariño
90
Zitrusfrüchte, frisch, mild. Aroma: Bäckerei, Hefenoten, helle Früchte, weiße Blumen.

Komokabras Ancestral Gran Cru 2022 BE EBR
albariño
91
Blumig, frisch, repräsentativ. Farbe: gelb. Aroma: feine Hefen, Brioche, helle Früchte. Mund: frisch, schöne Säure, ausgewogen, zartbitter.

AGRO-URDIENSE
Plaza España, 3
05114 Villanueva de Ávila (Ávila)
☎: +34 617 620 887
info@agrourdiense.com
www.agrourdiense.com

Petra Ancestral 2022 BE
87

Petra Ancestral Rosé RE
85

ALBARIZA DE LA TORRE
Ctra. Jerez Rota, Km. 2
11408 Jerez de la Frontera (Cádiz)
☎: +34 617 071 349
comercial@albarizadelatorre.es
www.albarizadelatorre.es

Galantería Albariza BE BN
89
Reif, voll, trockene Kräuter, geschmackvoll.

Galantería BE C BR
89
Ausgewogen, trockene Kräuter, reif, naschhaft.

Galantería Chardonnay BE BN
87

Galantería Rosé RE BN
87

ALTA ALELLA - CELLER DE LES AUS
Cami Baix de Tiana, s/n
08328 Alella (Barcelona)
☎: +34 934 693 720
info@altaalella.wine
www.altaalella.wine

AUS Pét-Nat 2023 BE AG
100% pansa blanca
90 🌿
Angenehm, herb. Aroma: offen, Zitrusfrüchte, Wildkräuter. Mund: frisch, leicht.

AUS Pét-Nat Rosé 2023 RE AG
100% mataró
87 🌿

ANECOOP BODEGAS
Monforte, 1 – entlo.
46010 València/Valencia (València/Valencia)
☎: +34 963 938 500
anecoopbodegas@anecoop.com
www.anecoopbodegas.com

Marqués de las Cuevas BE BR
100% sauvignon blanc
86

AT ROCA
La Vinya, 15-17
08770 Sant Sadurní d'Anoia (Barcelona)
☎: +34 935 165 043
info@atroca.eu
www.atroca.eu

Anima Mundi Ancestral Cami dels Xops 2022 BE
macabeo, xarel.lo
91 🌿
Spannungsvoll. Farbe: leuchtendes Strohgelb. Aroma: frisches Obst, Zitrusfrüchte, feine Hefen, helle Früchte. Mund: frisch, fruchtig, schöne Säure, feine Perlen.

Anima Mundi Ancestral Noguer Baix 2020 BE
93 🌿
Farbe: leuchtendes Gelb. Aroma: feine Hefen, ausgewogen, trockene Kräuter, helle Früchte. Mund: schöne Säure, geschmackvoll, reife Früchte, feine Perlen, elegant.

🏆 **PODIUM**

Janes 2019 BE
xarel.lo
95 🌿
Wenig interventionistisch, mit Persönlichkeit. Farbe: strohgelb, blass. Aroma: feine Hefen, Nüsse, Kräutersäckchen, Bäckerei. Mund: geschmackvoll, schöne Säure, feine Perlen, zartbitter.

BAYOD BORRÁS
Calle Baja, 12
44650 Fórnoles (Teruel)
☎: +34 607 698 122
bb@bayodborras.com
www.bayodborras.com

Bayod Borrás Gloria 2023 RE BN
garnacha, trepat
89
Angenehm, aromatisch, korrekt, beschädigtes Obst, fruchtig, reif. Mund: grobe Blasen.

Bayod Borrás Núria 2023 BE BN
xarel.lo, chardonnay
89
Klar definierte Aromen, fruchtig, reif, geschmackvoll. Mund: zartbitter, schöne Säure.

Duna by Bayod Borrás 2024 BE
xarel.lo, chardonnay
91
Farbe: leuchtendes Strohgelb. Aroma: feine Hefen, blumig, ausdrucksvoll, Trüffel. Mund: geschmackvoll, schöne Säure, feine Perlen, ausgewogen.

BODEGA Y VIÑEDOS CAN RICH
Camí de Sa Vorera, s/n
07820 San Antonio (Illes Balears/Islas Baleares)
☎: +34 971 803 377
info@bodegascanrich.com
www.bodegascanrich.com

Can Rich Blanc de Blancs 2022 BE
malvasía
88 🌿
Zitrusfrüchte, blumig, lieblich, geschmackvoll, Hefenoten.

BODEGAS ALCARDET
Mayor, 130
45810 Villanueva de Alcardete (Toledo)
☎: +34 925 166 375
admin@alcardet.com
www.alcardet.com

Alcardet Natura Espumoso BE BR
airén, macabeo, chardonnay
86 🌿

Real Gana BE R BR
airén
89 🌿
Korrekt, trockene Kräuter, Hefenoten, mild. Mund: süffig, zartbitter, ziemlich nachhaltig.

Real Gana Brut 18 BE
airén
86 🌿

BODEGAS BARBADILLO
Luis de Eguilaz, 11
11540 Sanlúcar de Barrameda (Cádiz)
☎: +34 956 385 500
marketing@barbadillo.com
www.barbadillo.com

Toto Barbadillo 2021 BE BN
palomino, chardonnay
90
Farbe: strohgelb. Aroma: ausdrucksvoll, weiße Blumen, feine Hefen, Kräutersäckchen. Mund: geschmackvoll, fruchtig, frisch.

BODEGAS BILBAÍNAS
Estación, 3
26200 Haro (La Rioja)
info@bodegasbilbainas.com
www.bodegasbilbainas.com

Lumen 2020 BE R BR
88
Grobe Blasen, Zitrusfrüchte, kräuterig, geschmackvoll.

BODEGAS BINIFADET
Ses Barraques, s/n
07720 San Luis (Illes Balears/Islas Baleares)
☎: +34 971 150 715
binifadet@binifadet.com
www.binifadet.com

Buri Escumós Blanc BE
89
Zitrusfrüchte, frisch, kräuterig, Hefenoten, grobe Blasen.

Buri Escumós Rosat RE
90
Farbe: blassrosa. Aroma: Kräutersäckchen, mineralisch, Zitrusfrüchte. Mund: leicht, schöne Säure, zartbitter.

BODEGAS CAMPESTRAL
Ctra. Arcos-Algar, km. 7
11630 Arcos de la Frontera (Cádiz)
☎: +34 670 586 035
info@campestral.es
www.campestral.es

Campestral White Ancestral 2022 BE
palomino
87

SCHAUMWEINE / WEINE

SCHAUMWEINE / WEINE

BODEGAS CARPE DIEM
Avda. de las Américas, 35
29532 Mollina (Málaga)
☎: +34 622 716 321
promocion@bodegascarpediem.com
www.bodegascarpediem.com

Apiane 2022 BE
100% moscatel

86

BODEGAS DELGADO
Cosano, 2
14500 Puente Genil (Córdoba)
☎: +34 957 600 085
fino@bodegasdelgado.com
www.bodegasdelgado.com

La Casualidad de Lemonier 2021 BE BN
pedro ximénez

91

Farbe: leuchtendes Gelb. Aroma: reifes Obst, feine Hefen, ausgewogen, trockene Kräuter, trockener Stein, Sellerie, Nüsse. Mund: schöne Säure, geschmackvoll, reife Früchte.

BODEGAS GODELIA
Antigua Ctra. N-VI, km. 403,5
24547 Pieros-Cacabelos (León)
☎: +34 987 546 279
info@godelia.es
www.godelia.es

Godelia Cuvée Espumoso de Godello BE GR EBR
100% godello

90

Farbe: leuchtendes Gelb. Aroma: feine Hefen, ausgewogen, trockene Kräuter, helle Früchte, geröstetes Brot. Mund: schöne Säure, geschmackvoll.

BODEGAS MIGUEL A. AGUADO
Cantalejos, 2
45165 San Martín de Montalbán (Toledo)
☎: +34 653 821 659
info@bodegasmiguelaguado.com
www.bodegasmiguelaguado.com

Pasión de Castillo de Montalban BE BN

80

BODEGAS OCHOA
Miranda de Arga, 35
31390 Olite (Navarra)
☎: +34 948 740 006
info@bodegasochoa.com
www.bodegasochoa.com

8A Moscato de Ochoa 2022 BE AG SD
100% moscatel

86

BODEGAS SALADO
Camino de Mérida, 14
41806 Umbrete (Sevilla)
☎: +34 955 715 601
comunicacion@bodegassalado.com
www.bodegassalado.com

Umbretum 1810 BE
garrido fino

86

Umbretum 2020 BE BN

87

Umbretum Reserva Familiar RE
garrido fino

87

BODEGAS YUNTERO
P.I. de Manzanares- Ctra. Alcazar
13200 Manzanares (Ciudad Real)
☎: +34 926 610 309
yuntero@yuntero.com
www.yuntero.com

Mundo de Yuntero BE
100% verdejo

85

Poetica 2023 BE SS
90% verdejo, 10% moscatel

84

CAN SUMOI
Plaça del Roure s/n
08770 Sant Sadurní d'Anoia (Barcelona)
☎: +34 938 183 262
info@cansumoi.cat
www.cansumoi.cat

Ancestral Montonega 2023 BE
montonega

90 ♣

Ausgewogen, getrocknete Blumen. Aroma: helle Früchte, ausgewogen, Zitrusfrüchte. Mund: frisch, süffig, ziemlich nachhaltig.

CASTELL SANT ANTONI
Passeig del Parc, 13
08770 Sant Sadurní d'Anoia (Barcelona)
☎: +34 938 183 099
cava@castellsantantoni.com
www.castellsantantoni.com

Castell Sant Antoni Camí del Sot 2015 BE GR BR
macabeo, xarel.lo, parellada

93

Farbe: leuchtendes Gelb. Aroma: reifes Obst, feine Hefen, ausgewogen, trockene Kräuter, Feuchtigkeit. Mund: schöne Säure, geschmackvoll, reife Früchte.

Castell Sant Antoni Gran Barrica 2015 BE GR BN
macabeo, xarel.lo, parellada, chardonnay

93

Farbe: golden leuchtend. Aroma: feine Hefen, Nüsse, Kräutersäckchen, komplex, Brioche. Mund: kraftvoll, geschmackvoll, schöne Säure, feine Perlen, zartbitter.

Castell Sant Antoni Gran Rosat Pinot Noir 2015 RE GR BN
pinot noir

91

Farbe: zwiebelschalfarben. Aroma: rote Früchte, reifes Obst, ausdrucksvoll, gebackenes Obst, ausdrucksstark fruchtig. Mund: kraftvoll, ausgewogen, geschmackvoll, fruchtig, frisch.

Castell Sant Antoni Jazz Nature 2021 BE R BN
macabeo, xarel.lo, parellada

92

Farbe: leuchtendes Strohgelb. Aroma: reifes Obst, feine Hefen, trockene Kräuter, welke Blumen. Mund: geschmackvoll, schöne Säure, feine Perlen, frisch, ziemlich nachhaltig, cremig.

Castell Sant Antoni Jazz Nature Rosé 2021 RE R BR
trepat, garnacha

90

Farbe: lebhaftes Rosa. Aroma: rote Früchte, Wildkräuter, Sellerie, Steinobst. Mund: frisch, fruchtig, schöne Säure, geschmackvoll.

CELLER GRITELLES
Carrer de Les Bodegues, 3
43360 Cornudella de Montsant (Tarragona)
☎: +34 637 407 184
celler@gritelles.com
www.gritelles.com

Gritelles Ancestral Brisat BE BR
macabeo

88 🌿

Ausgewogen, würzig, geschmackvoll, wenig interventionistisch, trockene Kräuter.

Gritelles Ancestral Roig 2023 TE BR

83 🌿

DIMOBE - BODEGA A. MUÑOZ CABRERA
Ctra. Almachar, s/n
29738 Moclinejo (Málaga)
☎: +34 952 400 594
ignacio@dimobe.es
www.dimobe.es

Tartratos 2017 BE GR BN
moscatel de alejandría

88

Angenehm, klar definierte Aromen, sortenrein, mild, schlicht, korrekt, Zitrusfrüchte, alt.

FÉLIX SOLIS AVANTIS
Autovía del Sur, Km. 199
13300 Valdepeñas (Ciudad Real)
☎: +34 926 322 400
marketing@felixsolisavantis.com
www.felixsolisavantis.com

Eora Frizzante Verdejo 5.5 BE AG

85

FINCA VALONGA
Monte Valonga, s/n
22533 Belver de Cinca (Huesca)
☎: +34 974 435 127
teresa@valonga.com
www.valonga.com

Finca Valonga Teresa 2022 BE BR
chardonnay

88

Reif, kräuterig, mineralisch, ausgewogen.

SCHAUMWEINE / WEINE

SCHAUMWEINE / WEINE

GRAMONA
Industria, 36
08770 Sant Sadurní d'Anoia (Barcelona)
☎: +34 938 910 113
info@gramona.com
www.gramona.com

🏆 PODIUM

Enoteca Gramona 2011 BE BN
45% xarel.lo, 55% macabeo
100
Komplex, üppig. Farbe: leuchtendes Gelb. Aroma: Hefenoten, Feingebäck, süße Gewürze, ausdrucksvoll, ausgewogen. Mund: zartbitter, abgerundet, elegant, geschmackvoll, lebhaft.

🏆 PODIUM

Gramona Celler Batlle 2014 BE BR
98
Farbe: golden leuchtend. Aroma: feine Hefen, Nüsse, komplex, Wildkräuter. Mund: kraftvoll, geschmackvoll, schöne Säure, feine Perlen, zartbitter.

Gramona III Lustros 2015 BE BN
xarel.lo, macabeo
94
Komplex, würzig. Farbe: golden leuchtend. Aroma: feine Hefen, Nüsse, Kräutersäckchen, komplex, Brioche. Mund: kraftvoll, geschmackvoll, schöne Säure, feine Perlen, zartbitter.

Gramona Imperial 2018 BE BR
92 🏆
Farbe: leuchtendes Strohgelb. Aroma: feine Hefen, blumig, Kräutersäckchen, ausdrucksvoll, würzig. Mund: kraftvoll, geschmackvoll, schöne Säure, feine Perlen.

Gramona Innoble BE BN
91
Farbe: golden leuchtend. Aroma: feine Hefen, Nüsse, Kräutersäckchen, komplex, Hefenoten. Mund: geschmackvoll, feine Perlen, zartbitter, frisch, leicht pflanzlich.

Gramona La Cuvée 2019 BE
60% xarel.lo, 30% macabeo, 10% parellada
91 🏆
Farbe: leuchtendes Strohgelb. Aroma: trockene Kräuter, feine Hefen, blumig, Zitrusfrüchte, gebackenes Obst, Gras. Mund: frisch, fruchtig, geschmackvoll, schöne Säure, ausgewogen.

Gramona Imperial Magnum 2018 BE GR BR
xarel.lo, macabeo, chardonnay, parellada
92
Farbe: leuchtendes Strohgelb. Aroma: frisches Obst, Zitrusfrüchte, feine Hefen, Kräutersäckchen. Mund: frisch, schöne Säure, ausgewogen, korrekt, süffig.

HIRUZTA BODEGA
Barrio Jaizubia, 266
20280 Hondarribia (Gipuzkoa/Guipúzcoa)
☎: +34 943 646 689
info@hiruzta.com
www.hiruzta.com

Hiruzta Basque 2020 BE BN
hondarrabi zuri
88
Fruchtig, kräuterig, milchig, geschmackvoll, rassig.

HUGUET DE CAN FEIXES
Finca Can Feixes, 1
08718 Cabrera D'Anoia (Barcelona)
☎: +34 937 718 227
canfeixes@canfeixes.com
www.canfeixes.com

Huguet de Can Feixes 2017 BE BN
parellada, macabeo, pinot noir
92 🏆
Farbe: leuchtendes Strohgelb. Aroma: feine Hefen, trockene Kräuter, offen, frisch. Mund: geschmackvoll, schöne Säure, ausgewogen, reife Früchte.

Huguet de Can Feixes Classic 2017 BE BR
parellada, macabeo, pinot noir
92 🏆
Farbe: leuchtendes Gelb. Aroma: feine Hefen, ausgewogen, helle Früchte, Kräutersäckchen. Mund: schöne Säure, geschmackvoll, reife Früchte.

J. GARCIA CARRION LA MANCHA
Guarnicionero, s/n
13250 Daimiel (Ciudad Real)
☎: +34 914 355 556
atcliente@jgc.es
www.garciacarrion.com

Don Luciano BE BR
airén, macabeo
84

Don Luciano BE SS
airén, macabeo
82

don Luciano Blue Moscato BE D
moscatel
82

Don Luciano Gold Moscato BE
moscatel
84

Don Luciano Pink Moscato RE D
moscatel, tempranillo
83

JÚLIA BERNET - VINYES DE MUNTANYA
Avda.de Barcelona, 24
08739 El Pago (Barcelona)
☎: +34 639 273 965
info@juliabernet.com

Júlia Bernet Barraca dels Coscons 2018 BE BN
xarel.lo
93 🍷
Farbe: leuchtendes Strohgelb. Aroma: helle Früchte, , Wildkräuter, Hefenoten. Mund: zartbitter, ausgewogen, balsamisch, schöne Säure.

Júlia Bernet Feixes de la Font 2020 BE BN
xarel.lo
93 🍷
Farbe: leuchtendes Gelb. Aroma: feine Hefen, ausgewogen, trockene Kräuter, mineralisch, Nuancen von Tonerde. Mund: schöne Säure, geschmackvoll, reife Früchte.

María Bernet 2016 BE BN
xarel.lo
93 🍷
Farbe: leuchtendes Gelb. Aroma: mittlere Intensität, frisches Obst, trockene Kräuter, feine Hefen, blumig, reifes Obst. Mund: frisch, fruchtig, geschmackvoll, schöne Säure, ausgewogen.

María Bernet Xarel.lo 2014 BE BN
xarel.lo
94 🍷
Farbe: golden leuchtend. Aroma: Kräutersäckchen, mit Charakter, reifes Obst, Nüsse, elegant. Mund: geschmackvoll, feine Perlen, zartbitter, ausgewogen.

LAGAR DE COSTA
Sartaxes, 8 - Castrelo
36639 Cambados (Pontevedra)
☎: +34 669 086 569
contacto@lagardecosta.com
www.lagardecosta.com

Lagar de Costa. Atlantic Rosé 2019 RE BN
100% espadeiro
89
Aroma: Hefenoten, rote Früchte, reifes Obst. Mund: leicht, zartbitter.

LLOPART
Ctra. Sant Sadurní – Ordal, km 4
08739 Subirats (Barcelona)
☎: +34 938 993 125
info@llopart.com
www.llopart.com

Llopart 2020 BE R BN
45% xarel.lo, 35% macabeo, 20% parellada
93 🍷
Farbe: leuchtendes Gelb. Aroma: reifes Obst, feine Hefen, Brioche, Kräutersäckchen. Mund: fruchtig, ausgewogen, geschmackvoll, lebhaft, nachwirkend fruchtig.

Llopart Ex·Vite Viñas Singulares Les Flandes 2014 BE BR
60% xarel.lo, 40% macabeo
94 🍷
Farbe: golden leuchtend. Aroma: feine Hefen, Nüsse, Kräutersäckchen, Bäckerei. Mund: kraftvoll, geschmackvoll, schöne Säure, feine Perlen, zartbitter.

Llopart Leopardi 2017 BE BN
45% xarel.lo, 40% macabeo, 15% parellada
92 🍷
Farbe: leuchtendes Gelb. Aroma: feine Hefen, ausgewogen, trockene Kräuter, helle Früchte, Wildkräuter. Mund: schöne Säure, geschmackvoll, reife Früchte.

🏆 PODIUM

Llopart Llegat Familiar 2010 BE BN
xarel.lo
95
Farbe: leuchtendes Gelb. Aroma: feine Hefen, Nüsse, Kräutersäckchen, komplex, Röstaromen. Mund: kraftvoll, geschmackvoll, schöne Säure, feine Perlen, zartbitter.

Llopart Panoramic Imperial 2018 BE BR
50% xarel.lo, 40% macabeo, 10% parellada
92 🍷
Frisch, wild, mild. Farbe: strohgelb. Aroma: ausdrucksvoll, Kräutersäckchen. Mund: feine Perlen, lang.

🏆 PODIUM

Llopart Original 1887 Viñas Singulares Les Flandes 2013 BE BN
50% montonega, 25% xarel.lo, 25% macabeo
97 🍷
Farbe: golden leuchtend. Aroma: feine Hefen, Kräutersäckchen, mit Charakter, reifes Obst, Nüsse, . Mund: kraftvoll, geschmackvoll, schöne Säure, feine Perlen, elegant, ausgewogen, ziemlich nachhaltig.

SCHAUMWEINE / WEINE

SCHAUMWEINE / WEINE

LMT WINES (LUIS MOYA)
Cerro Amurdi
31190 Cizur Menor (Navarra)
☎: +34 645 841 928
hola@lmtwines.com
www.lmtwines.com

Kimera Ancestral 2022 BE BN
garnacha blanca
90
Farbe: leuchtendes Strohgelb. Aroma: feine Hefen, blumig, Kräutersäckchen, ausdrucksvoll, Phosphor. Mund: kraftvoll, geschmackvoll, schöne Säure, feine Perlen.

Kimera Ancestral RE BN
garnacha
89
Aroma: blumig, rote Früchte, reifes Obst, Kräutersäckchen. Mund: ausgewogen, geschmackvoll.

MAS CANDÍ
Mas Candí, s/n
08793 Les Gunyoles d'Avinyonet (Barcelona)
☎: +34 636 621 510
info@mascandi.com
www.mascandi.com

Indomable 2017 BE BN
xarel.lo, sumoll
92 ☘
Ausgeprägter Säuregehalt. Farbe: leuchtendes Strohgelb. Aroma: frisches Obst, Zitrusfrüchte, feine Hefen, Kräutersäckchen, Anisnoten. Mund: frisch, fruchtig, trocken, grobe Blasen.

Mas Candí 2021 BE BN
xarel.lo, macabeo, sumoll
90 ☘
Farbe: leuchtendes Strohgelb. Aroma: reifes Obst, trockene Kräuter, Anisnoten, Sellerie. Mund: trocken, frisch, süffig.

Prohibit 2021 RE BN
91 ☘
Farbe: blassrosa. Aroma: rote Früchte, blumig, Kräutersäckchen, , Wildkräuter. Mund: würzig, schöne Säure, frisch, fruchtig.

Segunyola 2018 BE BN
100% xarel.lo
93 ☘
Farbe: leuchtendes Gelb. Aroma: feine Hefen, blumig, Kräutersäckchen, ausdrucksvoll, ausdrucksstark fruchtig, helle Früchte. Mund: kraftvoll, geschmackvoll, schöne Säure, feine Perlen, ausgewogen, fruchtig, ziemlich nachhaltig.

MONTRUBÍ
L'Avellà
08736 Font-Rubí (Barcelona)
☎: +34 933 712 332
comercial@montrubi.com
www.montrubi.com

L'Ancestral Blanc 2022 BE
parellada
87 ☘

L'Ancestral Rosé 2022 RE
sumoll
88 ☘
Herb, getrocknete Blumen, frisch, bitter.

MUSCÀNDIA - VIADER
Finca Can Rosell de la Llena
08790 Gelida (Barcelona)
☎: +34 625 632 620
ev@muscandia.com
www.muscandia.com

Muscàndia Deliri Ancestral 2022 BE
moscatel de frontignan, sauvignon blanc
86 ☘

Muscàndia Deliri Ancestral 2022 RE
garnacha
88
Angenehm, blumig, fruchtig, vegetabil.

NADAL
Finca Nadal de la Boadella
08775 Torrelavit (Barcelona)
☎: +34 938 988 011
comunicacio@nadal.com
www.nadal.com

Plot Twist BE
91
Farbe: leuchtendes Gelb. Aroma: feine Hefen, ausgewogen, trockene Kräuter, helle Früchte. Mund: schöne Säure, geschmackvoll, reife Früchte.

Plot Twist RE BR
92
Farbe: himbeerrot. Aroma: blumig, rote Früchte, reifes Obst, Kräutersäckchen, ausdrucksvoll, feine Hefen. Mund: ausgewogen, geschmackvoll, frisch, reife Früchte, ziemlich nachhaltig.

Ramón Nadal Giró 2004 BE GR BR
62% xarel.lo, 32% parellada
92
Alt, korrekt, würzig, stumpf. Farbe: leuchtendes Strohgelb. Aroma: welke Blumen, Hefenoten, wenig Hefen. Mund: geschmackvoll, zartbitter.

RNG 2016 BE BR
93
Farbe: golden leuchtend. Aroma: feine Hefen, Kräutersäckchen, mit Charakter, reifes Obst, Nüsse. Mund: kraftvoll, geschmackvoll, schöne Säure, feine Perlen, zartbitter.

Salvatge Edició Limitada 2015 BE BN
92
Farbe: leuchtendes Strohgelb. Aroma: blumig, Kräutersäckchen, Hefenoten. Mund: geschmackvoll, schöne Säure, feine Perlen, ausgewogen.

Salvatge Rosé Magnum 2014 RE BR
91
Farbe: himbeerrot. Aroma: blumig, rote Früchte, reifes Obst, Kräutersäckchen, ausdrucksvoll. Mund: kraftvoll, ausgewogen, geschmackvoll, lebhaft, poliert, frisch.

PÉREZ BARQUERO
Avda. Andalucía, 27
14550 Montilla (Córdoba)
☎: +34 957 650 500
info@perezbarquero.com
www.perezbarquero.com

Pérez Barquero G1 BE BN
pedro ximénez
91
Farbe: leuchtendes Gelb. Aroma: reifes Obst, feine Hefen, ausgewogen, trockene Kräuter, würzig, geröstetes Brot. Mund: schöne Säure, geschmackvoll, reife Früchte.

RAVENTÓS I BLANC
Plaça del Roure, s/n
08770 Sant Sadurní d'Anoia (Barcelona)
☎: +34 938 183 262
info@raventos.com
www.raventos.com

🏆 PODIUM
Enoteca Personal Manuel Raventos 2008 BE BN
xarel.lo, macabeo, parellada
99
Farbe: golden leuchtend. Aroma: feine Hefen, Kräutersäckchen, mit Charakter, reifes Obst, Nüsse, Kreide. Mund: kraftvoll, geschmackvoll, schöne Säure, feine Perlen, zartbitter.

Manuel Raventos Negra 2017 BE GR BN
xarel.lo, macabeo
94
Farbe: golden leuchtend. Aroma: feine Hefen, Kräutersäckchen, mit Charakter, reifes Obst, Nüsse, Brioche. Mund: kraftvoll, geschmackvoll, schöne Säure, feine Perlen, zartbitter.

🏆 PODIUM
Manuel Raventós Negra Magnum 2013 BE GR BN
sumoll, xarel.lo
96
Farbe: golden leuchtend. Aroma: feine Hefen, Kräutersäckchen, mit Charakter, reifes Obst, Nüsse, elegant. Mund: geschmackvoll, feine Perlen, zartbitter, ausgewogen, nachhaltig.

🏆 PODIUM
Manuel Raventós Negra Magnum 2016 BE GR BN
xarel.lo, macabeo
95
Farbe: golden leuchtend. Aroma: feine Hefen, Nüsse, Kräutersäckchen, komplex, Röstaromen, reifes Obst. Mund: kraftvoll, geschmackvoll, schöne Säure, feine Perlen, zartbitter.

Raventos i Blanc Textures de Pedra 2020 BE GR BN
xarel.lo vermell, sumoll, bastardo
93
Farbe: leuchtendes Gelb. Aroma: reifes Obst, feine Hefen, ausgewogen, trockene Kräuter, Brioche, süße Gewürze. Mund: schöne Säure, geschmackvoll, reife Früchte, lang.

RECAREDO
Tamarit, 10
08770 Sant Sadurní d'Anoia (Barcelona)
☎: +34 938 910 214
info@recaredo.com
www.recaredo.com

Recaredo Intens Rosat 2020 RE BN
100% monastrell
90
Farbe: himbeerrot. Aroma: rote Früchte, reifes Obst, Kräutersäckchen, ausdrucksvoll, getrocknete Blumen. Mund: ausgewogen, fruchtig, frisch, grobe Blasen, reife Früchte.

Recaredo Serral del Vell 2018 BE BN
85% xarel.lo, 15% macabeo
94
Farbe: golden leuchtend. Aroma: Nüsse, Kräutersäckchen, komplex, feine Hefen, ausdrucksvoll. Mund: kraftvoll, geschmackvoll, schöne Säure, feine Perlen, zartbitter.

SCHAUMWEINE / WEINE

Recaredo Subtil 2019 BE BN
100% xarel.lo

94

Farbe: leuchtendes Gelb. Aroma: feine Hefen, blumig, Kräutersäckchen, ausdrucksvoll, helle Früchte. Mund: geschmackvoll, schöne Säure, feine Perlen, ausgewogen, fruchtig.

Recaredo Terrers 2019 BE BN
57% xarel.lo, 25% macabeo, 17% parellada, 1% monastrell

93

Farbe: golden leuchtend. Aroma: feine Hefen, Kräutersäckchen, schwarze Lakritze. Mund: geschmackvoll, schöne Säure, feine Perlen, zartbitter.

🏆 PODIUM

Reserva Particular de Recaredo 2014 BE BN
55% xarel.lo, 45% macabeo

99

Farbe: golden leuchtend. Aroma: feine Hefen, Kräutersäckchen, mit Charakter, reifes Obst, Nüsse, Röstaromen. Mund: geschmackvoll, feine Perlen, zartbitter, ausgewogen.

🏆 PODIUM

Turo d'en Mota de Recaredo 2010 BE BN
100% xarel.lo

99

Komplex, geschmackvoll. Farbe: leuchtendes Strohgelb. Aroma: Nüsse, Kräutersäckchen, komplex, feine Hefen, süße Gewürze, ausdrucksvoll. Mund: kraftvoll, geschmackvoll, schöne Säure, feine Perlen, zartbitter, elegant.

ROSELL MIR
Barri El Rebato s/n
08739 Subirats (Barcelona)
☎: +34 938 911 354
nicolas@vitimundo.com
www.rosellmir.com

Can Guineu 2020 BE R BN
chardonnay, xarel.lo

87

Can Guineu Rosat 2018 RE BN
pinot noir, macabeo

88

Zitrusfrüchte, getrocknete Blumen, frisch, Hefenoten, geschmackvoll.

El Serralet 2020 BE BN
macabeo, parellada, xarel.lo

88

Ausgewogen, würzig, Hefenoten, reif, geschmackvoll.

Marc Mir 2020 BE R BN
macabeo, pinot noir, chardonnay

90

Farbe: leuchtendes Gelb. Aroma: reifes Obst, feine Hefen, ausgewogen, trockene Kräuter, Brioche, Nüsse. Mund: schöne Säure, reife Früchte.

SABATÉ I COCA - CASTELLROIG
Ctra. Sant Sadurní a Vilafranca, km. 1
08739 Subirats (Barcelona)
☎: +34 938 911 927
info@sabateicoca.com
www.sabateicoca.com

Castellroig 2020 BE R BN
xarel.lo, macabeo, parellada, chardonnay

90

Farbe: leuchtendes Gelb. Aroma: reifes Obst, feine Hefen, trockene Kräuter, welke Blumen, Zitrusfrüchte. Mund: schöne Säure, feine Perlen, fruchtig, frisch.

Castellroig Rosat 2021 RE R BR
garnacha, xarel.lo, trepat

92

Farbe: blassrosa. Aroma: rote Früchte, blumig, Kräutersäckchen, frisches Obst, frisch. Mund: leicht, würzig, schöne Säure, zartbitter.

Sabaté i Coca Josep Coca 2017 BE GR BN
xarel.lo, macabeo

91

Farbe: leuchtendes Strohgelb. Aroma: feine Hefen, trockene Kräuter, Zitrusfrüchte. Mund: schöne Säure, lang, korrekt, zartbitter, süffig.

Sabaté i Coca Mosset 2019 BE GR BN
xarel.lo, macabeo

92

Farbe: strohgelb. Aroma: ausdrucksvoll, weiße Blumen, feine Hefen, Kräutersäckchen. Mund: geschmackvoll, fruchtig, frisch.

Sabaté i Coca Mosset Magnum 2014 BE GR BN
xarel.lo, macabeo, parellada

93

Farbe: leuchtendes Strohgelb. Aroma: Kräutersäckchen, feine Hefen, trockene Kräuter, Röstaromen, Brioche. Mund: schöne Säure, ausgewogen, zartbitter.

Sabaté i Coca Reserva Familiar 2014 BE GR BN
xarel.lo

94

Farbe: leuchtendes Strohgelb. Aroma: feine Hefen, Kräutersäckchen, mit Charakter, reifes Obst, Nüsse, elegant. Mund: geschmackvoll, feine Perlen, zartbitter, ausgewogen.

TORELLÓ VITICULTORS
Ctra. C-243b, km. 13,4
08790 Gelida (Barcelona)
☎: +34 938 910 793
torello@torello.es
www.torello.com

Gran Torelló 2016 BE BN
48% xarel.lo, 47% macabeo, 5% parellada
94 🌿
Farbe: golden leuchtend. Aroma: feine Hefen, Nüsse, Kräutersäckchen, komplex. Mund: kraftvoll, geschmackvoll, schöne Säure, feine Perlen.

Torelló 2 Añadas Microvinificación 2019 BE BN
41% xarel.lo, 36% macabeo, 23% parellada
92 🌿
Farbe: leuchtendes Gelb. Aroma: feine Hefen, ausgewogen, trockene Kräuter, helle Früchte. Mund: schöne Säure, geschmackvoll, reife Früchte.

Torelló 225 Enoteca 2013 BE BN
50% xarel.lo, 29% macabeo, 21% parellada
93
Farbe: leuchtendes Strohgelb. Aroma: reifes Obst, feine Hefen, trockene Kräuter. Mund: geschmackvoll, schöne Säure, feine Perlen, lebhaft.

Torelló Ancestral ANL/21 2021 BE BN
73% xarel.lo, 27% macabeo
91 🌿
Angenehm, Zitrusfrüchte. Aroma: frisch, Wildkräuter, , Hefenoten. Mund: frisch, trocken, süffig.

Torelló Reserva Special Edition 2019 BE BR
36% macabeo, 34% xarel.lo, 30% parellada
89 🌿
Klar definierte Aromen, korrekt, frisch, angenehm, geschmackvoll, wild, mild.

🏆 PODIUM

Torelló Collection 2012 BE BN
40% xarel.lo, 31% macabeo, 29% parellada
95
Farbe: leuchtendes Gelb. Aroma: Brioche, feine Hefen, Karamel, gebackenes Obst, Steinobst, trockene Kräuter. Mund: fruchtig, frisch, geschmackvoll, ausgewogen, nachwirkend fruchtig.

Torelló Tradicional 2018 BE BN
57% xarel.lo, 23% macabeo, 20% parellada
92 🌿
Farbe: leuchtendes Strohgelb. Aroma: feine Hefen, blumig, Kräutersäckchen, ausdrucksvoll. Mund: kraftvoll, geschmackvoll, schöne Säure, feine Perlen, ausgewogen.

VARDON KENNETT
Finca Santa Margarida d'Agulladolç
08773 Sant Joan de Mediona (Barcelona)
☎: +34 938 177 400
prensa@torres.es
www.torres.es

Cuvée Esplendor de Vardon Kennett 2015 BE EBR
60% pinot noir, 34% chardonnay, 6% xarel.lo
94
Naschhaft, reif. Farbe: leuchtendes Gelb. Aroma: reifes Obst, feine Hefen, ausgewogen, trockene Kräuter. Mund: schöne Säure, geschmackvoll, reife Früchte, lang.

VINARTIS
N-IV, KM. 200
13300 Valdepeñas (Ciudad Real)
☎: +34 926 320 300
orestes.garcia@jgc.es
www.garciacarrion.com

Andimar Pink Moscato RE
84

VINS EL CEP
Can Llopart de Les Alzines, s/n
08770 Sant Sadurní d'Anoia (Barcelona)
☎: +34 938 912 353
comercial@vinselcep.com
www.vinselcep.com

Pét - Nat Xarel.lo 2023 B
xarel.lo
91 🌿
Farbe: leuchtendes Gelb. Aroma: reifes Obst, Kräutersäckchen, feine Hefen, Bäckerei, ausdrucksstark fruchtig, Zitrusfrüchte. Mund: voll, fett, schöne Säure, frisch, fruchtig.

VINS PEPE RAVENTÓS
Plaça del Roure s/n
08770 Sant Sadurní d'Anoia (Barcelona)
☎: +34 938 183 262
info@raventos.com
www.vinspeperaventos.com

🏆 PODIUM

Mas del Serral 2013 BE GR BN
97% xarel.lo, 3% bastardo
95
Rassig, spannungsvoll. Farbe: golden leuchtend. Aroma: feine Hefen, Nüsse, Kräutersäckchen, komplex, Röstaromen. Mund: kraftvoll, geschmackvoll, schöne Säure, feine Perlen, zartbitter.

SCHAUMWEINE / WEINE

🏆 PODIUM

Mas del Serral Clos Petit 2013 BE
75% xarel.lo, 25% sumoll blanc

96

Spannungsvoll. Farbe: lachsfarben. Aroma: Kräutersäckchen, mit Charakter, Nüsse, elegant, Brioche, kandierte Früchte. Mund: geschmackvoll, feine Perlen, zartbitter, zartbitter.

VINYES DEL TIET PERE
Raval del Roser, 3
43886 Vilabella (Tarragona)
☎: +34 625 408 974
vinyesdeltietpere@gmail.com

Ancestral Vinyes del Tiet Pere 2022 BE
100% xarel.lo vermell

90

Wenig interventionistisch. Farbe: leuchtendes Gelb. Aroma: reifes Obst, feine Hefen, ausgewogen, trockene Kräuter. Mund: schöne Säure, geschmackvoll, reife Früchte.

YLLERA BODEGAS & VIÑEDOS
47490 Rueda (Valladolid)
☎: +34 983 868 097
grupoyllera@grupoyllera.com
www.grupoyllera.com

Yllera 5.5 Rosé Frizzante RE AG
85

Yllera 5.5 Verdejo Frizzante BE AG SD
86

SCHAUMWEINE / WEINE CUEVA

BODEGAS NARANJO
Felipe II, 5
13150 Carrión de Calatrava (Ciudad Real)
☎: +34 687 045 574
comercial@bodegasnaranjo.com
www.bodegasnaranjo.com

Lahar BE BN
60% moscatel de alejandría, 40% macabeo

86

Lahar BE BR
60% moscatel de alejandría, 40% macabeo

86

Lahar Rosado RE BN
100% tempranillo

85

INDEX

OKO WINES

WEINKELLER

WEINE

ÖKO WEINE

WEIN	SEITE
+ RITME BLANC 2022 B	384
+ RITME BLANC 2023 B	384
+CONCEJO 2021 T	166
100 VEREMES VINÍCOLA DE NULLES 2022 B FB	652
100 X 100 MONASTRELL 2022 T	242
100 X 100 SYRAH 2021 T	242
100 Y CIENTOS 2018 T RB	740
12 + 12 "PACO PALOMILLO" T C	868
12 VOLTS 2022 T	849
125 DE CELLER SANROMÀ 2021 T BA	883
1270 A VUIT 2017 T	368
1270 A VUIT 2022 B	368
1564 PETIT VERDOT 2020 T BA	819
1564 SYRAH 2021 T BA	819
1564 VIOGNIER 2022 B BA	819
1771 CASA LOS FRAILES 2021 T C	722
1860 2022 B FB	53
1894 ORIGENS 2022 B	333
1903 CENTENARY GRENACHE 2022 T	381
1921 GARNACHA 2022 T	545
20 ALDEAS 2021 T	827
2052 2022 B	663
21SETECIENTOS 2023 B	874
2L 2022 B	720
3015 2023 T	238
37 BARRICAS 2018 T C	97
4 KILOS 2022 T	849
4G 2022 B	660
4G 2022 T	660

WEIN	SEITE
4G 2023 B	660
575 UVAS DE CÁMBRICO 2021 T R	777
7 VIN BLAU Y ZWEIGELT 2019 T	867
77 DIES CELLER ARRUFI NATURAL MÍNIMA INTERVENCIÓN 2023 B	881
77 NITS CELLER ARRUFI 2022 T	881
77 NITS CELLER ARRUFI NATURAL MÍNIMA INTERVENCIÓN 2023 T	881
77 VEREMAS GARNACHA MIQUEL PONS 2022 T	339
77 VEREMES XAREL·LO MIQUEL PONS 2022 B FB	339
77 VEREMES XAREL·LO VERMELL MIQUEL PONS 2022 B	340

A

WEIN	SEITE
A PART 2022 B	660
AA CAU D'EN GENIS 2021 B	37
AA CAU D'EN GENIS 2022 B	37
AA DOLÇ DE NEU 2023 B BA D	863
AA DOLÇ MATARÓ 2021 T D	863
AA LANIUS 2021 B S	37
AA PARVUS CHARDONNAY 2023 B	37
AA PARVUS SYRAH 2022 T	37
ABADÍA DE POBLET BLANC 2020 B	170
ABADÍA RETUERTA LE DOMAINE 2022 B	755
ABRIL DE AZUL Y GARANZA 2022 T	316
ABRISAT BÀRBARA FORÉS 2022 B C	656
ABUBILLA 2022 B	898
ACCENTUS 2022 T	456

WEIN	SEITE
ACENTUADO ROSE ORGANIC 2023 RD	807
ACIANO 2020 T	822
ACINIPO 2021 T C	269
ACÚSTIC BLANC 2022 B FB	300
ACÚSTIC BLANC 2023 B FB	300
ACÚSTIC ROSAT 2023 RD	300
AD LIBITUM MATURANA BLANCA 2022 B	587
AD LIBITUM MONASTEL 2022 T	587
AD PATER 2021 T	877
ADARAS LLUVIA 2023 B SS	54
ADARO 2022 T	486
ADDA 2020 BE R BN	136
ADERNATS DE GUARDA ECO 2021 BE BN	158
ADRIÀ DE BIOPAUMERÀ 2020 T RB	650
AFORTUNADO 2023 B	632
AGALIU 2022 B FB	182
ÁGORA VIOGNIER 2023 B MC	800
AGUSTÍ TORELLÓ MATA BARRICA GRAN RESERVA 2019 BE GR BN	141
AGUSTÍ TORELLÓ MATA KRIPTA GRAN ANYADA 2013 BE GR BN	141
AGUSTÍ TORELLÓ MATA MAGNUM 2019 BE GR BN	142
AGUSTÍ TORELLÓ MATA ROSAT TREPAT 2021 RE R BR	142
AGUSTÍ TORELLÓ MATA UBAC 2019 BE GR BR	142
AGUSTÍ TORELLÓ MATA XIC 2023 B	340
AGUSTÍ TORELLÓ MATA XV XAREL·LO VERMELL 2023 RD	340
AIRÉN SELECCIÓN 2023 B	815

Guía Peñín SPANIENS WEINFÜHRER

WEIN	SEITE	WEIN	SEITE	WEIN	SEITE
AL RASO 2022 RD	770	ALMUDÍ 2020 T	97	ALTO SIÓS 2022 T R	181
ALBA NEGRE T	339	ALMUDÍ UNO P.V. 2020 T C	97	ALTOS DE CORRAL SINGLE ESTATE 2019 T R	537
ALBERT DE VILARNAU FERMENTADO EN CASTAÑO 2017 BE GR BN	158	ALOERS 2021 B	340	ALTOS DE LUZÓN 2022 T	234
		ALSINA & SARDÁ 2021 BE R BN	127	ALTOS DE TAMUJA 2023 B	771
ALBET I NOYA EL BOSC NEGRE 2021 B	333	ALSINA & SARDÁ FINCA LA BOLTANA 2022 B	333	ALTOS DE TORONA 2023 B	392
ALBET I NOYA EL CORRAL CREMAT 2013 BE GR BR	333	ALSINA & SARDÁ SELLO 2020 BE GR BN	127	ALTOS DEL CABRIEL ALBILLA 2023 B	277
ALBET I NOYA EL FANIO 2022 B	333	ALSUR NATURA TEMPRANILLO-CABERNET SAUVIGNON 2023 T	818	ALTOS DEL CABRIEL BOBAL 2022 T	278
ALBET I NOYA LA MILANA 2019 T R	333			ALTOS DEL CABRIEL BOBAL 2023 RD	278
ALBET I NOYA LES TIMBES 2021 T C	333	ALSUR NATURA VERDEJO-SAUVIGNON BLANC 2023 B	818	ALTOS DEL CABRIEL BOBAL TEMPRANILLO 2022 T	278
ALBET I NOYA RESERVA MARTÍ 2017 T GR	333			ALTOS DEL CABRIEL MACABEO 2023 B	278
ALCARDET NATURA CHARDONNAY 2020 B	247	ALTA ALELLA 10 2012 BE GR BN	127	AMARA 2023 B	269
ALCARDET NATURA ESPUMOSO BE BR	905	ALTA ALELLA GX 2023 T	37	AMAT XARELLO 2023 B	191
ALCARDET NATURA TEMPRANILLO T	247	ALTA ALELLA LAIETÀ 2019 BE GR BN	127	AMBURZA 2021 T BA	326
ALCEÑO 12 CEPAS VIEJAS 2021 T	230	ALTA ALELLA LAIETÀ ROSÉ 2019 RE GR BN	127	AMETLLERS DEL JAN 2020 B FB	350
ALCEÑO 50 BARRICAS 2022 T	230	ALTA ALELLA MIRGIN 2020 BE R BN	127	AMICAMAT NEGRE 2022 T BA	89
ALCEÑO MONASTRELL 4 MESES 2022 T RB	230	ALTA ALELLA MIRGIN EXEO EVOLUCIÓ + 2004 BE GR BN	127	AMICAMAT ROSAT 2022 RD	89
ALDEA DE ADARAS 2022 T BA	54			ANAVA...A CERCAR UN SOMNI ROSAT 2022 RD BA	850
ALDEÓN DE LAR CALATAYUD GARNACHA 2023 T	104	ALTA ALELLA MIRGIN EXEO PARAJE CALIFICADO VALLCIRERA 2017 BE GR BN	127	ANCESTRAL DE PUNTIRÓ 2022 BE SS	890
ALDEÓN DE LAR GARNACHA TINTORERA 2023 T	56			ANCESTRAL MACABEU VINYA LES PEDRES 2022 BE	337
ALDEÓN DE LAR MONASTRELL SIN SULFITOS AÑADIDOS 2023 T	241	ALTA ALELLA MIRGIN OPUS PARAJE CALIFICADO VALLCIRERA 2019 BE BN	128	ANCESTRAL MONTONEGA 2023 BE	906
ALDEÓN DE LAR TEMPRANILLO 2023 T	838	ALTA ALELLA MIRGIN ROSÉ 2020 RE R BN	128	ANHEL D'EMPORDÀ 2022 T BA	198
ALDEÓN DE LAR VERDEJO 2023 B	628	ALTA ALELLA PB 2023 B	37	ANHEL D'EMPORDÀ 2023 B	198
ALGARS 2023 B	666	ALTAMENTE 2021 T	229	ANIMA MUNDI ANCESTRAL CAMI DELS XOPS 2022 BE	904
ALGARS 2023 RD	666	ALTICO SYRAH 2021 T C	231		
ALKUNYA 2022 B	701	ALTO DE INAZARES MONASTRELL 2022 T	863	ANIMA MUNDI ANCESTRAL NOGUER BAIX 2020 BE	904
ALMA LÓPEZ 12 MESES 2022 T	445	ALTO DE INAZARES PINOT NOIR 2022 T C	863	ANIMA MUNDI CANTALLOPS 2022 B	333
ALMA LÓPEZ AURA 2020 T	445	ALTO DE INAZARES SYRAH 2021 T	863	ANIMA NUA COR VIU 2023 B	171
ALMA LÓPEZ FLOR 2022 T	445	ALTO DE INAZARES VIOGNIER 2022 B	863	ANIMA NUA COR VIU 2023 B	171

ÖKO WEINE

ÖKO WEINE

WEIN	SEITE
ANIMA NUA COR VIU 2023 T	172
ANMA 2020 T BA	697
ANSE MICHELINE 2021 T	121
ANTISTIANA CABERNET FRANC 2017 T	347
ANTISTIANA XARELLO 2019 B	347
ANTONIO SERRANO AIRÉN 2022 B	800
ANTONIO SERRANO CENCIBEL 2021 T RB	800
ANTONIO SERRANO TEMPRANILLO DE TINAJA 2022 T	800
ARANLEÓN SÓLO 2021 T C	692
ARANLEÓN SÓLO 2023 B	692
ARANLEÓN SÓLO BE BR	129
ARBOLES BLANCO 2023 B	877
ARESTEL BE BR	158
ARGILA ROSÉ 2018 RE GR BN	346
ARÍNZANO MERLOT BIOLÓGICO 2019 T	758
ARNAU DE RENDÉ MASDÉU 2021 T C S	171
ARNAU OLLER 2019 T R	356
AROA GORENA 2014 T R	315
AROA JAUNA 2018 T C	315
AROA LARROSA 2023 RD	315
AROA MUTIKO 2021 T	315
ARQUELA 2022 B FB S	717
ARRAYAN 2023 RD	284
ARRAYÁN GARNACHA BLANCA Y GRIS 2022 B	284
ARRAYÁN GRACIANO 2022 T	284
ARRAYAN ROSADO DE GARNACHA PELUDA 2023 RD	284
ARRAYÁN SELECCIÓN 2020 T	285

WEIN	SEITE
ARROYO DE ARRAYÁN 2021 B	285
ARTADI EL CARRETIL 2022 T	879
ARTADI LA HOYA 2022 T	879
ARTADI LA POZA DE BALLESTEROS 2022 T	879
ARTADI QUINTANILLA 2022 T	879
ARTADI SAN LÁZARO 2022 T	879
ARTADI VALDEGINÉS 2022 T	879
ARTADI VIÑAS DE GAIN 2020 B	879
ARTADI VIÑAS DE GAIN 2022 T	879
ARTAZU PASOS DE SAN MARTÍN 2020 T	325
ARTAZU SANTA CRUZ DE ARTAZU 2021 B	326
ARTAZU SANTA CRUZ DE ARTAZU 2021 T	326
ARTAZURI 2023 RD	326
ARTUKE EL ESCOLLADERO 2022 T	523
ARTUKE FINCA DE LOS LOCOS 2022 T	523
ARTUKE LA CONDENADA 2022 T	523
ARTUKE PASO LAS MAÑAS 2022 T	523
ARTZAI 2020 B FB	91
ARZUAGA ECOLÓGICO 2022 T C	457
ASENSIO CARCELÉN MONASTRELL 2022 T	242
ASENSIO CARCELÉN SYRAH 2022 T	242
ÁTICA ROSÉ 2021 RE R EBR	153
AUDAÇ 2020 BE GR BN	137
AUDITORI 2018 T C	300
AUDITORI 2019 T C	300
AUDITORI 2020 T C	300
AUDITORI 2021 T C	300
AUDITORI BLANC 2021 B	300
AUDITORI BLANC 2022 B	300

WEIN	SEITE
AUDITORI BLANC 2023 B	300
AUS PÉT-NAT 2023 BE AG	904
AUS PÉT-NAT ROSÉ 2023 RE AG	904
AUTÉNTICO BE BR	131
AUTÓCTON BLANC 2021 B FB	864
AUTÓCTON BLANC 2022 B FB	864
AUZELLS 2023 B	183
AVA SELECCIÓ 2019 T R	850
AVA VI BLANC 2023 B	850
AVA VI ROSAT 2023 RD	850
AVGVSTVS CHARDONNAY 2022 B FB	334
AVGVSTVS MICROVINIFICACIÓ MACABEO 2018 B FB	334
AVGVSTVS MICROVINIFICACIÓ XARELLO DE MAR 2017 B FB	334
AVGVSTVS TRAJANVS 2019 T R	334
AVINYÓ 2020 BE R BN	128
AVINYÓ 2021 BE R BR	129
AVINYÓ BLANC DE NOIRS 2021 BE R BN	129
AVINYÓ ROSÉ SUBLIM 2021 RE R BR	129
AYMAR 2017 BE R BN	334
AYMAR 2018 BE R BR	334
AYMAR ICE 2017 BE ES	335
AYMAR RESERVA ÚNICA 2016 BE GR BN	335
AYMAR ROSÉ 2019 RE R EBR	335
AZHAR BLACK 2023 T	874
AZHAR WHITE 2023 B	874
AZIMUT BLANC 2022 B	351
AZIMUT NEGRE 2019 T	351

SPANIENS WEINFÜHRER

WEIN	SEITE	WEIN	SEITE	WEIN	SEITE
B		BERNAT OLLER 2019 T	356	BLAUVERD 2023 T	306
		BERNAT OLLER BLANC DE PICAPOLLS 2023 B	356	BLÉS 2021 T RB	692
BAGORDI 2021 T C	532	BERTHA 2021 BE R BN	138	BLÉS 2023 B	692
BAGORDI 2022 B FB	532	BERTHA CARDÚS 2019 BE GR BN	138	BOBAL ICON 2021 T RB	281
BAGORDI 2023 B	533	BIENVENIDOS AL EXTRAORDINARIO MUNDO DE LA MUJER CABALLO MITAD MUJER,		BOIG PER TU 2021 T	313
BAGORDI 2023 RD	533	MITAD CABALLO AZUL (ARCO) 2022 T C	724	BOLET CAMAGROC XARELLO 2023 B	339
BAGORDI GRACIANO 2019 T	533			BOLET CANTARELUS ULL DE LLEBRE 2021 T	339
BAGORDI MATURANA 2021 T	533	BIENVENIDOS AL EXTRAORDINARIO MUNDO DE LA MUJER CABALLO MITAD MUJER, MITAD CABALLO		BOLET CARTOIXÀ 2014 BE GR BN	139
BALMA 2017 BE GR BN	346	NARANJA (VALENCI) 2022 B C	724	BOLET CLASSIC ECO 2022 BE BN	139
BANCAL DEL BOSC GARNATXA BLANCA 2023 B	313			BOLET CLASSIC ECO 2022 BE BR	139
BANCAL DEL BOSC NEGRE 2022 T C	313	BIENVENIDOS AL EXTRAORDINARIO MUNDO DE LA MUJER CABALLO MITAD MUJER, MITAD		BOLET ECO 2014 BE GR BR	139
BÀRBARA FORÉS BLANC 2024 B	656	CABALLO VERDE (ULLET DE PERDIU) 2022 T C	724	BOLET ECO 2021 BE R BN	139
BÀRBARA FORÉS NEGRE 2021 T	656			BOLET ECO 2021 BE R BR	139
BÀRBARA FORÉS ROSAT 2023 RD	656	BINIGRAU E-BLANC 2023 B	850	BOLET FREDOLIC (SIN SULFITOS) 2023 T	339
BARCO DEL CORNETA 2022 B FB	823	BINIGRAU E-NEGRE 2021 T	850	BOLET GARNACHA BLANCA 2023 B	339
BARRERA DE SOL 2021 T BA	770	BINIMARE 2023 RD	88	BOLET PINOT NOIR ROSAT 2018 RE R BR	139
BASOBE 2022 B	91	BIOGRÁFICO (ETIQUETA CARNE) 2021 T	286	BOLET SÀPIENS MERLOT 2016 T C	339
BATLLORI 2019 BE R BN	145	BIOGRÁFICO (ETIQUETA GRIS) 2016 T	286	BOLET VINYA SOTA BOSC 2023 B	339
BATLLORI 2020 BE BN	145	BIU FINCA DE LA BORDA 2019 B	179	BOMBONETTA 2019 BE GR BR	147
BATLLORI ROSAT 2020 RE BR	145	BIVAC 2023 B	352	BONESVALLS CABERNET SAUVIGNON 2019 T BA	352
BEBERÁS DE LA COPA DE TU HERMANA 2022 B	724	BLANC D'ENGUERA ARROYO 2021 B	719	BÒRIA SUMARROCA 2019 T	336
BELONDRADE Y LURTON 2022 B FB	610	BLANC D'ENGUERA ORIGINAL 2022 B FB	719	BRAÓ 2020 T C	300
BELSETÁN 2023 T	518	BLANC DE CLOSOS 2021 B	374	BRAÓ 2021 T C	300
BENTO 2023 B	609	BLANC DE DOS HIVERNS 2020 B FB	352	BRISAT DE PUNTIRÓ 2021 B	855
BERCIAL LADERA LOS CANTOS 2021 T R	701	BLANC DE NOIRS BIOPAUMERÀ 2023 B	650	BRISAT MACABEU VINYA MEIX 2022 B	337
BERCIAL SELECCIÓN 2022 B BA	701	BLANC DE SERÈ 2023 B	182	BRISAT PARELLADA VINYA MARTRA 2022 B	337
BERNABELEVA ARROYO DE TÓRTOLAS 2022 T	738	BLANC SUBUR 2022 B	340	BROTE 2023 RD	720
BERNABELEVA CARRIL DEL REY 2022 T	738	BLANCO 12 CEPAS 2023 B	843	BROTS DE XARELLO 2021 B	349
BERNABELEVA VIÑA BONITA 2022 T	738	BLANCO DE MONTREAGA 2022 B FB	815	BROTS SYRAH ROSAT 2023 RD	349

ÖKO WEINE

ÖKO WEINE

WEIN	SEITE	WEIN	SEITE	WEIN	SEITE
BRUJIDERA EL POCILLO =GARAGEWINE 2023 T	795	CAMINO ALTO OLD VINES 2018 T BA	801	CAN RICH BLANC DE BLANCS 2022 BE	905
BUC 2018 T C	89	CAMINO DE NAVAHERREROS 2023 B FB	738	CAN RICH NEGRE D'AMFORA 2022 T	842
BURBU ANCESTRAL 2023 BE	877	CAMINO DE NAVAHERREROS 2023 T	738	CAN RICH ROSAT 2021 RE BN	869
BURGO VIEJO GARNACHA ORGANIC 2023 T	539	CAMINO DEL BOSQUE 2021 T	117	CAN RICH ROSAT D'AMFORA 2023 RD	842
BURGO VIEJO GRACIANO ORGANIC 2023 T	539	CAMP DEL CUC 2019 B BA S	350	CAN RICH SELECCIÓN 2018 T	842
BURGO VIEJO ORGANIC 2023 B	539	CAMPESINO NATURAL 2023 T	675	CAN SUMOI GARNATXA SUMOLL 2022 T	881
BURRO LOCO 2023 RD	834	CAMPESTRAL WHITE B	871	CAN SUMOI LA ROSA 2023 RD	338
BURRO LOCO 2023 T	834	CAMPESTRAL WHITE ENVEJECIDO BAJO VELO 2021 B	871	CAN SUMOI XARELLO 2023 B	338
BURRO LOCO BUCHEJO 2023 B	834	CAMPO ELÍSEO CONTRACORRIENTE 2023 T	675	CANALS & MUNNÉ INSUPERABLE 2021 BE R BR	135
		CAMPO ELISEO CUVÉE ALEGRE 2022 T	675	CANALS NADAL CN 1986 BLANC DE NOIRS 2019 BE R BR	136
C		CAMPO ELISEO HARMONIA 2022 B	615	CANALS NADAL ECOLÓGICO 2021 BE R BN	136
		CAMPO ELISEO VERDEJO 2022 B FB	615	CANALS NADAL ROSÉ 2022 RE BR	136
CA'LS LS PINS 2023 B	720	CAN AXARTELL BLANCO 2023 B	854	CANDONGO 2022 T RB	674
CA'LS LS PINS 2023 T BA	720	CAN AXARTELL CORUM 2022 B FB	854	CANFORRALES NATURE TEMPRANILLO SYRAH 2023 T	801
CABELLUT CABERNET SAUVIGNON 2021 T FB	121	CAN AXARTELL ROSADO 2023 RD	854	CANFORRALES NATURE VIOGNIER 2023 B	801
CABELLUT GARNATXA 2022 T	121	CAN BAS LA CAPELLA 2017 T GR	337	CANTA LA PERDIZ 2018 T R	493
CABELLUT XARELLO 2021 B	121	CAN BAS LA CREU 2022 B	337	CANTARIÑA 2 VIÑA DE LOS PINOS 2021 T	78
CALA N 1 2020 T	799	CAN FEIXES BLANC SELECCIÓ 2022 B	344	CANTARIÑA 3 EL TRIÁNGULO 2021 T	78
CALA N 2 2019 T	799	CAN FEIXES NEGRE SELECCIÓ 2021 T	344	CANTARIÑA 6 MERENZAO 2022 T	78
CALA ROSTELLA 2020 T	196	CAN FEIXES NEGRE TRADICIÓ 2015 T C	344	CANTARIÑA 7 A FREITA 2022 T	78
CALIZA ORGANIC TEMPRANILLO 2023 T	254	CAN FEIXES RESERVA ESPECIAL 2011 T GR	344	CANTARIÑA EL GODELLO DE CONSUELO 2022 B FB	78
CALIZA ORGANIC VERDEJO SAUVIGNON BLANC 2023 B	254	CAN GELAT CALLET SYRAH 2022 RD	853	CANTOCUERDAS ALBILLO 2022 B FB	738
CALZADILLA ALLEGRO 2018 T	757	CAN GELAT GIRÓ ROS 2022 B	853	CANTOCUERDAS MOSCATEL DE BERNABELEVA DULCE B FB D	738
CALZADILLA CLASSIC 2014 T	757	CAN GELAT GRAN VI 2022 T	853		
CALZÁS 2020 T C	243	CAN GUINEU 2020 BE R BN	912	CANTUESO 2022 T	884
CÁMBRICO RUFETE EL POCITO 2020 T	777	CAN GUINEU ROSAT 2018 RE BN	912	CANYAMEL 2015 T RB	819
CAMÍ DE CORMES 2021 T C	200	CAN RICH 2023 B	842		
CAMI PESSEROLES 2021 T	382	CAN RICH BLANC D'AMFORA 2022 B	842	CANYAMEL 2022 T	819

WEIN	SEITE	WEIN	SEITE	WEIN	SEITE
CAÑADA PARÍS 2022 B C S	718	CARRAVALSECA 2023 T MC	537	CASCABEL 2022 B	265
CAP DE TRONS 2022 T	343	CARREDUEÑAS TINTO FINO 2022 T RB	166	CASCABEL 2023 B	265
CAPILLA DEL FRAILE PARCELA SYRAH 2020 T	808	CARTAGO 2019 T	687	CASTELL D'OR ORGÀNIC BE BR	136
CAPILLA DEL FRAILE PETIT VERDOT 2018 T	808	CASA BOQUERA BALANCE 2022 T	751	CASTELL DEL REMEI 1780 2019 T	179
CAPRASIA 2021 BE R BN	134	CASA BOQUERA ELEGANCE 2018 T C	751	CASTELLROIG 2020 BE R BN	912
CAPRASIA BOBAL ÁNFORA BIPARCELARIO 2022 T	696	CASA BOQUERA HARMONY 2019 T	751	CASTELLROIG ROSAT 2021 RE R BR	912
CAPRASIA BOBAL-MERLOT 2022 T RB	696	CASA CASTILLO CUVEE N 2021 T BA	231	CASTILLO DE BELARFONSO 2023 T RB	285
CAPRASIA MACABEO BE BR	134	CASA CASTILLO EL MOLAR 2023 T	231	CÁTULO GARNACHA 2022 RD	322
CAPRICHO DIVINO CHARDONNAY 2022 BE BN	282	CASA CASTILLO LA TENDIDA 2023 T	231	CÁTULO GARNACHA 2023 RD	322
CAPRICHO VAL DE PAXARIÑAS 2023 RD	77	CASA CASTILLO LAS GRAVAS 2022 T	231	CÁTULO GARNACHA 2023 T	322
CAPRICHO VAL DE PAXARIÑAS GODELLO 2023 B	77	CASA CASTILLO MONASTRELL 2023 T	231	CAUDUM BODEGAS LARRAZ 2016 T BA	568
CARA NORD BLANC 2023 B	170	CASA CASTILLO PIE FRANCO 2022 T C	231	CAUDUM BODEGAS LARRAZ 2018 T BA	568
CARA NORD TREPAT NEGRE 2023 T	171	CASA DE ILLANA 10 MESES 2022 T C	518	CAVA BALLBÉ BE BN	145
CARA NORD TREPAT ROSAT 2023 RD	171	CASA DE LA ERMITA PARCELA LA SOLANA 2023 B	239	CAVA ETERNO 2016 BE GR BN	142
CARCHELO 2023 T RB	231	CASA DE LA ERMITA PARCELA LOS PINOS 2022 T C	239	CAVA ROXANNE 2022 BE BR	142
CARCHELO CIENTO80 2021 T	231	CASA MARIOL GARNATXA BLANCA 2023 B	659	CELLER ARRUFÍ LLICSÓ 2021 B BA	656
CARGOL TREU VI 2022 B	863	CASA MARIOL GARNATXA NEGRA 2023 T	659	CELLER ARRUFÍ PANICAL 2023 B	656
CARLES ANDREU 12@ 2023 T	171	CASA RAVELLA 2021 BE R BN	136	CELLER ARRUFÍ PANICORT 2019 T	656
CARLES ANDREU 2021 BE BN	141	CASA RAVELLA 2022 BE BN	136	CELLER ARRUFÍ TREPADELLA 2022 T	656
CARLES ANDREU ROSAT BARRICA 2021 RE R BR	141	CASA RAVELLA L'ISARD 2021 T	338	CELLER DEL FOIX BLANC 2023 B	335
CARLES ANDREU ROSAT RE BR	141	CASA RAVELLA ROSÉ 2021 RE R BR	136	CENCIBEL LA VENTA =GARAGEWINE 2023 T	795
CARLOTA SURIA ORGANIC 2021 BE R BN	152	CASA RAVELLA SELECCIÓN 2017 T	338	CENT X CENT GARNACHA BLANCA 2022 B C	666
CARLOTA SURIA ORGANIC 2021 BE R BR	152	CASA RAVELLA SELECCIÓN 2021 B FB	338	CENT X CENT GARNACHA NEGRA 2022 T	666
CARLOTA SURIA ORGANIC BOBAL 2021 T C	699	CASA VELLA D'ESPIELLS 2019 T R	351	CERRO DEL BUEY 2022 T	54
CARLOTA SURIA ORGANIC CHARDONNAY 2023 B FB	699	CASAR DE BURBIA 2022 T RB	78	CERRO LA ISA VIÑEDO SINGULAR 2020 T	587
		CASAR DE BURBIA GODELLO 2023 B	78	CERRO LA ISA VIÑEDO SINGULAR 2021 B FB	587
CARRAKRIPAN 2019 B	578	CASAR DE VALDAIGA PARAJE EL TOLEIRO 2023 T	83	CÉRVOLES BLANC 2022 B FB	180
CARRAROA 2021 T C	456	CASAR GODELLO (VINO DE PARAJE - VALDEPIÑEIRO) 2022 B FB	78	CÉRVOLES COLORS BLANC 2023 B	180
CARRAVALSECA 2020 T C	537			CÉRVOLES COLORS NEGRE T C	181

ÖKO WEINE

WEIN	SEITE	WEIN	SEITE	WEIN	SEITE
CÉRVOLES ESTRATS 2019 T	181	CLOS IBAI 2021 T	586	COLET TRADICIONAL 2020 BE R BN	341
CÉRVOLES NEGRE VINYES ALTES DE LES GARRIGUES 2021 T	181	CLOS IBAI GARNACHA BLANCA 2021 B	586	COLET VATUA! 2020 BE EBR	341
		CLOS IBAI GRACIANO 2021 T	586	COLET VATUA! ROSÉ 2020 RE BN	341
CESILIA LA GARNACHA 2022 T	47	CLOS LOJEN 2022 T	278	COLONIA 40 2022 T	884
CESILIA ROSÉ LA RESERVE 2023 RD	47	CLOS MESORAH 2021 T R	309	COMA D'EN POU BÀRBARA FORÉS 2022 T C	656
CESILIA ROSÉ LA RÉSERVE ESPECIAL 2019 RD	47	CLOS PONS ALGES 2018 T C	181	COMA ROMÀ XAREL.LO MACERAT 2021 B	346
CESILIA VS 2019 T	47	CLOS PONS AURA 2021 T C	181	COMOLOCO BAJO EN HISTAMINAS SIN SULFITOS AÑADIDOS 2023 T	233
CHAVEO 2021 T C	97	CLOS PONS CINGLES 2018 B	181		
CHLOSS TERROIR 2023 T	322	CLOS PONS PLA DEL TET 2021 T C	181	COMPTA OVELLES 2022 B	343
CIMADAGO 2019 T C	595	CLOS PONS ROC NU 2013 T R	181	COMPTA OVELLES 2022 T	343
CIMERA CLOS COR VÍ 2020 B C	723	CLOS PONS SISQUELLA 2020 B C	181	CON ALTURA 2023 BE AG	277
CIMERA CLOS COR VÍ 2022 B C	723	CLOS SANT PAU 2021 B D	339	CON VIENTO FRESCO 2020 T	880
CIMERA CLOS COR VÍ MAGNUM 2019 B FB	723	CLOS VIDAL CABERNET SAUVIGNON 2020 T RB	336	CONCEJO CLARETE AGED 2023 RD	166
CLAROR PARATGE QUALIFICAT CAN PRATS 2016 BE GR BN	159	CLOS VIDAL MERLOT 2020 T C	336	CONCEJO VINO DE PARAJE 2019 T R	166
		CLOT DEL ROURE XAREL.LO 2022 B	353	CONCIENS 2023 T	239
CLAVIUS VERDEJO 2020 B	835	CLOT DELS EIXAMS 2021 B FB	888	CORCOVO SYRAH 24 BARRICAS 2022 T RB	714
CLEMENTE GARCÍA GARNACHA 2020 T	527	CLOT DELS OMS BLANC 2022 B	335	CORET DE CAL BESSÓ 2023 B	302
CLEMENTE GARCÍA GARNACHA 2022 T	527	CLOT DELS OMS GEWURZTRAMNIER 2022 B	335	CORET ROSAT DE CAL BESSÓ 2023 RD	302
CLEMENTE GARCÍA TEMPRANILLO 2019 T R	527	CLOT DELS OMS NEGRE 2021 T R	335	CORISCA 2021 B	404
CLOS ALZINA 2021 T	375	COCA I FITÓ BLANC 2022 B	308	CORISCA 2022 B	404
CLOS ANCESTRAL 2022 T	342	COCA I FITÓ NATURA 2022 T	308	CORRAL DE CASTRO 2022 T	211
CLOS ANCESTRAL 2023 B	342	COCA I FITÓ NU 2022 T	308	CORRITJOLA – CELLER ARRUFÍ 2023 RD	656
CLOS COR VÍ RIESLING 2022 B BA	723	CODORNIU NON PLUS ULTRA 2020 BE R BR	143	CORSALVATGE 2022 B	723
CLOS COR VÍ VIOGNIER 2022 B S	723	COLECCIÓN COMENGE VERDEJO 2023 B	616	CORUCHO 2022 T RB	740
CLOS CYPRES 2021 T	375	COLET A PRIORI 2020 BE R BR	341	CORUCHO FINCA PEAZO DE LA ENCINA 2019 T RB	740
CLOS DEL PI 2019 T C	352	COLET ANIVERSARI 2020 BE R BN	341	CORUCHO ORANGE WINE 2022 B	740
CLOS GALENA 2019 T R	373	COLET ASSEMBLAGE 2018 RE EBR	341	COSTALARBOL RED 2022 T	545
CLOS GELIDA 4 HERETATS 2019 BE GR BN	159	COLET GRAN CUVEÉ 2020 BE R EBR	341	COSTERS DE CORNUDELLA NEGRE 2021 T R	307
CLOS IBAI 2021 B	586	COLET NAVAZOS (ETIQ.NARANJA) 2020 BE R BN	341	CRAZY GRAPES 2022 T	858

WEIN	SEITE
CROMÀTIC CHARDONNAY + XAREL.LO 2023 B	333
CRUZ DE ALBA FUENTELUN 2019 T R	461
CUATRO RAYAS ORGANIC ROSÉ TEMPRANILLO-VERDEJO 2023 RD	824
CUATRO RAYAS ORGANIC TEMPRANILLO 2023 T	824
CUATRO RAYAS ORGANIC VERDEJO 2023 B	611
CUATRO RAYAS VENDIMIA NOCTURNA VERDEJO 2023 B	611
CUATRO RAYAS VIÑEDOS CENTENARIOS 2023 B	611
CUBET 2020 B	727
CUCÚ (CANTABA LA RANA) 2023 B	823
CUESTA DEL HERRERO 2023 T BA	755
CUEVA DE CHAMÁN ROBLE MONASTRELL 2022 T RB	56
CUEVA LLANA BOBAL 2021 T	278
CUEVA LLANA SYRAH 2021 T	278
CUNE ORGÁNICO 2021 T	575
CUPIDO BOBAL 2022 T	280
CUPIDO MACABEO 2022 B BA	280
CUSCÓ BERGA 2013 BE GR BN	143
CUSCÓ BERGA 2013 BE GR BR	143
CUSCÓ BERGA 2020 BE R BN	143
CUSCÓ BERGA 2021 BE R BR	143
CUVÉE #1 SON JULIANA 2023 B	856
CYAN 2020 T C	671
CYAN PRESTIGIO 2018 T R	671

D

WEIN	SEITE
DAINA 2023 RD	195

WEIN	SEITE
DAURAT 2022 B FB	89
DE LAS NIEVES 2023 B	870
DEHESA DEL CARRIZAL PETIT VERDOT 2021 T	760
DEHESA LA GRANJA 2020 T	834
DELMORO 2022 T	725
DESIERTO DE AZUL Y GARANZA 2020 T	316
DESTRANKIS 2021 T BA	366
DIEZ MIL Y PICO 2021 B FB	837
DIONUS 2018 T R	899
DÍSCOLO 2020 T BA S	681
DÍSCOLO EL MAGNÍFICO 2019 T BA S	681
DIVERTUS 2018 T	899
DOLÇ D'ESTEVE I GIBERT 2021 B D	888
DOMINIO BASCONCILLOS FINCA DE ALTURA 2022 T RB	492
DOMINIO DE FONTANA SAUVIGNON BLANC & VERDEJO 2023 B	690
DOMINIO DE FONTANA TEMPRANILLO & CABERNET SAUVIGNON 2020 T C	690
DOMINIO DE FONTANA TEMPRANILLO & SYRAH 2021 T RB	690
DOMINIO DE LA SIERRA MOMENTVM 2022 T	778
DOMINIO DE LA VEGA Nº 23 2021 BE	144
DOMINIO DE LA VEGA Nº1 2022 BE BR	144
DOMINIO DEL AGUILA 2020 T R	493
DOMINIO DEL BENDITO EL PRIMER PASO 2022 T RB	681
DOMINIO DEL BENDITO LAS SABIAS 2021 T	681
DOMINIO DEL PRIOR PETIT VERDOT 2016 T BA	812
DON JACOBO 2019 T R	537

WEIN	SEITE
DON MIGUEL COMENGE 2019 T R	460
DONDELLAS 2021 T	880
DOÑA BEATRIZ VERDEJO ECOLÓGICO 2023 B	616
DOÑA LEO ALTOLANDÓN 2023 B	277
DOS MUNDOS 2021 T	500
DULCE ENERO 2022 B D	277
DURAN 5V RD 2015 BE	154
DURAN ORIGIN 2020 BE GR BR	154
DURAN ROSÉ 2017 RE GR BR	154
DX DE DOMINIO LOS PINOS 2021 T RB	720

E

WEIN	SEITE
EDRA "SOL" 2019 T BA	859
EDRA GRULLAS DE PASO 2021 T BA	859
EDRA XTRA SYRAH 2020 T C S	859
EGIARTE ROSADO 2023 RD	322
EL ÁRBOL DE ARANLEÓN 2022 T C	718
EL BARRANCO DE LA MOLINERA 2021 T	600
EL BESO DE LAS UVAS CHARDONNAY 2021 B FB	761
EL BORDE 2020 T C	98
EL BUEN ROLLO 2021 T	682
EL CAMI 2021 T	301
EL CARRO GROS 2021 T	349
EL CF DE CHOZAS CARRASCAL 2020 T	758
EL CONJURO 2019 T	529
EL CORDERO Y LAS VÍRGENES 2020 T R	724
EL COSTER DE L'ALZINA 2018 T C	366
EL FOLLET ROSAT 2023 RD	171

ÖKO WEINE

ÖKO WEINE

WEIN	SEITE
EL FUNDAMENTALISTA 2022 T	279
EL JARDÍN DE LAS IGUALES GARNACHA 2022 T	872
EL JARDÍN DE LAS IGUALES MACABEO 2021 B	872
EL JARDÍN SECRETO VERDEJO 2023 B	804
EL LINZE 2022 T	810
EL LINZE 2023 B FB	822
EL MARUJO 2021 T C	597
EL MARUJO 2023 T	597
EL MIRADOR 2019 T	301
EL NEXE DE CELLER SANROMÀ 2022 T C	883
EL PACTO DE LA SONSIERRA 2020 T	604
EL PICAPEDRER 2021 B FB	888
EL QUINTÀ BÀRBARA FORÉS 2022 B FB	657
EL QUINTO PARAJE VERDEJO 2022 B	622
EL ROCALLÍS 2021 B FB	337
EL SECRETO DE ÉLEZ 2022 B	761
EL SEQUÉ 2022 T	46
EL SERRALET 2020 BE BN	912
EL SERRATS 2021 B	790
EL SUEÑO DE LAS ALFORJAS ALBARÍN 2022 B	265
EL TEMPLARI BÀRBARA FORÉS 2022 T C	657
EL TITÁN DEL BENDITO 2021 T	682
EL TRACTE 2020 T	301
EL TRANSGRESSOR DE CELLER SANROMÀ VI BRISAT 2022 B	883
EL VIÑEDO DE LA VIDA TEMPRANILLO-CABERNET SAUVIGNON 2023 T	818
EL VIÑEDO DE LA VIDA VERDEJO-SAUVIGNON BLANC 2023 B	818

WEIN	SEITE
EL VISIONARI 2023 RD	194
ELIANE CHARDONNAY 2022 B	339
ELISENDA DE LOXAREL 2021 RE R BN	346
ELITIA CARINYENES VELLES 2020 T R	190
ELITIA GARNATXA D'EMPORDÀ B SOLERA D	190
ELIXIR 2021 B	893
ELLA CHARLES 2021 B	121
ELVIRA DE CAL BESSÓ 2021 B FB	302
EMILIO VALERIO 2021 T	326
EMPELTS 2021 T	313
ENSAMBLAJE CLANDESTINO MMXX 3º EDICIÓN 2020 T	694
ENSAYO ALBILLO REAL 2020 B	742
ENTRE PALABRAS 2021 T	507
EQUILIBRIO 4 2021 T	242
EQUILIBRIO 9 2020 T BA	242
EQUILIBRIO SAUVIGNON BLANC 2023 B	242
EREMUS 2022 T RB	469
ERIKA DE PAUMERA 2023 RD	650
ES MONESTIR 2019 T R	845
ES VIROT 2021 T BA	845
ESCALADEI VI DE VILA 2020 T C	379
ESENCIA DE LA TORRE CHARDONNAY 2023 B	862
ESENCIA DE LA TORRE PETIT VERDOT 2019 T	862
ESPARTER 2017 BE GR BN	334
ESPECTACLE 2021 T C	312
ESPELT TERRES NEGRES 2020 T	196
ESPORRERES 2020 T	307
ESPUMOSO ENCINA BLANCA 2021 BE BN	843

WEIN	SEITE
ESTÁ POR VENIR 2022 T	868
ESTEL 2023 RD	848
ESTEL D'ARGENT 2018 BE GR BN	144
ESTHER 2021 T C	740
ESTONES PX 2022 B	663
ESTRUCH INICI 2018 BE GR BN	142
ETERN 2021 T BA	384
ETERN 2022 T BA	384
ETERNAL 2018 T	456
EULÀLIA DE PONS CUVÉE 2021 BE R BR	140
EVOLET 2020 T RB	781
EVOLET VIVENCIAS 2019 T	781
EZEQUIEL 2023 T	269

F

WEIN	SEITE
FAJERO 2020 T R	523
FAMILIA COMENGE RESERVA 2020 T	460
FAMILIA PACHECO MONASTRELL ORGÁNICO 2022 T	237
FANGAR ELEMENTS 2013 T R	358
FATA MORGANA DULCE 2019 T D	816
FAVONIO 2022 B	864
FILIGRANA 2022 B	123
FILIGRANA 2022 T	123
FINA 1270 A VUIT 2021 T BA	368
FINCA BARQUERES 2019 T C	183
FINCA BINIAGUAL VERÁN BLANC 2023 B	89
FINCA CALVESTRA MARGAS 2019 B	867

WEIN	SEITE	WEIN	SEITE	WEIN	SEITE
FINCA CALVESTRA MERSEGUERA 2022 B	868	FINCA OLIVARDOTS GROC D'ÀMFORA 2023 B	200	FRUTO NOBLE VINO DE FINCA 2022 T RB	42
FINCA CAÑADA HONDA 2023 T MC	694	FINCA RACONS 2018 B	184	FUCHS DE VIDAL 2017 BE GR BN	131
FINCA CAÑADA HONDA BOBAL 2019 T BA	694	FINCA SANDOVAL 2021 T	280	FUCHS DE VIDAL ROSÉ PINOT NOIR 2021 RE R EBR	131
FINCA COMABARRA 2020 T C	184	FINCA SANGUIJUELA 2016 T C	269	FUCHS DE VIDAL UNIC 2021 BE R BN	131
FINCA CONSTANCIA ENTRE LUNAS T BA	811	FINCA SIÓS 2021 T C	181	FUENTES DEL SILENCIO	
FINCA DOFÍ 2022 T C	362	FINCA SOBREÑO ECOLÓGICO 2022 T	678	MATAPEREZOSA 2021 B FB	836
FINCA EL OLMILLO 2021 T RB	240	FINCA TERRERAZO 2021 T	760	FUÍNA 2021 T	309
FINCA ÉLEZ CHARDONNAY LÍAS 2022 B	761	FINCA TRES OLMOS CLASSIC 2023 B	618	FURVUS 2022 T BA	313
FINCA ÉLEZ SYRAH 2021 T	761	FINCA TRES OLMOS SOBRE LÍAS 2023 B	618	FUSIÓ 2021 T C	377
FINCA ELS GORGS 2013 BE GR	334	FINCA VILADELLOPS			
FINCA LA MONTESA VIÑEDO ESENCIAL 2020 T C	556	SELECCIÓN GARNATXA 2021 T C	343	**G**	
FINCA LA MONTESA VIÑEDO ESENCIAL 2021 T C	556	FINCA VILADELLOPS XXX XAREL.LO 2022 B FB	343		
FINCA LA SABINA CABERNET 2016 T GR	761	FLOR DE ALBIHAR 2022 B	770	GAIA DE LOXAREL 2022 B	346
FINCA LA SABINA MERLOT 2016 T	761	FLOR DE ENYA 2022 T RB	51	GAINTUS RADICAL 2018 T	348
FINCA LA SABINA SYRAH 2017 T C	762	FLOR TRUFES NEGRE 2020 T	666	GALENA 2021 T R	373
FINCA LA SABINA TEMPRANILLO 2021 T	802	FORASTERO 2023 B	874	GALL NEGRE 2019 T R	343
FINCA LAS CARABALLAS SECTOR 2.8 2021 B	837	FORLONG 2023 B	866	GALLINAS & FOCAS 2020 T	849
FINCA LAS CARABALLAS VERDEJO 2023 B	837	FORLONG LA FLEUR 2016 B	791	GANADERO 2023 T	285
FINCA LOS ALIJARES GRACIANO 2021 T R	812	FORLONG LA FLEUR 2017 B	791	GANCEDO MENCÍA 2023 T RB	77
FINCA LOS ALIJARES INFILTRADO 2022 B	813	FORLONG MON AMOUR 2021 B	866	GARABITAS VIÑAS VIEJAS 2021 T	674
FINCA LOS FRUTALES 2022 RD RB	270	FORMIGA DE SEDA 2023 B	373	GARBINADA 2023 T	385
FINCA LOS FRUTALES IGUALADO 2020 T	270	FORMIGA DE VELLUT 2021 T	373	GARCIANO DE AZUL Y GARANZA 2021 T BA	316
FINCA LOS FRUTALES MALVASÍA 2022 B	270	FRANSOLA 2023 B	342	GARNACHA DE LA MADRE 2021 T	805
FINCA LOS HALCONES BOBAL 2021 T	282	FRONTONIO LA CERQUETA 2022 T	872	GARNACHA TINTORERA =GARAGEWINE 2022 T BA	796
FINCA LOS HALCONES CHARDONNAY 2022 B FB	282	FRONTONIO LA LOMA Y LOS SANTOS 2022 B	872	GARNATXA CASTELL DEL REMEI 2022 T	179
FINCA LOS HALCONES VIOGNIER 2022 B FB	282	FRONTONIO PSICODÉLICO 2022 T BA	873	GARNATXA DE CÉRVOLES 2022 T	181
FINCA LUZÓN SIN SULFITOS AÑADIDOS 2023 T	234	FRONTONIO TELESCÓPICO 2022 T	873	GÉMINA SIN SULFITOS AÑADIDOS 2023 T	238
FINCA MONTICO 2022 B	619	FRUTO NOBLE ROSADO 2023 RD	42	GEMMA 2019 BE GR BN	151
FINCA NOVENA 2022 B	666	FRUTO NOBLE SAUVIGNON BLANC 2023 B	42	GÉNESIS ES FANGAR 2023 T	358

ÖKO WEINE

WEIN	SEITE	WEIN	SEITE	WEIN	SEITE
GÉNESIS ES FANGAR SEMI DOLÇ 2023 B SD	358	GRAN CAUS 2022 B	337	GUERINDA+ LA ROSA 2022 RD	329
GENUÍ GARNATXA VINYA LA CASILLA D'EN PEP 2023 T	337	GRAN CLOT DELS OMS CHARDONNAY 2021 B C	335	GUERINDA+ LA ROYA BLANC DE NOIR 2023 B	329
		GRAN CLOT DELS OMS XAREL.LO 2021 B BA	336	GUILLEM CAROL 2018 BE GR BN	142
GENUÍ MACABEU VINYA LES PEDRES 2023 B	337	GRAN FUCHS DE VIDAL 2020 BE R BN	131		
GENUINA DE RENDÉ MASDÉU 2022 B	171	GRAN JUVÉ CAMPS 2018 BE GR BR	148		
GEOL 2019 T C	184	GRAN PRÍNCEPS 2017 T R	338	**H**	
GG 2020 T	49	GRAN TORELLÓ 2016 BE BN	913	HACIENDA ALCARAZ 2023 B	609
GIRÓ DEL GORNER BLANC Ú 2022 B	343	GRANDALLA 2013 BE GR BR	147	HACIENDA DE LA VIZCONDESA 2020 T RB	270
GIRÓ DEL GORNER ROSAT 2022 RE BR	146	GRANZA 2022 T	450	HACIENDA MONASTERIO 2019 T R	468
GIRÓ DEL GORNER ROSAT 2023 RD	344	GRATALLOPS VI DE LA VILA 2021 T C	362	HACIENDA MONASTERIO 2021 T	468
GIRÓ DEL GORNER VINYA ELS GARROFERS 2021 B FB	343	GRATALLOPS VI DE LA VILA 2022 T C	362	HACIENDA MONASTERIO RESERVA ESPECIAL 2018 T R	468
		GRATAVINUM 2πR 2022 T	377		
GIRÓ DEL GORNER VINYA LA SERDALLA 2022 B	344	GRATAVINUM GV5 PARATGE GUINARDERES 2021 T	378	HÉCULA MONASTRELL ORGANIC 2022 T BA S	749
GIRÓ OSCAR MESTRE 2021 T C	44	GREEN & SOCIAL TEMPRANILLO 2023 T	824	HELLO WORLD PETIT VERDOT 2023 T	812
GIRO RIBOT AB ORIGINE BRUT RESERVA 2019 BE R BR	146	GREEN & SOCIAL VERDEJO 2023 B	611	HERÈNCIA ALTÉS BENUFET 2023 B	663
		GRITELLES ANCESTRAL BRISAT BE BR	907	HERÈNCIA ALTÉS LA PILOSA 2022 T	663
GIRÓ RIBOT KARAMBA 2023 B	344	GRITELLES ANCESTRAL ROIG 2023 TE BR	907	HERÈNCIA ALTÉS LA SERRA NEGRE 2022 T	663
GIRÓ RIBOT MIMAT BLANC 2023 B	344	GRITELLES CARINYENA VINYES VELLES 2021 T C	304	HERÈNCIA ALTÉS LA XALAMERA 2021 T	663
GIRÓ RIBOT UMA 2020 BE GR BR	147	GRITELLES GARNATXA VINYES VELLES 2021 T C	304	HERÈNCIA ALTÉS LO GRAU DE L'INQUISIDOR 2021 T	663
GISELE 2022 B	339	GRITELLES MACABEU TROS DE LA SERRA 2019 B	368	HERETAT D'LÁCRIMA BACCUS 2022 BE R BR	149
GOTES DEL PRIORAT 2022 T	372	GRITELLES MANOU 2022 T	304	HERMANOS FERNÁNDEZ 2022 B	613
GRAMONA IMPERIAL 2018 BE BR	908	GRITELLES SIURANA ROIG 2021 RD	304	HERMANOS LURTON NATURAL 2023 T	675
GRAMONA LA CUVÉE 2019 BE	908	GRITELLES VEDRENYES 2023 B	304	HERMANOS LURTON SAUVIGNON BLANC 2023 B	615
GRAN AUTÓCTON BLANC 2021 B	865	GUARDA DE LEDA SELECCIÓN 2019 T	828	HERMANOS LURTON TEMPRANILLO 2022 T	675
GRAN AUTÓCTON BLANC 2022 B	865	GUERINDA EL MÁXIMO 2022 T BA	328	HERMANOS LURTON VERDEJO 2023 B	615
GRAN AUTÓCTON NEGRE 2017 T	865	GUERINDA PARCELAS DE GARNACHA "LA ABEJERA" 2022 T	328	HIBEU 2022 T	285
GRAN AUTÓCTON NEGRE 2020 T	865			HIBEU FINCA LA MINERAL 2022 T	285
GRAN BLANC PRÍNCEPS 2023 B	338	GUERINDA PARCELAS DE GARNACHA		HIGA 2022 T	892
GRAN CAUS 2019 T	337	"MURIOMOZO" 2022 T BA	328	HODGKINSON CARIÑENA 2021 T R	378

ÖKO WEINE

WEIN	SEITE	WEIN	SEITE	WEIN	SEITE
HODGKINSON GARNACHA PELUDA 2019 T R	378	IL.LUSIONA'T 2023 B	722	JÁNCOR 2022 T C	848
HODGKINSON MAS DEL HABANERO 2018 T	378	IL.LUSIONA'T ROSÉ 2023 RD	722	JANÉ VENTURA FINCA ELS CAMPS MACABEU 2023 B	344
HOMBROS (VINO DE PARAJE - VALDAIGA) 2022 T BA	78	ILLANA 2023 T	519		
HONORO VERA ORGÁNIC 2023 T	233	ILLANA ALMA 2023 B	519	JANÉ VENTURA MALVASÍA DE SITGES 2023 B BA	344
HOYA DE CADENAS BE R BR	157	IL·LÒGIC XAREL·LO ORGÀNIC SUMARROCA 2023 B	336	JANÉ VENTURA RESERVA DE LA MÚSICA ROSÉ 2021 RE R BR	147
HUGUET DE CAN FEIXES 2017 BE BN	908	INCRÉDULO BLEND 2021 T	672		
HUGUET DE CAN FEIXES CLASSIC 2017 BE BR	908	INDOMABLE 2017 BE BN	910	JANES 2019 BE	904
		INFANTE 2023 RD	848	JAUME DE PUNTIRÓ BLANC 2023 B	89
		INFANTO TEMPRANILLO 2023 T	253	JAUME DE PUNTIRÓ CARMESÍ 2022 T	89
I		INFINITUS CABERNET SAUVIGNON 2023 T	809	JAUME GIRÓ I GIRÓ MONTANER 2017 BE GR BN	148
I`M YOUR ORGANIC RED 2023 T	889	INFINITUS MALBEC 2023 T	809	JAUME GIRÓ I GIRÓ PINOT NOIR ROSADO 2021 RE BR	148
I`M YOUR ORGANIC ROSÉ 2023 RD	889	INFINITUS SYRAH 2023 T	809		
I`M YOUR ORGANIC WHITE 2023 B	889	INFINITUS TEMPRANILLO 2023 T	809	JAUME GIRÓ I GIRÓ SELECTE 2013 BE GR BN	148
ICÒNIC 2018 BE GR BN	142	INFINITUS VIURA & CHARDONNAY 2023 B	809	JAUME LLOPART ALEMANY XARELLO 2023 B	345
IDA & PETER 2023 BE EBR	866	INGOBERNABLE 2020 T	280	JEAN LEON 3055 CHARDONNAY 2023 B	345
IDENTITAS 2021 B	651	INHÒSPIT 2022 B	333	JEAN LEON 3055 ROSÉ 2022 RD	345
IDILLIC MUSCAT 2024 B	338	INICIAL VELO DE FLOR 2021 B	280	JEAN LEON VINYA GIGI CHARDONNAY 2022 B C	345
IDRIAS 2021 T C	639	INQUIET DE RENDÉ MASDÉU 2023 T	171	JEAN LEON VINYA LA SCALA CABERNET SAUVIGNON GRAN RESERVA 2017 T GR	345
IDRIAS CHARDONNAY 2023 B	639	INTUICIÓN VERDEJO ORGANIC 2023 B	841		
IDRIAS T RB	640	IRVING SYRAH 2021 T C	210	JEAN LEON VINYA LE HAVRE CABERNET SAUVIGNON RESERVA 2020 T R	345
IDRIAS TEMPRANILLO 2023 RD	640	ISABELLA BOBAL 2022 T	518		
IDRIAS TEMPRANILLO 2023 T	640	IUVENIS DE BIOPAUMERÀ 2021 T	650	JEAN LEON VINYA PALAU MERLOT 2020 T C	345
IJALBA 2020 B R	602	IVORI VINYA LA FINKA 2022 B	37	JIMÉNEZ-LANDI PIÉLAGO 2022 T	285
IJALBA 2021 B C	602			JIMÉNEZ-LANDI SOTORRONDERO 2022 T	285
IJALBA 2021 T C	602			JIRÓN DE NIEBLA 2021 T C	770
IJALBA MATURANA 2022 T	602	**J**		JONCARIA GARNACHA ROJA 2022 B	198
IJALBA MATURANA BLANCA 2023 B	602	J.P. 2018 T R	89	JOSÉ PARIENTE 2021 B FB	618
IJALBA TEMPRANILLO 2021 T	602	JA! T	799	JOSÉ PARIENTE CUVÉE ESPECIAL 2021 B	618
IKIGALL 2023 B	343	JÁNCOR 2022 T BA	848	JOSÉ PARIENTE FINCA LAS COMAS 2021 B	618

ÖKO WEINE

WEIN	SEITE
JOSEFINA PIÑOL VENDIMIA TARDÍA	
VIÑAS VIEJAS 2018 B D	659
JOSEP FORASTER BLANC SELECCIÓ 2023 B	172
JOSEP FORASTER TREPAT 2022 T	172
JOYA DEL MEDITERRÁNEO 2022 B	868
JUAN GIL ETIQUETA AMARILLA/ YELLOW LABEL 2023 T	233
JUAN GIL ETIQUETA PLATA/SILVER LABEL 2022 T	233
JUAN JOSÉ 2022 T	877
JÚLIA BERNET BARRACA DELS COSCONS 2018 BE BN	909
JÚLIA BERNET FEIXES DE LA FONT 2020 BE BN	909
JULIETA 2022 T	172
JUMENTA MERLOT SYRAH GARNACHA TINTORERA 2022 T	55
JUVÉ & CAMPS LA SIBERIA 2015 RE GR BN	148
JUVÉ & CAMPS MILESIMÉ 2019 BE R BR	148
JUVÉ & CAMPS MILESIMÉ XARELLO OLIVERA 2017 BE GR BN	148
JUVÉ & CAMPS RESERVA DE LA FAMILIA 2009 BE GR BN	149
JUVÉ & CAMPS RESERVA DE LA FAMILIA 2012 BE GR BN	149
JUVÉ & CAMPS RESERVA DE LA FAMILIA 2019 BE GR BN	149

K

WEIN	SEITE
KYATHOS 2018 T C	751

WEIN	SEITE

L

WEIN	SEITE
L'ANCESTRAL BLANC 2022 BE	910
L'ANCESTRAL ROSÉ 2022 RE	910
L'ESCUMÓS D'ANNA ESPELT 2015 BE	196
L'ESTACA 2018 T	386
L'INCORRECTE DE CELLER SANROMÀ VI BRISAT 2022 B	883
L'OLIVERA 2021 BE R BN	182
L'OLIVERA RESERVA SUPERIOR 2019 BE GR BN	182
L'ORIGEN 2019 BE GR BN	137
LA BAIXADA 2022 T	362
LA BIEN PLANTÁ 2023 T	53
LA BLANCA 2022 B	666
LA BOVILA 2021 T	898
LA CALMA 2021 B FB	337
LA CAÑADA DEL JINETE 2021 T	890
LA CARRERADA 2019 T	311
LA CASA LLARGA 2022 B	338
LA CASILLA 2022 T RB	279
LA CEPA DE PELAYO BOBAL 2020 T	280
LA CIGÜEÑA GODELLO 2023 B	81
LA CIGÜEÑA MENCÍA 2022 T	81
LA DANZA DE LA MOMA 2021 T BA	722
LA DIVISA LIMITED EDITION 2023 B	874
LA DONCELLA DE LAS VIÑAS 2023 RD	802
LA DONCELLA DE LAS VIÑAS CHARDONNAY 2023 B	802
LA DONCELLA DE LAS VIÑAS TEMPRANILLO 2023 T RB	802

WEIN	SEITE
LA ESENCIA DE MONTREAGA 2019 T	816
LA ESTRADA 2021 T	573
LA ESTRECHA 2022 T	279
LA FARAONA 2022 T BA	80
LA FELISA 2022 T	465
LA FIGAFLOR 2023 B	866
LA FORASTERA BY #GARAGEWINE 2022 T	796
LA GALERA 2018 B	380
LA GARNACHA PERDIDA DEL PIRINEO 2021 T C	895
LA HERRADA 2022 T FB	53
LA MERCED 2019 B FB	326
LA MISIÓN BY MENADE 2022 B	829
LA NAVE CASA AURORA 2022 T	881
LA NIMFA BLANC 2023 B	171
LA NOTA 2019 T	781
LA NYMPHINA MONASTRELL 2021 T	750
LA QUEBRÁ 2021 T BA	770
LA ROSA FINCA SANDOVAL 2022 T BA	280
LA SIMA 2022 T MC	277
LA SORT 2022 T	720
LA TAPADA 2021 T	588
LA TAPADA 2022 T	588
LA TEMPTACIÓ 2021 B	349
LA VIÑA DE MATEO 2022 T	42
LA VIÑA DE MATEO 2023 B FB	42
LA VIÑA ESCONDIDA 2020 T	285
LA XARA 2022 T	279
LABRUIXA 2023 B	666
LABYRINTHVS PETRA 2022 B	823

ÖKO WEINE

WEIN	SEITE
LACRIMA BACCUS 2022 BE R BN	149
LÁCRIMA BACCUS ROSÉ RE C BR	149
LÁCRIMA BACCUS SUMMUM 2019 BE R BN	149
LADERAS DEL NORTE 2022 T	457
LAMEMÒRIA 2022 B	666
LANGA CLASSIC 2022 T	103
LANGA FRENESÍ 2022 T	103
LAR DE SOTOMAYOR ECOLÓGICO 2021 T	540
LAS ALAS DE FRONTONIO LA TEJERA 2022 T FB	873
LAS BEATAS 2021 T	574
LAS DOSCES 2021 RD	697
LAS DOSCES 2022 T RB	697
LAS DOSCES 2023 B	697
LAS GALGAS 2021 B	898
LAS HOCES 2021 T	697
LAS LAMAS 2022 T BA	80
LAS MORADAS DE SAN MARTÍN ALBILLO REAL 2022 B	742
LAS MORADAS DE SAN MARTÍN INITIO 2019 T	742
LAS MORADAS DE SAN MARTÍN SENDA 2021 T	743
LAS MORADAS DE SAN MARTÍN, LIBRO DIECIOCHO LAS LUCES 2018 T GR	743
LAS OCHO 2020 T	758
LAS TRES 2020 B FB	758
LATITUD 40 GRACIANO (ETIQUETA VERDE) 2022 T	286
LATÚE 2023 RD	250
LATÚE AIRÉN 2023 B	250
LATÚE TEMPRANILLO 2022 T	250
LAUDUM 2022 T RB	41
LAUDUM CHARDONNAY 2023 B	41
LAULLA 2023 T	603
LAURANA VERDEJO 2023 B	802
LAUSOS 2021 T	842
LE BOBAL 2022 T BA	692
LE CENCIBEL 2022 T BA	692
LE GRENACHE 2021 T RB	692
LE NATUREL 2023 B	316
LE NATUREL 2023 T	316
LE ROSÉ 2022 RD	693
LE VERMENTINO 2022 B	866
LEGADO FINCA EL REFUGIO CABERNET MERLOT 2015 T RB	812
LEGADO FINCA EL REFUGIO PETIT VERDOT 2016 T	812
LEGADO FINCA EL REFUGIO SYRAH 2016 T	812
LEGADO FINCA EL REFUGIO TEMPRANILLO 2022 T RB	812
LEGADO MUÑOZ CENCIBEL 2021 T	820
LES ARGILES D'ORTO VINS BLANC 2023 B	311
LES ARGILES D'ORTO VINS NEGRE 2023 T	311
LES AUBAGUETES 2022 T C	362
LES BRUGUERES 2022 T	379
LES CERVERES XARELLO 2022 B	349
LES CLIVELLES DE L'ALZINA 2020 T	366
LES CLIVELLES DE TORROJA 2022 T	366
LES ELIES 2020 T BA	196
LES PUJOLES 2019 T C	311
LES ROTES DE CAL PAU GARNATXA PELUDA 2022 T	302
LES ROTES DE CAL PAU MALVASIA DE SITGES 2023 B	882
LES TALLADES DE CAL NICOLAU 2019 T C	311
LES VISTES 2021 B FB	888
LEZAUN 0,0 SULFITOS 2022 T	322
LEZAUN 2018 T R	322
LEZAUN 2020 T C	322
LEZAUN GAZAGA 2021 T RB	322
LEZAUN TEMPRANILLO 2023 T MC	322
LIBRE Y SALVAJE GARNACHA 2021 T	117
LIBRE Y SALVAJE GARNACHA BLANCA 2022 B	117
LIBRE Y SALVAJE NARANCHA 2021 B	117
LICOS 2021 B	661
LICOS 2022 B	662
LIVING SEMILLON 2023 B	874
LIVING TEMPRANILLO 2022 T	694
LIXIVO 2022 B	864
LLANO QUINTANILLA 2020 T C	751
LLAVORS BLANC 2023 B	196
LLAVORS NEGRE 2021 T	196
LLOPART 2020 BE R BN	909
LLOPART EX-VITE VIÑAS SINGULARES LES FLANDES 2014 BE BR	909
LLOPART LEOPARDI 2017 BE BN	909
LLOPART ORIGINAL 1887 VIÑAS SINGULARES LES FLANDES 2013 BE BN	909
LLOPART PANORAMIC IMPERIAL 2018 BE BR	909
LO CIRERER 2020 T	302
LO DIVUIT GRAUS 2021 B FB	658

WEIN	SEITE	WEIN	SEITE	WEIN	SEITE
LO MORENILLO 2021 T	667	LOS GREDALES DE EL TOBOSO SYRAH 2022 T RB	815	MAIUS BARRANC DE LA BRUXA 2021 T C	380
LO NOI DEL SAXO 2023 RD	655	LOS GREDALES DE EL TOBOSO SYRAH 2023 T	815	MAIUS GARNATXA BLANCA 2022 B	380
LO PETIT PAU 2023 T	368	LOS LOSARES MONASTRELL 2019 T	54	MALAÑO AIRÉN PLUS 2023 B	815
LO SYRAH DEL GRAU 2019 T C	658	LOS LOSARES MONASTRELL 2020 T	54	MALAÑO CABERNET SAUVIGNON 2023 T	889
LO VY 2022 B	650	LOS PINOS 0 % SULFITO 2023 T	720	MALARADO 2022 RD FB	692
LO VY 2022 T	650	LOS PRADOS 2022 T	53	MALCRIAT 2022 T	722
LO VY ANCESTRAL 2022 B	650	LOVE IS VERMELL 2022 B	343	MALLERENGA 2017 BE GR BN	142
LO VY ANCESTRAL 2022 RD	650	LOXAREL GARNACHA BLANCA 2022 B	346	MALOCO 2022 T	697
LOALTO BOBAL 2023 T	892	LOXAREL XARELLO ÀMFORES 2021 B	346	MALPASO 2022 T	285
LOALTO PARCELA LOS ÁLAMOS 2023 B	892	LÚCULO GARNACHA BLANCA 2022 B	322	MANCHOMUELAS BLANCO DE BERNABELEVA 2022 B FB	738
LOALTO TARDANA 2023 B	892	LUIS SAAVEDRA VENDIMIA NOCTURNA 2018 T RB	740		
LOCO 2022 B FB	285	LUNA 2023 T	286	MANELMIA 2021 BE R BN	870
LOLA BEL 2023 RD	664	LUNAS NUEVAS 2019 T R	683	MANERAS DE VIVIR 2019 T	722
LORE DE OSTATU 2021 B FB	591	LUNAS NUEVAS ORANGE 2022 B	683	MANICOMIO 2022 T	858
LOS BOBALISTAS BOBAL BLANC DE NOIR 2023 B	519	LUZÓN COLECCIÓN MONASTRELL 2023 T	234	MANTONEGRO BLANCO SON JULIANA 2022 B	856
LOS BOBALISTAS BOBAL CLÁSICO 2022 T	519			MANTONEGRO TINTO SON JULIANA 2021 T	856
LOS BOBALISTAS BOBAL CUVÉE 2022 T	518			MANUEL RAVENTOS NEGRA 2017 BE GR BN	911
LOS BOBALISTAS BOBAL ROSÉ 2023 RD	519	**M**		MANUEL RAVENTÓS NEGRA MAGNUM 2013 BE GR BN	911
LOS CANTOS DE TORREMILANOS 2021 T	495	MA IAIA CINTA HOMENATGE 2020 B FB	658		
LOS CORRALES DE MONCALVILLO MATURANA TINTA 2020 T BA	537	MA IAIA CINTA ORIGEN 2022 B	658	MANUEL RAVENTÓS NEGRA MAGNUM 2016 BE GR BN	911
		MABAL 2022 T	97		
LOS FRAILES CALIZA 2022 T	722	MABAL MACABEO DE BALCONA 2022 B	97	MAR DE ENVERO TREIXADURA SOBRE LÍAS 2021 B	408
LOS FRAILES DOLOMITAS 2022 T	722	MABRE 2023 B	195	MARAVIDES CHARDONNAY 2023 B	820
LOS FRAILES RUBIFICADO 2022 T	722	MACABEU DE SOLERGIBERT 2022 B	355	MARAVIDES SYRAH 2022 T	820
LOS GREDALES DE EL TOBOSO CABERNET SAUVIGNON 2022 T RB	815	MACUMBA 2023 RD	874	MARC MIR 2020 BE R BN	912
		MADAM 2023 B	600	MARCO VALERO MARCIAL 2021 T	103
LOS GREDALES DE EL TOBOSO ROSÉ 2023 B	815	MADURESA 2021 T	722	MAREVIA CHARDONNAY ECOLÓGICO VGN 2019	140
		MAINETES VERDEJO 2023 B FB	236	MAREVIA ECOLÓGICO VGN 2019 BE R BR	140
LOS GREDALES DE EL TOBOSO SAUVIGNON BLANC 2023 B	815	MAIUS ASSEMBLAGE 2022 T	380	MARFIL CLÀSSIC 2023 B	37

WEIN	SEITE
MARGER SUMARROCA 2022 B FB	336
MARÍA BERNET 2016 BE BN	909
MARÍA BERNET XARELLO 2014 BE BN	909
MARÍA CASANOVAS 2020 BE GR BN	149
MARÍA CASANOVAS PINOT NOIR ROSÉ RE R BN	149
MARÍA CASANOVAS XP 2019 BE GR BN	149
MARIA RIGOL ORDI 2016 BE GR BN	150
MARIA RIGOL ORDI MÀGNUM CUPATGE DOS MIL DISSET 2017 BE R BN	150
MARIA RIGOL ORDI MIL·LENNI 2019 BE R BN	150
MARÍA SARMIENTO 2022 T	751
MARILUNA 2021 T RB	701
MARILUNA 2023 B	701
MARKO GURE ARBASOAK 2023 B FB	94
MARQUÉS DE RISCAL SAUVIGNON BLANC 2023 B	619
MARQUÉS DE RISCAL VERDEJO ORGANIC 2023 B	619
MARRURRO 2021 T C	860
MARTÍN BERDUGO PARCELA 100 2021 T RB	499
MARTÍN BERDUGO PRIMERA FRUTA 2021 T	500
MAS CANDÍ 2021 BE BN	910
MAS CODINA 2019 BE GR BN	150
MAS CODINA 2021 BE R BN	150
MAS CODINA 2023 B	347
MAS CODINA CABERNET SAUVIGNON 2021 T	347
MAS CODINA ROSÉ 2021 RE R BR	150
MAS CODINA SYRAH 2021 T	347
MAS CODINA XARELLO 2022 B	347
MAS COMTAL 20 ANIVERSARI ROSADO 2014 RE R BN	347
MAS COMTAL POMELL DE BLANCS 2023 B	347
MAS COMTAL ROSAT DE LLÀGRIMA 2023 RD	347
MAS COMTAL XARELLO 2021 BE R BN	347
MAS DE LA PANSA MACABEU 2019 B	123
MAS DE LA PANSA PARELLADA 2019 B	123
MÁS DE LEDA 2020 T C	828
MAS DOIX POBOLEDA VI DE VILA 2023 T	382
MAS PICOSA BLANC 2023 B	122
MAS PICOSA NEGRE 2023 T	122
MAS SINÉN CLOS 2018 T	367
MAS SINÉN COSTER 2017 T C	367
MAS SINÉN GARNATXA NEGRA 2019 T	367
MAS SINÉN LA VALL 2018 T BA	367
MAS TORTÓ NEGRE 2022 T C	303
MAS VILELLA BLANC 2020 B FB	892
MAS VILELLA BLANC 2021 B FB	892
MAS VILELLA NEGRE 2022 T	893
MASET 1917 2020 BE GR BN	132
MASET L'AVI PAU 2020 BE GR BN	132
MASET VINTAGE 2020 BE GR BN	132
MATABUEY 2023 B	837
MATALIAN 2023 B	792
MATERIA 2020 T C	697
MATILDA 2022 B	656
MATRIA BE GR	334
MAURO VENDIMIA SELECCIONADA 2021 T	829
MAXX 2019 T C	269
MEDIANILES 2023 B	810
MEDIANILES 2023 T RB	810
MEDIANILES TEMPRANILLO 2023 T	810
MEDITERRÁNICO 2022 T	500
MEGALA 2021 T	719
MELIC 2019 T	722
MEMBRILLERA 2022 T C	692
MEMORIAS DEL RAMBAM 2021 BE R BR	160
MEMORIAS DEL RAMBAM BLANC 2023 B S	701
MEMORIAS DEL RAMBAM ORIGEN 2023 T RB S	701
MEMORIAS DEL RAMBAM ROSÉ 2023 RD PL	701
MENADE VERDEJO 2023 B	829
MENDI 2023 RD	590
MENDI BY MENDIETA OSABA 2023 T	591
MERIAN BLANC 2023 B	660
MERIAN NEGRE 2023 T	661
MERIAN ROSAT 2023 RD	661
MERIDIANO PERDIDO 2021 B	867
MESTA TEMPRANILLO 2023 RD	690
MESTA TEMPRANILLO 2023 T	690
MESTA VERDEJO 2023 B	690
MESTRATGE 2022 B	348
MESTRATGE DE GARRAF 2022 B	348
MI VERDADEJO 2020 B FB	682
MIBAL SELECCIÓN 2020 T	497
MICROVINS CARINYENA 2019 T	197
MICROVINS GARNACHA BLANCA 2022 B	197
MIL HISTORIAS SYRAH 2022 T	277
MILÉNICO 2018 T	500
MILIARIO AMBAR ORANGE WINE B	879
MILOCA CARINYENA 2023 T	306

ÖKO WEINE

WEIN	SEITE
MILOCA GARNACHA 2023 T	306
MILSETENTAYSEIS 2021 T	500
MILSETENTAYSEIS LA PEÑA 2022 RD	500
MIM NATURA BLANC DE NOIRS 2019 BE GR BN	159
MÍNIMO 2022 T	41
MÍNIMO 2023 B	41
MIQUEL JANÉ BALTANA BLANC 2022 B	335
MIQUEL JANÉ BALTANA ROSAT 2022 RD	335
MIQUEL JANÉ SAUVIGNON BLANC 2021 B	335
MIQUEL JANÉ SYRAH 2022 T	335
MIQUEL PONS 2020 BE R BN	140
MIQUEL PONS ARRELIUM 2023 B	340
MIRABELLES 2019 B	340
MIRADA ORGANIC ROSÉ 2023 RD	814
MIRADOR 2021 T BA	124
MIRANDA D'ESPIELLS 2023 B	351
MIRANIUS 2022 B	340
MIRASOLES 2023 B	240
MISSENYORA 2021 B FB S	182
MITEMA 2020 T	781
MIZARAN 2022 B	277
MIZARAN TEMPRANILLO 2020 T RB	277
MM DE LOXAREL 2018 RE R BN	346
MON IAIO SISCO HOMENATGE 2020 T C	658
MON IAIO SISCO ORIGEN 2021 T C	658
MÓN MACABEO 2019 BE R BN	151
MÓN MACABEO 2023 B	699
MÓN MONTESANCO BOBAL 2016 T	699
MÓN MONTESANCO BOBAL 2018 T	699

WEIN	SEITE
MÓN MONTESANCO BOBAL 2019 T	699
MÓN MONTESANCO MOSCATEL 2023 B	893
MÓN TEMPRANILLO 2022 T	699
MONCERBAL 2022 T	80
MONT MARÇAL 2022 BE R BR	150
MONT MARÇAL EXTREMARIUM 2021 BE R BN	151
MONTARGULL MALVASIA DE SITGES 2022 B	340
MONTE TORO 5 2022 T RB	672
MONTE TORO 8 2021	672
MONTEBACO CARA NORTE 2021 T C	500
MONTECASTRILLO 2023 RD	495
MONTREAGA TEMPO 2019 T	816
MR. RUC 2019 T	848
MUCHADA-LÉCLAPART ETOILE 2019 B	893
MUCHADA-LÉCLAPART ETOILE 2021 B	893
MUCHADA-LÉCLAPART LUMIÈRE 2021 B	893
MUCHADA-LÉCLAPART UNIVERS 2021 B	893
MUCHADA-LÉCLAPART UNIVERS 2022 B	893
MUDARE 2020 B	697
MUNDO DE YUNTERO 2023 B AG	252
MUREDA 2023 RD	816
MUREDA CABERNET SAUVIGNON 2023 T	816
MUREDA SAUVIGNON BLANC 2023 B	816
MUREDA SAUVIGNON BLANC VERDEJO 2023 B S	816
MUREDA SYRAH 2023 T	816
MUREDA TEMPRANILLO SYRAH 2023 T	816
MURVIEDRO COLECCIÓN EKO 2023 T	43
MUSCÀNDIA 2018 BE GR BN	151

WEIN	SEITE
MUSCÀNDIA ANHEL BLANC DE NOIRS 2018 BE GR BN	151
MUSCÀNDIA BE R EBR	151
MUSCÀNDIA DELIRI ANCESTRAL 2022 BE	910
MUSCÀNDIA DELIRI FLORAL 2022 B	348
MUSCÀNDIA ROSÉ PINOT NOIR 2021 RE R EBR	151
MUSIC DE CARRER 2022 B	656

N

WEIN	SEITE
N'AMARAT 2013 T GR	358
NADAL X COLECCIÓ XAREL.LO 2019 B	348
NADAL X COLECCIÓ XAREL.LO 2021 B	348
NADAL X COLECCIÓ XAREL.LO 2023 B	348
NADAL X COLECCIÓ XAREL.LO VERMELL 2021 B	349
NADAL X XAREL.LO VERMELL 2023 B	349
NAHIKUN 2023 B	598
NAHIKUN TEMPRANILLO 2022 T	598
NALTRES 2022 T C S	182
NANIT NATURAL WINE 2023 T	280
NANIT ORANGE WINE 2023 B	814
NATURALEZA SALVAJE GARNACHA 2021 T	316
NATURALIS MER BLANC 2023 B	657
NATURALIS MER NEGRE 2023 T RB	657
NAVAHERREROS BLANCO DE BERNABELEVA 2022 B FB	738
NAVAHERREROS GARNACHA DE BERNABELEVA 2022 T	738
NAVERAN NATURE 2021 BE BN	159

WEIN	SEITE	WEIN	SEITE	WEIN	SEITE
NAVERAN PERLES BLANQUES 2017 BE BR.	159	NURI 2022 B	650	ONTALBA SAUVIGNON BLANC 2023 B	241
NAVERÁN PERLES ROSES PINOT NOIR 2021 RE BR.	159	NÚRIA CLAVEROL ALLIER 2016 BE GR BR	135	OPTA CALZADILLA 2018 T	757
NEGRE DE NEGRES 2022 T	372	NÚRIA CLAVEROL HOMENATGE 2016 BE GR BR	135	ORIGEN 2023 B	888
NELEMAN BIKE CHARDONNAY MUSCAT 2023 B	876	NÚRIA DE MONTARGULL ROSÉ 2020 RE R BR	140	ORIGENES AIRÉN 2023 B	889
NELEMAN BOBAL 2022 T	876	NÚRIA DE MONTARGULL ROSÉ 2022 RD	340	ORIOL ROSSELL ARIADNA 2017 BE GR BN	152
NELEMAN BOBAL ROBUSTA 2021 T	876	NUTT MACABEU 2019 B	346	ORIOL ROSSELL MITIC 2019 BE GR BN	152
NELEMAN JUST FUCKING GOOD WINE 2021 T	876	NUTT SUMOLL 2021 T	346	ORIOL ROSSELL RESERVA DE LA PROPIETAT 2016 BE GR BN	152
NEMESIO (VINO DE PARAJE - BARREIRIÑAS) 2021 T RB	78	NUTT XARELLO 2022 B	346	ORIOL ROSSELL RESERVA DE LA PROPIETAT ROSÉ 2017 RE GR BR	152
NEREUS GARNACHA NEGRA 2021 T	190				
NEREUS SELECCIÓ 2022 T C	190	**O**		ORMUS EDICIÓN LIMITADA 2021 T	531
NILVA ECOLÓGICO 2022 B	274	OCHO ENCINAS 2021 B	877	ORMUS VIURA 2022 B	531
NIMI ANCESTRAL BE	49	OCHO ENCINAS EDICIÓN LIMITADA 2021 T	876	ORO DEL LLANO 2022 B	848
NIMI GERRA 2020 B	49	OCHOA 8A LA FOTO DE 1938 2021 T C	324	OROVELO 2022 B	280
NIMI TOSSAL 2019 B R	49	OCHOA ROSADO DE LÁGRIMA 2023 RD	324	OSSIAN 2022 B	838
NINJA DE LAS UVAS 2022 T	99	OCHOA TEMPRANILLO 2021 T C	324	OSSIAN CAPITEL 2021 B FB	838
NIT DE LLUNA PLENA 2019 BE R BN	145	OLCAVIANA CHARDONNAY 2023 B	819		
NIVIA 2022 B FB	197	OLCAVIANA SAUVIGNON BLANC 2023 B	819		
NOA DE BOHIGAS BE R BN	140	OLCAVIANA VERDEJO 2023 B	819	**P**	
NODUS CHARDONNAY 2023 B	695	OLD HANDS 2022 T RB	750	P.F. 2022 T	279
NODUS DP 2021 T	695	OLE DE AROMAS 2023 T	280	PACO EL FEO 2020 T	117
NODUS SUMMUN 2020 T	695	OLIVASTRO 2021 T	692	PAGO DE LA JARABA SAUVIGNON BLANC 2023 B	763
NODUS SUMMUN 2021 T	695	OLIVÉ BATLLORI 2018 BE GR BN	145	PAGO DE LA OLIVA COUPAGE 2018 T	838
NOIR PRÍNCEPS 2020 T C	338	OLIVER VITICULTORS 2022 BE BN	151	PAGO DE LA OLIVA DEJA VU LUZ DEL AMANECER 2022 RD	839
NOSSA DE MENADE 2023 T	829	OLIVER VITICULTORS ROSÉ RE BN	151		
NOSSO BY MENADE 2023 B	829	OLLER DEL MAS ESPECIAL CARINYENA 2018 T BA	889	PAGO DE LA OLIVA SAVIA 2019 T	839
NUCLI 2023 B	876	OLLER DEL MAS ESPECIAL MACABEU 2019 B	356	PAGO DE LA OLIVA SERENITE 2017 T	839
NÚÑEZ DE GARAY 2023 B	518	OLLER DEL MAS ESPECIAL PICAPOLL NEGRE 2021 T BA	889	PAGO DE LOS BALAGUESES CHARDONNAY 2022 B FB	763
NÚÑEZ DE GARAY 2023 T	518				

ÖKO WEINE

WEIN	SEITE	WEIN	SEITE	WEIN	SEITE
PAGO DE LOS BALAGUESES GARNACHA TINTORERA 2021 T C	763	PALMERI ADÁN 2018 T GR	112	PARÉS BALTÀ CUVÉE DE CAROL 2015 BE GR BN	153
		PALMERI EVA 2022 B	112	PARÉS BALTÀ ELECTIO XARELLO 2022 B	349
PAGO DE LOS BALAGUESES SYRAH 2021 T C	763	PANDORA VERDEJO ECO 2021 B FB	621	PARÉS BALTÀ ESPIGOL 2023 B	350
PAGO DE MARINACEA 2018 T	686	PANDORA VERDEJO ECOLÓGICO SOBRE LÍAS 2020 B	621	PARÉS BALTÀ HISENDA MIRET GARNATXA 2021 T R	350
PAGO DE MARINACEA 2022 B	629			PARÉS BALTÀ HISTORIC 2019 BE GR BN	153
PAGO DE MARINACEA JOVEN 2023 T	686	PANDORA VERDEJO ECOLÓGICO SOBRE LÍAS 2023 B	621	PARÉS BALTÀ MARTA DE BALTÀ 2019 T	350
PAGO DE THARSYS ARGILA 2020 T	759			PARÉS BALTÀ RADIX 2023 RD	350
PAGO DE THARSYS BOBAL DIANA GARCÍA 2021 T	759	PARA CELSUS 2023 T	806	PARÉS BALTÀ ROSA CUSINÉ 2020 RE GR BN	153
PAGO DE THARSYS CABERNET FRANC SIN SULFITOS 2023 T	699	PARA CELSUS VERDEJO 2023 B	806	PARÉS BALTÀ SATÈL·LIT 2020 B	350
		PARA MUESTRA UN BOTÓN 2021 B	81	PAROTET 2021 T	722
PAGO DE THARSYS CERÁMICA 2018 BE GR BN	152	PARA MUESTRA UN BOTÓN 2021 T	81	PARTAL CEPAS VIEJAS 2018 T	97
PAGO DE THARSYS CERÁMICA ROSÉ 2018 RE GR BN	152	PARA MUESTRA UN BOTÓN EDICIÓN LIMITADA FERMENTADA BAJO SUS LÍAS 2020 B FB	81	PASAMONTE 2021 T	763
				PASANAU FINCA LA PLANETA 2020 T	369
PAGO DE THARSYS MILLESIME 2019 BE R BR	153	PARABÒLIC VINÍCOLA DE NULLES 2023 B	652	PASANAU LES MYRIAMS 2023 B	369
PAGO DE THARSYS MILLÉSIME ROSÉ RESERVA 2019 RE R BR	153	PARAJES DEL VALLE 2023 RD	281	PASANAU VI DE PARATGE LOS TORRENTS 2020 T	369
		PARAJES DEL VALLE MACABEO 2023 B	281	PASANAU VI DE VILA DE LA MORERA DE MONTSANT 2023 T	369
PAGO DE THARSYS VENDIMIA NOCTURNA ALBARIÑO 2023 B	759	PARAJES DEL VALLE MACERACIÓN MACABEO 2023 B	894		
				PASION DE BOBAL 2021 T RB	701
PAGO DE THARSYS VENDIMIA NOCTURNA GARNACHA 2023 RD FB	759	PARAJES DEL VALLE MONASTRELL 2022 T	242	PASION DE MOSCATEL 2023 B	727
		PARAÑY 2019 T C	343	PATA NEGRA APASIONADO ORGANIC T	229
PAGO FINCA ÉLEZ CENCIBEL 2021 T	761	PARATÓ 2020 BE R BN	153	PATINEGRO 2021 B	792
PAGO FINCA ÉLEZ CHARDONNAY FERMENTADO EN BARRICA 2022 B FB	761	PARATÓ ROSAT PINOT NOIR 2023 RD	349	PATOJO 2021 T	40
		PARATÓ SAMSÓ 2019 T R	349	PATRIA CHICA 2023 T	755
PAGO FINCA ÉLEZ NOSTRUM 2021 T	761	PARCELA SOLANA 2019 T RB	727	PEDREGAR 2017 RE R BN	334
PAGO FLORENTINO 2020 T	761	PARCELA UMBRÍA 2017 T RB	727	PENTATEUCO CUVÉE 2020 T	844
PAGO FLORENTINO 2021 T	761	PARDELASSES 2019 T	366	PENTATEUCO TERROIR 2020 T	844
PAGOS DE REVERÓN 2023 B S	34	PARDELLS 2019 B	196	PEÑA EL GATO GARNACHA 2021 T BA	587
PAGOS DE REVERÓN 2023 T S	34	PARÉS BALTÀ ABSIS 2018 T R	349	PEÑA EL GATO TINAJA 2021 T	587
PAGOS DE VILLAVENDIMIA SALVAJE 2015 B	832	PARÉS BALTÀ BLANCA CUSINÉ 2016 BE GR BN	153	PEÑA REJAS 2023 T	674

WEIN	SEITE
PEÑALBA-LÓPEZ 2022 B	836
PEÑALBA-LÓPEZ BE BN	145
PEÑAMONTE 2022 RD	679
PEÑAS ALADAS 2018 T GR	493
PEPE RAVENTÓS MALVASIA DE SITGES 2022 B	900
PERDRE EL NORD 2022 T	195
PERE MATA CUPADA Nº 30 2019 BE R BN	150
PERE MATA CUPADA ROSÉ 2021 RE R BR	150
PERE MATA L'ENSAMBLATGE 2018 BE GR BN	150
PERE MATA RESERVA FAMILIA 2018 BE GR BN	150
PERE VENTURA GRAN VINTAGE PARAJE CALIFICADO CAN BAS 2015 BE GR BR	153
PERSIANES 2021 B	348
PÉT - NAT XARELLO 2023 B	913
PETIT SAÓ 2021 T	182
PETITES ESTONES BLANC 2023 B	663
PHINCA HAPA 2021 B	579
PHINCA HAPA 2021 T	579
PÍCARO DEL AGUILA 2022 T BA	493
PICO D´ALIGA 2021 T C	692
PICO DEL OSO 2021 T RB	55
PIEDRA FLUIDA 2023 B	772
PIEDRA FLUIDA LOS FRONTONES 2022 B	772
PIEDRA FLUIDA ORANGE 2021 B	773
PIEDRAS COLORADAS 2022 T RB	54
PILANOT NEGRE 2021 T	650
PINCHAPERAS 2023 T C	884
PINO 2022 T RB	279
PINOSO ALTA EXPRESIÓN 2021 T C	44

WEIN	SEITE
PINOSO CLÁSICO 2021 T C	44
PISSARRES 2022 T BA	375
PITA 2023 RD	621
PITA FINCA LA CANTERA 2021 B FB	621
PITA SAUVIGNON BLANC 2023 B	621
PITA TERRACOTA 2021 B	621
PITA VERDEJO (DOMINIO DE VERDERRUBI) 2023 B	621
PLA DE TUDELA 2021 B	196
PLA DEL BOSC XARELLO VERMELL 2022 B	353
PLAER 2021 T C	384
PLAER 2022 T C	384
PLANAS ALBAREDA 2021 BE R BN	154
PLANAS ALBAREDA 2022 BE BN	154
PLANAS ALBAREDA 2022 BE BR	154
PLANAS ALBAREDA DESCLÒS 2022 T	350
PLANAS ALBAREDA GRAN RESERVA DE L'AVI 2019 BE GR BN	154
PLANAS ALBAREDA L'AVENC 2023 B	350
PLANAS ALBAREDA ROSAT 2021 RE BR	154
PLOM 2021 T	387
POCO A POCO ENVEJECIDO EN BARRICA 2022 T C	804
POCO A POCO SAUVIGNON BLANC 2023 B	804
POCO A POCO TEMPRANILLO SYRAH 2023 T	804
POEM 2020 T	892
PÓLVORA 2022 T	173
PORPRAT 2018 T	855
PORTA REGIA VF CHARDONNAY 2023 B	51
PORTA REGIA VF MONASTRELL 2021 T	51
PORTELL GLATIM NEGRE DE TREPAT 2022 T	172

WEIN	SEITE
PORTELL GUARDA SUPERIOR 2022 BE R BN	159
PORTELL MACABEU BLANC DE BÓTA 2023 B FB	173
PRAPETISCO 2020 T	865
PRIMERA VINYA LES BRUGUERES 2022 B	379
PRIMICIA BLANC BOTA 2023 B FB	657
PRIMICIA LA BORRUDA 2023 RD	657
PRINCIPIA MATHEMATICA 2022 B	333
PRISMA MONASTRELL ORGÁNICO 2023 T	241
PROHIBIT 2021 RE BN	910
PROHOM CONCEPTIA 2023 B	657
PROHOM CONCEPTIA 2023 RD	657
PROHOM EXPERIENTIA 2020 T	657
PROHOM EXPERIENTIA 2023 B FB	657
PROHOM VIOGNIER 2023 B	657
PROPIEDAD 2021 T	557
PROTOCOLO ECO 2022 T	809
PROTOCOLO ECO 2023 B	810
PROTOCOLO ECO 2023 RD	810
PROTOS 9 MESES 2022 T RB	504
PROTOS VERDEJO ECOLÓGICO 2023 B	622
PUNT I.. 2022 T C	661
PUNTIAPART 2019 T	197
PURA SANGRE 2016 T R	242
PURGATORI 2021 T BA	180

ÖKO WEINE

Q

QUERENCIA CORACHE 2023 T	103
QUIM 2023 B	184

WEIN	SEITE	WEIN	SEITE	WEIN	SEITE
QUIMERA 2023 T RB	874	RAYUELO 2021 T	277	RIMARTS 2018 BE GR EBR	155
QUINCHA CORRAL 2021 T	760	REAL GANA BE R BR	905	RIMARTS 2021 BE R BN	155
QUINTA DE AVES SYRAH 2023 T	822	REAL GANA BRUT 18 BE	905	RIMARTS 2022 BE R BR	155
QUINTA DE QUERCUS SINGLE VINEYARD 2020 T	690	REBELLIA 2023 B	696	RIMARTS GRAN RESERVA ESPECIAL CHARDONNAY 2018 BE GR BN	155
QUINTA MILÚ EL MALO 2022 T C	504	REBELLIA 2023 RD	696		
QUINTA SARDONIA QS 2021 T	839	REBELLIA 2023 T	696	RIMARTS MARTÍNEZ ROSÉ 2021 RE BN	155
QUINTA SARDONIA QS2 2021 T	839	REBELLIA SELECCIÓN ESPECIAL 2021 T RB	696	RIPPA DORII VERDEJO ORGANIC WINE 2023 B	630
QUORUM DE FINCA EL REFUGIO PRIVATE COLLECTION 2012 T BA	812	REBUZNO 2022 T	545	RIU DE GOST GARNACHA BLANCA 2021 B RB	895
		RECAREDO INTENS ROSAT 2020 RE BN	911	ROCAFOSCA BLANC 2023 B	375
		RECAREDO SERRAL DEL VELL 2018 BE BN	911	ROCAFOSCA NEGRE 2021 T	375
		RECAREDO SUBTIL 2019 BE BN	912	ROCAPLANA 2022 T	349
R		RECAREDO TERRERS 2019 BE BN	912	ROGER GOULART ECOLÓGICO 2021 BE R BR	156
RAIMAT CHARDONNAY 2023 B	183	REFUGI DE LOXAREL 2019 BE R BN	346	ROLLAND GALARRETA VERDEJO ORGANIC 2022 B	629
RAIMAT EL MOLÍ 2020 T C	183	REINA DE CASTILLA ORGANIC 2023 B	613	ROQUERO ROJO 2023 T	55
RAIMAT EL NIU DE LA CIGONYA 2021 B	183	RELEVO, COLECCIÓN DE PARCELAS 2021 T C	600	ROSA DE ALEJANDRÍA 2023 B SD	804
RAÏMS DE LA INMORTALITAT MALVASIA DE SITGES 2022 B FB	352	REMELLURI 2021 B	583	ROSA DE MAR 2023 RD	845
		RENAIX DE GIRÓ 2022 T	44	ROSAE ARZUAGA 2023 RD	457
RAMÓN CANALS GRAN RESERVA LIMITADA 2018 BE GR BN	155	RENAIX LA PASSIÓ 2023 B	44	ROSARA 2023 RD	867
		RESERVA PARTICULAR DE RECAREDO 2014 BE BN	912	ROSAT DE PLANAS ALBAREDA 2023 RD	350
RAMÓN IZQUIERDO MONASTRELL 2021 T	241	REXACH BAQUES 2019 BE GR BN	155	ROSÉ PRÍNCEPS 2023 RD	338
RAMÓN RAMOS SERIE NARANJA 2020 T	672	REXACH BAQUES BRUT IMPERIAL 2021 BE R BR	155	ROSMARINUS 2021 T	99
RAMÓN SÁENZ IVI ONE 2021 T	595	REY ZAGAL SAUVIGNON BLANC 2022 B	210	ROSMARINUS 2021 T RB	99
RAMÓN SÁENZ, PASIÓN DE VIDA 2023 T	595	RHODES 2021 T C	197	ROSSINYOL 2017 BE GR BN	142
RAMÓN SÁENZ, PEQUEÑO BASTIÓN 2022 T RB	595	RIALLA GARNATXA BLANCA 2023 B	660	ROVER Nº 1 2020 T	894
RAMÓN SÁENZ, PIEDRAS RODANTES 2022 T RB	595	RIALLA GARNATXA PELUDA 2023 RD	660	ROVER Nº 1 2021 T	894
RANGO 2020 T C	243	RIALLA GARNATXA TINTA 2022 T	660	RUBATOS 2019 T	280
RATPENAT 2021 B	340	RIALLA GARNATXA TINTORERA 2021 T RB	660	RUC 2021 T	848
RAVENTOS I BLANC TEXTURES DE PEDRA 2020 BE GR BN	911	RIBERA DEL JUÁ MOSCATEL 2022 B	877	RUNRÚN 2022 B	799
		RICO NUEVO GARNACHA 2022 T	771	RÚSTIC DE CELLER SANROMÀ VI BRISAT 2023 B	883

ÖKO WEINE

WEIN	SEITE
S	
SA FITA 2023 B	359
SA NATURA 2021 T	660
SA SIVINA 2023 B	359
SÁBALO 2022 B	792
SABATÉ I COCA JOSEP COCA 2017 BE GR BN	912
SABATÉ I COCA MOSSET 2019 BE GR BN	912
SABATÉ I COCA RESERVA FAMILIAR 2014 BE GR BN	912
SABINILLA 2022 B FB	692
SADURNÍ OLIVER 2019 BE R BN	152
SADURNÍ OLIVER CUVEE BARRICA 2020 BE R BN	152
SADURNÍ OLIVER ROSAT PINOT NOIR 2022 RE BN	152
SAFRÀ 2022 T	722
SAIAL 2022 B BA	124
SALIA 2022 T R	280
SALTO DE RANA 2023 T	102
SALVAVIDES 2022 T	179
SAN ROMÁN 2021 T	687
SÁNCHEZ VIZCAINO 2020 T R	848
SANCHO GARCÉS 2020 T C	607
SANDOGAL SELECCIÓN DE PARCELA CENCIBEL 2021 T	255
SANDOGAL SELECCIÓN DE PARCELA SAUVIGNON BLANC 2021 B RB	255
SANTA CRUZ PURE 2023 RD	57
SANTA CRUZ PURE GARNACHA TINTORERA 2023 T MC	57
SANTA CRUZ PURE SAUVIGNON BLANC 2023 B	57

WEIN	SEITE
SANZO VIÑAS VIEJAS 2023 B	622
SAÓ ABRIVAT 2021 T C	182
SAÓ BLANC 2022 B FB	182
SAÓ RIESLING 2022 B	183
SAUVELLA LUSCINIA CANTA 2013 T	896
SAUVELLA LUSCINIA EXIMIA 2013 T R	896
SAUVELLA ROMANCE 2022 RD	896
SAUVELLA RUBÍ 2017 T	896
SAUVELLA SUMOLL 2019 T	896
SAVINA 2023 B	845
SCHATZ CHARDONNAY 2023 B	269
SCHATZ PETIT VERDOT 2018 T C	269
SCHATZ PINOT NOIR 2018 T C	269
SCHATZ ROSADO 2023 RD	269
SDM. SOLERGIBERT DE MATACANS 2021 T	355
SEDUCCIÓ VINÍCOLA DE NULLES 2023 B	652
SEGUIT 2021 T	661
SEGUNYOLA 2018 BE BN	910
SEIS DE AZUL Y GARANZA 2020 T	316
SELECCIÓN PARCELA TEMPRANILLO 2019 T	799
SELLONGUES 2022 T	384
SENCILLEZ 2021 T	892
SENDA DE LAS ROCHAS TEMPRANILLO 2018 T C	277
SENTADA SOBRE LA BESTIA 2021 T BA	724
SENTIR B	821
SENTIR RD	821
SEÑORA CARMEN 2021 T C	667
SEÑORÍO DE FUENTEÁLAMO MONASTRELL 2023 T	236
SEÑORÍO DE FUENTEÁLAMO VERDEJO 2023 B	236

WEIN	SEITE
SER VIVO Y NATURAL 2023 T	469
SEREZHADE 2022 B	545
SERRES VELLES GARNATXA 2021 T	348
SERRES VELLES MACABEU 2022 B C	348
SHAYA 2023 B	625
SIERRA GÁDOR 2023 T	848
SILENTE 2023 B BA	884
SILEO 2022 T	307
SILVANO GARCÍA MONASTRELL 2022 T	236
SIN COMPLEJOS 2022 T	683
SINGULARS CARINYENA BLANCA 2022 B	197
SINGULARS GARNATXA ROJA 2022 B FB	197
SIÓS CAU DEL GAT 2022 T C	182
SIÓS PLA DEL LLADONER 2022 B	182
SITRA 2023 B	849
SOBRENATURAL BY MENADE 2018 B C	829
SOCAIRE 2021 B FB	792
SOCAIRE OXIDATIVO 2018 B FB	792
SOGAS MASCARÓ 2022 BE BN	157
SOL DEL 19 2019 T	286
SOLERA 2020 BE GR BN	137
SOLUS DE BIOPAUMERÀ 2023 T	650
SOMIATRUITES 2022 B	343
SON GRAU GRAN BLANC 2023 B	856
SON GRAU GRAN GARGOLLASSA 2023 RD	856
SON P. 2018 T BA	359
SOPLAGAITAS 2023 B	884
STAIRWAY TO HEAVEN 2023 RD	851
STAIRWAY TO HEAVEN CHARDONNAY 2023 B	851

ÖKO WEINE

WEIN	SEITE	WEIN	SEITE	WEIN	SEITE
STAIRWAY TO HEAVEN OWNERS EDITION 2023 RD	851	TAMERÁN MARMAJUELO 2022 B FB	207	TINÁCULA EL SANTILLO 2023 T	518
STAIRWAY TO HEAVEN OWNERS EDITION SAUVIGNON BLANC 2023 B	851	TAMERÁN VERDELLO 2022 B FB	207	TINÁCULA RED 2023 T	518
		TAMERÁN VIJARIEGO BLANCO 2022 B FB	207	TINÁCULA WHITE 2023 B	518
STAIRWAY TO HEAVEN SAUVIGNON BLANC 2023 B	851	TANUKI BOB 2021 T	849	TINÁCULA X 2021 T	518
		TARAMBANA 2022 B	345	TINTO VELASCO #GARAGEWINE 2022 T	796
SUBLIME 2020 T GR	686	TARAMBANA 2022 RD	345	TINTORALBA EL CANTORRAL 2023 T	54
SUEÑO DE MEGALA 2018 T BA	719	TARAMBANA NEGRE 2022 T C	345	TINTORALBA EL ROMERAL 2020 T	54
SUERTES DEL MARQUÉS CANDIO 2022 T	736	TARDANA OCULTA 2022 B	694	TINTORALBA LAS CASILLAS 2023 T	55
SUMARROCA 2020 BE GR BN	135	TARDENCUBA 2021 T RB	672	TIVO 2020 B FB	792
SUMARROCA 2021 BE R BR	135	TARIMA AL NATURAL ORGÁNICO SIN SULFITOS 2023 T	45	TOFTERUP BROTHERS ORGANIC RED 2023 T	807
SUMOLL DE SOLERGIBERT 2022 T	355			TOFTERUP BROTHERS ORGANIC ROSE 2023 RD	807
SUNEUS 2023 RD	190	TEBAIDA 2022 T RB	79	TON DEL ROS 2023 RD	339
SUNEUS BLANC 2023 B	190	TEBAIDA Nº5 (VINO DE PARAJE - VALDEPIÑEIRO) 2021 T RB	79	TORBADOR I 2021 B	381
SUNEUS NEGRE 2022 T RB	190			TORELLÓ 2 AÑADAS MICROVINIFICACIÓN 2019 BE BN	913
SUPERSÓNICO FRONTONIO 2022 T	873	TEMPTACIÓ VINÍCOLA DE NULLES 2021 T	652		
SURIOL DONZELLA 2022 B	351	TERNARIO 1 2021 T BA	54	TORELLÓ 50 LLIURES MAGNUM 2022 B	351
SURIOL ELS BANCALS 2013 B	351	TERNARIO 10 2018 T	54	TORELLÓ ANCESTRAL ANL/21 2021 BE BN	913
SURIOL MATARÓ 2022 T BA	351	TERRA DEL MAÑÁ 6 MESES 2022 T C	41	TORELLÓ GRAN CRISALYS 2021 B FB	351
SURIOL SANG DE DRAC 2016 T	351	TERRAJE 2021 T BA	242	TORELLÓ GRAN CRISALYS 2022 B FB	351
		TERRAPRIMA 2022 T	337	TORELLÓ MAS DE LA TORREVELLA 2023 B	351
T		TERRUM 2021 T	854	TORELLÓ RAIMONDA 2019 T BA	351
		THE ARTIST 2021 T C	854	TORELLÓ RESERVA SPECIAL EDITION 2019 BE BR	913
TABÁ 2022 T C	240	THE FINAL COUNTDOWN 2021 T RB	728	TORELLÓ TRADICIONAL 2018 BE BN	913
TABUERNIGA 2020 T	574	THREE BY THREE ORGANIC WINE 2021 T	657	TORRE ALBÉNIZ 2020 T R	495
TABUERNIGA 2021 T	574	TIANNA BLANC 2022 B	853	TORRE DEL VEGUER ABELLEROL 2023 B	352
TAJINASTE 2023 B	774	TIANNA NEGRE THE SOMMELIER COLLECTION "1" 2022 T	853	TORRE DEL VEGUER EL CUCUT 2021 T RB	899
TAMERÁN BABOSO BLANCO 2022 B FB	207			TORRE DEL VEGUER FONOLL 2022 B	352
TAMERÁN LISTÁN NEGRO 2022 T	207	TIANNA VÉLOBLANC 2022 B	853	TORRE DEL VEGUER JERÓNIMUS 2021 T	352
TAMERÁN MALVASÍA VOLCÁNICA 2022 B FB	207	TINÁCULA EL IMPERIO 2023 T	518	TORRE DEL VEGUER LA ROSADA 2023 RD	899

WEIN	SEITE	WEIN	SEITE	WEIN	SEITE
TORRE DEL VEGUER MARICEL 2022 B	352	TROBALLA NEGRA 2021 T	183	**V**	
TORREMILANOS 2020 T C	495	TROS DE CLOS BUSCANDO A DARWIN 2020 T	372	VAEL WHITE WINE 2023 B	242
TORRENS & MOLINER 2020 BE GR BN	157	TROS DE MAS VILELLA 2018 T	893	VALCHÉ 2020 T C	97
TORRENS & MOLINER 2021 BE R BN	157	TROS DE MAS VILELLA 2021 T	893	VALCUERNA 2020 T C	600
TORRENS & MOLINER GRAN SELECCIO 2019 BE GR BN	157	TRUFES BLANC 2023 B	666	VALCUERNA CDVIN 2021 T C	600
		TRUFES NEGRE 2021 T	666	VALCUERNA EL ORIGEN CLARETE FINO 2019 RD	601
TORRENS & MOLINER RESERVA PARTICULAR 2021 BE BN	157	TURO D'EN MOTA DE RECAREDO 2010 BE BN	912	VALDEHERMOSO 2021 T C	487
				VALDEPEDRO DE OSTATU 2022 T	591
TORRES ROMERO ED. LIMITADA TEMPRANILLO 2015 T	819	TURÓ DE LES ABELLES 2021 T	343	VALDERIZ 2021 T	487
		TURONS DE LA PLETA 2021 B	183	VALDERIZ DE CHIRIPA 2022 T	488
TORRES ROMERO ED.LIMITADA CABERNET SAUVIGNON Y MERLOT 2015 T	819	TURONS VALLCORBA 2020 T C	183	VALDERIZ JUEGABOLOS 2020 T	488
		TUTUSAUS 2019 BE GR BN	157	VALDERIZ TOMÁS ESTEBAN 2018 T	488
TORRES ROMERO PETIT VERDOT COLECCION PRIVADA 2021 T	820	TWENTY TWELVE PINK 2023 RD	359	VALENCISO 10 AÑOS DESPUÉS EDICIÓN LIMITADA 2012 T	573
		TWENTY TWELVE WHITE 2023 B	359		
TOSSUDES 2022 T	123			VALENCISO 2018 T R	573
TRANCO DEL LOBO 2020 T C	278			VALENCISO 2022 B C	573
TRASCUEVAS 2022 B	524	**U**		VALENCISO ROSA 2022 RD	573
TRES 60º 2021 T	684	UBETA AIROTA 2022 B FB	319	VALL DEL CALÀS 2022 T	304
TRES GERMANES 2021 T	306	UBETA COLECCIÓN ANCESTRAL (PARCELA METELUGA) 2022 T BA	319	VALLDOLINA 2018 BE GR BR	157
TRES JULIAS 2022 T C	673			VALLDOLINA 2021 BE R BN	157
TRES LUNAS 2020 T	683	UBETA GARNACHA 2022 T FB	319	VALLDOLINA XAREL.LO 2022 B	352
TRES PATAS 2022 T	285	UBETA GARNACHA BLANCA 2023 B FB	320	VALLMORA 2021 T	38
TREVEJOS MOUNTAIN WINES LISTÁN PRIETO 2022 T FB	33	UBETA ROSE 2023 RD	320	VALTOSCA 2023 T	232
		ULIBARRI 2022 B	91	VD'O 1 2017 T	200
TREVEJOS MOUNTAIN WINES ORGANIC LISTÁN BLANCO 2022 B S	33	UNIVERSAL CABERNET SAUVIGNON BIODINÁMICO 2023 T	812	VEGA MEDIEN ECOLÓGICO BE BR	140
				VEGA MEDIEN ROSÉ RE BR	140
TRIAVA HERITAGE "VINO DE GUARDA" 2021 T R	851	URBEZO CHARDONNAY 2023 B	118	VEGALFARO 2018 BE GR BN	134
TRILOGÍA 2020 T C	722	UWE 2023 T	188	VENTA MORALES ECOLÓGICO 2023 B	807
TROBALLA BLANC 2022 B	182	UWE CLARETE 2023 RD	188	VENTEPICO 2021 B	790

ÖKO WEINE

ÖKO WEINE

WEIN	SEITE
VENTO 2023 B S	34
VENTO BLANCO BRISADO 2022 B	899
➡ VENTO ORIGEN (PIEDRA Y JABLE) 2022 B	34
VENTO ORIGEN ARCILLA 2020 B	35
VENTO ORIGEN ARCILLA 2022 B	35
VENTO VENDIMIA SELECCIONADA 2022 T	35
VENTUM 2018 T C	854
VERDIL DE GEL 2022 B D	719
VERDONCHO #GARAGEWINE ORANGEWINE 2023 B	796
VEREDA DE LAS TÓRDIGAS 2021 T BA	771
VERGEL SELECCIÓN 2021 T C	44
VERÓNICA SALGADO CAPRICHO 2020 T C	447
VERSAT CLOS COR VÍ 2023 B	723
VETUSTA 2021 T C	481
VETUSTA VIÑAS DE FUENTENEBRO 2022 T	481
VETUSTA VIÑEDO ESPECIAL CARRASCALON ALTO 2019 T	481
VÍA EDETANA BLANC 2023 B	662
VÍA EDETANA NEGRE 2022 T BA	662
VIADER DAVANT DEL CORRAL 2022 B	348
VIADER SERRA DEL BOSC 2021 T	348
VIDAL I FERRÉ BE BR	141
VIDAL I FERRÉ BE R BN	141
VIDAL I FERRÉ BLANC DE NOIRS BE R BN	141
VIDAL I FERRÉ ROSAT RE BR	141
VIDILLA 2023 B	625
VIGINTI CABERNET FRANC 2023 T	812
VILARNAU 2021 BE R BN	158

WEIN	SEITE
VILARNAU 2021 BE R BR	158
VILARNAU BRUT ROSÉ DELICAT 2021 RE R BR	158
VILLA CONCHI 2018 BE GR BN	134
VILLA DE CORULLÓN 2022 T	80
VILLAVID BOBAL 2021 T RB	278
VILOSELL 2021 T	184
VINANA 2019 T	269
VINE – ESTONES DE MISHIMA 2022 B RB	663
VINE ROOTS GARNACHA 2020 T	538
VINS DE TALLER BASEIA 2022 B	124
VINS DE TALLER GEUM 2023 T C	124
VINS DE TALLER GRIS 2023 RD	125
VINS DE TALLER PHLOX 2023 B	125
VINS DE TALLER SIURÀ 2021 T C	900
VINYA ALFORÍ 2019 T	727
VINYA ALFORÍ 2021 B	727
VINYA ALFORÍ NEGRE 2019 B	727
VINYES DE BARCELONA 2021 T FB	123
VINYES VELLES DE SAMSÓ 2019 T	313
VIÑA BALEN 2020 T GR	870
VIÑA BORGIA BY BORSAO 2023 T	870
VIÑA BOSQUERA 2023 B	740
VIÑA BOSQUERA 2023 T	740
VIÑA CORRALES PAGO BALBAINA BF FI	214
VIÑA DAMMIS SELECCIÓN FAMILIAR 2023 B	901
VIÑA DE ARANBELZA 2017 T	326
VIÑA DE MIRABUENAS 2015 B	327
VIÑA DE SAN MARTÍN 2016 T	327
VIÑA EL PISÓN 2022 T	901

WEIN	SEITE
VIÑA ESMERALDA 2023 B	342
VIÑA HIJOSA 2020 T	452
VIÑA POMAL ORGANIC 2018 T R	535
VIÑA POMAL ORGANIC ECOLÓGICO 2020 T	535
VIÑA SOL 2023 B	124
VIÑA VENERACIÓN 2023 B	815
VIÑA ZACO 2019 T	536
VIÑAS DEL CÁMBRICO VILLANUEVA 2022 T	777
VIÑAS SILENCIOSAS LA DE MIKEL 2022 T	603
VIÑAS SILENCIOSAS VALDESANJUAN 2022 T	603
VIOGNIER DE PRIETO PARIENTE 2022 B	830
VIORE ORGANIC 2023 B	624
VITA 2022 B	892
VITIS DE AZUL Y GARANZA 2023 B	316
VIVANCO BRUNES 2021 T	565
VIVANCO LA ISLA VIÑEDO SINGULAR 2020 T	565
VIVANCO LA ISLA VIÑEDO SINGULAR PIE FRANCO 2020 B	565
VIVER D'ESPIELLS 2022 B	351
VIVIR SIN DORMIR 2021 T RB	230
VIVIR SIN DORMIR 2022 T RB	230
VIZAR PRESTIGIO 2019 T C	760
VIZAR SELECCIÓN ESPECIAL 2021 T C	760
VIZAR SYRAH 2020 T C	760
VOL D'ANIMA DE RAIMAT BLANC 2023 B	183
VOLAINA 2021 B	340
VOLALTO 2021 T BA	229
VOLTIO VINO DE PUEBLO 2018 T R	894
VOLTIO VINO DE PUEBLO 2022 T	894

WEIN	SEITE
VOLTIO VINO NARANJA 2023 B	894
VULCANUS MACERADO CON PIELES 2023 B	811

X

XAREL.LO JERONI VALLÈS 2022 B	338
XAREL.LO PAIRAL 2021 B FB	338
XAREL.LO VERMELL VINÍCOLA DE NULLES 2022 B	652
XAREL.LO VINYA DEL NOGUER 2022 B	900
XAXAXA 2022 B	338
XENYS MONASTRELL 12 2021 T	243
XENYS ROSÉ 2023 RD	243
XENYSEL PIE FRANCO 2022 T	243
XTRMO (EXTREMO) 2021 B FB	882

Y

YO SOLO 2022 T FB	274
YO SOLO EDICIÓN MELONERA 2022 T C	274

Z

ZAGAL DE FINCA ANTIGUA 2021 T	811
ZERBEROS EL ALTAR 2022 T	885
ZERBEROS LOS CHORRANCOS 2022 T	770
ZIRIES 2015 T	880
ZURBAL 2022 T	585
ZUZARÁN FAJERO 2021 T C	523
ZUZARÁN MATURANA 2022 T	523

ÖKO WEINE

BODEGAS - WEINKELLER

BODEGA	SEITE	BODEGA	SEITE	BODEGA	SEITE
#GARAGEWINE	795	ADEGA O CASAL	704	AKARREGI-TXIKI	203
13 VIÑAS VIÑEDOS Y BODEGA	69	ADEGA PONTE DA BOGA	421, 704	ALBARIZA DE LA TORRE	862, 904
3.10 CELLER	848	ADEGA SAIÑAS	421	ALBET I NOYA	333
300 LIOS	733	ADEGA SAMEIRÁS	433	ALDEA DE ABAIXO	392
3V & SINGULAR WINES	178	ADEGA TERRAS MANCAS	860	ALDONZA	127, 796
4 KILOS VINÍCOLA	849	ADEGA VIÑA COSTEIRA	434	ALEGRE WINES & SPIRITS	190, 655
		ADEGA VIÑA COSTEIRA VALDEORRAS	705	ALEJANDRO FERNÁNDEZ TINTO PESQUERA	444
		ADEGAS CASTROBREY	390	ALEJANDRO HERRERO VINOS VALBUENA	445

A

BODEGA	SEITE	BODEGA	SEITE	BODEGA	SEITE
		ADEGAS DO REXURDIR - RIAS BAIXAS	390	ALEMANY I CORRIO	333, 862
A VILERMA	433	ADEGAS DO REXURDIR - RIBEIRO	434	ALFREDO ARRIBAS	301
AALTO BODEGAS Y VIÑEDOS	444, 822	ADEGAS GRAN VINUM	390	ALGIL BODEGAS Y VIÑEDOS	671
ABADAL	355, 862	ADEGAS GUIMARO	421	ALGUEIRA	422
ABADÍA DA COVA	420	ADEGAS MALEIGA	434	ALIAGA	315, 521
ABADÍA DE ACÓN	444	ADEGAS MINIUS	290	ALKAZAR BULDING	794, 863
ABADÍA DE ARIBAYOS	671, 862	ADEGAS MORGADÍO	390	ALMA DAS DONAS	423
ABADÍA DE POBLET	170	ADEGAS TERRA DE ASOREI	391	ALMA LÓPEZ WINES	445
ABADÍA RETUERTA	755	ADEGAS TERRA SANTA	391	ALMÁZCARA MAJARA	69
ACÚSTIC CELLER	300	ADEGAS TOLLODOURO	391	ALREGI	190, 609, 650
ADEGA A COROA	703	ADEGAS VALDAVIA	434	ALSINA & SARDÁ	127, 333
ADEGA ALAN DE VAL	703	ADEGAS VALMIÑOR	391	ALTA ALELLA	37
ADEGA CEPADO	703	ADEGAS VALTEA	392	ALTA ALELLA - CELLER DE LES AUS	904
ADEGA CONDES DE ALBAREI	389	ADRIÁN MORENO LLORENTE	521	ALTA PAVINA	822
ADEGA DA PINGUELA	704	AGRÍCOLA CALCÁREA	862	ALTAMENTE VINOS S.L.	229
ADEGA DAMM	420	AGRÍCOLA CORBERA D'EBRE	655	ALTANZA	522
ADEGA EIDOS	389	AGRO-URDIENSE	769, 904	ALTANZA - COLECCIÓN R. AMILLO	213
ADEGA ENTREOSRIOS	790, 862, 904	AGUSTÍN CUBERO	101	ALTAVINS VITICULTORS	655
ADEGA FRANCISCO FERNÁNDEZ SOUSA	433	AILALA-AILALELO	435	ALTO DE INAZARES	863
ADEGA MAIOR DE MENDOZA	389	AITAREN LURRETIK	203	ALTO DE PIOZ	796
ADEGA MANUEL FORMIGO	433	AIURRI	521	ALTOLANDÓN	277
ADEGA MELILLAS E FILLOS	704	AIZPURUA	203	ALTOS DE LAPUEBLA	522

BODEGA	SEITE	BODEGA	SEITE	BODEGA	SEITE
ALTOS DE RIOJA VITICULTORES Y BODEGUEROS	522	ARTUKE BODEGAS Y VIÑEDOS	523	BARÓN DE LEY	524
ALTOS DE TAMUJA	771	ARTURO GARCÍA VIÑEDOS Y BODEGAS	70	BASOBE	91
ALTOS DE TORONA	392	ASTOBIZA	59	BATAN DE SALAS	635
ALTOS DE TREVEJOS	33	ASTRALES	445	BAYOD BORRÁS	905
ALTOS DEL ENEBRO	445, 864	AT ROCA	333, 904	BELA	446
ALVAR DE DIOS	822	ATALAQUE	284, 796	BELONDRADE	363, 610, 824, 865
ALVAREDOS-HOBBS	423	ATAVUS PRIORAT	363	BENITO SANTOS	393
ÁLVAREZ DE TOLEDO	823	ATTIS BODEGA Y VIÑEDOS	70	BENJAMÍN MIGUEZ NOVAL	394
ÁLVAREZ DURÁN PRIORAT	362	AURELIO FEO VITICULTOR	71	BERNABELEVA	738
ÁLVAREZ Y DÍEZ	609, 823	AUSÀS BODEGAS Y VIÑEDOS	445	BERNARDO ESTÉVEZ	866
ÁLVARO DOMECQ	213	AUTÉNTICOS VIÑADORES, VINOS DE TERROIR	776	BERONIA RUEDA	610
ALVARO PALACIOS	362	AUTÓCTON CELLER	864	BERTA VALGAÑÓN VIÑEDOS Y VINOS	525
ALVEAR	294	AV BODEGUERS	190	BIELSA RUANO VINS	655
AMBORA	644	AVELINO VEGAS	162, 446, 609, 823	BIMBACHE VINÍCOLA	186
ANCHURÓN	210, 789	AVGVSTVS FORVM	334	BINIGRAU	849
ANECOOP BODEGAS	315, 717, 904	AVINYÓ	128	BINITORD	845
ANGUERA DOMENECH	301	AYMAR - CASTELL DE PUJADES	334	BIOCA	705
ÀNIMA NEGRA VITICULTORS	847, 864	AZPILICUETA	524	BIOPAUMERÀ	650
ANTONIO MASCARÓ	128	AZUL Y GARANZA	316	BLANCHER-CAPDEVILA PUJOL	120, 129, 335
ARCO DA VELLA A ADEGA DE ELADIO	435			BLECUA	635
ÁREA PEQUEÑA VITICULTORES	523	**B**		BODEGA & VIÑEDOS CARRES	692
ARINAS GIL	523			BODEGA 100 CEPAS	264
ARÍNZANO	758	BADEN NUMEN	446	BODEGA A CARQUEIXA	423
ARNACH	769	BAL D'ISÁBENA BODEGAS	635	BODEGA ABEL MENDOZA MONGE	525
AROA BODEGAS	315	BALBINA	393	BODEGA ALANÍS	435
ARQUEOGASTRONOMÍA	864	BALDOVAR 923	717	BODEGA ALDAHARA	635
ARRIBES DEL DUERO	65	BARAHONDA	749	BODEGA ALISTE	866
ARTCAVA – MASIA CAN BATLLE	128	BARCO DEL CORNETA	823, 865	BODEGA AMANOVO	718
ARTIGA FUSTEL	108, 229	BARDOS	610	BODEGA ANDRÉS INIESTA	277
ARTOMAÑA TXAKOLINA	59	BARÓN D'ALBA	794	BODEGA ARANLEÓN	129, 692, 718

BODEGAS - WEINKELLER

BODEGA	SEITE
BODEGA ASCENSIÓN REPISO BOCOS	447
BODEGA AVA VI	850
BODEGA BALCONA	97
BODEGA BARDOS	447
BODEGA BATGARA TXAKOLINA	59
BODEGA BELL CROS	301, 866
BODEGA BERROJA TXAKOLI	91
BODEGA BIDEONA	525
BODEGA BRAVO ESCÓS	363
BODEGA CAMPOS DE DULCINEA	797
BODEGA CARLOS MARTÍN	162
BODEGA CARRASCAS	797
BODEGA CASA LA RAD	526
BODEGA CASA LOBOS	798
BODEGA CASAR DE VIDE	435
BODEGA CASETA VELLA	851
BODEGA CASTELL MIQUEL	851
BODEGA CEPALL	71
BODEGA CERRO DE LAS CRUCES	210
BODEGA CÉSAR PRÍNCIPE	162
BODEGA CHIVITE	788
BODEGA CLEMENTE GARCÍA	527
BODEGA CM DE MATARROMERA	447, 610
BODEGA COMARCAL VALLE DE GÜIMAR	730
BODEGA CONTADOR	527
BODEGA CONVENTO SAN FRANCISCO	447
BODEGA COOP. JESÚS NAZARENO S.C.G.	705
BODEGA COOPERATIVA CIGALES	162
BODEGA CORNICALES	186
BODEGA COSECHEROS REUNIDOS	316

BODEGA	SEITE
BODEGA COVARRUBIAS	62
BODEGA CRISTO DEL HUMILLADERO	739
BODEGA CUARTO LOTE	739
BODEGA CUATRO RAYAS	448, 528, 610, 824
BODEGA CYAN	671
BODEGA DE FORLONG	791, 866
BODEGA DE MOYA	692
BODEGA DE SADA	316
BODEGA DE SARRÍA	316
BODEGA DE TXAKOLI AMEZTOI	203
BODEGA DEITANIA	866
BODEGA DEL ABAD	71
BODEGA DEL MONGE-GARBATI	528
BODEGA DEL NERO	739
BODEGA DOBLE R	448
BODEGA DON CELESTINO	777
BODEGA DUSSART PEDRÓN	692, 866
BODEGA ECOLÓGICA KIENINGER	269, 867
BODEGA ECOLÓGICA LUIS SAAVEDRA	740
BODEGA EL ABUELO FLORES	777
BODEGA EL ANGOSTO	718
BODEGA EL GRIFO	261
BODEGA EL HOMBRE ORQUESTA	529
BODEGA EL LOMO	771
BODEGA EL REGAJAL	740, 824
BODEGA EMINA	448
BODEGA EMINA RUEDA	612
BODEGA ENATE	636
BODEGA ERUPCIÓN	261
BODEGA ESLAVA	317

BODEGA	SEITE
BODEGA F. SCHATZ	269
BODEGA FABIO COULLET	269
BODEGA FERNÁNDEZ HERRERO	210
BODEGA FINCA DE LOS ARANDINOS	529
BODEGA FINCA FUENTEGALANA	825
BODEGA FINCA LA PICARAZA	693
BODEGA FINCA MARAÑUELA	733
BODEGA FUEGO LENTO	40
BODEGA FUENTE VICTORIA	848
BODEGA GARCÍA DE LA ROSA	798
BODEGA GIL ARMADA	394
BODEGA GRANBAZÁN	394
BODEGA HERMANOS DEL VILLAR	448, 612
BODEGA HERMANOS MESA	730
BODEGA HINOJAR	825
BODEGA HINOJO	207
BODEGA ILLADA	733, 867
BODEGA INURRIETA	317
BODEGA JAUME SERRA	129
BODEGA JIMÉNEZ-VILA	693
BODEGA K5	203
BODEGA LA CERRADA	101
BODEGA LA DOLORES	101
BODEGA LA ERA	799
BODEGA LA TAPADA	705
BODEGA LA VERDEA	768
BODEGA LADAIRO	290
BODEGA LAS CALZADAS	518
BODEGA LAS VIRTUDES	40
BODEGA LATARCE	671, 867

BODEGA	SEITE	BODEGA	SEITE	BODEGA	SEITE
BODEGA LAUS	636	BODEGA PAGOS DE ARAIZ	319	BODEGA SANTA CATALINA DEL MAÑAN	40
BODEGA LES USERES	794	BODEGA PALOMILLO	868	BODEGA SEÑORÍO DEL JÚCAR	278
BODEGA LINAJE DEL PAGO	644, 772	BODEGA PARDAL Y PUNTO	65	BODEGA SEPTIEN	62
BODEGA LOS ALJIBES	799	BODEGA PARDO TOLOSA	277	BODEGA SEVERINO SANZ	452, 826
BODEGA LOS BERMEJOS	261	BODEGA PAZO DE SAN MAURO	395	BODEGA SIESTO	868
BODEGA LOS FRUTALES	270	BODEGA PAZOS DEL REY	290	BODEGA SIGUÍN	740
BODEGA LOS LLANOS	714	BODEGA PIEDRA FLUIDA	772	BODEGA SOMMOS	637
BODEGA LOS OLMOS	449	BODEGA PINNA FIDELIS	449	BODEGA TAFURIASTE	733
BODEGA LUIS PÉREZ	867	BODEGA PIRINEOS	637	BODEGA TAMERÁN	207
BODEGA MAGALARTE ZAMUDIO	91	BODEGA PRIVILEGIO DEL CONDADO	175, 868	BODEGA TÁNDEM	319
BODEGA MANZANEQUE	799	BODEGA QUINTA LAS VELAS	65	BODEGA TAPIAS MARIÑÁN	290
BODEGA MARQUÉS MONTECIERZO	318	BODEGA RAMÓN RAMOS/TARDENCUBA	672	BODEGA TEODORO RUIZ MONGE	530
BODEGA MARTINON	261	BODEGA REBELDES	302	BODEGA TERCIA DE ULEA	97
BODEGA MASOS	40	BODEGA REINA DE CASTILLA, S. COOP.	613	BODEGA TESALIA	791
BODEGA MATARROMERA	449, 612	BODEGA REJADORADA	672	BODEGA TIERRA ARANDA	452
BODEGA MENCEY CHASNA	33	BODEGA RENTO	450	BODEGA TORRALBA	846, 868
BODEGA MERIDIANO PERDIDO	867	BODEGA REYNO DE ARTAJON	319	BODEGA TR3SMANO	452
BODEGA MIQUEL JANÉ	335	BODEGA ROANDI	706	BODEGA TRES PILARES	613, 868
BODEGA MONASTERIO DE CORIAS	768	BODEGA ROQUESAN	450	BODEGA ULIBARRI	91
BODEGA MONASTRELL	97	BODEGA RUDELES	450	BODEGA VALDECUEVAS	613, 826
BODEGA MONTORO, MARIO RODRÍGUEZ MENDOZA	245	BODEGA S. ARROYO	450	BODEGA VALDEHERMOSO	614
BODEGA MUELAS	612, 825, 867	BODEGA SAN ANTONIO ABAD COOPERATIVA DE VILLAMALEA	277	BODEGA VALDELOSFRAILES	163
BODEGA MUSTIGUILLO	760, 867			BODEGA VALDRINAL	453, 614
BODEGA NUMANTHIA	672	BODEGA SAN CEBRÍN	530	BODEGA VEGA AIXALÁ	170
BODEGA ONTAÑON	529	BODEGA SAN FRANCISCO JAVIER	214	BODEGA VERA DE ESTENAS	130, 693, 765
BODEGA OTAZU	759	BODEGA SAN GABRIEL	451	BODEGA VERÓNICA ORTEGA	72
BODEGA PADRÓN	186	BODEGA SAN ISIDRO	97	BODEGA VETAS	270
BODEGA PAGO DE CIRSUS	318, 756	BODEGA SAN ROQUE DE LA ENCINA	451	BODEGA VICO	530
BODEGA PAGO DE CUBAS	672	BODEGA SANCLODIO	436	BODEGA VIÑA ARNAIZ	453
BODEGA PAGO TRASLAGARES	613	BODEGA SANSTRAVÉ	130, 170	BODEGA VIÑA CAEIRA	395

BODEGA	SEITE	BODEGA	SEITE	BODEGA	SEITE
BODEGA VIÑAGUAREÑA	673	BODEGAS AINZÓN	108	BODEGAS ATECA	102
BODEGA VIRGEN DE LA ASUNCIÓN	453	BODEGAS AL ZAGAL	210	BODEGAS AUGUSTA BILBILIS	102
BODEGA VIRGEN DE LA SIERRA S. COOP.	101	BODEGAS ALBAMAR	395, 706, 869	BODEGAS AURA	614
BODEGA VIVA EL VINO	454	BODEGAS ALBERO ORGANIC VINEYARDS	518	BODEGAS AVANCIA	706
BODEGA VOCARRAJE	673	BODEGAS ALCARDET	247, 800, 905	BODEGAS AYUSO	247, 869
BODEGA WIN	868	BODEGAS ALCEÑO	230	BODEGAS BAGORDI	532
BODEGA Y VIÑAS ALDOBA	247	BODEGAS ALCONDE	320, 531	BODEGAS BAIGORRI	533
BODEGA Y VIÑEDOS ANSELMO ÁLVAREZ	72	BODEGAS ALONSO CUESTA	284	BODEGAS BAL MINUTA	870
BODEGA Y VIÑEDOS ARTIO	454	BODEGAS ALORE	532	BODEGAS BALBÁS	458
BODEGA Y VIÑEDOS CAN RICH	842, 869, 905	BODEGAS ALTO MONCAYO	108	BODEGAS BARBADILLO	214, 792, 905
BODEGA Y VIÑEDOS CASA DE LA NAVA	714	BODEGAS ALTOVELA	247	BODEGAS BARÓN	215
BODEGA Y VIÑEDOS CERRO SAN CRISTÓBAL	869	BODEGAS AMAREN	532	BODEGAS BARREDA	801
BODEGA Y VIÑEDOS HEREDAD MORÁN & LÓPEZ	72	BODEGAS ANDRÉS MORATE	740	BODEGAS BENJAMÍN DE ROTHSCHILD & VEGA SICILIA	533
BODEGA Y VIÑEDOS MAIRES	673	BODEGAS ANTÍDOTO	455		
BODEGA Y VIÑEDOS MORATALLA	278	BODEGAS ANTONIO SERRANO	800	BODEGAS BERAMENDI	320
BODEGA Y VIÑEDOS NUNTIUM	454	BODEGAS AQUITANIA	396	BODEGAS BERNARDO ÁLVAREZ	73
BODEGA Y VIÑEDOS PAZO CASANOVA	436	BODEGAS ARAGONESAS	109	BODEGAS BERONIA	534
BODEGA Y VIÑEDOS SOLABAL	531	BODEGAS ARAICO	532	BODEGAS BETOLAZA	534
BODEGA Y VIÑEDOS TINEDO	799	BODEGAS ARAUTAVA	734, 773	BODEGAS BIGARDO	674, 870
BODEGA Y VIÑEDOS UBETA	319	BODEGAS ARCANO	456	BODEGAS BILBAÍNAS	535, 614, 905
BODEGAS & VIÑEDOS FONTANA	690	BODEGAS ARCO DE CURIEL	456	BODEGAS BINIFADET	846, 905
BODEGAS 1890	229	BODEGAS ARFE	214	BODEGAS BLEDA	230
BODEGAS 7 LINDES	869	BODEGAS ARRÁEZ	41	BODEGAS BOCOPA	41
BODEGAS A. VELASCO E HIJOS	674	BODEGAS ARRAYÁN	284, 769	BODEGAS BORSAO	110, 870
BODEGAS ABADÍA LA ARROYADA	455	BODEGAS ARROCAL	456	BODEGAS BRECA	870
BODEGAS ABADÍA SAN QUIRCE	455, 614	BODEGAS ARÚSPIDE	800	BODEGAS BRIEGO	458
BODEGAS ABINASA	638	BODEGAS ARZUAGA NAVARRO	457, 869	BODEGAS BRIONES ABAD	458
BODEGAS ADRIÁ	73	BODEGAS AS LAXAS	396, 423	BODEGAS CA N'ESTELLA	130, 335
BODEGAS AESSIR	130	BODEGAS ASENJO & MANSO	457	BODEGAS CABALLERO	615, 871
BODEGAS AGUIUNCHO	395	BODEGAS ATALAYA	53	BODEGAS CALVENTE	210

BODEGA	SEITE
BODEGAS CAMINO ALTO	801
BODEGAS CAMPANTE	436
BODEGAS CAMPESTRAL	871, 905
BODEGAS CAMPILLO	536
BODEGAS CAMPO ELISEO	615
BODEGAS CAMPO ELÍSEO TORO	675
BODEGAS CAMPOS DE ENANZO S. COOP.	320
BODEGAS CAMPOS REALES	248, 801
BODEGAS CANO	53
BODEGAS CANOPY	285
BODEGAS CANTALOBOS	74
BODEGAS CAÑALVA	514
BODEGAS CAÑAVERAS	801
BODEGAS CAPITÀ VIDAL	131, 336
BODEGAS CARCHELO	231, 871
BODEGAS CARE	114
BODEGAS CARLOS SAN PEDRO PEREZ DE VIÑASPRE	536
BODEGAS CARLOS VALERO	111, 114
BODEGAS CARPE DIEM	270, 871, 906
BODEGAS CARRAMIMBRE	459, 615
BODEGAS CARREÑO	98
BODEGAS CASA ANTONETE	248
BODEGAS CASA CASTILLO	231
BODEGAS CASA PRIMICIA	537
BODEGAS CASAL DE ARMÁN	436, 871
BODEGAS CASTAÑO	749
BODEGAS CASTELLANAS	826
BODEGAS CASTELLUN AUGUSTI	790
BODEGAS CASTELO DE MEDINA	615, 826

BODEGA	SEITE
BODEGAS CASTIBLANQUE	248, 802, 871
BODEGAS CASTILLEJO DE ROBLEDO	460
BODEGAS CAUDALIA	321
BODEGAS CENTRO ESPAÑOLAS	248
BODEGAS CERROLAZA	537
BODEGAS CERROSOL	616
BODEGAS CÉSAR FLORIDO	216
BODEGAS CLOS D'AGON	120, 190
BODEGAS CLUNIA	826
BODEGAS COMENGE	460, 616, 827
BODEGAS CONDADO DE HAZA	461, 827
BODEGAS CONDE DEL PAZO	74
BODEGAS CONVENTO DE LAS CLARAS	616
BODEGAS COPABOCA	616
BODEGAS CORRAL	537
BODEGAS COVILA	538
BODEGAS COVINCA	114
BODEGAS COVIÑAS	131, 693
BODEGAS COVITORO	675
BODEGAS CRAPULA & LANENA BY GABRIEL MARTÍNEZ	232
BODEGAS CRÁTER	644
BODEGAS CRUZ CONDE	294
BODEGAS CRUZ DE ALBA	461
BODEGAS CUATRO RAMAS	872
BODEGAS CUEVAS JIMÉNEZ	462
BODEGAS CUNQUEIRO	437
BODEGAS D. MATEOS	397, 538
BODEGAS D'BERNA	707
BODEGAS DANI MABE WINES	462

BODEGA	SEITE
BODEGAS DAVID MORENO	539
BODEGAS DE ALBERTO	616, 827
BODEGAS DE FAMILIA BURGO VIEJO	539
BODEGAS DE FUENTE REINA	860
BODEGAS DE GALDAMES	91
BODEGAS DE LOS RÍOS PRIETO	462
BODEGAS DE SANTIAGO	539
BODEGAS DECORUS	62
BODEGAS DEL DIEZMO NUEVO	175
BODEGAS DEL MEDIEVO	539
BODEGAS DEL MUNI	802
BODEGAS DEL PALACIO DE FEFIÑANES	397
BODEGAS DEL ROSARIO	98
BODEGAS DEL SAZ	249
BODEGAS DEL SOCORRO	175
BODEGAS DELAMPA	232
BODEGAS DELGADO	294, 906
BODEGAS DIEZ DEL CORRAL	540
BODEGAS DIEZ GÓMEZ	676
BODEGAS DIOS BACO	216
BODEGAS DOMECO DE JARAUTA	540
BODEGAS DOMINIO DE ATAUTA	463
BODEGAS DOMINIO DE CAIR	463
BODEGA DURÓN	464
BODEGAS E. MENDOZA	41
BODEGAS EGUÍA	540
BODEGAS EIDOSELA	397
BODEGAS EJEANAS	859, 872
BODEGAS EL HACEDOR	464
BODEGAS EL LAGAR DE ISILLA	464, 827

BODEGAS - WEINKELLER

BODEGA	SEITE	BODEGA	SEITE	BODEGA	SEITE
BODEGAS EL NIDO	232	BODEGAS FONTEDEI	211	BODEGAS HIDALGO-LA GITANA	217, 874
BODEGAS EL PARAGUAS	437, 872	BODEGAS FORJAS DEL SALNÉS	398	BODEGAS HIJOS DE FÉLIX SALAS	163
BODEGAS EL VILLAR	719	BODEGAS FOS	541	BODEGAS HISPANO SUIZAS	131, 694, 719
BODEGAS EL VINCULO	249	BODEGAS FRANCISCO BARONA	466	BODEGAS HNOS. PÁRAMO ARROYO	469
BODEGAS EMILIO CLEMENTE	131, 694	BODEGAS FRANCISCO CASAS	676	BODEGAS HNOS. PÉREZ PASCUAS – VIÑA PEDROSA	469
BODEGAS EMILIO MORO	74	BODEGAS FRANCISCO GÓMEZ	42	BODEGAS IGNACIO GUALLART	789
BODEGAS EMINA	163	BODEGAS FRANCO ESPAÑOLAS	542	BODEGAS IGNACIO MARÍN	115, 874
BODEGAS ENGUERA	719	BODEGAS FRONTAURA	677	BODEGAS INSULARES TENERIFE	645, 747
BODEGAS EPIFANIO RIVERA/ERIAL	466	BODEGAS FRONTONIO	872	BODEGAS IÑAKI NÚÑEZ	321
BODEGAS ERESMA	617, 828	BODEGAS FRUTOS VILLAR	618, 828	BODEGAS IRACHE	322, 764
BODEGAS ERNESTO DEL PALACIO	676, 828	BODEGAS FRUTOS VILLAR (RIBERA DEL DUERO)	467	BODEGAS IRANZO	694, 874
BODEGAS ESCUDEIRO	397	BODEGAS FUENTESPINA	467	BODEGAS ISIDRO MILAGRO	249, 543
BODEGAS ESTEBAN CASTEJÓN	103	BODEGAS FUNDADOR	217	BODEGAS ISLA	249
BODEGAS ESTEFANIA, TILENUS	74	BODEGAS GARCÍA DE LARA	803	BODEGAS ISMAEL ARROYO - VALSOTILLO	469
BODEGAS ESTRAUNZA	540	BODEGAS GARCÍA DE OLANO	542	BODEGAS ITSASMENDI	92
BODEGAS EXCELENCIA	271	BODEGAS GARCÍAREVALO	618	BODEGAS IZADI	543
BODEGAS FÁBREGAS	638	BODEGAS GARDEL ORGANIC WINES	249, 804	BODEGAS JAVIER SAN PEDRO ORTEGA	543
BODEGAS FAELO	42	BODEGAS GERARDO MÉNDEZ	399	BODEGAS JER	544
BODEGAS FAMILIA CONESA - PAGO GUIJOSO	761, 802	BODEGAS GODELIA	906	BODEGAS JIMÉNEZ LANDI	285
BODEGAS FARIÑA	676, 828	BODEGAS GODEVAL	707	BODEGAS JOSÉ L. FERRER	88
BODEGAS FAUSTINO	541	BODEGAS GONZÁLEZ PALACIOS	775	BODEGAS JOSÉ PARIENTE	618, 828, 874
BODEGAS FAUSTINO RIVERO ULECIA (VINOS MONOVARIETALES)	802	BODEGAS GORDONZELLO	264	BODEGAS JUAN GIL	233
		BODEGAS GRAN FEUDO	321	BODEGAS JUAN PIÑERO	217
BODEGAS FÉLIX LORENZO CACHAZO	617	BODEGAS GUTIÉRREZ DE LA VEGA	873	BODEGAS JUNCALES	175
BODEGAS FÉLIX SANZ	617	BODEGAS HABLA	843	BODEGAS LA CANETANA	794, 874
BODEGAS FERNÁNDEZ DE ARCAYA	321	BODEGAS HACIENDA MOLLEDA	114	BODEGAS LA CAÑA	399
BODEGAS FERNÁNDEZ DE LA OSSA	803	BODEGAS HACIENDA MONASTERIO	468	BODEGAS LA CASA DE LÚCULO	322
BODEGAS FERNANDO CASTRO	714, 803	BODEGAS HEMAR	468	BODEGAS LA CIGARRERA	217
BODEGAS FIGUEROA	741	BODEGAS HESVERA	468	BODEGAS LA CORTE - SCSME	514
BODEGAS FILLABOA	398	BODEGAS HIBÉU	285	BODEGAS LA DIVISA	874

BODEGA	SEITE
BODEGAS LA ERALTA	544
BODEGAS LA HORRA	470
BODEGAS LA PURÍSIMA	749
BODEGAS LA REMEDIADORA	250
BODEGAS LA SOLANA - PAGO FLORENTINO	761, 804
BODEGAS LA VAL	399
BODEGAS LAGUNILLA MARQUÉS DE LA CONCORDIA FAMILY OF WINES	544
BODEGAS LAN	544, 618
BODEGAS LANDALUCE	545
BODEGAS LANGA HNOS.	103
BODEGAS LAS CEPAS	545
BODEGAS LAS TIRAJANAS	207
BODEGAS LATÚE - SAN ISIDRO, S.C.C.L.M.	250
BODEGAS LAUNA	545
BODEGAS LAUREATUS	399
BODEGAS LAVIA	98
BODEGAS LAZO	804
BODEGAS LEDA	828
BODEGAS LERMA	62
BODEGAS LEZAUN	322
BODEGAS LEZCANO-LACALLE	163
BODEGAS LLANO & MONTE	99
BODEGAS LLEIROSO	470
BODEGAS LOHER	645
BODEGAS LOLI CASADO	546
BODEGAS LÓPEZ CRISTÓBAL	471
BODEGAS LÓPEZ ORIA	547
BODEGAS LOS PINOS	720
BODEGAS LOZANO	250, 547

BODEGA	SEITE.
BODEGAS LUIS ALEGRE	547
BODEGAS LUIS CAÑAS	547
BODEGAS LUIS GURPEGUI MUGA	323, 548
BODEGAS LUIS MARÍN	115
BODEGAS LUZÓN	234
BODEGAS MAGASÉ	874
BODEGAS MÁLAGA VIRGEN	271, 295
BODEGAS MALON DE ECHAIDE	323
BODEGAS MAM	175, 875
BODEGAS MANILVA	271
BODEGAS MANO A MANO	805
BODEGAS MANZANOS	548
BODEGAS MANZANOS CAMPANAS	323
BODEGAS MAR DE FRADES	400
BODEGAS MARBA	645
BODEGAS MARCO REAL	323
BODEGAS MARISOL RUBIO	805
BODEGAS MARQUÉS DE CÁCERES	548
BODEGAS MARQUÉS DE REINOSA	549
BODEGAS MARQUÉS DE RISCAL	619, 829
BODEGAS MARQUÉS DE TERÁN	549
BODEGAS MARQUÉS DE VIZHOJA	400, 876
BODEGAS MARQUÉS DEL ATRIO	550
BODEGAS MARTÍNEZ LACUESTA	550
BODEGAS MARTÍNEZ PAIVA	843
BODEGAS MARTÍNEZ PAIVA SAT	132, 514
BODEGAS MARTÍNEZ SÁEZ	250, 805
BODEGAS MARTUE	757, 805
BODEGAS MÁS QUE VINOS	805
BODEGAS MASET	120, 132, 336, 364

BODEGA	SEITE
BODEGAS MASET RIOJA	551
BODEGAS MAURO	829
BODEGAS MÁXIMO ABETE/GUERINDA WINES	328
BODEGAS MAZUELA	551
BODEGAS MEDRANO IRAZU	552
BODEGAS MEGÍA E HIJOS -CORCOVO	714, 806
BODEGAS MELER	638
BODEGAS MENADE	829, 876
BODEGAS MIGUEL A. AGUADO	806, 906
BODEGAS MILVUS	471
BODEGAS MIRADORIO	842
BODEGAS MOCÉN	619, 829
BODEGAS MONÓVAR	42
BODEGAS MONTALVO WILMOT	763, 806
BODEGAS MONTE LA REINA	677, 829
BODEGAS MONTEALTO	552
BODEGAS MONTECILLO	552
BODEGAS MORCA	111
BODEGAS MUCY	164
BODEGAS MUGA	133, 553
BODEGAS MURCAL	734
BODEGAS MURIEL	554
BODEGAS MURO	554
BODEGAS MURUA	554
BODEGAS MURVIEDRO	694, 720
BODEGAS NABAL	471
BODEGAS NAIA	620
BODEGAS NAIROA	438
BODEGAS NARANJO	821, 914
BODEGAS NAVALTALLAR	780
BODEGAS NAVARRO LÓPEZ	806

BODEGAS - WEINKELLER

BODEGA	SEITE	BODEGA	SEITE.	BODEGA	SEITE
BODEGAS NELEMAN	876	BODEGAS PASIEGO	695	BODEGAS QUITAPENAS	272
BODEGAS NEO	472	BODEGAS PAZO CILLEIRO	401	BODEGAS RAÍZ Y QUESOS PÁRAMO DE GUZMÁN	474
BODEGAS NIDIA	830	BODEGAS PAZO DE ARRETÉN	401, 877	BODEGAS RAMÍREZ DE LA PISCINA	558
BODEGAS NIDO DE CUCO	234	BODEGAS PEDROHERAS	250	BODEGAS RAMIRO´S	830
BODEGAS NIEVA	620	BODEGAS PEIQUE	75	BODEGAS REBROTAR	831
BODEGAS NIVARIUS	555	BODEGAS PENTECOSTÉS	401	BODEGAS RECTORAL DE AMANDI	424
BODEGAS NOC	806	BODEGAS PEÑA	438	BODEGAS RESALTE	475
BODEGAS NODUS	695, 876	BODEGAS PEÑAFIEL	473	BODEGAS REVERÓN	34
BODEGAS O VENTOSELA	438	BODEGAS PEÑALBA HERRÁIZ	474	BODEGAS RIBERA DEL JUÁ	235, 877
BODEGAS ÓBALO	555	BODEGAS PERE SEDA	358	BODEGAS RIKO	44
BODEGAS OCHOA	324, 877, 906	BODEGAS PERICA	557	BODEGAS RIOJANAS	558
BODEGAS OLARRA	556	BODEGAS PETRÓN	423	BODEGAS RODA	558
BODEGAS OLIVARES	235	BODEGAS PIEDEMONTE	324	BODEGAS RODENO	696
BODEGAS OLIVEROS	176	BODEGAS PINCERNA	264	BODEGAS RODERO	475
BODEGAS OLLAURI - CONDE DE LOS ANDES	556	BODEGAS PINDAL	621	BODEGAS RODRÍGUEZ Y SANZO	402, 475, 559, 622, 677, 831
BODEGAS ORBEN	556	BODEGAS PINOSO	44		
BODEGAS ORTIGOSA	44	BODEGAS PIQUERAS	54	BODEGAS ROMALE	133, 514
BODEGAS ORUBE	556	BODEGAS PITA	621	BODEGAS ROMÁN	111
BODEGAS OSBORNE	218, 807	BODEGAS POLO MONLEÓN	720	BODEGAS ROSALÍO ALONSO & CO	807
BODEGAS OSCA	638	BODEGAS PORTIA	474	BODEGAS ROURA, J.A. PEREZ ROURA	37
BODEGAS OTERO	776	BODEGAS PRADO DE OLMEDO	474	BODEGAS RUBUS	877
BODEGAS PABLO PADÍN	401	BODEGAS PRIETO PARIENTE	830	BODEGAS RUEDA PÉREZ - VIÑAS Y BODEGA FAMILIAR	622
BODEGAS PÁEZ MORILLA	877	BODEGAS PRIMITIVO COLLANTES	218, 792		
BODEGAS PAGOS DE MOGAR	472	BODEGAS PRÍNCIPE DE VIANA	325	BODEGAS RUIZ TORRES	843
BODEGAS PALACIOS REMONDO	556	BODEGAS PROELIO	557	BODEGAS SALADO	906
BODEGAS PANDORA	620, 677, 830	BODEGAS PROTOS	164, 621	BODEGAS SALVUEROS	164
BODEGAS PANIZA	115	BODEGAS PUENTE DE RUS	251, 807	BODEGAS SALZILLO	235
BODEGAS PASCUAL	473, 621	BODEGAS PUIGGRÒS	120, 364	BODEGAS SAMPAYOLO	707
BODEGAS PASCUAL FERNÁNDEZ - FRONTERA NATURAL	65	BODEGAS PUNKU	656	BODEGAS SAN ALEJANDRO	103
		BODEGAS QUINTA DE AVES	821	BODEGAS SAN ANTONIO ABAD	251

BODEGA	SEITE	BODEGA	SEITE	BODEGA	SEITE
BODEGAS SAN DIONISIO, S. COOP	235	BODEGAS THESAURUS RIBERA DEL DUERO	477	BODEGAS VALPARAISO	480
BODEGAS SAN ESTEBAN	559	BODEGAS TIERRA	562	BODEGAS VATAN	623, 679
BODEGAS SAN MARTÍN	325	BODEGAS TOBÍA	562	BODEGAS VEGA DE YUSO	480
BODEGAS SAN MARTÍN DE ABALOS	560	BODEGAS TORRALBENC	846, 847	BODEGAS VEGA SAUCO	679
BODEGAS SAN VALERO	116, 133	BODEGAS TORREDEROS	477, 623	BODEGAS VEGA SICILIA	480
BODEGAS SANTA BÁRBARA	720	BODEGAS TORREDUERO	679	BODEGAS VEGALFARO	134, 696, 763
BODEGAS SANTIAGO APÓSTOL	236	BODEGAS TORREMORÓN	477	BODEGAS VEGAMAR	134, 721
BODEGAS SANTIAGO ROMA	402	BODEGAS TORRES FILOSO	877	BODEGAS VENTA MORALES	807
BODEGAS SANTOS SODUPE ORIVE	560	BODEGAS TOTE ABE	831	BODEGAS VERACRUZ	623
BODEGAS SAUCI	176	BODEGAS TRADICIÓN	219	BODEGAS VERDES	832
BODEGAS SEMBRO	476	BODEGAS TRENZA	478, 518, 639, 750, 807, 858, 878	BODEGAS VERDÚGUEZ	251
BODEGAS SEÑORÍO DE NAVA	476, 622	BODEGAS TRIAY	291	BODEGAS VETUS	624, 680
BODEGAS SEÑORÍO DE NEVADA	211	BODEGAS TRIDENTE	831	BODEGAS VETUSTA	481
BODEGAS SIAH	438	BODEGAS TROBAT	133, 191	BODEGAS VI REI	358, 851
BODEGAS SIERRA SALINAS	44	BODEGAS TRUS	478	BODEGAS VIAZÁLEZ	76
BODEGAS SIETECERROS	678	BODEGAS UTIELANAS	696	BODEGAS VIBE	697
BODEGAS SILLERO	295	BODEGAS VAL DE VID	623	BODEGAS VIDAL SOBLECHERO	832, 878
BODEGAS SILVANO GARCÍA	236	BODEGAS VALCABADINO	669, 878	BODEGAS VIEJO ANTÓN	208
BODEGAS SIMBOLO	251	BODEGAS VALDEBARÓN	563	BODEGAS VILLA CONCHI - ARAEX	134
BODEGAS SINFORIANO	164	BODEGAS VALDECONTINA	76	BODEGAS VILLAVID	278
BODEGAS SOBREÑO	678	BODEGAS VALDELACIERVA	563	BODEGAS VINÍCOLA REAL	564
BODEGAS SOLEDAD	690	BODEGAS VALDELANA	563	BODEGAS VINIVAL	721
BODEGAS SONSIERRA	560	BODEGAS VALDEMAR	479, 563	BODEGAS VINOS DE LEÓN	832
BODEGAS SUCRO	518	BODEGAS VALDERIVERO	479, 623	BODEGAS VIÑA BERNEDA	564
BODEGAS TAJINASTE	734, 773	BODEGAS VALDESNEROS	832	BODEGAS VIÑA ELENA	237
BODEGAS TAMPESTA	265	BODEGAS VALDOVINOS	639	BODEGAS VIÑA HERMINIA	564
BODEGAS TARÓN	561	BODEGAS VALDUBÓN	479, 623	BODEGAS VIÑA LAGUARDIA	565
BODEGAS TARSUS	476, 622	BODEGAS VALLE DEL BOTIJAS	832	BODEGAS VIÑA MAYOR	481
BODEGAS TEÓFILO REYES	476	BODEGAS VALLOBERA	479, 564	BODEGAS VIÑA ROMANA	66
BODEGAS THESAURUS CIGALES	165	BODEGAS VALMENIA	780	BODEGAS VIÑAS DE VIÑALES	879

BODEGAS - WEINKELLER

BODEGA	SEITE
BODEGAS VIONTA	291, 402
BODEGAS VIORE	624
BODEGAS VIRGEN DE LOREA	92
BODEGAS VIRIATUS	680, 776, 833
BODEGAS VIRTUS	481
BODEGAS VITALIS	265
BODEGAS VITICULTORES DE BARROS	514
BODEGAS VIVANCO	565
BODEGAS VIVANZA	45
BODEGAS VIYUELA	482
BODEGAS VIZAR	760
BODEGAS VIZCARRA	482, 833
BODEGAS VOLVER	721, 808
BODEGAS WILLIAMS & HUMBERT	219
BODEGAS XALO	46
BODEGAS Y DESTILERÍAS VIDAL	721
BODEGAS Y VIÑAS DEL CONDE	566
BODEGAS Y VIÑEDOS ALFREDO SANTAMARÍA	165
BODEGAS Y VIÑEDOS ALILIAN	483
BODEGAS Y VIÑEDOS ALIÓN	483
BODEGAS Y VIÑEDOS ALVAREZ ALFARO	566
BODEGAS Y VIÑEDOS ÁNGEL LORENZO CACHAZO	624
BODEGAS Y VIÑEDOS ARTADI	879
BODEGAS Y VIÑEDOS ARTAZU	325
BODEGAS Y VIÑEDOS CAL GRAU	364
BODEGAS Y VIÑEDOS CASA DEL VALLE	808
BODEGAS Y VIÑEDOS CASADO MORALES	566
BODEGAS Y VIÑEDOS DEL CONDE DE SAN CRISTÓBAL	483

BODEGA	SEITE.
BODEGAS Y VIÑEDOS DIEZ MERITO	220
BODEGAS Y VIÑEDOS DIVINA PROPORCIÓN	680
BODEGAS Y VIÑEDOS EL ROBLEDO	777
BODEGAS Y VIÑEDOS EL SEQUÉ	46
BODEGAS Y VIÑEDOS EVINE	751
BODEGAS Y VIÑEDOS GALLEGO ZAPATERO	484, 833
BODEGAS Y VIÑEDOS GANCEDO	77
BODEGAS Y VIÑEDOS GÓMEZ CRUZADO	567
BODEGAS Y VIÑEDOS GORMAZ	484
BODEGAS Y VIÑEDOS ILLANA	518
BODEGAS Y VIÑEDOS ILURCE	567
BODEGAS Y VIÑEDOS JUAN MANUEL BURGOS (AVAN VINOS)	485,
BODEGAS Y VIÑEDOS LA MALDITA	568
BODEGAS Y VIÑEDOS LA MEJORADA	833, 879
BODEGAS Y VIÑEDOS LABASTIDA	568
BODEGAS Y VIÑEDOS LADERO	252
BODEGAS Y VIÑEDOS LARRAZ	568
BODEGAS Y VIÑEDOS LEZA GARCÍA	568
BODEGAS Y VIÑEDOS LUNA BEBERIDE	77
BODEGAS Y VIÑEDOS MARQUÉS DE CARRIÓN	569
BODEGAS Y VIÑEDOS MARQUÉS DE VARGAS	569
BODEGAS Y VIÑEDOS MAYOR DE CASTILLA	624
BODEGAS Y VIÑEDOS MERAYO	77
BODEGAS Y VIÑEDOS MONTEABELLÓN	485, 625
BODEGAS Y VIÑEDOS MONTECASTRO	485
BODEGAS Y VIÑEDOS ORTEGA EZQUERRO	570
BODEGAS Y VIÑEDOS PEDRO GARCÍA	741
BODEGAS Y VIÑEDOS PINTIA	680
BODEGAS Y VIÑEDOS PONCE	278

BODEGA	SEITE
BODEGAS Y VIÑEDOS PRADOREY	486
BODEGAS Y VIÑEDOS PUENTE DEL EA	570
BODEGAS Y VIÑEDOS PUJANZA	571
BODEGAS Y VIÑEDOS QUIROGA DE PABLO	571
BODEGAS Y VIÑEDOS RAUDA S. COOP.	486
BODEGAS Y VIÑEDOS ROSAN	166
BODEGAS Y VIÑEDOS SENTENCIA	697, 879
BODEGAS Y VIÑEDOS SHAYA	625
BODEGAS Y VIÑEDOS SOTERO PINTADO	833, 880
BODEGAS Y VIÑEDOS TÁBULA	487
BODEGAS Y VIÑEDOS TAMARAL	402, 487
BODEGAS Y VIÑEDOS U.V.R.	135
BODEGAS Y VIÑEDOS VALDERIZ	487
BODEGAS Y VIÑEDOS VALTRAVIESO	63
BODEGAS Y VIÑEDOS VEGA REAL	488
BODEGAS Y VIÑEDOS VENTA LA VEGA	54
BODEGAS YUNTERO	252, 808, 906
BODEGAS ZAPATA	489
BODEGAS ZIFAR	489
BODEGAS ZIRÍES	880
BODEGAS ZUGOBER	572
BODEGOSA	438
BODEGUEROS QUINTA ESENCIA	680
BODEGUES BESALDUCH VALLS BELLMUNT	795, 880
BODEGUES MACIÀ BATLE	851
BODEGUES SUMARROCA	135, 336
BODEGUES VIDAL SERRA	852
BODEM BODEGAS	116
BOGARVE 1915	252
BOQUERA DEL CARCHE	751

BODEGA	SEITE	BODEGA	SEITE	BODEGA	SEITE
BORJA PÉREZ GONZÁLEZ	747	CAN XANET	853	CASTILLO DE MONSÉRAN	116
BOUZA DE CARRIL	402	CANALS I MUNNÉ	135, 338	CASTRO VENTOSA	79
BOUZA DO REI	403	CANALS NADAL	136	CAVA & HOTEL MASTINELL	137, 339
BROTONS V & A	46	CANTARIÑA	881	CAVA JOAN COLET RIUS	137
BRUGAROL	191	CAP DE BARBARIA	845	CAVA REVERTÉ	137
BRUNEO	66	CAPILLA DEL FRAILE	808	CAVA VARIAS	137, 339
BSI - BODEGAS SAN ISIDRO	237	CAR VINÍCOLAS REUNIDAS	178	CAVA VIVES AMBRÒS	138, 650
BUEZO	880	CARA NORD CELLER	170, 302	CAVAS BERTHA	138
BUIL & GINÉ	364	CARABIBAS	46	CAVAS BOLET	139, 339
BUTROI UPATEGIA	92	CARLOS REY LUSTRES	403	CAVAS HILL	139
BVINO	572	CARLOS SERRES	572	CAVAS JANÉ SANTACANA	139
		CARMELITANO BODEGAS Y DESTILERÍAS	721	CAVAS MAREVIA	140
		CARRAMATA	626	CAVES BOHIGAS	122, 140
C		CARRASCALEJO	99	CAVES MIQUEL PONS	140, 339
		CARRIL CRUZADO	279, 808	CAVES VIDAL I FERRÉ	141
CA N'ESTRUC	121	CASA AURORA	881	CAYETANO DEL PINO Y CÍA.	220
CA' DI MAT	741	CASA CORREDOR	881	CAZAPITAS	404, 790
CA'N VERDURA VITICULTORS	88	CASA GRAN DEL SIURANA	365	CELLER ABELLÓ	365
CABELLUT	121	CASA LOS FRAILES	722	CELLER AIXALÀ I ALCAIT	366
CAMBADOS URBAN WINERY	403	CASA MOREIRAS	424	CELLER ARCHÉ PAGÈS	191
CÁMBRICO	777	CASA RAVELLA	136, 338	CELLER ARDEVOL	366
CAMINO DE CABRAS	403, 424, 708, 880	CASA SICILIA 1707	47	CELLER ARRUFÍ	656, 881
CAMPO VIEJO	572	CASAL DO CANTEIRO	438	CELLER BÀRBARA FORÉS	656
CAN BAS DOMINI VINICOLA	337	CASAR DE BURBIA	78	CELLER BARTOLOMÉ	366
CAN GELAT	853	CASTELL D'ENCUS	178	CELLER BATEA	657
CAN GRAU VELL	122	CASTELL D'OR	136, 171, 302	CELLER BATLLIU DE SORT	179
CAN LLEÓ	337	CASTELL DEL REMEI	136, 179	CELLER BURGOS PORTA	367
CAN PALOMA	122	CASTELL SANT ANTONI	907	CELLER CAL BESSÓ	302, 882
CAN RÀFOLS DELS CAUS	337	CASTILLO DE MAETIERRA	881	CELLER CARLES ANDREU	141, 171
CAN SUMOI	338, 881, 906	CASTILLO DE MONJARDÍN	326	CELLER CASTELLET	367
CAN VALLÈS	338				

BODEGAS - WEINKELLER

BODEGAS - WEINKELLER

BODEGA	SEITE	BODEGA	SEITE	BODEGA	SEITE
CELLER CATARUZ	722, 882	CELLER MARTÍ FABRA	194	CELLERS CAROL VALLÈS	142
CELLER CEDÓ ANGUERA	302	CELLER MAS BASTE	368	CELLERS DE SCALA DEI	371
CELLER CERCAVINS	179	CELLER MAS D'EN BAIGET	650	CELLERS SANT RAFEL	306
CELLER COMA D'EN BONET	657	CELLER MAS DE LES PERERES	369	CELLERS TARRONÉ	660
CELLER COOPERATIU CORNUDELLA	303	CELLER MAS DE LES VINYES	304	CELLERS TERRA I VINS	307, 371, 661
CELLER COOPERATIU D'ESPOLLA	192	CELLER MAS DEL BOTÓ	651	CELLERS UNIÓ	122, 307, 651, 661
CELLER COOPERATIU D'ESPOLLA – VINS DE POSTAL	192	CELLER MASROIG	305	CELLERS UNIÓ - POBOLEDA	371
CELLER COOPERATIU GANDESA	657	CELLER MASSIS DE L'ALBERA	194	CEPA 21	490
CELLER CREDO	340	CELLER MONTSEC	180	CÉRVOLES CELLER	180
CELLER DE CAPÇANES	122, 303	CELLER PALLARADES	651	CÉSAR MÁRQUEZ BODEGAS Y VIÑEDOS	79
CELLER DE L'ABADÍA	367	CELLER PASANAU	369	CHAN DE ROSAS	404
CELLER DE L'ENCASTELL	368	CELLER PASCONA	305	CHOZAS CARRASCAL	142, 697, 758
CELLER DEL ROURE	722	CELLER PIÑOL	659	CÍA. BODEGUERA DE VALENCISO	573
CELLER GERISENA	193	CELLER PURGATORI	180	CÍA. VINÍCOLA DEL SUR - TOMÁS GARCÍA	295
CELLER GRAU I GRAU	122	CELLER RENDÉ MASDÉU	171	CÍA. VITÍCOLA SILEO	307
CELLER GRITELLES	304, 368, 907	CELLER RIALLA	660	CIEN Y PICO WINE	279
CELLER HIDALGO ALBERT	368	CELLER SABATÉ	369	CILLAR DE SILOS	490
CELLER HOSPITAL DE SITGES	340, 882	CELLER SANMARTÍ	355	CINGLES BLAUS	307
CELLER JOC	193, 882	CELLER SANROMÀ	883	CLOS BERENGUER	372
CELLER JORDI LLUCH	141	CELLER SAÒ DEL COSTER	370	CLOS COR VÍ	697, 723
CELLER JOSEP VICENS	658	CELLER SOLERGIBERT	355	CLOS DE LÔM	723
CELLER KRIPTA	141, 340	CELLER TIANNA NEGRE	853, 883	CLOS DEL PORTAL	372
CELLER LA BOTERA	658	CELLER VALL-LLACH	370	CLOS FIGUERAS	308, 373
CELLER LAURONA	304	CELLER VELL CAVA	142	CLOS GALENA	373, 661
CELLER LES FRESES	47	CELLER VENDRELL RIVED	305	CLOS I TERRASSES	373
CELLER LES SOQUES	882	CELLER VILA CORONA	180	CLOS MOGADOR	308, 374
CELLER MAR DE VINS	883	CELLER VILANOVA	660	CLOS PACHEM	374, 661
CELLER MARFIL	37	CELLER XAVIER CLUA	660	CLOS PONS	181
CELLER MARIÀ PAGÈS	193	CELLERS BLANCH	651	COALLA	768
CELLER MARIOL	659	CELLERS CAN BLAU	306	COCA I FITÓ	308, 662

BODEGA	SEITE	BODEGA	SEITE	BODEGA	SEITE
CODORNÍU	142	CORAL DUERO	681	DANIEL FERNÁNDEZ (ALBA AL-BAR SL)	291
COLECCIÓN DE TONELES CENTENARIOS	48	CORISCA	404	DANIEL RAMOS	770, 885
COLET	341	CORRALES ESPINOSA FAMILY WINES	715	DAVID MARTÍNEZ SOBRAL	405
COLONIAS DE GALEÓN	860, 884	CORTIJO EL CURA ECO-BODEGA	848	DAVIDE	405
COMANDO G VITICULTORES	742, 769, 834	CORTIJO LOS AGUILARES	272	DCOOP S. COOP. AND WINE DIVISION	809
COMPAÑÍA DE VINOS HERACLIO	573	COSECHERA WINES	646	DCOOP SCA SECCIÓN VINOS	253
COMPAÑÍA DE VINOS MIGUEL MARTÍN	626	COSECHEROS Y CRIADORES	809	DE BRINGAS	93
COMPAÑÍA DE VINOS MIGUEL MARTÍN*	626	COSTERS DEL PRIORAT	374	DE LA RIVA	885
COMPAÑÍA DE VINOS SANTIAGO JORDI	792, 884	COSTERS DEL SIÓ	181	DE MULLER	375, 651, 885
COMPAÑÍA DE VINOS TELMO RODRÍGUEZ	272, 490, 573, 708, 769	COTA 45	792	DE NARÍZ	143, 751, 858
		COTA 730	182	DEHESA DE LOS LLANOS	809
COMPAÑIA DE VINOS TRICÓ	404	COTO DE GOMARIZ	439	DEHESA DEL CARRIZAL	759
CONCEJO BODEGAS	166, 834	COVIDES VINYES - CELLERS	341	DEHESA LA GRANJA	834
CONDADO DE SEQUEIRAS	424	COZAR DESDE 1837	272	DELGADO ZULETA	221
CONVENTO OREJA	491	CREACIONES EXEO	574	DESCENDIENTES DE J. PALACIOS	80
COOP. AGRÍCOLA LA AURORA	295	CREGO E MONAGUILLO	291	DESTILERÍA Y BODEGA CAYO	848, 886
COOP. ALBARIZAS DE TREBUJENA	220	CRIADORES DE RIOJA	574	DESTINOS CRUZADOS VINOS	405
COOP. CONDES DE FUENSALIDA	286	CUARTA GENERACIÓN BODEGAS Y VIÑEDOS	778	DETILIO BODEGA BOUTIQUE	491, 835
COOP. SAN VICENTE FERRER DE TEULADA	48	CUENTAVIÑAS	491, 574	DIEGO DONIZ DIÉGUEZ	439
COOP. SANT PERE	723	CUM LAUDE	143	DIEZ-CABALLERO	576
COOP. SANTA QUITERIA - TINTORALBA	54	CURII UVAS Y VINOS	884	DIMOBE - BODEGA A. MUÑOZ CABRERA	273, 907
COOP. VINÍCOLA DEL CARMEN	252, 808	CUSCÓ BERGA	143	DÍSCOLO	681
COOPERATIVA AGRÍCOLA VIRGEN DE PALOMARES	221, 884	CV SOLTERRA	491	DOBLEDEPEREZ MICROBODEGA	238
		CVNE	575, 626	DOMENIO	123, 144, 171, 341
COOPERATIVA AGROVINÍCOLA MONTSERRAT	724			DOMÍNGUEZ CUARTA GENERACIÓN	646
COOPERATIVA DE GARRIGUELLA	195			DOMINIO BASCONCILLOS	492
COOPERATIVA DE VIVER	795	**D**		DOMINIO DE ANZA	80
COOPERATIVA FALSET MARÇA	309	D´FRAN S.C.	425	DOMINIO DE BERZAL	576
COOPERATIVA SANTA CATALINA	253	DALCAMP	639	DOMINIO DE BORNOS	492
COPABOCA RIBERA	491	DALT TURÓ	853, 885	DOMINIO DE CALOGÍA	492

BODEGAS - WEINKELLER

BODEGA	SEITE
DOMINIO DE CASALTA	55
DOMINIO DE EGUREN	809
DOMINIO DE LA SIERRA	778
DOMINIO DE LA VEGA	144, 698
DOMINIO DE NOBLEZA	577
DOMINIO DE PINGUS	492
DOMINIO DE TARES	81
DOMINIO DEL ÁGUILA	493, 886
DOMINIO DEL BENDITO	681
DOMINIO DEL BIENAMADO	682
DOMINIO DEL BLANCO	835, 886
DOMINIO DEL CARABO	577
DOMINIO DEL CHALLAO	577
DOMINIO DEL LINZE	810, 822
DOMINIO DEL PIDIO	493
DOMINIO DO BIBEI	425, 439
DOMINIO FOURNIER	493
DOMINIO MAESTRAZGO	789
DON BERNARDINO	425
DUNORD VITÍCOLA	854

E

BODEGA	SEITE
ÉBANO VIÑEDOS Y BODEGAS	493
ECCOCIVI CELLER	886
EDETÀRIA	662
EDICIONES ILIMITADAS	309, 375
EDRA BODEGA Y VIÑEDOS	859
EDUARDO GARZA	375
EDUARDO PEÑA	439

BODEGA	SEITE
EGO BODEGAS	238, 858
EGUREN UGARTE	578
EIDO DA FONTE	405
EL COTO DE RIOJA	578
EL PROGRESO SDAD. COOP. CLM	253, 810
EL SAUCERAL	810
EL SESEO	99
EL SUEÑO DE LAS ALFORJAS	265
ELADIO PIÑEIRO RURAL WINES	405
ELÍAS MORA	682
ELVIWINES	38
ELYSAR	186
EMILIO VALERIO	326
EMPORDÀLIA	195
ENCIMA WINES	81
ENCINA BLANCA DE ALBURQUERQUE	843
ENCOMIENDA DE CERVERA	811
ENVERO WINE COMPANY	698
ENVINATE	747, 774, 887
EQUIPO NAVAZOS	221, 295, 887
ES FANGAR VINS	358
ESENCIA WINES CELLARS	239
ESPAIVI	376
ESPELT VITICULTORS	196
ESSÈNCIA DE LLUNA	663
ESTEBAN CELEMIN & VITICULTOR	835, 887
ESTEL D'ARGENT	144, 342
ESTEVE I GIBERT VITICULTORS	888
ESTÉVEZ BODEGAS Y VIÑEDOS	81
ESTOL VERD CELLER	652

BODEGA	SEITE
ESTONES VINS	310, 663
ETÉREA KRIPÁN	578
EULOGIO & JAVIER WINES	835
EUSEBIO CASADO WINEMAKER (BODEGAS VIÑA LAGUARDIA)	579

F

BODEGA	SEITE
FAMILIA ARIAS VIDAL VITICULTORES	82
FAMILIA BASTIDA	253, 579, 698, 811
FAMILIA MARTÍNEZ ELORZA	579
FAMILIA MONTAÑA	580
FAMILIA NIN ORTIZ	376
FAMILIA TORRES	172, 342
FAMILIA TORRES PRIORAT	376
FAUSTINO RIVERO ULECIA	239, 327, 406, 580, 698
FÉLIX SOLÍS	254, 888
FÉLIX SOLIS AVANTIS	626, 715, 811, 888, 907
FENTO WINES	406, 425, 888
FERNÁNDEZ EGUILUZ	580
FERNANDO DE CASTILLA	222
FERRÉ I CATASÚS	145, 343
FERRER BOBET	377
FIGUERO	494
FIL·LOXERA & CÍA	724
FINCA ALBRET	327
FINCA ANTIGUA	254, 811
FINCA ARAUZO	836
FINCA BACARA	240
FINCA BATLLORI	145
FINCA BINIAGUAL	88

BODEGA	SEITE
FINCA CAN AXARTELL	854
FINCA COLLADO	48
FINCA CONSTANCIA	811
FINCA CUARTA	426
FINCA DE LA RICA	581
FINCA EL OLMILLO	240
FINCA EL REFUGIO	812
FINCA LA CANTERA DE SANTA ANA	327
FINCA LA CAPILLA	494, 626
FINCA LA ESTACADA	690, 812
FINCA LOS ALIJARES	812
FINCA MILLARA	426
FINCA MONASTASIA	240
FINCA MONCLOA	792
FINCA MONTALVILLO	581
FINCA MONTEPEDROSO	626
FINCA MUSEUM	166
FINCA RÍO NEGRO	813
FINCA RODMA	494
FINCA SANDOVAL	279
FINCA TORREMILANOS	145, 495, 836
FINCA VALONGA	860, 907
FINCA VALPIEDRA	581
FINCA VANDAMA	208
FINCA VILADELLOPS	343
FINCA VILLACRECES	495
FINCA Y VIÑEDOS SAN COBATE	495
FINCAS DE AZABACHE	581
FORTUNA WINES	406
FRAGAS DO LECER	291

BODEGA	SEITE.
FREIXA RIGAU	145
FREIXENET	123, 145
FROM GALICIA GROUP	291, 406, 582
FRUTOS VILLAR	166, 683
FUENTES DEL SILENCIO	836

G

GAINTZA	204
GALÁN DE MEMBRILLA - BODEGAS REZUELO	254, 813
GALLINA DE PIEL WINES	82
GAÑETA	204
GARKALDE TXAKOLINA	93
GARMÓN CONTINENTAL	495
GATELL	146
GENIUM CELLER	377
GIL LUNA	683
GIL PEJENAUTE	112
GIRÓ DEL GORNER	146, 343
GIRÓ RIBOT	146, 344, 888
GONZÁLEZ BYASS JEREZ	222
GONZÁLEZ FISCHER	780
GONZALO CELAYETA WINES	328
GORKA IZAGIRRE	93
GRACIA	296
GRAMONA	908
GRAN CLOS DEL PRIORAT	377
GRAN SELLO	813
GRANDES VINOS	116
GRANJA NUESTRA SEÑORA DE REMELLURI	582

BODEGA	SEITE
GRATAVINUM	377
GUELBENZU	859
GUILELLA AGRICOLA	724
GUTIÉRREZ COLOSÍA	223

H

HACIENDA ACENTEJO	646
HACIENDA ALBAE	813
HACIENDA EL TERNERO	583
HACIENDA GRIMÓN	583
HACIENDA LA QUINTERIA	889
HACIENDA LÓPEZ DE HARO	584
HACIENDA MIGUEL SANZ	496
HACIENDA SOLANO	496
HACIENDA TERRA DURO	684
HACIENDA UCEDIÑOS	708
HACIENDA VILLARTA	814
HAMMEKEN CELLARS	49, 55
HEREDAD ANSÓN	117
HEREDAD DE ATENCIA	814
HEREDEROS DEL MARQUÉS DE RISCAL	584
HERÈNCIA ALTÉS	663
HERETAT OLLER DEL MAS	356, 889
HERMANOS FERNÁNDEZ	585
HERMANOS FRÍAS DEL VAL	585
HIDALGO	224
HIJOS DE ANTONIO POLO	496
HIJOS DE RUFINO IGLESIAS	167

BODEGA	SEITE	BODEGA	SEITE	BODEGA	SEITE
HIKA BODEGA	204	JAUME LLOPART ALEMANY	148, 345	LA BARONÍA DE TURIS	725
HIRUZTA BODEGA	204, 908	JAVI REVERT VITICULTOR	725	LA BRUIXA DELS MUDEFES	663, 890
HM LAS VETAS	187	JAVIER SANZ VITICULTOR	627, 836, 890	LA CALANDRIA. PURA GARNACHA	329
HNOS. CASTILLO PÉREZ	585	JEAN LEON	345	LA CARBONERA	587
HODGKINSON PRIORAT	378	JESÚS DE MADRAZO WINES	497, 586	LA CEPA DE PELAYO	280
HORNILLOS BALLESTEROS	497	JOAN DE LA CASA. VITICULTOR	49	LA COMARCAL	725
HUERTA DE ALBALÁ	793	JOAQUÍN REBOLLEDO	708	LA CONRERIA D'SCALA DEI	378
HUERTO DE LA CONDESA	273	JOEL SALVAT RULL	890	LA COVA DELS VINS	311
HUGUET DE CAN FEIXES	344, 908	JORGE MARCÉN MONTESA	890	LA FURGONETA VINOS	836
HVMA	586	JORGE ORDÓÑEZ MÁLAGA	273	LA GAVACHA WINES	104
		JOSÉ ANTONIO GARCÍA GARCÍA	82	LA GUITA	224
		JOSÉ ESTÉVEZ	793	LA HAYA	735

I

		JOSÉ GALINDO WINEGROWER	781	LA LOBA	497
IBAI VITICULTORES	586	JOSÉ GIL VIGNERON	586	LA MELONERA	274
IBIZKUS WINES	842	JOSÉ MANUEL BUSTILLO	890	LA NIÑA DE CUENCA	280
IDRIAS	639	JOSEP FORASTER	172	LA RIOJA ALTA	587
INN WINE BODEGAS Y VIÑEDOS	815, 889	JOSEP GRAU VITICULTOR	310, 378	LA SETERA	66
IVÁN VÁZQUEZ PATEIRO (PATEIRO VINOS DE GUARDA)	440	JOSEP GUILERA RIAMBAU - COMA ROMÀ	346	LA SUERTITA	735
		JUAN CARLOS SANCHA	587	LA VINYETA	196
IZAR - LEKU MAHASTIAK	205	JUAN FRANCISCO FARIÑA PÉREZ	730	LA VIÑA DEL ABUELO	684
IZQUIERDO VIÑEDOS Y BODEGAS	241	JÚLIA BERNET - VINYES DE MUNTANYA	909	LA VIÑITA	735
		JULIA CASADO	99	LACRIMA BACCUS	149
		JUVÉ & CAMPS	148	LADRÓN DE LUNAS	698
				LAFOU CELLER	664

J

				LAGAR DA CACHADA	406
J. GARCIA CARRION LA MANCHA	254, 908			LAGAR DA CONDESA	407
JABLE DE TAO	262	### L		LAGAR DE BESADA	407
JAIME RUIZ DIAZ	586	L'OLIVERA	123, 182	LAGAR DE COSTA	407, 891, 909
JANÉ VENTURA	147, 344	L'ORIGAN	149	LAGAR DE FORNELOS	408
JAUME DE PUNTIRÓ	89	LA BALDESA	647	LAGAR DE LA SALUD	296, 891
JAUME GIRÓ I GIRÓ	147, 345	LA BALLESTERA	815		

BODEGA	SEITE
LAGAR DE SABARIZ	891
LAGAR DEL DUQUE	167
LAOSA	265, 891
LAR DE MAÍA	836
LAS MERCEDES DEL CABRIEL	699
LAS MORADAS DE SAN MARTÍN	742
LAS PEDRERAS VIÑEDOS Y VINOS	770, 891
LATORRE AGROVINÍCOLA	699
LÁZARO ALONSO ALONSO	774
LEGADO DE ORNIZ	685
LEGARIS	498, 627
LEO & NINE	640
LES ACÀCIES	356
LES VINS BONHOMME	725
LES VINYES DEL CONVENT	664
LEYENDA DEL PÁRAMO	837
LIBERSO CURIOSO VERDEJO	627
LIBRE Y SALVAJE	117
LLICORELLA VINS	379
LLOPART	909
LMT WINES (LUIS MOYA)	93, 329, 588, 910
LOALTO BODEGA Y VIÑEDOS	892
LOESS VINOS	498, 627
LOS 3 MONOS WINES	498
LOS BARRANCOS	211
LOS GREDALES DE EL TOBOSO	815
LOS INSENSATOS DE LA ANTEHOJUELA	296
LOSADA, VINOS DE FINCA	82

BODEGA	SEITE
LOXAREL	346
LUBERRI MONJE AMESTOY	588
LUIS GARCÍA ALVAREZ	408
LURE WINES	93
LUSTAU	224

M

BODEGA	SEITE
Mª TERESA LÓPEZ FIDALGO (ADEGA O CABALIN)	709
MACROBERT & CANALS	588
MAGALARTE LEZAMA	93
MAIUS	380
MALAHIERBA VINOS	778
MANUEL ARAGÓN	225
MANUEL CORZO RODRÍGUEZ	709
MANUEL QUINTANO LABASTIDA	589
MAR DE ENVERO	408, 427
MARAÑONES	743
MARCELINO TIERRA Y VINO	427
MARCELO RETAMAL	892
MARCO ABELLA	380, 664
MAREA SELECTION	49
MARÍA CASANOVAS	149
MARIA RIGOL ORDI	150
MARIA ZAMARREÑO	83
MARQUÉS DE BURGOS	499
MARQUÉS DE CÁCERES	628
MARQUÉS DE LA CONCORDIA	837

BODEGA	SEITE
MARQUÉS DE LA CONCORDIA FAMILY OF WINES (RIOJA)	589
MARQUÉS DE MURRIETA	589
MARQUÉS DE TOMARES	590
MARQUÉS DE VELILLA	499
MARQUÉS DEL PUERTO	590
MARQUÉS DEL REAL TESORO	226
MARTÍN BERDUGO BODEGA Y VIÑEDOS	499, 628
MARTÍNEZ CORTA	590
MARTINSANCHO BODEGA Y VIÑEDOS	628
MARZAGANA ELEMENTALES	892
MAS ALTA	380
MAS BERTRAN	346
MAS BLANCH I JOVÉ	182
MAS CANDÍ	910
MAS CODINA	150, 347
MAS COMTAL	347
MAS DE L'À	381, 892
MAS DE LA PANSA	123, 172
MAS DE TORUBIO	789
MAS DOIX	381
MAS LLUNES	197
MAS MARTINET VITICULTORS	382
MAS RIBOT	892
MAS RODÓ VITIVINÍCOLA	347
MAS VILELLA	892
MASÍA BACH	123
MATA I COLOMA	150
MATAZNOS 33	774
MATSU	685

BODEGA	SEITE	BODEGA	SEITE	BODEGA	SEITE
MAURICIO LORCA AUTOR DE VINOS - VIÑAS DE BELESAR	427	MONTESQUIUS	151	OCAMPO VINOS	647
MAURO ESTÉVEZ	440	MONTRUBÍ	348, 910	OCELLUM DURII	67
MAYOR DE MIGUELOA	590	MUCHADA-LÉCLAPART	893	OLIVEDA	197
MEDINA AGRICULTURA ECOLÓGICA (FINCA LAS CARABALLAS)	837	MUREDA ALIMENTACIÓN	816	OLIVER VITICULTORS	151, 349
MELGARAJO	266, 837	MURGUIALDI 3 DE BALEARS	855	ONTALBA SOC. COOP. DE C-LM	241
MÉNDEZ-ROJO (TERRIÑA)	709	MUSCÀNDIA - VIADER	151, 348, 910	ORIGEN VITICULTORES	640
MÉNDEZ-ROJO (VÍA ATLÁNTICA)	408			ORIOL ROSSELL	152, 349
MÉNDEZ-ROJO (VÍA ROMANA)	428			ORTO VINS	311
MENDIETA OSABA WINES	590	**N**		OSSIAN VIDES Y VINOS	838
MERITXELL PALLEJÀ	382	NADAL	348, 910	OSTATU	591
MERRUTXU UPELTEGIA	94	NANCLARES Y PRIETO VITICULTORES	894	OVIDIO GARCÍA	167
MERVM PRIORATI	383	NAUTILUS LANZAROTE	262	OXER WINES	94
MÉS QUE PARAULES	356	NAVA VALLEY-GARCÍA SERRANO	837, 894		
MESTRATGE VINS IDENTITARIS	348	NAVASCUÉS ENOLOGÍA	118	**P**	
MICHELINI I MUFATTO	83	NAVE ROVER	894	PABLO VIDAL - VINOS CON PERSONALIDAD	292, 428, 440, 710
MIGUEL DOMECQ	793	NAVISA INDUSTRIAL VINÍCOLA ESPAÑOLA	297	PACO & LOLA	409, 710
MILÉNICO	500	NEKEAS	329	PACO MULERO	56
MILSETENTAYSEIS	500	NEXUS BODEGAS	501	PAGO AYLÉS	755
MIQUEL OLIVER	359	NILVA ENOTURISMO	274	PAGO CALZADILLA	757
MIRADOR DE ADRA	187	NOTAS FRUTALES DE ALBARIÑO	409	PAGO CASA DEL BLANCO	757, 816
MIXTURA	893	NTRA. SRA. DE LA CABEZA DE CASAS IBÁÑEZ SOC. COOP. DE CLM	281	PAGO DE CARRAOVEJAS	502
MOISÉS GRAN VINO	685	NTRA. SRA. DE MANJAVACAS	255	PAGO DE LA BOTICARIA	104, 894
MONT MARÇAL VINÍCOLA	150	NUESTRA SEÑORA DEL ESPINO	281	PAGO DE LA JARABA	763
MONT REAGA	815	NUESTRO DE DÍAZ BAYO	501	PAGO DE LA OLIVA	838
MONTEBACO	500, 628	NUEVOS VINOS	628	PAGO DE LARRÁINZAR	329
MONTEGAREDO	501			PAGO DE LARREA	592
MONTEMUNDO UVAS Y VINOS	816	**O**		PAGO DE LOS CAPELLANES	502
MONTESANCO	151, 699, 893	O LUAR DO SIL	709	PAGO DE MARINACEA	629, 686

BODEGA	SEITE
PAGO DE THARSYS	152, 699, 759
PAGO DE VALLEGARCÍA	764
PAGO DEL CIELO	502, 629
PAGO DEL VICARIO	760
PAGO EL ALMENDRO	781
PAGO FINCA ÉLEZ	761
PAGO HEREDAD DE URUEÑA	762
PAGO LOS BALANCINES	515, 844
PAGOS ALTOS DE ACERED	104
PAGOS DE ANGUIX	503
PAGOS DE BRIGANTE	791
PAGOS DEL MONCAYO	112
PAGOS DEL REY	410, 592
PAGOS DEL REY D.O. RUEDA	629
PAGOS DEL REY RIBERA DEL DUERO	503, 839
PAGOS DEL REY TORO	686
PAISAJES Y VIÑEDOS	592
PALACIO DE BORNOS	629
PALACIO DE VILLACHICA	686
PALACIO QUEMADO	515, 844
PALMERI SICILIA	112
PARAJES DEL VALLE BODEGAS Y VIÑEDOS	242, 281, 894
PARATÓ	153, 349
PARÉS BALTÀ	153, 349
PARET SECA VINS	855, 895
PAZO BAIÓN	410
PAZO DE BARRANTES	410
PAZO DE LA CUESTA	428, 895
PAZO DE RUBIANES	411

BODEGA	SEITE
PAZO DE SEÑORANS	412
PAZO DE TOUBES	441, 710
PAZO DE VIEITE	441
PAZO DE VILLAREI	412
PAZO PONDAL	413
PAZO TIZÓN	441
PAZOS DE LUSCO	413
PENTATEUCO WINES	844
PEPE MENDOZA CASA AGRÍCOLA	50
PERE GUARDIOLA	198
PERE VENTURA	153
PERELADA	198
PÉREZ BARQUERO	297, 842, 911
PÉREZ CARAMÉS	83
PERINET	383, 895
PERSEO 7 BODEGAS	629
PICO CUADRO	503
PIES VIEJOS PARAJES Y VIÑEDOS+	816
PLA DE MOREI	123, 895
PLANA D'EN JAN	350
PLANAS ALBAREDA	154, 350
PONTECABALEIROS	413
PONY FOODS	154
PRIMITIVO QUILES	895
PRIOR DE PANTÓN	429
PRIVIOS	292, 414, 441
PRODUCCIONES ARRAEZ BRAVO	262
PROPIETAT D'ESPIELLS	351
PROTOS BODEGAS RIBERA DUERO DE PEÑAFIEL	504
PROYECTO DE VINOS CARIÑOSOS	83

BODEGA	SEITE
PROYECTO GARNACHAS/VINTAE	104, 383, 895
PURÍSIMA CONCEPCIÓN, S.C. DE CLM	519

Q

QUEIRÓN	593
QUINTA COUSELO	414
QUINTA MILÚ	504
QUINTA SARDONIA	839

R

R & G ROLLAND GALARRETA	505, 593, 629
R. LÓPEZ DE HEREDIA VIÑA TONDONIA	593
RAFAEL CAMBRA	726
RAFAEL PALACIOS	710
RAÍCES IBÉRICAS	105, 266, 664, 743, 778, 839
RAIMAT	183
RAMÓN BILBAO	594, 630
RAMÓN CANALS	154
RAMÓN MARCOS FERNÁNDEZ	429
RAMÓN SAENZ ORGANIC WINES & VINEYARDS	595
RAÚL MORENO	896
RAUL TAMAYO	505
RAVENTÓS I BLANC	911
REAL AGRADO	596
REBORAINA	858
RECAREDO	911
RECESPAÑA SOC. COOP	743
RECTORAL DO UMIA	414

BODEGAS - WEINKELLER

BODEGA	SEITE
REGINA VIARUM	429
REMIGIO DE SALAS JALON	167
REXACH BAQUES	155
REZABAL	205
RICO NUEVO VITICULTORES	770
RIMARTS	155
RIOJA VEGA	596
RIPPA DORII	505, 630
RITME CELLER	384
RIVASANZ VIÑEDOS	630
ROBERT J. MUR	155
ROCHAL	778
ROGER GOULART (CVNE)	155
ROIG PARALS	200
ROMATE	226
RONSEL DO SIL	429
ROSARIO VERA	596
ROSELL MIR	912
ROSENDO ESTEVE VINS I OLIS	664
ROVELLATS	156
RUFINO LECEA BLANCO	597

S

BODEGA	SEITE
S.A.T. VIRXEN DOS REMEDIOS	430
S.C. NTRA. SRA. DE LA SOLEDAD	515
S.C.A. SANTA MARTA VIRGEN	844
SA CABANA	855
SA FORANA	847

BODEGA	SEITE.
SABATÉ I COCA - CASTELLROIG	912
SAMSARA PRIORAT	384
SAN COBATE FINCA Y VIÑEDOS	630
SAN GREGORIO	105
SAN ROMÁN BODEGAS Y VIÑEDOS	687
SANDRA DOIX MORA	384
SANGENÍS I VAQUÉ	385
SANT JOSEP VINS	124, 665, 896
SANTA CATARINA	89
SANTA CRUZ DE ALPERA SOC. COOP. DE C-L-M	56
SANTA MARTA	711, 896
SANTA MARTA VIRGEN S.C.A.	515
SANTALBA	597
SANTIAGO RUIZ	414
SAUVELLA	896
SDAD. COOPERATIVA DEL CAMPO FRONTERA - VINÍCOLA INSULAR	187
SEGURA VIUDAS	156
SEI SOLO BODEGAS Y VIÑEDOS	505
SEISDEDOS VINOS ÍNTIMOS	779
SEÑORÍO DE ARANA	597
SEÑORÍO DE BEADE	441
SEÑORÍO DE LAS MATAS	776
SEÑORÍO DE LIBRARES	597
SEÑORÍO DE LOS ARCOS	84
SEÑORÍO DE RUBIÓS	414
SEÑORÍO DE SAN VICENTE	598
SEÑORÍO DE VILLÁLVARO	506
SERRA & BARCELÓ	665
SERRA DE CAVALLS	666

BODEGA	SEITE
SETVINS DE MUNTANYA	897
SIERRA CANTABRIA	598
SIERRA DE TOLOÑO	598
SILUVIO BODEGAS Y VIÑEDOS	897
SOC. COOP. AGRARIA DE CLM SAN ISIDRO	281
SOC. COOPERATIVA CUMBRES DE ABONA	34
SOGAS MASCARÓ	157
SOLAR DE SAMANIEGO	599
SOLAR DE URBEZO	118
SOMMOS GARNACHA	897
SON GRAU GRAN	856
SON JULIANA	856
SON RAMON VINS I VINYES	856
SOPLA LEVANTE	898
SOPLA PONIENTE	298
SOTO DEL VICARIO	84
SOTOVELO	898
SPANISH PALATE	687
SPECTACLE VINS	312
SUERTES DEL MARQUÉS	735
SURIOL	351

T

BODEGA	SEITE
TALAI BERRI TXAKOLINA	205
TALLERI BERRIA UPATEGIA ETA MAHASTIAK	94
TANTAKA WINES	60
TEO LEGIDO	898
TERRA DE FALANIS	848, 857
TERRACOTA WINES CHI TAO JIU	700

BODEGA	SEITE	BODEGA	SEITE	BODEGA	SEITE
TERRAMOLL	845	TXAKOLI ULACIA	205	VEGA TOLOSA	281
TERRAS DE COMPOSTELA	415, 430	TXOMIN ETXANIZ TXAKOLI	205	VEIGA NAUM	416
TERRAS GAUDA	415			VELVETY WINES - DOMINIO LUBIANO	508
TERRAVINYADA	312			VENTA D'AUBERT	790, 899
TERRER DE PALLARS	183	**U**		VENTO	899
TERRES DE VIDALBA	385	UKAN WINERY	600	VENTURA	208
TERRITORIO LUTHIER	506, 898	UNIVERSITAT ROVIRA I VIRGILI	124, 652	VICENTE GANDÍA	50
TERROIR AL LIMIT	385	UNSI	329	VÍCTOR MANUEL RODRÍGUEZ LÓPEZ	431
TERROIR SENSE FRONTERES	312	UVA DE VIDA	286	VICTORIA ORDÓÑEZ	275
TESO LA MONJA	687	UVAS FELICES	416, 430, 507, 600, 630, 743, 751	VICTORIA TORRES PECIS	259, 899
TIERRA FUNDIDA	898	UWE URBACH	188	VID VICA	158
TINTA ROSA	687			VIDES CALIZA	242, 900
TOBELOS BODEGAS Y VIÑEDOS	599			VIDES SINGULARES	840, 860
TOCAT DE L'ALA	200	**V**		VIEJAS DE IZAN	508
TOLO DO XISTO	430, 442	VAEL WINE - KERBEROS FOOD SOLUTIONS	242	VILADOMAT-ARAGÓ	352
TOMÁS CUSINÉ	183	VAL DE MEIGAS	416	VILARNAU	158
TONI BENEITO	726, 899	VAL DE QUIROGA	430	VILE LA FINCA, BODEGAS Y VIÑEDOS	266
TORELLÓ VITICULTORS	351, 913	VALCUERNA VITICULTORES CON ORIGEN	600	VIMERUM	352
TORRE DE OÑA	599	VALDELARES BODEGA Y VIÑA	330	VINARTIS	913
TORRE DEL VEGUER	352, 899	VALDEMONJAS	507	VÍNCULO SERRANO	779
TORRE PENELAS	415	VALDEQUEMAO VIDES & VINOS	515, 844	VINÍCOLA CASTILLO DE CONSUEGRA	255
TORRENS MOLINER	157	VALDESIL	711	VINÍCOLA DE CASTILLA	255, 817
TORRES ICONS	124	VALDESPINO	226, 794	VINÍCOLA DE NULLES - ADERNATS	158, 652
TRASLANZAS BODEGAS Y VIÑEDOS	167	VALL DE BALDOMAR	184	VINÍCOLA DE TOMELLOSO	255, 818
TRES REYES	817	VALLDOLINA VITICULTORS I ELABORADORS	157, 352	VINÍCOLA DE VALDEPEÑAS	715, 818
TRESPIEDRAS	507	VALPERDIZ	67	VINÍCOLA DEL PRIORAT	387
TRONADO WINES	600	VALREINAS VIÑEDO Y BODEGA	507	VINÍCOLA REQUENENSE	700
TROSSOS DEL PRIORAT	386	VARDON KENNETT	913	VINÍCOLA SARRAL I SECCIÓ DE CRÈDIT	159, 172
TXAKOLI GÁRATE	60	VEGA CLARA	508	VINO DE LA ISLA	857
TXAKOLI TXATXABARRI	95	VEGA DE LUCÍA	292	VINOS COLOMAN	256, 818

BODEGA	SEITE
VINOS DAVID AUÑÓN	256, 818
VINOS DE ALGUEÑA	50
VINOS DE ARGANZA	840
VINOS DE LA LUZ	508, 630
VINOS DE LA POVEDA	744
VINOS DEL BIERZO S. COOP. - VINOS GUERRA	84
VINOS DIVERTIDOS	105, 508, 631, 641, 744
VINOS EN VOZ BAJA	601
VINOS GARCÍA DUQUE	631, 900
VINOS I CAVAS NAVERAN	159, 352
VINOS JEROMÍN	744
VINOS LA ENCOMIENDA	818
VINOS LA ZORRA	779
VINOS LARA	292
VINOS LLÁMALO X	818
VINOS RABILARGO	780
VINOS SANTOS ARRANZ	509
VINOS SANZ	631, 744
VINOS SIERRA NORTE	51
VINOS SIMBIOSIS	819
VINOS VALTUILLE	85
VINOS Y ACEITES LAGUNA	744
VINOS Y BODEGAS TORRES ROMERO	819
VINOS Y VIÑEDOS DOMINIO LASIERPE	330
VINOS Y VIÑEDOS FAMILIA FIEL	509
VINS ALGARS	666
VINS DE LA MEMÒRIA	38
VINS DE PEDRA	173
VINS DE TALLER	124, 900
VINS DEL TROS	666

BODEGA	SEITE
VINS EL CEP	159, 353, 913
VINS I LICORS GRAU	159
VINS MIQUEL GELABERT	359
VINS NADAL	89
VINS NUS	900
VINS PEPE RAVENTÓS	900, 913
VINTAE / ATLANTIS	60
VINUM PRO NOBIS PETIT CELLER	857, 900
VINYA ALFORI	727
VINYA ELS VILARS	184
VINYES D'OLIVARDOTS	200
VINYES DEL TIET PERE	652, 901, 914
VINYES DELS ASPRES	201
VINYES DOMÈNECH	313
VINYES MORTITX	858, 901
VIÑA AGUILERA	509
VIÑA ALMIRANTE	416
VIÑA BUENA	509
VIÑA BUJANDA	601
VIÑA CARTIN	417
VIÑA DAMMIS	632, 901
VIÑA DEL LENTISCO	601
VIÑA EDUARDO BRAVO	442
VIÑA EL PISÓN	901
VIÑA ESTEVEZ	647
VIÑA FRIEIRA	431
VIÑA GÓMEZ	731
VIÑA IJALBA	602
VIÑA MAYOR	632
VIÑA MEIN - EMILIO ROJO	442

BODEGA	SEITE
VIÑA MEMORIAS	160, 701
VIÑA MORAIMA	417
VIÑA NORA	417
VIÑA OLABARRI	602
VIÑA PALACIOS	330
VIÑA REAL	602
VIÑA SALCEDA	603
VIÑA SASTRE	509, 901
VIÑA SOMOZA	711
VIÑA TUELDA	510
VIÑA ZANATA	775
VIÑA ZORZAL WINES	331
VIÑADORES DE CASTILLA	688, 901
VIÑADORES DEL NORTE	603, 901
VIÑAOLIVA SOC. COOP.	516, 844
VIÑAS DEL BIERZO	85
VIÑAS DEL CÉNIT	669
VIÑAS DEL JARO	511
VIÑAS DEL PORTILLO	727
VIÑAS DEL VERO	641
VIÑAS HERZAS	731
VIÑAS MURILLO	632
VIÑAS SERRANAS	780, 841, 902
VIÑAS SILENCIOSAS	603
VIÑEDOS ALONSO DEL YERRO	511, 688
VIÑEDOS BALMORAL	820
VIÑEDOS CIGARRAL SANTA MARÍA	820
VIÑEDOS DE CAMARENA	286
VIÑEDOS DE LAS ACACIAS	841

BODEGA	SEITE
VIÑEDOS DE PÁGANOS	604
VIÑEDOS DEL CONTINO	604
VIÑEDOS DEL YASO	688
VIÑEDOS EL PACTO	604
VIÑEDOS LA NAVA	511
VIÑEDOS POZANCO	516, 845
VIÑEDOS REAL RUBIO	605
VIÑEDOS ROBYN	902
VIÑEDOS SAMPEDRO Y ALONSO	85
VIÑEDOS SIERRA CANTABRIA	605
VIÑEDOS SINGULARES	85
VIÑEDOS Y BODEGA ALTOS DE CHIPUDE	245
VIÑEDOS Y BODEGA LA MAGDALENA	519
VIÑEDOS Y BODEGA PARDEVALLES	267
VIÑEDOS Y BODEGAS ALTO BUEN GRADO	771, 820
VIÑEDOS Y BODEGAS ASENSIO CARCELÉN	242
VIÑEDOS Y BODEGAS ÁSTER	512
VIÑEDOS Y BODEGAS DE LA MARQUESA	606
VIÑEDOS Y BODEGAS GONZÁLEZ	286
VIÑEDOS Y BODEGAS MUÑOZ	256, 820
VIÑEDOS Y BODEGAS PITTACUM	85
VIÑEDOS Y BODEGAS XENYSEL	243
VIÑOS DE ENCOSTAS	902
VIRGEN DE LAS VIÑAS BODEGA Y ALMAZARA	257, 821
VIRGEN DEL GALIR	712
VITÍCOLA MENTRIDANA	287
VITICULTORES DE LAPUEBLA	606

BODEGA	SEITE
W	
WEIN & VINOS	106, 243, 607, 633, 841
WINERY BURGMANN TENERIFE	647
WINES N' ROSES	728
X	
XAVI PALLEJÀ VITICULTOR	387
XOLAYR	211, 902
Y	
YLLERA BODEGAS & VIÑEDOS	512, 633, 841, 914
YSIOS	607
Z	
ZÁRATE	418
ZINIO BODEGAS	607

WEIN	SEITE	WEIN	SEITE	WEIN	SEITE
'G´ GODELLO PONTE DA BOGA 2023 B	421	12 VOLTS 2022 T	849	1890 MANZANOS VIÑEDO SINGULAR 2022 T	548
'P' PONTE DA BOGA 2023 T	421	125 DE CELLER SANROMÀ 2021 T BA	883	1894 ORIGENS 2022 B	333
"MARÍA" ALONSO DEL YERRO 2020 T	511	1270 A VUIT 2017 T	368	1902 TOSSAL D'EN BOU GRAN VINYA CLASSIFICADA 2022 T C	381
"S" DE SAÓ COSTER 2021 T	370	1270 A VUIT 2022 B	368		
+ RITME BLANC 2022 B	384	13 CÁNTAROS NICOLÁS 2022 T RB	162	1903 CENTENARY GRENACHE 2022 T	381
+ RITME BLANC 2023 B	384	1400M 2021 B C	731	1903 COMA DE CASES GARNATXA VELLES VINYES 2022 T C	381
+CONCEJO 2021 T	166	1400M 2022 B FB	731		
1, 2, 3 PESCAO! 2023 B	876	1400M 2022 T	731	1913 2023 RD	316
10 RF BF OL S	218	1400M 2023 B S	731	1921 GARNACHA 2022 T	545
10-12 (DIEZ PUNTO DOCE) 2023 BE AG SD	845	1400M 2023 RD	731	1931 NATURAL 2019 T	101
10-12 (DIEZ PUNTO DOCE) 2023 T	845	1564 PETIT VERDOT 2020 T BA	819	1931 NATURAL 2020 T	101
10-12 SELECCIÓN (DIEZ PUNTO DOCE) 2021 T BA	845	1564 SYRAH 2021 T BA	819	1935 2017 T R	700
100 CEPAS 2019 T C	264	1564 VIOGNIER 2022 B BA	819	1962 ORIGEN 2020 T	46
100 CEPAS 2022 T	264	1583 ALBARIÑO DE FEFIÑANES 2023 B	397	2 CEPAS MARQUÉS DEL ATRIO 2020 B BA	550
100 CEPAS 2023 B	264	1670 PAJARETE 2019 B	272	2 KISSES 2019 T C	582
100 VEREMES VINÍCOLA DE NULLES 2022 B FB	652	1694 LA DIESTRAL 2022 B	860	2 KISSES 2023 T	582
100 X 100 MONASTRELL 2022 T	242	1719 LA DIESTRAL 2022 B	860	2 TANCAS 2021 T	846
100 X 100 SYRAH 2021 T	242	1730 FINO EN RAMA BF FI S	213	20 ALDEAS 2021 T	827
100 Y CIENTOS 2018 T RB	740	1730 VORS BF AM S	213	200 MONGES 1920 2018 T	564
100 Y CIENTOS 2022 B	740	1730 VORS BF OL S	213	200 MONGES 2007 B GR	564
100% LN BY LOHER 2022 T	645	1730 VORS BF PC S	213	200 MONGES SELECCIÓN ESPECIAL 2006 T R	564
1018 GARNATXA SUMOLL 2020 T	355	1730 VORS BF PX D	214	2052 2022 B	663
1018 MACABEU PICAPOLL 2022 B	355	1771 CASA LOS FRAILES 2021 T C	722	21SETECIENTOS 2023 B	874
1040 SAMEIRÁS 2022 B	433	180 NOCHES 2023 B	103	22 UNCES 2023 B	857
12 + 12 "PACO PALOMILLO" T C	868	1860 2022 B FB	53	24 MOZAS 2022 T	680
12 LINAJES 2019 T R	484	1860 SELECCIÓN 2019 T R	53	25 VENDIMIAS 2023 B	329
12 LINAJES 2020 T C	484	1864 CASTILLO DE OLITE 2018 T R	323	27 DE CUARTA GENERACIÓN 2021 T	778
12 LINAJES FINCA LOS ARENALES 2019 T	484	1864 CASTILLO DE OLITE 2020 T C	323	270 VENDIMIA SELECCIONADA 2022 T	503
12 LINAJES GRANO A GRANO 2020 T C	484	1864 CASTILLO DE OLITE CHARDONNAY 2023 B FB	323	299 BY MONTE PINADILLO 2019 T R	451
12 LINAJES SENDA DE LA ESTACIÓN 2021 T	484	1890 MANZANOS SELECCIÓN ESPECIAL 2022 T	548	2L 2022 B	720

WEIN	SEITE
3 DE OLANO SELECCIÓN 2019 T	542
3 DE OLANO VIÑAS VIEJAS 2017 T	542
3 MIRADAS PARAJE DE RÍO FRÍO ALTO 2019 B	294
3 SETMANES 2023 T	178
300 LIOS 2022 RD	733
300 LIOS ALBILLO CRIOLLO 2022 B BA	733
300 LÍOS VIDUEÑO 2022 B	733
3015 2023 T	238
32 CAÑAS 2022 T BA	890
33 ROUTE 2021 T	794
33 ROUTE MACABEO 2023 B	794
33 ROUTE ROSÉ 2023 RD	794
3404 TUCA D'ANETO 2020 T C	637
37 BARRICAS 2018 T C	97
38740 CLARETE 2022 RD	899
4 KILOS 2022 T	849
409 2022 T C	503
426 2021 T C	544
4G 2022 B	660
4G 2022 T	660
4G 2023 B	660
50 ANIVERSARIO 2018 T R	675
50 VENDIMIAS DE SINFORIANO 2015 T	164
50 VENDIMIAS DE SINFORIANO 2023 RD	164
575 UVAS DE CÁMBRICO 2021 T R	777
600 METROS SA FORANA 2023 T	847
600 METROS SA FORANA BLANC 2022 B	847
600 METROS SA FORANA BLANC 2023 B	847
61 DORADO EN RAMA BF SOLERA S	610
62 MILLAS AL CIELO 2022 T	502

WEIN	SEITE
620 ALBARÍN 2022 B	768
620 ALBARÍN NEGRO Y VERDEJO NEGRO 2021 T	768
7 FUENTES 2021 T	735
7 MARÍAS LÍAS 2021 B	187
7 MARÍAS LÍAS 2022 B	187
7 VIN BLAU Y ZWEIGELT 2019 T	867
7030 2022 T	652
739M 2018 T C	684
739M 2019 T RB	684
77 DIES CELLER ARRUFI NATURAL MÍNIMA INTERVENCIÓN 2023 B	881
77 NITS CELLER ARRUFI 2022 T	881
77 NITS CELLER ARRUFI NATURAL MÍNIMA INTERVENCIÓN 2023 T	881
77 VEREMAS GARNACHA MIQUEL PONS 2022 T	339
77 VEREMES XAREL·LO MIQUEL PONS 2022 B FB	339
77 VEREMES XAREL·LO VERMELL MIQUEL PONS 2022 B	340
8 DE CAECUS VENDIMIA SELECCIONADA 2020 T	592
8.0.1 EDICIÓN LIMITADA C.V.C T R	116
8000 MARQUÉS DE BURGOS 2021 T	499
86 WINEGROWERS 2020 T R	794
86 WINEGROWERS LIMITED EDITION TEMPRANILLO CABERNET SAUVIGNON 2017 T	794
875 M 2021 T	578
8A MOSCATO DE OCHOA 2022 BE AG SD	906
8C+ 2019 T	303
8C+ 2023 RD	303
9 SET 2 2021 T	193
90 MINUTS 2022 T	386
900 VIÑAS 2022 T RB	105

WEIN	SEITE
900 VIÑAS EDICIÓN LIMITADA 2020 T C	105
97 CUARTA GENERACIÓN VALDEHERREROS 2017 T	778
992 FINCA RÍO NEGRO 2022 T	813
πES IRRACIONAL OW 2022 B	817

A

A CERCADA DE VIÑAREDO 2023 B	711
A COROA 200 CESTOS 2022 B FB	703
A COROA GODELLO 2023 B	703
A COROA LÍAS 2022 B	703
A COSTIÑA 2020 T	703
A COTARONA SELECCIÓN BRANCELLAO 2021 T	704
A COTARONA SELECCIÓN SOUSÓN 2020 T	704
A ESPEDRADA 2022 B FB	709
A FALCOEIRA 2021 T	708
A HORQUILLA 2022 B	835
A ILLA 2023 B	406
A MERCED 2022 T	83
A NOSA VICTORIA 2021 BE BR	407
A PART 2022 B	660
A PITA CEGA 2016 B	891
A PITA MIUDA 2017 B	891
A PONTE VELLA 2020 T RB	69
A PULMÓN (BLANCO BUZO) 2023 B	272
A PULMÓN 2022 T	272
A PULMÓN 2023 RD	272
A TELLEIRA CAIÑO 2022 B	436
A TELLEIRA GODELLO 2023 B	436
A TELLEIRA LOUREIRA 2022 B	436

WEIN	SEITE	WEIN	SEITE	WEIN	SEITE
A TELLEIRA PARCELAS 2023 B	436	ABADÍA COVARRUVIAS 2020 T	62	ABEL MENDOZA 5V 2023 B	525
A TRABA 2023 B	705	ABADÍA DA COVA LOIA 2021 RD	420	ABEL MENDOZA GRACIANO/GARNACHA GRANO A GRANO 2020 T	525
A VACA CUCA 2023 B	406	ABADÍA DA COVA LOIA 2021 T	420		
A VALIGOTA 2020 T	709	ABADÍA DA COVA O CIMBRO 2021 T	420	ABEL MENDOZA JARRARTE 2023 T	525
A VILERMA 2023 B	433	ABADÍA DA COVA PEDRAS LÍQUIDAS 2022 B	420	ABEL MENDOZA TEMPRANILLO GRANO A GRANO 2020 T	525
A VILLEIRA 2022 T	712	ABADÍA DA COVA PENAFIÓN 2020 T BA	420		
A&M 3 2023 T RB	457	ABADÍA DA COVA VEITUREIRA 2021 T	420	ABRACADABRA 2021 B	386
A&M AUTOR 2020 T R	457	ABADÍA DE GOMARIZ 2020 T	439	ABRACADABRA 2022 T C	680
AA CAU D'EN GENIS 2021 B	37	ABADÍA DE POBLET BLANC 2020 B	170	ABRIGO EDAD DE BRONCE 2021 T	55
AA CAU D'EN GENIS 2022 B	37	ABADÍA DE SAN CAMPIO 2023 B	415	ABRIGO EDAD DE BRONCE LIMITED EDITION 2019 T	55
AA DOLÇ DE NEU 2023 B BA D	863	ABADÍA DE SAN QUIRCE 2018 T R	455	ABRIL DE AZUL Y GARANZA 2022 T	316
AA DOLÇ MATARÓ 2021 T D	863	ABADÍA DE SAN QUIRCE 2020 T C	455	ABRISAT BÀRBARA FORÉS 2022 B C	656
AA LANIUS 2021 B S	37	ABADÍA DE SAN QUIRCE 6 MESES 2023 T RB	455	ABUBILLA 2022 B	898
AA PARVUS CHARDONNAY 2023 B	37	ABADÍA DE SAN QUIRCE FINCA HELENA 2022 T	455	ABUELO CAYO 2015 T R	571
AA PARVUS SYRAH 2022 T	37	ABADÍA DE SAN QUIRCE M9 2022 T	455	ABUELO CAYO 2019 T C	571
AALTO 2022 T	444	ABADÍA DE SAN QUIRCE VERDEJO SOBRE LÍAS 2023 B	614	ABUELO CAYO COLECCIÓN FAMILIAR 2022 RD	571
AALTO BLANCO DE PARCELA – FUENTE DE LAS HONTANILLAS 2022 B	822	ABADÍA LA ARROYADA 2020 T C	455	ABUELO CAYO COLECCIÓN FAMILIAR FIELD BLEND 2019 T	571
		ABADÍA LA ARROYADA 2021 T RB	455		
AALTO PS (PAGOS SELECCIONADOS) 2022 T	444	ABADÍA LA ARROYADA 2022 T	455	ABUELO CAYO COLECCIÓN FAMILIAR GARNACHA 2020 T	571
ABA DE TRASUMIA 2023 B	417	ABADÍA RETUERTA LE DOMAINE 2022 B	755		
ABAD DOM BUENO 2023 RD	71	ABADÍA RETUERTA PAGO GARDUÑA 2020 T	755	ABUELO CAYO TEMPRANILLO BLANCO 2023 B	572
ABAD DOM BUENO GODELLO 2023 B	71	ABADÍA RETUERTA PAGO NEGRALADA 2019 T	755	ABULAGA B SS	871
ABAD DOM BUENO MENCÍA 2023 T	71	ABADÍA RETUERTA PAGO VALDEBELLÓN 2020 T	755	ACCENTUS 2022 T	456
ABADAL 3.9 (VI DE FINCA) 2020 T R	355	ABADÍA RETUERTA PETIT VERDOT PV 2020 T	755	ACEBRÓN 2022 T	810
ABADAL ARBOSET 2019 T	355	ABADÍA RETUERTA SELECCIÓN ESPECIAL 2021 T	755	ACEDIANO 2021 T C	505
ABADAL MANDÓ 2021 T	355	ABAXIAL BLANC DE NOIR 2022 B	844	ACENTUADO ROSE ORGANIC 2023 RD	807
ABADAL NUAT 2021 B C	355	ABDÓN SEGOVIA 2019 T C	673	ACEÑA 2023 T	744
ABADAL PICAPOLL 2023 B	355	ABDÓN SEGOVIA 2020 T	673	ACIANO 2020 T	822
ABADAL SAGRISTIA C-1 BF RC	862	ABDÓN SEGOVIA 2022 T RB	673	ACINIPO 2021 T C	269
ABADE DE COUTO 2021 T	391	ABEITXA 2022 B	95	ACÓN 2014 T GR	444

WEIN	SEITE	WEIN	SEITE	WEIN	SEITE
ACÓN 2018 T R	444	ADOREMUS 2019 T R	679	AILALELO CASTES TINTAS 2020 T	435
ACÓN 2019 T C	444	ADRIÀ DE BIOPAUMERÀ 2020 T RB	650	AILALELO GODELLO DE ALTURA 2022 B	435
ACÓN 2021 T RB	444	ADVENTICIA 2022 B	606	AINA JAUME LLOPART	
ACÓN SELECCIÓN 2011 T	444	AFORTUNADO 2023 B	632	ALEMANY ROSADO 2020 RE R BR	148
ACÓN TEMPRANILLO 2023 T	444	AFORTUNADO 2023 B	632	AIRE DE L'O DE L'ORIGAN ROSE 2021 RE BN	149
ACUSP 2020 T	178	AGALIU 2022 B FB	182	AIRE DE L'ORIGAN 2021 BE BN	149
ACÚSTIC BLANC 2022 B FB	300	AGNUS DE VALDELANA DE AUTOR 2021 T C	563	AIRE DE PROTOS 2023 RD	164
ACÚSTIC BLANC 2023 B FB	300	ÁGORA DE ARÚSPIDE 2021 T RB	800	AIRÉN SELECCIÓN 2023 B	815
ACÚSTIC NEGRE 2021 T RB	300	ÁGORA TEMPRANILLO 2022 T MC	800	AITAKO 2022 B AG	204
ACÚSTIC NEGRE 2022 T RB	300	ÁGORA VIOGNIER 2023 B MC	800	AITAREN 2022 B FB	203
ACÚSTIC ROSAT 2023 RD	300	ÁGUEDAS 2022 B BA	828	AITU! 2022 T	93
AD LIBITUM MATURANA BLANCA 2022 B	587	AGUSTÍ TORELLÓ MATA		AIURRI 2021 T	521
AD LIBITUM MONASTEL 2022 T	587	BARRICA GRAN RESERVA 2019 BE GR BN	141	AIZPURUA TXAKOLI 2023 B	203
AD PATER 2021 T	877	AGUSTÍ TORELLÓ MATA KRIPTA		AIZPURUA TXAKOLI ROSADO 2023 RD	203
ADAR DE ELVIWINES 2019 T R	519	GRAN ANYADA 2013 BE GR BN	141	AKARREGI TXIKI 2023 B AROM BR	203
ADARAS LLUVIA 2023 B SS	54	AGUSTÍ TORELLÓ MATA MAGNUM 2019 BE GR BN	142	AL COBIJO DE UNA GRAN SABINA 2019 T C	797
ADARO 2022 T	486	AGUSTÍ TORELLÓ MATA ROSAT TREPAT 2021 RE R BR	142	AL PIE DEL CAÑON 2021 T	429
ADDA 2020 BE R BN	136	AGUSTÍ TORELLÓ MATA UBAC 2019 BE GR BR	142	AL RASO 2022 RD	770
ADEGA VIÑA ALMIRANTE 2023 B	416	AGUSTÍ TORELLÓ MATA XIC 2023 B	340	ALABASTER 2021 T	687
ADEMÁN ADALIA 2023 B	673	AGUSTÍ TORELLÓ MATA XV XAREL·LO VERMELL 2023 RD	340	ALACER 2019 T C	496
ADEMÁN CARABIZAL 2023 T	673	AHARI 2022 T	591	ALACER 2021 T RB	496
ADEMÁN VALDEARANDA 2021 T C	674	AI AMA! 2023 T	596	ALAGU FORCALLAT 2022 T	881
ADEMÁN VALDECARRETAS 2021 T FB	674	AIA 2018 T	359	ALAGU ROSÉ 2022 RD	47
ADERNATS BE R BN	158	AIALLE TXAKOLI 2022 B	203	ALAN DE VAL CAÍÑO 2021 T	703
ADERNATS DE GUARDA ECO 2021 BE BN	158	AÏDA DE VIVES AMBRÒS 2023 B	650	ALAN DE VAL CASTES NOBRES 2021 T	703
ADERNATS PURN BE GR BN	158	AÏDA DE VIVES AMBRÒS 2023 T	650	ALAN DE VAL GODELLO 2023 B	703
ADEUS 2023 B	436	AIER - VINO CERÁMICO 2020 T S	672	ALAN DE VAL MENCÍA 2023 T	703
ADN CANALS 2019 BE GR BN	135	AIHEN 2020 B	92	ALAYA TIERRA 2022 T	53
ADNOS BOBAL 2019 T	693	AILALÁ 2022 T	435	ALBA BALBAINA 2022 B	792
ADORADO BY MENADE CRIANZA DE 1967 B SOLERA	876	AILALÁ 2023 B	435	ALBA BLANCA GARNACHA 2023 B	868

WEIN	SEITE	WEIN	SEITE	WEIN	SEITE
ALBA BLANCA MENORCA 2023 B	846	ALBARDIALES 2023 T	251	ALCARDET CEPAS VIEJAS 2019 T BA	800
ALBA NEGRA GARNACHA 2023 T	868	ALBARIÑO DE FEFIÑANES 2023 B	397	ALCARDET GARNACHA 2023 RD	800
ALBA NEGRA MENORCA 2023 T	846	ALBARIÑO DE FEFIÑANES III AÑO 2021 B	397	ALCARDET NATURA CHARDONNAY 2020 B	247
ALBA NEGRA MENORCA CABERNET 2023 T	846	ALBARIÑO DO FERREIRO 2023 B	399	ALCARDET NATURA ESPUMOSO BE BR	905
ALBA NEGRE T	339	ALBARIZA DE JOSÉ ESTÉVEZ 2022 B	793	ALCARDET NATURA TEMPRANILLO T	247
ALBA ROSÉ MENORCA 2023 RD	846	ALBAYDA 2022 B FB	211	ALCARDET SAUVIGNON BLANC 2023 B	800
ALBACEA MERLOT 2023 T	233	ALBÉITAR 2022 T	166	ALCARDET TEMPRANILLO 2022 T	247
ALBADA FINCA ALBERTO 2022 T	101	ALBENC BLANC 2023 B	846	ALCEÑO 12 CEPAS VIEJAS 2021 T	230
ALBADA FINCA GEMELO 2020 T	101	ALBERT DE VILARNAU CHARDONNAY PINOT NOIR 2017 BE GR BN	158	ALCEÑO 150 ANIVERSARIO 2021 T	230
ALBADA FINCA SANTOS 2021 T	101			ALCEÑO 50 BARRICAS 2022 T	230
ALBADA GARNACHA VIÑAS VIEJAS SOBRE LÍAS 2023 T	101	ALBERT DE VILARNAU FERMENTADO EN CASTAÑO 2017 BE GR BN	158	ALCEÑO MONASTRELL 4 MESES 2022 T RB	230
ALBADA MACABEO VIÑAS VIEJAS SOBRE LÍAS 2023 B	102			ALCEÑO SAUVIGNON BLANC 2022 B FB	230
ALBADA PARAJE LA CAÑADILLA 2022 T	102	ALBERTE TREIXADURA 2023 B	438	ALCEÑO SELECCIÓN 2020 T R	230
ALBADA PARAJE LLANO HERRERA 2020 T	102	ALBET I NOYA EL BOSC NEGRE 2021 B	333	ALCEO TEMPRANILLO 2022 T RB	253
ALBADES GARNACHA DE MONTAÑA 2023 T	889	ALBET I NOYA EL CORRAL CREMAT 2013 BE GR BR	333	ALCEO VERDEJO 2023 B	811
ALBADES MALVASÍA 2023 B	725	ALBET I NOYA EL FANIO 2022 B	333	ALCONDE X01 GRACIANO 2016 T	320
ALBAHRA 2022 T	887	ALBET I NOYA LA MILANA 2019 T R	333	ALCOR 2016 T	122
ALBAICIN 2023 B	252	ALBET I NOYA LES TIMBES 2021 T C	333	ALDAHARA 2023 RD	635
ALBAICIN CHARDONNAY 2022 B	252	ALBET I NOYA RESERVA MARTÍ 2017 T GR	333	ALDAHARA CHARDONNAY 2023 B	636
ALBAICIN RIESLING 2023 B	252	ALBOCA 2020 T C	680	ALDAHARA GENERACIONES 2017 T	636
ALBALEIA COLOMBARD 2019 B	175	ALBOR DE MASOS 2022 T C	40	ALDAHARA RASÉ CHARDONNAY 2023 B RB	636
ALBAMAR 2023 B	395	ALBRET EL ALBA CHARDONNAY 2023 B FB	327	ALDAHARA RASÉ MERLOT 2022 T	636
ALBAMAR 2023 T	395	ALBRET EL BALCÓN 2020 T C	327	ALDEA DE ADARAS 2022 T BA	54
ALBAMAR ALBINO BLANC DE NOIRS 2023 B	395	ALBRET EL ROCÍO 2023 RD	327	ALDEASOÑA 2020 T R	447
ALBAMAR CLARETE 2023 RD	869	ALBRET LA LOMA GARNACHA 2022 T RB	327	ALDEÓN DE LAR CALATAYUD GARNACHA 2023 T	104
ALBAMAR FINCA O PEREIRO 2022 B	395	ALBRET LA VIÑA DE MI MADRE 2019 T R	327	ALDEÓN DE LAR GARNACHA TINTORERA 2023 T	56
ALBAMAR O ESTEIRO 2022 T	395	ALBRET LASTRA 2019 T R	327	ALDEÓN DE LAR MONASTRELL SIN SULFITOS AÑADIDOS 2023 T	241
ALBAMAR O ESTEIRO CAÍÑO 2022 T	396	ALBUFERA SELECCIÓN 2023 T	727		
ALBAMAR O ESTEIRO ESPADEIRO 2022 T	396	ALBUREJO BF OL S	214	ALDEÓN DE LAR TEMPRANILLO 2023 T	838
ALBAMAR O ESTEIRO MENCÍA 2022 T	396	ALCARDET 12 MESES 2020 T S	800	ALDEÓN DE LAR VERDEJO 2023 B	628

WEIN	SEITE	WEIN	SEITE	WEIN	SEITE
ALDOBA 2023 T MC	247	ALGUEIRA FINCA CORTEZADA 2022 B	422	ALMA ALACER 2020 T	496
ALDOBA VERDEJO 2023 B	247	ALGUEIRA PATRIMONIO 2018 T C	422	ALMA DE COMPOSTELA 2022 B	415
ALDONZA ALBO 2022 B	796	ALHOCEN CHARDONNAY 2021 B FB	793	ALMA DE LUZON 2021 T	234
ALDONZA BE BN	127	ALIAGA DOSCARLOS SAUVIGNON BLANC 2023 B	315	ALMA DE MAR 2023 B	396
ALDONZA BE BR	127	ALIAGA GARNACHA VIÑAS VIEJA 2021 T	315	ALMA DE UNX 2022 T	325
ALDONZA BE R BR	127	ALIAGA HELENA SYRAH SYRAH 2022 T	315	ALMA DE UNX 2023 B BA	325
ALDONZA CLÁSICO 2018 T	796	ALIAGA LÁGRIMA DE LUNA 2023 RD	315	ALMA DE UNX 2023 RD	325
ALDONZA NAVAMARÍN 2017 T R	796	ALIAGA MOSCATEL VENDIMIA TARDÍA 2023 B D	315	ALMA DE VALDEGUERRA 2020 T C	744
ALDONZA ROSÉ RE BR	127	ALICANTE BOUSCHET BY TARIMA 2021 T BA	45	ALMA DE VALDEGUERRA 2022 T BA	745
ALDONZA SELECCIÓN 2018 T C S	796	ALICE 2021 T R	367	ALMA DO VELLO TESOURO 2022 T C	711
ALEGRA DE BERONIA 2022 RD	534	ALILIAN BUENAGENTE 2018 T	483	ALMA LA RAD 2019 T	526
ALEGRO 2021 T C	574	ALILIAN CAMINATA 2019 T	483	ALMA LÓPEZ 12 MESES 2022 T	445
ALEJANDRA VIZCARRA 2022 B	482	ALILIAN CLARETE 2022 RD	483	ALMA LÓPEZ AURA 2020 T	445
ALEJANDRINO I BE SD	871	ALILIAN PRÉMORA 2020 T BA	483	ALMA LÓPEZ FLOR 2022 T	445
ALEJANDRO 2022 T	794	ALIÓN 2021 T	483	ALMA SANA 2021 T C	726
ALENTO 2023 B BA	706	ALJIBES 2020 T	799	ALMA SANA ORANGE WINE 2021 B RB	726
ALENZA 2019 T GR	461	ALJIBES CABERNET FRANC 2020 T	799	ALMA SERENA 2019 T R	473
ALFREDO SANTAMARÍA SELECCIÓN ESPECIAL 2018 T	165	ALJIBES GARNACHA TINTORERA 2020 T C	799	ALMALARGA 2023 B	423
ALGARS 2023 B	666	ALJIBES PETIT VERDOT 2021 T	799	ALMALARGA GODELLO 2021 B BA	423
ALGARS 2023 RD	666	ALKUNYA 2022 B	701	ALMALOLA 2023 RD	423
ALGIL CRIANZA 2019 T C	671	ALLBLACK BOBAL 2019 T BA	698	ALMAMADRE 2018 T	423
ALGIL EXPRESIÓN 2021 T C	671	ALLBLACK GARNACHA TINTORERA 2020 T	55	ALMANOVA 2022 T	423
ALGIL GARNACHA 2021 T BA	671	ALLEGRANZA SLIGHTLY OAKED CHARDONNAY 2023 B	814	ALMAVIÑO 2023 B	880
ALGIL MALVASÍA CASTELLANA 2021 B FB	671	ALLOZO 2016 T GR	248	ALMENDROS 2023 B	718
ALGO QUE CONTARTE 2020 T	564	ALLOZO 2019 T C	248	ALMIRANTE BF OL S	226
ALGOLPITO 2022 T C	208	ALLOZO 2019 T R	248	ALMIREZ 2022 T	687
ALGORITMO 2023 B	870	ALLOZO TEMPRANILLO 2021 T RB	248	ALMODÍ ROURE 2023 T	655
ALGUEIRA BRANDÁN GODELLO 2023 B	422	ALLOZO TEMPRANILLO 2023 T	248	ALMUDÍ 2020 T	97
ALGUEIRA CARRAVEL 2019 T C	422	ALLOZO VERDEJO 2023 B	248	ALMUDÍ UNO P.V. 2020 T C	97
ALGUEIRA ESCALADA 2022 B FB	422	ALMA 2021 T	527	ALOERS 2021 B	340

WEINE

WEIN	SEITE
ALONSO CUESTA 2021 B FB	284
ALONSO CUESTA 2022 RD FB	284
ALONSO CUESTA CÁLLATE 2021 T RB	284
ALONSO CUESTA CUVEÉ 2020 T C	284
ALONSO CUESTA LA GARNACHA DE LOLA PARAJE CUQUEÑA 2021 T RB	284
ALONSO CUESTA LA GARNACHA DE LOLA PARAJE MAZALBA 2021 T RB S	284
ALONSO DEL YERRO 2020 T	511
ALPAIRO 2023 RD	164
ALPENDRE MERENZAO 2022 T	429
ALQUÉZ DE SOMMOS 2021 T	897
ALSALIENTE 2022 T	778
ALSINA & SARDÁ 2021 BE R BN	127
ALSINA & SARDÁ FINCA LA BOLTANA 2022 B	333
ALSINA & SARDÁ GRAN RESERVA ESPECIAL 2017 BE GR BN	127
ALSINA & SARDÁ SELLO 2020 BE GR BN	127
ALSINA & SARDÁ VESTIGIS GRAN CUVÉE 2018 BE GR BN	127
ALSOCAYO 2021 B	631
ALSOCAYO 2022 B	631
ALSUR NATURA TEMPRANILLO-CABERNET SAUVIGNON 2023 T	818
ALSUR NATURA VERDEJO-SAUVIGNON BLANC 2023 B	818
ALTA ALELLA 10 2012 BE GR BN	127
ALTA ALELLA GX 2023 T	37
ALTA ALELLA LAIETÀ 2019 BE GR BN	127
ALTA ALELLA LAIETÀ ROSÉ 2019 RE GR BN	127
ALTA ALELLA MIRGIN 2020 BE R BN	127

WEIN	SEITE
ALTA ALELLA MIRGIN EXEO EVOLUCIÓ + 2004 BE GR BN	127
ALTA ALELLA MIRGIN EXEO PARAJE CALIFICADO VALLCIRERA 2017 BE GR BN	127
ALTA ALELLA MIRGIN OPUS PARAJE CALIFICADO VALLCIRERA 2019 BE BN	128
ALTA ALELLA MIRGIN ROSÉ 2020 RE R BN	128
ALTA ALELLA PB 2023 B	37
ALTA PAVINA PINOT NOIR 2022 T RB	822
ALTA PAVINA PINOT NOIR 2023 RD	822
ALTAMENTE 2021 T	229
ALTAMIMBRE 2019 T RB	459
ALTANZA 2016 T GR	522
ALTANZA 2019 T R	522
ALTANZA CLUB 2017 T R	522
ALTANZA COLECCIÓN ROBERTO AMILLO AMONTILLADO BF AM S	213
ALTANZA COLECCIÓN ROBERTO AMILLO OLOROSO BF OL S	213
ALTANZA COLECCIÓN ROBERTO AMILLO PALO CORTADO BF PC S	213
ALTANZA COLECCIÓN ROBERTO AMILLO PEDRO XIMÉNEZ BF PX D	213
ALTANZA FAMILIA 2019 T R	522
ALTANZA SAUVIGNON BLANC 2023 B	522
ALTARES DE POSTMARCOS 2021 B C	790
ALTAYA 2022 T	101
ALTICO SYRAH 2021 T C	231
ALTITUD 1100 2023 T	54
ALTO DE INAZARES BLANCO DE BLANCAS 2022 B	863
ALTO DE INAZARES CRUZADO 2022 T	863

WEIN	SEITE
ALTO DE INAZARES MAJARAZÁN 2021 T	863
ALTO DE INAZARES MONASTRELL 2022 T	863
ALTO DE INAZARES PINOT NOIR 2022 T C	863
ALTO DE INAZARES SYRAH 2021 T	863
ALTO DE INAZARES VIOGNIER 2022 B	863
ALTO DE LA JUDIEGA 2020 T RB	69
ALTO DE PIOZ 2019 T	796
ALTO DE PIOZ 2021 T	796
ALTO MONCAYO 2020 T	108
ALTO MONCAYO VERATÓN 2021 T	108
ALTO SIÓS 2022 T R	181
ALTOS DE CORRAL SINGLE ESTATE 2019 T R	537
ALTOS DE CRISTIMIL ETIQUETA BLANCA 2023 B	408
ALTOS DE HORNIXA 2023 T	83
ALTOS DE INURRIETA 2019 T R	317
ALTOS DE LA FINCA 2018 T	811
ALTOS DE LA MUELA 2020 T C	721
ALTOS DE LOSADA EL CEPÓN 2022 T	82
ALTOS DE LOSADA LA BIENQUERIDA PARAJE LAS CHAS 2022 T C	82
ALTOS DE LOSADA VILLA DE VALTUILLE DE ARRIBA 2022 T BA	83
ALTOS DE LUZÓN 2022 T	234
ALTOS DE TAMARÓN 2019 T R	503
ALTOS DE TAMARON 2021 T C	503
ALTOS DE TAMARÓN 2023 T	503
ALTOS DE TAMARÓN 2023 T RB	503
ALTOS DE TAMARÓN TEMPRANILLO 2023 T	839
ALTOS DE TAMUJA 2023 B	771
ALTOS DE TAMUJA 2023 T	771

WEIN	SEITE	WEIN	SEITE	WEIN	SEITE
ALTOS DE TORONA 2021 B BA	392	ALVAREDOS-HOBBS GODELLO 2021 B FB	423	AMADOR MEDRANO TERRA 2021 T FB	552
ALTOS DE TORONA 2023 B	392	ALVAREDOS-HOBBS MENCÍA 2021 T RB	423	AMAITA 2018 T	545
ALTOS DE TORONA ALBARIÑO 2023 B	393	ALVAREDOS-HOBBS MENCÍA GARNACHA TINTORERA 2020 T	423	AMANCIO 2020 T	605
ALTOS DE TORONA CAIÑO 2023 B	393			AMANECER B	295
ALTOS DE TORONA GODELLO 2023 B	393	ALVAREZ ALFARO ALTOS DE RABANERA T	566	AMANECER B AM S	295
ALTOS DE TORONA ROSAL 2022 B	393	ALVAREZ ALFARO FINCA LAS TRAVIESAS 2019 T	566	AMANECER B PX D	295
ALTOS DEL BERGASA 2018 T GR	544	ALVAREZ ALFARO GARNACHA BLANCA 2023 B FB	566	AMANECER SOLERA DRY OLOROSO BF OL S	295
ALTOS DEL BERGASA 2023 T	544	ALVAREZ ALFARO SELECCIÓN FAMILIAR 2017 T	566	AMANOVO EL VERSÁTIL 2021 T	718
ALTOS DEL CABRIEL ALBILLA 2023 B	277	ALVAREZ ALFARO SELECCIÓN FAMILIAR 2018 T	566	AMANOVO, EDICIÓN ESPECIAL 2021 T	718
ALTOS DEL CABRIEL BOBAL 2022 T	278	ALVAREZ ALFARO SELECCIÓN FAMILIAR 2019 T	566	AMANTIA NATURALMENTE DULCE 2019 RD D	832
ALTOS DEL CABRIEL BOBAL 2023 RD	278	ÁLVAREZ DE TOLEDO COLECCIÓN FAMILIA 2022 T	823	AMARA 2023 B	269
ALTOS DEL CABRIEL BOBAL TEMPRANILLO 2022 T	278	ÁLVAREZ DE TOLEDO MENCÍA 2023 T RB	70	AMAREN 2021 B FB	532
ALTOS DEL CABRIEL MACABEO 2023 B	278	ÁLVAREZ DE TOLEDO VERDEJO GODELLO 2023 B	823	AMAREN SELECCIÓN DE VIÑEDOS 2021 T BA	532
ALTOS DEL ENEBRO 2020 T C	445	ALVAREZ Y DIEZ SAUVIGNON BLANC 2023 B	841	AMAROK 2021 T BA	860
ALTOS DEL ENEBRO ALBILLO MAYOR 2023 B	445	ÁLVARO DEL SAZ CHARDONNAY 2022 B FB	249	AMAT XARELLO 2023 B	191
ALTOS DEL ENEBRO FINCA LA HERRADURA 2020 T R	445	ÁLVARO DEL SAZ GARNACHA TEMPRANILLO 2022 T BA	249	AMATISTA AL MAR B MO D	717
ALTOS DEL ENEBRO LA GOYESCA 2018 B	864	ALVEAR AMONTILLADO SECULAR B AM	294	AMATISTA MOSCATO FIZZY BE	717
ALTOS DEL ENEBRO LA GOYESCA 2019 T R	445	ALVEAR PALO CORTADO Nº 7 BF PC	294	AMATUS DULCE 2023 T D	230
ALTOS DEL MARQUÉS 2020 T BA	537	ALVEAR PEDRO XIMÉNEZ SOLERA 1920 B PX D	294	AMAVIDA TREIXADURA 2023 B	435
ALTOS DEL MARQUÉS 2021 T C	537	ALVINTE 2023 B	413	AMAYA ARZUAGA 2018 T	457
ALTOS R 2020 T R	522	AMA DE GORKA IZAGIRRE 2021 B	93	AMBORA EL ROQUILLO 2022 B	644
ALTOS R 2022 T C	522	AMADEUS 2022 B	434	AMBORA LA CALDERONA 2022 T	644
ALTOS R PIGEAGE 2021 T	523	AMADOR DIEZ VERDEJO CUVÉE 2020 B FB	611	AMBORA NEGRAMOLL 2022 T	644
ALTOS R PIGEAGE 2022 B FB	523	AMADOR MEDRANO COLECCIÓN PRIVADA "FINCA LAS AGUZADERAS" 2019 T	552	AMBORA PARAJE SAN IGNACIO 2022 T	644
ALTOS R PIGEAGE GRACIANO 2022 T	523			AMBORA VIÑA DE TEGUESTE 2022 T	644
ALTOS VALDEMAR SAUVIGNON BLANC 2023 B	563	AMADOR MEDRANO GRACIANO "FINCA VALDEGAMARRA" 2021 T	552	AMBURZA 2021 T BA	326
ALTOVELA CHARDONNAY 2023 B	247			AMENITAL 2020 T BA	554
ALTOVELA SAUVIGNON BLANC 2023 B	247	AMADOR MEDRANO LOS SOTILLOS 2021 T	552	AMERICO 2021 T C	676
ALTOVELA TEMPRANILLO 2023 T	247	AMADOR MEDRANO PARCELA 14.8 2019 T FB	552	AMERICO ROBLE ESPAÑOL 2022 T RB	676
ALTOVELA VERDEJO 2023 B	247	AMADOR MEDRANO TEMPRANILLO BLANCO "FINCAS VALDEGAMARRA" 2022 B FB	552	AMETLLERS DEL JAN 2020 B FB	350

WEINE

WEIN	SEITE
AMEZTOI 2023 B S	203
AMIC DE CLOS D'AGON 2022 T	190
AMIC DE CLOS D'AGON 2023 B	190
AMIC DE CLOS D'AGON 2023 RD	190
AMICAMAT NEGRE 2022 T BA	89
AMICAMAT ROSAT 2022 RD	89
AMODIÑO 2018 B	405
AMÓN BF AM S	294
AMONTILLADO 51-1ª VORS BF AM S	218
AMONTILLADO DE AÑADA 1975 BF AM	222
AMONTILLADO DEL DUQUE VORS BF AM S	222
AMONTILLADO TRADICIÓN VORS BF AM S	219
AMONTILLADO VORS FINO IMPERIAL BF AM	220
AMORANY CUVÉE ESPECIAL BE BR	158
AMUNT NEGRE 2021 T	882
ÀN 2021 T	847
ÀN'R 2023 RD	847
ÀN/2 2021 T	847
ANA 2020 T C	638
ANA LASCELLAS 2023 RD	638
ANA LASCELLAS CHARDONNAY 2022 B	638
ANA LASCELLAS GEWURZTRAMINER 2023 B	638
ANA LASCELLAS T RB	638
ANACLETO 2019 B FI S	295
ANADIGNA 1932 2023 B	403
ANADIGNA CAIÑO 2022 T RB	403
ANADIGNA FUDRE 2021 B RB	403
ANADIGNA SOBRE LÍAS 2022 B	403
ANADIGNA TRADICIONAL 2023 B	404
ANALIVIA VERDEJO SELECCIÓN 2023 B	626

WEIN	SEITE
ANAVA...A CERCAR UN SOMNI ROSAT 2022 RD BA	850
ANAYÓN CARIÑENA 2021 T	116
ANAYÓN CHARDONNAY 2023 B FB	117
ANAYÓN PARCELA 15 CARIÑENA 2019 T	117
ANAYÓN PARCELA 65 JUAN IBÁÑEZ 2021 T	117
ANAYÓN PARCELA 81 GARNACHA 2019 T	117
ANAYÓN SELECCIÓN 2021 T BA	117
ANCESTRAL DE PUNTIRÓ 2022 BE SS	890
ANCESTRAL MACABEU VINYA LES PEDRES 2022 BE	337
ANCESTRAL MONTONEGA 2023 BE	906
ANCESTRAL VINYES DEL TIET PERE 2022 BE	914
ANCHURÓN 2012 T C	210
ANCHURÓN 2019 T	210
ANCHURÓN 2021 B S	210
ANCHURÓN MERLOT DULCE 2022 T D	210
ANDIMAR PINK MOSCATO RE	913
ANDRÉS ALONSO SELECCIÓN ESPECIAL 2022 T	105
ANDRÉS ALONSO VERDEJO ALBILLO 2023 B	839
ANDRÉS MELER 2014 T R	638
ANEXE 2023 T	302
ANEXE SYRAH 2023 T	302
ANEXE VINYES VELLES DE CARINYENA 2022 T	303
ANGEL BOBAL 2021 T	278
ÁNGELES DE AMAREN 2019 T	532
ANGELITA DEL CHALLAO 2021 T	577
ANHEL D'EMPORDÀ 2022 T BA	198
ANHEL D'EMPORDÀ 2023 B	198
ANI D'ANNA 2023 B	345
ANIER VENDIMIA SELECCIONADA 2017 T	485
ÀNIMA DEL PRIORAT 2022 T	365

WEIN	SEITE
ANIMA L'AVI ARRUFÍ 2022 B	659
ANIMA MUNDI ANCESTRAL CAMI DELS XOPS 2022 BE	904
ANIMA MUNDI ANCESTRAL NOGUER BAIX 2020 BE	904
ANIMA MUNDI CANTALLOPS 2022 B	333
ANIMA NUA COR VIU 2023 B	171
ANIMA NUA COR VIU 2023 B	341
ANIMA NUA COR VIU 2023 T	172
ANJOLI 2018 T	366
ANKAL 2021 T C	458
ANMA 2020 T BA	697
ANNA DE CODORNÍU BE BR	142
ANSE MICHELINE 2021 T	121
ANTAÑO 2017 T R	569
ANTAÑO 2018 T C	569
ANTAÑO 2023 B	569
ANTÍDOTO 2022 T	455
ANTÍDOTO 2023 T	456
ANTIMA 2021 T C	195
ANTISTIANA CABERNET FRANC 2017 T	347
ANTISTIANA XARELLO 2019 B	347
ANTOJO 2023 B D	264
ANTONA GARCÍA 2019 T C	672
ANTONI CANALS NADAL CUPADA SELECCIÓ 2019 BE GR BR	136
ANTONIO MASCARÓ INDÒMIT 2020 BE GR BN	128
ANTONIO MASCARÓ INITIUM 2020 BE R BR	128
ANTONIO SERRANO AIRÉN 2022 B	800
ANTONIO SERRANO CENCIBEL 2021 T RB	800
ANTONIO SERRANO ETIQUETA NEGRA 2019 T	800
ANTONIO SERRANO TEMPRANILLO DE TINAJA 2022 T	800

WEIN	SEITE	WEIN	SEITE	WEIN	SEITE
ANTROPOMORFO 2021 T	739	ARAUTAVA LISTÁN NEGRO 2022 T	773	ARLEQUÍN 2023 T	829
ANZA 2022 T	576	ARAUTAVA PARAJE SAN ANTONIO 2022 T	734	ARMAN DOCE DULCE B D	871
ANZA ESPECIAL 2021 T	576	ARBOCALA 2021 T	686	ARMÁN FINCA ISABEL MILLÁN 2021 T	436
AÑADA DE BALADIÑA 2012 B	407	ARBOLEDILLA LEVANTE BF MZ S	214	ARMÁN FINCA MISENHORA 2021 B	437
AÑIL FRESH 2023 B	255	ARBOLEDILLA PONIENTE BF MZ S	214	ARMAN FINCA OS LOUREIROS 2022 B	437
APIANE 2022 BE	906	ARBOLES BLANCO 2023 B	877	ARMANTES VENDIMIA SELECCIONADA 2020 T	105
APOLINAR´S DREAM 2021 T BA	554	ARBOSSAR 2022 T C	385	ARMAS DE GUERRA 2023 B	84
APONTE+ 2018 T	677	ARCA DE ASSA 2021 T BA	543	ARMAS DE GUERRA 2023 RD	84
APÓSTOLES VORS BF MED	222	ARCO DEL RELOJ 2018 T	675	ARMAS DE GUERRA GODELLO 2023 B	84
APTUS 2022 T RB	474	ARCUM 2019 T C	456	ARMAS DE GUERRA MENCÍA 2023 T	84
AQUIANA 2021 T C	77	ARCUM 2021 T C	456	ARMAS DE LANZÓS 2019 B	397
AQUILÓN 2017 T	108	ARCUM 2022 T RB	456	ARNACH CEPAS VIEJAS 2021 T	769
AQVITANIA 2023 B	396	ARCUM 2023 T RB	456	ARNAU DE RENDÉ MASDÉU 2021 T C S	171
ARAGONIA CHARDONNAY SPECIAL SELECTION 2023 B	109	ARDORA MARIS 2023 B	397	ARNAU OLLER 2019 T R	356
ARAGONIA GARNACHA SPECIAL SELECTION 2023 RD	109	ÁREA PEQUEÑA 2022 T	523	ARNEGUI 2018 T R	592
ARAGONIA SELECCIÓN ESPECIAL 2020 T	109	ARESTEL BE BR	158	ARNEGUI 2019 T C	592
ARAIA DE SOMMOS 2021 T R	897	ARETXABALETA 2021 B	91	ARNEGUI VIENTO NORTE 2021 T RB	592
ARAICO 2021 T C	532	ARETXAGA TXAKOLI 2023 B	92	ARNUM 2022 T RB	686
ARAN 2022 BE BR	94	ARGILA ROSÉ 2018 RE GR BN	346	ARNUM 2023 T	686
ARANDA CREAM BF CRM	214	ARIABAL VERDEJO 2023 B	620	ARO 2021 T	553
ARANLEÓN SÓLO 2021 T C	692	ARIMA BY GORKA IZAGIRRE VENDIMIA TARDÍA 2022 B	93	AROA GORENA 2014 T R	315
ARANLEÓN SÓLO 2023 B	692	ARINDO 2023 B	625	AROA JAUNA 2018 T C	315
ARANLEÓN SÓLO BE BR	129	ARÍNZANO CABERNET SAUVIGNON 2019 T	758	AROA LARROSA 2023 RD	315
ARAUTAVA FINCA LA HABANERA ALBILLO CRIOLLO 2022 B FB	734	ARÍNZANO ETERNIDAD B	758	AROA MUTIKO 2021 T	315
		ARÍNZANO GRAN VINO 2018 T	758	AROMA D'ABRIL 2023 B	814
ARAUTAVA FINCA LA HABANERA LISTÁN BLANCO CORDÓN TRENZADO 2022 B	734	ARÍNZANO GRAN VINO 2019 B	758	ARQUELA 2022 B FB S	717
		ARÍNZANO MERLOT BIOLÓGICO 2019 T	758	ARQUITÓN 2023 RD	770
ARAUTAVA FINCA LA HABANERA LISTÁN NEGRO CORDÓN TRENZADO 2021 T	734	ARÍNZANO PUREZA 2021 B	758	ARRABAL DEL CONJURO 2021 T	739
		ARLEQUÍN 2023 B	829	ARRAYAN 2023 RD	284
ARAUTAVA LISTÁN BLANCO SECO 2023 B S	734	ARLEQUÍN 2023 RD	829	ARRAYÁN GARNACHA BLANCA Y GRIS 2022 B	284

WEIN	SEITE	WEIN	SEITE	WEIN	SEITE
ARRAYÁN GRACIANO 2022 T	284	ARTAZURI 2023 RD	326	ÁS MIRABRÁS - SUMATORIO 2020 BF MZ	214
ARRAYAN ROSADO DE GARNACHA PELUDA 2023 RD	284	ARTE 2021 T	339	AS SORTES VAL DO BIBEI 2022 B	710
ARRAYÁN SELECCIÓN 2020 T	285	ARTERO 2018 T R	256	AS VIÑAS 2022 B	902
ARREBATACAPAS 2021 T	769	ARTERO 2021 T C	256	ASADOIRA 2019 B	711
ARRIBES DE VETTONIA 2021 T C	65	ARTERO 2023 RD	256	ASENSIO CARCELÉN MONASTRELL 2022 T	242
ARRIBES DE VETTONIA 2022 T	65	ARTERO MACABEO VERDEJO 2023 B	256	ASENSIO CARCELÉN SYRAH 2022 T	242
ARRIBES DE VETTONIA 2022 T RB	65	ARTERO TEMPRANILLO 2023 T	256	ASOMO FIGUERO 2022 T RB	494
ARRIBES DE VETTONIA 2023 B	65	ARTESIÀ BALUARD 2022 T	180	ASTARTÉ 2023 B	845
ARRIBES DE VETTONIA VENDIMIA SELECIONADA 2018 T R	65	ARTÍFICE 2021 T	747	ÁSTER 2021 T C	512
		ARTÍFICE LISTAN BLANCO 2021 B FB	747	ÁSTER EL ESPINO 2021 T	512
ARROCAL 2021 T C	456	ARTÍFICE LLANITO PERERA 2021 B	747	ÁSTER FINCA EL OTERO 2021 T	512
ARROCAL BLANCO DE GUARDA 2021 B	456	ARTÍFICE VIDUEÑOS 2021 B	747	ASTERISCO 2021 T	672
ARROCAL RESERVA DE FAMILIA 2020 T R	457	ARTIGAS 2021 T C	380	ASTILLERO 2022 B	872
ARROCAL SELECCIÓN ESPECIAL 2021 T	457	ARTIGAS BLANC 2022 B FB	380	ASTOBIZA 2023 B	59
ARROYO DE ARRAYÁN 2021 B	285	ARTUKE EL ESCOLLADERO 2022 T	523	ASTOBIZA ROSÉ 2023 RD	59
ARS COLLECTA 459 2010 BE GR BR	142	ARTUKE FINCA DE LOS LOCOS 2022 T	523	ASTOBIZA VENDIMIA TARDÍA 2019 B D	59
ARS COLLECTA BLANC DE NOIRS 2019 BE R BR	143	ARTUKE LA CONDENADA 2022 T	523	ASTRALES 2020 T	445
ARS COLLECTA LA PLETA CHARDONNAY 2014 BE GR BR	143	ARTUKE PASO LAS MAÑAS 2022 T	523	ASTRALES CHRISTINA 2020 T C	445
ARS NOVA 2016 T	319	ARTUKE PIES NEGROS 2022 T C	524	ASTRONÒMIC 2021 T	180
ARTADI EL CARRETIL 2022 T	879	ARTZAI 2020 B FB	91	ASÚA 2021 T C	575
ARTADI LA HOYA 2022 T	879	ARX 2021 T	791	ATABALAT 2018 T	882
ARTADI LA POZA DE BALLESTEROS 2022 T	879	ARZUAGA 2018 T GR	457	ATABALAT 2020 T	882
ARTADI QUINTANILLA 2022 T	879	ARZUAGA 2020 T R	457	ATABALAT ROSAT 2019 RD	882
ARTADI SAN LÁZARO 2022 T	879	ARZUAGA 2022 T C	457	ATABALAT SUMMER WINE 2022 T RB	47
ARTADI VALDEGINÉS 2022 T	879	ARZUAGA ECOLÓGICO 2022 T C	457	ATALAQUE "ALBILLO DE LA LONGUERA" 2022 B	796
ARTADI VIÑAS DE GAIN 2020 B	879	ARZUAGA RESERVA ESPECIAL 2019 T R	457	ATALAQUE GARNACHA DEL HORCAJO 2021 T C	284
ARTADI VIÑAS DE GAIN 2022 T	879	AS 2 LADEIRAS 2022 B	711	ATALAQUE GARNACHA LA PERALEDA 2021 T	284
ARTAZU PASOS DE SAN MARTÍN 2020 T	325	AS CABORCAS 2021 T	708	ATALAQUE MOSCATEL DEL HORCAJO B SOLERA D	796
ARTAZU SANTA CRUZ DE ARTAZU 2021 B	326	ÁS DE MIRABRÁS 2022 B S	792	ATENCIA 2015 T BA	814
ARTAZU SANTA CRUZ DE ARTAZU 2021 T	326	ÁS MIRABRÁS - SUMATORIO 2019 BF MZ	214	ÁTICA ROSÉ 2021 RE R EBR	153

WEIN	SEITE	WEIN	SEITE	WEIN	SEITE
ATICUS 2016 T R	537	AUDITORI BLANC 2022 B	300	AUZELLS 2023 B	183
ATICUS 2021 T C	537	AUDITORI BLANC 2023 B	300	AVA SELECCIÓ 2019 T R	850
ATLANTIS ALBARIÑO 2022 B	416	AULA 2023 B	693	AVA VI BLANC 2023 B	850
ATLANTIS TXAKOLI 2021 B	60	AULA BE BN	131	AVA VI ROSAT 2023 RD	850
ATREVINO 2022 B	774	AULA BE BR	131	AVAN 2022 T C	485
ATREVINO 2022 T	774	AULA BE SS	131	AVAN OAK 2023 T BA	485
ATTECA 2022 T	102	AULA BOBAL 2023 RD	694	AVAN VIÑEDOS VIEJOS 2022 T C	485
ATTECA ARMAS 2022 T	102	AULA BOBAL TEMPRANILLO 2020 T C	694	AVANCIA CUVEE DE O GODELLO 2023 B	706
ATTECA SELECCIÓN DE LA FAMILIA 2021 T	102	AULA CHARDONNAY BE R BN	131	AVANCIA GODELLO 2023 B	706
ATTELEA 2019 T C	843	AULA RE BR	131	AVANCIA NOBLEZA CARBALLEDO 2022 T	706
ATTELEA TEMPRANILLO 2021 T RB	843	AURA 2023 B	210	AVANCIA NOBLEZA GODELLO 2022 B	706
ATTIS ATALANTE 2021 B	393	AURA SAUVIGNON BLANC VENDIMIA NOCTURNA 2023 B	614	AVANCIA NOBLEZA MENCÍA 2022 T	706
ATTIS CORIBANTE 2021 B	393			AVELINO VEGAS 100 ANIVERSARIO 2020 T R	446
ATTIS EMBAIXADOR 2021 B	393	AURA VERDEJO VENDIMIA NOCTURNA 2023 B	614	AVELINO VEGAS ÁUREO 2019 T R	446
ATTIS LÍAS FINAS 2023 B	393	AÚREA MINERVA 2022 T	446	AVENTINO 121 2022 T	684
ATTIS NANA 2022 B FB	393	AURENSIS 2023 B FB	705	AVENTINO 200 BARRELS 2021 T	496
AUCALÁ 2017 B	665	AURORA 2022 B	279	AVGVSTVS ANTIGUES RESERVES 1999 T R	334
AUCALÁ 2021 B	665	AUS PÉT-NAT 2023 BE AG	904	AVGVSTVS ANTIGUES RESERVES CHARDONNAY 2015 B	334
AUCALÁ 2022 B	665	AUS PÉT-NAT ROSÉ 2023 RE AG	904	AVGVSTVS CHARDONNAY 2022 B FB	334
AUCALÁ 2022 T	665	AUSÀS INTERPRETACIÓN 2022 T	445	AVGVSTVS MICROVINIFICACIÓ MACABEO 2018 B FB	334
AUDAÇ 2020 BE GR BN	137	AUTÉNTICA 2023 T	592	AVGVSTVS MICROVINIFICACIÓ XARELLO DE MAR 2017 B FB	334
AUDENTIA 2020 T R	720	AUTÉNTICA RD	592		
AUDIENCIA 2022 T RB	698	AUTÉNTICA VERDEJO 2023 B	626	AVGVSTVS TRAJANVS 2019 T R	334
AUDIENCIA 2023 B	698	AUTÉNTICO BE BR	131	AVINIUS MERLOT I SYRAH 2022 T	356
AUDIENCIA 2023 RD	698	AUTILLO 2022 B C	799	AVINYÓ 2020 BE R BN	128
AUDITORI 2018 T C	300	AUTÓCTON BLANC 2021 B FB	864	AVINYÓ 2021 BE R BR	129
AUDITORI 2019 T C	300	AUTÓCTON BLANC 2022 B FB	864	AVINYÓ BLANC DE NOIRS 2021 BE R BN	129
AUDITORI 2020 T C	300	AUTÓCTON NEGRE 2016 T	865	AVINYÓ ROSÉ SUBLIM 2021 RE R BR	129
AUDITORI 2021 T C	300	AUTOR DE ARÚSPIDE CHARDONNAY 2020 B	800	AVINYÓ SELECCIÓ LA TICOTA 2017 BE GR BN	129
AUDITORI BLANC 2021 B	300	AUTOR DE ARÚSPIDE TEMPRANILLO 2019 T	800	AYA 2023 B	207

WEIN	SEITE	WEIN	SEITE	WEIN	SEITE
AYLÉS "TRES DE 3000" 2021 T	755	BAC DE LES GINESTERES B RC D	201	BAIGORRI MATURANA 2021 T	533
AYMAR 2017 BE R BN	334	BACH EXTRÍSIMA T	123	BAILÉN BF OL S	218
AYMAR 2018 BE R BR	334	BACH EXTRÍSIMO SEMIDULCE B SD	123	BAJOZ 2023 T RB	686
AYMAR ICE 2017 BE ES	335	BACH VIÑA EXTRÍSIMA B	123	BALA PERDIDA 2022 T	41
AYMAR RESERVA ÚNICA 2016 BE GR BN	335	BACH VIÑA EXTRÍSIMA RD	123	BALADIÑA 2022 B	407
AYMAR ROSÉ 2019 RE R EBR	335	BACO IMPERIAL VORS BF AM S	216	BALADIÑA BARRO 2016 B	407
AZ ALTO DE LOS ZORROS 10 MESES 2021 T RB	491	BACO IMPERIAL VORS BF OL S	216	BALANCINES BLANCO SOBRE LÍAS 2022 B RB	515
AZ ALTO DE LOS ZORROS 2019 T C	491	BACO IMPERIAL VORS BF PC S	216	BALANCINES GARNACHA & GARNACHA 2020 T C	515
AZ ALTO DE LOS ZORROS 4 MESES 2022 T RB	491	BADEN NUMEN "AU" 2021 T	446	BALBÁS 2019 T R	458
AZ ALTO DE LOS ZORROS AUTOR 2017 T	491	BADEN NUMEN "N" 2021 T C	446	BALBÁS 2021 T C	458
AZABACHE VENDIMIA SELECCIONADA 2021 T C	582	BADEN NUMEN 2021 T C	446	BALCÓN DE PILATOS MATURANA 2020 T	563
AZARES CHARDONNAY 2023 B	869	BADEN NUMEN 2021 T RB	446	BALDOMÀ SELECCIÓ 2021 T	184
AZARES PETIT VERDOT - SYRAH 2021 T	869	BADEN NUMEN 2023 B	446	BALDOR CHARDONNAY B FB	871
AZHAR BLACK 2023 T	874	BÁGOA DO MIÑO 2023 B	396	BALDOR OLD VINES 2015 T	802
AZHAR WHITE 2023 B	874	BÁGOAS LEDAS 2023 B	396	BALDOR TEMPRANILLO 2021 T RB	802
AZIMUT BLANC 2022 B	351	BAGORDI 2021 T C	532	BALDÚS 2019 BE R BN	139
AZIMUT NEGRE 2019 T	351	BAGORDI 2022 B FB	532	BALDÚS PRODUCCIÓ LIMITADA 2016 BE GR BN	139
AZPILICUETA 2019 T R	524	BAGORDI 2023 B	533	BALMA 2017 BE GR BN	346
AZPILICUETA 2020 T C	524	BAGORDI 2023 RD	533	BÁLSAMO DE FIERABRÁS 2020 T	739
AZPILICUETA COLECCIÓN PRIVADA 2020 T	524	BAGORDI GRACIANO 2019 T	533	BALTASAR GRACIÁN EL POLÍTICO 2023 T	103
AZPILICUETA COLECCIÓN PRIVADA 2022 B FB	524	BAGORDI MATURANA 2021 T	533	BALTASAR GRACIÁN VIÑAS VIEJAS EL HÉROE 2022 T	103
AZPILICUETA INSTINTO 2020 T	524	BAGÚS 2021 T	471	BALTASAR GRACIÁN VIÑAS VIEJAS MACABEO "EL ORÁCULO" 2022 B FB	103
AZZULO B SD	109	BAHÍA DE DENIA 2021 B FB	46		
		BAIGORRI 2018 T R	533	BANCAL DEL BOSC GARNATXA BLANCA 2023 B	313
		BAIGORRI 2019 B FB	533	BANCAL DEL BOSC NEGRE 2022 T C	313
B		BAIGORRI 2020 T C	533	BANCALES MORAL 2021 T BA	706
BABALÀ – VI NEGRE EIXERIT 2023 T	192	BAIGORRI B-70 2020 T	533	BARAMBÁN 2021 T	109
BABALÀ VI BLANC SIMPÀTIC 2023 B	192	BAIGORRI BELUS 2019 T	533	BARANDALES 2023 B	675
BABALÀ VI ROSAT ALEGRE 2023 RD	192	BAIGORRI FINCA LA QUINTANILLA 2020 T	533	BARANDALES 2023 RD	675
BABU 2022 B	69	BAIGORRI GARNACHA 2018 T	533	BARANDALES 2023 T	675

WEIN	SEITE	WEIN	SEITE	WEIN	SEITE
BARBADILLO EVA CREAM BF CRM	214	BARÓN DE URZANDE 2021 T C	548	BEBERÁS DE LA COPA DE TU HERMANA 2022 B	724
BARBADILLO LA CILLA BF PX D	215	BARÓN DE URZANDE 2023 RD	548	BEGASTRI 2020 T C	98
BARBADILLO LAURA BF MO D	215	BARÓN DE URZANDE 2023 T	548	BEGASTRI 2023 B	98
BARBADILLO SAN RAFAEL MEDIUM BF D	215	BARONIA 2022 B RC S	725	BEGASTRI 2023 RD	98
BÀRBARA FORÉS BLANC 2024 B	656	BARRANCO DEL SAN GINÉS 2022 T	588	BEGASTRI 2023 T	98
BÀRBARA FORÉS NEGRE 2021 T	656	BARRERA DE SOL 2021 T BA	770	BELA 2022 RD	446
BÀRBARA FORÉS ROSAT 2023 RD	656	BARRIOPASTORES 2022 T	601	BELA GRAN VINO DE RUEDA 2022 B	626
BARBAS DE GATA 2019 T C	844	BARUC VENDIMIA SELECCIONADA 2022 T	774	BELA RIBERA DEL DUERO 2023 T	446
BARBAZUL 2022 T	793	BASOBE 2022 B	91	BELEZOS 2014 T GR	572
BARBAZUL CHARDONNAY 2021 B	793	BASSUS FINCA CASILLA HERRERA 2020 T	719	BELEZOS 2019 T R	572
BARBAZUL SELECCIÓN ESPECIAL 2020 T	793	BASSUS PINOT NOIR DULCE 2023 RD D	694	BELEZOS FINCA LA MALGRANDA 2019 B FB	572
BARBAZUL SYRAH ROSÉ 2023 RD	793	BASTIÓN 2023 RD	286	BELEZOS FINCA SIERRA CARBÓN 2017 T	572
BARBIÁN 2022 T RB	675	BASTIÓN GARNACHA + SYRAH 2023 T	286	BELEZOS FINCA ZARZAMOCHUELO 2019 T	572
BARBIANA EN RAMA BF MZ S	221	BASTIÓN GARNACHA 2023 T	286	BELEZOS LA GARNACHA 2021 T	572
BARCO DEL CORNETA 2022 B FB	823	BASTIÓN SELECCIÓN 2022 T	286	BELLPUIG DE LES AVELLANES 2021 T BA	180
BARDOS VERDEJO 2023 B	610	BASTIÓN SEMIDULCE 2023 B SD	286	BELONDRADE LES PARCELLES 2019 B	865
BARDOS VILLALVARO 2021 T	447	BATÁN DE SALAS MORISTEL 2022 T	635	BELONDRADE QUINTA APOLONIA 2023 B	824
BARDOS VIÑEDOS DE ALTURA 2021 T	447	BATEC 2015 BE GR BR	145	BELONDRADE QUINTA CLARISA 2023 RD	824
BARÓN DE CHIREL 2019 T	584	BATGARA 18 MESES 2021 B C	59	BELONDRADE Y LURTON 2022 B FB	610
BARÓN DE CHIREL VIÑAS CENTENARIAS VERDEJO 2022 B	829	BATGARA AROMAS DEL SUR 2021 B BA	59	BELSETÁN 2023 T	518
		BATLLORI 2019 BE R BN	145	BEMBIBRE 2019 T R	81
BARÓN DE EBRO 2021 T C	582	BATLLORI 2020 BE BN	145	BENITO SANTOS ALBARIÑO 2023 B	393
BARÓN DE LA JOYOSA 2017 T GR	115	BATLLORI ROSAT 2020 RE BR	145	BENITO SANTOS XOÁN 2019 B	393
BARÓN DE LEY 2018 T GR	524	BAYOD BORRÁS GLORIA 2023 RE BN	905	BENJAMÍN ROMEO COLECCIÓN Nº 1: LA LIENDE 2015 T	527
BARÓN DE LEY 2020 T R	524	BAYOD BORRÁS NÚRIA 2023 BE BN	905		
BARON DE LEY 3 VIÑAS 2020 B R	524	BBASTIDA 2022 T C	579		
BARÓN DE LEY BLANC DE NOIRS 2020 BE R BR	524	BEADE 25 AUTOR 2022 B	441	BENJAMÍN ROMEO COLECCIÓN Nº 2: LA CANOCA 2012 T GR	527
BARÓN DE LEY FINCA MONASTERIO 2021 T BA	524	BEADE ORIXE 2016 B	441		
BARÓN DE LEY VARIETAL MATURANA 2020 T BA	524	BEADE ORIXE 2020 T C	441	BENJAMÍN ROMEO COLECCIÓN Nº 3: EL BOMBÓN 2015 T	527
BARÓN DE URZANDE 2019 T R	548	BEADE PRIMACÍA 2023 B	441		

WEIN	SEITE	WEIN	SEITE	WEIN	SEITE
BENJAMÍN ROMEO COLECCIÓN Nº 4: LA DEHESA 2015 T	527	BERONIA GRACIANO 2020 T	534	BIDEONA LAS PARCELAS 2021 B	525
BENJE 2022 B	747	BERONIA GRAN RESERVA COSECHA FUNDACIONAL 1973 T GR	534	BIDEONA LAS PARCELAS 2021 T	525
BENTO 2023 B	609	BERONIA III A.C. 2020 T	534	BIDEONA LNCG0 LANCIEGO 2021 T	525
BERAMENDI 3 FLORES 2020 T C	320	BERONIA MAZUELO 2018 T R	534	BIDEONA MAYELA "COSECHERO 2.0" 2023 T	525
BERAMENDI 3 FLORES 2023 B	320	BERONIA ROSÉ 2023 RD	534	BIDEONA S4MG0 (SAMANIEGO) 2021 T	525
BERAMENDI 3 FLORES GARNACHA 2023 RD	320	BERONIA TEMPRANILLO ELABORACIÓN ESPECIAL 2022 T FB	534	BIDEONA TEMPRANILLO DE LADERAS 2021 T	525
BERAMENDI CHARDONNAY 2023 B	320	BERONIA VERDEJO RUEDA 2023 B	610	BIDEONA V1BN4 (VILLABUENA) 2021 T	526
BERAMENDI ENSAMBLAJE 2020 T C	320	BERONIA VIÑAS VIEJAS 2020 T	534	BIDEONA VIURA DE CABEZADAS 2021 B	526
BERAMENDI GARNACHA 2023 RD	320	BERONIA VIURA 2023 B	534	BIENVENIDOS AL EXTRAORDINARIO MUNDO DE LA MUJER CABALLO MITAD MUJER, MITAD CABALLO AZUL (ARCO) 2022 T C	724
BERANDÍA 2020 T S	718	BERTHA 2021 BE R BN	138		
BERCIAL LADERA LOS CANTOS 2021 T R	701	BERTHA CARDÚS 2019 BE GR BN	138	BIENVENIDOS AL EXTRAORDINARIO MUNDO DE LA MUJER CABALLO MITAD MUJER, MITAD CABALLO NARANJA (VALENCI) 2022 B C	724
BERCIAL SELECCIÓN 2022 B BA	701	BERTHA CARDÚS MAGNUM 2010 BE GR BN	138		
BERDÁ 2021 B	639	BERTHA MAX 2008 BE GR BN	138	BIENVENIDOS AL EXTRAORDINARIO MUNDO DE LA MUJER CABALLO MITAD MUJER, MITAD CABALLO VERDE (ULLET DE PERDIU) 2022 T C	724
BERMEJO DIEGO SECO 2023 B	261	BERTHA SEGLE XXI MAGNUM 2009 BE GR BN	138		
BERMEJO LISTÁN NEGRO 2023 T MC	261	BERTHA SEGLE XXI ROSÉ 2018 RE GR BR	138		
BERMEJO MALVASIA 2022 BE BN	261	BERTOLA 12 AÑOS BF PC S	220	BIFTU 2021 T RB	698
BERMEJO MALVASÍA VOLCÁNICA 2023 B S	261	BERTOLA BF CRM	220	BIG BANG 2022 T BA S	440
BERNABELEVA ARROYO DE TÓRTOLAS 2022 T	738	BESANA REAL MACABEO 2023 B	256	BIGA DE LUBERRI 2021 T C	588
BERNABELEVA ARROYO DE TÓRTOLAS TRES VENDIMIAS T	738	BESANA REAL MACABEO SELECCIÓN 2023 B FB	256	BIGARDO 2021 T	674
BERNABELEVA CARRIL DEL REY 2022 T	738	BESANA REAL TEMPRANILLO 2018 T C	256	BIKANDI VENDIMIA SELECCIONADA 2018 T R	602
BERNABELEVA VIÑA BONITA 2022 T	738	BESANA REAL TEMPRANILLO 2023 T	256	BILUM LIMITED EDITION 5600 BOT. 2016 T R	565
BERNAT OLLER 2019 T	356	BESANA REAL VERDEJO 2023 B	256	BIMBACHE 2022 B	186
BERNAT OLLER BLANC DE PICAPOLLS 2023 B	356	BESO DE LUNA 2023 B	592	BIMBACHE TINTO 2022 T	186
BERNÓN 2023 B	396	BESO DE LUNA 2023 RD	592	BINIFADET 2022 T	846
BERONIA 198 BARRICAS 2019 T R	534	BESTIZO 2023 T	74	BINIFADET 2023 B	846
BERONIA 2016 T GR	534	BETOLAZA 2019 T R	534	BINIFADET 2023 RD	846
BERONIA 2019 T R	534	BETOLAZA 2021 T C	535	BINIGRAU BI-BLANC 2023 B FB	849
BERONIA 50 ANIVERSARIO 2019 T	534	BIDEONA L4GD4 (LAGUARDIA) 2021 T	525	BINIGRAU BI-NEGRE 2022 T BA	849

WEIN	SEITE	WEIN	SEITE	WEIN	SEITE
BINIGRAU E-BLANC 2023 B	850	BLANC SEC ÁMFORA LES FRESES DE JESÚS POBRE B MO	47	BLECUA 2019 T R	635
BINIGRAU E-NEGRE 2021 T	850	BLANC SUBUR 2022 B	340	BLECUA MAGNUM 2016 T R	635
BINIMARE 2023 RD	88	BLANCA 2023 B	306	BLÉS 2021 T RB	692
BINITORD BLANC 2023 B	845	BLANCH SUBIRAT BE GR BN	651	BLÉS 2023 B	692
BINITORD CIUTAT DE PARELLA 2020 T R	845	BLANCHER 2018 BE GR BN	129	BLUEGRAY 2022 T	379
BINITORD NEGRE 2023 T	846	BLANCHER 2019 BE R BN	129	BLUME SAUVIGNON BLANC 2023 B	626
BINITORD ROSAT 2023 RD	846	BLANCHER CLOS 7/12 2019 T C	335	BLUME VERDEJO SELECCIÓN 2023 B	626
BIOCA GARNACHA 2023 T	705	BLANCHER DE LA TIETA 2014 BE GR BN	129	BOBAL ICON 2021 T RB	281
BIOCA LAURELES 2023 B	705	BLANCHER PARCELLES 2023 B	120	BOBALE MANNEKEN PIS 2018 T C	700
BIOCA MENCÍA 2023 T	705	BLANCHER ROSAT 2022 RE R BR	129	BOCACHANCLA 2021 T C	545
BIOCA SELECCIÓN 2023 B	705	BLANCO 12 CEPAS 2023 B	843	BOCACHANCLA 2023 T	545
BIOGRÁFICO (ETIQUETA CARNE) 2021 T	286	BLANCO DE BOCA EN BOCA 2020 B	530	BOCALASLOBAS 2019 T C	455
BIOGRÁFICO (ETIQUETA GRIS) 2016 T	286	BLANCO DE CANET 2023 B	874	BODEGA LA ERMITA 2019 T	569
BITXIA BERRIA 2023 B	94	BLANCO DE CRÁTER 2023 B	644	BODEGA LA ERMITA JUMILLA 2019 T	229
BIU FINCA DE LA BORDA 2019 B	179	BLANCO DE MONTREAGA 2022 B FB	815	BODEGA LA ERMITA RIBERA DEL DUERO 2019 T	453
BIVAC 2023 B	352	BLANCO NIEVA PIE FRANCO 2023 B	620	BODEGA LA ERMITA TORO 2018 T	678
BLA BLA BLA 2022 B	857	BLANCO NIEVA SAUVIGNON BLANC 2023 B	620	BODEGA OTAZU ALTAR 2015 T	759
BLANC 110 GIRÓ 2023 B	857	BLANCO NIEVA VERDEJO 2023 B	620	BODEGA PADRÓN 2023 B	186
BLANC D'ENGUERA ARROYO 2021 B	719	BLANCO POLAR VERDEJO 2023 B	828	BODEGA PADRÓN AFRUTADO 2023 B SD	186
BLANC D'ENGUERA ORIGINAL 2022 B FB	719	BLANEO GARNACHA 2022 T	319	BODEGA ZAPATA 2020 T C	489
BLANC DE CLOSOS 2021 B	374	BLANEO SYRAH 2021 T FB	319	BODEGA ZAPATA 2023 T	489
BLANC DE DOS HIVERNS 2020 B FB	352	BLANQUIZAR 2020 T	897	BODEGA ZAPATA ALBILLO MAYOR 2022 B	489
BLANC DE GERISENA 2022 B RB	193	BLAS DE LEZO 2021 T C	541	BODEGAS ADRIA GODELLO 2023 B	73
BLANC DE GRESA 2022 B FB	200	BLAS MUÑOZ CEPAS VIEJAS 2021 T	820	BODEGAS ADRIA GODELLO ORANGE 2020 B	73
BLANC DE NOIR BY BURGMANN 2022 B	647	BLAS MUÑOZ CHARDONNAY 2022 B	820	BODEGAS ADRIA MENCÍA 2023 T	73
BLANC DE NOIRS BIOPAUMERÀ 2023 B	650	BLAS MUÑOZ ESSENTIA 2022 T C	820	BODEGAS ADRIA SILK 2021 T RB	73
BLANC DE SERÈ 2023 B	182	BLASÓN DEL TURRA MACABEO 2023 B	515	BODEGAS ADRIA VELVET 2019 T	73
BLANC DELS ASPRES 2022 B FB	201	BLASÓN DEL TURRA PARDINA 2023 B	515	BODEGAS ADRIA VILLA EL TOLEIRO 2019 B C	73
BLANC MOSCATEL SEC LES FRESES DE JESÚS POBRE 2022 B MO	47	BLASÓN DEL TURRA TEMPRANILLO 2023 T	515	BODEGAS JUNCALES JUNCALES BF	175
		BLAUVERD 2023 T	306	BODEGAS JUNCALES PX B	175

WEIN	SEITE	WEIN	SEITE	WEIN	SEITE
BODEGAS RODA SELA 2022 T	558	BONA NIT VS 2020 T C	307	BRAÓ 2020 T C	300
BODEGAS VALDECONTINA GODELLO 2022 B FB	76	BONESVALLS CABERNET SAUVIGNON 2019 T BA	352	BRAÓ 2021 T C	300
BODEGAS VALDECONTINA GODELLO 2023 B	76	BONFILL 2021 T C	191	BRAVUCÓN 2020 T BA	833
BODEGAS VALDECONTINA LA GALAPANA 2022 T	76	BORDÓN 2018 T R	542	BRECA 2021 T FB	870
BODEGAS VALDECONTINA MARÍA PÍA 2022 T	76	BORDÓN 2020 T C	542	BRECA EL NACIDO 2023 T	870
BODEGAS VALDECONTINA VALLE DEL RÍO 2022 T	76	BORDÓN D'ANGLADE 2018 T R	542	BRECA ROSÉ 2023 RD	870
BODEGAS VALDECONTINA VIÑA DE MARTÍN 2022 T	76	BORDÓN D'ANGLADE 2020 T C	542	BREGA 2020 T	870
BODEGAS ZAPATA SELECCIÓN 2020 T	489	BORDÓN VIÑA SOLE 2017 B R	542	BRESQUE SAUVIGNON BLANC 2023 B	639
BODEGAS ZAPATA VIÑAS VIEJAS 2019 T	489	BÒRIA SUMARROCA 2019 T	336	BRESQUE SYRAH 2019 T RB	639
BOHIGAS 2020 BE GR BN	140	BORNEO 2023 B	725	BRETÓN TEMPRANILLO 2022 T	826
BOHIGAS BE R BN	140	BORSAO BEROLA 2020 T	110	BRETÓN VERDEJO 2022 B	826
BOHIGAS GARNATXA NEGRA 2022 T BA	122	BORSAO BOLÉ 2021 T RB	110	BRETÓN VERDEJO 2023 B	826
BOHIGAS RE BR	140	BORSAO CABRIOLA 2020 T	110	BRIEGO ADALID 2019 T R	458
BOHIGAS XARELLO 2023 B	122	BORSAO SELECCIÓN 2023 B	110	BRINDE DE GODELLO 2014 BE R	706
BOIG PER TU 2021 T	313	BORSAO SELECCIÓN 2023 RD	110	BRISAT DE PUNTIRÓ 2021 B	855
BOLET CAMAGROC XARELLO 2023 B	339	BORSAO SELECCIÓN 2023 T	111	BRISAT MACABEU VINYA MEIX 2022 B	337
BOLET CANTARELUS ULL DE LLEBRE 2021 T	339	BORSAO SUIA 2022 B	110	BRISAT PARELLADA VINYA MARTRA 2022 B	337
BOLET CARTOIXÀ 2014 BE GR BN	139	BORSAO ZARIHS 2020 T	110	BROTE 2023 RD	720
BOLET CLASSIC ECO 2022 BE BN	139	BOSQUE DE FUSCALLO 2021 B	402	BROTONS GRAN FONDILLON RESERVA 1964 T FO	46
BOLET CLASSIC ECO 2022 BE BR	139	BOTANI 2023 B	273	BROTONS GRAN FONDILLON RESERVA 1970 T FO	46
BOLET ECO 2014 BE GR BR	139	BOTANI GARNACHA 2023 T	274	BROTONS GRAN FONDILLON RESERVA 1978 T FO D	46
BOLET ECO 2021 BE R BN	139	BOTANI NOBLEZA 2022 B	274	BROTS DE XARELLO 2021 B	349
BOLET ECO 2021 BE R BR	139	BOTANI NOBLEZA 2023 B	274	BROTS SYRAH ROSAT 2023 RD	349
BOLET FREDOLIC (SIN SULFITOS) 2023 T	339	BOTICARIO DE SILOS (ISMAEL & GARAPITO) 2022 T	62	BRU BLANC 2023 B	179
BOLET GARNACHA BLANCA 2023 B	339	BOTICARIO DE SILOS 2022 B	62	BRU DE VERDÚ 14 2020 T	180
BOLET PINOT NOIR ROSAT 2018 RE R BR	139	BOTÓN DE GALLO VERDEJO 2022 B	835	BRU DE VERDÚ 2021 T	180
BOLET SÀPIENS MERLOT 2016 T C	339	BOUZA DE CARRIL ALBARIÑO 2023 B	402	BRÚIXOLA 2018 T C	371
BOLET VINYA SOTA BOSC 2023 B	339	BOUZA DO REI 2023 B	403	BRÚIXOLA 2019 B	371
BOMBONETTA 2019 BE GR BR	147	BOUZA DO REI GRAN SELECCIÓN 2022 B	403	BRÚIXOLA VS 2019 T	371
BONA NIT 2021 T	307	BRAM 2019 T RB	365	BRUJIDERA EL POCILLO =GARAGEWINE 2023 T	795

WEIN	SEITE	WEIN	SEITE	WEIN	SEITE
BRUMA DEL ESTRECHO DE MARÍN FINCA CQ 2022 T	237	BURGO VIEJO ORGANIC 2023 B	539	CABALLERO ZIFAR ALBILLO MAYOR 2022 B	490
BRUMA DEL ESTRECHO DE MARÍN PARCELA VEREDA 2022 T	237	BURI ESCUMÓS BLANC BE	905	CABALLERO ZIFAR TEMPRANILLO 2020 T BA	489
		BURI ESCUMÓS ROSAT RE	905	CABANELAS 2019 T	85
BRUMAS DE AYOSA 2023 T	730	BURÓ DE PEÑALOSA 2017 T R	473	CABELLUT CABERNET SAUVIGNON 2021 T FB	121
BRUMAS DE AYOSA BE BN	730	BURÓ DE PEÑALOSA 2020 T C	473	CABELLUT GARNATXA 2022 T	121
BRUMAS DE AYOSA MARMAJUELO 2023 B	730	BURRO LOCO 2023 RD	834	CABELLUT XARELLO 2021 B	121
BRUMAS DE AYOSA SECO 2023 B S	730	BURRO LOCO 2023 T	834	CABERNET DE SON RAMON 2019 T	856
BRUMAS DE AYOSA SOBRE LÍAS 2023 B	730	BURRO LOCO BUCHEJO 2023 B	834	CABERNET SAUVIGNON DE BODEGAS RUIZ TORRES 2020 T	843
BRUNEO BRUÑAL 2020 T C	66	BUTROI 2023 B	92	CABEZA DE CUBA 2020 T C	599
BRUNEO JUAN GARCÍA 2020 T	66	BUXUS DE LES AUBAGUES 2022 T	387	CABEZA DEL HIERRO 2020 T	804
BRUÑAL QUINTA LAS VELAS 2020 T C	65	BVB ARTÍCULO DEL AÑO 1961 2022 T	880	CABRIDA 2022 T C	303
BSM 2022 T	860			CADMO 2020 T	853
BUC 2018 T C	89			CAECUS 2019 T R	592
BUEN CHICO RED 2020 T	683	**C**		CAECUS 2020 T C	592
BUENCOMIEZO GODELLO SELECCIÓN 2021 B	71	C DE V 2023 B	392	CAECUS VERDERÓN 2023 B FB	592
BUENCOMIEZO MENCIA SELECCIÓN 2019 T	71	C.F. LA MATEO LA ROSÉ 2022 RD	538	CAIR CUVÉE 2021 T	464
BUEZO 1928 2009 T	63	CA L'ELSA 2018 T R	886	CAIR SELECCIÓN LA AGUILERA 2021 T	463
BUEZO 79 BLANCO DE GUARDA 2017 B	880	CA N'ESTRUC BLANC 2023 B	121	CAL GANSO 2021 T	862
BUEZO NATTAN 2006 T R	63	CA SES ROSETES CALLET 2023 T	880	CALA MARQUESA 2023 B	190
BUEZO PETIT VERDOT TEMPRANILLO 2006 T R	63	CA SES ROSETES GIRÓ ROS 2021 B	852	CALA N 1 2020 T	799
BUEZO TEMPRANILLO 2006 T	63	CA'LS LS PINS 2023 B	720	CALA N 2 2019 T	799
BUEZO VARIETALES 2006 T R	63	CA'LS LS PINS 2023 T BA	720	CALA ROSTELLA 2020 T	196
BUFARUT 2021 T C	190	CA'N VERDURA 2022 T	88	CALABOBOS 2021 B	407
BULEZA 2023 RD	72	CA'N VERDURA SUPERNOVA MANTONEGRO 2022 T C	88	CALADOS DEL PUNTIDO 2020 T BA	604
BURBU ANCESTRAL 2023 BE	877	CA'N VERDURA SUPERNOVA MOLL 2023 B	88	CALAMÓN SEMIDULCE 2023 B SD	844
BURBUJAS DE BALADIÑA 2017 BE BN	407	CA'N VERDURA SUPERNOVA ROSAT 2023 RD	88	CALAMÓN SEMIDULCE 2023 RD AG SD	844
BURBULLA DE SANTIAGO ROMA 2021 BE BN	402	CA'N XICATLÀ 2022 B	852	CALDERICO 2022 T RB	255
BURGMANN ROSÉ SELECTION 2022 RD	648	CABAL 2022 T	848	CALDERICO MACABEO 2023 B	255
BURGO VIEJO GARNACHA ORGANIC 2023 T	539	CABALLERO HIDALGO 2018 T R	257	CALDERICO TEMPRANILLO 2023 T	255
BURGO VIEJO GRACIANO ORGANIC 2023 T	539	CABALLERO HIDALGO 2019 T C	257		

Guía Peñín **SPANIENS WEINFÜHRER**

WEINE

WEIN	SEITE	WEIN	SEITE	WEIN	SEITE
CALDERONA 2021 T C	166	CAMI PESSEROLES 2021 T	382	CAMPEADOR GARNACHA 2023 T	550
CALDERONA 2022 T	166	CAMINO A PARDOS 40 2022 T	106	CAMPESINO 2022 T	675
CALIBER 2021 T BA	106	CAMINO ALTO OLD VINES 2018 T BA	801	CAMPESINO NATURAL 2023 T	675
CALIMA ORANGE VINO NATURAL 2023 B	733	CAMINO DE CABRAS ALBARIÑO 2023 B	403	CAMPESTRAL ABUELHITA 2021 T D	871
CALITRANCOS 2019 T	535	CAMINO DE CABRAS GODELLO 2023 B	708	CAMPESTRAL L'ORANGE 2023 B	871
CALIXTO 2023 T	778	CAMINO DE CABRAS MENCÍA 2023 T	424	CAMPESTRAL PETIT VERDOT COUPAGE DE BARRICAS 2021 T C	871
CALIXTO BOLOSEA 2022 T	778	CAMINO DE LA TORRE 2022 T C	606		
CALIXTO NIETO 2021 T	778	CAMINO DE LOS ARRIEROS 2021 T	822	CAMPESTRAL RED 2021 T C	871
CALIXTO OSIRIS 2021 T	778	CAMINO DE NAVAHERREROS 2023 B FB	738	CAMPESTRAL WHITE ANCESTRAL 2022 BE	905
CALIZA ORGANIC TEMPRANILLO 2023 T	254	CAMINO DE NAVAHERREROS 2023 T	738	CAMPESTRAL WHITE B	871
CALIZA ORGANIC VERDEJO SAUVIGNON BLANC 2023 B	254	CAMINO DE RUS SAUVIGNON BLANC 2023 B	807	CAMPESTRAL WHITE ENVEJECIDO BAJO VELO 2021 B	871
CALMA. RELAXING WINE 2021 T	674	CAMINO DE SEDA 2023 T	229	CAMPILLO 2015 T GR	536
CALVENTE 2022 B	210	CAMINO DEL BOSQUE 2021 T	117	CAMPILLO 2020 T C	536
CALVENTE FINCA DE CASTILLEJOS 2020 T R	210	CAMINO EMPEDRADO 2021 T	427	CAMPILLO CUVÉE 2021 T	536
CALVENTE GUINDALERA 2020 T C	210	CAMINO EMPEDRADO AMANDI 2022 T	428	CAMPILLO RESERVA COLECCIÓN 2018 T R	536
CALVENTE RANIA 2018 BE BN	210	CAMINO EMPEDRADO BLEND DE FINCAS 2021 T RB	427	CAMPO AMABLE 2018 T R	247
CALVENTE RANIA PREMIUM 2018 BE BN	210	CAMINOLLANO AIRÉN BRISADO TINAJA 2022 B	818	CAMPO AMABLE 2021 T C	247
CALZADILLA ALLEGRO 2018 T	757	CAMINOS DEL BONHOMME 2022 T	725	CAMPO ELÍSEO CONTRACORRIENTE 2023 T	675
CALZADILLA CLASSIC 2014 T	757	CAMINS DE L'ALBERA 2021 T	194	CAMPO ELISEO CUVÉE ALEGRE 2022 T	675
CALZÁS 2020 T C	243	CAMINS DEL PRIORAT 2022 T	362	CAMPO ELISEO HARMONIA 2022 B	615
CAMALEÓNICA 2022 T RB	238	CAMIÑO DE COMPOSTELA 2022 T	430	CAMPO ELISEO VERDEJO 2022 B FB	615
CAMARILLAS 2021 T RB	44	CAMIÑO REAL GUÍMARO 2021 T	421	CAMPO MARÍN 2021 T C	115
CAMAROLOS 2018 T	275	CAMP DEL CUC 2019 B BA S	350	CAMPO REDONDO 2023 T RB	73
CAMAROLOS SYRAH 2020 T	275	CAMPARRÓN 2020 T R	676	CAMPO REDONDO GODELLO 2023 B	73
CÁMBRICO RUFETE EL POCITO 2020 T	777	CAMPARRÓN 2021 T C	676	CAMPO VIEJO 2018 T R	572
CAMELOT TINTO DULCE MONASTRELL T D	235	CAMPARRÓN 2023 T RB	677	CAMPO VIEJO 2020 T C	572
CAMÍ DE CORMES 2021 T C	200	CAMPARRÓN NOVUM 2023 T	677	CAMPO VIEJO 2023 B	572
CAMÍ DE LA FONT 2022 B	652	CAMPAZA MENCÍA 2023 T	424	CAMPOS DE DULCINEA SAUVIGNON BLANC 2023 B	797
CAMÍ DE LA MINA 2020 T	374	CAMPEADOR 2019 T	550	CAMPOS DE DULCINEA SELECCIÓN DE LA FAMILIA 2020 T	797
CAMI DE PELL ORANGE 2022 B	901	CAMPEADOR 2021 B	550		

WEIN	SEITE	WEIN	SEITE	WEIN	SEITE
CAMPOS DE DULCINEA TEMPRANILLO 2021 T	797	CAN SUMOI LA ROSA 2023 RD	338	CANTAMUDA FINCA LA CEBOLLA 2021 T	458
CAN 2022 T	734	CAN SUMOI SUMOLL 2021 T	881	CANTAMUDA LA ESTACIÓN 2021 T	459
CAN AXARTELL BLANCO 2023 B	854	CAN SUMOI XARELLO 2023 B	338	CANTAMUDA PARCELA 64 2021 T	459
CAN AXARTELL CORUM 2022 B FB	854	CANALS & MUNNÉ INSUPERABLE 2021 BE R BR	135	CANTARADA DE LAS MOZAS 2021 B	580
CAN AXARTELL ROSADO 2023 RD	854	CANALS & MUNNÉ RESERVA DE L'AVI 2019 BE GR BN	135	CANTARIÑA 1 LA TINTORERA 2018 T	881
CAN BAS LA CAPELLA 2017 T GR	337	CANALS NADAL 2019 BE GR BN	136	CANTARIÑA 2 VIÑA DE LOS PINOS 2021 T	78
CAN BAS LA CREU 2022 B	337	CANALS NADAL CN 1986 BLANC DE NOIRS 2019 BE R BR	136	CANTARIÑA 3 EL TRIÁNGULO 2021 T	78
CAN BAS MONREAL 2016 T	337			CANTARIÑA 6 MERENZAO 2022 T	78
CAN BLAU 2021 T	306	CANALS NADAL ECOLÓGICO 2021 BE R BN	136	CANTARIÑA 7 A FREITA 2022 T	78
CAN BLAU 2022 T	306	CANALS NADAL ROSÉ 2022 RE BR	136	CANTARIÑA EL GODELLO DE CONSUELO 2022 B FB	78
CAN FEIXES BLANC SELECCIÓ 2022 B	344	CANARIUS 2022 B S	773	CANTERABUEY VIÑEDO SINGULAR 2019 T	596
CAN FEIXES NEGRE SELECCIÓ 2021 T	344	CANARIUS VIÑAS VIEJAS 2023 T	773	CANTOCUERDAS ALBILLO 2022 B FB	738
CAN FEIXES NEGRE TRADICIÓ 2015 T C	344	CANASTA 20 AÑOS BF OL D	219	CANTOCUERDAS MOSCATEL DE BERNABELEVA DULCE B FB D	738
CAN FEIXES RESERVA ESPECIAL 2011 T GR	344	CANDONGO 2022 T RB	674		
CAN GELAT CALLET SYRAH 2022 RD	853	CÁNFORA PIE FRANCO 2017 T R	248	CANTOS DE VALPIEDRA 2020 T	581
CAN GELAT GIRÓ ROS 2022 B	853	CANFORRALES 2020 T C	248	CANTOS DEL DIABLO 2021 T	287
CAN GELAT GRAN VI 2022 T	853	CANFORRALES ALMA VERDEJO 2023 B	248	CANTOSÁN VERDEJO VIÑAS VIEJAS 2023 B	633
CAN GUINEU 2020 BE R BN	912	CANFORRALES CHARDONNAY 2023 B	248	CANTUESO 2022 T	884
CAN GUINEU ROSAT 2018 RE BN	912	CANFORRALES CLÁSICO TEMPRANILLO 2023 T	248	CANYAMEL 2015 T RB	819
CAN NOVES BLANC 2022 B	886	CANFORRALES LUCÍA AIRÉN 2023 B	248	CANYAMEL 2022 T	819
CAN NOVES NEGRE 2019 T C	887	CANFORRALES NATURE TEMPRANILLO SYRAH 2023 T	801	CAÑADA DE LOS MOROS BLANC 2021 B	897
CAN PALOMA 2018 T R	122	CANFORRALES NATURE VIOGNIER 2023 B	801	CAÑADA DE LOS MOROS BOBAL 2021 T	897
CAN RICH 2023 B	842	CANFORRALES PETIT VERDOT 2023 RD	248	CAÑADA PARÍS 2022 B C S	718
CAN RICH BLANC D'AMFORA 2022 B	842	CANTA LA PERDIZ 2018 T R	493	CAÑALVA ÉLÉGANCE CABERNET SAUVIGNON 2020 T C	514
CAN RICH BLANC DE BLANCS 2022 BE	905	CANTALARES MERLOT 2021 T	719	CAÑAMAR 2022 B MISTELA	725
CAN RICH NEGRE D'AMFORA 2022 T	842	CANTALARES MERSEGUERA 2022 B	719	CAÑAS Y BARRO 2023 B	727
CAN RICH ROSAT 2021 RE BN	869	CANTALOBOS 2021 T	74	CAÑAS Y BARRO 2023 RD PL	727
CAN RICH ROSAT D'AMFORA 2023 RD	842	CANTALOBOS 2023 B	74	CAÑUS VERUS MALVASIA CASTELLANA 2022 B FB	675
CAN RICH SELECCIÓN 2018 T	842	CANTALOBOS 2023 T	74	CAÑUS VERUS VIÑAS VIEJAS 2021 T	675
CAN SUMOI GARNATXA SUMOLL 2022 T	881	CANTAMUDA 2023 T RB	458	CAP DE BARBARIA 2018 T C	845

WEIN	SEITE	WEIN	SEITE	WEIN	SEITE
CAP DE BARBARIA PANSIT DE FORMENTERA B SOLERA D.	845	CARA NORD SINGLE ESTATE 2022 T.	170	CARLES ANDREU BARRICA 2019 BE R BN.	141
CAP DE TRONS 2022 T.	343	CARA NORD TREPAT NEGRE 2023 T.	171	CARLES ANDREU L'ERA DEL CELDONI 2014 BE GR BN.	141
CAP SENTIT ORANGE WINE 2022 B.	122	CARA NORD TREPAT ROSAT 2023 RD.	171	CARLES ANDREU PARELLADA 2022 B.	171
CAP SENTIT PINOT NOIR 2022 T.	122	CARABIBAS MERSEGUERA 2023 B.	46	CARLES ANDREU ROSAT BARRICA 2021 RE R BR.	141
CAPA TEMPRANILLO 2023 T.	814	CARABIBAS MONASTRELL 2021 T.	47	CARLES ANDREU ROSAT RE BR.	141
CAPATAZ SOLERA DE LA CASA BF FI S.	294	CARABO DOLMEN VIEJO 2022 T.	577	CARLES ANDREU TREPAT 2021 T BA.	171
CAPAXA 2020 B D.	884	CARABO SELECCIÓN DE VIÑEDOS 2021 T.	577	CARLOS MORO FINCA PICÓN DE ZURITA 2019 T.	447
CAPDEVILA PUJOL 2020 BE R BN.	129	CARÁMBANO ICE WINE B D.	868	CARLOS SAN PEDRO PEREZ DE VIÑASPRE 2020 T.	536
CAPELLANIA 2019 B GR.	589	CARAY EXPRESIÓN 2023 T C.	682	CARLOS SERRES 1896 FINCA EL ESTANQUE 2018 T R.	572
CAPILLA DEL FRAILE PARCELA SYRAH 2020 T.	808	CARAY VIÑEDOS SELECCIONADOS 2021 T.	682	CARLOS SERRES 1896 FINCA EL ESTANQUE 2019 T R.	572
CAPILLA DEL FRAILE PETIT VERDOT 2018 T.	808	CARBO CAPDEVILA 1975 BE GR BR.	129	CARLOS SERRES 1896 FINCA EL ESTANQUE 2020 RD R.	573
CAPITÁN TRUENO 2021 T.	600	CARCHELO 2023 T RB.	231	CARLOS SERRES 2018 T R.	573
CAPITÁN XURELO 2022 T.	396	CARCHELO CIENTO80 2021 T.	231	CARLOS SERRES 2021 T C.	572
CAPRASIA 2021 BE R BN.	134	CARDENAL CISNEROS BF PX D.	226	CARLOTA SURIA ORGANIC 2021 BE R BN.	152
CAPRASIA BOBAL ÁNFORA BIPARCELARIO 2022 T.	696	CARDIA BRANCELLAO 2022 T.	420	CARLOTA SURIA ORGANIC 2021 BE R BR.	152
CAPRASIA BOBAL-MERLOT 2022 T RB.	696	CARDIA GODELLO 2022 B.	420	CARLOTA SURIA ORGANIC BOBAL 2021 T C.	699
CAPRASIA MACABEO BE BR.	134	CARDIA POMBEIRAS 2022 T.	420	CARLOTA SURIA ORGANIC CHARDONNAY 2023 B FB.	699
CAPRICHO DE GODELLO 2022 B BA.	421	CARDIA SEOANE 2022 T.	420	CARMELITANO MOSCATEL 2023 B MO D.	721
CAPRICHO DE LANDALUCE 2020 T.	545	CARDIA UCEIRA 2022 T.	420	CARMELO RODERO 2022 T C.	475
CAPRICHO DE SOUSÓN 2019 T.	421	CARE FINCA BANCALES 2020 T R.	114	CARMELO RODERO TSM 2021 T.	475
CAPRICHO DIVINO CHARDONNAY 2022 BE BN.	282	CARE FINCA MARIMÚ 2021 T BA.	114	CARPE DIEM AÑEJO 2022 BF AÑEJO D.	270
CAPRICHO VAL DE PAXARIÑAS 2023 RD.	77	CARE GARNACHA BLANCA 2023 B.	114	CARPE DIEM DULCE NATURAL 2022 BF D.	270
CAPRICHO VAL DE PAXARIÑAS GODELLO 2023 B.	77	CARE GARNACHA NATIVA 2022 T.	114	CARPE DIEM ENVEJECIDO 2022 B FI.	871
CAPVESPRE SUNSET 2023 B.	123	CARE XCLNT 2019 T.	114	CARPE DIEM TRASAÑEJO 1999 BF TRASAÑEJO D.	271
CAPVESPRE SUNSET 2023 RD.	123	CARE XCLNT 2021 B.	114	CARPENTUM 2021 T.	840
CAPVESPRE SUNSET 2023 T.	171	CARGOL TREU VI 2022 B.	863	CARPURIAS 2023 RD.	832
CARA NORD BLANC 2023 B.	170	CARIÑO CLARETE VINO NATURAL 2023 RD.	733	CARRA 2021 T.	116
CARA NORD GARRUT 2022 T.	170	CARLES ANDREU 12@ 2023 T.	171	CARRACEDO 2018 T RB.	71
CARA NORD NEGRE 2021 T C.	170	CARLES ANDREU 2020 BE GR BN.	141	CARRAKRIPAN 2019 B.	578
		CARLES ANDREU 2021 BE BN.	141	CARRALCOBA ALBARIÑO 2022 B.	406

WEIN	SEITE
CARRAMATA VERDEJO 2023 B	626
CARRAMIMBRE 2021 T C	459
CARRAMIMBRE 2023 T RB	459
CARRAMIMBRE VERDEJO 2023 B	615
CARRAQUINTANA DE AMAREN 2020 T BA	532
CARRAROA 2021 T C	456
CARRASCALEJO 2020 T C	99
CARRASCALEJO 2022 T	99
CARRASCALEJO 2023 RD	99
CARRASVIÑAS 100% VERDEJO 2023 B	617
CARRASVIÑAS 2023 B FB	617
CARRASVIÑAS DORADO 2017 B	617
CARRASVIÑAS ESPUMOSO 2022 BE BR	617
CARRASVIÑAS FELIX 2021 B	617
CARRATRAVIESA 2023 RD	167
CARRAVALSECA 2020 T C	537
CARRAVALSECA 2023 T MC	537
CARRAVID 2021 T C	474
CARREDUEÑAS ORGANIC ROSÉ 2023 RD	166
CARREDUEÑAS TINTO FINO 2022 T RB	166
CARRELVILLAR 2022 T	606
CARRIL CRUZADO COLECCIÓN PETIT VERDOT 2023 RD	279
CARRIL CRUZADO COLECCIÓN SAUVIGNON BLANC 2023 B	279
CARRIL CRUZADO EDICIÓN LIMITADA PETIT VEDOT 2020 T C	279
CARRIL CRUZADO EDICIÓN LIMITADA SYRAH 2020 T C	279
CARRIL CRUZADO MULTIVARIETAL COLECCIÓN 3 MESES 2022 T	279
CARRIL CRUZADO SELECCIÓN SYRAH 9 MESES BARRICA 2021 T C	808

WEIN	SEITE
CARRO DE LEÑA 2022 T	445
CARTAGO 2019 T	687
CARTESIUS BLANC 2023 B FB	191
CARTESIUS NEGRE 2021 T	191
CARTESIUS ROSAT 2023 RD	191
CARTUS 2012 T GR	377
CASA ANTONETE MACABEO 2023 B	248
CASA ANTONETE TEMPRANILLO 2020 T C	248
CASA ANTONETE TEMPRANILLO 2022 T SS	248
CASA BOQUERA BALANCE 2022 T	751
CASA BOQUERA ELEGANCE 2018 T C	751
CASA BOQUERA HARMONY 2019 T	751
CASA CASTILLO CUVEE N 2021 T BA	231
CASA CASTILLO EL MOLAR 2023 T	231
CASA CASTILLO LA TENDIDA 2023 T	231
CASA CASTILLO LAS GRAVAS 2022 T	231
CASA CASTILLO MONASTRELL 2023 T	231
CASA CASTILLO PIE FRANCO 2022 T C	231
CASA CISCA 2018 T BA	749
CASA DA BARROSA 2023 B	393
CASA DA PORTA SANCLODIO 2022 B	436
CASA DE CASTILLA 2023 RD	165
CASA DE ILLANA 10 MESES 2022 T C	518
CASA DE ISAAC SYRAH 2020 T	807
CASA DE LA CERA 2018 T C	749
CASA DE LA DEHESA 2020 T C	821
CASA DE LA ERMITA 2021 T C	239
CASA DE LA ERMITA 2023 T RB	239
CASA DE LA ERMITA IDÍLICO 2021 T C	239
CASA DE LA ERMITA PARCELA LA SOLANA 2023 B	239

WEIN	SEITE
CASA DE LA ERMITA PARCELA LOS PINOS 2022 T C	239
CASA DE LA ERMITA PETIT VERDOT 2021 T C	239
CASA DE LA NAVA 2021 T C	714
CASA DE LA VEGA VERDEJO 2023 B	609
CASA DE LA VIÑA 2021 T	699
CASA DEL CAPITÁN MACABEO 2022 B	749
CASA DEL CAPITÁN MONASTRELL 2022 T	749
CASA DEL INCA 2021 B PX D	295
CASA DON ÁNGEL BOBAL 2021 T	693
CASA JIMÉNEZ 2020 T C	50
CASA LA LUNA VERDEJO VIURA 2023 B	629
CASA LA RAD 2018 B	526
CASA LA RAD 2019 T RB	526
CASA LA RAD 2020 T RB	526
CASA LA RAD P-12 VIÑEDO SINGULAR MALVASÍA 2022 B	526
CASA LA RAD P-38 2020 T	526
CASA LA TEJA 2022 B	808
CASA LA TEJA 2022 RD	808
CASA LA TEJA 2022 T	808
CASA MARIOL GARNATXA BLANCA 2023 B	659
CASA MARIOL GARNATXA NEGRA 2023 T	659
CASA MARIOL SAMSÓ 2020 T C	659
CASA MARIOL SELECCIÓN 2021 B	659
CASA MARIOL SYRAH 2019 T R	659
CASA MOREIRAS 2022 T BA	424
CASA MOREIRAS GODELLO 2023 B	424
CASA MOREIRAS MENCÍA 2023 T	424
CASA MOREIRAS SELECCIÓN 2022 T	424
CASA PRIMICIA 2020 T C	537

WEINE

WEIN	SEITE
CASA PRIMICIA TEMPRANILLO 2023 T	537
CASA RAVELLA 2021 BE R BN	136
CASA RAVELLA 2022 BE BN	136
CASA RAVELLA L'ISARD 2021 T	338
CASA RAVELLA ROSÉ 2021 RE R BR	136
CASA RAVELLA SELECCIÓN 2017 T	338
CASA RAVELLA SELECCIÓN 2021 B FB	338
CASA SABINE SAUVIGNON BLANC 2023 B	857
CASA SAFRA 2018 T GR	714
CASA SICILIA 1707 MONASTRELL 2022 T	47
CASA VELLA D'ESPIELLS 2019 T R	351
CASA VILLA-ZEVALLOS 2021 T RB	842
CASADO MORALES 2015 T GR	566
CASADO MORALES 2017 T R	566
CASADO MORALES 2019 T C	566
CASAGRANDE 2019 T C	700
CASAGRANDE 2021 T C	700
CASAGRANDE 2023 B	700
CASAGRANDE BOBAL 2021 T	700
CASAL DE ARMÁN 2023 B	437
CASAL DO CANTEIRO 2023 B	438
CASAL NOVO GODELLO 2023 B	704
CASAL NOVO MENCÍA 2022 T	704
CASAL NOVO MERENZAO 2022 T	704
CASAR DE BURBIA 2022 T RB	78
CASAR DE BURBIA GODELLO 2023 B	78
CASAR DE VALDAIGA PARAJE EL TOLEIRO 2023 T	83
CASAR DE VIDE 2023 B	435
CASAR GODELLO (VINO DE PARAJE - VALDEPIÑEIRO) 2022 B FB	78

WEIN	SEITE
CASAS DE PEÑA AIRÉN 2023 B	803
CASAS DE PEÑA CHARDONNAY 2023 B	803
CASAS DE PEÑA GARNACHA TINTORERA 2022 T	803
CASCABEL 2022 B	265
CASCABEL 2023 B	265
CASCARRABIAS 2022 T	65
CASTA DIVA COSECHA DORADA 2022 B	873
CASTA DIVA COSECHA MIEL DULCE 2022 B D	873
CASTA DIVA MONTE DIVA 2022 B	873
CASTAÑO COLECCIÓN CEPAS VIEJAS 2019 T BA S	749
CASTAÑO COLECCIÓN CHARDONNAY 2022 B	749
CASTAÑO SANTA 2020 T BA	749
CASTEL DE BOUZA 2023 B	403
CASTELL D'OR BE BN	136
CASTELL D'OR BE C BR	136
CASTELL D'OR BE GR BN	136
CASTELL D'OR BRUT ROSAT RE BR	136
CASTELL D'OR CABERNET SAUVIGNON, ULL DE LLEBRE, TREPAT 2023 T	171
CASTELL D'OR ORGÀNIC BE BR	136
CASTELL D'OR RESERVA IMPERIAL BE R BR	136
CASTELL D'OR TREPAT 2023 RD	171
CASTELL DE SANTUERI BLANC 2022 B	857
CASTELL DE SANTUERI ROUGE 2021 T RB	848
CASTELL DEL REMEI 1780 2019 T	179
CASTELL DEL REMEI 2018 B GR	179
CASTELL DEL REMEI GOTIM BLANC 2023 B	179
CASTELL DEL REMEI GOTIM BRU 2021 T	179
CASTELL DEL REMEI ODA BLANC 2022 B FB	179
CASTELL DEL REMEI ODA NEGRE 2021 T C	179

WEIN	SEITE
CASTELL SANT ANTONI CAMÍ DEL SOT 2015 BE GR BR	907
CASTELL SANT ANTONI GRAN BARRICA 2015 BE GR BN	907
CASTELL SANT ANTONI GRAN ROSAT PINOT NOIR 2015 RE GR BN	907
CASTELL SANT ANTONI JAZZ NATURE 2021 BE R BN	907
CASTELL SANT ANTONI JAZZ NATURE ROSÉ 2021 RE R BR	907
CASTELLROIG 2020 BE R BN	912
CASTELLROIG ROSAT 2021 RE R BR	912
CASTELLUM AUGUSTI 2022 B	790
CASTELO DE MEDINA CHARDONNAY SINGULAR COLLECTION 2022 B	826
CASTELO DE MEDINA PREFILOXÉRICO 2021 B FB	615
CASTELO DE MEDINA SAUVIGNON BLANC FUME SINGULAR COLLECTION 2022 B RB	826
CASTELO DE MEDINA SAUVIGNON BLANC VENDIMIA SELECCIONADA 2022 B	615
CASTELO DE MEDINA VERDEJO 2022 B FB	615
CASTELO DE MEDINA VERDEJO 2023 B	615
CASTELO DE MEDINA VERDEJO VENDIMIA SELECCIONADA 2022 B	615
CASTELO NOUVEAU 2023 T MC	826
CASTELO ROBLE 2020 T C S	826
CASTELO ROSÉ 2023 RD	826
CASTILLO CLAVIJO 2021 T C	574
CASTILLO COLINA 2023 T	84
CASTILLO DE ALBAI 2018 T R	592
CASTILLO DE ALBAI 2019 T C	592
CASTILLO DE AYUD 2022 T R	103
CASTILLO DE BELARFONSO 2023 T RB	285

WEIN	SEITE
CASTILLO DE GUZMÁN BF AM	220
CASTILLO DE GUZMÁN BF CRM	220
CASTILLO DE GUZMÁN BF FI	220
CASTILLO DE GUZMÁN BF OL	221
CASTILLO DE GUZMÁN BF PC	221
CASTILLO DE MONESMA 2016 T C	639
CASTILLO DE MONESMA 2018 T R	639
CASTILLO DE MONESMA 2018 T RB	639
CASTILLO DE MONESMA T	639
CASTILLO DE MONJARDÍN CHARDONNAY 2022 B FB	326
CASTILLO DE MONJARDÍN DEYO MERLOT DE AUTOR 2019 T C	326
CASTILLO DE MONJARDÍN ROSADO DE LÁGRIMA 2023 RD	326
CASTILLO DE MONSÉRAN GARNACHA 2022 T	116
CASTILLO DE MONSÉRAN GARNACHA BLANCA 2023 B	116
CASTILLO DE MONSÉRAN OLD VINE GARNACHA 2021 T	116
CASTILLO DE MONTE LA REINA 2021 T C	677
CASTILLO DE MONTE LA REINA 2022 T RB	677
CASTILLO DE MONTE LA REINA 2023 T	677
CASTILLO DE MONTE LA REINA VENDIMIA SELECCIONADA 2017 T	677
CASTILLO DE MONTE LA REINA VERDEJO 2023 B	677
CASTILLO DE PEÑAFIEL 2021 T C	477
CASTILLO DE PEÑAFIEL 2022 T RB	477
CASTILLO DE PEÑAFIEL EDICIÓN LIMITADA 2019 T R	477
CASTILLO DE SALVANES 2021 T C	743
CASTILLO DE SALVANES 2022 T RB	743
CASTILLO DE SALVANES 2023 B	743
CASTILLO DE SALVANES 2023 T	743

WEIN	SEITE
CASTILLO LASERNA 2020 T C	585
CASTILLO MONJARDÍN CABERNET SAUVIGNON SUPERIOR 2018 T R	326
CASTILLO SAN LORENZO 2018 T R	574
CASTILLO YGAY 2012 T GR	589
CASTIÑEIRO ALBARIÑO 2022 B	406
CATAVENTO ABARIÑO 2023 B	406
CATAVENTOS 2022 RD	791
CATAY 2018 T R	529
CATAY 2019 T C	529
CATAY 2023 RD	529
CATAY TEMPRANILLO MAZUELO 2021 T	529
CATERINA 2020 T	40
CATÓN BF OL	294
CÁTULO GARNACHA 2022 RD	322
CÁTULO GARNACHA 2023 RD	322
CÁTULO GARNACHA 2023 T	322
CAUDALIA DE VALLOBERA 2020 B FB	564
CAUDUM BODEGAS LARRAZ 2016 T BA	568
CAUDUM BODEGAS LARRAZ 2018 T BA	568
CAUDUM BODEGAS LARRAZ SELECCIÓN ESPECIAL 2018 T BA	568
CAUDUM BODEGAS LARRAZ SELECCIÓN ESPECIAL 2019 T BA	568
CAVA BALLBÉ BE BN	145
CAVA ESENCIA VEGAMAR BE BN	134
CAVA ESTENAS BE BN	130
CAVA ETERNO 2016 BE GR BN	142
CAVA REVERTÉ "ELECTE" BE R BN	137
CAVA REVERTÉ "ELECTE" MAGNUM 2018 BE R BN	137

WEIN	SEITE
CAVA REVERTÉ BE R BN	137
CAVA REVERTÉ RE R BN	137
CAVA ROXANNE 2022 BE BR	142
CAVAS HILL CUVÉE 1887 BE BN	139
CAVAS HILL PANOT GAUDÍ BE BR	139
CAVAS HILL PANOT GAUDÍ CORAL 2021 RE BR	139
CAYETANO DEL PINO BF CRM	220
CAYETANO DEL PINO BF FI	220
CAYETANO DEL PINO VORS BF AM	220
CAZAPITAS 2022 B	790
CAZAPITAS O REBUSCO 2021 B	790
CAZOGA CEPAS CENTENARIAS 2022 T	420
CDVIN 2021 T	576
CEIBO 2023 B	706
CELESTE CRIANZA 2020 T C	502
CELESTE RESERVA 2019 T R	502
CELESTE ROBLE 2023 T RB	503
CELESTE VERDEJO 2023 B	629
CELIA VIZCARRA 2021 T	482
CELLER ARRUFÍ LLICSÓ 2021 B BA	656
CELLER ARRUFÍ PANICAL 2023 B	656
CELLER ARRUFÍ PANICORT 2019 T	656
CELLER ARRUFÍ TREPADELLA 2022 T	656
CELLER BRUGAROL NEGRE 2018 T	191
CELLER BRUGAROL XARELLO 2022 B	191
CELLER DEL FOIX BLANC 2023 B	335
CELLER MARIÀ PAGÈS GARNATXA D'EMPORDÀ DULCE 2021 B D	193
CELLER MARIÀ PAGÈS MOSCAT D'EMPORDÀ DULCE 2023 B D	193

WEIN	SEITE	WEIN	SEITE	WEIN	SEITE
CELLER MARIÀ PAGÈS ROSA-T 2023 RD	193	CERRO DEL BUEY 2022 T	54	CHARDONNAY ROURE 2022 B FB	359
CELLER MARIÀ PAGÈS VINYA DE L'HORT 2023 B	193	CERRO LA ISA VIÑEDO SINGULAR 2020 T	587	CHARLATÁN 2023 RD	162
CELTIBERO 2020 T	825	CERRO LA ISA VIÑEDO SINGULAR 2021 B FB	587	CHARLOTTE RIGAUD 2021 BE R BN	159
CENCIBEL LA VENTA #GARAGEWINE 2023 T	795	CERRO NEGRO 2022 T AG S	718	CHAVEO 2021 T C	97
CÉNIT 2020 T C S	669	CERVA 2023 T	866	CHIMAQUE 2023 T	892
CÉNIT 2021 B	669	CÉRVOLES BLANC 2022 B FB	180	CHIVITA 2023 B S	735
CÉNIT BONALES 2022 T C	669	CÉRVOLES COLORS BLANC 2023 B	180	CHIVITA AFRUTADO 2023 B	735
CÉNIT PAGO LAS SALINAS 2020 T	669	CÉRVOLES COLORS NEGRE T C	181	CHIVITA TINTO TRADICIÓN 2023 T	735
CENT X CENT GARNACHA BLANCA 2022 B C	666	CÉRVOLES ESTRATS 2019 T	181	CHIVITE COLECCIÓN 125 2022 RD FB	788
CENT X CENT GARNACHA NEGRA 2022 T	666	CÉRVOLES NEGRE VINYES ALTES DE LES GARRIGUES 2021 T	181	CHIVITE COLECCIÓN 125 VENDIMIA TARDÍA 2022 B FB D	788
CEPA 21 2021 T	490				
CEPA GAVILÁN 2022 T C	469	CÉSAR FLORIDO MOSCATEL DORADO BF MO D	216	CHIVITE COLECCIÓN 125 VINO DE GUARDA 2021 T	788
CEPA LEBREL 2018 T GR	563	CÉSAR FLORIDO MOSCATEL PASAS BF MO D	216	CHIVITE COLECCIÓN 125 VINO DE GUARDA 2022 B FB	788
CEPADO FINCA A CORONELA 2022 T	703	CÉSAR PRÍNCIPE 2020 T C	162	CHIVITE LAS FINCAS 2023 RD	788
CEPADO FINCA A DEVESA 2022 B	703	CÉSAR PRÍNCIPE 2022 B	162	CHIVITE LAS FINCAS GARNACHA VIURA 2023 B	788
CEPADO GODELLO 2023 B	703	CESILIA LA GARNACHA 2022 T	47	CHIVITE MOSCATEL VIEJO SACA 2024 B	788
CEPALL 2021 T	71	CESILIA ROSÉ LA RESERVE 2023 RD	47	CHLOSS TERROIR 2023 T	322
CEPALL 2023 RD	71	CESILIA ROSÉ LA RÉSERVE ESPECIAL 2019 RD	47	CHOLO 2022 B	433
CEPAS DEL ZORRO 2020 T C	97	CESILIA VS 2019 T	47	CHURUBITO TEMPRANILLO 2023 T	811
CEPAS DEL ZORRO 2023 RD	97	CHAFANDÍN 2021 T	511	CIEN Y PICO DOBLE PASTA 2021 T	279
CEPAS DEL ZORRO 2023 T RB	97	CHALLAO 2020 B	577	CIEN Y PICO EN VASO 2021 T	279
CEPAS DEL ZORRO MACABEO 2023 B	97	CHALLAO 2021 T	577	CIENTRUENOS 2021 T BA	329
CEPAS DEL ZORRO MONASTRELL 2023 T	97	CHAN DE ROSAS CLÁSICO 2023 B	404	CIES 2023 B	398
CEPAS VIEJAS DE LUBERRI 2020 T	588	CHAN DE ROSAS CUVÉE ESPECIAL 2022 B	404	CIFRAS 2020 B	574
CERAMIC MONASTRELL CRIADO EN TINAJA 2021 T	727	CHANSELUS 2017 B	866	CIFRAS 2021 T	574
CERAMIC SAUVIGNON BLANC 2023 B	727	CHAPIRETE 2021 B FB	632	CILLAR 2023 T	490
CERES 2021 T C	457	CHAPIRETE PREFILOXÉRICO 2021 B	632	CILLAR DE SILOS 2021 T C	490
CERES AL DESNUDO 2023 T	458	CHAPIRETE SELECCIÓN 2023 B	632	CILLAR ROSADO DE SILOS 2023 RD	490
CERMEÑO VENDIMIA SELECCIONADA 2023 T	675	CHARCO DEL ZORRO 2021 T	235	CIMADAGO 2019 T C	595
CERRO CEREZO 2021 T	63	CHARDO DAY 2023 B	694	CIMERA CLOS COR VÍ 2020 B C	723

WEIN	SEITE	WEIN	SEITE	WEIN	SEITE
CIMERA CLOS COR VÍ 2022 B C	723	CLEMENTE GARCÍA GARNACHA 2022 T	527	CLOS D'AGON SELECCIÓN ESPECIAL 2021 T	120
CIMERA CLOS COR VÍ MAGNUM 2019 B FB	723	CLEMENTE GARCÍA TEMPRANILLO 2019 T R	527	CLOS D'AGON VALMAÑA 2021 T	191
CINDUS 2020 T	685	CLÍO 2021 T	232	CLOS D'AGON VALMAÑA 2022 B	120
CINEREA 2015 B SD	894	CLON DE GALLO 2020 B	886	CLOS D'AGON VIOGNIER 2022 B FB	120
CINGLES BLAUS MAS DE LES MORERES 2021 T	307	CLÒNIC 2021 T R	303	CLOS D'ESGARRACORDES 2022 T C	794
CINGLES BLAUS MAS DE LES MORERES 2022 B	308	CLÒNIC CARINYENA VINYAS VIEJAS 2021 T R	303	CLOS D'ESGARRACORDES 2023 T	794
CINGLES BLAUS OCTUBRE 2023 RD	308	CLÒNIC CARINYENA VINYES VELLES 2018 T	303	CLOS DE GALLUR 2020 T RB	727
CINGLES BLAUS OCTUBRE NEGRE 2022 T	308	CLOS ABELLA 2021 T	380	CLOS DE LES DÒMINES 2020 T R	192
CINGLES BLAUS SELECCIÓ 2021 T C	308	CLOS ALZINA 2021 T	375	CLOS DE LES DÒMINES BLANC 2022 B FB	192
CIRCE VERDEJO 2023 B	609	CLOS ANCESTRAL 2022 T	342	CLOS DE LÔM GARNACHA 2022 T	723
CIRERETS 2021 T	380	CLOS ANCESTRAL 2023 B	342	CLOS DE LÔM ISIDRA 2021 T	723
CIRSION 2021 T	558	CLOS BADACELI DE LA SOLANA 2018 T C	364	CLOS DE LÔM MALVASÍA 2023 B	723
CITIUS PINOT NOIR 2019 T	822	CLOS BADACELI GARNACHA 2020 T	364	CLOS DE LÔM MONASTRELL 2023 RD	723
CLAR DEL BOSC 2022 T	379	CLOS BALTASAR 2022 T	103	CLOS DE LÔM TEMPRANILLO 2023 T	723
CLARETE DE LUNA 2023 RD	162	CLOS BARTOLOMÉ 2020 T BA	366	CLOS DE TAFALL 2022 T	372
CLARIÓN DE VIÑAS DEL VERO 2022 B	641	CLOS BARTOLOMÉ BLANC 2023 B	366	CLOS DEL BOU 2022 T	380
CLARIÓN DE VIÑAS DEL VERO MAGNUM 2020 B	641	CLOS BERENGUER "ARI" 2022 T	372	CLOS DEL GOS 2022 T	307
CLAROR PARATGE QUALIFICAT CAN PRATS 2016 BE GR BN	159	CLOS BERENGUER "ED" 2022 T R	372	CLOS DEL PI 2019 T C	352
		CLOS BERENGUER "MIN" 2022 T	372	CLOS DEL PINELL GARNATXA BLANCA 2023 B	661
CLAROS DE CUBA ORIGEN 2017 T	519	CLOS BERENGUER SELECCIÓ 2021 T	372	CLOS DEL PINELL NEGRE 2023 T	661
CLÀSSIC PENEDÈS SAUVIGNON BLANC MIQUEL JANÉ 2018 BE BN	335	CLOS BERENGUER VINYA LES SORTS CABERNET SAUVIGNON 2020 T	372	CLOS DEL PINELL ROSAT 2023 RD	661
				CLOS DEL PRIOR 2021 T	307
CLAUDIA 2019 B	404	CLOS CLARA 2018 T GR	367	CLOS DEL PRIOR 2023 T	307
CLAVE DE SOL GARNACHA ROSÉ 2023 RD	114	CLOS COR VÍ RIESLING 2022 B BA	723	CLOS ERASMUS 2021 T BA	373
CLAVE DE SOL MACABEO CHARDONNAY 2023 B	114	CLOS COR VÍ VIOGNIER 2022 B S	723	CLOS FLORESTA 2018 T C	198
CLAVE DE TÁBULA 2020 T	487	CLOS CYPRES 2021 T	375	CLOS GALENA 2019 T R	373
CLAVIS 2016 T R	254	CLOS D'AGON 2021 T	120	CLOS GELIDA 4 HERETATS 2019 BE GR BN	159
CLAVIUS VERDEJO 2020 B	835	CLOS D'AGON 2022 B	120	CLOS IBAI 2021 B	586
CLEMENCIA 2021 T	869	CLOS D'AGON ALBA DEL TINAR 2023 RD	190	CLOS IBAI 2021 T	586
CLEMENTE GARCÍA GARNACHA 2020 T	527	CLOS D'AGON MAS PALET 2021 T	190	CLOS IBAI GARNACHA BLANCA 2021 B	586

WEIN	SEITE	WEIN	SEITE	WEIN	SEITE
CLOS IBAI GARNACHA TINTA 2021 T	586	COBIJA DEL POBRE 2023 B	69	COLECCIÓN DE FAMILIA LA MATEO TEMPRANILLO BLANCO 2020 B	538
CLOS IBAI GRACIANO 2021 T	586	COBRANA 2022 T	72		
CLOS LOJEN 2022 T	278	COCA I FITÓ BLANC 2022 B	308	COLECCIÓN DE FAMILIA LA MATEO VENDIMIA 2020 T BA	538
CLOS MARTINET 2021 T	382	COCA I FITÓ D'OR 2022 B	662		
CLOS MESORAH 2021 T R	309	COCA I FITÓ JADE 2018 T C	308	COLECCIÓN DE FAMILIA RESERVA PRIVADA 2018 T	538
CLOS MOGADOR 2021 T C	374	COCA I FITÓ MARAGDA 2018 T	308	COLECCIÓN VIVANCO PARCELAS DE GARNACHA 2021 T	565
CLOS MONLLEÓ SELECCIÓ CARINYENA 2013 T R	385	COCA I FITÓ NATURA 2022 T	308	COLET A PRIORI 2020 BE R BR	341
CLOS PEITES 2008 T BA	368	COCA I FITÓ NU 2022 T	308	COLET ANIVERSARI 2020 BE R BN	341
CLOS PONS ALGES 2018 T C	181	COCA I FITÓ ROSA 2022 RD	309	COLET ASSEMBLAGE 2018 RE EBR	341
CLOS PONS AURA 2021 T C	181	CÓDICE 2022 T BA	809	COLET GRAN CUVÉE 2020 BE R EBR	341
CLOS PONS CINGLES 2018 B	181	CODORNIU ARS COLLECTA BLANC DE BLANCS 2021 BE R BR	143	COLET NAVAZOS (ETIQ.NARANJA) 2020 BE R BN	341
CLOS PONS PLA DEL TET 2021 T C	181			COLET NAVAZOS (ETIQ.VERDE) 2019 BE R BN	341
CLOS PONS ROC NU 2013 T R	181	CODORNIU ARS COLLECTA GRAND ROSÉ 2021 RE GR BR	143	COLET TRADICIONAL 2020 BE R BN	341
CLOS PONS SISQUELLA 2020 B C	181			COLET VATUA! 2020 BE EBR	341
CLOS SANT PAU 2021 B D	339	CODORNIU GRAN PLUS ULTRA 2021 BE R BN	143	COLET VATUA! ROSÉ 2020 RE BN	341
CLOS TREKAN 2020 T BA	376	CODORNIU GRAN PLUS ULTRA PINOT NOIR ROSADO RE R BR	143	COLLAGE 2023 B	71
CLOS VIDAL CABERNET SAUVIGNON 2020 T RB	336			COLLEITA DE MARTIS ALBARIÑO 2022 B	402
CLOS VIDAL MERLOT 2020 T C	336	CODORNIU NON PLUS ULTRA 2020 BE R BR	143	COLMILLO DE LOBO 2022 T BA	807
CLOT D'ENCIS VI RANCI B RC S	665	CODOS DE LAROUCO GODELLO 2022 B	710	COLONIA 40 2022 T	884
CLOT DEL ROURE XARELLO 2022 B	353	CODOS DE LAROUCO MENCÍA 2022 T	705	COM TU 2021 T C	308
CLOT DELS EIXAMS 2021 B FB	888	COFRADES BIDEONA 2021 T	526	COMA D'EN POU BÀRBARA FORÉS 2022 T C	656
CLOT DELS OMS BLANC 2022 B	335	COJÓN DE GATO 2021 T	641	COMA D'EN ROMEU 2019 T RB	366
CLOT DELS OMS GEWURZTRAMINER 2022 B	335	COJÓN DE GATO 2023 B	641	COMA ROMÀ XARELLO MACERAT 2021 B	346
CLOT DELS OMS NEGRE 2021 T R	335	COJÓN DE GATO 2023 T	641	COMENGE VERDEJO VINO DE NIEVA 2021 B	827
CLOTETA 2022 T	789	COJÓN DE GATO VERDEJO 2023 B	631	COMOLOCO BAJO EN HISTAMINAS SIN SULFITOS AÑADIDOS 2023 T	233
CLUA MILLENNIUM 2019 T C	660	COLECCIÓN 68 2023 B	434		
CLUNIA ALBILLO 2023 B	826	COLECCIÓN 880 2022 T RB	509	COMPARTIR 2021 T C	640
CLUNIA MALBEC 2022 T	826	COLECCIÓN COMENGE VERDEJO 2023 B	616	COMPARTIR 2022 T RB	640
CLUNIA SYRAH 2020 T	827	COLECCIÓN DE FAMILIA LA MATEO GARNACHA CEPAS VIEJAS 2018 T	538	COMPARTIR 2023 T	640
CM VERDEJO 2019 B FB	610			COMPASS 2022 T RB	515

WEIN	SEITE	WEIN	SEITE	WEIN	SEITE
COMPTA OVELLES 2022 B	343	CONDE DE LA CORTE 2020 T C	514	CONTINO 2019 T GR	604
COMPTA OVELLES 2022 T	343	CONDE DE LA CORTE 2023 T	514	CONTINO 2020 T R	604
COMTE DE FOIX CHARDONNAY B BA	341	CONDE DE LA CORTE MACABEO 2023 B	514	CONTINO 2021 RD	604
CON ALTURA 2023 BE AG	277	CONDE DE LA CORTE PARDINA 2023 B	514	CONTINO 2022 B	604
CON UN PAR ALBARIÑO 2023 B	416	CONDE DE LOS ANDES 2019 B	556	CONTINO GARNACHA 2022 T	604
CON VIENTO FRESCO 2020 T	880	CONDE DE MONTERROSO 2018 T R	249	CONTINO GRACIANO 2020 T	604
CONCA DE TREMP 2021 T C	183	CONDE DE SAN CRISTÓBAL 2021 T C	483	CONTINO MAZUELO 2020 T	604
CONCA DE TREMP BLANC 2022 B	183	CONDE DE SAN CRISTÓBAL FLAMINGO ROSÉ 2023 RD	484	CONTINO VIÑA DEL OLIVO 2021 T	604
CONCEJAL AIRÉN 2023 B	715	CONDE DE SIRUELA 2018 T R	467	CONTINUA 2023 B	882
CONCEJAL MULTIVARIETAL 2022 B	715	CONDE DE SIRUELA 2020 T C	467	CONTRAAPAREDE 2021 B	389
CONCEJAL MULTIVARIETAL 2023 B	715	CONDE DE SIRUELA 2023 T RB	467	CONTRATEMPS 2019 T	890
CONCEJAL TEMPRANILLO 2022 T	715	CONDE DE SIRUELA ELITE 2020 T	467	CONVENTO LAS CLARAS VERDEJO 2022 B	616
CONCEJAL TEMPRANILLO 2022 T RB	715	CONDE DE SIRUELA VERDEJO SOBRE LÍAS 2023 B	618	CONVENTO OREJA 2021 T C	491
CONCEJAL VERDEJO 2023 B	715	CONDE DE VALDEMAR 2017 T R	563	CONVENTO OREJA 2023 T RB	491
CONCEJO CLARETE AGED 2023 RD	166	CONDE DEL PAZO GODELLO 2023 B	74	CONVENTO OREJA MEMORIA 2020 T R	491
CONCEJO COLECCIÓN 1999 T GR	166	CONDE VALDEMAR EDICIÓN LIMITADA 2019 T	564	CONVENTO OREJA SELECCIÓN DE FAMILIA 2020 T	491
CONCEJO VINO DE PARAJE 2019 T R	166	CONDES DE ALBAREI ALBARIÑO 2023 B	389	CONVENTO SAN FRANCISCO 2020 T C	447
CONCIENS 2023 T	239	CONDES DE ALBAREI CARBALLO GALEGO 2022 B FB	389	CONVENTO SAN FRANCISCO LA ZAPATERA 2020 T R	447
CONDADO DE HAZA 2022 T C	461	CONDES DE ALBAREI ENXEBRE 2023 B MC	389	CONVENTO SAN FRANCISCO SELECCIÓN ESPECIAL 2020 T BA	447
CONDADO DE ORIZA 2023 T RB	503	CONDES DE FUENSALIDA 100 AÑOS 2022 T	286		
CONDADO DE SEQUEIRAS 2017 T RB	424	CONDES DE FUENSALIDA 2023 RE D	286	COOP 1958 2021 T	180
CONDADO DE SEQUEIRAS GODELLO 2023 B	424	CONDES DE FUENSALIDA GARNACHA 2023 RD	286	COQUINERO EN RAMA BF FI S	218
CONDADO DE SEQUEIRAS MENCÍA 2022 T	424	CONDES DE FUENSALIDA GARNACHA Y SYRAH 2023 T	286	COR DE GRANIT 2022 B	305
CONDADO LAXAS 2023 B	396	CONDES DE LOS ANDES 2017 T	556	CORANYA 2016 T	385
CONDE ANSÚREZ 2023 RD	167	CONDESA EYLO VERDEJO 2023 B	623	CORAZ DE PUENTE DEL EA 2020 T	570
CONDE DE ALTAVA 2023 B	566	CONSENTIDO MONASTRELL BARRICA 2022 T RB	749	CORAZ FINCA LA ESCLAVITUD 2020 T	570
CONDE DE ALTAVA 2023 RD	566	CONTADOR 2016 T	527	CORAZÓN DE MALÓN 2023 RD	323
CONDE DE ALTAVA TEMPRANILLO 2023 T	566	CONTADOR 2021 T	527	CORAZÓN INDOMABLE 2023 T MC	551
CONDE DE HARO 2020 BE R BR	133	CONTADOR 3 PARCELAS MAGNUM 2020 T	528	CORAZÓN LOCO 2022 T	277
CONDE DE HARO ROSÉ 2021 RE BR	133	CONTADOR LAS PAULEJAS 2020 T	528	CORAZÓN LOCO 2023 B	277

WEIN	SEITE	WEIN	SEITE	WEIN	SEITE
CORAZÓN LOCO 2023 RD	277	CORPUS DEL MUNI VENDIMIA TARDÍA 2021 T	802	COTO DE IMAZ 2018 T GR	578
CORAZÓN LOCO VERDEJO 2023 B	277	CORRAL DE CASTRO 2022 T	211	COTO DE IMAZ 2020 T R	578
CORCOVO 2023 RD	806	CORRAL DEL OBISPO 2022 T RB	85	COTO MAYOR 2020 T C	578
CORCOVO AIRÉN 2023 B	714	CORRITJOLA – CELLER ARRUFÍ 2023 RD	656	COTO MAYOR 2023 B	578
CORCOVO AIREN 24 BARRICAS 2022 B FB	714	CORSALVATGE 2022 B	723	COTO MAYOR 2023 RD	578
CORCOVO MUSCAT 2023 B S	806	CORTIJO LOS AGUILARES PAGO EL ESPINO 2021 T BA	272	COUPAGE 110 VINS NADAL 2019 T R	89
CORCOVO SYRAH 24 BARRICAS 2022 T RB	714	CORTIJO LOS AGUILARES PINOT NOIR 2022 T C	272	COVA DE LA RAPOSA 2020 T	75
CORCOVO TEMPRANILLO 2018 T R	715	CORUCHO 2022 T RB	740	COVILA 2018 T GR	538
CORCOVO TEMPRANILLO 2021 T C	715	CORUCHO FINCA PEAZO DE LA ENCINA 2019 T RB	740	COVILA 2019 T R	538
CORCOVO TEMPRANILLO 2022 T RB	715	CORUCHO ORANGE WINE 2022 B	740	COVILA 2021 T C	538
CORCOVO VERDEJO 2023 B	806	COSCOJARES 2019 T	582	COVILA 2023 B	538
COREOGRAFÍA MONTSANT 2023 T	312	COSECHERA ENSAMBLAJE I 2020 T	646	COVILA 2023 RD	538
COREOGRAFÍA PRIORAT 2023 RD	386	COSECHERA ENSAMBLAJE II 2020 B	646	COVILA AEX 2021 T	538
CORET DE CAL BESSÓ 2023 B	302	COSECHERA ENSAMBLAJE III 2020 T	646	CRÁPULA BASADO EN HECHOS REALES 2021 T C	232
CORET ROSAT DE CAL BESSÓ 2023 RD	302	COSECHERA LOS BARRANQUILLOS LISTÁN NEGRO 2019 T	646	CRÁPULA GOLD 2022 T	232
CORIAS GUILFA 2022 B FB	768			CRÁPULA SOUL EDICIÓN LIMITADA 2021 T	232
CORIMBO 2020 T	470	COSECHERA NEGRAMOL 2022 T	646	CRÁTER 2021 T C	644
CORIMBO I 2018 T R	470	COSECHERA PIELES 2021 B	646	CRÁTER EL JOVEN 2023 T	644
CORISCA 2021 B	404	COSTALARBOL RED 2022 T	545	CRAZY GRAPES 2022 T	858
CORISCA 2022 B	404	COSTER D'EN FORNÓS 2021 T	310	CRAZY TEMPRANILLO 2023 RD	472
CORNICALES 2023 B	186	COSTER DEL MARIO 2019 T	378	CREAM TRADICIÓN VOS BF CRM	219
CORNICALES 2023 T	186	COSTERS DE CORNUDELLA BLANC 2022 B	307	CREENCIA CON ACTITUD 2021 T	241
CORNICALES AFRUTADO 2023 B SD	186	COSTERS DE CORNUDELLA NEGRE 2021 T R	307	CREENCIA CON VIRTUD 2020 T	240
CORNITERO 2023 T MC	62	COSTERS DEL GRAVET 2022 T C	303	CREGO E MONAGUILLO GODELLO 2023 B	291
CORONAS 2021 T C	124	COSTUMBRES 2022 B	601	CREGO E MONAGUILLO MENCÍA 2023 T	291
CORONÍN 2022 T	423	COSTUMBRES 2022 T	601	CREU PAIRAL 2021 B	897
CORPUS DEL MUNI 2022 T RB	802	COTO DE GOMARIZ 2022 B	439	CRIANZA DE BOCA EN BOCA 2021 T C	530
CORPUS DEL MUNI BLANCA SELECCIÓN 2023 B	802	COTO DE GOMARIZ 2023 B	439	CRIPTO 2021 T	872
CORPUS DEL MUNI LUCÍA SELECCIÓN 2020 T C	802	COTO DE GOMARIZ FINCA O FIGUEIRAL 2020 B	439	CRISTIARI 2022 B	184
CORPUS DEL MUNI SARA SELECCIÓN 2023 B SS	802	COTO DE HAYAS GARNACHA SYRAH 2023 T	109	CRISTIARI 2023 RD	184

WEIN	SEITE	WEIN	SEITE	WEIN	SEITE
CRISTIARI D'ALÒS MERLOT 2021 T BA	184	CUATRO RAYAS BLUSH ROSÉ 2023 RD	824	CUESTA DEL HERRERO 2023 T BA	755
CROMÀTIC CHARDONNAY + XARELLO 2023 B	333	CUATRO RAYAS CUARENTA VENDIMIAS CUVÉE 2022 B	611	CUESTA ROA 940 2020 T C	509
CROSSOS PRIORAT 2021 T	373	CUATRO RAYAS CUARENTA VENDIMIAS RIBERA DEL DUERO 2021 T	448	CUESTA ROA 940 ETIQUETA NEGRA 2016 T R	509
CRU-Z 2020 T C	208			CUEVA DE CHAMÁN ROBLE MONASTRELL 2022 T RB	56
CRUCEIRO 2023 T	429	CUATRO RAYAS CUARENTA VENDIMIAS RIOJA 2021 T C	528	CUEVA DE LOBOS ALPHA 2021 T	543
CRUCEIRO REXIO 2023 B	429	CUATRO RAYAS CUARENTA VENDIMIAS VERDEJO 2023 B	611	CUEVA DEL RAPOSO 2020 T	464
CRUOR 2019 T	365			CUEVA LLANA BOBAL 2021 T	278
CRUSH 2023 RD	640	CUATRO RAYAS LONGVERDEJO VIÑEDOS CENTENARIOS 2022 B	611	CUEVA LLANA SYRAH 2021 T	278
CRUZ DE ALBA 2021 T C	461			CULMEN 2019 T R	544
CRUZ DE ALBA 2022 T RB	461	CUATRO RAYAS ORGANIC ROSÉ TEMPRANILLO-VERDEJO 2023 RD	824	CUM LAUDE BE R BN	143
CRUZ DE ALBA FINCA LOS HOYALES 2018 T	461			CUMAS 2020 T	853
CRUZ DE ALBA FUENTELUN 2019 T R	461	CUATRO RAYAS ORGANIC TEMPRANILLO 2023 T	824	CUNE 2019 T GR	575
CRUZ DE PIEDRA SELECCIÓN ESPECIAL GARNACHA 2022 T	102	CUATRO RAYAS ORGANIC VERDEJO 2023 B	611	CUNE 2020 T R	575
		CUATRO RAYAS TEMPRANILLO 2022 T RB	448	CUNE 2021 T C	575
CRUZ DE SAN ANDRÉS 2021 T RB	71	CUATRO RAYAS VENDIMIA NOCTURNA VERDEJO 2023 B	611	CUNE 2023 B	575
CRUZ DEL MAR BF AM S	216	CUATRO RAYAS VIÑEDOS CENTENARIOS 2023 B	611	CUNE 2023 RD	575
CRUZ DEL MAR BF OL S	216	CUBET 2020 B	727	CUNE ORGÁNICO 2021 T	575
CRUZ DEL PENDÓN 2020 T	464	CUCAVELLA 2023 RD	857	CUNE RIBERA DEL DUERO 2023 T RB	446
CRUZ DEL TEIDE AFRUTADO SEMIDULCE 2022 B SD	773	CUCO DEL ARDAL 2020 T C	234	CUNE RUEDA 2023 B	626
CRUZ DEL TEIDE SECO 2022 T	773	CUCO DEL ARDAL 2021 T C	234	CUNE SEMIDULCE B SD	575
CUARTO LOTE 2020 T RB	739	CUCÚ (CANTABA LA RANA) 2023 B	823	CUNQUEIRO CENTENARIO 2022 T	437
CUARTO LOTE 2022 B	739	CUENTAVIÑAS 2021 T	491	CUNQUEIRO CENTENARIO 2023 B	437
CUATRO CORROS 2022 T	588	CUENTAVIÑAS ALOMADO 2021 T	574	CUNQUEIRO EL PRIMERO 2023 T	437
CUATRO RAMAS 2022 T	872	CUENTAVIÑAS ARRISCADO 2022 B	574	CUNQUEIRO III MILENIUM 2023 B	437
CUATRO RAYAS 10 MESES EN BARRICA TEMPRANILLO 2021 T	824	CUENTAVIÑAS EL TIZNADO 2021 T	574	CUÑAS DAVIA 2022 B FB	434
		CUENTAVIÑAS GARNACHA CDVIN 2021 T	575	CUÑAS DAVIA 2023 B	434
CUATRO RAYAS 10 MESES EN BARRICA TEMPRANILLO 2022 T	824	CUENTAVIÑAS LOS YELSONES 2021 T	575	CUÑAS DAVIA A XIADA 2023 B	434
		CUESTA DE LOS OLIVOS 2022 T	426	CUPIDO BOBAL 2022 T	280
CUATRO RAYAS 1935 VERDEJO 2023 B	610	CUESTA DE LOS OLIVOS 2023 B	426	CUPIDO MACABEO 2022 B BA	280

WEIN	SEITE	WEIN	SEITE	WEIN	SEITE
CURII 2022 T	884	D'BERNA 2021 RD	707	DAVILA L-100 2022 B	391
CURII 2023 RD	884	D'BERNA GARNACHA TINTORERA "ELE" 2018 T	707	DAVILA M-100 2018 B	391
CURII DRA. JEKYLL 2022 T	884	D'BERNA GODELLO 2023 B	707	DE ALBERTO DORADO VERDEJO 100% BF SOLERA	616
CURII TREPADELL 2023 B	884	D'BERNA GODELLO SOBRE LÍAS 2022 B	707	DE ALBERTO DORADO VERDEJO DULCE B SOLERA D	616
CUROLLA 2021 T	854	D'BERNA MENCÍA 2022 T	707	DE ALBERTO EDICIÓN LIMITADA 2021 B	616
CUSCÓ BERGA 2013 BE GR BN	143	D'BERNA SOUSON BARRICA "JUAN" 2018 T	707	DE ALBERTO PÁLIDO B PL	616
CUSCÓ BERGA 2013 BE GR BR	143	D'ELI FINCA A POUSA 2022 T	877	DE ALBERTO SELECCIÓN 2018 T	827
CUSCÓ BERGA 2020 BE R BN	143	D'GIGANTES AIRÉN 2023 B	808	DE ALBERTO SOBRE LÍAS VERDEJO 100% 2022 B	616
CUSCÓ BERGA 2021 BE R BR	143	D'GIGANTES CHARDONNAY & RIESLING 2023 B	252	DE ALBERTO VERDEJO 2021 B FB	617
CUSCÓ BERGA ROSÉ RE R BR	143	D'GIGANTES COLOMBARD 2023 B	809	DE BRINGAS 2023 B	93
CUTIO GARNACHA 2020 T	118	D'SEMPRE 2020 B	385	DE CAP A PEUS 2022 B	193
CUTIO MACABEO 2021 B	118	D1 MABE 2022 T	462	DE LA CRUZ DE 1767 BF PC S	214
CUVÉE #1 SON JULIANA 2023 B	856	DAINA 2023 RD	195	DE LAS NIEVES 2023 B	870
CUVÉE #2 SON JULIANA 2018 T	856	DAIRO 2021 T C	307	DE MULLER AVREO DULCE SOLERA 1954 BF RC D	885
CUVÉE ANTONIO MASCARÓ 2016 BE GR BN	128	DALMAU 2020 T R	589	DE MULLER AVREO SECO SOLERA 1954 BF AÑEJO S	885
CUVÉE D.S. 2019 BE GR BR	145	DALT TURÓ ACOPINYAT 2023 B	853	DE MULLER CABERNET SAUVIGNON 2022 T C	651
CUVÉE ESPLENDOR DE VARDON KENNETT 2015 BE EBR	913	DALT TURÓ BRESCAT 2021 T	854	DE MULLER CARINYENA 2019 T C	375
		DALT TURÓ GRANAT 2021 T C	854	DE MULLER CHARDONNAY 2023 B FB	651
CUZO 2023 T	674	DALT TURÓ PEDRENC 2021 T	854	DE MULLER MISA DULCE SUPERIOR B D	885
CV05 2022 T	720	DALT TURÓ ROGET 2023 RD	854	DE MULLER MISA DULCE SUPERIOR SOLERA 1942	885
CYAN 2020 T C	671	DALT TURÓ SAULÓ 2022 T	854	DE MULLER MOSCATEL AÑEJO BF D	885
CYAN PRESTIGIO 2018 T R	671	DAMANA 2021 T C	487	DE MULLER MUSCAT 2023 B	651
		DAMANA 5 2022 T	487	DE MULLER RANCIO SECO BF AÑEJO S	885
		DANIELA 2017 T C	700	DE NARIZ CLARETE MONASTRELL MACABEO 2022 RD	858
D		DAUCO 2023 T	805	DE NARIZ DE NARIZ COUPAGE MONASTRELL SYRAH 2022 T RB	751
D. BENIGNO BF PC	215	DAURAT 2022 B FB	89		
D'EN JAN BON JAN BLANC 2021 B FB	350	DAVID PERICA SELECCIÓN FAMILIAR 2018 T	557	DE NARIZ EDICIÓN LIMITADA 2021 T R	751
D'EN JAN TRÉS AMFORES 2018 B C S	350	DAVIDE 2º AÑO 2023 B	405	DE NARIZ EDICIÓN LIMITADA 2021 T R	858
D'ACÁN VEGA CLARA T C	508	DAVIDE OBSERVADOR 2023 B	405	DE NARIZ MAGNUM PEDRO MARTÍNEZ 2020 T R	751

WEIN	SEITE	WEIN	SEITE	WEIN	SEITE
DE NARIZ MONASTRELL ZERO DOSAGE 2020 RE BN	143	DELIT 2020 T	49	DIAZ BAYO 20 MESES 2020 T R	501
DE NARIZ TERROIR MONASTRELL 2021 T C	751	DELIT 2021 T	48	DIAZ BAYO 4U 2023 T	501
DE NARIZ TERROIR MONASTRELL VALLE DEL ACENICHE 2021 T RB	858	DELMORO 2022 B	725	DIAZ BAYO 8 MESES 2023 T BA	501
		DELMORO 2022 T	725	DIÈRESI 2021 T	852
DE RODRIGO 2020 T	454	DEMASIADO CORAZÓN 2022 B FB	69	DIEZ MIL Y PICO 2021 B FB	837
DE TIROS LARGOS 2021 T	449	DEMENTE 2021 T	816	DÍEZ-CABALLERO 2018 T R	576
DECORUS 2023 B	62	DENUEDO GODELLO 2023 B	76	DÍEZ-CABALLERO 2021 T C	576
DECORUS ROSÉ 2023 RD	62	DEPENDE 2023 B	402	DÍEZ-CABALLERO 2023 B	576
DECORUS VALDURA 2022 T BA S	62	DEPÓSITO 70 COLECCIÓN PRIVADA 2022 T	579	DÍEZ-CABALLERO PELILLO MALO 2022 T	576
DEHESA DEL CARRIZAL CABERNET SAUVIGNON 2021 T	759	DEPÓSITO 70 GRACIANO EDICIÓN ESPECIAL 2020 T C	579	DÍEZ-CABALLERO VENDIMIA SELECCIONADA 2020 T R	576
DEHESA DEL CARRIZAL CHARDONNAY 2022 B FB	759	DEPÓSITO 70 VINO DE FAMILIA 2018 T R	579	DIMOBE PAJARETE BF TRASAÑEJO D	273
DEHESA DEL CARRIZAL COLECCIÓN PRIVADA 2021 T	759	DEPÓSITO 70 VINO DE FAMILIA 2019 T C	579	DIMOBE SECO BF TRASAÑEJO S	273
DEHESA DEL CARRIZAL MV 2021 T	759	DESBORDANT 2022 T	356	DIODORO AUTOR 2011 T	473
DEHESA DEL CARRIZAL PETIT VERDOT 2021 T	760	DESCARTE 2019 T	682	DIODORO PASCUAL 2019 T	473
DEHESA DEL CARRIZAL SYRAH 2021 T	760	DESCONCIERTO 2022 T	403	DIONUS 2018 T R	899
DEHESA LA GRANJA 2020 T	834	DESCONCIERTO ALBARIÑO 2023 B	403	DIOS BACO IMPERIAL VORS PEDRO XIMÉNEZ BF PX	216
DEITUM 2023 B	866	DESCUIDO 2023 T MC	560	DISCO 2023 T	472
DEITUM 2023 RD	866	DESIERTO DE AZUL Y GARANZA 2020 T	316	DÍSCOLO 2020 T BA S	681
DEITUM 2023 T	866	DESNIETE 2021 T	530	DÍSCOLO EL MAGNÍFICO 2019 T BA S	681
DÉKA 2020 T	884	DESTINOS CRUZADOS POUSADA 2022 B	405	DITS DEL TERRA 2022 T C	386
DEL PRÍNCIPE BF AM S	226	DESTRANKIS 2021 T BA	366	DIVERTUS 2018 T	899
DELAMPA 50 AÑOS 2020 T C	232	DETILIO "FINCA TESO LA TALDA" 2022 T	491	DIVINIS 2022 T	874
DELAMPA SELECCIÓN 2023 T	232	DETILIO "ROMPECARROS" 2021 T	835	DIVINIS 2023 B	874
DELER 2023 RD	311	DETRÁS DE LA CASA GARNACHA TINTORERA 2022 T	751	DIVUS 2021 T RB	230
DELER 2023 T	311	DEZ X 2021 T	704	DOAD LOUSAS 2022 T	887
DELGADO 1874 B AM S	294	DIABLAR 2021 T	813	DOBIÑON 2022 T	84
DELGADO 1874 B OL S	294	DIACONO 2023 RD	323	DOBLE R 2021 T C	448
DELGADO 1874 BF PX D	294	DIAMANTE B SD	542	DOBLE R 2023 RD	448
DELICIOSA BF MZ	226	DIAZ BAYO 15 MESES 2022 T C	501	DOBLE R 2023 T	448

WEIN	SEITE	WEIN	SEITE	WEIN	SEITE
DOBLE R 5 MESES 2022 T RB	448	DOMINIO DE ATAUTA SAN JUAN 2018 T	463	DOMINIO DE LA VEGA CERRO TOCÓN BLANC DE NOIRS 2017 BE R BR	144
DOBLE R VENDIMIA SELECCIONADA 2019 T	448	DOMINIO DE ATAUTA VALDEGATILES 2018 T	463		
DOIX COSTERS DE VINYES VELLES 2022 T C	381	DOMINIO DE BACO AIRÉN 2023 B	253	DOMINIO DE LA VEGA CUVÉE PRESTIGE 2019 BE R BN	144
DOLÇ DE ESTEVE I GIBERT 2021 B D	888	DOMINIO DE BACO TEMPRANILLO 2023 T	253	DOMINIO DE LA VEGA Nº 23 2021 BE	144
DOLÇ DE FOC FLAMA B	862	DOMINIO DE BACO VERDEJO 2023 B	253	DOMINIO DE LA VEGA Nº1 2022 BE BR	144
DOLÇAINA BF MISTELA D	721	DOMINIO DE BERZAL 2021 T C	576	DOMINIO DE LA VEGA RESERVA ESPECIAL 2020 BE R BR	144
DOLCE BIANCO VERDEJO FRIZZANTE 2023 BE AG SD	824	DOMINIO DE BERZAL 2023 B	576		
DOLIA AMPHORAE CHARDONNAY 2021 B	700	DOMINIO DE BERZAL 2023 T MC	576	DOMINIO DE LA VEGA RESERVA ESPECIAL ROSÉ 2020 RE R BR	144
DOLIA AMPHORAE CHARDONNAY 2022 B	700	DOMINIO DE BERZAL 7 VARIETALES 2021 T	576		
DOLIA BOBAL AMPHORAE 2021 T	700	DOMINIO DE BERZAL SELECCIÓN PRIVADA 2021 T	577	DOMINIO DE MIROS 2019 T	473
DOMECO DE JARAUTA GARNACHA 2021 T	540	DOMINIO DE BORNOS 2022 T RB	492	DOMINIO DE NAVA 2018 T	476
DOMECO DE JARAUTA GARNACHA BLANCA 2021 B	540	DOMINIO DE CALOGÍA BY JOSÉ MANUEL PÉREZ OVEJAS 2022 T	492	DOMINIO DE NOBLEZA 2019 T C	577
DOMENIO TREPAT 2019 T	171			DOMINIO DE NOBLEZA 2023 B	577
DOMENIO ULL DE LLEBRE 2019 T	172	DOMINIO DE CALOGÍA BY JOSÉ MANUEL PÉREZ OVEJAS CUVÉE S 2021 T	492	DOMINIO DE NOBLEZA EDICIÓN LIMITADA 2017 T R	577
DÒMINE 2023 B	626			DOMINIO DE NOBLEZA VENDIMIA SELECCIONADA 2017 T R	577
DOMINE 2023 RD S	165	DOMINIO DE CALOGÍA BY JOSÉ MANUEL PÉREZ OVEJAS DOBLE M 2020 T	492		
DOMÍNGUEZ 2021 T	646			DOMINIO DE ONTUR MONASTRELL 2022 T	241
DOMÍNGUEZ COLECCIÓN CASTELLANA BABOSO 2018 T	646	DOMINIO DE CASALTA 2019 T	55	DOMINIO DE ONTUR SYRAH, MONASTRELL, GARNACHA 2022 T	241
DOMÍNGUEZ MALVASÍA CLÁSICO 2012 B D	646	DOMINIO DE CASALTA 2022 RD	55		
DOMINIO BASCONCILLOS FINCA DE ALTURA 2022 T RB	492	DOMINIO DE FONTANA SAUVIGNON BLANC & VERDEJO 2023 B	690	DOMINIO DE TARES CEPAS VIEJAS 2021 T C	81
DOMINIO BASCONCILLOS VIÑA MAGNA 2020 T R	492			DOMINIO DE TARES GODELLO 2023 B FB	81
DOMINIO BASCONCILLOS VIÑA MAGNA 2021 T C	492	DOMINIO DE FONTANA TEMPRANILLO & CABERNET SAUVIGNON 2020 T C	690	DOMINIO DE TORREVIÑAS ROSADO LÁGRIMA 2023 RD	50
DOMINIO DE ANZA FINCA EL RAPOLAO 2022 T	80			DOMINIO DE TORREVIÑAS VERDIL 2023 B	51
DOMINIO DE ANZA SELECCIÓN DE PARCELAS 2022 T	80	DOMINIO DE FONTANA TEMPRANILLO & SYRAH 2021 T RB	690	DOMINIO DE UNX CHARDONNAY 2023 B	315
DOMINIO DE ATAUTA 2021 T C	463			DOMINIO DE UNX GARNACHA OLD VINES 2022 T	315
DOMINIO DE ATAUTA DOS FINCAS 2021 T	463	DOMINIO DE GAR 2023 B	408	DOMINIO DE UNX ROSADO DE LÁGRIMA 2023 RD	315
DOMINIO DE ATAUTA LA MALA 2018 T C	463	DOMINIO DE GARDEL TEMPRANILLO SYRAH 2020 T C	249	DOMINIO DE VALDELACASA 2019 T RB	677
DOMINIO DE ATAUTA LA ROZA 2018 T	463	DOMINIO DE LA SIERRA 2023 B	778	DOMINIO DEL AGUILA 2020 T R	493
DOMINIO DE ATAUTA LLANOS DEL ALMENDRO 2018 T	463	DOMINIO DE LA SIERRA MOMENTVM 2022 T	778	DOMINIO DEL AGUILA ALBILLO VIÑAS VIEJAS 2016 B	886

WEIN	SEITE	WEIN	SEITE	WEIN	SEITE
DOMINIO DEL AGUILA ALBILLO VIÑAS VIEJAS 2019 B	886	DON JACOBO 2011 T GR	537	DON ZOILO PX BF PX D	220
DOMINIO DEL BENDITO EL PRIMER PASO 2022 T RB	681	DON JACOBO 2019 T R	537	DONCEL DE MATAPERRAS 2016 T	499
DOMINIO DEL BENDITO LAS SABIAS 2021 T	681	DON LUCIANO 2018 T R	254	DONCELES CRUZ CONDE B FI	294
DOMINIO DEL CARABO ABULON 2022 B	577	DON LUCIANO 2019 T C	255	DONDELLAS 2021 T	880
DOMINIO DEL CARABO LIENDE 2022 T	577	DON LUCIANO 2023 RD	255	DOÑA BEATRIZ BE BN	616
DOMINIO DEL CÁRABO VILLAGE 2022 T	577	DON LUCIANO AIRÉN 2023 B	255	DOÑA BEATRIZ VERDEJO 2023 B	616
DOMINIO DEL CHALLAO GARNACHA 2021 T	577	DON LUCIANO BE BR	908	DOÑA BEATRIZ VERDEJO CEPAS VIEJAS 2022 B	616
DOMINIO DEL PIDIO 2021 T	493	DON LUCIANO BE SS	908	DOÑA BEATRIZ VERDEJO ECOLÓGICO 2023 B	616
DOMINIO DEL PRIOR PETIT VERDOT 2016 T BA	812	DON LUCIANO BLUE MOSCATO BE D	908	DOÑA BURRA 2022 T	816
DOMINIO DEL VERSO 2018 T	869	DON LUCIANO GOLD MOSCATO BE	908	DOÑA ISABELLA GARNACHA 2023 T	327
DOMINIO DO BIBEI 2021 T	425	DON LUCIANO PINK MOSCATO RE D	909	DOÑA ISABELLA ROSÉ 2023 RD	327
DOMINIO FOURNIER 2020 T R	493	DON LUCIANO TEMPRANILLO 2023 T	255	DOÑA LEO ALTOLANDÓN 2023 B	277
DOMINIO FOURNIER 2021 T C	493	DON MIGUEL COMENGE 2019 T R	460	DORA PEÑÍN NATURAL 2019 T	101
DOMINIO LASIERPE 1920 CENTENARIO 2020 T	330	DON PEDUZ 2023 B	585	DORA PEÑÍN NATURAL 2020 T	101
DOMINIO LUBIANO 2020 T	508	DON PEDUZ 2023 T	585	DORIVM 2021 T C	477
DOMINIO MAESTRAZGO 2021 T C	789	DON PEDUZ VIÑA EL FLAKO 2022 B	585	DORIVM 2023 T RB	477
DOMINIO MAESTRAZGO GARNACHA BLANCA 2022 B RB	789	DON QUIEN 2021 T BA	178	DORIVM SELECCIÓN DE LA FAMILIA 2019 T	477
		DON QUIEN 2022 B FB	178	DORUS 2022 B	875
DOMUS DE ROANDI 2021 T C	706	DON QUINTIN ORTEGA 2022 B FB	570	DOS CORTADOS 20 AÑOS BF PC S	220
DOMUS PENSI 2019 T R	655	DON RICARDO 2022 B	407	DOS GERMANS BLANC 2023 B	664
DON BERNARDINO 4ªGENERACIÓN 2019 T BA	425	DON ROMÁN BE BR	135	DOS GERMANS BLANC CUPATGE 2023 B	665
DON BERNARDINO AMANDI 2023 T	425	DON ROMÁN BE R EBR	135	DOS GERMANS NEGRE 2023 T	665
DON BERNARDINO IBIO 2020 T FB	425	DON SALVADOR MOSCATEL TRASAÑEJO 30 AÑOS BF MO D	271	DOS GERMANS ROSAT 2023 RD	665
DON CELESTINO RUFETE ENVEJECIDO 2021 T	777			DOS MARIAS 2022 T RB	855
DON FREDE 2020 T C	175	DON SUERO 2022 T RB	266	DOS MUNDOS 2021 T	500
DON FREDE 2023 T	175	DON ZOILO BF AM S	219	DRAC 2018 T RB	365
DON FREDE RD	175	DON ZOILO BF FI S	219	DRY SACK MEDIUM 15 AÑOS BF MED	219
DON FRUTOS TEMPRANILLO 2023 T	828	DON ZOILO BF OL S	219	DUAL 2022 T	362
DON FRUTOS VERDEJO 2023 B	828	DON ZOILO BF PC	219	DUAL 2023 B	362

WEIN	SEITE	WEIN	SEITE	WEIN	SEITE
DULAS DEL LAGAR DE LA SALUD "UN AMERICANO EN LAGAR DE LA SALUD" 2021 T	891	ÉBANO SALVAJE 2019 T C	493	EIDAN 2023 B S	208
		EBURUS 2020 T C	514	EIDAN 2023 B SD	208
DULAS DEL LAGAR DE LA SALUD "UN FRANCÉS EN LAGAR DE LA SALUD" 2021 T	891	ECANIA 2018 T R	565	EIDO DA FONTE ALBARIÑO 2022 B FB	405
		ECANIA 2019 T C	565	EIDO DA FONTE ALBARIÑO 2023 B	405
DULAS DEL LAGAR DE LA SALUD 2023 RD	891	ECANIA COLECCIÓN PRIVADA 2022 T	565	EIDO DA FONTE PLURIVARIETAL 2021 T	405
DULAS DEL LAGAR DE LA SALUD PEDRO XIMÉNEZ 2021 B FB	296	ECANIA EDICIÓN LIMITADA 2018 B FB	579	EIDO DA FONTE SOUSÓN 2019 T	405
		ECHEDO 2022 T	186	EIDO DA SALGOSA ALBARIÑO 2022 B	404
DULAS DEL LAGAR DE LA SALUD PEDRO XIMÉNEZ SOBRE LÍAS 2022 B	296	ECLÍPTIC 2022 B	308	EIDOS 2022 B BA	389
		ECOSISTEMA ARCCO 2019 T R	454	EIDOS DE PADRIÑÁN 2023 B	389
DULCE CORAZÓN 2023 B D	277	EDEDIA 2022 B BA	712	EIDOSELA 2023 B	397
DULCE ENERO 2022 B D	277	EDERRA 2018 T R	535	EIDOSELA BURBUJAS DEL ATLÁNTICO BE BN	397
DULCE SILLERO 2022 B D	295	EDERRA 2020 T C	535	EIDOSELA BURBUJAS DEL ATLÁNTICO BE BR	397
DUNA BY BAYOD BORRÁS 2024 BE	905	EDERRA VERDEJO 2023 B	614	EIDOSELA SELECCIÓN 2017 B	397
DUQUE DE ARCAS 2021 T C	699	EDETÀRIA DOLÇ 2022 B D	662	EIRA VELLA 2023 T	840
DUQUE DE ARCAS MADURADO 2023 T	699	EDETÀRIA SELECCIÓ 2021 B C	662	EIVI 2023 B	416
DUQUESA DE LA VALL 2021 T C	46	EDETÀRIA SELECCIÓ VI DE FINCA EL MAS 2021 T C	662	EJE MONASTRELL 2022 T	45
DURAN 5V 2017 BE GR BR	154	EDONÉ GRAN CUVÉE 2018 BE EBR	820	EJE MONASTRELL 2023 T	45
DURAN 5V RD 2008 BE GR BR	154	EDRA "SOL" 2019 T BA	859	EKAM 2022 B	178
DURAN 5V RD 2015 BE	154	EDRA GRULLAS DE PASO 2021 T BA	859	EL ALMA DE GILDO 2021 T	687
DURAN ORIGIN 2020 BE GR BR	154	EDRA XTRA SYRAH 2020 T C S	859	EL AMANTE 2021 T C	776
DURAN ROSÉ 2017 RE GR BR	154	EDUARDO BRAVO 2023 B	442	EL ANCÓN 2023 T	645
DURIUS 2021 T	837	EDUARDO GARZA 2018 T	375	EL ANDÉN 2021 T	553
DURÓN 2019 T R	464	EDUARDO GARZA SOCARRATS 2020 T	375	EL APRENDIZ 2019 T RB	837
DURÓN 2020 T C	464	EDUARDO PEÑA 2023 B	439	EL APRENDIZ 2023 B	837
DX DE DOMINIO LOS PINOS 2021 T RB	720	EDUARDO PEÑA LA VISTA 2022 B	439	EL APRENDIZ 2023 RD	837
		EDULIS DE ALTANZA 2021 T C	522	EL ÁRBOL DE ARANLEÓN 2022 T C	718
		EGIARTE ROSADO 2023 RD	322	EL ARTE DE VIVIR 2023 T	472
E		EGUREN UGARTE 2017 T R	578	EL BARRANCO DE LA MOLINERA 2021 T	600
ÉBANO 6 2022 T RB	493	EGUREN UGARTE 2019 B R	578	EL BELISARIO 2021 T	562

WEIN	SEITE	WEIN	SEITE	WEIN	SEITE
EL BESO DE LAS UVAS CHARDONNAY 2021 B FB	761	EL CODOLAR 2022 T	303	EL HELECHAL SOLERA SACA 2022 B	902
EL BOBAL ESTENAS 2023 T	693	EL CONJURO 2019 T	529	EL HIJO DE LA DOLORES 2023 T	101
EL BON HOMME 2023 T	726	EL CORAZÓN DE LA TIERRA 2019 T	453	EL HOMBRE ORQUESTA 2021 B	529
EL BONHOMME BLANCO 2023 B	726	EL CORDERO Y LAS VÍRGENES 2020 T R	724	EL HOMBRE ORQUESTA 666 G 2021 T	529
EL BORDE 2020 T C	98	EL COSTER DE L'ALZINA 2018 T C	366	EL HOMBRE ORQUESTA 666 M 2021 T	529
EL BOSQUE HABITADO 2021 T	879	EL COTO 2020 T C	578	EL HOMBRE ORQUESTA 666 T 2021 T	529
EL BUEN ROLLO 2021 T	682	EL CRISTO DE SAMANIEGO 2020 T	532	EL HOMBRE ORQUESTA 666 V 2021 B	529
EL BUFÓN DE ARRAYÁN ALBILLO REAL 2022 B	769	EL DUENDE 2021 T	328	EL INCOMPRENDIDO B	871
EL BUFÓN DE ARRAYÁN GARNACHA 2020 T	769	EL ENHEBRO 2022 T	717	EL INDULTO 2022 T	697
EL BUFÓN DE ARRAYÁN GARNACHA 2021 T	769	EL ENHEBRO 2023 B	717	EL JARDÍN DE LA ERA 2021 T	799
EL BUFÓN VERDEJO 2023 B	613	EL FOEHN 2020 T	590	EL JARDÍN DE LAS IGUALES GARNACHA 2022 T	872
EL BUITRE 2020 T	278	EL FOLLET ROSAT 2023 RD	171	EL JARDÍN DE LAS IGUALES MACABEO 2021 B	872
EL BUSCADOR 2021 T C	581	EL FUNDAMENTALISTA 2022 T	279	EL JARDÍN DE LUCIA 2023 B	416
EL CAIRE 2023 RD	42	EL GAMO 2023 B	175	EL JARDÍN SECRETO VERDEJO 2023 B	804
EL CAIRE MONASTRELL 2021 T	42	EL GODELLO DE JUAN MIGUEZ 2023 B	438	EL JESUITA 2022 T	475
EL CAMI 2021 T	301	EL GORDO 2023 T	115	EL JOVEN DRYAS 2023 T	898
EL CAMINO DE NEKEAS 2022 T RB	329	EL GORU GOLD 2021 T	238	EL LABERINTO DE VIÑA ANE 2021 T C	528
EL CAMINO MENDI 2021 T	590	EL GRIFO ARIANA 2022 T	261	EL LAGAR DE ISILLA ALBILLO MAYOR SELECCIÓN DE AÑADA 2021 B	464
EL CAMPEADOR 2023 T	229	EL GRIFO GRANO A GRANO 2021 T	261		
EL CANDADO BF PX D	227	EL GRIFO MALVASIA COLECCIÓN 2023 B	261	EL LAGAR DE ISILLA COLECCIÓN ESPECIAL RESERVA DE LA FAMILIA 2017 T R	464
EL CARRIEGO 2023 RD	266	EL GRIFO MALVASÍA LÍAS 2018 B	261		
EL CARRO GROS 2021 T	349	EL GRIFO MOSCATEL DE ANA B D	261	EL LAGAR DE ISILLA TERRITORIO MATANZA DE SORIA 2020 T RB	465
EL CASTRO DE VALTUILLE 2023 T	79	EL GRIFO ROSADO DE LÁGRIMA 2023 RD	261		
EL CASTRO DE VALTUILLE GODELLO 2022 B BA	79	EL GUARDIÁN 2018 T R	574	EL LAGAR DE ISILLA TERRITORIO PARCELA LA SABINA 2020 T RB	465
EL CERRILLAL 2023 T	208	EL GUARDIÁN 2021 T C	574		
EL CF DE CHOZAS CARRASCAL 2020 T	758	EL GUARDIÁN DE LA VIÑA, VIÑEDO SINGULAR 2020 T	592	EL LAGAR DE ISILLA TERROTORIO SAN JUAN 2021 T RB	465
EL CHICO ROBUSTO 2022 T	560	EL GUARDIÁN SIN SULFITOS 2023 T	574	EL LINZE 2022 T	810
EL CICLÓN SERRANO 2022 T	780	EL HELECHAL ORANGE 2022 B	780	EL LINZE 2023 B FB	822
EL CICLÓN SERRANO PARAJE PIZARRO 2022 T	780	EL HELECHAL RUFETE BLANCA 2022 B	780	EL LOCO DE FINCA LA COLINA 2023 B	631

WEIN	SEITE	WEIN	SEITE	WEIN	SEITE
EL LOMO 4 LÍAS 2022 B	771	EL PARAGUAS ATLÁNTICO 2022 B	437	EL REGAJAL SELECCIÓN ESPECIAL 2022 T	740
EL LOMO DOCE Y UNO 2021 B D	771	EL PAS DE L'ESTUDIANT 2022 T	310	EL REGOLLAR DE AMAREN 2020 T	532
EL LOMO LISTÁN BLANCO 2023 B	771	EL PATITO FEO CASTES TINTAS 2023 T	440	EL RETABLO IV T	486
EL LOMO LISTÁN NEGRO 2023 T	771	EL PATITO FEO GODELLO 2023 B BA	440	EL RINCÓN DE LOS ENEBROS 2022 T BA	581
EL MAJUELO DEL ABUELO 2020 B	454	EL PATITO FEO TREIXADURA SOBRE LÍAS 2023 B	440	EL RINCÓN DE NEKEAS 2023 B	329
EL MAJUELO DEL ABUELO 2022 RD	454	EL PEDREGAL 2022 B	75	EL ROBLEDO RUFETE 2018 T R	777
EL MANIFIESTO DE VALTRAVIESO 04 2020 B R	488	EL PELEGRÍ 2022 T	794	EL ROBLEDO RUFETE 2020 T C	777
EL MAQUINISTA 2021 T	441	EL PERRO VERDE 2023 B	630	EL ROBLEDO SELECCIÓN ESPECIAL 2020 T	777
EL MARUJO 2021 T C	597	EL PIANO 2021 T	328	EL ROBLEDO TEMPRANILLO RUFETE 2020 T	777
EL MARUJO 2023 T	597	EL PICAPEDRER 2021 B FB	888	EL ROCALLÍS 2021 B FB	337
EL MÉDICO 2016 T RB	837	EL PILLO 2023 T RB	686	EL SANTIGUADERO 2022 B	539
EL MIRACLE ART 2021 T	50	EL PILLO VIÑAS REBELDES 2021 T	686	EL SECRETO DE ÉLEZ 2022 B	761
EL MIRACLE ROSÉ RE BR	157	EL POLVORETE 2023 B	74	EL SECRETO DE MARÍA ALBILLO 2022 B	453
EL MIRADOR 2019 T	301	EL PREDILECTO 2022 T	567	EL SECRETO DEL ABUELO 2020 T C	99
EL MÚSICO 2015 T	837	EL PRESUMIT DEL PALLARS 2022 T	183	EL SEQUÉ 2022 T	46
EL NEXE DE CELLER SANROMÀ 2022 B	883	EL PRIMAVERA 2022 T	562	EL SERRALET 2020 BE BN	912
EL NEXE DE CELLER SANROMÀ 2022 T C	883	EL PROPÓSITO 2023 T	606	EL SERRATS 2021 B	790
EL NIDO 2021 T	233	EL PUNTIDO 2008 T GR	604	EL SUECO 2020 T C	481
EL NÓMADA SELECCIÓN DE PARCELAS 2021 T	581	EL PUNTIDO 2021 T	604	EL SUECO ALBILLO MAYOR 2022 B C	481
EL NOTAS PREMIUM 2021 T RB	777	EL QUINTÀ BÀRBARA FORÉS 2022 B FB	657	EL SUEÑO DE AMADO VIÑEDO 2019 T C	567
EL NOTERA 2022 T RB	451	EL QUINTO PARAJE VERDEJO 2022 B	622	EL SUEÑO DE LAS ALFORJAS ALBARÍN 2022 B	265
EL OCTAVO COLOR 2022 B	900	EL RAPOLAO 2021 T	75	EL TEMPLARI BÀRBARA FORÉS 2022 T C	657
EL ORGULLO DE JULIAN 2021 T	532	EL RAPOLAO VINO DE PARAJE 2022 T	79	EL TITÁN DEL BENDITO 2021 T	682
EL ORIGEN DE PRIETO PARIENTE 2020 T C	830	EL REBOSO 2022 B RB	867	EL TOMILLO Y EL VIENTO BAILAN VIOGNIER 2022 B	797
EL OUTSIDER 2022 T	601	EL REBOSO 2023 B	733	EL TRACTE 2020 T	301
EL PACTO DE CÁRDENAS OJO GALLO 2022 T	604	EL REBOSO 2023 RD	733	EL TRANSGRESSOR DE CELLER SANROMÀ VI BRISAT 2022 B	883
EL PACTO DE LA SONSIERRA 2020 T	604	EL REBOSO AFRUTADO 2023 B	733		
EL PACTO DEL ALTO NAJERILLA 2022 B	605	EL REBOSO LISTÁN NEGRO 2022 T	733	EL TREMPAT 2022 T	173
EL PALACIO 2019 T	547	EL REBOSO VIJARIEGO 2022 T RB	867	EL TRESILLO 1874 AMONTILLADO MUY VIEJO BF AM S	224

WEIN	SEITE	WEIN	SEITE	WEIN	SEITE
EL TRESILLO AMONTILLADO FINO BF AM S.	224	ELS COSTUMS 2020 T C.	664	EMINA ATIO 2019 T R.	448
EL ÚLTIMO LOBO 2022 T RB.	810	ELS ESCURÇONS 2021 T.	382	EMINA EMOCIÓN 2019 T R.	448
EL VAL 2022 B.	79	ELS PÁJAROS 2022 T.	303	EMINA PASIÓN 2023 T.	448
EL VEÏNAT 2022 T.	313	ELVIRA DE CAL BESSÓ 2021 B FB.	302	EMINA ROSÉ 2023 RD.	163
EL VÍGÍA DE LA ATALAYA 2023 T.	53	ELVIRA II VIGIRIEGA 2020 B.	902	EMINA ROSÉ PRESTIGIO 2023 RD.	163
EL VÍNCULO 2018 T R.	249	ELVIRA MOSCATEL GRANO MENUDO 2020 B.	902	EMINA SAUVIGNON BLANC 2023 B.	612
EL VÍNCULO 2020 T C.	249	ELVIRA VIGIRIEGA 2021 B.	902	EMINA VERDEJO 2021 B FB.	612
EL VÍNCULO ALEJAIRÉN 2022 B C.	249	ELYSAR VARIETAL 2023 B.	186	EMINA VERDEJO 2023 B.	612
EL VÍNCULO PARAJE LA GOLOSA 2017 T GR.	249	ELYSAR VIJARIEGO 2022 T.	186	EMPELTS 2021 T.	313
EL VIÑEDO DE LA VIDA TEMPRANILLO-CABERNET SAUVIGNON 2023 T.	818	ELYSAR VIJARIEGO 2023 T.	186	EMPERADOR DE BARROS CAYETANA 2023 B.	514
		ELYSSIA BE BN.	145	EMPERADOR DE BARROS TEMPRANILLO 2022 T.	514
EL VIÑEDO DE LA VIDA VERDEJO-SAUVIGNON BLANC 2023 B.	818	ELYSSIA GRAN CUVÉE BE BR.	145	EMPIT 2021 T C.	367
		ELYSSIA PINOT NOIR ROSÉ RE BR.	145	EMPIT SELECCIÓ 2021 T R.	367
EL VISIONARI 2023 RD.	194	EMBAUCADOR MONASTRELL 2021 T.	41	EMPÓRION 2020 T.	197
EL ZARZAL 2022 B BA.	74	EMBRUIX DE VALL-LLACH 2022 T.	370	EN CONTACTO 2023 B.	238
ELÁLBA DE EMILIO MORO 2023 RD.	465	EME GARNACHA DE CASADO MORALES 2022 T.	566	ENATE 2023 RD.	636
ELATUS 2020 T C.	585	EME GRACIANO DE CASADO MORALES 2022 T.	566	ENATE CABERNET - CABERNET 2017 T.	636
ELBADIU 2022 B.	38	EME MAZUELO DE CASADO MORALES 2022 T.	567	ENATE CABERNET - CABERNET 2021 T.	636
ELIANE CHARDONNAY 2022 B.	339	EMERGENTE 2021 T C.	318	ENATE CABERNET SAUVIGNON MERLOT 2021 T.	636
ELÍAS MORA 2020 T C.	682	EMERGENTE CHARDONNAY 2023 B BA.	318	ENATE CHARDONNAY 2022 B FB.	636
ELIAS MORA DON DANIEL 2019 T R.	682	EMERGENTE ROSADO DE LÁGRIMA 2023 RD.	318	ENATE MERLOT-MERLOT 2021 T R.	636
ELISENDA DE LOXAREL 2021 RE R BN.	346	EMILIO CLEMENTE 2022 T.	694	ENATE SYRAH-SHIRAZ 2021 T.	636
ELITIA CARINYENES VELLES 2020 T R.	190	EMILIO MORO 2021 T.	465	ENATE VARIETALES 2021 T R.	636
ELITIA GARNATXA D'EMPORDÀ B SOLERA D.	190	EMILIO MORO CLON DE LA FAMILIA 2018 T.	465	ENCANTO MENCÍA 2023 T RB.	840
ELIXIR 2021 B.	893	EMILIO MORO VENDIMIA SELECCIONADA 2021 T.	465	ENCANTO SELECCIÓN 2023 T.	840
ELLA CHARLES 2021 B.	121	EMILIO MORO VENDIMIA SELECCIONADA 2022 T.	465	ENCANTO VERDEJO GODELLO 2023 B.	840
ELLE DE LANDALUCE 2020 T.	545	EMILIO ROJO 2021 B.	442	ENCINA DEL INGLÉS 2023 T.	274
ELLE DE LANDALUCE 2023 B.	545	EMILIO VALERIO 2021 T.	326	ENCINADO 2022 T.	83
ELS COSTUMS 2020 B.	664	EMINA 2021 T C.	448	ENCLAVE 2017 T.	799

WEINE

WEIN	SEITE
ENCONTRADO BF OL S.	226
ENCRUCIJADA 2022 T.	83
ENGAZO FAMILIA TAFURIASTE 2022 B BA	733
ENGAZO FAMILIA TAFURIASTE 2023 T C.	733
ENGUANY BLANC 2023 B.	855
ENGUANY NEGRE 2021 T.	855
ENGUANY ROSAT 2023 RD.	855
ENOTECA GRAMONA 2011 BE BN.	908
ENOTECA PERSONAL MANUEL RAVENTOS 2008 BE BN.	911
ENRIQUE MENDOZA CHARDONNAY 2023 B.	41
ENRIQUE MENDOZA CHARDONNAY 2023 B FB.	41
ENRIQUE MENDOZA ESTRECHO MONASTRELL 2022 T C.	41
ENRIQUE MENDOZA FINCA XACONERO 2022 T.	41
ENRIQUE MENDOZA LAS QUEBRADAS 2022 T C.	42
ENRIQUE MENDOZA MOSCATEL DE LA MARINA DULCE 2023 B D.	42
ENRIQUE MENDOZA SANTA ROSA 2022 T C.	42
ENSAMBLAJE CLANDESTINO MMXX 3º EDICIÓN 2020 T	694
ENSAYO ALBILLO REAL 2020 B.	742
ENTASIS 2022 BF.	864
ENTERIZO 2019 T R.	694
ENTERIZO BE BN.	131
ENTRADA DE L'SPILL 2020 T C.	890
ENTRE PALABRAS 2021 T.	507
ENTRECHUELOS CHARDONNAY 2022 B.	793
ENTRECHUELOS PREMIUM 2020 T RB.	793
ENTRECHUELOS TERCER AÑO 2021 T.	793
ENTRELÍMITES 1905 EL RENACER 2016 T C.	67
ENTRELIMITES LA BALANZA 2009 T GR.	67

WEIN	SEITE
ENTRELIMITES LIMITE NATURAL 2016 T.	67
ENTRELOBOS 2022 T.	512
ENTRESIJO 2022 T C.	242
ENVENA 2022 T.	681
ENVIDIACOCHINA 2022 B.	405
ENVIDIACOCHINA MAGNUM 2021 B.	405
EO, THE OCEAN COLLECTION 2023 B.	393
EORA AFRUTADO B.	888
EORA FRIZZANTE VERDEJO 5.5 BE AG.	907
EPÍLOGO 2020 T RB.	252
EPÍLOGO SAUVIGNON BLANC 2023 B.	252
EPITAFIO 2020 T RB.	685
EQUILIBRIO 4 2021 T.	242
EQUILIBRIO 9 2020 T BA.	242
EQUILIBRIO SAUVIGNON BLANC 2023 B.	242
EQUITEZ TEMPRANILLO 2023 T C.	682
ERAI TEMPRANILLO 2021 T.	542
EREMUS 2022 T RB.	469
ERESMA VERDEJO VENDIMIA SELECCIONADA 2023 B.	617
ERESMA+ CUVÉE ESPECIAL GRAN VINO 2021 B.	617
ERESMA+ FERMENTADO BARRICA 2022 B FB.	617
ERESMA+ GODELLO SOBRE LÍAS 2023 B.	828
ERESMA+ SAUVIGNON BLANC SOBRE LÍAS 2023 B.	617
ERESMA+ VERDEJO SOBRE LÍAS 2023 B.	617
ERIAL TF (TRADICIÓN FAMILIAR) RIVERA APARICIO 2021 T.	466
ERIDANO 2020 T C.	570
ERIKA DE PAUMERA 2023 RD.	650
ERMITA VERACRUZ VERDEJO 2022 B FB.	623

WEIN	SEITE
ERMITA VERACRUZ VERDEJO 2023 B.	624
ERNESTO DEL PALACIO 2019 T C.	676
ERNESTO DEL PALACIO 2021 T RB.	676
ERNESTO DEL PALACIO 2022 T.	676
ERNESTO DEL PALACIO VERDEJO MALVASÍA 2023 B.	676
ES MONESTIR 2019 T R.	845
ES VIROT 2021 T BA.	845
ESCABECES CARTOIXÀ BLANC 2022 B C.	652
ESCABECES CARTOIXÀ VERMELL ORANGE 2022 RD BA.	653
ESCALADEI VI DE VILA 2020 T C.	379
ESCAMBRON 2022 T C.	82
ESCLAFIT 2018 T.	377
ESCOLINAS ALBARIN NEGRO 2019 T.	768
ESCOLINAS BLANCO DE CANGAS 2023 B.	768
ESCOLINAS BLANCO VIÑA EN IBIAS 2023 B.	768
ESCOLINAS CARRASQUÍN 2021 T.	768
ESCOLINAS MEZCLA CANGUESA 2022 T.	768
ESCOLINAS VERDEJO NEGRO 2022 T.	768
ESCONDIDO BF PC.	226
ESCULLE DE SOLABAL 2019 T C.	531
ESENCIA DE LA TORRE 2023 B MO SD.	862
ESENCIA DE LA TORRE CHARDONNAY 2023 B.	862
ESENCIA DE LA TORRE PETIT VERDOT 2019 T.	862
ESENCIA DIVIÑA 2023 B.	390
ESENCIA VEGAMAR 2021 T.	721
ESPARTER 2017 BE GR BN.	334
ESPECTACLE 2021 T C.	312
ESPELT AIRAM SOLERA 1998 DULCE RF SOLERA D.	196
ESPELT COMABRUNA 2018 T.	196

WEIN	SEITE
ESPELT LA VELLA 2022 B	196
ESPELT LLEDONER ROIG 2021 B	196
ESPELT TERRES NEGRES 2020 T	196
ESPETO BOBAL 2022 T	721
ESPIADIMONIS 2023 B	191
ESPIADIMONIS 2023 RD	191
ESPIADIMONIS 2023 T	191
ESPINAPURA BF FI ES	176
ESPINAPURA CRUZADO BF FI ES	176
ESPORRERES 2020 T	307
ESPUMOSO ENCINA BLANCA 2021 BE BN	843
ESPUMOSO ENCINA BLANCA EDICIÓN ESPECIAL 2019 BE R BN	844
ESSENCES Nº 3 T	475
ESSÈNCIA DE LLUNA 1925 2022 T C	663
ESSÈNCIA DE LLUNA BLANC CUPATGE 2023 B	663
ESSÈNCIA DE LLUNA GARNACHA 2023 T	663
ESSÈNCIA DE LLUNA GARNACHA BLANCA 2023 B	663
ESSÈNCIA DE LLUNA ROSAT 2023 RD	663
ESSENTIA 2020 T R	115
ESSENTIA GARNACHA BLANCA MOSCATEL 2023 B	115
ESTÁ POR VENIR 2022 T	868
ESTEL 2023 RD	848
ESTEL D'ARGENT 2018 BE GR BN	144
ESTEL D'ARGENT 2019 BE R BN	144
ESTEL D'ARGENT 2023 B	342
ESTEL D'ARGENT 2023 RD	342
ESTEL D'ARGENT CABERNET SAUVIGNON 2020 T	342
ESTEL D'ARGENT ESPECIAL 2019 BE GR EBR	144

WEIN	SEITE
ESTEL D'ARGENT ESPECIAL 2019 BE R EBR	144
ESTEL D'ARGENT ROSÉ 2019 RE R BN	144
ESTENAS BOBAL 2023 RD	693
ESTHER 2021 T C	740
ESTOLA 2016 T GR	247
ESTOLA 2019 T R	247
ESTOLA SELECCIÓN 2021 T	247
ESTOLA VERDEJO 2023 B	247
ESTONES GS 2019 T	310
ESTONES PX 2022 B	663
ESTRELA 2023 T	425
ESTRIBILLO 2021 T C	726
ESTRUCH INICI 2018 BE GR BN	142
ETAPA 24 2020 B SS	73
ETCÉTERA 2023 T	479
ETERN 2021 T BA	384
ETERN 2022 T BA	384
ETERNAL 2018 T	456
ÈTIM DOLÇA CARINYENA TF D	309
ÈTIM L'ANTULL 2023 B	309
ÈTIM L'ORIGEN 2021 T C	309
ÈTIM LA PAUSA 2023 RD	309
ÈTIM VEREMA TARDANA BLANC DULCE B MISTELA D	309
ETXEBARRIA 2023 B	93
EUGENIA TXOMIN ETXANIZ BLANCO 2020 BE R	205
EUKENI APARDUNA 2021 BE EBR	59
EUKENI TXAKOLI 2023 B	59
EULÀLIA DE PONS CUVÉE 2021 BE R BR	140
EULOGIO POMARES MACERACIÓN CON PIELES 2022 B	406

WEIN	SEITE
EULOGIO POMARES UVA ENTERA 2022 T	888
EVOLET 2020 T RB	781
EVOLET VIVENCIAS 2019 T	781
EXCELLENS DE MARQUÉS DE CÁCERES SAUVIGNON BLANC 2023 B	628
EXCELLENS DE MARQUÉS DE CÁCERES VERDEJO 2023 B	628
EXEDRA 2022 T	120
EXEDRA 2023 B	120
ÉXODO 2021 T RB	232
ÉXODO AUTOR 2020 T C	232
EXORDIO 2019 T	235
EXPRESION RESERVA BOBAL 2019 T R	694
EXUN 2019 T	745
EZEQUIEL 2023 T	269

F

WEIN	SEITE
F DE FUENTESPINA 2020 T R	467
FABIO COULLET ROMÉ 2023 T RB	269
FÁBREGAS GARNACHA BLANCA 2021 B FB	638
FÁBREGAS PURO SYRAH 2021 T C	638
FÁBULA PRIMINILLO 2023 T	115
FÁFILA PÉTRIZ 2022 B C	264
FAGUS DE COTO DE HAYAS 2022 T BA	109
FAI UN SOL DE CARALLO 2020 B	437
FAJERO 2020 T R	523
FALA DE MIN TREIXADURA 2023 B	434
FALCOEIRA BRANCO 2021 B	708

WEINE

WEIN	SEITE
FAMILIA CAÑAVERAS 2015 T	801
FAMILIA COMENGE RESERVA 2020 T	460
FAMILIA FERNÁNDEZ DE LA OSSA 2022 T	803
FAMILIA MARTÍNEZ ELORZA 2022 T BA	579
FAMILIA PACHECO GARNACHA 2022 T	237
FAMILIA PACHECO MONASTRELL ORGÁNICO 2022 T	237
FAMILIA PACHECO SYRAH 2022 T	237
FAN D.ORO 2022 B FB S	869
FANGAR ELEMENTS 2013 T R	358
FARDELAS DE VIÑAREDO 2023 B	711
FARIÑA 2020 T C	676
FARIÑA LÁGRIMA 2022 T RB	676
FARNADAS 2023 B	441
FATA MORGANA DULCE 2019 T D	816
FAUSTINO 2021 T C	541
FAUSTINO EDICIÓN LIMITADA 2020 T C	541
FAUSTINO I 2015 T GR	541
FAUSTINO RIVERO ULECIA 2016 T GR	580
FAUSTINO RIVERO ULECIA 2017 T GR	698
FAUSTINO RIVERO ULECIA 2019 T R	580
FAUSTINO RIVERO ULECIA 2021 T C	580
FAUSTINO RIVERO ULECIA 2023 RD	580
FAUSTINO RIVERO ULECIA ALBARIÑO 2023 B	406
FAUSTINO RIVERO ULECIA BOBAL TEMPRANILLO 2019 T R	698
FAUSTINO RIVERO ULECIA BOBAL TEMPRANILLO 2021 T C	698
FAUSTINO RIVERO ULECIA BOBAL TEMPRANILLO 2022 T RB	698
FAUSTINO RIVERO ULECIA CVC VENDIMIA SELECCIONADA T	580
FAUSTINO RIVERO ULECIA GARNACHA 2023 RD	327
FAUSTINO RIVERO ULECIA SEMIDULCE 2023 B SD	580
FAUSTINO RIVERO ULECIA TEMPRANILLO GARNACHA 2023 T	580
FAUSTINO RIVERO ULECIA VERDEJO B	802
FAUSTINO RIVERO ULECIA VIURA 2023 B	580
FAUSTINO V 2018 T R	541
FAVONIO 2022 B	864
FEITIZO DA NOITE BE BR	401
FELIPE AUÑÓN 2019 T R	256
FÉLIX SALAS 2018 T C	163
FÉLIX SALAS 2021 T	163
FELIZ UVAS FRESCAS 2023 B RB	479
FEMME MALVAR 2023 B SD	741
FERNÁNDEZ DE ARCAYA SELECCIÓN PRIVADA 2019 T R	321
FERNANDO DE CASTILLA "FINO ANTIQUE" BF FI S	222
FERNANDO DE CASTILLA "PALO CORTADO ANTIQUE" BF PC S	222
FERNANDO DE CASTILLA FINO CLASSIC BF FI S	222
FERNANDO DE CASTILLA FINO EN RAMA BF FI S	222
FERNANDO DE CASTILLA PEDRO XIMÉNEZ SINGULAR BF PX D	222
FERRATUS 2022 B	462
FERRATUS 2023 RD FB	462
FERRATUS AØ 2021 T RB	462
FERRATUS ORIGEN 2019 T	462
FERRER BOBET SELECCIÓ ESPECIAL VINYES VELLES 2019 T	377
FERRER BOBET VINYES VELLES 2019 T	377
FERRERET MANTONEGRO 2021 T	88
FERRUM 2023 B	413
FET A MÀ 2021 T	49
FIELD BLEND BONALES 2022 T	669
FIELD BLEND LAS CONTIESAS 2022 B	669
FIELD BLEND TRADICIÓN 2023 RD	669
FIGUERO 2021 T C	494
FIGUERO TINUS 2020 T	494
FIGUERO VIÑAS VIEJAS 2021 T	494
FIGUEROA BLANCO SOBRE LÍAS FINAS 2023 B	741
FIGUEROA ORIGINEM 2019 T C	741
FIGUEROA UNO 2019 T R	741
FILIGRANA 2022 B	123
FILIGRANA 2022 T	123
FILLABOA 2023 B	398
FILLABOA SELECCIÓN FINCA MONTE ALTO 2021 B	398
FILS DE VI 2021 T BA	375
FINA 1270 A VUIT 2021 T BA	368
FINCA A PONTE GUÍMARO 2020 T	421
FINCA ANTIGUA 2018 T R	254
FINCA ANTIGUA PETIT VERDOT 2020 T	254
FINCA ANTIGUA SYRAH 2020 T C	254
FINCA ANTIGUA ÚNICO 2019 T C	254
FINCA ARAUZO 2020 T R	836
FINCA ARAUZO 2022 T	836
FINCA BARQUERES 2019 T C	183
FINCA BINIAGUAL GRAN VERÁN 2021 T C	88
FINCA BINIAGUAL MANTONEGRO 2021 T FB	88

WEIN	SEITE	WEIN	SEITE	WEIN	SEITE
FINCA BINIAGUAL NEGRE 2020 T R	89	FINCA CUARTA MENCÍA POR RUBÉN MOURE 2023 T	426	FINCA LA LUNA 2020 T R	467
FINCA BINIAGUAL VERÁN 2021 T BA	89	FINCA DOFÍ 2022 T C	362	FINCA LA MARÍA 2021 T RB	499
FINCA BINIAGUAL VERÁN BLANC 2023 B	89	FINCA EL BOSQUE 2021 T	605	FINCA LA MATEA GARNACHA 2020 T C	114
FINCA BUTARÓS 2018 T	197	FINCA EL BOSQUIL 2022 T	538	FINCA LA MONTESA VIÑEDO ESENCIAL 2020 T C	556
FINCA CALVESTRA MARGAS 2019 B	867	FINCA EL CARRIL VALERIA 2022 B	277	FINCA LA MONTESA VIÑEDO ESENCIAL 2021 T C	556
FINCA CALVESTRA MERSEGUERA 2022 B	868	FINCA EL EMPECINADO 2018 T R	488	FINCA LA ORACIÓN 2021 T	583
FINCA CAÑADA HONDA 2023 T MC	694	FINCA EL EMPECINADO 2019 T C	488	FINCA LA PEDRISSA 2020 T	662
FINCA CAÑADA HONDA BOBAL 2019 T BA	694	FINCA EL OLMILLO 2021 T RB	240	FINCA LA PERSONAL DE EDETÀRIA 2021 T	662
FINCA CAPELIÑOS GUÍMARO 2021 T	422	FINCA EL PUIG 2021 T	377	FINCA LA RANA 2022 T C	684
FINCA CASA DEL HONDO 2022 B	53	FINCA EL RINCÓN DE CLUNIA 2020 T	827	FINCA LA SABINA CABERNET 2016 T GR	761
FINCA CASA JULIA 2022 B	694	FINCA EL SERRANO 2022 T	43	FINCA LA SABINA MERLOT 2016 T	761
FINCA CISSUS OXIDATIVO 2016 B	886	FINCA ÉLEZ CHARDONNAY LÍAS 2022 B	761	FINCA LA SABINA SYRAH 2017 T C	762
FINCA CISSUS SOLERA 2016 B C	886	FINCA ÉLEZ SYRAH 2021 T	761	FINCA LA SABINA TEMPRANILLO 2021 T	802
FINCA CISSUS TINAJA 2016 B C	886	FINCA ELS GORGS 2013 BE GR	334	FINCA LA TERRENAL 2020 B	662
FINCA COLLADO GARNATXA MONASTRELL 2022 T	49	FINCA ERNITE 2021 T	272	FINCA LA TORRE RIESLING 2023 B	635
FINCA COLLADO MESSEGUERA 2021 B	49	FINCA FEROES 2022 B	616	FINCA LADEIRA 2023 T	426
FINCA COMABARRA 2020 T C	184	FINCA GARABATO CEPAS VELLAS 2022 B	392	FINCA LAS CARABALLAS SECTOR 2.8 2021 B	837
FINCA CONSTANCIA ENTRE LUNAS T BA	811	FINCA GARABELOS 2022 B	409	FINCA LAS CARABALLAS VERDEJO 2023 B	837
FINCA CONSTANCIA GRACIANO PARCELA 12 2019 T	811	FINCA GENOVEVA 2020 T	398	FINCA LASIERPE BLANCO DE VIURA 2023 B	330
FINCA CONSTANCIA SELECCIÓN 2021 T BA	811	FINCA HOYA MAÑAS 2022 B	53	FINCA LASIERPE CHARDONNAY 2023 B	330
FINCA CONSTANCIA TEMPRANILLO PARCELA 23 2022 T	811	FINCA IRIARTE 2022 T	590	FINCA LASIERPE GARNACHA 2023 RD	330
FINCA CONSTANCIA VERDEJO PARCELA 52 2021 B FB	812	FINCA JAKUE TXAKOLINA 2023 B	205	FINCA LES LLERES 2017 B BA	179
FINCA CUARTA A COSTA POR RUBÉN MOURE 2020 T	426	FINCA LA ATALAYA VALTRAVIESO 2020 T R	488	FINCA LES ROQUES 2022 B RB	193
FINCA CUARTA CONSENTIDA POR RUBÉN MOURE 2020 T	426	FINCA LA BEATA 2017 T GR	698	FINCA LOS ALIJARES GRACIANO 2021 T R	812
		FINCA LA COLINA SAUVIGNON BLANC 2023 B	631	FINCA LOS ALIJARES INFILTRADO 2022 B	813
FINCA CUARTA GODELLO POR RUBÉN MOURE 2023 B	426	FINCA LA COLINA VERDEJO CIEN X CIEN 2023 B	631	FINCA LOS ALTOS GRAN SELECCIÓN 2022 T	714
FINCA CUARTA MALCRIADO POR RUBÉN MOURE 2021 T C	426	FINCA LA ESTACADA 6 MESES 2022 T RB	690	FINCA LOS FRUTALES 2022 RD RB	270
		FINCA LA ESTACADA VARIETALES 2019 T R	690	FINCA LOS FRUTALES IGUALADO 2020 T	270
FINCA CUARTA MENCÍA POR RUBÉN MOURE 2021 T BA	426	FINCA LA HABANERA VIDUEÑO 2022 RD	734	FINCA LOS FRUTALES MALVASÍA 2022 B	270

WEIN	SEITE
FINCA LOS HALCONES BOBAL 2021 T	282
FINCA LOS HALCONES CHARDONNAY 2022 B FB	282
FINCA LOS HALCONES VIOGNIER 2022 B FB	282
FINCA LUNA BEBERIDE T RB	77
FINCA LUZÓN 2021 T C	234
FINCA LUZÓN 2023 T RB	234
FINCA LUZÓN MONASTRELL SYRAH 2023 T	234
FINCA LUZÓN SIN SULFITOS AÑADIDOS 2023 T	234
FINCA MARTELO 2019 T R	600
FINCA MASDENERES 2021 T RB	193
FINCA MEIXEMAN GUÍMARO 2021 T	422
FINCA MILLARA 2021 T C	426
FINCA MONASTASIA MONASTRELL NOBEL 2022 T RB	240
FINCA MONASTASIA PARAJE CERRO BLANCO 2021 T	240
FINCA MONASTASIA PIE FRANCO 2021 T	240
FINCA MONASTASIA SYRAH NOBEL 2022 T	240
FINCA MONASTASIA VIDES ENCONTRADAS DULCE NATURAL 2021 T	240
FINCA MONCLOA TINTILLA DE ROTA 2019 T D	792
FINCA MONCLOA TINTILLA DE ROTA EDICIÓN LIMITADA 2020 T BA S	793
FINCA MONCLOA TRADICIONAL 2020 T BA	793
FINCA MONTALVILLO 2022 B	581
FINCA MONTALVILLO 2022 T	581
FINCA MONTEPEDROSO VERDEJO 2023 B	626
FINCA MONTICO 2022 B	619
FINCA MUÑOZ COLECCIÓN DE LA FAMILIA 2021 T	820
FINCA MUÑOZ COLECCIÓN DE LA FAMILIA 2023 B BA	820
FINCA NOVENA 2022 B	666
FINCA OLIVARDOTS GROC D'ÀMFORA 2023 B	200
FINCA OLIVARDOTS VERMELL 2020 T C	200
FINCA PEPE LA MAJADA 2020 T C	671
FINCA RACONS 2018 B	184
FINCA RESALSO 2023 T	465
FINCA RÍO NEGRO 2020 T C	813
FINCA RÍO NEGRO 5º AÑO 2019 T GR	813
FINCA RÍO NEGRO CERRO DEL LOBO 2021 T	813
FINCA RÍO NEGRO GEWÜRZTRAMINER 2023 B	813
FINCA RODMA AVIZOR 2020 T	494
FINCA RODMA SELECCIÓN 2021 T C	494
FINCA RODMA SELECCIÓN 2022 T C	494
FINCA SALTAMONTES 2018 B	627
FINCA SAN MARTÍN 2020 T C	599
FINCA SANDOVAL 2021 T	280
FINCA SANGUIJUELA 2016 T C	269
FINCA SANTA MARÍA VALTRAVIESO 2022 T RB	488
FINCA SEVE LOS QUEMAOS 2020 T	671
FINCA SIÓS 2021 T C	181
FINCA SOBREÑO 2021 T C	678
FINCA SOBREÑO 2023 RD	678
FINCA SOBREÑO 2023 T RB	678
FINCA SOBREÑO ECOLÓGICO 2022 T	678
FINCA SOBREÑO SELECCIÓN ESPECIAL 2021 T R	678
FINCA TEIRA 2023 B	433
FINCA TERRERAZO 2021 T	760
FINCA TORREA 2020 T	584
FINCA TRES OLMOS CLASSIC 2023 B	618
FINCA TRES OLMOS SOBRE LÍAS 2023 B	618
FINCA VALDELASCARRETAS 2020 B R	557
FINCA VALDEMOYA 12 MESES 2019 T C	827
FINCA VALDEMOYA 2023 RD	827
FINCA VALLEJO 2021 T C	446
FINCA VALLEJO 2023 B	626
FINCA VALLEJO 2023 T RB	447
FINCA VALLEOSCURO PRIETO PICUDO 2023 RD	776
FINCA VALLEOSCURO PRIETO PICUDO TEMPRANILLO 2023 RD	776
FINCA VALLEOSCURO TEMPRANILLO 2023 RD	776
FINCA VALLEOSCURO VERDEJO 2023 B	776
FINCA VALONGA CLARALUNA 2021 B	860
FINCA VALONGA SOFÍA 2022 D	860
FINCA VALONGA TERESA 2022 BE BR	907
FINCA VALPIEDRA 2018 B R	581
FINCA VEGA REAL VIÑEDO 1950 2021 T	488
FINCA VIDALES 2023 B	539
FINCA VIEJA AIRÉN 2022 B	255
FINCA VIEJA TEMPRANILLO 2020 T C	255
FINCA VIEJA TEMPRANILLO 2022 T C	255
FINCA VILADELLOPS SELECCIÓN GARNATXA 2021 T C	343
FINCA VILADELLOPS XXX XARELLO 2022 B FB	343
FINCA VILLACRECES NEBRO 2021 T C	495
FINCA VILLACRECES SPECIMEN Nº 3 T	495
FINCA VILLALOBILLOS 2022 B FB	803
FINCA VILLALOBILLOS 2023 B	803
FINCA VILLALOBILLOS PAMPANA BLANCA 2022 T C	804
FINCA VIÑOA EMBOTELLADO TARDÍO 2021 B	436
FINCA VIÑOA PARAJE PENABOA 2020 B	436

WEIN	SEITE	WEIN	SEITE	WEIN	SEITE
FINCA VIÑOA TREIXADURA SOBRE LÍAS 2023 B	436	FLOR DE KALDEVA 2023 B	176	FONT FREDA 2021 B	724
FINCA ZURIENA 2020 B	541	FLOR DE LASIERPE GARNACHA 2023 RD PL	330	FONT FREDA 2022 B	724
FINCAS DE AZABACHE GARNACHA 2021 T C	582	FLOR DE LASIERPE TINTO SELECCIÓN GARNACHA 2022 T	330	FONTENEIXE ALBARIÑO 2021 B	790
FINCAS DE AZABACHE TEMPRANILLO BLANCO 2023 B	581			FORA POR 2020 T	851
FINCAS DE LANDALUCE 2021 T C	545	FLOR DE MORCA 2023 T	111	FORASTERO 2023 B	874
FINCAS DE VALDEMACUCO 2021 T C	479	FLOR DE MUGA 2021 B R	553	FORJADOR 2022 T RB	464
FINCAS DE VALDEMACUCO 2022 T RB	479	FLOR DE MUGA ROSÉ 2023 RD	553	FORLONG 2023 B	866
FINO AMANECER B FI S	295	FLOR DE NIT 2023 B	661	FORLONG LA FLEUR 2016 B	791
FINO CORREDERA B FI S	296	FLOR DE NIT 2023 RD	661	FORLONG LA FLEUR 2017 B	791
FINO DE MOSCATEL 2018 BF MO	222	FLOR DE NIT VS 2020 B C	661	FORLONG MON AMOUR 2021 B	866
FINO DE PALOMINO 2016 BF FI S	222	FLOR DE PINGUS 2022 T	492	FORMIGA DE SEDA 2023 B	373
FINO DE PEDRO XIMÉNEZ 2015 BF PX	222	FLOR DE SILOS 2019 T	490	FORMIGA DE VELLUT 2021 T	373
FINO GRANERO EN RAMA BF FI	225	FLOR DE VETUS 2021 T	680	FORMIGO 2023 B	433
FINO QUINTA BF FI S	218	FLOR DE VETUS VERDEJO 2023 B	624	FÓRUM ETIQUETA NEGRA 2018 T	762
FINO TRADICIÓN BF FI S	219	FLOR TRUFES NEGRE 2020 T	666	FOS BARANDA 2020 T	541
FLAIRES DE MORTITX 2023 RD PL	858	FONDILLÓN 10 AÑOS 2000 T FO	42	FOSSI 2/3 SOLERA NO BF AM	218
FLAVIA 2020 T	706	FONDILLÓN 1944 T FO	43	FRAGA DO CORVO GODELLO 2023 B	291
FLAVIUM PREMIUM 2023 T	840	FONDILLÓN 1968 T FO	43	FRANCISCO BARONA 2022 T C	466
FLAVIUM SELECCIÓN T	84	FONDILLÓN 1975 T FO	43	FRANCISCO BARONA FINCA LAS DUEÑAS 2020 T R	466
FLAVIUM VERDEJO GODELLO 2023 B	840	FONDILLÓN 1996 GRAN RESERVA T FO D	43	FRANSOLA 2023 B	342
FLAVUS 2018 B	901	FONDILLÓN 50 AÑOS T FO D	43	FRASQUITO EN RAMA BF R S	775
FLOR D'ALBERA 2021 B FB	194	FONDILLÓN ED. LIMITADA 1959 T FO	43	FRASQUITO ORIGINAL BF	775
FLOR DE ALBIHAR 2022 B	770	FONDILLÓN LUIS XIV 25 AÑOS T FO	48	FREIXENET MALVASÍA DULCE 2014 BE GR D	146
FLOR DE AÑON 2022 T RB	108	FONDONET SELECCIÓN 5 AÑOS 2010 T BA D	51	FREIXENET SELECCIÓN ESPECIAL 2022 T	123
FLOR DE CAYUS 2021 T BA	108	FONT DE L'ÁRBRE 2021 T RB	724	FREIXENET SELECCIÓN ESPECIAL 2023 B	123
FLOR DE CHASNA ALBILLO PREMIUM 2023 B	34	FONT DE LA CARRASCA 2020 T	724	FREIXENET TREPAT ROSADO 2021 RE R BR	146
FLOR DE CHASNA BLANCO SELECCIÓN PREMIUM 2022 B	34	FONT DE LA COVETA 2021 T	724	FRESQUITO VINO DE PASTO 2021 B	297
FLOR DE CHASNA MARMAJUELO PREMIUM 2023 B	34	FONT DE LA FIGUERA 2022 T FB	373	FRESQUITO VINO DE TINAJA 2022 B	297
FLOR DE ENYA 2022 T RB	51	FONT DE LA FIGUERA 2023 B	373	FRONTONIO ELÁSTICO 2020 B	872

Guía Peñín | SPANIENS WEINFÜHRER

WEIN	SEITE	WEIN	SEITE	WEIN	SEITE
FRONTONIO ELÁSTICO 2022 B	872	FUENTENEBRO ALBILLO MAYOR 2021 B BA	476	GALÁN DE MEMBRILLA TEMPRANILLO 2023 T	254
FRONTONIO LA CERQUETA 2022 T	872	FUENTENEBRO TEMPRANILLO 2021 T	476	GALANTERÍA ALBARIZA BE BN	904
FRONTONIO LA LOMA Y LOS SANTOS 2022 B	872	FUENTENEBRO TEMPRANILLO 2022 RD	476	GALANTERÍA BE C BR	904
FRONTONIO PSICODÉLICO 2022 T BA	873	FUENTES DEL SILENCIO MATAPEREZOSA 2021 B FB	836	GALANTERÍA CHARDONNAY BE BN	904
FRONTONIO TELESCÓPICO 2022 T	873	FUENTESPINA 3 2023 T RB	467	GALANTERÍA ROSÉ RE BN	904
FRORE DE CARME 2020 B	405	FUENTESPINA C 2021 T C	467	GALEAM 2019 T C	43
FRORE DE CARME MILLÉSIME 2019 BE BN	406	FUENTESPINA R 2020 T R	467	GALEAM DRY MUSCAT 2023 B	43
FRUTO NOBLE ROSADO 2023 RD	42	FUERZA BY EGO 2021 T	239	GALENA 2021 T R	373
FRUTO NOBLE SAUVIGNON BLANC 2023 B	42	FUÍNA 2021 T	309	GALIA CLOS SANTUY 2020 T	824
FRUTO NOBLE VINO DE FINCA 2022 T RB	42	FUNDUS 2022 T RB	860	GALL NEGRE 2019 T R	343
FUCHS DE VIDAL 2017 BE GR BN	131	FUROT 2018 T R	197	GALLINAS & FOCAS 2020 T	849
FUCHS DE VIDAL 2020 BE R BN	131	FURVUS 2022 T BA	313	GALTZADA BIDEONA 2022 T	526
FUCHS DE VIDAL ROSÉ PINOT NOIR 2021 RE R EBR	131	FUSIÓ 2021 T C	377	GALVÁN 2023 B	291
FUCHS DE VIDAL UNIC 2021 BE R BN	131	FUSIÓN 2022 BE BR	133	GAMELLÓN 2021 T C	234
FUEGO LENTO 2018 T C S	40			GAMELLÓN 2023 T	234
FUEGO LENTO DOLÇ D'ALEXANDRÍA B D	40			GAMELLÓN EDICIÓN ESPECIAL SYRAH 2023 T	234
FUEGO LENTO DOLÇ DE MONASTRELL T D	40	**G**		GANADERO 2023 T	285
FUEGO LENTO MONASTRELL SECANO EXTREMO 2020 T BA	40	G22 DE GORKA IZAGIRRE 2022 B	93	GANAGOT 2013 T GR	651
		GABARDA SELECCIÓN 2021 T	115	GANCEDO MENCÍA 2023 T RB	77
FUEGO LENTO ROSE 2021 RE BN	40	GABRIEL MARTÍNEZ. PEQUEÑOS PASOS, GRANDES ILUSIONES 2021 T	232	GANDADIA 2022 T	72
FUENCONCEJO 2021 T C	471			GAÑETA 2023 B AG	204
FUENCONCEJO 2022 T RB	471	GADEA 2022 T RB	271	GAÑETA BEREZIA 2022 B	204
FUENCONCEJO 2023 T	471	GAIA DE LOXAREL 2022 B	346	GARABITAS VIÑAS VIEJAS 2021 T	674
FUENTE CORTIJO 2020 T C	514	GAINTUS RADICAL 2018 T	348	GARBINADA 2023 T	385
FUENTE DE LOS HUERTOS 2022 T	741	GAINTUS VERTICAL 2017 T C	348	GARBUIX VEREMA VERMELLA 2023 RD	180
FUENTE DEL CIERVO 2022 T	798	GAINTZA 2023 B	204	GARCÍA DE LA ROSA AIRÉN 2023 B	798
FUENTE DEL CIERVO 2023 B	798	GAINTZA ROSES 2023 RD	204	GARCÍA DE LA ROSA CENCIBEL 2023 T	798
FUENTE DEL CIERVO CENCIBEL - SYRAH 2021 T	798	GALÁCTICO 2022 T	606	GARCÍA DE LA ROSA CHARDONNAY 2022 B	798
FUENTE LA VIEJA TERROIR 2013 T	256	GALÁN DE MEMBRILLA AIRÉN 2023 B	254	GARCÍA DE LARA CENCIBEL 2022 T	804

WEIN	SEITE
GARCÍA DUQUE 2022 B	631
GARCIANO DE AZUL Y GARANZA 2021 T BA	316
GARELO 2021 B	791
GARKALDE TXAKOLINA 2023 B	93
GARMÓN 2021 T	495
GARNACHA CENTENARIA DE COTO DE HAYAS 2022 T	109
GARNACHA DE LA MADRE 2021 T	805
GARNACHA DE RELIEVE 2021 T S	740
GARNACHA TINTORERA #GARAGEWINE 2022 T BA	796
GARNACHA VELLA DA CHAIRA DO RAMIRIÑO 2022 T	707
GARNATA 2017 T R	211
GARNATXA CASTELL DEL REMEI 2022 T	179
GARNATXA DE CÉRVOLES 2022 T	181
GAROINA 2023 B	197
GAROUBAS 2021 T RB	423
GARRIGUELLA GARNATXA D'EMPORDÁ AMBRÉ DULCE RD BA D	195
GARRIGUELLA GARNATXA D'EMPORDÁ ROBÍ DULCE NATURAL T D	195
GARRIGUELLA MOSCATEL D'EMPORDÁ DULCE 2023 B MO D	195
GATELL AMBROSÍA 2017 BE GR BN	146
GATELL HERITAGE 2017 BE GR BN	146
GATELL INITIAL 2017 BE GR BN	146
GATELL ROSÉ 2017 RE GR BN	146
GAUDEAMUS 2022 T RB	448
GAUDIR 2023 BE BN	154
GAUDIUM 2020 T R	548
GÉMINA CHARDONNAY 2023 B FB	237

WEIN	SEITE
GÉMINA CUVÉE SELECCIÓN 2021 T C	237
GÉMINA FINCA LA CABRA 2020 T C	237
GÉMINA FINCA LOS TOMILLARES 2020 T	238
GÉMINA SELECCIÓN MONASTRELL 2022 T	238
GÉMINA SIN SULFITOS AÑADIDOS 2023 T	238
GEMMA 2019 BE GR BN	151
GÉNESIS ES FANGAR 2023 T	358
GÉNESIS ES FANGAR SEMI DOLÇ 2023 B SD	358
GENIUM COSTERS VI DE GUARDA 2021 T R	377
GENUÍ GARNATXA VINYA LA CASILLA D'EN PEP 2023 T	337
GENUÍ MACABEU VINYA LES PEDRES 2023 B	337
GENUINA DE RENDÉ MASDÉU 2022 B	171
GEOL 2019 T C	184
GERARD T R	184
GG 2020 T	49
GHM C+G - GRAN HACIENDA MOLLEDA CARIÑENA+GARNACHA 2020 T C	114
GHM CARIÑENA - GRAN HACIENDA MOLLEDA CARIÑENA+CARIÑENA 2021 T C	115
GHM GARNACHA - GRAN HACIENDA MOLLEDA GARNACHA 2020 T C	115
GIL ARMADA (VIÑEDOS PROPIOS DA TORRE DE SAN FARDÁN) 2022 B	394
GIL ARMADA (VIÑEDOS PROPIOS NO PAZO DE FEFIÑÁNS) 2022 B	394
GILBERT DE MONTSORIU 2022 B	795
GINÉ GINÉ 2021 T RB	364
GIRALUNA 2022 B FB	522
GIRÓ DEL GORNER 2018 T R	343

WEIN	SEITE
GIRÓ DEL GORNER 2019 BE R BN	146
GIRÓ DEL GORNER 2019 BE R BR	146
GIRÓ DEL GORNER BLANC Ú 2022 B	343
GIRÓ DEL GORNER ROSAT 2022 RE BR	146
GIRÓ DEL GORNER ROSAT 2023 RD	344
GIRÓ DEL GORNER VINYA ELS GARROFERS 2021 B FB	343
GIRÓ DEL GORNER VINYA LA SERDALLA 2022 B	344
GIRÓ OSCAR MESTRE 2021 T C	44
GIRO RIBOT AB ORIGINE BRUT RESERVA 2019 BE R BR	146
GIRÓ RIBOT AVANT 2018 BE R BR	146
GIRÓ RIBOT EXCELSUS 100 MONTHS MAGNUM 2012 BE GR BR	146
GIRÓ RIBOT KARAMBA 2023 B	344
GIRÓ RIBOT MIMAT 2020 T BA	888
GIRÓ RIBOT MIMAT BLANC 2023 B	344
GIRÓ RIBOT UMA 2020 BE GR BR	147
GIRÓ RIBOT UNPLUGGED ROSADO 2019 RE R BR	147
GIRÓ ROS DE MORTITX 2023 B	901
GISELE 2022 B	339
GLÁRIMA DE SOMMOS 2023 T	637
GNATXA 2021 T	363
GOBEO GARNACHA 2020 T	530
GODA 2023 B	414
GODELIA CUVÉE ESPUMOSO DE GODELLO BE GR EBR	906
GODELIA GODELLO 2023 B	75
GODELIA MENCÍA 2019 T RB	75
GODELIA SELECCIÓN GODELLO 2020 B	75
GODELIA SELECCIÓN MENCÍA 2017 T	75
GODEVAL 1986 2019 B	707

WEIN	SEITE	WEIN	SEITE	WEIN	SEITE
GODEVAL 2023 B	707	GRAMONA IMPERIAL 2018 BE BR	908	GRAN CLOT DELS OMS XARELLO 2021 B BA	336
GODEVAL CEPAS VELLAS 2021 B	707	GRAMONA IMPERIAL MAGNUM 2018 BE GR BR	908	GRAN COLEGIATA "ORIGINAL" 2018 T R	676
GODEVAL CEPAS VELLAS 2022 B	707	GRAMONA INNOBLE BE BN	908	GRAN CORONAS 2020 T R	342
GODEVAL REVIVAL 2021 B	707	GRAMONA LA CUVÉE 2019 BE	908	GRAN CRUOR SELECCIÓ CARANYENA 2015 T	365
GODINA 2022 T	111	GRAN ALANÍS CASTES BLANCAS 2023 B	435	GRAN CRUOR SYRAH 2018 T	365
GOLIARDO A TELLEIRA 2022 B C	398	GRAN ALANÍS CASTES TINTAS 2022 T	435	GRAN CRUZ DEL CALVARIO 2022 B	186
GOLIARDO CAIÑO 2020 T	398	GRAN ALANÍS TREIXADURA/GODELLO 2023 B	435	GRAN DUC 2017 BE GR BN	135
GOLÓS NEGRE 2018 T	360	GRAN ALLEGRANZA 2022 T	49	GRAN ELIAS MORA LA SENDA DE LOS LOBOS 2017 T	683
GÓMEZ CRUZADO 2º AÑO 2023 B	567	GRAN AMAT BE BN	133	GRAN FAUSTINO I 2004 T GR	541
GÓMEZ CRUZADO HONORABLE 2019 T	567	GRAN ARZUAGA 2019 T R	457	GRAN FEUDO 2023 RD	321
GONFAUS 2022 T	342	GRAN AUTÓCTON BLANC 2021 B	865	GRAN FEUDO HOYA DE LOS LOBOS CHARDONNAY 2023 B	321
GONZÁLEZ PALACIOS 1986 BF PC	775	GRAN AUTÓCTON BLANC 2022 B	865		
GONZÁLEZ PALACIOS M. FINA B	775	GRAN AUTÓCTON NEGRE 2017 T	865	GRAN FEUDO LA CASILLA DEL GUAPO 2022 T	321
GONZALO DE BERCEO 2011 T GR	548	GRAN AUTÓCTON NEGRE 2020 T	865	GRAN FUCHS DE VIDAL 2020 BE R BN	131
GORKA IZAGIRRE 2023 B	93	GRAN BAJOZ 2021 T	686	GRAN JUVÉ CAMPS 2018 BE GR BR	148
GOROBEL 2021 B	93	GRAN BARQUERO B AM S	297	GRAN LEIRIÑA TREIXADURA 2023 B	438
GOTA DE ARENA 2022 T	831	GRAN BARQUERO B OL S	298	GRAN LERMA VINO DE AUTOR 2018 T R	62
GOTAS DE MAR ALBARIÑO 2023 B	406	GRAN BARQUERO B PC	298	GRAN MAÑÁN 1982 T FO D	41
GOTAS DE MAR GODELLO 2022 B FB	440	GRAN BARQUERO BF PX D	298	GRAN NOVAS ALBARIÑO 2023 B	392
GOTAS DE MAR GODELLO 2023 B	440	GRAN BARQUERO EN RAMA B FI S	298	GRAN PRÍNCEPS 2017 T R	338
GOTES DEL MONTSANT 2021 T C	301	GRAN BIERZO GODELLO 2023 B	85	GRAN RESALTE 2021 T	475
GOTES DEL PRIORAT 2022 T	372	GRAN BIERZO ORIGEN 2021 T	85	GRAN RESERVA 904 SELECCIÓN ESPECIAL 2015 T GR	587
GOYA XL BF MZ S	221	GRAN BLANC PRÍNCEPS 2023 B	338	GRAN RESERVA FAMILIAR MILLENIUM 2013 BE GR BR	142
GRACIA PEDRO XIMÉNEZ DULCE VIEJO BF PX D	296	GRAN CAUS 2019 T	337	GRAN RIGAU CHARDONNAY BE R BN	145
GRACIANO DE FOS 2020 T	541	GRAN CAUS 2022 B	337	GRAN RODMA 2019 T R	495
GRÁCIL DE ZALEO 2019 T C	516	GRAN CERMEÑO 2020 T C	675	GRAN SALMOR DULCE 2017 B GR D	187
GRADAS VIEJAS 2019 T RB	278	GRAN CLOS 2021 B FB	377	GRAN SELEC.CIÓ PREMSAL BLANC PER MACIÀ BATLE 2022 B	851
GRAMONA CELLER BATLLE 2014 BE BR	908	GRAN CLOT DELS OMS CHARDONNAY 2021 B C	335		
GRAMONA III LUSTROS 2015 BE BN	908	GRAN CLOT DELS OMS NEGRE 2019 T GR	336	GRAN SELLO GARNACHA SYRAH TEMPRANILLO 2018 T	813

WEIN	SEITE
GRAN SELLO MACABEO VERDEJO 2023 B	813
GRAN SELLO ROSÉ 2023 RD	813
GRAN SELLO TEMPRANILLO GARNACHA 2022 T	813
GRAN SELLO TEMPRANILLO SYRAH 2021 T	813
GRAN TÁBULA 2019 T	487
GRAN TORELLÓ 2016 BE BN	913
GRAN TORONDOS 2022 T	162
GRAN VALTRAVIESO 2019 T R	488
GRAN VINO DE REMELLURI 2020 T R	582
GRAN VINO PAZO DE BARRANTES ALBARIÑO 2021 B	410
GRAN VINUM 2023 B	390
GRAN VINYA SON CAULES 2015 T C	360
GRAN VOS DE VIÑAS DEL VERO 2018 T R	641
GRAN VOS DE VIÑAS DEL VERO MAGNUM 2015 T R	641
GRANBAZÁN DON ÁLVARO DE BAZÁN 2021 B	394
GRANBAZÁN ETIQUETA ÁMBAR 2023 B	394
GRANBAZÁN ETIQUETA VERDE 2023 B	394
GRANBAZÁN LIMOUSIN 2021 B	394
GRANDALLA 2013 BE GR BR	147
GRANIT 2018 B	310
GRANIT 2022 B	310
GRANS MURALLES 2019 T R	172
GRANZA 2022 T	450
GRATALLOPS VI DE LA VILA 2021 T C	362
GRATALLOPS VI DE LA VILA 2022 T C	362
GRATALLOPS VI DE VILA ROSAT 2021 RD C	374
GRATAVINUM 2πR 2022 T	377
GRATAVINUM GUINARDERES 2019 T	378
GRATAVINUM GV5 PARATGE GUINARDERES 2021 T	378
GREEN & SOCIAL TEMPRANILLO 2023 T	824
GREEN & SOCIAL VERDEJO 2023 B	611
GREGO 2020 T C	744
GRESA 2017 T R	200
GRILLAT 2023 T	725
GRIMALT CABALLERO 2020 T	849
GRITELLES ANCESTRAL BRISAT BE BR	907
GRITELLES ANCESTRAL ROIG 2023 TE BR	907
GRITELLES CARINYENA VINYES VELLES 2021 T C	304
GRITELLES GARNATXA VINYES VELLES 2021 T C	304
GRITELLES MACABEU TROS DE LA SERRA 2019 B	368
GRITELLES MANOU 2022 T	304
GRITELLES SIURANA ROIG 2021 RD	304
GRITELLES VEDRENYES 2023 B	304
GRIZZLY 2020 T	265
GRUÑON 2019 T	109
GUADIANEJA MACABEO 2023 B	817
GUADIANEJA PARAJE ALTO HUNGRAO 2021 B	255
GUADIANEJA PARAJE ALTO HUNGRAO 2021 T	817
GUADIANEJA PARAJE ALTO HUNGRAO 2022 B	255
GUADIANEJA PARAJE ALTO HUNGRAO 2023 B	255
GUARAFÍA 2023 T	231
GUARDA DE LEDA SELECCIÓN 2019 T	828
GUARDALOBOS 2020 T	603
GUARDALOBOS CLARETE 2022 RD	901
GUARDIANES DEL FONDILLÓN 1955 T FO D	51
GUARDIANO 2019 T C	572
GUARDIANO 2020 T C	572
GUELBENZU AZUL 2022 T	859
GUELBENZU EVO 2020 T	859
GUELBENZU LOMBANA 2022 T	859
GUERINDA EL MÁXIMO 2022 T BA	328
GUERINDA PARCELAS DE GARNACHA "LA ABEJERA" 2022 T	328
GUERINDA PARCELAS DE GARNACHA "MURIOMOZO" 2022 T BA	328
GUERINDA PARCELAS DE GARNACHA "TXIROLAS, QUITANA Y BILARRAGA"" 2022 T BA	328
GUERINDA PARCELAS DE GARNACHA "VINO DE PUEBLO" 2022 T	328
GUERINDA+ LA ROSA 2022 RD	329
GUERINDA+ LA ROYA BLANC DE NOIR 2023 B	329
GÜERTANA SAUVIGNON BLANC 2 MESES LÍAS 2023 B	235
GÜERTANO MONASTRELL 4 MESES 2022 T BA	235
GUILLAMINA 2023 B	180
GUILLEM CAROL 2018 BE GR BN	142
GUILLEM ERILL 2023 B	795
GUIMARO 2023 B	422
GUIMARO MENCÍA 2023 T	422
GUIMARO MUNDIN 2020 T	422
GUIMARO SAN PEDRO 2020 T	422
GUITIÁN GODELLO 2022 B FB	705
GUITIÁN GODELLO 2023 B	705
GUITIÁN GODELLO SOBRE LÍAS 2022 B	706
GUIX VERMELL NEGRE 2022 T	312
GURDOS 2023 RD	264
GURE ABERRIA 2023 B	94
GURE NATURA MAGNUM 2020 B	94

WEINE

WEIN	SEITE
GUREAGA 2015 T	521
GUTIÉRREZ COLOSÍA BF AM S	223
GUTIÉRREZ COLOSÍA BF CRM	223
GUTIÉRREZ COLOSÍA BF FI S	223
GUTIÉRREZ COLOSÍA BF OL	224
GUTIÉRREZ COLOSÍA BF PX D	224
GVIVM BLANC DE BLANCS 2023 B	358
GVIVM MERLOT-CALLET 2019 T	358

H

WEIN	SEITE
HABLA DE TI... 2023 B	843
HACHÓN SAUVIGNON BLANC 2023 B	619
HACHÓN VERDEJO VIURA 2023 B	619
HACIENDA ACENTEJO 2023 B S	646
HACIENDA ACENTEJO 2023 T S	646
HACIENDA ALBAE CABERNET SAUVIGNON 2021 T	814
HACIENDA ALBAE CHARDONNAY 2023 B	814
HACIENDA ALBAE MALBEC 2022 T	814
HACIENDA ALBAE TOP 888 2016 T R	814
HACIENDA ALBAE VIOGNIER 2023 B	814
HACIENDA ALCARAZ 2023 B	609
HACIENDA CASA DEL VALLE 2022 T	808
HACIENDA DE ACENTEJO 2023 T BA	646
HACIENDA DE ARÍNZANO CHARDONNAY 2022 B	758
HACIENDA DE ARÍNZANO TEMPRANILLO 2020 T	758
HACIENDA DE LA VIZCONDESA 2020 T RB	270
HACIENDA EL TERNERO 2016 T R	583
HACIENDA EL TERNERO 2021 B FB	583

WEIN	SEITE
HACIENDA EL TERNERO SELECCIÓN ESPECIAL 2018 T C	583
HACIENDA ELSA GODELLO 2023 B	70
HACIENDA ELSA MENCÍA 2023 T	70
HACIENDA GRIMÓN "COMO LO HARÍA MI ABUELO" 2021 T	583
HACIENDA GRIMÓN "NO ME TUTEES" 2022 T	583
HACIENDA GRIMÓN "PA MIS AMIGOS" 2022 B	583
HACIENDA GRIMÓN CHARDONNAY 2022 B	583
HACIENDA GRIMÓN SAUVIGNON BLANC 2023 B FB	583
HACIENDA LA QUINTERÍA PAGO BALBAÍNA SYRAH 2022 T	889
HACIENDA LA QUINTERÍA PAGO BALBAÍNA TINTILLA 2019 T	889
HACIENDA LÓPEZ DE HARO 2014 T GR	584
HACIENDA LÓPEZ DE HARO 2018 B R	584
HACIENDA LÓPEZ DE HARO 2018 T R	584
HACIENDA LÓPEZ DE HARO 2020 T C	584
HACIENDA LÓPEZ DE HARO 2021 T C	584
HACIENDA LÓPEZ DE HARO 2022 B	584
HACIENDA LÓPEZ DE HARO VINO DE PUEBLO DE SAN VICENTE DE LA SONSIERRA 2020 T	584
HACIENDA MOLLEDA CARIÑENA 2023 T	115
HACIENDA MOLLEDA GARNACHA 2023 T	115
HACIENDA MONASTERIO 2019 T R	468
HACIENDA MONASTERIO 2021 T	468
HACIENDA MONASTERIO RESERVA ESPECIAL 2018 T R	468
HACIENDA REAL AIRÉN 2022 B	809
HACIENDA REAL CENCIBEL 2022 T	809
HACIENDA SAEL GODELLO 2023 B	70

WEIN	SEITE
HACIENDA SAEL MENCÍA 2023 T	70
HACIENDA SOLANO FINCA CASCORRALES 2021 T	496
HACIENDA SOLANO VIÑAS VIEJAS 2021 T BA	496
HACIENDA SUSAR 2018 T	543
HACIENDA UCEDIÑOS GODELLO 2023 B	708
HACIENDA ZORITA MAGISTER 2018 T	837
HALLAZGO 2021 T C	586
HALLAZGO 2023 B	586
HALLAZGO 2023 T	586
HARAGÁN RESERVA ESPECIAL 2018 T R	515
HARENNA - TINAJA 2022 B	618
HARENNA 2022 B	618
HARVEYS AMONTILLADO VORS BF AM S	217
HARVEYS OLOROSO MEDIUM VORS BF OL MED	217
HARVEYS PALO CORTADO VORS BF PC MED	217
HARVEYS PEDRO XIMÉNEZ VORS BF PX D	217
HEAVEN & HELL 2022 B	902
HECHANZA REAL 2021 T C	65
HÉCULA MONASTRELL ORGANIC 2022 T BA S	749
HEGO MENCÍA 2021 T	76
HELENA LA LÍA 2021 B FB	612
HELLO WORLD PETIT VERDOT 2023 T	812
HEMAR 2022 T C	468
HERACLIO ALFARO 2020 T C	573
HERACLIO ALFARO FINCA ESTARIJO 2017 T	573
HEREDAD 26 2020 T RB	72
HEREDAD 26 GODELLO 2021 B	72
HEREDAD 26 MENCÍA 2023 T	72
HEREDAD ALTOS DE TALANA 2022 B FB	73

SPANIENS WEINFÜHRER

WEIN	SEITE	WEIN	SEITE	WEIN	SEITE
HEREDAD DE ANSÓN 2023 B	117	HERMANOS LURTON NATURAL 2023 T	675	HITO 2023 T	490
HEREDAD DE ANSÓN 2023 RD	117	HERMANOS LURTON SAUVIGNON BLANC 2023 B	615	HM LAS VETAS DULCE 2019 B	187
HEREDAD DE ARANO 2021 T C	447	HERMANOS LURTON TEMPRANILLO 2022 T	675	HODGKINSON CARIÑENA 2021 T R	378
HEREDAD DE LOZA TEMPRANILLO 2023 T	248	HERMANOS LURTON VERDEJO 2023 B	615	HODGKINSON GARNACHA PELUDA 2019 T R	378
HEREDAD DE PEÑALOSA 2022 T RB	473	HERRERILLO 2023 RD	789	HODGKINSON MAS DEL HABANERO 2018 T	378
HEREDAD DE PEÑALOSA 2023 B	621	HESVERA 2021 T C	468	HOMBRE BALA 2021 T	743
HEREDAD DEL VIEJO IMPERIO HOMENAJE 2018 T	66	HESVERA 6 MESES BARRICA 2023 T RB	468	HOMBRE BALA 2023 B	743
HEREDAD GARCÍA DE OLANO 2020 T C	542	HESVERA COSECHA LIMITADA 2020 T	468	HOMBROS (VINO DE PARAJE - VALDAIGA) 2022 T BA	78
HEREDAD GARCÍA DE OLANO 2023 B	542	HIBEU 2022 T	285	HOMENAJE 2023 RD	323
HEREDAD GARCÍA DE OLANO 2023 T MC	542	HIBEU 2023 RD	285	HONORIS DE VALDUBÓN 2019 T	479
HEREDAD X GARNACHA BLANCA Y RADIANTE 2023 B	111	HIBEU FINCA LA MINERAL 2022 T	285	HONORO VERA GARNACHA 2023 T	102
HEREDAD X GARNACHA CARLOS VALERO 2021 T	114	HIBRUS GARTATXA 2023 T	655	HONORO VERA ORGÁNIC 2023 T	233
HERÉDITAS B D	269	HIDALGO CASTILLA 2017 T GR	251	HONORO VERA RIOJA 2023 T	596
HEREDITAS VENDIMIA TEMPRANA B MO D	269	HIDALGO CASTILLA 2019 T R	251	HONORO VERA VERDEJO 2023 B	625
HERÈNCIA ALTÉS BENUFET 2023 B	663	HIGA 2022 T	892	HORITZÓ 2022 B	182
HERÈNCIA ALTÉS LA PILOSA 2022 T	663	HIKA BASQUE RED WINE 2022 T RB	204	HORTA COLOMER 2023 B	370
HERÈNCIA ALTÉS LA SERRA NEGRE 2022 T	663	HIKA BASQUE ROSÉ WINE 2022 RD	204	HOYA COLORÁ "BLANC DE BLANCS" 2014 BE BN	886
HERÈNCIA ALTÉS LA XALAMERA 2021 T	663	HIKA BASQUE WHITE WINE 2022 B	204	HOYA COLORÁ "PINOT NOIR" 2020 T	55
HERÈNCIA ALTÉS LO GRAU DE L'INQUISIDOR 2021 T	663	HIKA BILDUMA 2020 B	204	HOYA DE CADENAS BE R BR	157
HERENCIA DEL CAPRICHO 2021 B FB	77	HIKA TXINPART 2020 BE EBR	204	HOYA DEL CASTILLO 2023 B	720
HERENZA 2018 T R	578	HIMILCE 2022 B	818	HUELLA DE MERSEGUERA 2023 B	721
HERENZA 2020 T C	578	HIPPERIA 2021 T C	764	HUELLA DE SYRAH 2023 T	721
HERENZA 2021 T	578	HIRIART 2023 RD	168	HUERTO DE LA CONDESA 2022 T RB	273
HERENZA 2023 B	38	HIRUZTA BASQUE 2020 BE BN	908	HUERTO DE LA CONDESA 2023 B	273
HERENZA COLLECTION 2020 T	578	HIRUZTA ROSÉ 2023 RD	204	HUERTO DE LA CONDESA EL PINSAPO 2021 T	273
HERENZA ROSÉ 2021 RD	578	HIRUZTA TXAKOLINA 2023 B	204	HUERTO DE LA CONDESA LA PALMERA 2021 T C	273
HERETAT D'LÁCRIMA BACCUS 2022 BE R BR	149	HISPANIA 2021 T	506	HUERTO DE LA CONDESA LOS CIPRESES 2021 T C	273
HERMANOS FERNÁNDEZ 2022 B	613	HISPANIA 2022 B	506	HUERTO DE LA CONDESA LOS CIPRESES 2023 RD	273
HERMANOS FRÍAS DEL VAL 2016 T R	585	HITO 2023 RD	490	HUERTO DE LA CONDESA PAMPANEANDO 2023 T	273

WEIN	SEITE	WEIN	SEITE	WEIN	SEITE
HUERTOS DE PALACIO 2023 B	810	IDRIAS T RB	640	ILEX 2023 T	802
HUERTOS DE PALACIO 2023 T	810	IDRIAS TEMPRANILLO 2023 RD	640	ILEX COUPAGE 2020 T	802
HUERTOS DE PALACIO 2023 T BA	810	IDRIAS TEMPRANILLO 2023 T	640	ILEX VERDEJO 2023 B	802
HUGO AFRUTADO 2023 RD	645	IEUP! 2023 B	94	ILLANA 2023 T	519
HUGUET DE CAN FEIXES 2017 BE BN	908	IEUP! BARRIKAN 2019 B FB	94	ILLANA ALMA 2023 B	519
HUGUET DE CAN FEIXES CLASSIC 2017 BE BR	908	IEUP! SOBRE LÍAS 2022 B	94	IL·LÒGIC XAREL·LO ORGÀNIC SUMARROCA 2023 B	336
HUMBOLDT 1997 B D	645	IEUP! SOBRE LÍAS MAGNUM 2019 B	94	ILUMINADO VINOS DE LA LUZ 2019 T R	508
HURACÁN DANIELA 2023 B FB	328	IGNIOS ORIGENES ALBILLO CRIOLLO 2022 B	747	ILUN GORKA IZAGIRRE 2022 T	93
HURACÁN DANIELA CUVEE 2020 B	328	IGNIOS ORIGENES LISTÁN NEGRO VENDIMIA SELECCIO-		ILURCE 2021 T C	567
		NADA 2021 T	747	ILURCE 2023 RD	567
		IGNIOS ORIGENES VIJARIEGO NEGRO 2021 T	747	ILURCE TEMPRANILLO 2023 T	567
I		IGREXARIO DE SAIAR 2023 B	393	ILURCE TEMPRANILLO BLANCO 2023 B	567
				ILUSIÓN 2023 RD	777
I`M YOUR ORGANIC RED 2023 T	889	IJALBA 2020 B R	602	IMPERIAL 2018 T GR	575
I`M YOUR ORGANIC ROSÉ 2023 RD	889	IJALBA 2021 B C	602	IMPERIAL 2020 T R	575
I`M YOUR ORGANIC WHITE 2023 B	889	IJALBA 2021 T C	602	IMPERIAL TOLEDO 2017 T GR	251
IBERO DE PANIZA III 2018 T GR	116	IJALBA MATURANA 2022 T	602	IMPERIAL TOLEDO 2019 T R	252
IBIZKUS 2023 B	842	IJALBA MATURANA BLANCA 2023 B	602	IMPERIAL TOLEDO OAKED SELECTION 2022 T	252
IBIZKUS 2023 RD	842	IJALBA TEMPRANILLO 2021 T	602	IMPERIAL TOLEDO TEMPRANILLO 2021 T C	252
IBIZKUS MONASTRELL PIE FRANCO 2021 T	842	IKIGALL 2023 B	343	IN-CIERTO PROYECTO DE VALERIO GARCÍA 2021 B	733
ICENI 2021 T RB	791	IKUNUS 2018 T	546	INARAJA 2016 T R	677
ICNOS 2019 T C	195	IL·LUSIÓ DE CLUA 2021 T	660	INAUDITA 2022 T	238
ICÒNIC 2018 BE GR BN	142	IL·LUSIÓ DE CLUA 2023 B	660	INCITADOR BE BN	605
ICONO URBAN 2022 B	717	ILLUSIONAT 2023 B	722	INCÓLUME 2022 T	319
IDA & PETER 2023 BE EBR	866	ILLUSIONAT ROSÉ 2023 RD	722	INCONTINENCIA SUMMA 2022 B	528
IDENTITAS 2021 B	651	ILAGARES 2023 RD	325	INCRÉDULO BLEND 2021 T	672
IDIL·LIC MUSCAT 2024 B	338	ILAGARES GARNACHA 2023 T	325	INDOMABLE 2017 BE BN	910
IDOIA BLANC 2021 B FB	121	ILDANIA 2018 T	280	INÉS VIZCARRA 2021 T R	482
IDRIAS 2021 T C	639	ILERCAVÒNIA 2023 B	655	INFANTE 2023 RD	848
IDRIAS CHARDONNAY 2023 B	639	ILEX 2023 RD	802	INFANTO CABERNET SAUVIGNON SYRAH 2023 T	252

WEIN	SEITE	WEIN	SEITE	WEIN	SEITE
INFANTO TEMPRANILLO 2023 T	253	INURRIETA ORCHÍDEA CUVÉE 2021 B	317	ISP (ISLA DE SAN PEDRO) 2019 T C	741
INFINITO 2020 T C	239	INURRIETA ORCHÍDEA SAUVIGNON BLANC 2023 B	317	ITSASMENDI 7 2020 B	92
INFINITUS CABERNET SAUVIGNON 2023 T	809	INURRIETA PURO VICIO 2021 T	317	ITSASMENDI 7 MAGNUM 2019 B C	92
INFINITUS MALBEC 2023 T	809	INVOCA 2022 T	319	ITSASMENDI ARTIZAR 2020 B	92
INFINITUS MOSCATEL B MO SD	809	IÑAKI NÚÑEZ VENDIMIA SELECCIONADA 2021 T	321	ITSASMENDI ARTIZAR MAGNUM 2018 B	92
INFINITUS SYRAH 2023 T	809	IRACHE 18.91 2020 T C	322	ITSASMENDI PARADISUAK LEIOA 2021 B	92
INFINITUS TEMPRANILLO 2023 T	809	IRACHE 18.91 2023 T RB	322	ITSASMENDI PARADISUAK MORGA 2021 B	92
INFINITUS VIURA & CHARDONNAY 2023 B	809	IRACHE 2019 T C	322	ITSASMENDI PARADISUAK TXIRENE 2021 B	92
INFINT 2022 T	182	IRACHE 2023 RD	322	IURA 2019 B	363
INFORMAL PROYECTO DE VALERIO GARCÍA 2022 B	735	IRACHE CHARDONNAY 2023 B	322	IUVENIS DE BIOPAUMERÀ 2021 T	650
INGÉNITO 2023 T RB	270	IRENE ROSAT 2023 RD	339	IVORI VINYA LA FINKA 2022 B	37
INGOBERNABLE 2020 T	280	IRIENSIS 2022 B	401	IXEIA 2023 B	635
INGOBERNABLE 2021 T	238	IRUJO JOVEN 2022 T	532	IXEIA 2023 RD	635
INGRATO 2020 T	688	IRUJO VENDIMIA SELECCIONADA 2022 T	532	IXEIA 2023 T	635
INHÒSPIT 2022 B	333	IRVING SYRAH 2021 T C	210	IZADI 2021 T C	543
INICIAL VELO DE FLOR 2021 B	280	ISABEL BAÑARES 2022 T	530	IZADI EL REGALO 2021 B	543
INMÁCULA 2021 B FB	319	ISABELLA BOBAL 2022 T	518	IZADI EL REGALO 2022 T	543
INMORTALIS MONASTRELL 2022 T	98	ISABENA FINCA EL PLANO GARNACHA 2023 B	635	IZADI LARROSA BLANCA 2023 B	543
INMUNE 2022 T	319	ISABENA FINCA IRENE GARNACHA 2022 T	635	IZADI LARROSA NEGRA 2023 T	543
INQUIET DE RENDÉ MASDÉU 2023 T	171	ISABENA FINCA LA TORRE CHARDONNAY 2023 B	635	IZADI LARROSA ROSÉ 2023 RD	543
INSIGNIA 2020 BE GR BR	135	ISABENA FINCA LOS NOGALES 2023 B	635	IZADI SELECCIÓN 2023 B	543
INSPIRACIÓN VALDEMAR 2020 T	564	ISÁBENA MERLOT SELECCIÓN 2020 T C	635	IZAR DE NEKEAS 2017 T R	329
INSTANT DE FLOR 2023 B	356	ISHII DE VIVES AMBRÒS 2023 B	650	IZAR-LEKU 2019 BE BN	205
INTUICIÓN SAUVIGNON BLANC 2023 B	841	ISLA ORO AIRÉN 2023 B	249		
INTUICIÓN VERDEJO ORGANIC 2023 B	841	ISLA ORO CABERNET SAUVIGNON 2023 T	249	**J**	
INURRIETA CORAL 2023 RD	317	ISLA ORO GARNACHA 2023 RD	249		
INURRIETA CUATROCIENTOS 2021 T C	317	ISLA ORO MACABEO 2023 B	249	J. CANTERA 2023 B	544
INURRIETA MEDIODÍA 2023 RD	317	ISLA ORO TEMPRANILLO 2023 T	249	J. CANTERA 2023 RD	544
INURRIETA MIMAO GARNACHA 2022 T	317	ISLA ORO TEMPRANILLO CABERNET SAUVIGNON 2020 T C	249	J.L. VILELA LADAIRO 2019 T C	290
INURRIETA MIMAO GARNACHA BLANCA 2021 B BA	317			J.P. 2018 T R	89

WEIN	SEITE	WEIN	SEITE	WEIN	SEITE
JA! T	799	JAROS 2022 T RB	511	JEAN LEON 3055 ROSÉ 2022 RD	345
JABLE DE TAO 2022 B	262	JAROS ALBILLO MAYOR 2022 B	511	JEAN LEON VINYA GIGI CHARDONNAY 2022 B C	345
JALIFA VORS "30 YEARS" BF AM S	220	JARRIERO BF SOLERA CRM	221	JEAN LEON VINYA LA SCALA CABERNET SAUVIGNON GRAN RESERVA 2017 T GR	345
JÁNCOR 2022 T BA	848	JAUME DE PUNTIRÓ BLANC 2023 B	89		
JÁNCOR 2022 T C	848	JAUME DE PUNTIRÓ CARMESÍ 2022 T	89	JEAN LEON VINYA LE HAVRE CABERNET SAUVIGNON RESERVA 2020 T R	345
JANE SANTACANA 2018 BE GR BN	139	JAUME GIRÓ I GIRÓ BARÓN MERTEN 2011 BE GR BN	147		
JANE SANTACANA ETIQUETA BLANCA 2020 BE R BN	139	JAUME GIRÓ I GIRÓ MONTANER 2017 BE GR BN	148	JEAN LEON VINYA PALAU MERLOT 2020 T C	345
JANE SANTACANA ETIQUETA COBRE 2020 BE R BR	139	JAUME GIRÓ I GIRÓ PINOT NOIR ROSADO 2021 RE BR	148	JEITA 2019 T R	458
JANE SANTACANA ETIQUETA DORADA 2020 BE R BN	140	JAUME GIRÓ I GIRÓ SELECTE 2013 BE GR BN	148	JERONIMO 2022 T	259
JANÉ VENTURA "DO M" VINYES VELLES 2018 BE GR BN	147	JAUME GRAU I GRAU COLLECCIÓ SUMOLL BLANC 2022 B	122	JESÚS MADRAZO ERMITA DE SAN GREGORIO 2021 B R	586
JANÉ VENTURA 1914 VINYES VELLES CENTENARI 2013 BE GR BN	147			JESÚS MADRAZO NUM. IV 2020 T	586
		JAUME GRAU I GRAU GARNATXA COLLECCIÓ 2019 T	122	JESÚS YLLERA 2018 T C	512
JANÉ VENTURA 1914 VINYES VELLES CENTENARI MAGNUM 2009 BE GR BN	147	JAUME LLOPART ALEMANY 2017 BE GR BN	148	JIMÉNEZ-LANDI PIÉLAGO 2022 T	285
		JAUME LLOPART ALEMANY BE R BN	148	JIMÉNEZ-LANDI SOTORRONDERO 2022 T	285
JANÉ VENTURA FINCA ELS CAMPS MACABEU 2023 B	344	JAUME LLOPART ALEMANY BE R BR	148	JIRÓN DE NIEBLA 2021 T C	770
JANÉ VENTURA FINCA ELS CAMPS NEGRE 2019 T	344	JAUME LLOPART ALEMANY CABERNET SAUVIGNON 2023 RD	345		
JANÉ VENTURA FINCA ELS CAMPS NEGRE 2020 T	344			JOAN GINÉ 2018 T R	364
				JOAN MIRÓ 2017 T R	470
JANÉ VENTURA MALVASÍA DE SITGES 2023 B BA	344	JAUME LLOPART ALEMANY MERLOT 2023 T	345	JOANA 2022 T	306
JANÉ VENTURA RESERVA DE LA MÚSICA 2021 BE R BN	147	JAUME LLOPART ALEMANY XARELLO 2023 B	345	JOAQUÍN REBOLLEDO FINCA TRASDAIRELAS 2022 B	708
		JAUME SERRA 2019 BE R BN	129		
JANÉ VENTURA RESERVA DE LA MÚSICA MAGNUM 2018 BE R BN	147	JAUME SERRA BE BN	129	JOAQUÍN REBOLLEDO GODELLO 2023 B	708
		JAUME SERRA BE SS	129	JOAQUÍN REBOLLEDO MENCÍA 2023 T	708
JANÉ VENTURA RESERVA DE LA MÚSICA ROSÉ 2021 RE R BR	147	JAUME SERRA CHARDONNAY 2018 BE GR BN	130	JOHN STONE 2022 B	186
		JAUME SERRA PINOT NOIR ROSÉ RE BR	129	JONAS CLARETE 2021 RD	69
JANÉ VENTURA SUMOLL 2020 T	344	JAUME SERRA VINTAGE 2020 BE R BN	129	JONCARIA GARNACHA ROJA 2022 B	198
JANÉ VENTURA XARELLO 2023 B	344	JAUN DE ALZATE CEPAS VIEJAS 2010 B	546	JORGE ORDÓÑEZ & CO Nº 1 SELECCIÓN ESPECIAL DULCE (SIN FORTIFICAR) 2023 B D	274
JANES 2019 BE	904	JAVIER SANZ PARAJE LA ENCINA 2022 T RB	836		
JARABE DE ALMÁZCARA MAJARA 2020 T	69	JAVIER SANZ VERDEJO 2023 B	627	JORGE ORDÓÑEZ & CO Nº 2 VICTORIA DULCE (SIN FORTIFICAR) 2023 B D	274
JARDÍN DE VALPARAISO 2021 T	480				
JAROS 2021 T	511	JEAN LEON 3055 CHARDONNAY 2023 B	345		

WEIN	SEITE
JORGE ORDÓÑEZ & CO. Nº 3 VIÑAS VIEJAS (SIN FORTIFICAR) 2022 B D	274
JOSÉ GALO SAUVIGNON BLANC 2023 B	622
JOSÉ GALO VERDEJO VENDIMIA SELECCIONADA 2023 B	622
JOSÉ GIL EL BARDALLO 2022 T	586
JOSÉ GIL VIÑEDOS DE SAN VICENTE 2021 T	587
JOSÉ L. FERRER 2020 T C	88
JOSÉ MANUEL CORRALES 2022 T	715
JOSÉ PARIENTE 2021 B FB	618
JOSÉ PARIENTE 25 AÑOS DE CRIANZA EN BARRICA 1998 B RB	874
JOSÉ PARIENTE CUVÉE ESPECIAL 2021 B	618
JOSÉ PARIENTE FINCA LAS COMAS 2021 B	618
JOSÉ PARIENTE VERDEJO 2023 B	618
JOSEFINA PIÑOL VENDIMIA TARDÍA VIÑAS VIEJAS 2018 B D	659
JOSEP FORASTER BLANC SELECCIÓ 2023 B	172
JOSEP FORASTER PEP 2022 T	172
JOSEP FORASTER TREPAT 2022 T	172
JOYA DEL MEDITERRÁNEO 2022 B	868
JOYUELO CLASSIC ALBILLO 2021 B	739
JUAN DE JUANES BRONCE 2023 T	717
JUAN DE JUANES PLATA PETIT VERDOT 2022 T	717
JUAN DE JUANES PLATA VIOGNIER 2023 B	717
JUAN GIL ETIQUETA AMARILLA/YELLOW LABEL 2023 T	233
JUAN GIL ETIQUETA AZUL/BLUE LABEL 2022 T	233
JUAN GIL ETIQUETA PLATA/SILVER LABEL 2022 T	233
JUAN GIL MOSCATEL SECO 2023 B	233
JUAN GIL PETIT VERDOT 2023 T	233

WEIN	SEITE
JUAN GIL ROSADO 2023 RD	233
JUAN JOSÉ 2022 T	877
JUJOL DE VIVES AMBRÒS 2022 B FB	650
JÚLIA BERNET BARRACA DELS COSCONS 2018 BE BN	909
JÚLIA BERNET FEIXES DE LA FONT 2020 BE BN	909
JULIÁN MADRID 2018 T R	537
JULIÁN SANTOS MARTÍNEZ EDICIÓN CENTENARIO 2019 T C	232
JULIETA 2022 T	172
JUMENTA MERLOT SYRAH GARNACHA TINTORERA 2022 T	55
JUSTINA 2021 T	692
JUVÉ & CAMPS LA SIBERIA 2015 RE GR BN	148
JUVÉ & CAMPS MILESIMÉ 2019 BE R BR	148
JUVÉ & CAMPS MILESIMÉ BLANC DE NOIRS - RIERAL 2019 BE GR BR	148
JUVÉ & CAMPS MILESIMÉ CHARDONNAY CAN RIUS MAGNUM 2008 BE BN	148
JUVÉ & CAMPS MILESIMÉ XARELLO OLIVERA 2017 BE GR BN	148
JUVÉ & CAMPS RESERVA DE LA FAMILIA 2009 BE GR BN	149
JUVÉ & CAMPS RESERVA DE LA FAMILIA 2012 BE GR BN	149
JUVÉ & CAMPS RESERVA DE LA FAMILIA 2019 BE GR BN	149

K

WEIN	SEITE
K PILOTA 2023 B	203
K_I DE PASCONA 2022 T	305
K-NAIA 2023 B	620

WEIN	SEITE
K5 2015 B	203
K5 2021 B	203
K5 MAGNUM 2019 B	203
K5 VENDIMIA TARDÍA 2021 B	204
KABERRI 2023 B	94
KAIAREN 2016 B	204
KAIROS DE SAN ESTEBAN 2019 T	559
KALAMITY 2022 B	591
KALAMITY 2022 T	591
KALMA 2022 B	271
KALMA ROSE 2022 RD	271
KANPAI 2023 B	352
KENTIA 2023 B	407
KHUR 2023 RD	264
KIMERA 2021 T	329
KIMERA ANCESTRAL 2022 BE BN	910
KIMERA ANCESTRAL RE BN	910
KINKI T	72
KOMOKABRAS AMARILLO 2022 B FB	790
KOMOKABRAS ANCESTRAL 2022 BE EBR	904
KOMOKABRAS ANCESTRAL GRAN CRU 2022 BE EBR	904
KOMOKABRAS MORADO 2022 T	862
KOMOKABRAS NARANJA 2022 B	790
KOMOKABRAS ROJO 2022 T BA S	862
KOMOKABRAS VERDE LÍAS 2021 B	790
KUUSU 2022 T	894
KYATHOS 2018 T C	751

L

WEIN	SEITE
L'ENRIQUETA 2022 B	349

WEIN	SEITE	WEIN	SEITE	WEIN	SEITE
L'ESPATLLAT 2021 B	651	L'ORATORI 2022 T	194	LA BOTA DE PALO CORTADO (BOTA Nº 121) BF PC	221
L'ONCLU 2022 T	651	L'ORIGEN 2019 BE GR BN	137	LA BOTA DEL RINCÓN BF OL	221
L'ALLEU 2022 T C	305	L'ORNI 2022 B	173	LA BOTELLA AZUL B SD	877
L'AMO 2023 T	857	L'ÚNIC 88 T	301	LA BOTERA 2019 T C	200
L'ANCESTRAL BLANC 2022 BE	910	LA ABUELA VISI 2022 B BA	562	LA BOVILA 2021 T	898
L'ANCESTRAL ROSÉ 2022 RE	910	LA ATALAYA DEL CAMINO 2022 T	53	LA BREÑA 2021 T	769
L'ÁNIMA DE TERRAVINYADA 2020 T C	312	LA BAIXADA 2022 T	362	LA BRUJA DE ROZAS 2022 T	742
L'APHRODISIAQUE GODELLO 2023 B	69	LA BALDESA CASTELLANA NEGRA 2023 T	647	LA CALLEJA DEL SASTRE 2018 B	585
L'APHRODISIAQUE ROSÉ 2022 RD	69	LA BALDESA LISTÁN NEGRO 2023 T	647	LA CALLEJA DEL SASTRE 2021 T	585
L'ARTESAÑA 2021 T C	607	LA BALDESA NEGRAMOLL 2023 T	647	LA CALMA 2021 B FB	337
L'ARXIDUC ROSAT 2023 RD	358	LA BALLESTERA CLUB DE LA BARRICA 2021 T C	815	LA CALMA MÁGICA 2018 T	315
L'AVI ARRUFÍ 2021 T	659	LA BALLESTERA CLUB DE LA BARRICA 2022 T C	815	LA CALMA MÁGICA 2020 B	315
L'AVI ARRUFÍ 2022 B FB	659	LA BALLESTERA TINTO GUARDA MAGNUM 2021 T C	815	LA CANDELERA 2023 B FB	581
L'AVI DE LA PIPA 2022 B	651	LA BALLESTERA TINTO GUARDA MAGNUM 2022 T C	815	LA CANETANA DAAN 2021 T	794
L'ENCANTERI 2022 T C	194	LA BASSETA 2020 T C	380	LA CANETANA ÉMILE 2021 T	795
L'ERMITA 2022 T C	362	LA BESTIA GARNACHA 2021 T RB	108	LA CANETANA MAXIM 2023 B	874
L'ESCALETA 2021 T	363	LA BESTIA MONASTRELL 2021 T BA	229	LA CAÑA 2023 B	399
L'ESCUMÓS D'ANNA ESPELT 2015 BE	196	LA BESTIA NEGRA 2022 T	197	LA CAÑA NAVIA 2022 B	399
L'ESTACA 2018 T	386	LA BIEN CERCADA AÑADA SELECCIÓN 2023 T	672	LA CAÑADA BF PX D	298
L'ESTACIÓ BLANC 2020 B	124	LA BIEN PINTÁ 2023 B	619	LA CAÑADA DEL JINETE 2021 T	890
L'ESTACIÓ NEGRE 2020 T C	124	LA BIEN PLANTÁ 2023 T	53	LA CAPILLA 2018 T R	494
L'INCORRECTE DE CELLER SANROMÀ VI BRISAT 2022 B	883	LA BLANCA 2022 B	666	LA CAPILLA 2020 T C	494
L'INICI DE TERRAVINYADA 2021 T	312	LA BONA VIDA 2022 BE BR	137	LA CAPILLA 2022 B	626
L'INSOMNI 2022 B	854	LA BOTA DE AMONTILLADO VIEJÍSIMO (BOTA Nº 125) "BOTA NO" B AM	296	LA CAPILLA VENDIMIA SELECCIONADA 2021 T	494
L'INTRÚS 2021 T	200			LA CARMINA 2023 B	402
L'O DE L'ORIGAN BE BN	149	LA BOTA DE FINO (BOTA Nº 124) B FI	296	LA CARRA CABRA 2022 T	330
L'OLIVERA 2021 BE R BN	182	LA BOTA DE FLORPOWER (Nº119) MMXXII 2022 B	887	LA CARRERADA 2019 T	311
L'OLIVERA RESERVA SUPERIOR 2019 BE GR BN	182	LA BOTA DE MANZANILLA PASADA Nº 120 (BOTAS NO) BF MZ	221	LA CARTUJA VINO DE LICOR B	717
L'OM NEGRE 2021 T	305			LA CASA DE LA SEDA 2021 T BA	695

WEIN	SEITE
LA CASA LLARGA 2022 B	338
LA CASILLA 2022 T RB	279
LA CASILLA DE ADRIÁN BOBAL 6 MESES 2020 T RB	278
LA CASILLA DE ADRIÁN MACABEO 2022 B	278
LA CASONA DE ARÍNZANO 2018 T	758
LA CASONA DE LA VID 5V 2020 T	827
LA CASONA DE LA VID CABERNET COTARRO 2018 T BA	827
LA CASONA DE LA VID GARNACHA 2020 T	827
LA CASONA DE LA VID MERLOT 2020 T	465
LA CASONA DE LA VID SYRAH 2020 T	827
LA CASONA DE LA VID VIOGNIER 2022 B	828
LA CASUALIDAD DE LEMONIER 2021 BE BN	906
LA CENDRA 2022 T	771
LA CENDRA 2023 B	771
LA CENDRA SELECCIÓN DE FAMILIA 2020 T	771
LA CENDRA SELECCIÓN DE FAMILIA 2021 T	771
LA CEPA DE PELAYO BOBAL 2020 T	280
LA CERCA 2022 B	772
LA CHELO 2020 T RB	744
LA CHELO NATURAL SWEET B	744
LA CHELO VIÑAS VIEJAS 2015 T C	744
LA CHICA FINA 2022 T	560
LA CHOZA DEL CABRERO 2022 B	730
LA CIGARRERA BF AM ES	217
LA CIGARRERA BF MO D	218
LA CIGARRERA BF MZ ES	218
LA CIGARRERA BF OL S	218
LA CIGARRERA BF PX D	218
LA CIGARRERA MANZANILLA PASADA BF MZ ES	218

WEIN	SEITE
LA CIGÜEÑA GODELLO 2023 B	81
LA CIGÜEÑA MENCÍA 2022 T	81
LA CISQUETA DE CORBERA BLANC 2023 B	655
LA CISQUETA DE CORBERA NEGRE 2023 T	655
LA CLOTA 2021 T	789
LA COMTESSE GRAN VINO DE GUARDA 2019 B FB	410
LA CORONELA 2022 T	891
LA COSTA DEL RIU 2020 T C	382
LA COSTANA 2019 T C	264
LA CREU ALTA 2020 T R	380
LA CRUSSET BE R BN	130
LA CUNA 2023 B	664
LA CUVÉE CASTELL DEL REMEI BE BN	136
LA DAMA 2020 T C	42
LA DANSADA 2022 B	655
LA DANSADA 2022 T	655
LA DANZA DE LA MOMA 2021 T BA	722
LA DIEGO 2022 T	262
LA DIVA DULCE 2020 B D	873
LA DIVISA LIMITED EDITION 2023 B	874
LA DIVISORIA 2021 T	897
LA DOLORES VIÑAS VIEJAS 2022 T	101
LA DONCELLA DE LAS VIÑAS 2023 RD	802
LA DONCELLA DE LAS VIÑAS CHARDONNAY 2023 B	802
LA DONCELLA DE LAS VIÑAS TEMPRANILLO 2023 T RB	802
LA DULA 2022 T	598
LA ERA 2021 T	799
LA ESCRIBANA 2022 B	867
LA ESENCIA DE MONTREAGA 2019 T	816

WEIN	SEITE
LA ESTACADA CHARDONNAY 2023 B FB	690
LA ESTACADA SELECCIÓN DE PARCELAS 2020 T C	690
LA ESTACADA SYRAH MERLOT 2021 T C	690
LA ESTRADA 2021 T	573
LA ESTRECHA 2022 T	279
LA FARAONA 2022 T BA	80
LA FELISA 2022 T	465
LA FIGAFLOR 2023 B	866
LA FILLABOA 1898 2016 B	398
LA FLEUR VIVALTUS 2019 T	512
LA FLOR DE MARGOT TREIXADURA 2023 B	435
LA FLORENS 2022 T	310
LA FONT DEL MOSQUIT 2022 B	363
LA FORASTERA BY #GARAGEWINE 2022 T	796
LA FORCALLA DE ANTONIA 2022 T	726
LA FUENTE DE MOSITO 2020 T	529
LA FURGONETA QUE MIRABA AL ÓRBIGO 2022 T	836
LA GALBANA 2021 T R	77
LA GALERA 2018 B	380
LA GARGANTILLA TEMPRANILLO 2020 T	564
LA GARNACHA OLVIDADA DE ARAGÓN 2021 T	104
LA GARNACHA PERDIDA DEL PIRINEO 2021 T C	895
LA GARNACHA SALVAJE DEL MONCAYO 2021 T	895
LA GARNATXA D'EN PITU 2012 RF GR D	194
LA GARNATXA FOSCA DEL PRIORAT 2021 T	383
LA GAVACHA GARNACHA 2022 T BA	104
LA GENUÏNA DE EDETÀRIA 2020 T	662
LA GITANA ANIVERSARIO BF MZ S	217
LA GITANA BF MZ S	217

WEIN	SEITE	WEIN	SEITE	WEIN	SEITE
LA GITANA EN RAMA BF MZ S	217	LA LOCOMOTORA 2015 T GR	600	LA MUNTERA 2020 T	655
LA GITANA GRADO NATURAL 2017 BF MZ	217	LA MALDITA GARNACHA 2023 RD	568	LA MUSA 2020 T	173
LA GOYA BF MZ S	221	LA MALDITA GARNACHA 2023 T	568	LA NAVA BY TUDANCA 2021 T	511
LA GUERRERA 2018 T C	164	LA MALDITA GARNACHA BLANCA 2023 B	568	LA NAVE CASA AURORA 2022 T	881
LA GUERRERA FINCA CENTENARIA 2020 T MC	164	LA MALDITA REVOLUTION 2021 T	568	LA NEGRA FLOR 2022 T	661
LA GUITA AMONTILLADO EN RAMA BF	224	LA MALDITA ROSÉ 2021 RE BR	568	LA NEGRA FLOR 2023 B	661
LA GUITA BF MZ S	224	LA MALPREGONA 2022 T	640	LA NIETA 2021 T	604
LA GUITA EN RAMA BF MZ S	224	LA MALPREGONA CHARDONNAY MACABEO ALCAÑÓN 2022 B	640	LA NIMFA BLANC 2023 B	171
LA GUITA PASADA EN RAMA BF MZ	224			LA NOTA 2019 T	781
LA HAYA AFRUTADO CORDÓN TRENZADO 2022 B SS	735	LA MALPREGONA MACABEO ALCAÑÓN 2021 B	640	LA NYMPHINA MONASTRELL 2021 T	750
LA HAYA CORDÓN TRENZADO 2021 B BA	735	LA MALVAR DE MÁS QUE VINOS 2022 B FB S	805	LA OFICINA DE JULIÁN SARDINA 2015 T	511
LA HAYA SECO 2022 B	735	LA MAR DE TERRAS GAUDA 2022 B	415	LA OLA 2020 B	406
LA HERRADA 2022 T FB	53	LA MARAGATA 2019 B FB	85	LA ORPHICA EDICIÓN LIMITADA VIVA LA VIDA 2022 T	878
LA HONDA AMONTILLADO EN RAMA BF AM	218	LA MARE DE PASCONA 2021 T	305	LA ORPHICA MONASTRELL ILUMINADA 2022 T BA SS	878
LA HONDA FINO EN RAMA BF FI	218	LA MARQUESA 2022 T	606	LA ORPHICA MONASTRELL SELECCIÓN TARDIA 2022 T SS	878
LA HORMIGA DE ANTÍDOTO 2022 T	456	LA MATACALVA 2022 T	325		
LA HOYA DE MAZUELA 2018 T R	551	LA MEJORADA CABERNET SAUVIGNON 2016 T	833	LA ORPHICA PERLA NEGRA 2020 T	878
LA HOYA EL CUERNO 2022 T	539	LA MEJORADA LAS CERCAS 2019 T RB	833	LA ORPHICA SELECCIÓN AURORA 2023 B SS	878
LA HUELLA DE AITANA 2023 RD	328	LA MEJORADA LAS NORIAS 2019 T RB	833	LA ORPHICA SELECCIÓN SINTONÍA 2023 RD	878
LA HUELLA DE AITANA CUVÉE ZEN 2021 RD C	328	LA MERCED 2019 B FB	326	LA PACHA 2021 T	530
LA INTRUSA DE MALASAÑA 2021 T BA	745	LA MILOQUERA 2021 T C	306	LA PANESA ESPECIAL FINO BF FI S	224
LA JACA BF MZ S	214	LA MIRANDA DE SECASTILLA 2021 T	641	LA PASIÓN ABDÓN SEGOVIA 2016 T R	673
LA JANDA BF FI S	214	LA MIRANDA DE SECASTILLA GARNACHA 2023 RD	641	LA PASQUALA 2023 T	651
LA JOTA DE TO V.R. (VIUDA RICA) 2021 T RB	676	LA MIRANDA DE SECASTILLA GARNACHA BLANCA 2023 B	641	LA PEONA 2023 B	348
LA LLORONA 2022 B	72			LA PERA 2023 B	583
LA LOBA 2018 T	497	LA MISIÓN BY MENADE 2022 B	829	LA PERALOSA 2022 T	810
LA LOBERA CUATRO VARIETALES 2016 T R	596	LA MONTAÑA 2022 T	245	LA PERDICIÓN 2022 T C	795
LA LOBITA 2022 T	498	LA MUJER CAÑÓN 2021 T	743	LA PERDIZ Y EL TOMILLO 2 2022 T	814
LA LOCA REINA 2023 B	613	LA MULETA 2019 T R	720	LA PETITE AGNÈS 2022 T BA	364

WEIN	SEITE	WEIN	SEITE	WEIN	SEITE
LA PICARAZA BOBAL CLÁSICO 2020 T C	693	LA ROSA FINCA SANDOVAL 2022 T BA	280	LA TEMPTACIÓ 2021 B	349
LA PICONADA 2020 T C	540	LA SACA DE ALTANZA BF PC S	213	LA TERCIA B PX D	294
LA PICONADA 2022 T	540	LA SALVACIÓN 2022 B	80	LA TORPE AVUTARDA DESCANSA 2019 T C S	798
LA PICONADA MATURANA 2021 T	540	LA SANTA DE ÚRSULA 2022 T	774	LA TRIBANA 2021 T	194
LA PINALETA 2021 T	476	LA SENOBA 2018 T C	559	LA TRIBU DE OLVA 2022 T	101
LA PITXOTXA CABERNET SAUVIGNON 2020 T C	44	LA SENYORIA 2020 RE BN	664	LA TRIBUNA 2022 T	718
LA PITXOTXA MOSCATEL DE ALEJANDRÍA B SD	44	LA SETERA 2021 T C	66	LA TRUCHA 2023 B	409
LA PITXOTXA ROSÉ 2023 RD	44	LA SETERA 2022 T	66	LA TRUCHA ACERO 2017 B	409
LA PLANTA 2023 T RB	457	LA SETERA SELECCIÓN ESPECIAL 2014 T C	66	LA TRUCHA BARRICA 2022 B	409
LA PRESUMIDA DEL PALLARS 2022 B	183	LA SETERA TINAJA VARIETAL 2015 T RB	66	LA TRUCHA DE OTOÑO 2019 B	409
LA PROHIBICIÓN 2019 T RB	85	LA SIMA 2022 T MC	277	LA TRUENA 2022 B	881
LA PROVINCIA DE PRIETO PARIENTE 2020 T C	830	LA SISCA DE PAQUI 2023 B	48	LA VAL ALBARIÑO 2023 B	399
LA PUJADA 2016 T	370	LA SOBRADA 2022 B	404	LA VAL CONDADO DE TEA 2023 B	399
LA PURÍSIMA MONASTRELL 2023 T	750	LA SOLANA DELS MARGES 2020 T R	372	LA VAL FINCA ARANTEI 2023 B	399
LA PURISIMA OLD VINES EXPRESSION 2021 T RB	750	LA SOMBRILLA 2021 B	437	LA VAL GRAN AÑADA CRIANZA SOBRE LÍAS 2019 B C	399
LA PURÍSIMA PREMIUM 2021 T RB	750	LA SONRISA DE TARES 2023 B	81	LA VEREDA 2022 T BA	718
LA QUEBRÁ 2021 T BA	770	LA SONRISA DEL NÓMADA 2022 T RB	680	LA VICALANDA 2022 B	535
LA QUINTA DE RAFA 2022 T	54	LA SORT 2022 T	720	LA VICALANDA VIÑAS VIEJAS 2019 T	535
LA RAYA 2020 T	844	LA SUERTE DE ARRAYÁN ALBILLO REAL 2022 B	285	LA VIEJA ZORRA EDICIÓN ESPECIAL 2020 T	779
LA RELLANILLA 2023 T	603	LA SUERTE DE ARRAYÁN GARNACHA 2021 T	285	LA VILELLA BAIXA VI DE VILA 2018 T C	387
LA RENACIDA 2022 T	166	LA SUERTE PERDIDA 2022 T C	804	LA VILLA REAL CABERNET SAUVIGNON 2020 T C S	250
LA REQUEMADA 2022 T	539	LA SUERTITA 2023 B S	735	LA VILLA REAL CHARDONNAY 2023 B	250
LA RETORCIDA 2022 T	264	LA SUERTITA ALBILLO CRIOLLO 2023 B	735	LA VILLA REAL MACABEO 2023 B	250
LA REVELIA 2021 B	74	LA SUERTITA BAGAZO 2023 B	735	LA VILLA REAL MOSCATEL 2023 B D	250
LA REVELIA 2022 B	74	LA TACONERA 2022 T	543	LA VILLA REAL SAUVIGNON BLANC 2023 B	250
LA RIVA "LAS 10" 2021 B	885	LA TAPA LOCA VERDEJO 2023 B	631	LA VILLA REAL TEMPRANILLO 2021 T BA S	250
LA RIVA SAN CAYETANO 2022 B	885	LA TAPADA 2021 T	588	LA VIÑA DE AMALIO 2021 T	490
LA ROCA DE L'ABELLAR 2021 T	363	LA TAPADA 2022 T	588	LA VIÑA DE AMAYA 2021 T C	677
LA ROMERA 2022 T RB	741	LA TARDANA ESTENAS 2023 B	693	LA VIÑA DE LA CUEVA COLORÁ 2021 T C S	804

WEIN	SEITE	WEIN	SEITE	WEIN	SEITE
LA VIÑA DE MARÍA 2021 B	543	LACRUZ VEGA TERROIR 2016 T C	252	LAGAR DE BENAVIDES B FI S	295
LA VIÑA DE MATEO 2008 T D	42	LACRUZ VEGA VERDEJO 2023 B	252	LAGAR DE BRAIS 2023 B	433
LA VIÑA DE MATEO 2022 T	42	LACUESTA SELECTO 2022 T C	551	LAGAR DE CERVERA 2023 B	408
LA VIÑA DE MATEO 2023 B FB	42	LADAIRO 2020 T C	290	LAGAR DE COSTA 2023 B	407
LA VIÑA DE RAMÓN 2019 T	825	LADAIRO 2021 B FB	290	LAGAR DE COSTA TRADICIÓN 2021 B BA	407
LA VIÑA DEL ABUELO PREMIUM 2019 T	684	LADAIRO COLECCIÓN FAMILIA GODELLO TREIXADURA 2023 B	290	LAGAR DE COSTA. ATLANTIC ROSÉ 2019 RE BN	909
LA VIÑA DEL ABUELO SELECCIÓN ESPECIAL 2018 T C	684			LAGAR DE ENSANCHA 2023 B	248
LA VIÑA ES BELLA 2021 T	816	LADAIRO COLECCIÓN FAMILIA MENCÍA Y ARAÚXA 2023 T	290	LAGAR DE ROBLA COLECCIÓN CUATRO HERMANOS 2022 T	840
LA VIÑA ESCONDIDA 2020 T	285				
LA VIRGEN PARAJE SAN CRISTÓBAL PAGOS DE VIÑA REAL 2021 T	602	LADERA 2022 T	259	LAGAR DE ROBLA PREMIUM 2023 T	840
		LADERAS 2023 B	719	LAGAR DE ROBLA SELECCIÓN 2023 T	841
LA VOZ DEL VIÑADOR 2019 T	891	LADERAS DE INURRIETA 2020 T	317	LAGAR DE SANTIAGO 2021 T C	539
LA VOZ DEL VIÑADOR 2021 B	891	LADERAS DEL NORTE 2022 T	457	LAGAR DE SANTIAGO 2023 B	539
LA XARA 2022 T	279	LADERAS OSTATU 2018 T	591	LAGAR DE SANTIAGO 2023 T MC	539
LA ZORRA 8 VIRGENES 2022 B	779	LADERO 2021 T C	252	LAGAR DE SANTIAGO ELITE 2015 T	539
LA ZORRA LA NOVENA RUFETE BLANCO 2020 B	779	LADERO AIRÉN VERDEJO 2023 B	252	LAGAR DEL DUQUE 2023 RD	167
LA ZORRA ORIGINAL 2021 T	779	LADERO TEMPRANILLO 2023 T	252	LAGAR DEL DUQUE 2023 T	167
LA ZORRA RUFETE ITUERO 2020 T	779	LADRÓN DE GUEVARA 2021 T C	563	LAGAR DEL REY 2021 B FB	614
LABRUIXA 2023 B	666	LADRÓN DE LUNAS 2023 B	698	LAGAR DEL REY SAUVIGNON BLANC SOBRE LÍAS 2023 B	614
LABYRINTHVS PETRA 2022 B	823	LADRON DE LUNAS EXCLUSIVE VINO DE AUTOR 2019 T GR	698		
LACIMA 2021 T	425			LAGAR DEL REY VERDEJO SOBRE LÍAS 2023 B	614
LACRIMA BACCUS 2022 BE R BN	149	LADRÓN DE SUEÑOS C.V.C B	739	LAGAR DO CIGUR GARNACHA TINTORERA 2015 T C	704
LÁCRIMA BACCUS ROSÉ RE C BR	149	LAFONT 2023 B	725	LAGAR DO CIGUR GODELLO 2023 B	704
LÁCRIMA BACCUS SUMMUM 2019 BE R BN	149	LAFOU DE BATEA 2019 T R	664	LAGAR DO CIGUR GODELLO SOBRE LÍAS 2020 B	704
LACRIMUS CRIANZA 2021 T C	559	LAFOU DE RAMS 2018 B	664	LAGAR DO CIGUR MENCÍA 2018 T	704
LACRUZ VEGA 2018 T RB	252	LAFOU EL SENDER 2021 T C	664	LAGAR DOS MATEOS 2023 B	397
LACRUZ VEGA SAUVIGNON BLANC 2023 B	252	LAFOU ELS AMELERS 2022 B	664	LAGAR PEDREGALES FLORACIÓN 2023 B	405
LACRUZ VEGA SYRAH 2022 T	252	LAGALIN 2022 T	82	LAGARTOLAPEÑA 2022 B SD	825
LACRUZ VEGA TEMPRANILLO 2022 T	252	LAGAR DA CACHADA 2023 B	407	LÁGRIMA DE LISTÁN 2023 T	262

WEIN	SEITE	WEIN	SEITE	WEIN	SEITE
LÁGRIMA DE MALVASÍA VOLCÁNICA 2023 B S	262	LAN D-12 2021 T C	545	LAS CAMPANAS 2023 RD	323
LÁGRIMA DE MALVASÍA VOLCÁNICA 2023 B SD	262	LAN VERDEJO 2023 B	618	LAS CAMPANAS ROSÉ 2023 RD PL	323
LÁGRIMA DE MALVASÍA VOLCÁNICA 2023 RD	262	LANDUA 2021 T	521	LAS CAMPANAS TEMPRANILLO 2023 T	323
LÁGRIMA DE VITALIS 2023 RD	265	LANGA CLASSIC 2022 T	103	LAS CÁRMENES 2017 B FI S	295
LÁGRIMA DE VITALIS ALBARÍN 2023 B	265	LANGA FRENESÍ 2022 T	103	LAS DOSCES 2021 RD	697
LÁGRIMA NEGRA 2021 T C	509	LAPENA 2021 B	425	LAS DOSCES 2022 T RB	697
LÁGRIMA NEGRA 2022 T RB	509	LAPOLA 2022 B	425	LAS DOSCES 2023 B	697
LAGUNILLA 2021 T C	544	LAQUARTA BLANC 2º ANY VINYES VELLES 2022 B	665	LAS GALGAS 2021 B	898
LAHAR BE BN	914	LAQUARTA GRANS ANYADES NEGRE VINYES VELLES 2018 T	665	LAS GEMELAS MARAVILLA 2022 B	560
LAHAR BE BR	914			LAS HOCES 2021 T	697
LAHAR DE CALATRAVA 2022 T	821	LAQUARTA NEGRE 3ER. ANY VINYES VELLES 2021 T	665	LAS LADERAS DE JOSÉ LUIS 2020 T	576
LAHAR DE CALATRAVA 2023 B FB	821	LAR DE MAÍA 5º 2020 T BA	836	LAS LAMAS 2022 T BA	80
LAHAR DE CALATRAVA SELECCIÓN 2023 B	821	LAR DE MAÍA 7º AUTOR 2020 T BA	836	LAS LIRAS 2014 T GR	816
LAHAR ROSADO RE BN	914	LAR DE MAÍA 8º 2023 RD	836	LAS LUCERAS 2014 T C	167
LAÍNOA 2021 B	92	LAR DE MAÍA GARNACHA 2022 T C	836	LAS LUCERAS 2023 RD	167
LAÍNOA 2022 B	92	LAR DE SOTOMAYOR ECOLÓGICO 2021 T	540	LAS LUCERAS B	167
LAJAS "FINCA EL PEÑISCAL" 2019 T	104	LARA DA SILVA 2023 B	292	LAS MACHUQUERAS 2021 B	259
LALAMA 2021 T	425	LARA DA SILVA 2023 T	292	LAS MAMBLAS 2020 T	63
LALOMBA FINCA LADERO 2018 T	594	LARA O CLARETE 2021 RD C	506	LAS MARGAS LOS CEREZOS 2021 T BA	116
LALOMBA FINCA LALINDE 2023 RD	594	LARGO PLAZO 2019 T R	544	LAS MERCEDES DEL CABRIEL BOBAL AL LÍMITE 2021 T C	699
LALOMBA FINCA VALHONTA 2019 T	594	LAS 30 DEL CUADRADO 2022 B FB	874		
LALUME 2022 B	439	LAS ALAS DE FRONTONIO LA TEJERA 2022 T FB	873	LAS MORADAS DE SAN MARTÍN ALBILLO REAL 2022 B	742
LAMEMÒRIA 2022 B	666	LAS ALDEAS DE GALIA 2023 T	825	LAS MORADAS DE SAN MARTÍN INITIO 2019 T	742
LAMIN DE SOMMOS 2020 T	897	LAS AVUTARDAS 2022 B	887	LAS MORADAS DE SAN MARTÍN LA SABINA 2016 T R	743
LAN 2017 T GR	544	LAS BEATAS 2021 T	574	LAS MORADAS DE SAN MARTÍN SENDA 2021 T	743
LAN 2018 T R	544	LAS BLANCAS TRADICIONALES 2023 B	48	LAS MORADAS DE SAN MARTÍN, LIBRO DIECIOCHO LAS LUCES 2018 T GR	743
LAN 2021 T C	544	LAS CAMPANAS 2018 T R	323		
LAN 7 METROS 2021 T C	545	LAS CAMPANAS 2020 T C	323	LAS OCHO 2020 T	758
LAN A MANO 2021 T	545	LAS CAMPANAS 2023 B	323	LAS PARADAS 2022 T	112

WEIN	SEITE	WEIN	SEITE	WEIN	SEITE
LAS PARVAS 2018 T	681	LASCALA 2022 B	45	LAUS 2018 T R	636
LAS PIZARRAS FABLA 2023 T BA	105	LASLIAS DE BERONIA RUEDA 2022 B	610	LAUS 2020 T C	636
LAS PIZARRAS LAS LOMAS 2022 T	105	LATARCE DULCE 2022 T	867	LAUS 2021 T BA	636
LAS PIZARRAS VIÑA ACERED 2022 T	105	LATARCE GRAN SELECCIÓN MAGNUM 2018 T C	671	LAUS 2023 RD	636
LAS PIZARRAS VIÑA ALARBA 2022 T BA	105	LATARCE SELECCIÓN 2020 T	671	LAUS 2023 T	636
LAS REÑAS SELECCIÓN MONASTRELL SYRAH 2021 T C	98	LATARCE VERDEJO 2022 B	671	LAUS CHARDONNAY GARNACHA 2023 B	636
LAS RETAMAS DEL REGAJAL 2021 T	740	LATERTIUS T	466	LAUS GARNACHA 2022 T	637
LAS ROBADAS T	535	LATITUD 40 GRACIANO (ETIQUETA VERDE) 2022 T	286	LAUSOS 2021 T	842
LAS ROCAS GARNACHA VIÑAS VIEJAS 2022 T	103	LATÜE 2023 RD	250	LAVENTURA GARNACHA 2022 T	588
LAS SALINAS BELTZA 2021 T C	588	LATÜE AIRÉN 2023 B	250	LAVENTURA MALVASÍA 2022 B	589
LAS SALINAS ZURI DE LUBERRI 2023 B FB	588	LATÜE TEMPRANILLO 2022 T	250	LAVENTURA VIURA 2022 B	589
LAS SUERTES 2022 T	735	LAUDUM 2022 T RB	41	LAVIA FINCA PASO MALO 2021 T C	98
LAS TIERRAS DE JAVIER RODRÍGUEZ EL PEGO 2020 T C	678	LAUDUM CHARDONNAY 2023 B	41	LAVIA VALLE DEL ACENICHE 2021 T C	98
LAS TIERRAS DE JAVIER RODRÍGUEZ EL TESO ALTO 2018 T	678	LAUDUM FONDILLÓN 1994 T FO D	41	LAVIA VALLE VENTA DEL PINO 2021 T C	98
		LAUDUM MONASTRELL 2022 T RB	41	LAXAS 2023 B	396
LAS TIERRAS EXTINTA 2018 T C	678	LAULLA 2023 T	603	LAYA 2023 T	53
LAS TIRAJANAS AYACATA 2022 T	207	LAUNA 2021 T C	546	LAZO ROJO 2020 T	303
LAS TIRAJANAS HOYA DE LOS CARDOS 2022 B	207	LAUNA 2023 B	546	LAZTAN 2021 T	546
LAS TIRAJANAS HOYA DE LOS CARDOS 2022 T	207	LAUNA SELECCIÓN FAMILIAR 2019 T R	546	LE BOBAL 2022 T BA	692
LAS TIRAJANAS LLANOS DEL CORRAL 2023 B	207	LAUNA SELECCIÓN FAMILIAR 2020 T C	546	LE CENCIBEL 2022 T BA	692
LAS TIRAJANAS MALVASÍA VOLCÁNICA 2023 B	207	LAUNA SELECCIÓN FAMILIAR 2022 B FB	546	LE GRENACHE 2021 T RB	692
LAS TIRAJANAS TINAMAR 2022 T RB	207	LAURANA CABERNET TEMPRANILLO 2019 T	801	LE NATUREL 2023 B	316
LAS TRES 2020 B FB	758	LAURANA CHARDONNAY 2023 B	801	LE NATUREL 2023 T	316
LAS TRES FILAS 2022 T RB	77	LAURANA VERDEJO 2023 B	802	LE ROSÉ 2022 RD	693
LAS UVAS DE LA IRA 2022 T	287	LAUREATUS 2023 B	399	LE ROSÉ DE ANTÍDOTO 2022 RD	456
LAS VIÑAS DE PALOMA COLECCIÓN 2020 T	678	LAUREATUS DOLIUM 2013 B C	399	LE VERMENTINO 2022 B	866
LAS VIÑAS DE PALOMA SELECCIÓN DE PARCELAS 2021 T C	679	LAUREATUS LÍAS 2019 B C	400	LECHUZO 2022 T	780
		LAUREL 2021 T	373	LEGADO DE FARRO GODELLO VERDEJO 2023 B	841
LASALDE 2023 B	203	LAURONA 2014 T	304	LEGADO DE FARRO MENCÍA 2023 T RB	841

WEIN	SEITE	WEIN	SEITE	WEIN	SEITE
LEGADO FINCA EL REFUGIO CABERNET MERLOT 2015 T RB	812	LES AUBAGUES 2022 T RB	387	LEUKADE AUTOR 2018 T	599
		LES AUBAGUETES 2022 T C	362	LEYENDA DE NOC 2019 T	806
LEGADO FINCA EL REFUGIO PETIT VERDOT 2016 T	812	LES BRUGUERES 2022 T	379	LEZA GARCÍA 2016 T GR	568
LEGADO FINCA EL REFUGIO SYRAH 2016 T	812	LES BRUGUERES 2023 B	379	LEZA GARCÍA EDICIÓN GRACIANO 2022 T	568
LEGADO FINCA EL REFUGIO TEMPRANILLO 2022 T RB	812	LES CAMADES 2021 T	363	LEZAUN 0,0 SULFITOS 2022 T	322
LEGADO MUÑOZ CENCIBEL 2021 T	820	LES CERVERES XARELLO 2022 B	349	LEZAUN 2018 T R	322
LEGADO MUÑOZ CHARDONNAY 2023 B	821	LES CLIVELLES DE L'ALZINA 2020 T	366	LEZAUN 2020 T C	322
LEGADO MUÑOZ GARNACHA 2023 T	821	LES CLIVELLES DE TORROJA 2022 T	366	LEZAUN GAZAGA 2021 T RB	322
LEGADO MUÑOZ MACABEO VERDEJO 2023 B	821	LES COMES D'ORTO 2021 T C	311	LEZAUN TEMPRANILLO 2023 T MC	322
LEGADO MUÑOZ TEMPRANILLO 2023 T	821	LES CRESTES 2023 T	381	LEZCANO-LACALLE 2018 T R	163
LEGARIS 2019 T R	498	LES ELIES 2020 T BA	196	LEZCANO-LACALLE DÚ 2019 T	163
LEGARIS 2021 T C	498	LES MANS 2018 T	311	LG DE LEZA GARCÍA 2020 T	568
LEGARIS 2022 T RB	498	LES MANYES 2022 T	386	LÍA BY NIVARIUS 2017 BE R	555
LEGARIS ALCUBILLA DE AVELLANEDA 2020 T BA	498	LES MARGUES 2021 B R	381	LIALA ALBILLO 2021 B FB	164
LEGARIS CALMO 2019 T	498	LES ONES SAMSÓ 2019 T	364	LIANTE 2022 T RB	551
LEGARIS GUMIEL DE MERCADO 2020 T	498	LES PUJOLES 2019 T C	311	LIBALIS ROSÉ 2023 RD	881
LEGARIS MORADILLO DE ROA 2020 T BA	498	LES PUSSES 2020 T C	375	LIBALIS SEMIDULCE 2023 B	881
LEGARIS SAUVIGNON BLANC 2023 B	627	LES ROTES DE CAL PAU GARNATXA PELUDA 2022 T	302	LIBALIS WHITE 2023 B	881
LEGARIS VERDEJO 2023 B	627	LES ROTES DE CAL PAU MALVASIA DE SITGES 2023 B	882	LIBERSO CURIOSO VERDEJO 2016 B FB	627
LEGITIM 2021 T C	375	LES SORTS JOVE 2023 T	305	LIBERSO CURIOSO VERDEJO 2017 B FB	627
LEIRA PONDAL 2023 B	413	LES SORTS SYCAR 2021 T	305	LIBERSO CURIOSO VERDEJO 2018 B FB	627
LEIRANA 2023 B	398	LES SORTS VINYES VELLES 2020 T C	305	LIBERSO CURIOSO VERDEJO 2020 B FB	627
LEIRANA GENOVEVA 2022 B	398	LES TALLADES DE CAL NICOLAU 2019 T C	311	LIBERSO CURIOSO VERDEJO 2021 B FB	627
LEIX 2021 T	184	LES TERRASSES 2022 T	363	LIBERTARIO 2021 T C	250
LENTO LATIDO 2019 B	91	LES TOSSES 2022 T C	386	LIBRARES 2023 B	598
LEONOR BF PC S	222	LES TROIES BLANC 2023 B	303	LIBRARES SELECCIÓN 2022 T	598
LERMA 2019 T C	62	LES TROIES ROSAT 2023 RD	303	LIBRE Y SALVAJE GARNACHA 2021 T	117
LES ARGILES D'ORTO VINS BLANC 2023 B	311	LES VISTES 2021 B FB	888	LIBRE Y SALVAJE GARNACHA BLANCA 2022 B	117
LES ARGILES D'ORTO VINS NEGRE 2023 T	311	LETRAS MINÚSCULAS 2021 T	574	LIBRE Y SALVAJE NARANCHA 2021 B	117

WEIN	SEITE	WEIN	SEITE	WEIN	SEITE
LIBRO 2022 B	433	LLÁMALO X 2022 T	818	LO CABALÓ 2017 T R	375
LIBRO 2022 T	433	LLAMORICAS 2022 T	866	LO CIRERER 2020 T	302
LICOS 2021 B	661	LLANO QUINTANILLA 2020 T C	751	LO COSTER BLANC 2023 B	385
LICOS 2022 B	662	LLANOS DE TITAGUAS 2022 B	720	LO DE PEPITÍN 2023 T	48
LIENZO AIRÉN BE BN	821	LLANUM 2020 T R	468	LO DIVUIT GRAUS 2021 B FB	658
LIENZO AIRÉN PIE FRANCO 2022 B	821	LLAVORS BLANC 2023 B	196	LO MAS D'EDETÀRIA 2021 T	662
LIENZO CABERNET SAUVIGNON TEMPRANILLO MERLOT 2018 T	821	LLAVORS NEGRE 2021 T	196	LO MÓN 2018 T	386
		LLEBRE 2022 T	184	LO MORENILLO 2021 T	667
LIENZO CHARDONNAY 2022 B FB	821	LLEGAT LLOPIS 2021 B	340	LO NOI DEL SAC DE PASCONA 2023 B	305
LIGHT MY FIRE 2021 T	728	LLEIROSO 2019 T R	471	LO NOI DEL SAXO 2022 T	655
LINAJE DE PAGO MARMAJUELO 2022 B	772	LLEIROSO 2021 T C	471	LO NOI DEL SAXO 2023 RD	655
LINAJE DE PAGO MARMAJUELO 2023 B	772	LLICORELLA CLÀSSIC 2020 T	371	LO NOIR 2021 T	381
LINAJE DEL PAGO 2020 T BA	644	LLICORELLA PEDRO XIMÉNEZ 2023 B	372	LO PETIT PAU 2023 T	368
LINAJE DEL PAGO 2021 T	644	LLICORELLA VITIS 60 2020 T	372	LO POU 2022 B	789
LINAREJOS 2023 B	891	LLODÍO 2023 B	71	LO POU 2022 T	789
LINDARAJA 2021 T RB	211	LLODÍO SELECCIÓN 2022 B	71	LO SYRAH DEL GRAU 2019 T C	658
LINDARAJA 2022 T RB	211	LLOPART 2020 BE R BN	909	LO VY 2022 B	650
LINDEIROS 2021 B	408	LLOPART EX VITE VIÑAS SINGULARES LES FLANDES 2014 BE BR	909	LO VY 2022 T	650
LISTÁN 1414 DE ALTURA 2021 B	33			LO VY ANCESTRAL 2022 B	650
LITTLE CALIBER 2021 T	106	LLOPART LEOPARDI 2017 BE BN	909	LO VY ANCESTRAL 2022 RD	650
LIVING SEMILLON 2023 B	874	LLOPART LLEGAT FAMILIAR 2010 BE BN	909	LOALTO BOBAL 2023 T	892
LIVING TEMPRANILLO 2022 T	694	LLOPART ORIGINAL 1887 VIÑAS SINGULARES LES FLANDES 2013 BE BN	909	LOALTO PARCELA LOS ÁLAMOS 2023 B	892
LIXIVO 2022 B	864			LOALTO TARDANA 2023 B	892
LLABUSTES CABERNET SAUVIGNON 2021 T C	180	LLOPART PANORAMIC IMPERIAL 2018 BE BR	909	LOCO 2022 B FB	285
LLABUSTES CHARDONNAY 2023 B	180	LLUM 2023 B	855	LOCURA 2023 RD	41
LLABUSTES MERLOT 2023 T C	180	LLUM D'ALBA 2022 B	386	LOCURA DE YAYOS VINO DE PARAJE 2021 T	69
LLABUSTES RIESLING 2023 B	180	LLUM DE VI BLANC 2023 B	170	LOESS 2023 B	627
LLABUSTES ULL DE LLEBRE 2022 T C	180	LLUVIA GARNACHA 2022 T	879	LOESS BLUE CAP 2021 T C	498
LLÀGRIMES DE TARDOR BLANC 2022 B FB	665	LO BANCAL DE GRANATXA 2022 T	385	LOESS COLLECTION 2020 T C	498

WEIN	SEITE
LOESS COLLECTION 2022 B FB	627
LOESS INSPIRATION 2022 T	498
LOHER 2020 T C	645
LOHER FINCA EL LORO 2022 T	645
LOIDANA BLANC 2022 B	380
LOLA BEL 2023 RD	664
LOLA BY PACO & LOLA 2020 BE	409
LOLA DE FOS 2016 T GR	541
LOLA ROSÉ PINOT NOIR RE R BR	135
LOLI CASADO EL ABRIGADO 2020 T	546
LOLI CASADO LA CANCILLA 2022 B FB	546
LÓPEZ CRISTOBAL ALBILLO MAYOR 2022 B S	471
LÓPEZ CRISTOBAL LA COLORADA 2021 T C	471
LÓPEZ CRISTOBAL LA LINDE 2022 T RB	471
LÓPEZ CRISTOBAL PARCELA 1 2020 T R	471
LORE DE OSTATU 2021 B FB	591
LOREAKO AMA 2022 B	92
LOS ARRÁEZ LAGARES 2020 T RB	718
LOS ARRÁEZ PARCELA 0 2020 T RB	719
LOS BAYONES FINCA LA MANGA 2020 T BA	677
LOS BOBALISTAS BOBAL BLANC DE NOIR 2023 B	519
LOS BOBALISTAS BOBAL CLÁSICO 2022 T	519
LOS BOBALISTAS BOBAL CUVÉE 2022 T	518
LOS BOBALISTAS BOBAL ROSÉ 2023 RD	519
LOS BREZOS 2022 T	730
LOS CANTOS DE TORREMILANOS 2021 T	495
LOS CARISMÁTICOS 2023 T	712
LOS CONFINES DE PRIETO PARIENTE 2021 T C	830
LOS CORRALES DE MONCALVILLO MATURANA TINTA 2020 T BA	537
LOS CUATRO BF MO D	225
LOS ESCRIBANOS 2020 T	717
LOS FRAILES CALIZA 2022 T	722
LOS FRAILES DOLOMITAS 2022 T	722
LOS FRAILES RUBIFICADO 2022 T	722
LOS FRONTONES 2014 T C	271
LOS GALANES 2015 T R	253
LOS GALANES AIRÉN 2023 B	253
LOS GALANES CHARDONNAY 2023 B FB	253
LOS GALANES ROSÉ 2023 RD	253
LOS GALANES SELECCIÓN 2023 T	253
LOS GALANES TEMPRANILLO 2023 T	253
LOS GREDALES DE EL TOBOSO CABERNET SAUVIGNON 2022 T RB	815
LOS GREDALES DE EL TOBOSO ROSÉ 2023 B	815
LOS GREDALES DE EL TOBOSO SAUVIGNON BLANC 2023 B	815
LOS GREDALES DE EL TOBOSO SYRAH 2022 T RB	815
LOS GREDALES DE EL TOBOSO SYRAH 2023 T	815
LOS HOMBRES DE LA CIA 2023 T	69
LOS INSENSATOS DE LA ANTEHOJUELA. PARCELA DE LA MANGA DEL NEGRO 2021 B S	296
LOS INSENSATOS DE LA ANTEHOJUELA. PARCELA DEL BARCO 2022 B S	297
LOS INSENSATOS DE LA ANTEHOJUELA. PARCELA DEL LECHINAR 2022 B S	297
LOS INSENSATOS DE LA ANTEHOJUELA. PARCELA EL PRETIL 2022 B S	297
LOS INSENSATOS DE LA ANTEHOJUELA. PARCELA LA CONDENÁ 2021 B S	297
LOS INSENSATOS DE LA ANTEHOJUELA. PARCELA LOS INJERTOS 2022 B	297
LOS JALONES 2022 RD	468
LOS JALONES 2023 T RB	468
LOS LASTROS 2021 T	681
LOS LOROS "LA BOTA DE MATEO" 2022 B	730
LOS LOROS "SIETE LOMAS" 2023 B FB	730
LOS LOROS ALBILLO CRIOLLO 2023 B	730
LOS LOROS VIJARIEGO BLANCO 2022 B	730
LOS LOROS VIÑAS VIEJAS 2023 B	730
LOS LOSARES MONASTRELL 2019 T	54
LOS LOSARES MONASTRELL 2020 T	54
LOS MAESTRES 2022 T	738
LOS MOLINOS 2019 T R	715
LOS MOLINOS TEMPRANILLO 2023 T	254
LOS NATOS DE LEZA GARCÍA VIÑEDO SINGULAR 2021 T	569
LOS OLIVOS DE NEKEAS 2017 T R	329
LOS OLMOS 2015 T R	449
LOS OLMOS 2020 T C	449
LOS OLMOS 2021 T RB	449
LOS OLMOS 2023 RD	449
LOS OLMOS 2023 T	449
LOS PELADOS 2021 B	730
LOS PEROS ALBILLO REAL 2022 B	741
LOS PEROS GARNACHA 2021 T	741
LOS PINOS 0 % SULFITO 2023 T	720
LOS PRADOS 2022 T	53
LOS TABLEROS 2022 T BA	33
LOS TABLEROS VIJARIEGO BLANCO - ALBILLO 2023 B	33

WEIN	SEITE
LOS TOPOS DE LEZA GARCÍA 2021 T	569
LOS VIENTOS 2022 T	777
LOSADA 2022 T	83
LOSADA GODELLO 2023 B	83
LOUIS GOUDARD 2022 B	187
LOURO DO BOLO GODELLO 2023 B	710
LOUSAS ROSENDE 2022 T	887
LOUSAS SEOANE 2022 T	887
LOUSAS VIÑAS DE ALDEA 2022 T	887
LOVE IS VERMELL 2022 B	343
LOXAREL GARNACHA BLANCA 2022 B	346
LOXAREL XARELLO ÀMFORES 2021 B	346
LUBERRI 2023 T MC	588
LUBERRI ZURI 2023 B	588
LUCAS PASTOR VS 2022 T C	682
LÚCULO GARNACHA BLANCA 2022 B	322
LUIS ALEGRE 2021 T C	547
LUIS ALEGRE FINCA LA REÑANA 2019 B FB	547
LUIS ALEGRE FINCA LA REÑANA SELECCIÓN ESPECIAL 2019 T R	547
LUIS ALEGRE PARCELA Nº 5 2019 T R	547
LUIS ALEGRE VIURA SOBRE LÍAS 2022 B	547
LUIS CAÑAS 2018 T R	547
LUIS CAÑAS 2021 T C	548
LUIS CAÑAS SELECCIÓN DE FAMILIA 2019 T R	548
LUIS CAÑAS VIÑAS VIEJAS 2022 T	548
LUIS MARÍN GARNACHA AMETHYST EDICIÓN LIMITADA 2021 T C	115
LUIS PEIQUE 2020 T RB	75

WEIN	SEITE
LUIS SAAVEDRA VENDIMIA NOCTURNA 2018 T RB	740
LUIS XIV ÁNFORAS 2023 T	48
LUIS XIV BRISAT 2023 B	48
LUIS XIV VINO NOBLE T SOLERA	48
LUMEN 2020 BE R BR	905
LUNA 2023 T	286
LUNA BEBERIDE MENCÍA 2023 T	77
LUNA CRECIENTE 2023 B	418
LUNAS NUEVAS 2019 T R	683
LUNAS NUEVAS ORANGE 2022 B	683
LUNO BLANC 2022 B	309
LURRETIK 2022 B	203
LUSCO ALBARIÑO 2023 B	413
LUSIA 2021 T RB	848
LUSIA ORIGEN 2020 T	848
LUSTAU ALMACENISTA AMONTILLADO DEL CASTILLO ANTONIO CABALLERO Y SOBRINOS BF AM S	224
LUSTAU ALMACENISTA MANZANILLA PASADA MANUEL CUEVAS JURADO BF MZ	224
LUSTAU ALMACENISTAS PATA DE GALLINA GARCÍA JARANA BF OL S	225
LUSTAU EAST INDIA BF D	225
LUSTAU FINO DEL PUERTO BF FI	225
LUSTAU MOSCATEL VORS BF D	225
LUSTAU OLOROSO VORS BF OL S	225
LUSTAU PALO CORTADO VORS BF PC S	225
LUSTAU PAPIRUSA BF MZ S	225
LUSTAU SAN EMILIO BF PX D	225
LUTHIER 2012 T GR	506

WEIN	SEITE
LUTHIER 2014 T GR	506
LUTHIER 2018 B GR	506
LUTHIER GARNACHA 2019 T	898
LUXURIA 2022 B	292
LUZ DE OBSIDIANA 2022 T	261
LUZ MILLAR 2022 T RB	471
LUZÓN COLECCIÓN 2023 T RB	234
LUZÓN COLECCIÓN MONASTRELL 2023 T	234
LYRIUS ONE FROM VERDEJO 2023 B SD	832

M

WEIN	SEITE
M DE MURUA 2020 T	554
M MONTEVANNOS 2022 T	464
MA ANDREA MUFATTO DONA BLANCA 2022 B	83
MA ANDREA MUFATTO GODELLO 2022 B	83
MA IAIA CINTA HOMENATGE 2020 B FB	658
MA IAIA CINTA ORIGEN 2022 B	658
MABAL 2022 T	97
MABAL MACABEO DE BALCONA 2022 B	97
MABRE 2023 B	195
MACABELIUS 2022 B D	651
MACABEU DE SOLERGIBERT 2022 B	355
MACÁN 2020 T	533
MACÁN CLÁSICO 2021 T	533
MACCERATO 2023 B	416
MACIÀ BATLE 1856 2022 T BA	851
MACIÀ BATLE 2023 T	852
MACIÀ BATLE BLANC DE BLANCS 2023 B MC	852

WEIN	SEITE	WEIN	SEITE	WEIN	SEITE
MACIÀ BATLE COLLECCIÓ PRIVADA 2019 T	852	MAIOR DE MENDOZA SOBRE LÍAS 2023 B	389	MALDITO PARNÉ 2021 T C	674
MACIÀ BATLE NEGRE 2023 T MC	852	MAIOR DE MENDOZA VARIEDADES TINTAS 2022 T	389	MALEIGA INTRE 2022 B	434
MACIÀ BATLE ROSAT 2023 RD	852	MAIRES 2021 T	674	MALEIGA LAPSO 2022 T	434
MACIÀ BATLE ROSAT 2023 RD MC	852	MÁIS ALÁ 2022 B	902	MALKOA PRIVATE COLLECTION 2017 B BA S	59
MACIÀ BATLE SAUVIGNON BLANC 2023 B	852	MAIS DE CUNQUEIRO GODELLO 2023 B	437	MALKOA TXAKOLI 2017 B	59
MÁCULA 2015 T	319	MAIS DE CUNQUEIRO TORRONTÉS 2022 B	437	MALLEOLUS 2021 T	466
MACUMBA 2023 RD	874	MAIUS ASSEMBLAGE 2022 T	380	MALLEOLUS DE SANCHOMARTÍN 2020 T	466
MADAM 2023 B	600	MAIUS BARRANC DE LA BRUXA 2021 T C	380	MALLEOLUS DE VALDERRAMIRO 2020 T	466
MADREMIA 2022 T	680	MAIUS GARNATXA BLANCA 2022 B	380	MALLERENGA 2017 BE GR BN	142
MADURESA 2021 T	722	MAJADA DE REYES 2022 T	554	MALLOLET 2021 T	200
MAESTRO DE DURÓN 2020 T C	464	MAL BITXO ESCURSAC 2022 T	885	MALOCO 2022 T	697
MAESTRO VIÑA AXARKÍA 2022 BF D	273	MAL BITXO ESCURSAC BLANC DE NOIR 2023 B	885	MALÓN DE ECHAIDE 2023 B	323
MAGADI 2019 B	535	MAL BITXO MALVASÍA 2023 B	854	MALÓN DE ECHAIDE 2023 RD	323
MAGALARTE LEZAMA 2023 B	94	MALA VIDA 2021 T RB	719	MALPASO 2022 T	285
MAGALARTE ZAMUDIO 2021 B FB	91	MALA VIDA 2023 B	719	MALPASTOR 2020 T C	587
MAGASÉ ÁMBAR 2023 B	875	MALA VIDA EDICIÓN LIMITADA 2021 T RB	719	MALPUESTO 2022 T	556
MAGASÉ ÁNFORA B	875	MALABRIGO 2021 T	490	MALVASIA DE SITGES 2013 BF MISTELA D	882
MAGMA BLANCO DE CRÁTER 2022 B	644	MÁLAGA ORO VIEJO 2017 BF TRASAÑEJO D	272	MALVASÍA VICTORIA TORRES 2022 B	259
MAGMA DE CRÁTER 2019 T C	644	MÁLAGA PX NOBLE QUITAPENAS BF PX D	272	MANAR DOS SEIXAS 2021 B	440
MAGMA DE CRÁTER 25 ANIVERSARIO 2021 T	644	MÁLAGA VIRGEN DUNKEL BF PX D	271	MANCHOMUELAS BLANCO DE BERNABELEVA 2022 B FB	738
MAGRAN PARTIDA LES MANYETES 2018 T C	382	MÁLAGA VIRGEN SWEET BF PX D	271		
MAICA 2022 T C	208	MALAHIERBA RUFETE 2022 T	778	MANCUSO 2020 T	118
MAINETES MONASTRELL 12 MESES 2020 T C	235	MALAÑO AIRÉN ASOLEADO 2023 B D	889	MANDAMÁS 2018 T	831
MAINETES PETIT VERDOT 2022 T RB	236	MALAÑO AIRÉN PLUS 2023 B	815	MANDAMÁS 2019 T	831
MAINETES VERDEJO 2023 B FB	236	MALAÑO CABERNET SAUVIGNON 2023 T	889	MANDÓ DE SOLERGIBERT 2021 T	355
MAIO 2021 B	407	MALARADO 2022 RD FB	692	MANELMIA 2021 BE R BN	870
MAIOR DE MENDOZA 3 CRIANZAS 2019 B	389	MALARINA 7 2022 T	564	MANERAS DE VIVIR 2019 T	722
MAIOR DE MENDOZA FINCA LAS TABLAS 2018 B FB	389	MALCRIAT 2022 T	722	MANICOMIO 2022 T	858
MAIOR DE MENDOZA SOBRE LÍAS 2022 B	389	MALDITO 2021 T	710	MANOLIÑO VERBENAS 2023 B	438

WEIN	SEITE	WEIN	SEITE	WEIN	SEITE
MANTEL BLANCO SAUVIGNON BLANC 2023 B	609	MAR DE FRADES FINCA VALIÑAS 2019 B	400	MARCENCA 2023 T	312
MANTEL BLANCO VERDEJO 2022 B FB	609	MAR DE FRADES GODELLO ATLÁNTICO 2022 B	400	MARCO REAL FINCA LA PARED CHARDONNAY 2021 B	324
MANTEL BLANCO VERDEJO 2023 B	609	MAR DE FRADES MONTEVEIGA 2019 B	400	MARCO REAL FINCA LA PARED ROSÉ 2023 RD	324
MANTOLÁN BE BN	256	MAR DE LLUNA MOSCAT 2023 B	193	MARCO REAL PEQUEÑAS PRODUCCIONES CHARDONNAY 2023 B	324
MANTONEGRO BLANCO SON JULIANA 2022 B	856	MAR DE ONS 2023 B	395		
MANTONEGRO TINTO SON JULIANA 2021 T	856	MAR DE ONS BARRICA 2022 B	395	MARCO REAL PEQUEÑAS PRODUCCIONES ROSÉ 2023 RD	324
MANTTONI 2022 T	591	MAR DE ONS LÍAS 2022 B	395		
MANU VINO DE AUTOR 2019 T C	744	MAR DE VINS ALGUER VINYES VELLES 2022 B	883	MARCO REAL PEQUEÑAS PRODUCCIONES SAUVIGNON BLANC 2023 B	324
MANUEL ARAGÓN PREMIUM BF AM S	225	MAR DE VINS ELS FUSTALS VINYES VELLES 2022 B	883		
MANUEL ARAGÓN PREMIUM BF OL S	225	MAR DE VINS ERMITÀ BRISAT VINYES VELLES 2022 B	883	MARCO REAL PEQUEÑAS PRODUCCIONES SYRAH 2022 T RB	324
MANUEL ARAGÓN PREMIUM BF PC S	225	MAR DE VINS LA ILLETA VINYES VELLES 2021 T	883		
MANUEL ARAGÓN PREMIUM BF PX D	226	MAR DE VINS NACRA 2023 RD	883	MARCO REAL SELECCIÓN DE FAMILIA 2018 T C	324
MANUEL D'AMARO ALBARIÑO LÍAS 2017 B	414	MAR DE VINS NEGRE 2022 T	883	MARCO VALERO MARCIAL 2021 T	103
MANUEL D'AMARO LOUREIRA 2018 B	414	MAR DE VIÑAS 2023 B	390	MAREVIA CHARDONNAY ECOLÓGICO VGN 2019	140
MANUEL QUINTANO 2018 T R	589	MAR DEL NORTE ALBARIÑO 2023 B	408	MAREVIA ECOLÓGICO VGN 2019 BE R BR	140
MANUEL QUINTANO 2022 B	589	MAR YENA ED. LIMITADA 2022 B	875	MARFIL CLÀSSIC 2023 B	37
MANUEL QUINTANO CEPAS VIEJAS 2022 T	589	MARAÑONES PICARANA 2022 B	743	MARFIL MOLT DOLÇ B SOLERA MED	37
MANUEL QUINTANO EL PIONERO 2021 T	589	MARAÑUELA VINO NATURAL 2023 T	733	MARGALIDA LLOMPART BLANC 2022 B	852
MANUEL QUINTANO SELECCIÓN PARTICULAR 2021 T	589	MARAVIDES CHARDONNAY 2023 B	820	MARGALIDA LLOMPART ROSAT 2023 RD	852
MANUEL RAVENTOS NEGRA 2017 BE GR BN	911	MARAVIDES SYRAH 2022 T	820	MARGARIDA LLOMPART NEGRE 2017 T	852
MANUEL RAVENTÓS NEGRA MAGNUM 2013 BE GR BN	911	MARBA 2023 B BA	645	MARGE 2019 T	368
MANUEL RAVENTÓS NEGRA MAGNUM 2016 BE GR BN	911	MARBA 2023 RD	645	MARGER SUMARROCA 2022 B FB	336
MANYETES VI DE PARATGE 2021 T C	374	MARBA 2023 T BA	645	MARÍA 2021 T R	692
MAR DE ENVERO SOBRE LÍAS 2022 B	408	MARBA 2023 T MC	646	MARÍA ANDREA 2023 B	439
MAR DE ENVERO TREIXADURA SOBRE LÍAS 2021 B	408	MARBA CAPRICHO 2022 T FB	646	MARÍA BARGIELA 2023 B	394
MAR DE FONDO 2022 B	842	MARBELLA BLUSH ROSÉ 2023 RD	271	MARÍA BERNET 2016 BE BN	909
MAR DE FRADES ALBARIÑO 2023 B	400	MARBORÉ CUVÉE 2020 T	637	MARÍA BERNET XARELLO 2014 BE BN	909
MAR DE FRADES BE BN	400	MARC MIR 2020 BE R BN	912	MARÍA CASANOVAS 2020 BE GR BN	149
MAR DE FRADES FINCA LOBEIRA 2019 B	400	MARCELINO I 2023 T	427	MARÍA CASANOVAS PINOT NOIR ROSÉ RE R BN	149

WEIN	SEITE	WEIN	SEITE	WEIN	SEITE
MARÍA CASANOVAS XP 2019 BE GR BN	149	MARLAURO GARNACHA 25 BARRICAS 2022 T	318	MARQUÉS DE REINOSA PRIVATE COLLECTION TEMPRANILLO BLANCO 2022 B	549
MARIA CATASÚS BE R BN	145	MARMARIA 2023 B	682		
MARÍA DE MOLINA VERDEJO 2023 B	618	MARNES 2023 B	46	MARQUÉS DE REINOSA RESERVA ESPECIAL GARNACHA 2019 T R	549
MARÍA LA BALTASARA NATURAL 2020 T	101	MARQUÉS DE BILAR 2016 T GR	565		
MARIA RIGOL ORDI 2016 BE GR BN	150	MARQUÉS DE BURGOS 2021 T C	499	MARQUÉS DE REINOSA RESERVA ESPECIAL	
MARIA RIGOL ORDI MÀGNUM CUPATGE DOS MIL DISSET 2017 BE R BN	150	MARQUÉS DE BURGOS 2022 T RB	499	TEMPRANILLO 2019 T R	549
		MARQUÉS DE CÁCERES 2018 T GR	549	MARQUÉS DE REINOSA TEMPRANILLO BLANCO 2023 B	549
MARIA RIGOL ORDI MIL·LENNI 2019 BE R BN	150	MARQUÉS DE CÁCERES 2018 T R	549	MARQUÉS DE RISCAL 150 ANIVERSARIO 2019 T GR	584
MARÍA SANZO 2022 B	402	MARQUÉS DE CÁCERES 2019 T R	549	MARQUÉS DE RISCAL 2019 T GR	584
MARÍA SARMIENTO 2022 T	751	MARQUÉS DE CÁCERES EXCELLENS CUVEE ESPECIAL 2020 T C	549	MARQUÉS DE RISCAL 2020 T R	584
MARÍA SERRA 2023 B	852			MARQUÉS DE RISCAL LIMOUSIN 2022 B FB	619
MARILUNA 2021 T RB	701	MARQUÉS DE CÁCERES GENERACIÓN MC 2021 T	549	MARQUÉS DE RISCAL SAUVIGNON BLANC 2023 B	619
MARILUNA 2023 B	701	MARQUÉS DE CÁCERES MATURANA 2021 T	549	MARQUÉS DE RISCAL VERDEJO ORGANIC 2023 B	619
MARÍN GARNACHA BLANCA 2023 B	115	MARQUÉS DE CÁCERES SELECCIÓN ESPECIAL 2020 T	548	MARQUÉS DE TERÁN 2017 T R	549
MARÍN RESERVA ESPECIAL C.V.C T	115	MARQUÉS DE CANOVA 2020 T C	715	MARQUÉS DE TERÁN 2019 T C	550
MARÍN VIÑAS VIEJAS 2022 T RB	115	MARQUÉS DE CANOVA 2023 RD	715	MARQUÉS DE TERÁN SELECCIÓN ESPECIAL 2020 T	549
MARINA ALTA 2023 B	41	MARQUÉS DE CANOVA AIRÉN 2023 B	715	MARQUÉS DE TOMARES 2016 B GR	590
MARINA DE ALISTE 2022 T	866	MARQUÉS DE CANOVA TEMPRANILLO 2022 T	715	MARQUÉS DE TOMARES 2016 T GR	590
MARINA ESPUMANTE BE	41	MARQUÉS DE CARRIÓN 2018 T C	569	MARQUÉS DE TOMARES 2017 T R	590
MARIO VC 2021 T	508	MARQUÉS DE IRÚN VERDEJO 2023 B	615	MARQUÉS DE TOMARES 2020 B FB	590
MARISOL RUBIO CIPMA I 2021 B	805	MARQUÉS DE LAS CUEVAS BE BR	904	MARQUÉS DE TOMARES 2021 T C	590
MARISOL RUBIO CIPMA II 2021 B FB	805	MARQUÉS DE MONTEJOS SELECCIÓN 2023 T	841	MARQUÉS DE TORO 2023 T	823
MARISOL RUBIO SON D SOL 2022 B	805	MARQUÉS DE MURRIETA 2020 T R	589	MARQUÉS DE VARGAS 2017 T GR	569
MARKO GURE ARBASOAK 2023 B FB	94	MARQUÉS DE MURRIETA PRIMER ROSÉ 2023 RD	590	MARQUÉS DE VARGAS 2019 T R	570
MARLA CARINYENA VI DE PARATGE LES SALANQUES 2021 T C	384	MARQUÉS DE PEÑAMONTE COLECCIÓN PRIVADA 2022 T	679	MARQUÉS DE VELILLA 2019 T R	499
				MARQUÉS DE VELILLA 2020 T C	499
MARLA GARNATXA VI DE PARATGE LES SALANQUES 2021 T	384	MARQUÉS DE REINOSA PRIVATE COLLECTION GARNACHA 2022 T BA	549	MARQUÉS DE VELILLA 2022 T RB	499
				MARQUÉS DE VINUESA 2020 T C	547
MARLA VI DE VILA POBOLEDA 2021 T C	384	MARQUÉS DE REINOSA PRIVATE COLLECTION SELECCIÓN MATURANA 2022 T	549	MARQUÉS DE VIZHOJA 2023 B	876

WEIN	SEITE	WEIN	SEITE	WEIN	SEITE
MARQUÉS DEL ATRIO 2019 T R	550	MARTÍNEZ SAEZ SELECCIÓN 2019 T C	805	MAS D'EN BERNAT 2023 T	369
MARQUÉS DEL ATRIO 2020 T C	550	MARTÍNEZ SAEZ VENDIMIA TARDÍA B D	805	MAS D'EN BRUNET 2020 T R	303
MARQUÉS DEL ATRIO 2023 B	550	MARTINÓN AFRUTADO 2023 B	261	MAS D'EN CAÇADOR VI DE PARATGE CARINYENA I GARNATXA 2021 T	368
MARQUÉS DEL ATRIO 2023 RD	550	MARTINÓN BLANC DE NOIRS 2023 B	261		
MARQUÉS DEL ATRIO 2023 T	550	MARTINÓN LÁGRIMA 2023 B	261	MAS D'EN POL 2020 T C	660
MARQUÉS DEL ATRIO EDICIÓN LIMITADA 2020 T	550	MARTINÓN MALVASÍA SECO 2023 B	261	MAS D'EN POL 2023 B	660
MARQUÉS DEL ATRIO GRAN SELECCIÓN CVC T	550	MARTÍNSANCHO 2023 B	628	MAS D'EN POL 2023 T	660
MARQUÉS DEL PUERTO 2016 T GR	590	MARTIVILLÍ SAUVIGNON BLANC 2023 B	624	MAS DE LA MONA 2022 B	40
MARQUÉS DEL PUERTO 2017 T R	590	MARTIVILLÍ VERDEJO 2023 B	624	MAS DE LA PANSA MACABEU 2019 B	123
MARQUÉS DEL PUERTO 2021 T C	590	MARTÚE 2020 T C	757	MAS DE LA PANSA PARELLADA 2019 B	123
MARRURRO 2021 T C	860	MARTÚE ESPECIAL 2018 T R	757	MAS DE LA PANSA TREPAT 2019 T RB	172
MARTÍ AGUILAR 2016 T	275	MARTÚE GRAN VINO 2018 T	757	MAS DE LA ROSA 2020 T C	376
MARTÍ FABRA SELECCIÓ VINYES VELLES 2022 T RB	194	MARTÚE SYRAH 2020 T	757	MÁS DE LEDA 2020 T C	828
MARTIN & PONS 2021 T	454	MARUXA GODELLO 2023 B	712	MAS DE MANCUSO 2018 T	118
MARTÍN BERDUGO 2018 T R	499	MARUXA MENCÍA 2023 T	712	MAS DE MANCUSO 2020 B	118
MARTÍN BERDUGO 2021 T C	499	MARZAL 2023 B	858	MAS DE MANCUSO CARIÑENA 2019 T	118
MARTÍN BERDUGO 2022 T RB	499	MARZAS 2023 T	232	MAS DE SOTORRES 2020 B	664
MARTÍN BERDUGO PARCELA 100 2021 T RB	499	MAS CANDÍ 2021 BE BN	910	MAS DEL SERRAL 2013 BE GR BN	913
MARTÍN BERDUGO PRIMERA FRUTA 2021 T	500	MAS CODINA 2019 BE GR BN	150	MAS DEL SERRAL CLOS PETIT 2013 BE	914
MARTÍN BERDUGO VERDEJO 2023 B	628	MAS CODINA 2021 BE R BN	150	MAS DOIX POBOLEDA VI DE VILA 2023 T	382
MARTÍN VERÁSTEGUI VENDIMIA SELECCIONADA 2020 T R	834	MAS CODINA 2023 B	347	MAS LA PLANA 2019 T R	342
		MAS CODINA CABERNET SAUVIGNON 2021 T	347	MAS MALLOLA 2021 T R	380
MARTINET BRU 2022 T	382	MAS CODINA ROSÉ 2021 RE R BR	150	MAS PICOSA BLANC 2023 B	122
MARTÍNEZ BERMELL MERLOT 2021 T C	765	MAS CODINA SYRAH 2021 T	347	MAS PICOSA NEGRE 2023 T	122
MARTÍNEZ CORTA 2017 T R	590	MAS CODINA XARELLO 2022 B	347	MAS RODÓ CABERNET SAUVIGNON 2015 T R	347
MARTÍNEZ LACUESTA COLECCIÓN FAMILIA 2012 T GR	551	MAS COMTAL 20 ANIVERSARI ROSADO 2014 RE R BN	347	MAS RODÓ INCÒGNIT 2021 T	347
MARTÍNEZ LACUESTA HINIA 2014 T R	551	MAS COMTAL POMELL DE BLANCS 2023 B	347	MAS RODÓ INCÒGNIT 2022 RD	347
MARTÍNEZ LACUESTA HINIA 2020 B R	551	MAS COMTAL ROSAT DE LLÀGRIMA 2023 RD	347	MAS RODÓ MERLOT 2016 T R	347
MARTÍNEZ LACUESTA LA SUCURSAL 2022 T BA	551	MAS COMTAL XARELLO 2021 BE R BN	347	MAS RODÓ MONTONEGA 2020 B	347

WEIN	SEITE	WEIN	SEITE	WEIN	SEITE
MAS SINÉN CLOS 2018 T	367	MASET TEMPRANILLO 2018 T R	551	MATARROMERA VERDEJO 2022 B FB	612
MAS SINÉN COSTER 2017 T C	367	MASET TEMPRANILLO 2021 T C	551	MATAZNOS 33 2023 B S	774
MAS SINÉN GARNATXA NEGRA 2019 T	367	MASET VINTAGE 2020 BE GR BN	132	MATAZNOS 33 AFRUTADO 2023 RD	774
MAS SINÉN LA VALL 2018 T BA	367	MASIA CAL COSTAS SYRAH CABERNET SAUVIGNON 2021 T	335	MATAZNOS 33 ORANGE 2021 B	774
MAS TORTÓ NEGRE 2022 T C	303			MATAZNOS 33 TINTO TRADICIONAL 2022 T	774
MAS VILELLA BLANC 2020 B FB	892	MASÍA CARRERAS BLANC 2021 B FB	194	MATERIA 2020 T C	697
MAS VILELLA BLANC 2021 B FB	892	MASÍA CARRERAS NEGRE 2021 T	194	MATHER TERESINA 2020 T	659
MAS VILELLA NEGRE 2022 T	893	MASÍA PAIRAL CAN CARRERAS GARNATXA DE L'EMPORDÀ BF SOLERA D	194	MATILDA 2022 B	656
MASCARADAS 2021 T RB	676			MATILDA NIEVES MENCÍA 2023 T	424
MASCARÓ AMBROSIA BE R SS	128	MASIA PUBILL 2023 T	122	MATIUS CRIANZA BLEND 12 MESES 2022 T C	235
MASCARÓ PURE 2019 BE R BN	128	MASIA PUBILL BLANC 2023 B	123	MATRIA BE GR	334
MASCARÓ RUBOR AURORAE 2020 RE BR	128	MASROIG 2021 T C	305	MATSU EL PÍCARO 2023 T	685
MASCÚN BLANC DE NOIRS GARNACHA 2023 B	638	MASTINELL BRUT REAL 2015 BE GR BR	137	MATSU EL RECIO 2022 T	685
MASCÚN GARNACHA 2019 T C	638	MASTINELL BRUT ROSÉ 2020 RE R BR	137	MATSU EL VIEJO 2021 T	685
MASCÚN GARNACHA BLANCA 2023 B	639	MASTINELL CARPE DIEM 2018 BE GR BN	137	MATSU LA JEFA 2021 B	685
MASET 1777 2019 T R	336	MASTINELL CHAPÓ 2015 BE R BR	137	MATUSALEM VORS BF OL CRM	223
MASET 1917 2020 BE GR BN	132	MASTINELL CRISTINA 2016 BE GR EBR	137	MAUDES 2021 T C	163
MASET CLOS VILÓ 2020 T C	364	MASTINELL NATURE 2014 BE GR BN	137	MAURO 2022 T	829
MASET FOC MERLOT 2019 T R	336	MATA LOS PARDOS 2020 T	75	MAURO ESTÉVEZ 2023 B	440
MASET L'AVI PAU 2020 BE GR BN	132	MATABUEY 2023 B	837	MAURO VENDIMIA SELECCIONADA 2021 T	829
MASET L'AVI PAU MAGNUM 2020 BE GR BN	132	MATALIAN 2023 B	792	MAXX 2019 T C	269
MASET LA SÍNIA 2022 B FB	336	MATALLANA 2021 T	490	MAYOR DE CASTILLA VERDEJO 2023 B	624
MASET LA SOLEDAD 2021 B FB	336	MATARILE 2022 T	111	MAYORAL 2018 T C	229
MASET MAS VILÓ 2021 T RB	364	MATARRATONES 2021 T	739	MAYORAL 2022 T	229
MASET NATURA 2018 T R	336	MATARROMERA 2016 T GR	449	MAYORAL RESERVADO T	229
MASET NATURA 2020 T C	336	MATARROMERA 2019 T R	449	MAZACRUZ 2023 T	809
MASET RESERVA FAMILIAR 2008 BE GR BN	132	MATARROMERA 2021 T C	449	MAZACRUZ CIMA 2022 T	809
MASET RESERVA FAMILIAR 2018 BE GR BN	132	MATARROMERA PAGO DE LAS SOLANAS 2016 T R	449	MAZACRUZ MERLOT 2023 T	809
MASET SYRAH 2020 T R	120	MATARROMERA PRESTIGIO 2020 T	449	MAZACRUZ SAUVIGNON BLANC 2023 B	809

WEIN	SEITE	WEIN	SEITE	WEIN	SEITE
MEDIANILES 2023 B	810	MEMORIA DE VENTURA GARNACHA 2020 T	704	MERUM PRIORATI DESTI SOLS GARNATXA 2020 T	383
MEDIANILES 2023 T RB	810	MEMORIA DE VENTURA GODELLO LÍAS 2023 B	704	MERUM PRIORATI EL CEL 2020 T	383
MEDIANILES TEMPRANILLO 2023 T	810	MEMORIAS DEL RAMBAM 2021 BE R BR	160	MÉS QUE PARAULES BLANC 2023 B	356
MEDIEVO 2018 T R	539	MEMORIAS DEL RAMBAM BLANC 2023 B S	701	MÉS QUE PARAULES NEGRE 2021 T C	356
MEDITERRÁNICO 2022 T	500	MEMORIAS DEL RAMBAM ORIGEN 2023 T RB S	701	MESOPOTAMIA 2021 T	671
MEDUSA 2023 B	410	MEMORIAS DEL RAMBAM ROSÉ 2023 RD PL	701	MESOPOTAMIA ORANGE 2022 B	862
MEGALA 2021 T	719	MENADE VERDEJO 2023 B	829	MESTA TEMPRANILLO 2023 RD	690
MEIK 2019 T	327	MENCEY CHASNA SECO 2023 B	33	MESTA TEMPRANILLO 2023 T	690
MEIN 2021 T	442	MENCEY CHASNA SEMISECO 2023 B SS	34	MESTA VERDEJO 2023 B	690
MEIN 2022 B	442	MENCEY DE CHASNA VIJARIEGO NEGRO 2023 T	34	MESTRATGE 2022 B	348
MEÍN CASTES BRANCAS 2023 B	442	MENDI 2023 RD	590	MESTRATGE DE GARRAF 2022 B	348
MELANCÓLICA 2022 T	607	MENDI BY MENDIETA OSABA 2023 T	591	MESTRE VILA VELL 2019 T	121
MELER 15 2018 T C	638	MENTE T	816	MEU 2023 B	434
MELER 6 2021 T C	638	MENTIREIRO 2023 B	291	MEXILLÓN 2023 B	408
MELER 9 2020 T	638	MENUDA CEPA 2023 T	888	MI VERDADEJO 2020 B FB	682
MELER CHARDONNAY 2023 B	638	MERALDIS ALBILLO MAYOR VINIFICACIÓN INTEGRAL 2019 B FB	512	MIA 2023 B	857
MELER SYRAH 2022 T	638			MIBAL 2020 T C	497
MELGUS 2014 T R	266	MERALDIS VERDEJO VINIFICACIÓN INTEGRAL 2021 B FB	633	MIBAL 2022 T RB	497
MELGUS 2015 T C	266	MERAYO FINCA EL LLANO 2020 T BA	78	MIBAL 2023 T	497
MELIC 2019 T	722	MERAYO GODELLO 2023 B	78	MIBAL SELECCIÓN 2020 T	497
MELIOR DE MATARROMERA SAUVIGNON BLANC 2023 B	612	MERAYO MENCÍA 2023 T	78	MICALET 2022 B	725
		MERCÈ JOVE 2022 T	335	MICROVINS CARINYENA 2019 T	197
MELIOR DE MATARROMERA VERDEJO 2023 B	612	MERIAN BLANC 2023 B	660	MICROVINS GARNACHA BLANCA 2022 B	197
MELQUIADES 2019 T C	835	MERIAN NEGRE 2023 T	661	MIGAN 2022 T	774
MELQUIADES 2020 T	835	MERIAN ROSAT 2023 RD	661	MIL CEPAS CENCIBEL 2019 T BA	799
MELQUIADES 2021 T C	835	MERIDIANO PERDIDO 2021 B	867	MIL HISTORIAS SYRAH 2022 T	277
MELQUIADES 2022 T	835	MERRUTXU 2023 B	94	MIL RÍOS GARNACHA 2019 T	709
MELQUIADES SAENZ "VINO DE NARANJA" B	175	MERSÉ 2020 B FB	720	MIL RÍOS GODELLO 2020 B BA	709
MEMBRILLERA 2022 T C	692	MERUM PRIORATI DESTI 2021 T	383	MIL RÍOS GODELLO SOBRE LÍAS 2022 B	709

WEIN	SEITE
MIL RÍOS MENCÍA 2021 T BA	709
MIL RÍOS MENCÍA 2022 T	709
MILAGRO DE MAGMASIA COLECCIÓN 2022 B	261
MILAGROS DE FIGUERO 2022 T	494
MILCANTOS 2021 T	808
MILÉNICO 2018 T	500
MILIARIO AMBAR ORANGE WINE B	879
MILMANDA 2021 B C	172
MILOCA CARINYENA 2023 T	306
MILOCA GARNACHA 2023 T	306
MILSETENTAYSEIS 2021 T	500
MILSETENTAYSEIS LA PEÑA 2022 RD	500
MILVUS EDICIÓN ESPECIAL 2021 T	471
MIM NATURA BLANC DE NOIRS 2019 BE GR BN	159
MIMETIC 2023 T	104
MINAIRÓ 2022 T	379
MINERAL 2022 T C	302
MINGUA 2022 T	638
MINGUS 2021 T	69
MÍNIMO 2022 T	41
MÍNIMO 2023 B	41
MINIUS GODELLO 2023 B	290
MINIUS MENCÍA 2023 T	290
MIÑA VIDA 2023 B	413
MIQUEL JANÉ BALTANA BLANC 2022 B	335
MIQUEL JANÉ BALTANA ROSAT 2022 RD	335
MIQUEL JANÉ SAUVIGNON BLANC 2021 B	335
MIQUEL JANÉ SYRAH 2022 T	335
MIQUEL PONS 2020 BE R BN	140

WEIN	SEITE
MIQUEL PONS ARRELIUM 2023 B	340
MIQUEL PONS GRAN RESERVA VINTAGE 2018 BE GR BN	140
MIQUEL PONS MONTARGULL 2017 BE GR BN	140
MIQUEL PONS MONTARGULL XARELLO 2020 BE GR BN	140
MIRABELLES 2019 B	340
MIRADA ORGANIC ROSÉ 2023 RD	814
MIRADOR 2021 T BA	124
MIRADOR DE ADRA 2020 B SD	187
MIRALMONTE 2021 T C	683
MIRANDA D'ESPIELLS 2023 B	351
MIRANIUS 2022 B	340
MIRASOLES 2023 B	240
MIROS DE RIBERA 2019 T R	473
MIROS DE RIBERA 2020 T C	473
MIROS DE RIBERA 2022 T RB	473
MIRTO DE RAMÓN BILBAO 2018 T	594
MISSENYORA 2021 B FB S	182
MISTELA GARCÍA DE LA ROSA BF MISTELA D	798
MISTELA SELECTA DE TEULADA BF MISTELA D	48
MISTELANOVA 2023 B MISTELA D	724
MISTERIO CONDADO VIEJO BF S	175
MISTERIO DULCE BF MISTELA D	175
MISTERIO ORANGE NARANJA BF SOLERA D	175
MITEMA 2020 T	781
MIX 2022 T C	893
MIXTURA ETIQUETA DORADA 2021 B	893
MIZARAN 2022 B	277
MIZARAN TEMPRANILLO 2020 T RB	277

WEIN	SEITE
MM DE LOXAREL 2018 RE R BN	346
MO SALINAS 2021 T FB	44
MO&GAR 2022 T RB	472
MO&GAR COLECCIÓN PRIVADA 2019 T R	473
MO&GAR VENDIMIA SELECCIONADA 2021 T C	473
MOCÉN SAUVIGNON BLANC 2023 B	619
MOCÉN VERDEJO 2023 B	619
MOCÉN VERDEJO SELECCIÓN ESPECIAL 2023 B	619
MODERNITXEN VINO NOBLE DE ALICANTE 2020 TF TRASAÑEJO CRM	44
MODUS VIVENDI 2023 B	441
MODUS VIVENDI MENCÍA 2023 T	705
MODUS VIVENDI RIBEIRO 2023 B S	434
MOISÉS GRAN VINO 2016 T BA	685
MOLT MANDÓ 2022 T C	356
MOLT MÉS QUE PARAULES 2019 T R	356
MOLT PICAPOLL 2023 B	356
MOMVASIA ORANGE WINE 2021 B	887
MON IAIO SISCO HOMENATGE 2020 T C	658
MON IAIO SISCO ORIGEN 2021 T C	658
MÓN MACABEO 2019 BE R BN	151
MÓN MACABEO 2023 B	699
MÓN MONTESANCO BOBAL 2016 T	699
MÓN MONTESANCO BOBAL 2018 T	699
MÓN MONTESANCO BOBAL 2019 T	699
MÓN MONTESANCO MOSCATEL 2023 B	893
MÓN TEMPRANILLO 2022 T	699
MONASTERIO DE CORIAS VIÑA GRANDIELLA 2023 B	768
MONASTERIO DE SAN MIGUEL 1940 2022 B	474

WEIN	SEITE	WEIN	SEITE	WEIN	SEITE
MONASTERIO DE SAN MIGUEL 2019 T R	474	MONTE PINADILLO ROSADO DE LÁGRIMA 2023 RD	451	MONTECILLO 2020 T C	552
MONASTERIO DE SAN MIGUEL 2021 T C	474	MONTE REAL 2017 T GR	558	MONTECILLO EDICIÓN LIMITADA 2022 B FB	553
MONASTERIO DE SAN MIGUEL ALBILLO MAYOR 2023 B	474	MONTE REAL CEPAS VIEJAS 2022 T	558	MONTEGAREDO 2022 T C	501
MONASTRELÓN 2021 T	241	MONTE REAL COLECCIÓN LARREDANT 2020 B	558	MONTEGAREDO GRAN SELECCIÓN 2022 T C	501
MONCERBAL 2022 T	80	MONTE REAL CUVÉE 2022 T C	558	MONTELIOS MENCÍA CENTENARIA 2016 T	71
MONDEO SELECCIÓN ESPECIAL 2022 T BA	243	MONTE REAL GARNACHA 2022 T	558	MONTES OBARENES 2021 B	567
MONEMBASIA 2018 BE BN	340	MONTE REAL RESERVA DE FAMILIA 2021 T R	558	MONTESPEJO 2022 B	271
MONGE-RUIZ 2023 T	530	MONTE REAL TEMPRANILLO BLANCO 2022 B	558	MONTESPINA SAUVIGNON 2023 B	609
MÓNICA FERNÁNDEZ OXIDATIVA 2017 B	868	MONTE TORO 5 2022 T RB	672	MONTESPINA VERDEJO 2023 B	610
MÓNICA FERNÁNDEZ SOLERA B	868	MONTE TORO 8 2021	672	MONTESQUIUS LA ESENCIA 2016 BE GR BN	151
MONOPOLE 2017 B GR	575	MONTEABELLÓN 14 MESES 2021 T C	485	MONTESQUIUS NATURELOVERS ROSÉ 2021 RE R BN	151
MONOPOLE 2023 B	575	MONTEABELLÓN 5 MESES 2022 T RB	485	MONTESQUIUS VINTAGE 2019 BE R EBR	151
MONOPOLE CLÁSICO 2021 B R	575	MONTEABELLÓN FINCA LA BLANQUERA 2018 T GR	485	MONTESQUIUS VINTAGE ROSÉ 2019 RE R EBR	151
MONOPOLE S. XXI 2023 B	626	MONTEABELLÓN FINCA MATAMBRES 2019 T	485	MONTEVANNOS 2021 T RB	464
MONT CLOU 2023 B	639	MONTEABELLÓN VERDEJO 2023 B	625	MONTICARA 2023 B	275
MONT MARÇAL 2022 BE R BR	150	MONTEAGUDO BF AM S	221	MONTORO 2023 B	245
MONT MARÇAL EXTREMARIUM 2021 BE R BN	151	MONTEAGUDO BF PC S	221	MONTORO DE FORASTERA 2022 B FB	245
MONTALVO WILMOT VARIETALES 2021 T BA	806	MONTEBACO CARA NORTE 2021 T C	500	MONTREAGA EL SECRETO 2014 T	816
MONTALVO WILMOT VERDEJO 2023 B	806	MONTEBACO DE FINCA 2021 T C	500	MONTREAGA TEMPO 2019 T	816
MONTAÑA FINCA EL FARAÓN 2020 T R	580	MONTEBACO SELECCIÓN ESPECIAL 2018 T	500	MONTRODÓ BLANC 2023 B	887
MONTAÑA FINCA LA CLAUDIA 2019 T R	580	MONTEBACO VERDEJO + SAUVIGNON 2023 B	628	MONTRODÓ NEGRE 2022 T S	887
MONTAÑA FINCA LA MARQUESITA 2019 T	580	MONTECASTRILLO 2023 RD	495	MONTRODÓ ROSAT 2023 RD	887
MONTAÑA FINCA LA VALENTINA 2021 T C	580	MONTECASTRO 2020 T R	485	MONTULIA 8 AÑOS B AM	297
MONTARGULL MALVASIA DE SITGES 2022 B	340	MONTECASTRO 2021 T C	485	MONTULIA BF OL S	297
MONTE DE LAS MOZAS BOBAL 2023 RD	281	MONTECIERZO RESERVA 2018 T R	318	MONTULIA ETIQUETA NEGRA B FI	297
MONTE DE LAS MOZAS MACABEO 2023 B	281	MONTECIERZO ROSÉ LÁGRIMA 2023 RD	318	MORAIMA ALBARIÑO 2023 B	417
MONTE PINADILLO 2020 T R	451	MONTECILLO 2017 T GR	552	MORAIMA CAIÑO 2020 T	417
MONTE PINADILLO 2021 T C	451	MONTECILLO 2017 T R	552	MORAIMA MEMORIA 2022 B	417
MONTE PINADILLO 2023 T	452	MONTECILLO 2019 T R	552	MORCA 2021 T	111

WEIN	SEITE	WEIN	SEITE	WEIN	SEITE
MORENO Y CABEZÓN 2021 B	320	MUGA SELECCIÓN ESPECIAL 2020 T R	553	MURON EDICIÓN LIMITADA 2021 T	452
MORGADÍO 2023 B	390	MULLER CEPA 2022 T BA	429	MURON ROBLE 2022 T	452
MORTITX BLANC 2023 B	858	MUNDO DE YUNTERO 2023 B AG	252	MURUA BLANCO FERMENTADO EN BARRICA 2022 B FB	554
MORTITX CALLET - GORGOLLASSA 2022 T	858	MUNDO DE YUNTERO BE	906	MURUA RESERVA 2016 T R	554
MORTITX NEGRE 2022 T	858	MUNIA 2023 T RB	673	MURUVE 2019 T R	683
MOSCATEL ORGULLO VINO DE LICOR B	721	MUNIA CARÁCTER 2022 T RB	673	MURUVE 2020 T C	683
MOSCATEL REINUEVO 2023 B D	323	MUNIA ESPECIAL 2021 T GR	673	MURUVE 2023 T	683
MOSCATEL RESERVA DE FAMILIA BF MO D	271	MUNIADONA 2021 B FB	63	MURUVE ÉLITE 2020 T RB	683
MOSSÈN NEGRE 2020 T	358	MUÑARRATE 2023 B	531	MURUVE VERDEJO SOBRE LÍAS 2023 B	618
MOTHER MARY 2023 B SS	818	MUÑARRATE DE SOLABAL 2023 RD	531	MURVIEDRO CEPAS VIEJAS BOBAL 2020 T C	695
MOTOR BLANC 2022 B	849	MUÑARRATE DE SOLABAL 2023 T MC	531	MURVIEDRO CEPAS VIEJAS MONASTRELL 2019 T R SS	43
MR. RUC 2019 T	848	MURCAL 2023 T	734	MURVIEDRO COLECCIÓN 2020 T C	720
MUAC 2021 T	848	MUREDA 2023 RD	816	MURVIEDRO COLECCIÓN 2020 T R	720
MUCHADA-LÉCLAPART ETOILE 2019 B	893	MUREDA CABERNET SAUVIGNON 2023 T	816	MURVIEDRO COLECCIÓN BOBAL 2022 T RB	695
MUCHADA-LÉCLAPART ETOILE 2021 B	893	MUREDA SAUVIGNON BLANC 2023 B	816	MURVIEDRO COLECCIÓN EKO 2023 T	43
MUCHADA-LÉCLAPART LUMIÈRE 2021 B	893	MUREDA SAUVIGNON BLANC VERDEJO 2023 B S	816	MUSCÀNDIA 2018 BE GR BN	151
MUCHADA-LÉCLAPART UNIVERS 2021 B	893	MUREDA SYRAH 2023 T	816	MUSCÀNDIA ANHEL BLANC DE NOIRS 2018 BE GR BN	151
MUCHADA-LÉCLAPART UNIVERS 2022 B	893	MUREDA TEMPRANILLO SYRAH 2023 T	816	MUSCÀNDIA BE R EBR	151
MUCHAS MANOS 2019 T C	254	MURGAÑO ORANGE WINE 2021 B	739	MUSCÀNDIA DELIRI ANCESTRAL 2022 BE	910
MUCHO MÁS ETIQUETA BLANCA T	888	MURI VETERES 2021 T C	231	MUSCÀNDIA DELIRI ANCESTRAL 2022 RE	910
MUCHO MÁS RD S	888	MURIEL 2015 T GR	554	MUSCÀNDIA DELIRI FLORAL 2022 B	348
MUCY 12 MESES 2019 T C	164	MURIEL FINCA DE LA VILLA 2021 T C	554	MUSCÀNDIA ROSÉ PINOT NOIR 2021 RE R EBR	151
MUCY 2023 RD	164	MURIEL FINCA DE LA VILLA 2023 B	554	MUSCAT MIQUEL OLIVER 2023 B S	359
MUDARE 2020 B	697	MURIEL FINCA DE LA VILLA 2023 RD	554	MUSEUM 2020 T R	166
MUDÈFER BLANC 2021 B C	658	MURMURI 2023 B	382	MUSEUM ROSÉ 2023 RD	166
MUDÈFER NEGRE 2018 T C	658	MURMURÓN 2023 T	598	MUSGO VERDEJO 2023 B	623
MUGA 2021 T C	553	MURO 2018 T R	554	MUSIC DE CARRER 2021 T C	656
MUGA 2023 B	553	MURO VIURA MADURADO 2022 B	554	MUSIC DE CARRER 2022 B	656
MUGA 2023 RD	553	MURÓN ALBILLO MAYOR 2022 B FB	826	MUY TOP T	802

WEIN	SEITE	WEIN	SEITE	WEIN	SEITE
MVEDRA 2008 T GR	825	NADAL X XARELLO VERMELL 2023 B	349	NAVAZOS NIEPOORT 2022 B	887
MVEDRA 2009 T GR	825	NAHIKUN 2023 B	598	NAVE TRINIDAD BF MZ S	215
MVEDRA 2017 T C	825	NAHIKUN TEMPRANILLO 2022 T	598	NAVERAN NATURE 2021 BE BN	159
MVEDRA 2018 T C	825	NAI E SEÑORA 2023 B	391	NAVERAN PERLES BLANQUES 2017 BE BR	159
MVEDRA EDICIÓN ESPECIAL 2019 T C	612	NAIA 2023 B	620	NAVERÁN PERLES ROSES PINOT NOIR 2021 RE BR	159
MVEDRA ROBLE ESPAÑOL 2018 T C	825	NAIA SAUVIGNON BLANC 2023 B	620	NDM COZAR DESDE 1837 2023 B MO D	272
MVEDRA VERDEJO 2022 B	612	NAIADES 2021 B FB	620	NDQ SELECCIÓN 2021 T	232
MYOTRAGUS NEGRE 2021 T	358	NAIZ CHARDONNAY 2021 B C	297	NEBRIS SAUVIGNON BLANC BAJO VELO 2020 B	775
		NAIZ JOVEN PX 2023 B	297	NÉC-TAR 2021 B	900
		NALA VC 2022 B FB	508	NÉCTAR BF PX D	223
N		NALTRES 2022 T C S	182	NÉCTAR DE FARRUCHE 2022 T D	715
N DE CUCO 2020 T C	235	NALUAR 2021 T	505	NÉGORA CHARDONNAY 2023 B	248
N DE CUCO 2021 T C	235	NANIT NATURAL WINE 2023 T	280	NÉGORA SAUVIGNON BLANC 2023 B	248
N-A DE ATENCIA 2014 T BA	814	NANIT ORANGE WINE 2023 B	814	NÉGORA VERDEJO 2023 B	248
N'AMARAT 2013 T GR	358	NANKU 2022 T	804	NEGRE 110 MANTONEGRO 2023 T	89
NA BEIRA 2021 B	791	NARYA MONASTRELL 2021 T	99	NEGRE DE GERISENA 2022 T	193
NA BEIRA 2022 B	791	NARYA MONASTRELL 2022 T	99	NEGRE DE NEGRES 2022 T	372
NABAL 2018 T GR	471	NAT-1917 – CABERNET SAUVIGNON 2022 T C	341	NEGRE DELS ASPRES 2020 T C	201
NABAL 2019 T R	471	NAT-1917 2023 B	341	NELEMAN BIKE CHARDONNAY MUSCAT 2023 B	876
NABAL 2021 T C	472	NATURALEZA SALVAJE GARNACHA 2021 T	316	NELEMAN BOBAL 2022 T	876
NABAL ALBILLO MAYOR 2022 B	472	NATURALIS MER BLANC 2023 B	657	NELEMAN BOBAL OOLONG 2021 T	876
NABAL ROSÉ 2023 RD	472	NATURALIS MER NEGRE 2023 T RB	657	NELEMAN BOBAL ROBUSTA 2021 T	876
NABULÉ TERROIR 2020 T	109	NAUTILEA 2018 T C	304	NELEMAN JUST FUCKING GOOD WINE 2021 T	876
NABULÉ TERROIR ESENCIA 2019 T	110	NAUTILUS MALVASÍA VOLCÁNICA SUBMARINO 2022 B	262	NELIN 2021 B	374
NACE LA SIERRA 2022 T	601	NAVAHERREROS BLANCO DE BERNABELEVA 2022 B FB	738	NEMESIO (VINO DE PARAJE - BARREIRIÑAS) 2021 T RB	78
NADAL X COLECCIÓ XARELLO 2019 B	348	NAVAHERREROS GARNACHA DE BERNABELEVA 2022 T	738	NENO VIÑA SOMOZA GODELLO SOBRE LIAS 2023 B	712
NADAL X COLECCIÓ XARELLO 2021 B	348	NAVALTALLAR 2020 T C	780	NEO 2021 T BA	472
NADAL X COLECCIÓ XARELLO 2023 B	348	NAVALTALLAR ROBLE 2021 T RB	780	NEPTIS EXPRESION 2019 T R	456
NADAL X COLECCIÓ XARELLO VERMELL 2021 B	349	NAVATALGORDO 2022 T	769	NEREUS GARNACHA NEGRA 2021 T	190

WEIN	SEITE	WEIN	SEITE	WEIN	SEITE
NEREUS SELECCIÓ 2022 T C	190	NISIA 2023 B	623	NOMEOLVIDES VIURA 2023 B	328
NERI 2023 B	739	NISIA LAS SUERTES 2023 B	623	NORA 2023 B	417
NERI 2023 T	739	NIT DE LLUNA PLENA 2019 BE R BN	145	NORA DA NEVE 2021 B FB	417
NERI CEPAS VIEJAS 2022 T RB	739	NIT DE NIN COMA D'EN ROMEU 2021 T	376	NORA DA NEVE ENCARNACIÓN RODRÍGUEZ 2020 B FB	417
NERINTERRA 2020 T	363	NITA 2021 T	383	NOROESTE 2022 T	259
NERO DE SORT 2022 T	179	NIVARIUS 2016 B R	555	NOSSA DE MENADE 2023 T	829
NEROS 2022 B	62	NIVARIUS EDICIÓN LIMITADA 2020 B	555	NOSSO BY MENADE 2023 B	829
NEROS ROSÉ 2023 RD	62	NIVARIUS FINCA LA NEVERA 2019 B	555	NOTAS 2022 T	777
NEXO 2020 T C	693	NIVARIUS TEMPRANILLO BLANCO 2023 B	555	NOTAS DEL MEDIEVO 2021 T	539
NEXO 2021 T C	693	NIVARIUS VALDESABRIL 2021 B	555	NOU NAT 2023 B	850
NEXUS 2019 T C	501	NIVIA 2022 B FB	197	NOVELLUM TEMPLE 2020 T C	673
NEXUS ONE 2020 T	501	NO T'HO DIRÉ 2021 B	385	NOVOA 2018 T	406
NICE TO MEET YOU MADRID 2021 B	390	NO T'HO DIRÉ 2022 B	385	NPU BF AM S	226
NICOLAS 2020 B	404	N°12 BY PACO & LOLA 2023 B	409	NUBE DE LEZA GARCÍA 2023 RD S	569
NICTE 2021 T C	467	NOA DE BOHIGAS BE R BN	140	NUBE SOBRE LA PIEL 2023 B	795
NICTE PRIETO PICUDO 2023 RD	823	NOBBIS 2022 T	507	NÚCLEO 2021 T	693
NICTE VERDEJO 2023 B	610	NÓBRIGA 2022 T	798	NUCLI 2023 B	876
NIDIA 2023 RD	830	NOC COUPAGE 2018 T	806	NUESTRA SRA. DEL PORTAL 2023 B	659
NIDIA DE GUARDA 2021 B FB	830	NOC ROSÉ RE BR	806	NUEVE ROSAS 2023 RD	789
NIDIA VERDEJO 2022 B	830	NOC TEMPRANILLO 2019 T	807	NUMANTHIA 2019 T	672
NILVA ECOLÓGICO 2022 B	274	NOC VIOGNIER 2023 B	806	NUNCA JAMÁS 2022 T	543
NILVA ORIGINAL 2022 B	274	NODUS CHARDONNAY 2023 B	695	NUNCI CABERNET FRANC 2018 T	369
NIMI ANCESTRAL BE	49	NODUS DP 2021 T	695	NUNCI COSTERO 2012 T	369
NIMI GERRA 2020 B	49	NODUS SUMMUN 2020 T	695	NUNCI NEGRE 2017 T	369
NIMI NATURALMENT DOLÇ 2017 B FB D	49	NODUS SUMMUN 2021 T	695	NUNCI ROSÉ 2021 RD	369
NIMI TOSSAL 2019 B R	49	NOÉ VORS BF PX D	223	NUNCITO 2016 T BA	369
NINJA DE LAS UVAS 2022 T	99	NOIR PRÍNCEPS 2020 T C	338	NUNSWEET DULCE 2016 T D	369
NIÑO DE LAS UVAS 2023 B	98	NOMEOLVIDES 2021 T	327	NÚÑEZ DE GARAY 2023 B	518
NIÑO DE LAS UVAS MONASTRELL 2022 T RB	98	NOMEOLVIDES GARNACHA 2023 RD	328	NÚÑEZ DE GARAY 2023 T	518

WEIN	SEITE	WEIN	SEITE	WEIN	SEITE
NURI 2022 B.	650	OBALO SAN ROQUE 2022 T.	555	OJOS DEL GUADIANA SYRAH 2022 T RB.	253
NÚRIA CLAVEROL ALLIER 2016 BE GR BR.	135	OBAR DE PUENTE DEL EA 2023 B FB.	570	OJOS DEL GUADIANA TEMPRANILLO 2023 T.	253
NÚRIA CLAVEROL HOMENATGE 2016 BE GR BR.	135	OBSCENO 2022 B.	609	OJOS DEL GUADIANA VERDEJO 2023 B.	253
NÚRIA DE MONTARGULL ROSÉ 2020 RE R BR.	140	OBSESIÓN 2022 T BA.	243	OLA OESTE 2022 B.	91
NÚRIA DE MONTARGULL ROSÉ 2022 RD.	340	OCAMPO LISTÁN BLANCO 2022 B.	647	OLAGOSA 2023 B.	557
NUTT MACABEU 2019 B.	346	OCAMPO LISTÁN NEGRO 2022 T.	647	ÒLBIA 2022 T.	380
NUTT SUMOLL 2021 T.	346	OCAMPO VIDUEÑO BLANCO 2022 B.	647	OLBIETA 2023 T.	664
NUTT XARELLO 2022 B.	346	OCAMPO VIJARIEGO TINTO 2022 T.	647	OLBIETA BLANC 2023 B.	664
		OCHO ENCINAS 2021 B.	877	OLCAVIANA CHARDONNAY 2023 B.	819
		OCHO ENCINAS EDICIÓN LIMITADA 2021 T.	876	OLCAVIANA SAUVIGNON BLANC 2023 B.	819

O

WEIN	SEITE	WEIN	SEITE	WEIN	SEITE
		OCHO ISLAS 2022 T RB.	734	OLCAVIANA VERDEJO 2023 B.	819
O CABALIN 2020 T C.	709	OCHOA 2015 T R.	324	OLD HANDS 2022 T RB.	750
O CABALIN 2021 T C.	709	OCHOA 8A LA FOTO DE 1938 2021 T C.	324	OLD MOUNTAIN 2012 B D.	272
O CON 2022 B.	902	OCHOA MOSCATEL VENDIMIA TARDÍA DULCE 2022 B MO D.	324	OLE DE AROMAS 2023 T.	280
O ESTRANXEIRO 2022 T.	425			OLETXE 2023 B.	93
O FILLO DA CONDESA 2023 B.	407	OCHOA ROSADO DE LÁGRIMA 2023 RD.	324	OLIMPO 2021 T RB.	820
O GODELLO 2023 B.	704	OCHOA TEMPRANILLO 2021 T C.	324	OLIMPO CENCIBEL 2021 T.	820
O GRAN MEIN 2020 T.	442	OCHOYMEDIO MALBEC 2023 T.	812	OLIMPO CHARDONNAY 2022 B.	820
O GRAN MEÍN CASTES BRANCAS 2022 B.	442	ODISEA 2021 T RB.	795	OLIVARES 2023 RD.	235
O GRAN MEIN LUSTRO 2019 B.	442	OE GARNACHA 2022 T.	570	OLIVASTRO 2021 T.	692
O LUAR DO SIL GODELLO 2023 B.	709	OFERENTE 2019 B BA.	236	OLIVÉ BATLLORI 2018 BE GR BN.	145
O LUAR DO SIL GODELLO SOBRE LÍAS 2022 B.	710	OFERENTE 2019 T C.	236	OLIVER VITICULTORS 2022 BE BN.	151
O LUAR DO SIL TOSTADO 2021 B.	710	OFERENTE 2020 T C.	236	OLIVER VITICULTORS ROSÉ RE BN.	151
O LUAR DO SIL VIDES DE CÓRGOMO 2022 B.	710	OFERENTE SELECCIÓN 2022 T.	236	OLIVEROS 2020 T C.	176
O SEBAL 2023 B.	869	OINOZ VERDEJO 2023 B.	610	OLIVEROS COUPAGE 2023 B.	176
O TESOURO 2021 T.	712	OJO DE GALLO 2020 B.	794	OLIVEROS PEDRO XIMÉNEZ 2020 BF PX D.	176
OBAC DE BINIGRAU 2022 T BA.	850	OJOS DEL GUADIANA 2018 T R.	253	OLIVEROS VINO NARANJA BF MISTELA D.	176
ÓBALO 2023 RD.	555	OJOS DEL GUADIANA SAUVIGNON BLANC 2023 B.	253	OLIVIA BY BURGMANN 2022 B.	648
ÓBALO BLANCO 2022 B.	555	OJOS DEL GUADIANA SELECCIÓN 2022 T BA.	253	OLIVITA PÉREZ 2023 T.	744

WEIN	SEITE	WEIN	SEITE	WEIN	SEITE
OLLA NEGRA 2023 T	307	OPTA CALZADILLA 2018 T	757	ORIOL ROSSELL RESERVA DE LA PROPIETAT ROSÉ 2017 RE GR BR	152
OLLER DEL MAS ESPECIAL CARINYENA 2018 T BA	889	OPTIMO DE DURÓN 2019 T R	464		
OLLER DEL MAS ESPECIAL MACABEU 2019 B	356	ÓPTIMUS 2021 T	491	ORIOLUS 2022 B FB	804
OLLER DEL MAS ESPECIAL PICAPOLL NEGRE 2021 T BA	889	ORACAN ORANGE 2021 B	730	ORISSÓN 2021 T	818
OLMO HUECO 2022 T RB	281	ORÁCULO 2021 T	496	ORISTÁN 2021 T C	250
OLMO HUECO 2023 RD	281	ORANGE BY LEZA GARCÍA 2023 B	569	ORISTÁN VERDEJO 2023 B	250
OLMO HUECO CENCIBEL 2022 T	281	ORANGE PEELS 2023 B	270	ORMUS 2018 T C	530
OLMO HUECO SYRAH 2022 T	281	ORANGE WINE BY PIE VIEJOS "OW" 2022 B	816	ORMUS EDICIÓN LIMITADA 2021 T	531
OLOROSO TRADICIÓN VORS BF OL S	219	ORBALLO ALBARIÑO 2023 B	399	ORMUS VIURA 2022 B	531
OLVIDADO BF AM S	226	ORBEN 2022 T	556	ORO DE CASTILLA 2021 T C	448
OLVIDO TEMPRANILLO 2022 T	67	ORETANO 2022 T RB	818	ORO DE CASTILLA FINCA LOS HORNOS 2021 B	612
OMBRA 2021 T BA	311	ORGULLO DE BARROS 2021 T C	515	ORO DE CASTILLA SAUVIGNON BLANC 2023 B	612
OMBRA 2023 B	311	ORGULLO DE BARROS 2023 B SD	515	ORO DE CASTILLA VERDEJO 2023 B	612
OMBRA DE CARMELO ORTEGA 2021 T	570	ORGULLO DE BARROS TEMPRANILLO 2023 T	515	ORO DEL LLANO 2022 B	848
ONE OFF #6 2022 T	301	ORIG 2023 B	359	ORO VALEI 2023 B	403
ÒNIX EVOLUCIÓ 2020 T	387	ORIGEN 1989 2022 T RB	771	OROVELO 2022 B	280
ONTALBA EQUILIBRISTA 2020 T	241	ORIGEN 2020 T C	429	ORTEGA EZQUERRO 2021 T C	570
ONTALBA SAUVIGNON BLANC 2023 B	241	ORIGEN 2023 B	888	ORUBE 2019 T R	556
ONTAÑÓN 2015 T R	529	ORIGEN BRUÑAL QUINTA LAS VELAS 2020 T R	65	ORUBE 2020 T C	556
ONTAÑÓN 2020 T C	529	ORIGEN DE RESALTE 2021 T	475	ORUBE 2022 B FB	556
ONTAÑÓN ANTOLOGÍA 2019 T C	529	ORIGENES AIRÉN 2023 B	889	ORUBE GARNACHA 2021 T	556
ONTAÑÓN LAGARNACHA 2020 T	530	ORIOL ROSSELL ARIADNA 2017 BE GR BN	152	ORUBE SELECCIÓN DE FAMILIA 2020 T C	556
ONTAÑÓN NATURA SIN SULFITOS AÑADIDOS 2020 T	530	ORIOL ROSSELL GRAN PROPIETAT ENOTECA FAMILIAR 2008 BE GR BN	152	OSBORNE PEDRO XIMÉNEZ 1827 BF PX D	218
ONTAÑÓN VIURA 2019 B	530			OSCA 2023 B	639
ONTOS 2022 T	105	ORIOL ROSSELL GRAN PROPIETAT ENOTECA FAMILIAR 2010 BE GR BN	152	OSCA GARNACHA BLANCA 2023 B	639
OPHIUSA 2021 T	845			OSCA GRAN EROLES 2017 T R	639
OPIMIUS 2021 T	464	ORIOL ROSSELL MITIC 2019 BE GR BN	152	OSLUGA PRECIOSO B SOLERA	867
OPOSITOR BLANC 2023 B	356	ORIOL ROSSELL RESERVA DE LA PROPIETAT 2016 BE GR BN	152	OSSIAN 2022 B	838
OPOSITOR NEGRE 2023 T BA	356			OSSIAN CAPITEL 2021 B FB	838

WEINE

WEIN	SEITE
OSSIAN QUINTALUNA 2022 B	838
OSTATU 2021 T C	591
OSTATU 2023 B	591
OSTATU 2023 T MC	591
OSTREA 2022 B	653
OTERO 2016 T R	776
OTOÑAL 2019 T R	556
OTOÑAL 2020 T C	556
OTOÑAL 2021 T C	556
OURIVE DONA BRANCA 2022 B FB	429
OURIVE GODELLO 2022 B	429
OUTÓN 2023 B	413
OVERO 2021 T C	775
OVIDIO GARCÍA DE AUTOR 2018 T R	167
OVIDIO GARCÍA ESENCIA 2020 T C	167
OVIDIO GARCÍA SELECCIÓN 2022 T RB	167
OVNI PALOMINO FINO 2022 B	887

P

WEIN	SEITE
P.F. 2022 T	279
P2 ALAMO B	844
PAAL 01 100% SYRAH 2022 T	321
PACHEM 2020 T	374
PACHEM CARINYENA 2021 T	374
PACIENCIA INFINITA 2020 T D	50
PACO & LOLA 2023 B	409
PACO & LOLA GODELLO 2023 B	710
PACO & LOLA HERITAGE 2019 B C	409
PACO & LOLA VINTAGE 2018 B	409
PACO EL FEO 2020 T	117
PACO MULERO ALBARIÑO 2023 B	410
PACO MULERO GARNACHA 2022 T	104
PACO MULERO MONASTRELL 2022 T	241
PACO MULERO QUINCE MESES GARNACHA TINTORERA 2021 T	56
PACO MULERO QUINCE MESES GARNACHA TINTORERA 2022 T	56
PACO MULERO TEMPRANILLO 2021 T	838
PACO MULERO VEINTE MESES 2021 T	242
PACO MULERO VEINTE MESES 2022 T	241
PAGO DE CARRAOVEJAS "CUESTA DE LAS LIEBRES" 2020 T R	502
PAGO DE CARRAOVEJAS 2021 T	502
PAGO DE CARRAOVEJAS EL ANEJÓN 2020 T	502
PAGO DE CIRSUS 011 SELECCIÓN 2018 T	318
PAGO DE CIRSUS CHARDONNAY 2022 B FB	756
PAGO DE CIRSUS CHARDONNAY 2023 B	318
PAGO DE CIRSUS SELECCIÓN DE FAMILIA 2018 T C	756
PAGO DE CIRSUS VENDIMIA SELECCIONADA 2022 T C	756
PAGO DE FUENTECOJO 2020 T	503
PAGO DE LA JARABA 2021 T	763
PAGO DE LA JARABA MERLOT 2021 T	763
PAGO DE LA JARABA SAUVIGNON BLANC 2023 B	763
PAGO DE LA OLIVA COUPAGE 2018 T	838
PAGO DE LA OLIVA DEJA VU LUZ DEL AMANECER 2022 RD	839
PAGO DE LA OLIVA SAVIA 2019 T	839

WEIN	SEITE
PAGO DE LA OLIVA SERENITE 2017 T	839
PAGO DE LOS BALAGUESES CHARDONNAY 2022 B FB	763
PAGO DE LOS BALAGUESES GARNACHA TINTORERA 2021 T C	763
PAGO DE LOS BALAGUESES SYRAH 2021 T C	763
PAGO DE LOS CAPELLANES CRIANZA 2022 T C	502
PAGO DE LOS CAPELLANES DOROTEO 2019 T	502
PAGO DE LOS CAPELLANES PARCELA EL NOGAL 2020 T FB	502
PAGO DE LOS CAPELLANES PARCELA EL PICÓN 2020 T	502
PAGO DE LOS CAPELLANES RESERVA 2021 T R	502
PAGO DE LOS CAPELLANES UN SUEÑO EN LAS ALTURAS 2020 T	502
PAGO DE MARINACEA 2018 T	686
PAGO DE MARINACEA 2018 T RB	686
PAGO DE MARINACEA 2022 B	629
PAGO DE MARINACEA JOVEN 2023 T	686
PAGO DE OTAZU 2022 T	759
PAGO DE OTAZU CHARDONNAY CON CRIANZA 2022 B	759
PAGO DE THARSYS ARGILA 2020 T	759
PAGO DE THARSYS BOBAL DIANA GARCÍA 2021 T	759
PAGO DE THARSYS CABERNET FRANC SIN SULFITOS 2023 T	699
PAGO DE THARSYS CERÁMICA 2018 BE GR BN	152
PAGO DE THARSYS CERÁMICA ROSÉ 2018 RE GR BN	152
PAGO DE THARSYS MERSEGUERA SIN SULFITOS 2023 B	700
PAGO DE THARSYS MILLESIME 2019 BE R BR	153
PAGO DE THARSYS MILLÉSIME ROSÉ RESERVA 2019 RE R BR	153

WEIN	SEITE
PAGO DE THARSYS VENDIMIA NOCTURNA ALBARIÑO 2023 B	759
PAGO DE THARSYS VENDIMIA NOCTURNA GARNACHA 2023 RD FB	759
PAGO DE TORROSILLO 2022 T	494
PAGO DE VALDONEJE 2023 T	85
PAGO DE VALDONEJE EL VALAO 2022 T BA	85
PAGO DE VALDONEJE LA CERRADA 2023 B	85
PAGO DE VALTARREÑA 2020 T	475
PAGO DEL AMA COLECCIÓN 45 ANIVERSARIO 2021 T	820
PAGO DEL CIELO 2019 T R	503
PAGO DEL VICARIO 50-50 2019 T C	760
PAGO DEL VICARIO 6 MESES 2021 T	760
PAGO DEL VICARIO BANCAL DEL RÍO 2017 T	760
PAGO DEL VICARIO BLANCO DE TEMPRANILLO 2023 B	761
PAGO DEL VICARIO TALVA 2021 B FB	761
PAGO EL CORDONERO TEMPRANILLO 12 MESES 2020 T BA	165
PAGO EL CORDONERO TEMPRANILLO 9 MESES 2021 T	165
PAGO FINCA ÉLEZ CENCIBEL 2021 T	761
PAGO FINCA ÉLEZ CHARDONNAY FERMENTADO EN BARRICA 2022 B FB	761
PAGO FINCA ÉLEZ NOSTRUM 2021 T	761
PAGO FLORENTINO 2020 T	761
PAGO FLORENTINO 2021 T	761
PAGO LA PAVINA 2019 T	822
PAGO LOS CERRILLOS CABERNET DE FAMILIA 2018 T	763
PAGO LOS CERRILLOS COLECCIÓN PRIVADA 2018 T R	763
PAGO LOS CERRILLOS PETIT VERDOT 2020 T C	764

WEIN	SEITE
PAGO LOS CERRILLOS PETIT VERDOT SELECCIÓN 2018 T R	764
PAGO LOS CERRILLOS SYRAH 2021 T RB	763
PAGO LOS CERRILLOS TEMPRANILLO CABERNET 2020 T RB	763
PAGO MOTA 2022 B	804
PAGO MOTA 2023 B	804
PAGO PEÑUELAS TEMPRANILLO 2023 T	817
PAGO PEÑUELAS VERDEJO 2023 B	817
PAGOS DE ANGUIX BARRUECOS 2021 T	503
PAGOS DE ANGUIX COSTALARA 2021 T	503
PAGOS DE ANGUIX EL ROSADO 2023 RD	503
PAGOS DE ANGUIX PRADO LOBO 2019 T R	503
PAGOS DE BALBÁS 2022 T	458
PAGOS DE FUENTE REINA 2020 T	860
PAGOS DE LA SONSIERRA 2015 T R	560
PAGOS DE PEÑAFIEL 2019 T R	496
PAGOS DE PEÑAFIEL 2020 T C	496
PAGOS DE PEÑAFIEL 2022 T RB	496
PAGOS DE PEÑAFIEL VENDIMIA SELECCIÓN 2022 T	497
PAGOS DE REVERÓN 2023 B S	34
PAGOS DE REVERÓN 2023 B S	34
PAGOS DE REVERÓN 2023 T S	34
PAGOS DE REVERÓN AFRUTADO 2023 B SD	34
PAGOS DE VALCERRACÍN 10 MESES 2022 T RB	508
PAGOS DE VALCERRACÍN VENDIMIA SELECCIONADA 2020 T C	508
PAGOS DE VILLAVENDIMIA CO-BIOLÓGICA 2022 B	878
PAGOS DE VILLAVENDIMIA SALVAJE 2015 B	832

WEIN	SEITE
PAGOS DE VILLAVENDIMIA VELO DE FLOR 2019 B	878
PAGOS REVERÓN AFRUTADO 2023 RD SD	34
PAGOS REVERÓN MALVASIA 2023 B S	34
PAI EDICIÓN ESPECIAL ALBAMAR 2023 B	396
PAISAJE DE LAS ISLAS 2022 BE EBR	773
PAISAJE DE LAS ISLAS 2023 B	773
PAISAJE DE LAS ISLAS 2023 RD	773
PAISAJE DE LAS ISLAS FORASTERA 2023 B	773
PAISAJE DE LAS ISLAS MALVASÍA AROMÁTICA NATURALMENTE DULCE 2021 B D	773
PAISAJES CECIAS 2021 T	592
PAISAJES LA PASADA 2021 T	593
PAISAJES VALSALADO 2021 T	593
PAIVA 10 MESES 2020 T C	843
PAIVA 2020 BE R BN	132
PAIVA 2022 BE BN	132
PAIVA 56 BARRICAS 2020 T FB	843
PAIVA COSECHA 2023 T	514
PAIVA SEMIDULCE 2023 B SD	514
PAIXAR MENCÍA 2022 T	77
PÁJARO LOCO GODELLO 2023 B	292
PÁJARO LOCO MENCÍA 2022 T	292
PALACIO DE ARGANZA CABERNET MENCÍA 2023 T	841
PALACIO DE ARGANZA RED BLEND T	841
PALACIO DE BORNOS LA CAPRICHOSA 2023 B	629
PALACIO DE BORNOS SAUVIGNON BLANC 2023 B	629
PALACIO DE BORNOS SAUVIGNON BLANC SEMIDULCE 2023 B SD	629
PALACIO DE BORNOS VERDEJO 2023 B	629

WEIN	SEITE	WEIN	SEITE	WEIN	SEITE
PALACIO DE SADA 2023 B	316	PANDORA OVO TEMPRANILLO 2020 T	830	PARAJE PEÑALOBOS EL LAGAR DE ISILLA 2021 T RB	465
PALACIO DE SADA 2023 RD	316	PANDORA OVO VERDEJO 2020 B	620	PARAJE TORNEL 2019 T R	698
PALACIO DE SADA CUVÉE ESPECIAL 2019 T C	316	PANDORA SAUVIGNON BLANC CRIADO EN BARRICA 2021 B C	620	PARAJES DEL INFIERNO "EL JUDAS" 2021 B FB	865
PALACIO DE SADA GARNACHA 2022 T	316			PARAJES DEL INFIERNO "LA SILLERÍA" 2021 B FB	865
PALACIO DE VILLACHICA 2017 T C	687	PANDORA SAUVIGNON BLANC SOBRE LÍAS 2023 B	620	PARAJES DEL VALLE 2023 RD	281
PALACIO DE VILLACHICA DEHESA SAN ANDRÉS VENDIMIA SELECCIONADA 2020 T	687	PANDORA TINTA DE TORO 2022 T RB	677	PARAJES DEL VALLE MACABEO 2023 B	281
		PANDORA VERDEJO 2021 B FB	620	PARAJES DEL VALLE MACERACIÓN MACABEO 2023 B	894
PALACIO IMPERIAL 2021 B	700	PANDORA VERDEJO ECO 2021 B FB	621	PARAJES DEL VALLE MONASTRELL 2022 T	242
PALACIO QUEMADO 2021 T C S	515	PANDORA VERDEJO ECOLÓGICO SOBRE LÍAS 2020 B	621	PARAJES VINO DE REGIÓN 2022 T	80
PALADIO 2022 B	864	PANDORA VERDEJO ECOLÓGICO SOBRE LÍAS 2023 B	621	PÁRAMOS DE LEGARIS 2020 T BA	498
PALADOR 2018 T R	563	PANDORA VERDEJO SOBRE LÍAS 2023 B	621	PARAÑY 2019 T C	343
PALAGÓ BLANC DE NOIR SELECTION 2017 BE R BN	128	PANIZA ANCESTOR'S GARNACHA 2021 T	116	PARATÓ 2020 BE R BN	153
PALAGÓ FARMER'S SELECTION 2018 BE R BN	128	PANIZA GARNACHA FROM SLATE 2022 T	116	PARATÓ ROSAT PINOT NOIR 2023 RD	349
PALAGÓ FOODIE'S SELECTION 2019 BE R BN	128	PANTIGANA 2022 B	179	PARATÓ SAMSÓ 2019 T R	349
PALAGÓ ROSÉ SELECTION 2021 RE BN	128	PAÑO DE LÁGRIMAS 2022 T RB	164	PARCELA 11 FINCA DEL TUERTO 2021 T C	239
PALAGÓ WINEMAKER SELECTION 2021 BE BN	128	PARA CELSUS 2023 T	806	PARCELA 11 FINCA DEL TUERTO 2022 T C	239
PALAU SOLÁ 2022 BE BN	131	PARA CELSUS VERDEJO 2023 B	806	PARCELA SOLANA 2019 T RB	727
PALMA BLANCA DULCE B MISTELA D	42	PARA MUESTRA UN BOTÓN 2021 B	81	PARCELA UMBRÍA 2017 T RB	727
PALMERI ADÁN 2018 T GR	112	PARA MUESTRA UN BOTÓN 2021 T	81	PARDELASSES 2019 T	366
PALMERI EVA 2022 B	112	PARA MUESTRA UN BOTÓN EDICIÓN LIMITADA FERMENTADA BAJO SUS LÍAS 2020 B FB	81	PARDELLS 2019 B	196
PALO BLANCO 2022 B	774			PARDEVALLES ALBARÍN 2023 B	267
PALO BLANCO LAS MOLINAS 2022 B	774	PARABÒLIC VINÍCOLA DE NULLES 2023 B	652	PARDEVALLES CARROLEÓN 2020 T C	267
PALO CORTADO TRADICIÓN VORS BF PC S	219	PARABÒLIC VINÍCOLA DE NULLES 2023 T	652	PARDEVALLES CARROLEÓN 2023 B FB	267
PALOMAR DE LA REINA 2019 T	879	PARADA DE ATAUTA 2021 T	463	PARDEVALLES GAMONAL 2022 T C	267
PAM DE NAS 2018 T	386	PARAJE ARDALEJOS 2017 T R	781	PARDEVALLES PRIETO PICUDO 2023 T	267
PAMPANITO 2021 B D	271	PARAJE CHUPADERO 2022 B	262	PARÉS BALTÀ ABSIS 2018 T R	349
PANCRUDO DE GÓMEZ CRUZADO 2022 T	567	PARAJE DE GUEZARI 2021 T	317	PARÉS BALTÀ BASSEGUES 2010 BE	153
PANDORA 2023 B	620	PARAJE DE LA VIRGEN 2022 T	589	PARÉS BALTÀ BLANCA CUSINÉ 2016 BE GR BN	153
PANDORA GODELLO 2023 B	830	PARAJE DE TITOS 2022 T	254	PARÉS BALTÀ CUVÉE DE CAROL 2015 BE GR BN	153

WEIN	SEITE
PARÉS BALTÀ ELECTIO XARELLO 2022 B	349
PARÉS BALTÀ ESPIGOL 2023 B	350
PARÉS BALTÀ HISENDA MIRET GARNATXA 2021 T R	350
PARÉS BALTÀ HISTORIC 2019 BE GR BN	153
PARÉS BALTÀ MARTA DE BALTÀ 2019 T	350
PARÉS BALTÀ RADIX 2023 RD	350
PARÉS BALTÀ ROSA CUSINÉ 2020 RE GR BN	153
PARÉS BALTÀ SATÈLLIT 2020 B	350
PARET SECA MACABEU 2022 B	895
PARET SECA MANTONEGRO 2022 T C	855
PARET SECA XARELLO 2022 B	895
PAROTET 2021 T	722
PARREÑO 2023 B	699
PARREÑO 2023 RD	699
PARREÑO 2023 T	699
PARSIMONIA 2020 T C	697
PARSIMONIA BOBAL DE AUTOR 2022 T FB	697
PARSIMONIA TARDANA 2023 B	697
PARTAL CEPAS VIEJAS 2018 T	97
PARTAL DE AUTOR 2006 T	97
PARTICULAR BLANC DE NOIRS BE BN	133
PARTICULAR CARIÑENA VIÑAS VIEJAS 2022 T	116
PARTICULAR CHARDONNAY & MOSCATEL DE ALEJANDRÍA 2023 B	116
PARTICULAR GARNACHA 2023 T	116
PARTICULAR GARNACHA OLD VINE 2022 T C	116
PARTICULAR GARNACHA ROSÉ RE BN	133
PARTICULAR GARNACHA VIÑAS CENTENARIA 2018 T	116
PAS CURTEI 2022 T	863
PAS DELS CAUS 2022 T	363
PASAL DE ESILE GODELLO 2023 B	424
PASAMONTE 2021 T	763
PASANAU EL VELL COSTER 2019 T	369
PASANAU FINCA LA PLANETA 2020 T	369
PASANAU LES MYRIAMS 2023 B	369
PASANAU VI DE PARATGE LOS TORRENTS 2020 T	369
PASANAU VI DE VILA DE LA MORERA DE MONTSANT 2023 T	369
PASAS ROSÉ 2023 RD	751
PASAS VIURA-SAUVIGNON BLANC 2023 B	751
PASCONA CLÀSSIC 2022 T C	305
PASIEGO "CÆSAR" 2017 T C	695
PASIEGO AURUM 2022 B	695
PASIEGO BOBAL 2018 T C	696
PASIEGO DE AUTOR 2017 T C	696
PASIEGO JULIETA NATURALMENTE DULCE 2018 B D	696
PASIEGO JULIETA NATURALMENTE DULCE B D	696
PASIEGO LA SUERTES 2023 B	696
PASION DE BOBAL 2021 T RB	701
PASIÓN DE CASTILLO DE MONTALBAN BE BN	906
PASION DE MOSCATEL 2023 B	727
PASO A PASO TEMPRANILLO 2023 T	808
PASO DE BUEY 2019 T	807
PASOTISMO 2022 B	635
PASOTISMO 2022 T	635
PASTORA PASADA BF MZ S	215
PASTRANA MANZANILLA PASADA BF MZ S	217
PATA NEGRA 2018 T R	714
PATA NEGRA 2023 T RB	453
PATA NEGRA APASIONADO ORGANIC T	229
PATA NEGRA APASIONADO T	230
PATA NEGRA CEPAS VIEJAS 2017 T R	714
PATA NEGRA EDICION ESPECIAL FAUNA SAUVIGNON BLANC VERDEJO 2023 B	624
PATA NEGRA EDICION ESPECIAL TORO 2023 T RB	678
PATA NEGRA TEMPRANILLO CABERNET SAUVIGNON 2019 T	714
PATA NEGRA VALDEPEÑAS RESERVADO 2014 T	714
PATA NEGRA VERDEJO 2023 B	624
PATEIRO ANFORA 2022 B	440
PATEIRO TREIXADURA 2021 B BA	440
PATERNINA BANDA AZUL 2022 T C	589
PATIENS 2017 B R	561
PATINEGRO 2021 B	792
PATOJO 2021 T	40
PATRE 2020 T C	241
PATRIA CHICA 2023 T	755
PATRICK MURPHY BOTA HAURIE 2015 B GR	884
PATRICK MURPHY BOTA ISABEL MIJARES 2019 B	884
PAUL CHENEAU 2019 BE R BR	147
PAVINA RED 2020 T	822
PAVINA VERDEJO 2023 B	822
PAXARO TOLO 2022 T	430
PAYDOS 2019 T	688
PAYOYA NEGRA 2022 T R	274
PAZO BAIÓN ALBARIÑO 2022 B	410
PAZO CILLEIRO 2023 B	401

WEIN	SEITE	WEIN	SEITE	WEIN	SEITE
PAZO CILLEIRO VIÑEDO CINCUENTENARIO 2022 B	401	PAZO SAN ANTÓN ALBARIÑO 2022 B	391	PEDROUZOS MAGNUM 2019 B FB	711
PAZO DA TORRE ALBARIÑO 2023 B	403	PAZO SAN MAURO ALBARIÑO 2023 B	395	PEGASO "BARRANCOS DE PIZARRA" 2021 T	770
PAZO DAS BRUXAS 2023 B	415	PAZO SEÑORANS 2023 B	412	PEIQUE GODELLO 2023 B	76
PAZO DE ARRETÉN 2022 B	401	PAZO SEÑORANS COLECCIÓN 2020 B	412	PEIQUE MENCÍA 2023 T	76
PAZO DE LA CUESTA BRANCAS 2023 B	428	PAZO SEÑORANS SELECCIÓN DE AÑADA 2014 B	412	PEIQUE RAMÓN VALLE 2022 T	76
PAZO DE LA CUESTA BRANCELLAO 2022 T	428	PAZO TIZÓN 2023 B	441	PEIQUE SELECCIÓN FAMILIAR 2020 T	76
PAZO DE LA CUESTA GARNACHA TINTORERA PREFILOXÉRICA 2021 T	895	PAZO TORRE PENELAS BLANCO GRANITO 2021 B	416	PEIQUE VIÑEDOS VIEJOS 2021 T RB	76
		PEDRA DE GUIX 2022 B C	386	PEITES 2008 T C	368
PAZO DE LA CUESTA GODELLO 2023 B	428	PEDRABONA 2022 T	378	PELIGRU 2022 T	882
PAZO DE LA CUESTA MENCÍA 2022 T	428	PEDRANAI DE SANTIAGO ROMA ALBARIÑO 2020 B	402	PELL DE GERRES 2022 B	309
PAZO DE MARIÑAN 2023 B	290	PEDRANEIRA 2022 B	406	PELLEJO. VINO TINTO DE PARCELA 2021 T	674
PAZO DE MARIÑAN MENCÍA ARAUXA 2022 T	290	PEDRAS RUBRAS MILLESIME 2014 BE GR BN	392	PEMARTIN BF FI S	220
PAZO DE MONTERREY GODELLO 2023 B	290	PEDRAZAIS GODELLO 2023 B	703	PEMARTÍN BF PX D	220
PAZO DE MONTERREY MENCÍA 2022 T	290	PEDREGAR 2017 RE R BN	334	PENAPEDRE 2021 T	888
PAZO DE MONTERREY RAÚL BOO GODELLO 2022 B	290	PEDRO GARCÍA 2022 B FB	741	PENDÓN DE LA AGUILERA 2021 T	464
PAZO DE MONTERREY RAÚL BOO MENCÍA 2022 T	290	PEDRO GARCÍA 2022 BE BN	741	PENSANTE MATURANA 2015 T	537
PAZO DE PIÑEIRO 2021 B	413	PEDRO GARCÍA SAUVIGNON Y MALVAR 2023 B	741	PENTATEUCO BASIC 2020 T	844
PAZO DE RUBIANES 1411 2018 B	411	PEDRO MARTÍN VINO DE AUTOR 2022 T	779	PENTATEUCO CUVÉE 2020 T	844
PAZO DE RUBIANES 1411 2021 B	411	PEDRO MARTÍN VINO DE AUTOR RUFETE 2022 T	779	PENTATEUCO TERROIR 2020 T	844
PAZO DE RUBIANES ALBARIÑO 2014 B	411	PEDRO XIMÉNEZ RESERVA DE FAMILIA BF PX D	271	PENTECOSTÉS ALBARIÑO 2022 B	401
PAZO DE RUBIANES ALBARIÑO 2022 B	411	PEDRO XIMÉNEZ TRADICIÓN VOS BF PX D	219	PENTECOSTÉS VARIETALES 2022 B	401
PAZO DE RUBIANES GARCÍA DE CAAMAÑO 2013 B	411	PEDROHERAS 2018 T C	250	PENYA EL CASTELLET 2022 RD	40
PAZO DE RUBIANES GARCÍA DE CAAMAÑO 2021 B	412	PEDROHERAS AIRÉN 2023 B	250	PEÑA CRUZADA PIESDESCALZOS 2022 B	743
PAZO DE RUBIANES PALOMA 2020 B	411	PEDROHERAS MACABEO VERDEJO 2023 B	250	PEÑA DEL AGUILA FINO EN RAMA BF FI S	216
PAZO DE SEOANE O ROSAL 2023 B	408	PEDROHERAS SYRAH TEMPRANILLO 2023 T S	251	PEÑA EL GATO GARNACHA 2021 T BA	587
PAZO DE VILLAREI ALBARIÑO 2023 B	412	PEDROHERAS TEMPRANILLO 2022 T RB	251	PEÑA EL GATO TINAJA 2021 T	587
PAZO DE VILLAREI GODELLO 2023 B	412	PEDROHERAS VERDEJO 2023 B	251	PEÑA LA ROSA 2022 T MC	580
PAZO PONDAL 2019 BE BN	413	PEDROTEÑO AIRÉN 2023 B	818	PEÑA LA ROSA 2023 B	580
PAZO PONDAL CUVÉE 2019 B	413	PEDROTEÑO TEMPRANILLO 2023 T	818	PEÑA LA ROSA GRANO A GRANO 2016 T	581

WEIN	SEITE	WEIN	SEITE	WEIN	SEITE
PEÑA LA ROSA SECRETO DEL ABUELO 2020 T	580	PER SE 2019 T	900	PERELADA GRAN CLAUSTRO 2021 T C	199
PEÑA LA ROSA VENDIMIA SELECCIONADA 2020 T	581	PERAJ HA'ABIB. FLOR DE PRIMAVERA 2022 T C	304	PEREMATEU 2023 B	857
PEÑA REJAS 2023 T	674	PERDOMERO 2023 T	734	PÉREZ BARQUERO G1 BE BN	911
PEÑAFIEL EDICIÓN LIMITADA 2019 T C	508	PERDRE EL NORD 2022 T	195	PÉREZ PASCUAS GRAN SELECCIÓN 2017 T GR	469
PEÑALBA-LÓPEZ 2022 B	836	PERE MATA 20 ANIVERSARI 2009 BE GR BN	150	PERFIL 2020 T R	497
PEÑALBA-LÓPEZ BE BN	145	PERE MATA CUPADA Nº 30 2019 BE R BN	150	PERFUME DE JULIA 2006 B D	47
PEÑAMONTE 2021 T C	679	PERE MATA CUPADA ROSÉ 2021 RE R BR	150	PERFUME DE SONSIERRA 2016 T	560
PEÑAMONTE 2022 RD	679	PERE MATA L'ENSAMBLATGE 2018 BE GR BN	150	PERICA VIÑA OLAGOSA 2012 T GR	557
PEÑAMONTE 5 MESES 2023 T RB	679	PERE MATA L'ORIGEN 2018 BE GR BR	150	PERICA VIÑA OLAGOSA 2014 T R	557
PEÑAMONTE GARNACHA 2022 T RB	679	PERE MATA RESERVA FAMILIA 2018 BE GR BN	150	PERICA VIÑA OLAGOSA 2020 T C	557
PEÑAMONTE VERDEJO 2023 B	679	PERE PUNYETES BLANC 2023 B	339	PERINET RANCI 1950 B RC	895
PEÑAS ALADAS 2018 T GR	493	PERE PUNYETES NEGRE 2022 T	339	PERINET ROSÉ 2022 RD	383
PEÑAS ALADAS CLARETE 2020 RD	493	PERE VENTURA GRAN VINTAGE PARAJE CALIFICADO CAN BAS 2015 BE GR BR	153	PERLA MARIS VERDEJO 2023 B	628
PEÑAS NEGRAS 2022 T	694			PERLAT BLANC 2023 B	307
PEÑAZUELA VENDIMIA SELECCIONADA GARNACHA 2021 T RB	108	PERE VENTURA TRESOR ANNIVERSARY 2018 BE GR BR	153	PERLAT GARNATXA 2021 T	307
		PERE VENTURA TRESOR MAGNUM 2016 BE GR BR	153	PERPETUAL 2020 T C	376
PEÑAZUELA VENDIMIA SELECCIONADA GARNACHA BLANCA 2023 B	108	PERE VENTURA TRESOR ROSÉ RE R BR	154	PERRACHICA 2021 T	769
		PERE VENTURA VINTAGE 2016 BE GR BR	154	PERROCHICO 2023 B	635
PEPE CABANAS 2020 B	790	PERE VENTURA VINTAGE ROSÉ 2018 RE GR BR	154	PERROCHICO 2023 T	635
PEPE CARRASCA 2022 B	437	PEREA NAVARRO AIREN CUVEE 2023 B	802	PERSEO 7 VERDEJO SOBRE LÍAS 2023 B	629
PEPE LUIS 2022 B FB	396	PEREGRINO 2023 RD	264	PERSIANES 2021 B	348
PEPE MENDOZA CASA AGRÍCOLA 2022 T	50	PEREGRINO ALBARÍN 2023 B	264	PESSEROLES BRISAT 2022 B	382
PEPE MENDOZA CASA AGRÍCOLA VELO FLOR 2021 B	50	PERELADA AIRES DE GARBET 2020 T R	198	PÉT - NAT XARELLO 2023 B	913
PEPE MENDOZA EL VENENO 2021 T BA	50	PERELADA EX EX 14 2019 T C	198	PÉTALOS DEL BIERZO VIÑAS VIEJAS 2022 T	80
PEPE MENDOZA FIERROCA 2021 T	50	PERELADA FINCA GARBET 2005 T R	199	PETARDO 2022 T	193
PEPE MENDOZA GIRÓ DE ABARGUES 2021 T C	50	PERELADA FINCA GARBET 2021 T R	199	PETIT BALDOMÀ 2023 B	184
PEPE RAVENTÓS MALVASIA DE SITGES 2022 B	900	PERELADA FINCA MALAVEÏNA 2021 T	199	PETIT BALDOMA 2023 T	184
PEPE YLLERA 2021 T RB	512	PERELADA GARNATXA DE L'EMPORDÀ 12 ANYS DULCE NATURAL BF SOLERA D	199	PETIT HIPPERIA 2022 T	765
PEPITO GRILLO 2022 B	441			PETIT PITTACUM 2023 T	86

WEIN	SEITE	WEIN	SEITE	WEIN	SEITE
PETIT SAÓ 2021 T	182	PIEDRAS Y PRINCESAS 2020 T C	680	PINO DONCEL 12 MESES 2021 T C	231
PETITES ESTONES BLANC 2023 B	663	PIEL DE LA HAYA CORDÓN TRENZADO 2022 B	735	PINO DONCEL 24 MESES SELECCIÓN DE PARCELAS 2020 T C	231
PETITES ESTONES NEGRE 2022 T	310	PIELES 2022 B	846		
PETRA ANCESTRAL 2022 BE	904	PIEZA LA MOZA 2022 RD S	718	PINO DONCEL BLACK 2022 T RB	231
PETRA ANCESTRAL ROSÉ RE	904	PIJUS MAGNIFICUS 2021 T	528	PINOSO ALTA EXPRESIÓN 2021 T C	44
PEZAS DA PORTELA 2019 B FB	711	PILANOT NEGRE 2021 T	650	PINOSO CLÁSICO 2021 T C	44
PEZAS DA PORTELA 2023 B FB	711	PILAR DEL CERRO 2022 T	112	PINTABLANCA VIOGNIER 2022 B	805
PHINCA HAPA 2021 B	579	PILARES DE CIENCUEVAS 2019 T R	531	PINTIA 2020 T	680
PHINCA HAPA 2021 T	579	PILARES DE CIENCUEVAS 2020 T C	531	PINYERES NEGRE 2021 T	305
PÍCARO DEL AGUILA 2022 T BA	493	PILARES DE CIENCUEVAS GARNACHA 2021 T RB	531	PINYOL VERMELL 2023 T	900
PICEA 650 2014 T	583	PILAS BONAS 2023 B	757	PIÑERO CREAM GREAT DUKE B SOLERA CRM	217
PICIO 2023 T	684	PIM PAM POOM 2023 T	370	PIONERO 2023 B	416
PICO D´ALIGA 2021 T C	692	PINCERNA ALBARÍN 2023 B	264	PIRÁMIDE 2022 T C	501
PICO DE LUYAS 2020 T	478	PINCERNA PRIETO PICUDO 2023 RD	264	PIRAPU 2021 T	239
PICO DEL OSO 2021 T RB	55	PINCERNA PRIETO PICUDO 2023 T	264	PIRGOS 2500 BOT. 2018 T	565
PICO FERREIRA 2022 T	80	PINCERNA SUMILLER 2022 T	264	PIRGOS VINO ENTERRADO 2018 T	579
PIE FIRME DE VALTRAVIESO 2021 T R	237	PINCHAPERAS 2023 T C	884	PIRINEOS CHARDONNAY VIÑEDO SELECCIONADO 2023 B	637
PIEDEMONTE 2019 T R	324	PINDAL VERDEJO 2023 B	621		
PIEDEMONTE CHARDONNAY 2023 B	324	PINDAL VERDEJO VIÑAS VIEJAS 2023 B	621	PIRINEOS GEWÜRZTRAMINER 2023 B	637
PIEDEMONTE CUATRO TIERRAS 2021 T C	324	PINGOROTE SAUVIGNON BLANC 2023 B	250	PIRIPINTADO 2022 RD	507
PIEDEMONTE GAMMA 2023 T	324	PINGOROTE TEMPRANILLO 2019 T C	250	PISSARRES 2022 T BA	375
PIEDEMONTE MOSCATEL 2023 B MO D	324	PINGOROTE TEMPRANILLO 2019 T R	250	PISUERGA VERDEJO 2021 B	824
PIEDEMONTE OLD VINES GARNACHA 2019 T C	325	PINGUS 2022 T	492	PITA 2023 RD	621
PIEDRA FLUIDA 2023 B	772	PINKGALL 2023 RD	328	PITA FINCA LA CANTERA 2021 B FB	621
PIEDRA FLUIDA LISTÁN NEGRO 2021 T BA	772	PINKTONE 2023 RD	829	PITA SAUVIGNON BLANC 2023 B	621
PIEDRA FLUIDA LOS FRONTONES 2022 B	772	PINNA FIDELIS 2019 T R	449	PITA TERRACOTA 2021 B	621
PIEDRA FLUIDA ORANGE 2021 B	773	PINNA FIDELIS 2020 T C	449	PITA VERDEJO (DOMINIO DE VERDERRUBI) 2023 B	621
PIEDRA FLUIDA VIDAL 2021 T	772	PINNA FIDELIS 2022 T RB	449	PITTACUM 2020 T RB	86
PIEDRAS COLORADAS 2022 T RB	54	PINO 2022 T RB	279	PITTACUM AUREA 2019 T RB	86

WEIN	SEITE	WEIN	SEITE	WEIN	SEITE
PITTACUM VAL DE LA OSA 2019 T RB	86	PLANTADETA CARINYENA 2022 T	370	PONTEVS 2020 T	807
PITUCO MST 2019 T	238	PLANTADETA GARNATXA 2021 T RB	370	PONTEVS CHARDONNAY 2022 B	807
PITUCO MST 2022 T	238	PLANTADETA SELECCIÓ 2018 T C	370	POPUL 2021 T C	385
PK-3 2021 T	740	PLEAMAR EN RAMA BF MZ S	216	POR LOS CIEN 2020 T	542
PLA DE TUDELA 2021 B	196	PLERET 2015 T GR	364	POR TÍ 2021 T	234
PLA DEL BOSC XARELLO VERMELL 2022 B	353	PLINI 2019 T C	304	PORPRAT 2018 T	855
PLAER 2021 T C	384	PLOM 2021 T	387	PORRERA VI DE VILA DE ÁLVAREZ DURÁN 2022 T	362
PLAER 2022 T C	384	PLOT TWIST BE	910	PORRERA VI DE VILA DE VALL LLACH 2022 T C	370
PLANA D'EN JAN ANCESTRAL INSOLIT MALVASÍA 2022 BE	350	PLOT TWIST RE BR	910	PORRETÓN 2020 T	117
		POBLE VELL BLANC DULCE NATURAL 2021 B SOLERA D	655	PORTA FRANCA 2023 B	894
PLANA D'EN JAN ANCESTRAL INSOLIT XARELLO VERMELL 2022 BE	350	POBLETS DEL MONTSANT 2023 B	308	PORTA REGIA VF CHARDONNAY 2023 B	51
		POBLETS DEL MONTSANT 2023 T	308	PORTA REGIA VF MONASTRELL 2021 T	51
PLANA D'EN FONOLL BLANC 2023 B	124	POBOLEDA VI DE VILA GENIUM 2021 T C	377	PORTAL DE MONCAYO ILUSIÓN 2022 T	111
PLANA D'EN FONOLL SAUVIGNON BLANC 2023 B	124	POCO A POCO ENVEJECIDO EN BARRICA 2022 T C	804	PORTAL DE MONCAYO PASIÓN 2020 T	111
PLANA D'EN FONOLL SYRAH 2021 T	124	POCO A POCO SAUVIGNON BLANC 2023 B	804	PORTAL DE MONCAYO PASIÓN 2021 T	111
PLANAS ALBAREDA 2021 BE R BN	154	POCO A POCO TEMPRANILLO SYRAH 2023 T	804	PORTAL DE MONCAYO ROSÉ 2020 RD	111
PLANAS ALBAREDA 2022 BE BN	154	POEM 2020 T	892	PORTELL 2019 T R	172
PLANAS ALBAREDA 2022 BE BR	154	POETICA 2023 BE SS	906	PORTELL BLANC DE BLANCS 2023 B S	172
PLANAS ALBAREDA DESCLÒS 2022 T	350	POLA 2020 T C	547	PORTELL BLANC DE TREPAT 2023 BE BR	159
PLANAS ALBAREDA GRAN RESERVA DE L'AVI 2019 BE GR BN	154	POLA 2023 T MC	547	PORTELL GLATIM NEGRE DE TREPAT 2022 T	172
		POLA ANTONIO LÓPEZ 2020 T	547	PORTELL GUARDA SUPERIOR 2022 BE R BN	159
PLANAS ALBAREDA L'AVENC 2023 B	350	POLA ANTONIO LÓPEZ 2022 B FB	547	PORTELL LA PARELLADA 20236 BE BR	159
PLANAS ALBAREDA ROSAT 2021 RE BR	154	POLA VALECILLA 2022 T	547	PORTELL MACABEU BLANC DE BÓTA 2023 B FB	173
PLANASSOS 2016 T	370	POLUS 2018 T R	546	PORTELL PETRIGNANO 2018 BE GR BN	159
PLANASSOS 2020 T	374	POLUS 2020 T C	546	PORTELL ROSAT TREPAT 2023 RD	173
PLANDENAS CUVEÉ SELECCIÓN 2020 T	323	POLUS VIURA 2023 B	546	PORTELL ROSAT TREPAT 2023 RE BR	159
PLANETES CLASSIC 2021 T	376	PÓLVORA 2022 T	173	PORTELL SECRETS PÀLLID DE TREPAT 2023 RD	173
PLANETES DE NIN 2022 B	376	PONT FOSC 2022 B	651	PORTELL VINTAGE 2018 BE R BN	159
PLANTADETA BLANC 2023 B	370	PONTE DA BOGA PIZARRAS Y ESQUISTOS 2021 T	421	PORTIA 10 MESES 2022 T	474

WEINE

WEIN	SEITE
PORTIA 24 MESES 2021 T C	474
PORTICO DA GLORIA BRANCELLAO 2022 T	430
PÓRTICO MAYOR 2018 T R	531
PÓRTICO MAYOR 2019 T C	531
PÓRTICO MAYOR 2022 T	531
PORTO DE LOBOS 2018 T	421
POST-CRUCIFIXIÓN 2022 T	83
POYOTOS 2020 T	548
POZO DE NIEVE 2022 T	480
PRADO DE FONZALECHE 2018 T R	560
PRADO IRACHE 2020 T BA	764
PRADO NEGRO 2017 T C	211
PRADO NEGRO 2018 T C	211
PRADOREY FINCA LA MINA 2019 T R	486
PRADOREY FINCA REAL SITIO DE VENTOSILLA 2017 T GR	486
PRADOREY FINCA VALDELAYEGUA 2021 T C	486
PRADOS COLECCIÓN SYRAH 2022 T	112
PRADOS FUSION GARNACHA SYRAH 2022 T	112
PRADOS PRIVÉ 2021 T C	112
PRAPETISCO 2020 T	865
PREDICADOR 2021 T	528
PREDICADOR 2022 B	528
PREGÓN 2023 B	624
PRELUDIO DE SEI SOLO 2021 T R	505
PREMIUM 1904 GRACIANO 2022 T	806
PRESAS OCAMPO GRAN ALYSIUS 2021 T	647
PRESAS OCAMPO VENDIMIA SELECCIONADA 2022 T	647
PRETÈRIT 2022 T	890

WEIN	SEITE
PRETIUM WHITE WINE 2020 B	525
PREVIUS DE NEPTIS 2021 T RB	456
PRIBILO 2022 B	245
PRIMAVERA DE ŚHIVERN 2022 RD	851
PRIME BY PACO & LOLA 2020 B	410
PRIMERA VINYA LES BRUGUERES 2022 B	379
PRIMERIZO 2018 T R	902
PRIMERO 2023 T	676
PRIMICIA BLANC BOTA 2023 B FB	657
PRIMICIA LA BORRUDA 2023 RD	657
PRIMITIU DE BELLMUNT 2019 T	366
PRIMITIU DE BELLMUNT 2021 T	366
PRIMITIVO QUILES FONDILLÓN 1948 T FO	50
PRIMITIVO QUILES GRAN IMPERIAL 1892 BF SOLERA D	50
PRIMITIVO QUILES MOSCATEL EXTRA BF MISTELA D	895
PRIMITIVO QUILES MOSCATEL LAUREL BF MISTELA D	895
PRIMUS AMEZTOI 2022 B	203
PRÍNCIPE DE VIANA 1423 2019 T R	325
PRÍNCIPE DE VIANA 2019 T R	325
PRÍNCIPE DE VIANA 2020 T C	325
PRÍNCIPE DE VIANA ANIVERSARIO 2018 T R	325
PRÍNCIPE DE VIANA EDICIÓN BLANCA 2023 B	325
PRÍNCIPE DE VIANA EDICIÓN LIMITADA 2020 T C	325
PRÍNCIPE DE VIANA EDICIÓN ROSA 2023 RD	325
PRÍNCIPE DE VIANA GARNACHA 2023 RD	325
PRINCIPIA MATHEMATICA 2022 B	333
PRINCIPIO MORISTEL 2022 T	637
PRIORAT IDUS DE VALL-LLACH 2022 T	370
PRIOS MAXIMUS 2018 T R	462

WEIN	SEITE
PRIOS MAXIMUS 2021 T C	462
PRIOS MAXIMUS 2023 T RB	462
PRISMA GARNACHA 2023 T	104
PRISMA GARNACHA TINTORERA MONASTRELL 2023 T	56
PRISMA MONASTRELL ORGÁNICO 2023 T	241
PRISMA TEMPRANILLO 2023 T	592
PRISMA VERDEJO 2023 B	628
PRIVILEGIO DE ROMALE 2018 T R	514
PRIVILEGIO DE ROMALE 2020 BE R BN	133
PRIVILEGIO DE ROMALE 2020 T C	514
PRIVILEGIO DE ROMALE COUPAGE 2022 T RB	514
PRIVILEGIO DEL CONDADO B S	175
PROELIO 2016 T GR	557
PROELIO 2021 T C	557
PROELIO LA CANAL DEL ROJO 2020 T	557
PROELIO PUERTO RUBIO 2020 T	557
PROELIO VENDIMIA SELECCIONADA 2020 T R	557
PROELIO VIÑEDOS VIEJOS 2020 T	557
PROHIBIT 2021 RE BN	910
PROHOM CONCEPTIA 2023 B	657
PROHOM CONCEPTIA 2023 RD	657
PROHOM EXPERIENTIA 2020 T	657
PROHOM EXPERIENTIA 2023 B FB	657
PROHOM VIOGNIER 2023 B	657
PROMESA BF MO D	227
PRÓMINE 2022 T RB	423
PRÓMINE 2023 T	423
PROMINE SINGULAR 2022 T	424
PROPIEDAD 2021 T	557

WEIN	SEITE
PROTOCOLO 2023 B	809
PROTOCOLO 2023 RD	809
PROTOCOLO ECO 2022 T	809
PROTOCOLO ECO 2023 B	810
PROTOCOLO ECO 2023 RD	810
PROTOS '27 2021 T	504
PROTOS 2016 T GR	504
PROTOS 2018 T R	504
PROTOS 2020 T C	504
PROTOS 9 MESES 2022 T RB	504
PROTOS CLARETE 2023 RD	164
PROTOS SELECCIÓN FINCA EL GRAJO VIEJO 2020 T	504
PROTOS VERDEJO 2023 B	621
PROTOS VERDEJO ECOLÓGICO 2023 B	622
PROTOS VERDEJO GRAN VINO 2020 B R	622
PROVENTUS BY TR3SMANO 2022 T	452
PRUNET ESENCIA DEL TERRITORIO 2022 T	734
PRUNO 2022 T	495
PSI 2022 T	492
PUEBLO DE LAVIA 2021 T	99
PUENTE DE RUS 2022 BE BN	251
PUENTE DE RUS SAUVIGNON BLANC 2023 B	251
PUENTE DE RUS SYRAH 2023 T	251
PUENTE DE RUS TEMPRANILLO 2019 T C	251
PUENTE DE RUS TEMPRANILLO 2023 T	251
PUENTE DE RUS VERDEJO 2023 B	251
PUERTA DE ALCALÁ 2019 T R	744
PUERTA DE ALCALÁ 2020 T C	744
PUERTA DE ALCALÁ 2023 B	744

WEIN	SEITE
PUERTA DE ALCALÁ 2023 RD	744
PUERTA DE ALCALÁ 2023 T	744
PUERTA DEL SOL 2022 T	744
PUERTA DEL SOL MALVAR 2023 B	744
PUERTA SANTA 2023 B	390
PUERTA VIEJA 2021 T C	558
PUERTO ALICANTE AROMÁTICO 2023 B S	50
PUERTO DEL MILAGRO 2022 T	810
PUERTO SALINAS 2017 T R	44
PUJANZA CISMA 2020 T	571
PUJANZA FINCA VALDEPOLEO 2021 T	571
PUJANZA HADO 2021 T	571
PUJANZA LA PAUL 2021 T	571
PUJANZA NORTE 2021 T	571
PUJANZA S.J. ANTEPORTALATINA 2022 B	571
PULPO ALBARIÑO 2023 B	410
PUNT I. 2022 T C	661
PUNTES DE CALNEGRE 2022 T	312
PUNTIAPART 2019 T	197
PUNTILS 2021 T C	195
PUNTILS BLANC 2023 B	195
PUNTILS NEGRE 2023 T	195
PUNTO GEODÉSICO 2021 T	478
PURA SANGRE 2016 T R	242
PURA SAVIA DE ARÚSPIDE 2021 B	800
PURESA GARNATXA BLANCA 2022 B FB	657
PURESA MORENILLO 2017 T C	658
PURGATORI 2021 T BA	180
PXX 2020 B	900

WEIN	SEITE
Q	
Q ALTA EXPRESIÓN ESPECIAL 2021 T	450
QBQ 2022 B FB	359
QORI 2022 B	772
QUADIS 2022 T	792
QUADIS ENVEJECIDO 2021 T C	792
QUARS 2021 B	381
QUATREVINT BRISAT 2023 B	655
QUATTUOR INSULAE 2022 T	883
QUÉ BONITO CACAREABA 2022 B	528
QUEIRÓN ENSAYOS CAPITALES GRACIANO 2022 T	593
QUEIRÓN MI LUGAR 2019 T BA	593
QUEIRÓN MI LUGAR TEMPRANILLO BLANCO 2021 B FB	593
QUELÍAS ROSÉ 2023 RD	165
QUERENCIA CORACHE 2023 T	103
QUEST 2016 T	178
QUÍBIA 2023 B	864
QUIETUS 2022 B FB	633
QUIETUS VERDEJO 2023 B	633
QUIKE 2023 RD	122
QUIM 2023 B	184
QUIMERA 2023 T RB	874
QUINCHA CORRAL 2021 T	760
QUINTA DE AVES CABERNET FRANC & GRACIANO ROSÉ 2023 RD	821
QUINTA DE AVES COUPAGE 2022 T C	821
QUINTA DE AVES PHOENIX 2021 T C	822
QUINTA DE AVES SYRAH 2023 T	822
QUINTA DE COUSELO 2023 B	414

WEIN	SEITE	WEIN	SEITE	WEIN	SEITE
QUINTA DE QUERCUS SINGLE VINEYARD 2020 T	690	RABETLLAT I VIDAL GRAN RESERVA DE LA FINCA 2019 BE GR BN	130	RAÍZ DE GUZMÁN 2019 T R	474
QUINTA DEL 67 2022 T	54			RAÍZ DE GUZMÁN 2020 T C	474
QUINTA LAS VELAS TEMPRANILLO 2021 T C	65	RABETLLAT I VIDAL GRAN RESERVA XAREL·LO 2016 BE GR	131	RAÍZ DE GUZMÁN 2023 RD	474
QUINTA MILÚ 2022 T	504			RAÍZ DE GUZMÁN 9 MESES 2021 T RB	474
QUINTA MILÚ BELLAVISTA 2022 T	504	RABETLLAT I VIDAL ROSAT 2020 RE R BR	131	RAIZ PROFUNDA 2019 T	474
QUINTA MILÚ EL MALO 2022 T C	504	RABILARGO 2022 T	780	RAJADERO 2022 B	245
QUINTA MILÚ LA COMETA 2021 T C	504	RABILARGO ARAGONÉS 2022 T	780	RAJADERO 2023 B	245
QUINTA MILÚ VALDEVICENTE 2022 T	504	RABILARGO CLARETE 2023 RD	780	RAMALLO 2021 T	791
QUINTA MILÚ VIÑAS VIEJAS 2022 T	504	RADIO BOKA ROSÉ 2023 RD	814	RAMBLA DE ULEA 2023 T	97
QUINTA REGIA BOBAL 2022 T	281	RADIO BOKA TEMPRANILLO 2023 T	814	RAMÍREZ DE LA PISCINA 2019 T R	558
QUINTA SARDONIA QS 2021 T	839	RADIO BOKA VERDEJO 2023 B	814	RAMÍREZ DE LA PISCINA 2022 B	558
QUINTA SARDONIA QS2 2021 T	839	RAFAEL CAMBRA DOS 2022 T	726	RAMÍREZ DE LA PISCINA 2023 B	558
QUINTAS DAS TAPIAS GODELLO 2023 B	290	RAFAEL CAMBRA UNO 2022 T	726	RAMIRO'S 2021 T	830
QUINTAS DAS TAPIAS MENCÍA 2023 T	291	RAÍCES 2018 T GR	714	RAMÓN BILBAO 2011 T GR	594
QUINTAS DAS TAPIAS TREIXADURA 2022 B	291	RAÍCES 2019 T R	714	RAMÓN BILBAO 2016 T GR	594
QUIÑONES DE TOBELOS VIÑEDO SINGULAR 2021 B BA	599	RAÍCES 2020 T C	714	RAMÓN BILBAO 2021 T C	594
QUITAPENAS MOSCATEL DORADO 2022 BF D	272	RAÍCES AIRÉN 2023 B	714	RAMÓN BILBAO EARLY HARVEST 2023 RD	594
QUITE 2022 T	72	RAÍCES ALBARÍN 2023 B	266	RAMÓN BILBAO EARLY HARVEST VERDEJO 2023 B	630
QUIVIRA VERDEJO 2023 B	612	RAÍCES ALBILLO 2022 B	839	RAMÓN BILBAO EDICIÓN LIMITADA 2021 T	594
QUIXOTE CABERNET SAUVIGNON SYRAH 2020 T C	757	RAÍCES DE VALPARAISO 2021 T	480	RAMÓN BILBAO EDICIÓN LIMITADA GARNACHA 2021 T C	595
QUIXOTE MALBEC CABERNET FRANC 2020 T R	757	RAÍCES MALVAR 2023 B	743		
QUIXOTE MERLOT TEMPRANILLO PETIT VERDOT 2020 T	757	RAÍCES RUFETE 2021 T	778	RAMÓN BILBAO FINCA LAS AMEDIAS 2019 B	630
QUIXOTE PETIT VERDOT 2020 T C	757	RAÍCES TEMPRANILLO 2023 T	714	RAMÓN BILBAO FINCA LAS AMEDIAS 2020 B	630
QUOD SUPERIUS 2019 T	694	RAÍCES VERDEJO 2022 B	840	RAMÓN BILBAO LÍMITE NORTE 2021 B R	595
QUORUM DE FINCA EL REFUGIO PRIVATE COLLECTION 2012 T BA	812	RAIMAT CHARDONNAY 2023 B	183	RAMÓN BILBAO LÍMITE SUR 2021 T C	595
		RAIMAT EL MOLÍ 2020 T C	183	RAMÓN BILBAO RESERVA DE LA FAMILIA 2018 T	595
		RAIMAT EL NIU DE LA CIGONYA 2021 B	183	RAMÓN BILBAO VERDEJO SOBRE LÍAS 2021 B	630
				RAMÓN BILBAO VIÑEDOS DE ALTURA 2021 T	595

R

RABETLLAT I VIDAL 2020 BE R BN	130	RAÏMS DE LA INMORTALITAT MALVASIA DE SITGES 2022 B FB	352	RAMÓN CANALS GRAN RESERVA LIMITADA 2018 BE GR BN	155
RABETLLAT I VIDAL BRUT CA N'ESTELLA BE BR	130				

WEIN	SEITE	WEIN	SEITE	WEIN	SEITE
RAMÓN IZQUIERDO MONASTRELL 2021 T	241	REAL GANA BRUT 18 BE	905	RECTORAL DE AMANDI MENCÍA 2023 T	424
RAMÓN NADAL GIRÓ 2004 BE GR BR	910	REAL RUBIO 2020 T C	605	RECTORAL DO UMIA ALBARIÑO 2023 B	414
RAMÓN RAMOS SERIE NARANJA 2020 T	672	REAL RUBIO 2023 B	605	RECTORAL DO UMIA ALBARIÑO SOBRE LÍAS VAL DO SALNÉS 2023 B	414
RAMÓN SÁENZ IVI ONE 2021 T	595	REAL RUBIO 2023 RD	605		
RAMÓN SÁENZ PL ONE 2022 B	595	REAL RUBIO FINCA EL TORDILLO 2020 T	605	RECUNCO 12 MESES 2022 T C	82
RAMÓN SÁENZ, PASIÓN DE VIDA 2023 T	595	REAL RUBIO GMT - 125 2023 B	605	REFUGI DE LOXAREL 2019 BE R BN	346
RAMÓN SÁENZ, PEQUEÑO BASTIÓN 2022 T RB	595	REALIZADO 2021 T RB	750	REGENTE BF PC S	226
RAMÓN SÁENZ, PIEDRAS RODANTES 2022 T RB	595	REBELLIA 2023 B	696	REGINA 2018 RD	310
RANCI VINÍCOLA DEL PRIORAT T RC	387	REBELLIA 2023 RD	696	REGINA VIARUM EXPRESIÓN 2021 T BA	429
RANGO 2020 T C	243	REBELLIA 2023 T	696	REGINA VIARUM FINCA LA CAPITANA 2018 T C	429
RAPOLAO 2020 T C	85	REBELLIA SELECCIÓN ESPECIAL 2021 T RB	696	REGINA VIARUM GODELLO 2023 B	429
RARO (LA ZORRA RARO) 2021 T	780	REBELDES 2023 B	302	REGINA VIARUM MENCÍA 2023 T	429
RASCAÑA 2022 B S	718	REBELDES 2023 T	302	REGINA VIDES 2020 T	509
RATPENAT 2021 B	340	REBELDÍA 2023 RD	97	REGUEIRÓN 2023 B	712
RAÚL MORENO 'DARK 'N' STORMY TINTILLA (JEREZ DE LA FRONTERA, PAGO CARRASCAL) 2022 T	896	REBOMBORI BRISAT 2018 B	882	REGULUS BE BR	131
		REBOMBORI BRISAT 2020 B	882	REINA DE CASTILLA ORGANIC 2023 B	613
RAÚL MORENO 'DESTELLOS' 2022 B	896	REBOMBORI MACABEO 2019 B	882	REINA DE CASTILLA VERDEJO 2023 B	613
RAÚL MORENO 'LA PRETENSIÓN' 2022 B	896	REBOMBORI MOSCATELL 2022 B	47	REINA VIOLANT BE R BN	652
RAÚL MORENO 'LA RETAHÍLA' PERRUNO 2022 B	896	REBORAINA 2023 B	858	REJADORADA ROBLE 2022 T RB	673
RAVENTOS I BLANC TEXTURES DE PEDRA 2020 BE GR BN	911	REBROTAR 2022 B FB	831	REJÓN 2021 T	831
		REBUZNO 2022 T	545	RELATO DE VALIENTES 2017 T	522
RAYUELO 2021 T	277	RECAREDO INTENS ROSAT 2020 RE BN	911	RELEVO, COLECCIÓN DE PARCELAS 2021 T C	600
RAZA 2021 T R	475	RECAREDO SERRAL DEL VELL 2018 BE BN	911	RELIQUIA BF AM S	215
REAL AGRADO 2019 T R	596	RECAREDO SUBTIL 2019 BE BN	912	RELIQUIA BF OL S	215
REAL AGRADO 2020 T C	596	RECAREDO TERRERS 2019 BE BN	912	RELIQUIA BF PC S	215
REAL AGRADO 2023 RD	596	RECLOT 2022 T	301	RELPASO 2021 T	302
REAL ARBÁS B D	832	RECÓNDITA ARMONÍA 2011 T SOLERA D	873	REMELLURI 2021 B	583
REAL DE ASÚA 2021 T	575	RECÓNDITA ARMONÍA 2022 T	873	REMINDE 2022 T	597
REAL GANA BE R BR	905	RECÓNDITA ARMONÍA DULCE 2022 T D	873	REMINDE 2023 T MC	597

WEIN	SEITE	WEIN	SEITE	WEIN	SEITE
REMINDE VIÑEDO SINGULAR 2020 T	597	REYNO DE ARTAJONA 2021 T C	319	RINCÓN DE HEREDAD 2021 T	73
REMOLÓN ROSÉ 2023 RD PL S	167	REYNO DE ARTAJONA 2023 RD	319	RIODIEL CONDADO VIEJO BF OL S	176
REMONTE 2020 T C	320	REZUELO 7.0 FRIZZANTE 2023 BE	813	RIOJA VEGA 2019 T R	596
REMONTE 2023 RD	320	REZUELO ENVEJECIDO EN ROBLE 2020 T	813	RIOJA VEGA COLECCIÓN TEMPRANILLO BLANCO 2023 B	596
REMONTE CHARDONNAY 2023 B	320	REZUELO SELECCIÓN MOSCATEL 2023 B	254	RIOJA VEGA EDICIÓN LIMITADA 2021 T C	596
RENACCE GRAN VINO DE RUEDA 2021 B	619	REZUELO SELECCIÓN SAUVIGNON BLANC 2023 B	254	RIOJA VEGA GARNACHA 2023 RD	596
RENACIDO 2022 B	441	REZUELO SELECCIÓN VERDEJO 2023 B	254	RIOJA VEGA GARNACHA BLANCA TEMPRANILLO BLANCO 2023 B	596
RENAIX DE GIRÓ 2022 T	44	RHODES 2021 T C	197		
RENAIX LA PASSIÓ 2023 B	44	RIALLA GARNATXA BLANCA 2023 B	660	RIOJA VEGA TEMPRANILLO BLANCO 2021 B R	596
RENEGÓN 2021 T	777	RIALLA GARNATXA PELUDA 2023 RD	660	RIPPA DORII 2021 T C	505
RENTO 2018 T	450	RIALLA GARNATXA TINTA 2022 T	660	RIPPA DORII 2022 T RB	505
RENVIVAS 2021 T	841	RIALLA GARNATXA TINTORERA 2021 T RB	660	RIPPA DORII GEOGRAFÍAS LOS CURAS 2022 B FB	630
RESACO 2020 T	535	RIBERA DE LOS NARANJOS 2021 T	426	RIPPA DORII GEOGRAFÍAS SALOMÓN 2021 T	505
RESALTE EXPRESIÓN 2020 T R	475	RIBERA DEL JUÁ MOSCATEL 2022 B	877	RIPPA DORII VERDEJO 2023 B	630
RESALTE VENDIMIA SELECCIONADA 2022 T	475	RIBERA DEL UMIA 2023 B	397	RIPPA DORII VERDEJO ORGANIC WINE 2023 B	630
RESERVA PARTICULAR DE RECAREDO 2014 BE BN	912	RIBERAL 2020 T C	467	RITME NEGRE 2021 T	384
RESERVA REAL 2019 T R	342	RIBERAL 2023 T RB	467	RITME NEGRE 2022 T	384
RESERVA REAL 2020 T R	342	RICARDO DUMAS 2016 T GR	453	RITUS 2020 T BA	458
RESERVA REAL 2021 BE R BR	146	RICARDO DUMAS 2023 RD	453	RIU DE GOST GARNACHA BLANCA 2021 B RB	895
RETOLA 2020 T BA	834	RICARDO DUMAS SELECCIÓN 2020 T	453	RIU RAU DULCE 2021 B MISTELA D	46
RETORNO A LOS PALOMARES 2021 T BA	554	RICO NUEVO GARNACHA 2022 T	771	RIVASANZ VERDEJO SOBRE LÍAS 2023 B	630
REVOLT 2021 T	200	RIESLING DE MASCÚN 2023 B	639	RIZADO 2020 T BA S	750
REX DEUS 2019 T R	789	RIGAU ROS CABERNET SAUVIGNON 2018 T GR	197	RIZOMA GARNACHA 2022 T	105
REXACH BAQUES 2019 BE GR BN	155	RIMARTS 2018 BE GR EBR	155	RIZOMA TEMPRANILLO 2022 T	105
REXACH BAQUES BRUT IMPERIAL 2021 BE R BR	155	RIMARTS 2021 BE R BN	155	RNG 2016 BE BR	911
REY ZAGAL SAUVIGNON BLANC 2022 B	210	RIMARTS 2022 BE R BR	155	ROANDI GODELLO 2023 B	706
REYES DE ARAGÓN "EL FRASNO" 2022 T	103	RIMARTS GRAN RESERVA ESPECIAL CHARDONNAY 2018 BE GR BN	155	ROBATIE 2021 T C	552
REYMOS BE MO D	717			ROBATIE CONIS 2021 T C	552
REYMOS SELECCIÓN BE MO D	717	RIMARTS MARTÍNEZ ROSÉ 2021 RE BN	155	ROBATIE VENDIMIA SELECCIONADA 2016 T	552

WEIN	SEITE
ROBERT J. MUR ESPECIAL TRADICIÓ 2021 BE R BN	155
ROBERT J. MUR ROYAL MAGNUM 2019 BE R BN	155
ROBERT J. MUR SIGNATURE 2015 BE GR BN	155
ROBLE DEL CONVENTO 2021 T RB	447
ROC 2021 T	72
ROC SINGULARS BLANC DE 3 ANYS EN RAMA D'AGRÍCOLA ST. JOSEP B	896
ROC SINGULARS BRISAT D'AGRÍCOLA ST. JOSEP 2023 B	665
ROCA DEL CRIT 2021 T	196
ROCAFOSCA BLANC 2023 B	375
ROCAFOSCA NEGRE 2021 T	375
ROCAPLANA 2022 T	349
ROCK & ROLL 2022 T RB	428
RODA 2021 T R	559
RODA I 2020 T R	559
RODA I 2021 B	559
RODAL PLA DE MORTITX 2020 T	858
RODENO 2020 T C	696
RODENO CHARDONNAY LÍAS 2021 B	696
RODENO SAUVIGNON BLANC LÍAS 2021 B	696
RODILES GRACIANO 2012 T R	596
RODÓ 2021 T	363
RODRIGUEZ & SANZO GOTAS DE NOCHE 2023 RD	831
RODRIGUEZ & SANZO WHISBA 18 2020 T	831
RODRIGUEZ & SANZO WHISBA 24 2019 T C	831
RODRÍGUEZ SANZO BAJO VELO 2021 B	622
RODRÍGUEZ SANZO ORANGE WINE 2020 B BA	831
ROGER GOULART 2021 BE R BN	155
ROGER GOULART CORAL ROSÉ 2022 RE BR	156

WEIN	SEITE
ROGER GOULART ECOLÓGICO 2021 BE R BR	156
ROGER GOULART JOSEP VALLS 2020 BE GR EBR	156
ROGER GOULART MILLESIMÉ 2022 BE BR	156
ROGER GOULART ROSÉ MILLÉSIME 2021 RE BR	156
ROLLAND GALARRETA ESENCIA 2018 T	593
ROLLAND GALARRETA ICONIC 2018 T R	593
ROLLAND GALARRETA PARCELAS EN ALTURA 2020 T	505
ROLLAND GALARRETA RUEDA VERDEJO PARCELA 25 2020 B	629
ROLLAND GALARRETA VERDEJO ORGANIC 2022 B	629
ROLLURA 2021 T	71
ROMÁN 2019 T	111
ROMÁNICO 2022 T	687
ROMPESEDAS 2019 T	681
RONDARTE 2019 T	271
ROQUERO ROJO 2023 T	55
ROQUERS DE PORRERA 2019 T R	368
ROQUESAN 2020 T C	450
ROQUESAN 2022 T RB	450
ROQUESAN 2023 RD	450
ROSA DE ALEJANDRÍA 2023 B SD	804
ROSA DE MAR 2023 RD	845
ROSA RUIZ 2023 B	414
ROSA ZARZA 2020 T	830
ROSA-O 2023 RD	210
ROSADO DE BOCA EN BOCA 2020 RD	530
ROSADO DE LARRAINZAR 2023 RD	329
ROSADO VIZCARRA 2023 RD	482
ROSAE ARZUAGA 2023 RD	457

WEIN	SEITE
ROSARA 2023 RD	867
ROSAT 110 VINS NADAL MANTONEGRO 2023 RD	857
ROSAT DE GERISENA 2023 RD	193
ROSAT DE PLANAS ALBAREDA 2023 RD	350
ROSÉ PRÍNCEPS 2023 RD	338
ROSELITO 2023 RD	456
ROSMARINUS 2021 T	99
ROSMARINUS 2021 T RB	99
ROSSINYOL 2017 BE GR BN	142
ROURA 5* BE BN	133
ROURA BE BN	133
ROURA BE BR	133
ROURA COUPAGE 2020 T C	37
ROURA MERLOT 2023 RD	37
ROURA SAUVIGNON BLANC 2023 B	37
ROURA XARELLO 2023 B	37
ROUREDA 2017 T R	651
ROVELLATS COLLECCIÓ 2017 BE GR EBR	156
ROVELLATS CUVÉE ESPECIAL 2010 BE R BN	156
ROVELLATS GRAN RESERVA ORIGINAL 2017 BE GR BN	156
ROVELLATS MAGNUM 2019 BE BN	156
ROVELLATS MASIA S. XV 2014 BE GR BN	156
ROVELLATS RESERVA IMPERIAL 2020 BE BR	156
ROVELLATS RESERVA IMPERIAL ROSÉ 2020 RE R	156
ROVER Nº 1 2020 T	894
ROVER Nº 1 2021 T	894
ROZAS 1ER CRU 2022 T	742
RQT FELIZ, CEPAS ENTRE VIÑAS 2021 B C	479
RUBATOS 2019 T	280
RUBUS 2023 T	877

WEIN	SEITE
RUBUS LA VIÑA DE BÁGUENA 2022 T RB	877
RUBUS QUERCUS 2023 T	877
RUC 2021 T	848
RUDELES "23" 2022 T	450
RUDELES "23" 2023 B	450
RUDELES AIRE 2021 B FB	450
RUDELES CERRO EL CUBERILLO 2021 T	450
RUDELES FINCA LA NACIÓN 2020 T	450
RUDELES LOS ARENALES 2020 T	450
RULEI VIÑA BARRACALLO 2017 T	521
RULEI VIÑA BARRACALLO 2020 B	521
RULEI VIÑA BARRACALLO RENQUES DE CHENIN 2020 B FB	521
RULEI VIÑA BARRACALLO TEMPRANILLO-GARNACHA 2015 T	521
RULEI VIÑA EL MORAL 2019 RD FB	521
RULEI VIÑA EL MORAL VIÑEDO SINGULAR 2019 T	521
RUNRÚN 2022 B	799
RUPESTRE DE ALPERA GARNACHA TINTORERA 2018 T R	57
RUPESTRE GOLD GARNACHA TINTORERA 2021 T C	56
RUSTIC 2020 T C	41
RÚSTIC DE CELLER SANROMÀ VI BRISAT 2023 B	883
RUTA 49 2023 B	417
RUTA DE LAS ESPECIAS NATURALMENTE DULCE 2022 T D	900
RUXE RUXE 2022 T	430

S

WEIN	SEITE
S-NAIA 2023 B	620
S' NARANJA BF AROM D	176
S'ALOU 2019 T C	201
SA CABANA CHARDONNAY 2023 B	855
SA CABANA GIRÒ ROS 2023 B	855
SA CABANA MERLOT 88 T BA	855
SA CABANA ROSAT DE CABERNET 2023 RD	855
SA FITA 2023 B	359
SA FORANA 2022 T	847
SA FORANA BLANC 2022 B FB	847
SA NATURA 2021 T	660
SA SIVINA 2023 B	359
SA VALL SELECCIÓ PRIVADA 2019 B FB	360
SÁBALO 2022 B	792
SABATÉ I COCA JOSEP COCA 2017 BE GR BN	912
SABATÉ I COCA MOSSET 2019 BE GR BN	912
SABATÉ I COCA MOSSET MAGNUM 2014 BE GR BN	912
SABATÉ I COCA RESERVA FAMILIAR 2014 BE GR BN	912
SABINILLA 2022 B FB	692
SACARO 2022 T	857
SADURNÍ OLIVER 2019 BE R BN	152
SADURNÍ OLIVER CUVEE BARRICA 2020 BE R BN	152
SADURNÍ OLIVER ROSAT PINOT NOIR 2022 RE BN	152
SAFRÀ 2022 T	722
SAIAL 2022 B BA	124
SAIAZ DE PUENTE DEL EA 2020 T	570
SAIAZ DE PUENTE DEL EA 2023 RD	571
SAIÑAS - SECRETO 2021 T RB	421
SAIÑAS - SECULAR 2021 T RB	421
SAIÑAS - SILENTE 2021 T	421

WEIN	SEITE
SAIÑAS - SINUOSO 2021 T	421
SALANQUES 2022 T C	382
SALAS 2021 T	521
SALGADERO 2020 T BA	681
SALGÜERO 2020 B	486
SALIA 2022 T R	280
SALICORNIA BF MZ	215
SALINILLAS DE TOBELOS 2018 T	599
SALIX 2023 B FB	381
SALMOS 2020 T C	376
SALSIPUEDES 2021 T C	65
SALTAVIÑAS 2021 T	542
SALTO DE RANA 2023 T	102
SALVATGE EDICIÓ LIMITADA 2015 BE BN	911
SALVATGE ROSÉ MAGNUM 2014 RE BR	911
SALVAVIDES 2022 T	179
SALVAXE 2022 B	902
SALVUEROS 2023 RD	164
SALVUEROS GARNACHA GRIS 2023 RD	164
SAMEIRÁS 2022 T	433
SAMEIRÁS 2023 B	433
SAMITIER 2021 T RB	102
SAMITIER 2022 T RB	102
SAMITIER GARNACHA BLANCA 2022 B FB	102
SAMITIER GARNACHA BLANCA 2023 B SS	102
SAMITIER GARNACHA VIÑAS VIEJAS 2021 T	102
SAMPAYOLO GARNACHA TINTORERA 2022 T	708
SAMPAYOLO GODELLO EN LÁGRIMAS DE LOS BANCALES DE OLIVEDO 2023 B	708

WEIN	SEITE
SAMPAYOLO GODELLO SOBRE LÍAS 2023 B	708
SAMPAYOLO MENCÍA 2022 T	708
SAMSARA PRIORAT 2021 T	384
SAN CLEMENTE 2021 B	645
SAN CLEMENTE 2021 RD	645
SAN CLEMENTE 2021 T BA	645
SAN COBATE LA FINCA 2020 T C	495
SAN COBATE VERDEJO 2020 B FB	630
SAN CUCUFATE "MONASTERIO" 2019 T	495
SAN CUCUFATE ALTOS DEL VISO 2019 T	495
SAN CUCUFATE BANCALES DE JALÓN 2019 T	495
SAN GABRIEL 2022 T RB	451
SAN GABRIEL 2023 RD	451
SAN GINÉS 2022 T	576
SAN MARTINEÑO CABERNET SAUVIGNON-GARNACHA 2019 T	806
SAN MARTINEÑO GARNACHA 2022 T BA	806
SAN MARTINEÑO MACABEO 2022 B	806
SAN MARTINEÑO TEMPRANILLO 2021 T RB	806
SAN MARTINEÑO TEMPRANILLO 2022 T	806
SAN ROMÁN 2021 T	687
SAN SALVADOR GODELLO 2020 B FB	71
SAN VICENTE 2020 T BA	598
SÁNCHEZ VIZCAINO 2020 T R	848
SANCHO GARCÉS 2020 T C	607
SANCLODIO 2023 B	436
SANCTA YUSTA 2023 T	770
SANDOGAL SELECCIÓN DE PARCELA CENCIBEL 2021 T	255

WEIN	SEITE
SANDOGAL SELECCIÓN DE PARCELA SAUVIGNON BLANC 2021 B RB	255
SANGARIDA EL MORREDERO 2022 T C	70
SANGARIDA LA GUIANA 2022 B FB	70
SANGARIDA LA YEGUA 2022 B FB	70
SANGARIDA PICO TUERTO 2022 T	70
SANGO DE REJADORADA 2016 T R	673
SANGRE DE TORO 2019 T R	124
SANGRE DE TORO ORIGINAL 2022 T	124
SANGRE Y TRABAJADERO BF OL S	224
SANSTRAVÉ AGRAÏMENT 2022 T GR	170
SANSTRAVÉ BRINDIS 2018 BE GR BN	130
SANSTRAVÉ PARTIDA DELS JUEUS 2022 T C	170
SANT JERONI DOLÇ 2020 T GR D	367
SANT JERONI FORN 2022 T	367
SANT JERONI HORT 2022 T	368
SANT PERE 2022 RD	723
SANT PERE BLANC 2021 B	723
SANT PERE NEGRE 2021 T	723
SANT PERE VINYES VELLES BLANC 2019 B	724
SANT PERE VINYES VELLES NEGRE 2017 T	724
SANTA CRUZ PURE 2023 RD	57
SANTA CRUZ PURE GARNACHA TINTORERA 2023 T MC	57
SANTA CRUZ PURE SAUVIGNON BLANC 2023 B	57
SANTA MARÍA CREAM BF CRM	218
SANTALBA 2018 T R	597
SANTALBA 2021 T C	597
SANTALBA 2023 B	597
SANTIAGO JORDI ASSEMBLAGE FINCA LOS PINOS 2020 T	792

WEIN	SEITE
SANTIAGO ROMA ALBARIÑO 2022 B	402
SANTIAGO ROMA ALBARIÑO SELECCIÓN 2022 B	402
SANTIAGO RUIZ 2023 B	414
SANTO MERLOT 2018 T	762
SANTO SYRAH 2018 T	762
SANTO TEMPRANILLO 2017 T	762
SANTOS SODUPE 2016 T R	560
SANTOS SODUPE 2020 T C	560
SANTOS SODUPE GRACIANO 100% 2015 T C	560
SANZ CLÁSICO 2023 B	631
SANZ LA CAPITAL 2022 T RB	744
SANZ LA CAPITAL 2023 T	744
SANZ SAUVIGNON BLANC 2023 B	632
SANZ VERDEJO 2023 B	632
SANZO SAUVIGNON BLANC 2023 B	622
SANZO VIÑAS VIEJAS 2023 B	622
SAÓ ABRIVAT 2021 T C	182
SAÓ BLANC 2022 B FB	182
SAÓ RIESLING 2022 B	183
SAPE 2022 T	819
SARA PEÑA 2023 T RB	439
SARADA CALIZO GARNACHA TINTORERA 2021 T	54
SARAMUSA TREIXADURA 2023 B	440
SARDASOL 2018 T R	320
SARDASOL 2023 RD	320
SARDASOL TEMPRANILLO 2021 T C	320
SARDÓN 2021 T	839
SARGAS DE IDUES GARNACHA 2022 T	103
SARGAS DE IDUES GARNACHA BLANCA 2022 B	103

WEIN	SEITE	WEIN	SEITE	WEIN	SEITE
SARIÑO 2023 B	841	SECRET DEL PRIORAT 2021 T C	376	SEISDEDOS, RICARDO 2023 T	779
SASIKUME 2023 T	579	SECRETOS DE CONFESIÓN 2020 T	498	SEISDEDOS, SERAFINA 2023 T	779
SASINE 2023 RD	93	SECRETS DE MAR 2021 T RB	661	SELECCIÓ 259 2015 T C	124
SATÉLITE BOARDING WINE 2021 T	674	SECRETS DE MAR 2023 B	661	SELECCIÓ GARNATXA BLANCA 2020 B	655
SÀTIRS NEGRE 2020 T C	191	SECUA CABERNET-SYRAH 2020 T R	812	SELECCIÓN BARTOLOMÉ ABELLÁN 2023 T BA	234
SAUCI 2020 T C	176	SECUA CRIANZA EN LÍAS 2023 B FB	812	SELECCIÓN EXCELENCIA 2017 T C	762
SAUCI BF AM	176	SECUA MERLOT 2020 T C	812	SELECCIÓN JESÚS MADRAZO RIOJA ALAVESA 2020 T	586
SAUVELLA LUSCINIA CANTA 2013 T	896	SECUENCIAL 2023 B	270	SELECCIÓN JESÚS MADRAZO	
SAUVELLA LUSCINIA EXIMIA 2013 T R	896	SÉCULO CEPAS VIEJAS 2023 T RB	841	SELECCIÓN RIBERA DEL DUERO 2020 T	497
SAUVELLA LUTEUM 2022 B	896	SED DE CANÁ 2019 T	511	SELECCIÓN PARCELA TEMPRANILLO 2019 T	799
SAUVELLA ROMANCE 2022 RD	896	SEDE E FAME AS ERMITAS 2021 B	712	SELECCIÓN RAMÍREZ DE LA PISCINA 2020 T R	558
SAUVELLA RUBÍ 2017 T	896	SEDUCCIÓ VINÍCOLA DE NULLES 2023 B	652	SELLONGUES 2022 T	384
SAUVELLA SUMOLL 2019 T	896	SEGEDA GARNACHA 2022 T	102	SELMA DE NIN 2018 B	376
SAVINA 2023 B	845	SEGREL ALBARIÑO 2023 B	401	SELMA DE NIN 2020 B	376
SCALA DEI CARTOIXA 2020 T R	371	SEGREL ÁMBAR 2023 B	401	SELVA NEGRA 2021 T	585
SCALA DEI L'HERETGE 2021 T	371	SEGUIT 2021 T	661	SELVATIC 2022 T	854
SCALA DEI MASDEU 2018 T	371	SEGUNDA BOTA B FI	294	SEMBRO 12 MESES 2021 T	476
SCALA DEI MASDEU 2019 T	371	SEGUNYOLA 2018 BE BN	910	SEMBRO 2022 T	476
SCALA DEI PLA DELS ÀNGELS 2023 RD	371	SEGURA VIUDAS BRUT RESERVA 2021 BE R BR	156	SEMELE 2022 T C	501
SCALA DEI PRIOR 2022 T C	371	SEGURA VIUDAS BRUT ROSÉ RE BR	157	SENCILLEZ 2021 T	892
SCALA DEI SANT ANTONI 2021 T	371	SEGURA VIUDAS LAVIT BE BN	157	SENDA DE HOYAS ORÍGENES 2022 T RB	111
SCHATZ CHARDONNAY 2023 B	269	SEGURA VIUDAS RESERVA HEREDAD 2017 BE GR BR	156	SENDA DE LAS ROCHAS TEMPRANILLO 2018 T C	277
SCHATZ PETIT VERDOT 2018 T C	269	SEGURA VIUDAS VINTAGE 2016 BE GR BN	156	SENDA DE LOS OLIVOS 2021 T C	489
SCHATZ PINOT NOIR 2018 T C	269	SEI SOLO 2021 T	505	SENDEROS DE UKAN 2021 T	600
SCHATZ ROSADO 2023 RD	269	SEIS DE AZUL Y GARANZA 2020 T	316	SENSAL 2022 T	725
SDM. SOLERGIBERT DE MATACANS 2021 T	355	SEISCUERDAS RIESLING 2023 B	800	SENSE SENTITS 2019 T	121
SEBASTIÀ 2021 T BA	651	SEISDEDOS, ANAMARI 2023 B	779	SENSUM LAXAS BE BR	396
SECASTILLA 2020 T C	641	SEISDEDOS, FAMILIA 2021 B	779	SENTADA SOBRE LA BESTIA 2021 T BA	724
SECRET D´EN PERICO NEGRE 2021 T	358	SEISDEDOS, JUÍTA 2021 B	779	SENTENCIA 2020 T	880

WEIN	SEITE	WEIN	SEITE	WEIN	SEITE
SENTIDO 2021 T	472	SEÑORÍO DE LAZÁN 2018 T R	637	SEÑORÍO DE VIDRIALES 2023 T	832
SENTIR B	821	SEÑORÍO DE LOS LLANOS 2017 T R	714	SEÑORÍO DE VIDRIALES VERDEJO 2023 B	832
SENTIR RD	821	SEÑORÍO DE LOS LLANOS 2018 T R	714	SEÑORÍO DE VILLÁLVARO 19 MESES 2021 T	506
SENTIR T	821	SEÑORÍO DE LOS LLANOS 2019 T C	714	SEÑORÍO DE VILLÁLVARO ALBILLO MAYOR 2022 B	506
SENTITS BLANCS 2021 B FB	121	SEÑORÍO DE LOS LLANOS 2020 T C	714	SEÑORÍO DE VILLÁLVARO CLARETE 2022 RD	506
SENTITS NEGRES GARNATXA NEGRA 2019 T	120	SEÑORÍO DE LOS LLANOS B	714	SEÑORÍO DE VILLÁLVARO SELECCIÓN ESPECIAL 2020 T	506
SENYOR DE LES PEDRES 2019 T RB	194	SEÑORÍO DE MARESTE T	872	SEÑORÍO DE ZAFRA 2022 B	741
SEÑOR DA FOLLA VERDE 2022 B	400	SEÑORÍO DE NAVA 2019 T C	476	SEÑORÍO DE ZAFRA TEMPRANILLO MERLOT 2022 T RB	741
SEÑORA CARMEN 2021 T C	667	SEÑORÍO DE NAVA VERDEJO 2023 B	622	SEÑORÍO DEL BIERZO GODELLO 2020 B	84
SEÑORA VALE 2022 B	835	SEÑORÍO DE NEVADA 2023 B	211	SEÑORÍO DEL BIERZO MENCÍA 2019 T C	84
SEÑORÍO DA TORRE 2023 B	392	SEÑORÍO DE NEVADA 2023 RD	211	SEÑORÍO DEL BISPO 2021 T RB	286
SEÑORÍO DA TORRE SOBRE LÍAS 2022 B	392	SEÑORÍO DE NEVADA BRONCE 2021 T	211	SEÑORÍO DO LANCERO 2023 B	438
SEÑORÍO DE BEADE 2023 B	441	SEÑORÍO DE NEVADA ORO 2021 T	211	SER VIVO Y NATURAL 2023 T	469
SEÑORÍO DE BEADE 2023 T	441	SEÑORÍO DE NEVADA PLATA 2021 T	211	SERAYA VENDIMIA SELECCIONADA 2022 B	775
SEÑORÍO DE BROCHES DULCE NATURAL 2022 BF MO D	273	SEÑORÍO DE OTXARAN 2021 B	92	SERÈ 2022 T	306
SEÑORÍO DE FUENTEÁLAMO MONASTRELL 2021 T RB	236	SEÑORÍO DE OTXARAN 2022 B	92	SEREZHADE 2022 B	545
SEÑORÍO DE FUENTEÁLAMO MONASTRELL 2023 T	236	SEÑORÍO DE PEDRAZA 2021 T C	515	SERICIS CEPAS VIEJAS BOBAL 2020 T	695
SEÑORÍO DE FUENTEÁLAMO VERDEJO 2023 B	236	SEÑORÍO DE PEÑALBA SELECCIÓN 2023 T	841	SERICIS CEPAS VIEJAS MONASTRELL 2019 T R	44
SEÑORÍO DE LA ANTIGUA MENCÍA 2023 T	823	SEÑORÍO DE RUBIÓS ALBARIÑO 2023 B	414	SERRA DA ESTRELA 2023 B	392
SEÑORÍO DE LA ERALTA 2017 T GR	544	SEÑORÍO DE RUBIÓS CONDADO BLANCO BE BN	414	SERRA DE CAVALLS 2023 B FB	666
SEÑORÍO DE LA ERALTA 2018 T R	544	SEÑORÍO DE RUBIÓS CONDADO DO TEA BLANCO 2022 B	415	SERRA DE CAVALLS GARNACHA BLANCA 2023 B	666
SEÑORÍO DE LA ERALTA 2020 T C	544			SERRA DE CAVALLS GARNATXA D'ÀMFORA 2022 T	666
SEÑORÍO DE LA ERALTA 2023 T	544	SEÑORÍO DE RUBIÓS EDICIÓN LIMITADA 2022 T	415	SERRA DE CAVALLS NEGRE 2023 T	666
SEÑORÍO DE LAS MATAS 2012 T GR	776	SEÑORÍO DE SARRÍA 2018 T R	316	SERRA DE CAVALLS ROURE 2021 T RB	666
SEÑORÍO DE LAS MATAS 2014 T GR	776	SEÑORÍO DE SARRÍA 2020 T C	317	SERRAS DEL PRIORAT 2023 B	373
SEÑORÍO DE LAS MATAS 2015 T GR	776	SEÑORÍO DE SARRÍA 2023 RD	317	SERRES VELLES GARNATXA 2021 T	348
SEÑORÍO DE LAS MATAS 2017 T GR	776	SEÑORÍO DE SARRÍA CHARDONNAY 2023 B	317	SERRES VELLES MACABEU 2022 B C	348
SEÑORÍO DE LAS MATAS 2018 T GR	776	SEÑORÍO DE SARRÍA VIÑEDO CINCO 2023 RD	317	SERVENTIA 2023 T	646
SEÑORÍO DE LAS MATAS 2019 T C	776	SEÑORÍO DE VIDRIALES 2023 RD	832	SES FERRITGES 2018 T C S	359

WEIN	SEITE	WEIN	SEITE	WEIN	SEITE
SET TOTA LA VIDA 2022 T	310	SIGNES DEL PRIORAT 2021 T	364	SÍMBOLO CHARDONNAY SELECCIÓN 2023 B	251
SEULALIA GODELLO 2023 B	72	SILBON 2022 T	680	SÍMBOLO MOSCATEL 2023 B	251
SEULALIA MENCÍA 2021 T	72	SILENCIO DE MIROS 2019 T	473	SÍMBOLO TEMPRANILLO 2019 T RB	251
SHAYA 2023 B	625	SILENTE 2023 B BA	884	SÍMBOLO TEMPRANILLO 2022 T	251
SHAYA HABIS 2022 B FB	625	SILENTIUM 2017 T R	460	SÍMBOLO VERDEJO 2023 B	251
SIAH ISABEL SALGADO 2022 B	438	SILENTIUM 2020 T C	460	SIMETA 2021 T	725
SIBILA 2020 T	853	SILENTIUM 2023 T	460	SIN + TEMPRANILLO 2023 T	828
SIERRA CANTABRIA 2015 T GR	598	SILENTIUM 2023 T RB	460	SIN + VERDEJO 2023 B	828
SIERRA CANTABRIA 2016 T R	598	SILENTIUM EXPRESIÓN 2018 T C	460	SIN BULLA 2022 B	862
SIERRA CANTABRIA 2020 T C	598	SILEO 2022 T	307	SIN COMPLEJOS 2022 T	683
SIERRA CANTABRIA 2023 B	598	SILGA 2023 B	609	SIN DUDA 2023 T	105
SIERRA CANTABRIA 2023 RD	598	SILICON RED T	872	SIN PALABRAS 2023 B	390
SIERRA CANTABRIA COLECCIÓN PRIVADA 2022 T	605	SILLERO PEDRO XIMÉNEZ 2022 B PX D	295	SIN PALABRAS CRIANZA EN DAMAJUANA 2022 B BA	390
SIERRA CANTABRIA CUVÈE 2020 T	605	SILLERO TINAJA 2022 B S	295	SIN PALABRAS EDICIÓN ESPECIAL 2018 B	390
SIERRA CANTABRIA MÁGICO 2020 T	605	SILUVIO 2020 B	897	SIN PALABRAS P 242 2022 B	390
SIERRA CANTABRIA ORGANZA 2022 B	605	SILUVIO 2020 T	897	SIN PALABRAS V 186 2018 B	390
SIERRA DE TOLOÑO 2022 T	598	SILUVIO 2022 B	897	SINFO 2022 RD FB	165
SIERRA DE TOLOÑO 2023 B	598	SILUVIO 2022 T	897	SINFO ROSÉ 2023 RD	165
SIERRA GÁDOR 2023 T	848	SILVANO GARCÍA 4 MESES 2022 T BA	236	SINFORIANO 2017 T R	165
SIERRA PERRA 2021 T	320	SILVANO GARCÍA COLECCIÓN DIVINA 2021 T C	236	SINGULARS CARINYENA BLANCA 2022 B	197
SIESTO 2020 T C	868	SILVANO GARCÍA DULCE MONASTRELL 2019 T D	236	SINGULARS GARNATXA ROJA 2022 B FB	197
SIETE PELDAÑOS BRUÑAL 2022 T	65	SILVANO GARCÍA ETIQUETA NEGRA 2021 T	236	SINOLS 2020 T R	195
SIETE PELDAÑOS JUAN GARCÍA 2022 T	65	SILVANO GARCÍA MONASTRELL 2022 T	236	SINTAUTO 2018 T	567
SIETE PELDAÑOS MALVASÍA SELECCIÓN 2023 B	66	SILVANUS 2020 T C	458	SIÓS BRUT BLANC DE NOIRS 2021 BE R BR	181
SIETE PELDAÑOS MANDÓN 2022 T	66	SILVANUS EDICIÓN LIMITADA 2021 T	458	SIÓS CAU DEL GAT 2022 T C	182
SIETE PELDAÑOS MANDÓN ROSÉ 2023 RD	66	SIMBIOSIS 2017 BE GR BN	819	SIÓS PLA DEL LLADONER 2022 B	182
SIETE PELDAÑOS MENCÍA 2023 T	66	SIMBIOSIS AIRÉN DE TINAJA 2022 B	819	SIÓS ROSÉ 2022 RE R BR	182
SIGLO SACO TEMPRANILLO C.V.C T	548	SIMBIOSIS BOBAL SINCERO 2022 T	819	SIRÀ DE SON RAMON 2019 T	856
SIGLO SELECCIÓN 2021 T C	548	SÍMBOLO AIRÉN 2023 B	251	SIRENA DEL MAAR DEL HIELO 2023 B	811

WEIN	SEITE	WEIN	SEITE	WEIN	SEITE
SIRIGUARACH 2017 T	789	SOLAR DE SAEL MENCÍA 2020 T C	70	SOMDINOU 2021 B FB	658
SITRA 2023 B	849	SOLAR DE SAMANIEGO 2020 T C	599	SOMDINOU BLANC JOVE 2022 B	658
SITTA 2023 RD	864	SOLAR DE SAMANIEGO 7 CEPAS 2019 T R	599	SOMIATRUITES 2022 B	343
SITTA ANCESTROS 2017 B	864	SOLAR DE SAMANIEGO VALCAVADA 2019 T R	599	SOMMELIER 2017 T R	597
SITTA DULCE NANA 2022 B D	864	SOLARCE 2020 B	526	SOMMELIER 2019 T C	597
SITTA PEREIRAS 2023 B D	864	SOLARCE 2020 T	527	SOMMELIER 2022 B	597
SIURANA BRISAT 2021 B BA	304	SOLARCE 2022 RD	527	SOMMOS CHARDONNAY 2023 B RB	637
SIURELL 2023 B	853	SOLARCE 2023 RD	527	SOMMOS COLECCIÓN CABERNET SAUVIGNON 2020 T R	637
SOBRENATURAL BY MENADE 2018 B C	829	SOLAZ ROSE 2023 RD	807	SOMMOS COLECCIÓN CHARDONNAY 2022 B	637
SOCAIRE 2021 B FB	792	SOLEAR BF MZ S	215	SOMMOS COLECCIÓN GARNACHA BLANCA 2022 B	637
SOCAIRE OXIDATIVO 2018 B FB	792	SOLEAR EN RAMA SACA DE INVIERNO BF MZ S	215	SOMMOS COLECCIÓN SYRAH 2020 T R	637
SOFÍA 2021 T	692	SOLERA 1931 ESPOLLA GARNATXA D'EMPORDÀ BF SOLERA D	192	SOMMOS COLECCIÓN TEMPRANILLO 2020 T R	637
SOFROS 2020 T	681			SOMMOS PREMIUM 2019 T R	638
SOFROS P&M 2019 T	680	SOLERA 2020 BE GR BN	137	SOMNI 2019 T	372
SOGAS MASCARÓ 2022 BE BN	157	SOLERA FINA MARÍA DEL VALLE EN RAMA B FI S	296	SOMNIS DE GERISENA RF AÑEJO D	193
SOGAS MASCARÓ 2022 BE BR	157	SOLERGIBERT CABERNET 2018 T R	355	SON 2 DÍAS 2023 B SS	725
SOL DE REYMOS B MISTELA D	717	SOLIMAR 2023 B	652	SON AGULLÓ 2022 T C	88
SOL DEL 19 2019 T	286	SOLISERENA ESPOLLA GARNACHA D'EMPORDÀ BF SOLERA D	192	SON AMARET 2023 B	857
SOLABAL 2018 T R	531			SON AMARET 2023 RD	857
SOLABAL 2020 T C	531	SOLISTA GARNATXA 2021 T	656	SON GRAU GRAN BLANC 2023 B	856
SOLAGÜEN 2021 T C	568	SOLISTA GARNATXA BLANCA 2021 B	656	SON GRAU GRAN GARGOLLASSA 2023 RD	856
SOLAMENTE GOLD T	872	SOLMAYOR AIRÉN 2023 B SD	690	SON JULIANA SELECCIÓN 2022 T	856
SOLANA DE RIUAVALL PORRERA 2021 B	367	SOLMAYOR TEMPRANILLO T	690	SON MOIX NEGRE 2017 T	360
SOLANA DE RIUAVALL PORRERA 2021 T R	367	SOLMAYOR VERDEJO-SAUVIGNON BLANC 2023 B	690	SON P. 2018 T BA	359
SOLAR DE CASTRO VENDIMIA SELECCIONADA 2022 T	540	SOLPOST BLANC 2022 B RB	306	SON RAMON NEGRE 2021 T	856
SOLAR DE ESTRAUNZA 2021 T C	541	SOLPOST GARNATXA 2017 T C	306	SON RAMON SELECCIÓ ESPECIAL 2019 T	856
SOLAR DE ESTRAUNZA 2023 B	540	SOLPOST ORIGEN 2019 T	306	SONROJO 2023 RD	329
SOLAR DE ESTRAUNZA 2023 RD	540	SOLUS DE BIOPAUMERÀ 2023 T	650	SONSIERRA 2015 T GR	560
SOLAR DE ESTRAUNZA 2023 T	541	SOMDINOU 2019 T C	658	SONSIERRA 2017 T R	560

WEIN	SEITE	WEIN	SEITE	WEIN	SEITE
SONSIERRA TEMPRANILLO BLANCO 2023 B	560	STA GIRÓ ROS 2023 B	855	SUERTES DEL MARQUÉS VIDUEÑO 2021 T	736
SONSIERRA VENDIMIA SELECCIONADA 2020 T C	560	STA MANTONEGRO 2021 T	89	SUFREIRAL 2022 T	80
SONSIERRA VIURA 2022 B FB	561	STA PRENSAL 2023 B	856	SULAYR 2023 B	848
SOPLA LEVANTE MOSCATEL 2022 B	898	STAIRWAY TO HEAVEN 2023 RD	851	SUMARROCA 2 CV INALTERAT 2021 BE R	135
SOPLA PONIENTE CERRO DE LA CAPELLANÍA B FI	298	STAIRWAY TO HEAVEN CHARDONNAY 2023 B	851	SUMARROCA 2020 BE GR BN	135
SOPLA PONIENTE SALINILLAS 2022 B	298	STAIRWAY TO HEAVEN CUVÉE 2019 T R	851	SUMARROCA 2021 BE R BR	135
SOPLA PONIENTE SAN ROQUE B AM	298	STAIRWAY TO HEAVEN OWNERS EDITION 2023 RD	851	SUMARROCA LETARGIA 2012 BE GR BN	135
SOPLAGAITAS 2023 B	884	STAIRWAY TO HEAVEN OWNERS EDITION SAUVIGNON BLANC 2023 B	851	SUMOLL DE SOLERGIBERT 2022 T	355
SOPLO 2022 T	726			SUNEUS 2023 RD	190
SOPLÓN DE ALBILLO REAL 2021 B	825	STAIRWAY TO HEAVEN SAUVIGNON BLANC 2023 B	851	SUNEUS BLANC 2023 B	190
SOQUES 2018 T R	201	STANIS TRADICIONAL 2023 T	734	SUNEUS NEGRE 2022 T RB	190
SORTE ANTIGA 2022 B	710	STELVIO 2020 T C	551	SUPERMARFIL B SS	37
SORTE O SORO 2022 B	710	STELVIO BLANCO 2023 B	551	SUPERNOVA 2021 T C	458
SOT LEFRIEC 2019 T	863	STYLO 4 MESES 2022 T	101	SUPERNOVA ROBLE 2023 T RB	458
SOTAVENTO 100% SAUVIGNON BLANC LÍAS 2023 B	614	STYLO 8 MESES 2021 T BA	101	SUPERSÓNICO FRONTONIO 2022 T	873
SOTAVENTO 100% VERDEJO LÍAS 2023 B	614	SUBLIME 2020 T GR	686	SURIOL DONZELLA 2022 B	351
SOTERO PINTADO 2018 T BA	834	SUCRO 2020 T	518	SURIOL ELS BANCALS 2013 B	351
SOTNERAL GARNACHA 2023 RD	178	SUD LES OBAGUES 2020 T	309	SURIOL MATARÓ 2022 T BA	351
SOTNERAL MACABEU 2023 B	178	SUD ROMPUDA 2021 B	309	SURIOL SANG DE DRAC 2016 T	351
SOTNERAL SYRAH 2023 T	178	SUEÑO DE MEGALA 2018 T BA	719	SUSQUVAT 2022 B FB	342
SOTO DEL VICARIO EL ORIGEN 2018 T	84	SUERTES DEL MARQUÉS CANDIO 2022 T	736	SUTRA BY TONI ARRAEZ BE BR	130
SOTO DEL VICARIO GO DE GODELLO 2023 B FB	84	SUERTES DEL MARQUÉS CRUZ SANTA 2022 T	736	SUTRA BY TONI ARRAEZ BE R BR	130
SOTO DEL VICARIO MEN DE MENCÍA 2018 T C	84	SUERTES DEL MARQUÉS EDICIÓN 1 2022 B	736	SUTSU 2021 B AG	59
SOTO DEL VICARIO ORANGE MARROWS 2023 B	84	SUERTES DEL MARQUÉS EDICIÓN 1 2022 T	736	SUZZANE 2022 T	591
SOTOVELO 2022 B	898	SUERTES DEL MARQUÉS LA SOLANA 2022 T	736	SWEET CLOS FIGUERAS 2023 TF D	373
SOUL DE SAA 2020 T	891	SUERTES DEL MARQUÉS LOS PASITOS 2022 T	736	SYLARION 2022 T	49
SOUL DE SOUTO 2019 T	891	SUERTES DEL MARQUÉS TRENZADO 2022 B	736	SYRAH DE BODEGAS RUIZ TORRES 2021 T	843
SR. CARTOIXÀ 2023 B	651	SUERTES DEL MARQUÉS VIDONIA 2022 B	736	SYRAH SON JULIANA 2019 T	856
STA CALLET 2021 T	855	SUERTES DEL MARQUÉS VIDONIA V.P. 2022 B C	736		

WEIN	SEITE	WEIN	SEITE	WEIN	SEITE
T		TALAI BERRI TXAKOLINA 2023 B	205	TANGANILLO AFRUTADO SEMIDULCE 2022 B SD	773
		TÁLAMO 2020 T C	673	TANGANILLO TRADICIONAL 2022 T S	773
TA-MIRA 2022 B	892	TALEIA 2022 B	179	TANTAKA 2021 T	60
TABÁ 2022 T C	240	TALENTO 2023 T	848	TANTAKA 2022 B	60
TABERNER SELECCIÓN ESPECIAL 2019 T	793	TALENTO BY EGO 2023 T	239	TANTAKA DIAPIRO (LACRE CALABAZA) 2022 B	60
TABUCA 2022 T	112	TALLA DE DIAMANTE SEMIDULCE 2023 B SD	542	TANTAKA PETIT COURBU 2022 B	60
TABUERNIGA 2020 T	574	TALLAT DE LLUNA 2022 T	184	TANTUM ERGO CHARDONNAY PINOT NOIR 2021 BE BN	131
TABUERNIGA 2021 T	574	TALMA GARNACHA 2023 T	811	TANTUM ERGO EXCLUSIVE MAGNUM 2013 BE GR BN	132
TÁBULA 2020 T	487	TALMA TEMPRANILLO 2023 T	811	TANTUM ERGO PINOT NOIR ROSÉ 2021 RE BN	132
TADEO PETIT VERDOT CORTIJO LOS AGUILARES 2021 T C	272	TAMARAL 2020 T C	487	TANTUM ERGO VINTAGE 2019 BE BN	132
		TAMARAL 2020 T R	487	TANUKI BOB 2021 T	849
TAFURIASTE 2022 T	734	TAMARAL 2023 RD	487	TAPIAS DE MARQUÉS DE RISCAL 2020 T	585
TAFURIASTE AFRUTADO SEMIDULCE 2023 RD SD	734	TAMARAL FINCA VELIA 2020 T	487	TAPIAS DE MARQUÉS DE RISCAL 2021 T	585
TÁGANAN 2022 B	774	TAMBORÁ 2023 B S	434	TARABELO 2021 T C	435
TÁGANAN 2022 T	774	TAMERÁN BABOSO BLANCO 2022 B FB	207	TARABELO 2022 T C	435
TÁGANAN MARGALAGUA 2022 T	774	TAMERÁN LISTÁN NEGRO 2022 T	207	TARAMBANA 2022 B	345
TÁGARA 2023 B S	747	TAMERÁN MALVASÍA VOLCÁNICA 2022 B FB	207	TARAMBANA 2022 RD	345
TÁGARA MARMAJUELO 2023 B	747	TAMERÁN MARMAJUELO 2022 B FB	207	TARAMBANA NEGRE 2022 T C	345
TAGUS 2020 T RB	271	TAMERÁN VERDELLO 2022 B FB	207	TARDANA OCULTA 2022 B	694
TAHÓN DE TOBELOS 2018 T R	599	TAMERÁN VIJARIEGO BLANCO 2022 B FB	207	TARDENCUBA 2021 T RB	672
TAHÓN DE TOBELOS 2020 B R	599	TAMINA VIOGNIER 2023 B	841	TARDON 2022 T MC	828
TAJINASTE 2022 T	773	TAMPESTA 2020 T RB	265	TAREIXA 2023 RD	423
TAJINASTE 2023 B	774	TAMPESTA 2023 RD	265	TARES P. 3 2019 T R	81
TAJINASTE 2023 B S	774	TAMPESTA ALBARÍN 2023 B	265	TARIMA AL NATURAL ORGÁNICO SIN SULFITOS 2023 T	45
TAJINASTE 2023 RD	774	TAMPESTA GOLÁN 2019 T C	265	TARIMA HILL 2022 T	45
TAJINASTE AFRUTADO B	774	TAMPESTA MANEKI 2022 B FB	265	TARIMA HILL 2023 B FB	45
TAJINASTE NATURALMENTE DULCE 2021 T D	734	TAMPESTA MANEKI ED. ESPECIAL 2022 B FB	265	TARIMA SELECCIÓN 2023 T	45
TAJINASTE TRADICIONAL 2023 T	774	TANCA Nº12 2022 B	846	TARÓN 2017 T R	561
TAJINASTE VENDIMIA SELECCIONADA 2022 T	735	TANCA Nº13 2023 RD	846	TARÓN 2019 T C	561
TALAI BERRI ROSÉ 2023 RD	205				

WEIN	SEITE	WEIN	SEITE	WEIN	SEITE
TARÓN CEPAS CENTENARIAS 2020 T	561	TEMPTACIÓ VINÍCOLA DE NULLES 2021 T	652	TERRA VERMELLA DE NIN 2019 B	376
TARÓN TEMPRANILLO BLANCO 2022 B C	561	TENESAR 2022 B	262	TERRADURO SELECCIÓN 2020 T	684
TARSUS 2021 T C	476	TENTE NECIO 2022 T	674	TERRAI OVC OLD VINE CARIÑENA 2022 T RB	114
TARSUS 2022 T RB	476	TENTE NECIO 2023 B	674	TERRAI OVG VENDIMIA SELECCIONADA GARNACHA 2021 T BA	114
TARSUS LA DESPISTADA 2022 B	476	TEÓFILO REYES 15 MESES 2021 T C	476		
TARSUS VERDEJO 2023 B	622	TEÓFILO REYES 2019 T R	477	TERRAJE 2021 T BA	242
TARTALO 2022 T	591	TERÁN VERSUM 2019 T	550	TERRAM 2021 T	370
TARTIS 2023 B	875	TERCIO DE ELHA 2022 T	875	TERRAPRIMA 2022 T	337
TARTRATOS 2017 BE GR BN	907	TERESEÑO 2022 T	598	TERRAS DE COMPOSTELA 2021 B	415
TATXAM 2022 T	652	TERMANTHIA 2016 T	672	TERRAS DE COMPOSTELA 2022 B	415
TAUROMAQUIA AMONTILLADO VIEJÍSIMO B AM S	296	TERMES 2021 T	672	TERRAS DE LANTAÑO 2023 B	417
TAUROMAQUIA OLOROSO VIEJÍSIMO B OL S	296	TERMES 2022 B	672	TERRAS DE LANTAÑO BE BN	417
TAUROMAQUIA PEDRO XIMÉNEZ SUPERIOR BF PX D	296	TERNARIO 1 2021 T BA	54	TERRAS GAUDA 2023 B	415
TEAR DOS DODI 2023 B	439	TERNARIO 10 2018 T	54	TERRAS GAUDA ETIQUETA NEGRA 2021 B FB	415
TEAR DOS DODI 2023 T	439	TERRA CRUA 2018 T C	890	TERRAS MANCAS 2021 B	860
TEATINOS 40 BARRICAS TEMPRANILLO 2017 T R	519	TERRA D'HOM 2019 T	366	TERRAS MANCAS 2023 B	860
TEATINOS B	519	TERRA DE ASOREI 2018 BE BR	391	TERRAZAS DEL MONCAYO GARNACHA 2020 T BA	108
TEATINOS CLAROS DE CUBA 2016 T R	519	TERRA DE ASOREI 2022 B	391	TERRERS DE LLICORELLA CARINYENA 2021 T	387
TEATINOS SIGNVM 2018 T C	519	TERRA DE ASOREI BARRICA DE CARBALLO 2022 B FB	391	TERRERS DE LLICORELLA GARNATXA NEGRA 2021 T C	387
TEATINOS SYRAH T	519	TERRA DE ASOREI ESPADEIRO 2021 T	391	TERRERS DE LLICORELLA PEDRO XIMÉNEZ 2022 B	387
TEBAIDA 2022 T RB	79	TERRA DE ASOREI SELECCIÓN PRIVADA 2021 B	391	TERRESTRE 2021 T	375
TEBAIDA Nº5 (VINO DE PARAJE - VALDEPIÑEIRO) 2021 T RB	79	TERRA DE CUQUES BLANC 2023 B	386	TERRÍCOLA 2021 T	309
		TERRA DE CUQUES NEGRE 2022 T	386	TERRÍCOLA BLANC 2022 B	309
TEIRA X 2022 B	433	TERRA DE TARDOR 2023 B FB	693	TERRISSA 2023 B	882
TEJALÍN 2011 T RB	789	TERRA DEL MAÑÁ 6 MESES 2022 T C	41	TERRITORIO LUTHIER 2019 T R	506
TEJALÍN 2019 T	789	TERRA DURO LA ENFERMERA 2023 T RB	684	TERRITORIO LUTHIER BLANCO DE GUARDA 2020 B R	506
TELÚRICO 2022 T	825	TERRA MINEI 2023 B	433	TERRITORIO LUTHIER CLARETE DE GUARDA 2020 RD R	506
TEMPLER 2023 T	302	TERRA SANTA ALBARIÑO 2023 B	391	TERRITORIO TARÓN 2017 T	561
TEMPLER SELECCIÓ 2021 T	302	TERRA VERMELLA DE NIN 2016 B	376	TERROIR HISTORIC BLANC 2023 B	386

WEIN	SEITE	WEIN	SEITE	WEIN	SEITE
TERROIR SENSE FRONTERES BRISAT 2023 B	312	TIANNA VÉLOBLANC 2022 B	853	TILENUS PAGOS DE POSADA - PARAJE LA FLORIDA 2018 T BA	74
TERROIR SENSE FRONTERES NEGRE 2023 T	313	TIASO DE SOMMOS 2021 T	897		
TERROIR X EL SEGUNDO 2022 T	362	TIENTO LA MEJORADA 2016 T	833	TILENUS PIEROS - PARAJE ALTO DE LOS COTOS 2018 T	75
TERROIR X LA TERCERA 2022 T	362	TIERRA 2021 T C	562	TINÁCULA EL IMPERIO 2023 T	518
TERROIR X LA VIÑA VIEJA 2022 T	362	TIERRA ARANDA 2018 T R	452	TINÁCULA EL SANTILLO 2023 T	518
TERRÒS 2021 T	311	TIERRA ARANDA 2021 T C	452	TINÁCULA RED 2023 T	518
TERROTXA 2021 T	367	TIERRA ARANDA EDICIÓN ESPECIAL VIÑEDOS SINGULARES 2021 T C	452	TINÁCULA WHITE 2023 B	518
TERRUM 2021 T	854			TINÁCULA X 2021 T	518
TESALIA 2016 T	791	TIERRA ARANDA VENDIMIA SELECCIONADA 2021 T C	452	TINAJA DE ZALEO 2022 T S	844
TESALIA 2017 T	791	TIERRA BLANCA 2023 B	877	TINAJA DE ZALEO 2023 B	845
TESELA BY CLUNIA 2021 T	827	TIERRA BLANCA SEMIDULCE 2023 B SD	877	TINO 2022 B	433
TESÍN DE LA CAMPANA 2020 T RB	72	TIERRA DE MARMOL 2022 RD	562	TINTA ROSA 2022 T RB	687
TESIN DE LA CAMPANA 2021 T	76	TIERRA FIDEL 2020 T	562	TINTA ROSA SELECCIÓN 2020 T C	688
TESO LA MONJA 2018 T	687	TIERRA FUNDIDA CERCADO EL PINO 2022 B S	898	TINTA ROSA VINIFICACIÓN INTEGRAL 2021 T C	688
TESORO DE VILLENA FONDILLÓN 1972 T FO D	40			TINTA ROTA 2019 T	902
TESTAMENTO MALVASÍA AROMÁTICA 2022 B FB S	34	TIERRA FUNDIDA DESORMAIS 2022 B	898	TINTO ARROYO 2016 T GR	450
TESTAMENTO MALVASÍA AROMÁTICA DRY 2023 B	34	TIERRA FUNDIDA LOS TOPES 2022 B	898	TINTO ARROYO 2019 T R	450
TEULADÍ 2023 T	718	TIERRA FUNDIDA TINTO 4/4 2022 T	899	TINTO ARROYO 2020 T C	451
TⒶRNA VINO NATURAL 2023 T	733	TIERRA FUNDIDA VERDELLO 2021 B	899	TINTO ARROYO 2022 T RB	451
THALARN 2018 T	179	TIERRAS DE CAIR 2020 T R	464	TINTO ARROYO 2023 T	451
THALER DE PLATA 2020 T	544	TIERRAS DE MURILLO 2019 B FB	559	TINTO ARROYO VENDIMIA SELECCIONADA 2017 T FB	451
THE ARTIST 2021 T C	854	TIERRAS DE MURILLO 2019 T C	559	TINTO DE BOCA EN BOCA 2020 T	530
THE FINAL COUNTDOWN 2021 T RB	728	TIERRAS DE MURILLO 2023 B	559	TINTO ESPECIAL ENCINA BLANCA 2019 T	844
THE FLOWER AND THE BEE TREIXADURA 2023 B	439	TIERRAS DE MURILLO 2023 RD	559	TINTO PESQUERA 2022 T C	444
THESAURUS X 2021 T	477	TIERRAS DE MURILLO GARNACHA 2021 T	559	TINTO PESQUERA ALBILLO MAYOR 2022 B	444
THREE BY THREE ORGANIC WINE 2021 T	657	TILENUS ENTRECUESTAS GODELLO 2022 B FB	74	TINTO PESQUERA MILLENIUM 2019 T GR	444
TIANNA BLANC 2022 B	853	TILENUS GODELLO MONTESEIROS 2023 B	74	TINTO PESQUERA MXI 2021 T	444
TIANNA NEGRE THE SOMMELIER COLLECTION "1" 2022 T	853	TILENUS LA FLORIDA 2019 T C	74	TINTO ROA 2021 T C	486
		TILENUS LADERAS 2021 T	74	TINTO VELASCO =GARAGEWINE 2022 T	796

WEIN	SEITE	WEIN	SEITE	WEIN	SEITE
TINTORALBA CANTORRAL SAUVIGNON BLANC - VERDEJO 2023 B	54	TOBÍA SELECCIÓN DE AUTOR 2021 B	562	TORELLÓ 50 LLIURES MAGNUM 2022 B	351
		TOCAT DE L'ALA BLANC 2023 B	200	TORELLÓ ANCESTRAL ANL/21 2021 BE BN	913
TINTORALBA EL CANTORRAL 2023 T	54	TOCS 2020 T C	385	TORELLÓ COLLECTION 2012 BE BN	913
TINTORALBA EL ROMERAL 2020 T	54	TODO VA A SALIR BIEN 2023 RD FB	551	TORELLÓ GRAN CRISALYS 2021 B FB	351
TINTORALBA LAS CASILLAS 2023 T	55	TOFTERUP BROTHERS MONASTRELL 2020 T	750	TORELLÓ GRAN CRISALYS 2022 B FB	351
TÍO CATO 2021 T C	210	TOFTERUP BROTHERS MONASTRELL BARREL SELECT 2020 T	750	TORELLÓ MAS DE LA TORREVELLA 2023 B	351
TÍO DIEGO BF AM S	227			TORELLÓ RAIMONDA 2019 T BA	351
TÍO MATEO BF FI S	226	TOFTERUP BROTHERS ORGANIC RED 2023 T	807	TORELLÓ RESERVA SPECIAL EDITION 2019 BE BR	913
TÍO PEPE BF FI S	223	TOFTERUP BROTHERS ORGANIC ROSE 2023 RD	807	TORELLÓ TRADICIONAL 2018 BE BN	913
TÍO PEPE CUATRO PALMAS BF AM S	223	TOFTERUP BROTHERS TEMPRANILLO 2021 T	478	TORMENTA 2021 B	72
TÍO PEPE DOS PALMAS BF FI S	223	TOFTERUP BROTHERS TEMPRANILLO 2021 T C	478	TORNO HACIENDA EL TERNERO 2018 T C	583
TÍO PEPE EN RAMA BF FI S	223	TOFTERUP BROTHERS TEMPRANILLO 2022 T	518	TORONDOS CLARETE 2023 RD	162
TÍO PEPE ESTRELLA DE LOS MARES BF FI	223	TOLEMIA 2023 B	442	TORONDOS ROSÉ 2023 RD	163
TÍO PEPE TRES PALMAS BF FI S	223	TOLLODOURO 2022 B	391	TORONDOS VERDEJO 2023 B	163
TÍO PEPE UNA PALMA BF FI S	223	TOLO DO XISTO 2020 T	430	TORQUES DO CASTRO 2022 B	435
TÍO RAIMUNDO 2017 B	873	TOMÁS GONZÁLEZ 2023 T RB	445	TORRALBENC 2023 RD	846
TÍO UCO 2023 T	822	TOMILLAR 2017 T R	257	TORRALBENC CHARDONNAY 2021 B	846
TIPICITAT 2020 T C	657	TOMILLAR 2020 T C	257	TORRALBENC COUPAGE BLANC 2022 B	847
TITIS 2023 RD	560	TOMILLAR AIRÉN 2023 B	257	TORRALBENC COUPAGE TINTO 2021 T	847
TITIS 2023 T	560	TOMILLAR TEMPRANILLO 2023 T	257	TORRALBENC PINOT NOIR 2023 RD	847
TIVO 2020 B FB	792	TON DEL ROS 2023 RD	339	TORRE ALBÉNIZ 2020 T R	495
TOBELOS 2023 B	599	TONI BENEITO BBM 2023 T	899	TORRE DE BARREDA AMIGOS MULTIVARIETAL 2021 T	801
TOBELOS CRIANZA 2020 T C	599	TONI BENEITO BONICAIRE 2021 T	726	TORRE DE BARREDA AMIGOS MULTIVARIETAL 2023 B	801
TOBELOS GARNACHA 2022 T BA	599	TONI BENEITO CABERNET SAUVIGNON 2022 T	726	TORRE DE BARREDA AMIGOS ROSÉ 2023 RD	801
TOBÍA CUVÉE 2020 T C	562	TONI BENEITO VITICULTOR TORTOSÍ 2023 B	726	TORRE DE BARREDA CABERNET SAUVIGNON 2021 T	801
TOBÍA CUVÉE B	562	TORALTO 2017 T BA	685	TORRE DE BARREDA GRACIANO 2021 T	801
TOBÍA GARNACHA BLANCA 2022 B	562	TORBADOR I 2021 B	381	TORRE DE BARREDA PAÑOFINO VIÑA SINGULAR 2021 T S	801
TOBÍA LUZ DE LUNA 2023 RD	562	TORELLÓ 2 AÑADAS MICROVINIFICACIÓN 2019 BE BN	913		
TOBÍA SELECCIÓN DE AUTOR 2019 T BA	562	TORELLÓ 225 ENOTECA 2013 BE BN	913	TORRE DE CAPMANY GARNATXA D'EMPORDÀ B GR	198

WEIN	SEITE	WEIN	SEITE	WEIN	SEITE
TORRE DE CERES TINTILLA DE ROTA 2021 T	793	TORRELONGARES OLD VINE GARNACHA 2022 T RB	114	TOTE ABE TEMPRANILLO 2019 T GR	831
TORRE DE GAZATE 2017 T R	256	TORRELONGARES OLD VINE TEMPRANILLO 2022 T RB	114	TOTEM 2020 T BA	834
TORRE DE GAZATE 2021 T RB	256	TORREMILANOS 2020 T C	495	TOTEM LAS CANTERAS ROSÉ 2021 RD	842
TORRE DE GAZATE AIRÉN 2023 B	256	TORREMORÓN 2017 T R	477	TOTEM RED LA CALA 2021 T	843
TORRE DE GAZATE VERDEJO 2023 B	256	TORREMORÓN 2021 T C	478	TOTEM ROSÉ LA VETA 2021 RD	843
TORRE DE LOIZAGA BIGARREN 2023 B	91	TORREMORÓN 2022 T RB	478	TOTO BARBADILLO 2021 BE BN	905
TORRE DE LOIZAGA CRIANZA EN ÁNFORA 2022 B	91	TORREMORÓN TEMPRANILLO 2023 T	478	TOURÁN 2021 T	111
TORRE DE LOIZAGA SELECCIÓN 2022 B	91	TORRENS & MOLINER 2020 BE GR BN	157	TOZAL D'A MALPREGONA 2022 T	640
TORRE DE OÑA - VIÑEDOS ARTESANALES 2021 T	599	TORRENS & MOLINER 2021 BE R BN	157	TOZARA 2023 T RB	814
TORRE DEL VEGUER ABELLEROL 2023 B	352	TORRENS & MOLINER GRAN SELECCIO 2019 BE GR BN	157	TR3SMANO ALBILLO MAYOR 2022 B	452
TORRE DEL VEGUER EL CUCUT 2021 T RB	899	TORRENS & MOLINER RESERVA PARTICULAR 2021 BE BN	157	TR3SMANO TM 2019 T BA	452
TORRE DEL VEGUER FONOLL 2022 B	352			TR3SMANO VENDIMIA 2022 T	452
TORRE DEL VEGUER JERÓNIMUS 2021 T	352	TORRENS & MOLINER TREPAT ROSE 2022 RE R BR	157	TR3SMANO VIÑEDOS HISTÓRICOS 2021 T	452
TORRE DEL VEGUER LA ROSADA 2023 RD	899	TORRENT NEGRE SELECCIÓ PRIVADA 2015 T	360	TR3SORO 2019 T	902
TORRE DEL VEGUER LLUM DEL CADÍ 2021 T	899	TORRES ROMERO ED. LIMITADA TEMPRANILLO 2015 T	819	TRACA I MOCADOR BLANC 2022 B	304
TORRE DEL VEGUER LLUM DEL CADÍ 2022 B	899	TORRES ROMERO ED.LIMITADA CABERNET SAUVIGNON Y MERLOT 2015 T	819	TRAILARA 2023 B	390
TORRE DEL VEGUER MARICEL 2022 T	352			TRAJÍN 2022 T	739
TORRE GALIMANY 2017 BE GR BN	157	TORRES ROMERO PETIT VERDOT COLECCION PRIVADA 2021 T	820	TRALLARELLO 2023 T	900
TORRE LA MOREIRA 2023 B	401			TRAMP 2020 T	122
TORRE MUGA 2020 T	553	TORRESILO 2021 T R	490	TRAMPAL 2020 T C	843
TORRE PINGÓN 2019 T R	459	TORREVAL 6 MESES BARRICAS 2022 T	509	TRANCO DEL LOBO 2020 T C	278
TORRE PINGÓN 2021 T C	459	TORROXAL ALBARIÑO 2023 B	392	TRANQUERA GARNACHA 2023 T	103
TORRE PINGÓN 2023 B	615	TOSALET 2023 T	310	TRAPÍO 2021 T RB	750
TORREDEROS 2017 T R	477	TOSALET CARIGNAN VINYES VELLES 2019 T	378	TRAPISONDERO 2022 T RB	739
TORREDEROS 2021 T C	477	TOSALET VINYES FINS A 50 ANYS 2023 T	378	TRAS LOS MUROS 2019 B BA	412
TORREDEROS 2022 T RB	477	TOSSUDES 2022 T	123	TRASCUEVAS 2022 B	524
TORREDEROS 2023 RD	477	TOSTADILLO DE POTES TF D	886	TRASLAGARES SAUVIGNON BLANC 2023 B	613
TORREDEROS SELECCIÓN 2016 T	477	TOT-Ú 2021 RD	892	TRASLAGARES VERDEJO 2023 B	613
TORREDEROS VERDEJO 2023 B	623	TOTE ABE TEMPRANILLO 2018 T GR	831	TRASLANZAS 2019 T	168

WEIN	SEITE	WEIN	SEITE	WEIN	SEITE
TRASLANZAS 2020 T	168	TRES NAVÍOS 2022 RD	823	TRIDENTE PRIETO PICUDO 2022 T	832
TRASLANZAS 2023 RD	168	TRES PASAS BF PX D	297	TRIENS 2020 T RB	685
TRASLANZAS VERDEJO +ALBILLO 2022 B	168	TRES PATAS 2022 T	285	TRIFINIO 2022 T	330
TRASTO 2021 T	265	TRES PILARES SELECCIÓN 2022 B	613	TRIGA 2020 T GR	45
TRASTO 2022 B BA	266	TRES PILARES VERDEJO 2023 B	613	TRIGA 2023 B	45
TRASTO FINCA EL BARRANCO 2021 T	266	TRES REYES COLECCIÓN 2018 T	817	TRILO-VITES 2021 T	104
TRAVESURA CABERNET SAUVIGNON 2023 T	98	TRES REYES MACABEO VERDEJO 2023 B	817	TRILOGÍA 2020 T C	722
TRAVESURA SHIRAZ 2023 T	98	TRES REYES TEMPRANILLO SYRAH 2021 T	817	TRILOGÍA PINOT NOIR BLANC DE NOIR BE R BN	652
TREBÓN 2021 T	704	TREVEJOS ALBILLO CRIOLLO 2020 BE GR BN	33	TRITÓN TINTA TORO 2022 T	679
TRECE DE PASCUAL 2022 T	316	TREVEJOS LISTÁN BLANCO 2020 BE BN	33	TROBALLA BLANC 2022 B	182
TRENCACLOSQUES DE PASCONA 2023 RD	305	TREVEJOS MOUNTAIN WINES BABOSO NEGRO 2021 T	33	TROBALLA NEGRA 2021 T	183
TRENZA & ZINIO FINCA LA RASILLA 2017 T	607	TREVEJOS MOUNTAIN WINES LISTÁN BLANCO & MALVASÍA 2022 B	33	TROBAT 2018 BE GR BN	133
TRENZA FAMILY COLLECTION 2020 T	751			TROBAT 2019 BE R BN	134
TRES 60º 2021 T	684	TREVEJOS MOUNTAIN WINES LISTÁN PRIETO 2022 T FB	33	TROBAT ROSAT 2020 RE BR	134
TRES AMIGOS 2018 T BA S	284	TREVEJOS MOUNTAIN WINES ORGANIC LISTÁN BLANCO 2022 B S	33	TROQUEAO 2021 T	586
TRES CUESTAS 2022 T BA S	168			TROS BLANC NOTARIA MAGNUM 2007 B R	301
TRES GERMANES 2021 T	306	TREVEJOS MOUNTAIN WINES VIJARIEGO NEGRO 2022 T	33	TROS BLANC SALERES 2017 B	301
TRES JULIAS 2022 T C	673	TREVEJOS ROSADO 2020 RE BN	33	TROS DE CLOS BUSCANDO A DARWIN 2020 T	372
TRES LEONES NATURALMENTE DULCE B D	271	TREVEJOS VOLCANIC WINES BABOSO NEGRO & SYRAH 2020 T	33	TROS DE MAS VILELLA 2018 T	893
TRES LUNAS 2020 T	683			TROS DE MAS VILELLA 2021 T	893
TRES MATAS 2018 T R	480	TREVEJOS VOLCANIC WINES BLANCO ALBILLO & VERDEJO 2023 B	33	TROS DEL CANTAL 2021 T	898
TRES MATAS 2021 T C	480			TROS DEL TOSSAL 2021 T	181
TRES MATAS VENDIMIA SELECCIONADA 2019 T	480	TRIAVA BLANC "VINO DE GUARDA" 2022 B FB	850	TROS NEGRE NOTARIA 2017 T	301
TRES MULLERES GODELLO 2022 B	291	TRIAVA HERITAGE "VINO DE GUARDA" 2021 T R	851	TROSSOS SANTS 2021 B	301
TRES NAUS 2017 BE R BN	144	TRIAY 38 2021 T	291	TROUPE 2022 B	408
TRES NAUS 2018 BE BN	144	TRIAY GODELLO 2023 B	291	TRUFES BLANC 2023 B	666
TRES NAUS 2018 BE BR	144	TRIAY MENCÍA 2023 T	291	TRUFES NEGRE 2021 T	666
TRES NAUS ROSÉ 2021 RE BR	144	TRICÓ 2021 B	404	TRUS 2018 T R	478
TRES NAVÍOS 2021 T	823	TRIDENTE DOÑA BLANCA 2023 B	832	TRUS 2021 T C	478

WEIN	SEITE	WEIN	SEITE	WEIN	SEITE
TRUS 2023 T RB	479	TXAKOLI REZABAL ROSÉ 2023 RD	205	UMBRETUM 1810 BE	906
TRUS ALBILLO 2020 B	479	TXAKOLI ULACIA 2023 B	205	UMBRETUM 2020 BE BN	906
TU RAI 2022 T BA	180	TXAKOLITZA 2022 B	95	UMBRETUM RESERVA FAMILIAR RE	906
TUDANCA VICENTA MATER 2018 T	511	TXATXABARRI 2023 B	95	UMEA GARNACHA 2023 T	321
TUERCEBOTAS 2022 B FB	539	TXATXABARRI 2023 RD	95	UMEA GARNACHA BLANCA 2023 B	321
TUERCEBOTAS GARNACHA 2020 T C	539	TXATXABARRI 2023 T	95	UMEA ROSÉ 2023 RD	321
TUERCEBOTAS GRACIANO 2021 T C	540	TXATXABARRI EXTRA 2023 B	95	UN GARNACHA BLANC DE NOIR 2021 B FB	859
TUERCEBOTAS TEMPRANILLO BLANCO 2023 B	539	TXATXATXA 2021 T	191	UN MERLOT UVA NOCTURNA 2020 T C	859
TUÏT DE VIVES AMBRÒS 2020 T C	650	TXOMIN ETXANIZ 2023 B	205	UN UVA NOCTURNA BLANCO VERDE 2022 B FB	872
TULONIO 2022 B	562	TXOMIN ETXANIZ 2023 RD	205	UN UVA NOCTURNA GARNACHA + 2019 T C	859
TUMBA DEL REY MORO 2021 T	834			UN UVA NOCTURNA GARNACHA SYRAH 2020 T	859
TUNANTE TEMPRANILLO 2023 T	581			UN YOUNG WINE 2023 T	859
TURO D'EN MOTA DE RECAREDO 2010 BE BN	912	**U**		UNA NOCHE Y UN DÍA 2022 T	884
TURÓ DE LES ABELLES 2021 T	343	UBE MIRAFLORES 2022 B S	792	UNANIMOUS FINCA LA MARICANA 2021 T	507
TURONS DE LA PLETA 2021 B	183	UBETA AIROTA 2022 B FB	319	UNANIMOUS FINCA LA TEJERA 2021 T C	507
TURONS VALLCORBA 2020 T C	183	UBETA COLECCIÓN ANCESTRAL		UNANIMOUS PAGO SAN VICENTE 2021 T	507
TUSSIO 2022 B	842	(PARCELA METELUGA) 2022 T BA	319	UNANIMOUS SANTA CRUZ ALBILLO MAYOR 2019 B	507
TUTUSAUS 2019 BE GR BN	157	UBETA GARNACHA 2022 T FB	319	UNANIMOUS SANTA CRUZ ALBILLO MAYOR 2020 B	507
TWENTY TWELVE PINK 2023 RD	359	UBETA GARNACHA BLANCA 2023 B FB	320	UNCULÍN MENCÍA DE VALTUILLE 2022 T	82
TWENTY TWELVE WHITE 2023 B	359	UBETA ROSE 2023 RD	320	UNICO 1926 2022 B FB	797
TX BERRIA MAGNUM 2020 B	94	UCEDO 2021 T RB	77	UNICUS AMEZTOI 2015 BE EBR	203
TX TXOMIN ETXANIZ 2022 B BA	205	UDINA DE FERMÍ BOHIGAS 2022 B	122	UNIVERSAL CABERNET SAUVIGNON	
TXAKOLI AGUIRREBEKO 2022 B	91	UKAN 2021 T	600	BIODINÁMICO 2023 T	812
TXAKOLI AGUIRREBEKO 2023 B	91	ULIBARRI 2022 B	91	UNIVERSITAT ROVIRA I VIRGILI 2020 T C	652
TXAKOLI BERROJA 2020 B	91	ULL DE SERP LA CLOSA CARINYENA 2020 T C	191	UNIVERSITAT ROVIRA I VIRGILI 2023 B	124
TXAKOLI IRRIBARRAK 2020 B	60	ULL DE SERP LA CLOSA MACABEU 2022 B FB	192	UNO TXAKOLI 2022 B	59
TXAKOLI IRRIBARRAK 2021 B	60	ULTIMAS HUELLAS - PARCELA 107 2022 B	887	UNSI "FINCA EL BOYERAL" 2018 T BA	329
TXAKOLI IZARO 2023 B	205	ULTIMAS HUELLAS - PARCELA CANTOS 2022 B	835	UNSI "FINCA LASIERRA" 2017 T	330
TXAKOLI MADDY 2022 B	91	ULTIMAS HUELLAS - PARCELA EL PINAR 2022 B	835	UNSI "TERRAZAS BLANCO" 2022 B BA	330

WEIN	SEITE	WEIN	SEITE	WEIN	SEITE
UNSI "TERRAZAS" 2020 T	330	VAL DO GALIR GODELLO 2023 B	712	VALDELACIERVA 2019 T R	563
UNSI DULCE GARNACHA RF RC D	330	VAL DO GALIR MENCÍA 2022 T	712	VALDELACIERVA 2020 T C	563
URBEZO CHARDONNAY 2023 B	118	VAL DO SOSEGO ALBARIÑO 2023 B	396	VALDELACIERVA CANTOGORDO 2020 T	563
URDIENSE 2022 T	769	VAL DO SOSEGO MENCÍA 2022 T	423	VALDELACIERVA GRANO A GRANO 2020 T	563
URO 2022 T	684	VALAUTÍN ALBILLO REAL 2022 B FB	742	VALDELACIERVA LA SALMUERA 2020 T	563
UROOO! 2022 B	851	VALBUENA 5º 2020 T	480	VALDELACIERVA MONTEPEDRIZA 2020 T	563
URTARAN 2021 B FB	59	VALCABADINO 15 MESES 2022 B FB	669	VALDELAGARES 2023 RD	266
URTARAN 2022 B FB	59	VALCABADINO 18 MESES 2020 T	669	VALDELARES 2021 T C	330
UVA D'OR MOSCATEL DE LICOR B D	721	VALCABADINO 2021 B FB	878	VALDELARES 2023 RD	330
UVA DOBLE 2023 B	877	VALCABADINO LARGA CUSTODIA 2018 B R	878	VALDELARES ALTA EXPRESIÓN 2021 T C	330
UWE 2023 T	188	VALCABADINO LARGA CUSTODIA 2018 T	669	VALDELARES CHARDONNAY 2023 B	330
UWE CLARETE 2023 RD	188	VALCERRACÍN SELECCIÓN LIMITADA 2023 RD	168	VALDELARES MOSCATEL 2023 B MO	330
UXÍA DA PONTE 2023 B	440	VALCERRACÍN SELECCIÓN LIMITADA VERDEJO 2023 B	630	VALDELARES SAUVIGNON BLANC 2023 B	330
		VALCHÉ 2020 T C	97	VALDELEÑA 2023 B	266
		VALCUERNA 2020 T C	600	VALDELEÑA 2023 RD	266
V		VALCUERNA CDVIN 2021 T C	600	VALDELEÑA B SD	837
		VALCUERNA EL ORIGEN CLARETE FINO 2019 RD	601	VALDELEÑA TINTO DE AUTOR 2014 T	266
V DULCE DE INVIERNO 2021 B D	890	VALDAMOR 2023 B	414	VALDELICEDA 2021 T C	739
V MALCORTA 2022 B	627	VALDECUEVAS 724 VIOGNIER 2022 B	826	VALDELOSFRAILES 2017 T R	163
V5 BY CONCEJAL CHARDONNAY 2022 B	818	VALDECUEVAS ALIUM 2021 T	826	VALDELOSFRAILES 2021 T C	163
V5 ORANGE WINE 2022 B	818	VALDECUEVAS CUVÉE VERDEJO 2022 B	613	VALDELOSFRAILES CLARETE 2023 RD	163
VA DE BO 2021 T C	49	VALDECUEVAS ORANGE 2022 B	613	VALDELOSFRAILES ROSÉ 2023 RD PL	163
VADO DE LA REINA 2019 T BA	539	VALDECUEVAS SAUVIGNON BLANC 2023 B	613	VALDEMONJE 2021 T	768
VAEL WHITE WINE 2023 B	242	VALDECUEVAS VERDEJO 2022 B FB	613	VALDEMONJE ALBARÍN NEGRO 2021 T	768
VAL DA LENDA 2023 T	431	VALDECUEVAS VERDEJO 2023 B	614	VALDEPEDRO DE OSTATU 2022 T	591
VAL DE MEIGAS 2023 B	416	VALDEGUERRA 2020 T R	745	VALDEPINARES 2021 T	496
VAL DE NAIROA 2022 B	438	VALDEGUERRA 2022 B	745	VALDEPINARES UNIQUE TERROIR 2021 T	496
VAL DE VID VERDEJO 2023 B	623	VALDEHERMOSO 2021 T C	487	VALDEQUEMAO 2021 T RB	515
VAL DE VID VERDEJO SOBRE LÍAS 2022 B FB	623	VALDEHORTA 2022 T	80	VALDEQUEMAO CLÁSICO 2020 T C	844
VAL DO CEO 2022 B	791				

WEIN	SEITE	WEIN	SEITE	WEIN	SEITE
VALDEQUEMAO MACABEO 2023 B	515	VALDUBÓN DIEZ T BA	479	VALLEGARCÍA SYRAH 2022 T	765
VALDEQUEMAO PARDINA 2023 B	515	VALDUBÓN SAUVIGNON BLANC 2023 B	623	VALLEGARCÍA VIOGNIER 2022 B	765
VALDEQUEMAO PARDINA SEMIDULCE 2023 B SD	515	VALDUBÓN TEMPRANILLO 2023 T	479	VALLEJO AVENAS 2022 B FB	695
VALDEQUEMAO TEMPRANILLO 2023 T	515	VALDUBÓN VERDEJO 2023 B	623	VALLEJO DE VÍCTOR "ALTA EXTRACCIÓN" 2020 T	55
VALDERICA MENCÍA 2023 T	70	VALDUBÓN VERDEJO 2023 B RB	623	VALLEJO DE VÍCTOR "BAJA EXTRACCIÓN" 2020 T	55
VALDERIVERO 2021 T C	479	VALE 2016 T R	797	VALLMORA 2021 T	38
VALDERIVERO 2023 T	479	VALE SERIE ORO 2016 T GR	797	VALLOBERA 2021 T C	564
VALDERIVERO 2023 T RB	479	VALENCIAN SUN 2023 B MISTELA D	725	VALMAGAZ MENCÍA 2023 T	85
VALDERIVERO VERDEJO 2023 B	623	VALENCISO 10 AÑOS DESPUÉS EDICIÓN LIMITADA 2012 T	573	VALMENIA FINCA LA MACHORRA VENDIMIA SELECCIONADA 2019 T	780
VALDERIZ 2021 T	487
VALDERIZ AL ALBA 2019 T	488	VALENCISO 2018 T R	573	VALMENIA VENDIMIA SELECCIONADA 18 MESES 2018 T C	780
VALDERIZ DE CHIRIPA 2022 T	488	VALENCISO 2022 B C	573
VALDERIZ JUEGABOLOS 2020 T	488	VALENCISO CEMENTO 2020 T	573	VALMIÑOR 2023 B	392
VALDERIZ TOMÁS ESTEBAN 2018 T	488	VALENCISO GRACIANO 2017 T	573	VALNUEVO SELECCIÓN 2018 T	672
VALDESALAS 2023 B	73	VALENCISO ROSA 2022 RD	573	VALPARAÍSO 2020 T C	480
VALDESIL PARCELA O CHAO 2019 B FB	711	VALERNA 2021 T BA	178	VALPARAÍSO 2021 T RB	480
VALDESNEROS 2021 T RB	62	VALERNA 2022 B FB	178	VALPINCIA VERDEJO 2023 B	630
VALDESPINO VIÑA MACHARNUDO ALTO B FB	793	VALEYO 2022 T	75	VALREINAS 2021 T C	507
VALDIHUETE SOBRE LÍAS 2023 B	632	VALJUNCO 2023 RD	266	VALREINAS 2022 T RB	507
VALDOCEA 2023 B	413	VALJUNCO ALBARÍN 2022 B	267	VALSANZO 2020 T C	475
VALDOURO 2020 T BA	705	VALL DE XALÓ GIRÓ VINO DE LICOR 2022 TF MISTELA D	46	VALSANZO QUINTO AÑO 2020 T R	476
VALDOVINOS 2018 T C	639	VALL DEL CALÀS 2022 T	304	VALSERRANO 2016 T GR	606
VALDOVINOS SELECCIÓN SYRAH 2018 T	639	VALL LLACH MAS D'EN CAÇADOR 2022 T	371	VALSERRANO 2018 T R	606
VALDRINAL 2022 T RB	453	VALL POR 2021 T R	385	VALSERRANO 2019 B GR	606
VALDRINAL DE SANTAMARÍA 2023 B	614	VALLDOLINA 2018 BE GR BR	157	VALSERRANO 2023 B FB	606
VALDRINAL ROSÉ 2023 RD	453	VALLDOLINA 2021 BE R BN	157	VALSERRANO MAZUELO 2019 T	606
VALDRINAL SQR 2019 T	453	VALLDOLINA XARELLO 2022 B	352	VALSOTILLO 2019 T C	469
VALDRINAL V24 2019 T R	453	VALLE DE NABAL 2022 T	471	VALSOTILLO 2019 T R	470
VALDUBÓN 9 MESES 2022 T RB	479	VALLE DEL BOTIJAS SELECCIÓN ESPECIAL 2018 T C	832	VALSOTILLO 2022 B	470

WEIN	SEITE	WEIN	SEITE	WEIN	SEITE
VALSOTILLO FINCA BUENAVISTA 2019 T	470	VARIAS AL·LEGORIA 2018 BE R BR	138	VEGA INFANTE 2022 T	696
VALSOTILLO VS "40 ANIVERSARIO" 2016 T BA	470	VARIAS CUVÉE IMPERIAL 2009 BE GR BN	138	VEGA INFANTE 2023 B	696
VALSOTILLO VS 2019 T R	470	VARIAS EDICIÓ LIMITADA XARELLO 2008 BE GR BN	138	VEGA INFANTE 2023 RD	696
VALTEA 2023 B	392	VARIAS GENUÍ 2022 BE BN	138	VEGA LOS ZARZALES 2023 RD	162
VALTEA CUVÉE ESPECIAL BE BN	392	VARIAS LLUERT B FB	339	VEGA MEDIEN ECOLÓGICO BE BR	140
VALTEA CUVÉE ESPECIAL LÍAS 2022 B	392	VASCOMENDI V.S. 2021 T	591	VEGA MEDIEN ROSÉ RE BR	140
VALTEIRO 2022 T	711	VASCOMENDI V.S. 2022 B	591	VEGA MORAGONA BOBAL 60'S 2020 T C	519
VALTOSCA 2023 T	232	VATAN 2021 T	679	VEGA MORAGONA LA DUNA 2020 T	519
VALTRAVIESO 2021 T C	488	VATAN ARENA 2017 T	679	VEGA MORAGONA MACABEO VERDEJO 2023 B	519
VALTRAVIESO NOGARA 2022 B	625	VD 12 2019 T	508	VEGA MORAGONA MOSCATEL DE GRANO MENUDO 2023 B D	519
VALTRAVIESO RUPTURE 2019 T	834	VD 4 2022 T RB	508		
VALTRAVIESO VINO DE FINCA 2020 T	488	VD'O 1 2017 T	200	VEGA SAUCO EL BEYBI 2022 T RB	680
VALTROPÍN VERDEJO 2023 B	612	VD'O 2 2017 T	201	VEGA SAÚCO SELECCIÓN 2020 T	680
VALTUILLE CEPAS CENTENARIAS 2022 T BA	79	VDB VALLE DEL BOTIJAS 14 MESES 2017 T C	832	VEGA SICILIA ÚNICO 2015 T	480
VALTUILLE GODELLO PARAJE EL VAL 2022 B BA	79	VDB VALLE DEL BOTIJAS ANGELA VERDEJO 2022 B	832	VEGA SICILIA ÚNICO RESERVA ESPECIAL T GR	480
VALTUILLE LA COVA DE LA RAPOSA 2022 T	79	VDB VALLE DEL BOTIJAS ANGELA VERDEJO 2023 B	832	VEGA VALERIO 2020 T C	452
VALTUILLE LA VITORIANA 2022 T	79	VEGA AIXALÀ CARINYENA 2015 T R	170	VEGALFARO 2018 BE GR BN	134
VALTUILLE VILLEGAS 2022 T BA	79	VEGA AIXALÀ GARNATXA VILANOVA 2015 T R S	170	VEGAMAR 2021 T C	721
VALTUILLE VINO DE PARAJE RAPOLAO 2022 T C	79	VEGA AIXALÀ LA BAUMA 2023 B	170	VEGAMAR 2023 B	721
VALTUILLE VINO DE VILLA 2022 T	80	VEGA AIXALÀ LA FONT DELS AUBACS 2019 T BA	170	VEGAMAR PRIVÉE 18 BE R BN	134
VALTUILLE VINO DE VILLA 2022 T BA	79	VEGA AIXALÀ VIERN 2014 T R S	170	VEGAMIAN 2019 T C	510
VALVARÉS DE ALTANZA 2020 T C	522	VEGA CARRIEGOS 2021 T RB	266	VEGANTIGUA 2022 T RB	480
VAN GUS VANA 2016 T	83	VEGA CARRIEGOS 2023 B	266	VEGAS COLECCIÓN 2022 T	823
VANDAMA HOYA OSCURA 2022 T	208	VEGA CARRIEGOS 2023 RD	266	VEGAS COLECCIÓN 2023 B	823
VANDAMA REVENTÓN 2022 T	208	VEGA DE LUCÍA GODELLO 2023 B	292	VEGAS COLECCIÓN 2023 RD	823
VANDAMA VINO DE FINCA 2022 T	208	VEGA DE LUCÍA GODELLO SOBRE LÍAS 2022 B	292	VEGASUR 2021 B	272
VANIDADE 2023 B	416	VEGA DE LUCÍA MENCÍA 2021 T	292	VEGUÍN DE MURUA 2015 T GR	555
VAREIA BERONIA VIÑEDO SINGULAR 2020 T	534	VEGA DEL PAS VERDEJO SOBRE LÍAS 2022 B	615	VEIGA NAÚM 2023 B	416
VARIAS AL·LEGORIA 2018 BE R BN	137	VEGA DEL PAS VERDEJO SOBRE LÍAS 2023 B	615	VEIGAS DE PADRIÑÁN 2022 B	389

WEIN	SEITE	WEIN	SEITE	WEIN	SEITE
VEINTEVEINTE 20-20 2021 T C	454	VERBENERA B FI S	295	VERTIENTE DE LAS ÁNIMAS 2022 T	770
VEINTEVEINTE 20-20 EDICIÓN FAMILIAR "CASILDA" 2020 T C	454	VERDALA BLANC 2022 B	665	VESPRES 2022 T	310
		VERDALA NEGRE 2022	665	VESPRES BLANC MAGNUM 2021 B	310
VEL'UVEYRA 2022 RD	430	VERDEA 2023 T	768	VESTIGIUM CENCIBEL 2022 T	819
VEL'UVEYRA GODELLO 2022 B BA	430	VERDEA ALBARÍN 2023 B	768	VESTIGIUM CRUJIDERA 2022 T	819
VEL'UVEYRA MENCÍA 2022 T	430	VERDEJA LE DICEN 2021 B	888	VESTIGIUM MONASTRELL 2022 T	819
VELÁZQUEZ COLECCIÓN ARTISTAS ESPAÑOLES 2011 T R	522	VERDEJO 5000 2023 B	614	VETAS COLECCIÓN 2018 T C	270
		VERDEJO DE BODEGAS RUIZ TORRES 2023 B	843	VETAS MAR DE TETHYS 2012 T GR	270
VENERABLE VORS BF PX D	218	VERDELUZ CONDADO VIEJO BF	175	VETAS PETIT VERDOT 2014 T GR	270
VENT DE GREGAL 2023 B MO SS	48	VERDELUZ CREAM BF OL CRM	175	VETAS SELECCIÓN 2013 T GR	270
VENT DE LLEBEIG 2023 RD AG SS	48	VERDIL DE GEL 2022 B D	719	VETERUM VITIUM 2021 T	694
VENTA D'AUBERT SOLO 100 2022 T	899	VERDONCHO #GARAGEWINE ORANGEWINE 2023 B	796	VETUS 2021 T	680
VENTA DEL PUERTO Nº 12 2021 T BA	717	VEREDA DE LAS TÓRDIGAS 2021 T BA	771	VETUSTA 2021 T C	481
VENTA DEL PUERTO Nº 18 2019 T BA	717	VERGEL SELECCIÓN 2021 T C	44	VETUSTA ALBILLO MAYOR 2021 B FB	481
VENTA LA OSSA CABERNET SAUVIGNON 2020 T C	805	VERITAS 2018 T R	88	VETUSTA VIÑAS DE FUENTENEBRO 2022 T	481
VENTA LA OSSA SYRAH 2020 T	805	VERITAS MILLESIMÉ 2019 BE BN	88	VETUSTA VIÑEDO ESPECIAL CARRASCALON ALTO 2019 T	481
VENTA LA OSSA TNT 2019 T	805	VERITAS ROIG 2023 RD	88		
VENTA LAS VACAS LA CUARTILLEJA 2019 T R	507	VERÓNICA SALGADO CAPRICHO 2020 T C	447	VI REI ES GALL ROSE 2023 RD	851
VENTA MORALES ECOLÓGICO 2023 B	807	VERSAT CLOS COR VÍ 2023 B	723	VI REI ES POP 2023 B	358
VENTEPICO 2021 B	790	VERSOS DE VALTUILLE PAL DE LA VEGA GODELLO 2022 B FB	81	VI REI MERLOT 2022 T	358
VENTO 2023 B S	34			VI REI PESCADOR MALLORQUI 2023 B	851
VENTO BLANCO BRISADO 2022 B	899	VERSOS DE VALTUILLE PARAJE CASARES 2022 T	82	VI REI PRENSAL BLANC 2023 B	358
VENTO ORIGEN (PIEDRA Y JABLE) 2022 B	34	VERSOS DE VALTUILLE PARAJE EL RAPOLAO 2022 T	82	VÍA BARROSA GODELLO 2023 B	705
VENTO ORIGEN ARCILLA 2020 B	35	VERSOS DE VALTUILLE PARAJE LA VITORIANA 2022 T	82	VIA CENIT COLECCIÓN 2020 T C	669
VENTO ORIGEN ARCILLA 2022 B	35	VERSOS DE VALTUILLE PARAJE MATA LOS PARDOS 2022 T	82	VÍA EDETANA BLANC 2023 B	662
VENTO VENDIMIA SELECCIONADA 2022 T	35			VÍA EDETANA NEGRE 2022 T BA	662
VENTUM 2018 T C	854	VERSOS DE VALTUILLE PARAJE VILLEGAS 2022 T	82	VÍA ROMANA AÑADA MENCÍA 2022 T	428
VEO VEO 2023 T	816	VERSUS MARE 2022 T	875	VÍA ROMANA DO CAMIÑO GODELLO 2022 B	428
VERA-PINTO 2021 B	187	VÉRTEBRA DE LA FIGUERA 2023 T	313	VÍA ROMANA DO CAMIÑO MENCÍA GARDA 2021 T	428

WEIN	SEITE	WEIN	SEITE	WEIN	SEITE
VÍA ROMANA DO CAMIÑO MENCÍA GARDA LEVADURAS AUTÓCTONAS 2021 T RB	428	VIDAL I FERRÉ BE GR BN	141	VILLA CONCHI IMPERIAL 2019 BE EBR	134
VIA XVIII 2022 T	712	VIDAL I FERRÉ BE R BN	141	VILLA DE CORULLÓN 2022 T	80
VIADER DAVANT DEL CORRAL 2022 B	348	VIDAL I FERRÉ BLANC DE NOIRS BE R BN	141	VILLAGE 2022 B	902
VIADER SERRA DEL BOSC 2021 T	348	VIDAL I FERRÉ ROSAT RE BR	141	VILLAHUERCOS 2021 B FB	543
VIARIL BOBAL 2023 RD	281	VIDALBA 2017 T	385	VILLALAR 2021 T RB	833
VIARIL CABERNET SAUVIGNON T	281	VIDILLA 2023 B	625	VILLANUEVA 2022 T	769
VIARIL MACABEO 2023 B	281	VIDRIOS CLASSIC 2021 T	739	VILLAPANÉS BF OL S	224
VIARIL MACABEO B FB	281	VIEJAS DE IZAN 2021 T C	508	VILLAREI 2023 B	413
VIARIL VERDEJO SAUVIGNON BLANC 2023 B	281	VIEJO C.P. VOS BF PC S	227	VILLAVID 1952 2020 T C	278
VIAZÁLEZ MENCÍA 2021 T	77	VIEJO RONDALLA 2015 B OL S	295	VILLAVID BOBAL 2021 T RB	278
VICA RADIO BLANC 2023 B	335	VIEJO ZULETA VOS BF AM S	221	VILLAVID BOBAL 2023 RD	278
VICENTE GANDÍA BOBAL BLANCO BY PEPE HIDALGO 2023 B	700	VIENTO SOBRE LA PIEL 2021 T BA	795	VILLAVID VERDEJO 2023 B	278
		VIERNES GODELLO 2023 B	75	VILLAZO 2023 B	270
VICENTE GANDÍA BOBAL DULCE 2023 RD D	700	VIERNES MENCÍA 2022 T	75	VILLOTA 2021 T	601
VICENTE GANDÍA BOBAL NEGRO BY PEPE HIDALGO 2021 T	700	VIGINTI CABERNET FRANC 2023 T	812	VILLOTA GARNACHA 2021 T	601
		VIGOROUS 2023 RD	544	VILLOTA GRACIANO 2021 T	601
VICENTE GANDÍA BOBAL ROSA BY PEPE HIDALGO 2023 RD	700	VII GENERACIÓN DE BODEGAS FIGUEROA 2020 T RB	741	VILLOTA SELVANEVADA 2022 B	601
		VILA CLOSA CHARDONNAY 2022 B FB	658	VILLOTA SELVANEVADA 2022 T	601
VICIUS 2022 B	417	VILA CLOSA GARNACHA PELUDA 2020 T RB	658	VILOSELL 2021 T	184
VÍCTOR DE VALDEGUARIZA 2022 B	686	VILA CLOSA GARNATXA BLANCA 2023 B	658	VINA MARIS 2023 B	871
VICTORIA DE JOSÉ PARIENTE 2023 RD	828	VILA CLOSA RUBOR 2023 RD	658	VINALOPÓ ALICANTE BOUSCHET 2021 T C	40
VICTORIA DÍEZ-CABALLERO 2019 T R	576	VILADEQUINTA 2021 T C	709	VINANA 2019 T	269
VICTORIA REGINA VORS BF OL	220	VILARNAU 2021 BE R BN	158	VINE – ESTONES DE MISHIMA 2022 B RB	663
VICTORINO 2021 T	687	VILARNAU 2021 BE R BR	158	VINE ROOTS GARNACHA 2020 T	538
VIDA VIÑA TENDIDA MOSCATO BIANCO B SD	717	VILARNAU BRUT ROSÉ DELICAT 2021 RE R BR	158	VINEA 2021 T C	166
VIDAL BALAGUER 2021 T R	40	VILARNAU VINTAGE 2017 BE GR BN	158	VINEA 2023 RD	166
VIDAL DEL SAZ CHARDONNAY 2023 B	249	VILARS 2021 T C	184	VINO DE CONTRABANDO 2022 T C	868
		VILLA ABAD TEMPRANILLO 2017 T R	251	VINO DE YERBA 2022 B	890
VIDAL I FERRÉ BE BR	141	VILLA CONCHI 2018 BE GR BN	134	VINS DE POSTAL - CAMÍ DE MOLLET 2019 B	192

WEIN	SEITE	WEIN	SEITE	WEIN	SEITE
VINS DE POSTAL - COLL DE RIBERA 2014 T BA	192	VIÑA ABBA 2021 T	677	VIÑA AZENICHE SYRAH 2020 T C	98
VINS DE POSTAL - L'ESTANY 2020 B	192	VIÑA AINZÓN 2021 T C	108	VIÑA BALEN 2020 T GR	870
VINS DE POSTAL – LA COROMINA 2016 T	192	VIÑA AL LADO DE LA CASA 2021 T	749	VIÑA BERNEDA 2023 B	564
VINS DE POSTAL – LES PLANES 2020 B	192	VIÑA ALBALI 2018 T GR	715	VIÑA BERNEDA 2023 T MC	564
VINS DE TALLER BASEIA 2022 B	124	VIÑA ALBALI 2019 T R	715	VIÑA BISPO 2021 T	287
VINS DE TALLER GEUM 2023 T C	124	VIÑA ALBALI 2020 T C	715	VIÑA BISPO 2023 B	287
VINS DE TALLER GRIS 2023 RD	125	VIÑA ALBALI AIRÉN VERDEJO SAUVIGNON BLANC 2023 B	715	VIÑA BISPO 2023 RD	287
VINS DE TALLER PHLOX 2023 B	125			VIÑA BORGIA BY BORSAO 2023 T	870
VINS DE TALLER SIURÀ 2021 T C	900	VIÑA ALBALI CABERNET SAUVIGNON 2023 T	811	VIÑA BOSQUERA 2023 B	740
VINS OBLIDATS BLANC 2023 B	880	VIÑA ALBALI CHARDONNAY 2023 B	811	VIÑA BOSQUERA 2023 T	740
VINS OBLIDATS ESCURSAC 2023 T	880	VIÑA ALBALI GARNACHA ROSÉ 2023 RD	811	VIÑA BOTIAL 2022 T RB	98
VINYA ALFORÍ 2019 T	727	VIÑA ALBALI MERLOT 2023 T	811	VIÑA BUENA 2020 T C	509
VINYA ALFORÍ 2021 B	727	VIÑA ALBALI TEMPRANILLO SHIRAZ 2023 T	811	VIÑA BUENA 2022 T RB	509
VINYA ALFORÍ NEGRE 2019 B	727	VIÑA ALBALI VERDEJO SAUVIGNON BLANC 2023 B	811	VIÑA BUENA 2023 T	509
VINYA D'EN FERRAN JAUME LLOPART ALEMANY 2015 BE GR BN	148	VIÑA ALBERDI 2020 T C	587	VIÑA BUJANDA 2018 T R	601
		VIÑA ALBINA VERDEJO 2023 B	624	VIÑA CAEIRA 2023 B	395
VINYA D'EN LLUC 2023 B	345	VIÑA ALJIBES 2021 T RB	799	VIÑA CALDERONA 2023 RD	167
VINYA ESCUDÉ 523 2018 BE R EBR	141	VIÑA ALMIRANTE CAIÑO BRANCO 2022 B	416	VIÑA CALDERONA BLUSH ROSÉ 2023 RD	167
VINYA ESCUDÉ DAURAT 2019 BE R BN	141	VIÑA ANE AUTOR 2020 T C	528	VIÑA CANSINA 2023 RD	167
VINYA GASÓ 2018 T C	301	VIÑA ANE CENTENARIA 2022 B FB	528	VIÑA CANSINA VERDEJO SOBRE LÍAS 2023 B	618
VINYA MAS DEL XES GARNATXA 2018 T	383	VIÑA ANE SELECCIÓN 2020 T	528	VIÑA CARTIN 2023 B	417
VINYA MAS VELL GARNATXA 2018 T GR	383	VIÑA ARANA 2016 T GR	588	VIÑA CIMBRÓN SAUVIGNON 2023 B	617
VINYA PENDENTS CARINYENA 2018 T GR	383	VIÑA ARDANZA 2017 T R	588	VIÑA CIMBRÓN VERDEJO 2023 B	617
VINYES DE BARCELONA 2021 T FB	123	VIÑA ARNAIZ 2017 T R	569	VIÑA CORRALES PAGO BALBAINA BF FI	214
VINYES VELLES DE SAMSÓ 2019 T	313	VIÑA ARNAIZ 2019 T C	569	VIÑA CORZO GODELLO 2023 B	709
VIÑA 98 BF PX D	214	VIÑA ARNÁIZ 2019 T R	453	VIÑA CORZO MENCÍA 2022 T	709
VIÑA AB BF AM S	223	VIÑA ARNÁIZ 2020 T C	453	VIÑA COSTEIRA 2023 B	434
VIÑA ABAD GODELLO 2023 B	705	VIÑA ARNÁIZ 2022 T RB	453	VIÑA COSTEIRA MENCÍA 2023 T	705
VIÑA ABAD SUMUM GODELLO 2023 B	705	VIÑA ARNAIZ VERDEJO 2023 B	625	VIÑA CUERVA 2019 T RB	821

WEIN	SEITE	WEIN	SEITE	WEIN	SEITE
VIÑA CUERVA 2023 T	821	VIÑA ESTÉVEZ BABOSO NEGRO 2022 T	647	VIÑA LOMBAS 2022 T	532
VIÑA CUERVA AIRÉN 2023 B	821	VIÑA FREIRA 2019 T BA	431	VIÑA MARRO 2017 T GR	540
VIÑA CUMBRERO 2015 T R	553	VIÑA FREIRA 2023 T	431	VIÑA MARRO 2019 T R	540
VIÑA CUMBRERO 2019 T C	553	VIÑA FRONTERA AFRUTADO SELECCIÓN 2023 B	187	VIÑA MAYOR 2017 T GR	481
VIÑA CURVADA ALBILLO MAYOR 2021 B BA	478	VIÑA FRONTERA BABOSO 2021 T	187	VIÑA MAYOR 2019 T R	481
VIÑA CURVADA TEMPRANILLO 2021 T	478	VIÑA FRONTERA BABOSO BLANCO 2021 B	187	VIÑA MAYOR 2021 T C	481
VIÑA CURVADA TEMPRANILLO 2021 T C	478	VIÑA FRONTERA BABOSO BLANCO 2022 B	187	VIÑA MAYOR 2022 T RB	481
VIÑA DAMMIS SELECCIÓN FAMILIAR 2023 B	901	VIÑA FRONTERA DULCE 2018 T GR D	187	VIÑA MAYOR VERDEJO 2023 B	632
VIÑA DAMMIS VERDEJO 2023 B	632	VIÑA FRONTERA SECO 2023 B	187	VIÑA MIGARRÓN 2018 T C	73
VIÑA DE ARANBELZA 2017 T	326	VIÑA FRONTERA TRADICIONAL 2022 T	188	VIÑA MIGARRÓN 2022 T	73
VIÑA DE MIRABUENAS 2015 B	327	VIÑA FRONTERA VARIETALES 2021 T	188	VIÑA MIGARRÓN 2023 RD	73
VIÑA DE NEIRA 2023 B	430	VIÑA FRONTERA VIJARIEGO 2022 T	188	VIÑA MIGARRÓN 2024 B	73
VIÑA DE NEIRA 2023 T	431	VIÑA GENA 2021 T BA	602	VIÑA MONTY GARNACHA 2016 T	553
VIÑA DE SAN MARTÍN 2016 T	327	VIÑA GÓMEZ LISTÁN 2020 B D	731	VIÑA MONTY VIURA 2018 B R	553
VIÑA DEL OJA 2015 T GR	597	VIÑA GOY 2023 RD	165	VIÑA MOREJONA VERDEJO SOBRE LÍAS 2023 B	618
VIÑA DEL OJA 2017 T R	597	VIÑA GOY RUEDA 2023 B	626	VIÑA MURIEL 2020 B R	554
VIÑA DO AVÓ 2022 B	434	VIÑA HERMINIA 2018 T R	564	VIÑA NINA MAGDALENA MANTO NEGRO 2021 T	857
VIÑA EGUÍA GARNACHA & GRACIANO 2022 T	540	VIÑA HIJOSA 2020 T	452	VIÑA NORTE 2023 B	645
VIÑA EGUÍA GARNACHA, VIURA & MAZUELO 2023 RD	540	VIÑA LA CEJA 2021 T	279	VIÑA NORTE 2023 T	645
VIÑA EGUÍA TEMPRANILLO & MAZUELO 2022 T	540	VIÑA LANCIANO 2019 T R	545	VIÑA NORTE 2023 T MC	645
VIÑA EGUÍA TEMPRANILLO BLANCO & VIURA 2023 B	540	VIÑA LASTRA 2023 RD	803	VIÑA NORTE SELECCIÓN 2023 T	645
VIÑA EL CHORRO 2020 T	503	VIÑA LASTRA BLANC DE NOIR 2023 B	803	VIÑA OLABARRI 2019 T C	602
VIÑA EL DORRE 2020 T C	319	VIÑA LASTRA CABERNET SAUVIGNON 2023 T	803	VIÑA OLABARRI 2023 B	602
VIÑA EL DORRE 2023 T	319	VIÑA LASTRA SAUVIGNON BLANC 2023 B	803	VIÑA ORCE 2020 T C	250
VIÑA EL PISÓN 2022 T	901	VIÑA LASTRA SAUVIGNON BLANC 2023 B	803	VIÑA ORCE 2022 RD	805
VIÑA ENCINA CABERMET SAUVIGNON 2022 T	253	VIÑA LASTRA SELECTO 2023 T	803	VIÑA ORCE MACABEO VERDEJO 2022 B	805
VIÑA ENCINA TEMPRANILLO 2021 T	253	VIÑA LASTRA SELECTO 2023 T	803	VIÑA ORCE TEMPRANILLO 2022 T RB	805
VIÑA ESMERALDA 2023 B	342	VIÑA LASTRA VERDEJO 2023 B	803	VIÑA PAROT GRAN CUVEÉ 2019 T R	323
VIÑA ESTÉVEZ 2022 T BA	647	VIÑA LASTRA VERDEJO 2023 B	803	VIÑA PEDROSA 2019 T GR	469

WEIN	SEITE	WEIN	SEITE	WEIN	SEITE
VIÑA PEDROSA 2021 T R	469	VIÑA SALCEDA SOBRE LÍAS 2023 B	603	VIÑA VILLAR SYRAH 2022 T	719
VIÑA PEDROSA 2022 T C	469	VIÑA SAN JUAN 2023 B	254	VIÑA VIRGINIA ROSÉ 2023 RD	278
VIÑA PEDROSA FINCA LA NAVILLA 2021 T R	469	VIÑA SAN JUAN 2023 RD	254	VIÑA X 2023 RD	162
VIÑA PEÓN 2022 T RB	427	VIÑA SAN JUAN MERLOT SYRAH TEMPRANILLO 2023 T	254	VIÑA ZACO 2019 T	536
VIÑA PEÓN MENCÍA DE AMANDI 2022 T	427	VIÑA SASTRE 2021 T C	510	VIÑA ZANATA AFRUTADO 2023 B	775
VIÑA PERGUITA 2020 T C	321	VIÑA SASTRE MARCELINA GÓMEZ 2023 RD	509	VIÑA ZANATA BLANCO TRADICIONAL 2023 B S	775
VIÑA PERGUITA 2022 T RB	321	VIÑA SASTRE PAGO DE SANTA CRUZ 2018 T GR	510	VIÑA ZANATA MALVASÍA SECO 2023 B S	775
VIÑA PICOTA 2023 RD	163	VIÑA SASTRE PESUS 2016 T	510	VIÑA ZANATA MARMAJUELO 2023 B	775
VIÑA POMAL 2015 T GR	535	VIÑA SASTRE RAFAEL SASTRE 2022 T RB	510	VIÑA ZANATA TINTILLA 2021 T	775
VIÑA POMAL 2018 T R	535	VIÑA SATOSHI ORANGE 2022 B	104	VIÑA ZANATA VENDIMIA SELECCIONADA 2023 B S	775
VIÑA POMAL 2021 T C	535	VIÑA SATOSHI RED 2021 T R	894	VIÑA ZORZAL 4 DEL 4 2021 T	331
VIÑA POMAL 2023 RD	535	VIÑA SOL 2023 B	124	VIÑA ZORZAL 4 DEL 4 2022 T	331
VIÑA POMAL ALTO DE LA CASETA 2019 T R	535	VIÑA SOMOZA TATÉ 2022 T C	712	VIÑA ZORZAL BAKAN 2023 T	331
VIÑA POMAL ORGANIC 2018 T R	535	VIÑA TENDIDA B	717	VIÑA ZORZAL GARNACHA BLANCA 2022 B	331
VIÑA POMAL ORGANIC ECOLÓGICO 2020 T	535	VIÑA TEULADA 2023 B	48	VIÑA ZORZAL GOLERGA 2022 T	331
VIÑA POMAL SELECCIÓN 500 2020 T C	535	VIÑA TONDONIA 2012 T R	593	VIÑA ZORZAL SEÑORA DE LAS ALTURAS 2022 B	331
VIÑA REAL 2018 T GR	602	VIÑA TUELDA 2016 T R	510	VIÑA ZORZAL SEÑORA DE LAS ALTURAS 2022 T	331
VIÑA REAL 2018 T R	602	VIÑA TUELDA 2020 T C	511	VIÑADORES DE CASTILLA LOS PERDEDEROS 2022 B	901
VIÑA REAL 2021 T C	602	VIÑA TUELDA 2022 T RB	511	VIÑAGAMO SECO 2022 B	175
VIÑA REAL 2022 B FB	603	VIÑA ULISES 2022 T	873	VIÑAGAMO SEMIDULCE 2023 BE AG SD	175
VIÑA REAL 2023 RD	603	VIÑA VALDABLE 2020 T C	62	VIÑAHONDA 2020 T C	236
VIÑA ROEL SOBRE LÍAS 2023 B	398	VIÑA VALDABLE 2021 T	62	VIÑAREDO 2023 RD	896
VIÑA ROMALE 2022 BE BN	133	VIÑA VELLA 2023 B	430	VIÑAREDO GODELLO 2023 B	711
VIÑA ROMALE 2022 BE SS	133	VIÑA VELLA MENCÍA 2023 T	430	VIÑAREDO MENCÍA 2023 T	711
VIÑA ROMALE MACABEO 2023 B	514	VIÑA VENERACIÓN 2023 B	815	VIÑAREDO SOUSÓN 2022 T BA	711
VIÑA ROMALE ROSADO 2022 RE SS	133	VIÑA VEREDA DEL RÍO 2020 T C	560	VIÑAS DEL CÁMBRICO RUFETE BLANCA GRANITO 2021 B	777
VIÑA ROMALE TEMPRANILLO 2022 T	514	VIÑA VICUANA BODEGAS BILBAINAS 2018 T	536		
VIÑA ROMALE XARELLO 2022 BE BN	133	VIÑA VILLAR 2020 T C	719	VIÑAS DEL CÁMBRICO VILLANUEVA 2022 T	777
VIÑA SALCEDA 2020 T C	603	VIÑA VILLAR CHARDONNAY 2022 B	719	VIÑAS DEL CIERZO DE COTO DE HAYAS 2019 T R	110

WEIN	SEITE	WEIN	SEITE	WEIN	SEITE
VIÑAS DEL VERO CHARDONNAY 2022 B FB	641	VIOLETES DE FANG 2020 T	309	VIVER D'ESPIELLS 2022 B	351
VIÑAS DEL VERO CHARDONNAY 2023 B	642	VIONTA 2023 B	402	VIVERTELL BLANC DE NOIRS 2023 B	657
VIÑAS DEL VERO GEWÜRZTRAMINER 2023 B	642	VIONTA GODELLO 2023 B	291	VIVES AMBRÒS 2020 BE R BR	138
VIÑAS DEL VERO PINOT NOIR 2023 RD	642	VIORE ORGANIC 2023 B	624	VIVES AMBRÒS JUJOL 2020 BE GR BN	138
VIÑAS DEL VERO SAUVIGNON BLANC 2023 B	642	VIORE VERDEJO 2023 B	624	VIVES AMBRÒS NAÏF ÀMFORA 2023 B	650
VIÑAS DEL VERO VIOLETA 2022 T	642	VIORE VERDEJO SOBRE LÍAS 2022 B	624	VIVES AMBRÒS ROSAT 2021 RE R BR	138
				VIVES AMBRÒS TRADICIÓ 2017 BE GR BN	138
VIÑAS ELÍAS MORA 2022 T RB	683	VIRACOCHA 2020 T R	471	VIVETTE CHARDONNAY 2023 B	640
VIÑAS HERZAS 2023 B	731	VIRIATUS PRIETO PICUDO 2023 RD	776	VIVETTE GEWÜRZTRAMINER 2023 B	640
VIÑAS HERZAS 2023 T	731	VIRIATUS TEMPRANILLO 2022 T	833	VIVIDOR 2022 T	693
VIÑAS SILENCIOSAS LA DE MIKEL 2022 T	603	VIRIATUS VERDEJO 2023 B	833	VIVIR SIN DORMIR 2021 T RB	230
VIÑAS SILENCIOSAS POSADERO 2018 B	603	VIRTUS 2017 T GR	482	VIVIR SIN DORMIR 2022 T RB	230
VIÑAS SILENCIOSAS REGOYOS 2022 T	603	VISI 2023 RD	882	VIYUELA 2016 T GR	482
VIÑAS SILENCIOSAS VALDESANJUAN 2022 T	603	VISIGODO 2021 T RB	825	VIYUELA 2019 T R	482
VIÑAS ZORZAL MALAYETO 2022 T	331	VISTA DE HALCÓN B	807	VIYUELA 2022 T RB	482
VIÑASPERI 2016 T GR	536	VITA 2022 B	892	VIZANA 2020 T C S	514
VIÑASPERI 2017 T R	536	VITALIS SELECCIÓN 2019 T C	265	VIZAR PRESTIGIO 2019 T C	760
VIÑASPERI 2022 B	536	VITIS DE AZUL Y GARANZA 2023 B	316	VIZAR SELECCIÓN ESPECIAL 2021 T C	760
VIÑASPERI BLUE OCEAN 2020 T BA	536	VITTIOS GARNACHA 2019 T D	351	VIZAR SYRAH 2020 T C	760
VIÑASPERI SELECCIÓN 2018 T	537	VIVA LA VID-A 2021 T	891	VIZCARRA 2021 T	482
VIÑAVERDE 2023 B SS	296	VIVALTUS 2019 T	512	VIZCARRA GARNACHA 2022 T	833
VIÑEDOS DE SONSIERRA DUERMEALMAS 2017 T BA	561	VIVANCO 2019 T R	565	VIZCARRA GRACIANO 2022 T C	833
VIÑEDOS DE SONSIERRA EL RINCÓN DE LOS GALOS 2018 T BA S	561	VIVANCO 2021 T C	565	VIZCARRA MERLOT 2022 T C	833
		VIVANCO BRUNES 2021 T	565	VIZCARRA SENDA DEL ORO 2023 T	482
VIÑEDOS DE SONSIERRA VIÑEDO DE ALTURA 2021 T	561	VIVANCO LA ISLA VIÑEDO SINGULAR 2020 T	565	VIZCARRA TORRALVO 2021 T	482
VIÑEDOS DE SONSIERRA, VIÑEDO VIEJO 2018 T	561	VIVANCO LA ISLA VIÑEDO SINGULAR PIE FRANCO 2020 B	565	VIZORRO 2023 B	829
VIÑEDOS POZANCO 2020 T C	516			VIZORRO TEMPRANILLO 2023 T	829
VIÑEDOS POZANCO VERDEJO 2023 B	516			VIZUECOS BLANC DE NOIRS 2023 B	794
VIOGNIER DE PRIETO PARIENTE 2022 B	830	VIVANZA 2016 T C	45	VIZUECOS EXCELLENCE 2020 T	863
		VIVANZA ELITE 2017 T C	45	VIZUECOS SELECTION 2020 T	863
VIOLET 2023 T	315	VIVANZA GOLD 2019 T C	45	VIZUECOS SELECTION 2022 T	794

WEIN	SEITE
VOILÀ 2023 RD	315
VOL D'ANIMA DE RAIMAT BLANC 2023 B	183
VOLADERO 2022 B	275
VOLADEROS GHIARA MAGNUM 2018 B	275
VOLADOR 2022 T	311
VOLAINA 2021 B	340
VOLALTO 2021 T BA	229
VOLANDERA 2022 T	329
VOLANDIA 2019 T C	427
VOLTIO VINO DE PUEBLO 2018 T R	894
VOLTIO VINO DE PUEBLO 2022 T	894
VOLTIO VINO NARANJA 2023 B	894
VOLTONS 2021 T	379
VOLVER 2022 T	808
VOLVER CUVÉE 2020 T GR	808
VS MURUA 2021 T	555
VT TINTO FINO VALTRAVIESO 2020 T BA	488
VULCANUS MACERADO CON PIELES 2023 B	811
VULPES VULPES 2022 B	790
VXVX XARELLO VERMELL 2023 RD	338

W

WEIN	SEITE
W1 MABE 2023 B RB	462
WANTED SOTILLO 2022 T	770
WIN VERDEJO B	868
WINNER PREMIUM 2018 T C	66

X

WEIN	SEITE
XADO 2022 B	789
XADO 2022 T	789
XAFARDER 2023 RD	852
XANET 2020 T	853
XANET ROSÉ 2023 RD	853
XARDÍN DE XAMPEDRO 2021 T BA	85
XARELLO JERONI VALLÈS 2022 B	338
XARELLO PAIRAL 2021 B FB	338
XARELLO VERMELL VINÍCOLA DE NULLES 2022 B	652
XARELLO VINYA DEL NOGUER 2022 B	900
XASTRA 2023 T	429
XAVI 2019 T	306
XAXAXA 2022 B	338
XENYS FINA SIERRA DE LOS GAVILANES 2020 T C	243
XENYS MONASTRELL 12 2021 T	243
XENYS ROSÉ 2023 RD	243
XENYSEL PIE FRANCO 2022 T	243
XESTAL 2022 T RB	77
XF SIERRA CANTABRIA 2023 RD	598
XI'IPAL GARNACHA LAS BAJADAS 2022 T	321
XIMENIS VI DE VILA 2023 B	377
XIÓN CUVÉE 2020 T	393
XISCA GIRÒ ROS 2023 B	855
XIXARITO BF AM	215
XIXARITO BF CRM	215
XIXARITO BF FI	215
XIXARITO BF OL	216
XIXARITO BF PC	216
XIXARITO BF PX	216
XOLAYR 2021 B	211
XOT BLANC 2022 B	201
XPERIMENT 2018 T FB S	359
XR DE MARQUÉS DE RISCAL 2020 T R	585
XR DE MARQUÉS DE RISCAL 2023 RD	584
XTIRPE 2021 T	286
XTRMO (EXTREMO) 2021 B FB	882
XUXUR 2022 B	93

Y

WEIN	SEITE
Y SOLO CUANDO EL RÍO CALLA 2021 B	797
YASO 2022 T	688
YASO FLOR DE MATTERIA 2022 T	688
YASO MATTERIA VIÑAS VIEJAS 2018 T	688
YEYA 2023 B	858
YLLERA 12 MESES 2020 T RB	841
YLLERA 5.5 ROSÉ FRIZZANTE RE AG	914
YLLERA 5.5 VERDEJO FRIZZANTE BE AG SD	914
YLLERA CHARDONNAY VENDIMIA NOCTURNA 2023 B	841
YLLERA SAUVIGNON BLANC VENDIMIA NOCTURNA 2023 B	633
YLLERA VENDIMIA SELECCIONADA 2019 T R	842
YLLERA VERDEJO VENDIMIA NOCTURNA 2023 B	633
YNOCENTE BF FI S	227
YO SOLO 2022 T FB	274
YO SOLO EDICIÓN MELONERA 2022 T C	274
YOTUEL 2020 T BA	484
YOTUEL FINCA LA NAVA 2018 T	484
YOTUEL FINCA VALDEPALACIOS 2019 T	484

WEIN	SEITE	WEIN	SEITE
YOTUEL GARNACHA 2021 T	833	ZERBEROS EL ALTAR 2022 T	885
YOTUEL SELECCIÓN 2019 T	484	ZERBEROS LOS CHORRANCOS 2022 T	770
YOU & ME 2023 B	402	ZINIO FINCA EL APRISCO 2017 T	607
YSIOS 2022 B	607	ZINIO STREET ART COLLECTION TEMPRANILLO BLANCO 2022 B	607
YSIOS GRANO A GRANO 2021 T	607		
YSIOS LAGUNAZURI 2019 T	607	ZIRIES 2015 T	880
YSIOS ROSÉ 2023 RD	607	ZISMERO 2022 T	109
YSIOS SELECCIÓN 2018 T	607	ZORTUN 2022 B	530
YUNTERO MACABEO – SAUVIGNON BLANC 2023 B	252	ZUMBRAL TRASAÑEJO BF MO D	273
YUNTERO VIÑAS VIEJAS 2016 T R	252	ZURA 2021 B	93
		ZURBAL 2022 T	585
		ZURBAL 2022 T	585
Z		ZURBAL 2023 B	586
ZABALONDO 2023 B	91	ZURBAL 2023 RD	586
ZAGAL DE FINCA ANTIGUA 2021 T	811	ZURBANO 2021 T	530
ZAÍNO TEMPRANILLO 2022 T C	281	ZUZARÁN FAJERO 2021 T C	523
ZAÍNO TEMPRANILLO SYRAH 2022 T	281	ZUZARÁN MATURANA 2022 T	523
ZAPADORADO VERDEJO 2023 B	622		
ZAPICOS - FRUTO DEL MINIFUNDIO 2023 T	438		
ZAPICOS DO VEREA 2023 B	438		
ZAPICOS DO VEREA GODELLO 2023 B	438		
ZÁRATE ALBARIÑO 2023 B	418		
ZÁRATE EL BALADO 2022 B	418		
ZÁRATE EL PALOMAR 2021 B FB	418		
ZÁRATE ESPADEIRO TINTO 2022 T	418		
ZÁRATE TRAS DA VIÑA 2021 B	418		
ZENIZATE MONASTRELL 4 MESES 2022 T	235		
ZENIZATE SYRAH 4 MESES 2022 T	235		
ZERBEROS AF 2022 T	885		

KARTEN

ANDALUCÍA
1 DO/DOP Málaga- Sierras de Málaga
2 DO/DOP Montilla-Moriles
3 DO/DOP Condado de Huelva y Vino Naranja del Condado de Huelva
4 DO/DOP Jerés-Xérèz-Sherry Manzanilla de SanLlucar
5 DO/DOP Granada

ARAGÓN
1 DO/DOP Somontano
2 DO/DOP Cariñena
P1. Pago de Aylés /DOP
3 DO/DOP Campo de Borja
4 DO/DOP Calatayud

CASTILLA LA MANCHA
1 DO/DOP La Mancha
P1.Pago Guijoso /DOP
P2.Pago Finca Élez /DOP
P3.Pago Calzadilla /DOP
P4.Pago Campo de la Guardia /DOP
P5.Pago de Valdepusa /DOP
P6.Pago Dehesa del Carrizal /DOP
P7.Pago Casa del Blanco /DOP
P8.Pago Florentino /DOP
P9.Pago El Vicario /DOP
P10.Pago Los Cerillos /DOP
P11.Pago Vallegarcía /DOP
P12. Pago La Jaraba /DOP
P13. Pago Abadía Retuerta
P14. Pago Dehesa Peñalba

3 DO/DOP Almansa
4 DO/DOP Ribera de Júcar
5 DO/DOP Manchuela
6 DO/DOP Uclés
7 DO/DOP Méntrida
8 DO/DOP Valdepeñas

CASTILLA Y LEÓN
1 DO/DOP Rueda
2 DO/DOP Ribera del Duero
3 DO/DOP Arlanza
4 DO/DOP Cigales
5 DO/DOP León
6 DO/DOP Bierzo
7 DO/DOP Toro
8 DO/DOP Tierra del Vino de Zamora
9 DO/DOP Arribes
P1.Pago Urueña /DOP

CATALUÑA
1 DO/DOP Terra Alta
2 DO/DOP Montsant
3 DO/DOP Ca. Priorat
4 DO/DOP Tarragona
5 DO/DOP Conca de Barberà
6 DO/DOP Penedès
7 DO/DOP Alella
8 DO/DOP Catalunya
9 DO/DOP Empordà
10 DO/DOP Pla de Bages
11 DO/DOP Costers del Segre

EXTREMADURA
1 DO/DOP Ribera del Guadiana

COMUNIDAD VALENCIANA
1 DO/DOP Alicante
2 DO/DOP Valencia
3 DO/DOP Utiel-Requena
P1.Pago El Terrerazo /DOP
P2.Pago Los Balagueses /DOP
P3. Pago de Tharsys /DOP
P4 Pago Chozas Carrascal /DOP

GALICIA
1 DO/DOP Monterrei
2 DO/DOP Valdeorras
3 DO/DOP Ribeira Sacra
4 DO/DOP Rías Baixas
5 DO/DOP Ribeiro

ILLES BALEARS
1 DO/DOP Pla i Llevant
2 DO/DOP Binissalem Mallorca

ISLAS CANARIAS
1 DO/DOP Lanzarote
2 DO/DOP Gran Canaria
3 DO/DOP Valle de Güimar
4 DO/DOP Tacoronte-Acentejo
5 DO/DOP Ycoden-Daute-Isora
6 DO/DOP Abona
7 DO/DOP Valle de la Orotava
8 DO/DOP La Gomera
9 DO/DOP El Hierro
10 DO/DOP La Palma

MADRID
1 DO/DOP Vinos de Madrid

MURCIA
1 DO/DOP Bullas
2 DO/DOP Yecla

NAVARRA
1 DO/DOP Navarra
P1.Pago Otazu /DOP
P2.Pago Señorío de Arínzano /DOP
P3.Pago Prado de Irache /DOP

PAÍS VASCO
1 DO/DOP Getariako Txakolina
2 DO/DOP Bizkaiko Txakolina
3 DO/DOP Arabako Txakolina

INTERCOMUNITARIAS
1 DO Ca Rioja
2 DO Jumilla

KARTE DER DO'S UND VINOS DE PAGO

ILLES BALEARS

ISLAS CANARIAS

LA PALMA
LA GOMERA
EL HIERRO
TENERIFE
GRAN CANARIA
LANZAROTE
FUERTEVENTURA

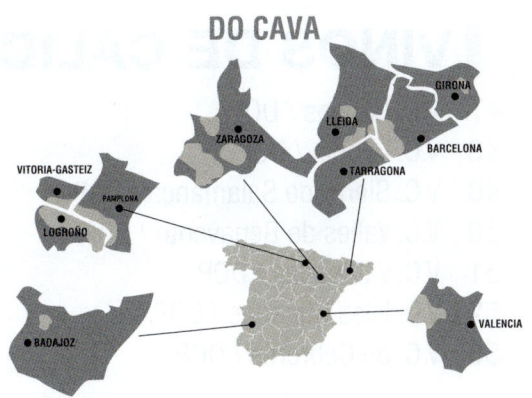

DO CAVA

VITORIA-GASTEIZ
LOGROÑO
PAMPLONA
ZARAGOZA
LLEIDA
GIRONA
BARCELONA
TARRAGONA
BADAJOZ
VALENCIA

Angabe der ursprungsbezeichnung in jeder provinz.

Indikator für "Vinos de Pago" in jeder Provinz.

Guía Peñín | SPANIENS WEINFÜHRER | 1085

ANDALUCÍA

1 Norte de Almería
2 Sierra de las Estancias
3 Desierto de Almería
4 Ribera de Andarax
5 Laujar-Alpujarra
6 Contraciesa-Alpujar/Cumbres de Guadalfeo
7 Laderas de Genil
8 Altiplano de Sierra Nevada
9 Sierra Sur de Jaén
10 Bailén
11 Torreperogil
12 Córdoba
13 Villaviciosa de Córdoba
14 Sierra Norte de Sevilla
15 Los Palacios
16 Cádiz

ARAGÓN

17 Ribera del Gállego-Cinco Villas
18 Ribera del Jiloca
19 Valdejalón
20 Bajo Aragón
21 Valle del Cinca

CANTABRIA

22 Liébana
23 Costa de Cantabria

CASTILLA-LA MANCHA

24 Castilla
25 Pozohondo
26 Sierra de Alcaraz
27 Gálvez

CASTILLA Y LEÓN

28 Castilla y León

EXTREMADURA

29 Extremadura

GALICIA

30 Betanzos
31 Barbanza e Iria
32 Val DO Miño-Ourense
33 Riberias do Morrazo

ILLES BALEARS

34 Illa de Menorca
35 Mallorca
36 Serra de Tramuntana-Costa Nord
37 Eivissa
38 Formentera
39 Illes Balears

LA RIOJA

40 Valles de Sadacia

MURCIA

41 Murcia
42 Campo de Cartagena
43 Abanilla

NAVARRA-ARAGÓN

44 Ribera del Queiles
45 3 Riberas

COMUNIDAD VALENCIANA

46 Castelló

VINOS DE CALIDAD

47 V.C. Cangas / DOP
48 V.C. Lebrija / DOP
49 V.C. Sierra de Salamanca / DOP
50 V.C. Valles de Benavente / DOP
51 V.C. Valtiendas / DOP
52 V.C. Islas Canarias / DOP
53 V.C. de Cebreros / DOP

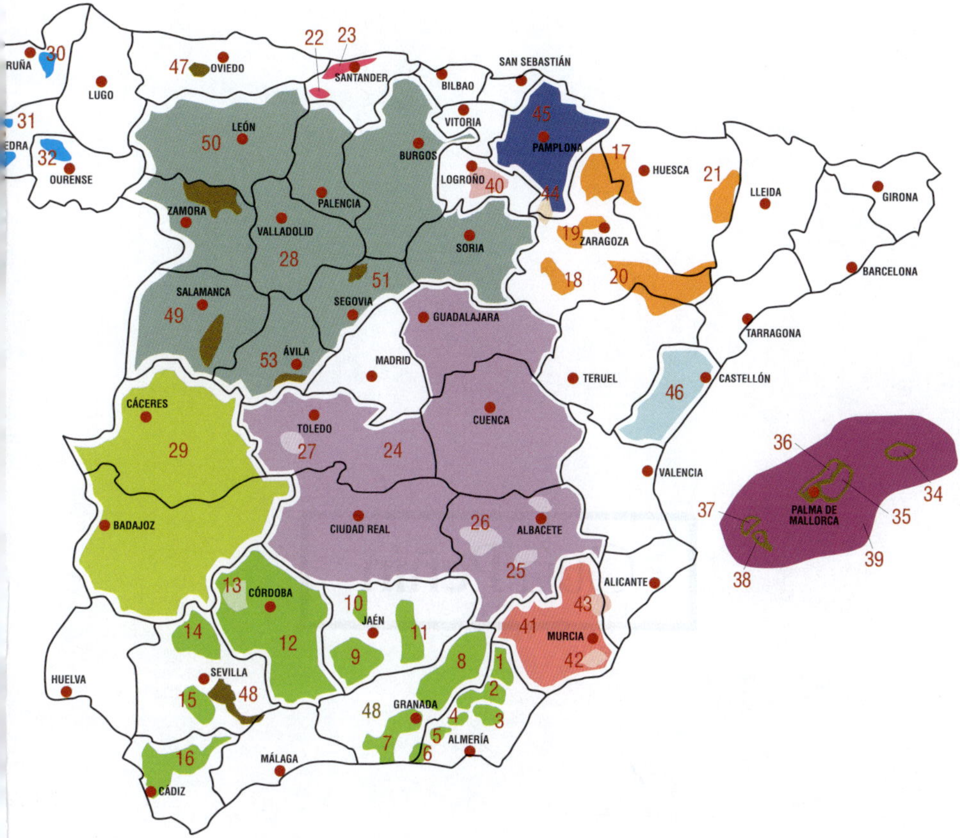

KARTE DER VINOS DE LA TIERRA UND VINOS DE CALIDAD

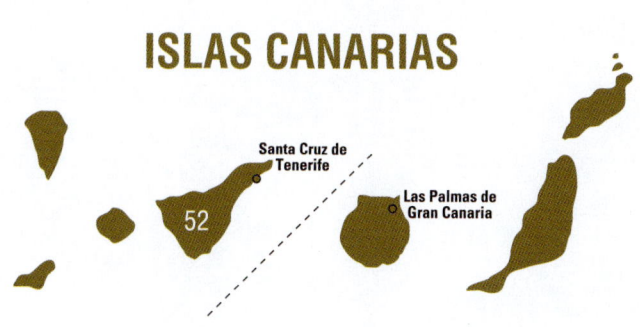

ISLAS CANARIAS

Guía Peñín | SPANIENS WEINFÜHRER

Guía Peñín